한 번에 합격, 자격증은 이기적

이렇게 기막힌 적중률

베스트셀러
1위
산출근거 판권표기
동영상 강의
무료 제공

포토샵 + 일러스트
올인원
All in one
GTQ 1급
26
1권·포토샵 ver.CC
·최신 개정판·
수험서 34,000원
일마 저

9 788931 476644
ISBN 978-89-314-7664-4
13000

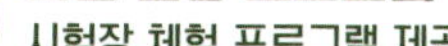

동영상 강의 무료
도서 연계 강의 100% 무료
답안 전송 프로그램
시험장 체험 프로그램 제공
또기적 합격자료집
구매자 한정 특별 제공

YoungJin.com Y.
영진닷컴

이기적 크루를 찾습니다!

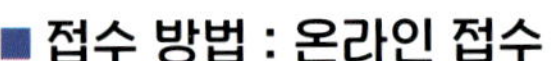

- ■ 접수 방법 : 온라인 접수
- ■ 문의 : book2@youngjin.com
- ■ 접수 분야 : 수험서 전 도서
- ■ 세부 사항

1. 저자 · 강사
요건 : 관련 강사, 유튜버, 블로거 우대
혜택 : 이기적 수험서 저자·강사 자격
　　　 집필 경력 증명서 발급

2. 감수자
요건 : 관련 전문 지식 보유자
혜택 : 도서 내 감수자 이름 기재
　　　 저자 모집 시 우대(우수 감수자)

3. 베타테스터
요건 : 관련 수험생, 전공자, 교사/강사
혜택 : 활동 인증서 & 참여 도서 1권
　　　 영진닷컴 쇼핑몰 30,000원 적립
　　　 스타벅스 기프티콘(우수 활동자)
　　　 백화점 상품권 100,000원(우수 테스터)

상시 모집 중 ▶

1위 YES24 컴퓨터 수험서 GTQ 분야
베스트셀러 1위(2025년 8~11월 월별 베스트)

1판 1쇄 발행 2026년 1월 15일

저자 일마 저
발행인 김길수　　　　　　　　**발행처** (주)영진닷컴
등록 2007. 4. 27 제 16-4189호　　**총괄** 이혜영
기획 유정화　　　　　　　　　　**영업** 박준용, 임용수, 김도현, 이윤철
디자인 임정원, 김효정, 강민정　　**내지 편집** 허영화
제작 황장협　　　　　　　　　　**인쇄** 제이엠
주소 (우)08512 서울특별시 금천구 디지털로9길 32 갑을그레이트밸리 B동 10층 (주)영진닷컴
ISBN 978-89-314-7664-4　　　　**가격** 34,000원

합격을 위한 기적 같은 선물
또기적 합격자료집

혼자 공부하기 외롭다면?
온라인 스터디 참여

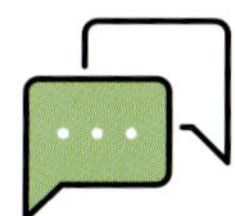

모든 궁금증 바로 해결!
전문가와 1:1 질문답변

1년 내내 진행되는
이기적 365 이벤트

도서 증정 & 상품까지!
우수 서평단 도전

간편하게 한눈에
시험 일정 확인

합격까지 모든 순간 이기적과 함께!

이기적 365 EVENT

QR코드를 찍어 이벤트에 참여하고 푸짐한 선물 받아가세요!

1 기출문제 복원하기

이기적 책으로 공부하고 시험을 봤다면 7일 내로 문제를 제보해 주세요!

2 합격 후기 작성하기

당신만의 특별한 합격 스토리와 노하우를 전해 주세요!

3 온라인 서점 리뷰 남기기

온라인 서점에서 책을 구매하고 평점과 리뷰를 남겨 주세요!

4 정오표 이벤트 참여하기

더 완벽한 이기적이 될 수 있게 수험서의 오류를 제보해 주세요!

※ 이벤트별 혜택은 변경될 수 있으므로 자세한 내용은 해당 QR을 참고해 주세요.

기적의 적중률, 여러분의 참여로 완성됩니다
기출 복원 EVENT

1. 이기적 수험서로 공부하고 시험에 응시했다면 누구나 참여 가능

2. 응시일로부터 7일 이내 복원 문제만 인정(수험표 첨부 필수!)

3. 중복, 누락, 허위 문제는 당첨 대상에서 제외

※ 이벤트별 혜택은 변경될 수 있으므로 자세한 내용은 해당 QR을 참고해 주세요.

도서 인증하면 고퀄리티 강의가 따라온다!

100% 무료 강의

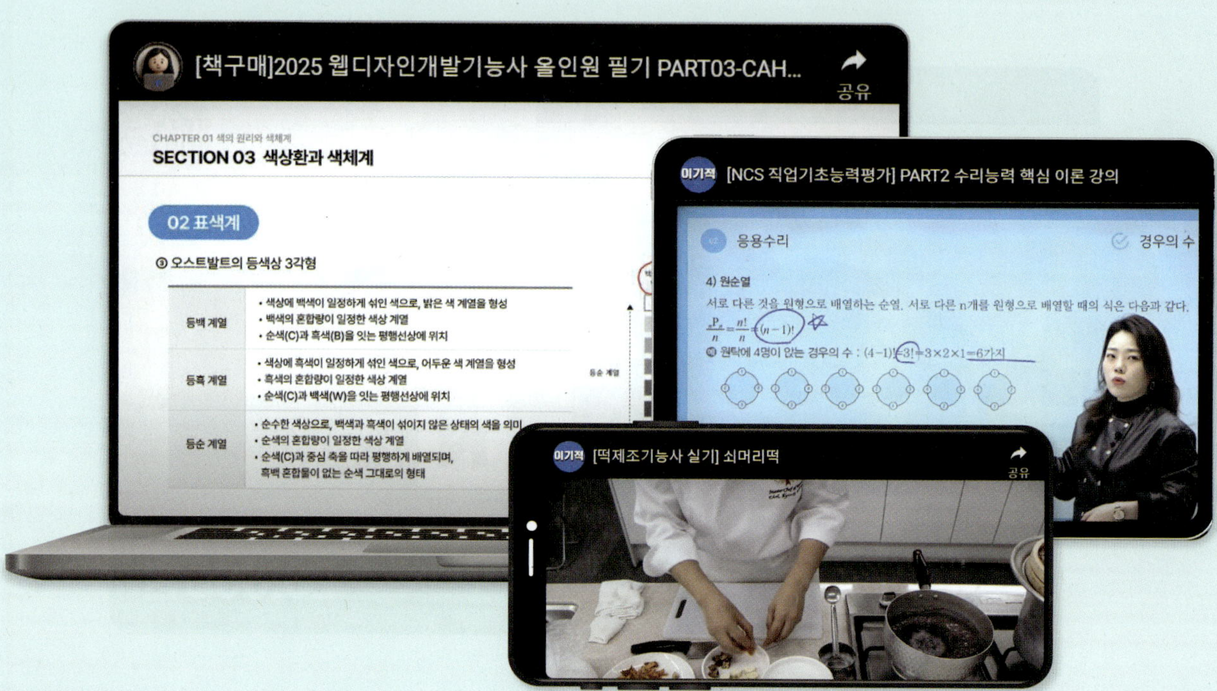

STEP 1
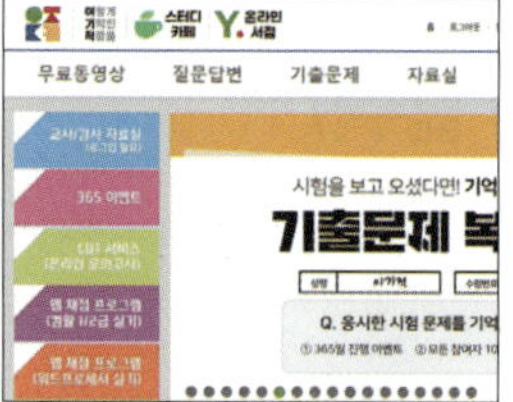
이기적 홈페이지 (https://license.youngjin.com/) 접속

STEP 2
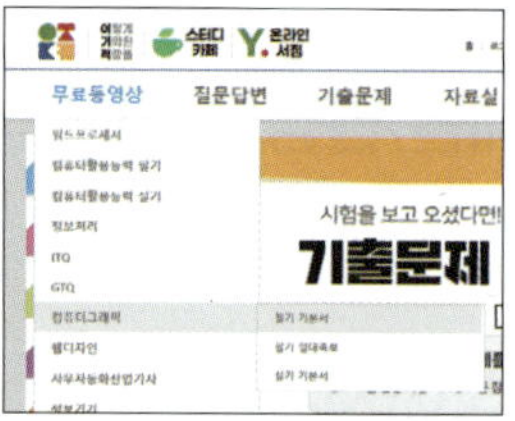
무료 동영상 게시판에서 도서와 동일한 메뉴 선택

STEP 3
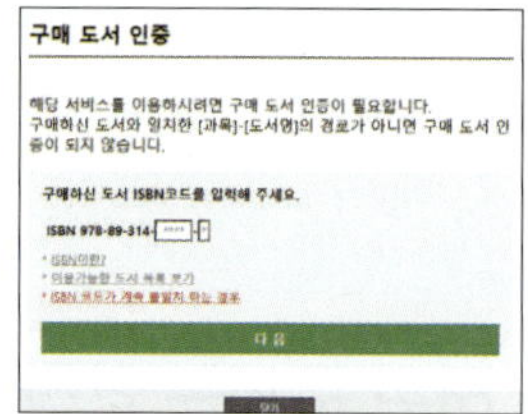
책 바코드 아래의 ISBN 코드와 도서 인증 정답 입력

STEP 4
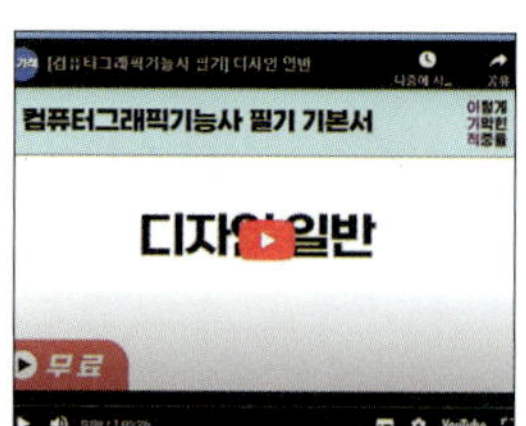
이기적 수험서와 동영상 강의로 학습 효율 UP!

※ 도서별 동영상 제공 범위는 상이하며, 도서 내 차례에서 확인할 수 있습니다.

◀ 이기적 홈페이지 바로가기

영진닷컴 이기적

합격을 위해 **모두 드려요.**
이기적 합격 솔루션!
이기적이 여러분을 위해 준비했어요

저자가 직접 알려주는, **무료 동영상 강의**

도서와 연계된 저자 직강을 100% 무료로 제공합니다.
도서 내에 수록된 QR 코드로 바로 접속하여 시청하세요.

도서 구매 인증 시 증정, **추가 기출 유형 문제**

이기적 스터디 카페에서 구매를 인증하면 '또기적 합격자료집'을 드립니다.
추가 기출 유형 문제뿐만 아니라 다양한 추가 자료가 준비되어 있습니다.

책과 함께 실제 문제를 풀어볼 수 있는, **부록 자료**

이 책의 문제에 사용되는 이미지 및 완성(정답) 파일을 받으실 수 있습니다.
파일을 다운받아 실제 문제를 풀어보고 답을 확인해 보세요.

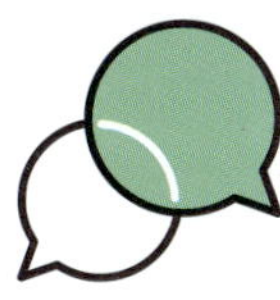

여기로 물어보세요, **1:1 질문답변**

학습하다가 모르는 문제가 있다면 혼자 고민하지 말고 선생님께 질문하세요.
이기적 스터디 카페에서 전문 강사님이 1:1로 답변해 드립니다.

※ 〈이기적 GTQ 포토샵+일러스트 1급 올인원(ver.CC)〉을 구매하고 인증한 회원에게만 드리는 혜택입니다.

◀ 모든 혜택 한 번에 보기

정오표 바로가기 ▶

이렇게 기막힌 적중률

GTQ

1급 올인원

1권 · 포토샵 ver. CC

"이" 한 권으로 합격의 "기적"을 경험하세요!

차례

※ **참여 방법** : '이기적 스터디 카페' 검색 → 이기적 스터디 카페(cafe.naver.com/yjbooks) 접속 → '구매 인증 PDF 증정' 게시판 → 구매 인증 → 메일로 자료 받기

이 책의 구성

STEP 1   핵심만 정리한 이론

포토샵 + 일러스트
핵심 기능 학습

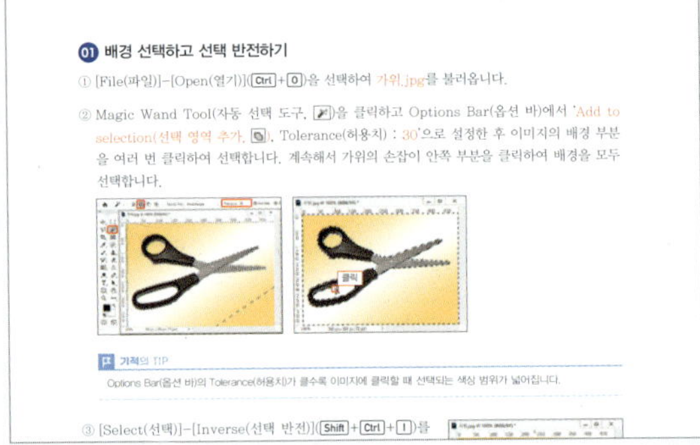

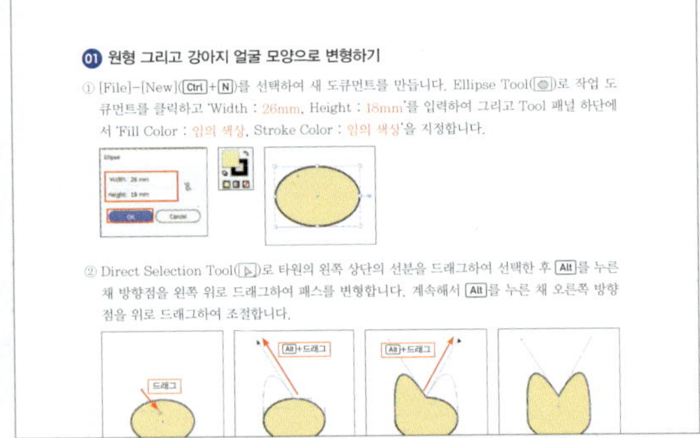

- 별색 표기를 통해 기능별 적용 부분 한눈에 확인
- 기적의 TIP으로 학습 능률 상승
- 이해를 돕기 위해 자세한 이미지 자료 표기

STEP 2   문항별 기능 연습하기

시험 문항별 기능을 확인하고
유형 파악

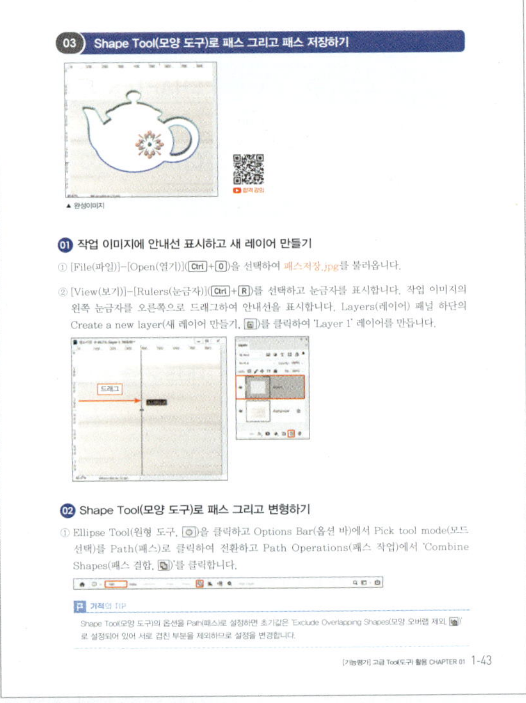

- 문제 따라하기를 통해 순서대로 구성된 내용 파악
- QR 코드로 동영상 강의 바로 시청
- 별색 표기를 통해 기능별 적용 부분 한눈에 확인

기출 유형 문제 풀이

또기적 합격자료집

시험과 동일한 기출 유형 문제 풀이로 마무리 학습

도서 구매자 특별 제공
추가 기출 유형 문제 + 핵심 단축키

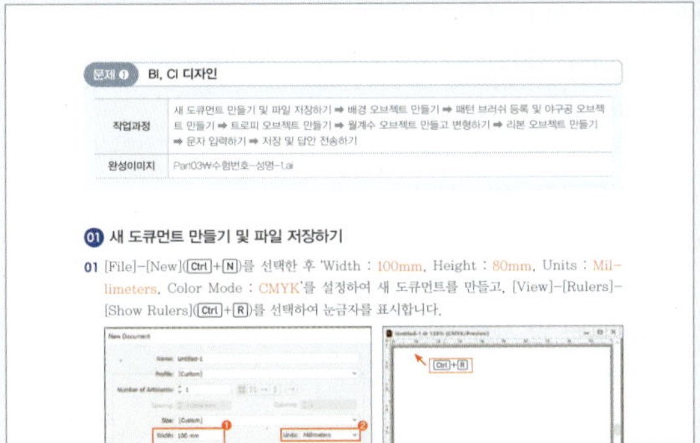

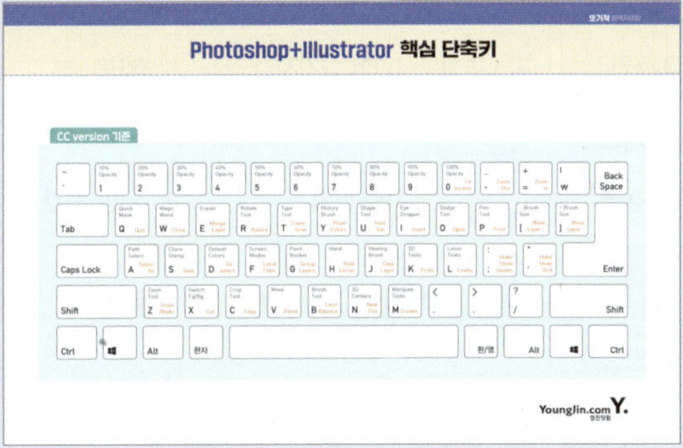

- ✓ QR 코드로 동영상 강의 바로 시청
- ✓ 문제 풀이에 대한 자세한 해설 확인
- ✓ 별색 표기를 통해 기능별 적용 부분 한눈에 확인

- ✓ 추가 기출문제로 충분한 연습 가능
- ✓ QR 코드로 동영상 강의 바로 시청
- ✓ Photoshop+Illustrator 핵심 단축키 증정

시험의 모든 것

시험 알아보기

● 자격 소개 및 이슈

〈GTQ〉 그래픽기술자격은 컴퓨터그래픽 디자인 능력을 평가하는 국가공인자격 시험으로 전문 GTQ와 GTQi의 경우 역량을 평가하는 국가공인 실기 중심 시험(3급 제외)

● 응시 자격

자격 제한 없음

● 시험 형식

• 포토샵

등급	시험 방법	시험 시간
1급	4문항 실무작업형 실기시험	90분
2급		
3급(민간)	3문항 실무작업형 실기시험	60분

• 일러스트

등급	시험 방법	시험 시간
1급	3문항 실무작업형 실기시험	90분
2급		
3급(민간)		

● 사용 프로그램 버전

• 포토샵 : Adobe Photoshop CS6, CC(영문, 한글) 버전 사용
• 일러스트 : Adobe Illustrator CS6, CC(영문) 버전 사용
• 시험 접수 기간에 고사장별로 응시 가능한 S/W 버전을 확인할 수 있음
• GTQ 그래픽기술자격 3급 시험의 경우 1, 2교시 동시 신청 불가

출제 기준

● 출제 기준(1급 기준)

포토샵

• 고급 Tool(도구) 활용(20점)
  : 펜툴을 이용한 패스 저장 및 여러 도구들을 이용하여 이미지 제작
• 사진편집 응용(20점)
  : 이미지 색상/명도 조절 등 이미지 변형 및 효과
• 포스터 제작(25점)
  : 레이어 편집 및 문자를 이용한 효과
• 웹 페이지 제작(35점)
  : 상기 문제의 요소들을 활용한 웹 페이지 제작

일러스트

• BI, CI 디자인(25점)
  : 응용 디자인(BI, CI, 심볼, 로고, 픽토그램 등)
  − 기본도구 및 기능 사용
• 패키지, 비즈니스 디자인(35점)
  : 응용 디자인(명함, 서식류, 카드류, 간판, 제품, 패키지 디자인 등)
  − 기본도구 및 기능 사용
  − 추가도구 및 기능 사용
• 광고 디자인(40점)
  − 기본도구 및 기능 사용
  − 추가도구 및 기능 사용

접수 및 응시

● 시험 일자

GTQ(포토샵), GTQi(일러스트)는 1~12월 정기시험 시행(매월 넷째 주 토요일)

● 시험 접수

- 시행처 홈페이지 https://license.kpc.or.kr에서 인터넷 접수
- 방문접수의 경우, 'KPC 자격지역센터'에서 사전 연락 후 가능

● 합격 기준

등급	합격 기준
1급	100점 만점 70점 이상
2급	100점 만점 60점 이상
3급	

● 응시료

구분	1급	2급	3급
일반	42,000원	32,000원	22,000원

그래픽 Master 소개

● 그래픽 Master의 정의

한국생산성 본부는 그래픽 디자인 업계의 주요 프로그램인 포토샵, 일러스트레이터, 인디자인 활용 능력을 인증하는 GTQ, GTQi, GTQid 자격 제도를 운영 중이며, 모든 자격증을 획득하였을 경우 발급이 가능한 자격증을 의미

● 그래픽 Master 신청 요건

- 신청 요건 : GTQ, GTQi, GTQid 3과목 모두 취득해야 함
- 급수 기준 : 과목에 관계없이 1급 2과목, 2급 1과목 이상이면 신청 가능

● 그래픽 Master 신청 방법

[https://license.kpc.or.kr]–[합격확인/자격증 신청]–[그래픽 Master] 게시판에서 맨 아래 '신청하기' 버튼을 눌러 신청

● 그래픽 Master 승인 절차

① 신청하기 → ② 접수신청 및 결제 → ③ 접수신청 검토 → ④ 인증서 발급 → ⑤ 인증서 배송

● 그래픽 Master 처리 기간

그래픽 Master는 매주 2회(월요일 승인/지난 목요일~일요일 접수 분, 목요일 승인/지난 월요일~수요일 접수 분) 승인 처리하며, 승인 처리 완료 후 통상적으로 3일 내 배송이 완료
(주소 불명으로 반송되는 경우가 많으니 우편 수령지에 정확한 주소 기입 요망)

● 그래픽 Master 발급 비용

11,000원(수수료 포함)

고사장 및 시험 관련 문의

- 시행처 : 한국생산성본부(KPC)
- https://license.kpc.or.kr

📞 1577-9402

실습 파일 사용 방법

GTQ 포토샵 합격에 필요한 자료를 모두 모았습니다.

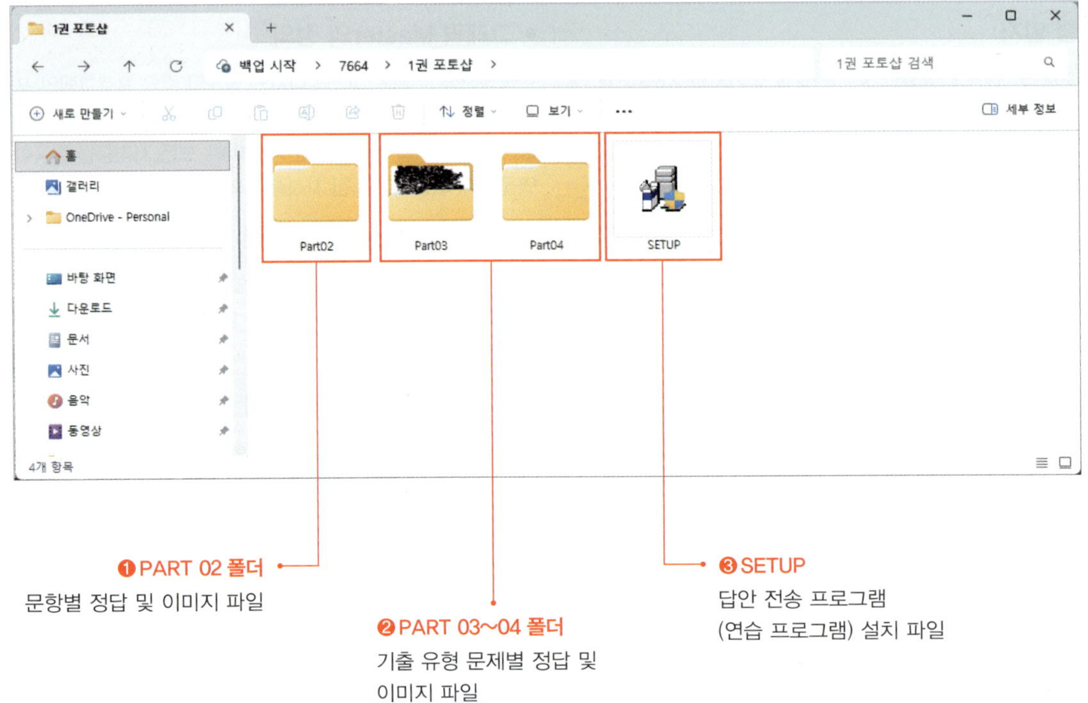

❶ PART 02 폴더

문항별 정답 및 이미지 파일

❷ PART 03~04 폴더

기출 유형 문제별 정답 및
이미지 파일

❸ SETUP

답안 전송 프로그램
(연습 프로그램) 설치 파일

다운로드 방법

① 이기적 영진닷컴 홈페이지(license.youngjin.com)에 접속하세요.

② [자료실]-[GTQ] 게시판으로 들어가세요.

③ '[7664] 이기적 GTQ 포토샵+일러스트 1급 올인원(ver.CC)_부록 자료' 게시글을 클릭하여 첨부파일을 다운로드하세요.

사용 방법

① 다운로드받은 '7664' 압축 파일에서 마우스 오른쪽 버튼을 눌러 '7664'에 압축 풀기를 눌러 압축을 풀어주세요.

② 압축이 완전히 풀린 후에 '7664' 폴더를 더블 클릭 후, 1권 포토샵 폴더를 클릭하세요.

③ 압축이 제대로 풀렸는지 확인하세요. 파일이 열리지 않는 경우 압축 프로그램이 제대로 설치되어 있는지 확인해 주세요.

답안 전송 프로그램 설치법

답안 전송 프로그램이란?

GTQ 시험은 답안 작성을 마친 후 저장한 답안 파일을 감독위원 PC로 전송하여 제출해야 합니다.
시험장에서 당황하는 일이 없도록 답안 전송 프로그램으로 미리 연습해 보세요.

다운로드 및 설치법

01 이기적 홈페이지(license.youngjin.com)에 접속한 후 상단에 있는 [자료실]–[GTQ]를 클릭한다. '[7664] 이
기적 GTQ 포토샵+일러스트 1급 올인원(ver.CC)'을 클릭하고 첨부파일을 다운로드 받아 압축을 해제한다.

02 다음과 같은 폴더가 열리면 답안 전송을 원하는 프로그램에 따라(포토샵/일러스트) 폴더 내에 각각 들어있
는 'SETUP'을 더블 클릭하여 '답안 전송 프로그램'을 실행시킨다.

※ 운영체제가 Windows 7 이상인 경우는 마우스 오른쪽 버튼을 클릭해 '관리자 권한으로 실행'을 선택하여 실행시킨다.

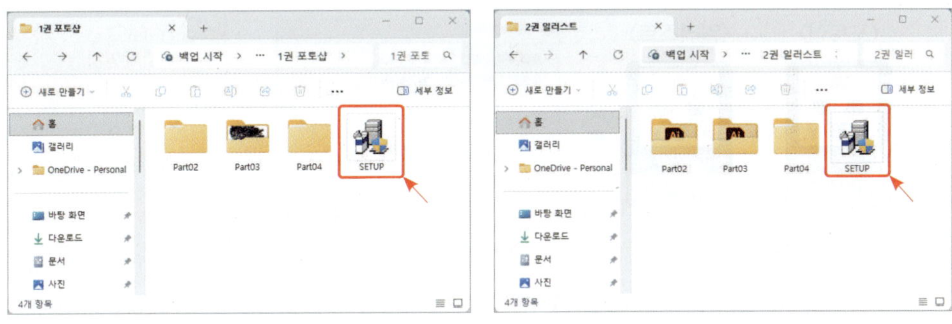

03 다음과 같이 설치 화면이 나오면 [다음]을 클릭하고 설치를 진행한다.

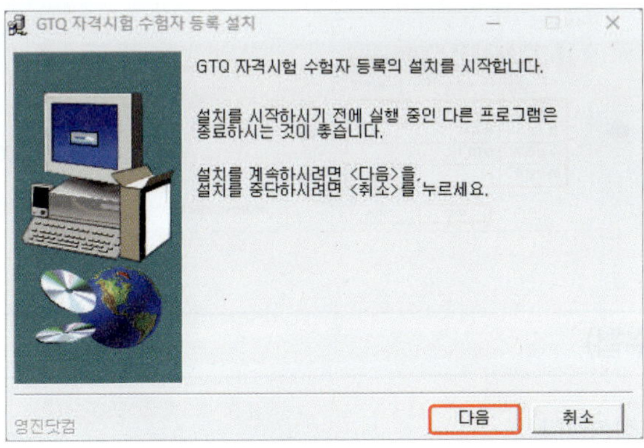

04 설치 진행이 완료되면 'GTQ 수험자용' 아이콘을 더블 클릭하여 프로그램을 실행한다.

답안 전송 프로그램 사용법

시험 진행 순서

본인 좌석 확인 후 착석 ▶ 수험자 정보 확인 ▶ 화면 안내에 따라 진행 ▶ 검토 후 최종 답안 제출 ▶ 퇴실

01 수험자 수험번호 등록

① 바탕화면에서 'GTQ 수험자용' 아이콘을 실행한다. [수험자 등록] 화면에 수험번호를 입력한 후 [확인]을 클릭한다.

※ 실제 시험장에서는 본인의 수험번호를 찾아 입력한다.

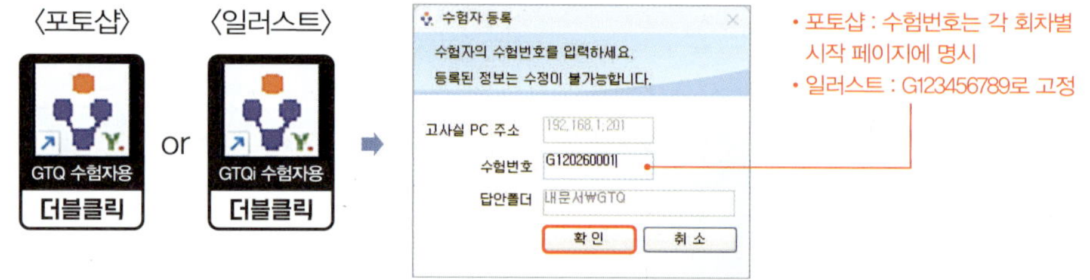

② 수험번호가 화면과 같으면 [예]를 클릭한다. 다음 화면에서 수험번호, 성명, 수험과목, 좌석번호를 확인 후, 버튼을 누르고 감독위원의 지시를 기다린다.

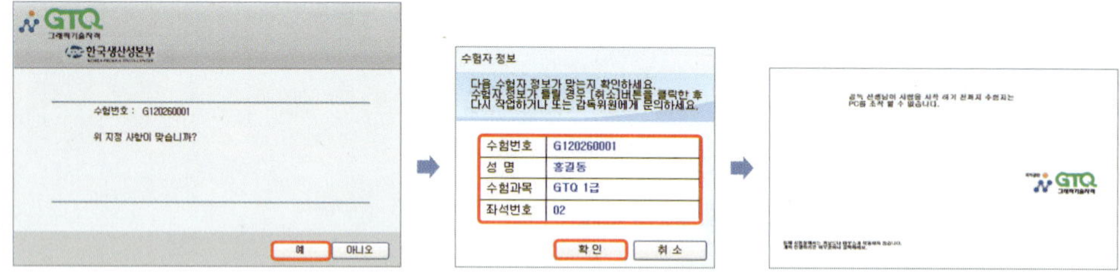

02 시험 시작(답안 파일 작성 및 수험)

① 프로그램을 실행한 후 답안 파일을 작성한다.

① 답안 파일은 '내 PC\문서\GTQ' 폴더에 저장한다.

② 답안 파일명은 '수험번호–성명–번호'로 저장해야 한다.

03 답안 파일 전송(감독 PC로 전송)

① 바탕화면의 실행 화면에서 [답안 전송]을 클릭한 후, 작성한 답안 파일을 감독 PC로 전송한다. 화면에서 작성한 답안 파일의 존재유무(파일이 '내 PC₩문서₩GTQ' 폴더에 있을 경우 '있음'으로 표시됨)를 확인 후 [답안 전송]을 클릭한다.

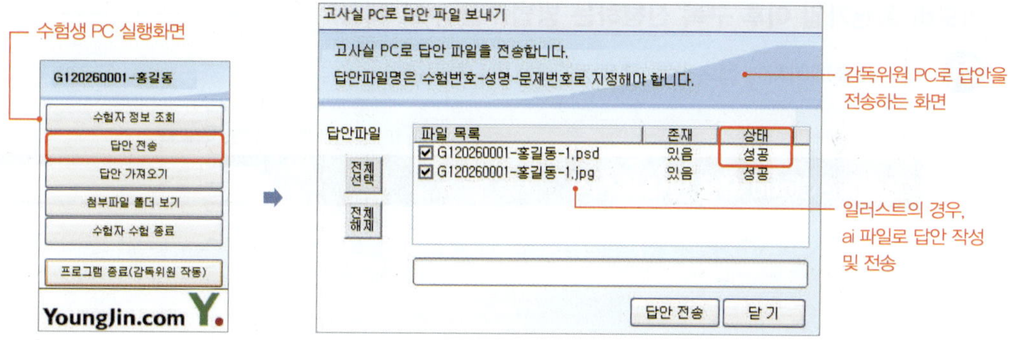

② 전송이 성공적으로 끝나면 상태 부분에 '성공'이라 표시된다.
※ 연습 채점 프로그램이므로 실제 감독 PC에는 전송되지 않는다.

04 시험 종료

① 수험자 PC화면에서 [수험자 수험 종료]를 클릭한 후 감독위원의 지시를 기다린다.

② 감독위원의 퇴실 지시에 따라 퇴실한다.

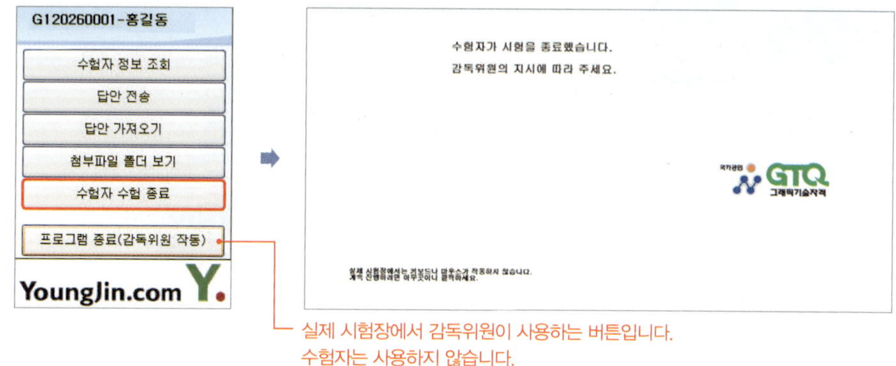

답안 전송 프로그램 안내

• 프로그램을 설치했는데 '339 런타임 오류가 발생하였습니다.'라는 오류 메시지가 나타나는 경우

프로그램 설치 시 마우스 오른쪽 버튼을 클릭하여 '관리자 권한으로 실행'을 선택하여 설치하고, 설치 후 실행 시에도 '관리자 권한으로 실행'을 선택해 주세요.

포토샵&일러스트 무료 체험판 설치하기

포토샵&일러스트란?

어도비 홈페이지(http://www.adobe.com/kr/)에 접속하여 구매하셔야 하는 디자인 소프트웨어로, 정품이 없다면 온라인에서 7일 무료 체험판을 받아 설치할 수 있다. 무료 체험판은 설치 후 7일 이내에 구독을 취소하지 않을 시, 자동으로 유료 결제가 진행되므로 이후 결제를 원하지 않을 경우 결제 취소를 필수로 진행하여야 한다.

어도비 회원가입 이후 구독 신청하는 방법(7일 무료 체험)

01 어도비 홈페이지에 접속하여 [무료 체험하기]를 클릭한다.

※ 홈페이지 메인에 [무료 체험하기]가 보이지 않는다면, 오른쪽 상단 [도움말 및 지원]–[다운로드 및 설치]를 클릭하여 [Creative Cloud 모든 앱]–[무료 체험판]을 선택한다.

03 첫 7일간은 무료라는 안내 문구가 나타난다.
① 사용 목적에 맞는 플랜 선택
② [계속] 버튼 클릭

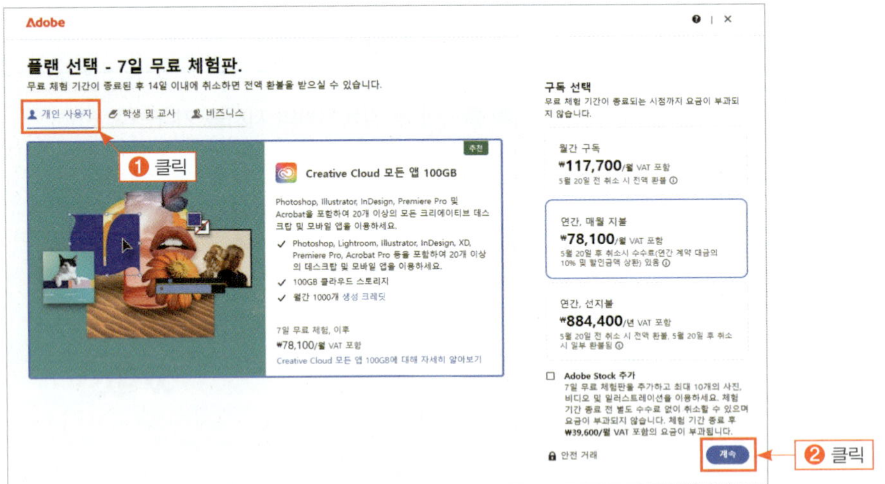

※ 일반 취미용으로 프로그램을 이용하려면 [개인 사용자용]을 선택한다. 각 목적에 따라 구독료가 달라지기 때문에, 선택 시 유의해야 한다.

03 이메일 주소를 추가하는 입력란이 나타난다.

① 이메일 주소 입력

② 약관을 확인하여 동의 절차를 거침

③ [계속] 버튼 클릭

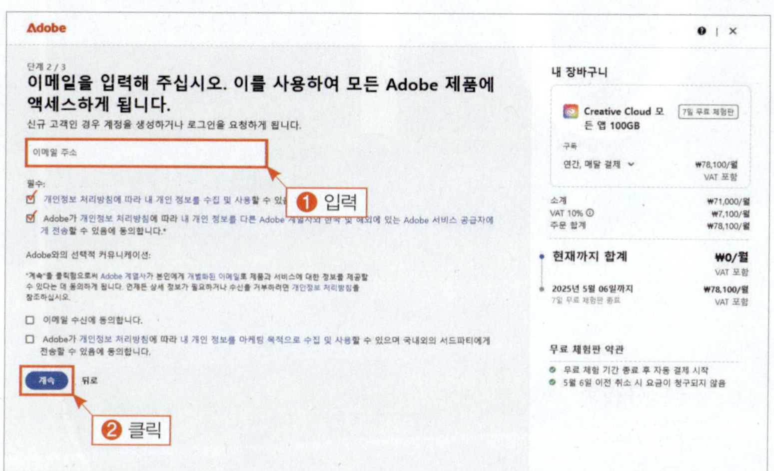

04 결제 정보를 업데이트한다.

① 결제할 카드 정보 입력

② [무료 체험기간 시작] 클릭

③ 무료 사용 기간은 7일이며, 이후 자동으로 설정된 결제 수단으로 결제됨

④ 만약 결제를 원하지 않으면, 기간 내에 결제 취소 필수

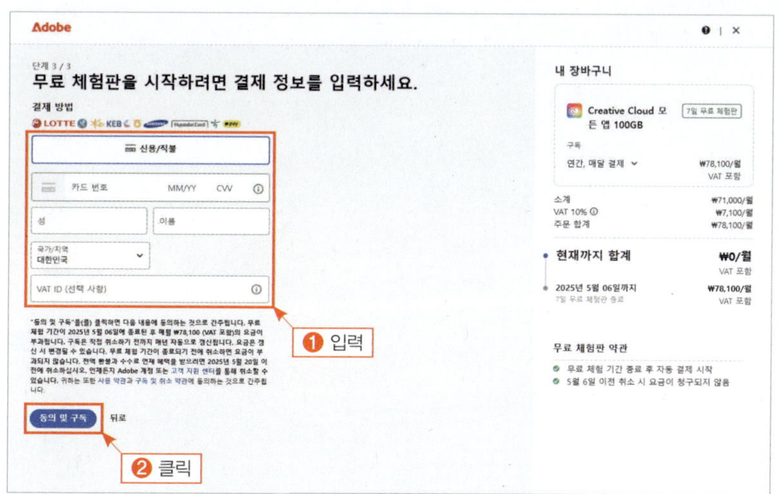

※ 카드 하나의 정보당 무료 체험판 한 번의 기회를 얻을 수 있으며 플랜 취소 및 구독과 관련된 문의는 어도비 홈페이지(http://www.adobe.com/kr/)를 참고해야 한다.

PART

01

GTQ 포토샵 준비하기

GTQ 포토샵 1급 시험을 처음 준비하는 수험생이 시험의 구조와 출제 유형을 이해할 수 있도록 구성된 안내 파트입니다. 문제 풀이 전략과 실수 방지 요령, 자주 묻는 질문에 대한 답변을 통해 실전 대비에 필요한 기초 방향을 잡는 데 도움받을 수 있습니다.

시험 소개

01 수험자 유의사항 및 답안 작성 요령

수험자 유의사항

- 수험자는 문제지를 받는 즉시 응시하고자 하는 과목 및 급수가 맞는지 확인한 후 수험번호와 성명을 작성합니다.
- 파일명은 본인의 "수험번호–성명–문제번호"로 공백 없이 정확히 입력하고 답안폴더(내 PC₩문서₩GTQ)에 jpg 파일과 psd 파일의 2가지 포맷으로 저장해야 하며, jpg 파일과 psd 파일의 내용이 상이할 경우 0점 처리됩니다.
- 답안문서 파일명이 "수험번호–성명–문제번호"와 일치하지 않거나, 답안 파일을 '전송'하지 않는 경우 답안 파일 미제출로 불합격 처리됩니다. ※ 답안은 반드시 시험 시간 내에 전송을 완료해야 하며, 전송 시간을 충분히 감안하여 제출해 주시기 바랍니다. (공정한 평가를 위해, 시험종료 전 전송이 완료된 답안에 한해 채점이 진행됩니다.)
- 문제의 세부 조건은 '영문(한글)' 형식으로 표기되어 있으니 유의하시기 바랍니다.
- 수험자 정보와 저장한 파일명, 저장 위치가 다를 경우 전송이 되지 않으므로, 주의하시기 바랍니다.
- 답안 작성 중에도 주기적으로 '저장'과 '답안 전송'을 이용하여 감독위원 PC로 답안을 전송하셔야 합니다. (작업한 내용을 저장하지 않고 전송할 경우 이전의 저장 내용이 전송되오니 이점 반드시 유념하시기 바랍니다.)
- 답안문서는 지정된 경로 외의 다른 보조기억장치에 저장하는 행위, 지정된 시험 시간 외에 작성된 파일을 활용한 행위, 기타 허용되지 않은 기기 및 프로그램(이메일, 메신저, 게임, 네트워크, 윈도우계산기, 스톱워치 등) 이용 시 부정행위로 간주되어 자격기본법 제32조에 의거 본 시험 및 국가공인 자격시험을 2년간 응시할 수 없습니다.
- 시험 종료 후 제출된 답안은 평가 및 검증을 위해 본부에서 보관되며, 시험의 공정성과 보안 유지를 위해 응시자에게 본인의 답안을 제공하는 것은 허용되지 않습니다. 이 점 반드시 유의하시기 바랍니다.
- 시험 중 부주의 또는 고의로 시스템을 파손한 경우와 〈수험자 유의사항〉에 기재된 방법대로 이행하지 않아 생기는 불이익은 수험자의 책임임을 알려 드립니다.
- 시험을 완료한 수험자는 최종적으로 저장한 답안파일이 전송되었는지 확인한 후 감독위원의 지시에 따라 문제지를 제출하고 퇴실합니다.

❶ 파일 저장 규칙대로 답안문서 파일명은 반드시 "수험번호–성명–문제번호"로 저장하여야 하며 답안폴더인 '내 PC₩문서₩GTQ'에 문제당 각각 jpg 파일과 psd 파일의 2가지 포맷으로 저장해야 합니다. 총 8개의 답안 파일이 해당 경로에 저장되어야 하고 바탕화면에 실행 중인 전송 프로그램을 통해 시간내에 반드시 전송되어야 합니다(지정된 답안폴더에 저장하지 않으면 전송되지 않습니다).

❷ 제시된 그림 및 문자 효과가 모두 완료되면 완성된 답안을 문제지의 《출력형태》와 비교하며 꼼꼼하게 점검한 후 전송합니다. 만약, 답안 제출 후 수정 사항이 발생하면 임의 경로에 저장한 파일을 열고 추가 작업을 완료한 후 다시 jpg 파일과 psd 파일의 2가지 포맷으로 저장합니다. jpg 파일과 psd 파일의 내용이 다를 경우 0점 처리되므로 반드시 다시 저장해야 합니다. 답안 파일은 수시로 전송 가능하며 최종적으로 저장하여 전송한 답안이 채점이 됩니다.
임시 파일을 수시로 저장하되 문제당 다음과 같은 저장 순서대로 작업을 진행합니다.

1. 원본 psd 파일	2. jpg 파일	3. 축소된 psd 파일
• 작업 과정이 모두 포함된 임시 파일로 최종 정답 파일 제출 후 퇴실 전 삭제 • 저장 위치 : 임의 경로	• 정답 파일 제출용 • 문제에서 제시된 원본 크기 • [File(파일)]-[Save As(다른 이름으로 저장)]로 jpg 저장 • 저장 위치 : 내 PC₩문서₩GTQ	• 정답 파일 제출용 • 원본 크기의 1/10로 축소 • [File(파일)]-[Save As(다른 이름으로 저장)]로 psd 저장 • 저장 위치 : 내 PC₩문서₩GTQ

답안 작성요령

- 온라인 답안 작성 절차 : 수험자 등록 ⇒ 시험 시작 ⇒ 답안파일 저장 ⇒ 답안 전송 ⇒ 시험 종료
- 내 PC₩문서₩GTQ₩Image폴더에 있는 그림 원본파일을 사용하여 답안을 작성하시고 최종답안을 답안폴더(내 PC₩문서₩GTQ)에 저장하여 답안을 전송하시고, 이미지의 크기가 다른 경우 감점 처리됩니다.
- 배점은 총 100점으로 이루어지며, 점수는 각 문제별로 차등 배분됩니다.
- 각 문제는 주어진 〈조건〉에 따라 작성하고, 언급하지 않은 조건은 《출력형태》와 같이 작성합니다.
- 문제 〈조건〉과 《출력형태》에서 차이가 발생할 경우 문제에서 지정한 〈조건〉에 따라 작업해 주시기 바랍니다.
- 배치 등의 편의를 위해 주어진 눈금자의 단위는 '픽셀'입니다.
  그 외는 출력형태(효과, 이미지, 문자, 색상, 레이아웃, 규격 등)와 같게 작업하십시오.
- 문제 조건에 서체의 지정이 없을 경우 한글은 굴림이나 돋움, 영문은 Arial로 작업하십시오.
  (단, 그 외에 제시되지 않은 문자 속성을 기본값으로 작성하지 않은 경우는 감점 처리됩니다.)
- Image Mode(이미지 모드)는 별도의 처리조건이 없을 시 RGB(8비트)로 작업하십시오.
- 모든 답안 파일은 해상도 72 pixels/inch로 작업하십시오.
- Layer(레이어)는 각 기능별로 분할해야 하며, 임의로 합칠 경우나 각 기능에 대한 속성을 해지할 경우 해당 요소는 0점 처리됩니다.

한 국 생 산 성 본 부

❶ 문제지의 《출력형태》에는 답안 파일의 레이아웃 설정을 위해 눈금자가 표시되어 있습니다. 작업 이미지에 [View(보기)]-[Rulers(눈금자)](Ctrl+R)를 클릭하여 눈금자 보기를 하고 눈금자에 마우스 오른쪽 버튼을 클릭하여 눈금자의 단위를 'Pixels(픽셀)'로 설정합니다. 상단과 왼쪽의 눈금자에서 작업 이미지로 드래그하여 안내선을 표시합니다. [View(보기)]-[Show(표시)]-[Grid(격자)](Ctrl+')를 선택하여 격자를 표시하면 작업 화면 전체에 표시되어 《출력형태》와 같은 세부적인 배치 및 크기 조절이 용이합니다. [Edit(편집)]-[Preference(환경설정)](Ctrl+K)를 클릭하고 [Guides, Grid & Slices(안내선, 격자와 슬라이스)]를 선택하여 '격자 간격, 세분, 격자 색상' 등을 변경할 수 있습니다.

❷ 문제지에서 제시한 문자 효과는 주어진 서체 속성대로 글꼴, 크기, 색상을 지정해야 합니다. 그 외 제시되지 않은 문자 속성인 문자 스타일, 자간, 행간, 문자의 장과 평은 수험자 임의대로 작성하지 말고 기본값으로 작성해야 감점이 없습니다. 서체의 지정이 없을 경우에는 한글은 굴림이나 돋움, 영문은 Arial로 작업합니다.

❸ 새로운 작업 이미지를 설정할 때는 이미지 모드는 [File(파일)]-[New(새로 만들기)] 대화상자에서 반드시 Color Mode(색상 모드)는 'RGB Color(RGB 색상), 8bit(비트)'로 설정합니다.

❹ 새로운 작업 이미지를 설정할 때는 [File(파일)]-[New(새로 만들기)] 대화상자에서 처음 설정 시 반드시 Resolution(해상도)를 '72 Pixels/Inch(픽셀/인치)'로 설정합니다.

❺ Layer(레이어)는 이미지, 문자, 모양 레이어, 레이어 스타일 등 각각의 기능별로 분리해서 작업이 되어야 하며, 레이어를 임의대로 합치거나 각 기능에 대한 속성이 해지되어 0점 처리되지 않도록 주의합니다.

다음의 《조건》에 따라 아래의 《출력형태》와 같이 작업하시오.

조건

원본 이미지			PART03₩1급-1.jpg, 1급-2.jpg, 1급-3.jpg
파일저장규칙	JPG	파일명	문서₩GTQ₩수험번호-성명-1.jpg
		크기	400×500 pixels
	PSD	파일명	문서₩GTQ₩수험번호-성명-1.psd
		크기	40×50 pixels

출력형태

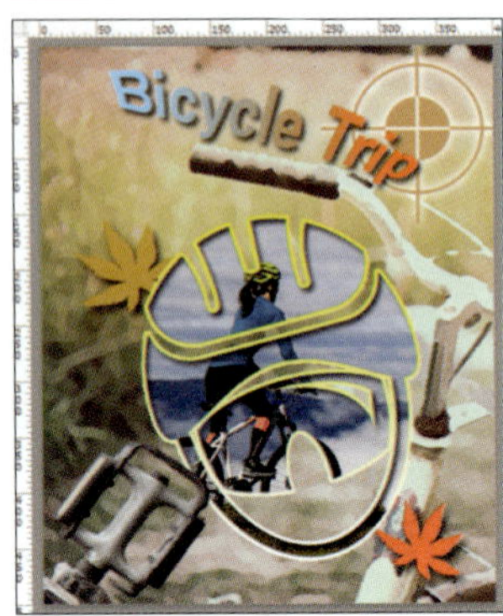

★ 대표 기출 유형 문제 따라하기 참고

1. 그림 효과

① 1급-1.jpg : 필터 – Dry Brush(드라이 브러시)
② Save Path(패스 저장) : 헬멧 모양
③ Mask(마스크) : 헬멧 모양, 1급-2.jpg를 이용하여 작성
　　레이어 스타일 – Stroke(획)(3px, 그라디언트(#ffffff, #ffff00),
　　Inner Shadow(내부 그림자))
④ 1급-3.jpg : 레이어 스타일 – Bevel and Emboss(경사와 엠보스)
⑤ Shape Tool(모양 도구) :
　　– 나뭇잎 모양 (#cc9900, #ff6633, 레이어 스타일 – Drop Shadow(그림자 효과))
　　– 등록 타깃 모양 (#cc9966, 레이어 스타일 – Outer Glow(외부 광선))

2. 문자 효과

① Bicycle Trip (Arial, Bold, 45pt, 레이어 스타일 – 그라디언트 오버레이(#66ccff, #ff6600), Drop Shadow
　　(그림자 효과))

02 [문제 ①] 주요 포인트

❶ 제시된 정답파일의 크기에 맞게 소스 이미지를 변형, 배치하고 필터를 적용합니다.

❷ 제시된 패스 모양대로 패스를 만들고 저장한 후 클리핑 마스크를 적용하여 《출력형태》와 동일하게 배치합니다.

❸ 다양한 선택 도구를 활용하여 제시된 이미지 일부를 정확하게 선택하고 변형 메뉴를 활용하여 크기 및 회전, 뒤집기 등을 적용하여 《출력형태》의 눈금자를 참고하여 동일하게 배치합니다.

❹ 제시된 두 가지의 모양을 Custom Shape Tool(사용자 정의 모양 도구)을 활용하여 그리고 레이어 스타일을 적용합니다. 레이어 스타일의 세부 옵션을 조절하여 《출력형태》와 동일하게 설정합니다.

❺ 사용자 정의 모양 중 하나는 복제하여 색상과 변형을 적용하여 배치합니다.

❻ 제시된 문자의 속성대로 글꼴, 크기, 색상, 변형된 텍스트를 적용하여 입력하고 제시되지 않은 문자 속성은 행간, 자간, 장평 등을 기본값으로 작성합니다. 제시된 레이어 스타일을 적용하여 《출력형태》와 동일하게 배치합니다.

다음의 《조건》에 따라 아래의 《출력형태》와 같이 작업하시오.

조건

원본 이미지		PART03₩1급—4.jpg, 1급—5.jpg, 1급—6.jpg	
파일저장규칙	JPG	파일명	문서₩GTQ₩수험번호—성명—2.jpg
		크기	400×500 pixels
	PSD	파일명	문서₩GTQ₩수험번호—성명—2.psd
		크기	40×50 pixels

출력형태

★ 대표 기출 유형 문제 따라하기 참고

1. 그림 효과

① 1급—4.jpg : 필터 – Underpainting(언더페인팅 효과)

② 색상 보정 : 1급—5.jpg – 빨간색, 파란색 계열로 보정

③ 1급—5.jpg : 레이어 스타일 – Drop Shadow(그림자 효과)

④ 1급—6.jpg : 레이어 스타일 – Outer Glow(외부 광선)

⑤ Shape Tool(모양 도구) :

　– 나뭇잎 모양 (#99ccff, 레이어 스타일 – Inner Shadow(내부 그림자))

　– 자원 순환 모양 (#99cc99, #cccc66, 레이어 스타일 – Stroke(획)(2px, #339966))

2. 문자 효과

① ECO LIFE (Times New Roman, Bold, 45pt, 레이어 스타일 – 그라디언트 오버레이(#ffffff, #66cccc), Drop Shadow(그림자 효과))

03 [문제 ②] 주요 포인트

❶ 제시된 정답파일의 크기에 맞게 소스 이미지를 변형, 배치합니다.

❷ 제시된 필터를 적용합니다. 대부분 Filter Gallery(필터 갤러리)의 필터가 출제되며 기본 옵션 설정값을 사용하지만 정확하게는 문제지의 《출력형태》를 참조하여 동일한 필터 효과를 찾아 옵션을 조절하여 적용합니다.

❸ 조정 레이어를 활용하여 레이어 이미지의 전체 또는 일부에 제시된 계열의 색상으로 보정합니다. 주로 [Hue/Saturation(색조/채도)]에서 'Colorize(색상화) : 체크'를 한 후 색조, 채도, 명도를 《출력형태》와 동일하게 설정합니다.

❹ 제시된 두 가지의 모양을 Custom Shape Tool(사용자 정의 모양 도구)을 활용하여 그리고 레이어 스타일을 적용합니다. 사용자 정의 모양 중 하나는 복제하여 색상과 변형을 적용하여 배치합니다.

❺ 문자는 가로, 세로 문자 도구로 입력합니다. 세부 옵션에 대한 별도의 제시는 없습니다. 옵션 바의 'Create warped text(변형된 텍스트 만들기)'를 클릭하여 스타일과 Bend의 수치를 설정하여 《출력형태》와 동일하게 적용하고 레이아웃에 맞게 배치합니다.

다음의 《조건》에 따라 아래의 《출력형태》와 같이 작업하시오.

조건

원본 이미지	PART03₩1급–7.jpg, 1급–8.jpg, 1급–9.jpg, 1급–10.jpg, 1급–11.jpg		
파일저장규칙	JPG	파일명	문서₩GTQ₩수험번호–성명–3.jpg
		크기	600×400 pixels
	PSD	파일명	문서₩GTQ₩수험번호–성명–3.psd
		크기	60×40 pixels

출력형태

★ 대표 기출 유형 문제 따라하기 참고

1. 그림 효과

① 배경 : #ffcc99

② 1급–7.jpg : Blending Mode(혼합 모드) – Overlay(오버레이), Opacity(불투명도)(80%)

③ 1급–8.jpg : 필터 – Dry Brush(드라이 브러시), 레이어 마스크 – 대각선 방향으로 흐릿하게

④ 1급–9.jpg : 필터 – Wind(바람), 레이어 스타일 – Inner Shadow(내부 그림자)

⑤ 1급–10.jpg : 레이어 스타일 – Outer Glow(외부 광선), Drop Shadow(그림자 효과)

⑥ 1급–11.jpg : 색상 보정 – 빨간색 계열로 보정, 레이어 스타일 – Stroke(획)(5px, 그라디언트 (#ffff99, 투명으로))

⑦ 그 외 《출력형태》 참조

2. 문자 효과

① 어린이 자전거교실 (궁서, 60pt, 42pt, 레이어 스타일 – 그라디언트 오버레이(#ffcc33, #ffcccc, #3399ff), Stroke(획)(2px, #663333), Drop Shadow(그림자 효과))

② 따르릉~ 따르릉~~ (돋움, 20pt, #000000, 레이어 스타일 – Stroke(획)(2px, #6699cc))

③ 2026년 5월 9일(토) / 어린이재단 9층 대강당 (돋움, 15pt, 레이어 스타일 – 그라디언트 오버레이(#ffffff, #ffcc99), Stroke(획)(2px, #996600))

④ 어린이를 위한 자전거 안전 강의 (돋움, 16pt, #ffffff, #cccc00, 레이어 스타일 – Stroke(획)(2px, #333300))

04 [문제 ③] 주요 포인트

❶ 배경 이미지에 설정된 색상 채우기는 전경색을 지정하고 Alt + Delete 로 빠르게 설정합니다.

❷ 제시된 혼합 모드 및 필터를 적용한 후 가로, 세로, 대각선 등 제시된 방향으로 레이어 마스크를 적용하여 배경색 및 이미지와 흐릿하게 합성합니다.

❸ 제시된 필터 적용 및 사용자 정의 모양 또는 이미지의 일부를 레이어로 복제 후 클리핑 마스크를 적용합니다.

❹ 조정 레이어를 활용하여 레이어 이미지의 전체 또는 일부에 제시된 계열의 색상으로 보정합니다.

❺ 3개의 Custom Shape(사용자 정의 모양)을 옵션에서 빠르게 찾아 적용할 수 있도록 세부 항목을 잘 익히고 레이어 스타일과 'Opacity(불투명도)'를 적용합니다.

❻ 4개의 문자 효과 중 2개 정도의 문자에 'Create warped text(변형된 텍스트 만들기)'를 적용합니다.

다음의 《조건》에 따라 아래의 《출력형태》와 같이 작업하시오.

조건

원본 이미지		PART03₩1급-12.jpg, 1급-13.jpg, 1급-14.jpg, 1급-15.jpg, 1급-16.jpg, 1급-17.jpg	
파일저장규칙	JPG	파일명	문서₩GTQ₩수험번호-성명-4.jpg
		크기	600×400 pixels
	PSD	파일명	문서₩GTQ₩수험번호-성명-4.psd
		크기	60×40 pixels

출력형태

★ 대표 기출 유형 문제 따라하기 참고

1. 그림 효과

① 배경 : #cccc99

② 패턴(과녁, 저작권 기호 모양) : #ffcc33, #cccc66

③ 1급-12.jpg : Blending Mode(혼합 모드) – Darken(어둡게 하기), 레이어 마스크 – 가로 방향으로 흐릿하게

④ 1급-13.jpg : 필터 – Grain(그레인), 레이어 마스크 – 대각선 방향으로 흐릿하게

⑤ 1급-14.jpg : 레이어 스타일 – Outer Glow(외부 광선), Drop Shadow(그림자 효과)

⑥ 1급-15.jpg : 필터 – Poster Edges(포스터 가장자리), 레이어 스타일 – Inner Shadow(내부 그림자)

⑦ 1급-16.jpg : 색상 보정 – 빨간색 계열로 보정, 레이어 스타일 – Bevel and Emboss(경사와 엠보스)

⑧ 그 외 《출력형태》 참조

2. 문자 효과

① 한강 자전거길 페스티벌 (굴림, 32pt, 레이어 스타일 – 그라디언트 오버레이(#ffffff, #ccffff, #ffcccc), Stroke(획)(3px, #336633))

② Bike Festival (Times New Roman, Bold, 28pt, 22pt, #003333, 레이어 스타일 – Stroke(획)(2px, #cc9999))

③ Enjoy! Slow Riding (Arial, Regular, 20pt, #ff9933, 레이어 스타일 – Stroke(획)(2px, #000000))

④ 대회일정 안전수칙 자전거셰어링 (돋움, 14pt, #333333, 레이어 스타일 – Stroke(획)(2px, #cccc99, #99cc99))

05 [문제 ④] 주요 포인트

❶ 배경 이미지에 설정된 색상 채우기는 전경색을 지정하고 Alt + Delete 로 빠르게 설정합니다.

❷ 제시된 2개의 사용자 모양 도구를 활용하여 패턴을 정의하고 Pen Tool(펜 도구) 및 모양 도구 연산을 활용한 모양에 클리핑 마스크로 불투명도를 활용하여 적용합니다.

❸ 제시된 혼합 모드 및 필터를 적용한 후 제시된 방향으로 레이어 마스크를 적용하여 흐릿하게 합성합니다.

❹ 주로 [Hue/Saturation(색조/채도)]에서 'Colorize(색상화) : 체크'를 한 후 색조, 채도, 명도를 《출력형태》와 동일하게 설정합니다.

❺ 3개의 Custom Shape(사용자 정의 모양)를 옵션에서 빠르게 찾아 적용할 수 있도록 세부 항목을 잘 익히고 레이어 스타일과 'Opacity(불투명도)'를 적용합니다.

❻ 4개의 문자 효과 중 2개 정도의 문자에 'Create warped text(변형된 텍스트 만들기)'를 적용합니다.

문제 풀이 TIP

01 답안 파일 저장규칙

❶ 각 문제당 2개의 파일로 총 8개 파일을 저장해야 합니다.

❷ 파일명은 '수험번호–성명–문제번호'로 저장해야 합니다.

문제번호	파일명	예
1	수험번호–성명–1.jpg	G123456789–성명–1.jpg
	수험번호–성명–1.psd	G123456789–성명–1.psd
2	수험번호–성명–2.jpg	G123456789–성명–2.jpg
	수험번호–성명–2.psd	G123456789–성명–2.psd
3	수험번호–성명–3.jpg	G123456789–성명–3.jpg
	수험번호–성명–3.psd	G123456789–성명–3.psd
4	수험번호–성명–4.jpg	G123456789–성명–4.jpg
	수험번호–성명–4.psd	G123456789–성명–4.psd

02 온라인 답안 작성 절차

❶ 수험자 등록 → 시험 시작 → 수시로 답안 저장 및 전송 → 최종 답안 전송 → 시험 종료

❷ 모든 답안을 완성했는데 전체가 0점 처리되는 경우

- 최종 작업에서 저장하지 않고 답안 전송 프로그램으로 전송했을 경우에 해당됩니다. 반드시 수시로 저장한 후 전송을 하고, 최종 파일 전송 전에는 마지막으로 저장을 다시 한 후 전송하십시오.

❸ 해당 문제 0점 또는 일부가 감점 처리되는 경우

- 답안 문서 파일명이 "수험번호–성명–문제번호"와 일치하지 않은 경우
- jpg 파일과 psd 파일의 내용이 상이할 경우
- 이미지의 크기가 다른 경우
- 제시되지 않은 문자 속성을 기본값으로 작성하지 않은 경우
- Layer(레이어)를 기능별로 분할하지 않고 임의로 합칠 경우나 각 기능에 대한 속성을 해지할 경우

03 해상도와 색상 모드 설정

❶ Image Mode(이미지 모드)는 별도의 처리조건이 없을 경우에는 RGB(8비트)로 작업합니다.

❷ 모든 답안 파일은 해상도 72 Pixels/Inch로 작업합니다.

04 이미지 크기 설정

❶ 문제지의 《조건》에는 각각의 문제별로 크기가 다음과 같이 설정되어 있습니다.

원본 이미지	문서₩GTQ₩Image₩1급-1.jpg, 1급-2.jpg, 1급-3.jpg		
파일저장규칙	JPG	파일명	문서₩GTQ₩수험번호-성명-1.jpg
		크기	400×500 pixels
	PSD	파일명	문서₩GTQ₩수험번호-성명-1.psd
		크기	40×50 pixels
원본 이미지	문서₩GTQ₩Image₩1급-7.jpg, 1급-8.jpg, 1급-9.jpg, 1급-10.jpg, 1급-11.jpg		
파일저장규칙	JPG	파일명	문서₩GTQ₩수험번호-성명-3.jpg
		크기	600×400 pixels
	PSD	파일명	문서₩GTQ₩수험번호-성명-3.psd
		크기	60×40 pixels

❷ 문제1과 문제2는 JPG의 크기가 400×500 pixels이며, 문제3과 문제4는 JPG의 크기가 600×400 pixels 입니다.

❸ 최종 제출용 JPG와 PSD의 이미지 크기는 매우 중요합니다.

❹ PSD의 이미지 크기는 작업 중에는 제시된 크기가 아닌 JPG에서 제시된 이미지 크기로 작업해야 합니다. 답안 작업이 완료되면 최종 저장 후 전송 전에 JPG로 다른 이름으로 저장합니다. 그런 다음에 크기를 1/10 로 축소하여 다른 이름으로 저장하여 PSD로 저장한 후 전송합니다. .

05 클리핑 마스크 적용

❶ Clipping Mask(클리핑 마스크)를 적용할 때는 반드시 '사용자 정의 모양 도구' 또는 '이미지의 특정 형태' 레이어의 바로 위쪽에 이미지 레이어를 서로 겹치도록 배치해야 합니다.

❷ 클리핑 마스크 후 이미지 레이어를 《출력형태》의 레이아웃과 동일하게 이동하여 배치합니다.

06 레이아웃 배치

❶ 문제지의 《출력형태》를 보고 동일하게 작성합니다.

• 문제지의 《출력형태》 왼쪽과 위쪽에 표시된 눈금자를 보고 미리 준비한 자를 이용하여 문제지의 《출력형 태》 위에 100pixel 간격으로 가로와 세로 선을 그어 표시합니다.

• [Edit(편집)]-[Preference(환경설정)]-[Guides, Grid & Slices(안내선, 격자와 슬라이스)]에서 Grid(격자)의 'Gridline every(격자 간격) : 100pixels(픽셀), Subdivisions(세분) : 1'로 설정합니다.

• 포토샵에서 눈금자 보기(Ctrl + R)를 하고 문제지의 《출력형태》와 같이 격자(Ctrl + ') 및 안내선을 표시 합니다.

• Ctrl + T 로 《출력형태》와 동일하게 크기, 회전, 방향을 설정합니다. 특히 크기를 조절할 때는 Shift 를 누른 채 드래그하여 조절해야 종횡비를 유지할 수 있습니다.

❷ 감점이 되는 경우

• 문제지의 《출력형태》와 다른 경우

출력형태	감점 처리

문제지의 《출력형태》대로 격자에 배치합니다.	텍스트의 변형 효과가 다르고 한옥 모양 패스가 비대칭이며 클리핑 마스크가 적용된 이미지의 위치가 달라 감점이 됩니다.

• 레이어의 순서가 다른 경우

출력형태	감점 처리

	오른쪽 곤충 모형 레이어가 불투명도가 적용된 모양 레이어의 위쪽에 배치되어 있으므로 감점이 됩니다.

07 이미지 방향

[Edit(편집)]–[Free Transform(자유변형)](Ctrl + T)을 클릭하고 이미지의 회전, 뒤집기로 이미지의 방향을 《출력형태》와 동일하게 적용한 후 배치합니다.

출력형태	감점 처리

	왼쪽 하단 곤충 이미지의 방향과 나뭇잎 모양의 회전 각도가 다르므로 감점이 됩니다.

08 필터 효과

❶ 필터는 문제지에서 제시한 정확한 필터를 찾아서 적용합니다.

❷ 제시된 필터는 대부분 [Filter(필터)]-[Filter Gallery(필터 갤러리)]에서 찾아서 적용할 수 있습니다.

❸ 필터의 세부 옵션은 기본값을 그대로 적용한 경우가 많으나, 《출력형태》를 보고 최대한 동일하게 옵션을 조절합니다.

❹ 필터에 따라 'Preview(미리보기)'가 지원되지 않은 필터는 적용 후, 《출력형태》와 설정이 맞지 않으면 'Undo(명령 취소)(Ctrl + Z)'를 하고 다시 적용합니다.

❺ 필터를 적용하기 전에는 처리 속도와 프로그램 다운을 대비하여 미리 저장합니다.

출력형태	감점 처리
	배경 이미지에 적용된 필터가 출력형태와 다르므로 감점이 됩니다.

09 문자 속성의 기본값

❶ 답안 파일은 해상도 72Pixels/Inch로 설정되어 있어야 합니다. 해상도가 다르면 제시된 문자 크기대로 설정하고 입력하여도 《출력형태》와 크기가 다르게 보입니다.

❷ 문제 조건에 별도의 서체 지정이 없을 경우에는 한글은 굴림이나 돋움, 영문은 Arial로 작업합니다.

❸ 그 외에 제시되지 않은 문자 속성이 기본값으로 작성되지 않은 경우는 감점 처리됩니다.

❹ 문자를 입력하여 문자 레이어를 생성한 후 Transform(변형)을 통해 크기를 조절하지 않도록 합니다.

10 텍스트 변형 조건

❶ 변형된 텍스트는 정확한 모양 및 회전을 평가합니다. 세부 옵션에 대한 별도의 제시는 없습니다. 눈금자와 격자를 활용하여 변형의 정도를 설정합니다.

❷ 문자 도구의 Option Bar(옵션 바)에서 Create warped text(변형된 텍스트 만들기, [工])를 클릭하여 [Warp Text(텍스트 변형)] 대화상자에서 'Style(스타일), Horizontal(가로) 또는 Vertical(세로), Bend(구부리기)'를 설정하여 문자의 모양을 왜곡합니다.

출력형태	감점 처리
	 'K – Pet Fair' 문자 레이어에 텍스트 변형 미적용으로 감점이 됩니다.

⑪ 그라데이션

❶ 그라데이션 적용은 문자나 사용자 정의 모양 도구로 그린 모양의 칠 또는 선에 설정합니다.

❷ Layer(레이어) 패널 하단의 'Add a layer style(레이어 스타일 추가, [fx.])'을 클릭하여 [Stroke(획)]–[Fill Type(칠 유형)]–[Gradient(그레이디언트)] 또는 [Gradient Overlay(그레이디언트 오버레이)]를 선택하고 'Click to edit the gradient(클릭하여 그레이디언트 편집)'를 클릭합니다.

❸ 그라데이션의 스타일, 방향 및 각도, 색상이 《출력형태》와 일치해야 합니다.

출력형태	감점 처리
	오른쪽 상단 '사용자 지정 모양 레이어'의 그라데이션의 방향 및 불투명도가 다르므로 감점이 됩니다.

⑫ 색상 보정

❶ 색상 보정은 레이어에서 적용할 이미지의 범위와 제시된 색상을 《출력형태》와 동일하게 표현해야 합니다.

❷ 색상 보정은 이미지 메뉴를 활용하여 원본 레이어를 직접 보정하는 것보다는 Layer(레이어) 패널 하단의 'Create new fill or adjustment layer(새 칠 또는 조정 레이어 생성, [◐.])'를 클릭하고 [Hue/Saturation(색조/채도)]을 적용합니다.

❸ Properites(속성) 패널에서 'Colorize(색상화)'를 체크하고 'Hue(색조), Saturation(채도), Lightness(명도)'를 각각 설정하여 제시된 계열의 색상으로 보정합니다.

출력형태	감점 처리
	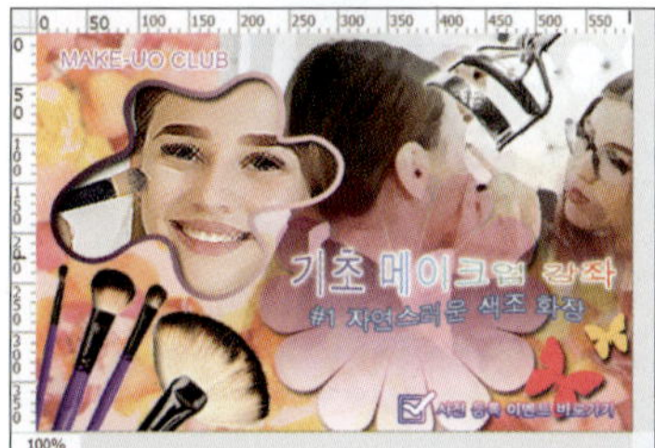
	보정된 색상 및 범위가 출력형태와 다르므로 감점이 됩니다.

⑬ 레이어 마스크 적용

❶ 레이어에 마스크를 적용하여 아래쪽 레이어에 적용한 색상과 합성할 때는 《출력형태》와 최대한 동일하게 설정해야 합니다.

❷ Layer(레이어) 패널의 추가된 레이어 마스크는 적용 후 속성을 병합하면 감점이 되므로 주의해야 합니다.

❸ Gradient Tool(그라디언트 도구, ▣)로 Option Bar(옵션 바)에서 'Black, White(검정, 흰색)'를 선택하고 지워질 부분에서 시작하여 제시된 방향으로 드래그하여 적용합니다.

출력형태	감점 처리

	하단 레이어와 합성된 이미지의 레이어 마스크 방향이 다르므로 감점이 됩니다.

⑭ 레이어 속성 유지

❶ 시험지의 답안작성 요령에서 지시한대로 Layer(레이어)는 기능별로 분할해야 하며, 임의로 합칠 경우나 각 기능에 대한 속성을 해지할 경우 해당 요소는 0점이 되므로 주의합니다.

❷ 채점시 1/10로 축소 저장한 PSD 파일에서 확인하므로 절대로 병합하지 말고, 불필요하게 생성된 레이어는 삭제합니다.

❸ 레이어 스타일 중 작업 과정에서 적용한 후 가시성(눈 아이콘)이 꺼져 있는 불필요한 스타일은 반드시 삭제합니다.

자주 질문하는 Q & A

Q 새 작업 이미지의 이미지 모드와 해상도, 작업 단위의 설정은 무엇으로 하나요?

답안 파일의 Image Mode(이미지 모드)는 별도의 처리조건이 없는 경우에는 RGB(8비트)로 설정하고 작업조건에서 주어진 모든 답안 파일의 해상도는 '72Pixels/Inch'이며 단위는 'Pixels(픽셀)'를 지정합니다.

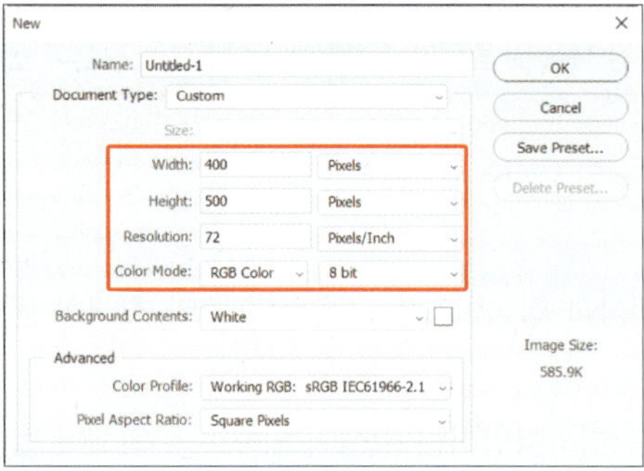

Q 한글 폰트의 이름이 영어로 표시되어 찾기 어려울 때 어떻게 하나요?

[Edit(편집)]-[Preferences(환경설정)]에서 'Type(문자)'의 'Type Options(문자 옵션)'에 'Show Font Names In English(글꼴 이름을 영어로 표시) : 체크 해제'를 설정하면 옵션 바에 한글로 폰트 이름이 표기됩니다.

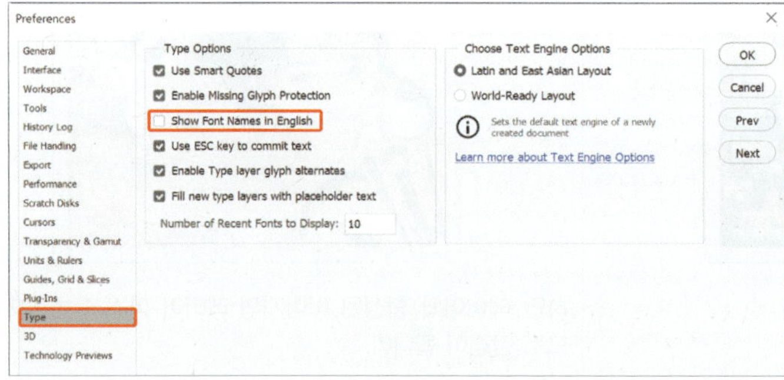

Q 문제지에 제시된 색상은 어떻게 적용하나요?

문제지의 색상은 RGB 색상을 16진수로 표현한 색상 코드입니다. Tool Panel(도구 패널) 하단의 'Set foreground color(전경색 설정)'를 클릭하여 Color Picker(색상 픽커) 대화상자에서 '#'의 오른쪽 입력란에 6자리의 코드를 입력합니다.

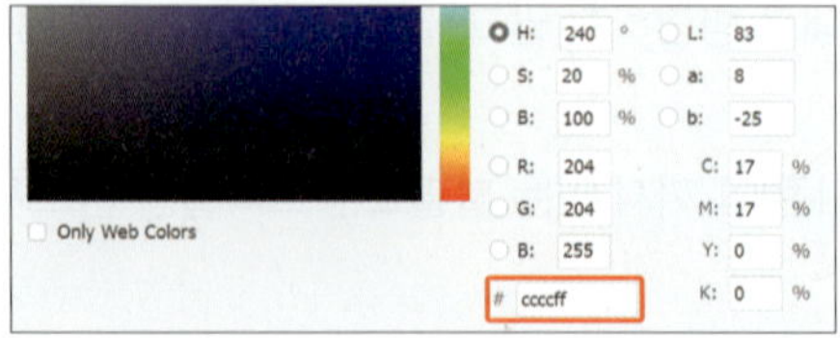

기적의 TIP

색상값 빠르게 입력하기
제시된 6자리의 색상 코드는 입력 순서대로 2자리씩 동일합니다. 예로 '#ccff00'이면 'cf0'을 입력해도 됩니다.

Q 문제지에서 제시한 《출력형태》와 동일하게 레이아웃을 맞추려면 어떻게 하나요?

자를 미리 준비해 가시면 됩니다. 문제지에서 제시한 《출력형태》에는 왼쪽과 위쪽에 눈금자가 픽셀 단위로 표시되어 있습니다. 주요 이미지의 배치 상태를 보고 100픽셀 간격으로 수직선과 수평선을 그어서 격자 상태와 동일하게 표시하고 작업하면 됩니다.

작업 이미지의 격자 간격은 [Edit(편집)]–[Preference(환경설정)]([Ctrl]+[K])를 클릭하고 [Guides, Grid & Slices(안내선, 격자와 슬라이스)]를 선택하여 Grid(격자)의 'Gridline every(격자 간격) : 100Pixels(픽셀), Subdivisions(세분) : 1'로 설정한 후 'Grid Color(격자 색상)'를 클릭하여 밝은 색상으로 변경합니다.

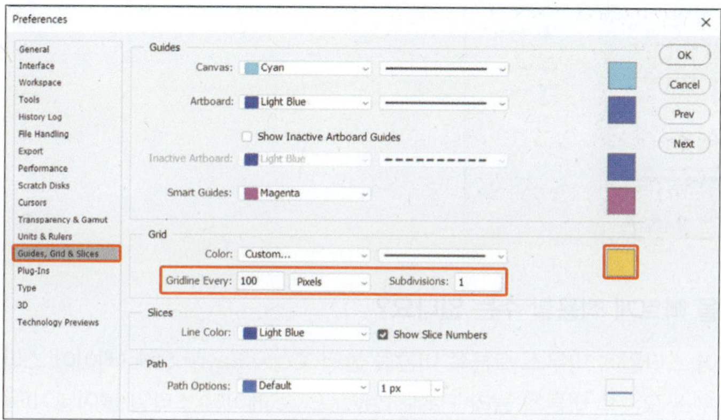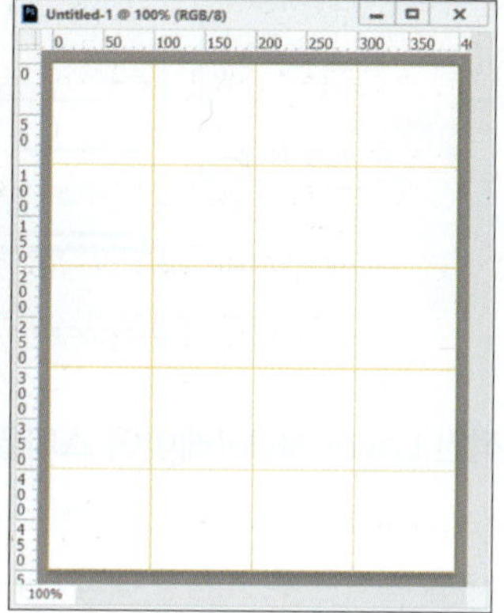

Q Custom Shape Tool(사용자 정의 모양 도구, 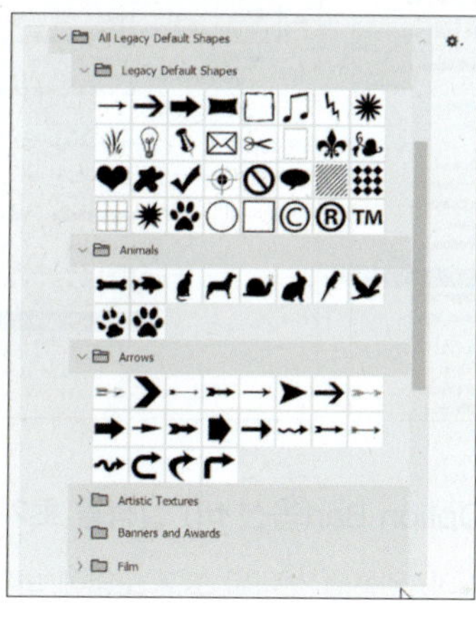)의 Option Bar(옵션 바)에서 이전 버전의 사용자 정의 모양이 없어요. 어떻게 찾을 수 있나요?

[Window(창)]–[Shapes(모양)]을 클릭하고 Shapes Panel(모양 패널)의 팝업 메뉴에서 'Legacy Shapes and More (레거시 모양 및 기타)'를 클릭하여 확장하면 이전 버전의 사용자 정의 모양 라이브러리를 추가할 수 있습니다.

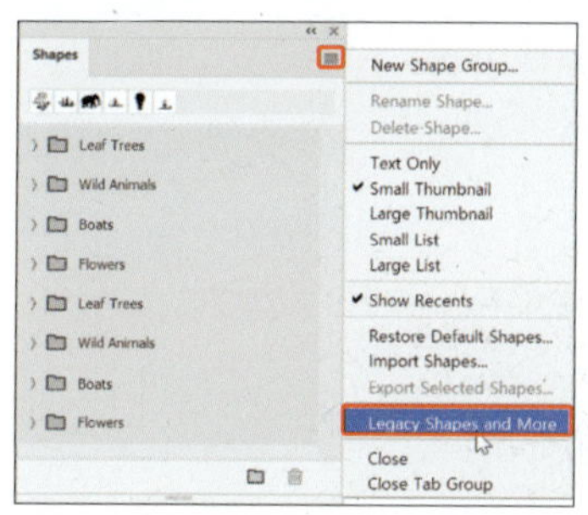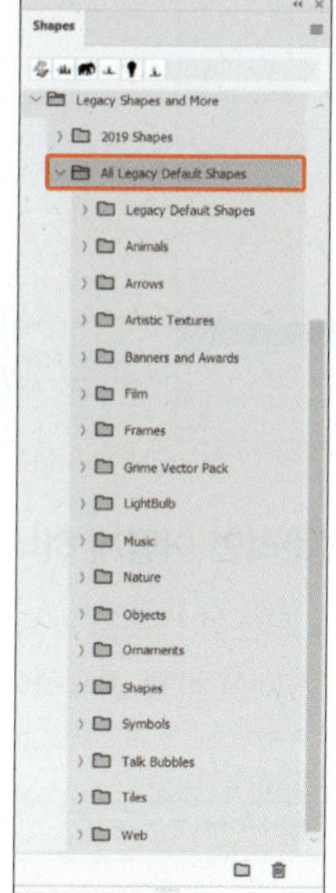

Q 이미 적용한 색상 보정을 수정할 수는 없나요?

Layer(레이어) 패널의 'Hue/Saturation(색조/채도)' 레이어의 'Layer thumbnail(레이어 축소판)'을 더블 클릭한 후 Properites(속성) 패널에서 수정이 가능합니다.

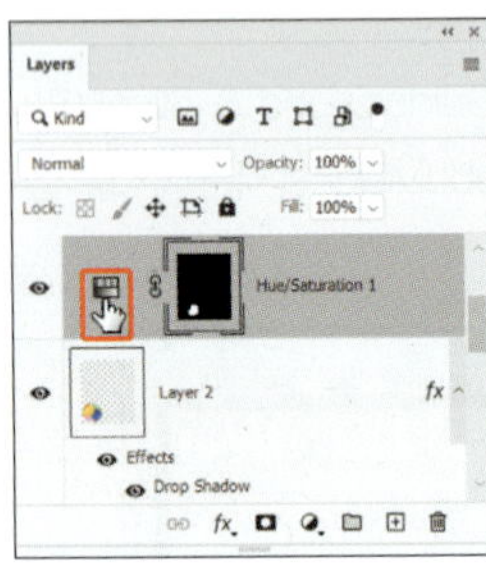
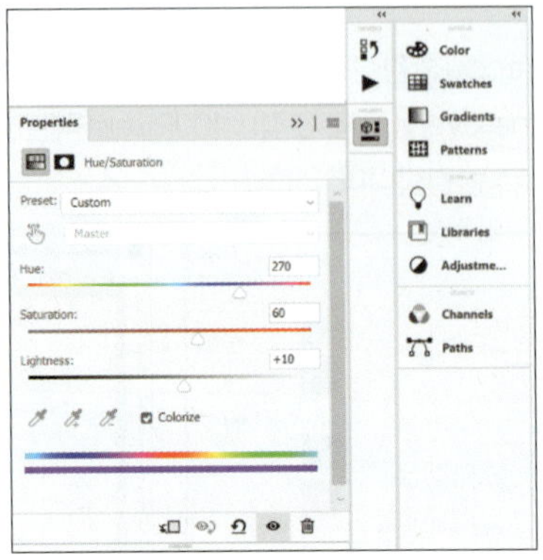

Q 반복적인 Layer style(레이어 스타일)을 빠르게 적용할 수는 없나요?

Layer(레이어) 패널에서 이미 적용한 레이어 스타일에 마우스 오른쪽 버튼을 눌러 'Copy Layer Style(레이어 스타일 복사)'을 클릭한 후, 적용할 레이어에 마우스 오른쪽 버튼을 눌러 'Paste Layer Style(레이어 스타일 붙여넣기)'을 클릭합니다.

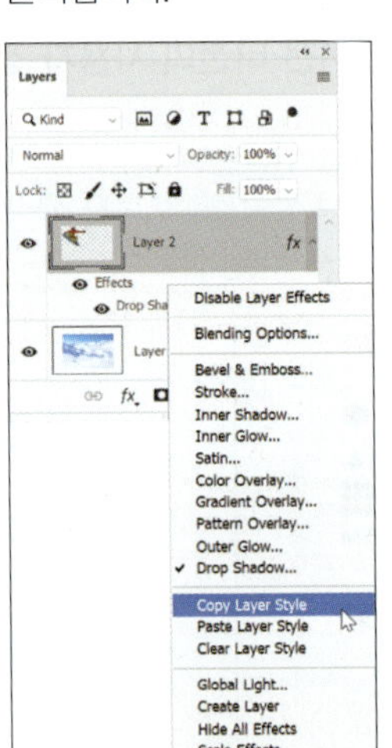
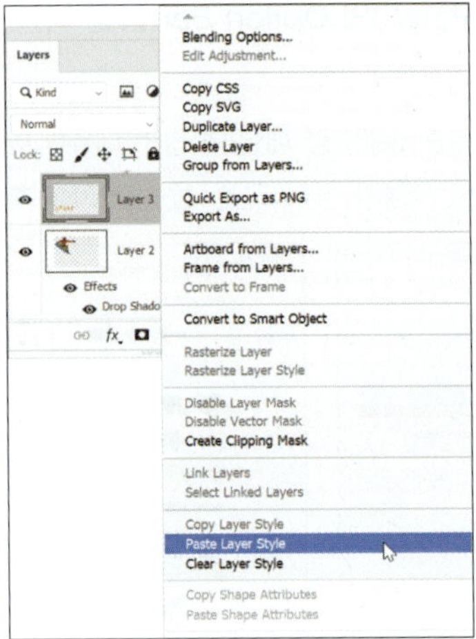

Q Tool(도구)의 Option Bar(옵션 바) 설정을 초기화하려면 어떻게 하나요?

Option Bar(옵션 바) 왼쪽의 선택된 도구 모양에 마우스 오른쪽 버튼을 누르고 'Reset Tool(도구 재설정)'을 클릭하여 현재 도구만 초기화하거나 'Reset All Tools(모든 도구 재설정)'를 클릭하여 포토샵의 모든 도구 옵션을 초기화할 수 있습니다.

Q 그림자 효과의 Angle(각도)을 레이어별로 각각 따로 적용하려면 어떻게 해야 하나요?

작업 이미지의 Layer Style(레이어 스타일) 대화상자에서 'Use Global Light(전체 조명 사용)'의 체크를 해제하면 이미 적용한 다른 레이어에 영향을 미치지 않고 레이어별로 각도를 따로 설정할 수 있습니다.

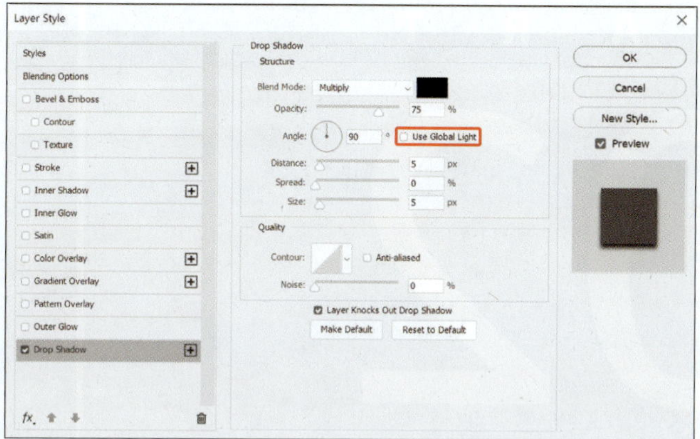

Q 레이어 마스크를 적용할 때 그레이디언트를 빠르게 'Black, White(검정, 흰색)'를 설정하는 방법은 없나요?

Gradient Tool(그레이디언트 도구,)를 클릭하고 Option Bar(옵션 바)에서 'Click to open Gradient picker(클릭하여 그레이디언트 편집)'를 클릭한 후 Presets(사전 설정)에서 Basics(기본 사항)를 눌러 'Black, White(검정, 흰색)'를 선택합니다.

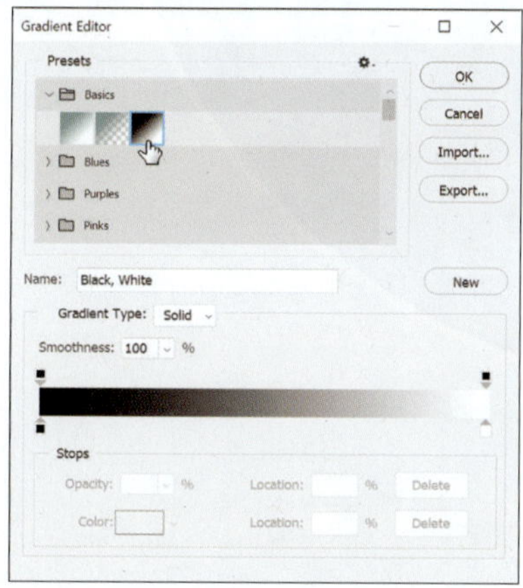

Tool Panel(도구 패널) 하단의 Default Foreground and Background Colors(기본 전경색과 배경색,)를 클릭하여 기본값으로 설정한 후 Swatch Foreground and Background Colors(전경색과 배경색 전환,)를 눌러 설정하는 방법도 있습니다.

Q 연속해서 사용자 정의 모양 도구로 그릴 때 Fill(칠)을 설정하면 먼저 그린 모양의 색상이 바뀌는데 어떻게 해결하나요?

연속해서 모양을 그릴 때는 이미 그린 모양 레이어가 선택된 상태로 옵션을 설정하므로 색상에 영향을 줍니다. Options Bar(옵션 바)에서 목록 단추를 눌러 새롭게 제시된 Shape(모양)를 선택하여 먼저 그린 후에 'Layer thumbnail(레이어 축소판)'을 더블 클릭하여 Fill(칠)을 변경합니다.

P A R T

02

시험 문항별 기능 익히기

GTQ 포토샵 1급 시험의 각 문항 유형에 따라 요구되는 기능을 실습 중심으로 익힐 수 있도록 합니다. 문항별 핵심 기능과 적용 방법을 반복 학습하다 보면 실전에서 빠르고 정확하게 작업물을 완성할 수 있습니다.

[기능평가]
고급 Tool(도구) 활용

주요 기능	메뉴	단축키
Selection Tool(선택 도구)	(아이콘들)	L, W
Move Tool(이동 도구)	(아이콘)	V
Type Tool(문자 도구) 및 옵션	T, IT, Options Bar(옵션 바)의 (아이콘)	T
Shape Tool(모양 도구)	(아이콘들)	U
Pen Tool(펜 도구)	(아이콘)	P
Free Transform(자유 변형 메뉴)	[Edit(편집)]–[Free Transform(자유 변형)]	Ctrl + T
Layer Style(레이어 스타일)	[Layers(레이어)]–[Layer Style(레이어 스타일)], Layers Panel(레이어 패널) 하단의 fx.	
Clipping Mask(클리핑 마스크)	[Layers(레이어)]–[Create Clipping Mask(클리핑 마스크 만들기)]	Alt + Ctrl + G
Color Panel(색상 패널)	[Window(윈도우)]–[Color(색상)]	F6
Character Panel(문자 패널)	[Window(윈도우)]–[Character(문자)]	
Layers Panel(레이어 패널)	[Window(윈도우)]–[Layers(레이어)]	F7
Paths Panel(패스 패널)	[Window(윈도우)]–[Paths(패스)]	
Options Bar(옵션 바)	[Window(윈도우)]–[Options(옵션)]	
Filter(필터)	[Filter(필터)]	
Image Size(이미지 크기)	[Image(이미지)]–[Image Size(이미지 크기)]	

01 선택 반전하여 이미지 선택하기

▲ 완성이미지

01 배경 선택하고 선택 반전하기

① [File(파일)]−[Open(열기)]([Ctrl]+[O])을 선택하여 가위.jpg를 불러옵니다.

② Magic Wand Tool(자동 선택 도구, [🪄])을 클릭하고 Options Bar(옵션 바)에서 'Add to selection(선택 영역 추가, [⬚]), Tolerance(허용치) : 30'으로 설정한 후 이미지의 배경 부분을 여러 번 클릭하여 선택합니다. 계속해서 가위의 손잡이 안쪽 부분을 클릭하여 배경을 모두 선택합니다.

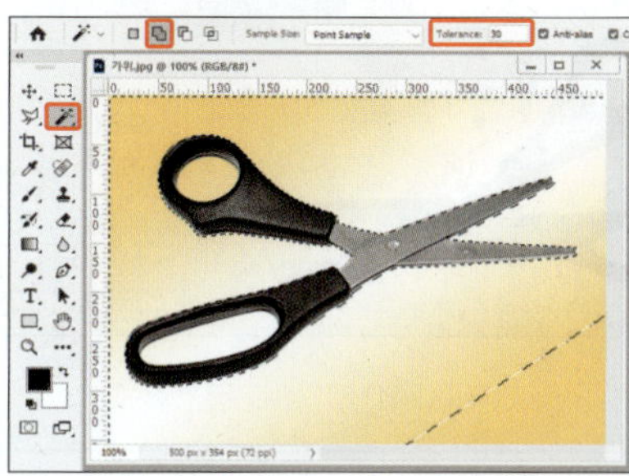
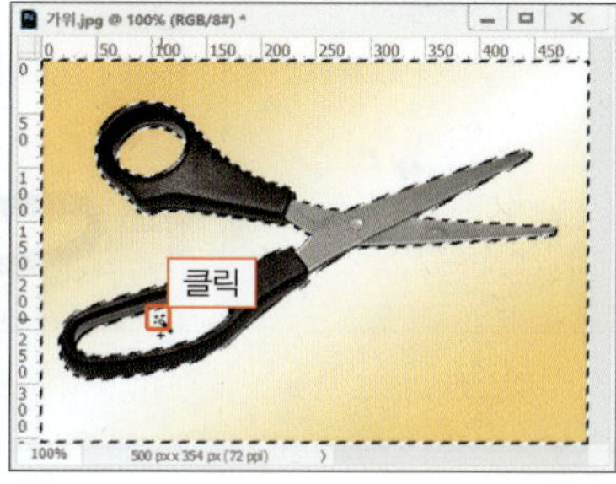

> **기적의 TIP**
>
> Options Bar(옵션 바)의 Tolerance(허용치)가 클수록 이미지에 클릭할 때 선택되는 색상 범위가 넓어집니다.

③ [Select(선택)]−[Inverse(선택 반전)]([Shift]+[Ctrl]+[I])를 클릭하여 선택 영역을 반전하고 [Edit(편집)]−[Copy(복사하기)]([Ctrl]+[C])로 복사합니다.

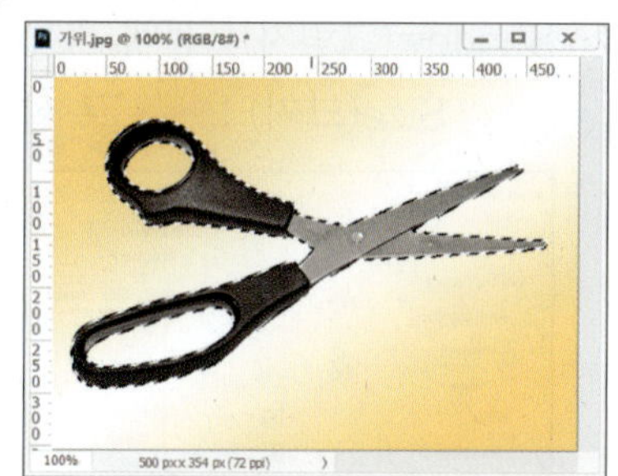

02 이미지 복사하고 변형 및 그림자 효과 적용하기

① [File(파일)]−[Open(열기)]([Ctrl]+[O])을 선택하여 실과 핀.jpg를 불러온 후, [Edit(편집)]−[Paste(붙여넣기)]([Ctrl]+[V])로 복사한 이미지를 붙여넣습니다.

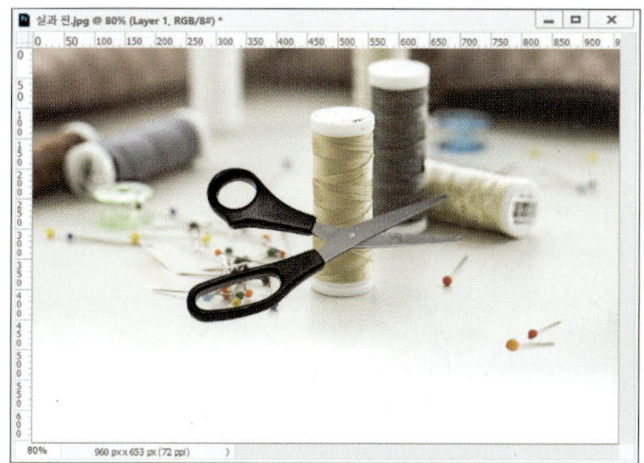

② [Edit(편집)]-[Free Transform(자유 변형)]([Ctrl]+[T])을 선택하고 [Shift]를 누른 채 조절점의 모서리를 드래그하여 비율에 맞게 크기를 확대합니다. 계속해서 조절점의 밖을 드래그하여 회전한 후 이동하여 배치하고 [Enter]를 눌러 변형을 완료합니다.

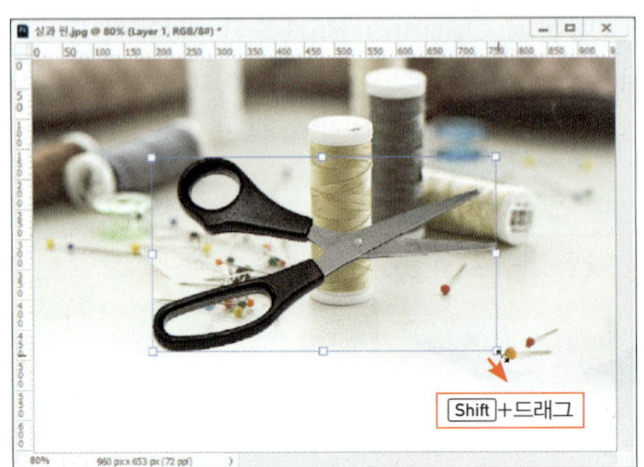

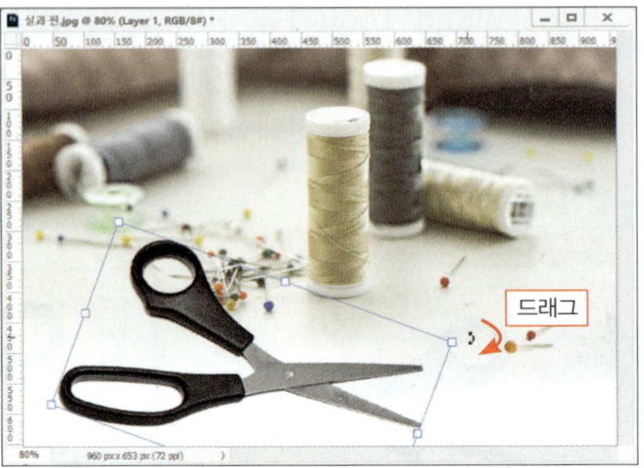

[Ctrl]+[T]로 크기를 조절할 때 [Shift]를 누른 채 드래그하면 가로, 세로의 비율에 맞게 조절이 됩니다. 회전할 때 [Shift]를 누른 채 드래그하면 15° 단위로 회전할 수 있습니다.

③ Layers(레이어) 패널 하단의 'Add a layer style(레이어 스타일 추가, [fx.])'을 클릭하여 [Drop Shadow(그림자)] 선택, 'Opacity(불투명도) : 60%, Angle(각도) : 40°, Distance(거리) : 6px, Size(크기) : 9px'로 설정하고 [OK(확인)]를 클릭합니다.

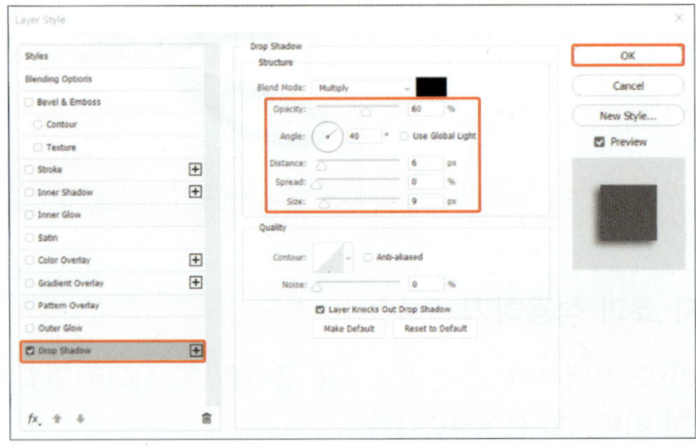

▲ 완성이미지

01 문자 입력하고 변형하기

① [File(파일)]−[Open(열기)]([Ctrl]+[O])을 선택하여 해바라기.jpg를 불러옵니다.

② Horizontal Type Tool(수평 문자 도구, [T])로 작업 이미지를 클릭하고 Options Bar(옵션
바)에서 'Font(글꼴) : Arial, Set font style(글꼴 스타일 설정) : Bold, Set font size(글꼴
크기) : 62pt, Center text(텍스트 중앙 정렬, [률]), Color(색상) : #ffffff'로 설정한 후 'YEL-
LOW SUNFLOWER'를 입력합니다.

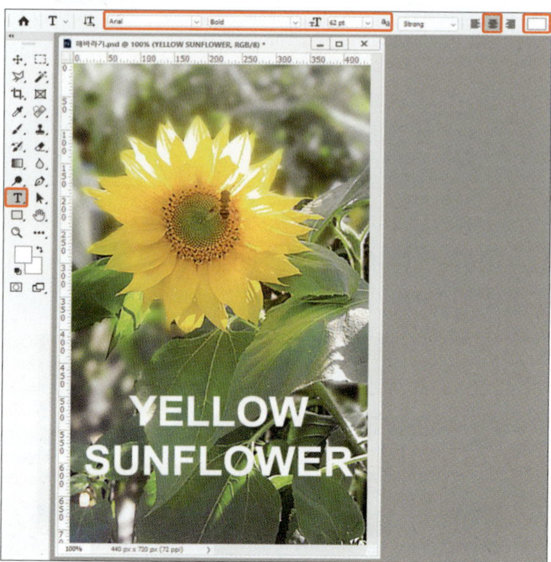

③ Options Bar(옵션 바)에서 Create warped text(뒤틀어진 텍스트 만들기, [工])를 클릭하여 [Warp Text(텍스트 뒤틀기)] 대화 상자에서 'Style(스타일) : Wave(파형), Horizontal(가로) : 체크, Bend(구부리기) : 50%'로 설정하여 문자 모양을 왜곡합니다.

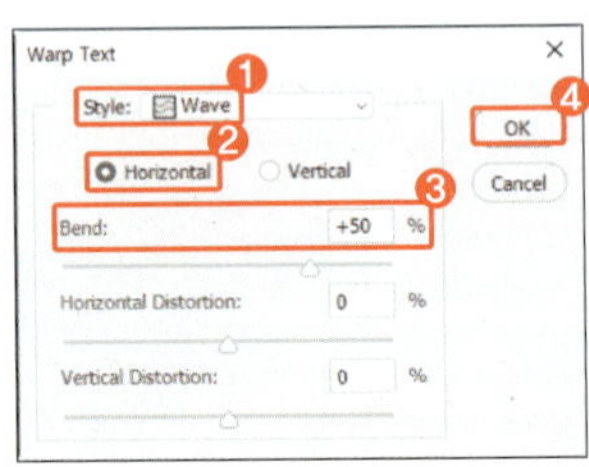
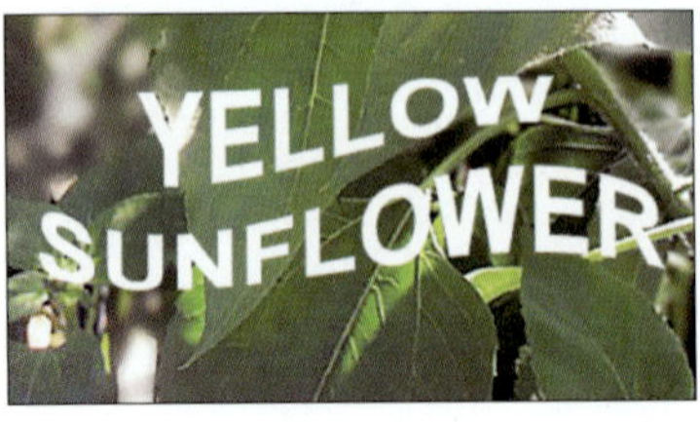

02 그레이디언트 효과 적용하기

① Layers(레이어) 패널 하단의 'Add a layer style(레이어 스타일 추가, [fx.])'을 클릭하여 [Stroke(획)] 선택, 'Size(크기) : 4px, Fill Type(칠 유형) : Gradient(그레이디언트), Click to edit the gradient(클릭하여 그레이디언트 편집)'를 클릭합니다. 그레이디언트 슬라이더 왼쪽 하단의 'Color Stop(색상 정지점)'을 더블 클릭하여 #ffcc33, 오른쪽 'Color Stop(색상 정지점)'을 더블 클릭하여 #ff0033으로 설정한 후, 'Style(스타일) : Linear(선형), Angle(각도) : 90˚'로 설정합니다.

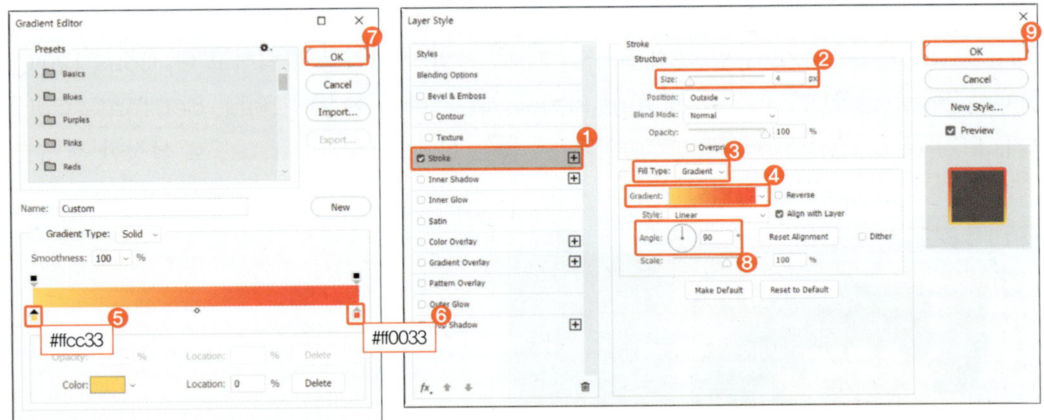

② 계속해서 [Drop Shadow(드롭 섀도)] 선택, 'Angle(각도) : 120˚, Distance(거리) : 15px, Size(크기) : 10px'로 설정하고 [OK(확인)]를 클릭합니다.

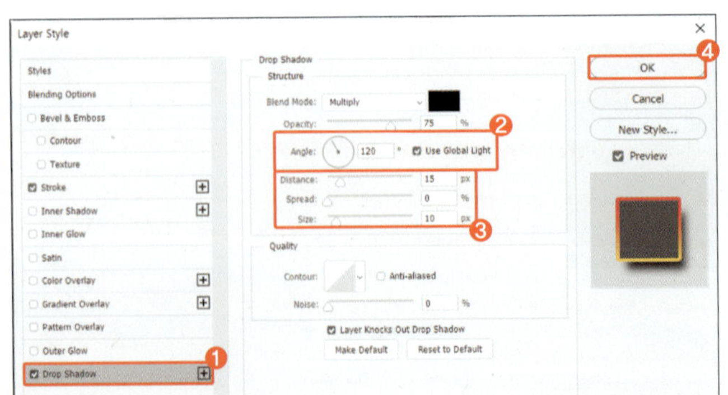

▲ 완성이미지

01 작업 이미지에 안내선 표시하고 새 레이어 만들기

① [File(파일)]–[Open(열기)]([Ctrl]+[O])을 선택하여 패스저장.jpg를 불러옵니다.

② [View(보기)]–[Rulers(눈금자)]([Ctrl]+[R])를 선택하고 눈금자를 표시합니다. 작업 이미지의 왼쪽 눈금자를 오른쪽으로 드래그하여 안내선을 표시합니다. Layers(레이어) 패널 하단의 Create a new layer(새 레이어 만들기, [⊞])를 클릭하여 'Layer 1' 레이어를 만듭니다.

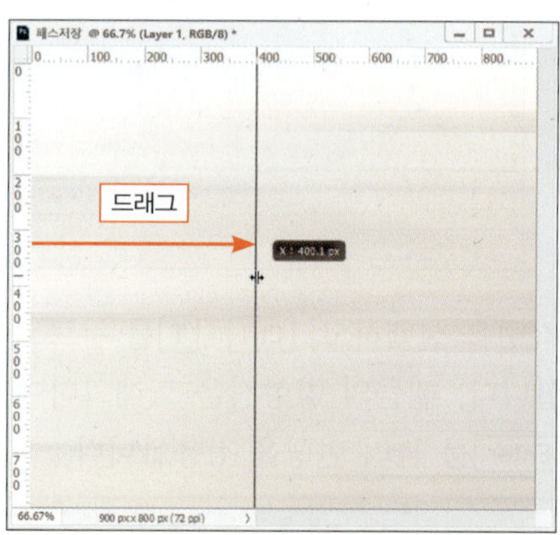

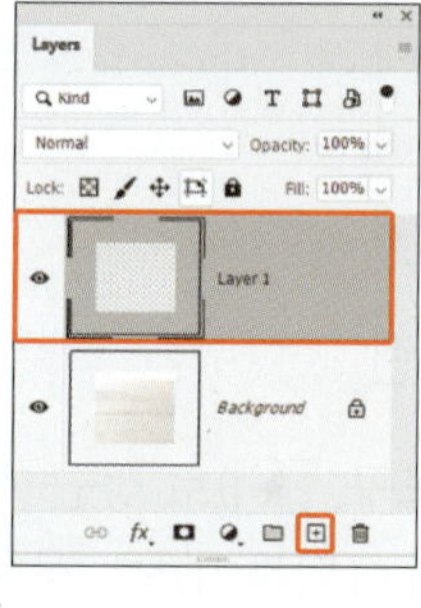

02 Shape Tool(모양 도구)로 패스 그리고 변형하기

① Ellipse Tool(원형 도구, [◯])을 클릭하고 Options Bar(옵션 바)에서 Pick tool mode(모드 선택)를 Path(패스)로 클릭하여 전환하고 Path Operations(패스 작업)에서 'Combine Shapes(패스 결합, [▣])'를 클릭합니다.

> **기적의 TIP**
>
> Shape Tool(모양 도구)의 옵션을 Path(패스)로 설정하면 초기값은 'Exclude Overlapping Shapes(모양 오버랩 제외, [▣])'로 설정되어 있어 서로 겹친 부분을 제외하므로 설정을 변경합니다.

② 작업 이미지에 드래그하여 크기가 다른 4개의 타원형을 겹치도록 그립니다.

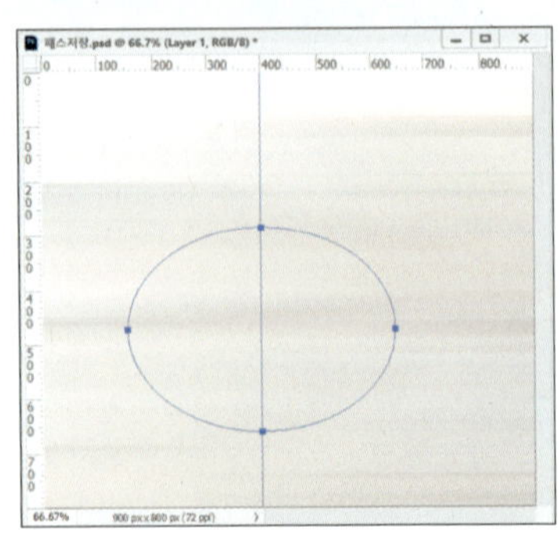 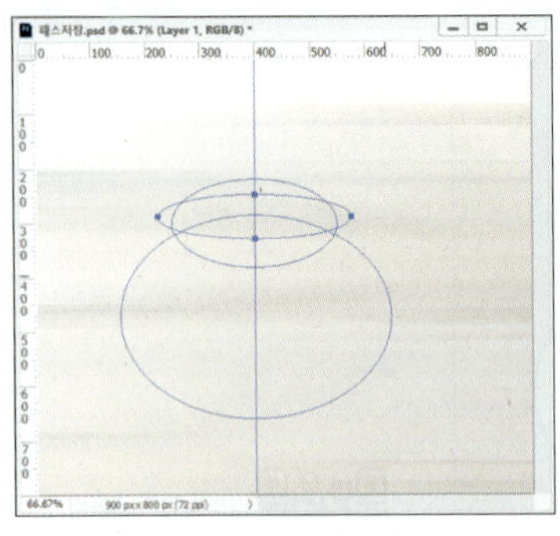 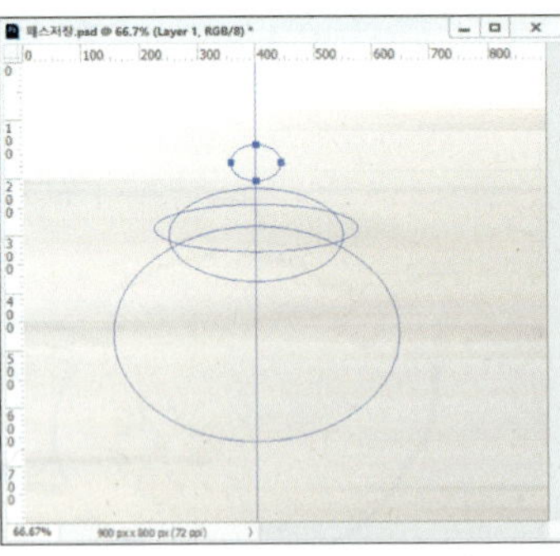

③ Rounded Rectangle Tool(둥근 사각형 도구, ▢)을 클릭하고 Options Bar(옵션 바)에서 'Radius : 10px'로 설정하고 상단 2개의 타원형 사이에 드래그하여 둥근 사각형을 서로 겹치도록 그립니다. Path Selection Tool(패스 선택 도구, ▶)을 클릭하고 Options Bar(옵션 바)에서 Path alignment(패스 정렬, ▤)를 클릭하여 'Align(정렬) : Align horizontal centers(수평 중앙 맞춤, ▮)'를 눌러 세로 안내선에 정렬합니다.

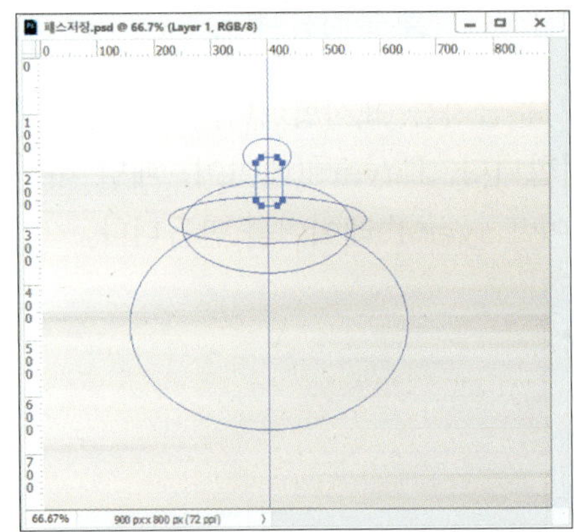 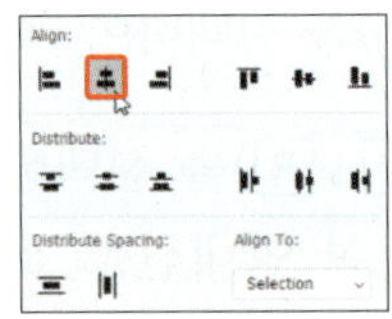 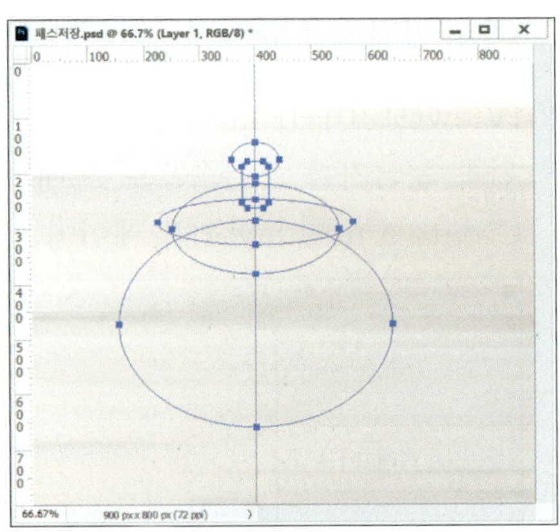

④ Path Selection Tool(패스 선택 도구, ▶)로 둥근 사각형을 선택하고, Ctrl + T 를 누르고 마우스 오른쪽 버튼을 클릭하여 [Warp(뒤틀기)]를 선택합니다. 핸들의 방향점을 드래그하여 패스를 변형하고 반대쪽 핸들을 대칭적으로 드래그한 후 Enter 를 눌러 변형을 적용합니다.

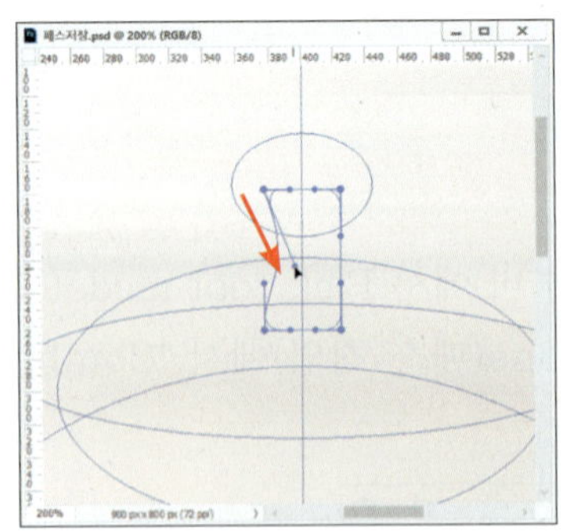 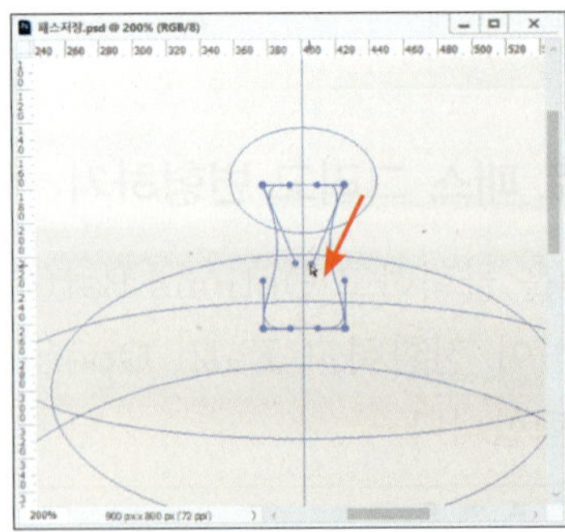 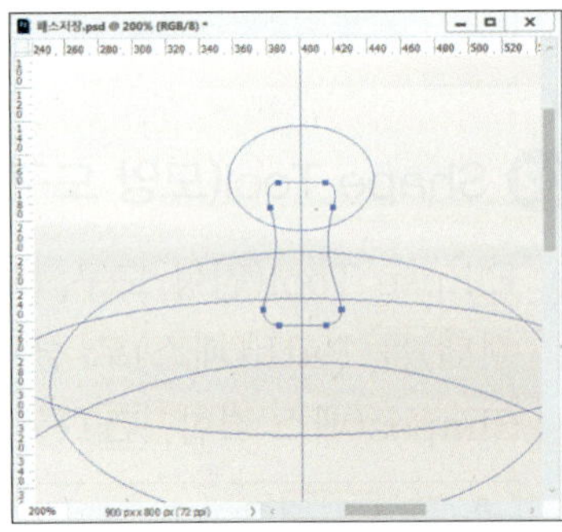

⑤ Rounded Rectangle Tool(둥근 사각형 도구, ▣)로 드래그하여 둥근 사각형을 그리고 Ctrl
+T를 눌러 반시계 방향으로 회전하여 큰 타원형과 겹치도록 배치합니다.

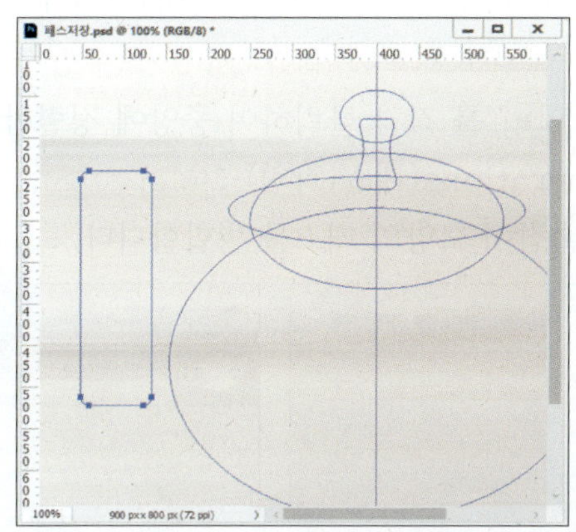
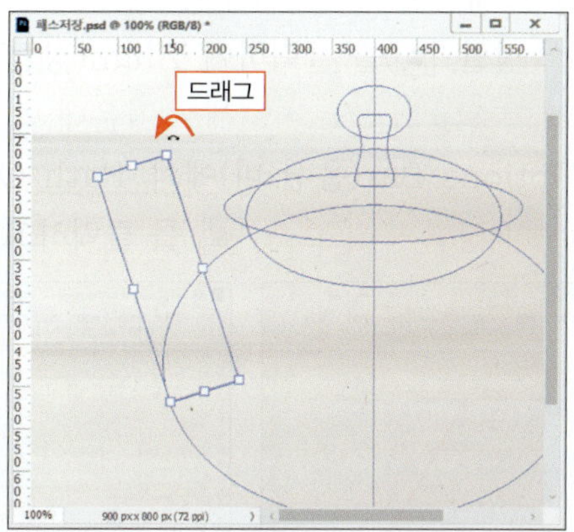

⑥ 마우스 오른쪽 버튼을 클릭하여 [Warp(뒤틀기)]을 선택하고, 핸들의 방향점을 각각 드래그하
여 패스를 변형한 후 Enter를 눌러 변형을 적용합니다.

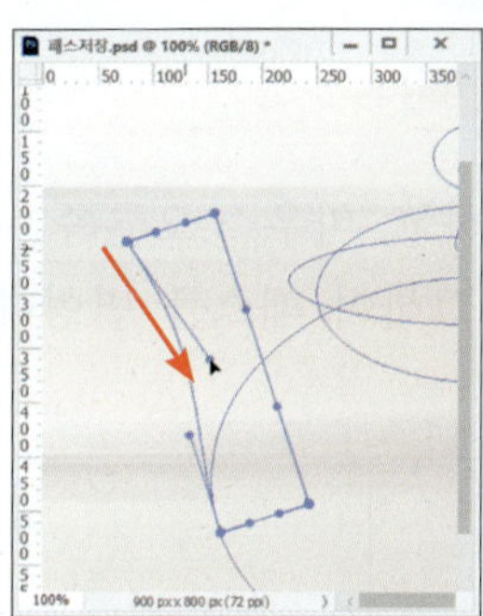
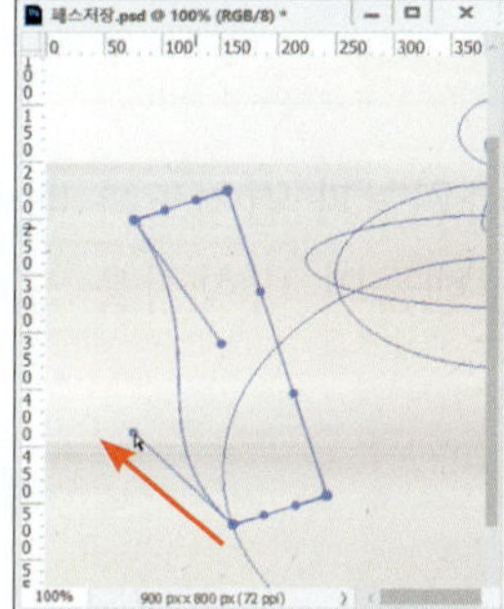
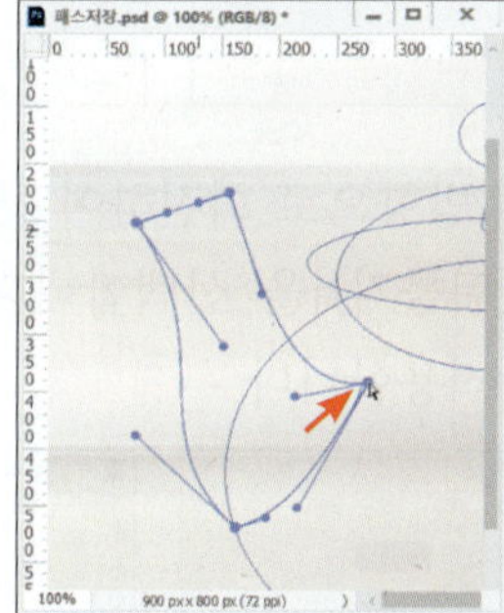
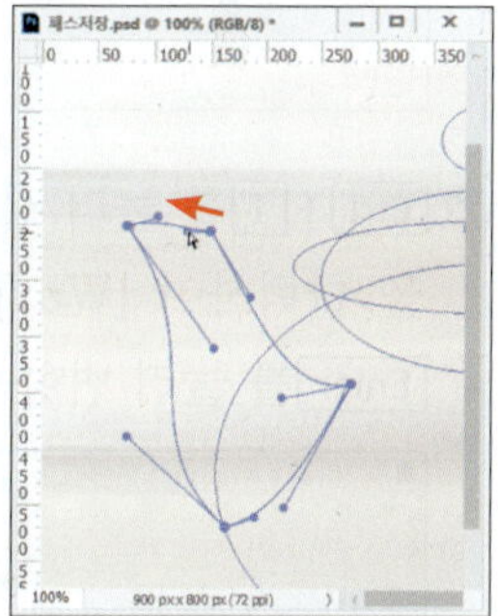

⑦ Ellipse Tool(원형 도구, ◯)로 드래그하여 손잡이 부분에 타원형을 그린 후 Ctrl을 누른 채
작업 이미지의 빈 곳을 클릭하여 패스의 선택을 해제합니다. Options Bar(옵션 바)에서 'Path
Operations(패스 작업) : Subtract Front Shape(전면 모양 빼기, ▣)'를 클릭하고 작은 타
원형을 겹치도록 그립니다.

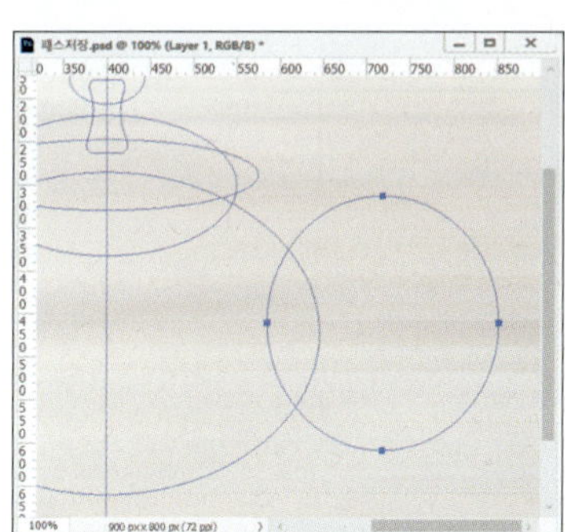
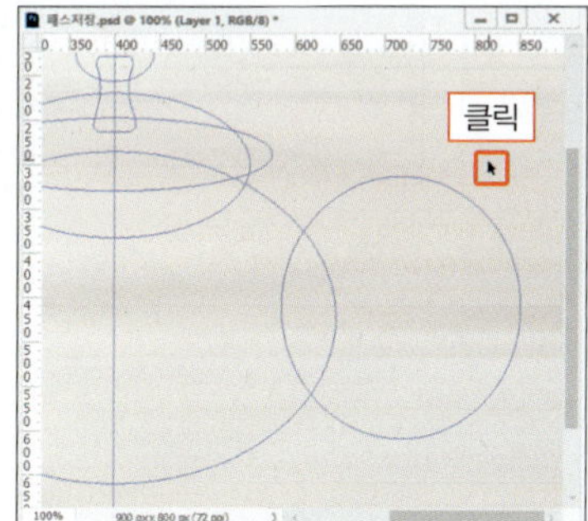
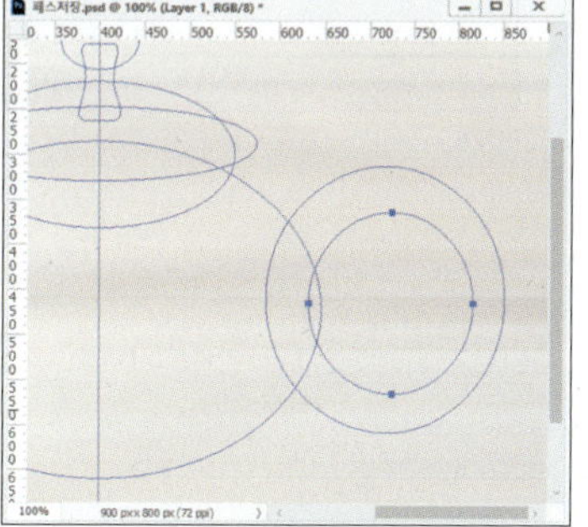

> **🄑 기적의 TIP**
>
> 패스의 선택을 해제한 후 타원형 패스를 겹치도록 그려야 큰 타원형과 겹치도록 그리는 작은 타원형의 겹친 부분을 뚫어서
> 작업할 수 있습니다.

① `Ctrl`을 누른 채 드래그하여 2개의 타원형을 선택하고 Options Bar(옵션 바)에서 Path alignment(패스 정렬, ▣)를 클릭하여 'Align(정렬) : Align horizontal centers(수평 중앙 맞춤, ▣), Align vertical centers(세로 가운데 맞춤, ▣)'를 각각 클릭하여 중앙에 정렬합니다. 계속해서 Options Bar(옵션 바)에서 'Path Operations(패스 작업) : Merge Shape Components(모양 병합 구성 요소, ▣)'를 클릭하고 손잡이 모양의 패스를 병합합니다.

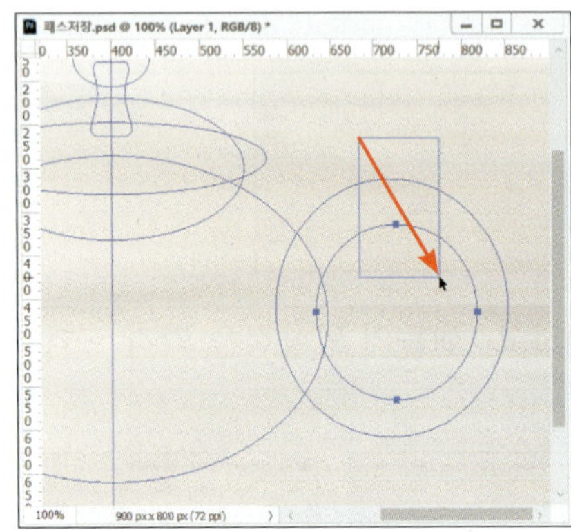
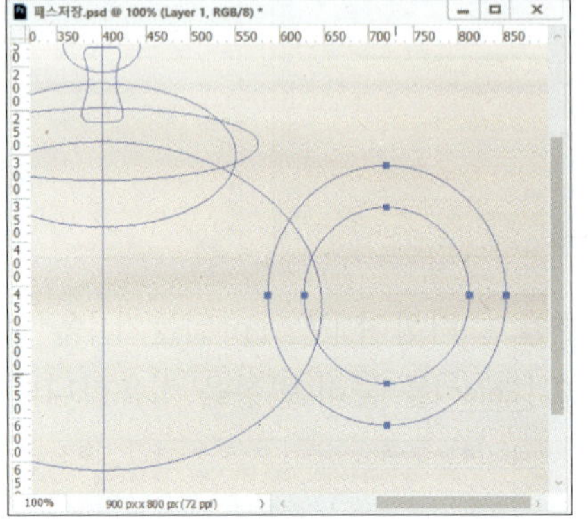
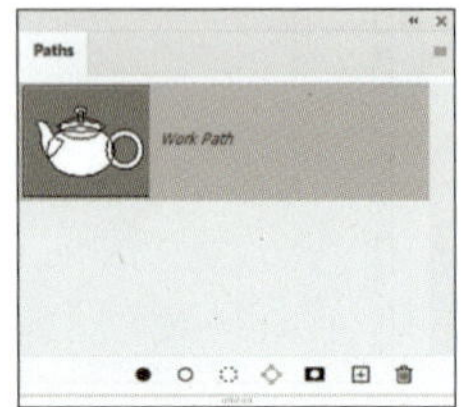

② `Ctrl`+`T`를 눌러 시계 방향으로 회전하여 큰 타원형과 겹치도록 배치하고, 마우스 오른쪽 버튼을 클릭하여 [Warp(뒤틀기)]을 선택합니다. 핸들의 방향점을 드래그하여 패스를 변형하고 `Enter`를 눌러 변형을 적용합니다.

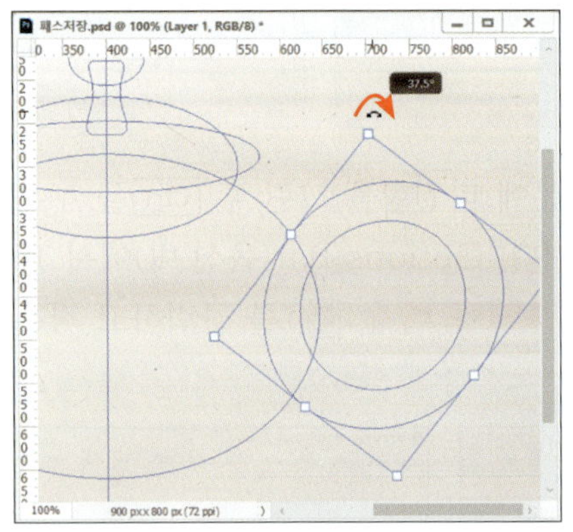
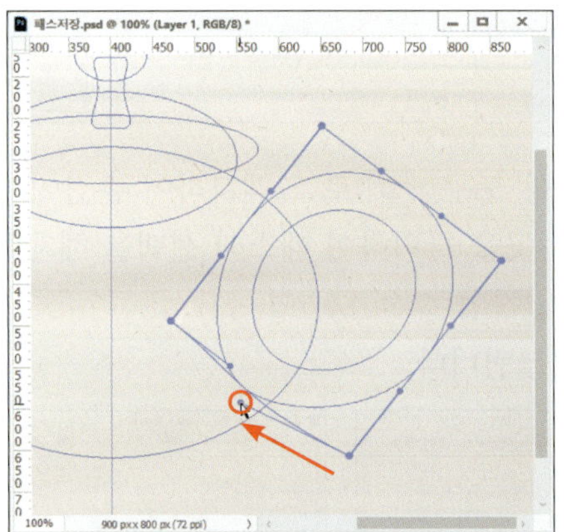

③ [Ctrl]을 누른 채 드래그하여 패스를 모두 선택하고 Options Bar(옵션 바)에서 'Path Operations
(패스 작업) : Merge Shape Components(모양 병합 구성 요소, 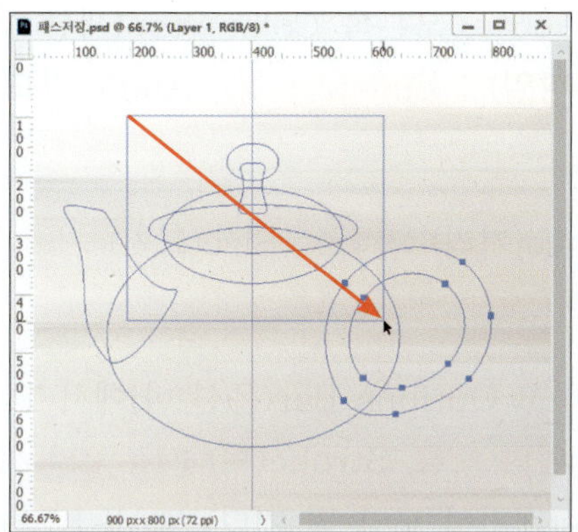)'를 클릭하여 패스를 병
합합니다.

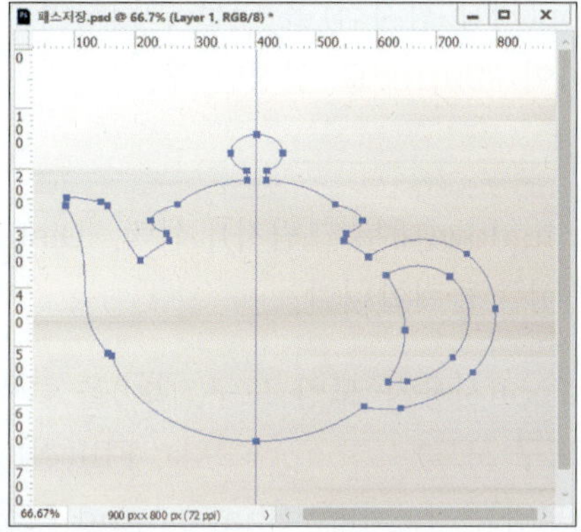

04 패스 저장하고 레이어 스타일 적용하기

① Paths(패스) 패널의 'Work Path(작업 패스)'를 더블 클릭하여 Save Path(패스 저장) 대화 상
자에서 'Name(이름) : 티포트'를 입력하고 [OK(확인)]를 클릭합니다.

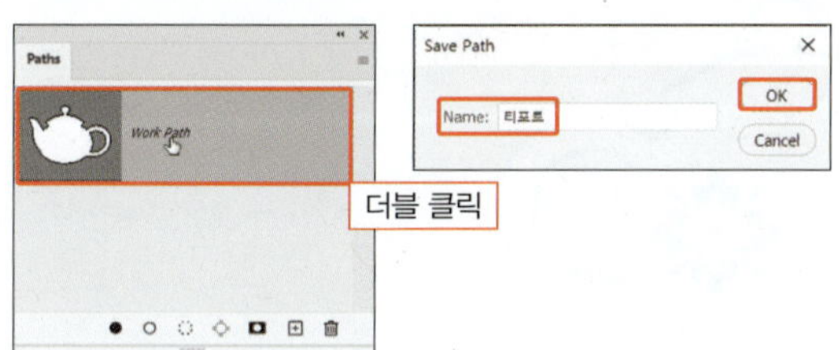

② Tool(도구) 패널 하단의 'Set foreground color(전면색 설정)'를 클릭하여 #ffffff로 설정하
고, Paths(패스) 패널 하단의 'Fill path with foreground color(전경색으로 패스 칠하기,
)'를 클릭하여 티포트 모양대로 흰색을 칠합니다.

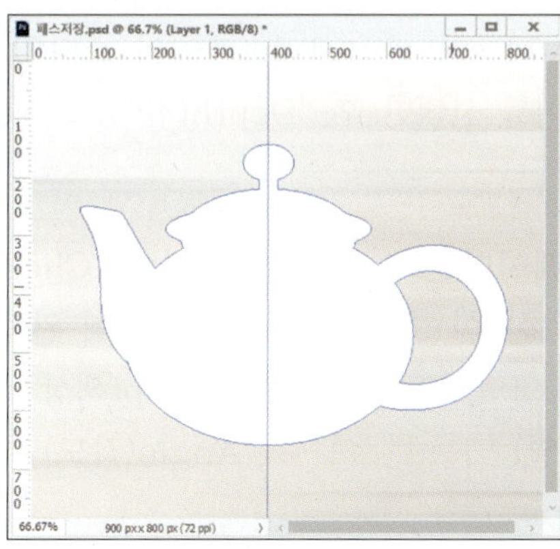

③ Layers(레이어) 패널 하단의 'Add a layer style(레이어 스타일 추가, fx.)'을 클릭하여 [Stroke(획)] 선택, 'Size(크기) : 8px, Fill Type(칠 유형) : Gradient(그레이디언트), Click to edit the gradient(클릭하여 그레이디언트 편집)'를 누르고, 그레이디언트 슬라이더 왼쪽 하단의 'Color Stop(색상 정지점)'을 더블 클릭하여 #0066cc, 오른쪽 'Color Stop(색상 정지점)'을 더블 클릭하여 #99ffcc로 설정한 후, 'Style(스타일) : Linear(선형), Angle(각도) : 90°로 설정합니다.

④ 계속해서 [Inner Shadow(내부 그림자)] 선택, 'Distance(거리) : 10px, Size(크기) : 5px'로 설정하고 [OK(확인)]를 클릭합니다.

⑤ Custom Shape Tool(사용자 모양 도구, ✿)을 클릭하고 Options Bar(옵션 바)에서 'Pick tool mode(선택 도구 모드) : Shape(모양), Fill(칠) : 임의 색상, Stroke(획) : No Color(색 상 없음), Shape(모양)은 Legacy Shapes and More(레거시 모양 및 기타) 〉 All Legacy Default Shapes(모든 레거시 기본 모양) 〉 Ornaments(장식)에서 Ornament 2(꽃 장식 2, ✿)'으로 설정한 후 Shift 를 누른 채 드래그하여 모양을 그립니다.

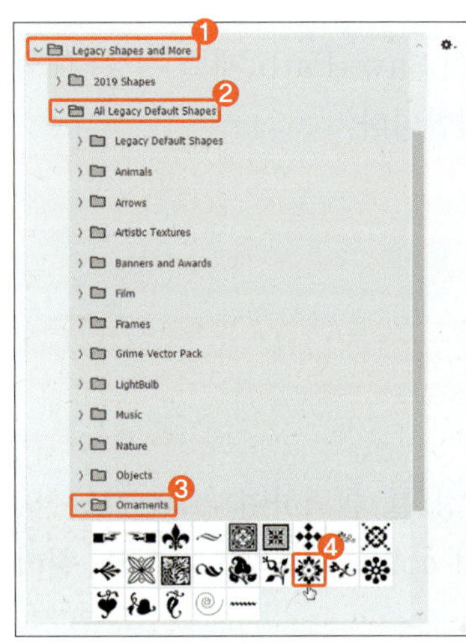
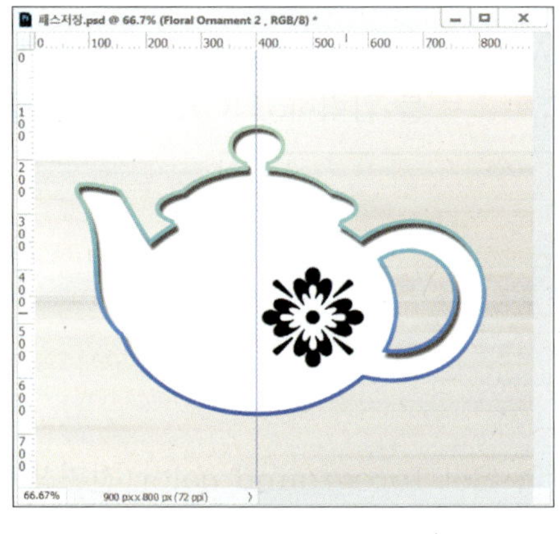

⑥ Layers(레이어) 패널 하단에서 'Add a layer style(레이어 스타일 추가, fx.)'를 클릭하여, [Bevel & Emboss(경사와 엠보스)]를 선택한 후, 'Depth(깊이) : 100%, Size(크기) : 7px'로 설정합니다.

⑦ 계속해서 [Gradient Overlay(그레이디언트 오버레이)] 선택, 'Click to edit the gradient (클릭하여 그레이디언트 편집)' 클릭한 후 그레이디언트 슬라이더 왼쪽 하단의 'Color Stop(색 상 정지점)'을 더블 클릭하여 #339999, 오른쪽 'Color Stop(색상 정지점)'을 더블 클릭하여 #ff9999로 설정한 후, 'Style(스타일) : Radial(원형), Angle(각도) : 90°로 설정합니다.

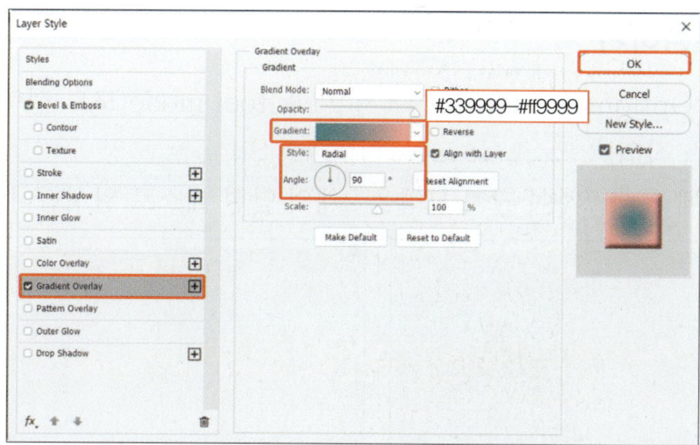

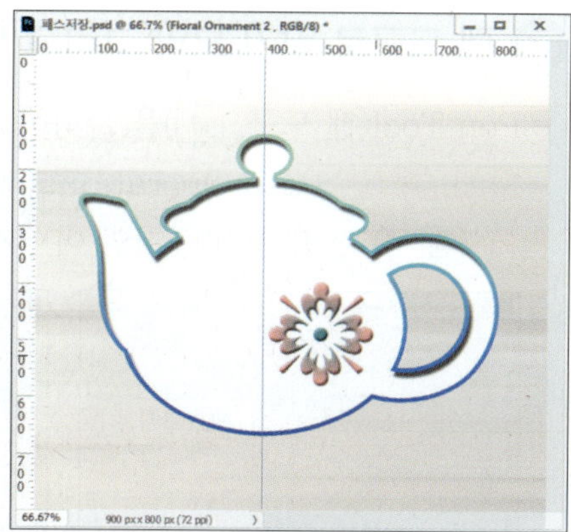

04 펜 도구로 모양을 그리고 패스 저장 및 클리핑 마스크 적용하기

▶ 합격 강의

▲ 완성이미지

01 작업 이미지에 안내선 표시하고 새 레이어 만들기

① [File(파일)]-[Open(열기)]([Ctrl]+[O])을 선택하여 케이크.jpg를 불러옵니다.

② [View(보기)]-[Rulers(눈금자)]([Ctrl]+[R])를 클릭하고 눈금자를 표시합니다. 작업 이미지의
왼쪽 눈금자를 오른쪽으로 드래그하여 안내선을 표시합니다. Layers(레이어) 패널 하단의
Create a new layer(새 레이어 만들기, [+])를 클릭하여 'Layer 1' 레이어를 만듭니다.

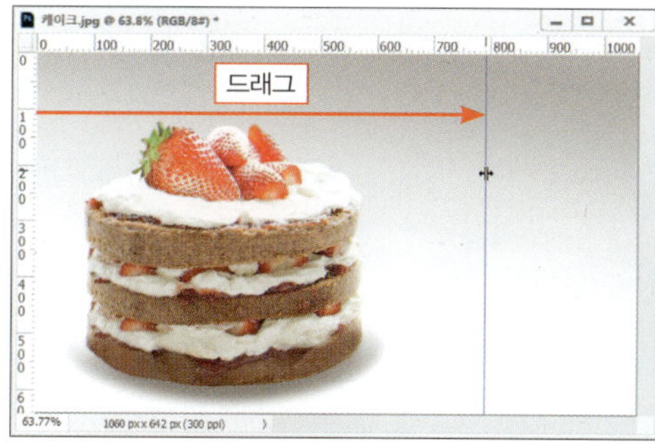

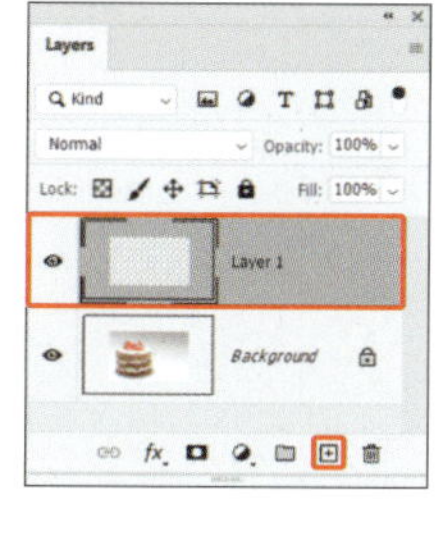

02 펜 도구로 딸기 모양 그리고 변형하기

① Pen Tool(펜 도구, ✐)을 클릭하고 Options Bar(옵션 바)에서 'Pick tool mode(모드 선택) :
Path(패스), Path Operations(패스 작업) : Exclude Overlapping Shapes(모양 오버랩 제
외, ▣)'를 설정합니다. 작업 이미지에 드래그하여 딸기 모양을 2개의 닫힌 패스로 완성합니다.

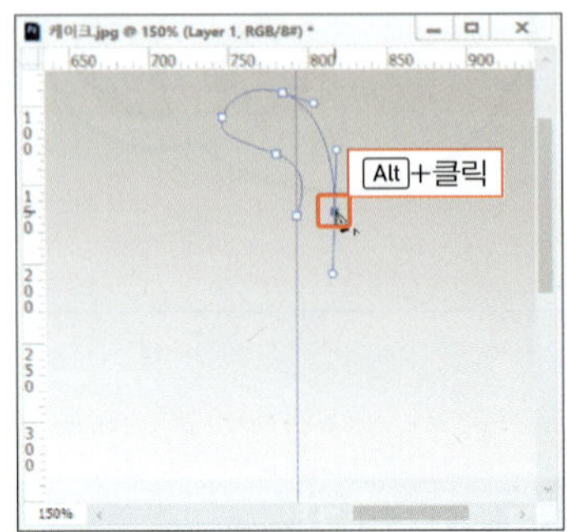

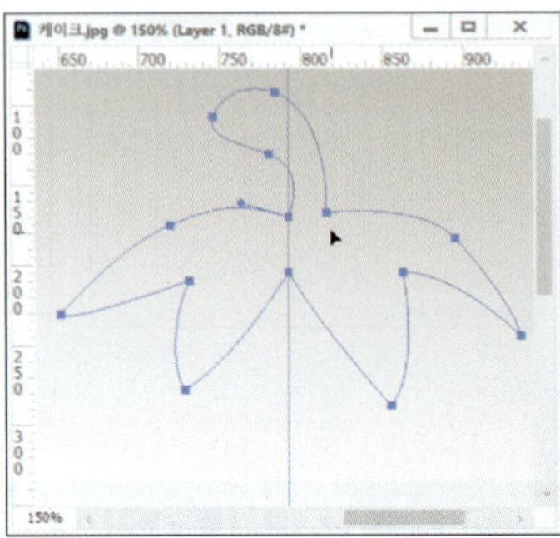

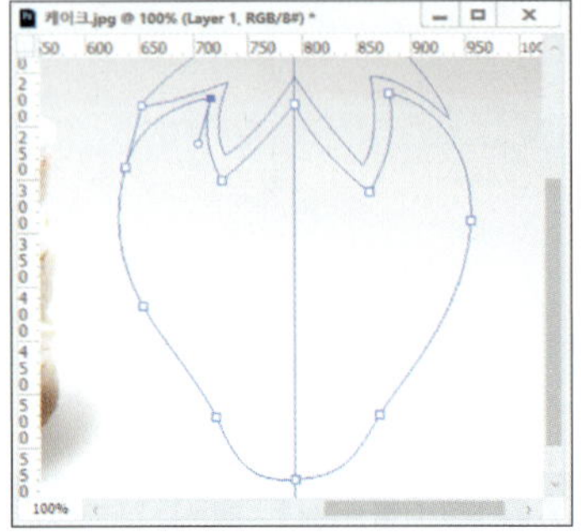

② Path Selection Tool(패스 선택 도구, ▸)로 드래그하여 2개의 작업 패스를 선택하고 Ctrl +
T 를 눌러 시계 방향으로 회전하여 배치한 후 Enter 를 눌러 변형을 적용합니다.

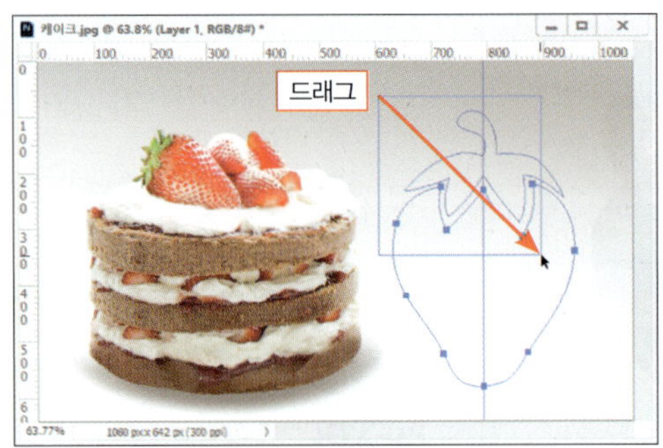

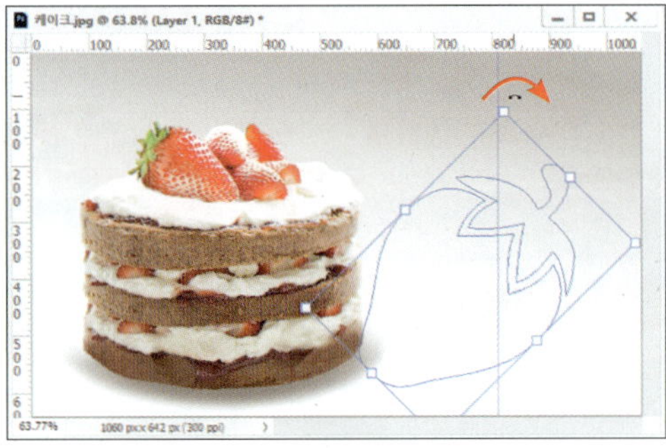

03 패스 저장하고 레이어 스타일 적용하기

① Paths(패스) 패널의 'Work Path(작업 패스)'를 더블 클릭하여 Save Path(패스 저장) 대화 상
자에서 'Name(이름) : 딸기'를 입력하고 [OK(확인)]를 클릭합니다.

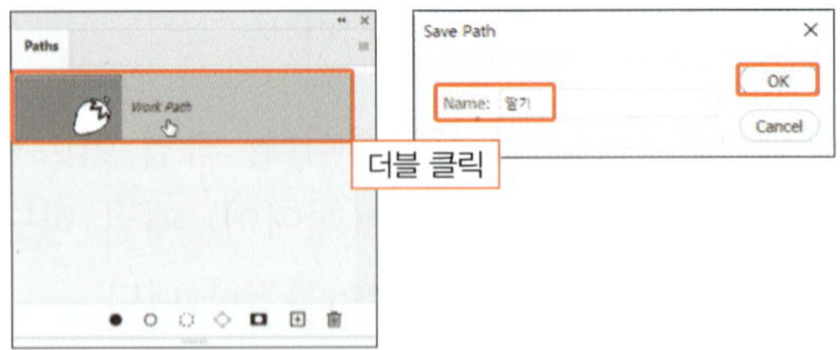

② Paths(패스) 패널 하단의 'Fill path with foreground color(전경색으로 패스 칠하기, ●)'를 클릭하여 딸기 모양대로 임의 색상을 칠합니다.

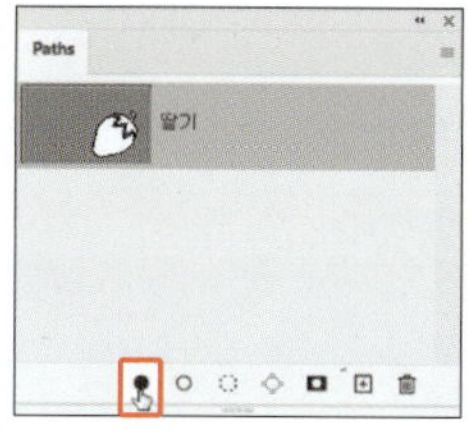

③ Layers(레이어) 패널 하단의 'Add a layer style(레이어 스타일 추가, fx)'를 클릭하여 [Stroke(획)]를 선택하고 'Size(크기) : 10px, Fill Type(칠 유형) : Gradient(그레이디언트), Click to edit the gradient(클릭하여 그레이디언트 편집)'를 클릭합니다. Color Stop(색상 정지점)을 더블 클릭하여 #ccff00, #009900, #990033으로 설정한 후, 'Style(스타일) : Linear(선형), Angle(각도) : 0°'로 설정합니다.

④ 계속해서 [Inner Shadow(내부 그림자)]를 선택하고 'Angle(각도) : 144°, Distance(거리) : 15px, Size(크기) : 15px'로 설정한 후 [OK(확인)]를 클릭합니다.

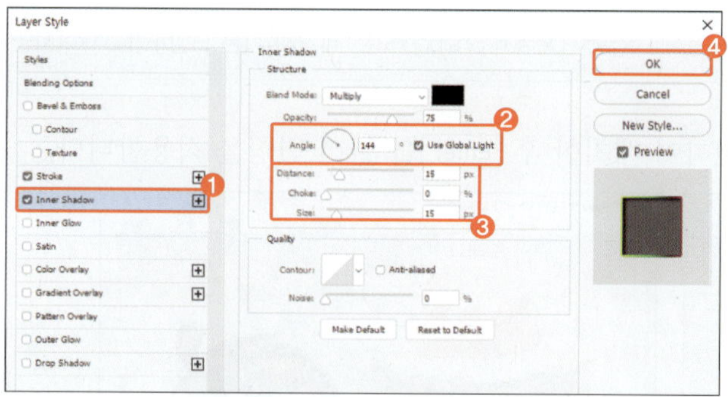

04 클리핑 마스크 적용하기

① [File(파일)]-[Open(열기)](Ctrl+O)을 선택하여 딸기.jpg를 불러옵니다. Ctrl+A로 전체 선택, Ctrl+C로 복사, 작업 이미지에 Ctrl+V로 붙여넣기를 합니다.

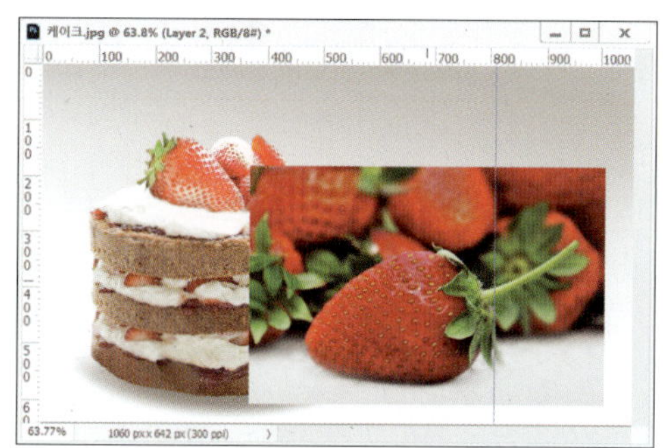

② Layers(레이어) 패널에서 'Layer 1'과 'Layer 2' 레이어 경계선을 Alt 를 누른 채 클릭하여 Clipping Mask(클리핑 마스크)를 적용합니다.

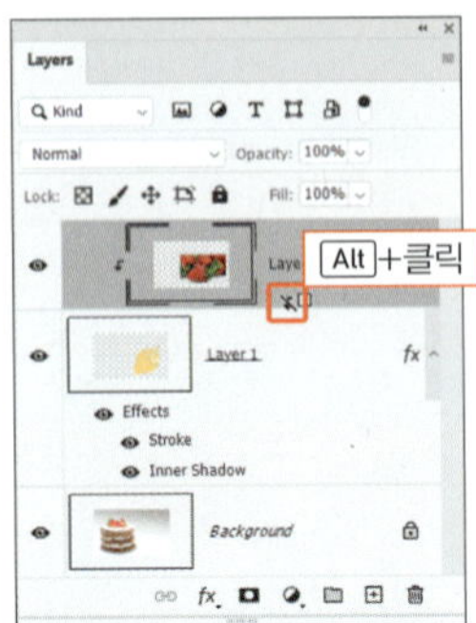
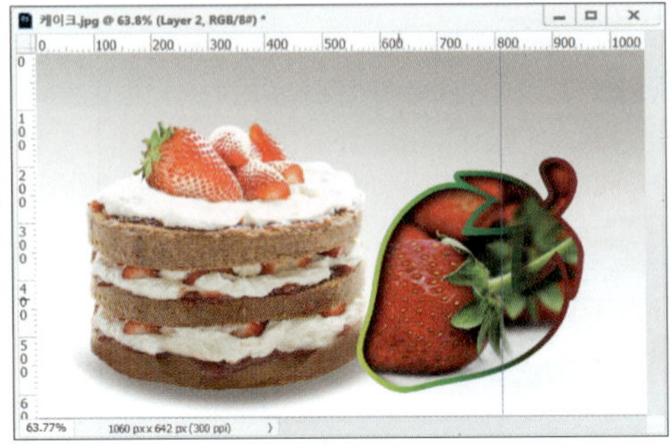

05 사용자 지정 모양 그리고 레이어 스타일 적용하기

① Custom Shape Tool(사용자 모양 도구, ⚙)을 클릭하고 Options Bar(옵션 바)에서 'Pick tool mode(선택 도구 모드) : Shape(모양), Fill(칠) : 임의 색상, Stroke(획) : No Color(색상 없음), Shape(모양) : Grass 1(풀잎 1, ▩)'로 설정한 후 Shift 를 누른 채 드래그하여 모양을 그립니다.

◎ Shape 경로

[Legacy Shapes and More(레거시 모양 및 기타)]-[All Legacy Default Shapes(모든 레거시 기본 모양)]-[Nature(자연)]

② Ctrl + T 를 눌러 반시계 방향으로 회전하여 배치한 후 Enter 를 눌러 변형을 적용합니다.

③ Layers(레이어) 패널 하단에 'Add a layer style(레이어 스타일 추가, $fx.$)'을 클릭하여 [Gradient Overlay(그레이디언트 오버레이)] 선택, 'Click to edit the gradient(클릭하여 그레이디언트 편집)'를 클릭한 후, 그레이디언트 슬라이더 왼쪽 하단의 'Color Stop(색상 정지점)'을 더블 클릭하여 #ff66cc, 오른쪽 'Color Stop(색상 정지점)'을 더블 클릭하여 #ffffff로 설정한 후, 'Style(스타일) : Linear(선형), Angle(각도) : 0°로 설정합니다. 계속해서 [Outer Glow(외부 광선)]를 선택하고, 'Opacity : 35%, Spread(스프레드) : 10%, Size(크기) : 10px'로 설정한 후 [OK(확인)]를 클릭합니다.

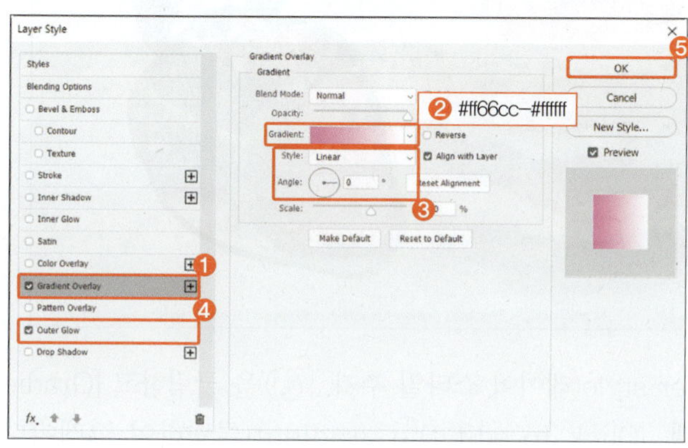

06 문자 입력하고 변형 및 레이어 스타일 적용하기

① Horizontal Type Tool(수평 문자 도구, T)로 작업 이미지를 클릭하고 Options Bar(옵션 바)에서 'Font(글꼴) : Arial, Set font style(글꼴 스타일 설정) : Bold, Set font size(글꼴 크기) : 16pt, Color(색상) : 임의 색상'을 설정한 후 'Strawberry Cake'를 입력합니다.

② Options Bar(옵션 바)에서 Create warped text(뒤틀어진 텍스트 만들기, ⬆)를 클릭한 후 'Style(스타일) : Arc Upper(위 부채꼴), Horizontal (가로) : 체크, Bend(구부리기) : 40%'로 설정하여 문자 모양을 왜곡합니다.

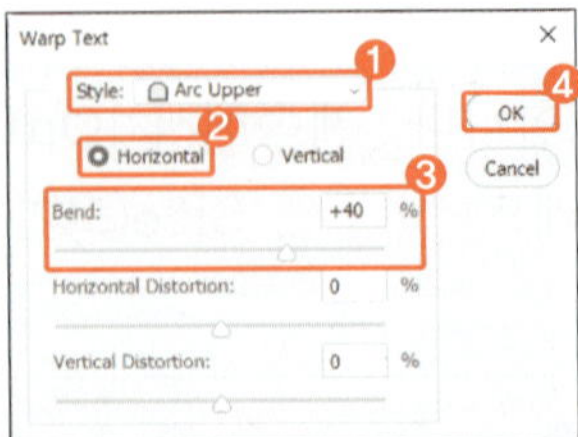

③ Layers(레이어) 패널 하단의 'Add a layer style(레이어 스타일 추가, fx.)'을 클릭하고 [Gradient Overlay(그레이디언트 오버레이)] 선택, 'Click to edit the gradient(클릭하여 그레이디언트 편집)'를 클릭하여 #ffffff, #ff0066으로 설정한 후, 'Style(스타일) : Linear(선형), Angle(각도) : 0°'로 설정합니다.

④ 계속해서 [Stroke(획)] 선택, 'Size(크기) : 5px, Color(색상) : #990033'으로 설정하고 [OK (확인)]를 클릭합니다.

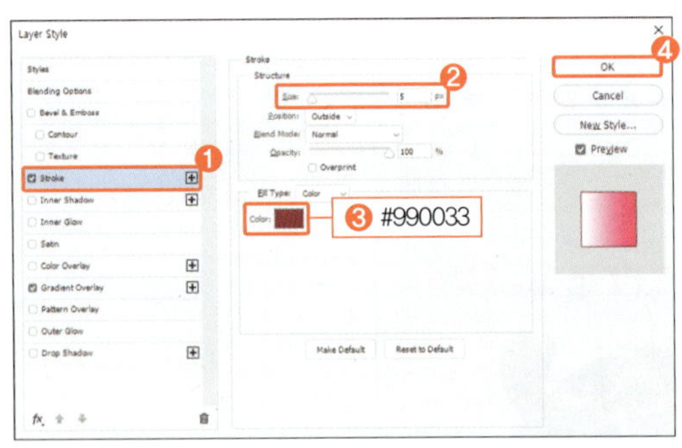

[기능평가]

사진편집 응용

주요 기능	메뉴	단축키
Selection Tool(선택 도구)		L, W
Move Tool(이동 도구)		V
Type Tool(문자 도구) 및 옵션	T, IT, Options Bar(옵션 바)의	T
Shape Tool(모양 도구)		U
Pen Tool(펜 도구)		P
Free Transform(자유 변형 메뉴)	[Edit(편집)]–[Free Transform(자유 변형)]	Ctrl+T
Layer Style(레이어 스타일)	[Layers(레이어)]–[Layer Style(레이어 스타일), Layers Panel(레이어 패널) 하단의 fx.	
색상 보정	[Layers(레이어)]–[New Adjustment Layer(새 조정 레이어)–[Hue/Saturation(색조/채도)], Layers Panel(레이어 패널) 하단의	
Color Panel(색상 패널)	[Window(윈도우)]–[Color(색상)]	F6
Character Panel(문자 패널)	[Window(윈도우)]–[Character(문자)]	
Layers Panel(레이어 패널)	[Window(윈도우)]–[Layers(레이어)]	F7
Paths Panel(패스 패널)	[Window(윈도우)]–[Paths(패스)]	
Options Bar(옵션 바)	[Window(윈도우)]–[Options(옵션)]	
Filter(필터)	[Filter(필터)]	
Image Size(이미지 크기)	[Image(이미지)]–[Image Size(이미지 크기)]	

▲ 완성이미지

▶ 합격 강의

01 사용자 모양 도구 옵션 설정 및 변형, 레이어 스타일 적용하기

① [File(파일)]–[Open(열기)]([Ctrl]+[O])을 선택하여 강아지.jpg를 불러옵니다.

② Custom Shape Tool(사용자 정의 모양 도구, ⚙)을 클릭하고 Options Bar(옵션 바)에서 'Pick tool mode(선택 도구 모드) : Shape(모양), Fill(칠) : 임의 색상, Stroke(획) : No Color(색상 없음), Shape(모양) : Thought 1(생각 1, ⬤)'로 설정한 후 모양을 그립니다.

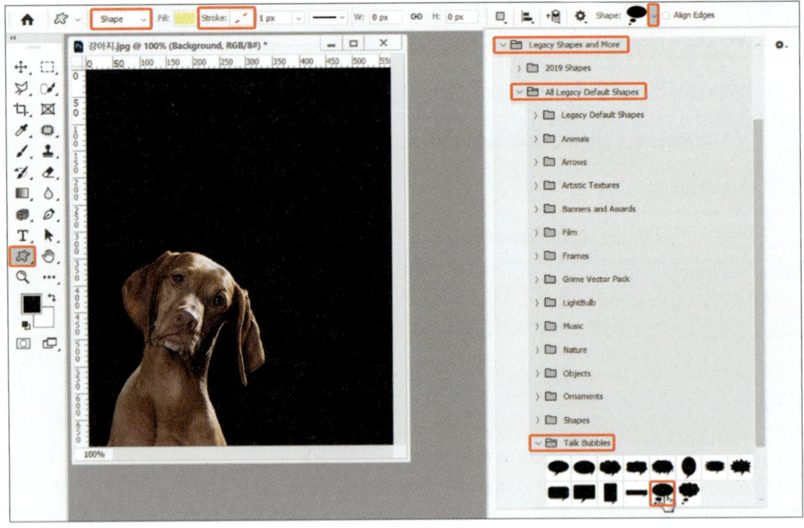

🎯 **Shape 경로**

[Legacy Shapes and More(레거시 모양 및 기타)]–[All Legacy Default Shapes(모든 레거시 기본 모양)]–[Talk Bubbles(말 풍선)]

③ Layers(레이어) 패널 하단의 'Add a layer style(레이어 스타일 추가, _fx._)'을 클릭하고 [In-ner Shadow(내부 그림자)]를 선택하고 'Opacity(불투명도) : 75%, Angle(각도) : 120°, Distance(거리) : 8px, Size(크기) : 8px'로 설정합니다.

④ 계속해서 [Gradient Overlay(그레이디언트 오버레이)] 선택, 'Click to edit the gradient (클릭하여 그레이디언트 편집)'를 클릭한 후, 그레이디언트 슬라이더 왼쪽 하단의 'Color Stop(색상 정지점)'을 더블 클릭하여 #ff9966, 오른쪽 'Color Stop(색상 정지점)'을 더블 클릭하여 #ffffcc로 설정한 후, 'Style(스타일) : Linear(선형), Angle(각도) : 90°로 설정하고 [OK(확인)]를 클릭합니다.

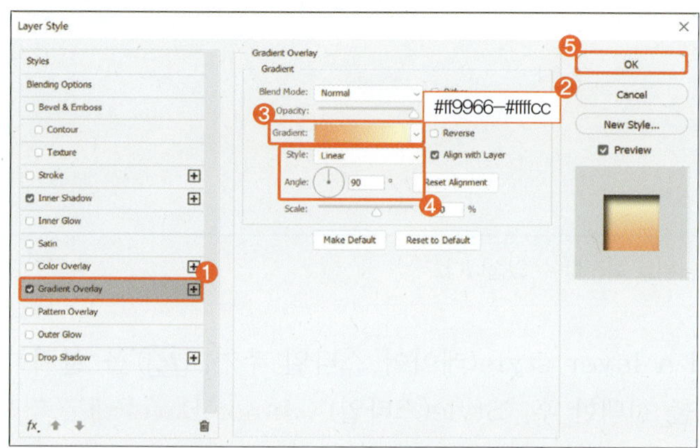

⑤ Custom Shape Tool(사용자 정의 모양 도구, 🔲)을 클릭하고 Options Bar(옵션 바)에서 'Pick tool mode(선택 도구 모드) : Shape(모양), Fill(칠) : #ffffff, Stroke(획) : No Color (색상 없음), Shape(모양) : Bone(뼈, 🦴)'로 설정한 후 드래그하여 모양을 그립니다.

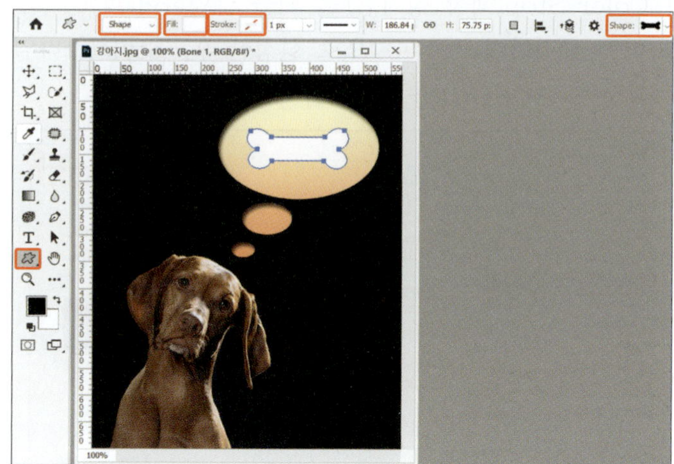

🎯 **Shape** 경로

[Legacy Shapes and More(레거시 모양 및 기타)]–[All Legacy Default Shapes(모든 레거시 기본 모양)]–[Animals(동물)]

📒 **기적**의 TIP

Shift 를 누른 채 드래그하여 그리면 원래 등록된 비율대로 모양을 그릴 수 있습니다.

⑥ [Ctrl]+[T]를 눌러 조절점 밖을 [Shift]를 누른 채 시계 방향으로 드래그하여 회전하고 [Enter]를 눌러 변형을 완료합니다.

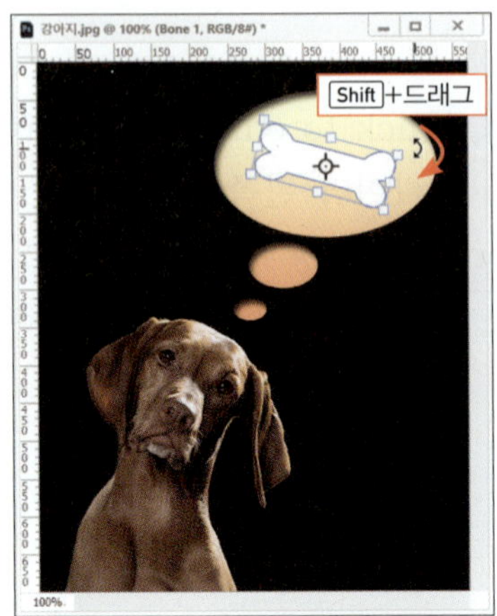

⑦ Layers(레이어) 패널 하단의 'Add a layer style(레이어 스타일 추가, [fx.])'을 클릭하고 [Bevel & Emboss(경사와 엠보스)]를 선택한 후, 'Style(스타일) : Inner Bevel(내부 경사), Direction(방향) : Up(위로), Size(크기) : 12px'로 설정합니다.

⑧ 계속해서 [Stroke(획)]를 선택하고, 'Size(크기) : 7px, Fill Type(칠 유형) : Gradient(그 레이디언트), Click to edit the gradient(클릭하여 그레이디언트 편집)'를 클릭합니다. 그 레이디언트 슬라이더 왼쪽 하단의 'Color Stop(색상 정지점)'을 더블 클릭하여 #ffcc00, 오른쪽 'Color Stop(색상 정지점)'을 더블 클릭하여 #ff6600으로 설정한 후, 'Style(스타일) : Linear(선형), Angle(각도) : 0°'로 설정하고 [OK(확인)]를 클릭합니다.

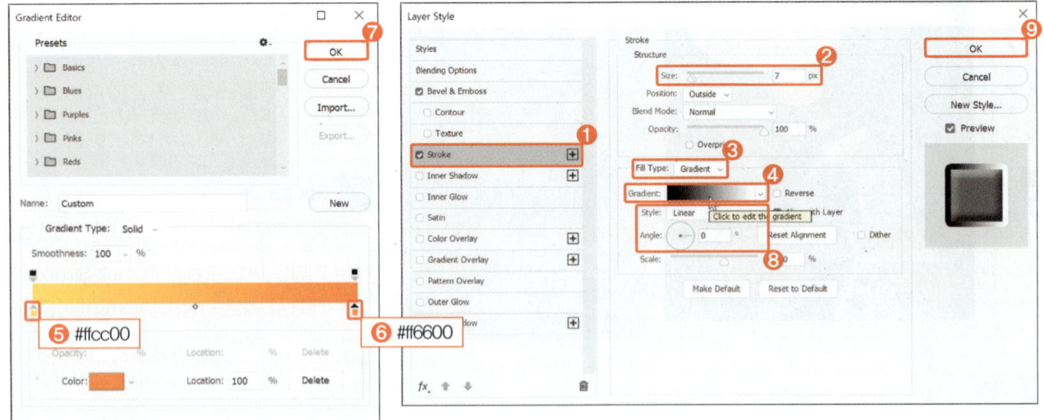

① Custom Shape Tool(사용자 정의 모양 도구, ⌗)을 클릭하고 Options Bar(옵션 바)에서 'Pick tool mode(선택 도구 모드) : Shape(모양), Fill(칠) : #33ffff, Stroke(획) : No Color (색상 없음), Shape(모양) : Eighth Notes(8분 음표(두개), ♫)'로 설정한 후 드래그하여 모양을 그립니다.

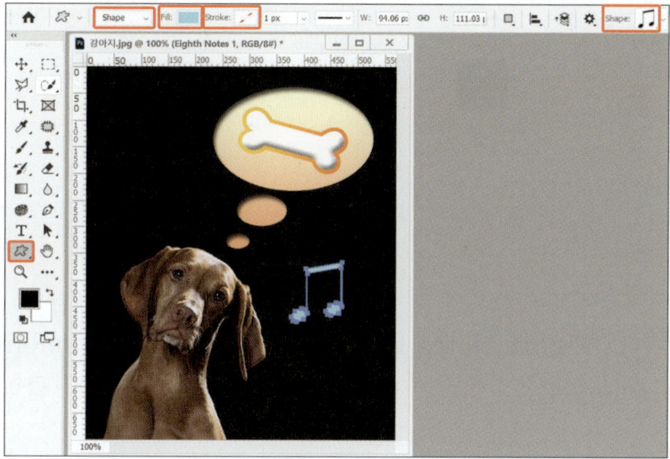

◎ **Shape** 경로

[Legacy Shapes and More(레거시 모양 및 기타)]−[All Legacy Default Shapes(모든 레거시 기본 모양)]−[Music(음악)]

② Ctrl + T 를 눌러 조절점 밖을 시계 방향으로 드래그하여 회전하고 Enter 를 눌러 변형을 완료합니다.

③ Layers(레이어) 패널 하단의 'Add a layer style(레이어 스타일 추가, *fx.*)'을 클릭하고 [Outer Glow(외부 광선)]를 선택하여 'Opacity(불투명도) : 75%, Size(크기) : 20px'로 설정한 후 [OK(확인)]를 클릭합니다.

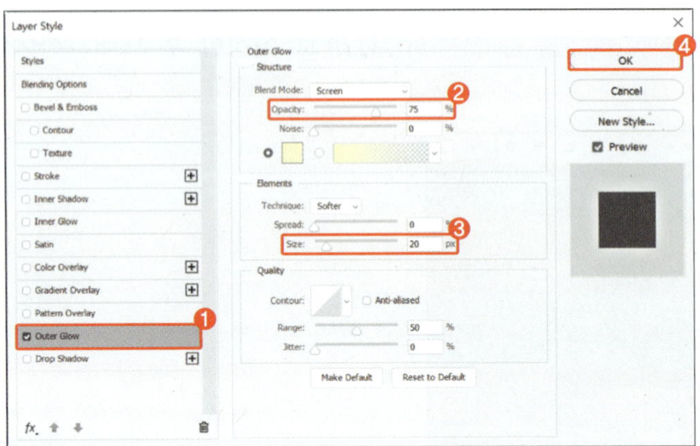

④ Ctrl+J를 눌러 레이어를 복사합니다. 'Eighth Notes 1 copy' 레이어의 'Layer thumbnail (레이어 축소판)'을 더블 클릭하여 'Color(색상) : #ffff66'으로 설정하고 [OK(확인)]를 클릭합니다.

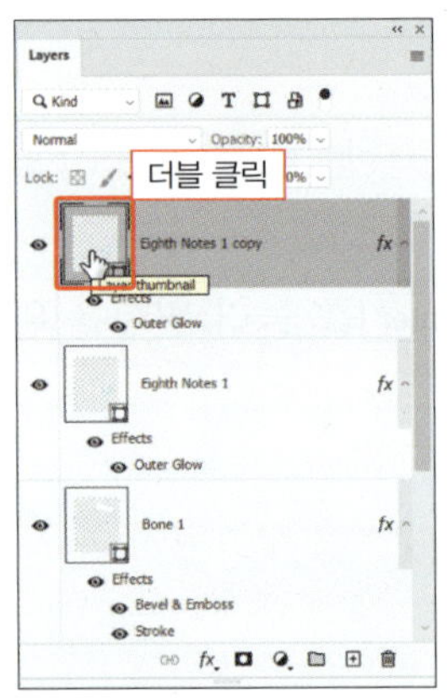

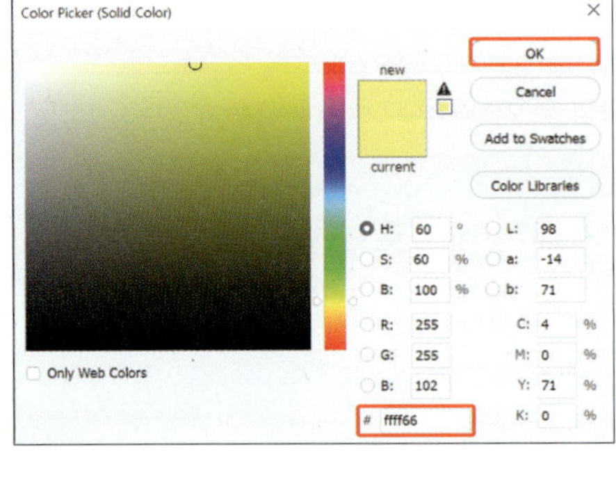

⑤ Ctrl+T를 눌러 Shift를 누른 채 드래그하여 크기를 축소하고 회전하여 배치합니다.

① Horizontal Type Tool(수평 문자 도구, T)로 작업 이미지를 클릭하고 Options Bar(옵션 바)에서 'Font(글꼴) : 바탕, Set font size(글꼴 크기) : 45pt, Color(색상) : #66ffcc'로 설정한 후 '맛있는 간식'을 입력합니다.

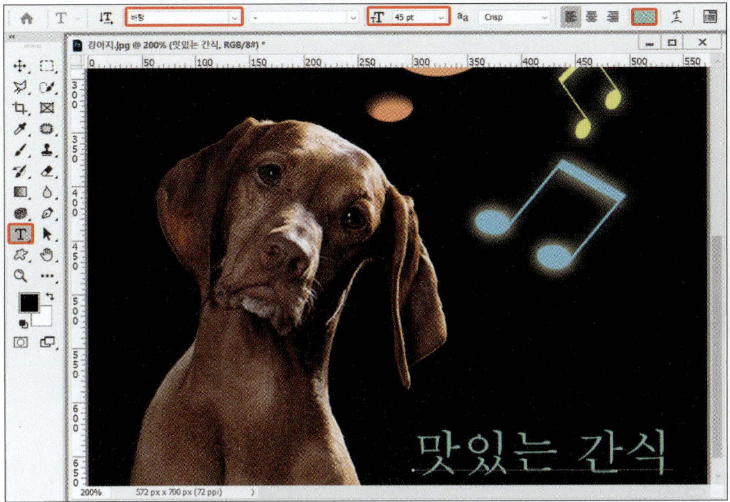

② Options Bar(옵션 바)에서 Create warped text(뒤틀어진 텍스트 만들기, ✦)를 클릭한 후 'Style(스타일) : Rise(상승), Horizontal(가로) : 체크, Bend(구부리기) : 50%'를 설정하여 문자의 모양을 왜곡합니다.

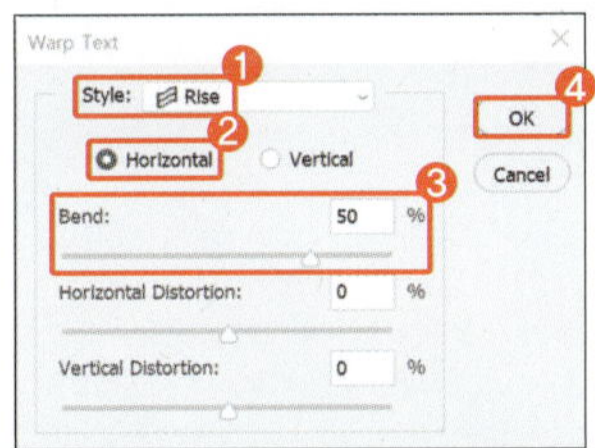

③ Layers(레이어) 패널 하단의 'Add a layer style(레이어 스타일 추가, fx.)'을 클릭하고 [Stroke(획)]를 선택한 후, 'Size(크기) : 3px, Color(색상) : #cc9966'으로 설정 후 [OK(확인)]를 클릭합니다.

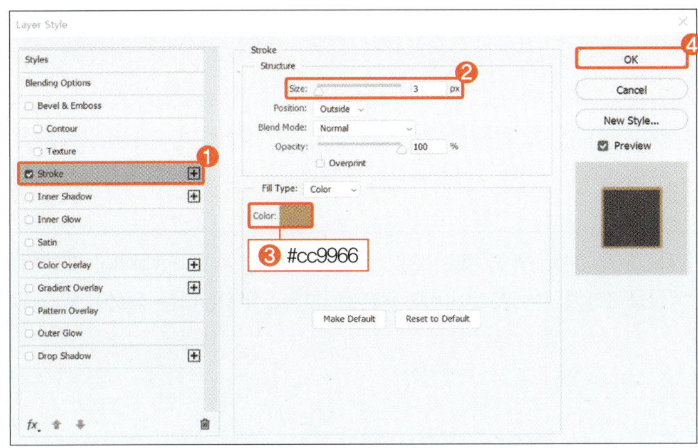

▲ 완성이미지

01 조정 레이어로 이미지 보정하기

① [File(파일)]–[Open(열기)]([Ctrl]+[O])을 선택하여 녹색나무.jpg를 불러옵니다.

② Layers(레이어) 패널 하단의 'Create new fill or adjustment layer(새 칠 또는 조정 레이어 생성, [◎.])'를 클릭하고 [Hue/Saturation(색조/채도)]을 선택합니다.

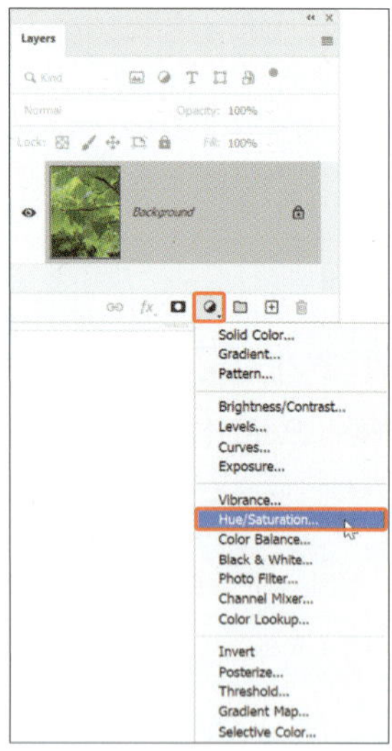

▶ **기적의 TIP**

[Image(이미지)] 메뉴의 [Adjustments(조정)]–[Hue/Saturation(색조/채도)]으로 색상을 조정할 수도 있습니다. 레이어 패널의 '조정 레이어'는 언제든지 더블 클릭하여 색상을 조정할 수 있고 이미지 원본은 그대로 유지된다는 장점이 있습니다.

---

③ Properties(속성) 패널에서 'Colorize(색상화) : 체크, Hue(색조) : 36, Saturation (채도) : 60, Lightness(명도) : 10'으로 설정하여 갈색 계열로 색상을 보정합니다.

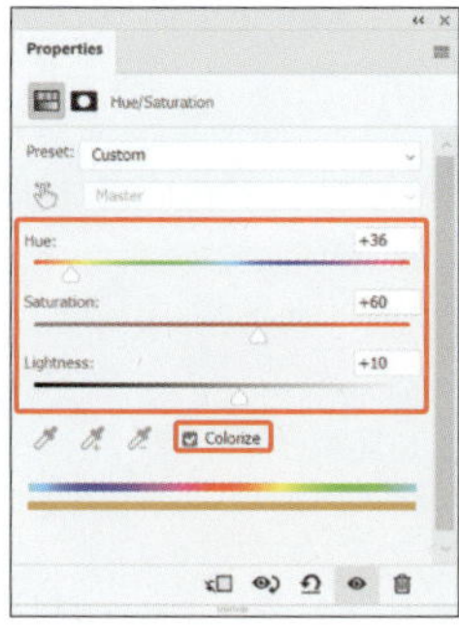

시험 문제에는 정확한 색상값이 제시되지 않으며 《출력형태》와 최대한 유사하게 제시된 특정 계열로 색상을 보정하면 됩니다.

02 사용자 모양 도구로 그리고 레이어 스타일과 불투명도 적용하기

① Custom Shape Tool(사용자 정의 모양 도구,)을 클릭하고 Options Bar(옵션 바)에서 'Pick tool mode(선택 도구 모드) : Shape(모양), Fill(칠) : #000000, Stroke(획) : No Color(색상 없음), Shape(모양) : Cloud 1(구름 1,)'로 설정한 후 모양을 그립니다.

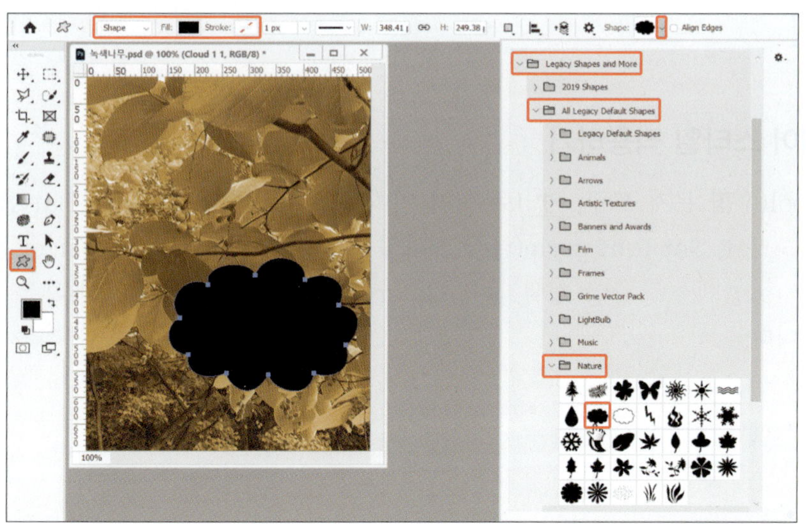

[Legacy Shapes and More(레거시 모양 및 기타)]–[All Legacy Default Shapes(모든 레거시 기본 모양)]–[Nature(자연)]

② Layers(레이어) 패널 하단의 'Add a layer style(레이어 스타일 추가, $fx.$)'을 클릭하고 [In-ner Glow(내부 광선)]을 선택하여, 'Opacity(불투명도) : 75%, Size(크기) : 20px'로 설정한 후 [OK(확인)]를 클릭합니다.

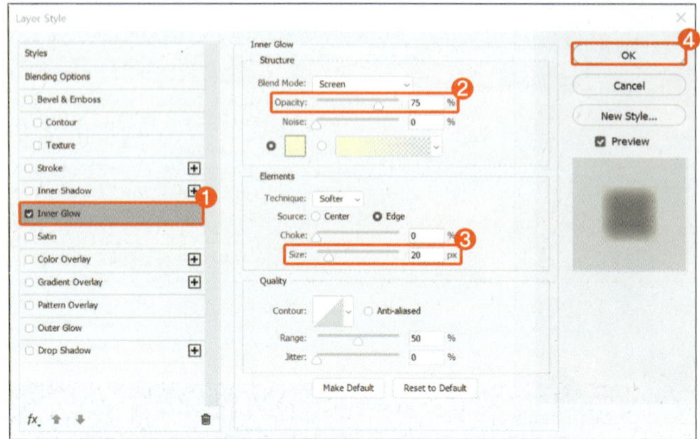

③ Layers(레이어) 패널 상단의 'Opacity(불투명도) : 60%'를 설정합니다.

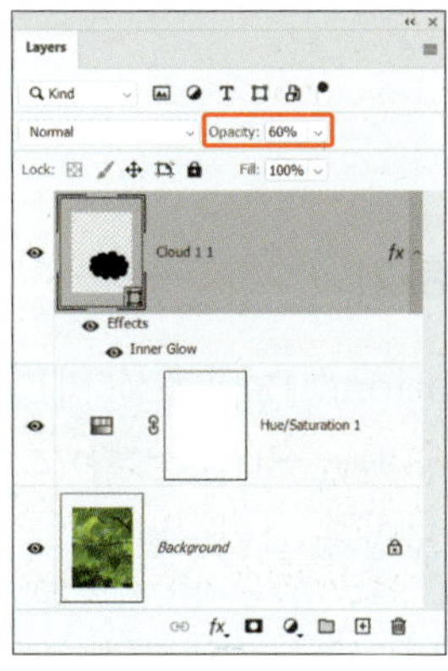

03 문자 변형 및 레이어 스타일 적용하기

① Horizontal Type Tool(수평 문자 도구, T)로 작업 이미지를 클릭하고 Options Bar(옵션 바)에서 'Font(글꼴) : Arial, Set font style(글꼴 스타일 설정) : Bold, Set font size(글꼴 크기) : 55pt, Center text(텍스트 중앙 정렬, ▤), Color(색상) : #ffffff'로 설정한 후 'SE-PIA TONE'을 입력합니다.

② 'TONE' 문자를 따로 드래그하여 'Color(색상) : #330000'으로 설정합니다.

③ Options Bar(옵션 바)에서 Create warped text(뒤틀어진 텍스트 만들기, ㅗ)를 클릭한 후 'Style(스타일) : Bulge(부풀리기), Horizontal(가로) : 체크, Bend(구부리기) : 50%'를 설정하여 문자의 모양을 왜곡합니다.

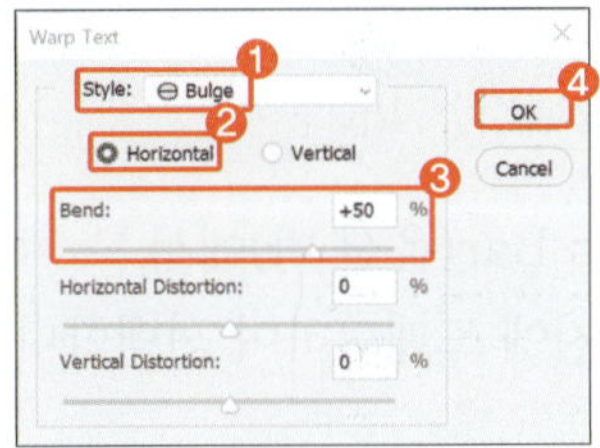

④ Layers(레이어) 패널 하단의 'Add a layer style(레이어 스타일 추가, fx.)'을 클릭하고 [Stroke(획)] 선택, 'Size(크기) : 5px, Fill Type(칠 유형) : Gradient(그레이디언트), Click to edit the gradient(클릭하여 그레이디언트 편집)'를 클릭합니다. 그레이디언트 슬라이더 왼쪽 하단의 'Color Stop(색상 정지점)'을 더블 클릭하여 #ffcc00, 오른쪽 'Color Stop(색상 정지점)'을 더블 클릭하여 #663300으로 설정한 후, 'Style(스타일) : Linear(선형), Angle(각도) : 90°로 설정하고 [OK(확인)]를 클릭합니다.

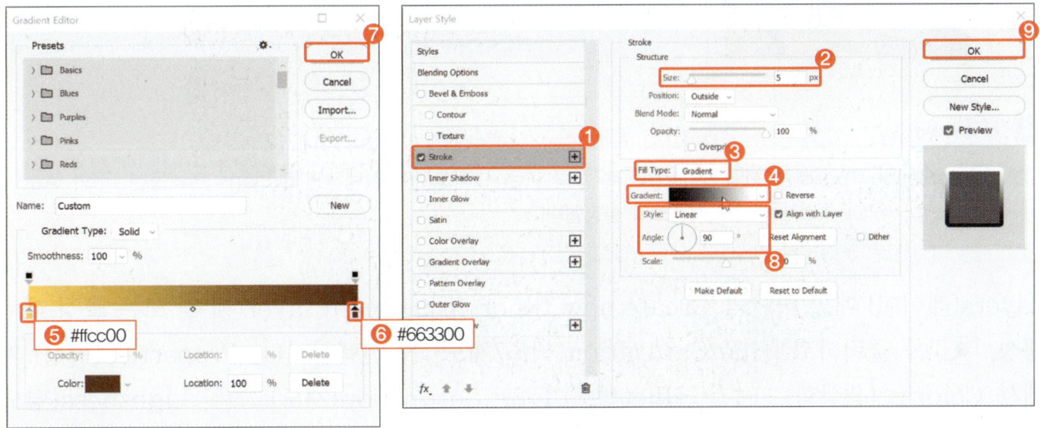

▲ 완성이미지

01 노란색 계열로 꽃 이미지의 색상 보정하기

① [File(파일)]–[Open(열기)]([Ctrl]+[O])을 선택하여 꽃.jpg를 불러옵니다.

② Quick Selection Tool(빠른 선택 도구, ✐)을 클릭하고 Options Bar(옵션 바)에서 'Add to selection(선택 영역에 추가, ✐)'을 설정한 후 왼쪽 상단의 꽃 이미지에 드래그하여 선택합니다.

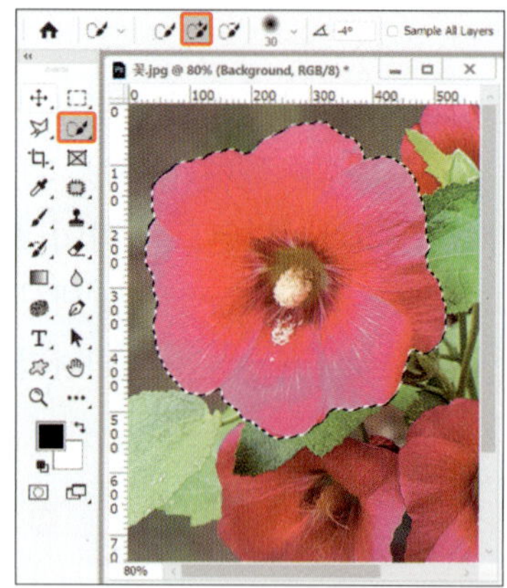

▷ **기적**의 TIP

Quick Selection Tool(빠른 선택 도구, ✐)로 클릭 또는 드래그하여 선택하면 Options Bar(옵션 바)의 'Add to selection(선택 영역에 추가, ✐)'으로 자동으로 설정됩니다.

③ Layers(레이어) 패널 하단의 'Create new fill or adjustment layer(새 칠 또는 조정 레이어 생성, ◑)'를 클릭하고 [Hue/Saturation(색조/채도)]을 선택합니다. Properties(속성) 패널에서 'Colorize(색상화) : 체크, Hue(색조) : 40, Saturation(채도) : 85, Lightness(명도) : 0'으로 설정하여 노란색 계열로 색상을 보정합니다.

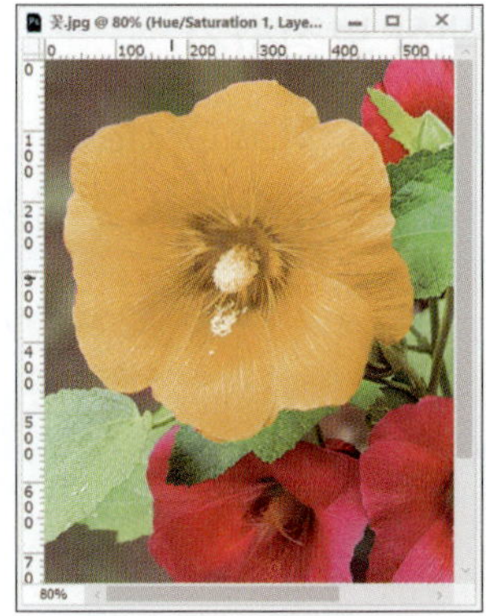

02 주황색 계열로 꽃 이미지의 색상 보정하기

① Quick Selection Tool(빠른 선택 도구, ▣)을 클릭하고 Option Bar(옵션 바)에서 'Add to selection(선택 영역에 추가, ▣)'을 설정한 후 왼쪽 하단의 꽃 이미지에 드래그하여 선택합니다.

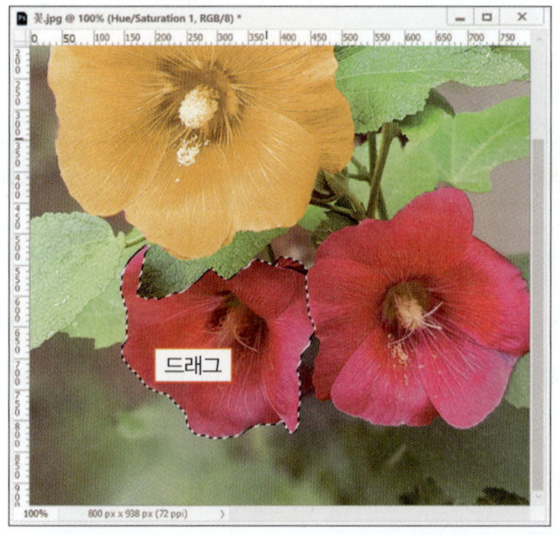

② Layers(레이어) 패널 하단의 'Create new fill or adjustment layer(새 칠 또는 조정 레이어 생성, ▣)'를 클릭하고 [Hue/Saturation(색조/채도)]을 선택합니다. Properties(속성) 패널에서 'Colorize(색상화) : 체크, Hue(색조) : 20, Saturation(채도) : 70, Lightness(명도) : 0'으로 설정하여 주황색 계열로 색상을 보정합니다.

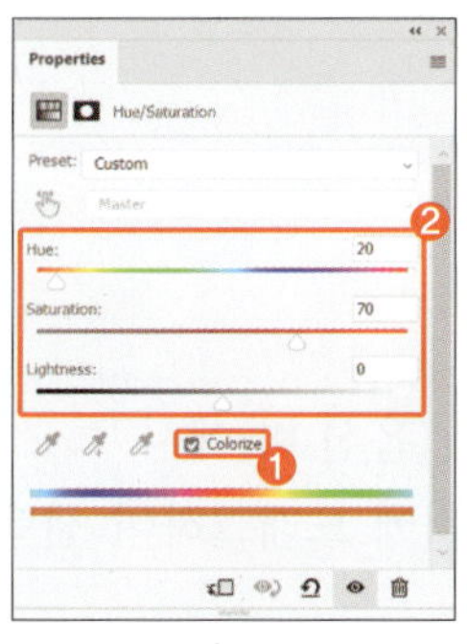
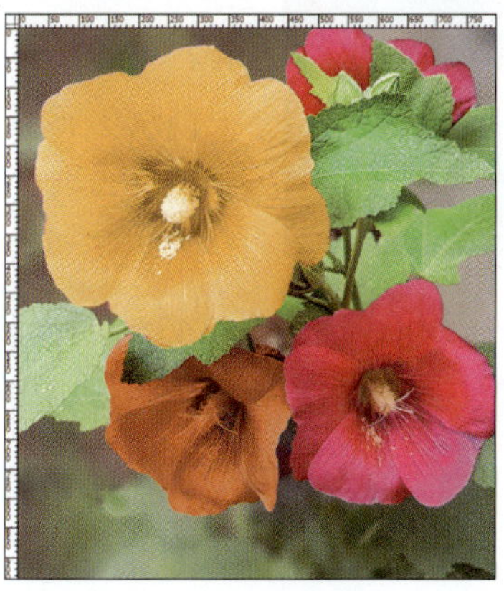

03 파란색과 보라색 계열로 꽃 이미지의 색상 보정하기

① Quick Selection Tool(빠른 선택 도구, ☑)을 클릭하고 Options Bar(옵션 바)에서 'Add to selection(선택 영역에 추가, ☑)'을 설정한 후 오른쪽 하단의 꽃 이미지에 드래그하여 선택합니다.

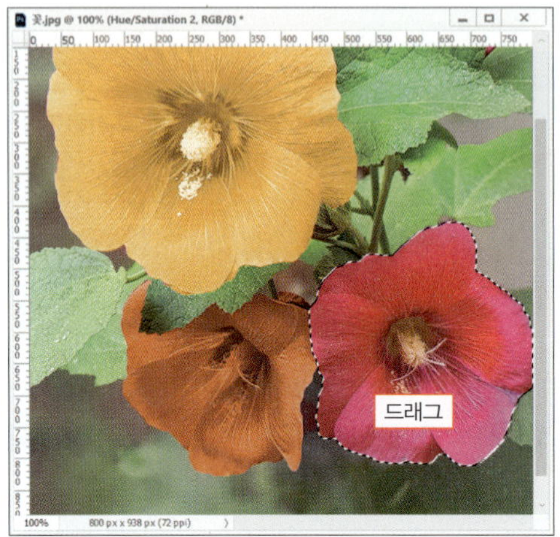

> **기적의 TIP**
>
> Quick Selection Tool(빠른 선택 도구, ☑)로 작업 중 [Alt]를 누르면 'Subtract from selection(선택 영역에서 빼기, ☑)'로 설정되어 기존 선택 영역에서 제외할 수 있습니다.

② Layers(레이어) 패널 하단의 'Create new fill or adjustment layer(새 칠 또는 조정 레이어 생성, ◑)'를 클릭하고 [Hue/Saturation(색조/채도)]을 선택합니다. Properties(속성) 패널에서 'Colorize(색상화) : 체크, Hue(색조) : 176, Saturation(채도) : 73, Lightness(명도) : 0'으로 설정하여 파란색 계열로 색상을 보정합니다.

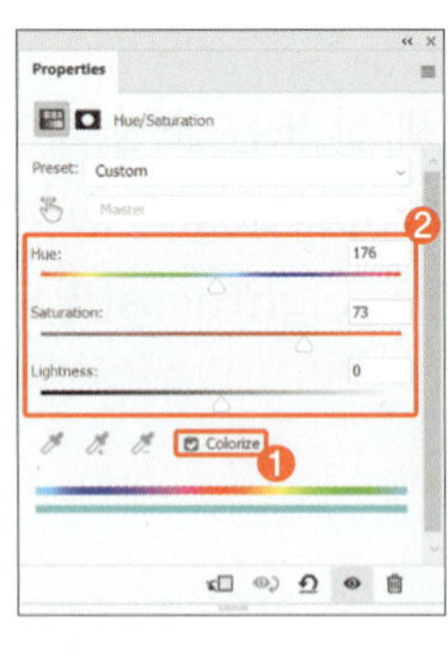
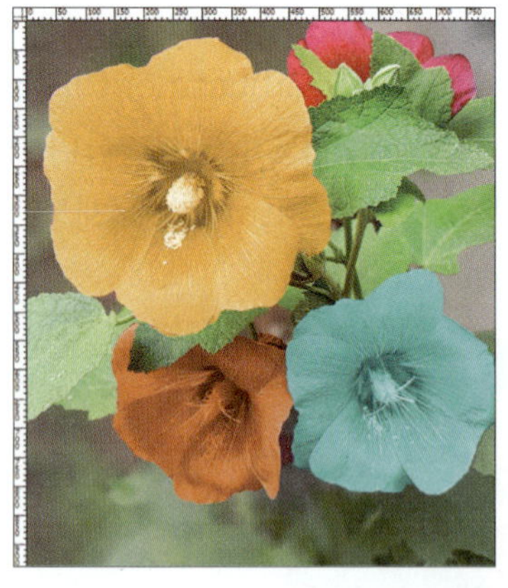

③ Quick Selection Tool(빠른 선택 도구, ☑)을 클릭하고 Options Bar(옵션 바)에서 'Add to selection(선택 영역에 추가, ☑)'을 설정한 후 오른쪽 상단의 꽃 이미지에 드래그하여 선택합니다.

④ Layers(레이어) 패널 하단의 'Create new fill or adjustment layer(새 칠 또는 조정 레이어 생성, ◑)'를 클릭하고 [Hue/Saturation(색조/채도)]을 선택합니다. Properties(속성) 패널에서 'Colorize(색상화) : 체크, Hue(색조) : 280, Saturation(채도) : 65, Lightness (명도) : -30'으로 설정하여 보라색 계열로 색상을 보정합니다.

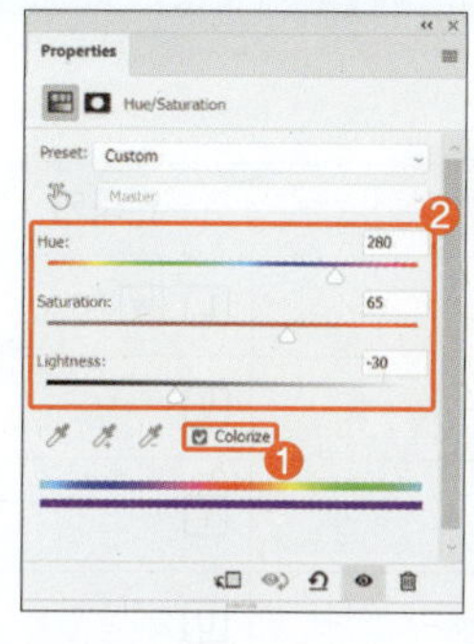

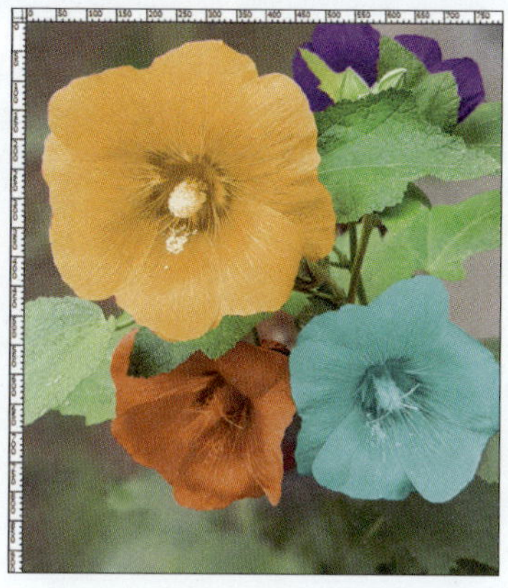

04 파란색 계열로 배경 이미지의 색상 보정하기

① Layers(레이어) 패널에서 'Background(배경)'를 클릭하여 선택합니다.

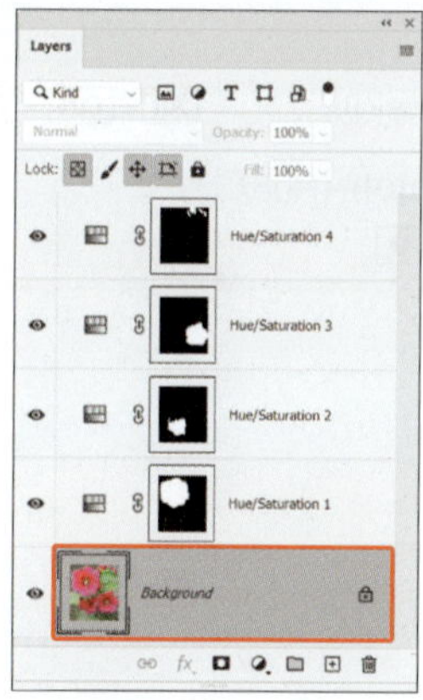

기적의 TIP

레이어 패널에서 추가된 조정 레이어의 아래쪽에 배치된 레이어 색상만을 보정합니다.

② Layers(레이어) 패널 하단의 'Create new fill or adjustment layer(새 칠 또는 조정 레이어 생성, ◑)'를 클릭하고 [Hue/Saturation(색조/채도)]을 선택합니다.

③ Properties(속성) 패널에서 'Colorize(색상화) : 체크, Hue(색조) : 198, Saturation(채도) : 49, Lightness (명도) : 10'으로 설정하여 파란색 계열로 색상을 보정합니다.

[실무응용]

포스터 제작

주요 기능	메뉴	단축키
Selection Tool(선택 도구)	🖌, 🖌, 🔲, 🔲, 🔲, 🔲	L, W
Move Tool(이동 도구)	✛	V
Type Tool(문자 도구) 및 옵션	T, IT, Options Bar(옵션 바)의 🔲	T
Shape Tool(모양 도구)	🔲	U
Pen Tool(펜 도구)	🔲	P
Free Transform(자유 변형 메뉴)	[Edit(편집)]–[Free Transform(자유 변형)]	Ctrl+T
Layer Style(레이어 스타일)	[Layers(레이어)]–[Layer Style(레이어 스타일), Layers Panel(레이어 패널) 하단의 fx.	
레이어 마스크	[Layers(레이어)]–[Layer Mask(레이어 마스크)], Layers Panel(레이어 패널) 하단의 🔲	
Clipping Mask(클리핑 마스크)	[Layers(레이어)]–[Create Clipping Mask(클리핑 마스크 만들기)]	Alt+Ctrl+G
색상 보정	[Layers(레이어)]–[New Adjustment Layer(새 조정 레이어)–[Hue/Saturation(색조/채도)], Layers Panel(레이어 패널) 하단의 🔲	
Blending Mode(혼합 모드)	Layers Panel(레이어 패널) 상단의 혼합 모드	
Color Panel(색상 패널)	[Window(윈도우)]–[Color(색상)]	F6
Character Panel(문자 패널)	[Window(윈도우)]–[Character(문자)]	
Layers Panel(레이어 패널)	[Window(윈도우)]–[Layers(레이어)]	F7
Paths Panel(패스 패널)	[Window(윈도우)]–[Paths(패스)]	
Options Bar(옵션 바)	[Window(윈도우)]–[Options(옵션)]	
Filter(필터)	[Filter(필터)]	
Image Size(이미지 크기)	[Image(이미지)]–[Image Size(이미지 크기)]	

▲ 완성이미지

01 새 작업 이미지 만들고 배경색 채우기

① [File(파일)]–[New(새로 만들기)]([Ctrl]+[N])를 선택하고 'Width(폭) : 600Pixels(픽셀), Height(높이) : 400Pixels(픽셀), Resolution(해상도) : 72Pixels/Inch(픽셀/인치), Color Mode(색상 모드) : RGB Color(RGB 색상), 8bit(비트), Background Contents(배경 내용) : White(흰색)'로 설정하여 새 작업 이미지를 만듭니다.

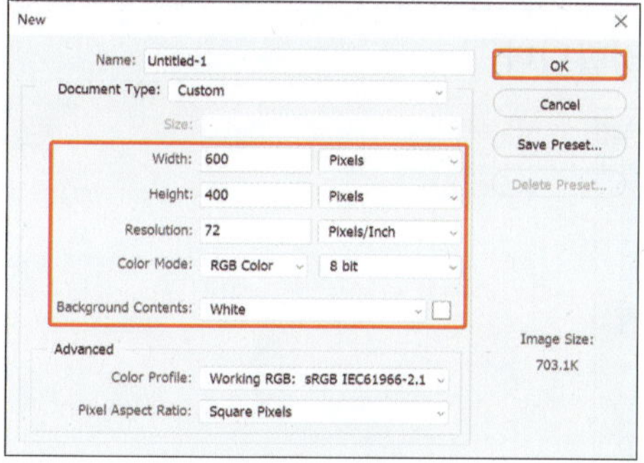

② Tool Panel(도구 패널) 하단의 'Set foreground color(전경색 설정)'를 클릭하여 #33ccff로 설정하고, [Alt]+[Delete]를 눌러 이미지의 배경을 채웁니다.

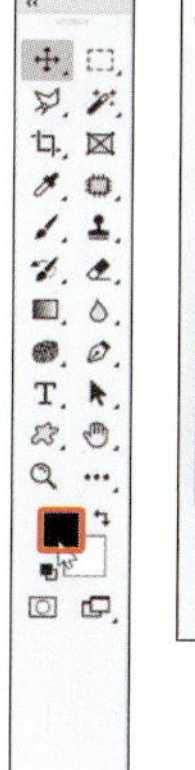

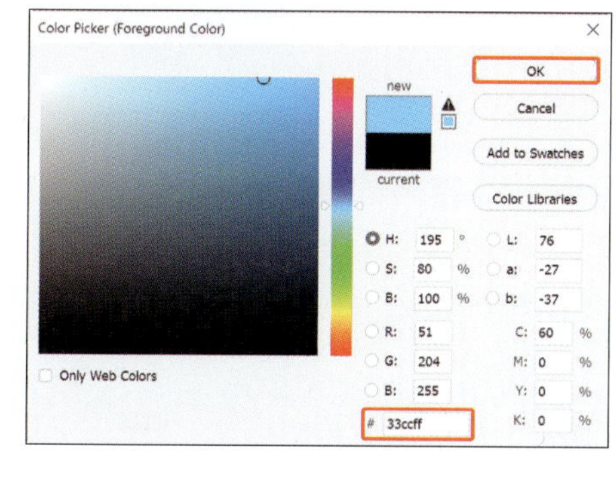

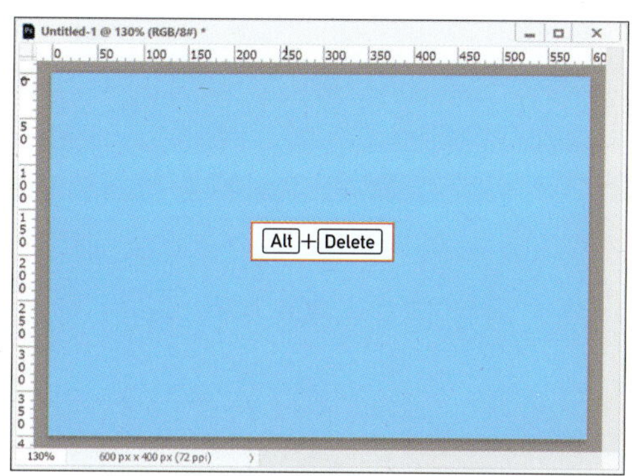

Foreground Color(전경색)를 불투명하게 채우기는 Alt + Delete 를, Background Color(배경색)는 Ctrl + Delete 를 눌러 빠르게 채울 수 있습니다.

02 작업할 소스 이미지 불러오고 크기 조절하기

① [File(파일)]-[Open(열기)](Ctrl + O)을 선택하여 새.jpg를 불러옵니다. Ctrl + A로 전체 선택, Ctrl + C로 복사, 작업 이미지에 Ctrl + V로 붙여넣기를 합니다. Ctrl + T를 누르고 Shift 를 누른 채 조절점의 모서리를 드래그하여 비율에 맞게 크기를 조절합니다.

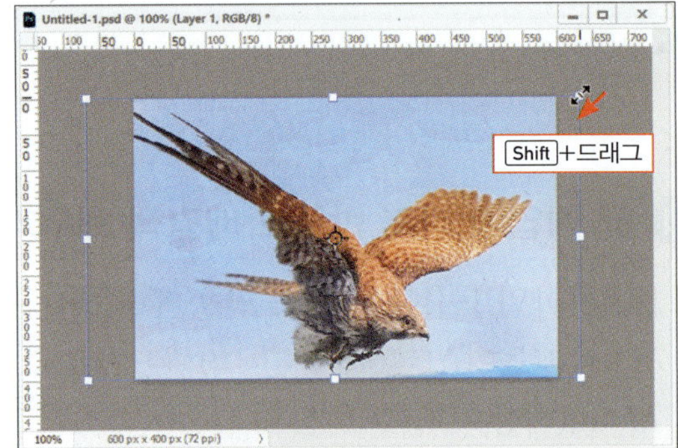

② Layers(레이어) 패널 상단의 Blending Mode(혼합 모드)를 클릭하여 'Linear Light(선형 라이트)'를 설정한 후, 'Opacity(불투명도) : 70%'로 설정합니다.

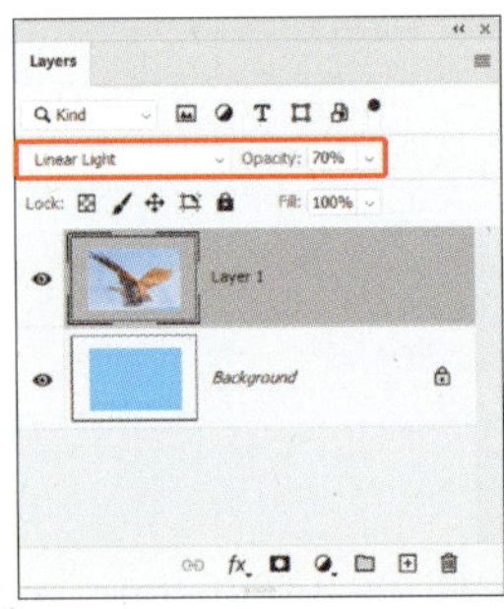

▲ 완성이미지

01 새 작업 이미지 만들고 배경색 채우기

① [File(파일)]–[New(새로 만들기)]([Ctrl]+[N])를 선택하고 'Width(폭) : 600Pixels(픽셀), Height(높이) : 400Pixels(픽셀), Resolution(해상도) : 72Pixels/Inch(픽셀/인치), Color Mode(색상 모드) : RGB Color(RGB 색상), 8bit(비트), Background Contents(배경 내용) : White(흰색)'를 설정하여 새 작업 이미지를 만듭니다.

② [Edit(편집)]–[Preference(환경설정)]([Ctrl]+[K])를 클릭하고 [Guides, Grid & Slices(안내선, 격자와 슬라이스)]를 선택하여 Grid(격자)의 'Gridline every(격자 간격) : 100pixels(픽셀), Subdivisions(세분) : 1'로 설정한 후 'Grid Color(격자 색상)'를 클릭하여 밝은 색상으로 변경합니다.

③ [View(보기)]–[Show(표시)]–[Grid(격자)]([Ctrl]+[']) 와 [View(보기)]–[Rulers(눈금자)] ([Ctrl]+[R])를 선택하여 격자와 눈금자를 표시합니다.

④ Tool Panel(도구 패널) 하단의 'Set foreground color(전경색 설정)'를 클릭하여 #ff9999로 설정하고 [Alt]+[Delete]를 눌러 이미지의 배경을 채웁니다.

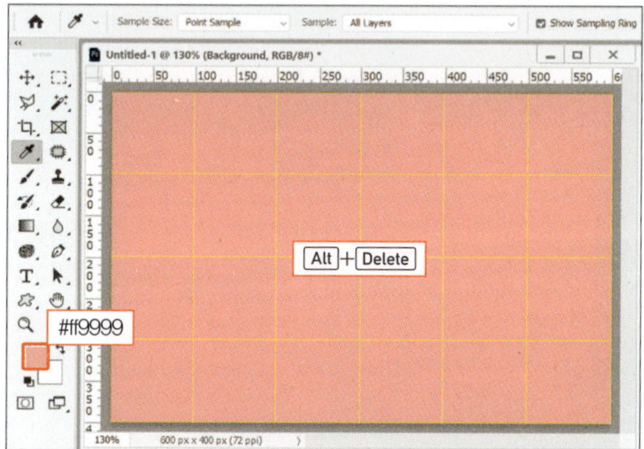

02 Blending Mode(혼합 모드) 적용하고 레이어 마스크로 합성하기

① [File(파일)–[Open(열기)]](Ctrl + O)을 선택하여 설정.jpg를 불러옵니다. Ctrl + A로 전체 선택, Ctrl + C로 복사, 작업 이미지에 Ctrl + V로 붙여넣기를 합니다.

② Layers(레이어) 패널 상단의 Blending Mode(혼합 모드)를 클릭하여 'Color Burn(색상 번)'을 설정한 후, 하단의 'Add layer mask(레이어 마스크 추가, ◨)'를 클릭하여 레이어 마스크를 추가합니다.

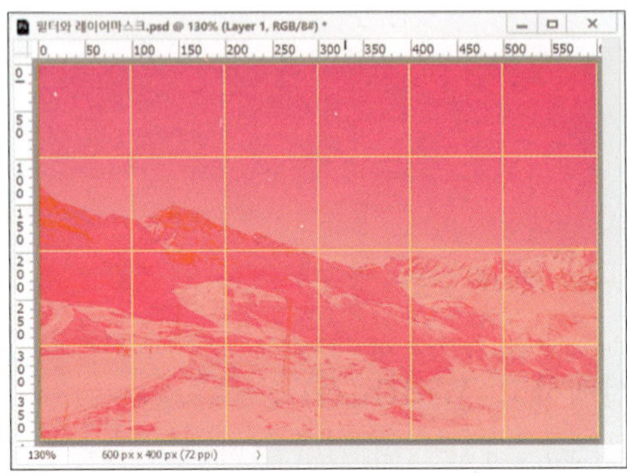

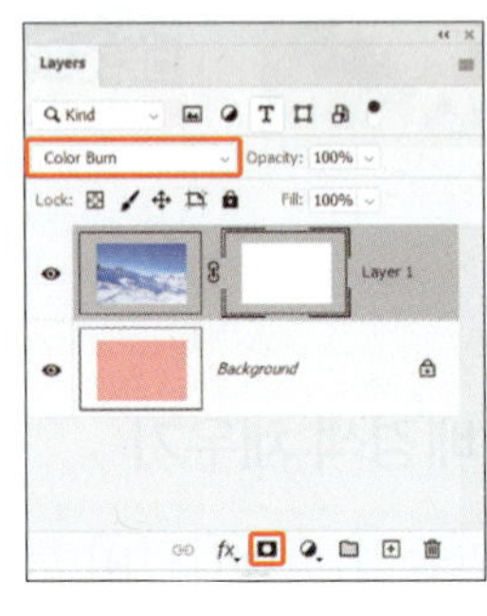

③ Tool Panel(도구 패널) 하단의 'Set foreground color(전경색 설정)'를 #000000, 'Set background color(배경색 설정)'를 #ffffff로 설정합니다. Gradient Tool(그레이디언트 도구, ◨)을 클릭하고 Options Bar(옵션 바)에서 'Type(유형) : Linear Gradient(선형 그라디언트), Mode(모드) : Normal(표준), Opacity(불투명도) : 100%'로 설정한 후 Shift를 누르고 아래쪽에서 위쪽으로 세로 방향으로 드래그하여 이미지 일부를 자연스럽게 지워 합성합니다.

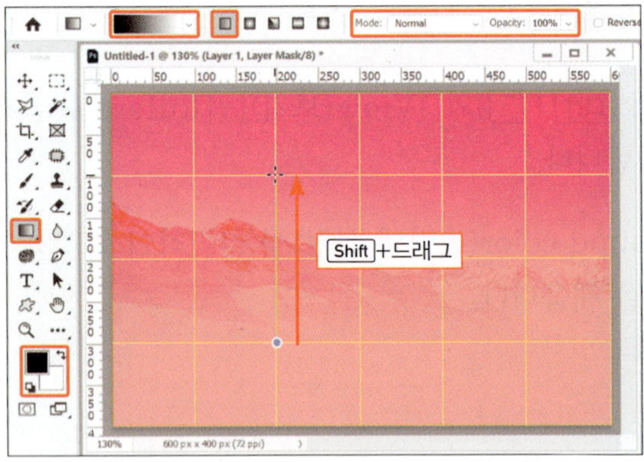

① [File(파일)]–[Open(열기)]([Ctrl]+[O])을 선택하여 겨울스포츠.jpg를 불러옵니다. [Ctrl]+[A]로 전체 선택, [Ctrl]+[C]로 복사, 작업 이미지에 [Ctrl]+[V]로 붙여넣기를 합니다. [Ctrl]+[T]를 눌러 [Shift]를 누른 채 크기를 조절합니다.

② [Filter(필터)]–[Filter Gallery(필터 갤러리)]–[Brush Strokes(브러시 선)]–[Crosshatch (그물눈)]를 선택합니다.

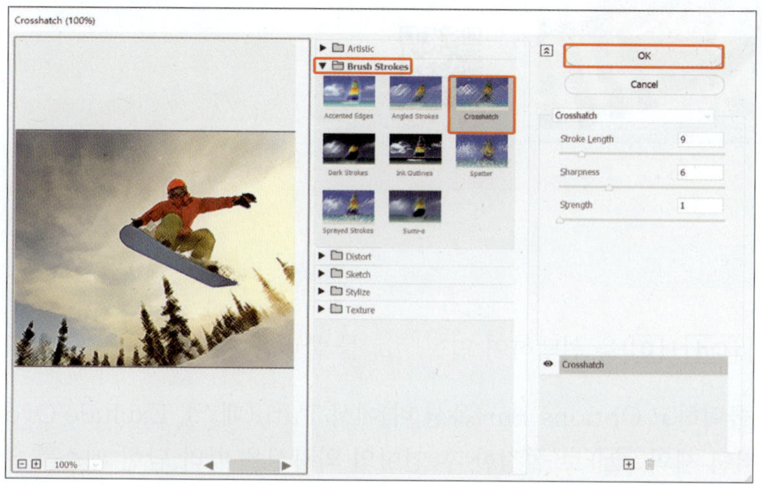

③ Layers(레이어) 패널 하단의 'Add layer mask(레이어 마스크 추가, ▣)'를 클릭하여 레이어 마스크를 추가합니다.

④ Tool Panel(도구 패널) 하단의 'Set foreground color(전경색 설정)'를 #000000, 'Set background color(배경색 설정)'를 #ffffff로 설정합니다. Gradient Tool(그레이디언트 도구, ▣)을 클릭하고 Options Bar(옵션 바)에서 'Type(유형) : Linear Gradient(선형 그라디언트), Mode(모드) : Normal(표준), Opacity(불투명도) : 100%'로 설정한 후 왼쪽 위에서 오른쪽 아래로 대각선 방향으로 드래그하여 이미지 일부를 자연스럽게 지워 합성합니다.

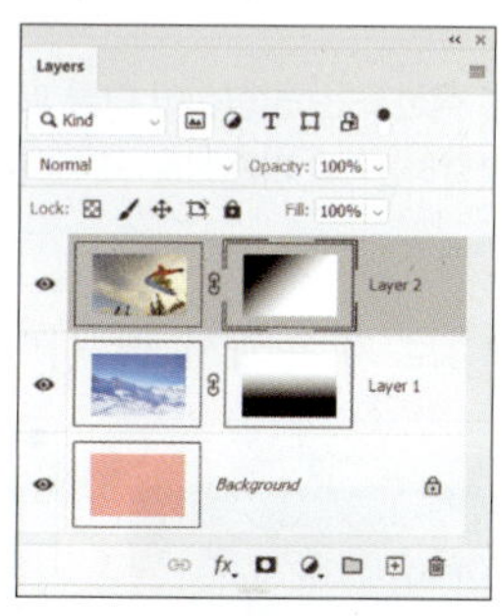

▲ 완성이미지

01 패스 작업하기

① [File(파일)]–[Open(열기)]([Ctrl]+[O])을 선택하여 인형1.jpg를 불러옵니다.

② Pen Tool(펜 도구, ✐)을 클릭하고 Options Bar(옵션 바)에서 'Path(패스), Exclude Over-lapping Shapes(모양 오버랩 제외, ▣)'로 설정한 후 인형의 외곽선을 따라 닫힌 패스를 완성합니다.

▶ 기적의 TIP

- ✐ : 곡선 패스를 그린 후 직선 또는 방향선이 다른 패스를 연결하여 그릴 때 [Alt]를 누른 채 기준점에 클릭시 표시입니다.
- ✐ : 패스의 시작점과 연결하는 끝 기준점을 표시하며 클릭하면 닫힌 패스를 만들 수 있습니다.

③ Pen Tool(펜 도구, ✐)로 계속해서 팔 사이 공간의 외곽선을 따라 닫힌 패스를 완성합니다.

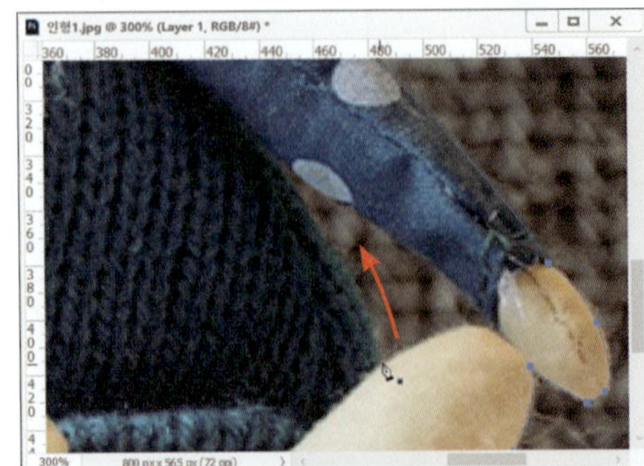 

④ Paths(패스) 패널에서 Work path 패스의 'Path Thumbnail'을 [Ctrl]을 누른 채 클릭하여 선택 상태로 변환하고, [Ctrl]+[C]를 눌러 복사합니다.

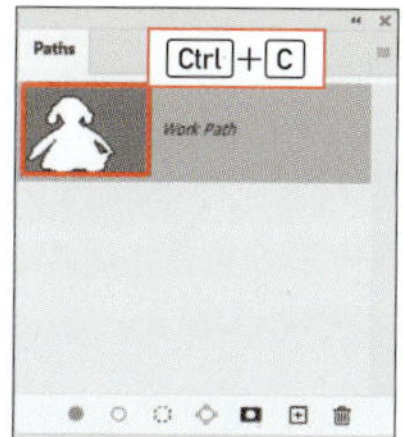

Paths(패스) 패널에서 Work path 패스가 생성되면 [Ctrl]+[Enter]를 눌러 선택 상태로 빠르게 변환할 수도 있습니다.

⑤ [File(파일)]–[Open(열기)]([Ctrl]+[O])을 선택하여 실타래.jpg를 불러옵니다. [Ctrl]+[V]로 붙여넣고, [Ctrl]+[T]를 눌러 비율에 맞게 크기를 축소합니다. 계속해서 마우스 오른쪽 버튼을 클릭한 후 [Flip Horizontal(가로로 뒤집기)]을 선택하여 수평 방향으로 반전하고 [Enter]를 눌러 변형을 적용합니다.

⑥ Layers(레이어) 패널 하단의 'Add a layer style(레이어 스타일 추가, fx.)'을 클릭하고, [Drop Shadow(그림자)]를 선택하여 'Opacity(불투명도) : 58%, Angle(각도) : 75°, Distance(거리) : 6px, Size(크기) : 10px'로 설정한 후 [OK(확인)]를 클릭합니다.

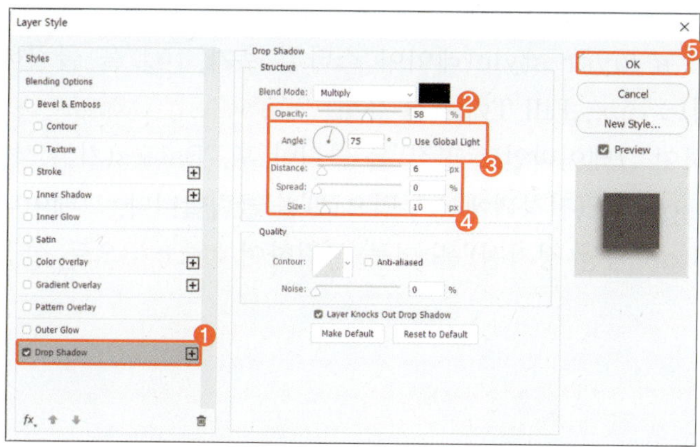

▲ 완성이미지

01 Shape Tool(모양 도구)로 모양 그리고 레이어 스타일 적용하기

① [File(파일)]-[Open(열기)]([Ctrl]+[O])을 선택하여 하늘.jpg를 불러옵니다.

② Custom Shape Tool(사용자 정의 모양 도구, ☆)을 클릭하고 Options Bar(옵션 바)에서 'Pick tool mode(선택 도구 모드) : Shape(모양), Fill(칠) : 임의 색상, Stroke(획) : No Color(색상 없음), Shape(모양) : Bird 2(새 2, ▼)'로 설정한 후 [Shift]를 누른 채 모양을 그립니다.

> 🎯 **Shape 경로**
>
> [Legacy Shapes and More(레거시 모양 및 기타)]-[All Legacy Default Shapes(모든 레거시 기본 모양)]-[Animals(동물)]

③ Layers(레이어) 패널 하단의 'Add a layer style(레이어 스타일 추가, ☑)'을 클릭하고 [Stroke(획)]를 선택하고 'Size(크기) : 8px, Fill Type(칠 유형) : Gradient(그레이디언트), Click to edit the gradient(클릭하여 그레이디언트 편집)'를 클릭한 후, 'Basics(기본 사항)'를 확장하여 'Foreground to Transparent(전경색에서 투명으로)'를 클릭합니다. 그레이디언트 슬라이더 왼쪽 하단의 'Color Stop(색상 정지점)'을 더블 클릭하여 #ffcc33으로 설정합니다.

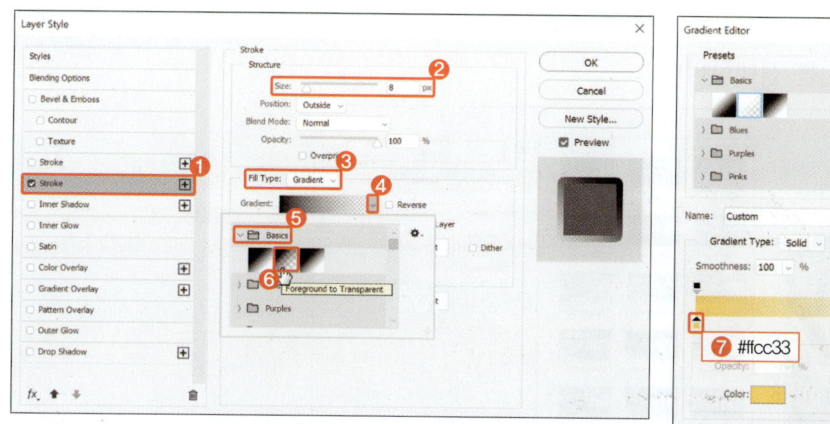

④ 계속해서 [Inner Shadow(내부 그림자)]를 선택하여 'Opacity(불투명도) : 75%, Angle(각도) : 120°, Distance(거리) : 7px, Size(크기) : 7px'로 설정하고 [OK(확인)]를 클릭합니다.

02 클리핑 마스크 및 필터 적용하기

① [File(파일)]-[Open(열기)]([Ctrl]+[O])을 선택하여 새2.jpg를 불러옵니다. [Ctrl]+[A]로 전체를 선택하고 [Ctrl]+[C]로 복사하여 작업 이미지에 [Ctrl]+[V]로 붙여넣기 후, 새 모양과 겹치도록 배치합니다.

② Layers(레이어) 패널에서 'Layer 1' 레이어와 'Bird 2 1' 레이어 사이에 마우스 커서를 놓고 [Alt]를 누르고 클릭하여 Clipping Mask(클리핑 마스크)를 적용하고 위치를 조절합니다.

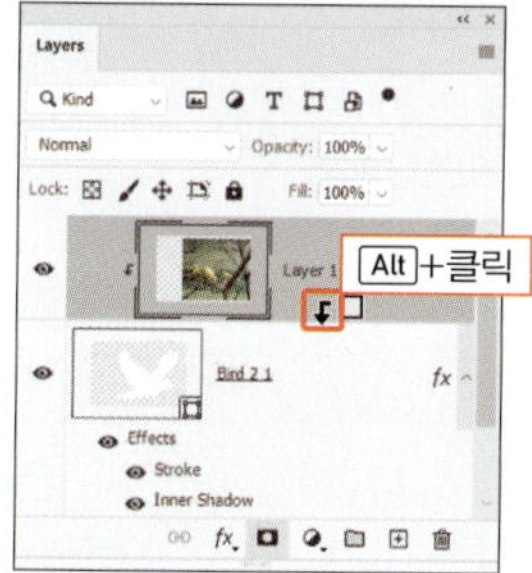

③ [Filter(필터)]–[Filter Gallery(필터 갤러리)]–[Artistic(예술 효과)]–[Paint Daubs(페인트 덥스/페인트 바르기)]를 선택합니다.

④ Custom Shape Tool(사용자 정의 모양 도구, ⚙)을 클릭하고 Options Bar(옵션 바)에서 'Pick tool mode(선택 도구 모드) : Shape(모양), Fill(칠) : #ffffff, Stroke(획) : No Color(색상 없음), Shape(모양) : Bird 2(새 2, ✔)'로 설정한 후 Shift 를 누른 채 새 모양을 그립니다.

Shape 경로

[Legacy Shapes and More(레거시 모양 및 기타)]–[All Legacy Default Shapes(모든 레거시 기본 모양)]–[Animals(동물)]

⑤ Layers(레이어) 패널 상단의 'Opacity(불투명도) : 70%'를 설정하고 하단의 'Add layer mask(레이어 마스크 추가, ▣)'를 클릭하여 레이어 마스크를 추가합니다.

⑥ Tool Panel(도구 패널) 하단의 'Set foreground color(전경색 설정)'를 #000000, 'Set background color(배경색 설정)'를 #ffffff로 설정합니다. Gradient Tool(그레이디언트 도구, ▣)을 클릭하고 Options Bar(옵션 바)에서 'Type(유형) : Linear Gradient(선형 그라디언트), Mode(모드) : Normal(표준), Opacity(불투명도) : 100%'로 설정한 후 아래에서 위쪽으로 수직 방향으로 드래그하여 이미지 일부를 자연스럽게 지워 합성합니다.

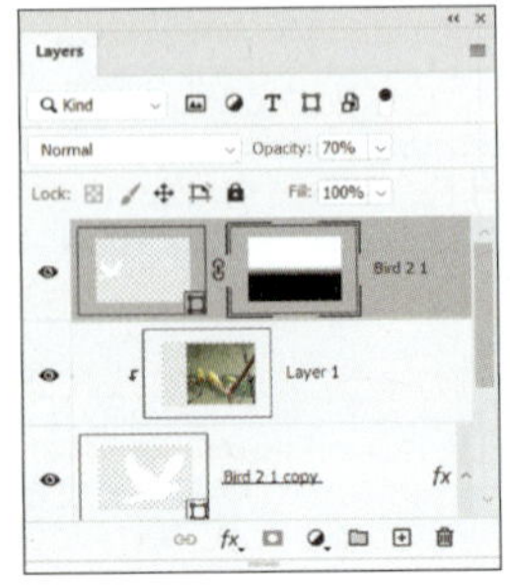

[실무응용]
웹 페이지 제작

주요 기능	메뉴	단축키
Selection Tool(선택 도구)		L, W
Move Tool(이동 도구)		V
Type Tool(문자 도구) 및 옵션	T, IT, Options Bar(옵션 바)의	T
Shape Tool(모양 도구)		U
Pen Tool(펜 도구)		P
Free Transform(자유 변형 메뉴)	[Edit(편집)]–[Free Transform(자유 변형)]	Ctrl+T
Define Pattern(패턴 정의)	[Edit(편집)]–[Define Pattern(패턴 정의)]	
Layer Style(레이어 스타일)	[Layers(레이어)]–[Layer Style(레이어 스타일), Layers Panel(레이어 패널) 하단의 fx.	
레이어 마스크	[Layers(레이어)]–[Layer Mask(레이어 마스크)], Layers Panel(레이어 패널) 하단의	
Clipping Mask(클리핑 마스크)	[Layers(레이어)]–[Create Clipping Mask(클리핑 마스크 만들기)]	Alt+Ctrl+G
색상 보정	[Layers(레이어)]–[New Adjustment Layer(새 조정 레이어)]–[Hue/Saturation(색조/채도)], Layers Panel(레이어 패널) 하단의	
Blending Mode(혼합 모드)	Layers Panel(레이어 패널) 상단의 혼합 모드	
Color Panel(색상 패널)	[Window(윈도우)]–[Color(색상)]	F6
Character Panel(문자 패널)	[Window(윈도우)]–[Character(문자)]	
Layers Panel(레이어 패널)	[Window(윈도우)]–[Layers(레이어)]	F7
Paths Panel(패스 패널)	[Window(윈도우)]–[Paths(패스)]	
Options Bar(옵션 바)	[Window(윈도우)]–[Options(옵션)]	
Filter(필터)	[Filter(필터)]	
Image Size(이미지 크기)	[Image(이미지)]–[Image Size(이미지 크기)]	

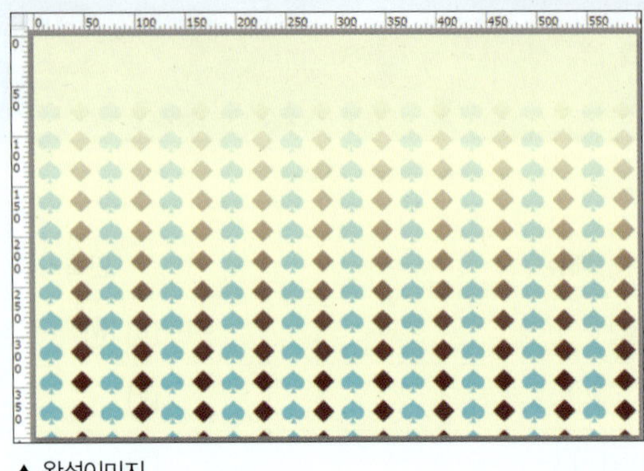

▲ 완성이미지

01 패턴 정의

① [File(파일)]−[New(새로 만들기)]([Ctrl]+[N])를 선택하고 'Width(폭) : 60Pixels(픽셀), Height(높이) : 30Pixels(픽셀), Resolution(해상도) : 72Pixels/Inch(픽셀/인치), Color Mode(색상 모드) : RGB Color(RGB 색상), 8bit(비트), Background Contents(배경 내용) : Transparent(투명)'로 설정하여 새 작업 이미지를 만듭니다.

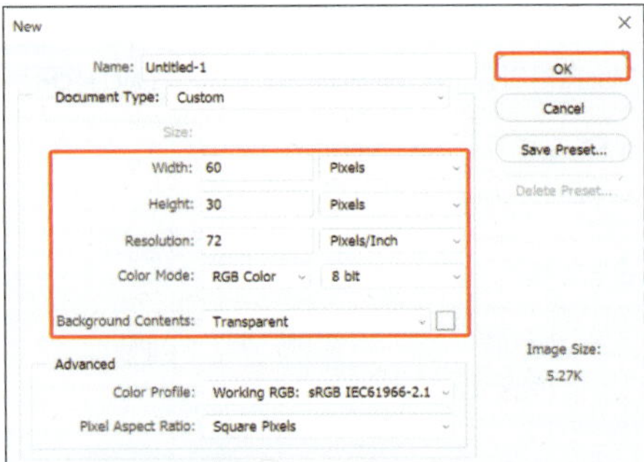

기적의 TIP

Background Contents(배경 내용)를 'Transparent(투명)'로 설정하면 배경색으로 지정한 색상이 패턴의 배경으로 보입니다.

② [View(보기)]−[Rulers(눈금자)]([Ctrl]+[R])를 선택하여 눈금자를 표시합니다. 왼쪽 눈금자에서 작업 이미지로 드래그하여 30px 위치에 안내선을 표시합니다.

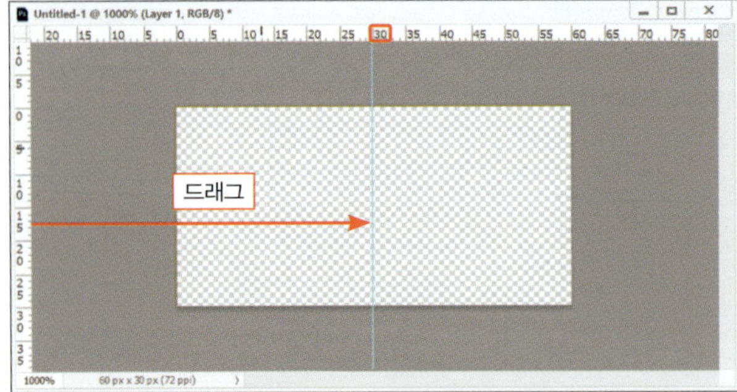

③ Custom Shape Tool(사용자 정의 모양 도구, ⚘)을 클릭하고 Options Bar(옵션 바)에서 'Pick tool mode(선택 도구 모드) : Shape(모양), Fill(칠) : #33cccc, Stroke(획) : No Color(색상 없음), Shape(모양) : Spade Card(스페이드 모양 카드, ♠)'로 설정한 후 모양을 그립니다.

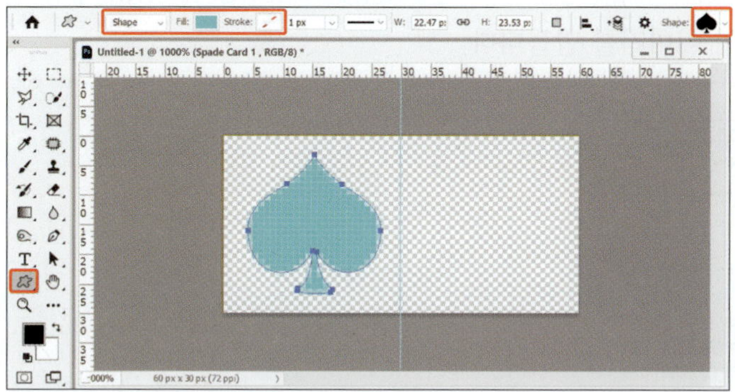

 **Shape 경로**

[Legacy Shapes and More(레거시 모양 및 기타)]–[All Legacy Default Shapes(모든 레거시 기본 모양)]–[Shapes(모양)]

④ Custom Shape Tool(사용자 정의 모양 도구, ⚘)을 클릭하고 Options Bar(옵션 바)에서 'Pick tool mode(선택 도구 모드) : Shape(모양), Fill(칠) : #663333, Stroke(획) : No Color(색상 없음), Shape(모양) : Diamond Card(다이아몬드 모양 카드, ◆)'로 설정한 후 모양을 그립니다.

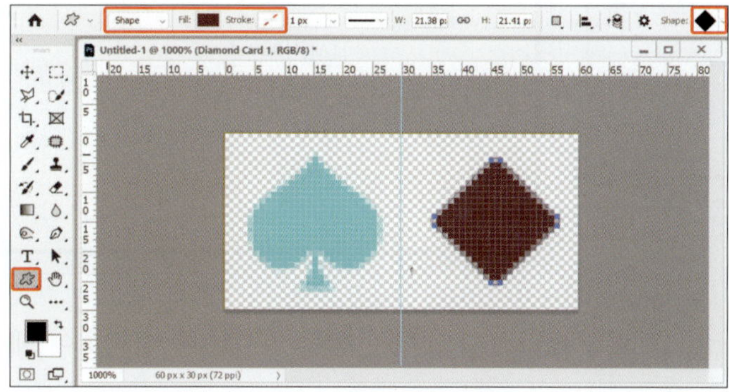

Shape 경로

[Legacy Shapes and More(레거시 모양 및 기타)]–[All Legacy Default Shapes(모든 레거시 기본 모양)]–[Shapes(모양)]

⑤ [Edit(편집)]–[Define Pattern(패턴 정의)]을 선택하고 'Name(이름) : 카드 패턴'으로 설정하여 패턴을 등록합니다.

⓶ 패턴 채우고 레이어 마스크 적용하기

① [File(파일)]-[New(새로 만들기)]([Ctrl]+[N])를 선택하고 'Width(폭) : 600Pixels(픽셀), Height(높이) : 400Pixels(픽셀), Resolution(해상도) : 72Pixels/Inch(픽셀/인치), Color Mode(색상 모드) : RGB Color(RGB 색상), 8bit(비트), Background Contents(배경 내용) : White(흰색)'로 설정하여 새 작업 이미지를 만듭니다.

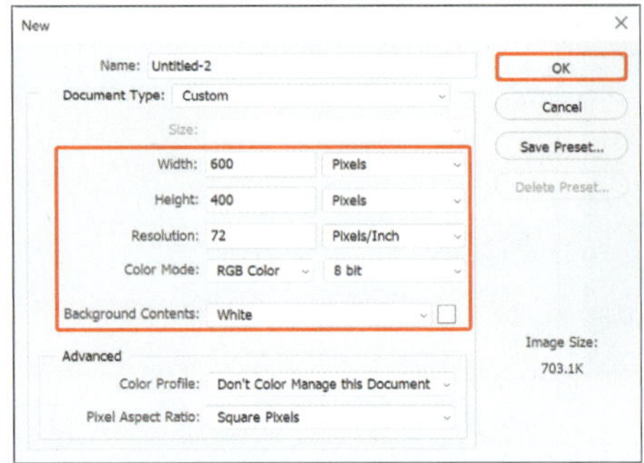

② Tools Panel(도구 패널) 하단의 'Set foreground color(전경색 설정)'을 클릭하여 # 오른쪽 입력란에 ffffcc로 입력하고 [OK(확인)]를 클릭합니다. [Alt]+[Delete]를 눌러 작업 이미지의 배경에 채웁니다.

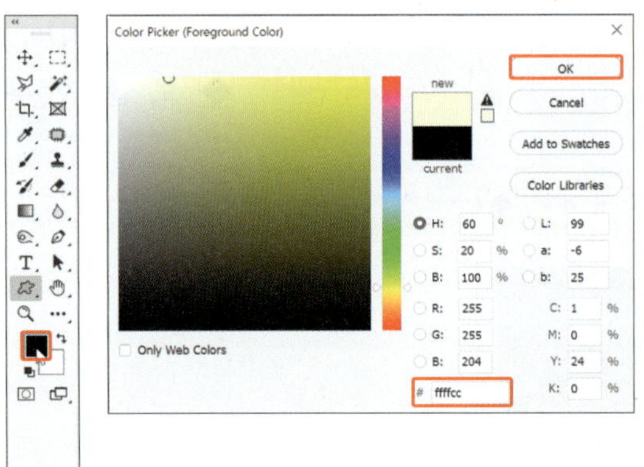

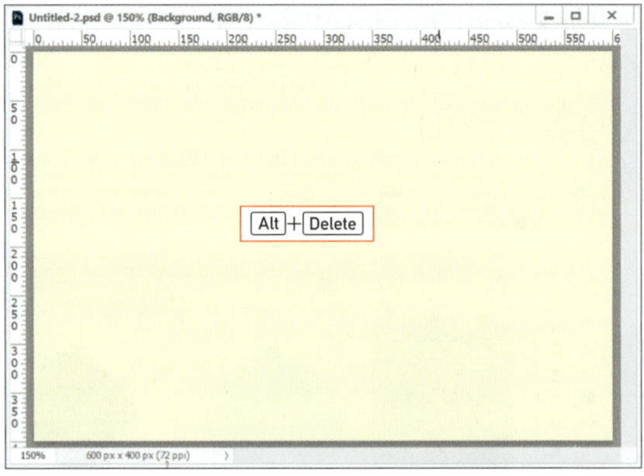

③ Layers(레이어) 패널 하단의 'Create a new layer(새 레이어 만들기, ⊞)'를 클릭하여 새 레이어를 만듭니다.

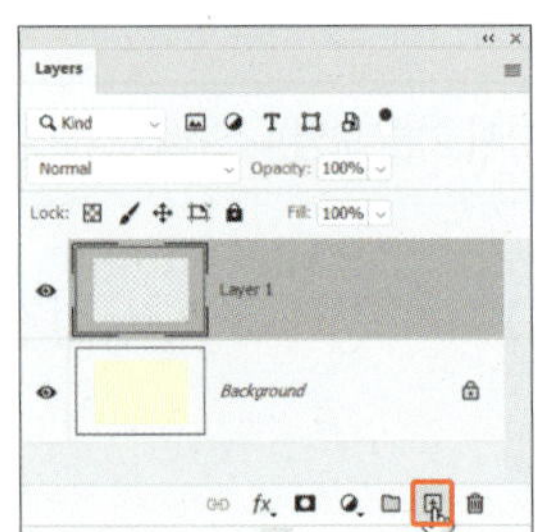

④ [Edit(편집)]-[Fill(칠)]을 선택하고 'Contents(내용) : Pattern(패턴), Custom Pattern(사용자 정의 패턴) : 카드 패턴, Mode(모드) : Normal(표준), Opacity(불투명도) : 100%, Preserve Transparency(투명도 유지) : 체크 해제'로 설정하여 채웁니다.

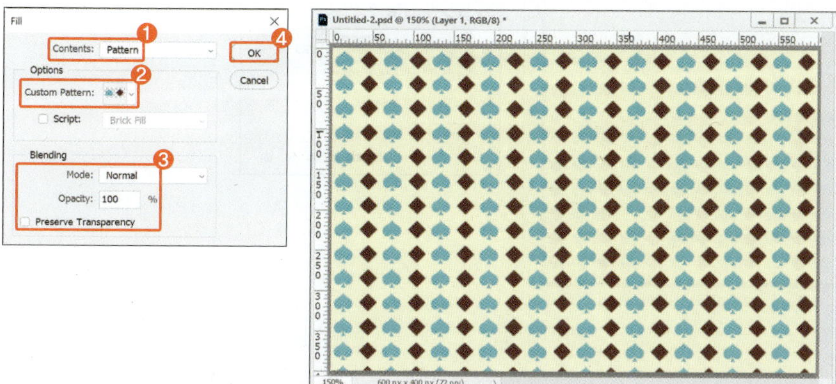

⑤ Layers(레이어) 패널 하단의 'Add layer mask(레이어 마스크 추가, ▣)'를 클릭하여 레이어 마스크를 추가합니다.

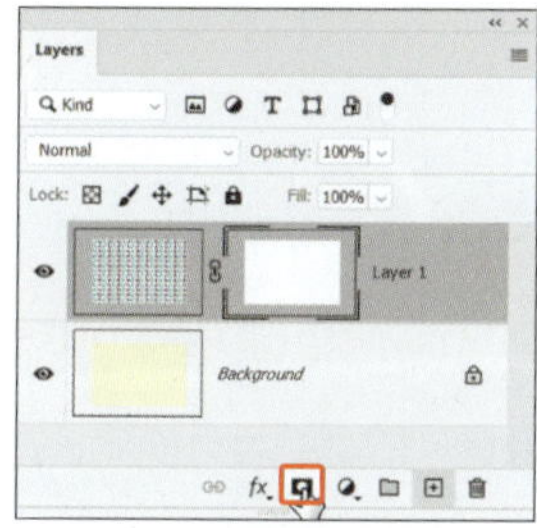

⑥ Tool Panel(도구 패널) 하단의 'Set foreground color(전경색 설정)'를 #000000, 'Set background color(배경색 설정)'를 #ffffff로 설정합니다. Gradient Tool(그레이디언트 도구, ▣)을 클릭하고 Options Bar(옵션 바)에서 'Type(유형) : Linear Gradient(선형 그레이디언트), Mode(모드) : Normal(표준), Opacity(불투명도) : 100%'로 설정한 후 위쪽에서 아래쪽으로 Shift 를 누른 채 드래그합니다.

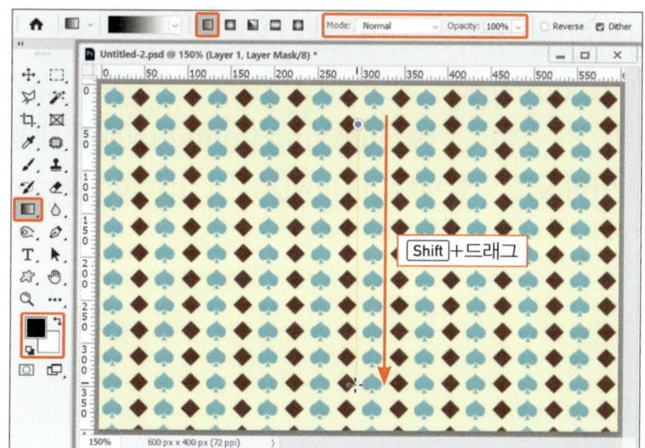

기적의 TIP

Gradient Tool(그레이디언트 도구, ▣)로 Shift 를
누른 채 드래그하면 수직, 수평, 45° 대각선 방향
으로 적용할 수 있습니다.

⑦ 패턴 이미지의 일부를 자연스럽게 지워 배경색과 합성합니다.

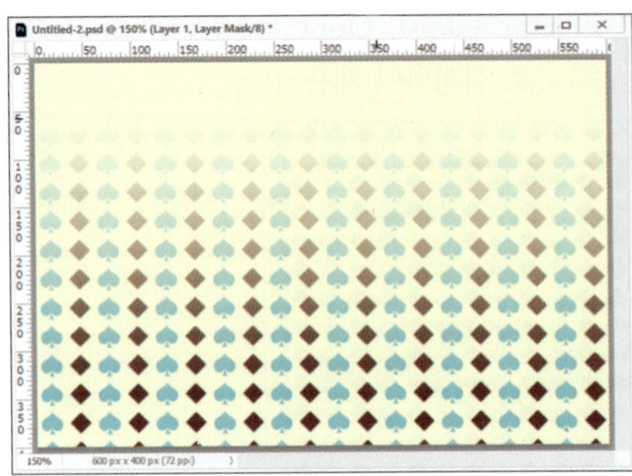 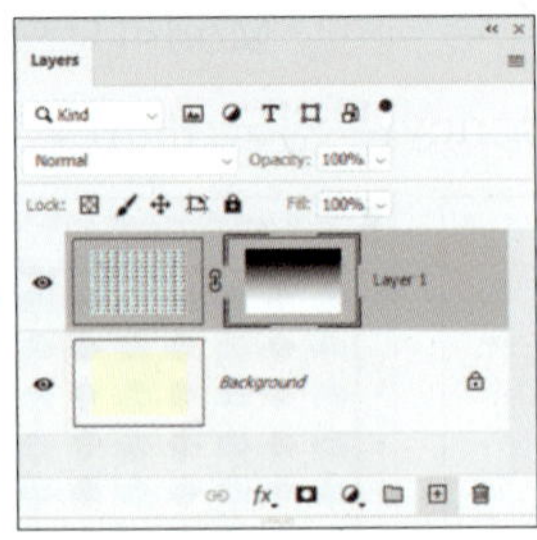

02　나무 모양 그리고 패턴 적용하기

▲ 완성이미지

01 패턴 정의

① File(파일)-[New(새로 만들기)]([Ctrl]+[N])를 선택하고 'Width(폭) : 50Pixels(픽셀),
Height(높이) : 50Pixels(픽셀), Resolution(해상도) : 72Pixels/Inch(픽셀/인치), Color
Mode(색상 모드) : RGB Color(RGB 색상), 8bit(비트), Background Contents(배경 내용) :
Transparent(투명)'로 설정하여 새 작업 이미지를 만듭니다. [View(보기)]-[Rulers(눈금자)]
([Ctrl]+[R])를 선택하여 눈금자를 표시합니다.

② Custom Shape Tool(사용자 정의 모양 도구, ⚙)을 클릭하고 Options Bar(옵션 바)에서 'Pick tool mode(선택 도구 모드) : Shape(모양), Fill(칠) : #ff9900, Stroke(획) : No Color(색상 없음), Shape(모양) : Flower 1(꽃 1, ✹)'로 설정한 후 모양을 그립니다.

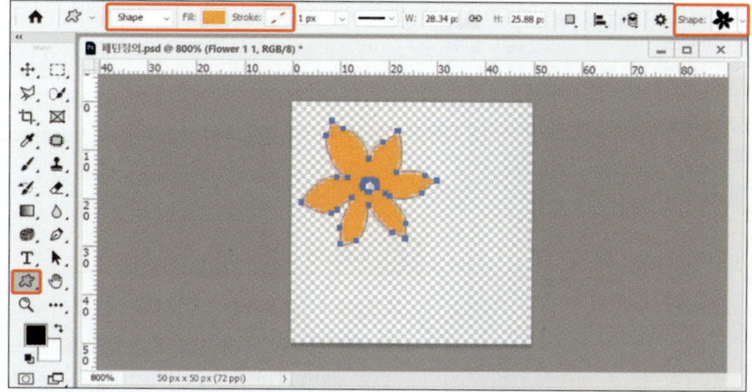

◎ **Shape 경로**

[Legacy Shapes and More(레거시 모양 및 기타)]–[All Legacy Default Shapes (모든 레거시 기본 모양)]–[Nature(자연)]

③ 계속해서 'Pick tool mode(선택 도구 모드) : Shape(모양), Fill(칠) : #339966, Stroke(획) : No Color(색상 없음), Shape(모양) : Leaf 4(나뭇잎 4, ♣)'로 설정한 후 모양을 그립니다. Ctrl + T 를 눌러 시계 방향으로 회전합니다.

◎ **Shape 경로**

[Legacy Shapes and More(레거시 모양 및 기타)]–[All Legacy Default Shapes(모든 레거시 기본 모양)]–[Nature(자연)]

④ [Edit(편집)]–[Define Pattern(패턴 정의)]을 선택하고 'Name(이름) : 꽃과 나뭇잎'으로 설정하여 패턴을 등록합니다.

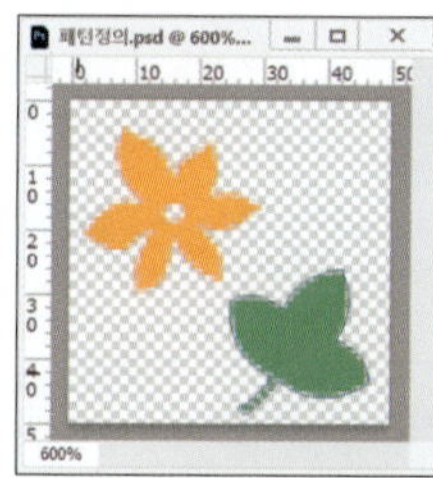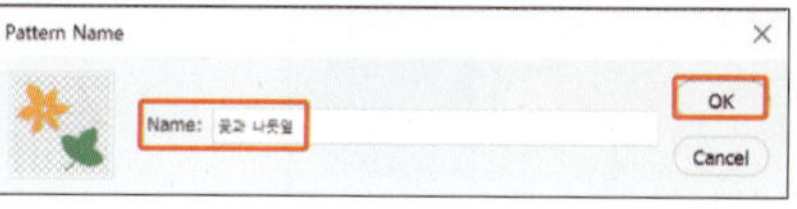

02 모양 도구로 모양 그리고 병합하기

① [File(파일)]–[Open(열기)](Ctrl + O)을 선택하여 배경1.jpg를 불러옵니다.

② [Edit(편집)]–[Preference(환경설정)](Ctrl + K)를 클릭하고 [Guides, Grid & Slices(안내선, 격자와 슬라이스)]를 선택하여 Grid(격자)의 'Gridline Every(격자 간격) : 100Pixels(픽셀), Subdivisions(세분) : 1'로 설정한 후 'Grid Color(격자 색상)'를 클릭하여 밝은 색상으로 변경합니다.

③ [View(보기)]–[Show(표시)]–[Grid(격자)](Ctrl + ')를 선택하여 격자를 표시합니다.

④ Custom Shape Tool(사용자 정의 모양 도구, [icon])을 클릭하고 Options Bar(옵션 바)에서 'Pick tool mode(선택 도구 모드) : Shape(모양), Fill(칠) : #003366, Stroke(획) : No Color(색상 없음), Shape(모양) : Triangle(삼각형, [▲])'로 설정한 후 모양을 그립니다.

Shape 경로

[Legacy Shapes and More(레거시 모양 및 기타)]-[All Legacy Default Shapes(모든 레거시 기본 모양)]-[Shapes(모양)]

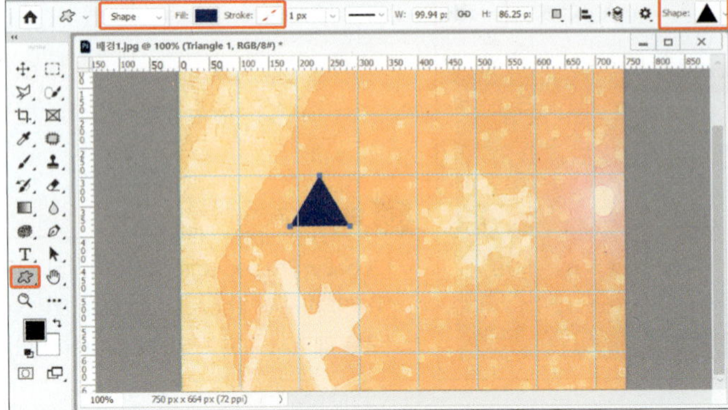

⑤ Options Bar(옵션 바)에서 'Path Operations(패스 작업) : Combine Shapes(패스 결합, [icon])'를 클릭한 후 크기가 다른 3개의 삼각형 모양을 겹치도록 그립니다.

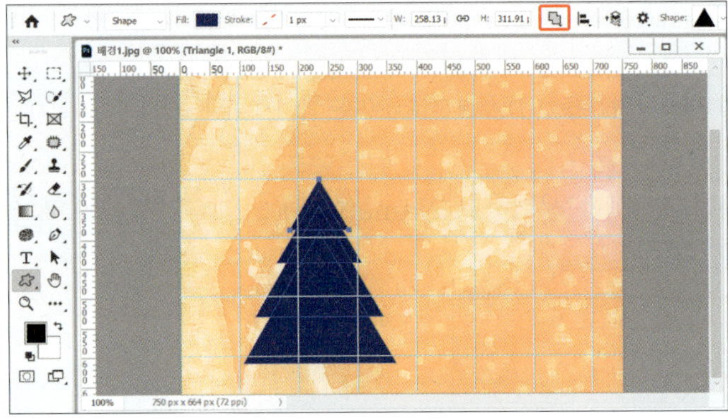

기적의 TIP

Options Bar(옵션 바)에서 Path Operations(패스 작업)을 'Combine Shapes(패스 결합, [icon])'으로 설정하면 하나의 레이어에 여러 개의 모양을 그릴 수 있습니다.

⑥ Rectangle Tool(사각형 도구, [icon])을 클릭하고 Options Bar(옵션 바)에서 'Path Operations(패스 작업) : Combine Shapes(패스 결합, [icon])'를 클릭한 후 삼각형 모양과 겹치도록 하단에 사각형을 그립니다.

⑦ Path Selection Tool(패스 선택 도구, [icon])을 클릭하고 5개의 모양에 드래그하여 선택한 후, Options Bar(옵션 바)에서 Path alignment(패스 정렬, [icon])를 클릭하여 'Align(정렬) : Align horizontal centers(수평 중앙 맞춤, [icon])'를 클릭하여 정렬합니다.

⑧ Options Bar(옵션 바)에서 'Path Operations(패스 작업) : Merge Shape Components(모양 병합 구성 요소, ▧)'를 클릭하여 모양을 하나로 병합합니다.

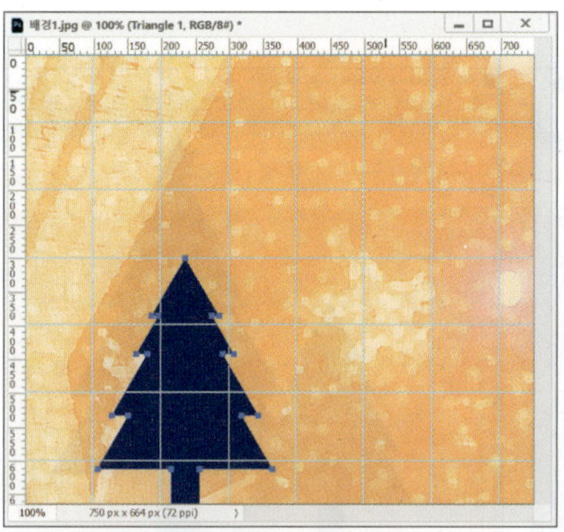

03 모양 복제 및 변형하기

① Ctrl + J 를 눌러 레이어를 복사한 후, Ctrl + T 를 누르고 Shift 를 누른 채 크기를 확대합니다.

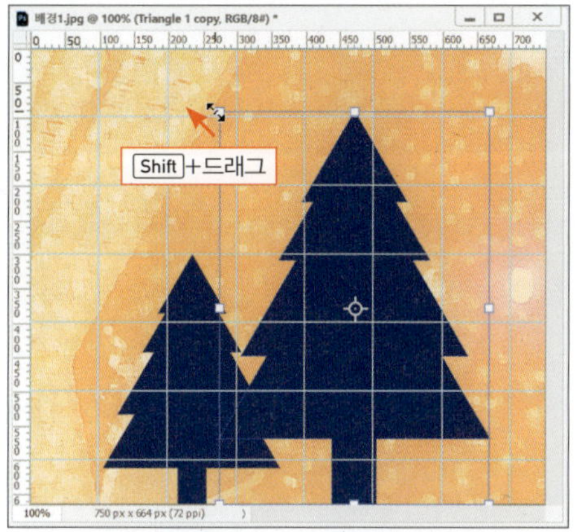

② Custom Shape Tool(사용자 정의 모양 도구, ▨)을 클릭하고 Options Bar(옵션 바)에서 'Pick tool mode(선택 도구 모드) : Shape(모양), Fill(칠) : 임의 색상, Stroke(획) : No Color(색상 없음), Path Operations(패스 작업) : Combine Shapes(패스 결합, ▨), Shape(모양) : 5 Point Star(5 포인트 별, ★)'로 설정한 후 나무 모양 상단에 겹치도록 그립니다.

 **Shape 경로**

[Legacy Shapes and More(레거시 모양 및 기타)]−[All Legacy Default Shapes(모든 레거시 기본 모양)]−[Shapes(모양)]

③ 계속해서 나무 모양과 겹치도록 별 모양을 그리고 Options Bar(옵션 바)에서 'Path Opera-tions(패스 작업) : Subtract Front Shape(전면 모양 빼기, ⬚)'를 클릭합니다. 크기가 다른 2개의 별 모양을 겹치도록 그려서 배치합니다.

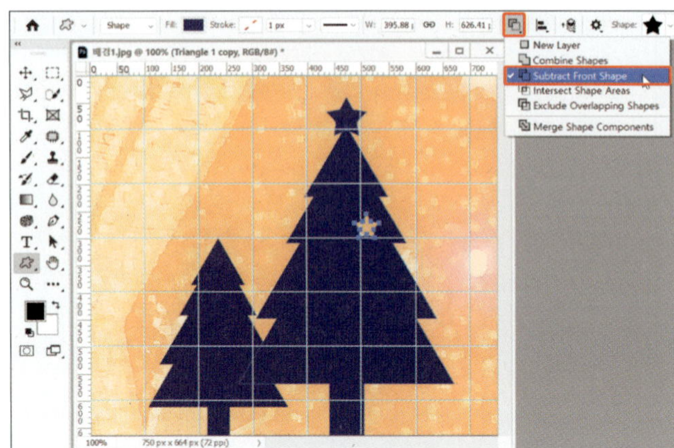
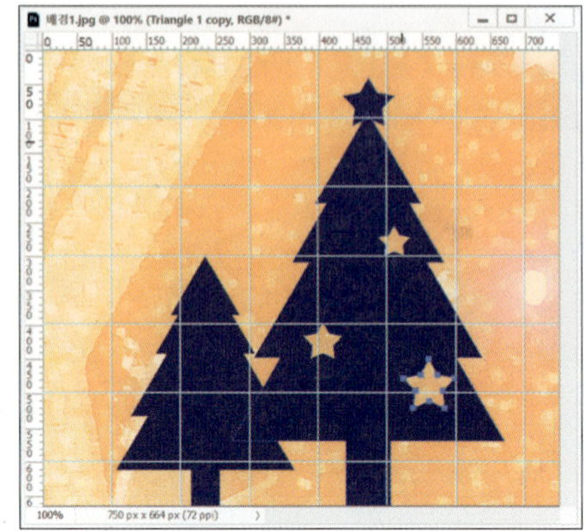

④ Rectangle Tool(사각형 도구, ▢)을 클릭하고 Options Bar(옵션 바)에서 'Path Operations (패스 작업) : Subtract Front Shape(전면 모양 빼기, ⬚)'를 클릭한 후 나무 모양 하단에 겹치도록 그립니다.

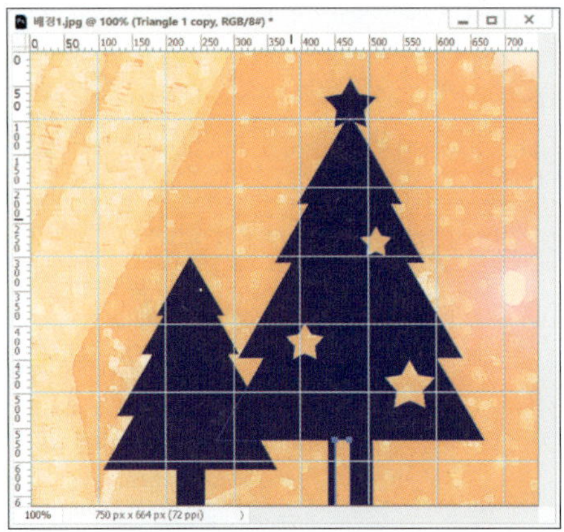

04 레이어 스타일 적용하기

① Layers(레이어) 패널 하단의 'Add a layer style(레이어 스타일 추가, _fx._)'을 클릭하여 [Inner Glow(내부 광선)]를 선택하고 'Opacity(불투명도) : 75%, Size(크기) : 15px'로 설정합니다. 계속해서 [Drop Shadow(드롭 섀도)]를 선택하여 'Angle(각도) : 120˚, Distance(거리) : 7px, Size(크기) : 7px'로 설정하고 [OK(확인)]를 클릭합니다.

> **기적의 TIP**
>
> 한글 버전의 경우 [Drop Shadow]는 'Add a layer style(레이어 스타일 추가, _fx._)'을 클릭하여 [그림자]를 선택하면 Layer Style(레이어 스타일) 대화상자에서는 [드롭 섀도]로 표시됩니다.

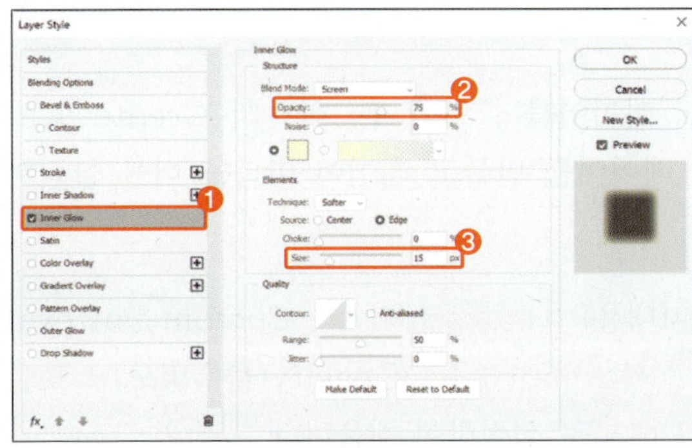 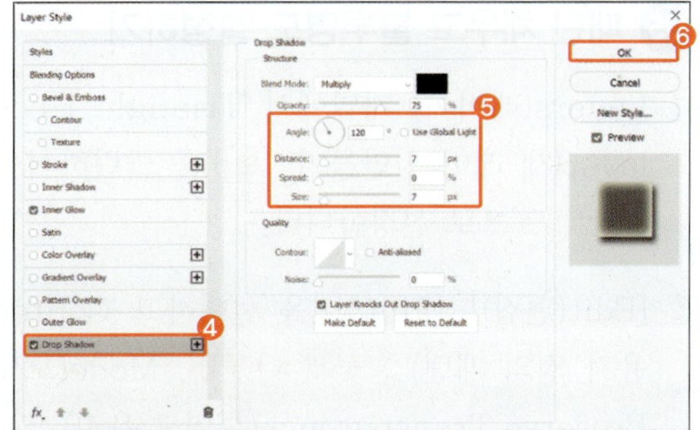

② Layers(레이어) 패널에서 'Triangle 1' 레이어를 선택합니다. 하단의 'Add a layer style(레이어 스타일 추가, fx.)'을 클릭하고 [Gradient Overlay(그레이디언트 오버레이)] 선택, 'Click to edit the gradient(클릭하여 그레이디언트 편집)'를 클릭한 후, 그레이디언트 슬라이더 왼쪽 하단의 'Color Stop(색상 정지점)'을 더블 클릭하여 #ff9933, 가운데 'Color Stop(색상 정지점)'을 더블 클릭하여 #ff0066, 오른쪽 'Color Stop(색상 정지점)'을 더블 클릭하여 #330066으로 설정한 후, 'Style(스타일) : Linear(선형), Angle(각도) : 90°'로 설정합니다.

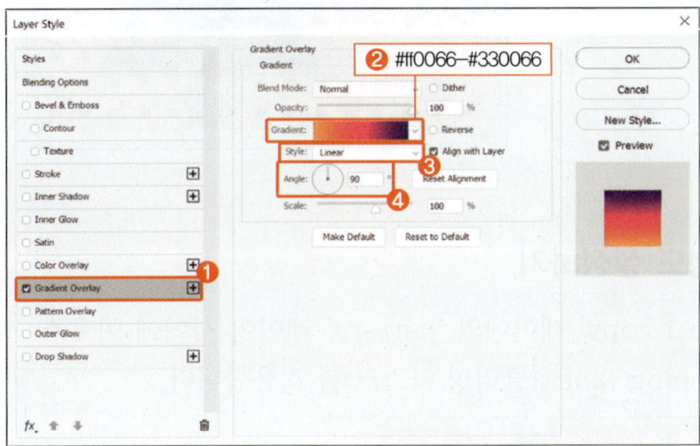

③ 계속해서 [Outer Glow(외부 광선)]을 선택하여 'Opacity(불투명도) : 75%, Spread(스프레드) : 10%, Size(크기) : 30px'로 설정하고 [OK(확인)]를 클릭합니다.

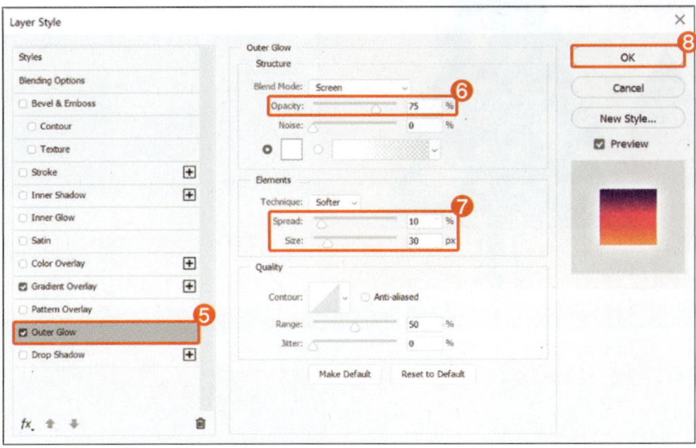

05 패턴 채우고 불투명도 설정하기

① Layers(레이어) 패널에서 'Triangle 1 copy' 레이어를 클릭한 후, 하단의 'Create a new layer(새 레이어 만들기, ▣)'를 클릭하여 새 레이어를 만들고 레이어 이름을 더블 클릭하여 'pattern'으로 설정합니다.

② [Edit(편집)]-[Fill(칠)]을 선택하고 'Contents(내용) : Pattern(패턴), Custom Pattern(사용자 정의 패턴) : 꽃과 나뭇잎, Mode(모드) : Normal(표준), Opacity(불투명도) : 100%, Preserve Transparency(투명도 유지) : 체크 해제'로 설정하여 채웁니다.

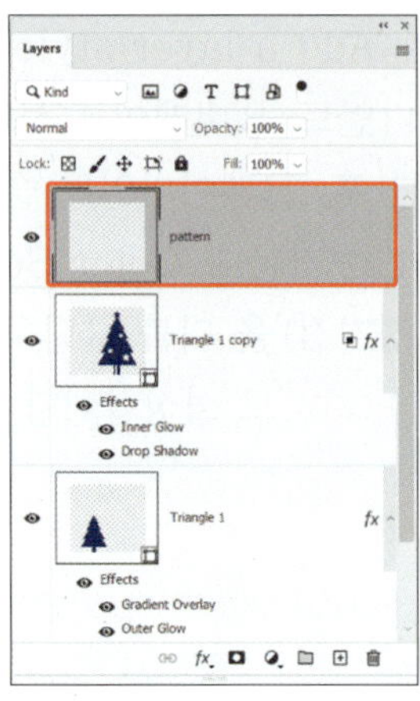
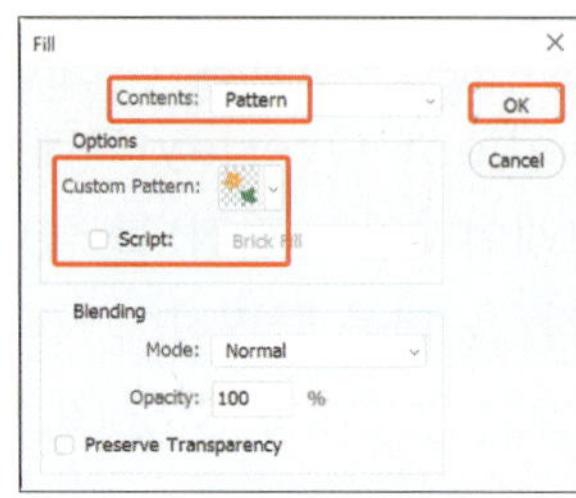
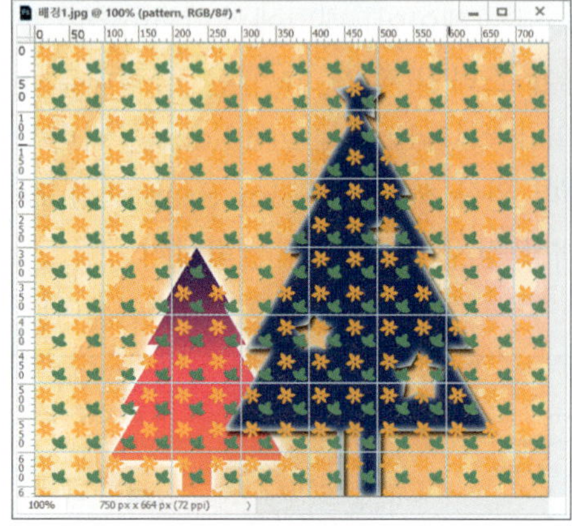

06 클리핑 마스크 적용하고 불투명도 설정하기

① Layers(레이어) 패널에서 'Triangle 1 copy' 레이어와 'pattern' 레이어 사이에 마우스 커서를 놓고 Alt 를 누르고 클릭하여 Clipping Mask(클리핑 마스크)를 적용합니다.

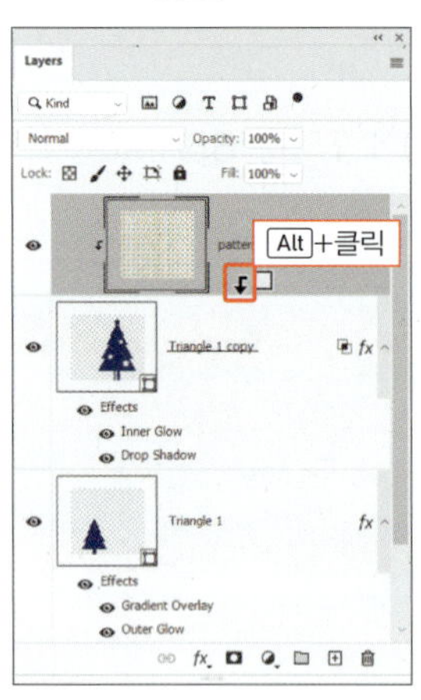
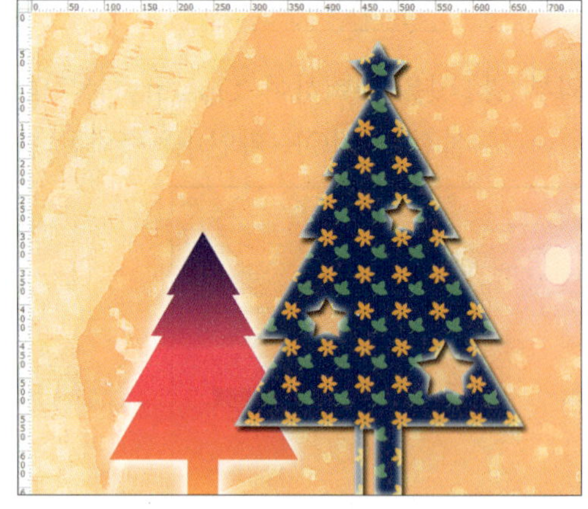

② Layers(레이어) 패널 상단의 'Opacity(불투명도) : 70%'로 설정합니다.

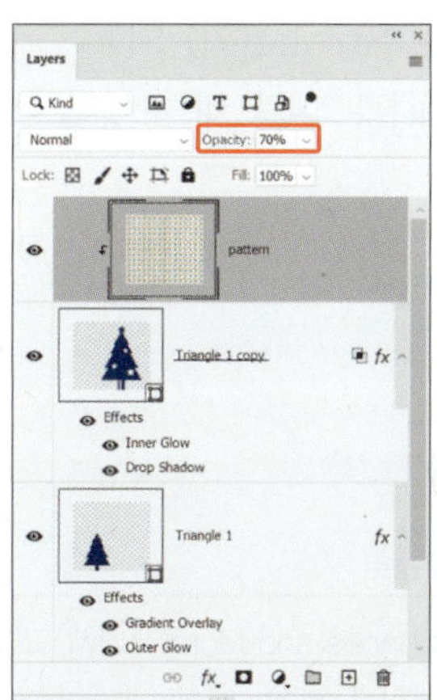 

03 여러 개의 모양에 패턴 적용하기

▲ 완성이미지

01 패턴 정의

① [File(파일)]-[New(새로 만들기)](Ctrl+N)를 선택하고 'Width(폭) : 60Pixels(픽셀), Height(높이) : 60Pixels(픽셀), Resolution(해상도) : 72Pixels/Inch(픽셀/인치), Color Mode(색상 모드) : RGB Color(RGB 색상), 8bit(비트), Background Contents(배경 내용) : Transparent(투명)'로 설정하여 새 작업 이미지를 만듭니다.

② Custom Shape Tool(사용자 정의 모양 도구, ⊞)을 클릭하고 Options Bar(옵션 바)에서 'Pick tool mode(선택 도구 모드) : Shape(모양), Fill(칠) : #ff9933, Stroke(획) : No Color (색상 없음), Shape(모양) : Leaf 2(나뭇잎 2, ✷)'로 설정한 후 Shift 를 누른 채 모양을 그립니다.

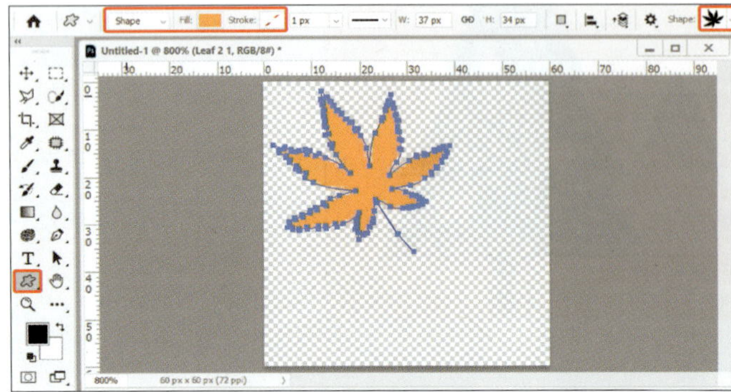

◎ **Shape** 경로

[Legacy Shapes and More(레거시 모양 및 기타)]–[All Legacy Default Shapes (모든 레거시 기본 모양)]–[Nature(자연)]

③ Custom Shape Tool(사용자 정의 모양 도구, ⊞)을 클릭하고 Options Bar(옵션 바)에서 'Pick tool mode(선택 도구 모드) : Shape(모양), Fill(칠) : #cccccc, Stroke(획) : No Color (색상 없음), Shape(모양) : Right Hand(오른손, ✋)'로 설정한 후 Shift 를 누른 채 모양을 그립니다.

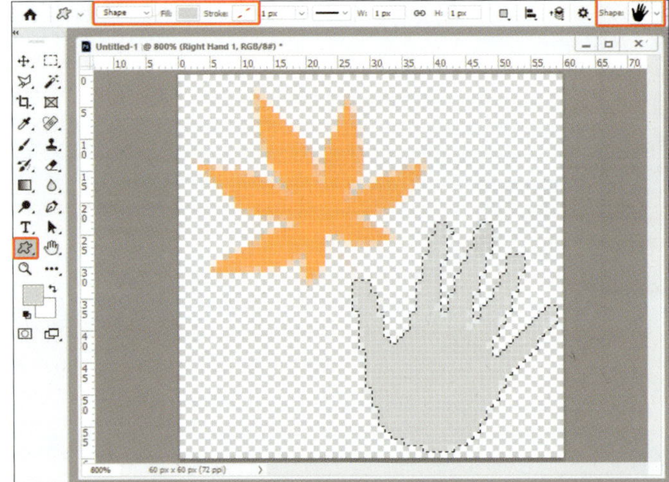

◎ **Shape** 경로

[Legacy Shapes and More(레거시 모양 및 기타)]–[All Legacy Default Shapes (모든 레거시 기본 모양)]–[Objects(개체)]

④ [Edit(편집)]–[Define Pattern(패턴 정의)]을 선택하고 'Name(이름) : 나뭇잎과 손'으로 설정하여 패턴을 등록합니다.

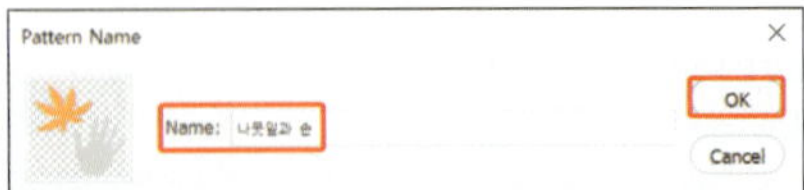

① [File(파일)]−[Open(열기)]([Ctrl]+[O])을 선택하여 배경2.jpg를 불러옵니다. Pen Tool(펜 도구, [펜])을 클릭하고 Options Bar(옵션 바)에서 'Pick tool mode(선택 도구 모드) : Shape(모양), Fill(칠) : #330000, Stroke(획) : No Color(색상 없음)'으로 설정하고 닫힌 패스로 모양을 그립니다.

② Layers(레이어) 패널 하단의 'Add a layer style(레이어 스타일 추가, [fx.])'을 클릭하고 [Drop Shadow(그림자)]를 선택한 후 'Opacity(불투명도) : 75%, Angle(각도) : 120°, Distance(거리) : 10px, Size(크기) : 15px'로 설정하고 [OK(확인)]를 클릭합니다.

③ [Ctrl]+[J]로 레이어를 복사합니다. [Ctrl]+[T]를 눌러 크기를 축소한 후, 마우스 오른쪽 버튼을 클릭하여 [Flip Horizontal(가로로 뒤집기)]로 뒤집고 회전하여 배치합니다.

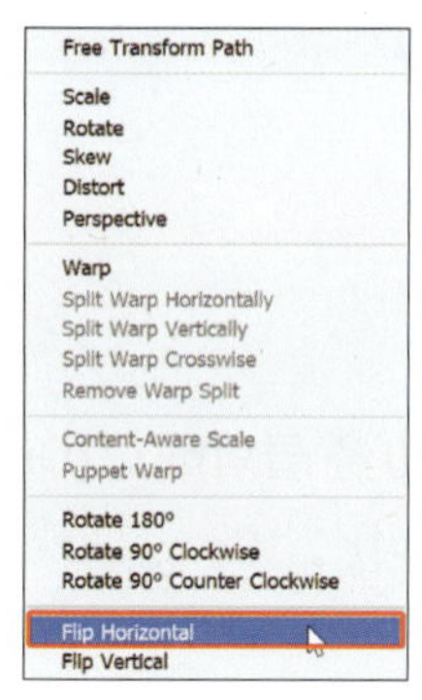

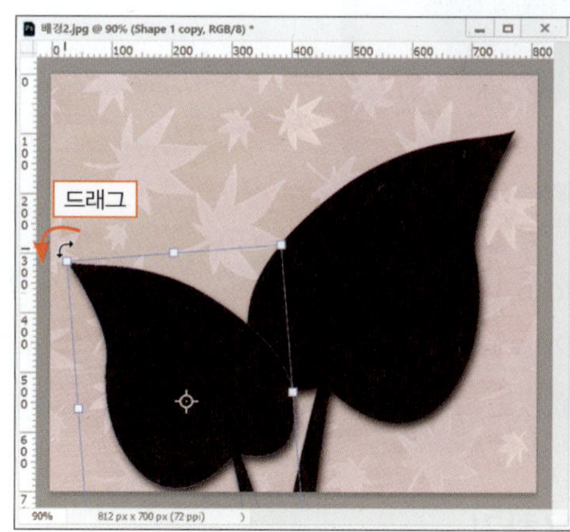

④ Layers(레이어) 패널에서 'Shape 1 copy' 레이어의 'Layer thumbnail(레이어 축소판)'을 더블 클릭하여 'Color(색상) : #996666'으로 설정하고 [OK(확인)]를 클릭합니다.

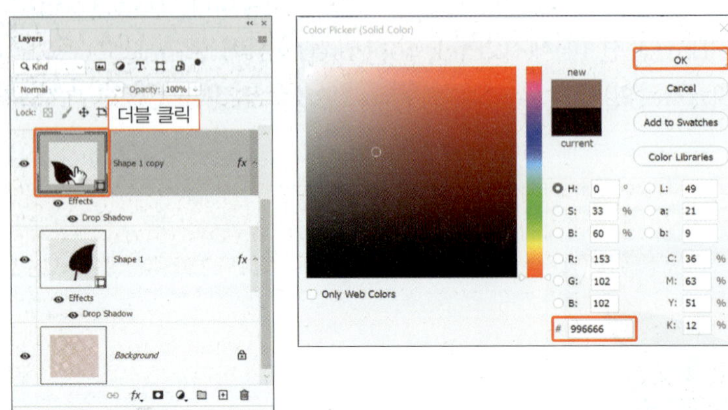

⑤ Pen Tool(펜 도구, ∅)을 클릭하고 Options Bar(옵션 바)에서 'Pick tool mode(선택 도구 모드) : Shape(모양), Fill(칠) : #cc6699, Stroke(획) : No Color(색상 없음)'으로 설정하고 닫힌 패스로 모양을 그립니다.

⑥ Layers(레이어) 패널 하단의 'Add a layer style(레이어 스타일 추가, fx.)'을 클릭하고 [Drop Shadow(그림자)]를 선택하여 'Opacity(불투명도) : 75%, Distance(거리) : 10px, Size(크기) : 15px'로 설정한 후 [OK(확인)]를 클릭합니다.

03 불투명도 설정하여 패턴 적용하기

① Layers(레이어) 패널에서 Ctrl + Shift 를 누른 채 'Shape 1', 'Shape 1 copy', 'Shape 2' 레이어의 'Layer thumbnail(레이어 축소판)'을 클릭하여 동시에 선택합니다.

② Layers(레이어) 패널에서 'Shape 2' 레이어를 클릭한 후, 하단의 'Create a new layer(새 레이어 만들기, ⊞)'를 클릭하여 새 레이어를 만들고 레이어 이름을 더블 클릭하여 'pattern'으로 설정합니다.

③ [Edit(편집)]-[Fill(칠)]을 선택하고 'Contents(내용) : Pattern(패턴), Custom Pattern(사용자 정의 패턴) : 나뭇잎과 손, Mode(모드) : Normal(표준), Opacity(불투명도) : 100%, Preserve Transparency(투명도 유지) : 체크 해제'로 설정하여 채웁니다.

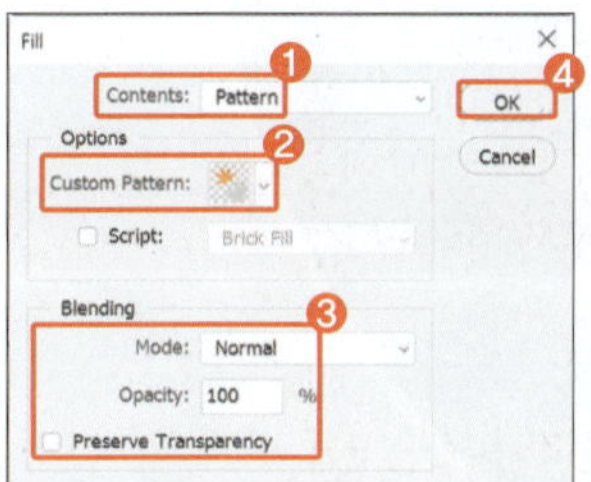

④ Layers(레이어) 패널 상단의 'Opacity(불투명도) : 60%'로 설정합니다. Ctrl + D 를 눌러 선택을 해제합니다.

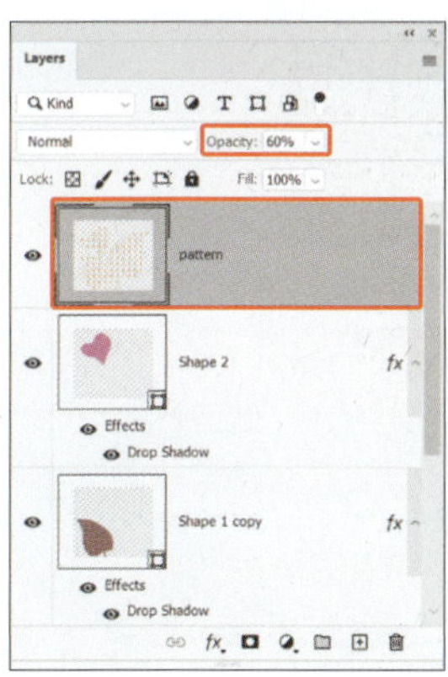

PART

03

대표 기출 유형 따라하기

다양한 선택 도구, 모양 도구, 레이어 마스크 등을 실전처럼 연습하며 정밀한 편집 능력과 도구 활용 능력을 높이는 것이 목표입니다. 출제 패턴에 맞춰 기능을 정확히 적용하고 실수를 줄이는 연습을 반복하세요.

색상 보정, 필터 및 레이어 스타일 적용과 같이 사진편집 작업의 핵심 기능을 실전 예제를 통해 익힙니다. 자주 출제되는 편집 순서와 설정값을 정확히 파악해 자동화된 숙련도를 키우는 데 중점을 둡니다.

텍스트, 도형, 이미지 배치 등 시각적 요소들을 효율적으로 조합하여 광고 효과를 높이는 방법을 학습합니다. 정렬, 강조, 색상 사용법 등 실무형 디자인 감각을 함께 익히는 것이 중요합니다.

레이아웃 구성, 버튼 디자인, 이미지 삽입 등 웹 환경에 적합한 디자인 요소들을 실습합니다. 픽셀 단위의 정밀 작업과 시각적 통일성 유지가 핵심이며, 반복 연습을 통해 감각을 익히세요.

대표 기출 유형 따라하기

급수	문제유형	시험시간	수험번호	성명
1급	A	90분		

수험자 유의사항

- 수험자는 문제지를 받는 즉시 응시하고자 하는 **과목 및 급수가 맞는지 확인**한 후 수험번호와 성명을 작성합니다.
- 파일명은 본인의 "수험번호–성명–문제번호"로 공백 없이 정확히 입력하고 답안폴더(내 PC₩문서₩GTQ)에 jpg 파일과 psd 파일의 2가지 포맷으로 저장해야 하며, jpg 파일과 psd 파일의 내용이 상이할 경우 0점 처리됩니다.
- 답안문서 파일명이 "수험번호–성명–문제번호"와 일치하지 않거나, 답안 파일을 **'전송'하지 않는 경우 답안 파일 미제출로 불합격 처리**됩니다. ※ 답안은 반드시 시험 시간 내에 전송을 완료해야 하며, 전송 시간을 충분히 감안 하여 제출해 주시기 바랍니다. (공정한 평가를 위해, 시험종료 전 전송이 완료된 답안에 한해 채점이 진행됩니다.)
- 문제의 세부 조건은 '영문(한글)' 형식으로 표기되어 있으니 유의하시길 바랍니다.
- 수험자 정보와 저장한 파일명, 저장 위치가 다를 경우 전송이 되지 않으므로, 주의하시길 바랍니다.
- **답안 작성 중에도 주기적으로 '저장'과 '답안 전송'을 이용하여 감독위원 PC로 답안을 전송하셔야 합니다.** (작업 한 내용을 저장하지 않고 답안을 전송할 경우 이전의 저장 내용이 전송되오니 이점 반드시 유념하시기 바랍니다.)
- **모든 수험자는 동일한(초기화 된) 환경에서 시험이 시작되며 '작업환경 설정'은 시험 시간 내에 진행합니다.** (시험 시작 전 '작업환경 설정' 불가, 소프트웨어 이상 유무만 확인)
- 답안문서는 지정된 경로 외의 다른 보조기억장치에 저장하는 행위, 지정된 시험 시간 외에 작성된 파일을 활용 한 행위, 기타 허용되지 않은 기기 및 프로그램(이메일, 메신저, 게임, 네트워크, 윈도우계산기, 스톱워치 등) 이용 시 부정행위로 간주 되어 **자격기본법 제32조에 의거 본 시험 및 국가공인 자격시험을 2년간 응시할 수 없습니다.**
- 시험 종료 후 제출된 답안은 평가 및 검증을 위해 본부에서 보관되며, **시험의 공정성과 보안 유지를 위해 응시자에 게 본인의 답안을 제공하는 것은 허용되지 않습니다.** 이 점 반드시 유의하시기 바랍니다.
- 시험 중 부주의 또는 고의로 시스템을 파손한 경우와 〈수험자 유의사항〉에 기재된 방법대로 이행하지 않아 생기 는 불이익은 수험자의 책임임을 알려 드립니다. 또한 수험자는 시험 중 안전에 특히 유의하여야 하며, 시험장에서 소란을 피우거나 타인의 시험을 방해하는 자는 질서유지를 위해 시험을 중지시키고 시험장에서 퇴장 시킵니다.
- 시험을 완료한 수험자는 최종적으로 저장한 답안파일이 전송되었는지 확인한 후 감독위원의 지시에 따라 문제지 를 제출하고 퇴실합니다.

답안 작성요령

- **온라인 답안 작성 절차**
  수험자 등록 ⇒ 시험 시작 ⇒ 답안파일 저장 ⇒ 답안 전송 ⇒ 시험 종료
- 내 PC₩문서₩GTQ₩Image폴더에 있는 그림 원본파일을 사용하여 답안을 작성하시고 최종답안을 답안폴더(내 PC₩문서₩GTQ)에 저장하여 답안을 전송하시고, 이미지의 크기가 다른 경우 감점 처리됩니다.
- 배점은 총 100점으로 이루어지며, 점수는 각 문제별로 차등 배분됩니다.
- 각 문제는 주어진 〈조건〉에 따라 작성하고, 언급하지 않은 조건은 《출력형태》와 같이 작성합니다.
- **문제 〈조건〉과 《출력형태》에서 차이가 발생할 경우 문제에서 지정한 〈조건〉에 따라 작업해 주시기 바랍니다.**
- 배치 등의 편의를 위해 주어진 눈금자의 단위는 '픽셀'입니다.
  그 외는 출력형태(효과, 이미지, 문자, 색상, 레이아웃, 규격 등)와 같게 작업하십시오.
- 문제 〈조건〉에 서체의 지정이 없을 경우 한글은 굴림이나 돋움, 영문은 Arial로 작업하십시오.
  (단, 그 외에 제시되지 않은 문자 속성을 기본값으로 작성하지 않은 경우는 감점 처리됩니다.)
- Image Mode(이미지 모드)는 별도의 처리조건이 없을 시 RGB(8비트)로 작업하십시오.
- 모든 답안 파일은 해상도 72 pixels/inch로 작업하십시오.
- Layer(레이어)는 각 기능별로 분할해야 하며, 임의로 합칠 경우나 각 기능에 대한 속성을 해지할 경우 해당 요소 는 0점 처리됩니다.

한 국 생 산 성 본 부

다음의 《조건》에 따라 아래의 《출력형태》와 같이 작업하시오.

조건

출력형태

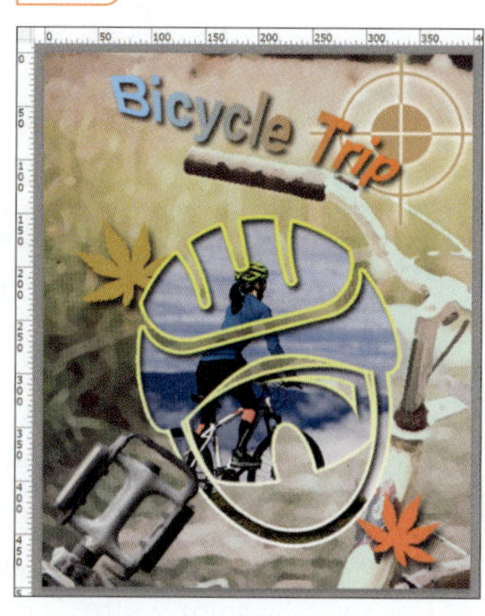

원본 이미지	PART03₩1급-1.jpg, 1급-2.jpg, 1급-3.jpg		
파일저장규칙	JPG	파일명	문서₩GTQ₩수험번호-성명-1.jpg
		크기	400×500 pixels
	PSD	파일명	문서₩GTQ₩수험번호-성명-1.psd
		크기	40×50 pixels

1. 그림 효과

① 1급-1.jpg : 필터 – Dry Brush(드라이 브러시)
② Save Path(패스 저장) : 헬멧 모양
③ Mask(마스크) : 헬멧 모양, 1급-2.jpg를 이용하여 작성
　레이어 스타일 – Stroke(획)(3px, 그라디언트(#ffffff, #ffff00),
　Inner Shadow(내부 그림자))
④ 1급-3.jpg : 레이어 스타일 – Bevel and Emboss(경사와 엠보스)
⑤ Shape Tool(모양 도구) :
　– 나뭇잎 모양 (#cc9900, #ff6633, 레이어 스타일 – Drop Shadow(그림자 효과))
　– 등록 타깃 모양 (#cc9966, 레이어 스타일 – Outer Glow(외부 광선))

2. 문자 효과

① Bicycle Trip (Arial, Bold, 45pt, 레이어 스타일 – 그라디언트 오버레이(#66ccff, #ff6600), Drop Shadow(그림자 효과))

문제 ❷   **[기능평가] 사진편집 응용**   20분

다음의 《조건》에 따라 아래의 《출력형태》와 같이 작업하시오.

조건

출력형태

원본 이미지	PART03₩1급-4.jpg, 1급-5.jpg, 1급-6.jpg		
파일저장규칙	JPG	파일명	문서₩GTQ₩수험번호-성명-2.jpg
		크기	400×500 pixels
	PSD	파일명	문서₩GTQ₩수험번호-성명-2.psd
		크기	40×50 pixels

1. 그림 효과

① 1급-4.jpg : 필터 – Underpainting(언더페인팅 효과)
② 색상 보정 : 1급-5.jpg – 빨간색, 파란색 계열로 보정
③ 1급-5.jpg : 레이어 스타일 – Drop Shadow(그림자 효과)
④ 1급-6.jpg : 레이어 스타일 – Outer Glow(외부 광선)
⑤ Shape Tool(모양 도구) :
　– 나뭇잎 모양 (#99ccff, 레이어 스타일 – Inner Shadow(내부 그림자))
　– 자원 순환 모양 (#99cc99, #cccc66, 레이어 스타일 – Stroke(획)(2px, #339966))

2. 문자 효과

① ECO LIFE (Times New Roman, Bold, 45pt, 레이어 스타일 – 그라디언트 오버레이(#ffffff, #66cccc),
　Drop Shadow(그림자 효과))

다음의 《조건》에 따라 아래의 《출력형태》와 같이 작업하시오.

조건

원본 이미지		PART03₩1급-7.jpg, 1급-8.jpg, 1급-9.jpg, 1급-10.jpg, 1급-11.jpg	
파일저장규칙	JPG	파일명	문서₩GTQ₩수험번호-성명-3.jpg
		크기	600×400 pixels
	PSD	파일명	문서₩GTQ₩수험번호-성명-3.psd
		크기	60×40 pixels

1. 그림 효과

① 배경 : #ffcc99
② 1급-7.jpg : Blending Mode(혼합 모드) – Overlay(오버레이), Opacity(불투명도)(80%)
③ 1급-8.jpg : 필터 – Dry Brush(드라이 브러시), 레이어 마스크 – 대각선 방향으로 흐릿하게
④ 1급-9.jpg : 필터 – Wind(바람), 레이어 스타일 – Inner Shadow(내부 그림자)
⑤ 1급-10.jpg : 레이어 스타일 – Outer Glow(외부 광선), Drop Shadow(그림자 효과)
⑥ 1급-11.jpg : 색상 보정 – 빨간색 계열로 보정, 레이어 스타일 – Stroke(획)(5px, 그라디언트(#ffff99, 투명으로))
⑦ 그 외 《출력형태》 참조

2. 문자 효과

① 어린이 자전거교실 (궁서, 60pt, 42pt, 레이어 스타일 – 그라디언트 오버레이(#ffcc33, #ffcccc, #3399ff), Stroke(획)(2px, #663333), Drop Shadow(그림자 효과))
② 따르릉~ 따르릉~~ (돋움, 20pt, #000000, 레이어 스타일 – Stroke(획)(2px, #6699cc))
③ 2026년 5월 9일(토) / 어린이재단 9층 대강당 (돋움, 15pt, 레이어 스타일 – 그라디언트 오버레이(#ffffff, #ffcc99), Stroke(획)(2px, #996600))
④ 어린이를 위한 자전거 안전 강의 (돋움, 16pt, #ffffff, #cccc00, 레이어 스타일 – Stroke(획)(2px, #333300))

출력형태

Shape Tool(모양 도구) 사용 #cc6633, #ff9966, 레이어 스타일 – Outer Glow(외부 광선), Opacity(불투명도)(70%)

Shape Tool(모양 도구) 사용 레이어 스타일 – 그라디언트 오버레이(#ff9933, #993300), Drop Shadow(그림자 효과)

Shape Tool(모양 도구) 사용 #cc9966, 레이어 스타일 – Drop Shadow(그림자 효과), Opacity(불투명도)(80%)

다음의 《조건》에 따라 아래의 《출력형태》와 같이 작업하시오.

조건

원본 이미지		PART03₩1급–12.jpg, 1급–13.jpg, 1급–14.jpg, 1급–15.jpg, 1급–16.jpg, 1급–17.jpg	
파일저장규칙	JPG	파일명	문서₩GTQ₩수험번호–성명–4.jpg
		크기	600×400 pixels
	PSD	파일명	문서₩GTQ₩수험번호–성명–4.psd
		크기	60×40 pixels

1. 그림 효과

① 배경 : #cccc99

② 패턴(과녁, 저작권 기호 모양) : #ffcc33, #cccc66

③ 1급–12.jpg : Blending Mode(혼합 모드) – Darken(어둡게 하기), 레이어 마스크 – 가로 방향으로 흐릿하게

④ 1급–13.jpg : 필터 – Grain(그레인), 레이어 마스크 – 대각선 방향으로 흐릿하게

⑤ 1급–14.jpg : 레이어 스타일 – Outer Glow(외부 광선), Drop Shadow(그림자 효과)

⑥ 1급–15.jpg : 필터 – Poster Edges(포스터 가장자리), 레이어 스타일 – Inner Shadow(내부 그림자)

⑦ 1급–16.jpg : 색상 보정 – 빨간색 계열로 보정, 레이어 스타일 – Bevel and Emboss(경사와 엠보스)

⑧ 그 외 《출력형태》 참조

2. 문자 효과

① 한강 자전거길 페스티벌 (굴림, 32pt, 레이어 스타일 – 그라디언트 오버레이(#ffffff, #ccffff, #ffcccc), Stroke(획)(3px, #336633))

② Bike Festival (Times New Roman, Bold, 28pt, 22pt, #003333, 레이어 스타일 – Stroke(획)(2px, #cc9999))

③ Enjoy! Slow Riding (Arial, Regular, 20pt, #ff9933, 레이어 스타일 – Stroke(획)(2px, #000000))

④ 대회일정 안전수칙 자전거세어링 (돋움, 14pt, #333333, 레이어 스타일 – Stroke(획)(2px, #cccc99, #99cc99))

출력형태

Shape Tool(모양 도구) 사용 #ff9966, 레이어 스타일 – Drop Shadow(그림자 효과)

Pen Tool(펜 도구) 사용 #ffcc33, #cc9933, #996600, 레이어 스타일 – Drop Shadow(그림자 효과)

Shape Tool(모양 도구) 사용 #99ffcc, #ccffff, 레이어 스타일 – Inner Glow(내부 광선), Opacity(불투명도)(80%)

Shape Tool(모양 도구) 사용 레이어 스타일 – Stroke(획)(2px, #999966, #339933), 그라디언트 오버레이(#ffffff, #99cccc)

작업과정	새 작업 이미지 만들기 및 파일 저장하기 ➡ 필터 적용하기 ➡ 헬멧 모양 패스 생성하기 ➡ 패스 저장하기 ➡ 레이어 스타일과 클리핑 마스크 적용하기 ➡ 모양 생성 및 레이어 스타일 적용 ➡ 문자 입력 및 왜곡하고 레이어 스타일 적용 ➡ 정답 파일 저장
완성이미지	PART03₩정답파일₩수험번호–성명–1.jpg, 수험번호–성명–1.psd

01 새 작업 이미지 만들기 및 파일 저장하기

01 [File(파일)]–[New(새로 만들기)]([Ctrl]+[N])를 선택하고 'Width(폭) : 400Pixels(픽셀), Height(높이) : 500Pixels(픽셀), Resolution(해상도) : 72Pixels/Inch(픽셀/인치), Color Mode(색상 모드) : RGB Color(RGB 색상), 8bit(비트), Background Contents(배경 내용) : White(흰색)'로 설정하여 새 작업 이미지를 만듭니다.

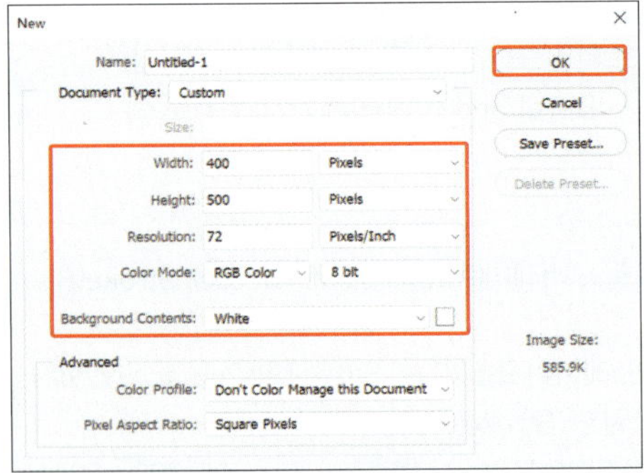

02 [Edit(편집)]–[Preferences(환경설정)]([Ctrl]+[K])를 클릭하고 [Guides, Grid & Slices(안내선, 격자와 슬라이스)]를 선택하여 Grid(격자)의 'Gridline every(격자 간격) : 100pixels(픽셀), Subdivisions(세분) : 1'로 설정한 후 'Grid Color(격자 색상)'를 클릭하여 밝은 색상으로 변경합니다.

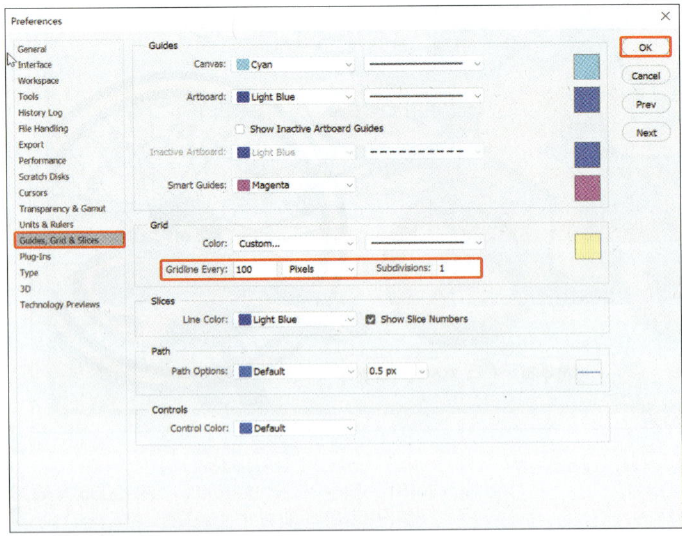

'Grid Color(격자 색상)'는 이미지와 구별되는 임의의 밝은 색상으로 변경합니다.

03 [View(보기)]-[Show(표시)]-[Grid(격자)]([Ctrl]+['])와 [View(보기)]-[Rulers(눈금자)] ([Ctrl]+[R])를 선택하여 격자와 눈금자를 표시합니다.

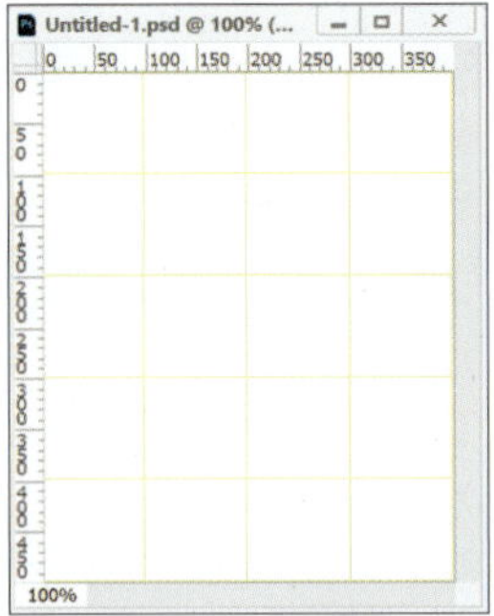

04 작업 도큐먼트를 저장하기 위해 [File(파일)]-[Save As(다른 이름으로 저장)]([Shift]+[Ctrl] +[S])를 선택하고 임의 경로에 '파일 이름 : 수험번호-성명-문제번호, 파일 형식 : Photo-shop(*.PSD;*.PDD;*.PSDT)'으로 파일을 저장합니다.

임의 경로에 저장한 파일은 작업을 완료한 후 수정사항 및 오류 발생에 대비하여 저장하는 파일이며 감독관 컴퓨터로 전송하지는 않습니다. 최종답안 파일 전송 후 퇴실 전에 삭제합니다.

02 필터 적용하기

01 [File(파일)]-[Open(열기)]을 선택하여 1급-1.jpg를 불러옵니다. [Ctrl]+[A]로 전체를 선택하고, [Ctrl]+[C]로 복사 후 작업 이미지에 [Ctrl]+[V]로 붙여넣기를 합니다. [Ctrl]+[T]를 누른 후, [Shift]를 누른 채 크기를 조절하고 마우스 오른쪽 버튼을 클릭하여 [Flip Horizontal(가로로 뒤집기)]로 뒤집어 배치합니다.

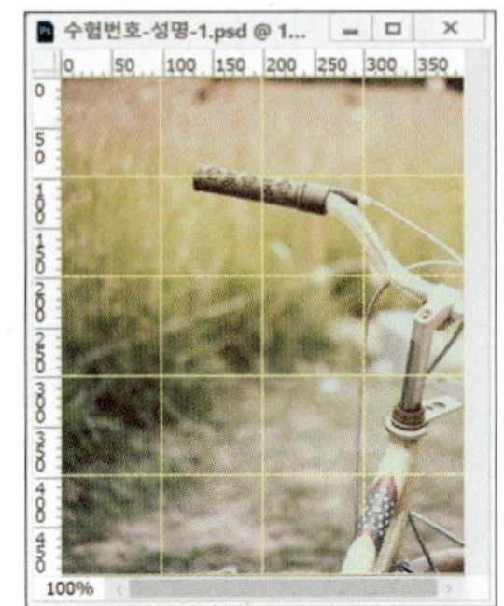

02 [Filter(필터)]–[Filter Gallery(필터 갤러리)]–[Artistic(예술 효과)]–[Dry Brush(드라이 브러시)]를 선택합니다.

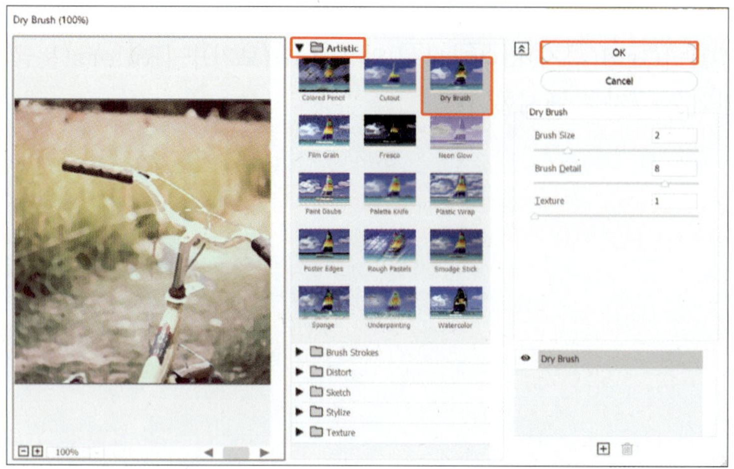

03 문제지의 《출력형태》를 참조하여 왼쪽과 상단의 눈금자에서 작업 이미지로 드래그하여 안내선을 표시합니다.

03 헬멧 모양 패스 생성하기

01 Ellipse Tool(타원 도구, ◯)을 선택하고 Options Bar(옵션 바)에서 'Pick tool mode(선택 도구 모드) : Shape(모양), Fill(칠) : 임의 색상, Stroke(획) : No Color(색상 없음), Path operations(패스 작업) : New Layer(새 레이어, ▣)'를 설정한 후 작업 도큐먼트에 클릭합니다.

02 'Width(폭) : 210px(픽셀), Height(높이) : 312px(픽셀)'을 설정하고 [OK(확인)]를 눌러 타원형 모양을 그립니다. Enter 를 눌러 작업 중인 모양을 완료합니다.

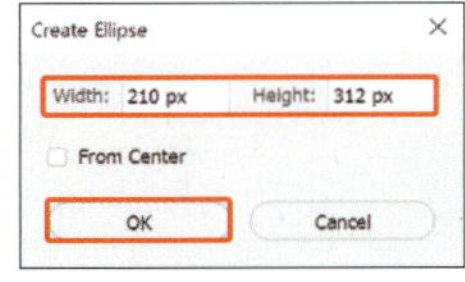

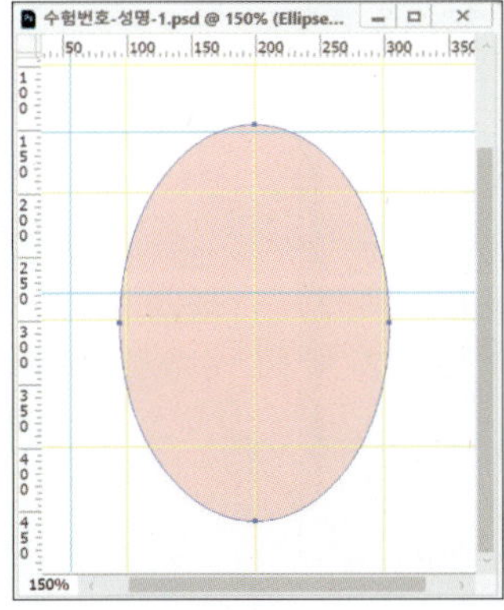

패스 작업 시, 명확한 화면을 보기 위해 Layers(레이어) 패널에서 'Layer 1' 레이어의 눈 아이콘(가시성)을 클릭하여 가리고, 작업이 완료되면 눈 아이콘(가시성)을 다시 클릭하여 보이도록 합니다.

03 Paths(패스) 패널의 작업 중인 패스를 클릭하여 패스를 활성화합니다.

• 작업 중인 모양이 선택된 상태에서 패스 작업의 옵션을 바꾸면 지시와 다른 결과가 나올 수 있습니다. Enter 를 눌러 작업 중인 모양을 완료한 후 Paths(패스) 패널의 작업 패스를 다시 클릭하여 옵션을 적용합니다.

• Paths(패스) 패널의 작업 패스를 다시 클릭해야 하나의 레이어에 다른 모양을 함께 그릴 수 있습니다.

04 계속해서 Options Bar(옵션 바)에서 'Pick tool mode(선택 도구 모드) : Shape(모양), Fill(칠) : 임의 색상, Stroke(획) : No Color(색상 없음), Path operations(패스 작업) : Subtract Front Shape(전면 모양 빼기, ⬚)'로 설정합니다.

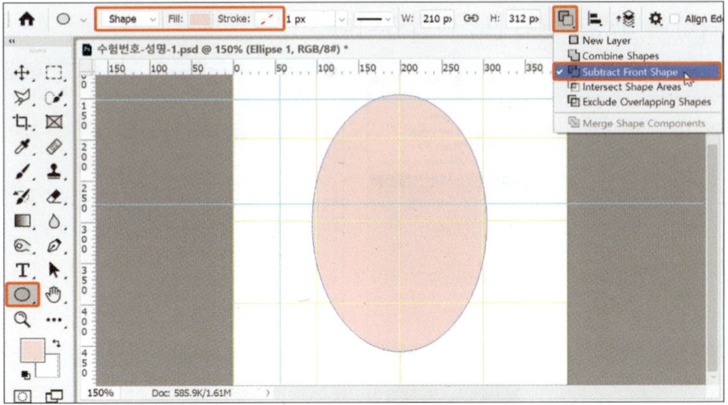

05 작업 도큐먼트를 클릭하여 'Width(폭) : 187px(픽셀), Height(높이) : 283px(픽셀)'을 설정하고 [OK(확인)]를 눌러 타원형 모양을 그리고 겹치도록 배치합니다.

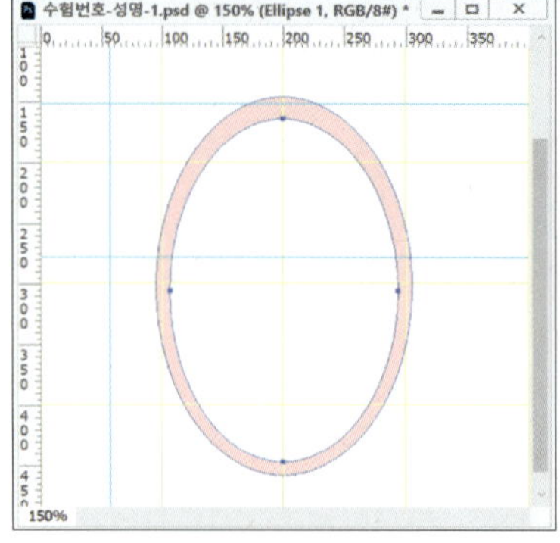

06 Rectangle Tool(사각형 도구, 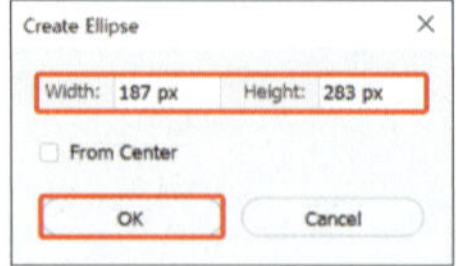)을 선택하고 Options Bar(옵션 바)에서 'Pick tool mode(선택 도구 모드) : Shape(모양), Fill(칠) : 임의 색상, Stroke(획) : No Color(색상 없음), Path operations(패스 작업) : Subtract Front Shape(전면 모양 빼기)'로 설정하고 작업 이미지에 드래그하여 타원 모양 상단과 겹치도록 사각형을 그립니다.

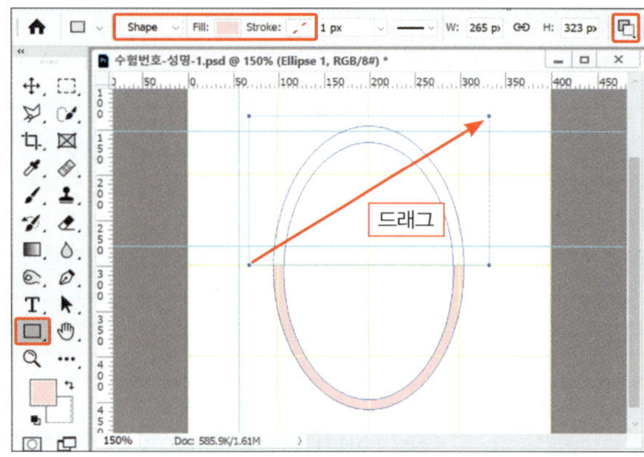

07 Options Bar(옵션 바)에서 'Path operations(패스 작업) : Merge Shape Components(모양 병합 구성 요소)'를 클릭하여 모양을 하나로 병합합니다.

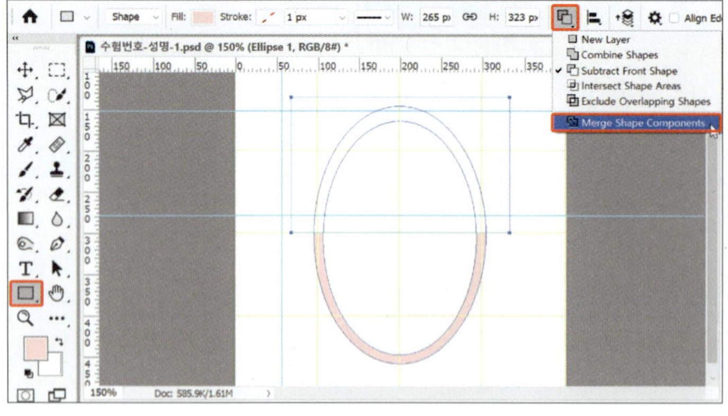

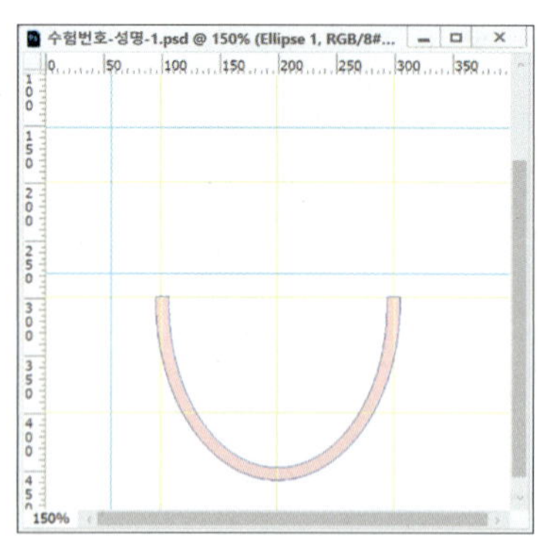

패스 모양이 복잡할 때는 'Merge Shape Components(모양 병합 구성 요소, 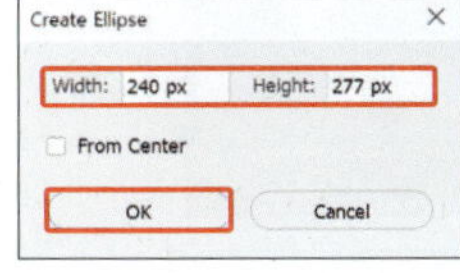)'를 클릭하여 정리하면서 작업을 진행합니다.

08 Ellipse Tool(타원 도구, ◯)을 클릭하고 Options Bar(옵션 바)에서 'Path operations(패스 작업) : Combine Shapes(모양 결합, ▣)'로 설정합니다. 작업 이미지에 클릭한 후 'Width(폭) : 240px(픽셀), Height(높이) : 277px(픽셀)'을 지정하고 [OK(확인)]를 클릭하고 상단에 겹치도록 배치합니다.

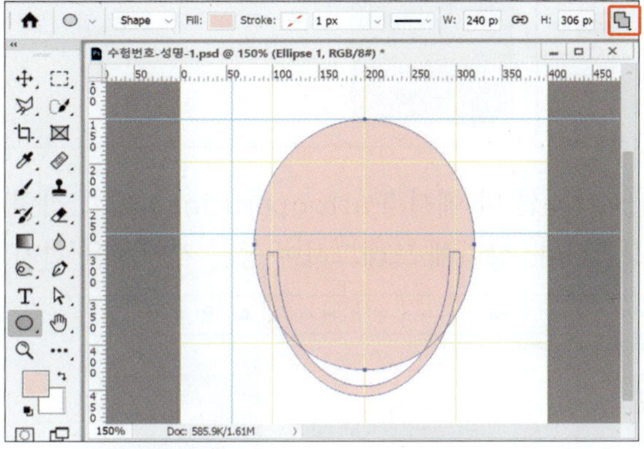

09 Direct Selection Tool(직접 선택 도구, ▷)을 선택하고 원형 하단의 고정점을 클릭하여 선택하고 상단으로 이동하여 모양을 수정합니다.

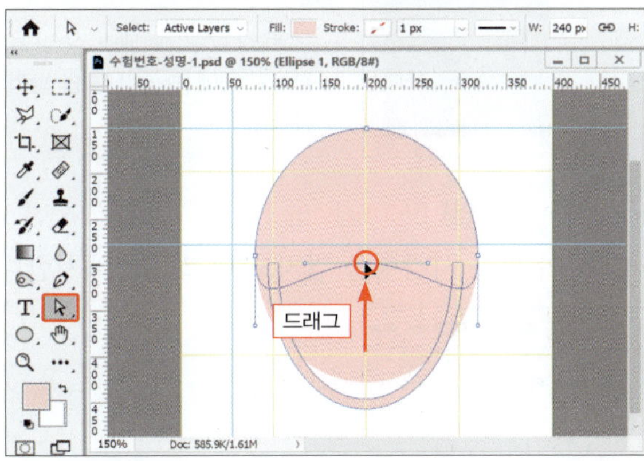

드래그할 때 Shift 를 누르면서 이동하면 반듯하게 이동 가능합니다.

10 Rounded Rectangle Tool(모서리가 둥근 직사각형 도구, ▢)을 클릭하고 Options Bar(옵션 바)에서 'Pick tool mode(선택 도구 모드) : Shape(모양), Fill(칠) : 임의 색상, Stroke(획) : No Color(색상 없음), Path operations(패스 작업) : Subtract Front Shape(전면 모양 빼기, ▣), Radius(반경) : 40px'로 설정합니다.

11 작업 이미지에 클릭한 후 'Width(폭) : 212px(픽셀), Height(높이) : 124px(픽셀)'을 지정하고 [OK(확인)]를 클릭하여 상단에 겹치도록 배치합니다.

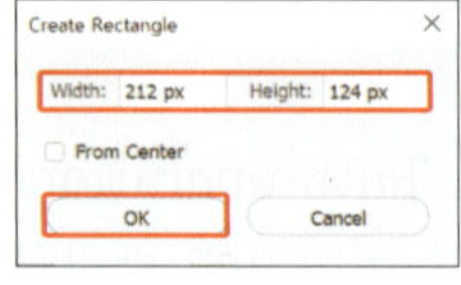
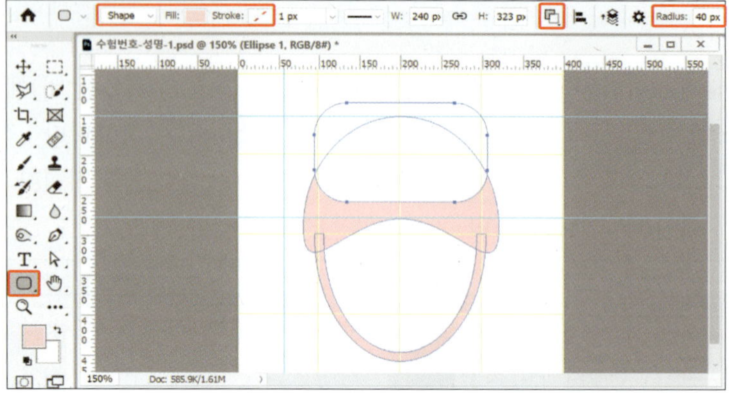

12 계속해서 Options Bar(옵션 바)에서 'Path operations(패스 작업) : Combine Shapes(모양 결합, ⬚)'로 설정합니다. 상단에 드래그하여 둥근 사각형을 겹치도록 그리고 배치합니다.

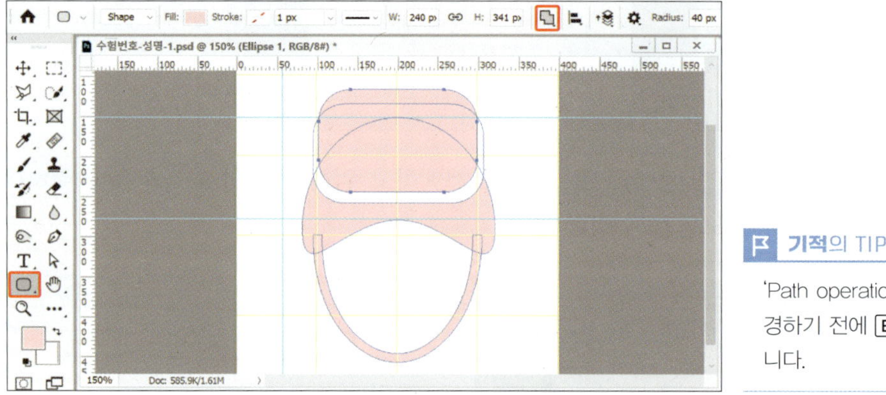

13 Options Bar(옵션 바)에서 'Path operations(패스 작업) : Subtract Front Shape(전면 모양 빼기, ⬚)'로 설정합니다. 상단 중앙에 드래그하여 둥근 사각형을 겹치도록 그리고 배치합니다.

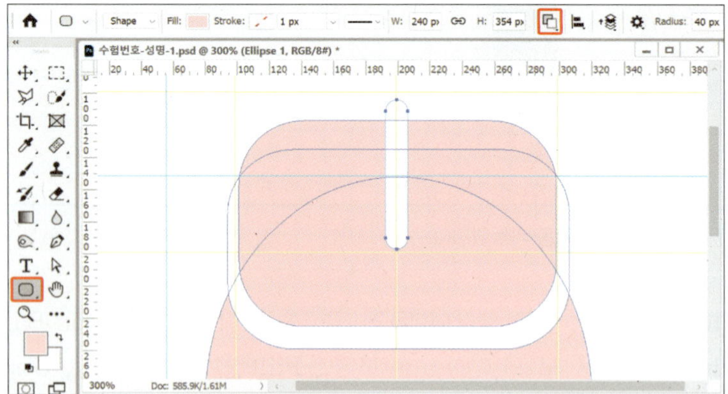

14 [Edit(편집)]-[Transform Path(패스 변형)]-[Perspective(원근)]를 클릭한 후 상단의 조절
점을 바깥쪽으로 드래그하여 대칭적으로 변형하고 Enter 를 눌러 패스의 변형을 완료합니다.

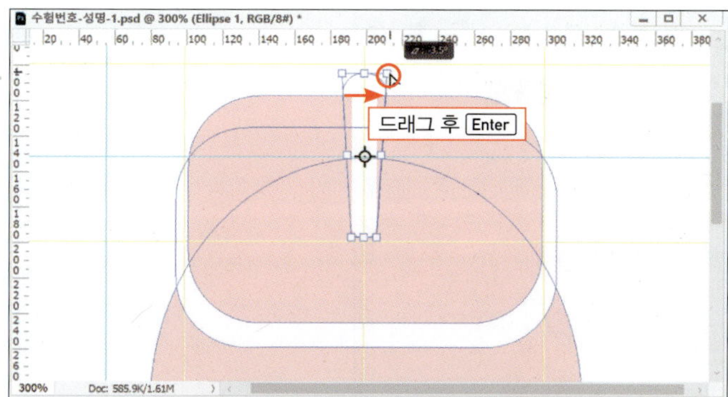

15 Rounded Rectangle Tool(모서리가 둥근 직사각형 도구, □)을 클릭하고 Options Bar(옵
션 바)에서 'Pick tool mode(선택 도구 모드) : Shape(모양), Fill(칠) : 임의 색상, Stroke
(획) : No Color(색상 없음), Path operations(패스 작업) : Subtract Front Shape(전면
모양 빼기, □), Radius(반경) : 40px'로 설정하고 드래그하여 상단에 겹치도록 배치합니다.

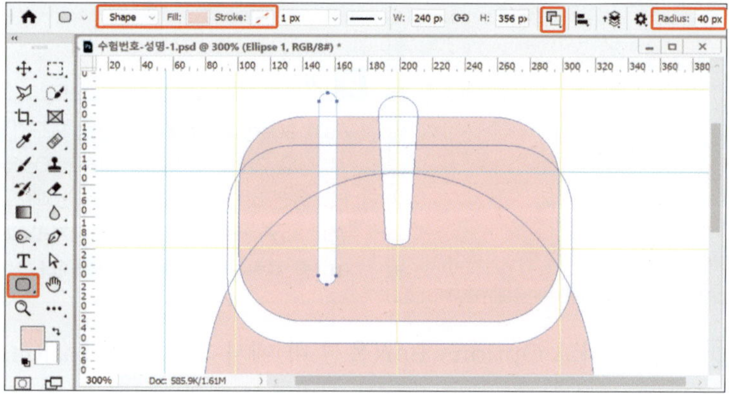

16 [Edit(편집)]-[Transform Path(패스 변형)]-[Warp(뒤틀기)]를 클릭하여 조절점과 핸들을
각각 드래그하여 변형하고 Enter 를 눌러 패스의 변형을 완료합니다.

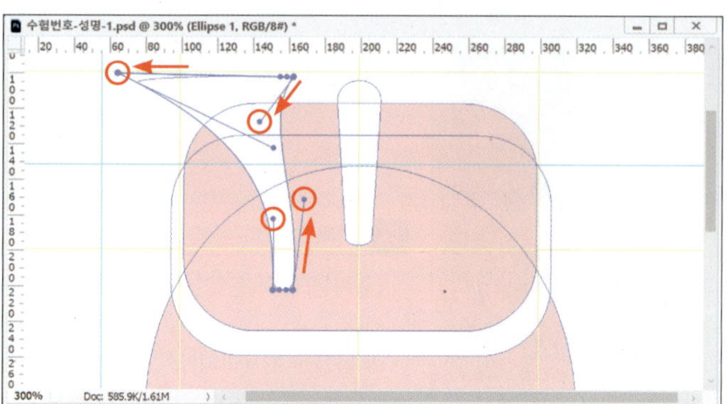

17 Path Selection Tool(패스 선택 도구, ▶)로 Alt 를 누른 채 오른쪽으로 드래그하여 복사합니다.

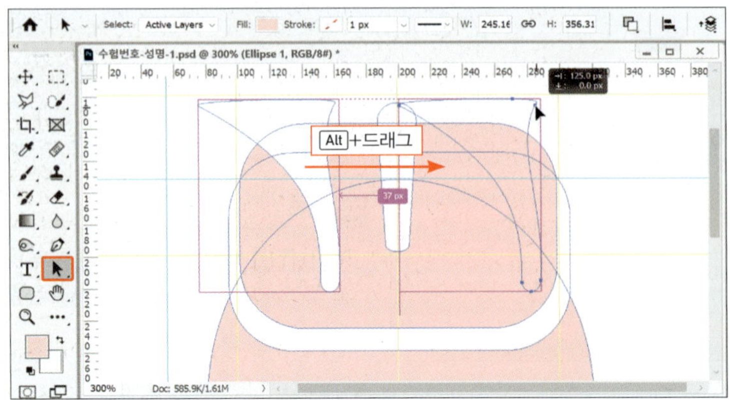

18 Ctrl + T 를 누르고, 마우스 오른쪽 버튼을 클릭하여 [Flip Horizontal(가로로 뒤집기)]로 뒤집고 대칭적으로 배치합니다.

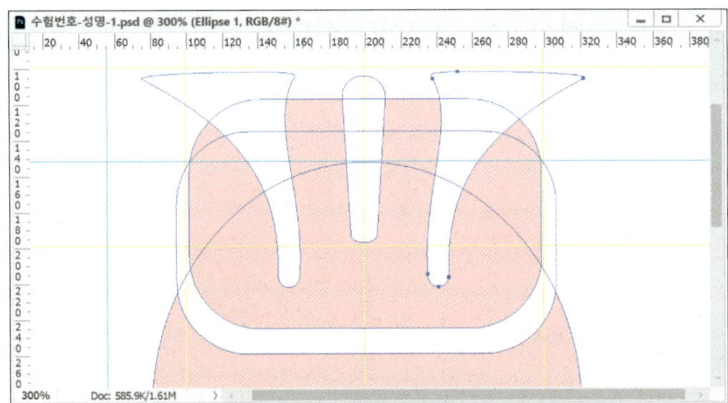

> **기적의 TIP**
>
> Path Selection Tool(패스 선택 도구, ▶)로 좌우 2개의 모양을 선택하고 Options Bar(옵션 바)에서 'Path alignment(패스 맞춤) : Align top edges(위쪽 가장자리 맞춤, ▜)'를 클릭하여 상단에 정렬합니다.

19 Ellipse Tool(타원 도구, ◎)을 클릭하고 Options Bar(옵션 바)에서 'Path operations(패스 작업) : Intersect Shape Areas(모양 영역 교차, ▣)'로 설정하고 드래그하여 겹치도록 배치합니다.

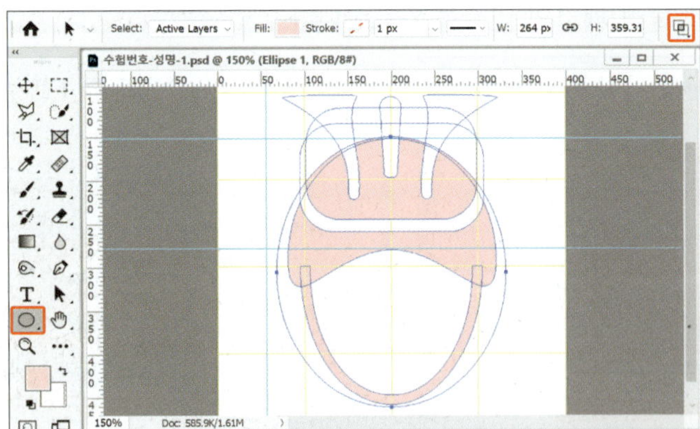

> **기적의 TIP**
>
> 《출력형태》와 동일한 패스 모양을 만들기 위해 'Path operations(패스 작업)'의 다양한 옵션을 활용합니다.

20 Options Bar(옵션 바)에서 'Path operations(패스 작업) : Merge Shape Components(모양 병합 구성 요소, ⬚)'를 클릭하여 모양을 하나로 병합합니다.

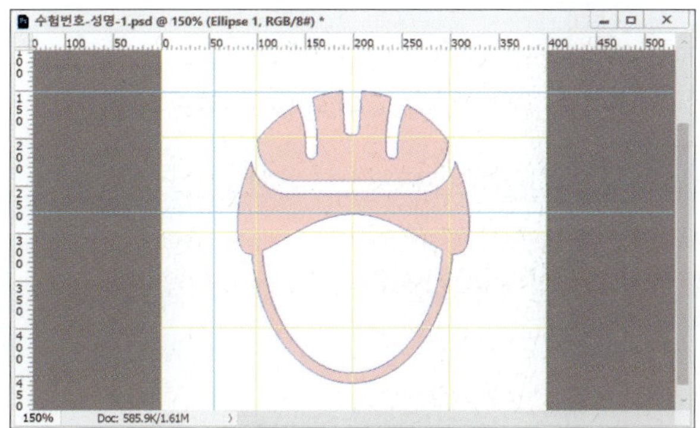

21 Ellipse Tool(타원 도구, ◯)을 클릭하고 Options Bar(옵션 바)에서 'Path operations(패스 작업) : Combine Shapes(모양 결합, ⬚)'로 설정합니다. 작업 이미지에 클릭한 후 'Width(폭) : 200px(픽셀), Height(높이) : 98px(픽셀)'을 지정하고 [OK(확인)]를 클릭하고 상단에 겹치도록 배치합니다.

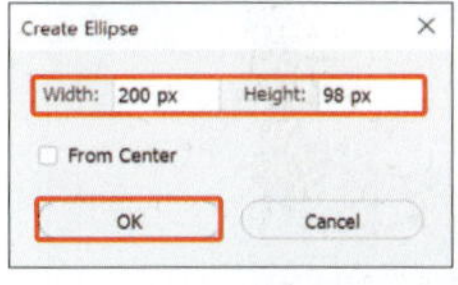

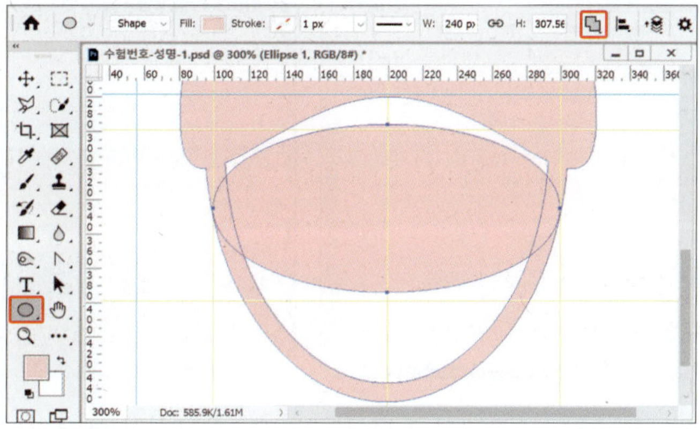

22 계속해서 Options Bar(옵션 바)에서 'Path operations(패스 작업) : Intersect Shape Areas(모양 영역 교차, ⬚)'로 설정하고 드래그하여 타원을 그리고 겹치도록 배치합니다.

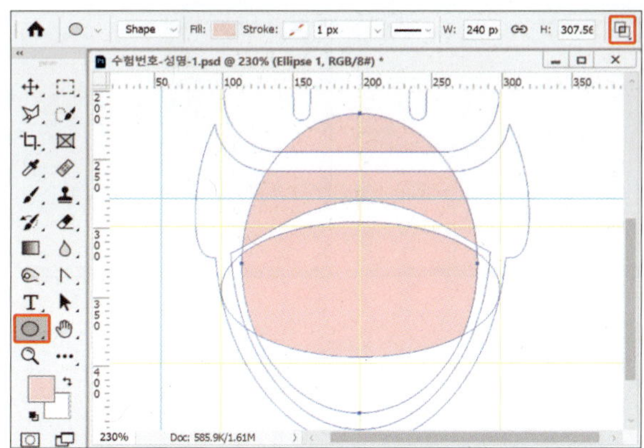

> 🏁 **기적의 TIP**
>
> 'Path Operations(패스 작업)'의 설정을 변경하기 전에 Enter 를 2번 눌러 지정합니다.

23 Options Bar(옵션 바)에서 'Path operations(패스 작업) : Subtract Front Shape(전면 모양 빼기, 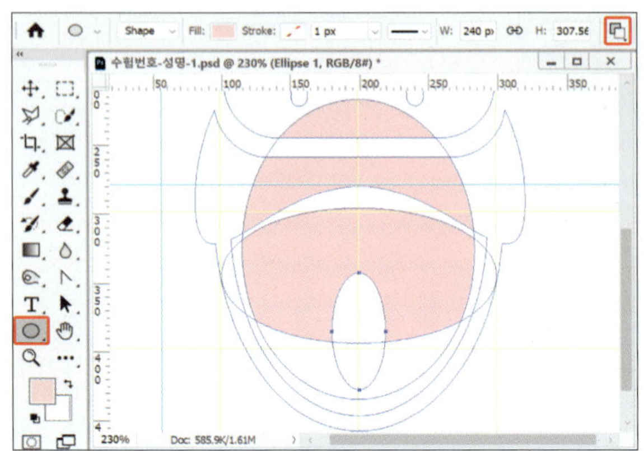)'로 설정하고 드래그하여 타원을 그리고 하단 중앙에 겹치도록 배치합니다.

24 Path Selection Tool(패스 선택 도구,)로 Shift 를 누른 채 클릭하여 3개의 타원 모양을 함께 선택합니다. Options Bar(옵션 바)에서 'Path operations(패스 작업) : Merge Shape Components(모양 병합 구성 요소,)'를 클릭하여 고글 모양을 완료합니다.

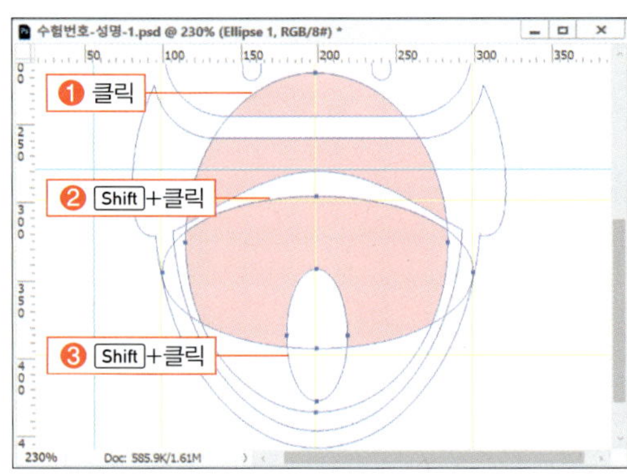

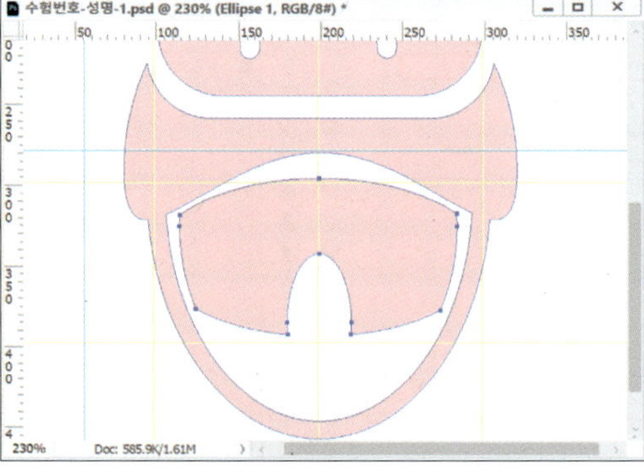

25 Pen Tool(펜 도구,)을 클릭하고 Options Bar(옵션 바)에서 'Pick tool mode(선택 도구 모드) : Shape(모양), Fill(칠) : 임의 색상, Path operations(패스 작업) : Subtract Front Shape(전면 모양 빼기,)'로 설정한 후 겹치도록 드래그하여 닫힌 패스 모양을 완료합니다.

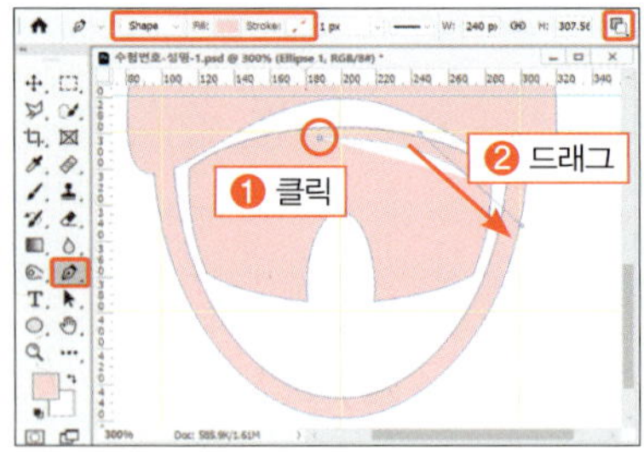

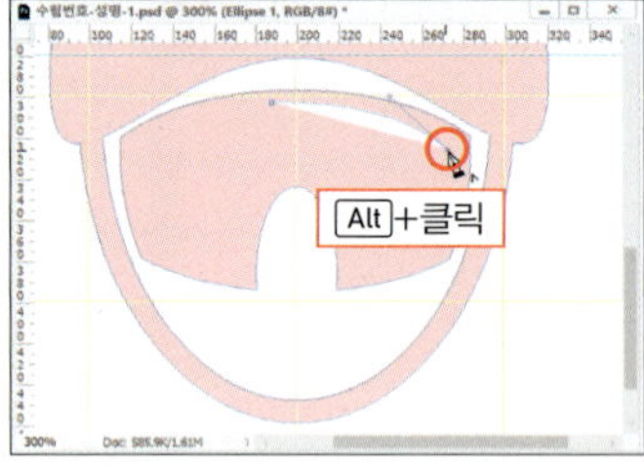

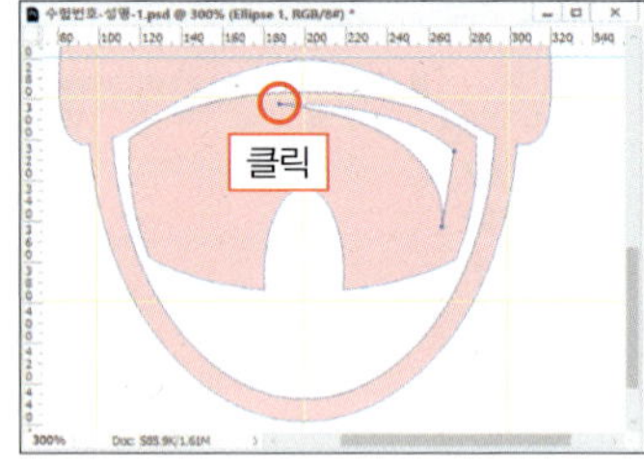

01 Paths(패스) 패널의 'Ellipse 1 Shape Path'를 더블 클릭하여 [Save Path(패스 저장)] 대화 상자에서 'Name(이름) : 헬멧 모양'을 입력하고 [OK(확인)]를 클릭합니다.

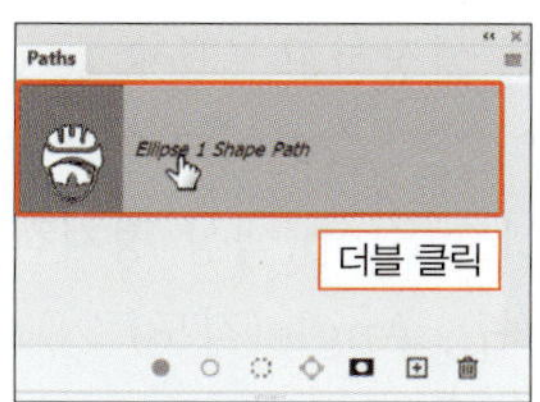

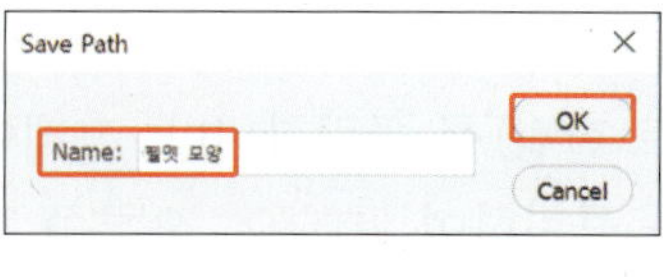

> **기적의 TIP**
>
> Paths(패스) 패널에 표시되는 이름은 최초에 그린 Shape(모양)의 이름대로 표기되며, 더블 클릭하여 [Save Path(패스 저장)]에서 문제지 에 제시된 패스 이름으로 저장하면 됩니다.

02 Layers(레이어) 패널의 'Layer 1' 레이어의 눈 아이콘(가시성)을 클릭하여 레이어의 이미지가 보이도록 합니다. '헬멧 모양' 레이어의 이름을 더블 클릭하여 'path'로 이름을 설정하고 마우 스 오른쪽 버튼을 눌러 'Rasterize Layer(레이어 래스터화)'를 선택하여 일반 레이어로 속성 을 변환합니다.

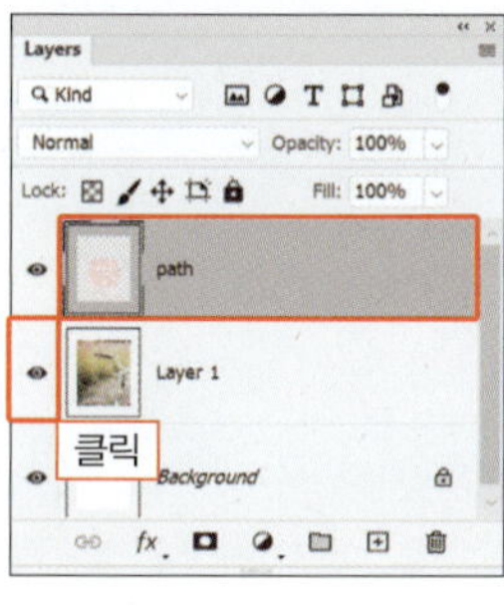

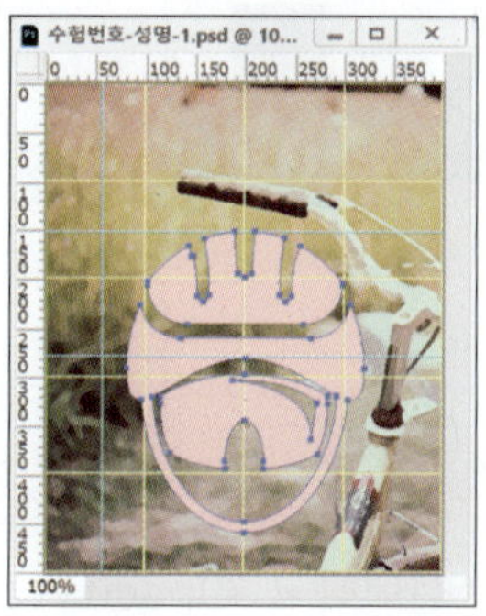

> **기적의 TIP**
>
> - 레이어의 이름은 구별을 위한 것으로 임의로 설정하면 됩니다.
> - 'Rasterize Layer(레이어 래스터화)'는 Shape(모양) 속성의 레이어가 일반 이미지 레이어로 속성이 변환되어 Shape(모양) 고유 속성을 잃게 됩니다.
> - 문제지에서 제시하는 그림 효과 중 'Custom Shape Tool(사용자 정의 모양 도구, ☆)'과 '문자'는 절대로 'Rasterize Layer(레이어 래스터화)'를 적용하지 않도록 주의합니다.

03 [Edit(편집)]-[Free Transform(자유 변형)]([Ctrl]+[T])을 선택하고 [Shift]를 누른 채 조절점 밖을 반시계 방향으로 드래그 후 [Enter]를 눌러 회전을 적용한 후 배치합니다.

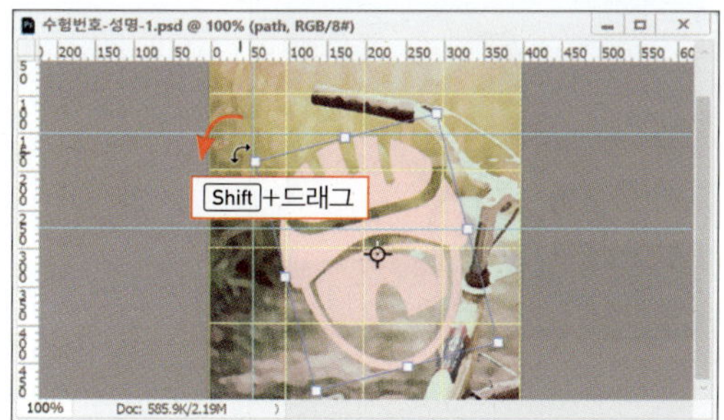

> **기적의 TIP**
>
> - [Ctrl]+[T]를 누르고 Options Bar(옵션 바)에서 'Rotate(회 전, △) : -15°'를 입력하고 회전을 적용할 수도 있습니다.
> - [Shift]를 누른 채 드래그하면 15° 단위로 회전을 적용할 수 있습니다.

01 Layers(레이어) 패널 하단의 'Add a layer style(레이어 스타일 추가, *fx.*)'을 클릭하여 [Stroke(획)]를 선택합니다.

02 'Size(크기) : 3px, Fill Type(칠 유형) : Gradient(그레이디언트)'로 설정하고 'Click to edit the gradient(클릭하여 그레이디언트 편집)'를 클릭합니다. 그레이디언트 슬라이더 왼쪽 하단의 'Color Stop(색상 정지점)'을 더블 클릭하여 #ffffff, 오른쪽 'Color Stop(색상 정지점)'을 더블 클릭하여 #ffff00으로 설정한 후, 'Style(스타일) : Linear(선형), Angle(각도) : 90˚'로 설정합니다.

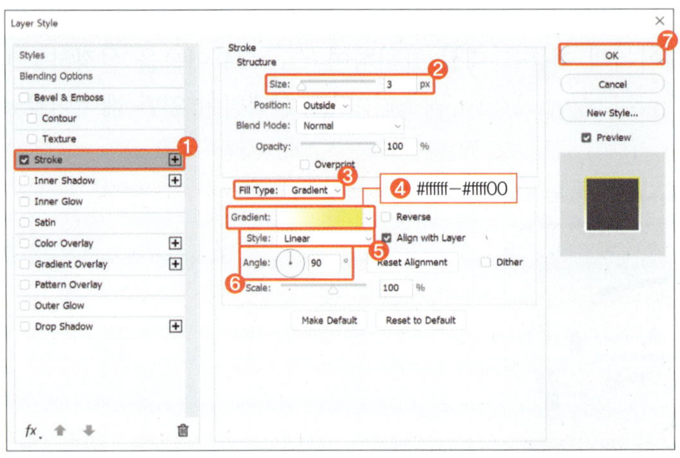

03 계속해서 [Inner Shadow(내부 그림자)]를 선택하고 'Opacity(불투명도) : 75%, Angle(각도) : 120˚, Distance(거리) : 5px, Size(크기) : 5px'로 설정한 후 [OK(확인)]를 클릭합니다.

04 [File(파일)]-[Open(열기)]([Ctrl]+[O])을 선택하여 1급-2.jpg를 불러옵니다. [Ctrl]+[A]로 전체 선택하여 [Ctrl]+[C]로 복사하고 작업 이미지에 [Ctrl]+[V]로 붙여넣기를 합니다. [Ctrl]+[T]를 누르고 [Shift]를 누른 채 크기를 조절한 후 배치합니다.

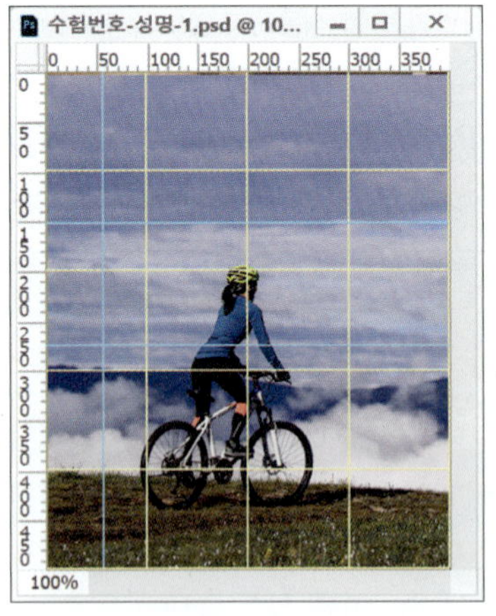

05 Layers(레이어) 패널에서 'Layer 2' 레이어와 'path' 레이어 사이에 마우스 커서를 놓고 Alt 를 누르고 클릭하여 Clipping Mask(클리핑 마스크)를 적용합니다.

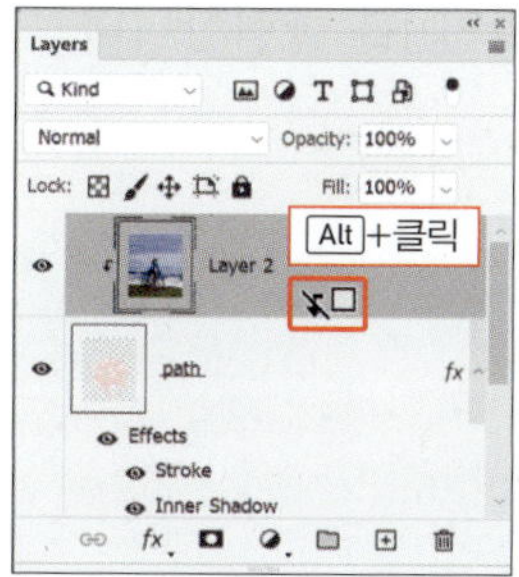
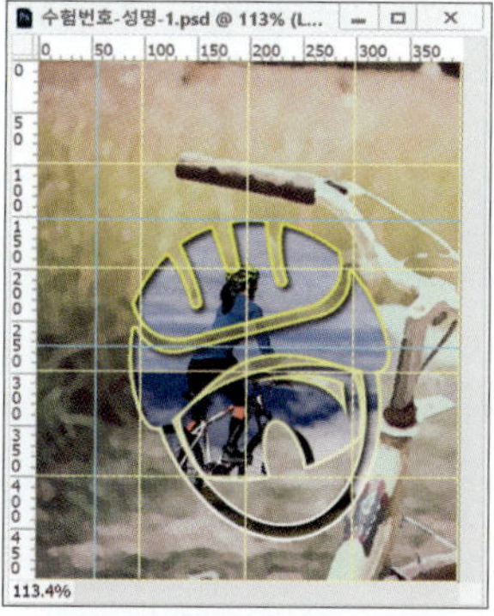

> **기적의 TIP**
>
> Clipping Mask(클리핑 마스크)를 적용할 때는 반드시 'path' 레이어 바로 위에 이미지 레이어를 서로 겹치도록 배치해야 합니다.

06 [File(파일)]-[Open(열기)](Ctrl + O)을 선택하여 1급-3.jpg를 불러옵니다. Quick Selection Tool(빠른 선택 도구,) 을 클릭하고 Options Bar(옵션 바)에서 'Add to selection(선택 영역에 추가,)'를 설정한 후 브러시의 크기를 조절하며 드래그하여 선택합니다.

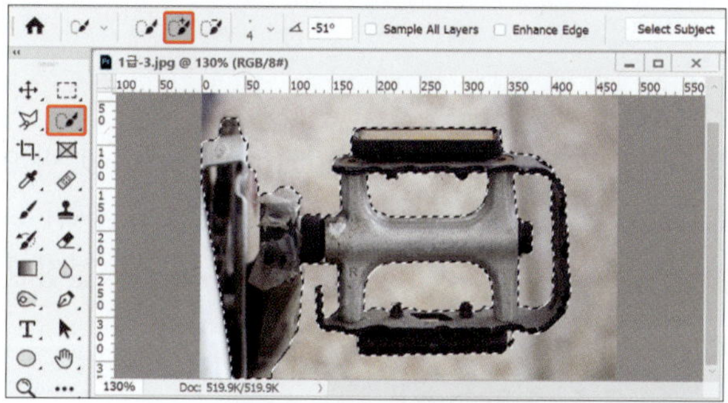

> **기적의 TIP**
>
> • Quick Selection Tool(빠른 선택 도구,)로 클릭 또는 드래그하여 선택하면 Options Bar(옵션 바)의 'Add to selection(선택 영역에 추가,)'으로 자동으로 설정됩니다.
> • Quick Selection Tool(빠른 선택 도구,)의 브러시 크기는] 를 눌러 크기를 확대하고 [를 눌러 축소할 수 있습니다. Caps Lock 이 켜져 있으면 ' '로 표시되어 브러시의 크기를 파악할 수 없으므로 Caps Lock 을 눌러 꺼줍니다.

07 Ctrl + C 로 복사 후, 작업 이미지에 Ctrl + V 로 붙여넣기를 합니다. Ctrl + T 를 누르고 Shift 를 누른 채 크기를 조절하고 회전하여 배치합니다.

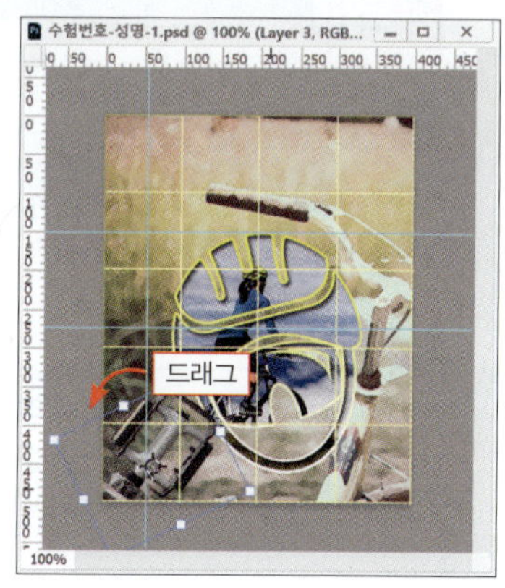

08 Layers(레이어) 패널 하단의 'Add a layer style(레이어 스타일 추가, *fx.*)'을 클릭하여 [Bevel & Emboss(경사와 엠보스)]를 선택하고 'Style(스타일) : Inner Bevel(내부 경사), Direction(방향) : Up(위로), Size(크기) : 13px'로 설정한 후 [OK(확인)]를 클릭합니다.

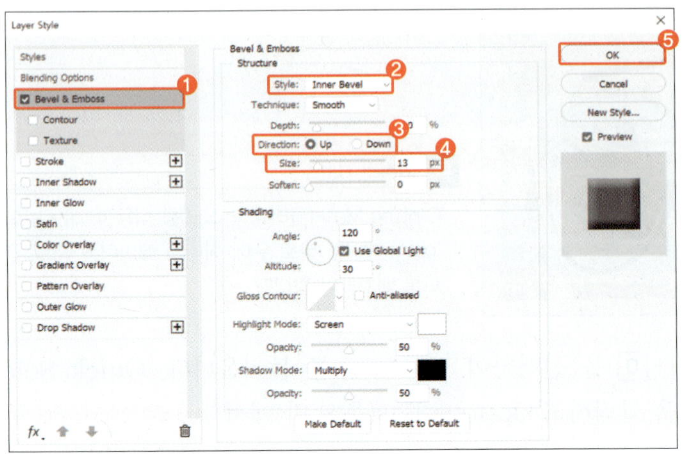

06 모양 생성 및 레이어 스타일 적용

01 Custom Shape Tool(사용자 정의 모양 도구,)을 클릭하고 Options Bar(옵션 바)에서 'Pick tool mode(선택 도구 모드) : Shape(모양), Fill(칠) : #cc9966, Stroke(획) : No Color(색상 없음), Shape(모양) : 'Registration Target 1(등록 타깃 1,)'로 설정한 후 Shift 를 누르고 모양을 그립니다.

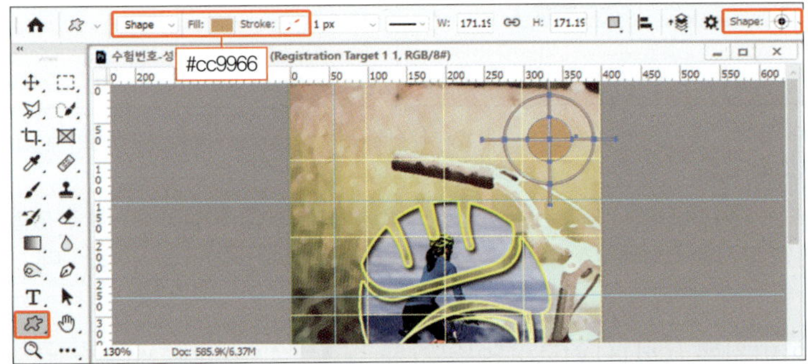

> **◎ Shape 경로**
>
> [Legacy Shapes and More(레거시 모양 및 기타)]-[All Legacy Default Shapes(모든 레거시 기본 모양)]-[Symbols(기호)]

> **⚑ 기적의 TIP**
>
> Custom Shape Tool(사용자 정의 모양 도구,)로 모양을 그릴 때는 Shift 를 누른 채 드래그하면 원래 등록된 비율대로 모양을 그릴 수 있습니다.

> **⚑ 기적의 TIP**
>
> **Legacy Shapes and More(레거시 모양 및 기타)로 이전 버전의 사용자 정의 모양 도구 추가하기**
> [Window(창)]-[Shapes(모양)]을 클릭하고 Shapes Panel(모양 패널)의 팝업 메뉴에서 'Legacy Shapes and More(레거시 모양 및 기타)'를 클릭하여 이전 버전의 사용자 정의 모양 라이브러리를 추가할 수 있습니다.

02 Layers(레이어) 패널 하단의 'Add a layer style(레이어 스타일 추가, *fx.*)'을 클릭하고 [Outer Glow(외부 광선)]를 선택하여 'Opacity(불투명도) : 72%, Spread(스프레드) : 5%, Size(크기) : 10px'로 설정한 후 [OK(확인)]를 클릭합니다.

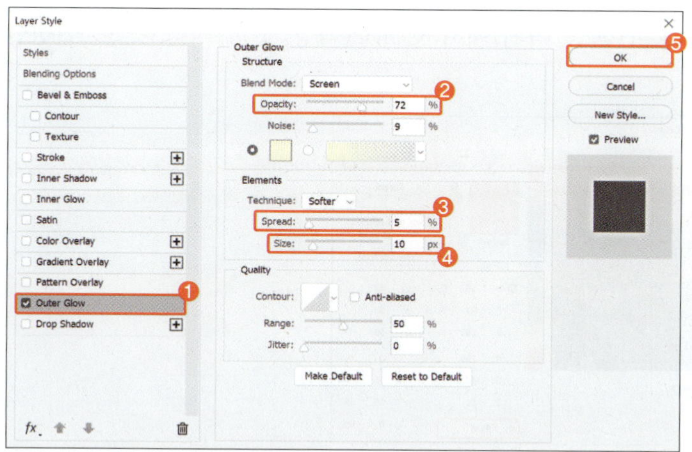

03 Layers(레이어) 패널에서 'Layer 1' 레이어를 선택합니다. Custom Shape Tool(사용자 정의 모양 도구, *⚙*)를 클릭하고 Options Bar(옵션 바)에서 'Pick tool mode(선택 도구 모드) : Shape(모양), Fill(칠) : #cc9900, Stroke(획) : No Color(색상 없음), Shape(모양) : 'Leaf 2(나뭇잎 2, *❋*)'로 설정한 후 Shift 를 누른 채 드래그하여 모양을 그립니다.

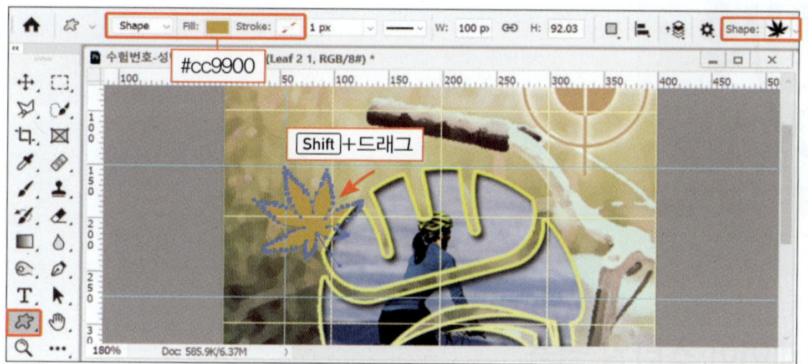

🏴 **기적**의 TIP

연속해서 사용자 정의 모양 도구로 그릴 때 Fill(칠) 설정하기

Options Bar(옵션 바)에서 목록 단추를 눌러 제시된 Shape(모양)을 선택하여 그린 후에 Layers(레이어) 패널의 'Layer thumbnail(레이어 축소판)'을 더블 클릭하여 Fill(칠) 색상을 변경합니다.

🏴 **기적**의 TIP

선택된 'Layer 1' 레이어의 위쪽에 배치되어 순서를 따로 설정하지 않아도 됩니다.

---

04 Layers(레이어) 패널 하단의 'Add a layer style(레이어 스타일 추가, *fx.*)'을 클릭하고 [Drop Shadow(그림자)]를 선택하여 'Opacity(불투명도) : 75%, Angle(각도) : 120°, Distance(거리) : 7px, Size(크기) : 7px'을 설정한 후 [OK(확인)]를 클릭합니다.

05 [Layers(레이어)]-[New(새로 만들기)]-[Shape Layer Via Copy(복사한 모양 레이어)]([Ctrl]+[J])를 클릭합니다.

06 Layers(레이어) 패널에서 복사된 'Leaf 2 copy' 레이어의 'Layer thumbnail(레이어 축소판)'를 더블 클릭하여 Color Picker(색상 픽커)에서 'Color(색상) : #ff6633'으로 설정한 후 [OK(확인)]를 클릭합니다.

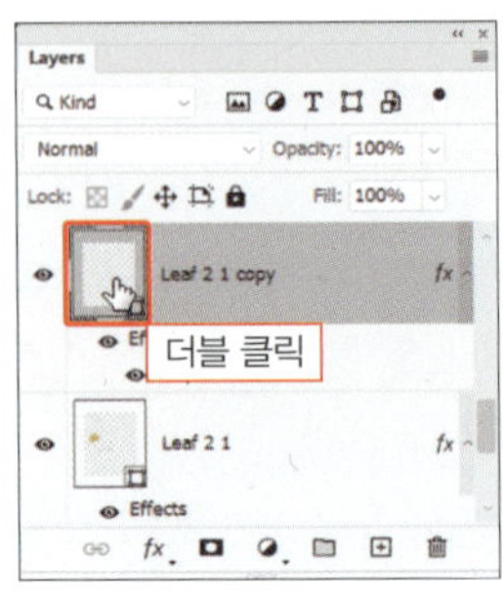
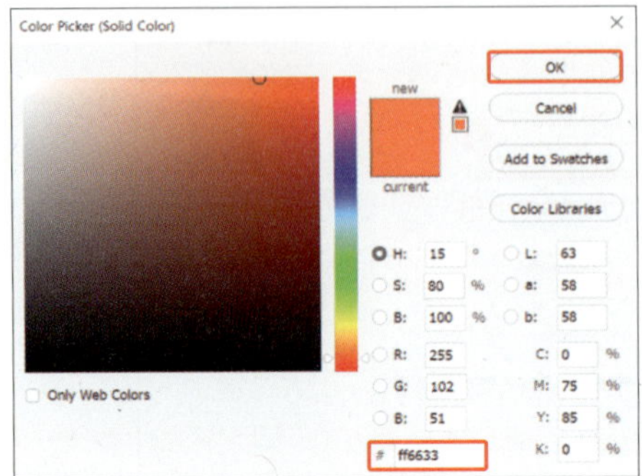

07 [Edit(편집)]-[Free Transform Path(패스 자유 변형)]([Ctrl]+[T])를 클릭하고 [Shift]를 누른 채 조절점을 드래그하여 축소 후 시계 방향으로 회전하여 배치합니다.

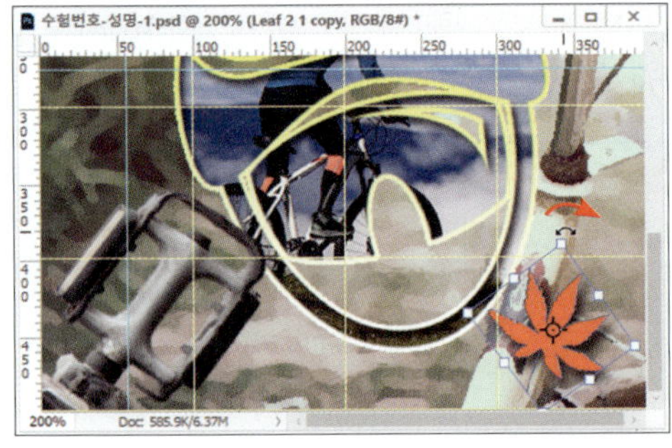

07 문자 입력 및 왜곡하고 레이어 스타일 적용

01 Layers(레이어) 패널에서 'Registration Target 1 1' 레이어를 선택합니다. Horizontal Type Tool(수평 문자 도구, [T])로 작업 이미지를 클릭하고 Options Bar(옵션 바)에서 'Font(글꼴) : Arial, Set font style(글꼴 스타일 설정) : Bold, Set font size(글꼴 크기) : 45pt, Color(색상) : 임의 색상'으로 설정한 후 'Bicycle Trip'을 입력합니다.

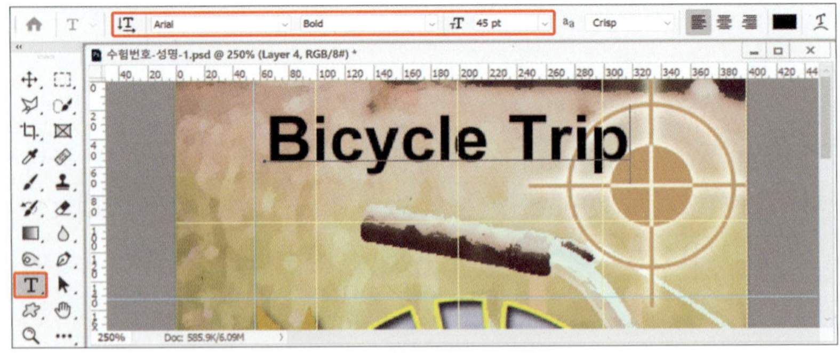

02 Options Bar(옵션 바)에서 Create warped text(뒤틀어진 텍스트 만들기, [T])를 클릭하여 [Warp Text(텍스트 뒤틀기)] 대화상자에서 'Style(스타일) : Shell Upper(위가 넓은 조개), Horizontal(가로) : 체크, Bend(구부리기) : 30%'를 설정하여 문자의 모양을 왜곡합니다.

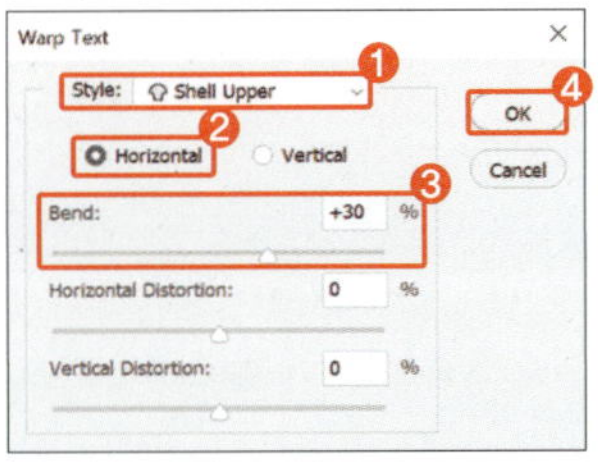

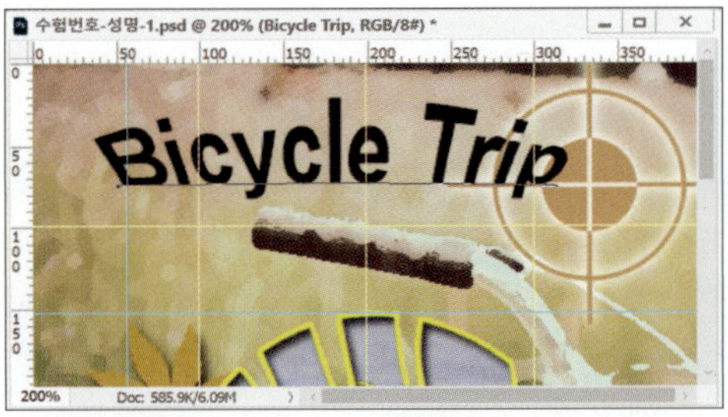

03 Layers(레이어) 패널 하단의 'Add a layer style(레이어 스타일 추가, [fx])'을 클릭하여 [Gradient Overlay(그레이디언트 오버레이)]를 선택하고, 'Click to edit the gradient(클릭하여 그레이디언트 편집)'를 클릭한 후, 그레이디언트 슬라이더 왼쪽 하단의 'Color Stop(색상 정지점)'을 더블 클릭하여 #66ccff, 오른쪽 'Color Stop(색상 정지점)'을 더블 클릭하여 #ff6600으로 설정한 후, 'Style(스타일) : Linear(선형), Angle(각도) : 0°'로 설정합니다.

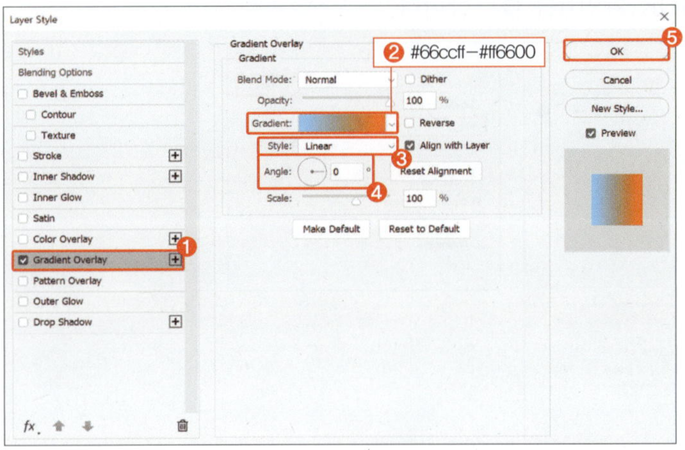

04 계속해서 [Drop Shadow(드롭 섀도)]를 선택하여 'Opacity(불투명도) : 75%, Angle(각도) : 120°, Distance(거리) : 5px, Size(크기) : 5px'을 설정하고 [OK(확인)]를 클릭합니다.

05 [Edit(편집)]–[Free Transform(자유 변형)]([Ctrl]+[T])을 선택하여 Options Bar(옵션 바)에서 'Rotate(회전, [⊿]) : 15°'를 입력하고 [Enter]를 눌러 회전을 적용한 후 배치합니다.

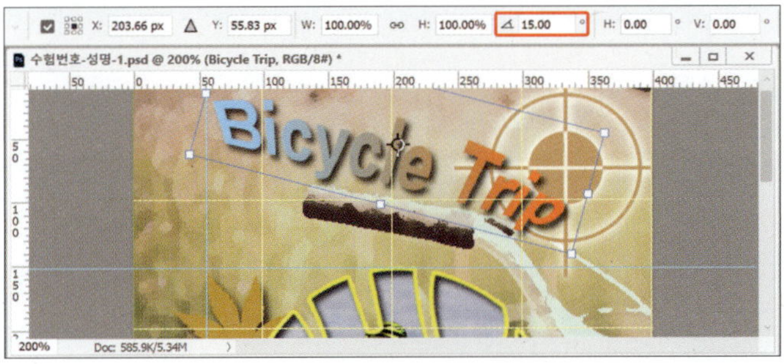

06 [File(파일)]–[Save(저장)]([Ctrl]+[S])를 선택하고 파일을 저장합니다.

01 [View(보기)]–[Show(표시)]–[Grid(격자)]($\boxed{\text{Ctrl}}$+$\boxed{\text{'}}$)와 [Guides(안내선)]($\boxed{\text{Ctrl}}$+$\boxed{\text{;}}$)를 각각 선택하여 격자와 안내선을 가립니다.

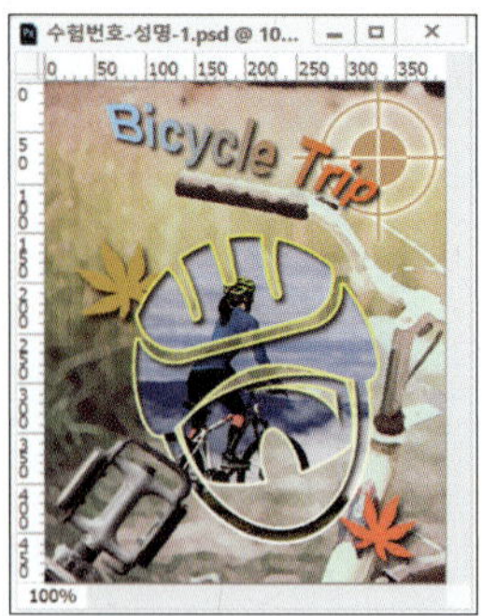

02 [File(파일)]–[Save As(다른 이름으로 저장)]($\boxed{\text{Shift}}$+$\boxed{\text{Ctrl}}$+$\boxed{\text{S}}$)를 선택하여 '저장 위치 : 내 PC₩문서₩GTQ, 파일 형식 : JPEG(*.JPG;*.JPEG;*.JPE), 파일 이름 : 수험번호-성명-문제번호'를 입력하고 [저장]을 클릭한 후 [JPEG Options(JPEG 옵션)] 대화상자에서 'Quality(품질) : 8'로 설정 후 [OK(확인)]를 클릭합니다.

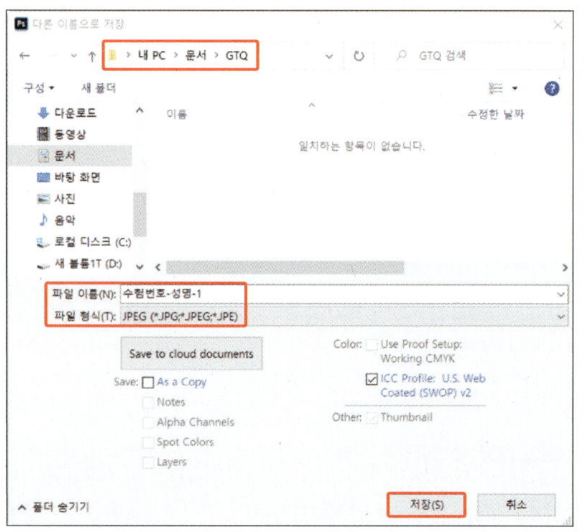

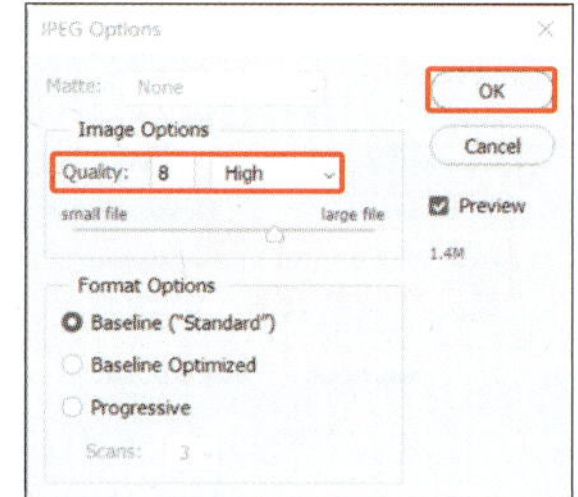

03 [Image(이미지)]−[Image Size(이미지 크기)]([Alt]+[Ctrl]+[I])를 선택하고 'Constrain as-pect ratio(종횡비 제한) : 클릭, Width(폭) : 40Pixels(픽셀), Height(높이) : 50Pixels(픽셀)'로 입력하여 이미지 크기를 1/10로 축소한 후 [OK(확인)]를 클릭합니다.

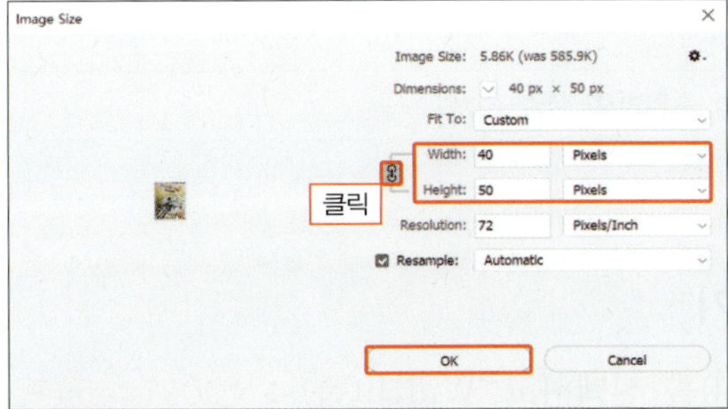
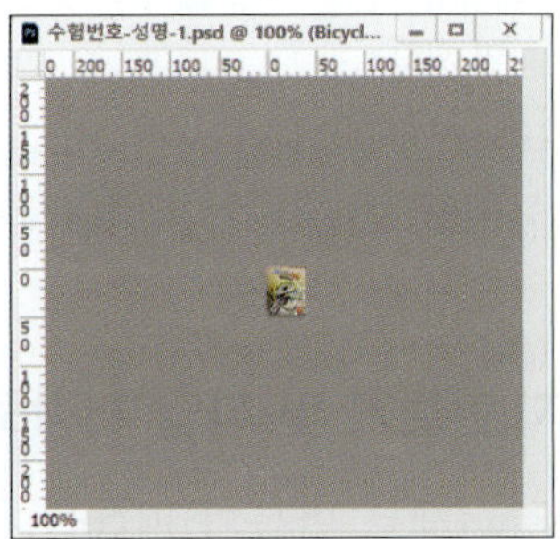

'Constrain aspect ratio(종횡비 제한) : 클릭'을 하였으므로 'Width(폭) : 40Pixels(픽셀)'만 입력해도 자동으로 'Height(높이) : 50Pixels(픽셀)'이 설정됩니다.

---

04 [File(파일)]−[Save As(다른 이름으로 저장)]([Shift]+[Ctrl]+[S])를 선택하여 '저장 위치 : 내 PC\문서\GTQ, 파일 형식 : Photoshop(*.PSD;*.PDD;*.PSDT), 파일 이름 : 수험번호−성명−문제번호'를 입력하고 [저장]을 클릭합니다.

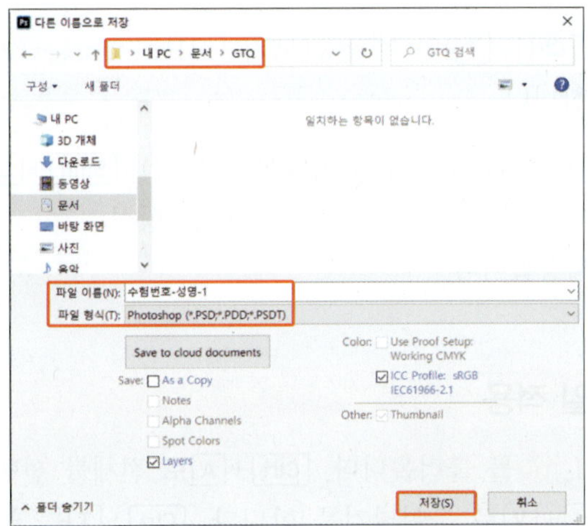

05 답안 저장이 완료되면 [File(파일)]−[Close(닫기)]([Ctrl]+[W])를 선택하여 파일을 닫고 수험 프로그램에서 [답안 전송]을 클릭하여 psd와 jpg 파일을 감독관 컴퓨터로 전송합니다.

작업과정	새 작업 이미지 만들기 및 파일 저장하기 ➡ 필터 적용 및 이미지 합성, 레이어 스타일 적용 ➡ 색상 보정 및 레이어 스타일 적용 ➡ 모양 생성 및 레이어 스타일 적용 ➡ 문자 입력 및 레이어 스타일 적용 ➡ 정답 파일 저장
완성이미지	PART03₩정답파일₩수험번호-성명-2.jpg, 수험번호-성명-2.psd

01 새 작업 이미지 만들기 및 파일 저장하기

01 [File(파일)]-[New(새로 만들기)]([Ctrl]+[N])를 선택하고 'Width(폭) : 400Pixels(픽셀), Height(높이) : 500Pixels(픽셀), Resolution(해상도) : 72Pixels/Inch(픽셀/인치), Color Mode(색상 모드) : RGB Color(RGB 색상), 8bit(비트), Background Contents(배경 내용) : White(흰색)'로 설정하여 새 작업 이미지를 만듭니다.

02 [Edit(편집)]-[Preferences(환경설정)]([Ctrl]+[K])를 클릭하고 [Guides, Grid & Slices(안내선, 격자와 슬라이스)]를 선택하여 Grid(격자)의 'Gridline Every(격자 간격) : 100Pixels(픽셀), Subdivisions(세분) : 1'로 설정한 후 'Grid Color(격자 색상)'를 클릭하여 밝은 색상으로 변경합니다.

03 [View(보기)]-[Show(표시)]-[Grid(격자)]([Ctrl]+['])와 [View(보기)]-[Rulers(눈금자)] ([Ctrl]+[R])를 선택하여 격자와 눈금자를 표시합니다.

04 작업 도큐먼트를 저장하기 위해 [File(파일)]-[Save As(다른 이름으로 저장)]([Shift]+[Ctrl]+[S])를 선택하고 임의 경로에 '파일 이름 : 수험번호-성명-문제번호, 파일 형식 : Photoshop(*.PSD;*.PDD;*.PSDT)'으로 파일을 저장합니다.

02 필터 적용 및 이미지 합성, 레이어 스타일 적용

01 [File(파일)]-[Open(열기)]을 선택하여 1급-4.jpg를 불러옵니다. [Ctrl]+[A]로 전체를 선택하고 [Ctrl]+[C]로 복사하여, 작업 이미지에 [Ctrl]+[V]로 붙여넣기를 합니다. [Ctrl]+[T]를 눌러 [Shift]를 누른 채 크기를 축소하고, 마우스 오른쪽 버튼을 클릭하여 [Flip Horizontal(가로로 뒤집기)]로 뒤집고 배치합니다.

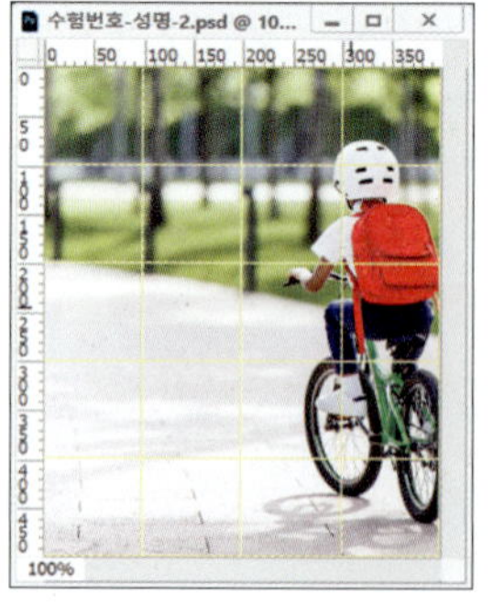

Ctrl+T를 눌러 크기를 비율에 맞춰서 조절할 때는 Shift를 누르고 드래그하거나 Options Bar(옵션 바)에서 ' Maintain aspect ratio(종횡비 유지, ◎)'를 클릭한 후 값을 입력합니다.

02 [Filter(필터)]–[Filter Gallery(필터 갤러리)]–[Artistic(예술 효과)]–[Underpainting(언더 페인팅 효과)]을 선택합니다.

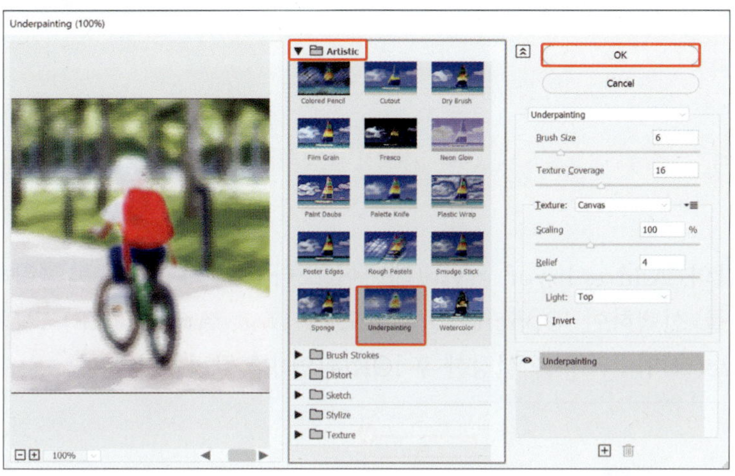

⓷ 색상 보정 및 레이어 스타일 적용

01 [File(파일)]–[Open(열기)]을 선택하여 1급-5.jpg를 불러옵니다. Magic Wand Tool(자동 선택 도구, 🪄)을 클릭하고 Options Bar(옵션 바)에서 'Tolerance(허용치) : 3, Contiguous (인접) : 체크 해제'를 설정하고 흰 배경 부분을 클릭하여 흰색 영역을 모두 선택합니다.

Magic Wand Tool(자동 선택 도구, 🪄)로 'Contiguous(인접) : 체크 해제'를 설정하고 이미지에 클릭하면, 클릭 지점의 색상과 동일한 색상이 경계선으로 구분되어 있더라도 선택이 가능합니다. 즉 흰색 부분의 이미지를 모두 한 번에 선택 하는 방법입니다.

02 [Select(선택)]–[Inverse(반전)]([Shift]+[Ctrl]+[I])로 선택 영역을 반전하고 [Ctrl]+[C]로 복사 후 작업 이미지에 [Ctrl]+[V]로 붙여넣기를 하고, [Ctrl]+[T]를 누르고 [Shift]를 이용하여 크기를 축소하고 배치합니다.

03 Layers(레이어) 패널 하단의 'Add a layer style(레이어 스타일 추가, [fx.])'을 클릭하고 [Drop Shadow(그림자)]를 선택하여 'Opacity(불투명도) : 75%, Angle(각도) : 120°, Distance(거리) : 7px, Size(크기) : 7px'을 설정한 후 [OK(확인)]를 클릭합니다.

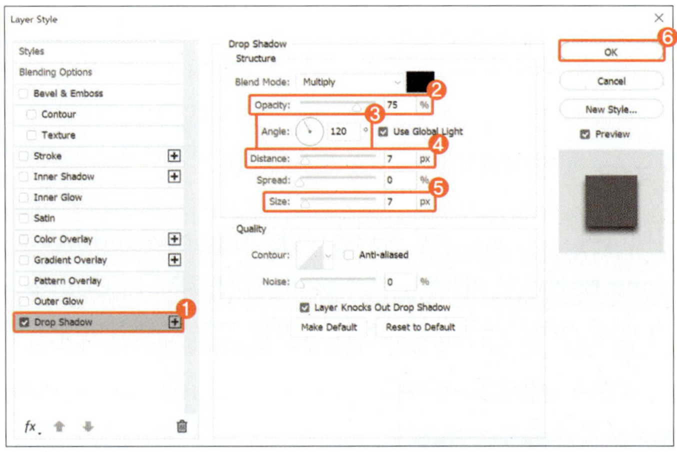

04 Quick Selection Tool(빠른 선택 도구, [🖌])을 클릭하고 Options Bar(옵션 바)에서 'Add to selection(선택 영역에 추가, [🖌])'을 설정한 후 브러시의 크기를 조절하며 드래그하여 모자 이미지를 선택합니다.

> **기적의 TIP**
>
> • Quick Selection Tool(빠른 선택 도구 [🖌])로 클릭 또는 드래그하여 선택하면 Options Bar(옵션 바)의 'Add to selection (선택 영역에 추가, [🖌])'으로 자동 설정됩니다.
> • 작업 중 키보드의 [[]를 누르면 점증적으로 브러시의 크기가 축소되고, []]를 누르면 브러시의 크기를 빠르게 확대할 수 있습니다.

05 Layers(레이어) 패널 하단의 'Create new fill or adjustment layer(새 칠 또는 조정 레이어 생성, 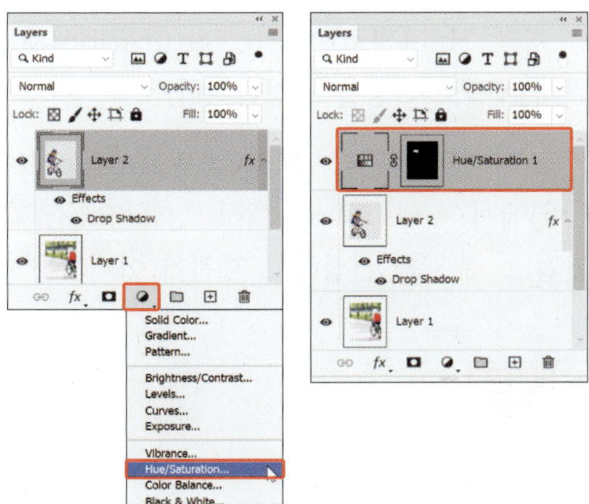)'를 클릭하고 [Hue/Saturation(색조/채도)]을 선택합니다.

06 Properties(속성) 패널에서 'Colorize(색상화) : 체크, Hue(색조) : 355, Saturation(채도) : 80, Lightness(밝기) : 0'으로 설정하여 빨간색 계열로 색상을 보정합니다.

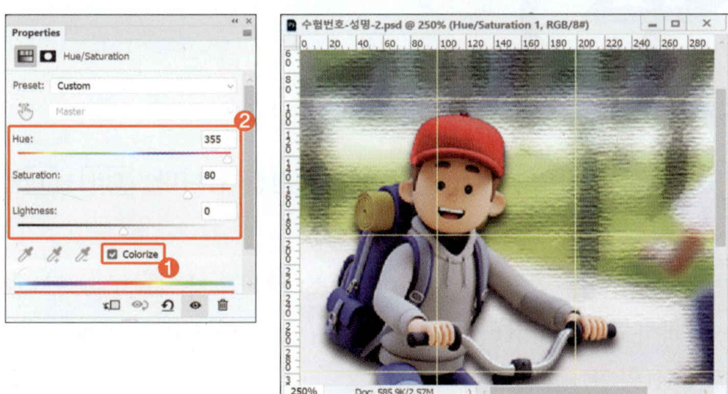

07 Quick Selection Tool(빠른 선택 도구, )을 클릭하고 Options Bar(옵션 바)에서 'Add to selection(선택 영역에 추가,)'을 설정한 후 브러시의 크기를 조절하며 드래그하여 후드 티셔츠 이미지를 선택합니다.

08 Layers(레이어) 패널 하단의 'Create new fill or adjustment layer(새 칠 또는 조정 레이어 생성, ◑)'를 클릭하고 [Hue/Saturation(색조/채도)]을 선택합니다.

09 Properties(속성) 패널에서 'Colorize(색상화) : 체크, Hue(색조) : 185, Saturation(채도) : 70, Lightness(밝기) : −30'으로 설정하여 파란색 계열로 색상을 보정합니다.

10 [File(파일)]−[Open(열기)]을 선택하여 1급−6.jpg를 불러옵니다. Magic Wand Tool(자동 선택 도구, ✧)을 클릭하고 Options Bar(옵션 바)에서 'Add to selection(선택 영역에 추가, ▣), Tolerance(허용치) : 40, Contiguous(인접) : 체크'를 설정하고 자전거 이미지를 여러 차례 클릭하여 선택합니다.

11 Ctrl+C로 복사 후 작업 이미지를 선택하여 Ctrl+V로 붙여넣기를 합니다. Ctrl+T를 눌러 Shift를 누른 채 크기를 축소하고 배치합니다.

12 Layers(레이어) 패널 하단의 'Add a layer style(레이어 스타일 추가, fx.)'을 클릭하여 [Outer Glow(외부 광선)]를 선택하고 'Opacity(불투명도) : 70%, Spread(스프레드) : 7%, Size(크기) : 7px'로 설정하고 [OK(확인)]를 클릭합니다.

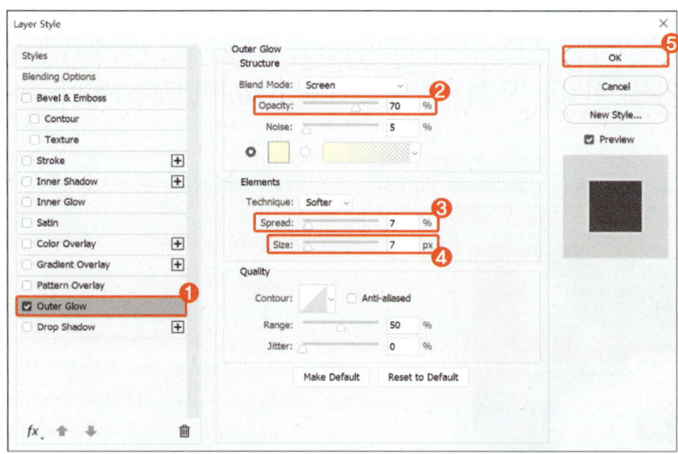

04 모양 생성 및 레이어 스타일 적용

01 Custom Shape Tool(사용자 정의 모양 도구, ✍)를 클릭하고 Options Bar(옵션 바)에서 'Options Bar(옵션 바)에서 'Pick tool mode(선택 도구 모드) : Shape(모양), Fill(칠) : #99ccff, Stroke(획) : No Color(색상 없음), Shape(모양) : Leaf 3(나뭇잎 3, ◐)'으로 설정한 후 Shift 를 누르고 모양을 그립니다.

Shape 경로

[Legacy Shapes and More(레거시 모양 및 기타)]–[All Legacy Default Shapes(모든 레거시 기본 모양)]–[Nature(자연)]

02 Ctrl + T 를 눌러 Options Bar(옵션 바)에서 'Rotate(회전, △) : 40°를 입력하고 Enter 를 눌러 회전을 적용하고 배치합니다.

03 Layers(레이어) 패널 하단의 'Add a layer style(레이어 스타일 추가, fx,)'을 클릭하여 [Inner Shadow(내부 그림자)]를 선택하고, 'Opacity(불투명도) : 75%, Angle(각도) : 120°, Distance(거리) : 5px, Size(크기) : 5px'을 설정한 후 [OK(확인)]를 클릭합니다.

04 Custom Shape Tool(사용자 정의 모양 도구, ⬚)를 클릭하고 Options Bar(옵션 바)에서 'Pick tool mode(선택 도구 모드) : Shape(모양), Fill(칠) : #99cc99, Stroke(획) : No Color(색상 없음), Shape(모양) : Recycle 2(순환 2, ♻)'로 설정한 후 Shift 를 누르고 모양을 그립니다.

🚩 **기적의 TIP**

연속해서 사용자 정의 모양 도구로 그릴 때 Fill(칠) 설정하기

Options Bar(옵션 바)에서 목록 단추를 눌러 제시된 Shape(모양)을 선택하여 그린 후에 Layers(레이어) 패널의 'Layer thumbnail(레이어 축소판)'을 더블 클릭하여 Fill(칠) 색상을 변경합니다.

05 Layers(레이어) 패널 하단의 'Add a layer style(레이어 스타일 추가, fx.)'을 클릭하여 [Stroke(획)]를 선택하고 'Size(크기) : 2px, Color(색상) : #339966'으로 설정하고 [OK(확인)]를 클릭합니다.

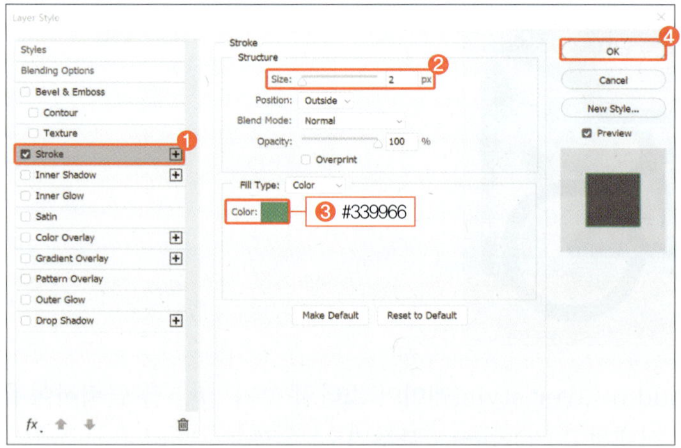

06 [Layer(레이어)]–[New(새로 만들기)]–[Shape Layer Via Copy(복사한 모양 레이어)](Ctrl + J)를 클릭합니다. Layers(레이어) 패널에서 복사된 'Recycle 2 1 copy' 레이어의 'Layer thumbnail(레이어 축소판)'를 더블 클릭하여 Color Picker(색상 픽커)에서 'Color(색상) : #cccc66'으로 설정한 후 [OK(확인)]를 클릭합니다.

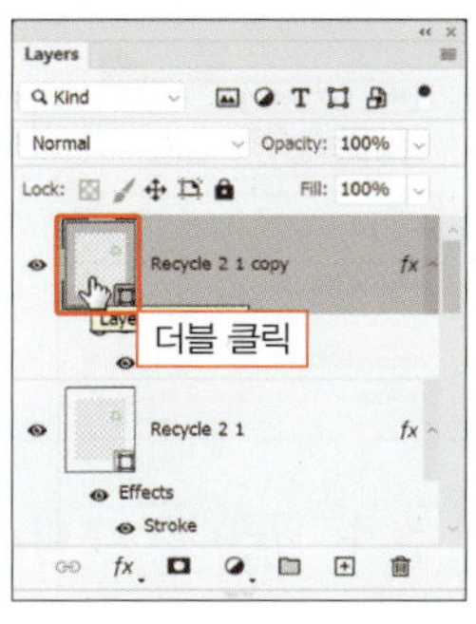
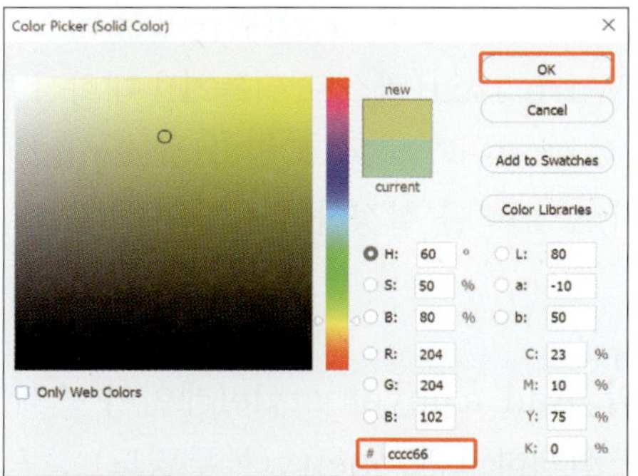

07 [Edit(편집)]−[Free Transform Path(패스 자유 변형)]([Ctrl]+[T])를 클릭하고 [Shift]를 누른 채 크기를 축소하고 조절점 밖을 드래그 후, 시계 방향으로 회전하고 이동하여 배치합니다.

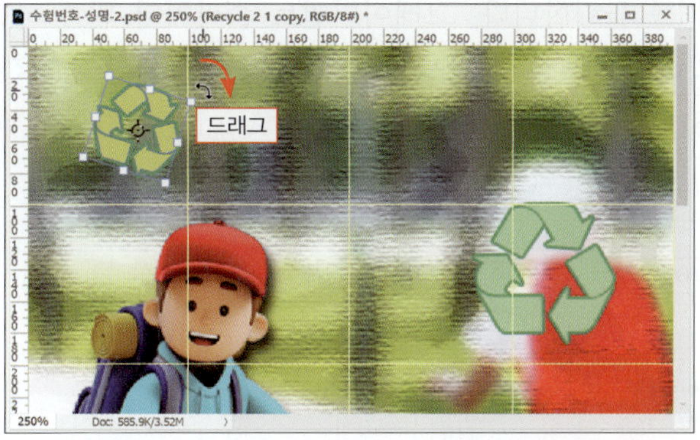

05 문자 입력 및 레이어 스타일 적용

01 Horizontal Type Tool(수평 문자 도구, [T])로 작업 이미지를 클릭하고 Options Bar(옵션 바)에서 'Font(글꼴) : Times New Roman, Set font style(글꼴 스타일 설정) : Bold, Set font size(글꼴 크기) : 45pt, Color(색상) : 임의 색상'으로 설정한 후 'ECO LIFE'를 입력합 니다.

02 Options Bar(옵션 바)에서 Create warped text(뒤틀어진 텍스트 만들기, 工)를 클릭하여 [Warp Text(텍스트 뒤틀기)] 대화상자에서 'Style(스타일) : Shell Upper(위가 넓은 조개), Horizontal(가로) : 체크, Bend(구부리기) : 30%'를 설정하여 문자의 모양을 왜곡합니다.

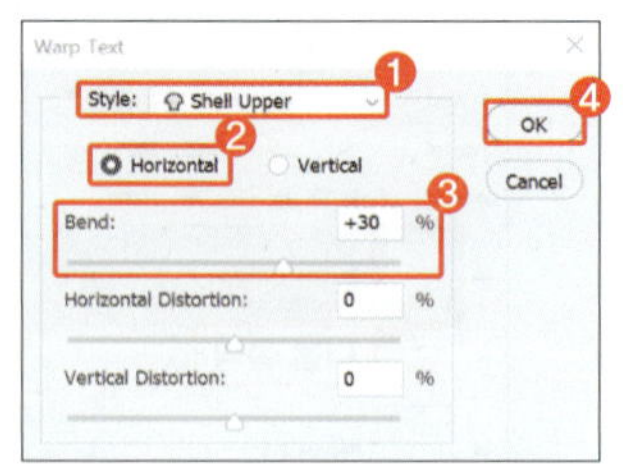

03 Layers(레이어) 패널 하단의 'Add a layer style(레이어 스타일 추가, fx.)'을 클릭하여 [Drop Shadow(그림자)]를 선택하고 'Opacity(불투명도) : 75%, Angle(각도) : 120°, Distance(거리) : 5px, Size(크기) : 5px'을 설정합니다.

04 계속해서 [Gradient Overlay(그레이디언트 오버레이)]를 선택하고 'Click to edit the gradient(클릭하여 그레이디언트 편집)'를 클릭합니다. 그레이디언트 슬라이더 왼쪽 하단의 'Color Stop(색상 정지점)'을 더블 클릭하여 #ffffff를, 오른쪽 'Color Stop(색상 정지점)'을 더블 클릭하여 #66cccc로 설정한 후 'Style(스타일) : Linear(선형), Angle(각도) : −90°로 설정하고 [OK(확인)]를 클릭합니다.

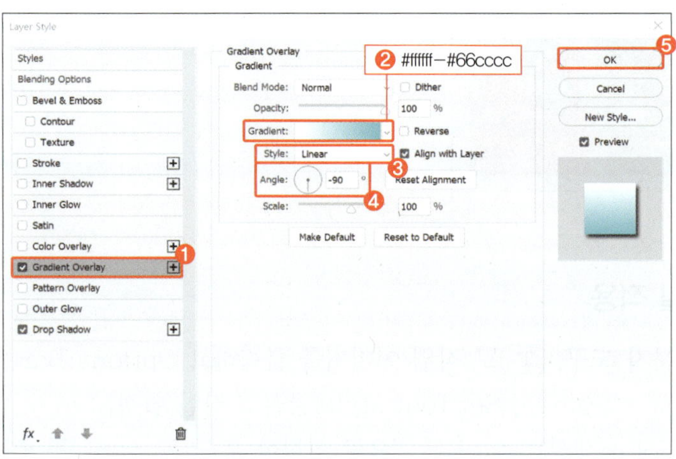

06 정답 파일 저장

01 [View(보기)]−[Show(표시)]−[Grid(격자)]([Ctrl]+['])를 선택하여 격자를 가립니다.

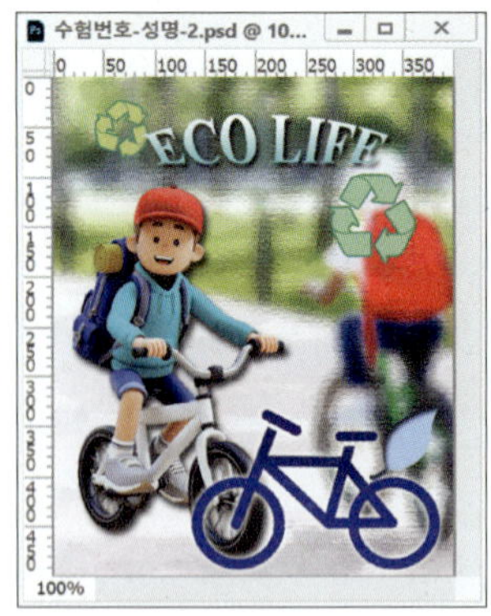

02 [File(파일)]−[Save As(다른 이름으로 저장)](`Shift`+`Ctrl`+`S`)를 선택하고 '저장 위치 : 내 PC\문서\GTQ, 파일 형식 : JPEG(*.JPG;*.JPEG;*.JPE), 파일 이름 : 수험번호−성명−문제번호'를 입력하고 [저장]을 클릭한 후 [JPEG Options(JPEG 옵션)] 대화상자에서 'Quality(품질) : 8'로 설정하고 [OK(확인)]를 클릭합니다.

03 [Image(이미지)]−[Image Size(이미지 크기)](`Alt`+`Ctrl`+`I`)를 선택하고 'Constrain aspect ratio(종횡비 제한) : 클릭, Width(폭) : 40Pixels(픽셀), Height(높이) : 50Pixels(픽셀)'로 입력하여 이미지 크기를 1/10로 축소한 후 [OK(확인)]를 클릭합니다.

> **기적의 TIP**
>
> 'Constrain aspect ratio(종횡비 제한) : 클릭'을 하였으므로 'Width(폭) : 40Pixels(픽셀)'만 입력해도 자동으로 'Height(높이) : 50Pixels(픽셀)'이 설정됩니다.

04 [File(파일)]−[Save As(다른 이름으로 저장)](`Shift`+`Ctrl`+`S`)를 선택하고 '저장 위치 : 내 PC\문서\GTQ, 파일 형식 : Photoshop(*.PSD;*.PDD;*.PSDT), 파일 이름 : 수험번호−성명−문제번호'를 입력하고 [저장]을 클릭합니다.

05 답안 저장이 완료되면 [File(파일)]−[Close(닫기)](`Ctrl`+`W`)를 선택하여 파일을 닫고 수험 프로그램에서 [답안 전송]을 클릭하여 psd와 jpg 파일을 감독관 컴퓨터로 전송합니다.

문제 ❸ [실무응용] 포스터 제작

작업과정	새 작업 이미지 만들기 및 파일 저장하기 ➡ 혼합 모드 및 필터와 레이어 마스크 적용 ➡ 필터와 클리핑 마스크 적용 ➡ 이미지 색상 보정 ➡ 모양 생성 후 레이어 스타일 적용 ➡ 문자 입력 및 레이어 스타일 적용 ➡ 정답 파일 저장
완성이미지	PART03\정답파일\수험번호−성명−3.jpg, 수험번호−성명−3.psd

01 새 작업 이미지 만들기 및 파일 저장하기

01 [File(파일)]−[New(새로 만들기)](`Ctrl`+`N`)를 선택하고 'Width(폭) : 600Pixels(픽셀), Height(높이) : 400Pixels(픽셀), Resolution(해상도) : 72Pixels/Inch(픽셀/인치), Color Mode(색상 모드) : RGB Color(RGB 색상), 8bit(비트), Background Contents(배경 내용) : White(흰색)'로 설정하여 새 작업 이미지를 만듭니다.

02 [Edit(편집)]−[Preferences(환경설정)](`Ctrl`+`K`)를 클릭하고 [Guides, Grid & Slices(안내선, 격자와 슬라이스)]를 선택하여 Grid(격자)의 'Color(색상)'를 클릭하여 밝은 색상으로 변경한 후 'Gridline Every(격자 간격) : 100Pixels(픽셀), Subdivisions(세분) : 1'로 설정합니다.

03 [View(보기)]-[Show(표시)]-[Grid(격자)]($\boxed{\text{Ctrl}}$+$\boxed{\text{'}}$)와 [View(보기)]-[Rulers(눈금자)] ($\boxed{\text{Ctrl}}$+$\boxed{\text{R}}$)를 선택하여 격자와 눈금자를 표시합니다.

04 작업 도큐먼트를 저장하기 위해 [File(파일)]-[Save As(다른 이름으로 저장)]($\boxed{\text{Shift}}$+$\boxed{\text{Ctrl}}$ +$\boxed{\text{S}}$)를 선택하고 임의 경로에 '파일 이름 : 수험번호-성명-문제번호, 파일 형식 : Photo-shop(*.PSD;*.PDD;*.PSDT)'으로 파일을 저장합니다.

02 혼합 모드 및 필터와 레이어 마스크 적용

01 Tool Panel(도구 패널) 하단의 'Set foreground color(전경색 설정)'을 클릭하여 # 오른쪽 입력란에 'ffcc99'로 입력하고 [OK(확인)]를 클릭합니다. $\boxed{\text{Alt}}$+$\boxed{\text{Delete}}$를 눌러 제시된 Fore-ground Color(전경색)를 작업 이미지의 배경에 채웁니다.

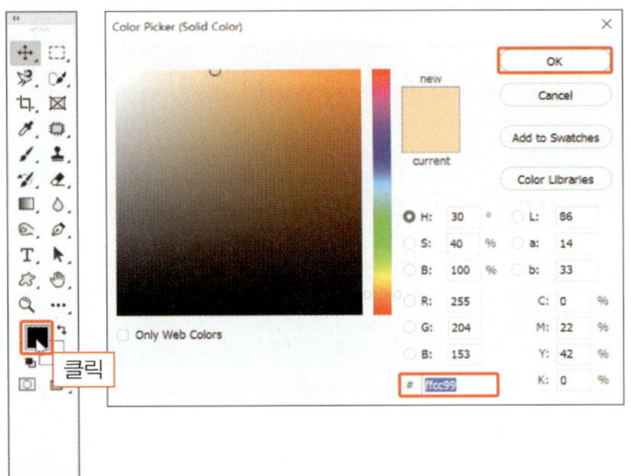
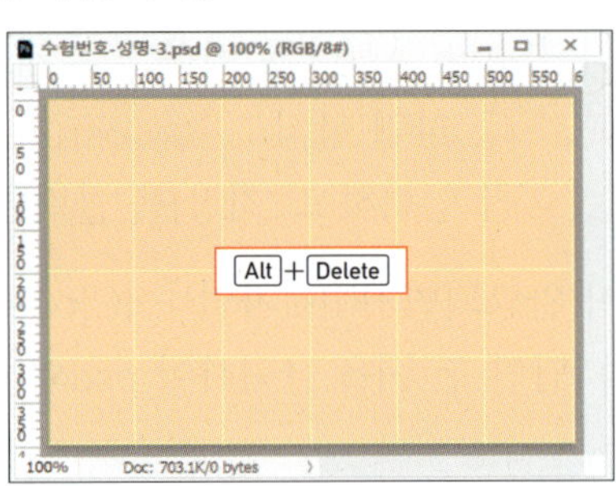

02 [File(파일)]-[Open(열기)]을 선택하여 1급-7.jpg를 불러옵니다. $\boxed{\text{Ctrl}}$+$\boxed{\text{A}}$를 눌러 전체를 선택한 후 $\boxed{\text{Ctrl}}$+$\boxed{\text{C}}$를 눌러 복사하고 작업 이미지를 선택하여 $\boxed{\text{Ctrl}}$+$\boxed{\text{V}}$로 붙여넣기를 합니다. $\boxed{\text{Ctrl}}$+$\boxed{\text{T}}$를 눌러 $\boxed{\text{Shift}}$를 누른 채 조절점을 드래그하여 크기를 확대 후 회전하여 배치합니다.

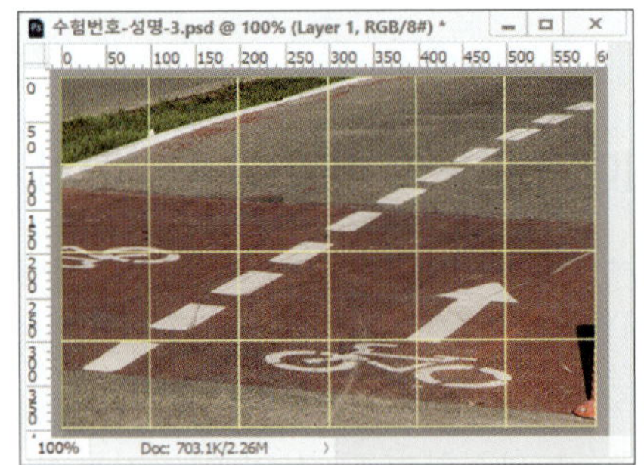

03 Layers(레이어) 패널에서 'Blending Mode(혼합 모드) : Overlay(오버레이), Opacity(불투명도) : 80%'를 적용하여 배경과 합성합니다.

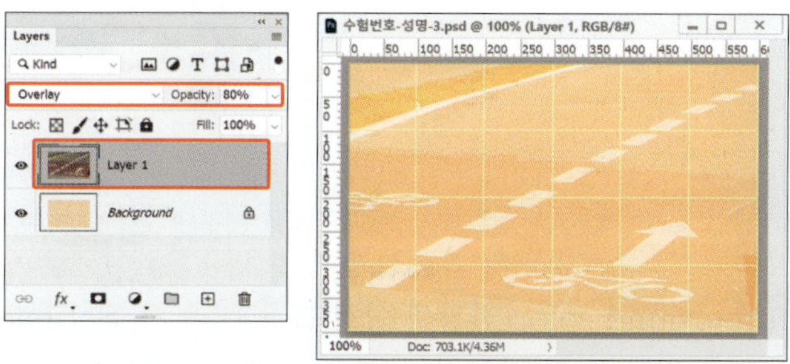

04 [File(파일)]–[Open(열기)]을 선택하여 1급-8.jpg를 불러옵니다. Ctrl + A 를 눌러 전체를 선택한 후 Ctrl + C 를 눌러 복사하고 작업 이미지를 선택하여 Ctrl + V 로 붙여넣기를 합니다. Ctrl + T 를 누른 후, 마우스 오른쪽 버튼을 클릭하여 [Flip Horizontal(가로로 뒤집기)]로 뒤집고 크기를 조절하여 배치합니다.

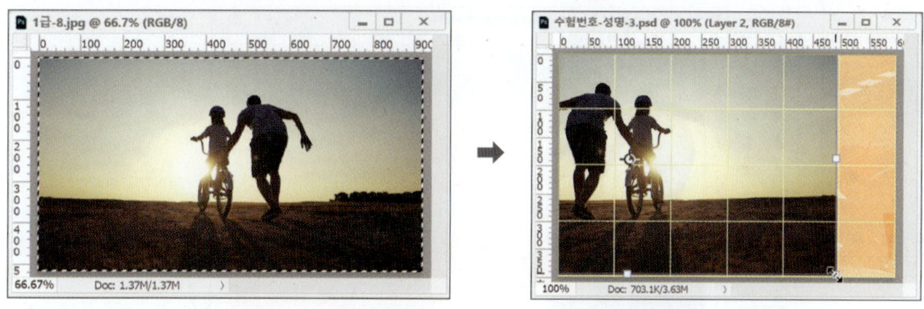

05 [Filter(필터)]–[Filter Gallery(필터 갤러리)]–[Artistic(예술 효과)]–[Dry Brush(드라이 브러시)]를 선택합니다.

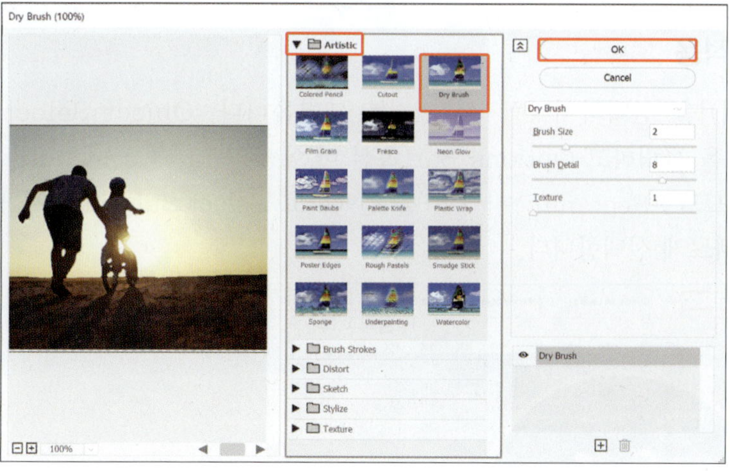

06 Layers(레이어) 패널 하단의 'Add layer mask(레이어 마스크 추가, 

)'를 클릭하여 레이어 마스크를 추가합니다.

07 Tool Panel(도구 패널) 하단의 Set foreground color(전경색 설정)를 #000000, Set background color(배경색 설정)를 #ffffff로 설정합니다. Gradient Tool(그레이디언트 도구, ▣)을 클릭하고 Options Bar(옵션 바)에서 'Type(유형) : Linear Gradient(선형 그레이디언트), Mode(모드) : Normal(표준), Opacity(불투명도) : 100%'로 설정한 후 오른쪽 하단에서 왼쪽 상단의 대각선 방향으로 드래그하여 이미지 일부를 자연스럽게 지워 합성합니다.

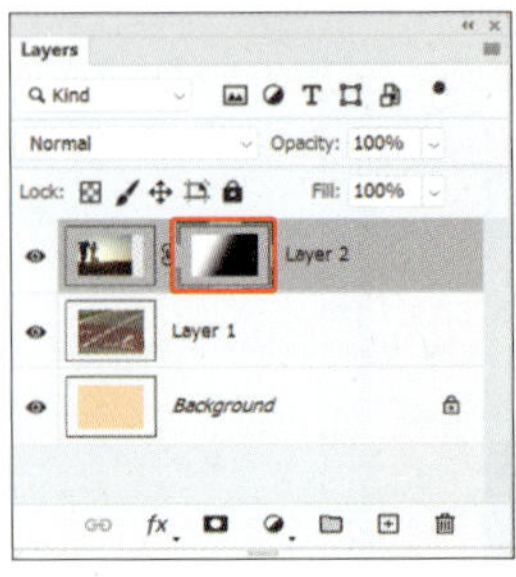

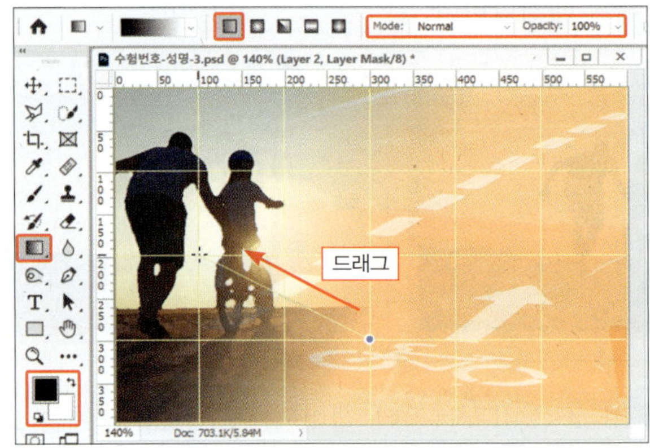

❸ 필터와 클리핑 마스크 적용

01 [File(파일)]-[Open(열기)]을 선택하여 1급-10.jpg를 불러옵니다. Object Selection Tool(개체 선택 도구, ▣)을 클릭하고 Options Bar(옵션 바)에서 'Add to selection(선택 영역에 추가, ▣), Mode(모드) : Rectangle(사각형)'을 선택하고 'Select Subject(피사체 선택)'를 클릭하여 이미지를 빠르게 선택합니다.

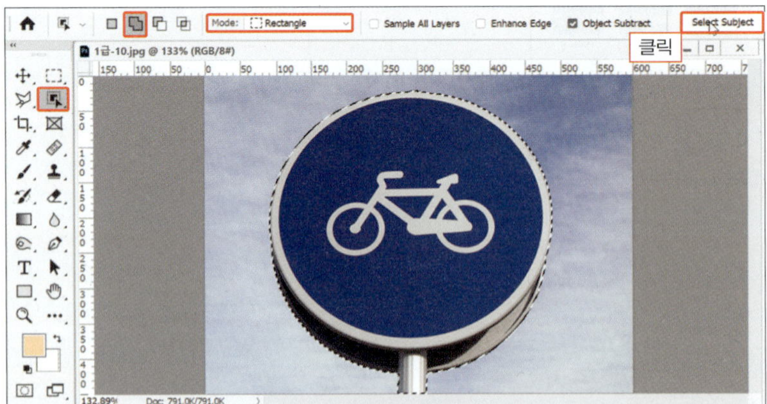

02 `Ctrl`+`C`로 복사한 작업 이미지를 `Ctrl`+`V`로 붙여넣기를 합니다. Options Bar(옵션 바)에 서 'W(가로 크기) : 67%, H(세로 크기) : 67%, Rotate(회전, ⊿) : −3°'를 입력하고 `Enter`를 눌러 크기 조절 후 시계 반대 방향으로 회전하여 배치합니다.

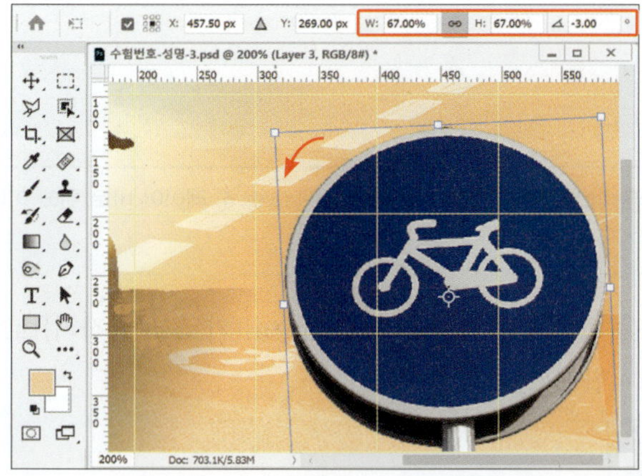

03 Magic Wand Tool(자동 선택 도구, ✦)을 클릭하고 Options Bar(옵션 바)에서 'New selection(새 선택 영역, ▣), Tolerance(허용치) : 30, Anti-alias(앤티 앨리어스) : 체크, Contiguous(인접) : 체크 해제'를 설정하고 원형 내부의 파란색 이미지를 클릭하여 선택한 후 `Ctrl`+`J`를 눌러 복사한 레이어를 만듭니다.

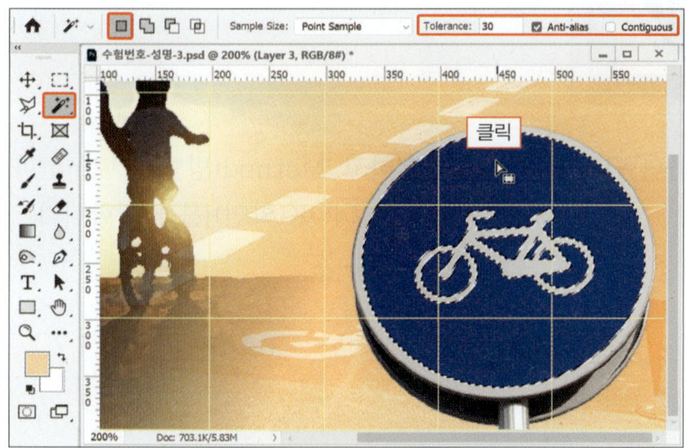

04 [File(파일)]−[Open(열기)]을 선택하여 1급−9.jpg를 불러옵니다. `Ctrl`+`A`로 전체를 선택하 고 `Ctrl`+`C`로 복사한 후 작업 이미지에 `Ctrl`+`V`로 붙여넣기를 합니다.

05 Layers(레이어) 패널에서 'Layer 4' 레이어와 'Layer 5' 레이어 사이에 마우스 커서를 놓고 Alt 를 누른 채 클릭하여 Clipping Mask(클리핑 마스크)를 적용합니다.

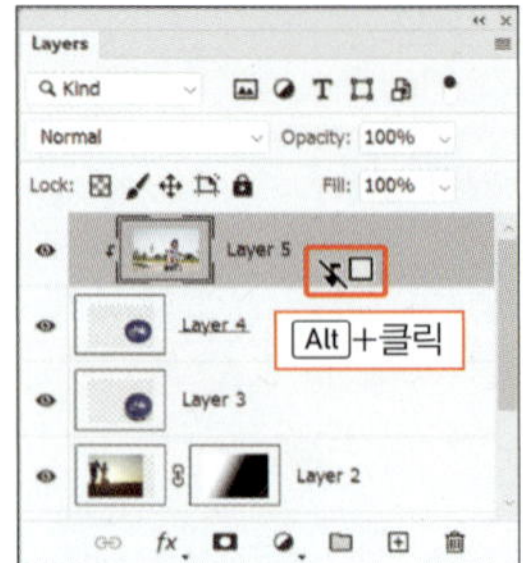

Clipping Mask(클리핑 마스크)를 적용할 때는 반드시 'Layer 4' 레이어 바로 위에 이미지 레이어를 서로 겹치도록 배치해야 합니다.

06 Ctrl + T 를 누른 후, 마우스 오른쪽 버튼을 클릭하여 [Flip Horizontal(가로로 뒤집기)]로 뒤집고 Shift 를 누른 채 크기를 조절하여 배치합니다.

07 [Filter(필터)]-[Stylize(스타일화)]-[Wind(바람)]를 선택하고 'Method(방법) : Wind(바람), Direction(방향) : From the Right(오른쪽에서)'를 설정하고 [OK(확인)]를 클릭합니다.

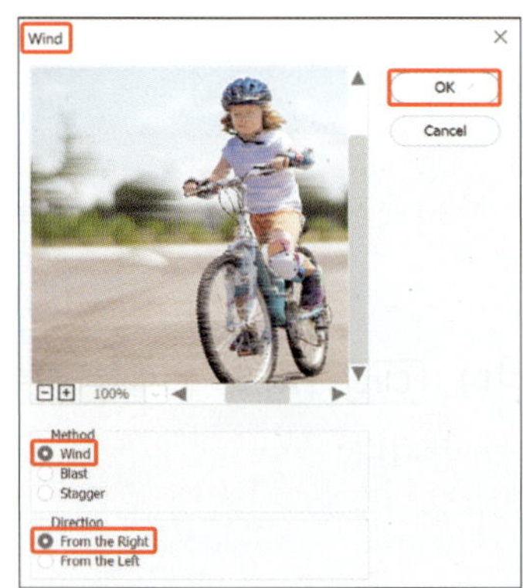

문제지의 《출력형태》를 참조하여 'Direction(방향)'을 설정합니다.

08 Layers(레이어) 패널에서 'Layer 4' 레이어를 선택합니다. Layers(레이어) 패널 하단의 'Add a layer style(레이어 스타일 추가, fx.)'을 클릭하여 [Inner Shadow(내부 그림자)]를 선택하고 'Opacity(불투명도) : 75%, Angle(각도) : 120°, Distance(거리) : 5px, Size(크기) : 5px'로 설정하고 [OK(확인)]를 클릭합니다.

09 Layers(레이어) 패널에서 'Layer 3' 레이어를 선택합니다. Layers(레이어) 패널 하단의 'Add a layer style(레이어 스타일 추가, *fx.*)'을 클릭하여 [Outer Glow(외부 광선)]를 선택하고 'Opacity(불투명도) : 75%, Spread(스프레드) : 7%, Size(크기) : 7px'로 설정합니다.

10 계속해서 [Drop Shadow(드롭 섀도)]를 선택하여 'Opacity(불투명도) : 75%, Angle(각도) : 120°, Distance(거리) : 7px, Spread(스프레드) : 7%, Size(크기) : 5px'을 설정하고 [OK(확인)]를 클릭합니다.

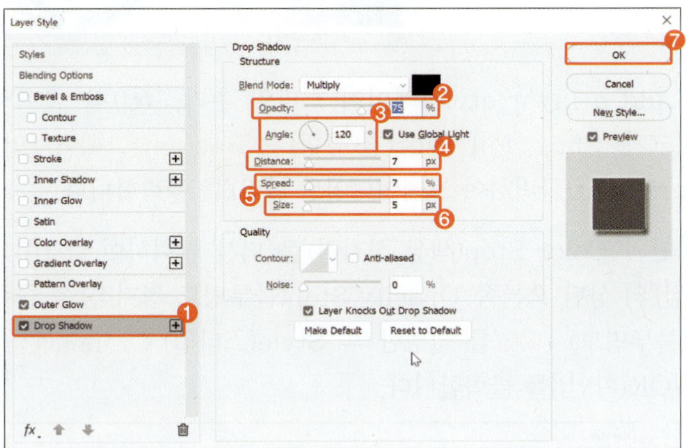

04 이미지 색상 보정

01 [File(파일)]−[Open(열기)]을 선택하여 1급-11.jpg를 불러옵니다. Magic Wand Tool(자동 선택 도구, *❖*)을 클릭하고 Options Bar(옵션 바)에서 'Tolerance(허용치) : 5, Anti-alias(앤티 앨리어스) : 체크, Contiguous(인접) : 체크 해제'를 설정하고 흰 배경 부분을 클릭하여 흰색 영역을 모두 선택합니다.

02 [Select(선택)]-[Inverse(반전)]([Shift]+[Ctrl]+[I])로 선택 영역을 반전하고 [Ctrl]+[C]로 복사 후 작업 이미지에 [Ctrl]+[V]로 붙여넣기를 하고, [Ctrl]+[T]를 누른 후 [Shift]를 클릭한 채 크기를 축소하여 배치합니다.

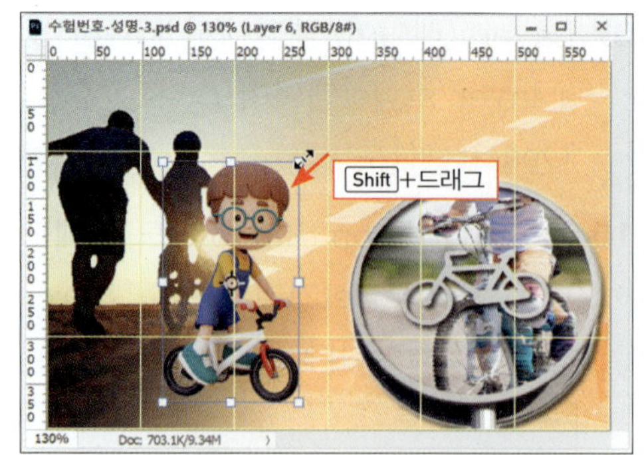

03 Layers(레이어) 패널 하단의 'Add a layer style(레이어 스타일 추가, fx.)'을 클릭하여 [Stroke(획)]를 선택하고 'Size(크기) : 5px, Fill Type(칠 유형) : Gradient(그레이디언트)'를 설정 후 'Click to edit the gradient(클릭하여 그레이디언트 편집)'를 클릭합니다.

04 그레이디언트 슬라이더 왼쪽 하단의 'Color Stop(색상 정지점)'을 더블 클릭하여 #ffff99를, 오른쪽 'Color Stop(색상 정지점)'의 상단 오른쪽 'Opacity Stop(불투명도 정지점)'을 클릭합니다. 하단 Steps의 'Opacity(불투명도) : 0%'를 설정한 후 'Style(스타일) : Linear(선형)', Angle(각도) : 30°로 설정하고 [OK(확인)]를 클릭합니다.

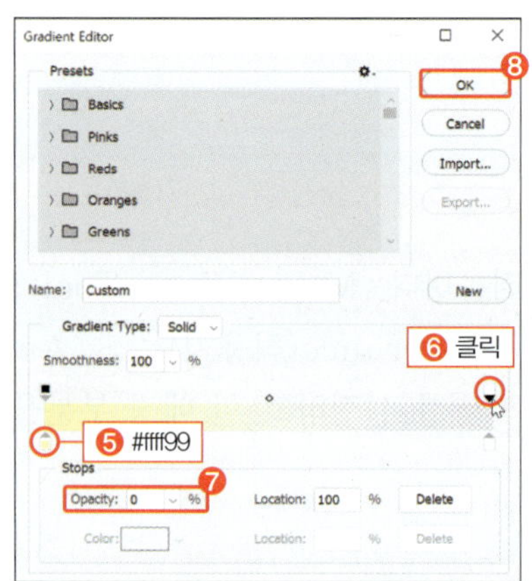

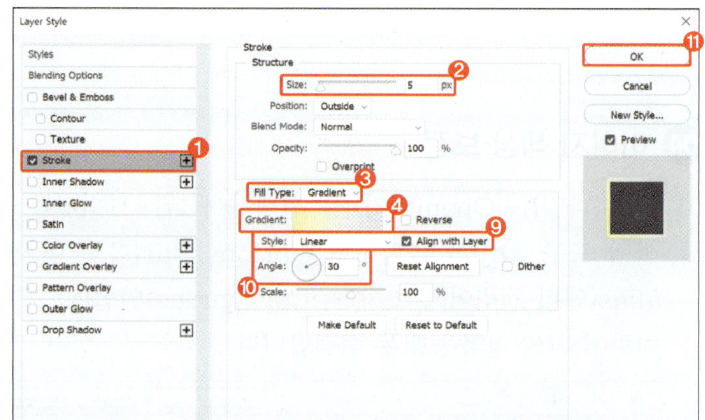

05 Quick Selection Tool(빠른 선택 도구,)을 클릭하고 Options Bar(옵션 바)에서 'Add to selection(선택 영역에 추가,)'를 설정한 후 브러시 크기를 조절하여 드래그하여 옷 이미지를 선택합니다.

06 Layers(레이어) 패널 하단의 'Create new fill or adjustment layer(새 칠 또는 조정 레이어 생성, 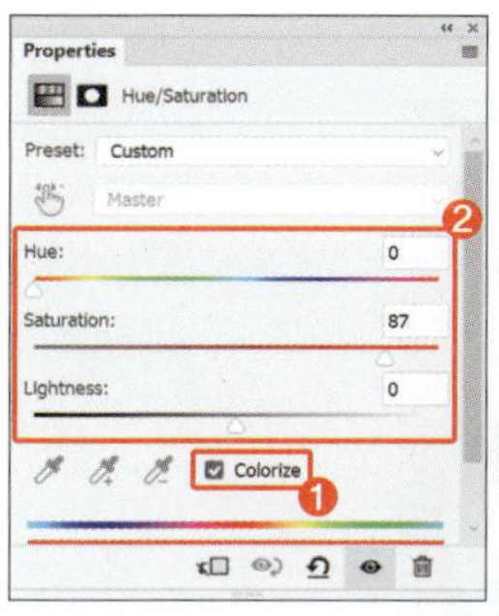)'를 클릭하고 [Hue/Saturation(색조/채도)]을 선택합니다.

07 Properties(속성) 패널에서 'Colorize(색상화) : 체크, Hue(색조) : 0, Saturation(채도) : 87, Lightness(밝기) : 0'으로 설정하여 빨간색 계열로 색상을 보정합니다.

05 모양 생성 후 레이어 스타일 적용

01 Layers(레이어) 패널에서 'Layer 2' 레이어를 선택합니다. Custom Shape Tool(사용자 정의 모양 도구, ✍)를 클릭하고 Options Bar(옵션 바)에서 'Pick tool mode(선택 도구 모드) : Shape(모양), Fill(칠) : #cc9966, Stroke(획) : No Color(색상 없음), Shape(모양) : Shape 92(모양 92, ✍)'로 설정한 후 드래그하여 모양을 그립니다.

🖋 **Shape 경로**

[Legacy Shapes and More(레거시 모양 및 기타)]–[2019 Shapes(2019 모양)]–[Roads & Streams (도로 및 개울)]

02 Ctrl + T 를 누른 채 마우스 오른쪽 버튼을 클릭하여 [Flip Horizontal(가로로 뒤집기)]로 뒤집고 배치합니다.

03 Layers(레이어) 패널 하단의 'Add a layer style(레이어 스타일 추가, [fx.])'을 클릭하여 [Drop Shadow(그림자)]를 선택하고 'Opacity(불투명도) : 75%, Angle(각도) : 120°, Distance(거리) : 3px, Size(크기) : 3px'을 설정하고 [OK(확인)]를 클릭합니다.

04 Layers(레이어) 패널 상단의 'Opacity(불투명도) : 80%'로 설정하여 불투명도를 적용하여 합성합니다.

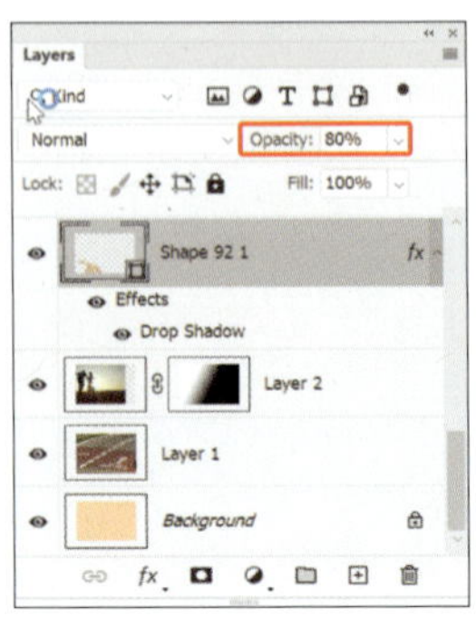

05 Custom Shape Tool(사용자 정의 모양 도구, [⚙])를 클릭하고 Options Bar(옵션 바)에서 'Pick tool mode(선택 도구 모드) : Shape(모양), Fill(칠) : #cc6633, Stroke(획) : No Color(색상 없음), Shape(모양) : Heart Frame(하트 프레임, ♡)'으로 설정한 후 [Shift]를 누른 채 드래그하여 모양을 그립니다.

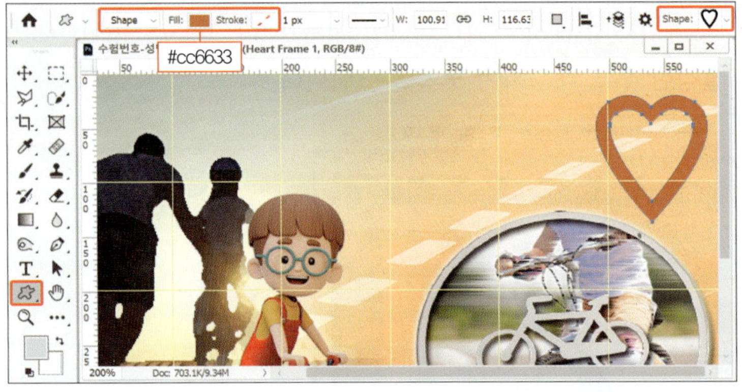

🎯 **Shape 경로**

[Legacy Shapes and More(레거시 모양 및 기타)]–[All Legacy Default Shapes(모든 레거시 기본 모양)]–[Shapes(모양)]

06 [Ctrl]+[T]를 눌러 Options Bar(옵션 바)에서 'Rotate(회전, △) : 30°'를 입력하고 [Enter]를 눌러 회전을 적용하고 배치합니다. 계속해서 Layers(레이어) 패널 상단의 'Opacity(불투명도) : 70%'로 설정하여 불투명도를 적용 후 합성합니다.

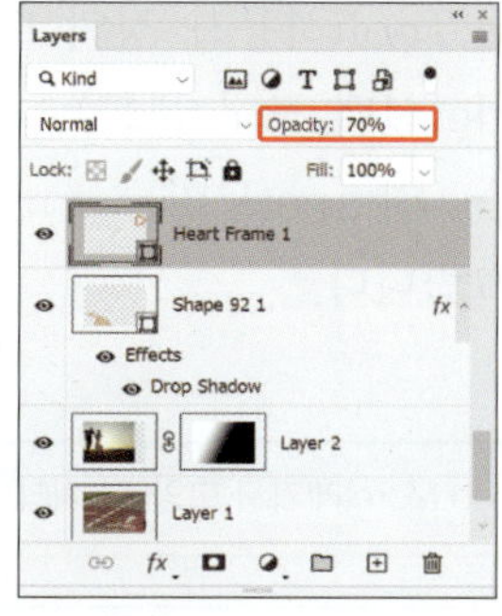

Ctrl + T 를 누르고 Shift 를 누른 채 바운딩 박스의 모서리 바깥쪽을 드래그하면 '15°' 단위로 회전을 적용할 수 있습니다.

07 Layers(레이어) 패널 하단의 'Add a layer style(레이어 스타일 추가, fx)'을 클릭하여 [Outer Glow(외부 광선)]를 선택하고 'Opacity(불투명도) : 75%, Spread(스프레드) : 7%, Size(크기) : 7px'로 설정하고 [OK(확인)]를 클릭합니다.

08 [Layer(레이어)]–[New(새로 만들기)]–[Shape Layer Via Copy(복사한 모양 레이어)](Ctrl + J)를 클릭합니다. Layers(레이어) 패널에서 복사된 'Heart Frame 1 copy(하트 프레임 1 복사)' 레이어의 'Layer thumbnail(레이어 축소판)'를 더블 클릭하여 Color Picker(색상 픽커)에서 'Color(색상) : #ff9966'으로 설정한 후 [OK(확인)]를 클릭합니다.

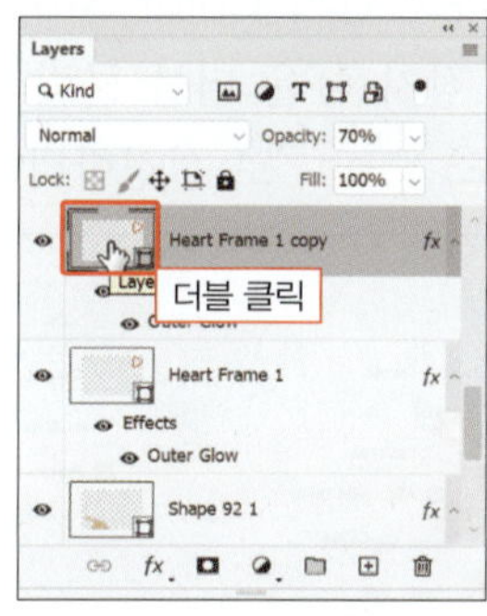
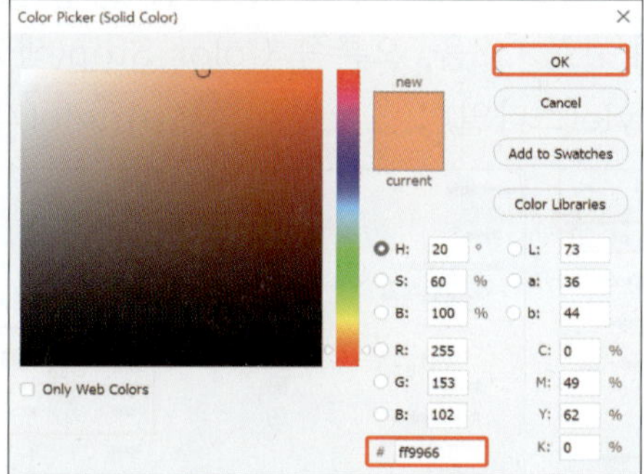

09 Ctrl + T 를 누른 후 Shift 를 누른 채 크기를 축소하고 시계 반대 방향으로 회전하여 겹치도록 배치합니다.

10 Custom Shape Tool(사용자 정의 모양 도구, )를 클릭하고 Options Bar(옵션 바)에서 'Pick tool mode(선택 도구 모드) : Shape(모양), Fill(칠) : 임의 색상, Stroke(획) : No Color(색상 없음), Shape(모양) : Information(정보, *i*)'로 설정한 후 Shift 를 누른 채 드래그하여 모양을 그립니다.

◎ **Shape 경로**

[Legacy Shapes and More(레거시 모양 및 기타)]–[All Legacy Default Shapes(모든 레거시 기본 모양)]–[Symbols(기호)]

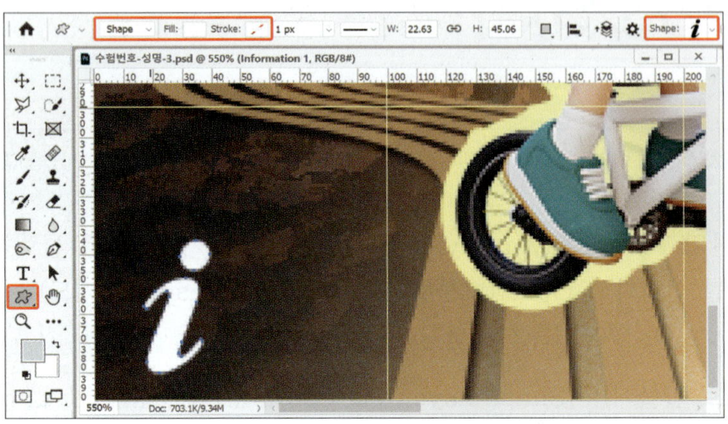

11 Layers(레이어) 패널 하단의 'Add a layer style(레이어 스타일 추가, *fx.*)'을 클릭하여 [Gradient Overlay(그레이디언트 오버레이)]를 선택하고 'Click to edit the gradient(클릭하여 그레이디언트 편집)'를 클릭합니다. 그레이디언트 슬라이더 왼쪽 하단의 'Color Stop(색상 정지점)'을 더블 클릭하여 #ff9933을, 오른쪽 'Color Stop(색상 정지점)'을 더블 클릭하여 #993300으로 설정한 후 'Style(스타일) : Linear(선형), Angle(각도) : −90°'로 설정합니다.

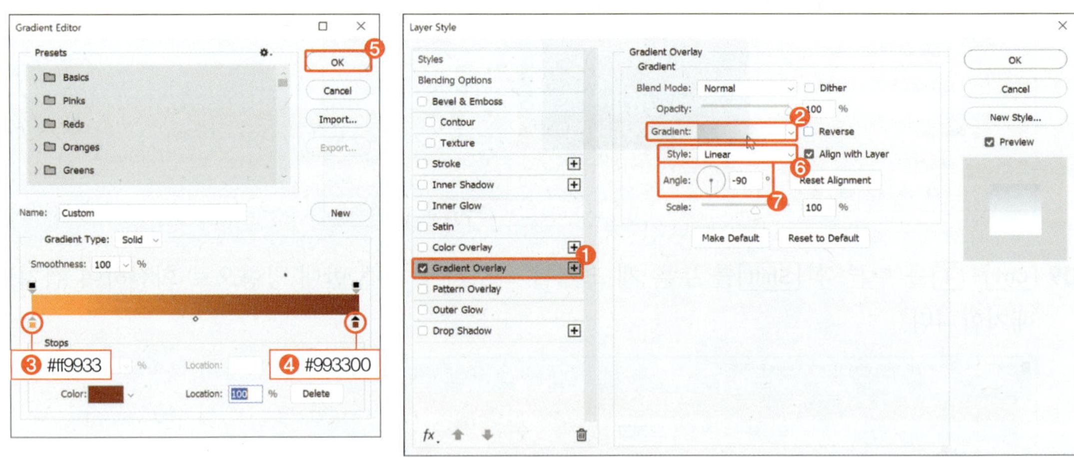

12 계속해서 [Drop Shadow(드롭 섀도)]를 선택하여 'Opacity(불투명도) : 75%, Angle(각도) : 120°, Distance(거리) : 3px, Size(크기) : 3px'을 설정하고 [OK(확인)]를 클릭합니다.

06 문자 입력 및 레이어 스타일 적용

01 Horizontal Type Tool(수평 문자 도구, T)로 작업 이미지를 클릭하고 Options Bar(옵션 바)에서 'Font(글꼴) : 궁서, Set font size(글꼴 크기) : 42pt, Set anti-aliasing method (앤티 앨리어싱 방법 설정) : Strong(강하게), Color(색상) : 임의 색상'으로 설정한 후 '어린이 자전거교실'을 입력합니다. '어린이' 문자를 드래그하여 선택하고 'Set font size(글꼴 크기) : 60pt'로 설정합니다.

P **기적의 TIP**

한글 글꼴을 적용할 때 Options Bar(옵션 바)에서 'Set anti-aliasing method(앤티 앨리어싱 방법 설정)'을 'Strong(강하게)'으로 설정하면 문자를 진하게 표현할 수 있습니다.

---

02 Options Bar(옵션 바)에서 Create warped text(뒤틀어진 텍스트 만들기, Ⱦ)를 클릭하여 [Warp Text(텍스트 뒤틀기)] 대화상자에서 'Style(스타일) : Flag(깃발), Horizontal(가로) : 체크, Bend(구부리기) : 30%'를 설정하여 문자의 모양을 왜곡합니다.

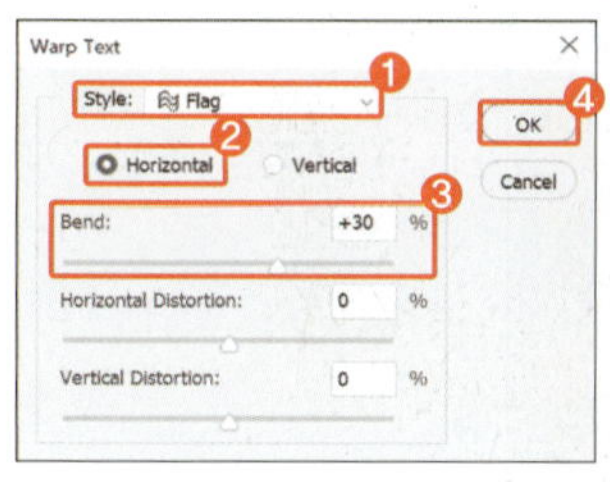

03 Layers(레이어) 패널 하단의 'Add a layer style(레이어 스타일 추가, fx)'을 클릭하여 [Stroke(획)]를 선택하고 'Size(크기) : 2px, Color(색상) : #663333'으로 설정합니다.

04 계속해서 [Gradient Overlay(그레이디언트 오버레이)]를 선택하고 'Click to edit the gradient(클릭하여 그레이디언트 편집)'를 클릭합니다. 그레이디언트 슬라이더 왼쪽 하단의 'Color Stop(색상 정지점)'을 더블 클릭하여 #ffcc33을, 가운데 빈 곳을 클릭하여 'Color Stop(색상 정지점)'을 추가한 후 더블 클릭하여 #ffcccc, 오른쪽 'Color Stop(색상 정지점)'을 더블 클릭하여 #3399ff로 설정한 후 'Style(스타일) : Linear(선형), Angle(각도) : 0°로 설정합니다.

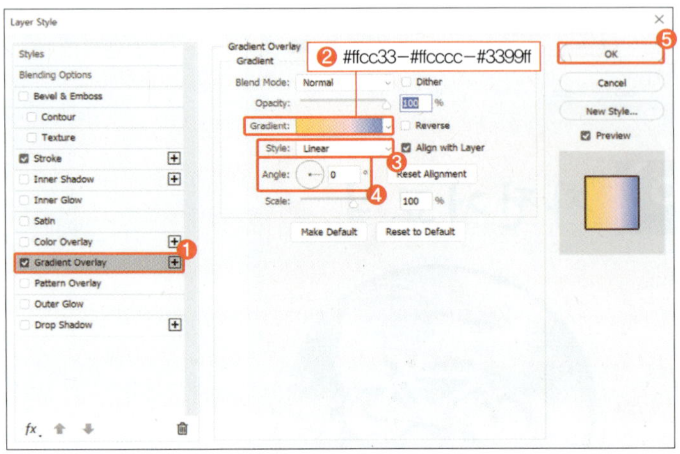

05 [Drop Shadow(드롭 섀도)]를 선택하여 'Opacity(불투명도) : 75%, Angle(각도) : 120°, Distance(거리) : 5px, Size(크기) : 5px'을 설정하고 [OK(확인)]를 클릭합니다.

06 Horizontal Type Tool(수평 문자 도구, T)로 작업 이미지를 클릭하고 Options Bar(옵션 바)에서 'Font(글꼴) : 돋움, Set font size(글꼴 크기) : 20pt, Set anti-aliasing method(앤티 앨리어싱 방법 설정) : Strong(강하게), Color(색상) : #000000'으로 설정한 후 '따르릉~ 따르릉~~'을 입력합니다.

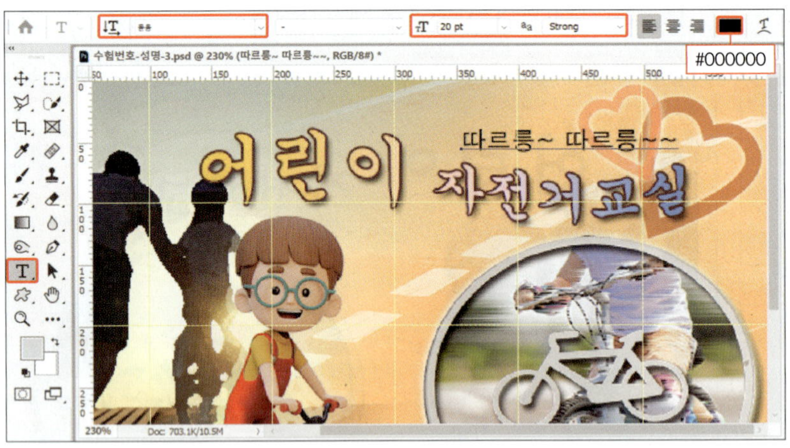

07 Options Bar(옵션 바)에서 Create warped text(뒤틀어진 텍스트 만들기, ⬚)를 클릭하여 [Warp Text(텍스트 뒤틀기)] 대화상자에서 'Style(스타일) : Arc(부채꼴), Horizontal(가로) : 체크, Bend(구부리기) : −20%, Horizontal Distortion(가로 왜곡) : 40%'를 설정하여 문자의 모양을 왜곡합니다.

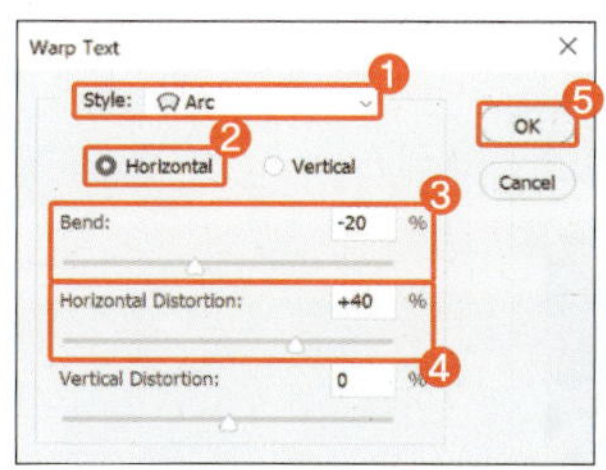

08 Layers(레이어) 패널 하단의 'Add a layer style(레이어 스타일 추가, *fx.*)'을 클릭하여 [Stroke(획)]를 선택하고 'Size(크기) : 2px, Color(색상) : #6699cc'로 설정하고 [OK(확인)] 를 클릭합니다.

09 Horizontal Type Tool(수평 문자 도구, T)로 작업 이미지를 클릭하고 Options Bar(옵션 바)에서 'Font(글꼴) : 돋움, Set font size(글꼴 크기) : 16pt, Set anti-aliasing method (앤티 앨리어싱 방법 설정) : Strong(강하게), Color(색상) : #ffffff'로 설정한 후 '어린이를 위한 자전거 안전 강의'를 입력합니다. '자전거 안전 강의' 문자를 드래그하여 선택하고 'Color (색상) : #cccc00'으로 설정합니다.

10 Layers(레이어) 패널 하단의 'Add a layer style(레이어 스타일 추가, *fx.*)'을 클릭하여 [Stroke(획)]를 선택하고 'Size(크기) : 2px, Color(색상) : #333300'으로 설정하고 [OK(확인)]를 클릭합니다.

11 Layers(레이어) 패널에서 'Layer 5' 레이어를 선택합니다. Horizontal Type Tool(수평 문자 도구, T)로 작업 이미지를 클릭하고 Options Bar(옵션 바)에서 'Font(글꼴) : 돋움, Set font size(글꼴 크기) : 15pt, Set anti-aliasing method(앤티 앨리어싱 방법 설정) : Strong(강하게), Color(색상) : 임의 색상'으로 설정한 후 '2026년 5월 9일(토) / 어린이재단 9층 대강당'을 입력합니다.

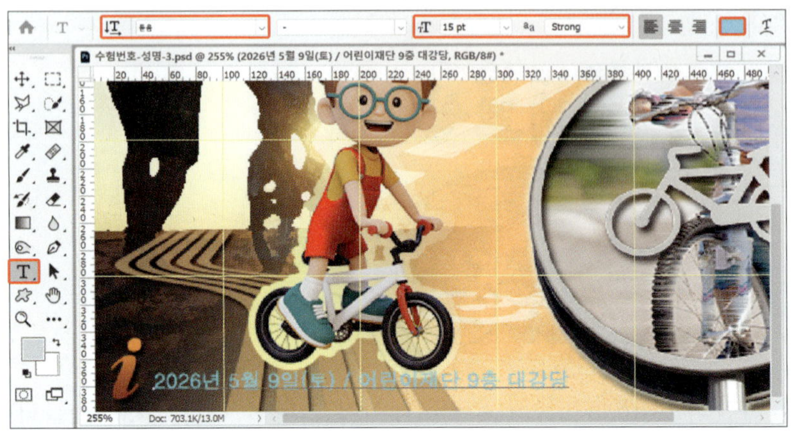

12 Layers(레이어) 패널 하단의 'Add a layer style(레이어 스타일 추가, fx.)'을 클릭하여 [Stroke(획)]를 선택하고 'Size(크기) : 2px, Color(색상) : #996600'으로 설정합니다.

13 계속해서 [Gradient Overlay(그레이디언트 오버레이)]를 선택하고 'Click to edit the gradient(클릭하여 그레이디언트 편집)'를 클릭합니다. 그레이디언트 슬라이더 왼쪽 하단의 'Color Stop(색상 정지점)'을 더블 클릭하여 #ffffff를, 오른쪽 'Color Stop(색상 정지점)'을 더블 클릭하여 #ffcc99로 설정한 후 'Style(스타일) : Linear(선형), Angle(각도) : 0°로 설정하고 [OK(확인)]를 클릭합니다.

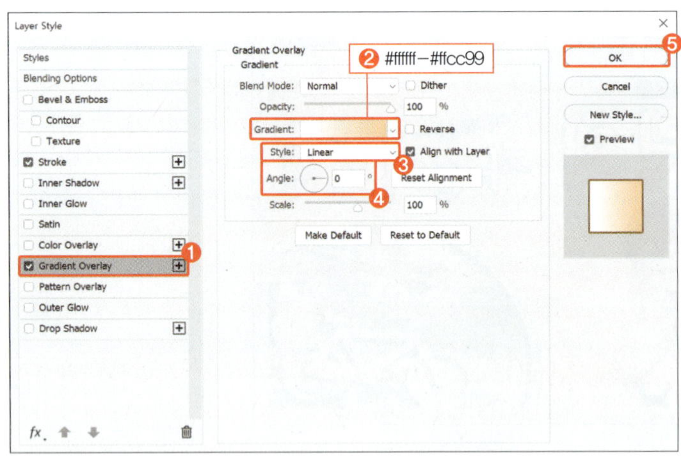

14 [File(파일)]-[Save(저장)](Ctrl + S)를 선택하고 파일을 저장합니다.

01 [View(보기)]–[Show(표시)]–[Grid(격자)]([Ctrl]+[']')를 선택하여 격자를 가립니다.

02 [File(파일)]–[Save As(다른 이름으로 저장)]([Shift]+[Ctrl]+[S])를 선택하고 '저장 위치 : 내 PC₩문서₩GTQ, 파일 형식 : JPEG(*.JPG;*.JPEG;*.JPE), 파일 이름 : 수험번호–성명–문제번호'를 입력하고 [저장]을 클릭한 후 [JPEG Options(JPEG 옵션)] 대화상자에서 'Quality(품질) : 8'로 설정하고 [OK(확인)]를 클릭합니다.

03 [Image(이미지)]–[Image Size(이미지 크기)]([Alt]+[Ctrl]+[I])를 선택하고 'Constrain aspect ratio(종횡비 제한) : 클릭, Width(폭) : 60Pixels(픽셀), Height(높이) : 40Pixels(픽셀)'로 입력하여 이미지 크기를 1/10로 축소한 후 [OK(확인)]를 클릭합니다.

04 [File(파일)]–[Save As(다른 이름으로 저장)]([Shift]+[Ctrl]+[S])를 선택하고 '저장 위치 : 내 PC₩문서₩GTQ, 파일 형식 : Photoshop(*.PSD;*.PDD;*.PSDT), 파일 이름 : 수험번호–성명–문제번호'를 입력하고 [저장]을 클릭합니다.

05 답안 저장이 완료되면 [File(파일)]–[Close(닫기)]([Ctrl]+[W])를 선택하여 파일을 닫고 수험 프로그램에서 [답안 전송]을 클릭하여 psd와 jpg 파일을 감독관 컴퓨터로 전송합니다.

작업과정	새 작업 이미지 만들기 및 파일 저장하기 ➡ 혼합 모드 합성 및 필터, 레이어 마스크 적용 ➡ 이미지 색상 보정 및 레이어 스타일 적용 ➡ 모양 생성 및 변형, 레이어 스타일 적용 ➡ 레이어 복제로 메뉴 버튼 만들기 ➡ 펜 도구로 모양 그리기 및 레이어 스타일 적용 ➡ 패턴 정의 ➡ 패턴 적용 ➡ 문자 입력과 왜곡 및 레이어 스타일 적용 ➡ 정답 파일 저장
완성이미지	PART03₩정답파일₩수험번호-성명-4.jpg, 수험번호-성명-4.psd

01 새 작업 이미지 만들기 및 파일 저장하기

01 [File(파일)]-[New(새로 만들기)]([Ctrl]+[N])를 선택하고 'Width(폭) : 600Pixels(픽셀), Height(높이) : 400Pixels(픽셀), Resolution(해상도) : 72Pixels/Inch(픽셀/인치), Color Mode(색상 모드) : RGB Color(RGB 색상), 8bit(비트), Background Contents(배경 내용) : White(흰색)'로 설정하여 새 작업 이미지를 만듭니다.

02 [Edit(편집)]-[Preference(환경설정)]([Ctrl]+[K])를 클릭하고 [Guides, Grid & Slices(안내선, 격자와 슬라이스)]를 선택하여 Grid(격자)의 'Color(색상)'를 클릭하여 밝은 색상으로 변경한 후 'Gridline Every(격자 간격) : 100Pixels(픽셀), Subdivisions(세분) : 1'로 설정합니다.

03 [View(보기)]-[Show(표시)]-[Grid(격자)]([Ctrl]+['])와 [View(보기)]-[Rulers(눈금자)]([Ctrl]+[R])를 선택하여 격자와 눈금자를 표시합니다.

04 작업 도큐먼트를 저장하기 위해 [File(파일)]-[Save As(다른 이름으로 저장)]([Shift]+[Ctrl]+[S])를 선택하고 임의 경로에 '파일 이름 : 수험번호-성명-문제번호, 파일 형식 : Photoshop(*.PSD;*.PDD;*.PSDT)'으로 파일을 저장합니다.

02 혼합 모드 합성 및 필터, 레이어 마스크 적용

01 Tool Panel(도구 패널) 하단의 'Set foreground color(전경색 설정)'을 클릭하여 # 오른쪽 입력란에 'cccc99'로 입력한 후, [Alt]+[Delete]를 눌러 제시된 Foreground Color(전경색)를 작업 이미지의 배경에 채웁니다.

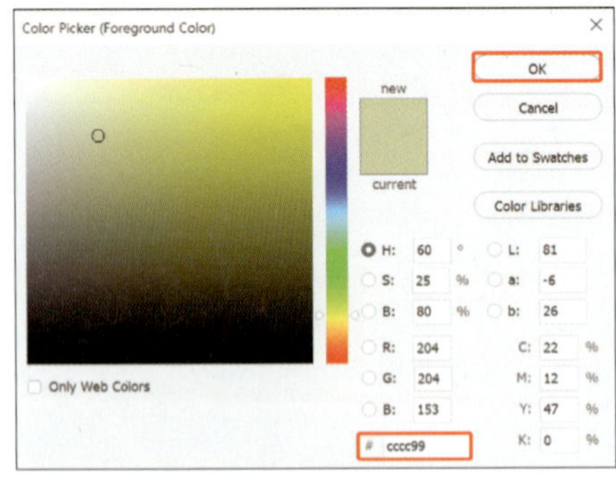
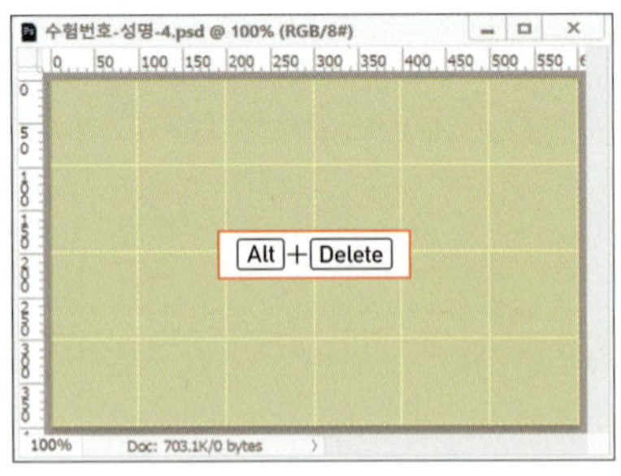

색상값 빠르게 입력하기

제시된 6자리의 색상 코드는 입력 순서대로 2자리씩 동일합니다. '#cccc99'면 'cc9'를 입력해도 됩니다.

02 [File(파일)]–[Open(열기)]을 선택하여 1급–12.jpg를 불러옵니다. Ctrl + A 를 눌러 전체를 선택한 후 Ctrl + C 를 눌러 복사하고 작업 이미지를 선택하여 Ctrl + V 로 붙여넣기를 합니다. Ctrl + T 를 눌러 Shift 를 누른 채 드래그하여 크기를 축소한 후 마우스 오른쪽 버튼을 클릭하여 [Flip Horizontal(가로로 뒤집기)]로 뒤집고 배치합니다.

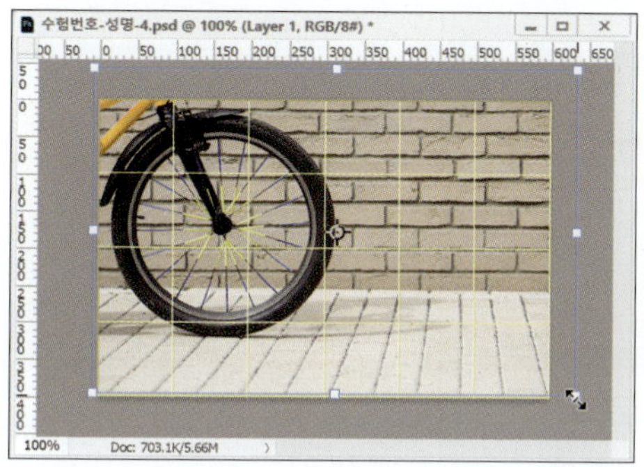

03 Layers(레이어) 패널에서 'Blending Mode(혼합 모드) : Darken(어둡게 하기)'으로 설정하여 배경 이미지와 합성한 후 'Add layer mask(레이어 마스크 추가, ◐)'를 클릭하여 레이어 마스크를 추가합니다.

04 Tool Panel(도구 패널) 하단의 'Set foreground color(전경색 설정)'를 #000000, 'Set background color(배경색 설정)'를 #ffffff로 설정합니다. Gradient Tool(그레이디언트 도구, ▢)을 클릭하고 Options Bar(옵션 바)에서 'Type(유형) : Linear Gradient(선형 그레이디언트), Mode(모드) : Normal(표준), Opacity(불투명도) : 100%'로 설정한 후 오른쪽에서 왼쪽으로 Shift 를 누른 채 드래그하여 이미지 일부를 자연스럽게 지워 합성합니다.

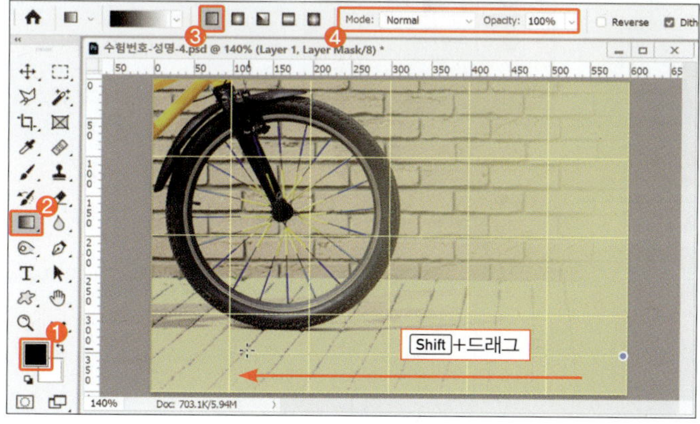

05 [File(파일)]–[Open(열기)]을 선택하여 1급–13.jpg를 불러옵니다. `Ctrl`+`A`를 눌러 전체를 선택하여 `Ctrl`+`C`로 복사하고 작업 이미지에 `Ctrl`+`V`로 붙여넣기를 한 후 `Ctrl`+`T`를 눌러 `Shift`를 누른 채 드래그하여 크기를 축소하고 격자를 참고하여 배치합니다.

06 [Filter(필터)]–[Filter Gallery(필터 갤러리)]–[Texture(텍스처)]–[Grain(그레인)]를 선택 합니다.

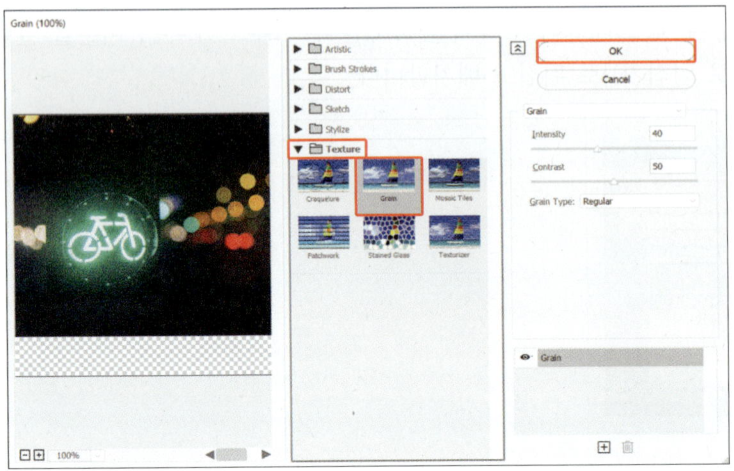

07 Layers(레이어) 패널에서 하단의 'Add layer mask(레이어 마스크 추가, ◻)'를 클릭하여 레이어 마스크를 추가합니다.

08 Tool Panel(도구 패널) 하단의 'Set foreground color(전경색 설정)'를 #000000, 'Set background color(배경색 설정)'를 #ffffff로 설정합니다. Gradient Tool(그레이디언트 도구, ◼)을 클릭하고 Options Bar(옵션 바)에서 'Type(유형) : Linear Gradient(선형 그레이디언트), Mode(모드) : Normal(표준), Opacity(불투명도) : 100%'로 설정한 후 오른쪽 하단에서 왼쪽 상단으로 드래그하여 이미지 일부를 자연스럽게 지워 합성합니다.

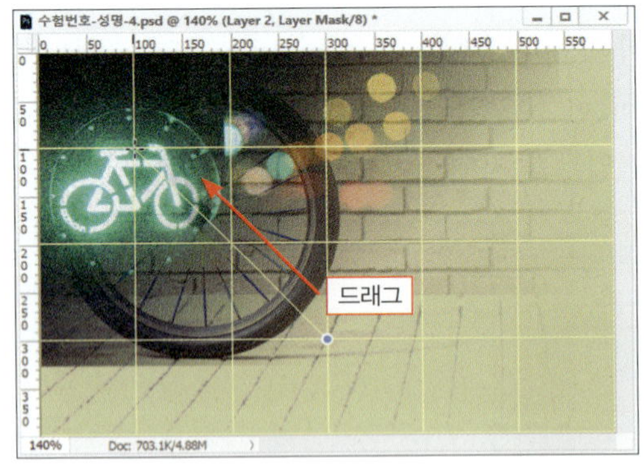

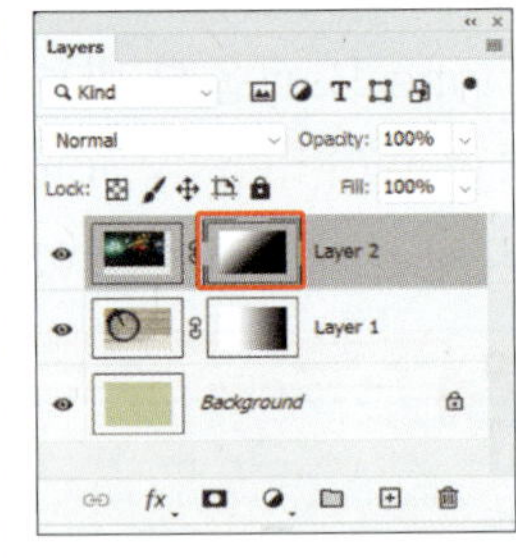

09 [File(파일)]–[Open(열기)]을 선택하여 1급–14.jpg를 불러옵니다. Magic Wand Tool(자동 선택 도구, ✨)을 클릭하고 Options Bar(옵션 바)에서 'New selection(새 선택 영역, ▣), Tolerance(허용치) : 10, Contiguous(인접) : 체크 해제'를 설정하고 흰 배경 부분을 클릭하여 흰색 영역을 모두 선택합니다.

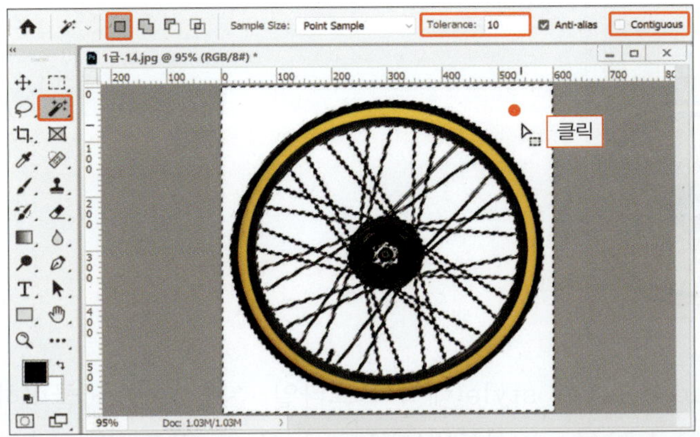

> 🚩 **기적**의 TIP
>
> Magic Wand Tool(자동 선택 도구, ✨)로 'Contiguous(인접) : 체크 해제'를 설정하고 이미지를 클릭하면, 클릭 지점의 색상과 동일한 색상이 경계선으로 구분되어 있어도 선택이 가능합니다. 즉 흰색 부분의 이미지를 모두 한 번에 선택하는 방법입니다.

10 Elliptical Marquee Tool(원형 선택 윤곽 도구, ◯)을 클릭하고 Options Bar(옵션 바)에서 'Subtract from selection(선택 영역에서 빼기, ⬚), Feather(페더) : 0px, Style(스타일) : Normal(표준)'을 설정하고 바퀴 중앙의 선택에서 제외할 부분을 드래그합니다.

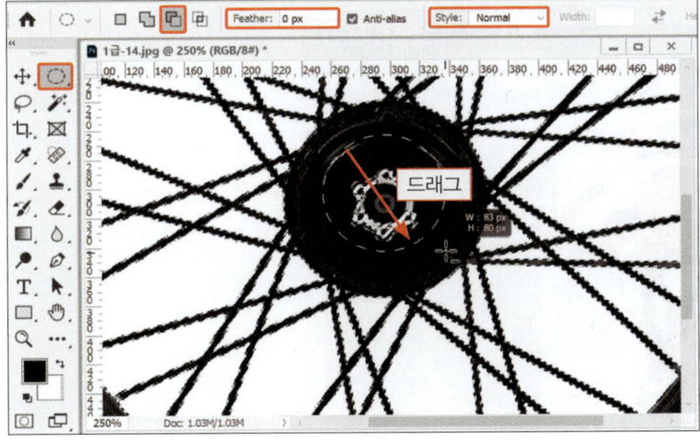

> 🚩 **기적**의 TIP
>
> 선택이 한 번에 깔끔하게 되지 않을 때는 다른 선택 도구나 선택 옵션으로 선택을 추가적으로 설정해야 합니다.

11 [Select(선택)]−[Inverse(반전)]([Shift]+[Ctrl]+[I])로 선택 영역을 반전하고 [Ctrl]+[C]로 복사 후 작업 이미지에 [Ctrl]+[V]로 붙여넣기를 합니다. [Ctrl]+[T]를 누르고 [Shift]를 누른 채 크기를 조절하여 배치합니다.

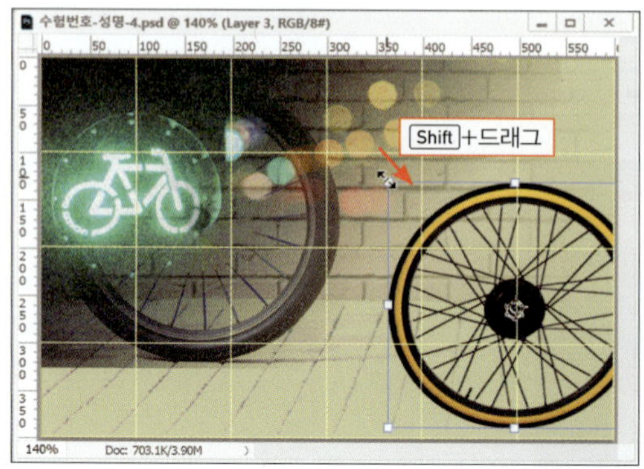

12 Layers(레이어) 패널 하단의 'Add a layer style(레이어 스타일 추가, [fx.])'을 클릭하여 [Outer Glow(외부 광선)]를 선택하고 'Opacity(불투명도) : 75%, Spread(스프레드) : 5%, Size(크기) : 5px'로 설정합니다.

13 계속해서 [Drop Shadow(드롭 섀도)]를 선택하여 'Opacity(불투명도) : 75%, Angle(각도) : 120°, Distance(거리) : 3px, Size(크기) : 5px'을 설정하고 [OK(확인)]를 클릭합니다.

14 [File(파일)]−[Open(열기)]을 선택하여 1급−15.jpg를 불러온 후 Object Selection Tool(개 체 선택 도구, [구])을 클릭하고 Options Bar(옵션 바)에서 'New selection(새 선택 영역, [■]), Mode(모드) : Rectangle(사각형)'을 선택하고 'Select Subject(피사체 선택)'를 클릭하여 이 미지를 빠르게 선택합니다.

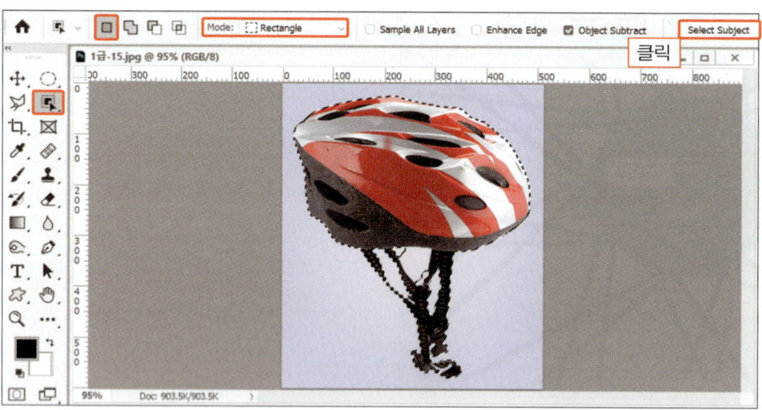

15 Magic Wand Tool(자동 선택 도구, ✦)을 클릭하고 Options Bar(옵션 바)에서 'Subtract from selection(선택 영역에서 빼기, ◨), Tolerance(허용치) : 10, Contiguous(인접) : 체크'를 설정하고 끈 이미지 사이 공간을 여러 번 클릭하여 선택에서 빼기를 합니다.

16 Ctrl + C 로 복사, 작업 이미지에 Ctrl + V 로 붙여넣기를 합니다. Ctrl + T 를 눌러 Shift 를 누른 채 드래그하여 크기를 축소하고 시계 반대 방향으로 회전하여 배치합니다.

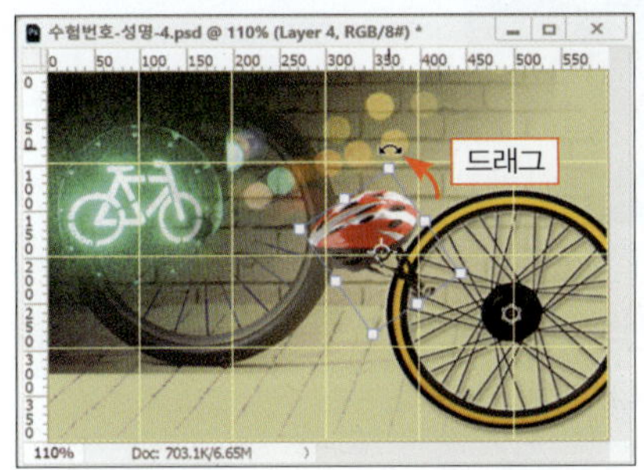

17 [Filter(필터)]-[Filter Gallery(필터 갤러리)]-[Artistic(예술 효과)]-[Poster Edges(포스터 가장자리)]를 선택합니다.

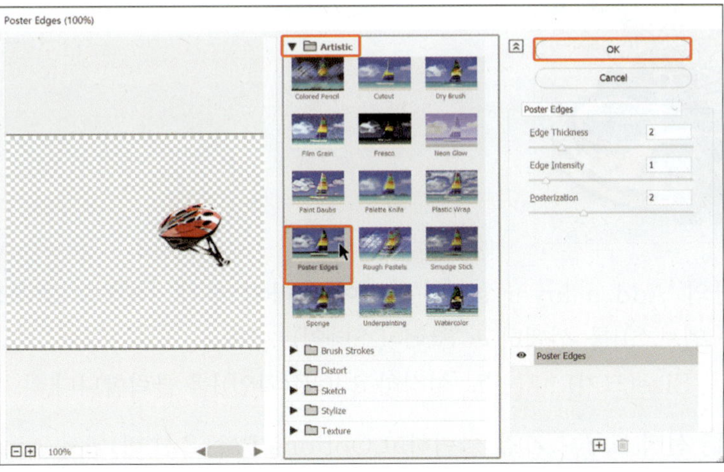

18 Layers(레이어) 패널 하단의 'Add a layer style(레이어 스타일 추가, _fx._)'을 클릭하여 [Inner Shadow(내부 그림자)]를 선택, 'Opacity(불투명도) : 75%, Angle(각도) : 120°, Distance(거리) : 5px, Size(크기) : 5px'을 설정한 후 [OK(확인)]를 클릭합니다.

03 이미지 색상 보정 및 레이어 스타일 적용

01 [File(파일)]−[Open(열기)]을 선택하여 1급−16.jpg를 불러온 후 Object Selection Tool(개체 선택 도구, ☒)을 클릭하여 Options Bar(옵션 바)에서 'New selection(새 선택 영역, ☐), Mode(모드) : Rectangle(사각형)'을 선택하고 'Select Subject(피사체 선택)'를 클릭하여 이미지를 빠르게 선택합니다.

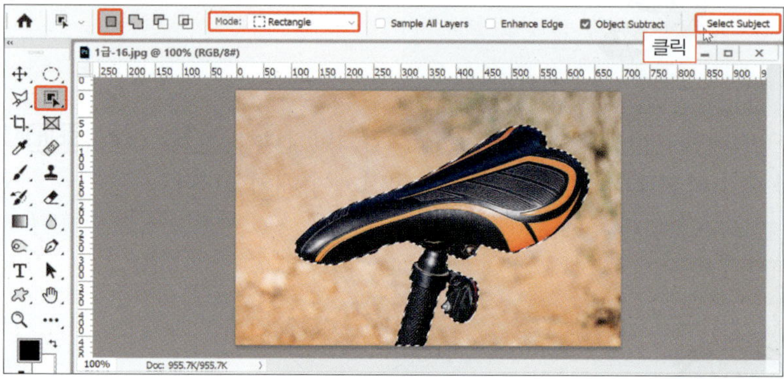

02 Ctrl+C로 복사하여 작업 이미지를 선택하고 Ctrl+V로 붙여넣기를 한 후, Ctrl+T를 눌러 Shift를 누른 채 드래그하여 크기를 축소하고 회전하여 배치합니다.

03 Layers(레이어) 패널 하단의 'Add a layer style(레이어 스타일 추가, _fx._)'을 클릭하여 [Bevel & Emboss(경사와 엠보스)]를 선택하고 'Style(스타일) : Inner Bevel(내부 경사), Direction(방향) : Up(위로), Size(크기) : 5px'로 설정하고 [OK(확인)]를 클릭합니다.

04 Quick Selection Tool(빠른 선택 도구, ☑)을 클릭하고 Options Bar(옵션 바)에서 'Add to selection(선택 영역에 추가, ☑)'을 설정한 후 브러시 크기를 조절하며 드래그하여 노란색 이미지를 선택합니다.

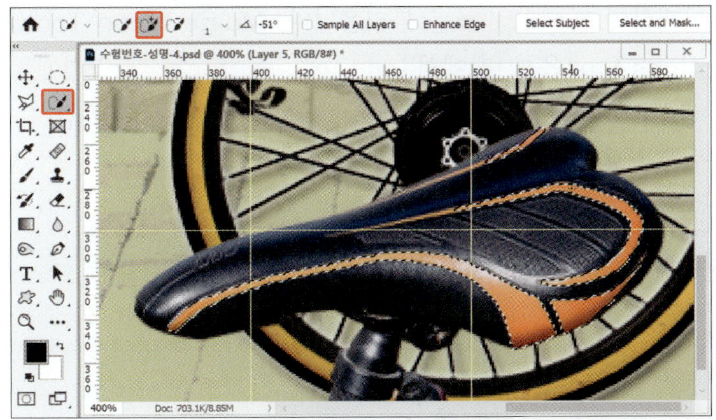

05 Polygonal Lasso Tool(다각형 올가미 도구, ⟍)을 클릭하고 Options Bar(옵션 바)에서 'Add to selection(선택 영역에 추가, ⬚), Feather(페더) : 0px, Anti-alias(앤티 앨리어스) : 체크'를 설정하고 이미지의 가장자리 모양을 따라 클릭하여 선택을 추가합니다.

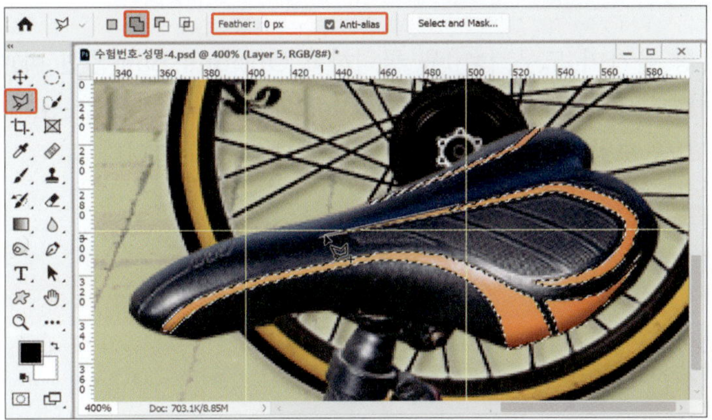

06 Layers(레이어) 패널 하단의 'Create new fill or adjustment layer(새 칠 또는 조정 레이어 생성, ◑)'를 클릭하고 [Hue/Saturation(색조/채도)]을 선택합니다. Properties(속성) 패널에서 'Colorize(색상화) : 체크, Hue(색조) : 0, Saturation(채도) : 85, Lightness(밝기) : −5'로 설정하여 빨간색 계열로 색상을 보정합니다.

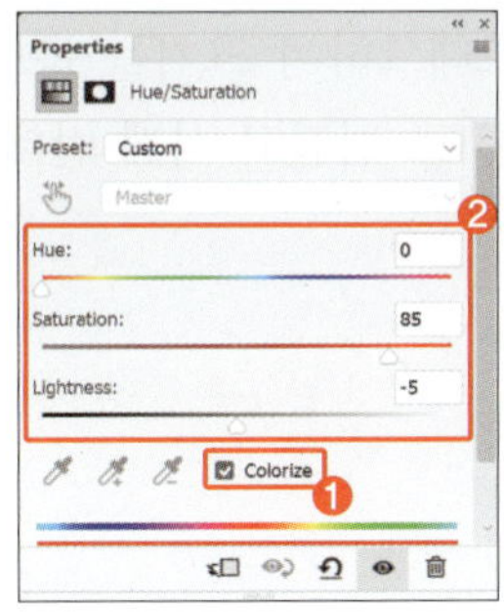

07 [File(파일)]–[Open(열기)]을 선택하여 1급-17.jpg를 불러옵니다. Magic Wand Tool(자동 선택 도구,)을 클릭하고 Options Bar(옵션 바)에서 'Add to selection(선택 영역에 추가,), Tolerance(허용치) : 10, Anti-alias(앤티 앨리어스) : 체크, Contiguous(인접) : 체크 해제'를 설정하고 하늘 이미지 부분을 여러 번 클릭하여 선택합니다.

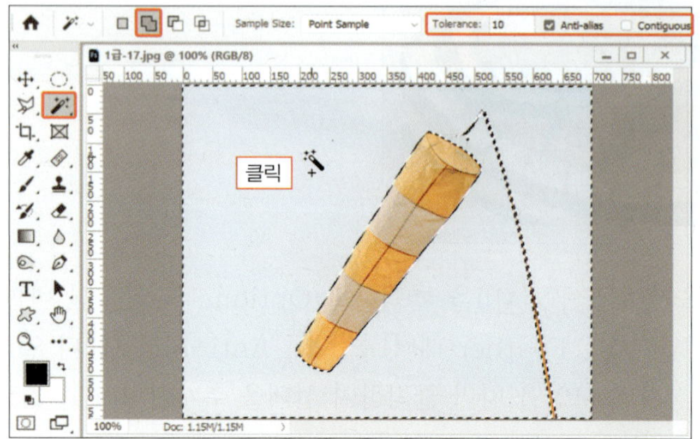

08 Polygonal Lasso Tool(다각형 올가미 도구,)을 클릭하고 Options Bar(옵션 바)에서 'Subtract from selection(선택 영역에서 빼기,), Feather(페더) : 0px, Anti-alias(앤티 앨리어스) : 체크'를 설정하고 줄 모양을 따라 클릭하여 선택에서 빼기를 합니다.

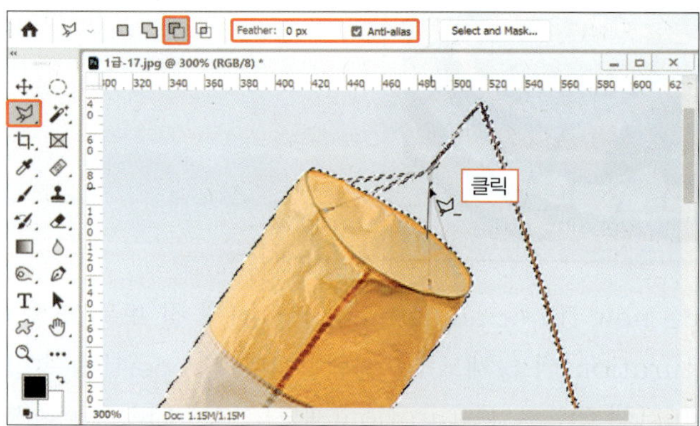

09 Shift + Ctrl + I 로 선택 영역을 반전하고 Ctrl + C 로 복사하여 작업 이미지를 선택 후 Ctrl + V 로 붙여넣기를 합니다. Ctrl + T 를 누른 후 Shift 를 누른 채 드래그하여 크기를 축소한 후 마우스 오른쪽 버튼을 클릭하여 [Flip Horizontal(가로로 뒤집기)]로 뒤집고 시계 반대 방향으로 회전하여 배치합니다.

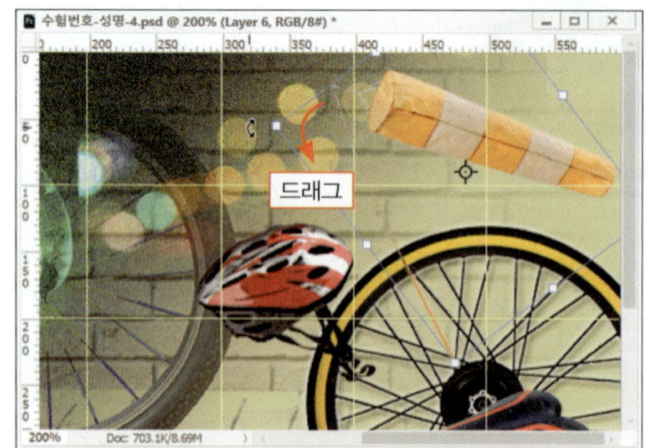

10 Layers(레이어) 패널에서 'Layer 6'을 'Layer 3' 레이어 아래쪽으로 드래그하여 배치합니다.

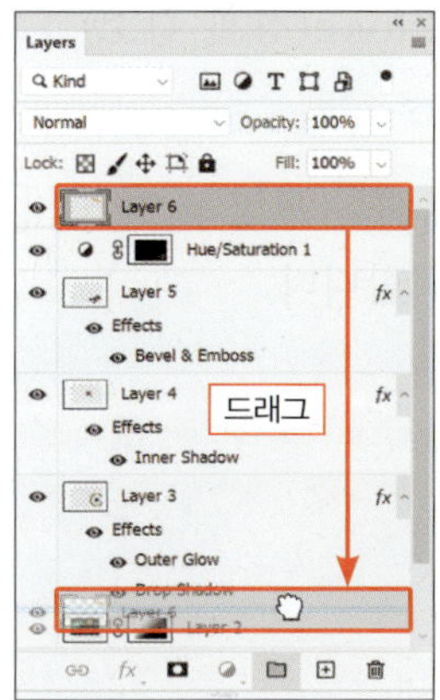

04 모양 생성 및 변형, 레이어 스타일 적용

01 Custom Shape Tool(사용자 정의 모양 도구, ☒)을 클릭하고 Options Bar(옵션 바)에서 'Pick tool mode(선택 도구 모드) : Shape(모양), Fill(칠) : #99ffcc, Stroke(획) : No Color(색상 없음), Shape(모양) : Shape 387(모양 387, ▬)'로 설정한 후 드래그하여 모양을 그립니다.

02 Ctrl+T를 눌러 마우스 오른쪽 버튼을 클릭하고 [Flip Vertical(세로로 뒤집기)]로 뒤집고 배치합니다. Layers(레이어) 패널 상단의 'Opacity(불투명도) : 80%'를 설정합니다.

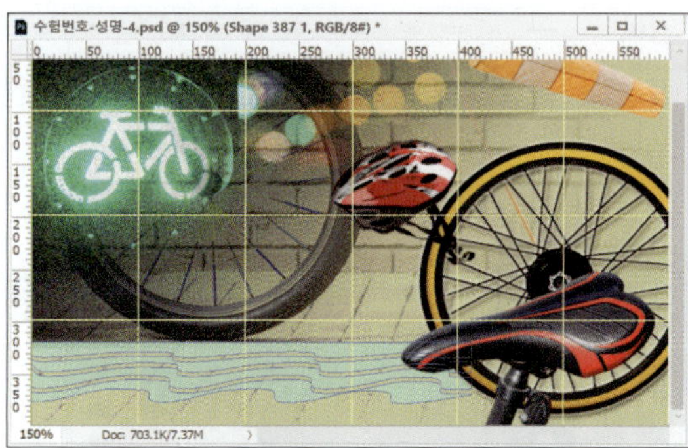

03 Layers(레이어) 패널 하단의 'Add a layer style(레이어 스타일 추가, fx)'을 클릭하여 [Inner Glow(내부 광선)]를 선택하고 'Opacity(불투명도) : 75%, Choke(경계 감소) : 6%, Size(크기) : 3px'로 설정한 후 [OK(확인)]를 클릭합니다.

04 [Layer(레이어)]-[New(새로 만들기)]-[Shape Layer Via Copy(복사한 모양 레이어)](Ctrl +J)를 클릭합니다. Ctrl+T를 눌러 크기를 축소하고 이동하여 배치합니다.

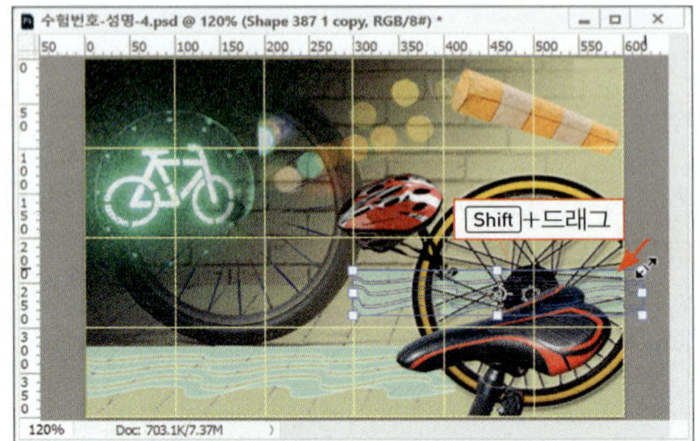

05 Layers(레이어) 패널에서 복사된 'Shape 387 1 copy' 레이어의 'Layer thumbnail(레이어 축소판)'를 더블 클릭하여 Color Picker(색상 픽커)에서 'Color(색상) : #ccffff'로 설정한 후 [OK(확인)]를 클릭합니다.

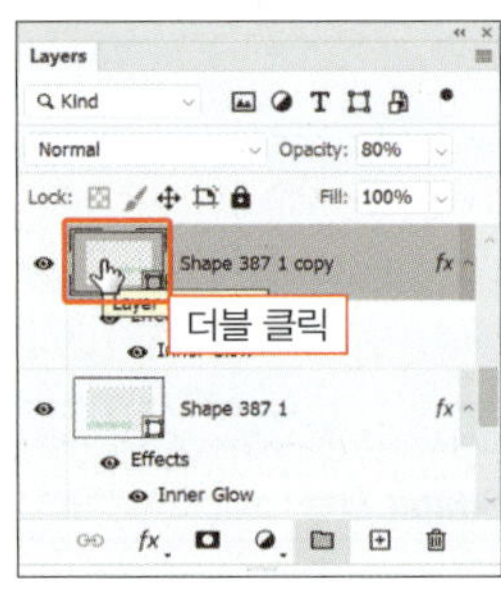

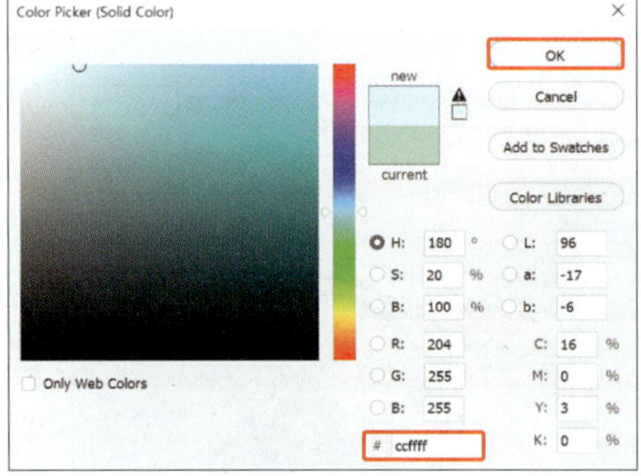

06 Custom Shape Tool(사용자 정의 모양 도구, ⬡)을 클릭하고 Options Bar(옵션 바)에서 'Pick tool mode(선택 도구 모드) : Shape(모양), Fill(칠) : #ff9966, Stroke(획) : No Color(색상 없음), Shape(모양) : Shape 148(모양 148, ⬦)'로 설정한 후 Shift를 누른 채 드래그하여 모양을 그립니다.

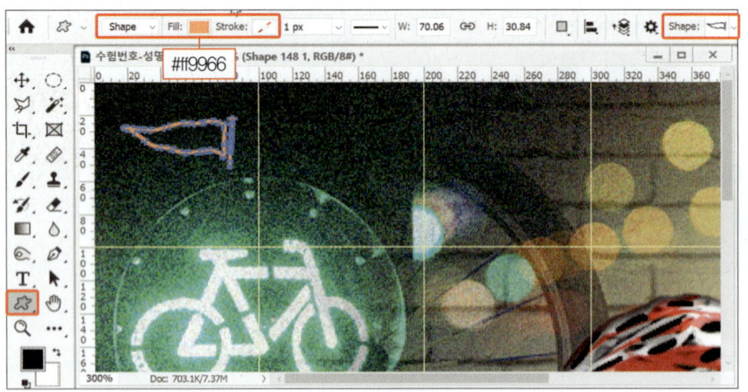

🎯 **Shape 경로**

[Legacy Shapes and More(레거시 모양 및 기타)]-[2019 Shapes (2019 모양)]-[Flags(깃발)]

07 Ctrl+T를 눌러 Options Bar(옵션 바)에서 'Rotate(회전, △) : −15°'를 입력하고 Enter를 눌러 회전을 적용합니다.

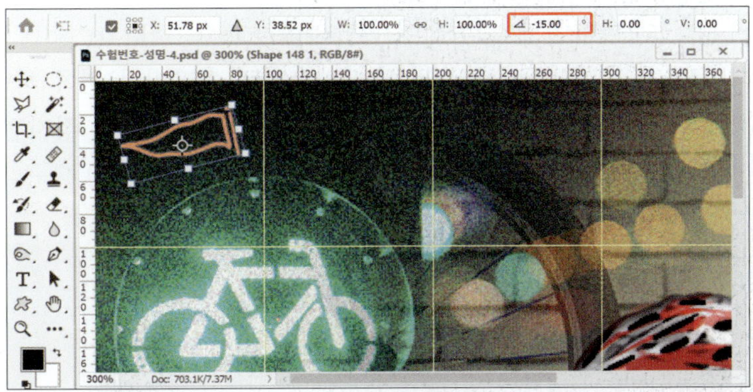

08 Layers(레이어) 패널 하단의 'Add a layer style(레이어 스타일 추가, fx.)'을 클릭하여 [Drop Shadow(그림자)]를 선택하고, 'Opacity(불투명도) : 75%, Angle(각도) : 120°, Distance(거리) : 3px, Size(크기) : 3px'을 설정한 후 [OK(확인)]를 클릭합니다.

05 레이어 복제로 메뉴 버튼 만들기

01 Custom Shape Tool(사용자 정의 모양 도구, ⬡)을 클릭하고 Options Bar(옵션 바)에서 'Pick tool mode(선택 도구 모드) : Shape(모양), Fill(칠) : 임의 색상, Stroke(획) : No Color(색상 없음), Shape(모양) : Banner 4(배너 4, ▰)'로 설정합니다. 작업 이미지에 클릭한 후 'Width(폭) : 110px, Height(높이) : 32px'을 지정하고 [OK(확인)]를 클릭합니다.

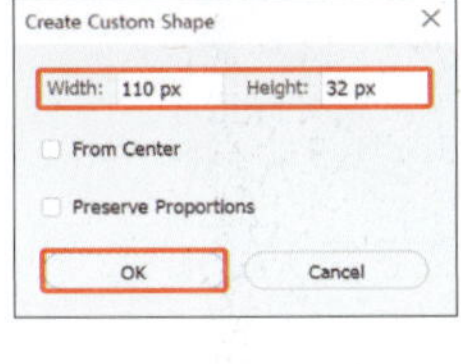

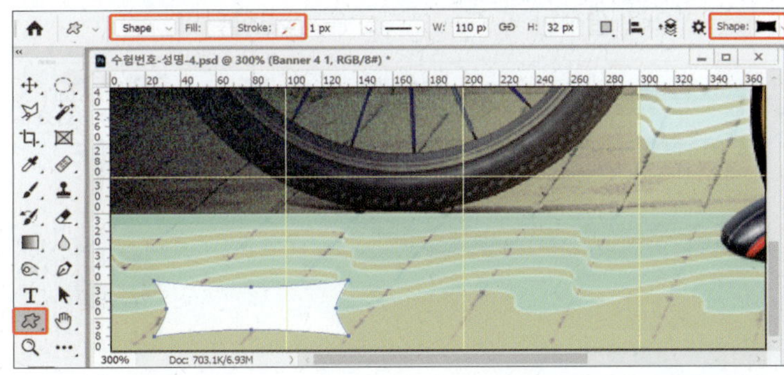

Shape 경로

[Legacy Shapes and More(레거시 모양 및 기타)]–[All Legacy Default Shapes(모든 레거시 기본 모양)]–[Banners and Awards(배너 및 상장)]

기적의 TIP

Custom Shape Tool(사용자 정의 모양 도구, ⬡)로 작업 이미지에 클릭하면 대화상자에서 정확한 수치를 입력하여 그릴 수 있습니다.

02 Layers(레이어) 패널 하단의 'Add a layer style(레이어 스타일 추가, *fx.*)'을 클릭하여 [Stroke(획)]를 선택하고 'Size(크기) : 2px, Color(색상) : #999966'으로 설정합니다.

03 계속해서 [Gradient Overlay(그레이디언트 오버레이)]를 선택하고 'Click to edit the gradient(클릭하여 그레이디언트 편집)'를 클릭합니다. 그레이디언트 슬라이더 왼쪽 하단의 'Color Stop(색상 정지점)'을 더블 클릭하여 #ffffff를, 오른쪽 'Color Stop(색상 정지점)'을 더블 클릭하여 #99cccc로 설정한 후 'Style(스타일) : Linear(선형), Angle(각도) : −90°'로 설정하고 [OK(확인)]를 클릭합니다.

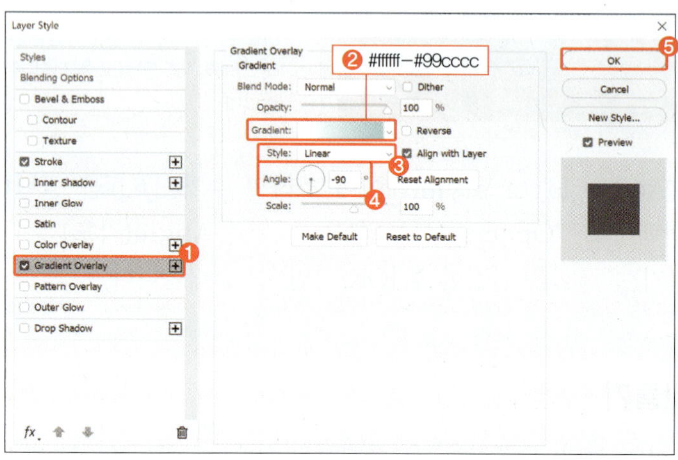

04 Horizontal Type Tool(수평 문자 도구, T)로 작업 이미지를 클릭하고 Options Bar(옵션 바)에서 'Font(글꼴) : 돋움, Set font size(글꼴 크기) : 14pt, Set anti-aliasing method (앤티 앨리어싱 방법 설정) : Strong(강하게), Center text(텍스트 중앙 정렬, 틀), Color(색상) : #333333'으로 설정한 후 '대회 일정'을 입력합니다.

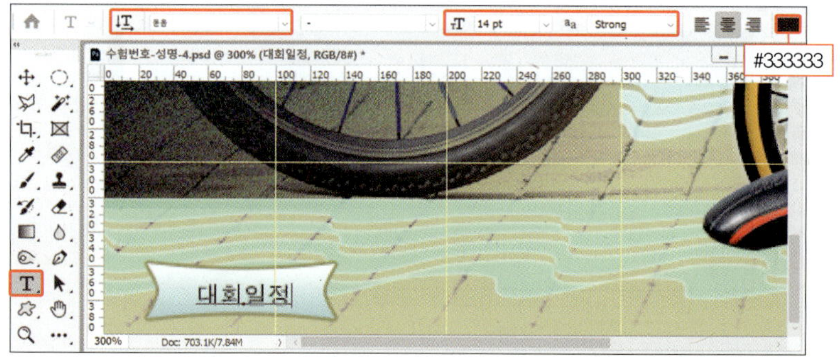

05 Layers(레이어) 패널 하단에 'Add a layer style(레이어 스타일 추가, *fx.*)'을 클릭하여 [Stroke(획)]를 선택하고 'Size(크기) : 2px, Color(색상) : #cccc99'로 설정 후 [OK(확인)]를 클릭합니다.

06 Layers(레이어) 패널에서 [Shift]를 누른 채 '대회일정' 문자 레이어와 'Banner 4 1' 모양 레이어를 클릭하여 함께 선택합니다. Move Tool(이동 도구, ⊕)을 선택하고 Options Bar(옵션 바)에서 'Align horizontal centers(수평 중앙 맞춤, ▦)'와 'Align vertical centers(수직 가운데 맞춤, ▦)'를 각각 클릭하여 중앙에 정렬합니다.

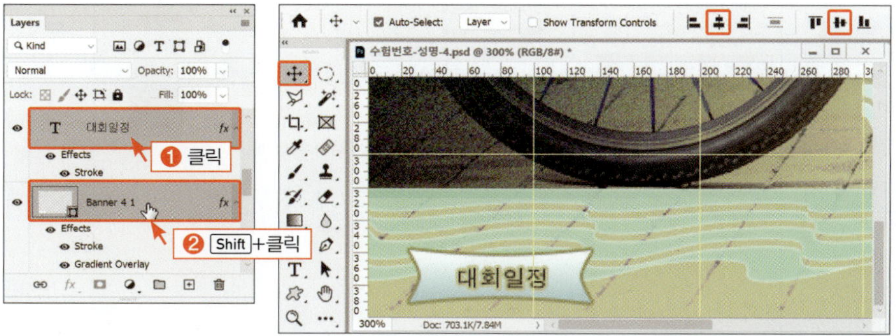

07 [Ctrl]+[J]를 눌러 복사한 레이어를 만듭니다. Move Tool(이동 도구, ⊕)로 작업 이미지에서 오른쪽으로 이동하여 배치합니다.

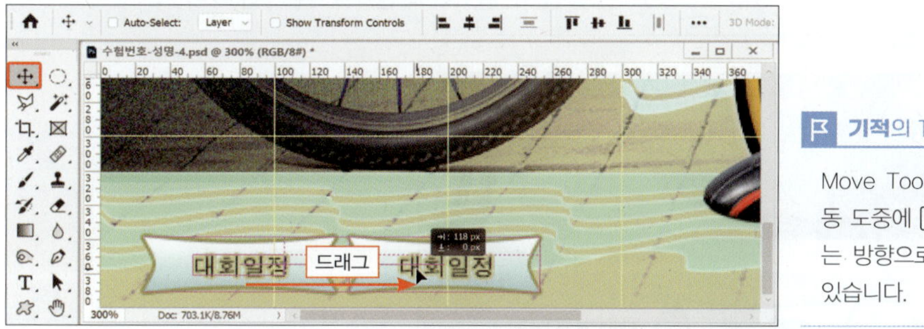

기적의 TIP

Move Tool(이동 도구, ⊕)로 이동 도중에 [Shift]를 누르면 이동하는 방향으로 반듯하게 이동할 수 있습니다.

08 [Ctrl]+[J]를 다시 한번 눌러 복사한 레이어를 만듭니다. Move Tool(이동 도구, ⊕)로 작업 이미지에서 오른쪽으로 이동하여 배치합니다.

09 Horizontal Type Tool(수평 문자 도구, T)로 두 번째와 세 번째 '대회일정' 문자를 각각 더블 클릭하여 선택하고 순서대로 '안전수칙, 자전거세어링'을 입력합니다.

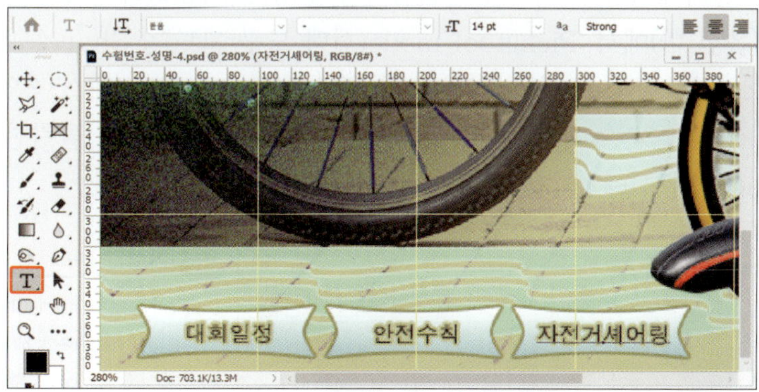

10 Layers(레이어) 패널에서 '안전수칙' 레이어의 Effects(효과)에 적용된 [Stroke(획)]를 더블 클릭하고 'Color(색상) : #99cc99'로 설정하고 [OK(확인)]를 클릭합니다.

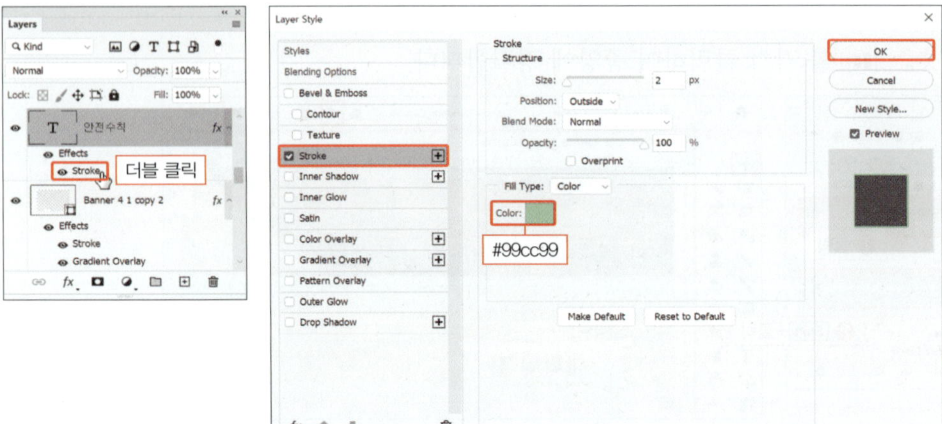

11 Layers(레이어) 패널에서 'Banner 4 1 copy' 레이어의 Effects(효과)의 [Stroke(획)]를 더블 클릭하고 'Color(색상) : #339933'으로 설정한 후 [OK(확인)]를 클릭합니다.

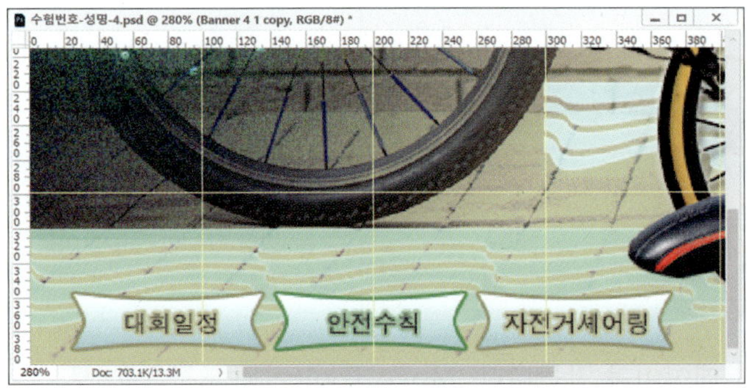

06 펜 도구로 모양 그리기 및 레이어 스타일 적용

01 Layers(레이어) 패널에서 '자전거세어링' 레이어를 선택합니다. Ellipse Tool(타원 도구, ◯)을 선택하고 Options Bar(옵션 바)에서 'Pick tool mode(선택 도구 모드) : Shape(모양), Fill(칠) : #996600, Stroke(획) : No Color(색상 없음), Path operations(패스 작업) : Subtract Front Shape(전면 모양 빼기, ◲)'로 설정합니다. 작업 이미지에 클릭한 후 'Width(폭) : 127px, Height(높이) : 127px'을 지정하고 [OK(확인)]를 클릭합니다.

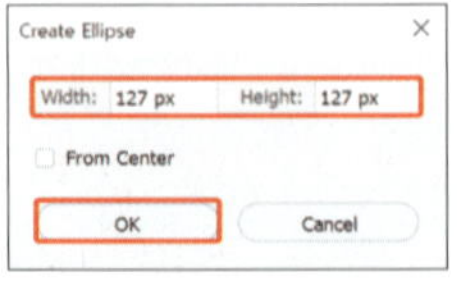

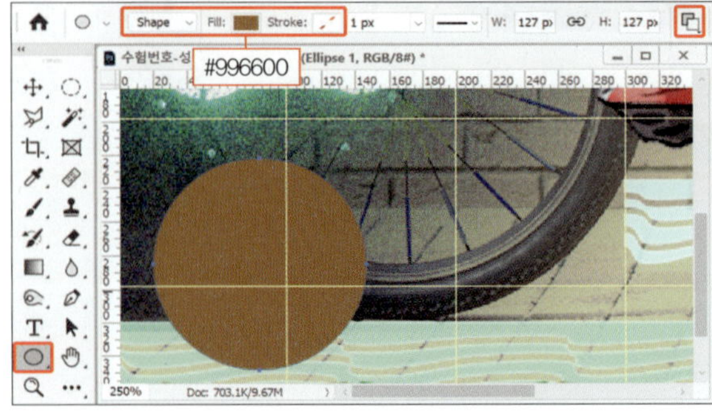

기적의 TIP

'Path operations(패스 작업) : Subtract Front Shape(전면 모양 빼기, ◲)'로 설정하여 서로 겹치는 부분을 뚫으며 동일한 레이어에 그릴 수 있습니다.

02 Ellipse Tool(타원 도구, ◯)로 작업 이미지에 클릭한 후 'Width(폭) : 92px, Height(높이) : 92px'을 지정하고 [OK(확인)]를 클릭합니다.

03 계속해서 Ellipse Tool(타원 도구, ◯)을 선택하고 Options Bar(옵션 바)에서 'Path operations(패스 작업) : Combine Shapes(모양 결합, ◻)'로 설정하고 작업 이미지에 클릭한 후 'Width(폭) : 27px, Height(높이) : 27px'을 지정하고 [OK(확인)]를 클릭합니다.

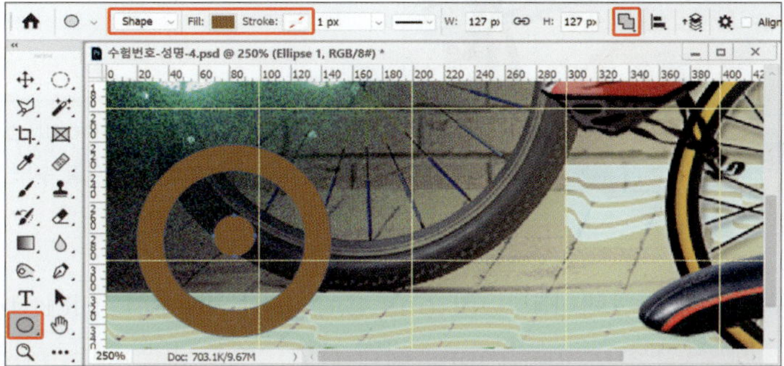

04 Path Selection Tool(패스 선택 도구, ▶)로 드래그하여 3개의 정원 모양을 선택하고 Options Bar(옵션 바)에서 'Path alignment(패스 맞춤)'를 클릭하고 'Align horizontal centers(수평 중앙 맞춤, ▮)'와 'Align vertical centers(수직 가운데 맞춤, ▮)'를 각각 클릭하여 중앙에 정렬합니다.

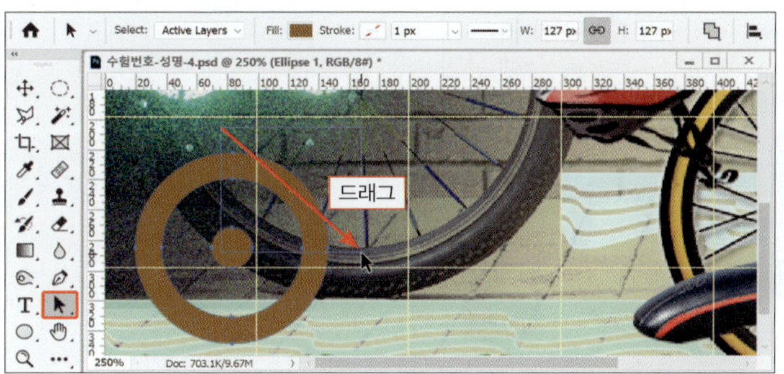

05 Path Selection Tool(패스 선택 도구, ▶)로 드래그하여 3개의 정원 모양을 선택하고 Alt와 Shift를 누른 채 오른쪽으로 드래그하여 복사하고 배치합니다.

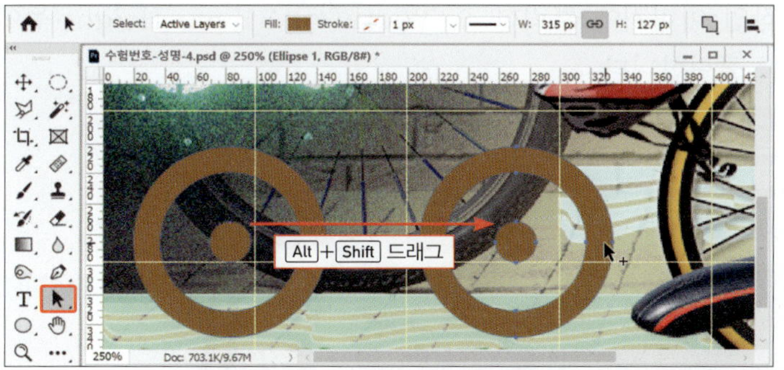

06 Path Selection Tool(패스 선택 도구, ▶)로 중앙의 정원 모양을 선택하고 Ctrl+T를 눌러 Options Bar(옵션 바)에서 'W(가로 비율) : 130%, H(세로 비율) : 130%'를 설정하고 Enter를 눌러 크기를 확대합니다.

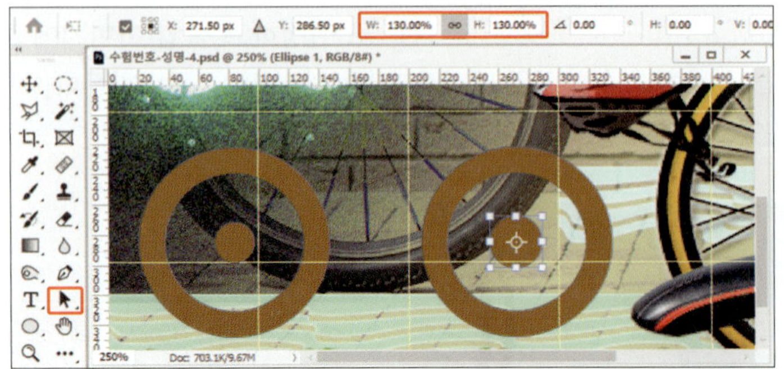

07 Rectangle Tool(사각형 도구, ▢)을 선택하고 Options Bar(옵션 바)에서 'Pick tool mode(선택 도구 모드) : Shape(모양), Path operations(패스 작업) : Combine Shapes(모양 결합, ▣)'로 설정합니다. 작업 이미지에 클릭한 후 'Width(폭) : 15px, Height(높이) : 52px'을 지정하고 [OK(확인)]를 클릭합니다.

08 Ctrl+T를 눌러 Options Bar(옵션 바)에서 'Rotate(회전, △) : −30°'를 입력하고 Enter를 눌러 회전을 적용합니다.

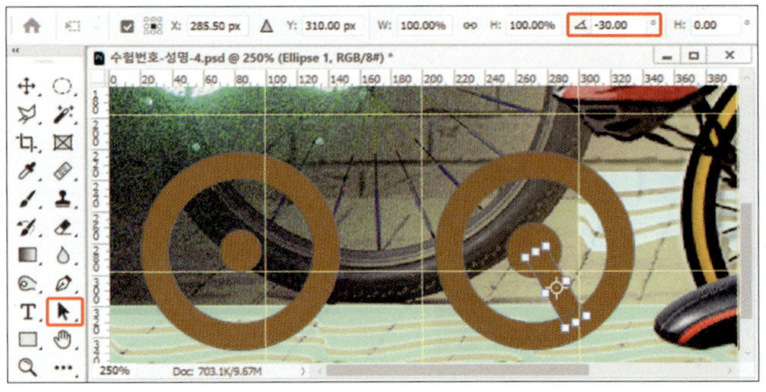

09 Rectangle Tool(사각형 도구, ▢)을 선택하고 Options Bar(옵션 바)에서 'Pick tool mode(선택 도구 모드) : Shape(모양), Path operations(패스 작업) : Combine Shapes(모양 결합, ▣)'로 설정합니다. 작업 이미지에 클릭한 후 'Width(폭) : 15px, Height(높이) : 80px'을 지정하고 [OK(확인)]를 클릭합니다.

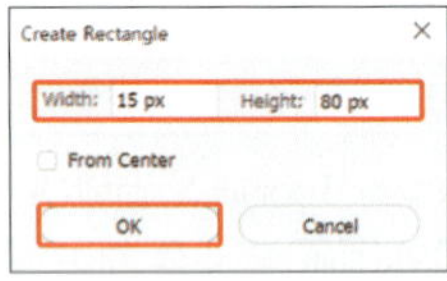

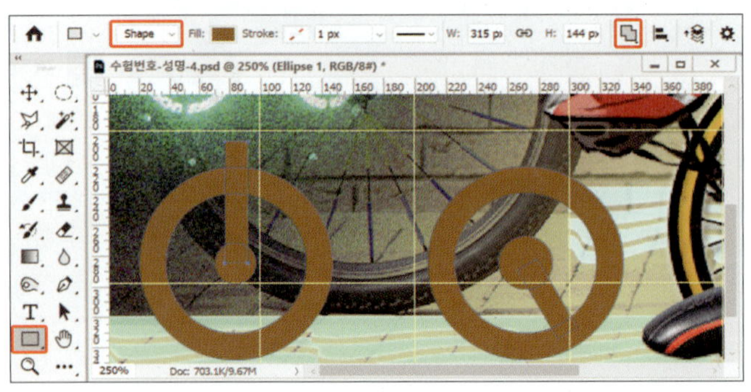

10 [Ctrl]+[T]를 눌러 Options Bar(옵션 바)에서 'H(Set horizontal skew(수평으로 기울이기) : −25°'를 입력하고 [Enter]를 눌러 기울이기를 적용하고 배치합니다.

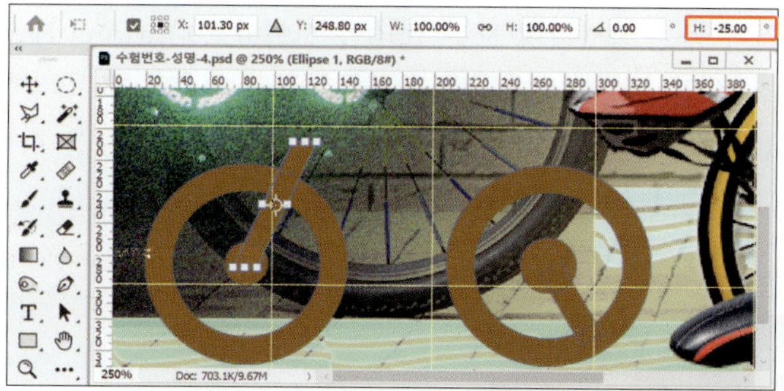

11 Options Bar(옵션 바)에서 'Path operations(패스 작업) : Merge Shape Components(모양 병합 구성 요소, ⬚)'를 클릭하여 모양을 하나로 병합합니다. [Enter]를 눌러 패스 작업을 완료합니다.

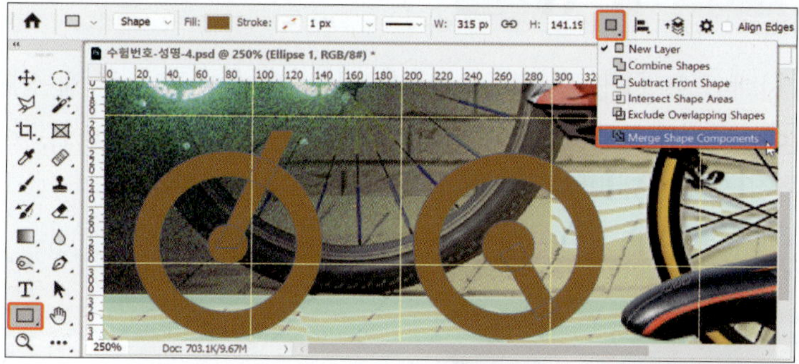

12 Layers(레이어) 패널 하단의 'Add a layer style(레이어 스타일 추가, fx.)'을 클릭하여 [Drop Shadow(그림자)]를 선택하고, 'Opacity(불투명도) : 75%, Angle(각도) : 120°, Distance(거리) : 5px, Size(크기) : 3px'을 설정한 후 [OK(확인)]를 클릭합니다.

13 Rounded Rectangle Tool(모서리가 둥근 직사각형 도구, ▢)을 선택하고 Options Bar(옵션 바)에서 'Pick tool mode(선택 도구 모드) : Shape(모양), Fill(칠) : #cc9933, Stroke(획) : No Color(색상 없음), Path operations(패스 작업) : New Layer(새 레이어, ▢), Radius(반경) : 20px'로 설정합니다. 작업 이미지에 클릭한 후 'Width(폭) : 120px(픽셀), Height(높이) : 48px(픽셀)'을 지정하고 [OK(확인)]를 클릭합니다.

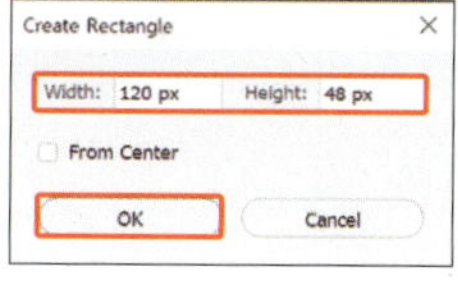

14 `Ctrl`+`T`를 눌러 Options Bar(옵션 바)에서 'Rotate(회전, △) : 30˚'를 입력하고 `Enter`를 눌러 회전을 적용합니다.

15 Rounded Rectangle Tool(모서리가 둥근 직사각형 도구, ▢)을 선택하고 Options Bar(옵션 바)에서 'Path operations(패스 작업) : Combine Shapes(모양 결합, ▣)'로 설정합니다. 작업 이미지에 클릭한 후 'Width(폭) : 72px(픽셀), Height(높이) : 22px(픽셀)'을 지정하고 [OK(확인)]를 클릭합니다.

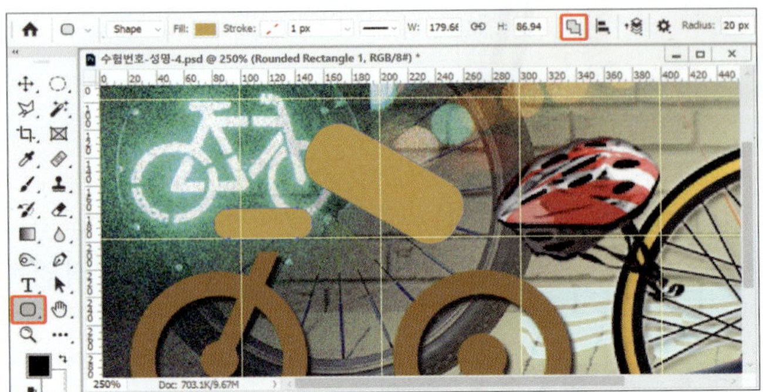

16 Path Selection Tool(패스 선택 도구, ▶)로 둥근 사각형을 선택하고 `Alt`를 누른 채 상단으로 드래그하여 복사합니다. `Ctrl`+`T`를 눌러 Options Bar(옵션 바)에서 'Rotate(회전, △) : -70˚'를 입력하고 `Enter`를 눌러 시계 반대 방향으로 회전을 적용한 후 배치합니다.

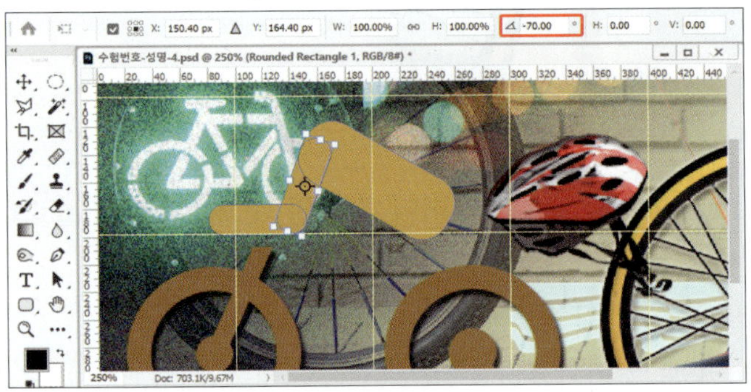

17 Rounded Rectangle Tool(모서리가 둥근 직사각형 도구, ▢)을 선택하고 Options Bar(옵션 바)에서 'Path operations(패스 작업) : Combine Shapes(모양 결합, ▣)'로 설정하고 작업 이미지에 드래그하여 크기가 다른 2개의 둥근 사각형을 그리고 `Ctrl`+`T`를 눌러 각각 회전하여 겹치도록 배치합니다.

18 Options Bar(옵션 바)에서 'Path operations(패스 작업) : Merge Shape Components(모양 병합 구성 요소, ⬚)'를 클릭하여 모양을 하나로 병합합니다. Enter 를 눌러 패스 작업을 완료합니다.

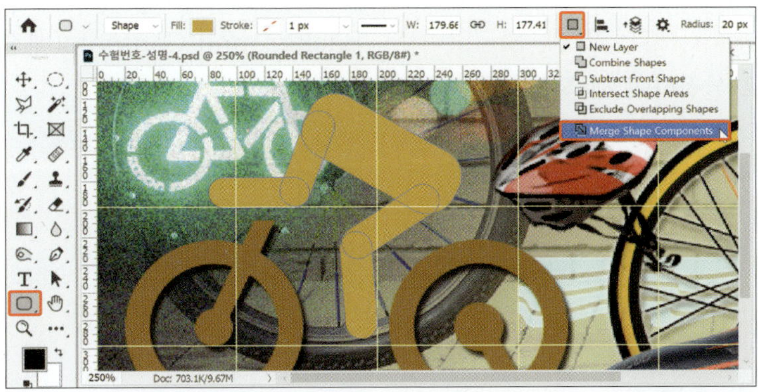

19 Layers(레이어) 패널 하단의 'Add a layer style(레이어 스타일 추가, fx)'을 클릭하고 [Drop Shadow(그림자)]를 선택한 후 [OK(확인)]를 클릭합니다.

20 Ellipse Tool(타원 도구, ◯)을 선택하고 Options Bar(옵션 바)에서 'Pick tool mode(선택 도구 모드) : Shape(모양), Fill(칠) : #ffcc33, Stroke(획) : No Color(색상 없음), Path operations(패스 작업) : New Layer(새 레이어, ◻)'로 설정합니다. 작업 이미지에 클릭한 후 'Width(폭) : 60px(픽셀), Height(높이) : 60px(픽셀)'을 지정하고 [OK(확인)]를 클릭합니다.

21 Direct Selection Tool(직접 선택 도구, ▷)을 선택하고 원형 상단의 기준점을 클릭하여 선택하고 상단으로 이동하여 모양을 수정합니다. 계속해서 오른쪽 방향점을 클릭하여 선택하고 곡선의 핸들을 조절하여 모양을 수정합니다.

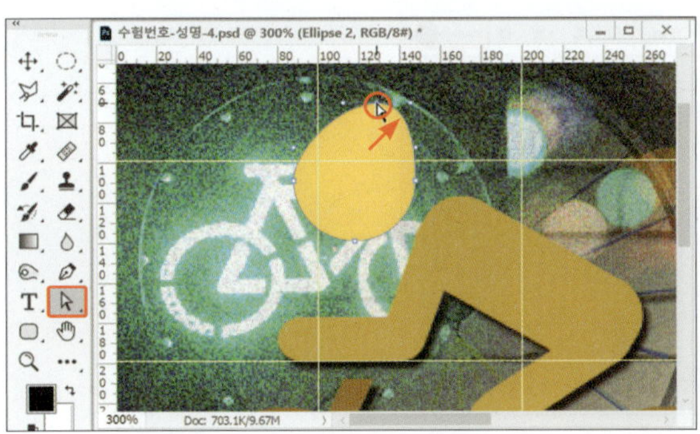

22 Layers(레이어) 패널 하단의 'Add a layer style(레이어 스타일 추가, fx)'을 클릭하고 [Drop Shadow(그림자)]를 선택한 후 [OK(확인)]를 클릭합니다.

01 [File(파일)]-[New(새로 만들기)]($\boxed{\text{Ctrl}}$+$\boxed{\text{N}}$)를 선택하고 'Width(폭) : 30Pixels(픽셀), Height(높이) : 30Pixels(픽셀), Resolution(해상도) : 72Pixels/Inch(픽셀/인치), Color Mode(색상 모드) : RGB Color(RGB 색상), 8bits(비트), Background Contents(배경 내용) : Transparent(투명)'로 설정하여 새 작업 이미지를 만듭니다.

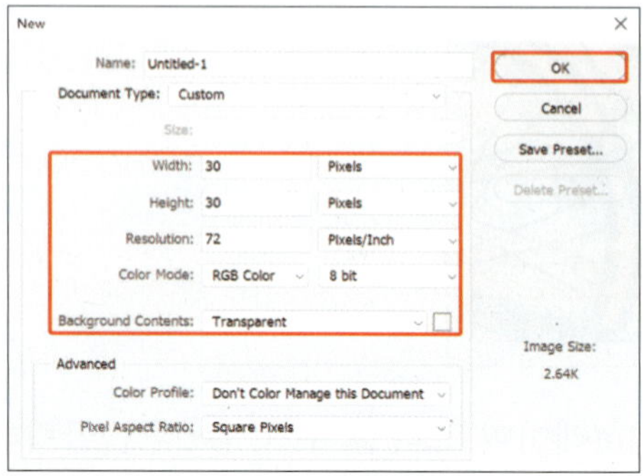

> ▶ **기적**의 TIP
>
> Background Contents(배경 내용)를 'Transparent(투명)'로 설정해야 클리핑 마스크 적용 시 펜으로 작업한 Shape(모양)의 설정 색상이 보입니다.

02 [View(보기)]-[Rulers(눈금자)]($\boxed{\text{Ctrl}}$+$\boxed{\text{R}}$)를 클릭하여 눈금자를 표시합니다.

03 Custom Shape Tool(사용자 정의 모양 도구, ✿)을 클릭하고 Options Bar(옵션 바)에서 'Pick tool mode(선택 도구 모드) : Shape(모양), Fill(칠) : #ffcc33, Stroke(획) : No Color(색상 없음), Shape(모양) : Bull's Eye(과녁, ◎)'로 설정한 후 $\boxed{\text{Shift}}$를 누른 채 드래그하여 모양을 그립니다.

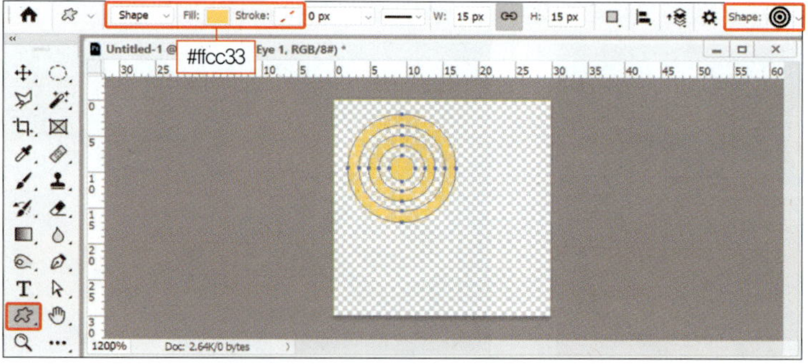

> ◎ **Shape** 경로
>
> [Legacy Shapes and More(레거시 모양 및 기타)]-[All Legacy Default Shapes(모든 레거시 기본 모양)]-[Symbols(기호)]

04 Custom Shape Tool(사용자 정의 모양 도구,)을 클릭하고 Options Bar(옵션 바)에서 'Pick tool mode(선택 도구 모드) : Shape(모양), Fill(칠) : #cccc66, Stroke(획) : No Color(색상 없음), Shape(모양) : Copyright(저작권, ⓒ)'로 설정한 후 Shift 를 누른 채 드래그하여 모양을 그립니다.

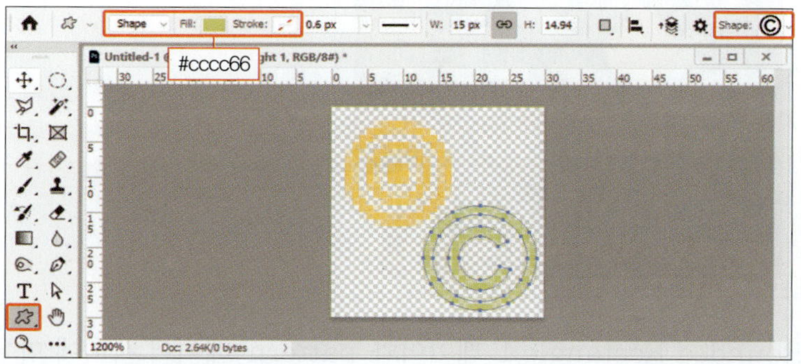

◎ **Shape 경로**

[Legacy Shapes and More(레거시 모양 및 기타)]–[All Legacy Default Shapes(모든 레거시 기본 모양)]–[Symbols(기호)]

05 [Edit(편집)]–[Define Pattern(패턴 정의)]을 선택하고 'Pattern Name(패턴 이름) : 기호 모양'으로 설정하고 패턴을 등록합니다.

⑧ 패턴 적용

01 작업 이미지를 선택하고 Layers(레이어) 패널에서 'Rounded Rectangle 1' 레이어를 선택합니다. Layers(레이어) 패널 하단의 'Create a new layer(새 레이어 만들기,)'를 클릭하여 새 레이어를 만든 후 레이어 이름을 더블 클릭하여 'pattern'으로 수정합니다.

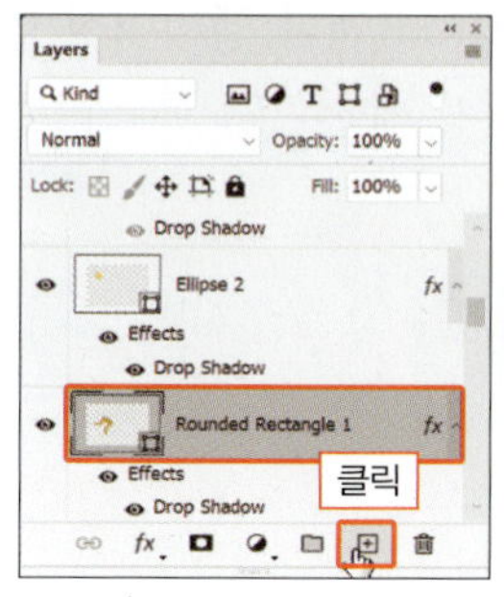

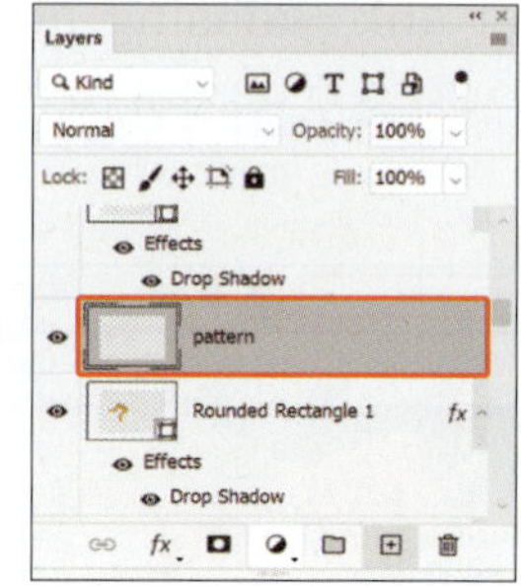

02 [Edit(편집)]−[Fill(칠)]을 선택하고 'Contents(내용) : Pattern(패턴), Custom Pattern(사용자 정의 패턴) : 기호 모양, Mode(모드) : Normal(표준), Opacity(불투명도) : 100%, Preserve Transparency(투명도 유지) : 체크 해제'로 설정하여 채웁니다.

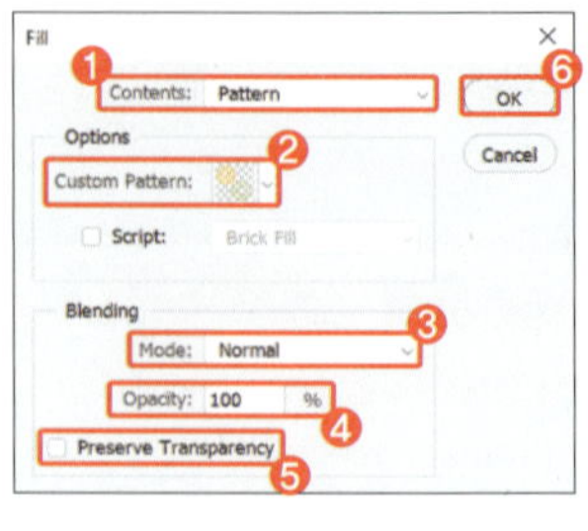

03 Layers(레이어) 패널에서 'Rounded Rectangle 1' 레이어와 'pattern' 레이어 사이에 마우스 커서를 놓고 Alt 를 누른 채 클릭하여 Clipping Mask(클리핑 마스크)를 적용합니다.

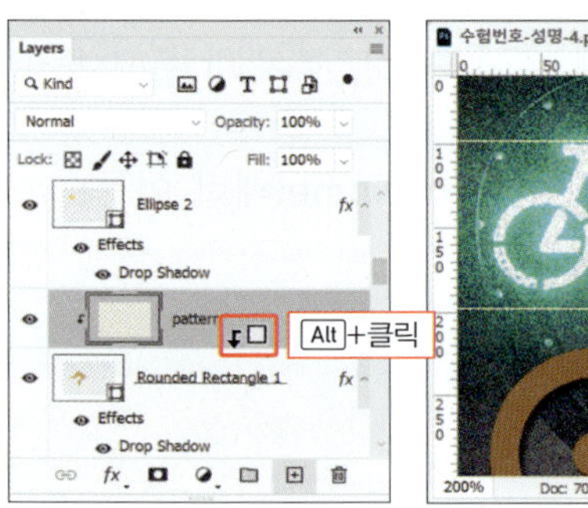

Clipping Mask(클리핑 마스크)를 적용할 때는 반드시 'Rounded Rectangle 1' 레이어 바로 위에 'pattern' 레이어를 서로 겹치도록 배치해야 합니다.

09 문자 입력과 왜곡 및 레이어 스타일 적용

01 Layers(레이어) 패널에서 'Hue/Saturation 1'레이어를 선택합니다. Horizontal Type Tool(수평 문자 도구, T)로 작업 이미지를 클릭하고 Options Bar(옵션 바)에서 'Font(글꼴) : 굴림, Set font size(글꼴 크기) : 32pt, Set anti-aliasing method(앤티 앨리어싱 방법 설정) : Strong(강하게), Color(색상) : 임의 색상'으로 설정한 후 '한강 자전거길 페스티벌'을 입력합니다.

02 Options Bar(옵션 바)에서 Create warped text(뒤틀어진 텍스트 만들기, ⟨⟩)를 클릭하여 [Warp Text(텍스트 뒤틀기)] 대화상자에서 'Style(스타일) : Shell Lower(아래가 넓은 조개), Horizontal(가로) : 체크, Bend(구부리기) : 25%'를 설정하여 문자의 모양을 왜곡합니다.

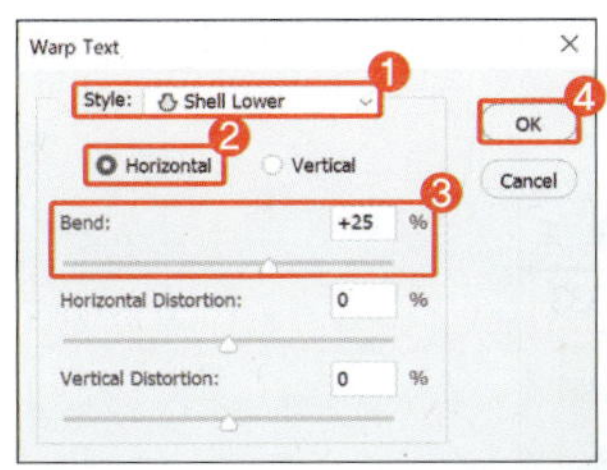

03 Layers(레이어) 패널 하단의 'Add a layer style(레이어 스타일 추가, fx.)'을 클릭하여 [Stroke(획)]를 선택하고 'Size(크기) : 3px, Color(색상) : #336633'으로 설정합니다.

04 계속해서 [Gradient Overlay(그레이디언트 오버레이)]를 선택하고 'Click to edit the gradient(클릭하여 그레이디언트 편집)'를 클릭합니다. 그레이디언트 슬라이더 왼쪽 하단의 'Color Stop(색상 정지점)'을 더블 클릭하여 #ffffff를, 가운데 빈 곳을 클릭하여 'Color Stop(색상 정지점)'을 추가하고 더블 클릭하여 #ccffff를, 오른쪽 'Color Stop(색상 정지점)'을 더블 클릭하여 #ffcccc로 설정한 후 'Style(스타일) : Linear(선형), Angle(각도) : 0°'로 설정하고 [OK(확인)]를 클릭합니다.

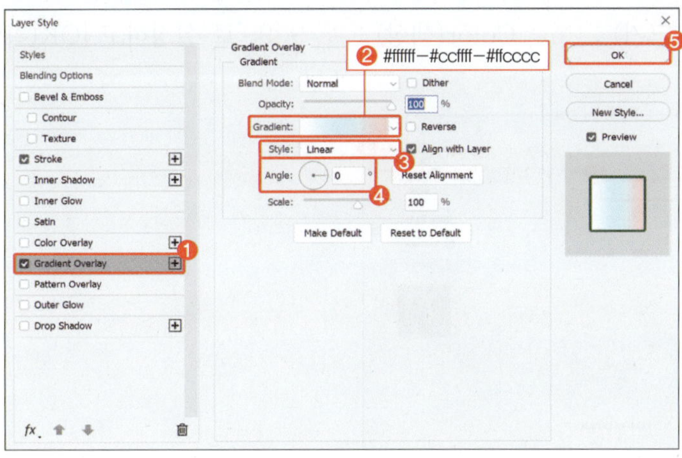

05 Horizontal Type Tool(수평 문자 도구, T)로 작업 이미지를 클릭하고 Options Bar(옵션 바)에서 'Font(글꼴) : Times New Roman, Set font style(글꼴 스타일 설정) : Bold, Set font size(글꼴 크기) : 22pt, Color(색상) : #003333'으로 설정한 후 'Bike Festival'을 입력합니다. 'B'와 'F' 문자를 각각 드래그하여 선택하고 'Set font size(글꼴 크기) : 28pt'로 설정합니다.

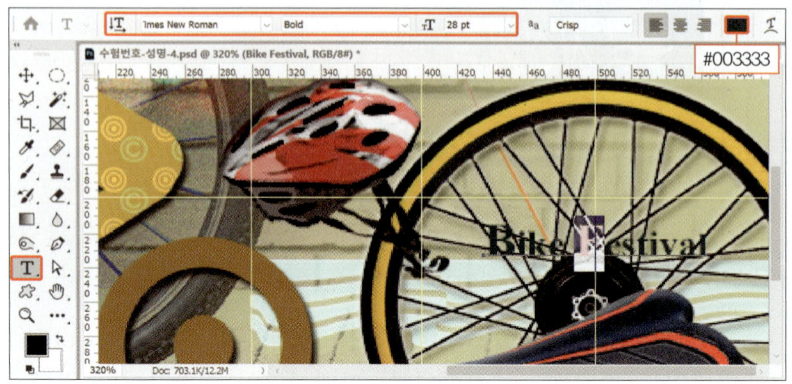

06 Options Bar(옵션 바)에서 Create warped text(뒤틀어진 텍스트 만들기, ⊥)를 클릭하여 [Warp Text(텍스트 뒤틀기)] 대화상자에서 'Style(스타일) : Arc(부채꼴), Horizontal(가로) : 체크, Bend(구부리기) : 73%'를 설정하여 문자의 모양을 왜곡합니다.

07 Layers(레이어) 패널 하단의 'Add a layer style(레이어 스타일 추가, fx.)'을 클릭하여 [Stroke(획)]를 선택하고 'Size(크기) : 2px, Color(색상) : #cc9999'로 설정하고 [OK(확인)]를 클릭합니다.

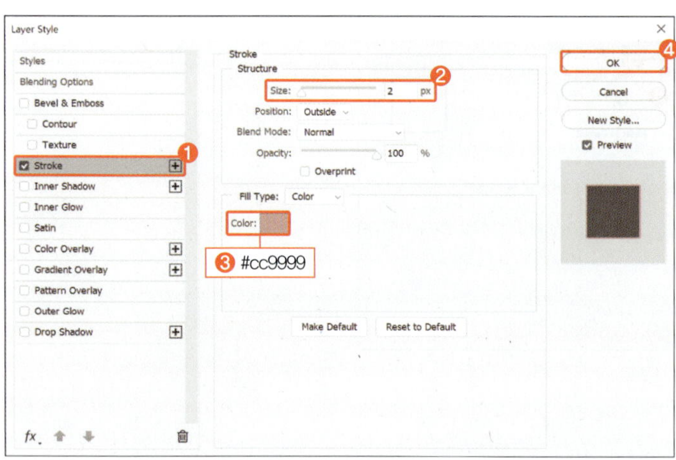

08 Horizontal Type Tool(수평 문자 도구, `T`)로 작업 이미지를 클릭하고 Options Bar(옵션 바)에서 'Font(글꼴) : Arial, Set font style(글꼴 스타일 설정) : Regular, Set font size (글꼴 크기) : 20pt, Color(색상) : #ff9933'으로 설정한 후 'Enjoy! Slow Riding'을 입력합니다.

09 Layers(레이어) 패널 하단의 'Add a layer style(레이어 스타일 추가, `fx.`)'을 클릭하여 [Stroke(획)]를 선택하고 'Size(크기) : 2px, Color(색상) : #000000'으로 설정한 후 [OK(확인)]를 클릭합니다.

10 [File(파일)]-[Save(저장)](`Ctrl`+`S`)를 선택하고 파일을 저장합니다.

⑩ 정답 파일 저장

01 [View(보기)]-[Show(표시)]-[Grid(격자)](`Ctrl`+`'`)를 선택하여 격자를 가립니다.

02 [File(파일)]-[Save As(다른 이름으로 저장)](`Shift`+`Ctrl`+`S`)를 선택하고 '저장 위치 : 내 PC₩문서₩GTQ, 파일 형식 : JPEG(*.JPG;*.JPEG;*.JPE), 파일 이름 : 수험번호-성명-문제번호'를 입력하고 [저장]을 클릭한 후 [JPEG Options(JPEG 옵션)] 대화상자에서 'Quality(품질) : 8'로 설정하고 [OK(확인)]를 클릭합니다.

03 [Image(이미지)]-[Image Size(이미지 크기)](`Alt`+`Ctrl`+`I`)를 선택하고 'Constrain aspect ratio(종횡비 제한) : 클릭, Width(폭) : 60Pixels(픽셀), Height(높이) : 40Pixels(픽셀)'로 입력하여 이미지 크기를 1/10로 축소한 후 [OK(확인)]를 클릭합니다.

04 [File(파일)]-[Save As(다른 이름으로 저장)](`Shift`+`Ctrl`+`S`)를 선택하고 '저장 위치 : 내 PC₩문서₩GTQ, 파일 형식 : Photoshop(*.PSD;*.PDD;*.PSDT), 파일 이름 : 수험번호-성명-문제번호'를 입력한 후 [저장]을 클릭합니다.

05 답안 저장이 완료되면 [File(파일)]-[Exit(종료)](`Ctrl`+`Q`)를 선택하여 프로그램을 종료하고 수험 프로그램에서 [답안 전송]을 클릭하여 psd와 jpg 파일을 감독관 컴퓨터로 전송합니다.

PART

04

기출 유형 문제

시험에 자주 출제되는 기출 유형 문제들을 회차별로 정리하였습니다. 실제 시험의 난이도와 출제 의도를 가장 잘 반영하고 있으므로, 각 문항의 지시사항을 정확히 해석하고 조건에 맞춰 작업하는 연습이 매우 중요합니다. 제한된 시간 내에 작업을 완성하는 연습을 통해, 시간 관리 능력과 실전 감각을 동시에 연습하세요.

차례

기출 유형 문제 01회

급수	문제유형	시험시간	수험번호	성명
1급	A	90분	G120260001	

수험자 유의사항

- 수험자는 문제지를 받는 즉시 응시하고자 하는 **과목 및 급수가 맞는지 확인**한 후 수험번호와 성명을 작성합니다.
- 파일명은 본인의 "수험번호–성명–문제번호"로 공백 없이 정확히 입력하고 답안폴더(내 PC\문서\GTQ)에 jpg 파일과 psd 파일의 2가지 포맷으로 저장해야 하며, jpg 파일과 psd 파일의 내용이 상이할 경우 0점 처리됩니다.
- 답안문서 파일명이 "수험번호–성명–문제번호"와 일치하지 않거나, 답안 파일을 **'전송'하지 않는 경우 답안 파일 미제출로 불합격 처리**됩니다. ※ 답안은 반드시 시험 시간 내에 전송을 완료해야 하며, 전송 시간을 충분히 감안 하여 제출해 주시기 바랍니다. (공정한 평가를 위해, 시험종료 전 전송이 완료된 답안에 한해 채점이 진행됩니다.)
- 문제의 세부 조건은 '영문(한글)' 형식으로 표기되어 있으니 유의하시길 바랍니다.
- 수험자 정보와 저장한 파일명, 저장 위치가 다를 경우 전송이 되지 않으므로, 주의하시길 바랍니다.
- **답안 작성 중에도 주기적으로 '저장'과 '답안 전송'을 이용하여 감독위원 PC로 답안을 전송하셔야 합니다.** (작업 한 내용을 저장하지 않고 답안을 전송할 경우 이전의 저장 내용이 전송되오니 이점 반드시 유념하시기 바랍니다.)
- 모든 수험자는 동일한(초기화 된) 환경에서 시험이 시작되며 '작업환경 설정'은 시험 시간 내에 진행합니다.
  (시험 시작 전 '작업환경 설정' 불가, 소프트웨어 이상 유무만 확인)
- 답안문서는 지정된 경로 외의 다른 보조기억장치에 저장하는 행위, 지정된 시험 시간 외에 작성된 파일을 활용 한 행위, 기타 허용되지 않은 기기 및 프로그램(이메일, 메신저, 게임, 네트워크, 윈도우계산기, 스톱워치 등) 이용 시 부정행위로 간주 되어 **자격기본법 제32조에 의거 본 시험 및 국가공인 자격시험을 2년간 응시할 수 없습니다.**
- 시험 종료 후 제출된 답안은 평가 및 검증을 위해 본부에서 보관되며, **시험의 공정성과 보안 유지를 위해 응시자에 게 본인의 답안을 제공하는 것은 허용되지 않습니다.** 이 점 반드시 유의하시기 바랍니다.
- 시험 중 부주의 또는 고의로 시스템을 파손한 경우와 〈수험자 유의사항〉에 기재된 방법대로 이행하지 않아 생기 는 불이익은 수험자의 책임임을 알려 드립니다. 또한 수험자는 시험 중 안전에 특히 유의하여야 하며, 시험장에서 소란을 피우거나 타인의 시험을 방해하는 자는 질서유지를 위해 시험을 중지시키고 시험장에서 퇴장 시킵니다.
- 시험을 완료한 수험자는 최종적으로 저장한 답안파일이 전송되었는지 확인한 후 감독위원의 지시에 따라 문제지 를 제출하고 퇴실합니다.

답안 작성요령

- **온라인 답안 작성 절차**
  수험자 등록 ⇒ 시험 시작 ⇒ 답안파일 저장 ⇒ 답안 전송 ⇒ 시험 종료
- 내 PC\문서\GTQ\Image폴더에 있는 그림 원본파일을 사용하여 답안을 작성하시고 최종답안을 답안폴더(내 PC\문서\GTQ)에 저장하여 답안을 전송하시고, 이미지의 크기가 다른 경우 감점 처리됩니다.
- 배점은 총 100점으로 이루어지며, 점수는 각 문제별로 차등 배분됩니다.
- 각 문제는 주어진 〈조건〉에 따라 작성하고, 언급하지 않은 조건은 《출력형태》와 같이 작성합니다.
- **문제 〈조건〉과 《출력형태》에서 차이가 발생할 경우 문제에서 지정한 〈조건〉에 따라 작업해 주시기 바랍니다.**
- 배치 등의 편의를 위해 주어진 눈금자의 단위는 '픽셀'입니다.
  그 외는 출력형태(효과, 이미지, 문자, 색상, 레이아웃, 규격 등)와 같게 작업하십시오.
- 문제 〈조건〉에 서체의 지정이 없을 경우 한글은 굴림이나 돋움, 영문은 Arial로 작업하십시오.
  (단, 그 외에 제시되지 않은 문자 속성을 기본값으로 작성하지 않은 경우는 감점 처리됩니다.)
- Image Mode(이미지 모드)는 별도의 처리조건이 없을 시 RGB(8비트)로 작업하십시오.
- 모든 답안 파일은 해상도 72 pixels/inch로 작업하십시오.
- Layer(레이어)는 각 기능별로 분할해야 하며, 임의로 합칠 경우나 각 기능에 대한 속성을 해지할 경우 해당 요소 는 0점 처리됩니다.

한 국 생 산 성 본 부

문제 ❶ [기능평가] 고급 Tool(도구) 활용   20분

다음의 《조건》에 따라 아래의 《출력형태》와 같이 작업하시오.

[조건]

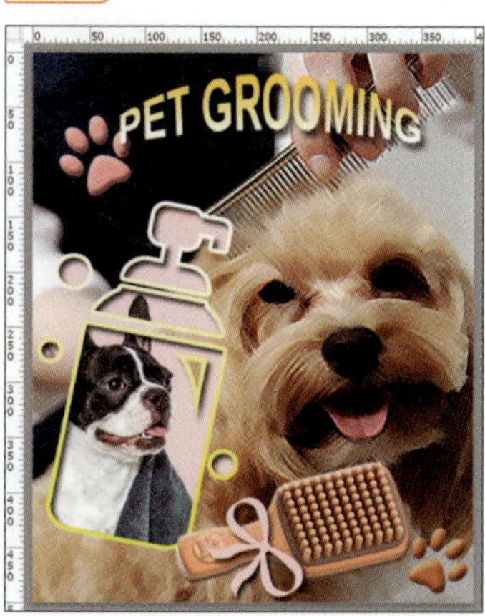

원본 이미지	PART04₩기출유형문제01회₩1급-1.jpg, 1급-2.jpg, 1급-3.jpg		
파일저장규칙	JPG	파일명	문서₩GTQ₩수험번호-성명-1.jpg
		크기	400×500 pixels
	PSD	파일명	문서₩GTQ₩수험번호-성명-1.psd
		크기	40×50 pixels

1. 그림 효과

① 1급-1.jpg : 필터 – Crosshatch(그물눈)
② Save Path(패스 저장) : 샴푸용기 모양
③ Mask(마스크) : 샴푸용기 모양, 1급-2.jpg를 이용하여 작성
　레이어 스타일 – Stroke(획)(4px, 그라디언트(#ffff00, #ffffff)),
　Inner Shadow(내부 그림자)
④ 1급-3.jpg : 레이어 스타일 – Bevel and Emboss(경사와 엠보스)
⑤ Shape Tool(모양 도구) :
　– 고양이 발 모양 (#cc6633, #ff9999, 레이어 스타일 – Bevel and Emboss(경사와 엠보스))
　– 리본 모양 (#ffcccc, 레이어 스타일 – Drop Shadow(그림자 효과))

2. 문자 효과

① PET GROOMING (Arial, Bold, 35pt, 레이어 스타일 – Drop Shadow(그림자 효과), 그라디언트 오버레이(#ffffff, #ffcc00))

문제 ❷ [기능평가] 사진편집 응용   20분

다음의 《조건》에 따라 아래의 《출력형태》와 같이 작업하시오.

[조건]

원본 이미지	PART04₩기출유형문제01회₩1급-4.jpg, 1급-5.jpg, 1급-6.jpg		
파일저장규칙	JPG	파일명	문서₩GTQ₩수험번호-성명-2.jpg
		크기	400×500 pixels
	PSD	파일명	문서₩GTQ₩수험번호-성명-2.psd
		크기	40×50 pixels

1. 그림 효과

① 1급-4.jpg : 필터 – Watercolor(수채화)
② 색상 보정 : 1급-5.jpg – 파란색, 빨간색 계열로 보정
③ 1급-5.jpg : 레이어 스타일 – Drop Shadow(그림자 효과)
④ 1급-6.jpg : 레이어 스타일 – Inner Glow(내부 광선)
⑤ Shape Tool(모양 도구) :
　– 물결 모양 (#ccff99, 레이어 스타일 – Inner Shadow(내부 그림자))
　– 풀 모양 (#cccc66, #66cc33, 레이어 스타일 – Stroke(획)(2px, #336633))

2. 문자 효과

① Tree Frog (Times New Roman, Bold, 50pt, 레이어 스타일 – 그라디언트 오버레이(#66ffff, #ffff33),
　Stroke(획)(3px, #3366cc))

다음의 《조건》에 따라 아래의 《출력형태》와 같이 작업하시오.

조건

원본 이미지		PART04₩기출유형문제01회₩1급–7.jpg, 1급–8.jpg, 1급–9.jpg, 1급–10.jpg, 1급–11.jpg	
파일저장규칙	JPG	파일명	문서₩GTQ₩수험번호–성명–3.jpg
		크기	600×400 pixels
	PSD	파일명	문서₩GTQ₩수험번호–성명–3.psd
		크기	60×40 pixels

1. 그림 효과

① 배경 : #999933
② 1급–7.jpg : Blending Mode(혼합 모드) – Screen(스크린), Opacity(불투명도)(80%)
③ 1급–8.jpg : 필터 – Angled Strokes(각진 획), 레이어 마스크 – 대각선 방향으로 흐릿하게
④ 1급–9.jpg : 필터 – Wind(바람), 레이어 스타일 – Inner Shadow(내부 그림자)
⑤ 1급–10.jpg : 레이어 스타일 – Bevel and Emboss(경사와 엠보스), Drop Shadow(그림자 효과)
⑥ 1급–11.jpg : 색상 보정 – 보라색 계열로 보정, 레이어 스타일 – Stroke(획)(3px, 그라디언트(#ffcc99, 투명으로))
⑦ 그 외 《출력형태》 참조

2. 문자 효과

① Agility Championships (Arial, Bold, 50pt, 36pt, 레이어 스타일 – 그라디언트 오버레이(#cc33ff, #006666, #ff9900), Stroke(획)(2px, #ffffff), Drop Shadow(그림자 효과))
② Large Dog Competition (Times New Roman, Bold, 25pt, #000000, 레이어 스타일 – Stroke(획)(2px, #cccc99))
③ 강아지 어질리티 훈련이야기 (돋움, 20pt, 레이어 스타일 – 그라디언트 오버레이(#cccccc, #ff9900), Stroke(획)(2px, #996666))
④ 참가신청 / 프로그램 (돋움, 16pt, #ffffff, #cccc66, 레이어 스타일 – Stroke(획)(2px, #333300))

출력형태

다음의 《조건》에 따라 아래의 《출력형태》와 같이 작업하시오.

조건

원본 이미지		PART04\기출유형문제01회\1급-12.jpg, 1급-13.jpg, 1급-14.jpg, 1급-15.jpg, 1급-16.jpg, 1급-17.jpg	
파일저장규칙	JPG	파일명	문서\GTQ\수험번호-성명-4.jpg
		크기	600×400 pixels
	PSD	파일명	문서\GTQ\수험번호-성명-4.psd
		크기	60×40 pixels

1. 그림 효과

① 배경 : #ffcccc

② 패턴(퍼즐 모양) : #99cc66, #cc9966

③ 1급-12.jpg : Blending Mode(혼합 모드) – Soft Light(소프트 라이트), 레이어 마스크 – 세로 방향으로 흐릿하게

④ 1급-13.jpg : 필터 – Texturizer(텍스처화), 레이어 마스크 – 가로 방향으로 흐릿하게

⑤ 1급-14.jpg : 레이어 스타일 – Bevel and Emboss(경사와 엠보스), Drop Shadow(그림자 효과), Opacity(불투명도)(80%)

⑥ 1급-15.jpg : 필터 – Poster Edges(포스터 가장자리), 레이어 스타일 – Outer Glow(외부 광선)

⑦ 1급-16.jpg : 색상 보정 – 파란색 계열로 보정, 레이어 스타일 – Drop Shadow(그림자 효과)

⑧ 그 외 《출력형태》 참조

2. 문자 효과

① Let's protect our precious pets (Arial, Regular, 24pt, #ffffff, 레이어 스타일 – Stroke(획)(2px, 그라디언트 (#990033, #3366ff)), Drop Shadow(그림자 효과)

② 반려동물 등록제 (궁서, 50pt, 36pt, 레이어 스타일 – 그라디언트 오버레이(#ff99cc, #99ccff), Stroke(획)(3px, #330000))

③ 사전등록 클릭! (돋움, 15pt, #333333, 레이어 스타일 – Stroke(획)(2px, #ffffff))

④ 등록방법 이벤트 등록혜택 (돋움, 17pt, #000000, 레이어 스타일 – Stroke(획)(2px, #ffffff, #ffcccc))

출력형태

Shape Tool(모양 도구) 사용
#6699cc, #ffffff,
레이어 스타일 – Outer Glow(내부 광선),
Opacity(불투명도)(70%)

Pen Tool(펜 도구) 사용
#663333, #996666, #ffcc66,
레이어 스타일 – Drop Shadow(그림자 효과)

Shape Tool(모양 도구) 사용
레이어 스타일
– Stroke(획)(2px, #339999),
그라디언트 오버레이(#ffffff, #99cccc)

Shape Tool(모양 도구) 사용
#ffcccc,
레이어 스타일 – Inner Shadow(내부 그림자)

작업과정	새 작업 이미지 만들기 및 파일 저장하기 ➡ 필터 적용 ➡ 샴푸용기 모양 패스 생성 ➡ 레이어 스타일 및 클리핑 마스크 적용 ➡ 모양 생성 및 레이어 스타일 적용 ➡ 문자 입력 및 왜곡하고 레이어 스타일 적용 ➡ 정답 파일 저장
완성이미지	PART04₩기출유형문제01회₩정답파일₩G120260001-성명-1.jpg, G120260001-성명-1.psd

01 새 작업 이미지 만들기 및 파일 저장하기

01 [File(파일)]-[New(새로 만들기)]([Ctrl]+[N])를 선택하고 'Width(폭) : 400Pixels(픽셀), Height(높이) : 500Pixels(픽셀), Resolution(해상도) : 72Pixels/Inch(픽셀/인치), Color Mode(색상 모드) : RGB Color(RGB 색상), 8bit(비트), Background Contents(배경 내용) : White(흰색)'로 설정하여 새 작업 이미지를 만듭니다.

02 [Edit(편집)]-[Preference(환경설정)]([Ctrl]+[K])를 클릭하고 [Guides, Grid & Slices(안내선, 격자 및 분할 영역)]를 선택하여 Grid(격자)의 'Color(색상)'를 클릭하여 밝은 색상으로 변경한 후 'Gridline Every(격자 간격) : 100Pixels(픽셀), Subdivisions(세분) : 1'로 설정합니다.

03 [View(보기)]-[Show(표시)]-[Grid(격자)]([Ctrl]+['])와 [View(보기)]-[Rulers(눈금자)]([Ctrl]+[R])를 선택하여 격자와 눈금자를 표시합니다.

04 작업 도큐먼트를 저장하기 위해 [File(파일)]-[Save As(다른 이름으로 저장)]([Shift]+[Ctrl]+[S])를 선택하고 임의 경로에 '파일 이름 : 수험번호-성명-문제번호, 파일 형식 : Photoshop(*.PSD;*.PDD;*.PSDT)'으로 파일을 저장합니다.

02 필터 적용

01 [File(파일)]-[Open(열기)]을 선택하여 1급-1.jpg를 불러옵니다. [Ctrl]+[A]를 눌러 전체를 선택한 후 [Ctrl]+[C]를 눌러 복사하고 작업 이미지를 선택하여 [Ctrl]+[V]로 붙여넣기를 합니다. [Ctrl]+[T]를 누르고 [Shift]를 누른 채 크기를 축소하고 회전하여 배치합니다.

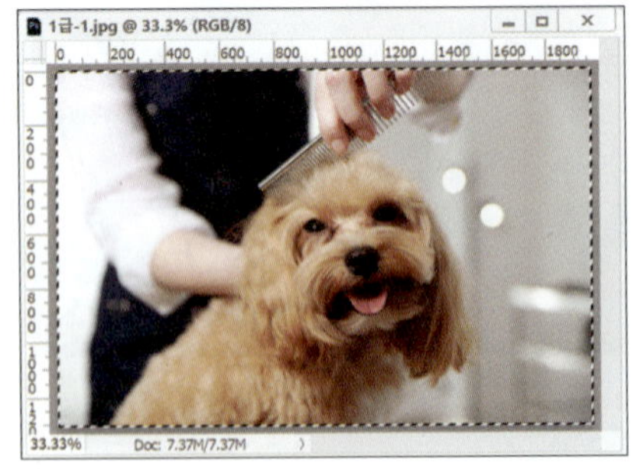

02 [Filter(필터)]–[Filter Gallery(필터 갤러리)]–[Brush Strokes(브러시 선)]–[Crosshatch(그물눈)]를 선택합니다.

③ 샴푸용기 모양 패스 생성

01 Rounded Rectangle Tool(모서리가 둥근 직사각형 도구, ▢)을 선택하고 Options Bar(옵션 바)에서 Pick tool mode(선택 도구 모드) : 'Shape(모양), Fill(칠) : 임의 색상, Stroke(획) : No Color(색상 없음), Path operations(패스 작업) : New Layer(새 레이어, ▣), Radius(반경) : 50px'을 설정한 후 작업 도큐먼트에 클릭합니다. 'Width(폭) : 125px(픽셀), Height(높이) : 227px(픽셀)'을 설정하고 [OK(확인)]를 눌러 둥근 사각형 모양을 그립니다.

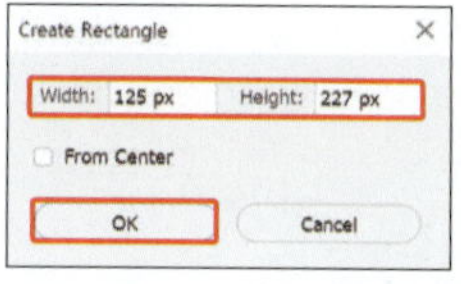

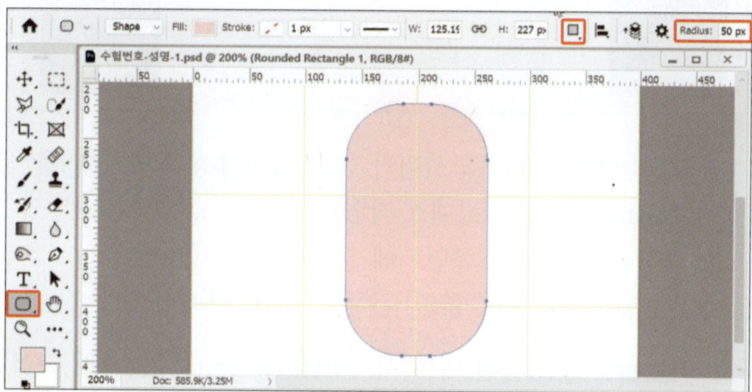

- 명확하게 패스 작업이 보이도록 Layers(레이어) 패널에서 'Layer 1' 레이어의 눈 아이콘(가시성)을 클릭하여 이미지를 보이지 않도록 한 후 진행하겠습니다.
- 'Path operations(패스 작업) : Combine Shapes(모양 결합, ▣)'를 설정하면 동일한 레이어에서 Fill(칠) 색상으로 여러 모양이 그려집니다.

---

02 계속해서 Options Bar(옵션 바)에서 'Path operations(패스 작업) : Combine Shapes(모양 결합, ▣), Radius(반경) : 20px'을 설정한 후 작업 도큐먼트에 클릭합니다. 'Width(폭) : 125px(픽셀), Height(높이) : 91px(픽셀)'을 설정하고 [OK(확인)]를 눌러 둥근 사각형 모양을 그리고 하단에 배치합니다.

03 Path Selection Tool(패스 선택 도구, ▶)로 드래그하여 2개의 모양을 함께 선택하고 Options Bar(옵션 바)에서 Path alignment(패스 맞춤)를 클릭하고 'Align(맞춤) : Align horizontal centers(수평 중앙 맞춤, ▤), Align bottom edges(아래쪽 가장자리 맞춤, ▥)'를 각각 설정하고 하단 중앙에 정렬을 맞춥니다.

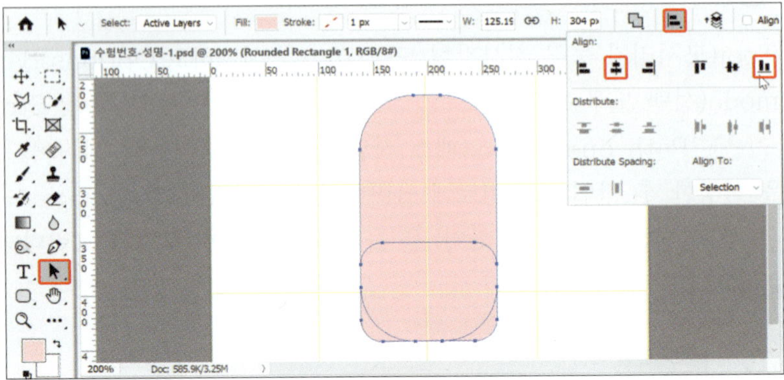

04 Rounded Rectangle Tool(모서리가 둥근 직사각형 도구, ▢)을 선택하고 Options Bar(옵션 바)에서 'Path operations(패스 작업) : Combine Shapes(모양 결합, ▣), Radius(반경) : 20px'을 설정한 후 작업 도큐먼트에 클릭합니다. 'Width(폭) : 76px(픽셀), Height(높이) : 58px(픽셀)'을 설정하고 [OK(확인)]를 눌러 둥근 사각형 모양을 상단에 겹치도록 그립니다.

05 계속해서 Options Bar(옵션 바)에서 'Path operations(패스 작업) : Combine Shapes(모양 결합, ▣), Radius(반경) : 10px'을 설정한 후 작업 도큐먼트에 클릭합니다.

06 'Width(폭) : 42px(픽셀), Height(높이) : 34px(픽셀)'을 설정하고 [OK(확인)]를 눌러 상단에 배치합니다. 작업 이미지에 드래그하여 크기가 다른 둥근 사각형을 겹치도록 그립니다.

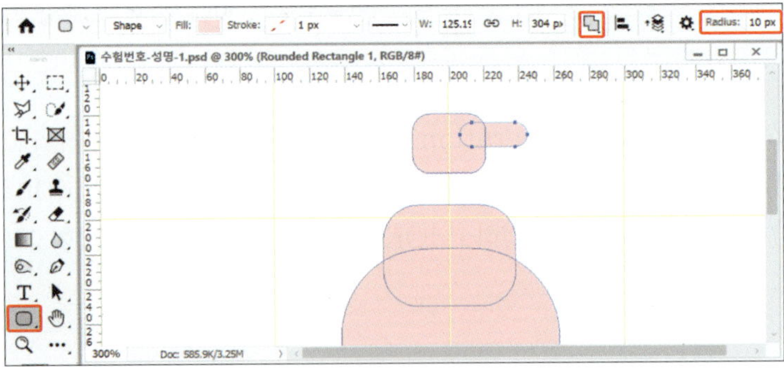

F **기적의 TIP**

둥근 사각형 수치 편집하기

드래그하여 그린 후에 Properties(속성) 패널에서 W, H, Radius(반경) 각각의 수치를 입력하여 수정 및 편집할 수도 있습니다.

---

07 Rounded Rectangle Tool(모서리가 둥근 직사각형 도구, ▣)을 선택하고 Options Bar(옵션 바)에서 'Path operations(패스 작업) : Combine Shapes(모양 결합, ▣), Radius(반경) : 0px'을 설정한 후 드래그하여 크기가 다른 2개의 사각형 모양을 겹치도록 그리고 배치합니다.

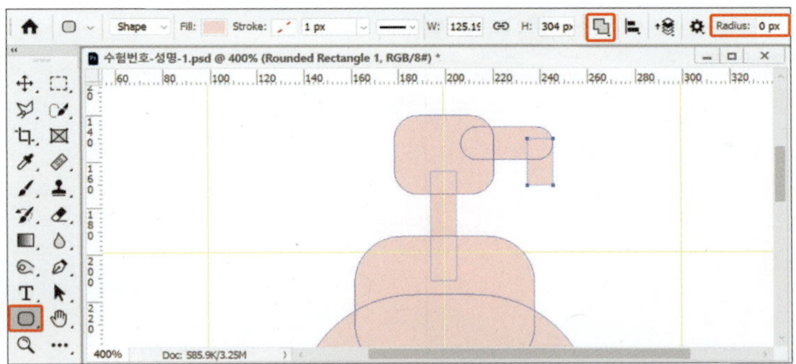

08 Path Selection Tool(패스 선택 도구, ▶)로 드래그하여 5개의 모양을 함께 선택하고 Options Bar(옵션 바)에서 Path alignment(패스 맞춤)를 클릭하고 'Align(맞춤) : Align horizontal centers(수평 중앙 맞춤, ▣)'를 설정하고 정렬을 맞춥니다.

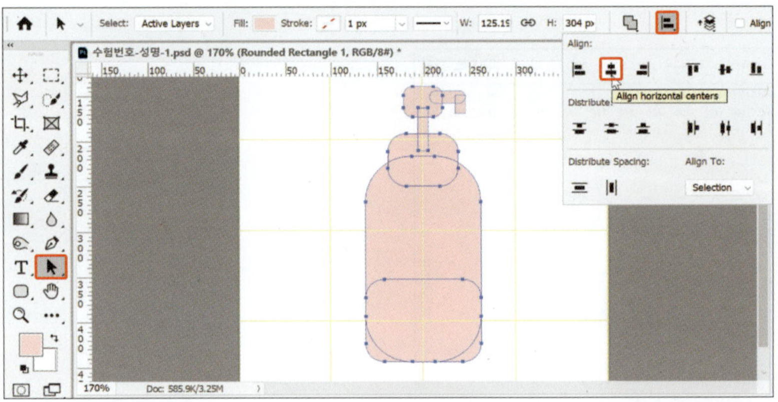

09 Rounded Rectangle Tool(모서리가 둥근 직사각형 도구, ▣)을 선택하고 Options Bar(옵션 바)에서 Path operations(패스 작업) : Subtract Front Shape(전면 모양 빼기, ▣)'로 설정한 후 드래그하여 크기가 다른 2개의 사각형 모양을 겹치도록 그립니다.

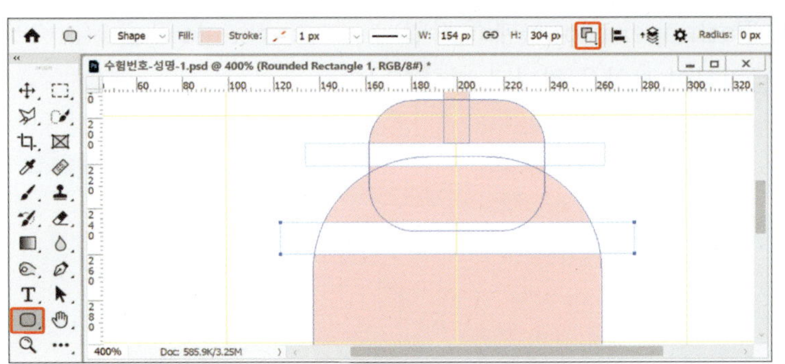

10 Pen Tool(펜 도구, ✒)을 클릭하고 Options Bar(옵션 바)에서 'Shape(모양), Fill(칠) : 임의 색상, Stroke(획) : No Color(색상 없음), Path operations(패스 작업) : Subtract Front Shape(전면 모양 빼기, ▢)'로 설정한 후 드래그하여 닫힌 패스로 모양을 겹치도록 그립니다.

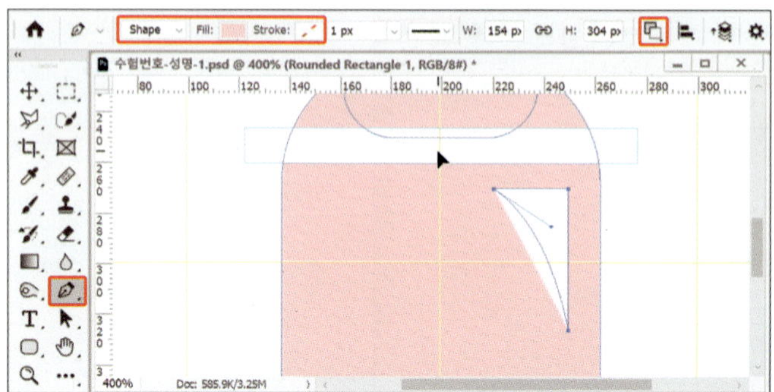

11 Ellipse Tool(타원 도구, ◯)을 선택하고 Options Bar(옵션 바)에서 'Shape(모양), Fill(칠) : 임의 색상, Stroke(획) : No Color(색상 없음), Path operations(패스 작업) : Combine Shapes(모양 결합, ▢)'로 설정합니다. 작업 도큐먼트에 드래그하여 크기가 다른 3개의 정원을 그려서 배치합니다.

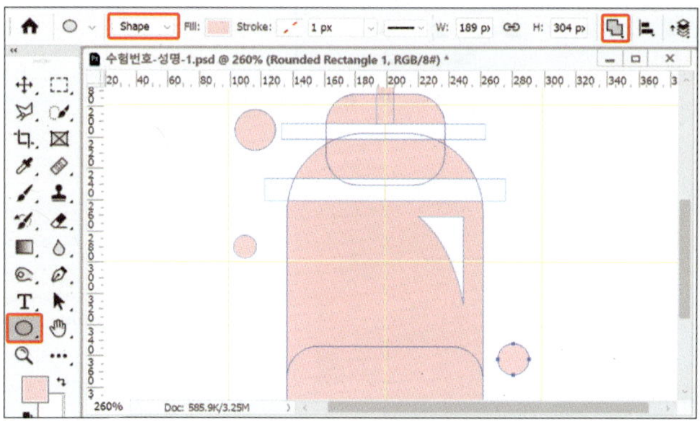

Ellipse Tool(타원 도구, ◯)로 드래그하는 동안 Shift를 누르면 정원을 그릴 수 있습니다.

12 Options Bar(옵션 바)에서 'Path operations(패스 작업) : Merge Shape Components(모양 병합 구성 요소, ▢)'를 클릭하여 모양을 하나로 병합합니다.

13 [Ctrl]+[T]를 누르고 Options Bar(옵션 바)에서 'Rotate(회전), △) : 11°'를 설정하고 [Enter]를 눌러 회전하고 배치합니다.

14 Paths(패스) 패널에서 작업 패스 'Rounded Rectangle 1 Shape Path'를 더블 클릭한 후 [Save Path(패스 저장)] 대화상자에서 'Name(이름) : 샴푸용기 모양'으로 입력하여 패스를 저장합니다.

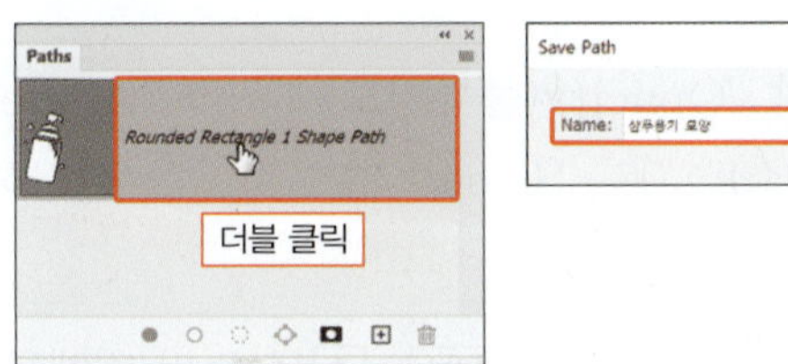

04 레이어 스타일 및 클리핑 마스크 적용

01 Layers(레이어) 패널에서 'Rounded Rectangle 1' 레이어의 이름을 더블 클릭하여 'path'로 이름을 설정하고 마우스 오른쪽 버튼을 클릭한 후 [Rasterize Layer(레이어 래스터화)]를 선택하여 일반 레이어로 속성을 변환합니다.

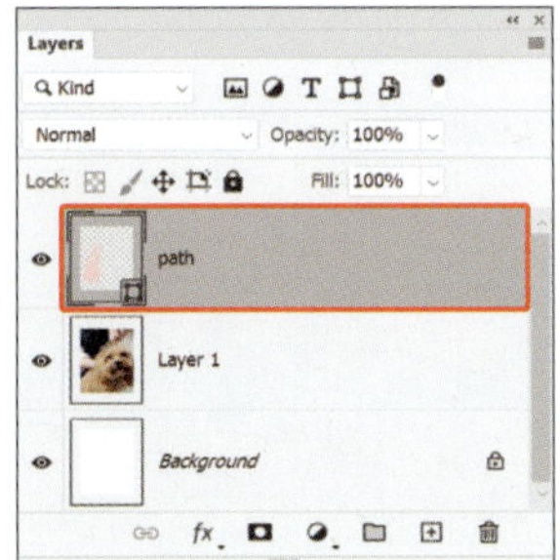

02 Layers(레이어) 패널 하단의 'Add a layer style(레이어 스타일 추가, $fx.$)'을 클릭하여 [Stroke(획)]를 선택하고 'Size(크기) : 4px, Fill Type(칠 유형) : Gradient(그레이디언트)'를 설정하고 'Click to edit the gradient(클릭하여 그레이디언트 편집)'를 클릭합니다. 그레이디언트 슬라이더 왼쪽 하단의 'Color Stop(색상 정지점)'을 더블 클릭하여 #ffff00을, 오른쪽 'Color Stop(색상 정지점)'을 더블 클릭하여 #ffffff로 설정한 후 'Style(스타일) : Linear(선형), Angle(각도) : 90°로 설정합니다.

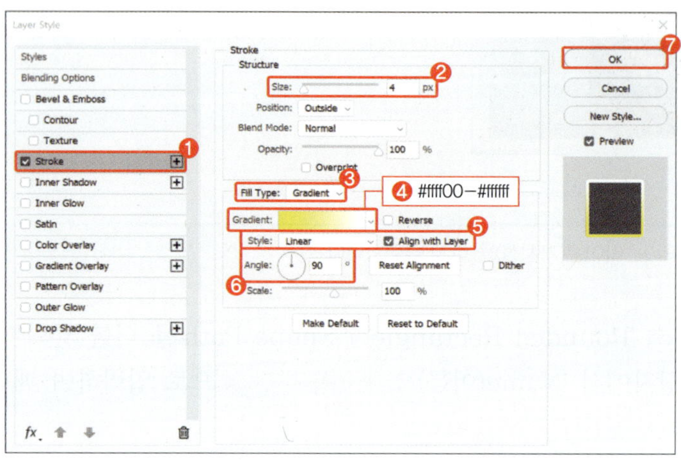

03 계속해서 [Inner Shadow(내부 그림자)]를 선택하여, 'Opacity(불투명도) : 75%, Angle(각도) : 120°, Distance(거리) : 5px, Choke(경계 감소) : 0%, Size(크기) : 5px'을 설정하고 [OK(확인)]를 클릭합니다.

04 [File(파일)]−[Open(열기)]을 선택하여 1급−2.jpg를 불러옵니다. Ctrl + A 를 눌러 전체를 선택하고 Ctrl + C 로 복사한 후 작업 이미지에 Ctrl + V 로 붙여넣기를 합니다. Ctrl + T 를 눌러 Shift 를 누른 채 크기를 축소 후 마우스 오른쪽 버튼을 누르고 [Flip Horizontal(가로로 뒤집기)]로 뒤집은 후 시계 반대 방향으로 회전하여 샴푸 용기 모양과 겹치도록 배치합니다.

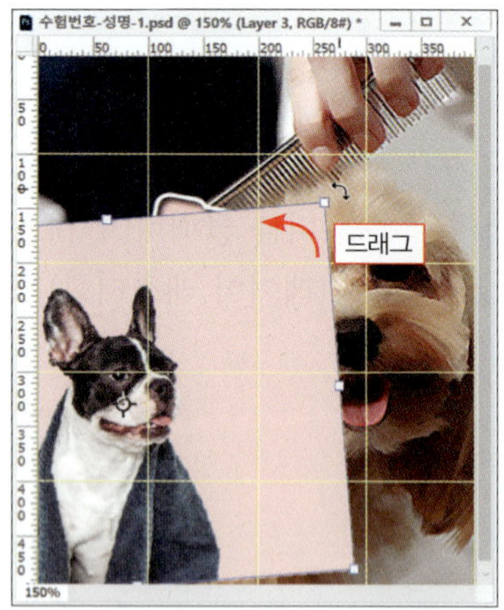

05 Layers(레이어) 패널에서 'path' 레이어와 'Layer 2' 레이어 사이에 마우스 커서를 놓고 Alt를 누르고 클릭하여 Clipping Mask(클리핑 마스크)를 적용합니다.

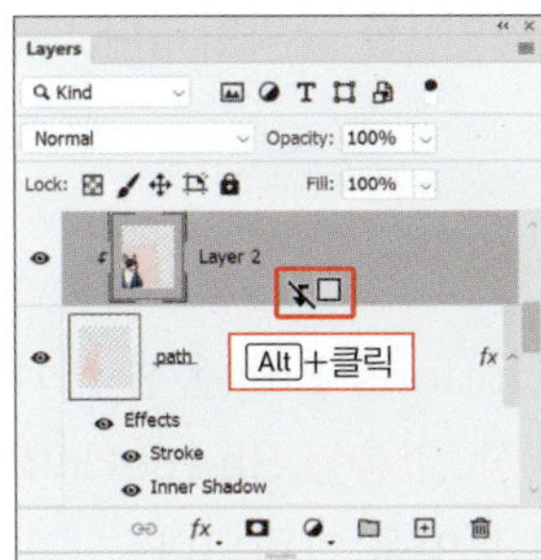

06 [File(파일)]-[Open(열기)](Ctrl+O)을 선택하여 1급-3.jpg를 불러옵니다. Magic Wand Tool(자동 선택 도구, ✎)을 클릭하고 Options Bar(옵션 바)에서 'Tolerance(허용치) : 10, Anti-alias(앤티 앨리어스) : 체크, Contiguous(인접) : 체크'를 설정하고 배경의 흰 부분을 클릭하여 선택합니다.

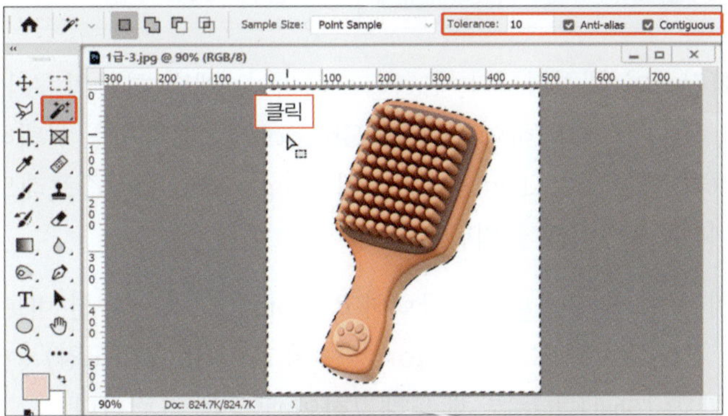

07 [Select]-[Inverse](Shift+Ctrl+I)로 선택을 반전하고 Ctrl+C를 눌러 복사 후 작업 이미지를 선택하여 Ctrl+V로 붙여넣기를 합니다. Ctrl+T를 눌러 Shift를 누른 채 크기를 축소하고 시계 방향으로 회전하여 배치합니다.

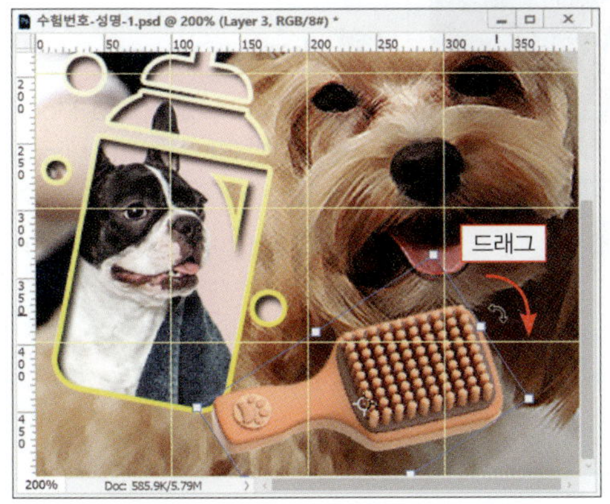

08 Layers(레이어) 패널 하단의 'Add a layer style(레이어 스타일 추가, _fx._)'을 클릭하여 [Bevel & Emboss(경사와 엠보스)]를 선택하고 'Style(스타일) : Inner Bevel(내부 경사), Direction(방향) : Up(위로), Size(크기) : 5px'을 설정한 후 [OK(확인)]를 클릭합니다.

05 모양 생성 및 레이어 스타일 적용

01 Custom Shape Tool(사용자 정의 모양 도구, 🔗)을 클릭하고 Options Bar(옵션 바)에서 'Shape(모양), Fill(칠) : #ffcccc, Stroke(획) : No Color(색상 없음), Shape(모양) : Bow(나비매듭 리본, 🎀)'를 설정한 후 Shift 를 누른 채 드래그하여 모양을 그립니다.

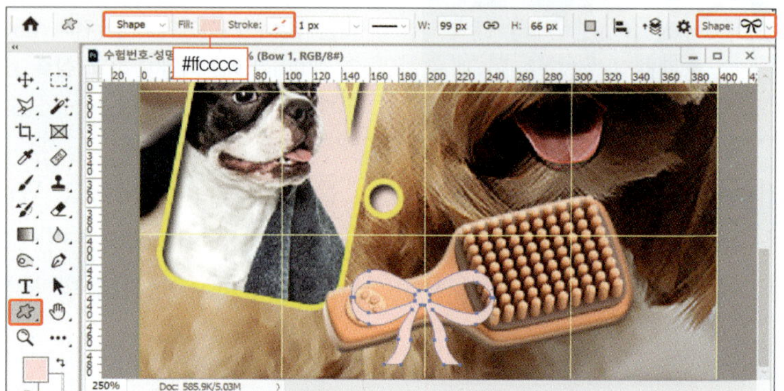

Shape 경로

[Legacy Shapes and More(레거시 모양 및 기타)]–[All Legacy Default Shapes(모든 레거시 기본 모양)]–[Object(개체)]

02 Ctrl + T 를 눌러 시계 방향으로 회전하여 배치합니다. Layers(레이어) 패널 하단의 'Add a layer style(레이어 스타일 추가, _fx._)'을 클릭하여 [Drop Shadow(그림자)]를 선택하고 'Opacity(불투명도) : 75%, Angle(각도) : 120°, Distance(거리) : 5px, Spread(스프레드) : 0%, Size(크기) : 5px'을 설정하고 [OK(확인)]를 클릭합니다.

03 Custom Shape Tool(사용자 정의 모양 도구, 🔗)을 클릭하고 Options Bar(옵션 바)에서 'Shape(모양), Fill(칠) : #cc6633, Stroke(획) : No Color(색상 없음), Shape(모양) : Cat Print(고양이 발자국, 🐾)'을 설정한 후 Shift 를 누른 채 드래그하여 모양을 그립니다.

Shape 경로

[Legacy Shapes and More(레거시 모양 및 기타)]–[All Legacy Default Shapes(모든 레거시 기본 모양)]–[Animals(동물)]

04 Ctrl+T를 눌러 시계 방향으로 회전 후 배치합니다. Layers(레이어) 패널 하단의 'Add a layer style(레이어 스타일 추가, *fx.*)'을 클릭하여 [Bevel & Emboss(경사와 엠보스)]를 선택, 'Style(스타일) : Inner Bevel(내부 경사), Direction(방향) : Up(위로), Size(크기) : 7px'을 설정하고 [OK(확인)]를 클릭합니다.

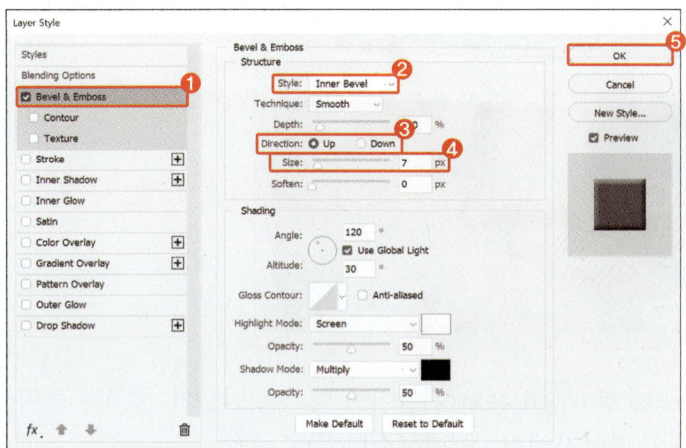

05 Ctrl+J를 눌러 복사한 'Cat Print 1 copy' 레이어를 선택하고 Ctrl+T를 눌러 크기를 확대하고 회전한 후 왼쪽 상단으로 이동하여 배치합니다.

06 Layers(레이어) 패널에서 'Cat Print 1 copy' 레이어의 'Layer thumbnail(레이어 축소판)'을 더블 클릭하여 'Color(색상) : #ff9999'로 변경합니다.

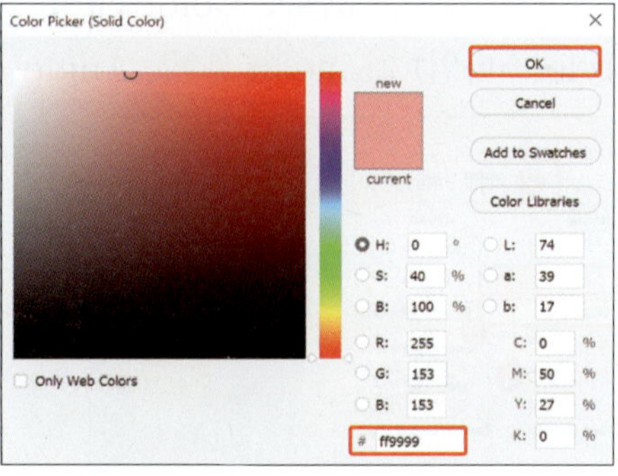

01 Horizontal Type Tool(수평 문자 도구, T)로 작업 이미지를 클릭하고 Options Bar(옵션 바)에서 'Font(글꼴) : Arial, Set font style(글꼴 스타일 설정) : Bold, Set font size(글꼴 크기) : 35pt, Color(색상) : 임의 색상'으로 설정한 후 'PET GROOMING'을 입력합니다.

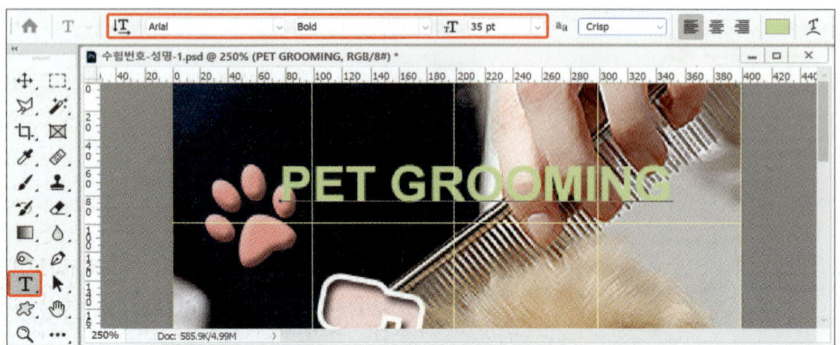

02 Options Bar(옵션 바)에서 Create warped text(뒤틀어진 텍스트 만들기, ⟁)를 클릭하여 [Warp Text(텍스트 뒤틀기)] 대화상자에서 'Style(스타일) : Arc Upper(위 부채꼴), Horizontal(가로) : 체크, Bend(구부리기) : 40%'를 설정하여 문자의 모양을 왜곡합니다.

03 Layers(레이어) 패널 하단의 'Add a layer style(레이어 스타일 추가, fx.)'을 클릭하여 [Gradient Overlay(그레이디언트 오버레이)]를 선택하고 'Click to edit the gradient(클릭 하여 그레이디언트 편집)'를 클릭합니다. 그레이디언트 슬라이더 왼쪽 하단의 'Color Stop(색 상 정지점)'을 더블 클릭하여 #ffffff를, 오른쪽 'Color Stop(색상 정지점)'을 더블 클릭하여 #ffcc00으로 설정한 후 'Style(스타일) : Linear(선형), Angle(각도) : 90°'로 설정합니다.

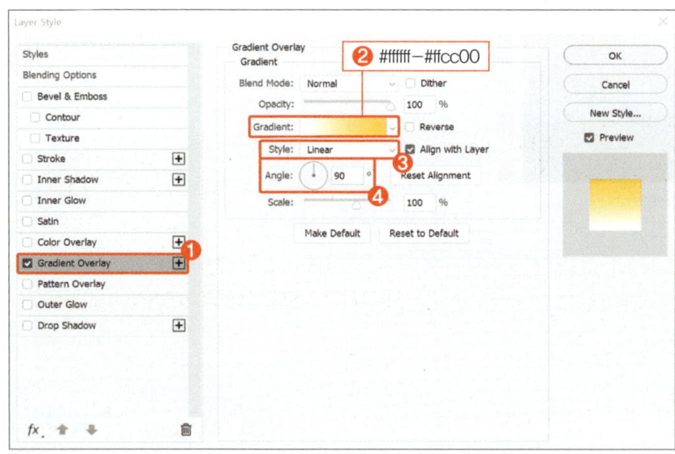

04 계속해서 [Drop Shadow(드롭 섀도)]를 선택하여, 'Opacity(불투명도) : 75%, Angle(각도) : 120°, Distance(거리) : 7px, Size(크기) : 7px'을 설정하고 [OK(확인)]를 클릭합니다.

07 정답 파일 저장

01 [View(보기)]−[Show(표시)]−[Grid(격자)]([Ctrl]+[`])를 선택하여 격자를 가립니다.

02 [File(파일)]−[Save As(다른 이름으로 저장)]([Shift]+[Ctrl]+[S])를 선택하고 '저장 위치 : 내 PC₩문서₩GTQ, 파일 이름 : 수험번호−성명−문제번호, 파일 형식 : JPEG(*.JPG;*.JPEG;*.JPE)'를 설정하고 [저장]을 클릭한 후 [JPEG Options(JPEG 옵션)] 대화상자에서 'Quality(품질) : 8'로 설정하고 [OK(확인)]를 클릭합니다.

> **기적의 TIP**
>
> Photoshop CC 2020 이후 버전에서 [Save As(다른 이름으로 저장)]([Shift]+[Ctrl]+[S])로 '파일 형식 : JPEG(*.JPG;*.JPEG;*.JPE)'가 없는 경우에는 아래와 같이 저장하면 됩니다.
>
> **※ CC 버전에 따라 정답 파일을 '파일 형식 : JPEG'로 저장하기**
> - [File(파일)]−[Save As(다른 이름으로 저장)]([Shift]+[Ctrl]+[S])를 선택하고 [다른 이름으로 저장] 대화상자에서 [Save A Copy(사본 저장)]를 선택합니다.
> - [File(파일)]−[Save A Copy(사본 저장)]([Alt]+[Ctrl]+[S])를 선택합니다.

03 [Image(이미지)]−[Image Size(이미지 크기)]([Alt]+[Ctrl]+[I])를 선택하고 'Constrain aspect ratio(종횡비 제한) : 클릭, Width(폭) : 40Pixels(픽셀), Height(높이) : 50Pixels(픽셀)'로 입력하여 이미지 크기를 1/10로 축소한 후 [OK(확인)]를 클릭합니다.

04 File(파일)]−[Save As(다른 이름으로 저장)]([Shift]+[Ctrl]+[S])를 선택하고 '저장 위치 : 내 PC₩문서₩GTQ, 파일 이름 : 수험번호−성명−문제번호, 파일 형식 : Photoshop(*.PSD;*.PDD;*.PSDT)'으로 파일을 저장합니다.

05 답안 저장이 완료되면 [File(파일)]−[Close(닫기)]([Ctrl]+[W])를 선택하여 파일을 닫고 수험 프로그램에서 [답안 전송]을 클릭하여 psd와 jpg 파일을 감독관 컴퓨터로 전송합니다.

문제 ❷ **[기능평가] 사진편집 응용**

작업과정	새 작업 이미지 만들기 및 파일 저장하기 ➡ 필터 적용 및 이미지 합성, 레이어 스타일 적용 ➡ 이미지 색상 보정 및 레이어 스타일 적용 ➡ 모양 생성 및 레이어 스타일 적용 ➡ 문자 입력 및 변형, 레이어 스타일 적용 ➡ 정답 파일 저장
완성이미지	PART04₩기출유형문제01회₩정답파일₩G120260001−성명−2.jpg, G120260001−성명−2.psd

🔵01 새 작업 이미지 만들기 및 파일 저장하기

01 [File(파일)]-[New(새로 만들기)]([Ctrl]+[N])를 선택하고 'Width(폭) : 400Pixels(픽셀), Height(높이) : 500Pixels(픽셀), Resolution(해상도) : 72Pixels/Inch(픽셀/인치), Color Mode(색상 모드) : RGB Color(RGB 색상), 8bit(비트), Background Contents(배경 내용) : White(흰색)'로 설정하여 새 작업 이미지를 만듭니다.

02 [Edit(편집)]-[Preference(환경설정)]([Ctrl]+[K])를 클릭하고 [Guides, Grid & Slices(안내선, 격자 및 분할 영역)]를 선택하여 Grid(격자)의 'Color(색상)'를 클릭하여 밝은 색상으로 변경한 후 'Gridline Every(격자 간격) : 100Pixels(픽셀), Subdivisions(세분) : 1'로 설정합니다.

03 [View(보기)]-[Show(표시)]-[Grid(격자)]([Ctrl]+['])와 [View(보기)]-[Rulers(눈금자)]([Ctrl]+[R])를 선택하여 격자와 눈금자를 표시합니다.

04 작업 도큐먼트를 저장하기 위해 [File(파일)]-[Save As(다른 이름으로 저장)]([Shift]+[Ctrl]+[S])를 선택하고 임의 경로에 '파일 이름 : 수험번호-성명-문제번호, 파일 형식 : Photoshop(*.PSD;*.PDD;*.PSDT)'으로 파일을 저장합니다.

🔵02 필터 적용 및 이미지 합성, 레이어 스타일 적용

01 [File(파일)]-[Open(열기)]을 선택하여 1급-4.jpg를 불러옵니다. [Ctrl]+[A]로 전체를 선택하고 [Ctrl]+[C]로 복사 후 작업 이미지에 [Ctrl]+[V]로 붙여넣기를 하고 이동하여 배치합니다.

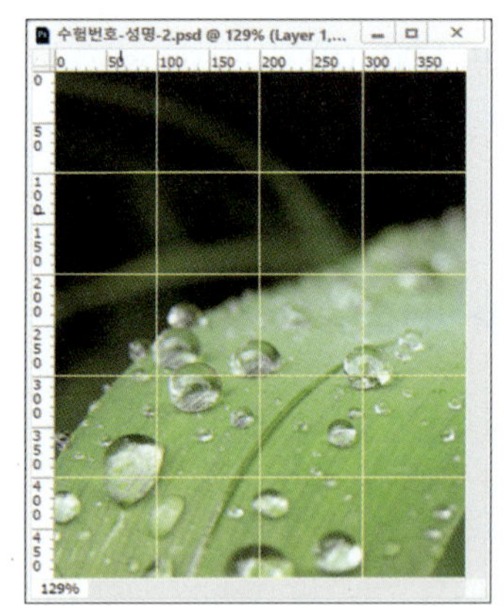

02 [Filter(필터)]-[Filter Gallery(필터 갤러리)]-[Artistic(예술 효과)]-[Watercolor(수채화 효과)]를 선택합니다.

03 [File(파일)]-[Open(열기)]을 선택하여 1급-6.jpg를 불러옵니다. Magic Wand Tool(자동 선택 도구, ＊)을 클릭하고 Options Bar(옵션 바)에서 'Tolerance(허용치) : 40, Anti-alias(앤티 앨리어스) : 체크, Contiguous(인접) : 체크 해제'를 설정하고 배경의 흰 부분을 클릭하여 흰색 영역을 모두 선택합니다.

[P] 기적의 TIP

Magic Wand Tool(자동 선택 도구, ＊)로 'Contiguous(인접) : 체크 해제'를 설정하고 이미지에 클릭하면, 클릭 지점의 색상과 동일한 색상이 경계선으로 구분되어 있어도 선택이 가능합니다. 즉 흰색 부분의 이미지를 모두 한 번에 선택하는 방법입니다.

---

04 [Select(선택)]-[Inverse(반전)]([Shift]+[Ctrl]+[I])로 선택 영역을 반전하고 [Ctrl]+[C]로 복사 후, 작업 이미지를 선택하고 [Ctrl]+[V]로 붙여넣기를 합니다.

05 [Ctrl]+[T]를 누른 후 [Shift]를 누른 채 크기를 축소하여 마우스 오른쪽 버튼을 누르고 [Flip Horizontal(가로로 뒤집기)]로 뒤집은 후 시계 방향으로 회전하여 배치합니다.

06 Layers(레이어) 패널 하단의 'Add a layer style(레이어 스타일 추가, fx.)'을 클릭하여 [Inner Glow(내부 광선)]를 선택하고 'Opacity(불투명도) : 75%, Choke(경계 감소) : 6%, Size(크기) : 7px'로 설정하고 [OK(확인)]를 클릭합니다.

03 이미지 색상 보정 및 레이어 스타일 적용

01 [File(파일)]–[Open(열기)]을 선택하여 1급–5.jpg를 불러옵니다. Object Selection Tool(개체 선택 도구, ▣)을 클릭하고 Options Bar(옵션 바)에서 'New Selection(새 선택 영역, ▣), Mode(모드) : Rectangle(사각형)'을 선택하고 개구리 이미지에 드래그하여 선택합니다.

> **기적의 TIP**
>
> Object Selection Tool(개체 선택 도구, ▣)로 드래그하거나 'Select Subject(피사체 선택)'를 클릭하여 복잡한 이미지의 선택 영역을 빠르게 지정할 수 있습니다.

02 Quick Selection Tool(빠른 선택 도구, ▨)을 클릭하고 Options Bar(옵션 바)에서 'Add to selection(선택 영역에 추가, ▨)'을 설정한 후 브러시의 크기를 조절하며 드래그하여 추가로 선택할 이미지의 선택을 추가합니다.

> **기적의 TIP**
>
> Quick Selection Tool(빠른 선택 도구, ▨)을 사용할 때 키보드의 [[ ], [ ]]를 누르면 점증적으로 브러시의 크기를 빠르게 조절할 수 있습니다.

03 Ctrl+C로 복사하여 작업 이미지를 선택하고 Ctrl+V로 붙여넣기를 합니다. Ctrl+T를 눌러 Shift를 누른 채 크기를 축소하고 시계 반대 방향으로 회전하여 배치합니다.

04 Layers(레이어) 패널 하단의 'Add a layer style(레이어 스타일 추가, fx.)'을 클릭하여 [Drop Shadow(그림자)]를 선택하고, 'Opacity(불투명도) : 75%, Angle(각도) : 120°, Distance(거리) : 7px, Size(크기) : 7px'을 설정한 후 [OK(확인)]를 클릭합니다.

05 Quick Selection Tool(빠른 선택 도구,)을 클릭하고 Options Bar(옵션 바)에서 'Add to selection(선택 영역에 추가,)'을 설정한 후 브러시의 크기를 조절하며 눈동자 이미지에 드래그하여 선택을 합니다.

06 Layers(레이어) 패널 하단의 'Create new fill or adjustment layer(새 칠 또는 조정 레이어 생성,)'를 클릭하고 [Hue/Saturation(색조/채도)]을 선택합니다. Properties(속성) 패널에서 'Colorize(색상화) : 체크, Hue(색조) : 200, Saturation(채도) : 92, Lightness(밝기) : 2'로 설정하여 파란색 계열로 보정합니다.

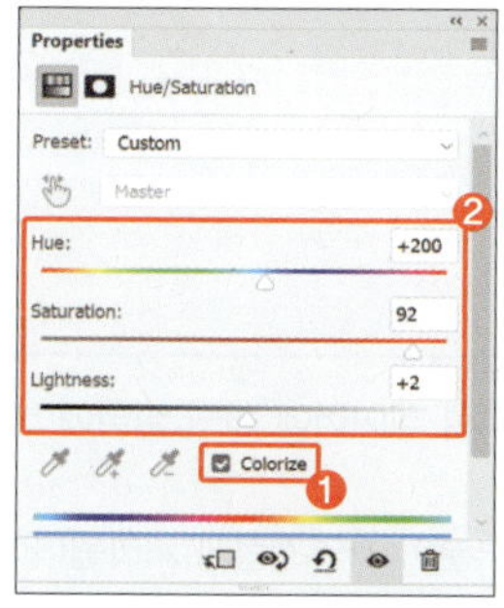

07 Quick Selection Tool(빠른 선택 도구, [브러시 아이콘])을 클릭하고 Options Bar(옵션 바)에서 'Add to selection(선택 영역에 추가, [아이콘])'을 설정한 후 브러시의 크기를 조절하며 드래그하여 발가락 이미지를 선택합니다.

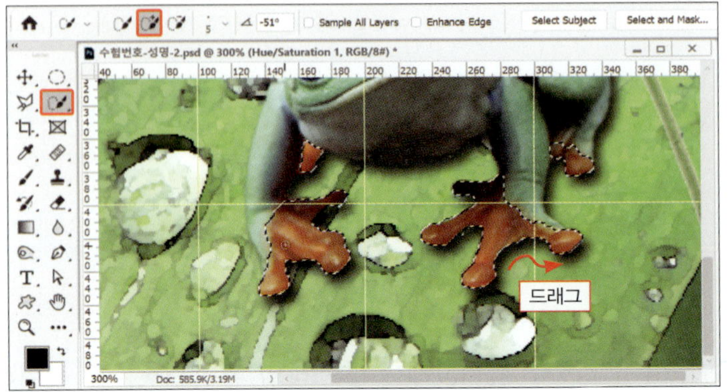

08 Layers(레이어) 패널 하단의 'Create new fill or adjustment layer(새 칠 또는 조정 레이어 생성, [아이콘])'를 클릭하고 [Hue/Saturation(색조/채도)]을 선택합니다. Properties(속성) 패널에서 'Colorize(색상화) : 체크, Hue(색조) : 350, Saturation(채도) : 80, Lightness(밝기) : 20'으로 설정하여 빨간색 계열로 보정합니다.

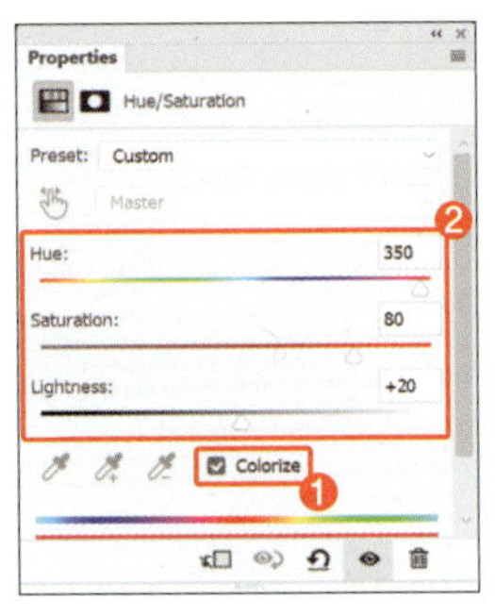
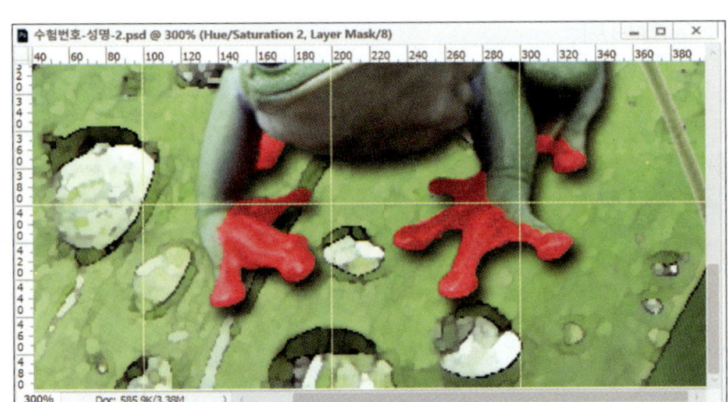

09 [Filter(필터)]-[Blur(흐림 효과)]-[Gaussian Blur(가우시안 흐림 효과)]를 선택하고 'Radius(반경) : 3Pixels'를 설정하고 [OK(확인)]를 클릭합니다.

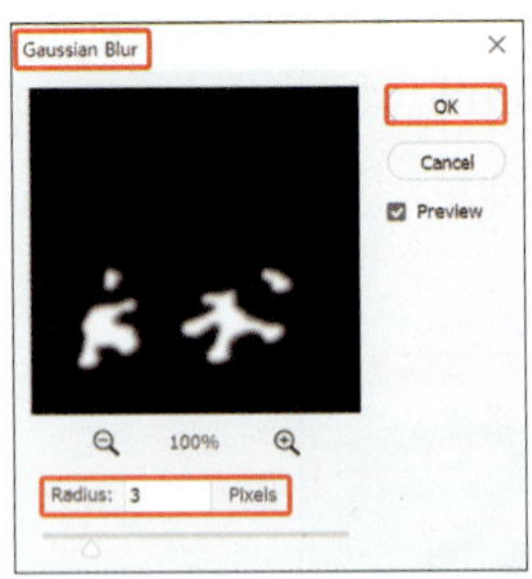
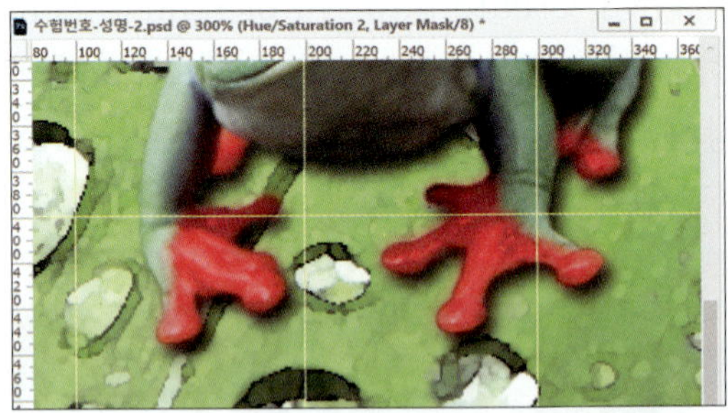

📌 **기적의 TIP**

- 'Create new fill or adjustment layer(새 칠 또는 조정 레이어 생성, [아이콘])'를 클릭하면 조정 레이어에 선택 영역에 해당하는 부분은 레이어 마스크가 추가됩니다.
- 레이어 마스크에 'Gaussian Blur(가우시안 흐림 효과)' 필터를 적용하면 선택의 경계 부분이 자연스럽게 처리됩니다.

04 모양 생성 및 레이어 스타일 적용

01 Layers(레이어) 패널에서 'Layer 1' 레이어를 선택합니다. Custom Shape Tool(사용자 정의 모양 도구, ☒)을 클릭하고 Options Bar(옵션 바)에서 'Shape(모양), Fill Color(칠 색상) : #ccff99, Stroke Color(획 색상) : No Color(색상 없음), Shape(모양) : Waves(파형, ∿)' 를 설정한 후 드래그하여 모양을 그립니다.

◎ **Shape 경로**

[Legacy Shapes and More(레거시 모양 및 기타)]–[All Legacy Default Shapes(모든 레거시 기본 모양)]–[Nature(자연)]

02 Ctrl + T 를 눌러 Options Bar(옵션 바)에서 'Rotate(회전, ◿) : 15°'를 입력하고 Enter 를 눌러 회전을 적용하고 배치합니다.

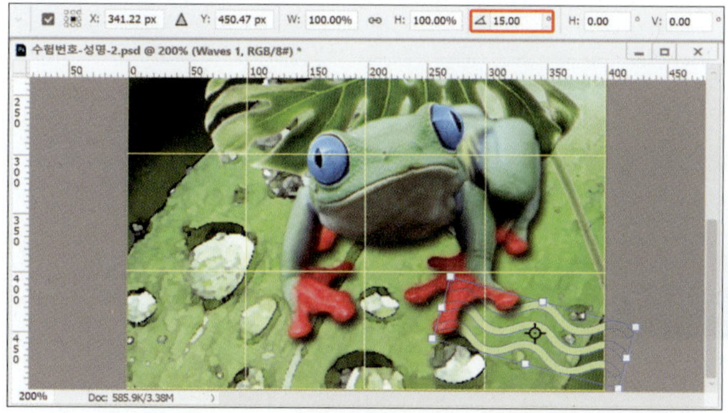

03 Layers(레이어) 패널 하단의 'Add a layer style(레이어 스타일 추가, *fx.*)'을 클릭하여 [Inner Shadow(내부 그림자)]를 선택하고 'Opacity(불투명도) : 75%, Angle(각도) : 120°, Distance(거리) : 2px, Size(크기) : 3px'을 설정한 후 [OK(확인)]를 클릭합니다.

04 Custom Shape Tool(사용자 정의 모양 도구, ☣)을 클릭하고 Options Bar(옵션 바)에서 'Shape(모양), Fill Color(칠 색상) : #66cc33, Stroke Color(획 색상) : No Color(색상 없음), Shape(모양) : Grass 3(풀 3, ☣)'를 설정한 후 드래그하여 모양을 그립니다.

🎯 Shape 경로

[Legacy Shapes and More(레거시 모양 및 기타)]–[All Legacy Default Shapes(모든 레거시 기본 모양)]–[Nature(자연)]

05 Layers(레이어) 패널 하단의 'Add a layer style(레이어 스타일 추가, *fx.*)'을 클릭하여 [Stroke(획)]를 선택하고 'Size(크기) : 2px, Color(색상) : #336633'으로 설정한 후 [OK(확인)]를 클릭합니다.

06 Ctrl+J를 눌러 복사한 레이어를 만들고 Layers(레이어) 패널에서 'Grass 3 1 copy' 레이어의 'Layer thumbnail(레이어 축소판)'을 더블 클릭하여 'Color(색상) : #cccc66'으로 설정하고 [OK(확인)]를 클릭합니다.

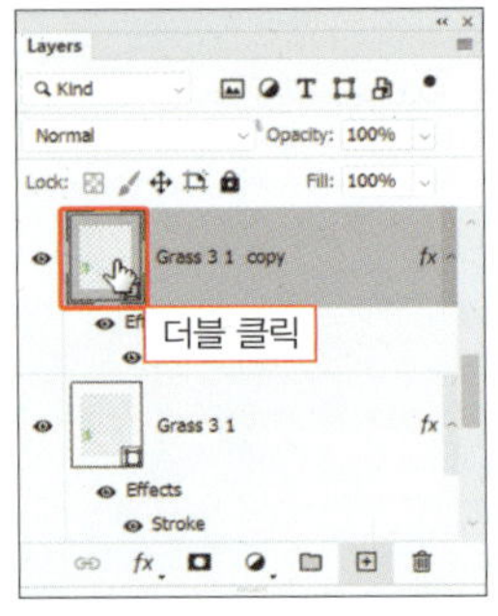
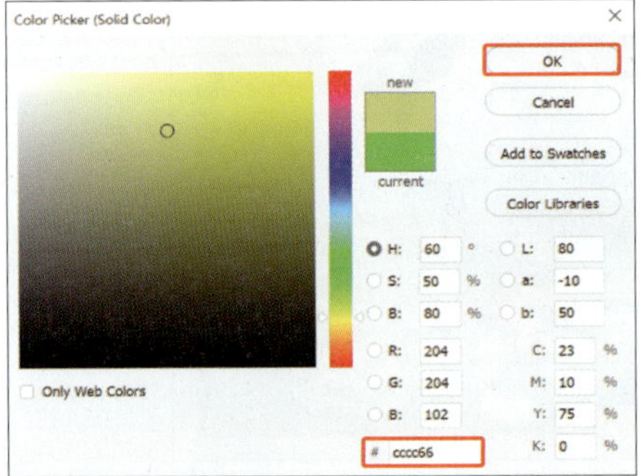

07 Ctrl+T를 눌러 크기를 축소하고 회전한 후 이동하여 배치합니다.

⑤ 문자 입력 및 변형, 레이어 스타일 적용

01 Horizontal Type Tool(수평 문자 도구, T)로 작업 이미지를 클릭하고 Options Bar(옵션 바)에서 'Font(글꼴) : Times New Roman, Set font style(글꼴 스타일 설정) : Bold, Set font size(글꼴 크기) : 50pt, Color(색상) : 임의 색상'으로 설정한 후 'Tree Frog'를 입력합니다.

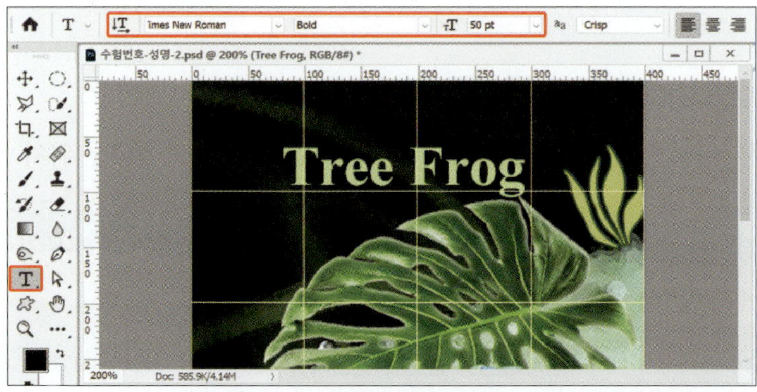

02 Options Bar(옵션 바)에서 Create warped text(뒤틀어진 텍스트 만들기, □)를 클릭하여 [Warp Text(텍스트 뒤틀기)] 대화상자에서 'Style(스타일) : Arc(부채꼴), Horizontal(가로) : 체크, Bend(구부리기) : 40%, Horizontal Distortion(가로 왜곡) : −30%'을 설정하여 문자의 모양을 왜곡합니다.

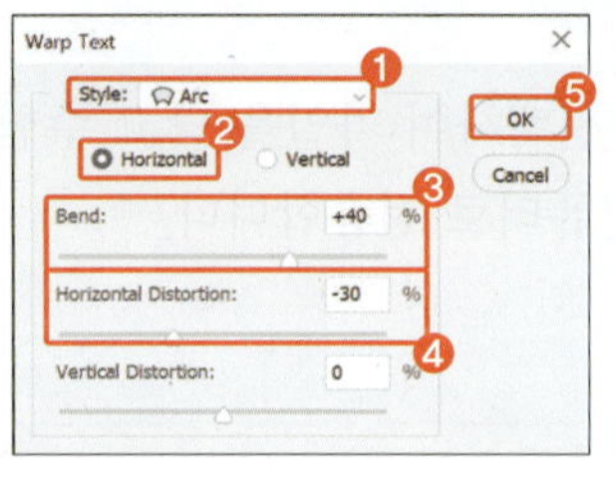

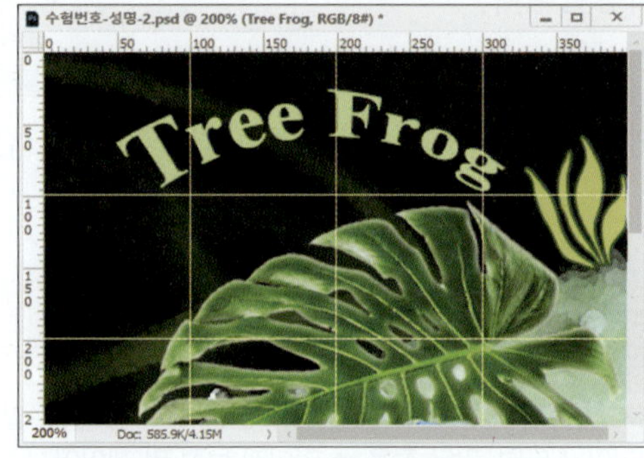

03 Layers(레이어) 패널 하단의 'Add a layer style(레이어 스타일 추가, fx.)'을 클릭하여 [Stroke(획)]를 선택하고 'Size(크기) : 3px, Color(색상) : #3366cc'로 설정합니다.

04 계속해서 [Gradient Overlay(그레이디언트 오버레이)]를 선택하고 'Click to edit the gradient(클릭하여 그레이디언트 편집)'를 클릭합니다. 그레이디언트 슬라이더 왼쪽 하단의 'Color Stop(색상 정지점)'을 더블 클릭하여 #66ffff를, 오른쪽 'Color Stop(색상 정지점)'을 더블 클릭하여 #ffff33으로 설정한 후 'Style(스타일) : Linear(선형), Angle(각도) : 0°'로 설정하고 [OK(확인)]를 클릭합니다. Ctrl + S 를 눌러 저장합니다.

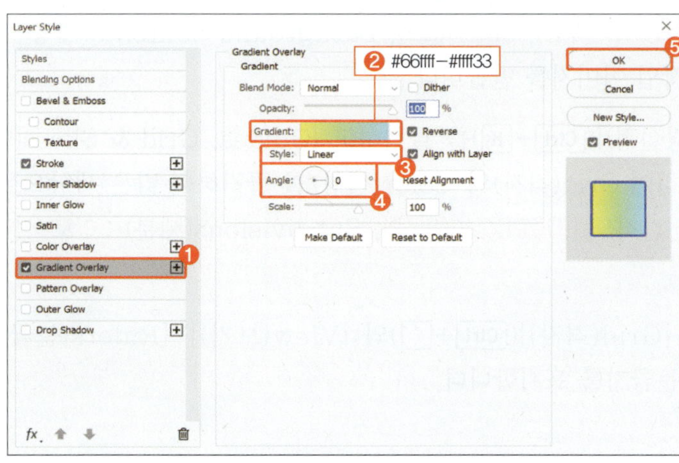

06 정답 파일 저장

01 [View(보기)]-[Show(표시)]-[Grid(격자)](Ctrl + ')를 선택하여 격자를 가립니다.

02 [File(파일)]-[Save As(다른 이름으로 저장)](Shift + Ctrl + S)를 선택하고 '저장 위치 : 내 PC₩문서₩GTQ, 파일 형식 : JPEG(*.JPG;*.JPEG;*.JPE), 파일 이름 : 수험번호-성명-문제번호'를 입력하고 [저장]을 클릭한 후 [JPEG Options(JPEG 옵션)] 대화상자에서 'Quality(품질) : 8'로 설정하고 [OK(확인)]를 클릭합니다.

03 [Image(이미지)]-[Image Size(이미지 크기)](Alt + Ctrl + I)를 선택하고 'Constrain aspect ratio(종횡비 제한) : 클릭, Width(폭) : 40Pixels(픽셀), Height(높이) : 50Pixels(픽셀)'로 입력하여 이미지 크기를 1/10로 축소한 후 [OK(확인)]를 클릭합니다.

04 [File(파일)]-[Save As(다른 이름으로 저장)](Shift + Ctrl + S)를 선택하고 '저장 위치 : 내 PC₩문서₩GTQ, 파일 이름 : 수험번호-성명-문제번호, 파일 형식 : Photoshop(*.PSD;*.PDD;*.PSDT)'으로 저장합니다.

05 답안 저장이 완료되면 [File(파일)]-[Close(닫기)](Ctrl + W)를 선택하여 파일을 닫고 수험 프로그램에서 [답안 전송]을 클릭하여 psd와 jpg 파일을 감독관 컴퓨터로 전송합니다.

문제 ❸   **[실무응용] 포스터 제작**

작업과정	새 작업 이미지 만들기 및 파일 저장하기 ➡ 혼합 모드 합성 및 필터 적용과 레이어 마스크 ➡ 클리핑 마스크 및 레이어 스타일, 필터 적용 ➡ 이미지 보정 및 레이어 스타일 적용 ➡ 모양 생성 및 레이어 스타일 적용 ➡ 문자 입력 및 왜곡과 레이어 스타일 적용 ➡ 정답 파일 저장
완성이미지	PART04₩기출유형문제01회₩정답파일₩G120260001-성명-3.jpg, G120260001-성명-3.psd

01 새 작업 이미지 만들기 및 파일 저장하기

01 [File(파일)]-[New(새로 만들기)](Ctrl + N)를 선택하고 'Width(폭) : 600Pixels(픽셀), Height(높이) : 400Pixels(픽셀), Resolution(해상도) : 72Pixels/Inch(픽셀/인치), Color Mode(색상 모드) : RGB Color(RGB 색상), 8bit(비트), Background Contents(배경 내용) : White(흰색)'로 설정하여 새 작업 이미지를 만듭니다.

02 [Edit(편집)]-[Preference(환경설정)](Ctrl + K)를 클릭하고 [Guides, Grid & Slices(안내선, 격자 및 분할 영역)]를 선택하여 Grid(격자)의 'Color(색상)'를 클릭하여 밝은 색상으로 변경한 후 'Gridline Every(격자 간격) : 100Pixels(픽셀), Subdivisions(세분) : 1'로 설정합니다.

03 [View(보기)]-[Show(표시)]-[Grid(격자)](Ctrl + ')와 [View(보기)]-[Rulers(눈금자)](Ctrl + R)를 선택하여 격자와 눈금자를 표시합니다.

04 작업 도큐먼트를 저장하기 위해 [File(파일)]-[Save As(다른 이름으로 저장)]([Shift]+[Ctrl]
+[S])를 선택하고 임의 경로에 '파일 이름 : 수험번호-성명-문제번호, 파일 형식 : Photo-
shop(*.PSD;*.PDD;*.PSDT)'으로 파일을 저장합니다.

② 혼합 모드 합성 및 필터 적용과 레이어 마스크

01 Tool Panel(도구 패널) 하단의 'Set foreground color(전경색 설정)'을 클릭하여 # 오른쪽
입력란에 '999933'으로 입력한 후, [Alt]+[Delete]를 눌러 제시된 Foreground Color(전경색)
를 작업 이미지의 배경에 채웁니다.

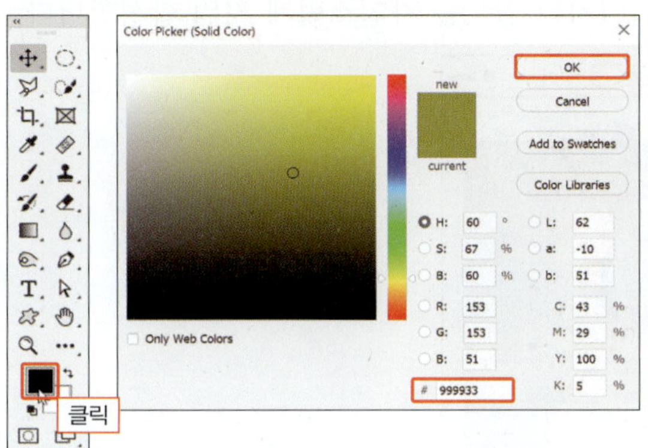
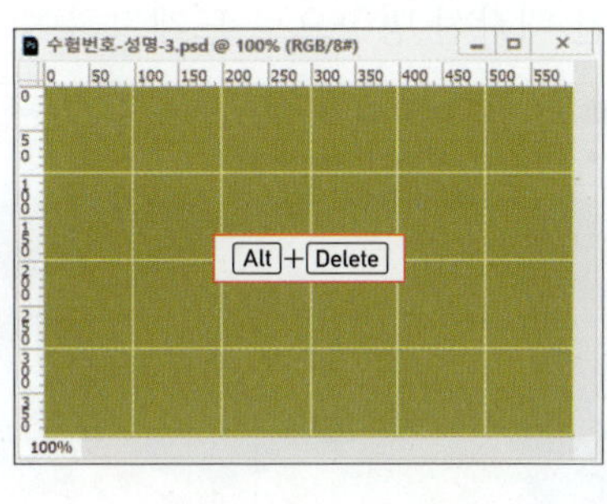

02 [File(파일)]-[Open(열기)]을 선택하여 1급-7.jpg를 불러옵니다. [Ctrl]+[A]로 전체를 선택하
고 [Ctrl]+[C]를 눌러 복사 후 작업 이미지를 선택하여 [Ctrl]+[V]로 붙여넣기를 합니다. [Ctrl]
+[T]를 눌러 [Shift]를 누른 채 크기를 축소하고 이동하여 배치합니다.

03 Layers(레이어) 패널에서 'Blending Mode(혼합 모드) : Screen(스크린), Opacity(불투명
도) : 80%'을 설정하여 배경과 합성합니다.

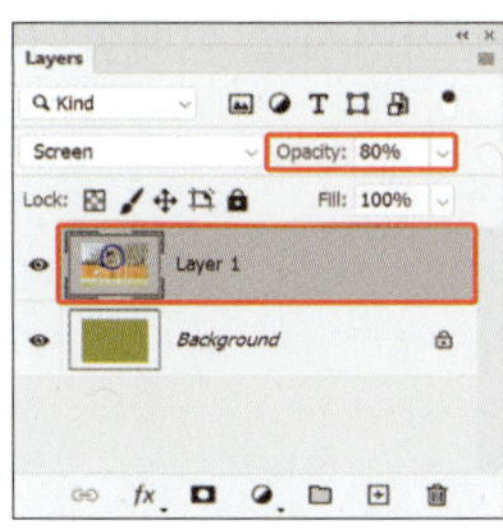
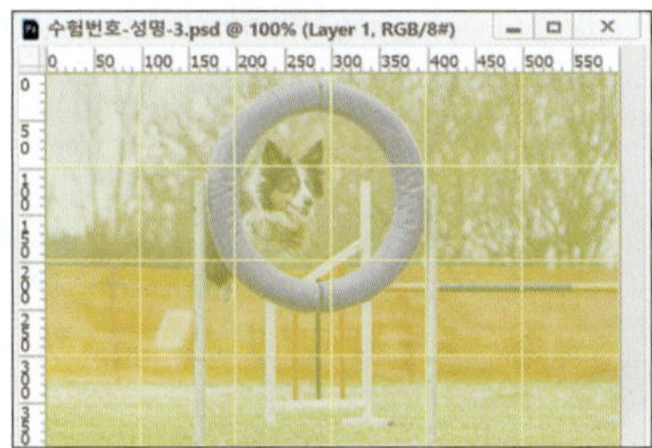

04 [File(파일)]-[Open(열기)]을 선택하여 1급-8.jpg를 불러옵니다. [Ctrl]+[A]를 눌러 전체를 선
택한 후 [Ctrl]+[C]를 눌러 복사합니다. 작업 이미지를 선택하여 [Ctrl]+[V]로 붙여넣기를 하고
[Ctrl]+[T]를 눌러 [Shift]를 누른 채 크기를 축소하고 배치합니다.

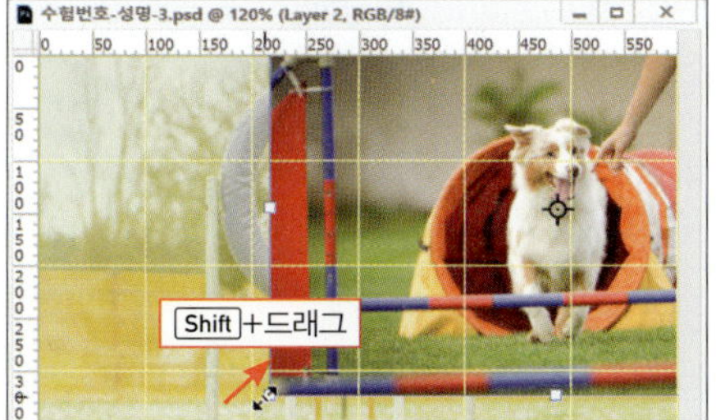

05 [Filter(필터)]–[Filter Gallery(필터 갤러리)]–[Brush Strokes(브러시 선)]–[Angled Strokes(각진 획)]를 선택합니다.

06 Layers(레이어) 패널 하단의 'Add layer mask(레이어 마스크 추가, ▣)'를 클릭하여 레이어 마스크를 추가합니다.

07 Tool Panel(도구 패널) 하단의 'Set foreground color(전경색 설정)'를 #000000, 'Set background color(배경색 설정)'를 #ffffff로 설정합니다. Gradient Tool(그레이디언트 도구, ▣)을 클릭하고 Options Bar(옵션 바)에서 'Type(유형) : Linear Gradient(선형 그레이디언트), Mode(모드) : Normal(표준), Opacity(불투명도) : 100%'로 설정한 후 왼쪽 하단에서 오른쪽 상단인 대각선 방향으로 드래그하여 이미지의 일부를 자연스럽게 지워 합성합니다.

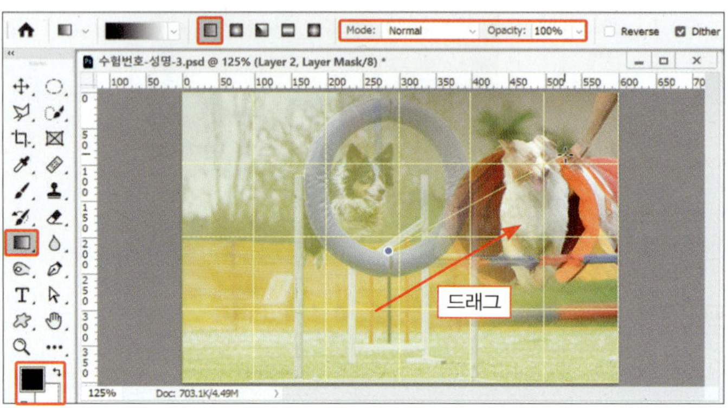

③ 클리핑 마스크 및 레이어 스타일, 필터 적용

01 [File(파일)]–[Open(열기)]을 선택하여 1급-10.jpg를 불러옵니다. Object Selection Tool(개체 선택 도구, ▣)을 클릭하고 Options Bar(옵션 바)에서 'New Selection(새 선택 영역, ▣), Mode(모드) : Rectangle(사각형)'을 선택하고 드래그하여 이미지를 선택합니다.

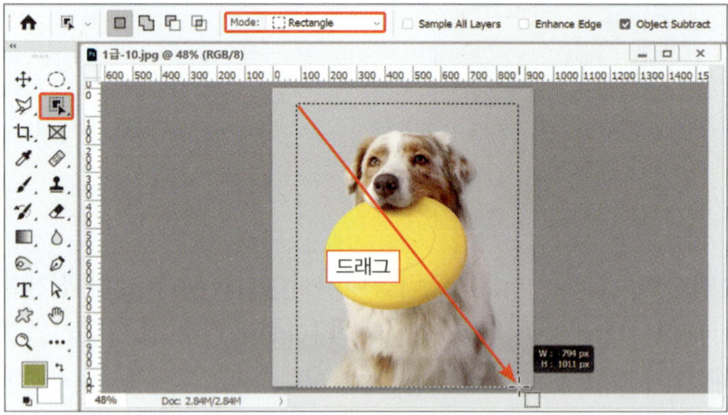

02 Quick Selection Tool(빠른 선택 도구,)을 클릭하고 Options Bar(옵션 바)에서 'Add to selection(선택 영역에 추가,)'을 설정한 후 브러시의 크기를 조절하며 드래그하여 선택 이미지를 추가합니다.

03 Ctrl+C로 복사, 작업 이미지를 선택하고 Ctrl+V로 붙여넣기를 합니다. Ctrl+T를 눌러 마우스 오른쪽 버튼을 누르고 [Flip Horizontal(가로로 뒤집기)]로 뒤집은 후 크기를 축소하여 배치합니다.

04 Pen Tool(펜 도구,)을 클릭하고 Options Bar(옵션 바)에서 'Path(패스), Path operations (패스 작업) : Exclude Overlapping Shapes(모양 오버랩 제외,)'를 클릭하고 원반 안쪽의 원형 모양을 따라 닫힌 패스로 완료합니다.

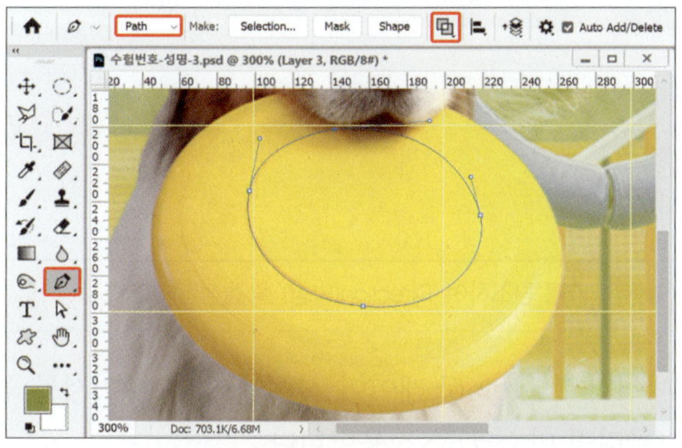
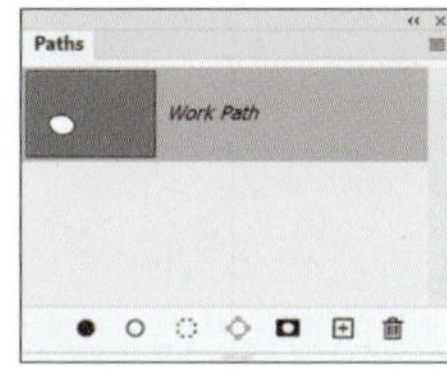

05 패스가 완료되면 Ctrl+Enter를 눌러 선택 상태로 전환하고 Ctrl+J를 눌러 'Layer 3' 레이어의 원반 중앙 이미지를 제자리에 복사합니다.

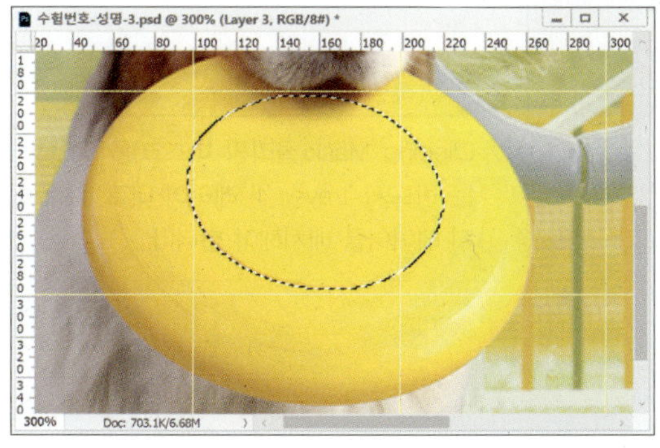
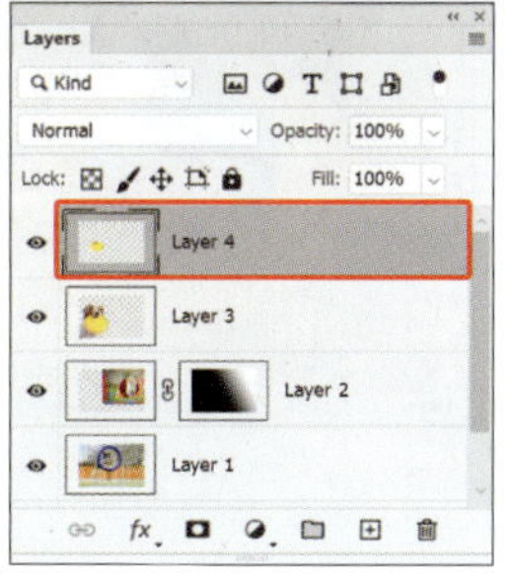

06 [File(파일)]-[Open(열기)]을 선택하여 1급-9.jpg를 불러옵니다. Ctrl + A 를 눌러 전체를 선택한 후 Ctrl + C 를 눌러 복사하고 작업 이미지를 선택하여 Ctrl + V 로 붙여넣기를 합니다.

07 Ctrl + T 를 누르고 마우스 오른쪽 버튼을 클릭하여 [Flip Horizontal(가로로 뒤집기)]로 뒤집고 크기를 조절합니다. 시계 방향으로 회전하면서 'Layer 4' 레이어의 이미지와 겹치도록 배치합니다.

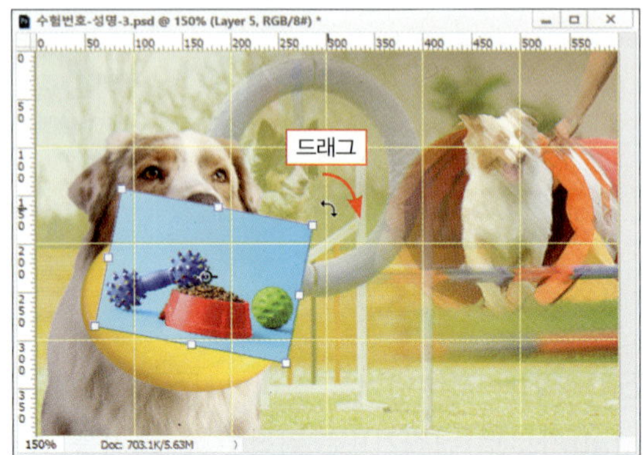

08 [Filter(필터)]-[Stylize(스타일화)]-[Wind(바람)]를 선택하고 'Method(방법) : Wind(바람), Direction(방향) : From the Right(오른쪽에서)'를 설정하고 [OK(확인)]를 클릭합니다.

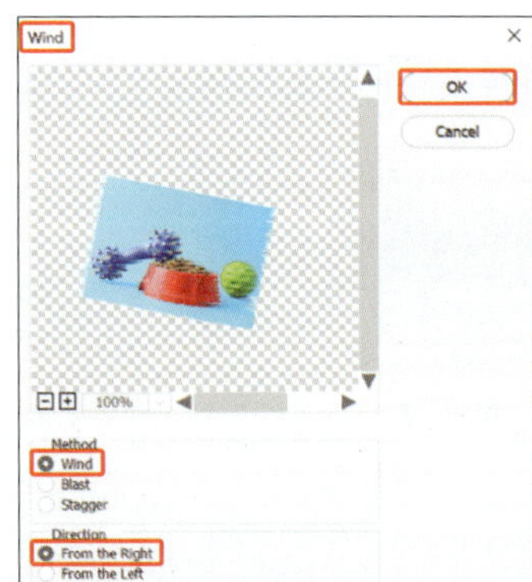

> **기적**의 TIP
>
> 문제지의 《출력형태》를 참조하여 'Direction(방향)'을 설정합니다.

09 Layers(레이어) 패널에서 'Layer 4' 레이어와 'Layer 5' 레이어 사이에 마우스 커서를 놓고 Alt 를 누르고 클릭하여 Clipping Mask(클리핑 마스크)를 적용합니다.

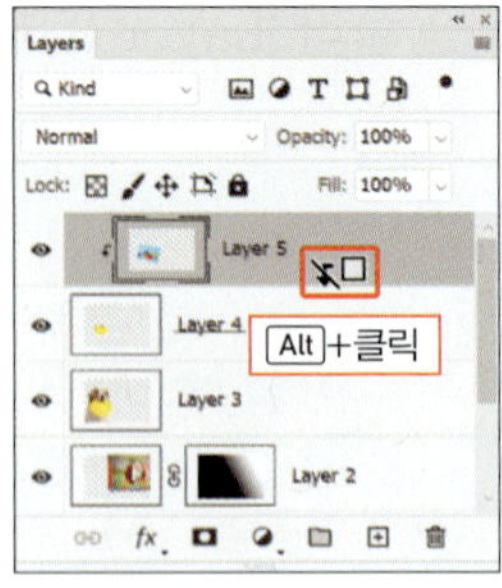

> **기적**의 TIP
>
> Clipping Mask(클리핑 마스크)를 적용할 때는 반드시 'Layer 4' 레이어 바로 위에 이미지 레이어를 배치해야 합니다.

10 Layers(레이어) 패널에서 'Layer 4' 레이어를 선택합니다. Layers(레이어) 패널 하단의 'Add a layer style(레이어 스타일 추가, $fx.$)'을 클릭하여 [Inner Shadow(내부 그림자)]를 선택하고 'Opacity(불투명도) : 75%, Angle(각도) : 120°, Distance(거리) : 5px, Size(크기) : 5px'을 설정하고 [OK(확인)]를 클릭합니다.

11 Layers(레이어) 패널에서 'Layer 3' 레이어를 선택합니다. Layers(레이어) 패널 하단의 'Add a layer style(레이어 스타일 추가, $fx.$)'을 클릭하여 [Bevel & Emboss(경사와 엠보스)]를 선택하고 'Style(스타일) : Inner Bevel(내부 경사), Direction(방향) : Up(위로), Size(크기) : 5px'을 설정합니다.

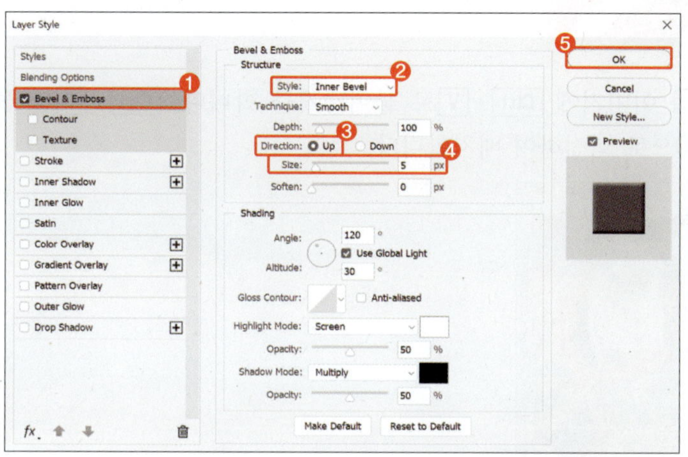

12 계속해서 [Drop Shadow(드롭 섀도)]를 선택하고, 'Opacity(불투명도) : 75%, Angle(각도) : 120°, Distance(거리) : 7px, Size(크기) : 7px'을 설정하여 [OK(확인)]를 클릭합니다.

04 이미지 보정 및 레이어 스타일 적용

01 [File(파일)]-[Open(열기)]을 선택하여 1급-11.jpg를 불러옵니다. Quick Selection Tool(빠른 선택 도구, ✍)을 클릭하고 Options Bar(옵션 바)에서 'Select Subject(피사체 선택)'를 클릭하여 이미지를 빠르게 선택합니다.

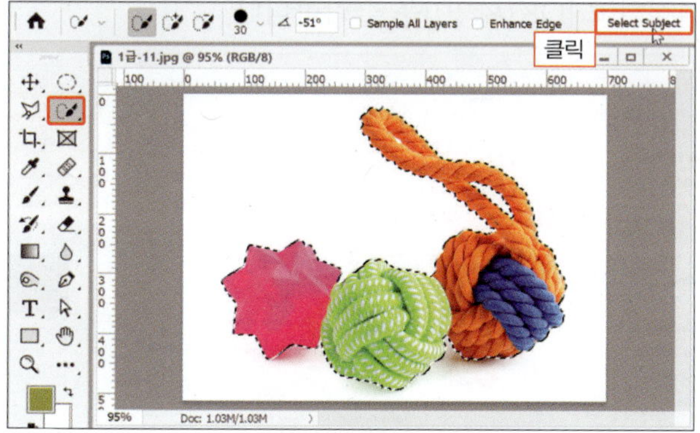

02 계속해서 Options Bar(옵션 바)에서 'Subtract from selection(선택 영역에서 빼기, ✐)'을 설정한 후 브러시의 크기를 조절하며 선택에서 제외할 이미지에 클릭합니다.

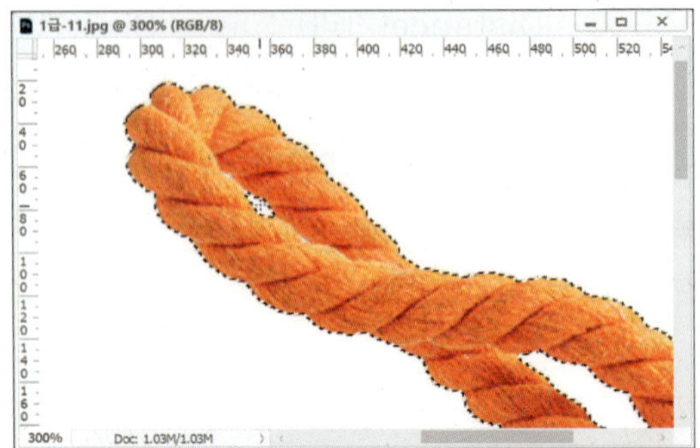

03 Ctrl + C 를 눌러 복사하고 작업 이미지에 Ctrl + V 로 붙여넣기를 합니다. Ctrl + T 를 눌러 크기를 축소하고 시계 반대 방향으로 회전하여 배치합니다.

04 Layers(레이어) 패널 하단의 'Add a layer style(레이어 스타일 추가, fx.)'을 클릭하여 [Stroke(획)]를 선택하고 'Size(크기) : 3px, Fill Type(칠 유형) : Gradient(그레이디언트)'를 설정하고 'Click to edit the gradient(클릭하여 그레이디언트 편집)'를 클릭합니다.

05 그레이디언트 슬라이더 왼쪽 하단의 'Color Stop(색상 정지점)'을 더블 클릭하여 #ffcc99를, 지정하고 오른쪽 'Color Stop(색상 정지점)'의 상단 오른쪽 'Opacity Stop(불투명도 정지점)'을 클릭합니다. 하단 Steps의 'Opacity(불투명도) : 0%'를 설정한 후 'Style(스타일) : Linear(선형), Angle(각도) : −90°'로 설정하고 [OK(확인)]를 클릭합니다.

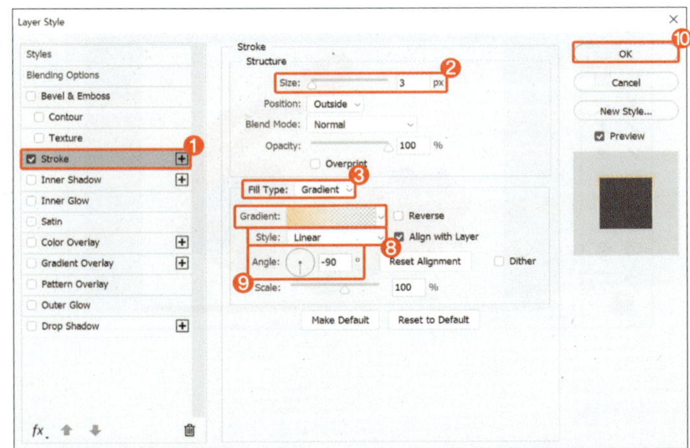

06 Quick Selection Tool(빠른 선택 도구, ▨)을 클릭하고 Options Bar(옵션 바)에서 'Add to selection(선택 영역에 추가, ▨)'을 설정한 후 브러시의 크기를 조절하며 드래그하여 연두색 이미지를 선택합니다.

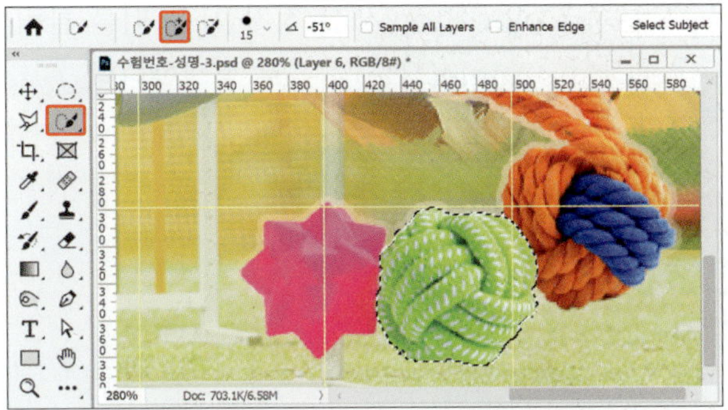

07 Layers(레이어) 패널 하단의 'Create new fill or adjustment layer(새 칠 또는 조정 레이어 생성, ◕)'를 클릭하고 [Hue/Saturation(색조/채도)]을 선택합니다. Properties(속성) 패널에서 'Colorize(색상화) : 체크, Hue(색조) : 290, Saturation(채도) : 95, Lightness(밝기) : −12'로 설정하여 보라색 계열로 보정합니다.

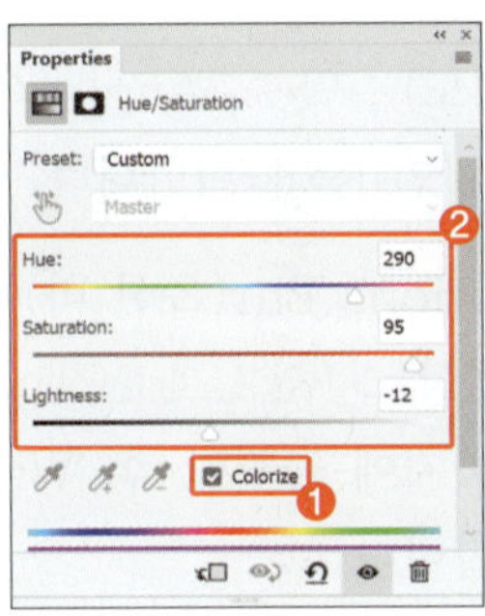

⑤ 모양 생성 및 레이어 스타일 적용

01 Custom Shape Tool(사용자 정의 모양 도구, ✿)을 클릭하고 Options Bar(옵션 바)에서 'Shape(모양), Fill(칠) : 임의 색상, Stroke(획) : No Color(색상 없음), Shape(모양) : Forward(앞으로, ▶)'을 설정한 후 Shift 를 누른 채 드래그하여 모양을 그립니다.

> ◎ **Shape** 경로
>
> [Legacy Shapes and More(레거시 모양 및 기타)]–[All Legacy Default Shapes(모든 레거시 기본 모양)]–[Web(웹)]

02 Layers(레이어) 패널 하단의 'Add a layer style(레이어 스타일 추가, $\boxed{fx.}$)'을 클릭하여 [Gradient Overlay(그레이디언트 오버레이)]를 선택하고 'Click to edit the gradient(클릭 하여 그레이디언트 편집)'를 클릭합니다. 그레이디언트 슬라이더 왼쪽 하단의 'Color Stop(색 상 정지점)'을 더블 클릭하여 #660033을, 오른쪽 'Color Stop(색상 정지점)'을 더블 클릭하여 #ffffff로 설정한 후 'Style(스타일) : Linear(선형), Angle(각도) : 0°'로 설정합니다.

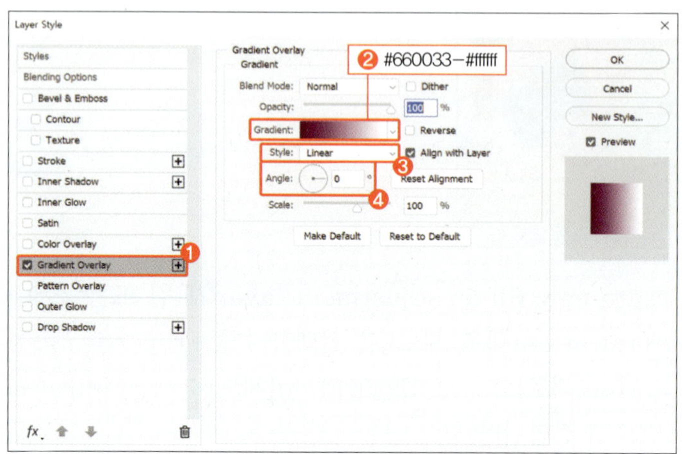

03 계속해서 [Drop Shadow(드롭 섀도)]를 선택하고, 'Opacity(불투명도) : 75%, Angle(각도) : 120°, Distance(거리) : 5px, Size(크기) : 5px'을 설정한 후 [OK(확인)]를 클릭합니다.

04 Custom Shape Tool(사용자 정의 모양 도구, $\boxed{⬚}$)을 클릭하고 Options Bar(옵션 바)에서 'Shape(모양), Fill Color(칠 색상) : #99cccc, Stroke Color(획 색상) : No Color(색상 없 음), Shape(모양) : Stamp 1(도장 1, ■)'로 설정합니다. 작업 이미지에 클릭한 후 'Width (폭) : 116px, Height(높이) : 90px'을 지정하고 [OK(확인)]를 클릭합니다.

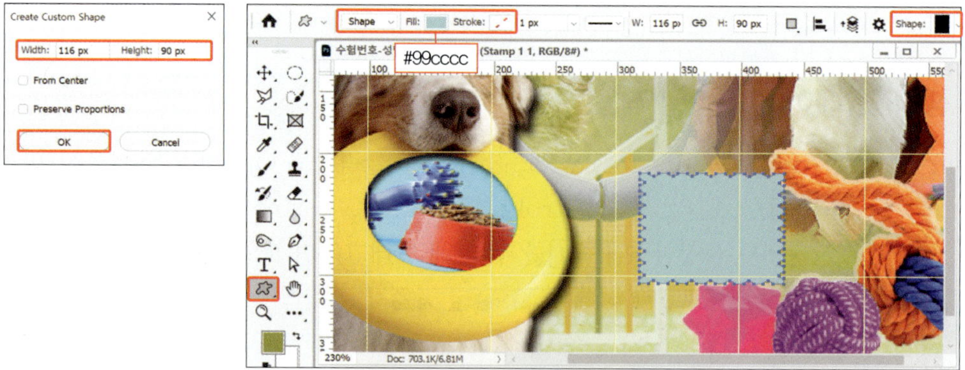

◎ **Shape 경로**

[Legacy Shapes and More(레거시 모양 및 기타)]–[All Legacy Default Shapes(모든 레거시 기본 모양)]–[Objects(개체)]

05 Layers(레이어) 패널 상단의 'Opacity(불투명도) : 70%'를 설정합니다. Ctrl + T 를 눌러 시계 방향으로 회전하여 배치합니다. Ctrl + [를 여러 번 눌러 'Layer 6' 레이어의 아래쪽으로 순서를 정돈하여 배치합니다.

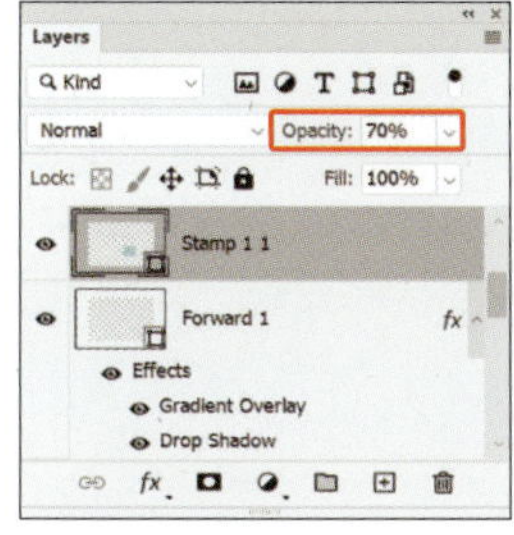
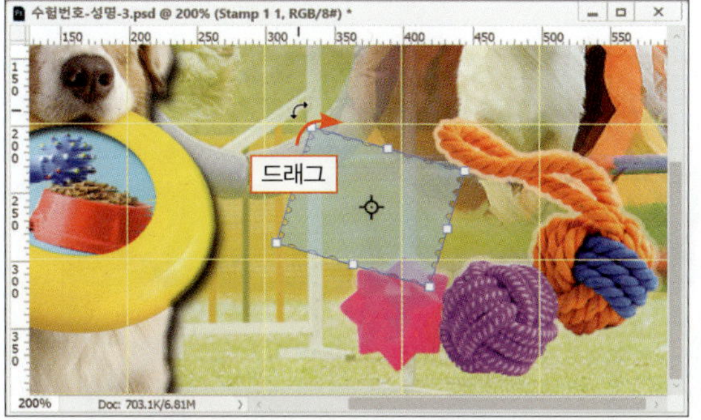

06 Layers(레이어) 패널 하단의 'Add a layer style(레이어 스타일 추가, fx.)'을 클릭하여 [Bevel & Emboss(경사와 엠보스)]를 선택하고 'Style(스타일) : Inner Bevel(내부 경사), Direction(방향) : Up(위로), Size(크기) : 4px'을 설정하고 [OK(확인)]를 클릭합니다.

07 Ctrl + J 를 눌러 복사한 'Stamp 1 1 copy' 레이어를 선택하고 Ctrl + T 를 눌러 크기를 축소하고 시계 방향으로 회전한 후 이동하여 배치합니다.

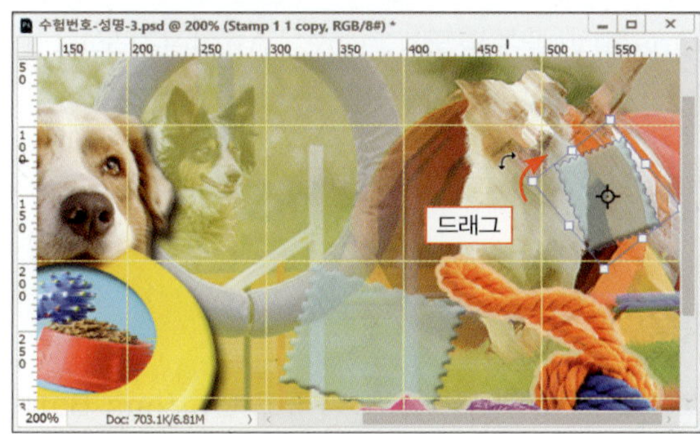

08 Layers(레이어) 패널에서 'Stamp 1 1 copy' 레이어의 'Layer thumbnail(레이어 축소판)'을 더블 클릭하여 'Color(색상) : #ffffff'로 변경합니다.

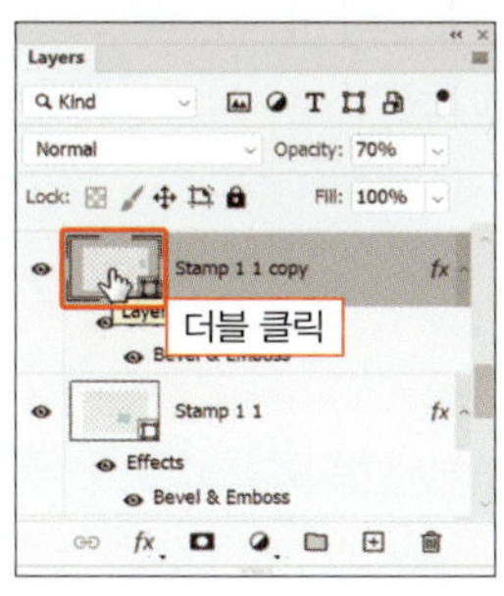

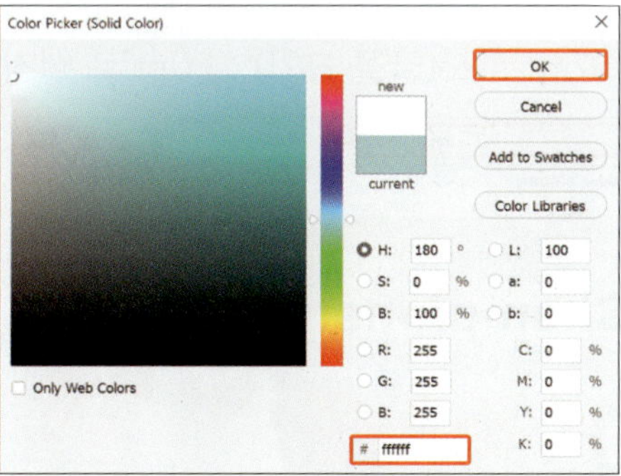

09 Custom Shape Tool(사용자 정의 모양 도구, 🐾)을 클릭하고 Options Bar(옵션 바)에서 'Shape(모양), Fill Color(칠 색상) : #999999, Stroke Color(획 색상) : No Color(색상 없음), Shape(모양) : Dog Print(개 발자국, 🐾)'을 설정한 후 **Shift**를 누르고 드래그하여 모양을 그립니다.

🎯 **Shape 경로**

[Legacy Shapes and More(레거시 모양 및 기타)]-[All Legacy Default Shapes(모든 레거시 기본 모양)]-[Animals(동물)]

10 Layers(레이어) 패널 하단의 'Add a layer style(레이어 스타일 추가, *fx.*)'을 클릭하여 [Inner Shadow(내부 그림자)]를 선택하고 'Opacity(불투명도) : 75%, Angle(각도) : 120°, Distance(거리) : 3px, Size(크기) : 3px'을 설정하고 [OK(확인)]를 클릭합니다.

11 Layers(레이어) 패널 상단의 'Opacity(불투명도) : 80%'를 설정합니다.

06 문자 입력 및 왜곡과 레이어 스타일 적용

01 Horizontal Type Tool(수평 문자 도구, **T**)로 작업 이미지를 클릭하고 Options Bar(옵션 바)에서 'Font(글꼴) : Arial, Set font style(글꼴 스타일 설정) : Bold, Set font size(글꼴 크기) : 36pt, Color(색상) : 임의 색상'으로 설정한 후 'Agility Championships'를 입력합니다.

02 Horizontal Type Tool(수평 문자 도구, **T**)로 'Agility' 문자를 드래그하여 선택하고 Options Bar(옵션 바)에서 'Set font size(글꼴 크기) : 50pt'로 설정합니다.

03 Options Bar(옵션 바)에서 Create warped text(뒤틀어진 텍스트 만들기, ⏌)를 클릭하여 [Warp Text(텍스트 뒤틀기)] 대화상자에서 'Style(스타일) : Flag(깃발), Horizontal(가로) : 체크, Bend(구부리기) : 60%'를 설정하여 문자의 모양을 왜곡합니다.

04 Layers(레이어) 패널 하단의 'Add a layer style(레이어 스타일 추가, *fx.*)'을 클릭하여 [Stroke(획)]를 선택하고 'Size(크기) : 2px, Color(색상) : #ffffff'로 설정합니다. 계속해서 [Gradient Overlay(그레이디언트 오버레이)]를 선택하고 'Click to edit the gradient(클릭하여 그레이디언트 편집)'를 클릭합니다.

05 그레이디언트 슬라이더 왼쪽 하단의 'Color Stop(색상 정지점)'을 더블 클릭하여 #cc33ff를, 가운데 빈 곳을 클릭하여 'Color Stop(색상 정지점)'을 추가하고 더블 클릭하여 #006666, 오른쪽 'Color Stop(색상 정지점)'을 더블 클릭하여 #ff9900으로 설정한 후 'Style(스타일) : Linear(선형), Angle(각도) : 0°'로 설정합니다.

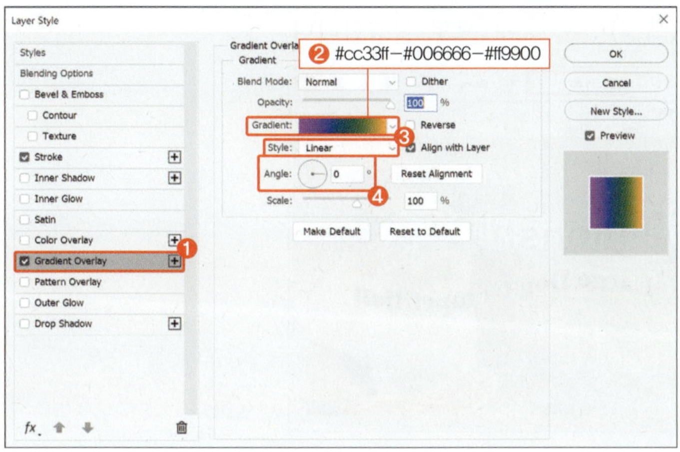

06 계속해서 [Drop Shadow(드롭 섀도)]를 선택하여 'Opacity(불투명도) : 75%, Angle(각도) : 120°, Distance(거리) : 5px, Size(크기) : 5px'을 설정하고 [OK(확인)]를 클릭합니다.

07 Horizontal Type Tool(수평 문자 도구, T)로 작업 이미지를 클릭하고 Options Bar(옵션 바)에서 'Font(글꼴) : Times New Roman, Set font style(글꼴 스타일 설정) : Bold, Set font size(글꼴 크기) : 25pt, Color(색상) : #000000'으로 설정한 후 'Large Dog Competition'을 입력합니다.

08 Options Bar(옵션 바)에서 Create warped text(뒤틀어진 텍스트 만들기, ⟁)를 클릭하여 [Warp Text(텍스트 뒤틀기)] 대화상자에서 'Style(스타일) : Flag(깃발), Horizontal(가로) : 체크, Bend(구부리기) : 60%'를 설정하여 문자의 모양을 왜곡합니다.

09 Layers(레이어) 패널 하단의 'Add a layer style(레이어 스타일 추가, fx.)'을 클릭하여 [Stroke(획)]를 선택하고 'Size(크기) : 2px, Color(색상) : #cccc99'로 설정하고 [OK(확인)]를 클릭합니다.

10 Horizontal Type Tool(수평 문자 도구, T)로 작업 이미지를 클릭하고 Options Bar(옵션 바)에서 'Font(글꼴) : 돋움, Set font size(글꼴 크기) : 16pt, Set anti-aliasing method(앤티 앨리어싱 방법 설정) : Strong(강하게), Color(색상) : #ffffff'로 설정한 후 '참가신청 / 프로그램'을 입력합니다.

11 Horizontal Type Tool(수평 문자 도구, T)로 '프로그램' 문자를 드래그하여 선택하고 Options Bar(옵션 바)에서 'Color(색상) : #cccc66'으로 설정합니다.

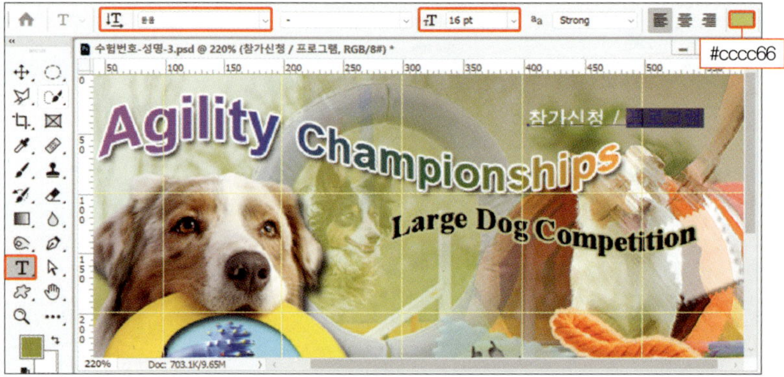

12 Layers(레이어) 패널 하단의 'Add a layer style(레이어 스타일 추가, fx.)'을 클릭하여 [Stroke(획)]를 선택하고 'Size(크기) : 2px, Color(색상) : #333300'으로 설정합니다.

13 Horizontal Type Tool(수평 문자 도구, T)로 작업 이미지를 클릭하고 Options Bar(옵션 바)에서 'Font(글꼴) : 돋움, Set font size(글꼴 크기) : 20pt, Set anti-aliasing method(앤티 앨리어싱 방법 설정) : Strong(강하게), Color(색상) : 임의 색상'으로 설정한 후 '강아지 어질리티 훈련이야기'를 입력합니다.

14 Layers(레이어) 패널 하단의 'Add a layer style(레이어 스타일 추가, _fx_)'을 클릭하여 [Stroke(획)]를 선택하고 'Size(크기) : 2px, Color(색상) : #996666'으로 설정합니다. 계속해서 [Gradient Overlay(그레이디언트 오버레이)]를 선택하고 'Click to edit the gradient(클릭하여 그레이디언트 편집)'를 클릭합니다.

15 그레이디언트 슬라이더 왼쪽 하단의 'Color Stop(색상 정지점)'을 더블 클릭하여 #cccccc를, 오른쪽 'Color Stop(색상 정지점)'을 더블 클릭하여 #ff9900으로 설정한 후 'Style(스타일) : Linear(선형), Angle(각도) : −90°'로 설정하고 [OK(확인)]를 클릭합니다. Ctrl+S를 눌러 파일을 저장합니다.

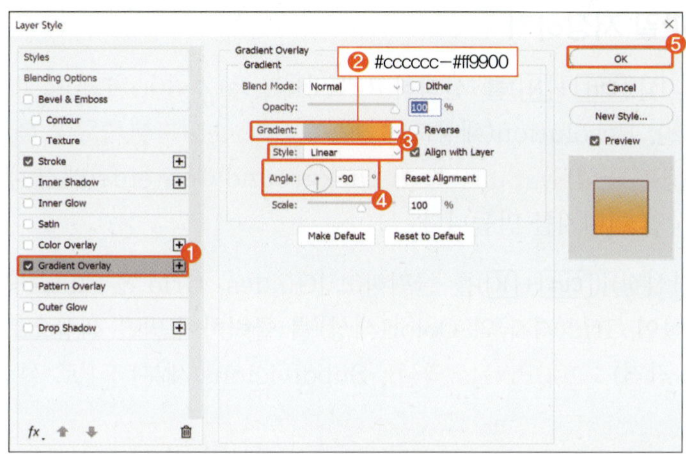

07 정답 파일 저장

01 [View(보기)]−[Show(표시)]−[Grid(격자)](Ctrl+')를 선택하여 격자를 가립니다.

02 [File(파일)]−[Save As(다른 이름으로 저장)](Shift+Ctrl+S)를 선택하고 '저장 위치 : 내 PC₩문서₩GTQ, 파일 형식 : JPEG(*.JPG;*.JPEG;*.JPE), 파일 이름 : 수험번호−성명−문제번호'를 입력하고 [저장]을 클릭한 후 [JPEG Options(JPEG 옵션)] 대화상자에서 'Quality(품질) : 8'로 설정하고 [OK(확인)]를 클릭합니다.

03 [Image(이미지)]−[Image Size(이미지 크기)](Alt+Ctrl+I)를 선택하고 'Constrain aspect ratio(종횡비 제한) : 클릭, Width(폭) : 60Pixels(픽셀), Height(높이) : 40Pixels(픽셀)'로 입력하여 이미지 크기를 1/10로 축소한 후 [OK(확인)]를 클릭합니다.

04 [File(파일)]−[Save As(다른 이름으로 저장)](Shift+Ctrl+S)를 선택하고 '저장 위치 : 내 PC₩문서₩GTQ, 파일 이름 : 수험번호−성명−문제번호, 파일 형식 : Photoshop(*.PSD; *.PDD;*.PSDT)'으로 저장합니다.

05 답안 저장이 완료되면 [File(파일)]−[Close(닫기)](Ctrl+W)를 선택하여 파일을 닫고 수험 프로그램에서 [답안 전송]을 클릭하여 psd와 jpg 파일을 감독관 컴퓨터로 전송합니다.

작업과정	새 작업 이미지 만들기 및 파일 저장하기 ➡ 혼합 모드 합성 및 필터, 레이어 마스크 적용 ➡ 이미지 색상 보정 및 레이어 스타일 적용 ➡ 모양 생성 및 변형, 레이어 스타일 적용 ➡ 메뉴 버튼 만들기 ➡ 펜 도구 작업 및 레이어 스타일 적용 ➡ 패턴 정의와 적용 및 클리핑 마스크 적용 ➡ 문자 입력과 왜곡 및 레이어 스타일 적용 ➡ 정답 파일 저장
완성이미지	PART04₩기출유형문제01회₩정답파일₩G120260001-성명-4.jpg, G120260001-성명-4.psd

01 새 작업 이미지 만들기 및 파일 저장하기

01 [File(파일)]-[New(새로 만들기)](`Ctrl`+`N`)를 선택하고 'Width(폭) : 600Pixels(픽셀), Height(높이) : 400Pixels(픽셀), Resolution(해상도) : 72Pixels/Inch(픽셀/인치), Color Mode(색상 모드) : RGB Color(RGB 색상), 8bit(비트), Background Contents(배경 내용) : White(흰색)'로 설정하여 새 작업 이미지를 만듭니다.

02 [Edit(편집)]-[Preference(환경설정)](`Ctrl`+`K`)를 클릭하고 [Guides, Grid & Slices(안내선, 격자 및 분할 영역)]를 선택하여 Grid(격자)의 'Color(색상)'를 클릭하여 밝은 색상으로 변경한 후 'Gridline Every(격자 간격) : 100Pixels(픽셀), Subdivisions(세분) : 1'로 설정합니다.

03 [View(보기)]-[Show(표시)]-[Grid(격자)](`Ctrl`+`'`)와 [View(보기)]-[Rulers(눈금자)] (`Ctrl`+`R`)를 선택하여 격자와 눈금자를 표시합니다.

04 작업 도큐먼트를 저장하기 위해 [File(파일)]-[Save As(다른 이름으로 저장)](`Shift`+`Ctrl`+`S`)를 선택하고 임의 경로에 '파일 이름 : 수험번호-성명-문제번호, 파일 형식 : Photoshop(*.PSD;*.PDD;*.PSDT)'으로 파일을 저장합니다.

02 혼합 모드 합성 및 필터, 레이어 마스크 적용

01 Tool Panel(도구 패널) 하단의 'Set foreground color(전경색 설정)'을 클릭하여 # 오른쪽 입력란에 'ffcccc'로 입력한 후, `Alt`+`Delete`를 눌러 제시된 Foreground Color(전경색)를 작업 이미지의 배경에 채웁니다.

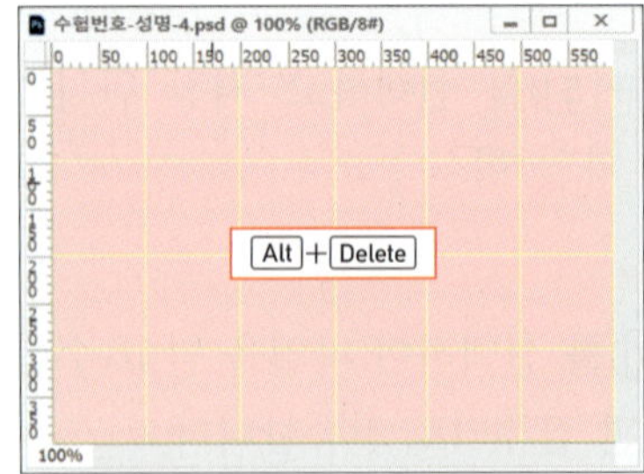

02 [File(파일)]–[Open(열기)]을 선택하여 1급–12.jpg를 불러온 후 Ctrl + A 를 눌러 전체를 선택하고 Ctrl + C 를 눌러 복사합니다. 작업 이미지를 선택하여 Ctrl + V 로 붙여넣기를 하고 Ctrl + T 로 크기를 축소한 후 격자를 참고하여 배치합니다.

03 Layers(레이어) 패널에서 'Blending Mode(혼합 모드) : Soft Light(소프트 라이트)'로 설정하여 배경 이미지와 합성을 합니다.

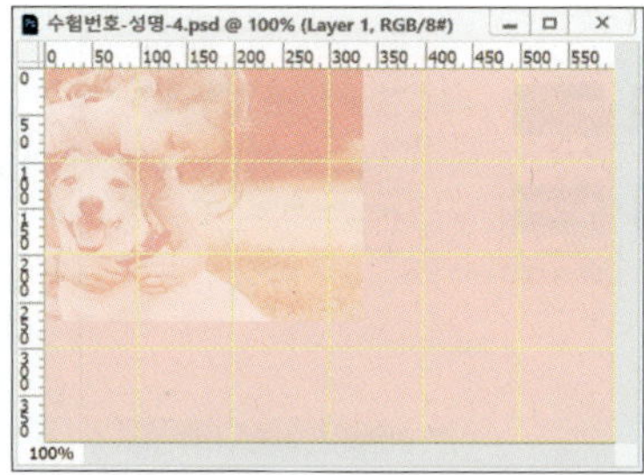

04 Layers(레이어) 패널에서 하단의 'Add layer mask(레이어 마스크 추가, ■)'를 클릭하여 레이어 마스크를 추가합니다.

05 Tool Panel(도구 패널) 하단의 'Set foreground color(전경색 설정)'를 #000000, 'Set background color(배경색 설정)'를 #ffffff로 설정합니다. Gradient Tool(그레이디언트 도구, ■)을 클릭하고 Options Bar(옵션 바)에서 'Type(유형) : Linear Gradient(선형 그레이디언트), Mode(모드) : Normal(표준), Opacity(불투명도) : 100%'로 설정한 후 하단에서 상단의 세로 방향으로 드래그하여 이미지 일부를 자연스럽게 지워 합성합니다.

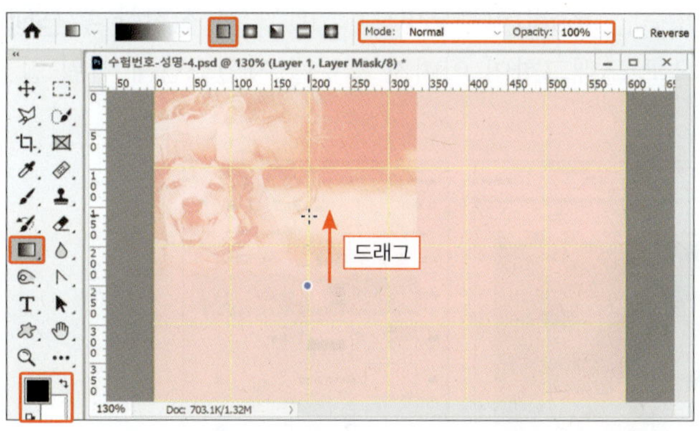

06 [File(파일)]–[Open(열기)]을 선택하여 1급–13.jpg를 불러옵니다. Ctrl + A 를 눌러 전체를 선택하고 Ctrl + C 로 복사한 후 작업 이미지에 Ctrl + V 로 붙여넣기를 합니다. Ctrl + T 를 누르고 마우스 오른쪽 버튼을 클릭하여 [Flip Horizontal(가로로 뒤집기)]로 뒤집고 크기를 조절하여 배치합니다.

07 [Filter(필터)]-[Filter Gallery(필터 갤러리)]-[Texture(텍스처)]-[Texturizer(텍스처화)]를 선택하고 'Texture(텍스처) : Brick(벽돌), Scaling(비율) : 100%, Relief(부조) : 4, Light(조명) : Top Left(왼쪽 위)'를 설정하고 [OK(확인)]를 클릭합니다.

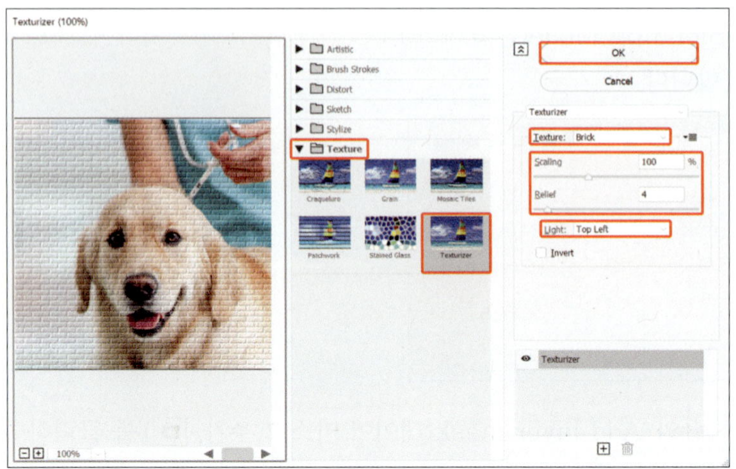

08 Layers(레이어) 패널에서 하단의 'Add layer mask(레이어 마스크 추가, ▣)'를 클릭하여 레이어 마스크를 추가합니다.

09 Tool Panel(도구 패널) 하단의 'Set foreground color(전경색 설정)'를 #000000, 'Set background color(배경색 설정)'를 #ffffff로 설정합니다. Gradient Tool(그레이디언트 도구, ▣)을 클릭하고 Options Bar(옵션 바)에서 'Type(유형) : Linear Gradient(선형 그레이디언트), Mode(모드) : Normal(표준), Opacity(불투명도) : 100%'로 설정한 후 Shift 를 누른 채 왼쪽에서 오른쪽 가로 방향으로 드래그하여 이미지 일부를 자연스럽게 지워 합성합니다.

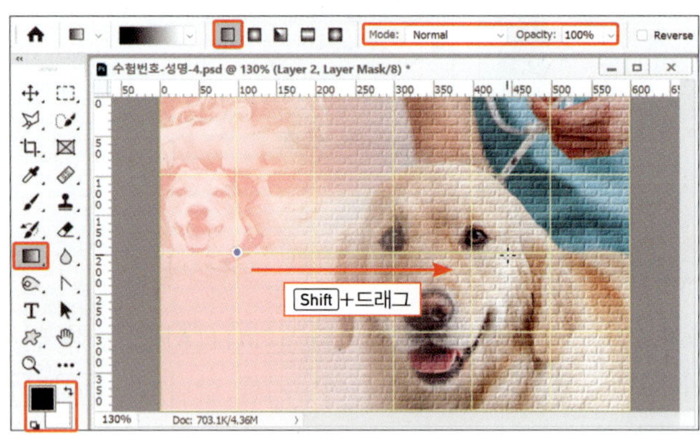

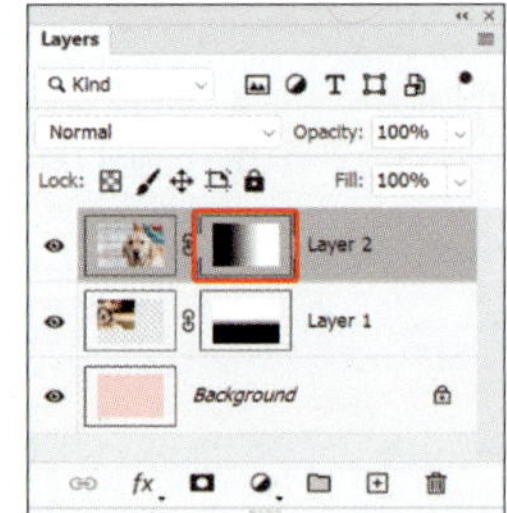

10 [File(파일)]-[Open(열기)]을 선택하여 1급-14.jpg를 불러옵니다. Magic Wand Tool(자동 선택 도구, ✎)을 클릭하고 Options Bar(옵션 바)에서 'Tolerance(허용치) : 30, Anti-alias(앤티 앨리어스) : 체크, Contiguous(인접) : 체크 해제'를 설정하고 배경의 흰 부분을 클릭하여 선택합니다.

11 Shift + Ctrl + I 로 선택 영역을 반전하고 Ctrl + C 로 복사, 작업 이미지를 선택하고 Ctrl + V 로 붙여넣기를 합니다. Ctrl + T 를 누르고 마우스 오른쪽 버튼을 클릭하여 [Flip Horizontal(가로로 뒤집기)]로 뒤집고 크기를 조절하여 배치합니다.

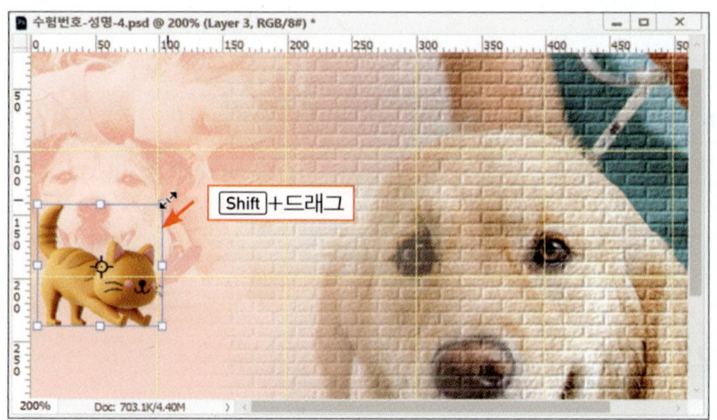

12 Layers(레이어) 패널 하단의 'Add a layer style(레이어 스타일 추가, fx)'을 클릭하여 [Bevel & Emboss(경사와 엠보스)]를 선택하고 'Style(스타일) : Inner Bevel(내부 경사), Direction(방향) : Up(위로), Size(크기) : 3px'을 설정합니다.

13 계속해서 [Drop Shadow(드롭 섀도)]를 선택하고 'Opacity(불투명도) : 75%, Angle(각도) : 120°, Distance(거리) : 3px, Size(크기) : 3px'을 설정하고 [OK(확인)]를 클릭합니다. Layers(레이어) 패널 상단에서 'Opacity(불투명도) : 80%'를 설정하여 불투명도를 설정합니다.

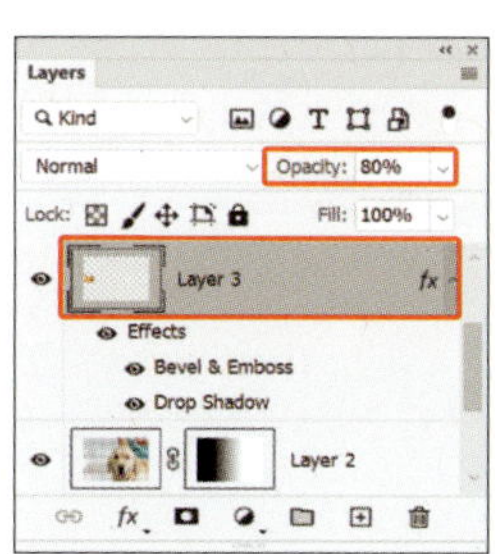

14 [File(파일)]–[Open(열기)]을 선택하여 1급–15.jpg를 불러옵니다. Magic Wand Tool(자동 선택 도구, ✎)을 클릭하고 Options Bar(옵션 바)에서 'Tolerance(허용치) : 17, Anti-alias(앤티 앨리어스) : 체크, Contiguous(인접) : 체크'를 설정하고 배경의 흰 부분을 클릭하여 선택합니다.

15 Shift+Ctrl+I로 선택 영역을 반전하고 Ctrl+C로 복사, 작업 이미지를 선택하고 Ctrl+V로 붙여넣기를 합니다. Ctrl+T를 누른 후 Shift를 누른 채 크기를 조절하고 배치합니다.

16 [Filter(필터)]–[Filter Gallery(필터 갤러리)]–[Artistic(예술 효과)]–[Poster Edges(포스터 가장자리)]를 선택합니다.

17 Layers(레이어) 패널 하단의 'Add a layer style(레이어 스타일 추가, fx.)'을 클릭하여 [Outer Glow(외부 광선)]를 선택하고 'Opacity(불투명도) : 75%, Spread(스프레드) : 10%, Size(크기) : 10px'로 설정하고 [OK(확인)]를 클릭합니다.

03 이미지 색상 보정 및 레이어 스타일 적용

01 [File(파일)]–[Open(열기)]을 선택하여 1급–16.jpg를 불러옵니다. Quick Selection Tool(빠른 선택 도구, ✎)을 클릭하고 Options Bar(옵션 바)에서 'Add to selection(선택 영역에 추가, ✎)'을 설정한 후 드래그하여 선택합니다.

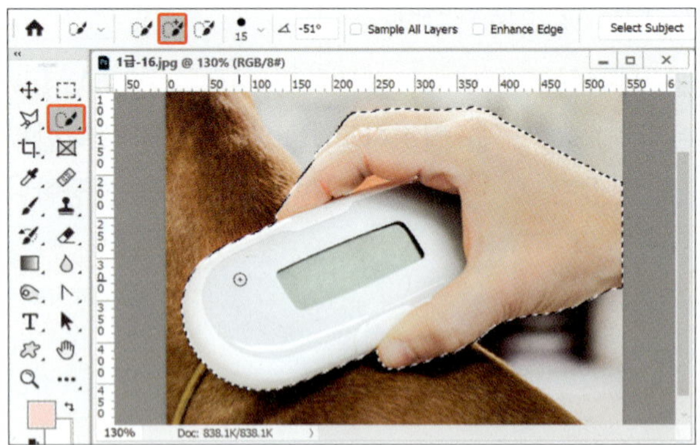

02 Ctrl + C 를 눌러 복사하여 작업 이미지를 선택하고 Ctrl + V 로 붙여넣기를 합니다. Ctrl + T 를 누르고 Shift 를 누른 채 크기를 축소하고 시계 반대 방향으로 회전하여 배치합니다.

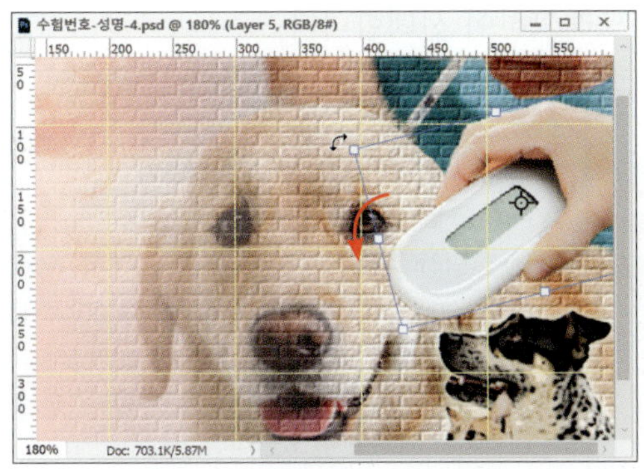

03 Layers(레이어) 패널 하단의 'Add a layer style(레이어 스타일 추가, fx.)'을 클릭하여 [Drop Shadow(그림자)]를 선택하고 'Opacity(불투명도) : 75%, Angle(각도) : 120°, Distance(거리) : 7px, Size(크기) : 7px'을 설정한 후 [OK(확인)]를 클릭합니다.

04 Quick Selection Tool(빠른 선택 도구,)을 클릭하고 Options Bar(옵션 바)에서 'Add to selection(선택 영역에 추가,)'을 설정한 후 브러시 크기를 조절하며 드래그하여 액정 부분 의 이미지를 선택합니다.

05 Layers(레이어) 패널 하단의 'Create new fill or adjustment layer(새 칠 또는 조정 레이 어 생성,)'를 클릭하고 [Hue/Saturation(색조/채도)]을 선택합니다. Properties(속성) 패 널에서 'Colorize(색상화) : 체크, Hue(색조) : 187, Saturation(채도) : 85, Lightness(밝 기) : −15'로 설정하여 파란색 계열로 색상을 보정합니다.

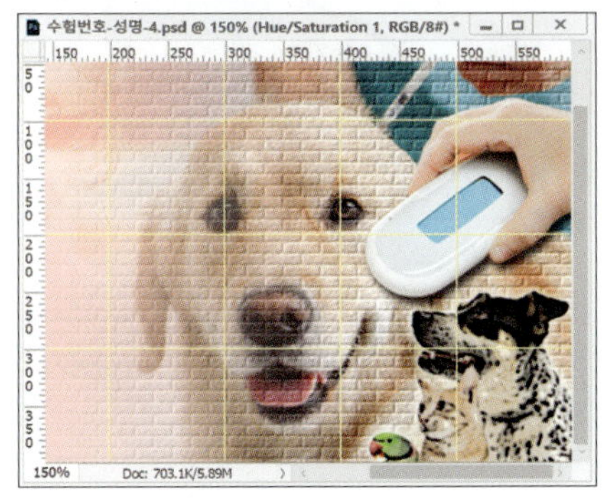

06 [File(파일)]-[Open(열기)]을 선택하여 1급-17.jpg를 불러온 후 Quick Selection Tool(빠른 선택 도구, ☑)을 클릭하고 Options Bar(옵션 바)에서 'Add to selection(선택 영역에 추가, ☑)'을 설정한 후 브러시의 크기를 조절하며 드래그하여 선택합니다.

07 Ctrl+C로 복사, 작업 이미지를 클릭한 후 Ctrl+V로 붙여넣기를 합니다. Ctrl+T로 Shift를 누른 채 크기를 축소하여 배치합니다.

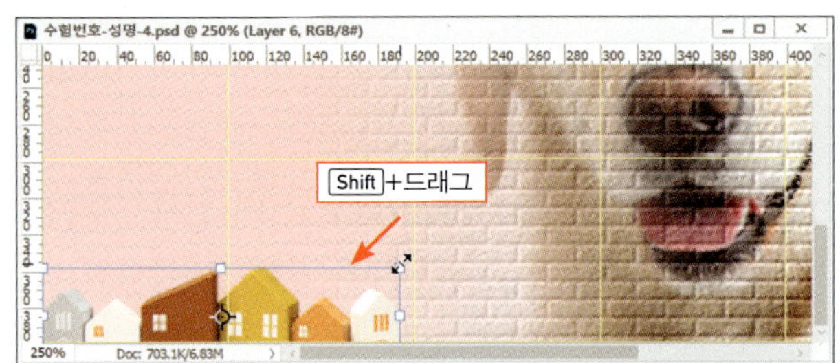

🔵04 모양 생성 및 변형, 레이어 스타일 적용

01 Layers(레이어) 패널에서 'Layer 2' 레이어를 선택합니다. Custom Shape Tool(사용자 정의 모양 도구, ☑)을 클릭하고 Options Bar(옵션 바)에서 'Shape(모양), Fill Color(칠 색상) : #6699cc, Stroke Color(획 색상) : No Color(색상 없음), Shape(모양) : Bull's Eye(과녁, ◎)'로 설정한 후 Shift를 누른 채 오른쪽 상단에 모양을 그립니다.

🏁 **기적**의 TIP

Layers(레이어) 패널에서 'Layer 2' 레이어를 선택하고 Custom Shape Tool(사용자 정의 모양 도구, ☑)로 드래그하면 'Bull's Eye' 레이어가 상단에 생성됩니다.

02 Layers(레이어) 패널 하단의 'Add a layer style(레이어 스타일 추가, $fx.$)'을 클릭하여 [Outer Glow(외부 광선)]를 선택하고 'Opacity(불투명도) : 75%, Spread(스프레드) : 5%, Size(크기) : 7px'로 설정하고 [OK(확인)]를 클릭합니다.

03 Layers(레이어) 패널 상단의 'Opacity(불투명도) : 70%'로 설정하여 불투명도를 적용합니다.

04 Ctrl+J를 눌러 복사한 'Bull's Eye 1 copy' 레이어를 선택하고 Ctrl+T를 눌러 Shift를 누른 채 크기를 축소하고 이동하여 배치합니다.

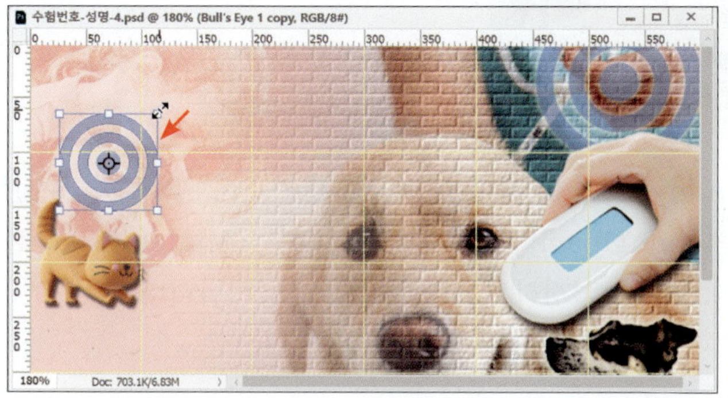

05 Layers(레이어) 패널에서 'Bull's Eye 1 copy' 레이어의 'Layer thumbnail(레이어 축소판)' 을 더블 클릭하여 'Color(색상) : #ffffff'로 변경합니다.

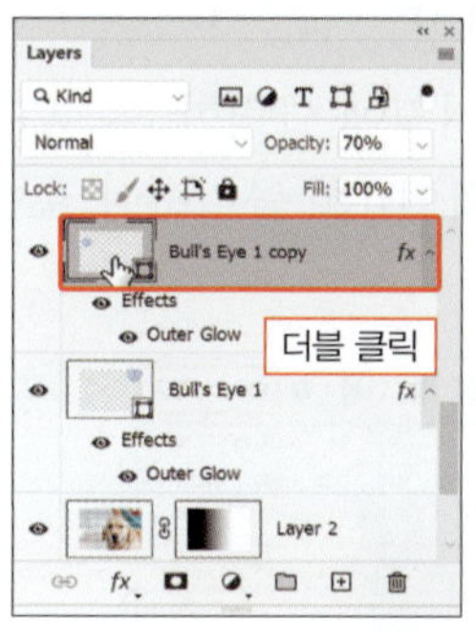
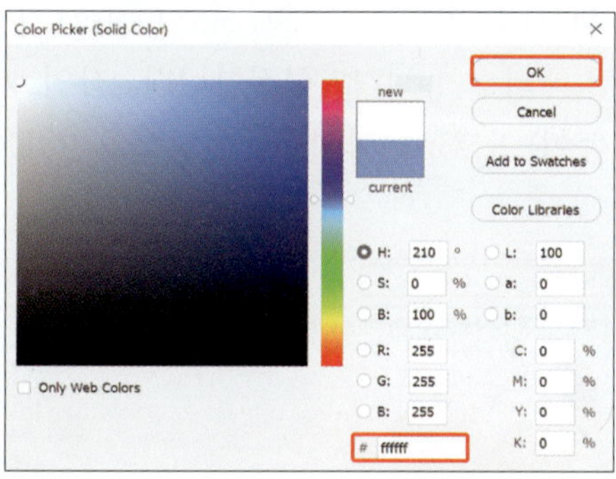

06 Custom Shape Tool(사용자 정의 모양 도구, $\varnothing$)을 클릭하고 Options Bar(옵션 바)에서 'Shape(모양), Fill Color(칠 색상) : #ffcccc, Stroke Color(획 색상) : No Color(색상 없음), Shape(모양) : Rabbit(토끼,)'로 설정한 후 Shift를 누른 채 드래그하여 그립니다.

🎯 **Shape 경로**

[Legacy Shapes and More(레거시 모양 및 기타)]–[All Legacy Default Shapes(모든 레거시 기본 모양)]–[Animals(동물)]

07 ⌈Ctrl⌋+⌈T⌋를 누르고 마우스 오른쪽 버튼을 클릭한 후 [Flip Horizontal(가로로 뒤집기)]로 뒤집은 후 조절점 밖을 드래그하여 시계 방향으로 회전하여 배치합니다.

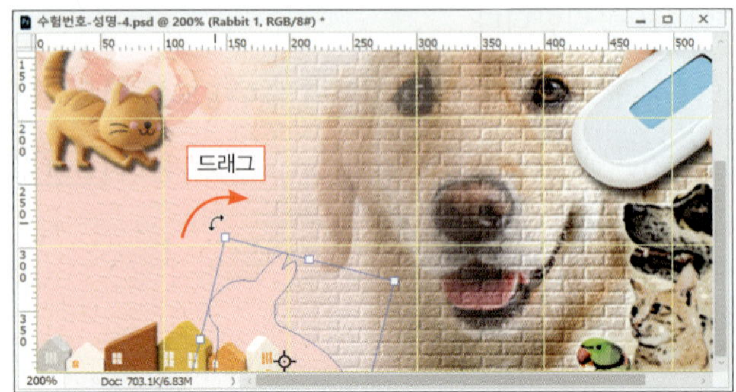

08 Layers(레이어) 패널 하단의 'Add a layer style(레이어 스타일 추가, ⌈fx.⌋)'을 클릭하여 [Inner Shadow(내부 그림자)]를 선택하고 'Opacity(불투명도) : 75%, Angle(각도) : 120°, Distance(거리) : 3px, Size(크기) : 5px'을 설정하고 [OK(확인)]를 클릭합니다.

05 메뉴 버튼 만들기

01 Custom Shape Tool(사용자 정의 모양 도구, ⌈⚘⌋)을 클릭하고 Options Bar(옵션 바)에서 'Shape(모양), Fill Color(칠 색상) : 임의 색상, Stroke Color(획 색상) : No Color(색상 없음), Shape(모양) : Banner 3(배너 3, ▬)'을 설정합니다. 작업 이미지에 클릭한 후 'Width(폭) : 121px(픽셀), Height(높이) : 33px(픽셀)'을 설정하고 [OK(확인)]를 클릭하여 모양을 그리고 배치합니다.

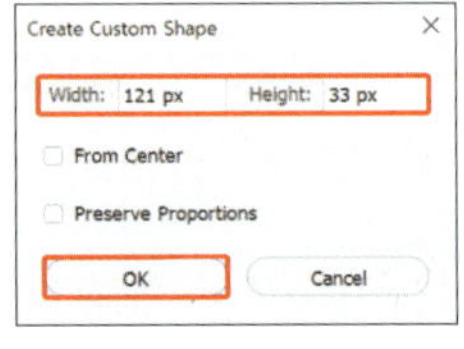

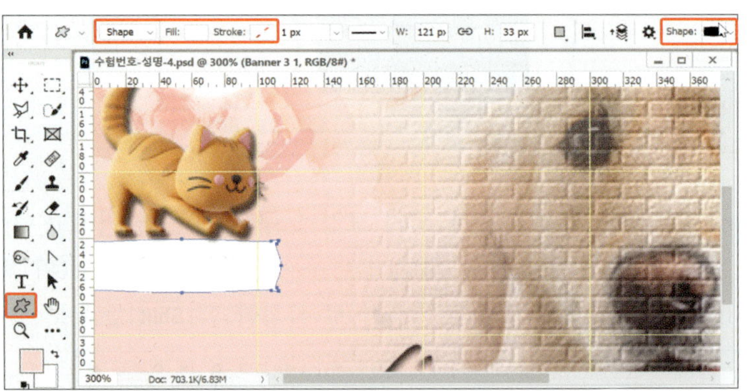

🎯 **Shape 경로**

[Legacy Shapes and More(레거시 모양 및 기타)]–[All Legacy Default Shapes(모든 레거시 기본 모양)]–[Banners and Awards(배너 및 상장)]

Custom Shape Tool(사용자 정의 모양 도구, ⍥)로 작업 이미지에 클릭하면 정확한 수치를 입력하여 모양을 그릴 수 있습니다.

02 Layers(레이어) 패널 하단의 'Add a layer style(레이어 스타일 추가, *fx.*)'을 클릭하여 [Stroke(획)]를 선택하고 'Size(크기) : 2px, Color(색상) : #339999'로 설정합니다.

03 계속해서 [Gradient Overlay(그레이디언트 오버레이)]를 선택하고 'Click to edit the gradient(클릭하여 그레이디언트 편집)'를 클릭합니다. 그레이디언트 슬라이더 왼쪽 하단의 'Color Stop(색상 정지점)'을 더블 클릭하여 #ffffff를, 오른쪽 'Color Stop(색상 정지점)'을 더블 클릭하여 #99cccc로 설정한 후 'Style(스타일) : Reflected(반사), Angle(각도) : 90°로 설정하고 [OK(확인)]를 클릭합니다.

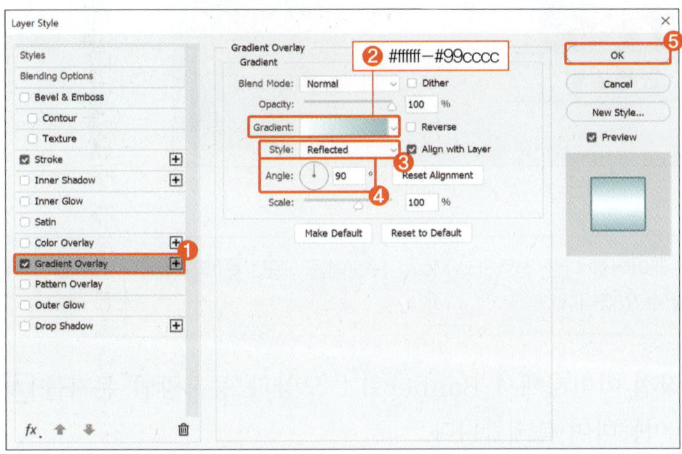

04 Horizontal Type Tool(수평 문자 도구, T)로 작업 이미지를 클릭하고 Options Bar(옵션 바)에서 'Font(글꼴) : 돋움, Set font size(글꼴 크기) : 17pt, Set anti-aliasing method (앤티 앨리어싱 방법 설정) : Strong(강하게), Center text(텍스트 중앙 정렬, 畺), Color(색 상) : #000000'으로 설정한 후 '등록방법'을 입력합니다.

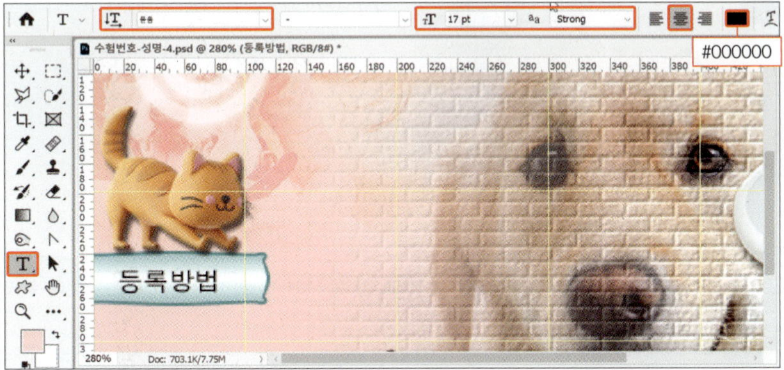

05 Layers(레이어) 패널 하단의 'Add a layer style(레이어 스타일 추가, $fx.$)'을 클릭하여 [Stroke(획)]를 선택하고 'Size(크기) : 2px, Color(색상) : #ffffff'로 설정하여 [OK(확인)]를 클릭합니다.

06 Layers(레이어) 패널에서 Shift 를 누른 채 '등록방법' 레이어와 'Banner 3 1' 레이어를 클릭하여 함께 선택합니다. Shift + Ctrl +]를 눌러 맨 앞으로 레이어를 배치합니다. Move Tool(이동 도구, $\oplus$)을 클릭하고 Options Bar(옵션 바)에서 'Align vertical centers(수직 가운데 맞춤, $\mathbf{H}$)'를 클릭하여 2개의 레이어의 정렬을 지정합니다.

Layers(레이어) 패널에서 Shift 를 눌러 레이어를 다중 선택하고 Move Tool(이동 도구, $\oplus$)의 Options Bar(옵션 바)에서 정렬과 배분을 맞춰서 버튼을 배치할 수 있습니다.

07 Move Tool(이동 도구, $\oplus$)로 작업 이미지에서 'Banner 3 1' 모양과 '등록방법' 문자를 Alt 를 누른 채 아래쪽으로 드래그하여 이동하며 복제합니다.

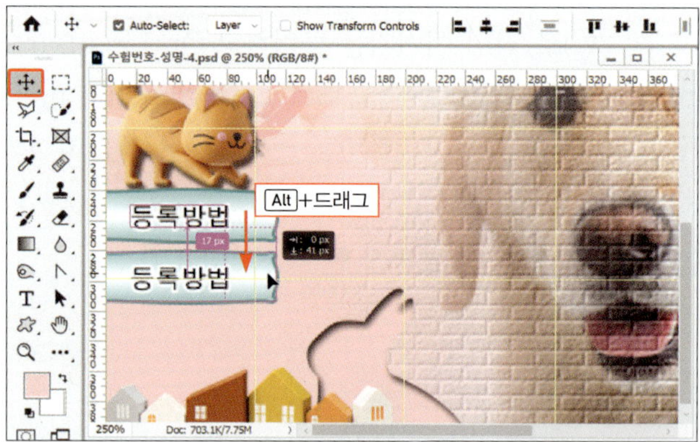

Move Tool(이동 도구, $\oplus$)로 Alt 를 누르고 드래그하여 복제할 때 Shift 를 동시에 누르면 반듯하게 이동하며 복제할 수 있습니다.

08 같은 방법으로 3번째 버튼의 모양을 만듭니다. Horizontal Type Tool(수평 문자 도구, T)로 문자를 각각 드래그하여 '이벤트', '등록혜택'으로 수정합니다.

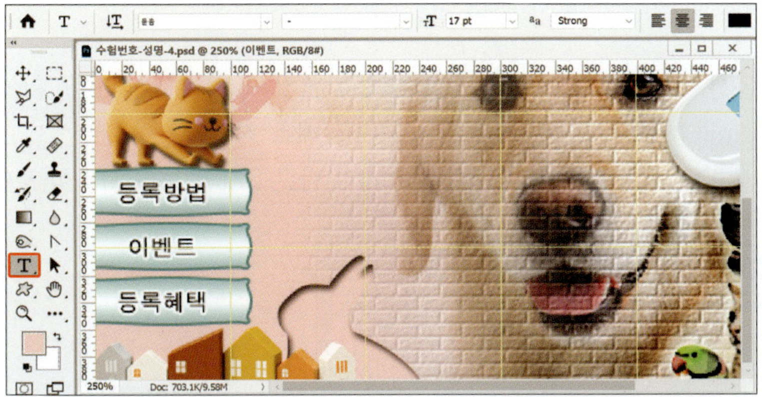

09 Layers(레이어) 패널에서 '이벤트' 문자 레이어에 적용된 [Effects(효과)]의 [Stroke(획)]를 더블 클릭하고 'Color(색상) : #ffcccc'로 설정한 후 [OK(확인)]를 클릭합니다.

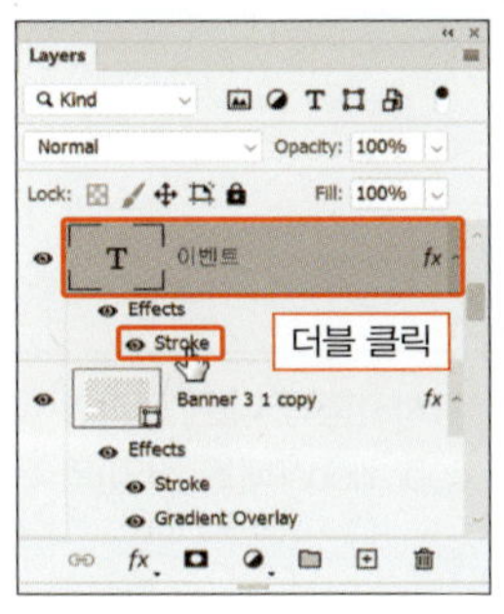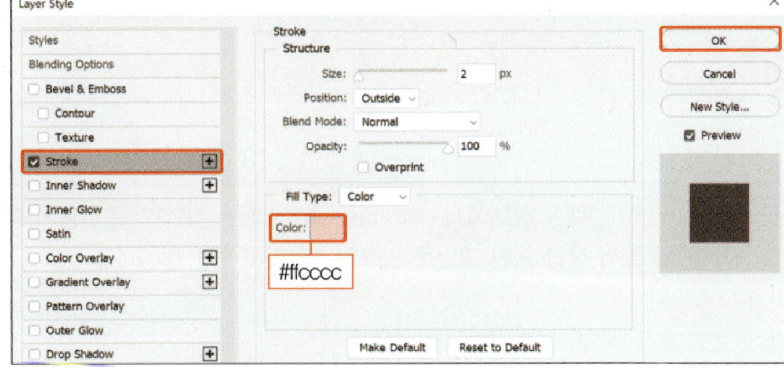

06 펜 도구 작업 및 레이어 스타일 적용

01 Layers(레이어) 패널에서 'Layer 2' 레이어를 선택합니다.

02 Rounded Rectangle Tool(모서리가 둥근 직사각형 도구, ▢)을 클릭하고 Options Bar(옵션 바)에서 'Shape(모양), Fill Color(칠 색상) : 임의 색상, Stroke Color(획 색상) : No Color(색상 없음), Path operations(패스 작업) : New Layer(새 레이어, ▣), Radius(반경) : 20px'을 설정합니다. 작업 이미지에 클릭한 후 'Width(폭) : 165px(픽셀), Height(높이) : 62px(픽셀)'을 설정하고 [OK(확인)]를 클릭하여 둥근 사각형 모양을 그리고 배치합니다.

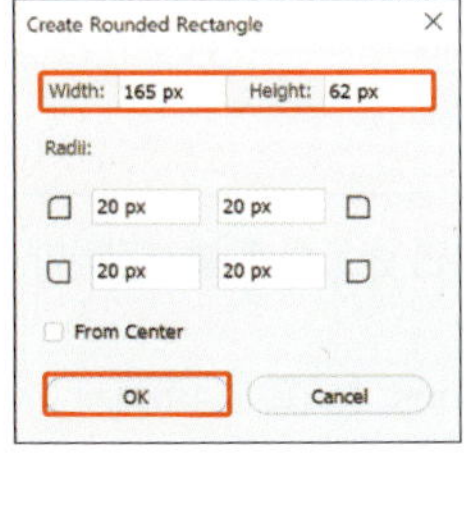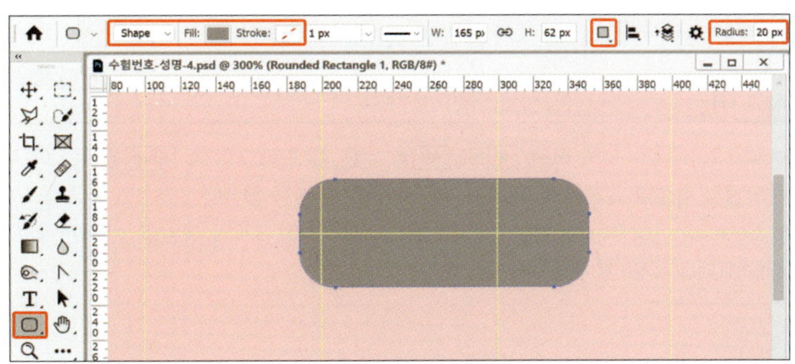

모양의 명확한 구별을 위해 Layers(레이어) 패널에서 하단 레이어의 가시성(눈 아이콘)을 끄고 작업을 진행합니다. 모양 작업이 완료되면 하단 레이어의 눈 아이콘을 다시 클릭합니다.

03 계속해서 Options Bar(옵션 바)에서 'Shape(모양), Fill Color(칠 색상) : 임의 색상, Stroke Color(획 색상) : No Color(색상 없음), Path operations(패스 작업) : Subtract Front Shape(전면 모양 빼기, ⬚)'로 설정한 후 드래그하여 크기가 다른 2개의 둥근 사각형 모양을 왼쪽과 하단에 겹치도록 각각 그립니다.

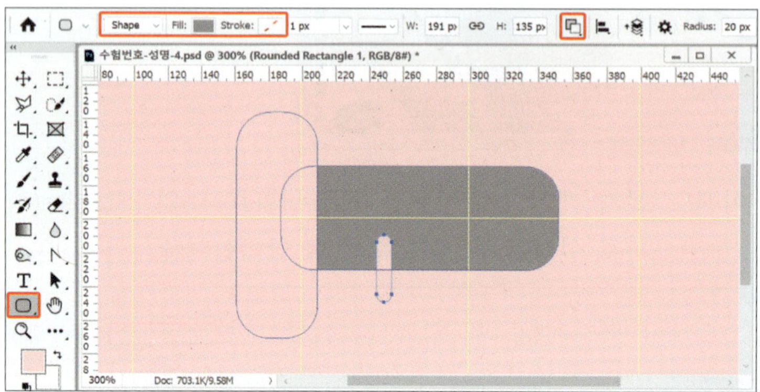

작업 중인 Shape(모양)이 선택된 상태에서 Path operations(패스 작업)의 옵션을 바꾸면 지시사항과 다른 결과가 나올 수 있습니다. Enter 를 눌러 작업 중인 모양을 완료한 후, 다시 한번 Enter 를 눌러 Path operations(패스 작업)의 옵션을 변경합니다.

04 Path Selection Tool(패스 선택 도구, ▶)로 하단의 둥근 사각형을 선택, Alt 를 누른 채 오른쪽으로 드래그하여 연속해서 2번 복사합니다.

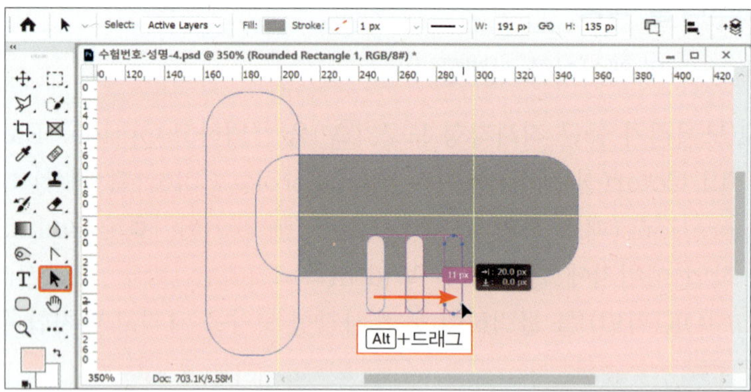

• Selection Tool(패스 선택 도구, ▶)로 Alt 를 누른 채 드래그할 때 Shift 를 동시에 누르면 반듯하게 복사됩니다. 선택된 모양의 속성을 유지한 채 복사가 되므로 겹친 부분을 뺍니다.
• Path Selection Tool(패스 선택 도구, ▶)로 드래그하여 3개의 모양을 선택한 후 Options Bar(옵션 바)에서 'Path alignment(패스 맞춤)'를 활용하여 정렬할 수 있습니다.

05 Options Bar(옵션 바)에서 'Path operations(패스 작업) : Merge Shape Components(모양 병합 구성 요소, ⟐)'를 클릭하여 모양을 하나로 병합하고 [Enter]를 눌러 패스 작업을 완료합니다. Layers(레이어) 패널에서 'Rounded Rectangle 1' 레이어의 이름을 더블 클릭하여 'path 1'로 변경합니다.

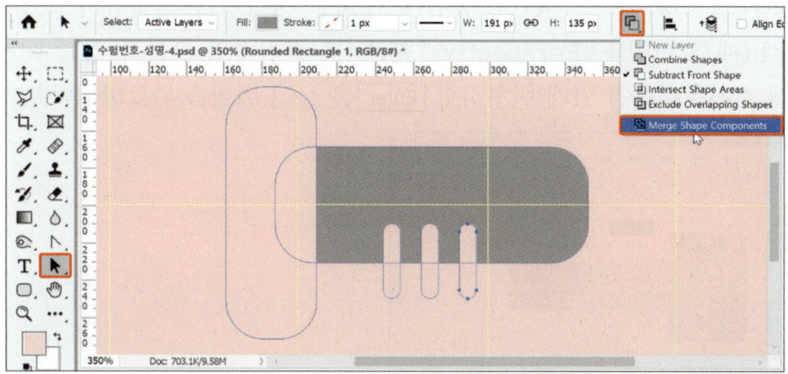

06 Rounded Rectangle Tool(모서리가 둥근 직사각형 도구, ▢)을 클릭하고 Options Bar(옵션 바)에서 'Shape(모양), Fill Color(칠 색상) : #996666, Stroke Color(획 색상) : No Color(색상 없음), Path operations(패스 작업) : New Layer(새 레이어, ▢), Radius(반경) : 15px'을 설정하고 드래그하여 둥근 사각형 모양을 왼쪽에 그립니다.

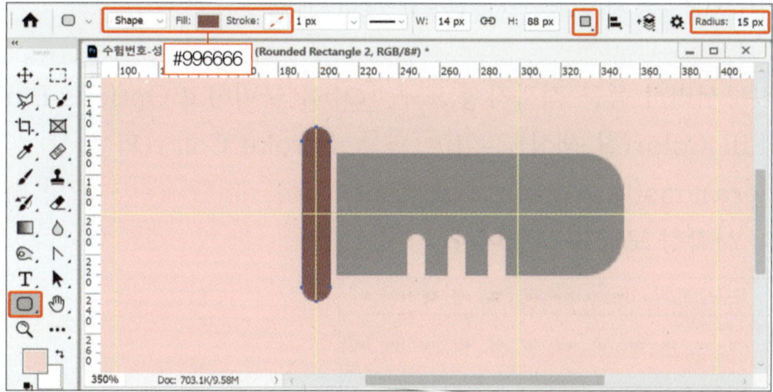

07 계속해서 Rounded Rectangle Tool(모서리가 둥근 직사각형 도구, ▢)로 Options Bar(옵션 바)에서 'Path operations(패스 작업) : Combine Shapes(모양 결합, ⟐), Radius(반경) : 0px'로 설정하고 왼쪽과 오른쪽에 크기가 다른 3개의 사각형을 겹치도록 그립니다.

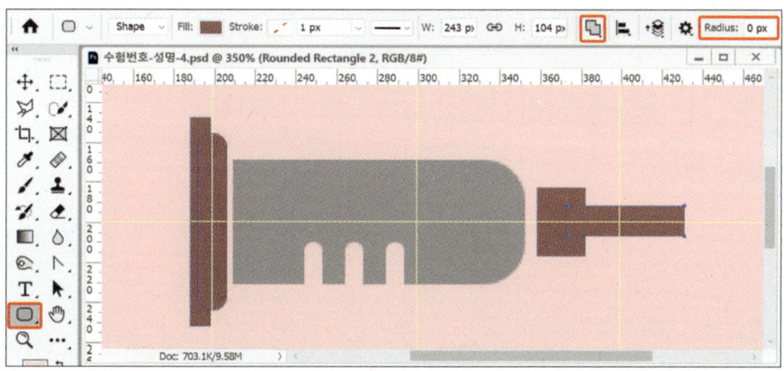

Options Bar(옵션 바)에서 'Radius(반경) : 0px'을 설정하면 Rectangle Tool(사각형 도구, ▢)로 사각형을 그리는 것과 동일합니다.

08 Path Selection Tool(패스 선택 도구, ▶)로 중간에 배치된 사각형을 선택하여 [Edit(편집)]-[Transform Path(패스 변형)]-[Perspective(원근)]를 클릭하고 오른쪽 상단 모서리 조절점을 하단으로 드래그하여 원근감 있게 변형하고 Enter 를 눌러 변형을 완료합니다.

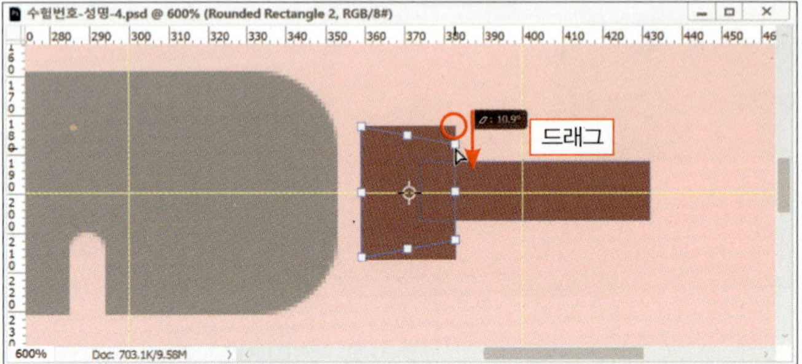

Perspective(원근)로 변형하기
- Ctrl + T 를 눌러 마우스 오른쪽 버튼을 누르고 [Perspective(원근)]를 클릭 후 조절점 모서리를 드래그하여 변형합니다.
- Ctrl + T 를 누른 후 Ctrl + Shift + Alt 를 누른 채 조절점 모서리를 드래그하여 변형합니다.

09 Rounded Rectangle Tool(모서리가 둥근 직사각형 도구, ▢)을 클릭하고 Options Bar(옵션 바)에서 'Shape(모양), Fill Color(칠 색상) : 임의 색상, Stroke Color(획 색상) : No Color(색상 없음), Path operations(패스 작업) : Subtract Front Shape(전면 모양 빼기, ▣)'로 설정한 후 드래그하여 사각형 모양을 그립니다.

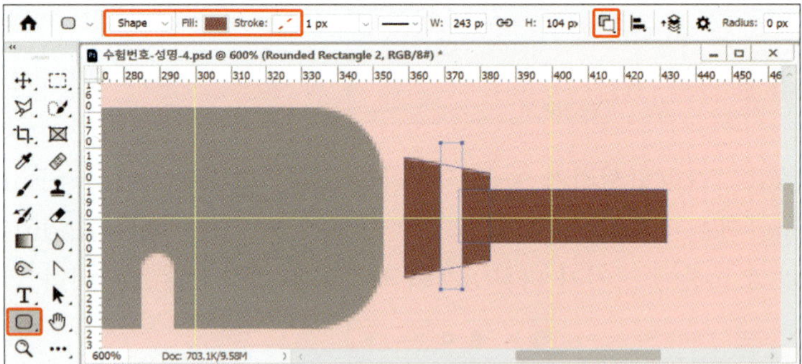

10 Direct Selection Tool(직접 선택 도구, ▸)을 선택하고 우측 사각형 하단의 오른쪽 기준점을 클릭하여 선택, 우측으로 이동하여 모양을 수정합니다.

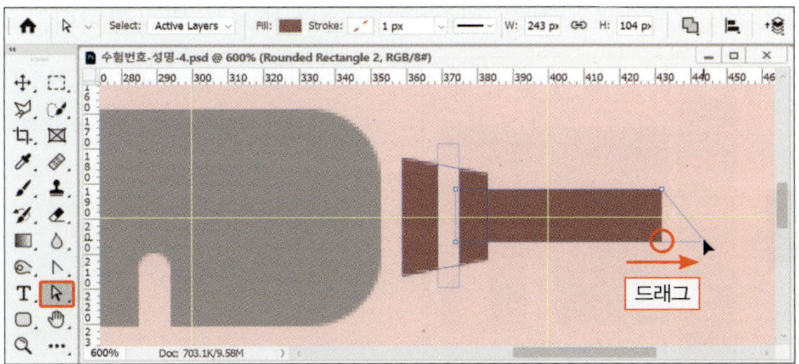

11 Options Bar(옵션 바)에서 'Path operations(패스 작업) : Merge Shape Components(모양 병합 구성 요소, ▣)'를 클릭하여 모양을 하나로 병합하고 Enter 를 눌러 패스 작업을 완료합니다. Layers(레이어) 패널에서 'Rounded Rectangle 2' 레이어의 이름을 더블 클릭하여 'path 2'로 변경합니다.

12 Rounded Rectangle Tool(모서리가 둥근 직사각형 도구, ▢)을 클릭하고 Options Bar(옵션 바)에서 'Shape(모양), Fill Color(칠 색상) : #663333, Stroke Color(획 색상) : No Color(색상 없음), Path operations(패스 작업) : New Layer(새 레이어, ▣), Radius(반경) : 0px'을 설정 후 드래그하여 사각형 모양을 왼쪽에 그립니다.

13 계속해서 Options Bar(옵션 바)에서 'Path Operations(패스 작업) : Combine Shapes(모양 결합, ▣)'을 설정하고 사각형 모양을 겹치도록 그립니다.

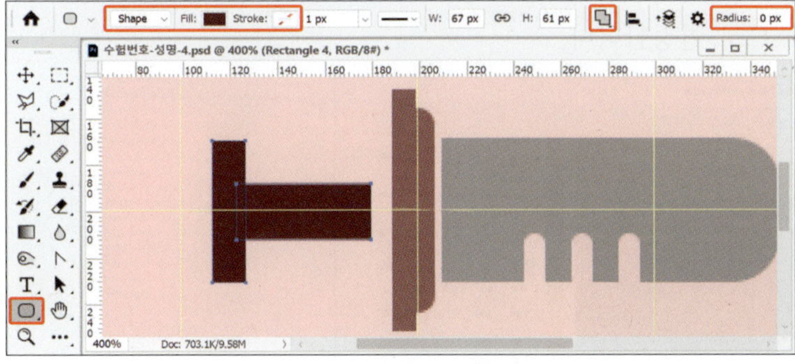

14 Path Selection Tool(패스 선택 도구, ▶)로 왼쪽에 배치된 사각형을 선택하여 [Edit(편집)]–[Transform Path(패스 변형)]–[Perspective(원근)]를 클릭하고, 오른쪽 상단 모서리 조절점을 하단으로 드래그하여 원근감 있게 변형하고 Enter 를 눌러 변형을 완료합니다.

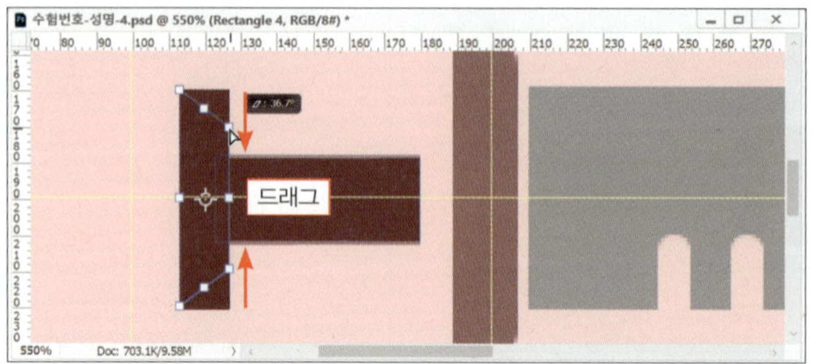

15 Options Bar(옵션 바)에서 ‘Path operations(패스 작업) : Merge Shape Components(모양 병합 구성 요소, ▣)’를 클릭하여 모양을 하나로 병합하고 Enter 를 눌러 패스 작업을 완료합니다. Layers(레이어) 패널에서 ‘Rounded Rectangle 3’ 레이어의 이름을 더블 클릭하여 ‘path 3’으로 변경합니다.

16 Layers(레이어) 패널 하단의 ‘Add a layer style(레이어 스타일 추가, fx.)’을 클릭하여 [Drop Shadow(그림자 효과)]를 선택하고 ‘Opacity(불투명도) : 75%, Angle(각도) : 120°, Distance(거리) : 5px, Size(크기) : 5px’을 설정한 후 [OK(확인)]를 클릭합니다.

17 계속해서 ‘path 1’ 레이어와 ‘path 2’ 레이어를 각각 선택, Layers(레이어) 패널 하단의 ‘Add a layer style(레이어 스타일 추가, fx.)’을 클릭하여 [Drop Shadow(그림자 효과)]를 설정합니다.

18 Layers(레이어) 패널에서 ‘path 1’ 레이어의 ‘Layer thumbnail(레이어 축소판)’을 더블 클릭하여 ‘Color(색상) : #ffcc66’으로 변경합니다.

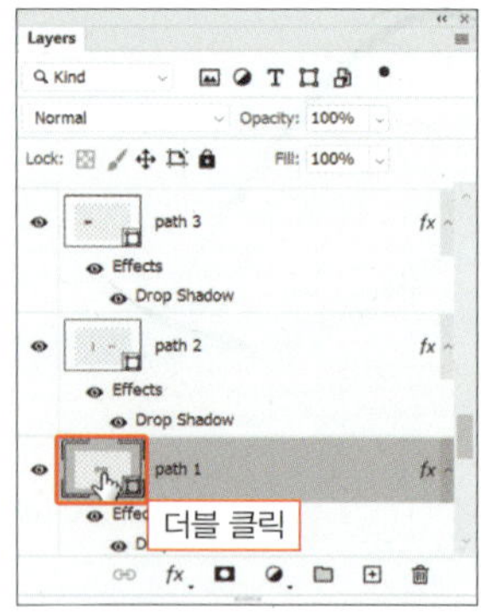

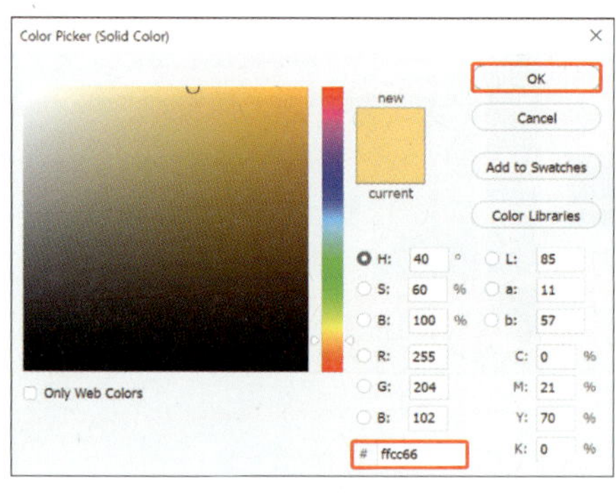

19 Layers(레이어) 패널에서 [Shift]를 누른 채 클릭하여 'path 1' 레이어와 'path 2', 'path 3' 레이어를 함께 선택합니다. [Ctrl]+[T]를 누르고 Options Bar(옵션 바)에서 'Rotate(회전, △) : 54°'를 입력하고 [Enter]를 눌러 시계 방향으로 회전하고 배치합니다.

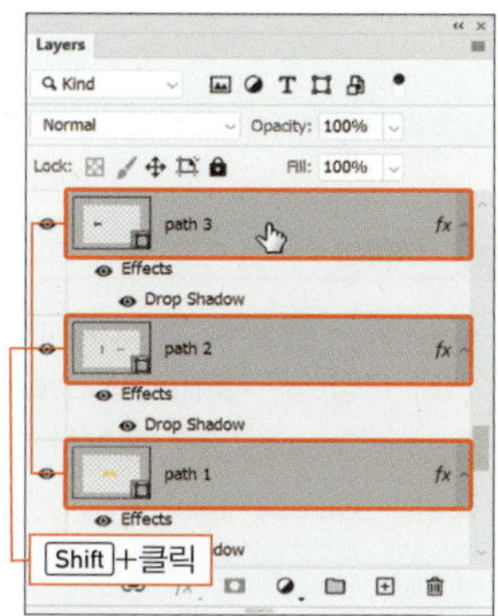
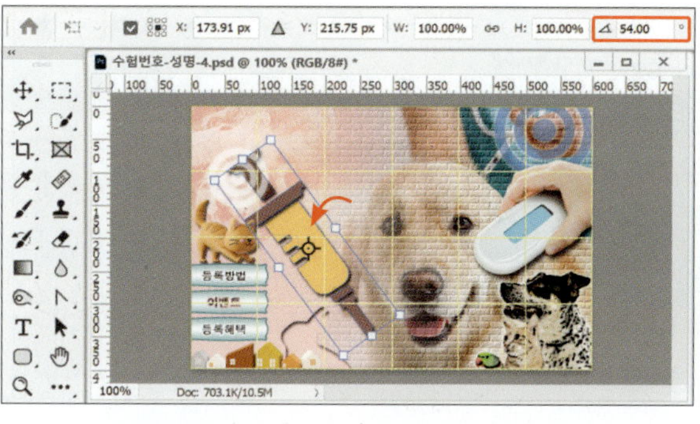

20 Layers(레이어) 패널에서 'Bull's Eye 1 copy'를 선택하고 [Ctrl]+[[]를 여러 번 눌러 주사기 패스 모양보다 뒤로 보내기를 합니다.

07 패턴 정의와 적용 및 클리핑 마스크 적용

01 [File(파일)]–[New(새로 만들기)]([Ctrl]+[N])를 선택하고 'Width(폭) : 50Pixels(픽셀), Height(높이) : 25Pixels(픽셀), Resolution(해상도) : 72Pixels/Inch(픽셀/인치), Color Mode(색상 모드) : RGB Color(RGB 색상), 8bits(비트), Background Contents(배경 내용) : Transparent(투명)'로 설정하여 새 작업 이미지를 만듭니다.

> **기적의 TIP**
>
> Background Contents(배경 내용)를 'Transparent(투명)'로 설정해야 클리핑 마스크 적용 시 펜으로 작업한 Shape(모양)의 설정 색상이 보입니다.

02 Custom Shape Tool(사용자 정의 모양 도구, ✿)을 클릭하고 Options Bar(옵션 바)에서 'Shape(모양), Fill Color(칠 색상) : #99cc66, Stroke Color(획 색상) : No Color(색상 없음), Shape(모양) : Puzzle 1(퍼즐 1, ✛)'로 설정한 후 [Shift]를 누른 채 드래그하여 모양을 그립니다.

> **◎ Shape 경로**
>
> [Legacy Shapes and More(레거시 모양 및 기타)]–[All Legacy Default Shapes(모든 레거시 기본 모양)]–[Object(개체)]

03 Custom Sshape Tool(사용자 정의 모양 도구, [◈])을 클릭하고 Options Bar(옵션 바)에서 'Shape(모양), Fill(칠) : #cc9966, Stroke(획) : No Color(색상 없음), Shape(모양) : Puzzle 4, [◈])'으로 설정한 후 [Shift]를 누른 채 드래그하여 모양을 그립니다.

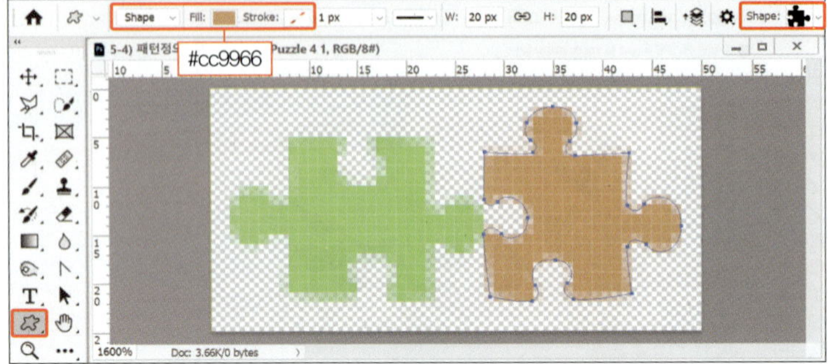

기적의 TIP

Layers(레이어) 패널의 선택된 레이어 위쪽으로 새로운 레이어가 만들어지므로 순서를 정돈하지 않아도 됩니다.

04 [Edit(편집)]−[Define Pattern(패턴 정의)]을 선택하고 'Pattern Name : 퍼즐 모양'으로 설정하고 패턴을 등록합니다.

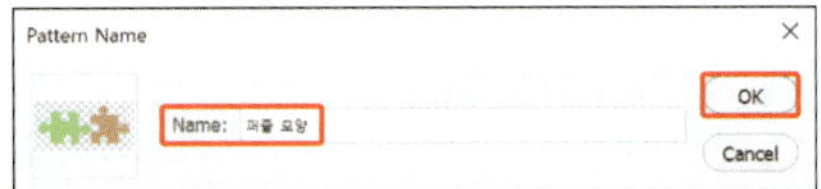

05 작업 이미지를 선택하고 Layers(레이어) 패널에서 'path 1' 레이어를 선택합니다. Layers(레이어) 패널 하단의 'Create a new layer(새 레이어 만들기, [◈])'을 클릭하여 'path 1' 레이어의 위쪽에 새 레이어를 추가하고 이름을 'pattern'으로 설정합니다.

06 Layers(레이어) 패널의 'pattern' 레이어를 선택합니다. [Edit(편집)]−[Fill(칠)]을 선택하고 'Contents(내용) : Pattern(패턴), Custom Pattern(사용자 정의 패턴) : 퍼즐 모양, Mode(모드) : Normal(표준), Opacity(불투명도) : 100%, Preserve Transparency(투명도 유지) : 체크 해제'로 설정하여 채웁니다.

07 Layers(레이어) 패널에서 'path 1' 레이어와 'pattern' 레이어 사이에 마우스 커서를 놓고 [Alt]를 누르고 클릭하여 Clipping Mask(클리핑 마스크)를 적용합니다.

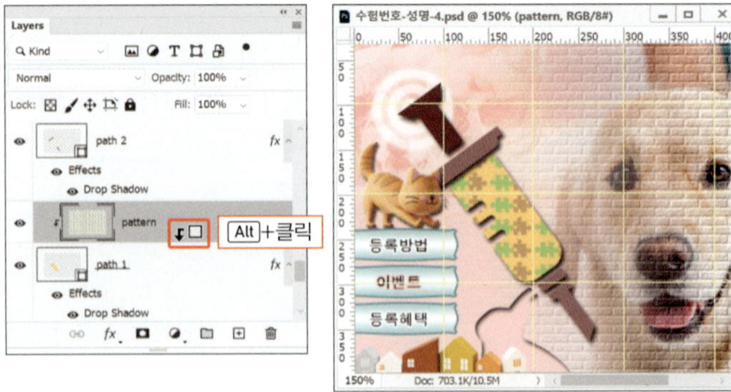

01 Layers(레이어) 패널에서 '등록혜택' 레이어를 선택합니다.

02 Horizontal Type Tool(수평 문자 도구, T)로 작업 이미지를 클릭하고 Options Bar(옵션 바)에서 'Font(글꼴) : 궁서, Set font size(글꼴 크기) : 50pt, Set anti-aliasing method(앤티 앨리어싱 방법 설정) : Strong(강하게), Color(색상) : 임의 색상'으로 설정한 후 '반려동물 등록제'를 입력합니다.

03 Horizontal Type Tool(수평 문자 도구, T)로 '등록제' 문자를 드래그하여 선택하고 Options Bar(옵션 바)에서 'Set font size(글꼴 크기) : 36pt'로 설정합니다.

04 Options Bar(옵션 바)에서 Create warped text(뒤틀어진 텍스트 만들기, ⊥)를 클릭하여 [Warp Text(텍스트 뒤틀기)] 대화상자에서 'Style(스타일) : Arch(아치), Horizontal(가로) : 체크, Bend(구부리기) : -20%'를 설정하여 문자의 모양을 왜곡합니다.

05 Layers(레이어) 패널 하단에 'Add a layer style(레이어 스타일 추가, fx.)'을 클릭하여 [Stroke(획)]를 선택하고 'Size(크기) : 3px, Color(색상) : #330000'으로 설정합니다. 계속해서 [Gradient Overlay(그레이디언트 오버레이)]를 선택하고 'Click to edit the gradient (클릭하여 그레이디언트 편집)'를 클릭합니다.

06 그레이디언트 슬라이더 왼쪽 하단의 'Color Stop(색상 정지점)'을 더블 클릭하여 #ff99cc를, 오른쪽 'Color Stop(색상 정지점)'을 더블 클릭하여 #99ccff로 설정한 후 'Style(스타일) : Linear(선형), Angle(각도) : 0°'로 설정하고 [OK(확인)]를 클릭합니다.

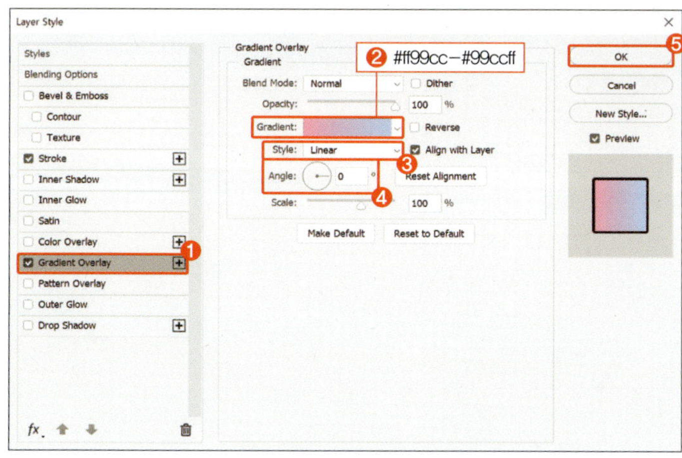

07 Horizontal Type Tool(수평 문자 도구, T)로 작업 이미지를 클릭하고 Options Bar(옵션 바)에서 'Font(글꼴) : Arial, Set font style(글꼴 스타일 설정) : Regular, Set font size(글꼴 크기) : 24pt, Color(색상) : #ffffff'로 설정한 후 'Let's protect our precious pets'를 입력합니다.

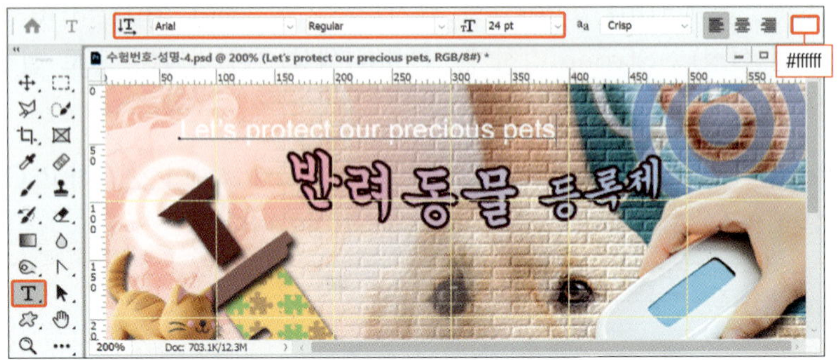

08 Options Bar(옵션 바)에서 Create warped text(뒤틀어진 텍스트 만들기, T)를 클릭하여 [Warp Text(텍스트 뒤틀기)] 대화상자에서 'Style(스타일) : Flag(깃발), Horizontal(가로) : 체크, Bend(구부리기) : 65%'를 설정하여 문자의 모양을 왜곡하고 배치합니다.

09 Layers(레이어) 패널 하단에 'Add a layer style(레이어 스타일 추가, fx.)'을 클릭하여 [Stroke(획)]를 선택하고 'Size(크기) : 2px, Fill Type(칠 유형) : Gradient(그레이디언트)'를 설정하고 'Click to edit the gradient(클릭하여 그레이디언트 편집)'를 클릭합니다.

10 그레이디언트 슬라이더 왼쪽 하단의 'Color Stop(색상 정지점)'을 더블 클릭하여 #990033 을, 오른쪽 'Color Stop(색상 정지점)'을 더블 클릭하여 #3366ff로 설정한 후 'Style(스타일) : Linear(선형), Angle(각도) : 0°'로 설정합니다.

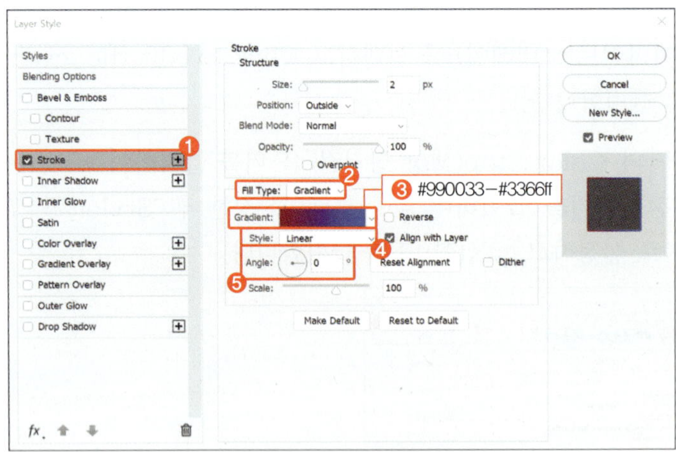

11 계속해서 [Drop Shadow(드롭 섀도)]를 선택하여 'Opacity(불투명도) : 75%, Angle(각도) : 120°, Distance(거리) : 5px, Size(크기) : 5px'을 설정하고 [OK(확인)]를 클릭합니다.

12 Horizontal Type Tool(수평 문자 도구, T)로 작업 이미지를 클릭하고 Options Bar(옵션 바)에서 'Font(글꼴) : 돋움, Set font size(글꼴 크기) : 15pt, Set anti-aliasing method(앤티 앨리어싱 방법 설정) : Strong(강하게), Color(색상) : #333333'으로 설정한 후 '사전등록 클릭!'을 입력합니다.

13 Layers(레이어) 패널 하단에 'Add a layer style(레이어 스타일 추가, fx.)'을 클릭하여 [Stroke(획)]를 선택하고 'Size(크기) : 2px, Color(색상) : #ffffff'로 설정하고 [OK(확인)]를 클릭합니다.

09 정답 파일 저장

01 [View(보기)]-[Show(표시)]-[Grid(격자)]((Ctrl)+(`))를 선택하여 격자를 가립니다.

02 [File(파일)]-[Save As(다른 이름으로 저장)]((Shift)+(Ctrl)+(S))를 선택하고 '저장 위치 : 내 PC₩문서₩GTQ, 파일 형식 : JPEG(*.JPG;*.JPEG;*.JPE), 파일 이름 : 수험번호-성명-문제번호'를 입력하고 [저장]을 클릭한 후 [JPEG Options(JPEG 옵션)] 대화상자에서 'Quality(품질) : 8'로 설정하고 [OK(확인)]를 클릭합니다.

03 [Image(이미지)]-[Image Size(이미지 크기)]((Alt)+(Ctrl)+(I))를 선택하고 'Constrain aspect ratio(종횡비 제한) : 클릭, Width(폭) : 60Pixels(픽셀), Height(높이) : 40Pixels(픽셀)'로 입력하여 이미지 크기를 1/10로 축소한 후 [OK(확인)]를 클릭합니다.

04 [File(파일)]-[Save As(다른 이름으로 저장)]((Shift)+(Ctrl)+(S))를 선택하고 '저장 위치 : 내 PC₩문서₩GTQ, 파일 이름 : 수험번호-성명-문제번호, 파일 형식 : Photoshop(*.PSD;*.PDD;*.PSDT)'으로 저장합니다.

05 답안 저장이 완료되면 [File(파일)]-[Exit(종료)]((Ctrl)+(Q))를 선택하여 프로그램을 종료하고 수험 프로그램에서 [답안 전송]을 클릭하여 psd와 jpg 파일을 감독관 컴퓨터로 전송합니다.

기출 유형 문제 02회

급수	문제유형	시험시간	수험번호	성명
1급	A	90분	G120260002	

수험자 유의사항

- 수험자는 문제지를 받는 즉시 응시하고자 하는 **과목 및 급수가 맞는지 확인**한 후 수험번호와 성명을 작성합니다.
- 파일명은 본인의 "수험번호–성명–문제번호"로 공백 없이 정확히 입력하고 답안폴더(내 PC₩문서₩GTQ)에 jpg 파일과 psd 파일의 2가지 포맷으로 저장해야 하며, jpg 파일과 psd 파일의 내용이 상이할 경우 0점 처리됩니다.
- 답안문서 파일명이 "수험번호–성명–문제번호"와 일치하지 않거나, 답안 파일을 '**전송**'하지 **않는 경우 답안 파일 미제출로 불합격 처리**됩니다. ※ 답안은 반드시 시험 시간 내에 전송을 완료해야 하며, 전송 시간을 충분히 감안하여 제출해 주시기 바랍니다. (공정한 평가를 위해, 시험종료 전 전송이 완료된 답안에 한해 채점이 진행됩니다.)
- 문제의 세부 조건은 '영문(한글)' 형식으로 표기되어 있으니 유의하시길 바랍니다.
- 수험자 정보와 저장한 파일명, 저장 위치가 다를 경우 전송이 되지 않으므로, 주의하시길 바랍니다.
- **답안 작성 중에도 주기적으로 '저장'과 '답안 전송'을 이용하여 감독위원 PC로 답안을 전송하셔야 합니다.** (작업한 내용을 저장하지 않고 답안을 전송할 경우 이전의 저장 내용이 전송되오니 이점 반드시 유념하시기 바랍니다.)
- **모든 수험자는 동일한(초기화 된) 환경에서 시험이 시작되며 '작업환경 설정'은 시험 시간 내에 진행합니다.** (시험 시작 전 '작업환경 설정' 불가, 소프트웨어 이상 유무만 확인)
- 답안문서는 지정된 경로 외의 다른 보조기억장치에 저장하는 행위, 지정된 시험 시간 외에 작성된 파일을 활용한 행위, 기타 허용되지 않은 기기 및 프로그램(이메일, 메신저, 게임, 네트워크, 윈도우계산기, 스톱워치 등) 이용 시 부정행위로 간주 되어 **자격기본법 제32조에 의거 본 시험 및 국가공인 자격시험을 2년간 응시할 수 없습니다.**
- 시험 종료 후 제출된 답안은 평가 및 검증을 위해 본부에서 보관되며, **시험의 공정성과 보안 유지를 위해 응시자에게 본인의 답안을 제공하는 것은 허용되지 않습니다.** 이 점 반드시 유의하시기 바랍니다.
- 시험 중 부주의 또는 고의로 시스템을 파손한 경우와 〈수험자 유의사항〉에 기재된 방법대로 이행하지 않아 생기는 불이익은 수험자의 책임임을 알려 드립니다. 또한 수험자는 시험 중 안전에 특히 유의하여야 하며, 시험장에서 소란을 피우거나 타인의 시험을 방해하는 자는 질서유지를 위해 시험을 중지시키고 시험장에서 퇴장 시킵니다.
- 시험을 완료한 수험자는 최종적으로 저장한 답안파일이 전송되었는지 확인한 후 감독위원의 지시에 따라 문제지를 제출하고 퇴실합니다.

답안 작성요령

- **온라인 답안 작성 절차**
  수험자 등록 ⇒ 시험 시작 ⇒ 답안파일 저장 ⇒ 답안 전송 ⇒ 시험 종료
- 내 PC₩문서₩GTQ₩Image폴더에 있는 그림 원본파일을 사용하여 답안을 작성하시고 최종답안을 답안폴더(내 PC₩문서₩GTQ)에 저장하여 답안을 전송하시고, 이미지의 크기가 다른 경우 감점 처리됩니다.
- 배점은 총 100점으로 이루어지며, 점수는 각 문제별로 차등 배분됩니다.
- 각 문제는 주어진 〈조건〉에 따라 작성하고, 언급하지 않은 조건은 《출력형태》와 같이 작성합니다.
- **문제 〈조건〉과 《출력형태》에서 차이가 발생할 경우 문제에서 지정한 〈조건〉에 따라 작업**해 주시기 바랍니다.
- 배치 등의 편의를 위해 주어진 눈금자의 단위는 '픽셀'입니다.
  그 외는 출력형태(효과, 이미지, 문자, 색상, 레이아웃, 규격 등)와 같이 작업하십시오.
- 문제 〈조건〉에 서체의 지정이 없을 경우 한글은 굴림이나 돋움, 영문은 Arial로 작업하십시오.
  (단, 그 외에 제시되지 않은 문자 속성을 기본값으로 작성하지 않은 경우는 감점 처리됩니다.)
- Image Mode(이미지 모드)는 별도의 처리조건이 없을 시 RGB(8비트)로 작업하십시오.
- 모든 답안 파일은 해상도 72 pixels/inch로 작업하십시오.
- Layer(레이어)는 각 기능별로 분할해야 하며, 임의로 합칠 경우나 각 기능에 대한 속성을 해지할 경우 해당 요소는 0점 처리됩니다.

한 국 생 산 성 본 부

다음의 《조건》에 따라 아래의 《출력형태》와 같이 작업하시오.

조건

출력형태

원본 이미지	PART04₩기출유형문제02회₩1급-1.jpg, 1급-2.jpg, 1급-3.jpg		
파일저장규칙	JPG	파일명	문서₩GTQ₩수험번호-성명-1.jpg
		크기	400×500 pixels
	PSD	파일명	문서₩GTQ₩수험번호-성명-1.psd
		크기	40×50 pixels

1. 그림 효과

① 1급-1.jpg : 필터 – Dry Brush(드라이 브러시)
② Save Path(패스 저장) : 가죽칼 모양
③ Mask(마스크) : 가죽칼 모양, 1급-2.jpg를 이용하여 작성
　레이어 스타일 – Stroke(획)(3px, 그라디언트(#ff99ff, #ffff66)),
　Inner Shadow(내부 그림자)
④ 1급-3.jpg : 레이어 스타일 – Drop Shadow(그림자 효과)
⑤ Shape Tool(모양 도구) :
　– 가위 모양(#99ffff, #ffcccc, 레이어 스타일 – Drop Shadow(그림자 효과))
　– 화살표 모양(#ccffcc, 레이어 스타일 – Bevel and Emboss(경사와 엠보스))

2. 문자 효과

① 가죽 공예품 만들기(바탕, 40pt, 레이어 스타일 – Stroke(획)(3px, #660033), 그라디언트 오버레이(#ccffcc, #cc66cc))

다음의 《조건》에 따라 아래의 《출력형태》와 같이 작업하시오.

조건

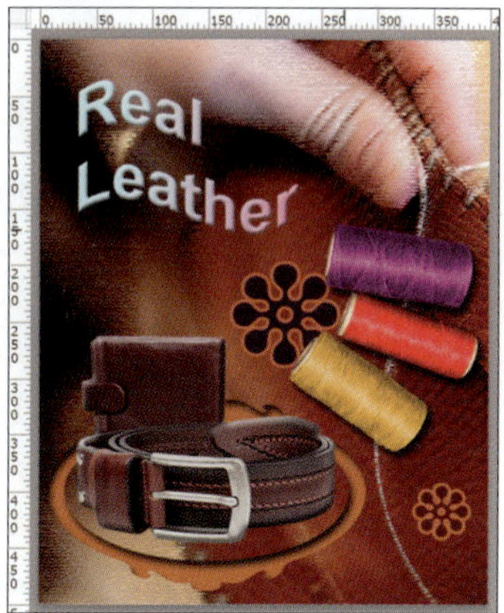

출력형태

원본 이미지	PART04₩기출유형문제02회₩1급-4.jpg, 1급-5.jpg, 1급-6.jpg		
파일저장규칙	JPG	파일명	문서₩GTQ₩수험번호-성명-2.jpg
		크기	400×500 pixels
	PSD	파일명	문서₩GTQ₩수험번호-성명-2.psd
		크기	40×50 pixels

1. 그림 효과

① 1급-4.jpg : 필터 – Rough Pastels(거친 파스텔)
② 색상 보정 : 1급-5.jpg – 보라색, 노란색 계열로 보정
③ 1급-5.jpg : 레이어 스타일 – Drop Shadow(그림자 효과)
④ 1급-6.jpg : 레이어 스타일 – Bevel and Emboss(경사와 엠보스)
⑤ Shape Tool(모양 도구)
　– 장식 모양(#660000, #330033, 레이어 스타일 – Stroke(획)(3px, #cc6633))
　– 프레임 모양(#cc6600, 레이어 스타일 – Inner Shadow(내부 그림자))

2. 문자 효과

① Real Leather(Arial, Bold, 55pt, 레이어 스타일 – 그라디언트 오버레이(#99ffff, #ff6699), Bevel and Emboss
　(경사와 엠보스))

다음의 《조건》에 따라 아래의 《출력형태》와 같이 작업하시오.

조건

원본 이미지	PART04₩기출유형문제02회₩1급-7.jpg, 1급-8.jpg, 1급-9.jpg, 1급-10.jpg, 1급-11.jpg		
파일저장규칙	JPG	파일명	문서₩GTQ₩수험번호-성명-3.jpg
		크기	600×400 pixels
	PSD	파일명	문서₩GTQ₩수험번호-성명-3.psd
		크기	60×40 pixels

1. 그림 효과

① 배경 : #cccc99

② 1급-7.jpg : Blending Mode(혼합 모드) – Hard Light(하드 라이트), Opacity(불투명도)(70%)

③ 1급-8.jpg : 필터 – Crosshatch(그물눈), 레이어 마스크 – 대각선 방향으로 흐릿하게

④ 1급-9.jpg : 필터 – Poster Edges(포스터 가장자리), 레이어 스타일 – Inner Shadow(내부 그림자)

⑤ 1급-10.jpg : 레이어 스타일 – Bevel and Emboss(경사와 엠보스), Outer Glow(외부 광선)

⑥ 1급-11.jpg : 색상 보정 – 파란색 계열로 보정, 레이어 스타일 – Stroke(획)(5px, 그라디언트(#cc6633, #ffcc33))

⑦ 그 외 《출력형태》 참조

2. 문자 효과

① Custom Tailor Course (Times New Roman, Bold, 45pt, 30pt, 레이어 스타일 – Stroke(획)(2px, #cccccc), 그라디언트 오버레이 (#33ccff, #333300, #cc0066), Drop Shadow(그림자 효과))

② 회원가입 / 로그인 (돋움, 16pt, #333333, 레이어 스타일 – Stroke(획)(2px, #ffffff))

③ 지금 바로 신청하세요! (돋움, 18pt, 레이어 스타일 – Stroke(획)(2px, #003333), 그라디언트 오버레이(#ffffff, #66cccc))

④ Summer Promotion / 자격증 취득과정모집 (바탕, 15pt, #ffff99, #ffccff, 레이어 스타일 – Stroke(획)(2px, #666633))

출력형태

Shape Tool(모양 도구) 사용
#ffffff,
레이어 스타일 –
Drop Shadow(그림자 효과),
Opacity(불투명도)(70%)

Shape Tool(모양 도구) 사용
레이어 스타일 –
그라디언트 오버레이(#ffffcc, #339999), Drop Shadow(그림자 효과)

Shape Tool(모양 도구) 사용
레이어 스타일 –
그라디언트 오버레이(#ff6699, #00ffff), Drop Shadow(그림자 효과), Opacity(불투명도)(80%)

다음의 《조건》에 따라 아래의 《출력형태》와 같이 작업하시오.

조건

원본 이미지			PART04₩기출유형문제02회₩1급-12.jpg, 1급-13.jpg, 1급-14.jpg, 1급-15.jpg, 1급-16.jpg, 1급-17.jpg
파일저장규칙	JPG	파일명	문서₩GTQ₩수험번호-성명-4.jpg
		크기	600×400 pixels
	PSD	파일명	문서₩GTQ₩수험번호-성명-4.psd
		크기	60×40 pixels

1. 그림 효과

① 배경 : #99cccc

② 패턴(하트 프레임, 고양이 모양) : #99ccff, #cc9966, Opacity(불투명도)(70%)

③ 1급-12.jpg : Blending Mode(혼합 모드) – Soft Light(소프트 라이트), 레이어 마스크 – 대각선 방향으로 흐릿하게

④ 1급-13.jpg : 필터 – Texturizer(텍스처화), 레이어 마스크 – 가로 방향으로 흐릿하게

⑤ 1급-14.jpg : 레이어 스타일 – Outer Glow(외부 광선), Opacity(불투명도)(80%)

⑥ 1급-15.jpg : 색상 보정 – 주황색 계열로 보정, 레이어 스타일 – Bevel and Emboss(경사와 엠보스)

⑦ 1급-16.jpg : 필터 – Film Grain(필름 그레인), 레이어 스타일 – Drop Shadow(그림자 효과)

⑧ 그 외 《출력형태》 참조

2. 문자 효과

① Sewing Basic Class (Times New Roman, Bold, 45pt, 레이어 스타일 – Stroke(획)(2px, #cccccc), 그라디언트 오버레이 (#ff6600, #333300, #339966))

② 재봉틀 배우기 (바탕, 25pt, 18pt, #ffcc33, 레이어 스타일 – Stroke(획)(2px, #993300))

③ 일요특별강좌 [신청하기] (바탕, 20pt, 14pt, #cccccc, 레이어 스타일 – Stroke(획)(2px, #996633))

④ 강좌소개 작품샘플 커뮤니티 (돋움, 15pt, #000000, 레이어 스타일 – Stroke(획)(2px, #33cccc, #cccc99))

출력형태

Shape Tool(모양 도구) 사용
레이어 스타일 – Stroke(획)
(2px, #669999, #cc9999)),
그라디언트 오버레이(#ccffff, #cccccc)

Shape Tool(모양 도구) 사용
#6699cc,
레이어 스타일 –
Inner Shadow(내부 그림자),
Opacity(불투명도)(50%)

Shape Tool(모양 도구) 사용
#ffcc33,
레이어 스타일
– Drop Shadow(그림자 효과)

Pen Tool(펜 도구) 사용
#ffffcc, #cccc99, #330000,
레이어 스타일 – Drop Shadow(그림자 효과)

작업과정	새 작업 이미지 만들기 및 파일 저장하기 ➡ 필터 적용 ➡ 가죽칼 모양 패스 생성 ➡ 레이어 스타일 및 클리핑 마스크 적용 ➡ 모양 생성 및 레이어 스타일 적용 ➡ 문자 입력 및 왜곡하고 레이어 스타일 적용 ➡ 정답 파일 저장
완성이미지	PART04₩기출유형문제02회₩G120260002-성명-1.jpg, G120260002-성명-1.psd

01 새 작업 이미지 만들기 및 파일 저장하기

01 [File(파일)]-[New(새로 만들기)]([Ctrl]+[N])를 선택하고 'Width(폭) : 400Pixels(픽셀), Height(높이) : 500Pixels(픽셀), Resolution(해상도) : 72Pixels/Inch(픽셀/인치), Color Mode(색상 모드) : RGB Color(RGB 색상), 8bit(비트), Background Contents(배경 내용) : White(흰색)'로 설정하여 새 작업 이미지를 만듭니다.

02 [Edit(편집)]-[Preference(환경설정)]([Ctrl]+[K])를 클릭하여 [Guides, Grid & Slices(안내선, 격자 및 분할 영역)]를 선택하고 'Color(색상)'를 클릭하여 밝은 색상으로 변경한 후 'Gridline Every(격자 간격) : 100Pixels(픽셀), Subdivisions(세분) : 1'로 설정합니다.

03 [View(보기)]-[Show(표시)]-[Grid(격자)]([Ctrl]+[']와 [View(보기)]-[Rulers(눈금자)]([Ctrl]+[R])를 선택하여 격자와 눈금자를 표시합니다.

04 작업 도큐먼트를 저장하기 위해 [File(파일)]-[Save As(다른 이름으로 저장)]([Shift]+[Ctrl]+[S])를 선택하고 임의 경로에 '파일 이름 : 수험번호-성명-문제번호, 파일 형식 : Photoshop(*.PSD;*.PDD;*.PSDT)'으로 파일을 저장합니다.

02 필터 적용

01 [File(파일)]-[Open(열기)]을 선택하여 1급-1.jpg를 불러옵니다. [Ctrl]+[A]를 눌러 전체를 선택한 후 [Ctrl]+[C]를 눌러 복사, 작업 이미지를 선택하여 [Ctrl]+[V]로 붙여넣기를 합니다.

02 `Ctrl`+`T`를 누르고 마우스 오른쪽 버튼을 클릭한 후 [Flip Horizontal(가로로 뒤집기)]로 뒤집고 위치를 조절하여 배치합니다.

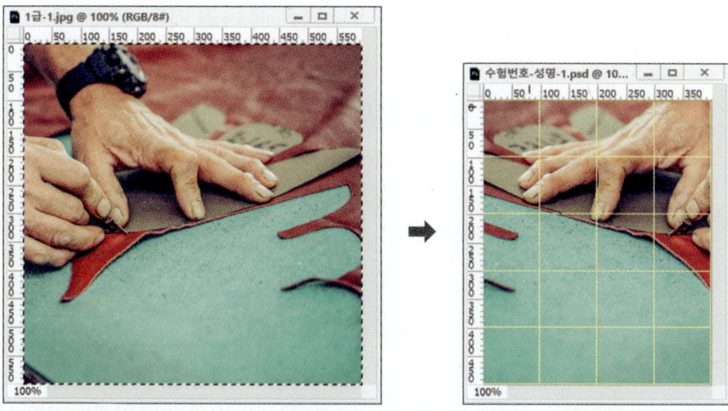

03 [Filter(필터)]–[Filter Gallery(필터 갤러리)]–[Artistic(예술효과)]–[Dry Brush(드라이 브러시)]를 선택합니다.

03 가죽칼 모양 패스 생성

01 Ellipse Tool(타원 도구, ◯)을 클릭하고 Options Bar(옵션 바)에서 'Shape(모양), Fill(칠) : 임의 색상, Stroke(획) : No Color(색상 없음), Path operations(패스 작업) : Combine Shapes(모양 결합, ▣)'로 설정합니다.

02 작업 도큐먼트에 클릭하여 'Width(폭) : 80px(픽셀), Height(높이) : 175px(픽셀)'를 설정하고 [OK(확인)]를 눌러 타원형 모양을 그립니다. 계속해서 클릭하여 'Width(폭) : 65px(픽셀), Height(높이) : 92px(픽셀)'를 설정하고 [OK(확인)]를 눌러 상단에 배치합니다.

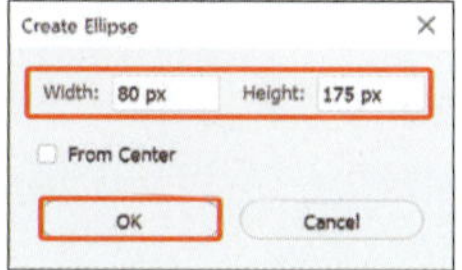 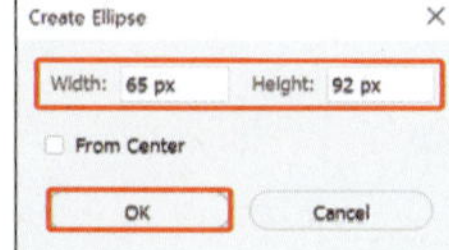 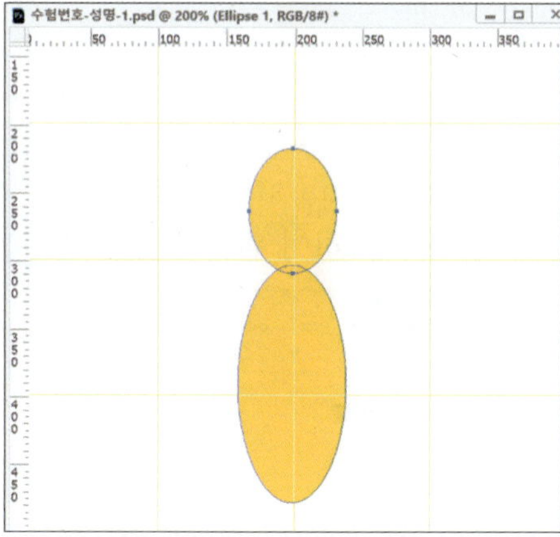

F **기적**의 TIP

- 명확하게 패스 작업이 보이게 하려면 Layers(레이어) 패널에서 'Layer 1' 레이어의 눈 아이콘(가시성)을 클릭하여 이미지를 보이지 않도록 한 후에 작업을 진행합니다.
- 'Path operations(패스 작업) : Combine Shapes(모양 결합, ▣)'를 설정하면 동일한 레이어에서 Fill(칠) 색상으로 여러 모양이 그려집니다.

03 Rounded Rectangle Tool(모서리가 둥근 직사각형 도구, ▢)을 선택하고 'Shape(모양), Fill(칠) : 임의 색상, Stroke(획) : No Color(색상 없음), Path operations(패스 작업) : Combine Shapes(모양 결합, ▣)'를 설정한 후 작업 도큐먼트를 클릭합니다. 'Width(폭) : 46px(픽셀), Height(높이) : 173px(픽셀), Radii(반경) : 8px'를 설정하고 [OK(확인)]를 눌러 둥근 사각형 모양을 그린 후에 2개의 타원형 모양과 겹치도록 상단에 배치합니다.

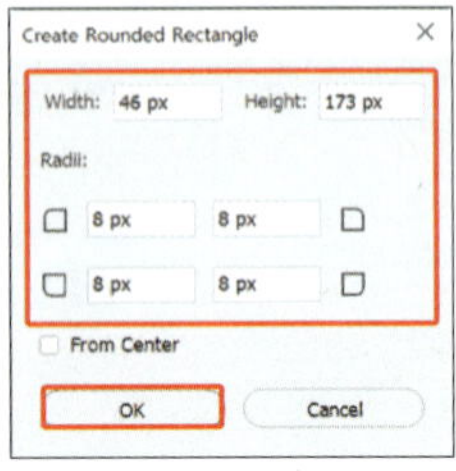

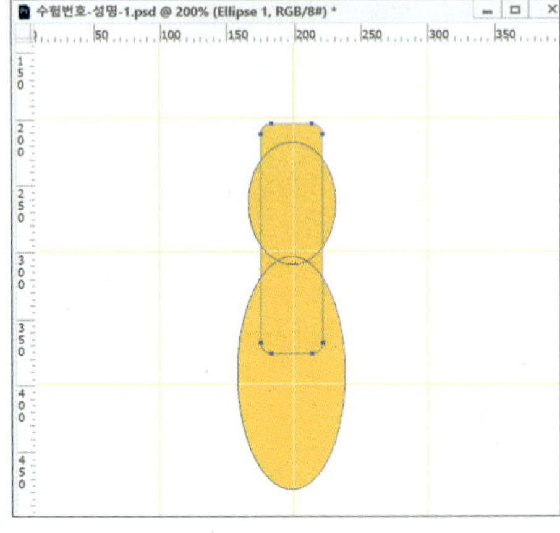

04 계속해서 Rounded Rectangle Tool(모서리가 둥근 직사각형 도구, ▢)을 드래그하여 크기가 다른 2개의 둥근 사각형을 상단에 서로 겹치도록 그린 후에 배치합니다.

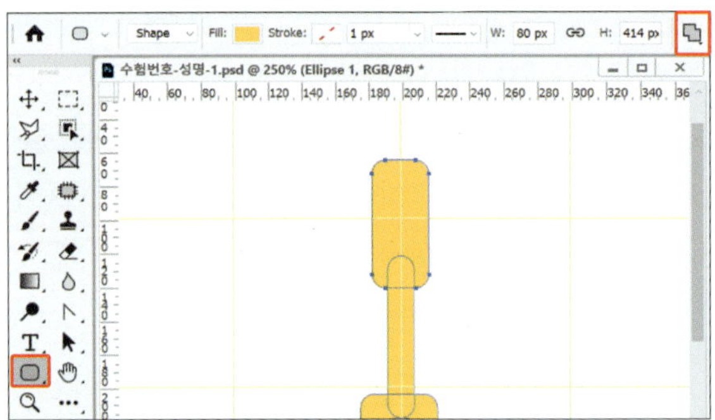

05 Edit(편집)-[Transform Path(패스 변형)]-[Perspective(원근)]를 클릭하고 상단 모서리 조절점을 안쪽으로 드래그하여 원근감 있게 변형하고 Enter 를 눌러 완료합니다.

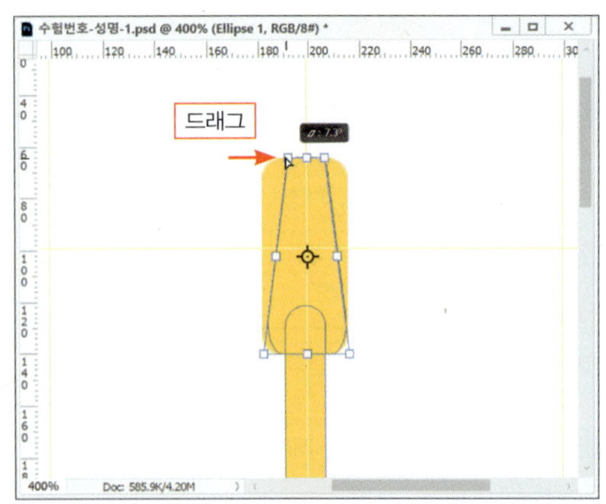

06 Path Selection Tool(패스 선택 도구, ▶)로 드래그하여 5개의 모양을 함께 선택하고 Options Bar(옵션 바)에서 Path alignment(패스 정렬)를 클릭한 후 'Align(정렬) : Align horizontal centers(수평 중앙 맞춤, ♣)'를 설정하여 5개 모양의 정렬을 맞춥니다.

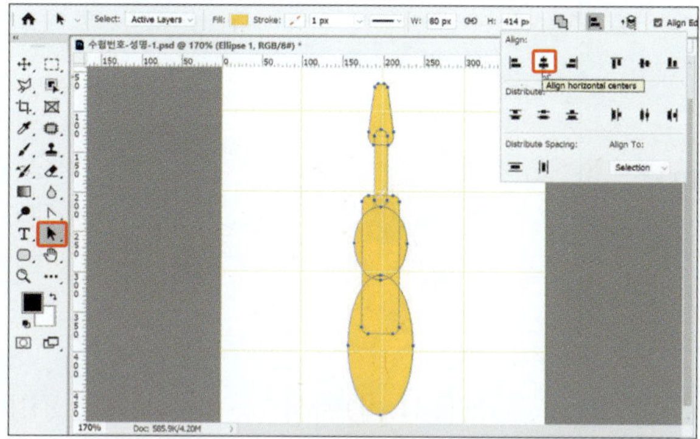

07 Convert Point Tool(기준점 변환 도구, ▷)을 클릭하고 상단에 배치된 작은 타원 모양의 왼쪽과 오른쪽 Anchor Point(기준점)를 각각 클릭하여 곡선 모양을 뾰족하게 변형합니다.

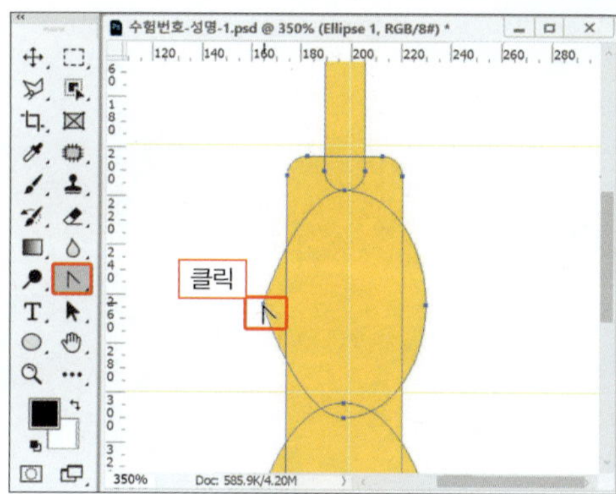

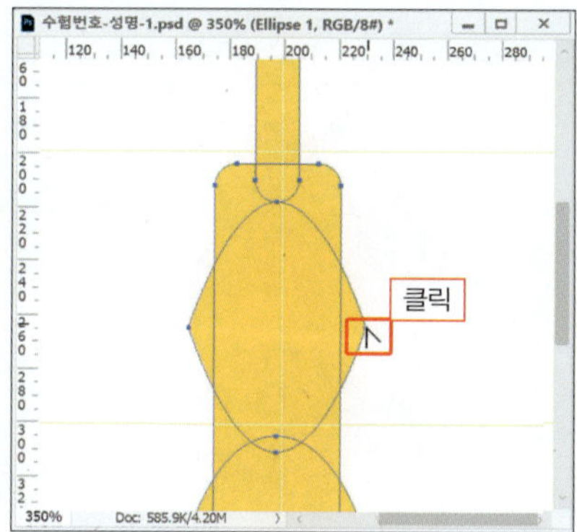

08 Direct Selection Tool(직접 선택 도구, ▷)을 클릭하고 큰 타원형의 가운데 2개의 기준점을 드래그하여 선택한 후 아래쪽으로 이동하여 모양을 수정합니다.

09 Ellipse Tool(타원 도구, ◯)을 선택하고 Options Bar(옵션 바)에서 'Shape(모양), Fill(칠) : 임의 색상, Stroke(획) : No Color(색상 없음), Path operations(패스 작업) : Subtract Front Shape(전면 모양 빼기, ⬚)'로 설정한 후 드래그하여 타원형 모양을 겹치도록 그립니다.

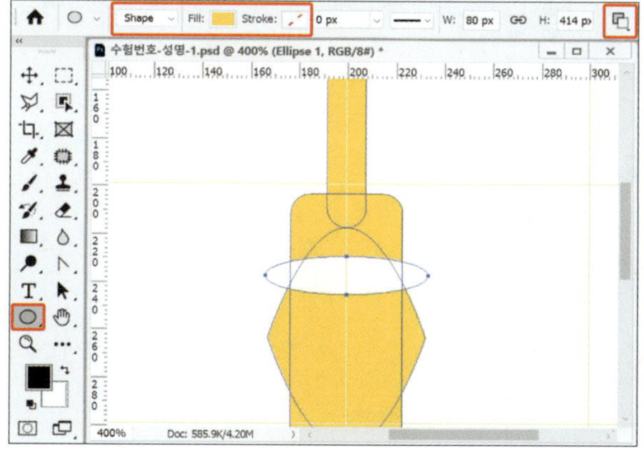

🅑 기적의 TIP

작업 중인 모양의 조절점이 활성화되어 있을 때는 Options Bar(옵션 바)의 'Path operations(패스 작업)'의 설정이 반영되지 않을 수도 있습니다. Enter 를 1번 눌러 패스의 조절점을 비활성 상태로 만든 후 다시 한번 Enter 를 눌러 패스를 선택합니다.

10 Direct Selection Tool(직접 선택 도구, ⇤)을 클릭하고 원형 하단의 기준점을 클릭하여 상단으로 이동 후 모양을 수정합니다.

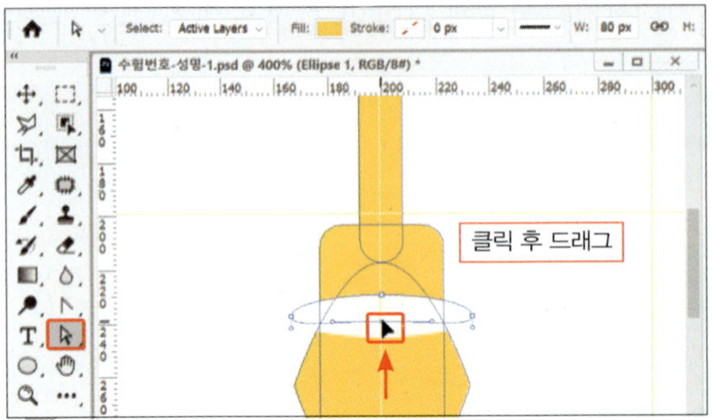

11 Ellipse Tool(타원 도구, ◯)을 선택하고 Options Bar(옵션 바)에서 'Shape(모양), Fill(칠) : 임의 색상, Stroke(획) : No Color(색상 없음), Path operations(패스 작업) : Subtract Front Shape(전면 모양 빼기, ◻)'로 설정한 후 드래그하여 타원형 모양이 왼쪽에 겹치도록 그립니다.

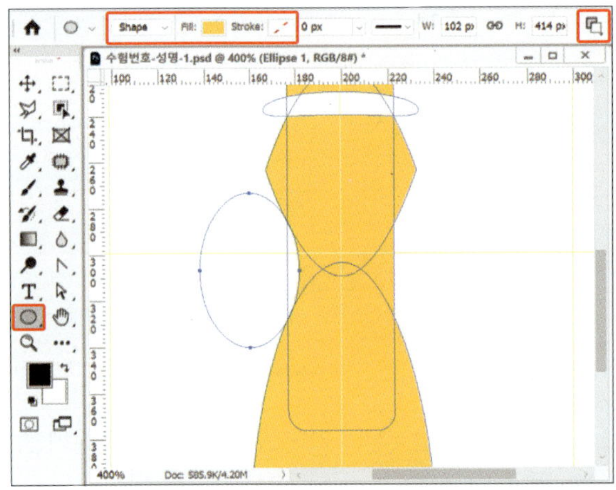

12 Path Selection Tool(패스 선택 도구, ▶)로 타원형 모양을 선택하고 Alt 를 누른 채 오른쪽으로 드래그하여 복사한 후 배치합니다.

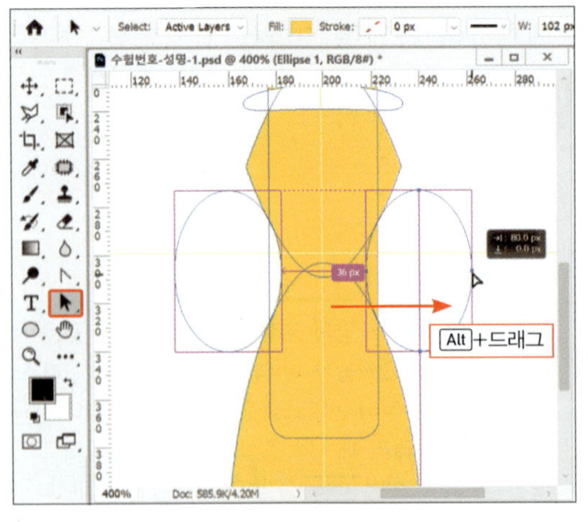

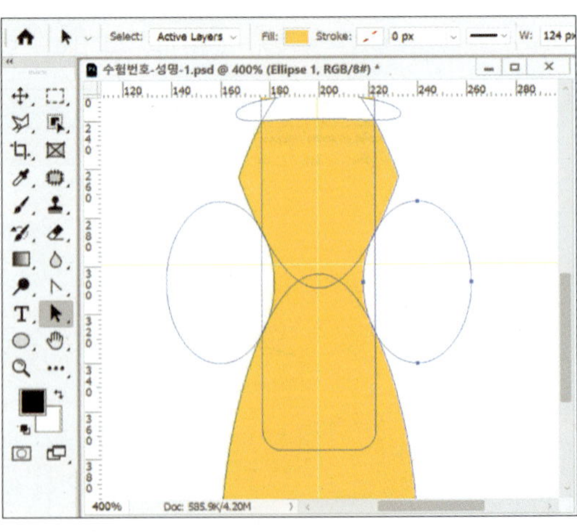

13 Ellipse Tool(타원 도구, 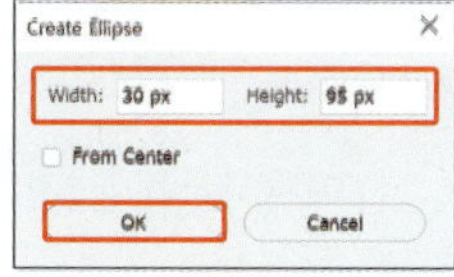)을 선택하고 Options Bar(옵션 바)에서 'Shape(모양), Fill(칠) : 임의 색상, Stroke(획) : No Color(색상 없음), Path operations(패스 작업) : Subtract Front Shape(전면 모양 빼기,)'로 설정합니다. 작업 도큐먼트를 클릭하여 'Width(폭) : 30px(픽셀), Height(높이) : 95px(픽셀)'를 설정하고 [OK(확인)]를 눌러 타원형 모양을 그린 후 겹치도록 배치합니다.

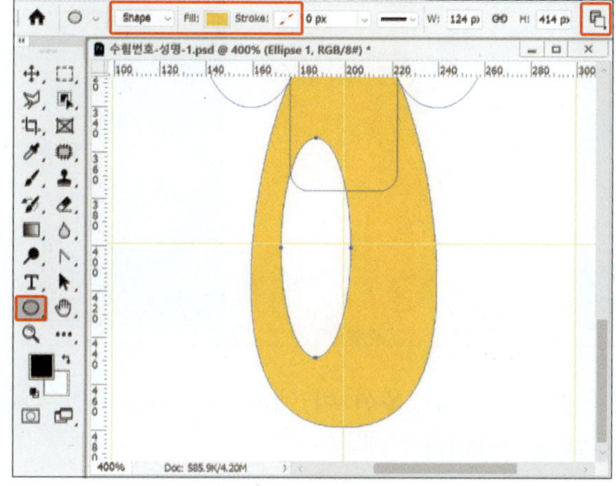

14 Direct Selection Tool(직접 선택 도구,)로 타원형의 오른쪽 기준점을 클릭하여 선택 후 왼쪽으로 이동하고 모양을 수정합니다.

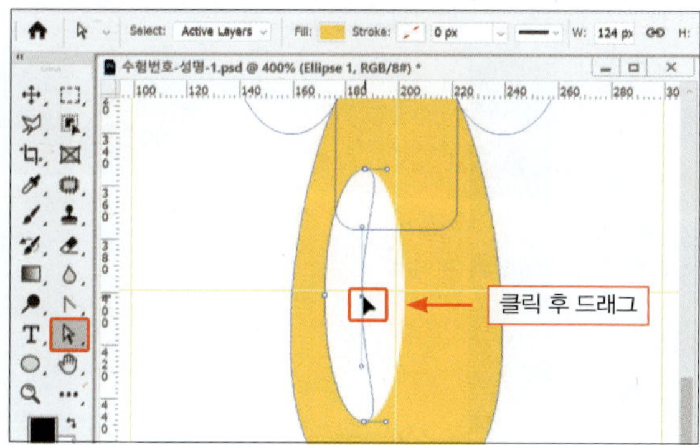

15 Path Selection Tool(패스 선택 도구,)로 변형된 타원 모양을 선택하고 Ctrl + T 를 눌러 Options Bar(옵션 바)에서 'Rotate(회전,) : 6°'를 설정한 후 Enter 를 눌러 회전하고 배치합니다.

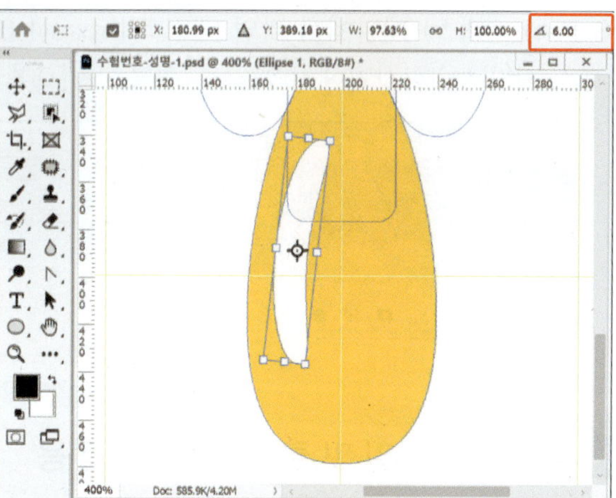

16 Options Bar(옵션 바)에서 'Path operations(패스 작업) : Merge Shape Components(모양 병합 구성 요소, ⊡)'를 클릭하여 모양을 하나로 병합합니다.

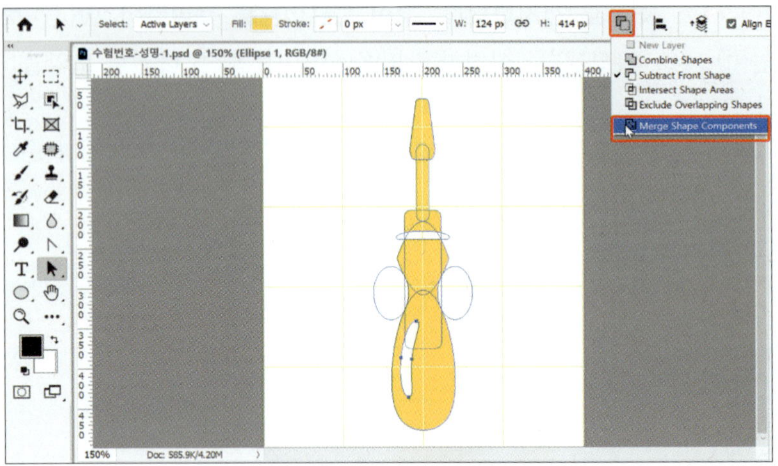

17 Ctrl + T 를 누르고 Options Bar(옵션 바)에서 'Rotate(회전, △) : −126°'를 설정한 후 Enter 를 눌러 회전하고 배치합니다.

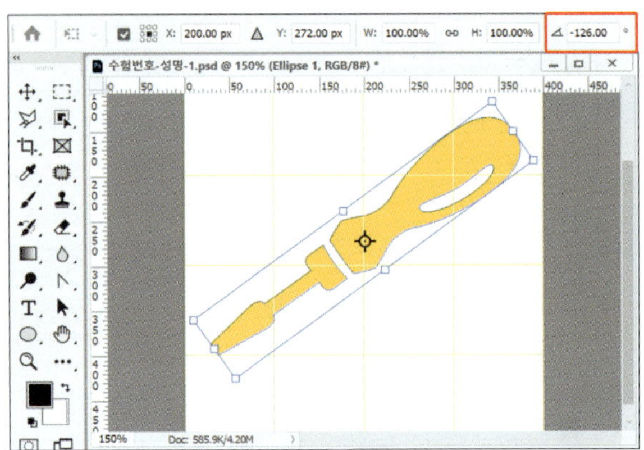

18 Paths(패스) 패널에서 작업 패스 'Ellipse 1 Shape Path'를 더블 클릭한 후 [Save Path(패스 저장)] 대화상자에서 'Name(이름) : 가죽칼 모양'으로 입력하여 패스를 저장합니다.

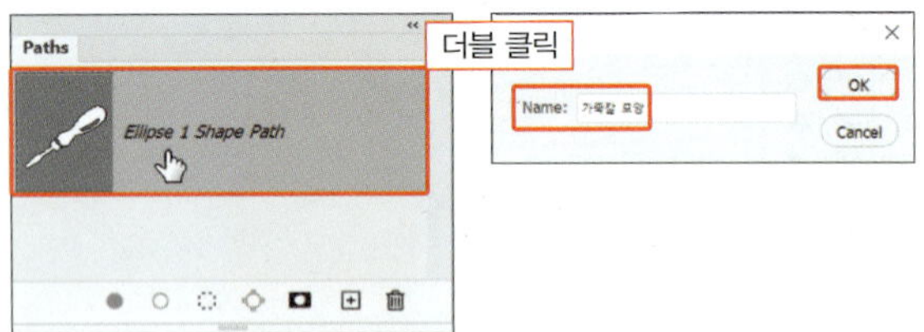

> 🏁 **기적**의 TIP
>
> Paths(패스) 패널에 표시되는 이름은 최초에 그린 Shape(모양)의 이름대로 표기되며, 더블 클릭하여 [Save Path(패스 저장)]에서 문제지에 제시된 패스 이름으로 저장하면 됩니다.

⑭ 레이어 스타일 및 클리핑 마스크 적용

01 Layers(레이어) 패널에서 'Ellipse 1' 레이어의 이름을 더블 클릭하여 'path'로 이름을 설정하고 마우스 오른쪽 버튼을 클릭한 후 [Rasterize Layer(레이어 래스터화)]를 선택하여 일반 레이어로 속성을 변환합니다.

패스 작업이 완료되면 'Layer 1' 레이어의 눈 아이콘(가시성)을 다시 클릭합니다.

02 Layers(레이어) 패널 하단의 'Add a layer style(레이어 스타일 추가, *fx.*)'을 클릭하여 [Stroke(획)]를 선택하고 'Size(크기) : 3px, Fill Type(칠 유형) : Gradient(그레이디언트)'를 설정한 후 'Click to edit the gradient(클릭하여 그레이디언트 편집)'를 클릭합니다. 그레이디언트 슬라이더 왼쪽 하단의 'Color Stop(색상 정지점)'을 더블 클릭하여 #ff99ff를, 오른쪽 'Color Stop(색상 정지점)'을 더블 클릭하여 #ffff66으로 설정한 후 'Style(스타일) : Linear(선형), Angle(각도) : 90°로 설정합니다.

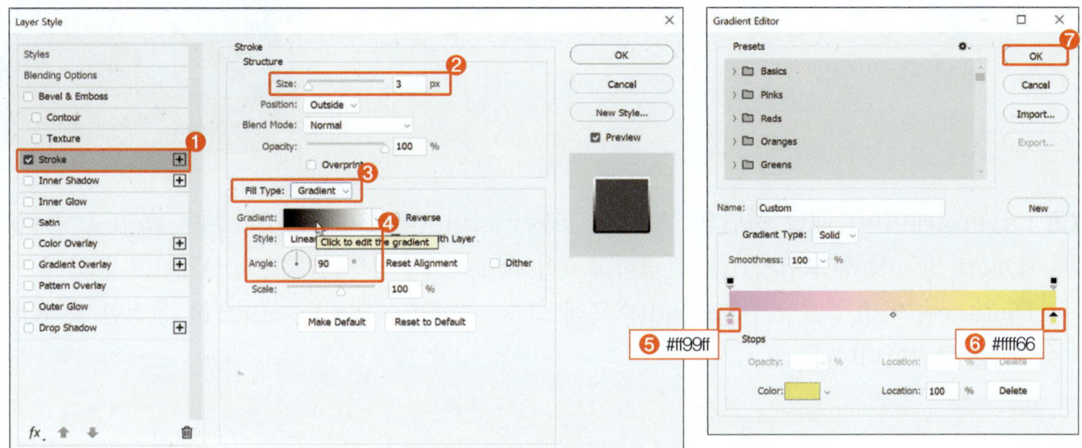

03 계속해서 [Inner Shadow(내부 그림자)]를 선택하여 'Opacity(불투명도) : 75%, Angle(각도) : 120°, Distance(거리) : 7px, Choke(경계 감소) : 0%, Size(크기) : 7px'를 설정하고 [OK(확인)]를 클릭합니다.

04 [File(파일)]−[Open(열기)]을 선택하여 1급−2.jpg를 불러옵니다. Ctrl + A 를 눌러 전체를 선택하고 Ctrl + C 로 복사한 후, 작업 이미지에 Ctrl + V 로 붙여넣기를 합니다. Ctrl + T 를 누르고 Shift 를 누른 채 크기를 축소하여 회전한 후 가죽칼 모양 위쪽에 겹치도록 배치합니다.

05 Layers(레이어) 패널에서 'path' 레이어와 'Layer 2' 레이어 사이에 마우스 커서를 놓고 Alt 를 누른 상태로 클릭하여 Clipping Mask(클리핑 마스크)를 적용합니다.

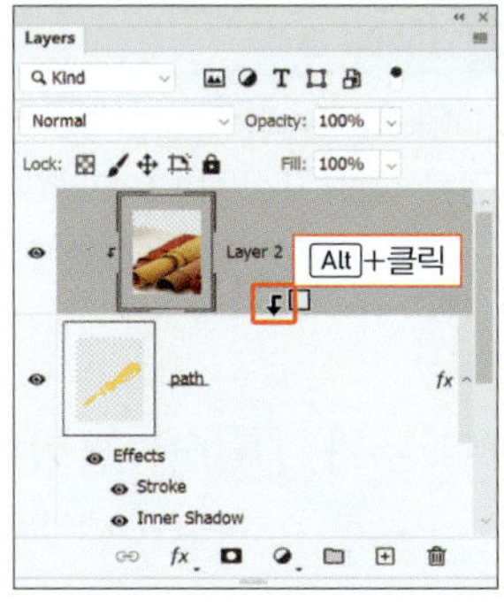
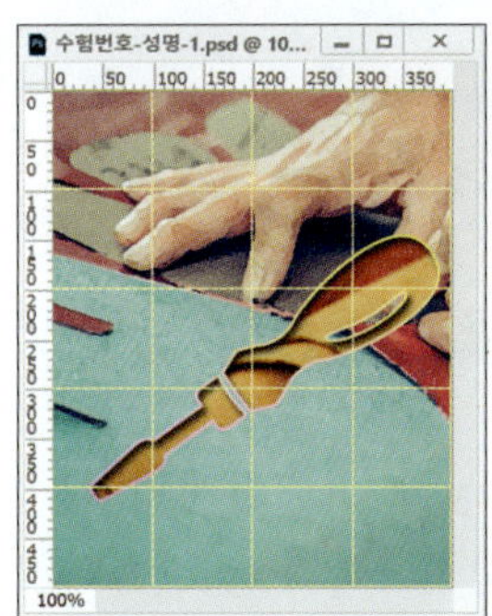

06 [File(파일)]−[Open(열기)]([Ctrl]+[O])을 선택하여 1급-3.jpg를 불러옵니다. Quick Selec-
tion Tool(빠른 선택 도구, [🖌])을 클릭하고 Options Bar(옵션 바)에서 'Add to selection(선
택 영역에 추가, [🖌])'을 설정한 후 배경 이미지를 각각 드래그하여 선택합니다.

07 [Select]−[Inverse]([Shift]+[Ctrl]+[I])로 선택을 반전하고
[Ctrl]+[C]를 눌러 복사합니다. 작업 이미지를 선택하여 [Ctrl]
+[V]로 붙여넣고, [Ctrl]+[T]를 클릭 후 [Shift]를 누른 채 크기
를 축소하고 반시계 방향으로 회전하여 배치합니다.

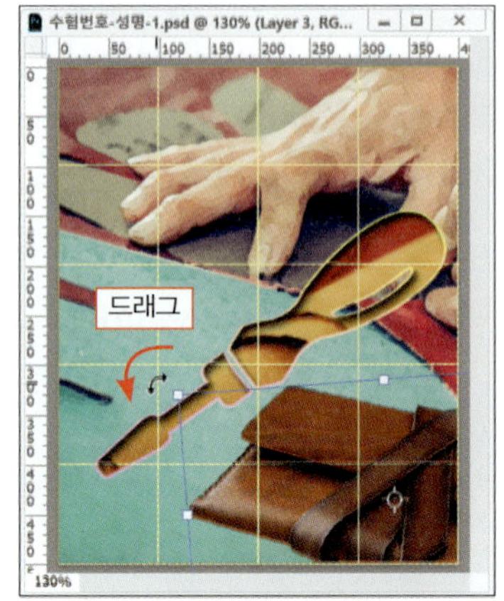

08 Layers(레이어) 패널 하단의 'Add a layer style(레이어 스타일 추가, [fx.])'을 클릭하여
[Drop Shadow(그림자)]를 선택하고 'Opacity(불투명도) : 75%, Angle(각도) : 120°,
Distance(거리) : 10px, Spread(스프레드) : 0%, Size(크기) : 10px'를 설정한 후 [OK(확
인)]를 클릭합니다.

05 모양 생성 및 레이어 스타일 적용

01 Custom Shape Tool(사용자 정의 모양 도구, [⚙])을 클릭하고 Options Bar(옵션 바)에서
'Shape(모양), Fill(칠) : #ccffcc, Stroke(획): No Color(색상 없음), Shape(모양) : Arrow
19(화살표 19, [➔])'를 설정한 후 [Shift]를 누른 채 드래그하여 모양을 그립니다.

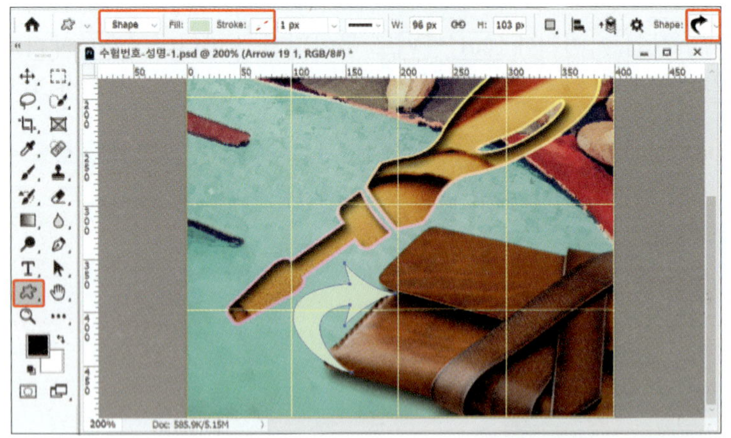

🎯 **Shape 경로**

[Legacy Shapes and More(레
거시 모양 및 기타)]−[All Legacy
Default Shapes(모든 레거시 기본
모양)]−[Arrows(화살표)]

02 Layers(레이어) 패널 하단의 'Add a layer style(레이어 스타일 추가, [fx.])'을 클릭하여
[Bevel & Emboss(경사와 엠보스)]를 선택하고, 'Style(스타일) : Inner Bevel(내부 경사),
Direction(방향) : Up(위로), Size(크기) : 5px'를 설정한 후 [OK(확인)]를 클릭합니다.

03 Custom Shape Tool(사용자 정의 모양 도구, ☒)을 클릭하고 Options Bar(옵션 바)에서 'Shape(모양), Fill(칠) : #99ffff, Stroke(획) : No Color(색상 없음), Shape(모양) : Scissors 1(가위 1, ✂)'을 설정한 후 Shift 를 누른 채 드래그하여 모양을 그립니다.

04 Ctrl + T 를 눌러 시계 방향으로 회전한 후 배치합니다. Layers(레이어) 패널 하단의 'Add a layer style(레이어 스타일 추가, fx.)'을 클릭하여 [Drop Shadow(그림자)]를 선택하고 'Opacity(불투명도) : 75%, Angle(각도) : 120°, Distance(거리) : 5px, Spread(스프레드) : 0%, Size(크기) : 5px'를 설정한 후 [OK(확인)]를 클릭합니다.

05 Ctrl + J 를 눌러 복사한 'Scissors 1 1 copy' 레이어를 선택하고 Ctrl + T 를 눌러 크기를 축소하고 회전한 후 이동하여 배치합니다.

06 Layers(레이어) 패널에서 'Scissors 1 1 copy' 레이어의 'Layer thumbnail(레이어 축소판)'을 더블 클릭 후 'Color(색상) : #ffcccc'로 변경합니다.

06 문자 입력 및 왜곡하고 레이어 스타일 적용

01 Horizontal Type Tool(수평 문자 도구, T)로 작업 이미지를 클릭하고 Options Bar(옵션 바)에서 'Font(글꼴) : 바탕, Set font size(글꼴 크기) : 40pt, Set anti-aliasing method(앤티 앨리어싱 방법 설정) : Strong(강하게), Color(색상) : 임의 색상'으로 설정한 후 '가죽 공예품 만들기'를 입력합니다.

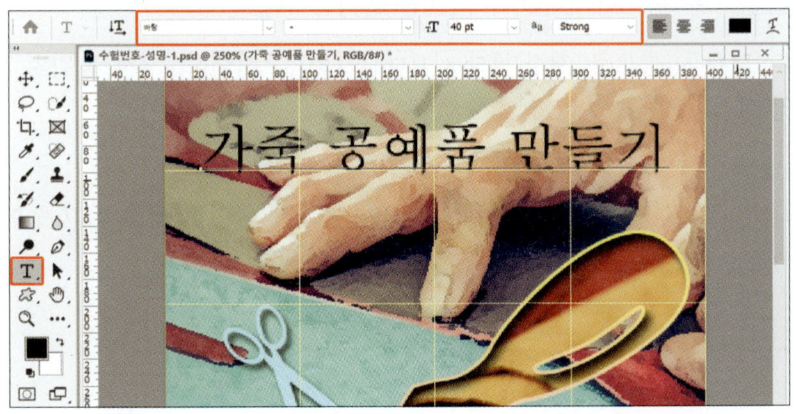

02 Options Bar(옵션 바)에서 Create warped text(뒤틀어진 텍스트 만들기, Ⅰ)를 클릭 후 [Warp Text(텍스트 뒤틀기)] 대화상자에서 'Style(스타일) : Arc Upper(위 부채꼴), Horizontal(가로) : 체크, Bend(구부리기) : 30%'를 설정하여 문자의 모양을 왜곡합니다.

03 Layers(레이어) 패널 하단의 'Add a layer style(레이어 스타일 추가, fx)'을 클릭하여 [Stroke(획)]를 선택하고 'Size(크기) : 3px, Color(색상) : #660033'으로 설정합니다.

04 계속해서 [Gradient Overlay(그레이디언트 오버레이)]를 선택하고 'Click to edit the gradient(클릭하여 그레이디언트 편집)'를 클릭합니다. 그레이디언트 슬라이더 왼쪽 하단의 'Color Stop(색상 정지점)'을 더블 클릭하여 #ccffcc를, 오른쪽 'Color Stop(색상 정지점)'을 더블 클릭하여 #cc66cc로 설정한 후 'Style(스타일) : Linear(선형), Angle(각도) : 0°'로 설정하고 [OK(확인)]를 클릭합니다.

07 정답 파일 저장

01 [View(보기)]-[Show(표시)]-[Grid(격자)](Ctrl+')를 선택하여 격자를 가립니다.

02 [File(파일)]-[Save As(다른 이름으로 저장)](Shift+Ctrl+S)를 눌러 '저장 위치 : 내 PC₩문서₩GTQ, 파일 형식 : JPEG(*.JPG;*.JPEG;*.JPE), 파일 이름 : 수험번호-성명-문제번호'를 입력하고 [저장]을 클릭한 후 [JPEG Options(JPEG 옵션)] 대화상자에서 'Quality(품질) : 8'로 설정한 후 [OK(확인)]를 클릭합니다.

> **기적의 TIP**
>
> Photoshop CC 2020 이후 버전에서 [Save As(다른 이름으로 저장)](Shift+Ctrl+S)로 '파일 형식 : JPEG(*.JPG;*. JPEG; *.JPE)'가 없는 경우에는 아래와 같이 저장하면 됩니다.
>
> **※ CC 버전에 따라 정답 파일을 '파일 형식 : JPEG'로 저장하기**
> - [File(파일)]-[Save As(다른 이름으로 저장)](Shift+Ctrl+S)를 선택하고 [다른 이름으로 저장] 대화상자에서 [Save A Copy(사본 저장)]를 선택합니다.
> - [File(파일)]-[Save A Copy(사본 저장)](Alt+Ctrl+S)를 선택합니다.

03 [Image(이미지)]-[Image Size(이미지 크기)](Alt+Ctrl+I)를 누르고 'Constrain aspect ratio(종횡비 제한) : 클릭, Width(폭) : 40Pixels(픽셀), Height(높이) : 50Pixels(픽셀)'를 입력하여 이미지 크기를 1/10로 축소한 후 [OK(확인)]를 클릭합니다.

04 [File(파일)]-[Save As(다른 이름으로 저장)](Shift+Ctrl+S)를 선택하고 '저장 위치 : 내 PC₩문서₩GTQ, 파일 형식 : Photoshop(*.PSD;*.PDD;*.PSDT), 파일 이름 : 수험번호-성명-문제번호'으로 파일을 저장합니다.

05 답안 저장이 완료되면 [File(파일)]-[Close(닫기)](Ctrl+W)를 클릭하여 파일을 닫고 수험 프로그램에서 [답안 전송]을 눌러 감독관 컴퓨터로 psd와 jpg 파일을 전송합니다.

작업과정	새 작업 이미지 만들기 및 파일 저장하기 ➡ 필터 적용 및 이미지 합성, 레이어 스타일 적용 ➡ 색상 보정 및 레이어 스타일 적용 ➡ 모양 생성 및 레이어 스타일 적용 ➡ 문자 입력 및 변형, 레이어 스타일 적용 ➡ 정답 파일 저장
완성이미지	PART04₩기출유형문제02회₩G120260002-성명-2.jpg, G120260002-성명-2.psd

01 새 작업 이미지 만들기 및 파일 저장하기

01 [File(파일)]-[New(새로 만들기)]([Ctrl]+[N])를 선택하고 'Width(폭) : 400Pixels(픽셀), Height(높이) : 500Pixels(픽셀), Resolution(해상도) : 72Pixels/Inch(픽셀/인치), Color Mode(색상 모드) : RGB Color(RGB 색상), 8bit(비트), Background Contents(배경 내용) : White(흰색)'로 설정하여 새 작업 이미지를 만듭니다.

02 [Edit(편집)]-[Preference(환경설정)]([Ctrl]+[K])를 클릭하고 [Guides, Grid & Slices(안내선, 격자 및 분할 영역)]를 선택하여 Grid(격자)의 'Color(색상)'를 눌러 밝은 색상으로 변경한 후 'Gridline Every(격자 간격) : 100Pixels(픽셀), Subdivisions(세분) : 1'로 설정합니다.

03 [View(보기)]-[Show(표시)]-[Grid(격자)]([Ctrl]+['])와 [View(보기)]-[Rulers(눈금자)]([Ctrl]+[R])를 선택하여 격자와 눈금자를 표시합니다.

04 작업 도큐먼트를 저장하기 위해 [File(파일)]-[Save As(다른 이름으로 저장)]([Shift]+[Ctrl]+[S])를 선택하고 임의 경로에 '파일 이름 : 수험번호-성명-문제번호, 파일 형식 : Photoshop(*.PSD;*.PDD;*.PSDT)'으로 파일을 저장합니다.

02 필터 적용 및 이미지 합성, 레이어 스타일 적용

01 [File(파일)]-[Open(열기)]을 선택하여 1급-4.jpg를 불러옵니다. [Ctrl]+[A]로 전체를 선택하여 [Ctrl]+[C]로 복사한 후, 작업 이미지에 [Ctrl]+[V]로 붙여넣기를 하고 이동하여 배치합니다.

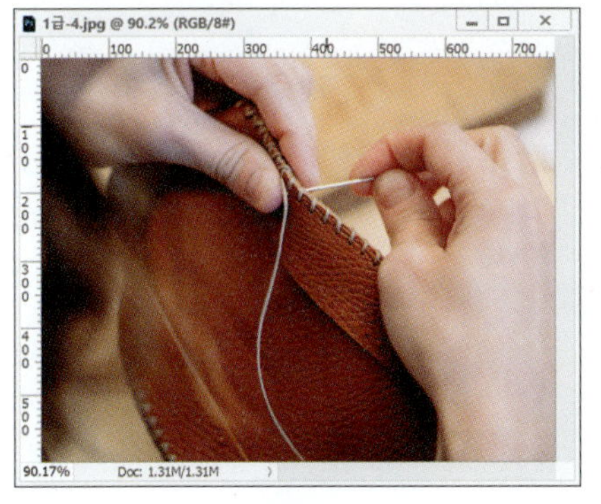 ➡ 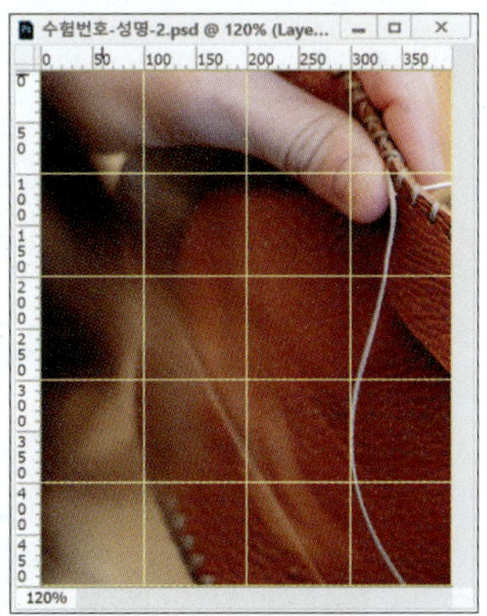

02 [Filter(필터)]-[Filter Gallery(필터 갤러리)]-[Artistic(예술 효과)]-[Rough Pastels(거친 파스텔)]를 선택합니다.

03 [File(파일)]-[Open(열기)]을 선택하여 1급-5.jpg를 불러옵니다. Pen Tool(펜 도구, ⬦)을 클릭하고 Options Bar(옵션 바)에서 'Path(패스), Path operations(패스 작업) : Exclude Overlapping Shapes(모양 오버랩 제외, ⬦)'를 설정하여 실타래 모양을 따라 2개의 닫힌 패스로 완료합니다.

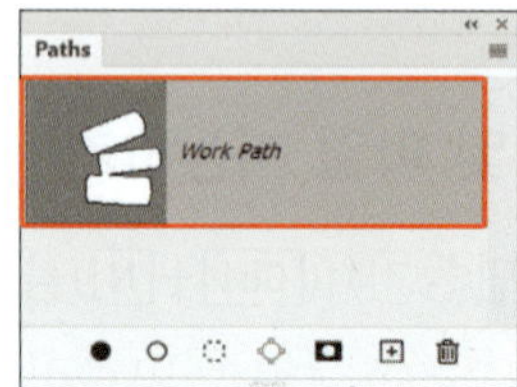

04 패스가 완료되면 Ctrl+Enter를 눌러 선택 상태로 전환한 후, Ctrl+C로 복사합니다. 작업 이미지를 선택하고 Ctrl+V로 붙여넣기를 합니다. Ctrl+T를 눌러 마우스 오른쪽 버튼을 클릭하고 [Flip Vertical(세로로 뒤집기)]로 뒤집은 후 크기를 축소 및 회전하여 배치합니다.

05 Layers(레이어) 패널 하단에 'Add a layer style(레이어 스타일 추가, fx.)'을 클릭하여 [Drop Shadow(그림자)]를 선택하고 'Opacity(불투명도) : 75%, Angle(각도) : 120°, Distance(거리) : 7px, Size(크기) : 7px'로 설정한 후 [OK(확인)]를 클릭합니다.

03 색상 보정 및 레이어 스타일 적용

01 Layers(레이어) 패널에서 Ctrl을 누른 채 'Layer 2' 레이어의 'Layer thumbnail(레이어 축소판)'을 클릭하여 픽셀이 있는 부분만을 빠르게 선택합니다.

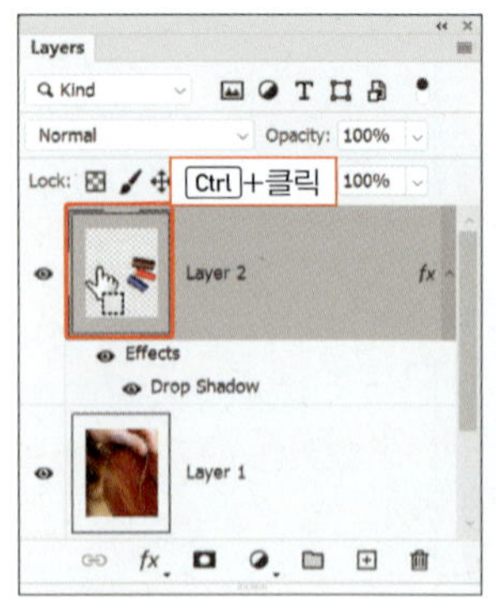
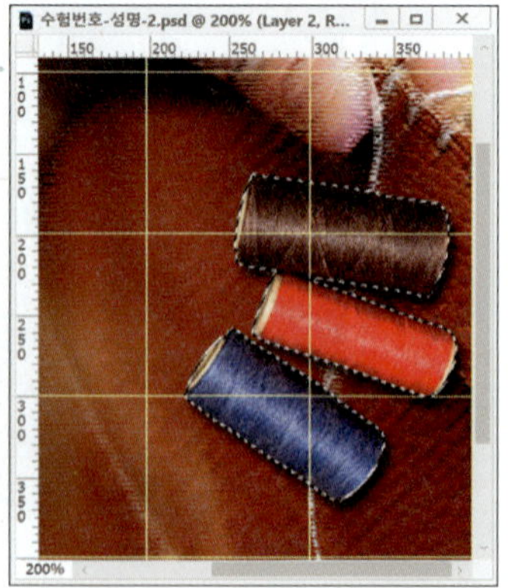

02 Polygonal Lasso Tool(다각형 올가미 도구, ✈)을 클릭하고 Options Bar(옵션 바)에서 'Intersect with selection(선택 교차 영역 남기기, ⬚), Feather(페더) : 0px'를 설정하여 갈색 실타래 부분과 겹치도록 클릭합니다.

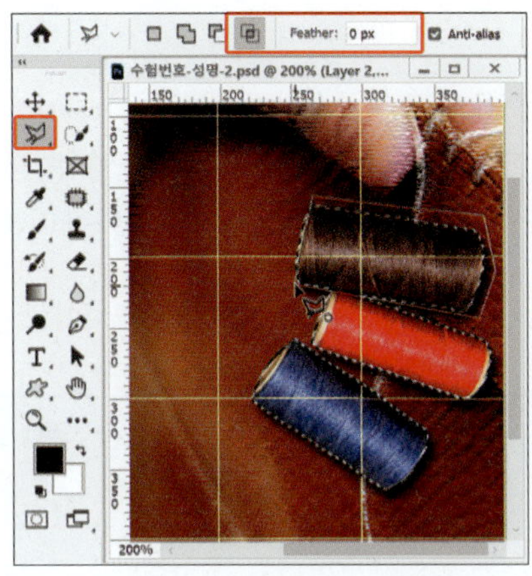
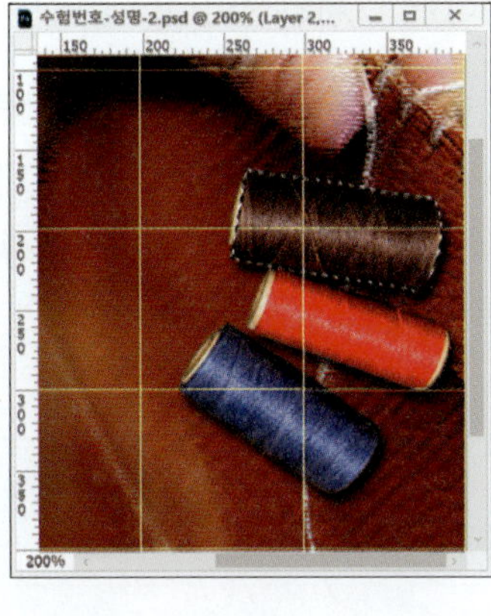

03 Layers(레이어) 패널 하단의 'Create new fill or adjustment layer(새 칠 또는 조정 레이어 생성, ◑)'를 클릭하고 [Hue/Saturation(색조/채도)]을 선택합니다. Properties(속성) 패널에서 'Colorize(색상화) : 체크, Hue(색조) : 305, Saturation(채도) : 79, Lightness(명도) : 7'로 설정하여 보라색 계열로 보정합니다.

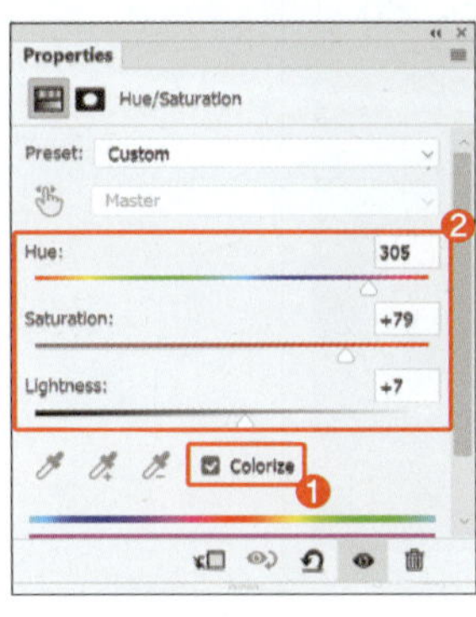
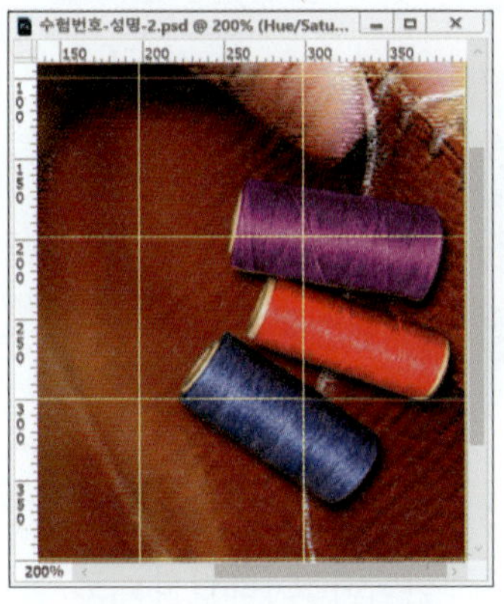

04 Quick Selection Tool(빠른 선택 도구, ✐)을 클릭하고 Options Bar(옵션 바)에서 'Add to selec tion(선택 영역에 추가, ✐)'을 설정한 후 브러시의 크기를 조절하면서 드래그하여 파란색 실타래 이미지를 선택합니다.

05 Layers(레이어) 패널 하단의 'Create new fill or adjustment layer(새 칠 또는 조정 레이어 생성, ◐)'를 클릭하고 [Hue/Saturation(색조/채도)]을 선택합니다. Properties(속성) 패널에서 'Colorize(색상화) : 체크, Hue(색조) : 42, Saturation(채도) : 86, Lightness(명도) : 21'로 설정하여 노란색 계열로 보정합니다.

06 [File(파일)]-[Open(열기)]을 선택하여 1급-6.jpg를 불러옵니다. Object Selection Tool(개체 선택 도구, ▣)을 클릭하고 Options Bar(옵션 바)에서 'New Selection(새 선택 영역, ▣), Mode(모드) : Rectangle(사각형)'로 설정한 'Select Subject(피사체 선택)'를 클릭하여 이미지를 빠르게 선택합니다.

> **기적의 TIP**
>
> Object Selection Tool(개체 선택 도구, ▣)로 드래그하거나 'Select Subject(피사체 선택)'를 클릭하여 복잡한 이미지의 선택 영역을 빠르게 지정할 수 있습니다.

07 Polygonal Lasso Tool(다각형 올가미 도구, ▷)을 클릭하고 Options Bar(옵션 바)에서 'Subtract from selection(선택 영역에서 빼기, ▣)'을 설정한 후 왼쪽의 지갑 이미지에 클릭하여 선택에서 빼기를 합니다.

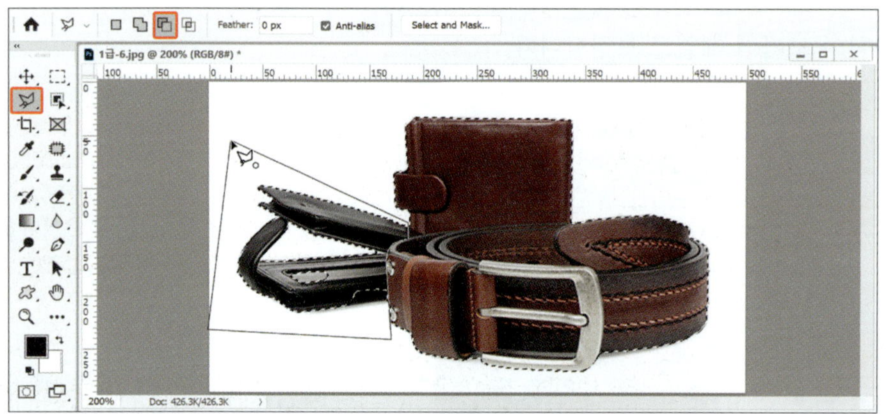

08 Ctrl+C로 복사한 후 작업 이미지를 선택하고 Ctrl+V로 붙여넣기를 합니다. Ctrl+T를 눌러 Shift를 누른 채 크기를 조절하고 배치합니다.

09 Layers(레이어) 패널 하단의 'Add a layer style(레이어 스타일 추가, fx.)'을 클릭하여 [Bevel & Emboss(경사와 엠보스)]를 선택하고 'Style(스타일) : Inner Bevel(내부 경사), Direction(방향) : Up(위로), Size(크기) : 7px'를 설정한 후 [OK(확인)]를 클릭합니다.

01 Custom Shape Tool(사용자 정의 모양 도구, 🔗)을 클릭하고 Options Bar(옵션 바)에서 'Shape(모양), Fill(칠) : #cc6600, Stroke(획) : No Color(색상 없음), Shape(모양) : Frame 4(프레임 4, ◯)'를 설정한 후 드래그하여 모양을 그립니다.

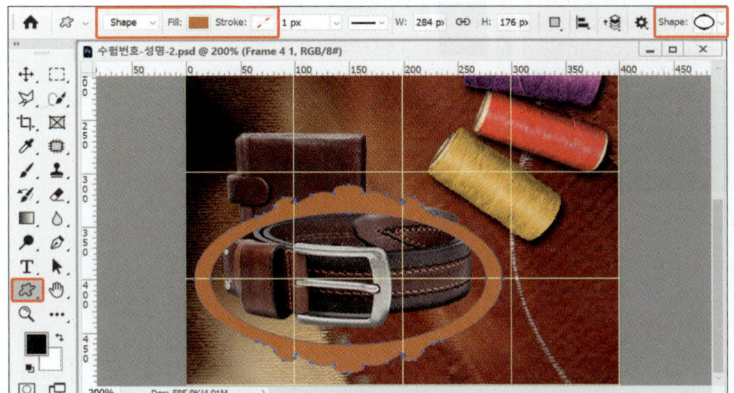

02 Layers(레이어) 패널 하단의 'Add a layer style(레이어 스타일 추가, fx.)'을 클릭하여 [Inner Shadow(내부 그림자)]를 선택하고, 'Opacity(불투명도) : 75%, Angle(각도) : 120°, Distance(거리) : 6px, Size(크기) : 6px'를 설정한 후 [OK(확인)]를 클릭합니다. Ctrl+[를 눌러 뒤로 보내기를 통해 'Layer 3' 레이어 아래쪽으로 배치합니다.

03 Custom Shape Tool(사용자 정의 모양 도구, 🔗)을 클릭하고 Options Bar(옵션 바)에서 'Shape(모양), Fill(칠) : #660000, Stroke(획) : No Color(색상 없음), Shape(모양) : Floral Ornament 4(꽃 장식 4, ❋)'를 설정한 후 Shift 를 누른 채 드래그하여 모양을 그립니다.

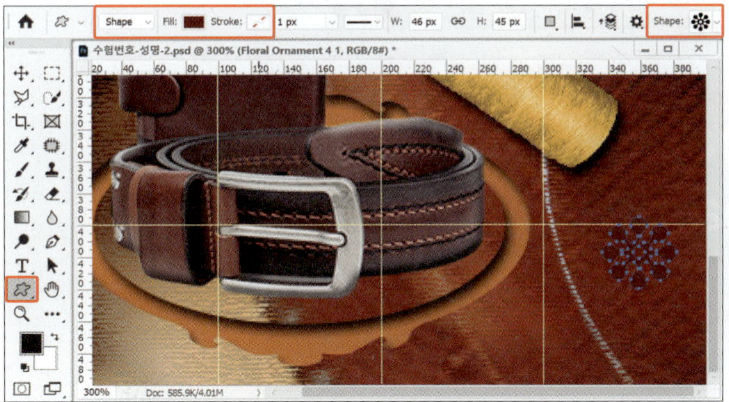

04 Layers(레이어) 패널 하단의 'Add a layer style(레이어 스타일 추가, fx.)'을 클릭하여 [Stroke(획)]를 선택하고 'Size(크기) : 3px, Color(색상) : #cc6633'으로 설정한 후 [OK(확인)]를 클릭합니다.

05 `Ctrl`+`J`를 눌러 복사한 레이어를 만들고 Layers(레이어) 패널에서 'Floral Ornament 4 1 copy 1' 레이어의 'Layer thumbnail(레이어 축소판)'을 더블 클릭하여 'Color(색상) : #330033'으로 설정한 후 [OK(확인)]를 클릭합니다.

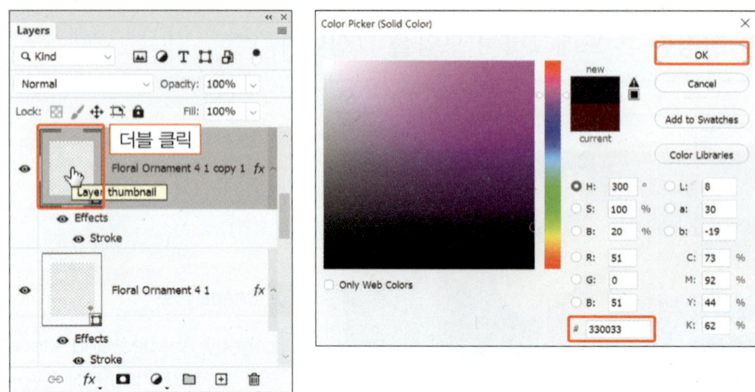

06 `Ctrl`+`T`를 눌러 `Shift`를 누른 채 드래그하여 크기를 확대하고 이동하여 배치합니다. `Ctrl`+`[` 를 여러 번 눌러 뒤로 보내기를 한 후 'Layer 1' 레이어 위쪽으로 배치합니다.

🅞🅢 문자 입력 및 변형, 레이어 스타일 적용

01 Horizontal Type Tool(수평 문자 도구, `T`)로 작업 이미지를 클릭하고 Options Bar(옵션 바)에서 'Font(글꼴) : Arial, Set font style(글꼴 스타일 설정) : Bold, Set font size(글꼴 크기) : 55pt, Left align text(텍스트 왼쪽 맞춤, `▤`), Color(색상) : 임의 색상'으로 설정한 후 'Real Leather'를 입력합니다.

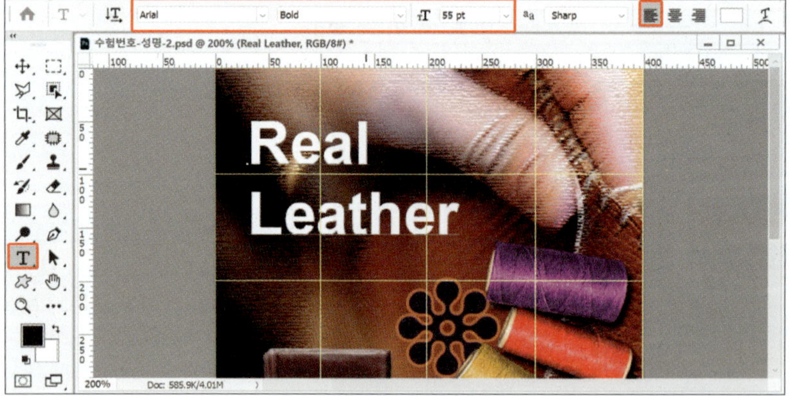

02 Options Bar(옵션 바)에서 Create warped text(뒤틀어진 텍스트 만들기, `Ɪ`)를 클릭 후 [Warp Text(텍스트 뒤틀기)] 대화상자에서 'Style(스타일) : Flag(깃발), Horizontal(가로) : 체크, Bend(구부리기) : 20%'를 설정하여 문자의 모양을 왜곡합니다.

03 Layers(레이어) 패널 하단의 'Add a layer style(레이어 스타일 추가, `fx.`)'을 클릭하여 [Bevel & Emboss(경사와 엠보스)]를 선택하고 'Style(스타일) : Inner Bevel(내부 경사), Direction(방향) : Up(위로), Size(크기) : 3px'를 설정합니다.

04 계속해서 [Gradient Overlay(그레이디언트 오버레이)]를 선택하고 'Click to edit the gradient(클릭하여 그레이디언트 편집)'를 클릭합니다.

05 그레이디언트 슬라이더 왼쪽 하단의 'Color Stop(색상 정지점)'을 더블 클릭하여 #99ffff를, 오른쪽 'Color Stop(색상 정지점)'을 더블 클릭하여 #ff6699로 설정한 후 'Style(스타일) : Linear(선형), Angle(각도) : 0°, Scale(비율) : 150%'로 설정하고 [OK(확인)]를 클릭합니다. Ctrl + S 를 눌러 저장합니다.

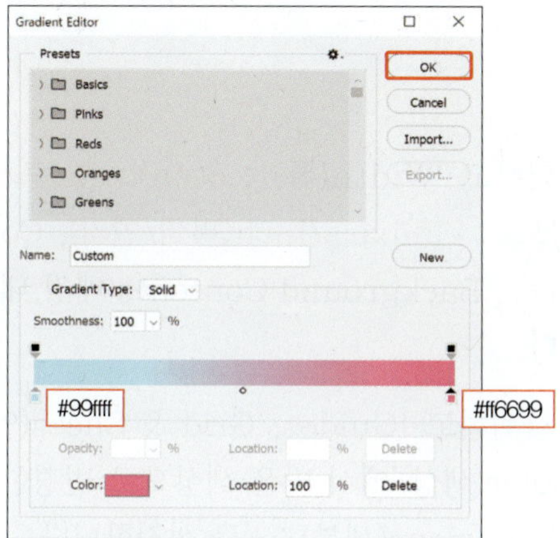

06 정답 파일 저장

01 [View(보기)]-[Show(표시)]-[Grid(격자)](Ctrl + ')를 선택하여 격자를 가립니다.

02 [File(파일)]-[Save As(다른 이름으로 저장)](Shift + Ctrl + S)를 선택하여 '저장 위치 : 내 PC₩문서₩GTQ, 파일 형식 : JPEG(*.JPG;*.JPEG;*.JPE), 파일 이름 : 수험번호-성명-문제번호'를 입력하고 [저장]을 클릭한 후 [JPEG Options(JPEG 옵션)] 대화상자에서 'Quality(품질) : 8'로 설정한 후 [OK(확인)]를 클릭합니다.

03 [Image(이미지)]-[Image Size(이미지 크기)](Alt + Ctrl + I)를 선택하고 'Constrain aspect ratio(종횡비 제한) : 클릭, Width(폭) : 40Pixels(픽셀), Height(높이) : 50Pixels(픽셀)'로 입력하여 이미지 크기를 1/10로 축소한 후 [OK(확인)]를 클릭합니다.

04 [File(파일)]-[Save As(다른 이름으로 저장)](Shift + Ctrl + S)를 선택하여 '저장 위치 : 내 PC₩문서₩GTQ, 파일 형식 : Photoshop(*.PSD;*.PDD;*.PSDT), 파일 이름 : 수험번호-성명-문제번호'를 입력하고 [저장]을 클릭합니다.

05 답안 저장이 완료되면 [File(파일)]-[Close(닫기)](Ctrl + W)를 선택하여 파일을 닫고 수험 프로그램에서 [답안 전송]을 클릭하여 감독관 컴퓨터로 psd와 jpg 파일을 전송합니다.

작업과정	새 작업 이미지 만들기 및 파일 저장하기 ➡ 혼합 모드 합성 및 필터 적용과 레이어 마스크 ➡ 클리핑 마스크 및 레이어 스타일. 필터 적용 ➡ 이미지 보정 및 레이어 스타일 적용 ➡ 모양 생성 및 레이어 스타일 적용 ➡ 문자 입력 및 왜곡과 레이어 스타일 적용 ➡ 정답 파일 저장
완성이미지	PART04₩기출유형문제02회₩정답파일₩G120260002-성명-3.jpg, G120260002-성명-3.psd

01　새 작업 이미지 만들기 및 파일 저장하기

01 [File(파일)]-[New(새로 만들기)]([Ctrl]+[N])를 선택하고 'Width(폭) : 600Pixels(픽셀), Height(높이) : 400Pixels(픽셀), Resolution(해상도) : 72Pixels/Inch(픽셀/인치), Color Mode(색상 모드) : RGB Color(RGB 색상), 8bit(비트), Background Contents(배경 내용) : White(흰색)'로 설정하여 새 작업 이미지를 만듭니다.

02 [Edit(편집)]-[Preference(환경설정)]([Ctrl]+[K])를 클릭하고 [Guides, Grid & Slices(안내선, 격자 및 분할 영역)]를 선택하여 Grid(격자)의 'Color(색상)'에서 밝은 색상으로 변경한 후 'Gridline Every(격자 간격) : 100Pixels(픽셀), Subdivisions(세분) : 1'로 설정합니다.

03 [View(보기)]-[Show(표시)]-[Grid(격자)]([Ctrl]+[']')와 [View(보기)]-[Rulers(눈금자)] ([Ctrl]+[R])를 선택하여 격자와 눈금자를 표시합니다.

04 작업 도큐먼트를 저장하기 위해 [File(파일)]-[Save As(다른 이름으로 저장)]([Shift]+[Ctrl] +[S])를 선택하고 임의 경로에 '파일 이름 : 수험번호-성명-문제번호, 파일 형식 : Photoshop(*.PSD;*.PDD;*.PSDT)'으로 파일을 저장합니다.

02　혼합 모드 합성 및 필터 적용과 레이어 마스크

01 Tool Panel(도구 패널) 하단의 'Set foreground color(전경색 설정)'를 클릭하여 # 오른쪽 입력란에 cccc99로 입력한 후, [Alt]+[Delete]를 눌러 제시된 Foreground Color(전경색)를 작업 이미지의 배경에 채웁니다.

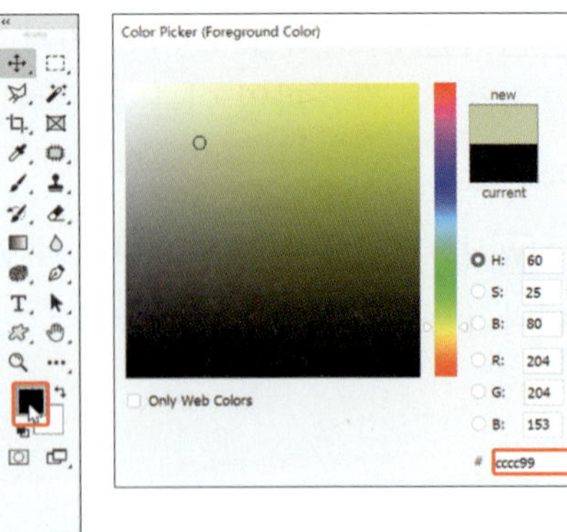

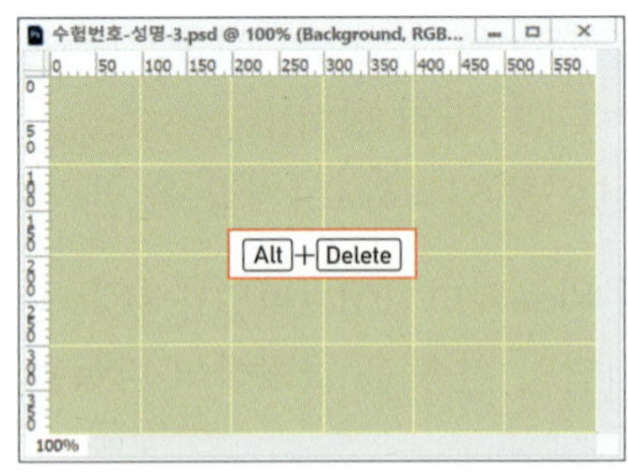

02 [File(파일)]–[Open(열기)]을 선택하여 1급-7.jpg를 불러옵니다. Ctrl+A를 눌러 전체를 선택한 후 Ctrl+C를 눌러 복사합니다. 작업 이미지에 Ctrl+V로 붙여넣기를 하고 Ctrl+T를 눌러 크기를 조절하고 이동하여 배치합니다.

03 Layers(레이어) 패널에서 'Blend-ing Mode(혼합 모드) : Hard Light(하드 라이트), Opacity(불투명도) : 70%'를 설정하여 배경과 합성합니다.

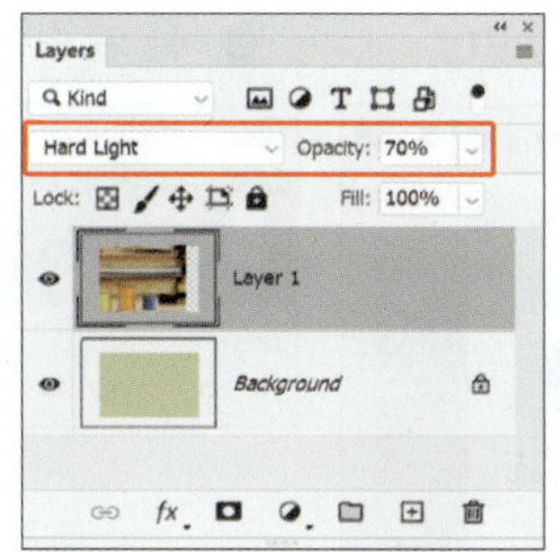
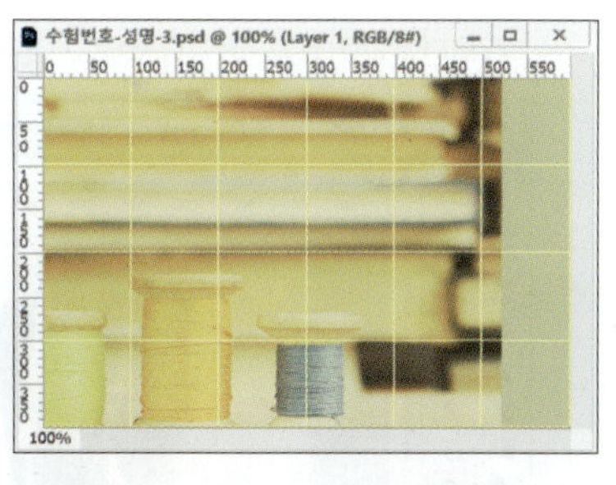

04 [File(파일)]–[Open(열기)]을 선택하여 1급-8.jpg를 불러옵니다. Ctrl+A를 눌러 전체를 선택한 후 Ctrl+C를 눌러 복사합니다. 작업 이미지에 Ctrl+V로 붙여넣기를 하고 Ctrl+T를 눌러 크기를 조절하여 배치합니다.

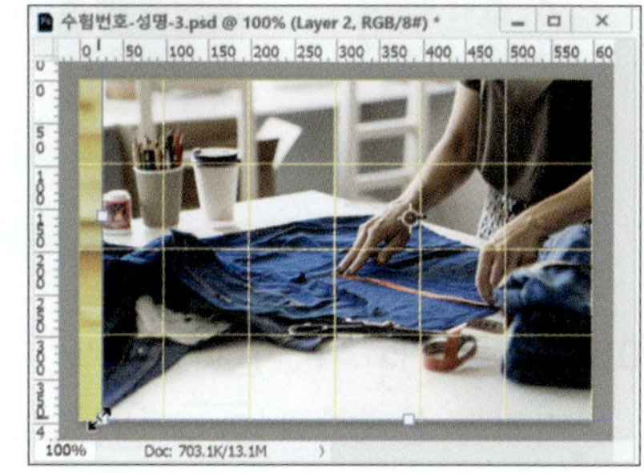

05 [Filter(필터)]–[Filter Gallery(필터 갤러리)]–[Brush Strokes(브러시 선)]–[Crosshatch(그물눈)]를 선택합니다.

06 Layers(레이어) 패널 하단의 'Add layer mask(레이어 마스크 추가, ▣)'를 클릭하여 레이어 마스크를 추가합니다.

07 Tool Panel(도구 패널) 하단의 'Set foreground color(전경색 설정)'를 #000000으로, 'Set background color(배경색 설정)'를 #ffffff로 설정합니다. Gradient Tool(그레이디언트 도구, ▣)을 클릭하고 Options Bar(옵션 바)에서 'Type(유형) : Linear Gradient(선형 그레이디언트), Mode(모드) : Normal(표준), Opacity(불투명도) : 100%'로 설정한 후 Shift를 누르고 왼쪽 하단에서 오른쪽 상단의 대각선 방향으로 드래그하여 이미지 일부를 자연스럽게 지워 합성합니다.

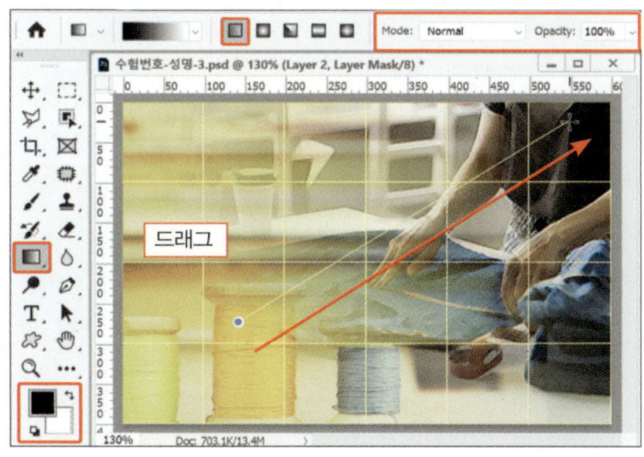

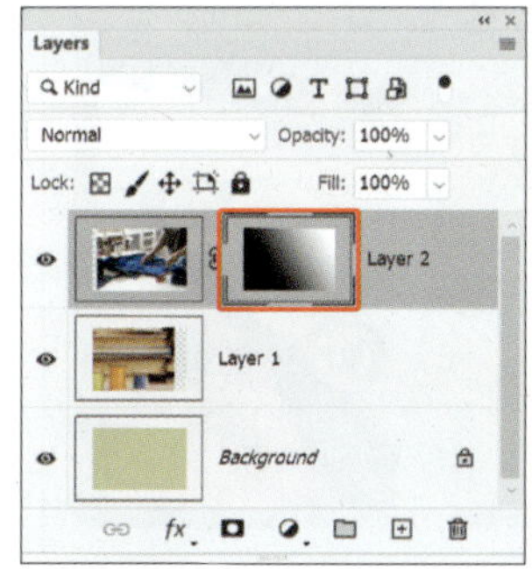

03 클리핑 마스크 및 레이어 스타일, 필터 적용

01 [File(파일)]–[Open(열기)]을 선택하여 1급-10.jpg를 불러옵니다. Pen Tool(펜 도구, ✐)을 클릭하고 Options Bar(옵션 바)에서 'Path(패스), Path operations(패스 작업) : Exclude Overlapping Shapes(모양 오버랩 제외, ▣)'를 클릭하고 닫힌 패스로 완료합니다.

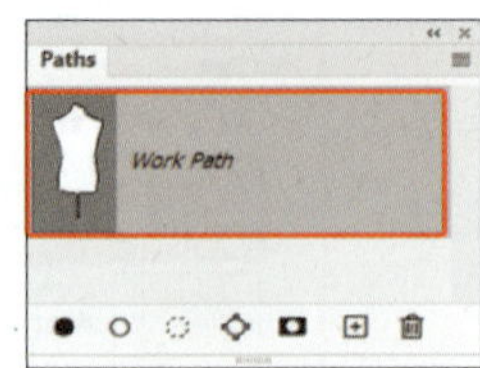

02 패스가 완료되면 Ctrl+Enter를 눌러 선택 상태로 전환하고 Ctrl+C로 복사합니다. 작업 이미지를 선택하고 Ctrl+V로 붙여넣기를 합니다. Ctrl+T를 눌러 마우스 오른쪽 버튼을 누르고 [Flip Horizontal(가로로 뒤집기)]로 뒤집은 후 크기를 축소하여 배치합니다.

03 Pen Tool(펜 도구, ✐)을 클릭하고 Options Bar(옵션 바)에서 'Path(패스), Path operations(패스 작업) : Exclude Overlapping Shapes(모양 오버랩 제외, ▣)'를 클릭하고 마네킹의 오른쪽 바디를 따라 닫힌 패스를 완료합니다.

04 패스가 완료되면 Ctrl+Enter를 눌러 선택 상태로 전환하고 Ctrl+J를 눌러 'Layer 3' 레이어의 오른쪽 이미지를 복사합니다.

05 [File(파일)]–[Open(열기)]을 선택하여 1급-9.jpg를 불러옵니다. Ctrl+A를 눌러 전체를 선택한 후 Ctrl+C를 눌러 복사합니다. 작업 이미지를 선택하여 Ctrl+V로 붙여넣기하고 Ctrl+T를 눌러 크기를 축소 후 시계 반대 방향으로 회전하여 'Layer 4' 레이어의 이미지와 겹치도록 배치합니다.

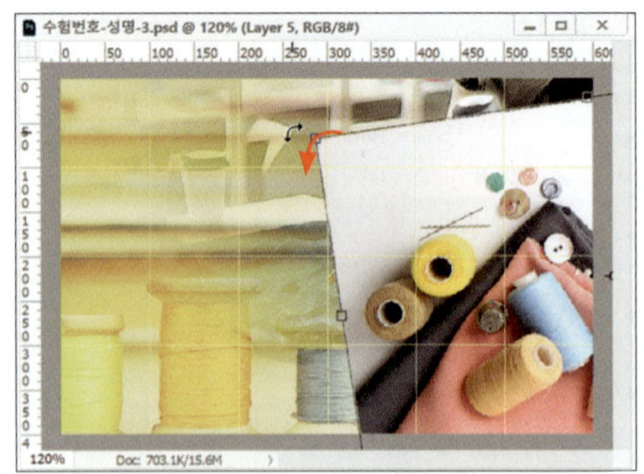

06 [Filter(필터)]–[Filter Gallery(필터 갤러리)]–[Artistic(예술 효과)]–[Poster Edges(포스터 가장자리)]를 선택합니다.

07 Layers(레이어) 패널에서 'Layer 4' 레이어와 'Layer 5' 레이어 사이에 마우스 커서를 놓고 Alt 를 누른 후 클릭하여 Clipping Mask(클리핑 마스크)를 적용합니다.

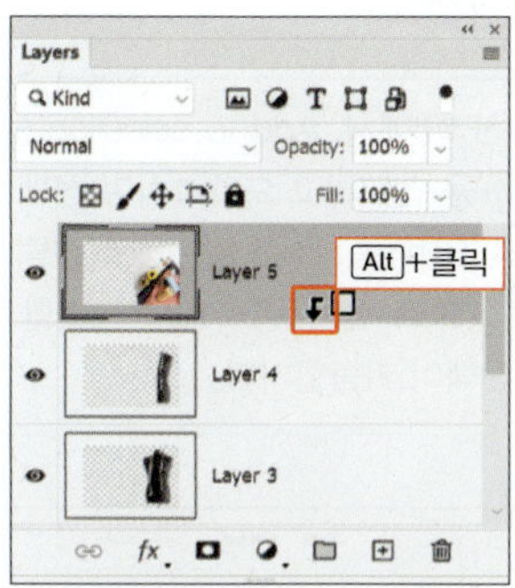
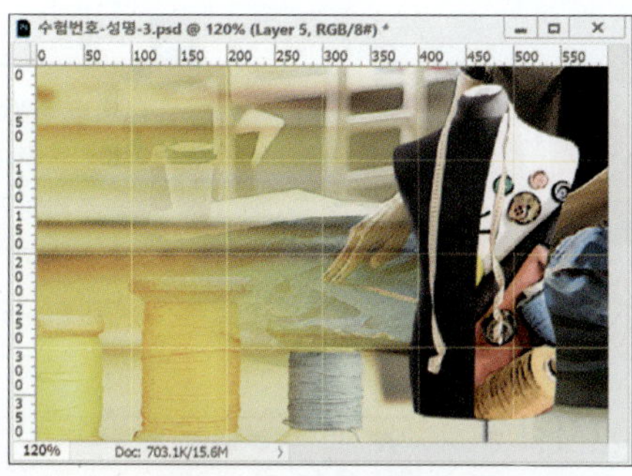

> **기적**의 TIP
>
> Clipping Mask(클리핑 마스크)를 적용할 때는 반드시 'Layer 4' 레이어 바로 위에 이미지 레이어를 배치해야 합니다.

08 Layers(레이어) 패널에서 'Layer 4' 레이어를 선택합니다. Layers(레이어) 패널 하단의 'Add a layer style(레이어 스타일 추가, fx.)'을 클릭하여 [Inner Shadow(내부 그림자)]를 선택하고 'Opacity(불투명도) : 75%, Angle(각도) : 120°, Distance(거리) : 5px, Size(크기) : 5px'를 설정한 후 [OK(확인)]를 클릭합니다.

09 Layers(레이어) 패널에서 'Layer 3' 레이어를 선택합니다. Layers(레이어) 패널 하단의 'Add a layer style(레이어 스타일 추가, fx.)'을 클릭하여 [Bevel & Emboss(경사와 엠보스)]를 선택하고 'Style(스타일) : Inner Bevel(내부 경사), Direction(방향) : Up(위로), Size(크기) : 15px'를 설정합니다.

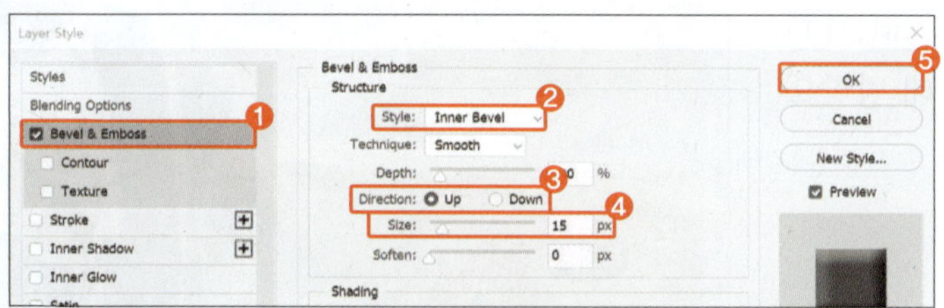

10 계속해서 [Outer Glow(외부 광선)]를 선택하고 'Opacity(불투명도) : 75%, Spread(스프레드) : 10%, Size(크기) : 10px'로 설정한 후 [OK(확인)]를 클릭합니다.

04 이미지 보정 및 레이어 스타일 적용

01 [File(파일)]–[Open(열기)]을 선택하여 1급–11.jpg를 불러옵니다. Object Selection Tool(개체 선택 도구,)을 클릭하고 Options Bar(옵션 바)에서 New Selection(새 선택 영역,)을 선택하여 'Select Subject(피사체 선택)'를 클릭한 후 이미지를 선택합니다.

02 계속해서 Options Bar(옵션 바)에서 'Select and Mask(선택 및 마스크)'를 클릭하고 'Sub-tract from selection(선택 영역에서 빼기, ⊖), Size(크기) : 1'을 지정하여 선택에서 제외할 배경 이미지에 드래그한 후 [OK(확인)]를 클릭합니다.

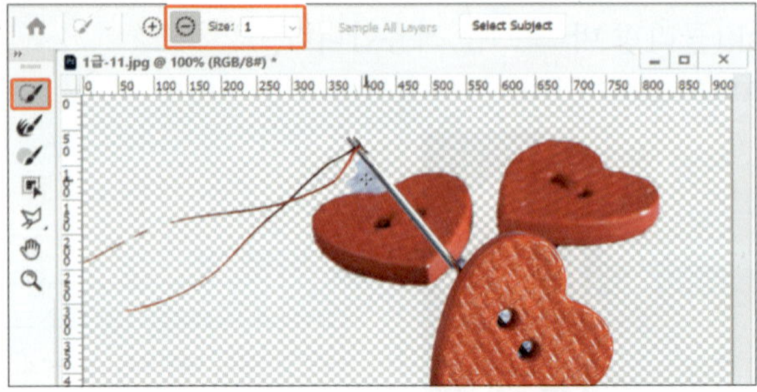

03 'Rectangular Marquee Tool(사각형 선택 윤곽 도구, ▱)'을 클릭하고 Options Bar(옵션 바)에서 Subtract from selection(선택 영역에서 빼기, ▱)을 설정한 후 선택에서 제외할 왼쪽 이미지에 드래그합니다.

04 Ctrl+C를 눌러 복사하고 작업 이미지에 Ctrl+V로 붙여넣기를 합니다. Ctrl+T를 눌러 크기를 축소 후 시계 반대 방향으로 회전하여 배치합니다.

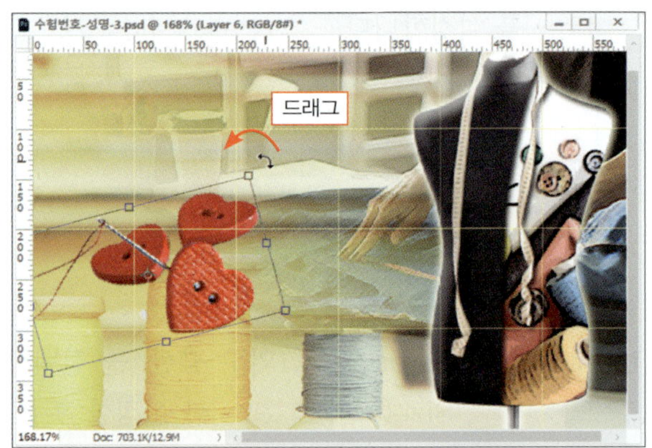

05 Layers(레이어) 패널 하단의 'Add a layer style(레이어 스타일 추가, fx.)'을 클릭하여 [Stroke(획)]를 선택하고 'Size(크기) : 5px, Fill Type(칠 유형) : Gradient(그레이디언트)'를 설정한 후 'Click to edit the gradient(클릭하여 그레이디언트 편집)'를 클릭합니다.

06 그레이디언트 슬라이더 왼쪽 하단의 'Color Stop(색상 정지점)'을 더블 클릭하여 #cc6633을, 오른쪽 'Color Stop(색상 정지점)'을 더블 클릭하여 #ffcc33으로 설정한 후 'Style(스타일) : Linear(선형), Angle(각도) : 90˚, Scale(비율) : 100%'로 설정한 후 [OK(확인)]를 클릭합니다.

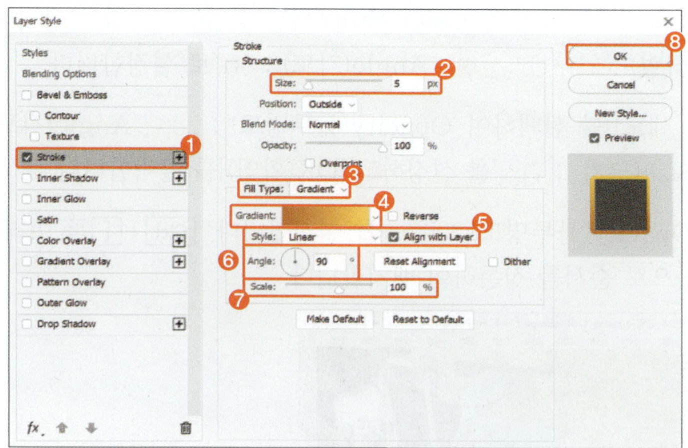

07 Quick Selection Tool(빠른 선택 도구,)을 클릭하고 Options Bar(옵션 바)에서 Add to selection(선택 영역에 추가,)을 설정한 후 브러시의 크기를 조절한 채 드래그하여 하단 단추 이미지를 선택합니다.

08 Layers(레이어) 패널 하단의 'Create new fill or adjustment layer(새 칠 또는 조정 레이어 생성,)'를 클릭하고 [Hue/Saturation(색조/채도)]을 선택합니다. Properties(속성) 패널에서 'Colorize(색상화) : 체크, Hue(색조) : 190, Saturation(채도) : 50, Lightness(명도) : 5'로 설정하여 파란색 계열로 보정합니다.

05 모양 생성 및 레이어 스타일 적용

01 Custom Shape Tool(사용자 정의 모양 도구,)을 클릭하고 Options Bar(옵션 바)에서 'Shape(모양), Fill(칠) : 임의 색상, Stroke(획) : No Color(색상 없음), Shape(모양) : Shape 171(모양 171,)'을 설정한 후 Shift 를 누른 채 드래그하여 모양을 그립니다.

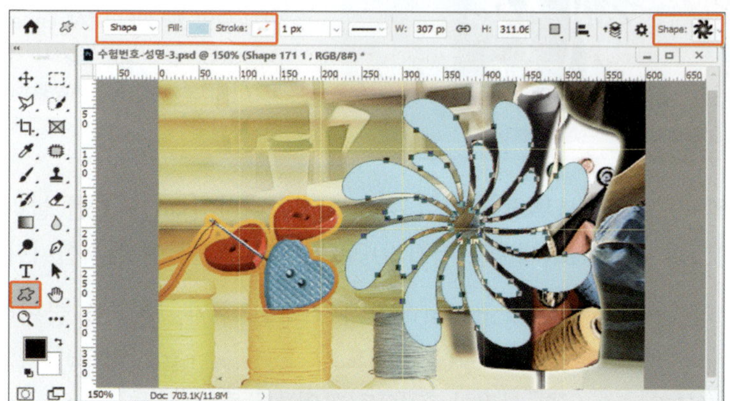

Shape 경로

[Legacy Shapes and More(레거시 모양 및 기타)]–[2019 Shapes (2019 모양)]–[Spiral Shapes(나선형)]

02 Layers(레이어) 패널 하단의 'Add a layer style(레이어 스타일 추가, *fx.*)'을 클릭하여 [Gradient Overlay(그레이디언트 오버레이)]를 선택하고 'Click to edit the gradient(클릭하여 그레이디언트 편집)'를 클릭합니다. 그레이디언트 슬라이더 왼쪽 하단의 'Color Stop(색상 정지점)'을 더블 클릭하여 #ff6699로, 오른쪽 'Color Stop(색상 정지점)'을 더블 클릭하여 #00ffff로 설정한 후 'Style(스타일) : Linear(선형), Angle(각도) : 90°로 설정합니다.

03 계속해서 [Drop Shadow(드롭 섀도)]를 선택하여 'Opacity(불투명도) : 75%, Angle(각도) : 120°, Distance(거리) : 7px, Size(크기) : 7px'를 설정하고 [OK(확인)]를 클릭합니다.

04 Layers(레이어) 패널 상단의 'Opacity(불투명도) : 80%'를 설정합니다. Ctrl + [ ] 를 여러 번 눌러 'Layer 3' 레이어의 아래쪽으로 순서를 정돈하여 배치합니다.

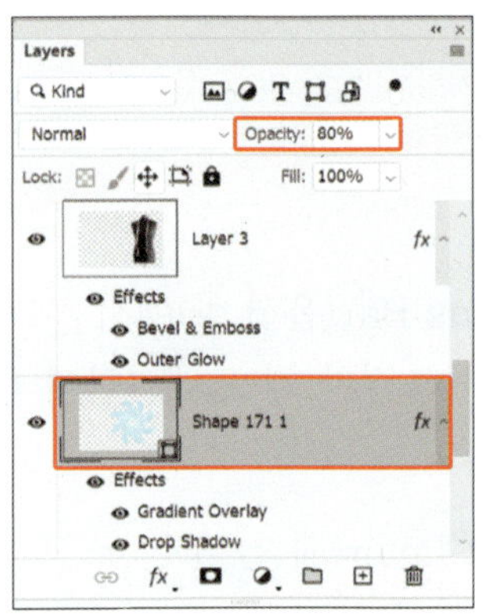

05 Custom Shape Tool(사용자 정의 모양 도구, ☒)을 클릭하고 Options Bar(옵션 바)에서 'Shape(모양), Fill(칠) : #ffffff, Stroke(획) : No Color(색상 없음), Shape(모양) : Flag(깃발, ☒)'를 설정한 후 드래그하여 모양을 그립니다.

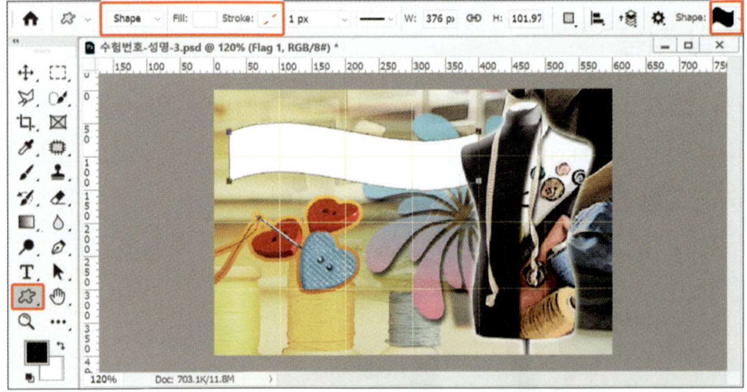

06 Layers(레이어) 패널 상단의 'Opacity(불투명도) : 70%'를 설정합니다. Ctrl + T 를 눌러 마우스 오른쪽 버튼을 누르고 [Flip Vertical(세로로 뒤집기)]로 뒤집고 회전하여 배치합니다.

07 Layers(레이어) 패널 하단의 'Add a layer style(레이어 스타일 추가, *fx.*)'을 클릭하여 [Drop Shadow(그림자)]를 선택하고, 'Opacity(불투명도) : 75%, Angle(각도) : 120°, Distance(거리) : 5px, Size(크기) : 5px'를 설정한 후 [OK(확인)]를 클릭합니다.

08 Custom Shape Tool(사용자 정의 모양 도구, ☆)을 클릭하고 Options Bar(옵션 바)에서 'Shape(모양), Fill(칠) : 임의 색상, Stroke(획) : No Color(색상 없음), Shape(모양) : Information(정보, *i*)'을 설정한 후 Shift 를 누르고 드래그하여 모양을 그립니다.

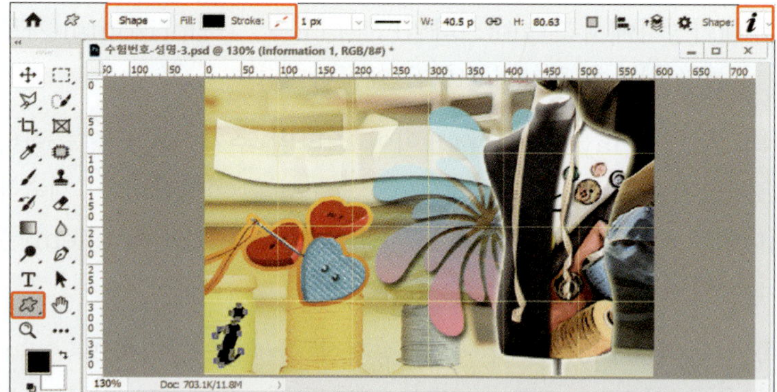

09 Layers(레이어) 패널 하단의 'Add a layer style(레이어 스타일 추가, *fx.*)'을 클릭하여 [Gradient Overlay(그레이디언트 오버레이)]를 선택하고 'Click to edit the gradient(클릭하여 그레이디언트 편집)'를 클릭합니다. 그레이디언트 슬라이더 왼쪽 하단의 'Color Stop(색상 정지점)'을 더블 클릭하여 #ffffcc를, 오른쪽 'Color Stop(색상 정지점)'을 더블 클릭하여 #339999, Color Midpoint(색상 중간점, ◇) : 66%'로 설정한 후 'Style(스타일) : Linear (선형), Angle(각도) : −90°'로 설정합니다.

10 계속해서 [Drop Shadow(드롭 섀도)]를 선택하여 'Opacity(불투명도) : 75%, Angle(각도) : 120°, Distance(거리) : 5px, Size(크기) : 5px'를 설정한 후 [OK(확인)]를 클릭합니다.

06 문자 입력 및 왜곡과 레이어 스타일 적용

01 Horizontal Type Tool(수평 문자 도구, T)로 작업 이미지를 클릭하고 Options Bar(옵션 바)에서 'Font(글꼴) : Times New Roman, Set font style(글꼴 스타일 설정) : Bold, Set font size(글꼴 크기) : 30pt, Color(색상) : 임의 색상'으로 설정한 후 'Custom Tailor Course'를 입력합니다.

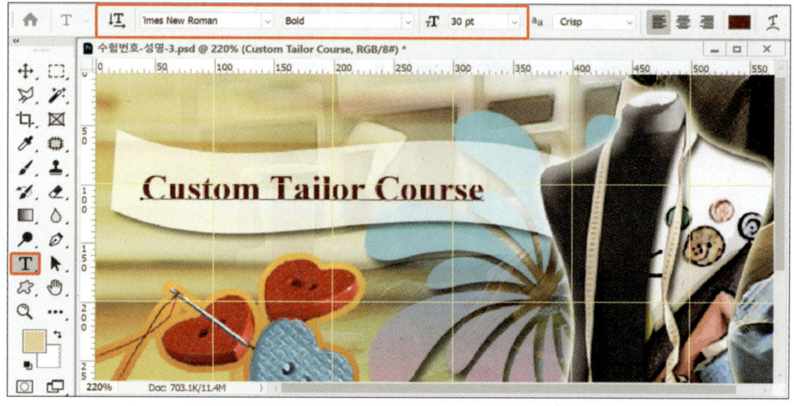

02 Horizontal Type Tool(수평 문자 도구, T)로 C, T, C 문자를 각각 드래그하여 선택하고 Options Bar(옵션 바)에서 'Set font size(글꼴 크기) : 45pt'로 설정합니다.

03 Options Bar(옵션 바)에서 Create warped text(뒤틀어진 텍스트 만들기, 工)를 클릭 후 [Warp Text(텍스트 뒤틀기)] 대화상자에서 'Style(스타일) : Flag(깃발), Horizontal(가로) : 체크, Bend(구부리기) : −30%'를 설정하여 문자의 모양을 왜곡합니다.

04 Layers(레이어) 패널 하단의 'Add a layer style(레이어 스타일 추가, fx.)'을 클릭하여 [Stroke(획)]를 선택하고 'Size(크기) : 2px, Color(색상) : #cccccc'로 설정합니다. 계속해서 [Gradient Overlay(그레이디언트 오버레이)]를 선택하고 'Click to edit the gradient(클릭하여 그레이디언트 편집)'를 클릭합니다.

05 그레이디언트 슬라이더 왼쪽 하단의 'Color Stop(색상 정지점)'을 더블 클릭하여 #33ccff로 설정합니다. 가운데 빈 곳을 눌러 'Color Stop(색상 정지점)'을 추가하고 더블 클릭하여 #333300, 오른쪽 'Color Stop(색상 정지점)'을 더블 클릭하여 #cc0066으로 설정한 후 'Style(스타일) : Linear(선형), Angle(각도) : 0°'로 설정합니다. 계속해서 [Drop Shadow(드롭 섀도)]를 선택하고 [OK(확인)]를 클릭합니다.

06 Horizontal Type Tool(수평 문자 도구, T)로 작업 이미지를 클릭하고 Options Bar(옵션 바)에서 'Font(글꼴) : 돋움, Set font size(글꼴 크기) : 16pt, Set anti−aliasing method(앤티 앨리어싱 방법 설정) : Strong(강하게), Color(색상) : #333333'으로 설정한 후 '회원가입 / 로그인'을 입력합니다.

07 Layers(레이어) 패널 하단의 'Add a layer style(레이어 스타일 추가, fx.)'을 클릭하여 [Stroke(획)]를 선택하고 'Size(크기) : 2px, Color(색상) : #ffffff'로 설정한 후 [OK(확인)]를 클릭합니다.

08 Horizontal Type Tool(수평 문자 도구, T)로 작업 이미지를 클릭하고 Options Bar(옵션 바)에서 'Font(글꼴) : 돋움, Set font size(글꼴 크기) : 18pt, Set anti−aliasing method(앤티 앨리어싱 방법 설정) : Strong(강하게), Color(색상) : 임의 색상'으로 설정한 후 '지금 바로 신청하세요!'를 입력합니다.

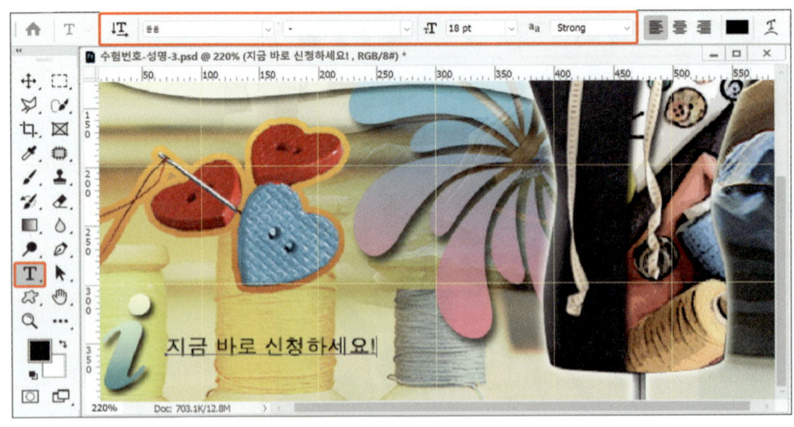

09 Options Bar(옵션 바)에서 Create warped text(뒤틀어진 텍스트 만들기, ⚒)를 클릭하고 [Warp Text(텍스트 뒤틀기)] 대화상자에서 ‘Style(스타일) : Arc Upper(위 부채꼴), Horizontal(가로) : 체크, Bend(구부리기) : 20%’를 설정하여 문자의 모양을 왜곡합니다.

10 Layers(레이어) 패널 하단의 ‘Add a layer style(레이어 스타일 추가, fx.)’을 클릭하여 [Stroke(획)]를 선택하고 ‘Size(크기) : 2px, Color(색상) : #003333’으로 설정합니다.

11 계속해서 [Gradient Overlay(그레이디언트 오버레이)]를 선택하고 ‘Click to edit the gradient(클릭하여 그레이디언트 편집)’를 클릭합니다. 그레이디언트 슬라이더 왼쪽 하단의 ‘Color Stop(색상 정지점)’을 더블 클릭하여 #ffffff를, 오른쪽 ‘Color Stop(색상 정지점)’을 더블 클릭하여 #66cccc로 설정한 후 ‘Style(스타일) : Linear(선형), Angle(각도) : 0°’로 설정하고 [OK(확인)]를 클릭합니다.

12 Horizontal Type Tool(수평 문자 도구, T)로 작업 이미지를 클릭하고 Options Bar(옵션 바)에서 ‘Font(글꼴) : 바탕, Set font size(글꼴 크기) : 15pt, Set anti-aliasing method(앤티 앨리어싱 방법 설정) : Strong(강하게), Color(색상) : #ffff99’로 설정한 후 ‘Summer Promotion / 자격증 취득과정모집’을 입력합니다.

13 Horizontal Type Tool(수평 문자 도구, T)로 ‘자격증 취득과정모집’ 문자를 드래그하여 선택하고 Options Bar(옵션 바)에서 ‘Color(색상) : #ffccff’로 설정합니다.

14 Layers(레이어) 패널 하단의 ‘Add a layer style(레이어 스타일 추가, fx.)’을 클릭하여 [Stroke(획)]를 선택하고 ‘Size(크기) : 2px, Color(색상) : #666633’으로 설정한 후 [OK(확인)]를 클릭합니다. Ctrl + S 를 눌러 파일을 저장합니다.

07 정답 파일 저장

01 [View(보기)]–[Show(표시)]–[Grid(격자)]([Ctrl]+['])를 선택하여 격자를 가립니다.

02 [File(파일)]–[Save As(다른 이름으로 저장)]([Shift]+[Ctrl]+[S])를 선택하여 '저장 위치 : 내 PC\문서\GTQ, 파일 형식 : JPEG(*.JPG;*.JPEG;*.JPE), 파일 이름 : 수험번호–성명–문제번호'를 입력하고 [저장]을 클릭한 후 [JPEG Options(JPEG 옵션)] 대화상자에서 'Quality(품질) : 8'로 설정하고 [OK(확인)]를 클릭합니다.

03 [Image(이미지)]–[Image Size(이미지 크기)]([Alt]+[Ctrl]+[I])를 선택하고 'Constrain aspect ratio(종횡비 제한) : 클릭, Width(폭) : 60Pixels(픽셀), Height(높이) : 40Pixels(픽셀)'로 입력하여 이미지 크기를 1/10로 축소한 후 [OK(확인)]를 클릭합니다.

04 [File(파일)]–[Save As(다른 이름으로 저장)]([Shift]+[Ctrl]+[S])를 선택하고 '저장 위치 : 내 PC\문서\GTQ, 파일 형식 : Photoshop(*.PSD;*.PDD;*.PSDT), 파일 이름 : 수험번호–성명–문제번호'를 입력한 후 [저장]을 클릭합니다.

05 답안 저장 완료가 되면 [File(파일)]–[Close(닫기)]([Ctrl]+[W])를 선택하여 파일을 닫고 수험 프로그램에서 [답안 전송]을 클릭하여 감독관 컴퓨터로 psd와 jpg 파일을 전송합니다.

문제 ❹ **[실무응용] 웹 페이지 제작**

작업과정	새 작업 이미지 만들기 및 파일 저장하기 ➡ 혼합 모드 합성 및 필터. 레이어 마스크 적용 ➡ 이미지 보정 및 레이어 스타일 적용 ➡ 모양 생성 및 변형. 레이어 스타일 적용 ➡ 메뉴 버튼 만들기 ➡ 펜 도구 작업 및 레이어 스타일 적용 ➡ 패턴 정의와 적용 및 클리핑 마스크 적용 ➡ 문자 입력과 왜곡 및 레이어 스타일 적용 ➡ 정답 파일 저장
완성이미지	PART04\기출유형문제02회\정답파일\G120260002–성명–4.jpg, G120260002–성명–4.psd

---

01 새 작업 이미지 만들기 및 파일 저장하기

01 [File(파일)]–[New(새로 만들기)]([Ctrl]+[N])를 선택하고 'Width(폭) : 600Pixels(픽셀), Height(높이) : 400Pixels(픽셀), Resolution(해상도) : 72Pixels/Inch(픽셀/인치), Color Mode(색상 모드) : RGB Color(RGB 색상), 8bit(비트), Background Contents(배경 내용) : White(흰색)'로 설정하여 새 작업 이미지를 만듭니다.

02 [Edit(편집)]–[Preference(환경설정)]([Ctrl]+[K])를 클릭하여 [Guides, Grid & Slices(안내선, 격자 및 분할 영역)]를 선택하고 Grid(격자)의 'Color(색상)'를 눌러 밝은 색상으로 변경한 후 'Gridline Every(격자 간격) : 100Pixels(픽셀), Subdivisions(세분) : 1'로 설정합니다.

03 [View(보기)]−[Show(표시)]−[Grid(격자)]([Ctrl]+['])와 [View(보기)]−[Rulers(눈금자)] ([Ctrl]+[R])를 선택하여 격자와 눈금자를 표시합니다.

04 작업 도큐먼트를 저장하기 위해 [File(파일)]−[Save As(다른 이름으로 저장)]([Shift]+[Ctrl] +[S])를 선택하고 임의 경로에 '파일 이름 : 수험번호−성명−문제번호, 파일 형식 : Photo-shop(*.PSD;*.PDD;*.PSDT)'으로 파일을 저장합니다.

② 혼합 모드 합성 및 필터. 레이어 마스크 적용

01 Tool Panel(도구 패널) 하단의 'Set fore-ground color(전경색 설정)'를 클릭하여 # 오른쪽 입력란에 99cccc로 입력한 후, [Alt] +[Delete]를 눌러 제시된 Foreground Color (전경색)를 작업 이미지의 배경에 채웁니다.

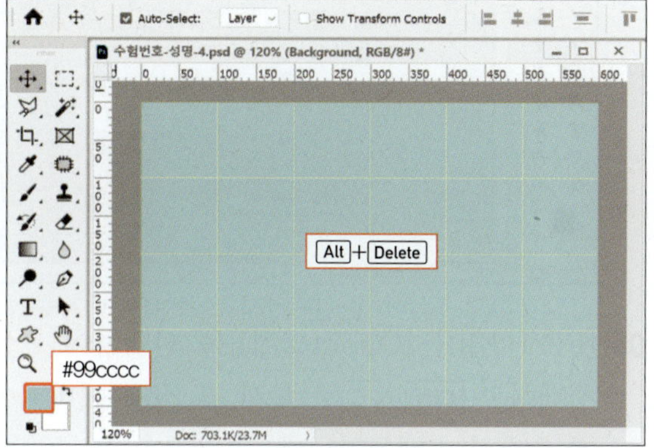

02 [File(파일)]−[Open(열기)]을 선택하여 1급−12.jpg를 불러온 후 [Ctrl]+[A]를 눌러 전체를 선택하고 [Ctrl]+[C]를 눌러 복사합니다. 작업 이미지를 선택하여 [Ctrl]+[V]로 붙여넣기를 하고 [Ctrl]+[T]로 크기를 축소하고 회전한 후 격자를 참고하여 배치합니다.

03 Layers(레이어) 패널에서 'Blending Mode(혼합 모드) : Soft Light(소프트 라이트)'로 설정하여 배경 이미지와 합성합니다.

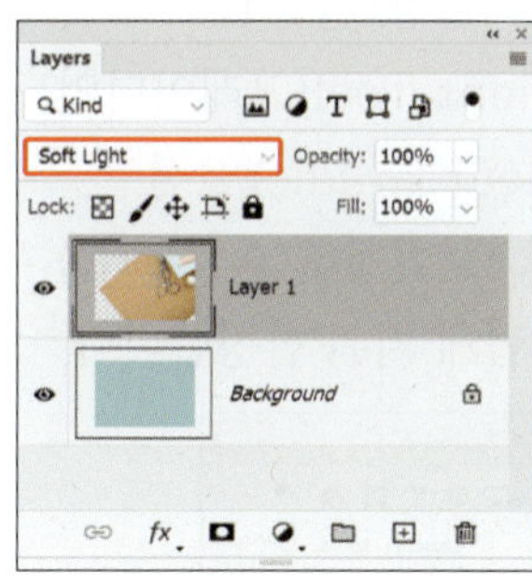 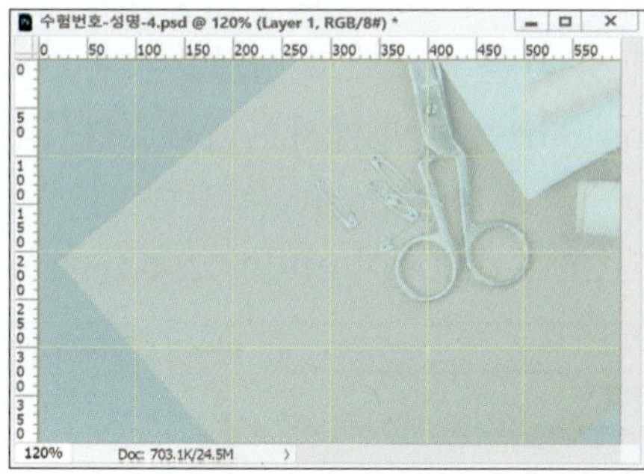

04 Layers(레이어) 패널에서 하단의 'Add layer mask(레이어 마스크 추가, ◻)'를 클릭하여 레이어 마스크를 추가합니다.

05 Tool Panel(도구 패널) 하단의 'Set foreground color(전경색 설정)'를 #000000, 'Set background color(배경색 설정)'를 #ffffff로 설정합니다. Gradient Tool(그레이디언트 도구, ▣)을 클릭하고 Options Bar(옵션 바)에서 'Type(유형) : Linear Gradient(선형 그레이디언트), Mode(모드) : Normal(표준), Opacity(불투명도) : 100%'로 설정한 후 대각선 방향인 왼쪽 하단에서 오른쪽 상단으로 드래그하여 이미지 일부를 자연스럽게 지워 합성합니다.

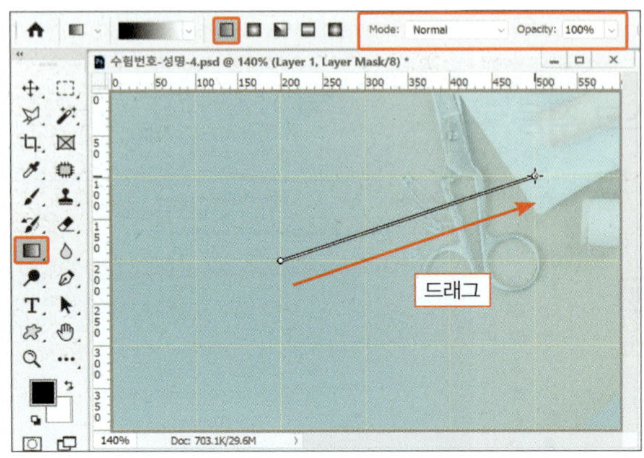

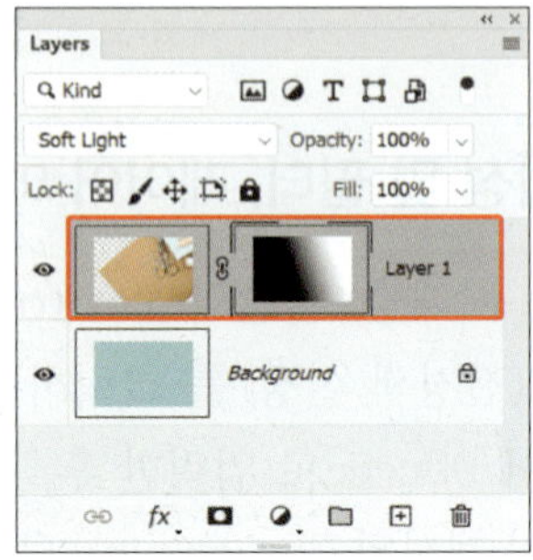

06 [File(파일)]–[Open(열기)]을 선택하여 1급–13.jpg를 불러옵니다. Ctrl + A 를 눌러 전체를 선택하고 Ctrl + C 로 복사 후 작업 이미지에 Ctrl + V 로 붙여넣기를 한 후 Ctrl + T 로 크기를 축소하여 배치합니다.

07 [Filter(필터)]–[Filter Gallery(필터 갤러리)]–[Texture(텍스처)]–[Texturizer(텍스처화)]를 선택합니다.

08 Layers(레이어) 패널에서 하단의 'Add layer mask(레이어 마스크 추가, ▣)'를 클릭하여 레이어 마스크를 추가합니다.

09 Tool Panel(도구 패널) 하단의 'Set foreground color(전경색 설정)'를 #000000, 'Set background color(배경색 설정)'를 #ffffff로 설정합니다. Gradient Tool(그레이디언트 도구, ▣)을 클릭하고 Options Bar(옵션 바)에서 'Type(유형) : Linear Gradient(선형 그레이디언트), Mode(모드) : Normal(표준), Opacity(불투명도) : 100%'로 설정한 후 Shift 를 누른 채 가로 방향 중앙에서 왼쪽으로 드래그하여 이미지 일부를 자연스럽게 지워 합성합니다.

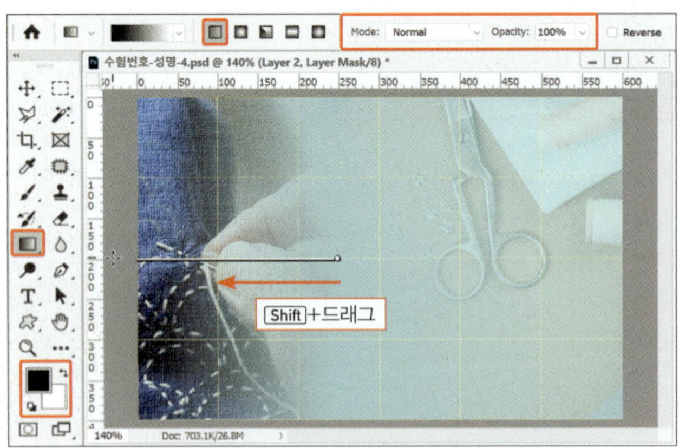

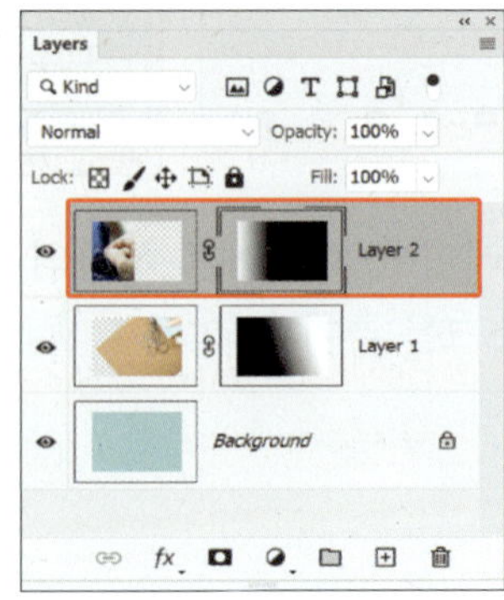

10 [File(파일)]–[Open(열기)]을 선택하여 1급–14.jpg를 불러옵니다. Quick Selection Tool(빠른 선택 도구, ▢)을 클릭하고 Options Bar(옵션 바)에서 Add to selection(선택 영역에 추가, ▢)을 설정한 후 브러시의 크기를 조절하며 드래그하여 선택합니다.

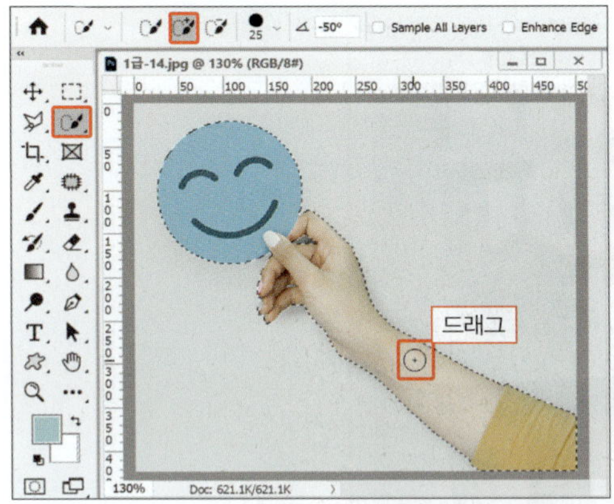

🚩 **기적**의 TIP

선택 영역에서 일부 빼기
- Alt 를 누른 채 선택에서 제외할 이미지를 클릭 또는 드래그합니다.
- Options Bar(옵션 바)에서 'Subtract from selection(선택 영역에서 빼기, ▢)'을 설정한 후 선택에서 제외할 이미지를 클릭합니다.

---

11 Ctrl + C 로 복사하고 작업 이미지에 Ctrl + V 로 붙여넣기를 합니다. Ctrl + T 를 누르고 마우스 오른쪽 버튼을 클릭하여 [Flip Horizontal(가로로 뒤집기)]로 뒤집고 크기와 회전을 조절하여 배치합니다.

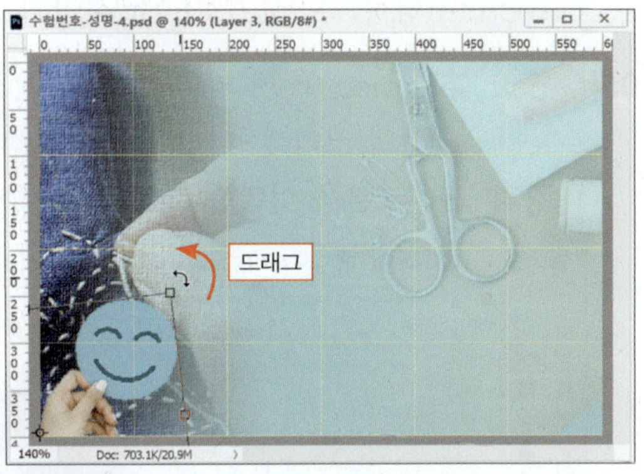

12 Layers(레이어) 패널 하단의 'Add a layer style(레이어 스타일 추가, fx.)'을 클릭하여 [Outer Glow(외부 광선)]를 선택하고 'Opacity(불투명도) : 75%, Spread(스프레드) : 0%, Size(크기) : 10px'로 설정한 후 [OK(확인)]를 클릭합니다.

13 Layers(레이어) 패널 상단에서 'Opacity(불투명도) : 80%'를 설정합니다.

❸ 이미지 보정 및 레이어 스타일 적용

01 [File(파일)]–[Open(열기)]을 선택하여 1급–15.jpg를 불러옵니다. Object Selection Tool(개체 선택 도구, ▢)을 클릭하고 Options Bar(옵션 바)에서 'New Selection(새 선택 영역, ▢), Mode(모드) : Rectangle(사각형)'을 선택한 후 'Select Subject(피사체 선택)'를 클릭하여 이미지를 빠르게 선택합니다.

02 Rectangular Marquee Tool(사각형 선택 윤곽 도구, [⁛])을 클릭하고 Options Bar(옵션 바)에서 'Add to selection(선택 영역에 추가, [▣]), Feather(페더) : 0px, Style(스타일) : Normal(표준)'을 설정한 후 오른쪽 하단에 여러 번 드래그하여 이미지를 추가로 선택합니다.

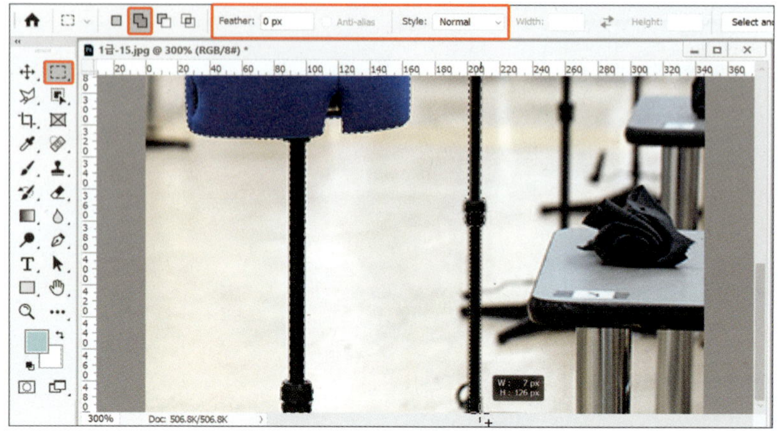

03 [Ctrl]+[C]로 복사하고 작업 이미지를 선택하여 [Ctrl]+[V]로 붙여넣기를 한 후, [Ctrl]+[T]를 눌러 크기를 축소 후 배치합니다.

04 Layers(레이어) 패널 하단의 'Add a layer style(레이어 스타일 추가, [fx.])'을 클릭하여 [Bevel & Emboss(경사와 엠보스)]를 선택하고 'Style(스타일) : Inner Bevel(내부 경사), Direction(방향) : Up(위로), Size(크기) : 8px'를 설정한 후 [OK(확인)]를 클릭합니다.

05 Quick Selection Tool(빠른 선택 도구, [✎])을 클릭하고 Options Bar(옵션 바)에서 Add to selection(선택 영역에 추가, [✎])을 설정한 후 브러시의 크기를 조절하고 드래그하여 왼쪽 마네킹의 몸통 부분을 선택합니다.

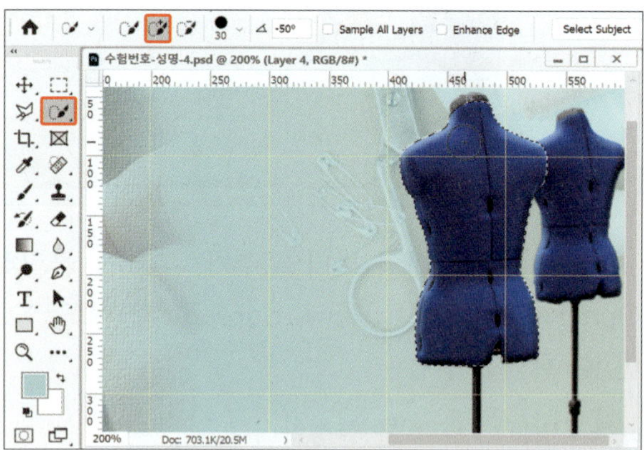

06 Layers(레이어) 패널 하단의 'Create new fill or adjustment layer(새 칠 또는 조정 레이어 생성, [◑])'를 클릭하고 [Hue/Saturation(색조/채도)]을 선택합니다. Properties(속성) 패널에서 'Colorize(색상화) : 체크, Hue(색조) : 18, Saturation(채도) : 65, Lightness(명도) : 28'로 설정하여 주황색 계열로 색상을 보정합니다.

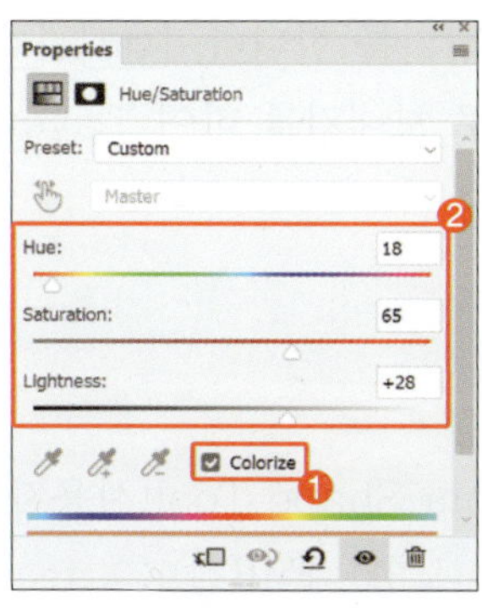

07 [File(파일)]-[Open(열기)]을 선택하여 1급-16.jpg를 불러옵니다. Polygonal Lasso Tool(다각형 올가미 도구, ▷)을 클릭하고 Options Bar(옵션 바)에서 'New Selection(새 선택 영역, ▣), Feather(페더) : 0px, Anti-alias(앤티 앨리어스) : 체크'를 설정하고 이미지의 가장자리 모양을 따라 클릭하여 선택합니다.

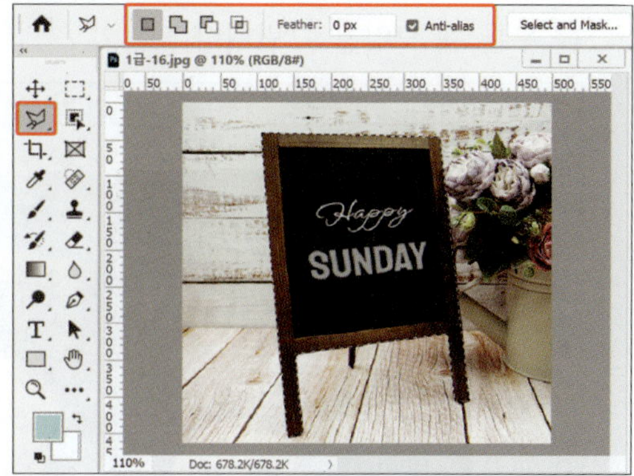

08 Ctrl+C를 눌러 복사 후 작업 이미지를 선택하고 Ctrl+V로 붙여넣기를 합니다. Ctrl+T를 눌러 크기를 축소하고 회전하여 배치합니다. Ctrl+[를 여러 번 눌러 뒤로 보내기를 하여 'Layer 3' 레이어 아래쪽으로 배치합니다.

09 [Filter(필터)]-[Filter Gallery(필터 갤러리)]-[Artistic(예술 효과)]-[Film Grain(필름 그레인)]을 선택합니다.

10 Layers(레이어) 패널 하단의 'Add a layer style(레이어 스타일 추가, fx.)'을 클릭하여 [Drop Shadow(그림자)]를 선택하고 'Opacity(불투명도) : 75%, Angle(각도) : 120°, Distance(거리) : 7px, Size(크기) : 7px'를 설정한 후 [OK(확인)]를 클릭합니다.

11 [File(파일)]-[Open(열기)]을 선택하여 1급-17.jpg를 불러온 후 Quick Selection Tool(빠른 선택 도구, ◢)을 클릭하고 Options Bar(옵션 바)에서 'Add to selection(선택 영역에 추가, ◢)'을 설정한 후 브러시의 크기를 조절하며 드래그하여 선택합니다.

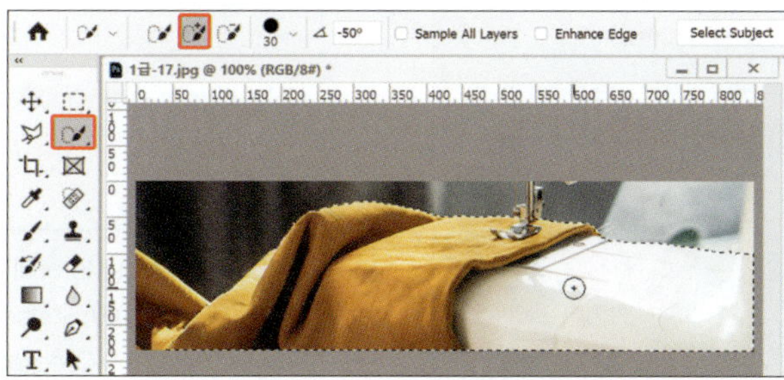

12 Ctrl+C 로 복사하고 작업 이미지를 클릭한 후 Ctrl+V 로 붙여넣기를 합니다. Ctrl+T 로 Shift 를 누른 채 크기를 축소하여 배치한 후 Ctrl+[를 눌러 뒤로 보내기를 하여 'Layer 5' 레이어 아래쪽으로 배치합니다.

04 모양 생성 및 변형, 레이어 스타일 적용

01 Layers(레이어) 패널에서 'Layer 3' 레이어를 선택합니다. Custom Shape Tool(사용자 정의 모양 도구, ☒)을 클릭하고 Options Bar(옵션 바)에서 'Shape(모양), Fill(칠) : #ffcc33, Stroke(획) : No Color(색상 없음), Shape(모양) : Smile 2(미소 2, ☻)'로 설정한 후 Shift 를 누른 채 모양을 그립니다.

Shape 경로

[Legacy Shapes and More(레거시 모양 및 기타)]–[2019 Shapes (2019 모양)]–[Emoticons(이모티콘)]

02 Ctrl+T 를 누르고 Options Bar(옵션 바)에서 'Rotate(회전, △) : 15°'를 입력하고 Enter 를 눌러 회전을 적용합니다.

03 Layers(레이어) 패널 하단의 'Add a layer style(레이어 스타일 추가, fx.)'을 클릭하여 [Drop Shadow(그림자)]를 선택하고 'Opacity(불투명도) : 75%, Angle(각도) : 120°, Distance(거리) : 5px, Size(크기) : 5px'를 설정한 후 [OK(확인)]를 클릭합니다.

04 Custom Shape Tool(사용자 정의 모양 도구, ☒)을 클릭하고 Options Bar(옵션 바)에서 'Shape(모양), Fill(칠) : #6699cc, Stroke(획) : No Color(색상 없음), Shape(모양) : Checker king 2(체커 킹 2, ◉)'로 설정한 후 Shift 를 누른 채 드래그하여 모양을 그립니다.

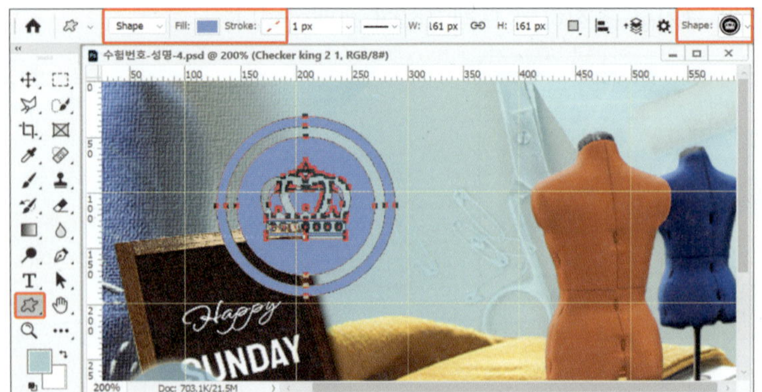

Shape 경로

[Legacy Shapes and More(레거시 모양 및 기타)]–[2019 Shapes (2019 모양)]–[Chess and Checkers (체스 및 체커)]

05 Layers(레이어) 패널 하단의 'Add a layer style(레이어 스타일 추가, *fx.*)'을 클릭하여 [Inner Shadow(내부 그림자)]를 선택하고 'Opacity(불투명도) : 75%, Angle(각도) : 120°, Distance(거리) : 6px, Size(크기) : 6px'를 설정한 후 [OK(확인)]를 클릭합니다.

06 Layers(레이어) 패널 상단의 'Opacity(불투명도) : 50%'를 설정한 후 'Checker king 2 1' 레이어를 'Layer 5' 레이어의 아래쪽으로 배치합니다.

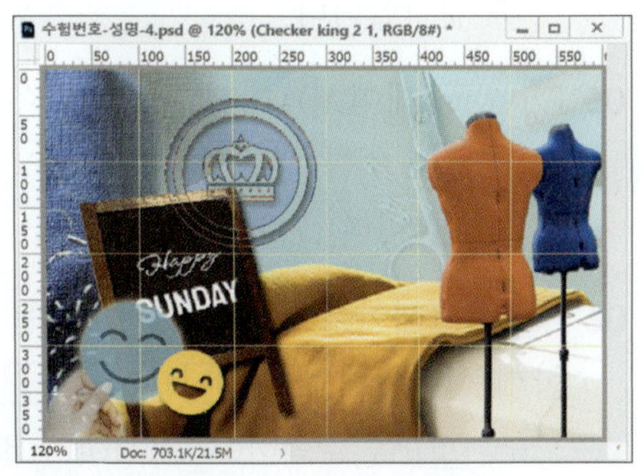

⑤ 메뉴 버튼 만들기

01 Custom Shape Tool(사용자 정의 모양 도구, *⚐*)을 클릭하고 Options Bar(옵션 바)에서 'Shape(모양), Fill(칠) : 임의 색상, Stroke(획) : No Color(색상 없음), Shape(모양) : Talk 9(대화 9, ▬)'를 설정합니다. 작업 이미지를 클릭하여 'Width(폭) : 97px(픽셀), Height(높이) : 43px(픽셀)'을 설정하고 [OK(확인)]를 클릭한 후 모양을 그려 상단에 배치합니다.

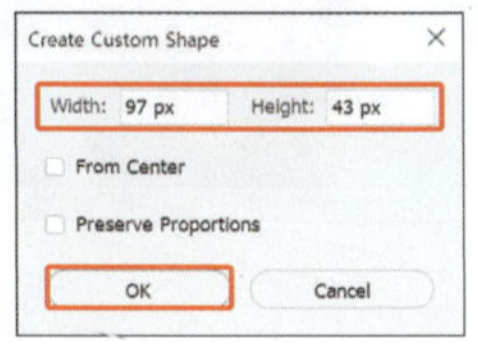

◎ Shape 경로

[Legacy Shapes and More(레거시 모양 및 기타)]–[All Legacy Default Shapes(모든 레거시 기본 모양)]–[Talk Bubbles(말풍선)]

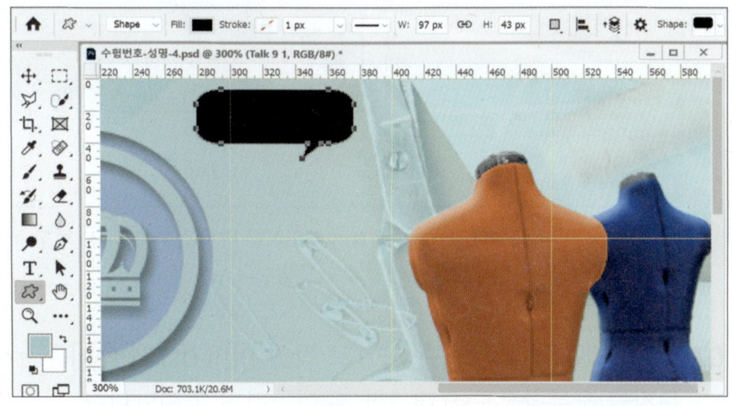

02 Layers(레이어) 패널 하단의 'Add a layer style(레이어 스타일 추가, *fx.*)'을 클릭하여 [Stroke(획)]를 선택하고 'Size(크기) : 2px, Color(색상) : #669999'로 설정합니다.

03 계속해서 [Gradient Overlay(그레이디언트 오버레이)]를 선택하고 'Click to edit the gradient(클릭하여 그레이디언트 편집)'를 클릭합니다. 그레이디언트 슬라이더 왼쪽 하단의 'Color Stop(색상 정지점)'을 더블 클릭하여 #ccffff를, 오른쪽 'Color Stop(색상 정지점)'을 더블 클릭하여 #cccccc로 설정한 후 'Style(스타일) : Linear(선형), Angle(각도) : 0°'로 설정하고 [OK(확인)]를 클릭합니다.

04 Horizontal Type Tool(수평 문자 도구, T)로 작업 이미지를 클릭하고 Options Bar(옵션 바)에서 'Font(글꼴) : 돋움, Set font size(글꼴 크기) : 15pt, Set anti-aliasing method (앤티 앨리어싱 방법 설정) : Strong(강하게), Color(색상) : #000000'으로 설정한 후 '강좌소개'를 입력합니다.

05 Layers(레이어) 패널 하단의 'Add a layer style(레이어 스타일 추가, fx.)'을 클릭하여 [Stroke(획)]를 선택하고 'Size(크기) : 2px, Color(색상) : #33cccc'로 설정한 후 [OK(확인)]를 클릭합니다.

06 Layers(레이어) 패널에서 Shift 를 누른 채 'Talk 9 1' 레이어와 '강좌소개' 레이어를 클릭하여 함께 선택합니다. Shift + Ctrl +] 를 눌러 맨 앞으로 레이어를 배치합니다. Move Tool(이동 도구, ✛)을 클릭하고 Options Bar(옵션 바)에서 'Align horizontal centers(수평 중앙 맞춤, ✛)'를 눌러 레이어 2개의 정렬을 지정합니다.

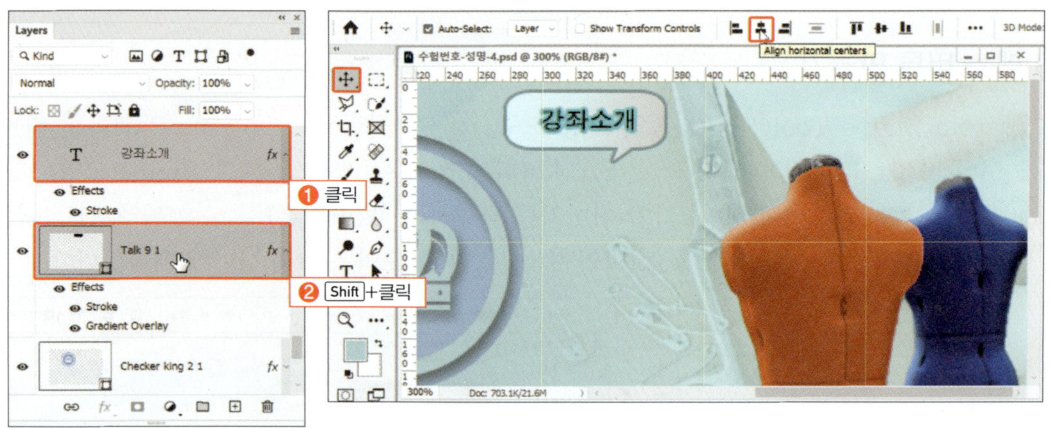

Layers(레이어) 패널에서 Shift 를 눌러 레이어를 다중 선택하고 Move Tool(이동 도구, ✛)의 Options Bar(옵션 바)에서 정렬과 배분을 맞춰서 버튼을 배치할 수 있습니다.

07 'Move Tool(이동 도구, ✛)'로 작업 이미지에서 Alt 를 누른 채 'Talk 9 1' 모양과 '강좌소개' 문자를 오른쪽으로 드래그한 후 이동하며 복제합니다.

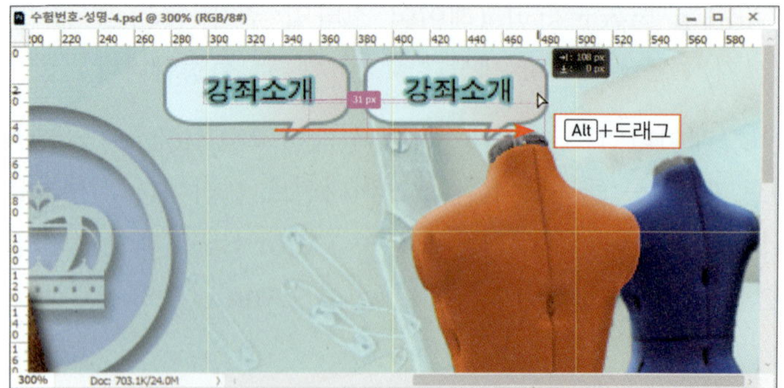

Move Tool(이동 도구, ✛)로 Alt 를 누르고 드래그하여 복제할 때 Shift 를 동시에 누르면 반듯하게 이동하며 복제할 수 있습니다.

08 같은 방법으로 3번째 버튼의 모양을 만듭니다. Layers(레이어) 패널에서 'Talk 9 1 copy' 레이어에 적용된 [Effects(효과)] 중에 [Stroke(획)]를 더블 클릭하고 'Color(색상) : #cc9999'로 설정한 후 [OK(확인)]를 클릭합니다.

09 Horizontal Type Tool(수평 문자 도구, [T])로 문자를 각각 드래그하여 '작품샘플, 커뮤니티'로 수정합니다.

10 Layers(레이어) 패널에서 '작품샘플' 문자 레이어에 적용된 [Effects(효과)]의 [Stroke(획)]를 더블 클릭하고 'Color(색상) : #cccc99'로 설정한 후 [OK(확인)]를 클릭합니다.

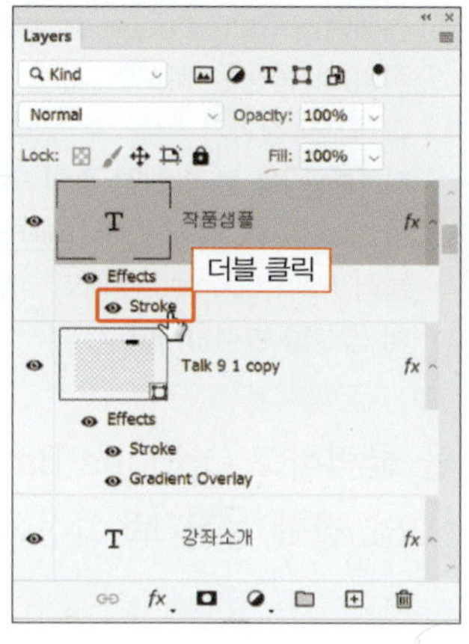
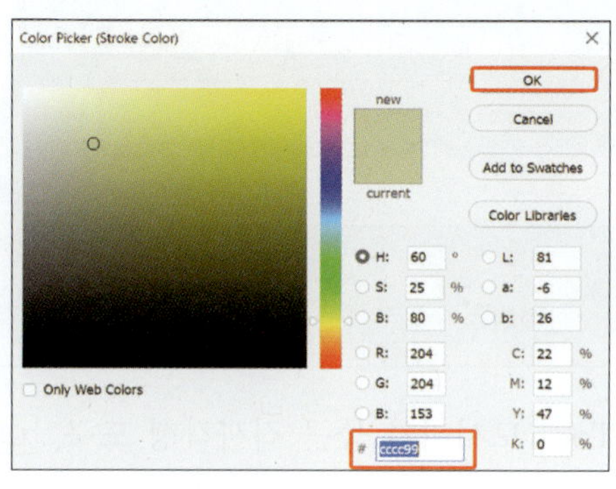

06 펜 도구 작업 및 레이어 스타일 적용

01 Layers(레이어) 패널에서 'Hue/Saturation 1' 레이어를 선택합니다.

02 Rounded Rectangle Tool(모서리가 둥근 직사각형 도구, [○])을 클릭하고 Options Bar(옵션 바)에서 'Shape(모양), Fill(칠) : 임의 색상, Stroke(획) : No Color(색상 없음), Path operations(패스 작업) : New Layer(새 레이어, [■]), Radius(반경) : 8px'로 설정한 후 드래그하여 둥근 사각형 모양을 그립니다.

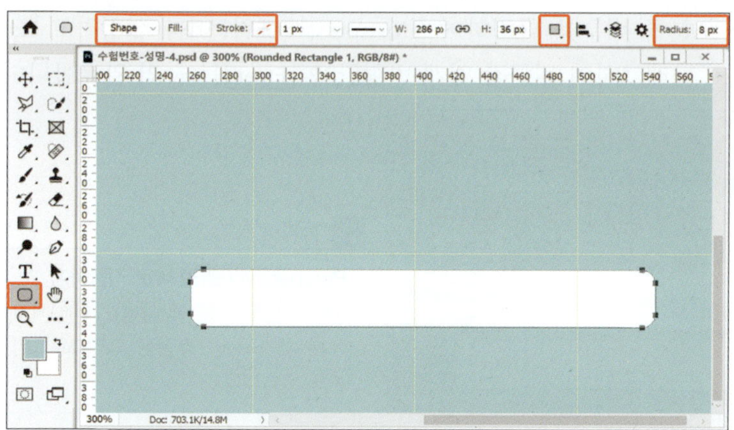

기적의 TIP

모양의 명확한 구별을 위해 Layers(레이어) 패널에서 하단 레이어의 가시성(눈 아이콘)을 끄고 작업을 진행합니다. 모양 작업이 완료되면 하단 레이어의 눈 아이콘을 다시 클릭합니다.

03 계속해서 Options Bar(옵션 바)에서 'Shape(모양), Fill(칠) : 임의 색상, Stroke(획) : No Color(색상 없음), Path operations(패스 작업) : Subtract Front Shape(전면 모양 빼기, ⬜), Radius(반경) : 6px'로 설정한 후 드래그하여 둥근 사각형 모양의 상단과 겹치도록 그립니다.

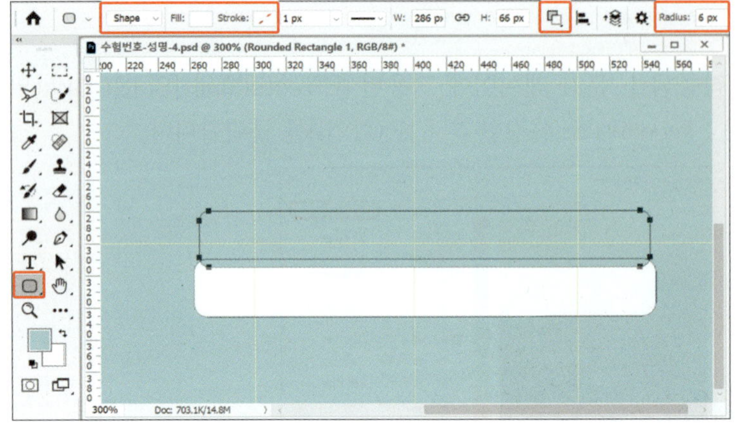

04 Rounded Rectangle Tool(모서리가 둥근 직사각형 도구, ⬜)을 클릭하고 Options Bar(옵션 바)에서 'Path operations(패스 작업) : Combine Shapes(모양 결합, ⬜)'로 설정한 후 드래그하여 크기가 다른 둥근 사각형을 상단에 그립니다.

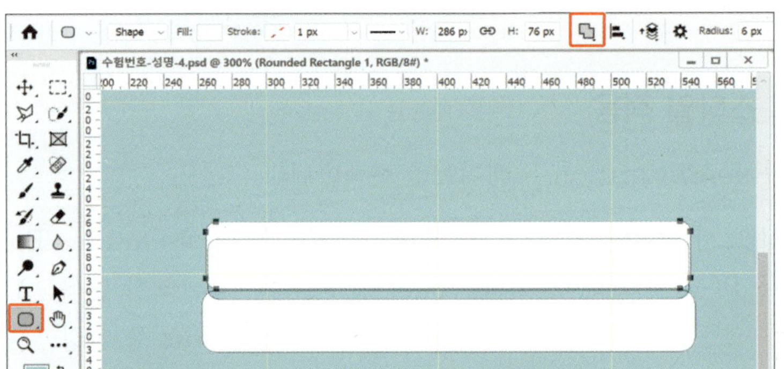

05 Ctrl + T 를 누르고 마우스 오른쪽 버튼을 클릭하여 [Perspective(원근)]를 설정하고 조절점의 상단 모서리점을 안쪽으로 드래그하여 원근감 있게 변형한 후 Enter 를 눌러 완료합니다.

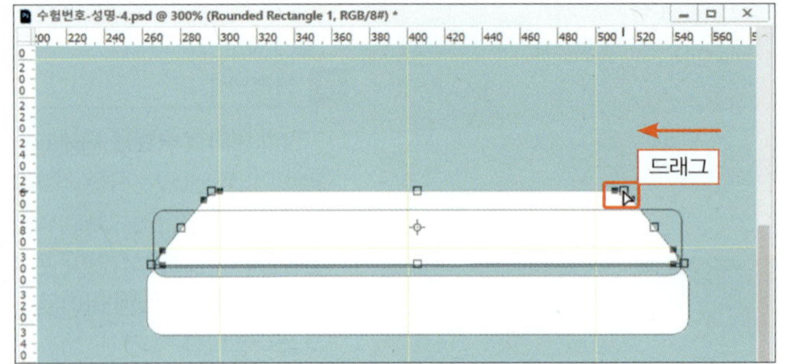

06 Ellipse Tool(타원 도구, ◎)을 클릭하고 Options Bar(옵션 바)에서 'Shape(모양), Fill(칠) : 임의 색상, Stroke(획) : No Color(색상 없음), Path operations(패스 작업) : Subtract Front Shape(전면 모양 빼기, ⬚)'로 설정한 후 드래그하여 오른쪽 상단에 타원형 모양을 겹치도록 그립니다.

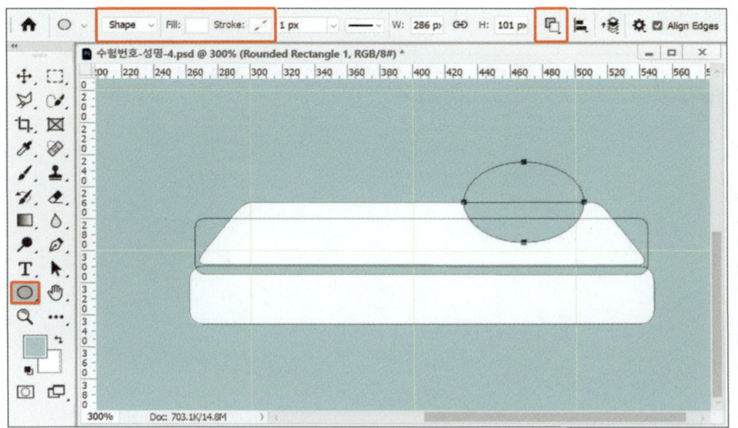

07 Options Bar(옵션 바)에서 'Path operations(패스 작업) : Merge Shape Components(모양 병합 구성 요소, ⬚)'를 클릭하여 모양을 하나로 병합하고 Enter 를 눌러 패스 작업을 완료합니다.

08 Layers(레이어) 패널에서 'Rounded Rectangle 1' 레이어의 'Layer thumbnail(레이어 축소판)'을 더블 클릭하여 'Color(색상) : #cccc99'로 변경합니다. 레이어의 이름을 더블 클릭하여 'path 1'로 변경합니다.

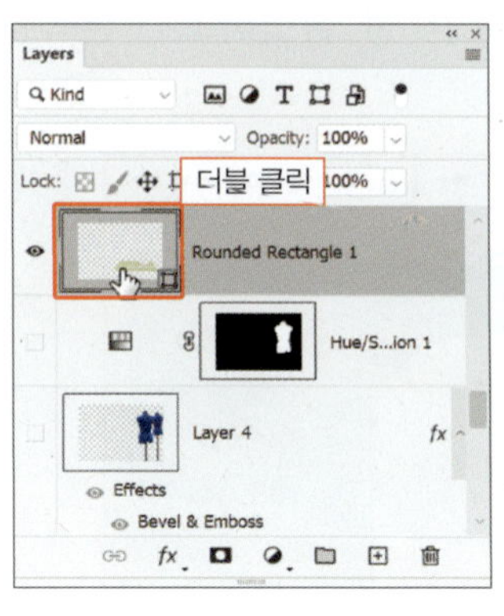

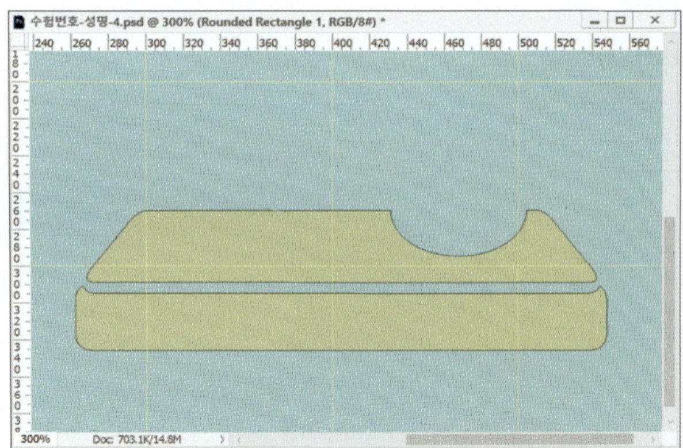

09 Layers(레이어) 패널 하단의 'Add a layer style(레이어 스타일 추가, fx.)'을 클릭하여 [Drop Shadow(그림자 효과)]를 선택하고 'Opacity(불투명도) : 75%, Angle(각도) : 120°, Distance(거리) : 5px, Size(크기) : 5px'를 설정한 후 [OK(확인)]를 클릭합니다.

10 Rounded Rectangle Tool(모서리가 둥근 직사각형 도구, ▢)을 클릭하고 Options Bar(옵션 바)에서 'Shape(모양), Fill(칠) : 임의 색상, Stroke(획) : No Color(색상 없음), Path operations(패스 작업) : New Layer(새 레이어, ▣), Radius(반경) : 40px'로 설정합니다. 작업 이미지를 클릭한 후 'Width(폭) : 215px(픽셀), Height(높이) : 82px(픽셀)'을 설정한 후 [OK(확인)]를 클릭하여 모양을 그립니다.

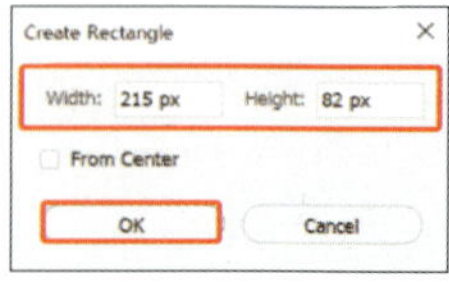
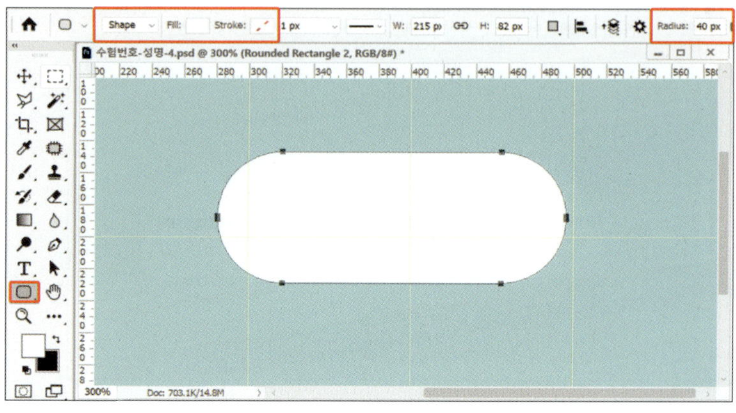

모양을 그린 후 크기 및 세부 옵션 수정하기

Properties(속성) 패널에서 Width(폭), Height(높이), Radius(반경)를 각각 수정할 수 있습니다.

11 계속해서 Options Bar(옵션 바)에서 'Path operations(패스 작업) : Combine Shapes(모양 결합, ▣), Radius(반경) : 15px'로 설정합니다. 작업 이미지를 클릭한 후 'Width(폭) : 57px(픽셀), Height(높이) : 120px(픽셀)'을 설정한 후 [OK(확인)]를 클릭하고 오른쪽에 겹치도록 배치합니다.

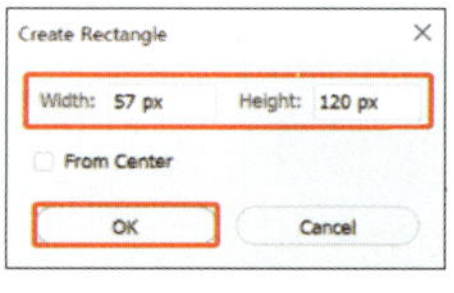
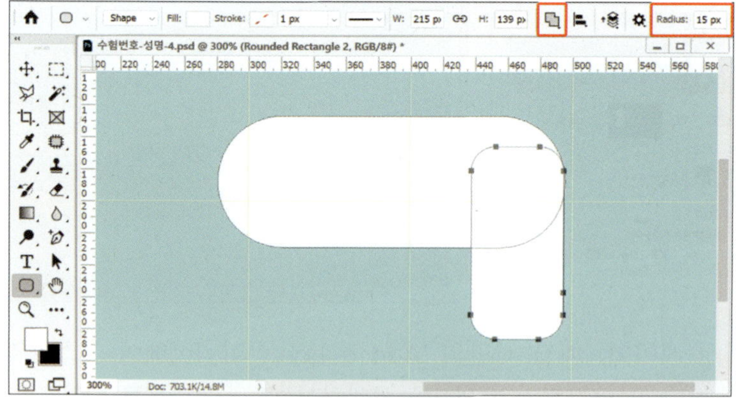

12 Options Bar(옵션 바)에서 'Shape(모양), Path operations(패스 작업) : Subtract Front Shape(전면 모양 빼기, ▣), Radius(반경) : 30px'로 설정합니다. 작업 이미지를 클릭하여 'Width(폭) : 120px(픽셀), Height(높이) : 68px(픽셀)'을 설정한 후 [OK(확인)]를 클릭하고 하단에 겹치도록 배치합니다.

13 Ctrl + T 를 누르고 시계 방향으로 회전하여 변형한 후 Enter 를 눌러 배치합니다.

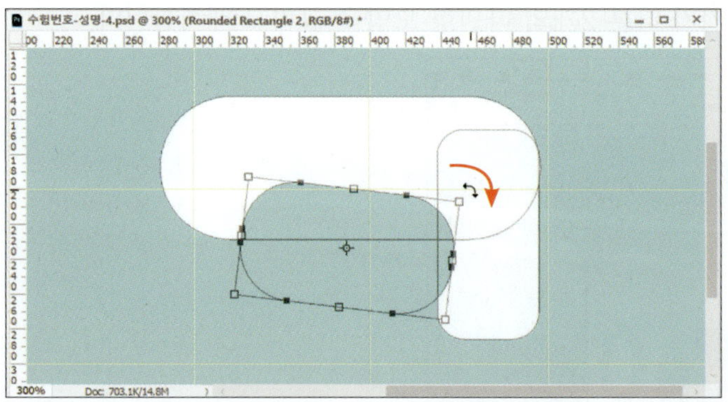

14 Rectangle Tool(사각형 도구, □)을 클릭하고 Options Bar(옵션 바)에서 'Shape(모양), Fill(칠) : 임의 색상, Stroke(획) : No Color(색상 없음), Path operations(패스 작업) : Subtract Front Shape(전면 모양 빼기, □)'로 설정한 후 상단의 둥근 사각형 왼쪽과 겹치도록 드래그하여 모양을 정리합니다.

15 Ellipse Tool(타원 도구, ○)을 클릭하고 Options Bar(옵션 바)에서 'Shape(모양), Fill(칠) : 임의 색상, Stroke(획) : No Color(색상 없음), Path operations(패스 작업) : Subtract Front Shape(전면 모양 빼기, □)'로 설정합니다. 작업 이미지를 클릭한 후 'Width(폭) : 153px(픽셀), Height(높이) : 87px(픽셀)'을 설정한 후 [OK(확인)]를 클릭하고 상단에 겹치도록 배치합니다.

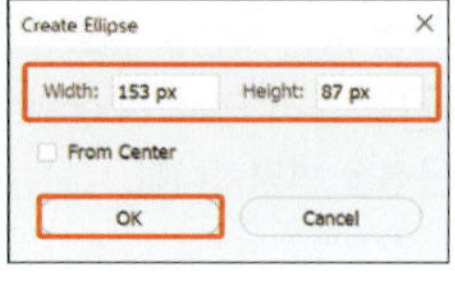
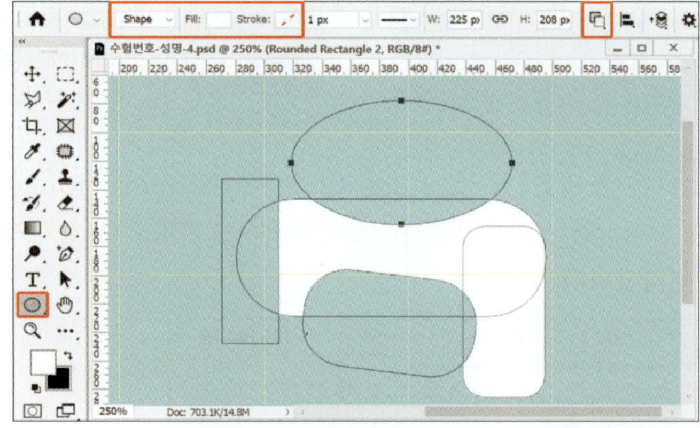

16 계속해서 Ellipse Tool(타원 도구, ○)로 드래그하여 오른쪽 하단에 크기가 작은 타원을 겹치도록 배치합니다.

17 Options Bar(옵션 바)에서 'Shape(모양), Path operations(패스 작업) : Combine Shapes (모양 결합, ⬚)'로 설정한 후 크기가 다른 2개의 타원형 모양을 그리고 배치합니다.

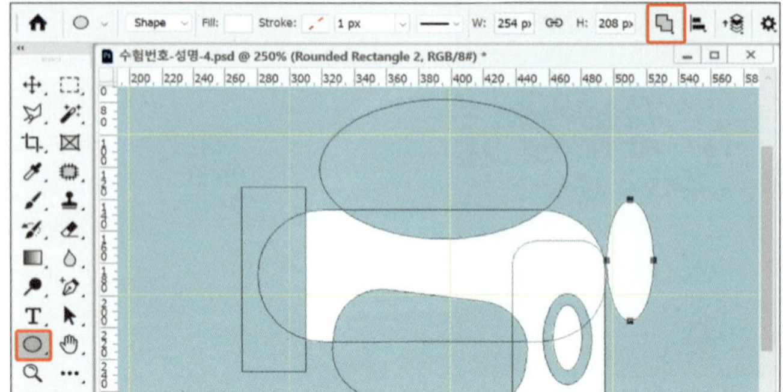

18 Options Bar(옵션 바)에서 'Shape(모양), Path operations(패스 작업) : Subtract Front Shape(전면 모양 빼기, ⬚)'로 설정한 후 드래그하여 크기가 작은 타원형 모양을 오른쪽 타원형과 겹치도록 배치합니다.

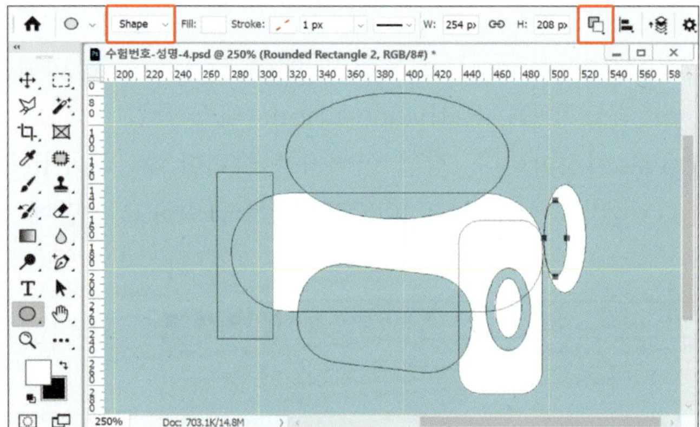

> **기적의 TIP**
>
> 작업 중인 Shape(모양)가 선택된 상태에서 Path operations(패스 작업)의 옵션을 바꾸면 지시와 다른 결과가 나올 수 있습니다. Enter 를 눌러 작업 중인 모양을 완료한 후, 다시 한번 Enter 를 눌러 Path operations (패스 작업)의 옵션을 변경합니다.

19 Options Bar(옵션 바)에서 'Shape(모양), Path operations(패스 작업) : Combine Shapes(모양 결합, ⬚)'로 설정한 후 드래그하여 크기가 작은 2개의 타원형과 1개의 정원 모양을 그려서 배치합니다.

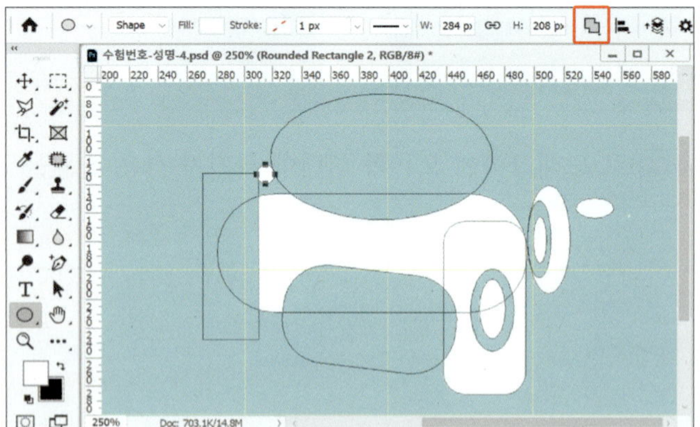

> **기적의 TIP**
>
> Shift 를 누른 채 드래그하면 정원 모양을 그릴 수 있습니다.

20 Rectangle Tool(사각형 도구, ▭)을 클릭하고 Options Bar(옵션 바)에서 'Shape(모양), Fill(칠) : 임의 색상, Stroke(획) : No Color(색상 없음), Path operations(패스 작업) : Combine Shapes(모양 결합, ⬚)'로 설정한 후 크기가 다른 4개의 사각형 모양을 그리고 배치합니다.

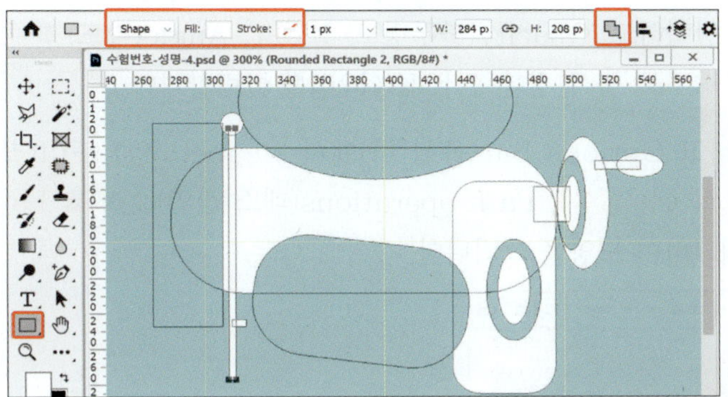

21 Rounded Rectangle Tool(모서리가 둥근 직사각형 도구, ▢)을 클릭하고 Options Bar(옵션 바)에서 'Shape(모양), Path operations(패스 작업) : Combine Shapes(모양 결합, ⬚)'로 설정한 후 드래그하여 크기가 다른 2개의 둥근 사각형 모양을 그리고 배치합니다.

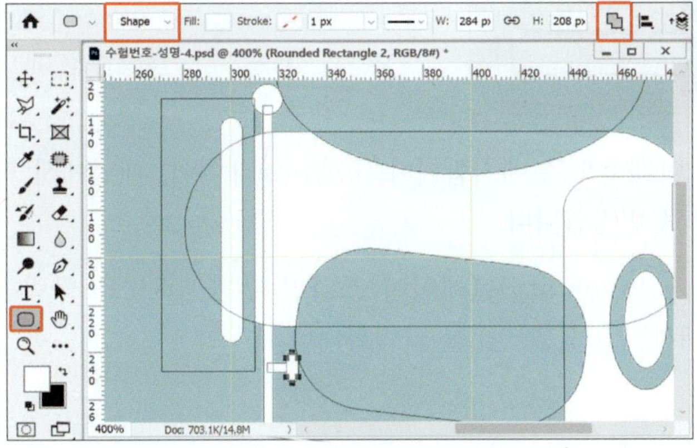

22 Options Bar(옵션 바)에서 'Path operations(패스 작업) : Merge Shape Components(모양 병합 구성 요소, ⬚)'를 클릭하여 모양을 하나로 병합합니다.

23 Direct Selection Tool(직접 선택 도구, ▶)을 눌러 사각형 하단의 오른쪽 기준점을 클릭하여 선택한 후 상단으로 이동하여 모양을 수정합니다. 계속해서 오른쪽 하단의 기준점을 클릭하여 선택하고 곡선의 핸들을 조절하여 모양을 수정합니다.

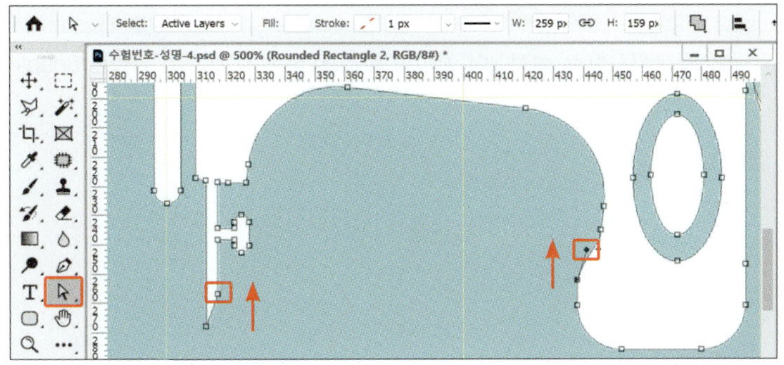

24 Layers(레이어) 패널에서 'Rounded Rectangle 2' 레이어의 'Layer thumbnail(레이어 축소판)'을 더블 클릭하여 'Color(색상) : #ffffcc'로 변경합니다. 레이어의 이름을 더블 클릭하여 path 2로 변경합니다.

25 Layers(레이어) 패널 하단의 'Add a layer style(레이어 스타일 추가, *fx.*)'을 클릭하여 [Drop Shadow(그림자 효과)]를 선택하고 'Opacity(불투명도) : 75%, Angle(각도) : 120°, Distance(거리) : 5px, Size(크기) : 5px'를 설정한 후 [OK(확인)]를 클릭합니다.

26 Pen Tool(펜 도구, *⌀*)을 클릭하고 Options Bar(옵션 바)에서 'Shape(모양), Fill(칠) : #330000, Stroke(획) : No Color(색상 없음), Path operations(패스 작업) : New Layer (새 레이어, ■)'로 설정한 후 드래그하여 모양을 그립니다.

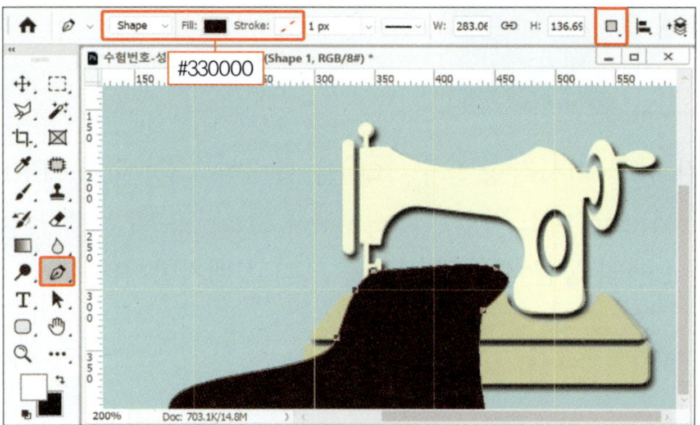

27 Ctrl+[를 눌러 'path 2' 레이어의 아래쪽으로 배치합니다. Layers(레이어) 패널에서 레이어의 이름을 더블 클릭하여 path 3으로 변경합니다.

28 Layers(레이어) 패널 하단의 'Add a layer style(레이어 스타일 추가, *fx.*)'을 클릭하여 [Drop Shadow(그림자 효과)]를 선택하고 [OK(확인)]를 클릭합니다.

07 패턴 정의와 적용 및 클리핑 마스크 적용

01 [File(파일)]-[New(새로 만들기)](Ctrl+N)를 선택하고 'Width(폭) : 40Pixels(픽셀), Height(높이) : 40Pixels(픽셀), Resolution(해상도) : 72Pixels/Inch(픽셀/인치), Color Mode(색상 모드) : RGB Color(RGB 색상), 8bits(비트), Background Contents(배경 내용) : Transparent(투명)'로 설정하여 새 작업 이미지를 만듭니다.

> **⊞ 기적의 TIP**
>
> Background Contents(배경 내용)를 'Transparent(투명)'로 설정해야 클리핑 마스크 적용 시 펜으로 작업한 Shape(모양)의 설정 색상이 보입니다.

02 Custom Shape Tool(사용자 정의 모양 도구, ⟨⟩)을 클릭하고 Options Bar(옵션 바)에서 'Shape(모양), Fill(칠) : #cc9966, Stroke(획) : No Color(색상 없음), Shape(모양) : Cat(고 양이, ⟨⟩)'로 설정한 후 Shift 를 누른 채 드래그하여 모양을 그립니다.

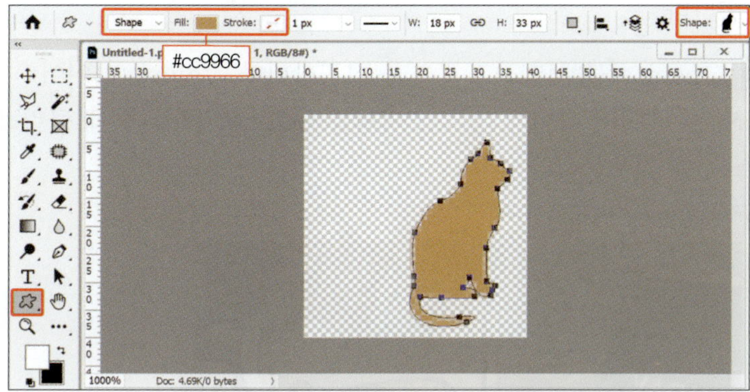

Shape 경로

[Legacy Shapes and More(레 거시 모양 및 기타)]–[All Legacy Default Shapes(모든 레거시 기본 모양)]–[Animals(동물)]

03 Custom Shape Tool(사용자 정의 모양 도구, ⟨⟩)을 클릭하고 Options Bar(옵션 바)에서 'Shape(모양), Fill(칠) : #99ccff, Stroke(획) : No Color(색상 없음), Shape(모양) : Heart Frame(하트 프레임, ♡)'으로 설정한 후 Shift 를 누른 채 드래그하여 모양을 그립니다.

Shape 경로

[Legacy Shapes and More(레거시 모양 및 기타)]–[All Legacy Default Shapes(모든 레거시 기본 모양)]–[Shapes(모양)]

04 Ctrl + T 를 누르고 Options Bar(옵션 바)에서 'Rotate(회전, ⟨⟩) : −30°'를 입력하고 Enter 를 눌러 반시계 방향으로 회전한 후 배치합니다.

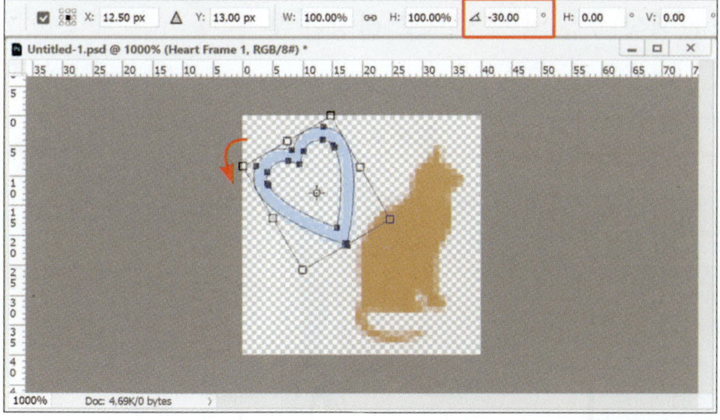

05 [Edit(편집)]–[Define Pattern(패턴 정의)]을 선택하고 'Name(이름) : 고양이와 하트'로 설 정한 후 패턴을 등록합니다.

06 작업 이미지를 선택하고 Layers(레이어) 패널에서 'path 3' 레이어를 선택합니다. 패널 하단 의 'Create a new layer(새 레이어 만들기, ⊞)'를 클릭하여 'path 3' 레이어의 위쪽에 새 레 이어를 추가하고 이름을 'pattern'으로 설정합니다.

07 Layers(레이어) 패널의 'pattern' 레이어를 선택합니다. [Edit(편집)]−[Fill(칠)]을 선택하고 'Contents(내용) : Pattern(패턴), Custom Pattern(사용자 정의 패턴) : 고양이와 하트, Mode(모드) : Normal(표준), Opacity(불투명도) : 100%, Preserve Transparency(투명도 유지) : 체크 해제'로 설정합니다.

08 Layers(레이어) 패널 상단의 'Opacity(불투명도) : 70%'를 설정합니다. Layers(레이어) 패널에서 'path 3' 레이어와 'pattern' 레이어 사이에 마우스 커서를 놓고 Alt 를 누른 채 클릭하여 Clipping Mask(클리핑 마스크)를 적용합니다.

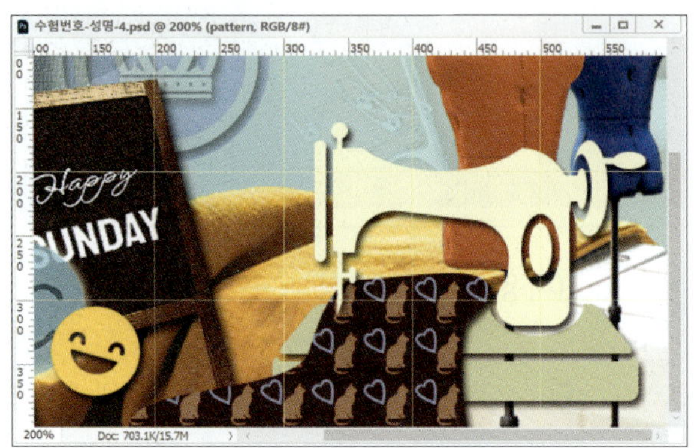

08 문자 입력과 왜곡 및 레이어 스타일 적용

01 Horizontal Type Tool(수평 문자 도구, T)로 작업 이미지를 클릭하고 Options Bar(옵션 바)에서 'Font(글꼴) : Times New Roman, Set font style(글꼴 스타일 설정) : Bold, Set font size(글꼴 크기) : 45pt, Color(색상) : 임의 색상'으로 설정한 후 'Sewing Basic Class'를 입력합니다.

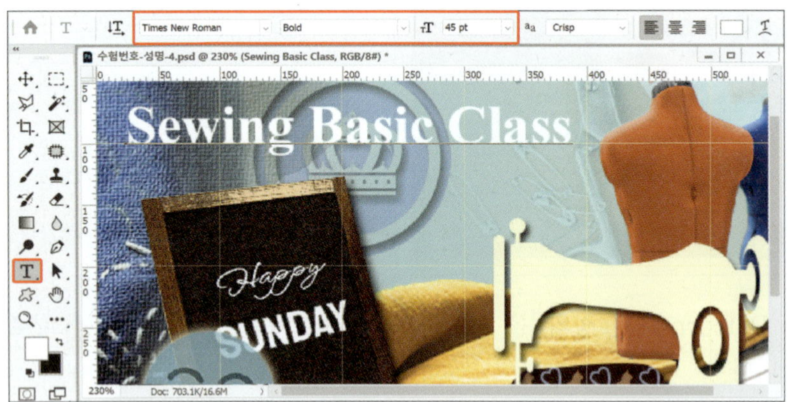

02 Options Bar(옵션 바)에서 Create warped text(뒤틀어진 텍스트 만들기, ⌐)를 클릭하여 [Warp Text(텍스트 뒤틀기)] 대화상자에서 'Style(스타일) : Rise(상승), Horizontal(가로) : 체크, Bend(구부리기) : −60%, Horizontal Distortion(가로 왜곡) : −50%'를 설정하여 문자의 모양을 왜곡합니다.

03 Layers(레이어) 패널 하단에 'Add a layer style(레이어 스타일 추가, *fx*)'을 클릭하여 [Stroke(획)]를 선택하고 'Size(크기) : 2px, Color(색상) : #cccccc'로 설정합니다. 계속해서 [Gradient Overlay(그레이디언트 오버레이)]를 선택하고 'Click to edit the gradient(클릭 하여 그레이디언트 편집)'를 클릭합니다.

04 그레이디언트 슬라이더 왼쪽 하단의 'Color Stop(색상 정지점)'을 더블 클릭하여 #ff6600을, 가운데 빈 곳을 클릭하여 'Color Stop(색상 정지점)'을 추가하고 더블 클릭하여 #333300, 오른쪽 'Color Stop(색상 정지점)'을 더블 클릭하여 #339966으로 설정한 후 'Style(스타일) : Linear(선형), Angle(각도) : 0°로 설정하고 [OK(확인)]를 클릭합니다.

05 Horizontal Type Tool(수평 문자 도구, T)로 작업 이미지를 클릭하고 Options Bar(옵션 바)에서 'Font(글꼴) : 바탕, Set font size(글꼴 크기) : 25pt, Set anti-aliasing method(앤티 앨리어싱 방법 설정) : Strong(강하게), Color(색상) : #ffcc33'으로 설정한 후 '재봉틀 배우기'를 입력합니다.

06 Horizontal Type Tool(수평 문자 도구, T)로 '배우기' 문자를 선택하고 Options Bar(옵션 바)에서 'Set font size(글꼴 크기) : 18pt'로 설정합니다.

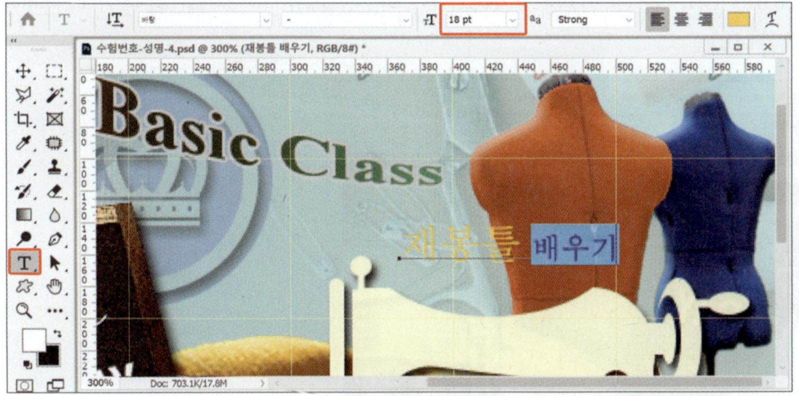

07 Options Bar(옵션 바)에서 Create warped text(뒤틀어진 텍스트 만들기, ⊥)를 클릭하여 [Warp Text(텍스트 뒤틀기)] 대화상자에서 'Style(스타일) : Arc(부채꼴), Horizontal(가로) : 체크, Bend(구부리기) : −30%'를 설정한 후 문자의 모양을 왜곡하고 배치합니다.

08 Layers(레이어) 패널 하단에 'Add a layer style(레이어 스타일 추가, *fx*)'을 클릭하여 [Stroke(획)]를 선택하고 'Size(크기) : 2px, Color(색상) : #993300'으로 설정한 후 [OK(확인)]를 클릭합니다.

09 Horizontal Type Tool(수평 문자 도구, T)로 작업 이미지를 클릭하고 Options Bar(옵션 바)에서 'Font(글꼴) : 바탕, Set font size(글꼴 크기) : 20pt, Set anti-aliasing method(앤티 앨리어싱 방법 설정) : Strong(강하게), Color(색상) : #cccccc'로 설정한 후 '일요특별강좌'를 입력합니다.

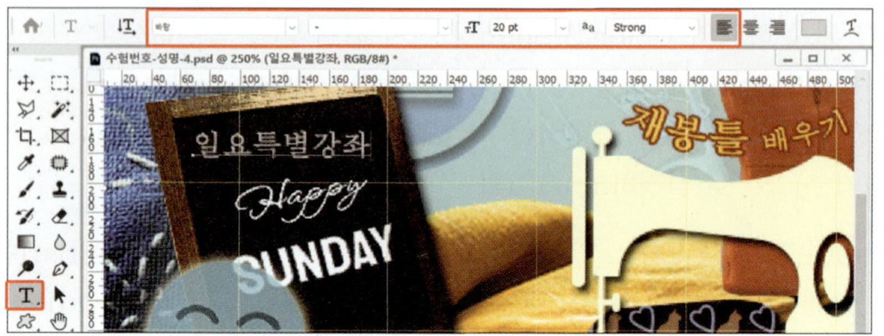

10 Layers(레이어) 패널 하단에 'Add a layer style(레이어 스타일 추가, fx.)'을 클릭하여 [Stroke(획)]를 선택하고 'Size(크기) : 2px, Color(색상) : #996633'으로 설정한 후 [OK(확인)]를 클릭합니다.

11 Ctrl + T 를 눌러 Options Bar(옵션 바)에서 'Rotate(회전, △) : −8°'를 입력하고 Enter 를 누른 후 회전하여 배치합니다.

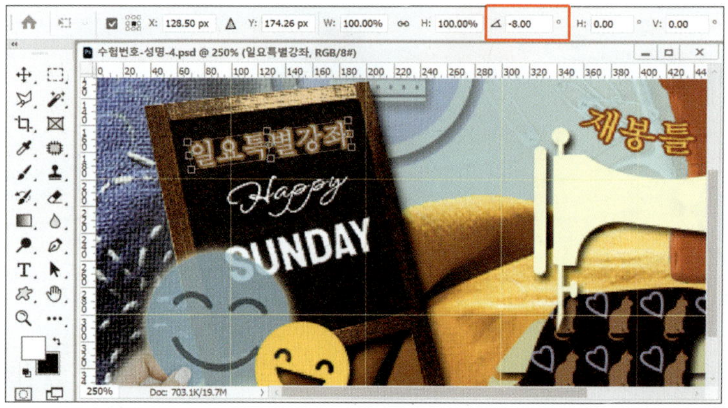

12 Ctrl + J 를 눌러 '일요특별강좌' 문자 레이어를 복사한 후, Move Tool(이동 도구, ⊹.)을 클릭하여 작업 이미지의 하단으로 이동하여 배치합니다.

> **기적의 TIP**
>
> Move Tool(이동 도구, ⊹.)로 Alt 를 누르고 드래그하여 이동하며 복제할 수도 있습니다.

13 Horizontal Type Tool(수평 문자 도구, T)로 '일요특별강좌' 문자를 더블 클릭하여 선택하고 '[신청하기]'로 수정합니다. Options Bar(옵션 바)에서 'Set font size(글꼴 크기) : 14pt'로 설정합니다.

14 [Ctrl]+[T]를 눌러 Options Bar(옵션 바)에서 'Rotate(회전, △) : −5°'를 입력하고 [Enter]를 눌러 회전을 적용하고 배치합니다. [Ctrl]+[S]를 눌러 파일을 저장합니다.

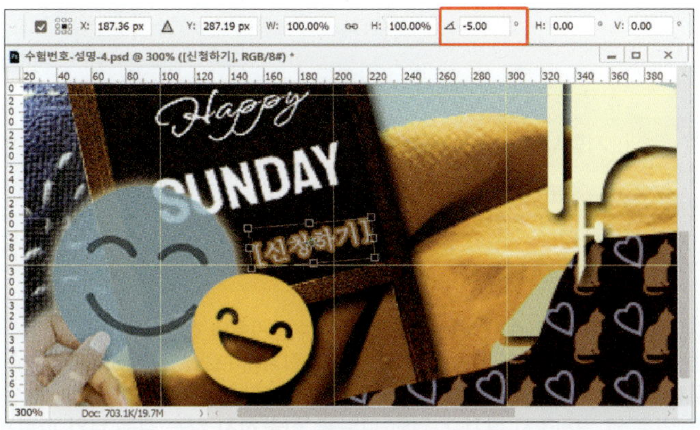

09 정답 파일 저장

01 [View(보기)]–[Show(표시)]–[Grid(격자)]([Ctrl]+['])를 선택하여 격자를 가립니다.

02 [File(파일)]–[Save As(다른 이름으로 저장)]([Shift]+[Ctrl]+[S])를 선택하여 '저장 위치 : 내 PCW문서WGTQ, 파일 형식 : JPEG(*.JPG;*.JPEG;*.JPE), 파일 이름 : 수험번호−성명−문제번호'를 입력하고 [저장]을 클릭한 후 [JPEG Options(JPEG 옵션)] 대화상자에서 'Quality(품질) : 8'로 설정한 후 [OK(확인)]를 클릭합니다.

03 [Image(이미지)]–[Image Size(이미지 크기)]([Alt]+[Ctrl]+[I])를 선택하고 'Constrain aspect ratio(종횡비 제한) : 클릭, Width(폭) : 60Pixels(픽셀), Height(높이) : 40Pixels(픽셀)'로 입력하여 이미지 크기를 1/10로 축소한 후 [OK(확인)]를 클릭합니다.

04 [File(파일)]–[Save As(다른 이름으로 저장)]([Shift]+[Ctrl]+[S])를 선택하고 '저장 위치 : 내 PCW문서WGTQ, 파일 형식 : Photoshop(*.PSD;*.PDD;*.PSDT), 파일 이름 : 수험번호−성명−문제번호'를 입력하고 [저장]을 클릭합니다.

05 답안 저장이 완료되면 [File(파일)]–[Exit(종료)]([Ctrl]+[Q])를 선택하여 프로그램을 종료하고 수험 프로그램에서 [답안 전송]을 클릭하여 감독관 컴퓨터로 psd와 jpg 파일을 전송합니다.

기출 유형 문제 03회

급수	문제유형	시험시간	수험번호	성명
1급	A	90분	G120260003	

수험자 유의사항

- 수험자는 문제지를 받는 즉시 응시하고자 하는 **과목 및 급수가 맞는지 확인**한 후 수험번호와 성명을 작성합니다.
- 파일명은 본인의 "수험번호–성명–문제번호"로 공백 없이 정확히 입력하고 답안폴더(내 PC\문서\GTQ)에 jpg 파일과 psd 파일의 2가지 포맷으로 저장해야 하며, jpg 파일과 psd 파일의 내용이 상이할 경우 0점 처리됩니다.
- 답안문서 파일명이 "수험번호–성명–문제번호"와 일치하지 않거나, 답안 파일을 '**전송**'하지 **않는 경우 답안 파일 미제출로 불합격 처리**됩니다. ※ 답안은 반드시 시험 시간 내에 전송을 완료해야 하며, 전송 시간을 충분히 감안하여 제출해 주시기 바랍니다. (공정한 평가를 위해, 시험종료 전 전송이 완료된 답안에 한해 채점이 진행됩니다.)
- 문제의 세부 조건은 '영문(한글)' 형식으로 표기되어 있으니 유의하시길 바랍니다.
- 수험자 정보와 저장한 파일명, 저장 위치가 다를 경우 전송이 되지 않으므로, 주의하시길 바랍니다.
- **답안 작성 중에도 주기적으로 '저장'과 '답안 전송'을 이용하여 감독위원 PC로 답안을 전송하셔야 합니다. (작업한 내용을 저장하지 않고 답안을 전송할 경우 이전의 저장 내용이 전송되오니 이점 반드시 유념하시기 바랍니다.)**
- **모든 수험자는 동일한(초기화 된) 환경에서 시험이 시작되며 '작업환경 설정'은 시험 시간 내에 진행합니다.** (시험 시작 전 '작업환경 설정' 불가, 소프트웨어 이상 유무만 확인)
- 답안문서는 지정된 경로 외의 다른 보조기억장치에 저장하는 행위, 지정된 시험 시간 외에 작성된 파일을 활용한 행위, 기타 허용되지 않은 기기 및 프로그램(이메일, 메신저, 게임, 네트워크, 윈도우계산기, 스톱워치 등) 이용 시 부정행위로 간주 되어 **자격기본법 제32조에 의거 본 시험 및 국가공인 자격시험을 2년간 응시할 수 없습니다.**
- 시험 종료 후 제출된 답안은 평가 및 검증을 위해 본부에서 보관되며, **시험의 공정성과 보안 유지를 위해 응시자에게 본인의 답안을 제공하는 것은 허용되지 않습니다.** 이 점 반드시 유의하시기 바랍니다.
- 시험 중 부주의 또는 고의로 시스템을 파손한 경우와 〈수험자 유의사항〉에 기재된 방법대로 이행하지 않아 생기는 불이익은 수험자의 책임임을 알려 드립니다. 또한 수험자는 시험 중 안전에 특히 유의하여야 하며, 시험장에서 소란을 피우거나 타인의 시험을 방해하는 자는 질서유지를 위해 시험을 중지시키고 시험장에서 퇴장 시킵니다.
- 시험을 완료한 수험자는 최종적으로 저장한 답안파일이 전송되었는지 확인한 후 감독위원의 지시에 따라 문제지를 제출하고 퇴실합니다.

답안 작성요령

- **온라인 답안 작성 절차**
  수험자 등록 ⇒ 시험 시작 ⇒ 답안파일 저장 ⇒ 답안 전송 ⇒ 시험 종료
- 내 PC\문서\GTQ\Image폴더에 있는 그림 원본파일을 사용하여 답안을 작성하시고 최종답안을 답안폴더(내 PC\문서\GTQ)에 저장하여 답안을 전송하시고, 이미지의 크기가 다른 경우 감점 처리됩니다.
- 배점은 총 100점으로 이루어지며, 점수는 각 문제별로 차등 배분됩니다.
- 각 문제는 주어진 〈조건〉에 따라 작성하고, 언급하지 않은 조건은 《출력형태》와 같이 작성합니다.
- **문제 〈조건〉과 《출력형태》에서 차이가 발생할 경우 문제에서 지정한 〈조건〉에 따라 작업해 주시기 바랍니다.**
- 배치 등의 편의를 위해 주어진 눈금자의 단위는 '픽셀'입니다.
  그 외는 출력형태(효과, 이미지, 문자, 색상, 레이아웃, 규격 등)와 같게 작업하십시오.
- 문제 〈조건〉에 서체의 지정이 없을 경우 한글은 굴림이나 돋움, 영문은 Arial로 작업하십시오.
  (단, 그 외에 제시되지 않은 문자 속성을 기본값으로 작성하지 않은 경우는 감점 처리됩니다.)
- Image Mode(이미지 모드)는 별도의 처리조건이 없을 시 RGB(8비트)로 작업하십시오.
- 모든 답안 파일은 해상도 72 pixels/inch로 작업하십시오.
- Layer(레이어)는 각 기능별로 분할해야 하며, 임의로 합칠 경우나 각 기능에 대한 속성을 해지할 경우 해당 요소는 0점 처리됩니다.

한 국 생 산 성 본 부

다음의 《조건》에 따라 아래의 《출력형태》와 같이 작업하시오.

조건

원본 이미지	PART04₩기출유형문제03회₩1급-1.jpg, 1급-2.jpg, 1급-3.jpg		
파일저장규칙	JPG	파일명	문서₩GTQ₩수험번호-성명-1.jpg
		크기	400×500 pixels
	PSD	파일명	문서₩GTQ₩수험번호-성명-1.psd
		크기	40×50 pixels

출력형태

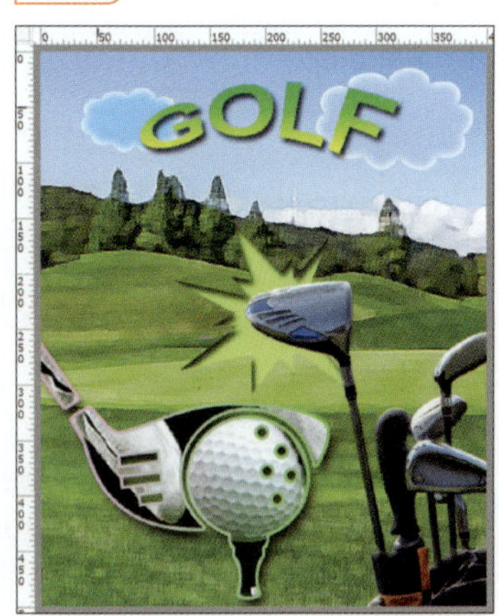

1. 그림 효과

① 1급-1.jpg : 필터 – Paint Daubs(페인트 덥스/페인트 바르기)
② Save Path(패스 저장) : 골프채와 골프공 모양
③ Mask(마스크) : 골프채와 골프공 모양, 1급-2.jpg를 이용하여 작성
   레이어 스타일 – Stroke(획)(3px, 그라디언트(#66ff66, #ff99ff)),
   Drop Shadow(그림자 효과)
④ 1급-3.jpg : 레이어 스타일 – Bevel and Emboss(경사와 엠보스)
⑤ Shape Tool(모양 도구) :
   – 폭발 모양(#ccff66, 레이어 스타일 – Inner Shadow(내부 그림자))
   – 구름 모양(#66ccff, #99ccff, 레이어 스타일 – Inner Glow(내부 광선))

2. 문자 효과

① GOLF(Arial, Bold, 65pt, 레이어 스타일 – 그라디언트 오버레이(#ffff00, #00cc33), Drop Shadow(그림자 효과))

다음의 《조건》에 따라 아래의 《출력형태》와 같이 작업하시오.

조건

원본 이미지	PART04₩기출유형문제03회₩1급-4.jpg, 1급-5.jpg, 1급-6.jpg		
파일저장규칙	JPG	파일명	문서₩GTQ₩수험번호-성명-2.jpg
		크기	400×500 pixels
	PSD	파일명	문서₩GTQ₩수험번호-성명-2.psd
		크기	40×50 pixels

출력형태

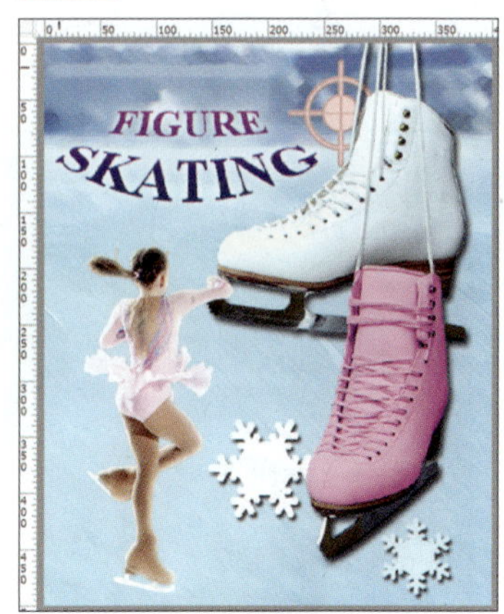

1. 그림 효과

① 1급-4.jpg : 필터 – Angled Strokes(각진 선)
② 색상 보정 : 1급-5.jpg – 보라색 계열로 보정
③ 1급-5.jpg : 레이어 스타일 – Drop Shadow(그림자 효과)
④ 1급-6.jpg : 레이어 스타일 – Inner Glow(내부 광선)
⑤ Shape Tool(모양 도구) :
   – 눈송이 모양(#ffffff, #ccffff, 레이어 스타일 – Drop Shadow(그림자 효과))
   – 타깃 모양(#ffcccc, 레이어 스타일 – Stroke(획)(2px, #cc9999))

2. 문자 효과

① FIGURE SKATING(Times New Roman, Bold, 33pt, 레이어 스타일 – 그라디언트 오버레이(#990099,
   #003366), Outer Glow(외부 광선))

▶ 합격 강의

다음의 《조건》에 따라 아래의 《출력형태》와 같이 작업하시오.

조건

원본 이미지	PART04₩기출유형문제03회₩1급-7.jpg, 1급-8.jpg, 1급-9.jpg, 1급-10.jpg, 1급-11.jpg		
파일저장규칙	JPG	파일명	문서₩GTQ₩수험번호-성명-3.jpg
		크기	600×400 pixels
	PSD	파일명	문서₩GTQ₩수험번호-성명-3.psd
		크기	60×40 pixels

1. 그림 효과

① 배경 : #66cccc
② 1급-7.jpg : Blending Mode(혼합 모드) – Soft Light(소프트 라이트), Opacity(불투명도)(70%)
③ 1급-8.jpg : 필터 – Texturizer(텍스처화), 레이어 마스크 – 가로 방향으로 흐릿하게
④ 1급-9.jpg : 필터 – Wind(바람), 레이어 스타일 – Inner Glow(내부 광선)
⑤ 1급-10.jpg : 레이어 스타일 – Stroke(획)(3px, 그라디언트(#ff99ff, #663333), Drop Shadow(그림자 효과))
⑥ 1급-11.jpg : 색상 보정 – 빨간색 계열로 보정, 레이어 스타일 – Outer Glow(외부 광선)
⑦ 그 외 《출력형태》 참조

2. 문자 효과

① 즐거운 스포츠 교실 (돋움, 42pt, 60pt, 레이어 스타일 – Stroke(획)(2px, #666666), 그라디언트 오버레이
(#ccff99, #66ccff, #ffccff), Drop Shadow(그림자 효과))
② TENNIS CLUB (Arial, bold, 30pt, #ffffcc, 레이어 스타일 – Stroke(획)(2px, #009966))
③ 공개 강좌에 참여해 보세요! (바탕, 18pt, 레이어 스타일 – Stroke(획)(2px, #99ffff), 그라디언트 오버레이
(#000000, #cc00ff))
④ 취미반 / 선수반 모집 (바탕, 20pt, #cc0033, #006600, 레이어 스타일 – Stroke(획)(2px, #6699cc))

출력형태

▶ 합격 강의

다음의 《조건》에 따라 아래의 《출력형태》와 같이 작업하시오.

조건

원본 이미지	PART04\기출유형문제03회\1급-12.jpg, 1급-13.jpg, 1급-14.jpg, 1급-15.jpg, 1급-16.jpg, 1급-17.jpg		
파일저장규칙	JPG	파일명	문서\GTQ\수험번호-성명-4.jpg
		크기	600×400 pixels
	PSD	파일명	문서\GTQ\수험번호-성명-4.psd
		크기	60×40 pixels

1. 그림 효과

① 배경 : #99ccff
② 패턴(눈송이, 빗방울 모양) : #ffffff, #99ffff, Opacity(불투명도)(70%)
③ 1급-12.jpg : Blending Mode(혼합 모드) - Overlay(오버레이), 레이어 마스크 - 가로 방향으로 흐릿하게
④ 1급-13.jpg : 필터 - Texturizer(텍스처화), 레이어 마스크 - 대각선 방향으로 흐릿하게
⑤ 1급-14.jpg : 레이어 스타일 - Inner Shadow(내부 그림자), Inner Glow(내부 광선)
⑥ 1급-15.jpg : 필터 - Diffuse Glow(광선 확산), 레이어 스타일 - Drop Shadow(그림자 효과)
⑦ 1급-16.jpg : 색상 보정 - 녹색 계열로 보정, 레이어 스타일 - Bevel and Emboss(경사와 엠보스)
⑧ 그 외 《출력형태》 참조

2. 문자 효과

① Let's Enjoy Winter Sports~(Times New Roman, Bold, 24pt, 35pt, #ccffcc, 레이어 스타일 - Stroke(획) (2px, 그라디언트(#ff6600, #006633), Drop Shadow(그림자 효과))
② 겨울방학특강 (돋움, 40pt, 레이어 스타일 - Stroke(획)(2px, #000033), 그라디언트 오버레이(#ffffff, #00cccc, #ff9900))
③ 어린이 스키캠프 개강 (바탕, 16pt, #ccffff, 레이어 스타일 - Stroke(획)(2px, #666699))
④ 특강안내 온라인예약 영상보기 (돋움, 16pt, #000000, 레이어 스타일 - Stroke(획)(2px, #ffffff, #9999ff))

출력형태

Shape Tool(모양 도구) 사용
레이어 스타일 - 그라디언트
오버레이(#ffffff, #cc9999, #9999ff),
Stroke(획)(2px, #cc6600, #663366)

Shape Tool(모양 도구) 사용
#cc3366,
레이어 스타일 - Outer Glow(외부 광선)

Shape Tool(모양 도구) 사용
#99cccc, #cccc99,
레이어 스타일 - Drop Shadow(그림자 효과),
Opacity(불투명도)(80%)

Pen Tool(펜 도구) 사용
#ff6699, #993333, #999999,
레이어 스타일 - Drop Shadow(그림자 효과)

작업과정	새 작업 이미지 만들기 및 파일 저장하기 ➡ 필터 적용 ➡ 골프채와 골프공 모양 패스 생성 ➡ 클리핑 마스크 적용 후 레이어 스타일 적용 ➡ 모양 생성 및 레이어 스타일 적용 ➡ 문자 입력 및 왜곡하고 레이어 스타일 적용 ➡ 정답 파일 저장
완성이미지	PART04₩기출유형문제03회₩정답파일₩G120260003-성명-1.jpg, G120260003-성명-1.psd

01 새 작업 이미지 만들기 및 파일 저장하기

01 [File(파일)]-[New(새로 만들기)]([Ctrl]+[N])를 선택하고 'Width(폭) : 400Pixels(픽셀), Height(높이) : 500Pixels(픽셀), Resolution(해상도) : 72Pixels/Inch(픽셀/인치), Color Mode(색상 모드) : RGB Color(RGB 색상), 8bit(비트), Background Contents(배경 내용) : White(흰색)'로 설정하여 새 작업 이미지를 만듭니다.

02 [Edit(편집)]-[Preference(환경설정)]([Ctrl]+[K])를 클릭하고 [Guides, Grid & Slices(안내선, 격자 및 분할 영역)]를 선택하여 'Color(색상)'를 클릭하여 밝은 색상으로 변경한 후 'Gridline Every(격자 간격) : 100Pixels(픽셀), Subdivisions(세분) : 1'로 설정합니다.

03 [View(보기)]-[Show(표시)]-[Grid(격자)]([Ctrl]+['])와 [View(보기)]-[Rulers(눈금자)]([Ctrl]+[R])를 선택하여 격자와 눈금자를 표시합니다.

04 작업 도큐먼트를 저장하기 위해 [File(파일)]-[Save As(다른 이름으로 저장)]([Shift]+[Ctrl]+[S])를 선택하고 임의 경로에 '파일 이름 : 수험번호-성명-문제번호, 파일 형식 : Photoshop(*.PSD;*.PDD;*.PSDT)'으로 파일을 저장합니다.

02 필터 적용

01 [File(파일)]-[Open(열기)]을 선택하여 1급-1.jpg를 불러옵니다. [Ctrl]+[A]를 눌러 전체를 선택한 후 [Ctrl]+[C]를 눌러 복사, 작업 이미지에 [Ctrl]+[V]로 붙여넣기를 합니다. [Ctrl]+[T]를 누른 후 [Shift]를 누른 채 크기를 축소한 후 위치를 조절하여 배치합니다.

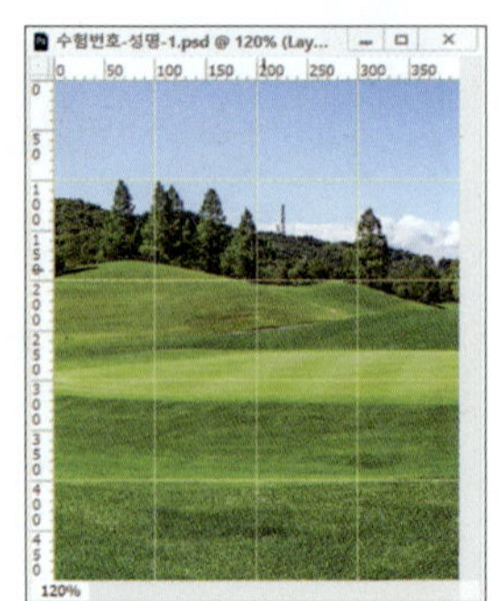

02 [Filter(필터)]–[Filter Gallery(필터 갤러리)]–[Artistic(예술 효과)]–[Paint Daubs(페인트 덥스)]를 선택합니다.

03 골프채와 골프공 모양 패스 생성

01 Pen Tool(펜 도구, ✐)을 클릭하고 Options Bar(옵션 바)에서 'Shape(모양), Fill(칠) : 임의 색상, Stroke(획) : No Color(색상 없음), Path operations(패스 작업) : New Layer(새 레이어, ▣)'로 설정한 후 모양을 그립니다.

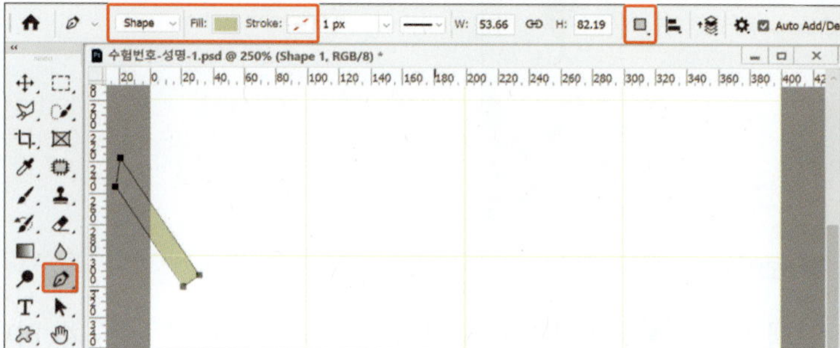

02 계속해서 Options Bar(옵션 바)에서 'Shape(모양), Fill(칠) : 임의 색상, Stroke(획) : No Color(색상 없음), Path operations(패스 작업) : Combine Shapes(모양 결합, ▣)'로 설정한 후 오른쪽에 모양을 그립니다.

> **기적의 TIP**
>
> 'Path operations(패스 작업) : Combine Shapes(모양 결합, ▣)'를 설정하면 동일한 레이어에 칠 색상으로 여러 모양이 그려집니다.

03 Ellipse Tool(타원 도구, ◯)을 클릭하고 Options Bar(옵션 바)에서 'Shape(모양), Fill(칠) : 임의 색상, Stroke(획) : No Color(색상 없음), Path operations(패스 작업) : Subtract Front Shape(전면 모양 빼기, ▣)'를 설정한 후 드래그하여 정원 모양을 겹치도록 그립니다.

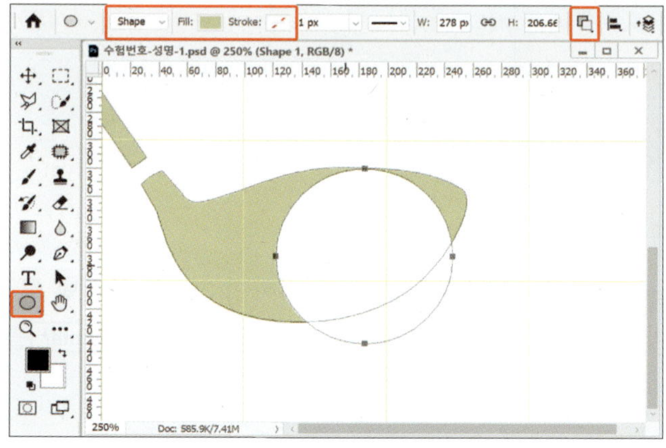

04 Rectangle Tool(사각형 도구, ▢)을 클릭하고 Options Bar(옵션 바)에서 'Shape(모양), Fill(칠) : 임의 색상, Stroke(획) : No Color(색상 없음), Path operations(패스 작업) : Subtract Front Shape(전면 모양 빼기, ▣)'를 설정한 후 드래그하여 사각형 모양을 왼쪽 모양과 겹치도록 그립니다.

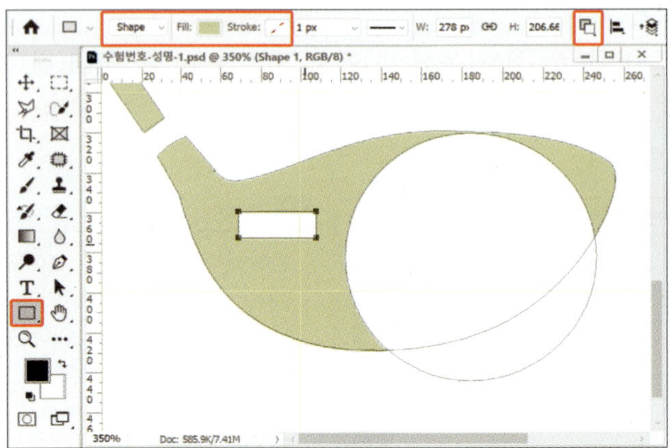

05 Path Selection Tool(패스 선택 도구, ▶)로 사각형 모양을 선택하고 Alt 를 누른 채 하단으로 드래그하여 복사합니다.

> 🚩 **기적의 TIP**
>
> Path Selection Tool(패스 선택 도구, ▶)로 복사하면 동일한 'Path operations(패스 작업)' 상태가 유지된 채로 같은 크기의 모양을 복사할 수 있습니다.

06 계속해서 동일한 방법으로 1개의 사각형을 추가로 복사하여 배치하고 Ctrl + T 를 눌러 사각형의 폭만을 축소하고 Enter 를 눌러 변형을 완료합니다.

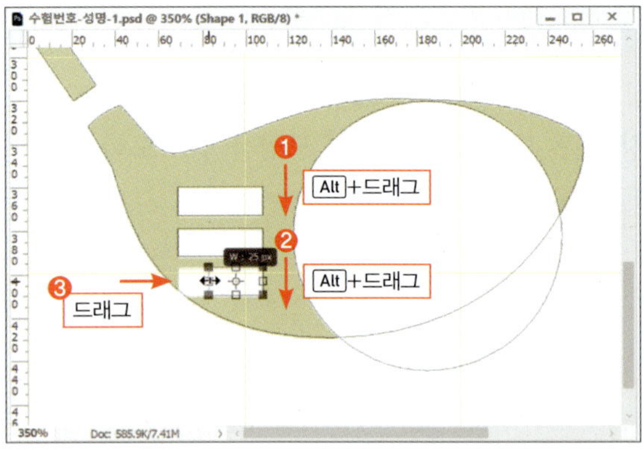

07 Path Selection Tool(패스 선택 도구, ▶)로 Shift 를 누른 채 클릭하여 3개의 사각형 모양을 모두 선택하고 Options Bar(옵션 바)에서 'Rotate(회전, ◹) : −7°'를 입력하고 Enter 를 눌러 회전을 적용하고 배치합니다.

08 Ellipse Tool(타원 도구, ◎)을 선택하고 Options Bar(옵션 바)에서 'Shape(모양), Fill(칠) : 임의 색상, Stroke(획) : No Color(색상 없음), Path operations(패스 작업) : Combine Shapes(모양 결합, ◻)'를 설정한 후 드래그하여 정원 모양을 그립니다.

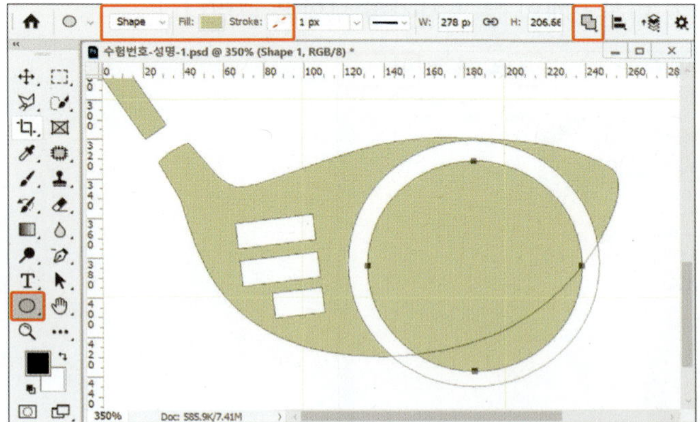

09 계속해서 Options Bar(옵션 바)에서 'Path operations(패스 작업) : Subtract Front Shape(전면 모양 빼기, ◻)'를 설정한 후 드래그하여 큰 정원 모양과 겹치도록 작은 정원을 그립니다.

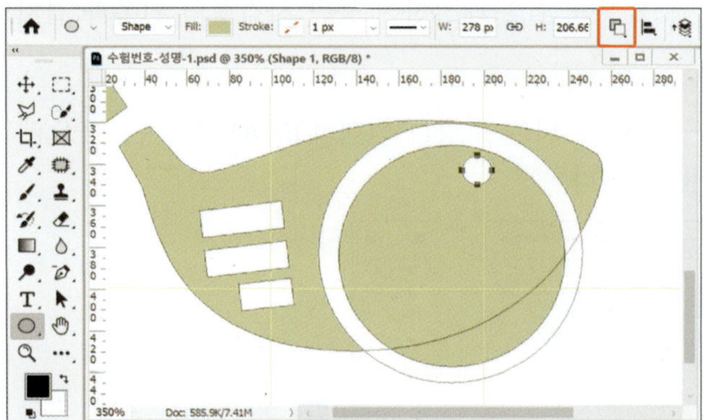

10 Path Selection Tool(패스 선택 도구, ▶)로 작은 정원 모양을 선택하고 Alt 를 누른 채 드래그하여 4개의 작은 정원 모양을 추가로 복사하고 배치합니다.

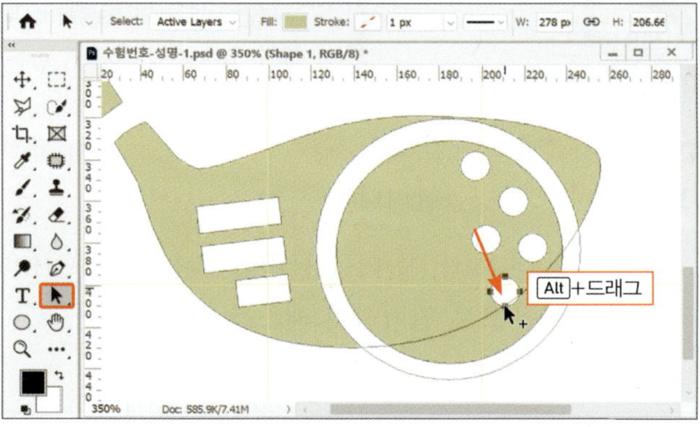

11 Rounded Rectangle Tool(모서리가 둥근 직사각형 도구, ◻)을 클릭하고 'Shape(모양), Fill(칠) : 임의 색상, Stroke(획) : No Color(색상 없음), Path operations(패스 작업) : Combine Shapes(모양 결합, ◻), Radius(반경) : 10px'를 설정한 후 드래그하여 큰 정원 모양의 하단과 서로 겹치도록 크기가 다른 2개의 둥근 사각형 모양을 그립니다.

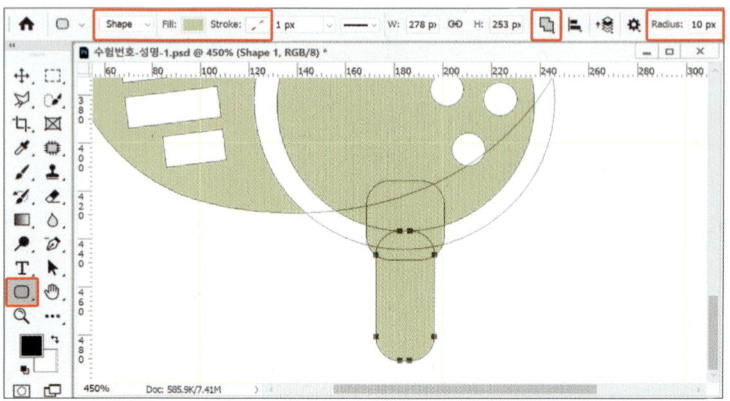

12 Ellipse Tool(타원 도구, ◯)을 클릭하고 Options Bar(옵션 바)에서 'Shape(모양), Fill(칠) : 임의 색상, Stroke(획) : No Color(색상 없음), Path operations(패스 작업) : Subtract Front Shape(전면 모양 빼기, ◻)'를 설정한 후 드래그하여 둥근 사각형의 왼쪽과 겹치도록 타원 모양을 그립니다.

13 Path Selection Tool(패스 선택 도구, ▶)로 타원 모양을 선택하고 Alt 를 누른 채 드래그하여 오른쪽에 타원 모양을 복사하고 배치합니다.

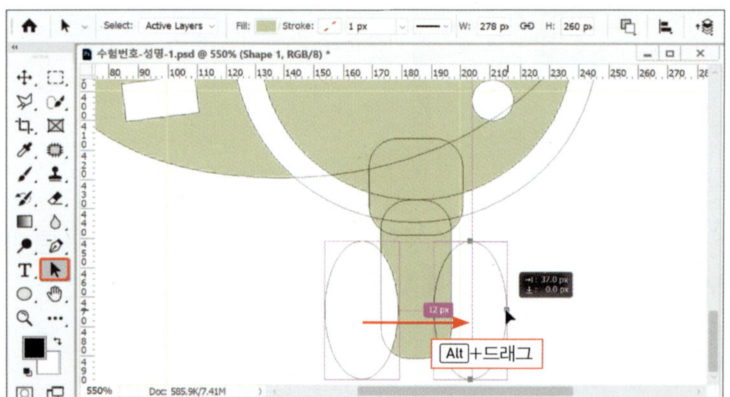

14 Options Bar(옵션 바)에서 'Path operations(패스 작업) : Merge Shape Components(모 양 병합 구성 요소, ◻)'를 클릭하여 모양을 하나로 병합합니다.

15 Paths(패스) 패널에서 작업 패스 'Shape 1 Shape Path'를 더블 클릭한 후 [Save Path(패스 저장)] 대화상자에 'Name(이름) : 골프채와 골프공'으로 입력하여 패스를 저장합니다.

16 Layers(레이어) 패널에서 'Shape 1' 레이어의 이름을 더블 클릭 하여 path로 이름을 설정하고 마우스 오른쪽 버튼을 눌러 'Ras- terize Layer(레이어 래스터화)'를 클릭하여 일반 레이어로 속성 을 변환합니다.

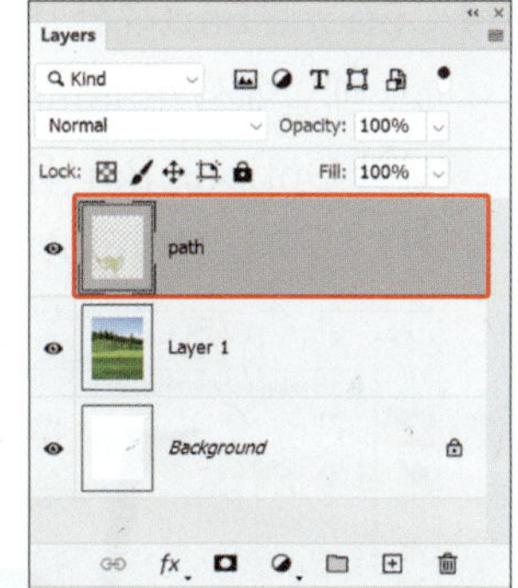

> **기적의 TIP**
>
> 패스 작업이 완료되면 'Layer 1' 레이어의 눈 아이콘(가시성)을 다시 클릭합니다.

17 Layers(레이어) 패널 하단의 'Add a layer style(레이어 스타일 추가, *fx.*)'을 클릭하여 [Stroke(획)]를 선택하고 'Size(크기) : 3px, Fill Type(칠 유형) : Gradient(그레이디언트)' 를 설정한 후 'Click to edit the gradient(클릭하여 그레이디언트 편집)'를 클릭합니다.

18 그레이디언트 슬라이더 왼쪽 하단의 'Color Stop(색상 정지점)'을 더블 클릭하여 #66ff66 을, 오른쪽 'Color Stop(색상 정지점)'을 더블 클릭하여 #ff99ff로 설정한 후 'Style(스타일) : Linear(선형), Angle(각도) : 180°'로 설정합니다.

19 계속해서 [Drop Shadow(드롭 섀도)]를 선택하여 'Opacity(불투명도) : 75%, Angle(각도) : 120°, Distance(거리) : 10px, Size(크기) : 10px'를 설정하고 [OK(확인)]를 클릭합니다.

04 클리핑 마스크 적용 후 레이어 스타일 적용

01 [File(파일)]-[Open(열기)]을 선택하여 1급-2.jpg를 불러옵니다. Ctrl+A를 눌러 전체를 선 택하고 Ctrl+C로 복사합니다. 작업 이미지를 선택하고 Ctrl+V로 붙여넣기를 한 후 Ctrl +T를 눌러 크기를 조절하고 회전하여 'path' 레이어의 골프채와 골프공 모양 위쪽에 겹치도 록 배치합니다.

02 Layers(레이어) 패널에서 'path' 레이 어와 'Layer 2' 레이어 사이에 마우스 커서를 놓고 Alt를 누른 채 클릭하여 Clipping Mask(클리핑 마스크)를 적 용합니다.

03 [File(파일)]-[Open(열기)]을 선택하여 1급-3.jpg를 불러옵니다. Object Selection Tool(개 체 선택 도구,)을 클릭하고 Options Bar(옵션 바)에서 'New Selection(새 선택 영역,), Mode(모드) : Rectangle(사각형)'을 선택한 후 'Select Subject(피사체 선택)'를 클릭 하여 이미지를 빠르게 선택합니다.

04 Options Bar(옵션 바)에서 'Select and Mask(선택 및 마스크)'를 클릭합니다. Properties(속성) 패널에서 'Radius(반경) : 1px, Smooth(매끄럽게) : 0, Feather(페더) : 0px'를 설정하고 상단 Options Bar(옵션 바)에서 'Subtract from selection(선택 영역에서 빼기, ⊖), Size(크기) : 4'로 설정하고 선택 영역에서 제외할 이미지에 클릭한 후 [OK(확인)]를 클릭합니다.

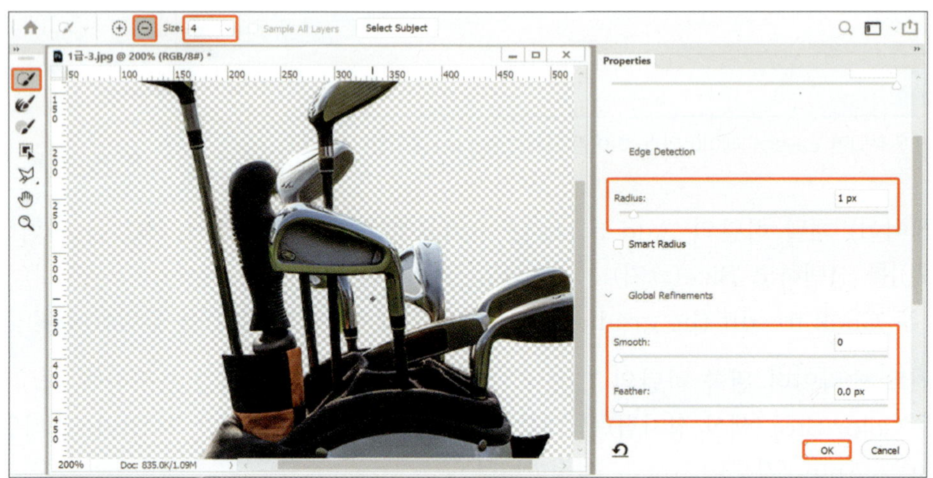

Options Bar(옵션 바)에서 'Add to selection(선택 영역에 추가, ⊕)'을 선택하고 드래그하여 선택 영역을 추가하거나 'Subtract from selection(선택 영역에서 빼기, ⊖)'으로 선택 영역에서 제외할 수 있으며 정교한 선택이 가능합니다.

05 Ctrl+C로 복사하고 작업 이미지를 선택한 후 Ctrl+V로 붙여넣기를 합니다. Ctrl+T를 눌러 크기를 축소하고 격자를 참조하여 배치합니다.

06 Layers(레이어) 패널 하단의 'Add a layer style(레이어 스타일 추가, fx.)'을 클릭하여 [Bevel & Emboss(경사와 엠보스)]를 선택하고 'Style(스타일) : Inner Bevel(내부 경사), Direction(방향) : Up(위로), Size(크기) : 7px'를 설정한 후 [OK(확인)]를 클릭합니다.

05 모양 생성 및 레이어 스타일 적용

01 Custom Shape Tool(사용자 정의 모양 도구, ⌖)을 클릭하고 Options Bar(옵션 바)에서 'Shape(모양), Fill(칠) : #ccff66, Stroke(획) : No Color(색상 없음), Shape(모양) : Boom 1(폭발 1, ✹)'를 설정한 후 Shift를 누른 채 드래그하여 모양을 그립니다.

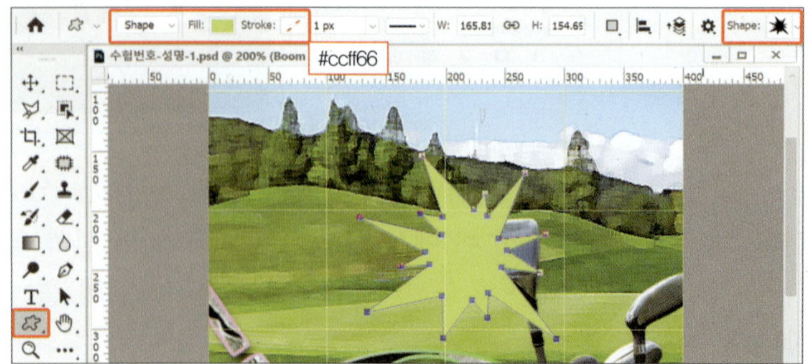

02 Layers(레이어) 패널 하단의 'Add a layer style(레이어 스타일 추가, *fx.*)'을 클릭하여 [Inner Shadow(내부 그림자)]를 선택하고 'Opacity(불투명도) : 75%, Angle(각도) : 120°, Distance(거리) : 6px, Size(크기) : 6px'를 설정한 후 [OK(확인)]를 클릭합니다. Ctrl+[를 눌러 뒤로 보내기를 하여 'Layer 3' 레이어 아래쪽으로 배치합니다.

03 Custom Shape Tool(사용자 정의 모양 도구, ⬡)을 클릭하고 Options Bar(옵션 바)에서 'Shape(모양), Fill(칠) : #66ccff, Stroke(획) : No Color(색상 없음), Shape(모양) : Cloud 1(구름 1, ⬤)'를 설정한 후 드래그하여 모양을 그립니다.

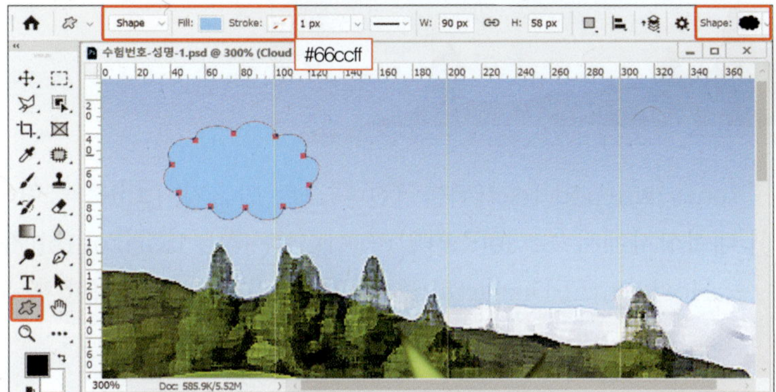

04 Layers(레이어) 패널 하단의 'Add a layer style(레이어 스타일 추가, *fx.*)'을 클릭하여 [Inner Glow(내부 광선)]를 선택하고 'Opacity(불투명도) : 75%, Choke(경계 감소) : 0%, Size(크기) : 10px'로 설정한 후 [OK(확인)]를 클릭합니다.

05 Ctrl+J를 눌러 복사한 'Cloud 1 1 copy' 레이어를 선택하고 Ctrl+T를 눌러 크기를 확대한 후 격자를 참조하여 이동 후 배치합니다.

06 Layers(레이어) 패널에서 'Cloud 1 1 copy' 레이어의 'Layer thumbnail(레이어 축소판)'을 더블 클릭하여 'Color(색상) : #99ccff'로 변경합니다.

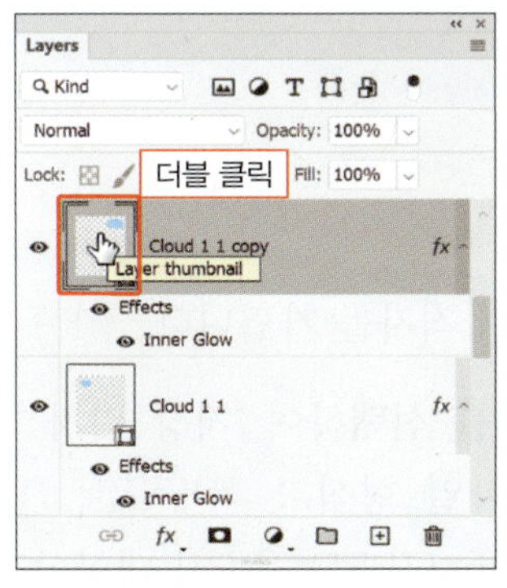
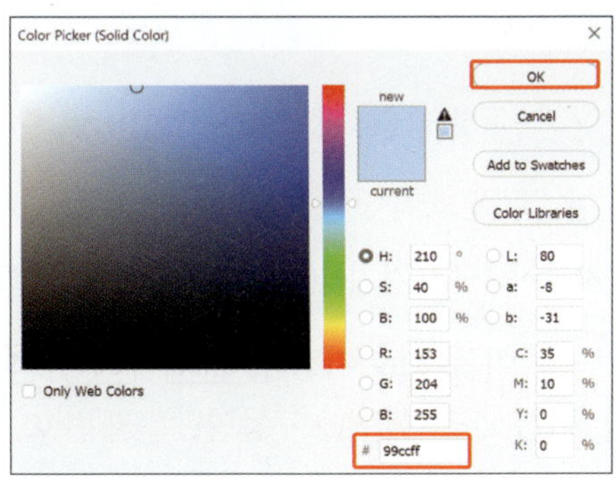

01 Horizontal Type Tool(수평 문자 도구, [T])로 작업 이미지를 클릭하고 Options Bar(옵션 바)에서 'Font(글꼴) : Arial, Set font style(글꼴 스타일 설정) : Bold, Set font size(글꼴 크기) : 65pt, Color(색상) : 임의 색상'으로 설정한 후 'GOLF'를 입력합니다.

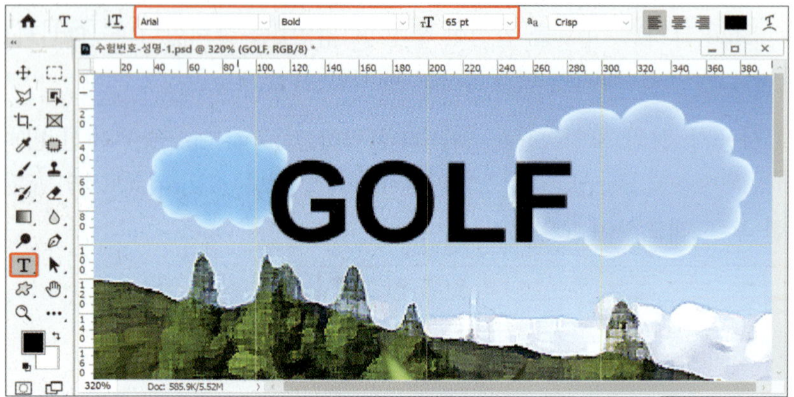

02 Options Bar(옵션 바)에서 Create warped text(뒤틀어진 텍스트 만들기, [工])를 클릭하고 [Warp Text(텍스트 뒤틀기)] 대화상자에서 'Style(스타일) : Arc(부채꼴), Horizontal(가로) : 체크, Bend(구부리기) : 30%, Horizontal Distortion(가로 왜곡) : 40%'를 설정한 후 문자 의 모양을 왜곡합니다.

03 Layers(레이어) 패널 하단의 'Add a layer style(레이어 스타일 추가, [fx.])'을 클릭하여 [Gradient Overlay(그레이디언트 오버레이)]를 선택하고 'Click to edit the gradient(클릭 하여 그레이디언트 편집)'를 클릭합니다.

04 그레이디언트 슬라이더 왼쪽 하단의 'Color Stop(색상 정지점)'을 더블 클릭하여 #ffff00을, 오른쪽 'Color Stop(색상 정지점)'을 더블 클릭하여 #00cc33으로 설정한 후 'Style(스타일) : Linear(선형), Angle(각도) : 90°'로 설정합니다.

05 계속해서 [Drop Shadow(드롭 섀도)]를 선택하고 'Opacity(불투명도) : 75%, Angle(각도) : 120°, Distance(거리) : 5px, Size(크기) : 5px'를 설정한 후 [OK(확인)]를 클릭합니다. [Ctrl] +[S]를 눌러 파일을 저장합니다.

07 정답 파일 저장

01 [View(보기)]-[Show(표시)]-[Grid(격자)]([Ctrl]+[']')를 선택하여 격자를 가립니다.

02 [File(파일)]-[Save As(다른 이름으로 저장)]([Shift]+[Ctrl]+[S])를 선택하여 '저장 위치 : 내 PC₩문서₩GTQ, 파일 이름 : 수험번호-성명-문제번호, 파일 형식 : JPEG(*.JPG; *.JPEG;*.JPE)'를 입력하고 [저장]을 클릭한 후 [JPEG Options(JPEG 옵션)] 대화상자에 서 'Quality(품질) : 8'로 설정하고 [OK(확인)]를 클릭합니다.

03 [Image(이미지)]–[Image Size(이미지 크기)]([Alt]+[Ctrl]+[I])를 선택하고 'Constrain aspect ratio(종횡비 제한) : 클릭, Width(폭) : 40Pixels(픽셀), Height(높이) : 50Pixels(픽셀)'로 입력하여 이미지 크기를 1/10로 축소한 후 [OK(확인)]를 클릭합니다.

04 [File(파일)]–[Save As(다른 이름으로 저장)]([Shift]+[Ctrl]+[S])를 선택하고 '저장 위치 : 내 PC₩문서₩GTQ, 파일 형식 : Photoshop(*.PSD;*.PDD;*.PSDT), 파일 이름 : 수험번호–성명–문제번호'를 입력한 후 [저장]을 클릭합니다.

05 답안 저장이 완료되면 [File(파일)]–[Close(닫기)]([Ctrl]+[W])를 선택하여 파일을 닫고 수험 프로그램에서 [답안 전송]을 클릭하여 감독관 컴퓨터로 psd와 jpg 파일을 전송합니다.

문제 ❷ **[기능평가] 사진편집 응용**

작업과정	새 작업 이미지 만들기 및 파일 저장하기 ➡ 필터 적용 및 이미지 합성, 레이어 스타일 적용 ➡ 이미지 보정 및 레이어 스타일 적용 ➡ 모양 생성 및 레이어 스타일 적용 ➡ 문자 입력 및 변형, 레이어 스타일 적용 ➡ 정답 파일 저장
완성이미지	PART04₩기출유형문제03회₩정답파일₩G120260003–성명–2.jpg, G120260003–성명–2.psd

⓿❶ 새 작업 이미지 만들기 및 파일 저장하기

01 [File(파일)]–[New(새로 만들기)]([Ctrl]+[N])를 선택하고 'Width(폭) : 400Pixels(픽셀), Height(높이) : 500Pixels(픽셀), Resolution(해상도) : 72Pixels/Inch(픽셀/인치), Color Mode(색상 모드) : RGB Color(RGB 색상), 8bit(비트), Background Contents(배경 내용) : White(흰색)'로 설정하여 새 작업 이미지를 만듭니다.

02 [Edit(편집)]–[Preference(환경설정)]([Ctrl]+[K])를 클릭하여 [Guides, Grid & Slices(안내선, 격자 및 분할 영역)]를 선택하고 Grid(격자)의 'Color(색상)'를 클릭하여 밝은 색상으로 변경한 후 'Gridline Every(격자 간격) : 100Pixels(픽셀), Subdivisions(세분) : 1'로 설정합니다.

03 [View(보기)]–[Show(표시)]–[Grid(격자)]([Ctrl]+['])와 [View(보기)]–[Rulers(눈금자)]([Ctrl]+[R])를 선택하여 격자와 눈금자를 표시합니다.

04 작업 도큐먼트를 저장하기 위해 [File(파일)]–[Save As(다른 이름으로 저장)]([Shift]+[Ctrl]+[S])를 선택하고 임의 경로에 '파일 이름 : 수험번호–성명–문제번호, 파일 형식 : Photoshop(*.PSD;*.PDD;*.PSDT)'으로 파일을 저장합니다.

01 [File(파일)]–[Open(열기)]을 선택하여 1급-4.jpg를 불러옵니다. Ctrl + A 를 눌러 전체를 선택한 후 Ctrl + C 를 눌러 복사하고 작업 이미지를 선택하여 Ctrl + V 로 붙여넣기를 합니다. Ctrl + T 를 누른 후에 Shift 를 누른 채 크기를 축소하고 위치를 조절하여 배치합니다.

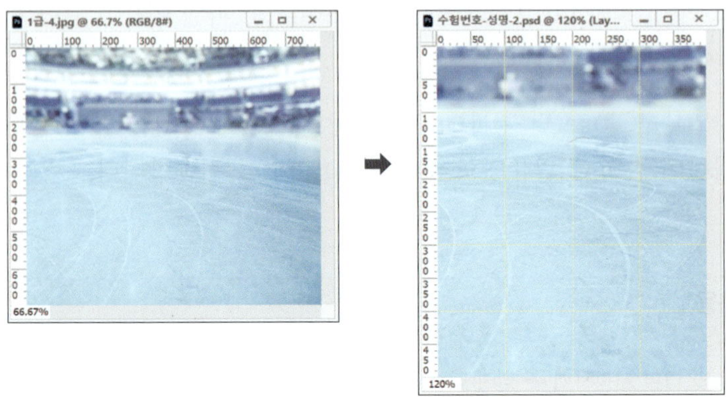

02 [Filter(필터)]–[Filter Gallery(필터 갤러리)]–[Brushes Strokes(브러시 선)]–[Angled Strokes(각진 선)]을 선택합니다.

03 [File(파일)]–[Open(열기)]을 선택하여 1급-5.jpg를 불러옵니다. Object Selection Tool(개체 선택 도구, ▣)을 클릭하고 Options Bar(옵션 바)에서 'New Selection(새 선택 영역, ▣), Mode(모드) : Rectangle(사각형)'을 선택하고 'Select Subject(피사체 선택)'를 클릭한 후 이미지를 빠르게 선택합니다.

04 계속해서 Options Bar(옵션 바)에서 'Select and Mask(선택 및 마스크)'를 클릭하고 'Subtract from selection(선택 영역에서 빼기, ◎), Size(크기) : 1'을 지정하여 선택에서 제외할 배경 이미지에 드래그한 후 [OK(확인)]를 클릭합니다.

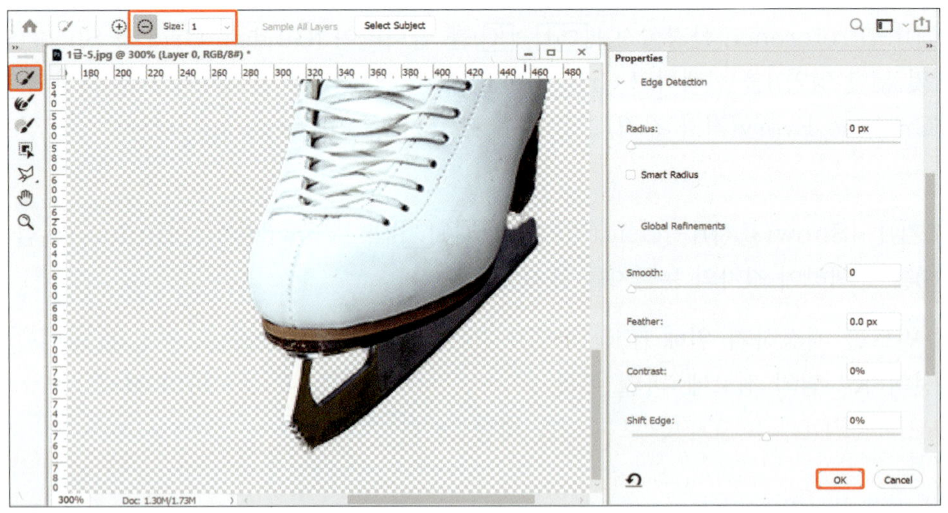

05 Ctrl + C 로 복사, 작업 이미지를 선택하여 Ctrl + V 로 붙여넣기를 합니다. Ctrl + T 를 눌러 크기를 축소하고 시계 방향으로 회전하여 배치합니다.

06 Layers(레이어) 패널 하단의 'Add a layer style(레이어 스타일 추가, fx)'을 클릭하여 [Drop Shadow(그림자)]를 선택하고 'Opacity(불투명도) : 75%, Angle(각도) : 120°, Distance(거리) : 5px, Size(크기) : 5px'를 설정한 후 [OK(확인)]를 클릭합니다.

03 이미지 보정 및 레이어 스타일 적용

01 Quick Selection Tool(빠른 선택 도구,)을 클릭하고 Options Bar(옵션 바)에서 'Add to selection(선택 영역에 추가,)'을 설정한 후 브러시의 크기를 조절하며 드래그하여 하단 스케이트화 이미지를 선택합니다.

02 Layers(레이어) 패널 하단의 'Create new fill or adjustment layer(새 칠 또는 조정 레이어 생성,)'를 클릭하고 [Hue/Saturation(색조/채도)]을 선택합니다. Properties(속성) 패널에서 'Colorize(색상화) : 체크, Hue(색조) : 308, Saturation(채도) : 70, Lightness(명도) : −15'로 설정하여 보라색 계열로 보정합니다.

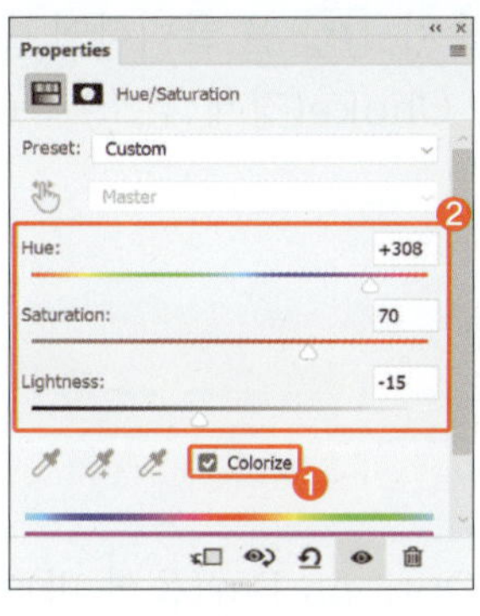
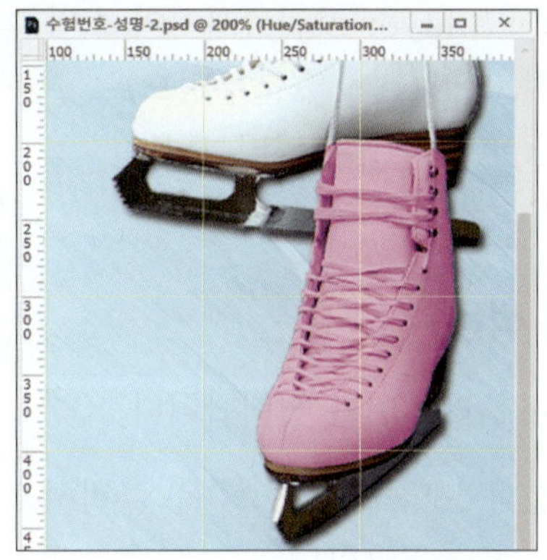

03 [File(파일)]−[Open(열기)]을 선택하여 1급−6.jpg를 불러옵니다. Quick Selection Tool(빠른 선택 도구,)을 클릭하고 Options Bar(옵션 바)에서 'Select Subject(피사체 선택)'를 클릭하여 이미지를 빠르게 선택합니다.

04 계속해서 Options Bar(옵션 바)에서 'Add to selection(선택 영역에 추가,)'과 'Subtract from selection(선택 영역에서 빼기,)'을 각각 설정한 후 브러시의 크기를 조절하며 드래그하여 선택을 정교하게 합니다.

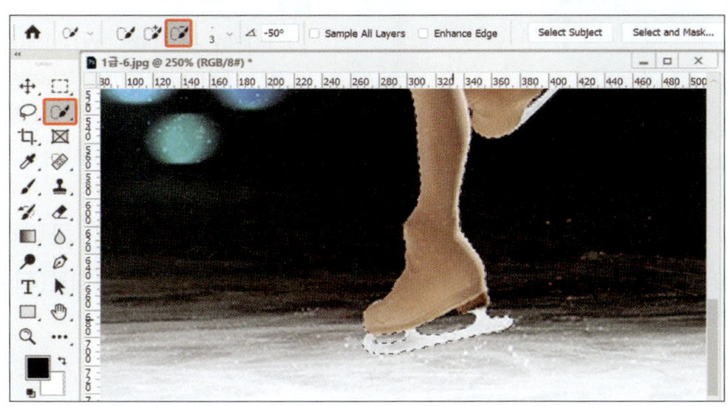

기적의 TIP

- Quick Selection Tool(빠른 선택 도구,)의 브러시 크기는 []를 눌러 크기를 확대하거나 []를 눌러 축소할 수 있습니다.
- Caps Lock 이 켜져 있으면 로 표시되어 브러시의 크기를 파악할 수 없으므로 Caps Lock 을 눌러 꺼줍니다.

05 Ctrl+C로 복사하여 작업 이미지를 선택하고 Ctrl+V로 붙여넣기를 합니다. Ctrl+T를 누르고 마우스 오른쪽 버튼을 클릭하여 [Flip Horizontal(가로로 뒤집기)]로 뒤집은 후 Shift 를 누른 채 크기를 축소하여 배치합니다.

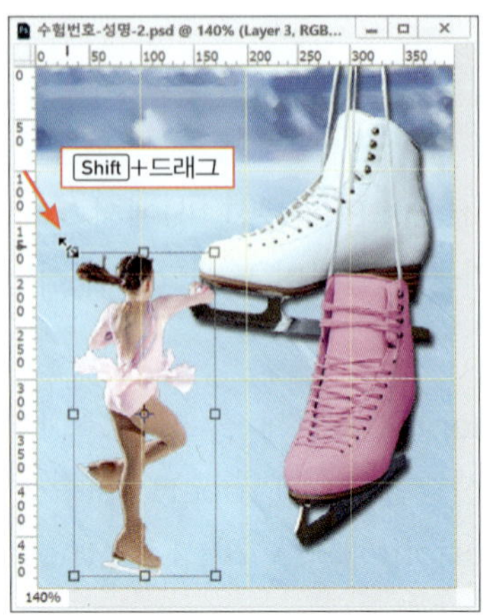

06 Layers(레이어) 패널 하단의 'Add a layer style(레이어 스타일 추가, fx.)'을 클릭하여 [Inner Glow(내부 광선)]를 선택하고 'Opacity(불투명도) : 75%, Choke(경계 감소) : 0%, Size(크기) : 10px'로 설정한 후 [OK(확인)]를 클릭합니다.

04 모양 생성 및 레이어 스타일 적용

01 Layers(레이어) 패널에서 'Layer 1' 레이어를 선택합니다.

02 Custom Shape Tool(사용자 정의 모양 도구, ⏣)을 클릭하고 Options Bar(옵션 바)에서 'Shape(모양), Fill(칠) : #ffcccc, Stroke(획) : No Color(색상 없음), Shape(모양) : Registration Target 1(등록 대상 1, ◉)'을 설정한 후 Shift 를 누른 채 드래그하여 모양을 그립니다.

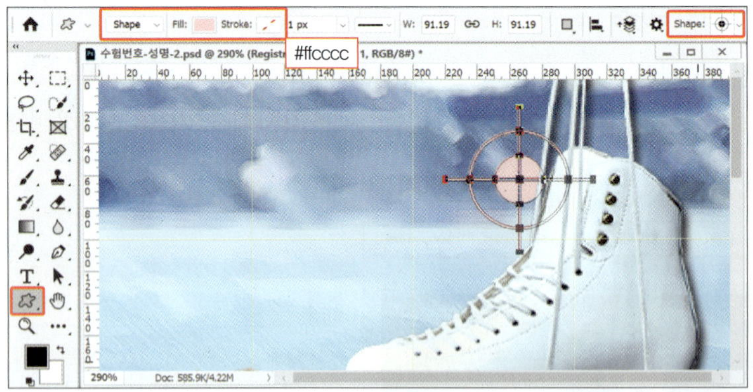

> **Shape 경로**
>
> [Legacy Shapes and More(레거시 모양 및 기타)]–[All Legacy Default Shapes(모든 레거시 기본 모양)]–[Symbols(기호)]

03 Layers(레이어) 패널 하단에 'Add a layer style(레이어 스타일 추가, fx.)'을 클릭하여 [Stroke(획)]를 선택하고 'Size(크기) : 2px, Color(색상) : #cc9999'로 설정한 후 [OK(확인)]를 클릭합니다.

04 Custom Shape Tool(사용자 정의 모양 도구, ⟐)을 클릭하고 Options Bar(옵션 바)에서 'Shape(모양), Fill(칠) : #ffffff, Stroke(획) : No Color(색상 없음), Shape(모양) : Snow-flake 2(눈송이 2, ✻)'를 설정한 후 [Shift]를 누른 채 드래그하여 모양을 그립니다.

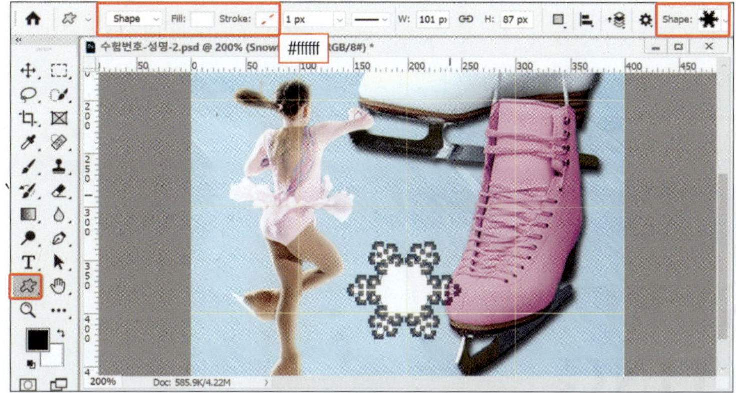

⊙ **Shape 경로**

[Legacy Shapes and More(레거시 모양 및 기타)]–[All Legacy Default Shapes(모든 레거시 기본 모양)]–[Nature(자연)]

▶ **기적의 TIP**

연속해서 사용자 정의 모양 도구로 그릴 때 Fill(칠) 설정하기

Options Bar(옵션 바)에서 목록 단추를 눌러 제시된 Shape(모양)을 선택하여 그린 후에 Layers(레이어) 패널에서 'Layer thumbnail(레이어 축소판)'을 더블 클릭하여 Fill(칠)을 변경합니다.

05 Layers(레이어) 패널 하단의 'Add a layer style(레이어 스타일 추가, fx.)'을 클릭하여 [Drop Shadow(내부 그림자)]를 선택하고 'Opacity(불투명도) : 75%, Angle(각도) : 120°, Distance(거리) : 3px, Size(크기) : 3px'를 설정한 후 [OK(확인)]를 클릭합니다.

06 [Ctrl]+[J]를 눌러 복사한 레이어를 만든 후 [Ctrl]+[T]를 눌러 [Shift]를 누른 채 크기를 축소하고 Options Bar(옵션 바)에서 'Rotate(회전, △) : 30°'를 입력한 후 [Enter]를 눌러 회전 후 배치합니다.

07 Layers(레이어) 패널에서 'Snowflake 2 1 copy' 레이어의 'Layer thumbnail(레이어 축소판)'을 더블 클릭하여 'Color(색상) : #ccffff'로 설정하고 [OK(확인)]를 클릭합니다.

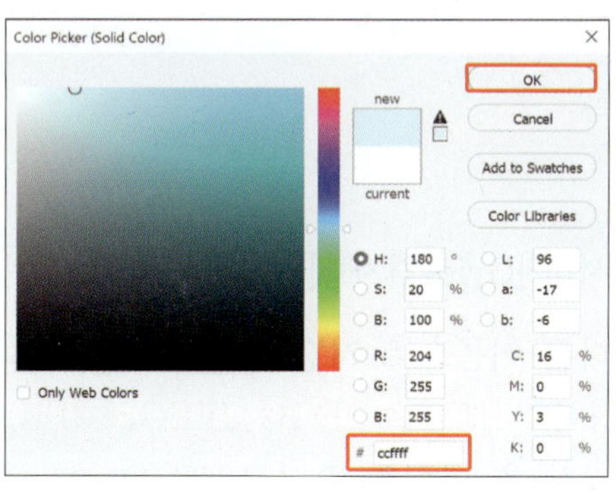

05 문자 입력 및 변형, 레이어 스타일 적용

01 Horizontal Type Tool(수평 문자 도구, T)로 작업 이미지를 클릭하고 Options Bar(옵션
바)에서 'Font(글꼴) : Times New Roman, Set font style(글꼴 스타일 설정) : Bold, Set
font size(글꼴 크기) : 33pt, Center text(텍스트 중앙 정렬, 圭), Color(색상) : 임의 색상'
으로 설정한 후 'FIGURE SKATING'을 입력합니다.

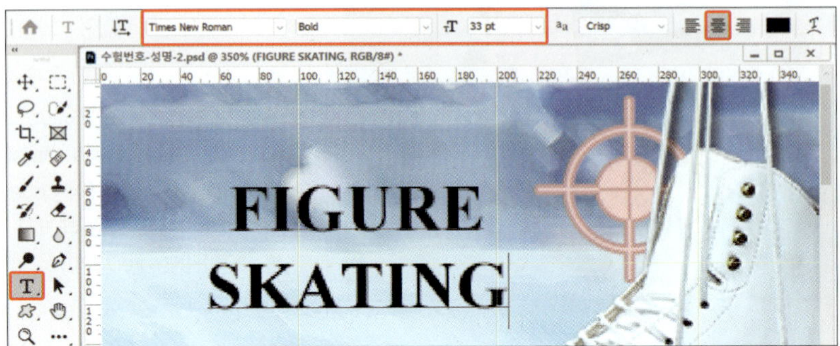

02 Options Bar(옵션 바)에서 Create warped text(뒤틀어진 텍스트 만들기, 工)를 클릭하여
[Warp Text(텍스트 뒤틀기)] 대화상자에서 'Style(스타일) : Shell Lower(아래가 넓은 조개),
Horizontal(가로) : 체크, Bend(구부리기) : 50%'를 설정하여 문자의 모양을 왜곡합니다.

03 Layers(레이어) 패널 하단의 'Add a layer style(레이어 스타일 추가, fx.)'을 클릭하여
[Gradient Overlay(그레이디언트 오버레이)]를 선택하고 'Click to edit the gradient(클릭
하여 그레이디언트 편집)'를 클릭합니다.

04 그레이디언트 슬라이더 왼쪽 하단의 'Color Stop(색상 정지점)'을 더블 클릭하여 #990099를,
오른쪽 'Color Stop(색상 정지점)'을 더블 클릭하여 #003366으로 설정한 후 'Style(스타일) :
Linear(선형), Angle(각도) : −90˚'로 설정합니다.

05 계속해서 [Outer Glow(외부 광선)]를 선택하고 'Opacity(불투명도) : 75%, Spread(스프레
드) : 0%, Size(크기) : 10px'로 설정한 후 [OK(확인)]를 클릭합니다. Ctrl+S를 눌러 파일을
저장합니다.

06 정답 파일 저장

01 [View(보기)]−[Show(표시)]−[Grid(격자)](Ctrl+')를 선택하여 격자를 가립니다.

02 [File(파일)]−[Save As(다른 이름으로 저장)](Shift+Ctrl+S)를 선택하고 '저장 위치 : 내
PCW문서WGTQ, 파일 형식 : JPEG(*.JPG;*.JPEG;*.JPE), 파일 이름 : 수험번호−성명−
문제번호'를 입력하여 [저장]을 클릭한 후 [JPEG Options(JPEG 옵션)] 대화상자에서
'Quality(품질) : 8'로 설정한 후 [OK(확인)]를 클릭합니다.

03 [Image(이미지)]–[Image Size(이미지 크기)]([Alt]+[Ctrl]+[I])를 선택하고 'Constrain aspect ratio(종횡비 제한) : 클릭, Width(폭) : 40Pixels(픽셀), Height(높이) : 50Pixels(픽셀)'로 입력하여 이미지 크기를 1/10로 축소한 후 [OK(확인)]를 클릭합니다.

04 [File(파일)]–[Save As(다른 이름으로 저장)]([Shift]+[Ctrl]+[S])를 선택하고 '저장 위치 : 내 PC₩문서₩GTQ, 파일 형식 : Photoshop(*.PSD;*.PDD;*.PSDT), 파일 이름 : 수험번호–성명–문제번호'를 입력한 후 [저장]을 클릭합니다.

05 답안 저장이 완료되면 [File(파일)]–[Close(닫기)]([Ctrl]+[W])를 선택하여 파일을 닫고 수험 프로그램에서 [답안 전송]을 클릭하여 감독관 컴퓨터로 psd와 jpg 파일을 전송합니다.

<table>
<tr><td colspan="2">문제 ❸　[실무응용] 포스터 제작</td></tr>
<tr><td>작업과정</td><td>새 작업 이미지 만들기 및 파일 저장하기 ➡ 혼합 모드와 필터 및 레이어 마스크 적용 ➡ 클리핑 마스크 및 레이어 스타일, 필터 적용 ➡ 이미지 보정 및 레이어 스타일 적용 ➡ 모양 생성 및 레이어 스타일 적용 ➡ 문자 입력 및 왜곡과 레이어 스타일 적용 ➡ 정답 파일 저장</td></tr>
<tr><td>완성이미지</td><td>PART04₩기출유형문제03회₩정답파일₩G120260003–성명–3.jpg, G120260003–성명–3.psd</td></tr>
</table>

01 새 작업 이미지 만들기 및 파일 저장하기

01 [File(파일)]–[New(새로 만들기)]([Ctrl]+[N])를 선택하고 'Width(폭) : 600Pixels(픽셀), Height(높이) : 400Pixels(픽셀), Resolution(해상도) : 72Pixels/Inch(픽셀/인치), Color Mode(색상 모드) : RGB Color(RGB 색상), 8bit(비트), Background Contents(배경 내용) : White(흰색)'로 설정하여 새 작업 이미지를 만듭니다.

02 [Edit(편집)]–[Preference(환경설정)]([Ctrl]+[K])를 클릭하고 [Guides, Grid & Slices(안내선, 격자 및 분할 영역)]를 선택하여 Grid(격자)의 'Color(색상)'를 클릭하여 밝은 색상으로 변경한 후 'Gridline Every(격자 간격) : 100Pixels(픽셀), Subdivisions(세분) : 1'로 설정합니다.

03 [View(보기)]–[Show(표시)]–[Grid(격자)]([Ctrl]+['])와 [View(보기)]–[Rulers(눈금자)]([Ctrl]+[R])를 선택하여 격자와 눈금자를 표시합니다.

04 작업 도큐먼트를 저장하기 위해 [File(파일)]–[Save As(다른 이름으로 저장)]([Shift]+[Ctrl]+[S])를 선택하고 임의 경로에 '파일 이름 : 수험번호–성명–문제번호, 파일 형식 : Photoshop(*.PSD;*.PDD;*.PSDT)'으로 파일을 저장합니다.

01 Tool Panel(도구 패널) 하단의 'Set foreground color(전경색 설정)'를 클릭하여 # 오른쪽 입력란에 66cccc로 입력한 후, Alt + Delete 를 눌러 제시된 Foreground Color(전경색)를 작업 이미지의 배경에 채웁니다.

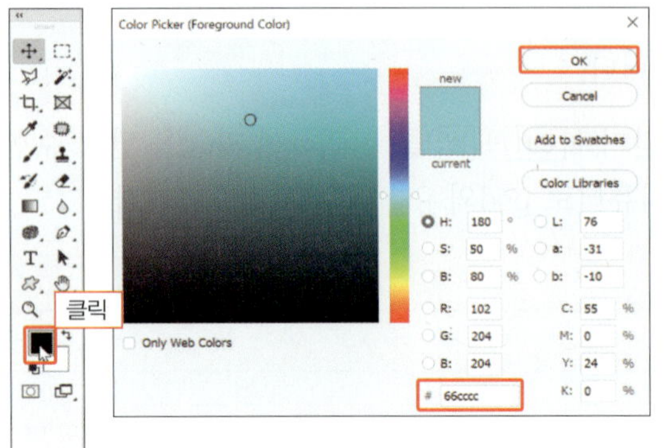
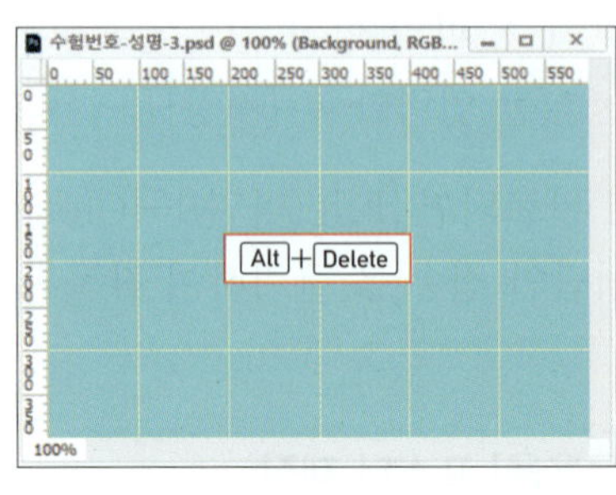

02 [File(파일)]-[Open(열기)]을 선택하여 1급-7.jpg를 불러온 후 Ctrl + A 를 눌러 전체를 선택하고 Ctrl + C 를 눌러 복사 후, 작업 이미지에 Ctrl + V 로 붙여넣기를 합니다. Ctrl + T 를 눌러 [Flip Horizontal(가로로 뒤집기)]로 뒤집은 후 크기를 축소하여 배치합니다.

03 Layers(레이어) 패널에서 'Blending Mode(혼합 모드) : Soft Light(소프트 라이트), Opacity(불투명도) : 70%'을 설정하여 배경과 합성합니다.

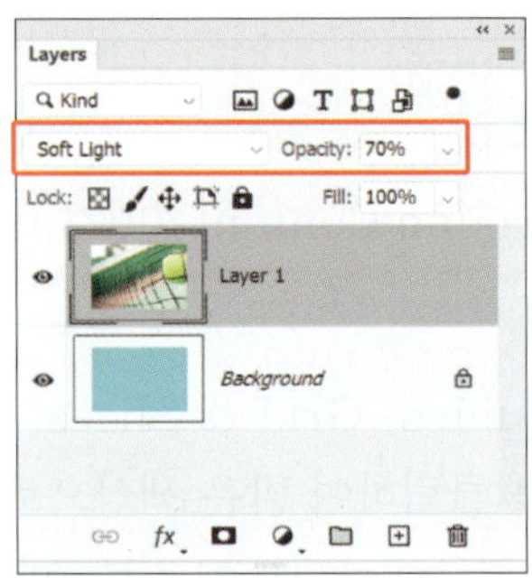
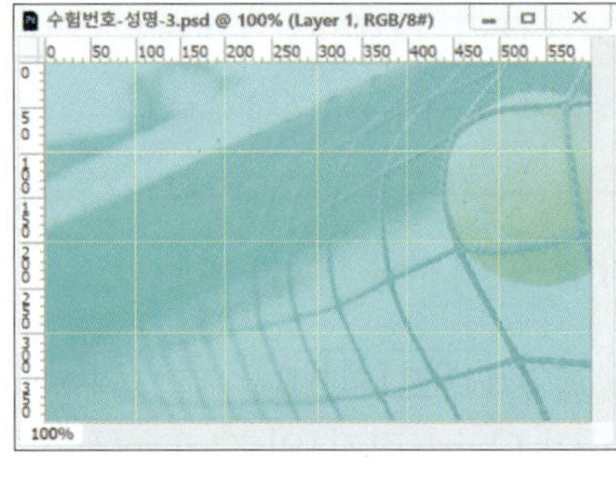

04 [File(파일)]-[Open(열기)]을 선택하여 1급-8.jpg를 불러옵니다. Ctrl + A 를 눌러 전체를 선택한 후 Ctrl + C 를 눌러 복사합니다. 작업 이미지를 선택하여 Ctrl + V 로 붙여넣기를 하고 Ctrl + T 를 눌러 Shift 를 누른 채 크기를 축소하여 배치합니다.

05 [Filter(필터)]-[Filter Gallery(필터 갤러리)]-[Texture(텍스처)]-[Texturizer(텍스처화)]를 선택합니다.

06 Layers(레이어) 패널 하단의 'Add layer mask(레이어 마스크 추가, ◼)'를 클릭하여 레이어 마스크를 추가합니다.

07 Tool Panel(도구 패널) 하단의 'Set foreground color(전경색 설정)'를 #000000, 'Set background color(배경색 설정)'를 #ffffff로 설정합니다. Gradient Tool(그레이디언트 도구, ▣)을 클릭하고 Options Bar(옵션 바)에서 'Type(유형) : Linear Gradient(선형 그레이디언트), Mode(모드) : Normal(표준), Opacity(불투명도) : 100%'로 설정한 후 Shift 를 누른 채 오른쪽에서 왼쪽 가로 방향으로 드래그하여 이미지 일부를 자연스럽게 지워 합성합니다.

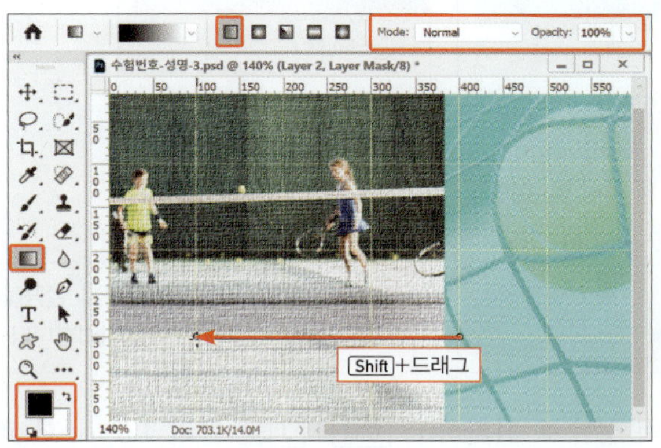
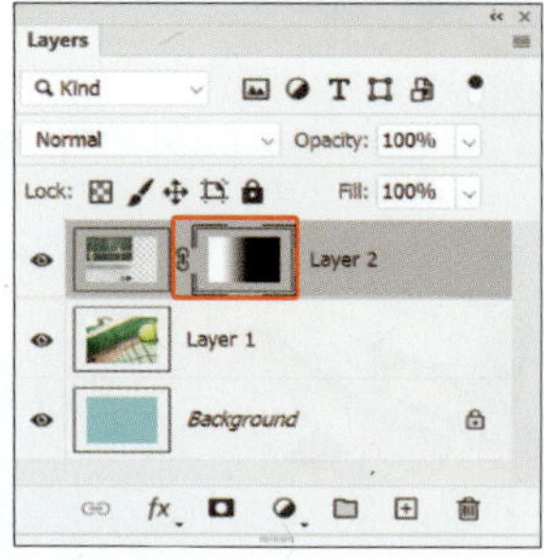

03 클리핑 마스크 및 레이어 스타일, 필터 적용

01 [File(파일)]-[Open(열기)]을 선택하여 1급-10.jpg를 불러옵니다. Magic Wand Tool(자동 선택 도구, ▨)을 클릭하고 Options Bar(옵션 바)에서 'Add to selection(선택 영역에 추가, ▨), Tolerance(허용치) : 5, Anti-alias(앤티 앨리어스) : 체크, Contiguous(인접) : 체크'를 설정한 후 흰색 배경 부분을 각각 클릭하여 선택합니다.

02 Shift + Ctrl + I 를 눌러 선택을 반전하고 Ctrl + C 를 눌러 복사한 후 작업 이미지를 선택하여 Ctrl + V 로 붙여넣기를 합니다. Ctrl + T 를 눌러 마우스 오른쪽 버튼을 누르고 [Flip Horizontal(가로로 뒤집기)]로 뒤집은 후 크기를 축소하여 Options Bar(옵션 바)에서 'Rotate(회전, ◿) : -102°'를 입력하고 Enter 를 눌러 회전하여 배치합니다.

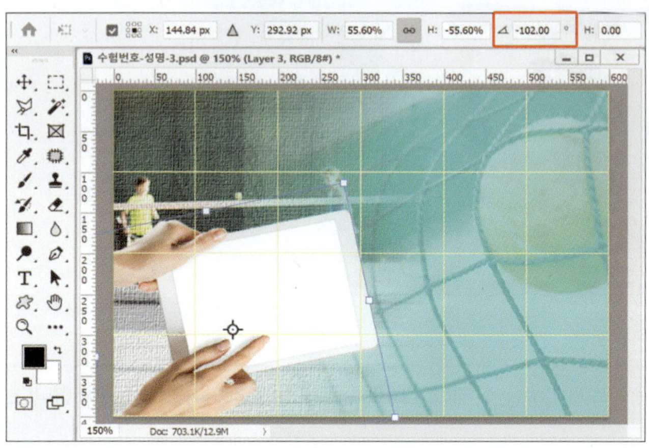

03 Pen Tool(펜 도구, 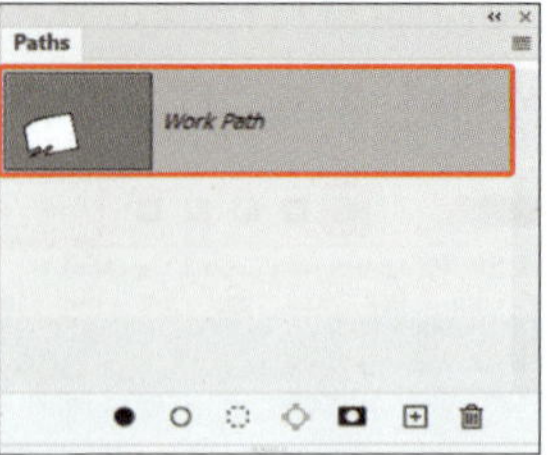)을 클릭하고 Options Bar(옵션 바)에서 'Path(패스), Path opera tions(패스 작업) : Exclude Overlapping Shapes(모양 오버랩 제외, □)'를 클릭하고 패드 안쪽의 액정 화면을 따라 닫힌 패스를 완료합니다.

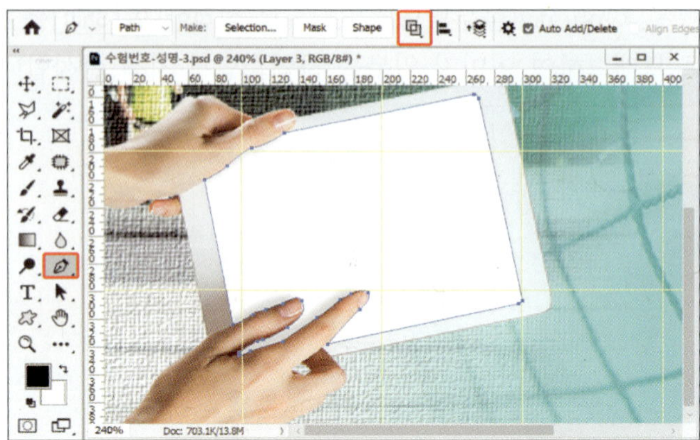

04 패스가 완료되면 Ctrl + Enter 를 눌러 선택 상태로 전환하고 Ctrl + J 를 눌러 'Layer 3' 레이어의 선택된 이미지를 복사합니다.

05 [File(파일)]−[Open(열기)]을 선택하여 1급−9.jpg를 불러옵니다. Ctrl + A 를 눌러 전체를 선택한 후 Ctrl + C 를 눌러 복사합니다. 작업 이미지를 선택하여 Ctrl + V 로 붙여넣기를 하고 Ctrl + T 를 눌러 Shift 를 누른 채 크기를 축소하고 'Layer 4' 레이어와 겹치도록 배치합니다.

06 [Filter(필터)]−[Stylize(스타일화)]−[Wind(바람)]를 선택하고 'Method(방법) : Wind(바람), Direction(방향) : From the Left(왼쪽에서)'을 설정한 후 [OK(확인)]를 클릭합니다.

07 Layers(레이어) 패널에서 'Layer 4'과 'Layer 5' 레이어 사이에 마우스 커서를 놓고 Alt 를 누르고 클릭하여 Clipping Mask(클리핑 마스크)를 적용합니다. 'Layer 5' 레이어를 선택한 후 Ctrl + T 를 눌러 반시계 방향으로 회전하여 배치합니다.

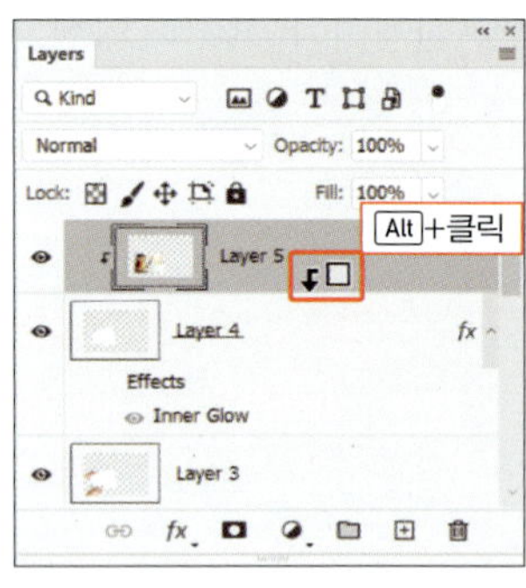

08 Layers(레이어) 패널에서 'Layer 4' 레이어를 선택합니다. Layers(레이어) 패널 하단의 'Add a layer style(레이어 스타일 추가, *fx.*)'을 클릭하여 [Inner Glow(내부 광선)]를 선택하고 'Opacity(불투명도) : 75%, Choke(경계 감소) : 0%, Size(크기) : 10px'로 설정한 후 [OK(확인)]를 클릭합니다.

09 Layers(레이어) 패널에서 'Layer 3' 레이어를 선택합니다. Layers(레이어) 패널 하단의 'Add a layer style(레이어 스타일 추가, *fx.*)'을 클릭하여 [Stroke(획)]를 선택하고 'Size(크기) : 3px, Fill Type(칠 유형) : Gradient(그레이디언트)'를 설정합니다. 'Click to edit the gradient(클릭하여 그레이디언트 편집)'를 클릭합니다.

10 그레이디언트 슬라이더 왼쪽 하단의 'Color Stop(색상 정지점)'을 더블 클릭하여 #ff99ff를, 오른쪽 'Color Stop(색상 정지점)'을 더블 클릭하여 #663333으로 설정한 후 'Style(스타일) : Linear(선형), Angle(각도) : −45°'로 설정합니다.

11 계속해서 [Drop Shadow(드롭 섀도)]를 선택하여 'Opacity(불투명도) : 75%, Angle(각도) : 120°, Distance(거리) : 10px, Spread(스프레드) : 0%, Size(크기) : 10px'를 설정한 후 [OK(확인)]를 클릭합니다.

04 이미지 보정 및 레이어 스타일 적용

01 [File(파일)]−[Open(열기)]을 선택하여 1급−11.jpg를 불러옵니다. Rectangular Marquee Tool(사각형 선택 윤곽 도구, 을 클릭하고 Options Bar(옵션 바)에서 'New Selection(새 선택 영역,), Feather(페더) : 0px, Style(스타일) : Normal(표준)'을 설정한 후 테니스 선수 이미지에 드래그합니다.

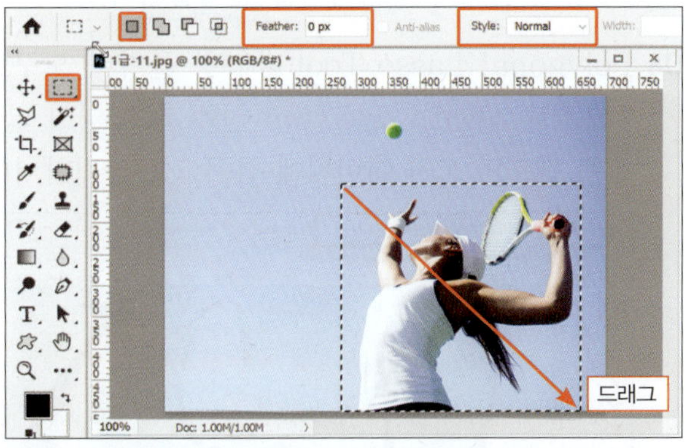

02 Magic Wand Tool(자동 선택 도구,)을 클릭하고 Options Bar(옵션 바)에서 'Subtract from selection(선택 영역에서 빼기,), Tolerance(허용치) : 20, Anti−alias(앤티 앨리어스) : 체크, Contiguous(인접) : 체크'를 설정한 후 선택에서 제외할 배경 이미지를 여러 번 클릭합니다.

03 `Ctrl`+`C`를 눌러 복사하여 작업 이미지를 선택하고 Layers(레이어) 패널에서 'Layer 5' 레이어를 선택한 후 `Ctrl`+`V`로 붙여넣기를 합니다. `Ctrl`+`T`를 눌러 크기를 축소하고 Options Bar(옵션 바)에서 'Rotate(회전, △) : −30°'를 입력한 후 `Enter`를 눌러 회전을 적용하고 배치합니다.

04 Layers(레이어) 패널 하단의 'Add a layer style(레이어 스타일 추가, _fx._)'을 클릭하여 [Outer Glow(외부 광선)]를 선택하고 'Opacity(불투명도) : 75%, Spread(스프레드) : 0%, Size(크기) : 10px'로 설정하고 [OK(확인)]를 클릭합니다.

05 Layers(레이어) 패널에서 `Ctrl`을 누른 채 'Layer 6' 레이어의 'Layer thumbnail(레이어 축소판)'을 클릭하여 이미지를 선택합니다.

06 Polygonal Lasso Tool(다각형 올가미 도구, ☑)을 클릭하고 Options Bar(옵션 바)에서 'Intersect with selection(선택 교차 영역 남기기, ▣), Feather(페더) : 0px'를 설정한 후 손목 밴드와 모자 이미지에 겹치도록 클릭합니다.

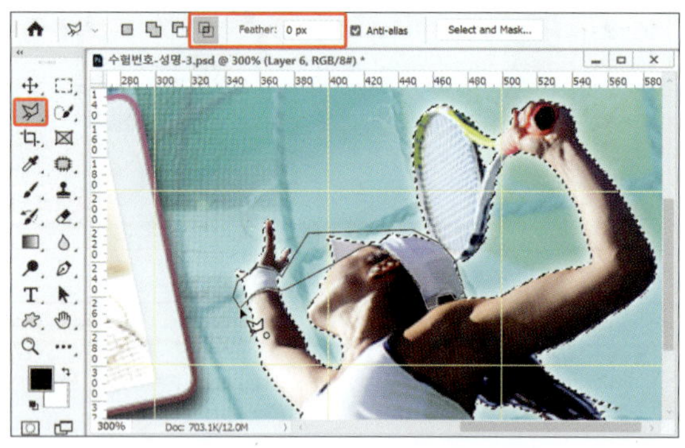
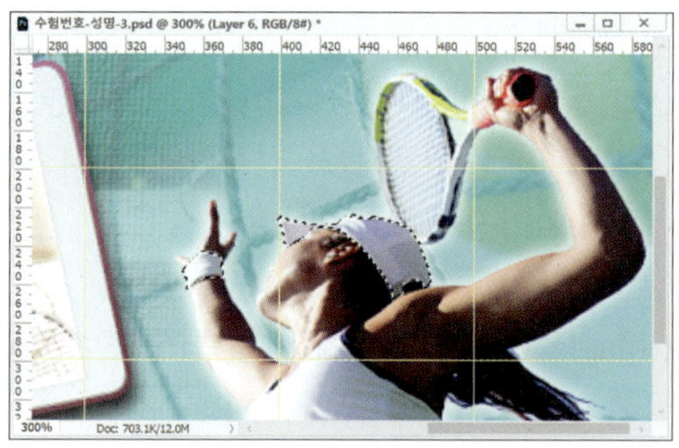

기적의 TIP

Polygonal Lasso Tool(다각형 올가미 도구, ☑)은 다각형 형태의 영역을 클릭하여 선택하는 도구로 더블 클릭하여 선택을 완료합니다.

07 Layers(레이어) 패널 하단의 'Create new fill or adjustment layer(새 칠 또는 조정 레이어 생성,)'를 클릭하고 [Hue/Saturation(색조/채도)]을 선택합니다. Properties(속성) 패널에서 'Colorize(색상화) : 체크, Hue(색조) : 10, Saturation(채도) : 86, Lightness(명도) : −15'로 설정한 후 빨간색 계열로 보정합니다.

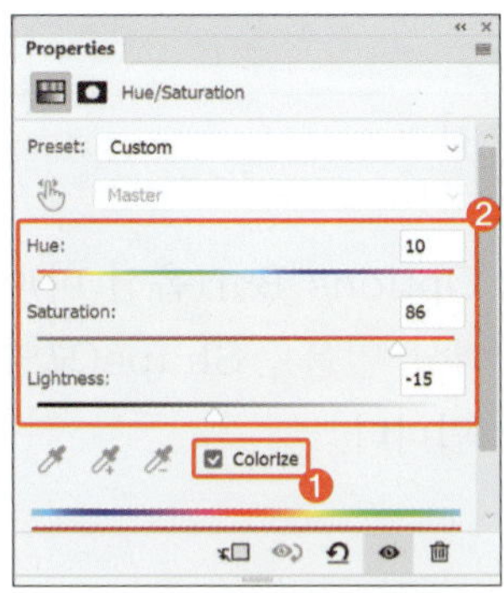

05 모양 생성 및 레이어 스타일 적용

01 Layers(레이어) 패널에서 'Layer 2' 레이어를 선택합니다.

02 Custom Shape Tool(사용자 정의 모양 도구,)을 클릭하고 Options Bar(옵션 바)에서 'Shape(모양), Fill(칠) : 임의 색상, Stroke(획) : No Color(색상 없음), Shape(모양) : Trophy(트로피,)'를 설정한 후 Shift 를 누른 채 드래그하여 모양을 그립니다.

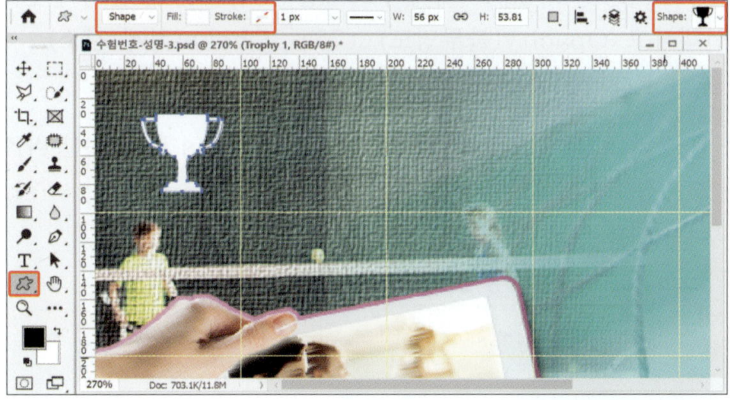

🎯 **Shape 경로**

[Legacy Shapes and More(레거시 모양 및 기타)]–[All Legacy Default Shapes(모든 레거시 기본 모양)]–[Banners and Awards(배너 및 상장)]

03 Layers(레이어) 패널 하단의 'Add a layer style(레이어 스타일 추가, fx.)'을 클릭하여 [Stroke(획)]를 선택하고 'Size(크기) : 2px, Color(색상) : #996633'으로 설정합니다. 계속해서 [Gradient Overlay(그레이디언트 오버레이)]를 선택하고 'Click to edit the gradient(클릭하여 그레이디언트 편집)'를 클릭합니다.

04 그레이디언트 슬라이더 왼쪽 하단의 'Color Stop(색상 정지점)'을 더블 클릭하여 #ffffff를, 오른쪽 'Color Stop(색상 정지점)'을 더블 클릭하여 #ffcc33, Location(위치) : 70%'를 설정합니다. 계속해서 'Style(스타일) : Linear(선형), Angle(각도) : −90°로 설정한 후 [OK(확인)]를 클릭합니다.

문제지의 《출력형태》를 참조하여 'Color Stop(색상 정지점)'의 'Location(위치)'을 설정합니다.

05 Custom Shape Tool(사용자 정의 모양 도구, ⬧)을 클릭하고 Options Bar(옵션 바)에서 'Shape(모양), Fill(칠) : #99cc33, Stroke(획) : No Color(색상 없음), Shape(모양) : tennisball(테니스공, ⬤)'을 설정한 후 Shift 를 누르고 모양을 그립니다.

🎯 **Shape 경로**

[Legacy Shapes and More(레거시 모양 및 기타)]–[2019 Shapes (2019 모양)]–[Sports Equipment (스포츠 장비)]

06 Layers(레이어) 패널 하단의 'Add a layer style(레이어 스타일 추가, fx.)'을 클릭하여 [Inner Glow(내부 광선)]를 선택하고 'Opacity(불투명도) : 75%, Choke(경계 감소) : 0%, Size(크기) : 7px'로 설정한 후 [OK(확인)]를 클릭합니다.

07 Custom Shape Tool(사용자 정의 모양 도구, ⬧)을 클릭하고 Options Bar(옵션 바)에서 'Shape(모양), Fill(칠) : #ffffff, Stroke(획) : No Color(색상 없음), Shape(모양) : Tennis 3(테니스 3, ⧃)'을 설정한 후 Shift 를 누르고 모양을 그립니다.

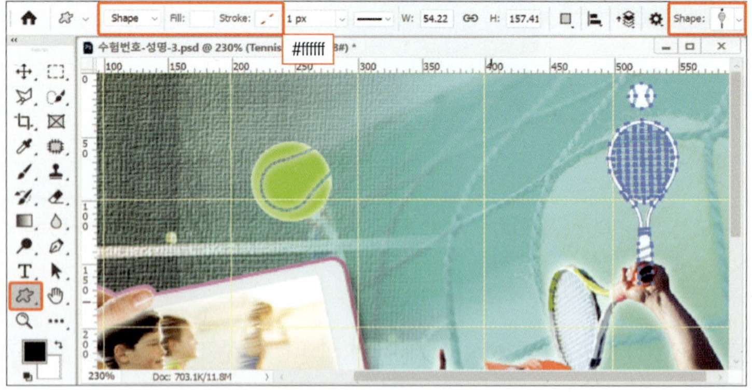

🎯 **Shape 경로**

[Legacy Shapes and More(레거시 모양 및 기타)]–[2019 Shapes(2019 모양)]–[Sports Equipment(스포츠 장비)]

08 Layers(레이어) 패널 하단의 'Add a layer style(레이어 스타일 추가, fx.)'을 클릭하여 [Drop Shadow(그림자)]를 선택하고 'Opacity(불투명도) : 75%, Angle(각도) : 120°, Distance(거리) : 5px, Size(크기) : 5px'를 설정한 후 [OK(확인)]를 클릭합니다.

09 Layers(레이어) 패널 상단의 'Opacity(불투명도) : 60%'를 설정합니다. Ctrl+T를 눌러 Options Bar(옵션 바)에서 'Rotate(회전, ⊿) : −60°'를 입력하고 Enter를 눌러 회전을 적용한 후 배치합니다.

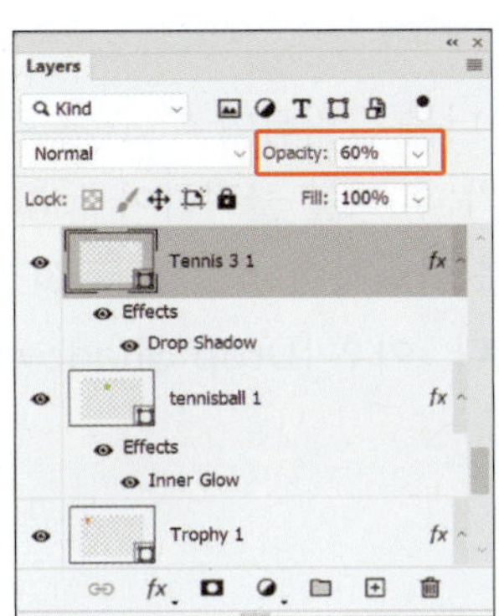
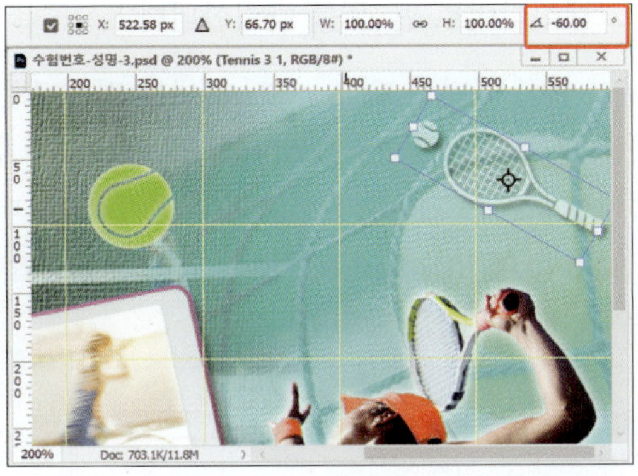

10 Ctrl+J를 눌러 복사한 'Tennis 3 1 copy' 레이어의 'Layer thumbnail(레이어 축소판)'을 더블 클릭하여 Color Picker(색상 픽커)에서 'Color(색상) : #cccc99'로 설정한 후 [OK(확인)]를 클릭합니다. 계속해서 Ctrl+T를 눌러 크기 조절과 회전을 하고 배치합니다.

06 문자 입력 및 왜곡과 레이어 스타일 적용

01 Horizontal Type Tool(수평 문자 도구, T)로 작업 이미지를 클릭하고 Options Bar(옵션 바)에서 'Font(글꼴) : 돋움, Set font size(글꼴 크기) : 42pt, Set anti-aliasing method(앤티 앨리어싱 방법 설정) : Strong(강하게), Color(색상) : 임의 색상'으로 설정한 후 '즐거운 스포츠 교실'을 입력합니다.

02 Horizontal Type Tool(수평 문자 도구, T)로 '스포츠 교실' 문자를 드래그하여 선택하고 Options Bar(옵션 바)에서 'Set font size(글꼴 크기) : 60pt'로 설정합니다.

03 Options Bar(옵션 바)에서 Create warped text(뒤틀어진 텍스트 만들기, ⏇)를 클릭하고 [Warp Text(텍스트 뒤틀기)] 대화상자에서 'Style(스타일) : Flag(깃발), Horizontal(가로) : 체크, Bend(구부리기) : 60%'를 설정하여 문자의 모양을 왜곡합니다.

04 Layers(레이어) 패널 하단의 'Add a layer style(레이어 스타일 추가, _fx._)'을 클릭하여 [Stroke(획)]를 선택하고 'Size(크기) : 2px, Color(색상) : #666666'으로 설정합니다. 계속해서 [Gradient Overlay(그레이디언트 오버레이)]를 선택하고 'Click to edit the gradient(클릭하여 그레이디언트 편집)'를 클릭합니다.

05 그레이디언트 슬라이더 왼쪽 하단의 'Color Stop(색상 정지점)'을 더블 클릭하여 #ccff99로 설정하고 가운데 빈 곳을 클릭하여 'Color Stop(색상 정지점)'을 추가 후 더블 클릭하여 #66ccff를 설정합니다. 계속해서 오른쪽 'Color Stop(색상 정지점)'을 더블 클릭하여 #ffccff로 설정하고 'Style(스타일) : Linear(선형), Angle(각도) : 0°'로 설정합니다. 이후 [Drop Shadow(드롭 섀도)]를 선택한 후 [OK(확인)]를 클릭합니다.

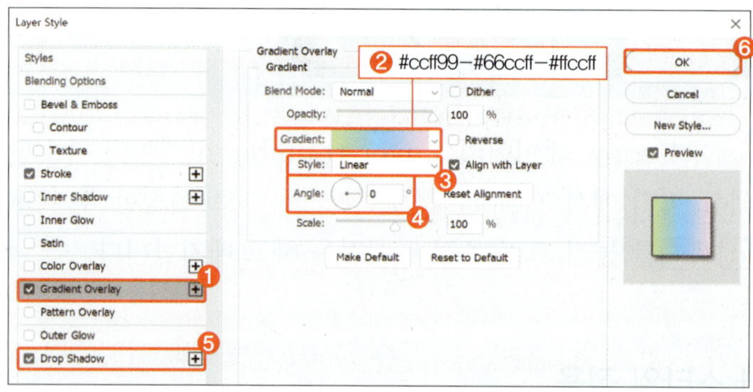

06 Horizontal Type Tool(수평 문자 도구, T)로 작업 이미지를 클릭하고 Options Bar(옵션 바)에서 'Font(글꼴) : Arial, Set font style(글꼴 스타일 설정) : Bold, Set font size(글꼴 크기) : 30pt, Color(색상) : #ffffcc'로 설정한 후 'TENNIS CLUB'을 입력합니다.

07 Options Bar(옵션 바)에서 Create warped text(뒤틀어진 텍스트 만들기, ⏇)를 클릭하고 [Warp Text(텍스트 뒤틀기)] 대화상자에서 'Style(스타일) : Arc(부채꼴), Horizontal(가로) : 체크, Bend(구부리기) : −40%, Horizontal Distortion(가로 왜곡) : 50%'를 설정하여 문자의 모양을 왜곡합니다

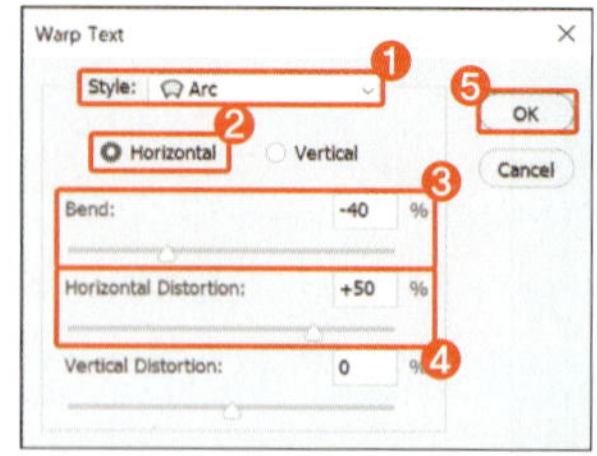

08 Layers(레이어) 패널 하단의 'Add a layer style(레이어 스타일 추가, _fx._)'을 클릭하여 [Stroke(획)]를 선택하고 'Size(크기) : 2px, Color(색상) : #009966'으로 설정합니다. Shift +Ctrl+]를 눌러 맨 앞으로 가져오기를 통해 'Hue/Saturation 1' 레이어 위쪽으로 배치합니다.

09 Horizontal Type Tool(수평 문자 도구, T)로 작업 이미지를 클릭하고 Options Bar(옵션 바)에서 'Font(글꼴) : 바탕, Set font size(글꼴 크기) : 18pt, Set anti-aliasing method(앤티 앨리어싱 방법 설정) : Strong(강하게), Color(색상) : 임의 색상'으로 설정한 후 '공개 강좌에 참여해 보세요!'를 입력합니다.

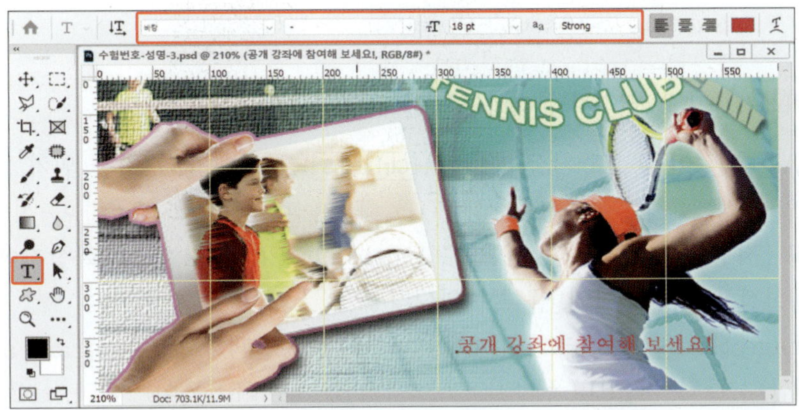

10 Layers(레이어) 패널 하단의 'Add a layer style(레이어 스타일 추가, fx.)'을 클릭하여 [Stroke(획)]를 선택하고 'Size(크기) : 2px, Color(색상) : #99ffff'로 설정합니다.

11 계속해서 [Gradient Overlay(그레이디언트 오버레이)]를 선택하고 'Click to edit the gradient(클릭하여 그레이디언트 편집)'를 클릭합니다. 그레이디언트 슬라이더 왼쪽 하단의 'Color Stop(색상 정지점)'을 더블 클릭하여 #000000을, 오른쪽 'Color Stop(색상 정지점)'을 더블 클릭하여 #cc00ff로 설정하고 'Style(스타일) : Linear(선형), Angle(각도) : 0°'로 설정한 후 [OK(확인)]를 클릭합니다.

12 Horizontal Type Tool(수평 문자 도구, T)로 작업 이미지를 클릭하고 Options Bar(옵션 바)에서 'Font(글꼴) : 바탕, Set font size(글꼴 크기) : 20pt, Set anti-aliasing method(앤티 앨리어싱 방법 설정) : Strong(강하게), Color(색상) : #cc0033'으로 설정한 후 '취미반 / 선수반 모집'을 입력합니다.

13 Horizontal Type Tool(수평 문자 도구, T)로 '선수반 모집' 문자를 드래그하여 선택하고 Options Bar(옵션 바)에서 'Color(색상) : #006600'을 설정합니다.

14 Layers(레이어) 패널 하단의 'Add a layer style(레이어 스타일 추가, $fx.$)'을 클릭하여 [Stroke(획)]를 선택하고 'Size(크기) : 2px, Color(색상) : #6699cc'로 설정한 후 [OK(확인)]를 클릭합니다. Ctrl + S 를 눌러 파일을 저장합니다.

07 정답 파일 저장

01 [View(보기)]-[Show(표시)]-[Grid(격자)](Ctrl + ')를 선택하여 격자를 가립니다.

02 [File(파일)]-[Save As(다른 이름으로 저장)](Shift + Ctrl + S)를 선택하고 '저장 위치 : 내 PC₩문서₩GTQ, 파일 형식 : JPEG(*.JPG;*.JPEG;*.JPE), 파일 이름 : 수험번호-성명-문제번호'를 입력하고 [저장]을 클릭한 후 [JPEG Options(JPEG 옵션)] 대화상자에서 'Quality(품질) : 8'로 설정하고 [OK(확인)]를 클릭합니다.

03 [Image(이미지)]-[Image Size(이미지 크기)](Alt + Ctrl + I)를 선택하고 'Constrain aspect ratio(종횡비 제한) : 클릭, Width(폭) : 60Pixels(픽셀), Height(높이) : 40Pixels(픽셀)'로 입력하여 이미지 크기를 1/10로 축소한 후 [OK(확인)]를 클릭합니다.

04 [File(파일)]-[Save As(다른 이름으로 저장)](Shift + Ctrl + S)를 선택하고 '저장 위치 : 내 PC₩문서₩GTQ, 파일 형식 : Photoshop(*.PSD;*.PDD;*.PSDT), 파일 이름 : 수험번호-성명-문제번호'를 입력한 후 [저장]을 클릭합니다.

05 답안 저장이 완료되면 [File(파일)]-[Close(닫기)](Ctrl + W)를 선택하여 파일을 닫고 수험 프로그램에서 [답안 전송]을 클릭하여 감독관 컴퓨터로 psd와 jpg 파일을 전송합니다.

문제 ❹　**[실무응용] 웹 페이지 제작**

작업과정	새 작업 이미지 만들기 및 파일 저장하기 ➡ 혼합 모드 합성 및 필터, 레이어 마스크 적용 ➡ 이미지 보정 및 레이어 스타일 적용 ➡ 모양 생성 및 변형, 레이어 스타일 적용 ➡ 메뉴 버튼 만들기 ➡ 펜 도구 작업 및 레이어 스타일 적용 ➡ 패턴 정의와 적용 및 클리핑 마스크 적용 ➡ 문자 입력과 왜곡 및 레이어 스타일 적용 ➡ 정답 파일 저장
완성이미지	PART04₩기출유형문제03회₩정답파일₩G120260003-성명-4.jpg, G120260003-성명-4.psd

01 [File(파일)]-[New(새로 만들기)]([Ctrl]+[N])를 선택하고 'Width(폭) : 600Pixels(픽셀), Height(높이) : 400Pixels(픽셀), Resolution(해상도) : 72Pixels/Inch(픽셀/인치), Color Mode(색상 모드) : RGB Color(RGB 색상), 8bit(비트), Background Contents(배경 내용) : White(흰색)'로 설정하여 새 작업 이미지를 만듭니다.

02 [Edit(편집)]-[Preference(환경설정)]([Ctrl]+[K])를 클릭하고 [Guides, Grid & Slices(안내선, 격자 및 분할 영역)]를 선택합니다. Grid(격자)의 'Color(색상)'를 클릭하여 밝은 색상으로 변경한 후 'Gridline Every(격자 간격) : 100Pixels(픽셀), Subdivisions(세분) : 1'로 설정합니다.

03 [View(보기)]-[Show(표시)]-[Grid(격자)]([Ctrl]+['])와 [View(보기)]-[Rulers(눈금자)]([Ctrl]+[R])를 선택하여 격자와 눈금자를 표시합니다.

04 작업 도큐먼트를 저장하기 위해 [File(파일)]-[Save As(다른 이름으로 저장)]([Shift]+[Ctrl]+[S])를 선택하고 임의 경로에 '파일 이름 : 수험번호-성명-문제번호, 파일 형식 : Photoshop(*.PSD;*.PDD;*.PSDT)'으로 파일을 저장합니다.

02 혼합 모드 합성 및 필터, 레이어 마스크 적용

01 Tool Panel(도구 패널) 하단의 'Set foreground color(전경색 설정)'를 클릭하여 # 오른쪽 입력란에 '99ccff'로 입력 후, [Alt]+[Delete]를 눌러 제시된 Foreground Color(전경색)를 작업 이미지의 배경에 채웁니다.

02 [File(파일)]-[Open(열기)]을 선택하여 1급-12.jpg를 불러온 후 [Ctrl]+[A]를 눌러 전체를 선택하고 [Ctrl]+[C]를 눌러 복사합니다. 작업 이미지를 선택하여 [Ctrl]+[V]로 붙여넣기를 하고 [Ctrl]+[T]로 크기를 조절하여 배치합니다.

03 Layers(레이어) 패널에서 'Blending Mode(혼합 모드) : Overlay(오버레이)'로 설정하여 배경 이미지와 합성을 합니다.

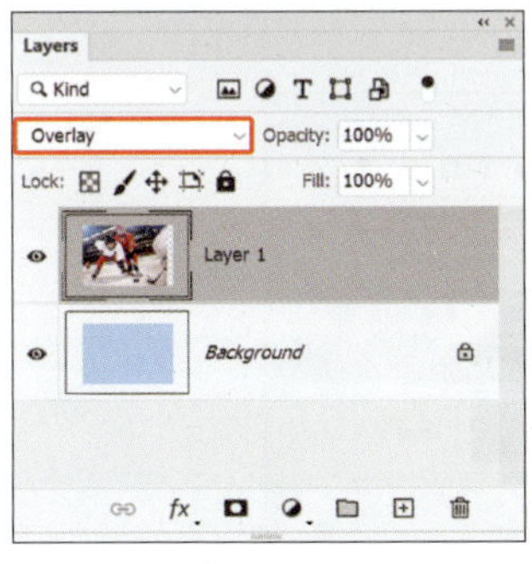

04 Layers(레이어) 패널에서 하단의 'Add layer mask(레이어 마스크 추가, ▣)'를 클릭하여 레이어 마스크를 추가합니다.

05 Tool Panel(도구 패널) 하단의 'Set foreground color(전경색 설정)'를 #000000, 'Set background color(배경색 설정)'를 #ffffff로 설정합니다. Gradient Tool(그레이디언트 도구, ▣)을 클릭하고 Options Bar(옵션 바)에서 'Type(유형) : Linear Gradient(선형 그레이디언트), Mode(모드) : Normal(표준), Opacity(불투명도) : 100%'로 설정한 후 Shift 를 누른 채 오른쪽에서 왼쪽인 가로 방향으로 드래그하여 이미지 일부를 자연스럽게 지워 합성합니다.

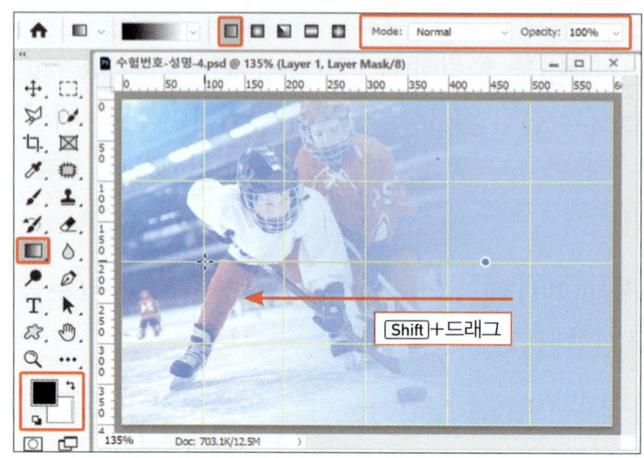
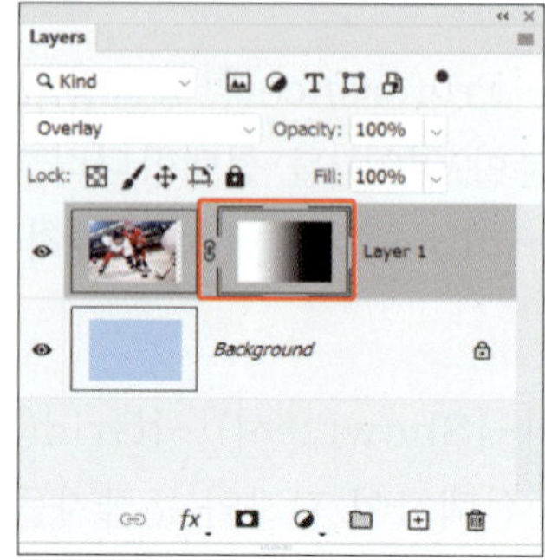

06 [File(파일)]–[Open(열기)]을 선택하여 1급–13.jpg를 불러옵니다. Ctrl + A 를 눌러 전체를 선택하고 Ctrl + C 로 복사합니다. 작업 이미지에 Ctrl + V 로 붙여넣기를 한 후 Ctrl + T 로 크기를 조절하여 배치합니다.

07 [Filter(필터)]–[Filter Gallery(필터 갤러리)]–[Texture(텍스처)]–[Texturizer(텍스처화)]를 선택합니다.

08 Layers(레이어) 패널에서 하단의 'Add layer mask(레이어 마스크 추가, ▣)'를 클릭하여 레이어 마스크를 추가합니다.

09 Tool Panel(도구 패널) 하단의 'Set foreground color(전경색 설정)'를 #000000, 'Set background color(배경색 설정)'를 #ffffff로 설정합니다. Gradient Tool(그레이디언트 도구, ▣)을 클릭하고 Options Bar(옵션 바)에서 'Type(유형) : Linear Gradient(선형 그레이디언트), Mode(모드) : Normal(표준), Opacity(불투명도) : 100%'로 설정한 후 Shift 를 누른 채 중앙에서 오른쪽 상단 방향인 대각선으로 드래그하여 이미지 일부를 자연스럽게 지워 합성합니다.

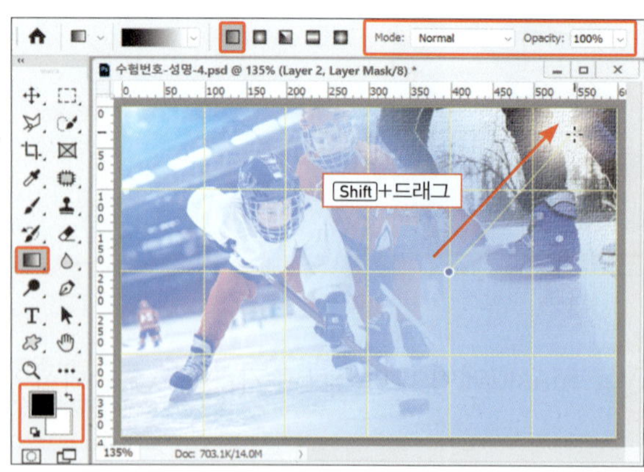
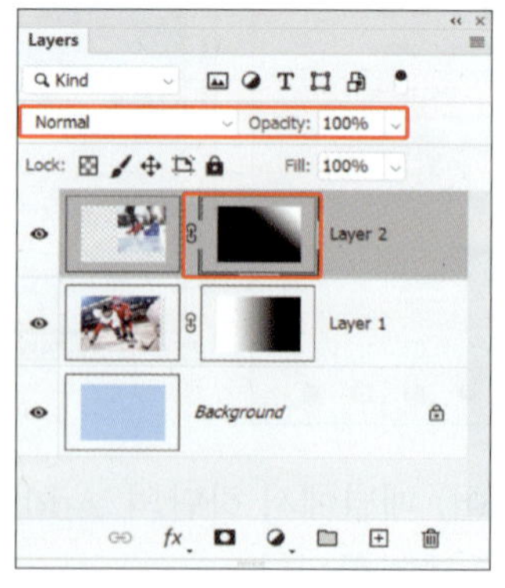

10 [File(파일)]–[Open(열기)]을 선택하여 1급–14.jpg를 불러옵니다. Pen Tool(펜 도구, 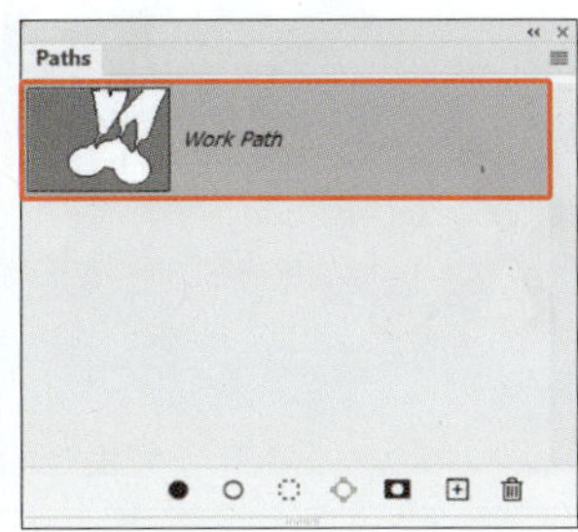)을 클릭하고 Options Bar(옵션 바)에서 'Path(패스), Path operations(패스 작업) : Exclude Overlapping Shapes(모양 오버랩 제외, ▣)'를 클릭하고 메달 모양을 따라 2개의 닫힌 패스로 완료합니다.

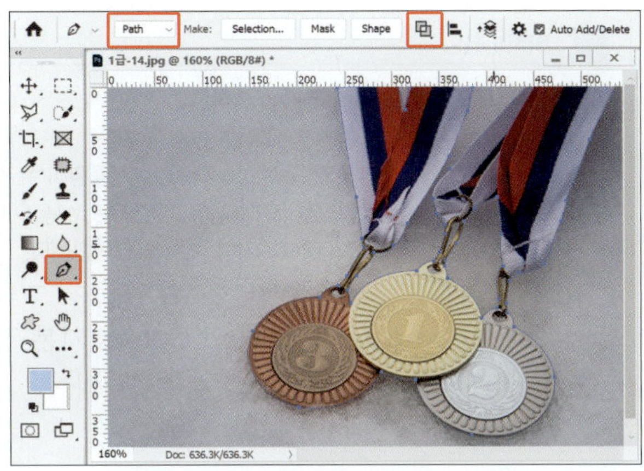

11 패스가 완료되면 Ctrl+Enter를 눌러 선택 상태로 전환하고 Ctrl+C로 복사합니다. 작업 이미지를 선택하고 Ctrl+V로 붙여 넣기를 합니다. Ctrl+T를 눌러 마우스 오른쪽 버튼을 누르고 [Flip Horizontal(가로로 뒤집기)]로 뒤집은 후 크기를 축소하고 반시계 방향으로 회전하여 배치합니다.

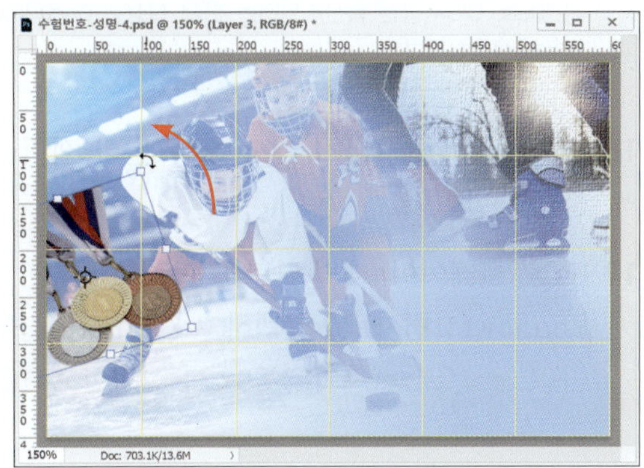

12 Layers(레이어) 패널 하단의 'Add a layer style(레이어 스타일 추가, fx.)'을 클릭하여 [Inner Shadow(내부 그림자)]를 선택하고 'Opacity(불투명도) : 75%, Angle(각도) : 120°, Distance(거리) : 6px, Size(크기) : 6px'를 설정합니다.

13 계속해서 [Inner Glow(내부 광선)]를 선택하고 'Opacity(불투명도) : 75%, Choke(경계 감소) : 0%, Size(크기) : 10px'로 설정한 후 [OK(확인)]를 클릭합니다.

14 [File(파일)]–[Open(열기)]을 선택하여 1급–15.jpg를 불러옵니다. Quick Selection Tool(빠른 선택 도구, ▣)을 클릭하고 Options Bar(옵션 바)에서 'Select Subject(피사체 선택)'를 클릭한 후 빠르게 이미지를 선택합니다.

15 계속해서 Options Bar(옵션 바)에서 'Subtract from selection(선택 영역에서 빼기, ▣)'을 설정한 후 브러시의 크기를 조절하며 선택에서 제외할 이미지를 드래그합니다.

16 Ctrl+C를 눌러 복사 후 작업 이미지를 선택하고 Ctrl+V로 붙여넣기를 한 후, Ctrl+T를 눌러 Shift를 누른 채 크기를 축소하여 배치합니다.

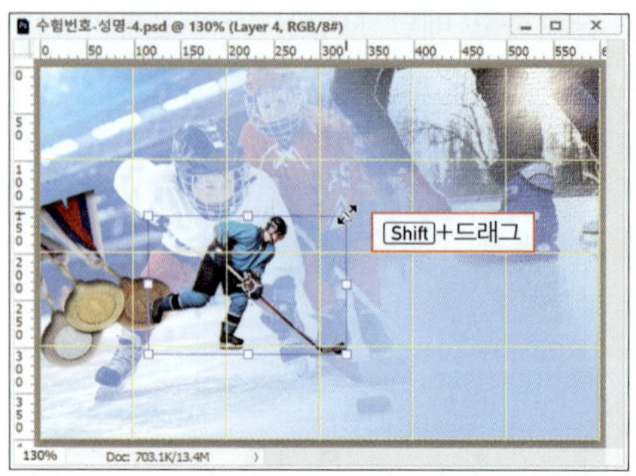

17 Tool Panel(도구 패널) 하단의 Default Foreground and Background Colors(기본 전경 색과 배경색, ⬛)를 클릭하여 Background Color(배경색)를 '#ffffff'로 설정합니다.

> **기적의 TIP**
>
> [Diffuse Glow(광선 확산)] 필터는 현재 설정된 Background Color(배경색)를 반영하므로 필터를 적용하기 전에 색상을 먼저 설정합니다.

18 [Filter(필터)]–[Filter Gallery(필터 갤러리)]–[Distort(왜곡)]–[Diffuse Glow(광선 확산)] 를 선택합니다.

19 Layers(레이어) 패널 하단의 'Add a layer style(레이어 스타일 추가, *fx.*)'을 클릭하여 [Drop Shadow(그림자)]를 선택하고 'Opacity(불투명도) : 75%, Angle(각도) : 120°, Distance(거 리) : 5px, Size(크기) : 5px'를 설정한 후 [OK(확인)]를 클릭합니다.

03 이미지 보정 및 레이어 스타일 적용

01 [File(파일)]–[Open(열기)]을 선택하여 1급–16.jpg를 불러옵니다. Object Selection Tool(개체 선택 도구, ⬛)을 클릭하고 Options Bar(옵션 바)에서 'New Selection(새 선택 영역, ⬛), Mode(모드) : Rectangle(사각형)'을 선택한 후 이미지에 드래그합니다.

02 Quick Selection Tool(빠른 선택 도구,)을 클릭하고 Options Bar(옵션 바)에서 Sub-tract from selection(선택 영역에서 빼기,)을 설정한 후 브러시의 크기를 조절하며 선택에서 제외할 이미지에 드래그합니다.

03 Ctrl+C를 눌러 복사 후 작업 이미지를 선택하고 Ctrl+V로 붙여넣기를 합니다. Ctrl+T를 눌러 마우스 오른쪽 버튼을 누르고 [Flip Horizontal(가로로 뒤집기)]로 뒤집은 후 크기를 축소하고 배치합니다.

04 Layers(레이어) 패널 하단의 'Add a layer style(레이어 스타일 추가, fx.)'을 클릭하여 [Bevel & Emboss(경사와 엠보스)]를 선택하고 'Style(스타일) : Inner Bevel(내부 경사), Direction(방향) : Up(위로), Size(크기) : 10px'를 설정한 후 [OK(확인)]를 클릭합니다.

05 Quick Selection Tool(빠른 선택 도구,)을 클릭하고 Options Bar(옵션 바)에서 'Add to selection(선택 영역에 추가,)'을 설정한 후 브러시의 크기를 조절하며 파란색 스키점퍼 이미지에 드래그하여 선택합니다.

06 Layers(레이어) 패널 하단의 'Create new fill or adjustment layer(새 칠 또는 조정 레이어 생성,)'를 클릭하고 [Hue/Saturation(색조/채도)]을 선택합니다. Properties(속성) 패널에서 'Colorize(색상화) : 체크, Hue(색조) : 106, Saturation(채도) : 60, Lightness(명도) : 10'으로 설정하여 녹색 계열로 색상을 보정합니다.

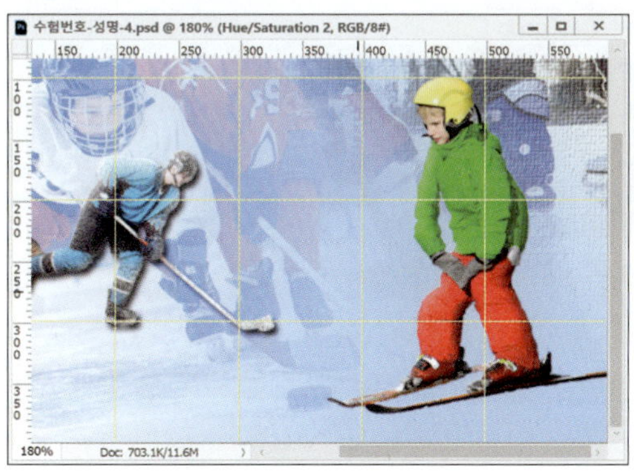

07 [File(파일)]-[Open(열기)]을 선택하여 1급-17.jpg를 불러옵니다. Magic Wand Tool(자동 선택 도구, ✨)을 클릭하고 Options Bar(옵션 바)에서 'Add to selection(선택 영역에 추가, ☑), Tolerance(허용치) : 25, Anti-alias(앤티 앨리어스) : 체크, Contiguous(인접) : 체크'를 설정한 후 이미지에 여러 번 클릭하여 선택합니다.

08 Ctrl+C를 눌러 복사하여 작업 이미지를 선택하고 Layers(레이어) 패널에서 'Layer 2' 레이어를 선택합니다. Ctrl+V로 붙여 넣기 후, Ctrl+T를 눌러 크기를 조절하고 배치합니다.

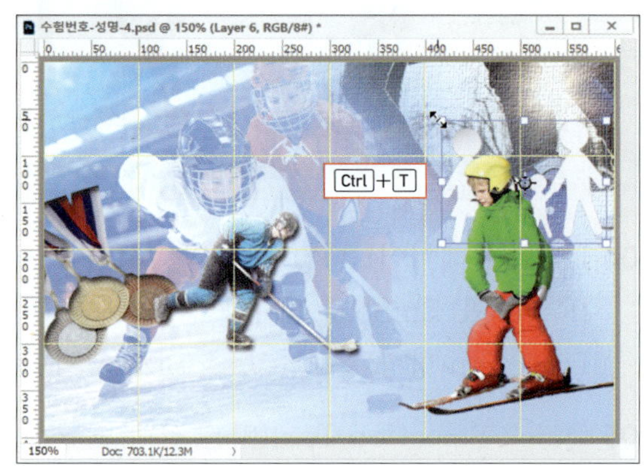

04 모양 생성 및 변형, 레이어 스타일 적용

01 Custom Shape Tool(사용자 정의 모양 도구, ✿)을 클릭하고 Options Bar(옵션 바)에서 'Shape(모양), Fill(칠) : #99cccc, Stroker(획) : No Color(색상 없음), Shape(모양) : Left Hand(왼손, ✋)'로 설정한 후 Shift를 누르고 드래그하여 왼쪽 하단에 모양을 그립니다.

◎ Shape 경로

[Legacy Shapes and More(레거시 모양 및 기타)]-[All Legacy Default Shapes(모든 레거시 기본 모양)]-[Objects(개체)]

02 Layers(레이어) 패널 하단의 'Add a layer style(레이어 스타일 추가, fx)'을 클릭하여 [Drop Shadow(그림자)]를 선택하고 'Opacity(불투명도) : 75%, Angle(각도) : 120°, Distance(거리) : 5px, Size(크기) : 5px'를 설정하고 [OK(확인)]를 클릭합니다.

03 Layers(레이어) 패널 상단의 'Opacity(불투명도) : 80%'를 설정합니다. Ctrl + J 를 눌러 복사한 레이어를 만들고 Ctrl + T 를 눌러 Shift 를 누른 채 크기를 축소하고 시계 방향으로 회전하여 배치합니다.

04 Layers(레이어) 패널에서 'Left Hand 1 copy' 레이어의 'Layer thumbnail(레이어 축소판)'을 더블 클릭하여 'Color(색상) : #cccc99'로 설정한 후 [OK(확인)]를 클릭합니다.

05 메뉴 버튼 만들기

01 Layers(레이어) 패널에서 'Hue/Saturation 1' 레이어를 선택합니다.

02 Custom Shape Tool(사용자 정의 모양 도구, ⬚)을 클릭하고 Options Bar(옵션 바)에서 'Shape(모양), Fill(칠) : 임의 색상, Stroke(획) : No Color(색상 없음), Shape(모양) : Banner 3(배너 3, ▬)'을 설정한 후 드래그하여 모양을 그립니다.

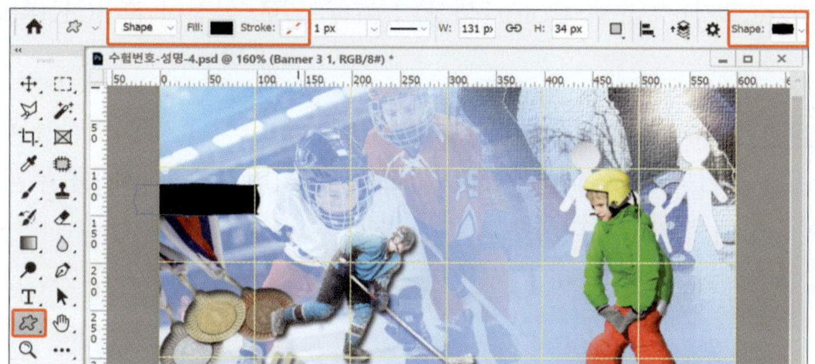

> **⊘ Shape 경로**
>
> [Legacy Shapes and More(레거시 모양 및 기타)]–[All Legacy Default Shapes(모든 레거시 기본 모양)]–[Banners and Awards(배너 및 상장)]

03 Layers(레이어) 패널 하단의 'Add a layer style(레이어 스타일 추가, fx.)'을 클릭하여 [Stroke(획)]를 선택하고 'Size(크기) : 2px, Color(색상) : #cc6600'으로 설정합니다.

04 계속해서 [Gradient Overlay(그레이디언트 오버레이)]를 선택하고 'Click to edit the gradient(클릭하여 그레이디언트 편집)'를 클릭합니다. 그레이디언트 슬라이더 왼쪽 하단의 'Color Stop(색상 정지점)'을 더블 클릭하여 #ffffff를, 오른쪽 'Color Stop(색상 정지점)'을 더블 클릭하여 #cc9999로 설정한 후 'Style(스타일) : Reflected(반사), Angle(각도) : 90°'로 설정하고 [OK(확인)]를 클릭합니다.

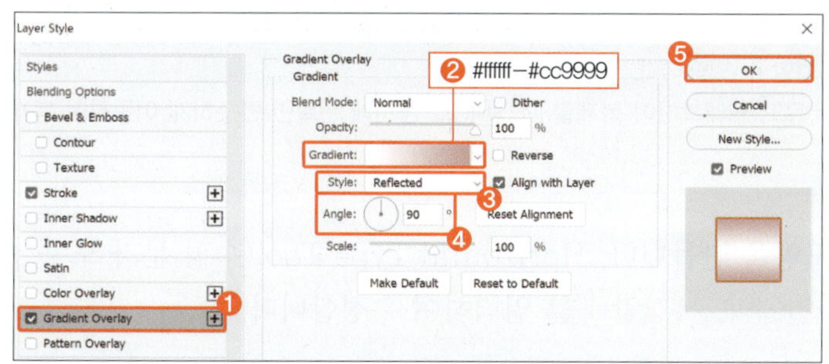

> **⏹ 기적의 TIP**
>
> 'Style(스타일) : Reflected(반사)'로 설정하면 그레이디언트 슬라이더에서 2개의 'Color Stop(색상 정지점)'만으로도 반사된 3가지 색상의 그레이디언트 편집이 가능합니다.

05 Horizontal Type Tool(수평 문자 도구, <u>T</u>)로 작업 이미지를 클릭하고 Options Bar(옵션 바)에서 'Font(글꼴) : 돋움, Set font size(글꼴 크기) : 16pt, Set anti-aliasing method(앤티 앨리어싱 방법 설정) : Strong(강하게), Left align text(텍스트 왼쪽 맞춤, <u>≡</u>), Color(색상) : #000000'으로 설정한 후 '영상보기'를 입력합니다.

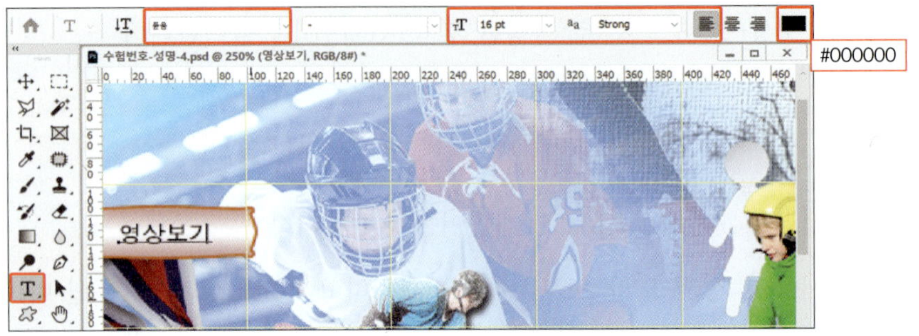

06 Layers(레이어) 패널 하단의 'Add a layer style(레이어 스타일 추가, <u>fx.</u>)'을 클릭하여 [Stroke(획)]를 선택하고 'Size(크기) : 2px, Color(색상) : #ffffff'로 설정한 후 [OK(확인)]를 클릭합니다.

07 Layers(레이어) 패널에서 <u>Shift</u>를 누른 채 '영상보기' 레이어와 'Banner 3 1' 레이어를 클릭하여 함께 선택합니다. Move Tool(이동 도구, <u>⊕</u>)을 선택하고 작업 이미지에서 <u>Alt</u>를 누른 채 2개의 레이어를 위쪽으로 이동하며 복제합니다.

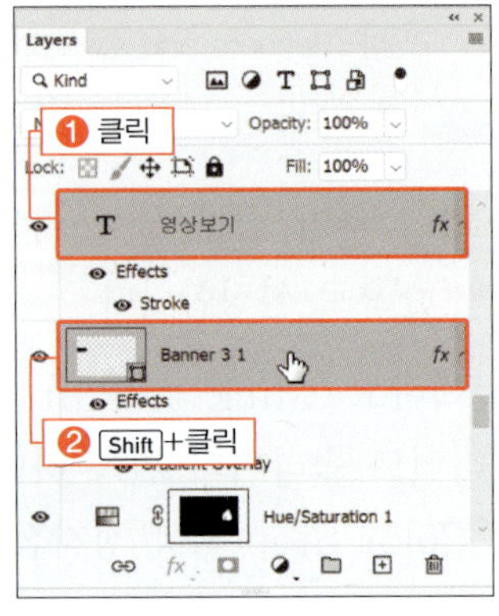

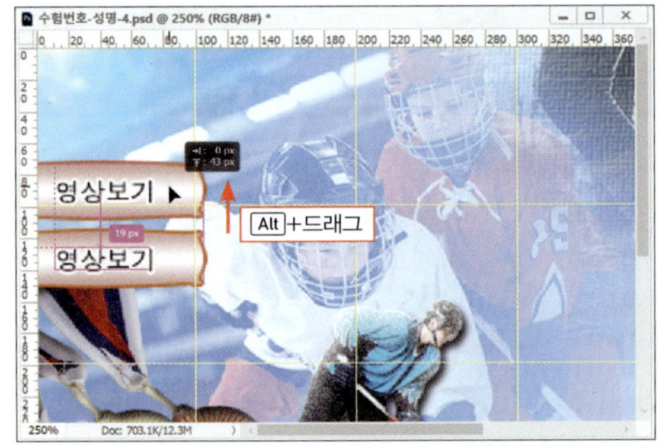

- Layers(레이어) 패널에서 <u>Shift</u>를 눌러 레이어를 다중 선택한 후 Move Tool(이동 도구, <u>⊕</u>)의 Options Bar(옵션 바)에서 정렬과 배분을 맞춰서 버튼을 배치할 수 있습니다.
- Move Tool(이동 도구, <u>⊕</u>)로 <u>Alt</u>를 누르고 드래그하여 복제할 때 <u>Shift</u>를 동시에 누르면 반듯하게 이동하며 복제할 수 있습니다.

08 동일한 방법으로 3번째 버튼의 모양을 만듭니다. Horizontal Type Tool(수평 문자 도구, <u>T</u>)로 문자를 각각 드래그하여 '온라인예약, 특강안내'를 입력하여 수정합니다.

09 Layers(레이어) 패널에서 '온라인예약' 문자 레이어에 적용된 [Effects(효과)]의 [Stroke(획)]를 더블 클릭하고 'Color(색상) : #9999ff'로 설정한 후 [OK(확인)]를 클릭합니다.

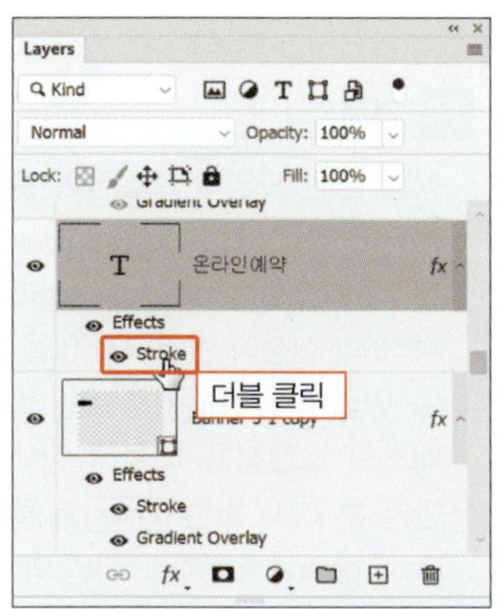

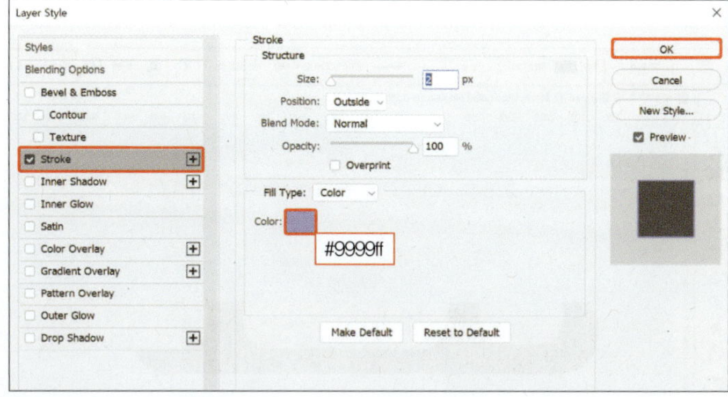

10 Layers(레이어) 패널에서 'Banner 3 1 copy' 레이어에 적용된 [Effects(효과)]의 [Stroke(획)]를 더블 클릭하고 'Color(색상) : #663366'으로 설정합니다.

11 계속해서 [Gradient Overlay(그레이디언트 오버레이)]를 선택하고 'Click to edit the gradient(클릭하여 그레이디언트 편집)'를 클릭합니다. 그레이디언트 슬라이더 오른쪽 하단의 'Color Stop(색상 정지점)'을 더블 클릭하여 #9999ff로 설정한 후 [OK(확인)]를 클릭합니다.

06 펜 도구 작업 및 레이어 스타일 적용

01 Rounded Rectangle Tool(모서리가 둥근 직사각형 도구, ▢)을 클릭하고 Options Bar(옵션 바)에서 'Shape(모양), Fill(칠) : 임의 색상, Stroke(획) : No Color(색상 없음), Path operations(패스 작업) : New Layer(새 레이어, ▣), Radius(반경) : 30px'로 설정합니다. 작업 이미지를 선택하고 'Width(폭) : 270px(픽셀), Height(높이) : 48px(픽셀)'을 설정한 후 [OK(확인)]를 클릭합니다.

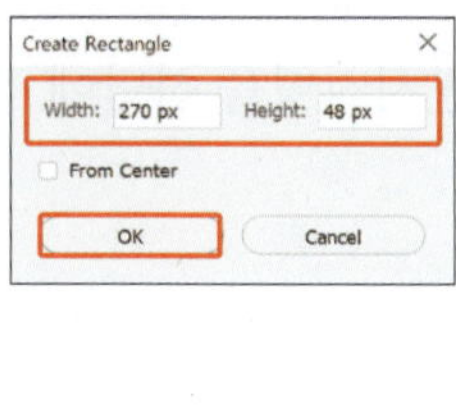

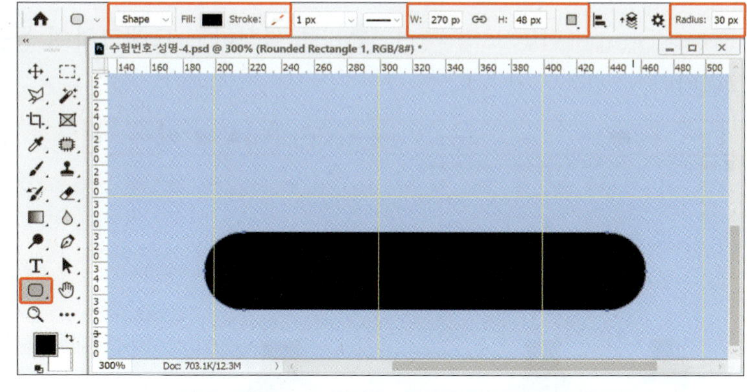

🅑 **기적**의 TIP

명확하게 패스 작업이 보이도록 Layers(레이어) 패널에서 'Background(배경)' 레이어의 가시성(눈 아이콘)만 켜고 나머지 레이어의 가시성은 끄고 작업을 진행하겠습니다. 패스 작업이 완료되면 나머지 레이어의 눈 아이콘을 다시 클릭합니다.

02 계속해서 Options Bar(옵션 바)에서 'Shape(모양), Path operations(패스 작업) : Subtract Front Shape(전면 모양 빼기, 🖻), Radius(반경) : 15px'로 설정하고 드래그하여 크기가 다른 4개의 둥근 사각형을 겹치도록 그려서 배치합니다.

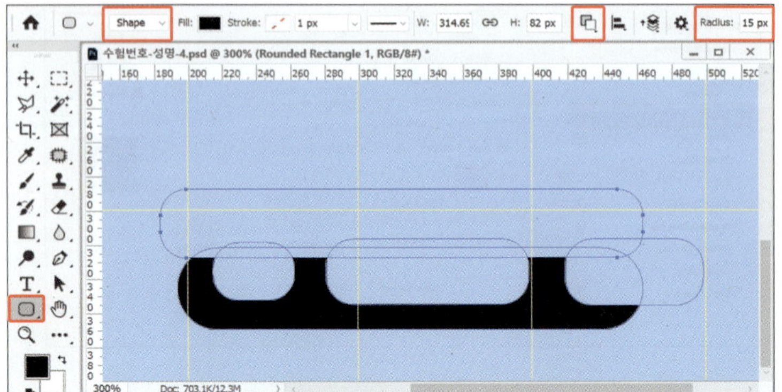

03 Options Bar(옵션 바)에서 'Shape(모양), Path operations(패스 작업) : Combine Shapes(모양 결합, 🖻), Radius(반경) : 10px'로 설정하고 드래그하여 오른쪽 하단과 겹치도록 둥근 사각형 모양을 그립니다.

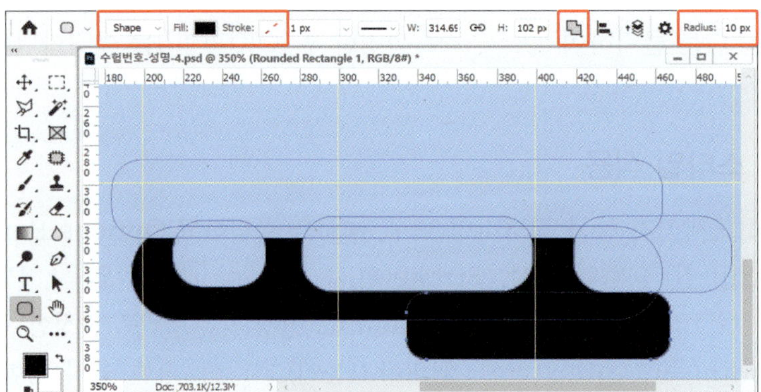

04 계속해서 Options Bar(옵션 바)에서 'Shape(모양), Path operations(패스 작업) : Subtract Front Shape(전면 모양 빼기, 🖻)'로 설정하고 드래그하여 둥근 사각형을 하단에 겹치도록 그립니다.

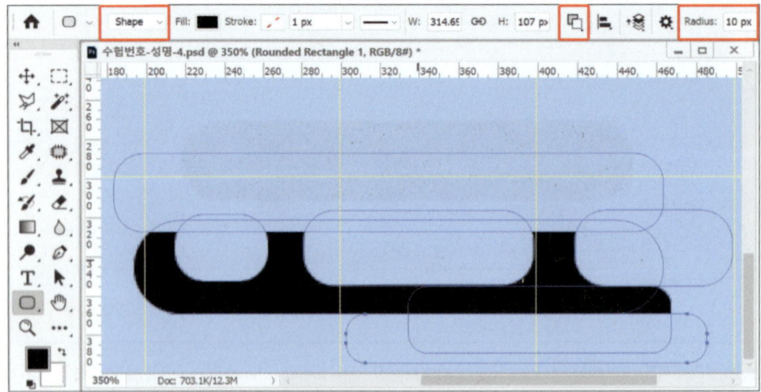

05 Options Bar(옵션 바)에서 'Path operations(패스 작업) : Merge Shape Components(모양 병합 구성 요소, [回])'를 클릭하여 모양을 하나로 병합하고 [Enter]를 눌러 패스 작업을 완료합니다.

06 Layers(레이어) 패널에서 'Rounded Rectangle 1' 레이어의 'Layer thumbnail(레이어 축소판)'을 더블 클릭하여 'Color(색상) : #999999'로 설정한 후, 레이어의 이름을 더블 클릭하여 path 1로 변경합니다.

07 Layers(레이어) 패널 하단의 'Add a layer style(레이어 스타일 추가, [fx.])'을 클릭하여 [Drop Shadow(그림자)]를 선택하고 'Opacity(불투명도) : 75%, Angle(각도) : 120°, Distance(거리) : 5px, Size(크기) : 5px'를 설정한 후 [OK(확인)]를 클릭합니다.

08 Pen Tool(펜 도구, [∅])을 클릭하고 Options Bar(옵션 바)에서 'Shape(모양), Fill(칠) : #993333, Stroke(획) : No Color(색상 없음), Path operations(패스 작업) : New Layer(새 레이어, [■])'로 설정한 후 모양을 그립니다.

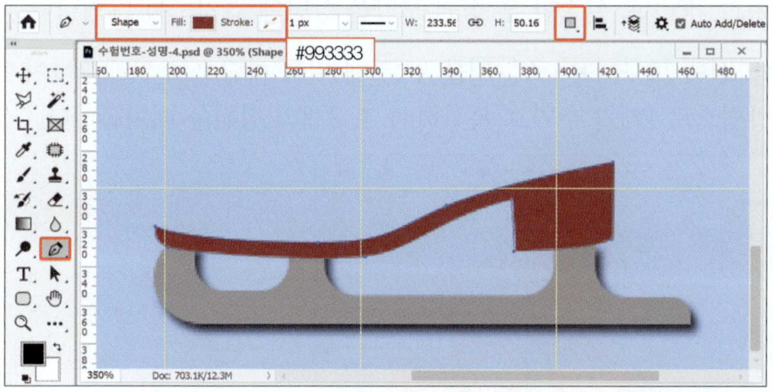

09 Layers(레이어) 패널 하단의 'Add a layer style(레이어 스타일 추가, [fx.])'을 클릭하여 [Drop Shadow(그림자)]를 선택하고 'Opacity(불투명도) : 75%, Angle(각도) : 120°, Distance(거리) : 5px, Size(크기) : 5px'를 설정한 후 [OK(확인)]를 클릭합니다. 이후 레이어의 이름을 더블 클릭하여 path 2로 변경합니다.

10 Pen Tool(펜 도구, [∅])을 클릭하고 Options Bar(옵션 바)에서 'Shape(모양), Fill(칠) : #ff6699, Stroke(획) : No Color(색상 없음), Path operations(패스 작업) : New Layer(새 레이어, [■])'로 설정한 후 상단에 모양을 그립니다.

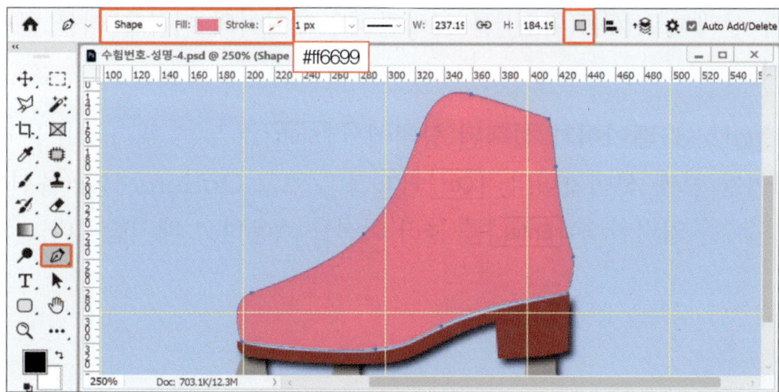

11 계속해서 Options Bar(옵션 바)에서 'Shape(모양), Path operations(패스 작업) : Sub-tract Front Shape(전면 모양 빼기, ⊡)'로 설정한 후 겹치도록 모양을 그립니다.

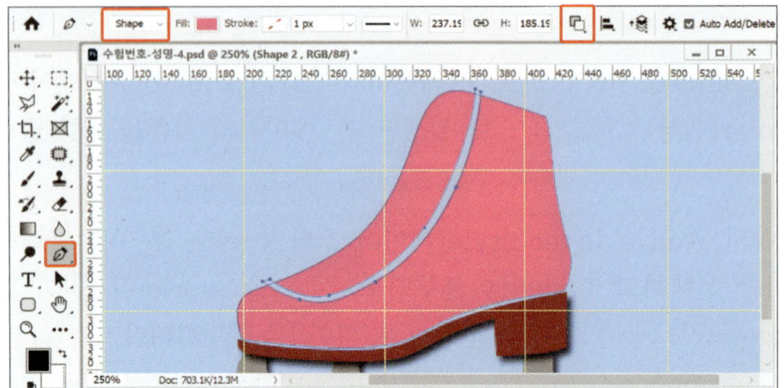

12 Ellipse Tool(타원 도구, ◯)을 클릭하고 Options Bar(옵션 바)에서 'Shape(모양), Fill(칠) : 임의 색상, Stroke(획) : No Color(색상 없음), Path operations(패스 작업) : Subtract Front Shape(전면 모양 빼기, ⊡)'로 설정한 후 정원 모양을 상단에 겹치도록 그립니다.

13 Path Selection Tool(패스 선택 도구, ▶)로 [Alt]를 누른 채 왼쪽 하단으로 드래그하여 복사합니다. 계속해서 동일한 방법으로 1개를 추가로 복사하여 총 3개의 정원을 배치합니다.

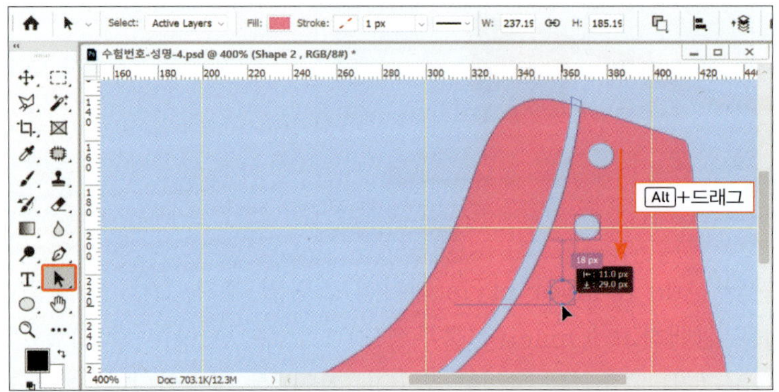

14 Options Bar(옵션 바)에서 'Path operations(패스 작업) : Merge Shape Components(모양 병합 구성 요소, ⬚)'를 클릭하여 모양을 하나로 병합하고 [Enter]를 눌러 패스 작업을 완료합니다.

15 Layers(레이어) 패널 하단의 'Add a layer style(레이어 스타일 추가, fx.)'을 클릭하여 [Drop Shadow(그림자)]를 선택하고 [OK(확인)]를 클릭한 후, 레이어의 이름을 더블 클릭하여 'path 3'으로 변경합니다.

16 Layers(레이어) 패널에서 'path 3' 레이어가 선택된 상태에서 [Shift]를 누른 채 'path 1' 레이어를 클릭하여 3개의 레이어를 함께 선택합니다. [Ctrl]+[T]를 누르고 Options Bar(옵션 바)에서 'Rotate(회전, ⊿) : −5°'를 입력한 후 [Enter]를 눌러 회전을 적용하고 배치합니다.

⑰ 패턴 정의와 적용 및 클리핑 마스크 적용

01 [File(파일)]–[New(새로 만들기)]([Ctrl]+[N])를 선택하고 'Width(폭) : 40Pixels(픽셀), Height(높이) : 40Pixels(픽셀), Resolution(해상도) : 72Pixels/Inch(픽셀/인치), Color Mode(색상 모드) : RGB Color(RGB 색상), 8bits(비트), Background Contents(배경 내용) : Transparent(투명)'로 설정하여 새 작업 이미지를 만듭니다.

02 Custom Shape Tool(사용자 정의 모양 도구, ⬠)을 클릭하고 Options Bar(옵션 바)에서 'Shape(모양), Fill(칠) : #ffffff, Stroke(획) : No Color(색상 없음), Shape(모양) : Snow-flake 1(눈송이 1, ✳)'로 설정한 후 [Shift]를 누른 채 드래그하여 모양을 그립니다.

> **◎ Shape 경로**
>
> [Legacy Shapes and More(레거시 모양 및 기타)]–[All Legacy Default Shapes(모든 레거시 기본 모양)]–[Nature(자연)]

03 Custom Shape Tool(사용자 정의 모양 도구, ⬠)을 클릭하고 Options Bar(옵션 바)에서 'Shape(모양), Fill(칠) : #99ffff, Stroke(획) : No Color(색상 없음), Shape(모양) : Raindrop(빗방울, ⬤)'으로 설정한 후 [Shift]를 누른 채 드래그하여 모양을 그립니다.

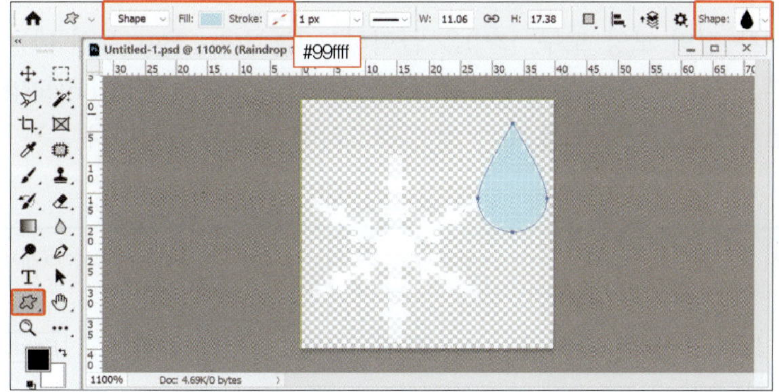

> **◎ Shape 경로**
>
> [Legacy Shapes and More(레거시 모양 및 기타)]–[All Legacy Default Shapes(모든 레거시 기본 모양)]–[Nature(자연)]

04 [Edit(편집)]–[Define Pattern(패턴 정의)]을 선택하고 'Name(이름) : 눈송이와 빗방울'로 설정하여 패턴을 등록합니다

05 작업 이미지를 선택하고 Layers(레이어) 패널에서 'path 3' 레이어를 선택합니다. Layers(레이어) 패널 하단의 'Create new fill or adjustment layer(새 칠 또는 조정 레이어 생성, ◑)'를 클릭하고 [Pattern(패턴)]을 선택합니다. 'Click to open Pattern picker(클릭하여 패턴 편집)'를 클릭한 후 '눈송이와 빗방울' 패턴을 선택하여 'Scale(비율) : 100%'를 설정하고 [OK(확인)]를 클릭합니다.

> **⬚ 기적의 TIP**
>
> 패턴이 적용된 'Pattern Fill 1' 레이어를 설정하면 등록된 패턴의 크기가 맞지 않을 때 'Scale(비율)'을 조절하여 수정할 수 있습니다.

06 Layers(레이어) 패널 상단의 'Opacity(불투명도) : 70%'를 설정합니다. 'path 3' 레이어와 'Pattern Fill 1' 레이어 사이에 마우스 커서를 놓고 Alt 를 누르고 클릭하여 Clipping Mask(클리핑 마스크)를 적용합니다.

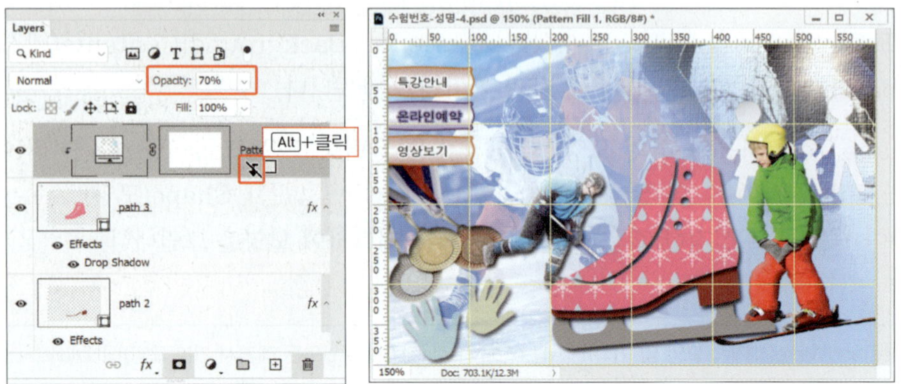

> 🚩 **기적**의 TIP
>
> Layers(레이어) 패널에서 하단에 배치된 레이어의 눈 아이콘을 모두 다시 클릭하여 가시성(눈 아이콘)을 켜고 이미지가 보이도록 합니다.

07 Custom Shape Tool(사용자 정의 모양 도구, ✿)을 클릭하고 Options Bar(옵션 바)에서 'Shape(모양), Fill(칠) : #cc3366, Stroke(획) : No Color(색상 없음), Shape(모양) : Bow(나비매듭 리본, 🎀)'로 설정한 후 Shift 를 누른 채 드래그하여 모양을 그립니다.

> 🎯 **Shape** 경로
>
> [Legacy Shapes and More(레거시 모양 및 기타)]-[All Legacy Default Shapes(모든 레거시 기본 모양)]-[Objects(개체)]

08 Ctrl + T 를 눌러 Options Bar(옵션 바)에서 'Rotate(회전, △) : 10°'를 입력하고 Enter 를 눌러 회전을 적용한 후 배치합니다.

09 Layers(레이어) 패널 하단의 'Add a layer style(레이어 스타일 추가, fx.)'을 클릭하여 [Outer Glow(외부 광선)]를 선택하고 'Opacity(불투명도) : 75%, Spread(스프레드) : 0%, Size(크기) : 7px'로 설정한 후 [OK(확인)]를 클릭합니다.

10 Layers(레이어) 패널에서 Shift 를 누른 채 'Hue/Saturation 1' 레이어와 'Layer 5' 레이어를 클릭하여 함께 선택합니다. Shift + Ctrl +] 를 눌러 맨 앞으로 가져오기를 하여 'Bow 1' 레이어 위쪽으로 배치합니다.

08 문자 입력과 왜곡 및 레이어 스타일 적용

01 Layers(레이어) 패널에서 'Hue/Saturation 1' 레이어를 선택합니다.

02 Horizontal Type Tool(수평 문자 도구, T)로 작업 이미지를 클릭하고 Options Bar(옵션 바)에서 'Font(글꼴) : Times New Roman, Set font style(글꼴 스타일 설정) : Bold, Set font size(글꼴 크기) : 24pt, Color(색상) : #ccffcc'로 설정한 후 'Let's Enjoy Winter Sports~'를 입력합니다.

03 Horizontal Type Tool(수평 문자 도구, T)로 'Winter Sports~' 문자를 드래그하여 선택하고 Options Bar(옵션 바)에서 'Set font size(글꼴 크기) : 35pt'로 설정합니다.

04 Options Bar(옵션 바)에서 Create warped text(뒤틀어진 텍스트 만들기, ⼯)를 클릭하여 [Warp Text(텍스트 뒤틀기)] 대화상자에서 'Style(스타일) : Arch(아치), Horizontal(가로) : 체크, Bend(구부리기) : 30%'를 설정한 후 문자의 모양을 왜곡합니다

05 Layers(레이어) 패널 하단의 'Add a layer style(레이어 스타일 추가, fx.)'을 클릭하여 [Stroke(획)]를 선택하고 'Size(크기) : 2px, Fill Type(칠 유형) : Gradient(그레이디언트)'를 설정합니다. 'Click to edit the gradient(클릭하여 그레이디언트 편집)'를 클릭합니다.

06 그레이디언트 슬라이더 왼쪽 하단의 'Color Stop(색상 정지점)'을 더블 클릭하여 #ff6600을, 오른쪽 'Color Stop(색상 정지점)'을 더블 클릭하여 #006633으로 설정한 후 'Style(스타일) : Linear(선형), Angle(각도) : 90°'로 설정합니다. 계속해서 [Drop Shadow(드롭 섀도)]를 선택하고 [OK(확인)]를 클릭합니다.

07 Horizontal Type Tool(수평 문자 도구, T)로 작업 이미지를 클릭하고 Options Bar(옵션 바)에서 'Font(글꼴) : 돋움, Set font size(글꼴 크기) : 40pt, Set anti-aliasing method(앤티 앨리어싱 방법 설정) : Strong(강하게), Color(색상) : 임의 색상'을 설정한 후 '겨울방학특강'을 입력합니다.

08 Options Bar(옵션 바)에서 Create warped text(뒤틀어진 텍스트 만들기, ⊥)를 클릭하고 [Warp Text(텍스트 뒤틀기)] 대화상자에서 'Style(스타일) : Shell Upper(위가 넓은 조개), Horizontal(가로) : 체크, Bend(구부리기) : 30%'를 설정하여 문자의 모양을 왜곡합니다

09 Layers(레이어) 패널 하단에 'Add a layer style(레이어 스타일 추가, fx)'을 클릭하여 [Stroke(획)]를 선택하고 'Size(크기) : 2px, Color(색상) : #000033'으로 설정합니다. 계속해서 [Gradient Overlay(그레이디언트 오버레이)]를 선택한 후 'Click to edit the gradient(클릭하여 그레이디언트 편집)'를 클릭합니다.

10 그레이디언트 슬라이더 왼쪽 하단의 'Color Stop(색상 정지점)'을 더블 클릭한 후 #ffffff 를, 가운데 빈 곳을 클릭하여 'Color Stop(색상 정지점)'을 추가합니다. 이어서 더블 클릭하여 #00cccc를, 오른쪽 'Color Stop(색상 정지점)'을 더블 클릭하여 #ff9900으로 설정하고 'Style(스타일) : Linear(선형), Angle(각도) : 0°'로 설정한 후 [OK(확인)]를 클릭합니다.

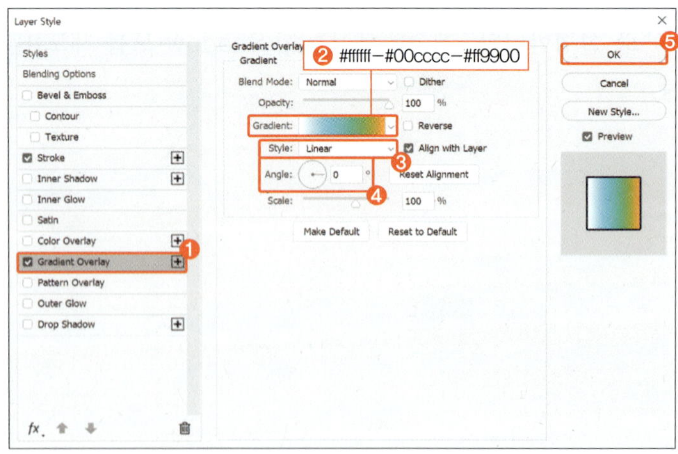

11 Horizontal Type Tool(수평 문자 도구, T)로 작업 이미지를 클릭하고 Options Bar(옵션 바)에서 'Font(글꼴) : 바탕, Set font size(글꼴 크기) : 16pt, Set anti-aliasing method(앤티 앨리어싱 방법 설정) : Strong(강하게), Color(색상) : #ccffff'로 설정한 후 '어린이 스키캠프 개강'을 입력합니다.

12 Layers(레이어) 패널 하단의 'Add a layer style(레이어 스타일 추가, fx.)'을 클릭하여 [Stroke(획)]를 선택하고 'Size(크기) : 2px, Color(색상) : #666699'로 설정한 후 '[OK(확인)]를 클릭합니다.

13 Ctrl+T를 눌러 Options Bar(옵션 바)에서 'Rotate(회전, △) : −10°'를 입력하고 Enter를 눌러 회전한 후 배치합니다. Ctrl+S를 눌러 파일을 저장합니다.

⑨ 정답 파일 저장

01 [View(보기)]-[Show(표시)]-[Grid(격자)](Ctrl+')를 선택하여 격자를 가립니다.

02 [File(파일)]-[Save As(다른 이름으로 저장)](Shift+Ctrl+S)를 선택하고 '저장 위치 : 내 PC₩문서₩GTQ, 파일 형식 : JPEG(*.JPG;*.JPEG;*.JPE), 파일 이름 : 수험번호-성명-문제번호'를 입력하여 [저장]을 클릭합니다. [JPEG Options(JPEG 옵션)] 대화상자에서 'Quality(품질) : 8'로 설정한 후 [OK(확인)]를 클릭합니다.

03 [Image(이미지)]-[Image Size(이미지 크기)](Alt+Ctrl+I)를 선택하고 'Constrain aspect ratio(종횡비 제한) : 클릭, Width(폭) : 60Pixels(픽셀), Height(높이) : 40Pixels(픽셀)'로 입력하여 이미지 크기를 1/10로 축소한 후 [OK(확인)]를 클릭합니다.

04 [File(파일)]-[Save As(다른 이름으로 저장)](Shift+Ctrl+S)를 선택하고 '저장 위치 : 내 PC₩문서₩GTQ, 파일 형식 : Photoshop(*.PSD;*.PDD;*.PSDT), 파일 이름 : 수험번호-성명-문제번호'를 입력한 후 [저장]을 클릭합니다.

05 답안 저장이 완료되면 [File(파일)]-[Exit(종료)](Ctrl+Q)를 선택하여 프로그램을 종료하고 수험 프로그램에서 [답안 전송]을 클릭하여 감독관 컴퓨터로 psd와 jpg 파일을 전송합니다.

기출 유형 문제 04회

급수	문제유형	시험시간	수험번호	성명
1급	A	90분	G120260004	

수험자 유의사항

- 수험자는 문제지를 받는 즉시 응시하고자 하는 **과목 및 급수가 맞는지 확인**한 후 수험번호와 성명을 작성합니다.
- 파일명은 본인의 "수험번호–성명–문제번호"로 공백 없이 정확히 입력하고 답안폴더(내 PC₩문서₩GTQ)에 jpg 파일과 psd 파일의 2가지 포맷으로 저장해야 하며, jpg 파일과 psd 파일의 내용이 상이할 경우 0점 처리됩니다.
- 답안문서 파일명이 "수험번호–성명–문제번호"와 일치하지 않거나, 답안 파일을 '전송'하지 않는 경우 답안 파일 미제출로 불합격 처리됩니다. ※ 답안은 반드시 시험 시간 내에 전송을 완료해야 하며, 전송 시간을 충분히 감안하여 제출해 주시기 바랍니다. (공정한 평가를 위해, 시험종료 전 전송이 완료된 답안에 한해 채점이 진행됩니다.)
- 문제의 세부 조건은 '영문(한글)' 형식으로 표기되어 있으니 유의하시길 바랍니다.
- 수험자 정보와 저장한 파일명, 저장 위치가 다를 경우 전송이 되지 않으므로, 주의하시길 바랍니다.
- **답안 작성 중에도 주기적으로 '저장'과 '답안 전송'을 이용하여 감독위원 PC로 답안을 전송하셔야 합니다. (작업한 내용을 저장하지 않고 답안을 전송할 경우 이전의 저장 내용이 전송되오니 이점 반드시 유념하시기 바랍니다.)**
- **모든 수험자는 동일한(초기화 된) 환경에서 시험이 시작되며 '작업환경 설정'은 시험 시간 내에 진행합니다.** (시험 시작 전 '작업환경 설정' 불가, 소프트웨어 이상 유무만 확인)
- 답안문서는 지정된 경로 외의 다른 보조기억장치에 저장하는 행위, 지정된 시험 시간 외에 작성된 파일을 활용한 행위, 기타 허용되지 않은 기기 및 프로그램(이메일, 메신저, 게임, 네트워크, 윈도우계산기, 스톱워치 등) 이용 시 부정행위로 간주 되어 **자격기본법 제32조에 의거 본 시험 및 국가공인 자격시험을 2년간 응시할 수 없습니다.**
- 시험 종료 후 제출된 답안은 평가 및 검증을 위해 본부에서 보관되며, **시험의 공정성과 보안 유지를 위해 응시자에게 본인의 답안을 제공하는 것은 허용되지 않습니다.** 이 점 반드시 유의하시기 바랍니다.
- 시험 중 부주의 또는 고의로 시스템을 파손한 경우와 〈수험자 유의사항〉에 기재된 방법대로 이행하지 않아 생기는 불이익은 수험자의 책임임을 알려 드립니다. 또한 수험자는 시험 중 안전에 특히 유의하여야 하며, 시험장에서 소란을 피우거나 타인의 시험을 방해하는 자는 질서유지를 위해 시험을 중지시키고 시험장에서 퇴장 시킵니다.
- 시험을 완료한 수험자는 최종적으로 저장한 답안파일이 전송되었는지 확인한 후 감독위원의 지시에 따라 문제지를 제출하고 퇴실합니다.

답안 작성요령

- **온라인 답안 작성 절차**
  수험자 등록 ⇒ 시험 시작 ⇒ 답안파일 저장 ⇒ 답안 전송 ⇒ 시험 종료
- 내 PC₩문서₩GTQ₩Image폴더에 있는 그림 원본파일을 사용하여 답안을 작성하시고 최종답안을 답안폴더(내 PC₩문서₩GTQ)에 저장하여 답안을 전송하시고, 이미지의 크기가 다른 경우 감점 처리됩니다.
- 배점은 총 100점으로 이루어지며, 점수는 각 문제별로 차등 배분됩니다.
- 각 문제는 주어진 〈조건〉에 따라 작성하고, 언급하지 않은 조건은 《출력형태》와 같이 작성합니다.
- **문제 〈조건〉과 《출력형태》에서 차이가 발생할 경우 문제에서 지정한 〈조건〉에 따라 작업해 주시기 바랍니다.**
- 배치 등의 편의를 위해 주어진 눈금자의 단위는 '픽셀'입니다.
  그 외는 출력형태(효과, 이미지, 문자, 색상, 레이아웃, 규격 등)와 같이 작업하십시오.
- 문제 〈조건〉에 서체의 지정이 없을 경우 한글은 굴림이나 돋움, 영문은 Arial로 작업하십시오.
  (단, 그 외에 제시되지 않은 문자 속성을 기본값으로 작성하지 않은 경우는 감점 처리됩니다.)
- Image Mode(이미지 모드)는 별도의 처리조건이 없을 시 RGB(8비트)로 작업하십시오.
- 모든 답안 파일은 해상도 72 pixels/inch로 작업하십시오.
- Layer(레이어)는 각 기능별로 분할해야 하며, 임의로 합칠 경우나 각 기능에 대한 속성을 해지할 경우 해당 요소는 0점 처리됩니다.

한 국 생 산 성 본 부

다음의 《조건》에 따라 아래의 《출력형태》와 같이 작업하시오.

조건

원본 이미지	PART04₩기출유형문제04회₩1급–1.jpg, 1급–2.jpg, 1급–3.jpg		
파일저장규칙	JPG	파일명	문서₩GTQ₩수험번호–성명–1.jpg
		크기	400×500 pixels
	PSD	파일명	문서₩GTQ₩수험번호–성명–1.psd
		크기	40×50 pixels

출력형태

1. 그림 효과

① 1급–1.jpg : 필터 – Crosshatch(그물눈)
② Save Path(패스 저장) : 눈사람 모양
③ Mask(마스크) : 눈사람 모양, 1급–2.jpg를 이용하여 작성
　레이어 스타일 – Stroke(획)(4px, 그라디언트(#000000, #cc0000)),
　Inner Shadow(내부 그림자)
④ 1급–3.jpg : 레이어 스타일 – Drop Shadow(그림자 효과)
⑤ Shape Tool(모양 도구) :
　– 눈 모양(#ffffff, #333366, Opacity(불투명도)(60%))
　– 나무 모양(#ffffff, 레이어 스타일 – Bevel and Emboss(경사와 엠보스))

2. 문자 효과

① SNOWY DAY(Times New Roman, Bold, 45pt, #ffffff, 레이어 스타일 – Stroke(획)(3px, 그라디언트(#663366, #99ccff)),
Drop Shadow(그림자 효과))

다음의 《조건》에 따라 아래의 《출력형태》와 같이 작업하시오.

조건

원본 이미지	PART04₩기출유형문제04회₩1급–4.jpg, 1급–5.jpg, 1급–6.jpg		
파일저장규칙	JPG	파일명	문서₩GTQ₩수험번호–성명–2.jpg
		크기	400×500 pixels
	PSD	파일명	문서₩GTQ₩수험번호–성명–2.psd
		크기	40×50 pixels

출력형태

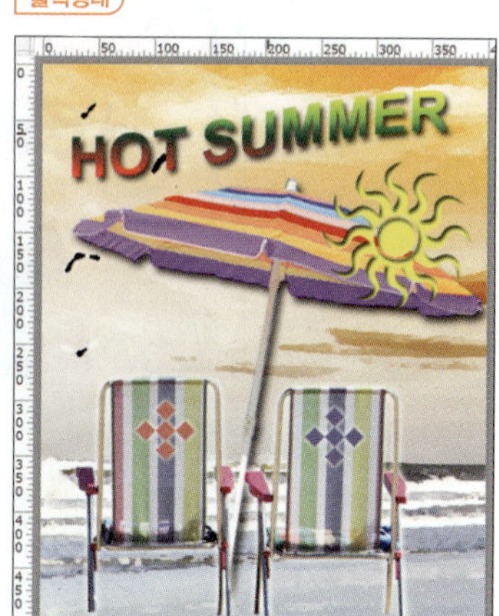

1. 그림 효과

① 1급–4.jpg : 필터 – Dry Brush(드라이 브러시)
② 색상 보정 : 1급–5.jpg – 보라색, 빨간색 계열로 보정
③ 1급–5.jpg : 레이어 스타일 – Drop Shadow(그림자 효과)
④ 1급–6.jpg : 레이어 스타일 – Outer Glow(외부 광선)
⑤ Shape Tool(모양 도구) :
　– 장식 모양(#cc6666, #666699, 레이어 스타일 – Outer Glow(외부 광선))
　– 태양 모양(#ffff33, 레이어 스타일 – Inner Shadow(내부 그림자))

2. 문자 효과

① HOT SUMMER(Arial, Bold, 50pt, 레이어 스타일 – 그라디언트 오버레이(#ff3333, #006633, #ffff00), Drop Shadow (그림자 효과))

▶ 합격 강의

다음의 《조건》에 따라 아래의 《출력형태》와 같이 작업하시오.

조건

원본 이미지		PART04₩기출유형문제04회₩1급-7.jpg, 1급-8.jpg, 1급-9.jpg, 1급-10.jpg, 1급-11.jpg	
파일저장규칙	JPG	파일명	문서₩GTQ₩수험번호-성명-3.jpg
		크기	600×400 pixels
	PSD	파일명	문서₩GTQ₩수험번호-성명-3.psd
		크기	60×40 pixels

1. 그림 효과

① 배경 : #ff9999
② 1급-7.jpg : Blending Mode(혼합 모드) – Pin Light(핀 라이트), Opacity(불투명도)(70%)
③ 1급-8.jpg : 필터 – Crosshatch(그물눈), 레이어 마스크 – 대각선 방향으로 흐릿하게
④ 1급-9.jpg : 필터 – Texturizer(텍스처화), 레이어 스타일 – Inner Shadow(내부 그림자), Outer Glow(외부 광선)
⑤ 1급-10.jpg : 레이어 스타일 – Inner Shadow(내부 그림자), Outer Glow(외부 광선)
⑥ 1급-11.jpg : 색상 보정 – 보라색 계열로 보정, 레이어 스타일 – Stroke(획)(5px, 그라디언트(#660066, #ccff00))
⑦ 그 외 《출력형태》 참조

2. 문자 효과

① Island Travel (Arial, Bold, 50pt, 레이어 스타일 – Stroke(획)(3px, #330000), 그라디언트 오버레이(#ff6600, #cccccc, #9966ff), Drop Shadow(그림자 효과))
② # Jeju Island (Arial, Bold, 30pt, #006633, 레이어 스타일 – Stroke(획)(2px, #ffffff))
③ 제주의 풍경을 다양하게 즐겨요! (바탕, 23pt, 30pt, 레이어 스타일 – Stroke(획)(2px, #330000), 그라디언트 오버레이(#ffffff, #33ffcc))
④ 장소 : 제주 디지털영상센터 (굴림, 15pt, #000000, 레이어 스타일 – Stroke(획)(2px, #ffcccc))

출력형태

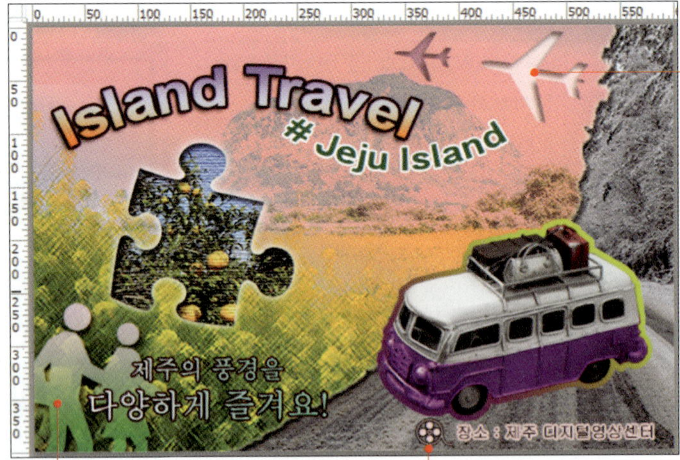

Shape Tool(모양 도구) 사용
#996699, #ffffff,
레이어 스타일 – Inner Shadow(내부 그림자),
Opacity(불투명도)(60%)

Shape Tool(모양 도구) 사용
레이어 스타일 –
그라디언트 오버레이
(#009900, #ffccff),
Drop Shadow(그림자 효과),
Opacity(불투명도)(80%)

Shape Tool(모양 도구) 사용
#ffcccc,
레이어 스타일 –Stroke(획)
(1px, #000000)

다음의 《조건》에 따라 아래의 《출력형태》와 같이 작업하시오.

[조건]

원본 이미지		PART04₩기출유형문제04회₩1급-12.jpg, 1급-13.jpg, 1급-14.jpg, 1급-15.jpg, 1급-16.jpg, 1급-17.jpg	
파일저장규칙	JPG	파일명	문서₩GTQ₩수험번호-성명-4.jpg
		크기	600×400 pixels
	PSD	파일명	문서₩GTQ₩수험번호-성명-4.psd
		크기	60×40 pixels

1. 그림 효과

① 배경 : #99ccff

② 패턴(우산, 물방울 모양) : #ff6666, #ccffff, Opacity(불투명도)(70%)

③ 1급-12.jpg : Blending Mode(혼합 모드) – Hard Light(하드 라이트), 레이어 마스크 – 세로 방향으로 흐릿하게

④ 1급-13.jpg : 필터 – Film Grain(필름 그레인), 레이어 마스크 – 세로 방향으로 흐릿하게

⑤ 1급-14.jpg : 레이어 스타일 – Bevel and Emboss(경사와 엠보스), Outer Glow(외부 광선)

⑥ 1급-15.jpg : 색상 보정 – 파란색 계열로 보정, 레이어 스타일 – Drop Shadow(그림자 효과)

⑦ 1급-16.jpg : 필터 – Poster Edges(포스터 가장자리), 레이어 스타일 – Drop Shadow(그림자 효과)

⑧ 그 외 《출력형태》 참조

2. 문자 효과

① 기상 정보 센터 (궁서, 45pt, 레이어 스타일 – Stroke(획)(3px, #ccffff), 그라디언트 오버레이(#993399, #006633, #cc3300))

② Weather Information (Times New Roman, Bold, 25pt, 레이어 스타일 – Stroke(획)(2px, #ffffff), 그라디언트 오버레이(#cccc00, #006666))

③ 특보현황 육상예보 해상예보 (돋움, 18pt, #ff9933, #ccff00, 레이어 스타일 – Stroke(획)(2px, #000000))

④ 25도 90% 남동 7km/h 1~5mm (바탕, 13pt, #000000, 레이어 스타일 – Stroke(획)(2px, #ccffff))

[출력형태]

Pen Tool(펜 도구) 사용
#cccccc,
레이어 스타일
– 그라디언트 오버레이
(#ff3300, #ffff99),
Drop Shadow(그림자 효과)

Shape Tool(모양 도구) 사용
#ffcc00,
레이어 스타일 –
Stroke(획)(2px, #ffffff),
Opacity(불투명도)(50%)

Shape Tool(모양 도구)
사용
#ffff00, #99cccc,
레이어 스타일 – Drop
Shadow(그림자 효과)

Shape Tool(모양 도구) 사용
#ff9933, #ccff00, 레이어 스타일
– Stroke(획)(2px, #000000)

작업과정	새 작업 이미지 만들기 및 파일 저장하기 ➡ 필터 적용 ➡ 눈사람 모양 패스 생성 ➡ 레이어 스타일 및 클리핑 마스크 적용 ➡ 모양 생성 및 레이어 스타일 적용 ➡ 문자 입력 및 레이어 스타일 적용 ➡ 정답 파일 저장
완성이미지	PART04₩기출유형문제04회₩정답파일₩G120260004-성명-1.jpg, G120260004-성명-1.psd

01 새 작업 이미지 만들기 및 파일 저장하기

01 [File(파일)]-[New(새로 만들기)]([Ctrl]+[N])를 선택하고 'Width(폭) : 400Pixels(픽셀), Height(높이) : 500Pixels(픽셀), Resolution(해상도) : 72Pixels/Inch(픽셀/인치), Color Mode(색상 모드) : RGB Color(RGB 색상), 8bit(비트), Background Contents(배경 내용) : White(흰색)'로 설정하여 새 작업 이미지를 만듭니다.

02 [Edit(편집)]-[Preference(환경설정)]([Ctrl]+[K])를 클릭하고 [Guides, Grid & Slices(안내선, 격자와 슬라이스)]를 선택하여 Grid(격자)의 'Gridline Every(격자 간격) : 100Pixels(픽셀), Subdivisions(세분) : 1'로 설정한 후 'Grid Color(격자 색상)'를 클릭하여 밝은 색상으로 변경합니다.

03 [View(보기)]-[Show(표시)]-[Grid(격자)]([Ctrl]+['])와 [View(보기)]-[Rulers(눈금자)]([Ctrl]+[R])를 선택하여 격자와 눈금자를 표시합니다.

04 작업 도큐먼트를 저장하기 위해 [File(파일)]-[Save As(다른 이름으로 저장)]([Shift]+[Ctrl]+[S])를 선택하고 임의 경로에 '파일 이름 : 수험번호-성명-문제번호, 파일 형식 : Photoshop(*.PSD;*.PDD;*.PSDT)'으로 파일을 저장합니다.

02 필터 적용

01 [File(파일)]-[Open(열기)]([Ctrl]+[O])을 선택하여 1급-1.jpg를 불러옵니다. [Ctrl]+[A]로 전체를 선택하여 [Ctrl]+[C]로 복사하고 작업 이미지에 [Ctrl]+[V]로 붙여넣기를 합니다. [Ctrl]+[T]를 누르고 [Shift]를 누른 채 크기를 조절하여 배치합니다.

02 [Filter(필터)]-[Filter Gallery(필터 갤러리)]-[Brush Strokes(브러시 선)]-[Crosshatch (그물눈)]를 선택합니다.

01 Ellipse Tool(타원 도구, ◎)을 클릭하고 Options Bar(옵션 바)에서 'Shape(모양), Fill(칠) : 임의 색상, Stroke(획) : No Color(색상 없음), Path operations(패스 작업) : Subtract Front Shape(전면 모양 빼기, ◻)'로 설정한 후 드래그하여 크기가 다른 2개의 원형 모양을 겹치도록 그립니다.

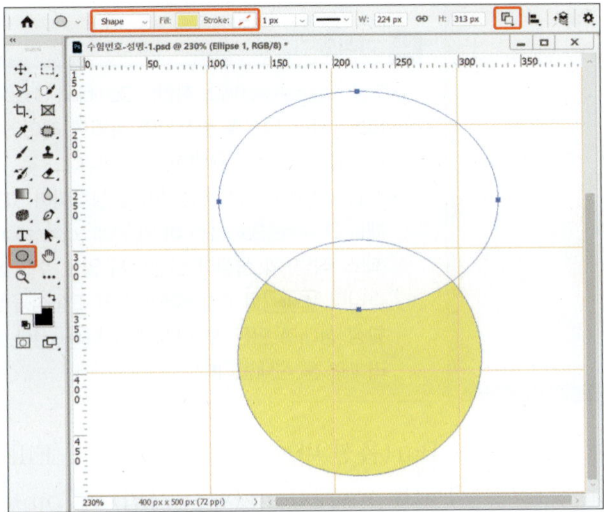

> **기적의 TIP**
>
> • 명확하게 패스 작업이 보이도록 Layers(레이어) 패널에서 'Layer 1' 레이어의 눈 아이콘(가시성)을 클릭하여 이미지를 보이지 않도록 한 후 진행하겠습니다.
> • 'Path operations(패스 작업) : Subtract Front Shape(전면 모양 빼기, ◻)'을 설정하고 하단의 원형을 먼저 그린 후 상단 원형을 겹치도록 그려서 겹친 부분의 모양을 뺍니다.

02 Pen Tool(펜 도구, ✎)을 클릭하고 Options Bar(옵션 바)에서 'Shape(모양), Fill(칠) : 임의 색상, Stroke(획) : No Color(색상 없음), Path operations(패스 작업) : Subtract Front Shape(전면 모양 빼기, ◻)'로 설정한 후 닫힌 패스를 겹치도록 그립니다.

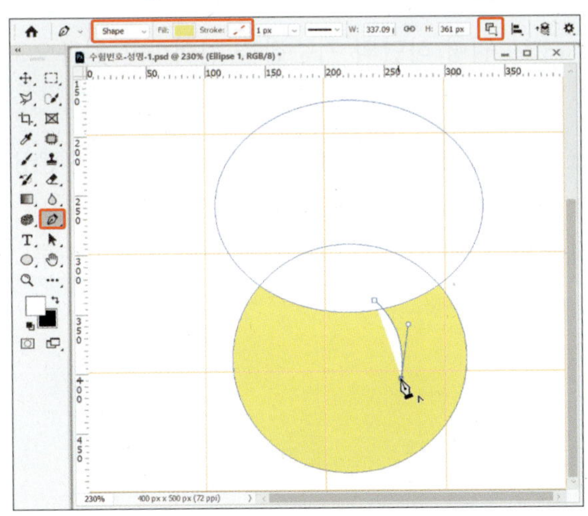
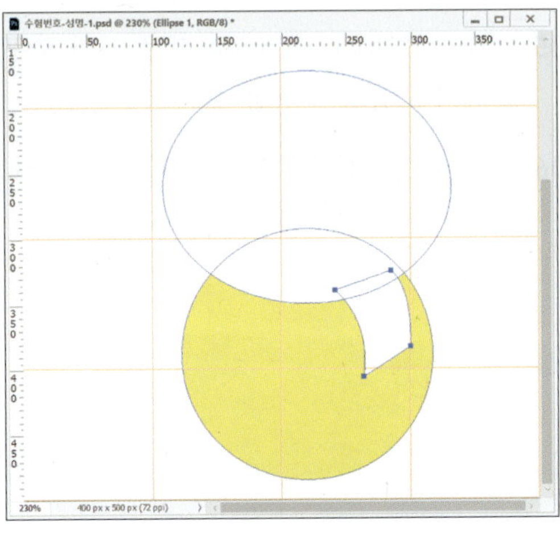

03 Pen Tool(펜 도구, ✐)을 클릭하고 Options Bar(옵션 바)에서 'Shape(모양), Fill(칠) : 임의 색상, Stroke(획) : No Color(색상 없음), Path operations(패스 작업) : Combine Shapes(모양 결합, ⬛)'로 설정한 후 닫힌 패스를 그립니다.

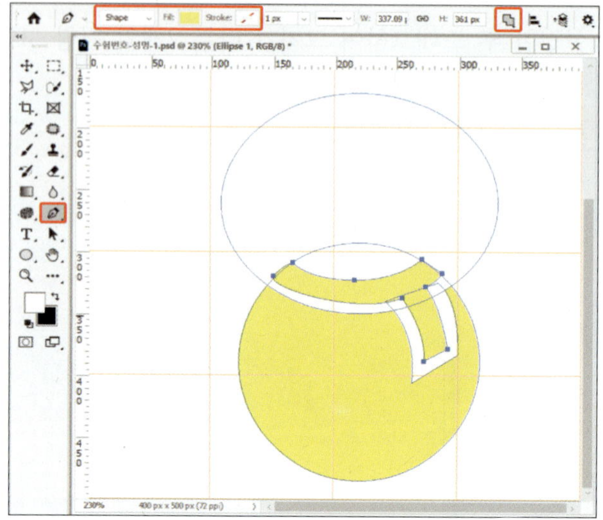

04 Ellipse Tool(타원 도구, ◯)을 클릭하고 Options Bar(옵션 바)에서 'Shape(모양), Fill(칠) : 임의 색상, Stroke(획) : No Color(색상 없음), Path operations(패스 작업) : Combine Shapes(모양 결합, ⬛)'로 설정한 후 드래그하여 상단에 원형 모양을 그립니다.

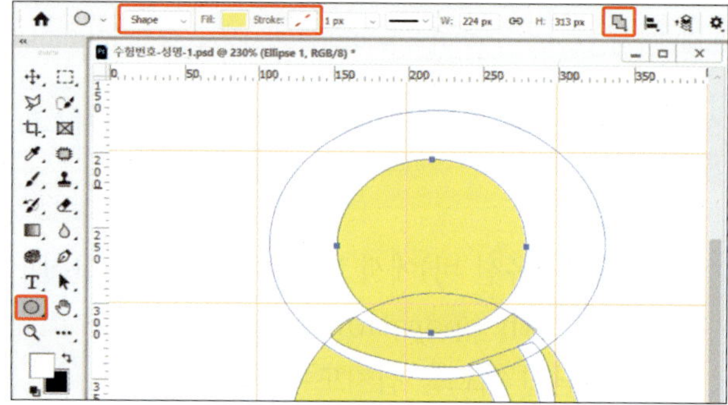

05 Direct Selection Tool(직접 선택 도구, ▶)로 원형 하단의 기준점을 선택하고 위쪽으로 이동하여 모양을 수정합니다.

06 Ellipse Tool(타원 도구, ◯)을 클릭하고 Options Bar(옵션 바)에서 'Shape(모양), Fill(칠) : 임의 색상, Stroke(획) : No Color(색상 없음), Path operations(패스 작업) : Subtract Front Shape(전면 모양 빼기, ⬛)'로 설정한 후 드래그하여 상단 원형 모양과 겹치도록 그립니다.

07 Path Selection Tool(패스 선택 도구, ▶)로 선택하고 Alt 를 누른 채 오른쪽으로 드래그하여 복사합니다. 같은 방법으로 하단에 원형 모양을 그리고 아래쪽으로 복사하여 2개의 원형 모양을 배치합니다.

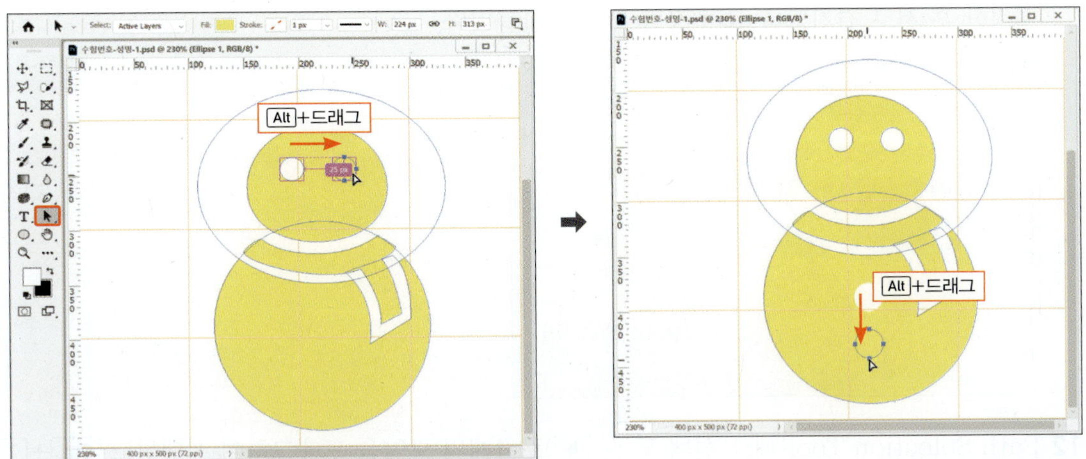

📒 **기적의 TIP**

Selection Tool(패스 선택 도구, ▶)로 Alt 를 누른 채 드래그할 때 Shift 를 동시에 누르면 반듯하게 복사됩니다. 선택된 원형 모양의 속성을 유지한 채 복사가 되므로 겹친 부분을 뺍니다.

---

08 Ellipse Tool(타원 도구, ◎)을 클릭하고 Options Bar(옵션 바)에서 'Shape(모양), Fill(칠) : 임의 색상, Stroke(획) : No Color(색상 없음), Path operations(패스 작업) : Combine Shapes(모양 결합, ▣)'를 설정한 후 드래그하여 상단에 원형 모양을 그립니다.

09 Rounded Rectangle Tool(모서리가 둥근 직사각형 도구, ◎)을 클릭하고 'Shape(모양), Fill(칠) : 임의 색상, Stroke(획) : No Color(색상 없음), Path operations(패스 작업) : Combine Shapes(모양 결합, ▣), Radius(반경) : 20px'로 설정한 후 드래그하여 눈사람 얼굴 모양과 겹치도록 둥근 사각형 모양을 그립니다.

10 Pen Tool(펜 도구, ◎)을 클릭하고 Options Bar(옵션 바)에서 'Shape(모양), Fill(칠) : 임의 색상, Stroke(획) : No Color(색상 없음), Path operations(패스 작업) : Combine Shapes(모양 결합, ▣)'를 설정한 후 모자 모양을 겹치도록 그립니다.

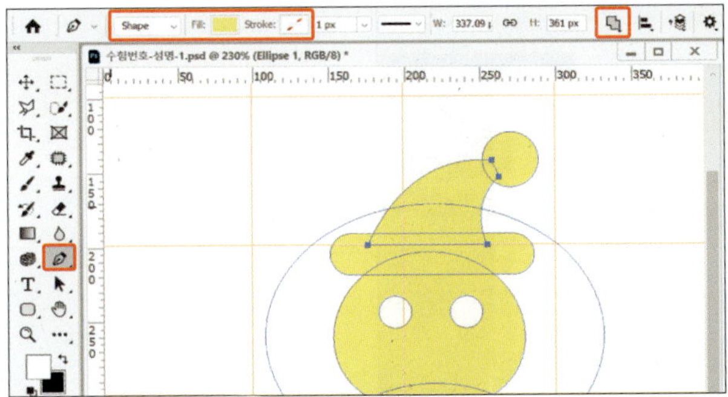

11 Rounded Rectangle Tool(모서리가 둥근 직사각형 도구, ▢)과 Ellipse Tool(타원 도구, ◯)로 Options Bar(옵션 바)에서 'Shape(모양), Fill(칠) : 임의 색상, Stroke(획) : No Color(색상 없음), Path operations(패스 작업) : Combine Shapes(모양 결합, ▣)'를 각각 설정한 후 서로 겹치도록 그려 장갑 모양을 만듭니다.

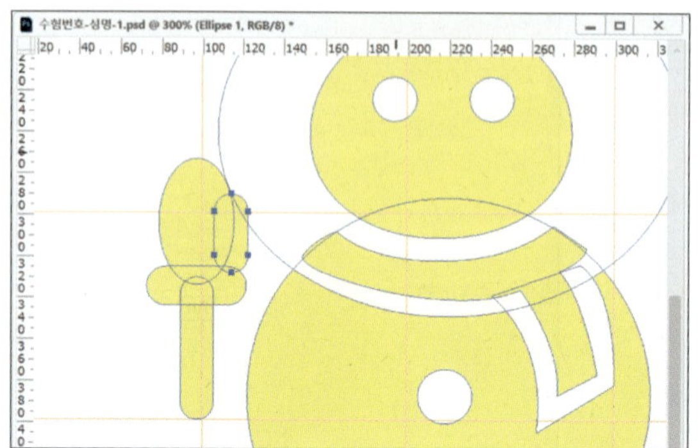

12 Path Selection Tool(패스 선택 도구, ▶)로 4개의 모양을 드래그하여 선택하고 Ctrl+T를 눌러 반시계 방향으로 드래그하여 회전 후 Enter를 눌러 변형을 완료합니다.

13 Ctrl+C로 복사하고 Ctrl+V로 붙여넣기를 합니다. Ctrl+T를 누르고 마우스 오른쪽 버튼을 클릭하여 [Flip Horizontal(가로로 뒤집기)]로 뒤집기를 한 후 Enter를 눌러 배치합니다.

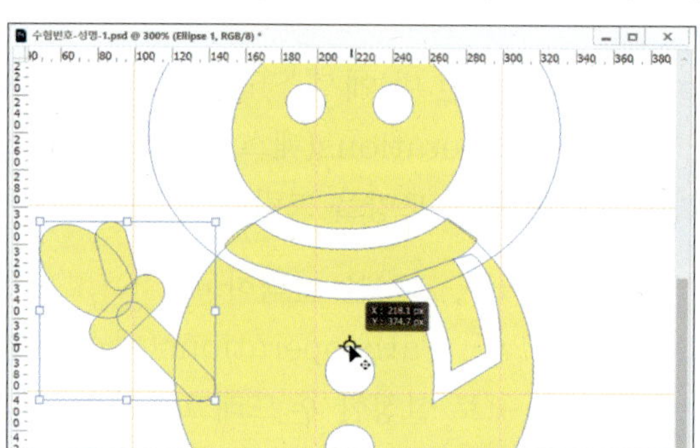
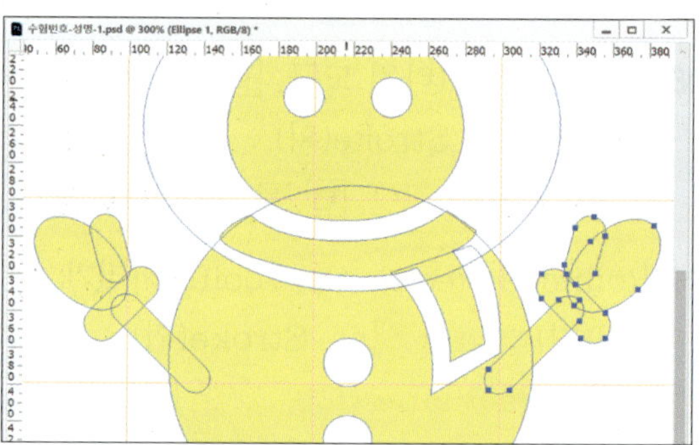

14 Options Bar(옵션 바)에서 'Path operations(패스 작업) : Merge Shape Components(모양 병합 구성 요소, ▣)'를 클릭하여 모양을 하나로 병합합니다.

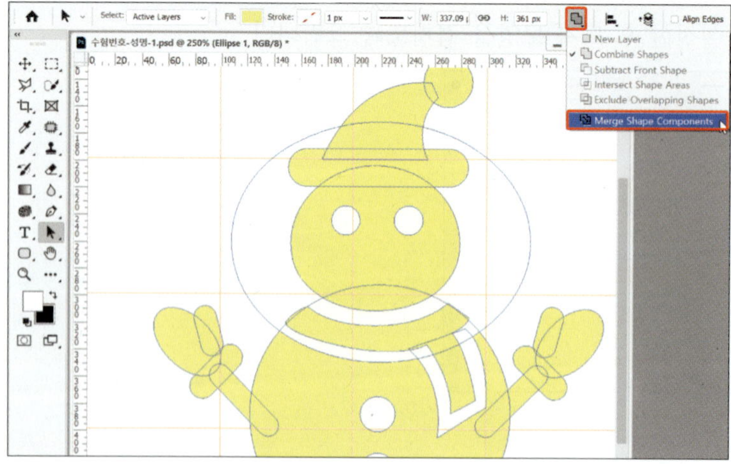

15 Paths(패스) 패널에서 작업 패스 'Elipes 1 Shape Path'를 더블 클릭한 후 [Save Path(패스 저장)] 대화상자에서 'Name(이름) : 눈사람'으로 입력하여 패스를 저장합니다.

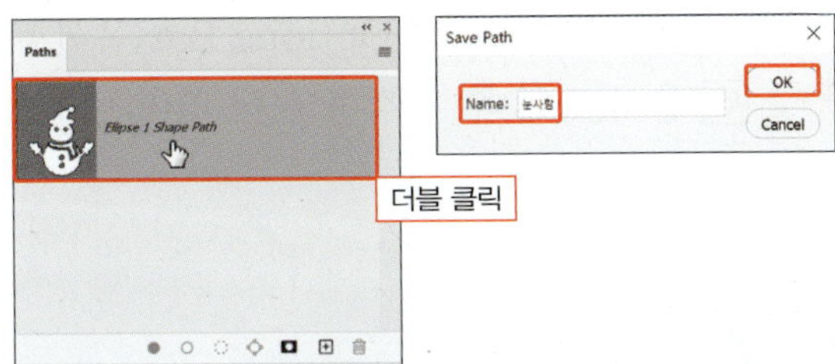

04 레이어 스타일 및 클리핑 마스크 적용

01 Layers(레이어) 패널에서 'Layer 1' 레이어의 눈 아이콘(가시성)을 클릭합니다. 'Ellipse 1' 레이어의 이름을 더블 클릭하여 'path'로 이름을 설정하고, 마우스 오른쪽 버튼을 클릭한 후 [Rasterize Layer(레이어 래스터화)]를 선택하여 일반 레이어로 속성을 변환합니다.

02 Layers(레이어) 패널 하단의 'Add a layer style(레이어 스타일 추가, *fx.*)'을 클릭하여 [Stroke(획)]를 선택하고 'Size(크기) : 4px, Fill Type(칠 유형) : Gradient(그레이디언트), Click to edit the gradient(클릭하여 그레이디언트 편집)'를 클릭합니다. 그레이디언트 슬라이더 왼쪽 하단의 'Color Stop(색상 정지점)'을 더블 클릭하여 #000000, 오른쪽 'Color Stop(색상 정지점)'을 더블 클릭하여 #cc0000으로 설정한 후, 'Style(스타일) : Linear(선형), Angle(각도) : 0°'로 설정합니다.

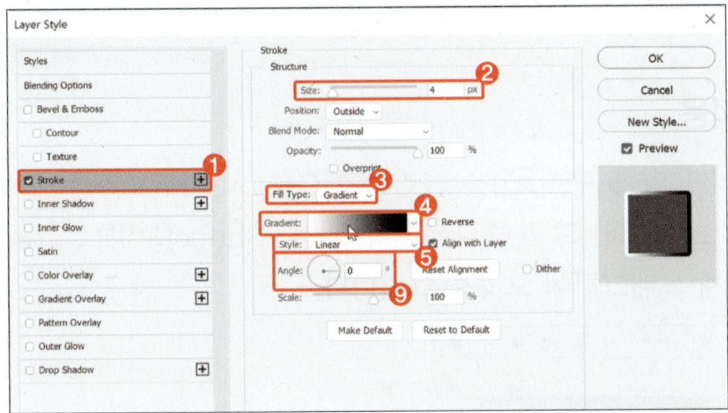
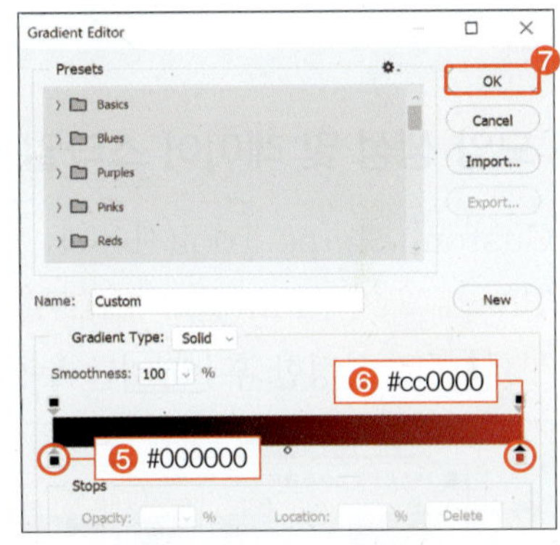

03 계속해서 [Inner Shadow(내부 그림자)]를 선택하고 'Opacity(불투명도) : 75%, Angle(각도) : 120°, Distance(거리) : 0px, Choke(경계 감소) : 7%, Size(크기) : 10px'로 설정한 후 [OK(확인)]를 클릭합니다.

04 [File(파일)]-[Open(열기)]([Ctrl]+[O])을 선택하여 1급-2.jpg를 불러옵니다. [Ctrl]+[A]로 전체를 선택하여 [Ctrl]+[C]로 복사 후 작업 이미지에 [Ctrl]+[V]로 붙여넣기를 한 후 눈사람 모양 위쪽에 겹치도록 배치하고 위치를 조절합니다.

05 Layers(레이어) 패널에서 'path' 레이어와 'Layer 2' 레이어 사이에 마우스 커서를 놓고 [Alt]를 누르고 클릭하여 Clipping Mask(클리핑 마스크)를 적용합니다.

06 [File(파일)]−[Open(열기)]([Ctrl]+[O])을 선택하여 1급−3.jpg를 불러옵니다. Rectangular Marquee Tool(사각형 선택 윤곽 도구, [□])로 당근 이미지를 드래그하여 사각형 영역으로 선택한 후 다시 Magic Wand Tool(자동 선택 도구, [✎])을 클릭하고 Options Bar(옵션 바)에서 Subtract from selection(선택 영역 빼기, [□])을 설정한 후 사각형 선택 영역 내부의 흰 배경을 클릭하여 선택에서 뺍니다.

07 [Ctrl]+[C]로 복사하고 작업 이미지에 [Ctrl]+[V]로 붙여넣기를 한 후, [Ctrl]+[T]를 눌러 크기를 축소하고 회전하여 배치합니다.

08 Layers(레이어) 패널 하단의 'Add a layer style(레이어 스타일 추가, [fx.])'을 클릭하여 [Drop Shadow(그림자)]를 선택하고 'Opacity(불투명도) : 75%, Angle(각도) : 120°, Distance(거리) : 5px, Size(크기) : 5px'로 설정하고 [OK(확인)]를 클릭합니다.

05 모양 생성 및 레이어 스타일 적용

01 Custom Shape Tool(사용자 정의 모양 도구, [⛯])을 클릭하고 Options Bar(옵션 바)에서 'Shape(모양), Fill(칠) : #ffffff, Stroke(획) : No Color(색상 없음), Shape(모양) : Tree(나무, [🌲])'로 설정한 후 [Shift]를 누른 채 드래그하여 모양을 그립니다.

02 Layers(레이어) 패널 하단의 'Add a layer style(레이어 스타일 추가, $fx.$)'을 클릭하여 [Bevel & Emboss(경사와 엠보스)]를 선택하고 'Style(스타일) : Inner Bevel(내부 경사), Direction(방향) : Up(위로), Size(크기) : 5px'로 설정한 후 [OK(확인)]를 클릭합니다.

03 Custom Shape Tool(사용자 정의 모양 도구, $\boxtimes$)을 클릭하고 Options Bar(옵션 바)에서 'Shape(모양), Fill(칠) : #ffffff, Stroke(획) : No Color(색상 없음), Shape(모양) : Snow-flake 2(눈송이 2, ✳)'로 설정한 후 Shift 를 누른 채 드래그하여 모양을 그립니다.

<table>
<tr><td>

Shape 경로

[Legacy Shapes and More(레거시 모양 및 기타)]–[All Legacy Default Shapes (모든 레거시 기본 모양)]–[Nature(자연)]
</td></tr>
</table>

04 Layers(레이어) 패널 상단의 'Opacity(불투명도) : 60%'로 설정합니다.

05 Ctrl + J 를 눌러 복사한 'Snowflake 2 1 copy' 레이어를 선택하고, Ctrl + T 를 눌러 크기를 축소하고 이동하여 배치합니다.

06 계속해서 Ctrl + J 를 눌러 복사한 후, Ctrl + T 를 눌러 《출력형태》를 참고하여 크기를 확대하고 이동하여 배치합니다. Layers(레이어) 패널에서 'Snowflake 2 1 copy 2' 레이어의 'Lay-er thumbnail(레이어 축소판)'을 더블 클릭하여 'Color(색상) : #333366'으로 변경합니다.

06 문자 입력 및 레이어 스타일 적용

01 Horizontal Type Tool(수평 문자 도구, T)로 작업 이미지를 클릭하고 Options Bar(옵션 바)에서 'Font(글꼴) : Times New Roman, Set font style(글꼴 스타일 설정) : Bold, Set font size(글꼴 크기) : 45pt, Color(색상) : #ffffff'로 설정한 후 'SNOWY DAY'를 입력합니다.

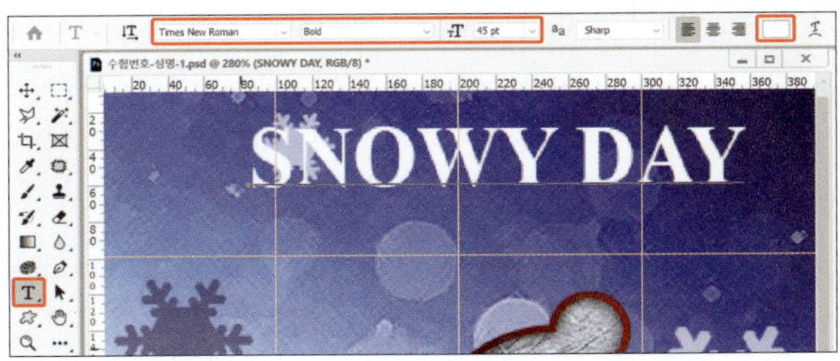

02 Options Bar(옵션 바)에서 Create warped text(뒤틀어진 텍스트 만들기, $\boxed{\mathcal{I}}$)를 클릭한 후 [Warp Text(텍스트 뒤틀기)] 대화상자에서 'Style(스타일) : Rise(상승), Horizontal(가로) : 체크, Bend(구부리기) : 50%'로 설정하여 문자의 모양을 왜곡합니다.

03 Layers(레이어) 패널 하단의 'Add a layer style(레이어 스타일 추가, $\boxed{fx.}$)'을 클릭하여 [Stroke(획)]를 선택하고, 'Size(크기) : 3px, Fill Type(칠 유형) : Gradient(그레이디언트), Click to edit the gradient(클릭하여 그레이디언트 편집)'를 클릭합니다. 그레이디언트 슬라이더 왼쪽 하단의 'Color Stop(색상 정지점)'을 더블 클릭하여 #663366, 오른쪽 'Color Stop (색상 정지점)'을 더블 클릭하여 #99ccff로 설정한 후, 'Style(스타일) : Linear(선형), Angle (각도) : 90°'로 설정합니다.

04 계속해서 [Drop Shadow(드롭 섀도)]를 선택하고 'Opacity(불투명도) : 75%, Angle(각도) : 120°, Distance(거리) : 7px, Size(크기) : 7px'로 설정한 후 [OK(확인)]를 클릭합니다. 마지막으로 $\boxed{\text{Ctrl}}$+$\boxed{\text{S}}$를 눌러 저장합니다.

07 정답 파일 저장

01 [View(보기)]−[Show(표시)]−[Grid(격자)]($\boxed{\text{Ctrl}}$+$\boxed{'}$)를 선택하여 격자를 가립니다.

02 [File(파일)]−[Save As(다른 이름으로 저장)]($\boxed{\text{Shift}}$+$\boxed{\text{Ctrl}}$+$\boxed{\text{S}}$)를 선택하고 '저장 위치 : 내 PC\문서\GTQ, 파일 형식 : JPEG(*.JPG;*.JPEG;*.JPE), 파일 이름 : 수험번호−성명− 문제번호'를 입력하고 [저장]을 클릭한 후 [JPEG Options(JPEG 옵션)] 대화상자에서 'Quality(품질) : 8'로 설정하고 [OK(확인)]를 클릭합니다.

> **F 기적의 TIP**
>
> Photoshop CC 2020 이후 버전에서 [Save As(다른 이름으로 저장)]($\boxed{\text{Shift}}$+$\boxed{\text{Ctrl}}$+$\boxed{\text{S}}$)로 '파일 형식 : JPEG(*.JPG;*. JPEG;*.JPE)'가 없는 경우에는 아래와 같이 저장하면 됩니다.
>
> **※ CC 버전에 따라 정답 파일을 '파일 형식 : JPEG'로 저장하기**
> - [File(파일)]−[Save As(다른 이름으로 저장)]($\boxed{\text{Shift}}$+$\boxed{\text{Ctrl}}$+$\boxed{\text{S}}$)를 선택하고 [다른 이름으로 저장] 대화상자에서 [Save A Copy(사본 저장)]를 선택합니다.
> - [File(파일)]−[Save A Copy(사본 저장)]($\boxed{\text{Alt}}$+$\boxed{\text{Ctrl}}$+$\boxed{\text{S}}$)를 선택합니다.

03 [Image(이미지)]−[Image Size(이미지 크기)]($\boxed{\text{Alt}}$+$\boxed{\text{Ctrl}}$+$\boxed{\text{I}}$)를 선택하고 'Constrain aspect ratio(종횡비 제한) : 클릭, Width(폭) : 40Pixels(픽셀), Height(높이) : 50Pixels(픽셀)'로 입력하여 이미지 크기를 1/10로 축소한 후 [OK(확인)]를 클릭합니다.

04 [File(파일)]−[Save As(다른 이름으로 저장)]($\boxed{\text{Shift}}$+$\boxed{\text{Ctrl}}$+$\boxed{\text{S}}$)를 선택하고 '저장 위치 : 내 PC\문서\GTQ, 파일 형식 : Photoshop(*.PSD;*.PDD;*.PSDT), 파일 이름 : 수험번호− 성명−문제번호'를 입력하고 [저장]을 클릭합니다.

05 답안 저장이 완료되면 [File(파일)]−[Close(닫기)]($\boxed{\text{Ctrl}}$+$\boxed{\text{W}}$)를 선택하여 파일을 닫고 수험 프로그램에서 [답안 전송]을 클릭하여 감독관 컴퓨터로 psd와 jpg 파일을 전송합니다.

작업과정	새 작업 이미지 만들기 및 파일 저장하기 ➡ 필터 적용 및 이미지 합성, 레이어 스타일 적용 ➡ 색상 보정 및 레이어 스타일 적용 ➡ 모양 생성 및 레이어 스타일 적용 ➡ 문자 입력 및 변형, 레이어 스타일 적용 ➡ 정답 파일 저장
완성이미지	PART04\기출유형문제04회\정답파일\G120260004-성명-2.jpg, G120260004-성명-2.psd

01 새 작업 이미지 만들기 및 파일 저장하기

01 [File(파일)]-[New(새로 만들기)]([Ctrl]+[N])를 선택하고 'Width(폭) : 400Pixels(픽셀), Height(높이) : 500Pixels(픽셀), Resolution(해상도) : 72Pixels/Inch(픽셀/인치), Color Mode(색상 모드) : RGB Color(RGB 색상), 8bit(비트), Background Contents(배경 내용) : White(흰색)'로 설정하여 새 작업 이미지를 만듭니다.

02 [Edit(편집)]-[Preference(환경설정)]([Ctrl]+[K])를 클릭하고 [Guides, Grid & Slices(안내선, 격자와 슬라이스)]를 선택하여 Grid(격자)의 'Gridline Every(격자 간격) : 100pixels(픽셀), Subdivisions(세분) : 1'로 설정한 후 'Grid Color(격자 색상)'를 클릭하여 밝은 색상으로 변경합니다.

03 [View(보기)]-[Show(표시)]-[Grid(격자)]([Ctrl]+['])와 [View(보기)]-[Rulers(눈금자)]([Ctrl]+[R])를 선택하여 격자와 눈금자를 표시합니다.

04 작업 도큐먼트를 저장하기 위해 [File(파일)]-[Save As(다른 이름으로 저장)]([Shift]+[Ctrl]+[S])를 선택하고 임의 경로에 '파일 이름 : 수험번호-성명-문제번호, 파일 형식 : Photoshop(*.PSD;*.PDD;*.PSDT)'으로 파일을 저장합니다.

02 필터 적용 및 이미지 합성, 레이어 스타일 적용

01 [File(파일)]-[Open(열기)]([Ctrl]+[O])을 선택하여 1급-4.jpg를 불러옵니다. [Ctrl]+[A]로 전체를 선택하고 [Ctrl]+[C]로 복사하여 작업 이미지에 [Ctrl]+[V]로 붙여넣기를 합니다. [Ctrl]+[T]를 눌러 크기를 축소하고 이동하여 배치합니다.

02 [Filter(필터)]−[Filter Gallery(필터 갤러리)]−[Artistic(예술 효과)]−[Dry Brush(드라이 브러시)]를 선택합니다.

03 [File(파일)]−[Open(열기)]([Ctrl]+[O])을 선택하여 1급-5.jpg를 불러옵니다. Quick Selection Tool(빠른 선택 도구, ✐)을 클릭하고 Options Bar(옵션 바)에서 Add to selection(선택 영역에 추가, ✐)을 설정한 후 브러시의 크기를 조절하며 드래그하여 선택합니다.

04 Polygonal Lasso Tool(다각형 올가미 도구, ✍)을 클릭하고 Options Bar(옵션 바)에서 'Add to selection(선택 영역에 추가, ▣)'을 설정한 후 파라솔의 기둥 부분을 클릭하여 추가로 선택합니다. [Ctrl]+[C]로 복사, 작업 이미지에 [Ctrl]+[V]로 붙여넣기 후 [Ctrl]+[T]로 회전하여 배치합니다.

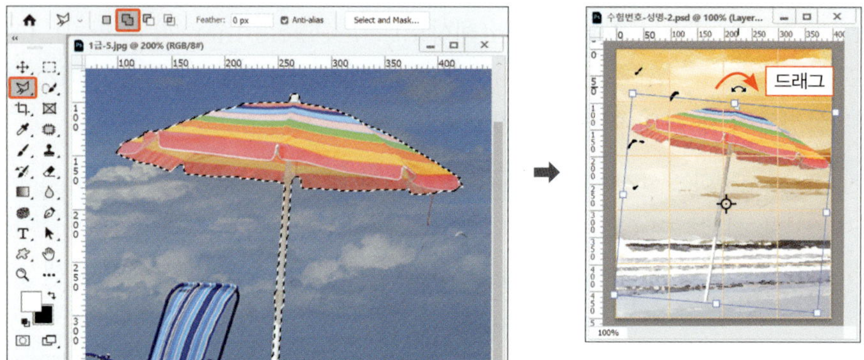

05 Layers(레이어) 패널 하단에 'Add a layer style(레이어 스타일 추가, fx.)'을 클릭하여 [Drop Shadow(그림자)]를 선택하고 'Opacity(불투명도) : 75%, Angle(각도) : 120°, Distance(거리) : 7px, Size(크기) : 7px'로 설정한 후 [OK(확인)]를 클릭합니다.

03 색상 보정 및 레이어 스타일 적용

01 Magic Wand Tool(자동 선택 도구, ✨)을 클릭하고 Options Bar(옵션 바)에서 'Add to selection(선택 영역에 추가, ▣), Tolerance(허용치) : 50'으로 설정한 후 파라솔 끝 부분을 여러 차례 클릭하여 선택합니다.

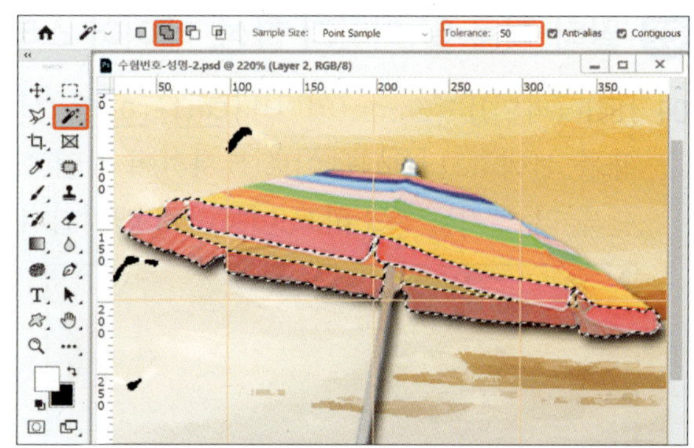

02 Layers(레이어) 패널 하단의 'Create new fill or adjustment layer(새 칠 또는 조정 레이어 생성, ◑)'를 클릭하고 [Hue/Saturation(색조/채도)]을 선택합니다. Properties(속성) 패널에서 'Colorize(색상화) : 체크, Hue(색조) : 270, Saturation(채도) : 60, Lightness(명도) : −10'으로 설정하여 보라색 계열로 보정합니다.

03 Magic Wand Tool(자동 선택 도구)을 클릭하고 파라솔의 연두색 영역을 클릭하여 선택합니다. Layers(레이어) 패널 하단의 'Create new fill or adjustment layer(새 칠 또는 조정 레이어 생성)'를 클릭하고 [Hue/Saturation(색조/채도)]을 선택합니다. Properties(속성) 패널에서 'Colorize(색상화) : 체크, Hue(색조) : 0, Saturation(채도) : 100, Lightness(명도) : −40'으로 설정하여 빨간색 계열로 보정합니다.

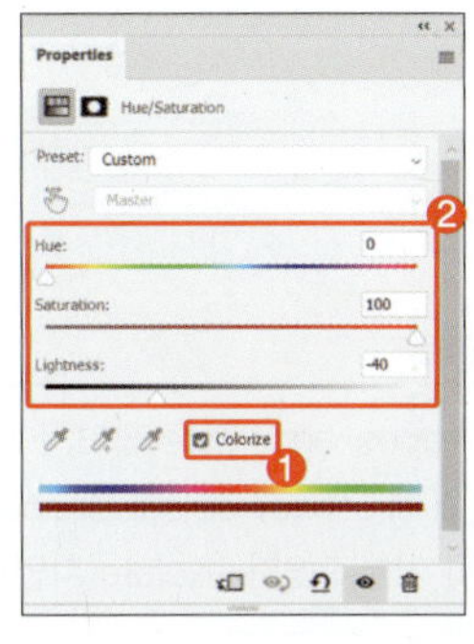
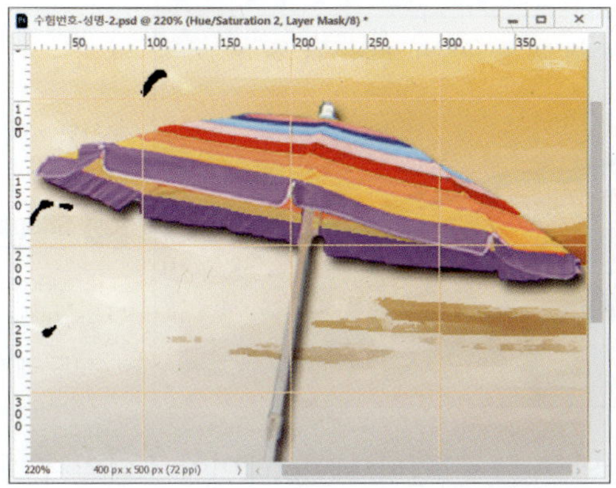

04 [File(파일)]−[Open(열기)]([Ctrl]+[O])을 선택하여 1급−6.jpg를 불러옵니다. Pen Tool(펜 도구)을 클릭하고 Options Bar(옵션 바)에서 'Paths(패스), Path operations(패스 작업) : Exclude Overlapping Shapes(모양 오버랩 제외)'를 클릭하고 2개의 의자 모양을 따라 닫힌 패스로 완료합니다.

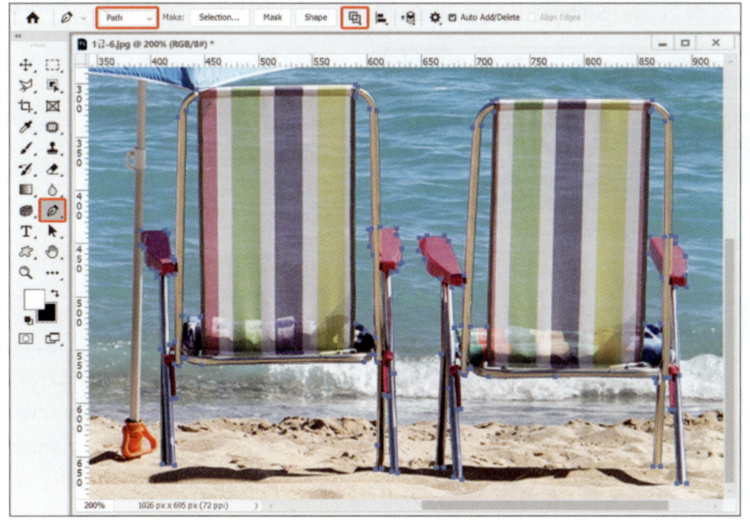

05 패스가 완료되면 [Ctrl]+[Enter]를 눌러 선택 상태로 전환하고 [Ctrl]+[C]로 복사합니다. 작업 이미지에 [Ctrl]+[V]로 붙여넣기한 후, [Ctrl]+[T]를 누르고 [Shift]를 누른 채 크기를 조절합니다.

06 Layers(레이어) 패널 하단의 'Add a layer style(레이어 스타일 추가, fx.)'을 클릭하여 [Outer Glow(외부 광선)]를 선택하고, 'Opacity(불투명도) : 75%, Size(크기) : 7px'로 설정한 후 [OK(확인)]를 클릭합니다.

🔵04 모양 생성 및 레이어 스타일 적용

01 Custom Shape Tool(사용자 정의 모양 도구, 🔯)을 클릭하고 Options Bar(옵션 바)에서 'Shape(모양)', Fill(칠) : #ffff33, Stroke(획) : No Color(색상 없음), Shape(모양) : Sun 1(해 1, ☀)'를 설정한 후 Shift 를 누른 채 드래그하여 모양을 그립니다.

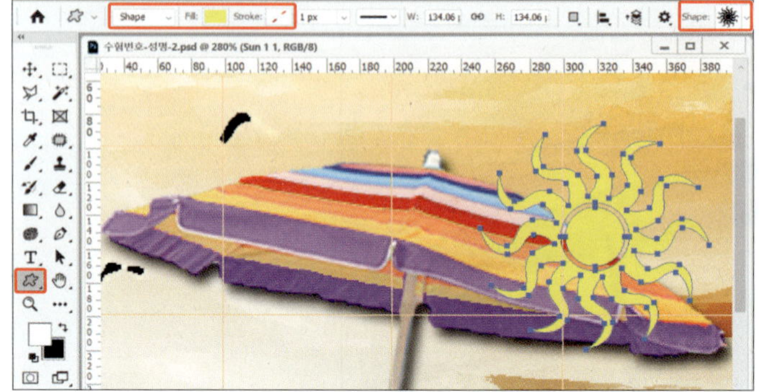

Shape 경로

[Legacy Shapes and More(레거시 모양 및 기타)]–[All Legacy Default Shapes (모든 레거시 기본 모양)]–[Nature(자연)]

02 Layers(레이어) 패널 하단의 'Add a layer style(레이어 스타일 추가, *fx.*)'을 클릭하여 [Inner Shadow(내부 그림자)]를 선택하고 'Opacity(불투명도) : 75%, Angle(각도) : 120°, Distance(거리) : 3px, Size(크기) : 3px'로 설정한 후 [OK(확인)]를 클릭합니다.

03 Custom Shape Tool(사용자 정의 모양 도구, 🔯)을 클릭하고 Options Bar(옵션 바)에서 'Shape(모양), Fill(칠) : #cc6666, Stroke(획) : No Color(색상 없음), Shape(모양) : Ornament 4(장식 4, ✥)'로 설정한 후 Shift 를 누른 채 드래그하여 모양을 그립니다.

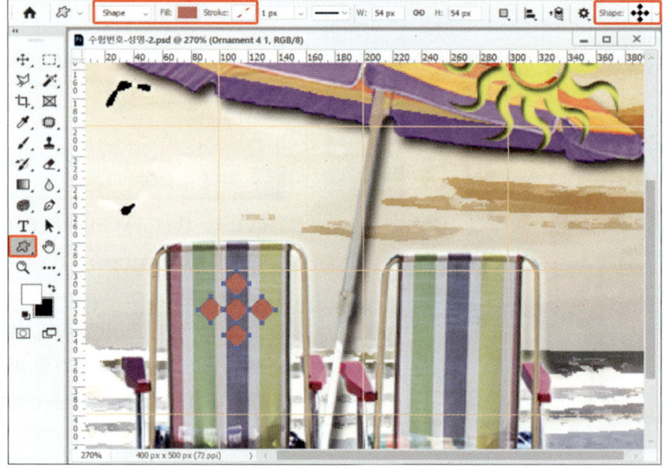

Shape 경로

[Legacy Shapes and More(레거시 모양 및 기타)]–[All Legacy Default Shapes (모든 레거시 기본 모양)]–[Ornaments (장식)]

04 Layers(레이어) 패널 하단의 'Add a layer style(레이어 스타일 추가, *fx.*)'을 클릭하여 [Outer Glow(외부 광선)]를 선택하고, 'Opacity(불투명도) : 75%, Size(크기) : 5px'로 설정한 후 [OK(확인)]를 클릭합니다.

05 Ctrl + J 를 눌러 복사한 레이어를 만들고 이동하여 배치합니다. Layers(레이어) 패널에서 'Ornament 4 1 copy' 레이어의 'Layer thumbnail(레이어 축소판)'을 더블 클릭하여 'Color (색상) : #666699'로 설정하고 [OK(확인)]를 클릭합니다.

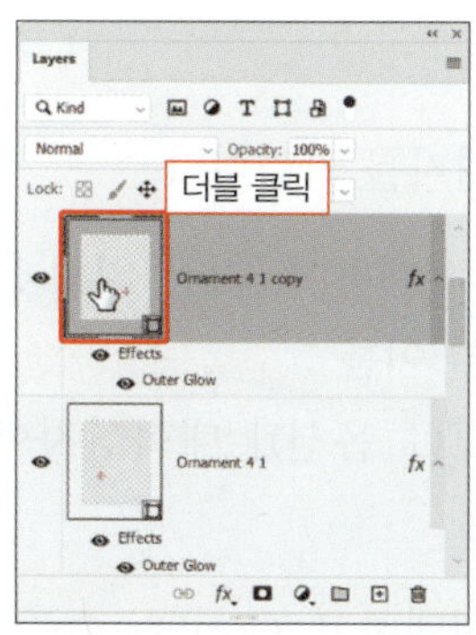
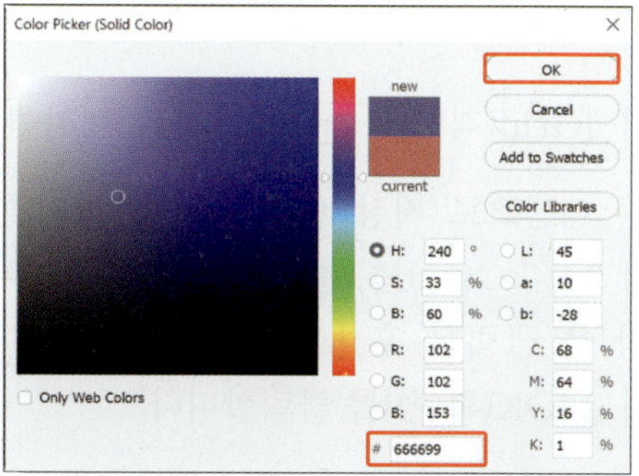

05 문자 입력 및 변형, 레이어 스타일 적용

01 Horizontal Type Tool(수평 문자 도구, T)로 작업 이미지를 클릭하고 Options Bar(옵션 바)에서 'Font(글꼴) : Arial, Set font style(글꼴 스타일 설정) : Bold, Set font size(글꼴 크기) : 50pt, Color(색상) : 임의 색상'으로 설정한 후 'HOT SUMMER'를 입력합니다.

02 Options Bar(옵션 바)에서 Create warped text(뒤틀어진 텍스트 만들기, ⊥)를 클릭하여 [Warp Text(텍스트 뒤틀기)] 대화상자에서 'Style(스타일) : Rise(상승), Horizontal(가로) : 체크, Bend(구부리기) : 35%'로 설정하여 문자의 모양을 왜곡합니다.

03 Layers(레이어) 패널 하단의 'Add a layer style(레이어 스타일 추가, fx.)'을 클릭하여 [Gradient Overlay(그레이디언트 오버레이)]를 선택하고 'Click to edit the gradient(클릭하여 그레이디언트 편집)'를 클릭합니다.

04 그레이디언트 슬라이더 왼쪽 하단의 'Color Stop(색상 정지점)'을 더블 클릭하여 #ff3333, 가운데 빈 곳을 클릭하여 'Color Stop(색상 정지점)'을 추가하고 더블 클릭하여 #006633, 오른쪽 'Color Stop(색상 정지점)'을 더블 클릭하여 #ffff00으로 설정한 후, 'Style(스타일) : Linear(선형), Angle(각도) : 90°'로 설정합니다.

> 가운데 Color Stop(색상 정지점)을 클릭한 후 좌우 'Color Midpoint(색상 중간점, ◇)'의 Location(위치)을 각각 '70%', '30%'로 설정합니다.

05 계속해서 [Drop Shadow(드롭 섀도)]를 선택하고 'Opacity(불투명도) : 75%, Angle(각도) : 120°, Distance(거리) : 5px, Size(크기) : 5px'로 설정한 후 [OK(확인)]를 클릭합니다. 마지막으로 Ctrl + S 를 눌러 저장합니다.

06 정답 파일 저장

06 정답 파일 저장

01 [View(보기)]–[Show(표시)]–[Grid(격자)]([Ctrl]+[']')를 선택하여 격자를 가립니다.

02 [File(파일)]–[Save As(다른 이름으로 저장)]([Shift]+[Ctrl]+[S])를 선택하여 '저장 위치 : 내 PC₩문서₩GTQ, 파일 형식 : JPEG(*.JPG;*.JPEG;*.JPE), 파일 이름 : 수험번호–성명–문제번호'를 입력하고 [저장]을 클릭한 후 [JPEG Options(JPEG 옵션)] 대화상자에서 'Quality(품질) : 8'로 설정하고 [OK(확인)]를 클릭합니다.

03 [Image(이미지)]–[Image Size(이미지 크기)]([Alt]+[Ctrl]+[I])를 선택하고 'Constrain aspect ratio(종횡비 제한) : 클릭, Width(폭) : 40Pixels, Height(높이) : 50Pixels'로 입력하여 이미지 크기를 1/10로 축소한 후 [OK(확인)]를 클릭합니다.

04 [File(파일)]–[Save As(다른 이름으로 저장)]([Shift]+[Ctrl]+[S])를 선택하고 '저장 위치 : 내 PC₩문서₩GTQ, 파일 형식 : Photoshop(*.PSD;*.PDD;*.PSDT), 파일 이름 : 수험번호–성명–문제번호'를 입력하고 [저장]을 클릭합니다.

05 답안 저장이 완료되면 [File(파일)]–[Close(닫기)]([Ctrl]+[W])를 선택하여 파일을 닫고 수험 프로그램에서 [답안 전송]을 클릭하여 psd와 jpg 파일을 감독관 컴퓨터로 전송합니다.

문제 ❸ **[실무응용] 포스터 제작**

작업과정	새 작업 이미지 만들기 및 파일 저장하기 ➡ 혼합 모드 합성 및 필터 적용과 레이어 마스크 ➡ 클리핑 마스크 및 레이어 스타일, 필터 적용 ➡ 이미지 보정 및 레이어 스타일 적용 ➡ 모양 생성 및 레이어 스타일 적용 ➡ 문자 입력 및 레이어 스타일 적용 ➡ 정답 파일 저장
완성이미지	PART04₩기출유형문제04회₩정답파일₩G120260004–성명–3.jpg, G120260004–성명–3.psd

01 새 작업 이미지 만들기 및 파일 저장하기

01 [File(파일)]–[New(새로 만들기)]([Ctrl]+[N])를 선택하고 'Width(폭) : 600Pixels(픽셀), Height(높이) : 400Pixels(픽셀), Resolution(해상도) : 72Pixels/Inch(픽셀/인치), Color Mode(색상 모드) : RGB Color(RGB 색상), 8bit(비트), Background Contents(배경 내용) : White(흰색)'로 설정하여 새 작업 이미지를 만듭니다.

02 [Edit(편집)]–[Preference(환경설정)]([Ctrl]+[K])를 클릭하고 [Guides, Grid & Slices(안내선, 격자와 슬라이스)]를 선택하여 Grid(격자)의 'Gridline Every(격자 간격) : 100Pixels(픽셀), Subdivisions(세분) : 1'로 설정한 후 'Grid Color(격자 색상)'를 클릭하여 밝은 색상으로 변경합니다.

03 [View(보기)]–[Show(표시)]–[Grid(격자)]([Ctrl]+['])와 [View(보기)]–[Rulers(눈금자)]([Ctrl]+[R])를 선택하여 격자와 눈금자를 표시합니다.

04 작업 도큐먼트를 저장하기 위해 [File(파일)]–[Save As(다른 이름으로 저장)]([Shift]+[Ctrl]+ [S])를 선택하고 임의 경로에 '파일 이름 : 수험번호–성명–문제번호, 파일 형식 : Photo- shop(*.PSD;*.PDD;*.PSDT)'으로 파일을 저장합니다.

02 혼합 모드 합성 및 필터 적용과 레이어 마스크

01 Tool Panel(도구 패널) 하단의 'Set foreground color(전경색 설정)'를 클릭하여 # 입력란에 ff9999로 입력한 후, [Alt]+[Delete]를 눌러 제시된 Foreground Color(전경색)를 작업 이미지 의 배경에 채웁니다.

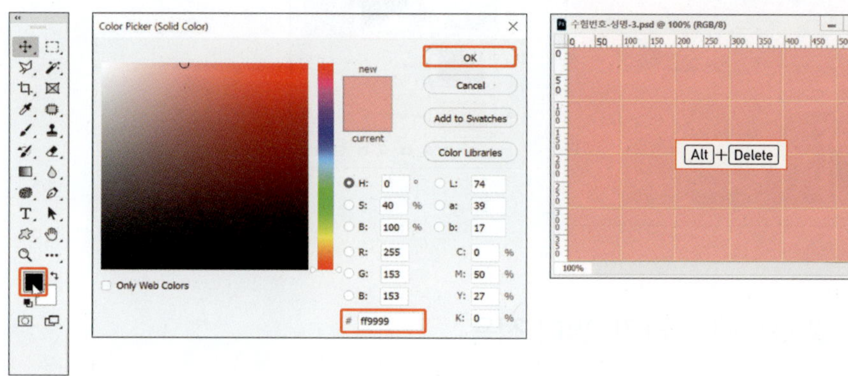

02 [File(파일)]–[Open(열기)]([Ctrl]+[O])을 선택하여 1급–7.jpg를 불러옵니다. [Ctrl]+[A]로 전 체 선택한 후 [Ctrl]+[C]로 복사하여 작업 이미지에 [Ctrl]+[V]로 붙여넣고 위치를 조절하여 배치 합니다.

03 Layers(레이어) 패널에서 'Blending Mode(혼합 모드) : Pin Light(핀 라이트), Opacity(불 투명도) : 70%'로 설정하여 배경과 합성합니다.

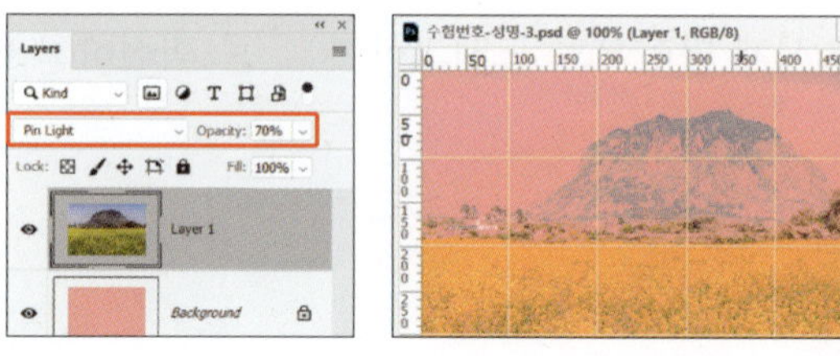

04 [File(파일)]–[Open(열기)]([Ctrl]+[O])을 선택하여 1급–8.jpg를 불러옵니다. [Ctrl]+[A]로 전 체를 선택하고 [Ctrl]+[C]로 복사하여 작업 이미지에 [Ctrl]+[V]로 붙여넣기를 하고 [Ctrl]+[T]를 눌러 크기를 조절합니다.

05 [Filter(필터)]–[Filter Gallery(필터 갤러리)]–[Brush Strokes(브러시 선)]–[Crosshatch (그물눈)]를 선택합니다.

06 Layers(레이어) 패널 하단의 'Add layer mask(레이어 마스크 추가, ■)'를 클릭하여 레이어 마스크를 추가합니다.

07 Tool Panel(도구 패널) 하단의 'Set foreground color(전경색 설정)'를 #000000, 'Set background color(배경색 설정)'를 #ffffff로 설정합니다. Gradient Tool(그레이디언트 도구, ▣)을 클릭하고 Options Bar(옵션 바)에서 'Type(유형) : Linear Gradient(선형 그레이디언트), Mode(모드) : Normal(표준), Opacity(불투명도) : 100%'로 설정한 후 Shift 를 누르고 오른쪽 상단에서 왼쪽 하단인 대각선 방향으로 드래그하여 이미지의 일부를 자연스럽게 지워 합성합니다.

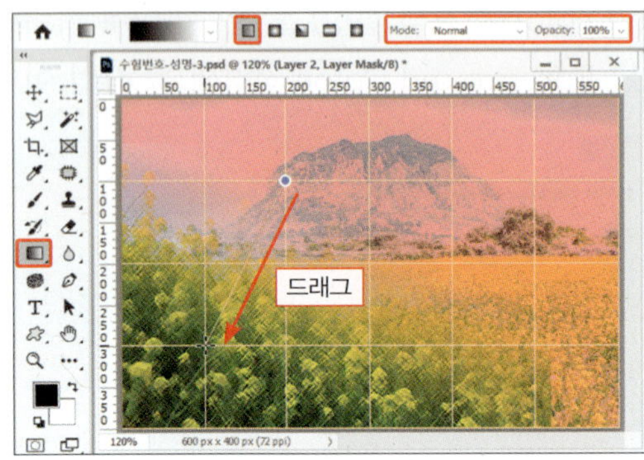

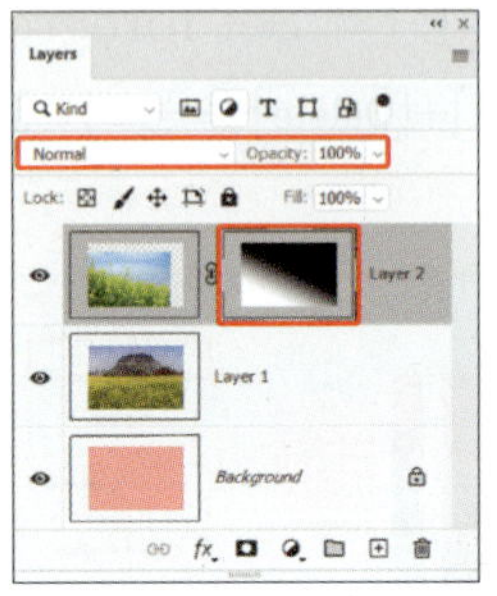

03 클리핑 마스크 및 레이어 스타일, 필터 적용

01 Custom Shape Tool(사용자 정의 모양 도구, ▨)을 클릭하고 Options Bar(옵션 바)에서 'Shape(모양), Fill(칠) : 임의 색상, Stroke(획) : No Color(색상 없음), Shape(모양) : Puzzle 4(퍼즐 4, ▪)'로 설정한 후 Shift 를 누른 채 드래그하여 모양을 그립니다.

> 🎯 **Shape 경로**
>
> [Legacy Shapes and More(레거시 모양 및 기타)]–[All Legacy Default Shapes(모든 레거시 기본 모양)]–[Objects(개체)]

02 Ctrl + T 를 눌러 Shift 를 누른 채 조절점 밖을 시계 방향으로 드래그하여 15°로 회전하고 배치합니다.

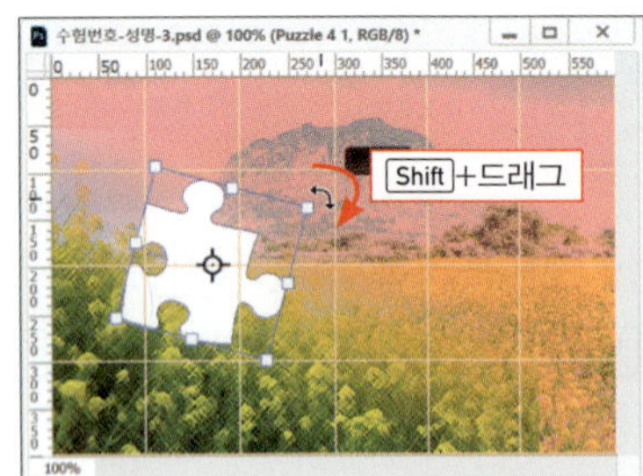

> 🏁 **기적의 TIP**
>
> Shift 를 누른 채 회전하면 15° 단위로 회전이 가능합니다.

03 Layers(레이어) 패널 하단의 'Add a layer style(레이어 스타일 추가, fx.)'을 클릭하여 [Inner Shadow(내부 그림자)]를 선택하고 'Opacity(불투명도) : 75%, Angle(각도) : 120°, Distance(거리) : 5px, Size(크기) : 5px'로 설정합니다. 계속해서 [Outer Glow(외부 광선)]를 선택하여 'Opacity(불투명도) : 75%, Size(크기) : 10px'로 설정하고 [OK(확인)]를 클릭합니다.

04 [File(파일)]–[Open(열기)]([Ctrl]+[O])을 선택하여 1급-9.jpg를 불러옵니다. [Ctrl]+[A]로 전체를 선택하고 [Ctrl]+[C]로 복사한 후 작업 이미지에 [Ctrl]+[V]로 붙여넣기를 합니다. [Ctrl]+[T]를 눌러 크기를 축소하고 'Puzzle 4 1' 레이어와 겹치도록 배치합니다.

05 [Filter(필터)]–[Filter Gallery(필터 갤러리)]–[Texture(텍스처)]–[Texturizer(텍스처화)]를 선택합니다.

06 Layers(레이어) 패널에서 'Puzzle 4 1'과 'Layer 3' 레이어 사이에 마우스 커서를 놓고 [Alt]를 누르고 클릭하여 Clipping Mask(클리핑 마스크)를 적용합니다.

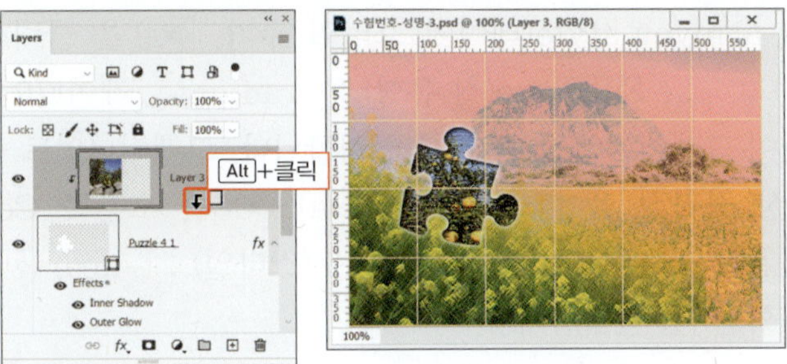

📑 **기적의 TIP**

Clipping Mask(클리핑 마스크)를 적용할 때는 반드시 'Puzzle 4 1' 레이어 바로 위에 이미지 레이어를 배치해야 합니다.

④ 이미지 보정 및 레이어 스타일 적용

01 [File(파일)]–[Open(열기)]([Ctrl]+[O])을 선택하여 1급-10.jpg를 불러옵니다. Quick Selection Tool(빠른 선택 도구,)을 클릭하고 Options Bar(옵션 바)에서 'Add to selection(선택 영역에 추가,)'으로 설정한 후 브러시의 크기를 조절하며 드래그하여 선택합니다.

02 Ctrl+C를 눌러 복사한 후 작업 이미지에 Ctrl+V로 붙여넣기를 합니다.

03 Layers(레이어) 패널 하단의 'Add a layer style(레이어 스타일 추가, fx.)'을 클릭하여 [Inner Shadow(내부 그림자)]를 선택하고 'Opacity(불투명도) : 75%, Angle(각도) : 120°, Distance(거리) : 5px, Size(크기) : 5px'로 설정합니다. 계속해서 [Outer Glow(외부 광선)]를 선택하고 'Opacity(불투명도) : 75%, Size(크기) : 5px'로 설정한 후 [OK(확인)]를 클릭합니다.

04 [File(파일)]−[Open(열기)](Ctrl+O)을 선택하여 1급−11.jpg를 불러옵니다. Pen Tool(펜 도구, ⌀)을 클릭하고 Options Bar(옵션 바)에서 'Path(패스), Exclude Overlapping Shapes(모양 오버랩 제외, ⊟)'로 설정한 후 제시된 자동차 모양을 따라 닫힌 패스로 완료합니다.

05 패스가 완료되면 Ctrl+Enter를 눌러 선택 상태로 전환하고, Ctrl+C를 눌러 복사합니다. 작업 이미지에 Ctrl+V로 붙여넣기를 하고 Ctrl+T를 눌러 크기를 조절한 후, 오른쪽 마우스 버튼을 클릭하여 [Flip Horizontal(가로로 뒤집기)]로 뒤집어서 배치합니다.

06 Layers(레이어) 패널 하단의 'Add a layer style(레이어 스타일 추가, fx.)'을 클릭하여 [Stroke(획)]를 선택하고 'Size(크기) : 5px, Fill Type(칠 유형) : Gradient(그레이디언트), Click to edit the gradient(클릭하여 그레이디언트 편집)'를 클릭합니다. 그레이디언트 슬라이더 왼쪽 하단의 'Color Stop(색상 정지점)'을 더블 클릭하여 #660066, 오른쪽 'Color Stop(색상 정지점)'을 더블 클릭하여 #ccff00으로 설정한 후, 'Style(스타일) : Linear(선형), Angle(각도) : 54°로 설정하고 [OK(확인)]를 클릭합니다.

07 Quick Selection Tool(빠른 선택 도구, ⌀)을 클릭하고 Options Bar(옵션 바)에서 'Add to selection(선택 영역에 추가, ⌀)'으로 설정한 후 브러시의 크기를 조절하며 드래그하여 자동차 하단 이미지를 선택합니다.

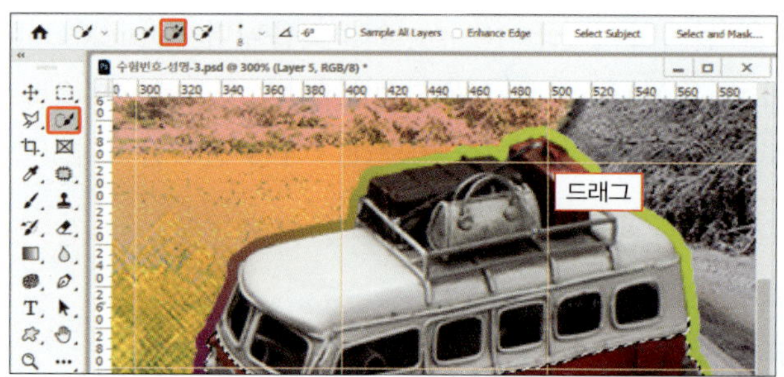

08 Layers(레이어) 패널 하단의 'Create new fill or adjustment layer(새 칠 또는 조정 레이어 생성, ◑)'를 클릭하고 [Hue/Saturation(색조/채도)]을 선택합니다. Properties(속성) 패널에서 'Colorize(색상화) : 체크, Hue(색조) : 290, Saturation(채도) : 77, Lightness(명도) : 0'으로 설정하여 보라색 계열로 보정합니다.

01 Custom Shape Tool(사용자 정의 모양 도구, ☆)을 클릭하고 Options Bar(옵션 바)에서 'Shape(모양), Fill(칠): 임의 색상, Stroke(획) : No Color(색상 없음), Shape(모양) : School(학교, 🚶)'로 설정한 후 Shift 를 누른 채 드래그하여 모양을 그립니다.

🎯 **Shape** 경로

[Legacy Shapes and More(레거시 모양 및 기타)]–[All Legacy Default Shapes (모든 레거시 기본 모양)]–[Symbols(기호)]

02 Ctrl + T 를 누르고 마우스 오른쪽 버튼을 클릭하여 [Flip Horizontal(가로로 뒤집기)]로 뒤집어 배치합니다.

03 Layers(레이어) 패널 상단의 'Opacity(불투명도) : 80%'로 설정합니다.

04 Layers(레이어) 패널 하단의 'Add a layer style(레이어 스타일 추가, fx.)'을 클릭하여 [Gradient Overlay(그레이디언트 오버레이)]를 선택하고 'Click to edit the gradient(클릭하여 그레이디언트 편집)'를 클릭합니다. 그레이디언트 슬라이더 왼쪽 하단의 'Color Stop(색상 정지점)'을 더블 클릭하여 #009900, 오른쪽 'Color Stop(색상 정지점)'을 더블 클릭하여 #ffccff로 설정한 후, 'Style(스타일) : Linear(선형), Angle(각도) : 90°'로 설정합니다.

05 계속해서 [Drop Shadow(드롭 섀도)]를 선택하고 'Opacity(불투명도) : 75%, Angle(각도) : 120°, Distance(거리) : 5px, Size(크기) : 5px'로 설정한 후 [OK(확인)]를 클릭합니다.

06 Custom Shape Tool(사용자 정의 모양 도구, ☆)을 클릭하고 Options Bar(옵션 바)에서 'Shape(모양), Fill(칠) : #ffcccc, Stroke(획) : No Color(색상 없음), Shape(모양) : Movie (동영상, 🎞)'로 설정한 후 Shift 를 누르고 모양을 그립니다.

🎯 **Shape** 경로

[Legacy Shapes and More(레거시 모양 및 기타)]–[All Legacy Default Shapes (모든 레거시 기본 모양)]–[Web(웹)]

07 Layers(레이어) 패널 하단의 'Add a layer style(레이어 스타일 추가, fx.)'을 클릭하여 [Stroke(획)]를 선택하고, 'Size(크기) : 1px, Color(색상) : #000000'으로 설정한 후 [OK(확인)]를 클릭합니다.

08 Custom Shape Tool(사용자 정의 모양 도구, ⟑)을 클릭하고 Options Bar(옵션 바)에서 'Shape(모양), Fill(칠) : #ffffff, Stroke(획) : No Color(색상 없음), Shape(모양) : Airplane(비행기, ✈)'을 설정한 후 Shift 를 누르고 모양을 그립니다.

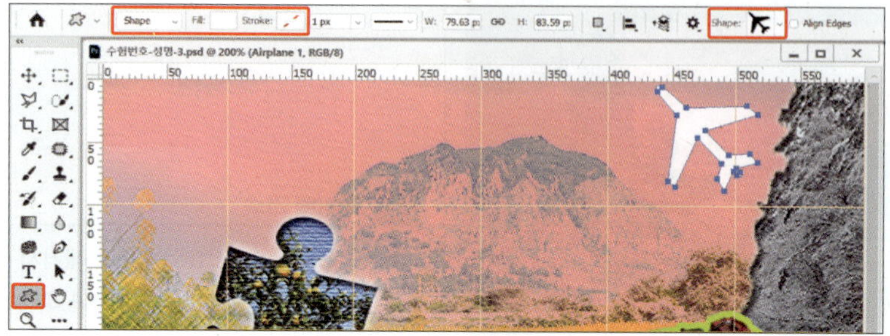

09 Layers(레이어) 패널 하단의 'Add a layer style(레이어 스타일 추가, fx.)'을 클릭하여 [Inner Shadow(내부 그림자)]를 선택하고 'Opacity(불투명도) : 75%, Angle(각도) : 60˚, Use Global Light(전체 조명 사용) : 체크 해제, Distance(거리) : 5px, Size(크기) : 5px'를 설정한 후 [OK(확인)]를 클릭합니다.

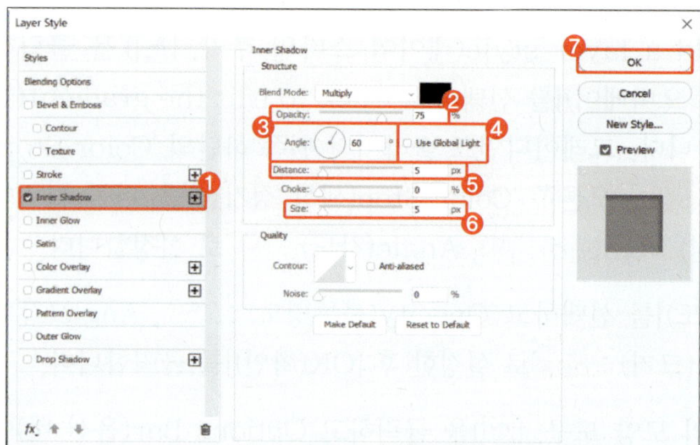

10 Ctrl + T 를 눌러 반시계 방향으로 회전한 후, Layers(레이어) 패널 상단의 'Opacity(불투명도) : 60%'로 설정하여 합성합니다.

11 Ctrl + J 를 눌러 'Airplane 1' 레이어를 복사한 후, Ctrl + T 를 눌러 크기와 회전을 조절하고 이동하여 배치합니다.

12 Layers(레이어) 패널에서 'Airplane 1 copy' 레이어의 'Layer thumbnail(레이어 축소판)'을 더블 클릭하여 'Color(색상) : #996699'로 설정하고 [OK(확인)]를 클릭합니다.

01 Horizontal Type Tool(수평 문자 도구, T)로 작업 이미지를 클릭하고 Options Bar(옵션 바)에서 'Font(글꼴) : Arial, Set font style(글꼴 스타일 설정) : Bold, Set font size(글꼴 크기) : 50pt, Color(색상) : 임의 색상'으로 설정한 후 'Island Travel'을 입력합니다.

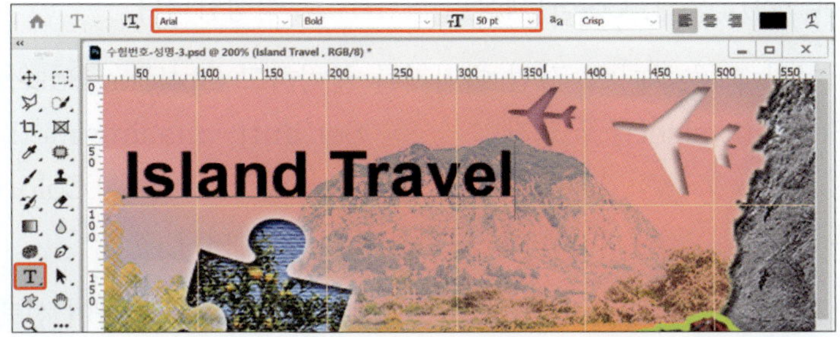

02 Options Bar(옵션 바)에서 Create warped text(뒤틀어진 텍스트 만들기, ㅗ)를 클릭하여 [Warp Text(텍스트 뒤틀기)] 대화상자에서 'Style(스타일) : Arc(부채꼴), Horizontal(가로) : 체크, Bend(구부리기) : 30%'로 설정하여 문자의 모양을 왜곡합니다.

03 Layers(레이어) 패널 하단의 'Add a layer style(레이어 스타일 추가, fx.)'을 클릭하여 [Stroke(획)]를 선택하고 'Size(크기) : 3px, Color(색상) : #330000'으로 설정합니다. 계속해서 [Gradient Overlay(그레이디언트 오버레이)]를 선택하여 'Click to edit the gradient(클릭하여 그레이디언트 편집)'를 클릭합니다.

04 그레이디언트 슬라이더 왼쪽 하단의 'Color Stop(색상 정지점)'을 더블 클릭하여 #ff6600, 가운데 빈 곳을 클릭하여 'Color Stop(색상 정지점)'을 추가하고 더블 클릭하여 #cccccc, 오른쪽 'Color Stop(색상 정지점)'을 더블 클릭하여 #9966ff로 설정한 후, 'Style(스타일) : Linear(선형), Angle(각도) : 90°'로 설정합니다. 계속해서 [Drop Shadow(드롭 섀도)]를 선택하고 [OK(확인)]를 클릭합니다.

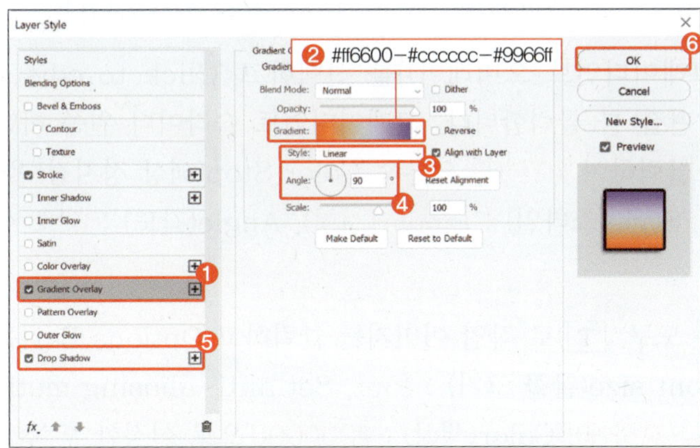

05 Horizontal Type Tool(수평 문자 도구, T)로 작업 이미지를 클릭하고 Options Bar(옵션 바)에서 'Font(글꼴) : Arial, Set font style(글꼴 스타일 설정) : Bold, Set font size(글꼴 크기) : 30pt, Color(색상) : #006633'으로 설정한 후 '# Jeju Island'를 입력합니다.

06 Options Bar(옵션 바)에서 Create warped text(뒤틀어진 텍스트 만들기, ⬛)를 클릭하여 [Warp Text(텍스트 뒤틀기)] 대화상자에서 'Style(스타일) : Arc(부채꼴), Horizontal(가로) : 체크, Bend(구부리기) : −40%'로 설정하여 문자의 모양을 왜곡합니다.

07 Layers(레이어) 패널 하단의 'Add a layer style(레이어 스타일 추가, fx.)'을 클릭하여 [Stroke(획)]를 선택하고 'Size(크기) : 2px, Color(색상) : #ffffff'로 설정합니다.

08 Horizontal Type Tool(수평 문자 도구, T)로 작업 이미지를 클릭하고 Options Bar(옵션 바)에서 'Font(글꼴) : 바탕, Set font size(글꼴 크기) : 23pt, Set anti-aliasing method (앤티 앨리어싱 방법 설정) : Strong(강하게), Center text(텍스트 중앙 정렬, ▤), Color(색상) : 임의 색상'으로 설정한 후 '제주의 풍경을 다양하게 즐겨요!'를 입력합니다.

09 Horizontal Type Tool(수평 문자 도구, T)로 '다양하게 즐겨요!' 문자를 드래그하여 선택하고 'Set font size(글꼴 크기) : 30pt'로 설정합니다.

10 Layers(레이어) 패널 하단의 'Add a layer style(레이어 스타일 추가, fx.)'을 클릭하여 [Stroke(획)]를 선택하고 'Size(크기) : 2px, Color(색상) : #330000'으로 설정합니다.

11 계속해서 [Gradient Overlay(그레이디언트 오버레이)]를 선택하고 'Click to edit the gradient(클릭하여 그레이디언트 편집)'를 클릭합니다. 그레이디언트 슬라이더 왼쪽 하단의 'Color Stop(색상 정지점)'을 더블 클릭하여 #ffffff, 오른쪽 'Color Stop(색상 정지점)'을 더블 클릭하여 #33ffcc로 설정한 후, 'Style(스타일) : Linear(선형), Angle(각도) : 0°로 설정하고 [OK(확인)]를 클릭합니다.

12 Horizontal Type Tool(수평 문자 도구, T)로 작업 이미지를 클릭하고 Options Bar(옵션 바)에서 'Font(글꼴) : 굴림, Set font size(글꼴 크기) : 15pt, Set anti-aliasing method (앤티 앨리어싱 방법 설정) : Strong(강하게), Color(색상) : #000000'으로 설정한 후 '장소 : 제주 디지털영상센터'를 입력합니다.

13 Layers(레이어) 패널 하단에 'Add a layer style(레이어 스타일 추가, fx.)'을 클릭하여 [Stroke(획)]를 선택하고 'Size(크기) : 2px, Color(색상) : #ffcccc'로 설정한 후 [OK(확인)]를 클릭합니다. Ctrl + S 를 눌러 저장합니다.

07 정답 파일 저장

01 [View(보기)]–[Show(표시)]–[Grid(격자)](Ctrl + ')를 선택하여 격자를 가립니다.

02 [File(파일)]–[Save As(다른 이름으로 저장)](Shift + Ctrl + S)를 선택하고 '저장 위치 : 내 PC₩문서₩GTQ, 파일 형식 : JPEG(*.JPG;*.JPEG;*.JPE), 파일 이름 : 수험번호–성명–문제번호'를 입력하고 [저장]을 클릭한 후 [JPEG Options(JPEG 옵션)] 대화상자에서 'Quality(품질) : 8'로 설정하고 [OK(확인)]를 클릭합니다.

03 [Image(이미지)]–[Image Size(이미지 크기)](Alt + Ctrl + I)를 선택하고 'Constrain aspect ratio(종횡비 제한) : 클릭, Width(폭) : 60Pixels(픽셀), Height(높이) : 40Pixels(픽셀)'로 입력하여 이미지 크기를 1/10로 축소한 후 [OK(확인)]를 클릭합니다.

04 [File(파일)]–[Save As(다른 이름으로 저장)](Shift + Ctrl + S)를 선택하고 '저장 위치 : 내 PC₩문서₩GTQ, 파일 형식 : Photoshop(*.PSD;*.PDD;*.PSDT), 파일 이름 : 수험번호–성명–문제번호'를 입력하고 [저장]을 클릭합니다.

05 답안 저장이 완료되면 [File(파일)]–[Close(닫기)](Ctrl + W)를 선택하여 파일을 닫고 수험 프로그램에서 [답안 전송]을 클릭하여 psd와 jpg 파일을 감독관 컴퓨터로 전송합니다.

<table>
<tr><td colspan="2">문제 ❹   [실무응용] 웹 페이지 제작</td></tr>
<tr><td>작업과정</td><td>새 작업 이미지 만들기 및 파일 저장하기 ➡ 혼합 모드 합성 및 필터, 레이어 마스크 적용 ➡ 이미지 보정 및 레이어 스타일 적용 ➡ 모양 생성 및 변형, 레이어 스타일 적용 ➡ 메뉴 버튼 만들기 ➡ 펜 도구 작업 및 레이어 스타일 적용 ➡ 패턴 정의와 적용 및 클리핑 마스크 적용 ➡ 문자 입력과 왜곡 및 레이어 스타일 적용 ➡ 정답 파일 저장</td></tr>
<tr><td>완성이미지</td><td>PART04₩기출유형문제04회₩정답파일₩G120260004–성명–4.jpg, G120260004–성명–4.psd</td></tr>
</table>

01 [File(파일)]-[New(새로 만들기)](Ctrl+N)를 선택하고 'Width(폭) : 600Pixels(픽셀), Height(높이) : 400Pixels(픽셀), Resolution(해상도) : 72Pixels/Inch(픽셀/인치), Color Mode(색상 모드) : RGB Color(RGB 색상), 8bit(비트), Background Contents(배경 내용) : White(흰색)'로 설정하여 새 작업 이미지를 만듭니다.

02 [Edit(편집)]-[Preference(환경설정)](Ctrl+K)를 클릭하고 [Guides, Grid & Slices(안내선, 격자와 슬라이스)]를 선택하여 Grid(격자)의 'Gridline Every(격자 간격) : 100Pixels(픽셀), Subdivisions(세분) : 1'로 설정한 후 'Grid Color(격자 색상)'를 클릭하여 밝은 색상으로 변경합니다.

03 [View(보기)]-[Show(표시)]-[Grid(격자)](Ctrl+')와 [View(보기)]-[Rulers(눈금자)] (Ctrl+R)를 선택하여 격자와 눈금자를 표시합니다.

04 작업 도큐먼트를 저장하기 위해 [File(파일)]-[Save As(다른 이름으로 저장)](Shift+Ctrl+S)를 선택하고 임의 경로에 '파일 이름 : 수험번호-성명-문제번호, 파일 형식 : Photoshop(*.PSD;*.PDD;*.PSDT)'으로 파일을 저장합니다.

01 Tool Panel(도구 패널) 하단의 'Set foreground color(전경색 설정)'를 클릭하여 # 입력란에 99ccff로 입력한 후, Alt+Delete를 눌러 제시된 Foreground Color(전경색)를 작업 이미지의 배경에 채웁니다.

02 [File(파일)]-[Open(열기)](Ctrl+O)을 선택하여 1급-12.jpg를 불러옵니다. Ctrl+A로 전체를 선택하고 Ctrl+C로 복사한 후 작업 이미지에 Ctrl+V로 붙여넣기를 합니다. Ctrl+T로 크기를 조절한 후 격자를 참고하여 배치합니다.

03 Layers(레이어) 패널에서 'Blending Mode(혼합 모드) : Hard Light(하드 라이트)'로 설정하여 배경 이미지와 합성을 합니다.

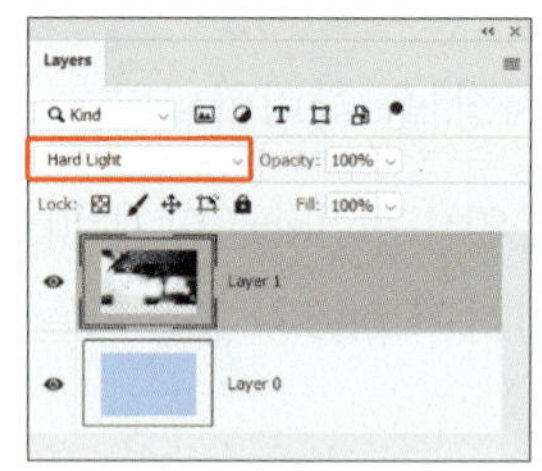
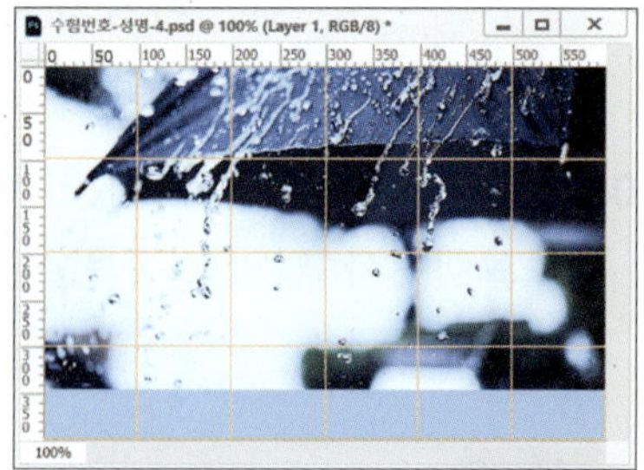

04 Layers(레이어) 패널 하단의 'Add layer mask(레이어 마스크 추가, ▣)'를 클릭하여 레이어 마스크를 추가합니다.

05 Tool Panel(도구 패널) 하단의 'Set foreground color(전경색 설정)'를 #000000, 'Set background color(배경색 설정)'를 #ffffff로 설정합니다.

06 Gradient Tool(그레이디언트 도구, ■)을 클릭하고 Options Bar(옵션 바)에서 'Type(유형) : Linear Gradient(선형 그레이디언트), Mode(모드) : Normal(표준), Opacity(불투명도) : 100%'로 설정한 후 [Shift]를 누른 채 아래에서 위쪽 수직 방향으로 드래그하여 이미지 일부를 자연스럽게 지워 합성합니다.

07 [File(파일)]–[Open(열기)]([Ctrl]+[O])을 선택하여 1급–13.jpg를 불러옵니다. [Ctrl]+[A]로 전체를 선택하고 [Ctrl]+[C]로 복사한 후 작업 이미지에 [Ctrl]+[V]로 붙여넣기를 합니다. [Ctrl]+[T]로 크기를 조절하여 배치합니다.

08 [Filter(필터)]–[Filter Gallery(필터 갤러리)]–[Artistic(예술 효과)]–[Film Grain(필름 그레인)]을 선택합니다.

09 Layers(레이어) 패널 하단의 'Add layer mask(레이어 마스크 추가, ■)'를 클릭하여 레이어 마스크를 추가합니다.

10 Tool Panel(도구 패널) 하단의 'Set foreground color(전경색 설정)'를 #000000, 'Set background color(배경색 설정)'를 #ffffff로 설정합니다. Gradient Tool(그레이디언트 도구, ■)을 클릭하고 Options Bar(옵션 바)에서 'Type(유형) : Linear Gradient(선형 그레이디언트), Mode(모드) : Normal(표준), Opacity(불투명도) : 100%'로 설정한 후 [Shift]를 누른 채 위에서 아래쪽 수직 방향으로 드래그하여 이미지 일부를 자연스럽게 지워 합성합니다.

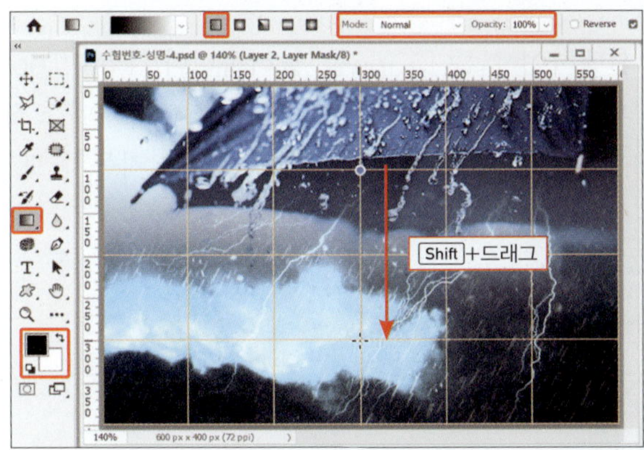

11 [File(파일)]–[Open(열기)]([Ctrl]+[O])을 선택하여 1급–14.jpg를 불러옵니다. Object Selection Tool(개체 선택 도구, ■)을 클릭하고 Options Bar(옵션 바)에서 'Mode(모드) : Rectangle(사각형)'로 선택하고 드래그합니다.

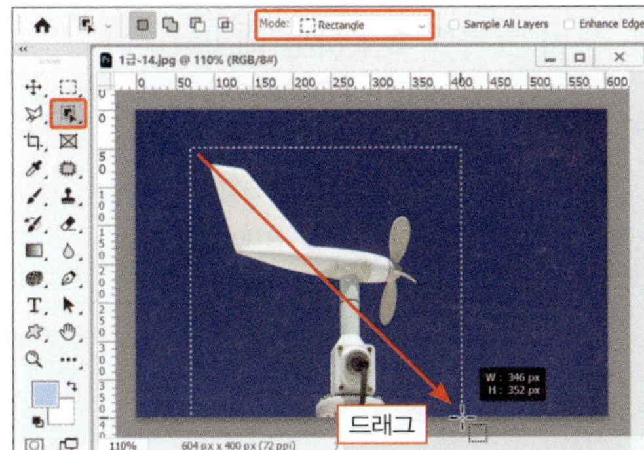

Object Selection Tool(개체 선택 도구, ■)로 드래그하여 복잡한 이미지의 선택 영역을 지정할 수 있습니다. 선택하려는 이미지 영역 이외의 불필요한 배경 또는 겹쳐져 있는 이미지를 선택 영역으로 지정하지 않습니다.

12 [Ctrl]+[C]로 복사, 작업 이미지에 [Ctrl]+[V]로 붙여넣기를 하고, [Ctrl]+[T]를 누르고 마우스 오른쪽 버튼을 클릭하여 [Flip Horizontal(가로로 뒤집기)]로 뒤집고 크기를 조절한 후 배치합니다.

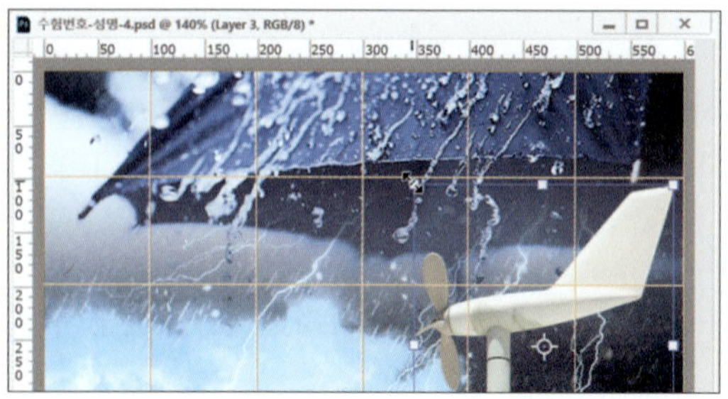

13 Layers(레이어) 패널 하단의 'Add a layer style(레이어 스타일 추가, *fx.*)'을 클릭하여 [Bevel & Emboss(경사와 엠보스)]를 선택하고 'Style(스타일) : Inner Bevel(내부 경사), Direction(방향) : Up(위로), Size(크기) : 5px'로 설정합니다. 계속해서 [Outer Glow(외부 광선)]를 선택하고 'Opacity(불투명도) : 75%, Size(크기) : 5px'로 설정한 후 [OK(확인)]를 클릭합니다.

03 이미지 보정 및 레이어 스타일 적용

01 [File(파일)]–[Open(열기)]([Ctrl]+[O])을 선택하여 1급–15.jpg를 불러옵니다. Pen Tool(펜 도구, *◊*)을 클릭하고 Options Bar(옵션 바)에서 'Path(패스), Path operations(패스 작업) : Exclude Overlapping Shapes(모양 오버랩 제외, *◙*)'로 설정하고 제시된 자동차 모양을 따라 닫힌 패스로 완료합니다.

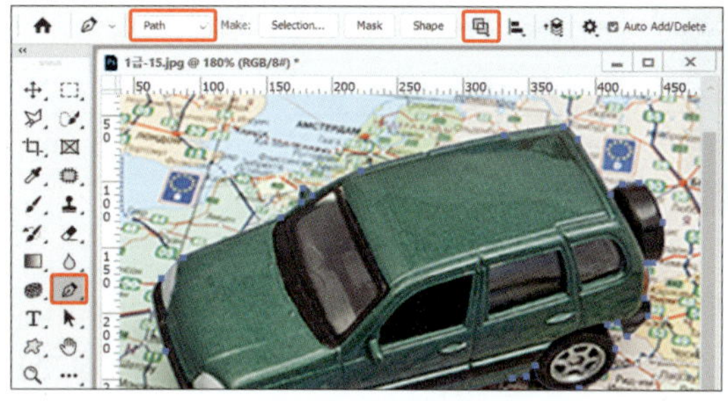

02 패스가 완료되면 [Ctrl]+[Enter]를 눌러 선택 상태로 전환하고, [Ctrl]+[C]로 복사합니다. 작업 이미지에 [Ctrl]+[V]로 붙여넣기를 한 후, [Ctrl]+[T]를 눌러 크기를 축소하고 배치합니다.

03 Layers(레이어) 패널 하단의 'Add a layer style(레이어 스타일 추가, *fx.*)'을 클릭하여 [Drop Shadow(그림자)]를 선택하고 'Opacity(불투명도) : 75%, Angle(각도) : 120°, Distance(거리) : 5px, Size(크기) : 5px'로 설정한 후 [OK(확인)]를 클릭합니다.

04 Layers(레이어) 패널에서 'Layer 4' 레이어의 'Layer thumbnail(레이어 축소판)'을 Ctrl 을 누르고 클릭하여 자동차 이미지를 선택 상태로 전환합니다.

05 Layers(레이어) 패널 하단의 'Create new fill or adjustment layer(새 칠 또는 조정 레이어 생성, ⊘.)'를 클릭하고 [Hue/Saturation(색조/채도)]을 선택합니다. Properties(속성) 패널에서 'Colorize(색상화) : 체크, Hue(색조) : 180, Saturation(채도) : 70, Lightness(명도) : 10'으로 설정하여 파란색 계열로 색상을 보정합니다.

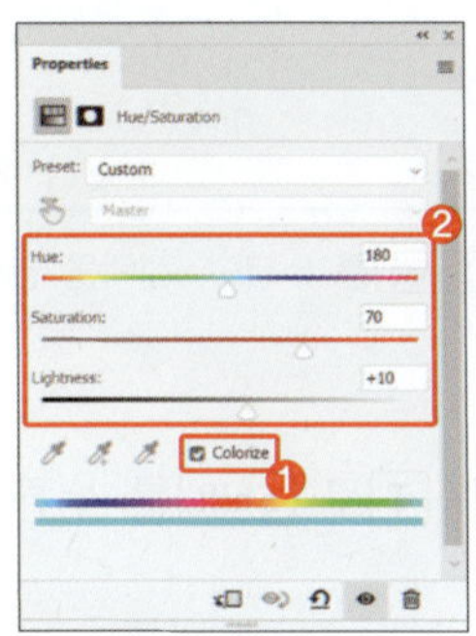

06 [File(파일)]–[Open(열기)](Ctrl + O)을 선택하여 1급–16.jpg를 불러옵니다. Pen Tool(펜 도구, ⊘)을 클릭하고 Options Bar(옵션 바)에서 'Path(패스), Path operations(패스 작업) : Exclude Overlapping Shapes(모양 오버랩 제외, ⊡)'로 설정하고 배 모양을 따라 닫힌 패스로 완료합니다.

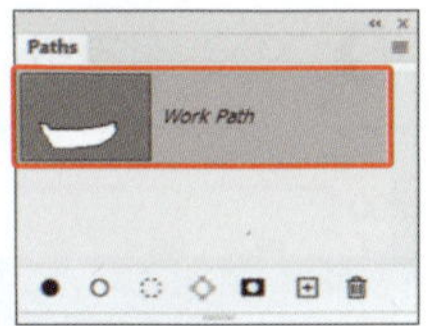

07 패스가 완료되면 Ctrl + Enter 를 눌러 선택 상태로 전환하고, Ctrl + C 를 눌러 복사합니다. 작업 이미지에 Ctrl + V 로 붙여넣기를 한 후, Ctrl + T 를 누르고 마우스 오른쪽 버튼을 클릭하여 [Flip Horizontal(가로로 뒤집기)]로 뒤집고 크기를 조절하여 배치합니다.

08 [Filter(필터)]–[Filter Gallery(필터 갤러리)]–[Artistic(예술 효과)]–[Poster Edges(포스터 가장자리)]를 선택합니다.

09 Layers(레이어) 패널 하단의 'Add a layer style(레이어 스타일 추가, fx.)'을 클릭하여 [Drop Shadow(그림자)]를 선택하고 'Opacity(불투명도) : 75%, Angle(각도) : 120°, Distance(거리) : 5px, Size(크기) : 5px'로 설정한 후 [OK(확인)]를 클릭합니다.

10 [File(파일)]–[Open(열기)]([Ctrl]+[O])을 선택하여 1급–17.jpg를 불러옵니다. Polygonal Lasso Tool(다각형 올가미 도구, [⚟])로 그림과 같이 선택합니다.

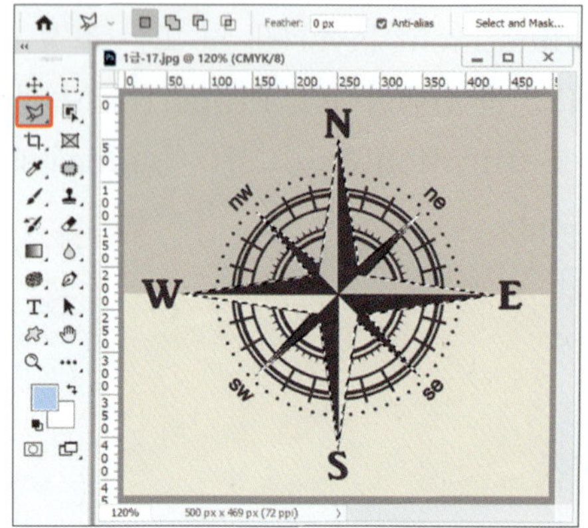

11 [Ctrl]+[C]로 복사, 작업 이미지에 [Ctrl]+[V]로 붙여넣기를 한 후 [Ctrl]+[T]로 [Shift]를 누른 채 크기를 축소하여 배치합니다.

04 모양 생성 및 변형, 레이어 스타일 적용

01 Custom Shape Tool(사용자 정의 모양 도구, [⚙])을 클릭하고 Options Bar(옵션 바)에서 'Shape(모양), Fill(칠) : #ffcc00, Stroke(획) : No Color(색상 없음), Shape(모양) : Crescent Moon(초승달, [🌙])'으로 설정한 후 [Shift]를 누른 채 왼쪽 하단에 모양을 그립니다.

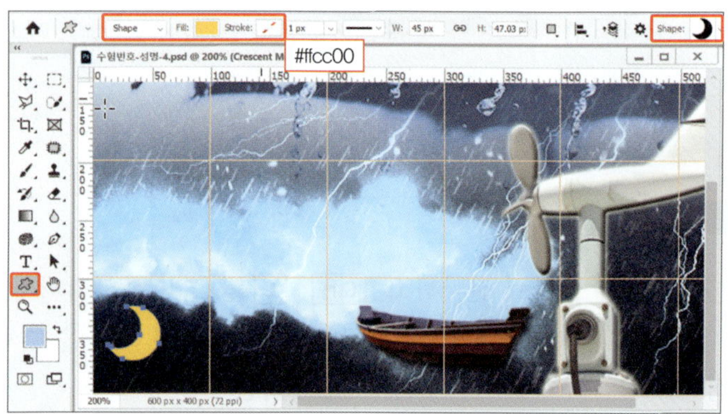

🎯 Shape 경로

[Legacy Shapes and More(레거시 모양 및 기타)]–[All Legacy Default Shapes(모든 레거시 기본 모양)]–[Shapes(모양)]

02 Layers(레이어) 패널 하단의 'Add a layer style(레이어 스타일 추가, [fx.])'을 클릭하여 [Stroke(획)]를 선택하고 'Size(크기) : 2px, Color(색상) : #ffffff'로 설정한 후 [OK(확인)]를 클릭합니다. Layers(레이어) 패널 상단의 'Opacity(불투명도) : 50%'로 설정합니다.

03 Custom Shape Tool(사용자 정의 모양 도구, ⚙)을 클릭하고 Options Bar(옵션 바)에서 'Shape(모양), Fill(칠) : #ffff00, Stroke(획) : No Color(색상 없음), Shape(모양) : Lightning(번개, ⚡)'으로 설정한 후 Shift 를 누른 채 드래그하여 모양을 그립니다. Ctrl + T 를 눌러 회전하여 배치합니다.

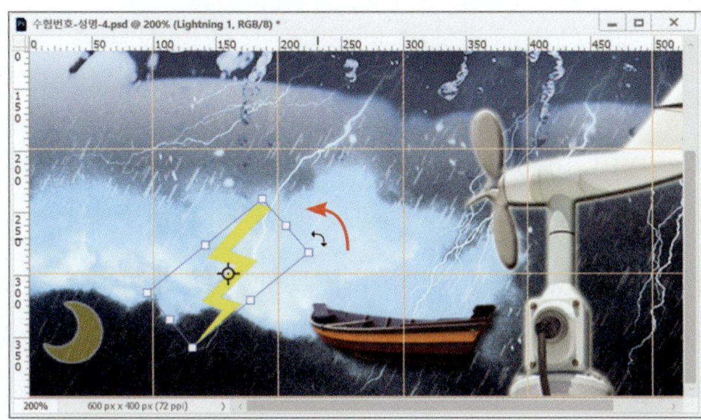

04 Layers(레이어) 패널 하단의 'Add a layer style(레이어 스타일 추가, _fx._)'을 클릭하여 [Drop Shadow(그림자)]를 선택하고 'Opacity(불투명도) : 75%, Angle(각도) : 120°, Distance(거리) : 5px, Size(크기) : 5px'로 설정한 후 [OK(확인)]를 클릭합니다.

05 Ctrl + J 를 눌러 복사한 레이어를 만들고 Ctrl + T 를 눌러 크기와 회전을 조절하고 이동하여 배치합니다.

06 Layers(레이어) 패널에서 'Lightning 1 copy' 레이어의 'Layer thumbnail(레이어 축소판)'을 더블 클릭하여 'Color(색상) : #99cccc'로 설정하고 [OK(확인)]를 클릭합니다.

05 메뉴 버튼 만들기

01 Custom Shape Tool(사용자 정의 모양 도구, ⚙)을 클릭하고 Options Bar(옵션 바)에서 'Shape(모양), Fill(칠) : #ff9933, Stroke(획) : No Color(색상 없음), Shape(모양) : Forward(앞으로, ▶)'로 설정한 후 Shift 를 누른 채 드래그하여 모양을 그립니다.

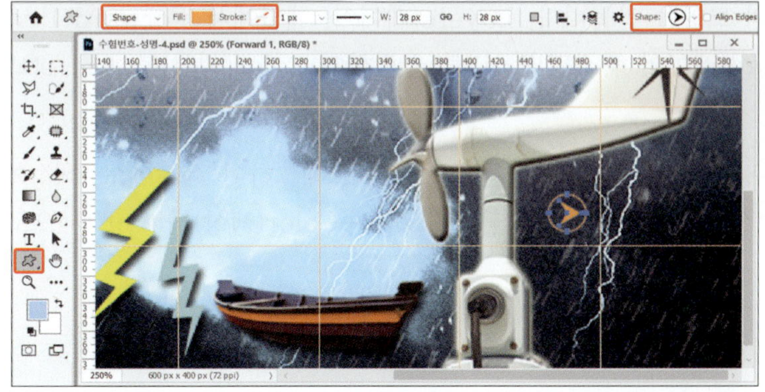

02 Layers(레이어) 패널 하단의 'Add a layer style(레이어 스타일 추가, $fx.$)'을 클릭하여 [Stroke(획)]를 선택하고 'Size(크기) : 2px, Color(색상) : #000000'으로 설정합니다.

03 Horizontal Type Tool(수평 문자 도구, T)로 작업 이미지를 클릭하고 Options Bar(옵션 바)에서 'Font(글꼴) : 돋움, Set font size(글꼴 크기) : 18pt, Set anti-aliasing method (앤티 앨리어싱 방법 설정) : Strong(강하게), Color(색상) : #ff9933'으로 설정한 후 '특보현황'을 입력합니다.

04 Layers(레이어) 패널 하단의 'Add a layer style(레이어 스타일 추가, $fx.$)'을 클릭하여 [Stroke(획)]를 선택하고 'Size(크기) : 2px, Color(색상) : #000000'으로 설정합니다.

05 Layers(레이어) 패널에서 Shift를 누른 채 'Forward 1' 레이어와 '특보현황' 레이어를 클릭하여 함께 선택합니다. Move Tool(이동 도구, ✛)을 선택하고 작업 이미지의 모양과 문자를 Alt를 누른 채 아래쪽으로 드래그하여 이동하며 복제합니다.

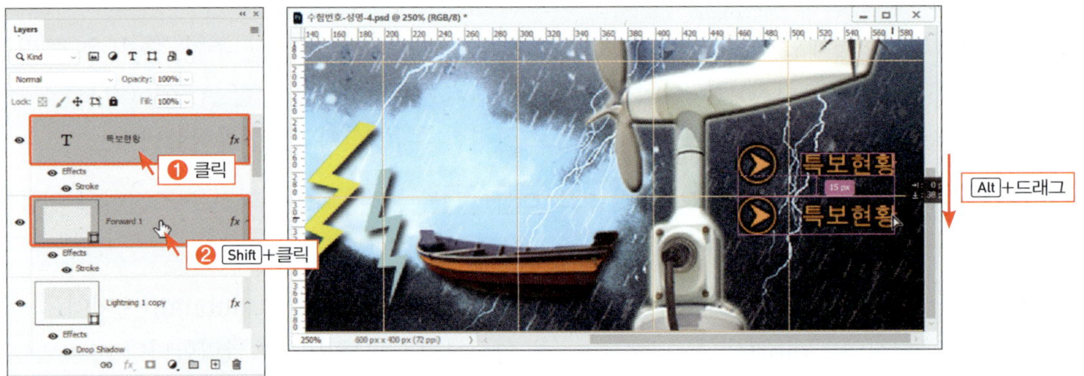

• Layers(레이어) 패널에서 Shift를 눌러 레이어를 다중 선택하고 Move Tool(이동 도구, ✛)의 Options Bar(옵션 바)에서 정렬과 배분을 맞춰서 버튼을 배치할 수 있습니다.

• Move Tool(이동 도구, ✛)로 Alt를 누르고 드래그하여 복제할 때 Shift를 동시에 누르면 반듯하게 이동하며 복제할 수 있습니다.

06 같은 방법으로 3번째 버튼의 모양을 만듭니다. Layers(레이어) 패널에서 'Forward 1 copy' 레이어의 'Layer thumbnail(레이어 축소판)'을 더블 클릭하여 Color(색상)를 #ccff00으로 설정합니다.

07 Horizontal Type Tool(수평 문자 도구, T)로 문자를 각각 드래그하여 '육상예보, 해상예보'로 입력하여 수정합니다. 수정한 '육상예보' 문자를 드래그하여 Color(색상)를 #ccff00으로 설정합니다.

01 Layers(레이어) 패널에서 'Layer 6' 레이어를 선택합니다.

02 Rounded Rectangle Tool(모서리가 둥근 직사각형 도구, ▢)을 클릭하고 Options Bar(옵션 바)에서 'Shape(모양), Fill(칠) : #cccccc, Stroke(획) : No Color(색상 없음), Radius(반경) : 30px'로 설정한 후 드래그하여 둥근 사각형 모양을 그립니다.

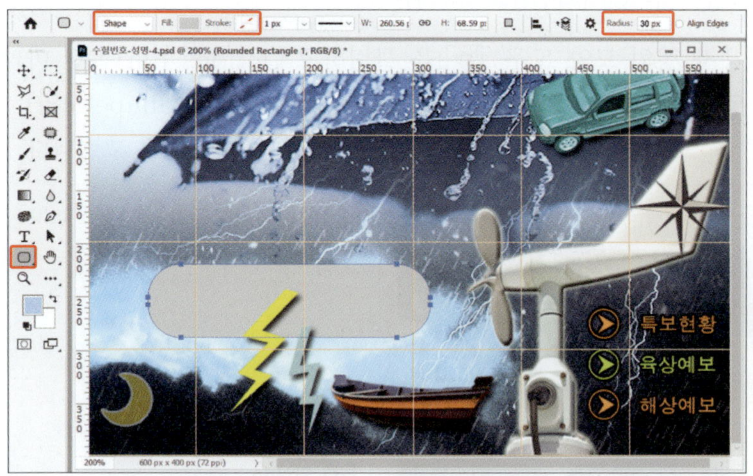

03 Ellipse Tool(타원 도구, ◯)을 클릭하고 Options Bar(옵션 바)에서 'Shape(모양), Fill(칠) : #cccccc, Stroke(획) : No Color(색상 없음), Path operations(패스 작업) : Combine Shapes(모양 결합, ▣)'로 설정한 후 크기가 다른 3개의 원형 모양을 겹치도록 그립니다.

04 Pen Tool(펜 도구, ✒)을 클릭하고 Options Bar(옵션 바)에서 'Shape(모양), Fill(칠) : #cccccc, Stroke(획) : No Color(색상 없음), Path operations(패스 작업) : Combine Shapes(모양 결합, ▣)'로 설정한 후 겹치도록 모양을 그립니다.

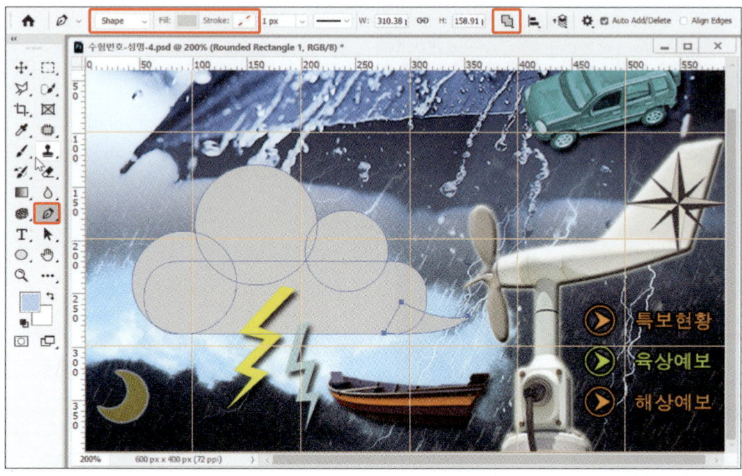

05 Options Bar(옵션 바)에서 'Path operations(패스 작업) : Merge Shape Components(모양 병합 구성 요소, ▣)'를 클릭하여 모양을 하나로 병합하고 Enter 를 눌러 패스 작업을 완료합니다.

06 Layers(레이어) 패널 하단의 'Add a layer style(레이어 스타일 추가, fx.)'을 클릭하여 [Drop Shadow(그림자)]를 선택하고 'Opacity(불투명도) : 75%, Angle(각도) : 120°, Distance(거리) : 7px, Size(크기) : 7px'로 설정한 후 [OK(확인)]를 클릭합니다.

07 Custom Shape Tool(사용자 정의 모양 도구, ⚙)을 클릭하고 Options Bar(옵션 바)에서 'Shape(모양), Fill(칠) : 임의 색상, Stroke(획) : No Color(색상 없음), Shape(모양) : 10 Point Star(10포인트 별, ✹)'로 설정한 후 Shift 를 누른 채 드래그하여 모양을 그립니다.

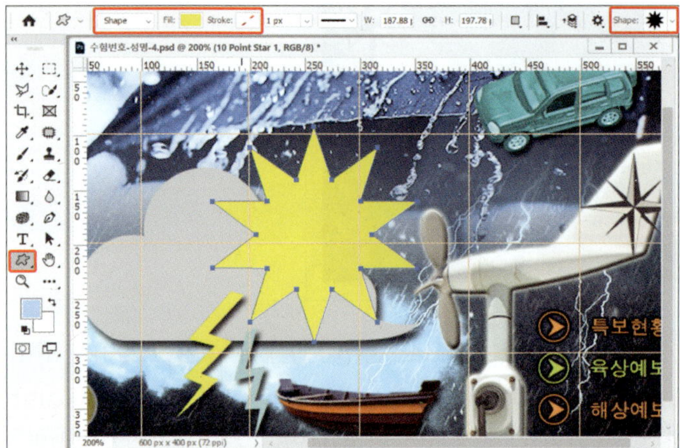

🎯 **Shape 경로**

[Legacy Shapes and More(레거시 모양 및 기타)]–[All Legacy Default Shapes (모든 레거시 기본 모양)]–[Shapes(모양)]

08 Ellipse Tool(타원 도구, ◯)을 클릭하고 Options Bar(옵션 바)에서 'Shape(모양), Fill(칠) : 임의 색상, Stroke(획) : No Color(색상 없음), Path operations(패스 작업) : Subtract Front Shape(전면 모양 빼기, ▣)'로 설정한 후 원형 모양을 중앙에 겹치도록 그립니다.

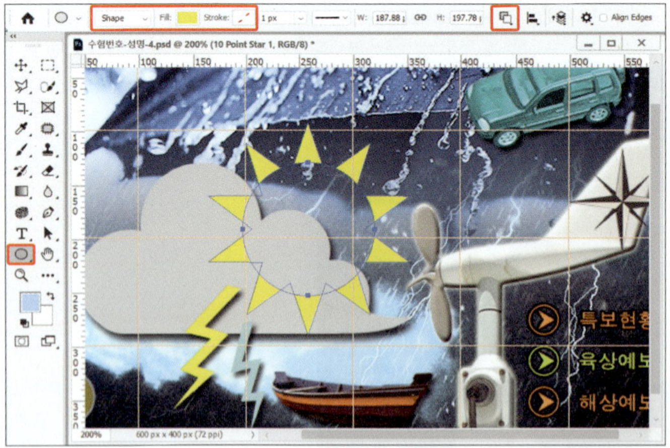

🚩 **기적의 TIP**

작업 중인 Shape(모양)이 선택된 상태에서 Path operations(패스 작업)의 옵션을 바꾸면 지시와 다른 결과가 나올 수 있습니다. Enter 를 눌러 작업 중인 모양을 완료한 후, 다시 한 번 Enter 를 눌러 Path operations(패스 작업)의 옵션을 변경합니다.

09 계속해서 Ellipse Tool(타원 도구, ◉)의 Options Bar(옵션 바)에서 'Path operations(패스 작업) : Combine Shapes(모양 결합, ⬚)'로 설정한 후 중앙에 겹치도록 원형 모양을 그려줍니다.

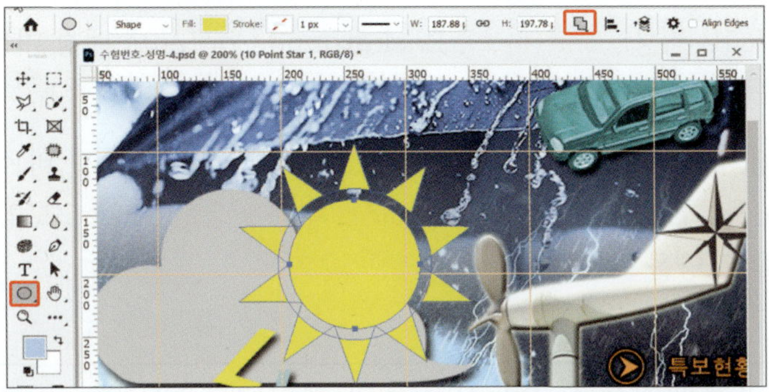

> 🏳 **기적**의 TIP
>
> Path Selection Tool(패스 선택 도구, ▶)로 드래그하여 3개의 모양을 선택한 후 Options Bar(옵션 바)에서 'Path alignment(패스 정렬)'를 활용하여 중앙에 정렬할 수 있습니다.

10 Options Bar(옵션 바)에서 'Path operations(패스 작업) : Merge Shape Components(모양 병합 구성 요소, ⬚)'를 클릭하여 모양을 하나로 병합하고 Enter 를 눌러 패스 작업을 완료합니다. Ctrl + [를 눌러 뒤로 보내기를 하여 구름 모양 레이어 아래쪽으로 배치합니다.

11 Layers(레이어) 패널 하단의 'Add a layer style(레이어 스타일 추가, fx.)'을 클릭하여 [Gradient Overlay(그레이디언트 오버레이)]를 선택하고 'Click to edit the gradient(클릭하여 그레이디언트 편집)'를 클릭합니다.

12 그레이디언트 슬라이더 왼쪽 하단의 'Color Stop(색상 정지점)'을 더블 클릭하여 #ff3300, 오른쪽 'Color Stop(색상 정지점)'을 더블 클릭하여 #ffff99로 설정한 후, 'Style(스타일) : Linear(선형), Angle(각도) : 90°로 설정합니다. 계속해서 [Drop Shadow(드롭 섀도)]를 선택하고 [OK(확인)]를 클릭합니다.

01 [File(파일)]–[New(새로 만들기)]([Ctrl]+[N])를 선택하고 'Width(폭) : 40Pixels(픽셀), Height(높이) : 50Pixels(픽셀), Resolution(해상도) : 72Pixels/Inch(픽셀/인치), Color Mode(색상 모드) : RGB Color(RGB 색상), 8bit(비트), Background Contents(배경 내용) : Transparent(투명)'로 설정하여 새 작업 이미지를 만듭니다.

02 Custom Shape Tool(사용자 정의 모양 도구, 🟌)을 클릭하고 Options Bar(옵션 바)에서 'Shape(모양), Fill(칠) : #ff6666, Stroke(획) : No Color(색상 없음), Shape(모양) : Umbrella(우산, ☂)'로 설정한 후 모양을 그립니다.

> **Shape 경로**
>
> [Legacy Shapes and More(레거시 모양 및 기타)]–[All Legacy Default Shapes(모든 레거시 기본 모양)]–[Objects(개체)]

03 Custom Shape Tool(사용자 정의 모양 도구, 🟌)을 클릭하고 Options Bar(옵션 바)에서 'Shape(모양), Fill(칠) : #ccffff, Stroke(획) : No Color(색상 없음), Shape(모양) : Raindrop(빗방울, 💧)'으로 설정한 후 모양을 그립니다.

> **Shape 경로**
>
> [Legacy Shapes and More(레거시 모양 및 기타)]–[All Legacy Default Shapes(모든 레거시 기본 모양)]–[Nature(자연)]

04 [Edit(편집)]–[Define Pattern(패턴 정의)]을 선택하여 'Name(이름) : 우산'으로 설정하고 패턴을 등록합니다.

05 작업 이미지를 선택하고 Layers(레이어) 패널에서 'Rounded Rectangle 1' 레이어를 선택합니다. 패널 하단의 'Create a new layer(새 레이어 만들기, ⊞)'를 클릭하여 'Rounded Rectangle 1' 레이어의 위쪽에 새 레이어를 추가하고 이름을 'pattern'으로 설정합니다.

> **기적의 TIP**
>
> Layers(레이어) 패널의 선택된 레이어 위쪽으로 새로운 레이어가 만들어지므로 순서를 정돈하지 않아도 됩니다.

06 Layers(레이어) 패널의 'pattern' 레이어를 선택합니다.

07 [Edit(편집)]–[Fill(칠)]을 선택하고 'Contents(내용) : Pattern(패턴), Custom Pattern(사용자 정의 패턴) : 우산, Mode(모드) : Normal(표준), Opacity(불투명도) : 100%, Preserve Transparency(투명도 유지) : 체크 해제'로 설정하여 채웁니다.

08 Layers(레이어) 패널 상단의 'Opacity(불투명도) : 70%'로 설정합니다. 'Rounded Rectan-gle 1'과 'pattern' 레이어 사이에 마우스 커서를 놓고 Alt 를 누르고 클릭하여 Clipping Mask(클리핑 마스크)를 적용합니다.

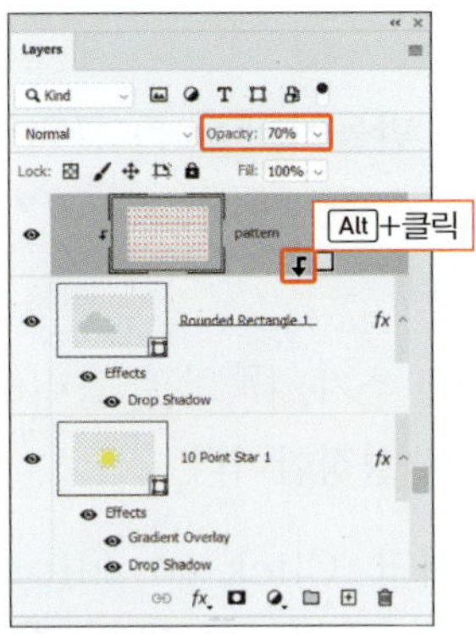

08 문자 입력과 왜곡 및 레이어 스타일 적용

01 Horizontal Type Tool(수평 문자 도구, T)로 작업 이미지를 클릭하고 Options Bar(옵션 바)에서 'Font(글꼴) : 궁서, Set font size(글꼴 크기) : 45pt, Set anti-aliasing method (앤티 앨리어싱 방법 설정) : Strong(강하게), Color(색상) : 임의 색상'으로 설정한 후 '기상 정보 센터'를 입력합니다.

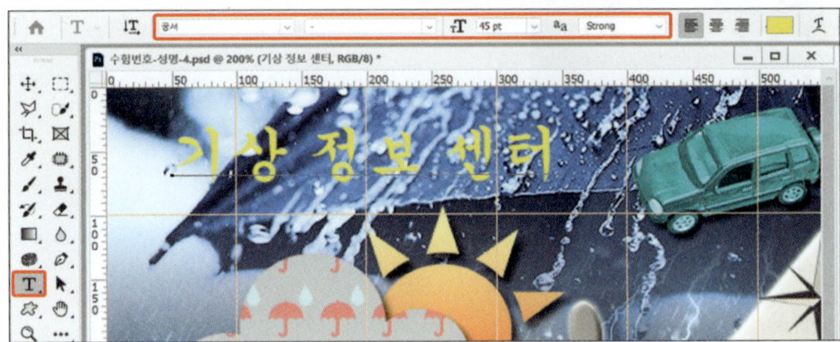

02 Options Bar(옵션 바)에서 Create warped text(뒤틀어진 텍스트 만들기, ⊥)를 클릭하여 [Warp Text(텍스트 뒤틀기)] 대화상자에서 'Style(스타일) : Fish(물고기), Horizontal(가로) : 체크, Bend(구부리기) : 40%'로 설정하여 문자의 모양을 왜곡합니다.

03 Layers(레이어) 패널 하단에 'Add a layer style(레이어 스타일 추가, fx)'을 클릭하여 [Stroke(획)]를 선택하고 'Size(크기) : 3px, Color(색상) : #ccffff'로 설정합니다. 계속해서 [Gradient Overlay(그레이디언트 오버레이)]를 선택하고 'Click to edit the gradient(클릭하여 그레이디언트 편집)'를 클릭합니다.

04 그레이디언트 슬라이더 왼쪽 하단의 'Color Stop(색상 정지점)'을 더블 클릭하여 #993399, 가운데 빈 곳을 클릭하여 'Color Stop(색상 정지점)'을 추가하고 더블 클릭하여 #006633, 오른쪽 'Color Stop(색상 정지점)'을 더블 클릭하여 #cc3300으로 설정한 후, 'Style(스타일) : Linear(선형), Angle(각도) : 90°'로 설정하고 [OK(확인)]를 클릭합니다.

05 Horizontal Type Tool(수평 문자 도구, T)로 작업 이미지를 클릭하고 Options Bar(옵션 바)에서 'Font(글꼴) : Times New Roman, Set font style(글꼴 스타일 설정) : Bold, Set font size(글꼴 크기) : 25pt, Color(색상) : 임의 색상'으로 설정한 후 'Weather Information'을 입력합니다.

06 Options Bar(옵션 바)에서 Create warped text(뒤틀어진 텍스트 만들기, 工)를 클릭하여 [Warp Text(텍스트 뒤틀기)] 대화상자에서 'Style(스타일) : Arch(아치), Horizontal(가로) : 체크, Bend(구부리기) : 40%'로 설정하여 문자의 모양을 왜곡합니다.

07 Layers(레이어) 패널 하단에 'Add a layer style(레이어 스타일 추가, fx.)'을 클릭하여 [Stroke(획)]를 선택하고 'Size(크기) : 2px, Color(색상) : #ffffff'로 설정합니다.

08 계속해서 [Gradient Overlay(그레이디언트 오버레이)]를 선택하고 'Click to edit the gradient(클릭하여 그레이디언트 편집)'를 클릭합니다. 그레이디언트 슬라이더 왼쪽 하단의 'Color Stop(색상 정지점)'을 더블 클릭하여 #cccc00, 오른쪽 'Color Stop(색상 정지점)'을 더블 클릭하여 #006666으로 설정한 후, 'Style(스타일) : Linear(선형), Angle(각도) : 0°'로 설정하고 [OK(확인)]를 클릭합니다.

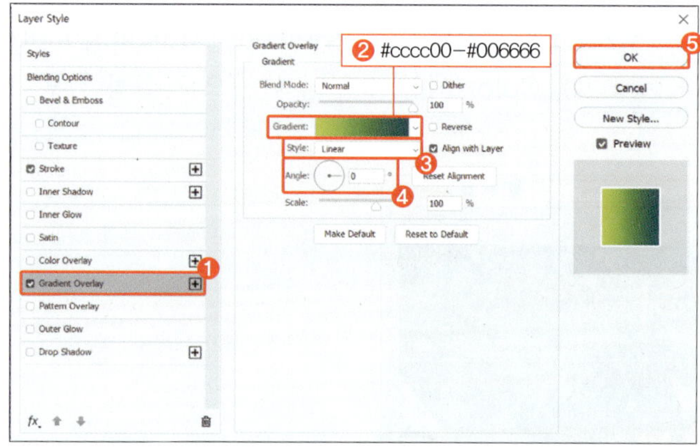

09 Shift + Ctrl +]를 눌러 Layers(레이어) 패널에서 맨 위쪽으로 배치합니다. Ctrl + T를 눌러 Options Bar(옵션 바)에서 'Rotate(회전, △) : -9°'로 입력하고 Enter를 눌러 회전을 적용하고 배치합니다.

10 Horizontal Type Tool(수평 문자 도구, T)로 작업 이미지를 클릭하고 Options Bar(옵션 바)에서 'Font(글꼴) : 바탕, Set font size(글꼴 크기) : 13pt, Set anti-aliasing method (앤티 앨리어싱 방법 설정) : Strong(강하게), Color(색상) : #000000'으로 설정한 후 '25도 90% 남동 7km/h 1~5mm'를 입력합니다.

11 Layers(레이어) 패널 하단에 'Add a layer style(레이어 스타일 추가, fx.)'을 클릭하여 [Stroke(획)]를 선택하고 'Size(크기) : 2px, Color(색상) : #ccffff'로 설정합니다. Ctrl + S 를 눌러 저장합니다.

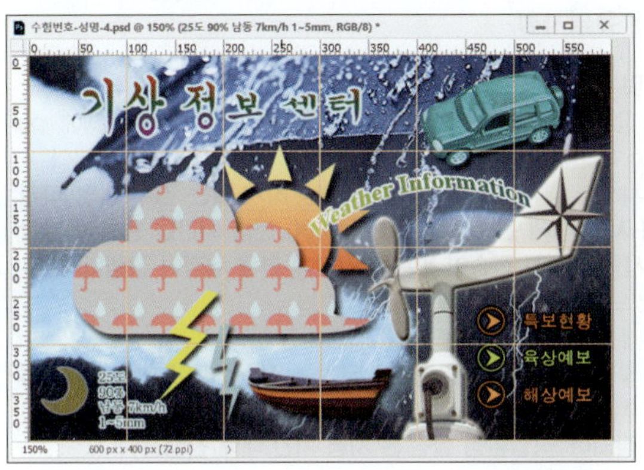

09 정답 파일 저장

01 [View(보기)]-[Show(표시)]-[Grid(격자)](Ctrl + ')를 선택하여 격자를 가립니다.

02 [File(파일)]-[Save As(다른 이름으로 저장)](Shift + Ctrl + S)를 선택하고 '저장 위치 : 내 PC₩문서₩GTQ, 파일 형식 : JPEG(*.JPG;*.JPEG;*.JPE), 파일 이름 : 수험번호-성명-문제번호'를 입력하고 [저장]을 클릭한 후 [JPEG Options(JPEG 옵션)] 대화상자에서 'Quality(품질) : 8'로 설정하고 [OK(확인)]를 클릭합니다.

03 [Image(이미지)]-[Image Size(이미지 크기)](Alt + Ctrl + I)를 선택하고 'Constrain aspect ratio(종횡비 제한) : 클릭, Width(폭) : 60Pixels, Height(높이) : 40Pixels'로 입력하여 이미지 크기를 1/10로 축소한 후 [OK(확인)]를 클릭합니다.

04 [File(파일)]-[Save As(다른 이름으로 저장)](Shift + Ctrl + S)를 선택하고 '저장 위치 : 내 PC₩문서₩GTQ, 파일 형식 : Photoshop(*.PSD;*.PDD;*.PSDT), 파일 이름 : 수험번호-성명-문제번호'를 입력하고 [저장]을 클릭합니다.

05 답안 저장이 완료되면 [File(파일)]-[Exit(종료)](Ctrl + Q)를 선택하여 프로그램을 종료하고 수험 프로그램에서 [답안 전송]을 클릭하여 감독관 컴퓨터로 psd와 jpg 파일을 전송합니다.

기출 유형 문제 05회

급수	문제유형	시험시간	수험번호	성명
1급	A	90분	G120260005	

수험자 유의사항

- 수험자는 문제지를 받는 즉시 응시하고자 하는 **과목 및 급수가 맞는지 확인**한 후 수험번호와 성명을 작성합니다.
- 파일명은 본인의 "수험번호–성명–문제번호"로 공백 없이 정확히 입력하고 답안폴더(내 PC₩문서₩GTQ)에 jpg 파일과 psd 파일의 2가지 포맷으로 저장해야 하며, jpg 파일과 psd 파일의 내용이 상이할 경우 0점 처리됩니다.
- 답안문서 파일명이 "수험번호–성명–문제번호"와 일치하지 않거나, 답안 파일을 **'전송'하지 않는 경우 답안 파일 미제출로 불합격 처리**됩니다. ※ 답안은 반드시 시험 시간 내에 전송을 완료해야 하며, 전송 시간을 충분히 감안하여 제출해 주시기 바랍니다. (공정한 평가를 위해, 시험종료 전 전송이 완료된 답안에 한해 채점이 진행됩니다.)
- 문제의 세부 조건은 '영문(한글)' 형식으로 표기되어 있으니 유의하시길 바랍니다.
- 수험자 정보와 저장한 파일명, 저장 위치가 다를 경우 전송이 되지 않으므로, 주의하시길 바랍니다.
- 답안 작성 중에도 주기적으로 '저장'과 '답안 전송'을 이용하여 감독위원 PC로 답안을 전송하셔야 합니다. (작업한 내용을 저장하지 않고 답안을 전송할 경우 이전의 저장 내용이 전송되오니 이점 반드시 유념하시기 바랍니다.)
- 모든 수험자는 동일한(초기화 된) 환경에서 시험이 시작되며 '작업환경 설정'은 시험 시간 내에 진행합니다. (시험 시작 전 '작업환경 설정' 불가, 소프트웨어 이상 유무만 확인)
- 답안문서는 지정된 경로 외의 다른 보조기억장치에 저장하는 행위, 지정된 시험 시간 외에 작성된 파일을 활용한 행위, 기타 허용되지 않은 기기 및 프로그램(이메일, 메신저, 게임, 네트워크, 윈도우계산기, 스톱워치 등) 이용 시 부정행위로 간주 되어 **자격기본법 제32조에 의거 본 시험 및 국가공인 자격시험을 2년간 응시할 수 없습니다.**
- 시험 종료 후 제출된 답안은 평가 및 검증을 위해 본부에서 보관되며, **시험의 공정성과 보안 유지를 위해 응시자에게 본인의 답안을 제공하는 것은 허용되지 않습니다.** 이 점 반드시 유의하시기 바랍니다.
- 시험 중 부주의 또는 고의로 시스템을 파손한 경우와 〈수험자 유의사항〉에 기재된 방법대로 이행하지 않아 생기는 불이익은 수험자의 책임임을 알려 드립니다. 또한 수험자는 시험 중 안전에 특히 유의하여야 하며, 시험장에서 소란을 피우거나 타인의 시험을 방해하는 자는 질서유지를 위해 시험을 중지시키고 시험장에서 퇴장 시킵니다.
- 시험을 완료한 수험자는 최종적으로 저장한 답안파일이 전송되었는지 확인한 후 감독위원의 지시에 따라 문제지를 제출하고 퇴실합니다.

답안 작성요령

- **온라인 답안 작성 절차**

  수험자 등록 ⇒ 시험 시작 ⇒ 답안파일 저장 ⇒ 답안 전송 ⇒ 시험 종료
- 내 PC₩문서₩GTQ₩Image폴더에 있는 그림 원본파일을 사용하여 답안을 작성하시고 최종답안을 답안폴더(내 PC₩문서₩GTQ)에 저장하여 답안을 전송하시고, 이미지의 크기가 다른 경우 감점 처리됩니다.
- 배점은 총 100점으로 이루어지며, 점수는 각 문제별로 차등 배분됩니다.
- 각 문제는 주어진 〈조건〉에 따라 작성하고, 언급하지 않은 조건은 《출력형태》와 같이 작성합니다.
- **문제 〈조건〉과 《출력형태》에서 차이가 발생할 경우 문제에서 지정한 〈조건〉에 따라 작업해 주시기 바랍니다.**
- 배치 등의 편의를 위해 주어진 눈금자의 단위는 '픽셀'입니다.

  그 외는 출력형태(효과, 이미지, 문자, 색상, 레이아웃, 규격 등)와 같게 작업하십시오.
- 문제 〈조건〉에 서체의 지정이 없을 경우 한글은 굴림이나 돋움, 영문은 Arial로 작업하십시오.

  (단, 그 외에 제시되지 않은 문자 속성을 기본값으로 작성하지 않은 경우는 감점 처리됩니다.)
- Image Mode(이미지 모드)는 별도의 처리조건이 없을 시 RGB(8비트)로 작업하십시오.
- 모든 답안 파일은 해상도 72 pixels/inch로 작업하십시오.
- Layer(레이어)는 각 기능별로 분할해야 하며, 임의로 합칠 경우나 각 기능에 대한 속성을 해지할 경우 해당 요소는 0점 처리됩니다.

한 국 생 산 성 본 부

합격 강의

다음의 《조건》에 따라 아래의 《출력형태》와 같이 작업하시오.

조건

원본 이미지	PART04₩기출유형문제|05회₩1급-1.jpg, 1급-2.jpg, 1급-3.jpg		
파일저장규칙	JPG	파일명	문서₩GTQ₩수험번호-성명-1.jpg
		크기	400×500 pixels
	PSD	파일명	문서₩GTQ₩수험번호-성명-1.psd
		크기	40×50 pixels

출력형태

1. 그림 효과

① 1급-1.jpg : 필터 – Dry Brush(드라이 브러시)
② Save Path(패스 저장) : 헤어 드라이어 모양
③ Mask(마스크) : 헤어 드라이어 모양, 1급-2.jpg를 이용하여 작성
레이어 스타일 – Drop Shadow(그림자 효과), Stroke(획)
(5px, 그라디언트(#003300, #ffcccc, #ffff00))
④ 1급-3.jpg : 레이어 스타일 – Drop Shadow(그림자 효과)
⑤ Shape Tool(모양 도구) :
 – 타일 모양(#cccccc, #999999, 레이어 스타일 – Inner Shadow(내부 그림자))
 – 파형 모양(#ffcc66, 레이어 스타일 – Outer Glow(외부 광선))

2. 문자 효과

① Hair Shop(Times New Roman, Bold, 50pt, 레이어 스타일 – Stroke(획)(3px, #ffffff), Drop Shadow(그림자 효과)), 그라디언트 오버레이(#33ff00, #330000)

합격 강의

다음의 《조건》에 따라 아래의 《출력형태》와 같이 작업하시오.

조건

원본 이미지	PART04₩기출유형문제|05회₩1급-4.jpg, 1급-5.jpg, 1급-6.jpg		
파일저장규칙	JPG	파일명	문서₩GTQ₩수험번호-성명-2.jpg
		크기	400×500 pixels
	PSD	파일명	문서₩GTQ₩수험번호-성명-2.psd
		크기	40×50 pixels

출력형태

1. 그림 효과

① 1급-4.jpg : 필터 – Cutout(오려내기)
② 색상 보정 : 1급-5.jpg – 빨간색 계열로 보정
③ 1급-5.jpg : 레이어 스타일 – Drop Shadow(그림자 효과)
④ 1급-6.jpg : 레이어 스타일 – Outer Glow(외부 광선)
⑤ Shape Tool(모양 도구) :
 – 꽃 모양(#99cccc, #ccccff, 레이어 스타일 – Inner Shadow(내부 그림자))
 – 장식 모양(#330033, 레이어 스타일 – Bevel and Emboss(경사와 엠보스))

2. 문자 효과

① Nail Color(Times New Roman, Regular, 55pt, 레이어 스타일 – Stroke(획)(2px, #333333), 그라디언트 오버레이(#33ffcc, #ff99cc), Drop Shadow(그림자 효과))

다음의 《조건》에 따라 아래의 《출력형태》와 같이 작업하시오.

조건

원본 이미지	PART04₩기출유형문제05회₩1급-7.jpg, 1급-8.jpg, 1급-9.jpg, 1급-10.jpg, 1급-11.jpg		
파일저장규칙	JPG	파일명	문서₩GTQ₩수험번호-성명-3.jpg
		크기	600×400 pixels
	PSD	파일명	문서₩GTQ₩수험번호-성명-3.psd
		크기	60×40 pixels

1. 그림 효과

① 배경 : #ffcccc
② 1급-7.jpg : Blending Mode(혼합 모드) – Multiply(곱하기), Opacity(불투명도)(60%)
③ 1급-8.jpg : 필터 – Dry Brush(드라이 브러시), 레이어 마스크 – 대각선 방향으로 흐릿하게
④ 1급-9.jpg : 필터 – Crosshatch(그물눈), 레이어 스타일 – Stroke(획)(6px, 그라디언트(#330033, #ffcccc), Inner Shadow(내부 그림자))
⑤ 1급-10.jpg : 레이어 스타일 – Bevel and Emboss(경사와 엠보스), Outer Glow(외부 광선)
⑥ 1급-11.jpg : 색상 보정 – 보라색 계열로 보정, 레이어 스타일 – Inner Shadow(내부 그림자)
⑦ 그 외 《출력형태》 참조

2. 문자 효과

① 기초 메이크업 강좌 (돋움, 38pt, 레이어 스타일 – Stroke(획)(2px, #ffffff), 그라디언트 오버레이(#9933ff, #66cccc, #ff3300), Outer Glow(외부 광선))
② #1 자연스러운 색조 화장 (돋움, 25pt, #ffffff, 레이어 스타일 – Stroke(획)(2px, #336699))
③ 사전 등록 이벤트 (돋움, 15pt, #ffffff, 레이어 스타일 – Stroke(획)(2px, 그라디언트(#0000ff, #ff66cc))
④ MAKE-UP Academy (Arial, Regular, 22pt, #cc66cc, 레이어 스타일 – Stroke(획)(2px, #ffffff))

출력형태

Shape Tool(모양 도구) 사용
레이어 스타일 – 그라디언트
오버레이(#cc0066, #ffffff),
Drop Shadow(그림자 효과),
Opacity(불투명도)(80%)

Shape Tool(모양 도구) 사용
#ff3366, #ffcc66,
레이어 스타일 –
Drop Shadow(그림자 효과)

Shape Tool(모양 도구) 사용
#ffffff,
레이어 스타일 – Stroke(획)(2px,
그라디언트(#0000ff, #ff66cc))

다음의 《조건》에 따라 아래의 《출력형태》와 같이 작업하시오.

[조건]

원본 이미지			PART04₩기출유형문제05회₩1급-12.jpg, 1급-13.jpg, 1급-14.jpg, 1급-15.jpg, 1급-16.jpg, 1급-17.jpg
파일저장규칙	JPG	파일명	문서₩GTQ₩수험번호-성명-4.jpg
		크기	600×400 pixels
	PSD	파일명	문서₩GTQ₩수험번호-성명-4.psd
		크기	60×40 pixels

1. 그림 효과

① 배경 : #cccc99

② 패턴(얼룩, 파형 모양) : #ffcccc, #999999, Opacity(불투명도)(60%)

③ 1급-12.jpg : Blending Mode(혼합 모드) – Overlay(오버레이), 레이어 마스크 – 대각선 방향으로 흐릿하게

④ 1급-13.jpg : 필터 – Texturizer(텍스처화), 레이어 마스크 – 가로 방향으로 흐릿하게

⑤ 1급-14.jpg : 레이어 스타일 – Inner Glow(내부 광선), Drop Shadow(그림자 효과)

⑥ 1급-15.jpg : 필터 – Facet(단면화), 레이어 스타일 – Outer Glow(외부 광선)

⑦ 1급-16.jpg : 색상 보정 – 파란색 계열로 보정, 레이어 스타일 – Drop Shadow(그림자 효과)

⑧ 그 외 《출력형태》 참조

2. 문자 효과

① BEAUTY & SKIN CLINIC (Arial, Bold, 43pt, 레이어 스타일 – 그라디언트 오버레이(#99ffff, #ff9999, #ffcc00), Stroke(획)(2px, #666600), Drop Shadow(그림자 효과))

② 림프 순환~ 면역력 증강~ 천연석 사용! (돋움, 20pt, 24pt, #000033, 레이어 스타일 – Stroke(획)(2px, #ffccff))

③ 핫스톤테라피 바로가기 (궁서, 18pt, #ffffff, 레이어 스타일 – Drop Shadow(그림자 효과))

④ 보습 클리닉 재생 클리닉 예약하기 (돋움, 15pt, #000000, 레이어 스타일 – Outer Glow(외부 광선))

[출력형태]

Pen Tool(펜 도구) 사용 #663333, 레이어 스타일 – 그라디언트 오버레이(#ffff00, #ff0000), Drop Shadow(그림자 효과)

Shape Tool(모양 도구) 사용 #ccff99, 레이어 스타일 – Inner Shadow(내부 그림자)

Shape Tool(모양 도구) 사용 #ff9900, #996633, 레이어 스타일 – Outer Glow(외부 광선), Opacity(불투명도)(60%)

Shape Tool(모양 도구) 사용 레이어 스타일 – 그라디언트 오버레이(#ffffff, #cc3366), Inner Shadow(내부 그림자), Opacity(불투명도)(80%)

작업과정	새 작업 이미지 만들기 및 파일 저장하기 ➡ 필터 적용 ➡ 헤어 드라이어 모양 패스 생성 ➡ 클리핑 마스크 적용 후 레이어 스타일 적용 ➡ 모양 생성 및 레이어 스타일 적용 ➡ 문자 입력 및 레이어 스타일 적용 ➡ 정답 파일 저장
완성이미지	PART04₩기출유형문제05회₩정답파일₩G120260005-성명-1.jpg, G120260005-성명-1.psd

01 새 작업 이미지 만들기 및 파일 저장하기

01 [File(파일)]-[New(새로 만들기)]($\boxed{\text{Ctrl}}$+$\boxed{\text{N}}$)를 선택하고 'Width(폭) : 400Pixels(픽셀), Height(높이) : 500Pixels(픽셀), Resolution(해상도) : 72Pixels/Inch(픽셀/인치), Color Mode(색상 모드) : RGB Color(RGB 색상), 8bit(비트), Background Contents(배경 내용) : White(흰색)'로 설정하여 새 작업 이미지를 만듭니다.

02 [Edit(편집)]-[Preference(환경설정)]($\boxed{\text{Ctrl}}$+$\boxed{\text{K}}$)를 클릭하고 [Guides, Grid & Slices(안내선, 격자와 슬라이스)]를 선택하여 Grid(격자)의 'Color(색상)'를 클릭하여 밝은 색상으로 변경한 후 'Gridline Every(격자 간격) : 100Pixels(픽셀), Subdivisions(세분) : 1'로 설정합니다.

03 [View(보기)]-[Show(표시)]-[Grid(격자)]($\boxed{\text{Ctrl}}$+$\boxed{\text{'}}$)와 [View(보기)]-[Rulers(눈금자)]($\boxed{\text{Ctrl}}$+$\boxed{\text{R}}$)를 선택하여 격자와 눈금자를 표시합니다.

04 작업 도큐먼트를 저장하기 위해 [File(파일)]-[Save As(다른 이름으로 저장)]($\boxed{\text{Shift}}$+$\boxed{\text{Ctrl}}$+$\boxed{\text{S}}$)를 선택하고 임의 경로에 '파일 이름 : 수험번호-성명-문제번호, 파일 형식 : Photoshop(*.PSD;*.PDD;*.PSDT)'으로 파일을 저장합니다.

02 필터 적용

01 [File(파일)]-[Open(열기)]($\boxed{\text{Ctrl}}$+$\boxed{\text{O}}$)을 선택하여 1급-1.jpg를 불러옵니다. $\boxed{\text{Ctrl}}$+$\boxed{\text{A}}$로 전체를 선택하고 $\boxed{\text{Ctrl}}$+$\boxed{\text{C}}$로 복사 후, 작업 이미지에 $\boxed{\text{Ctrl}}$+$\boxed{\text{V}}$로 붙여넣기를 합니다. $\boxed{\text{Ctrl}}$+$\boxed{\text{T}}$를 눌러 $\boxed{\text{Shift}}$를 누른 채 크기를 축소하고 위치를 조절하여 배치합니다.

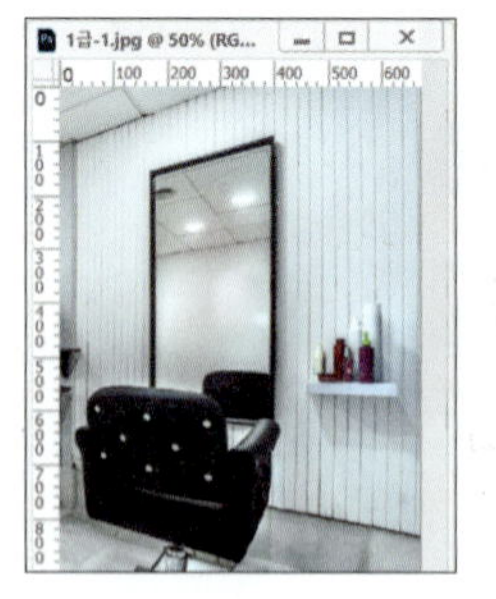 

02 [Filter(필터)]-[Filter Gallery(필터 갤러리)]-[Artistic(예술 효과)]-[Dry Brush(드라이 브러시)]를 선택합니다.

03 헤어 드라이어 모양 패스 생성

01 Ellipse Tool(타원 도구, ◯)을 클릭하고 Options Bar(옵션 바)에서 'Shape(모양), Fill(칠) : 임의 색상, Stroke(획) : No Color(색상 없음), Path operations(패스 작업) : New Layer(새 레이어, ▣)'로 설정한 후 드래그하여 정원 모양을 그립니다.

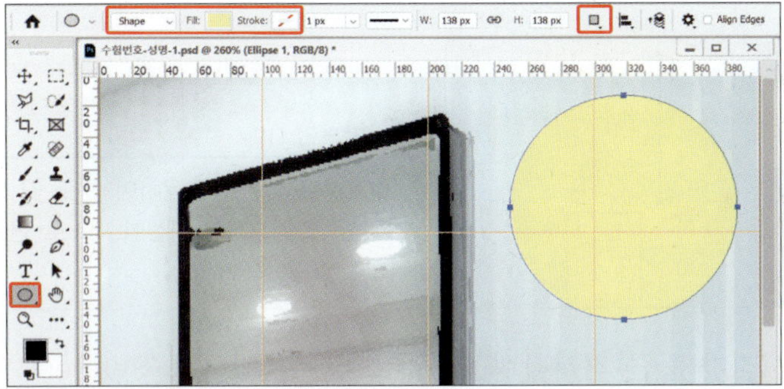

> **기적의 TIP**
>
> **정원 그리기**
> - 드래그할 때 Shift 를 눌러 그립니다.
> - 작업 이미지를 클릭하여 Create Ellipse(원형 만들기) 대화상자에서 Width(폭)와 Height(높이)의 수치를 동일하게 입력합니다.

02 Rectangle Tool(사각형 도구, ▢)을 클릭하고 Options Bar(옵션 바)에서 'Shape(모양), Fill(칠) : 임의 색상, Stroke(획) : No Color(색상 없음), Path operations(패스 작업) : Combine Shapes(모양 결합, ▣)'로 설정한 후 드래그하여 크기가 다른 2개의 사각형 모양을 정원과 각각 겹치도록 그립니다.

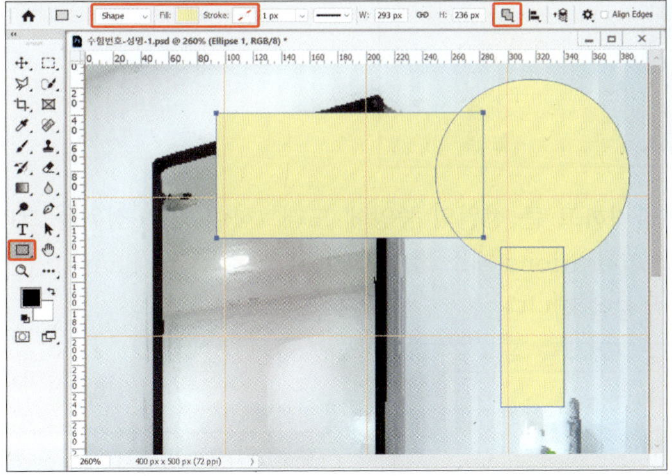

> **기적의 TIP**
>
> 'Path operations(패스 작업) : Combine Shapes(모양 결합, ▣)'를 설정하면 동일한 레이어에 칠 색상으로 여러 모양이 그려집니다.

03 상단의 사각형을 선택한 후 [Ctrl]+[T]를 누르고, 마우스 오른쪽 버튼을 클릭하여 [Warp(뒤틀기)]을 클릭합니다. 4개의 핸들을 각각 드래그하여 상하 모양을 서로 대칭적으로 변형하고 [Enter]를 눌러 완료합니다.

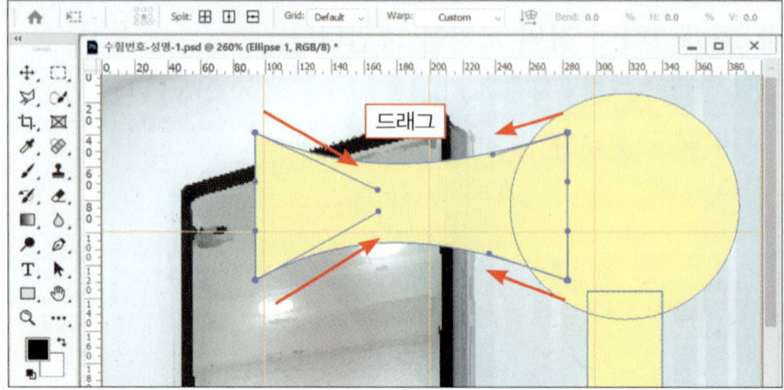

> **기적의 TIP**
>
> [Warp(뒤틀기)]을 활용하여 핸들 및 조절점을 드래그하면 곡선형 패스로 변형할 수 있습니다.

04 Rounded Rectangle Tool(모서리가 둥근 직사각형 도구, □)을 클릭하고 'Shape(모양), Fill(칠) : 임의 색상, Stroke(획) : No Color(색상 없음), Path operations(패스 작업) : Combine Shapes(모양 결합, □), Radius(반경) : 10px'로 설정한 후 드래그하여 오른쪽 사각형 모양과 서로 겹치도록 크기가 다른 2개의 둥근 사각형 모양을 그립니다.

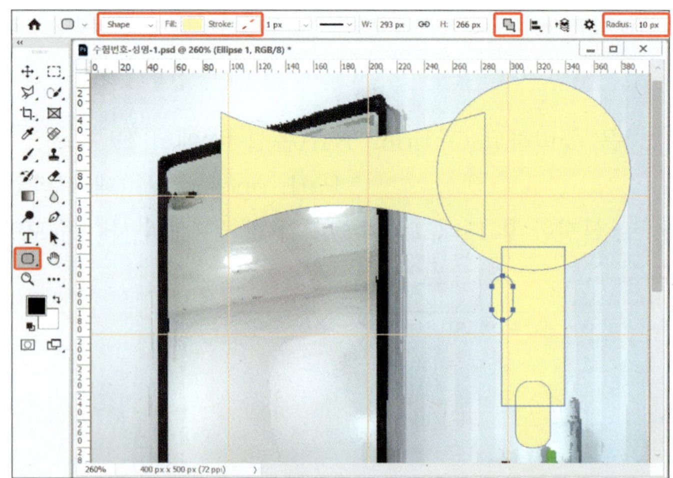

05 Ellipse Tool(타원 도구, ○)을 클릭하고 큰 정원의 중앙에 드래그하여 작은 정원을 그리고 Options Bar(옵션 바)에서 'Path operations(패스 작업) : Subtract Front Shape(전면 모양 빼기, □)'을 설정하여 겹치는 부분을 뺍니다.

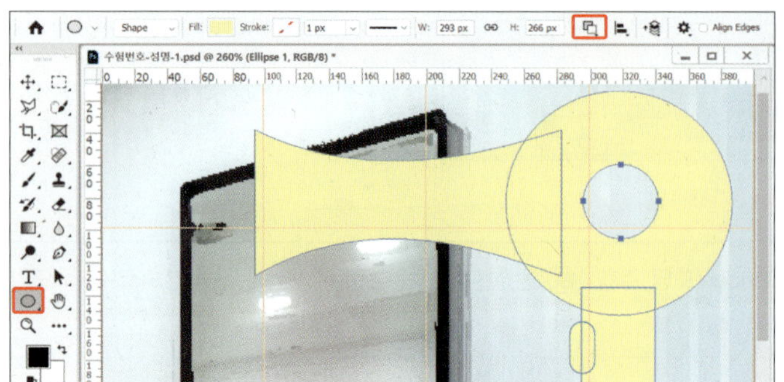

> **기적의 TIP**
>
> Options Bar(옵션 바)에서 'Path operations(패스 작업) : Subtract Front Shape(전면 모양 빼기, □)'을 설정하면 먼저 그린 작은 둥근 사각형 모양을 뺍니다. 작은 원형을 먼저 그린 후 Options Bar(옵션 바)에서 패스 작업을 설정합니다.

06 Rectangle Tool(사각형 도구, ▢)을 클릭하고 Options Bar(옵션 바)에서 'Shape(모양), Fill(칠) : 임의 색상, Stroke(획) : No Color(색상 없음), Path operations(패스 작업) : Subtract Front Shape(전면 모양 빼기, ▣)'을 설정한 후 왼쪽 상단 모양과 겹치도록 드래그하여 사각형 모양으로 겹친 부분을 뺍니다.

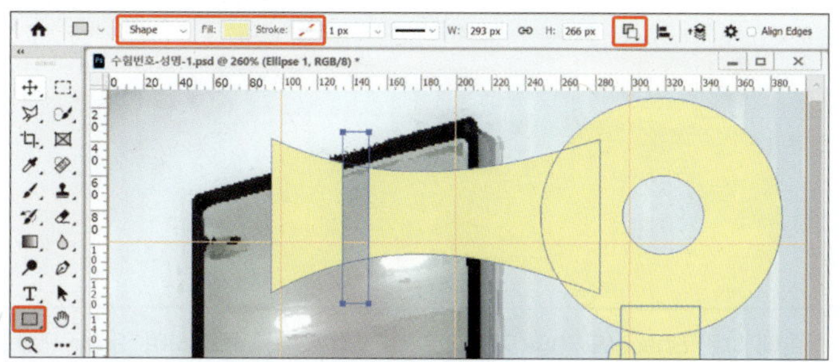

07 Path Selection Tool(패스 선택 도구, ▶)로 오른쪽 하단 3개의 모양을 드래그하여 선택한 후, Ctrl + T 를 눌러 Options Bar(옵션 바)에서 'Rotate(회전, ∠) : 11°'를 입력하고 Enter 를 눌러 회전을 적용하고 배치합니다.

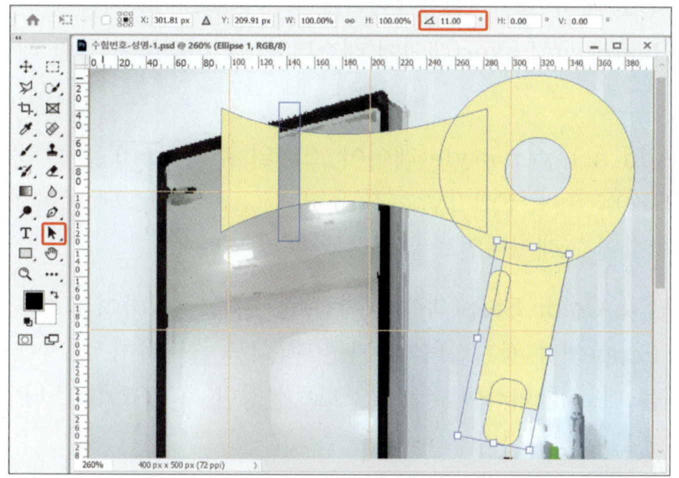

08 Path Selection Tool(패스 선택 도구, ▶)로 드래그하여 모든 모양을 선택하고, Ctrl + T 를 눌러 Options Bar(옵션 바)에서 'Rotate(회전, ∠) : −30°'로 입력하고 Enter 를 눌러 회전을 적용하고 배치합니다.

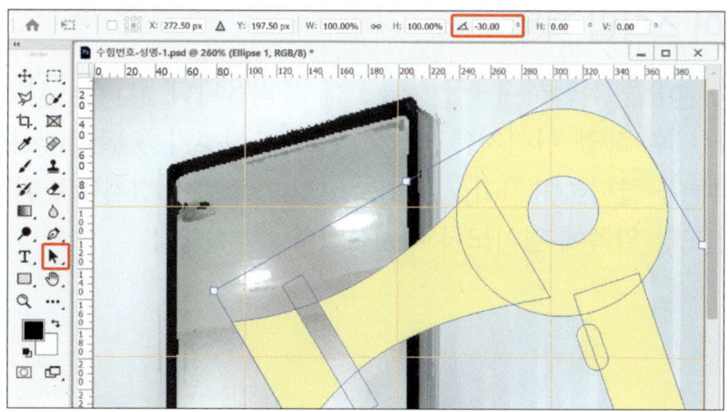

09 Options Bar(옵션 바)에서 'Path operations(패스 작업) : Merge Shape Components(모양 병합 구성 요소, ⬕)'를 클릭하여 모양을 하나로 병합합니다.

10 Paths(패스) 패널에서 작업 패스 'Ellipse 1 Shape Path'를 더블 클릭한 후 [Save Path(패스 저장)] 대화상자에서 'Name(이름) : 헤어 드라이어'로 입력하여 패스를 저장합니다.

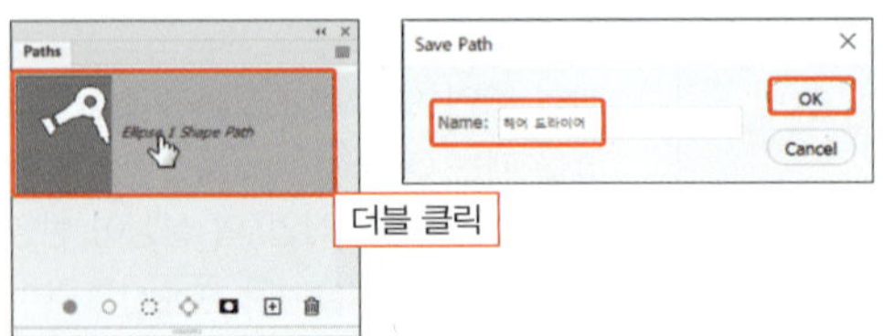

> **기적의 TIP**
>
> • Paths(패스) 패널에 표시되는 이름은 최초에 그린 Shape(모양)의 이름대로 표기되며, 더블 클릭하여 [Save Path(패스 저장)]에서 문제지에 제시된 패스 이름으로 저장하면 됩니다.
> • Paths(패스) 패널에 여전히 존재하는 'Ellipse 1 Shape Path'는 'Ellipse 1' 레이어를 'Rasterize Layer(레이어 래스터화)'로 변환한 이후에는 자동으로 삭제됩니다.

11 Layers(레이어) 패널에서 'Ellipse 1' 레이어의 이름을 더블 클릭하여 'path'로 이름을 변경하고, 마우스 오른쪽 버튼을 눌러 [Rasterize Layer(레이어 래스터화)]를 선택하여 일반 레이어로 속성을 변환합니다.

12 Layers(레이어) 패널 하단의 'Add a layer style(레이어 스타일 추가, fx.)'을 클릭하여 [Stroke(획)]를 선택하고 'Size(크기) : 5px, Fill Type(칠 유형) : Gradient(그레이디언트), Click to edit the gradient(클릭하여 그레이디언트 편집)'를 클릭합니다.

13 그레이디언트 슬라이더 왼쪽 하단의 'Color Stop(색상 정지점)'을 더블 클릭하여 #003300, 가운데 빈 곳을 클릭하여 'Color Stop(색상 정지점)'을 추가한 후 더블 클릭하여 #ffcccc, 오른쪽 'Color Stop(색상 정지점)'을 더블 클릭하여 #ffff00으로 설정한 후, 'Style(스타일) : Linear(선형), Angle(각도) : 180°'로 설정합니다.

14 계속해서 [Drop Shadow(드롭 섀도)]를 선택하고 'Opacity(불투명도) : 75%, Angle(각도) : 120°, Distance(거리) : 10px, Size(크기) : 10px'로 설정한 후 [OK(확인)]를 클릭합니다.

04 클리핑 마스크 적용 후 레이어 스타일 적용

01 [File(파일)]-[Open(열기)]([Ctrl]+[O])을 선택하여 1급-2.jpg를 불러옵니다. [Ctrl]+[A]로 전체를 선택하고 [Ctrl]+[C]로 복사한 후 작업 이미지에 [Ctrl]+[V]로 붙여넣기를 합니다. [Ctrl]+[T]를 누르고 마우스 오른쪽 버튼을 클릭하여 [Flip Horizontal(가로로 뒤집기)]로 뒤집고 크기를 조절한 후, 헤어 드라이어 모양 위쪽에 겹치도록 배치합니다.

02 Layers(레이어) 패널에서 'path' 레이어와 'Layer 2' 레이어 사이에 마우스 커서를 놓고 `Alt` 를 누르고 클릭하여 Clipping Mask(클리핑 마스크)를 적용합니다.

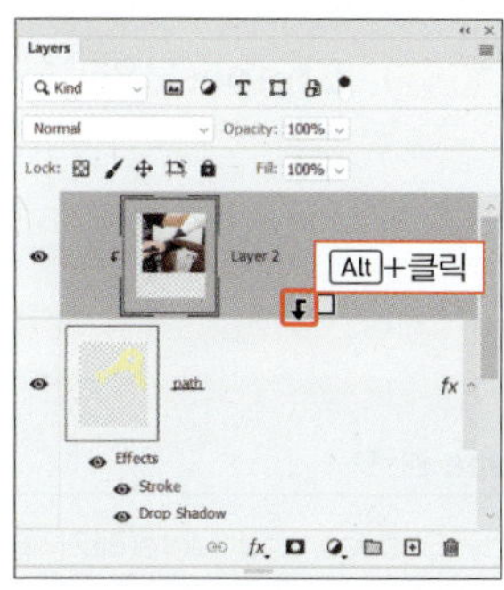

03 [File(파일)]-[Open(열기)](`Ctrl`+`O`)을 선택하여 1급-3.jpg를 불러옵니다. Quick Selection Tool(빠른 선택 도구, 🖌)을 클릭하고 Options Bar(옵션 바)에서 Add to selection(선택 영역에 추가, 🖌)으로 설정한 후 브러시의 크기를 조절하며 드래그하여 이미지를 선택합니다.

04 Options Bar(옵션 바)에서 'Select and Mask(선택 및 마스크)'를 클릭하여 'Properties(속성)'에서 'Radius(반경) : 1px, Smooth(매끄럽게) : 0, Feather(페더) : 0.5px'로 설정한 후 [OK(확인)]를 클릭하고, `Ctrl`+`C`로 복사합니다.

Options Bar(옵션 바)에서 'Add to selection(선택 영역에 추가, ⊕)'을 선택하고 드래그하여 선택 영역을 추가하거나 'Subtract from selection(선택 영역에서 빼기, ⊖)'으로 선택 영역에서 제외할 수 있으며 정교한 선택이 가능합니다.

05 Layers(레이어) 패널에서 'Layer 1' 레이어를 클릭하고 `Ctrl`+`V`로 'Layer 1' 레이어 위쪽으로 붙여넣기를 합니다. `Ctrl`+`T`를 눌러 크기를 축소하고 격자를 참조하여 배치합니다.

06 Layers(레이어) 패널 하단의 'Add a layer style(레이어 스타일 추가, fx.)'을 클릭하여 [Drop Shadow(그림자)]를 선택하고 'Opacity(불투명도) : 75%, Angle(각도) : 120˚, Distance(거리) : 5px, Size(크기) : 5px'로 설정한 후 [OK(확인)]를 클릭합니다.

05 모양 생성 및 레이어 스타일 적용

01 Custom Shape Tool(사용자 정의 모양 도구, ⚙)을 클릭하고 Options Bar(옵션 바)에서 'Shape(모양), Fill(칠) : #cccccc, Stroke(획) : No Color(색상 없음), Shape(모양) : Tile 4(타일 4, ▦)'로 설정한 후 드래그하여 모양을 그립니다.

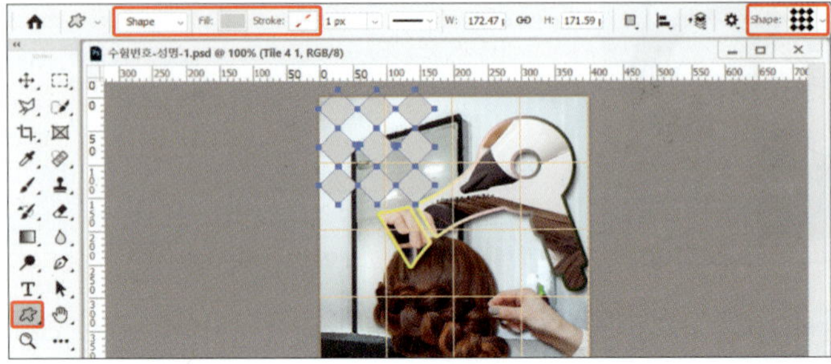

> **◎ Shape 경로**
>
> [Legacy Shapes and More(레거시 모양 및 기타)]–[All Legacy Default Shapes (모든 레거시 기본 모양)]–[Tiles(타일)]

02 Layers(레이어) 패널 하단의 'Add a layer style(레이어 스타일 추가, *fx.*)'을 클릭하여 [Inner Shadow(내부 그림자)]를 선택하고 'Opacity(불투명도) : 75%, Angle(각도) : 120°, Distance(거리) : 5px, Size(크기) : 5px'로 설정한 후 [OK(확인)]를 클릭합니다.

03 Ctrl+J를 눌러 복사한 'Tile 4 1 copy' 레이어를 선택합니다. Ctrl+T를 눌러 크기를 축소하고 Shift를 누른 채 조절점 밖을 드래그하여 시계 방향으로 45° 회전한 후 격자를 참조하여 배치합니다.

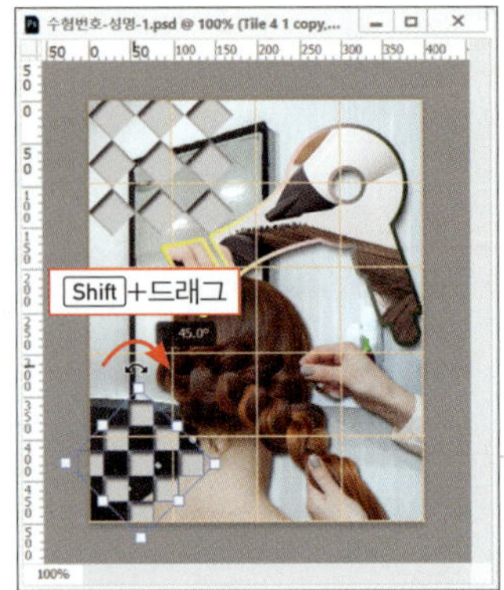

> **🚩 기적의 TIP**
>
> Shift를 누른 채 회전하면 15° 단위로 회전이 가능합니다.

04 Layers(레이어) 패널에서 'Tile 4 1 copy' 레이어의 'Layer thumbnail(레이어 축소판)'을 더블 클릭하여 'Color(색상) : #999999'로 변경합니다.

05 Layers(레이어) 패널에서 'Layer 2' 레이어를 선택합니다.

06 Custom Shape Tool(사용자 정의 모양 도구, ⚙)을 클릭하고 Options Bar(옵션 바)에서 'Shape(모양), Fill(칠) : #ffcc66, Stroke(획) : No Color(색상 없음), Shape(모양) : Waves(파형, 〰)'로 설정한 후 드래그하여 모양을 그리고, Ctrl+T를 눌러 회전하여 배치합니다.

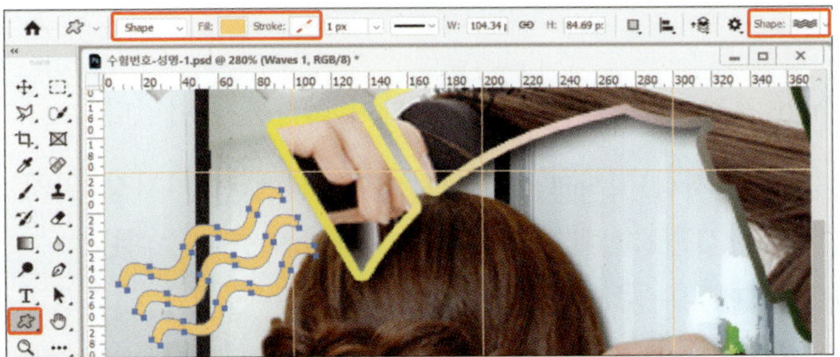

07 Layers(레이어) 패널 하단의 'Add a layer style(레이어 스타일 추가, *fx*)'을 클릭하여 [Outer Glow(외부 광선)]를 선택하고 'Opacity(불투명도) : 75%, Size(크기) : 10px'로 설정한 후 [OK(확인)]를 클릭합니다.

06 문자 입력 및 레이어 스타일 적용

01 Horizontal Type Tool(수평 문자 도구, **T**)로 작업 이미지를 클릭하고 Options Bar(옵션 바)에서 'Font(글꼴) : Times New Roman, Set font style(글꼴 스타일 설정) : Bold, Set font size(글꼴 크기) : 50pt, Color(색상) : 임의 색상'으로 설정한 후 'Hair Shop'을 입력합니다.

02 Options Bar(옵션 바)에서 Create warped text(뒤틀어진 텍스트 만들기, ☱)를 클릭하여 [Warp Text(텍스트 뒤틀기)] 대화상자에서 'Style(스타일) : Arc(부채꼴), Horizontal(가로) : 체크, Bend(구부리기) : −40%'로 설정하여 문자의 모양을 왜곡합니다.

03 Layers(레이어) 패널 하단의 'Add a layer style(레이어 스타일 추가, *fx*)'을 클릭하여 [Stroke(획)]를 선택하고 'Size(크기) : 3px, Color(색상) : #ffffff'로 설정합니다. 계속해서 [Gradient Overlay(그레이디언트 오버레이)]를 선택하고 'Click to edit the gradient(클릭하여 그레이디언트 편집)'를 클릭합니다.

04 그레이디언트 슬라이더 왼쪽 하단의 'Color Stop(색상 정지점)'을 더블 클릭하여 #33ff00, 오른쪽 'Color Stop(색상 정지점)'을 더블 클릭하여 #330000으로 설정한 후, 'Style(스타일) : Linear(선형), Angle(각도) : 0°'로 설정합니다. 계속해서 [Drop Shadow(드롭 섀도)]를 선택하고 [OK(확인)]를 클릭한 후, **Ctrl**+**S**를 눌러 저장합니다.

07 정답 파일 저장

01 [View(보기)]–[Show(표시)]–[Grid(격자)]([Ctrl]+[']）를 선택하여 격자를 가립니다.

02 [File(파일)]–[Save As(다른 이름으로 저장)]([Shift]+[Ctrl]+[S])를 선택하고 '저장 위치 : 내 PC₩문서₩GTQ, 파일 형식 : JPEG(*.JPG;*.JPEG;*.JPE), 파일 이름 : 수험번호–성명–문제번호'를 입력하고 [저장]을 클릭한 후 [JPEG Options(JPEG 옵션)] 대화상자에서 'Quality(품질) : 8'로 설정하고 [OK(확인)]를 클릭합니다.

03 [Image(이미지)]–[Image Size(이미지 크기)]([Alt]+[Ctrl]+[I])를 선택하고 'Constrain aspect ratio(종횡비 제한) : 클릭, Width(폭) : 40Pixels(픽셀), Height(높이) : 50Pixels(픽셀)'로 입력하여 이미지 크기를 1/10로 축소한 후 [OK(확인)]를 클릭합니다.

04 [File(파일)]–[Save As(다른 이름으로 저장)]([Shift]+[Ctrl]+[S])를 선택하고 '저장 위치 : 내 PC₩문서₩GTQ, 파일 형식 : Photoshop(*.PSD;*.PDD;*.PSDT), 파일 이름 : 수험번호–성명–문제번호'으로 파일을 저장합니다.

05 답안 저장이 완료되면 [File(파일)]–[Close(닫기)]([Ctrl]+[W])를 선택하여 파일을 닫고 수험 프로그램에서 [답안 전송]을 클릭하여 감독관 컴퓨터로 psd와 jpg 파일을 전송합니다.

문제 ❷	[기능평가] 사진편집 응용

작업과정	새 작업 이미지 만들기 및 파일 저장하기 ➡ 필터 적용 및 이미지 합성, 레이어 스타일 적용 ➡ 색상 보정 및 레이어 스타일 적용 ➡ 모양 생성 및 레이어 스타일 적용 ➡ 문자 입력 및 변형, 레이어 스타일 적용 ➡ 정답 파일 저장
완성이미지	PART04₩기출유형문제05회₩정답파일₩G120260005–성명–2.jpg, G120260005–성명–2.psd

01 새 작업 이미지 만들기 및 파일 저장하기

01 [File(파일)]–[New(새로 만들기)]([Ctrl]+[N])를 선택하고 'Width(폭) : 400Pixels(픽셀), Height(높이) : 500Pixels(픽셀), Resolution(해상도) : 72Pixels/Inch(픽셀/인치), Color Mode(색상 모드) : RGB Color(RGB 색상), 8bit(비트), Background Contents(배경 내용) : White(흰색)'로 설정하여 새 작업 이미지를 만듭니다.

02 [Edit(편집)]–[Preference(환경설정)]([Ctrl]+[K])를 클릭하고 [Guides, Grid & Slices(안내선, 격자와 슬라이스)]를 선택하여 Grid(격자)의 'Color(색상)'를 클릭하여 밝은 색상으로 변경한 후 'Gridline Every(격자 간격) : 100Pixels(픽셀), Subdivisions(세분) : 1'로 설정합니다.

03 [View(보기)]–[Show(표시)]–[Grid(격자)]([Ctrl]+['])와 [View(보기)]–[Rulers(눈금자)]([Ctrl]+[R])를 선택하여 격자와 눈금자를 표시합니다.

04 작업 도큐먼트를 저장하기 위해 [File(파일)]-[Save As(다른 이름으로 저장)](⎇Shift⎇+⎇Ctrl⎇+⎇S⎇)를 선택하고 임의 경로에 '파일 이름 : 수험번호-성명-문제번호, 파일 형식 : Photoshop(*.PSD;*.PDD;*.PSDT)'으로 파일을 저장합니다.

02 필터 적용 및 이미지 합성, 레이어 스타일 적용

01 [File(파일)]-[Open(열기)](⎇Ctrl⎇+⎇O⎇)을 선택하여 1급-4.jpg를 불러옵니다. ⎇Ctrl⎇+⎇A⎇로 전체를 선택하여 ⎇Ctrl⎇+⎇C⎇로 복사하고 작업 이미지에 ⎇Ctrl⎇+⎇V⎇로 붙여넣기를 합니다. ⎇Ctrl⎇+⎇T⎇를 눌러 ⎇Shift⎇를 누른 채 크기를 축소하고 위치를 조절하여 배치합니다.

02 [Filter(필터)]-[Filter Gallery(필터 갤러리)]-[Artistic(예술 효과)]-[Cutout(오려내기)]을 선택합니다.

03 [File(파일)]-[Open(열기)](⎇Ctrl⎇+⎇O⎇)을 선택하여 1급-5.jpg를 불러옵니다. Pen Tool(펜 도구, ✎)을 클릭하고 Options Bar(옵션 바)에서 'Path(패스), Path operations(패스 작업) : Exclude Overlapping Shapes(모양 오버랩 제외, ▣)'로 설정한 후 매니큐어 용기 모양을 따라 닫힌 패스로 완료합니다.

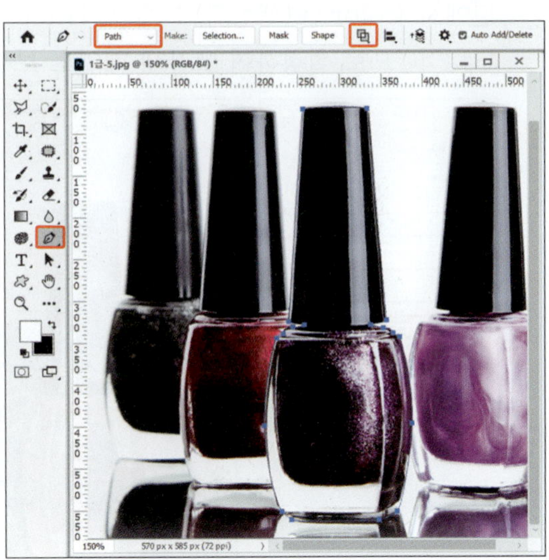

04 패스가 완료되면 ⎇Ctrl⎇+⎇Enter⎇를 눌러 선택 상태로 전환한 후, ⎇Ctrl⎇+⎇C⎇로 복사합니다. 작업 이미지에 ⎇Ctrl⎇+⎇V⎇로 붙여넣기를 하고 ⎇Ctrl⎇+⎇T⎇를 눌러 크기를 축소합니다.

05 Layers(레이어) 패널 하단의 'Add a layer style(레이어 스타일 추가, fx.)'을 클릭하여 [Drop Shadow(그림자)]를 선택하고 'Opacity(불투명도) : 75%, Angle(각도) : 120°, Distance(거리) : 10px, Size(크기) : 10px'로 설정한 후 [OK(확인)]를 클릭합니다.

01 Layers(레이어) 패널에서 'Layer 2' 레이어의 'Layer thumbnail(레이어 축소판)'을 Ctrl 을 누른 채 클릭하여 픽셀이 있는 부분만을 빠르게 선택합니다. Rectangular Marquee Tool(사각형 선택 윤곽 도구, ⬚)을 클릭하고 Options Bar(옵션 바)에서 'Intersect with selection(선택 영역 교차, ⬚)'으로 선택하고 매니큐어 용기 하단에 드래그하여 선택합니다.

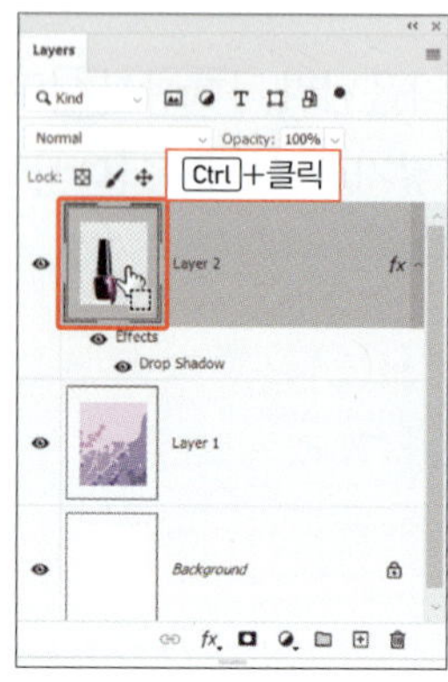
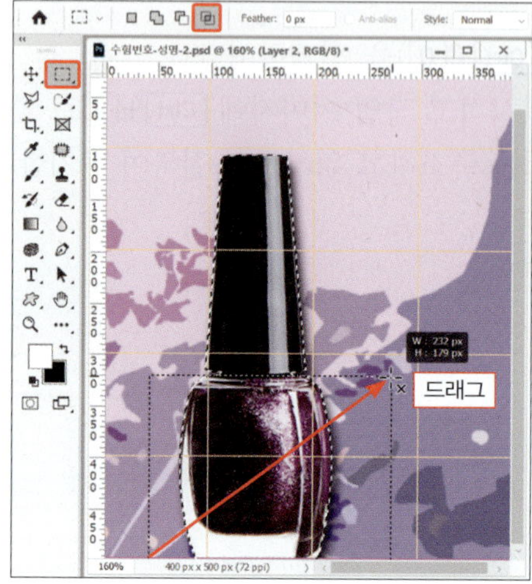

02 Layers(레이어) 패널 하단의 'Create new fill or adjustment layer(새 칠 또는 조정 레이어 생성, ◑)'를 클릭하고 [Hue/Saturation(색조/채도)]을 선택합니다. Properties(속성) 패널에서 'Colorize(색상화) : 체크, Hue(색조) : 340, Saturation(채도) : 60, Lightness(명도) : 40'으로 설정하여 빨간색 계열로 보정합니다.

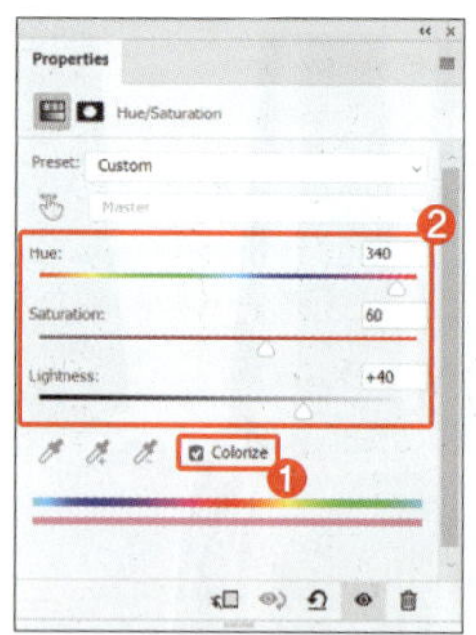

03 [File(파일)]–[Open(열기)]([Ctrl]+[O])을 선택하여 1급–6.jpg를 불러옵니다. Quick Selec-tion Tool(빠른 선택 도구, [🖌])을 클릭하고 Options Bar(옵션 바)에서 'Add to selection(선택 영역에 추가, [🖌])'을 설정한 후 브러시의 크기를 조절하며 드래그하여 선택하고 [Ctrl]+[C]로 복사합니다.

> **기적의 TIP**
>
> Quick Selection Tool(빠른 선택 도구, [🖌])의 브러시 크기는 []]를 눌러 크기를 확대하고 [[]를 눌러 축소할 수 있습니다. [Caps Lock]이 켜져 있으면 '✛'로 표시되어 브러시의 크기를 파악할 수 없으므로 [Caps Lock]을 눌러 꺼줍니다.

04 작업 이미지를 선택한 후, Layers(레이어) 패널에서 'Layer 1' 레이어를 선택하여 [Ctrl]+[V]로 붙여넣기를 합니다. [Ctrl]+[T]를 누르고, 마우스 오른쪽 버튼을 클릭하여 [Flip Horizontal(가로로 뒤집기)]로 뒤집고 크기와 회전을 조절하여 배치합니다.

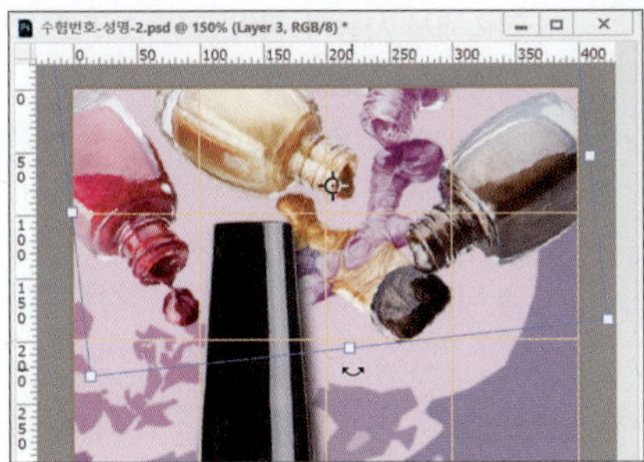

> **기적의 TIP**
>
> Layers(레이어) 패널에서 선택한 레이어의 위쪽으로 붙여넣기가 되므로 따로 레이어의 순서를 정돈하지 않아도 됩니다.

05 Layers(레이어) 패널 하단의 'Add a layer style(레이어 스타일 추가, [fx.])'을 클릭하여 [Outer Glow(외부 광선)]를 선택하고 'Opacity(불투명도) : 75%, Size(크기) : 10px'로 설정한 후 [OK(확인)]를 클릭합니다.

④ 모양 생성 및 레이어 스타일 적용

01 Layers(레이어) 패널에서 'Hue/Saturation 1' 레이어를 선택합니다.

02 Custom Shape Tool(사용자 정의 모양 도구, [⚙])을 클릭하고 Options Bar(옵션 바)에서 'Shape(모양), Fill(칠) : #330033, Stroke(획) : No Color(색상 없음), Shape(모양) : Fleur–De–Lis(백합, [⚜])'로 설정한 후 [Shift]를 누른 채 드래그하여 모양을 그립니다.

> **Shape 경로**
>
> [Legacy Shapes and More(레거시 모양 및 기타)]–[All Legacy Default Shapes(모든 레거시 기본 모양)]–[Ornaments(장식)]

03 Layers(레이어) 패널 하단의 'Add a layer style(레이어 스타일 추가, fx.)'을 클릭하여 [Bevel & Emboss(경사와 엠보스)]를 선택하고 'Style(스타일) : Inner Bevel(내부 경사), Direction(방향) : Up(위로), Size(크기) : 7px'로 설정한 후 [OK(확인)]를 클릭합니다.

04 Custom Shape Tool(사용자 정의 모양 도구, ✿)을 클릭하고 Options Bar(옵션 바)에서 'Shape(모양), Fill(칠) : #99cccc, Stroke(획) : No Color(색상 없음), Shape(모양) : Shape 45(모양 45, ✿)'로 설정한 후 [Shift]를 누른 채 드래그하여 모양을 그립니다.

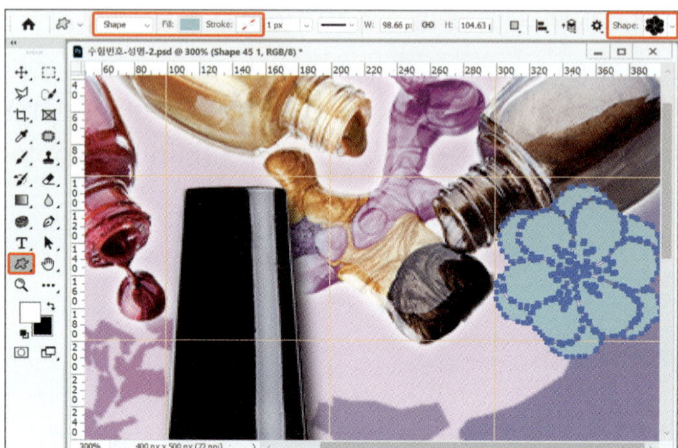

05 Layers(레이어) 패널 하단의 'Add a layer style(레이어 스타일 추가, fx.)'을 클릭하여 [Inner Shadow(내부 그림자)]를 선택하고 'Opacity(불투명도) : 75%, Angle(각도) : 120°, Distance(거리) : 3px, Size(크기) : 3px'로 설정한 후 [OK(확인)]를 클릭합니다.

06 [Ctrl]+[J]를 눌러 복사한 레이어를 만든 후 [Ctrl]+[[]를 여러 번 눌러 'Layer 2' 레이어 아래쪽으로 배치합니다. [Ctrl]+[T]를 눌러 크기를 확대하고 회전합니다.

07 Layers(레이어) 패널에서 'Shape 45 1 copy' 레이어의 'Layer thumbnail(레이어 축소판)'을 더블 클릭하여 'Color(색상) : #ccccff'로 설정하고 [OK(확인)]를 클릭합니다.

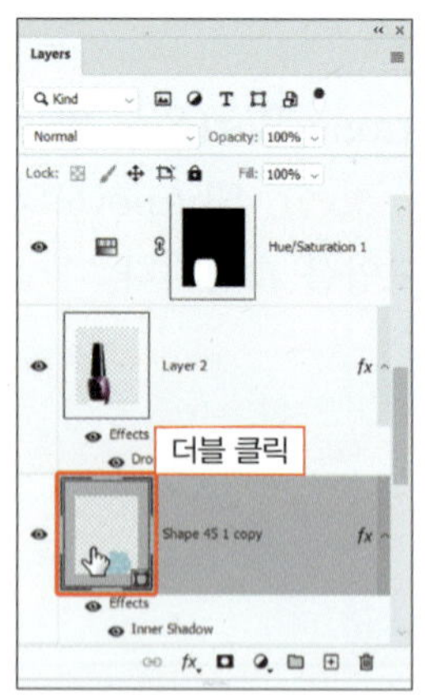

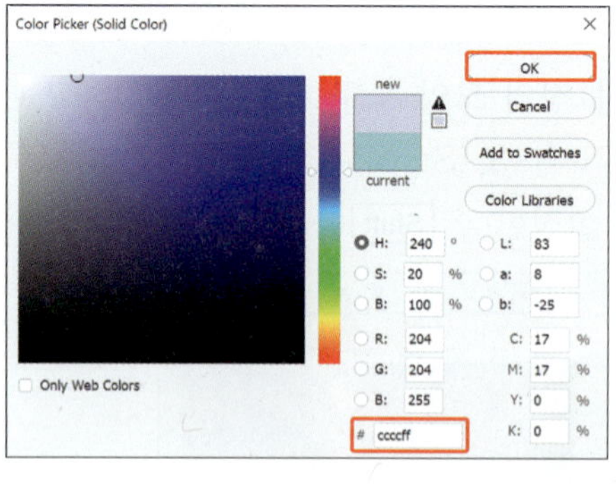

01 Horizontal Type Tool(수평 문자 도구, T)로 작업 이미지를 클릭하고 Options Bar(옵션 바)에서 'Font(글꼴) : Times New Roman, Set font style(글꼴 스타일 설정) : Regular, Set font size(글꼴 크기) : 55pt, Color(색상) : 임의 색상'으로 설정한 후 'Nail Color'를 입력합니다.

기적의 TIP

레이어 순서 정돈하기

Layers(레이어) 패널에서 'Fleur-De-Lis 1' 레이어를 선택한 후 문자를 입력하면 맨 앞쪽에 문자가 배치됩니다. 또는 문자 입력을 완료한 후, Shift + Ctrl +]를 눌러 맨 앞으로 가져오기를 합니다.

02 Options Bar(옵션 바)에서 Create warped text(뒤틀어진 텍스트 만들기, T)를 클릭하여 [Warp Text(텍스트 뒤틀기)] 대화상자에서 'Style(스타일) : Arc(부채꼴), Horizontal(가로) : 체크, Bend(구부리기) : −30%'로 설정하여 문자의 모양을 왜곡합니다.

03 Layers(레이어) 패널 하단의 'Add a layer style(레이어 스타일 추가, fx.)'을 클릭하여 [Stroke(획)]를 선택하고 'Size(크기) : 2px, Color(색상) : #333333'으로 설정합니다. 계속해서 [Gradient Overlay(그레이디언트 오버레이)]를 선택하여 'Click to edit the gradient (클릭하여 그레이디언트 편집)'를 클릭합니다.

04 그레이디언트 슬라이더 왼쪽 하단의 'Color Stop(색상 정지점)'을 더블 클릭하여 #33ffcc, 오른쪽 'Color Stop(색상 정지점)'을 더블 클릭하여 #ff99cc로 설정한 후, 'Style(스타일) : Linear(선형), Angle(각도) : 0°'로 설정합니다.

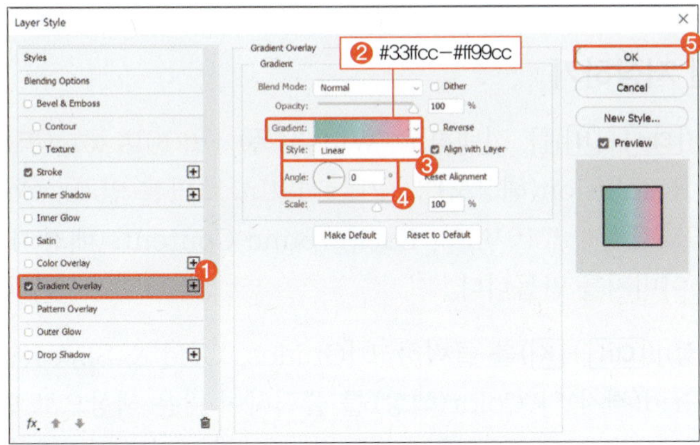

05 계속해서 [Drop Shadow(드롭 섀도)]를 선택하고 'Opacity(불투명도) : 75%, Angle(각도) : 120°, Distance(거리) : 5px, Size(크기) : 5px'로 설정한 후 [OK(확인)]를 클릭합니다. Ctrl + T를 눌러 회전하여 배치한 후, Ctrl + S를 눌러 저장합니다.

🔵 06 정답 파일 저장

01 [View(보기)]–[Show(표시)]–[Grid(격자)]([Ctrl]+[']])를 선택하여 격자를 가립니다.

02 [File(파일)]–[Save As(다른 이름으로 저장)]([Shift]+[Ctrl]+[S])를 선택하여 '저장 위치 : 내 PC₩문서₩GTQ, 파일 형식 : JPEG(*.JPG;*.JPEG;*.JPE), 파일 이름 : 수험번호–성명–문제번호'를 입력하고 [저장]을 클릭한 후 [JPEG Options(JPEG 옵션)] 대화상자에서 'Quality(품질) : 8'로 설정한 후 [OK(확인)]를 클릭합니다.

03 [Image(이미지)]–[Image Size(이미지 크기)]([Alt]+[Ctrl]+[I])를 선택하고 'Constrain aspect ratio(종횡비 제한) : 클릭, Width(폭) : 40Pixels(픽셀), Height(높이) : 50Pixels(픽셀)'로 입력하여 이미지 크기를 1/10로 축소한 후 [OK(확인)]를 클릭합니다.

04 [File(파일)]–[Save As(다른 이름으로 저장)]([Shift]+[Ctrl]+[S])를 선택하고 '저장 위치 : 내 PC₩문서₩GTQ, 파일 형식 : Photoshop(*.PSD;*.PDD;*.PSDT), 파일 이름 : 수험번호–성명–문제번호'를 입력하고 [저장]을 클릭합니다.

05 답안 저장이 완료되면 [File(파일)]–[Close(닫기)]([Ctrl]+[W])를 선택하여 파일을 닫고 수험 프로그램에서 [답안 전송]을 클릭하여 감독관 컴퓨터로 psd와 jpg 파일을 전송합니다.

문제 ❸	[실무응용] 포스터 제작

작업과정	새 작업 이미지 만들기 및 파일 저장하기 ➡ 혼합 모드와 필터 및 레이어 마스크 적용 ➡ 클리핑 마스크 및 레이어 스타일. 필터 적용 ➡ 이미지 보정 및 레이어 스타일 적용 ➡ 모양 생성 및 레이어 스타일 적용 ➡ 문자 입력 및 왜곡과 레이어 스타일 적용 ➡ 정답 파일 저장
완성이미지	PART04₩기출유형문제05회₩정답파일₩G120260005–성명–3.jpg. G120260005–성명–3.psd

🔵 01 새 작업 이미지 만들기 및 파일 저장하기

01 [File(파일)]–[New(새로 만들기)]([Ctrl]+[N])를 선택하고 'Width(폭) : 600Pixels(픽셀), Height(높이) : 400Pixels(픽셀), Resolution(해상도) : 72Pixels/Inch(픽셀/인치), Color Mode(색상 모드) : RGB Color(RGB 색상), 8bit(비트), Background Contents(배경 내용) : White(흰색)'로 설정하여 새 작업 이미지를 만듭니다.

02 [Edit(편집)]–[Preference(환경설정)]([Ctrl]+[K])를 클릭하고 [Guides, Grid & Slices(안내선, 격자와 슬라이스)]를 선택하여 Grid(격자)의 'Color(색상)'를 클릭하여 밝은 색상으로 변경한 후 'Gridline Every(격자 간격) : 100Pixels(픽셀), Subdivisions(세분) : 1'로 설정합니다.

03 [View(보기)]-[Show(표시)]-[Grid(격자)]([Ctrl]+['])와 [View(보기)]-[Rulers(눈금자)] ([Ctrl]+[R])를 선택하여 격자와 눈금자를 표시합니다.

04 작업 도큐먼트를 저장하기 위해 [File(파일)]-[Save As(다른 이름으로 저장)]([Shift]+[Ctrl]+ [S])를 선택하고 임의 경로에 '파일 이름 : 수험번호-성명-문제번호, 파일 형식 : Photo-shop(*.PSD;*.PDD;*.PSDT)'으로 파일을 저장합니다.

02 혼합 모드와 필터 및 레이어 마스크 적용

01 Tool Panel(도구 패널) 하단의 'Set foreground color(전경색 설정)'를 클릭하여 # 오른쪽 입력란에 ffcccc로 입력한 후, [Alt]+[Delete]를 눌러 제시된 Foreground Color(전경색)를 작업 이미지의 배경에 채웁니다.

02 [File(파일)]-[Open(열기)]([Ctrl]+[O])을 선택하여 1급-7.jpg를 불러옵니다. [Ctrl]+[A]로 전체를 선택하고 [Ctrl]+[C]로 복사하여, 작업 이미지에 [Ctrl]+[V]로 붙여넣기를 하고 [Ctrl]+[T]를 눌러 크기를 조절합니다.

03 Layers(레이어) 패널에서 'Blending Mode(혼합 모드) : Multiply(곱하기), Opacity(불투명도) : 60%'로 설정하여 배경과 합성합니다.

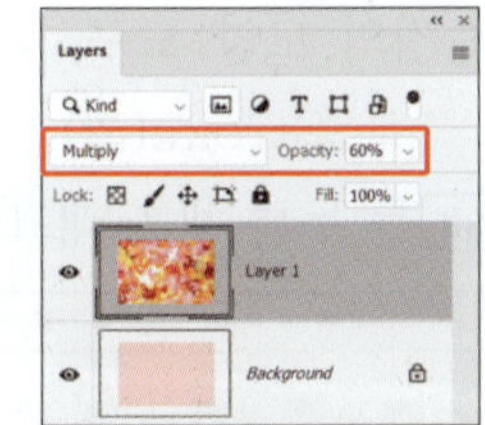 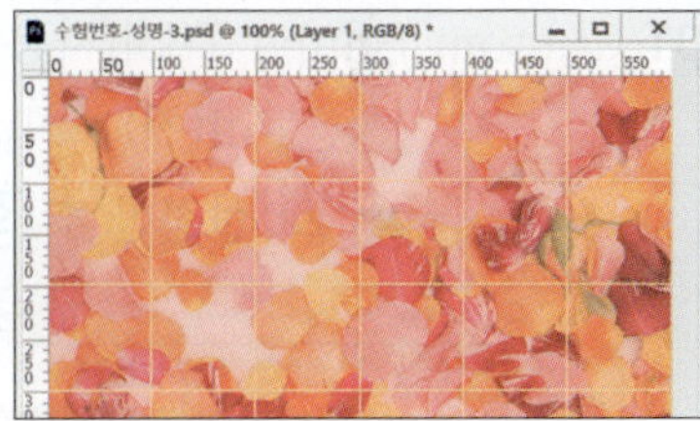

04 [File(파일)]-[Open(열기)]([Ctrl]+[O])을 선택하여 1급-8.jpg를 불러옵니다. [Ctrl]+[A]로 전체를 선택하고 [Ctrl]+[C]로 복사한 후 작업 이미지에 [Ctrl]+[V]로 붙여넣기를 하고 [Ctrl]+[T]를 눌러 크기를 조절합니다.

05 [Filter(필터)]-[Filter Gallery(필터 갤러리)]-[Artistic(예술 효과)]-[Dry Brush(드라이 브러시)]를 선택합니다.

06 Layers(레이어) 패널 하단의 'Add layer mask(레이어 마스크 추가, ▣)'를 클릭하여 레이어 마스크를 추가합니다.

07 Tool Panel(도구 패널) 하단의 'Set foreground color(전경색 설정)'를 #000000, 'Set background color(배경색 설정)'를 #ffffff로 설정합니다.

08 Gradient Tool(그레이디언트 도구, ▣)을 클릭하고 Options Bar(옵션 바)에서 'Type(유형) : Linear Gradient(선형 그레이디언트), Mode(모드) : Normal(표준), Opacity(불투명도) : 100%'로 설정한 후 왼쪽 아래에서 오른쪽 위의 대각선 방향으로 드래그하여 이미지 일부를 자연스럽게 지워 합성합니다.

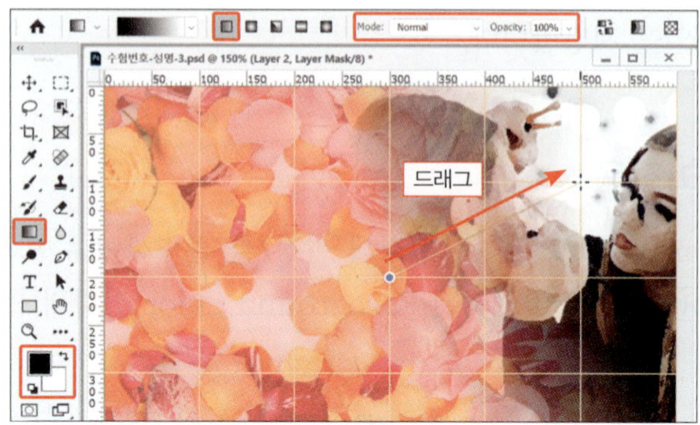
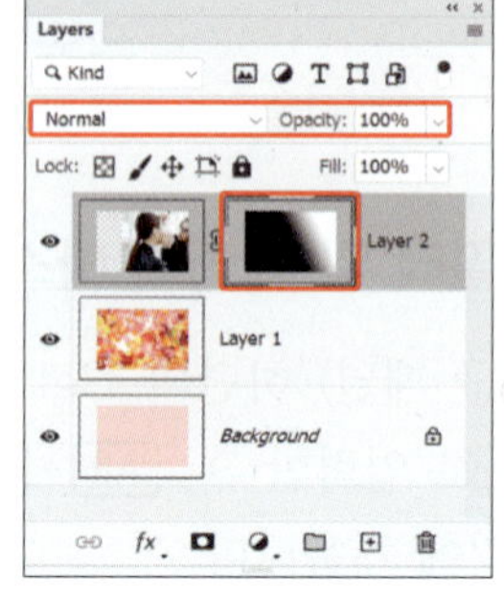

03 클리핑 마스크 및 레이어 스타일, 필터 적용

01 Custom Shape Tool(사용자 정의 모양 도구, ▨)을 클릭하고 Options Bar(옵션 바)에서 'Shape(모양), Fill(칠) : 임의 색상, Stroke(획) : No Color(색상 없음), Shape(모양) : Blob 1(얼룩 1, ✿)'로 설정한 후 Shift 를 누른 채 드래그하여 모양을 그립니다.

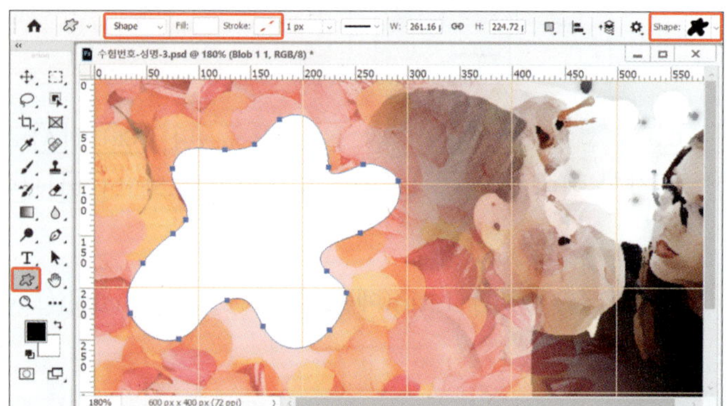

> ◎ **Shape** 경로
>
> [Legacy Shapes and More(레거시 모양 및 기타)]–[All Legacy Default Shapes (모든 레거시 기본 모양)]–[Shapes(모양)]

02 Ctrl + T 를 눌러 Options Bar(옵션 바)에서 'Rotate(회전, △) : 14°'를 입력하고 Enter 를 눌러 회전을 적용합니다.

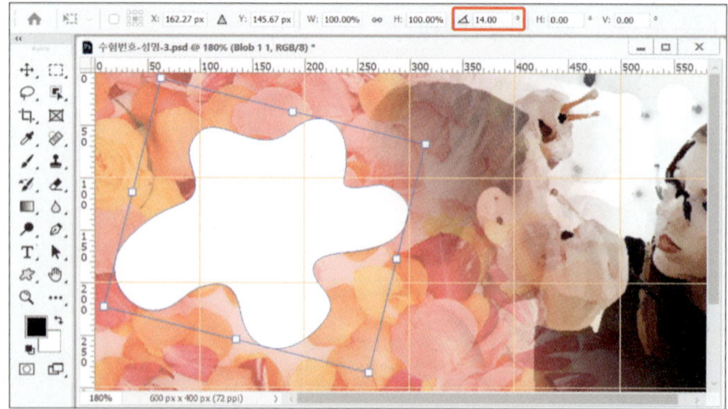

03 Layers(레이어) 패널 하단의 'Add a layer style(레이어 스타일 추가, fx.)'을 클릭하여 [Stroke(획)]를 선택하고 'Size(크기) : 6px, Fill Type(칠 유형) : Gradient(그레이디언트), Click to edit the gradient(클릭하여 그레이디언트 편집)'를 클릭합니다.

04 그레이디언트 슬라이더 왼쪽 하단의 'Color Stop(색상 정지점)'을 더블 클릭하여 #330033, 오른쪽 'Color Stop(색상 정지점)'을 더블 클릭하여 #ffcccc로 설정한 후, 'Style(스타일) : Linear(선형), Angle(각도) : 0°로 설정합니다.

05 계속해서 [Inner Shadow(내부 그림자)]를 선택하고 'Opacity(불투명도) : 75%, Angle(각도) : 90°, Distance(거리) : 5px, Size(크기) : 5px'로 설정한 후 [OK(확인)]를 클릭합니다.

06 [File(파일)]-[Open(열기)]([Ctrl]+[O])을 선택하여 1급-9.jpg를 불러옵니다. [Ctrl]+[A]로 전체를 선택하고 [Ctrl]+[C]로 복사한 후 작업 이미지에 [Ctrl]+[V]로 붙여넣기를 하고 'Blob 1 1' 레이어와 겹치도록 위쪽에 배치합니다.

07 Layers(레이어) 패널에서 'Blob 1 1'과 'Layer 3' 레이어 사이에 마우스 커서를 놓고 [Alt]를 누르고 클릭하여 Clipping Mask(클리핑 마스크)를 적용합니다.

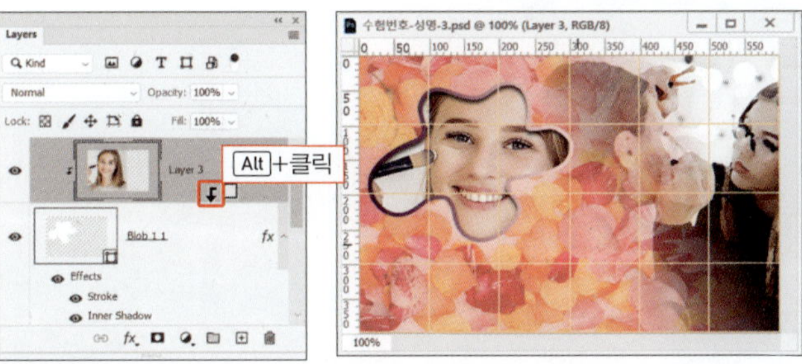

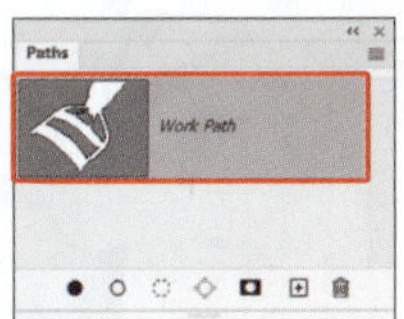

기적의 TIP

Clipping Mask(클리핑 마스크)를 적용할 때는 반드시 'Blob 1 1' 레이어 바로 위에 이미지 레이어를 배치해야 합니다.

08 Layers(레이어) 패널에서 'Layers 3' 레이어를 선택하고, [Filter(필터)]-[Filter Gallery(필터 갤러리)]-[Brush Strokes(브러시 선)]-[Crosshatch(그물눈)]를 선택합니다.

09 [File(파일)]-[Open(열기)]([Ctrl]+[O])을 선택하여 1급-10.jpg를 불러옵니다. Pen Tool(펜 도구, ⌀)을 클릭하고 Options Bar(옵션 바)에서 'Path(패스), Path operations(패스 작업) : Exclude Overlapping Shapes(모양 오버랩 제외, ⬚)'로 설정한 후 뷰러 모양을 따라 5개의 닫힌 패스로 완료합니다.

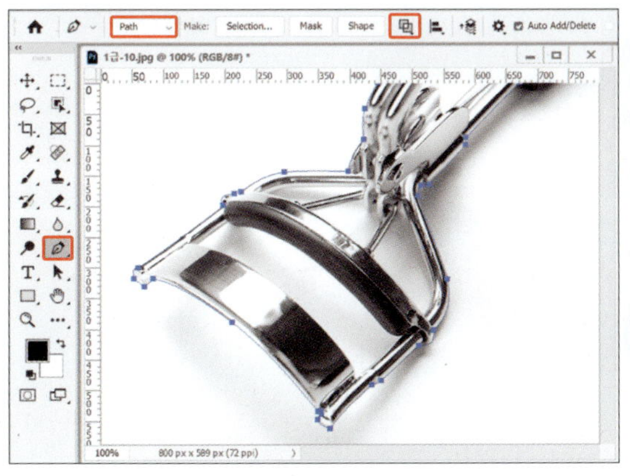

10 `Ctrl`+`Enter`를 눌러 패스를 선택 상태로 전환하고, `Ctrl`+`C`를 눌러 복사합니다. 작업 이미지를 선택하여 `Ctrl`+`V`를 눌러 붙여넣기를 합니다. `Ctrl`+`T`를 눌러 크기를 조절하고 오른쪽 상단에 배치합니다.

11 Layers(레이어) 패널 하단의 'Add a layer style(레이어 스타일 추가, *fx.*)'을 클릭하여 [Bevel & Emboss(경사와 엠보스)]를 선택하고 'Style(스타일) : Inner Bevel(내부 경사), Direction(방향) : Up(위로), Size(크기) : 5px'로 설정합니다.

12 계속해서 [Outer Glow(외부 광선)]를 선택하고 'Opacity(불투명도) : 75%, Size(크기) : 7px'로 설정한 후 [OK(확인)]를 클릭합니다.

04 이미지 보정 및 레이어 스타일 적용

01 [File(파일)]-[Open(열기)](`Ctrl`+`O`)을 선택하여 1급-11.jpg를 불러옵니다. Magic Wand Tool(자동 선택 도구, ✦)을 클릭하고 Options Bar(옵션 바)에서 'Add to selection(선택 영역에 추가, ◻), Tolerance(허용치) : 25'로 설정한 후 배경 부분을 여러 번 클릭하여 선택합니다.

02 `Shift`+`Ctrl`+`I`를 눌러 선택을 반전하고 `Ctrl`+`C`를 눌러 복사합니다. 작업 이미지를 선택하여 `Ctrl`+`V`로 붙여넣기를 하고, `Ctrl`+`T`를 눌러 크기를 조절한 후 시계 방향으로 회전하여 배치합니다.

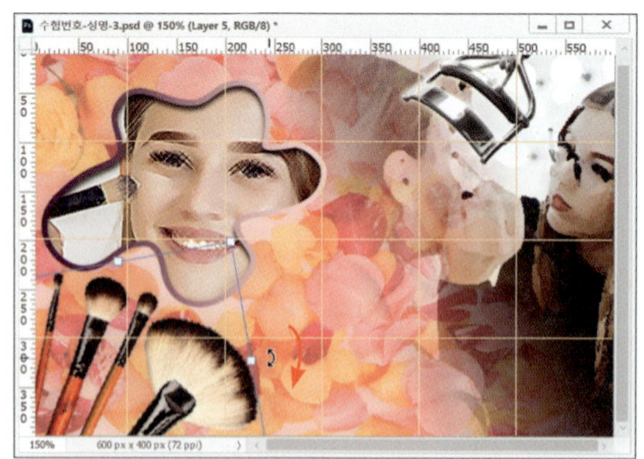

03 Layers(레이어) 패널 하단의 'Add a layer style(레이어 스타일 추가, _fx._)'을 클릭하여 [Inner Shadow(내부 그림자)]를 선택하고 'Opacity(불투명도) : 75%, Angle(각도) : 90°, Distance(거리) : 5px, Size(크기) : 10px'로 설정한 후 [OK(확인)]를 클릭합니다.

04 Layers(레이어) 패널에서 'Layer 5' 레이어의 'Layer thumbnail(레이어 축소판)'을 Ctrl 을 누른 채 클릭하여 브러시 이미지를 선택합니다.

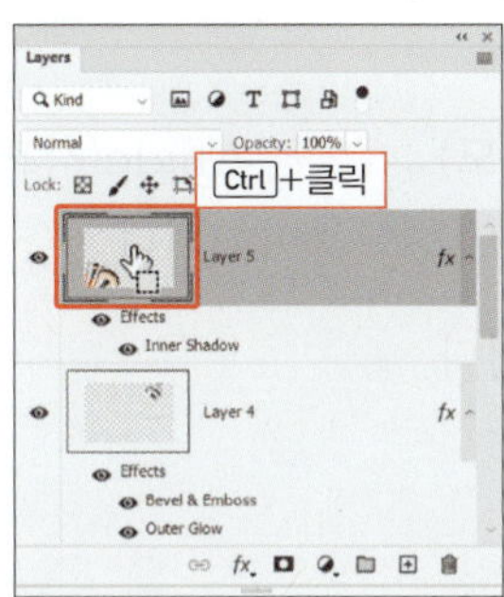
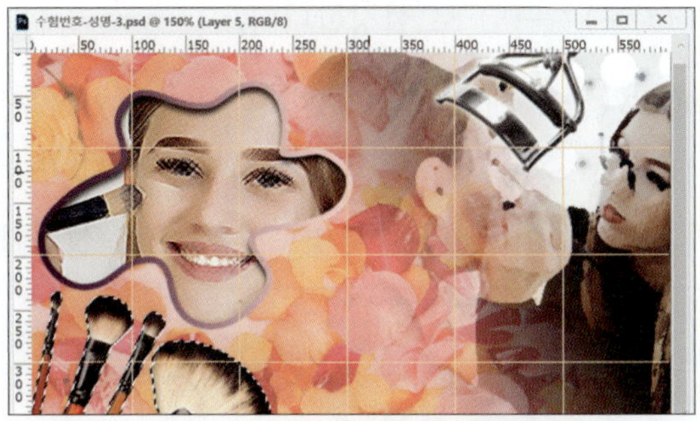

05 Polygonal Lasso Tool(다각형 올가미 도구, ⟐)을 클릭하고 Options Bar(옵션 바)에서 'Intersect with selection(선택 교차 영역 남기기, ▣), Feather(페더) : 0px'로 설정하고 브러시의 손잡이 부분과 겹치도록 클릭합니다.

06 Layers(레이어) 패널 하단의 'Create new fill or adjustment layer(새 칠 또는 조정 레이어 생성, ◑)'를 클릭하고 [Hue/Saturation(색조/채도)]을 선택합니다. Properties(속성) 패널에서 'Colorize(색상화) : 체크, Hue(색조) : 290, Saturation(채도) : 75, Lightness(명도) : 10'으로 설정하여 보라색 계열로 보정합니다.

05 모양 생성 및 레이어 스타일 적용

01 Layers(레이어) 패널에서 'Layer 1' 레이어를 선택합니다.

02 Custom Shape Tool(사용자 정의 모양 도구, ⬡)을 클릭하고 Options Bar(옵션 바)에서 'Shape(모양), Fill(칠) : 임의 색상, Stroke(획) : No Color(색상 없음), Shape(모양) : Flower 6(꽃 6, ✿)'으로 설정한 후 Shift 를 누른 채 드래그하여 모양을 그립니다.

> 🎯 **Shape** 경로
>
> [Legacy Shapes and More(레거시 모양 및 기타)]–[All Legacy Default Shapes(모든 레거시 기본 모양)]–[Nature(자연)]

03 Layers(레이어) 패널 하단의 'Add a layer style(레이어 스타일 추가, fx,)'을 클릭하여 [Gradient Overlay(그레이디언트 오버레이)]를 선택하고 'Click to edit the gradient(클릭하여 그레이디언트 편집)'를 클릭합니다.

04 그레이디언트 슬라이더 왼쪽 하단의 'Color Stop(색상 정지점)'을 더블 클릭하여 #cc0066, 오른쪽 'Color Stop(색상 정지점)'을 더블 클릭하여 #ffffff로 설정한 후, 'Style(스타일) : Linear(선형), Angle(각도) : −90°'로 설정합니다.

05 계속해서 [Drop Shadow(드롭 섀도)]를 선택하고 'Opacity(불투명도) : 75%, Angle(각도) : 90°, Distance(거리) : 5px, Size(크기) : 5px'로 설정한 후 [OK(확인)]를 클릭합니다.

06 Layers(레이어) 패널 상단의 'Opacity(불투명도) : 80%'로 설정합니다.

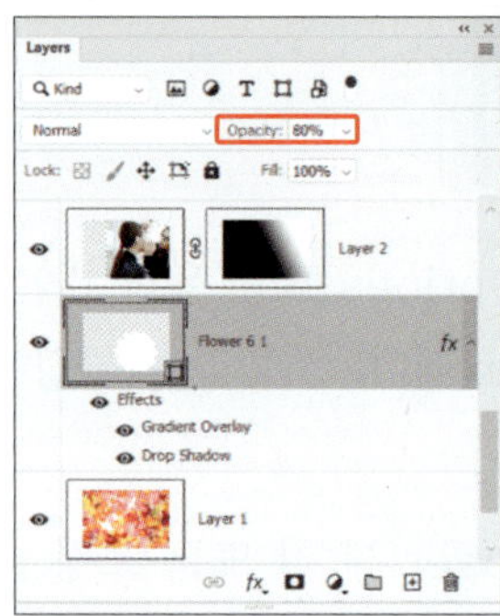

07 Custom Shape Tool(사용자 정의 모양 도구, ✿)을 클릭하고 Options Bar(옵션 바)에서 'Shape(모양), Fill(칠) : #ffffff, Stroke(획) : No Color(색상 없음), Shape(모양) : Checked Box(확인란, ✔)'로 설정한 후 Shift 를 누르고 모양을 그립니다.

> **⊙ Shape 경로**
>
> [Legacy Shapes and More(레거시 모양 및 기타)]–[All Legacy Default Shapes(모든 레거시 기본 모양)]–[Web(웹)]

08 Layers(레이어) 패널 하단의 'Add a layer style(레이어 스타일 추가, fx,)'을 클릭하여 [Stroke(획)]를 선택하고 'Size(크기) : 2px, Fill Type(칠 유형) : Gradient(그레이디언트), Click to edit the gradient(클릭하여 그레이디언트 편집)'를 클릭합니다.

09 그레이디언트 슬라이더 왼쪽 하단의 'Color Stop(색상 정지점)'을 더블 클릭하여 #0000ff, 오른쪽 'Color Stop(색상 정지점)'을 더블 클릭하여 #ff66cc로 설정한 후, 'Style(스타일) : Linear(선형), Angle(각도) : 0°'로 설정합니다.

10 Layers(레이어) 패널에서 'Hue/Saturation 1' 레이어를 선택합니다.

11 Custom Shape Tool(사용자 정의 모양 도구, ⌘)을 클릭하고 Options Bar(옵션 바)에서 'Shape(모양), Fill(칠) : #ff3366, Stroke(획) : No Color(색상 없음), Shape(모양) : Butterfly(나비, ✖)'로 설정한 후 Shift 를 누르고 모양을 그립니다. Ctrl + T 를 눌러 시계 방향으로 회전합니다.

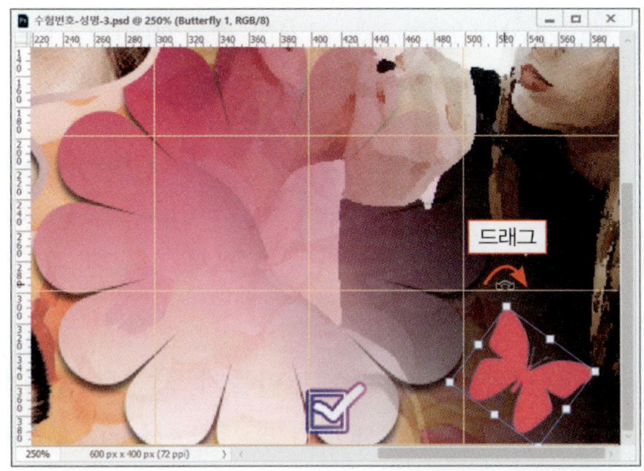

> **◎ Shape 경로**
>
> [Legacy Shapes and More(레거시 모양 및 기타)]–[All Legacy Default Shapes(모든 레거시 기본 모양)]–[Nature(자연)]

12 Layers(레이어) 패널 하단의 'Add a layer style(레이어 스타일 추가, *fx.*)'을 클릭하여 [Drop Shadow(그림자)]를 선택하고 'Opacity(불투명도) : 75%, Angle(각도) : 90°, Distance(거리) : 5px, Size(크기) : 5px'로 설정한 후 [OK(확인)]를 클릭합니다.

13 Ctrl + J 를 눌러 복사한 'Butterfly 1 copy' 레이어의 'Layer thumbnail(레이어 축소판)'을 더블 클릭하여 Color Picker(색상 픽커)에서 'Color(색상) : #ffcc66'으로 설정한 후 [OK(확인)]를 클릭합니다. Ctrl + T 를 눌러 크기 조절 후 시계 반대 방향으로 회전하여 배치합니다.

06 문자 입력 및 왜곡과 레이어 스타일 적용

01 Horizontal Type Tool(수평 문자 도구, T)로 작업 이미지를 클릭하고 Options Bar(옵션 바)에서 'Font(글꼴) : 돋움, Set font size(글꼴 크기) : 15pt, Set anti-aliasing method (앤티 앨리어싱 방법 설정) : Strong(강하게), Color(색상) : #ffffff'로 설정한 후 '사전 등록 이벤트'를 입력합니다.

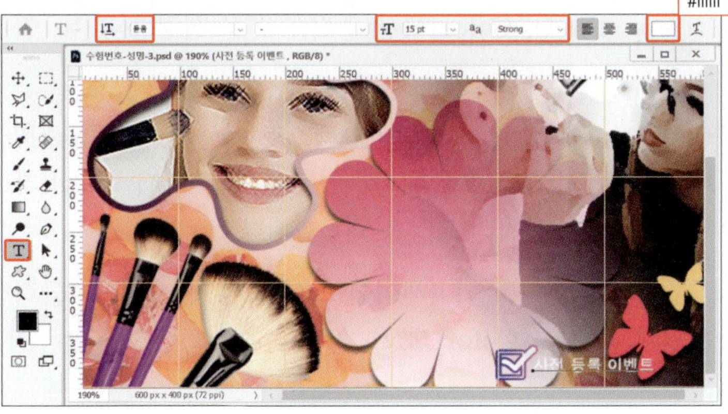

02 Layers(레이어) 패널 하단의 'Add a layer style(레이어 스타일 추가, *fx.*)'을 클릭하여 [Stroke(획)]를 선택하고 'Size(크기) : 2px, Fill Type(칠 유형) : Gradient(그레이디언트), Click to edit the gradient(클릭하여 그레이디언트 편집)'를 클릭합니다.

03 그레이디언트 슬라이더 왼쪽 하단의 'Color Stop(색상 정지점)'을 더블 클릭하여 #0000ff, 오른쪽 'Color Stop(색상 정지점)'을 더블 클릭하여 #ff66cc로 설정한 후, 'Style(스타일) : Linear(선형), Angle(각도) : 90°로 설정하고 [OK(확인)]를 클릭합니다.

04 Horizontal Type Tool(수평 문자 도구, **T**)로 작업 이미지를 클릭하고 Options Bar(옵션 바)에서 'Font(글꼴) : 돋움, Set font size(글꼴 크기) : 38pt, Set anti-aliasing method (앤티 앨리어싱 방법 설정) : Strong(강하게), Color(색상) : 임의 색상'으로 설정한 후 '기초 메이크업 강좌'를 입력합니다.

05 Options Bar(옵션 바)에서 Create warped text(뒤틀어진 텍스트 만들기, **ℑ**)를 클릭하여 [Warp Text(텍스트 뒤틀기)] 대화상자에서 'Style(스타일) : Fish(물고기), Horizontal(가로) : 체크, Bend(구부리기) : 40%'로 설정하여 문자의 모양을 왜곡합니다.

06 Layers(레이어) 패널 하단의 'Add a layer style(레이어 스타일 추가, *fx.*)'을 클릭하여 [Stroke(획)]를 선택하고 'Size(크기) : 2px, Color(색상) : #ffffff'로 설정합니다.

07 계속해서 [Gradient Overlay(그레이디언트 오버레이)]를 선택하고 'Click to edit the gradient(클릭하여 그레이디언트 편집)'를 클릭한 후, 그레이디언트 슬라이더 왼쪽 하단의 'Color Stop(색상 정지점)'을 더블 클릭하여 #9933ff, 가운데 빈 곳을 클릭하여 'Color Stop(색상 정지점)'을 추가하고 더블 클릭하여 #66cccc, 오른쪽 'Color Stop(색상 정지점)'을 더블 클릭하여 #ff3300으로 설정하고, 'Style(스타일) : Linear(선형), Angle(각도) : 0°로 설정합니다.

08 [Outer Glow(외부 광선)]를 선택하여 'Opacity(불투명도) : 75%, Spread(스프레드) : 6%, Size(크기) : 9px'로 설정하고 [OK(확인)]를 클릭합니다.

09 Horizontal Type Tool(수평 문자 도구, **T**)로 작업 이미지를 클릭하고 Options Bar(옵션 바)에서 'Font(글꼴) : 돋움, Set font size(글꼴 크기) : 25pt, Set anti-aliasing method (앤티 앨리어싱 방법 설정) : Strong(강하게), Color(색상) : #ffffff'로 설정한 후 '#1 자연스 러운 색조 화장'을 입력합니다.

10 Options Bar(옵션 바)에서 Create warped text(뒤틀어진 텍스트 만들기, **ℑ**)를 클릭하여 [Warp Text(텍스트 뒤틀기)] 대화상자에서 'Style(스타일) : Flag(깃발), Horizontal(가로) : 체크, Bend(구부리기) : −50%'로 설정하여 문자의 모양을 왜곡합니다.

11 Layers(레이어) 패널 하단의 'Add a layer style(레이어 스타일 추가, *fx.*)'을 클릭하여 [Stroke(획)]를 선택하고 'Size(크기) : 2px, Color(색상) : #336699'로 설정한 후 [OK(확 인)]를 클릭합니다.

12 Horizontal Type Tool(수평 문자 도구, T)로 작업 이미지를 클릭하고 Options Bar(옵션 바)에서 'Font(글꼴) : Arial, Set font style(글꼴 스타일 설정) : Regular, Set font size (글꼴 크기) : 22pt, Color(색상) : #cc66cc'로 설정한 후 'MAKE-UP Academy'를 입력합니다.

13 Layers(레이어) 패널 하단의 'Add a layer style(레이어 스타일 추가, fx.)'을 클릭하여 [Stroke(획)]를 선택하고 'Size(크기) : 2px, Color(색상) : #ffffff'로 설정한 후 [OK(확인)]를 클릭합니다. Ctrl+S를 눌러 저장합니다.

07 정답 파일 저장

01 [View(보기)]-[Show(표시)]-[Grid(격자)](Ctrl+`)를 선택하여 격자를 가립니다.

02 [File(파일)]-[Save As(다른 이름으로 저장)](Shift+Ctrl+S)를 선택하고 '저장 위치 : 내 PCW문서WGTQ, 파일 형식 : JPEG(*.JPG;*.JPEG;*.JPE), 파일 이름 : 수험번호-성명-문제번호'를 입력하고 [저장]을 클릭한 후 [JPEG Options(JPEG 옵션)] 대화상자에서 'Quality(품질) : 8'로 설정하고 [OK(확인)]를 클릭합니다.

03 [Image(이미지)]-[Image Size(이미지 크기)](Alt+Ctrl+I)를 선택하고 'Constrain aspect ratio(종횡비 제한) : 클릭, Width(폭) : 60Pixels(픽셀), Height(높이) : 40Pixels(픽셀)'로 입력하여 이미지 크기를 1/10로 축소한 후 [OK(확인)]를 클릭합니다.

04 [File(파일)]-[Save As(다른 이름으로 저장)](Shift+Ctrl+S)를 선택하고 '저장 위치 : 내 PCW문서WGTQ, 파일 형식 : Photoshop(*.PSD;*.PDD;*.PSDT), 파일 이름 : 수험번호-성명-문제번호'를 입력하고 [저장]을 클릭합니다.

05 답안 저장이 완료되면 [File(파일)]-[Close(닫기)](Ctrl+W)를 선택하여 파일을 닫고 수험 프로그램에서 [답안 전송]을 클릭하여 감독관 컴퓨터로 psd와 jpg 파일을 전송합니다.

작업과정	새 작업 이미지 만들기 및 파일 저장하기 ➡ 혼합 모드 합성 및 필터. 레이어 마스크 적용 ➡ 이미지 보정 및 레이어 스타일 적용 ➡ 모양 생성 및 변형. 레이어 스타일 적용 ➡ 메뉴 버튼 만들기 ➡ 펜 도구 작업 및 레이어 스타일 적용 ➡ 패턴 정의와 적용 및 클리핑 마스크 적용 ➡ 문자 입력과 왜곡 및 레이어 스타일 적용 ➡ 정답 파일 저장
완성이미지	PART04₩기출유형문제05회₩정답파일₩G120260005-성명-4.jpg, G120260005-성명-4.psd

01 새 작업 이미지 만들기 및 파일 저장하기

01 [File(파일)]-[New(새로 만들기)]([Ctrl]+[N])를 선택하고 'Width(폭) : 600Pixels(픽셀), Height(높이) : 400Pixels(픽셀), Resolution(해상도) : 72Pixels/Inch(픽셀/인치), Color Mode(색상 모드) : RGB Color(RGB 색상), 8bit(비트), Background Contents(배경 내용) : White(흰색)'로 설정하여 새 작업 이미지를 만듭니다.

02 [Edit(편집)]-[Preference(환경설정)]([Ctrl]+[K])를 클릭하고 [Guides, Grid & Slices(안내선, 격자와 슬라이스)]를 선택하여 Grid(격자)의 'Color(색상)'를 클릭하여 밝은 색상으로 변경한 후 'Gridline Every(격자 간격) : 100Pixels(픽셀), Subdivisions(세분) : 1'로 설정합니다.

03 [View(보기)]-[Show(표시)]-[Grid(격자)]([Ctrl]+[']')와 [View(보기)]-[Rulers(눈금자)]([Ctrl]+[R])를 선택하여 격자와 눈금자를 표시합니다.

04 작업 도큐먼트를 저장하기 위해 [File(파일)]-[Save As(다른 이름으로 저장)]([Shift]+[Ctrl]+[S])를 선택하고 임의 경로에 '파일 이름 : 수험번호-성명-문제번호, 파일 형식 : Photoshop(*.PSD;*.PDD;*.PSDT)'으로 파일을 저장합니다.

02 혼합 모드 합성 및 필터. 레이어 마스크 적용

01 Tool Panel(도구 패널) 하단의 'Set foreground color(전경색 설정)'를 클릭하여 # 입력란에 cccc99로 입력한 후, [Alt]+[Delete]를 눌러 제시된 Foreground Color(전경색)를 작업 이미지의 배경에 채웁니다.

02 [File(파일)]-[Open(열기)]([Ctrl]+[O])을 선택하여 1급-12.jpg를 불러옵니다. [Ctrl]+[A]로 전체를 선택하고 [Ctrl]+[C]로 복사한 후 작업 이미지에 [Ctrl]+[V]로 붙여넣기를 하고 [Ctrl]+[T]로 크기를 조절하여 배치합니다.

03 Layers(레이어) 패널에서 'Blending Mode(혼합 모드) : Overlay(오버레이)'로 설정하여 배경 이미지와 합성합니다.

04 Layers(레이어) 패널 하단의 'Add layer mask(레이어 마스크 추가,)'를 클릭하여 레이어 마스크를 추가합니다.

05 Tool Panel(도구 패널) 하단의 'Set foreground color(전경색 설정)'를 #000000, 'Set background color(배경색 설정)'를 #ffffff로 설정합니다. Gradient Tool(그레이디언트 도구,)을 클릭하고 Options Bar(옵션 바)에서 'Type(유형) : Linear Gradient(선형 그레이디언트), Mode(모드) : Normal(표준), Opacity(불투명도) : 100%'로 설정한 후 왼쪽 아래에서 오른쪽 위로 대각선 방향으로 드래그하여 이미지 일부를 자연스럽게 지워 합성합니다.

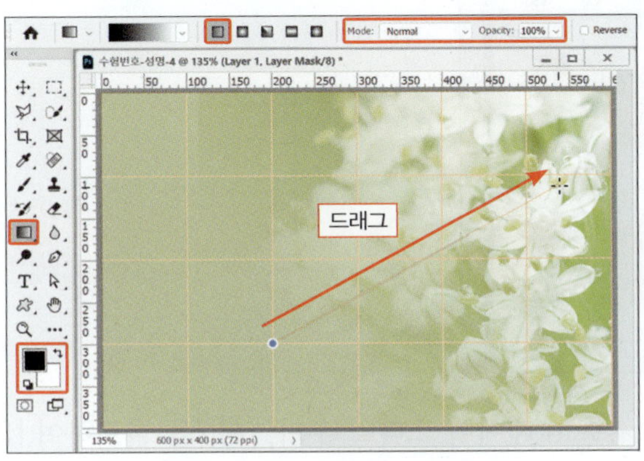

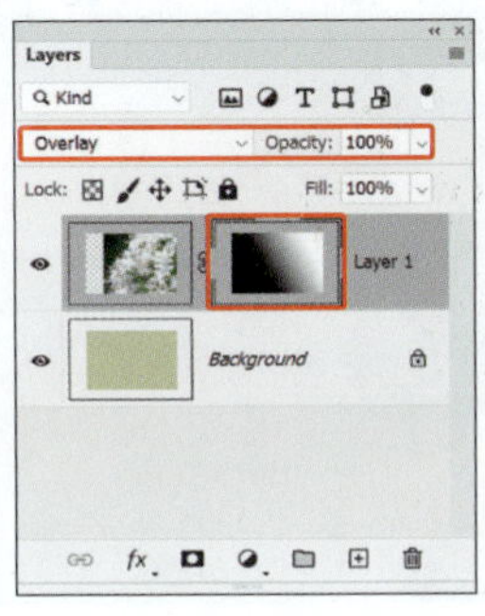

06 [File(파일)]−[Open(열기)]([Ctrl]+[O])을 선택하여 1급-13.jpg를 불러옵니다. [Ctrl]+[A]로 전체를 선택하여 [Ctrl]+[C]로 복사하고, 작업 이미지에 [Ctrl]+[V]로 붙여넣기를 한 후 위치를 조절하여 배치합니다.

07 [Filter(필터)]−[Filter Gallery(필터 갤러리)]−[Texture(텍스처)]−[Texturizer(텍스처화)]를 선택합니다.

08 Layers(레이어) 패널 하단의 'Add layer mask(레이어 마스크 추가,)'를 클릭하여 레이어 마스크를 추가합니다.

09 Tool Panel(도구 패널) 하단의 'Set foreground color(전경색 설정)'를 #000000, 'Set background color(배경색 설정)'를 #ffffff로 설정합니다. Gradient Tool(그레이디언트 도구,)을 클릭하고 Options Bar(옵션 바)에서 'Type(유형) : Linear Gradient(선형 그레이디언트), Mode(모드) : Normal(표준), Opacity(불투명도) : 100%'로 설정한 후 [Shift]를 누른 채 오른쪽에서 왼쪽 가로 방향으로 드래그하여 이미지 일부를 자연스럽게 지워 합성합니다.

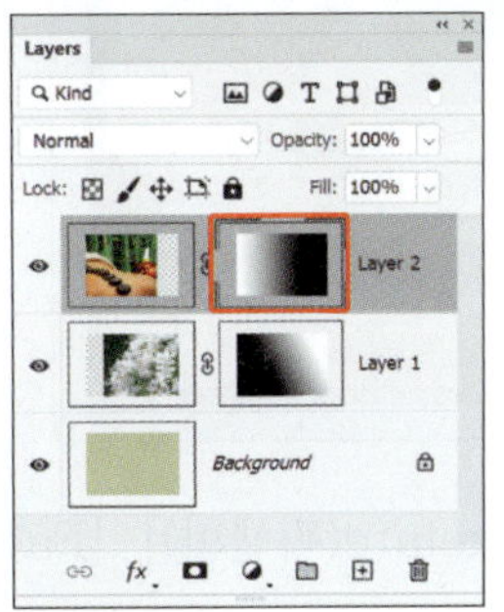

10 [File(파일)]-[Open(열기)]([Ctrl]+[O])을 선택하여 1급-14.jpg를 불러옵니다. Quick Selection Tool(빠른 선택 도구, ✏)을 클릭하고 연잎 이미지에 드래그하여 선택한 후, [Ctrl]+[C]를 눌러 복사합니다.

11 작업 이미지에 [Ctrl]+[V]로 붙여넣기를 합니다. [Ctrl]+[T]를 누른 후, 마우스 오른쪽 버튼을 클릭하여 [Flip Horizontal(가로로 뒤집기)]로 뒤집고 크기 조절을 합니다. 마지막으로 시계 방향으로 회전하여 배치합니다.

12 Layers(레이어) 패널 하단의 'Add a layer style(레이어 스타일 추가, fx.)'을 클릭하여 [Inner Glow(내부 광선)]를 선택하고 'Opacity(불투명도) : 35%, Size(크기) : 5px'로 설정합니다.

13 계속해서 [Drop Shadow(드롭 섀도)]를 선택하고 'Opacity(불투명도) : 75%, Angle(각도) : 90°, Distance(거리) : 3px, Size(크기) : 7px'로 설정한 후 [OK(확인)]를 클릭합니다.

14 [File(파일)]-[Open(열기)]([Ctrl]+[O])을 선택하여 1급-15.jpg를 불러온 후 Quick Selection Tool(빠른 선택 도구, ✏)을 클릭하고 Options Bar(옵션 바)에서 Add to selection(선택 영역에 추가, ✏)을 설정한 후 브러시의 크기를 조절하며 드래그하여 선택하고 [Ctrl]+[C]를 눌러 복사합니다.

15 작업 이미지에 [Ctrl]+[V]로 붙여넣기를 합니다. [Ctrl]+[T]를 누른 후, 마우스 오른쪽 버튼을 클릭하여 [Flip Horizontal(가로로 뒤집기)]로 뒤집고 [Shift]를 누른 채 크기를 축소하여 배치합니다.

> **기적의 TIP**
>
> **[Ctrl]+[T]로 종횡비에 맞게 크기 조절하기**
> - [Shift]를 누른 채 조절점을 드래그합니다.
> - Options Bar(옵션 바)의 'Maintain aspect ratio(종횡비 유지), ∞)'를 클릭한 후 조절점을 드래그합니다. 또는 W(폭)이나 H(높이) 위에 마우스로 드래그하거나 수치를 입력합니다.

16 [Filter(필터)]-[Pixelate(픽셀화)]-[Facet(단면화)]를 선택합니다.

17 Layers(레이어) 패널 하단의 'Add a layer style(레이어 스타일 추가, *fx.*)'을 클릭하여 [Outer Glow(외부 광선)]를 선택하고 'Opacity(불투명도) : 75%, Size(크기) : 5px'로 설정한 후 [OK(확인)]를 클릭합니다.

03 이미지 보정 및 레이어 스타일 적용

01 [File(파일)]-[Open(열기)]([Ctrl]+[O])을 선택하여 1급-16.jpg를 불러옵니다. Pen Tool(펜 도구, *∅*)을 클릭하고 Options Bar(옵션 바)에서 Path(패스), Exclude Overlapping Shapes(모양 오버랩 제외, *団*)를 클릭하고 제시된 이미지를 따라 닫힌 패스로 완료합니다.

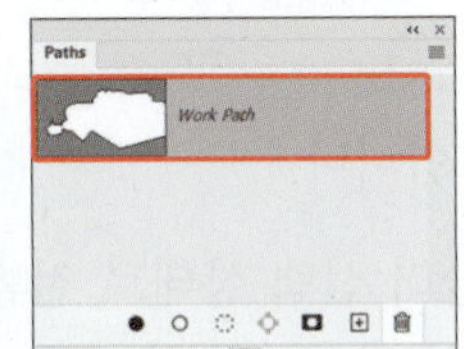

02 패스가 완료되면 [Ctrl]+[Enter]를 눌러 선택 상태로 전환하고 [Ctrl]+[C]를 눌러 복사합니다. 작업 이미지에 [Ctrl]+[V]로 붙여넣기를 한 후, [Ctrl]+[T]를 눌러 [Shift]를 누른 채 크기를 조절하고 배치합니다.

03 Layers(레이어) 패널 하단의 'Add a layer style(레이어 스타일 추가, *fx.*)'을 클릭하여 [Drop Shadow(그림자)]를 선택하고 'Opacity(불투명도) : 75%, Angle(각도) : 90°, Distance(거리) : 5px, Size(크기) : 5px'로 설정한 후 [OK(확인)]를 클릭합니다.

04 Quick Selection Tool(빠른 선택 도구, *∅*)을 클릭하고 제시된 이미지에 드래그하여 선택합니다.

05 Layers(레이어) 패널 하단의 'Create new fill or adjustment layer(새 칠 또는 조정 레이어 생성, *●*)'를 클릭하고 [Hue/Saturation(색조/채도)]을 선택합니다. Properties(속성) 패널에서 'Colorize(색상화) : 체크, Hue(색조) : 180, Saturation(채도) : 50, Lightness(명도) : 0'으로 설정하여 파란색 계열로 색상을 보정합니다.

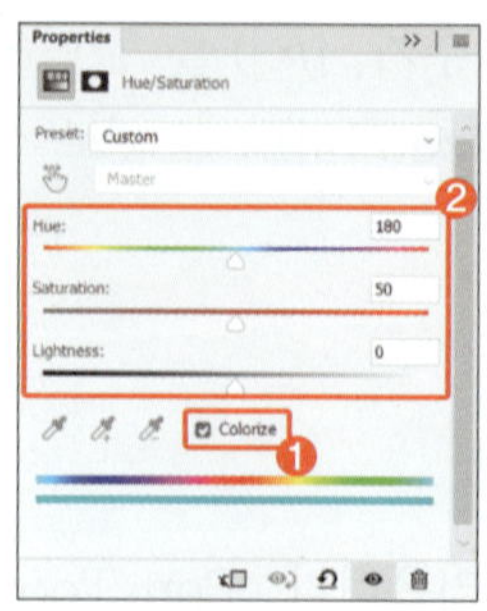 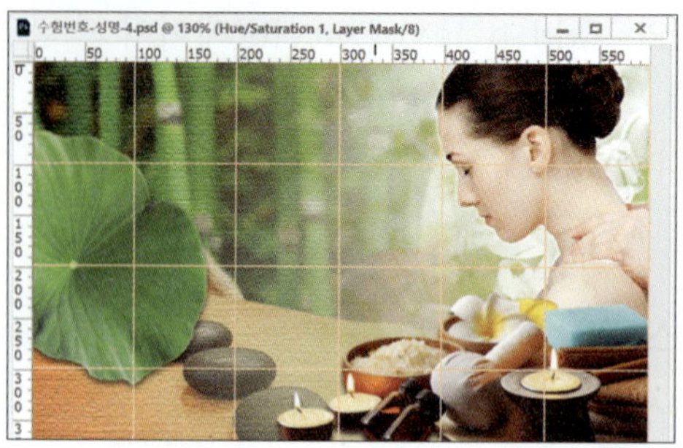

06 [File(파일)]-[Open(열기)]([Ctrl]+[O])을 선택하여 1급-17.jpg를 불러옵니다. Pen Tool(펜 도구, [✐])을 클릭하고 Options Bar(옵션 바)에서 'Path(패스), Path operations(패스 작업) : Exclude Overlapping Shapes(모양 오버랩 제외, [◻])'를 클릭하고 제시된 이미지를 따라 닫힌 패스로 완료합니다.

07 [Ctrl]+[Enter]를 눌러 선택 상태로 전환하고, [Ctrl]+[C]를 눌러 복사합니다. 작업 이미지에 [Ctrl]+[V]로 붙여넣기를 한 후, [Ctrl]+[T]를 눌러 크기를 조절하여 배치합니다.

04 모양 생성 및 변형, 레이어 스타일 적용

01 Custom Shape Tool(사용자 정의 모양 도구, [⍗])을 클릭하고 Options Bar(옵션 바)에서 'Shape(모양), Fill(칠) : #ff9900, Stroke(획) : No Color(색상 없음), Shape(모양) : Leaf 2(나뭇잎 2, [✺])'로 설정한 후 [Shift]를 누르고 오른쪽 상단에 모양을 그립니다.

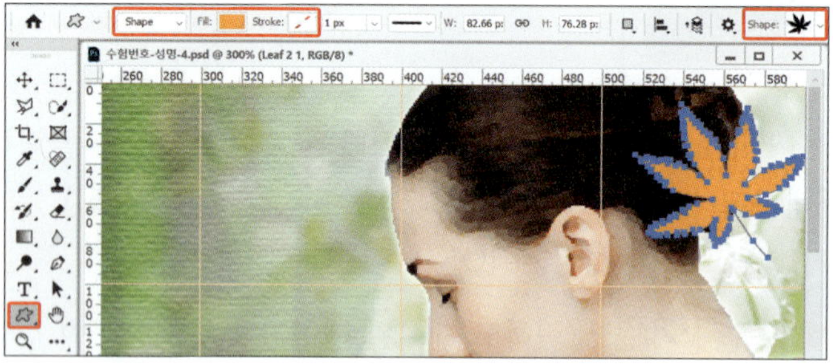

⌖ Shape 경로

[Legacy Shapes and More(레거시 모양 및 기타)]-[All Legacy Default Shapes(모든 레거시 기본 모양)]-[Nature(자연)]

02 Layers(레이어) 패널 하단의 'Add a layer style(레이어 스타일 추가, [fx.])'을 클릭하여 [Outer Glow(외부 광선)]를 선택하고 'Opacity(불투명도) : 75%, Spread(스프레드) : 0%, Size(크기) : 5px'로 설정한 후 [OK(확인)]를 클릭합니다.

03 Layers(레이어) 패널 상단의 'Opacity(불투명도) : 60%'로 설정합니다. Ctrl+J를 눌러 복사한 레이어를 만들고 Ctrl+T를 눌러 Shift를 누른 채 크기를 확대한 후 회전하여 배치합니다.

04 Ctrl+[를 눌러 'Leaf 2 1' 레이어 아래쪽으로 순서를 정돈합니다. Layers(레이어) 패널에서 'Leaf 2 1 copy' 레이어의 'Layer thumbnail(레이어 축소판)'을 더블 클릭하여 'Color(색상) : #996633'으로 설정하고 [OK(확인)]를 클릭합니다.

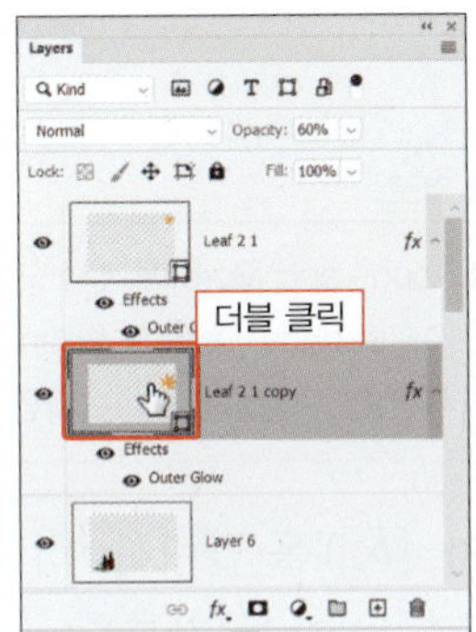

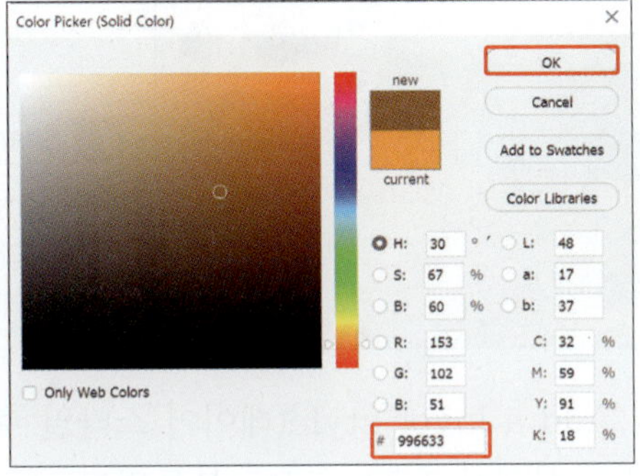

05 Custom Shape Tool(사용자 정의 모양 도구,)을 클릭하고 Options Bar(옵션 바)에서 'Shape(모양), Fill(칠) : 임의 색상, Stroke(획) : No Color(색상 없음), Shape(모양) : Tabbed Button(탭이 지정된 단추,)'으로 설정한 후 오른쪽 하단에 드래그하여 모양을 그립니다.

06 Layers(레이어) 패널 하단의 'Add a layer style(레이어 스타일 추가, fx.)'을 클릭하여 [Inner Shadow(내부 그림자)]를 선택하고 'Opacity(불투명도) : 75%, Angle(각도) : 90°, Distance(거리) : 5px, Size(크기) : 5px'로 설정합니다.

07 계속해서 [Gradient Overlay(그레이디언트 오버레이)]를 선택하고 'Click to edit the gradient(클릭하여 그레이디언트 편집)'를 클릭합니다. 그레이디언트 슬라이더 왼쪽 하단의 'Color Stop(색상 정지점)'을 더블 클릭하여 #ffffff, 오른쪽 'Color Stop(색상 정지점)'을 더블 클릭하여 #cc3366으로 설정한 후, 'Style(스타일) : Linear(선형), Angle(각도) : 90°'로 설정하고 [OK(확인)]를 클릭합니다.

08 Layers(레이어) 패널 상단의 'Opacity(불투명도) : 80%'로 설정합니다.

01 Custom Shape Tool(사용자 정의 모양 도구, ⏁)을 클릭하고 Options Bar(옵션 바)에서 'Shape(모양), Fill(칠) : #ccff99, Stroke(획) : No Color(색상 없음), Shape(모양) : Cloud 1(구름 1, ☁)'로 설정한 후 드래그하여 모양을 그립니다.

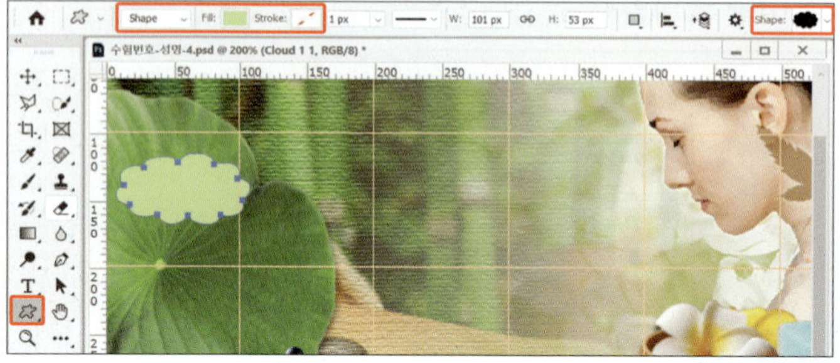

🎯 **Shape 경로**

[Legacy Shapes and More(레거시 모양 및 기타)]–[All Legacy Default Shapes (모든 레거시 기본 모양)]–[Nature(자연)]

02 Layers(레이어) 패널 하단의 'Add a layer style(레이어 스타일 추가, fx.)'을 클릭하여 [Inner Shadow(내부 그림자)]를 선택하고 'Opacity(불투명도) : 75%, Angle(각도) : 90°, Distance(거리) : 5px, Size(크기) : 5px'로 설정한 후 [OK(확인)]를 클릭합니다.

03 Horizontal Type Tool(수평 문자 도구, T)로 작업 이미지를 클릭하고 Options Bar(옵션 바)에서 'Font(글꼴) : 돋움, Set font size(글꼴 크기) : 15pt, Set anti-aliasing method (앤티 앨리어싱 방법 설정) : Strong(강하게), Center text(텍스트 중앙 정렬, ▤), Color(색상) : #000000'으로 설정한 후 '보습 클리닉'을 입력합니다.

04 Layers(레이어) 패널 하단의 'Add a layer style(레이어 스타일 추가, fx.)'을 클릭하여 [Outer Glow(외부 광선)]를 선택하고 'Opacity(불투명도) : 75%, Spread(스프레드) : 5%, Size(크기) : 7px'로 설정한 후 [OK(확인)]를 클릭합니다.

05 Layers(레이어) 패널에서 Shift 를 누른 채 'Cloud 1 1' 레이어와 '보습 클리닉' 레이어를 클릭하여 함께 선택합니다. Move Tool(이동 도구, ⊹)을 선택하고 작업 이미지에서 Alt 를 누른 채 2개의 레이어를 아래쪽으로 드래그하여 이동하며 복제합니다.

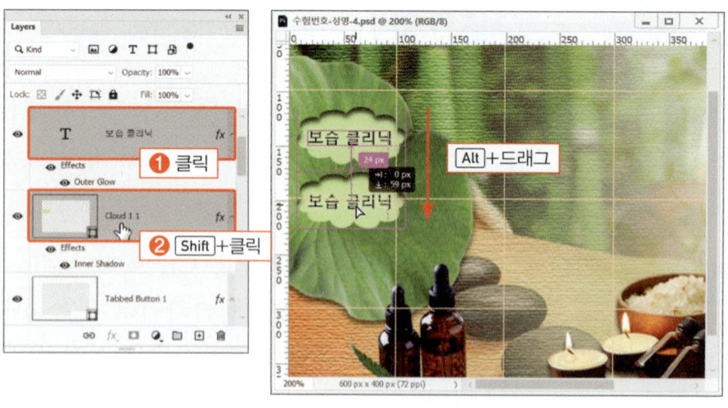

06 같은 방법으로 3번째 버튼의 모양을 만듭니다. Horizontal Type Tool(수평 문자 도구, T) 로 문자를 각각 드래그하여 '재생 클리닉, 예약하기'를 입력하여 수정합니다.

06 펜 도구 작업 및 레이어 스타일 적용

01 Ellipse Tool(타원 도구, ◎)을 클릭하고 Options Bar(옵션 바)에서 'Shape(모양), Fill(칠) : 임의 색상, Stroke(획) : No Color(색상 없음), Path operations(패스 작업) : New Layer (새 레이어, ▣)'로 설정한 후 격자를 참조하여 타원형 모양을 그립니다.

02 Rectangle Tool(사각형 도구, ▢)을 클릭하고 Options Bar(옵션 바)에서 'Shape(모양), Fill(칠) : 임의 색상, Stroke(획) : No Color(색상 없음), Path operations(패스 작업) : Combine Shapes(모양 결합, ▣)'로 설정한 후 타원형 모양의 상단과 겹치도록 사각형 모양 을 그립니다.

03 Ctrl + T 를 누르고, 마우스 오른쪽 버튼을 클릭하여 [Perspective(원근)]를 선택합니다. 상단 조절점을 안쪽으로 드래그하여 변형하고 Enter 를 눌러 변형을 완료합니다.

> **기적의 TIP**
>
> **Perspective(원근) 적용하기**
> Ctrl + T 를 눌러 Ctrl + Shift + Alt 모서리 조절점 드래그로 변형할 수도 있습니다.

04 Rounded Rectangle Tool(모서리가 둥근 직사각형 도구, ◎)을 클릭하고 Options Bar(옵 션 바)에서 'Shape(모양), Fill(칠) : 임의 색상, Stroke(획) : No Color(색상 없음), Path operations(패스 작업) : Combine Shapes(모양 결합, ▣), Radius(반경) : 10px'로 설정한 후 크기가 다른 2개의 둥근 직사각형을 서로 겹치도록 그립니다.

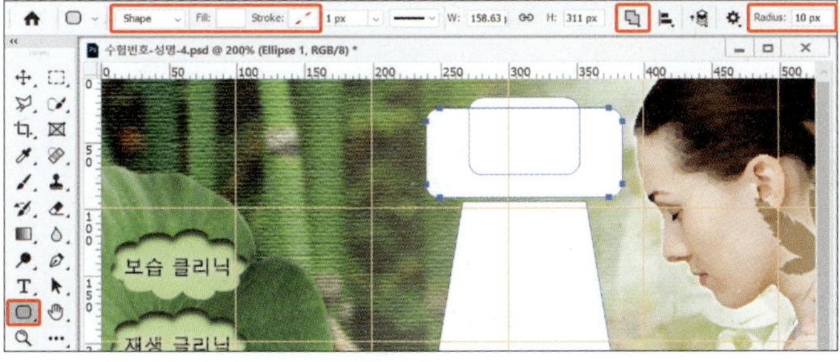

05 Path Selection Tool(패스 선택 도구, ▶)로 아래쪽에 배치된 둥근 직사각형을 선택합니다. Ctrl + T 를 누르고, 마우스 오른쪽 버튼을 클릭하여 [Perspective(원근)]를 클릭한 후 하단 조절점을 안쪽으로 드래그하여 변형하고 Enter 를 눌러 완료합니다.

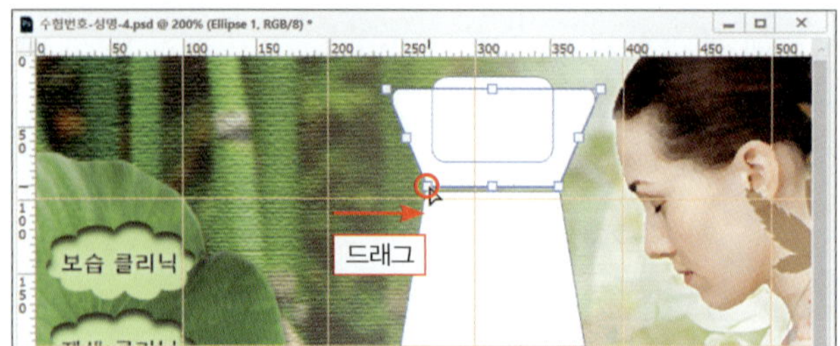

06 Rounded Rectangle Tool(모서리가 둥근 직사각형 도구, ▢)로 드래그하여 변형된 모양의 하단과 겹치도록 드래그한 후 Options Bar(옵션 바)에서 'Path operations(패스 작업) : Subtract Front Shape(전면 모양 빼기, ▣)'를 클릭하여 겹친 부분을 뺍니다.

07 Ellipse Tool(타원 도구, ◯)을 클릭하고 Options Bar(옵션 바)에서 'Shape(모양), Fill(칠) : 임의 색상, Stroke(획) : No Color(색상 없음), Path operations(패스 작업) : Subtract Front Shape(전면 모양 빼기, ▣)'로 설정한 후 타원형 모양을 하단에 겹치도록 그립니다.

08 Direct Selection Tool(직접 선택 도구, ▶)을 클릭하고 타원형의 하단 기준점을 선택하고 위쪽으로 이동하여 패스 모양을 변형합니다.

09 Path Selection Tool(패스 선택 도구, ▶)로 드래그하여 6개의 모양을 모두 선택하고 Options Bar(옵션 바)에서 'Path alignment(패스 정렬) : Align horizontal centers(수평 중앙 맞춤, ▯)'를 클릭하여 가로 중앙에 정렬합니다.

10 Options Bar(옵션 바)에서 'Path operations(패스 작업) : Merge Shape Components(모양 병합 구성 요소, ▣)'를 클릭하여 모양을 하나로 병합하고 Enter 를 눌러 패스 작업을 완료합니다.

11 Layers(레이어) 패널에서 'Ellipse 1' 레이어의 'Layer thumbnail(레이어 축소판)'을 더블 클릭하여 'Color(색상) : #663333'으로 설정한 후, 레이어의 이름을 더블 클릭하여 'path 1'로 변경합니다.

12 Layers(레이어) 패널 하단의 'Add a layer style(레이어 스타일 추가, _fx._)'을 클릭하여 [Drop Shadow(그림자)]를 선택하고 'Opacity(불투명도) : 75%, Angle(각도) : 90°, Distance(거리) : 3px, Size(크기) : 7px'로 설정한 후 [OK(확인)]를 클릭합니다. Ctrl + [를 여러 번 눌러 'Layer 2' 레이어의 바로 위쪽으로 정돈합니다.

13 Pen Tool(펜 도구, ∅)을 클릭하고 Options Bar(옵션 바)에서 'Shape(모양), Fill(칠) : 임의 색상, Stroke(획) : No Color(색상 없음), Path operations(패스 작업) : New Layer(새 레이어, ▣)'로 설정한 후 모양을 그립니다.

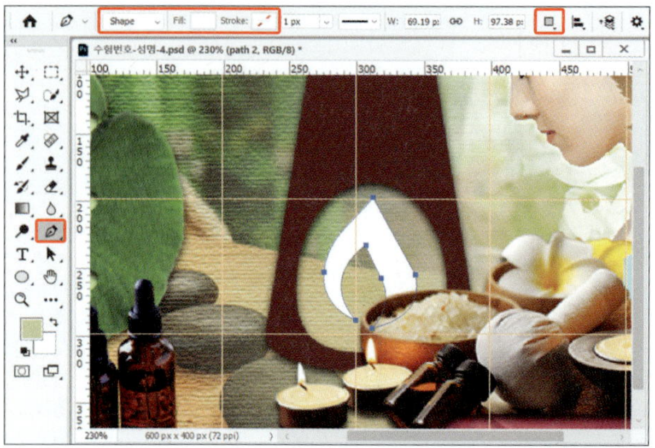

14 Layers(레이어) 패널에서 레이어의 이름을 더블 클릭하여 'path 2'로 변경합니다.

15 Layers(레이어) 패널 하단의 'Add a layer style(레이어 스타일 추가, _fx._)'을 클릭하여 [Gradient Overlay(그레이디언트 오버레이)]를 선택하고 'Click to edit the gradient(클릭하여 그레이디언트 편집)'를 클릭합니다.

16 그레이디언트 슬라이더 왼쪽 하단의 'Color Stop(색상 정지점)'을 더블 클릭하여 #ffff00, 오른쪽 'Color Stop(색상 정지점)'을 더블 클릭하여 #ff0000으로 설정한 후, 'Style(스타일) : Linear(선형), Angle(각도) : 45°'로 설정합니다.

17 계속해서 [Drop Shadow(드롭 섀도)]를 선택하고 [OK(확인)]를 클릭합니다.

07 패턴 정의와 적용 및 클리핑 마스크 적용

01 [File(파일)]-[New(새로 만들기)]([Ctrl]+[N])를 선택하고 'Width(폭) : 50Pixels(픽셀), Height(높이) : 50Pixels(픽셀), Resolution(해상도) : 72Pixels/Inch(픽셀/인치), Color Mode(색상 모드) : RGB Color(RGB 색상), 8bit(비트), Background Contents(배경 내용) : Transparent(투명)'로 설정하여 새 작업 이미지를 만듭니다.

02 Custom Shape Tool(사용자 정의 모양 도구, ⚙)을 클릭하고 Options Bar(옵션 바)에서 'Shape(모양), Fill(칠) : #ffcccc, Stroke(획) : No Color(색상 없음), Shape(모양) : Blob 2 Frame(얼룩 2 프레임, ✿)'으로 설정한 후 [Shift]를 누른 채 드래그하여 모양을 그립니다.

> ◎ **Shape 경로**
>
> [Legacy Shapes and More(레거시 모양 및 기타)]-[All Legacy Default Shapes(모든 레거시 기본 모양)]-[Shapes(모양)]

03 Custom Shape Tool(사용자 정의 모양 도구, ⚙)을 클릭하고 Options Bar(옵션 바)에서 'Shape(모양), Fill(칠) : #999999, Stroke(획) : No Color(색상 없음), Shape(모양) : Waves(파형, 〰)'로 설정한 후 모양을 그립니다.

> ◎ **Shape 경로**
>
> [Legacy Shapes and More(레거시 모양 및 기타)]-[All Legacy Default Shapes(모든 레거시 기본 모양)]-[Nature(자연)]

04 [Edit(편집)]-[Define Pattern(패턴 정의)]을 선택하여 'Name(이름) : 물결'로 설정하고 패턴을 등록합니다.

05 작업 이미지를 선택하고 Layers(레이어) 패널에서 'path 1' 레이어를 선택합니다. 패널 하단의 'Create a new layer(새 레이어 만들기, ⊞)'를 클릭하여 'path 1' 레이어의 위쪽에 새 레이어를 추가하고 이름을 pattern으로 설정합니다.

06 Layers(레이어) 패널의 'pattern' 레이어를 선택합니다.

07 [Edit(편집)]-[Fill(칠)]을 선택하고 'Contents(내용) : Pattern(패턴), Custom Pattern(사용자 정의 패턴) : 물결, Mode(모드) : Normal(표준), Opacity(불투명도) : 100%, Preserve Transparency(투명도 유지) : 체크 해제'로 설정하여 채웁니다.

08 Layers(레이어) 패널 상단의 'Opacity(불투명도) : 60%'로 설정합니다. 'path 1' 레이어와 'pattern' 레이어 사이에 마우스 커서를 놓고 [Alt]를 누르고 클릭하여 Clipping Mask(클리핑 마스크)를 적용합니다.

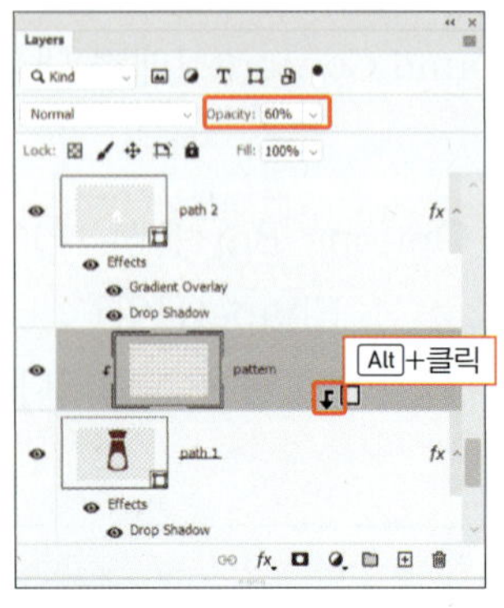

⑧ 문자 입력과 왜곡 및 레이어 스타일 적용

01 Layers(레이어) 패널에서 '예약하기' 문자 레이어를 선택합니다.

02 Horizontal Type Tool(수평 문자 도구, [T])로 작업 이미지를 클릭하고 Options Bar(옵션 바)에서 'Font(글꼴) : Arial, Set font style(글꼴 스타일 설정) : Bold, Set font size(글꼴 크기) : 43pt, Center text(텍스트 중앙 정렬, [홀]), Color(색상) : 임의 색상'으로 설정한 후 'BEAUTY & SKIN CLINIC'을 입력합니다.

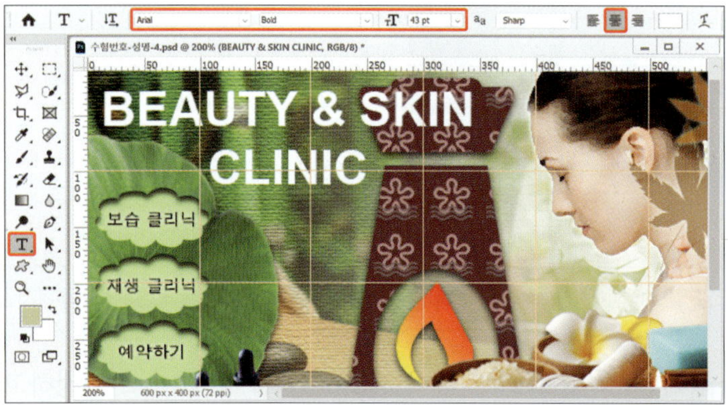

03 Options Bar(옵션 바)에서 Create warped text(뒤틀어진 텍스트 만들기, [工])를 클릭하여 [Warp Text(텍스트 뒤틀기)] 대화상자에서 'Style(스타일) : Bulge(돌출), Horizontal(가로) : 체크, Bend(구부리기) : −15%'로 설정하여 문자의 모양을 왜곡합니다.

04 Layers(레이어) 패널 하단의 'Add a layer style(레이어 스타일 추가, [fx.])'을 클릭하여 [Stroke(획)]를 선택한 후 'Size(크기) : 2px, Color(색상) : #666600'으로 설정합니다. 계속해서 [Gradient Overlay(그레이디언트 오버레이)]를 선택하고 'Click to edit the gradient(클릭하여 그레이디언트 편집)'를 클릭합니다.

05 그레이디언트 슬라이더 왼쪽 하단의 'Color Stop(색상 정지점)'을 더블 클릭하여 #99ffff, 가운데 빈 곳을 클릭하여 'Color Stop(색상 정지점)'을 추가하고 더블 클릭하여 #ff9999, 오른쪽 'Color Stop(색상 정지점)'을 더블 클릭하여 #ffcc00으로 설정한 후, 'Style(스타일) : Linear(선형), Angle(각도) : −90°'로 설정합니다. 계속해서 [Drop Shadow(드롭 섀도)]를 선택하고 [OK(확인)]를 클릭합니다.

06 Horizontal Type Tool(수평 문자 도구, [T])로 작업 이미지를 클릭하고 Options Bar(옵션 바)에서 'Font(글꼴) : 돋움, Set font size(글꼴 크기) : 20pt, Set anti−aliasing method (앤티 앨리어싱 방법 설정) : Strong(강하게), Center text(텍스트 중앙 정렬, [틀]), Color(색상) : #000033'으로 설정한 후 '림프 순환~ 면역력 증강~ 천연석 사용!'을 입력합니다.

07 Horizontal Type Tool(수평 문자 도구, [T])로 '천연석 사용!' 문자를 드래그하여 선택하고 'Set font size(글꼴 크기) : 24pt'로 설정합니다.

08 Options Bar(옵션 바)에서 Create warped text(뒤틀어진 텍스트 만들기, [工])를 클릭하여 [Warp Text(텍스트 뒤틀기)] 대화상자에서 'Style(스타일) : Arc(부채꼴), Horizontal(가로) : 체크, Bend(구부리기) : −30%'로 설정하여 문자의 모양을 왜곡합니다.

09 Layers(레이어) 패널 하단에 'Add a layer style(레이어 스타일 추가, [fx.])'을 클릭하여 [Stroke(획)]를 선택하고 'Size(크기) : 2px, Color(색상) : #ffccff'로 설정합니다.

10 [Ctrl]+[T]를 눌러 Options Bar(옵션 바)에서 'Rotate(회전, [△]) : −20°'로 입력하고 [Enter]를 눌러 회전을 적용하고 배치합니다.

11 Horizontal Type Tool(수평 문자 도구, T)로 작업 이미지를 클릭하고 Options Bar(옵션 바)에서 'Font(글꼴) : 궁서, Set font size(글꼴 크기) : 18pt, Set anti-aliasing method(앤티 앨리어싱 방법 설정) : Strong(강하게), Color(색상) : #ffffff'로 설정한 후 '핫 스톤테라피 바로가기'를 입력합니다.

12 Layers(레이어) 패널 하단의 'Add a layer style(레이어 스타일 추가, fx.)'을 클릭하여 [Drop Shadow(그림자)]를 선택하고 'Opacity(불투명도) : 75%, Angle(각도) : 90°, Distance(거리) : 5px, Size(크기) : 5px'로 설정한 후 [OK(확인)]를 클릭합니다. Ctrl+S를 눌러 저장합니다.

09 정답 파일 저장

01 [View(보기)]-[Show(표시)]-[Grid(격자)](Ctrl+')를 선택하여 격자를 가립니다.

02 [File(파일)]-[Save As(다른 이름으로 저장)](Shift+Ctrl+S)를 선택하고 '저장 위치 : 내 PCW문서WGTQ, 파일 형식 : JPEG(*.JPG;*.JPEG;*.JPE), 파일 이름 : 수험번호-성명-문제번호'를 입력하고 [저장]을 클릭한 후 [JPEG Options(JPEG 옵션)] 대화상자에서 'Quality(품질) : 8'로 설정하고 [OK(확인)]를 클릭합니다.

03 [Image(이미지)]-[Image Size(이미지 크기)](Alt+Ctrl+I)를 선택하고 'Constrain aspect ratio(종횡비 제한) : 클릭, Width(폭) : 60Pixels(픽셀), Height(높이) : 40Pixels(픽셀)'로 입력하여 이미지 크기를 1/10로 축소한 후 [OK(확인)]를 클릭합니다.

04 [File(파일)]-[Save As(다른 이름으로 저장)](Shift+Ctrl+S)를 선택하고 '저장 위치 : 내 PCW문서WGTQ, 파일 형식 : Photosho(*.PSD;*.PDD;*.PSDT), 파일 이름 : 수험번호-성명-문제번호'를 입력하고 [저장]을 클릭합니다.

05 답안 저장이 완료되면 [File(파일)]-[Exit(종료)](Ctrl+Q)를 선택하여 프로그램을 종료하고 수험 프로그램에서 [답안 전송]을 클릭하여 psd와 jpg 파일을 감독관 컴퓨터로 전송합니다.

모두에게 당신의 합격 스토리를 들려주세요

합격 후기 EVENT

합격하고 마음껏 자랑하세요.
후기를 남기면 네이버페이 포인트를 선물로 드려요.

블로그에 자랑 남기기

개인 블로그에
합격 후기 작성하고 20,000원 받기!

20,000원
네이버페이 포인트 지급

▲ 자세히 보기

카페에 자랑 남기기

이기적 스터디 카페에
합격 후기 작성하고 5,000원 받기!

5,000원
네이버페이 포인트 지급

▲ 자세히 보기

※ 자세한 참여 방법은 QR코드 또는 이기적 스터디 카페 '이기적 이벤트' 게시판을 확인해 주세요.
※ 이벤트에 참여한 후기는 추후 마케팅 용도로 활용될 수 있으며 혜택은 변동될 수 있습니다.

이렇게
기막힌
적중률

포토샵 + 일러스트

올인원

All in one

GTQ 1급

2권·일러스트 ver.CC

일마 저

26

· 최신 개정판 ·

수험서 34,000원

13000

YoungJin.com Y.
영진닷컴

기적의 적중률, 여러분의 참여로 완성됩니다
기출 복원 EVENT

1 이기적 수험서로 공부하고 시험에 응시했다면 누구나 참여 가능

2 응시일로부터 7일 이내 복원 문제만 인정(수험표 첨부 필수!)

3 중복, 누락, 허위 문제는 당첨 대상에서 제외

※ 이벤트별 혜택은 변경될 수 있으므로 자세한 내용은 해당 QR을 참고해 주세요.

GTQ
1급 올인원
2권 · 일러스트 ver.CC

"이" 한 권으로 합격의 "기적"을 경험하세요!

차례

동영상 강의가 제공되는 부분을 표시했습니다.
이기적 수험서 사이트(license.youngjin.com)에 접속하여 시청하세요.

▶ 본 도서에서 제공하는 동영상은 1판 1쇄 기준 2년간 유효합니다.
　단, 출제기준안에 따라 동영상 내용은 변경될 수 있습니다.

※ **참여 방법** : '이기적 스터디 카페' 검색 → 이기적 스터디 카페(cafe.naver.com/yjbooks) 접속 → '구매 인증 PDF 증정' 게시판 → 구매 인증 → 메일로 자료 받기

실습 파일 사용 방법

GTQ 일러스트 합격에 필요한 자료를 모두 모았습니다.

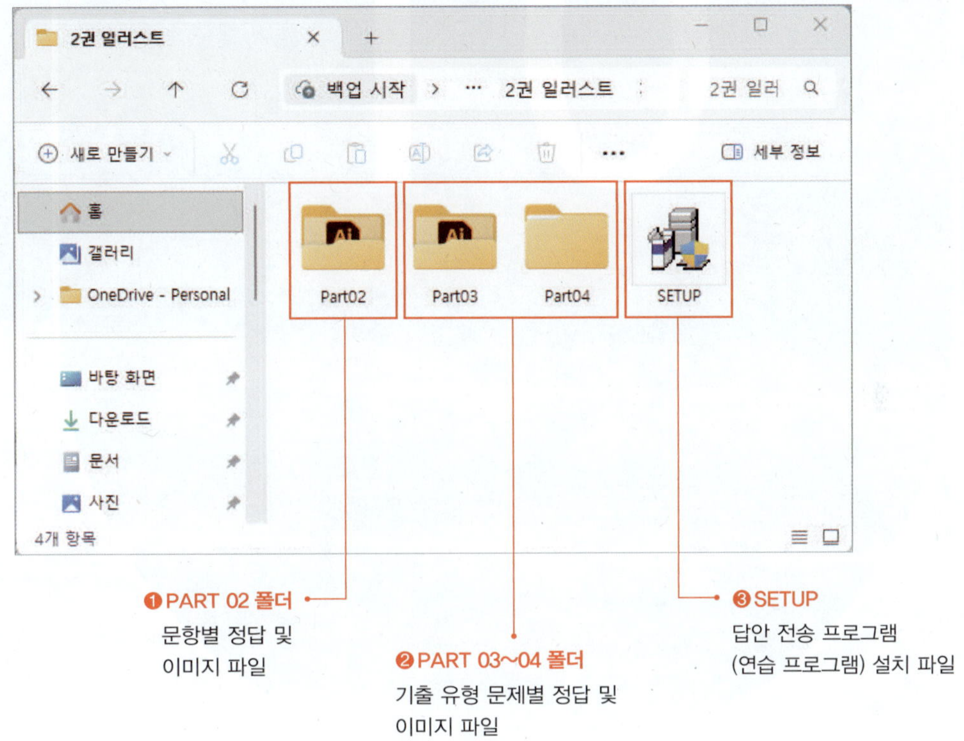

❶ PART 02 폴더

문항별 정답 및
이미지 파일

❷ PART 03~04 폴더

기출 유형 문제별 정답 및
이미지 파일

❸ SETUP

답안 전송 프로그램
(연습 프로그램) 설치 파일

다운로드 방법

① 이기적 영진닷컴 홈페이지(license.youngjin.com)에 접속하세요.

② [자료실]–[GTQ] 게시판으로 들어가세요.

③ '[7664] 이기적 GTQ 포토샵+일러스트 1급 올인원(ver.CC)_부록 자료' 게시글을 클릭하여 첨부파일을 다운로드하세요.

사용 방법

① 다운로드받은 '7664' 압축 파일에서 마우스 오른쪽 버튼을 눌러 '7664'에 압축 풀기를 눌러 압축을 풀어주세요.

② 압축이 완전히 풀린 후에 '7664' 폴더를 더블 클릭하세요.

③ 압축이 제대로 풀렸는지 확인하세요. 파일이 열리지 않는 경우 압축 프로그램이 제대로 설치되어 있는지 확인해 주세요.

PART
01

GTQ 일러스트 준비하기

학습 방향

GTQ 일러스트 자격시험을 처음 준비하는 수험생을 위해 시험의 전반적인 구조를 이해하고, 전략적으로 학습을 시작할 수 있도록 합니다. 시험에서 자주 나오는 작업 유형(도형 그리기, 패스 편집, 텍스트 적용 등)에 대한 시간 관리법과 점수 손실 없이 문제를 해결하는 방법을 연습하세요.

차례

시험 소개

① 수험자 유의사항 및 답안 작성 요령

<table>
<tr><td align="center">수험자 유의사항</td></tr>
</table>

- 수험자는 문제지를 받는 즉시 응시하고자 하는 과목 및 급수가 맞는지 확인한 후 수험번호와 성명을 작성합니다.
- 파일명은 본인의 "수험번호–성명–문제번호"로 공백 없이 정확히 입력하고 답안폴더(내 PC\문서\GTQ)에 파일 저장 규칙(ai 파일 포맷)으로 저장해야 하며, '다른 파일 형식으로 저장하였을 경우' 0점 처리됩니다.
- 답안문서 파일명이 "수험번호–성명–문제번호"와 일치하지 않거나, '답안 파일을 전송하지 않는 경우' 답안 파일 미제출로 처리될 경우 불합격 처리됩니다.
- 수험자 정보와 저장한 파일명, 저장 위치가 다를 경우 전송이 되지 않으므로, 주의하시기 바랍니다.
- 답안 작성 중에도 주기적으로 '저장'과 '답안 전송'을 이용하여 감독위원 PC로 답안을 전송하셔야 합니다. (※ 작업한 내용을 저장하지 않고 전송할 경우 이전의 저장내용이 전송되오니 이점 반드시 유념하시기 바랍니다.)
- 모든 시험자는 동일한(초기화 된) 환경에서 시험이 시작되며 '작업환경 설정'은 시험 시간 내에 진행합니다. (시험 시작 전 '작업환경 설정' 불가, 소프트웨어 이상 유무만 확인)
- 답안문서는 지정된 경로 외의 다른 보조기억장치에 저장하는 행위, 지정된 시험 시간 외에 작성된 파일을 활용한 행위, 기타 허용되지 않은 프로그램(이메일, 메신저, 게임, 네트워크, 윈도우계산기, 스톱워치 등) 이용 시 부정행위로 간주되어 자격기본법 제32조에 의거 본 시험 및 국가공인 자격시험을 2년간 응시할 수 없습니다.
- 시험 중 부주의 또는 고의로 시스템을 파손한 경우와 〈수험자 유의사항〉에 기재된 방법대로 이행하지 않아 생기는 불이익은 수험자의 책임임을 알려 드립니다.
- 시험을 완료한 수험자는 최종적으로 저장한 답안파일이 전송되었는지 확인한 후 감독위원의 지시에 따라 문제지를 제출하고 퇴실합니다.

❶ 답안 파일 저장 시 반드시 '수험번호–성명–문제번호' 형식으로 파일 포맷은 ai, 버전은 Illustrator CC를 지정하여 저장해야 하며 '내 PC\문서\GTQ' 폴더에 저장해야 합니다. 예를 들어 '수험번호 : G123456789, 성명 : 홍길동, 문제 번호 : 3번 문제'라면 'G123456789–홍길동–3.ai' 파일로 저장하여 제출하면 됩니다.

❷ 작업 진행 중 있을 수 있는 시스템 오류를 대비하여 새 도큐먼트를 만든 후 파일명(수험번호–성명–문제번호)을 지정하여 저장한 후 작업을 진행하며 수시로 Ctrl + S 를 눌러 저장합니다.

❸ 모든 작업이 마무리된 후 완성한 정답 파일을 다시 한 번 꼼꼼히 점검 후 전송합니다.

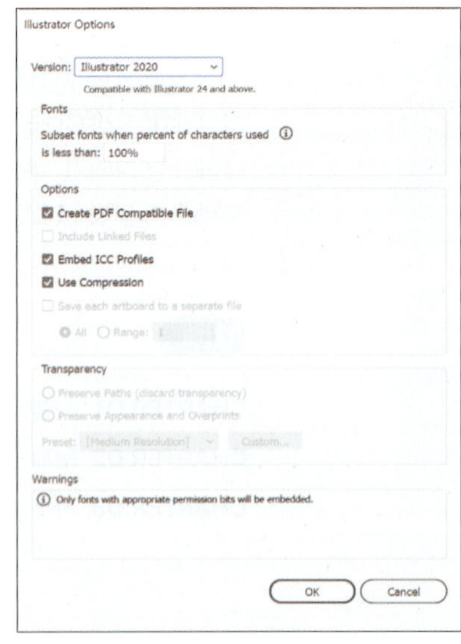

- 온라인 답안 작성 절차

  수험자 등록 ⇒ 시험 시작 ⇒ 답안파일 저장 ⇒ 답안 전송 ⇒ 시험 종료
- 배점은 총 100점으로 이루어지며, 점수는 각 문제별로 차등 배분됩니다.
- 각 문제는 주어진 〈조건〉에 따라 작성하고, 〈조건〉을 지키지 못했을 경우에는 0점 또는 감점 처리됩니다.
- 문제 〈조건〉에 크기와 색상, 두께의 지정이 없을 경우 《출력형태》를 참고하여 작업해 주시기 바랍니다.
- 문제 〈조건〉과 《출력형태》에서 차이가 발생할 경우 문제에서 지정한 〈조건〉에 따라 작업해 주시기 바랍니다.
- 조건에서 주어진 단위는 'mm(밀리미터)'입니다. 눈금자는 작성하지 않으며, 그 외는 출력형태(레이아웃, 색상, 문자, 규격 등)와 같게 작업하십시오.
- 문제 〈조건〉에 서체의 지정이 없을 경우 한글은 굴림이나 돋움, 영문은 Arial로 작업하십시오.

  (단, 그 외 제시되지 않은 문자 속성을 기본값으로 작성하지 않은 경우는 감점 처리됩니다.)
- Color Mode(색상 모드)는 별도의 처리 조건이 없을 시 CMYK로 작업하십시오.
- 조건에서 제시한 기능을 임의로 합치거나 각 기능에 대한 속성을 해지할 경우 해당 요소는 0점 처리됩니다.

한 국 생 산 성 본 부

❶ 새 도큐먼트 설정 시 [New Document] 대화상자에서 'Units : Millimenters'로 설정하고 작품 규격에 맞게 'Width'와 'Height'를 설정합니다. 'Advanced'를 클릭하여 추가 옵션을 펼친 후 'Color Mode : CMYK'를 설정한 후 작업을 진행합니다. 각 문제를 작성할 때마다 Color Mode는 꼭 확인하여 새 도큐먼트를 엽니다.

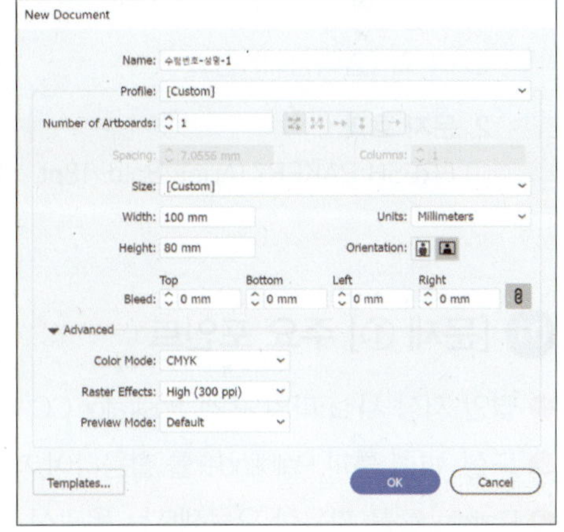

❷ 문제지의 주어진 지시사항에 서체에 대한 조건이 주어지며 보통 기본 속성 값(스타일, 장평, 자간 등)을 이용하여 문자를 작성합니다. 응시자가 임의의 속성 값을 변경하여 입력하면 감점처리 되므로 특별히 문제지 지시문 사항에 주어지지 않은 경우를 제외하고는 기본 속성 값을 이용해 문자를 작성합니다.

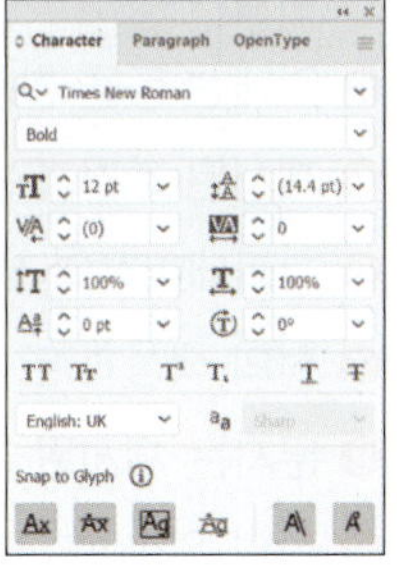

문제 풀이 TIP

<table><tr><td>**문제 ①**</td><td>**BI, CI 디자인**</td><td align="right">25분</td></tr></table>

다음의 《조건》에 따라 아래의 《출력형태》와 같이 작업하시오.

조건

파일저장규칙	AI	파일명	문서₩GTQ₩수험번호-성명-1.ai
		크기	100 × 80mm

출력형태

★ 기출 유형 문제 02회 참고

1. 작업 방법

① 도형, 변형 툴과 Pathfinder 기능을 활용하여 오브젝트를 작성한다.

② 그 외 《출력형태》 참조

2. 문자 효과

① FRESH BAKERY (Arial, Bold, 18pt, 14pt, M100K80, C80Y60)

01 [문제 ①] 주요 포인트

❶ 답안 저장 시 ai 파일 포맷, Illustrator CC 버전으로 제시 조건에 준하여 파일을 저장합니다.

❷ 도형, 변형 툴과 Pathfinder를 활용하여 제시된 출력 형태와 동일하게 오브젝트를 제작합니다.

❸ Pathfinder를 활용한 오브젝트는 윤곽선 보기와 미리보기가 동일하도록 합치거나 삭제하여 오브젝트를 정리합니다.

❹ 안내선 등을 활용하여 출력 형태와 맞는 크기와 위치를 지정하여 배치합니다.

❺ 제시된 조건과 동일한 CMYK 색상을 적용합니다.

❻ 그라데이션의 색상 및 방향은 출력 형태와 동일하게 적용합니다.

❼ 선의 색상과 두께는 제시된 조건과 동일하게 적용합니다.

❽ 문자는 제시된 글꼴을 사용하고 자간, 행간, 장평 등 문자 속성을 기본값으로 작성합니다.

❾ 작업 완료 후 레이아웃을 맞추기 위해 Scale Tool로 임의로 크기를 조절할 경우, 반드시 'Scale Strokes & Effects : 체크 해제'하고 조절을 해야 문자의 크기나 선의 두께가 변경되지 않습니다.

❿ 제시된 조건 외에 블렌드나 이펙트 등을 사용하여 오브젝트를 생성한 경우는 반드시 속성을 확장합니다.

⓫ 답안 전송 전 최종적으로 저장할 때 작업 중 생성된 불필요한 오브젝트는 삭제하고 눈금자와 안내선 가리기를 합니다.

다음의 《조건》에 따라 아래의 《출력형태》와 같이 작업하시오.

조건

파일저장규칙	AI	파일명	문서₩GTQ₩수험번호−성명−2.ai
		크기	160 × 120mm

출력형태

★ 기출 유형 문제 02회 참고

1. 작업 방법
① 메뉴판은 Pattern을 활용하여 작성한다. (패턴 등록 : 조각 케이크)
② 음료수 캔에는 Clipping Mask를 적용한다.
③ Brush는 《출력형태》를 참고하여 작성한다.
④ Effect는 《출력형태》를 참고하여 작성한다.
⑤ 그 외 《출력형태》 참조

2. 문자 효과
① ZERO SUGAR 350ml(0kcal) (Arial, Bold, 10pt, 7pt, C0M0Y0K0, C80M100)
② MENU BOARD (Arial, Bold, 17pt, C40M70Y100K50)

02 [문제 ②] 주요 포인트

❶ 답안 저장 시 ai 파일 포맷, Illustrator CC 버전으로 제시 조건에 준하여 파일을 저장합니다.

❷ 안내선 등을 활용하여 출력 형태와 맞는 크기와 위치를 지정하여 배치합니다.

❸ 제시된 조건과 동일한 CMYK 색상을 적용합니다.

❹ 그라데이션의 색상 및 방향은 출력 형태와 동일하게 적용합니다.

❺ 선의 색상과 두께는 제시된 조건과 동일하게 적용합니다.

❻ 문자는 제시된 글꼴을 사용하고 자간, 행간, 장평 등 문자 속성을 기본값으로 작성합니다.

❼ 작업 완료 후 레이아웃을 맞추기 위해 Scale Tool로 임의로 크기를 조절할 경우, 반드시 'Scale Strokes & Effects : 체크 해제'하고 조절을 해야 문자의 크기나 선의 두께가 변경되지 않습니다.

❽ 제시된 조건 외에 블렌드나 이펙트 등을 사용하여 오브젝트를 생성한 경우는 반드시 속성을 확장합니다.

❾ 브러쉬와 이펙트는 출력 형태와 동일하게 적용하며 적용한 후 속성을 확장하지 않습니다.

❿ Pattern은 제시된 이름, 색상, 크기, 회전 방향, 간격 등 출력 형태와 동일하게 적용합니다.

⓫ 오브젝트의 불투명도는 Transparency 패널에서 Opacity의 %를 지정하여 적용합니다.

⓬ Clipping Mask가 적용된 오브젝트는 정확한 적용 범위와 적용 후 선의 속성을 출력 형태와 동일하게 지정합니다.

⓭ 답안 전송 전 최종적으로 저장할 때 작업 중 생성된 불필요한 오브젝트는 삭제하고 눈금자와 안내선 가리기를 합니다.

다음의 《조건》에 따라 아래의 《출력형태》와 같이 작업하시오.

[조건]

파일저장규칙	AI	파일명	문서₩GTQ₩수험번호-성명-3.ai
		크기	210 × 297mm

1. 작업 방법

① 《참고도안》을 직접 제작한 후 Symbol로 활용한다. (심볼 등록 : 오리)
② 'Bath Time', 'Let's Enjoy a bath with Rubber Duck' 문자에 Envelope Distort를 적용한다.
③ Brush는 《출력형태》를 참고하여 작성한다.
④ Effect는 《출력형태》를 참고하여 작성한다.
⑤ Clipping Mask를 이용하여 디자인을 정리한다.
⑥ 그 외 《출력형태》 참조

2. 문자 효과

① HAPPY (Times New Roman, Bold, 49pt, C30M100)
② Bath Time (Times New Roman, Regular, 70pt, C0M0Y0K0)
③ Let's Enjoy a bath with Rubber Duck (Arial, Regular, 21pt, 50M90)

[참고도안]

[출력형태]

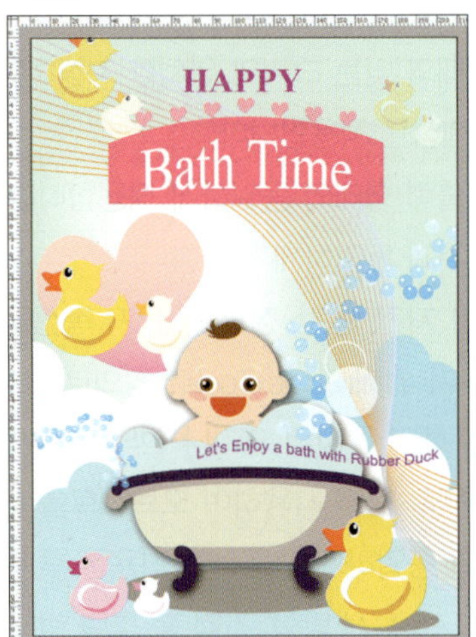

★ 기출 유형 문제 03회 참고

❶ 답안 저장 시 ai 파일 포맷, Illustrator CC 버전으로 제시 조건에 준하여 파일을 저장합니다.

❷ 도형, 변형 툴과 Pathfinder를 활용하여 제시된 출력 형태와 동일하게 오브젝트를 제작합니다.

❸ Pathfinder를 활용한 오브젝트는 윤곽선 보기와 미리보기가 동일하도록 합치거나 삭제하여 오브젝트를 정리합니다.

❹ 안내선 등을 활용하여 출력 형태와 맞는 크기와 위치를 지정하여 배치합니다.

❺ 제시된 조건과 동일한 CMYK 색상을 적용합니다.

❻ 그라데이션의 색상 및 방향은 출력 형태와 동일하게 적용합니다.

❼ 선의 색상과 두께는 제시된 조건과 동일하게 적용합니다.

❽ 문자는 제시된 글꼴을 사용하고 자간, 행간, 장평 등 문자 속성을 기본값으로 작성합니다.

❾ 작업 완료 후 레이아웃을 맞추기 위해 Scale Tool로 임의로 크기를 조절할 경우, 반드시 'Scale Strokes & Effects : 체크 해제'하고 조절을 해야 문자의 크기나 선의 두께가 변경되지 않습니다.

❿ 제시된 조건 외에 블렌드나 이펙트 등을 사용하여 오브젝트를 생성한 경우는 반드시 속성을 확장합니다.

⓫ 브러쉬와 이펙트는 출력 형태와 동일하게 지정하며 적용한 후 Expand 등으로 속성을 확장하지 않습니다.

⓬ 오브젝트의 불투명도는 Transparency 패널에서 Opacity의 %를 지정하여 적용합니다.

⓭ Clipping Mask를 작업의 최종 단계에 적용하여 제시된 크기인 210 x 297mm에 맞게 사각형을 그리고 불필요한 오브젝트 등 디자인을 정리합니다.

⓮ 심볼 오브젝트는 제시된 《참고도안》과 동일하게 제작하며 문제에서 제시된 이름으로 등록하고 적용된 심볼의 개수, 크기, 위치, 불투명도, 회전, 색상 효과는 출력 형태와 최대한 동일하게 지정합니다.

⓯ Brush는 제시된 브러쉬를 라이브러리에서 정확하게 불러와 사용하며 출력 형태와 동일하도록 시작 방향과 속성을 지정하며 특히 Scatter 브러쉬는 속성상 여러 번 적용하여 출력 형태와 최대한 동일하게 지정합니다.

⓰ Blend는 제시된 패스의 색상, 두께, 불투명도, 단계 등을 정확하게 적용하여 출력 형태와 동일한 레이아웃으로 배치하되 그 속성은 확장하지 않습니다.

⓱ Mesh가 적용된 사각형의 크기는 문제지에 제시된 크기에 맞게 정확하게 배치하며 제시된 색상과 위치를 출력 형태와 동일하게 적용합니다.

⓲ 문자에 적용된 Envelope Distort 기능은 출력 형태와 동일하게 대화상자에서 옵션을 지정하고 반드시 Clipping Mask를 적용하기 전에 적용합니다.

⓳ 답안 전송 전 최종적으로 저장할 때 작업 중 생성된 불필요한 오브젝트는 삭제하고 눈금자와 안내선 가리기를 합니다.

자주 질문하는 Q & A

Q **온라인 답안 작성 절차는 어떻게 되나요?**

수험자 등록 → 시험 시작 → 수시로 답안 저장 및 전송 → 최종 답안 전송 → 시험 종료

Q **새 도큐먼트의 색상 모드와 작업 단위의 설정은 무엇으로 하나요?**

별도의 처리조건이 없을 경우 답안 파일의 색상 모드는 CMYK로 설정하고 작업조건에서 주어진 단위는 'Millimeters'를 지정합니다.

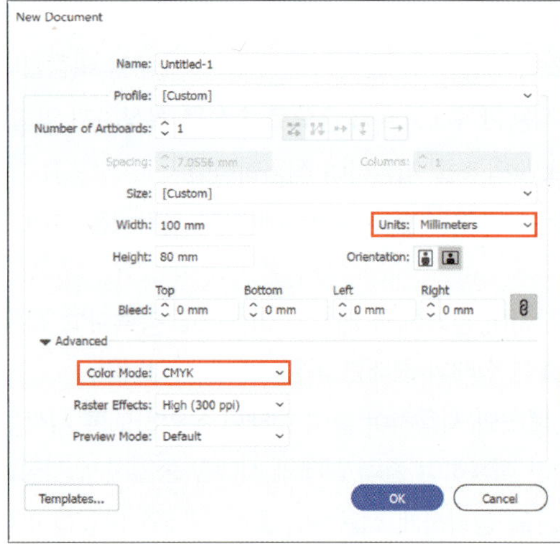

Q **작업 중 일부 패널이 사라져서 안 보이면 어떻게 하나요?**

[Window]–[Workspace]–[Essentials Classic]을 클릭하거나 작업 도큐먼트 오른쪽 상단의 '작업 영역 전환기'에서 'Reset Essentials Classic'을 클릭하면 모든 패널이 초기 값으로 정렬되어 패널이 모두 나타납니다.

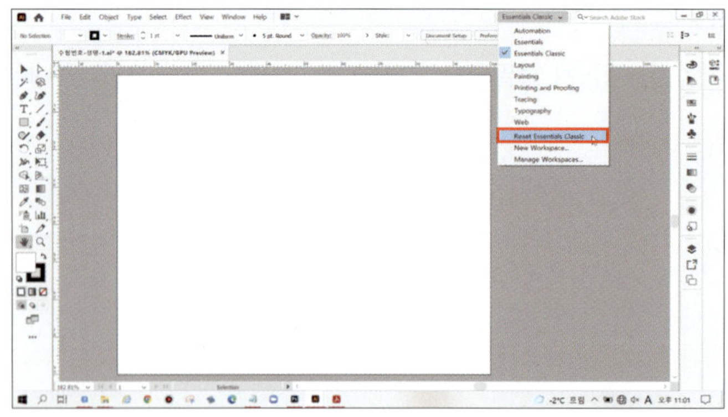

> **기적의 TIP**
>
> [Window]–[Workspace]–[Essentials Classic]을 클릭하면 Tool 패널의 모든 도구를 기본값으로 볼 수 있고 이전 버전에서처럼 패널이 오른쪽에 정렬됩니다. 작업 도큐먼트의 오른쪽 상단 '작업 영역 전환기'에서 'Reset Essentials Classic'을 클릭하면 초기화가 가능합니다.

Q 작업 중인 도큐먼트의 색상 모드와 파일의 규격은 어떻게 변경하나요?

– 색상 모드의 변경 : [File]–[Document Color Mode]에서 변경할 수 있습니다.

– 파일의 규격의 변경 : Artboard Tool(⬚)을 선택하고 작업 도큐먼트 상단의 Control 패널에서 'W, H'의 수치를 변경하거나 Tool 패널의 Artboard Tool(⬚)을 더블 클릭하여 대화상자에서 'Width'와 'Height'를 변경할 수 있습니다.

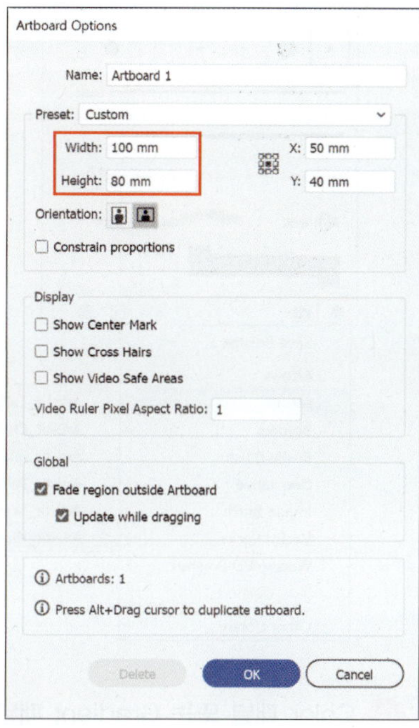

Q 답안 파일을 저장 경로인 답안폴더(내 PC₩문서₩GTQ)에 지정하지 않고 도큐먼트를 닫았을 때 어떻게 찾나요?

[File]–[Open Recent Files]를 선택하면 최근에 작업한 파일의 이름을 확인할 수 있습니다. 클릭하여 파일을 열고 [File]–[Save As]로 저장 위치를 답안 폴더로 지정하고 저장합니다.

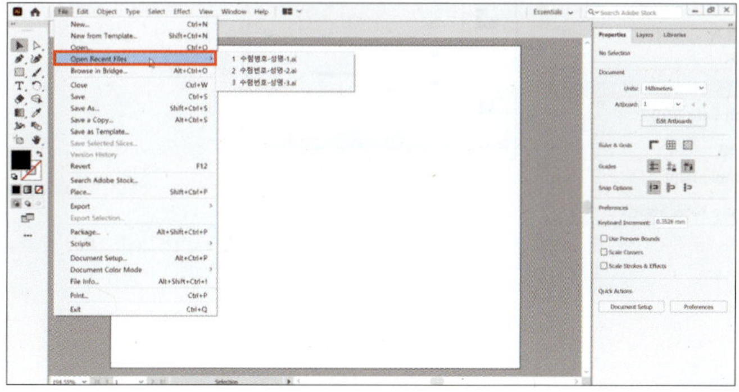

Q **문제지에 제시된 브러쉬 이름이 Brushes 패널에 없는데 직접 그려야 하나요?**

일러스트레이터가 실행될 때는 기본적인 브러쉬만 Brushes 패널에 표시되며 그 외에 제시된 브러쉬는 Brushes 패널 하단의 'Brush Libraries Menu(▣,)'를 클릭한 후 추가로 불러오거나 [Window]–[Brush Libraries] 메뉴를 클릭하여 불러올 수 있습니다.

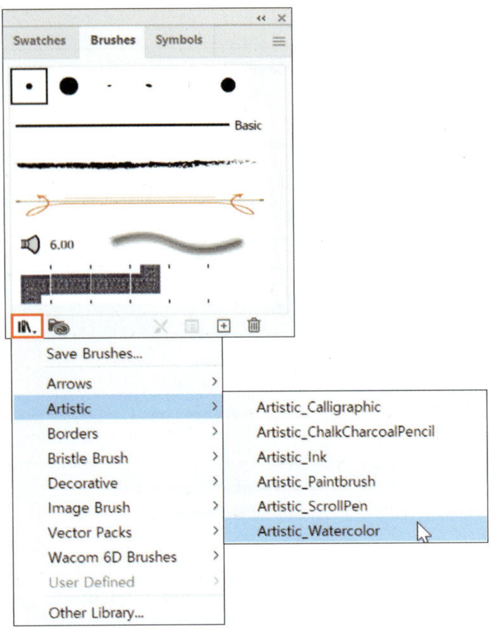

Q **Color 패널 또는 Gradient 패널에서 편집 중 Color Stop을 더블 클릭하여 색상을 지정하는데 흑백으로(패널) 나오면 어떻게 CMYK로 설정하나요?**

색상이 RGB나 'K'만 있는 Grayscale일 때는 Color 패널 오른쪽 상단의 팝업 버튼을 눌러 표시되는 메뉴에서 CMYK를 지정합니다.

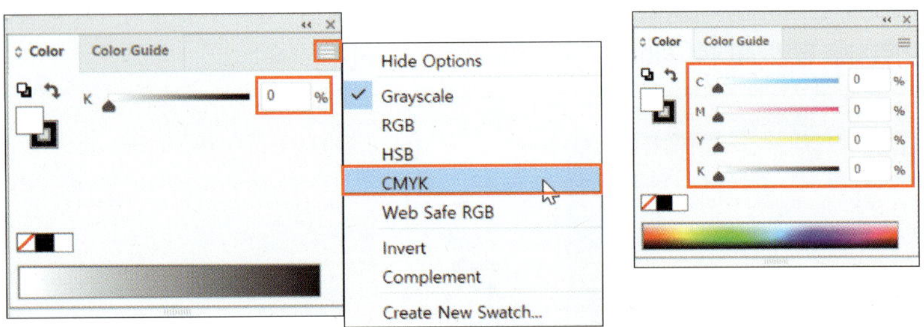

Q 패턴을 만들어 적용하면 답안의 패턴과 크기 및 각도와 위치가 다르게 나오는데 어떻게 맞춰 주나요?

– 패턴의 크기 조절 : Scale Tool(⬚)을 더블 클릭하고 Options 항목의 'Transform Objects : 체크 해제, Transform Patterns : 체크'를 지정하고 배율을 입력하면 오브젝트의 크기는 그대로 유지되며 패턴의 크기만 확대 및 축소할 수 있습니다.

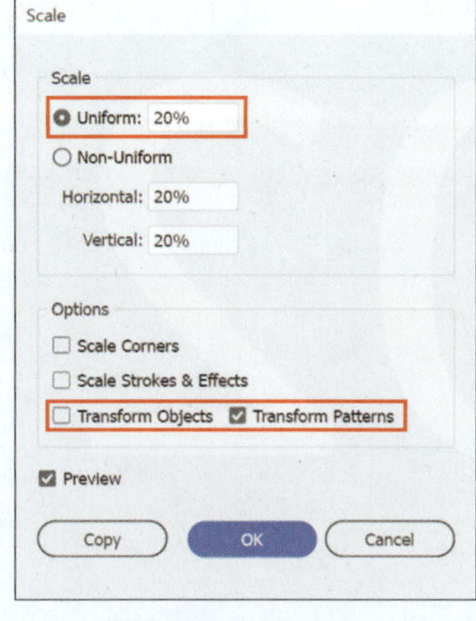

– 패턴의 각도 조절 : Rotate Tool(↺)을 더블 클릭하고 Options 항목의 'Transform Objects : 체크 해제, Transform Patterns : 체크'를 지정하고 각도를 입력하면 오브젝트의 각도는 그대로 유지되며 패턴만 회전할 수 있습니다.

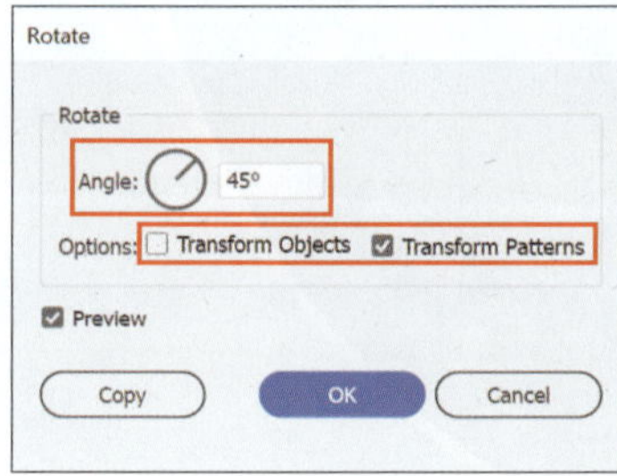

– 패턴의 위치 조절 : [Object]–[Transform]–[Move] 대화상자에서 Options 항목의 'Transform Objects : 체크 해제, Transform Patterns : 체크'를 지정하고 'Horizontal'과 'Vertical'에 수치를 입력하여 패턴의 위치를 이동할 수 있습니다.

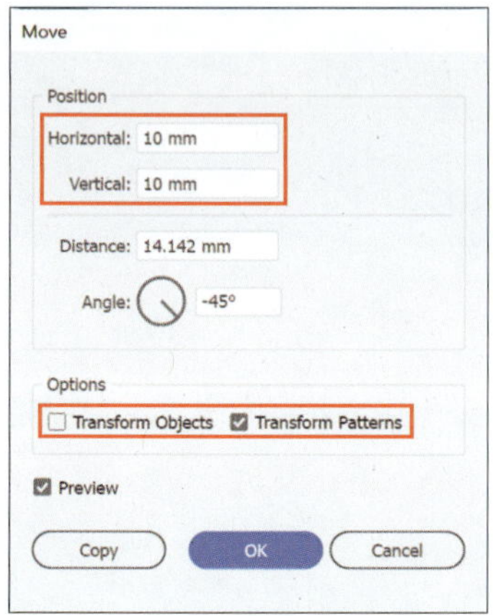

PART

02

시험 문항별 기능 익히기

시험은 단순히 툴을 아는 것만으로는 해결할 수 없으며, 문제의 요구사항을 빠르게 파악하고 적절한 기능을 적용하는 능력이 중요합니다. 따라서 시험에 출제되는 유형을 기준으로 각 문제에 필요한 기능을 집중적으로 학습하고, 해당 문제에서 자주 쓰이는 도구와 기법을 반복하세요.

BI, CI 디자인

주요 기능	메뉴	단축키	출제빈도
Selection Tool		V, A	★★★★★
Pen Tool		P	★★★★★
Gradient Tool		G	★★★★★
Shape Tool		M, L	★★★★★
Type Tool		T	★★★★★
Transform Tool		R, O, S	★★★★★
Outline Stroke	[Object]–[Path]–[Outline Stroke]		★★★
Offset Path	[Object]–[Path]–[Offset Path]		★★★★
Transform Again	[Object]–[Transform]–[Transform Again]	Ctrl+D	★★★★
Pathfinder Panel	[Window]–[Pathfinder]	Shift+Ctrl+F9	★★★★★
Color Panel	[Window]–[Color]	F6	★★★★★
Stroke Panel	[Window]–[Stroke]	Ctrl+F10	★★★★
Character Panel	[Window]–[Type]–[Character]	Ctrl+T	★★★★★
Paragraph Panel	[Window]–[Type]–[Paragraph]	Alt+Ctrl+T	★★
Gradient Panel	[Window]–[Gradient]	Ctrl+F9	★★★★★
Align Panel	[Window]–[Align]	Shift+F7	★★★★

01 선택 도구로 오브젝트 모양 변경하여 캐릭터 만들기

▲ 완성이미지

① [File]−[New]([Ctrl]+[N])를 선택하여 새 도큐먼트를 만듭니다. Ellipse Tool(◉)로 작업 도
큐먼트를 클릭하고 'Width : 26mm, Height : 18mm'를 입력하여 그리고 Tool 패널 하단에
서 'Fill Color : 임의 색상, Stroke Color : 임의 색상'을 지정합니다.

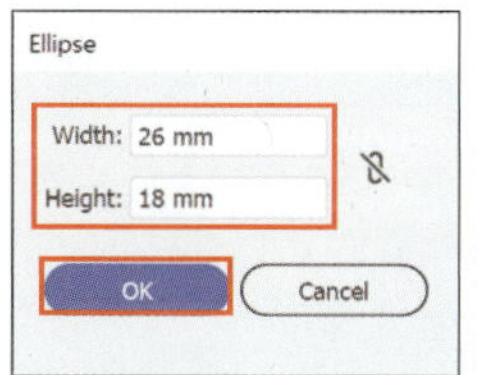
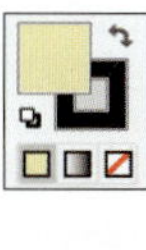
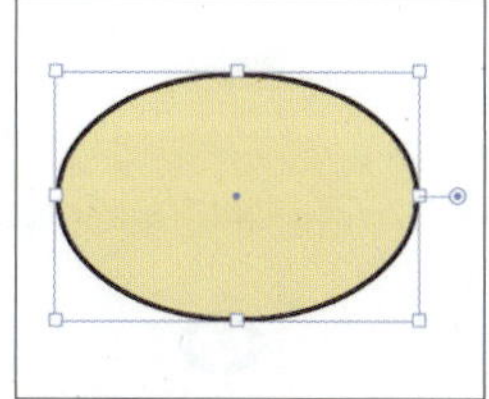

② Direct Selection Tool(▷)로 타원의 왼쪽 상단의 선분을 드래그하여 선택한 후 [Alt]를 누른
채 방향점을 왼쪽 위로 드래그하여 패스를 변형합니다. 계속해서 [Alt]를 누른 채 오른쪽 방향
점을 위로 드래그하여 조절합니다.

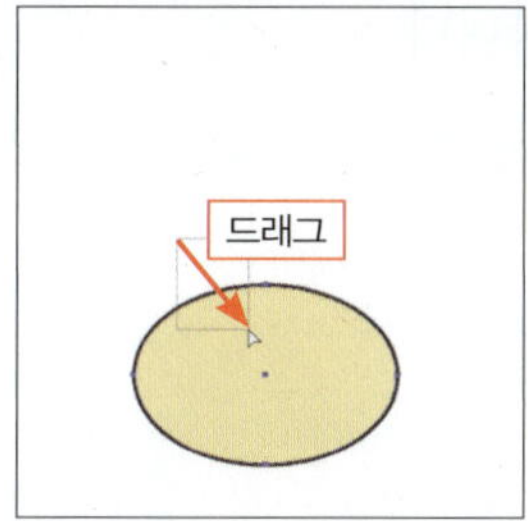

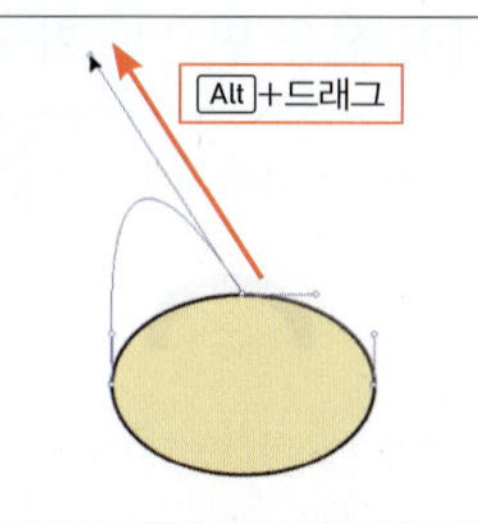

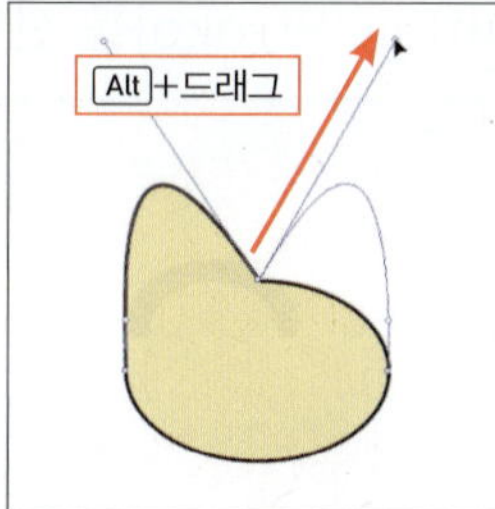

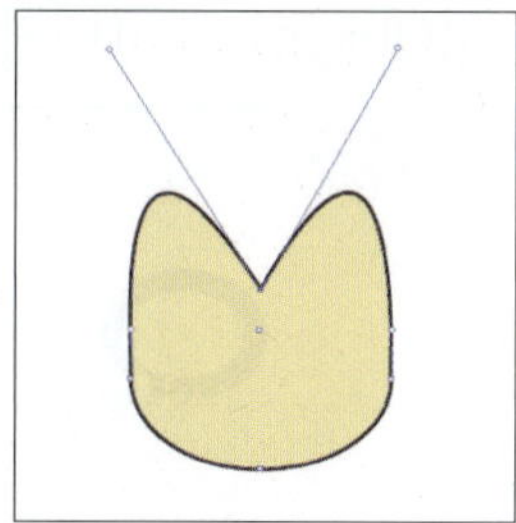

02 그라디언트 적용하기

① Gradient 패널에서 'Type : Radial Gradient'를 적용하고 Gradient Slider의 왼쪽 'Color
Stop'을 더블 클릭하여 C0M0Y0K0을, 오른쪽 'Color Stop'을 더블 클릭하여 M20Y30을 지
정한 후 Tool 패널 하단에서 'Stroke Color : None'을 지정합니다.

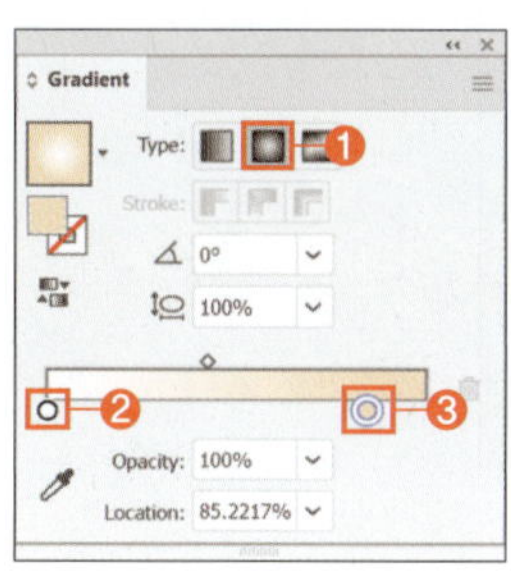
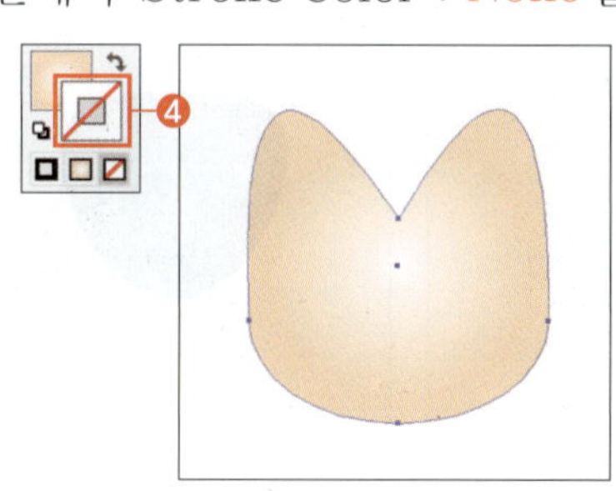

① Ellipse Tool(◉)로 작업 도큐먼트를 클릭하고 'Width : 4mm, Height : 3mm'를 입력하여 그리고 Color 패널에서 'Fill Color : None, Stroke Color : K100'을 지정합니다. Stroke 패널에서 'Weight : 1.8pt, Cap : Round Cap'을 적용합니다.

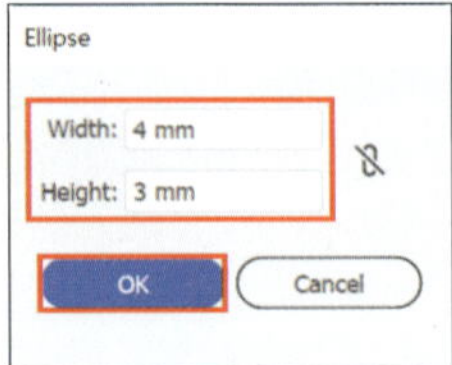
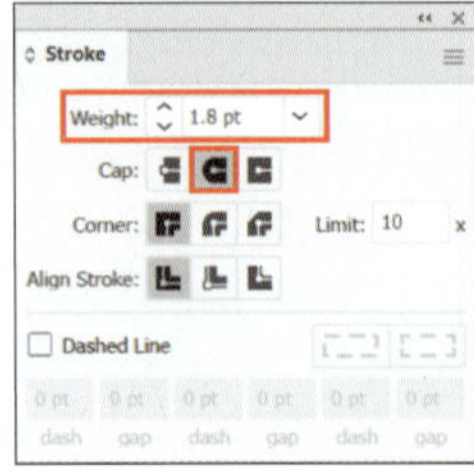
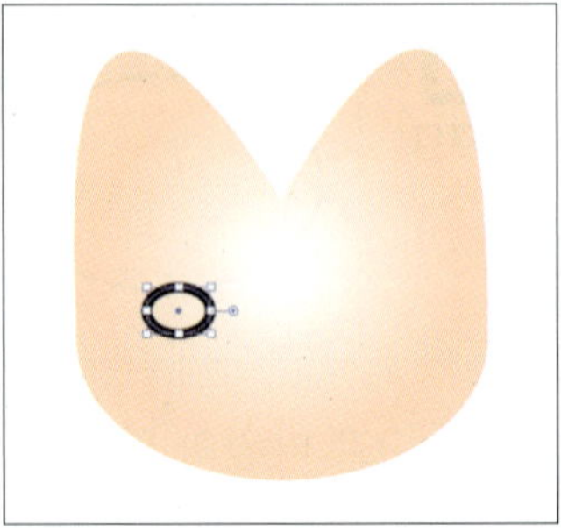

② Direct Selection Tool(▷)로 타원 하단의 고정점을 클릭하고 Delete 를 눌러 삭제한 후, [Object]-[Path]-[Outline Stroke]를 선택하여 선을 면으로 확장합니다.

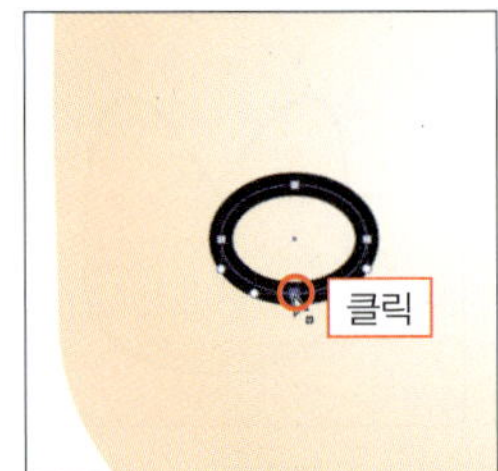

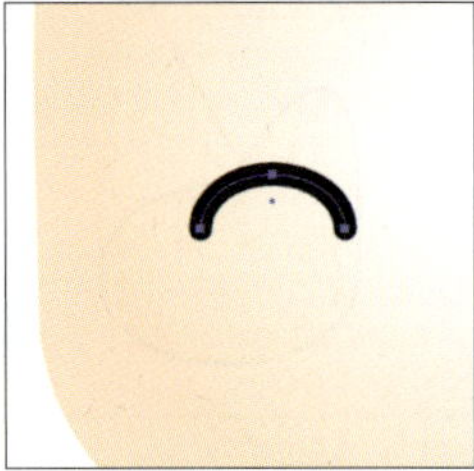
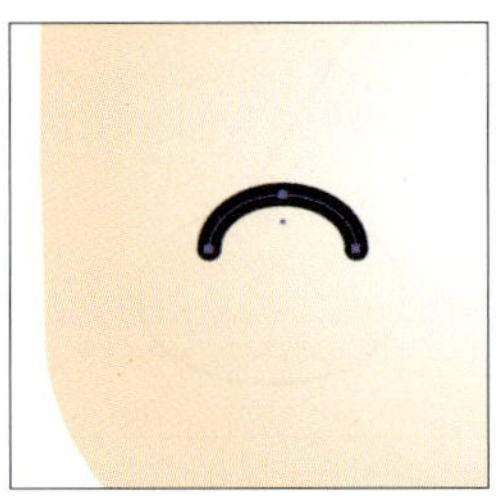

③ Ellipse Tool(◉)로 Shift 를 누르면서 드래그하여 정원을 그리고 Direct Selection Tool (▷)로 상단의 고정점을 클릭하고 아래로 드래그한 후 이동하여 패스를 변형합니다. 계속해서 하단 고정점도 아래로 이동하여 코 모양을 만든 후 Color 패널에서 'Fill Color : K100, Stroke Color : None'을 지정합니다.

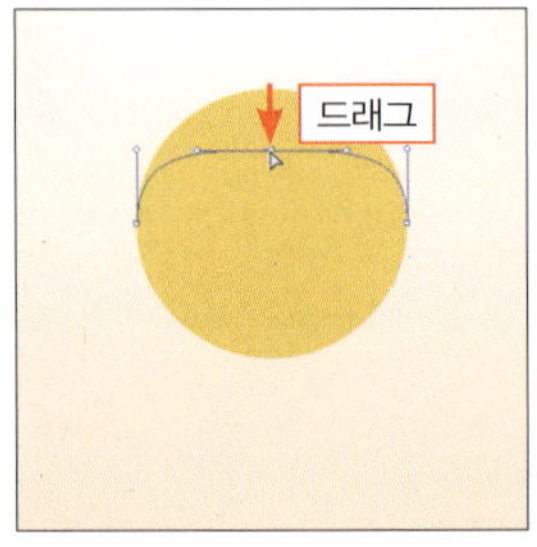

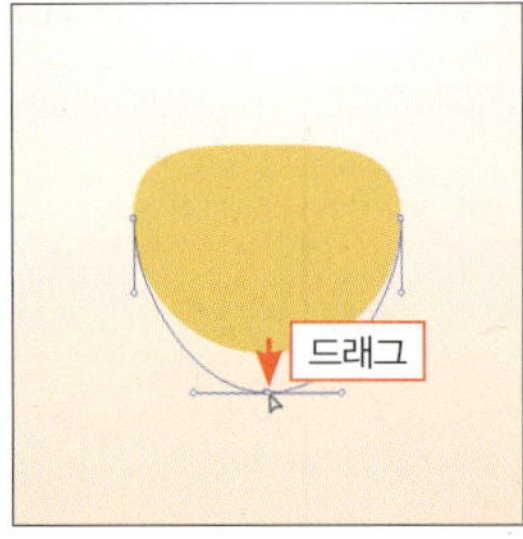

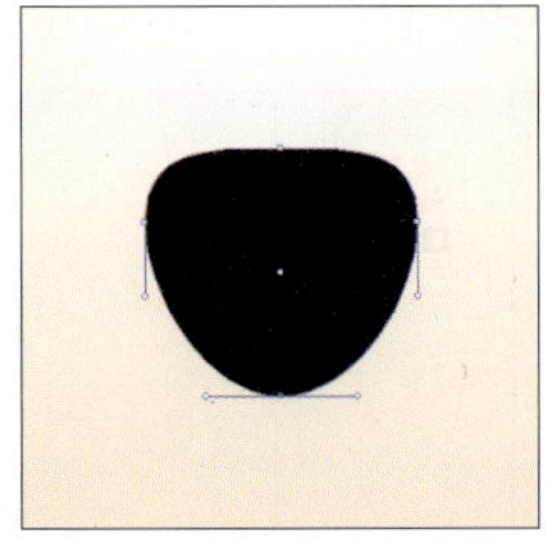

> **기적의 TIP**
>
> 키보드의 화살표 ↓를 여러 번 눌러 이동할 수도 있습니다. Shift 와 같이 누르면 약 10배수로 이동할 수 있습니다.

④ [View]–[Rulers]–[Show Rulers]([Ctrl]+[R])를 선택하여 눈금자를 표시합니다. 왼쪽 눈금자
에서 도큐먼트로 마우스를 드래그하여 얼굴 모양의 세로 중앙에 안내선을 표시합니다.

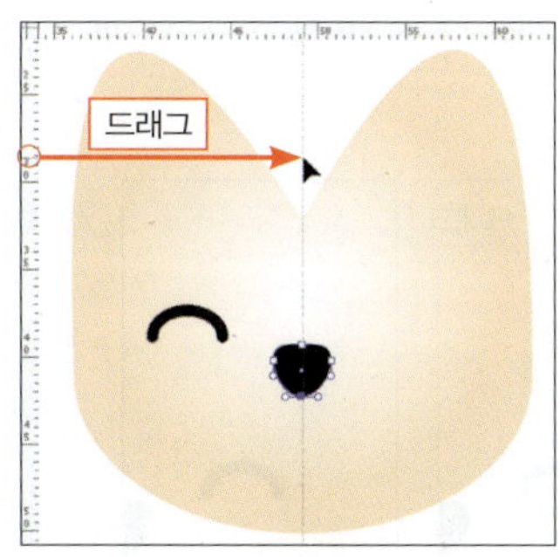

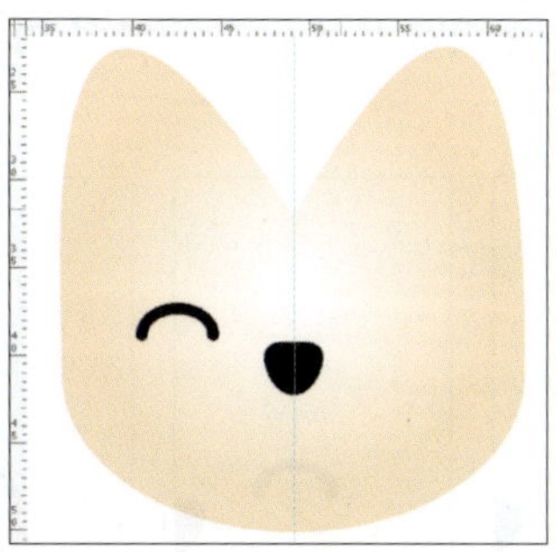

⑤ Ellipse Tool(◯)로 드래그하여 크기가 다른 2개의 타원을 그리고 Color 패널에서 'Fill
Color : M50, C0M0Y0K0, Stroke Color : None'을 각각 지정합니다. Selection Tool
(▶)로 [Shift]를 누른 채 2개의 타원을 함께 선택하고 [Object]–[Arrange]–[Send Back-
ward]([Ctrl]+[[])를 선택하고 코 모양 뒤로 보내기를 합니다.

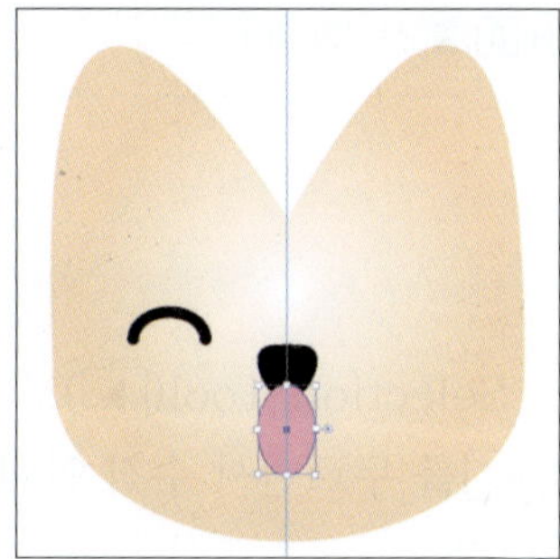
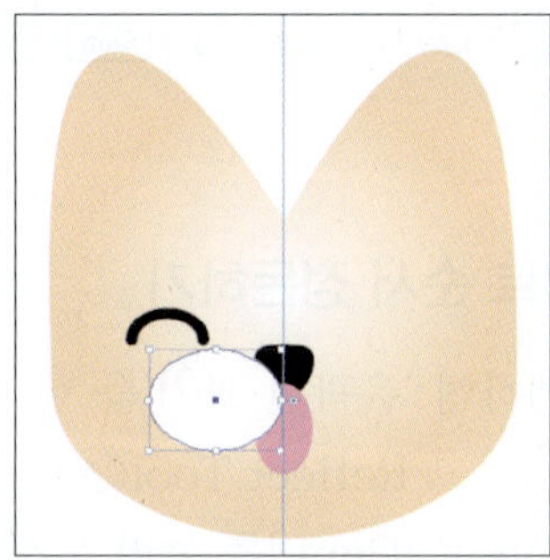
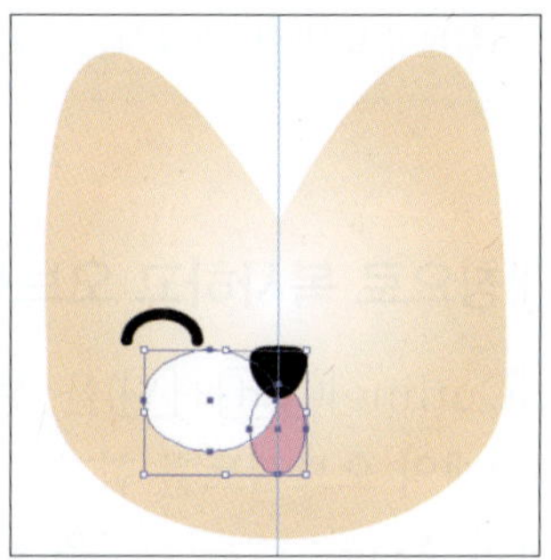

⑥ Selection Tool(▶)로 흰색 타원을 선택한 후 [Edit]–[Copy]([Ctrl]+[C])로 복사하고
[Edit]–[Paste in Front]([Ctrl]+[F])를 선택하여 앞에 붙여 넣기를 합니다.

⑦ Color 패널에서 'Fill Color : None, Stroke Color : K60'을 지정합니다. Stroke 패널에서
'Weight : 1pt, Cap : Round Cap'을 적용한 후, Direct Selection Tool(▷)로 타원 상단
의 고정점을 선택하고 [Delete]를 눌러 삭제합니다.

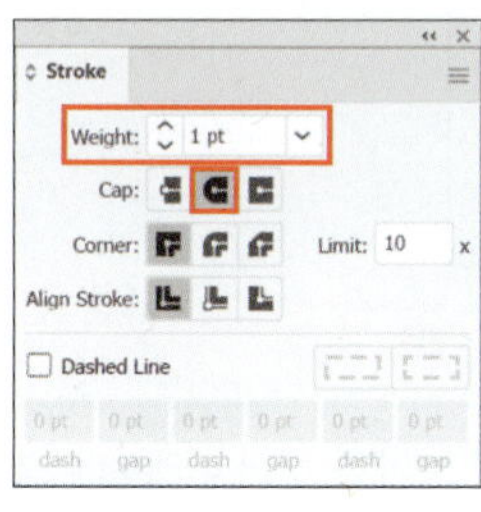

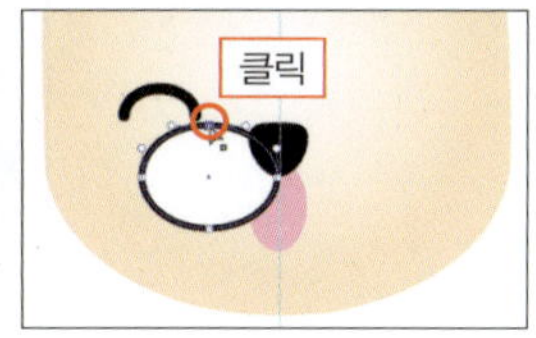

⑧ Ellipse Tool(◯)로 드래그하여 타원을 그리고 Color 패널에서 'Fill Color : K10, Stroke Color : None'을 지정한 후 Direct Selection Tool(▷)로 타원 하단의 고정점을 선택하고 [Delete]를 눌러 삭제합니다. Selection Tool(▶)로 조절점 밖을 반시계 방향으로 드래그하여 회전하고 배치합니다.

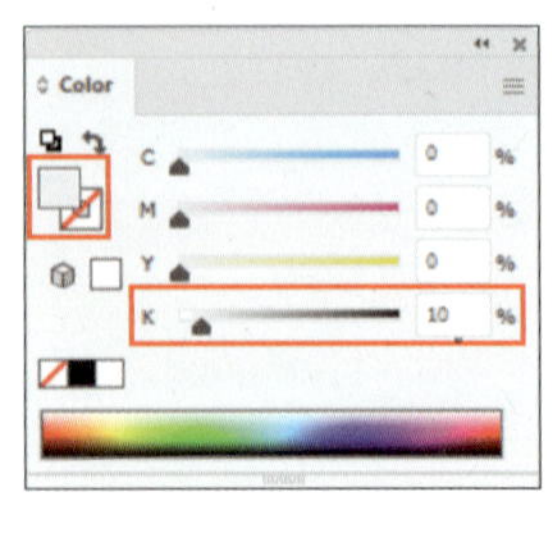
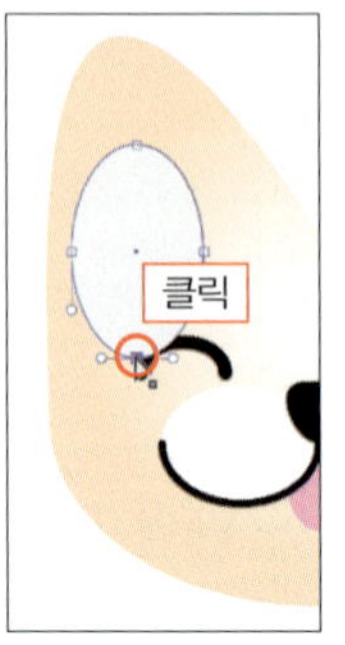

📏 **기적의 TIP**

Selection Tool(▶)로 오브젝트를 선택하면 오브젝트의 외곽에 여덟 개의 조절점이 표시되어 크기와 회전을 조절할 수 있습니다. 조절점이 표시되지 않을 때는 [View]–[Show Bounding Box]([Shift]+[Ctrl]+[B])를 선택합니다.

---

04 반사 대칭으로 복사하고 오브젝트 순서 정돈하기

① [View]–[Outline]([Ctrl]+[Y])을 선택하여 '윤곽선 보기'를 한 후, Selection Tool(▶)로 드래그하여 3개의 오브젝트를 함께 선택하고 Reflect Tool(▷◁)로 [Alt]를 누르면서 수직 안내선을 클릭하여 'Axis : Vertical'을 지정하고 [Copy]를 눌러 복사합니다.

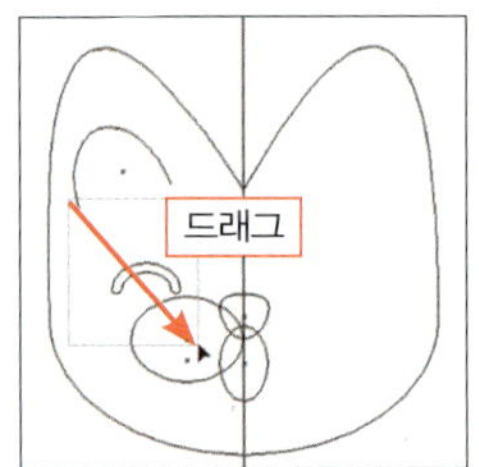

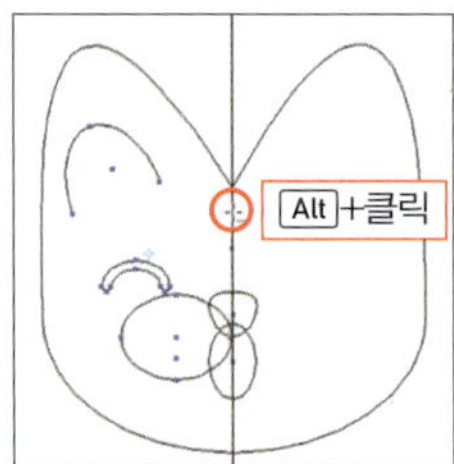

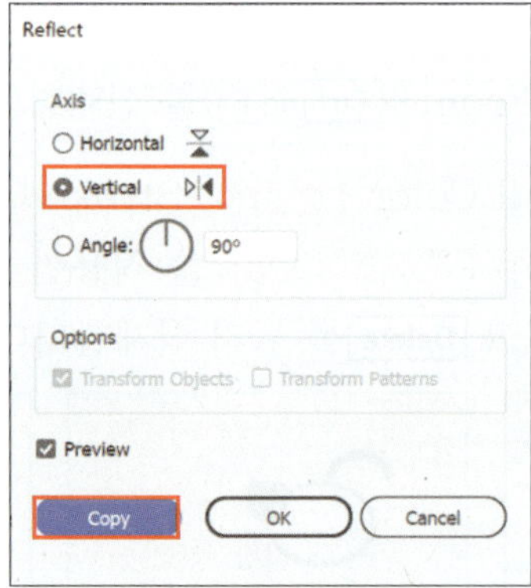

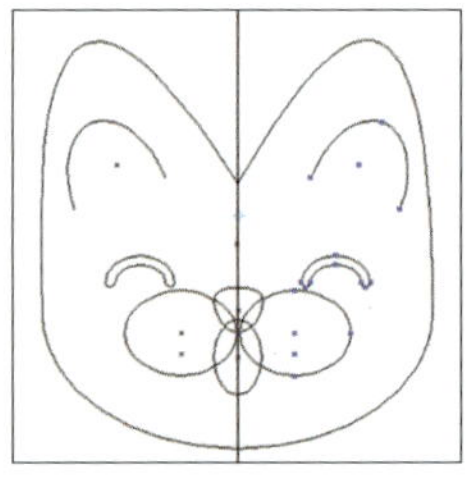

📏 **기적의 TIP**

[Shift]를 누르면서 다중 선택할 수도 있으며 [View]–[Outline]([Ctrl]+[Y])을 선택하고 '윤곽선 보기'를 하면 아래쪽에 겹쳐진 오브젝트와 상관없이 드래그하여 오브젝트를 선택할 수 있습니다.

---

② [View]–[GPU Preview](Ctrl+Y)을 선택하여 'GPU 미리보기'를 한 후, Selection Tool
(▶)로 코 모양 오브젝트를 선택하고 [Object]–[Arrange]–[Bring to Front](Shift+Ctrl+
])를 선택하여 맨 앞으로 가져오기를 합니다.

③ Ellipse Tool(◯)로 작업 도큐먼트를 클릭한 후 'Width : 33mm, Height : 20mm'를 입력
하여 그리고 Color 패널에서 'Fill Color : M30Y40, Stroke Color : None'을 지정합니다.

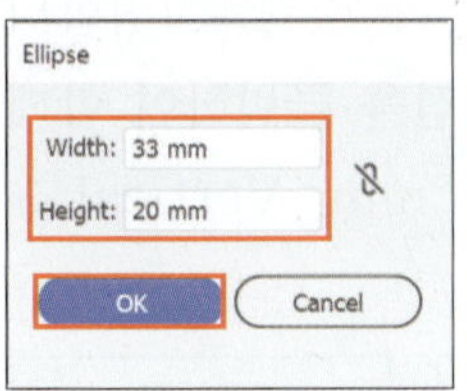 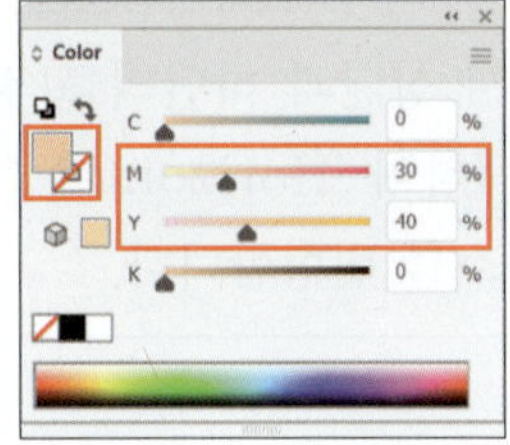 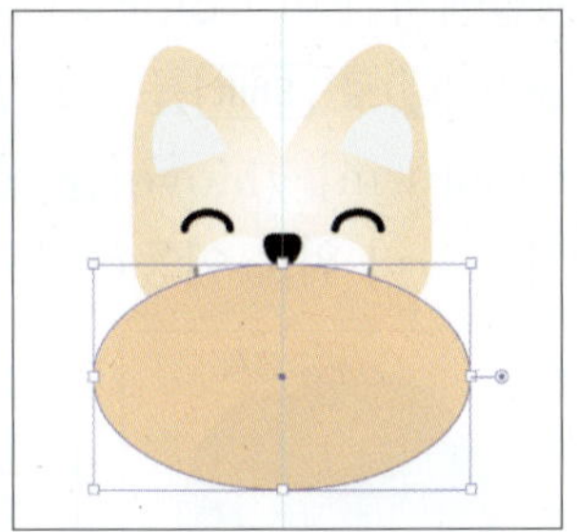

④ Direct Selection Tool(▷)로 Shift를 누르면서 상단과 하단의 고정점을 클릭하여 함께 선
택하고 위로 이동하여 패스를 변형합니다. [Object]–[Arrange]–[Send to Back](Shift+
Ctrl+[)을 선택하여 맨 뒤로 보내기를 합니다.

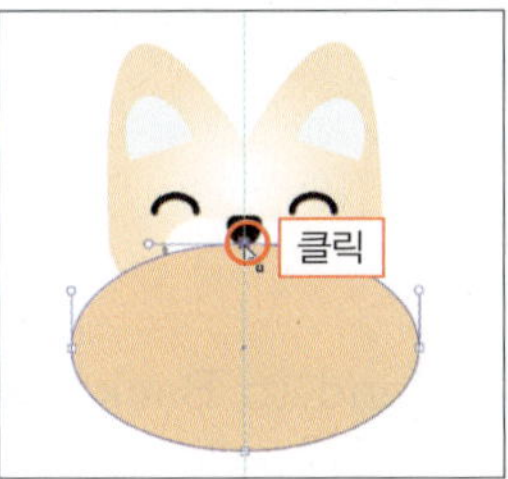

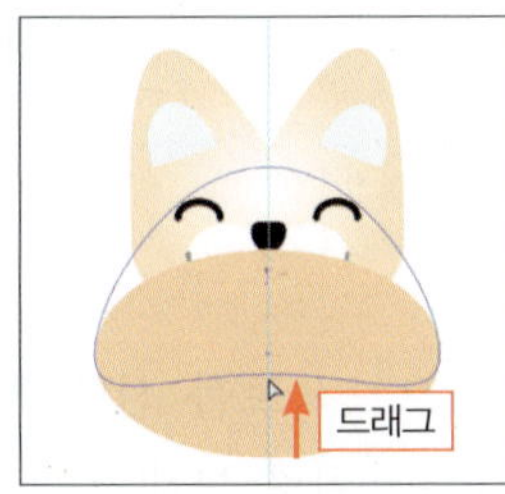

⑤ Direct Selection Tool(▷)로 왼쪽 하단의 선분을 드래그하여 선택한 후 Alt를 누른 채 방
향점을 왼쪽 아래로 드래그하여 패스를 변형합니다. 계속해서 Alt를 누른 채 오른쪽 방향점
을 아래로 드래그하여 대칭적으로 조절합니다.

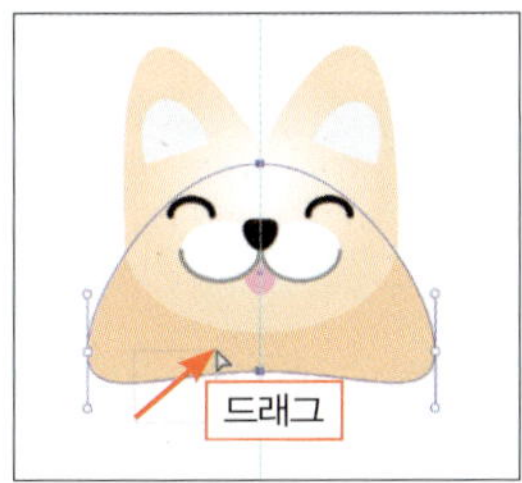

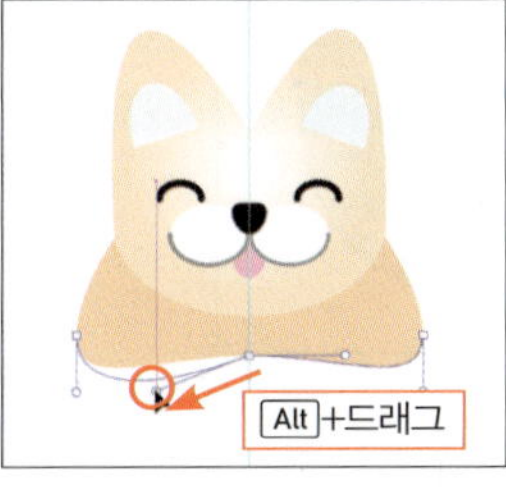

⑥ Ellipse Tool(●)로 드래그하여 타원을 그리고 Color 패널에서 'Fill Color : M30Y40K20, Stroke Color : None'을 지정합니다. Selection Tool(▶)로 2개의 오브젝트를 함께 선택하고 [Object]-[Arrange]-[Send to Back]([Shift]+[Ctrl]+[[ ])을 선택하여 맨 뒤로 보내기를 합니다.

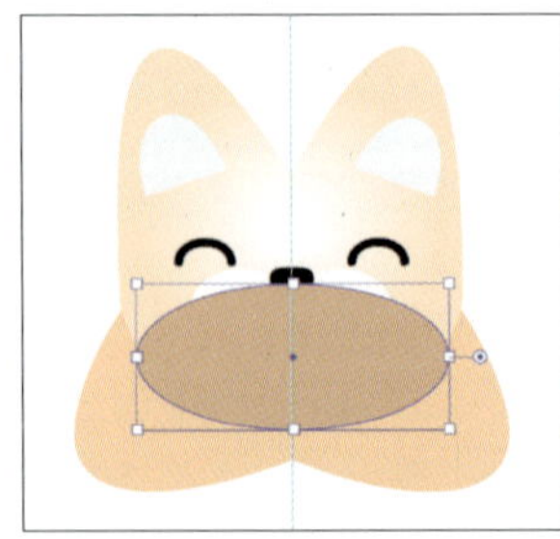
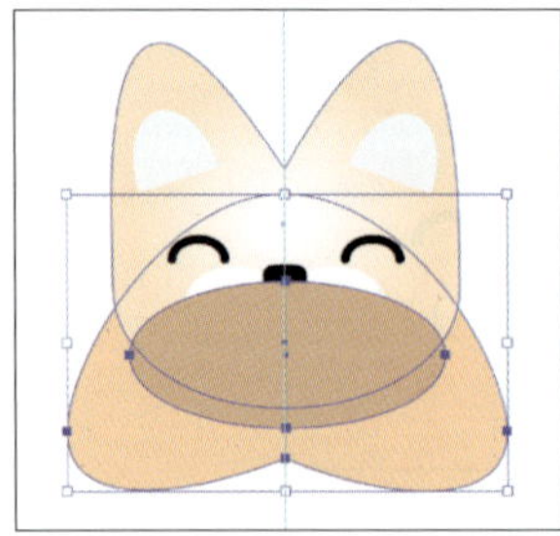
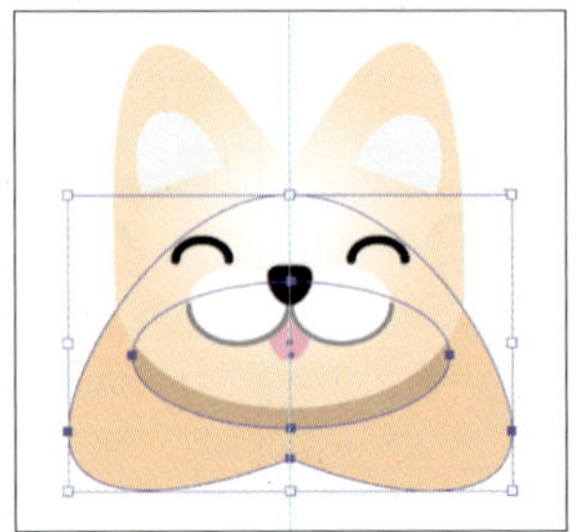

⑦ Ellipse Tool(●)로 작업 도큐먼트를 클릭한 후 'Width : 58mm, Height : 60mm'를 입력하여 그리고 Color 패널에서 'Fill Color : C50Y20, Stroke Color : None'을 지정합니다. Direct Selection Tool(▷)로 [Shift]를 누르면서 상단과 하단의 고정점을 클릭하여 함께 선택하고 [Object]-[Transform]-[Move]를 선택하여 'Horizontal : 0mm, Vertical : −6mm'를 입력하고 [OK]를 눌러 위로 이동하여 패스를 변형합니다.

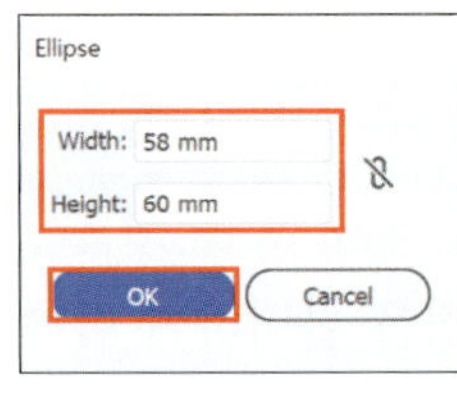
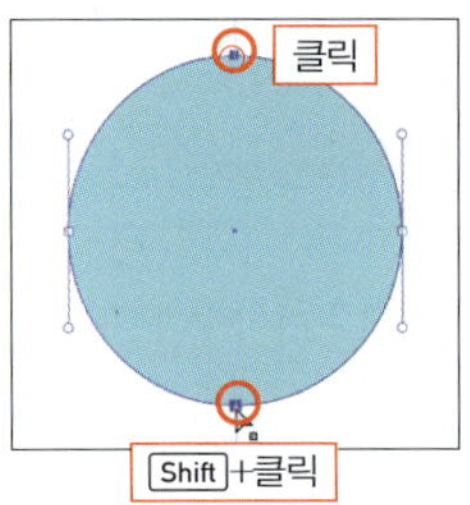

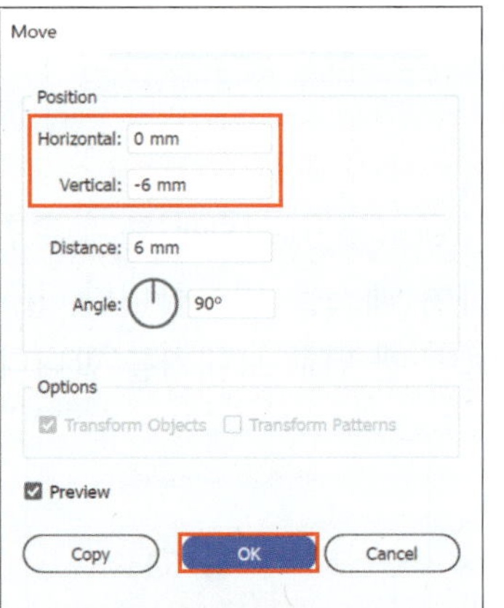
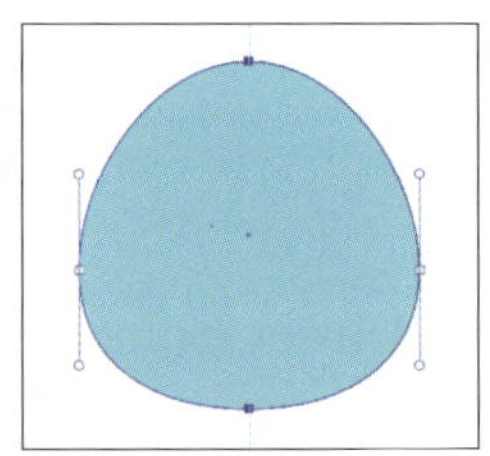

⑧ Selection Tool(▶)로 오브젝트를 선택한 후 [Object]-[Arrange]-[Send to Back]([Shift]+[Ctrl]+[[ ])을 선택하고 맨 뒤로 보내기를 합니다. Rotate Tool(↻)을 더블 클릭하여 'Angle : 90°'를 지정하고 [OK]를 눌러 회전하고 레이아웃에 맞게 배치합니다.

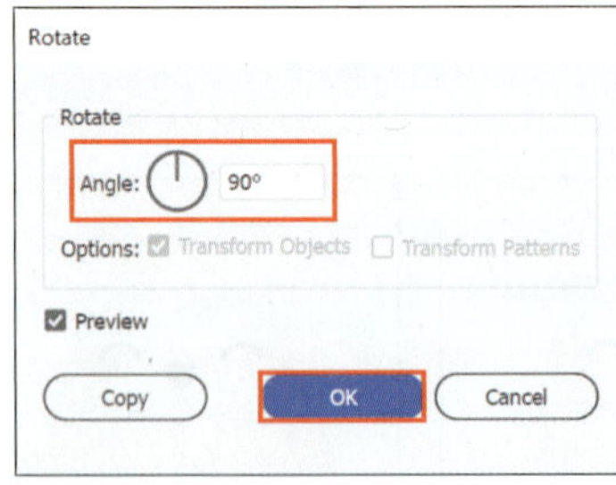

① Type Tool(T)로 작업 도큐먼트를 클릭한 후 Character 패널에서 'Set the font family : Arial, Set the font style : Bold, Set the font size : 15pt'를 설정합니다. Color 패널에서 'Fill Color : C60M80Y30, Stroke Color : None'을 지정한 후 'PUPPY'를 입력합니다.

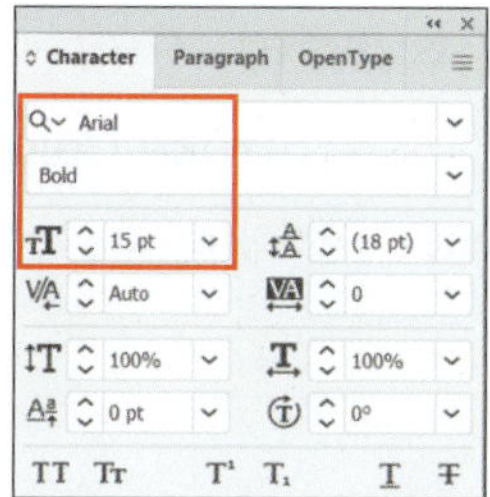
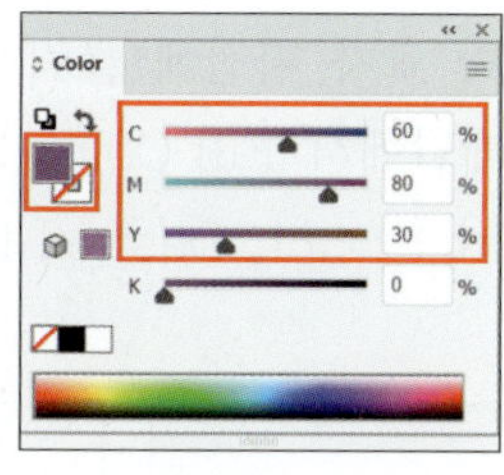
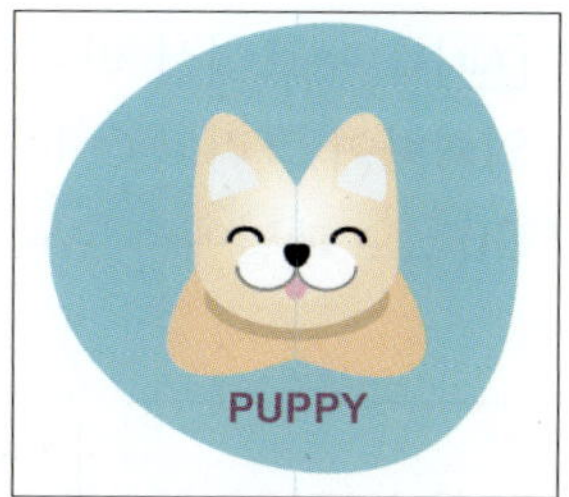

② Selection Tool(▶)로 'PUPPY' 문자를 선택하고 [Edit]-[Copy](Ctrl+C)로 복사한 후 Color 패널에서 'Stroke Color : C0M0Y0K0'을 지정합니다. Stroke 패널에서 'Weight : 4pt'을 적용한 후, [Edit]-[Paste in Front](Ctrl+F)를 선택하여 앞에 붙여 넣기를 합니다.

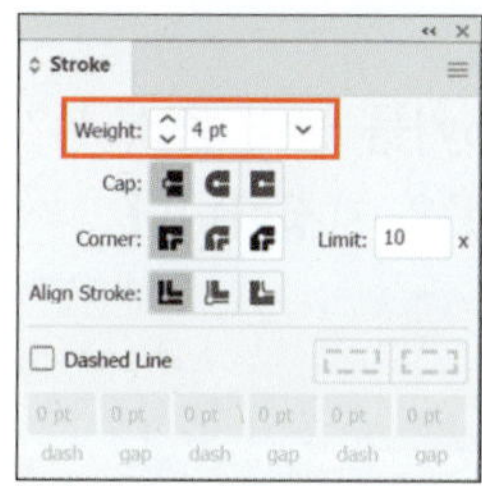

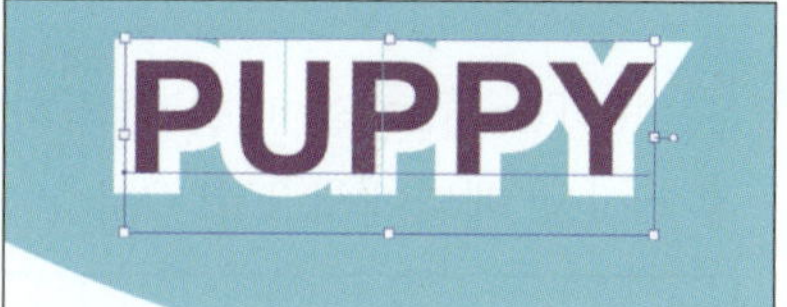

02 Shape와 패스파인더 활용하여 캐릭터 만들기

▲ 완성이미지

01 구름과 원형 배경 만들고 그라디언트 적용하기

① [File]-[New]를 선택하여 새 도큐먼트를 만듭니다. [View]-[Rulers]-[Show Rulers](Ctrl +
R)를 선택하여 눈금자를 표시하고 왼쪽과 위쪽 눈금자에서 도큐먼트로 마우스를 드래그하여
안내선을 표시합니다.

② Ellipse Tool(◯)로 Alt 를 누르면서 안내선의 교차 지점에 클릭한 후 'Width : 105mm,
Height : 105mm'를 입력하여 그리고 Color 패널에서 'Fill Color : None, Stroke Color :
C70M10'을 지정하고 Stroke 패널에서 'Weight : 1.5pt, Dashed Line : 체크, dash : 4pt'
를 지정합니다.

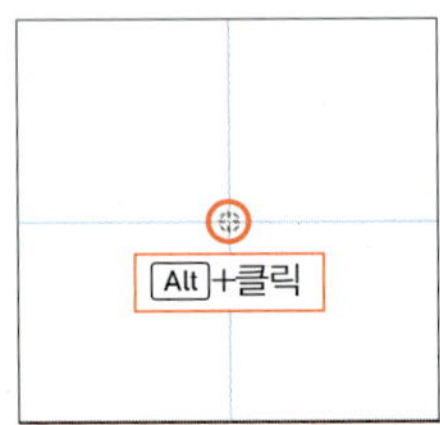
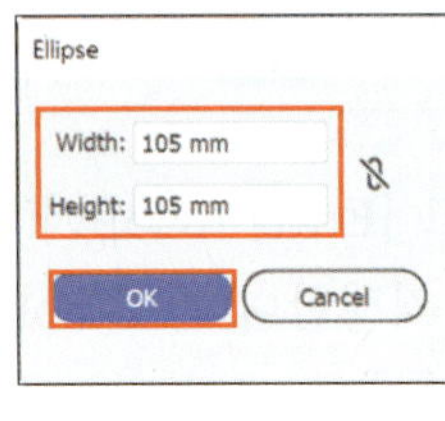
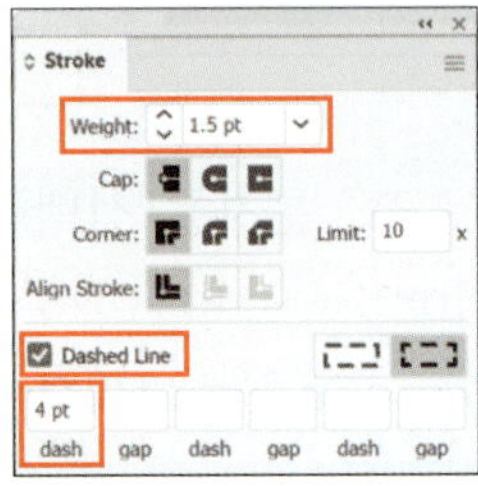
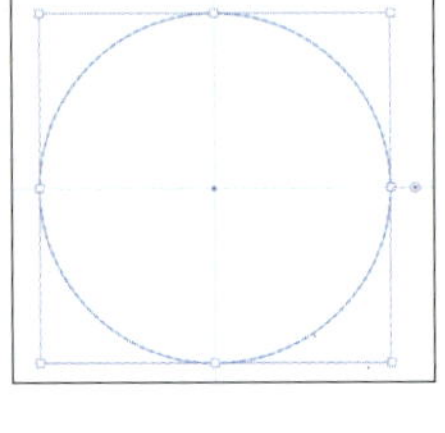

③ Scale Tool(▦)을 더블 클릭하여 'Uniform : 95%'를 지정하고 [Copy]를 눌러 축소 복사한
후 Color 패널에서 'Fill Color : 임의 색상, Stroke Color : 임의 색상'을 지정합니다.

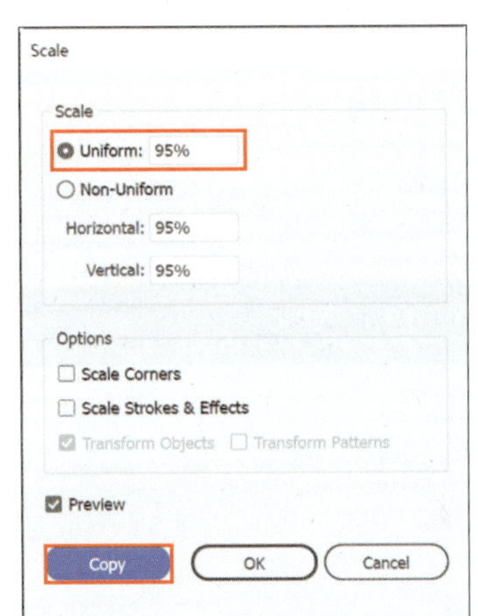
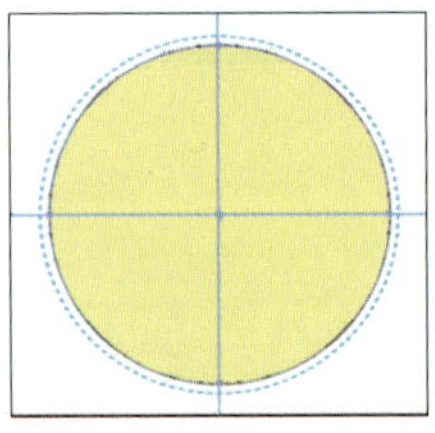

④ Ellipse Tool(◯)로 드래그하여 크기가 다른 8개의 원을 서로 겹치도록 그린 후, Selection
Tool(▶)로 Shift 를 누르면서 축소된 정원과 함께 선택한 후 Pathfinder 패널에서 'Divide
(▣)'를 클릭하여 면을 분할합니다.

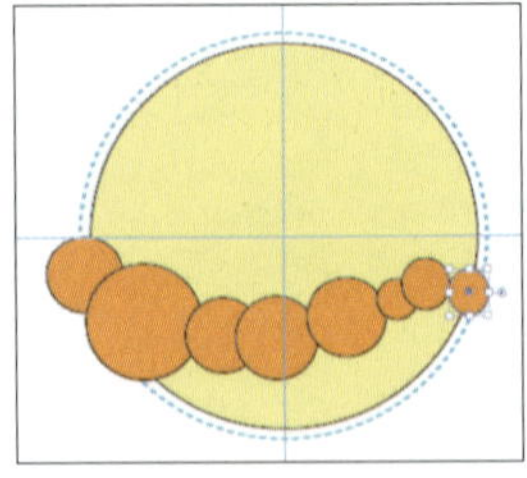
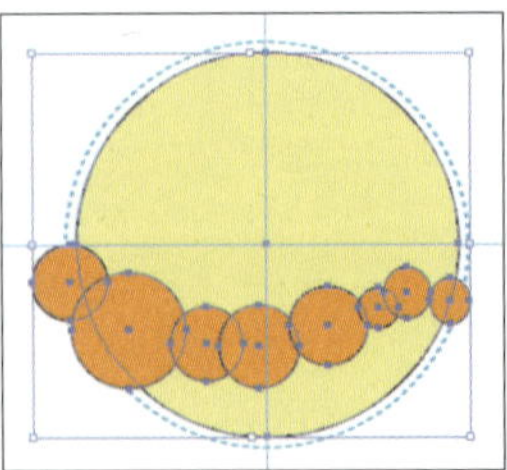
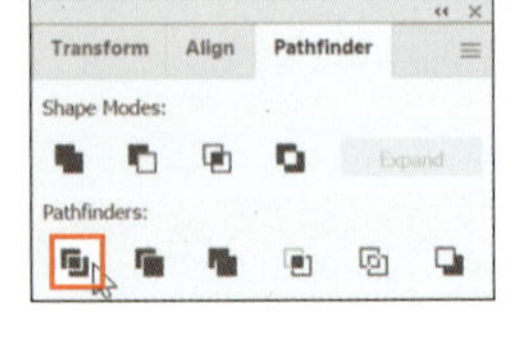
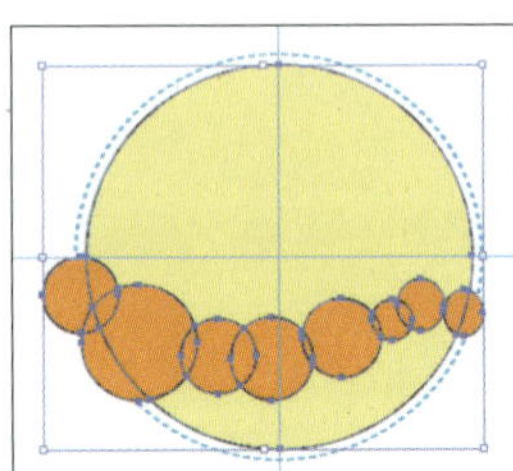

⑤ Selection Tool(▶)로 분할된 오브젝트를 더블 클릭하여 Isolation Mode로 전환하고 불필
요한 오브젝트를 선택하여 Delete 를 눌러 삭제합니다. 아래쪽 오브젝트를 모두 선택하고
Pathfinder 패널에서 'Unite(■)'를 클릭하여 합치고 Color 패널에서 'Fill Color : C20,
Stroke Color : None'을 지정합니다.

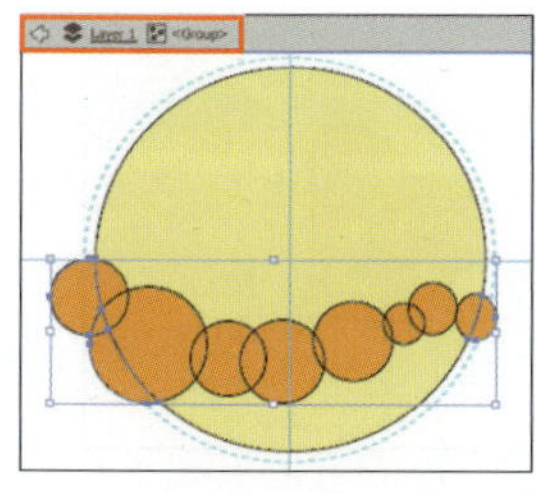 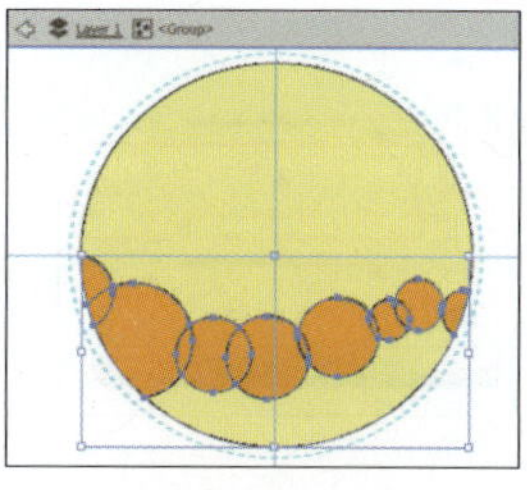 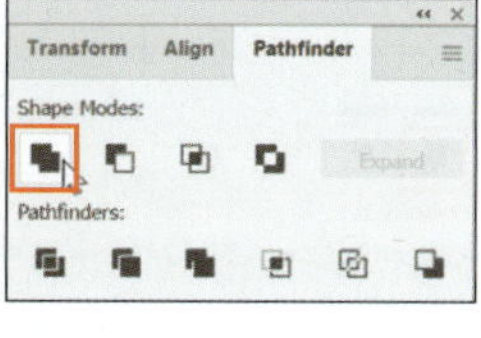 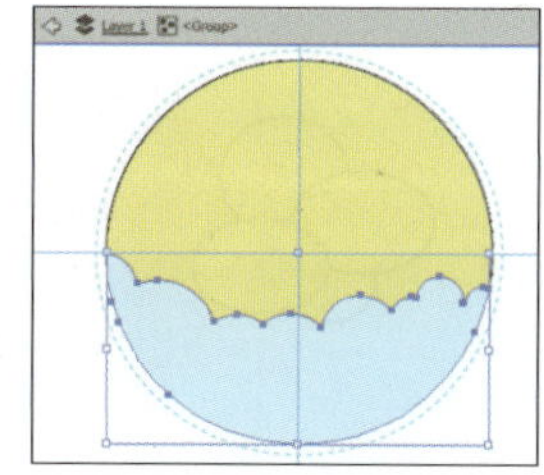

⑥ Selection Tool(▶)로 상단 오브젝트를 선택한 후 Gradient 패널에서 'Type : Radial
Gradient'를 적용하고 Gradient Slider의 왼쪽 'Color Stop'을 더블 클릭하여
C80M30K30을, 오른쪽 'Color Stop'을 더블 클릭하여 C40Y10을 적용한 후 Tool 패널 하
단에서 'Stroke Color : None'을 지정하고 도큐먼트의 빈 곳을 더블 클릭하여 정상 모드로
전환합니다.

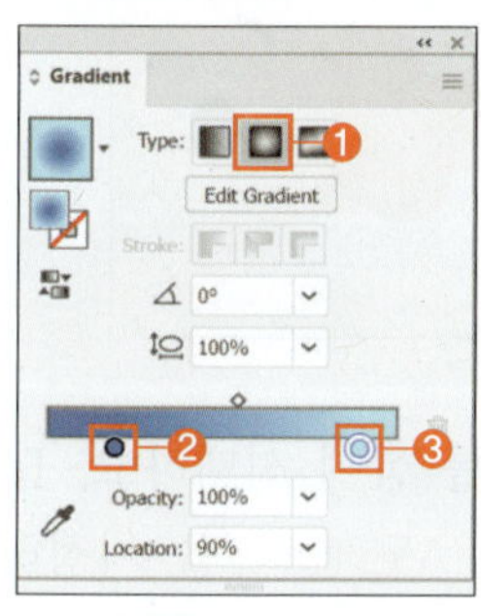 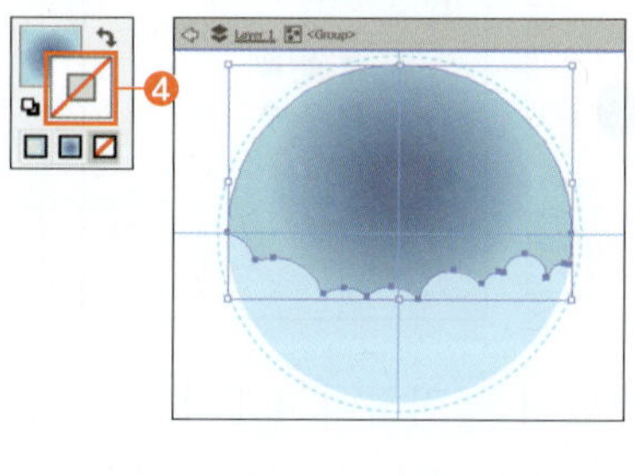

02 삐에로 캐릭터 얼굴 만들기

① Ellipse Tool(◯)로 Alt 를 누르면서 세로 안내선에 클릭하여 'Width : 40mm, Height :
40mm'를 입력하여 그리고 Color 패널에서 'Fill Color : M20Y30, Stroke Color : None'
을 지정합니다.

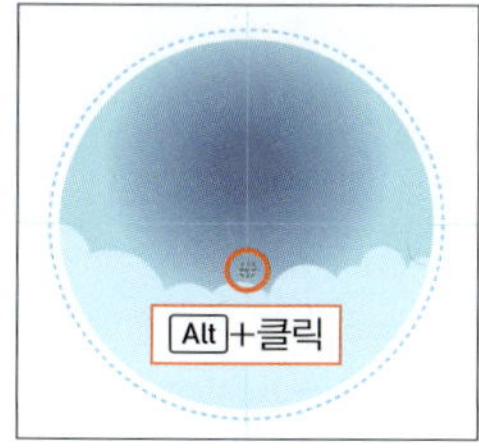 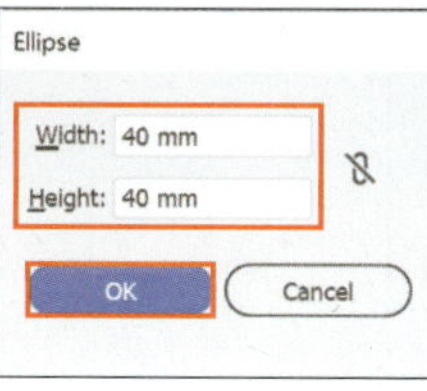 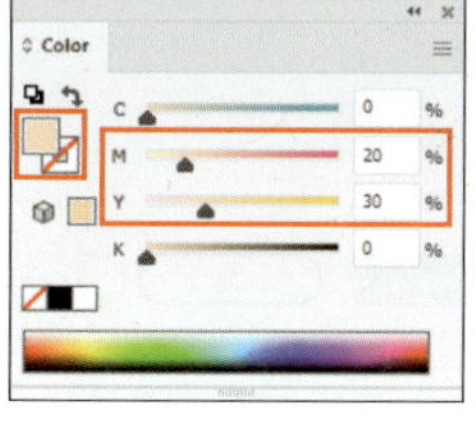 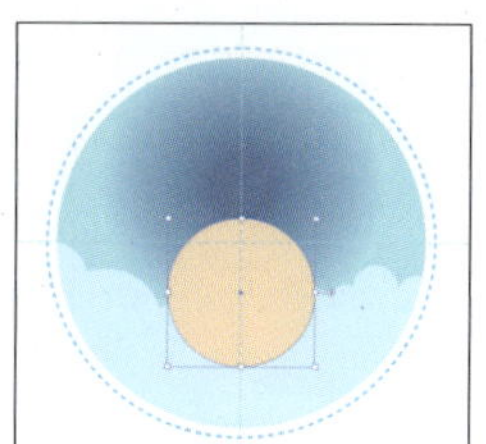

② Ellipse Tool(◉)로 크기가 다른 4개의 타원을 겹치도록 그리고, Selection Tool(▶)로 함께 선택한 후, Pathfinder 패널에서 'Unite(■)'를 클릭하여 합치고 Color 패널에서 'Fill Color : M50Y100, Stroke Color : None'을 지정한 후 [Object]–[Arrange]–[Send Backward]([Ctrl]+[[])를 선택하여 뒤로 보내기를 합니다.

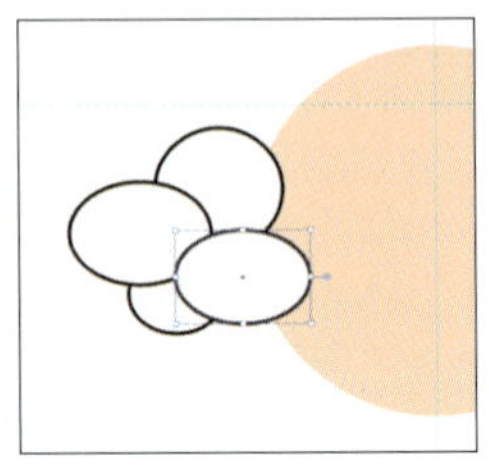 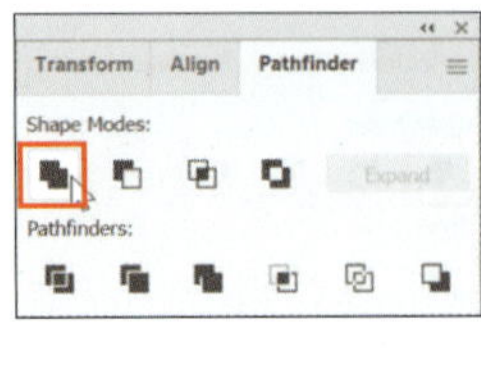 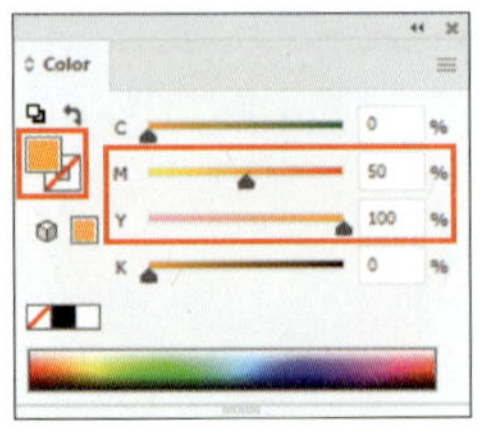 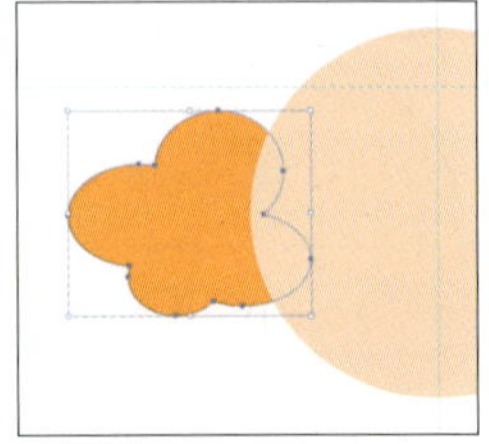

③ Ellipse Tool(◉)로 크기가 다른 2개의 타원을 겹치도록 그리고 Color 패널에서 'Fill Color : C0M0Y0K0, K100, Stroke Color : None'을 각각 지정합니다. Arc Tool(⌒)로 하단에서 상단으로 드래그하여 호를 그리고 'Fill Color : None, Stroke Color : K100'을 지정한 후 Stroke 패널에서 'Weight : 3pt, Cap : Round Cap'을 지정합니다.

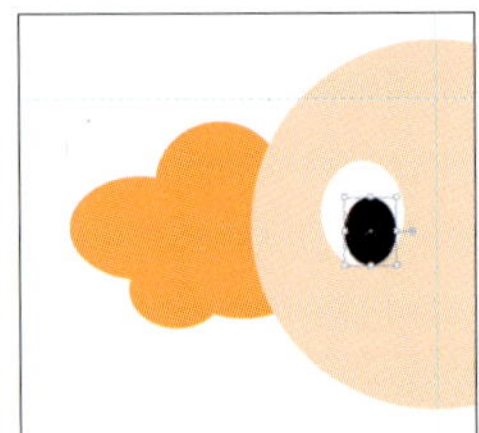 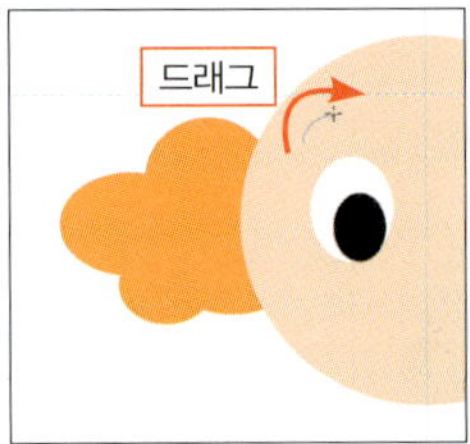

④ Selection Tool(▶)로 [Shift]를 누르면서 클릭하여 4개의 오브젝트를 함께 선택하고, Reflect Tool(▷◁)로 [Alt]를 누르면서 수직 안내선을 클릭하여 'Axis : Vertical'을 지정하고 [Copy]를 눌러 복사합니다. Selection Tool(▶)로 오른쪽 오브젝트를 선택하고 [Ctrl]+[[]를 여러 번 눌러 얼굴 모양의 뒤로 보내기를 합니다.

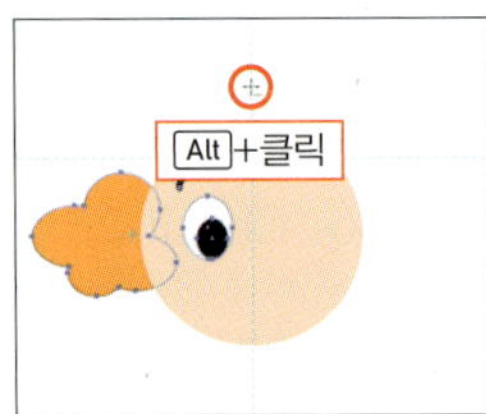

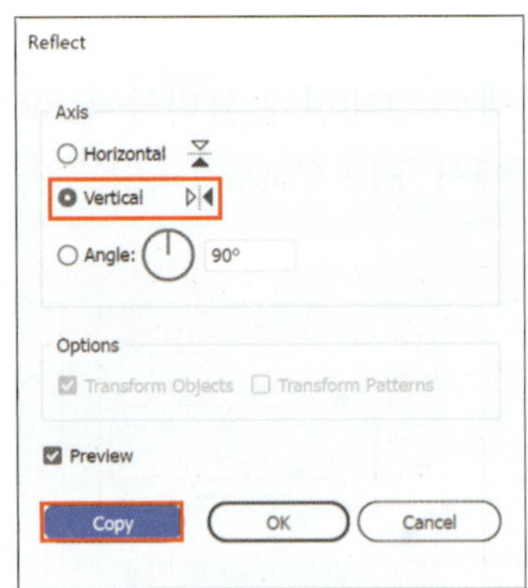 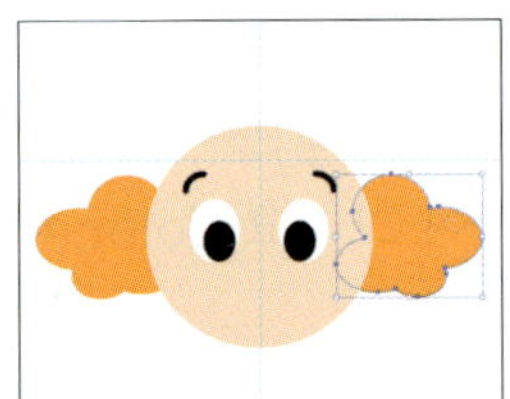

⑤ [Edit]−[Copy](Ctrl + C)로 복사를 하고 [Edit]−[Paste](Ctrl + V)로 붙여 넣기를 하고,
Scale Tool(⊞)을 더블 클릭하여 'Uniform : 50%'로 지정하고 축소한 후 Rotate Tool(↻)
을 더블 클릭하여 'Angle : −90°'로 지정하여 상단 중앙에 배치합니다.

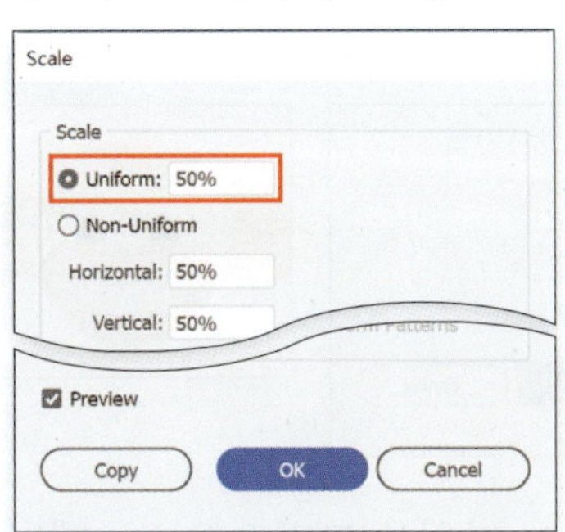
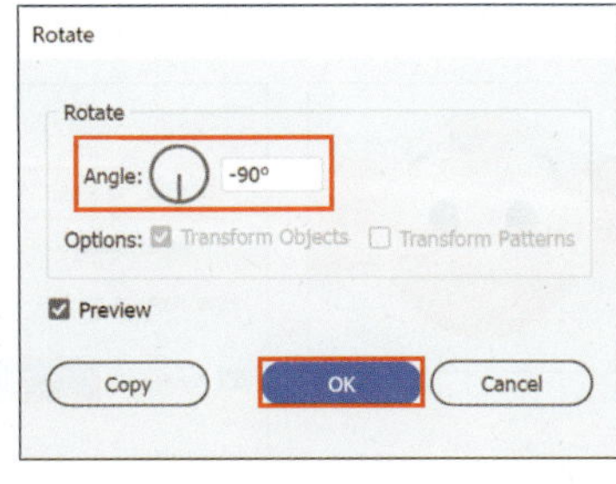

⑥ Ellipse Tool(◯)로 Alt를 누르면서 세로 안내선에 클릭하여 'Width : 35mm, Height :
17mm'를 입력합니다.

⑦ Direct Selection Tool(▷)로 하단의 고정점을 클릭하여 선택하고 [Object]−[Trans-
form]−[Move]를 선택한 후 'Horizontal : 0mm, Vertical : 6mm'를 입력하여 패스를 변
형합니다.

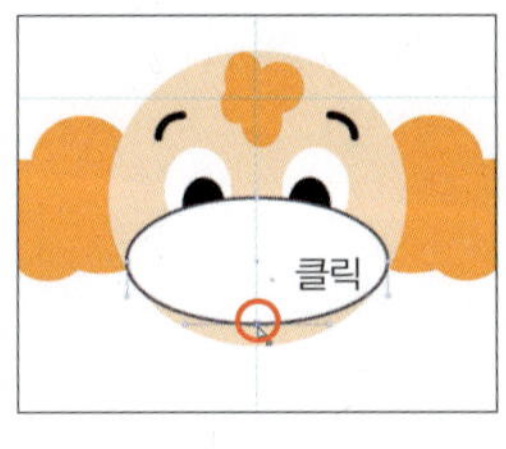
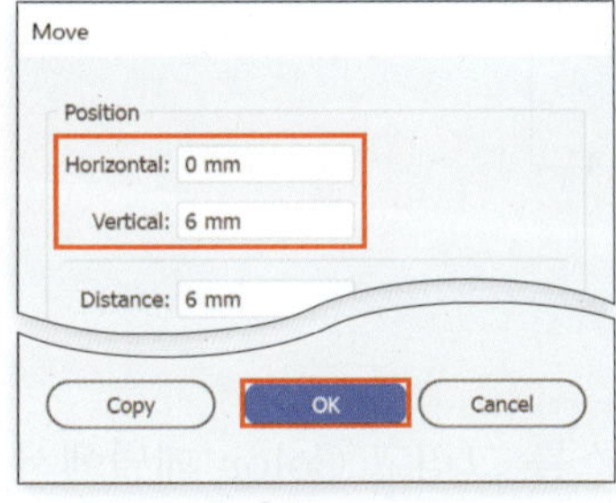
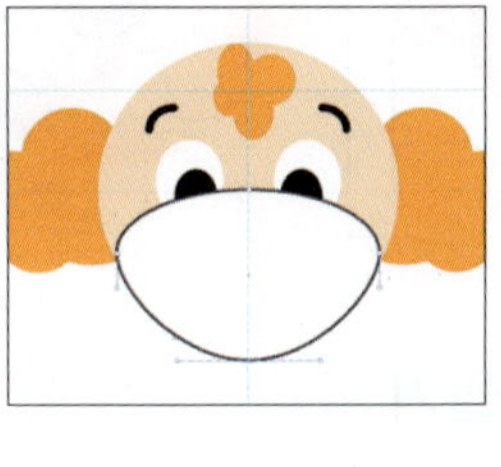

⑧ Direct Selection Tool(▷)로 상단의 고정점을 클릭한 후 [Object]−[Transform]−
[Move]를 선택하고 'Horizontal : 0mm, Vertical : 4mm'로 입력하여 패스를 변형합니다.
계속해서 Alt를 누른 채 왼쪽 방향점을 상단으로 드래그하여 패스를 변형하고 오른쪽 방향점
도 상단으로 드래그하여 조절한 후 Color 패널에서 'Fill Color : M90Y90, Stroke Color :
None'을 지정합니다.

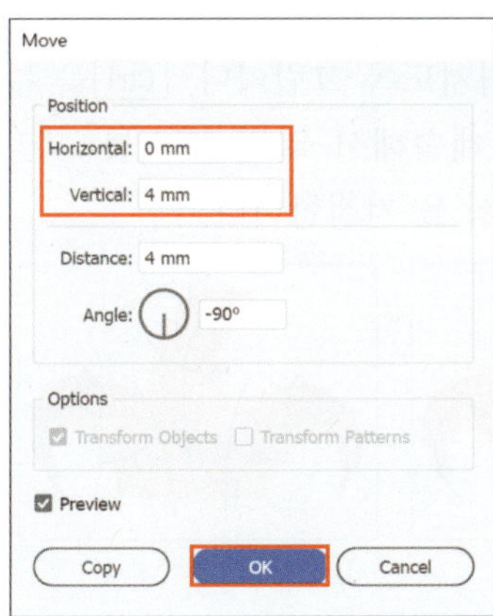

⑨ [Object]-[Path]-[Offset Path]를 선택한 후 ‘Offset : −2.5mm’를 지정하여 축소된 복사본을 만든 후 Color 패널에서 ‘Fill Color : M60Y50, Stroke Color : None’을 지정합니다. 계속해서 [Offset Path]를 반복하여 지정하고 ‘Fill Color : M30Y30, Stroke Color : None’을 지정한 후 상단으로 약간 이동하여 배치합니다.

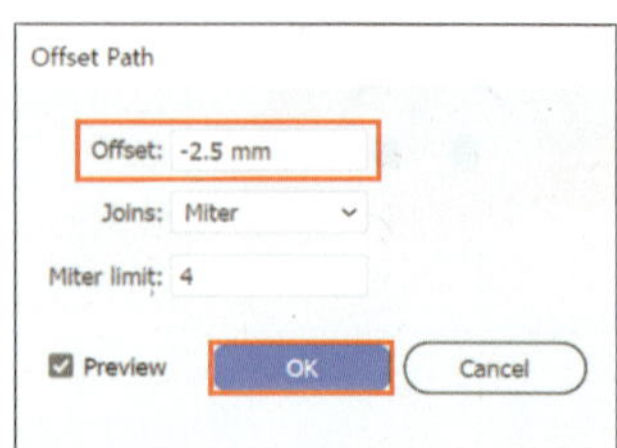  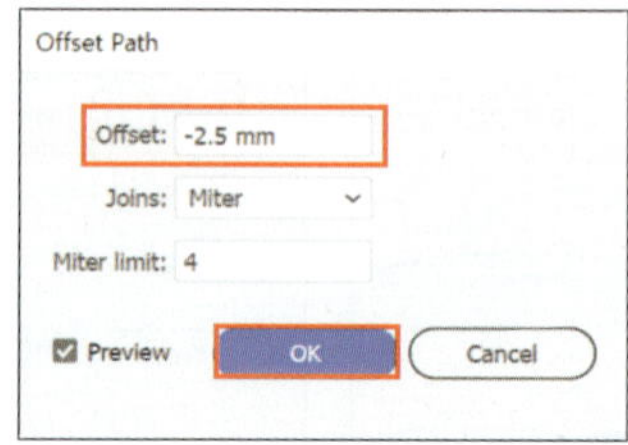 

⑩ Ellipse Tool(◉)로 Alt 를 누르면서 세로 안내선에 드래그하여 타원을 그리고 Color 패널에서 ‘Fill Color : M90Y90, Stroke Color : None’을 지정합니다. 계속해서 Alt 와 Shift 를 누르면서 드래그하여 크기가 다른 2개의 정원을 그리고 ‘Fill Color : M100Y100K30, C0M0Y0K0, Stroke Color : None’을 각각 지정하여 배치합니다.

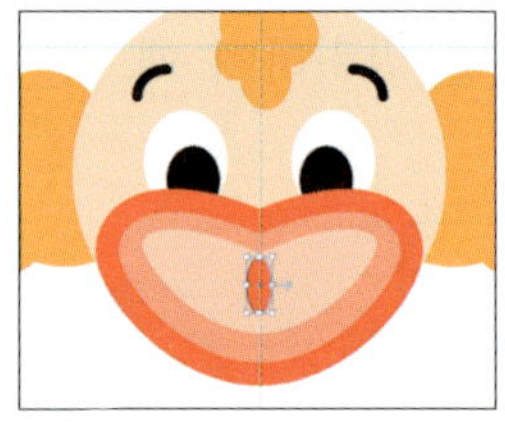 

 모자 모양 만들기

① Pen Tool(✐)로 모자 모양의 닫힌 패스를 그리고 Color 패널에서 ‘Fill Color : M80Y90, Stroke Color : None’을 지정합니다.

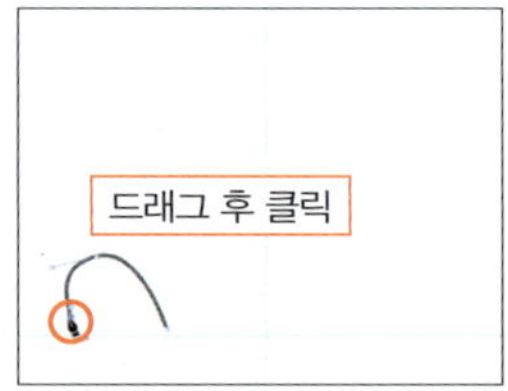

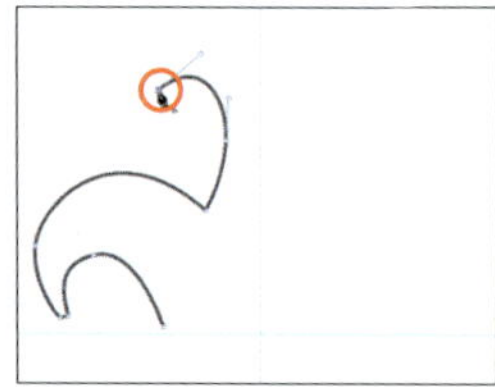
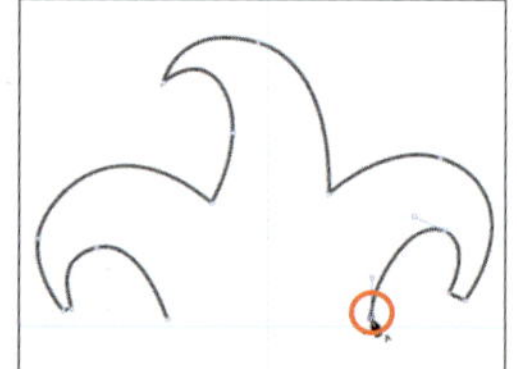
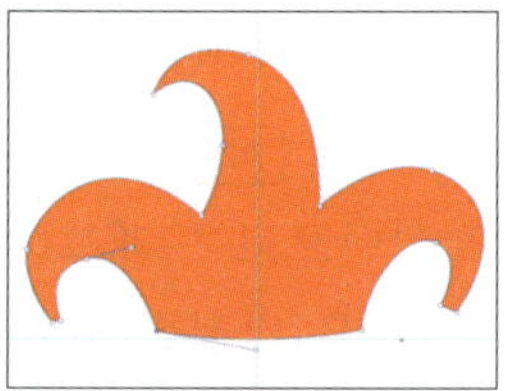

② Pen Tool(✐)로 드래그하여 열린 곡선 패스를 모자 모양과 겹치도록 그립니다. Ctrl 을 누른 채 도큐먼트의 빈 곳을 클릭하여 열린 패스를 완료합니다. 계속해서 열린 패스를 그리고 Color 패널에서 ‘Fill Color : None, Stroke Color : 임의 색상’을 지정합니다.

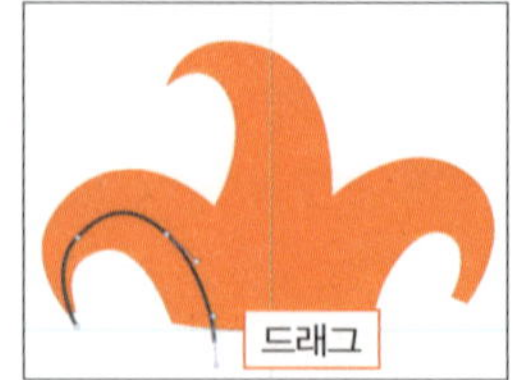

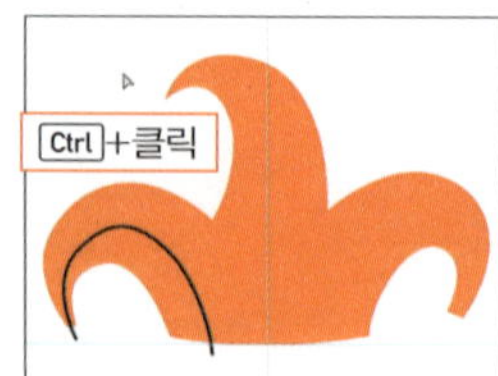

③ Selection Tool(▶)로 모자 모양과 열린 패스를 함께 선택한 후 Pathfinder 패널에서 'Divide(▣)'를 클릭하여 면을 분할하고 Color 패널에서 'Stroke Color : 임의 색상'을 지정합니다.

 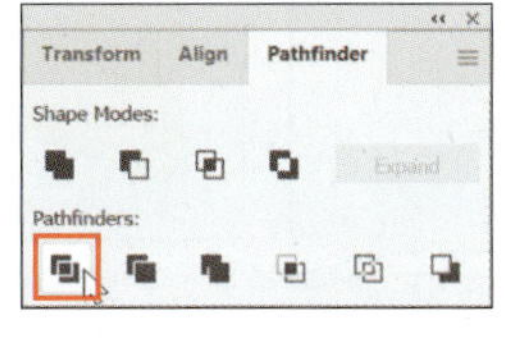 

④ Selection Tool(▶)로 분할된 오브젝트를 더블 클릭하여 Isolation Mode로 전환한 후 불필요한 선이 있는 오브젝트를 각각 선택하고 Pathfinder 패널에서 'Unite(▣)'를 클릭하여 합칩니다.

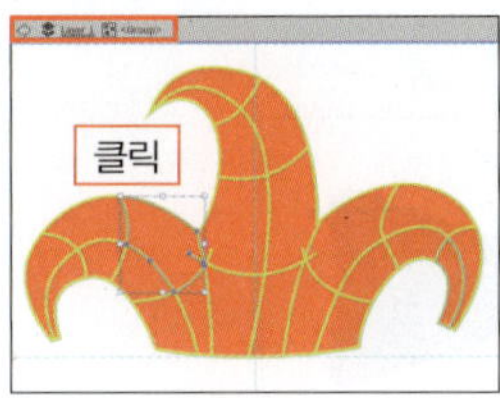 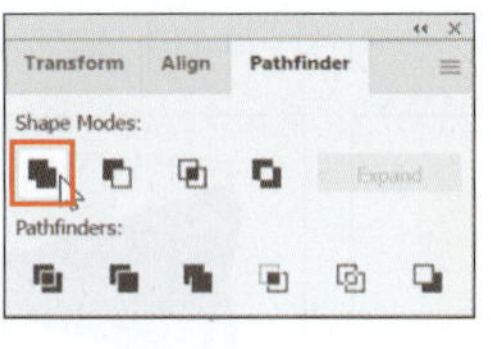 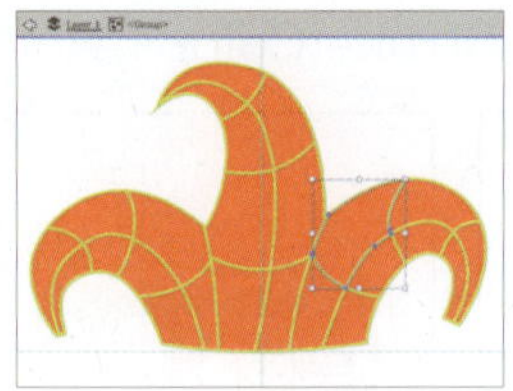

⑤ Selection Tool(▶)로 Shift 를 누르면서 12개의 오브젝트를 함께 선택하고 Color 패널에서 'Fill Color : C30M80Y80K40'을 지정합니다. [Select]-[All](Ctrl + A)로 모두 선택하고 'Stroke Color : None'을 지정한 후 Esc 를 눌러 정상 모드로 전환합니다. Ellipse Tool(⬭)로 Shift 를 누르면서 드래그하여 크기가 다른 3개의 정원을 그리고 'Fill Color : Y100, Stroke Color : None'을 지정합니다.

04 나비 넥타이 모양 만들기

① Rounded Rectangle Tool(▢)로 Alt 를 누르면서 세로 안내선에 클릭한 후 'Width : 34mm, Height : 15mm, Corner Radius : 2mm'를 입력하여 그리고 Color 패널에서 'Fill Color : 임의 색상, Stroke Color : None'을 지정합니다. [Object]-[Path]-[Add Anchor Points]를 선택하고 각각의 선분 중앙에 고정점을 균일하게 추가합니다.

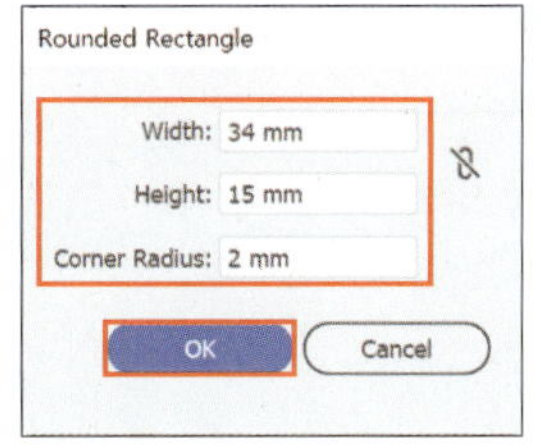 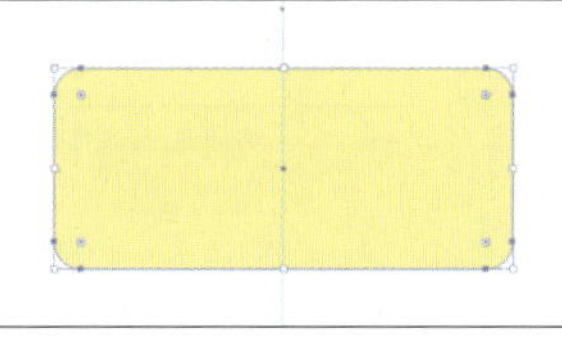 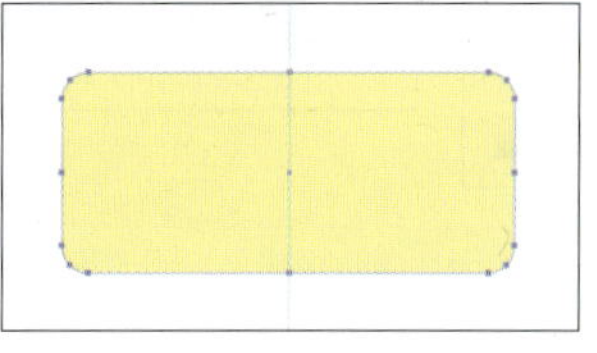

② Direct Selection Tool(⟁)로 드래그하여 둥근 사각형 가로 중앙의 2개의 고정점을 선택하고, Scale Tool(⊞)을 더블 클릭한 후 'Uniform : 30%'를 지정하여 패스를 축소합니다.

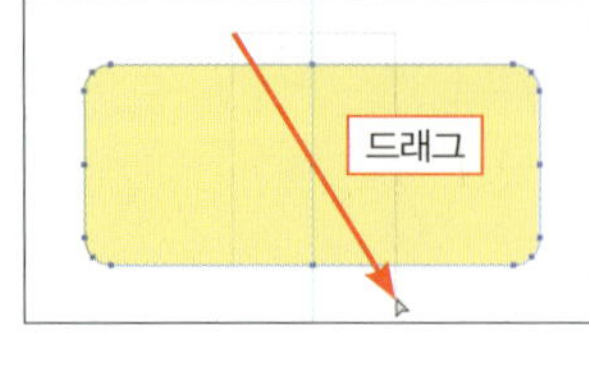
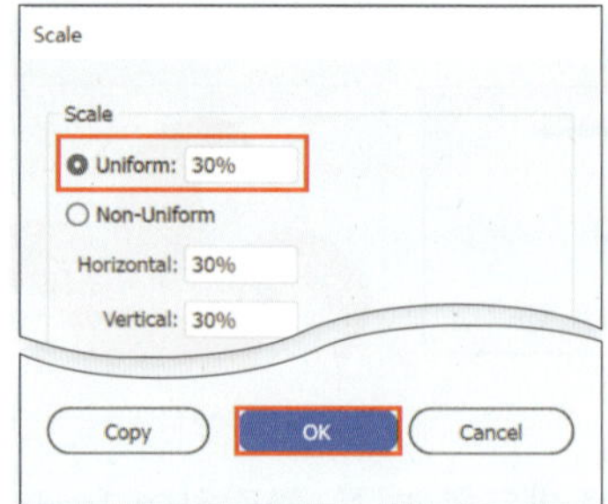
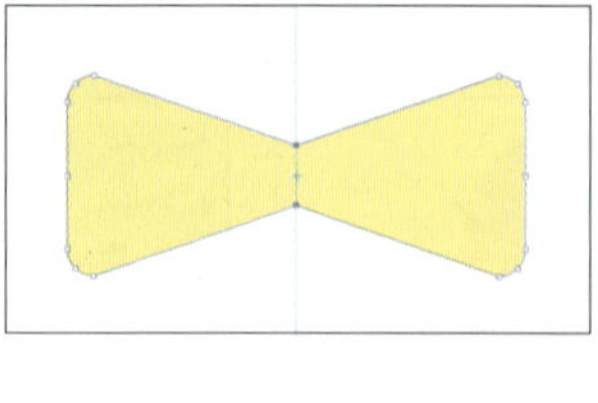

③ Direct Selection Tool(⟁)로 드래그하여 둥근 사각형 세로 중앙의 2개의 고정점을 선택하고. Scale Tool(⊞)로 그림과 같이 안쪽으로 드래그하여 패스를 축소한 후 Color 패널에서 'Fill Color : C60M90, Stroke Color : None'을 지정합니다.

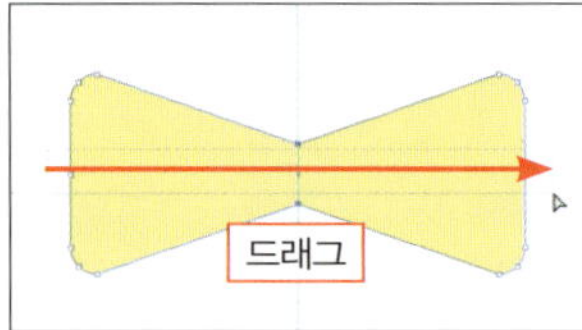
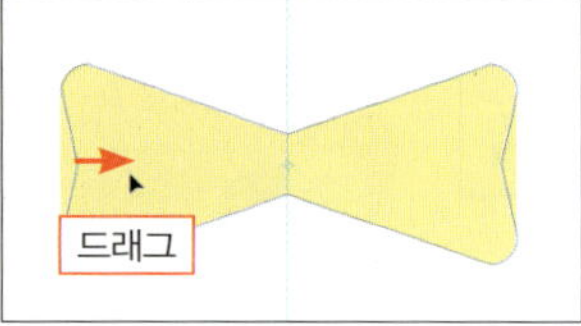

④ Ellipse Tool(◯)로 크기가 다른 7개의 원을 겹치도록 그리고 Color 패널에서 'Fill Color : K100, Stroke Color : None'을 지정합니다.

⑤ Selection Tool(▶)로 리본 모양과 함께 선택하고 Pathfinder 패널에서 'Divide (▣)'를 클릭한 후 더블 클릭하여 Isolation Mode로 전환하고 불필요한 오브젝트를 선택하고 Delete 를 눌러 삭제합니다.

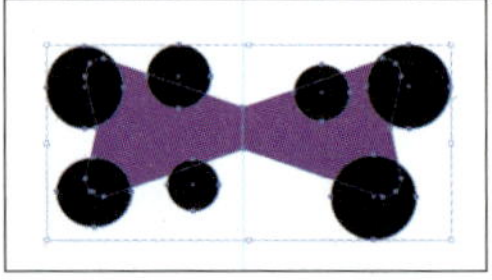
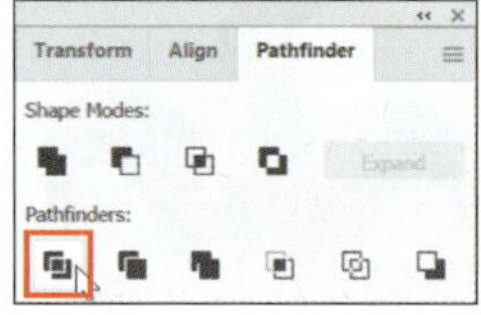
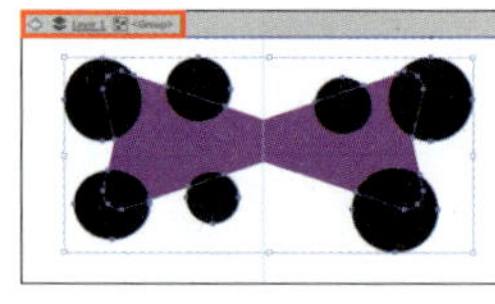
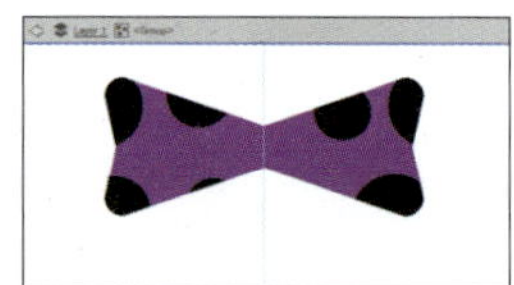

⑥ Ellipse Tool(◯)로 크기가 다른 2개의 원을 겹치도록 그리고 Color 패널에서 'Fill Color : K100, Stroke Color : None'을 지정합니다. Rounded Rectangle Tool(▢)로 드래그하여 둥근 사각형을 가운데 그리고 'Fill Color : K100, Stroke Color : None'을 지정하고 Esc 를 눌러 정상 모드로 전환합니다.

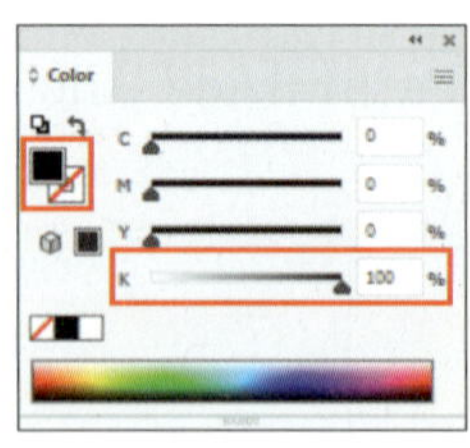
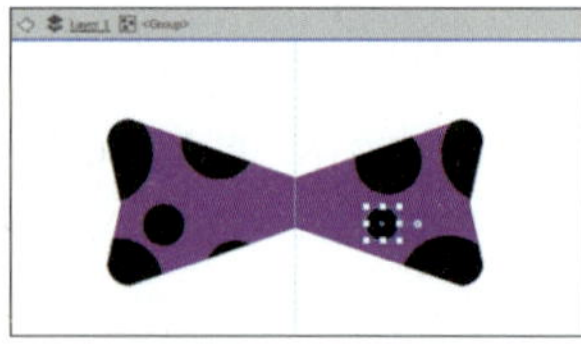
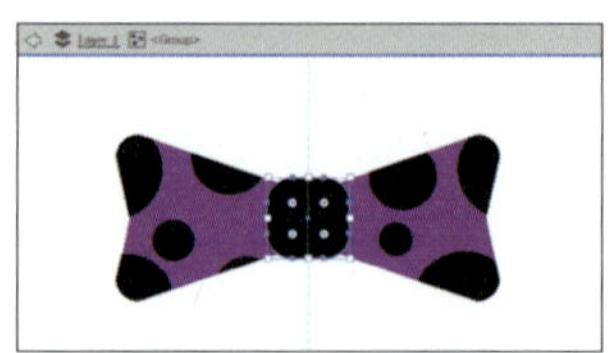

패키지, 비즈니스 디자인

주요 기능	메뉴	단축키	출제빈도
Selection Tool		V, A	★★★★★
Pen Tool		P	★★★★★
Gradient Tool		G	★★★★★
Shape Tool		M, L	★★★★★
Type Tool		T	★★★★★
Transform Tool		R, O, S	★★★★★
Outline Stroke	[Object]–[Path]–[Outline Stroke]		★★★
Offset Path	[Object]–[Path]–[Offset Path]		★★★★★
Expand Appearance	[Object]–[Expand Appearance]		★★
Pattern	[Object]–[Pattern]–[Make]		★★★★★
Clipping Mask	[Object]–[Clipping Mask]–[Make]	Ctrl + 7	★★★★★
Create Outlines	[Type]–[Create Outlines]	Shift + Ctrl + O	★
Effect	[Effect]–[Illustrator Effects]–[Stylize]–[Drop Shadow]		★★★★★
Color Panel	[Window]–[Color]	F6	★★★★★
Pathfinder Panel	[Window]–[Pathfinder]	Shift + Ctrl + F9	★★★★★
Stroke Panel	[Window]–[Stroke]	Ctrl + F10	★★★★★
Character Panel	[Window]–[Type]–[Character]	Ctrl + T	★★★★★
Paragraph Panel	[Window]–[Type]–[Paragraph]	Alt + Ctrl + T	★★★
Gradient Panel	[Window]–[Gradient]	Ctrl + F9	★★★★★
Align Panel	[Window]–[Align]	Shift + F7	★★★
Brushes Panel	[Window]–[Brushes]	F5	★★★★★
Transparency Panel	[Window]–[Transparency]	Shift + Ctrl + F10	★★★★★

▲ 완성이미지

01 도넛 모양 만들기

① [File]−[New](Ctrl+N)를 선택하여 새 도큐먼트를 만듭니다. Ellipse Tool(◎)로 작업 도큐먼트를 클릭한 후 'Width : 35mm, Height : 35mm'를 입력하여 그리고 Color 패널에서 'Fill Color : M30Y60, Stroke Color : None'을 지정합니다. Scale Tool(◲)을 더블 클릭하여 'Uniform : 80%'를 지정하고 [Copy]를 눌러 축소 복사한 후 'Fill Color : M80Y10, Stroke Color : None'을 지정합니다.

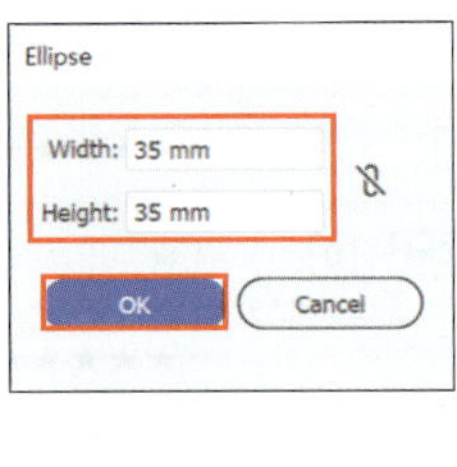

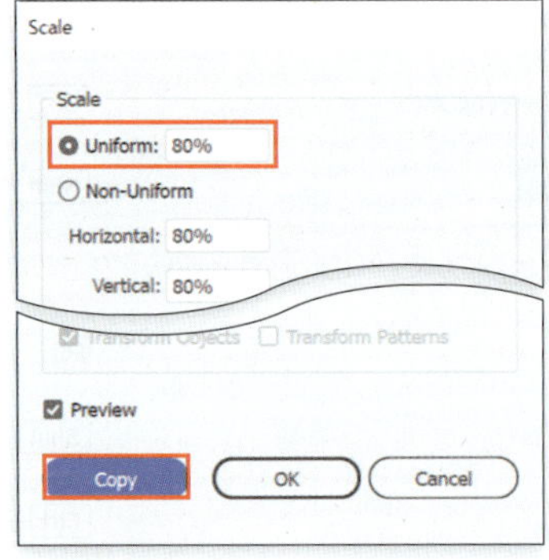

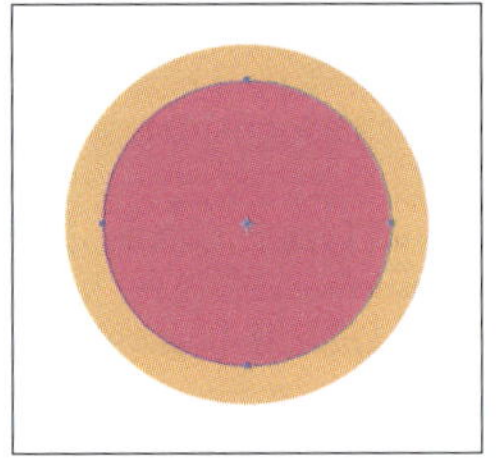

② [Effect]−[Illustrator Effects]−[Distort & Transform]−[Zig Zag]를 선택한 후 'Size : 1mm, Absolute : 체크, Ridges per segment : 5, Points : Smooth'를 지정하고 [Object]−[Expand Appearance]를 선택하여 오브젝트의 속성을 확장합니다.

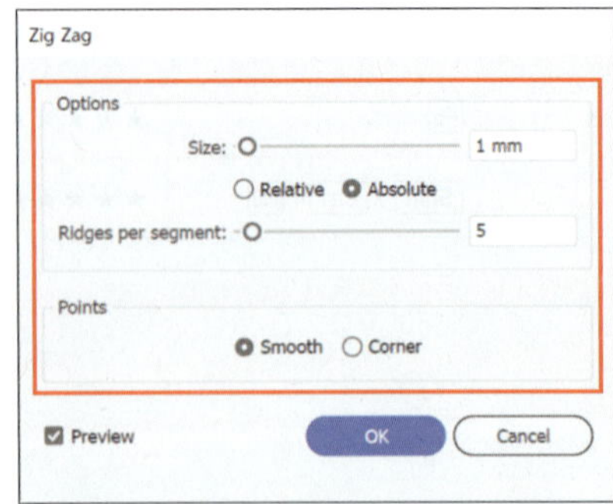

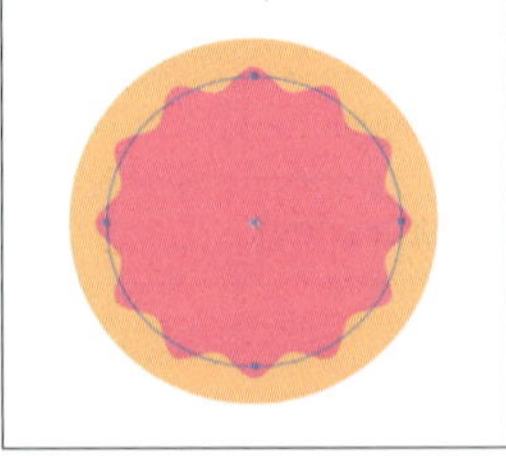

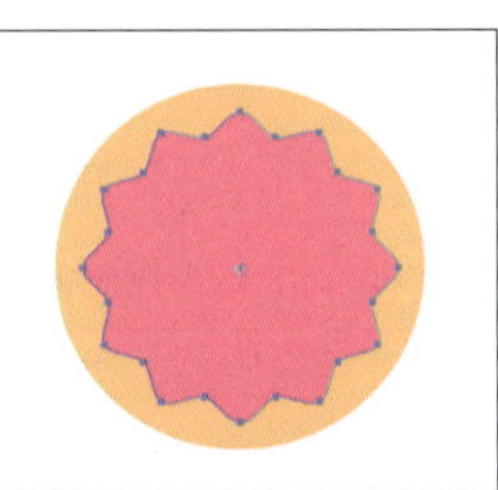

③ Ellipse Tool(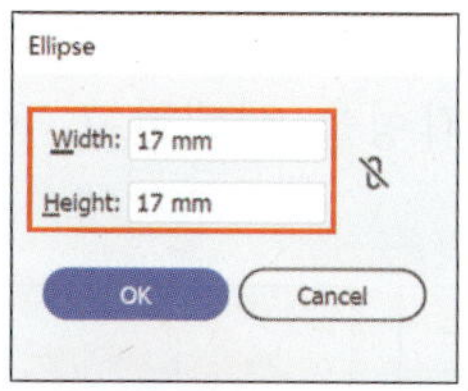)로 작업 도큐먼트를 클릭한 후 'Width : 17mm, Height : 17mm'를 입력하여 그리고 Color 패널에서 'Fill Color : M50Y10, Stroke Color : None'을 지정합니다.

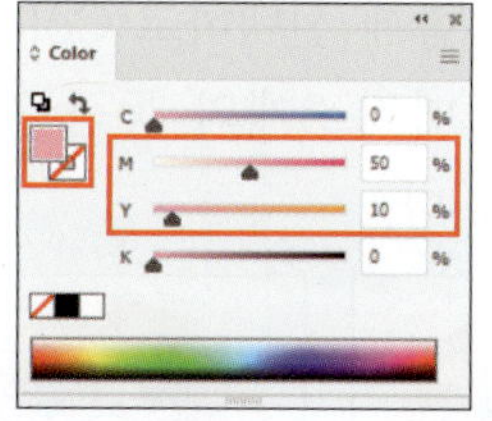

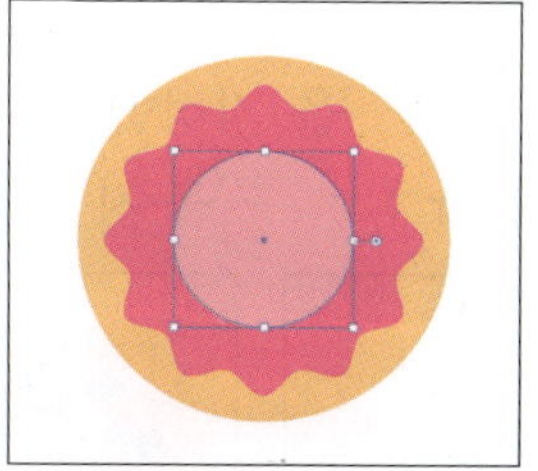

④ Scale Tool(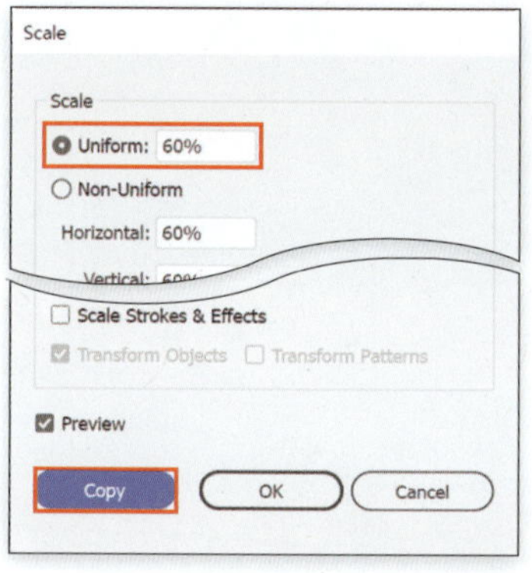)을 더블 클릭하여 'Uniform : 60%'를 지정하고 [Copy]를 눌러 축소 복사한 후 Color 패널에서 'Fill Color : 임의 색상, Stroke Color : 임의 색상'을 지정합니다.

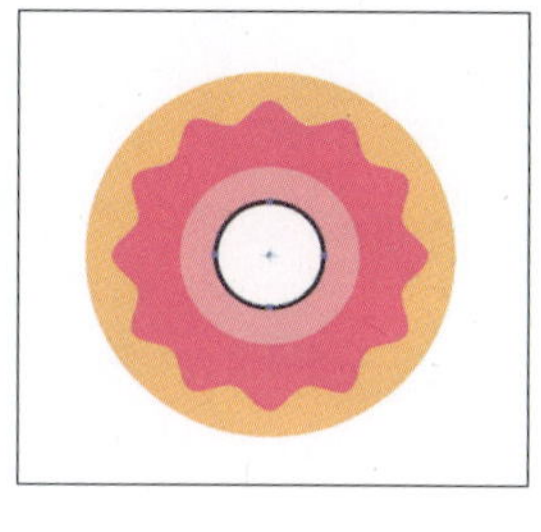

⑤ Rounded Rectangle Tool(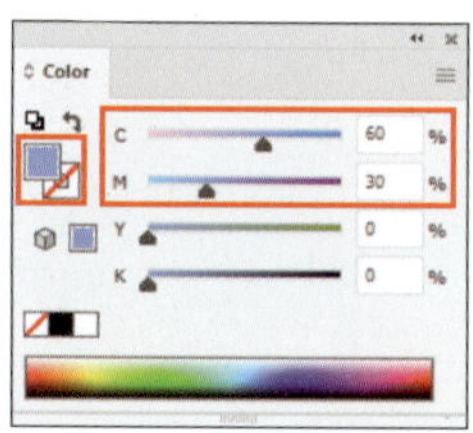)로 드래그하여 그림과 같이 겹치도록 그리고 Color 패널에서 'Fill Color : C60M90, Stroke Color : None'을 지정합니다. [Select]-[All]([Ctrl]+[A])로 모두 선택하고 Align 패널에서 'Horizontal Align Center(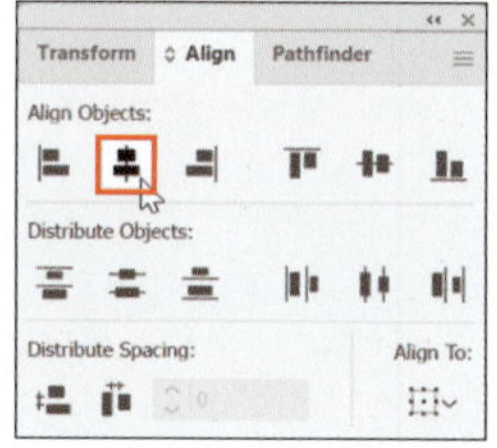)'를 클릭하여 가로 가운데 정렬을 지정합니다.

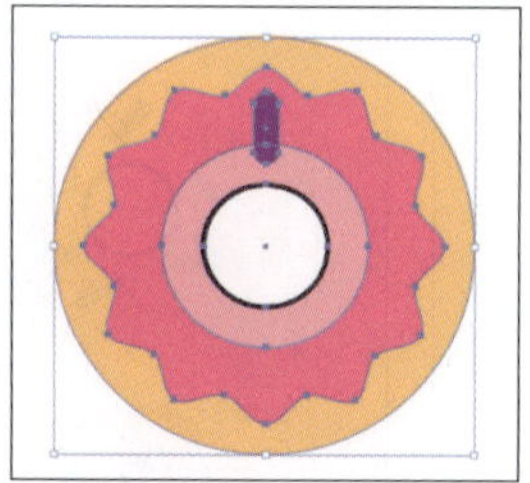

⑥ Selection Tool(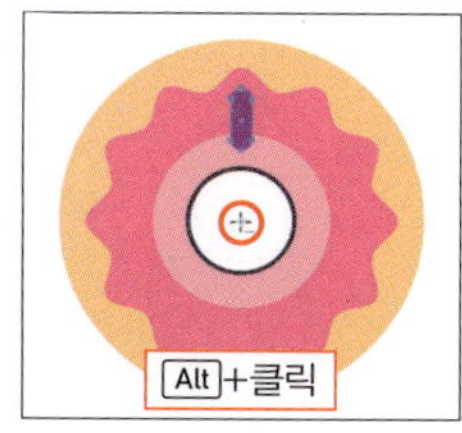)로 둥근 사각형을 선택하고 Rotate Tool(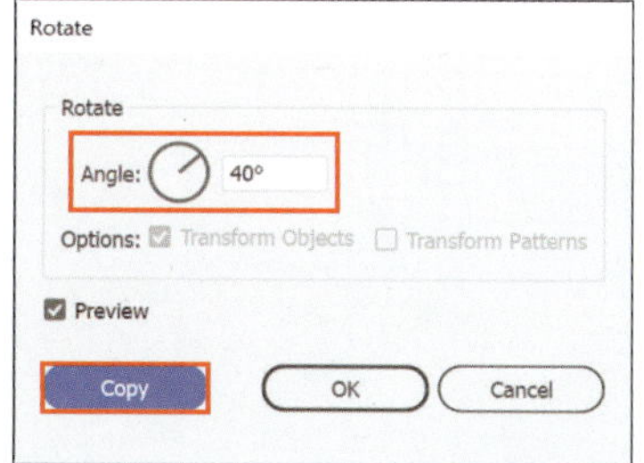)로 [Alt]를 누른 채 정원의 중심점을 클릭한 후 'Angle : 40°'를 지정하고 [Copy]를 눌러 복사하고 [Ctrl]+[D]를 7번 눌러 반복하여 회전 복사합니다.

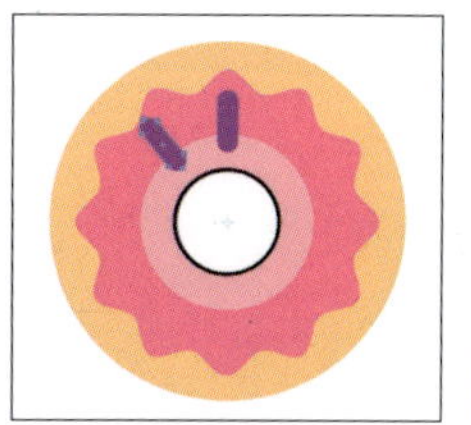

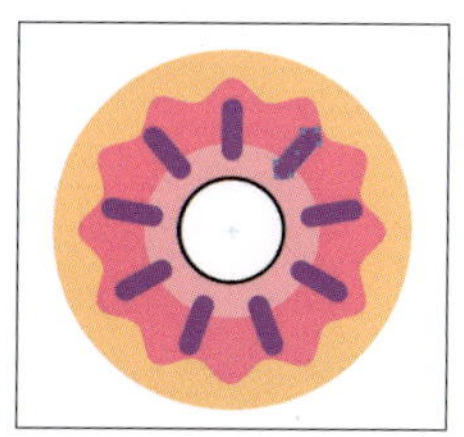

⑦ Selection Tool(▶)로 9개의 둥근 사각형을 선택하고 [Object]–[Transform]–[Trans-
form Each]를 선택하여 'Angle : 45°'를 지정한 후 [OK]를 눌러 오브젝트를 각각 회전합니
다. Selection Tool(▶)로 3개의 둥근 사각형을 함께 선택하고 Color 패널에서 'Fill Color
: C60, Stroke Color : None'을 지정한 후 나머지 3개의 둥근 사각형을 선택하고 'Fill
Color : Y100, Stroke Color : None'을 지정합니다.

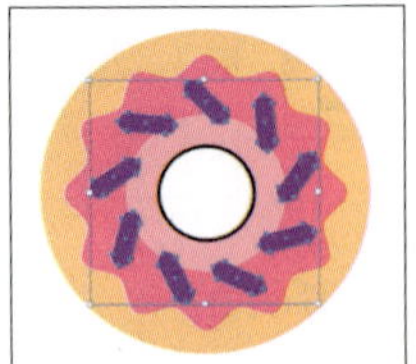
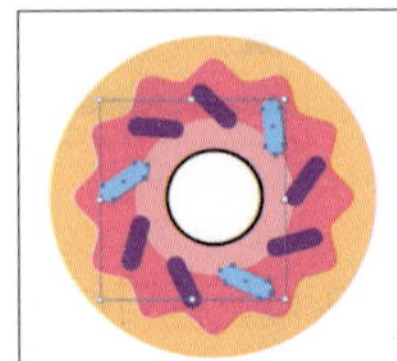
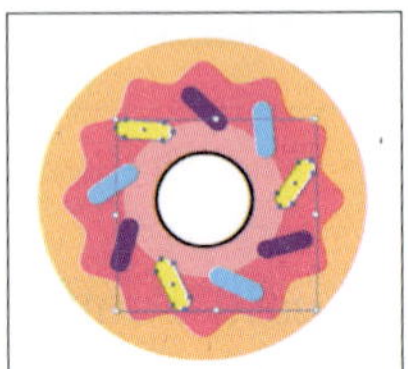

⑧ Selection Tool(▶)로 도넛 오브젝트를 선택하고 [Object]–[Transform]–[Move]를 선택
한 후 'Horizontal : 0mm, Vertical : 40mm'를 입력하고 [Copy]를 눌러 아래로 이동하여 복사
합니다.

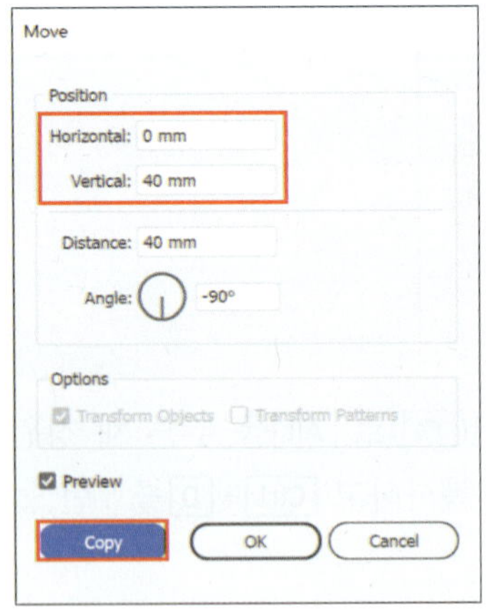
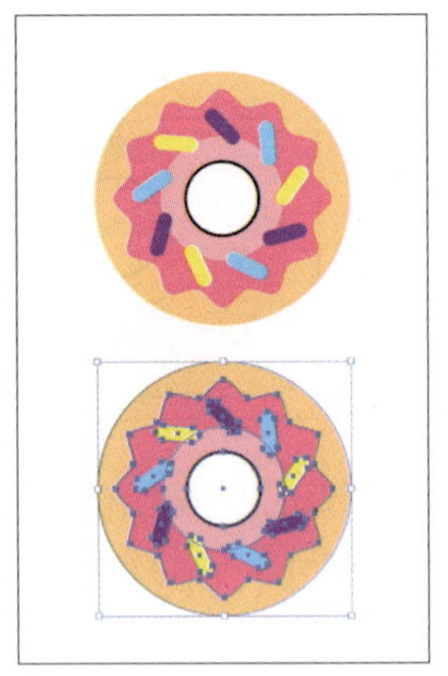

⑨ Selection Tool(▶)로 하단 도넛 오브젝트의 Color 패널에서 'Fill Color : M50Y10, Stroke Color : None'인 정원을 선택하고 Delete 를 눌러 삭제합니다. 뒤쪽부터 순서대로 오브 젝트를 선택하여 'Fill Color : C50M50Y90K50, C50Y100, Stroke Color : None'을 각각 지정합니다. 계속해서 나머지 오브젝트도 3개씩 함께 선택하고 'Fill Color : C50M70Y80K70, M80Y10, C0M0Y0K0, Stroke Color : None'을 각각 지정합니다.

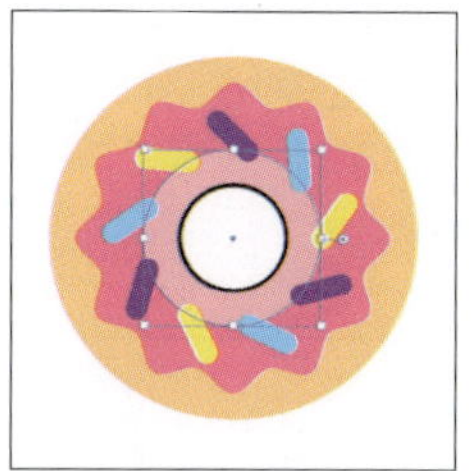  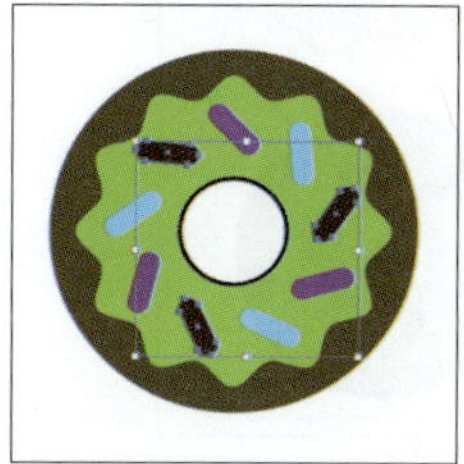 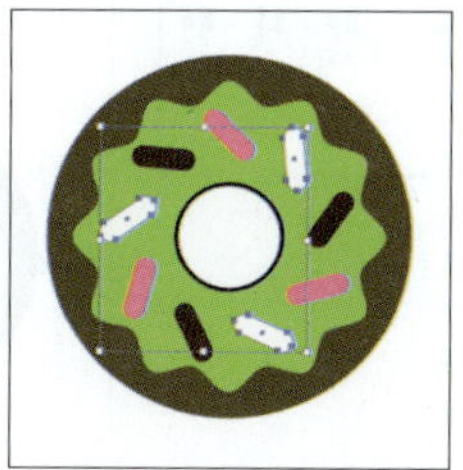

⑩ Selection Tool(▶)로 뒤쪽 3개의 오브젝트를 함께 선택하고 Pathfinder 패널에서 'Divide (▣)'를 클릭하여 면을 분할한 후 더블 클릭하여 Isolation Mode로 전환합니다. 가운데 정원 을 선택하고 Delete 를 눌러 삭제하고 Esc 를 눌러 정상 모드로 전환합니다. 상단의 도넛 오브 젝트도 뒤쪽 4개의 오브젝트를 함께 선택하고 동일한 방법으로 면을 분할한 후 가운데 정원을 삭제합니다.

 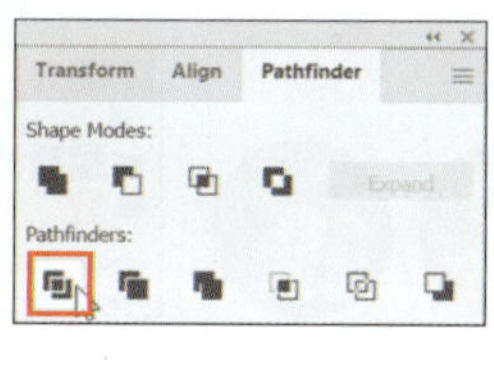   

② 패턴 등록하기

① Selection Tool(▶)로 도넛 오브젝트를 각각 선택하여 [Object]-[Group](Ctrl + G)으로 그룹을 지정합니다. Rectangle Tool(▣)로 작업 도큐먼트에 클릭하여 'Width : 40mm, Height : 80mm'를 입력하여 그리고 Color 패널에서 'Fill Color : None, Stroke Color : None'을 지정하고 [Object]-[Arrange]-[Send to Back](Shift + Ctrl + [ )을 선택하고 맨 뒤로 보내기를 합니다.

 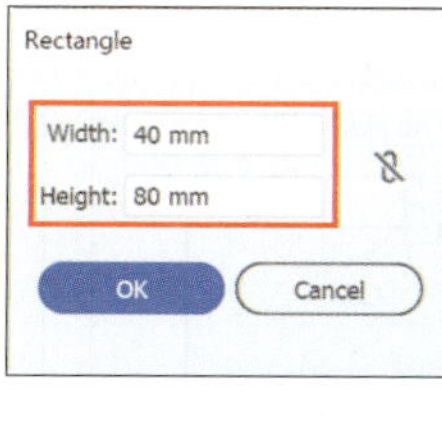 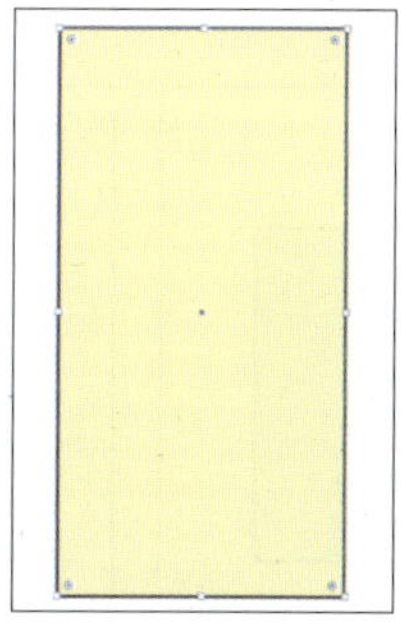 

② [Select]–[All]([Ctrl]+[A])로 오브젝트를 모두 선택하고 Align 패널에서 'Horizontal Align Center(⬓)'를 클릭하여 가로 가운데 정렬을 지정합니다.

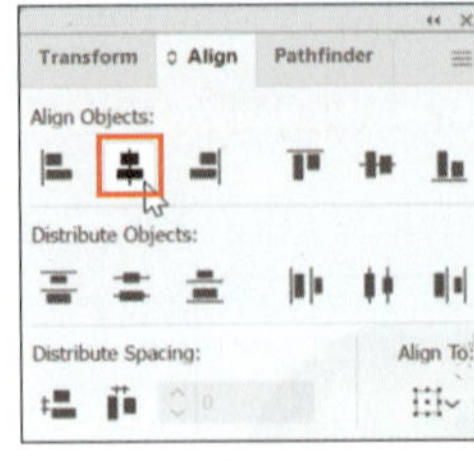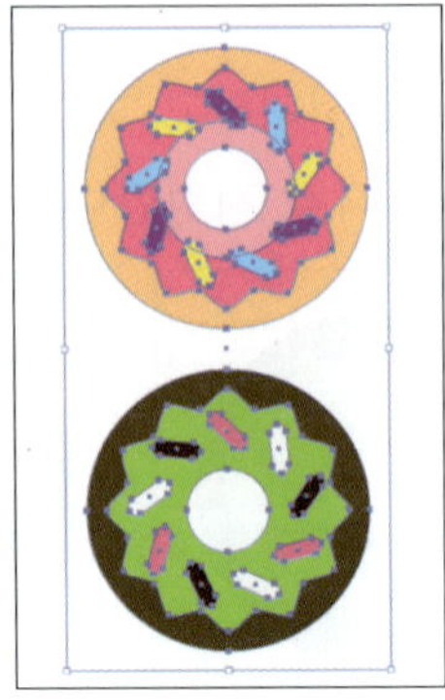

③ [Object]–[Pattern]–[Make]로 'Name : 도넛, Tile Type : Grid'를 지정하고 패턴으로 등록하여 Swatches 패널에 저장합니다. 도큐먼트 상단의 'Done'을 클릭하여 패턴 편집 모드에서 정상 모드로 전환합니다.

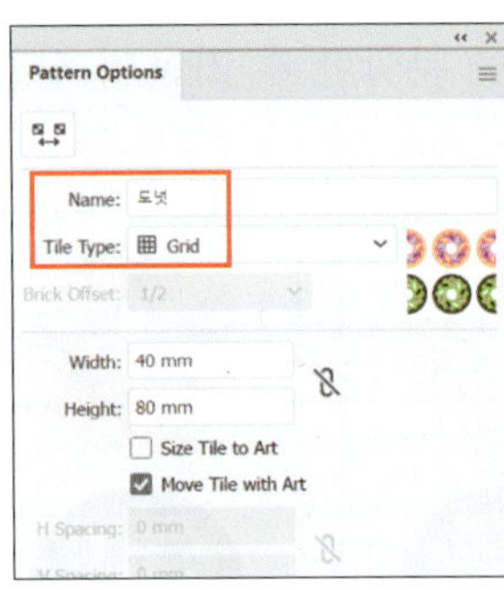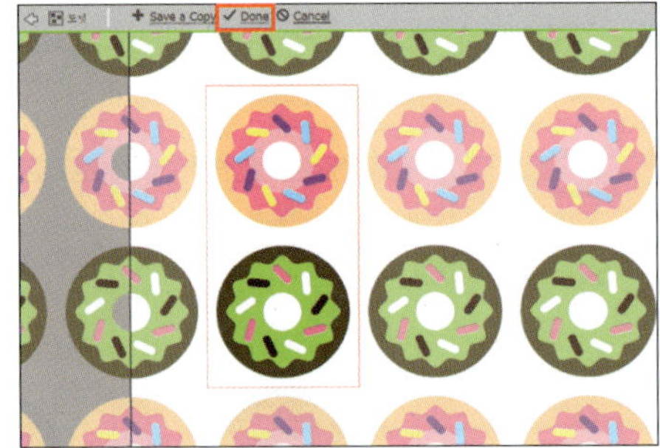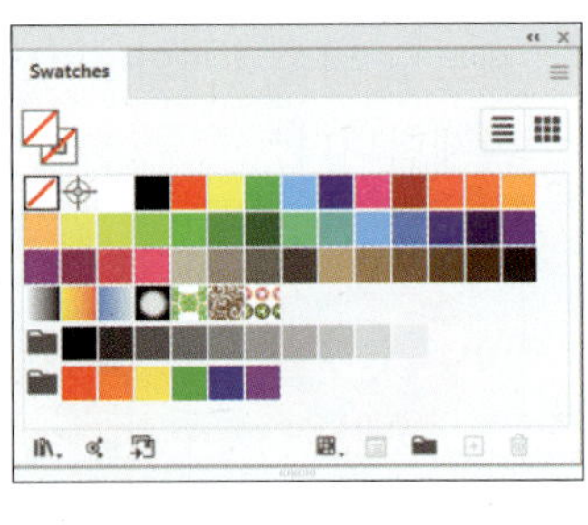

📋 **기적의 TIP**

- 패턴 편집 모드에서 정상 모드로 전환은 도큐먼트 왼쪽 상단의 화살표를 클릭하거나 [Esc]를 눌러도 됩니다.
- Swatches 패널에 저장된 '도넛' 패턴을 더블 클릭하여 등록된 패턴을 편집할 수 있습니다.

---

03 패키지 모양 만들기

① Rectangle Tool(▭)로 작업 도큐먼트에 클릭하여 'Width : 48mm, Height : 50mm'를 입력하여 그리고 Color 패널에서 'Fill Color : 임의 색상, Stroke Color : 임의 색상'을 지정합니다. 계속해서 직사각형을 상단에 겹치도록 그리고 Selection Tool(▶)로 [Alt]를 누르면서 오른쪽으로 드래그하여 복사합니다.

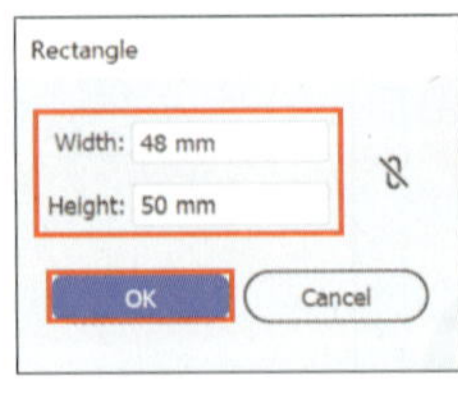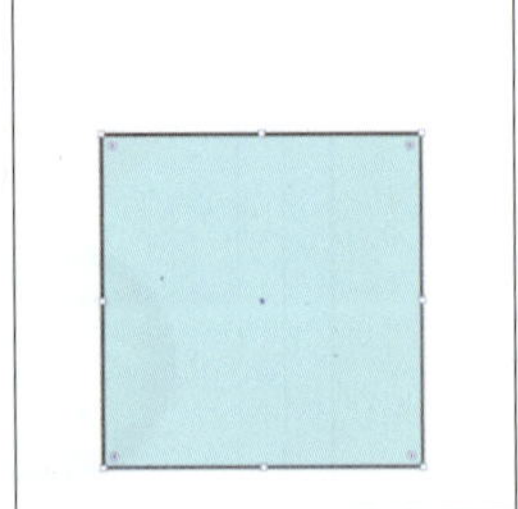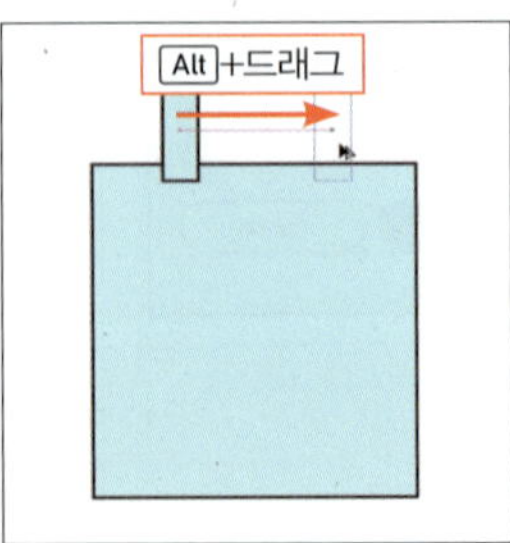

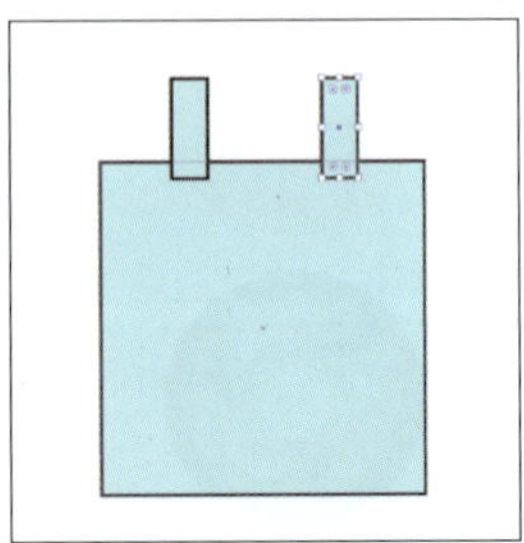

② Direct Selection Tool(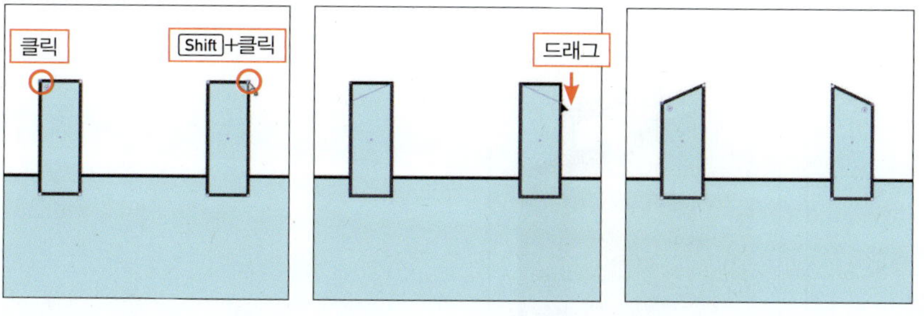)로 Shift 를 누르면서 왼쪽과 오른쪽 상단의 2개의 고정점을 클릭하여 선택하고 그림과 같이 아래쪽으로 이동하여 패스를 변형합니다.

③ Rectangle Tool(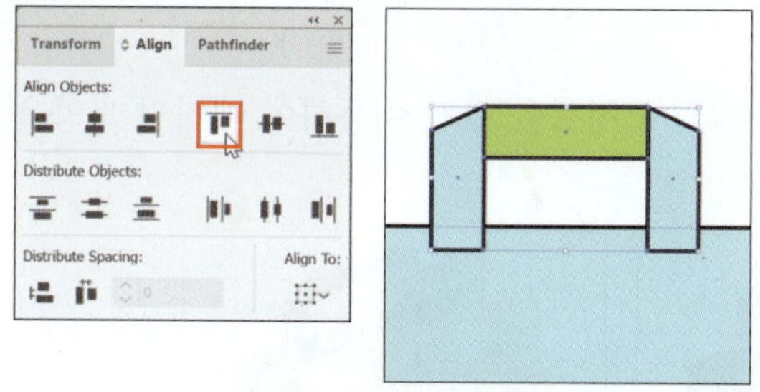)로 2개의 오브젝트 사이에 드래그하여 직사각형을 그리고 Selection Tool(▶)로 3개의 오브젝트를 함께 선택하고 Align 패널에서 'Vertical Align Top(Ⅲ)'를 클릭하여 상단에 정렬을 지정합니다.

④ Selection Tool(▶)로 4개의 오브젝트를 함께 선택하고 Color 패널에서 'Fill Color : C30M50Y70K20, Stroke Color : None'을 지정합니다. [Object]-[Transform]-[Move]를 선택하고 'Horizontal : −14mm, Vertical : 6mm'를 입력하고 [Copy]를 눌러 왼쪽 아래로 이동하여 복사하고 'Fill Color : C10M20Y50, Stroke Color : None'을 지정합니다. 손잡이 모양 중간의 오브젝트를 선택하고 'Fill Color : C20M40Y60K10, Stroke Color : None'을 지정합니다.

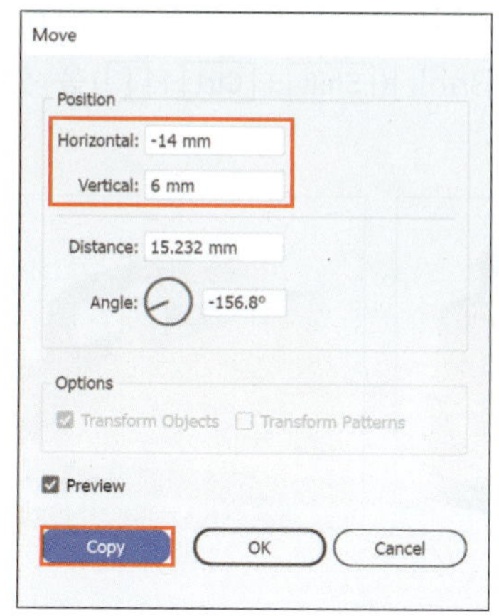

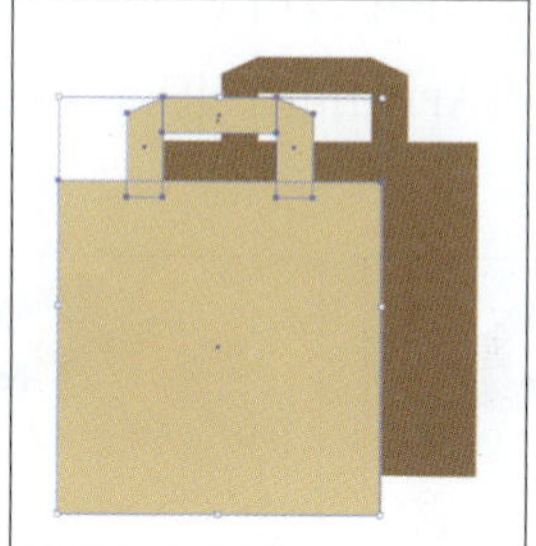

⑤ Selection Tool(▶)로 패키지 모양의 오브젝트를 함께 선택하고 Shear Tool(☞)을 더블
클릭하여 'Shear Angle : 200°, Axis : Vertical'을 지정하고 [OK]를 눌러 기울이기를 적용
합니다.

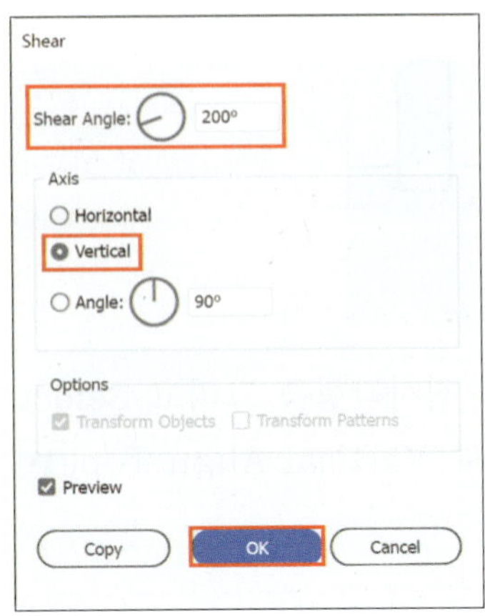
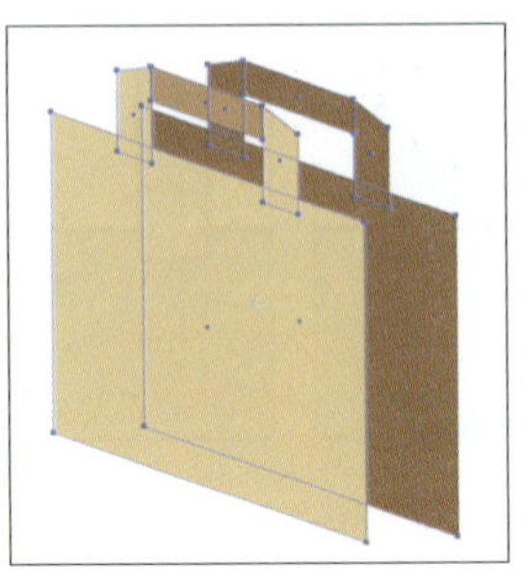

⑥ Direct Selection Tool(▷)로 그림과 같이 3개의 고정점을 각각 이동하여 패키지 모양을 변
경합니다.

⑦ Pen Tool(✏)로 클릭하여 3개의 닫힌 패스를 그림과 같이 오른쪽에 그리고 Color 패널에서 'Fill
Color : C20M40Y60K20, C20M40Y50, C30M50Y70K30, Stroke Color : None'을 각각
지정합니다. 계속해서 왼쪽 상단에 클릭하여 그리고 'Fill Color : C30M50Y70K20, Stroke
Color : None'을 지정하고 [Object]-[Arrange]-[Send to Back]([Shift]+[Ctrl]+[[])을 선택
하고 맨 뒤로 보내기를 합니다.

04 패턴 적용하고 투명도 적용하기

① Selection Tool(▶)로 패키지 모양의 왼쪽 오브젝트를 선택하고 [Edit]-[Copy]([Ctrl]+[C])로 복사를 하고 [Edit]-[Paste in Front]([Ctrl]+[F])로 복사한 오브젝트 앞에 붙여 넣기를 하고 Swathes 패널에서 '도넛' 패턴을 클릭하여 Fill Color에 패턴을 적용합니다.

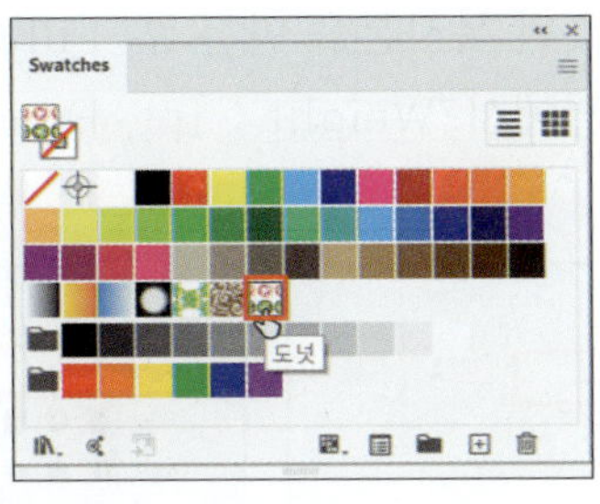

② Scale Tool(⊞)을 더블 클릭하고 'Uniform : 35%, Transform Objects : 체크 해제, Transform Patterns : 체크'를 지정하여 패턴의 크기를 축소합니다. [Object]-[Arrange]-[Bring to Front]([Shift]+[Ctrl]+[]])로 맨 앞으로 가져오기를 합니다.

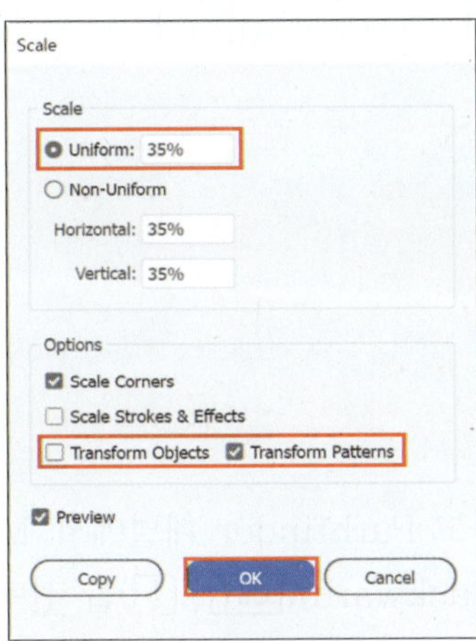

③ Shear Tool(↗)을 더블 클릭하여 'Shear Angle : 200°, Axis : Vertical, Transform Objects : 체크 해제, Transform Patterns : 체크'를 지정하고 패턴의 기울이기를 적용한 후, Transparency 패널에서 'Opacity : 70%'를 지정하여 패턴의 불투명도를 조절합니다.

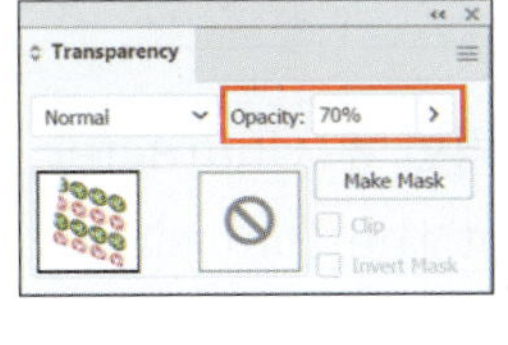

🏁 기적의 TIP

변형 도구의 대화상자에서 Options의 'Transform Objects : 체크 해제, Transform Patterns : 체크'를 지정해야 오브젝트는 그대로 유지하면서 패턴만 변형할 수 있습니다.

① Rounded Rectangle Tool(▣)로 작업 도큐먼트를 클릭한 후 'Width : 28mm, Height : 14mm, Corner Radius : 2mm'를 입력하여 그리고 Color 패널에서 'Fill Color : 임의 색상, Stroke Color : 임의 색상'을 지정합니다. [Object]-[Path]-[Offset Path]를 선택한 후 'Offset : −1.5mm'를 지정하여 축소된 복사본을 만든 후 'Fill Color : None, Stroke Color : M80Y90'을 지정하고 Stroke 패널에서 'Weight : 1pt, Dashed Line : 체크, dash : 3pt'를 입력하여 점선을 지정합니다.

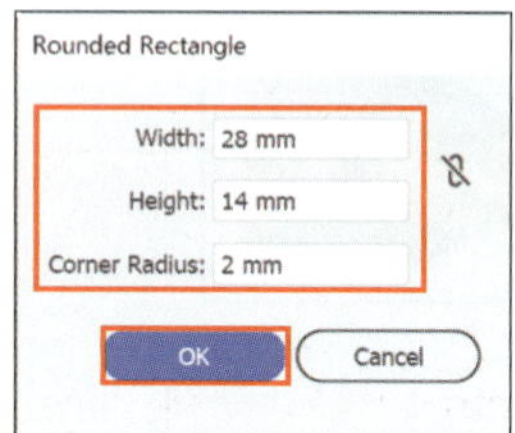 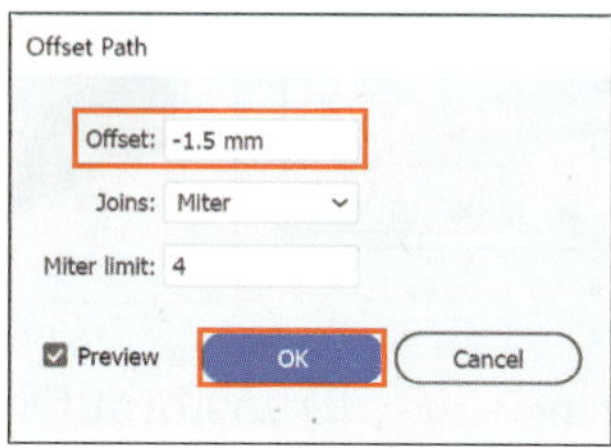 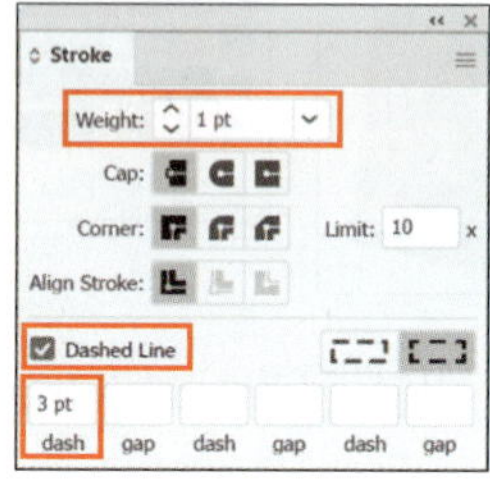 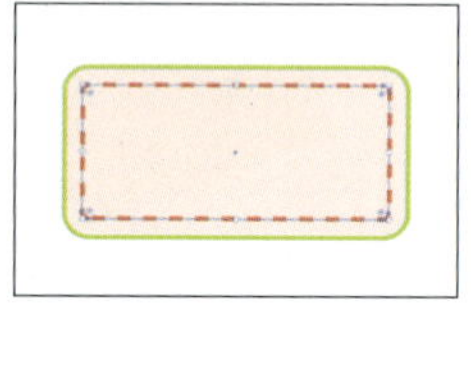

② Ellipse Tool(◯)로 Shift 를 누르면서 드래그하여 임의 색상의 정원을 그리고 Selection Tool(▶)로 3개의 오브젝트를 함께 선택하고 Align 패널에서 'Vertical Align Center(▥)'를 클릭하여 세로 가운데 정렬을 지정합니다.

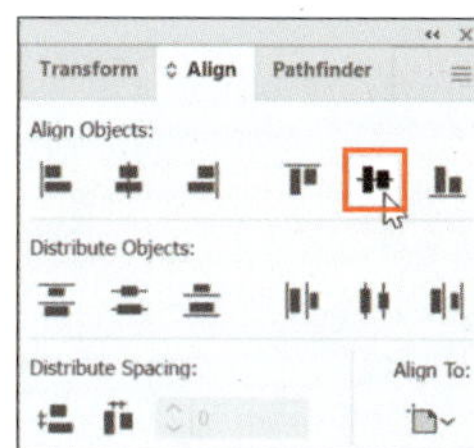 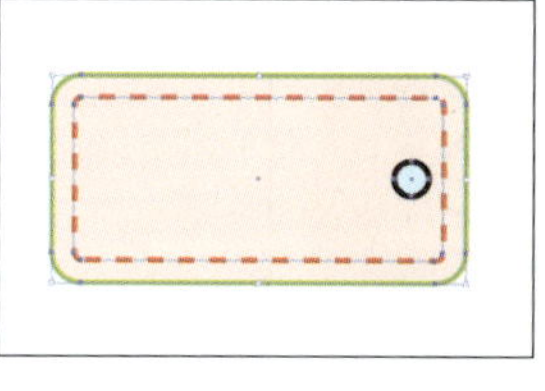

③ Selection Tool(▶)로 큰 둥근 사각형과 정원을 함께 선택하고 Pathfinder 패널에서 'Minus Front(▣)'를 클릭한 후 [Object]-[Arrange]-[Send Backward](Ctrl + [ )를 선택하고 뒤로 보내기를 합니다.

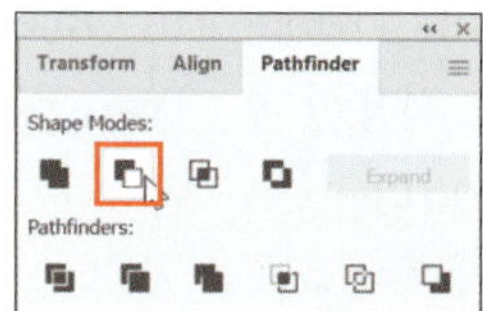  

④ Type Tool(T)로 작업 도큐먼트를 클릭한 후 Character 패널에서 'Set the font family : Arial, Set the font style : Bold, Set the font size : 10pt'를 설정하고 Color 패널에서 'Fill Color : K100, Stroke Color : None'을 지정한 후 'DOUGHNUT'을 입력합니다.

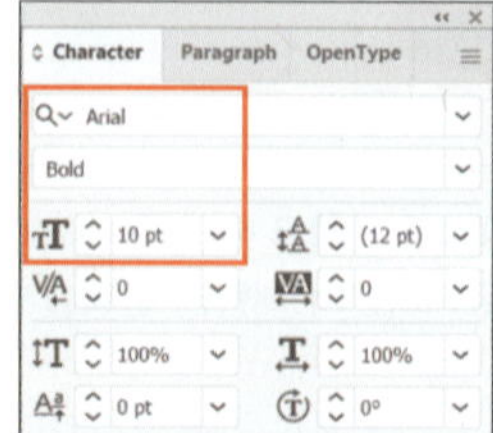 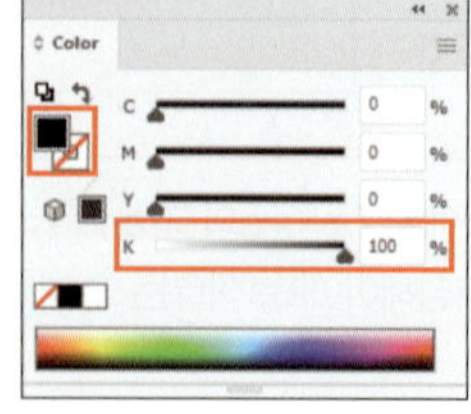 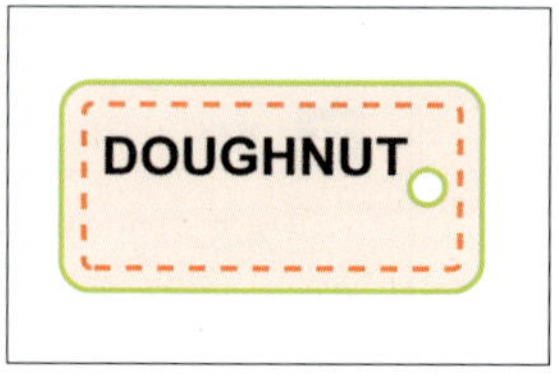

① Line Segment Tool(◢)로 Shift 를 누르면서 오른쪽에서 왼쪽으로 드래그하여 수평선을 그리고 Color 패널에서 'Fill Color : None, Stroke Color : M80Y90'을 지정하고 Stroke 패널에서 'Weight : 1pt'를 지정합니다. Brushes 패널 하단의 'Brush Libraries Menu(⬛)'를 클릭한 후 [Decorative]-[Elegant Curl & Floral Brush Set]를 선택하여 추가 브러쉬 패널을 불러온 후 'Floral Stem 4'를 선택합니다.

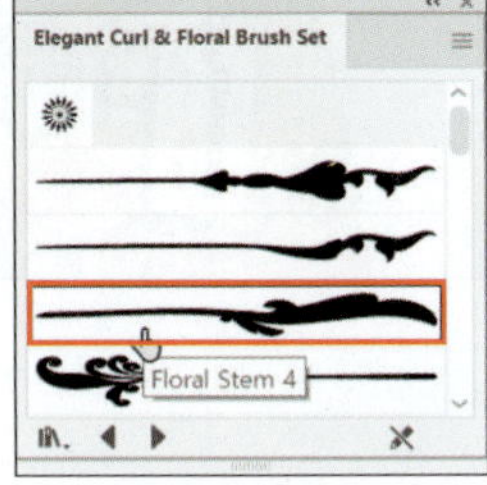

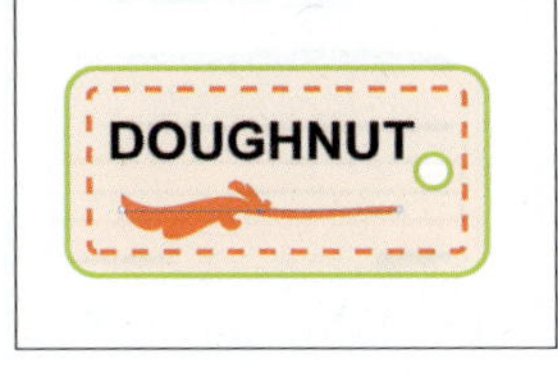

② Selection Tool(▶)로 큰 둥근 사각형을 선택하고 Color 패널에서 'Fill Color : C0M0Y0K0, Stroke Color : None'을 지정한 후 태그 모양을 모두 선택하고 [Object]-[Group](Ctrl +G)으로 그룹을 지정한 후 [Effect]-[Illustrator Effects]-[Stylize]-[Drop Shadow]를 선택하고 'Opacity : 75%, X Offset : 1mm, Y Offset : 1mm, Blur : 1mm'를 지정하여 그림자 효과를 적용합니다.

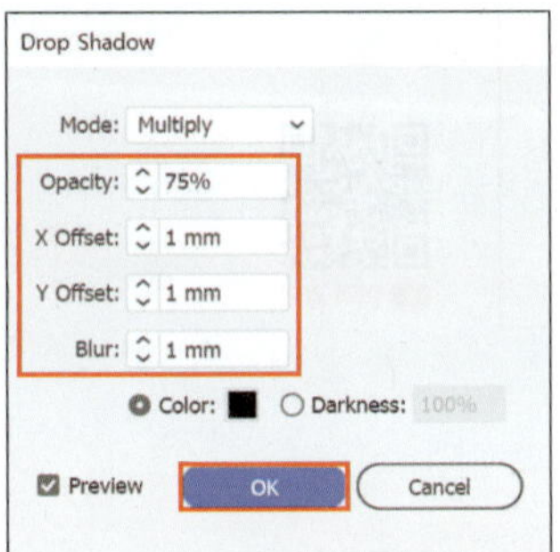

③ Rotate Tool(↻)을 더블 클릭하여 'Angle : 95°'를 지정하고 [OK]를 눌러 회전하고 레이아웃에 맞게 배치합니다.

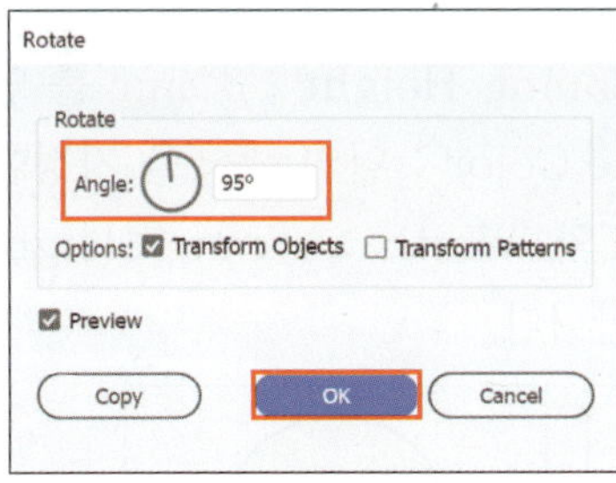

④ Pen Tool()로 클릭하여 열린 패스를 그림과 같이 그리고 Color 패널에서 'Fill Color : None, Stroke Color : K100'을 지정하고 Stroke 패널에서 'Weight : 1pt'를 지정합니다. Brushes 패널 하단의 'Brush Libraries Menu(📖)'를 클릭한 후 [Artistic]−[Artistic_ChalkCharcoalPencil]을 선택하여 추가 브러쉬 패널에서 'Charcoal − Pencil'을 선택하여 적용합니다.

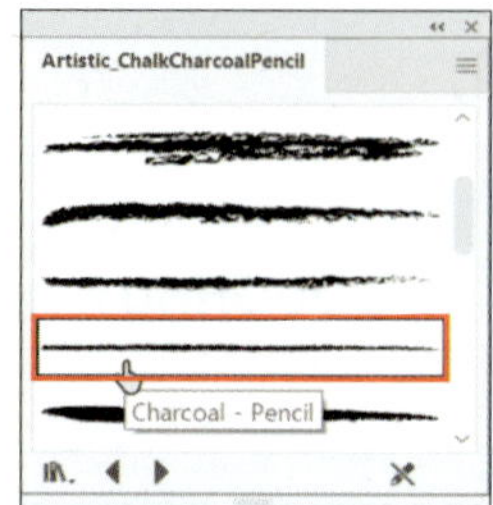

02 패턴이 적용된 패키지 만들기

▲ 완성이미지

01 패스파인더를 활용한 인형 오브젝트 만들기

① [File]−[New](Ctrl+N)를 선택하고 새 도큐먼트를 만들고 [View]−[Rulers]−[Show Rulers](Ctrl+R)로 눈금자 보기를 한 후 세로 안내선을 표시합니다.

② Ellipse Tool(◯)로 작업 도큐먼트를 클릭한 후 'Width : 35mm, Height : 30mm'를 입력하여 그리고 Color 패널에서 'Fill Color : 임의 색상, Stroke Color : 임의 색상'을 지정합니다. 계속해서 클릭하여 'Width : 54mm, Height : 45mm'와 'Width : 33mm, Height : 13mm'를 각각 입력하여 그리고 그림과 같이 겹치도록 배치합니다.

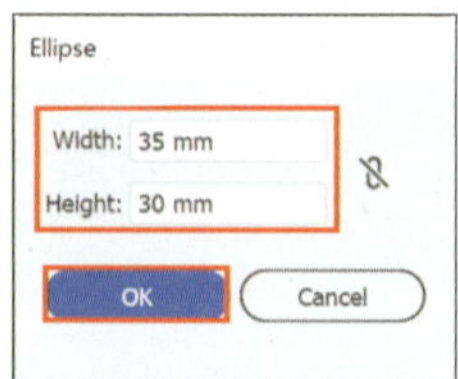
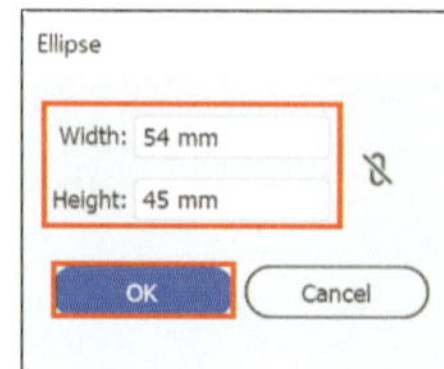

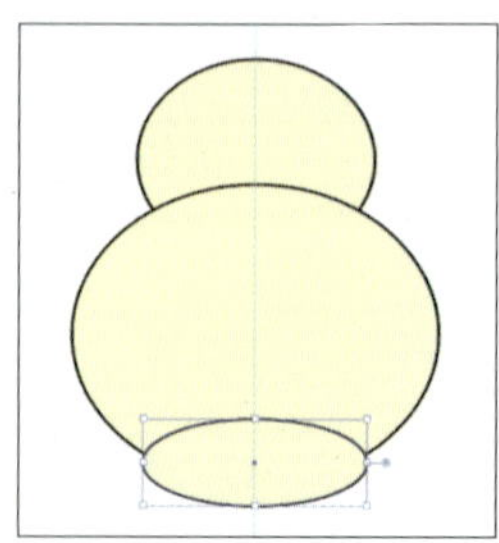

③ [Select]-[All]([Ctrl]+[A])로 모두 선택하고
Align 패널에서 'Horizontal Align Center([이미지])'
를 클릭하여 가로 가운데 정렬을 지정합니다.

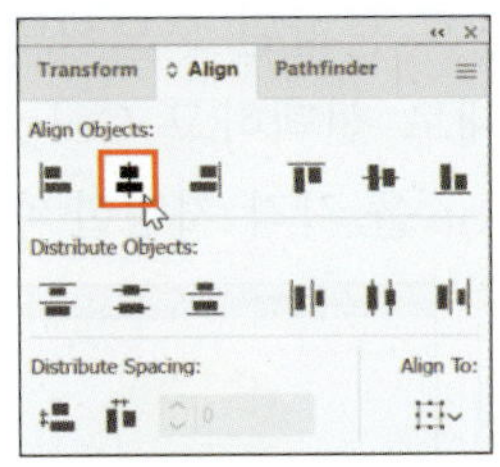 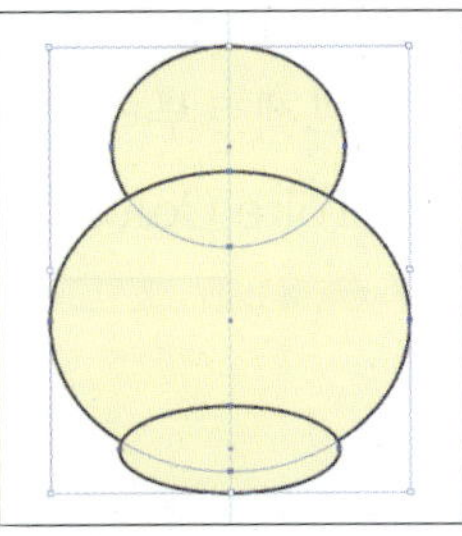

④ Pathfinder 패널에서 'Unite([이미지])'를 클릭하여 합친 후 [Effect]-[Illustrator Effects]-
[Stylize]-[Round Corners]를 선택하고 'Radius : 3mm'를 지정하여 모서리를 둥글게 만
들고 [Object]-[Expand Appearance]를 선택하여 오브젝트의 속성을 확장합니다.

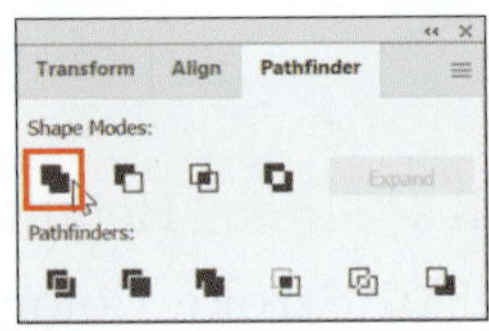 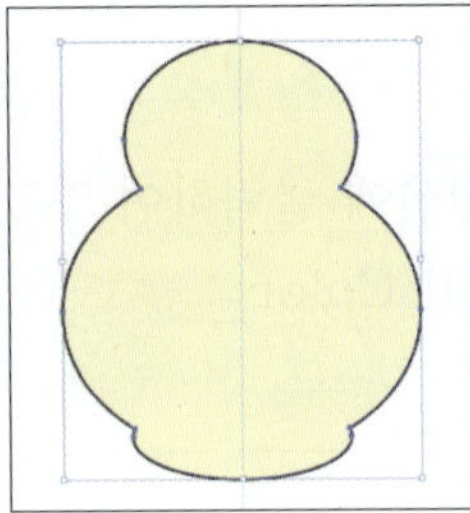 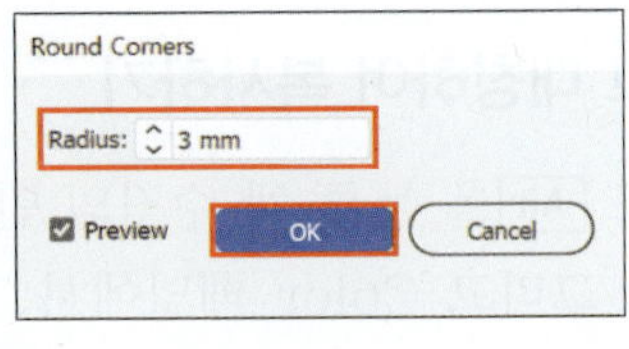 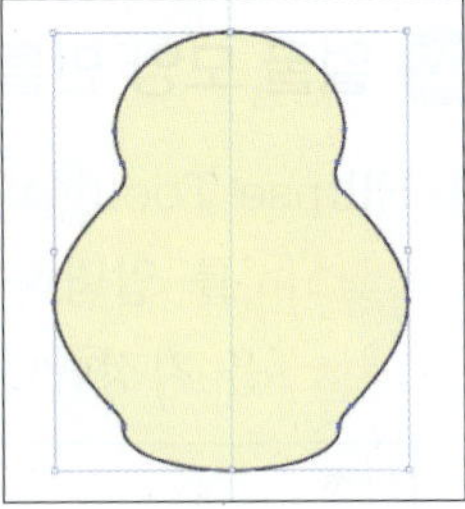

⑤ Ellipse Tool([이미지])로 드래그하여 상단과 겹치도록 타원을 그리고 Color 패널에서 'Fill Color
: None, Stroke Color : 임의 색상'을 지정합니다. Direct Selection Tool([이미지])로 상단의
고정점을 클릭하여 선택하고 [Delete]를 눌러 삭제한 후 열린 패스로 만든 후 Selection Tool
([이미지])로 [Alt]를 누른 채 하단으로 드래그하여 복사하여 배치합니다.

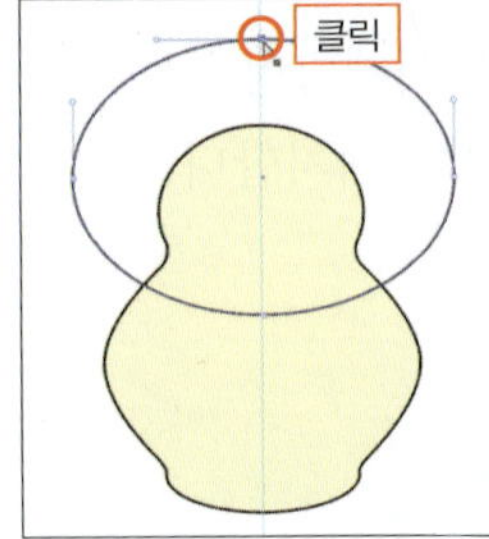

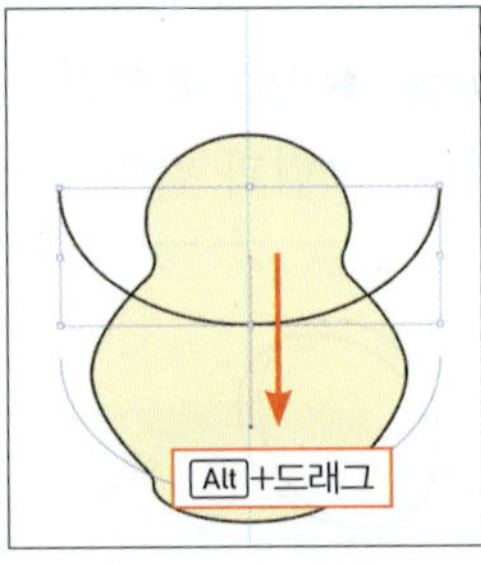

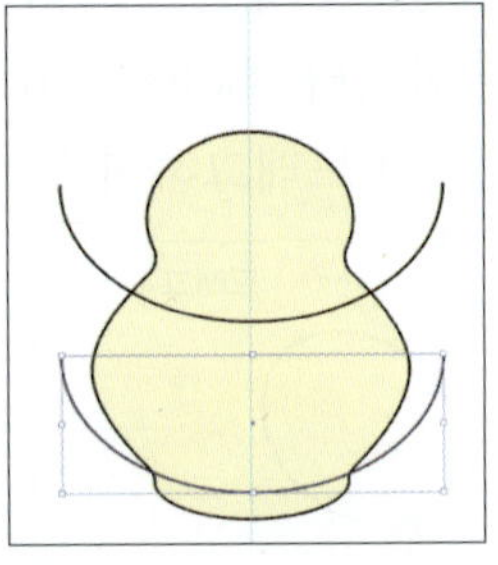

⑥ [Select]-[All]([Ctrl]+[A])로 모두 선택하고 Align 패널에서 'Horizontal Align Center([이미지])'
를 클릭하여 가로 가운데 정렬을 지정하고 Pathfinder 패널에서 'Divide([이미지])'를 클릭하여 면
을 분할합니다.

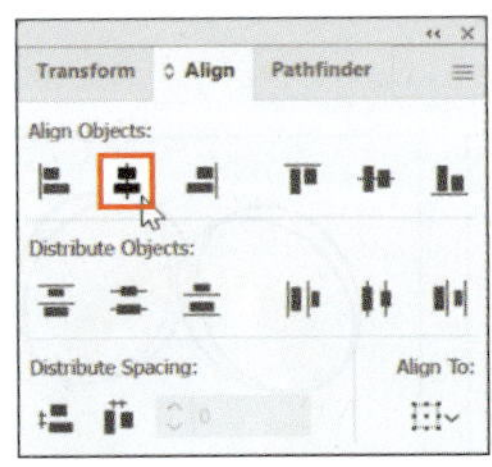 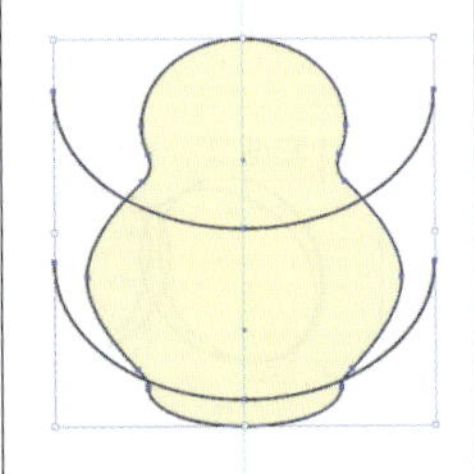 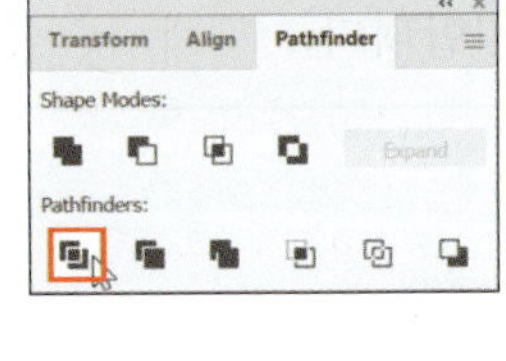 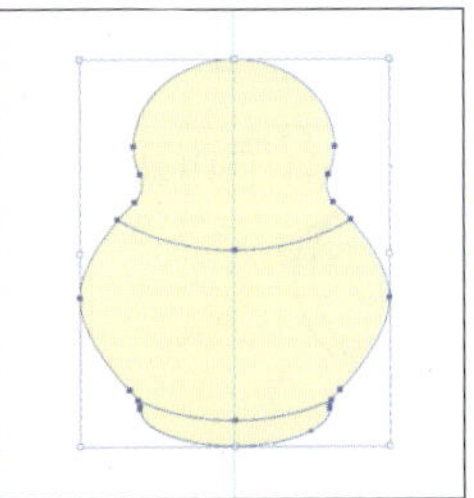

⑦ Selection Tool(▶)로 분할된 오브젝트를 더블 클릭하여 Isolation Mode로 전환하고 위쪽 오브젝트부터 순서대로 선택하고 Color 패널에서 'Fill Color : Y70, M50, M100Y20, Stroke Color : None'을 각각 지정한 후 Esc 를 눌러 정상 모드로 전환합니다.

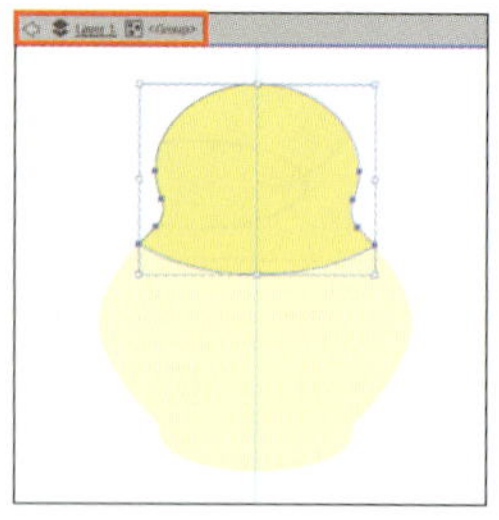
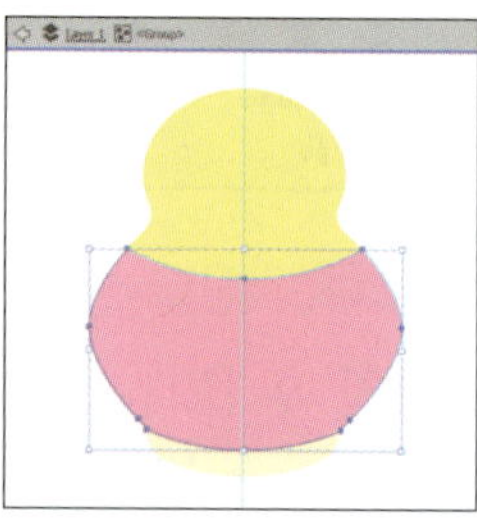
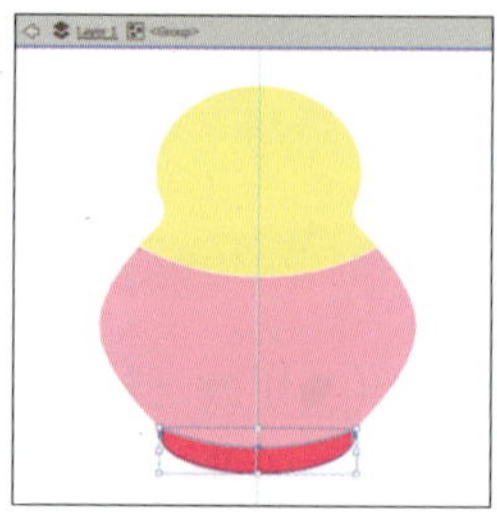

02 얼굴 모양 만들고 대칭하여 복사하기

① Ellipse Tool(◯)로 Alt 를 누른 채 수직의 안내선에 클릭하여 'Width : 24mm, Height : 22mm'를 입력하여 그리고 Color 패널에서 'Fill Color : C0M0Y0K0, Stroke Color : None'을 지정합니다.

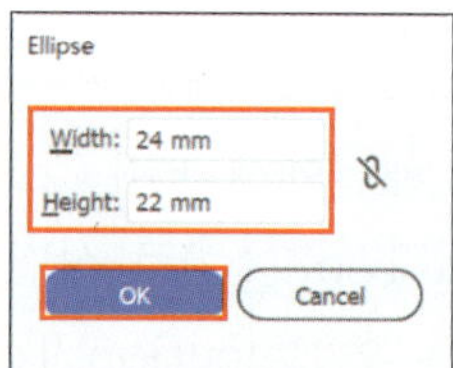
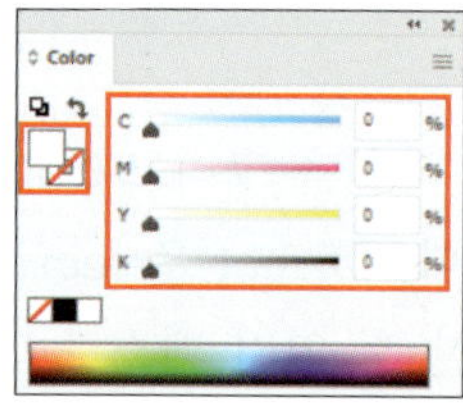
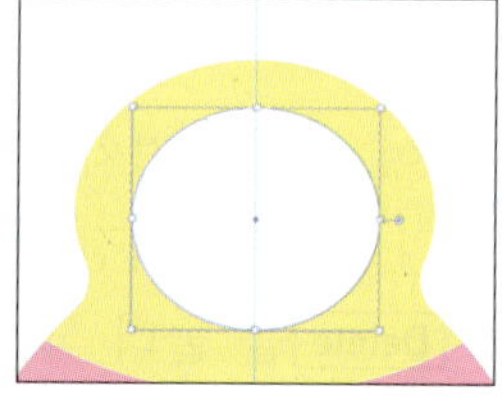

② Ellipse Tool(◯)로 드래그하여 타원을 그리고 Color 패널에서 'Fill Color : None, Stroke Color : 임의 색상'을 지정합니다. Selection Tool(▶)로 조절점 밖을 시계방향으로 드래그하여 회전한 후 Alt 를 누른 채 드래그하여 복사하고 그림과 같이 회전하여 배치합니다.

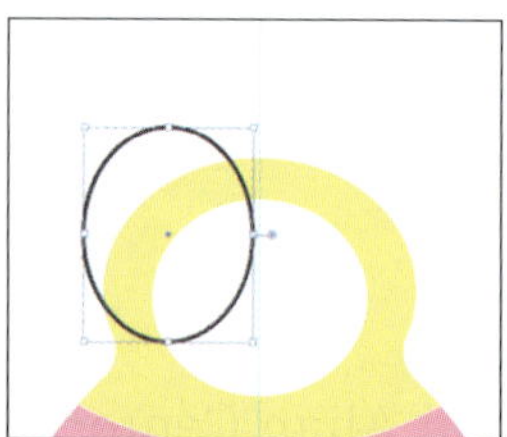
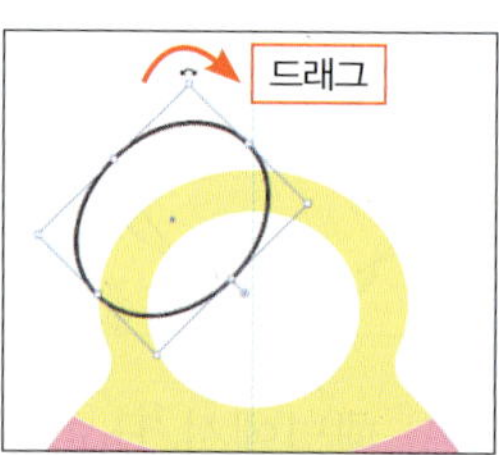
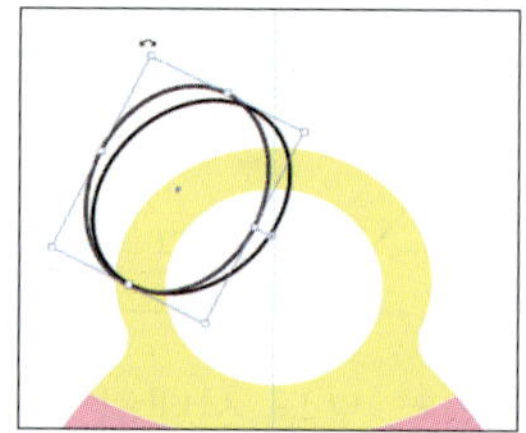

③ Selection Tool(▶)로 드래그하여 2개의 타원을 함께 선택하고 Reflect Tool(◁)로 Alt 를 누르면서 수직 안내선을 클릭하여 'Axis : Vertical'을 지정하고 [Copy]를 눌러 복사한 후 회전과 위치를 조절하여 배치합니다.

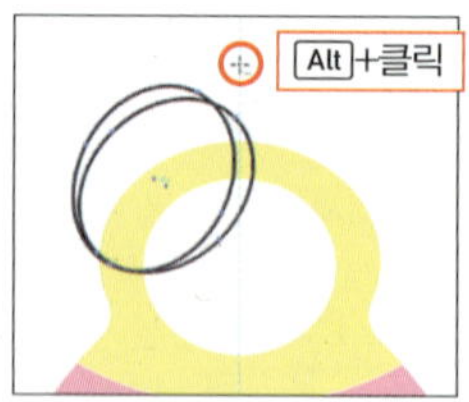
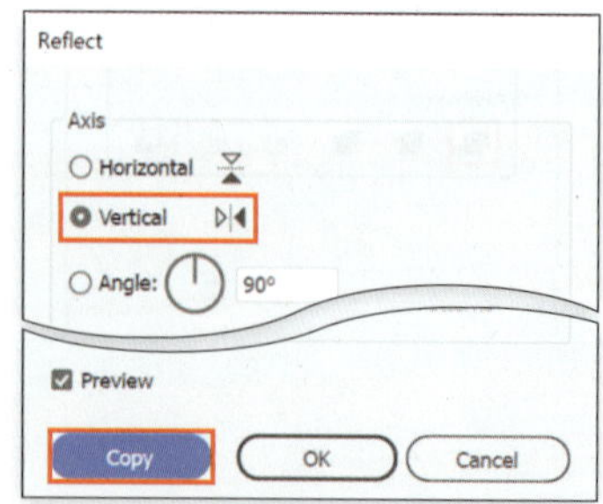

④ Selection Tool(▶)로 **Shift**를 누른 채 클릭하여 5개의 오브젝트를 함께 선택하고 Path-finder 패널에서 'Divide(⬚)'를 클릭하여 면을 분할합니다.

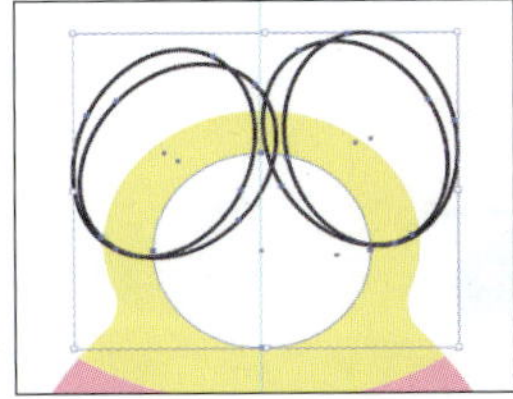 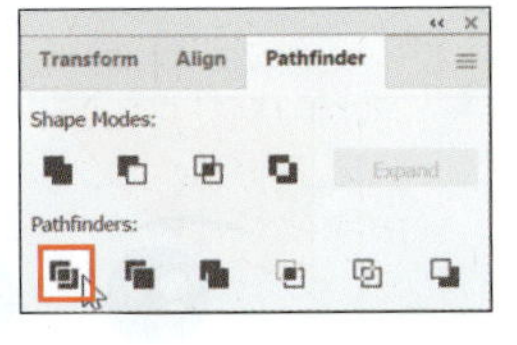 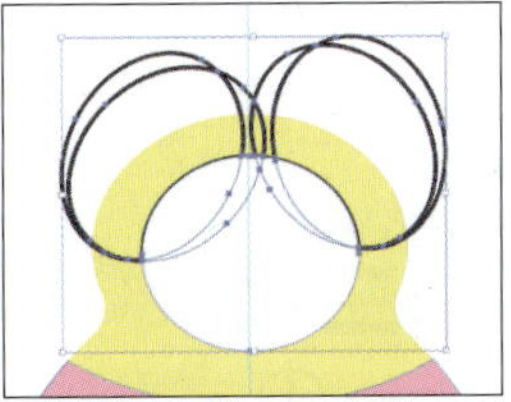

⑤ Selection Tool(▶)로 분할된 오브젝트를 더블 클릭하여 Isolation Mode로 전환하고 불필요한 오브젝트를 선택하고 **Delete**를 눌러 삭제합니다. 오브젝트를 순서대로 선택하고 Color 패널에서 'Fill Color : M40Y80, M60Y100, Stroke Color : None'을 각각 지정한 후 **Esc**를 눌러 정상 모드로 전환합니다.

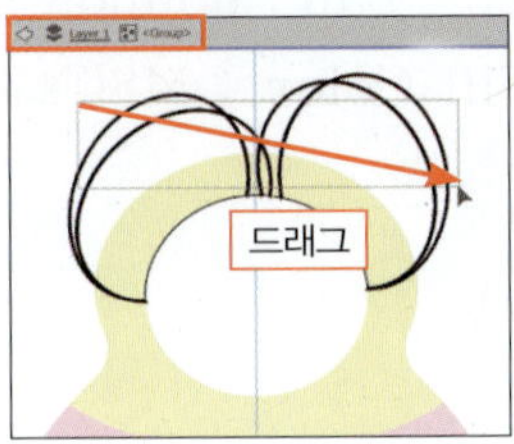

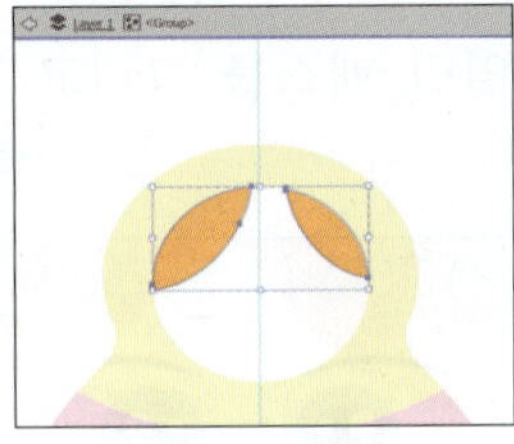 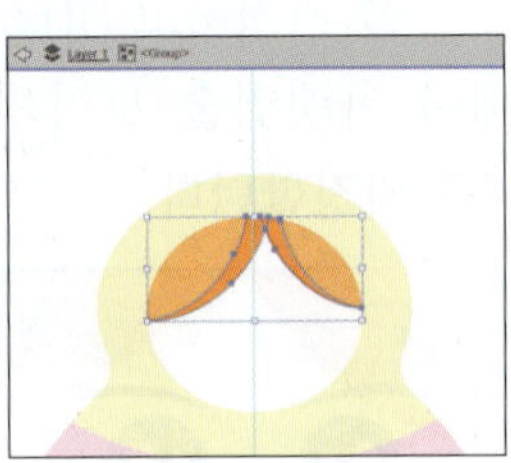

⑥ Pen Tool(✒)로 눈썹 모양의 패스를 그리고 Color 패널에서 'Fill Color : K100, Stroke Color : None'을 지정합니다. Ellipse Tool(◯)로 **Shift**를 누른 채 드래그하여 크기가 다른 5개의 정원을 그리고 'Fill Color : C100M30, K100, C0M0Y0K0, Stroke Color : None'을 각각 지정합니다. 계속해서 타원을 그리고 'Fill Color : K80, Stroke Color : None'을 지정합니다.

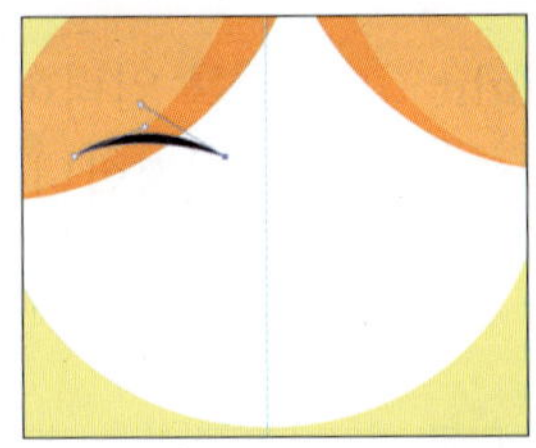 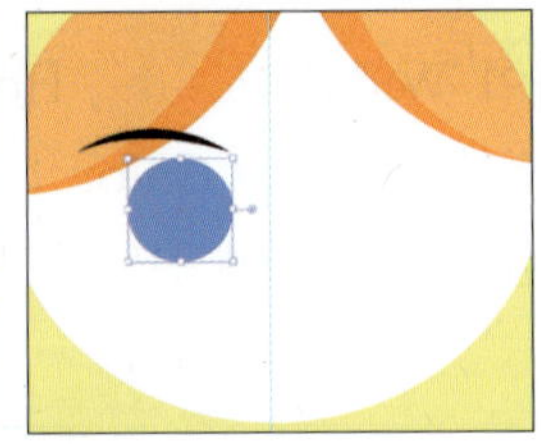 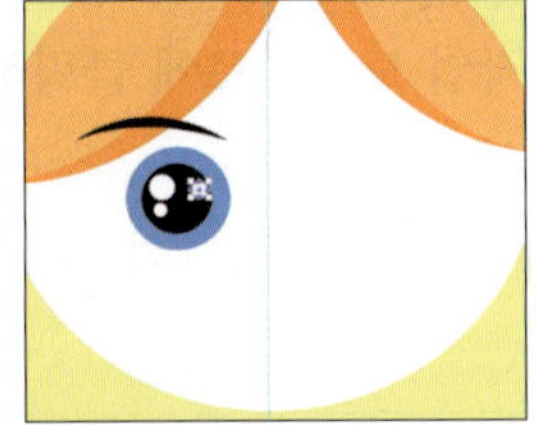 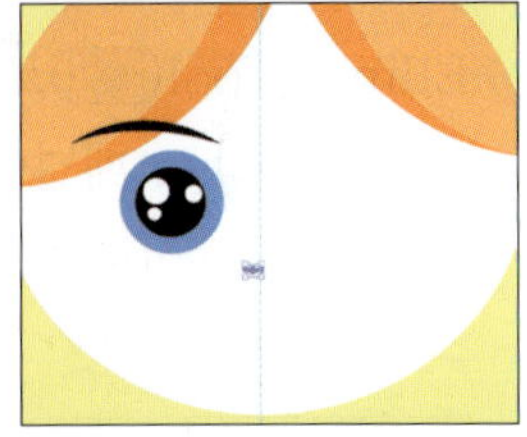

⑦ Ellipse Tool(◯)로 **Shift**를 누른 채 드래그하여 볼의 위치에 정원을 그리고 Gradient 패널에서 'Type : Radial Gradient'를 적용하고 Gradient Slider의 왼쪽 'Color Stop'을 더블 클릭하여 M30Y20을, 오른쪽 'Color Stop'을 더블 클릭하여 C0M0Y0K0을 적용한 후 Tool 패널 하단에서 'Stroke Color : None'을 지정합니다.

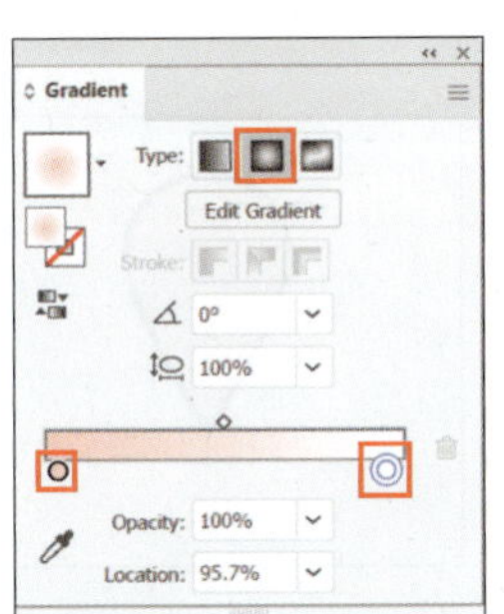 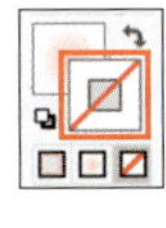 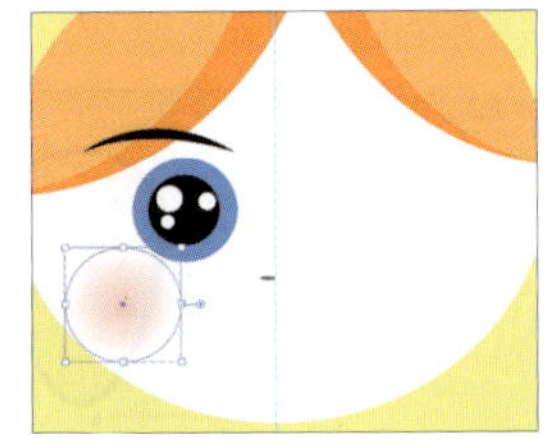

⑧ Selection Tool(▶)로 대칭 복사할 오브젝트를 함께 선택하고 Reflect Tool(▷◁)로 [Alt]를
눌러면서 수직 안내선을 클릭하여 'Axis : Vertical'을 지정하고 [Copy]를 눌러 복사한 후 배
치합니다.

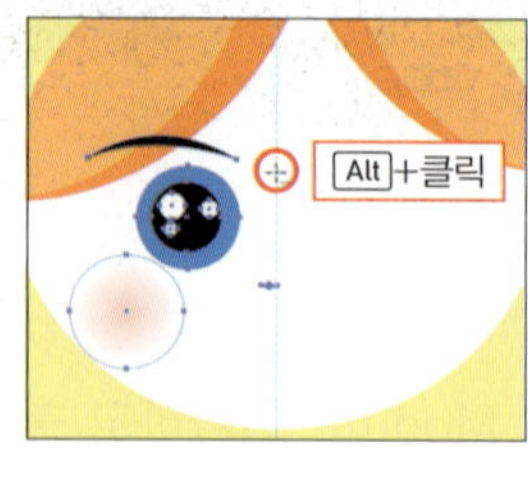
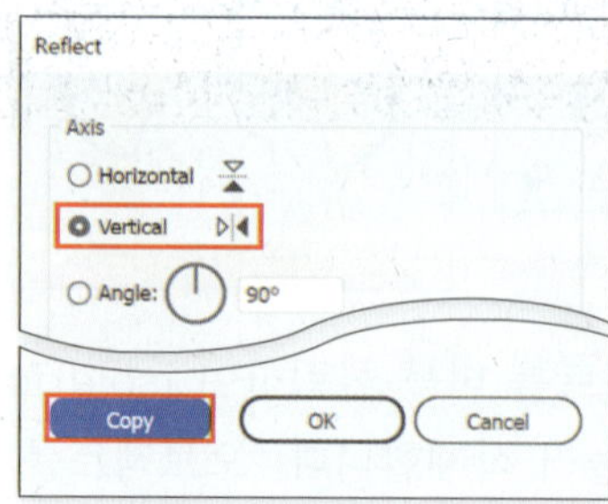
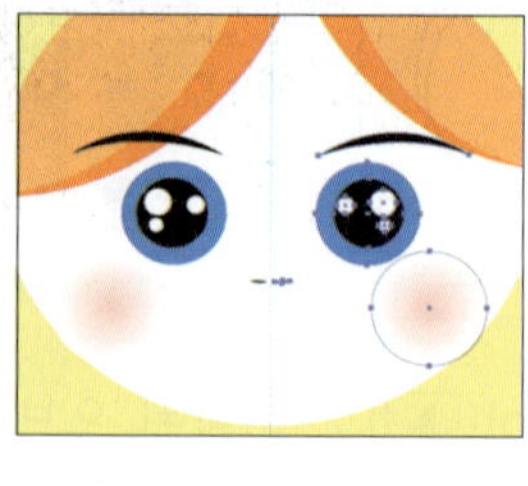

⑨ Pen Tool(✐)로 윗입술 모양의 열린 패스를 그리고 Color 패널에서 'Fill Color : None,
Stroke Color : M80Y70'을 지정하고 Stroke 패널에서 'Weight : 2pt, Cap : Round Cap'
을 적용합니다. 계속해서 아랫입술 모양의 열린 패스를 그리고 'Fill Color : M80Y70,
Stroke Color : None'을 지정합니다.

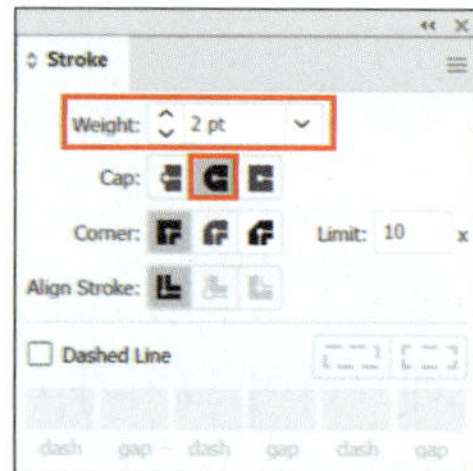

03 꽃 모양 만들기

① Ellipse Tool(◯)로 작업 도큐먼트에 클릭하여 'Width : 8mm, Height : 8mm'를 입력하여
그리고 Color 패널에서 'Fill Color : 임의 색상, Stroke Color : 임의 색상'을 지정합니다.
Direct Selection Tool(▷)로 하단의 고정점을 클릭하여 선택하고 아래쪽으로 이동하여 패
스를 변형합니다.

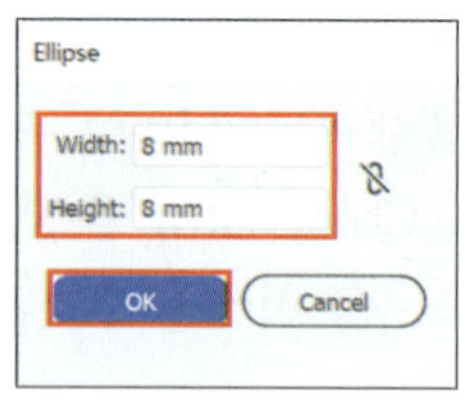
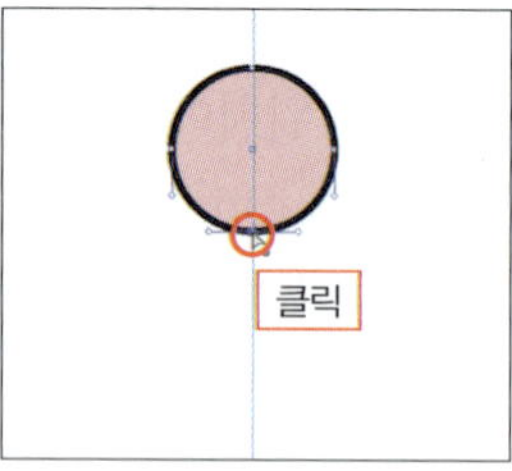

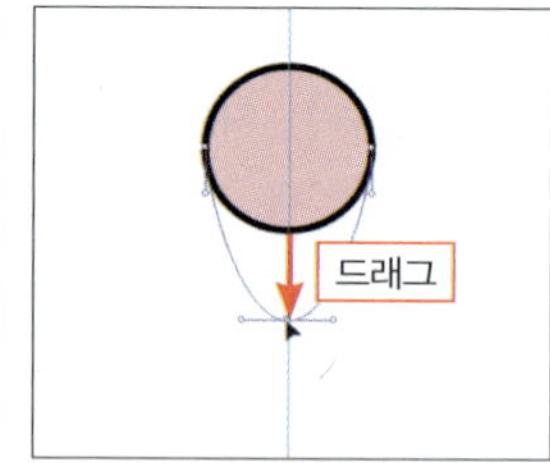

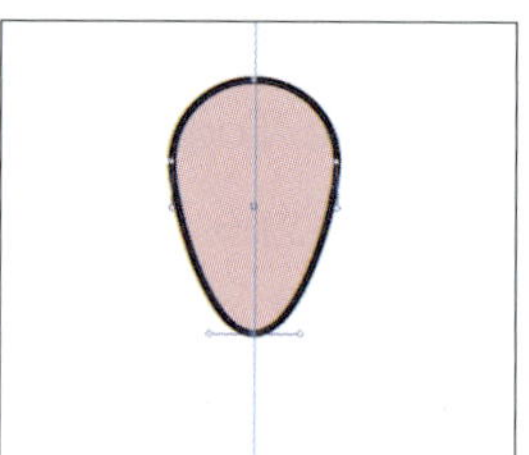

② Scale Tool(▣)을 세로 안내선쪽으로 드래
그하여 하단 패스를 축소합니다.

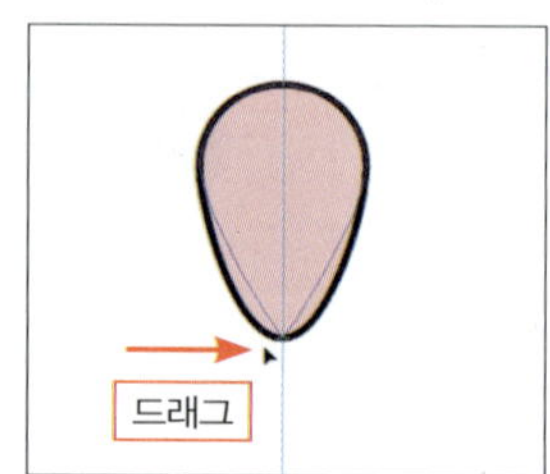

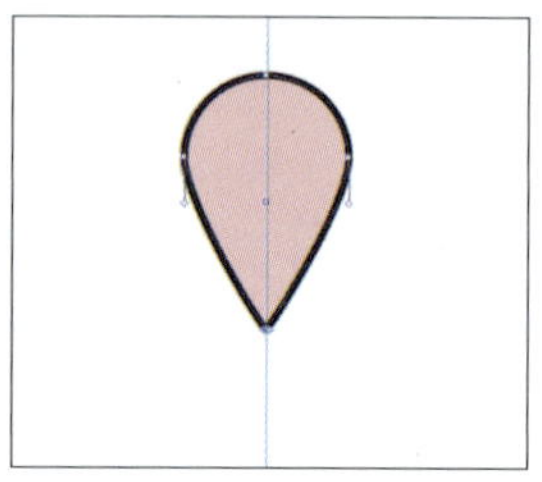

③ Rotate Tool(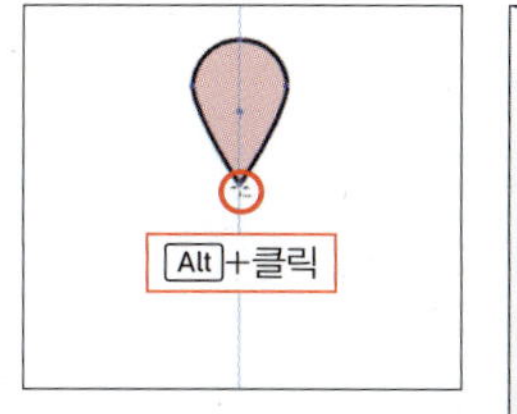)을 클릭하고 [Alt]를 누른 채 하단 고정점에 클릭합니다. [Rotate] 대화상자에서 'Angle : 72°'로 지정한 후 [Copy] 후 복사하고, [Ctrl]+[D]를 3번 눌러 반복 복사합니다.

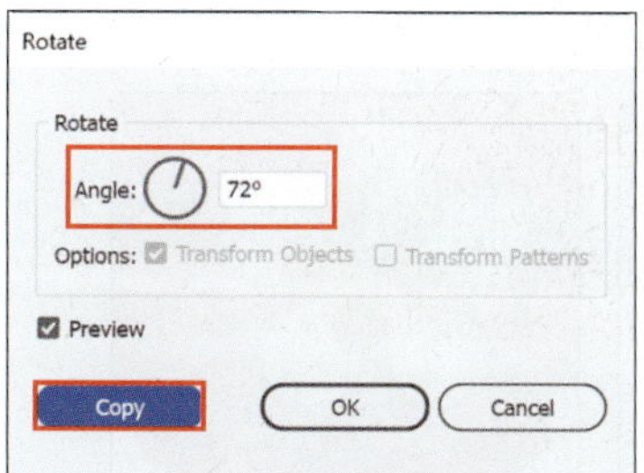
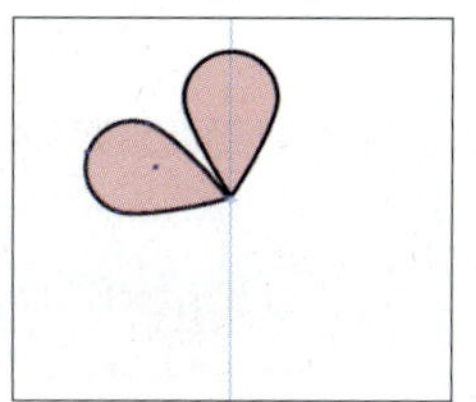
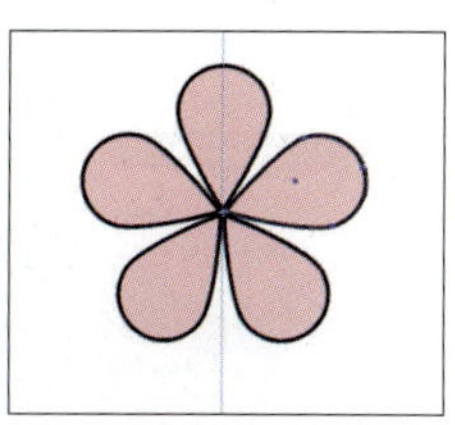

④ Selection Tool(▶)로 꽃 모양을 모두 선택하고 [Object]-[Group]([Ctrl]+[G])으로 그룹을 지정합니다. [Object]-[Transform]-[Transform Each]를 선택하여 'Horizontal : 60%, Vertical : 60%, Angle : 45°'를 지정하고 [Copy]를 눌러 크기와 회전을 동시에 조절하며 복사하고 [Ctrl]+[D]를 눌러 반복하여 복사합니다.

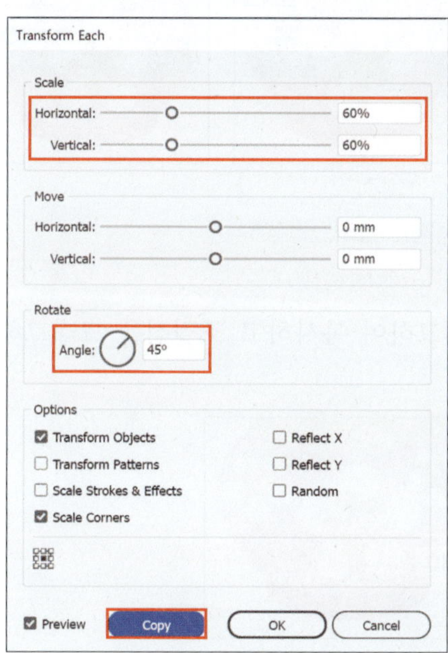

⑤ 작은 크기의 꽃 모양에 Color 패널에서 'Fill Color : Y100, Stroke Color : None'을 지정한 후 Selection Tool(▶)로 중간 크기의 꽃 모양을 더블 클릭하여 Isolation Mode로 전환하고 모두 선택합니다. Gradient 패널에서 'Type : Radial Gradient'를 적용하고 Gradient Slider의 왼쪽 'Color Stop'을 더블 클릭하여 M90Y80을, 오른쪽 'Color Stop'을 더블 클릭하여 Y80을 지정하여 적용한 후 Tool 패널 하단에서 'Stroke Color : None'을 지정합니다.

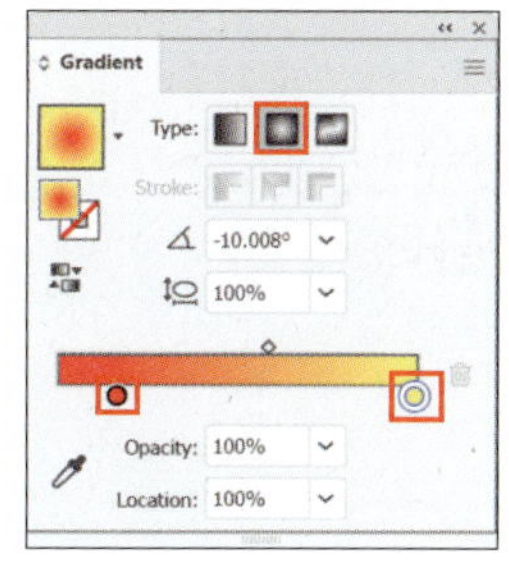
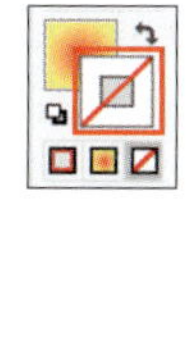
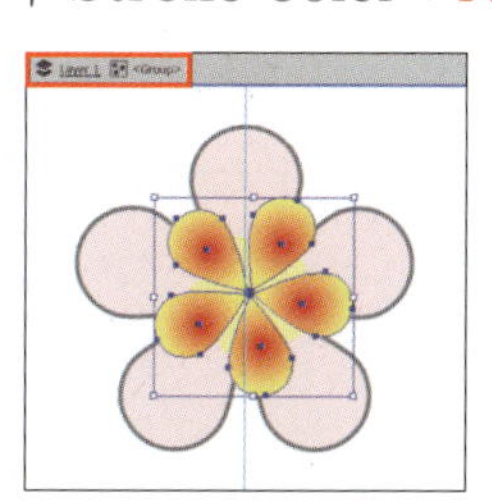

⑥ Gradient Tool(■)로 꽃 모양의 중심에서 바깥쪽으로 드래그하여 그라디언트를 조절합니다. Esc 를 눌러 정상 모드로 전환하고 큰 꽃 모양을 선택하고 Color 패널에서 'Fill Color : C0M0Y0K0, Stroke Color : None'을 지정하고 배치합니다.

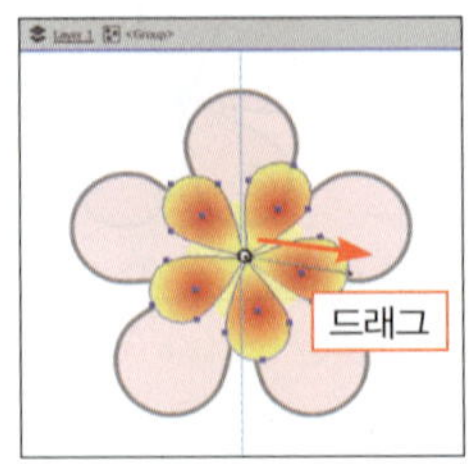 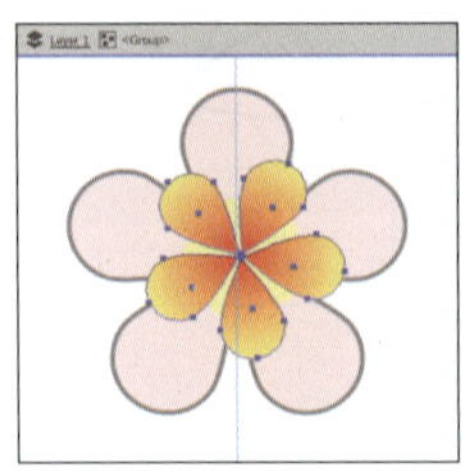 

⑦ Selection Tool(▶)로 3개의 꽃 모양을 함께 선택하고 Scale Tool(⊞)을 더블 클릭하여 'Uniform : 60%'를 지정하고 [Copy]를 눌러 축소 복사한 후 Selection Tool(▶)로 조절점 밖을 반시계 방향으로 드래그하여 회전하고 오른쪽에 배치합니다.

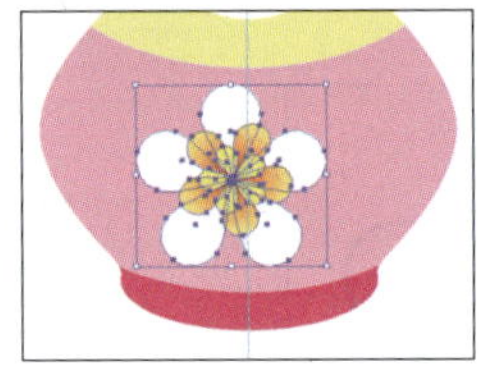 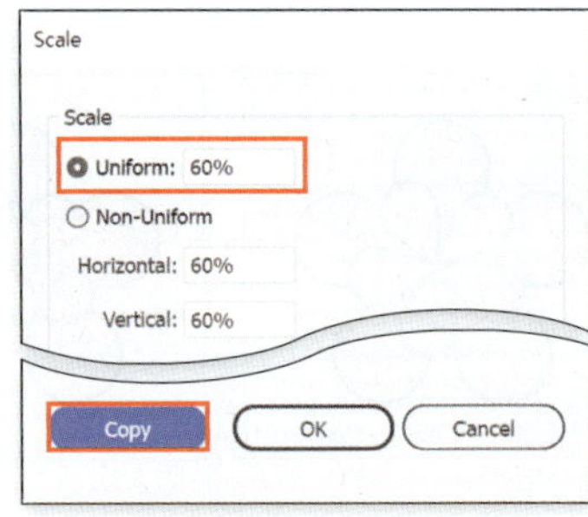 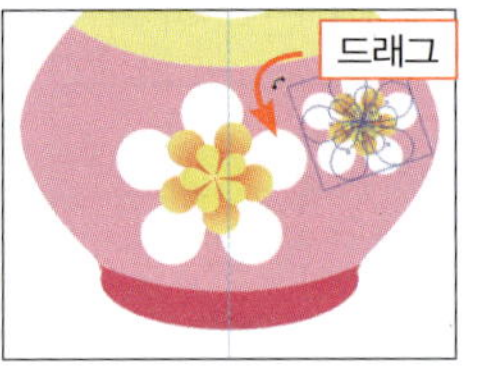 

⑧ Selection Tool(▶)로 Alt 를 누른 채 왼쪽으로 드래그하여 복사하고 조절점을 드래그하여 크기를 축소한 후 회전하여 배치합니다.

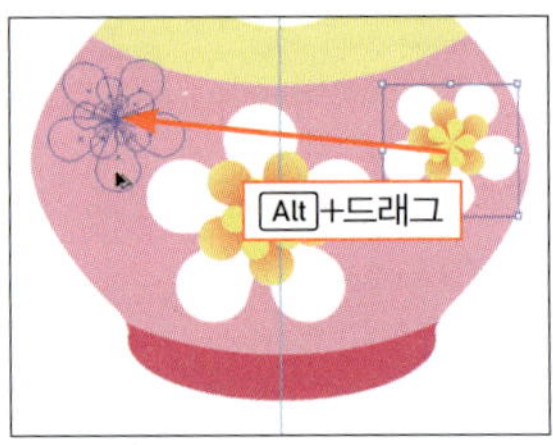 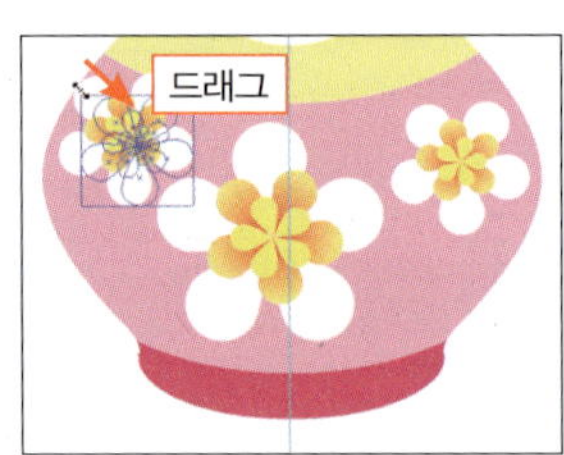 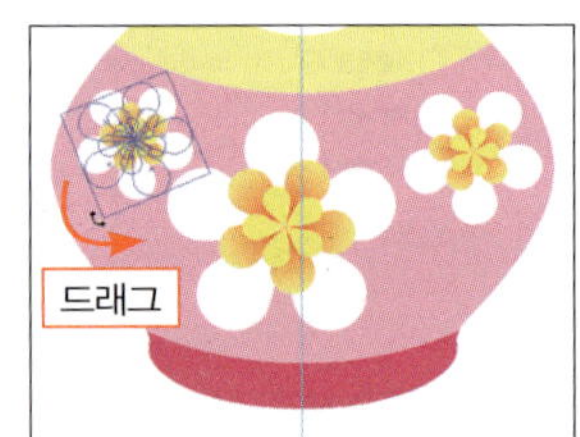

⑨ Selection Tool(▶)로 2개의 꽃 모양을 선택하고 Transparency 패널에서 'Opacity : 70%'를 지정하여 불투명도를 조절합니다.

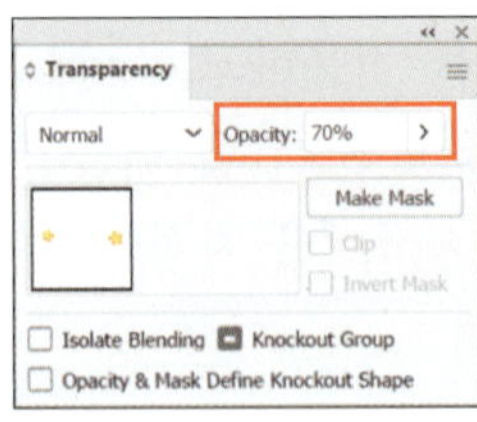 

① Ellipse Tool(◯)로 작업 도큐먼트를 클릭한 후 'Width : 5mm, Height : 5mm'를 입력하여 그리고 Color 패널에서 'Fill Color : None, Stroke Color : K100'을 지정하고 Stroke 패널에서 'Weight : 1pt'를 지정합니다.

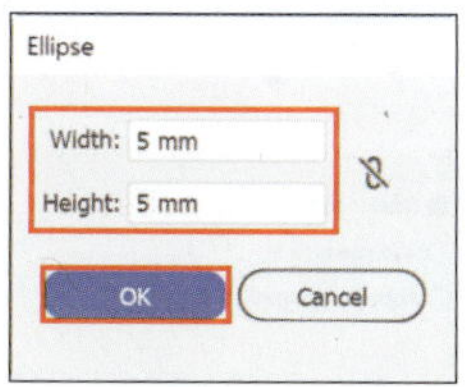 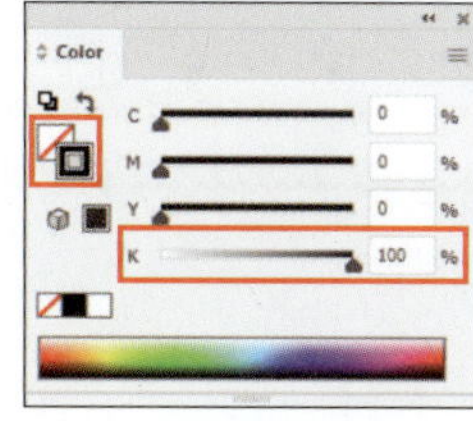 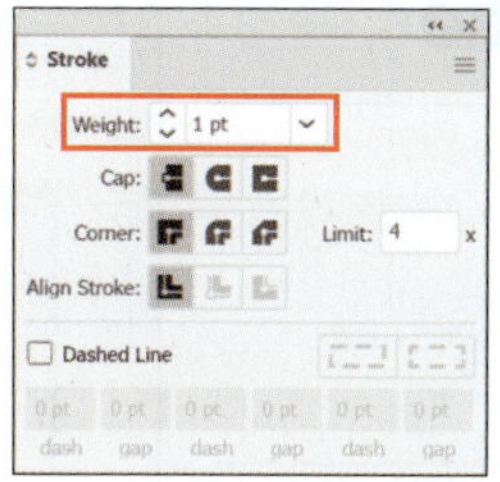 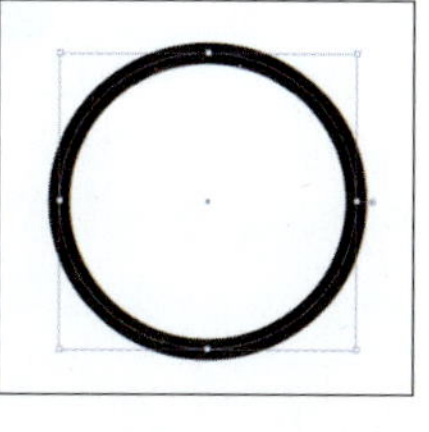

② Scale Tool(▣)을 더블 클릭하여 'Uniform : 80%'를 지정하고 [Copy]를 눌러 축소 복사한 후 Stroke 패널에서 'Weight : 0.5pt'를 지정합니다.

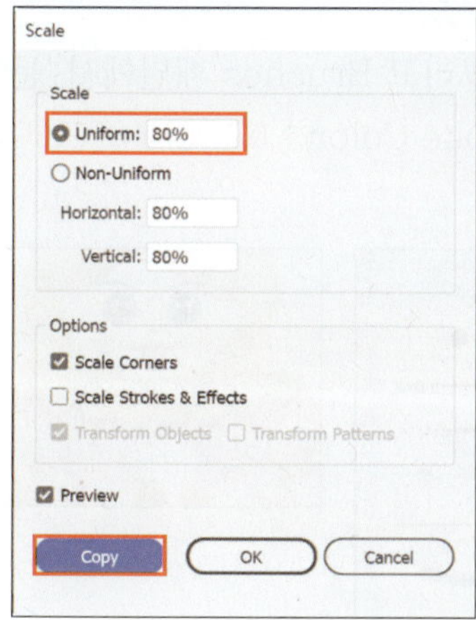 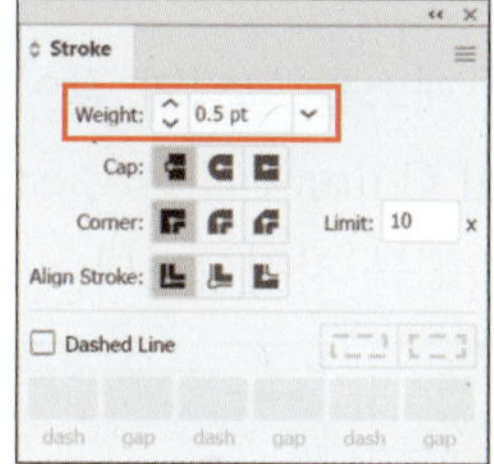 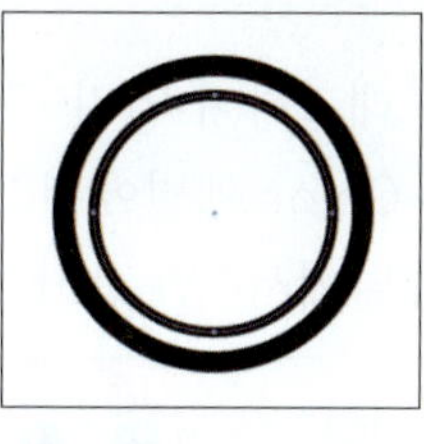

③ Direct Selection Tool(▷)로 드래그하여 상단 2개의 고정점을 선택하고 Delete 를 눌러 삭제합니다.

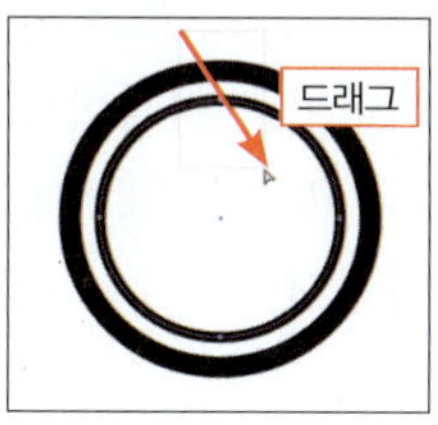

 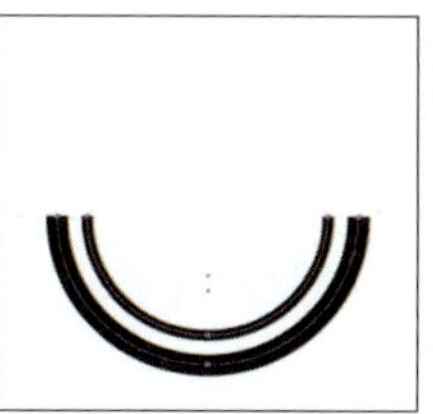

④ Selection Tool(▶)로 2개의 오브젝트를 선택하고 Brushes 패널 하단의 'New Brush(⊞)'를 클릭하여 'Pattern Brush'를 선택하고 [OK]를 클릭한 후 [Pattern Brush Options] 대화상자에서 'Name : 문양, Colorization Method : Tints'를 지정하여 패턴 브러쉬로 등록한 후 Delete 를 눌러 삭제합니다.

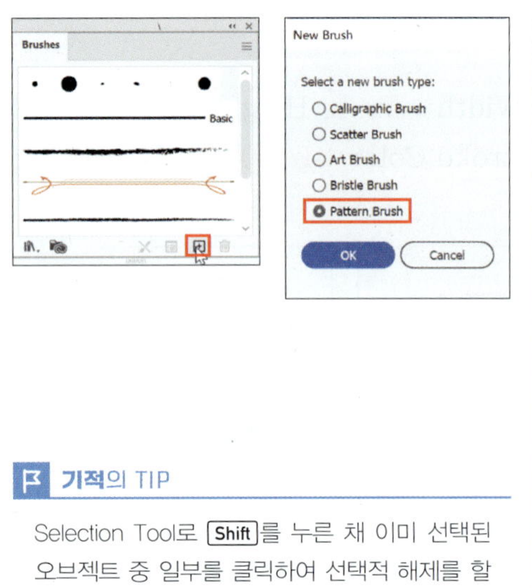 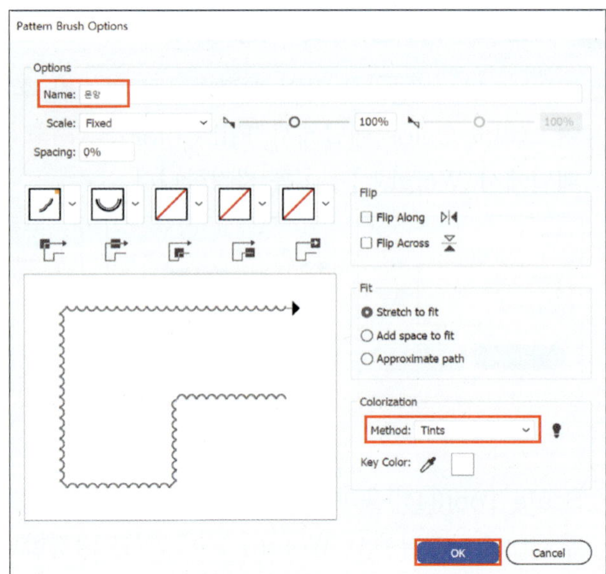

⑤ Pen Tool(✐)로 드래그하여 열린 곡선 패스를 그림과 같이 그리고 Brushes 패널에서 '문양'
브러쉬를 클릭한 후 Color 패널에서 'Fill Color : None, Stroke Color : M100Y100K20'을
지정하고 Stroke 패널에서 'Weight : 1pt'를 지정합니다.

  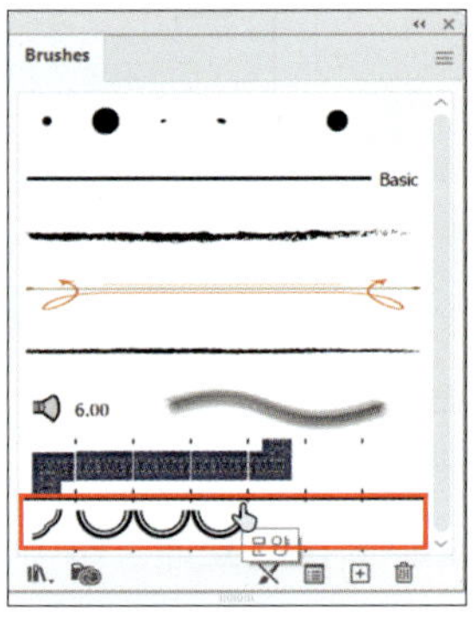 

⑥ Ellipse Tool(◯)로 작업 도큐먼트를 클릭한 후 'Width : 4.5mm, Height : 4.5mm'를 입
력하여 그리고 Color 패널에서 'Fill Color : K100, Stroke Color : None'을 지정합니다.
계속해서 클릭하여 'Width : 1mm, Height : 1mm'를 입력하여 그리고 'Fill Color :
C0M0Y0K0, Stroke Color : None'을 지정하고 상단에 겹치도록 배치합니다.

⑦ Selection Tool(▶)로 2개의 오브젝트를 선택하고 Brushes 패널 하단의 'New Brush(⊞)'
를 클릭하여 'Pattern Brush'를 선택하고 [OK]를 클릭한 후 [Pattern Brush Options] 대
화상자에서 'Name : 원형, Colorization Method : Tints'를 지정하여 패턴 브러쉬로 등록
한 후 Delete 를 눌러 삭제합니다.

⑧ Ellipse Tool(◯)로 작업 도큐먼트를 클릭한 후 'Width : 25mm, Height : 23mm'를 입력
하여 그리고 Color 패널에서 'Fill Color : None, Stroke Color : 임의 색상'을 지정합니다.
[Object]-[Path]-[Add Anchor Points]를 선택하고 각각의 선분 중앙에 고정점을 균일하게
추가하고 Direct Selection Tool(▷)로 하단 고정점을 선택하고 Delete 를 눌러 삭제합니다.

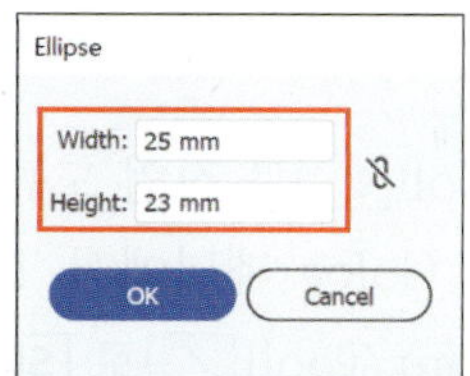   

⑨ Brushes 패널에서 '원형' 브러쉬를 클릭한 후 Color 패널에서 'Fill Color : None, Stroke Color : M80Y20'을 지정하고 Stroke 패널에서 'Weight : 0.5pt'를 지정합니다.

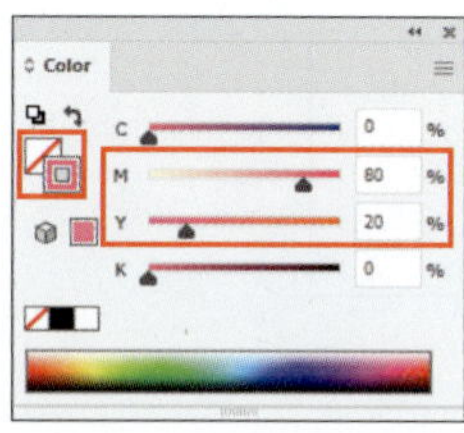 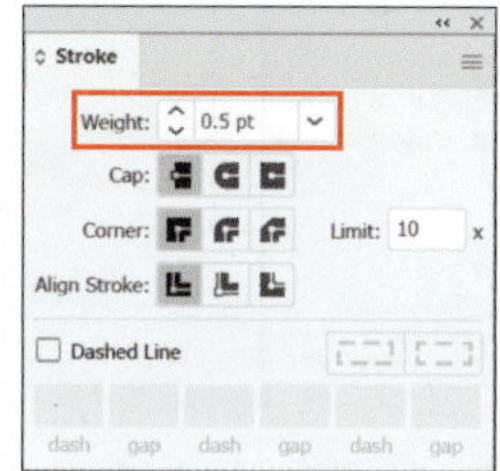 

05 크기 변형과 색상 편집하기

① Ctrl + A 로 모두 선택하고 Scale Tool (□)을 더블 클릭하여 'Uniform : 70%, Sacle Strokes & Effects : 체크'를 지정하고 [Copy]를 눌러 축소 복사한 후 하단 2개의 오브젝트를 선택하고 Color 패널에서 'Fill Color : C70, C100M100Y20K20, Stroke Color : None'을 각각 지정합니다.

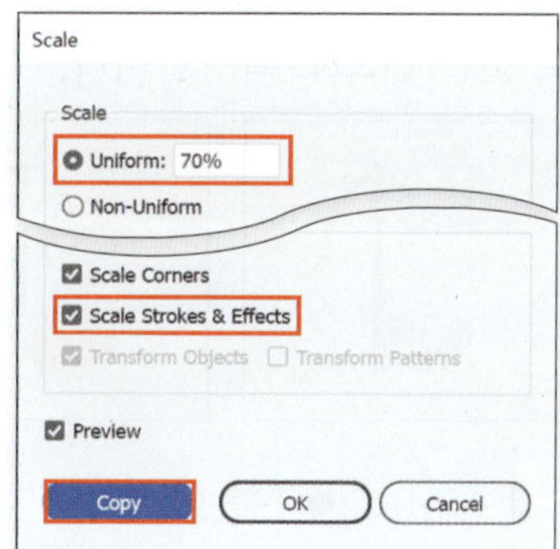

03 클리핑 마스크가 적용된 기타 모양 만들기

▲ 완성이미지

🔵01 음표 모양 만들기

① [File]−[New](Ctrl+N)를 선택하고 새 도큐먼트를 만들고 Ellipse Tool(◯)로 작업 도큐먼트를 클릭한 후 'Width : 6mm, Height : 4mm'를 입력하여 그리고 Color 패널에서 'Fill Color : M50Y10, Stroke Color : None'을 지정합니다. Line Segment Tool(╱)로 Shift 를 누른 채 작업 도큐먼트에 드래그하여 수직선을 그리고 'Fill Color : None, Stroke Color : M50Y10'을 지정하고 Stroke 패널에서 'Weight : 2pt, Cap : Round Cap'을 지정합니다.

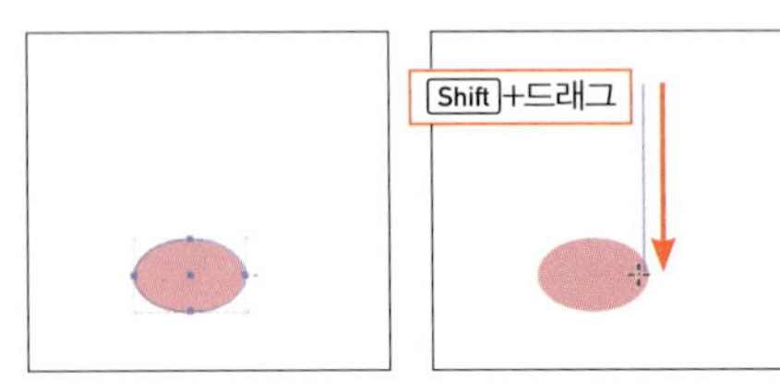

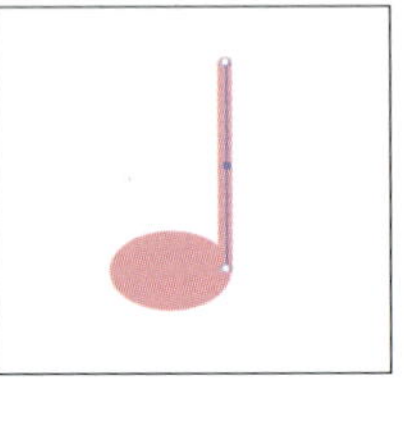

② Arc Tool(⌒)로 그림과 같이 하단에서 상단으로 드래그하여 호를 그리고 배치한 후 Color 패널에서 'Fill Color : None, Stroke Color : M50Y10'을 지정하고 Stroke 패널에서 'Weight : 2pt, Cap : Round Cap'을 지정합니다. Selection Tool(▶)로 왼쪽 2개의 오브젝트를 선택하고 Ctrl+C로 복사를 하고 Ctrl+A로 모두 선택한 후 [Object]−[Path]−[Outline Stroke]로 선을 면으로 확장합니다.

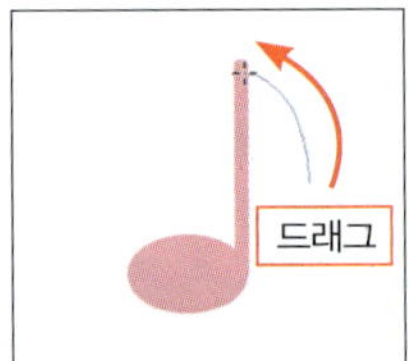

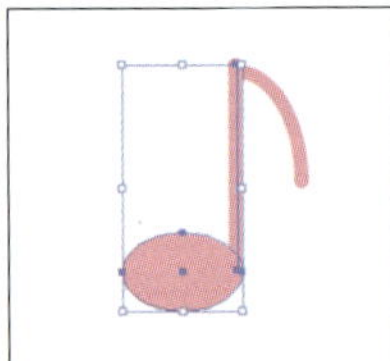
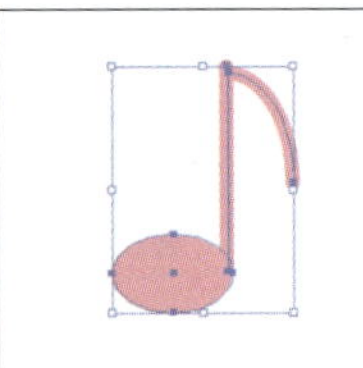
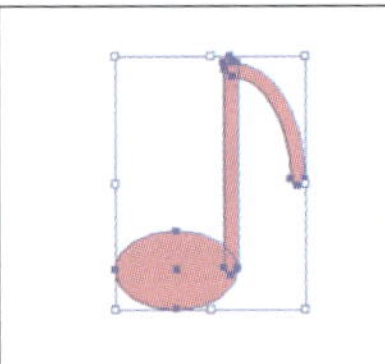

③ Pathfinder 패널에서 'Unite(◻)'를 클릭하여 합치고 Selection Tool(▶)로 조절점을 반시계 방향으로 드래그하여 회전하여 배치합니다.

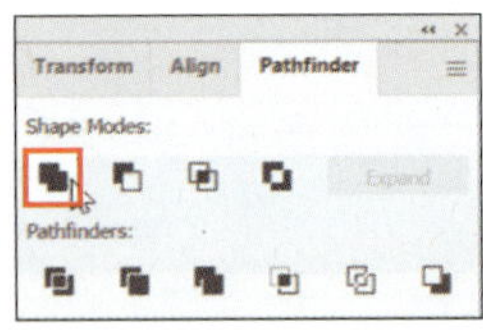

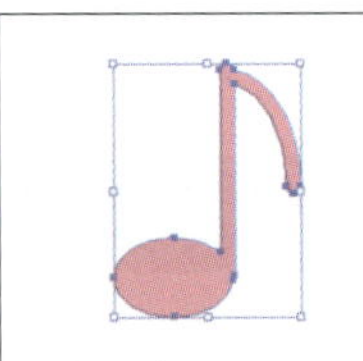
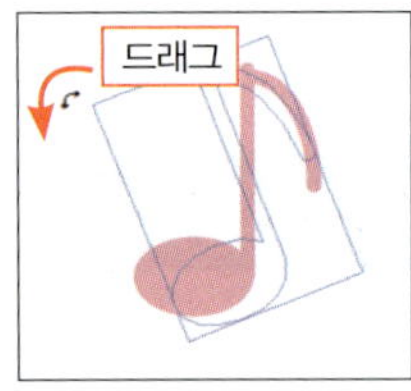

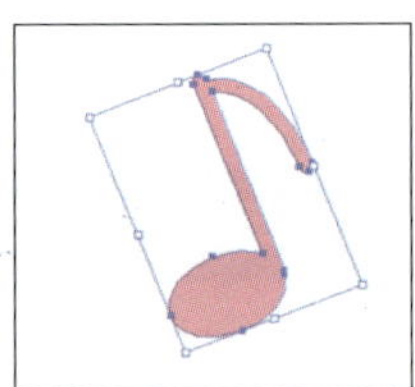

④ 앞서 복사한 오브젝트를 Ctrl+V로 붙여 넣기를 하고 Selection Tool(▶)로 Alt와 Shift를 누른 채 오른쪽으로 드래그하여 복사합니다. Line Segment Tool(╱)로 Shift를 누른 채 상단에 드래그하여 2개의 수평선을 그리고 Color 패널에서 'Fill Color : None, Stroke Color : M50Y10'을 지정하고 Stroke 패널에서 'Weight : 2pt'를 지정합니다.

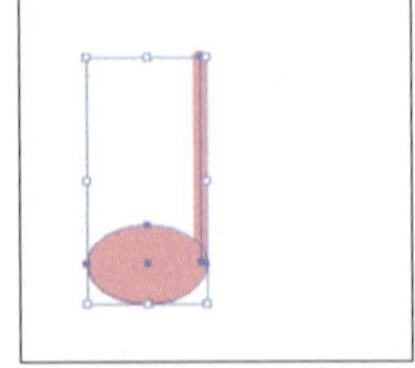
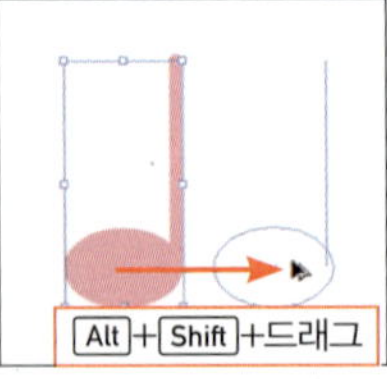

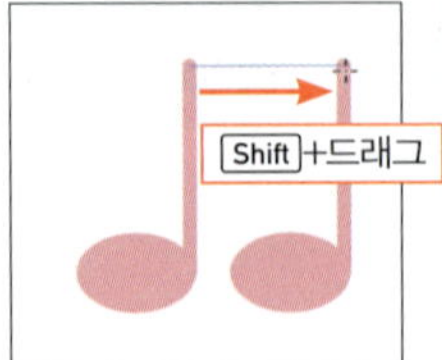

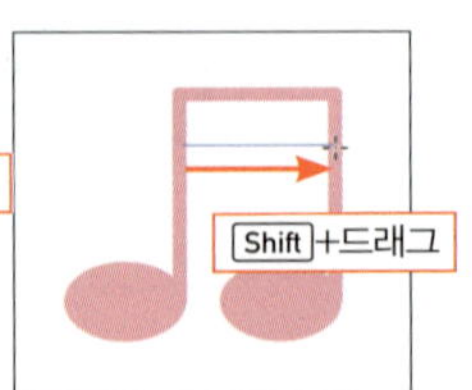

⑤ Selection Tool(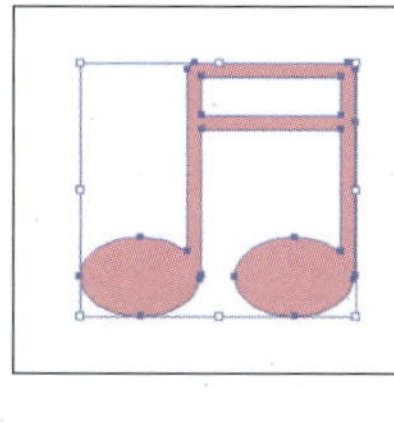)로 6개의 오브젝트를 함께 선택하고 [Object]-[Path]-[Outline Stroke]로 선을 면으로 확장한 후 Pathfinder 패널에서 'Unite(■)'를 클릭하여 합치고 Shear Tool(■)을 더블 클릭하여 'Shear Angle : 20°, Axis : Horizontal'을 지정하고 [OK]를 눌러 기울이기를 적용합니다.

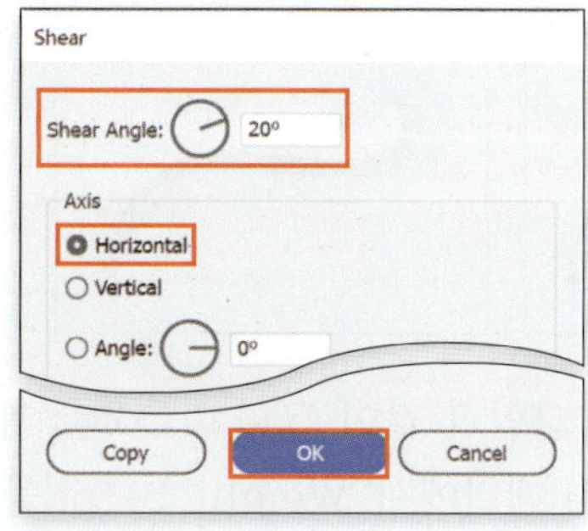

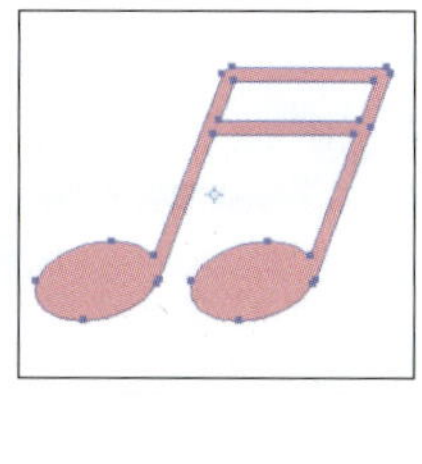

02 펜 툴로 오브젝트 만들기

① Ellipse Tool(●)로 작업 도큐먼트를 클릭한 후 'Width : 9mm, Height : 9mm'를 입력하여 그리고 Color 패널에서 'Fill Color : 임의 색상, Stroke Color : 임의 색상'을 지정합니다.

② Pen Tool(✎)로 열린 곡선 패스를 그림과 같이 정원과 겹치도록 그리고 Color 패널에서 'Fill Color : None, Stroke Color : C30'을 지정하고 Stroke 패널에서 'Weight : 12pt'를 적용한 후 [Object]-[Path]-[Outline Stroke]로 선을 면으로 확장합니다.

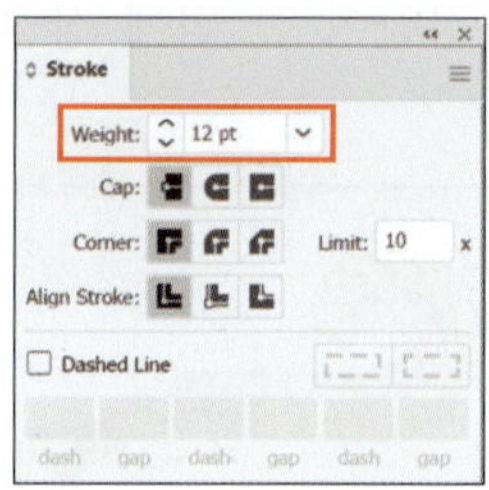

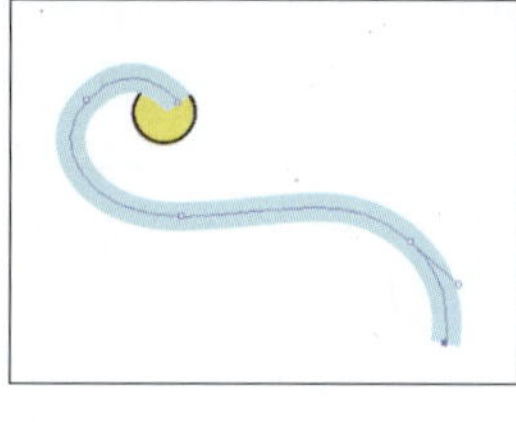

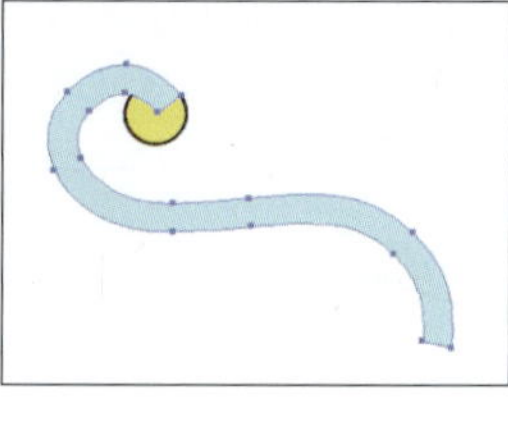

③ Direct Selection Tool(▷)로 하단 고정점과 방향점을 조절하여 패스를 변형합니다. Selection Tool(▷)로 2개의 오브젝트를 선택하고 Pathfinder 패널에서 'Unite(■)'를 클릭하여 합칩니다.

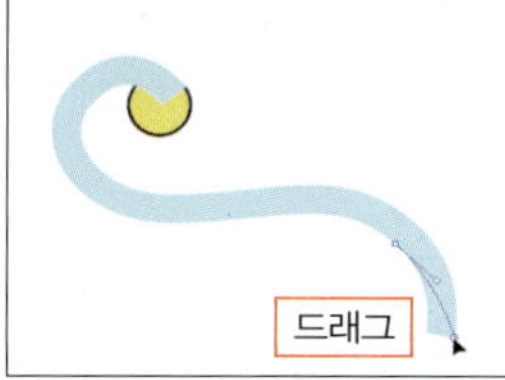

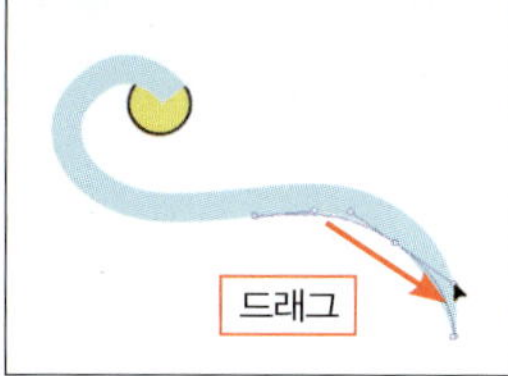

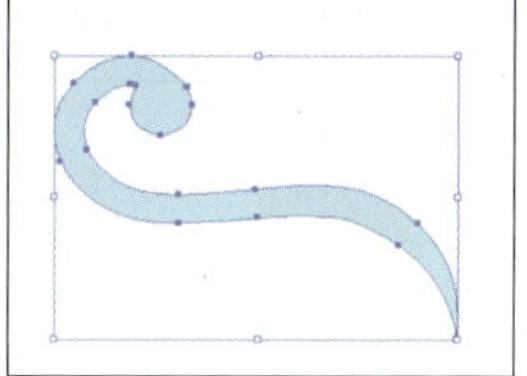

④ Pen Tool( )로 열린 곡선 패스를 그리고 Color 패널에서 'Fill Color : None, Stroke Color : C100Y50'을 지정하고 Stroke 패널에서 'Weight : 12pt'를 적용한 후 [Object]-[Path]-[Outline Stroke]로 선을 면으로 확장합니다. Shift + Ctrl + [로 맨 뒤로 보내기를 하고 Direct Selection Tool( )로 하단 패스를 변형합니다.

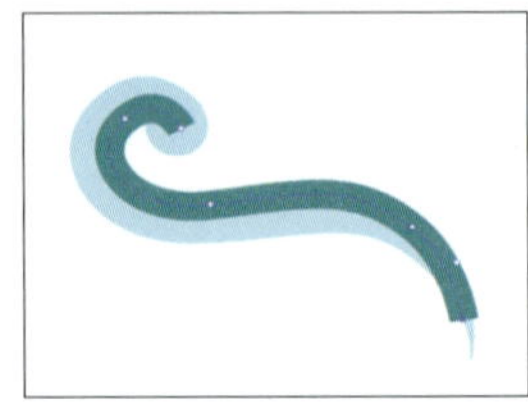 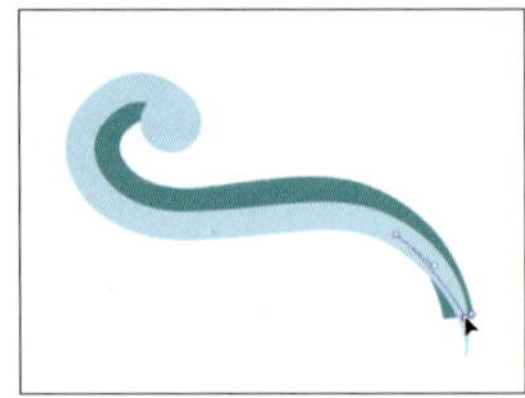 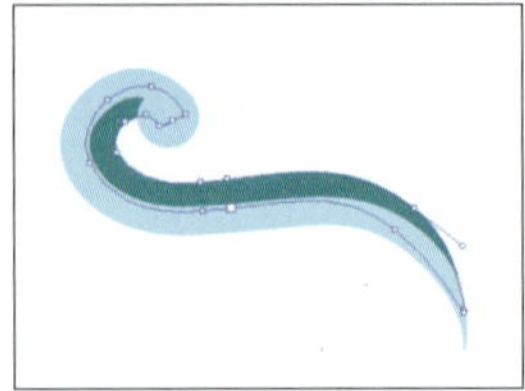

⑤ Pen Tool( )로 2개의 열린 곡선 패스를 그림과 같이 그리고 Color 패널에서 'Fill Color : None, Stroke Color : 임의 색상', Stroke 패널에서 'Weight : 11pt'를 적용합니다.

 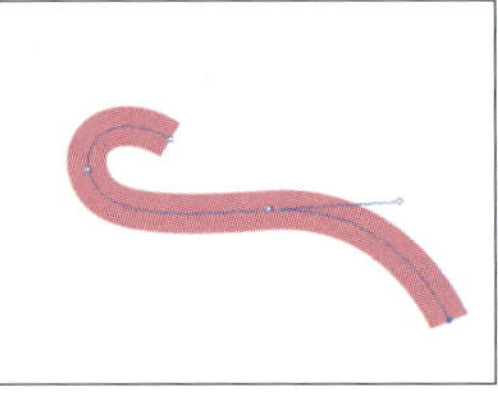 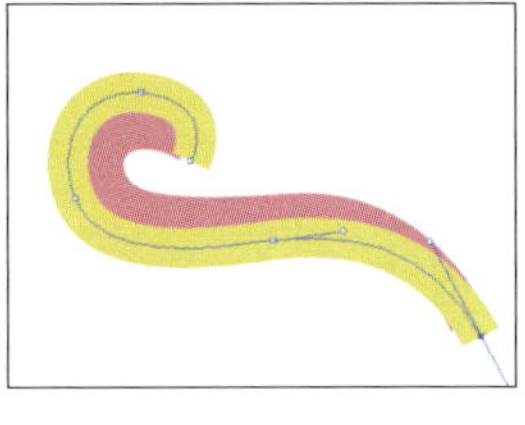

⑥ Selection Tool( )로 2개의 열린 패스를 선택하고 [Object]-[Path]-[Outline Stroke]로 선을 면으로 확장합니다. Direct Selection Tool( )로 하단 4개의 고정점을 드래그하여 선택하고 [Object]-[Path]-[Average]를 선택하고 'Axis : Both'를 지정하여 한 점에 정렬합니다.

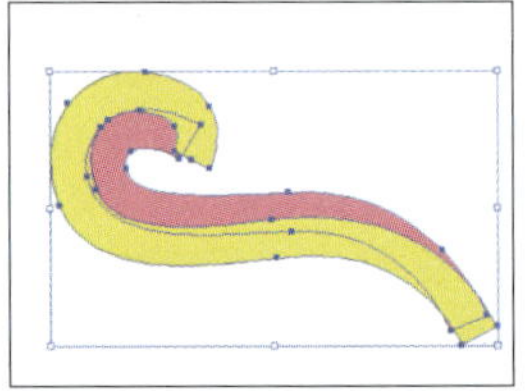 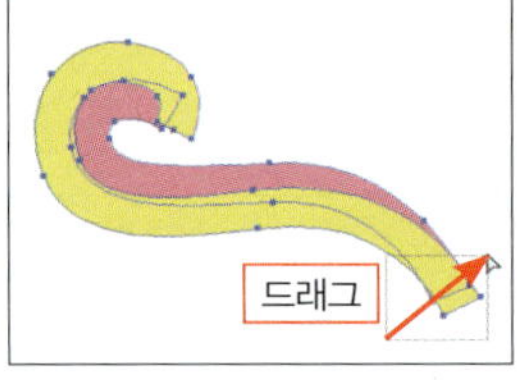 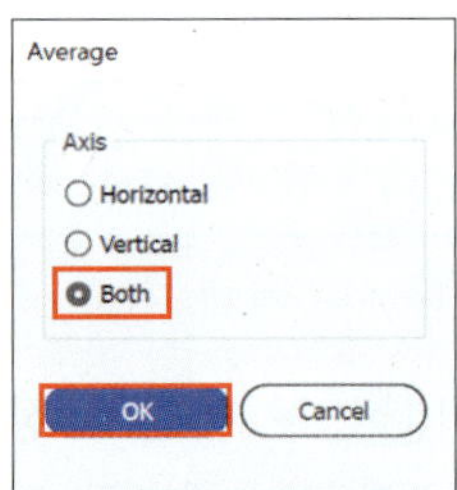 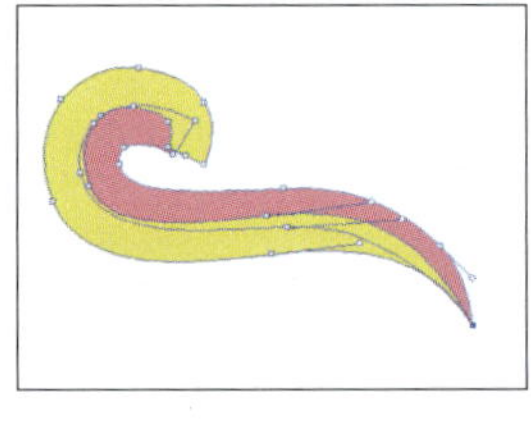

⑦ Ellipse Tool( )로 드래그하여 임의 색상의 원을 그림과 같이 그리고 Selection Tool( )로 2개의 오브젝트를 선택하고 Pathfinder 패널에서 'Unite( )'를 클릭하여 합칩니다.

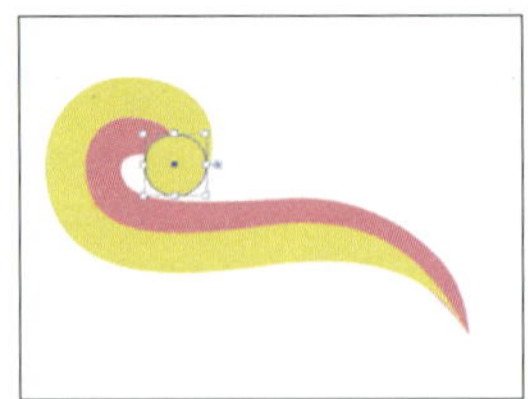 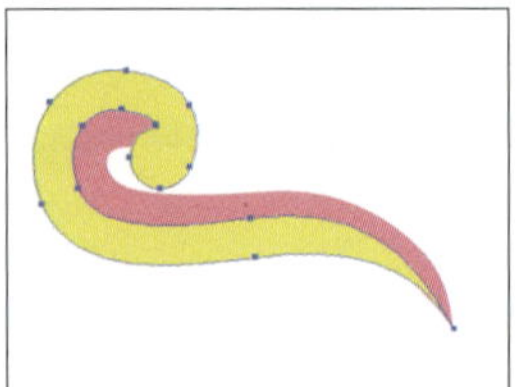

⑧ Selection Tool(▶)로 2개의 오브젝트를 선택하고 Scale Tool(⬚)을 더블 클릭하여 'Uniform : 75%'를 지정하고 [Copy]를 눌러 축소 복사한 후 Selection Tool(▶)로 조절점을 반시계 방향으로 드래그하여 회전하여 배치합니다. 오브젝트를 뒤에서부터 순서대로 선택하고 Color 패널에서 'Fill Color : M60Y10, M20Y30, C50M10Y90, Y70, Stroke Color : None'을 각각 지정합니다.

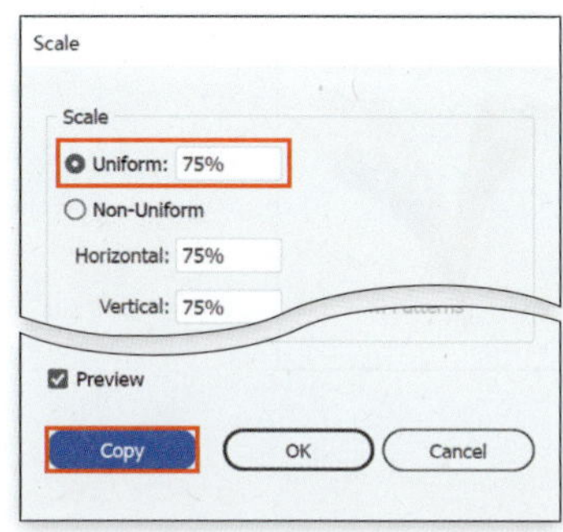

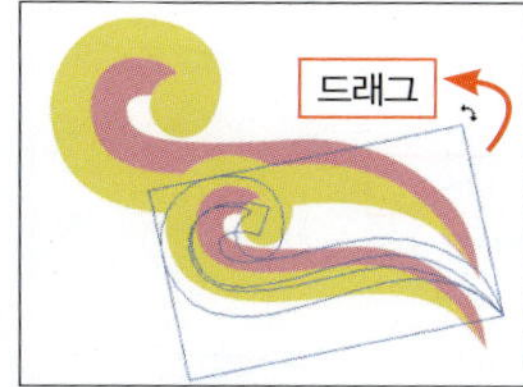

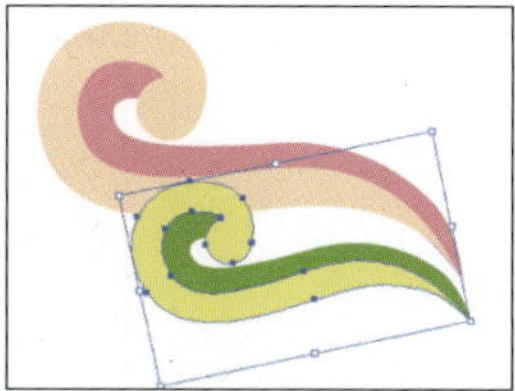

⑨ Selection Tool(▶)로 'Fill Color : Y70, Stroke Color : None'인 오브젝트를 선택하고 Reflect Tool(◁)을 더블 클릭하여 'Axis : Horizontal'을 지정하고 [Copy]를 눌러 복사한 후 Scale Tool(⬚)을 더블 클릭하여 'Uniform : 80%'를 지정하고 Color 패널에서 'Fill Color : C50Y10, Stroke Color : None'을 지정합니다. Selection Tool(▶)로 조절점을 드래그하여 회전하고 Shift+Ctrl+[로 맨 뒤로 보내기를 합니다.

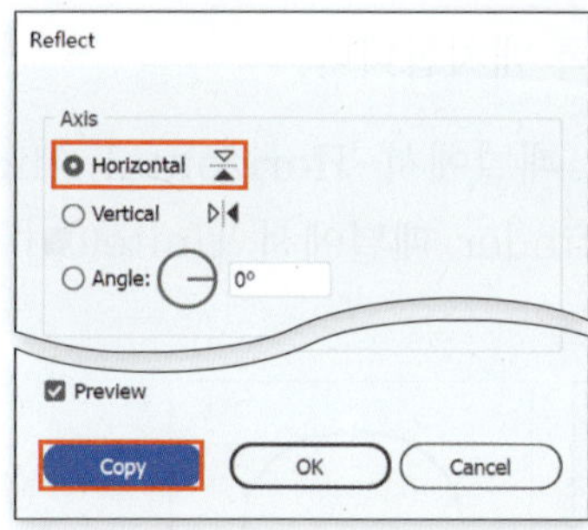

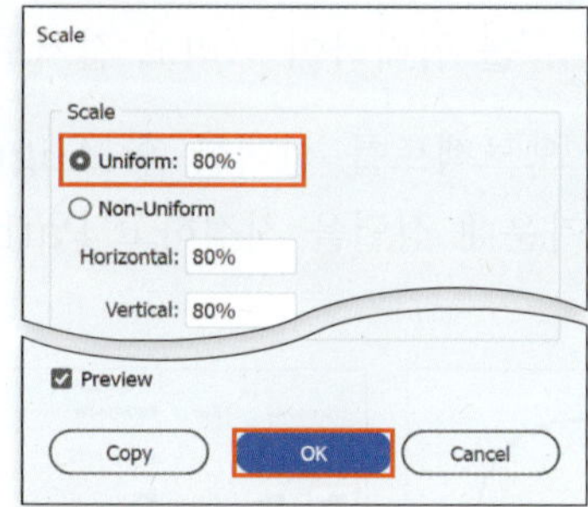

03 별 입체 모양 만들기

① Star Tool(★)로 작업 도큐먼트에 드래그하여 별을 그리고 Color 패널에서 'Fill Color : M20Y30, Stroke Color : None'을 지정한 후 Pen Tool(✎)로 3개의 닫힌 패스를 그림과 같이 그리고 'Fill Color : M70Y80, M40Y100, Stroke Color : None'을 각각 지정합니다. Selection Tool(▶)로 3개의 오브젝트를 선택하고 Shift+Ctrl+[로 맨 뒤로 보냅니다.

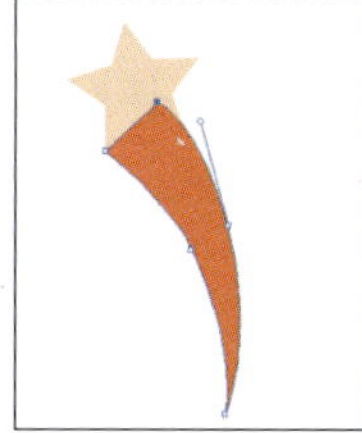
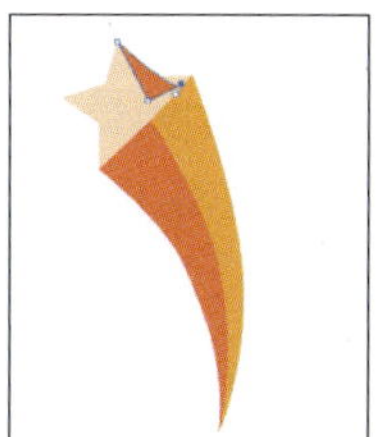
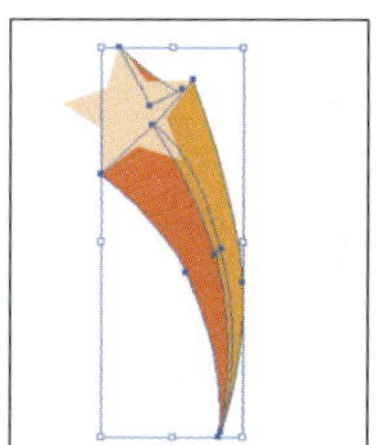

② Selection Tool(▶)로 4개의 오브젝트를 선택하고 Reflect Tool(▷◁)을 더블 클릭하여 'Axis : Vertical'을 지정하고 [Copy]를 눌러 복사하고 Scale Tool(▣)을 더블 클릭하여 'Uniform : 130%'를 지정하고 Selection Tool(▶)로 조절점을 드래그하여 회전한 후 Color 패널에서 'Fill Color : M20Y20, M40Y20, C30M70, Stroke Color : None'을 각각 지정합니다.

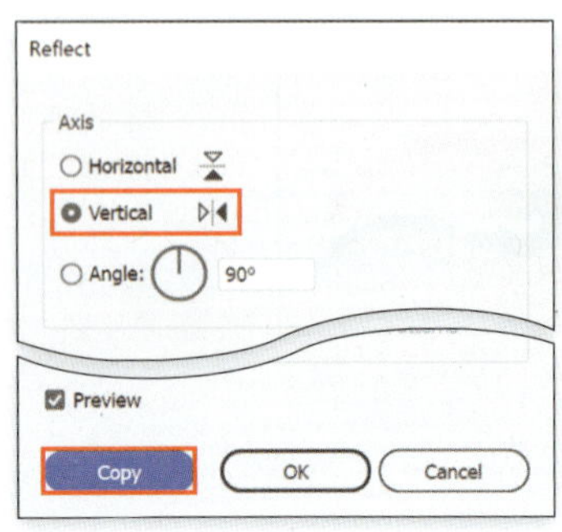
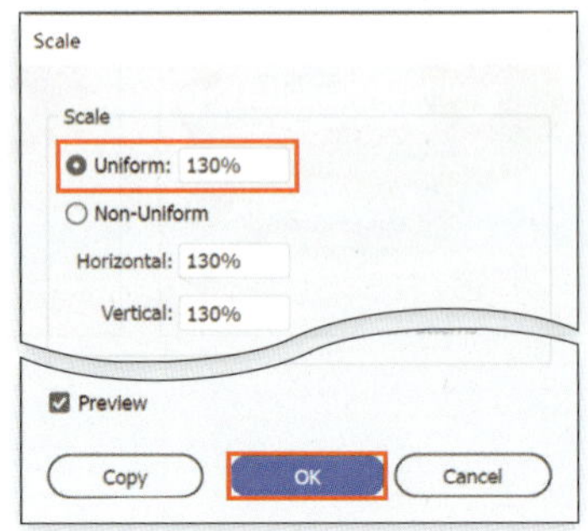

04 기타 바디 모양 만들기

① Ellipse Tool(◯)로 작업 도큐먼트를 클릭한 후 'Width : 37mm, Height : 32mm'를 입력하여 그리고 Color 패널에서 'Fill Color : None, Stroke Color : 임의 색상'을 지정합니다. Rounded Rectangle Tool(▢)로 작업 도큐먼트를 클릭한 후 'Width : 27mm, Height : 30mm, Corner Radius : 12mm'를 입력하여 그리고 겹치도록 배치합니다.

② Selection Tool(▶)로 2개의 오브젝트를 선택한 후 Align 패널에서 'Horizontal Align Center(➓)'를 클릭하여 가로 가운데 정렬을 지정하고 Pathfinder 패널에서 'Unite(◨)'를 클릭하여 합칩니다.

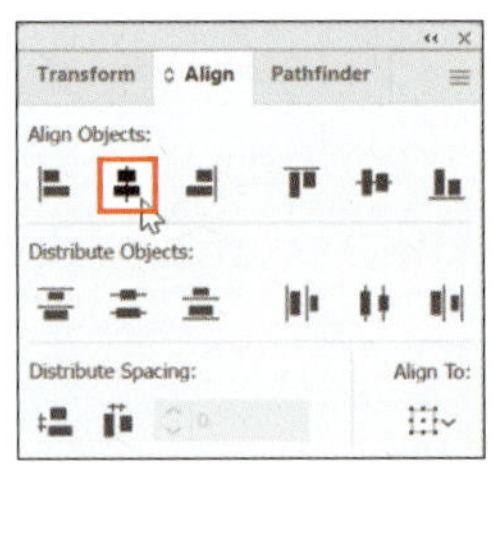
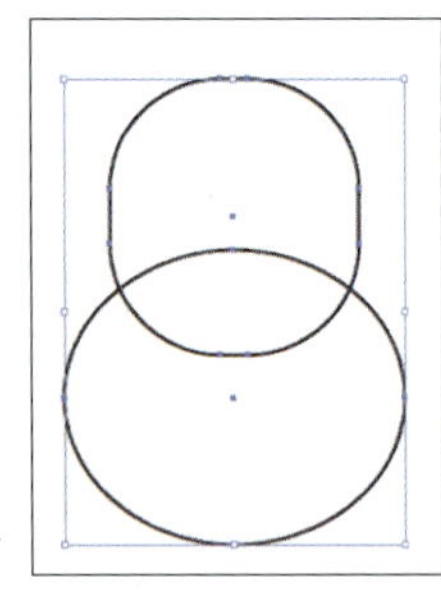
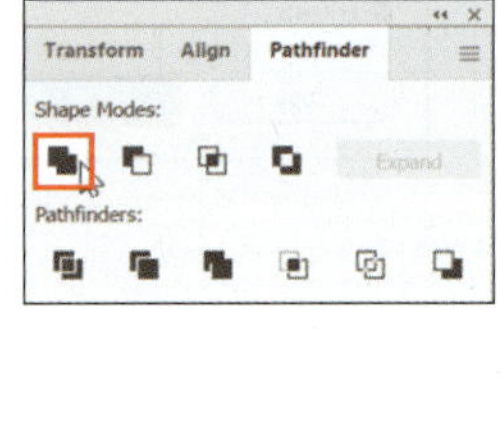
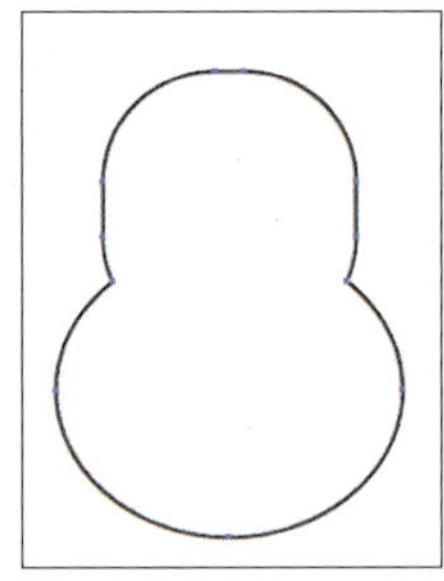

③ [View]-[Rulers]-[Show Rulers]([Ctrl]+[R])로 눈금자 보기를 한 후 세로 안내선을 표시합니다. Ellipse Tool(◯)로 드래그하여 타원을 그리고 Selection Tool(▶)로 조절점을 드래그하여 회전한 후 그림과 같이 배치합니다. Reflect Tool(▷◁)로 [Alt]를 누른 채 세로 안내선에 클릭하여 'Axis : Vertical'을 지정하고 [Copy]를 눌러 복사합니다. Rounded Rectangle Tool(▢)로 드래그하여 그리고 상단에 겹치도록 배치합니다.

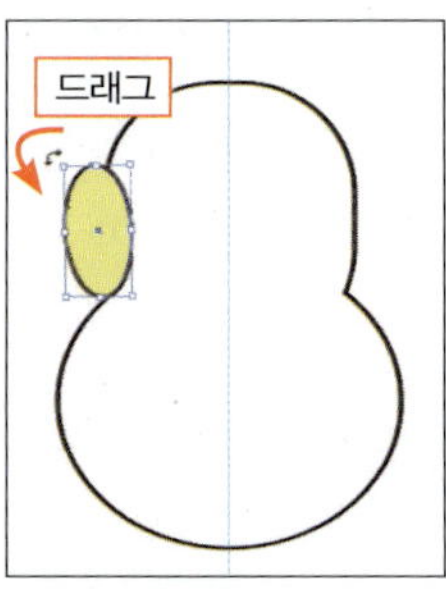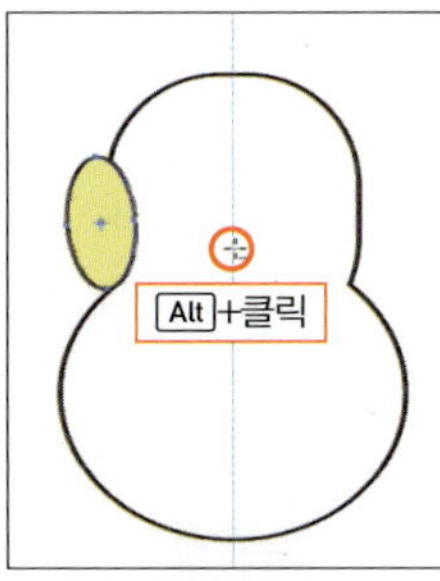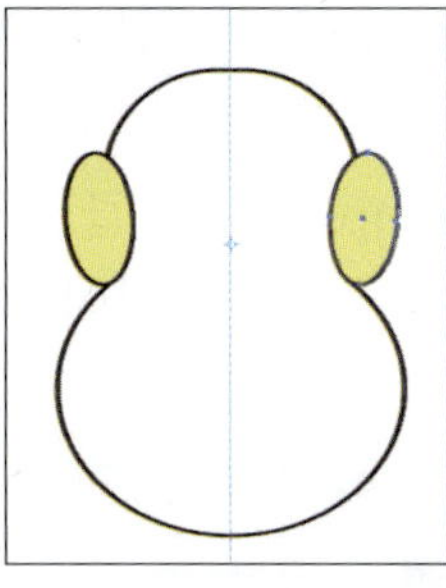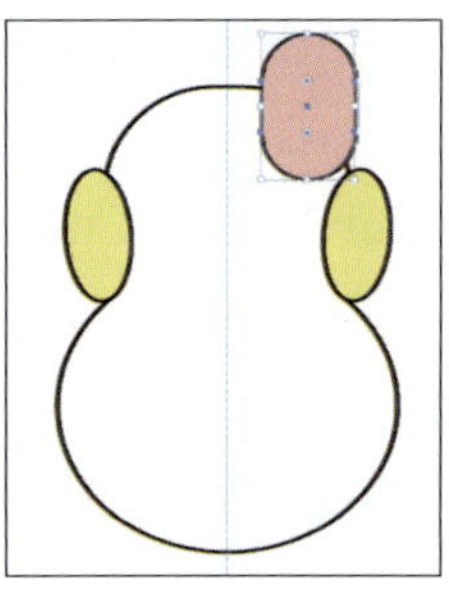

④ Selection Tool(▶)로 4개의 오브젝트를 선택한 후 Pathfinder 패널에서 'Minus Front (□)'를 클릭합니다. Direct Selection Tool(▷)로 상단의 고정점을 드래그하여 선택하고 아래로 이동합니다.

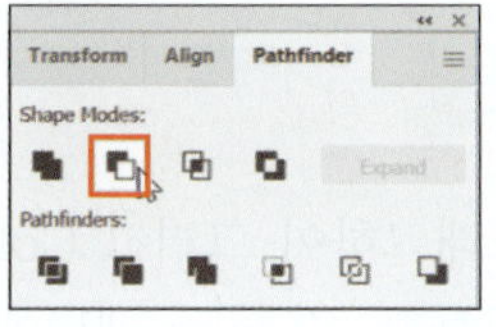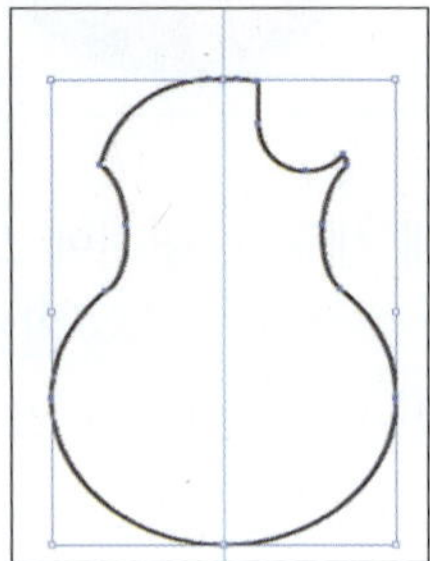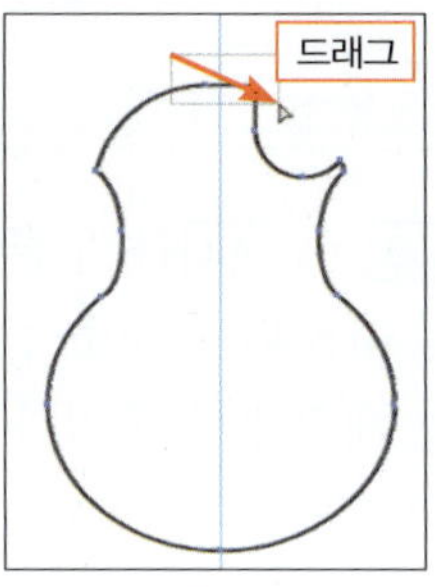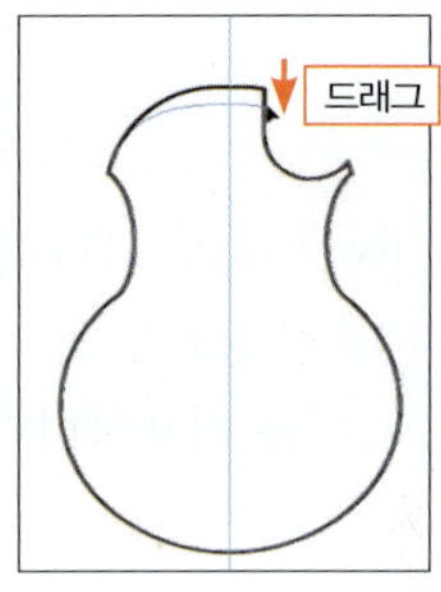

⑤ Direct Selection Tool(▷)로 그림과 같이 방향점을 드래그하여 패스를 곡선으로 변형합니다.

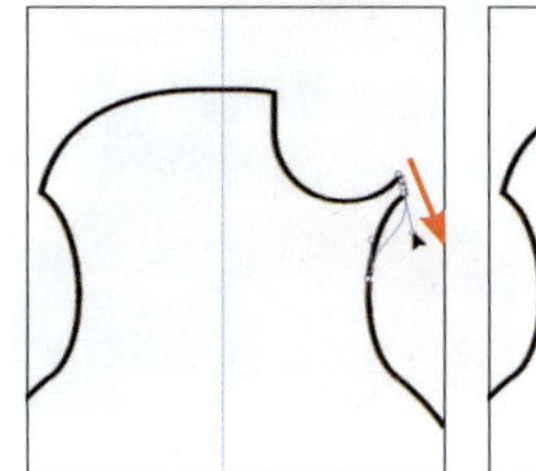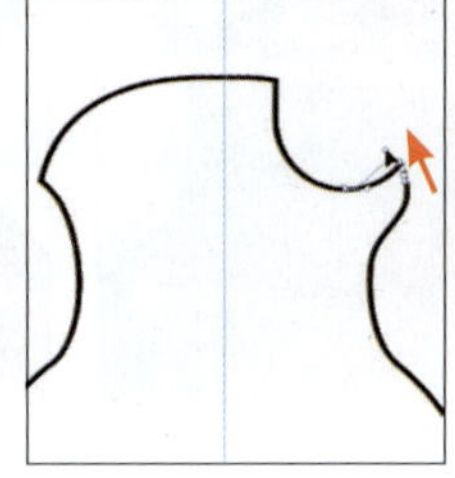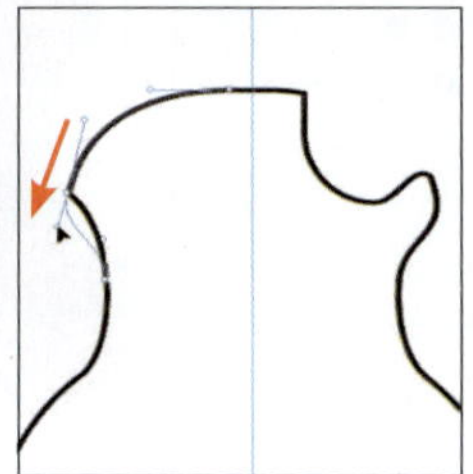

⑥ Gradient 패널에서 'Type : Linear Gradient, Angle : 0°'를 적용하고 Gradient Slider 의 왼쪽 'Color Stop'을 더블 클릭하여 C50M50Y60K20을, 가운데 빈 곳을 클릭하여 'Color Stop'을 추가하고 C0M0Y0K0을, 오른쪽 'Color Stop'을 더블 클릭하여 C50M50Y60K20 을 지정하여 적용한 후 Tool 패널 하단에서 'Stroke Color : None'을 지정합니다.

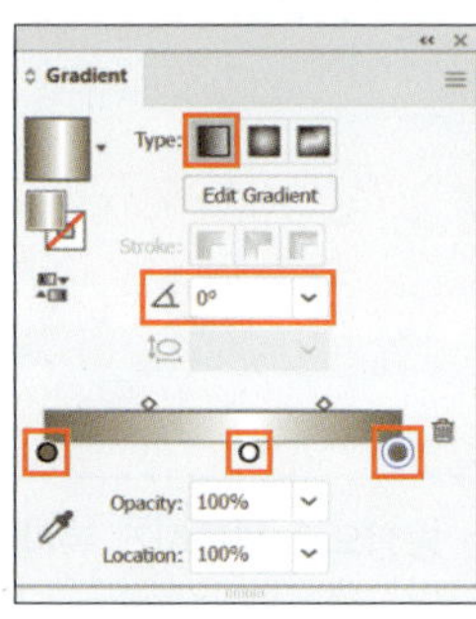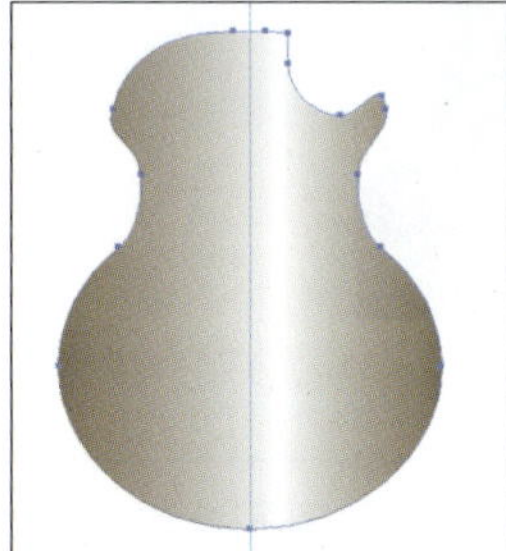

⑦ [Object]–[Path]–[Offset Path]를 선택한 후 'Offset : −1.5mm'를 지정하여 축소된 복사
본을 만든 후, Gradient 패널에서 'Type : Linear Gradient, Angle : 0°'를 적용하고 Gra-
dient Slider의 왼쪽 'Color Stop'을 더블 클릭하여 M100Y100K20을, 오른쪽 'Color Stop'
을 더블 클릭하여 M100Y100K80을 지정하여 적용한 후 Tool 패널 하단에서 'Stroke Color
: None'을 지정합니다.

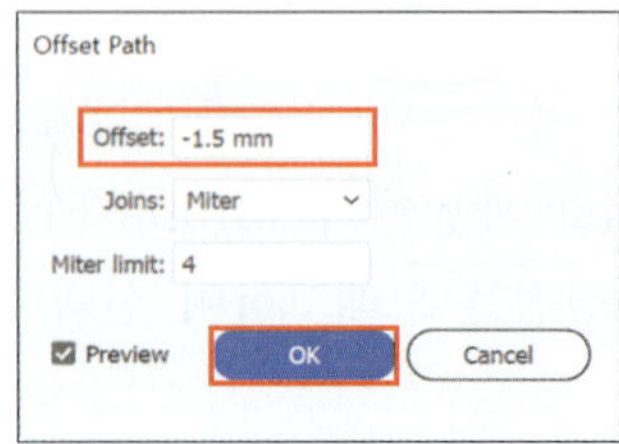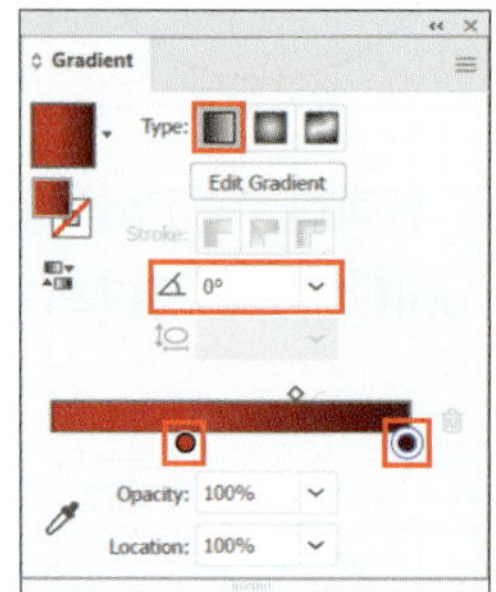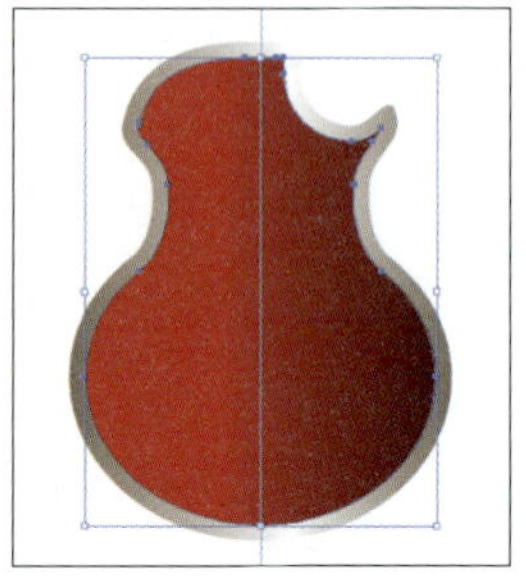

⑧ Rounded Rectangle Tool(□)로 Alt 를 누른 채 세로 안내선에 드래그하여 그리고 Color
패널에서 'Fill Color : None, Stroke Color : C20M30Y40'을 지정하고, Stroke 패널에서
'Weight : 1pt'를 적용합니다. 계속해서 동일한 방법으로 크기가 작은 둥근 사각형을 그리고
'Fill Color : K100, Stroke Color : None'을 지정합니다.

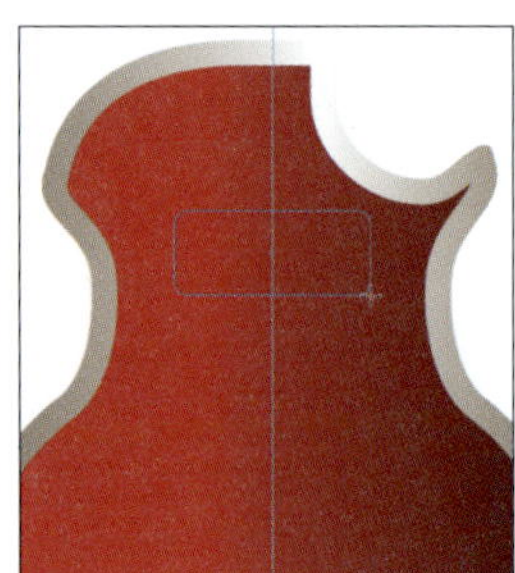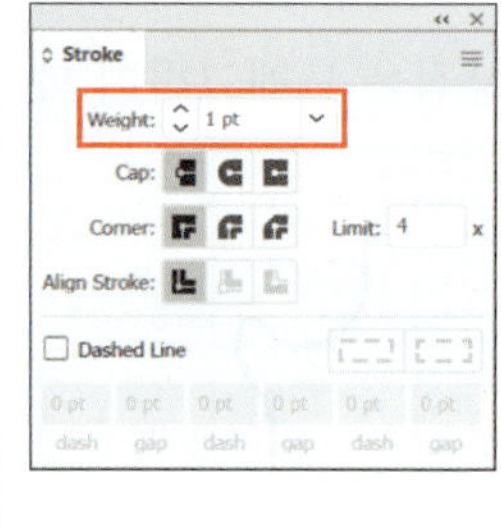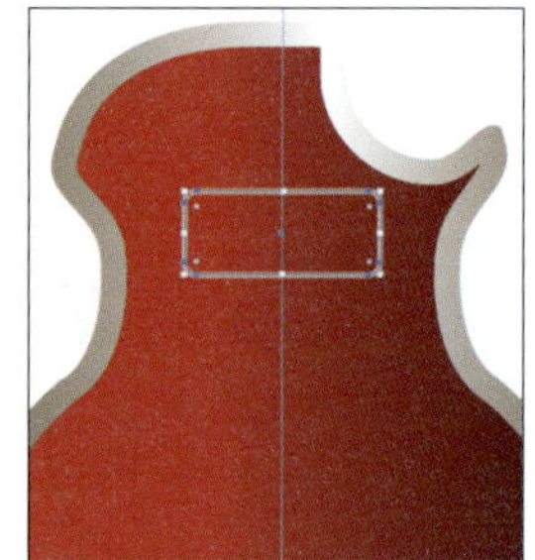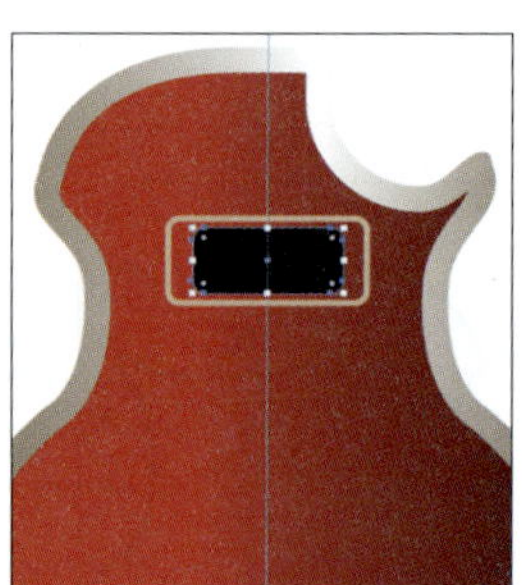

⑨ Selection Tool(▶)로 2개의 오브젝트를 선택한 후 Alt 와 Shift 를 누른 채 아래쪽으로 드래
그하여 복사하여 배치합니다.

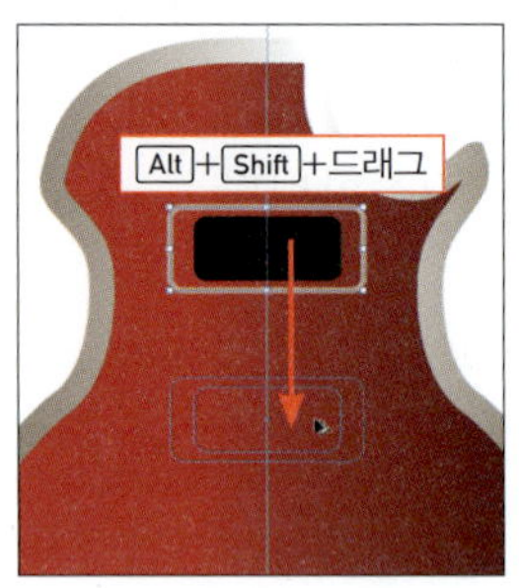

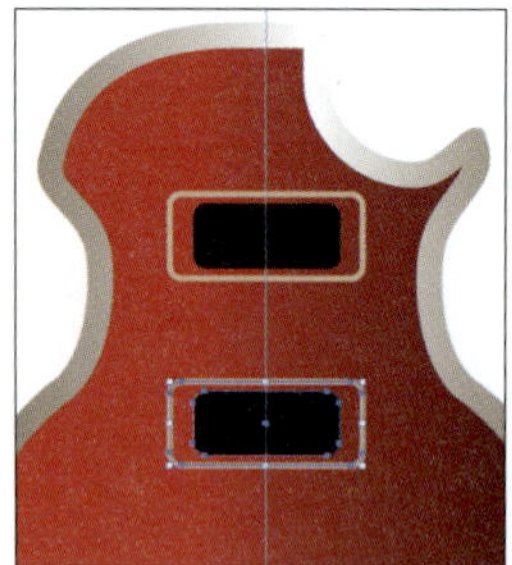

Selection Tool(▶)로 Alt 를 누른 채 드래그하는 도중에 Shift 를 함께 누르면 드래그하는 방향으로 반듯하게 복사할
수 있습니다.

⑩ Rounded Rectangle Tool(▢)로 Alt 를 누른 채 세로 안내선에 드래그하여 그리고 Selec-
tion Tool(▶)로 Alt 와 Shift 를 누른 채 위쪽으로 드래그하여 복사하여 배치한 후 Color 패
널에서 'Fill Color : K100, K10, Stroke Color : None'을 각각 지정합니다. 계속해서
Rounded Rectangle Tool(▢)로 크기가 다른 둥근 사각형을 하단에 그리고 동일한 방법으
로 복사하고 색상을 변경하여 배치합니다.

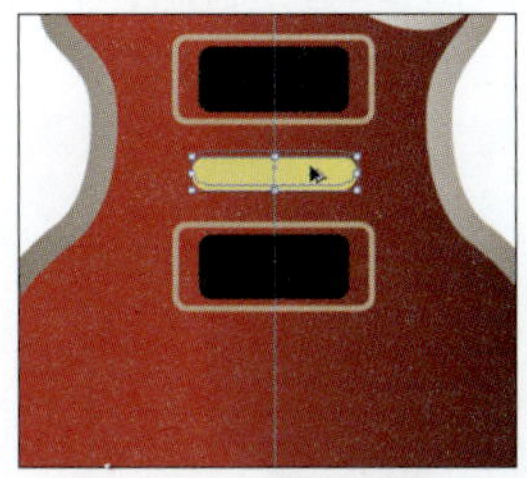 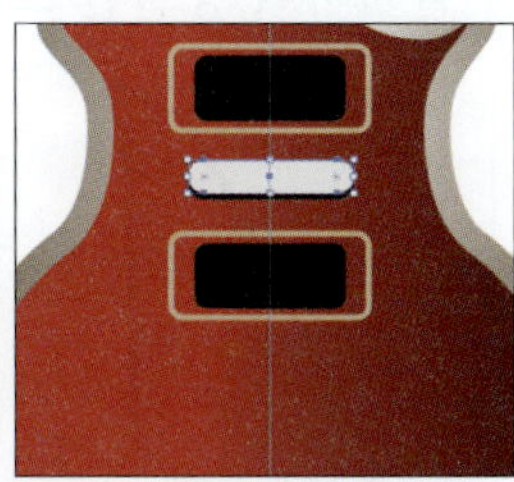 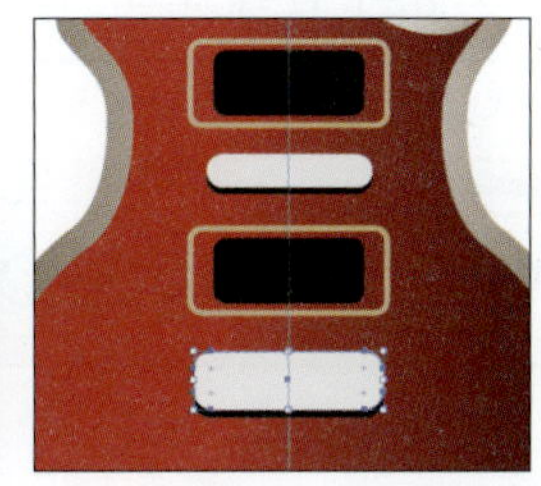

⑪ Ellipse Tool(◯)로 Shift 를 누른 채 드래그하여 정원을 그리고 Color 패널에서 'Fill Color
: K100, Stroke Color : None'을 지정합니다. 계속해서 크기가 큰 정원을 그리고 'Fill
Color : None, Stroke Color : C20M30Y50'을 지정하고 Stroke 패널에서 'Weight : 1pt'
를 적용한 후 [Object]-[Path]-[Outline Stroke]를 선택하여 선을 면으로 확장합니다.

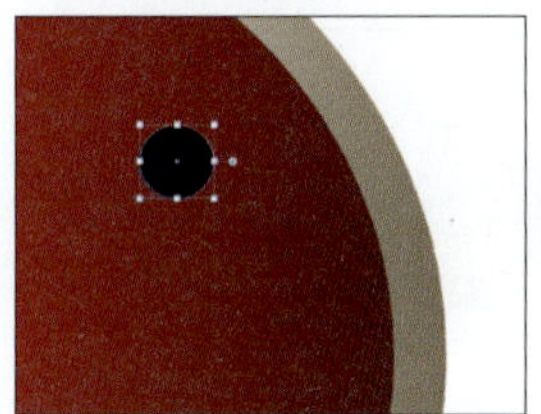 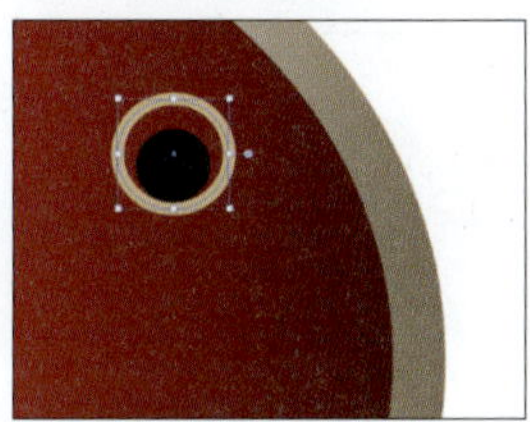 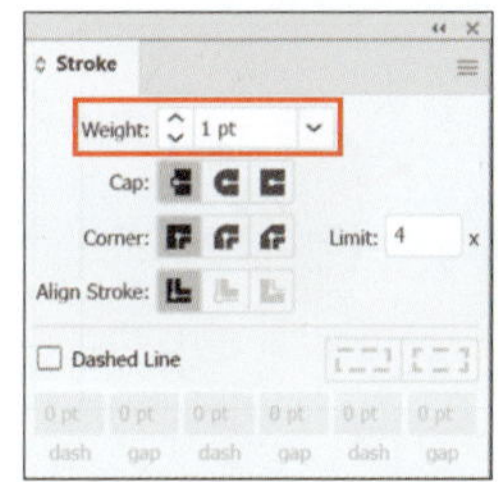 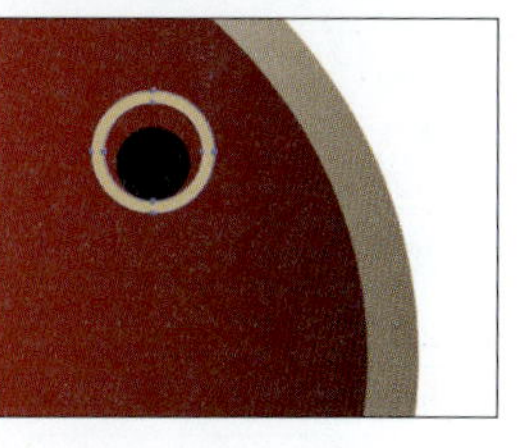

⑫ Selection Tool(▶)로 2개의 오브젝트를 선택하고 Alt 를 누른 채 아래쪽으로 드래그하여
복사하여 배치합니다. Scale Tool(▨)을 더블 클릭하여 'Uniform : 60%'를 지정하고
[Copy]를 눌러 축소 복사한 후 배치합니다.

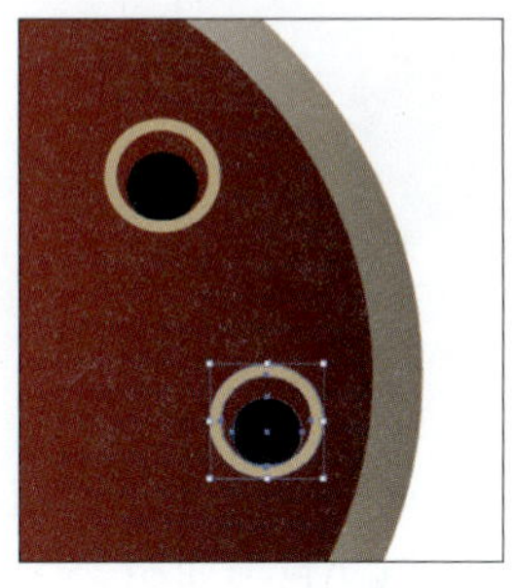 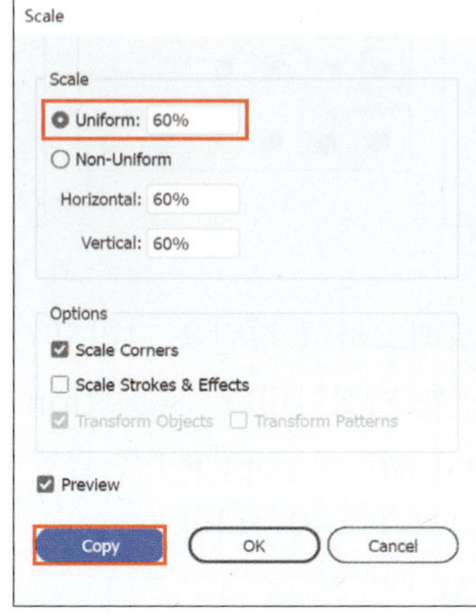 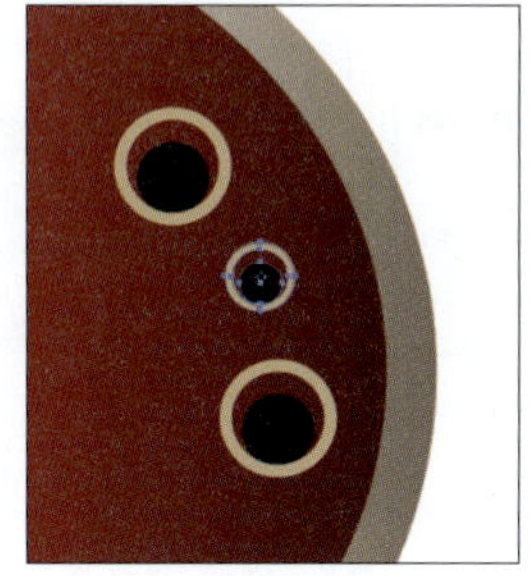

① Pen Tool(✐)로 닫힌 패스를 그림과 같이 그리고 [Effect]-[Illustrator Effects]-[Stylize]-[Round Corners]를 선택하고 'Radius : 0.7mm'를 지정하여 모서리를 둥글게 만들고 [Object]-[Expand Appearance]를 선택하여 오브젝트의 속성을 확장합니다. Eyedropper Tool(✐)로 하단 기타 모양의 안쪽 오브젝트를 클릭하여 동일한 그라디언트를 적용합니다.

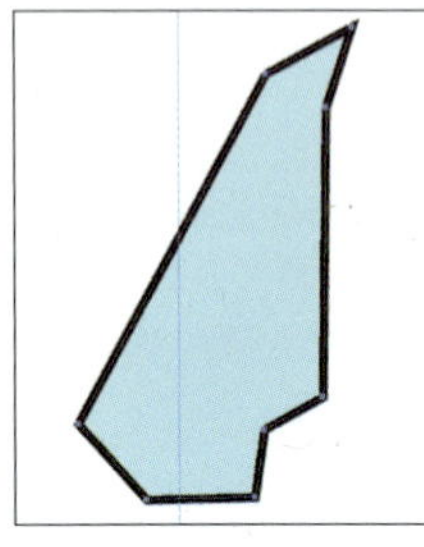
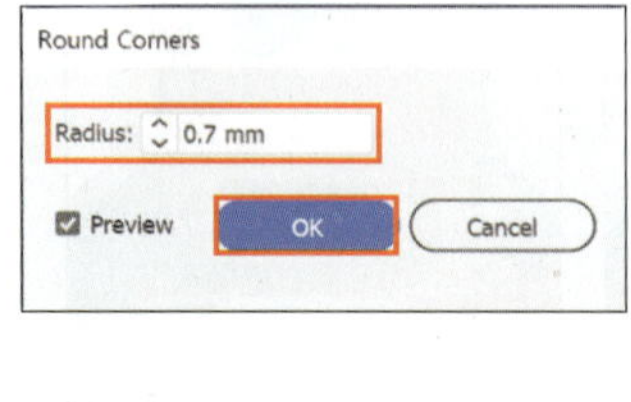
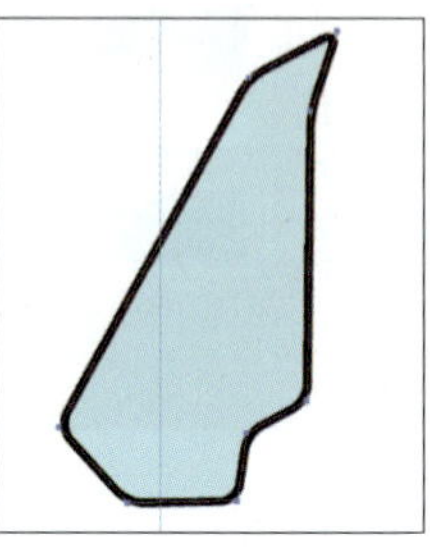

② Ellipse Tool(◯)로 드래그하여 Color 패널에서 'Fill Color : C20M30Y60, Stroke Color : None'을 지정합니다. Direct Selection Tool(▷)로 그림과 같이 드래그하여 선택하고 왼쪽으로 이동하여 변형합니다.

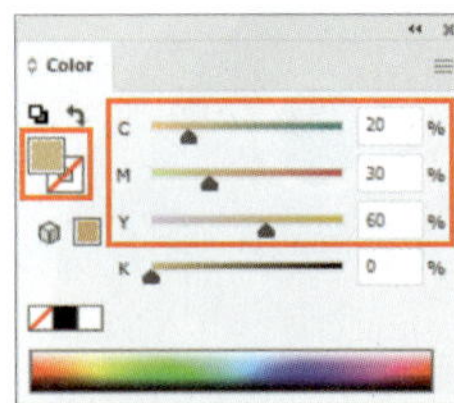
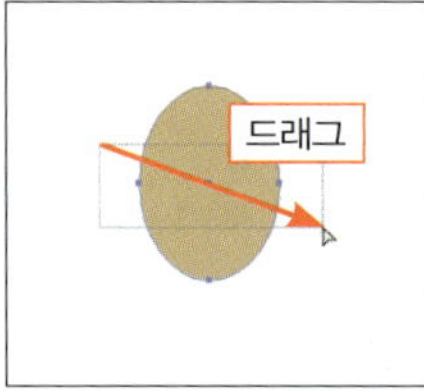

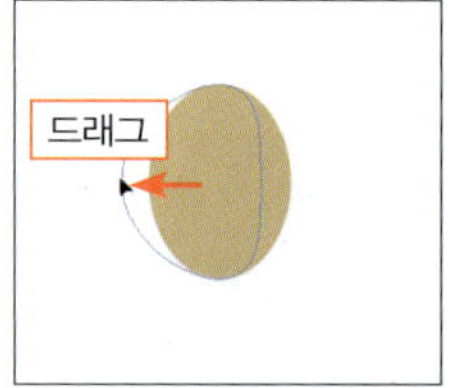

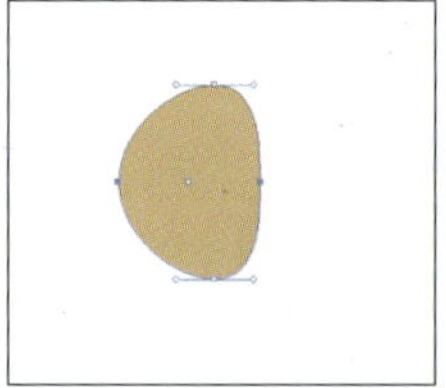

③ Rectangle Tool(▢)로 드래그하여 동일한 색상의 사각형을 겹치도록 그리고 Selection Tool(▶)로 2개의 오브젝트를 선택하고 Align 패널에서 'Vertical Align Center(╫)'를 클릭한 후 Pathfinder 패널에서 'Unite(◻)'를 클릭하여 합칩니다.

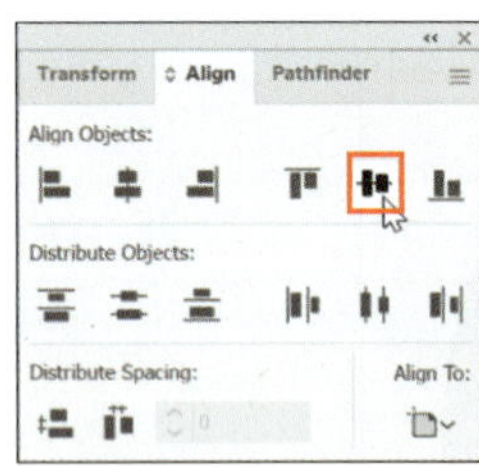
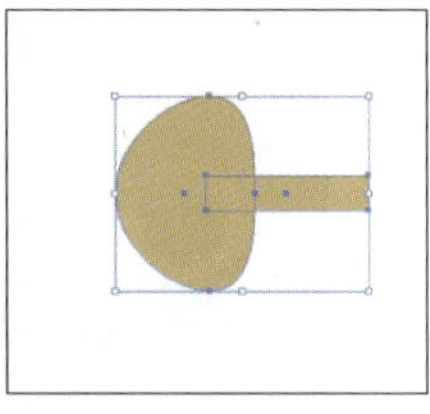
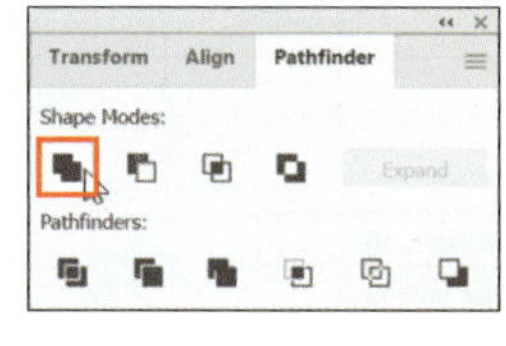
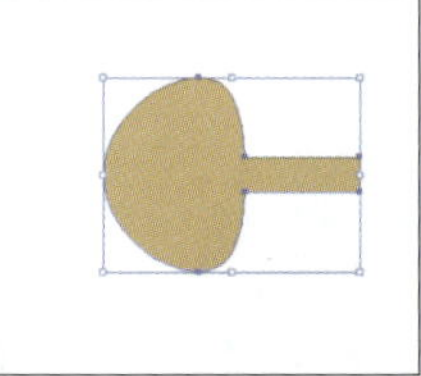

④ Ellipse Tool(◯)로 Shift를 누른 채 드래그하여 정원을 그리고 Color 패널에서 'Fill Color : C20M30Y60, Stroke Color : None'을 지정합니다. Selection Tool(▶)로 2개의 오브젝트를 선택하고 Align 패널에서 'Vertical Align Top(▛)'을 클릭하여 상단에 정렬을 지정하고 [Object]-[Group](Ctrl+G)으로 그룹을 지정합니다.

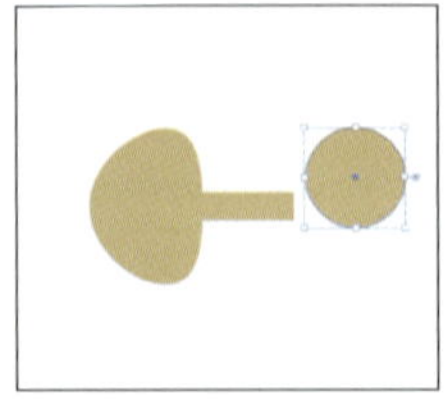
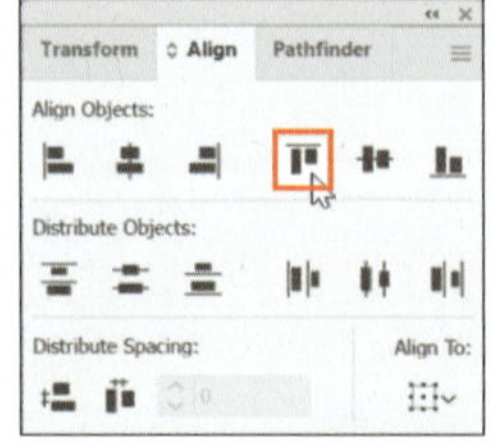
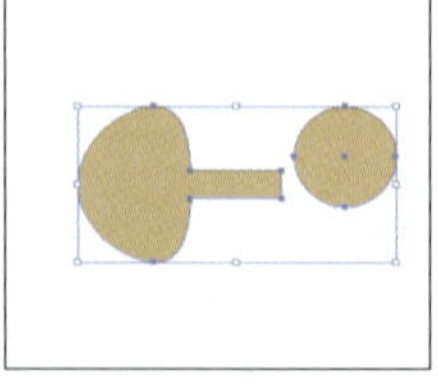

⑤ Selection Tool(▶)로 Alt 를 누른 채 왼쪽 하단으로 드래그하여 복사한 후 2개의 그룹 오브젝트를 선택하고 [Object]-[Blend]-[Make]를 적용하고 [Object]-[Blend]-[Blend Options]의 대화상자에서 'Specified Steps : 3'을 적용한 후 [Object]-[Blend]-[Expand]로 확장합니다.

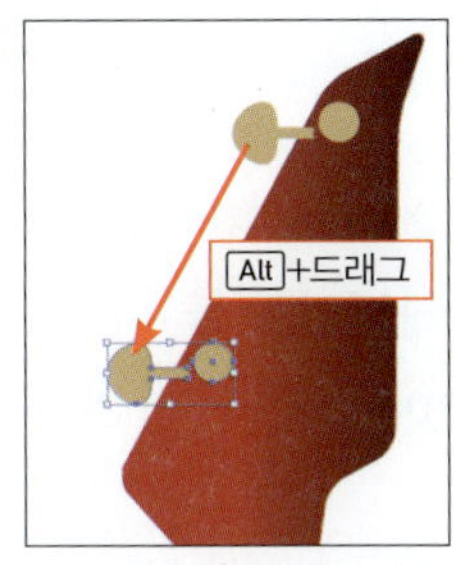
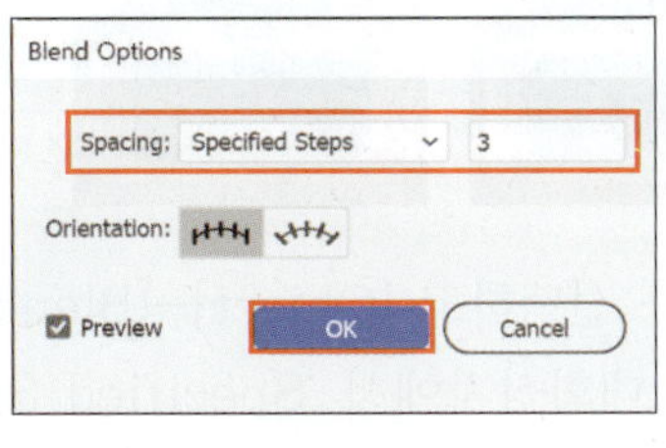

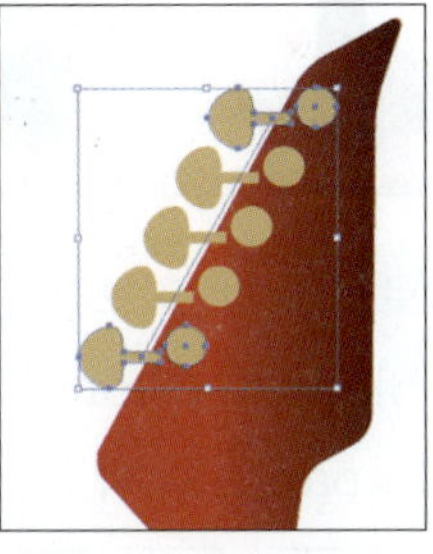
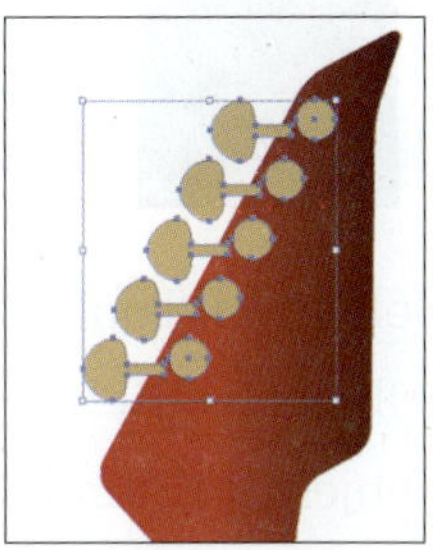

⑥ [Object]-[Ungroup](Shift + Ctrl + G)을 2번 연속 지정한 후 Selection Tool(▶)로 Shift 를 누른 채 왼쪽 5개의 오브젝트를 함께 선택하고 [Object]-[Arrange]-[Send to Back](Shift + Ctrl + [)을 선택하고 맨 뒤로 보내기를 합니다.

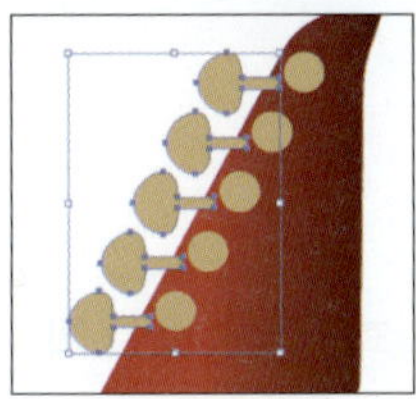
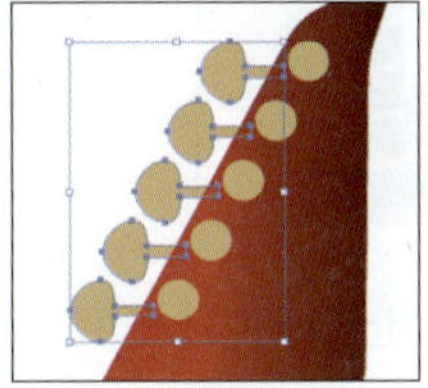

🄵 기적의 TIP

Blend가 적용된 오브젝트는 그룹으로 지정되므로 Ungroup을 연속 2번 지정해야 Selection Tool(▶)로 왼쪽 오브젝트를 별도로 선택하고 정돈할 수 있습니다.

⑦ Rectangle Tool(▢)로 드래그하여 헤드와 기타 바디 사이에 사각형을 그리고 Color 패널에서 'Fill Color : K100, Stroke Color : None'을 지정하고 Selection Tool(▶)로 더블 클릭하여 Isolation Mode로 전환합니다. Direct Selection Tool(▷)로 그림과 같이 드래그하여 2개의 고정점을 선택한 후 Scale Tool(⊡)로 바깥쪽으로 드래그하여 하단 패스를 확대하고 Esc 를 눌러 정상 모드로 전환합니다.

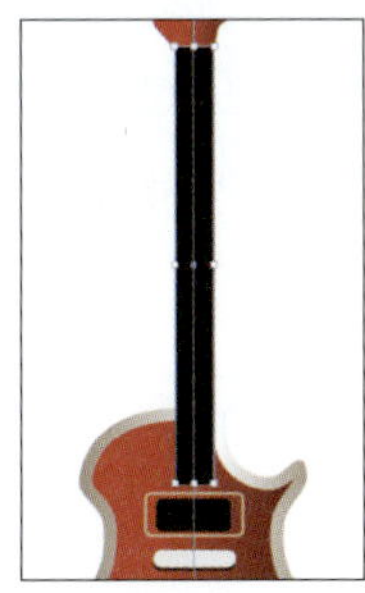
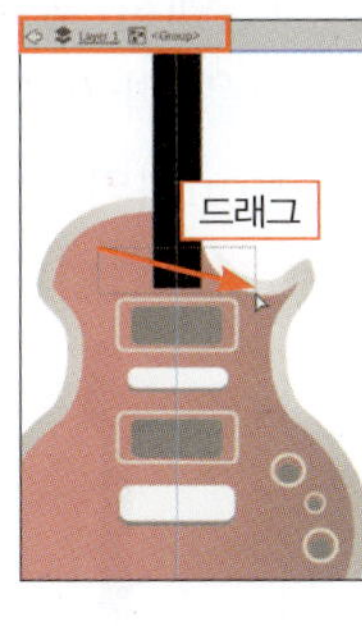

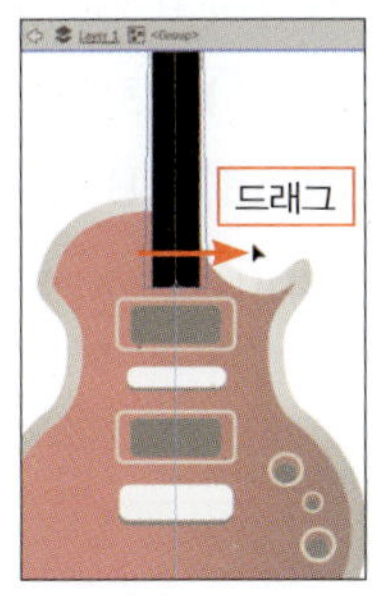

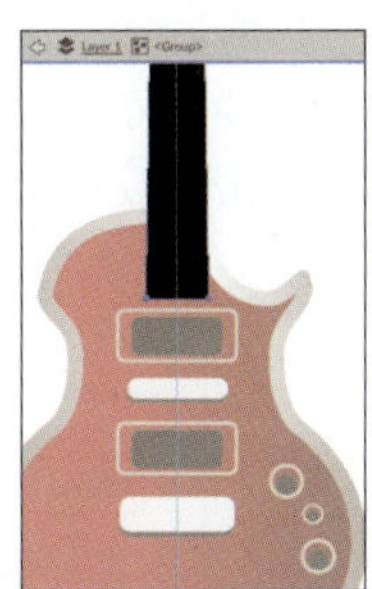

⑧ Pen Tool(✒)로 닫힌 패스를 그림과 같이 그리고 Color 패널에서 'Fill Color : C0M0Y0K0, Stroke Color : None'을 지정합니다. Selection Tool(▶)로 Alt 를 누른 채 하단으로 드래그하여 복사하고 바운딩 박스의 조절점을 드래그하여 높이만 축소합니다.

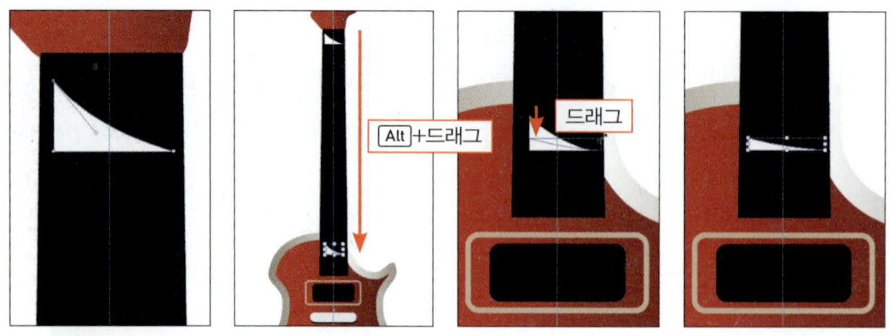

⑨ Selection Tool(▶)로 2개의 오브젝트를 선택하고 [Object]-[Blend]-[Make]를 적용하고 [Object]-[Blend]-[Blend Options]의 대화상자에서 'Specified Steps : 8'을 적용한 후 [Object]-[Blend]-[Expand]로 확장합니다.

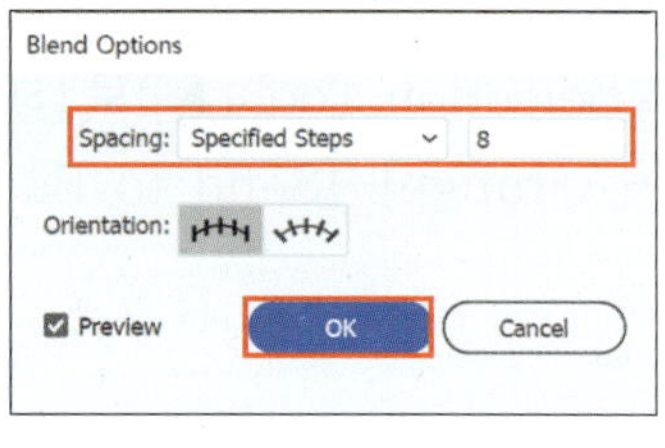

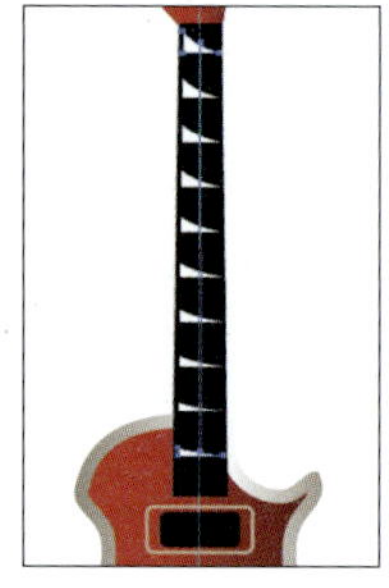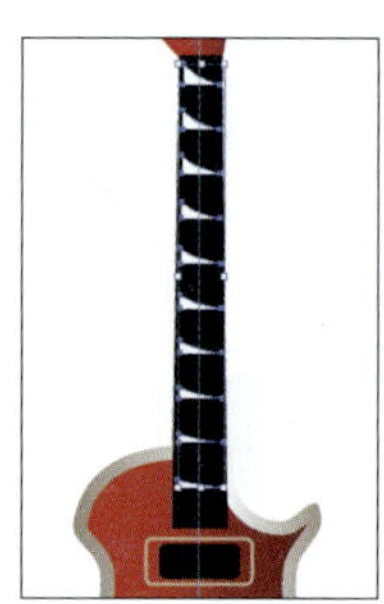

⑩ Selection Tool(▶)로 더블 클릭하여 Isolation Mode로 전환하고 그림과 같이 오브젝트의 위치를 이동하여 조절한 후 Esc 를 눌러 정상 모드로 전환합니다.

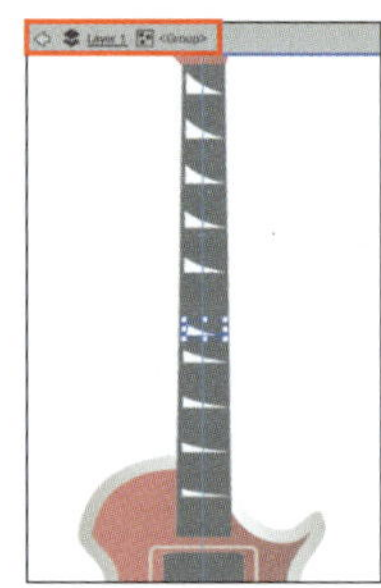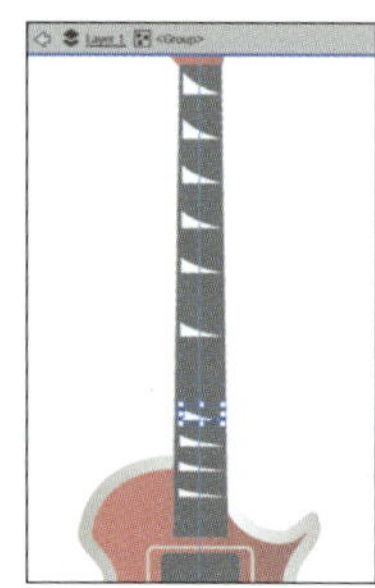

⑪ Line Segment Tool(/)로 드래그하여 2개의 길이가 다른 선을 그리고 Color 패널에서 'Fill Color : None, Stroke Color : K50'을 지정하고 Stroke 패널에서 'Weight : 1pt, Cap : Round Cap'을 지정합니다. Selection Tool(▶)로 2개의 선을 함께 선택하고 [Object]- [Blend]-[Make]를 적용하고 [Object]-[Blend]-[Blend Options]의 대화상자에서 'Specified Steps : 3'을 적용한 후 [Object]-[Blend]-[Expand]로 확장합니다.

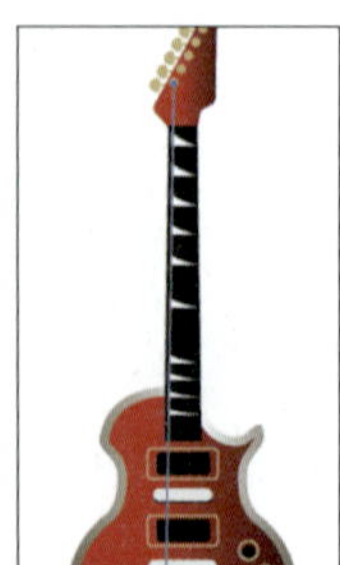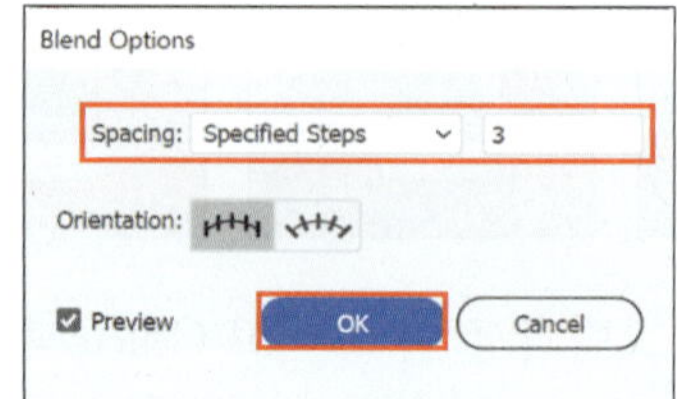

⑫ Selection Tool(▶)로 더블 클릭하여 Isolation Mode로 전환하고 Direct Selection Tool (▷)로 그림과 같이 드래그하여 5개의 고정점을 선택한 후 [Object]-[Path]-[Average] (Alt + Ctrl + J)를 선택하고 'Axis : Horizontal'을 지정하여 수평의 위치에 정렬하고 Esc 를 눌러 정상 모드로 전환합니다. Selection Tool(▶)로 헤드 부분의 4개의 원을 선택하고 Shift + Ctrl +]를 눌러 맨 앞으로 가져오기를 합니다.

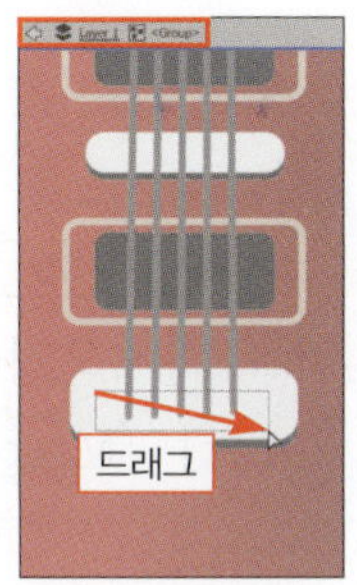

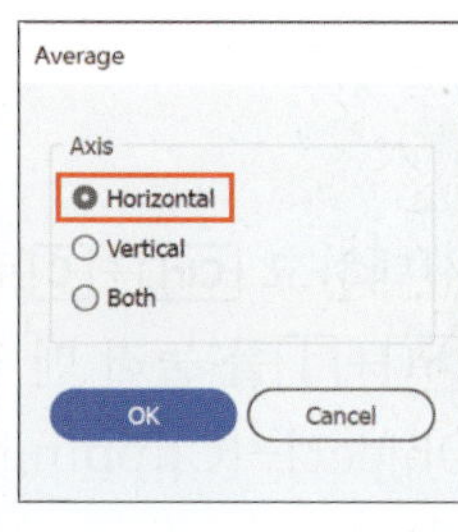

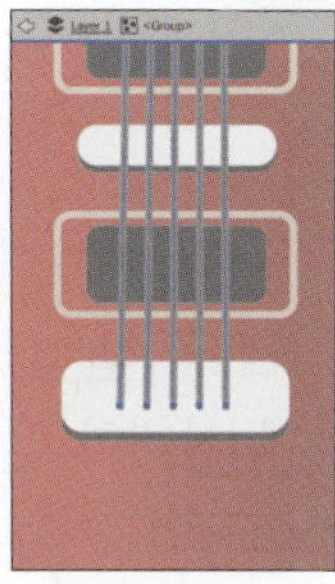
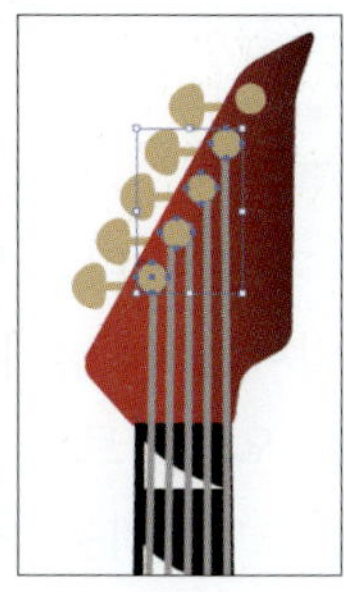

06 문자 입력하고 회전하기

① Type Tool(T)로 작업 도큐먼트를 클릭한 후 Character 패널에서 'Set the font family : Times New Roman, Set the font style : Bold Italic, Set the font size : 8pt'를 설정하고 Color 패널에서 'Fill Color : C0M0Y0K0, Stroke Color : None'을 지정한 후 'Electric Guitar'를 입력합니다.

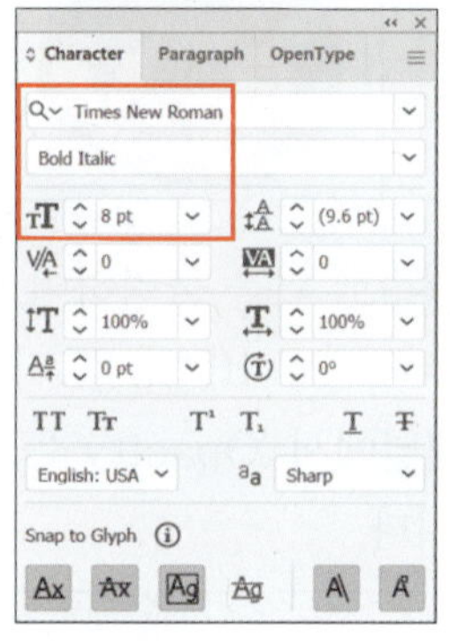

② Rotate Tool(↻)을 더블 클릭하여 'Angle : −90°'를 지정하고 회전하여 배치합니다.

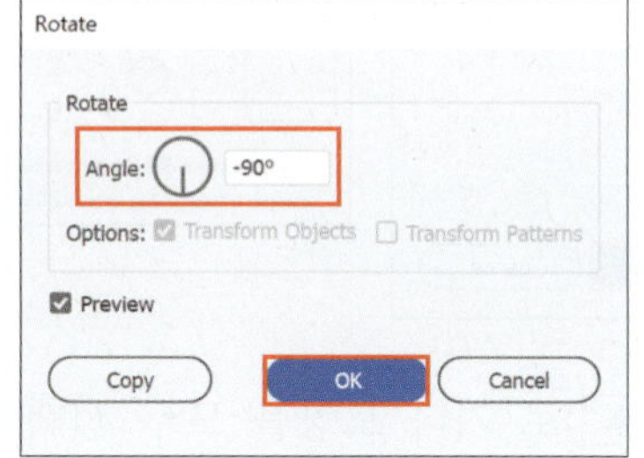

07 클리핑 마스크 및 그림자 효과 적용하기

① Selection Tool(▶)로 별과 곡선 모양 오브젝트를 함께 선택하고 Ctrl + G로 그룹을 지정하고 Ctrl + C로 복사하고 Ctrl + V로 붙여 넣기를 한 후 Scale Tool(⊡)을 더블 클릭하여 'Uniform : 50%'를 지정합니다.

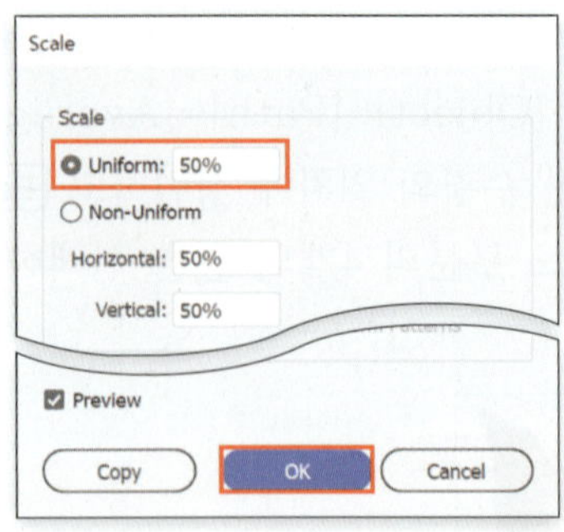

② Selection Tool(▶)로 기타 바디의 안쪽 오브젝트를 선택하고 Ctrl+C로 복사하고 Ctrl+F로 복사한 오브젝트 앞에 붙여 넣기를 한 후 Shift+Ctrl+]를 눌러 맨 앞으로 가져오기를 합니다. 별과 곡선 모양 오브젝트와 함께 선택하고 [Object]-[Clipping Mask]-[Make](Ctrl+7)로 클리핑 마스크를 적용하여 디자인을 정리합니다.

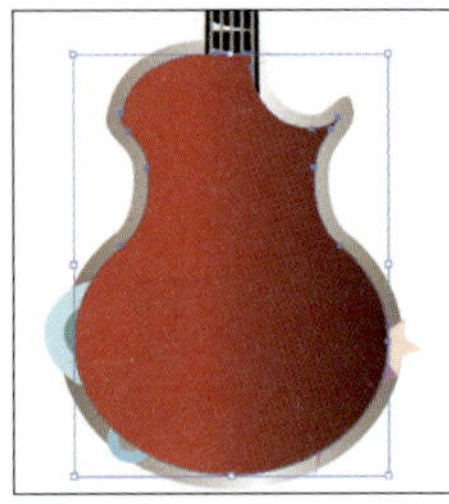

③ Selection Tool(▶)로 더블 클릭하여 Isolation Mode로 전환하고 별과 곡선 모양 오브젝트를 선택하고 Rotate Tool(↻)을 더블 클릭하여 'Angle : −15°'를 지정하여 회전한 후 Transparency 패널에서 'Opacity : 70%'를 지정하여 불투명도를 조절하고 Esc를 눌러 정상 모드로 전환합니다.

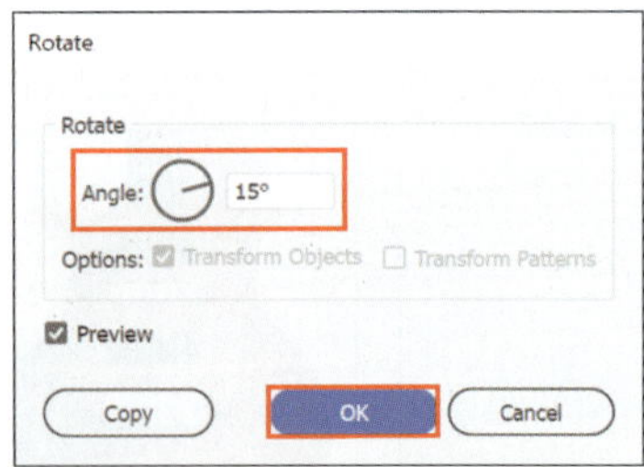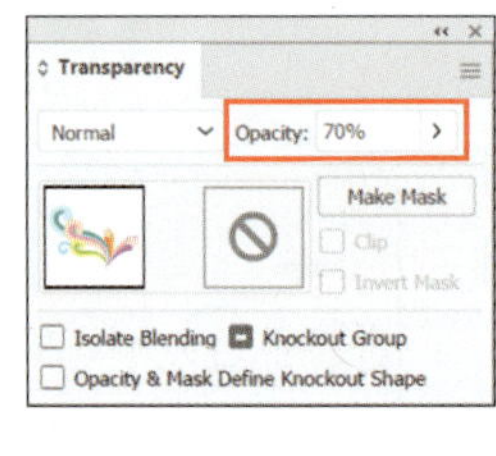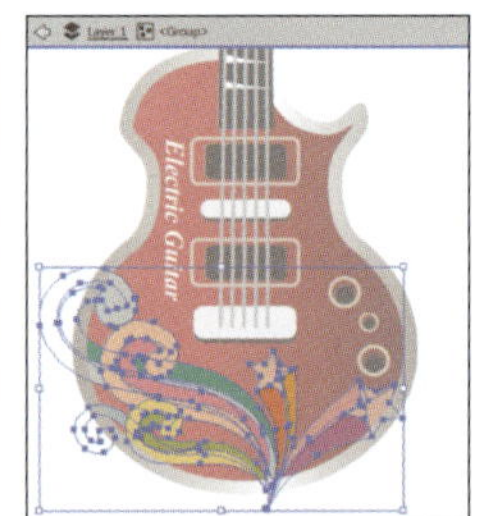

④ Selection Tool(▶)로 기타 모양을 모두 선택하고 Ctrl+G를 눌러 그룹으로 설정합니다. [Effect]-[Illustrator Effects]-[Stylize]-[Drop Shadow]를 선택하고 'Opacity : 75%, X Offset : 2mm, Y Offset : 2mm, Blur : 1mm'를 지정하여 그림자 효과를 적용합니다.

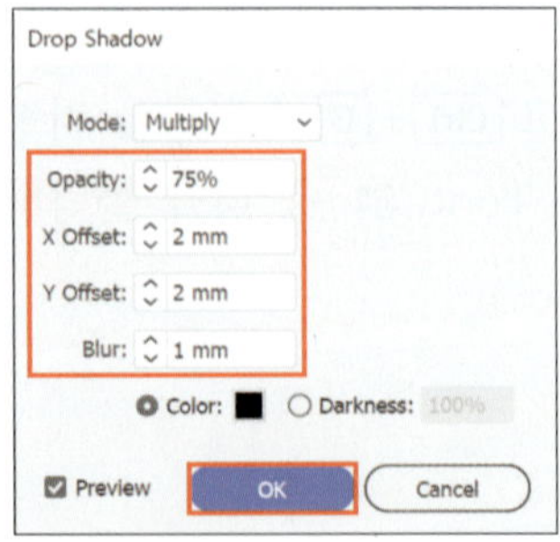

기적의 TIP

Ctrl+C로 그룹을 설정하지 않으면 그림자 효과가 오브젝트에 각각 적용되므로 반드시 그룹을 지정합니다.

광고 디자인

주요 기능	메뉴	단축키	출제빈도
Selection Tool		V, A	★★★★★
Pen Tool		P	★★★★★
Gradient Tool		G	★★★★★
Shape Tool		M, L	★★★★★
Type Tool		T	★★★★★
Transform Tool		R, O, S	★★★★★
Mesh Tool		U	★★★★★
Blend	[Object]–[Blend]–[Make]	Alt + Ctrl + B	★★★★★
Symbol Sprayer Tool		Shift + S	★★★★★
Outline Stroke	[Object]–[Path]–[Outline Stroke]		★★★
Offset Path	[Object]–[Path]–[Offset Path]		★★★★★
Envelope Distort	[Object]–[Envelope Distort]–[Make with Warp]		★★★★★
Clipping Mask	[Object]–[Clipping Mask]–[Make]	Ctrl + 7	★★★★★
Expand Appearance	[Object]–[Expand Appearance]		★★
Create Outlines	[Type]–[Create Outlines]	Shift + Ctrl + O	★★
Effect	[Effect]–[Illustrator Effects]		★★★★★
Pathfinder Panel	[Window]–[Pathfinder]	Shift + Ctrl + F9	★★★★★
Color Panel	[Window]–[Color]	F6	★★★★★
Stroke Panel	[Window]–[Stroke]	Ctrl + F10	★★★★
Character Panel	[Window]–[Type]–[Character]	Ctrl + T	★★★★★
Paragraph Panel	[Window]–[Type]–[Paragraph]	Alt + Ctrl + T	★★
Gradient Panel	[Window]–[Gradient]	Ctrl + F9	★★★★
Align Panel	[Window]–[Align]	Shift + F7	★★★
Brushes Panel	[Window]–[Brushes]	F5	★★★★★
Transparency Panel	[Window]–[Transparency]	Shift + Ctrl + F10	★★★★★

▲ 완성이미지

01 메쉬로 배경 만들기

① [File]-[New]([Ctrl]+[N])를 선택하고 'Width : 200mm, Height : 200mm, Units : Milli-meters, Color Mode : CMYK'를 설정하여 새 도큐먼트를 만듭니다. Rectangle Tool(▣)로 작업 도큐먼트 왼쪽 상단의 원점(0,0)을 클릭한 후 'Width : 200mm, Height : 200mm'를 입력하여 그리고 Color 패널에서 'Fill Color : C10M10Y20, Stroke Color : None'을 지정합니다.

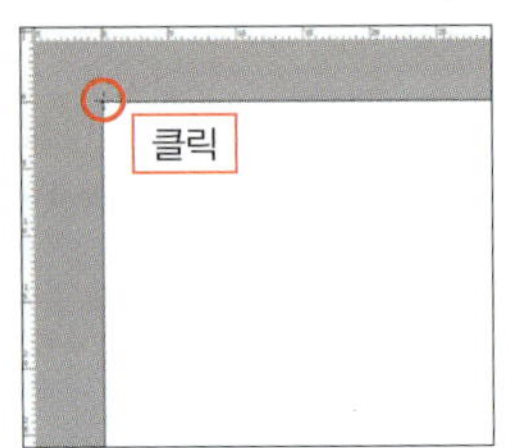

> **기적의 TIP**
>
> 도큐먼트 왼쪽 상단의 원점(0,0)을 클릭한 후 입력하면 제시된 도큐먼트 크기와 동일한 사각형을 정렬하여 그릴 수 있습니다.

② Mesh Tool(▦)로 사각형의 왼쪽 상단과 오른쪽 하단에 각각 클릭합니다. Mesh Tool(▦)로 오른쪽 상단 교차점을 클릭하여 Color 패널에서 'Fill Color : M60Y80, Stroke Color : None'을, 왼쪽 하단 교차점을 클릭하여 'Fill Color : C40M70Y100K60, Stroke Color : None'을 지정합니다.

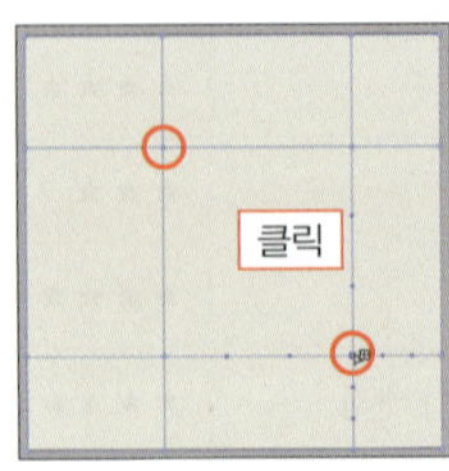

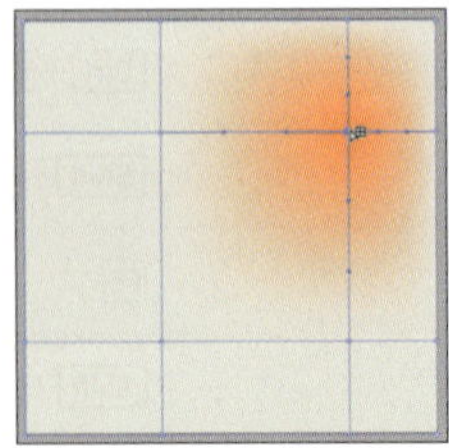

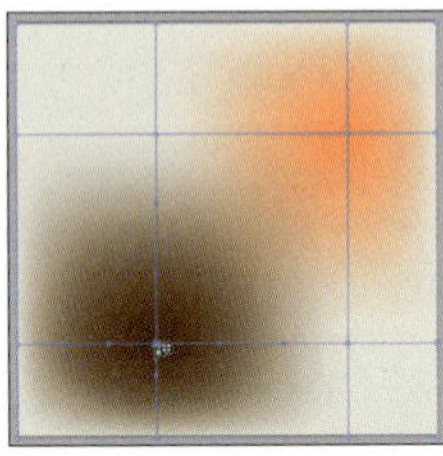

❷ 브러쉬 적용하고 그림자 효과 적용하기

① Brushes 패널 하단의 'Brush Libraries Menu(▨)'를 클릭한 후 [Decorative]–[Elegant Curl & Floral Brush Set]를 선택하여 추가 브러쉬 패널을 불러온 후 'Floral Brush 12'를 선택합니다.

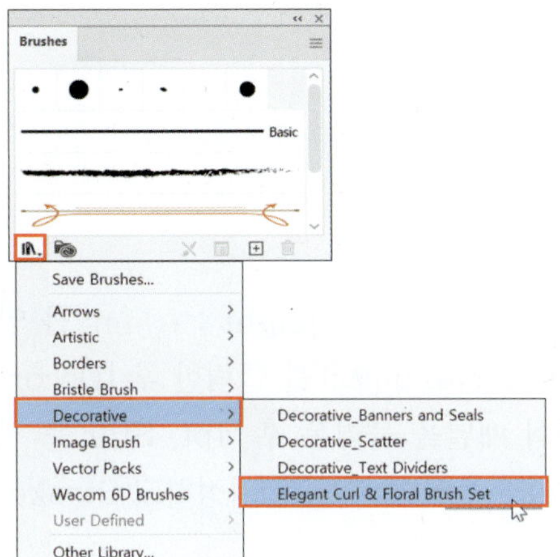
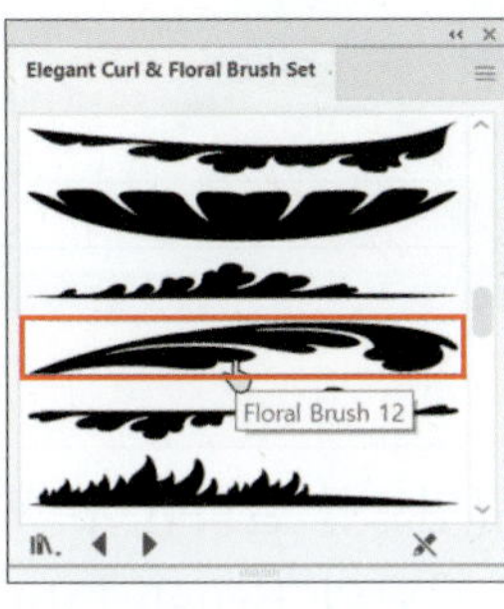

② Paintbrush Tool(✐)로 Color 패널에서 'Fill Color : None, Stroke Color : C10Y100'을 지정한 후 Stroke 패널에서 'Weight : 1pt'를 지정하여 왼쪽에서 오른쪽으로 드래그하여 칠합니다.

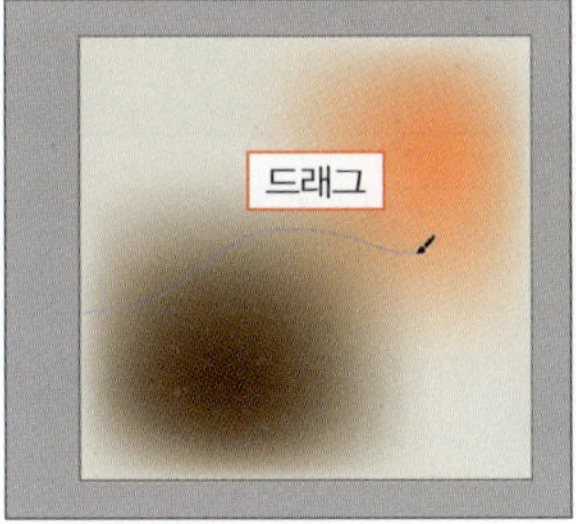

③ 계속해서 그림과 같이 그리고 Color 패널에서 'Fill Color : None, Stroke Color : C50Y100'을 지정하고, Stroke 패널에서 'Weight : 2pt'를 지정합니다.

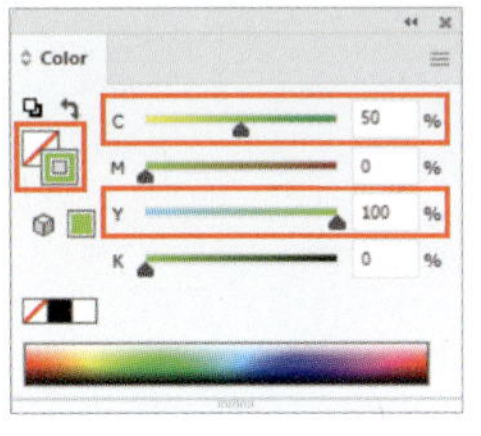
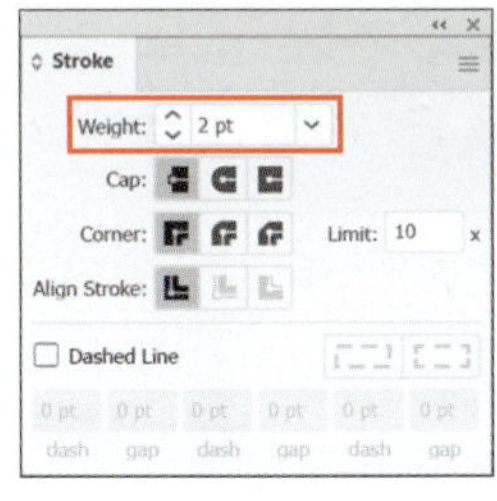

④ [Effect]-[Illustrator Effects]-[Stylize]-[Drop Shadow]를 선택하고 'Opacity : 75%, X Offset : 2mm, Y Offset : 2mm, Blur : 2mm'를 지정하여 그림자 효과를 적용합니다.

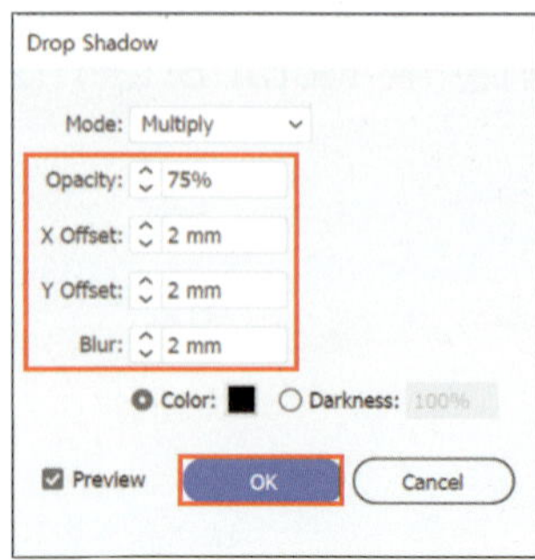 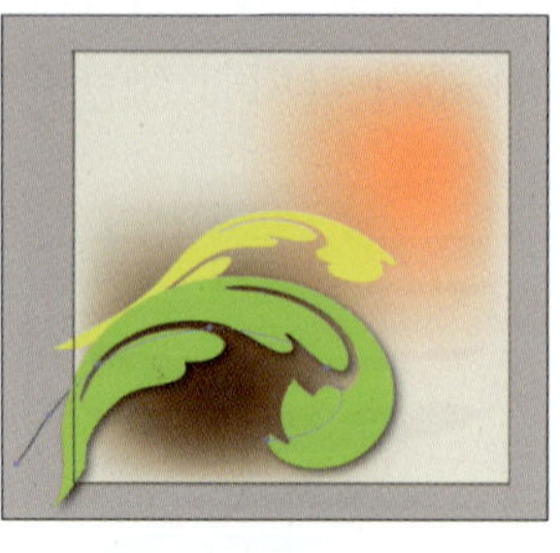

⑤ Ellipse Tool(⬤)로 작업 도큐먼트를 클릭한 후 'Width : 70mm, Height : 70mm'를 입력하여 그립니다. Brushes 패널 하단의 'Brush Libraries Menu(📖.)'를 클릭한 후 [Decora-tive]-[Decorative_Scatter]를 선택하여 추가 브러쉬 패널을 불러온 후 '4pt. Star'를 선택하고 Color 패널에서 'Fill Color : None, Stroke Color : 임의 색상'을 지정하고 Stroke 패널에서 'Weight : 1pt'를 지정합니다.

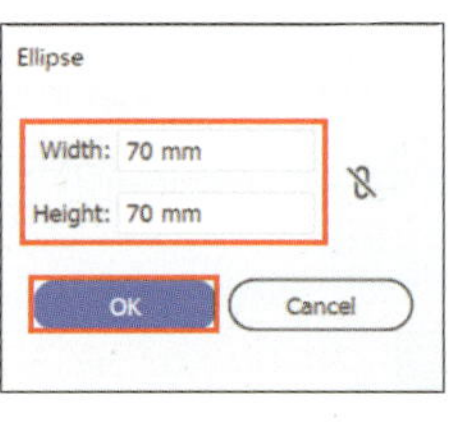 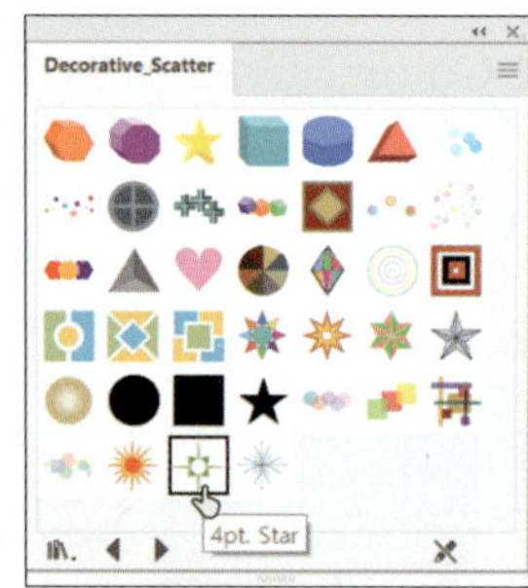 

⑥ Selection Tool(▶)로 Alt 를 누른 채 오른쪽 위로 드래그하여 정원을 복사하고, Stroke 패널에서 'Weight : 0.5pt'를 지정합니다.

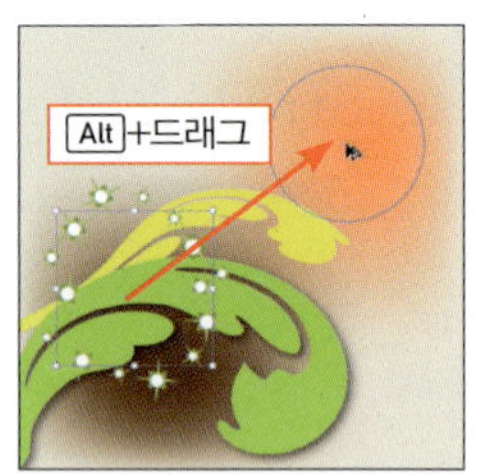

🔵03 무당벌레 오브젝트 만들기

① Ellipse Tool(⬤)로 작업 도큐먼트를 클릭한 후 'Width : 43mm, Height : 43mm'를 입력하여 그리고 Color 패널에서 'Fill Color : K100, Stroke Color : None'을 지정합니다. Scale Tool(🔳)을 더블 클릭하여 'Uniform : 95%'를 지정하고 [Copy]를 눌러 축소 복사한 후 'Fill Color : 임의 색상, Stroke Color : 임의 색상'을 지정합니다.

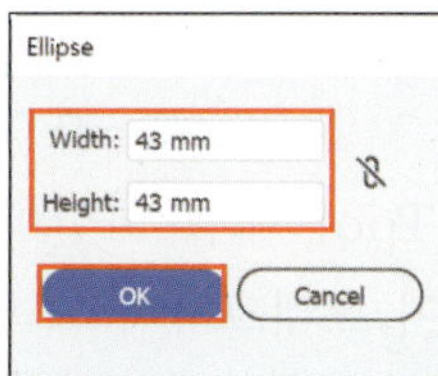 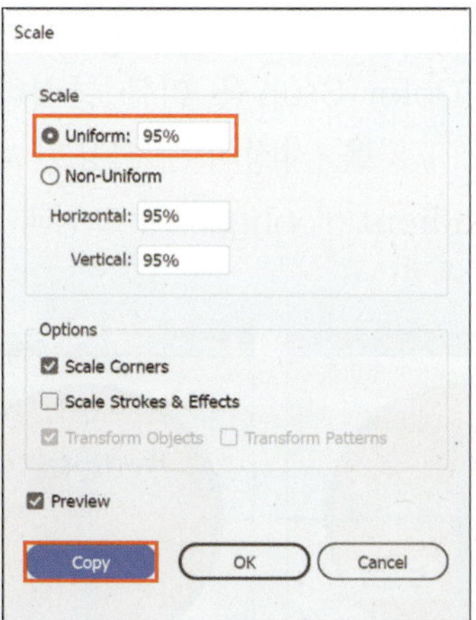 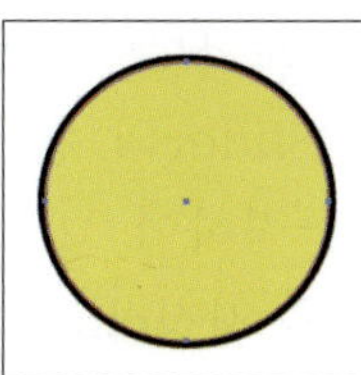

② Rectangle Tool(□)로 작업 도큐먼트를 클릭한 후 'Width : 4mm, Height : 45mm'를 입력하여 그리고 Color 패널에서 'Fill Color : 임의 색상, Stroke Color : 임의 색상'을 지정합니다. Selection Tool(▶)로 2개의 원과 함께 선택하고 Align 패널에서 'Horizontal Align Center(♣)'를 클릭하여 가로 가운데 정렬을 지정합니다.

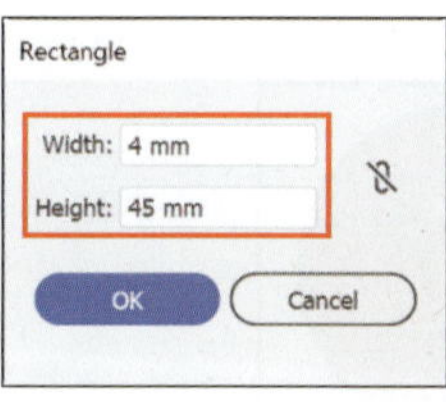 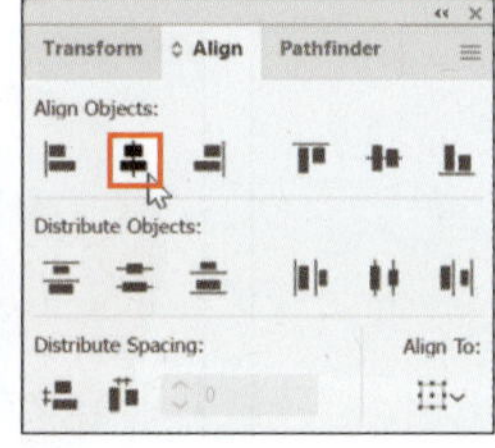 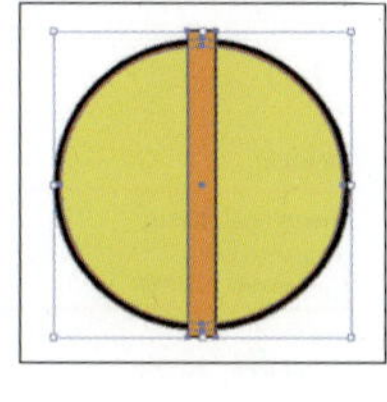

③ Direct Selection Tool(▷)로 사각형 상단을 드래그하여 선택한 후 [Object]-[Path]-[Average]를 선택하고 'Axis : Both'를 지정하여 한 점에 정렬합니다.

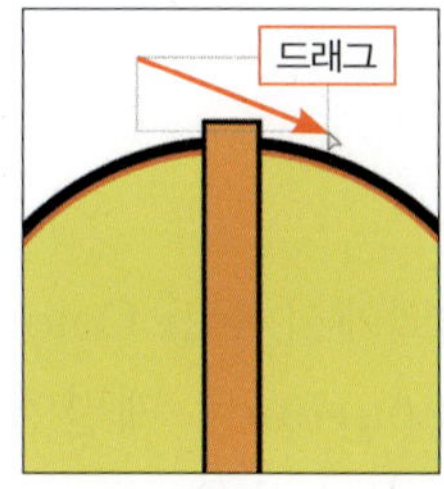 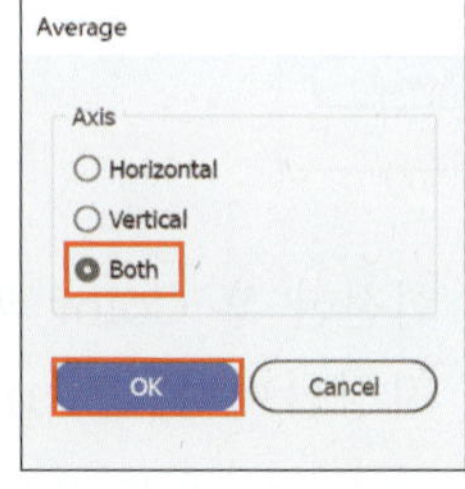 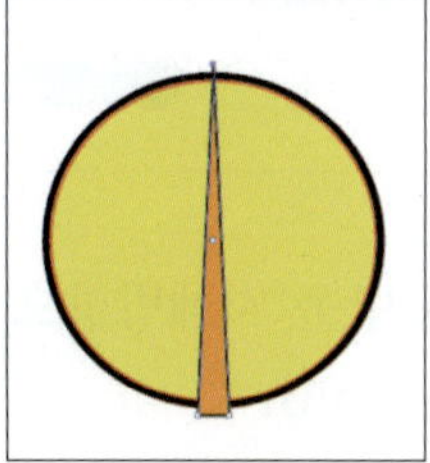

④ Selection Tool(▶)로 작은 정원과 함께 선택하고 Pathfinder 패널에서 'Divide(▣)'를 클릭하여 면을 분할한 후 더블 클릭하여 Isolation Mode로 전환하고 중앙의 불필요한 오브젝트를 선택하여 Delete 를 눌러 삭제합니다.

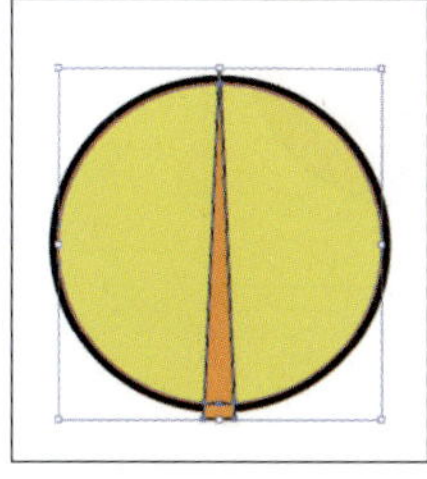 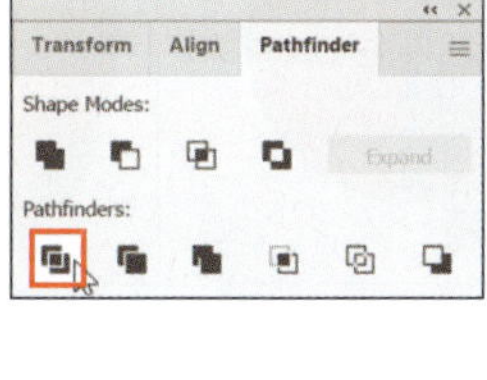 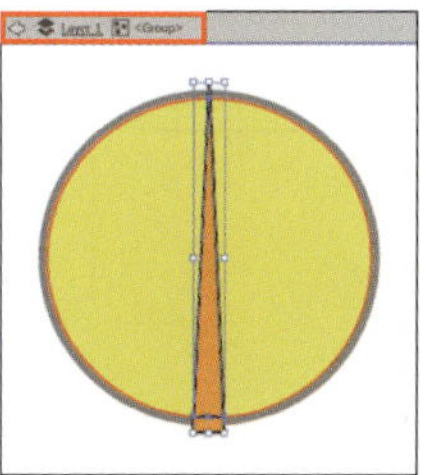 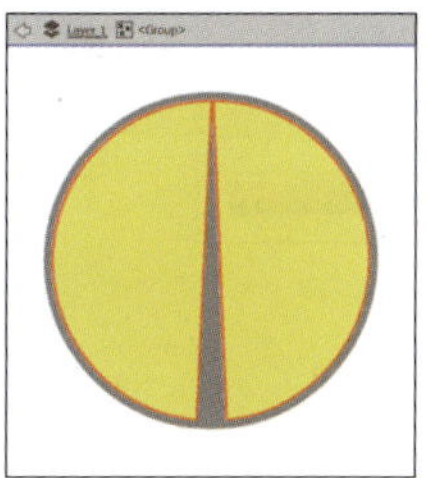

⑤ [Select]–[All]($\boxed{\text{Ctrl}}$+$\boxed{\text{A}}$)로 모두 선택하고 Gradient 패널에서 'Type : Radial Gradient'를 적용하고 Gradient Slider의 왼쪽 'Color Stop'을 더블 클릭하여 M20Y20을, 오른쪽 'Color Stop'을 더블 클릭하여 M100Y100을 지정하여 적용한 후 Tool 패널 하단에서 'Stroke Color : None'을 지정하고 Gradient Tool(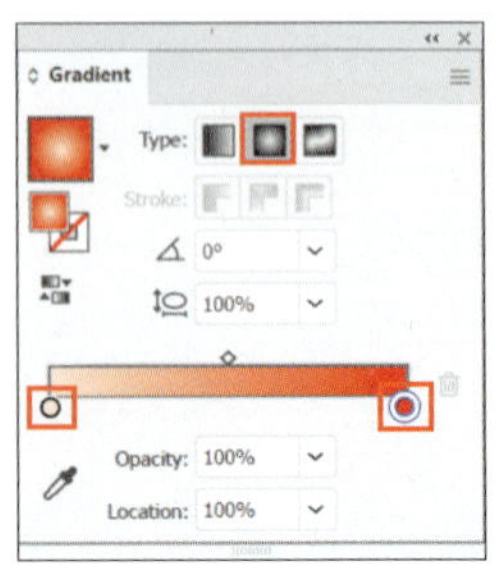)로 그림과 같이 드래그하여 그라디언트를 조절합니다.

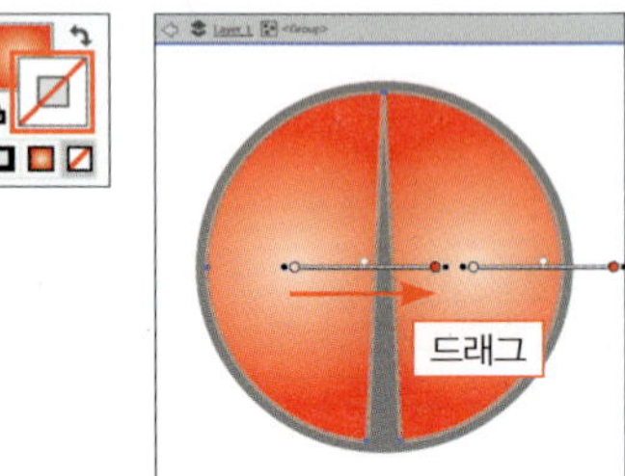

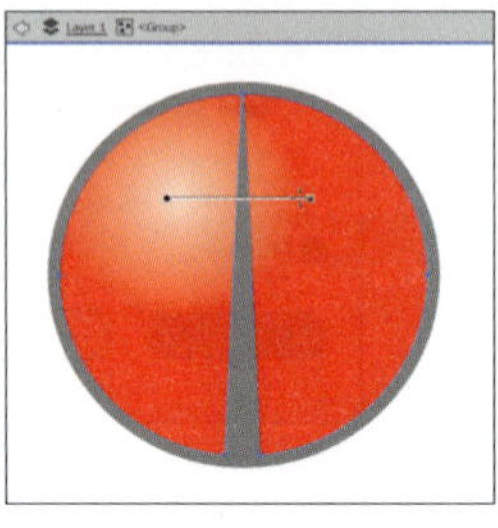

⑥ Scale Tool(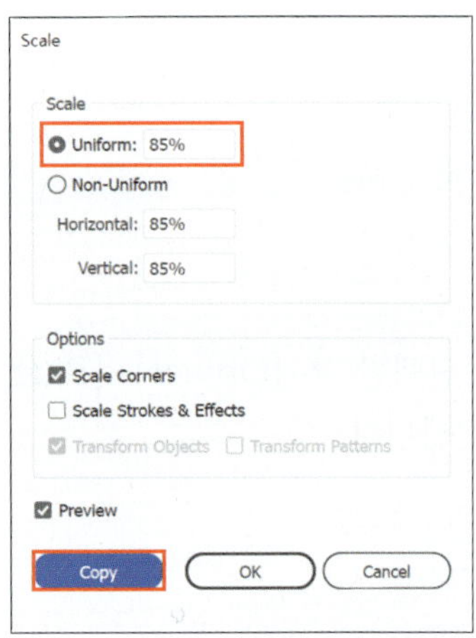)을 더블 클릭하여 'Uniform : 85%'를 지정하고 [Copy]를 눌러 축소 복사합니다. [Object]–[Transform]–[Move]를 선택하고 'Horizontal : 0mm, Vertical : 10mm'를 입력하고 [OK]를 눌러 아래로 이동합니다.

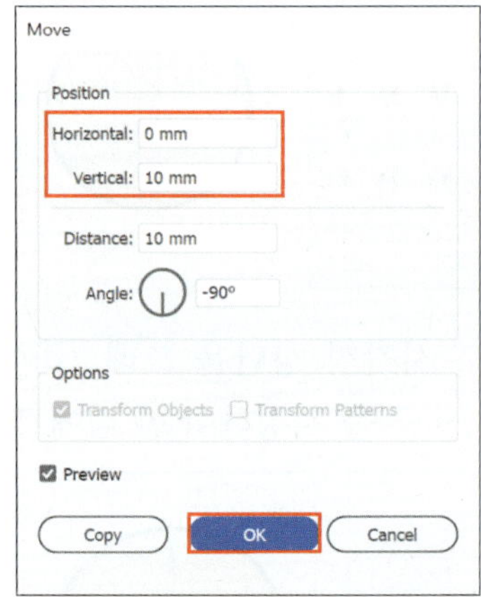

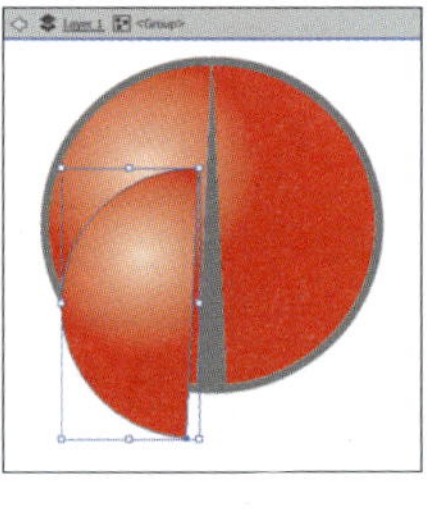

⑦ Selection Tool(▶)로 조절점 밖을 시계방향으로 회전한 후 Color 패널에서 'Fill Color : C40M70Y100K50, Stroke Color : None'을 지정합니다. Transparency 패널에서 'Opacity : 60%'를 지정하여 불투명도를 조절하고 [Object]–[Arrange]–[Send Backward]($\boxed{\text{Ctrl}}$+$\boxed{\text{[}}$)를 선택하고 뒤로 보내기를 합니다.

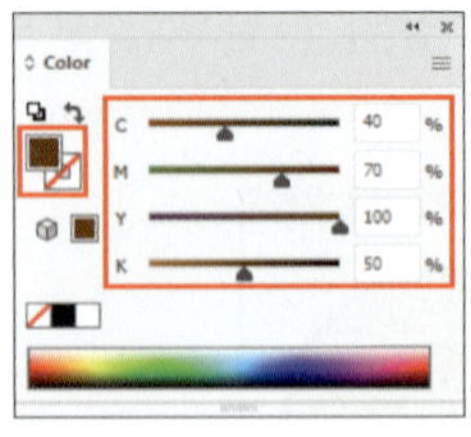

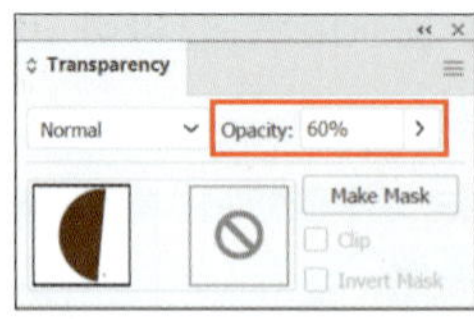

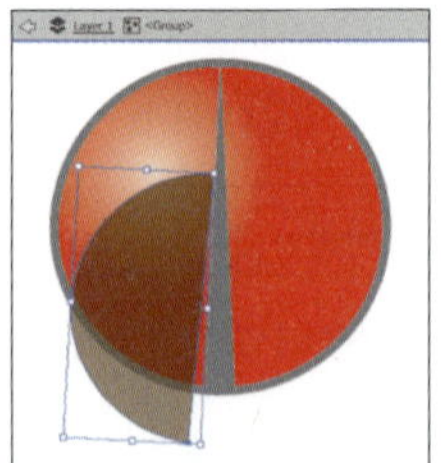

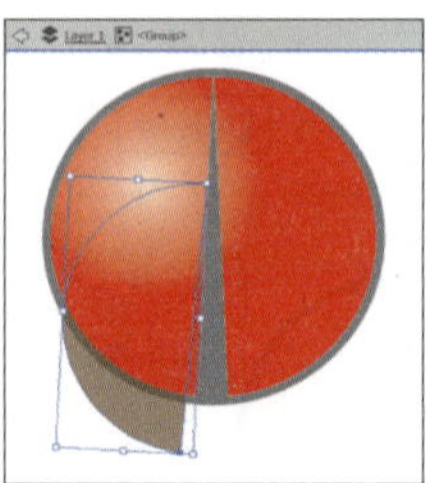

⑧ Reflect Tool(▷◁)로 Alt 를 누르면서 정원의 상단 고정점을 클릭하여 'Axis : Vertical'을 지 정하고 [Copy]를 눌러 복사하여 배치하고 Esc 를 눌러 정상 모드로 전환합니다.

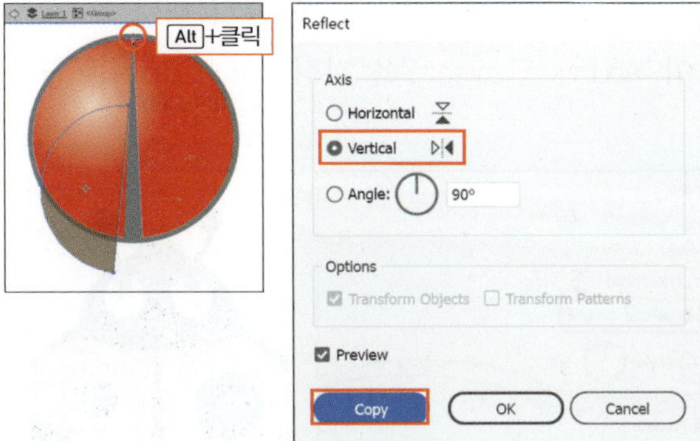
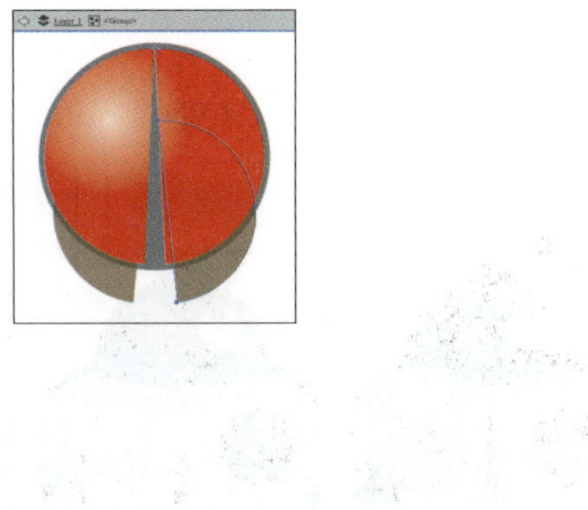

⑨ Ellipse Tool(◯)로 Shift 를 누른 채 드래그하여 크기가 다른 8개의 정원을 그리고 Color 패 널에서 'Fill Color : K100, Stroke Color : None'을 지정합니다. 계속해서 드래그하여 크기 가 다른 2개의 원을 겹치도록 그리고 'Fill Color : None, Stroke Color : 임의 색상'을 지정 합니다.

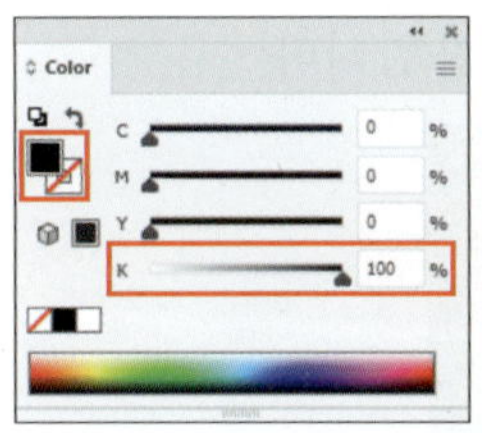

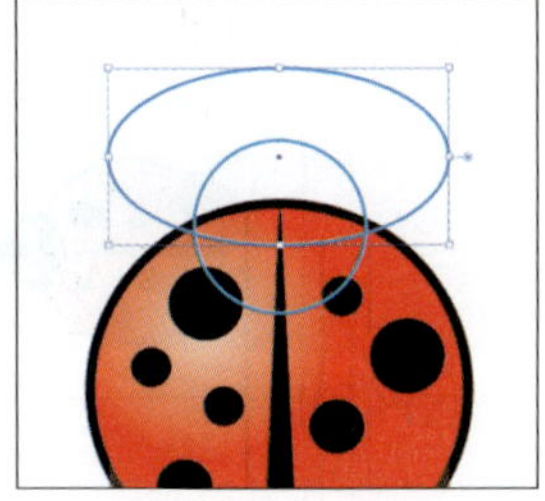

⑩ Selection Tool(▶)로 2개의 원을 함께 선택하고 Align 패널에서 'Horizontal Align Center(⬝)'를 클릭한 후 Pathfinder 패널에서 'Intersect(◎)'를 클릭하여 겹친 부분만 남 긴 후 Color 패널에서 'Fill Color : K100, Stroke Color : None'을 지정합니다.

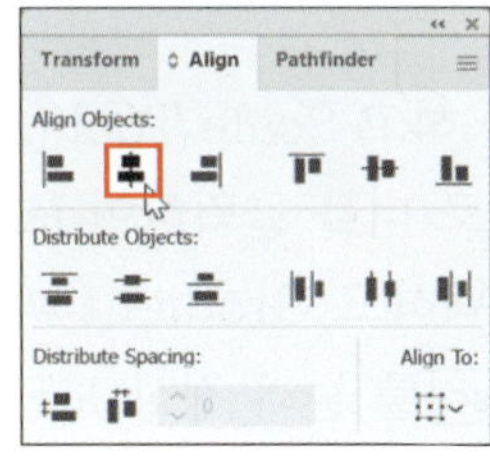
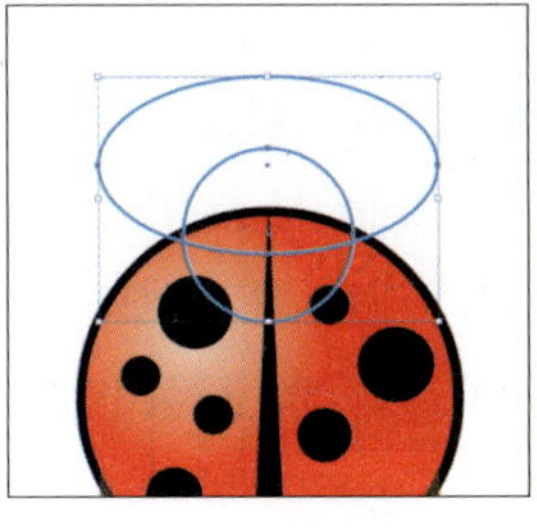
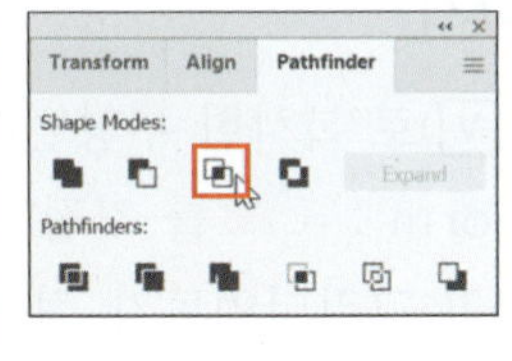

⑪ Ellipse Tool(◯)로 크기가 다른 4개의 원을 그리고 Color 패널에서 'Fill Color : K100, C0M0Y0K0, Stroke Color : None'을 각각 지정합니다.

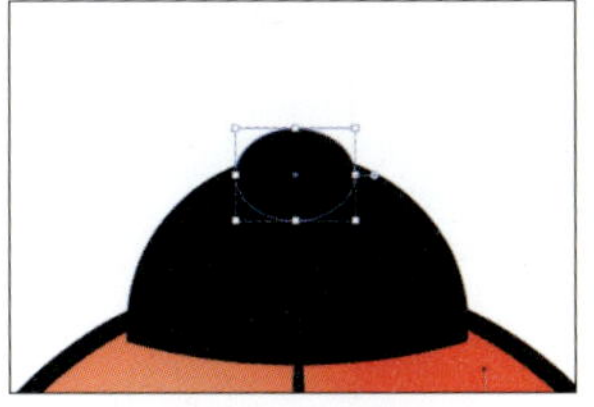

⑫ Arc Tool(⌒)로 그림과 같이 상단에서 하단으로 드래그하여 호를 그리고 배치한 후 Color 패널에서 'Fill Color : None, Stroke Color : K100'을 지정하고 Stroke 패널에서 'Weight : 2pt'를 지정합니다. Selection Tool(▶)로 4개의 오브젝트를 함께 선택하고 Reflect Tool(▷◁)로 Alt 를 누른 채 중앙을 클릭하여 'Axis : Vertical'을 지정하고 [Copy]를 눌러 복사합니다.

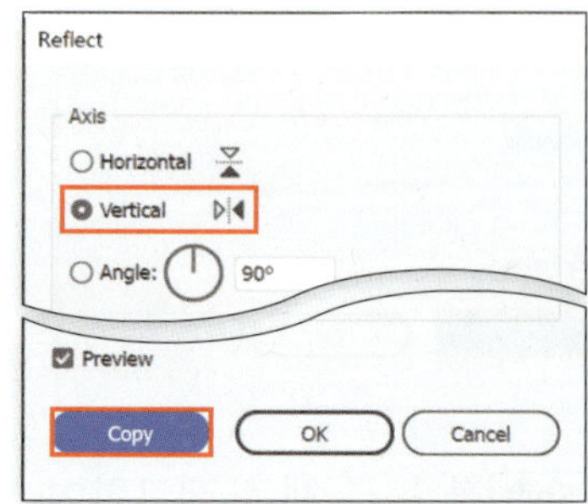

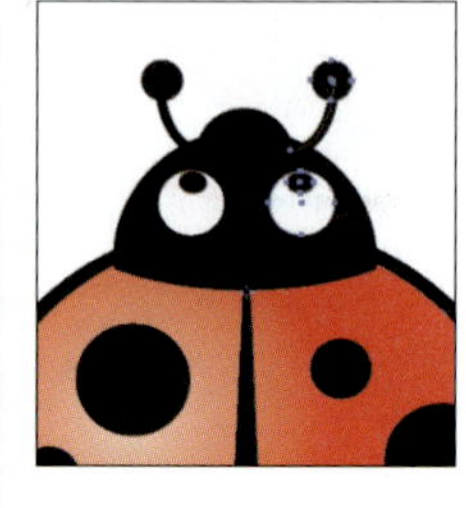

⑬ Selection Tool(▶)로 무당벌레 오브젝트를 선택하고 [Object]-[Group](Ctrl + G)으로 그룹을 지정한 후 Rotate Tool(↻)을 더블 클릭하여 'Angle : −90°'를 지정하고 회전하고 레이아웃에 맞게 배치합니다. [Edit]-[Copy](Ctrl + C)로 복사를 하고 [Effect]-[Apply Drop Shadow](Shift + Ctrl + E)를 선택하고 앞서 지정한 그림자 효과를 적용합니다.

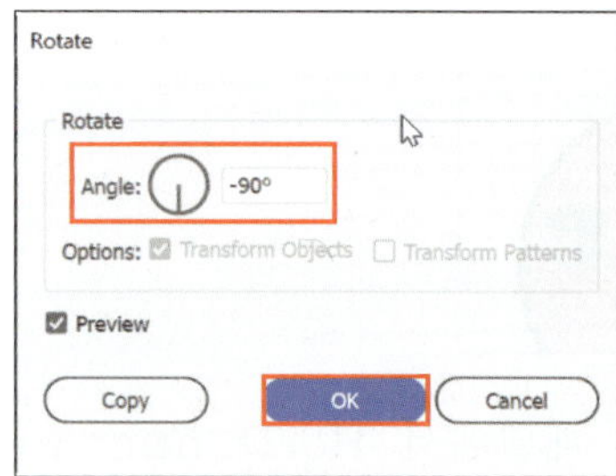

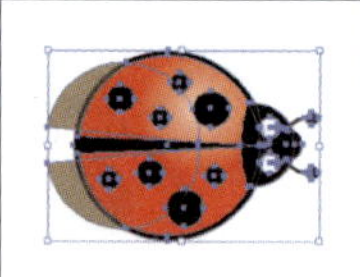

04 심볼 등록 및 적용하기

① [Edit]-[Paste](Ctrl + V)로 복사한 무당벌레 오브젝트를 붙여 넣기를 하고 Scale Tool(▣)을 더블 클릭하여 'Uniform : 50%'를 지정한 후 Selection Tool(▶)로 더블 클릭하여 Isolation Mode로 전환하고 그라디언트가 적용된 2개의 오브젝트를 선택하고 Gradient 패널에서 오른쪽 'Color Stop'을 더블 클릭하여 M50Y100을 지정한 후 Esc 를 눌러 정상 모드로 전환합니다.

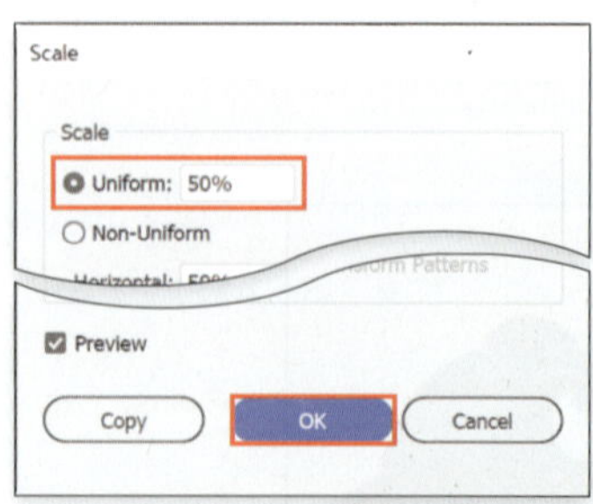

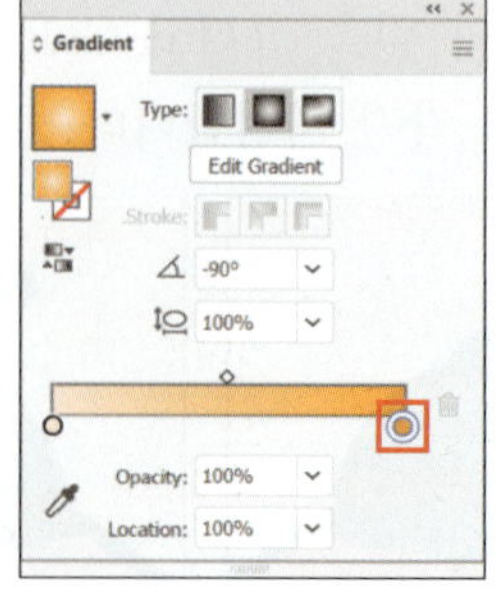

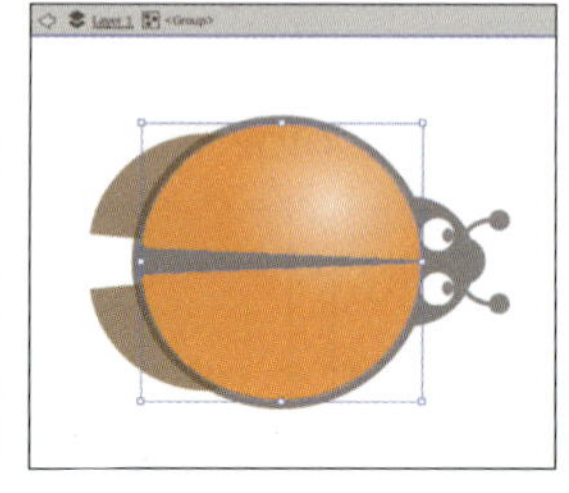

② Selection Tool(▶)로 무당벌레 오브젝트를 선택하고 Symbols 패널 하단의 'New Symbol
(⊞)'을 클릭하고 'Name : 무당벌레, Export Type : Graphic'을 지정하여 심볼로 등록한
후 Delete를 눌러 삭제합니다.

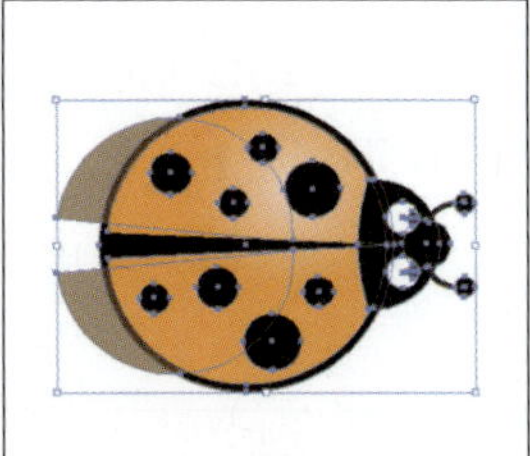
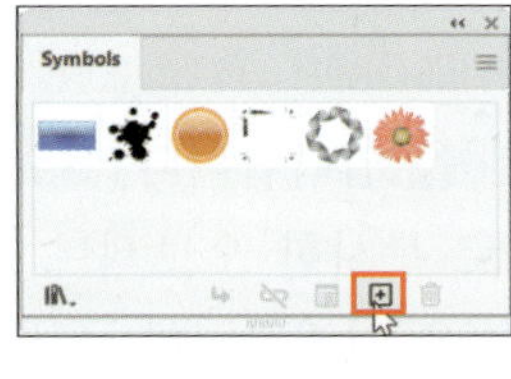
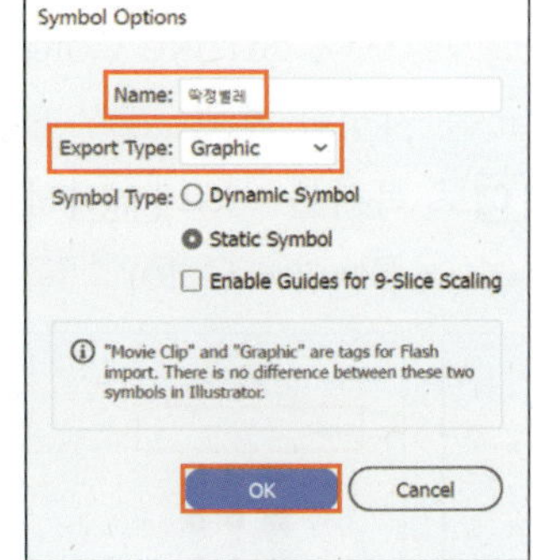

③ Symbols 패널에서 등록된 '무당벌레' 심볼을 선택하고 Symbol Sprayer Tool(⊡)로 작업
도큐먼트를 클릭한 후 뿌려 줍니다.

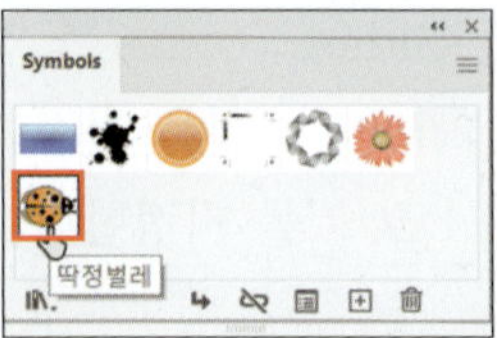
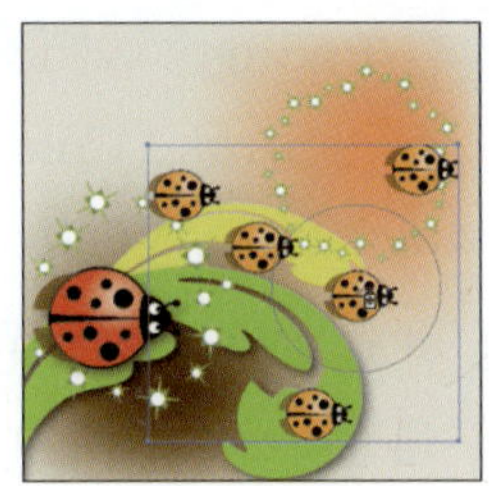

④ Symbol Sizer Tool(⊙)로 클릭하여 일부 심볼의 크기를 확대하고 Alt를 누르고 클릭하여
일부 크기를 축소합니다. Symbol Shifter Tool(⊗)로 심볼의 위치를 이동시킨 후 Symbol
Spinner Tool(◉)로 일부를 회전하여 배치합니다.

⑤ Symbol Screener Tool(⊛)로 일부를 클릭하여 투명하게 하고 Symbol Stainer Tool(⊗)
로 Swatches 패널에서 제시된 출력형태와 유사한 색상을 Fill Color로 선택한 후 일부에 클
릭하여 색조의 변화를 적용합니다.

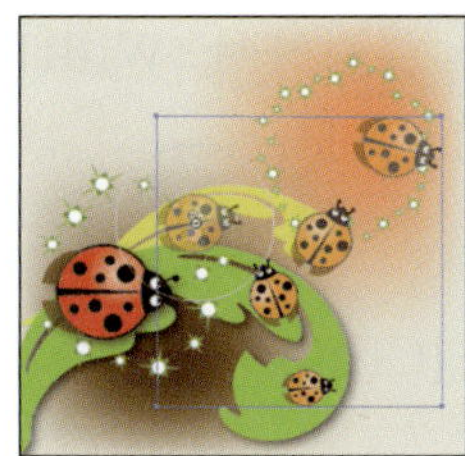
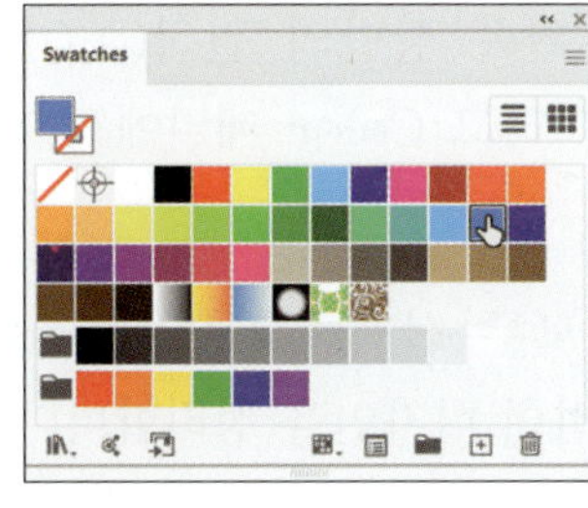

05 문자 입력 및 왜곡하기

① Type Tool(T)로 작업 도큐먼트를 클릭한 후 Character 패널에서 'Set the font family : Arial, Set the font style : Bold, Set the font size : 40pt'를 설정하고 Color 패널에서 'Fill Color : C0M0Y0K0, Stroke Color : C10M100Y90K10'을 지정하고 Stroke 패널에 서 'Weight : 8pt'를 지정한 후 'LADY BUG'을 입력합니다. Selection Tool(▶)로 문자를 선택하고 Ctrl + C 로 복사를 하고 Ctrl + F 로 복사한 오브젝트 앞에 붙여 넣기를 하고 'Fill Color : C0M0Y0K0, Stroke Color : None'을 지정합니다.

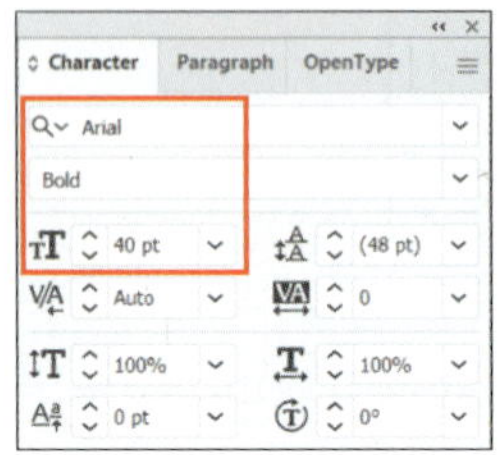

② Polygon Tool(⬡)로 작업 도큐먼트를 클릭한 후 'Radius : 30mm, Sides : 6mm'를 입력 하여 그리고 Color 패널에서 'Fill Color : 임의 색상, Stroke Color : 임의 색상'을 지정합니 다. Scale Tool(⊞)을 더블 클릭하여 'Horizontal : 150%, Vertical : 80%'를 지정합니다.

③ Selection Tool(▶)로 'LADY BUG' 문자와 함께 선택하고 [Object]−[Envelope Dis-tort]−[Make with Top Object]를 선택하여 왜곡시킵니다. [Effect]−[Illustrator Ef-fects]−[Stylize]−[Drop Shadow]를 선택하고 'Opacity : 75%, X Offset : 2mm, Y Off-set : 2mm, Blur : 1mm'를 지정하여 그림자 효과를 적용합니다.

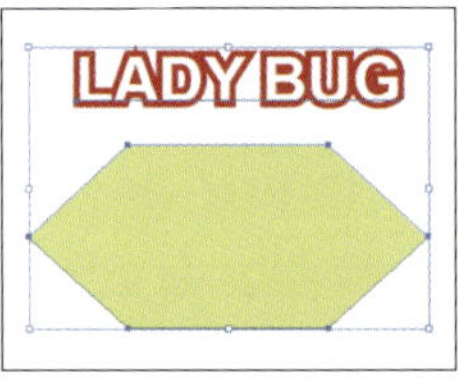
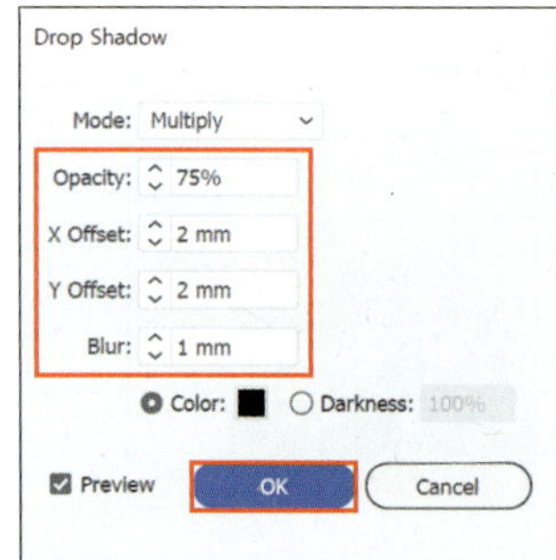

06 클리핑 마스크 적용하기

① Rectangle Tool(▣)로 작업 도큐먼트 왼쪽 상단의 원점(0,0)을 클릭하여 'Width : 200mm, Height : 200mm'을 입력하여 그리고 Color 패널에서 'Fill Color : 임의 색상, Stroke Color : None'을 지정합니다.

② [Select]−[All](Ctrl + A)로 오브젝트를 모두 선택하고 [Object]−[Clipping Mask]−[Make](Ctrl + 7)로 클리핑 마스크를 적용하여 디자인을 정리합니다.

 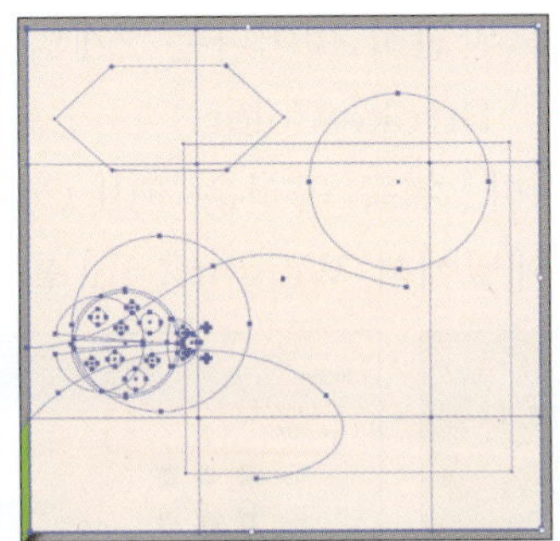 

02 광고 디자인 만들기

▲ 완성이미지

01 메쉬와 블렌드 효과

① [File]−[New]([Ctrl]+[N])를 선택하고 'Width : 210mm, Height : 297mm, Units : Milli-meters, Color Mode : CMYK'를 설정하여 새 도큐먼트를 만듭니다. Rectangle Tool(▣)로 작업 도큐먼트 왼쪽 상단의 원점(0,0)을 클릭한 후 'Width : 210mm, Height : 297mm'를 입력하여 그리고 Color 패널에서 'Fill Color : C40Y30, Stroke Color : None'을 지정합니다.

② Mesh Tool(▣)로 사각형의 왼쪽 상단과 오른쪽 하단에 각각 클릭합니다. 오른쪽 상단과 왼쪽 하단 교차점에는 Color 패널에서 'Fill Color : C20, Stroke Color : None'을 지정합니다. 왼쪽 2개의 교차점을 그림과 같이 드래그하여 각각 변형합니다.

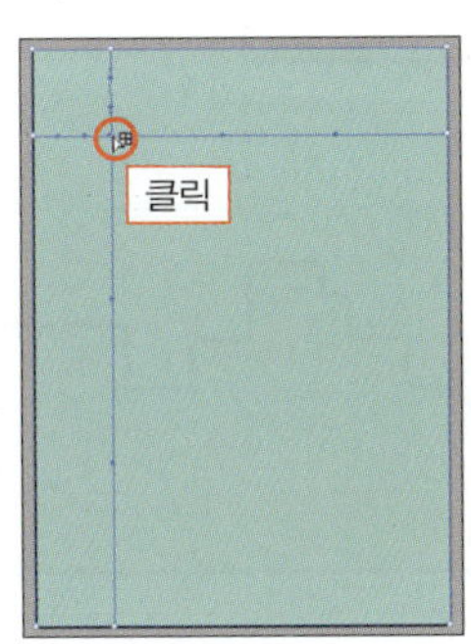

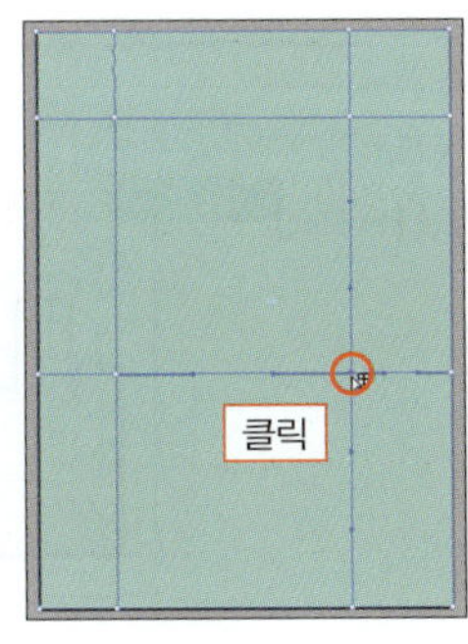

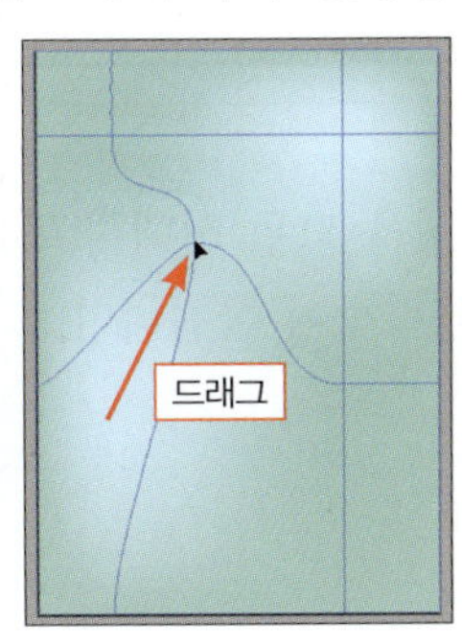

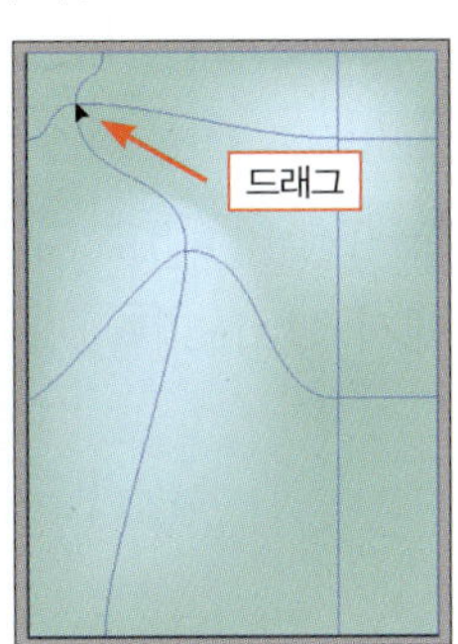

③ Pen Tool(🖊)로 작업 도큐먼트를 완전히 벗어나는 2개의 곡선을 그리고 아래쪽 곡선은 Color 패널에서 'Fill Color : None, Stroke Color : C60M10Y30'을 지정한 후 Stroke 패널에서 'Weight : 3pt'를 적용합니다. 위쪽 곡선은 'Fill Color : None, Stroke Color : C0M0Y0K0'을 지정한 후 Stroke 패널에서 'Weight : 1pt'를 적용합니다.

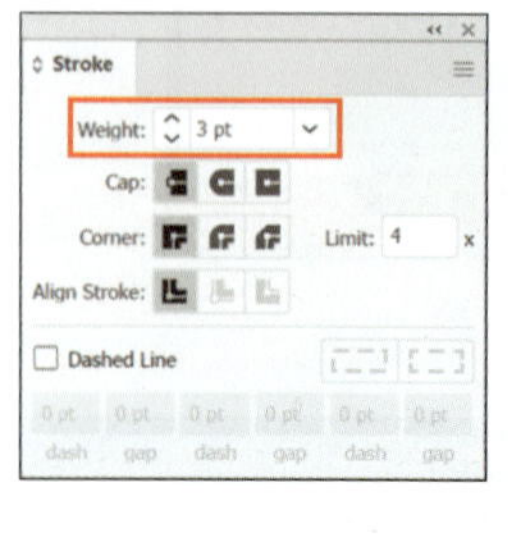 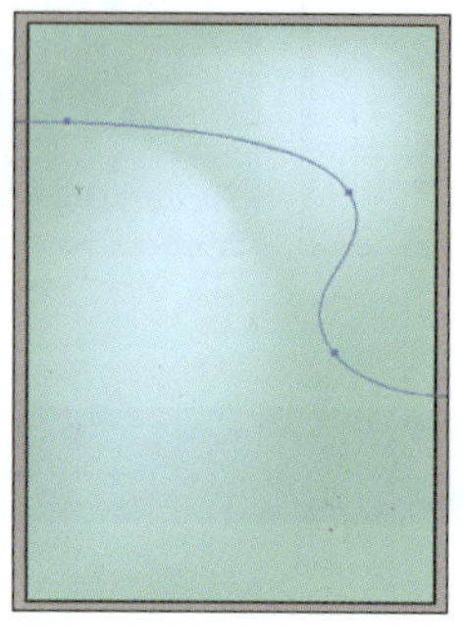 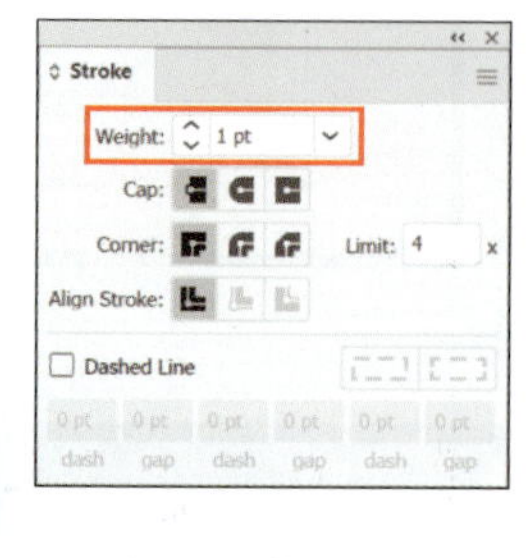 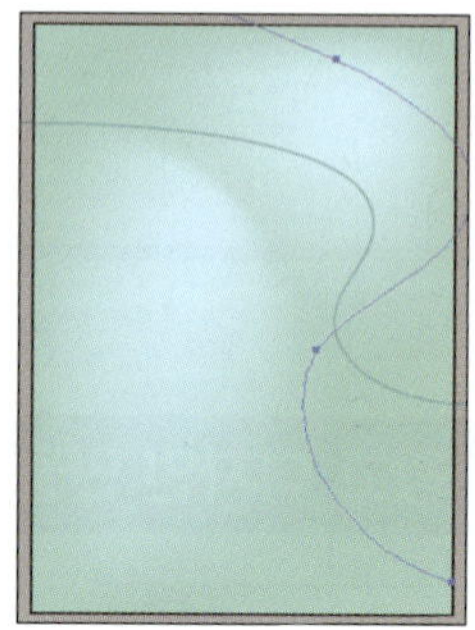

④ Selection Tool(▶)로 2개의 곡선을 선택한 후 [Object]-[Blend]-[Make]를 적용하고 [Object]-[Blend]-[Blend Options]로 'Specified Steps : 15'를 적용합니다.

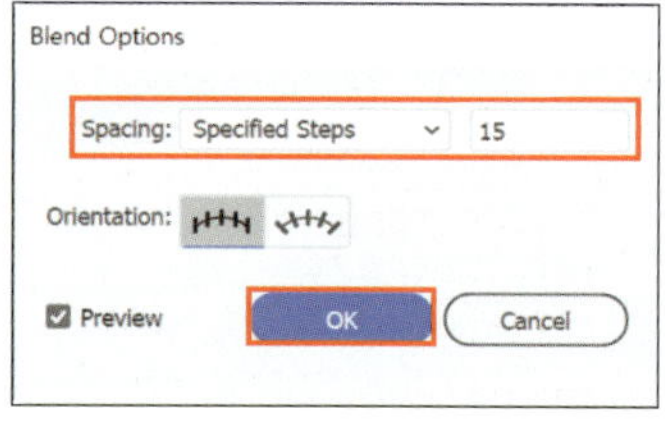 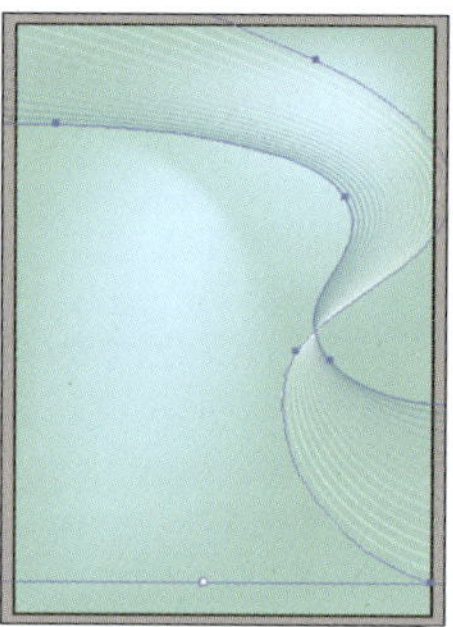

02 건물 오브젝트 만들고 브러쉬 적용하기

① Rectangle Tool(▢)로 작업 도큐먼트를 클릭한 후 'Width : 137mm, Height : 38mm'를 입력하여 그리고 Color 패널에서 'Fill Color : 임의 색상, Stroke Color : 임의 색상'을 지정합니다. 계속해서 크기가 다른 사각형을 그림과 같이 상단에 겹치도록 그려서 배치합니다.

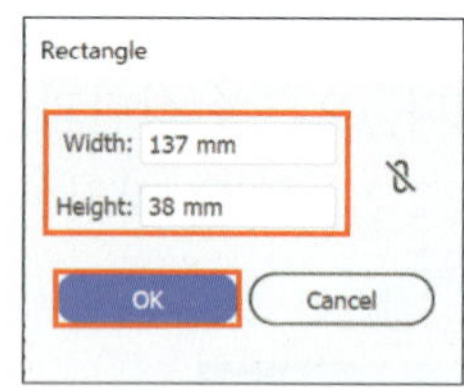  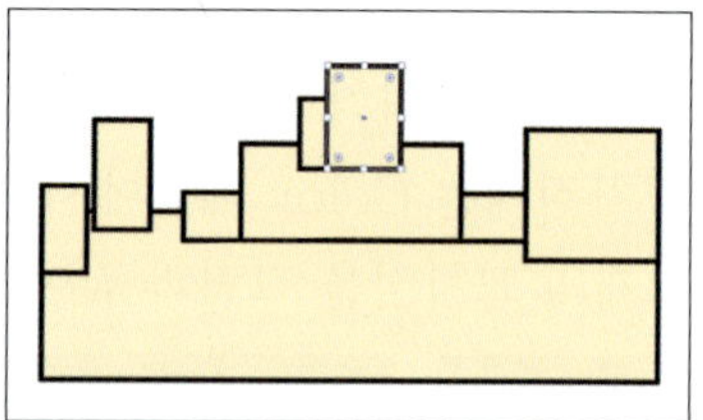

② Selection Tool(▶)로 사각형을 모두 선택하고 Pathfinder 패널에서 'Unite(◰)'를 클릭하여 합칩니다.

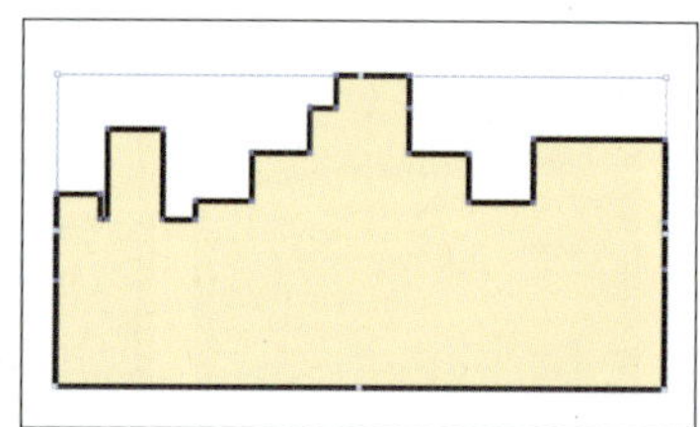

③ Rectangle Tool(■)로 드래그하여 사각형을 그리고 Selection Tool(▶)로 [Alt]와 [Shift]를 누른 채 이동하여 복사한 후 [Object]-[Transform]-[Transform Again]([Ctrl]+[D])을 적용하여 반복 복사합니다. 계속해서 크기가 다른 사각형을 각각 그리고 동일한 방식으로 나머지 창문 모양을 완성합니다.

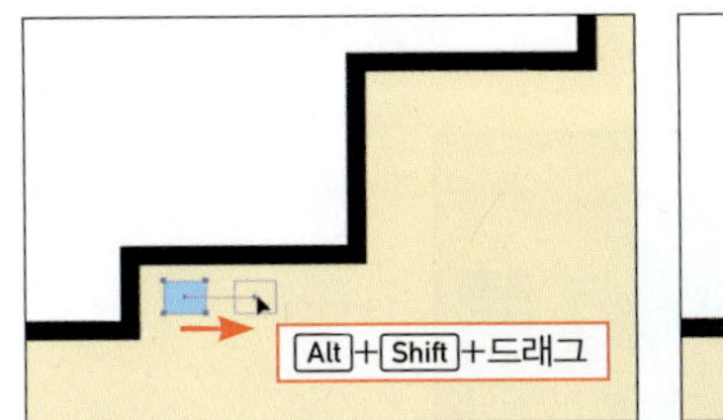

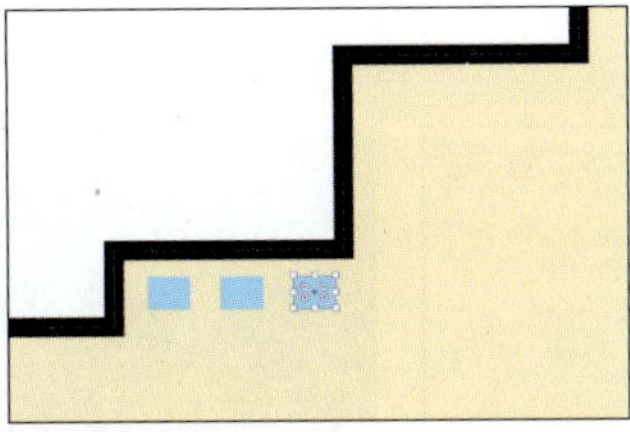
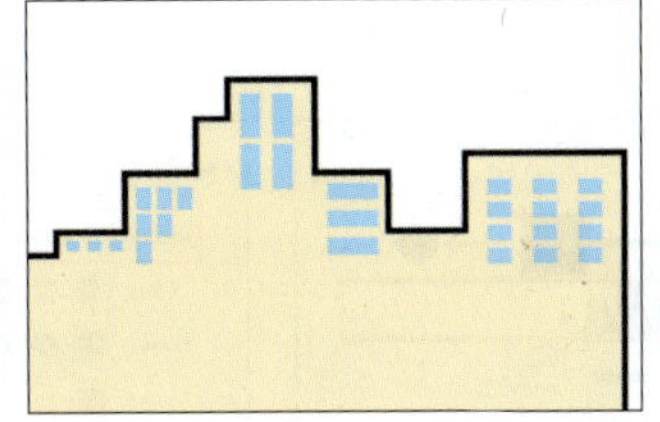

④ Selection Tool(▶)로 건물 모양과 사각형을 모두 선택하고 Pathfinder 패널에서 'Exclude(⬛)'를 클릭하여 겹친 부분을 뚫어 투명하게 만듭니다.

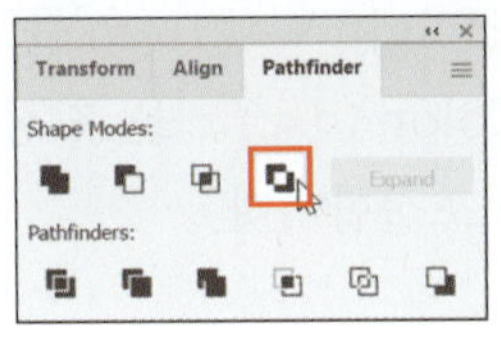
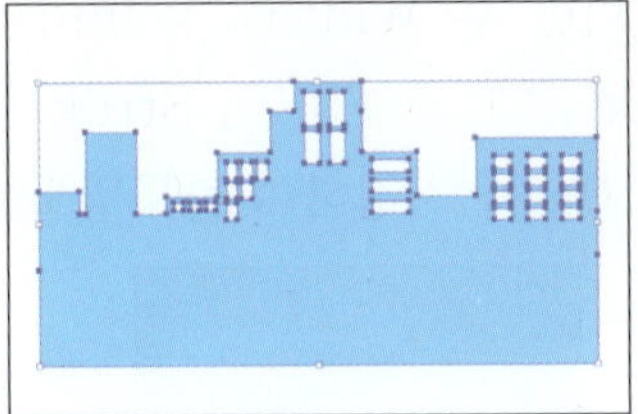

⑤ Gradient 패널에서 'Type : Linear Gradient, Angle : −90°'를 적용하고 Gradient Slider의 왼쪽 'Color Stop'을 더블 클릭하여 C80M20Y30을, 오른쪽 'Color Stop'을 더블 클릭하여 C0M0Y0K0'을 지정하여 적용한 후 Tool 패널 하단에서 'Stroke Color : None'을 지정한 후 도큐먼트 하단에 배치합니다.

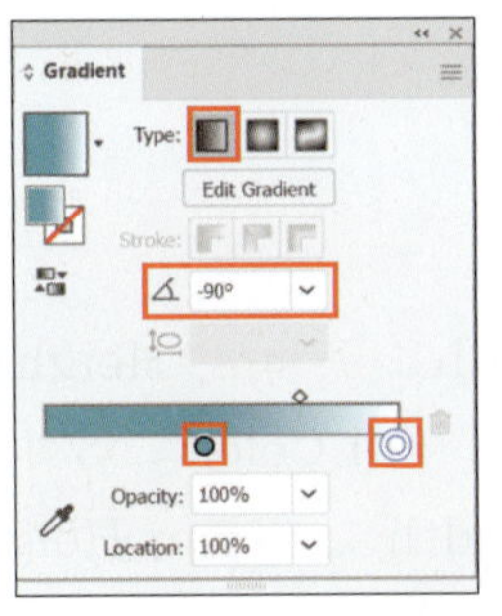
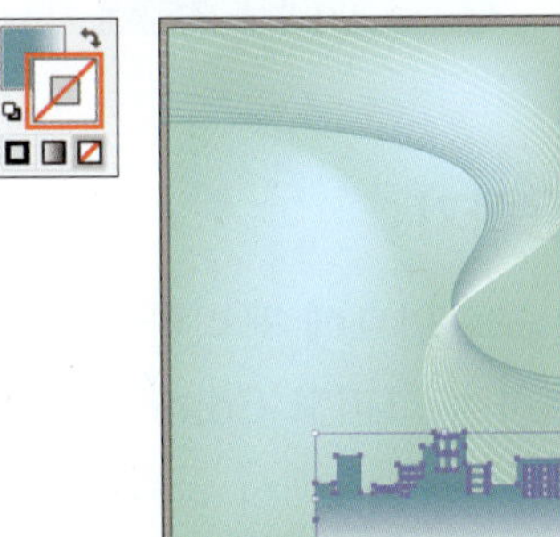

⑥ Reflect Tool(◱)을 더블 클릭하여 'Axis : Vertical'을 지정하고 [Copy]를 눌러 복사한 후 Scale Tool(⬚)을 더블 클릭하여 'Uniform : 80%'를 지정하고 배치합니다.

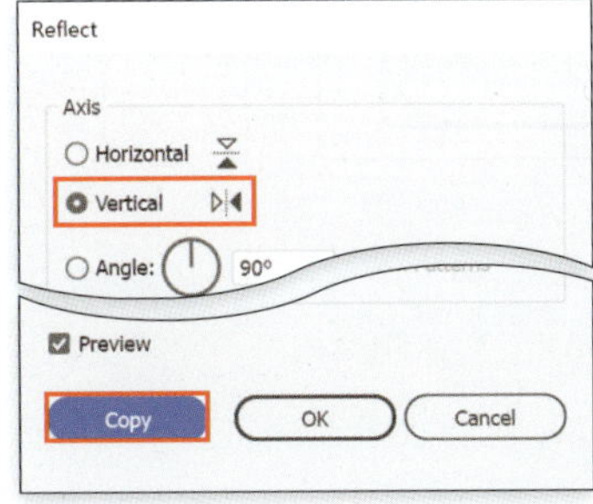
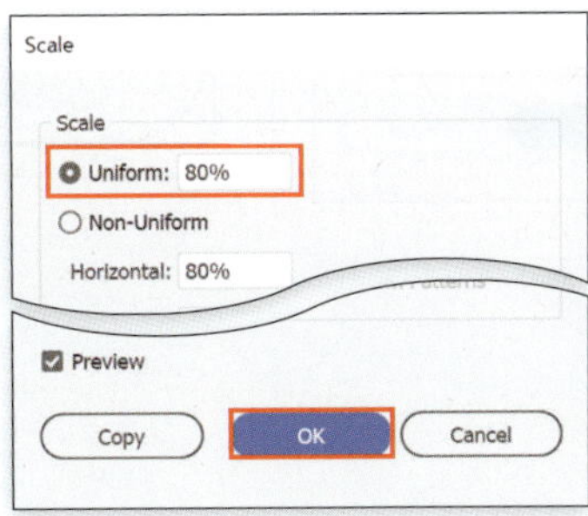

⑦ Line Segment Tool(✏)로 Shift 를 누르면서 드래그하여 도큐먼트의 너비보다 긴 수평선을 하단에 그리고 Color 패널에서 'Fill Color : None, Stroke Color : C20K40'을 지정합니다.

⑧ Brushes 패널 하단의 'Brush Libraries Menu(▥.)'를 클릭한 후 [Decorative]–[Elegant Curl & Floral Brush Set]를 선택하여 추가 브러쉬 패널을 불러온 후 'City'를 선택하여 적용하고 Stroke 패널에서 'Weight : 0.75pt'를 지정합니다.

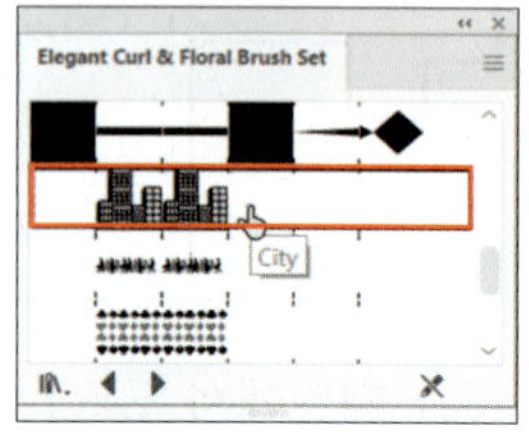
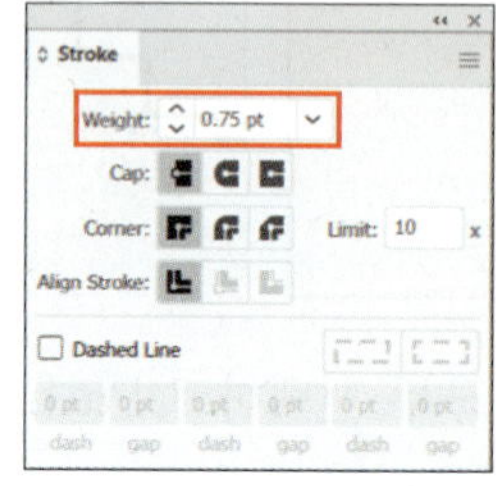

⑨ Ellipse Tool(⬭)로 작업 도큐먼트를 클릭한 후 'Width : 121mm, Height : 121mm'를 입력하여 그리고 Color 패널에서 'Fill Color : C0M0Y0K0, Stroke Color : None'을 지정하고 Transparency 패널에서 'Opacity : 50%'를 지정하여 불투명도를 조절합니다.

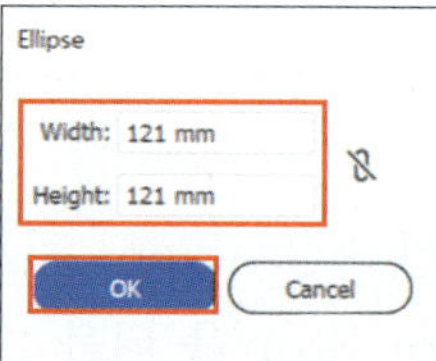
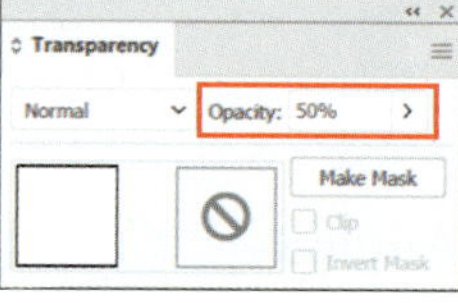
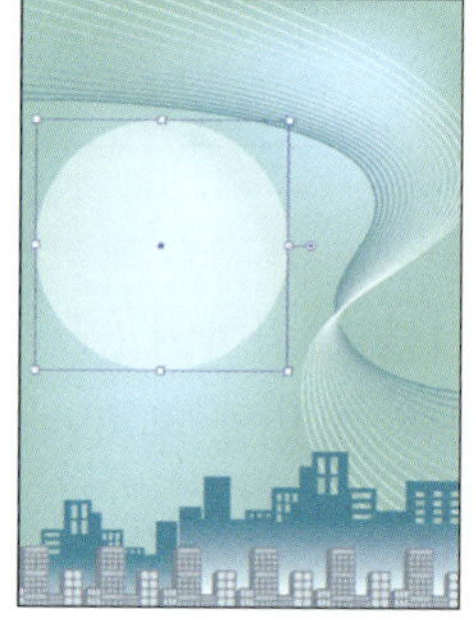

03 자동차 오브젝트 만들고 이펙트 적용하기

① Rounded Rectangle Tool(▢)로 작업 도큐먼트에 클릭한 후 'Width : 97mm, Height : 16mm, Corner Radius : 3mm'를 입력하여 그리고 Color 패널에서 'Fill Color : 임의 색상, Stroke Color : 임의 색상'을 지정합니다. 계속해서 클릭하여 'Width : 94mm, Height : 35mm, Corner Radius : 20mm'를 입력하여 그리고 겹치도록 배치합니다.

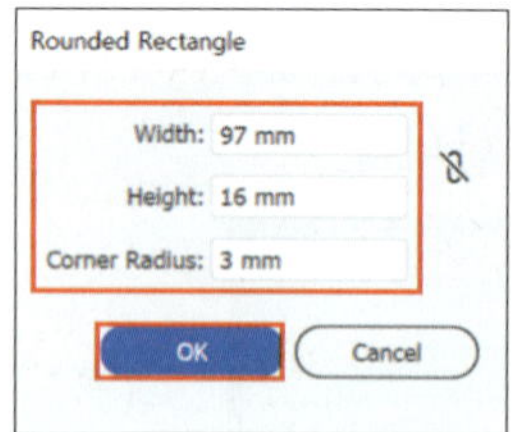
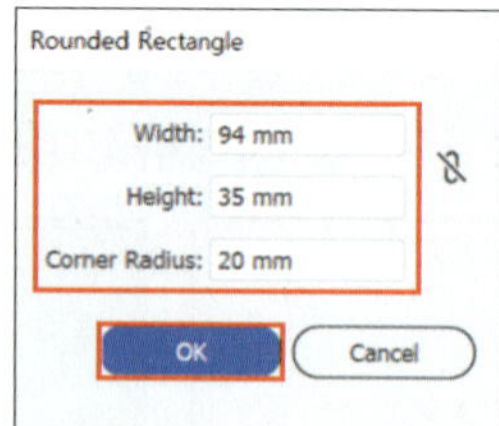
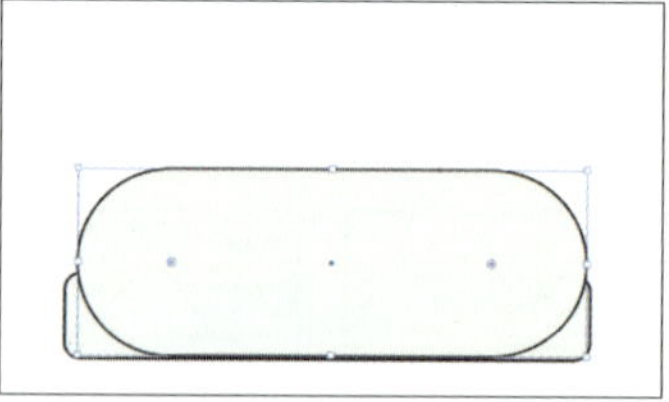

② Ellipse Tool(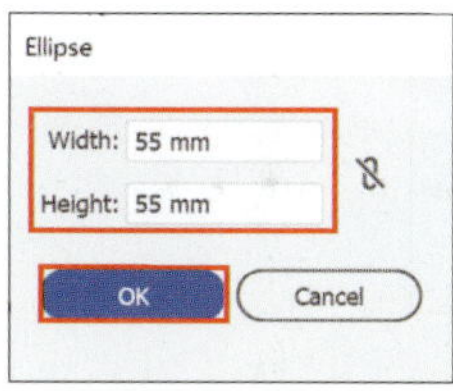)로 작업 도큐먼트를 클릭한 후 'Width : 55mm, Height : 55mm'를 입력하여 그리고 Color 패널에서 'Fill Color : 임의 색상, Stroke Color : 임의 색상'을 지정합니다. Scale Tool()을 더블 클릭하여 'Uniform : 80%'를 지정하고 [Copy]를 눌러 축소 복사합니다.

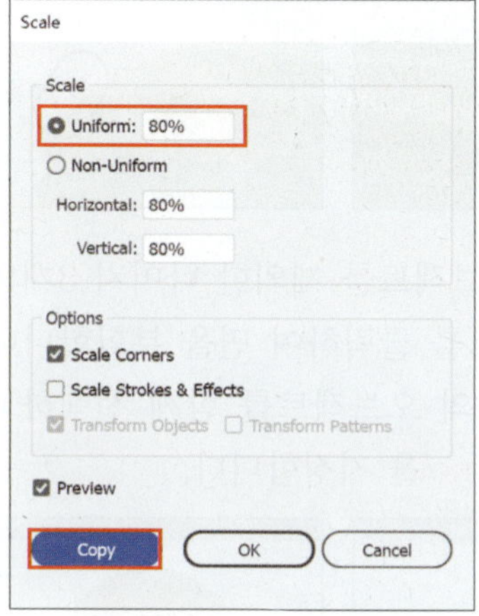

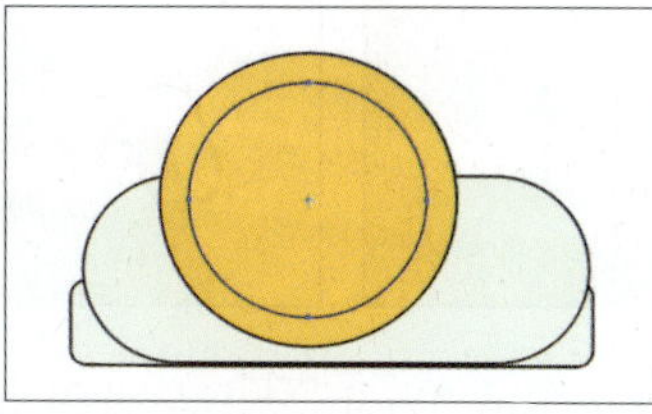

③ Selection Tool()로 4개의 오브젝트를 함께 선택하고 Pathfinder 패널에서 'Divide()'를 클릭하여 면을 분할합니다.

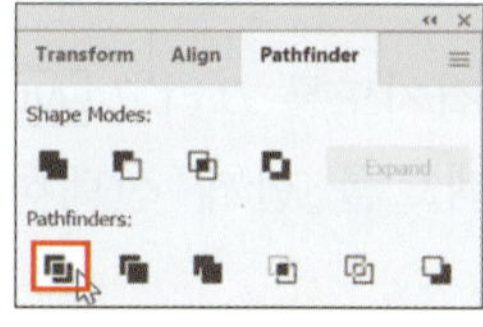

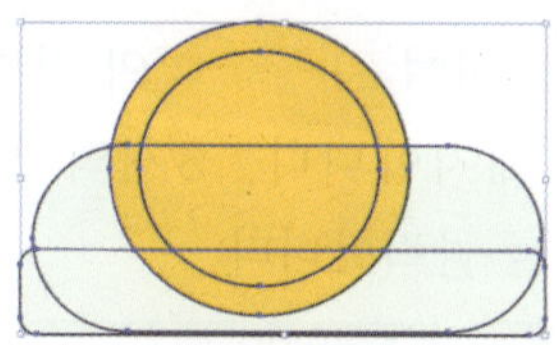

④ Selection Tool()로 오브젝트를 더블 클릭하여 Isolation Mode로 전환하고 상단의 작은 반원 오브젝트를 선택하고 [Select]-[Inverse]로 선택을 반전한 후 Pathfinder 패널에서 'Unite()'를 클릭하여 합칩니다.

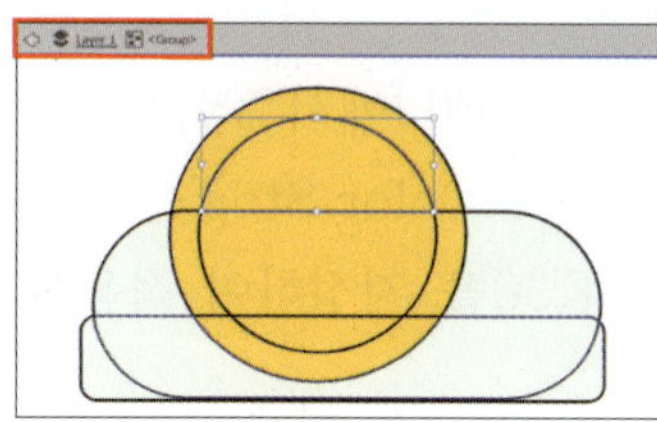

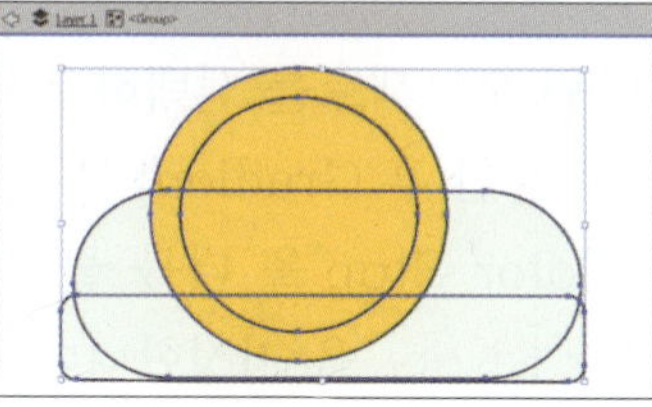

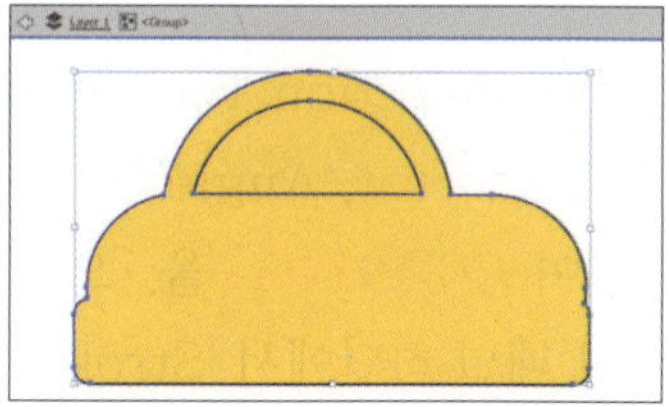

⑤ Delete Anchor Point Tool()로 그림과 같이 고정점에 클릭하여 삭제하고 패스를 변형한 후 Color 패널에서 'Fill Color : C20Y100, Stroke Color : None'을 지정합니다.

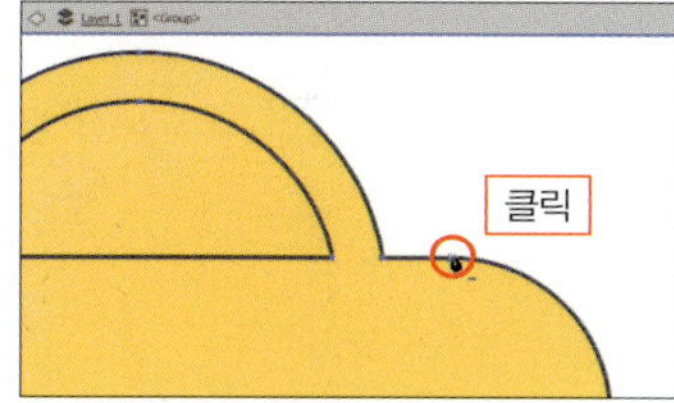

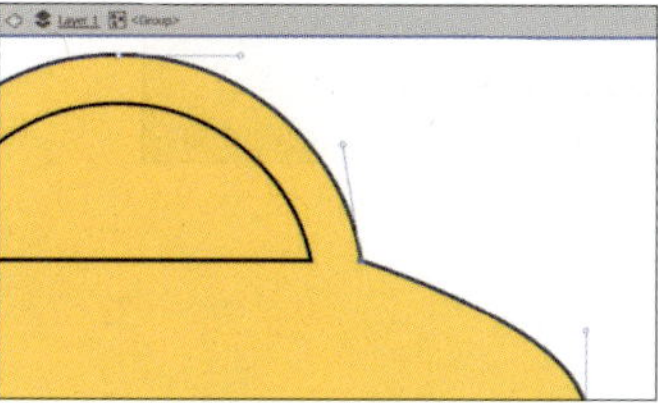

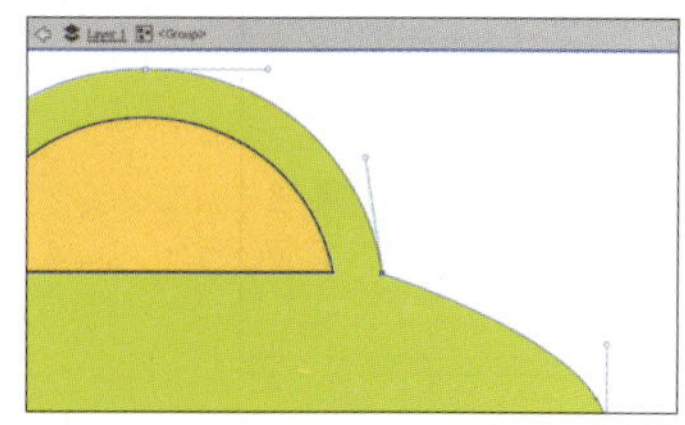

⑥ Rounded Rectangle Tool(▢)로 드래그하여 자동차 모양의 좌우에 둥근 사각형을 각각 그리고 Color 패널에서 'Fill Color : None, Stroke Color : 임의 색상'을 지정합니다. Selection Tool(▶)로 조절점을 각각 그림과 같이 드래그하여 회전하여 배치합니다.

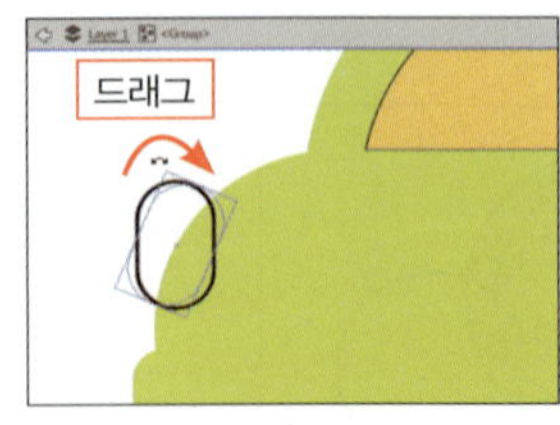

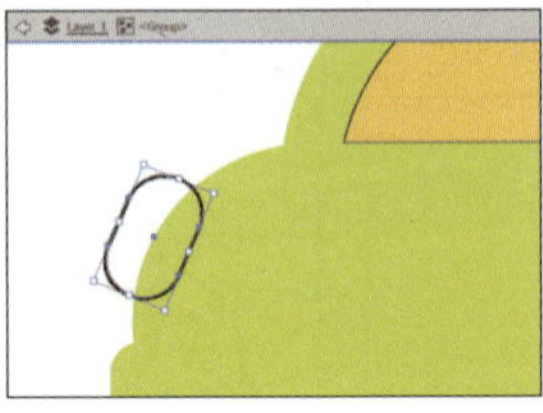
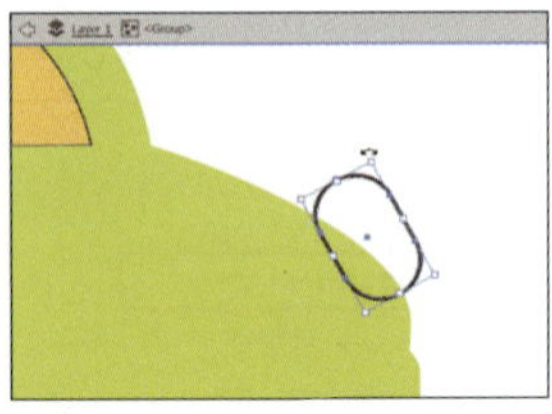

⑦ Group Selection Tool(▷)로 반원 오브젝트를 제외한 나머지 3개의 오브젝트를 함께 선택하고 Pathfinder 패널에서 'Divide(▥)'를 클릭하여 면을 분할합니다. 불필요한 오브젝트를 선택하고 Delete 를 눌러 삭제한 후 2개의 오브젝트를 함께 선택하고 Color 패널에서 'Fill Color : M50Y100, Stroke Color : None'을 지정합니다.

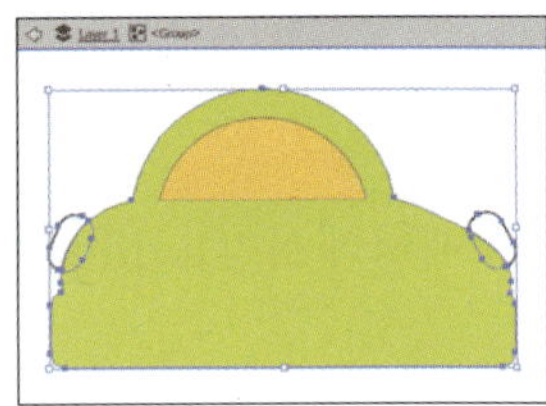
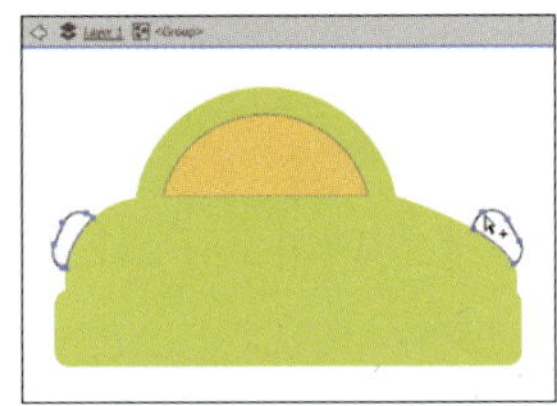
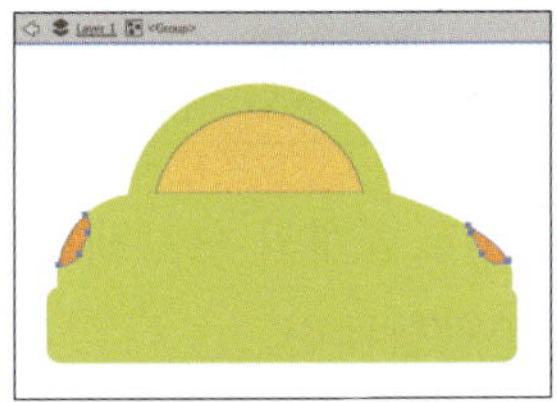

⑧ Ellipse Tool(◯)로 Shift 를 누른 채 드래그하여 임의 색상의 정원을 겹치도록 그리고 Alt 를 누른 채 드래그하여 복사한 후 나란히 배치합니다. 3개의 오브젝트를 함께 선택하고 Pathfinder 패널에서 'Minus Front(▣)'를 클릭합니다.

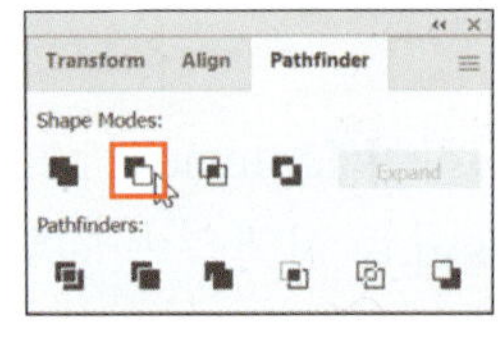

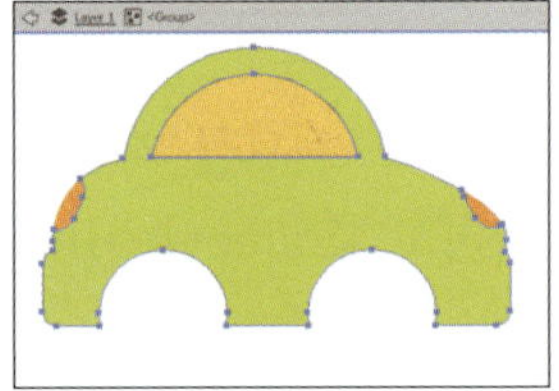

⑨ Group Selection Tool(▷)로 반원 오브젝트를 선택하고 Gradient 패널에서 'Type : Linear Gradient, Angle : −90°'를 적용한 후 Gradient Slider의 왼쪽 'Color Stop'을 더블 클릭하여 C0M0Y0K0을, 오른쪽 'Color Stop'을 더블 클릭하여 K60을 지정하여 적용한 후 Tool 패널 하단에서 'Stroke Color : None'을 지정합니다.

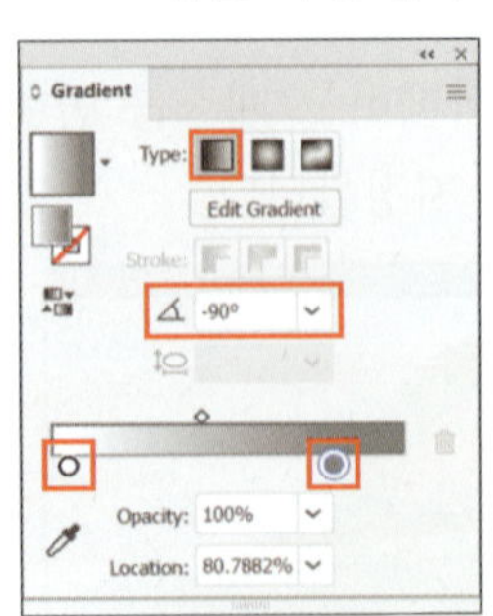

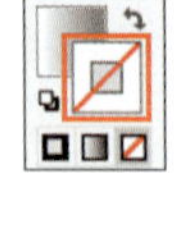
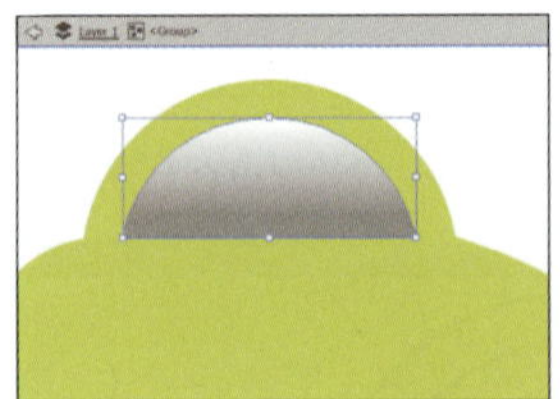

⑩ Ellipse Tool(◯)로 Shift 를 누른 채 드래그하여 큰 정원을 그린 후 Alt 와 Shift 를 누른 채
정원의 중심점에서부터 드래그하여 크기가 다른 3개의 정원을 겹치도록 그리고 Color 패널에
서 'Fill Color : K100, C0M0Y0K0, K50, C0M0Y0K0, Stroke Color : None'을 각각 순
서대로 지정합니다.

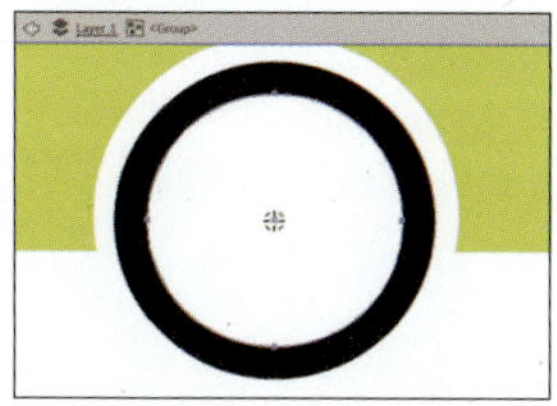
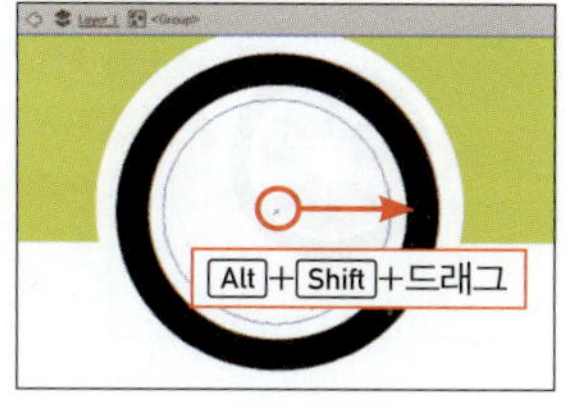

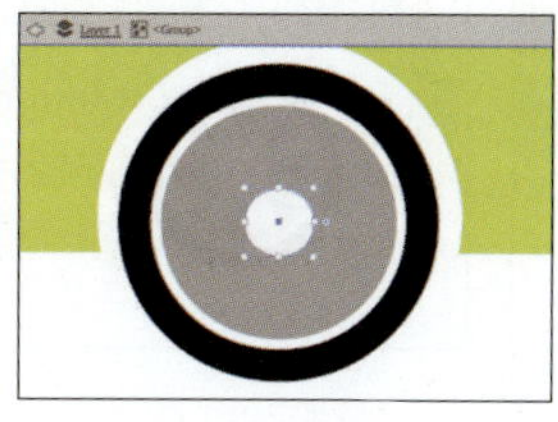

⑪ Polygon Tool(◯)로 작업 도큐먼트를 클릭한 후 'Radius : 3mm, Sides : 3'을 입력하여
그리고 Color 패널에서 'Fill Color : K100, Stroke Color : None'을 지정합니다. Scale
Tool(◱)을 더블 클릭하여 'Horizontal : 50%, Vertical : 100%'를 지정하고 정원의 하단
에 배치합니다.

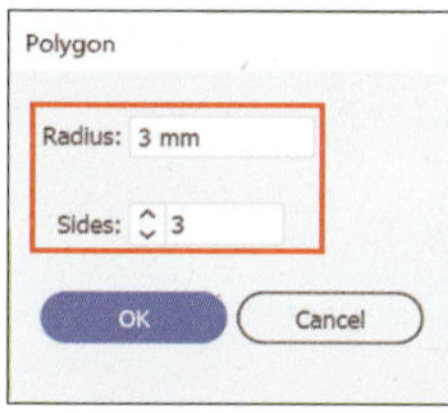

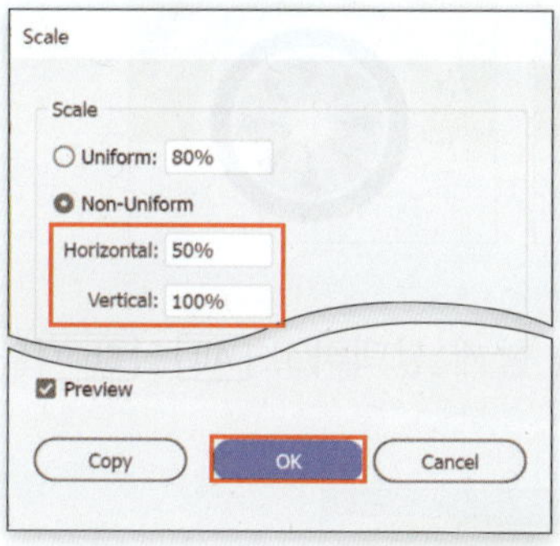

⑫ Selection Tool(▶)로 5개의 오브젝트를 함께 선택하고 Align 패널에서 'Horizontal Align
Center(⬒)'를 클릭하여 가로 가운데 정렬을 지정합니다.

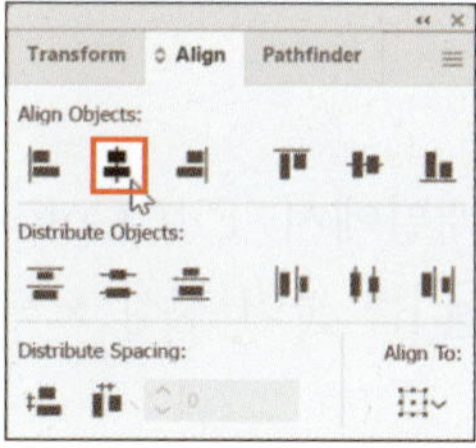

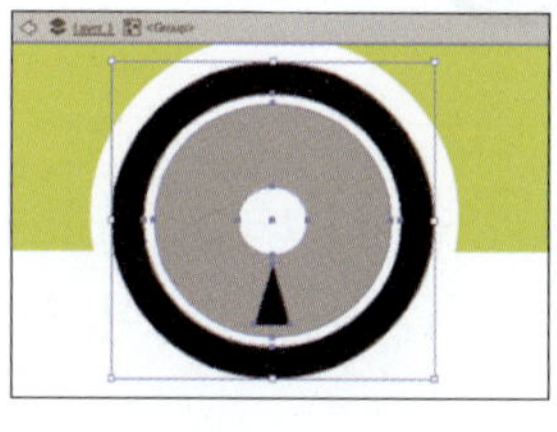

⑬ Selection Tool(▶)로 삼각형을 선택하고 Rotate Tool(↻)로 정원의 중심점에 Alt 를 누른
채 클릭하여 'Angle : 45°'를 지정하고 [Copy]를 눌러 회전 복사한 후 [Object]−[Trans−
form]−[Transform Again](Ctrl + D)을 6번 적용하여 반복 복사합니다.

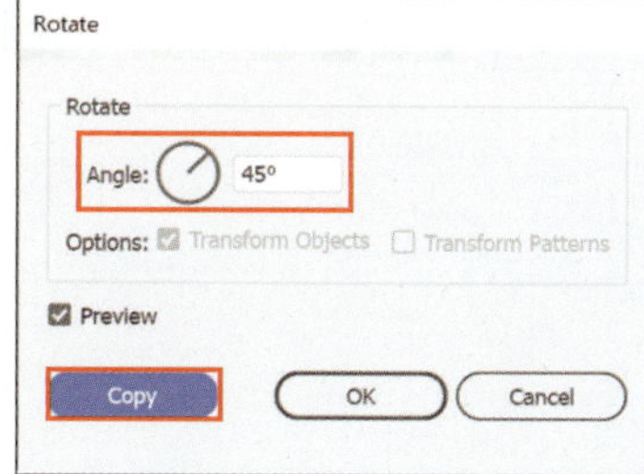

⑭ Ellipse Tool(◯)로 Shift 를 누른 채 드래그하여 정원을 그리고 Color 패널에서 'Fill Color : None, Stroke Color : Y40'을 지정합니다. Scissors Tool(✂)로 그림과 같이 원의 좌우 선분에 2번 클릭하여 패스를 자른 후 Delete 를 2번 눌러 하단의 열린 패스를 삭제합니다.

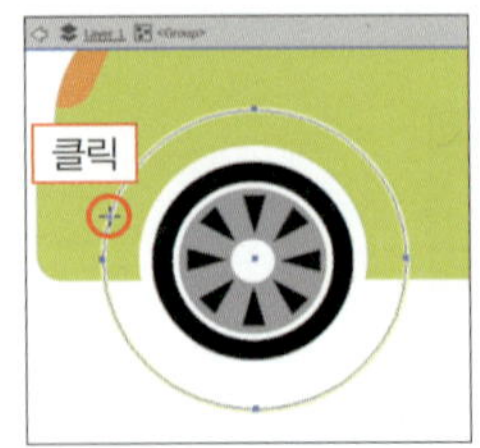

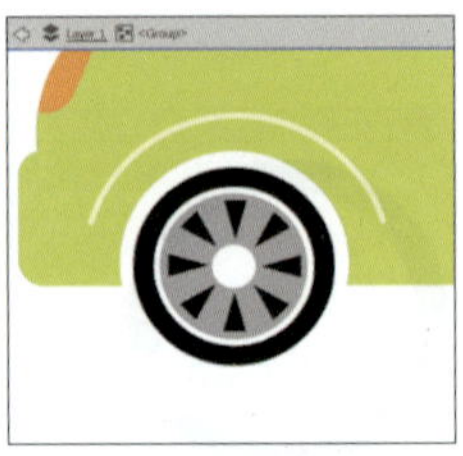

⑮ Selection Tool(▶)로 상단의 열린 패스를 선택하고 Stroke 패널에서 'Weight : 7pt, Cap : Round Cap'을 지정한 후 [Object]-[Path]-[Outline Stroke]를 선택하고 선을 면으로 확장합니다.

⑯ Selection Tool(▶)로 바퀴 오브젝트와 함께 선택하고 Alt + Shift 를 누른 채 오른쪽으로 드래그하여 복사하고 배치합니다.

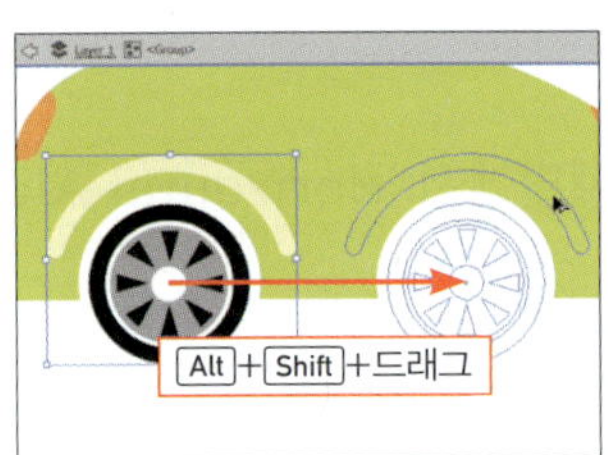

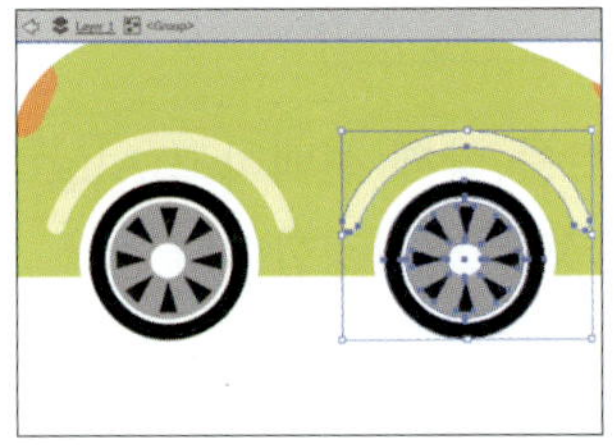

⑰ Ellipse Tool(◯)과 Pen Tool(✒)로 그림과 같이 그리고 Color 패널에서 'Fill Color : C70Y100, C0M0Y0K0, Stroke Color : None'을 각각 지정한 후 Esc 를 눌러 정상 모드로 전환합니다.

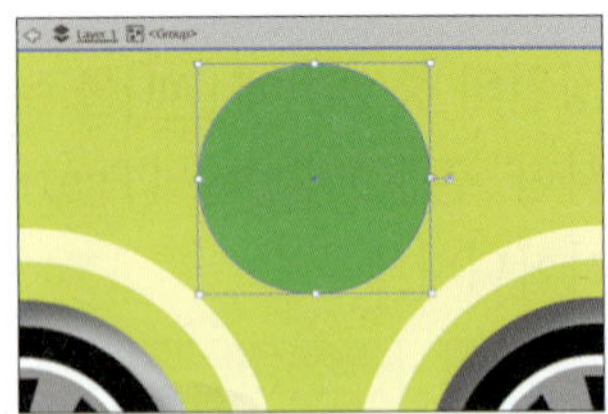
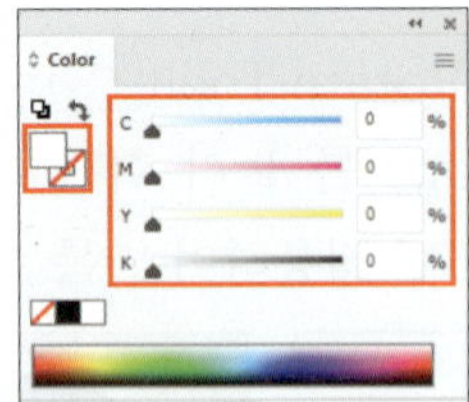

⑱ Selection Tool(▶)로 그룹으로 지정된 자동차 오브젝트를 선택하고 [Effect]-[Illustrator Effects]-[Stylize]-[Drop Shadow]를 선택하고 'Opacity : 75%, X Offset : 2mm, Y Offset : 2mm, Blur : 1mm'를 지정하여 그림자 효과를 적용합니다.

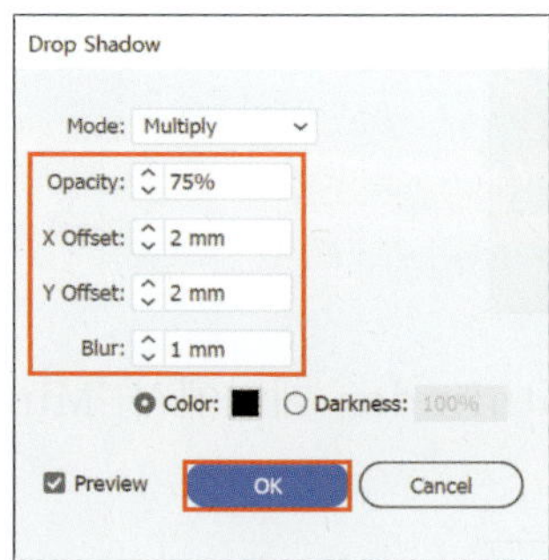
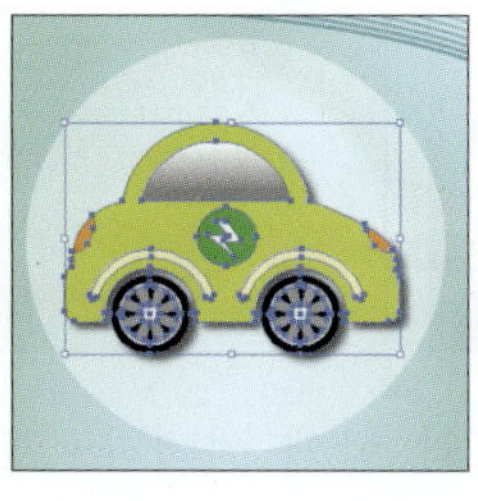

> **기적의 TIP**
>
> Selection Tool(▶)로 더블 클릭하여 Isolation Mode로 전환한 후 오브젝트를 추가로 그리면 생성된 오브젝트들은 하나의 그룹으로 지정됩니다.

04 심볼 오브젝트 만들기

① Pen Tool(✏)로 닫힌 패스를 그리고 Color 패널에서 'Fill Color : C40Y80, Stroke Color : None'을 지정합니다. 계속해서 그림과 같이 4개의 열린 곡선 패스를 그리고 'Fill Color : None, Stroke Color : 임의 색상'을 지정합니다.

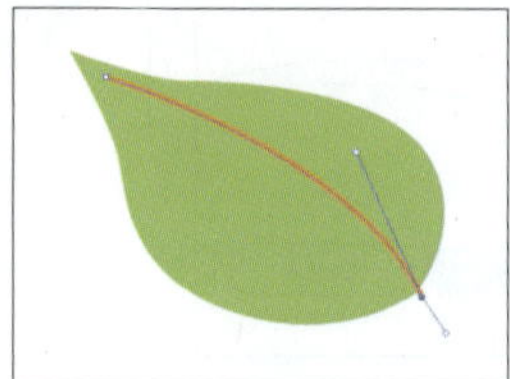
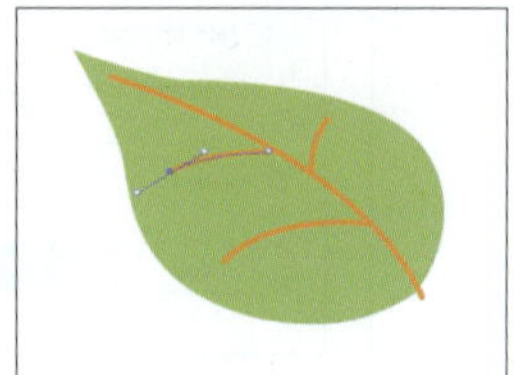

> **기적의 TIP**
>
> Pen Tool(✏)로 열린 패스를 그리고 Selection Tool(▶)로 도큐먼트의 빈 곳을 클릭하면 열린 패스를 완료할 수 있습니다.

② Selection Tool(▶)로 4개의 열린 곡선 패스를 선택하고 Stroke 패널에서 'Weight : 7pt, Cap : Round Cap'을 지정한 후 [Object]-[Path]-[Outline Stroke]를 선택하고 선을 면으로 확장합니다.

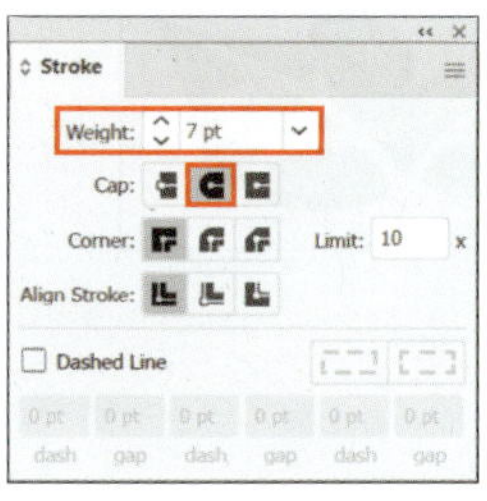
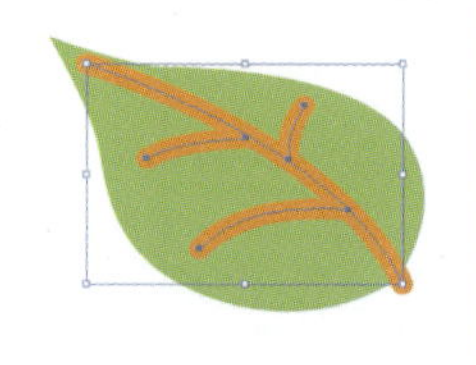
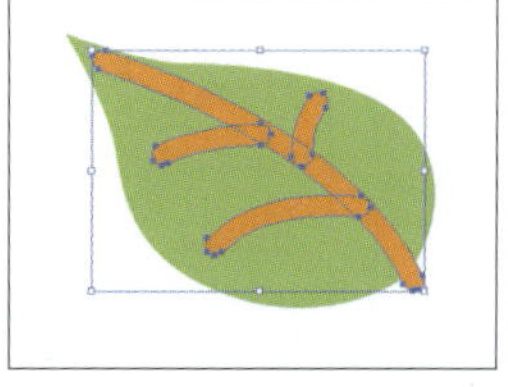

③ Delete Anchor Point Tool로 그림과 같이 2개의 고정점에 각각 클릭하여 고정점을 삭제하고 패스를 변형합니다.

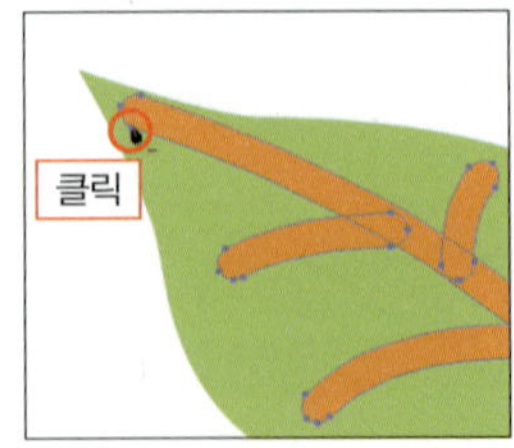

④ Selection Tool로 나뭇잎 오브젝트와 함께 선택하고 Pathfinder 패널에서 'Minus Front'를 클릭합니다.

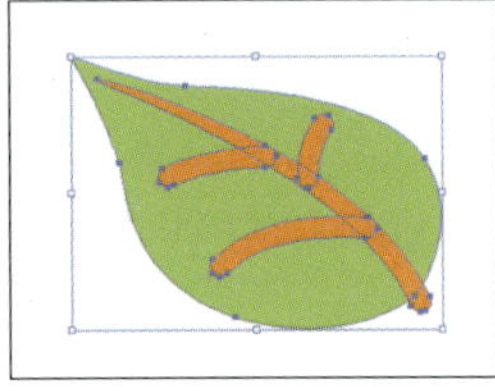

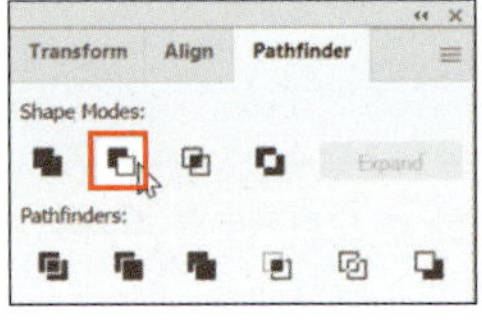

⑤ Reflect Tool을 더블 클릭하여 'Axis : Vertical'을 지정하고 [Copy]를 눌러 복사한 후 Scale Tool을 더블 클릭하여 'Uniform : 120%'를 지정하고 Color 패널에서 'Fill Color : C70Y80, Stroke Color : None'을 지정한 후 배치합니다.

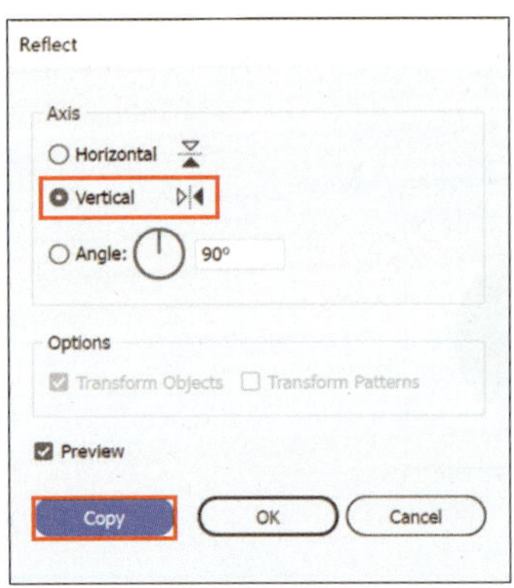

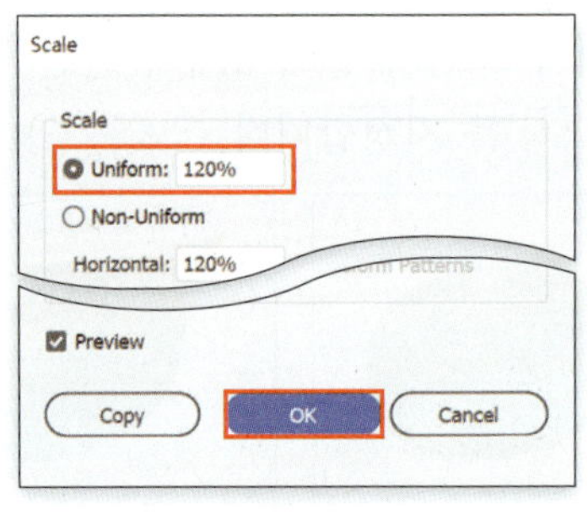

⑥ Scale Tool을 더블 클릭하여 'Uniform : 50%'를 지정하고 [Copy]를 눌러 복사한 후 Rotate Tool을 더블 클릭하여 'Angle : 25°'를 지정하여 회전합니다. Color 패널에서 'Fill Color : C90M20Y80, Stroke Color : None'을 지정하고 [Object]-[Arrange]-[Send Backward](Ctrl+[)를 선택하고 뒤로 보내기를 합니다.

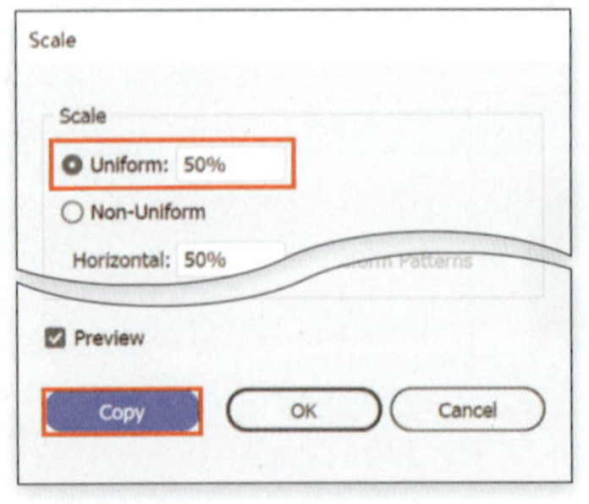

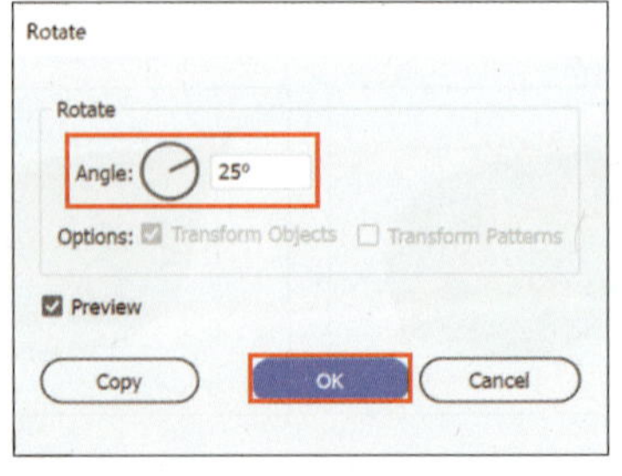

⑦ Ellipse Tool(◉)로 Shift 를 누른 채 드래그하여 크기가 다른 2개의 정원을 겹치도록 그리고 Color 패널에서 'Fill Color : C70, Stroke Color : None'을 지정합니다. 하단의 정원을 선택하고 Transparency 패널에서 'Opacity : 50%'를 지정하여 불투명도를 조절합니다. 계속해서 작은 정원을 상단에 그리고 'Fill Color : C30, Stroke Color : None'을 지정합니다.

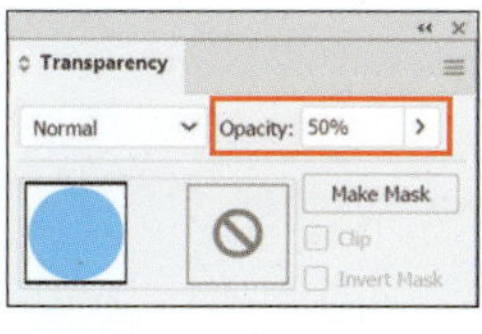

흰색 테두리가 적용된 정원을 구별하기 위해 편의상 회색 사각형을 오브젝트 뒤에 배치합니다.

⑧ Ellipse Tool(◉)로 Shift 를 누른 채 드래그하여 크기가 다른 2개의 정원을 그리고 Color 패널에서 'Fill Color : None, Stroke Color : C0M0Y0K0'을 지정한 후 Stroke 패널에서 'Weight : 1pt'를 지정합니다.

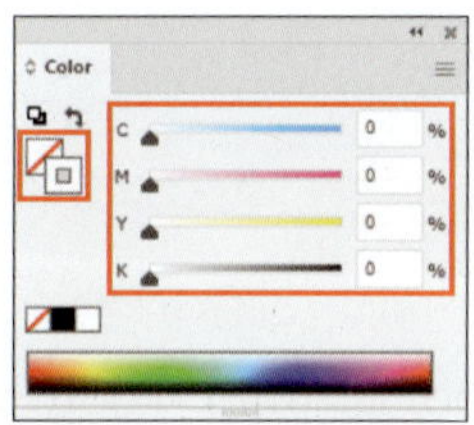
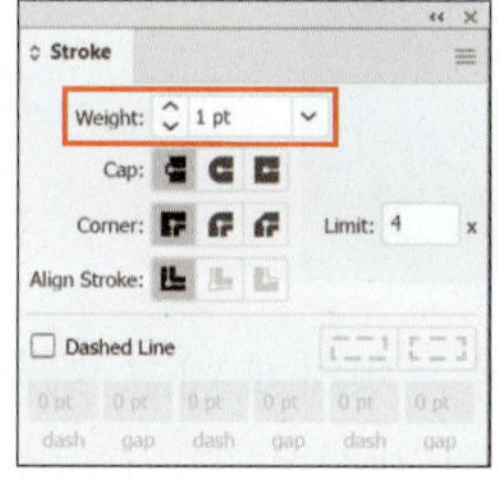
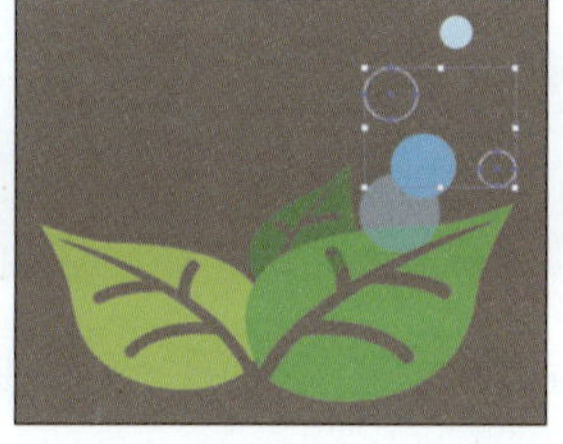

05 심볼 등록 및 적용, 편집하기

① Selection Tool(▶)로 심볼로 등록할 오브젝트를 모두 선택하고 Symbols 패널 하단의 'New Symbol(⊞)'을 클릭하고 'Name : 나뭇잎, Export Type : Graphic'을 지정하여 심볼로 등록한 후 회색 사각형과 함께 선택하고 Delete 를 눌러 삭제합니다.

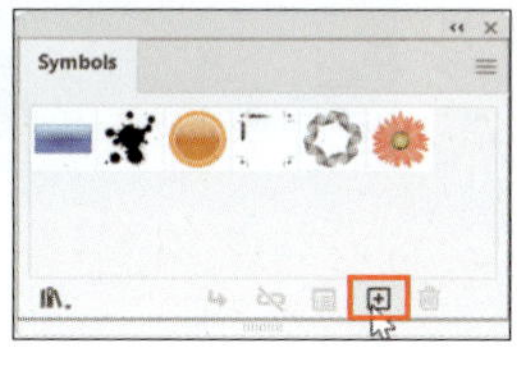
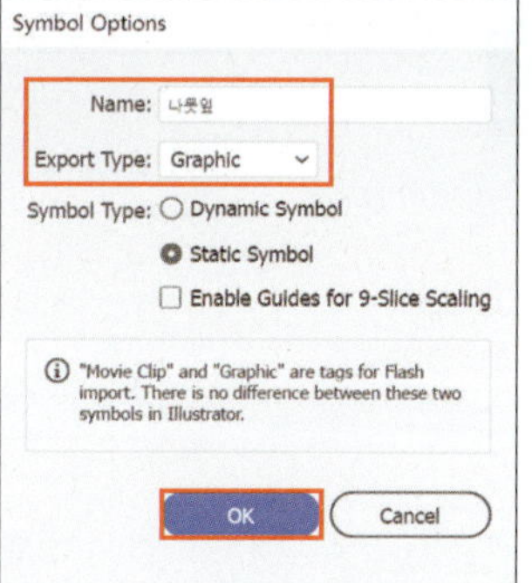

② Symbols 패널에서 등록된 '나뭇잎' 심볼을 선택하고 Symbol Sprayer Tool(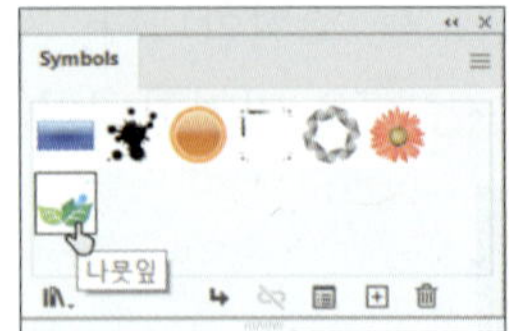)로 작업 도
큐먼트를 클릭한 후 뿌려 줍니다.

③ Symbol Sizer Tool()로 Alt 를 누르고 클릭하여 일부 심볼의 크기를 축소하고 Symbol
Shifter Tool(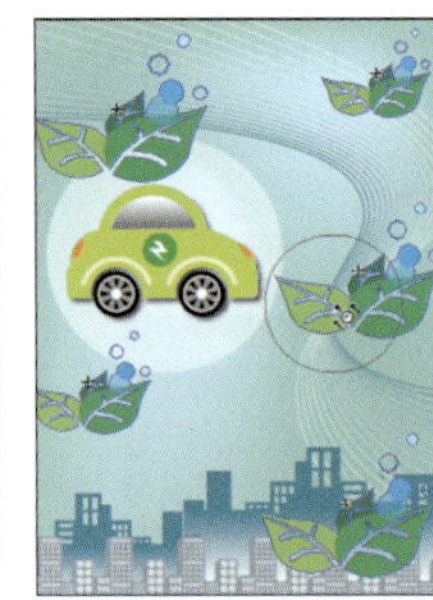)로 심볼의 위치를 이동시킨 후 Symbol Spinner Tool(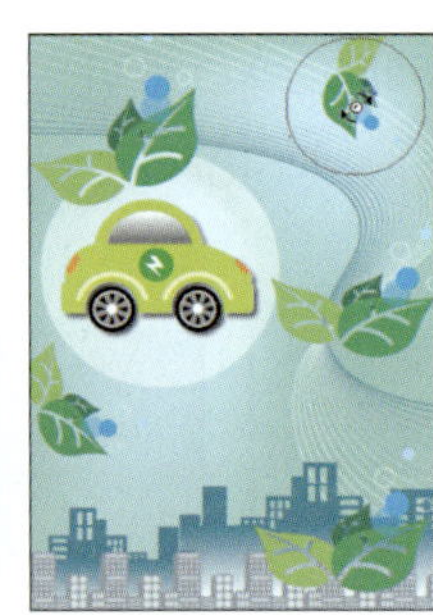)로 일부를 회전
하여 배치합니다.

④ Symbol Screener Tool(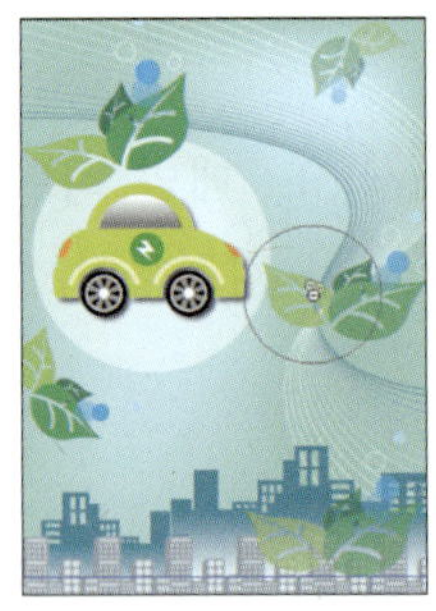)로 일부를 클릭하여 투명하게 하고 Symbol Stainer Tool(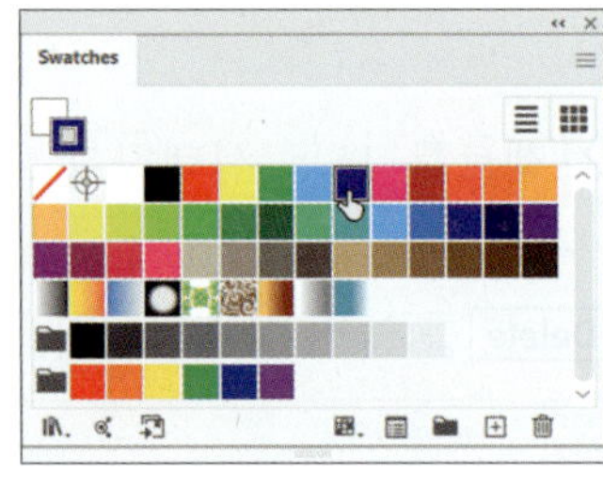)
로 Swatches 패널에서 제시된 출력형태와 유사한 색상을 Fill Color로 선택한 후 일부에 클
릭하여 색조의 변화를 적용합니다.

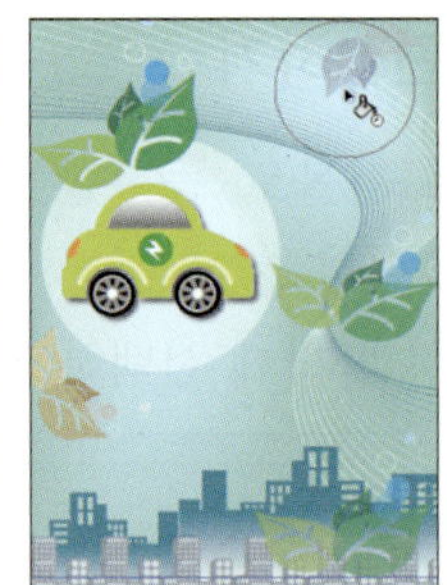

① Pen Tool(✎)로 클릭하여 열린 패스를 그리고 Color 패널에서 'Fill Color : None, Stroke Color : 임의 색상'을 지정하고 Stroke 패널에서 'Weight : 41pt, Cap : Butt Cap'을 지정한 후 [Object]-[Path]-[Outline Stroke]를 선택하고 선을 면으로 확장합니다.

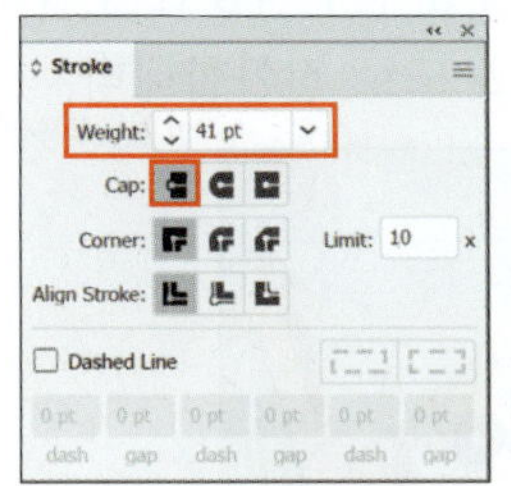

② Pen Tool(✎)로 그림과 같이 삼각형을 그리고 면으로 확장된 오브젝트와 함께 선택하고 Pathfinder 패널에서 'Unite(▣)'를 클릭하여 합칩니다.

③ [Effect]-[Illustrator Effects]-[3D]-[Extrude & Bevel]을 선택하고 'Specify rotation around the X axis : −18°, Specify rotation around the Y axis : −26°, Specify rotation around the Z axis : 8°, Perspective : 0°, Extrude Depth : 50pt'를 입력하여 입체 모양을 만들고, [Object]-[Expand Appearance]를 선택하여 오브젝트의 속성을 확장합니다.

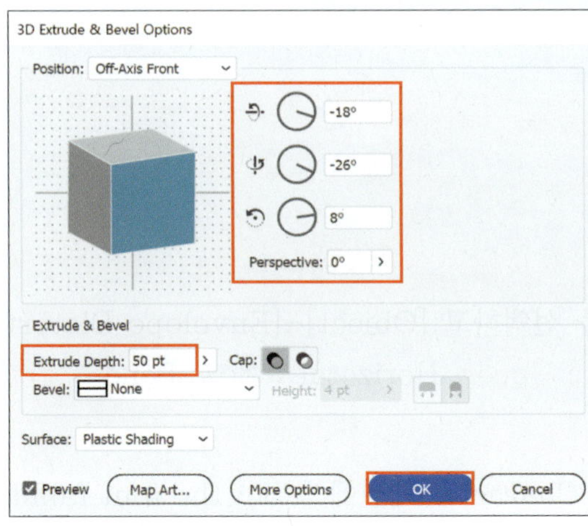
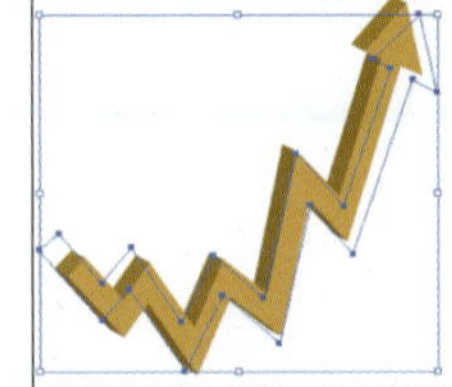
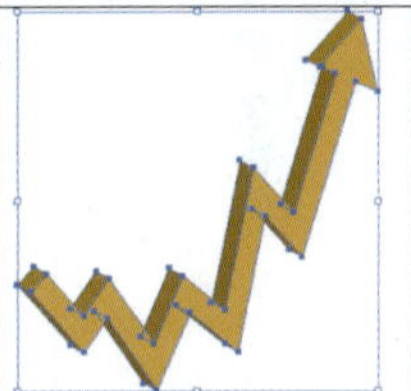

④ Selection Tool(▶)로 오브젝트를 연속해서 2번 더블 클릭하여 Isolation Mode로 전환하고 앞쪽 오브젝트를 선택하고 Color 패널에서 'Fill Color : M30Y80, Stroke Color : None'을 지정합니다. [Select]−[Inverse]로 선택을 반전한 후 Gradient 패널에서 'Type : Linear Gradient, Angle : −3°'를 적용하고 Gradient Slider의 왼쪽 'Color Stop'을 더블 클릭하여 M30Y80을, 오른쪽 'Color Stop'을 더블 클릭하여 M80Y80K50을 지정하여 적용한 후 Tool 패널 하단에서 'Stroke Color : None'을 지정하고 Esc 를 눌러 정상 모드로 전환합니다.

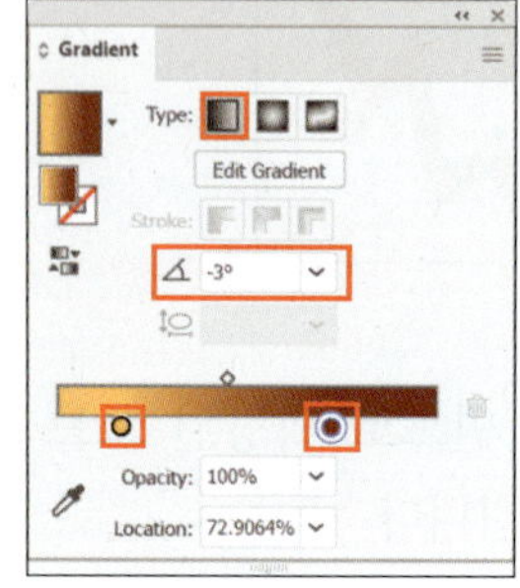
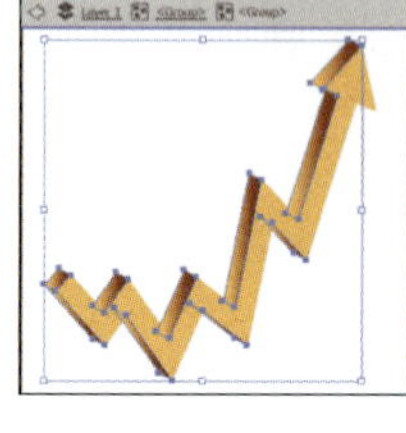
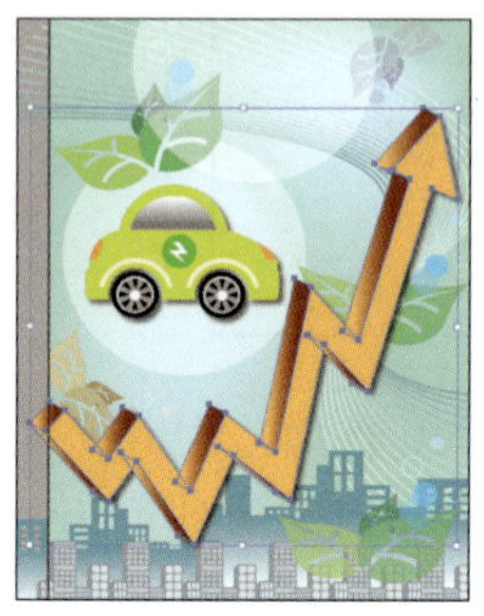

07 문자 입력 및 왜곡하기

① Type Tool(T)로 작업 도큐먼트를 클릭한 후 Character 패널에서 'Set the font family : 돋움, Set the font size : 48pt'를 설정하고 Color 패널에서 'Fill Color : K100, Stroke Color : None'을 지정하고 '친환경자동차'를 입력합니다.

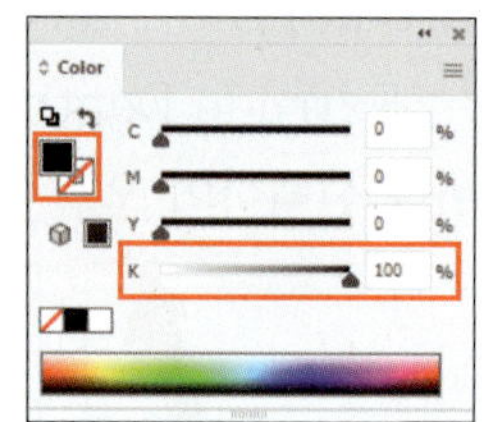

② Selection Tool(▶)로 친환경자동차 문자를 선택하고 [Object]−[Envelope Distort]−[Make with Warp]를 선택한 후 'Style : Arc Upper, Horizotal : 체크, Bend : 30%'를 지정하여 글자를 왜곡시킵니다.

③ Type Tool(T)로 작업 도큐먼트를 클릭한 후 Character 패널에서 'Set the font family : 궁서, Set the font size : 21pt'를 설정하고 Color 패널에서 'Fill Color : C100M100, Stroke Color : None'을 지정하고 '환경을 생각하는 마음!'을 입력합니다. Selection Tool(▶)로 문자를 선택하고 [Object]−[Envelope Distort]−[Make with Warp]를 선택한 후 'Style : Flag, Bend : 50%, Horizotal : 체크, Horizontal : −30%'를 지정하여 글자를 왜곡시킵니다.

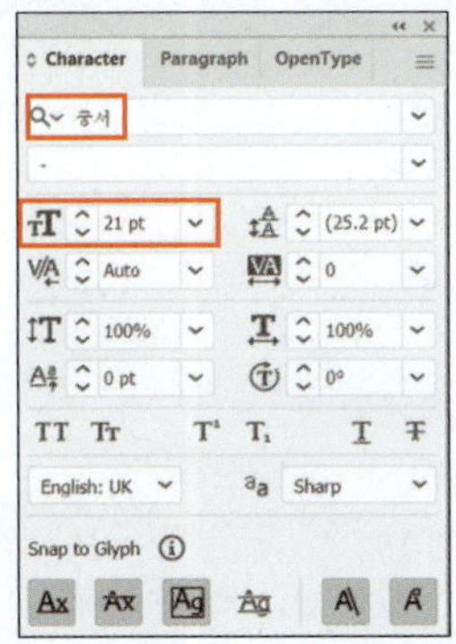 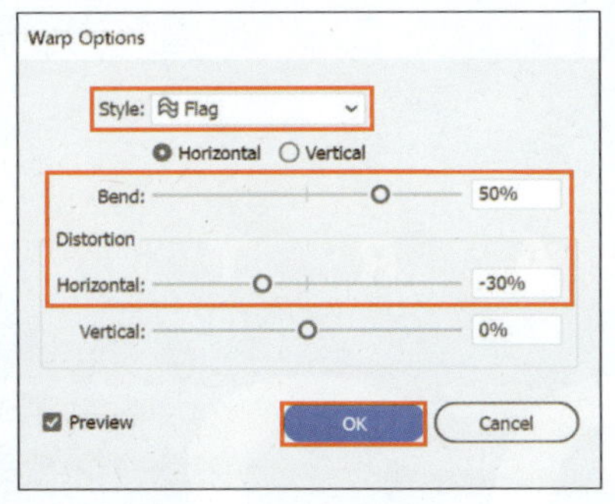 

④ Selection Tool(▶)로 친환경자동차 문자를 선택하고 [Effect]-[Illustrator Effects]-[Stylize]-[Drop Shadow]를 선택하고 'Opacity : 75%, X Offset : 1mm, Y Offset : 2mm, Blur : 1mm'를 지정하여 그림자 효과를 적용합니다.

⑤ Selection Tool(▶)로 [Alt]를 누른 채 자동차 오브젝트 하단의 정원을 선택하고 위쪽으로 드래그하여 복사한 후 [Ctrl]+[ ]]를 여러 번 적용하여 2개의 문자 오브젝트 뒤로 배치합니다.

 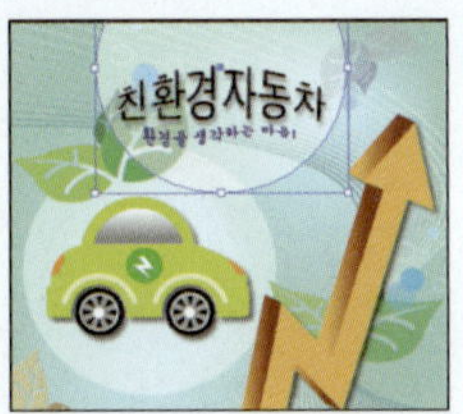

08 클리핑 마스크로 디자인 정리하기

① Rectangle Tool(▢)로 작업 도큐먼트 왼쪽 상단의 원점(0,0)을 클릭한 후 'Width : 210 mm, Height : 297mm'를 입력하여 그리고 Color 패널에서 'Fill Color : 임의 색상, Stroke Color : None'을 지정합니다. [Select]-[All]([Ctrl]+[A])로 오브젝트를 모두 선택하고 [Object]-[Clipping Mask]-[Make]([Ctrl]+[7])로 클리핑 마스크를 적용하여 디자인을 정리합니다.

 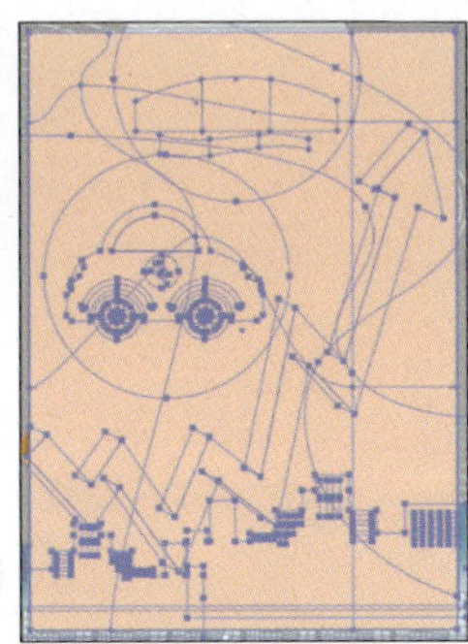 

PART

03

대표 기출 유형
따라하기

문제 1

지정된 글꼴, 색상 비율을 정확히 적용하세요. 또한 글자나 도형을 임의로 변형하지 말고, 필요 없는 개체나 중복된 이미지가 없는지, 오브젝트 잠금 또는 숨김 상태는 해제되었는지 확인하세요.

문제 2

텍스트 정보는 정확하게 입력하도록 하며, 안내선과 격자를 활용하여 구성과 배치에 균형감을 주고 시선을 자연스럽게 유도하세요. 문제에서 요구하는 로고 위치나 시각적 강조 요소는 하나도 빠짐없이 진행해 주세요.

문제 3

핵심 메시지를 강하게 전달할 수 있도록 문제에서 주어진 텍스트 문구, 이미지 배치 조건, 강조 색상 등을 그대로 반영해 주세요. 또한 텍스트와 이미지가 무작위로 배치되지 않도록 정렬선이나 그리드 시스템을 활용하여 균형 있게 구성하세요.

대표 기출 유형 따라하기

급수	문제유형	시험시간	수험번호	성명
1급	A	90분		

수험자 유의사항

- 수험자는 문제지를 받는 즉시 응시하고자 하는 **과목 및 급수가 맞는지 확인**한 후 수험번호와 성명을 작성합니다.
- 파일명은 본인의 "수험번호–성명–문제번호"로 공백 없이 정확히 입력하고 답안폴더(내 PC₩문서₩GTQ)에 ai 파일 포맷으로 저장해야 하며, '**다른 파일 형식으로 저장하였을 경우**' 0점 처리됩니다.
- 답안문서 파일명이 "수험번호–성명–문제번호"와 일치하지 않거나, 답안 파일을 '**전송**'하지 **않는 경우 답안 파일 미제출로 불합격 처리**됩니다. ※ 답안은 반드시 시험 시간 내에 전송을 완료해야 하며, 전송 시간을 충분히 감안하여 제출해 주시기 바랍니다. (공정한 평가를 위해, 시험종료 전 전송이 완료된 답안에 한해 채점이 진행됩니다.)
- 수험자 정보와 저장한 파일명, 저장 위치가 다를 경우 전송이 되지 않으므로, 주의하시길 바랍니다.
- 답안 작성 중에도 **주기적으로 '저장'과 '답안 전송'**을 이용하여 감독위원 PC로 답안을 전송하셔야 합니다. (작업한 내용을 저장하지 않고 답안을 전송할 경우 이전의 저장내용이 전송되오니 이점 반드시 유념하시기 바랍니다.)
- 모든 시험자는 동일한(초기화 된) 환경에서 시험이 시작되며 '작업환경 설정'은 시험 시간 내에 진행합니다. (시험 시작 전 '작업환경 설정' 불가, 소프트웨어 이상 유무만 확인)
- 답안문서는 지정된 경로 외의 다른 보조기억장치에 저장하는 행위, 지정된 시험 시간 외에 작성된 파일을 활용한 행위, 기타 허용되지 않은 프로그램(이메일, 메신저, 게임, 네트워크, 윈도우계산기, 스톱워치 등) 이용 시 부정행위로 간주되어 **자격기본법 제32조에 의거 본 시험 및 국가공인 자격시험을 2년간 응시할 수 없습니다.**
- 시험 종료 후 제출된 답안은 평가 및 검증을 위해 본부에서 보관되며, 시험의 공정성과 보안 유지를 위해 **응시자에게 본인의 답안을 제공하는 것은 허용되지 않습니다.** 이 점 반드시 유의하시기 바랍니다.
- 시험 중 부주의 또는 고의로 시스템을 파손한 경우와 〈수험자 유의사항〉에 기재된 방법대로 이행하지 않아 생기는 불이익은 수험자의 책임임을 알려 드립니다. 또한 수험자는 시험 중 안전에 특히 유의하여야 하며, 시험장에서 소란을 피우거나 타인의 시험을 방해하는 자는 질서유지를 위해 시험을 중지시키고 시험장에서 퇴장 시킵니다.
- 시험을 완료한 수험자는 최종적으로 저장한 답안파일이 전송되었는지 확인한 후 감독위원의 지시에 따라 문제지를 제출하고 퇴실합니다.

답안 작성요령

- **온라인 답안 작성 절차**

  수험자 등록 ⇒ 시험 시작 ⇒ 답안파일 저장 ⇒ 답안 전송 ⇒ 시험 종료
- 배점은 총 100점으로 이루어지며, 점수는 각 문제별로 차등 배분됩니다.
- 각 문제는 제시된 〈조건〉에 따라 작성하고 〈조건〉을 지키지 못했을 경우에는 0점 또는 감점 처리됩니다.
- 문제 〈조건〉에 크기와 색상, 두께의 지정이 없을 경우 《출력형태》를 참고하여 작업해 주시기 바랍니다.
- **문제 〈조건〉과 《출력형태》에서 차이가 발생할 경우 문제에서 지정한 〈조건〉에 따라 작업해 주시기 바랍니다.**
- 〈조건〉에서 주어진 단위는 'mm(밀리미터)'입니다. 눈금자는 작성하지 않으며, 그 외는 출력형태(레이아웃, 색상, 문자, 규격 등)와 같게 작업하십시오.
- 문제 〈조건〉에 서체의 지정이 없을 경우 한글은 굴림이나 돋움, 영문은 Arial로 작업하십시오. (단, 그 외에 제시되지 않은 문자 속성을 기본값으로 작성하지 않은 경우는 감점 처리됩니다.)
- Color Mode(색상 모드)는 별도의 처리 조건이 없을 시 CMYK로 작업하십시오.
- 조건에서 제시한 기능을 임의로 합치거나 각 기능에 대한 속성을 해지할 경우 해당 요소는 0점 처리됩니다.

한 국 생 산 성 본 부

다음의 《조건》에 따라 아래의 《출력형태》와 같이 작업하시오.

조건

파일저장규칙	AI	파일명	문서₩GTQ₩수험번호-성명-1.ai
		크기	100 × 80mm

1. 작업 방법

① 도형, 변형 툴과 Pathfinder 기능을 활용하여 오브젝트를 작성한다.
② 그 외 《출력형태》 참조

2. 문자 효과

① CHAMPIONS LEAGUE (Arial, Bold, 15pt, C0M0Y0K0, M20Y60)

출력형태

C90M100Y40,
C0M0Y0K0, M40Y100,
C10Y10K10, C10Y10K20,
K80, K60,
M10Y80,
M70Y70,
M70Y70 → M80Y70K50,
[Stroke] C90M100Y40, 1pt

다음의 《조건》에 따라 아래의 《출력형태》와 같이 작업하시오.

[조건]

파일저장규칙	AI	파일명	문서₩GTQ₩수험번호–성명–2.ai
		크기	160 × 120mm

1. 작업 방법

① 티셔츠는 Pattern을 활용하여 작성한다. (패턴 등록 : Trophy)
② 모자에는 Clipping Mask를 적용한다.
③ Brush는 《출력형태》를 참고하여 작성한다.
④ Effect는 《출력형태》를 참고하여 작성한다.
⑤ 그 외 《출력형태》 참조

2. 문자 효과

① BASEBALL CLUB (Times New Roman, Bold, 7pt, 9pt, C0M0Y0K0, K100)
② Sports (Arial, Bold Italic, 10pt, C30M80Y80K30)

[출력형태]

Y20K30, M60Y60,
M80Y80, C80M90Y80,
C0M0Y0K0,
Y10K20, Y10K10,
M40Y100,
[Stroke]
K100, 1pt

K20, C0M0Y0K0,
K100, K80,
M100Y50 → M40Y80

M30Y90, M40Y100,
C30M80Y80K30,
C10M60Y100,
C0M0Y0K0,
C30M80Y80K70

[Pattern]

[Brush]
Charcoal – Feather,
Y20K10, 0.5pt

K100, M90Y80,
C0M0Y0K0 → K40,
[Stroke]
C30M80Y80K30, 1pt,
[Effects] Drop Shadow

M40Y100,
Opacity 60%

▶ 합격 강의

다음의 《조건》에 따라 아래의 《출력형태》와 같이 작업하시오.

조건

파일저장규칙	AI	파일명	문서₩GTQ₩수험번호-성명-3.ai
		크기	210 × 297mm

1. 작업 방법

① 《참고도안》을 직접 제작한 후 Symbol로 활용한다. (심볼 등록 : cheering firecracker)
② 'ALL STAR', 'Let's enjoy sports!' 문자에 Envelope Distort를 적용한다.
③ Brush는 《출력형태》를 참고하여 작성한다.
④ Effect는 《출력형태》를 참고하여 작성한다.
⑤ Clipping Mask를 이용하여 디자인을 정리한다.
⑥ 그 외 《출력형태》 참조

2. 문자 효과

① ALL STAR (Times New Roman, Bold, 70pt, M100Y80)
② LEAGUE (Times New Roman, Bold, 50pt, C10)
③ Let's enjoy sports! (Arial, Regular, 20pt, C40)

참고도안

M20Y60, M50Y10,
C50M50, M50Y100,
C60M100, C30Y100,
C40

M50Y70, C20, C100M70K50,
C90M70K20, C0M0Y0K0,
C30M30Y100K50, C50M20Y80,
C50M10Y90K10 → C70M20Y90K20

M20Y30, K100, C0M0Y0K0, M90Y90K50,
M90Y90, M30Y30, M50Y90, M100Y100,
M50Y90K20, M30Y30K10, M40Y70,
[Stroke] K100, 1pt

M40Y100K40 → M40Y100,
Y20K20, M40Y100K40,
M10Y70, Y20K20, M50Y100K70, C0M0Y0K0,
[Effects] Drop Shadow

출력형태

210 X 200mm
[Mesh]
C60M20, Y20

[Brush] 4pt, Star, 1pt,
[Blend] 단계 : 15
[Stroke] C20Y70, 3pt
→ C10, 1pt

[Symbol]

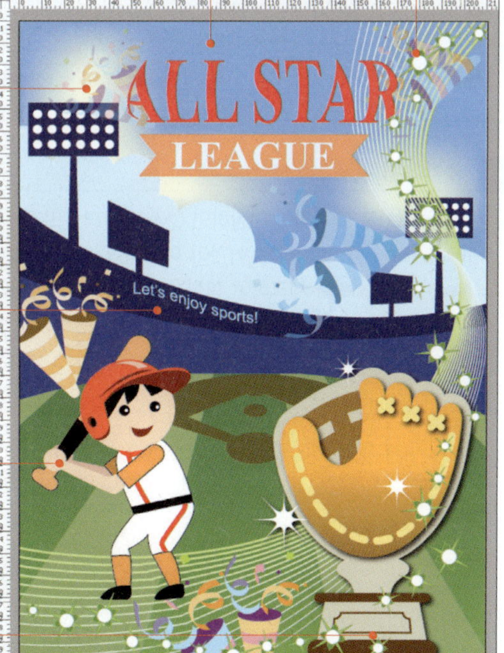

작업과정	새 도큐먼트 만들기 및 파일 저장하기 ➡ 배경 오브젝트 만들기 ➡ 패턴 브러쉬 등록 및 야구공 오브젝트 만들기 ➡ 트로피 오브젝트 만들기 ➡ 월계수 오브젝트 만들고 변형하기 ➡ 리본 오브젝트 만들기 ➡ 문자 입력하기 ➡ 저장 및 답안 전송하기
완성이미지	PART03₩수험번호–성명–1.ai

01 새 도큐먼트 만들기 및 파일 저장하기

01 [File]–[New]([Ctrl]+[N])를 선택한 후 'Width : 100mm, Height : 80mm, Units : Millimeters, Color Mode : CMYK'를 설정하여 새 도큐먼트를 만들고, [View]–[Rulers]–[Show Rulers]([Ctrl]+[R])를 선택하여 눈금자를 표시합니다.

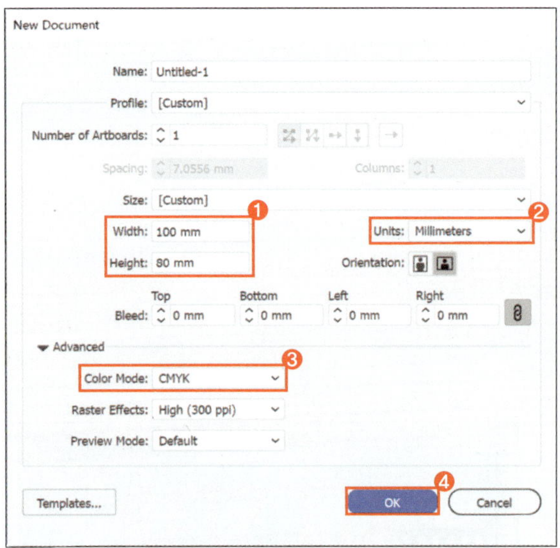
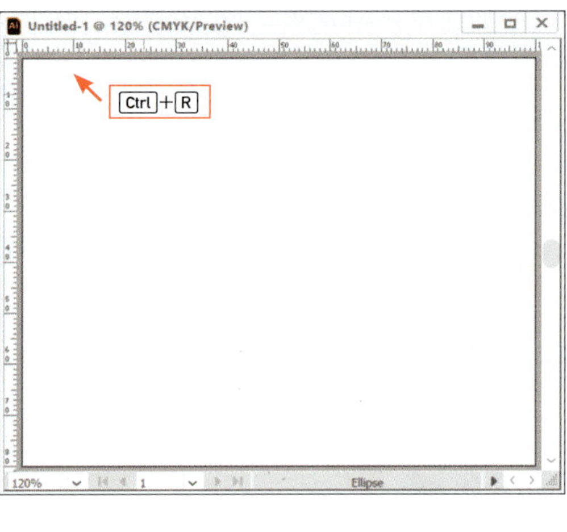

🇫 기적의 TIP

- Advanced를 클릭하여 확장하면 CMYK 컬러 모드를 확인 및 설정할 수 있습니다.
- [File]–[New]를 설정하는 화면이 아래와 같다면, [Edit]–[Preferences]–[General]의 Options에서 'Use legacy "File New" Interface'를 체크하여 설정을 변경할 수 있습니다.

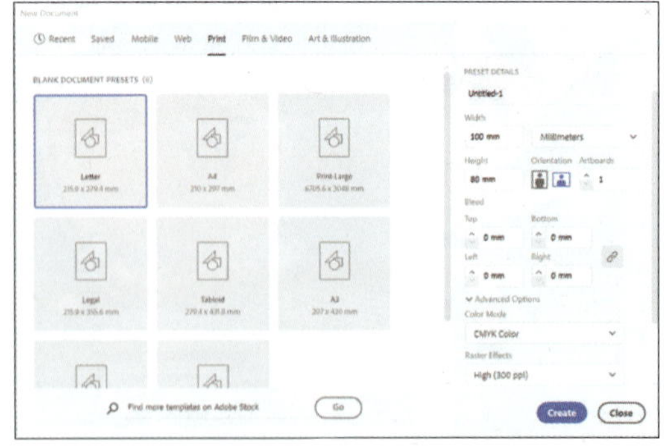
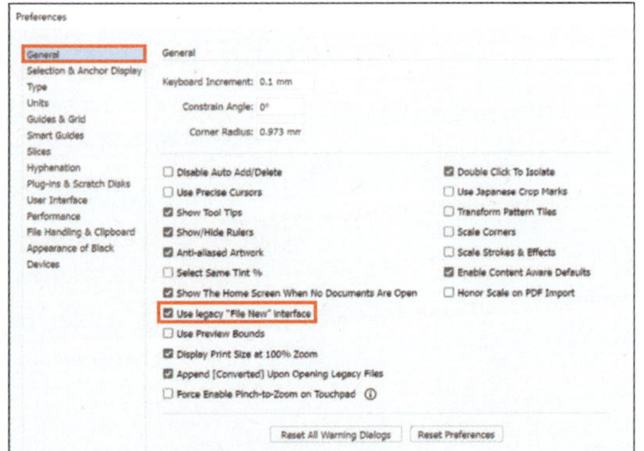

02 작품의 규격 왼쪽 상단에 원점(0,0)을 확인하고 왼쪽과 상단 눈금자 위에서 마우스로 각각 드래그하여 제시된 출력형태와 레이아웃 구성이 동일하게 안내선을 표시합니다.

- 안내선의 위치는 제시된 오브젝트 중앙 위치에 드래그하여 전체적인 레이아웃에 맞게 적절하게 표시합니다.
- 작업 도큐먼트의 상단과 왼쪽에 보이는 눈금자 위를 더블 클릭해서 안내선을 표시할 수도 있습니다.
- 안내선의 편집은 [View]-[Guides]-[Unlock Guides]([Alt]+[Ctrl]+[;])를 선택하고 잠금을 해제한 후 Selection Tool([▶]) 또는 Direct Selection Tool([▷])로 선택하여 이동, 삭제가 가능합니다. 편집 후 반드시 [View]-[Guides]-[Lock Guides]([Alt]+[Ctrl]+[;])를 선택하고 잠금을 해야 안내선이 고정되어 편집되지 않습니다.

03 작업 도큐먼트를 저장하기 위해 [File]-[Save As]([Ctrl]+[S])를 선택하고 '저장 위치 : 내 PC₩문서₩GTQ, 파일 형식 : Adobe Illustrator(*.AI), 파일 이름 : 수험번호-성명-문제번호'를 입력하고 [저장]을 클릭한 후 [Illustrator Options] 대화상자에서 'Version : Illustrator 2020'으로 설정하고 [OK]를 클릭합니다.

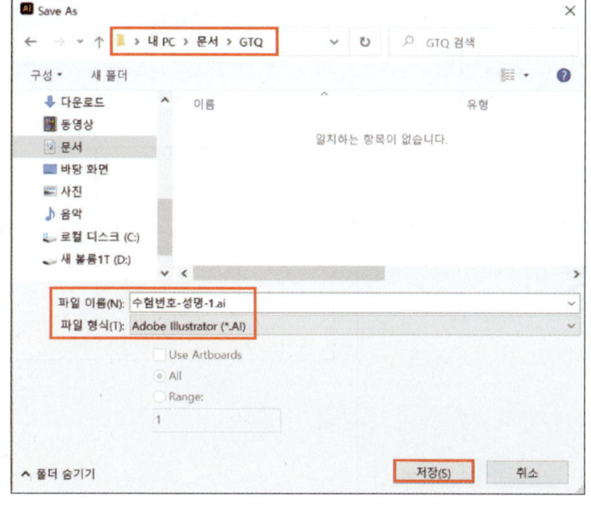
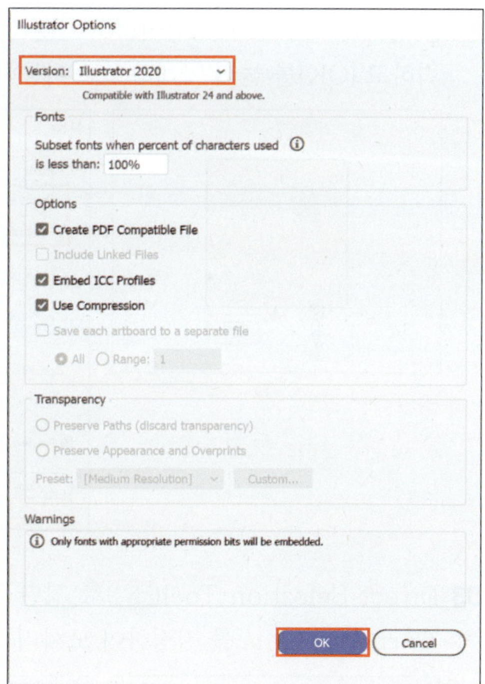

- [Illustrator Options]의 'Version'은 작업 중인 컴퓨터에 설치된 Adobe Illustrator CC의 버전에 따라 다르게 표시됩니다.
- 작업 중에 발생할 수 있는 에러나 시스템 오류에 대비하여 [Ctrl]+[S]를 수시로 눌러 저장합니다.

② 배경 오브젝트 만들기

01 Rectangle Tool(▣)로 Alt 를 누른 채 세로 안내선에 클릭하여 대화상자에서 'Width : 43mm, Height : 45mm'를 입력하여 그리고 Color 패널에서 'Fill Color : 임의 색상, Stroke Color : 임의 색상'을 지정합니다.

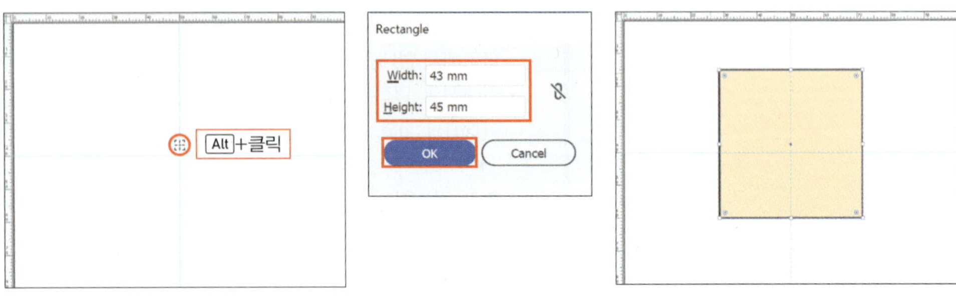

> **기적의 TIP**
>
> Alt 를 누르면서 클릭하면 클릭 지점에 오브젝트의 중심점이 배치되며 대화상자에서 정확한 수치를 입력하여 그릴 수 있습니다.

02 Add Anchor Point Tool(▱)로 사각형의 하단 선분 중앙에 클릭하여 고정점을 추가하고 [Object]−[Transform]−[Move]를 선택한 후 'Horizontal : 0mm, Vertical : 13mm'를 입력하고 [OK]를 눌러 아래쪽으로 이동하여 변형됩니다.

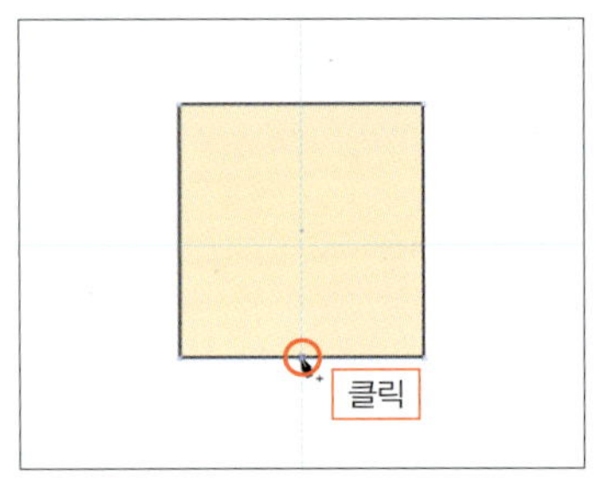

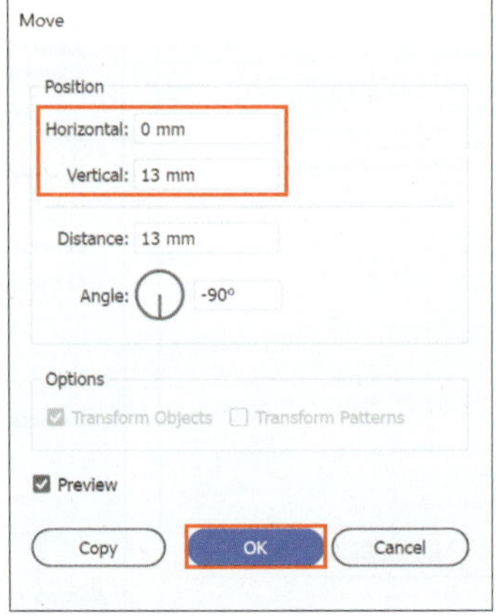

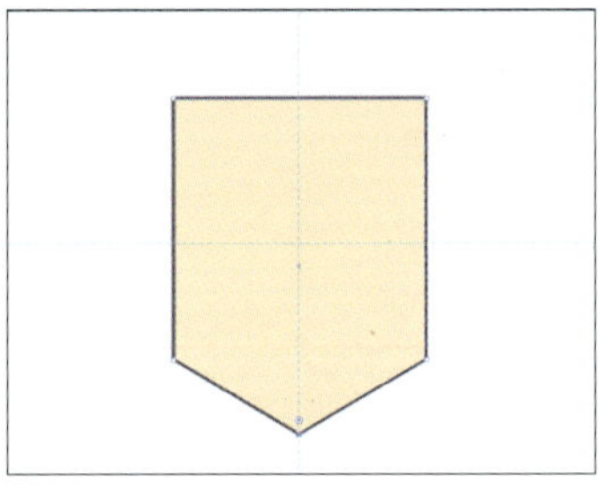

03 Direct Selection Tool(▷)로 상단 2개의 고정점을 드래그하여 선택하고 Control 패널의 'Corners : 3mm'를 지정하여 모서리를 둥글게 변형합니다.

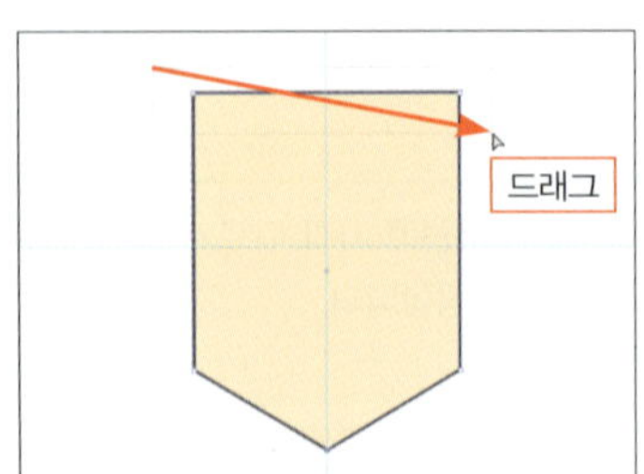

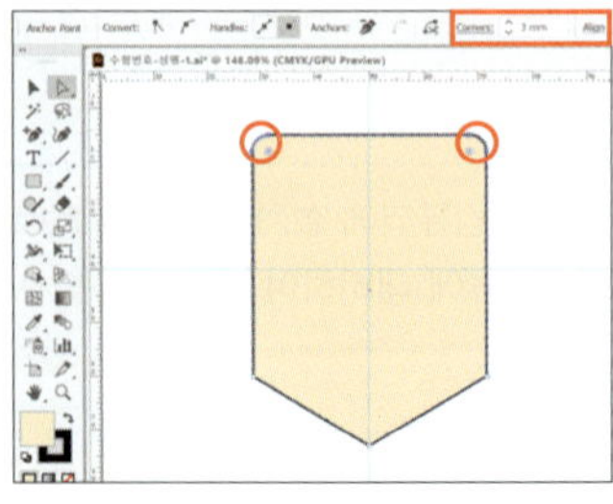

> **기적의 TIP**
>
> Control 패널이 위에 보이지 않을 경우 [Window]−[Control]를 클릭하여 활성화할 수 있습니다.

04 계속해서 Direct Selection Tool(▷)로 하단 2개의 고정점을 드래그하여 선택하고 Control 패널의 'Corners : 14mm'를 지정하여 모서리를 둥글게 변형합니다.

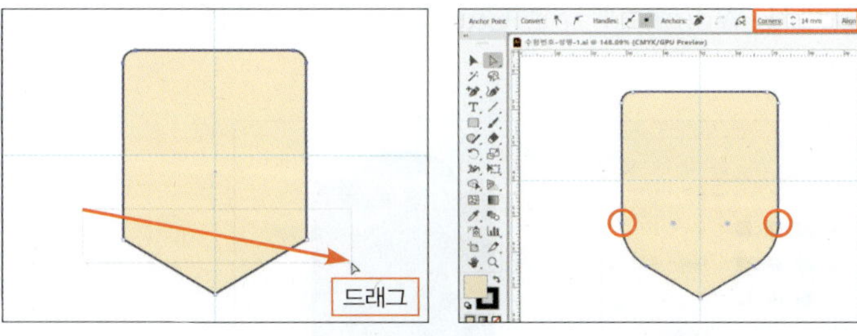

> **기적**의 TIP
>
> Control 패널의 Corners를 클릭하여 모서리를 둥글게 변형하는 세부 옵션인 모서리 모양 지정 및 둥근 정도 등을 지정할 수 있습니다.

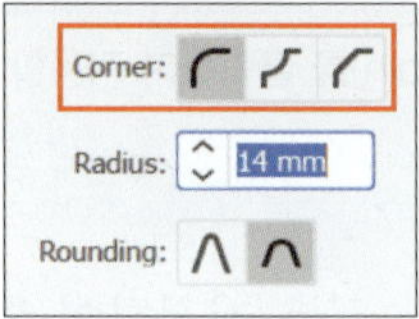

05 Ellipse Tool(◯)로 Alt 를 누른 채 세로 안내선에 클릭하여 'Width : 26mm, Height : 16.5mm'를 입력하여 그리고 Color 패널에서 'Fill Color : 임의 색상, Stroke Color : 임의 색상'을 지정한 후 상단에 겹치도록 배치합니다.

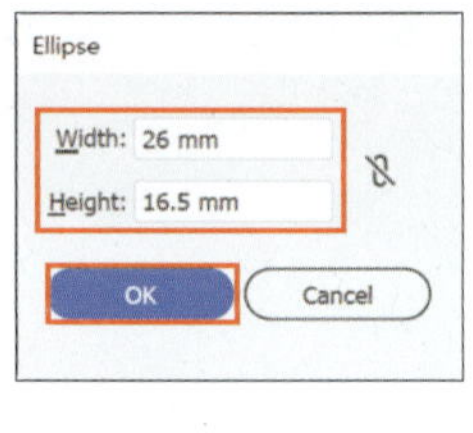

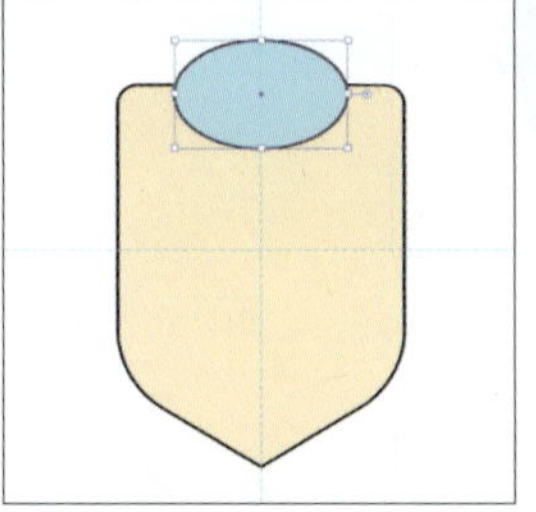

06 [Select]−[All](Ctrl + A)로 모두 선택하고 Pathfinder 패널에서 'Unite(■)'를 클릭하여 두 도형을 합친 후 Color 패널에서 'Fill Color : C90M100Y40, Stroke Color : None'을 지정합니다.

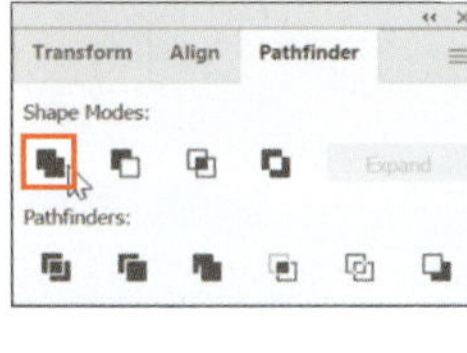

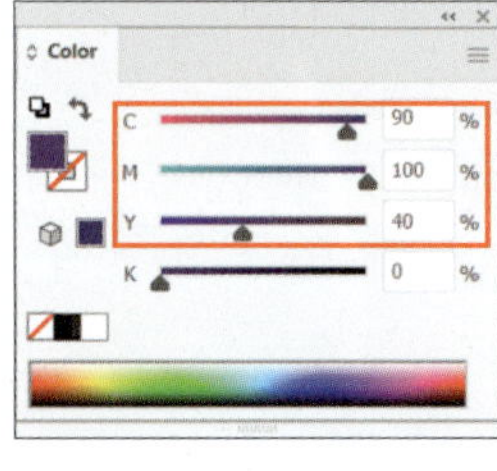

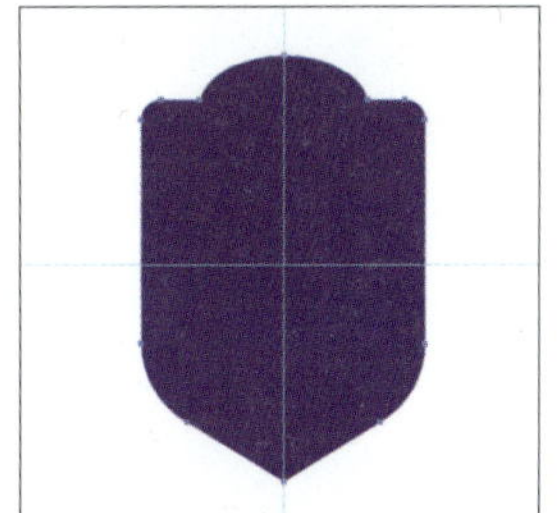

07 [Object]-[Path]-[Offset Path]를 선택한 후 'Offset : 1.5mm'를 지정하여 확대된 복사본을 만든 후 Color 패널에서 'Fill Color : C0M0Y0K0, Stroke Color : C90M100Y40'을 지정합니다. 계속해서 Stroke 패널에서 'Weight : 1pt, Cap : Butt Cap, Dashed Line : 체크, dash : 4pt'를 지정합니다.

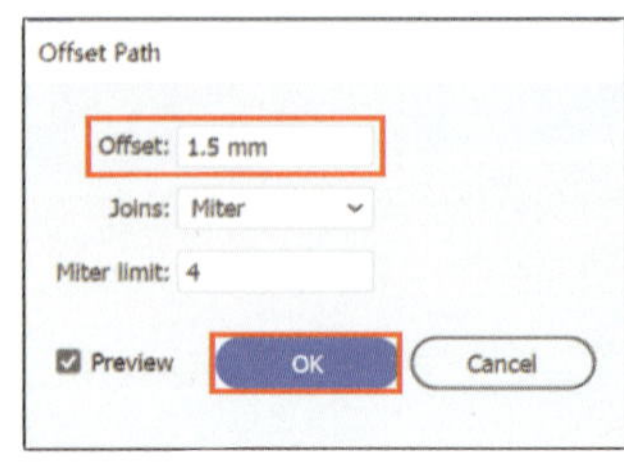  

패널에서 [Offset Path] 적용하기 : [Properties] 패널에서 [Quick Actions] 항목의 [Offset Path]를 클릭하여 적용할 수도 있습니다.

08 계속해서 [Object]-[Path]-[Offset Path]를 선택한 후 'Offset : 2mm'를 지정하여 확대된 복사본을 만든 후 'Fill Color : M40Y100, Stroke Color : None'을 지정합니다.

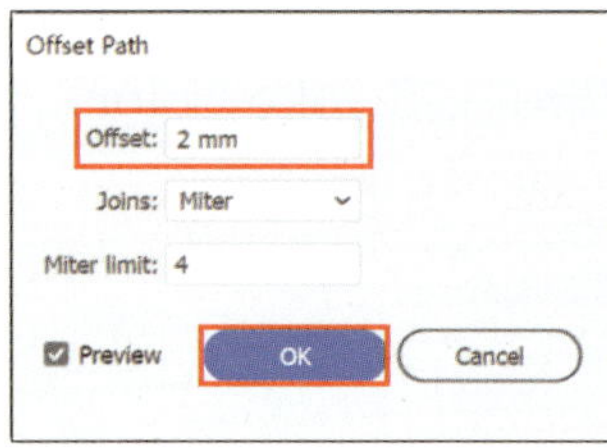 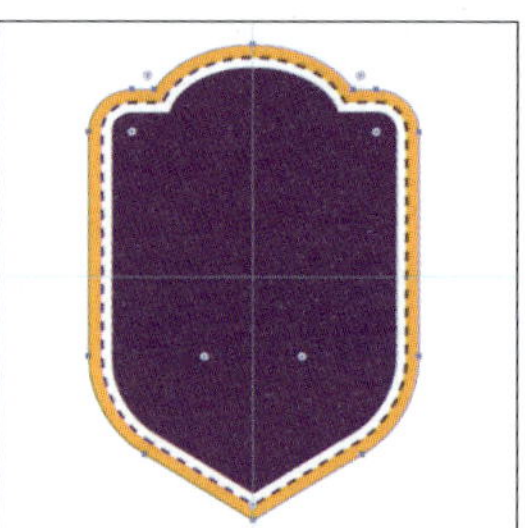

03 패턴 브러쉬 등록 및 야구공 오브젝트 만들기

01 Ellipse Tool(◯)로 Alt 를 누른 채 세로 안내선에 클릭하여 'Width : 21mm, Height : 21mm'를 입력하여 그리고 Color 패널에서 'Fill Color : 임의 색상, Stroke Color : 임의 색상'을 지정합니다.

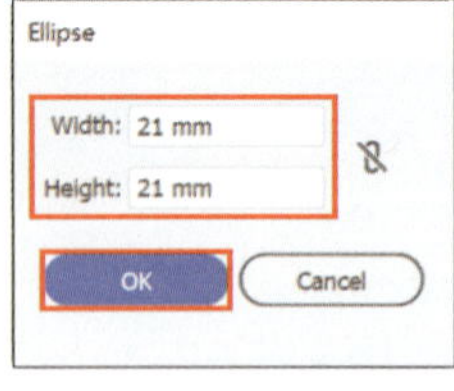 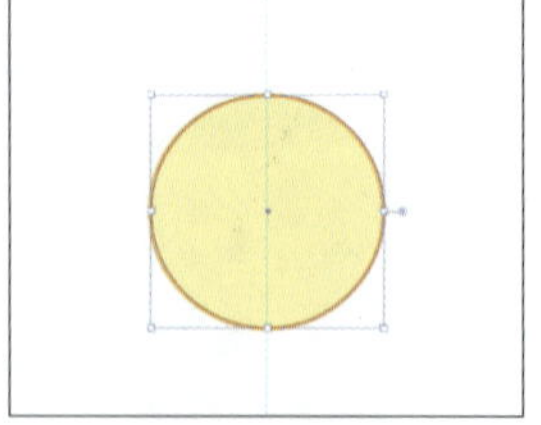

02 [Object]–[Transform]–[Move]를 선택한 후 'Horizontal : −1.5mm, Vertical : −1.2mm' 를 입력하고 [Copy]를 눌러 왼쪽 상단으로 이동하여 복사합니다.

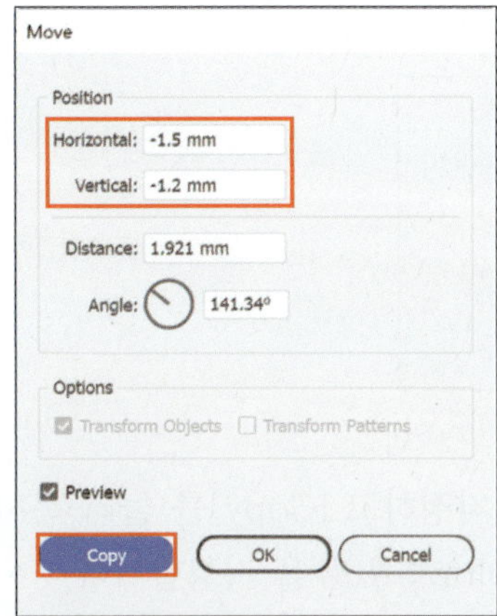 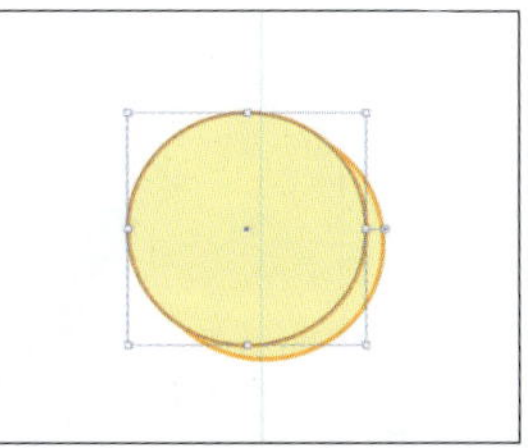

Tool 패널의 Selection Tool(▶) 또는 Direct Selection Tool(▷)을 더블 클릭하여 [Move] 대화상자를 빠르게 지정할 수도 있습니다.

03 Selection Tool(▶)로 2개의 정원을 함께 선택하고 Pathfinder 패널에서 'Divide(▣)'를 클릭하여 면을 분할합니다.

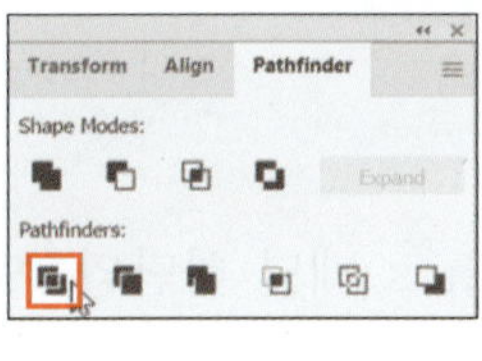 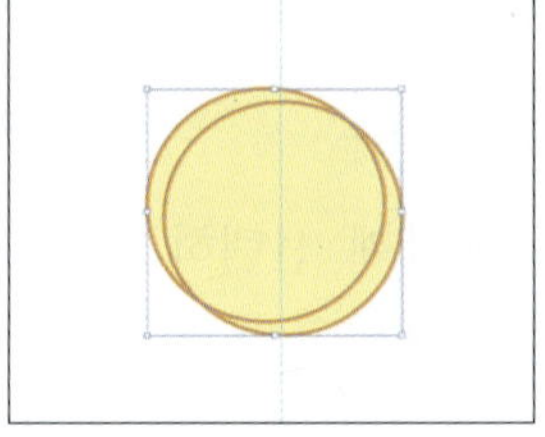

04 Selection Tool(▶)로 더블 클릭하여 Isolation Mode로 전환하고 상단 오브젝트를 선택하고 Delete 를 눌러 삭제합니다. 2개의 오브젝트를 각각 선택하고 Color 패널에서 각각 'Fill Color : C10Y10K10, C10Y10K20, Stroke Color : None'을 지정합니다. Esc 를 눌러 정상 모드로 전환합니다.

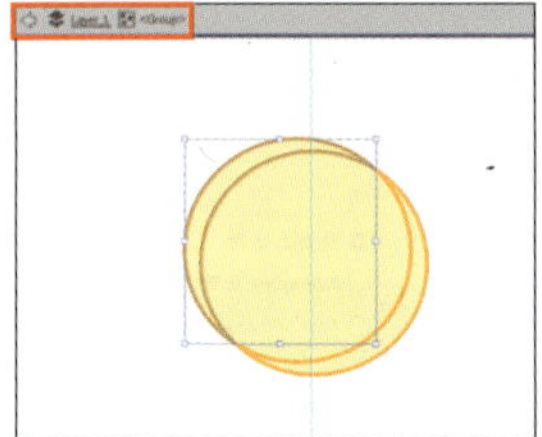 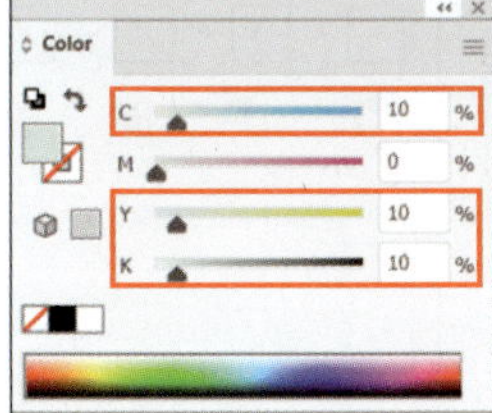 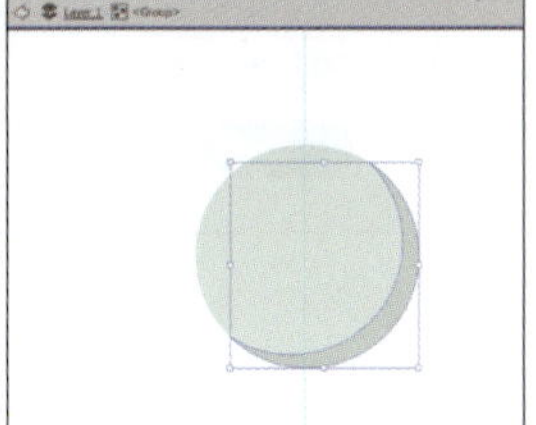 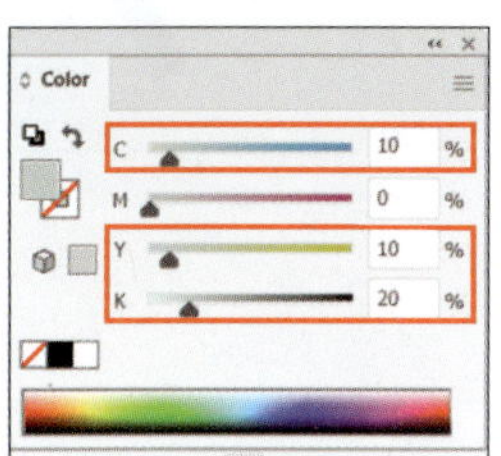

Isolation Mode란 Pathfinder 적용 후 개별 오브젝트를 편집할 때 Group 상태를 해제하지 않고 부분적으로 선택, 편집 할 수 있는 격리 모드입니다. 개별 오브젝트의 편집이 끝나면 도큐먼트의 빈 곳을 더블 클릭하거나 Esc 를 눌러 정상 모드로 전환합니다.

05 Line Segment Tool(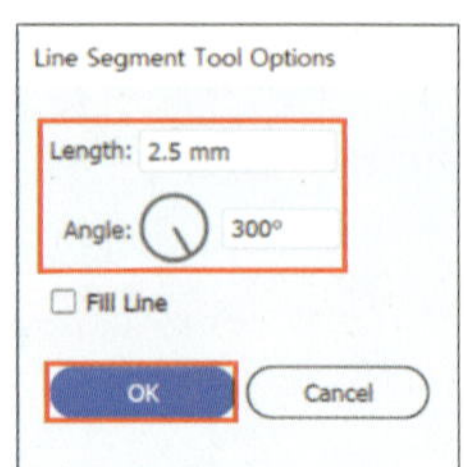)로 작업 도큐먼트를 클릭하여 'Length : 2.5mm, Angle : 300°'를 지정하고 선을 그립니다. Color 패널에서 'Fill Color : None, Stroke Color : K80'을, Stroke 패널에서 'Weight : 1.5pt, Cap : Butt Cap'을 지정합니다.

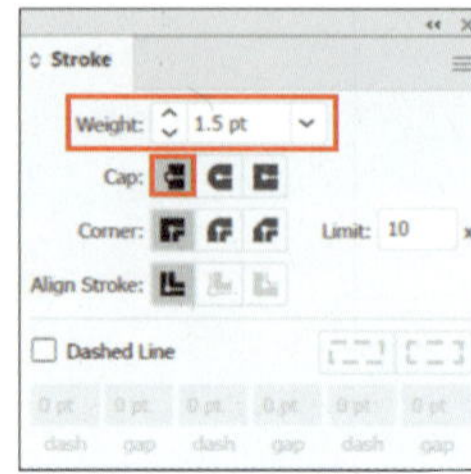

06 Reflect Tool(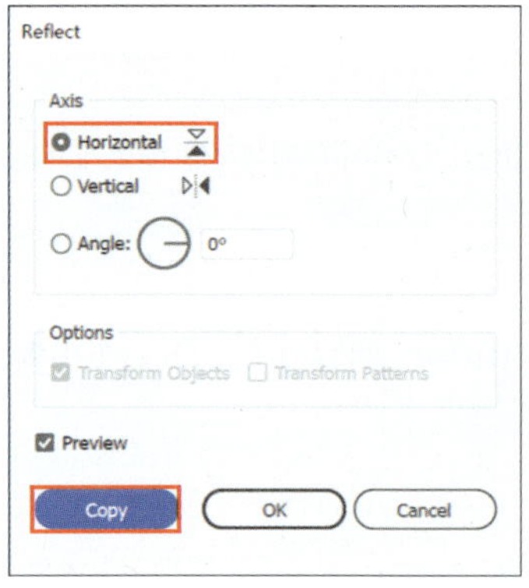)을 더블 클릭하여 'Axis : Horizontal'을 지정하고 [Copy]를 눌러 복사한 후 배치하고 Color 패널에서 'Fill Color : None, Stroke Color : K60'을 지정합니다.

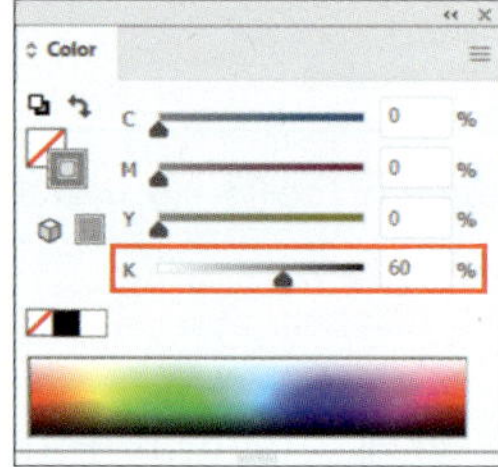
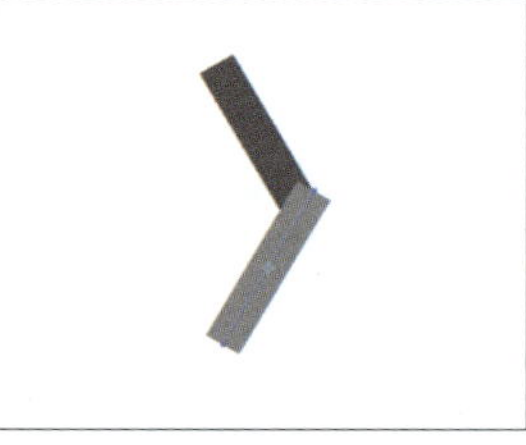

07 Selection Tool(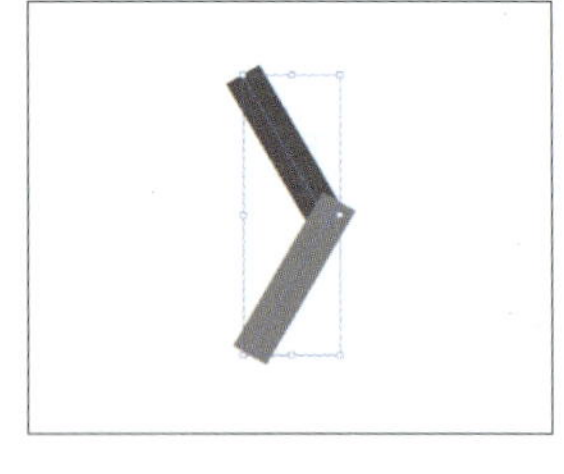)로 2개의 선 오브젝트를 함께 선택하고 Brushes 패널 하단의 'New Brush(⊞)'를 클릭하여 'Pattern Brush'를 선택하고 [OK]를 클릭한 후 [Pattern Brush Options] 대화상자에서 'Name : 문양, Colorization Method : None'을 지정하여 패턴 브러쉬로 등록한 후 Delete 를 눌러 삭제합니다.

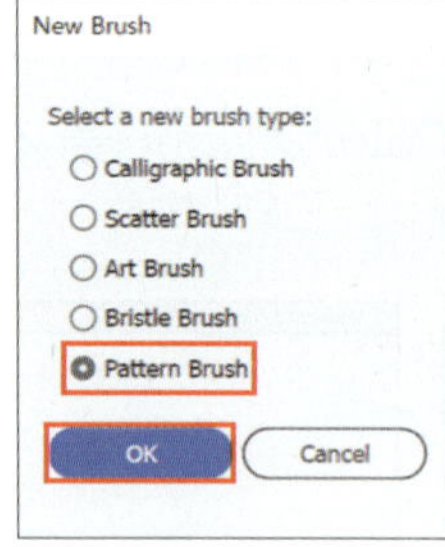
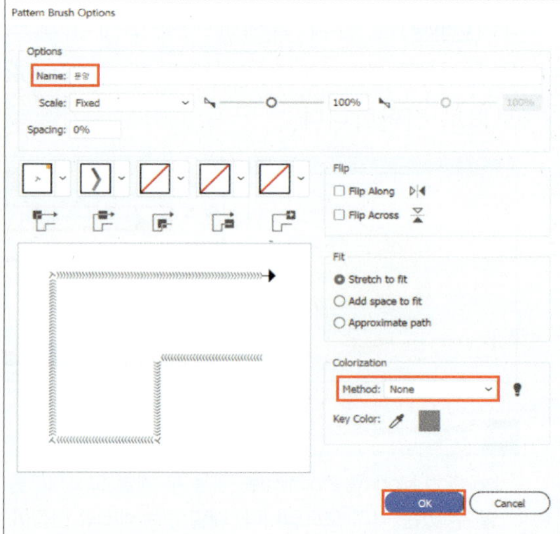

08 Pen Tool로 위쪽에서 아래쪽으로 드래그하여 열린 곡선 패스를 그리고 Brushes 패널에서 '문양' 브러쉬를 클릭한 후 Stroke 패널에서 'Weight : 0.6pt'를 지정하고 원형과 겹치도록 배치합니다.

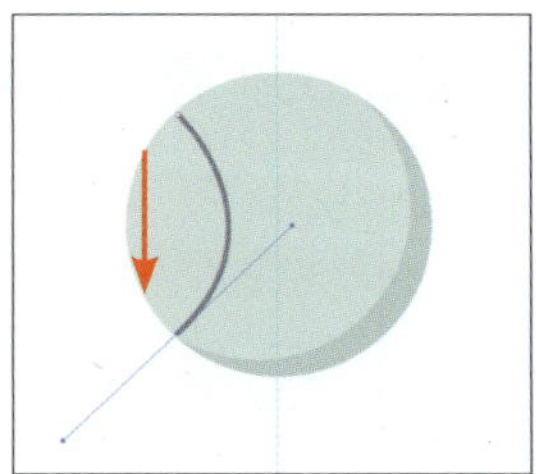
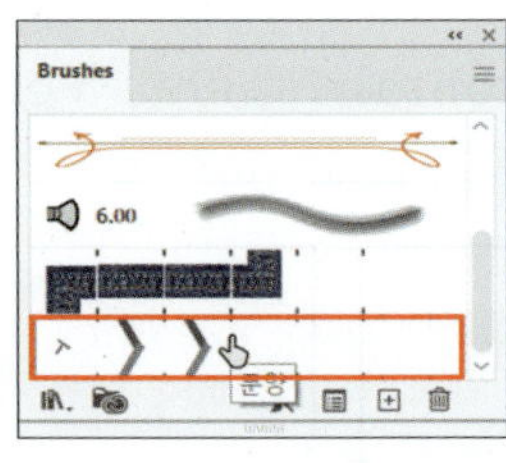
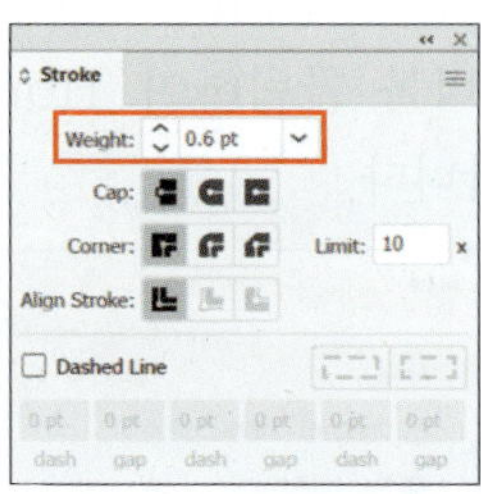
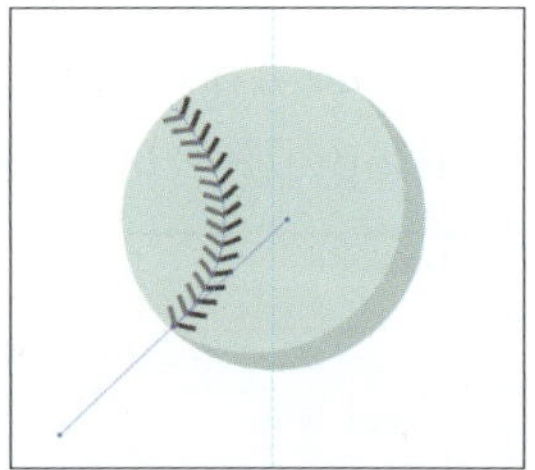

> **기적의 TIP**
>
> 열린 곡선 패스를 위쪽에서 시작하여 아래쪽으로 드래그해서 그려야 출력형태와 동일하게 '문양' 브러쉬의 방향을 지정할 수 있습니다.

09 Selection Tool(화살표)로 '문양' 브러쉬가 적용된 열린 곡선 패스를 선택하고 Rotate Tool(회전)을 더블 클릭하여 'Angle : 180˚'를 지정하고 [Copy]를 눌러 오른쪽으로 이동하여 배치합니다.

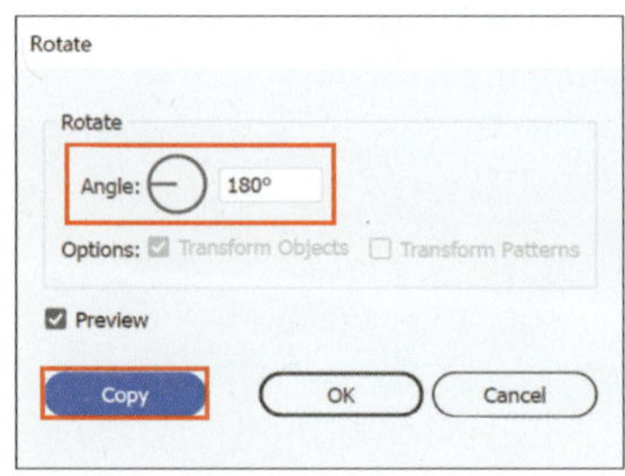
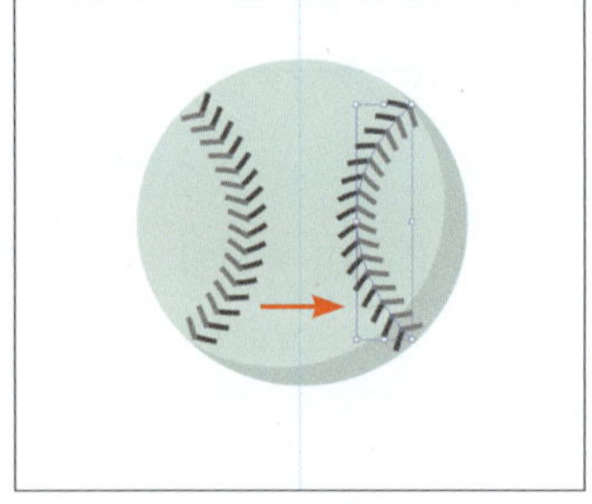

> **기적의 TIP**
>
> **키보드의 방향키로 오브젝트 이동하기**
> - 키보드의 방향키를 눌러 상하좌우로 반듯하게 이동이 가능합니다.
> - Shift 를 누른 채 키보드의 방향키를 누르면 10배수 이동이 가능합니다.

10 Selection Tool(화살표)로 '문양' 브러쉬가 적용된 2개의 곡선 패스를 함께 선택하고 [Object]-[Path]-[Outline Stroke]를 선택하고 선을 면으로 확장합니다.

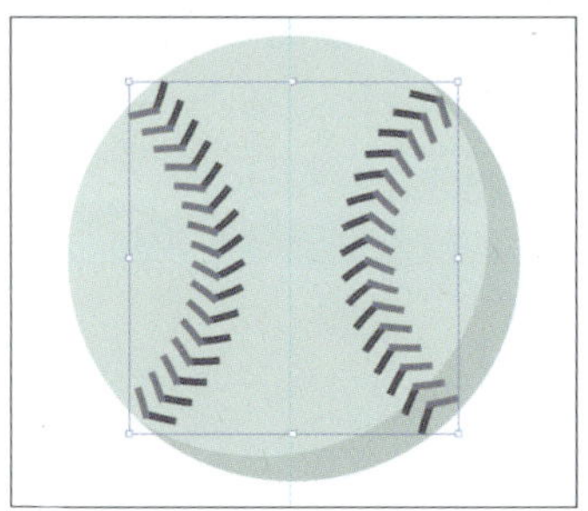
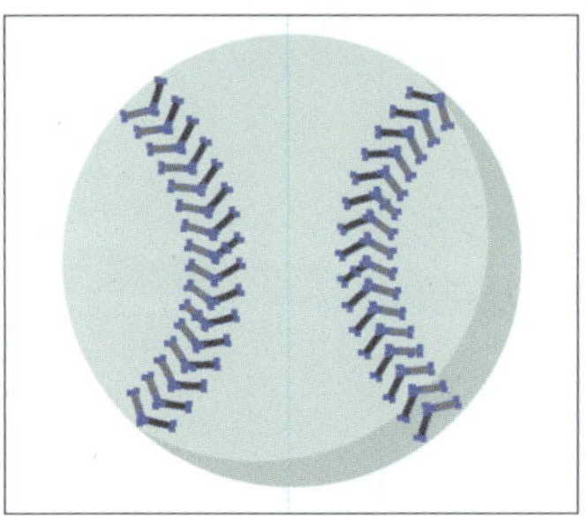

01 Ellipse Tool(◉)로 작업 도큐먼트에 클릭한 후 'Width : 17mm, Height : 50mm'를 입력하여 그리고 Color 패널에서 'Fill Color : None, Stroke Color : 임의 색상'을 지정합니다. Scale Tool(⬚)을 더블 클릭하여 'Horizontal : 130%, Vertical : 100%'를 지정하고 [Copy]를 눌러 복사합니다.

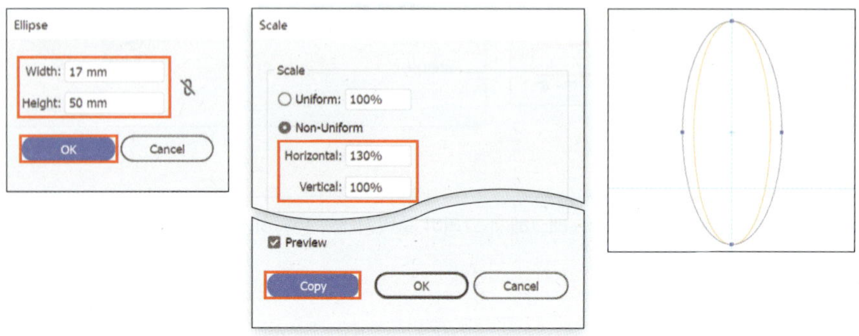

02 두 오브젝트를 모두 클릭하여 [Object]-[Transform]-[Move]를 선택한 후 'Horizontal : 0mm, Vertical : −2mm'를 입력하고 [OK]를 눌러 상단으로 이동합니다.

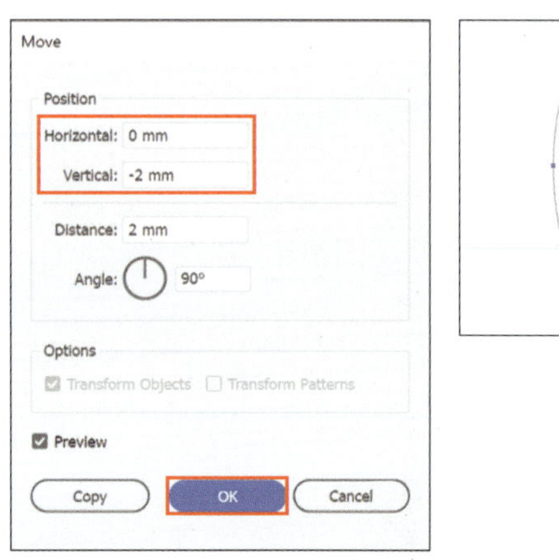
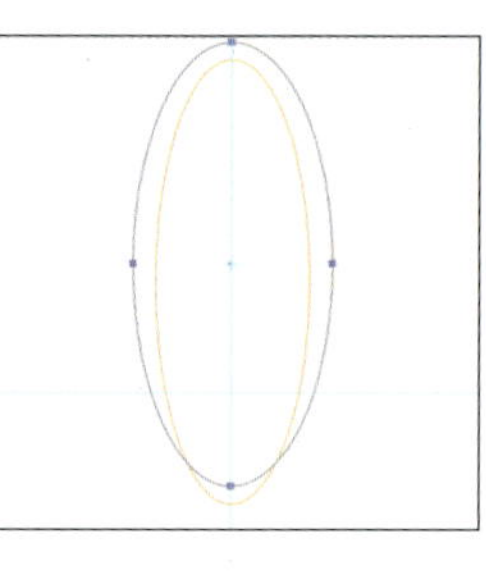

03 Ellipse Tool(◉)로 작업 도큐먼트에 클릭한 후 'Width : 17.5mm, Height : 6mm'를 입력하여 그리고 Color 패널에서 'Fill Color : None, Stroke Color : 임의 색상'을 지정하고 중간 지점에 겹치도록 배치합니다.

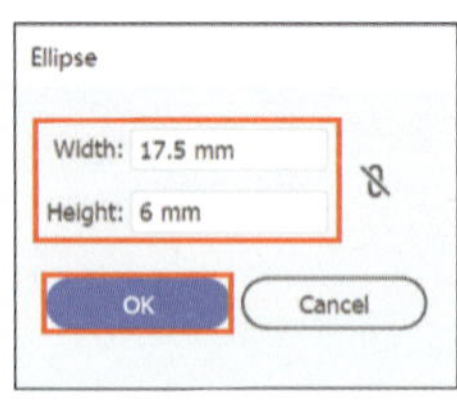
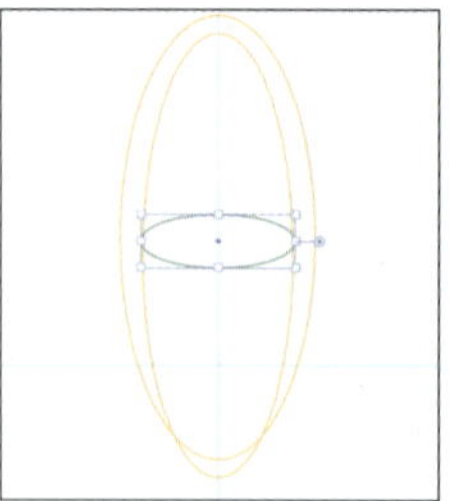

04 Selection Tool(▶)로 3개의 오브젝트를 함께 선택하고 Align 패널에서 'Horizontal Align Center(♣)'를 클릭하여 가로 가운데 정렬을 지정합니다. 그리고 Pathfinder 패널에서 'Divide(▣)'를 클릭하여 면을 분할합니다.

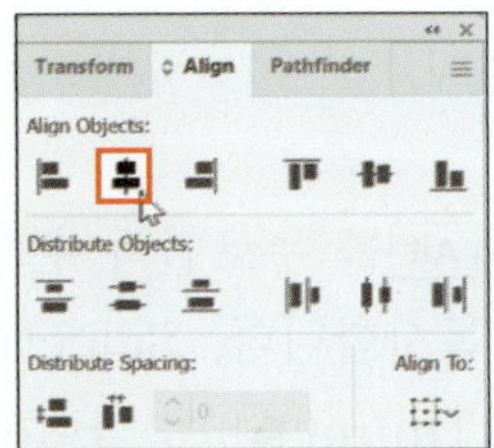 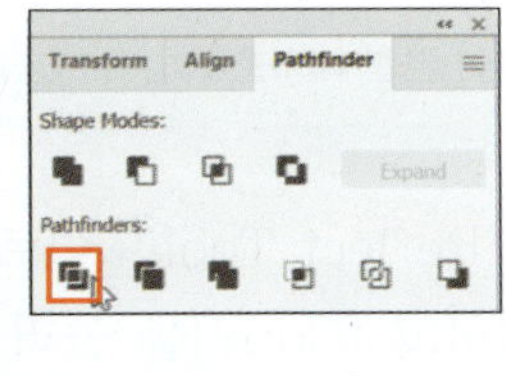 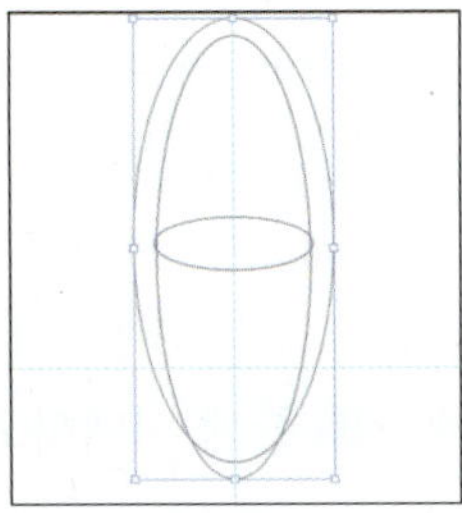

작업 중 Ctrl 키를 누르고 있으면 Selection Tool(▶)로 전환되어 선택을 빠르게 할 수 있습니다.

05 Selection Tool(▶)로 더블 클릭하여 Isolation Mode로 전환하고 상단 오브젝트를 선택하고 Delete 를 눌러 삭제합니다. 4개의 오브젝트를 드래그하여 함께 선택하고 Pathfinder 패널에서 'Unite(▣)'를 클릭하여 합칩니다. Esc 를 눌러 정상 모드로 전환합니다.

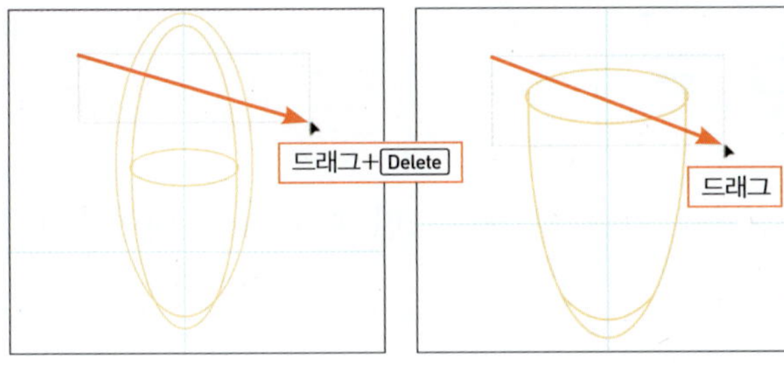

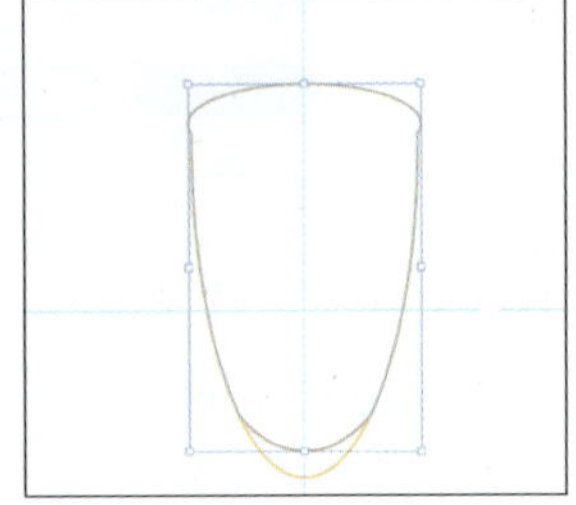

06 Pen Tool(✎)로 오브젝트의 하단과 겹치도록 닫힌 패스를 그린 후 Color 패널에서 'Fill Color : None, Stroke Color : 임의 색상'을 지정합니다.

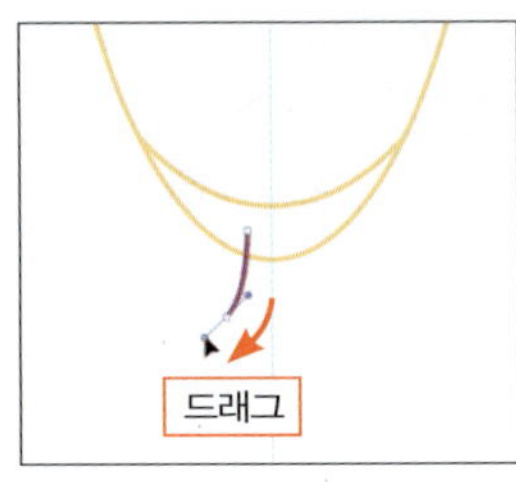

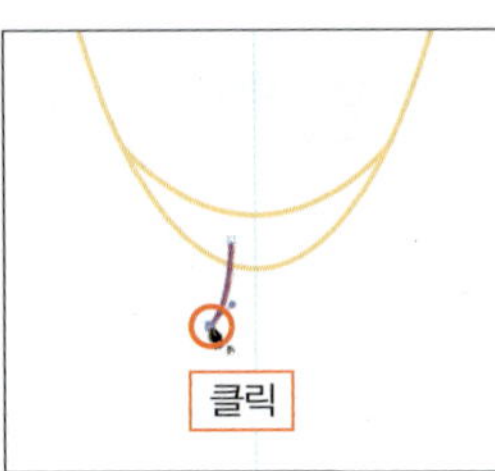

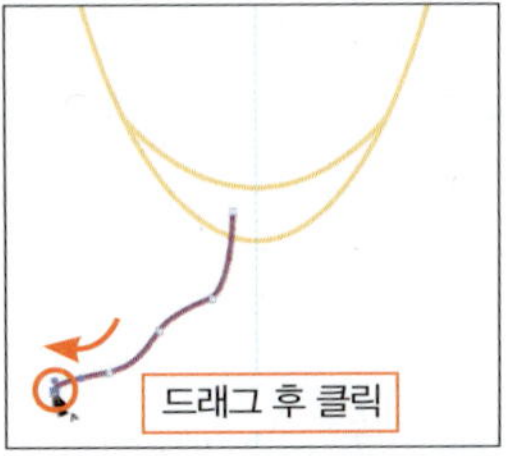

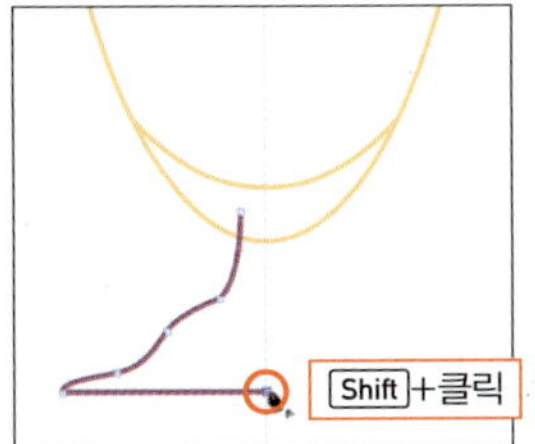

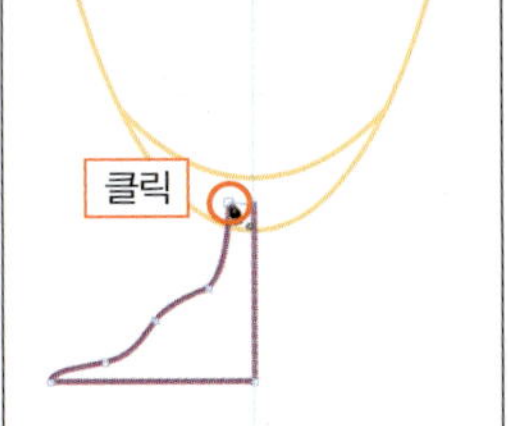

기적의 TIP

Pen Tool(✏️)로 패스 그리기

- 드래그하면 곡선을 그릴 수 있으며, 곡선의 고정점을 클릭하면 한쪽 핸들을 삭제할 수 있습니다.
- Shift 를 누른 채 클릭하면 수직선, 수평선을 그릴 수 있습니다.
- 패스를 연결하여 그린 후, 처음에 클릭한 고정점에 클릭하여 닫힌 패스를 그릴 수 있습니다.

---

07 Selection Tool(▶)로 닫힌 패스를 선택하고 Reflect Tool(◁)로 Alt 를 누르면서 수직의 안내선에 클릭하여 'Axis : Vertical'을 지정하고 [Copy]를 눌러 복사합니다. Selection Tool(▶)로 2개의 닫힌 패스를 함께 선택하고 Pathfinder 패널에서 'Unite(◼)'를 클릭하여 합칩니다.

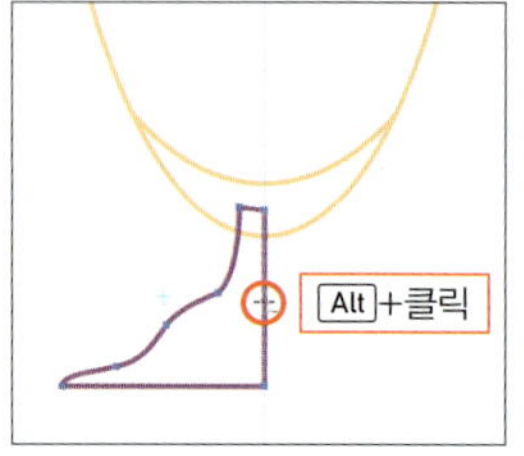

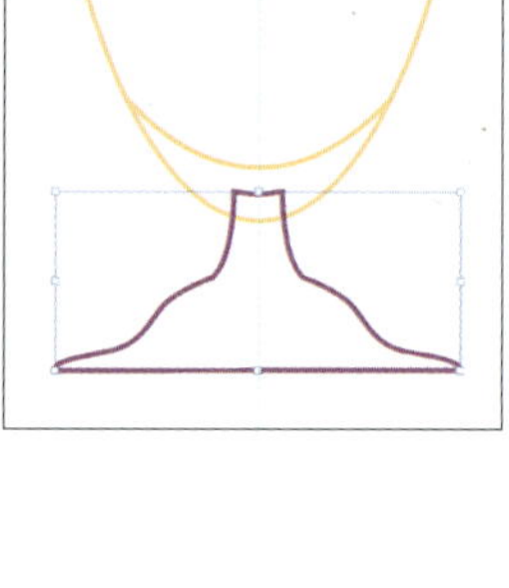

08 Pen Tool(✒️)로 오브젝트와 겹치도록 2개의 열린 패스를 그린 후 Color 패널에서 'Fill Color : None, Stroke Color : 임의 색상'을 지정합니다.

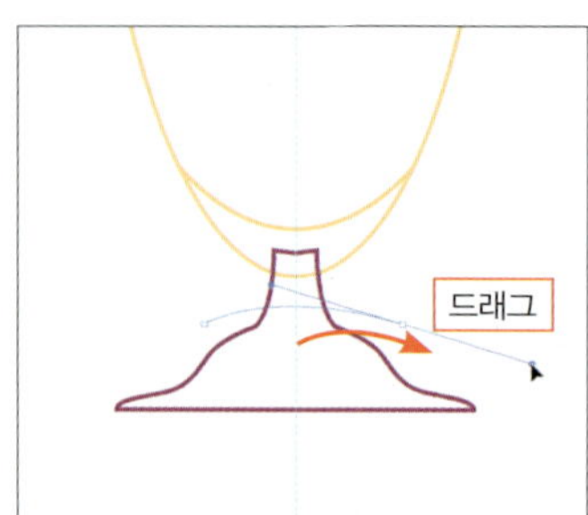

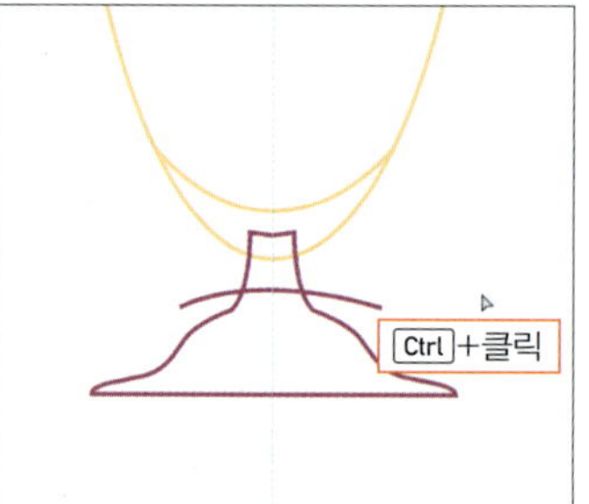

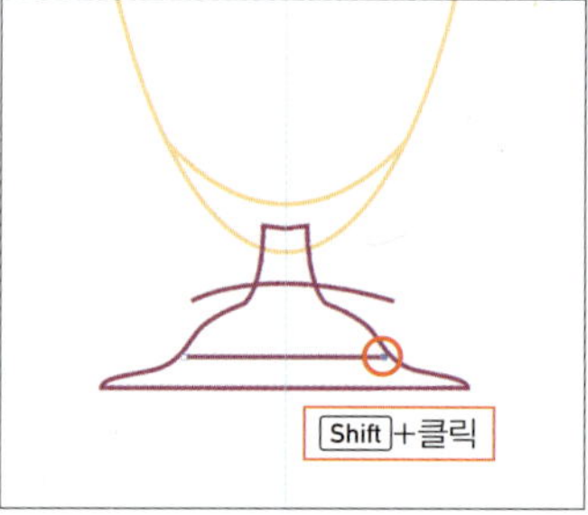

기적의 TIP

Pen Tool(✒️)로 작업 중 Ctrl 키를 누르고 도큐먼트의 빈 곳을 클릭하면 열린 패스를 완료하고 새로운 패스 작업을 이어서 할 수 있습니다.

---

09 Selection Tool(▶)로 하단의 수평선 패스를 선택하고 Stroke 패널에서 'Weight : 2pt, Profile : Width Profile 6'을 지정합니다. [Object]-[Expand Appearance]로 오브젝트의 속성을 확장하고 Color 패널에서 'Fill Color : M40Y100, Stroke Color : None'을 지정합니다.

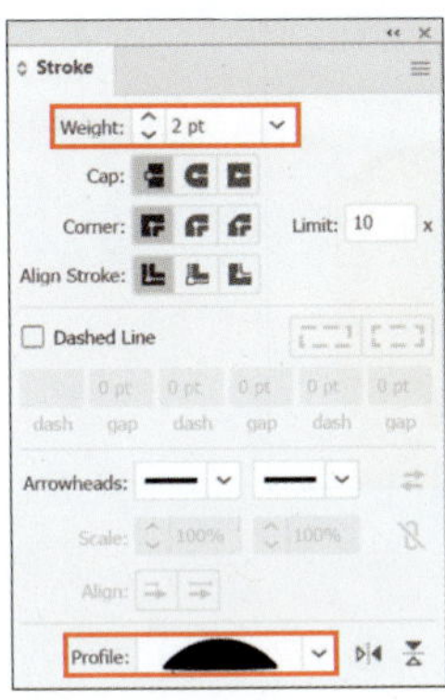 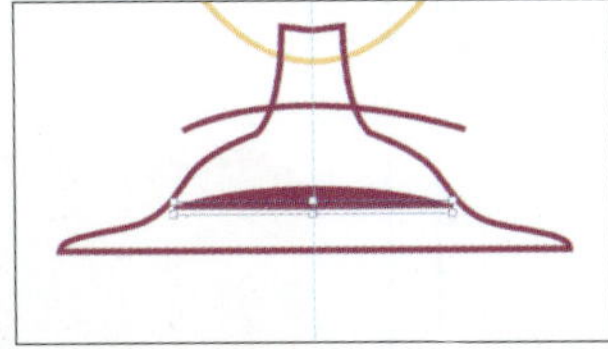 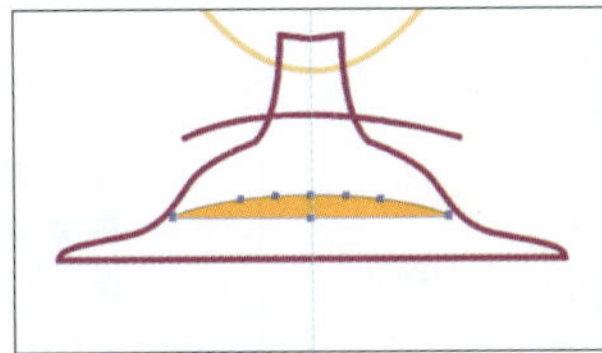

Stroke 패널의 Profile 지정하기

• Profile 항목이 보이지 않으면 Stroke 패널의 제목 탭을 더블 클릭하여 패널 하단부를 확장합니다.

• Control 패널의 Variable Width Profile을 클릭해서 다양한 Profile을 지정할 수 있습니다.

10 Selection Tool(▶)로 1개의 열린 패스와 닫힌 패스를 함께 선택하고 Pathfinder 패널에서 'Divide(▣)'를 클릭하여 면을 분할하고 더블 클릭하여 Isolation Mode로 전환합니다. Color 패널에서 'Fill Color : M40Y100, M10Y80, Stroke Color : None'을 각각 지정하고 Esc 를 눌러 정상 모드로 전환합니다.

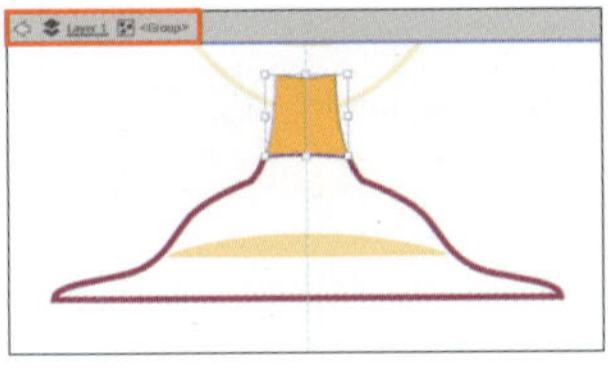 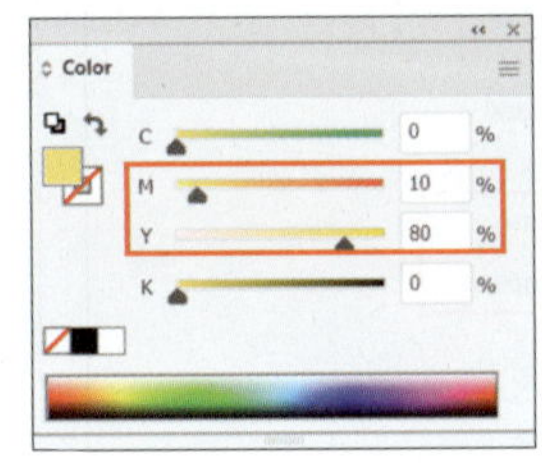 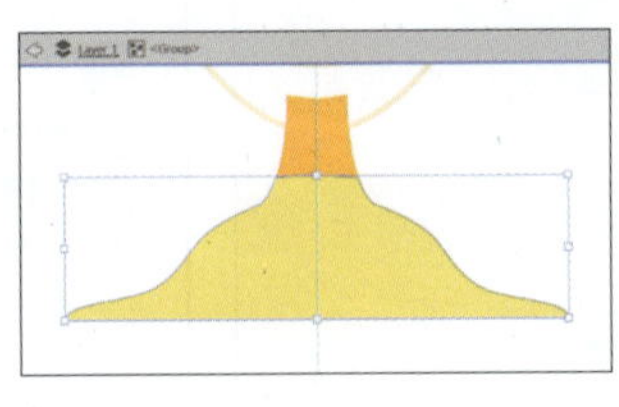

11 Group Selection Tool(▶)로 드래그하여 2개의 오브젝트를 선택하고 Pathfinder 패널에서 'Unite(▣)'를 클릭하여 합칩니다. 상단 오브젝트를 선택하고 Color 패널에서 'Fill Color : M10Y80, Stroke Color : None'을 지정합니다.

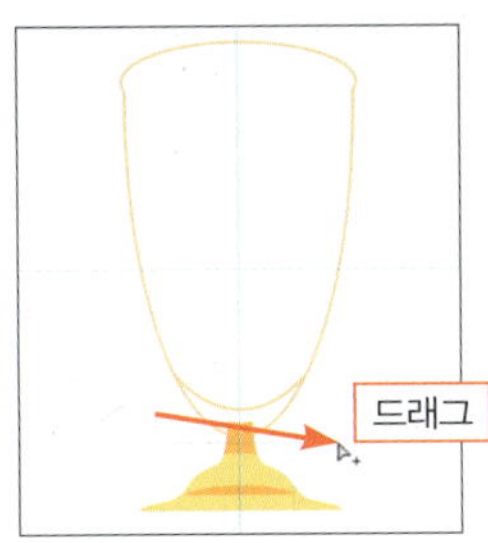

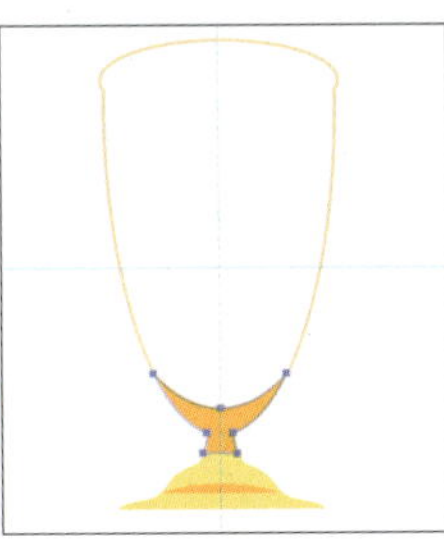 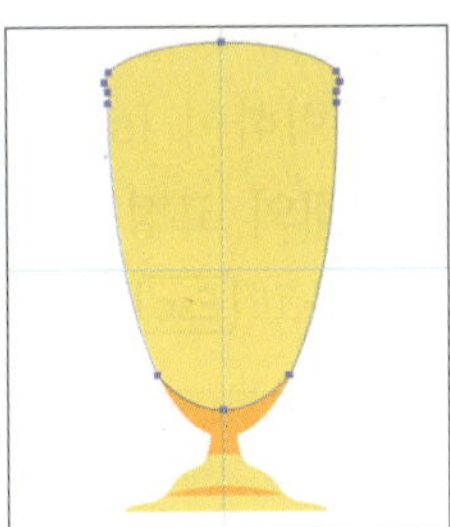

• Divide로 오브젝트를 분리하면 그룹으로 지정됩니다.

• Group Selection Tool(▶)로 그룹을 해제하지 않고도 일부 오브젝트를 선택할 수 있습니다.

• 'Unite(▣)'를 클릭하여 합치면 최근에 색상을 지정한 오브젝트의 색상으로 합쳐집니다.

12 Direct Selection Tool(△)로 오브젝트 상단을 드래그하여 선택하고 [Edit]–[Copy](Ctrl +C)로 복사 후 [Edit]–[Paste in Front](Ctrl+F)로 복사한 오브젝트 앞에 붙여넣기를 합니다. Stroke 패널에서 'Weight : 2pt, Profile : Width Profile 1'을 지정하고 Color 패널에서 'Fill Color : None, Stroke Color : M40Y100'을 지정합니다.

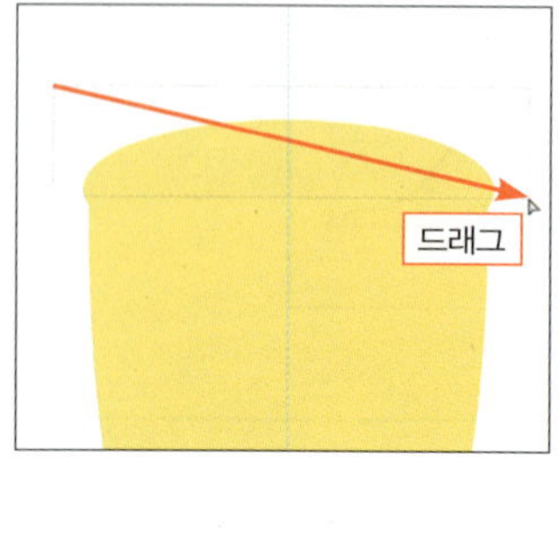

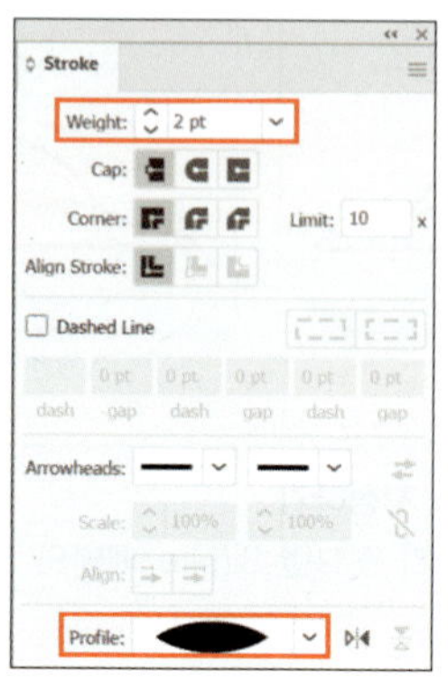

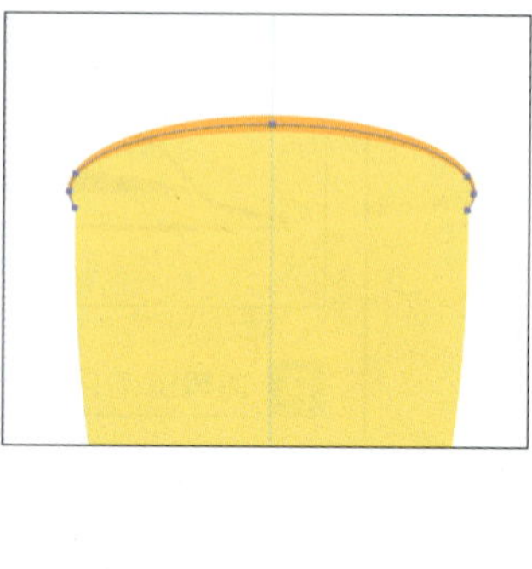

13 [Object]–[Transform]–[Move]를 선택한 후 'Horizontal : 0mm, Vertical : 2mm'를 입력하고 [Copy]를 눌러 하단으로 이동하여 복사합니다. Scale Tool(□)을 더블 클릭하여 'Horizontal : 98%, Vertical : 100%, Scale Strokes & Effects : 체크 해제'를 지정하여 [OK]를 눌러 너비만 축소합니다.

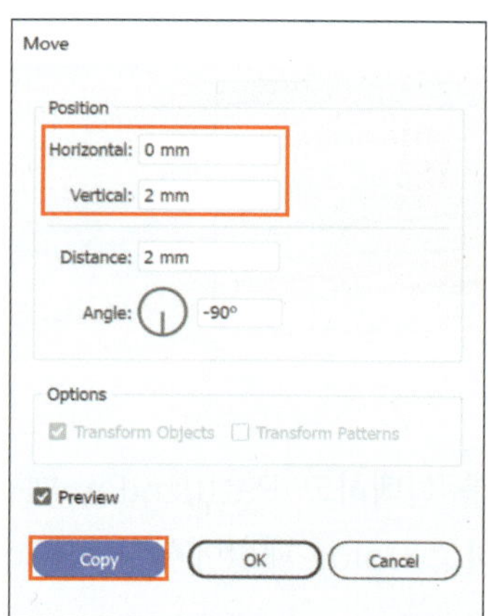

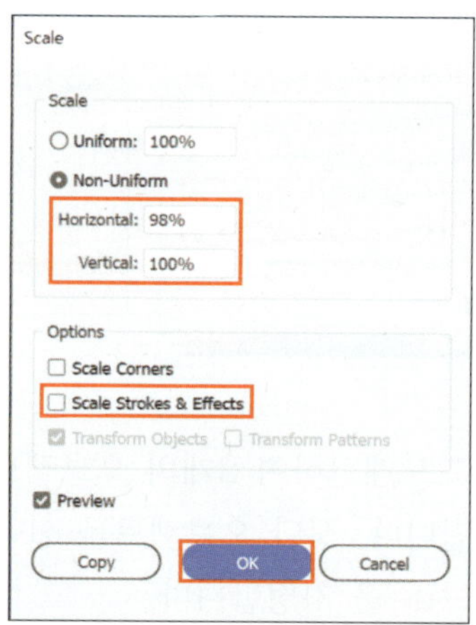

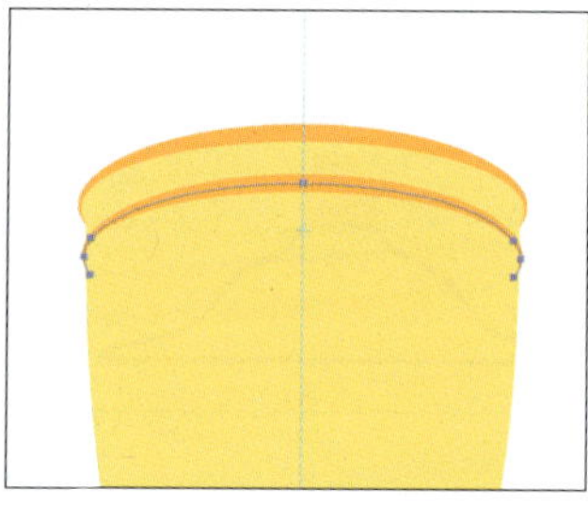

14 Selection Tool(▶)로 더블 클릭하여 Isolation Mode로 전환합니다. Direct Selection Tool(△)로 드래그하여 하단 4개의 고정점을 선택하고 Delete를 눌러 삭제합니다. Stroke 패널에서 'Weight : 1pt'를 지정하고 Esc를 눌러 정상 모드로 전환합니다.

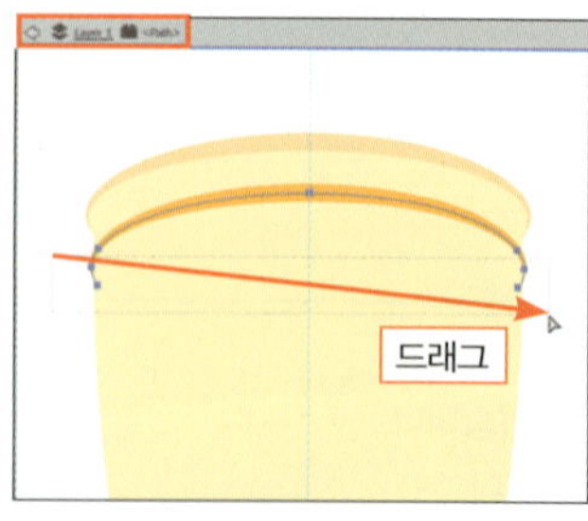

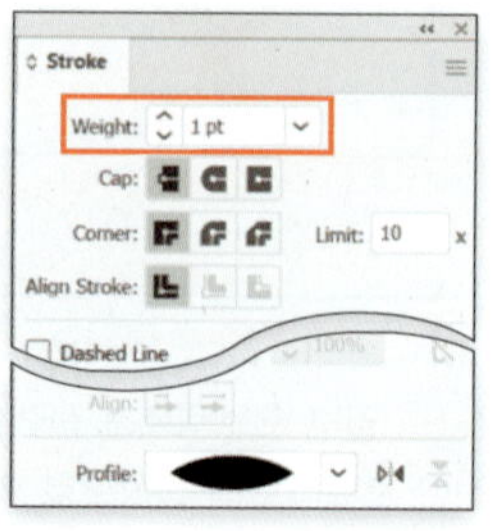

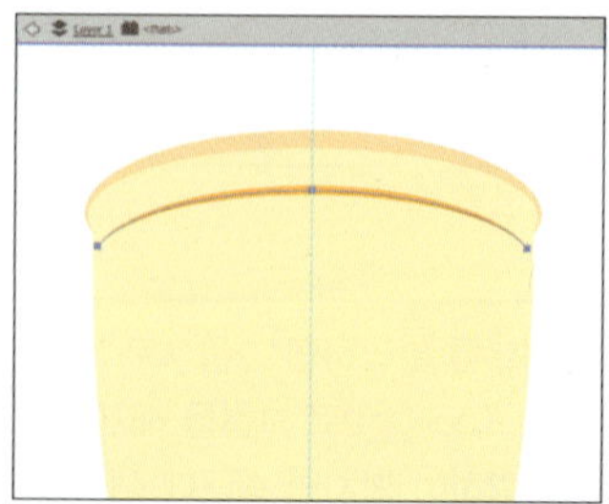

15 [Object]-[Transform]-[Move]를 선택한 후 'Horizontal : 0mm, Vertical : 5mm'를 입력하고 [Copy]를 눌러 하단으로 이동하여 복사합니다. Selection Tool(▶)로 Alt 를 누른 채 위쪽으로 드래그하여 복사한 후 Stroke 패널에서 'Weight : 0.5pt'를 지정하고 Color 패널에서 'Fill Color : None, Stroke Color : C0M0Y0K0'을 지정합니다.

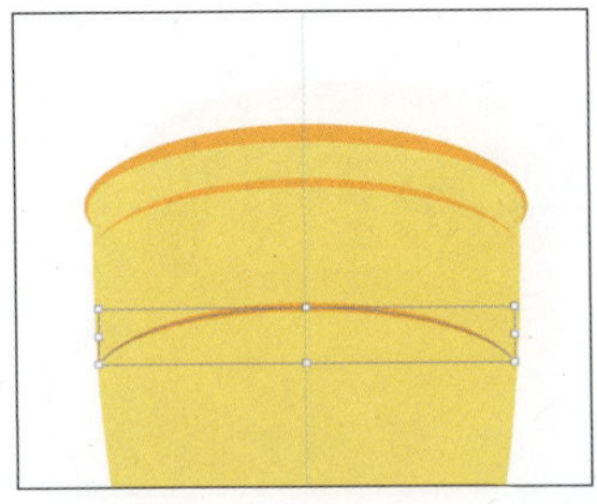
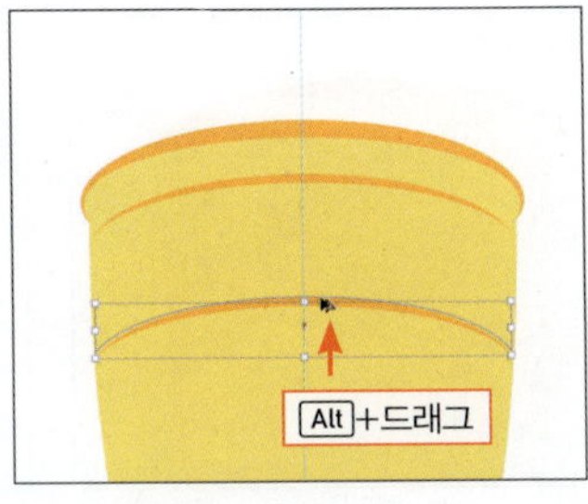

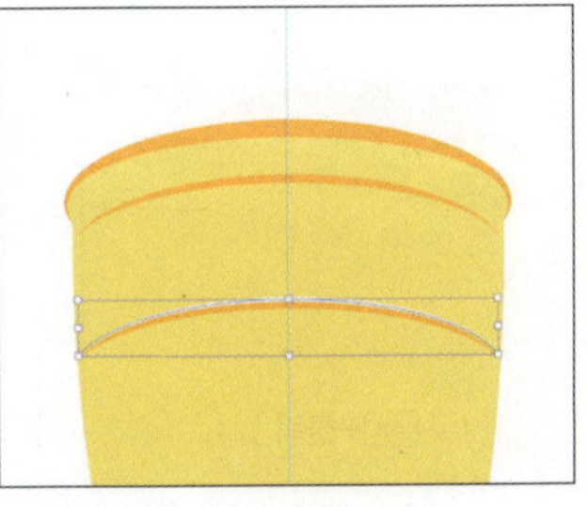

16 Selection Tool(▶)로 2개의 열린 패스를 함께 선택하고 Scale Tool(⊡)을 더블 클릭하여 'Horizontal : 98%, Vertical : 80%, Scale Strokes & Effects : 체크 해제'를 지정하여 [OK]를 눌러 축소합니다. Selection Tool(▶)로 4개의 열린 패스를 함께 선택하고 [Object]-[Expand Appearance]로 오브젝트의 속성을 확장합니다.

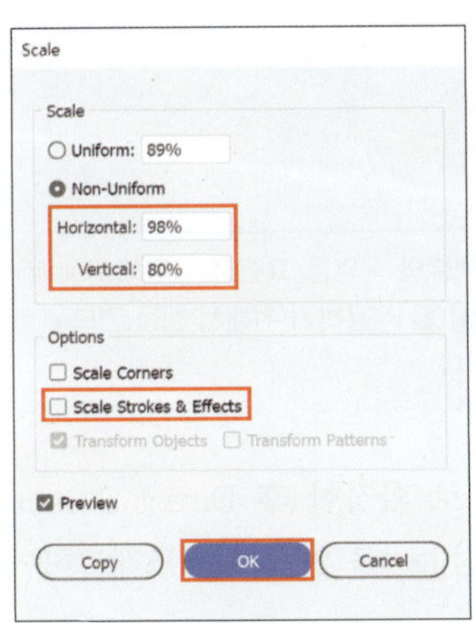

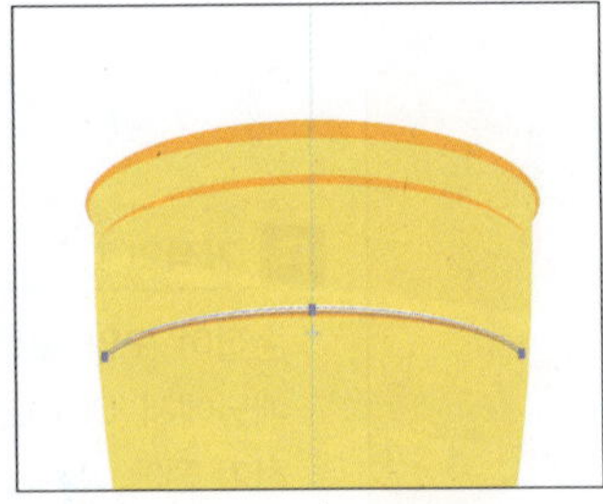
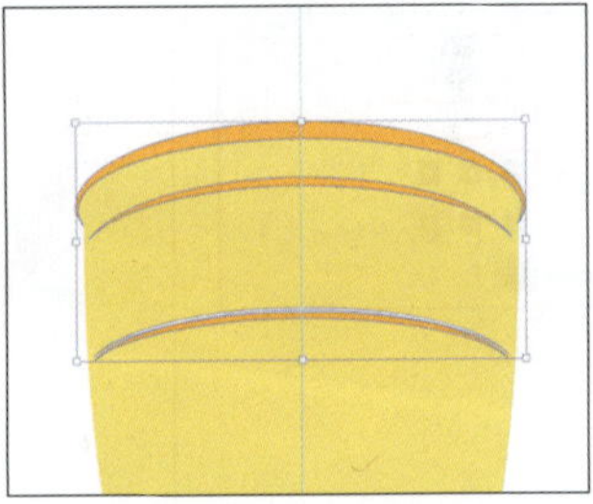

17 Ellipse Tool(◯)로 작업 도큐먼트에 클릭하여 'Width : 1mm, Height : 2.5mm'를 입력하여 그리고 Stroke 패널에서 'Weight : 0.75pt'를 지정합니다. Color 패널에서 'Fill Color : None, Stroke Color : M40Y100'을 지정합니다. Selection Tool(▶)로 Alt 를 누른 채 오른쪽으로 연속해서 드래그하여 2개의 타원 오브젝트를 복사하여 배치합니다.

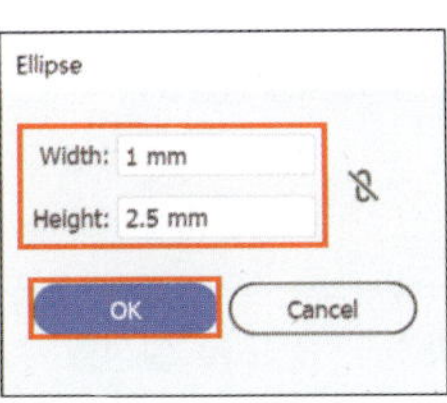

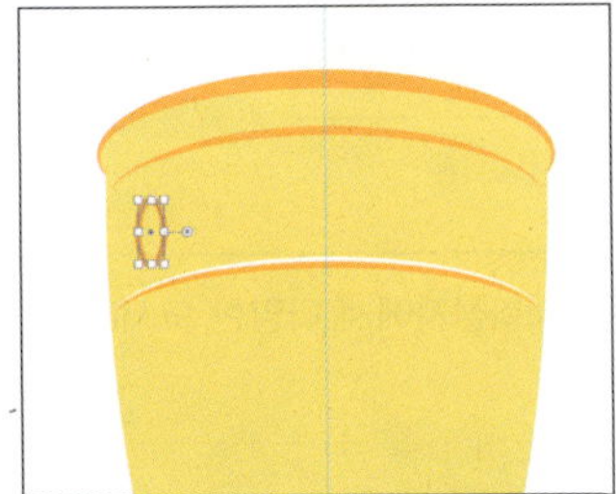
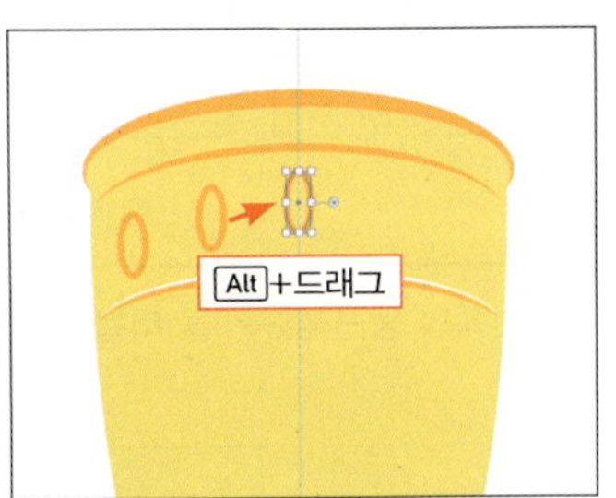

18 Selection Tool(▶)로 왼쪽 2개의 타원을 선택하고 Reflect Tool(◄►)로 Alt 를 누르면서 수직의 안내선에 클릭하여 'Axis : Vertical'을 지정하고 [Copy]를 눌러 복사합니다. Selection Tool(▶)로 5개의 타원을 선택하고 [Object]-[Path]-[Outline Stroke]를 선택하고 선을 면으로 확장합니다.

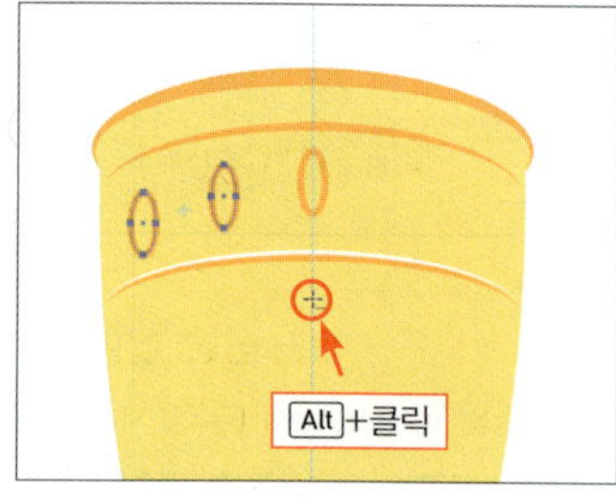

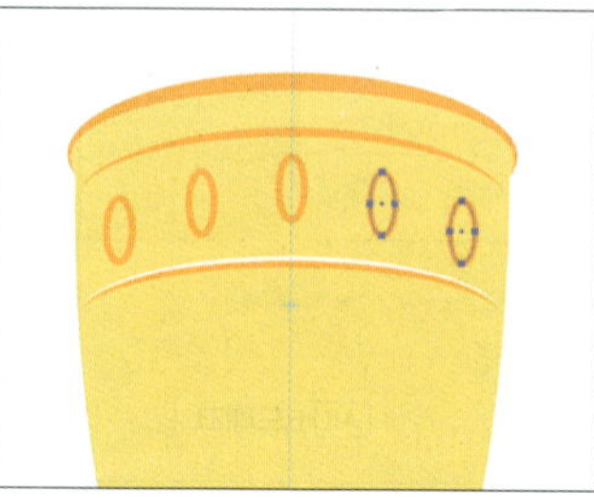
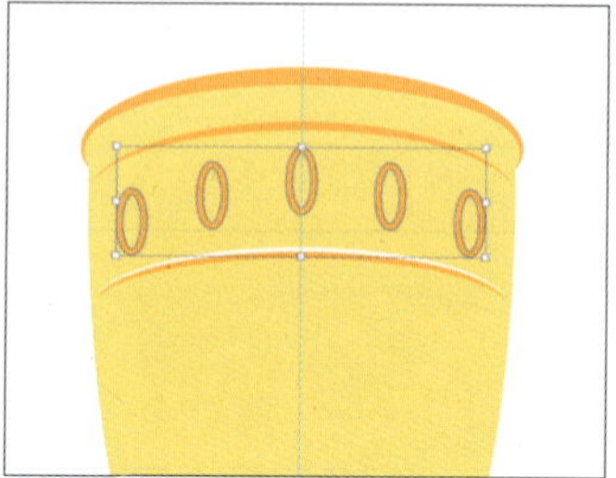

19 Pen Tool(✎)로 손잡이 모양의 열린 패스를 그리고 Stroke 패널에서 'Weight : 4pt, Cap : Butt Cap, Corner : Bevel Join'을 지정합니다. Color 패널에서 'Fill Color : None, Stroke Color : M40Y100'을 지정합니다. Selection Tool(▶)로 열린 패스를 선택하고 Ctrl + C 를 눌러 복사합니다.

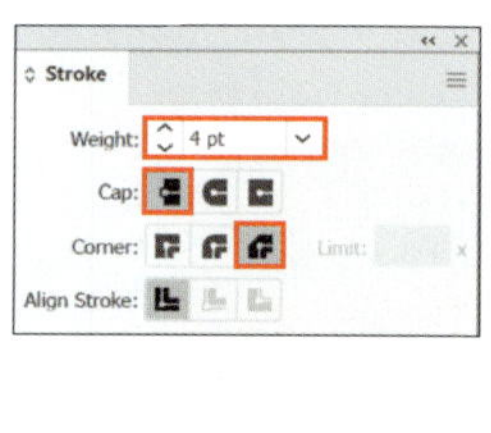

> **기적의 TIP**
>
> 손잡이 모양 오브젝트의 음영을 표현하기 위해 Pathfinder 패널에서 'Divide(⬚)'를 적용하기 위해서 선을 면으로 확장하기 전에 복사합니다.

20 [Object]-[Path]-[Outline Stroke]를 선택하고 선을 면으로 확장한 후 Direct Selection Tool(▷)로 하단의 고정점을 선택하고 모서리 안쪽의 둥근 점(◉)을 안쪽으로 드래그하여 둥글게 변형합니다.

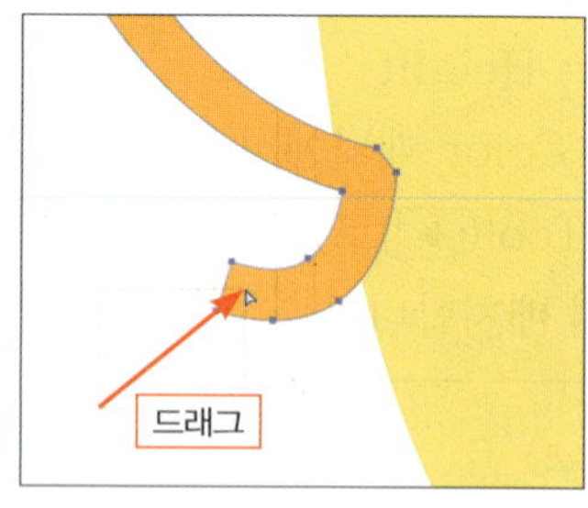

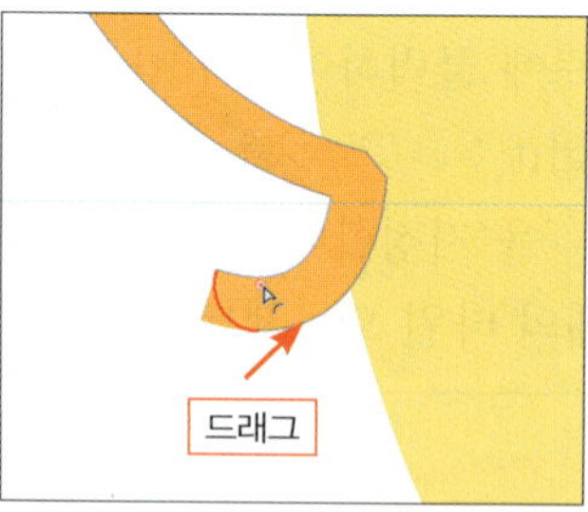

> **기적의 TIP**
>
> **모서리 안쪽의 둥근 점 표시하기**
> [View]-[Show Corner Widget]을 클릭하여 모퉁이 위젯을 표시할 수 있습니다.

> **기적의 TIP**
>
> 오브젝트 모서리 안쪽의 둥근 점(◉)을 더블 클릭하여 대화상자에서 다양한 모서리 모양과 둥근 정도를 설정할 수 있습니다.

21 Ctrl + F 를 눌러 복사한 오브젝트 앞에 붙여넣기를 하고 Stroke 패널에서 'Weight : 0.25pt'를, Color 패널에서 'Fill Color : None, Stroke Color : 임의 색상'을 지정합니다. Direct Selection Tool( )로 고정점을 선택하고 이동하여 배치합니다. Pen Tool( )로 오브젝트와 겹치도록 왼쪽 상단에 열린 패스를 그리고 배치합니다.

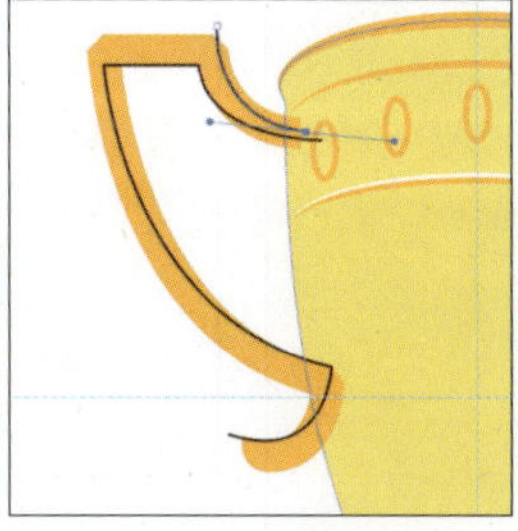

[View]-[Outline](Ctrl + Y)을 선택하고 '윤곽선 보기'를 하면 겹쳐진 부분의 패스가 보이므로 드래그하여 쉽게 선택할 수 있습니다.

22 Selection Tool( )로 손잡이 모양 오브젝트와 2개의 열린 패스를 함께 선택하고 Pathfinder 패널에서 'Divide( )'를 클릭하여 면을 분할하고 더블 클릭하여 Isolation Mode로 전환합니다. 왼쪽 오브젝트를 선택하고 Color 패널에서 'Fill Color : M10Y80, Stroke Color : None'을 지정하고 Esc 를 눌러 정상 모드로 전환합니다. Selection Tool( )로 손잡이 모양 오브젝트를 선택하고 Ctrl + [를 여러 번 눌러 뒤로 보내기를 합니다.

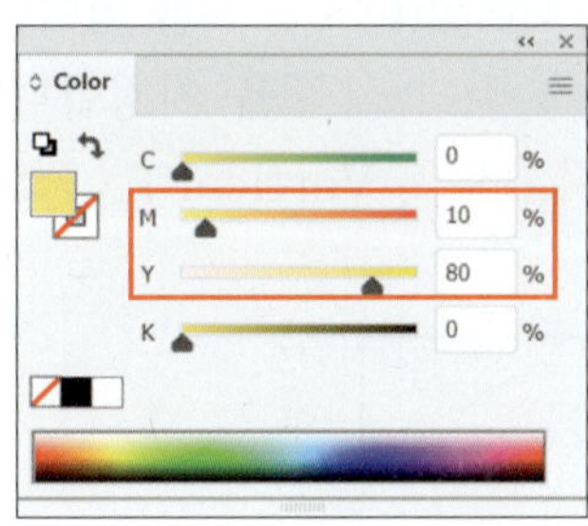
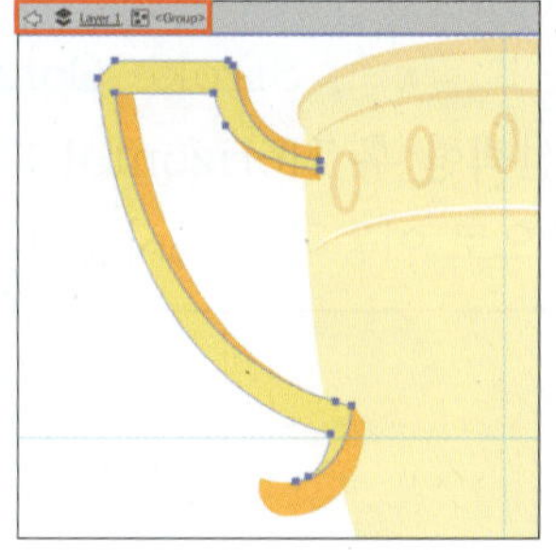
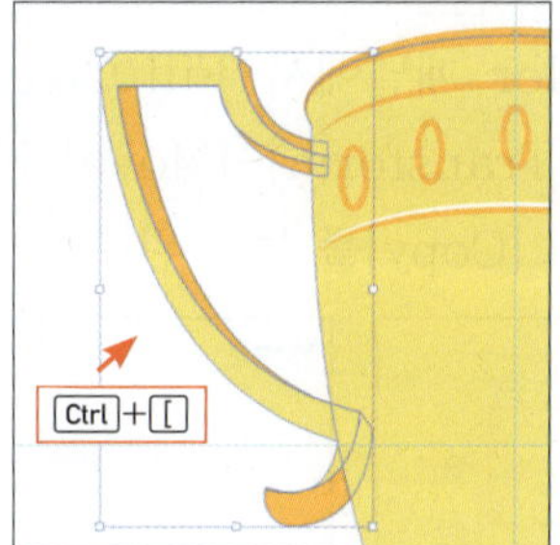

23 Star Tool( )로 작업 도큐먼트를 클릭한 후 'Radius 1 : 1.5mm, Radius 2 : 0.8mm, Points : 5'를 입력합니다. 계속해서 클릭하여 'Radius 1 : 4mm, Radius 2 : 2mm, Points : 5'를 입력하여 그리고 Color 패널에서 'Fill Color : M40Y100, C0M0Y0K0, Stroke Color : None'을 각각 지정합니다.

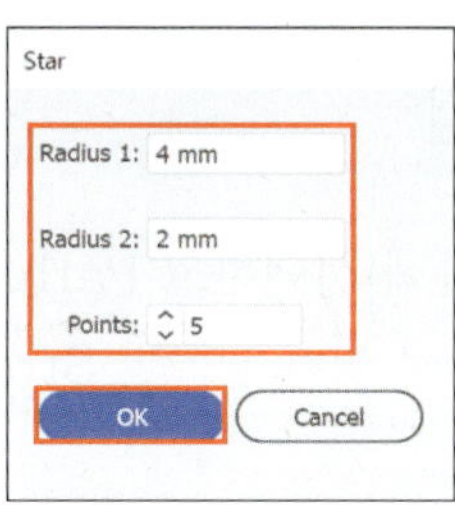

24 Selection Tool(▶)로 손잡이 모양 오브젝트와 작은 별을 함께 선택하고 Reflect Tool(▷◁)로 **Alt**를 누르면서 수직의 안내선에 클릭하여 'Axis : Vertical'을 지정하고 [Copy]를 눌러 복사합니다. Selection Tool(▶)로 손잡이 모양 오브젝트를 선택하고 **Ctrl**+**[**를 여러 번 눌러 뒤로 보내기를 합니다.

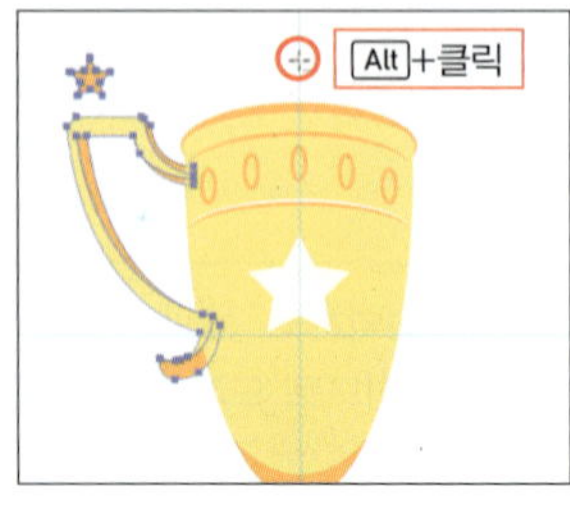
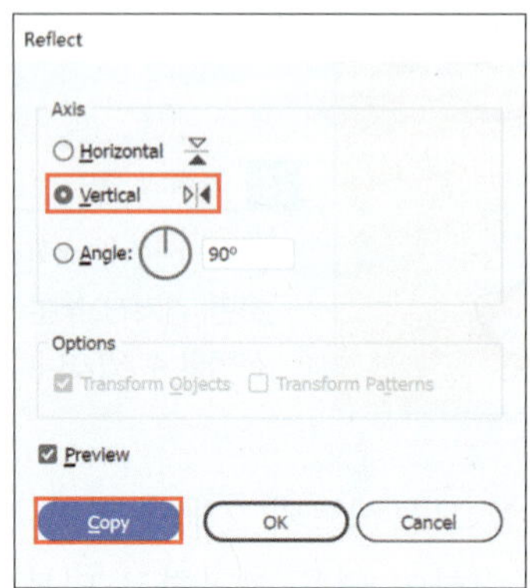

05 월계수 오브젝트 만들고 변형하기

01 Ellipse Tool(◯)로 작업 도큐먼트에 클릭하여 'Width : 9mm, Height : 9mm'를 입력하여 그리고 Color 패널에서 'Fill Color : None, Stroke Color : 임의 색상'을 지정합니다. [Object]-[Transform]-[Move]를 선택한 후 'Horizontal : −4.3mm, Vertical : 4.8mm'를 입력하고 [Copy]를 눌러 왼쪽 하단으로 이동하여 복사합니다.

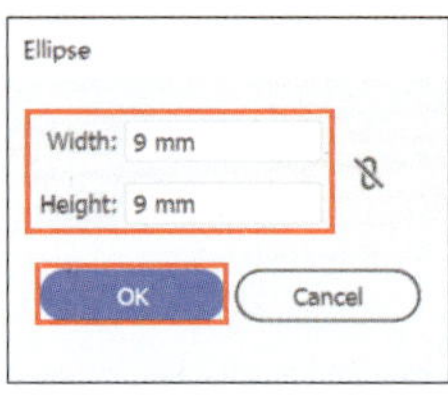

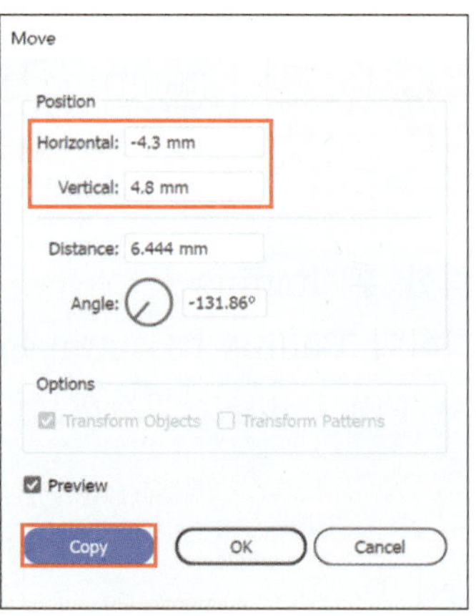

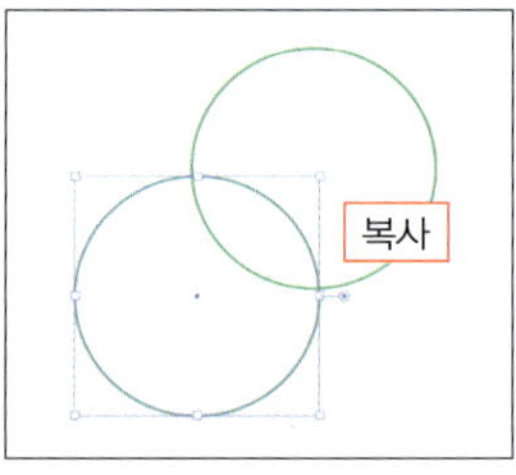

02 Selection Tool(▶)로 2개의 원형 오브젝트를 함께 선택하고 Pathfinder 패널에서 'Inter-sect(◉)'를 클릭하고 Color 패널에서 'Fill Color : M40Y100, Stroke Color : None'을 지정합니다.

03 Scale Tool로 더블 클릭하여 'Uniform : 60%'를 지정하고 [Copy]를 눌러 축소 후 복사합니다. [Object]-[Transform]-[Move]를 선택한 후 'Horizontal : 1mm, Vertical : −18mm'를 입력하고 [OK]를 눌러 오른쪽 상단으로 이동하여 배치합니다.

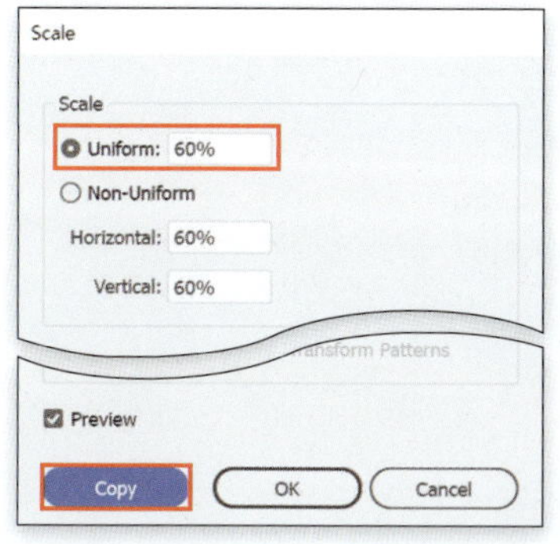
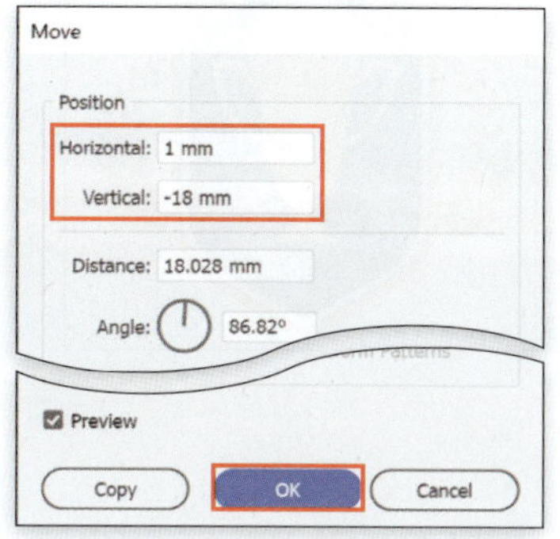
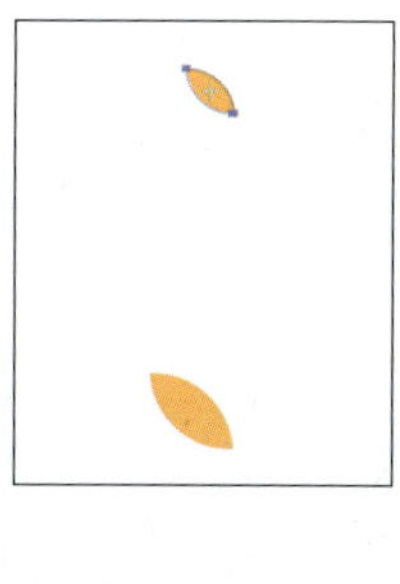

04 Selection Tool로 2개의 오브젝트를 함께 선택한 후 [Object]-[Blend]-[Make]를 적용하고 [Object]-[Blend]-[Blend Options] 대화상자에서 'Specified Steps : 5'를 적용합니다. [Object]-[Blend]-[Expand]를 적용하고 오브젝트를 확장합니다. Reflect Tool로 Alt 를 누르면서 오른쪽 고정점에 클릭하여 'Axis : Vertical'을 지정하고 [Copy]를 눌러 복사합니다.

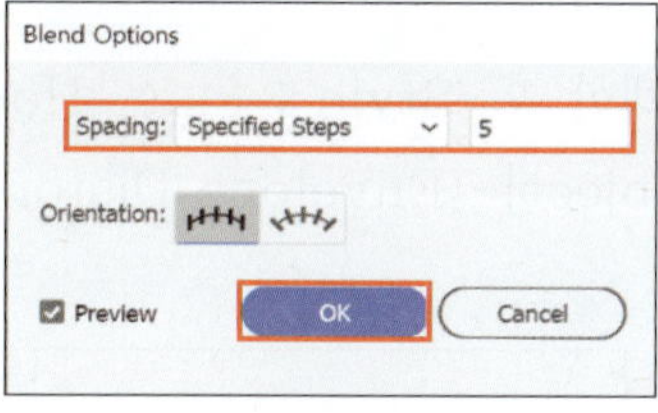

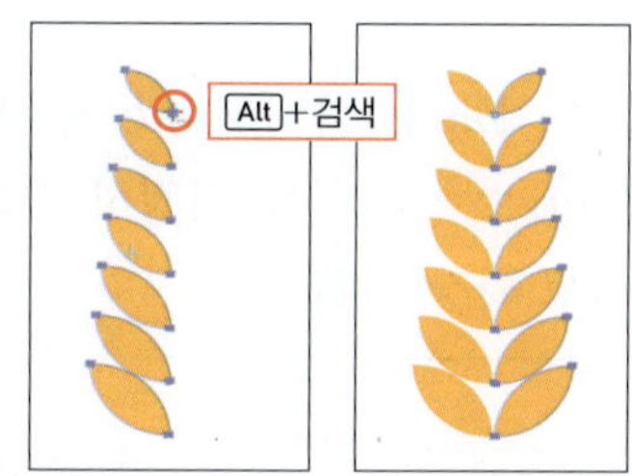

05 Ellipse Tool로 도큐먼트에 클릭하여 'Width : 2mm, Height : 3.3mm'를 입력하여 그리고 Color 패널에서 'Fill Color : M40Y100, Stroke Color : None'을 지정하고 상단 중앙에 배치합니다.

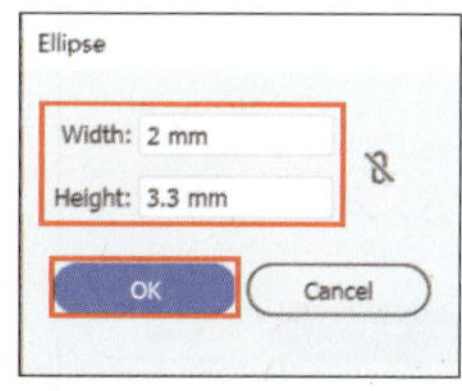

06 Selection Tool로 오브젝트를 함께 선택한 후 [Object]-[Envelope Distort]-[Make with Warp]를 선택한 후 'Style : Arc, Vertical : 체크, Bend : 60%'를 지정하여 왜곡시킨 후 [Object]-[Envelope Distort]-[Expand]를 선택하고 확장합니다.

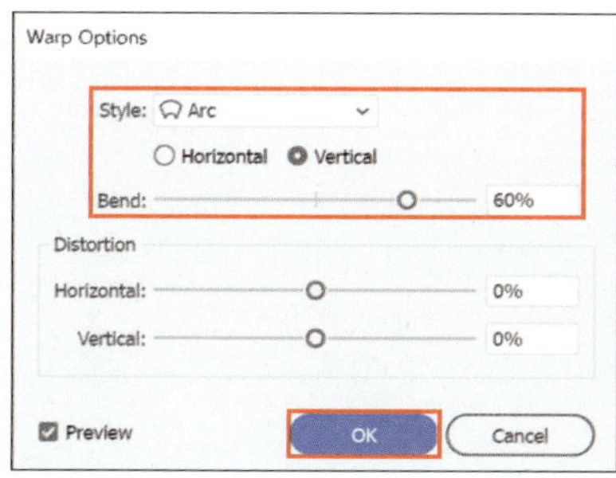

07 Selection Tool(▶)로 월계수 오브젝트를 선택하고 Reflect Tool(◁▷)로 [Alt]를 누르면서 수직의 안내선에 클릭하여 'Axis : Vertical'을 지정하고 [Copy]를 눌러 복사합니다.

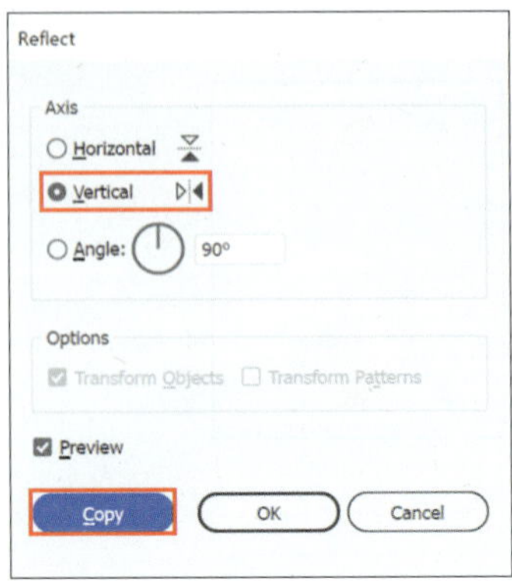

06 리본 오브젝트 만들기

01 Rectangle Tool(▢)로 [Alt]를 누른 채 세로 안내선에 클릭하여 대화상자에서 'Width : 60mm, Height : 11mm'를 입력하여 그리고 Color 패널에서 'Fill Color : 임의 색상, Stroke Color : None'을 지정합니다.

02 [Object]-[Envelope Distort]-[Make with Warp]을 선택한 후 'Style : Flag, Horizontal : 체크, Bend : −45%'을 지정하여 왜곡시킨 후 [Object]-[Envelope Distort]-[Expand]를 선택하고 확장합니다.

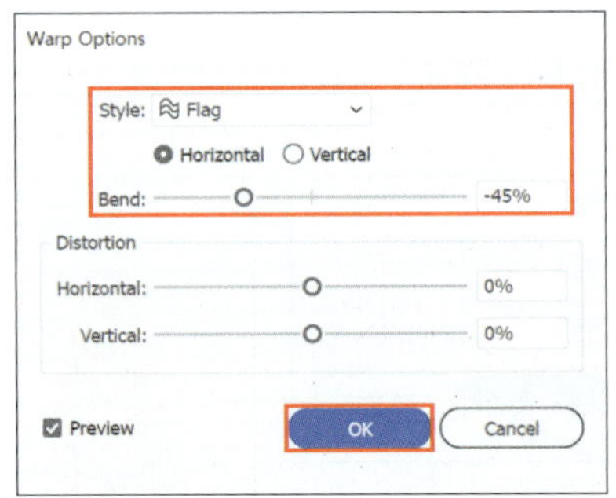

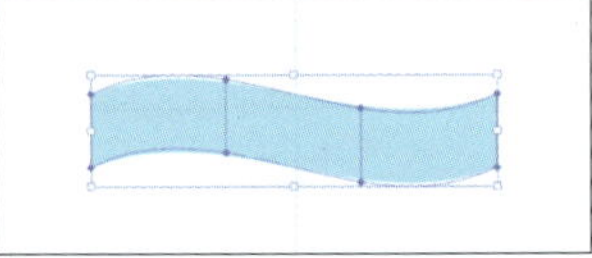

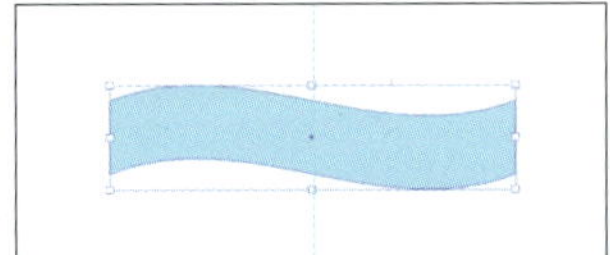

03 Pen Tool(✒)로 왼쪽에 클릭하여 오브젝트와 겹치도록 임의 색상의 닫힌 패스를 그립니다. 계속해서 오브젝트와 겹치도록 오른쪽에 닫힌 패스를 그린 후 Color 패널에서 'Fill Color : M70Y70, Stroke Color : None'을 지정합니다.

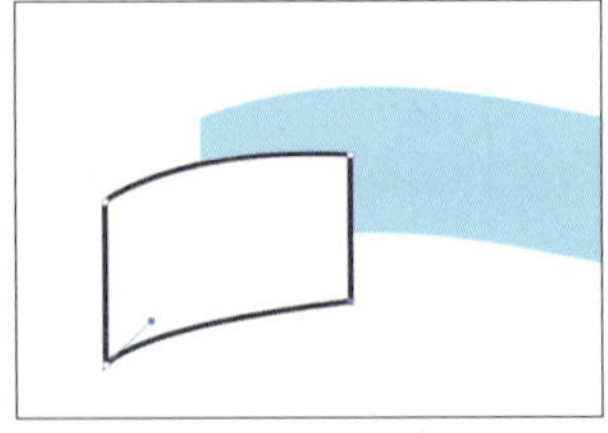

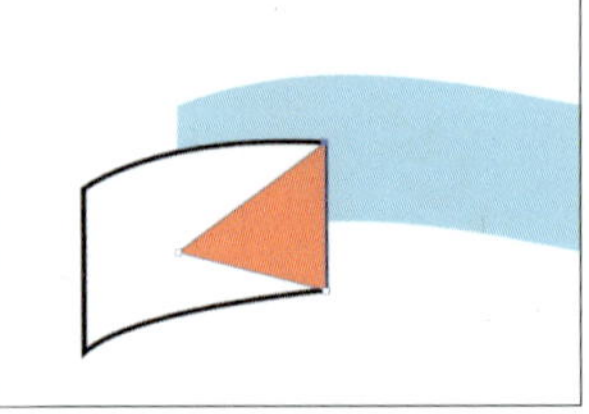

04 Selection Tool(▶)로 2개의 오브젝트를 함께 선택한 후 Ctrl + [를 눌러 뒤로 보내기를 합니다. Rotate Tool(↻)을 더블 클릭하여 'Angle : 180°'를 지정하고 [Copy]를 눌러 회전하여 복사하고 오른쪽으로 이동하여 배치합니다.

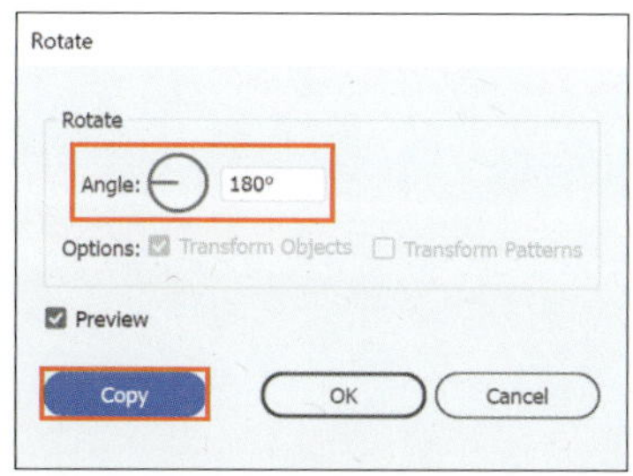
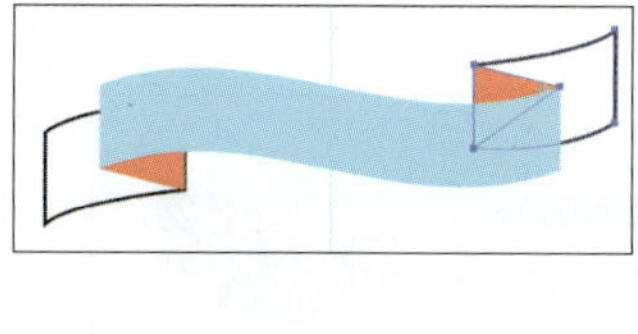

05 Selection Tool(▶)로 리본 오브젝트를 모두 선택한 후 Rotate Tool(↻)을 더블 클릭하여 'Angle : −3°'를 지정하고 [OK]를 눌러 회전합니다.

06 Selection Tool(▶)로 임의 색상의 3개의 오브젝트를 함께 선택합니다. Gradient 패널에서 'Type : Radial Gradient'를 적용하고 Gradient Slider의 왼쪽 'Color Stop'을 더블 클릭하여 M70Y70을, 오른쪽 'Color Stop'을 더블 클릭하여 M80Y70K50을 적용한 후 'Stroke Color : None'을 지정합니다.

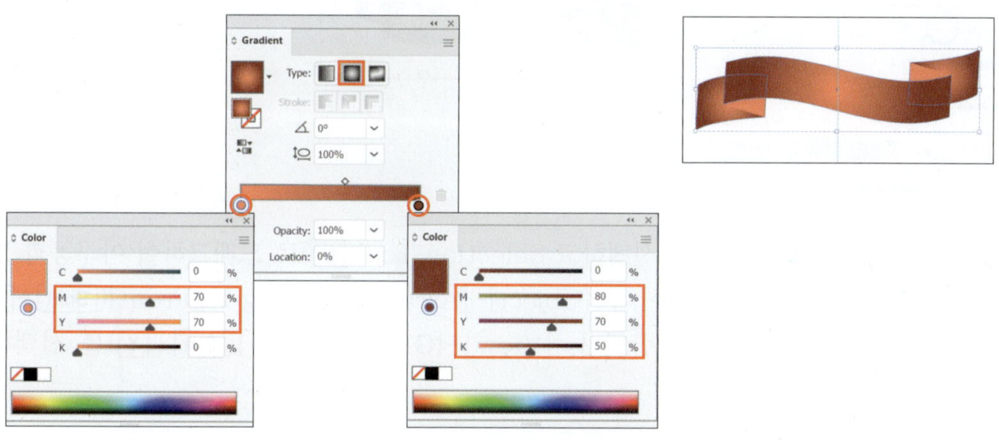

⑦ 문자 입력하기

01 Type Tool(T)로 작업 도큐먼트를 클릭한 후 Character 패널에서 'Set the font family : Arial, Set the font style : Bold, Set the font size : 15pt'를 설정한 후 Color 패널에서 'Fill Color : C0M0Y0K0, Stroke Color : None'을 지정하고 'CHAMPIONS'를 입력합니다.

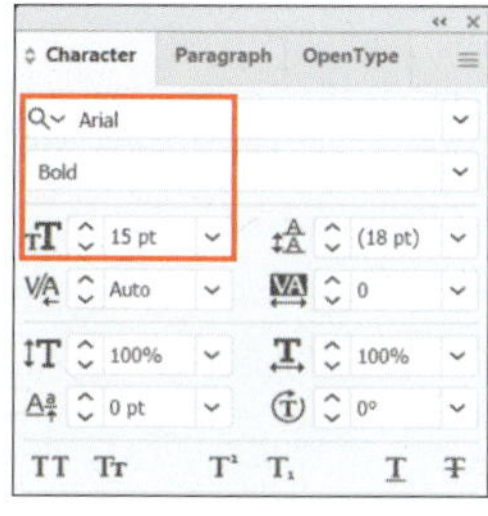
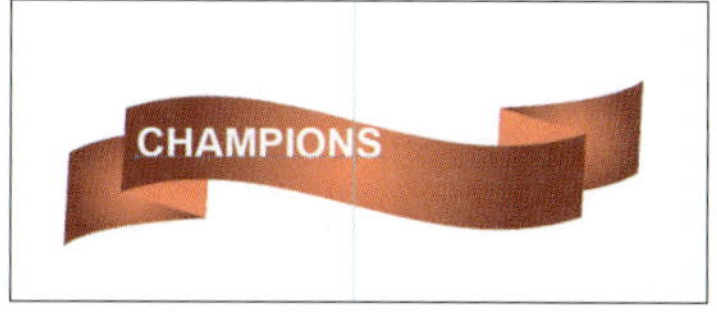

02 Selection Tool(▶)로 'CHAMPIONS' 문자를 선택하고 Alt 를 누른 채 오른쪽으로 드래그하여 복사합니다. Type Tool(T)로 'CHAMPIONS' 문자를 더블 클릭하여 선택한 후 'LEAGUE'로 수정합니다. Color 패널에서 'Fill Color : M20Y60, Stroke Color : None'을 지정합니다.

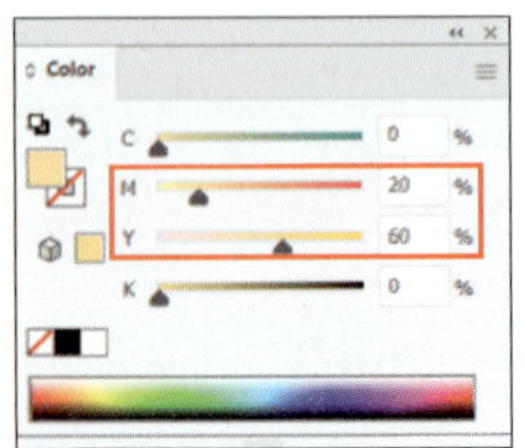

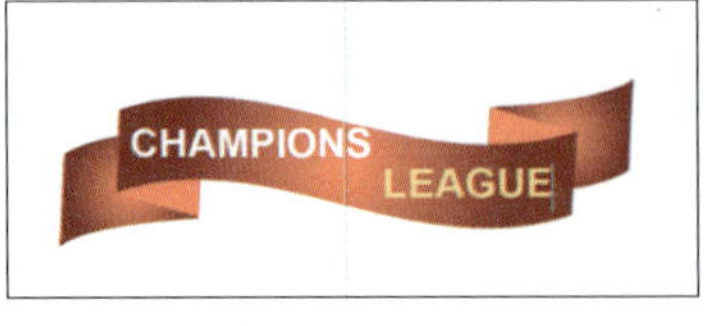

Type Tool(T)로 문자를 더블 클릭하면 단어별로 빠른 선택이 가능합니다.

03 Selection Tool(▶)로 'CHAMPIONS' 문자를 선택하고 Rotate Tool(↻)을 더블 클릭하여 'Angle : −5°'를 지정하고 [OK]를 눌러 회전하여 배치합니다.

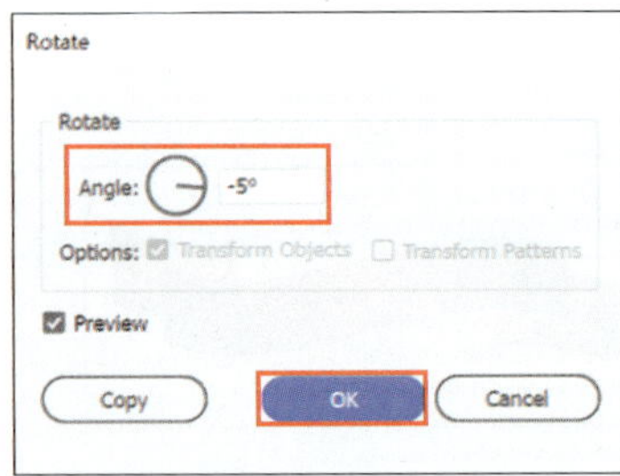

04 [View]−[Outline](Ctrl + Y)을 선택하고 Selection Tool(▶)로 드래그하여 야구공과 트로피 오브젝트, 큰 별을 함께 선택한 후 [Object]−[Arrange]−[Bring to Front](Shift + Ctrl +])로 맨 앞으로 가져오기를 합니다. [View]−[GPU Preview](Ctrl + Y)를 선택하고 'GPU 미리보기'로 전환합니다.

[View]−[Outline](Ctrl + Y)을 선택하고 '윤곽선 보기'를 하면 겹쳐진 부분의 패스가 보이므로 드래그하여 쉽게 선택할 수 있습니다.

⑧ 저장 및 답안 전송하기

01 [View]-[Guides]-[Hide Guides](**Ctrl**+**;**)를 선택하여 안내선을 숨기고 [View]-[Fit Artboard in Window](**Ctrl**+**0**)를 선택하여 현재 창에 맞추기를 합니다.

Tool 패널의 Hand Tool(✋) 자체를 더블 클릭하면 빠르게 현재 창에 맞추기가 됩니다.

02 [File]-[Save As]를 선택하고 '저장 위치 : 내 PC₩문서₩GTQ, 파일 형식 : Adobe Illustrator(*AI), 파일 이름 : 수험번호-성명-문제번호.ai'를 확인하고 [저장]을 클릭한 후 [Illustrator Options] 대화상자에서 'Version : Illustrator 2020'으로 설정하고 [OK]를 클릭합니다.

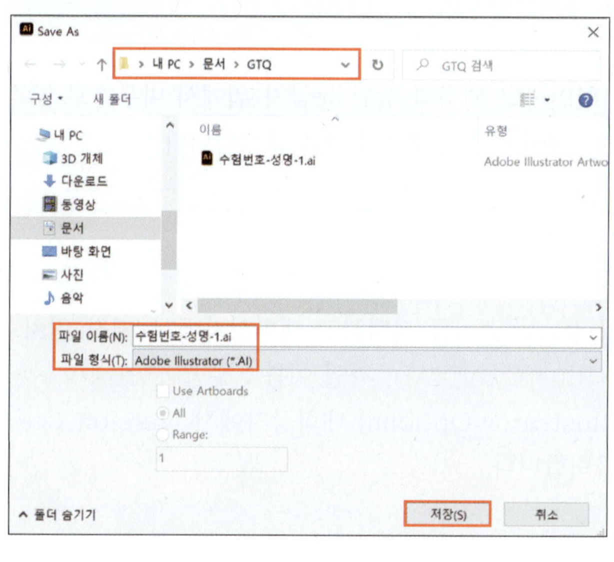
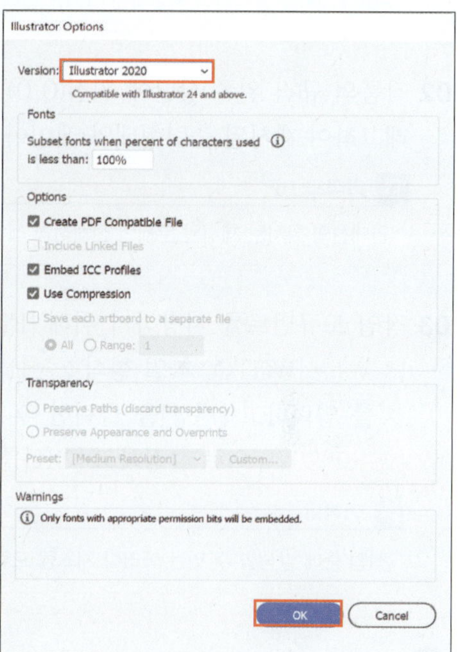

> **기적의 TIP**
>
> 작업의 시작 단계에서 저장 위치와 파일 형식, 파일 이름, 버전을 지정하여 저장하였어도 최종적인 작업 완료 후 [File]-[Save As]를 통해 다시 확인합니다.

03 답안 저장이 완료되면 [File]-[Close](**Ctrl**+**W**)를 선택하여 파일을 닫고 수험 프로그램에서 [답안 전송]을 클릭하여 감독관 컴퓨터로 전송합니다.

작업과정	새 도큐먼트 만들기 및 파일 저장하기 ➡ 트로피 오브젝트 만들기 ➡ 패턴 등록하기 ➡ 야구공 오브젝트 만들고 그라디언트 적용하기 ➡ 야구 모자 오브젝트 만들기 ➡ 문자 입력하기 ➡ 클리핑 마스크 및 이펙트 적용하기 ➡ 야구 유니폼 만들기 ➡ 패턴 적용 및 변형하기 ➡ 불투명도 적용하기 ➡ 브러쉬 적용하기 ➡ 문자 입력하기 ➡ 저장 및 답안 전송하기
완성이미지	PART03₩수험번호-성명-2.ai

01 새 도큐먼트 만들기 및 파일 저장하기

01 [File]-[New]([Ctrl]+[N])를 선택하고 'Width : 160mm, Height : 120mm, Units : Millimeters, Color Mode : CMYK'를 설정하여 새 도큐먼트를 만들고 [View]-[Rulers]-[Show Rulers]([Ctrl]+[R])를 선택하여 눈금자를 표시합니다.

> **기적의 TIP**
>
> Advanced를 클릭하여 확장하면 CMYK 컬러 모드를 확인 및 설정할 수 있습니다.

02 작품의 규격 왼쪽 상단에 원점(0,0)을 확인하고 왼쪽과 상단 눈금자 위에서 마우스로 각각 드래그하여 제시된 출력형태와 레이아웃 구성이 동일하게 안내선을 표시합니다.

> **기적의 TIP**
>
> 안내선의 위치는 제시된 문제의 전체적인 레이아웃에 맞게 적절하게 배치합니다.

03 작업 도큐먼트를 저장하기 위해 [File]-[Save As]를 선택하고 대화상자에서 '저장 위치 : 내 PC₩문서₩GTQ, 파일 형식 : Adobe Illustrator(*AI), 파일 이름 : 수험번호-성명-문제번호'를 입력하고 [저장]을 클릭한 후 [Illustrator Options] 대화상자에서 'Version : Illustrator 2020'으로 설정하고 [OK]를 클릭합니다.

> **기적의 TIP**
>
> 작업 중에 발생할 수 있는 에러나 시스템 오류에 대비하여 [Ctrl]+[S]를 수시로 눌러 저장합니다.

02 트로피 오브젝트 만들기

01 Ellipse Tool(◉)로 수직 안내선에 [Alt]를 누른 채 클릭하여 대화상자에서 'Width : 21mm, Height : 36mm'를 입력하여 그리고 Color 패널에서 'Fill Color : None, Stroke Color : 임의 색상'을 지정합니다.

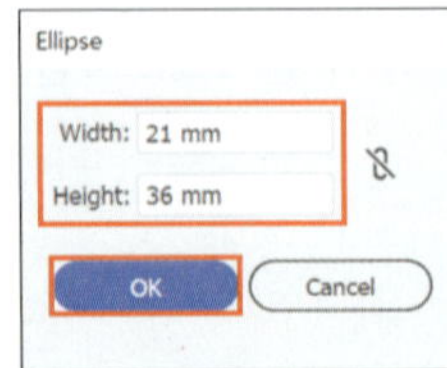

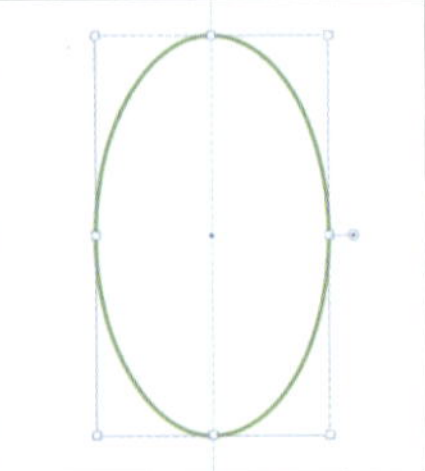

02 Rectangle Tool(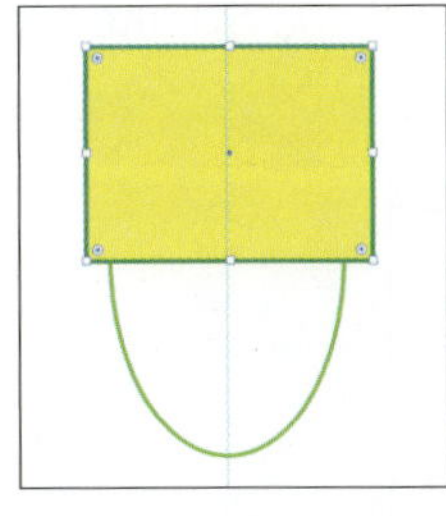)로 드래그하여 타원의 상단에 겹치도록 그리고 Color 패널에서 'Fill Color : 임의 색상, Stroke Color : 임의 색상'을 지정합니다. Selection Tool(▶)로 드래그하여 2개의 오브젝트를 함께 선택하고 Pathfinder 패널에서 'Minus Front(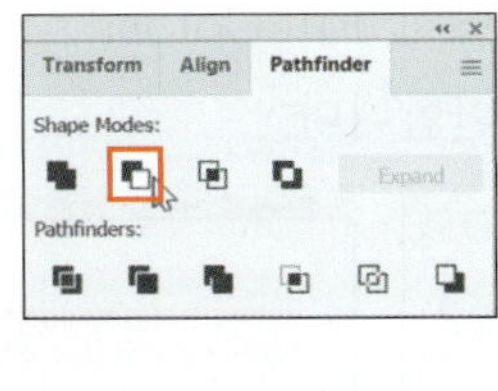)'를 클릭한 후 Color 패널에서 'Fill Color : M30Y90, Stroke Color : None'을 지정합니다.

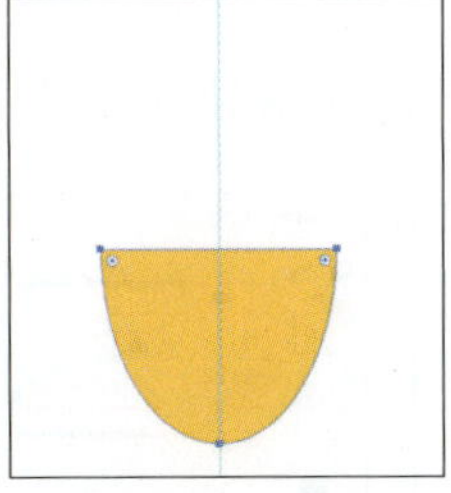

03 Rectangle Tool(▣)로 **Alt**를 누른 채 클릭하여 대화상자에서 'Width : 25mm, Height : 4mm'를 입력하여 그리고 Color 패널에서 'Fill Color : M30Y90, Stroke Color : None'을 지정합니다.

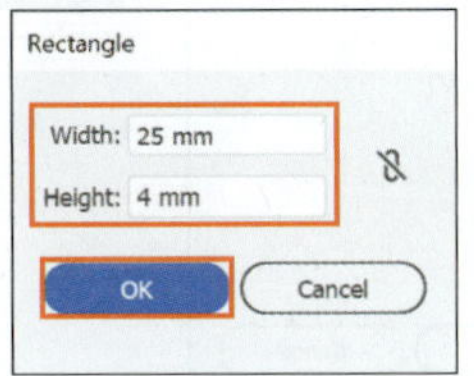

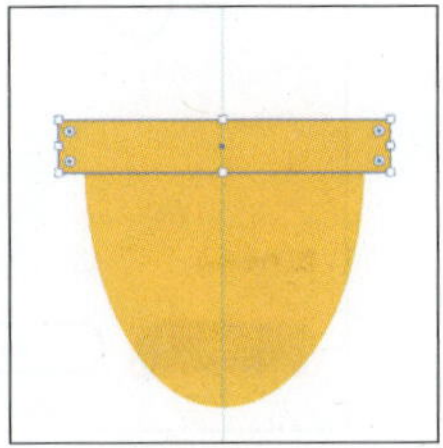

04 Direct Selection Tool(▷)로 드래그하여 상단 2개의 고정점을 선택하고 Control 패널의 'Corners : 1mm'를 지정하여 모서리를 둥글게 변형합니다.

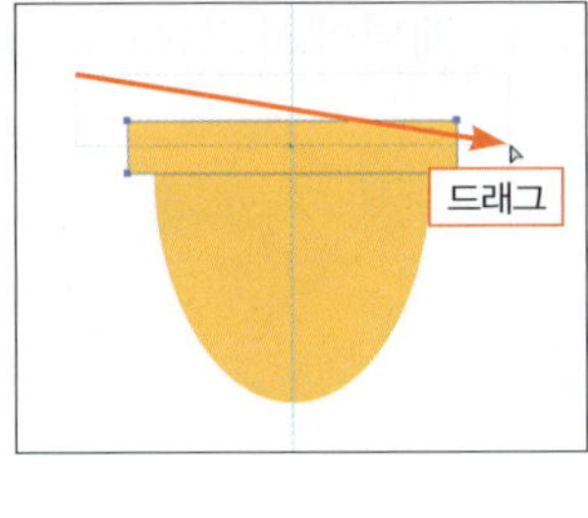

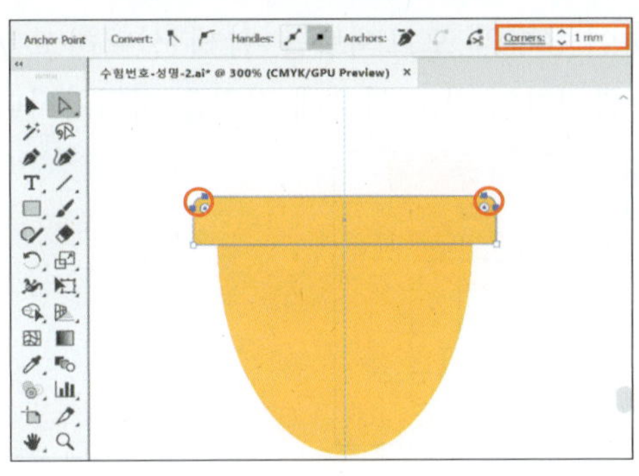

> **🏁 기적의 TIP**
>
> 모서리 안쪽의 둥근 점(◉)을 안쪽으로 드래그하여 모서리를 둥글게 변형할 수도 있습니다.

05 Direct Selection Tool(▷)로 하단 2개의 고정점을 선택하고 Scale Tool(▣)을 더블 클릭하여 'Uniform : 95%'를 지정하여 [OK]를 눌러 축소합니다. Control 패널의 'Corners : 2mm'를 지정하여 모서리를 둥글게 변형합니다.

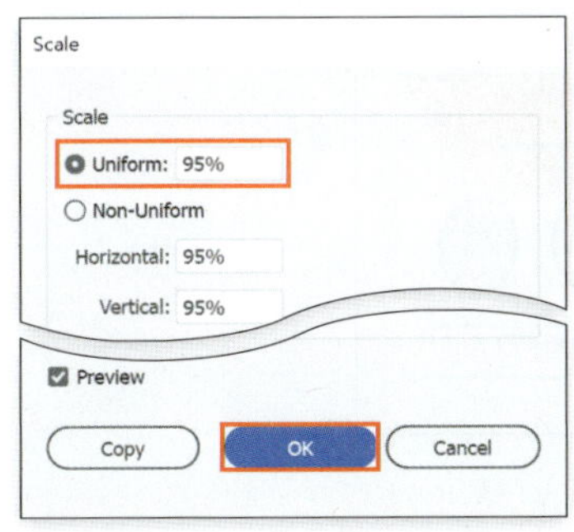

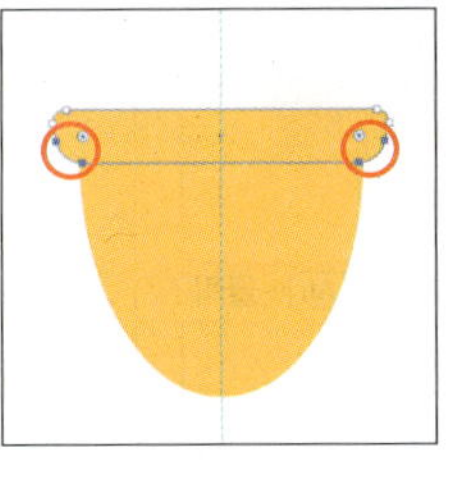

06 [Object]–[Transform]–[Move]를 선택한 후 'Horizontal : −1mm, Vertical : −1mm'를 입력하고 [Copy]를 눌러 왼쪽 상단으로 이동하여 복사합니다. Selection Tool(▶)로 드래그하여 2개의 오브젝트를 함께 선택하고 Pathfinder 패널에서 'Divide(▣)'를 클릭하여 면을 분할하고 더블 클릭하여 Isolation Mode로 전환합니다. 불필요한 오브젝트는 Delete를 눌러 삭제 후 오른쪽 오브젝트를 선택하고 Color 패널에서 'Fill Color : M40Y100, Stroke Color : None'을 지정하고 Esc를 눌러 정상 모드로 전환합니다.

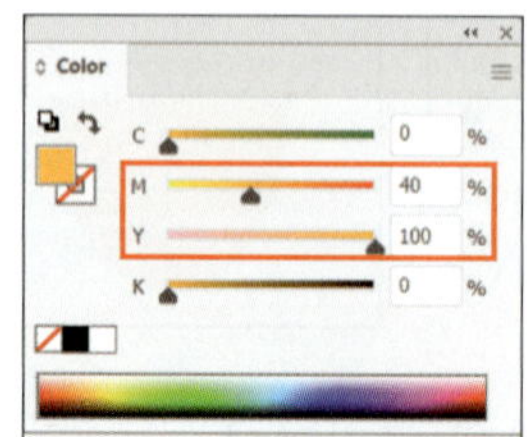
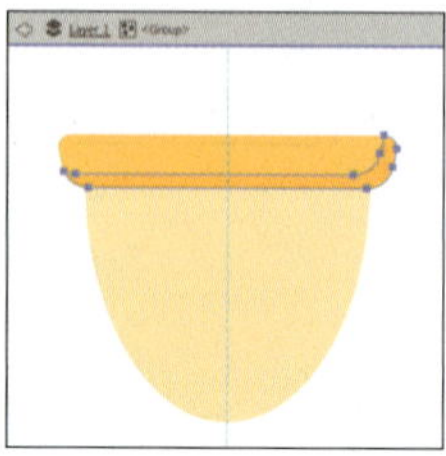

07 Rectangle Tool(▢)로 드래그하여 크기가 다른 3개의 사각형을 서로 겹치도록 그리고 Color 패널에서 'Fill Color : None, Stroke Color : 임의 색상'을 지정합니다. Selection Tool(▶)로 드래그하여 3개의 오브젝트를 함께 선택하고 Align 패널에서 'Horizontal Align Center(▉)'를 클릭하여 가로 가운데 정렬을 지정합니다.

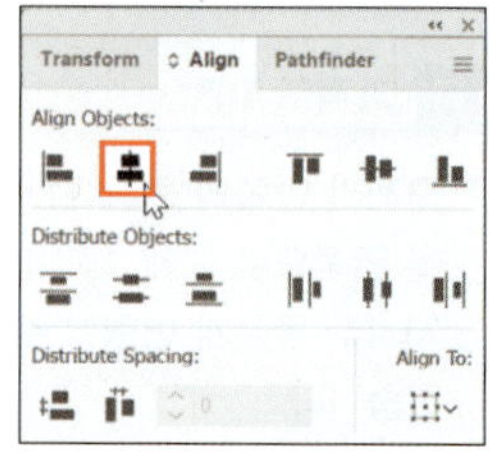
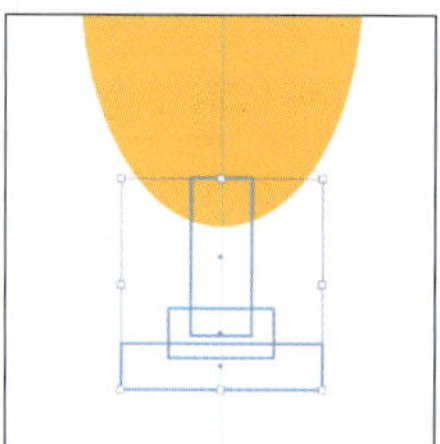

08 Ellipse Tool(◯)로 드래그하여 상단 사각형 왼쪽에 서로 겹치도록 임의 색상의 타원을 그리고 Rotate Tool(↻)을 더블 클릭하여 'Angle : −8'를 지정하고 [OK]를 눌러 회전하여 배치합니다. Reflect Tool(◁)로 Alt를 누르면서 수직의 안내선에 클릭하여 'Axis : Vertical'을 지정하고 [Copy]를 눌러 복사합니다.

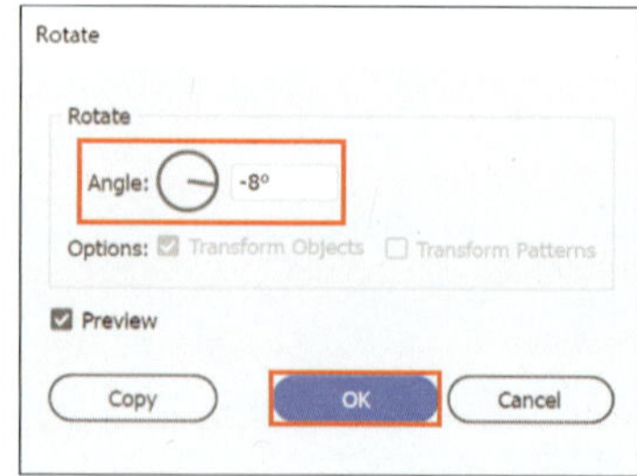
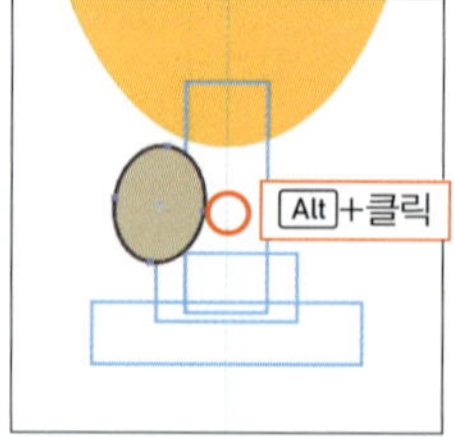

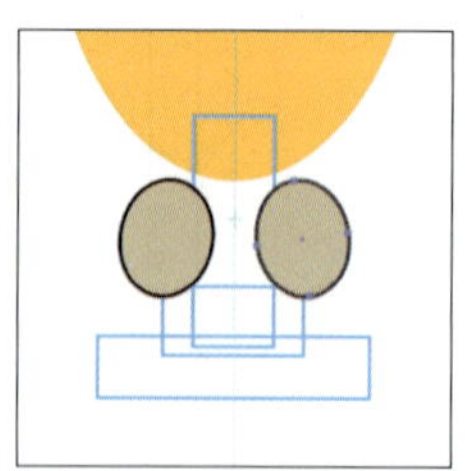

09 Selection Tool(▶)로 드래그하여 3개의 오브젝트를 함께 선택하고 Pathfinder 패널에서 'Minus Front(▣)'를 클릭합니다. 계속해서 하단 2개의 사각형과 함께 선택하고 Pathfinder 패널에서 'Unite(▣)'를 클릭하고 Color 패널에서 'Fill Color : M30Y90, Stroke Color : None'을 지정합니다.

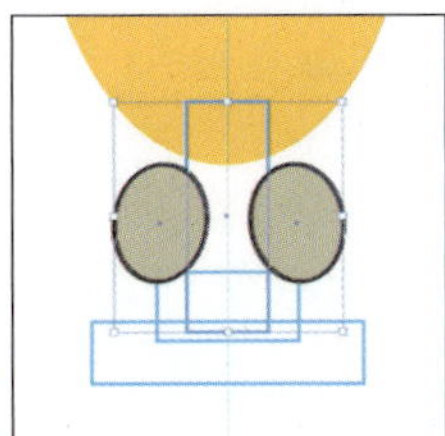
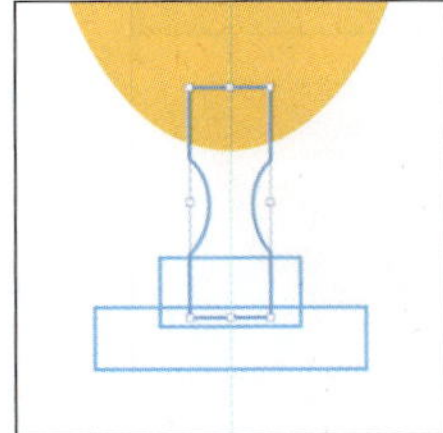
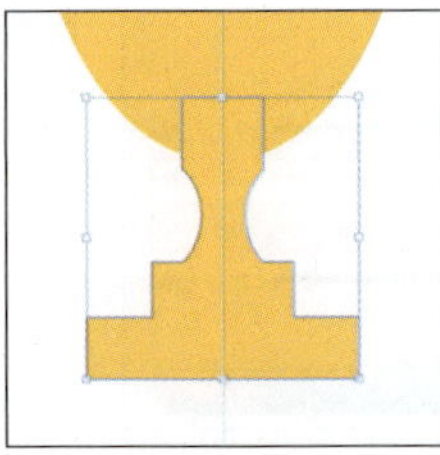

10 Direct Selection Tool(▷)로 드래그하여 상단 4개의 고정점을 선택하고 모서리 안쪽의 둥근 점(◉)을 안쪽으로 드래그하여 모서리를 둥글게 변형합니다. 계속해서 하단 2개의 고정점을 선택하고 동일한 방법으로 모서리를 둥글게 변형합니다.

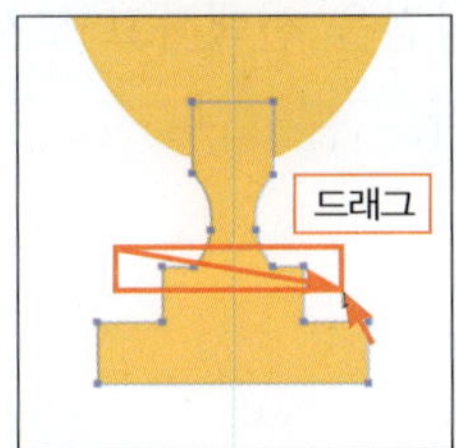

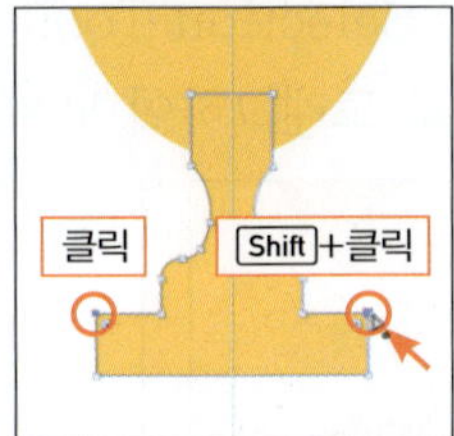

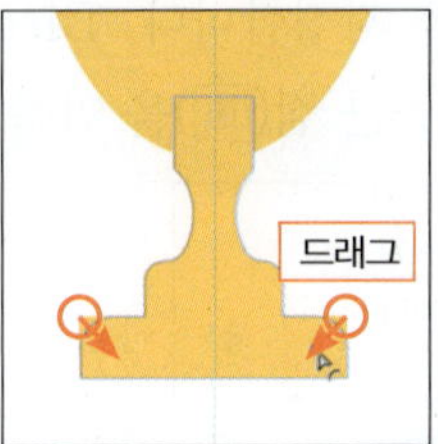

> **기적의 TIP**
>
> Direct Selection Tool(▷)로 Shift 를 누른 채 클릭하면 고정점을 다중 선택할 수 있습니다.

11 Selection Tool(▶)로 드래그하여 상단 오브젝트와 함께 선택하고 Pathfinder 패널에서 'Unite(▣)'를 클릭합니다. [Object]-[Transform]-[Move]를 선택한 후 'Horizontal : −1mm, Vertical : −0.5mm'를 입력하고 [Copy]를 눌러 왼쪽 상단으로 이동하여 복사합니다.

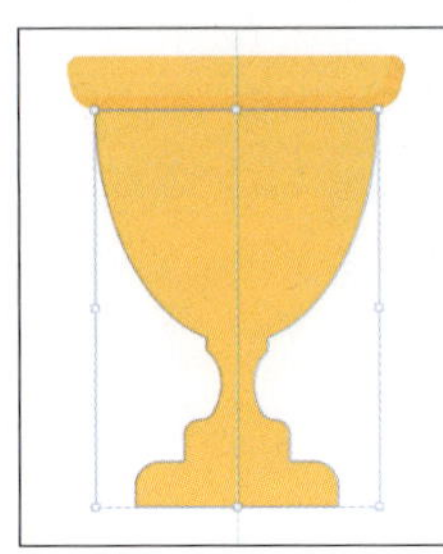

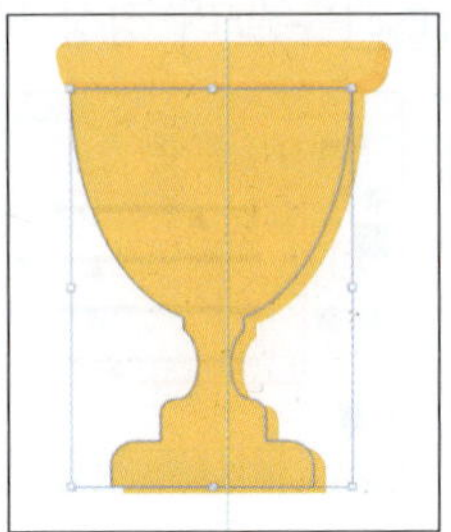

12 Selection Tool()로 드래그하여 2개의 오브젝트를 함께 선택하고 Pathfinder 패널에서 'Divide()'를 클릭하여 면을 분할 후 더블 클릭하여 Isolation Mode로 전환합니다. 불필요한 오브젝트는 Delete 를 눌러 삭제하고 오른쪽 오브젝트를 선택하고 Color 패널에서 'Fill Color : M40Y100, Stroke Color : None'을 지정하고 Esc 를 눌러 정상 모드로 전환합니다.

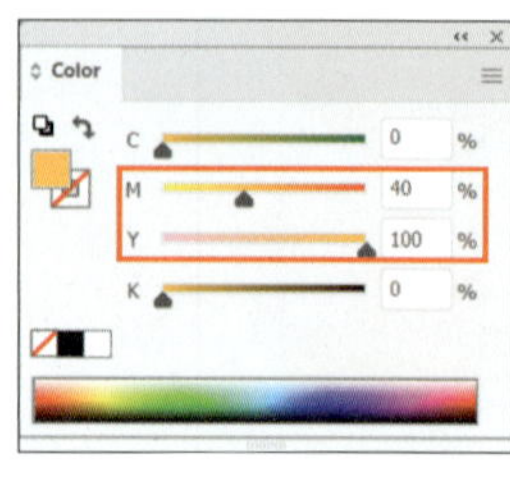

13 Rectangle Tool()로 수직 안내선에 Alt 를 누른 채 클릭하여 'Width : 23mm, Height : 3mm'를 입력하여 그리고 Color 패널에서 'Fill Color : C30M80Y80K30, Stroke Color : None'을 지정합니다. Direct Selection Tool()로 상단 2개의 고정점을 선택하고 모서리 안쪽의 둥근 점()을 안쪽으로 드래그하여 모서리를 둥글게 변형합니다.

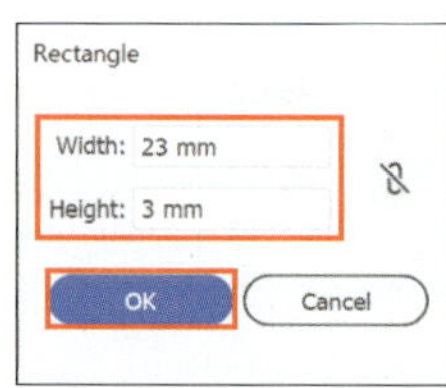

14 Selection Tool()로 Alt 를 누른 채 왼쪽 상단으로 드래그하여 이동하여 복사합니다. 2개의 오브젝트를 선택하고 Pathfinder 패널에서 'Divide()'를 클릭하여 면을 분할하고 더블 클릭하여 Isolation Mode로 전환합니다. 불필요한 오브젝트는 Delete 를 눌러 삭제하고 오른쪽 오브젝트를 선택하고 Color 패널에서 'Fill Color : C30M80Y80K70, Stroke Color : None'을 지정하고 Esc 를 눌러 정상 모드로 전환합니다.

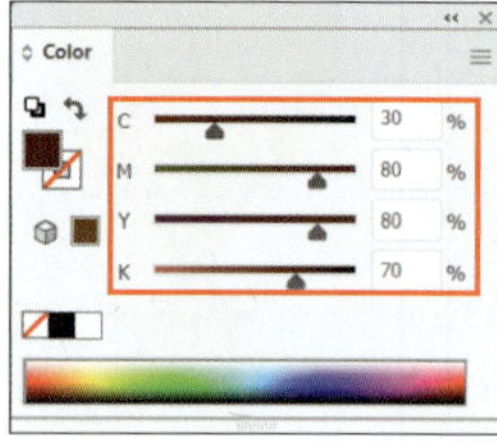
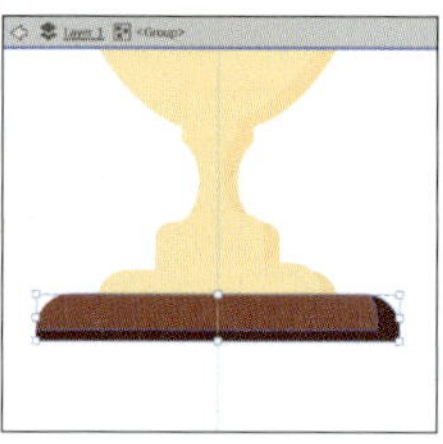

15 Ellipse Tool(●)로 수직 안내선에 `Alt`를 누른 채 클릭하여 대화상자에서 'Width : 35mm, Height : 17mm'를 입력하여 그리고 Color 패널에서 'Fill Color : None, Stroke Color : 임의 색상'을 지정합니다. Rectangle Tool(□)로 드래그하여 타원의 상단과 겹치도록 임의 색상의 사각형을 그립니다.

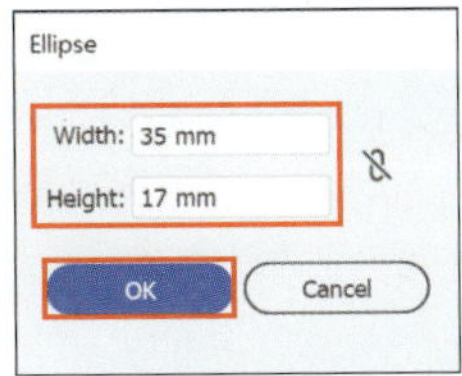
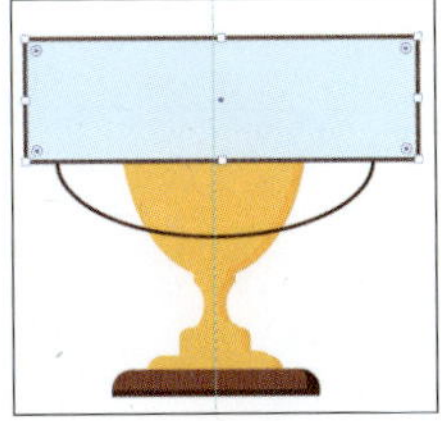

16 Selection Tool(▶)로 드래그하여 2개의 오브젝트를 함께 선택하고 Pathfinder 패널에서 'Minus Front(▣)'를 클릭합니다. Color 패널에서 'Fill Color : None, Stroke Color : M30Y90'을 지정하고 Stroke 패널에서 'Weight : 7pt'를 지정합니다.

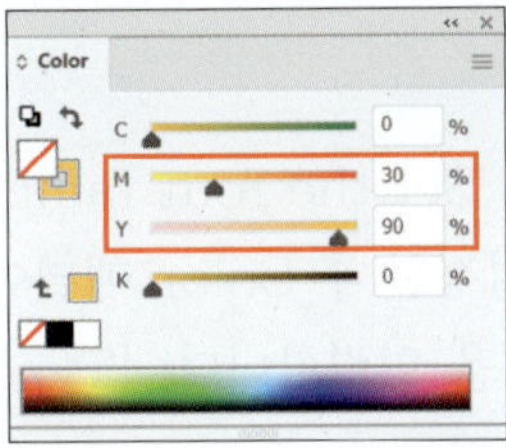
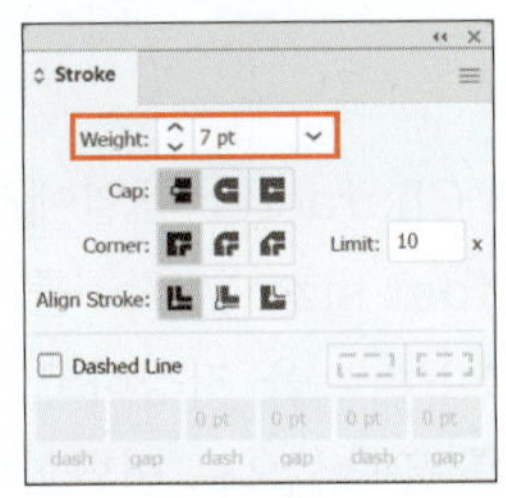

17 Direct Selection Tool(▷)로 드래그하여 상단 2개의 고정점을 선택하고 Control 패널의 'Corners : 1mm'를 지정하여 모서리를 둥글게 변형합니다. [Object]-[Path]-[Outline Stroke]를 선택하여 선을 면으로 확장합니다.

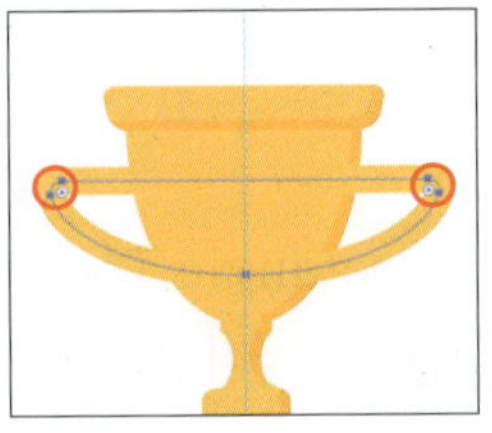
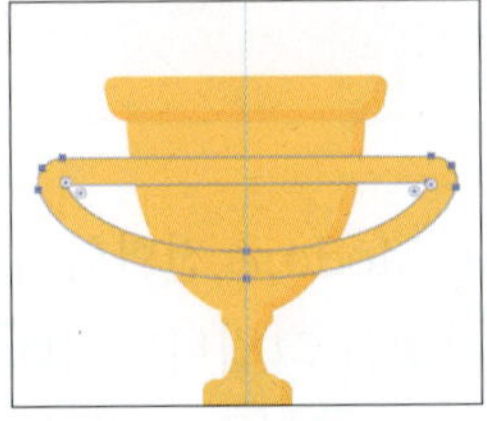

'Corner : Round'를 클릭하여 모서리 모양을 둥글게 지정합니다.

18 Ellipse Tool(●)로 수직 안내선에 `Alt`를 누른 채 클릭하여 대화상자에서 'Width : 24mm, Height : 40mm'를 입력하여 그리고 Color 패널에서 'Fill Color : None, Stroke Color : 임의 색상'을 지정합니다. Selection Tool(▶)로 손잡이 오브젝트와 함께 선택하고 Pathfinder 패널에서 'Divide(▣)'를 클릭합니다.

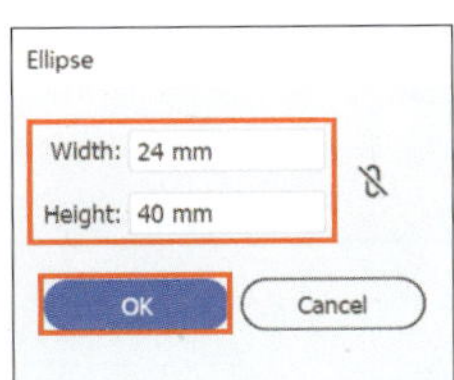

19 Selection Tool(▶)로 더블 클릭하여 Isolation Mode로 전환합니다. 불필요한 오브젝트는 Delete 를 눌러 삭제하고 안쪽 오브젝트를 선택하고 Color 패널에서 'Fill Color : C10M60Y100, Stroke Color : None'을 지정하고 Esc 를 눌러 정상 모드로 전환합니다. [Object]−[Arrange]−[Send Backward](Ctrl + [ )를 선택하고 트로피 오브젝트 뒤쪽으로 배치합니다.

 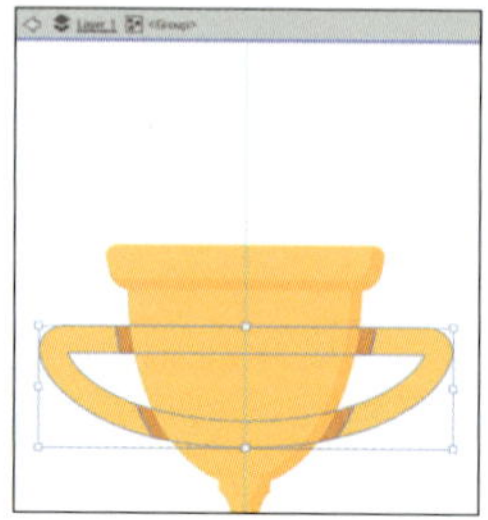

20 Ellipse Tool(◉)로 수직 안내선에 Alt 를 누른 채 클릭하여 대화상자에서 'Width : 13mm, Height : 13mm'를 입력하여 그리고 Color 패널에서 'Fill Color : M40Y100, Stroke Color : None'을 지정합니다.

21 Type Tool(T)로 작업 도큐먼트를 클릭한 후 Character 패널에서 'Set the font family : Arial, Set the font style : Bold, Set the font size : 27pt'를 설정한 후 Color 패널에서 'Fill Color : C10M60Y100, Stroke Color : None'을 지정하고 '1'을 입력합니다. [Type]−[Create Outlines](Shift + Ctrl + O)로 문자를 윤곽선으로 변환합니다.

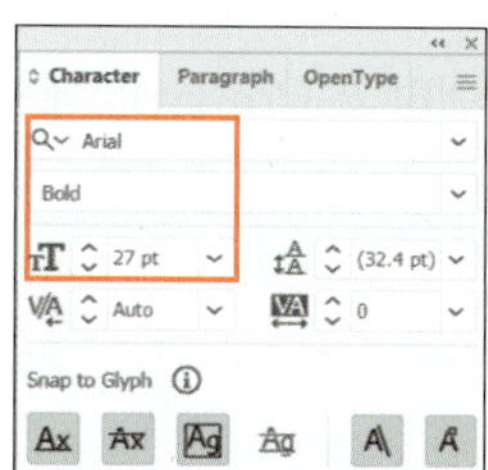  

22 Selection Tool(▶)로 더블 클릭하여 Isolation Mode로 전환합니다. Rectangle Tool(▢)로 드래그하여 하단과 겹치도록 동일 색상의 사각형을 그립니다. Ctrl + A 를 눌러 2개의 오브젝트를 함께 선택하고 Pathfinder 패널에서 'Unite(◼)'를 클릭합니다.

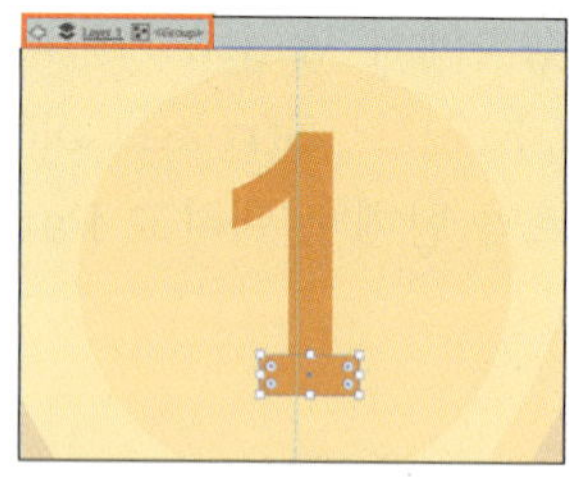 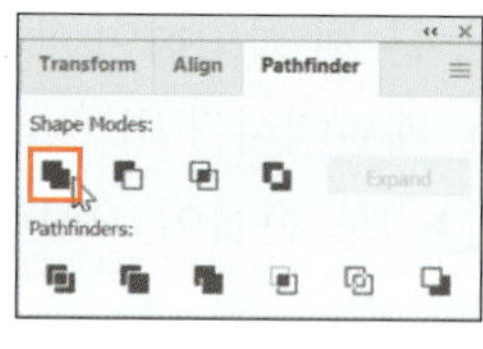 

📄 **기적의 TIP**

Isolation Mode로 전환하면 해당 오브젝트만을 격리하므로 선택 및 편집이 용이합니다.

23 [Object]-[Path]-[Offset Path]를 선택한 후 'Offset : 0.5mm'를 지정하여 확대된 복사본을 만든 후 Color 패널에서 'Fill Color : M30Y90, Stroke Color : None'을 지정합니다. 계속해서 [Object]-[Path]-[Offset Path]를 선택하고 'Offset : 0.2mm'를 지정하여 확대된 복사본을 만들고 Color 패널에서 'Fill Color : C0M0Y0K0, Stroke Color : None'을 지정하고 Esc 를 눌러 정상 모드로 전환합니다.

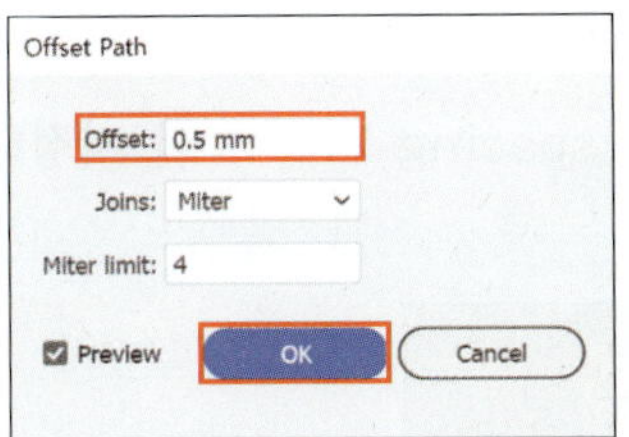
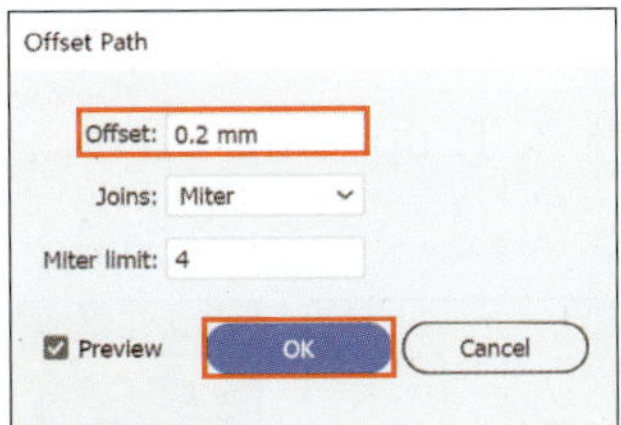

24 Rectangle Tool(▣)로 작업 도큐먼트에 클릭하여 'Width : 3.3mm, Height : 3.3mm'를 입력하여 그리고 Color 패널에서 'Fill Color : C0M0Y0K0, Stroke Color : None'을 지정합니다. [Effect]-[Illustrator Effects]-[Distort & Transform]-[Pucker & Bloat]를 선택하고 '-70%'를 지정하여 변형을 적용하고 [Object]-[Expand Appearance]로 오브젝트의 속성을 확장합니다.

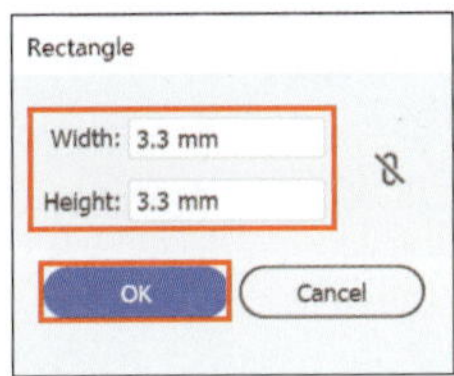
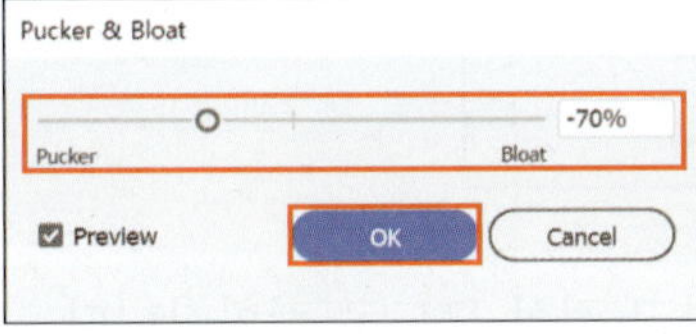

[Properties] 패널에서 [Appearance] 항목의 (fx)를 눌러 [Illustrator Effects]-[Distort & Transform]-[Pucker & Bloat]를 바로 적용할 수도 있습니다.

25 Rotate Tool(↻)을 더블 클릭하여 'Angle : 45°'를 지정하고 [OK]를 눌러 회전합니다. Scale Tool(⊡)을 더블 클릭하여 'Uniform : 50%'를 지정하고 [Copy]를 눌러 축소 후 복사하고 오른쪽으로 이동하여 배치합니다. Rotate Tool(↻)을 더블 클릭하여 'Angle : 35°'를 지정하고 [Copy]를 눌러 회전 복사하고 배치합니다.

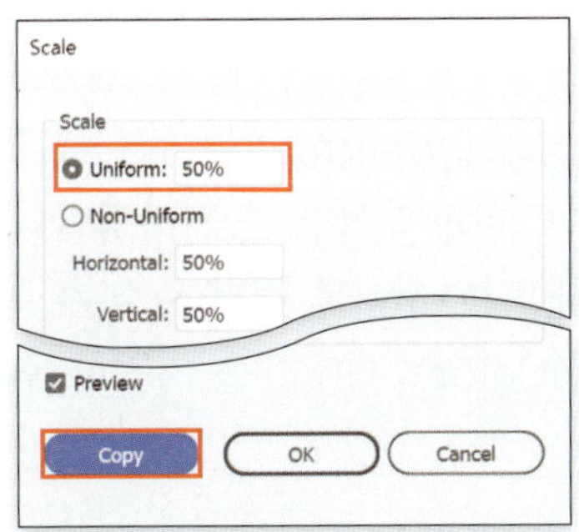
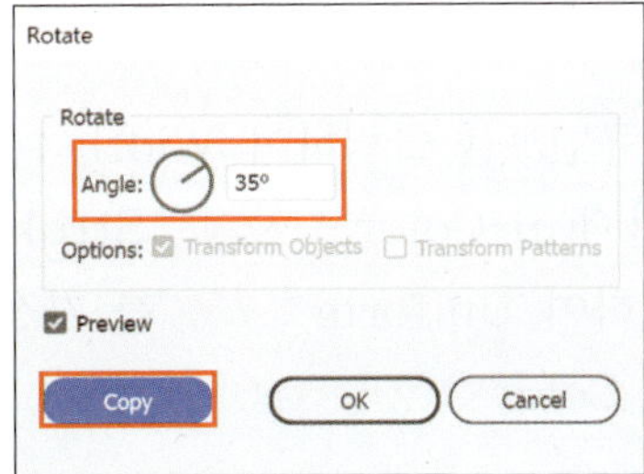

26 [Select]–[All]([Ctrl]+[A])로 모두 선택하고 [Object]–[Group]([Ctrl]+[G])을 선택하여 그룹을 지정합니다.

03 패턴 등록하기

01 Selection Tool(▶)로 트로피 오브젝트를 선택하고 [Object]–[Pattern]–[Make]를 선택하고 [Pattern Options] 대화상자에서 'Name : Trophy, Tile Type : Brick by Row, Brick Offset : 1/2, Size Tile to Art : 체크, H spacing : 3mm, V spacing : 3mm'를 지정하고 패턴으로 등록합니다.

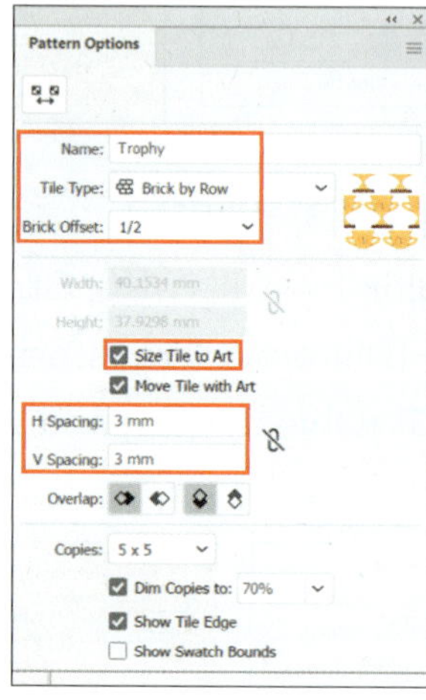

02 [Esc]를 눌러 패턴의 편집 모드를 완료하고 정상 모드로 전환합니다.

> **기적의 TIP**
>
> **패턴의 편집 모드 완료하기**
> • 작업 도큐먼트 왼쪽 상단의 'Exit Pattern Editing Mode(⇦)'를 클릭합니다.
> • 작업 도큐먼트 왼쪽 상단의 '√ Done'을 클릭합니다.

> **기적의 TIP**
>
> **등록된 패턴의 옵션 편집하기**
> • Swatches 패널에 등록된 'Trophy' 패턴을 더블 클릭하면 패턴의 편집 모드로 전환되어 옵션을 편집할 수 있습니다.
> • 'Size Tile to Art'를 체크하면 패턴 오브젝트간의 가로와 세로의 간격을 조절할 수 있습니다.

04 야구공 오브젝트를 만들고 그라디언트 적용하기

01 Ellipse Tool(○)로 작업 도큐먼트를 클릭하여 'Width : 22mm, Height : 22mm'를 입력하여 그리고 Color 패널에서 'Fill Color : K20, Stroke Color : None'을 지정합니다. Scale Tool(⊡)을 더블 클릭하여 'Uniform : 75%'를 지정하고 [Copy]를 눌러 축소 후 복사합니다. Color 패널에서 'Fill Color : C0M0Y0K0, Stroke Color : None'을 지정한 후 이동하여 배치합니다.

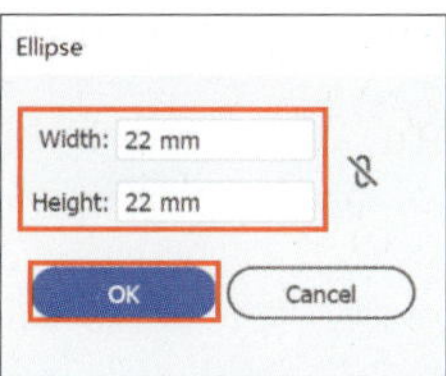
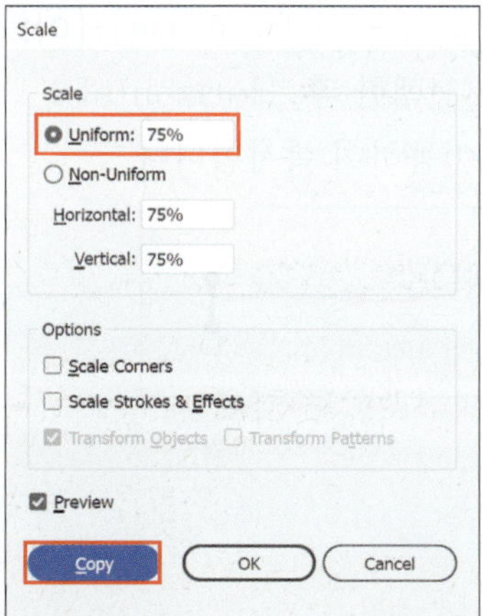
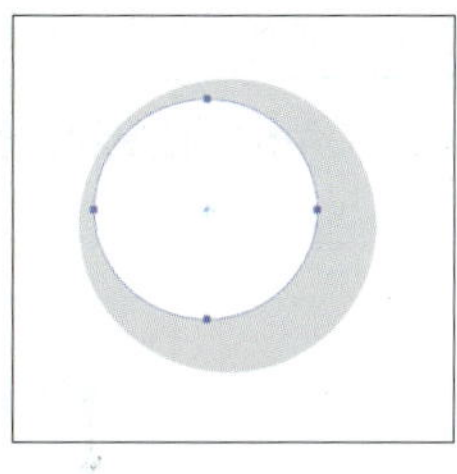

02 Ellipse Tool(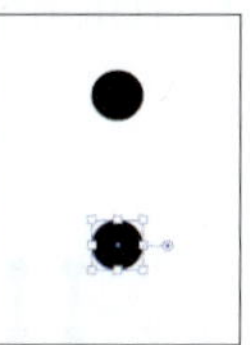)로 작업 도큐먼트를 클릭하여 'Width : 0.8mm, Height : 0.8mm'를 입력하여 그리고 Color 패널에서 'Fill Color : K100, Stroke Color : None'을 지정합니다. [Object]-[Transform]-[Move]를 선택한 후 'Horizontal : 0mm, Vertical : 2.4mm'를 입력하고 [Copy]를 눌러 하단으로 이동하여 복사합니다.

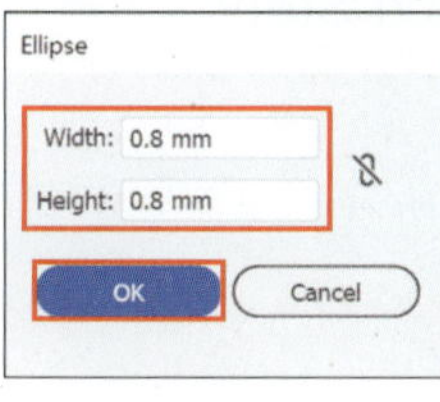
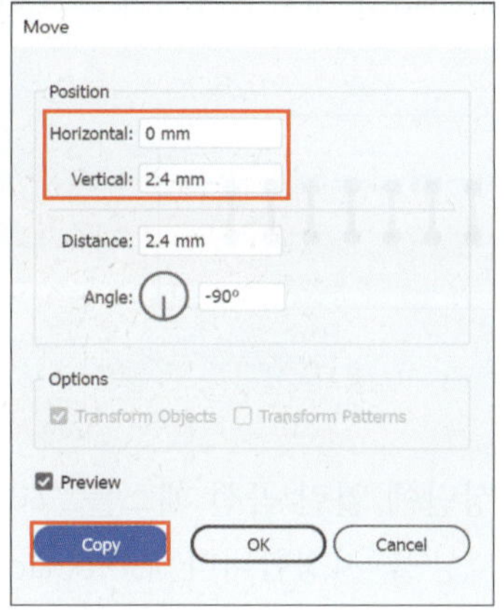

03 Line Segment Tool(　)로 Shift 를 누른 채 드래그하여 수직선을 그리고 Color 패널에서 'Fill Color : None, Stroke Color : K100'을 지정합니다. Stroke 패널에서 'Weight : 0.75pt'를 지정하고 2개의 정원과 겹치도록 배치합니다. [Object]-[Path]-[Outline Stroke]를 선택하여 선을 면으로 확장합니다.

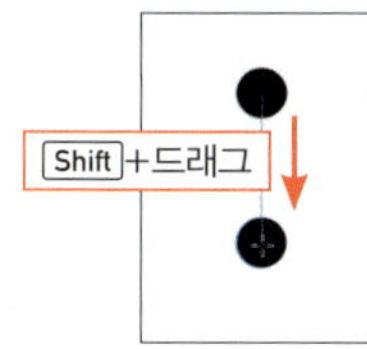

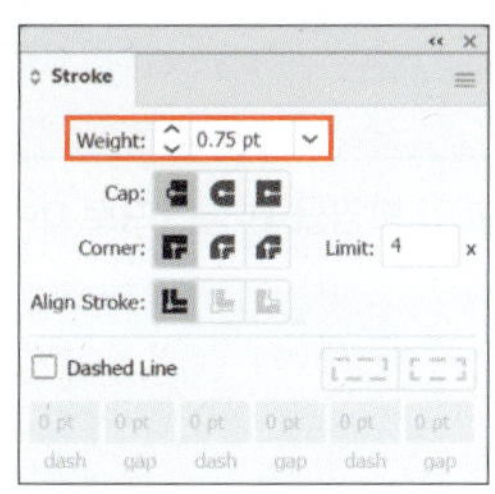
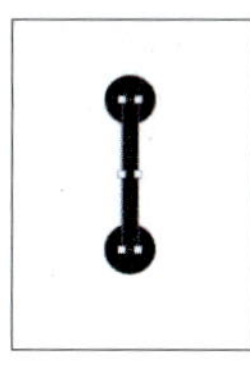

04 Selection Tool(▶)로 3개의 오브젝트를 함께 선택하고 [Ctrl]+[G]를 눌러 그룹으로 지정합니다. [Object]-[Transform]-[Move]를 선택한 후 'Horizontal : 17mm, Vertical : 0mm'를 입력하고 [Copy]를 눌러 오른쪽으로 이동하여 복사합니다.

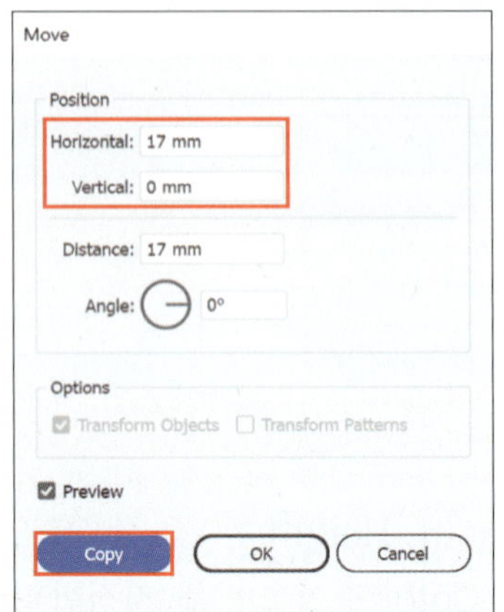

05 Selection Tool(▶)로 2개의 그룹 오브젝트를 함께 선택하여 [Object]-[Blend]-[Make]를 적용하고 [Object]-[Blend]-[Blend Options] 대화상자에서 'Specified Steps : 8'을 적용합니다.

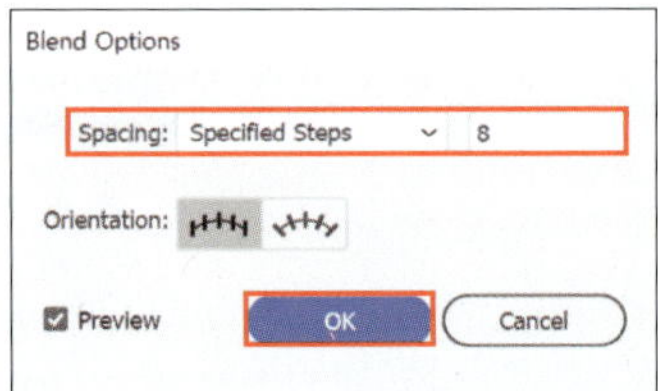
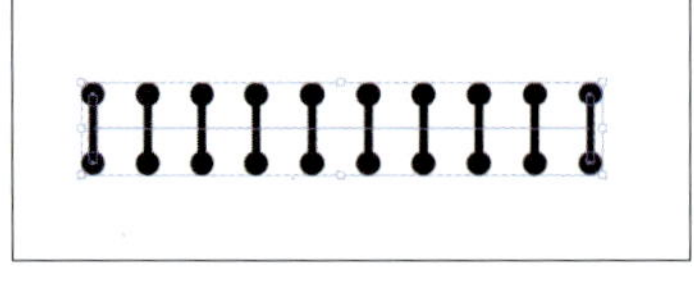

06 Pen Tool(✎)로 드래그하여 야구공의 상단에 열린 곡선 패스를 그리고 Color 패널에서 'Fill Color : None, Stroke Color : 임의 색상'을 지정합니다. Selection Tool(▶)로 선택하고 [Ctrl]+[C]를 눌러 복사합니다.

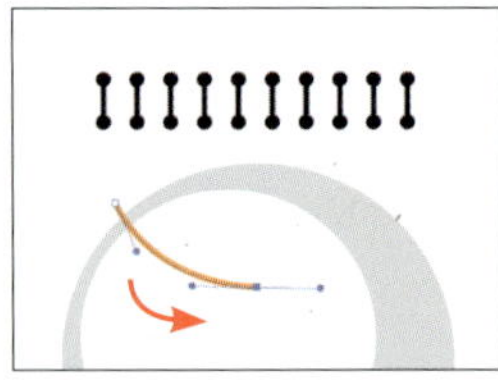
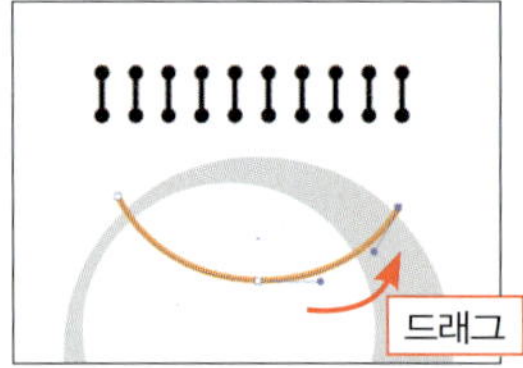

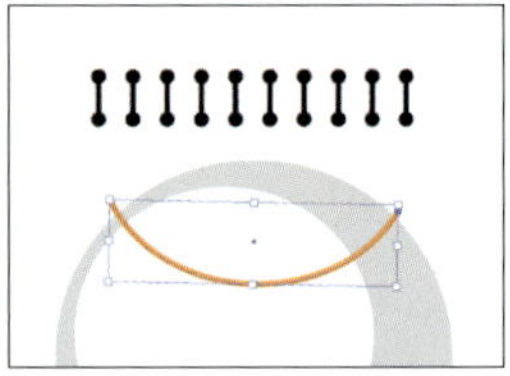

🄵 **기적의 TIP**

[Object]-[Blend]-[Replace Spine]을 적용하면 투명한 선 속성으로 블렌드의 모양을 변형하므로 야구공 오브젝트에 붙여넣기를 하기 위해서 [Ctrl]+[C]를 눌러 미리 복사합니다.

07 Selection Tool(▶)로 블렌드가 적용된 오브젝트와 함께 선택하고 [Object]–[Blend]–
[Replace Spine]을 적용합니다. [Object]–[Blend]–[Blend Options] 대화상자에서 'Align
to Path(↜↜) : 클릭'하고 [OK]를 눌러 곡선형의 블렌드를 지정하고 [Object]–[Blend]–
[Expand]를 지정 후 오브젝트를 확장합니다.

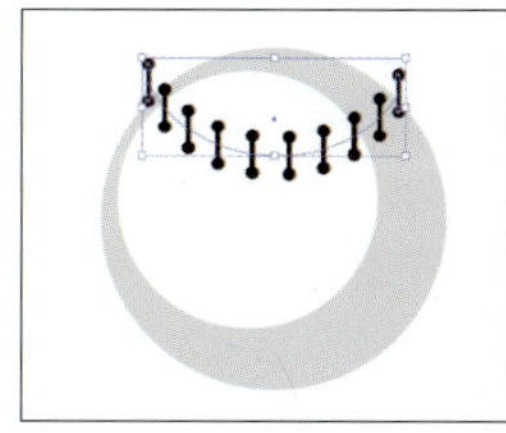
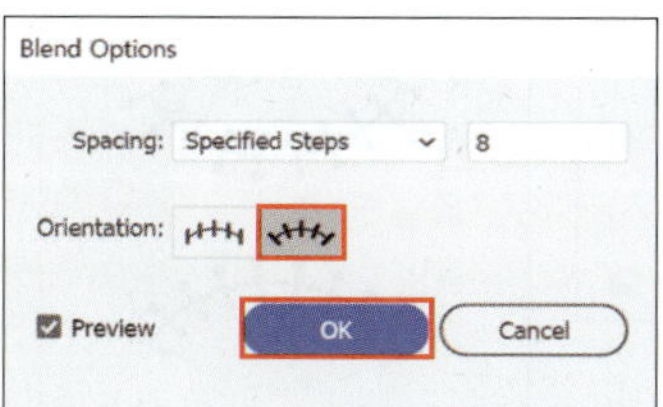
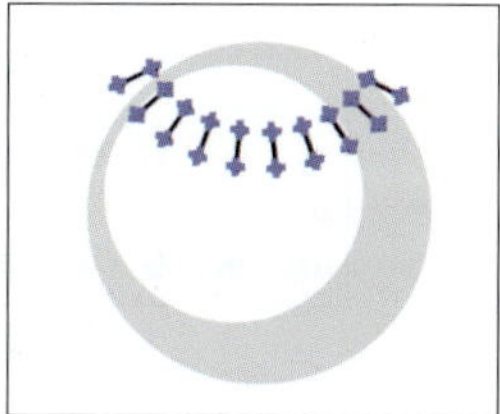

08 Ctrl+F를 눌러 복사한 오브젝트 앞에 붙여넣기를 하고 Color 패널에서 'Fill Color : None,
Stroke Color : K100'을 지정합니다. Stroke 패널에서 'Weight : 0.75pt'를 지정하고
[Object]–[Path]–[Outline Stroke]를 선택하여 선을 면으로 확장합니다. 확장된 오브젝트
와 함께 선택하고 Pathfinder 패널에서 'Unite(▣)'를 클릭하여 합칩니다.

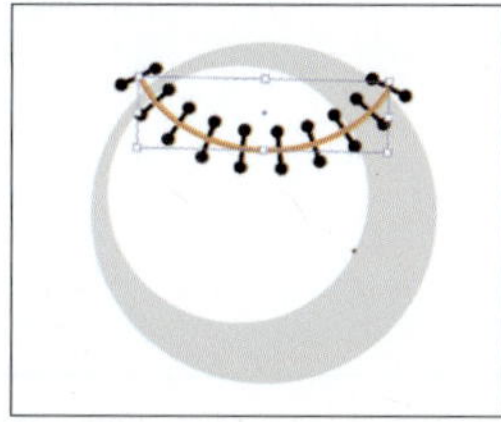
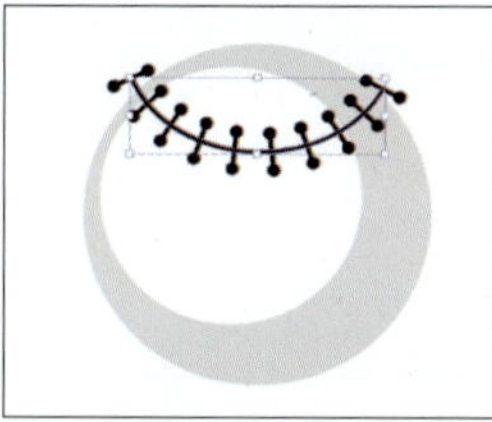
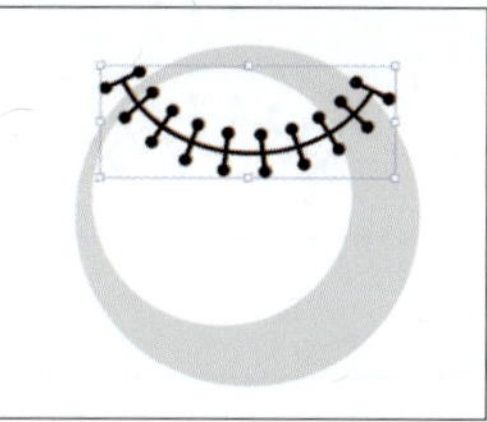

09 Reflect Tool(▷◁)로 Alt를 누른 채 큰 원의 중심점에 클릭하여 'Axis : Horizontal'을 지정
하고 [Copy]를 눌러 복사한 후 배치합니다.

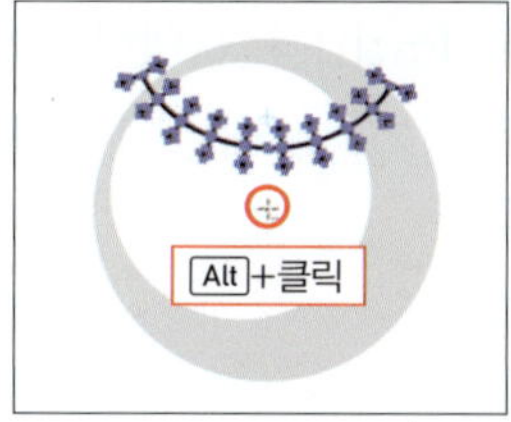
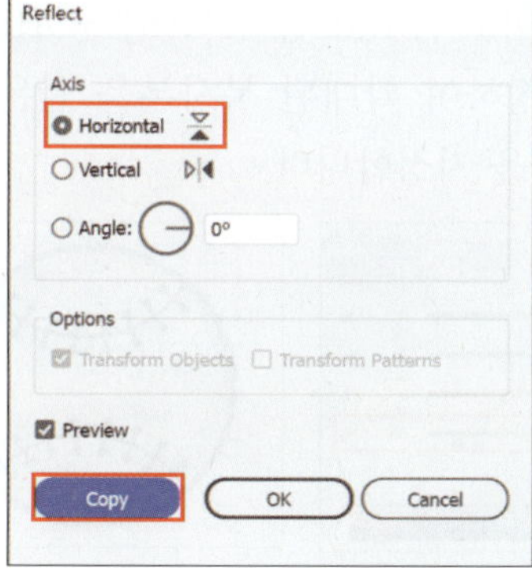
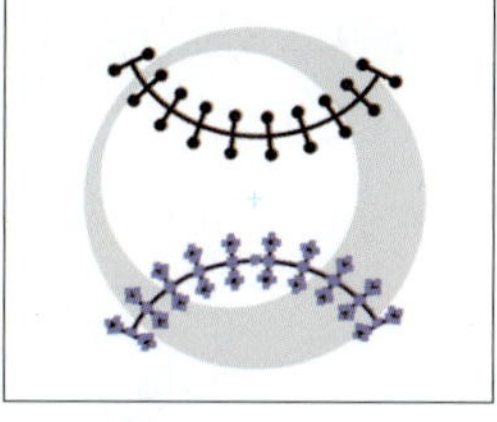

오브젝트의 중심점 보기
- [View]–[Outline](Ctrl+Y)을 선택하고 '윤곽선 보기'를 하면 오브젝트의 중심점을 볼 수 있습니다.
- [View]–[Smart Guides](Ctrl+U)을 선택하면 오브젝트에 마우스를 올려 중심점을 볼 수 있습니다.

10 Ellipse Tool(●)로 [Alt]를 누른 채 큰 원의 중심점에 클릭하여 'Width : 22mm, Height : 22mm'를 입력하여 그리고 Color 패널에서 'Fill Color : None, Stroke Color : None'을 지정합니다. Selection Tool(▶)로 2개의 오브젝트와 함께 선택하고 Pathfinder 패널에서 'Divide(■)'를 클릭하여 면을 분할합니다.

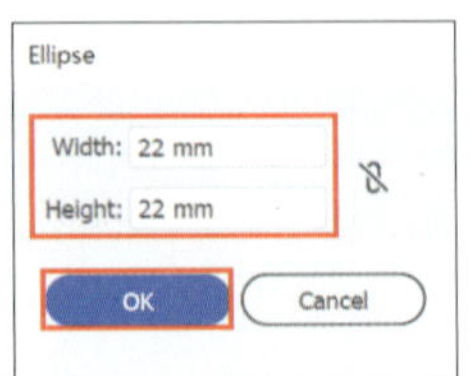
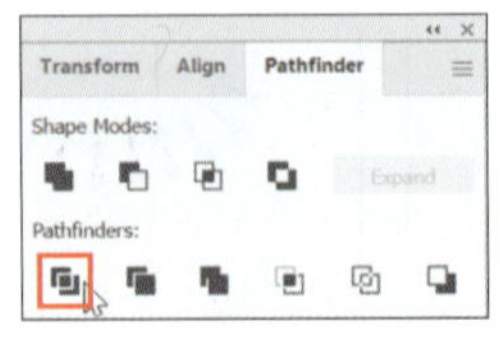
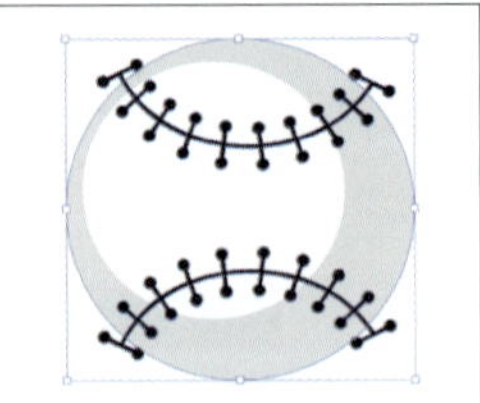

11 Selection Tool(▶)로 오브젝트를 더블 클릭하여 Isolation Mode로 전환합니다. 불필요한 오브젝트를 선택하고 [Delete]를 눌러 삭제한 후 [Esc]를 눌러 정상 모드로 전환합니다.

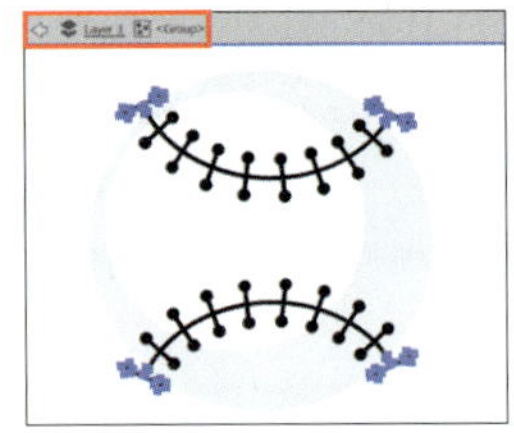

Isolation Mode란 Pathfinder 적용 후 개별 오브젝트를 편집할 때 Group 상태를 해제하지 않고 부분적으로 선택, 편집할 수 있는 격리 모드입니다. 개별 오브젝트의 편집이 끝나면 도큐먼트의 빈 곳을 더블 클릭하거나 [Esc]를 눌러 정상 모드로 전환합니다.

12 Selection Tool(▶)로 큰 원을 선택하고 [Object]-[Path]-[Offset Path]를 선택한 후 대화상자에서 'Offset : 0.6mm'를 지정하여 확대된 복사본을 만든 후 Color 패널에서 'Fill Color : K80, Stroke Color : None'을 지정합니다.

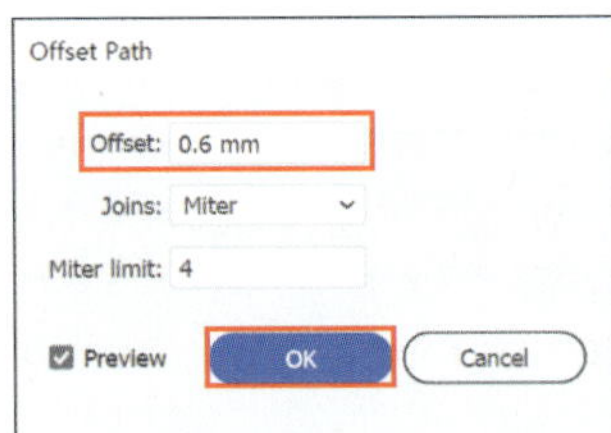
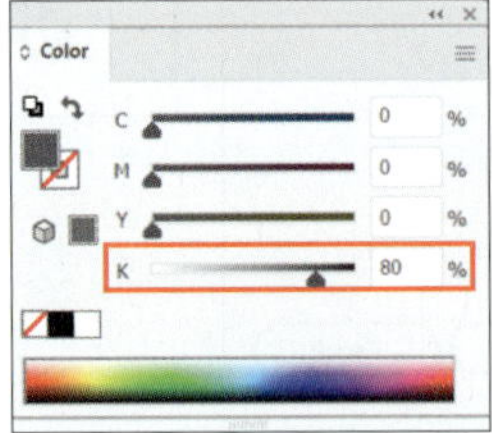
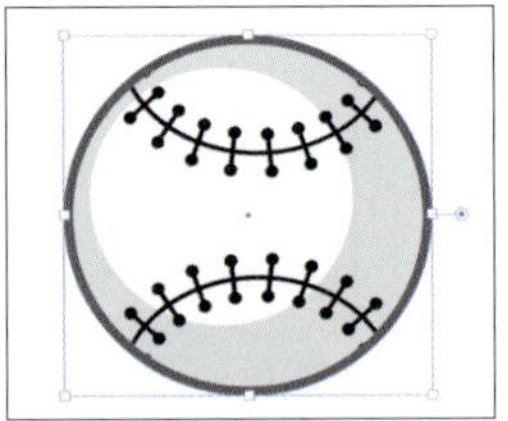

13 Pen Tool(✎)로 드래그하여 4개의 닫힌 패스를 그리고 Color 패널에서 'Fill Color : 임의 색상, Stroke Color : 임의 색상'을 지정합니다.

14 Selection Tool(▶)로 4개의 닫힌 패스를 함께 선택하고 Gradient 패널에서 'Type : Linear Gradient'를 적용하고 Gradient Slider의 왼쪽 'Color Stop'을 더블 클릭하여 M100Y50을, 오른쪽 'Color Stop'을 더블 클릭하여 M40Y80을 적용한 후 Tool 패널 하단에서 'Stroke Color : None'을 지정합니다.

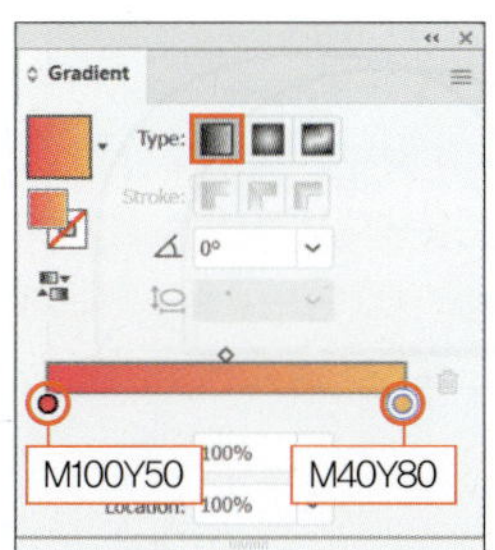
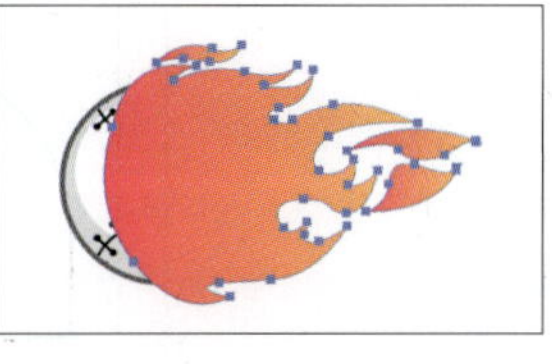

15 Gradient Tool(■)로 그라디언트가 적용된 오브젝트 왼쪽에서 오른쪽으로 드래그하여 그라디언트의 방향과 분포를 지정하고 [Object]-[Arrange]-[Send to Back](Shift+Ctrl+[ )을 선택하고 맨 뒤로 보내기를 합니다.

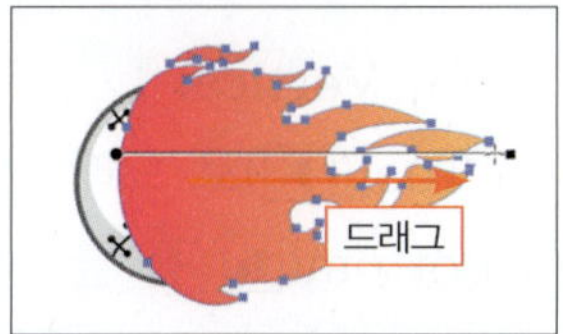

> **기적의 TIP**
>
> 4개의 오브젝트에 그라디언트가 각각 독립적으로 적용되므로 《출력형태》와 동일하게 적용하기 위해서는 Gradient Tool(■)로 드래그하여 지정합니다.

16 Selection Tool(▶)로 드래그하여 야구공 오브젝트와 함께 선택하고 [Object]-[Group](Ctrl+G)으로 그룹을 지정합니다.

05 야구 모자 오브젝트 만들기

01 Rectangle Tool(▢)로 작업 도큐먼트를 클릭하여 'Width : 47mm, Height : 32mm'를 입력하여 그리고 Color 패널에서 'Fill Color : None, Stroke Color : 임의 색상'을 지정합니다. Direct Selection Tool(▷)로 드래그하여 상단 2개의 고정점을 선택하고 Control 패널의 'Corners : 21mm'를 지정하여 모서리를 둥글게 변형합니다.

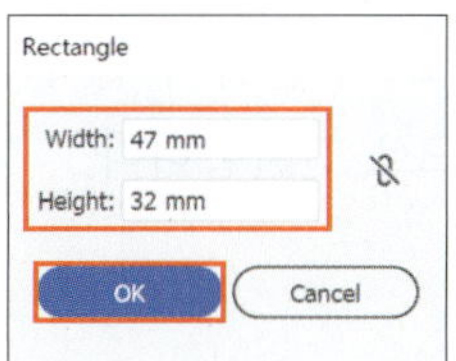
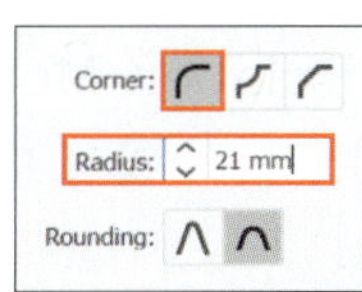
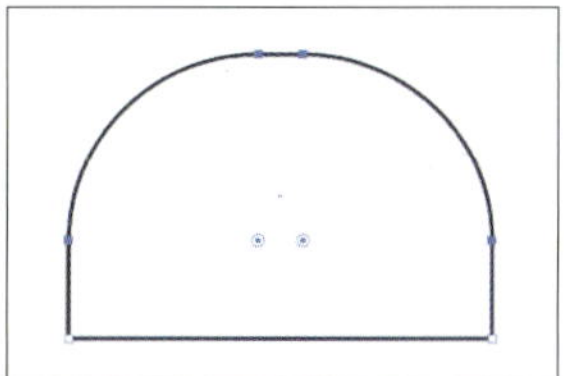

02 Selection Tool(▶)로 오브젝트를 선택하고 [Object]-[Transform]-[Move]를 선택한 후 'Horizontal : 9mm, Vertical : −1mm'를 입력하고 [Copy]를 눌러 오른쪽으로 이동하여 복사합니다. Scale Tool(⧉)을 더블 클릭하여 'Uniform : 103%'를 지정하고 [OK]를 눌러 확대 복사합니다.

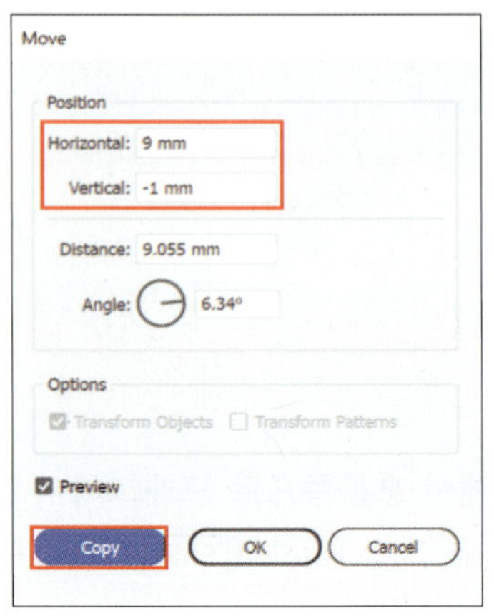 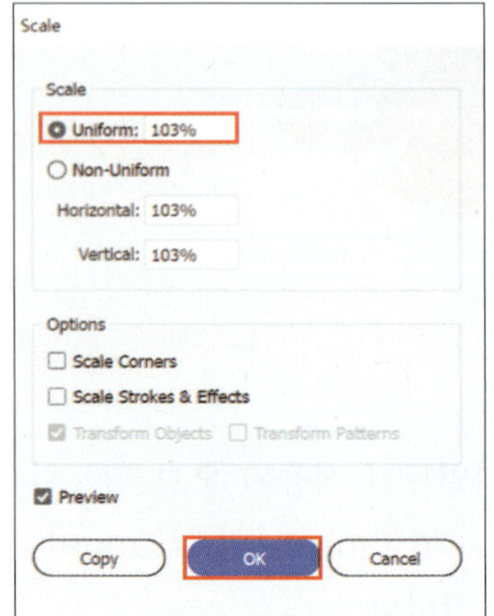 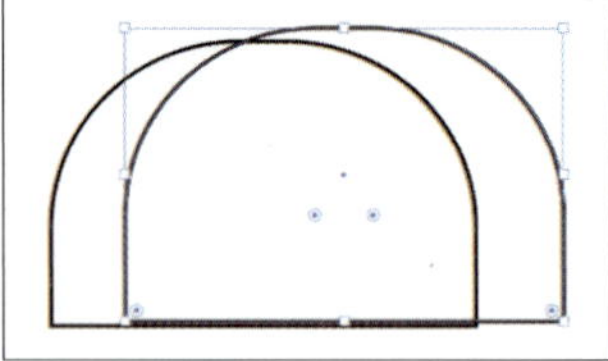

03 [Object]-[Transform]-[Move]를 선택한 후 'Horizontal : −21mm, Vertical : 0mm'를 입력하고 [Copy]를 눌러 왼쪽으로 이동하여 복사합니다. Selection Tool(▶)로 드래그하여 3개의 오브젝트를 함께 선택하고 Align 패널에서 'Vertical Align Bottom(▮▮)'를 클릭하여 하단에 정렬을 지정합니다.

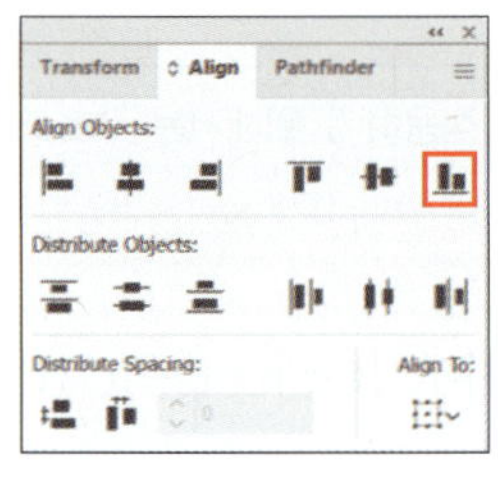 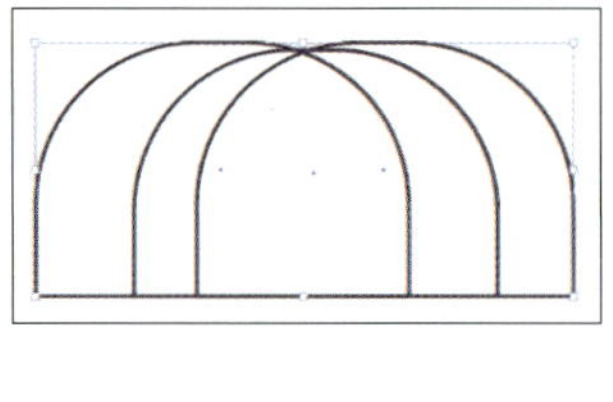

04 Direct Selection Tool(▷)로 클릭하여 고정점을 각각 선택하고 이동하여 모양을 수정합니다.

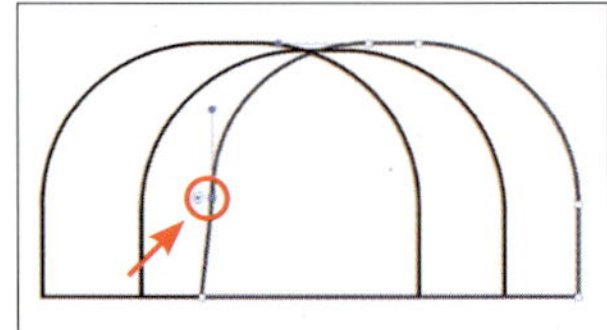 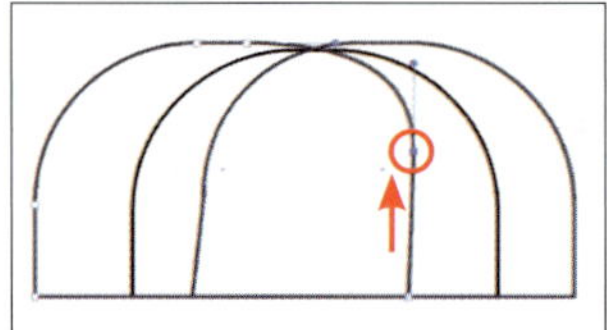

05 Selection Tool(▶)로 드래그하여 3개의 오브젝트를 함께 선택하고 Pathfinder 패널에서 'Divide(▣)'를 클릭하고 오브젝트를 더블 클릭하여 Isolation Mode로 전환합니다. 불필요한 오브젝트를 선택하고 Delete를 눌러 삭제하고 Esc를 눌러 정상 모드로 전환합니다.

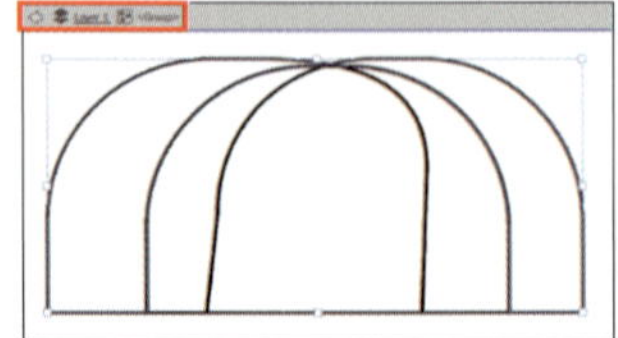 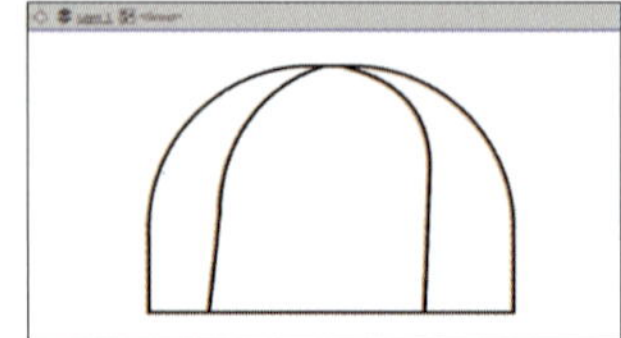

06 Direct Selection Tool()로 드래그하여 오른쪽 하단의 고정점을 선택하고 상단으로 이동한 후 모서리 안쪽의 둥근 점()을 안쪽으로 드래그하여 둥글게 변형합니다.

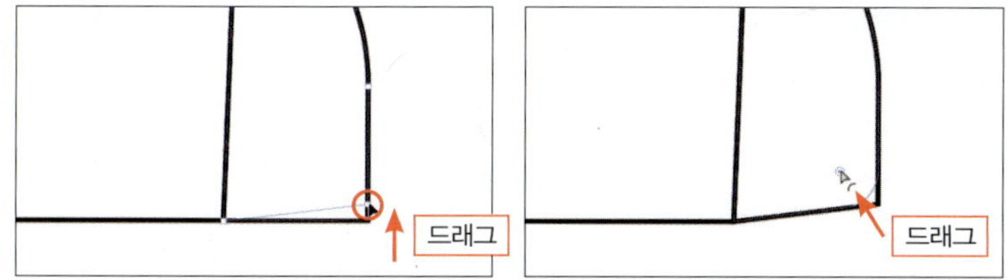

07 Pen Tool()로 드래그하여 닫힌 패스를 겹치도록 그리고 Color 패널에서 'Fill Color : 임의 색상, Stroke Color : 임의 색상'을 지정합니다. Selection Tool()로 상단의 오브젝트와 함께 선택하고 Pathfinder 패널에서 'Divide()'를 클릭하여 면을 분할합니다.

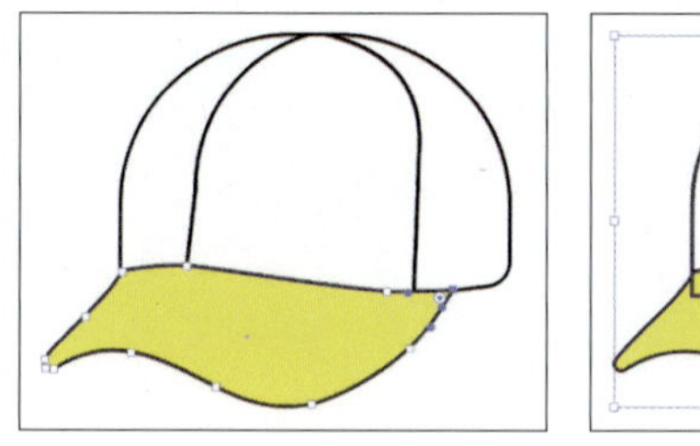
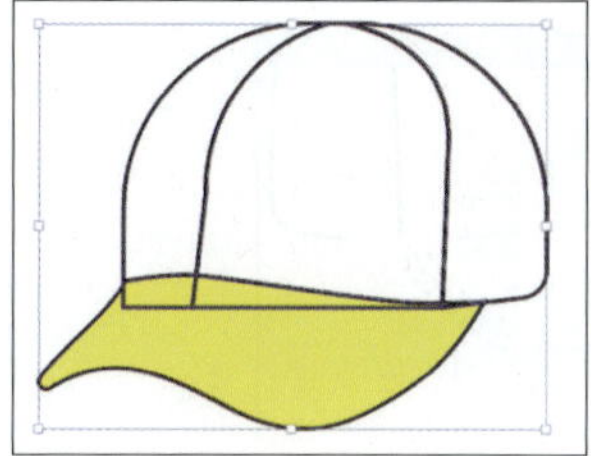

08 Selection Tool()로 오브젝트를 더블 클릭하여 Isolation Mode로 전환합니다. 병합할 오브젝트를 드래그하여 선택하고 Pathfinder 패널에서 'Unite()'를 클릭하여 합칩니다. Color 패널에서 'Fill Color : None, Stroke Color : 임의 색상'을 지정합니다.

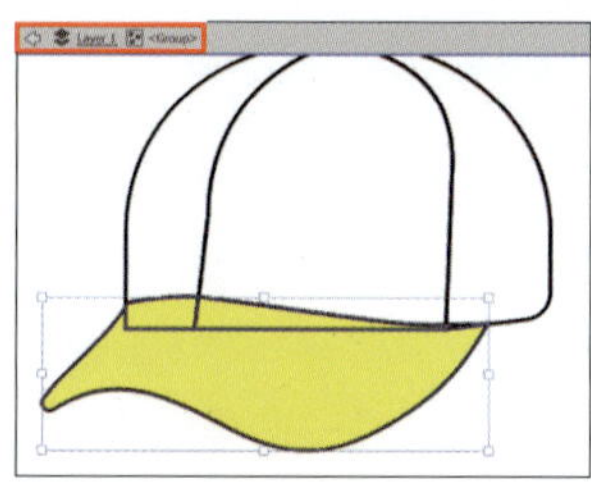
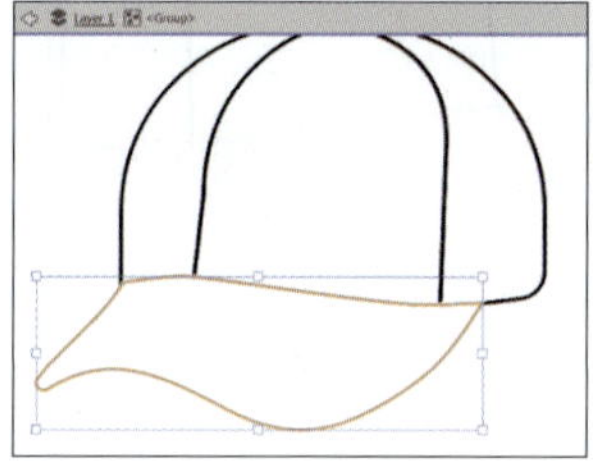

09 [Object]−[Path]−[Offset Path]를 선택한 후 대화상자에서 'Offset : −1.5mm'를 지정하여 축소된 복사본을 만듭니다. 계속해서 [Object]−[Path]−[Offset Path]를 선택한 후 'Offset : −1.2mm'와 '−1mm'를 각각 지정하여 2개의 축소된 복사본을 만듭니다. Selection Tool()로 3개의 오브젝트를 선택하고 왼쪽 상단으로 이동하여 배치합니다.

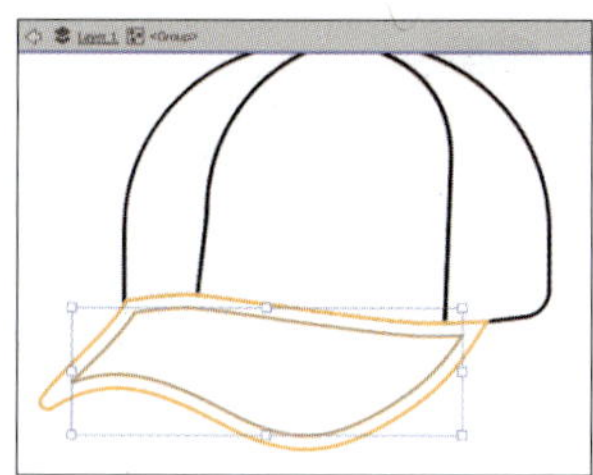
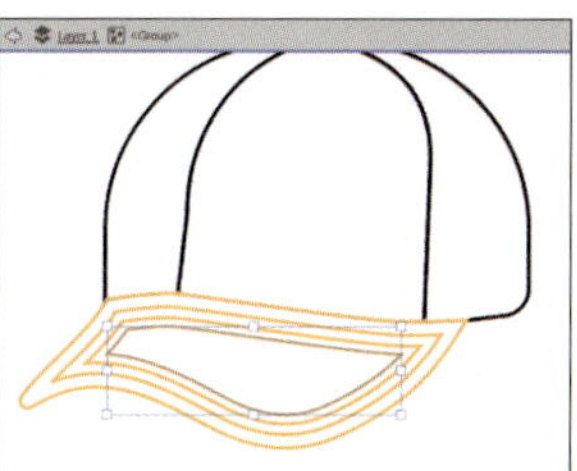
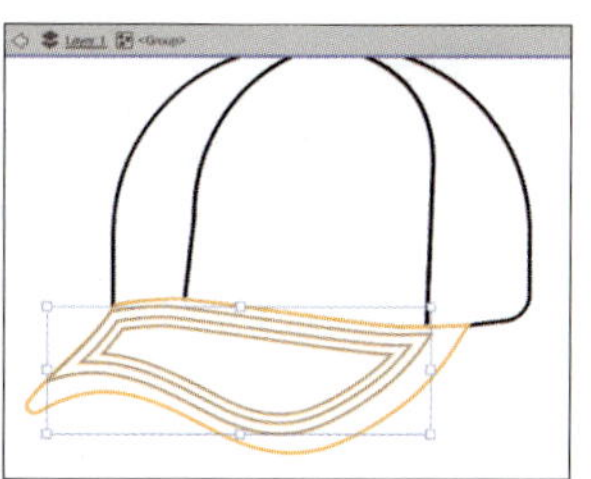

10 Direct Selection Tool(▷)로 불필요한 선분을 선택하고 [Delete]를 눌러 삭제하여 열린 패스로 만듭니다. 패스의 끝 고정점을 각각 이동하여 모양을 편집합니다.

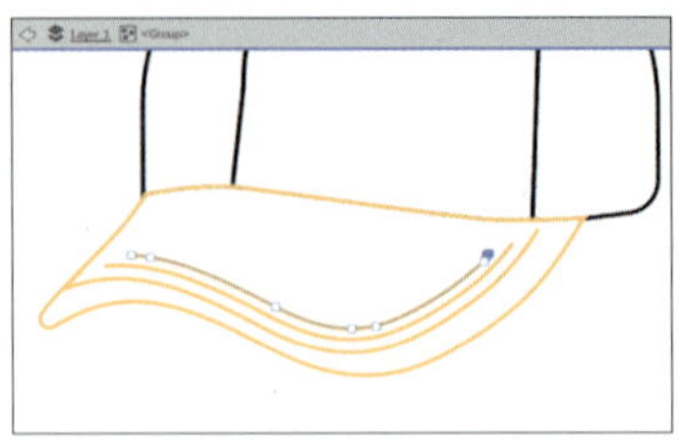 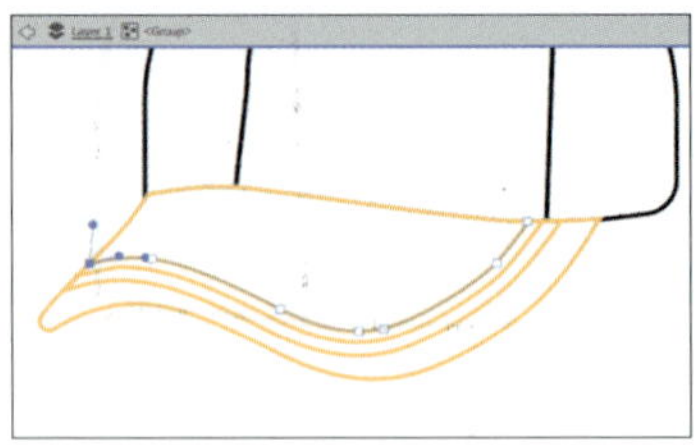

11 Selection Tool(▶)로 3개의 열린 패스를 선택하고 Color 패널에서 'Fill Color : None, Stroke Color : C30M80Y80K30'을 지정합니다. Stroke 패널에서 'Weight : 1pt, Cap : Butt Cap, Dashed Line : 체크, dash : 2pt'를 지정합니다.

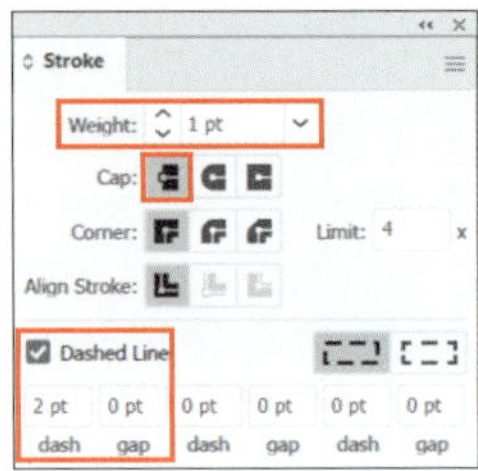 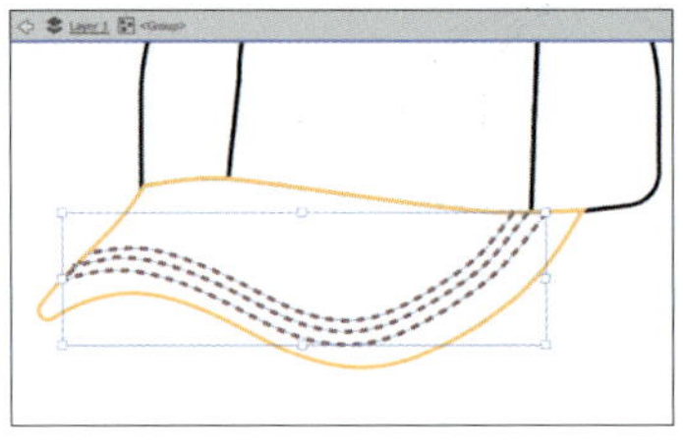

12 Pen Tool(✐)로 드래그하여 모자의 경계선을 따라 열린 패스를 겹치도록 그리고 앞서 지정한 열린 패스와 동일한 색상의 점선을 지정합니다.

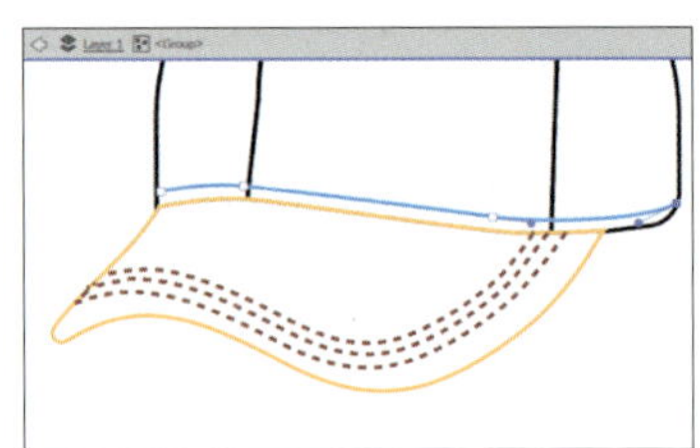 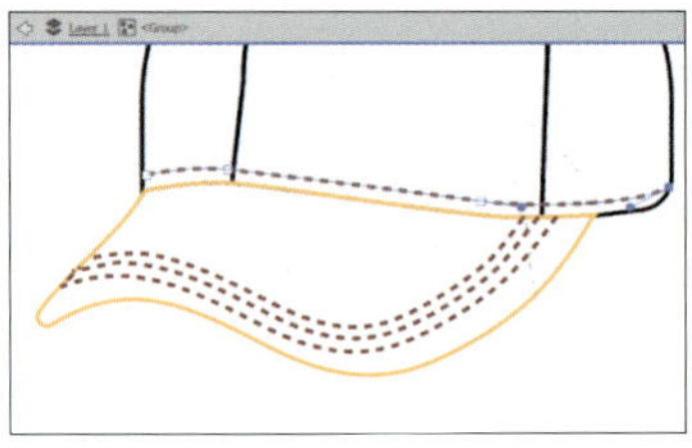

13 Rounded Rectangle Tool(▢)로 작업 도큐먼트에 드래그하여 그리고 Color 패널에서 'Fill Color : K100, Stroke Color : None'을 지정하여 상단에 배치합니다. Ellipse Tool(◯)로 [Shift]를 누른 채 드래그하여 원형 단추를 그리고 Color 패널에서 'Fill Color : None, Stroke Color : K100'을 지정한 후 Stroke 패널에서 'Weight : 2pt'를 지정합니다.

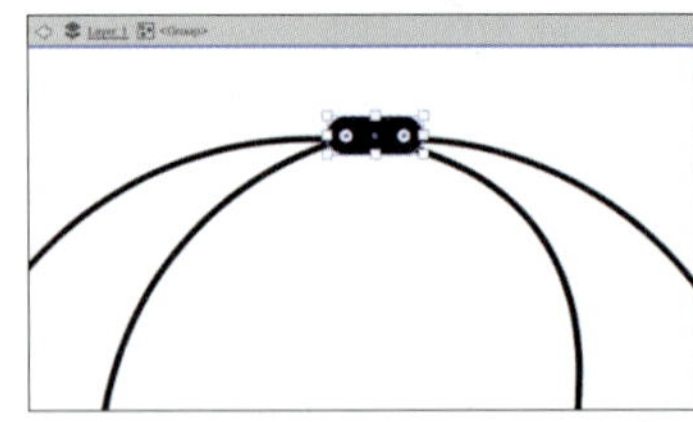  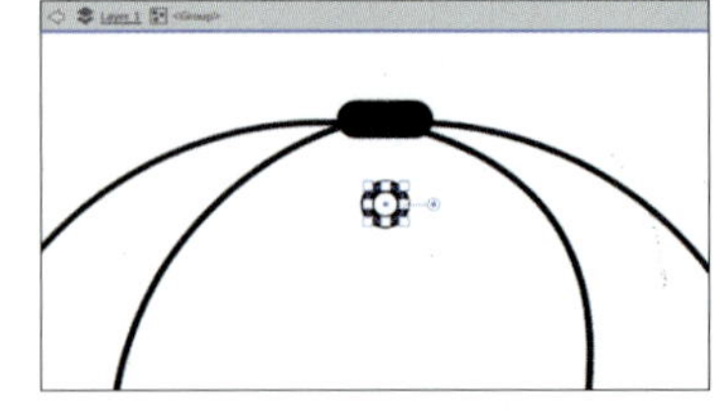

14 Scale Tool(▣)을 더블 클릭하여 'Horizontal : 70%, Vertical : 90%, Scale Strokes & Effects : 체크 해제'를 지정하고 [Copy]를 눌러 복사한 후 오른쪽으로 이동합니다. Rotate Tool(⟳)을 더블 클릭하여 'Angle : 40°'를 지정하고 [OK]를 눌러 회전하여 배치합니다.

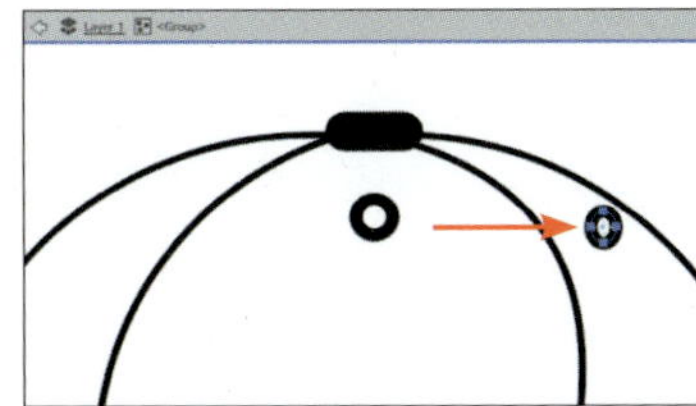
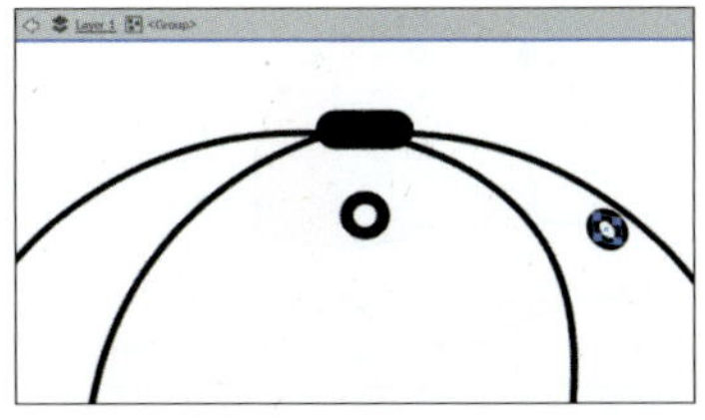

15 Reflect Tool(⊪)을 더블 클릭하여 'Axis : Vertical'을 지정하고 [Copy]를 눌러 복사하고 왼쪽으로 이동하여 배치합니다. Selection Tool(▶)로 3개의 원형 단추들을 함께 선택하고 [Object]-[Path]-[Outline Stroke]를 선택하여 선을 면으로 확장합니다.

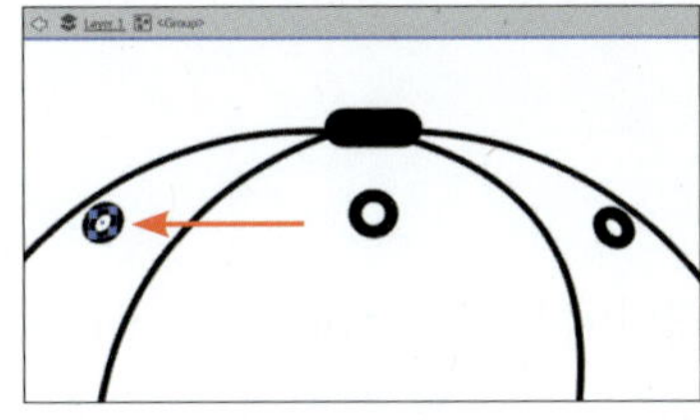
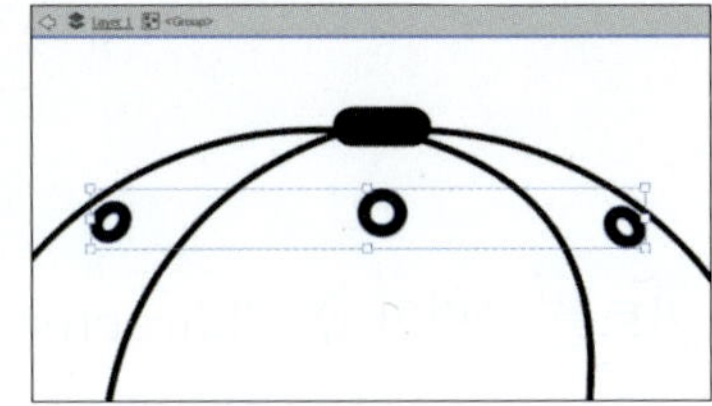

16 Selection Tool(▶)로 오른쪽 오브젝트를 선택하고 Color 패널에서 'Fill Color : M90Y80, Stroke Color : K100'을 지정하고 Stroke 패널에서 'Weight : 1pt'를 지정합니다.

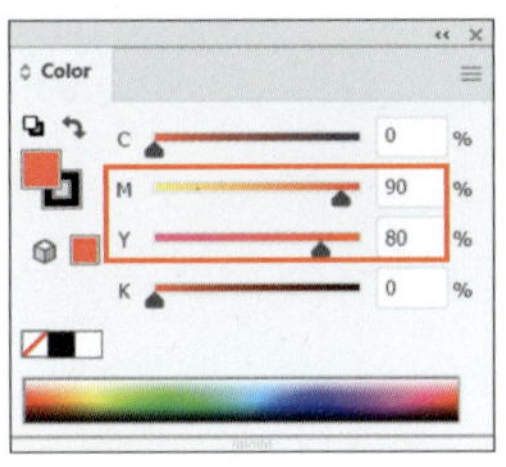
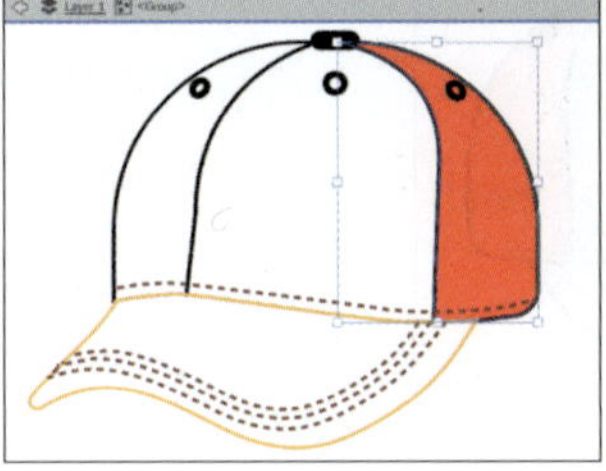

17 Selection Tool(▶)로 3개의 오브젝트를 함께 선택하여 Gradient 패널에서 'Type : Radial Gradient'를 적용하고 Gradient Slider의 왼쪽 'Color Stop'을 더블 클릭하여 C0M0Y0K0을, 오른쪽 'Color Stop'을 더블 클릭하여 K40을 적용한 후 Tool 패널 하단에서 'Stroke Color : K100'을 지정하고 Stroke 패널에서 'Weight : 1pt'를 지정합니다.

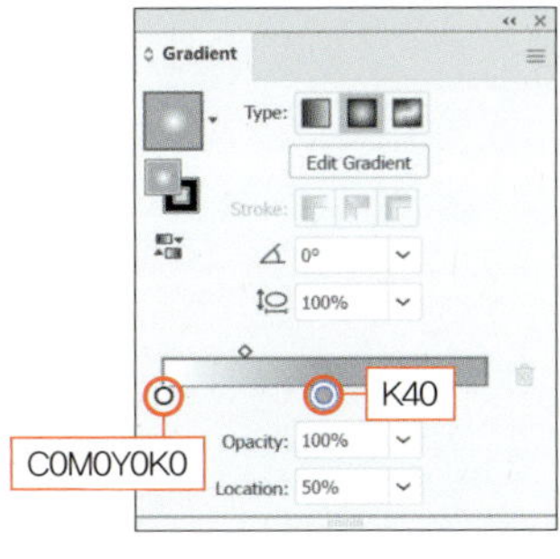
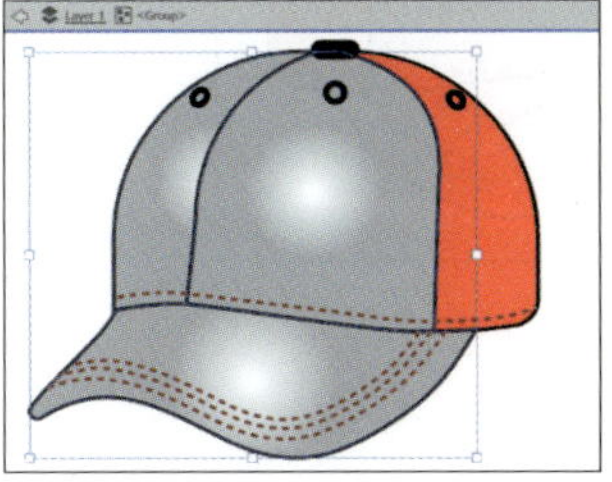

18 Gradient Tool(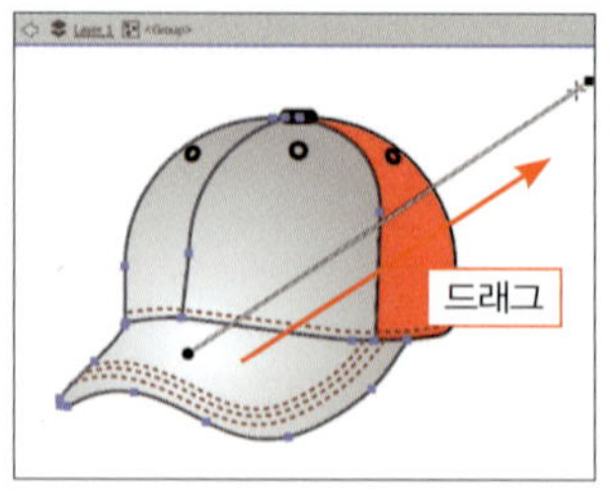)로 그라디언트가 적용된 오브젝트 중앙에서 바깥쪽으로 드래그하여 그라디언트의 모양과 분포를 지정합니다.

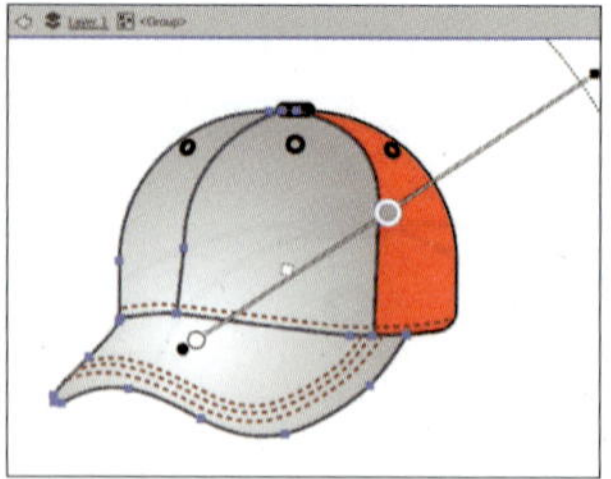

• 3개의 오브젝트에 그라디언트가 각각 독립적으로 적용되므로 《출력형태》와 동일하게 적용하기 위해서는 Gradient Tool(■)로 드래그하여 지정합니다.
• 선택된 그라디언트가 적용된 오브젝트는 Gradient Tool(■)로 작업 도큐먼트에서도 직접 편집이 가능합니다.

06 문자 입력하기

01 Type Tool(T)로 작업 도큐먼트를 클릭한 후 Character 패널에서 'Set the font family : Arial, Set the font style : Bold Italic, Set the font size : 10pt'를 설정한 후 Color 패널에서 'Fill Color : C30M80Y80K30, Stroke Color : None'을 지정하고 'Sports' 문자를 입력합니다.

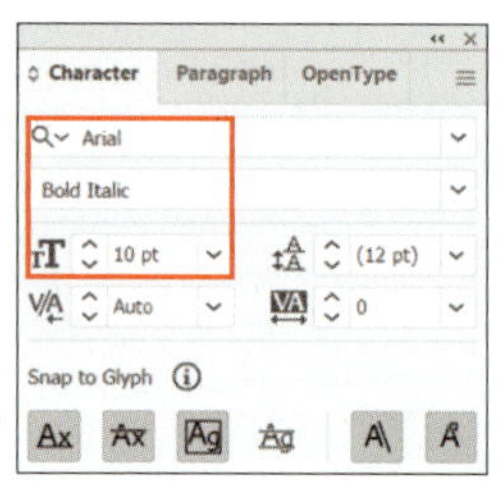

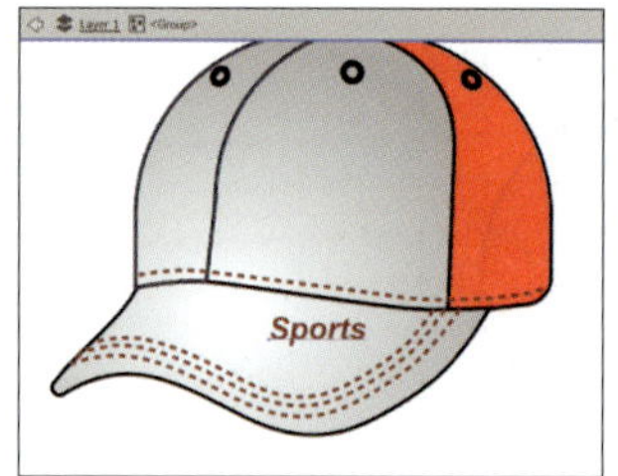

02 Selection Tool(▶)로 'Sports' 문자를 선택하고 Rotate Tool(↻)을 더블 클릭하여 'Angle : −7°'를 지정한 후 [OK]를 눌러 회전하여 배치하고 Esc 를 눌러 정상 모드로 전환합니다.

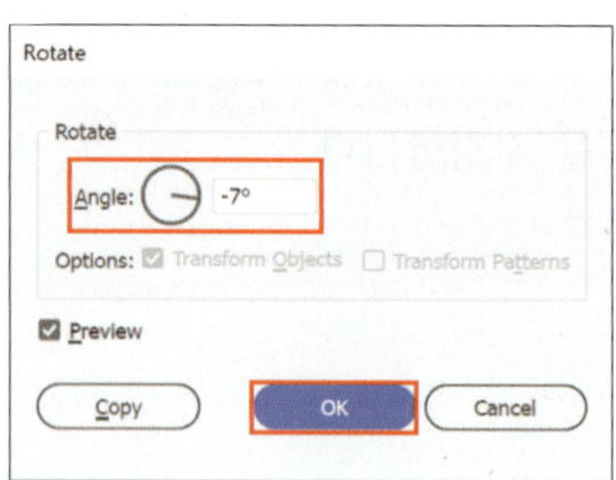

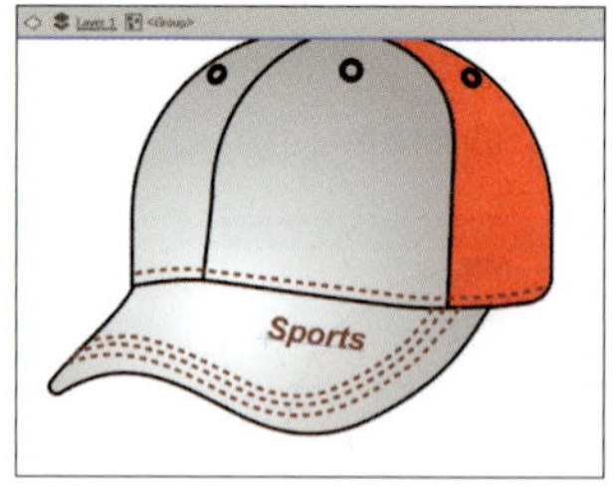

01 Selection Tool(▶)로 작업 도큐먼트 상단의 야구공과 불꽃 모양 오브젝트를 선택하고 [Edit]–[Copy](Ctrl+C)로 복사합니다. Selection Tool(▶)로 모자 오브젝트를 더블 클릭하여 Isolation Mode로 전환하고 [Edit]–[Paste](Ctrl+V)로 붙여넣기를 합니다.

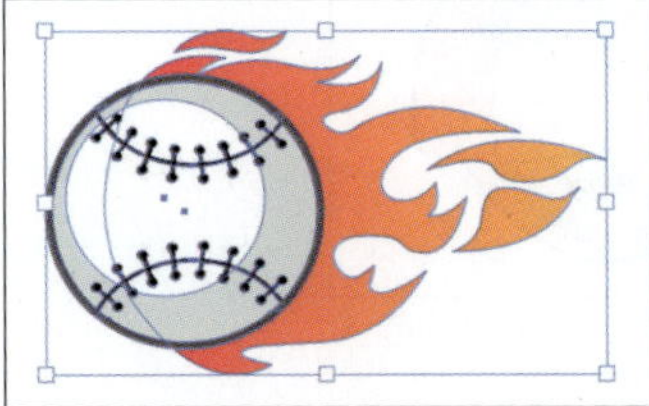 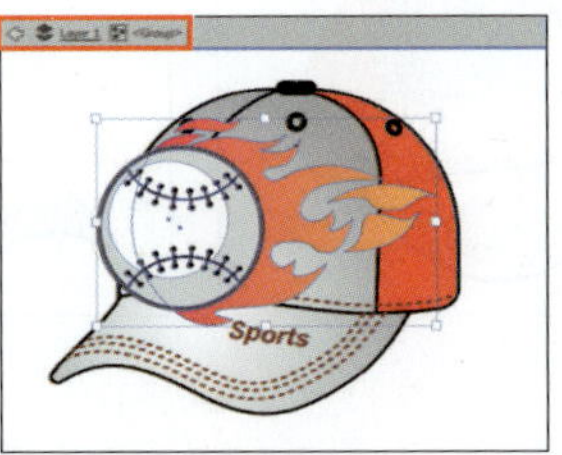

02 Scale Tool(⊞)을 더블 클릭하여 대화상자에서 'Uniform : 70%'를 지정하고 [OK]를 눌러 축소합니다. Rotate Tool(↻)을 더블 클릭하여 'Angle : −15°'를 지정하고 [OK]를 눌러 회전하고 모자 오브젝트의 상단과 겹치도록 배치합니다.

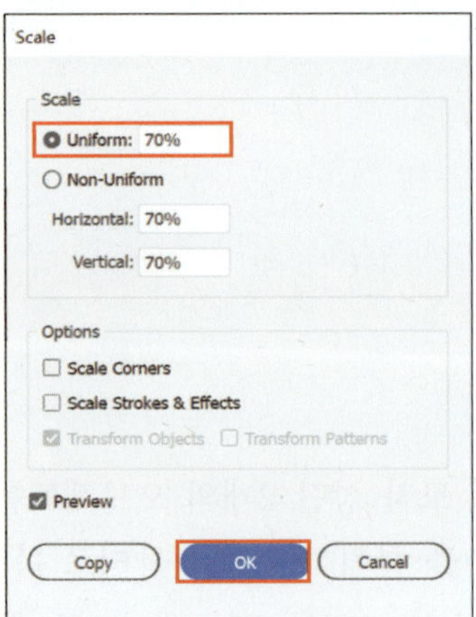 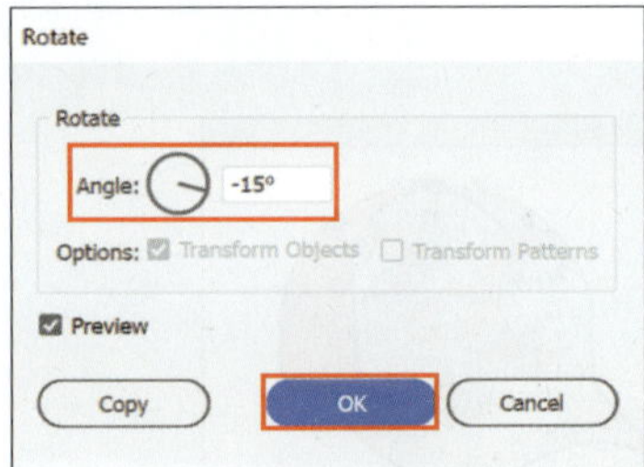 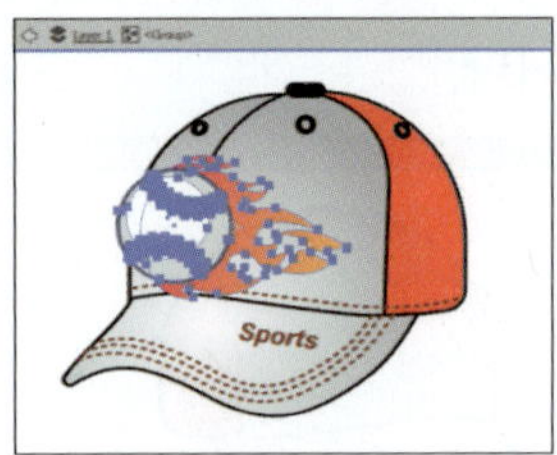

03 Rotate Tool(↻)을 더블 클릭하여 'Angle : 150°'를 지정하고 [Copy]를 눌러 회전 복사합니다. Scale Tool(⊞)을 더블 클릭하여 'Uniform : 50%'를 지정하고 [OK]를 눌러 축소하여 배치합니다.

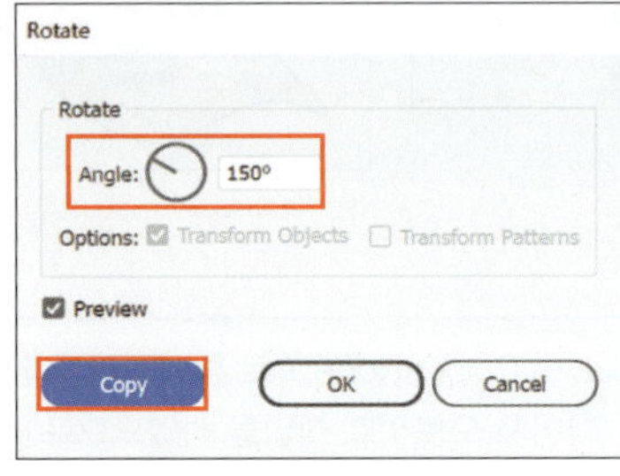 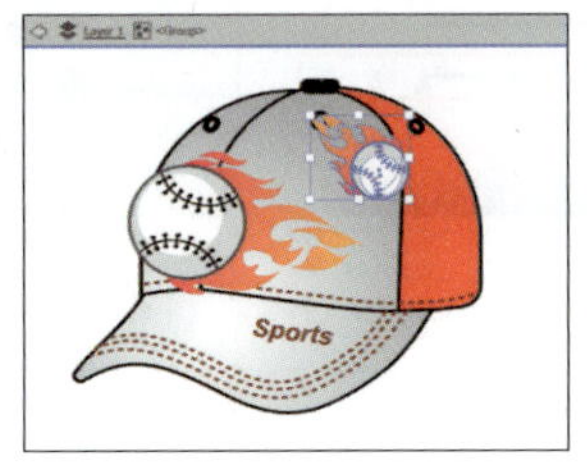

04 Group Selection Tool()로 Shift를 누른 채 그라디언트가 적용된 모자 상단 2개의 오브젝트를 선택하고 Ctrl+C로 복사합니다. 야구공 그룹 오브젝트를 선택하고 Ctrl+F로 복사한 오브젝트 앞에 붙여넣기를 하고 Pathfinder 패널에서 'Unite()'를 클릭하여 합칩니다.

야구공 그룹 오브젝트를 선택하고 Ctrl+F로 앞에 붙여넣기를 하면 선택된 오브젝트의 위쪽으로 배열이 됩니다.

05 Selection Tool()로 Shift를 누른 채 복사 및 변형된 2개의 야구공 그룹 오브젝트와 함께 선택하고 [Object]-[Clipping Mask]-[Make](Ctrl+7)를 선택하여 클리핑 마스크를 설정합니다.

06 Selection Tool()로 더블 클릭하여 그라디언트가 적용된 모자 상단 2개의 오브젝트를 선택하고 Ctrl+C로 복사합니다. 격리 모드 상단의 〈Group〉을 클릭하여 Ctrl+F로 복사한 오브젝트 앞에 붙여넣기를 하고 Color 패널에서 'Fill Color : None, Stroke Color : K100'을 지정하고 Stroke 패널에서 'Weight : 1pt'를 지정합니다.

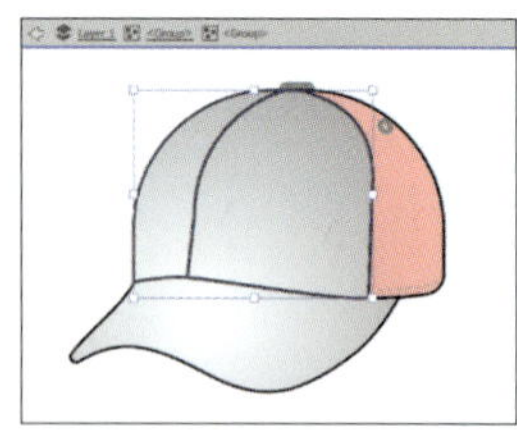
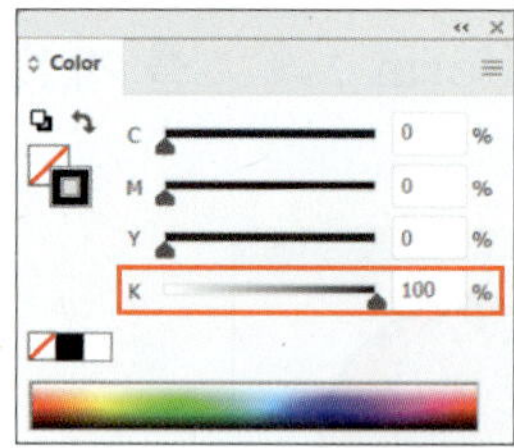
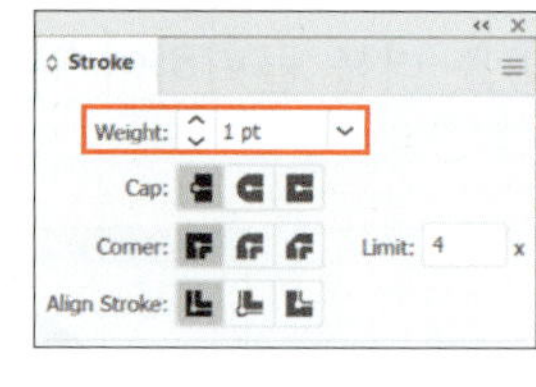
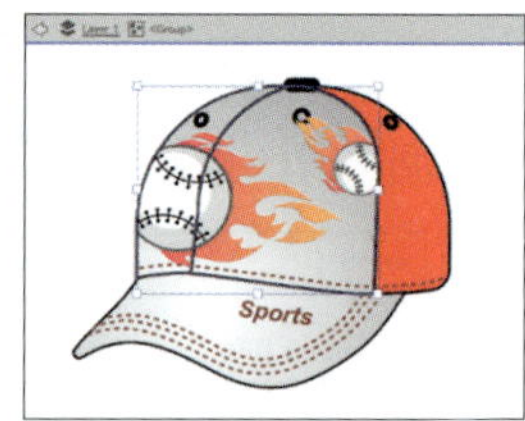

• 클리핑 마스크를 적용하면 맨 위에 배치된 오브젝트는 'Fill Color : None, Stroke Color : None'으로 투명해집니다.
• 모자 중앙의 선과 테두리에 뚜렷한 선 효과를 Isolation Mode로 전환한 후 나머지 오브젝트 작업을 하였으므로 Esc를 눌러 정상 모드로 전환하면 그룹으로 지정이 되어 있습니다.
• 야구 모자 오브젝트에 그림자 이펙트를 적용하기 위해서는 그룹으로 지정이 되어 있어야 합니다.
• 작업 과정 중 그룹에서 누락된 오브젝트가 발생하면 함께 선택하고 Ctrl+G를 눌러 그룹으로 지정합니다.

07 [Effect]-[Illustrator Effects]-[Stylize]-[Drop Shadow]를 선택하고 대화상자에서 'Opacity : 75%, X Offset : 2mm, Y Offset : 2mm, Blur : 2mm'를 지정하여 그림자 효과를 적용합니다.

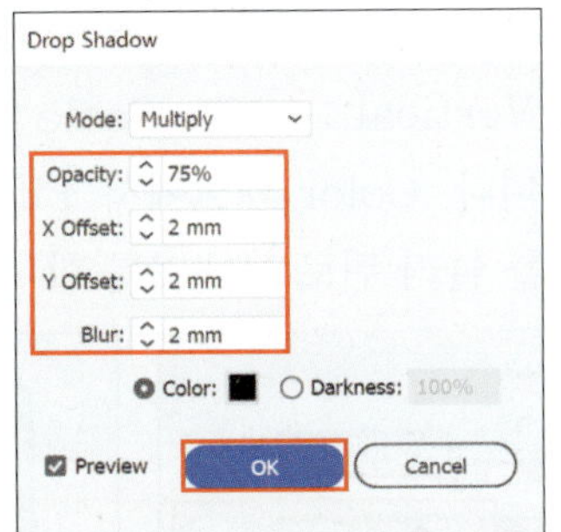

08 야구 유니폼 만들기

01 Rectangle Tool(▢)로 작업 도큐먼트를 클릭하여 'Width : 52mm, Height : 76mm'를 입력하여 그리고 Color 패널에서 'Fill Color : None, Stroke Color : 임의 색상'을 지정합니다. [Object]-[Path]-[Add Anchor Points]를 2번 연속해서 선택하고 사각형의 선분 중앙에 고정점을 각각 추가합니다.

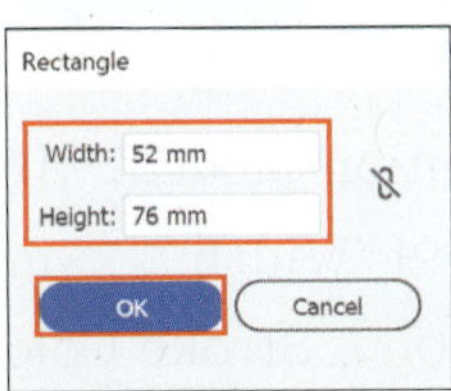

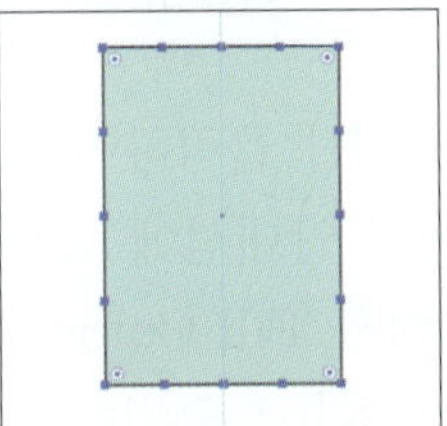

02 Direct Selection Tool(▷)로 [Shift]를 누른 채 클릭하여 상단 2개의 모서리 고정점을 선택하고 [Object]-[Transform]-[Move]를 선택한 후 'Horizontal : 0mm, Vertical : 5mm'를 입력하고 [OK]를 눌러 하단으로 이동합니다. 계속해서 Direct Selection Tool(▷)로 하단 중앙의 3개의 고정점을 선택하여 [Object]-[Transform]-[Move]를 선택한 후 'Horizontal : 0mm, Vertical : 11mm'를 입력하고 이동합니다.

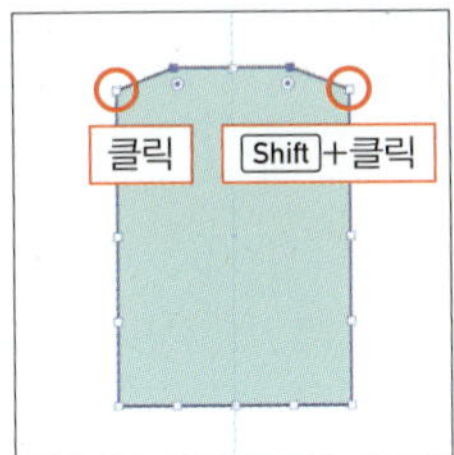

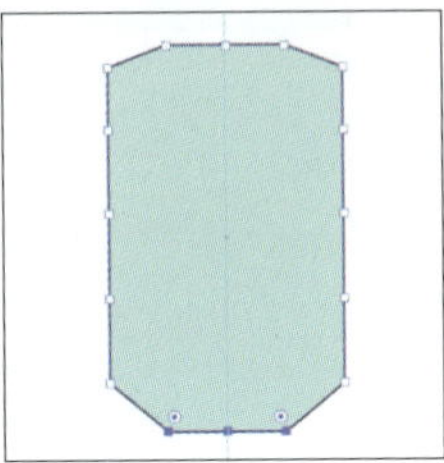

03 Direct Selection Tool(▷)로 하단 모서리 고정점을 각각 선택하고 바깥쪽으로 이동하여 모양을 변형합니다. 계속해서 Direct Selection Tool(▷)로 드래그하여 하단 중앙의 3개의 고정점을 선택하고 Control 패널의 'Corners : 10mm'를 지정하여 모서리를 둥글게 변형합니다.

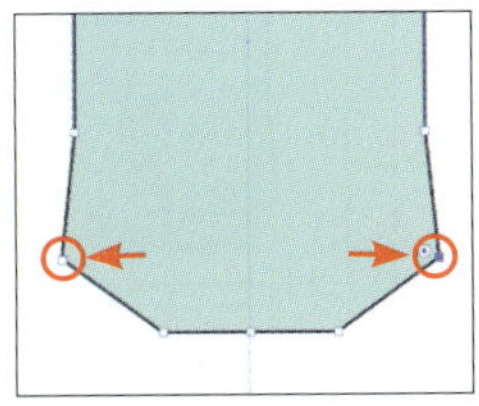
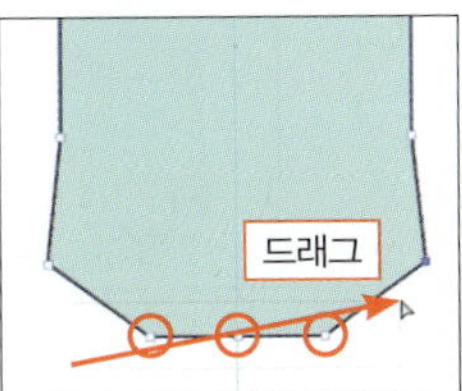

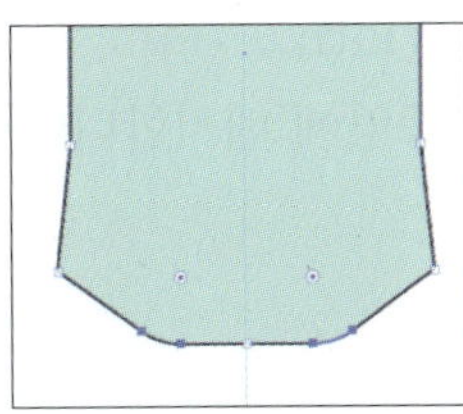

04 Selection Tool(▶)로 선택하여 **Alt**를 누른 채 Scale Tool(⊡)의 상단 선분에 클릭하여
'Horizontal : 100%, Vertical : 105%, Scale Strokes & Effects : 체크 해제'를 지정하고
[Copy]를 눌러 복사합니다. Color 패널에서 'Fill Color : Y20K30, Stroke Color : None'
을 지정하고 **Ctrl**+**[**를 눌러 뒤로 보내기를 합니다.

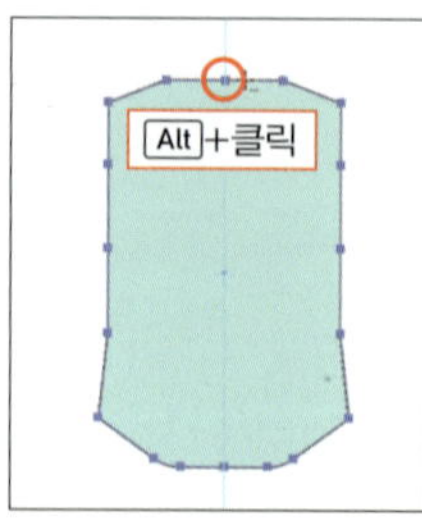

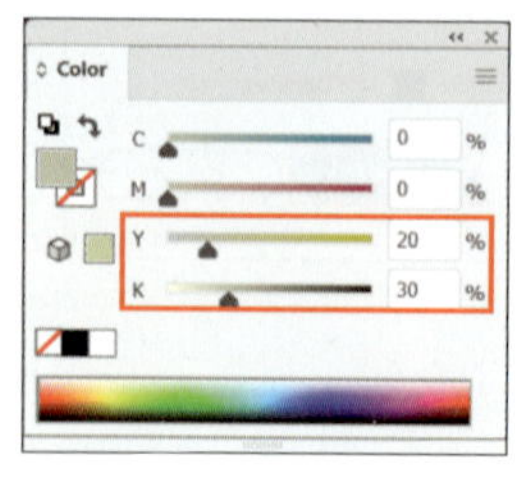

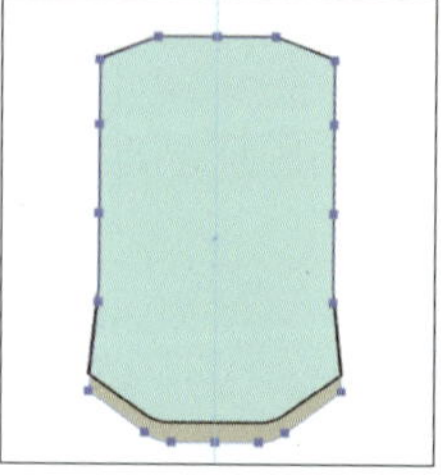

05 Direct Selection Tool(▷)로 드래그하여 하
단 중앙의 5개의 고정점을 선택하고 Scale Tool
(⊡)을 더블 클릭하여 'Horizontal : 130%,
Vertical : 100%'를 지정하고 [OK]를 클릭합니다.

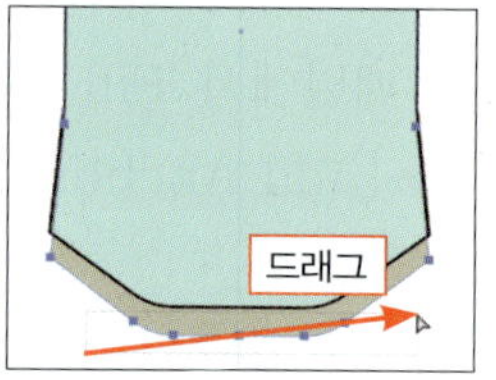

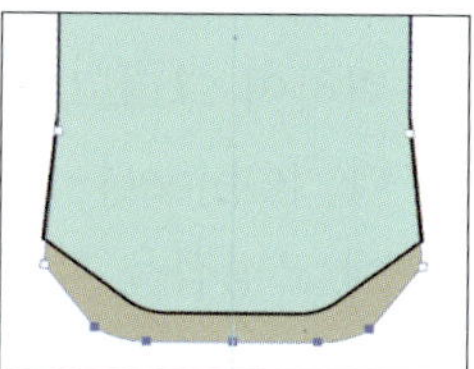

06 Selection Tool(▶)로 앞쪽에 배치된 오브젝트를 더블 클릭하여 Isolation Mode로 전환합
니다. Ellipse Tool(◯)로 **Alt**를 누른 채 수직의 안내선에 클릭하여 'Width : 19mm,
Height : 25mm'를 입력하여 그리고 Color 패널에서 'Fill Color : None, Stroke Color :
임의 색상'을 지정합니다. Direct Selection Tool(▷)로 클릭하여 하단 고정점을 선택하고
Scale Tool(⊡)을 더블 클릭하여 'Uniform : 40%'를 지정하고 [OK]를 클릭합니다.

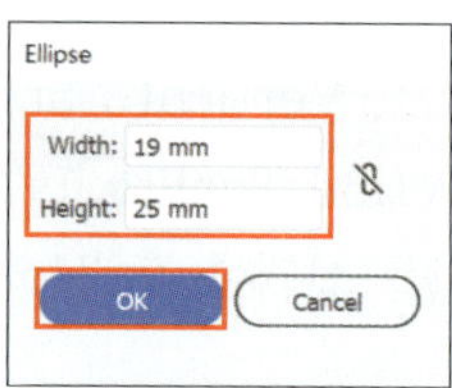

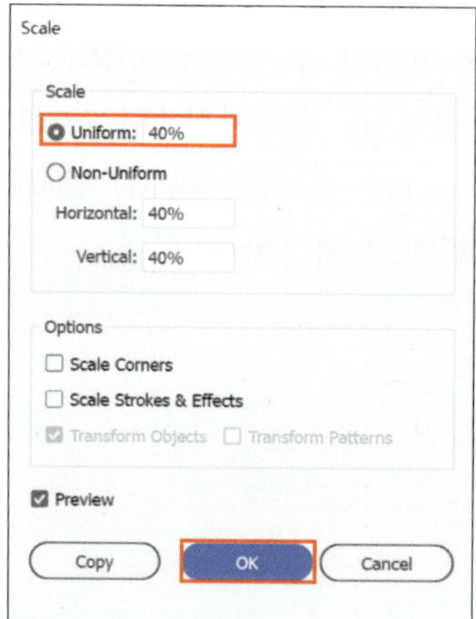

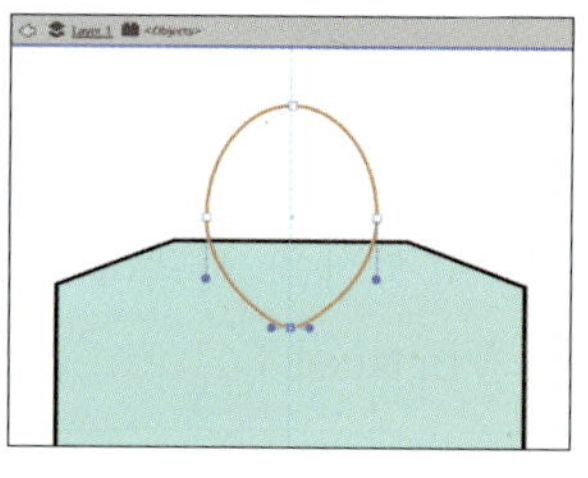

07 Selection Tool(▶)로 선택하고 [Object]−[Path]−
[Offset Path]를 선택한 후 'Offset : 6mm'를 지정하
여 확대된 복사본을 만듭니다. Rectangle Tool(▢)로
작업 도큐먼트를 클릭하여 'Width : 7mm, Height :
75mm'를 입력하여 그리고 중앙에 배치합니다.

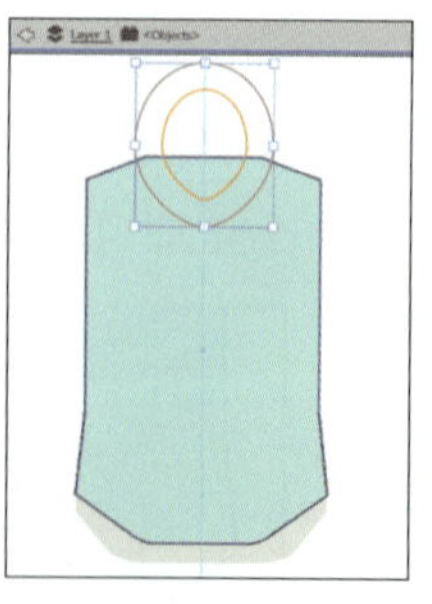

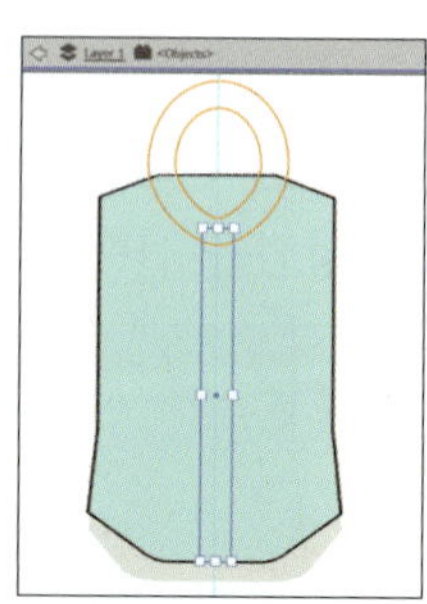

- Pathfinder 패널에서 'Divide(▣)'를 지정하고 면을 분할하기 위해서는 충분히 겹치도록 배치합니다.
- 옷 모양 오브젝트와 사각형을 함께 선택하고 Align 패널에서 'Vertical Align Bottom(▣)'를 클릭하여 하단에 정렬을 지정합니다.

08 Pen Tool(✐)로 드래그하여 열린 패스를 겹치도록 그리고 배치합니다. Direct Selection Tool(▷)로 드래그하여 상단 모서리 고정점을 선택하고 Control 패널의 'Corners : 6mm'를 지정하여 모서리를 둥글게 변형합니다. Selection Tool(▶)로 선택하고 Reflect Tool(◁▷)을 Alt 를 누른 채 수직의 안내선에 클릭하여 'Axis : Vertical'을 지정하고 [Copy]를 눌러 복사하여 배치합니다.

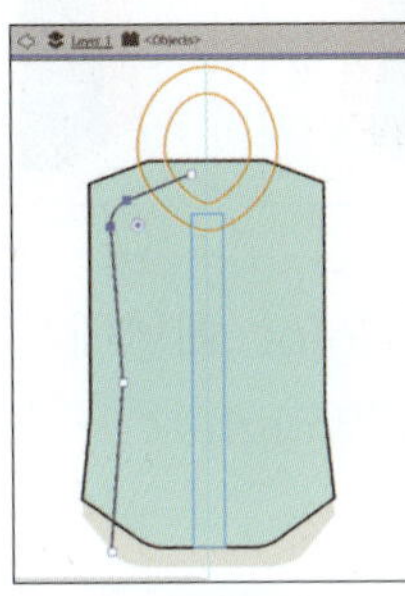
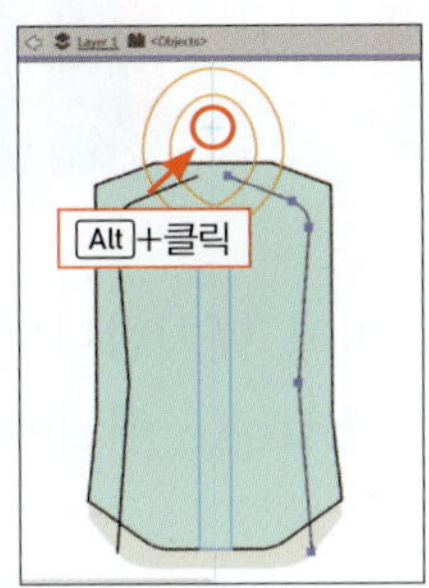

09 Ctrl + A 를 눌러 모두 선택하고 Pathfinder 패널에서 'Divide(▣)'를 클릭하여 면을 분할합니다. Selection Tool(▶)로 상단을 드래그하여 불필요한 오브젝트를 선택하고 Delete 를 눌러 삭제합니다. 계속해서 병합할 4개의 오브젝트를 함께 선택하고 'Unite(▣)'를 클릭하여 합칩니다.

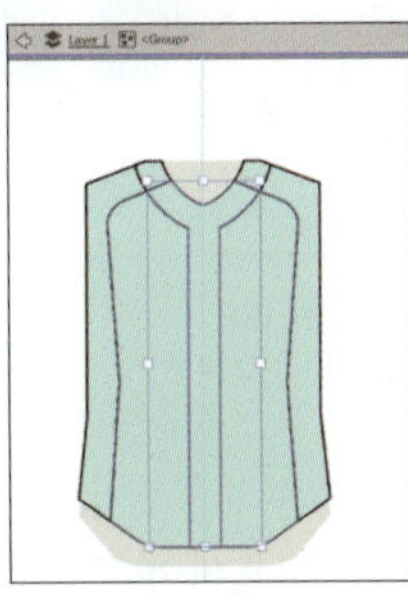

Shift 를 누른 채 클릭하여 오브젝트를 다중 선택하거나 Ctrl + Y 를 눌러 '윤곽선 보기'를 하고 드래그하여 선택할 수 있습니다.

10 Direct Selection Tool(▷)로 Shift 를 누른 채 클릭하여 2개의 모서리 고정점을 선택하고 Control 패널의 'Corners : 7mm'를 지정하여 모서리를 둥글게 변형합니다. 상단부의 고정점들도 선택하여 모서리를 둥글게 변형합니다.

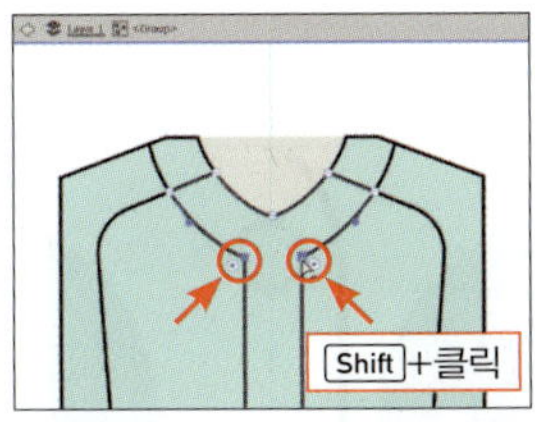

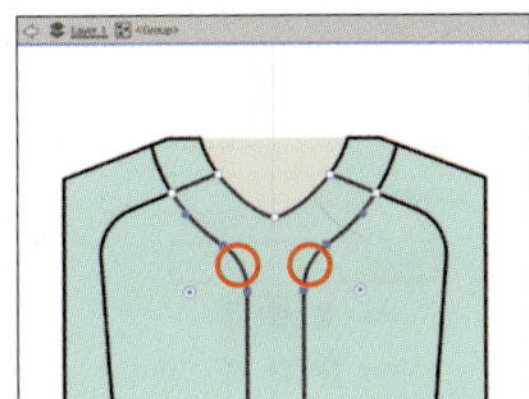
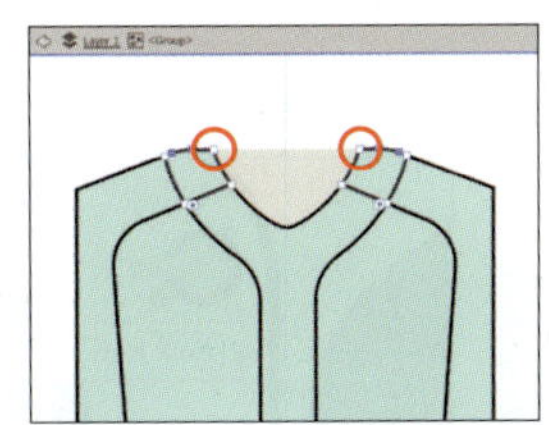

Direct Selection Tool(▷)로 고정점을 선택하면 모서리 안쪽의 둥근 점(⊙)을 안쪽으로 드래그하여 모서리를 둥글게 변형합니다.

11 Selection Tool(▶)로 오브젝트를 순서대로 선택하고 Color 패널에서 'Fill Color : M60Y60, M80Y80, C80M90Y80, C0M0Y0K0, Stroke Color : None'을 각각 지정합니다.

 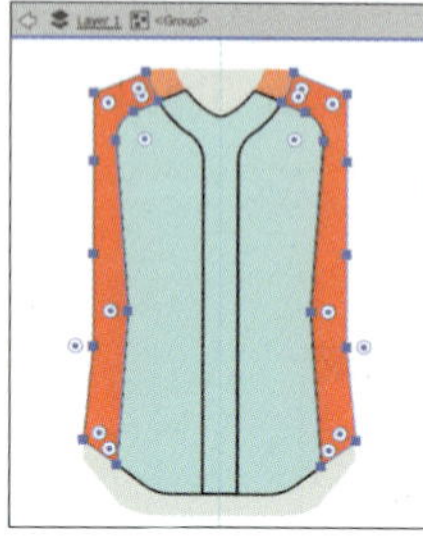  

12 Pen Tool(✐)로 열린 패스를 그리고 배치합니다. Color 패널에서 'Fill Color : None, Stroke Color : K100'을 지정하고 Stroke 패널에서 'Weight : 1pt'를 지정한 후 Esc 를 눌러 정상 모드로 전환합니다.

- Shift 를 누른 채 드래그하면 핸들을 수평 또는 수직으로 제어할 수 있습니다.
- Shift 를 누르고 클릭하면 수평선 또는 수직선을 그릴 수 있습니다.

13 Ellipse Tool(◯)로 Alt 와 Shift 를 누른 채 수직의 안내선에 드래그하여 정원을 그리고 Color 패널에서 'Fill Color : Y10K20, Stroke Color : K100'을 지정하고 Stroke 패널에서 'Weight : 1pt'를 지정합니다. Line Segment Tool(╱)로 Shift 를 누른 채 드래그하여 수평선을 그리고 Color 패널에서 'Fill Color : None, Stroke Color : Y20K30'을 지정합니다. Stroke 패널에서 'Weight : 2pt, Cap : Round Cap'을 지정한 후 [Object]-[Path]-[Outline Stroke]를 선택하여 선을 면으로 확장하고 Ctrl +[를 눌러 뒤로 보내기를 합니다.

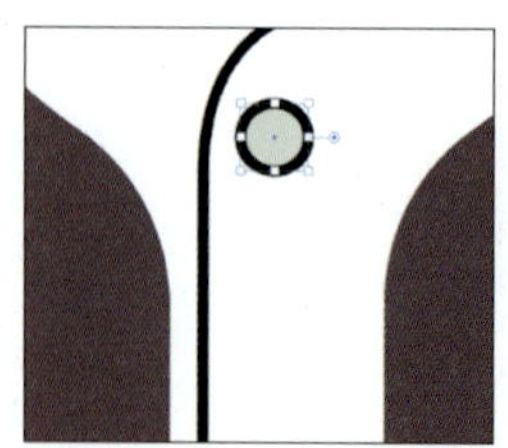 

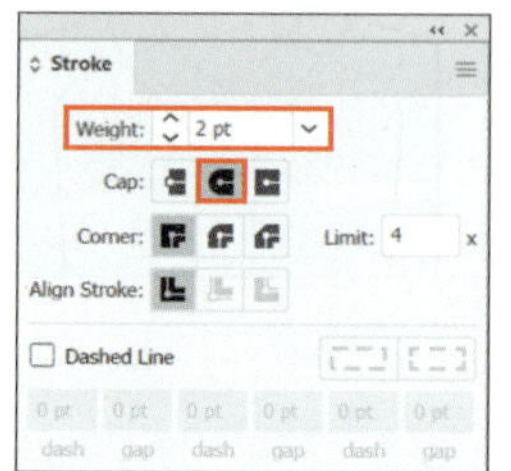

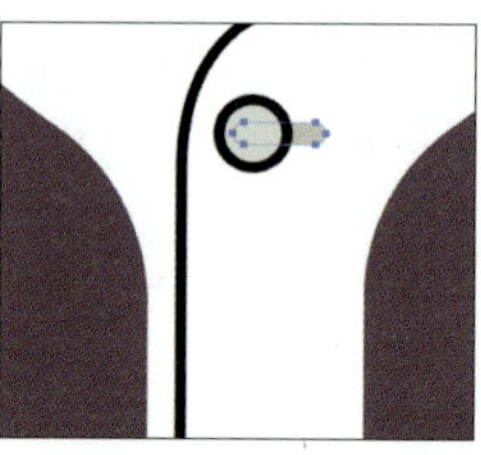

Alt 와 Shift 를 누른 채 드래그하여 중앙에서부터 정원을 그릴 수 있습니다.

14 Selection Tool(▶)로 정원과 함께 선택하고 Ctrl + G 를 눌러 그룹을 지정합니다. [Object]–[Transform]–[Move]를 선택한 후 'Horizontal : 0mm, Vertical : 10mm'를 입력하고 [Copy]를 눌러 아래쪽으로 이동하여 복사합니다. [Object]–[Transform]–[Transform Again](Ctrl + D)을 4번 선택하여 일정한 간격으로 반복하며 복사합니다.

Isolation Mode로 전환하면 해당 오브젝트만을 격리하므로 선택 및 편집이 용이합니다.

15 Rectangle Tool(■)로 작업 도큐먼트를 클릭하여 'Width : 18mm, Height : 34mm'를 입력하여 그리고 Color 패널에서 'Fill Color : M80Y80, Stroke Color : None'을 지정합니다. Line Segment Tool(╱)로 Shift 를 누른 채 드래그하여 수평선을 그리고 Color 패널에서 'Fill Color : None, Stroke Color : 임의 색상'을 지정합니다. Selection Tool(▶)로 Alt 를 누른 채 드래그하여 하단으로 복사 후 배치합니다.

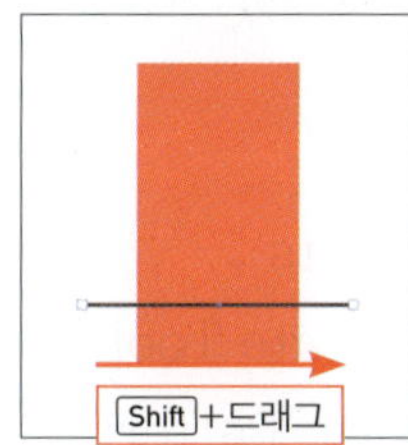

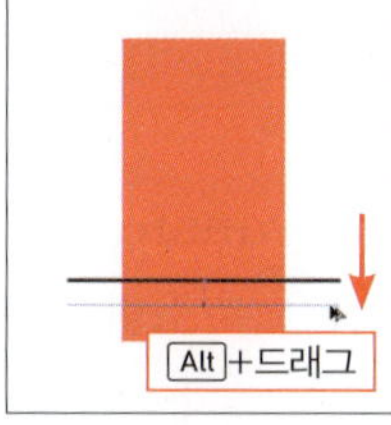

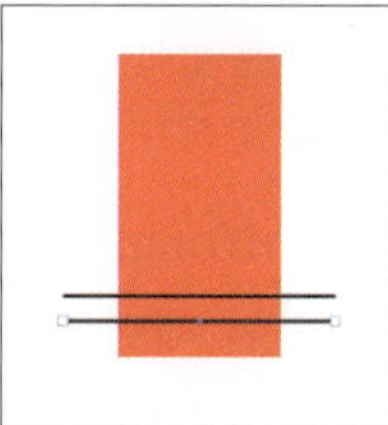

16 Selection Tool(▶)로 드래그하여 3개의 오브젝트를 선택하고 Pathfinder 패널에서 'Divide(▣)'를 클릭합니다. 더블 클릭하여 Isolation Mode로 전환하고 오브젝트를 순서대로 선택하고 Color 패널에서 'Fill Color : Y10K10, C80M90Y80, Stroke Color : None'을 각각 지정한 후 Esc 를 눌러 정상 모드로 전환합니다.

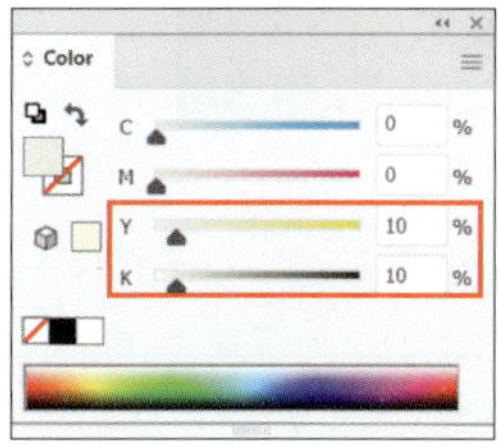
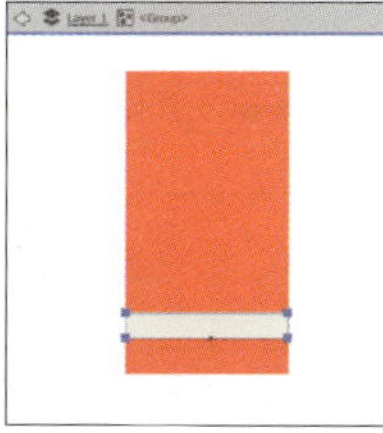
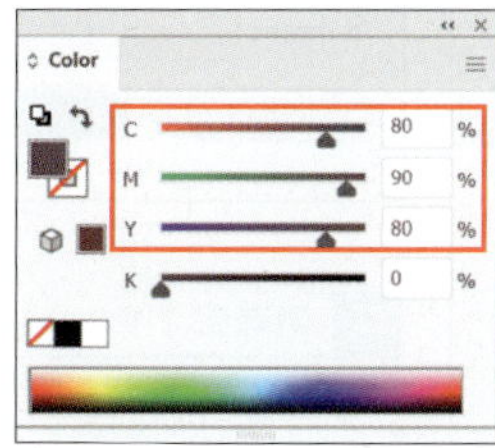
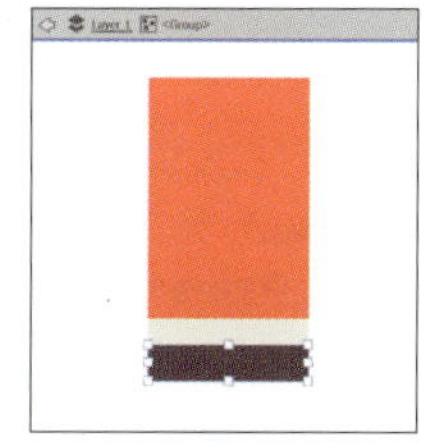

17 Rotate Tool(⟳)을 더블 클릭하여 대화 상자에서 'Angle : −45°'를 지정하고 [OK]를 눌러 회전합니다. Shift + Ctrl +[]를 눌러 맨 뒤로 보내기를 하고 배치합니다.

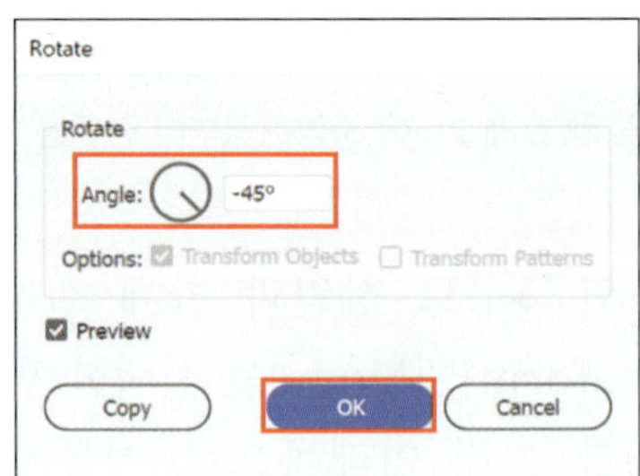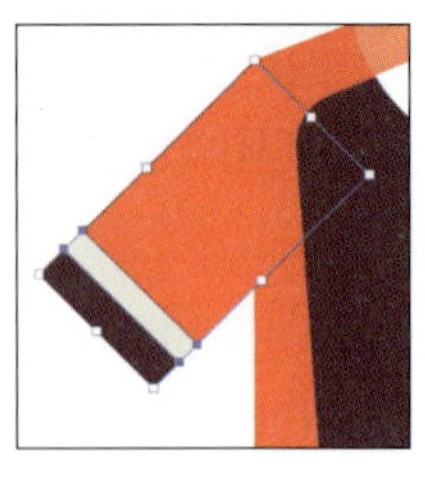

09 패턴 적용 및 변형하기

01 Selection Tool(▶)로 오브젝트를 더블 클릭하여 Isolation Mode로 전환하고 패턴을 적용할 왼쪽 팔 모양 오브젝트를 선택합니다. Ctrl + C로 복사하고 Ctrl + F로 복사한 오브젝트 앞에 붙여넣기를 합니다. Swatches 패널에서 등록된 Trophy 패턴을 클릭하여 Fill Color에 적용합니다.

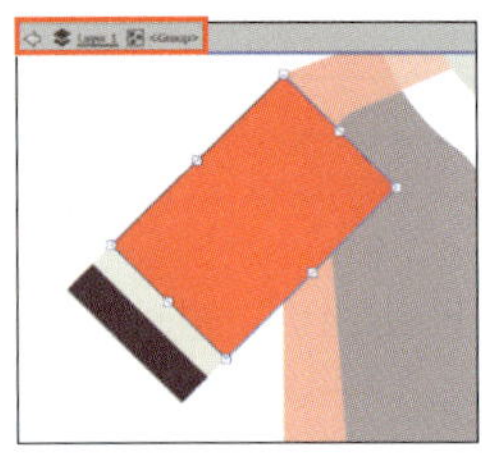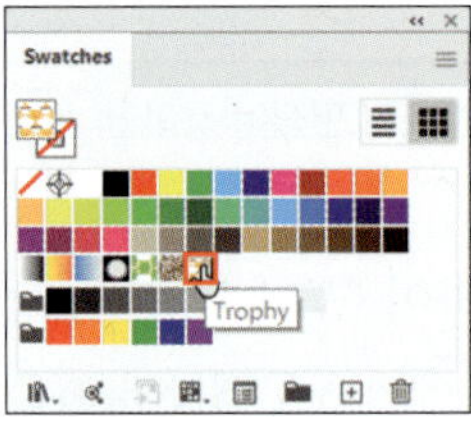

🚩 기적의 TIP

패턴으로 정의한 원래 오브젝트의 위치에 따라 적용된 패턴의 위치는 다를 수 있습니다. [Object]–[Transform]–[Move]를 선택하고 [Move] 대화상자에서 'Transform Objects : 체크 해제, Transform Patterns : 체크, Preview : 체크'를 지정하고 Horizontal과 Vertical의 수치를 조절하여 위치를 맞춰 줍니다.

02 Scale Tool(⊡)을 더블 클릭하고 'Uniform : 20%, Transform Objects : 체크 해제, Transform Patterns : 체크'를 지정하여 패턴의 크기만을 축소합니다. Rotate Tool(⟳)을 더블 클릭하여 'Angle : 45°, Transform Objects : 체크 해제, Transform Patterns : 체크'를 지정하고 [OK]를 눌러 패턴만 회전한 후 Esc 를 눌러 정상 모드로 전환합니다.

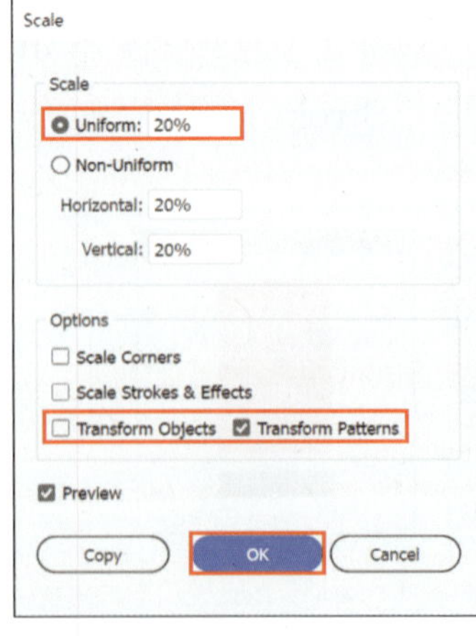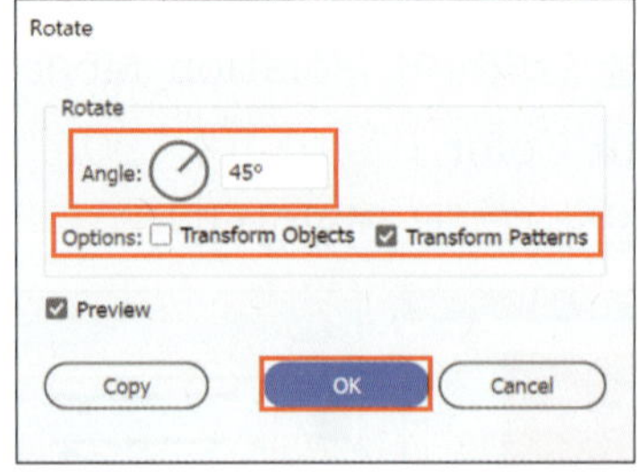

🚩 기적의 TIP

오브젝트에 적용된 패턴의 크기, 각도만을 조절할 때는 반드시 'Transform Objects : 체크 해제, Transform Patterns : 체크'를 지정해야 합니다.

03 Selection Tool()로 유니폼의 팔 부분 오브젝트를 선택하고 Reflect Tool(▷◁)을 Alt 를 누른 채 수직의 안내선에 클릭하여 'Axis : Vertical, Transform Objects : 체크, Transform Patterns : 체크'를 지정하고 [Copy]를 눌러 복사하여 배치합니다.

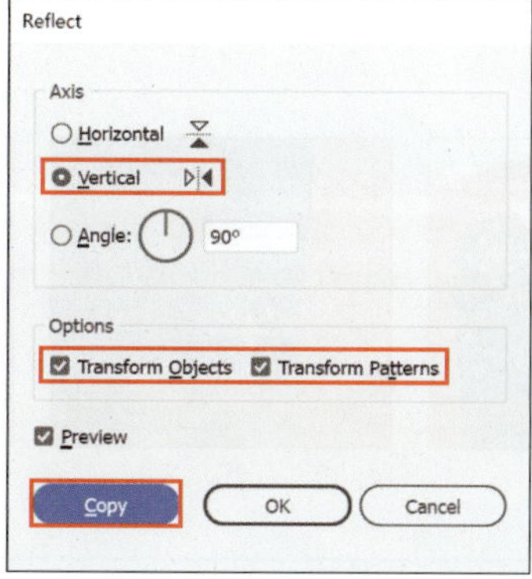

'Transform Objects : 체크, Transform Patterns : 체크'를 지정해야 팔 부분 오브젝트의 모양과 함께 패턴도 같이 변형이 됩니다.

---

⑩ 불투명도 적용하기

01 Selection Tool(▶)로 트로피 오브젝트를 선택하고 Ctrl + C 를 눌러 복사하고 Ctrl + V 를 눌러 붙여넣기를 합니다. Pathfinder 패널에서 'Unite(■)'를 클릭하여 합친 후 Color 패널에서 'Fill Color : M40Y100, Stroke Color : None'을 지정합니다.

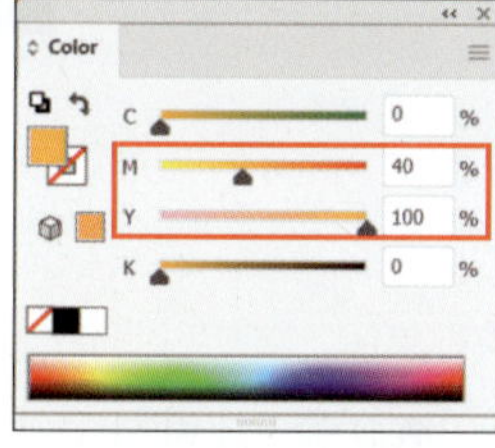

02 Scale Tool(▣)을 더블 클릭하고 'Uniform : 55%, Transform Objects : 체크, Transform Patterns : 체크 해제'를 지정하여 크기를 축소합니다. Transparency 패널에서 'Opacity : 60%'를 지정하여 오브젝트의 불투명도를 조절하고 유니폼의 왼쪽 하단부에 배치합니다.

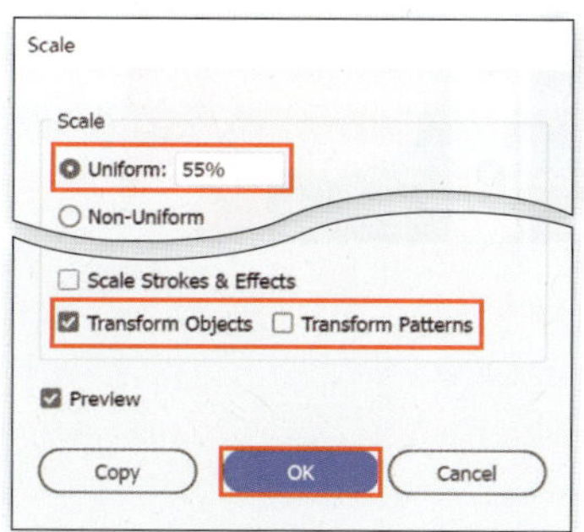
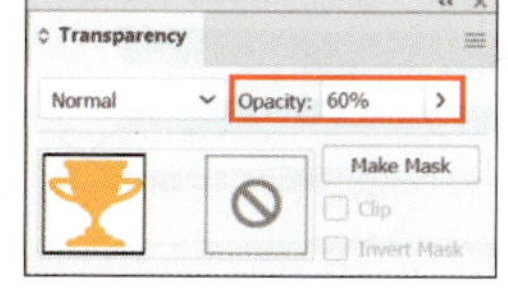

03 Selection Tool(▶)로 트로피 오브젝트의 왼쪽 하이라이트 모양 오브젝트를 선택하고 [Ctrl]
+[C]를 눌러 복사하고 [Ctrl]+[V]를 눌러 붙여넣기를 합니다. Color 패널에서 'Fill Color :
M40Y100, Stroke Color : None'을 지정하고 배치합니다. [Ctrl]+[C]를 눌러 복사하고 [Ctrl]
+[V]를 2번 눌러 붙여넣기를 한 후 Selection Tool(▶)로 바운딩 박스를 조절하여 축소 및
회전한 후 배치합니다.

> **기적의 TIP**
>
> • 바운딩 박스 테두리의 점을 드래그하여 크기 조절, 모서리 밖을 드래그하여 회전할 수 있습니다.
> • Selection Tool(▶)로 오브젝트를 선택한 후 바운딩 박스가 표시되지 않으면 [View]–[Show Bounding Box]를 선택
>   합니다.

⑪ 브러쉬 적용하기

01 Ellipse Tool(◯)로 작업 도큐먼트를 클릭
하여 대화상자에서 'Width : 20mm, Height
: 15mm'를 입력하여 그리고 Color 패널에서
'Fill Color : M40Y100, Stroke Color :
None'을 지정하고 배치합니다. [Object]–
[Path]–[Offset Path]를 선택하고 'Offset
: −1.5mm'를 지정하고 [OK]를 눌러 안쪽으
로 패스를 이동하여 복사합니다.

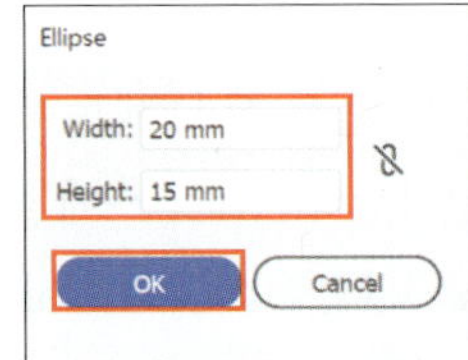

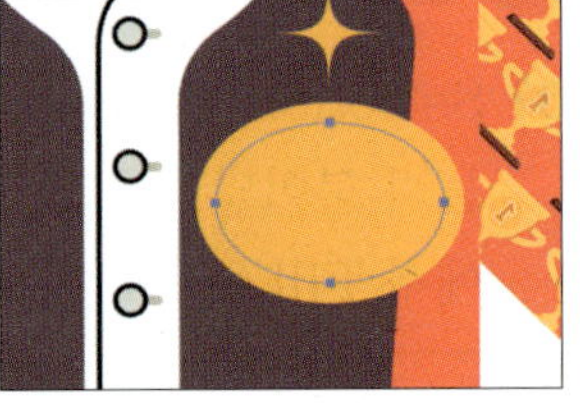

02 Brushes 패널 하단의 'Brush Libraries Menu(▥)'를 클릭하고 [Artistic]–[Artistic_
ChalkCharcoalPencil]을 선택하여 추가 브러쉬 패널을 불러온 후 'Charcoal – Feather'를
선택합니다. Color 패널에서 'Fill Color : None, Stroke Color : Y20K10'을 지정하고
Stroke 패널에서 'Weight : 0.5pt'를 지정합니다.

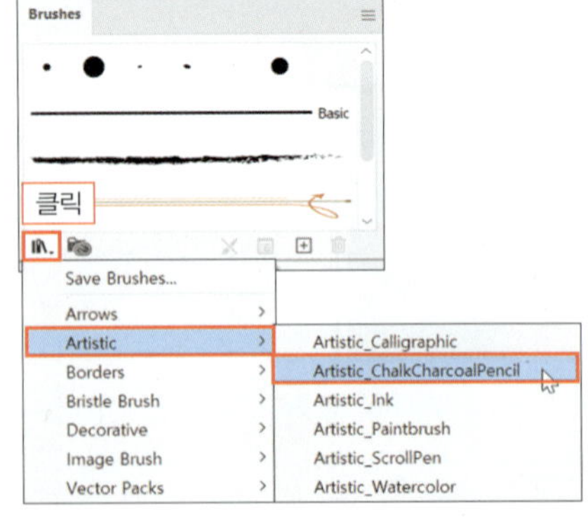

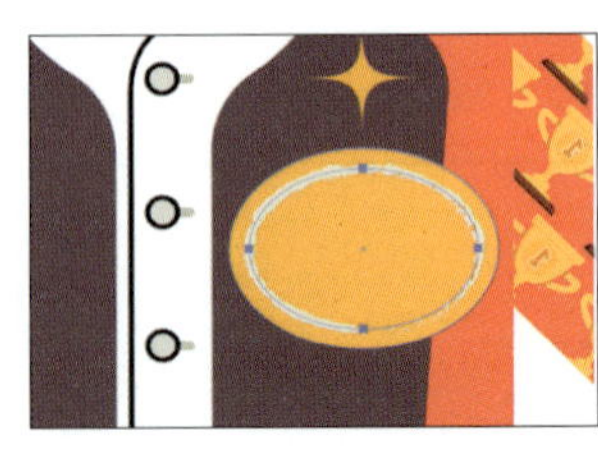

추가 브러쉬 패널의 팝업 메뉴에서 'List View'를 클릭하여 '목록 보기'를 하면 브러쉬 이름으로 'Charcoal – Feather'을 빠르게 찾아 선택할 수 있습니다.

12 문자 입력하기

01 Type Tool(T)로 작업 도큐먼트를 클릭한 후 Character 패널에서 'Set the font family : Times New Roman, Set the font style : Bold, Set the font size : 7pt'를 설정하고 Paragraph 패널에서 'Align center(≡)'를 선택하여 문장을 중앙에 배치합니다. Color 패널에서 'Fill Color : C0M0Y0K0, Stroke Color : None'을 지정한 후 'BASEBALL CLUB' 문자를 입력합니다.

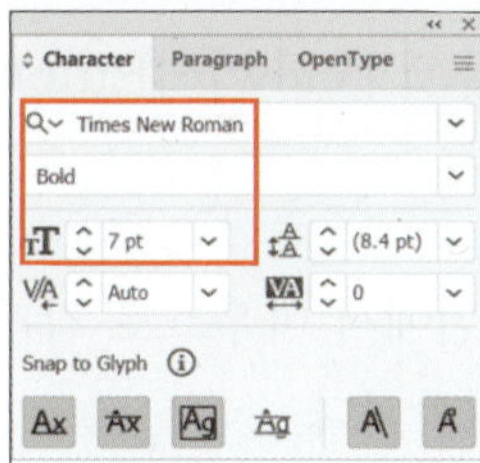
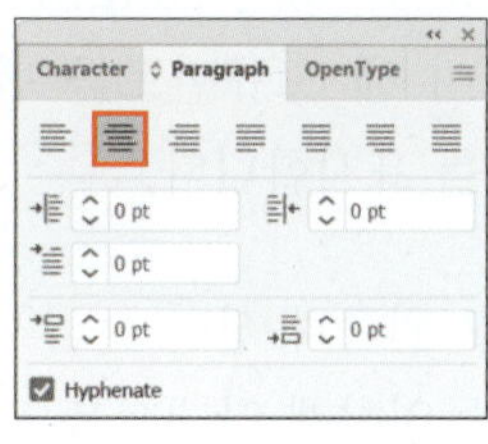
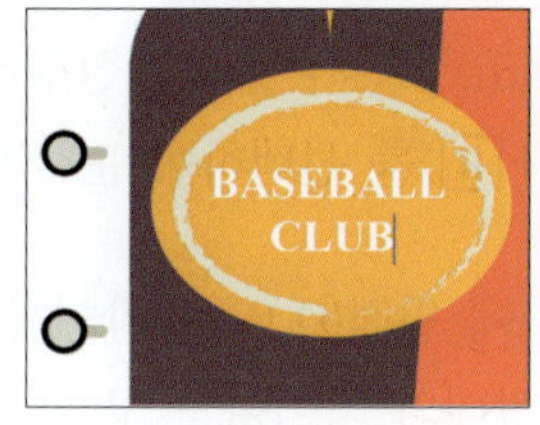

02 Type Tool(T)로 'CLUB' 문자를 더블 클릭하여 선택하고 Character 패널에서 'Set the font size : 9pt'를 설정하고 Color 패널에서 'Fill Color : K100, Stroke Color : None'을 지정합니다.

03 Selection Tool(▶)로 Shift를 누른 채 2개의 타원 오브젝트와 함께 선택하고 Align 패널에서 'Horizontal Align Center(⬍)'를 클릭하여 가로 중앙 정렬을 지정합니다.

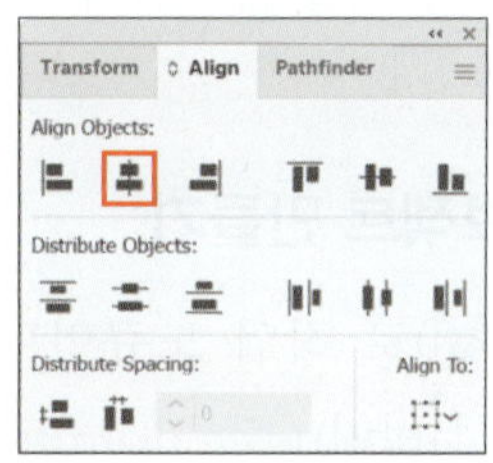
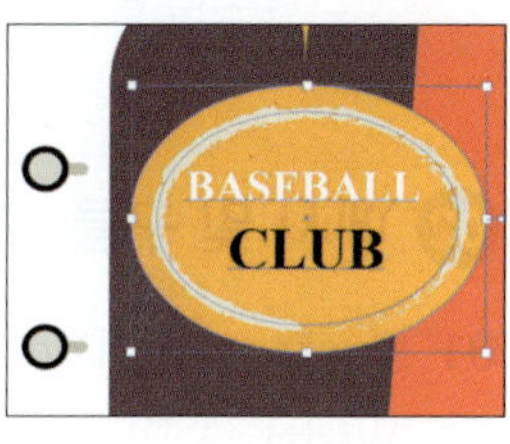

13 저장 및 답안 전송하기

01 [View]-[Guides]-[Hide Guides](Ctrl+;)를 선택하여 안내선을 숨기고 [View]-[Fit Artboard in Window](Ctrl+0)을 선택하여 현재 창에 맞추기를 합니다.

02 [File]-[Save As]를 선택하고 '저장 위치 : 내 PC₩문서₩GTQ, 파일 형식 : Adobe Illustrator(*AI), 파일 이름 : 수험번호-성명-문제번호.ai'를 확인하고 [저장]을 클릭한 후 [Illustrator Options] 대화상자에서 'Version : Illustrator 2020'으로 설정하고 [OK]를 클릭합니다.

03 답안 저장이 완료되면 [File]-[Close](Ctrl+W)를 선택하여 파일을 닫고 수험 프로그램에서 [답안 전송]을 클릭하여 감독관 컴퓨터로 전송합니다.

작업과정	새 도큐먼트 만들기 및 파일 저장하기 ➡ 메시 및 구름 오브젝트 만들기 ➡ 경기장 오브젝트 만들기 ➡ 잔디 배경 만들고 그라디언트 적용하기 ➡ 블렌드 효과 만들기 ➡ 심볼 오브젝트 만들고 등록하기 ➡ 심볼 적용 및 편집하기 ➡ 야구선수 캐릭터 만들기 ➡ 야구 글러브 및 트로피 오브젝트 만들기 ➡ 그룹 지정하고 이펙트 적용하기 ➡ 브러쉬 적용하기 ➡ 문자 입력 및 왜곡하기 ➡ 클리핑 마스크로 디자인 정리하기 ➡ 저장 및 답안 전송하기
완성이미지	PART03₩수험번호-성명-3.ai

01 새 도큐먼트 만들기 및 파일 저장하기

01 [File]-[New](Ctrl+N)를 선택하고 'Width : 210mm, Height : 297mm, Units : Millimeters, Color Mode : CMYK'를 설정하여 새 도큐먼트를 만들고 [View]-[Rulers]-[Show Rulers](Ctrl+R)를 선택하여 눈금자를 표시합니다.

02 작품의 규격 왼쪽 상단에 원점(0,0)을 확인하고 왼쪽과 상단 눈금자 위에서 마우스로 각각 드래그하여 제시된 출력형태와 레이아웃 구성이 동일하게 안내선을 표시합니다.

03 작업 도큐먼트를 저장하기 위해 [File]-[Save As]를 선택하고 '저장 위치 : 내 PC₩문서₩GTQ, 파일 형식 : Adobe Illustrator(*AI), 파일 이름 : 수험번호-성명-문제번호'를 입력하고 [저장]을 클릭한 후 [Illustrator Options] 대화상자에서 'Version : Illustrator 2020'으로 설정하고 [OK]를 클릭합니다.

02 메시 및 구름 오브젝트 만들기

01 Rectangle Tool(▣)로 작업 도큐먼트 왼쪽 상단의 원점(0,0)을 클릭하여 대화상자에서 'Width : 210mm, Height : 200mm'를 입력하여 그리고 Color 패널에서 'Fill Color : C60M20, Stroke Color : None'을 지정합니다.

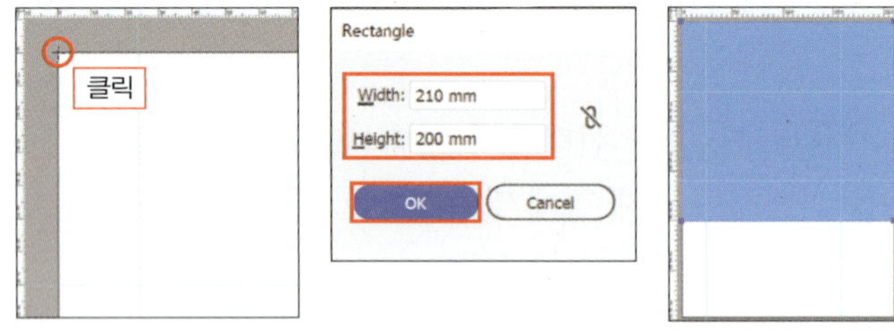

02 Mesh Tool()로 사각형의 상단 왼쪽과 오른쪽을 5번 클릭하여 새로운 고정점을 생성합니다.

03 Direct Selection Tool(▷)로 Shift 를 누른 채 클릭하여 4개의 고정점을 선택하고 Color 패널에서 'Y20' 색상을 적용합니다.

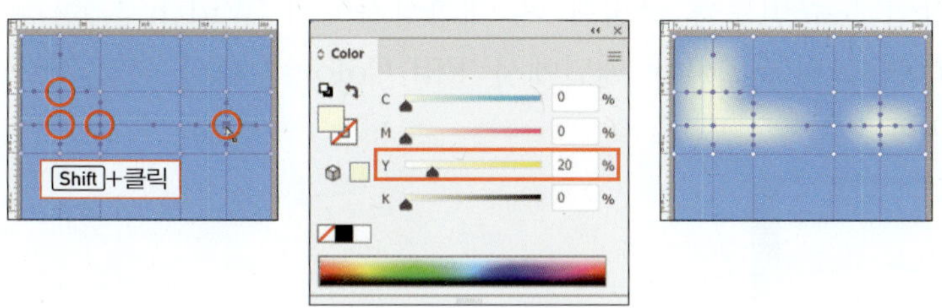

Shift 를 누른 채 클릭하면 4개의 고정점을 함께 선택할 수 있습니다.

04 Direct Selection Tool(▷)로 왼쪽 상단의 1개의 고정점을 선택하고 위쪽으로 이동합니다. 계속해서 드래그하여 오른쪽 3개의 고정점을 선택하고 아래쪽으로 이동하여 패스를 변형합니다.

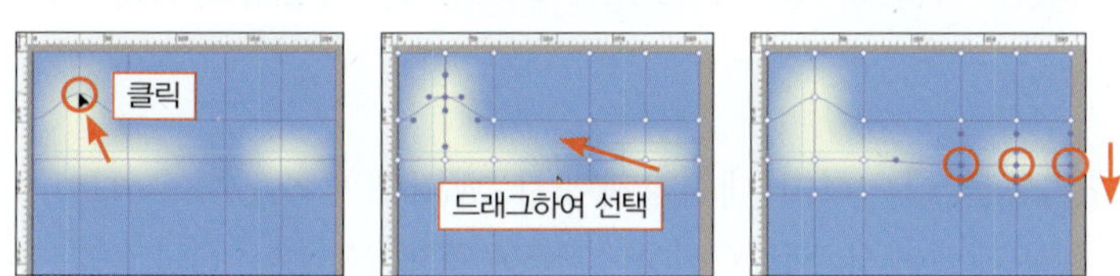

05 Ellipse Tool(◯)로 드래그하여 크기가 다른 8개의 원형을 그리고 Color 패널에서 'Fill Color : 임의 색상, Stroke Color : 임의 색상'을 지정합니다. Pen Tool(✎)로 클릭하여 원형의 하단과 겹치도록 임의 색상의 닫힌 패스를 그립니다.

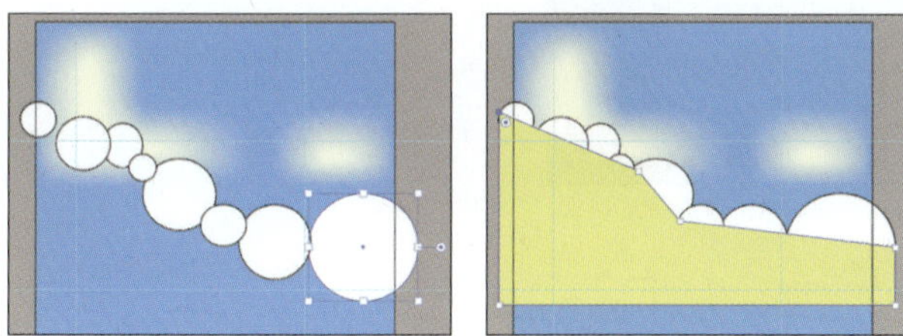

모든 작업이 완료된 완성 단계에서 클리핑 마스크를 적용하여 디자인을 정리할 것이므로 구름 모양을 그릴 때 작업 도큐먼트의 바깥쪽으로 충분하게 그려서 배치합니다.

06 Selection Tool(▶)로 8개의 원형 오브젝트와 닫힌 패스를 함께 선택하고 Pathfinder 패널에서 'Unite(▣)'를 클릭하여 합치고 'Fill Color : C20, Stroke Color : None'을 지정합니다.

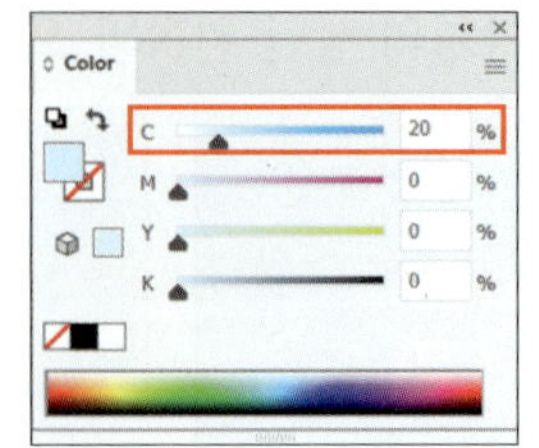 

03 경기장 오브젝트 만들기

01 Rectangle Tool(▣)로 작업 도큐먼트를 클릭한 후 대화상자에서 'Width : 227mm, Height : 106mm'를 입력하여 그리고 Color 패널에서 'Fill Color : 임의 색상, Stroke Color : 임의 색상'을 지정합니다.

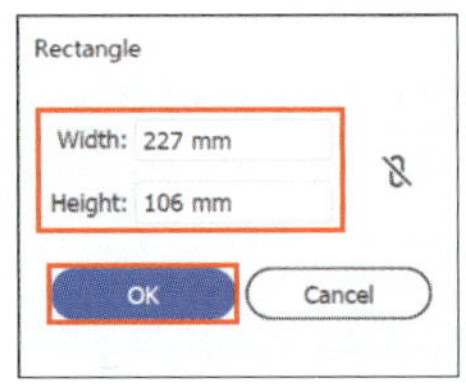 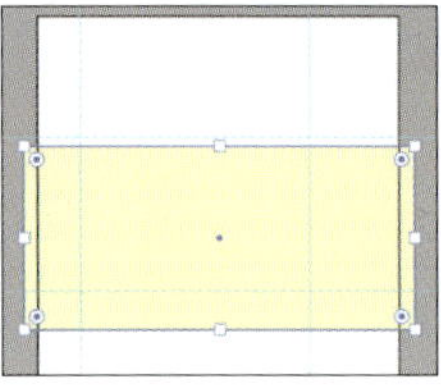

02 Ellipse Tool(◯)로 작업 도큐먼트를 클릭하여 대화상자에서 'Width : 311mm, Height : 165mm'를 입력하여 그리고 Color 패널에서 'Fill Color : 임의 색상, Stroke Color : None'을 지정합니다. Rotate Tool(↻)을 더블 클릭하여 'Angle : −10°'를 지정하고 [OK]를 눌러 이동하여 배치합니다.

03 Ellipse Tool(◯)로 작업 도큐먼트를 클릭하여 대화상자에서 'Width : 376mm, Height : 180mm'를 입력하여 그리고 Color 패널에서 'Fill Color : 임의 색상, Stroke Color : None'을 지정합니다. Rotate Tool(↻)을 더블 클릭하여 'Angle : −6°'를 지정하고 [OK]를 눌러 이동하여 배치합니다.

 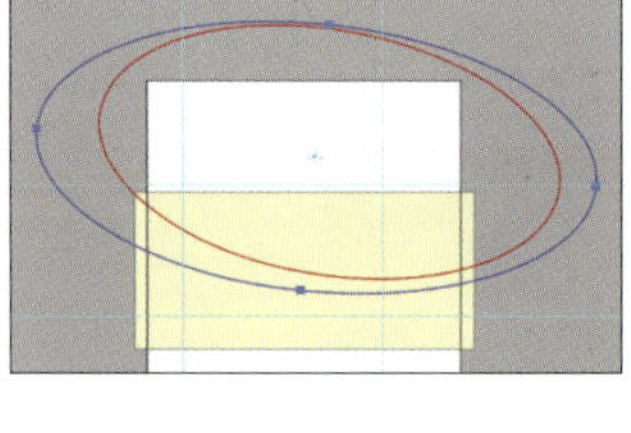

04 Selection Tool(▶)로 3개의 오브젝트를 함께 선택하고 Pathfinder 패널에서 'Divide(▣)'를 클릭합니다. 더블 클릭하여 Isolation Mode로 전환하고 불필요한 오브젝트를 선택 후 Delete를 눌러 삭제합니다. 오브젝트를 순서대로 선택하고 Color 패널에서 'Fill Color : C100M70K50, C90M70K20, Stroke Color : None'을 각각 지정한 후 Esc를 눌러 정상 모드로 전환합니다.

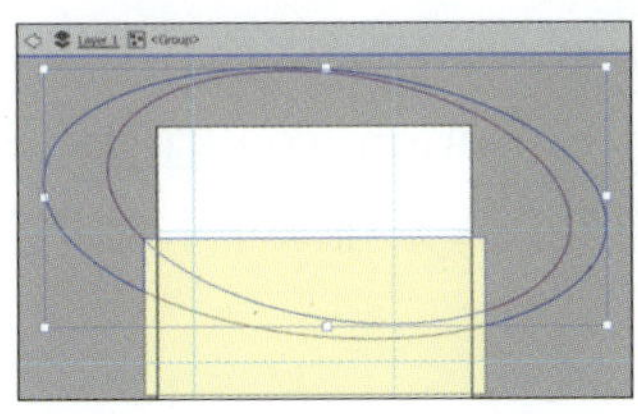 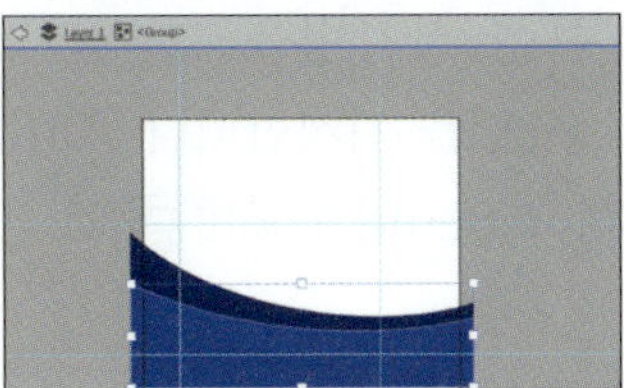

05 Rectangle Tool(▣)로 작업 도큐먼트를 클릭한 후 대화상자에서 'Width : 40mm, Height : 24mm'를 입력하여 그리고 Color 패널에서 'Fill Color : C100M70K50, Stroke Color : None'을 지정합니다. Ellipse Tool(◉)로 작업 도큐먼트를 클릭하여 대화상자에서 'Width : 4mm, Height : 4mm'를 입력하여 그리고 Color 패널에서 'Fill Color : C0M0Y0K0, Stroke Color : None'을 지정하고 배치합니다.

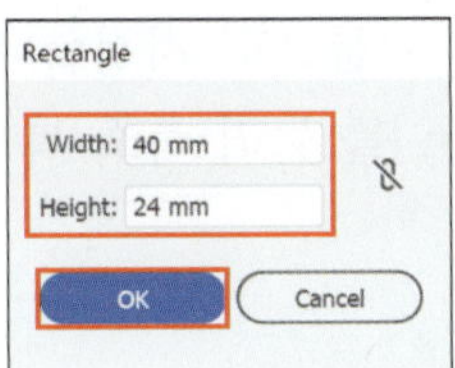 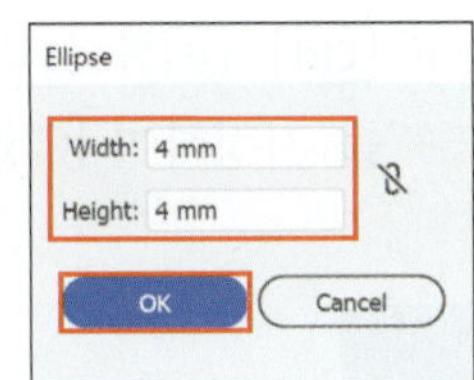 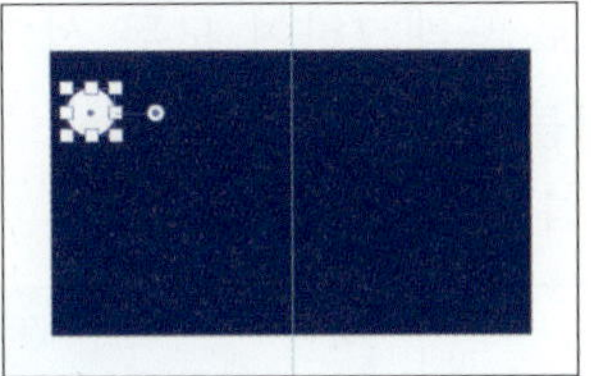

06 Selection Tool(▶)로 Alt 와 Shift 를 누른 채 오른쪽으로 드래그하여 복사합니다. 계속해서 Ctrl + D 를 4번 눌러 반복하여 이동하면서 복사합니다. Shift 를 누른 채 6개의 원형을 모두 선택하고 Ctrl + G 를 눌러 그룹으로 지정합니다.

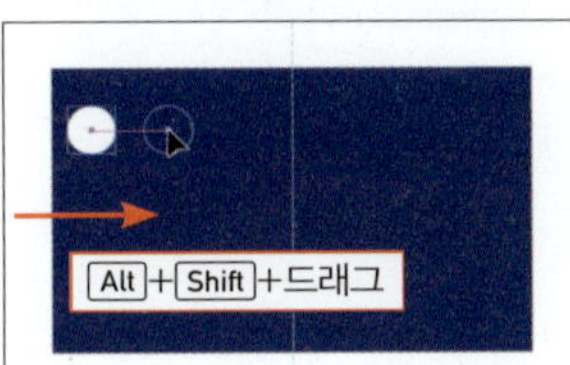

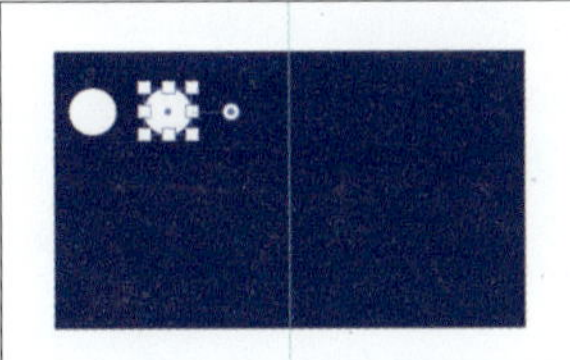 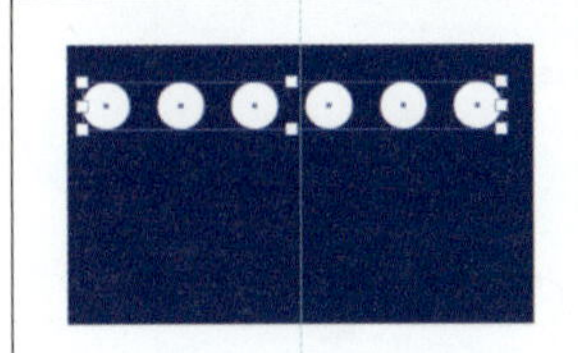

> Selection Tool(▶)로 선택하고 바운딩 박스의 중앙점을 세로 안내선에 정렬하여 사각형과 가로 가운데 정렬을 지정할 수 있습니다.

07 Selection Tool(▶)로 Alt 와 Shift 를 누른 채 원형 그룹을 아래쪽으로 드래그하여 복사합니다. Ctrl + D 를 1번 눌러 반복하여 이동하며 복사합니다.

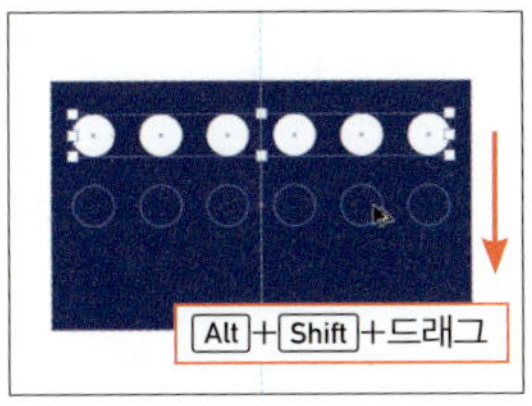

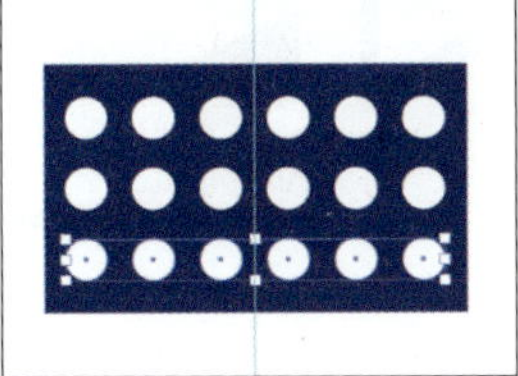

08 Rectangle Tool(■)로 드래그하여 사각형을 그리고 Color 패널에서 'Fill Color : C100M70K50, Stroke Color : None'을 지정합니다. Direct Selection Tool(▷)로 드래그하여 하단 2개의 고정점을 선택하고 Scale Tool(◱)로 바깥쪽으로 드래그하여 패스를 확대합니다.

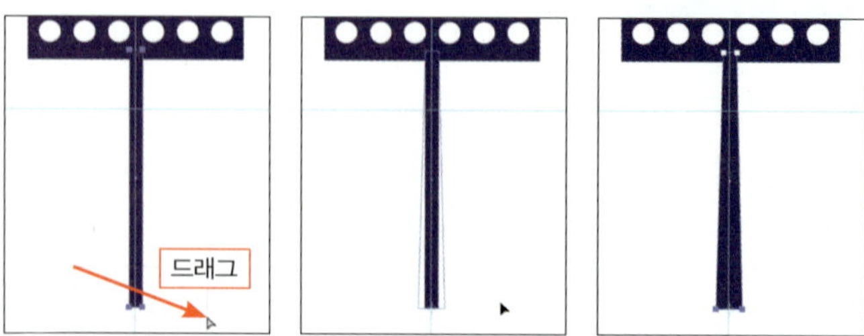

09 Selection Tool(▶)로 드래그하여 모두 선택하고 Ctrl+G를 눌러 그룹으로 지정합니다. Scale Tool(◱)을 더블 클릭하고 'Uniform : 75%'를 지정하여 [Copy]를 눌러 축소 복사하고 이동하여 배치합니다.

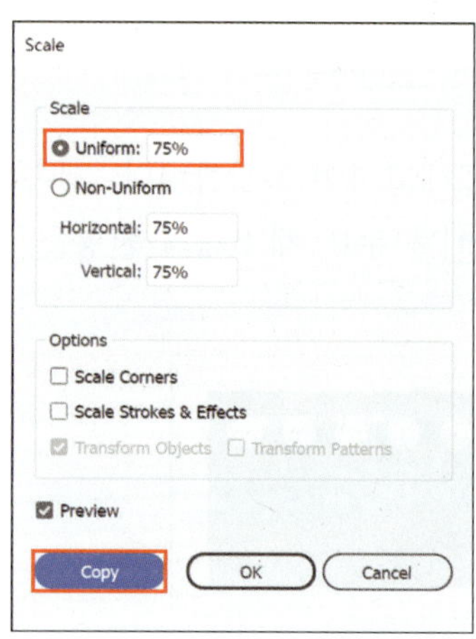

10 Pen Tool(✎)로 클릭하여 닫힌 패스를 그리고 Color 패널에서 'Fill Color : C100M70K50, Stroke Color : None'을 지정합니다. Rectangle Tool(□)로 드래그하여 동일한 색상의 사각형을 겹치도록 그리고 배치합니다. Selection Tool(▶)로 함께 선택하고 Pathfinder 패널에서 'Unite(▣)'를 클릭합니다.

11 Scale Tool()을 더블 클릭하고 'Uniform : 70%'를 지정하여 [Copy]를 눌러 축소 복사합니다. Shear Tool()을 더블 클릭하여 'Shear Angle : −21°, Axis : Vertical'을 지정하고 [OK]를 눌러 이동하여 배치합니다.

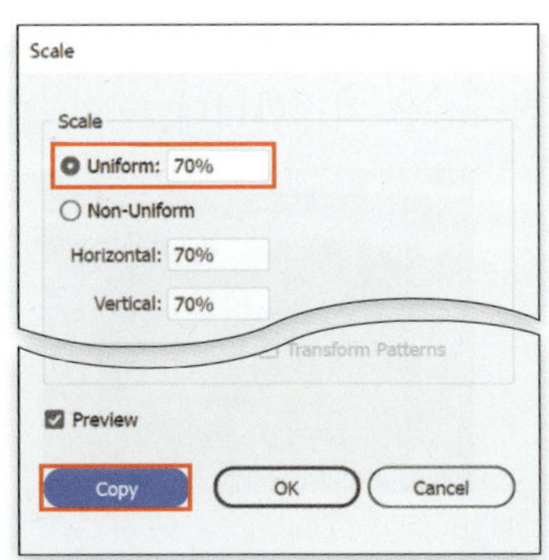

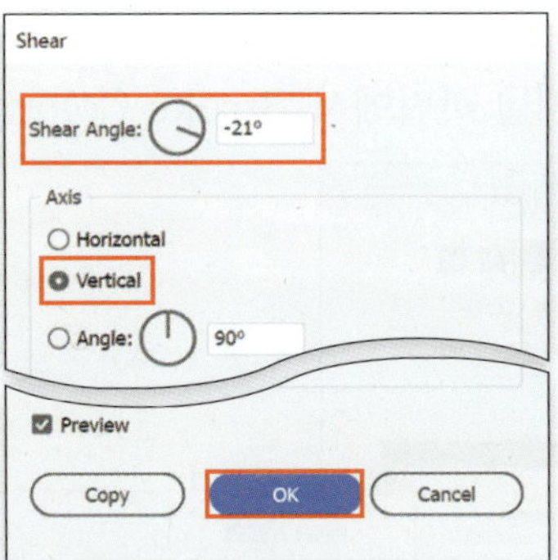

④ 잔디 배경 만들고 그라디언트 적용하기

01 Ellipse Tool(◎)로 작업 도큐먼트를 클릭하여 'Width : 393mm, Height : 214mm'를 입력 후 그리고 Color 패널에서 'Fill Color : 임의 색상, Stroke Color : 임의 색상'을 지정합니다.

02 Rectangle Tool(▢)로 드래그하여 사각형을 그리고 Color 패널에서 'Fill Color : None, Stroke Color : 임의 색상'을 지정하고 겹치도록 배치합니다. Selection Tool(▶)로 함께 선택하고 Pathfinder 패널에서 'Intersect(▣)'를 클릭하고 Color 패널에서 'Fill Color : C50M20Y80, Stroke Color : None'을 지정합니다.

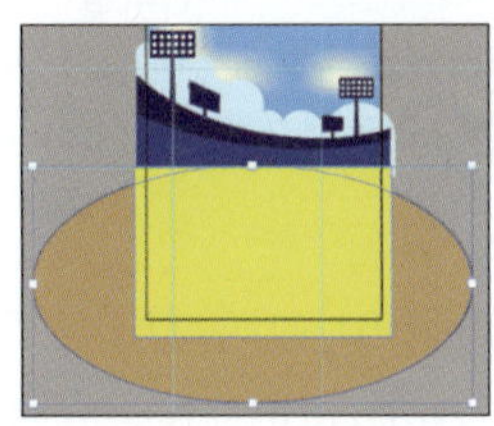
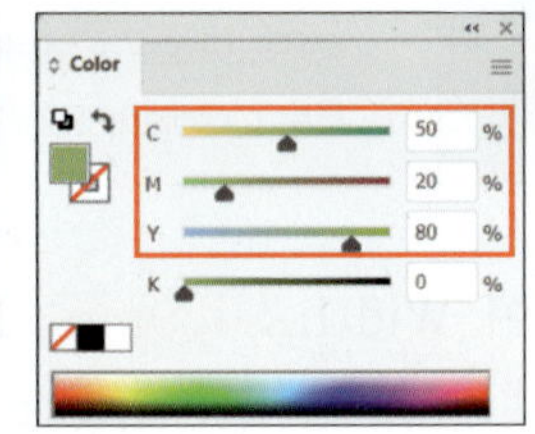
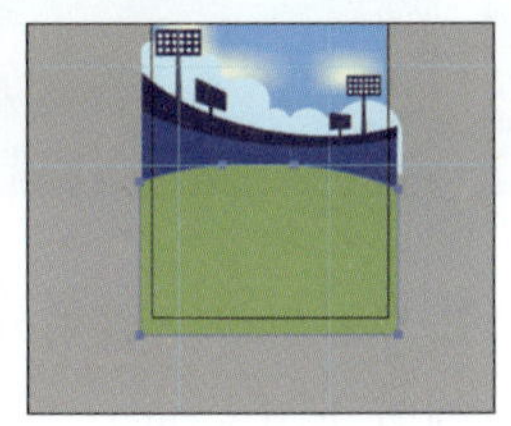

03 Line Segment Tool(╱)로 드래그하여 길이가 다른 3개의 사선을 겹치도록 그립니다. Color 패널에서 'Fill Color : None, Stroke Color : 임의 색상'을 지정합니다.

04 Selection Tool(▶)로 3개의 사선을 함께 선택하고 Reflect Tool(◀▶)을 Alt 를 누른 채 도큐먼트의 중앙에 클릭하여 'Axis : Vertical'을 지정하고 [Copy]를 눌러 복사합니다. Rotate Tool(↻)을 더블 클릭하여 'Angle : −3°'를 지정하고 [OK]를 눌러 이동하여 배치합니다.

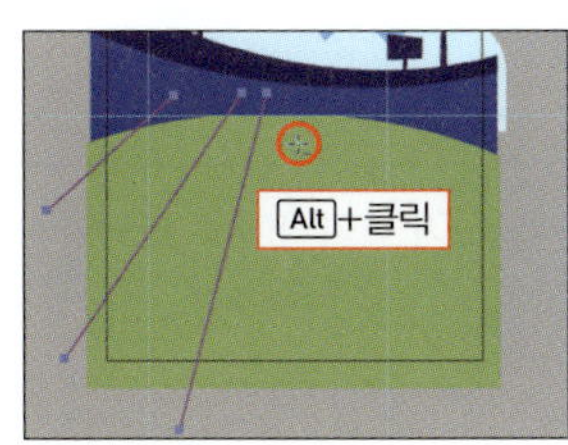

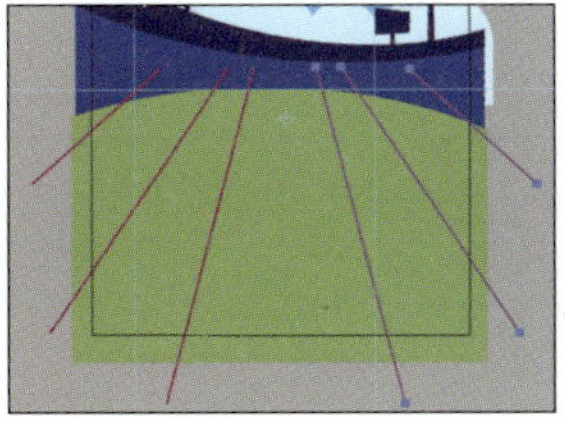
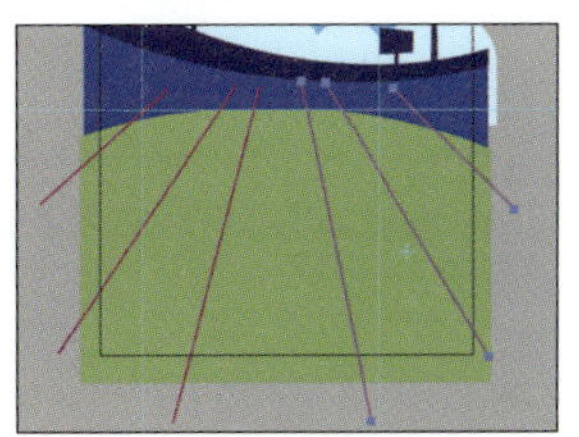

05 Selection Tool(▶)로 오브젝트를 함께 선택하고 Pathfinder 패널에서 'Divide(▣)'를 클릭합니다. 더블 클릭하여 Isolation Mode로 전환하고 3개의 오브젝트를 함께 선택하고 Gradient 패널에서 'Type : Linear Gradient'를 적용하고 Gradient Slider의 왼쪽 'Color Stop'을 더블 클릭하여 C50M10Y90K10을, 오른쪽 'Color Stop'을 더블 클릭하여 C70M20 Y90K20을 적용한 후 Tool 패널 하단에서 'Stroke Color : None'을 지정합니다.

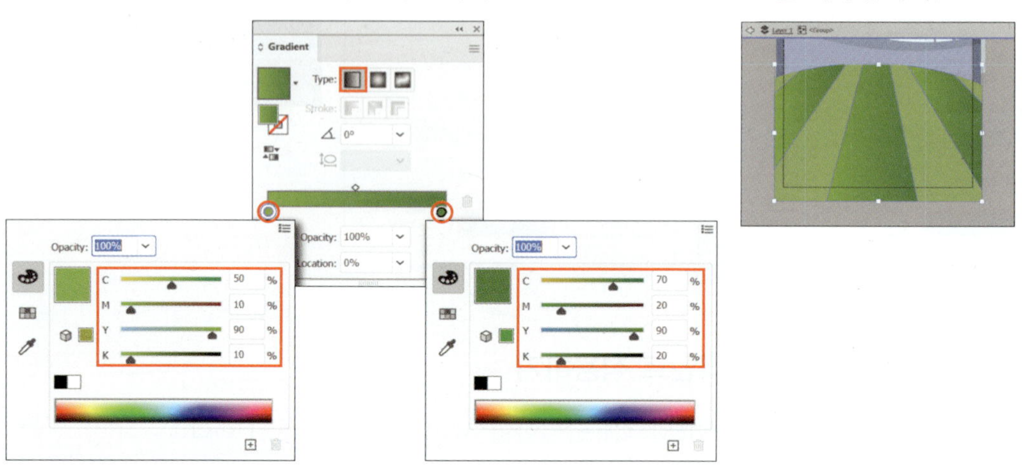

06 Gradient Tool(▣)로 그라디언트가 적용된 오브젝트 아래쪽에서 위쪽으로 드래그하여 그라디언트의 모양과 분포를 지정한 후 Esc 를 눌러 정상 모드로 전환합니다.

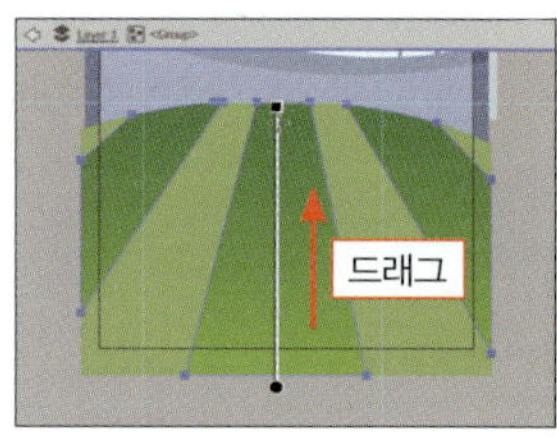

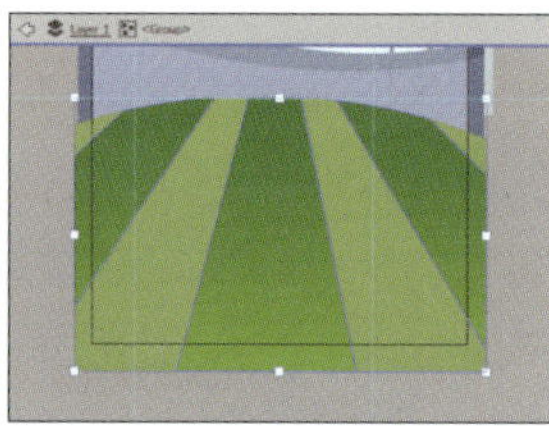

> **기적의 TIP**
>
> 3개의 오브젝트에 그라디언트가 각각 독립적으로 적용되므로 《출력형태》와 동일하게 적용하기 위해서는 Gradient Tool(▣)로 드래그하여 지정합니다.

07 Ellipse Tool(◯)로 작업 도큐먼트를 클릭하여 'Width : 129mm, Height : 70mm'를 입력하여 그리고 Color 패널에서 'Fill Color : C30M30Y100K50, Stroke Color : None'을 지정합니다. Properties 패널의 Transform 항목에서 More Options(•••)를 클릭하여 'Pie Strart Angle : 20°, Pie End Angle : 163°'를 지정하여 파이 형태로 변형합니다.

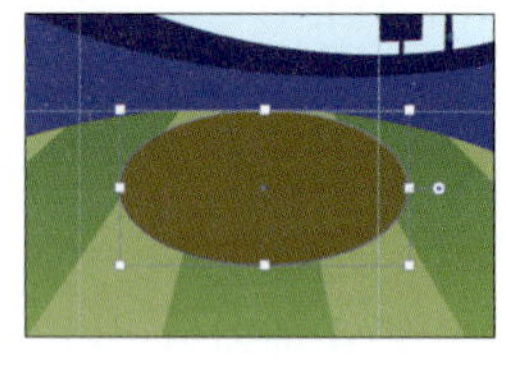

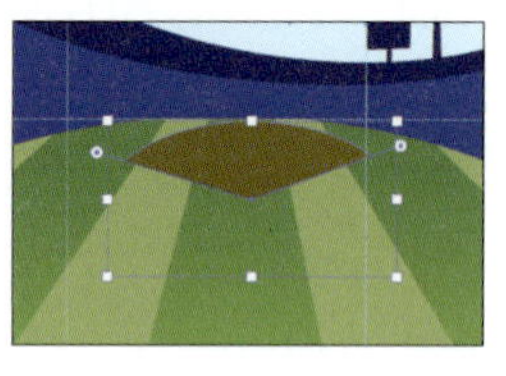

> **기적의 TIP**
>
> Ellipse Tool(◯)로 원형을 그리고 작업 도큐먼트에서 원형 외곽의 둥근 점(◉)을 드래그하여 파이 형태로 변형할 수도 있습니다.

08 Rectangle Tool(■)로 작업 도큐먼트를 클릭하여 'Width : 43mm, Height : 43mm'를 입력하여 그리고 Color 패널에서 'Fill Color : 임의 색상, Stroke Color : 임의 색상'을 지정합니다. Rotate Tool(↺)을 더블 클릭하여 'Angle : 45°'를 지정하고 [OK]를 눌러 회전합니다. Scale Tool(⬚)을 더블 클릭하여 'Horizontal : 100%, Vertical : 40%'를 지정하고 이동하여 배치합니다.

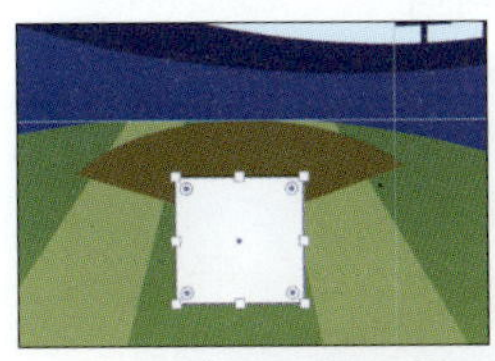 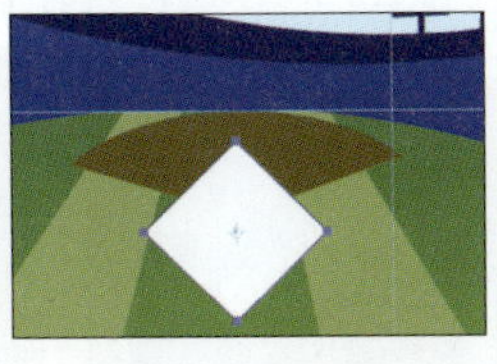 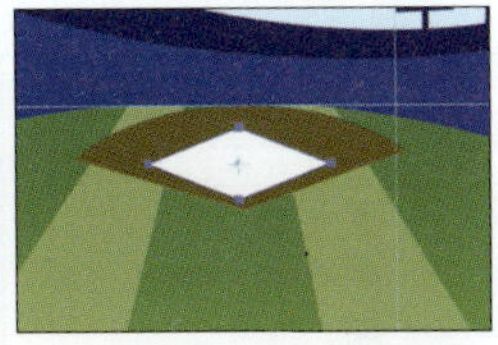

09 Selection Tool(▶)로 파이 모양 오브젝트와 함께 선택하고 Align 패널에서 'Horizontal Align Center(♣)'를 클릭하여 가로 중앙 정렬을 지정합니다. Pathfinder 패널에서 'Minus Front(◧)'를 클릭합니다.

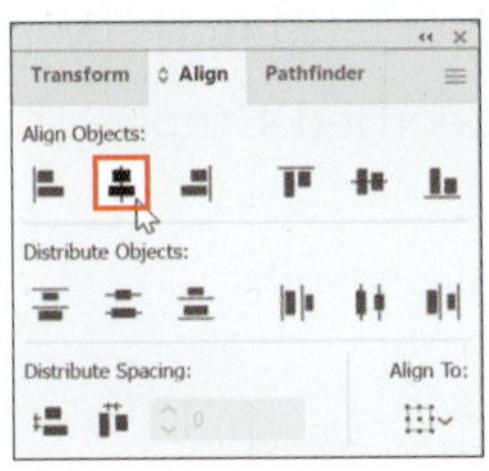 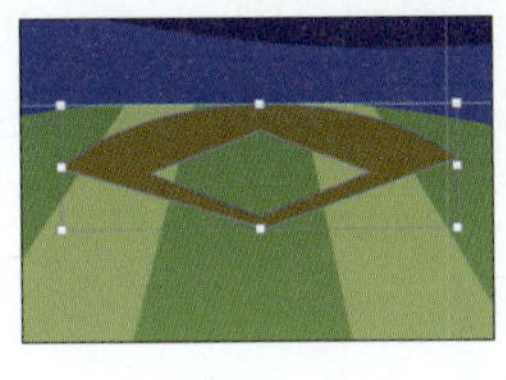

10 Ellipse Tool(◯)로 작업 도큐먼트를 클릭하여 'Width : 26mm, Height : 14mm'를 입력하여 그리고 Color 패널에서 'Fill Color : C30M30Y100K50, Stroke Color : None'을 지정하고 하단 중앙에 겹치도록 배치합니다. 계속해서 동일한 색상의 크기가 다른 2개의 원을 그리고 각각 배치합니다.

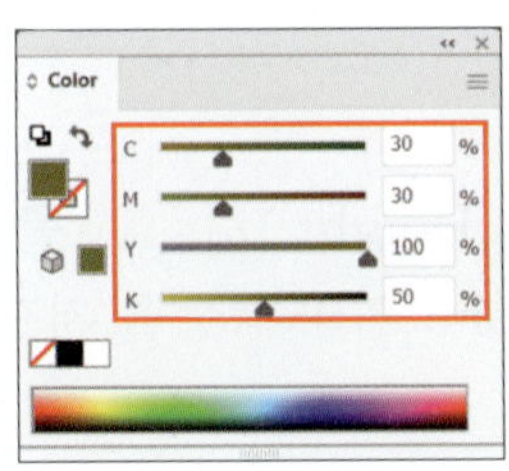 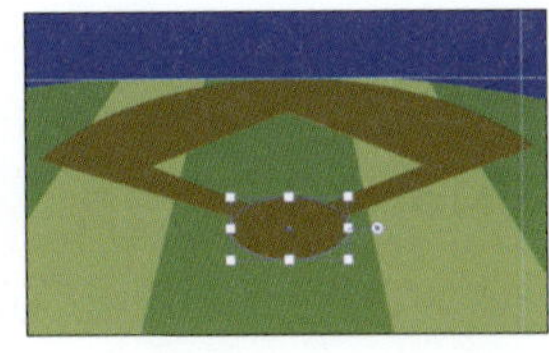 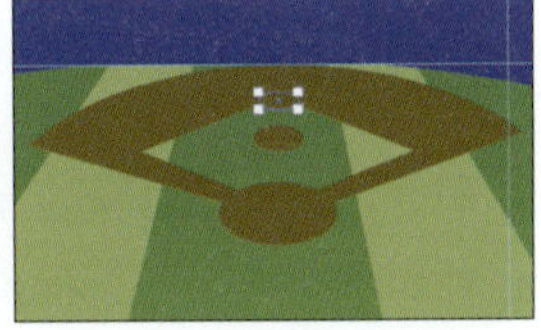

11 Selection Tool(▶)로 4개 오브젝트를 함께 선택하고 Align 패널에서 'Horizontal Align Center(♣)'를 클릭하여 가로 중앙 정렬을 지정합니다. Pathfinder 패널에서 'Unite(■)'를 클릭합니다.

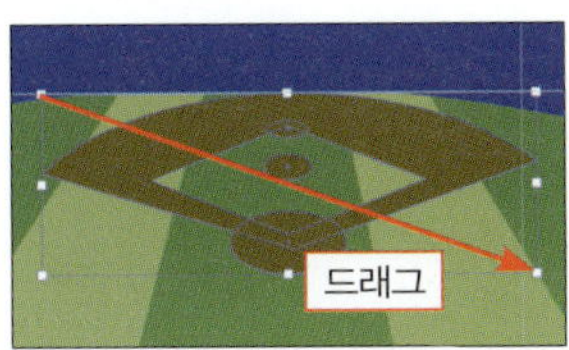

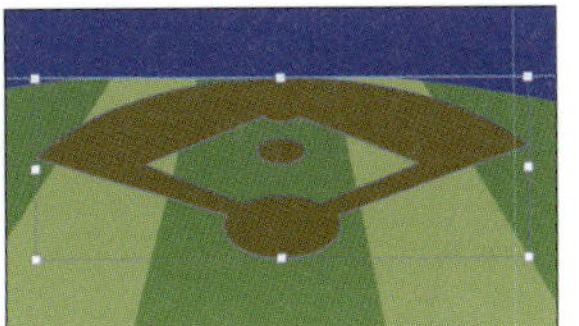

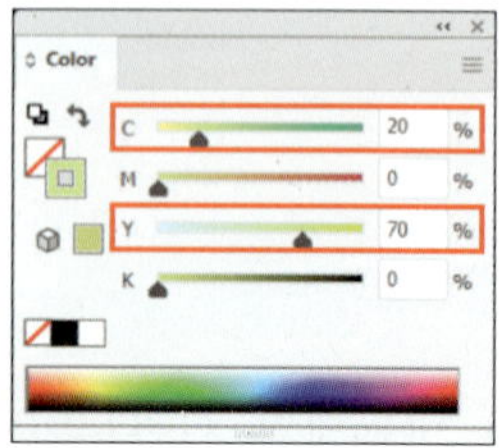 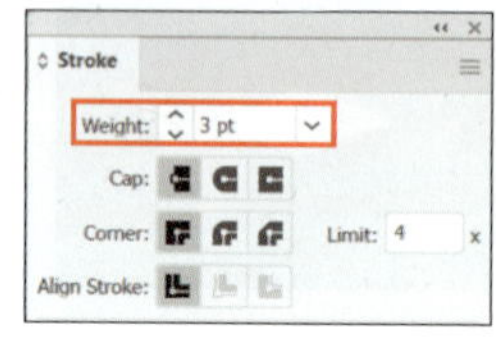  

05 블렌드 효과 만들기

01 Pen Tool(✐)로 작업 도큐먼트를 완전히 벗어나는 2개의 곡선을 그리고 왼쪽 곡선은 Color 패널에서 'Fill Color : None, Stroke Color : C20Y70'을 지정한 후 Stroke 패널에서 'Weight : 3pt'를 적용합니다. 오른쪽 곡선은 Color 패널에서 'Fill Color : None, Stroke Color : C10'을 지정한 후 Stroke 패널에서 'Weight : 1pt'를 적용합니다.

02 Selection Tool(▶)로 2개의 열린 곡선 패스를 함께 선택한 후 [Object]-[Blend]-[Make]를 적용하고 [Object]-[Blend]-[Blend Options] 대화상자에서 'Specified Steps : 15'를 적용합니다.

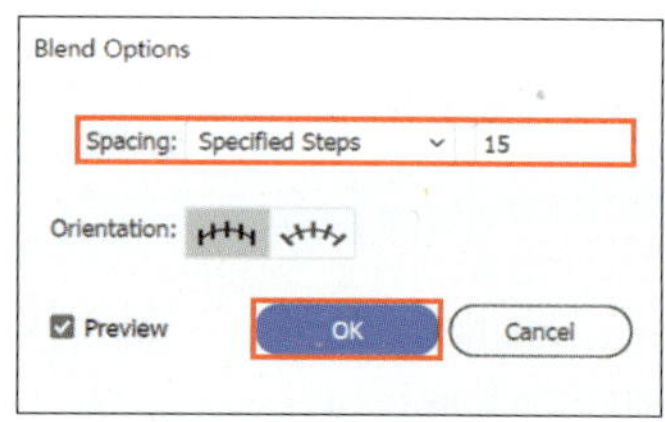 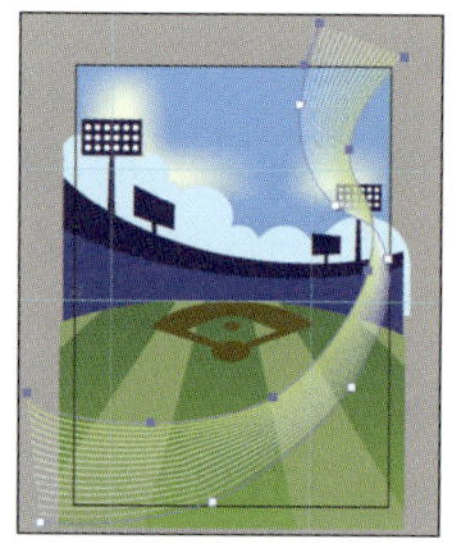

06 심볼 오브젝트 만들고 등록하기

01 Rectangle Tool(▢)로 작업 도큐먼트를 클릭하여 'Width : 20mm, Height : 38mm'를 입력하여 그리고 Color 패널에서 'Fill Color : M20Y60, Stroke Color : 임의 색상'을 지정합니다.

02 Direct Selection Tool(▷)로 드래그하여 하단 2개의 고정점을 선택하여 Scale Tool(▣)을 더블 클릭하고 'Uniform : 20%'를 지정하여 [OK]를 눌러 축소합니다. Control 패널의 'Corners : 2mm'를 지정하여 모서리를 둥글게 변형합니다.

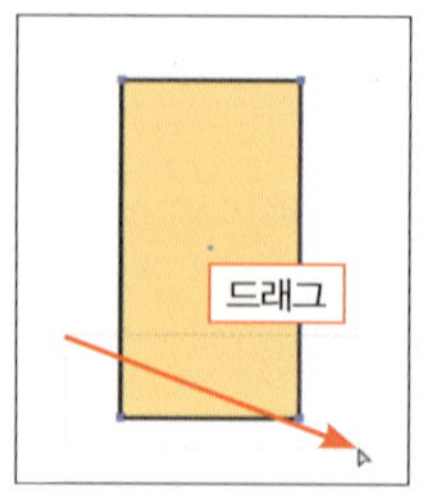

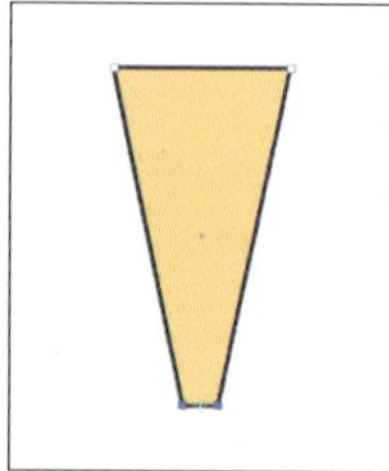 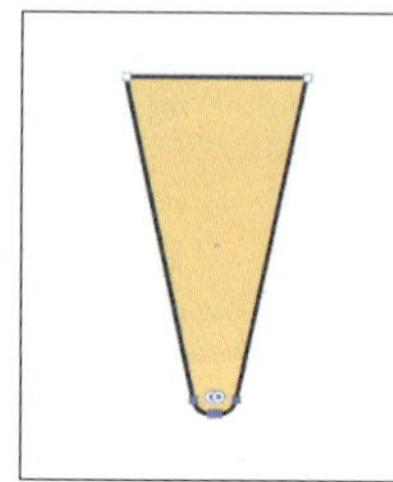

선택된 고정점의 모서리를 둥글게 지정하는 방법

- Tool 패널에서 Direct Selection Tool(▷)을 선택해야 Control 패널의 'Corners'를 지정할 수 있습니다.
- Properties 패널 하단의 'Corners'에서 수치를 지정할 수도 있습니다.
- 모서리 안쪽의 둥근 점(◉)을 안쪽 또는 바깥쪽으로 드래그하여 모서리를 둥글게 변형할 수 있습니다.

03 Ellipse Tool(◯)로 작업 도큐먼트를 클릭하여 'Width : 26mm, Height : 14mm'를 입력하여 그리고 Color 패널에서 'Fill Color : None, Stroke Color : 임의 색상'을 지정하고 상단에 겹치도록 배치합니다. Direct Selection Tool(▷)로 클릭하여 상단 고정점을 선택하고 Delete를 눌러 삭제하고 열린 패스로 변형합니다.

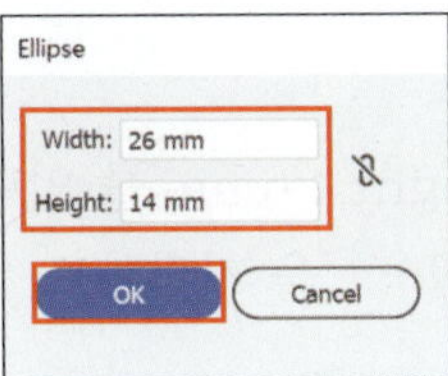
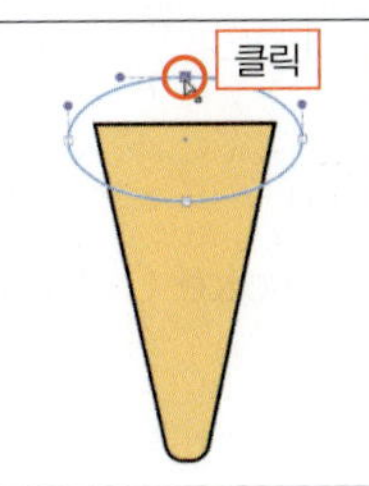

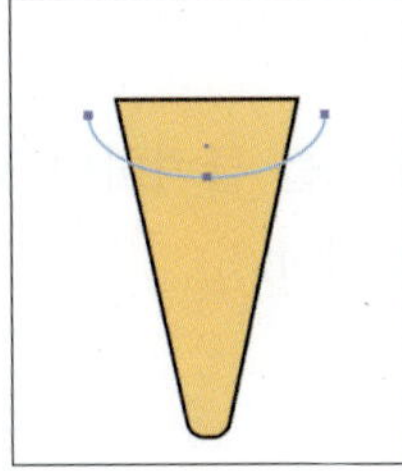

04 Scale Tool(⬚)을 더블 클릭하고 'Uniform : 60%'를 지정하여 [Copy]를 눌러 축소 후 복사합니다. [Object]-[Transform]-[Move]를 선택한 후 'Horizontal : 0mm, Vertical : 25mm'를 입력하고 [OK]를 눌러 아래쪽으로 이동합니다.

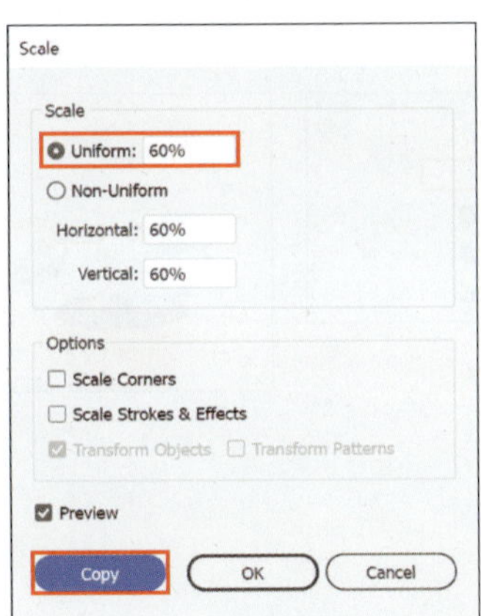
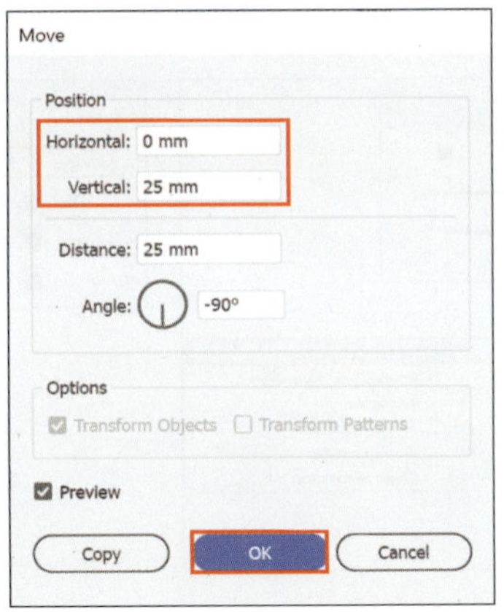
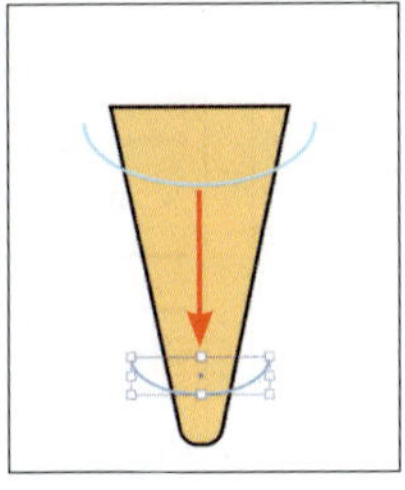

05 Selection Tool(▶)로 2개의 열린 곡선 패스를 함께 선택한 후 [Object]-[Blend]-[Make]를 적용합니다. [Object]-[Blend]-[Blend Options] 대화상자에서 'Specified Steps : 4'를 적용하고 [Object]-[Blend]-[Expand]를 지정하고 오브젝트를 확장합니다.

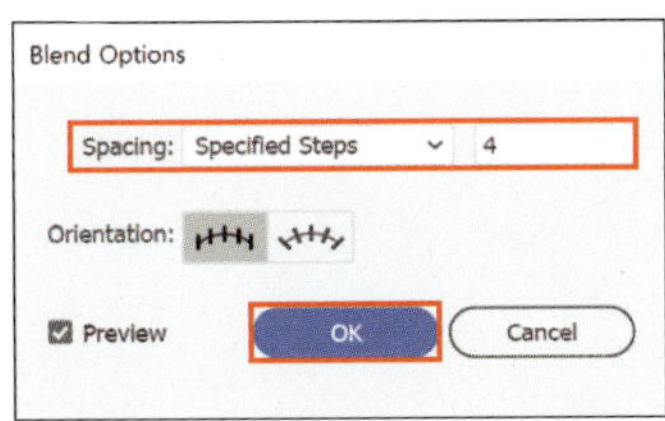
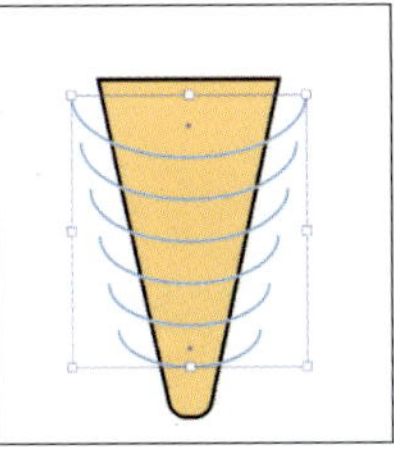

[Object]-[Blend]-[Make]를 적용하여 점증적으로 변화하는 오브젝트를 만들 수 있습니다.

06 Selection Tool로 뒤쪽에 배치된 오브젝트와 함께 선택한 후 Pathfinder 패널에서 'Divide'를 클릭합니다. 더블 클릭하여 Isolation Mode로 전환하고 오브젝트를 순서대로 선택 후 Color 패널에서 'Fill Color : M50Y10, C50M50, M50Y100'을 각각 지정합니다. Ctrl + A 를 눌러 모두 선택하고 Color 패널에서 'Stroke Color : None'을 지정한 후 Esc 를 눌러 정상 모드로 전환합니다.

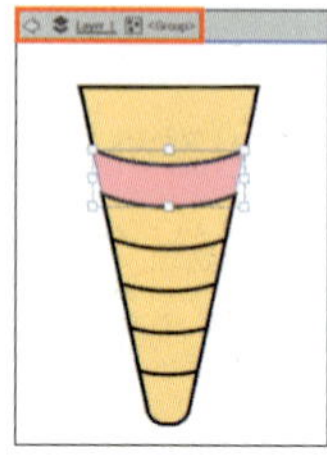
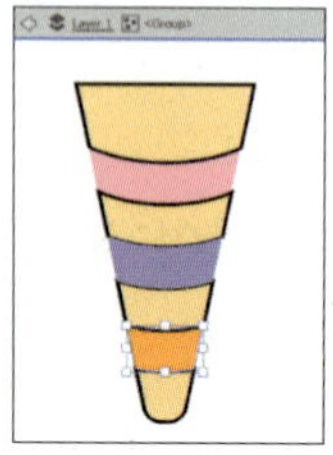
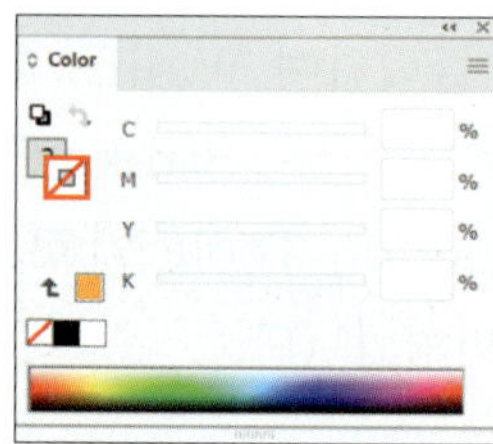
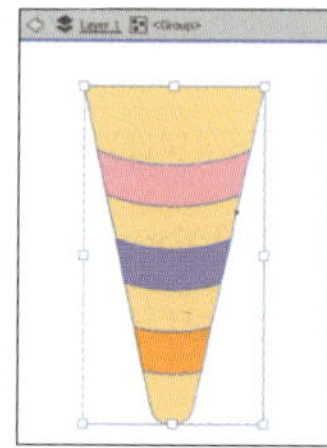

07 Ellipse Tool로 작업 도큐먼트를 클릭하여 'Width : 20mm, Height : 6mm'를 입력하여 그리고 Color 패널에서 'Fill Color : C60M100, Stroke Color : None'을 지정하고 상단 중앙에 겹치도록 배치합니다.

08 Pen Tool로 드래그하여 2개의 열린 곡선 패스를 그리고 'Fill Color : None, Stroke Color : C40, M20Y60'을 각각 지정합니다. Brushes 패널 하단의 'Brush Libraries Menu'를 클릭하고 [Artistic]−[Artistic_Calligraphic]을 선택하여 추가 브러쉬 패널을 불러온 후 '5pt. Flat'을 지정합니다. 계속해서 Stroke 패널에서 'Weight : 1.5pt'를 지정합니다.

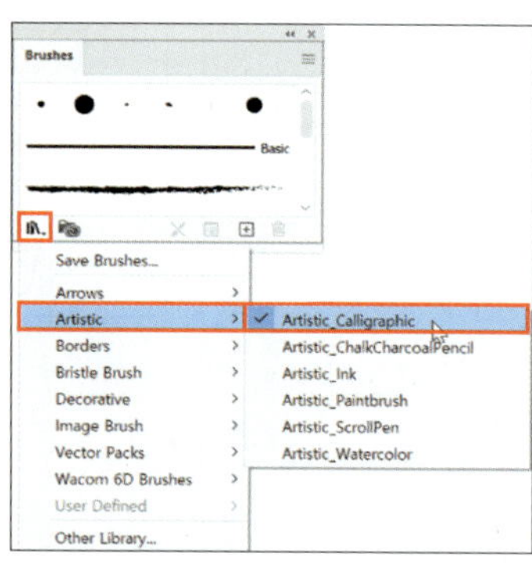
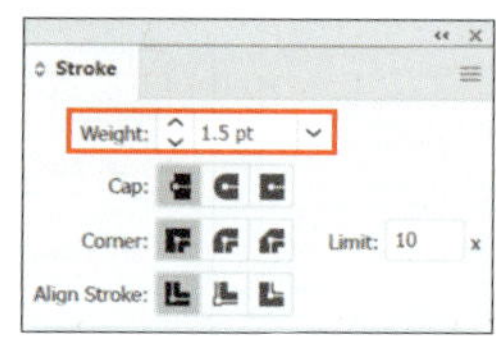

Pen Tool로 열린 패스를 그리고 Ctrl 을 누른 채 도큐먼트의 빈 곳을 클릭하여 패스의 선택을 해제한 후 새로운 패스를 그릴 수 있습니다.

09 [Object]-[Path]-[Outline Stroke]를 선택하여 선을 면으로 확장합니다. Pathfinder 패널에서 'Divide(▣)'를 클릭합니다. Selection Tool(▶)로 더블 클릭하여 Isolation Mode로 전환하고 오브젝트를 순서대로 선택 후 Color 패널에서 'Fill Color : C50M50, M50Y100'을 각각 지정하고 [Esc]를 눌러 정상 모드로 전환합니다.

 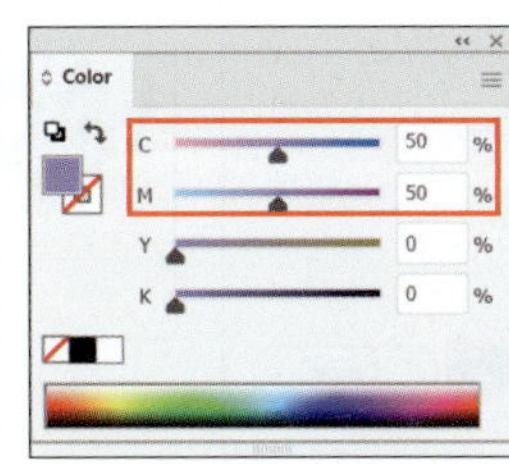  

> **기적의 TIP**
>
> 'Divide(▣)' 과정에서 불필요하게 분할된 오브젝트는 선택하여 'Unite'로 병합하여 정리합니다.

10 Pen Tool(✒)로 드래그하여 열린 곡선 패스를 그리고 Color 패널에서 'Fill Color : None, Stroke Color : M50Y10'을 지정합니다. Brushes 패널에서 '5pt. Flat'을 선택하고 Stroke 패널에서 'Weight : 2pt'를 지정합니다. [Object]-[Path]-[Outline Stroke]를 선택하여 선을 면으로 확장합니다.

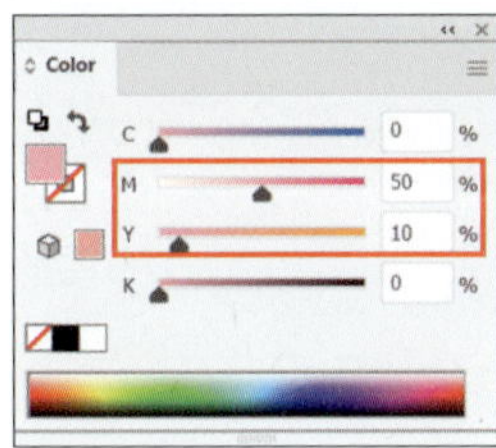  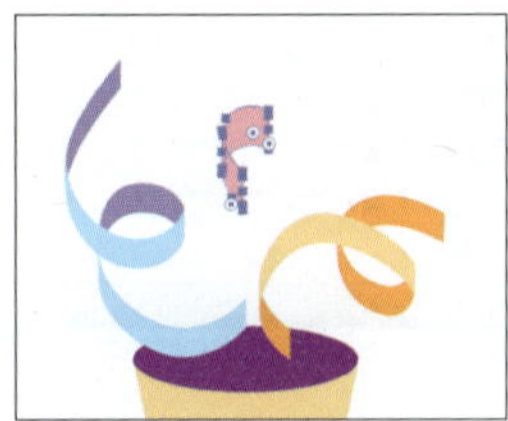

11 Rectangle Tool(▢)로 [Shift]를 누른 채 드래그하여 정사각형을 그리고 Color 패널에서 'Fill Color : C30Y100, Stroke Color : None'을 지정합니다. Selection Tool(▶)로 선택하고 바운딩 박스의 조절점 밖을 드래그하여 회전하고 배치합니다. [Alt]를 누른 채 드래그하여 2번 복사하고 Color 패널에서 'Fill Color : C60M100, M50Y100, Stroke Color : None'을 각각 지정합니다. 바운딩 박스로 크기와 회전을 각각 지정하고 배치합니다.

12 Selection Tool(▶)로 모두 선택하고 Ctrl + G 로 그룹을 지정합니다. Scale Tool(⊞)을 더블 클릭하고 'Uniform : 120%'를 지정하여 [Copy]를 눌러 확대 복사합니다. Rotate Tool(↻)을 더블 클릭하여 'Angle : 40°'를 지정하고 [OK]를 눌러 회전하고 배치합니다.

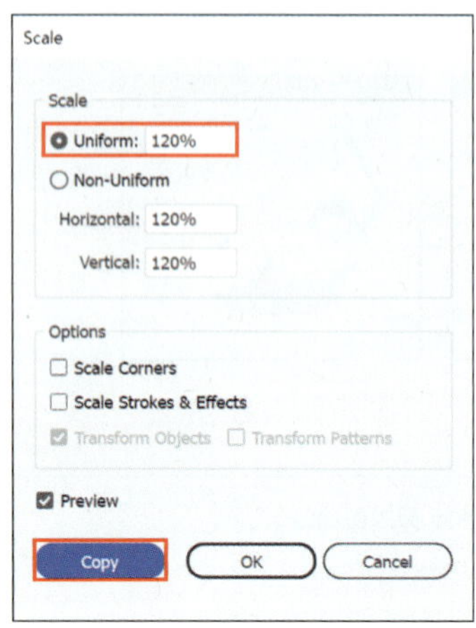
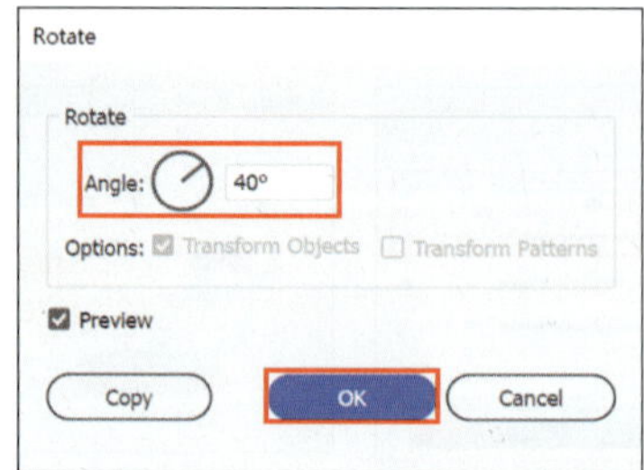

13 Selection Tool(▶)로 2번 더블 클릭하여 Isolation Mode로 전환하고 4개의 오브젝트를 함께 선택하고 Color 패널에서 'Fill Color : C40'을 지정하고 Esc 를 눌러 정상 모드로 전환합니다.

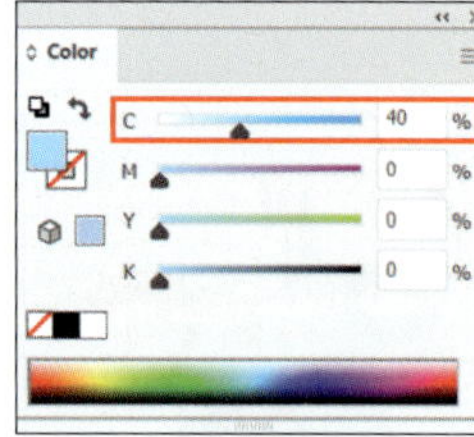

'Divide' 후에 전체를 그룹을 지정하였으므로 2번 더블 클릭하여 Isolation Mode로 전환합니다.

14 Selection Tool(▶)로 2개의 그룹 오브젝트를 함께 선택한 후 Symbols 패널 하단의 'New Symbol(⊞)'을 클릭하고 [Symbols Options] 대화상자에서 'Name : cheering fire-cracker, Type : Graphic'을 지정하여 심볼로 등록합니다. Delete 를 눌러 도큐먼트의 심볼 오브젝트를 삭제합니다.

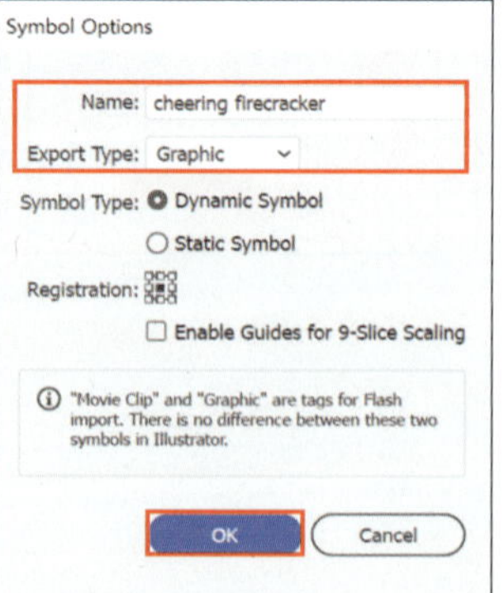

01 Symbols 패널에서 등록된 'cheering firecracker' 심볼을 선택하고 Symbol Sprayer Tool()로 작업 도큐먼트를 클릭하여 심볼을 뿌려 줍니다.

기적의 TIP

- 작업 시간을 단축하기 위해 제시된 개수만큼 Symbol Sprayer Tool(⬚)을 클릭하여 배치하고 편집합니다.
- 불필요하게 뿌려진 심볼은 Symbol Sprayer Tool(⬚)로 **Alt**를 누른 채 클릭하면 삭제할 수 있습니다.

---

02 Symbol Sizer Tool(⬚)로 **Alt**를 누르고 클릭하여 일부 심볼의 크기를 축소하여 Symbol Shifter Tool(⬚)로 심볼의 위치를 이동시킨 후 Symbol Spinner Tool(⬚)로 일부를 회전하여 배치합니다.

  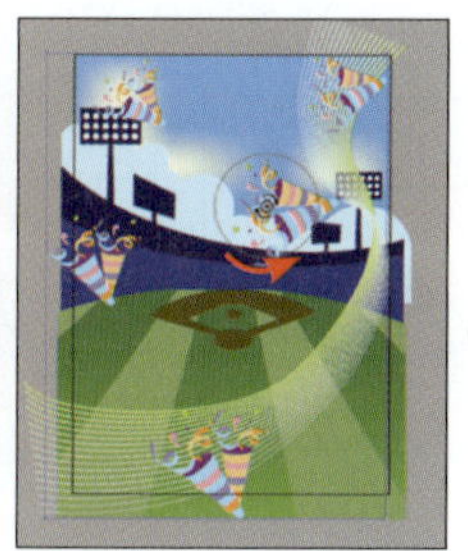

03 Symbol Screener Tool(⬚)로 일부를 클릭하여 투명하게 하고 Symbol Stainer Tool(⬚) 로 Swatches 패널에서 제시된 출력형태와 유사한 색상을 Fill Color로 선택한 후 심볼 일부에 클릭하여 색조의 변화를 적용합니다.

 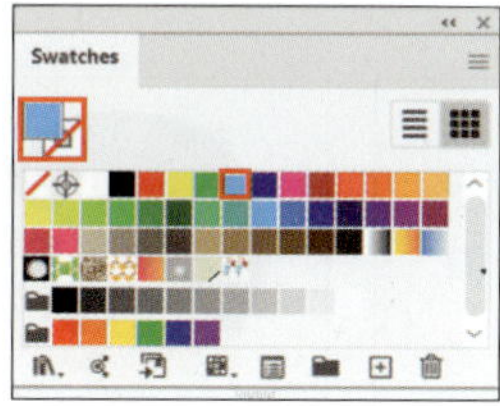 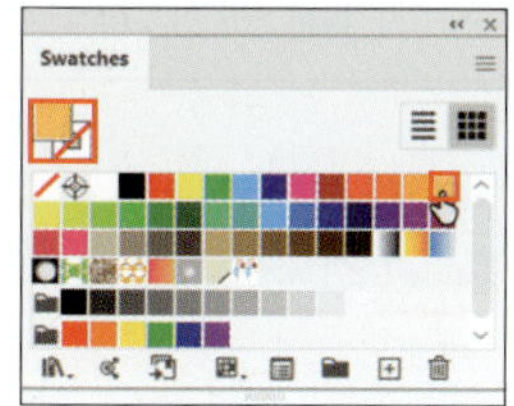 

기적의 TIP

Sylmbol Stainer Tool(⬚)로 색조의 변화를 적용할 때는 정확한 색상의 제시가 없으므로 문제지의 《출력형태》와 가장 유사한 색상을 'Fill Color'로 지정하여 적용하면 됩니다.

01 Ellipse Tool(◎)로 작업 도큐먼트를 클릭하여 대화상자에서 'Width : 41mm, Height : 38mm'를 입력하여 그리고 Color 패널에서 'Fill Color : M20Y30, Stroke Color : None'을 지정합니다.

02 Ellipse Tool(◎)로 Shift 를 누른 채 드래그하여 크기가 다른 2개의 정원을 그리고 Color 패널에서 'Fill Color : K100, C0M0Y0K0, Stroke Color : None'을 각각 지정합니다. Selection Tool(▶)로 2개의 오브젝트를 함께 선택한 후 Alt 를 누른 채 오른쪽으로 드래그하여 복사하고 배치합니다.

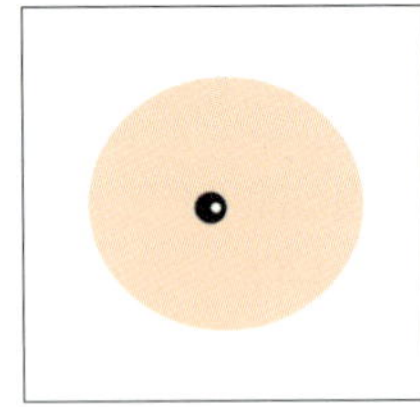
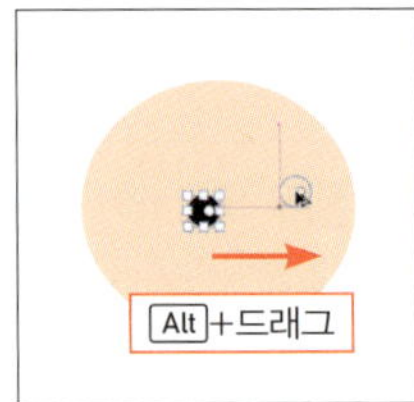

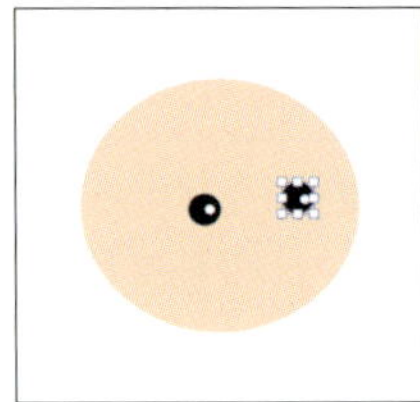

03 Pen Tool(✐)로 드래그하여 입 모양의 닫힌 패스를 그리고 Color 패널에서 'Fill Color : M90Y90K50, Stroke Color : None'을 지정합니다. 계속해서 머리카락 모양의 닫힌 패스를 그리고 Color 패널에서 'Fill Color : K100, Stroke Color : None'을 지정합니다.

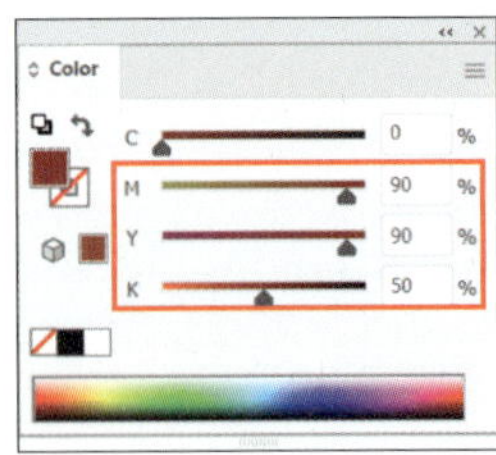
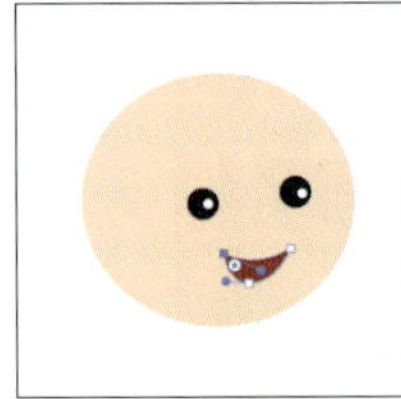

04 Rounded Rectangle Tool(▢)로 작업 도큐먼트를 클릭하여 'Width : 42mm, Height : 53mm, Corner Radius : 20mm'를 입력하여 그리고 Color 패널에서 'Fill Color : None, Stroke Color : 임의 색상'을 지정합니다. Rotate Tool(↻)을 더블 클릭하여 'Angle : 40°'를 지정하고 [OK]를 눌러 회전하고 배치합니다.

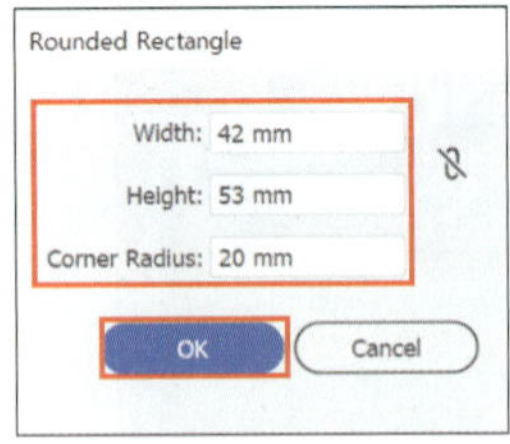
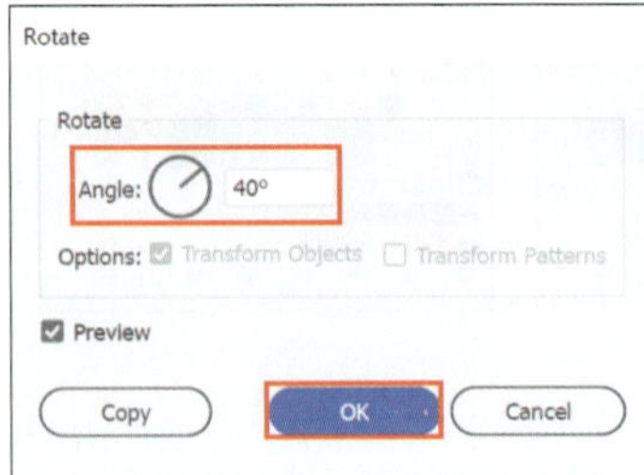
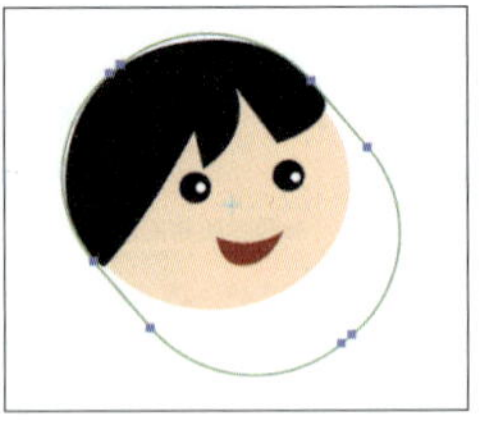

05 Line Segment Tool(✐)로 드래그하여 임의 색상의 사선을 통과하도록 그립니다. Selec-tion Tool(▶)로 둥근 사각형과 함께 선택하고 Pathfinder 패널에서 ‘Divide(▣)’를 클릭합니다. 더블 클릭하여 Isolation Mode로 전환하고 불필요한 오브젝트를 선택하여 [Delete]를 눌러 삭제하고 [Esc]를 눌러 정상 모드로 전환합니다.

  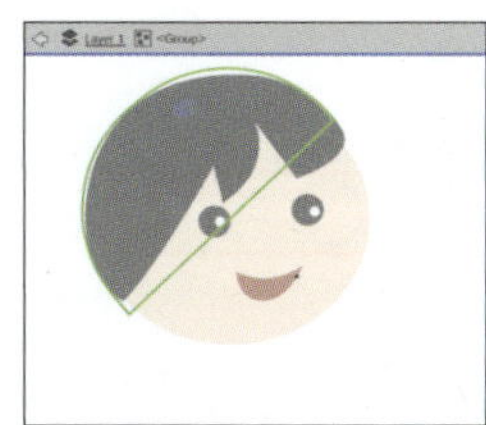

06 Ellipse Tool(⬭)로 작업 도큐먼트를 클릭하여 ‘Width : 31mm, Height : 13mm’를 입력하여 그리고 Rotate Tool(↻)을 더블 클릭하여 ‘Angle : 21˚’를 지정하고 [OK]를 눌러 회전하고 배치합니다. Selection Tool(▶)로 2개의 오브젝트를 함께 선택하고 Pathfinder 패널에서 ‘Unite(▣)’를 클릭합니다. 더블 클릭하여 Isolation Mode로 전환하고 Color 패널에서 ‘Fill Color : M90Y90, Stroke Color : None’을 지정합니다.

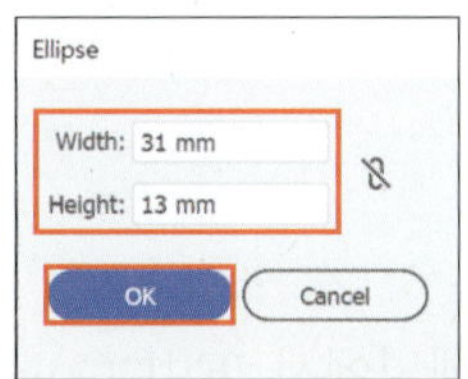

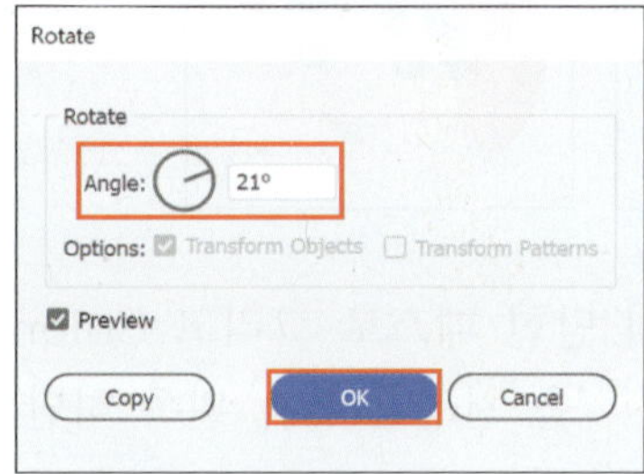

 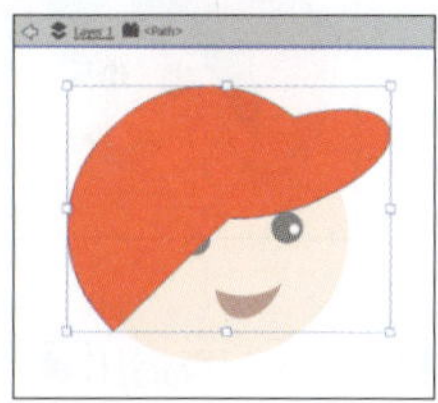

07 Ellipse Tool(⬭)로 작업 도큐먼트를 클릭하여 ‘Width : 38mm, Height : 34mm’를 입력하여 그리고 Color 패널에서 ‘Fill Color : None, Stroke Color : 임의 색상’을 지정하고 배치합니다. Selection Tool(▶)로 2개의 오브젝트를 함께 선택하고 Pathfinder 패널에서 ‘Minus Front(▣)’를 클릭합니다.

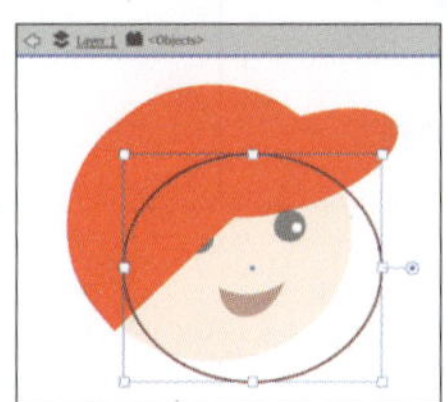 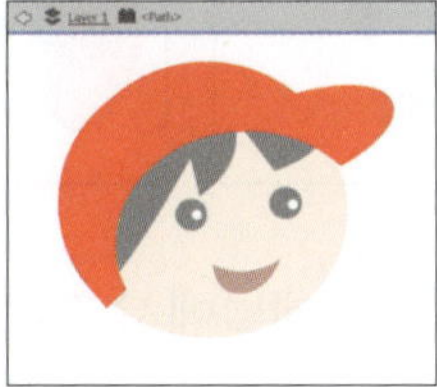

08 Rounded Rectangle Tool(▣)로 작업 도큐먼트를 클릭하여 'Width : 12mm, Height : 23mm, Corner Radius : 6mm'를 입력하여 그리고 Color 패널에서 'Fill Color : None, Stroke Color : 임의 색상'을 지정합니다. Rotate Tool(↻)을 더블 클릭하여 'Angle : 12°'를 지정하고 [OK]를 눌러 회전하고 배치합니다.

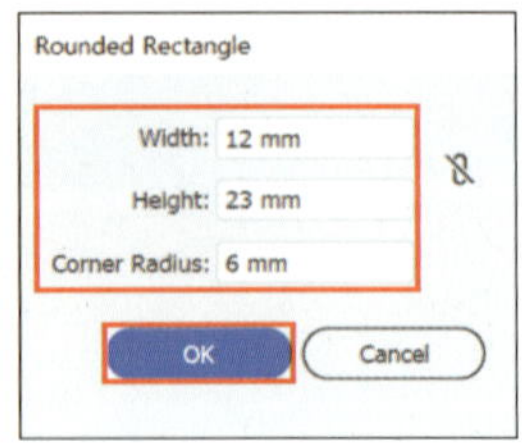
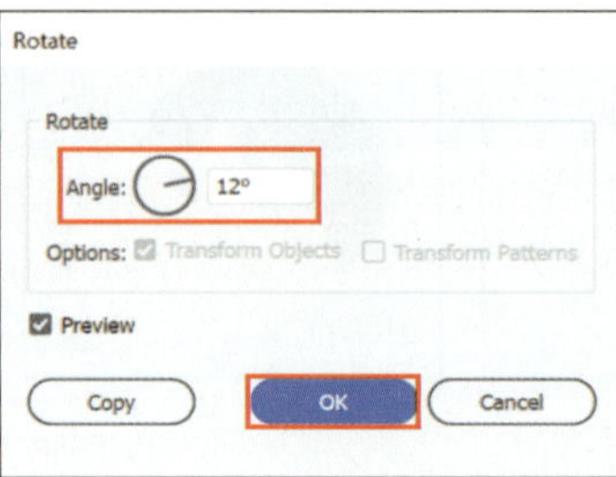
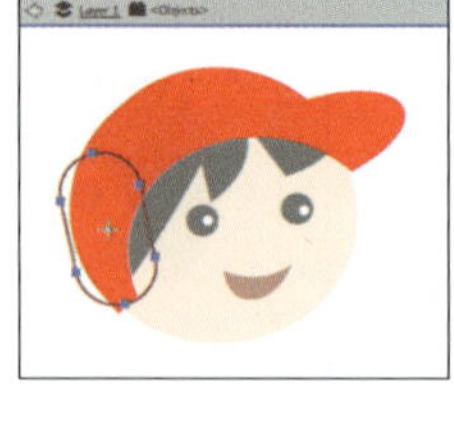

09 Ctrl+A를 눌러 모두 선택하고 Pathfinder 패널에서 'Divide(▣)'를 클릭합니다. 불필요한 오브젝트를 선택하여 Delete를 눌러 삭제하고 나머지 오브젝트는 'Unite(▣)'를 클릭합니다.

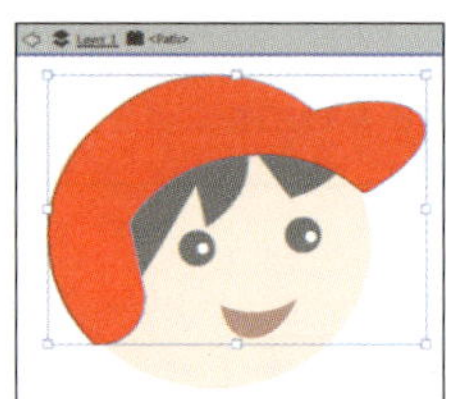

10 Pen Tool(✎)로 음영 부분을 3개의 닫힌 패스로 그리고 Color 패널에서 'Fill Color : M90Y90K50, Stroke Color : None'을 지정합니다. 왼쪽 하단의 닫힌 패스를 선택하고 Ctrl+[를 눌러 뒤로 보내기를 합니다. 계속해서 하이라이트에 해당하는 오브젝트를 그리고 Color 패널에서 'Fill Color : M30Y30, Stroke Color : None'을 지정하고 Esc를 눌러 정상 모드로 전환합니다.

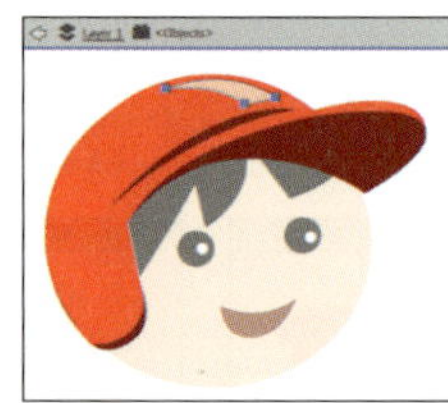

11 Ellipse Tool(◯)로 드래그하여 타원을 그리고 Color 패널에서 'Fill Color : M90Y90K50, Stroke Color : None'을 지정합니다. Selection Tool(▶)로 바운딩 박스를 조절하여 회전하고 Alt를 누른 채 하단으로 드래그하여 복사하고 배치합니다.

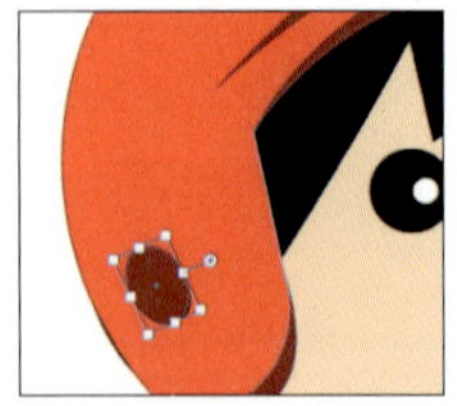

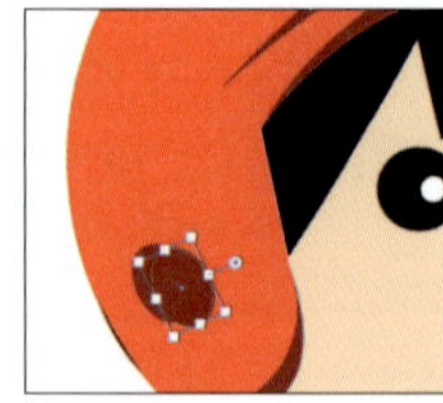

12 Selection Tool( )로 2개의 오브젝트를 함께 선택하고 Pathfinder 패널에서 'Divide( )'를 클릭합니다. 더블 클릭하여 Isolation Mode로 전환하고 불필요한 오브젝트를 선택하여 Delete 를 눌러 삭제하고 하단 오브젝트를 선택하고 Color 패널에서 'Fill Color : K100, Stroke Color : None'을 지정하고 Esc 를 눌러 정상 모드로 전환합니다.

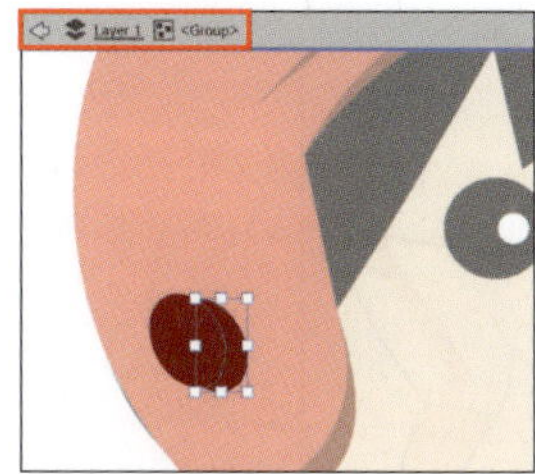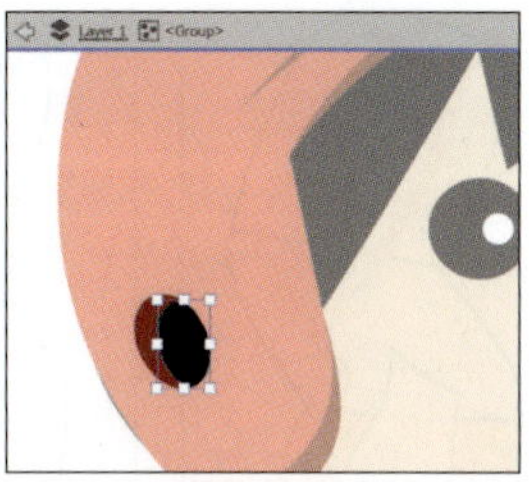

13 Pen Tool( )로 드래그하여 유니폼 모양의 닫힌 패스를 그리고 Color 패널에서 'Fill Color : C0M0Y0K0, Stroke Color : K100'을 지정하고 Stroke 패널에서 'Weight : 1pt'를 지정합니다. 계속해서 2개의 열린 패스를 하단에 겹치도록 그리고 Color 패널에서 'Fill Color : None, Stroke Color : K100'을 지정합니다.

14 Selection Tool( )로 3개의 오브젝트를 함께 선택하고 Pathfinder 패널에서 'Divide( )'를 클릭합니다. 더블 클릭하여 Isolation Mode로 전환하고 하단 오브젝트를 함께 선택하고 Color 패널에서 'Fill Color : M50Y90, Stroke Color : None'을 지정하고 Esc 를 눌러 정상 모드로 전환합니다. Pen Tool( )로 드래그하여 신발 모양의 닫힌 패스를 그리고 Color 패널에서 'Fill Color : K100, Stroke Color : None'을 지정합니다.

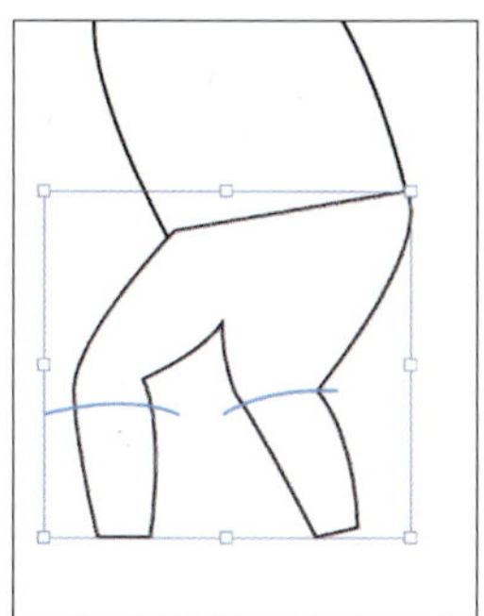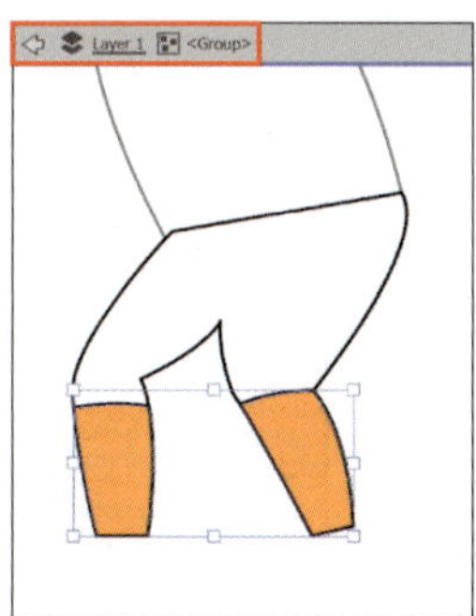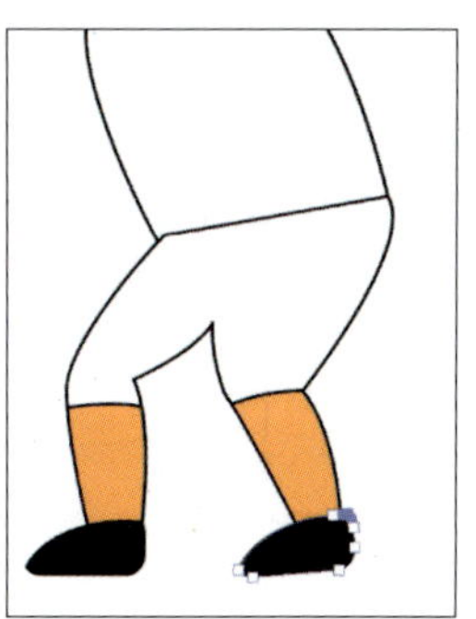

15 Pen Tool(🖊)로 드래그하여 3개의 열린 패스를 그리고 Color 패널에서 'Fill Color : None, Stroke Color : M100Y100'을 지정하고 Stroke 패널에서 'Weight : 6pt'를 지정합니다. Selection Tool(▶)로 열린 패스를 모두 선택하고 [Object]-[Path]-[Outline Stroke]를 선택하여 선을 면으로 확장합니다.

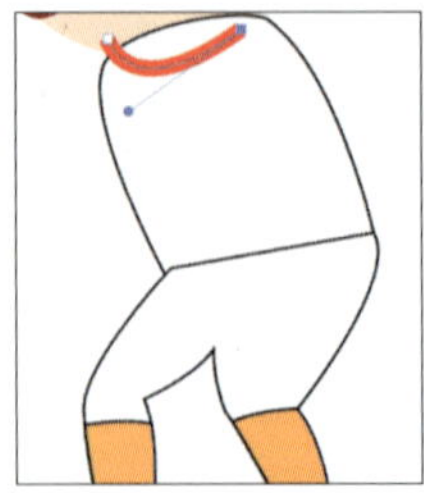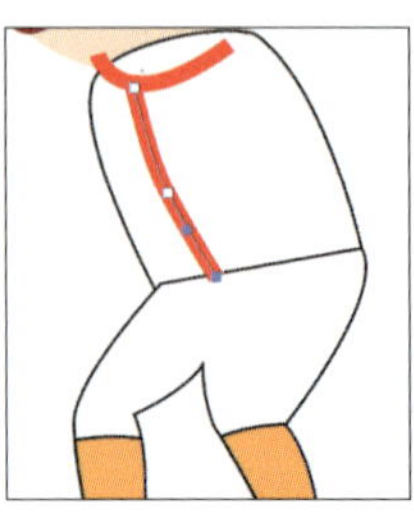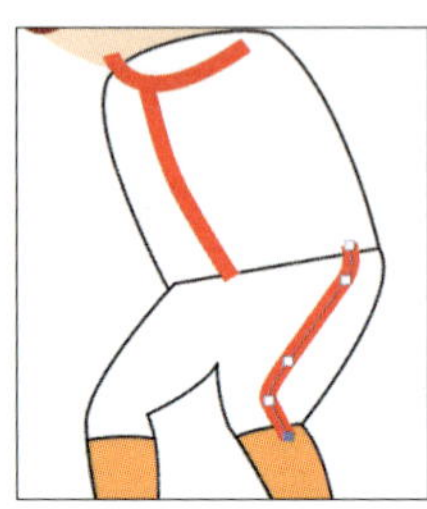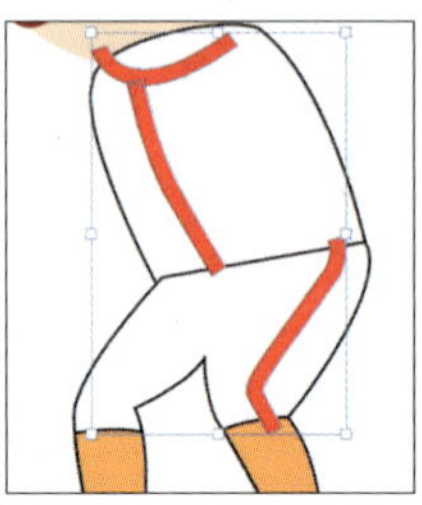

16 Line Segment Tool(╱)로 드래그하여 사선을 그린 후 Color 패널에서 'Fill Color : None, Stroke Color : K100'을 지정하고 Stroke 패널에서 'Weight : 10pt'를 지정합니다. [Object]-[Path]-[Outline Stroke]를 선택하여 선을 면으로 확장합니다. Selection Tool(▶)로 유니폼 하의를 선택하고 Shift+Ctrl+G로 그룹을 해제하여 하단 오브젝트와 신발 오브젝트를 함께 선택하고 Ctrl+]를 눌러 앞으로 가져오기를 합니다.

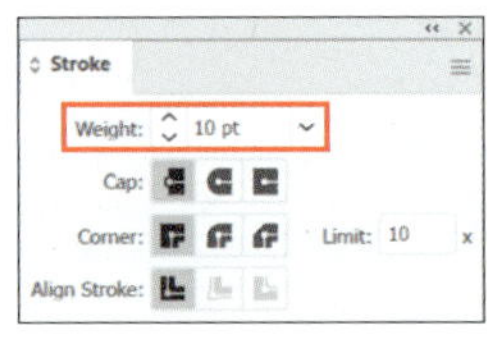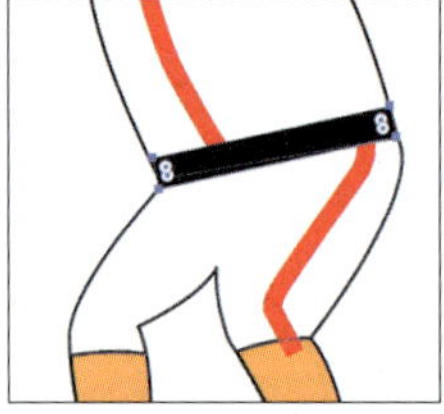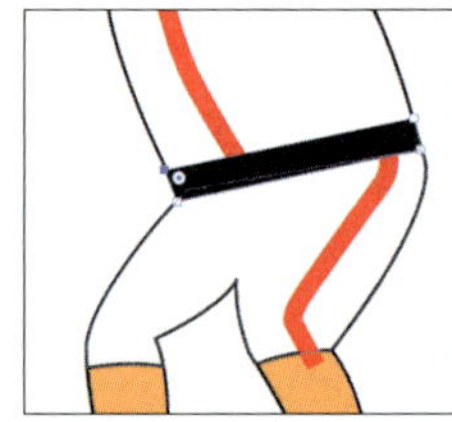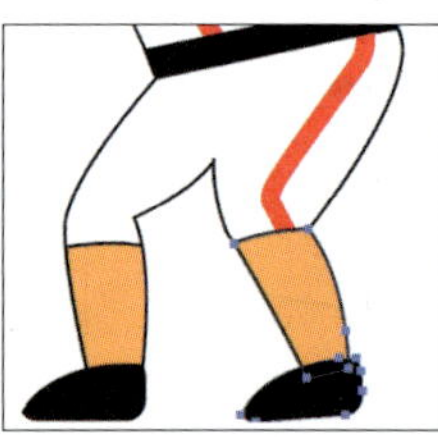

17 Rectangle Tool(▢)로 작업 도큐먼트를 클릭하여 'Width : 8.5mm, Height : 23mm'를 입력하여 그리고 Color 패널에서 'Fill Color : M50Y90, Stroke Color : K100'을 지정하고 Stroke 패널에서 'Weight : 1pt'를 지정합니다. Direct Selection Tool(▷)로 드래그하여 상단 2개의 고정점을 선택하고 모서리 안쪽의 둥근 점(◉)을 안쪽으로 드래그하여 모서리를 둥글게 변형합니다.

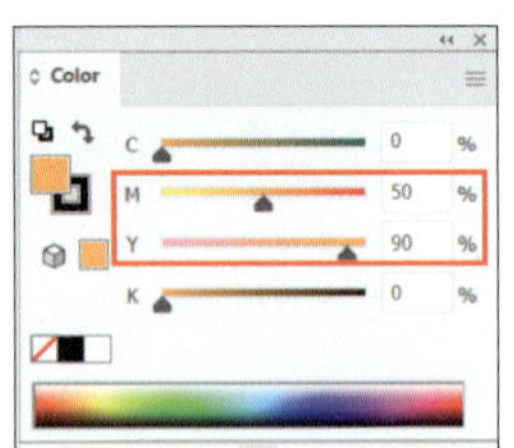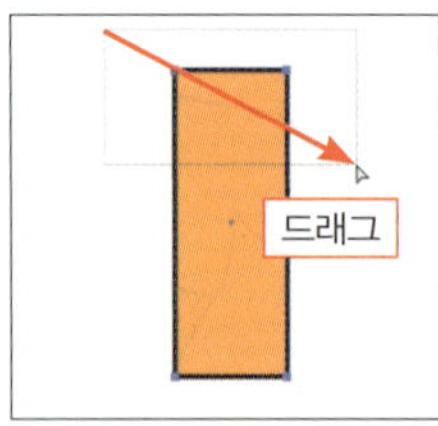

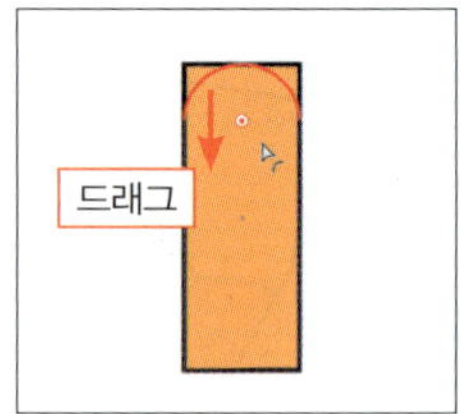

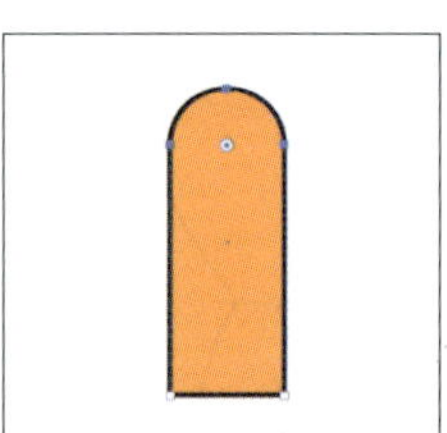

18 Selection Tool(▶)으로 선택하고 Rotate Tool(↻)을 더블 클릭하여 'Angle : −50°'를 지정하고 회전하고 배치합니다.

19 Pen Tool(✐)과 Ellipse Tool(◯)로 손 모양을 그리고 Color 패널에서 'Fill Color : M20Y30, Stroke Color : None'을 지정합니다. Selection Tool(▶)로 함께 선택하고 Pathfinder 패널에서 'Unite(◼)'를 클릭하고 Ctrl + [를 눌러 뒤로 보내기를 합니다.

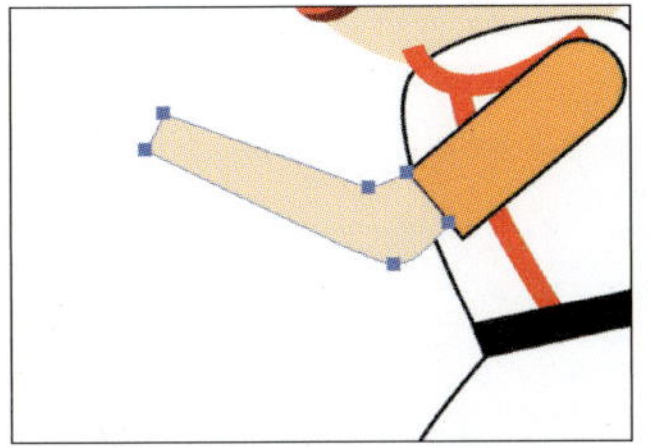 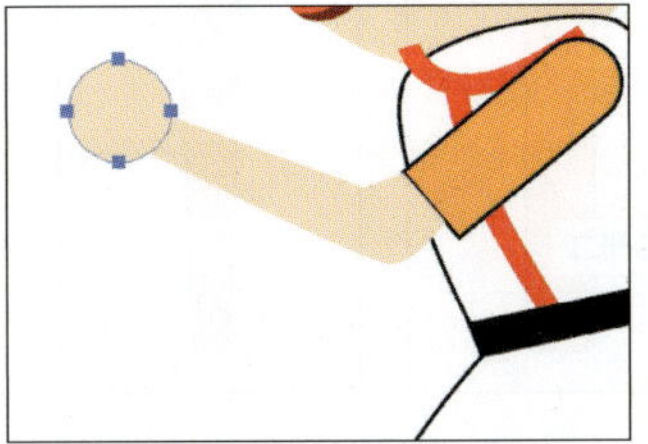 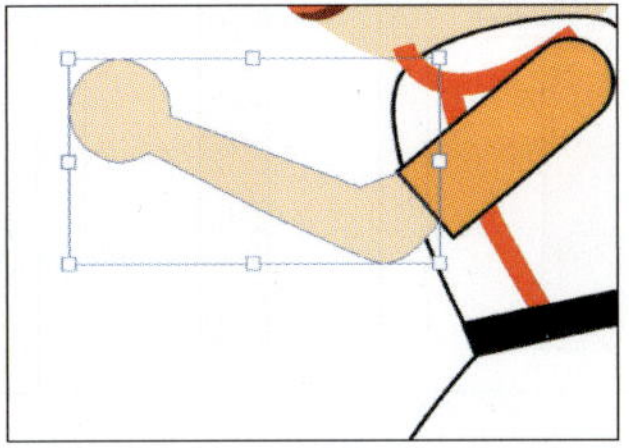

20 Selection Tool(▶)로 어깨 모양을 선택하고 Ctrl + C 로 복사하고 Ctrl + V 로 붙여넣기를 합니다. Color 패널에서 'Fill Color : M50Y90K20'을 지정합니다. Pen Tool(✐)과 Ellipse Tool(◯)로 손 모양을 그리고 Color 패널에서 'Fill Color : M30Y30K10, Stroke Color : None'을 지정하고 Ctrl + [를 눌러 뒤로 보내기를 합니다.

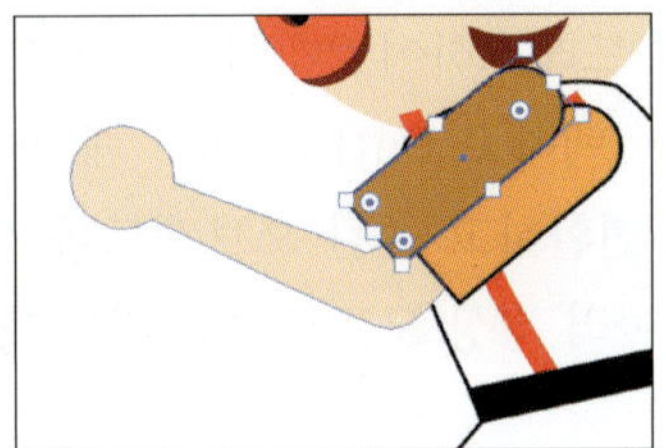 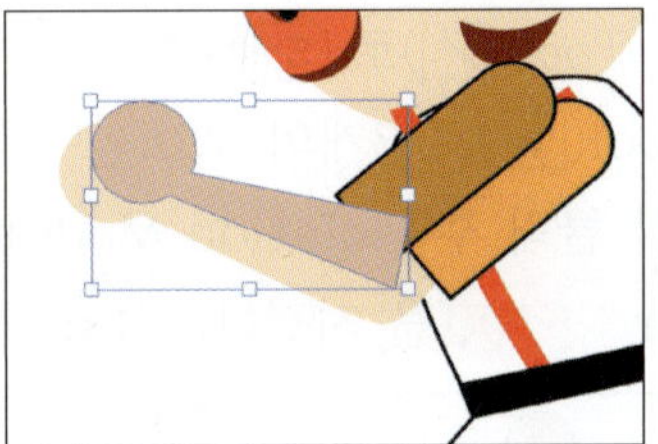 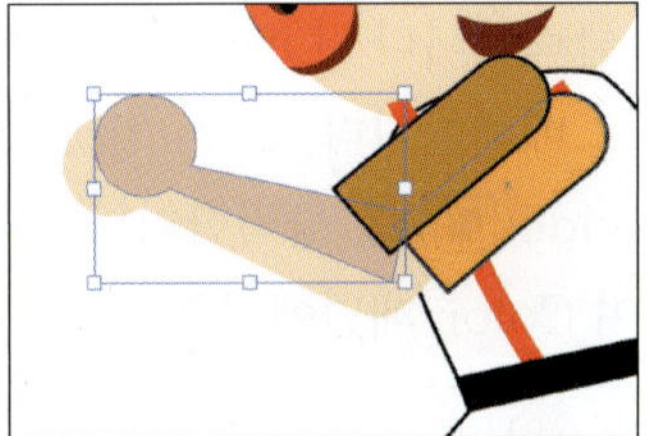

21 Selection Tool(▶)로 뒤쪽으로 배치할 2개의 오브젝트를 함께 선택하고 Shift + Ctrl + [를 눌러 맨 뒤로 보내기를 합니다. 계속해서 유니폼 상의와 함께 선택하고 Shift + Ctrl + [를 눌러 맨 뒤로 보내기를 하고 배치합니다.

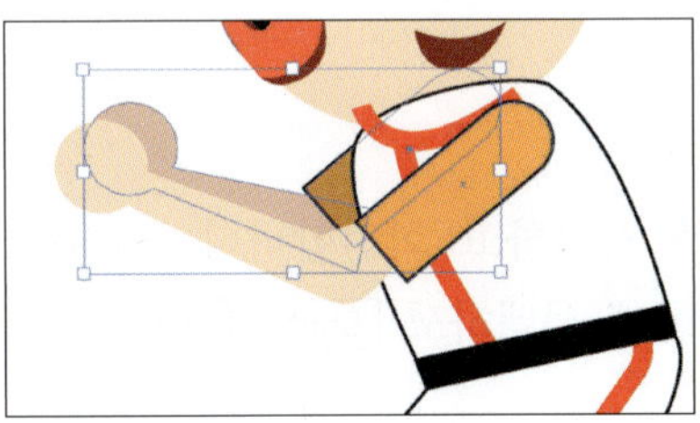 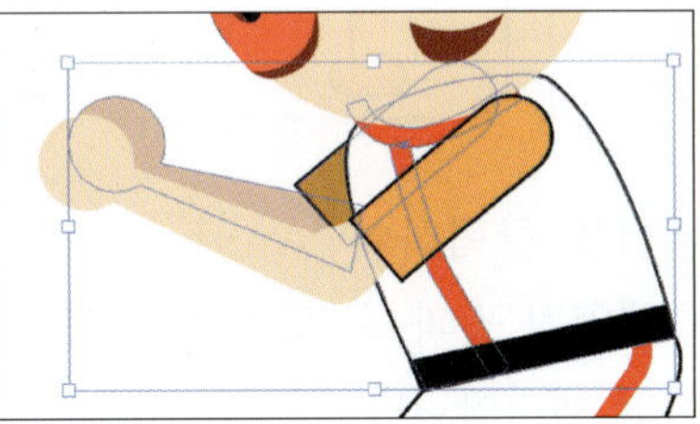

22 Rectangle Tool(▢)로 작업 도큐먼트를 클릭하여 'Width : 11mm, Height : 76mm'를 입력하여 그리고 Color 패널에서 'Fill Color : M40Y70, Stroke Color : K100'을 지정하고 Stroke 패널에서 'Weight : 1pt'를 지정합니다.

23 Direct Selection Tool(▷)로 드래그하여 상단 2개의 고정점을 선택하고 모서리 안쪽의 둥근 점(◉)을 안쪽으로 드래그하여 모서리를 둥글게 변형합니다. Direct Selection Tool(▷)로 드래그하여 하단 2개의 고정점을 선택하고 Scale Tool(⊞)을 더블 클릭하고 'Uniform : 50%'를 지정하여 패스를 축소합니다.

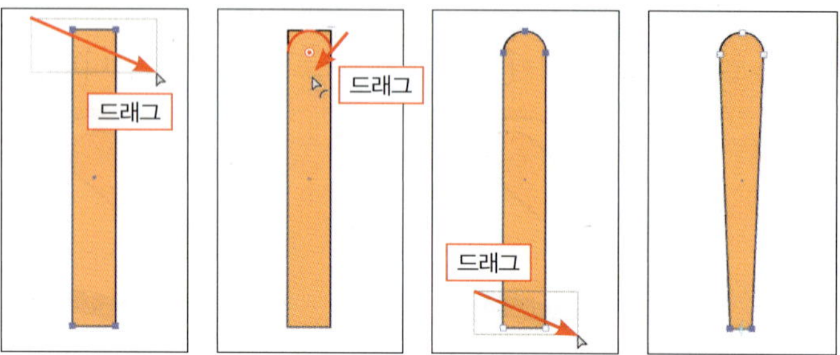

24 Rectangle Tool(▭)로 작업 도큐먼트를 클릭하여 'Width : 13mm, Height : 6.5mm'를 입력하여 동일한 색상의 사각형을 그리고 하단에 겹치도록 배치하고 모서리 안쪽의 둥근 점(◉)을 안쪽으로 드래그하여 모서리를 둥글게 변형합니다.

25 Selection Tool(▶)로 2개의 오브젝트를 함께 선택하고 Pathfinder 패널에서 'Unite(▣)'를 클릭합니다. Line Segment Tool(/)로 Shift를 누른 채 드래그하여 2개의 수평선을 그리고 배치합니다. Selection Tool(▶)로 3개의 오브젝트를 선택하고 Pathfinder 패널에서 'Divide(▣)'를 클릭합니다. 더블 클릭 후 Isolation Mode로 전환하고 중간 오브젝트를 선택하여 Color 패널에서 'Fill Color : K100'을 지정하고 Esc를 눌러 정상 모드로 전환합니다.

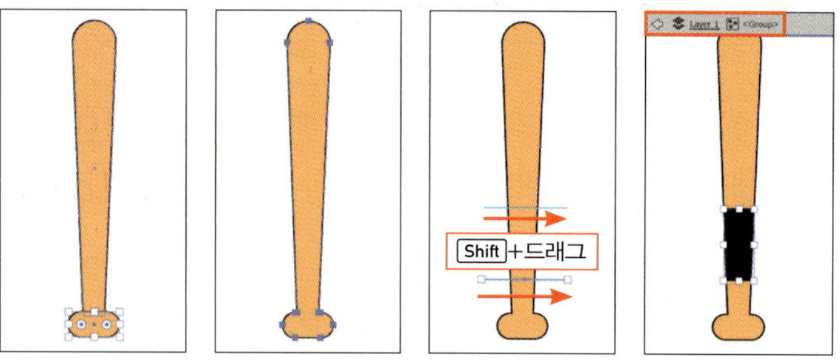

26 Rotate Tool(↻)을 더블 클릭하여 'Angle : −35°'를 지정하고 회전합니다. Selection Tool(▶)로 뒤쪽으로 배치될 팔과 손 모양 오브젝트와 함께 선택하고 Shift+Ctrl+[를 눌러 맨 뒤로 보내기를 하고 배치합니다.

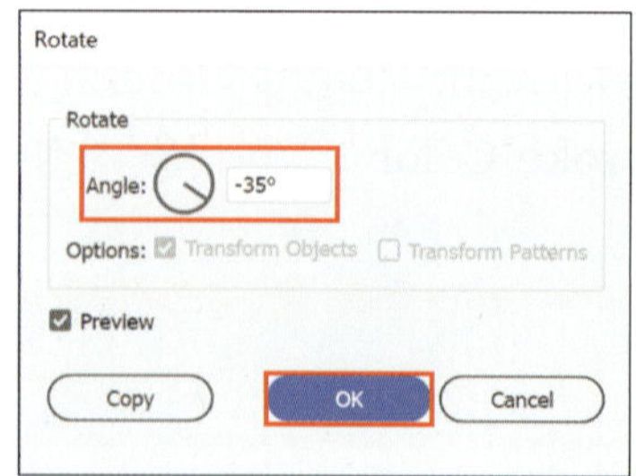

01 Ellipse Tool(◉)로 작업 도큐먼트를 클릭하여 'Width : 82mm, Height : 130mm'를 입력하여 그리고 Color 패널에서 'Fill Color : None, Stroke Color : 임의 색상'을 지정합니다. Rectangle Tool(■)로 드래그하여 타원의 상단에 겹치도록 배치하고 Selection Tool(▶)로 2개의 오브젝트를 선택하여 'Minus Front(▣)'를 클릭합니다.

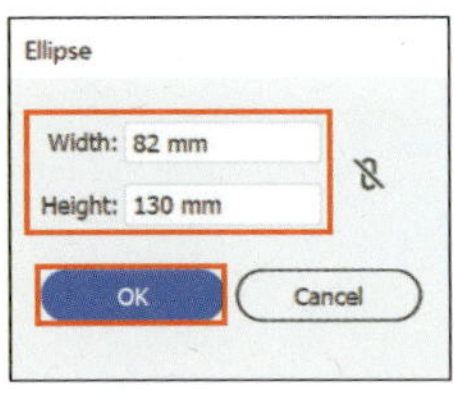 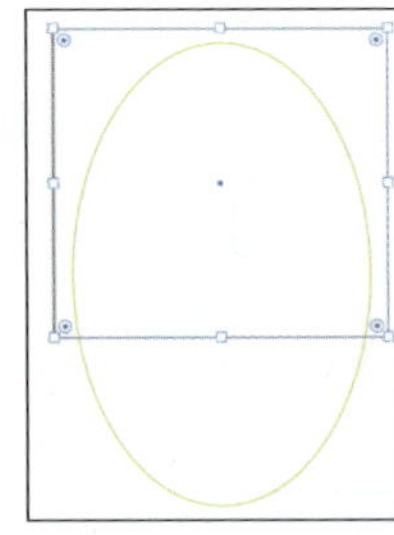 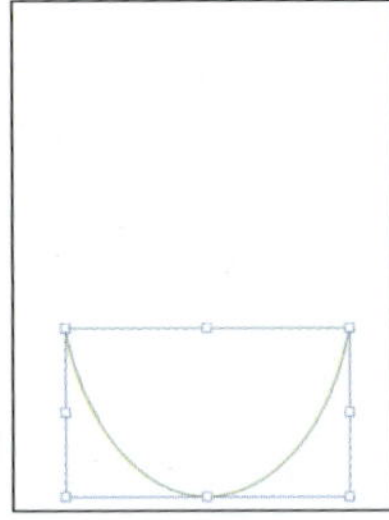

02 Ellipse Tool(◉)로 작업 도큐먼트를 클릭하여 대화상자에서 'Width : 21mm, Height : 36mm'를 입력하여 그리고 왼쪽 상단에 겹치도록 배치하고 Selection Tool(▶)로 2개의 오브젝트를 선택하고 'Minus Front(▣)'를 클릭합니다.

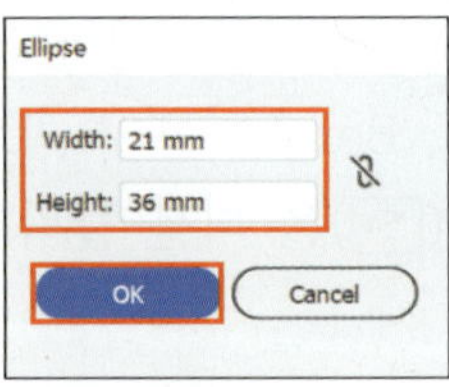 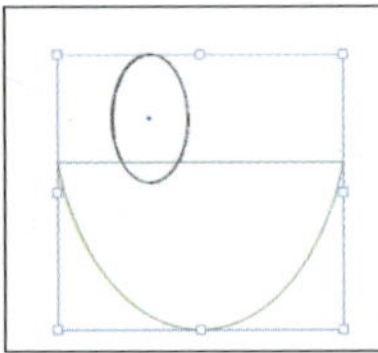 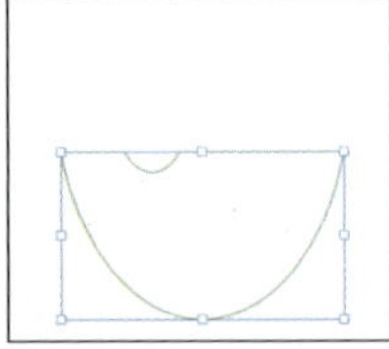

⚑ 기적의 TIP

Selection Tool(▶)로 빠르게 전환하기
- 작업 중 Ctrl 키를 누르면 됩니다.
- 영문 입력 모드에서 V를 누르면 됩니다.

---

03 Rounded Rectangle Tool(▣)로 작업 도큐먼트를 클릭하여 'Width : 17mm, Height : 40mm, Corner Radius : 9mm'를 입력하여 그리고 Color 패널에서 'Fill Color : 임의 색상, Stroke Color : 임의 색상'을 지정합니다.

04 [Object]-[Envelope Distort]-[Make with Warp]를 선택한 후 'Style : Arc, Vertical : 체크, Bend : 30%'를 지정하여 왜곡시킵니다. Rotate Tool(↻)을 더블 클릭하여 'Angle : 18°'를 지정하고 [OK]를 눌러 회전하고 배치합니다.

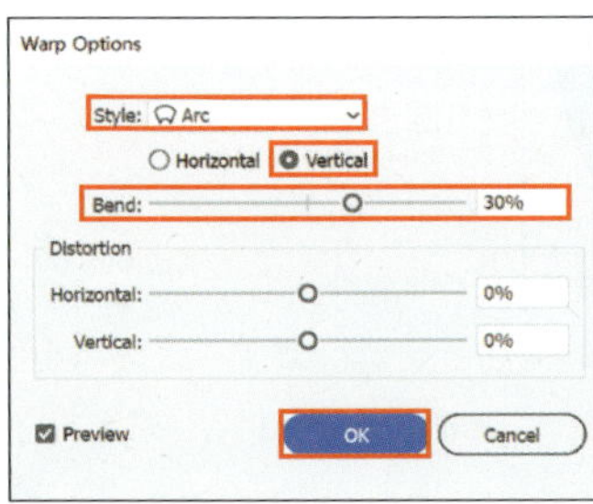 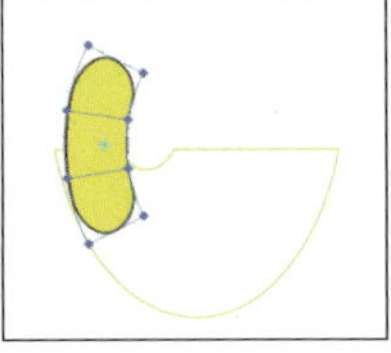 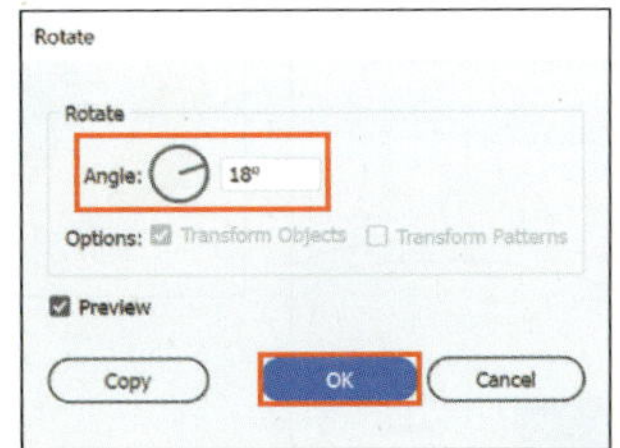 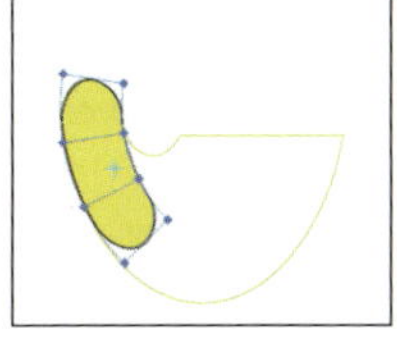

05 Rounded Rectangle Tool(□)로 작업 도큐먼트를 클릭하여 'Width : 10mm, Height : 37mm, Corner Radius : 5mm'를 입력하여 그리고 Color 패널에서 'Fill Color : 임의 색상, Stroke Color : 임의 색상'을 지정합니다.

06 [Object]–[Transform]–[Move]를 선택한 후 'Horizontal : 10mm, Vertical : 4mm'를 입력하고 [Copy]를 눌러 오른쪽 하단으로 이동하여 복사합니다. Ctrl+D를 2번 눌러 일정한 간격으로 반복 복사합니다.

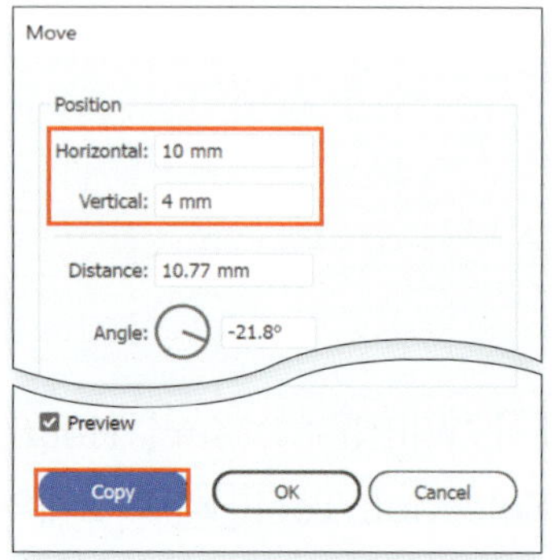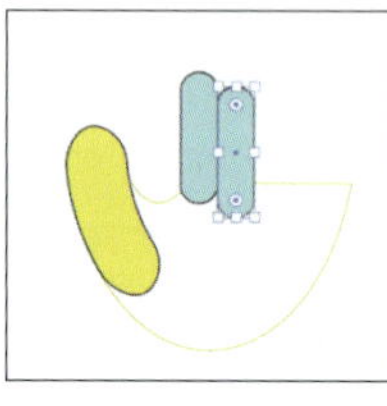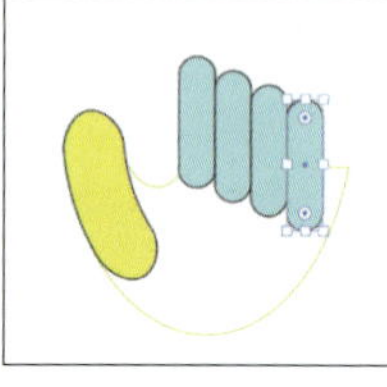

07 Selection Tool(▶)로 4개의 오브젝트를 선택하고 [Object]–[Envelope Distort]–[Make with Warp]를 선택한 후 대화상자에서 'Style : Arc, Vertical : 체크, Bend : –30%, Distortion Vertical :–5%'를 지정하여 왜곡시킵니다. Rotate Tool(↻)을 더블 클릭하여 'Angle : –10°'를 지정하고 [OK]를 눌러 회전하고 배치합니다.

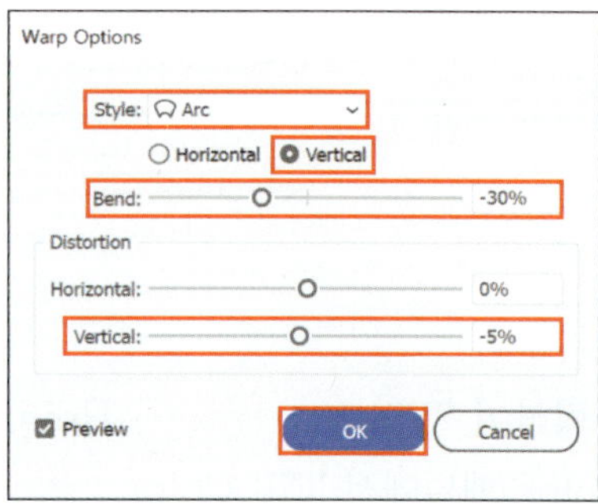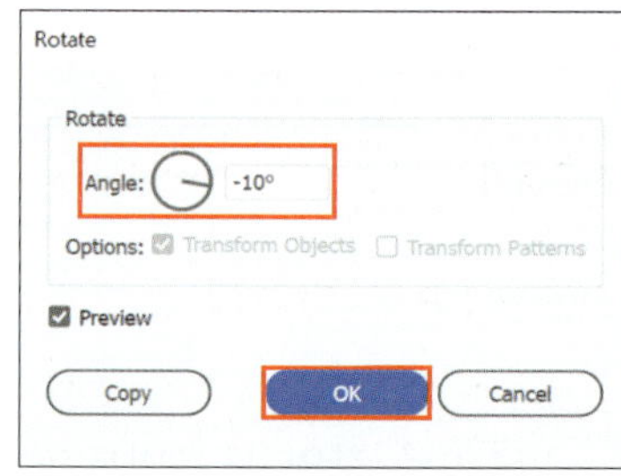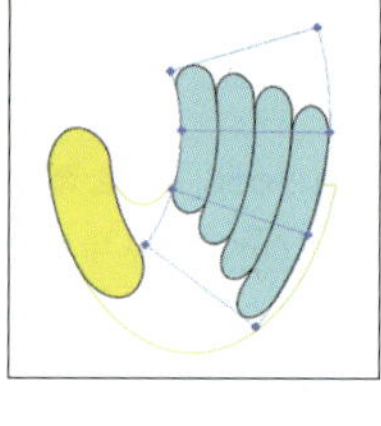

08 Scale Tool(▣)을 더블 클릭하여 대화상자에서 'Horizontal : 110%, Vertical : 100%'를 지정합니다. Selection Tool(▶)로 2개의 오브젝트를 선택하고 [Object]–[Envelope Distort]–[Expand]를 선택하고 확장합니다.

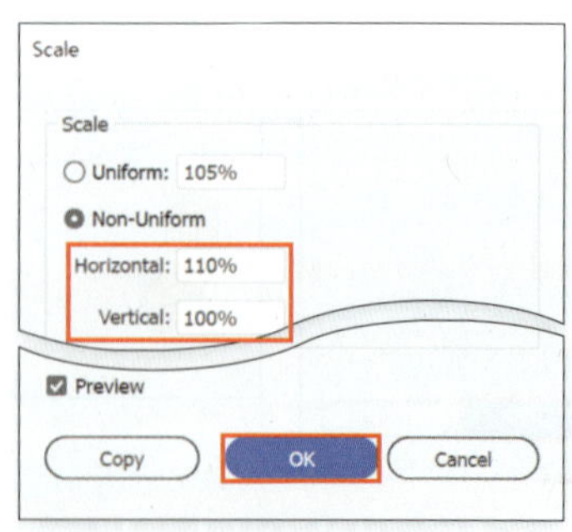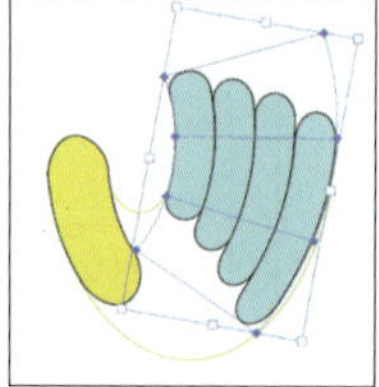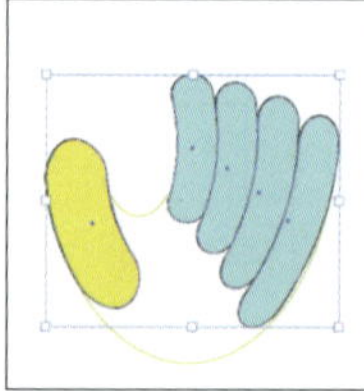

09 Selection Tool(▶)로 오브젝트를 선택하고 Pathfinder 패널에서 'Unite(▣)'를 클릭합니다. Gradient 패널에서 'Type : Linear Gradient, Angle : 90°'를 적용하고 Gradient Slider의 왼쪽 'Color Stop'을 더블 클릭하여 M40Y100K40을, 가운데 'Color Stop'을 더블 클릭하여 M40Y100을 적용하고 'Lotion : 50%'를 지정한 후 Color 패널에서 'Stroke Color : None'을 지정합니다.

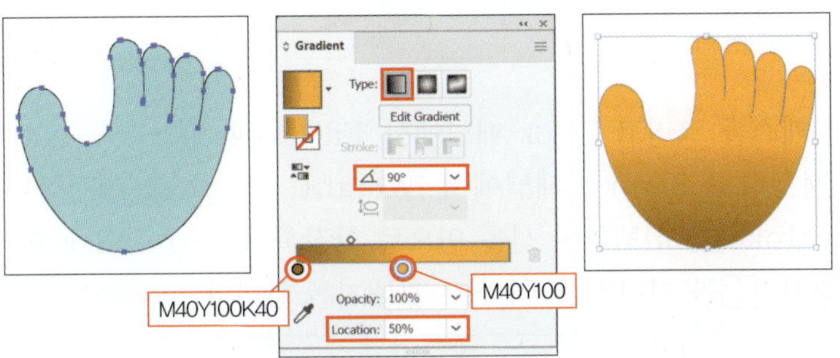

'Unite' 과정에서 튀어나온 불필요한 고정점은 Direct Selection Tool(▷) 또는 Delete Anchor Tool(✑)로 정리합니다.

---

10 [Object]-[Path]-[Offset Path]를 선택한 후 'Offset : 4mm'를 지정하여 확대된 복사본을 만든 후 Color 패널에서 'Fill Color : Y20K20, Stroke Color : None'을 지정합니다.

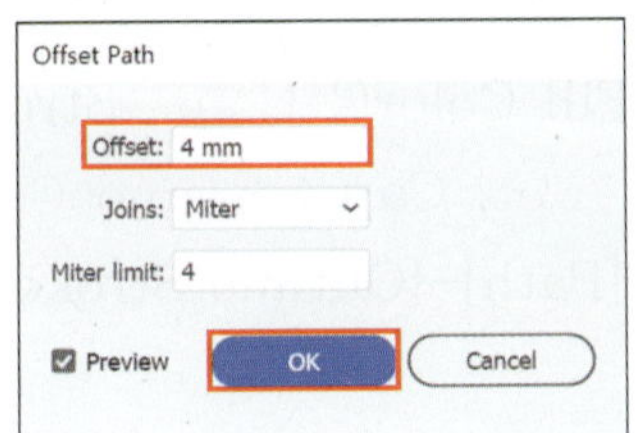
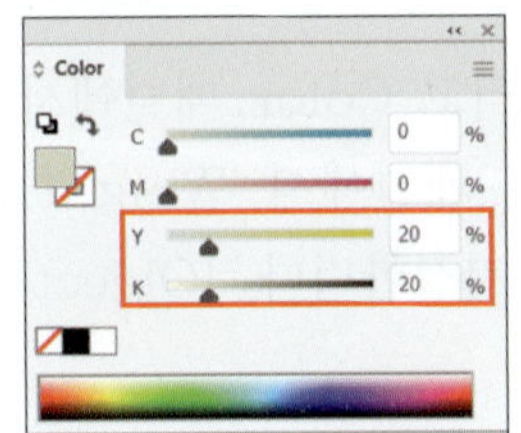
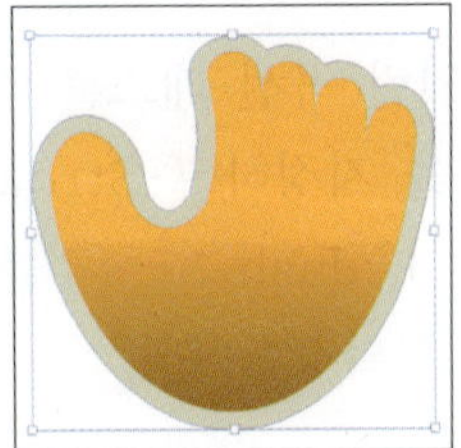

11 Selection Tool(▶)로 더블 클릭하여 Isolation Mode로 전환합니다. Pen Tool(✐)과 Rectangle Tool(▭), Ellipse Tool(⬭)로 3개의 오브젝트를 겹치도록 그리고 Ctrl + A로 모두 선택하고 Pathfinder 패널에서 'Unite(▣)'를 클릭하고 Color 패널에서 'Fill Color : Y20K20, Stroke Color : None'을 지정합니다.

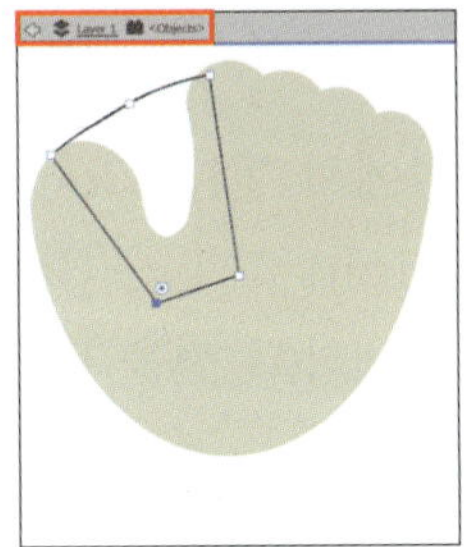
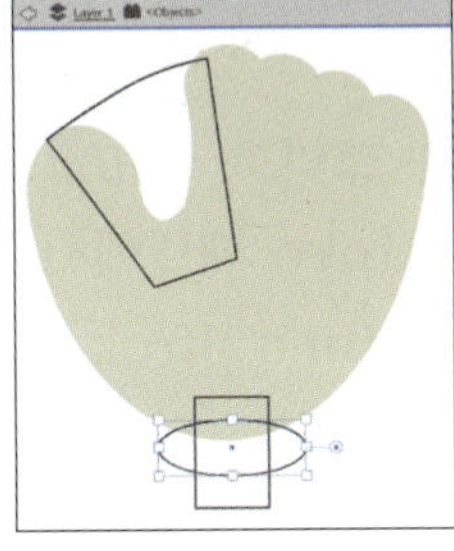
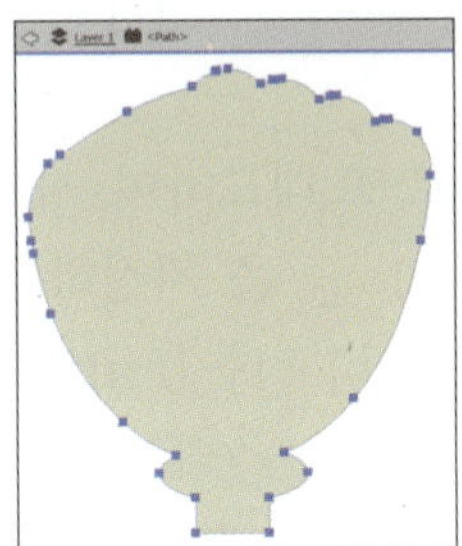

12 Direct Selection Tool(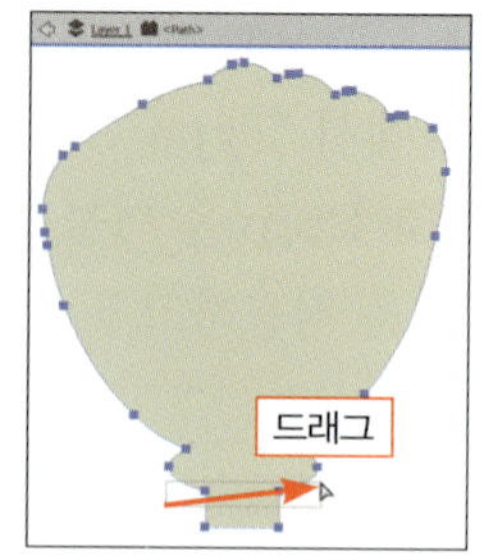)로 드래그하여 하단 2개의 고정점을 선택하고 모서리 안쪽의 둥근 점(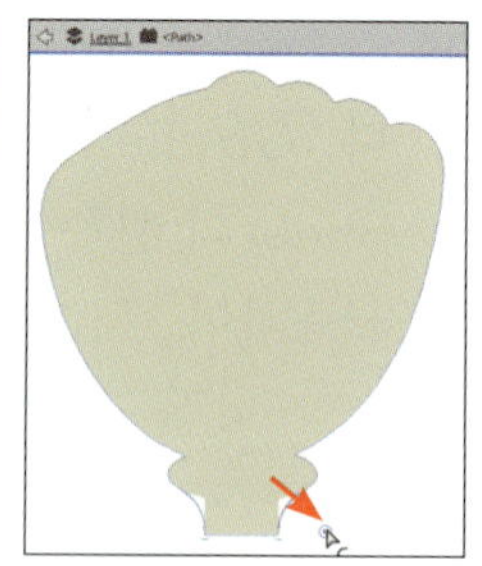)을 바깥쪽으로 드래그하여 모서리를 둥글게 변형하고 Esc를 눌러 정상 모드로 전환합니다.

13 Pen Tool()로 3개의 열린 패스를 그리고 Color 패널에서 'Fill Color : M40Y100K40, Stroke Color : None'을 지정하고 Stroke 패널에서 'Weight : 23pt'를 지정합니다. [Object]-[Path]-[Outline Stroke]를 선택하여 선을 면으로 확장하고 Pathfinder 패널에서 'Unite()'를 클릭한 후 Ctrl+[를 여러 번 눌러 뒤로 보내기를 합니다.

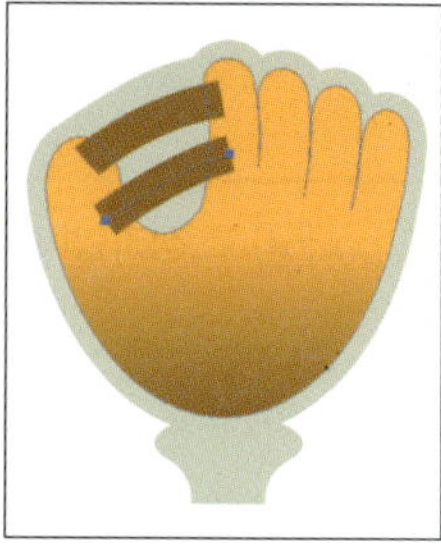
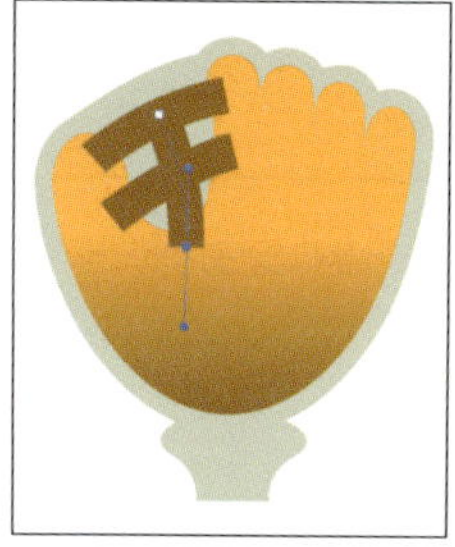

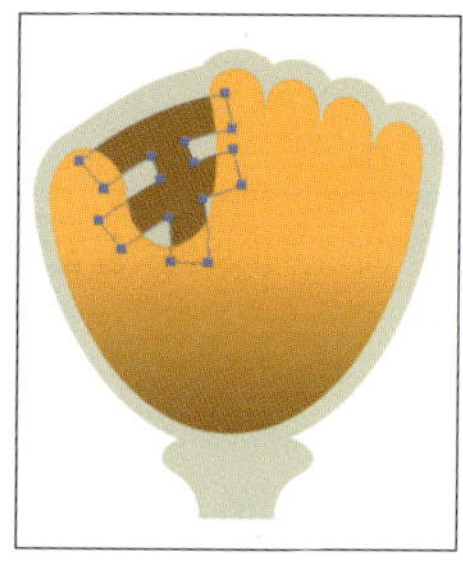

14 Pen Tool()로 열린 곡선 패스를 그리고 Color 패널에서 'Fill Color : None, Stroke Color : M10Y70'을 지정하고 Stroke 패널에서 'Weight : 10pt, Cap : Round Cap, Dashed Line : 체크, dash : 16pt'를 지정합니다. [Object]-[Path]-[Outline Stroke]를 선택하고 선을 면으로 확장합니다.

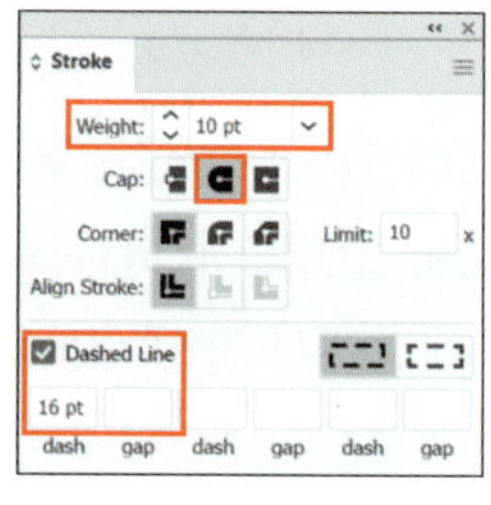
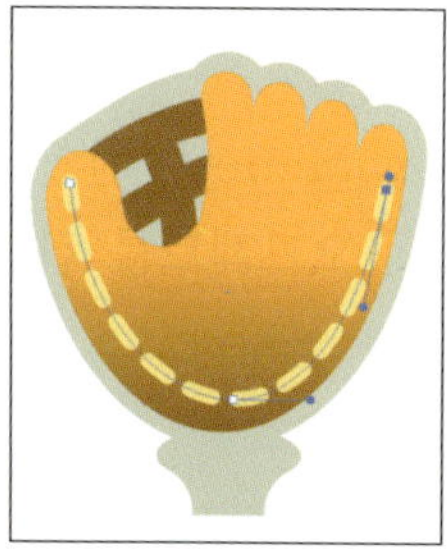
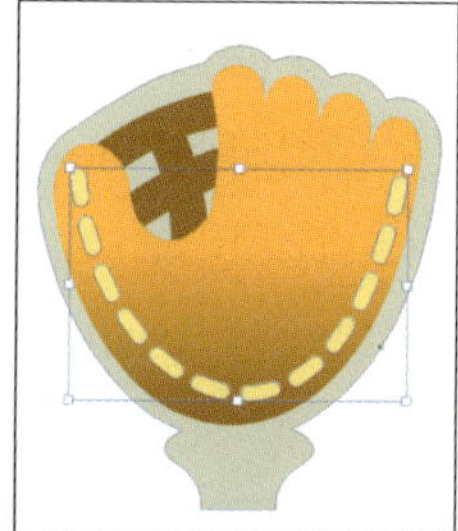

15 Line Segment Tool()로 드래그하여 사선을 그리고 Color 패널에서 'Fill Color : M10Y70, Stroke Color : None'을 지정하고 Stroke 패널에서 'Weight : 9pt, Cap : Round Cap'을 지정합니다. [Object]-[Path]-[Outline Stroke]를 선택하고 선을 면으로 확장합니다.

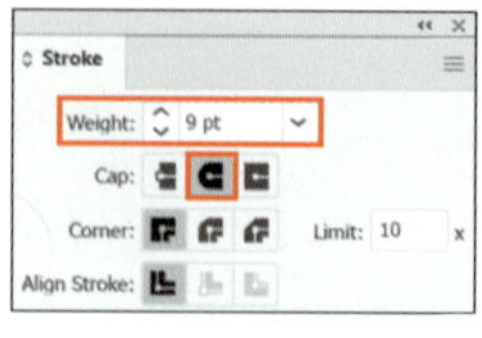

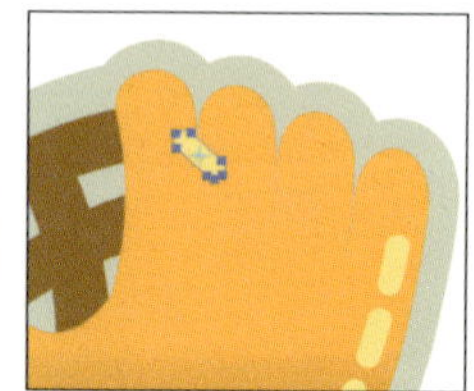

16 Reflect Tool(▣)을 더블 클릭하여 'Axis : Vertical'을 지정하고 [Copy]를 눌러 복사합니다. Selection Tool(▶)로 2개의 패스를 함께 선택하고 Pathfinder 패널에서 'Unite(▣)'를 클릭하여 합칩니다. Selection Tool(▶)로 Alt 를 누른 채 드래그하여 복사하고 Ctrl + D 로 반복 복사하여 배치합니다.

  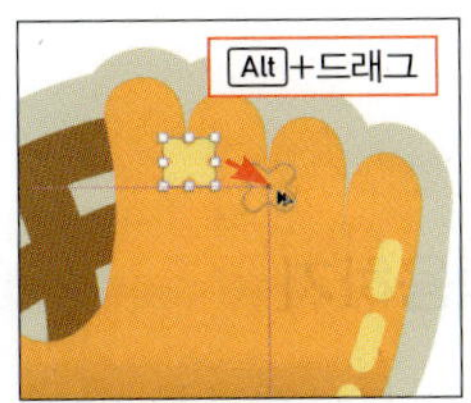 

17 Rectangle Tool(▢)로 작업 도큐먼트에 클릭하여 'Width : 43mm, Height : 17mm'를 입력하여 그리고 Color 패널에서 'Fill Color : Y20K20, Stroke Color : None'을 지정합니다. Direct Selection Tool(▷)로 하단 2개의 고정점을 선택하고 Scale Tool(▣)을 더블 클릭하여 'Uniform : 115%'를 지정하여 패스를 확대합니다.

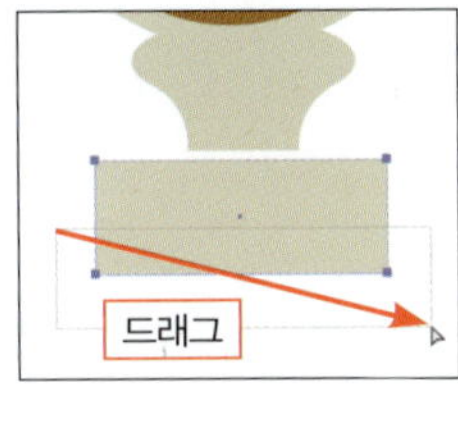 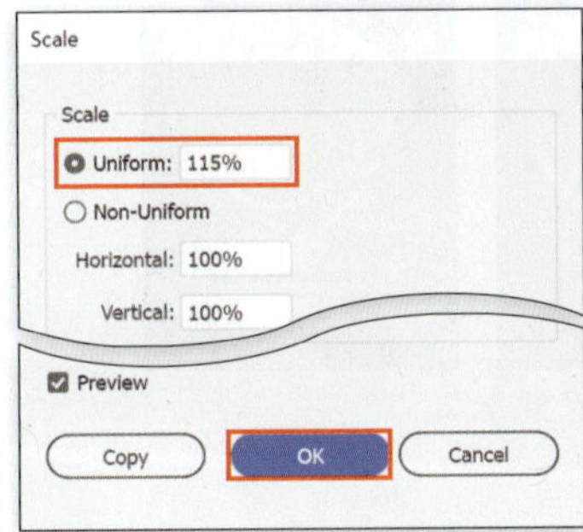 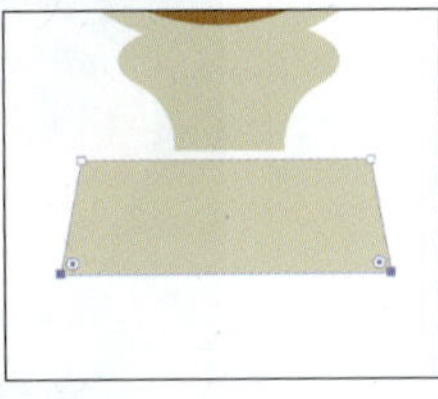

18 Rectangle Tool(▢)로 드래그하여 그리고 Color 패널에서 'Fill Color : None, Stroke Color : M50Y100K70'을 지정하고 Stroke 패널에서 'Weight : 2pt'를 지정합니다. Direct Selection Tool(▷)로 상단 2개의 고정점을 선택하고 Scale Tool(▣)을 더블 클릭하여 'Uniform : 95%'를 지정하여 패스를 축소합니다.

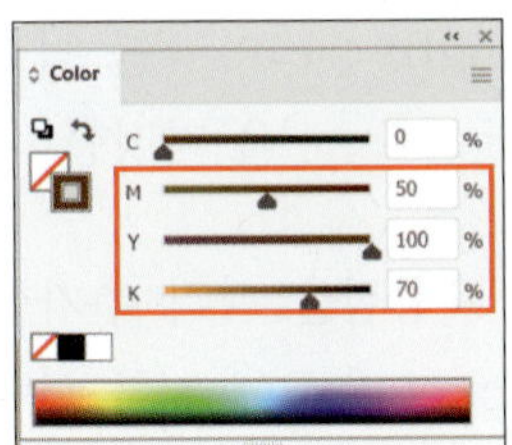 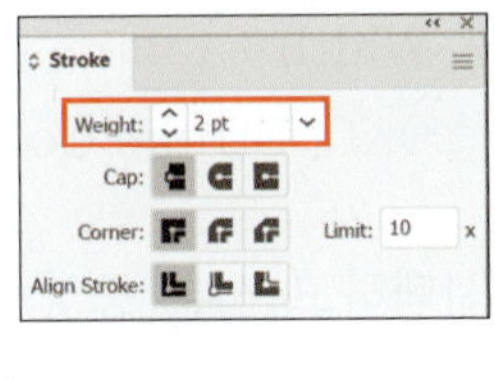 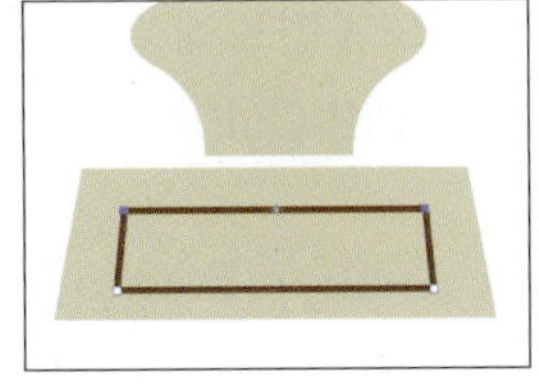

19 Direct Selection Tool(▷)를 선택하고 Control 패널의 Corners를 클릭하여 'Corner : Inverted Round, Radius : 3mm'를 지정하고 모서리를 둥글게 변형합니다. [Object]-[Path]-[Outline Stroke]를 선택하고 선을 면으로 확장합니다.

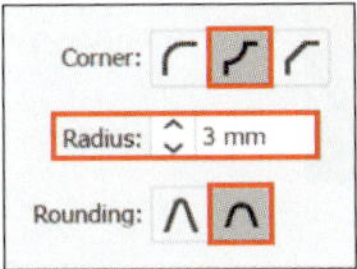 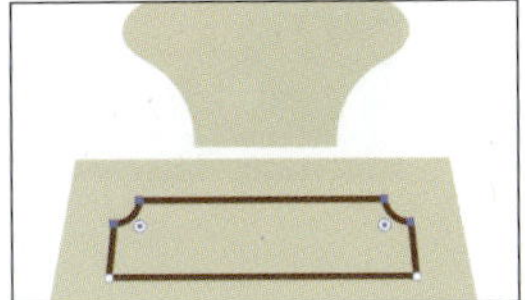 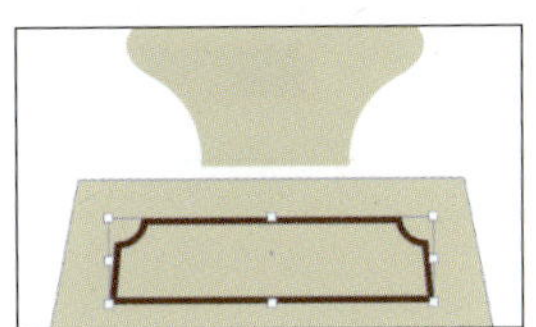

20 Rounded Rectangle Tool(▣)로 드래그하여 크기가 다른 2개의 둥근 사각형을 그리고 Color 패널에서 'Fill Color : M50Y100K70, Stroke Color : None'을 지정하고 각각 배치합니다.

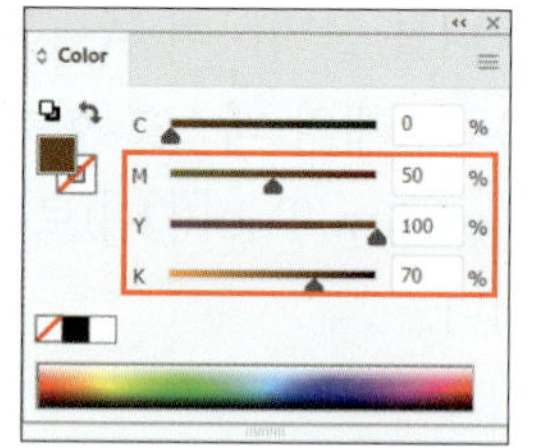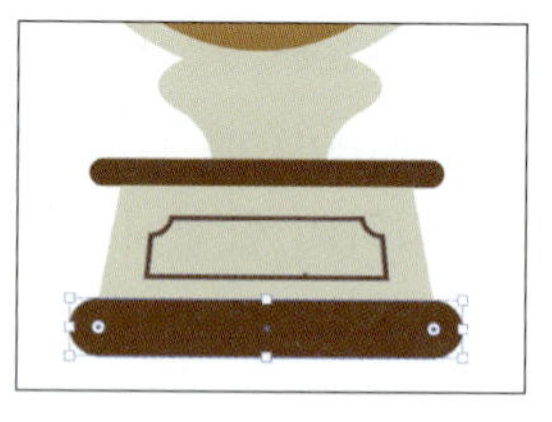

⑩ 그룹 지정하고 이펙트 적용하기

01 Selection Tool(▶)로 3개의 오브젝트를 함께 선택하고 [Object]-[Group]([Ctrl]+[G])을 선택하고 그룹으로 지정합니다. [Effect]-[Illustrator Effects]-[Stylize]-[Drop Shadow]를 선택하고 대화상자에서 'Opacity : 75%, X Offset : 1mm, Y Offset : 1mm, Blur : 1mm'를 지정하여 그림자 효과를 적용합니다. 야구 글러브 오브젝트를 선택하고 [Effect]-[Apply Drop Shadow]([Shift]+[Ctrl]+[E])로 동일한 그림자 효과를 지정합니다.

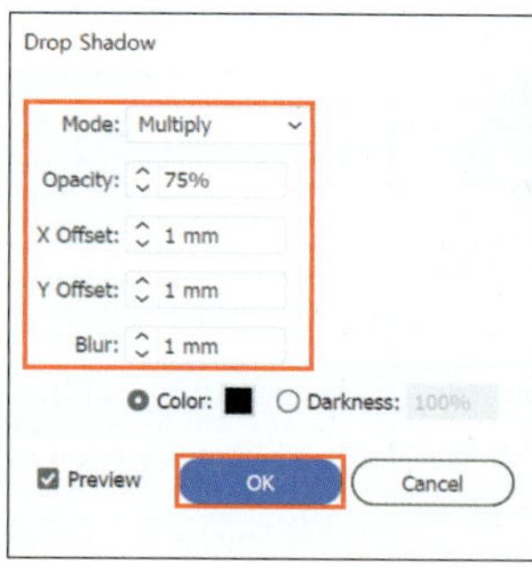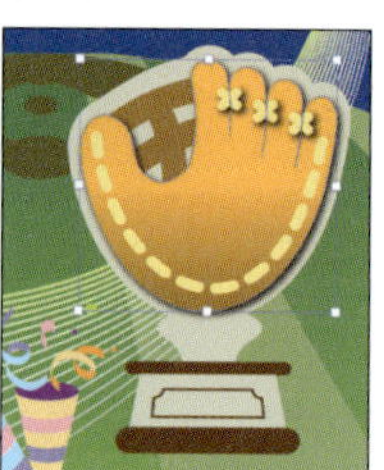

⚑ 기적의 TIP

- [Properties] 패널에서 [Appearance] 항목의 [fx]를 눌러 [Illustrator Effects]-[Stylize]-[Drop Shadow]를 바로 적용할 수도 있습니다.
- [Shift]+[Ctrl]+[E]를 눌러 바로 전에 지정한 동일한 이펙트를 빠르게 적용할 수 있습니다.

---

02 Ellipse Tool(◯)로 작업 도큐먼트에 클릭하여 'Width : 15mm, Height : 15mm'를 입력하여 그리고 Color 패널에서 'Fill Color : C0M0Y0K0, Stroke Color : None'을 지정합니다.

03 [Object]-[Path]-[Add Anchor Points]를 선택하고 선분 중앙에 고정점을 각각 추가합니다. [Effect]-[Illustrator Effects]-[Distort & Transform]-[Pucker & Bloat]를 선택하여 '-90%'를 지정하고 [Object]-[Expand Appearance]를 선택하여 오브젝트의 모양을 확장합니다.

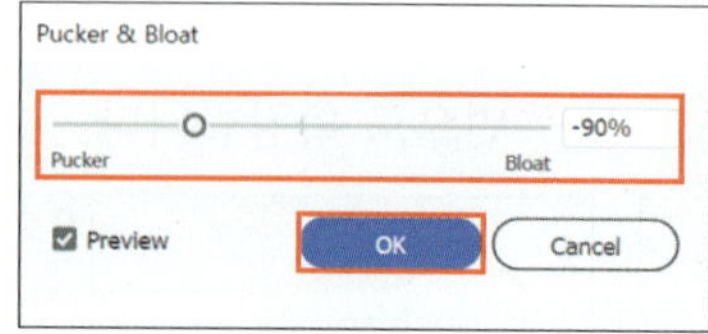

04 Scale Tool(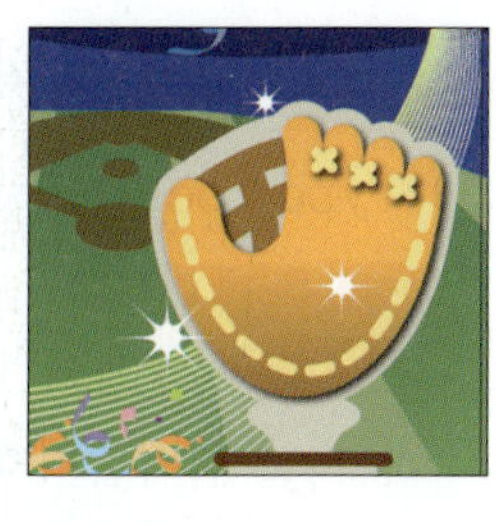)을 더블 클릭하여 'Uniform : 70%'를 지정하고 [Copy]를 눌러 축소 후 복사합니다. Ctrl+D를 눌러 반복하여 축소 후 복사하고 각각 이동하여 배치합니다.

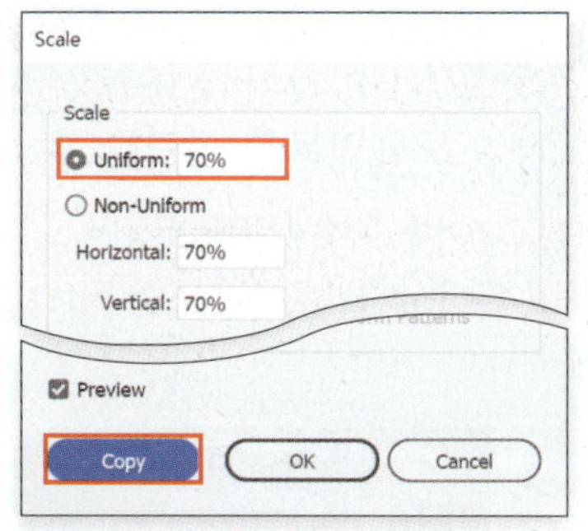

05 Selection Tool(▶)로 3개의 오브젝트를 함께 선택하고 [Object]-[Group](Ctrl+G)을 선택하여 그룹으로 지정합니다. Ctrl+[를 여러 번 눌러 뒤로 보낸 후 [Effect]-[Illustrator Effects]-[Stylize]-[Drop Shadow]를 선택하고 대화상자에서 'Opacity : 75%, X Offset : 1mm, Y Offset : 1mm, Blur : 1mm'를 지정하여 그림 효과를 적용합니다.

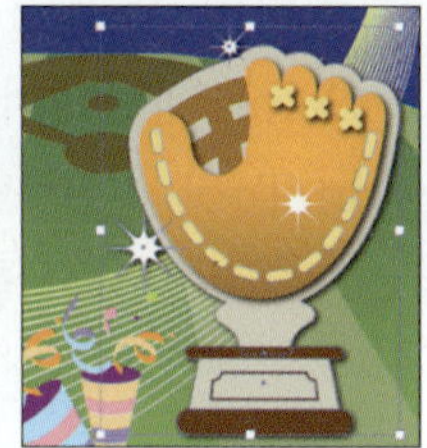

⑪ 브러쉬 적용하기

01 Pen Tool(✎)로 드래그하여 열린 곡선 패스가 작업 도큐먼트 영역을 충분히 벗어나도록 그리고 Color 패널에서 'Fill Color : None, Stroke Color : 임의 색상'을 지정합니다. Brushes 패널 하단의 'Brush Libraries Menu(📖)'를 클릭하고 [Decorative]-[Decorative_Scatter]를 선택하여 추가 브러쉬 패널을 불러온 후 '4pt. Star'를 선택하고 Stroke 패널에서 'Weight : 1pt'를 지정합니다.

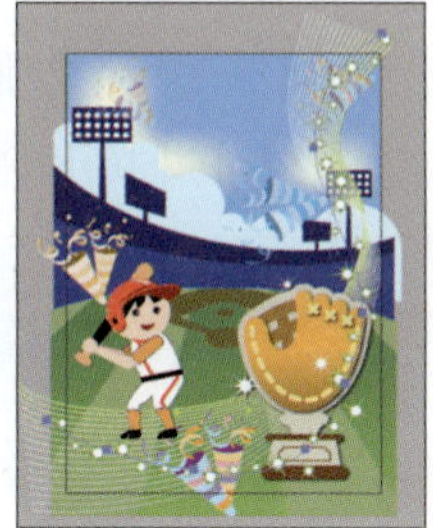

01 Type Tool(T)로 작업 도큐먼트를 클릭한 후 Character 패널에서 'Set the font family : Times New Roman, Set the font style : Bold, Set the font size : 70pt'를 설정하고 Color 패널에서 'Fill Color : M100Y80, Stroke Color : None'을 지정한 후 'ALL STAR' 문자를 입력합니다.

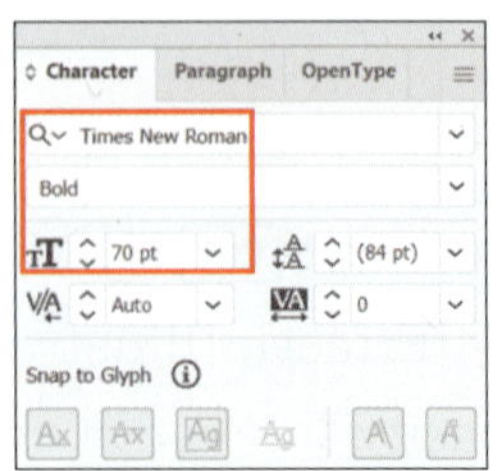

02 Rounded Rectangle Tool(▢)로 작업 도큐먼트를 클릭하여 'Width : 128mm, Height : 29mm, Corner Radius : 20mm'를 입력하여 그리고 Color 패널에서 'Fill Color : 임의 색상, Stroke Color : 임의 색상'을 지정합니다. Selection Tool(▶)로 문자 오브젝트와 함께 선택하고 [Object]-[Envelope Distort]-[Make with Top Object]를 선택하여 문자를 왜곡시키고 배치합니다.

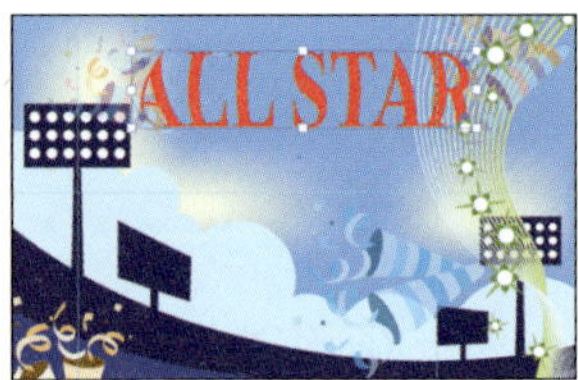

기적의 TIP

[Envelope Distort]-[Make with Top Object]를 지정하려면 왜곡할 모양의 오브젝트를 문자 오브젝트의 앞쪽에 항상 배치해야 합니다.

03 Rectangle Tool(▢)로 작업 도큐먼트에 클릭하여 'Width : 104mm, Height : 19mm'를 입력하여 그리고 Color 패널에서 'Fill Color : M50Y70, Stroke Color : None'을 지정합니다.

04 [Object]-[Path]-[Add Anchor Points]를 선택하고 선분 중앙에 고정점을 각각 추가합니다. Direct Selection Tool(▷)로 세로 중앙 2개의 고정점을 선택하고 Scale Tool(⊞)을 더블 클릭하여 'Uniform : 85%'를 지정하여 [OK]를 눌러 축소합니다.

05 Type Tool(T)로 작업 도큐먼트를 클릭한 후 Character 패널에서 'Set the font family : Times New Roman, Set the font style : Bold, Set the font size : 50pt'를 설정하고 'Fill Color : C10, Stroke Color : None'을 지정한 후 'LEAGUE'를 입력합니다.

06 Type Tool(T)로 작업 도큐먼트를 클릭한 후 Character 패널에서 'Set the font family : Arial, Set the font style : Regular, Set the font size : 20pt'를 설정하고 'Fill Color : C40, Stroke Color : None'을 지정한 후 'Let's enjoy sports!'를 입력합니다. Selection Tool(▶)로 'Let's enjoy sports!' 문자를 선택하고 [Object]-[Envelope Distort]-[Make with Warp]를 선택한 후 'Style : Rise, Horizontal : 체크, Bend : -100%'을 지정하여 문자를 왜곡시킵니다.

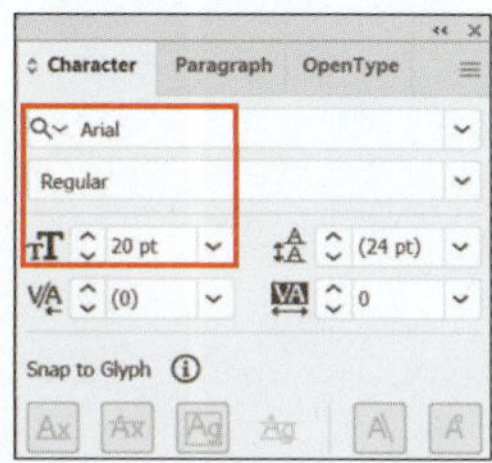

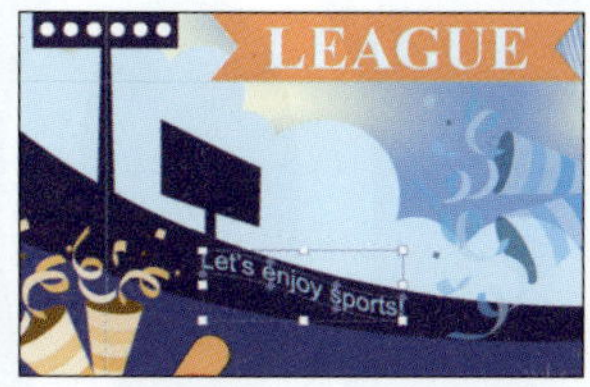

13 클리핑 마스크로 디자인 정리하기

01 Rectangle Tool(■)로 작업 도큐먼트 왼쪽 상단의 원점(0,0)을 클릭한 후 대화상자에서 'Width : 210mm, Height : 297mm'을 입력하여 그리고 Color 패널에서 'Fill Color : 임의 색상, Stroke Color : None'을 지정합니다.

02 [Select]-[All](Ctrl+A)로 오브젝트를 모두 선택하고 [Object]-[Clipping Mask]-[Make](Ctrl+7)로 클리핑 마스크를 적용하여 디자인을 정리합니다.

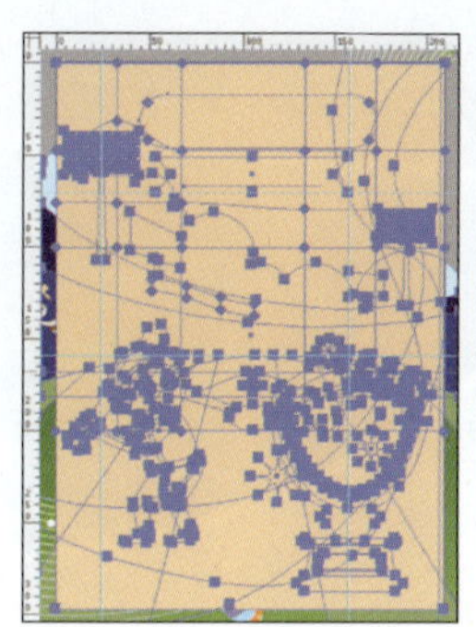
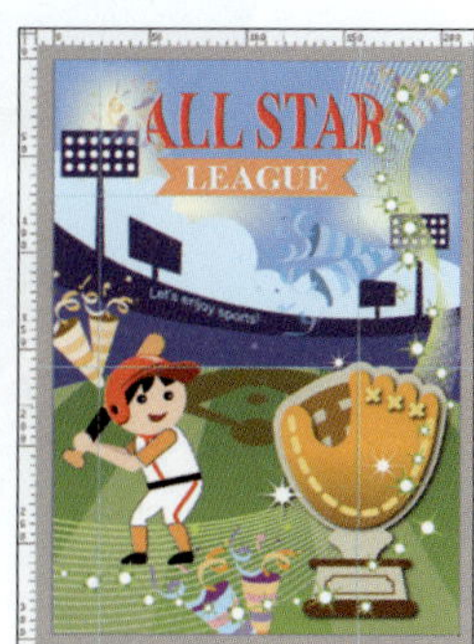

14 저장 및 답안 전송하기

01 [View]-[Guides]-[Hide Guides](Ctrl+;)를 선택하여 안내선을 숨기고 [View]-[Fit Artboard in Window](Ctrl+0)를 선택하여 현재 창에 맞추기를 합니다.

02 [File]-[Save As]를 선택하고 '저장 위치 : 내 PC₩문서₩GTQ, 파일 형식 : Adobe Illustrator(*.AI), 파일 이름 : 수험번호-성명-문제번호.ai'를 확인하고 [저장]을 클릭한 후 [Illustrator Options] 대화상자에서 'Version : Illustrator 2020'으로 설정하고 [OK(확인)]를 클릭합니다.

03 답안 저장이 완료되면 [File]-[Exit](Ctrl+Q)를 선택하여 일러스트레이터 프로그램을 종료하고 수험 프로그램에서 [답안 전송]을 클릭하여 감독관 컴퓨터로 전송합니다.

PART
04

기출 유형 문제

시험에 자주 출제되는 기출 유형 문제들을 유형별로 정리하였습니다. 실제 시험의 난이도와 출제 의도를 가장 잘 반영하고 있으므로, 각 문항의 지시사항을 정확히 해석하고 조건에 맞춰 작업하는 연습이 매우 중요합니다. 제한된 시간 내에 작업을 완성하는 연습을 통해, 시간 관리 능력과 실전 감각을 동시에 연습하세요.

기출 유형 문제 01회

급수	문제유형	시험시간	수험번호	성명
1급	A	90분		

수험자 유의사항

- 수험자는 문제지를 받는 즉시 응시하고자 하는 **과목 및 급수가 맞는지 확인**한 후 수험번호와 성명을 작성합니다.
- 파일명은 본인의 "수험번호–성명–문제번호"로 공백 없이 정확히 입력하고 답안폴더(내 PC₩문서₩GTQ)에 ai 파일 포맷으로 저장해야 하며, **'다른 파일 형식으로 저장하였을 경우'** 0점 처리됩니다.
- 답안문서 파일명이 "수험번호–성명–문제번호"와 일치하지 않거나, 답안 파일을 **'전송'하지 않는 경우 답안 파일 미제출로 불합격 처리**됩니다. ※ 답안은 반드시 시험 시간 내에 전송을 완료해야 하며, 전송 시간을 충분히 감안 하여 제출해 주시기 바랍니다. (공정한 평가를 위해, 시험종료 전 전송이 완료된 답안에 한해 채점이 진행됩니다.)
- 수험자 정보와 저장한 파일명, 저장 위치가 다를 경우 전송이 되지 않으므로, 주의하시길 바랍니다.
- 답안 작성 중에도 **주기적으로 '저장'과 '답안 전송'을 이용**하여 감독위원 PC로 답안을 전송하셔야 합니다. (작업 한 내용을 저장하지 않고 답안을 전송할 경우 이전의 저장내용이 전송되오니 이점 반드시 유념하시기 바랍니다.)
- 모든 시험자는 동일한(초기화 된) 환경에서 시험이 시작되며 **'작업환경 설정'은 시험 시간 내에 진행합니다.**
  (시험 시작 전 '작업환경 설정' 불가, 소프트웨어 이상 유무만 확인)
- 답안문서는 지정된 경로 외의 다른 보조기억장치에 저장하는 행위, 지정된 시험 시간 외에 작성된 파일을 활용한 행위, 기타 허용되지 않은 프로그램(이메일, 메신저, 게임, 네트워크, 윈도우계산기, 스톱워치 등) 이용 시 부정행위 로 간주되어 **자격기본법 제32조에 의거 본 시험 및 국가공인 자격시험을 2년간 응시할 수 없습니다.**
- 시험 종료 후 제출된 답안은 평가 및 검증을 위해 본부에서 보관되며, 시험의 공정성과 보안 유지를 위해 **응시자에 게 본인의 답안을 제공하는 것은 허용되지 않습니다.** 이 점 반드시 유의하시기 바랍니다.
- 시험 중 부주의 또는 고의로 시스템을 파손한 경우와 〈수험자 유의사항〉에 기재된 방법대로 이행하지 않아 생기 는 불이익은 수험자의 책임임을 알려 드립니다. 또한 수험자는 시험 중 안전에 특히 유의하여야 하며, 시험장에서 소란을 피우거나 타인의 시험을 방해하는 자는 질서유지를 위해 시험을 중지시키고 시험장에서 퇴장 시킵니다.
- 시험을 완료한 수험자는 최종적으로 저장한 답안파일이 전송되었는지 확인한 후 감독위원의 지시에 따라 문제지 를 제출하고 퇴실합니다.

답안 작성요령

- **온라인 답안 작성 절차**
  수험자 등록 ⇒ 시험 시작 ⇒ 답안파일 저장 ⇒ 답안 전송 ⇒ 시험 종료
- 배점은 총 100점으로 이루어지며, 점수는 각 문제별로 차등 배분됩니다.
- 각 문제는 제시된 〈조건〉에 따라 작성하고 〈조건〉을 지키지 못했을 경우에는 0점 또는 감점 처리됩니다.
- 문제 〈조건〉에 크기와 색상, 두께의 지정이 없을 경우 《출력형태》를 참고하여 작업해 주시기 바랍니다.
- **문제 〈조건〉과 《출력형태》에서 차이가 발생할 경우 문제에서 지정한 〈조건〉에 따라 작업해 주시기 바랍니다.**
- 〈조건〉에서 주어진 단위는 'mm(밀리미터)'입니다. 눈금자는 작성하지 않으며, 그 외는 출력형태(레이아웃, 색상, 문 자, 규격 등)와 같게 작업하십시오.
- 문제 〈조건〉에 서체의 지정이 없을 경우 한글은 굴림이나 돋움, 영문은 Arial로 작업하십시오.
  (단, 그 외에 제시되지 않은 문자 속성을 기본값으로 작성하지 않은 경우는 감점 처리됩니다.)
- Color Mode(색상 모드)는 별도의 처리 조건이 없을 시 CMYK로 작업하십시오.
- 조건에서 제시한 기능을 임의로 합치거나 각 기능에 대한 속성을 해지할 경우 해당 요소는 0점 처리됩니다.

한 국 생 산 성 본 부

문제 ① BI, CI 디자인

25분

다음의 《조건》에 따라 아래의 《출력형태》와 같이 작업하시오.

조건

파일저장규칙	AI	파일명	문서₩GTQ₩수험번호-성명-1.ai
		크기	100 × 80mm

1. 작업 방법
① 도형, 변형 툴과 Pathfinder 기능을 활용하여 오브젝트를 작성한다.
② 그 외 《출력형태》 참조

2. 문자 효과
① THE FISHING CLUB (Arial, Bold, 13pt, 19pt, C0M0Y0K0, M80Y90)

출력형태

C90M20 → C100M90Y30,
C20, Y10K40,
C90M80, C10K20,
C0M0Y0K0,
C50M10Y70,
C50M10Y60K50,
C60M30Y70, M30Y100,
M30Y40, C40M80Y40K70,
M80Y90, M60Y90K10,
C20M30Y100K20,
M80Y90, Opacity 50%,
[Stroke] C10K20, 1pt,
K100, 1pt

다음의 《조건》에 따라 아래의 《출력형태》와 같이 작업하시오.

[조건]

파일저장규칙	AI	파일명	문서₩GTQ₩수험번호–성명–2.ai
		크기	160 × 120mm

1. 작업 방법
① 낚시 의자는 Pattern을 활용하여 작성한다. (패턴 등록 : fishing chip)
② 낚시대 가방에는 Clipping Mask를 적용한다.
③ Brush는 《출력형태》를 참고하여 작성한다.
④ Effect는 《출력형태》를 참고하여 작성한다.
⑤ 그 외 《출력형태》 참조

2. 문자 효과
① FISHING CHAIR (Times New Roman, Bold, 12pt, C30, M40Y100)
② Fishing Lod Bag (Arial, Bold, 11pt, Y20K30)

[출력형태]

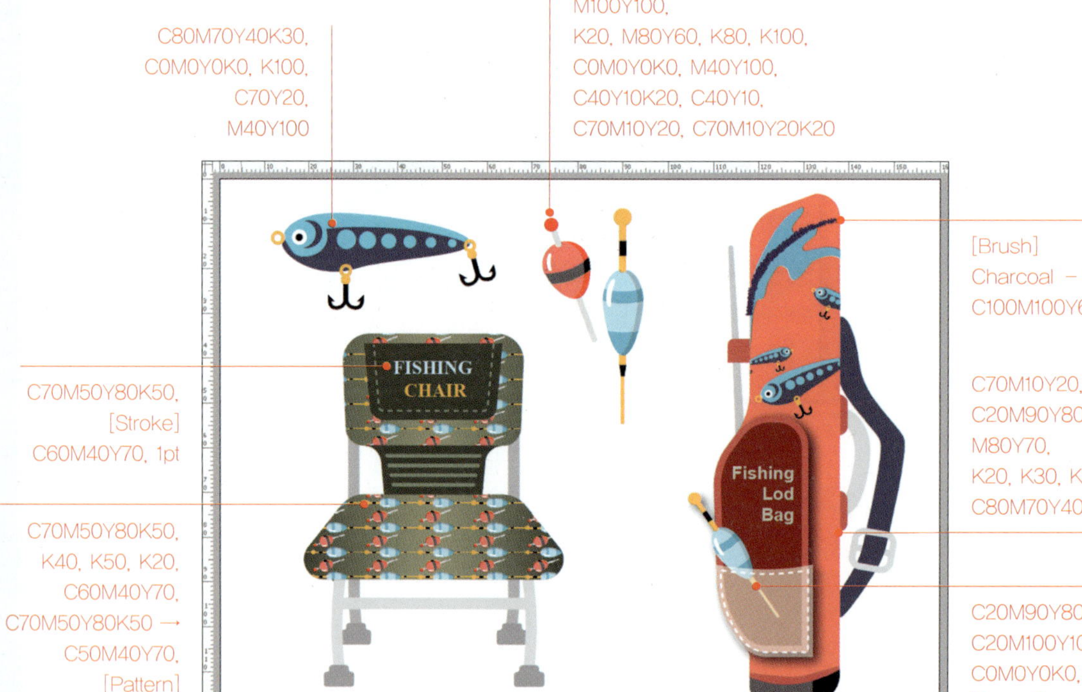

▶ 합격 강의

다음의 《조건》에 따라 아래의 《출력형태》와 같이 작업하시오.

조건

파일저장규칙	AI	파일명	문서₩GTQ₩수험번호-성명-3.ai
		크기	210 × 297mm

1. 작업 방법

① 《참고도안》을 직접 제작한 후 Symbol로 활용한다. (심볼 등록 : water plant)
② 'Let's Go Fishing!', '바다에서 여유를 느껴보세요~' 문자에 Envelope Distort를 적용한다.
③ Brush는 《출력형태》를 참고하여 작성한다.
④ Effect는 《출력형태》를 참고하여 작성한다.
⑤ Clipping Mask를 이용하여 디자인을 정리한다.
⑥ 그 외 《출력형태》 참조

2. 문자 효과

① I Like the Ocean (Times New Roman, Bold, 22pt, C50M80Y80)
② Let's Go Fishing! (Times New Roman, Bold, 50pt, .C100M90Y50K20)
③ 바다에서 여유를 느껴보세요~ (Dotum, 18pt, C50M100Y100K20)

참고도안

출력형태

C90M10Y100,
C90M10Y100K40,
C90M20Y100K40,
C70M10Y100

C10M20Y20, C0M0Y0K0, C20, C20K10,
C50M30Y30, C70M50Y50

[Brush]
Bubbles, 2pt

210 X 150mm
[Mesh] C80M40, C60

[Blend] 단계 : 15,
[Stroke] C90, 3pt
→ C0M0Y0K0, 1pt

C80M40Y10K20, C0M0Y0K0,
C50M80Y80, M50,
C10Y10 → C70M20Y10

[Symbol]

M30Y90, M20Y80, M30Y100, C50M80Y80
C10M40Y50, K100, C0M0Y0K0, C10M20Y20, M80Y90,
C50M100Y100K20, C60M80Y90K60, C20Y20, C80M40Y10K20,
[Stroke] C50M100Y100K20, 2pt,
K100, 2pt, [Effect] Drop Shadow

작업과정	새 도큐먼트 만들기 및 파일 저장하기 ➡ 배경 오브젝트 만들고 그라디언트 적용하기 ➡ 낚시대 오브젝트 만들기 ➡ 모자 만들고 불투명도 적용하기 ➡ 캐릭터 만들기 ➡ 리본 오브젝트 만들기 및 문자 입력하기 ➡ 저장 및 답안 전송하기
완성이미지	PART04₩기출유형문제01회₩수험번호–성명–1.ai

01 새 도큐먼트 만들기 및 파일 저장하기

01 [File]–[New](Ctrl+N)를 선택하고 'Width : 100mm, Height : 80mm, Units : Millimeters, Color Mode : CMYK'를 설정하여 새 도큐먼트를 만들고 [View]–[Rulers]–[Show Rulers](Ctrl+R)를 선택하여 눈금자를 표시합니다.

02 작품의 규격 왼쪽 상단에 원점(0,0)을 확인하고 왼쪽과 상단 눈금자 위에서 마우스로 각각 드래그하여 제시된 출력형태와 레이아웃 구성이 동일하게 안내선을 표시합니다.

> **기적의 TIP**
>
> 작업 도큐먼트의 상단과 왼쪽에 보이는 눈금자 위를 더블 클릭해서 안내선을 표시할 수도 있습니다.

03 작업 도큐먼트를 저장하기 위해 [File]–[Save](Ctrl+S)를 선택하고 '저장 위치 : 내 PC₩문서₩GTQ, 파일 형식 : Adobe Illustrator(*AI), 파일 이름 : 수험번호–성명–문제번호'를 입력하고 [저장]을 클릭한 후 [Illustrator Options] 대화상자에서 'Version : Illustrator 2020'으로 설정하고 [OK]를 클릭합니다.

> **기적의 TIP**
>
> 작업 중에 발생할 수 있는 에러나 시스템 오류에 대비하여 Ctrl+S를 수시로 눌러 저장합니다.

02 배경 오브젝트 만들고 그라디언트 적용하기

01 Ellipse Tool(◉)로 작업 도큐먼트를 클릭하여 'Width : 79mm, Height : 84mm'를 입력하여 그리고 Color 패널에서 'Fill Color : None, Stroke Color : 임의 색상'을 지정합니다. 계속해서 작업 도큐먼트를 클릭하여 'Width : 148mm, Height : 70mm'를 입력하여 하단에 겹치도록 배치합니다.

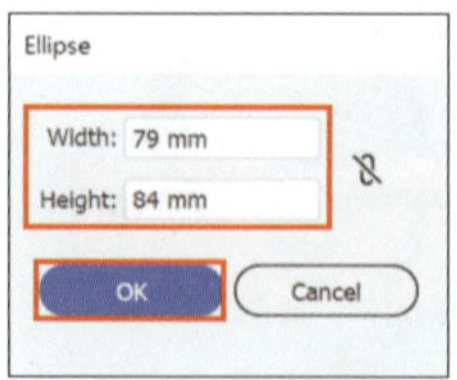

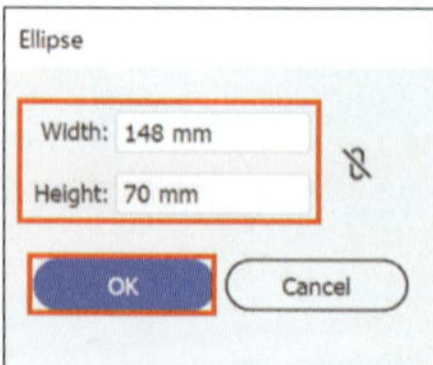

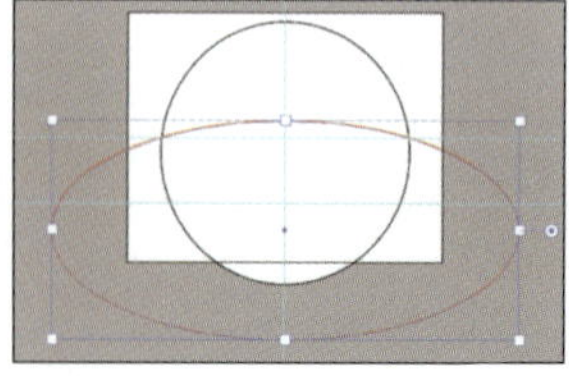

02 `Ctrl`+`A`를 눌러 2개의 원형을 함께 선택하고 Align 패널에서 'Horizontal Align Cent-er(▣)'를 클릭하여 가로 가운데 정렬을 지정합니다. Pathfinder 패널에서 'Divide(▣)'를 클릭하여 면을 분할합니다. Selection Tool(▶)로 더블 클릭하여 Isolation Mode로 전환하고 하단 오브젝트를 선택 후 `Delete`를 눌러 삭제하고 상단 오브젝트를 선택하고 Color 패널에서 'Fill Color : C20, Stroke Color : None'을 지정합니다.

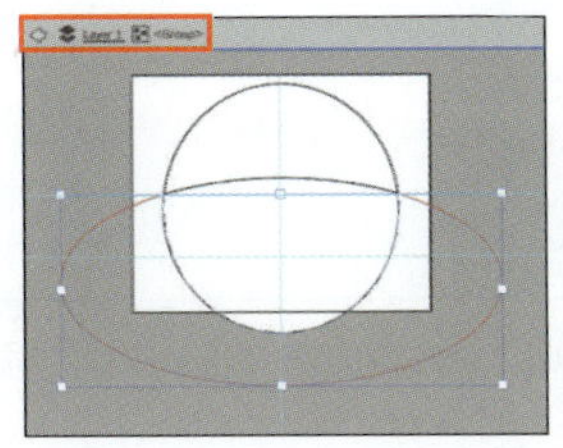 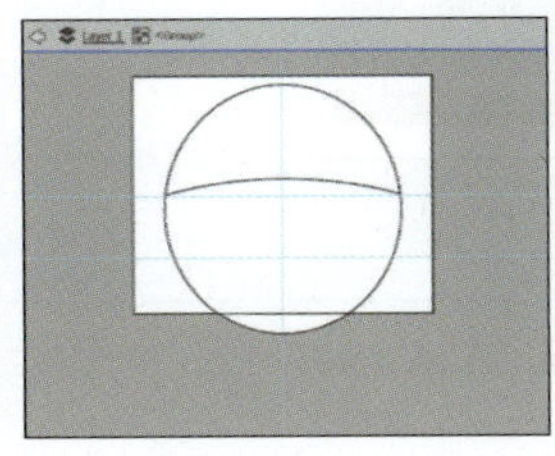 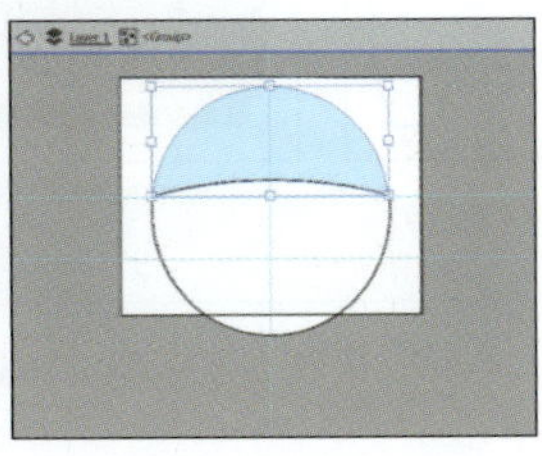

03 Rectangle Tool(▭)로 드래그하여 원의 하단과 겹치도록 그리고 Color 패널에서 'Fill Color : 임의 색상, Stroke Color : 임의 색상'을 지정합니다. Selection Tool(▶)로 드래그하여 2개의 오브젝트를 선택하고 Pathfinder 패널에서 'Minus Front(▣)'를 클릭합니다.

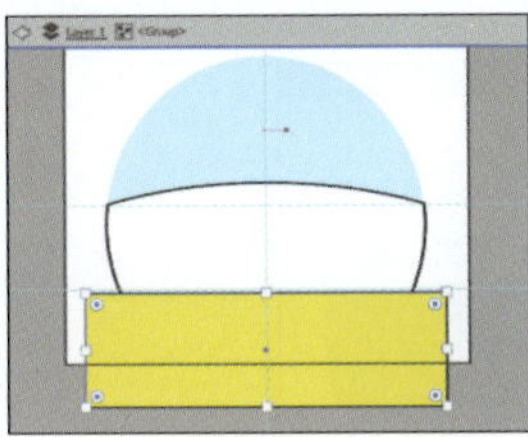 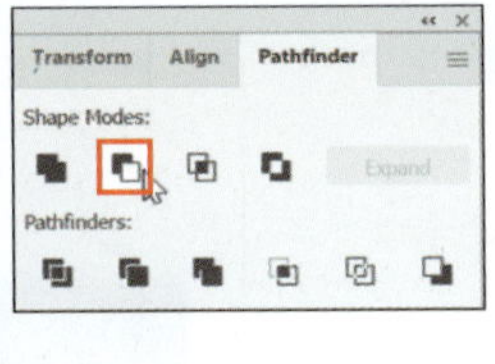 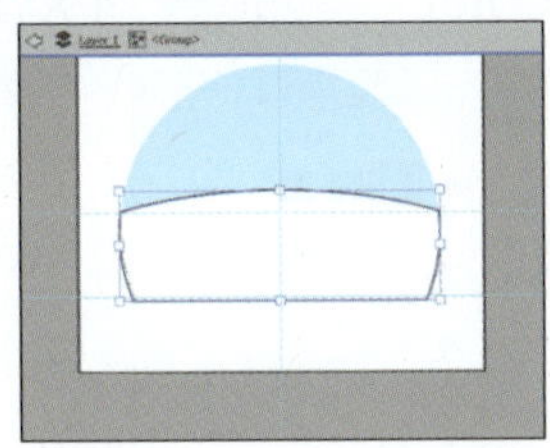

04 Pen Tool(✎)로 드래그하여 파도 모양의 닫힌 패스를 그리고 Color 패널에서 'Fill Color : None, Stroke Color : 임의 색상'을 지정합니다.

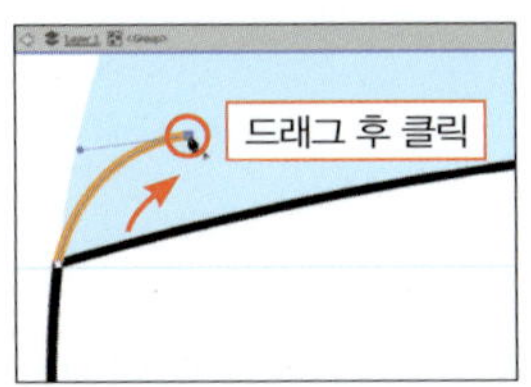

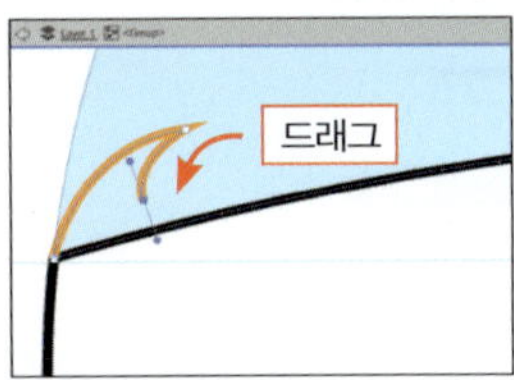

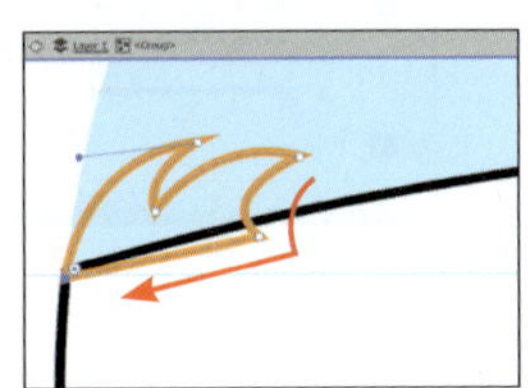

05 Ellipse Tool(◯)로 작업 도큐먼트를 클릭하여 'Width : 7mm, Height : 3mm'를 입력하여 그리고 Color 패널에서 'Fill Color : None, Stroke Color : 임의 색상'을 지정합니다. Direct Selection Tool(▷)로 고정점을 선택하여 이동하고 선택된 고정점의 핸들을 드래그하여 패스의 모양을 변형합니다.

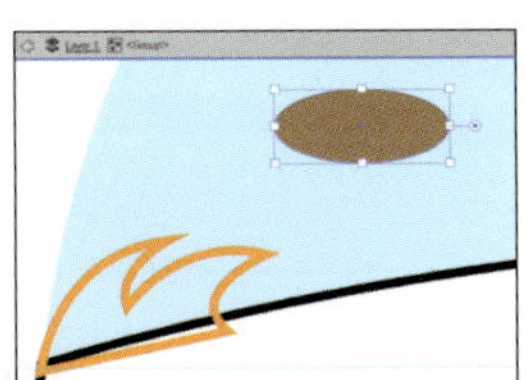 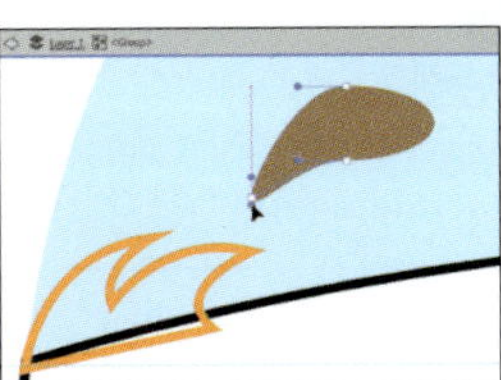 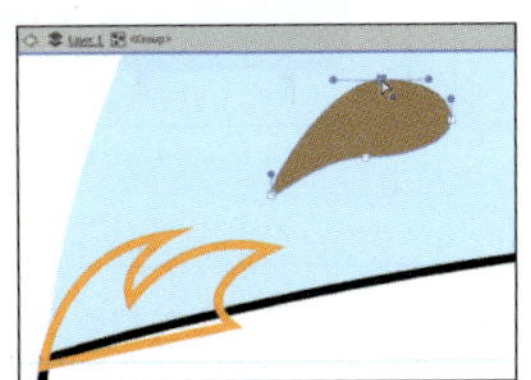 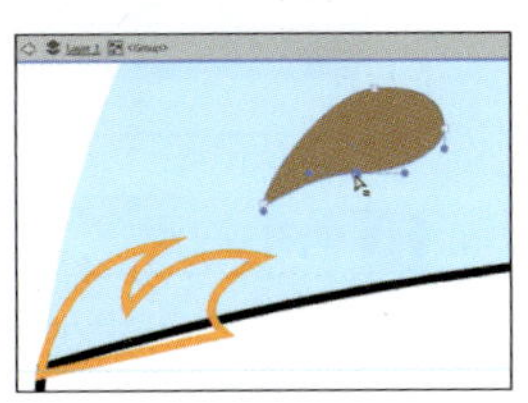

06 Selection Tool(▶)로 하단 3개의 오브젝트를 함께 선택하고 Pathfinder 패널에서 'Unite(▣)'를 클릭합니다.

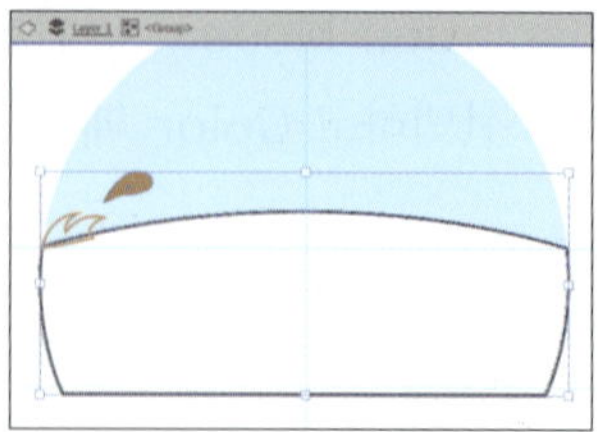 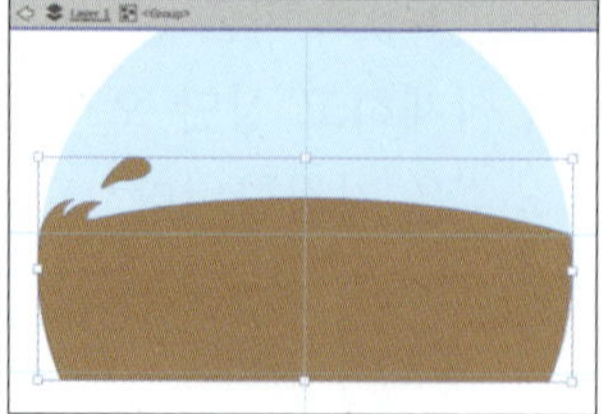

서로 겹치지 않은 오브젝트도 함께 선택하고 'Unite(▣)'를 클릭하면 그룹으로 지정되어 그라디언트를 적용하기가 편리합니다.

07 Gradient 패널에서 'Type : Linear Gradient'를 적용하고 Gradient Slider의 왼쪽 'Color Stop'을 더블 클릭하여 C100M90Y30을, 오른쪽 'Color Stop'을 더블 클릭하여 C90M20을 적용한 후 'Stroke Color : None'을 지정합니다.

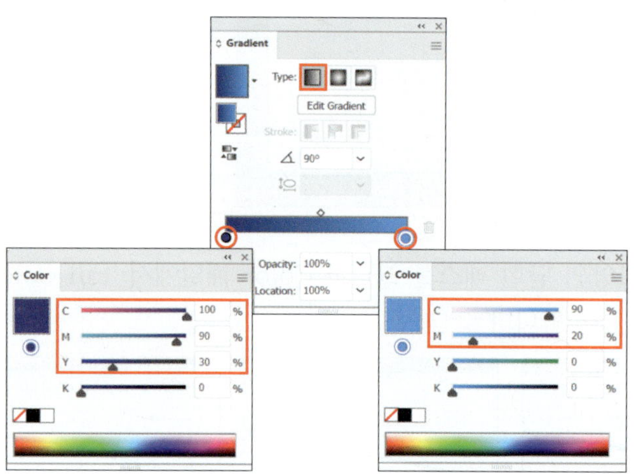 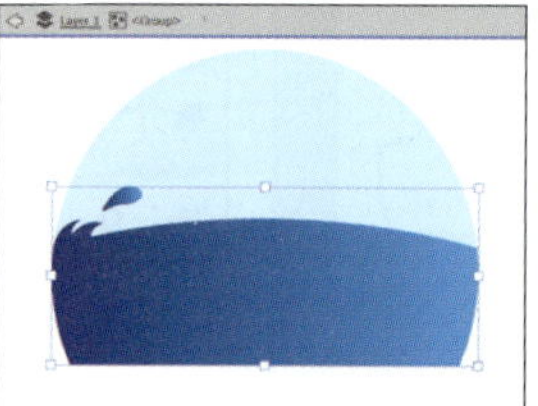

08 Gradient Tool(▣)로 Shift 를 누른 채 그라디언트가 적용된 오브젝트 하단에서 상단으로 드래그하여 그라디언트의 분포를 조절한 후 Esc 를 눌러 정상 모드로 전환합니다.

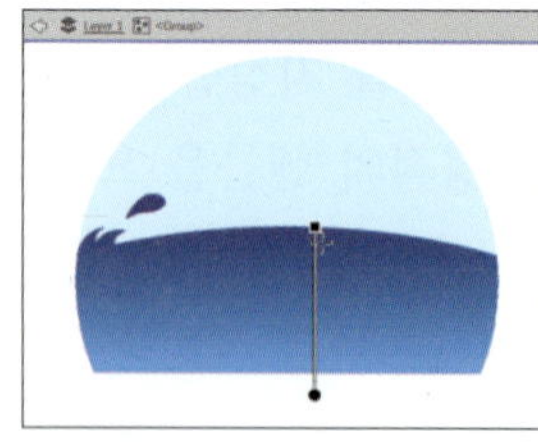 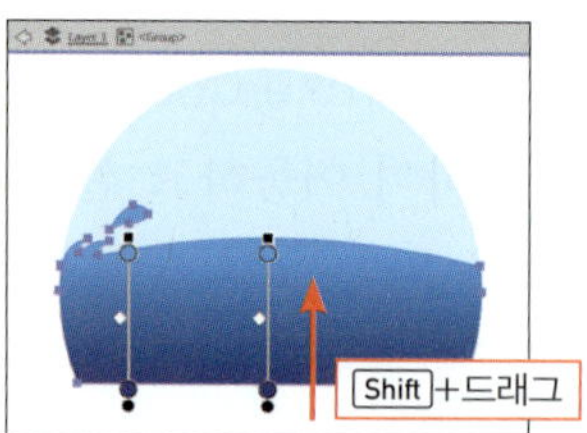

- 2개의 오브젝트에 그라디언트가 각각 독립적으로 적용되므로 《출력형태》와 동일하게 적용하기 위해서는 Gradient Tool(▣)로 드래그하여 지정합니다.
- Shift 를 누르고 드래그하면 그라디언트를 수직, 수평, 45° 방향으로 제어할 수 있습니다.

01 Rectangle Tool(▣)로 작업 도큐먼트를 클릭하여 'Width : 4mm, Height : 20mm'를 입력하여 그리고 Color 패널에서 'Fill Color : Y10K40, Stroke Color : None'을 지정합니다. 계속해서 클릭하여 'Width : 5mm, Height : 2mm'를 입력하여 그리고 Color 패널에서 'Fill Color : C90M80, Stroke Color : None'을 지정하고 상단에 배치합니다.

02 Direct Selection Tool(▷)로 상단 2개의 고정점을 선택하고 모서리 안쪽의 둥근 점(◉)을 안쪽으로 드래그하여 모서리를 둥글게 변형합니다. 계속해서 동일한 방법으로 하단 사각형의 아래쪽 모서리를 둥글게 지정합니다.

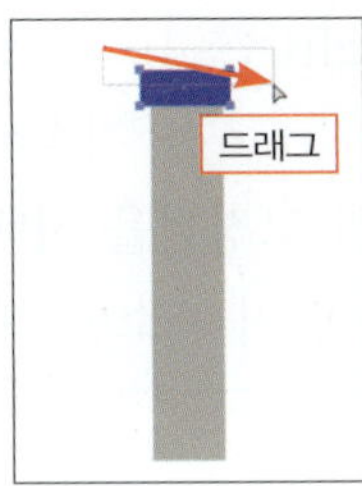

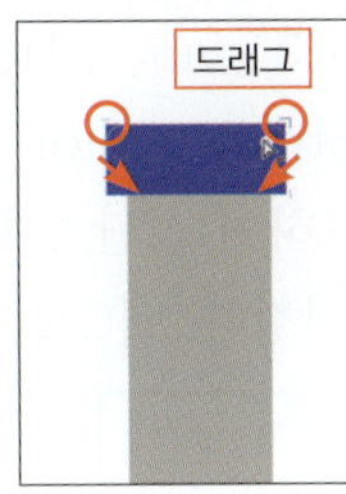

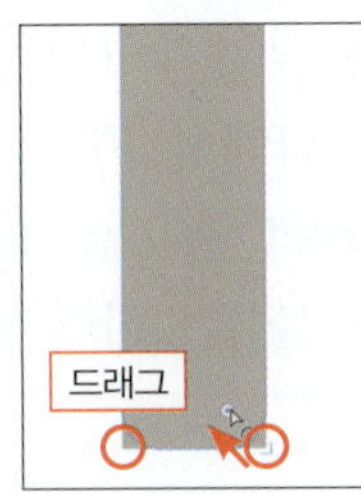

> **기적의 TIP**
>
> **오브젝트의 모서리를 둥글게 만드는 방법**
> 오브젝트 모서리 안쪽의 둥근 점(◉)을 더블 클릭하여 대화상자에서 다양한 모서리 모양과 둥근 정도를 설정할 수 있습니다.

03 Line Segment Tool(╱)로 Shift 를 누른 채 드래그하여 수평선을 겹치도록 그립니다. Color 패널에서 'Fill Color : None, Stroke Color : C10K20'을 지정하고 Stroke 패널에서 'Weight : 2pt, Cap : Round Cap'을 지정합니다. [Object]-[Path]-[Outline Stroke]를 선택하여 선을 면으로 확장합니다.

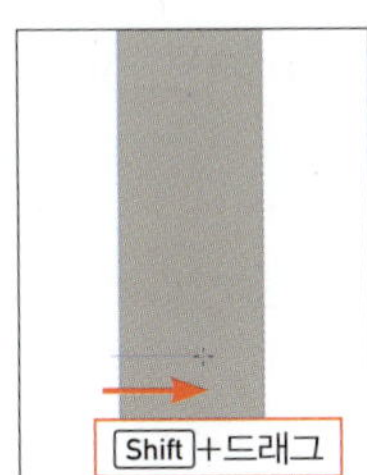

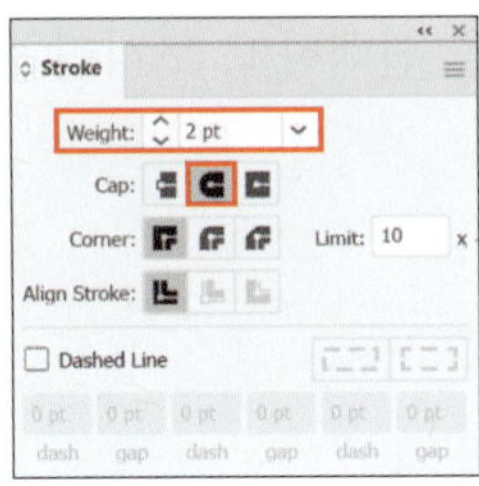

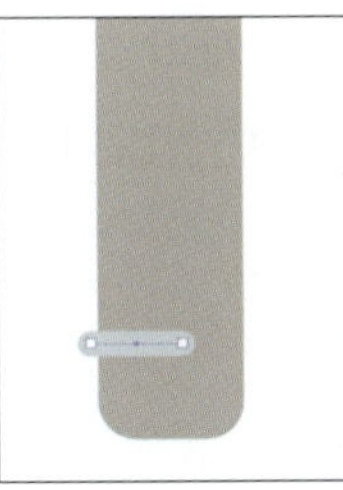
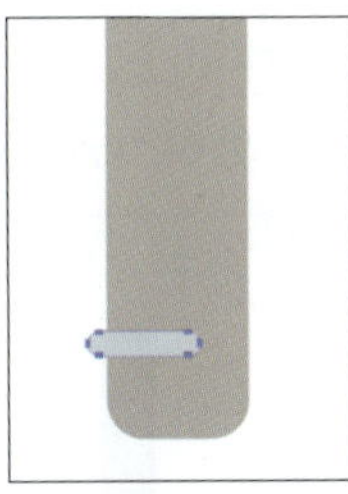

04 Selection Tool(▶)로 Alt 와 Shift 를 누른 채 위쪽으로 드래그하여 복사하고 [Object]-[Transform]-[Transform Again](Ctrl + D)을 3번 선택하고 반복하며 이동 복사합니다.

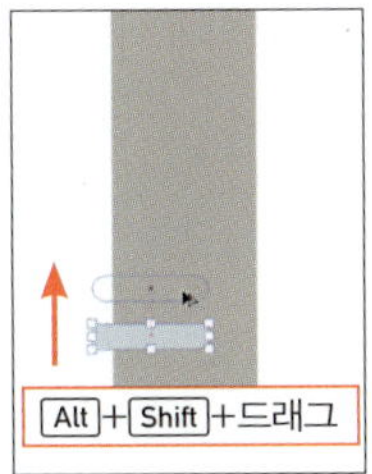

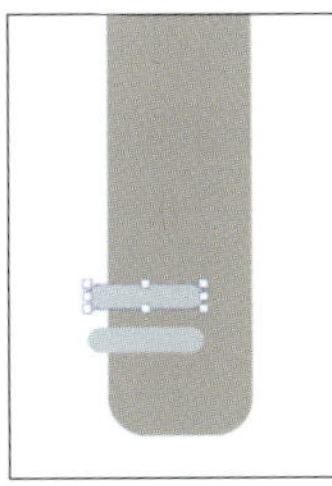
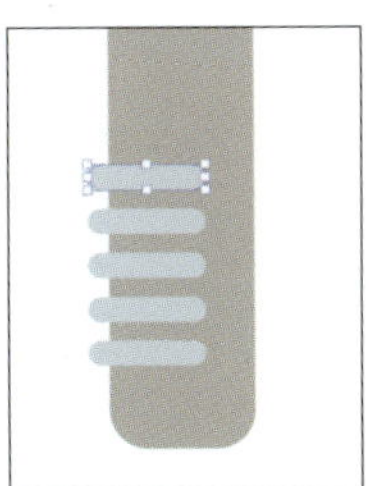

05 Selection Tool()로 6개의 오브젝트를 함께 선택하고 Pathfinder 패널에서 'Divide()'를 클릭합니다. 더블 클릭하여 Isolation Mode로 전환하고 왼쪽 5개의 오브젝트를 선택하고 Delete 를 눌러 삭제한 한 후 Esc 를 눌러 정상 모드로 전환합니다.

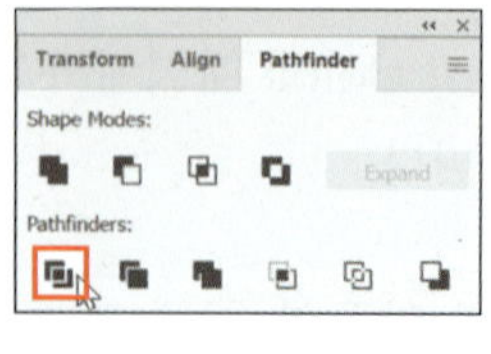
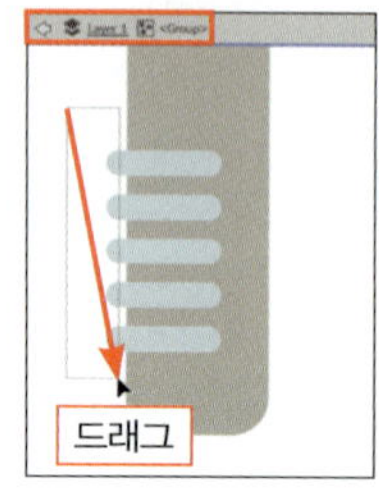
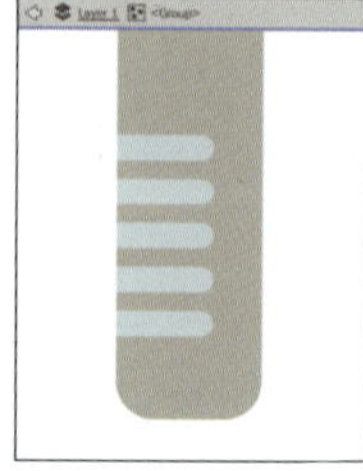

06 Rectangle Tool()로 작업 도큐먼트를 클릭하여 'Width : 1.5mm, Height : 54mm'를 입력하여 그리고 Color 패널에서 'Fill Color : C90M80, Stroke Color : None'을 지정하고 상단에 배치합니다. Direct Selection Tool()로 드래그하여 상단 2개의 고정점을 선택하고 Scale Tool()을 더블 클릭하여 'Uniform : 50%'를 지정하고 [OK]를 눌러 축소합니다.

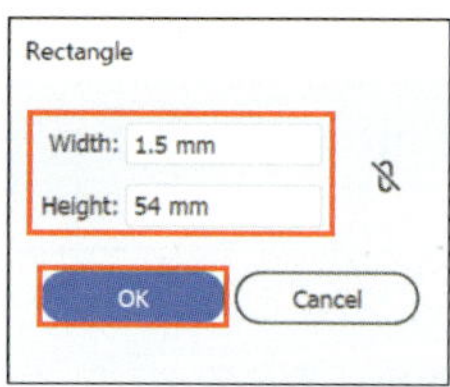
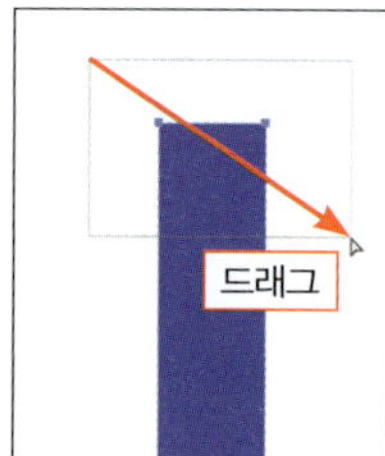
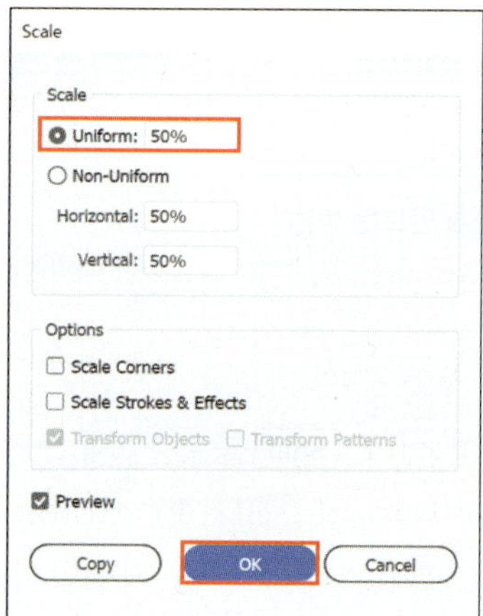
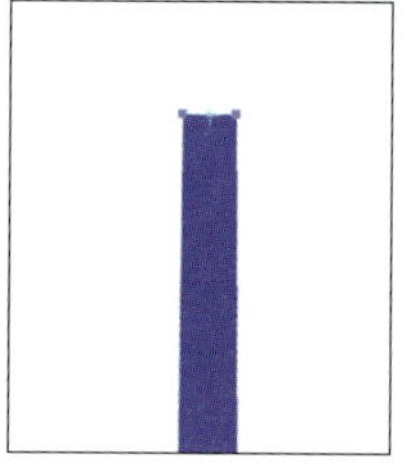

07 Direct Selection Tool()로 상단 2개의 고정점을 선택하고 모서리 안쪽의 둥근 점()을 안쪽으로 드래그하여 모서리를 둥글게 변형합니다.

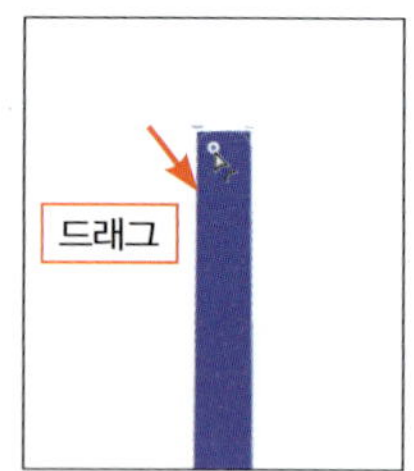
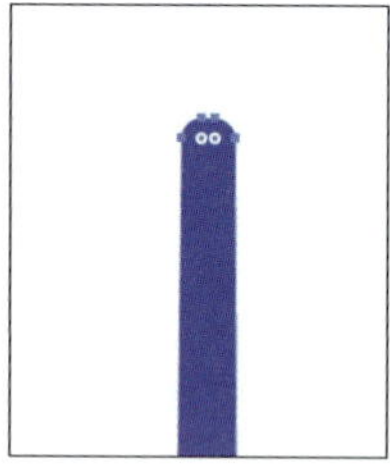

08 Selection Tool()로 드래그하여 3개의 오브젝트를 함께 선택하고 Align 패널에서 'Horizontal Align Center()'를 클릭하여 가로 가운데 정렬을 지정합니다.

09 Rectangle Tool(▣)로 드래그하여 작은 직사각형을 오른쪽에 겹치도록 그리고 Color 패널에서 'Fill Color : C90M80, Stroke Color : None'을 지정하여 상단에 배치합니다. [Object]–[Transform]–[Move]를 선택한 후 'Horizontal : 0mm, Vertical : 8mm'를 입력하고 [OK]를 눌러 하단으로 이동합니다.

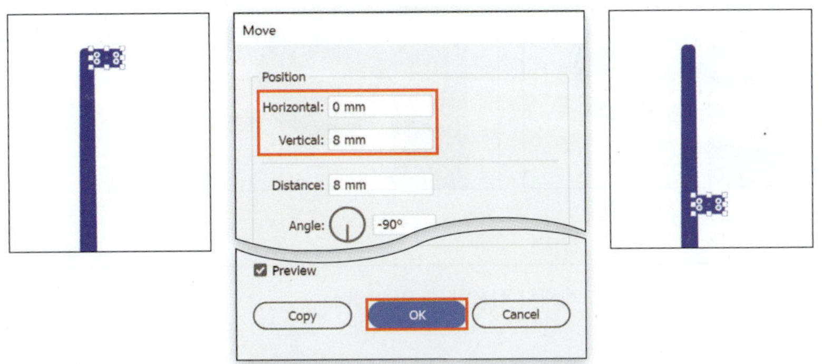

[Object]–[Transform]–[Move]로 가로와 세로에 수치를 입력하여 정확히 이동하여 배치가 가능합니다.

10 Direct Selection Tool(▷)로 드래그하여 오른쪽 2개의 고정점을 선택하고 Scale Tool(⊡)을 더블 클릭하여 'Uniform : 50%'를 지정하고 [OK]를 눌러 축소합니다. Direct Selection Tool(▷)로 모서리 안쪽의 둥근 점(◉)을 안쪽으로 드래그하여 모서리를 둥글게 변형합니다.

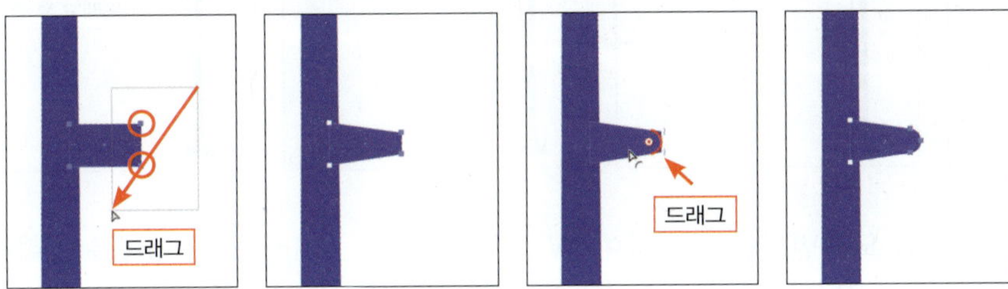

11 Selection Tool(▶)로 'Fill Color : C90M80, Stroke Color : None'인 3개의 오브젝트를 함께 선택하고 Pathfinder 패널에서 'Unite(▣)'를 클릭합니다.

12 Ellipse Tool(◯)로 작업 도큐먼트를 클릭하여 'Width : 7mm, Height : 7mm'를 입력하여 그리고 Color 패널에서 'Fill Color : Y10K40, Stroke Color : None'을 지정합니다. 계속해서 Shift와 Alt를 누른 채 정원의 중심에서부터 드래그하여 크기가 작은 정원을 그리고 Color 패널에서 'Fill Color : None, Stroke Color : C10K20'을 지정합니다. Stroke 패널에서 'Weight : 1pt'를 지정합니다.

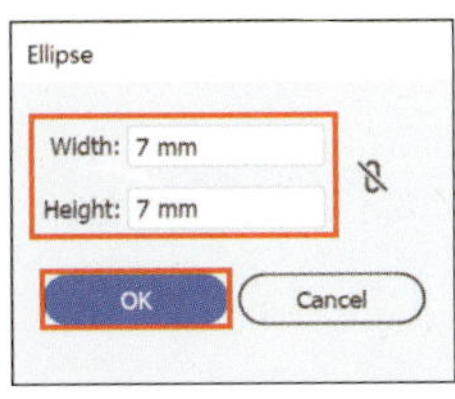

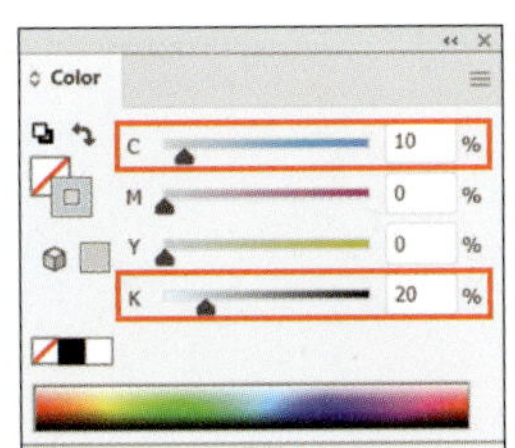

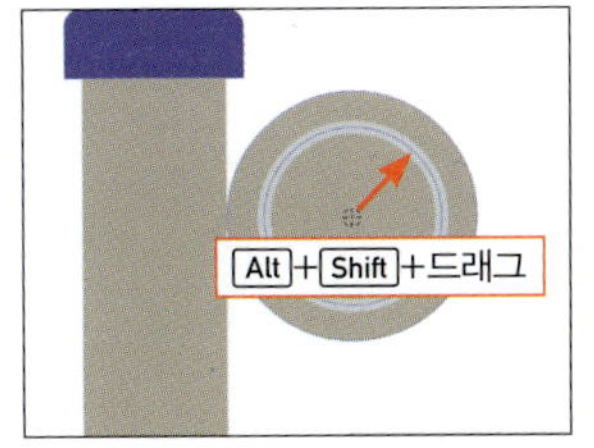

13 Ellipse Tool(◎)로 **Shift**와 **Alt**를 누른 채 정원의 중심에서부터 드래그하여 크기가 작은 정원을 그리고 Color 패널에서 'Fill Color : C10K20, Stroke Color : None'을 지정합니다. Selection Tool(▶)로 3개의 원형 오브젝트를 선택하고 **Ctrl**+**G**를 눌러 그룹을 지정합니다.

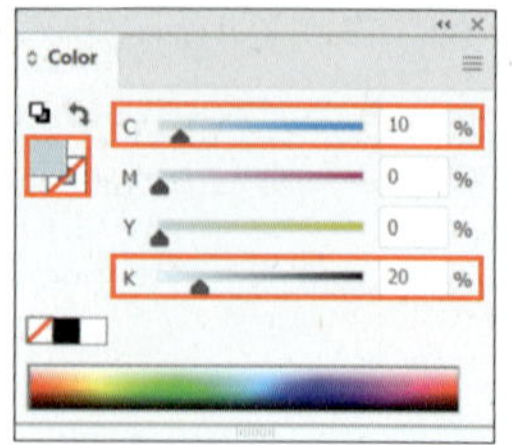
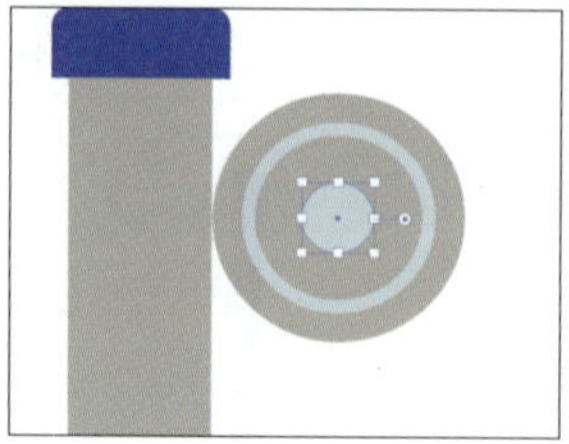
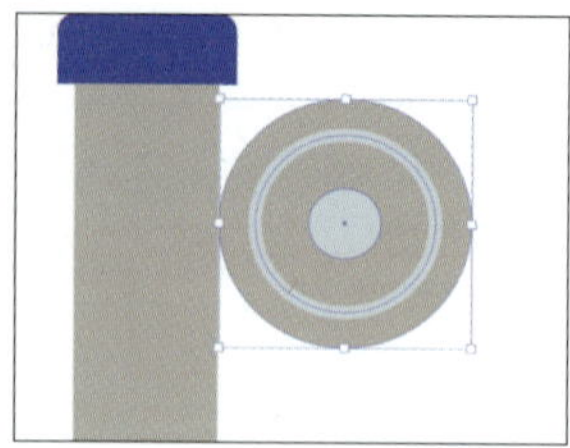

14 Pen Tool(✎)로 드래그하여 낚시줄 모양의 열린 패스를 그리고 Color 패널에서 'Fill Color : None, Stroke Color : K100'을 지정하고 Stroke 패널에서 'Weight : 1pt'를 지정합니다. **Ctrl**+**[**를 여러 번 눌러 뒤로 보내기를 합니다.

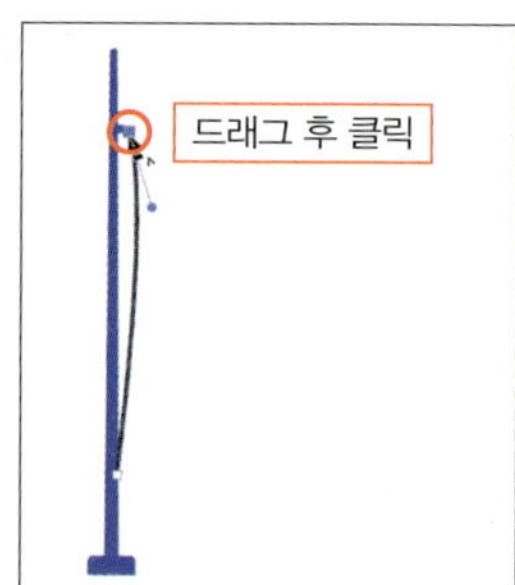

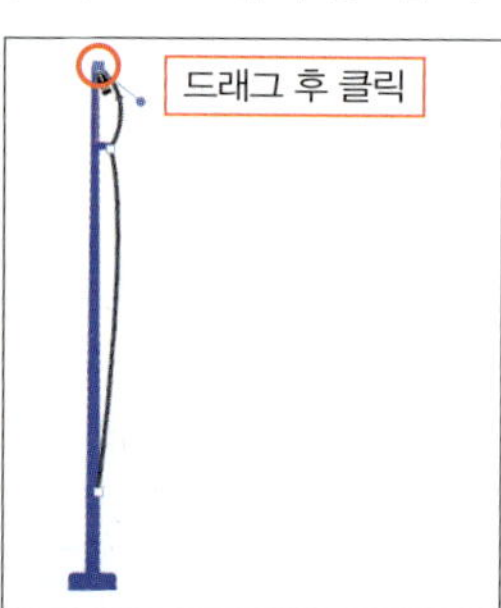

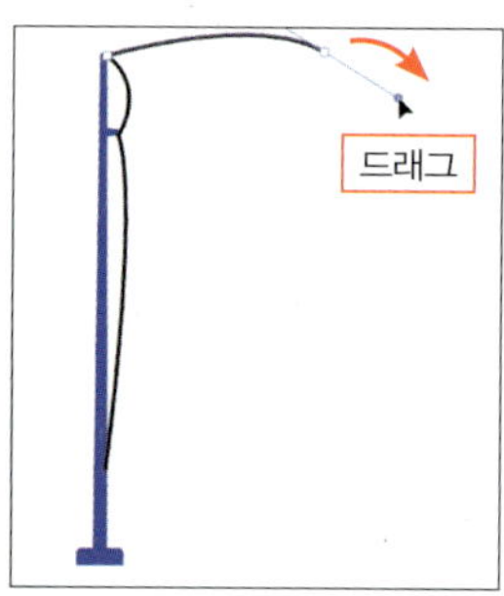

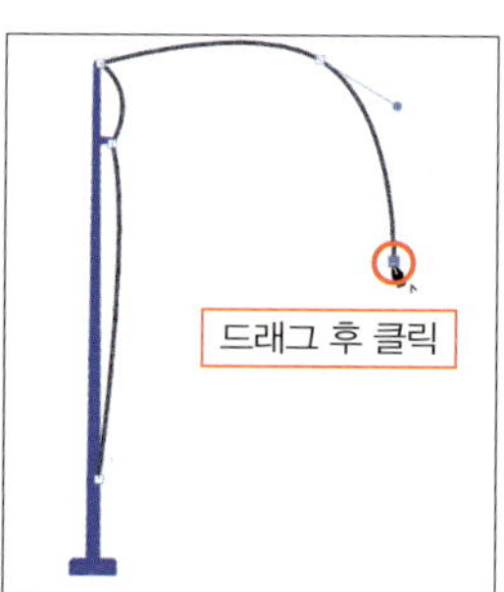

15 Ellipse Tool(◎)로 작업 도큐먼트를 클릭하여 'Width : 3mm, Height : 3mm'를 입력하여 그리고 Color 패널에서 'Fill Color : M80Y90, Stroke Color : None'을 지정합니다. Rounded Rectangle Tool(▢)로 작업 도큐먼트를 클릭하고 'Width : 4mm, Height : 9mm, Corner Radius : 2mm'를 입력하여 그리고 Color 패널에서 'Fill Color : None, Stroke Color : 임의 색상'을 지정하고 Stroke 패널에서 'Weight : 1.5pt'를 지정합니다.

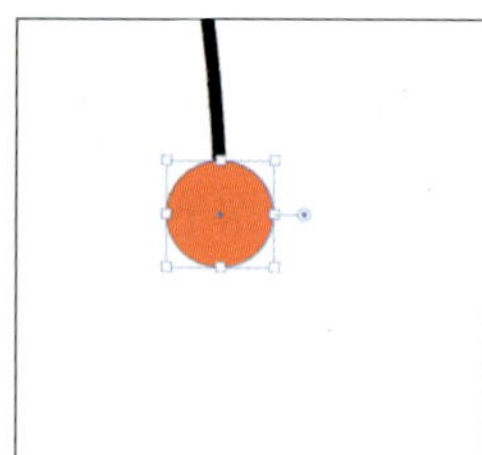
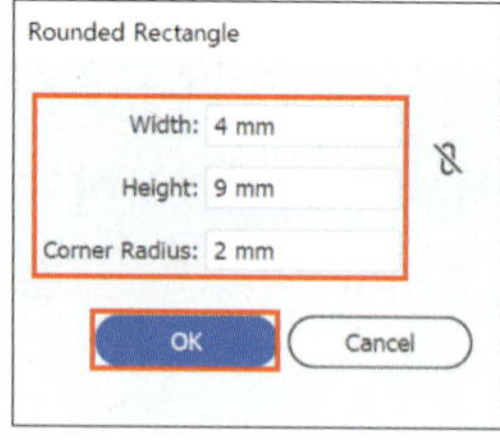

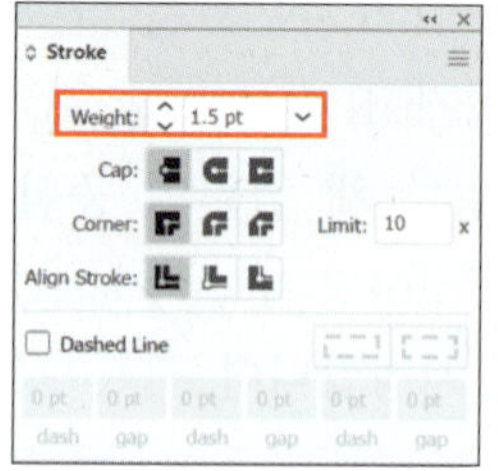

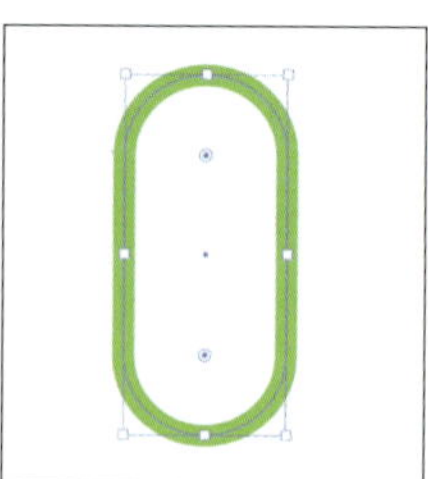

16 [Object]–[Path]–[Add Anchor Points]로 고정점을 추가합니다. Lasso Tool로 드래 그하여 상단 5개의 고정점을 선택하고 **Delete** 를 눌러 삭제하고 [Object]–[Path]–[Outline Stroke]를 선택하여 선을 면으로 확장합니다.

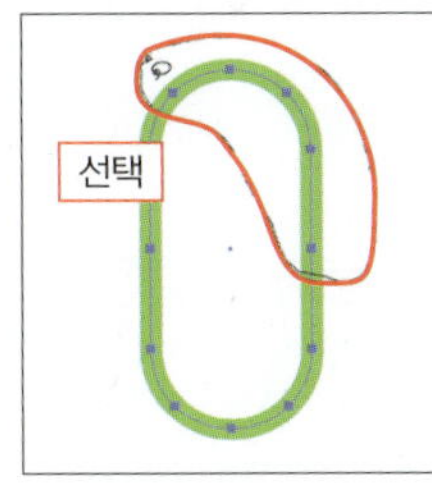

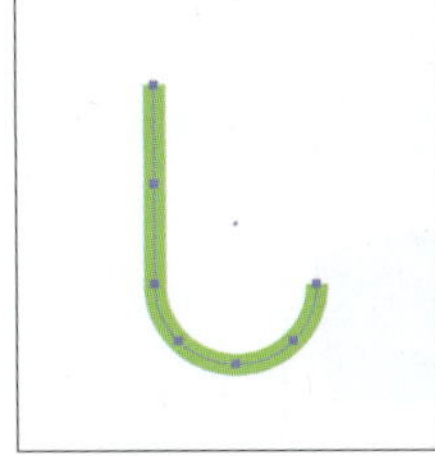

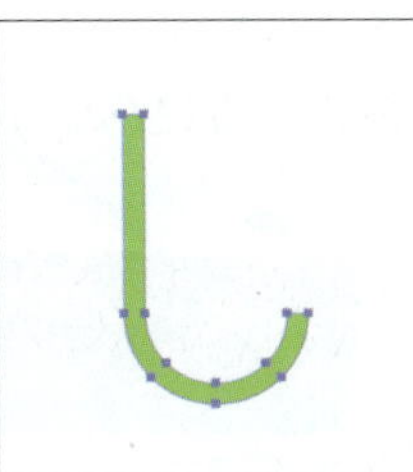

Lasso Tool()은 자유 곡선 형태로 드래그하여 선택하기가 편리합니다.

17 Rectangle Tool(□)로 작업 도큐먼트에 클릭하여 대화상자에서 'Width : 1.5mm, Height : 3mm'를 입력하여 그리고 Color 패널에서 'Fill Color : 임의 색상, Stroke Color : None' 을 지정합니다. Delete Anchor Tool(✒)로 왼쪽 상단 고정점을 클릭하여 삭제합니다.

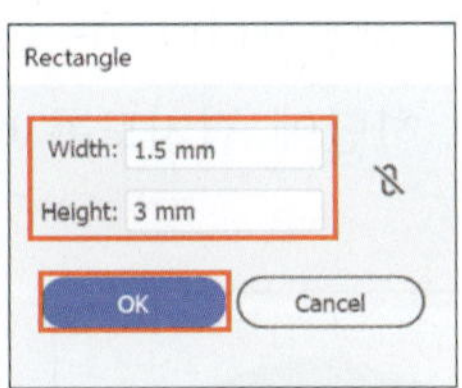

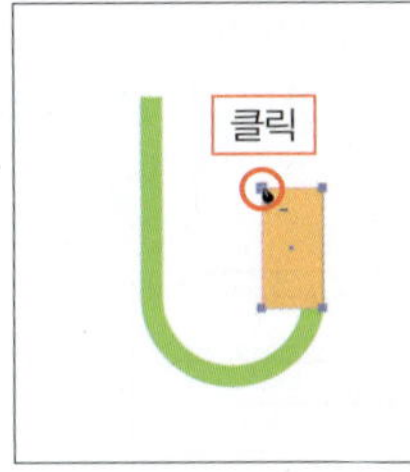

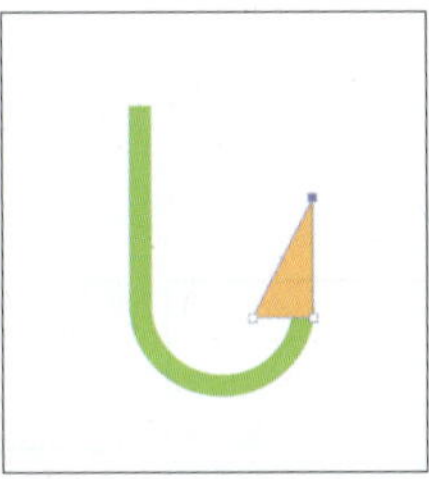

18 Selection Tool(▶)로 2개의 오브젝트를 함께 선택하고 Pathfinder 패널에서 'Unite(◧)' 를 클릭하여 합치고 'Fill Color : C0M0Y0K0, Stroke Color : None'을 지정합니다. Ro-tate Tool(↻)을 더블 클릭하여 'Angle : 10°'를 지정하고 [OK]를 눌러 회전 후 **Shift** + **Ctrl** + **[** 를 눌러 맨 뒤로 보내기를 하여 배치합니다.

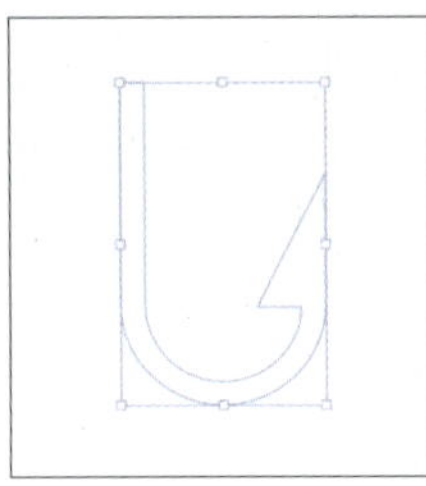

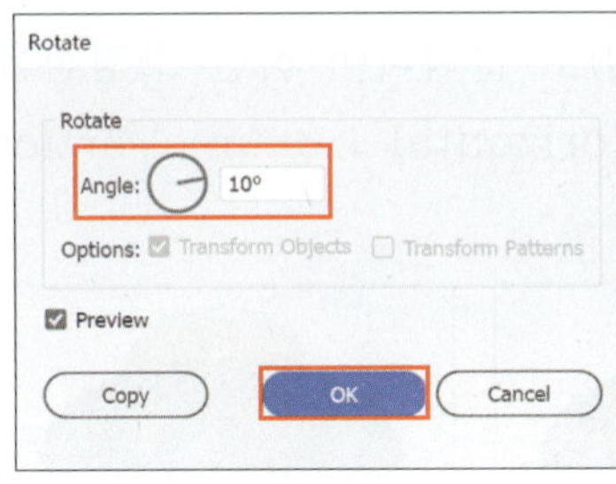

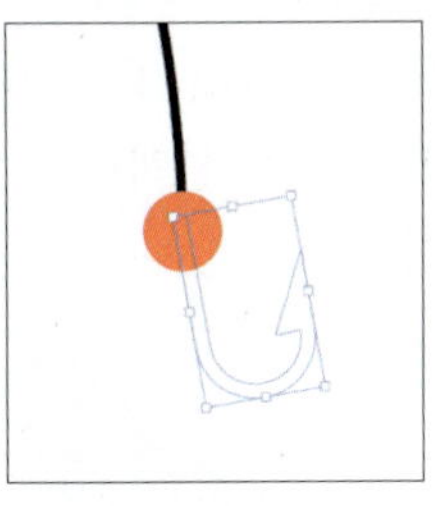

19 Selection Tool(▶)로 낚시대 오브젝트를 모두 선택하고 Ctrl+G로 그룹을 지정합니다. Rotate Tool(↻)을 더블 클릭하여 'Angle : −50°'를 지정하고 [OK]를 눌러 회전하고 배치합니다.

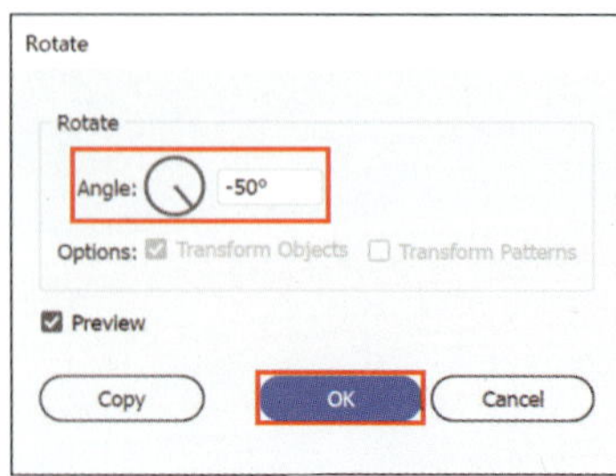
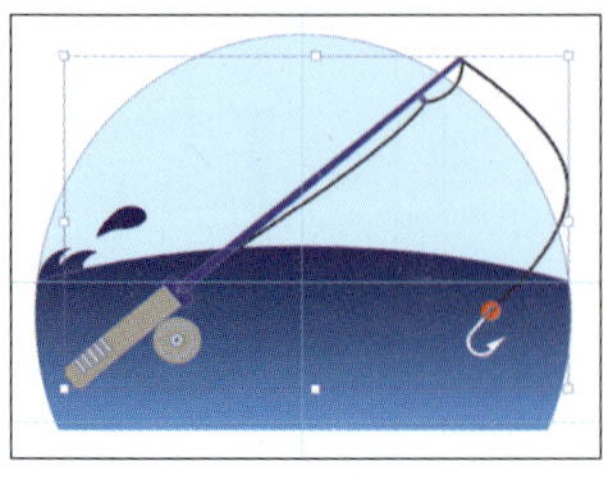

04 모자 만들고 불투명도 적용하기

01 Ellipse Tool(◯)로 작업 도큐먼트를 클릭하고 'Width : 18mm, Height : 11mm'를 입력하여 그리고 Color 패널에서 'Fill Color : C50M10Y70, Stroke Color : None'을 지정합니다. 계속해서 작업 도큐먼트를 클릭하고 'Width : 20mm, Height : 13mm'를 입력하여 그리고 Color 패널에서 'Fill Color : M80Y90, Stroke Color : None'을 지정합니다. Transparency 패널에서 'Opacity : 50%'를 지정하여 불투명도를 조절하고 하단에 겹치도록 배치합니다.

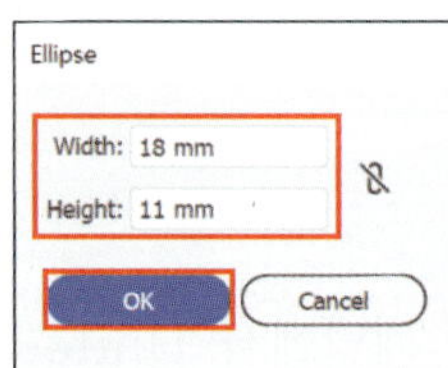
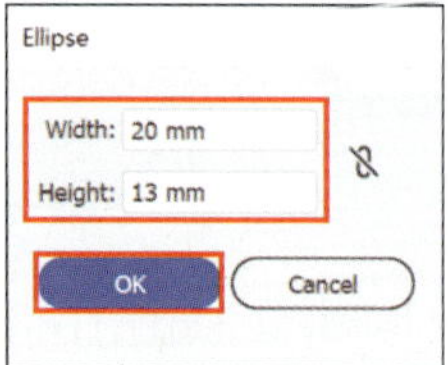
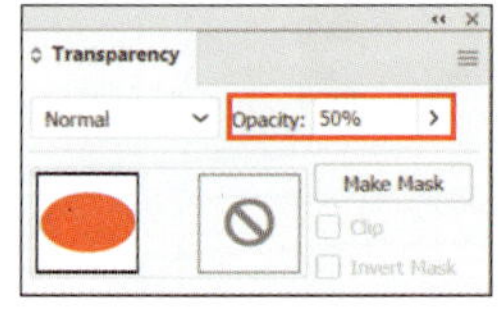
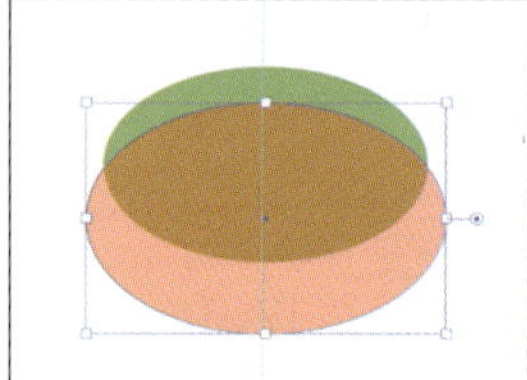

02 Ellipse Tool(◯)로 작업 도큐먼트를 클릭하고 'Width : 37mm, Height : 22mm'를 입력하여 그리고 Color 패널에서 'Fill Color : C50M10Y60K50, Stroke Color : None'을 지정합니다. Direct Selection Tool(▷)로 클릭하여 하단 고정점을 선택하고 [Object]-[Transform]-[Move]를 선택하고 'Horizontal : 0mm, Vertical : 3mm'을 지정하고 [OK]를 눌러 이동합니다.

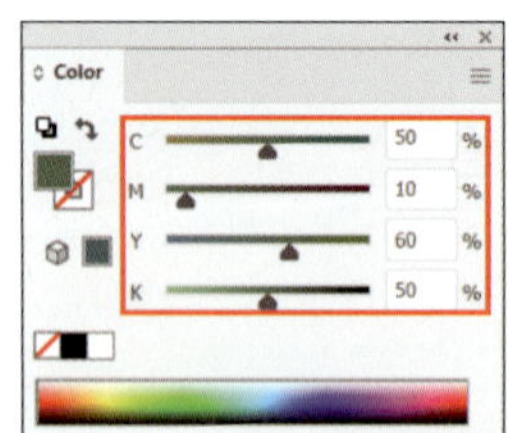
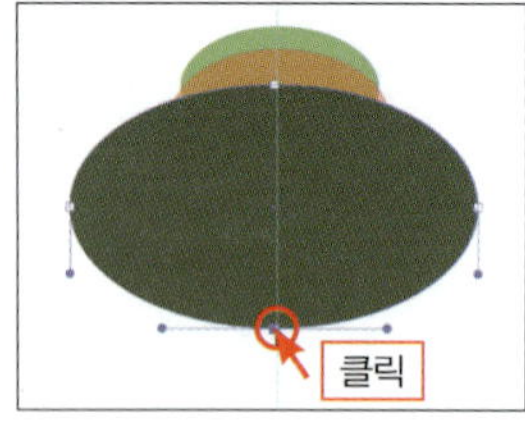

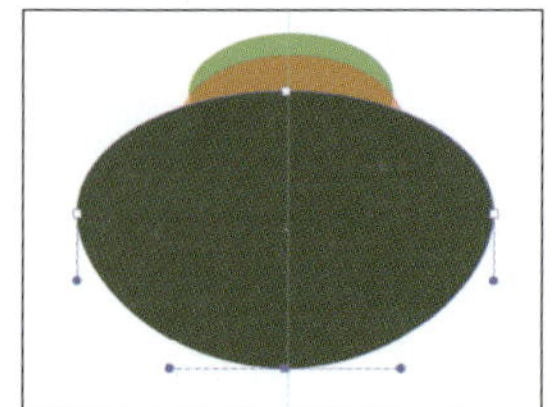

03 Selection Tool(▶)로 더블 클릭하여 Isolation Mode로 전환하고 [Object]-[Transform]-[Move]를 선택하고 'Horizontal : 10mm, Vertical : 5mm'을 지정하고 [Copy]를 눌러 이동하여 복사합니다. Ctrl+A를 눌러 모두 선택하고 Pathfinder 패널에서 'Divide(▣)'를 클릭합니다. 불필요한 오브젝트를 선택하고 Delete를 눌러 삭제합니다. 오른쪽 오브젝트를 선택하고 Color 패널에서 'Fill Color : C60M30Y70, Stroke Color : None'을 지정한 후 Esc를 눌러 정상 모드로 전환합니다.

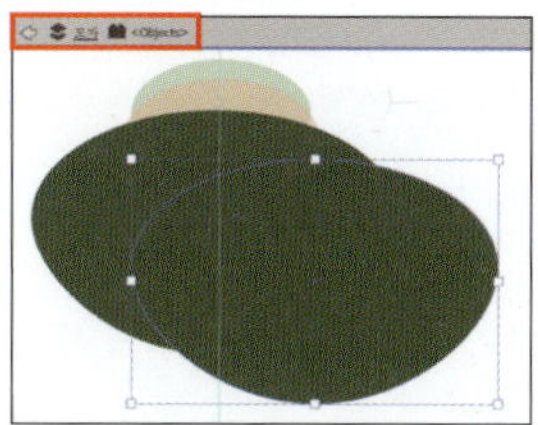
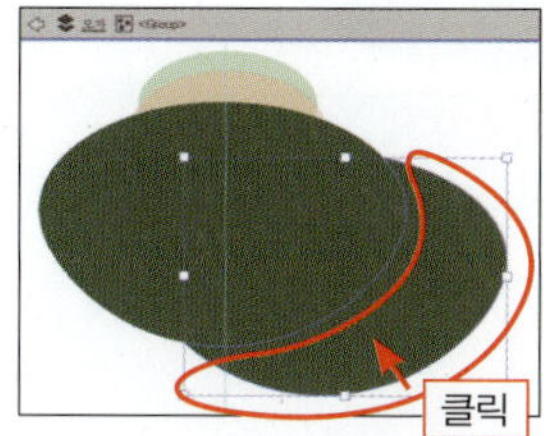

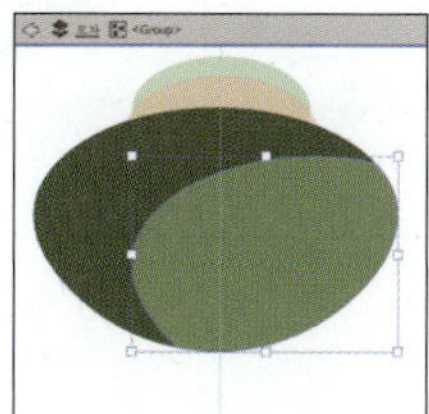

04 Rectangle Tool(▢)로 작업 도큐먼트에 클릭하여 'Width : 5mm, Height : 7mm'를 입력하여 그리고 Color 패널에서 'Fill Color : M30Y100, Stroke Color : None'을 지정합니다. [Object]-[Path]-[Add Anchor Points]로 고정점을 추가합니다.

05 Direct Selection Tool(▷)로 드래그하여 중간 고정점을 선택하고 키보드의 방향키를 눌러 위쪽으로 이동하고 Scale Tool(▣)로 안쪽으로 드래그하여 패스를 축소합니다. 계속해서 상단 중앙의 고정점을 선택하고 아래쪽으로 이동합니다.

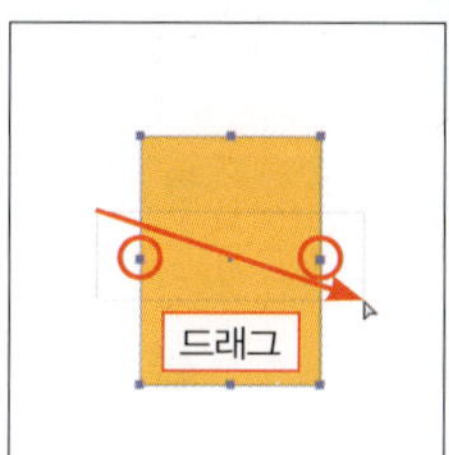

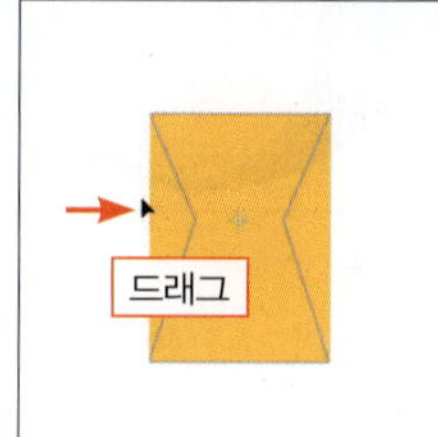

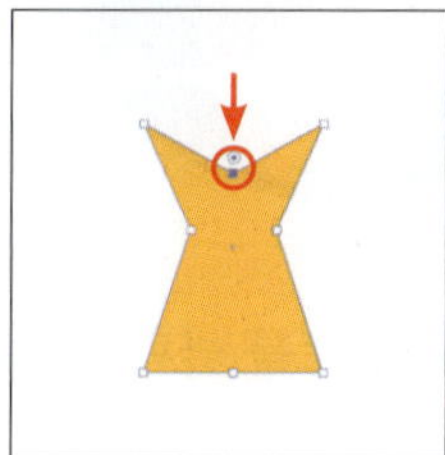

06 Direct Selection Tool(▷)로 드래그하여 상단 2개의 고정점을 선택하고 모서리 바깥쪽의 둥근 점(◉)을 안쪽으로 드래그하여 모서리를 둥글게 변형합니다.

F 기적의 TIP

- 키보드의 방향키를 활용하여 상하좌우로 반듯하게 이동이 가능합니다.
- Shift를 누른 채 키보드의 방향키를 누르면 한 번에 10배수로 이동이 가능합니다.

07 완성된 오브젝트를 모자의 위치에 배치하고 Rotate Tool(⟳)을 더블 클릭하여 'Angle : −8°'를 지정하고 [OK]를 눌러 회전합니다. Ctrl + [를 여러 번 눌러 뒤로 보내기를 합니다.

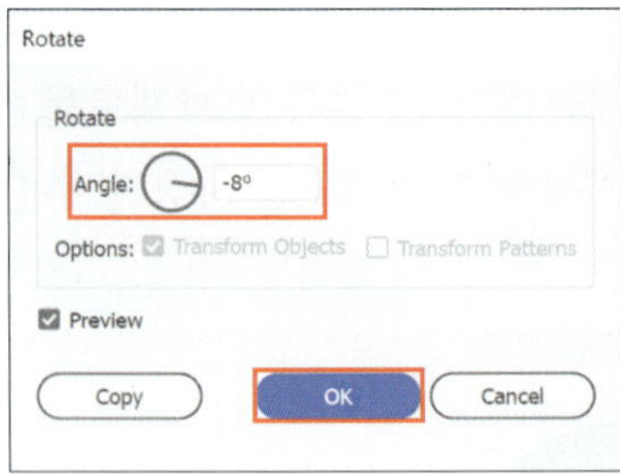 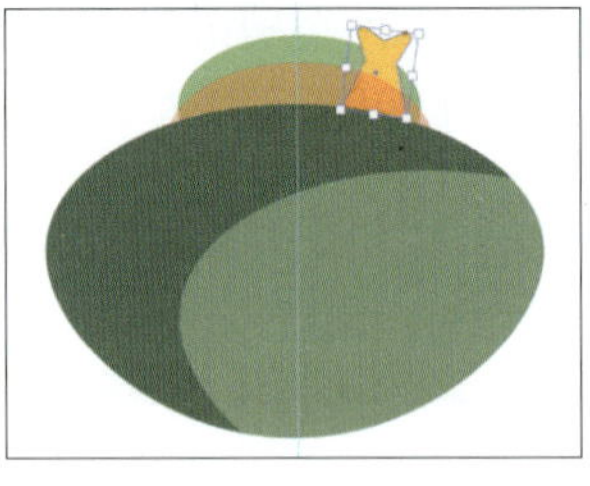

05 캐릭터 만들기

01 Ellipse Tool(◯)로 작업 도큐먼트를 클릭하고 'Width : 19mm, Height : 26mm'를 입력하여 그리고 Color 패널에서 'Fill Color : M30Y40, Stroke Color : None'을 지정한 후 배치합니다. Direct Selection Tool(▷)로 클릭하여 상단 고정점을 선택하고 [Object]-[Transform]-[Move]를 선택한 후 'Horizontal : 0mm, Vertical : 5mm'를 입력하고 [OK]를 눌러 하단으로 이동합니다.

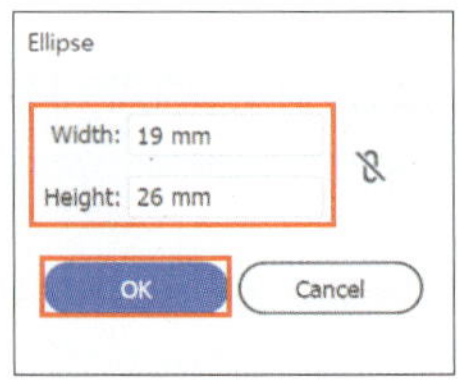 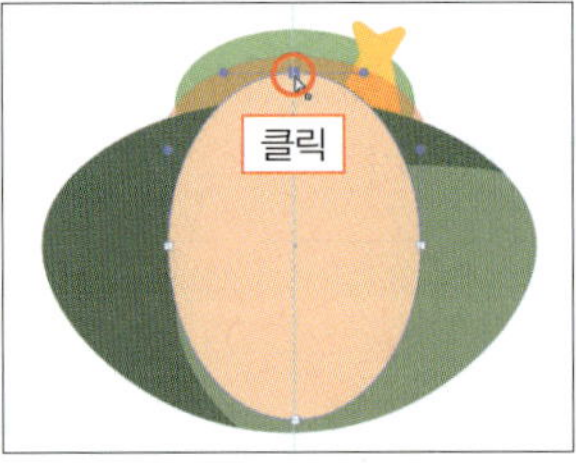

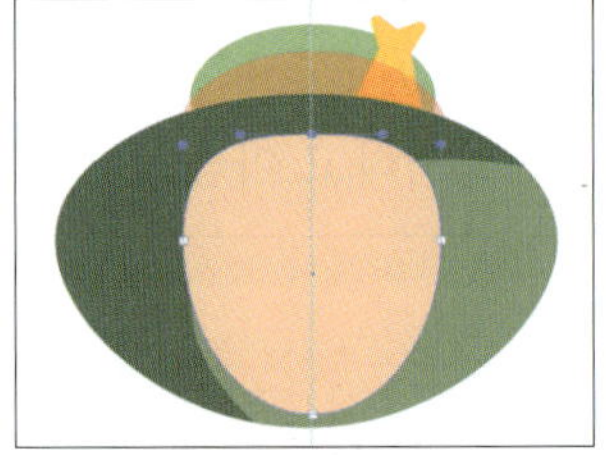

02 Ellipse Tool(◯)로 작업 도큐먼트를 클릭하고 'Width : 4mm, Height : 7mm'를 입력하여 그리고 Color 패널에서 'Fill Color : M30Y40, Stroke Color : None'을 지정합니다. Rotate Tool(⟳)을 더블 클릭하여 대화상자에서 'Angle : 6°'를 지정하고 [OK]를 눌러 회전합니다.

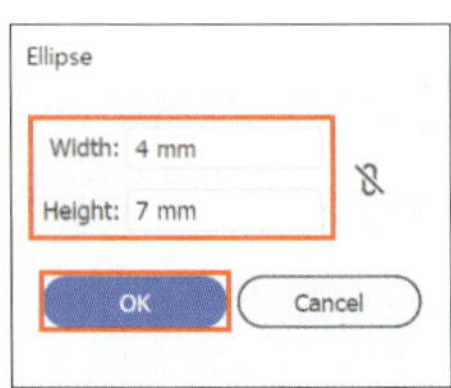 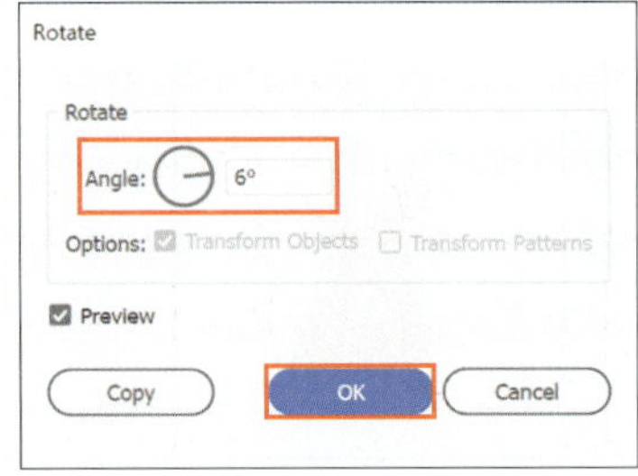 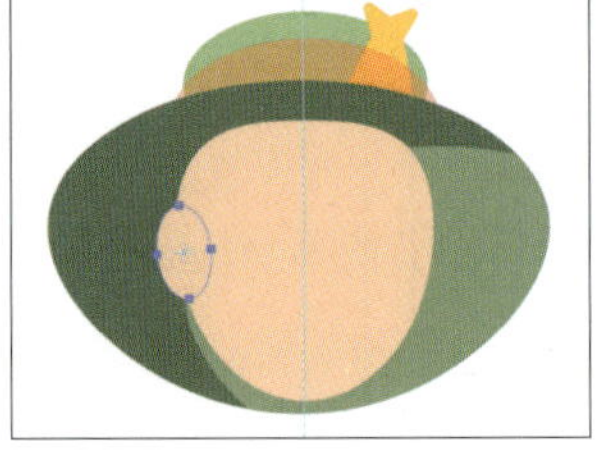

03 Ellipse Tool(◯)로 작업 도큐먼트를 클릭하고 'Width : 2mm, Height : 2mm'를 입력하여 왼쪽 눈 오브젝트를 그리고 Color 패널에서 'Fill Color : C40M80Y40K70, Stroke Color : None'을 지정합니다.

04 Pen Tool(🖋)로 클릭하여 직선형의 닫힌 패스로 얼굴과 충분히 겹치도록 그리고 Color 패널에서 'Fill Color : M30Y40, Stroke Color : None'을 지정합니다. Direct Selection Tool(▷)로 중간 고정점을 선택하고 모서리 바깥쪽의 둥근 점(◉)을 더블 클릭하여 'Radius : 4mm'를 입력한 후 모서리를 둥글게 변형합니다.

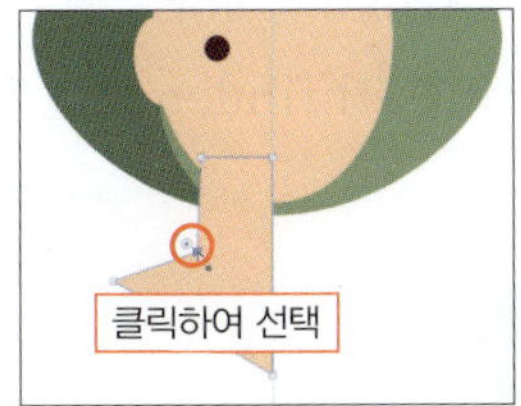

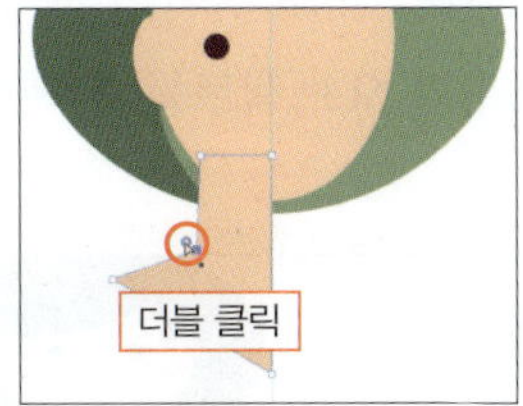

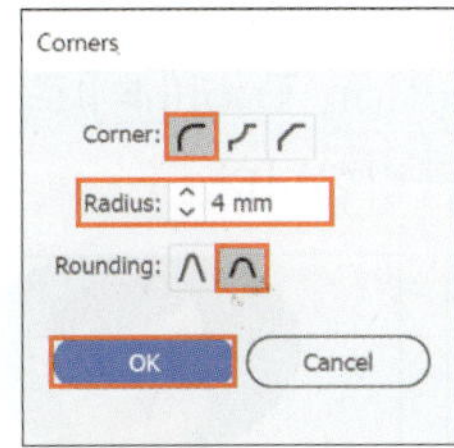

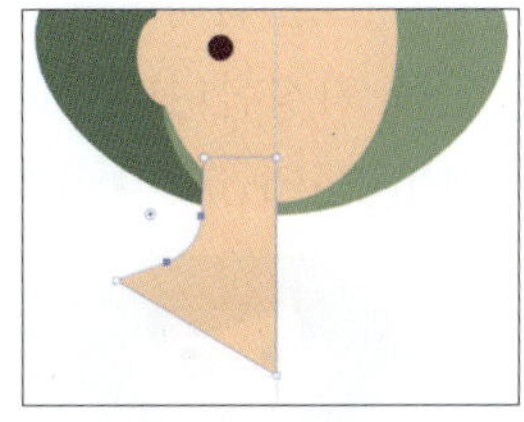

05 Selection Tool(▶)로 3개의 오브젝트를 함께 선택하고 Reflect Tool(◨)을 Alt를 누른 채 수직의 안내선을 클릭하여 'Axis : Vertical'을 지정하고 [Copy]를 눌러 복사하여 배치합니다. Selection Tool(▶)로 목 부분의 2개의 오브젝트를 선택하고 Pathfinder 패널에서 'Unite(◘)'를 클릭합니다.

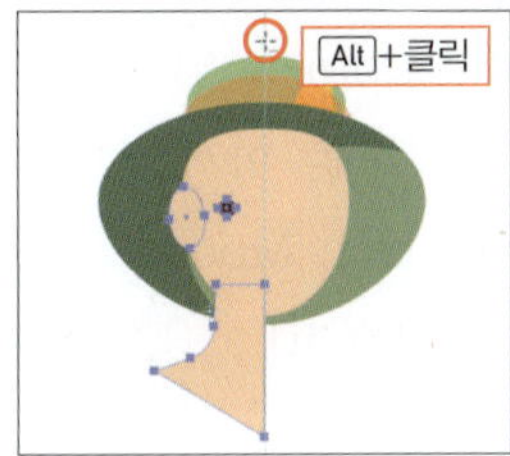

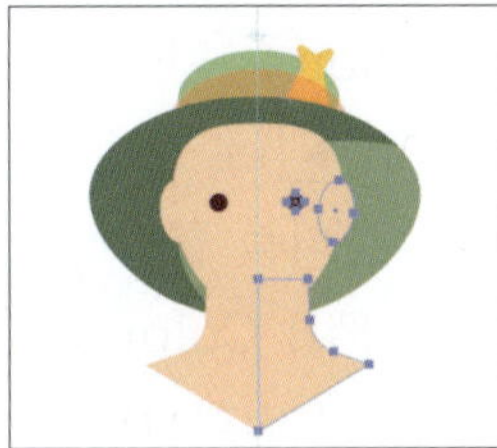

06 Pen Tool(🖋)로 드래그하여 머리카락과 입 모양의 닫힌 패스를 각각 그리고 Color 패널에서 'Fill Color : C40M80Y40K70, M80Y90, Stroke Color : None'을 각각 지정합니다. Pen Tool(🖋)로 드래그하여 턱 밑에 음영 모양의 닫힌 패스로 그리고 Color 패널에서 'Fill Color : M60Y90K10, Stroke Color : None'을 지정합니다. Ctrl+[를 눌러 뒤로 보내기를 합니다.

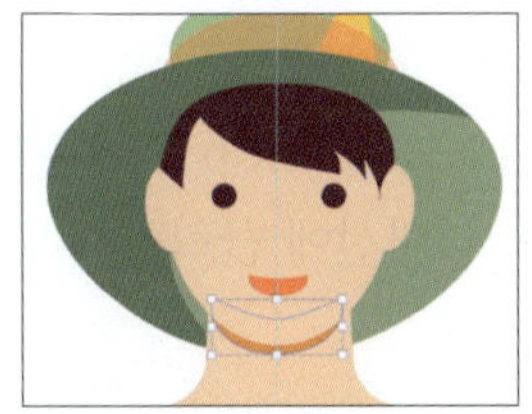

07 Rectangle Tool(▢)로 작업 도큐먼트에 클릭하여 'Width : 47mm, Height : 18mm'를 입력하여 그립니다. Direct Selection Tool(▷)로 상단 2개의 고정점을 선택하고 Scale Tool(⊞)을 더블 클릭하여 'Uniform : 68%'를 지정 후 [OK]를 눌러 축소합니다.

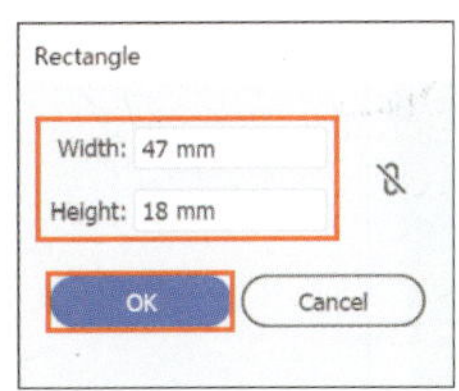

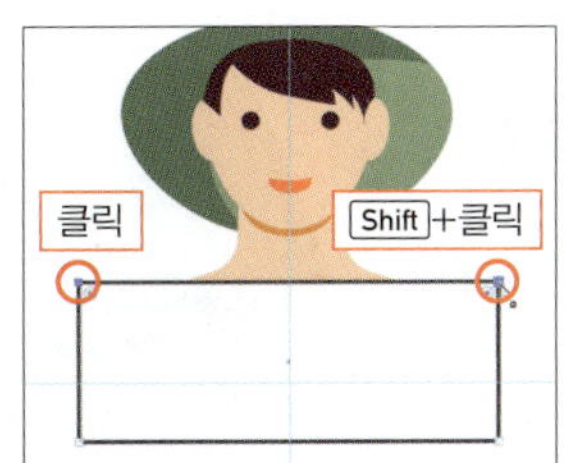

08 Control 패널의 'Corners : 9mm'를 지정하여 양쪽 모서리를 둥글게 변형하고 Color 패널에서 'Fill Color : C0M0Y0K0, Stroke Color : None'을 지정합니다.

09 Ellipse Tool(◉)로 Alt 를 누른 채 수직의 안내선에 클릭하고 'Width : 15.5mm, Height : 10mm'를 입력하여 그리고 Color 패널에서 'Fill Color : 임의 색상, Stroke Color : 임의 색상'을 지정합니다. Selection Tool(▶)로 2개의 오브젝트를 선택하고 Pathfinder 패널에서 'Minus Front(▣)'를 클릭합니다.

10 Pen Tool(✐)로 클릭하여 왼쪽에 닫힌 패스로 그리고 Color 패널에서 'Fill Color : C50M10Y70, Stroke Color : None'을 지정합니다. 계속해서 클릭하여 닫힌 패스와 충분히 겹치도록 사선을 그리고 Color 패널에서 'Fill Color : None, Stroke Color : 임의 색상'을 지정하고 상단에 배치합니다. Selection Tool(▶)로 2개의 오브젝트를 함께 선택하고 Pathfinder 패널에서 'Divide(▣)'를 클릭합니다. 더블 클릭하여 Isolation Mode로 전환하고 상단 오브젝트를 선택하고 Color 패널에서 'Fill Color : C40M80Y40K70, Stroke Color : None'을 지정한 후 Esc 를 눌러 정상 모드로 전환합니다.

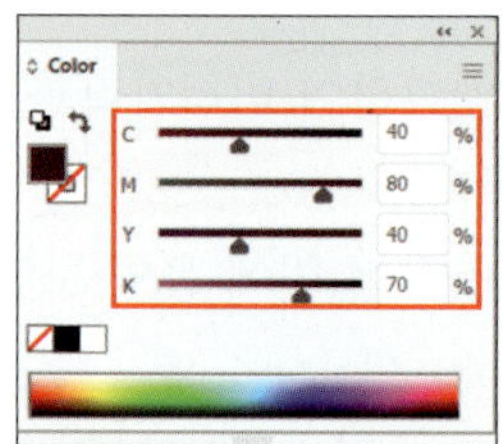
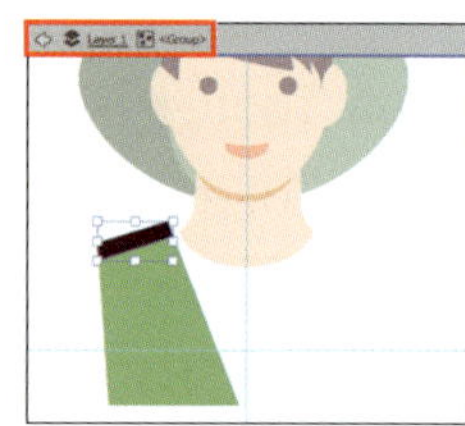

11 Selection Tool(▶)로 오브젝트를 선택하고 Reflect Tool(◭)을 Alt 를 누른 채 수직의 안내선에 클릭하여 'Axis : Vertical'을 지정하고 [Copy]를 눌러 복사하여 배치합니다.

12 Rectangle Tool(▭)로 드래그하여 사각형을 그리고 Color 패널에서 'Fill Color : C40M80Y40K70, Stroke Color : None'을 지정합니다. Direct Selection Tool(▷)로 상단 2개의 고정점을 선택하고 모서리 안쪽의 둥근 점(◉)을 안쪽으로 드래그하여 모서리를 둥글게 변형합니다. Selection Tool(▶)로 오브젝트를 선택하고 Rotate Tool(↻)을 더블 클릭하여 대화상자에서 'Angle : −5°'를 지정하고 [OK]를 눌러 회전합니다.

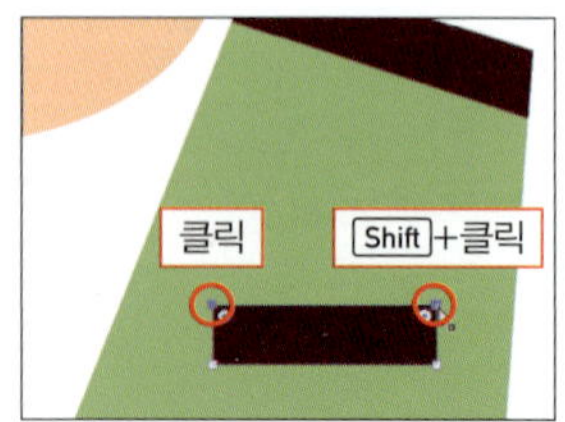

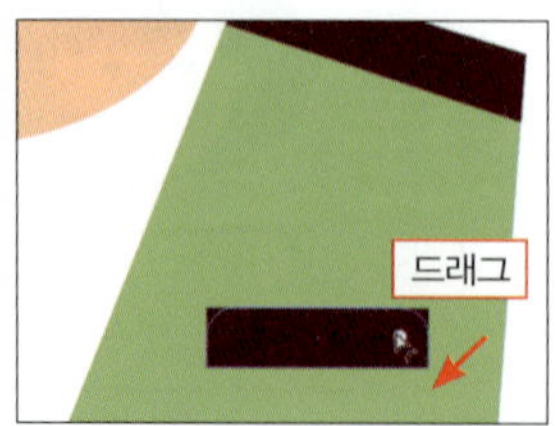

13 Selection Tool(▶)로 모자 사이에 배치된 물고기 모양 오브젝트를 선택하고 Ctrl+C로 복사하고 Ctrl+V로 붙여넣기를 합니다. Scale Tool(⬜)을 더블 클릭하여 'Uniform : 70%'를 지정하고 [OK]를 눌러 축소합니다. Rotate Tool(↻)을 더블 클릭하여 'Angle : −15°'를 지정합니다. Color 패널에서 'Fill Color : None, Stroke Color : C10K20'을 지정하고 Stroke 패널에서 'Weight : 1pt'를 지정합니다. Ctrl+[를 눌러 뒤로 보낸 후 배치합니다.

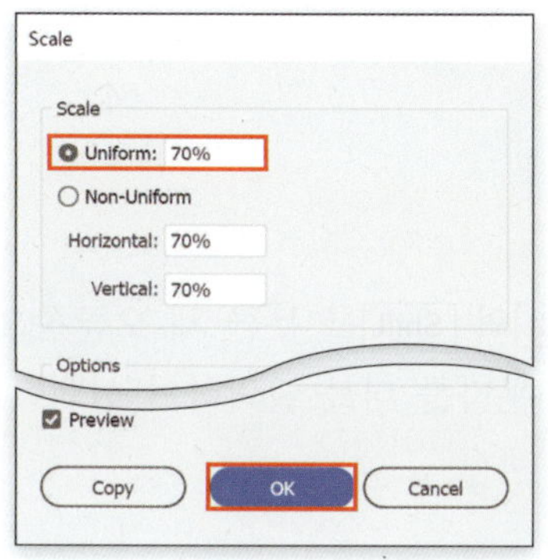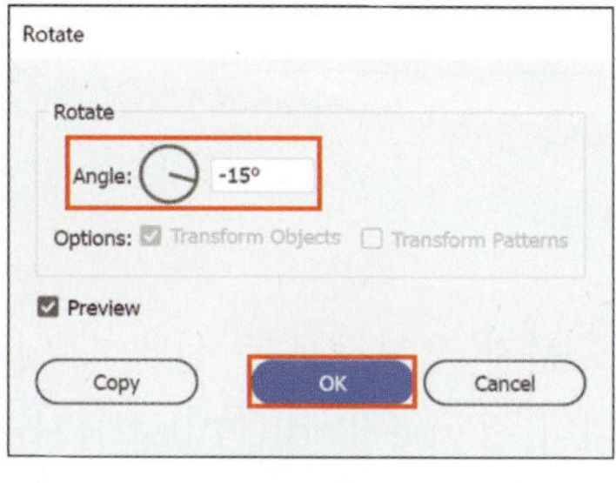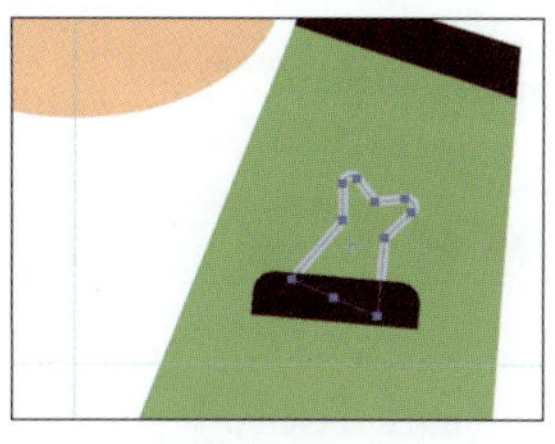

06 리본 오브젝트 만들기 및 문자 입력하기

01 Rectangle Tool(⬛)로 Alt를 누른 채 수직의 안내선에 클릭하여 'Width : 64mm, Height : 10mm'를 입력하여 그리고 Color 패널에서 'Fill Color : M30Y100, Stroke Color : None'을 지정합니다.

02 [Object]–[Path]–[Add Anchor Points]로 고정점을 추가합니다. Direct Selection Tool(▷)로 드래그하여 상단 5개의 고정점을 선택하고 Scale Tool(⬜)을 더블 클릭하여 'Uniform : 95%'를 지정합니다. 상단 중앙의 고정점을 선택하고 키보드의 방향키 ↑를 눌러 위쪽으로 이동하여 배치합니다.

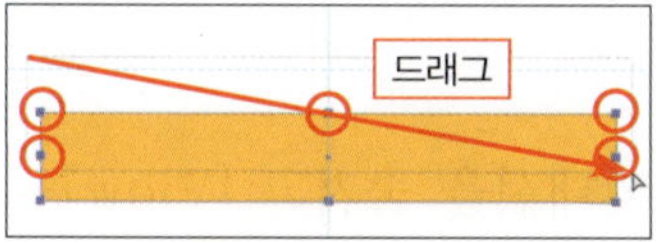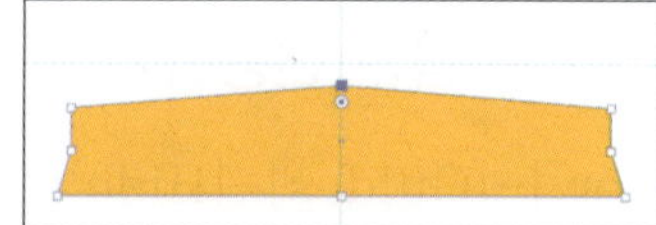

03 Pen Tool(✎)로 클릭하여 왼쪽에 2개의 닫힌 패스를 겹치도록 그리고 Color 패널에서 'Fill Color : C20M30Y100K20, C40M80Y40K70, Stroke Color : None'을 각각 지정하고 Ctrl+[를 여러 번 눌러 뒤로 보내기를 합니다.

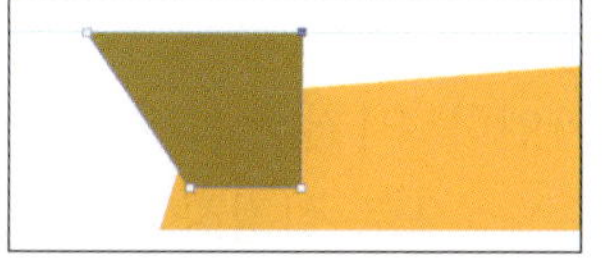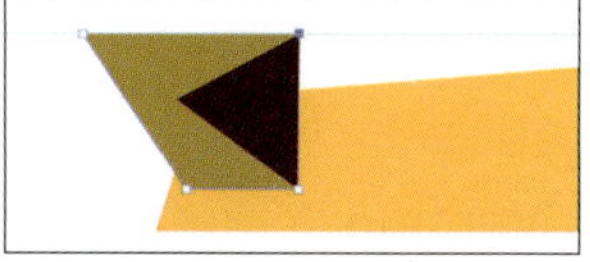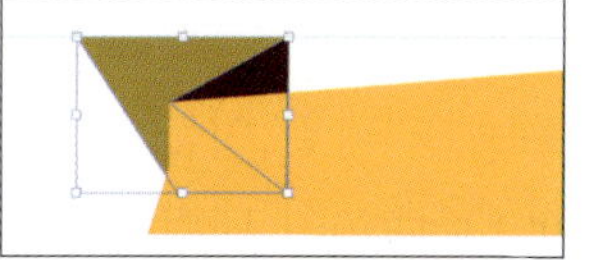

04 Reflect Tool(◁▷)을 Alt를 누른 채 수직의 안내선에 클릭하여 'Axis : Vertical'을 지정하고 [Copy]를 눌러 복사하여 배치합니다.

05 Type Tool(T)로 작업 도큐먼트를 클릭한 후 Character 패널에서 'Set the font family : Arial, Set the font style : Bold, Set the font size : 13pt'를 설정하고 Color 패널에서 'Fill Color : C0M0Y0K0, Stroke Color : None'을 지정한 후 'THE'를 입력합니다.

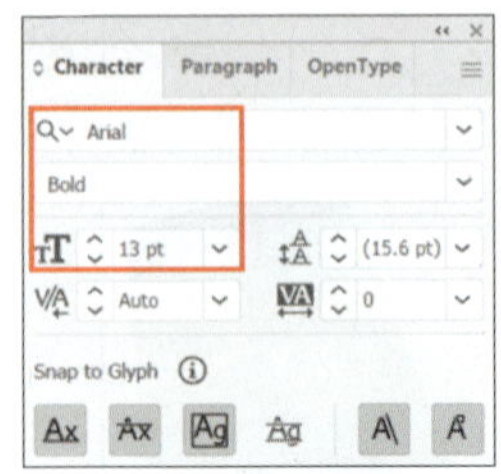
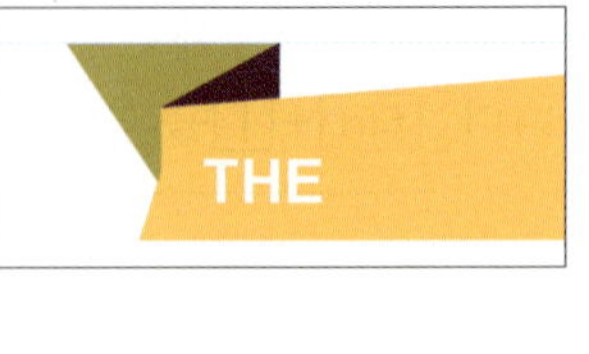

06 Selection Tool(▶)로 'THE' 문자 오브젝트를 선택하고 Alt 와 Shift 를 누른 채 오른쪽으로 드래그하여 복사하여 배치합니다. Type Tool(T)로 'THE' 문자를 더블 클릭하여 선택한 후 'CLUB'을 입력하여 수정합니다.

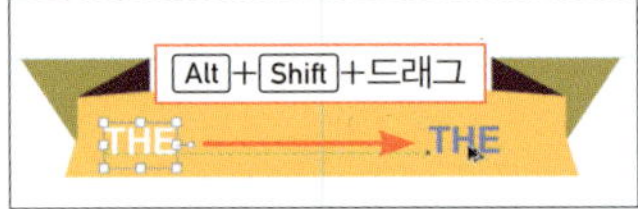

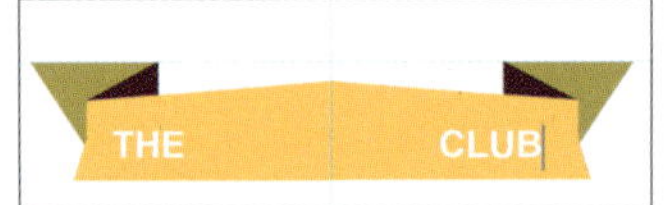

07 Type Tool(T)로 작업 도큐먼트를 클릭한 후 Character 패널에서 'Set the font family : Arial, Set the font style : Bold, Set the font size : 19pt'를 설정하고 Color 패널에서 'Fill Color : M80Y90, Stroke Color : None'을 지정한 후 'FISHING'을 입력합니다.

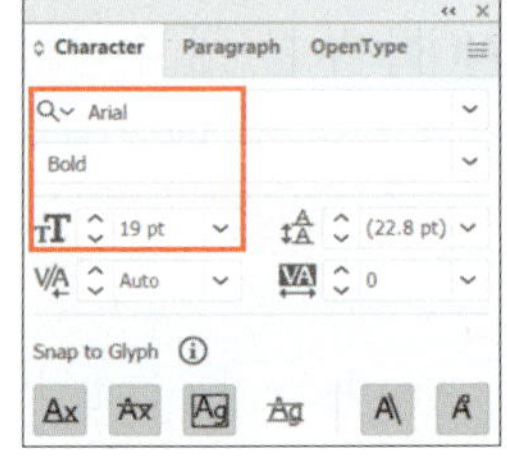
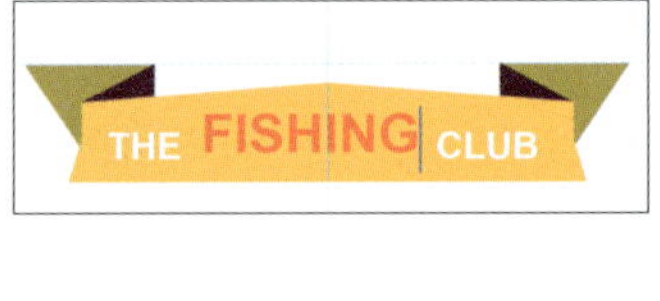

⑦ 저장 및 답안 전송하기

01 [View]-[Guides]-[Hide Guides](Ctrl + ;)를 선택하여 안내선을 숨기고 [View]-[Fit Artboard in Window](Ctrl + 0)를 선택하여 현재 창에 맞추기를 합니다.

> **기적의 TIP**
>
> Tool 패널의 Hand Tool(✋) 자체를 더블 클릭하면 빠르게 현재 창에 맞추기가 됩니다.

02 [File]-[Save As]를 선택하고 '저장 위치 : 내 PC₩문서₩GTQ, 파일 형식 : Adobe Illustrator(*.AI), 파일 이름 : 수험번호-성명-문제번호.ai'를 확인하고 [저장]을 클릭한 후 [Illustrator Options] 대화상자에서 'Version : Illustrator 2020'으로 설정하고 [OK(확인)]를 클릭합니다.

03 답안 저장이 완료가 되면 [File]-[Close](Ctrl + W)를 선택하여 파일을 닫고 수험 프로그램에서 [답안 전송]을 클릭하여 감독관 컴퓨터로 전송합니다.

작업과정	새 도큐먼트 만들기 및 파일 저장하기 ➡ 물고기 오브젝트 만들기 ➡ 낚시찌 오브젝트 만들기 ➡ 패턴 등록하기 ➡ 낚시 의자 만들기 ➡ 그라디언트 적용하기 ➡ 패턴 적용 및 변형하기 ➡ 문자 입력하기 ➡ 낚싯대 가방 만들기 ➡ 불투명도와 클리핑 마스크 적용하기 ➡ 브러쉬 적용 및 문자 입력하기 ➡ 이펙트 적용하기 ➡ 저장 및 답안 전송하기
완성이미지	PART04₩기출유형문제01회₩수험번호−성명−2.ai

01 새 도큐먼트 만들기 및 파일 저장하기

01 [File]−[New]를 선택하고 'Width : 160mm, Height : 120mm, Units : Millimeters, Color Mode : CMYK'를 설정하여 새 도큐먼트를 만들고 [View]−[Rulers]−[Show Rulers] (Ctrl+R)를 선택하여 눈금자를 표시합니다.

02 작품의 규격 왼쪽 상단에 원점(0,0)을 확인하고 왼쪽과 상단 눈금자 위에서 마우스로 각각 드래그하여 제시된 출력형태와 레이아웃 구성이 동일하게 안내선을 표시합니다.

03 작업 도큐먼트를 저장하기 위해 [File]−[Save](Ctrl+S)를 선택하고 '저장 위치 : 내 PC₩문서₩GTQ, 파일 형식 : Adobe Illustrator(*AI), 파일 이름 : 수험번호−성명−문제번호'를 입력하고 [저장]을 클릭한 후 [Illustrator Options] 대화상자에서 'Version : Illustrator 2020'으로 설정하고 [OK(확인)]를 클릭합니다.

02 물고기 오브젝트 만들기

01 Pen Tool(✐)로 드래그하여 물고기 모양의 닫힌 패스로 그리고 Color 패널에서 'Fill Color : C70Y20, Stroke Color : None'을 지정합니다. 계속해서 충분히 겹치도록 열린 패스를 그리고 Color 패널에서 'Fill Color : None, Stroke Color : 임의 색상'을 지정합니다.

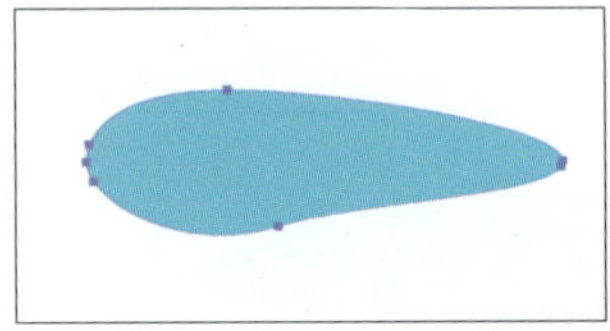
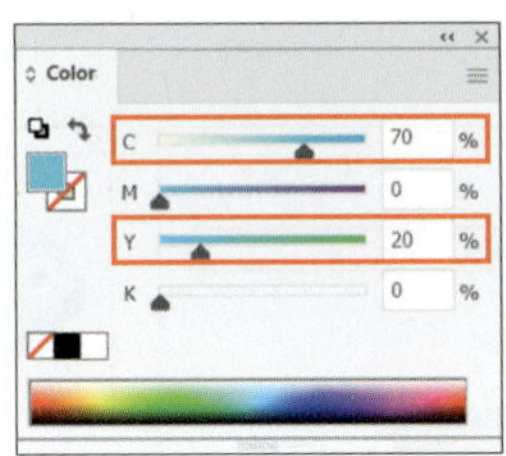
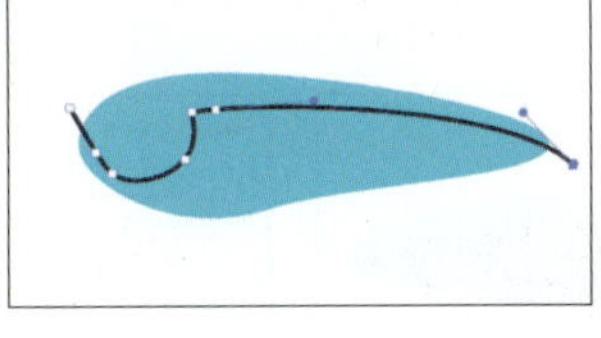

02 Ctrl+A를 눌러 모두 선택하고 Pathfinder 패널에서 'Divide(■)'를 클릭합니다. 하단 오브젝트를 선택하고 Color 패널에서 'Fill Color : C80M70Y40K30, Stroke Color : None'을 지정한 후 Esc를 눌러 정상 모드로 전환합니다.

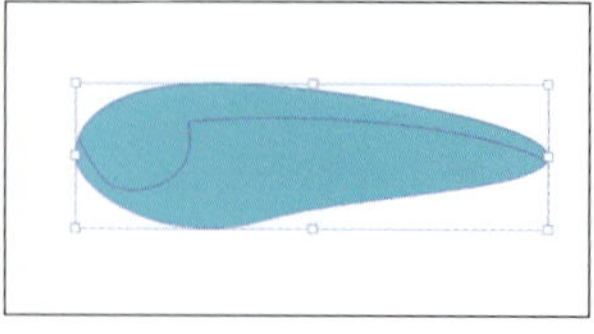 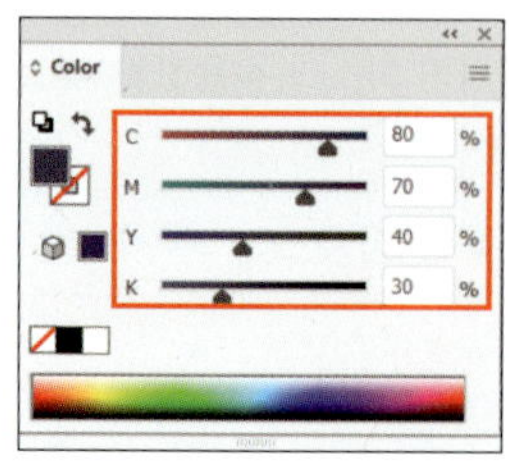 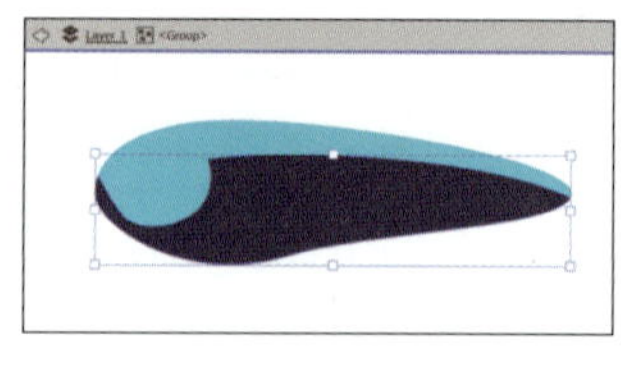

03 Ellipse Tool(◎)로 드래그하여 '임의 색상'의 타원을 그리고 Selection Tool(▶)로 Alt를 누른 채 드래그하여 복사합니다. Selection Tool(▶)로 2개의 타원을 함께 선택하고 Path-finder 패널에서 'Minus Front(■)'를 클릭하고 Color 패널에서 'Fill Color : C80M70Y40K30, Stroke Color : None'을 지정합니다. 바운딩 박스의 모서리 밖을 드래그하여 반시계 방향으로 회전하여 배치합니다.

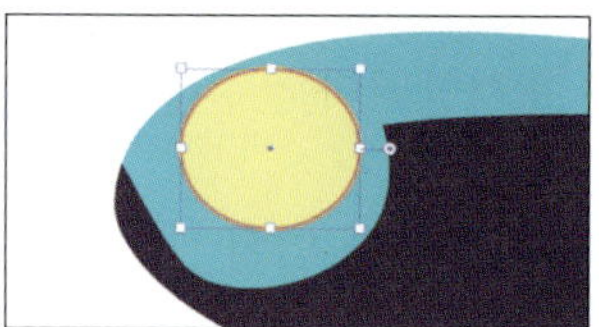

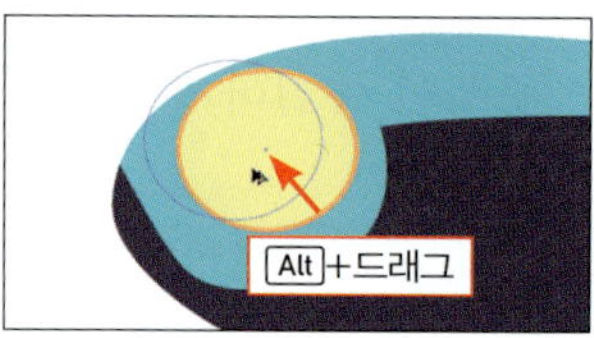
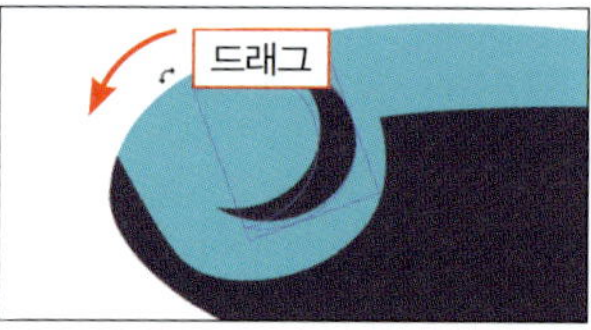

04 Ellipse Tool(◎)로 Shift를 누른 채 드래그하여 크기가 다른 2개의 정원을 눈의 위치에 그리고 Color 패널에서 'Fill Color : C0M0Y0K0, K100, Stroke Color : None'을 각각 지정합니다.

05 Ellipse Tool(◎)로 Shift를 누른 채 드래그하여 크기가 다른 2개의 정원을 그리고 Color 패널에서 'Fill Color : C70Y20, Stroke Color : None'을 지정합니다. Selection Tool(▶)로 2개의 오브젝트를 선택하고 [Object]-[Blend]-[Make]를 적용하여 [Object]-[Blend]-[Blend Options]로 'Specified Steps : 4'를 지정한 후 [Object]-[Blend]-[Expand]로 확장합니다.

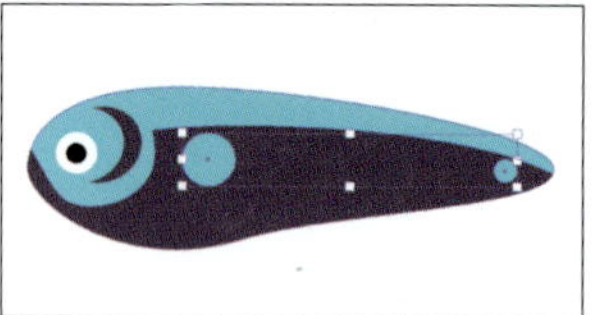
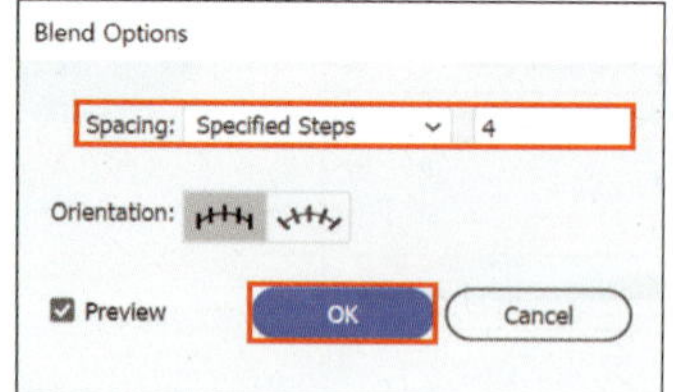

06 Ellipse Tool(◎)로 Shift를 누른 채 드래그하여 크기가 다른 2개의 정원을 그리고 Color 패널에서 Color 패널에서 'Fill Color : None, Stroke Color : M40Y100'을 지정하고 Stroke 패널에서 'Weight : 2pt'를 지정합니다. Selection Tool(▶)로 2개의 정원을 선택하고 [Object]-[Path]-[Outline Stroke]를 선택하여 선을 면으로 확장합니다.

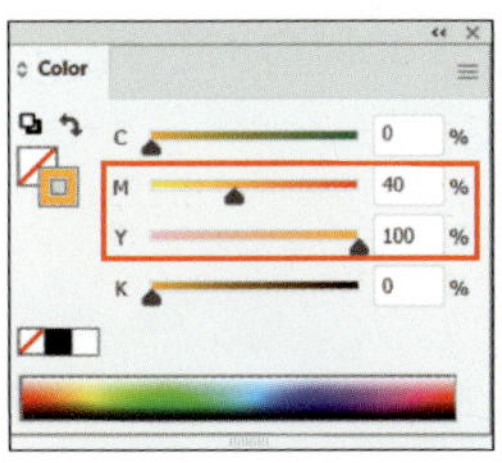 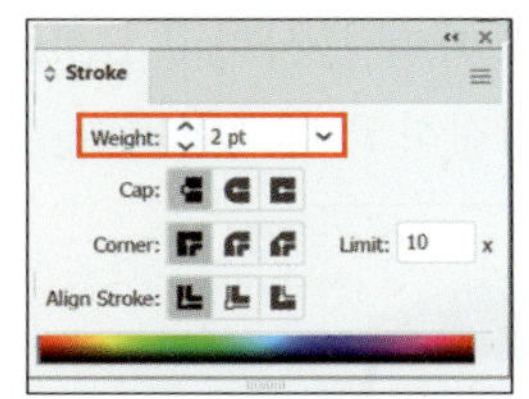 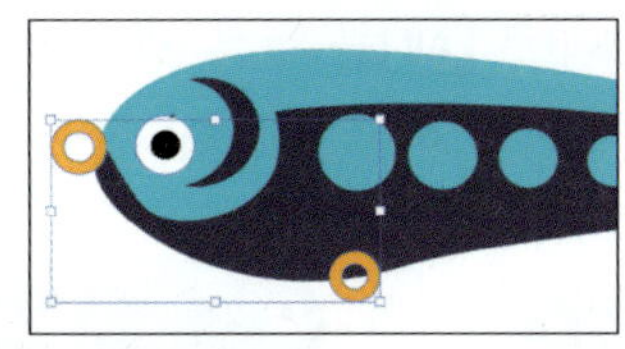

07 Ellipse Tool(◉)로 **Shift**를 누른 채 드래그하여 작은 정원을 겹치도록 그리고 Color 패널에서 'Fill Color : M40Y100, Stroke Color : None'을 지정합니다. Pen Tool(✏)로 드래그하여 열린 패스로 그리고 Color 패널에서 'Fill Color : None, Stroke Color : K100'을 지정하고 Stroke 패널에서 'Weight : 2pt'를 지정합니다. [Object]-[Path]-[Outline Stroke]를 선택하여 선을 면으로 확장합니다.

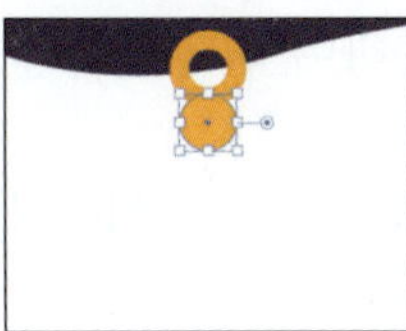 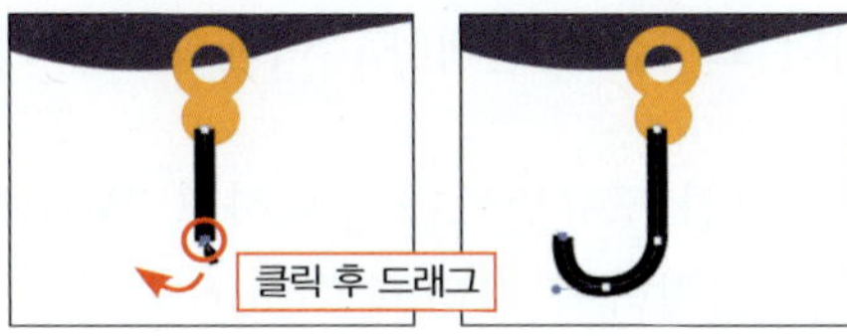 

08 Pen Tool(✏)로 클릭하여 닫힌 패스를 그리고 Color 패널에서 'Fill Color : K100, Stroke Color : None'을 지정하고 겹치도록 배치합니다. Selection Tool(▶)로 2개의 오브젝트를 선택하고 Pathfinder 패널에서 'Unite(◻)'를 클릭합니다.

 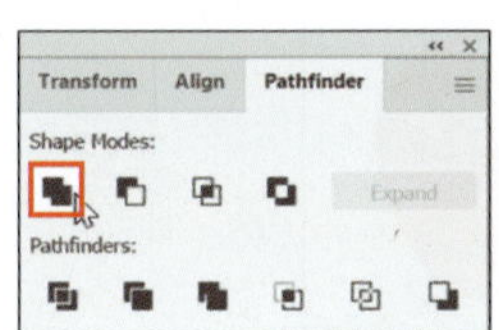 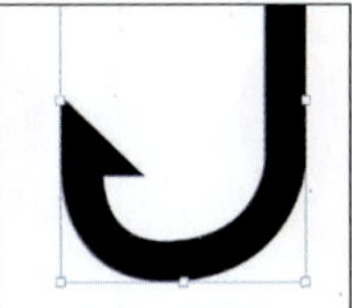

09 Reflect Tool(◁)을 **Alt**를 누른 채 패스의 오른쪽에 클릭하여 'Axis : Vertical'을 지정하고 [Copy]를 눌러 복사하여 배치합니다. Selection Tool(▶)로 2개의 오브젝트를 선택하고 Pathfinder 패널에서 'Unite(◻)'를 클릭한 후 **Ctrl**+**[**를 눌러 뒤로 보내기를 합니다.

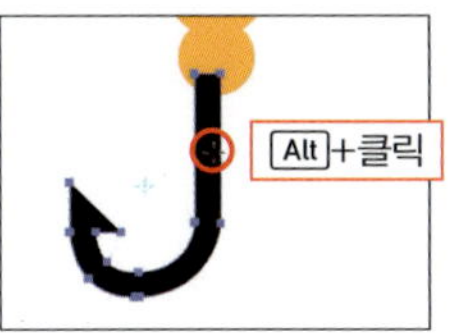  

10 Selection Tool(▶)로 3개의 오브젝트를 선택하고 Align 패널에서 'Horizontal Align Center(▤)'를 클릭하여 가로 가운데 정렬을 지정하고 **Ctrl**+**G**를 눌러 그룹을 지정합니다.

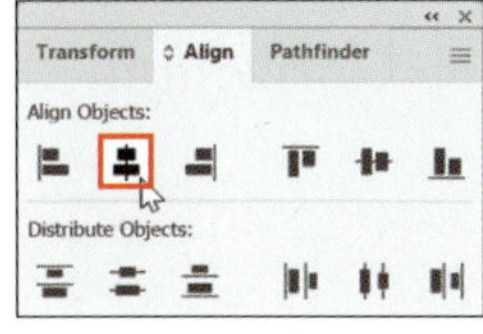 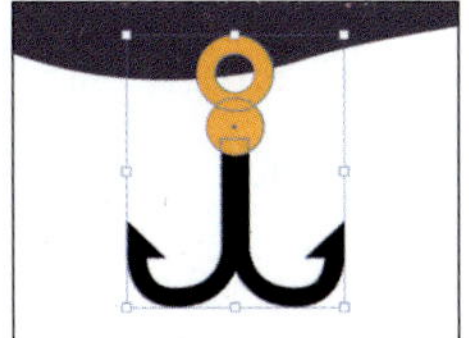

11 Selection Tool(▶)로 Alt 를 누른 채 드래그하여 복사하고 Rotate Tool(↻)을 더블 클릭하여 'Angle : 15°'를 지정하고 [OK]를 눌러 회전하고 배치합니다.

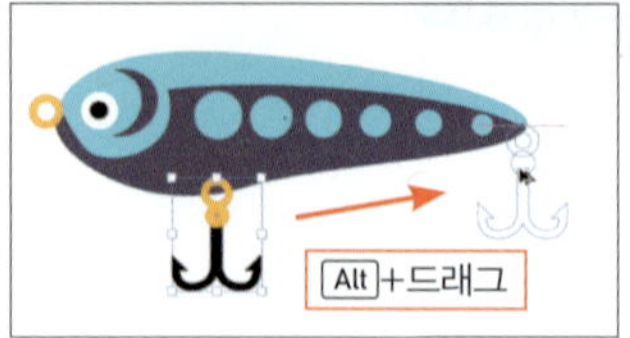

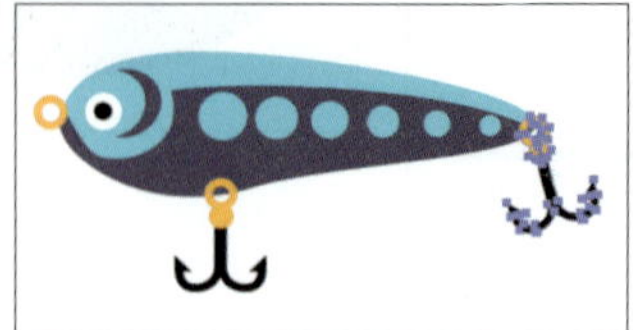

03 낚시찌 오브젝트 만들기

01 Ellipse Tool(◯)로 Shift 를 누른 채 드래그하여 크기가 다른 2개의 정원을 그리고 Color 패널에서 'Fill Color : M100Y100, Stroke Color : None'을 지정하고 배치합니다. Direct Selection Tool(▷)로 큰 원의 하단 고정점을 선택하고 아래쪽으로 이동하여 변형합니다.

02 Rounded Rectangle Tool(▢)로 작업 도큐먼트를 클릭하고 'Width : 1.3mm, Height : 5mm, Corner Radius : 2mm'를 입력하여 그리고 Color 패널에서 'Fill Color : K20, Stroke Color : None'을 지정합니다. Selection Tool(▶)로 작은 정원을 선택하고 Ctrl +]를 눌러 앞으로 가져오기를 합니다.

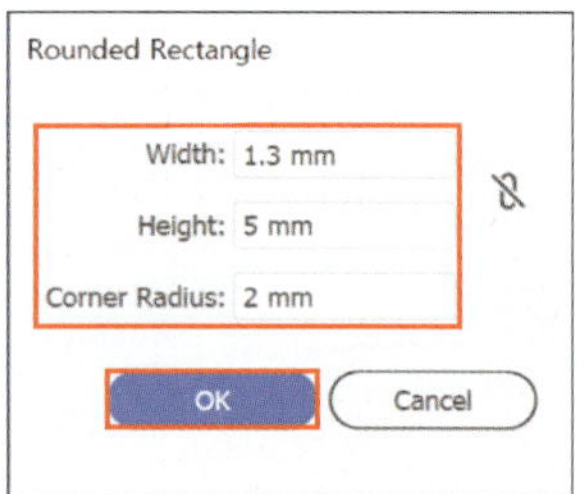

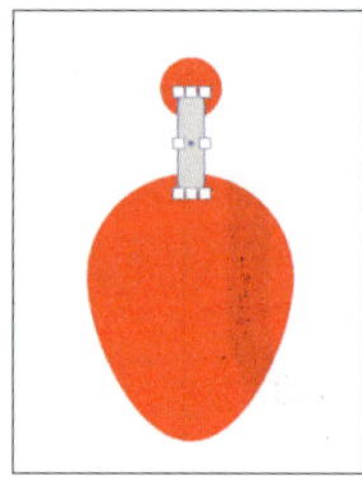
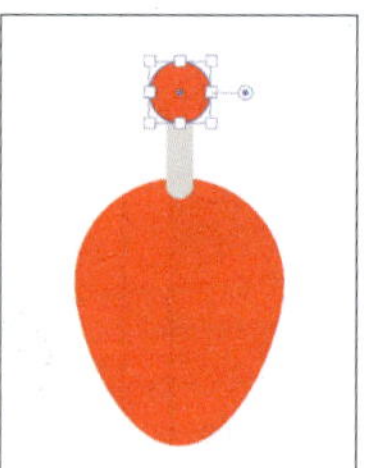

03 Selection Tool(▶)로 둥근 사각형을 선택하고 Alt 를 누른 채 하단으로 드래그하여 복사합니다. 바운딩 박스 하단 중앙점을 아래쪽으로 드래그하여 둥근 사각형의 높이를 하단으로 늘리고 Ctrl +[를 눌러 뒤로 보내기를 합니다.

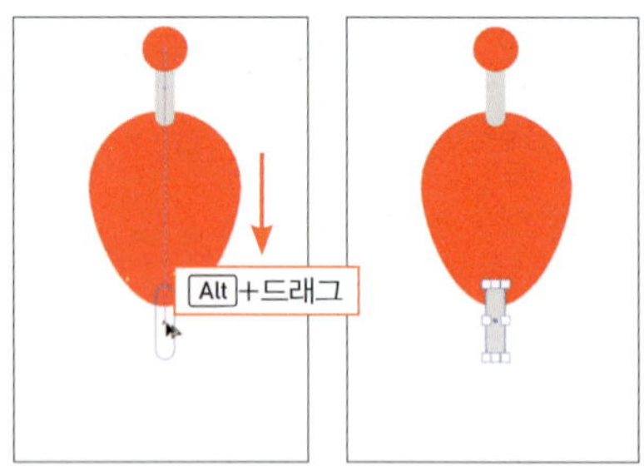

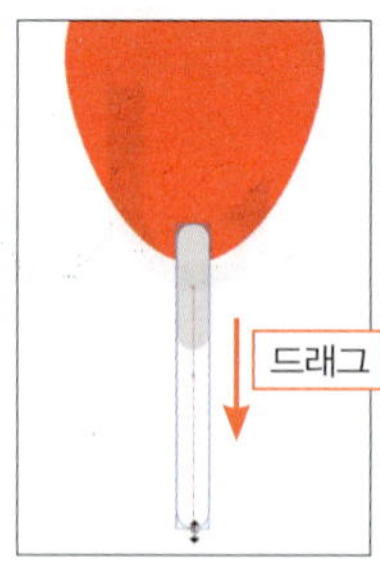
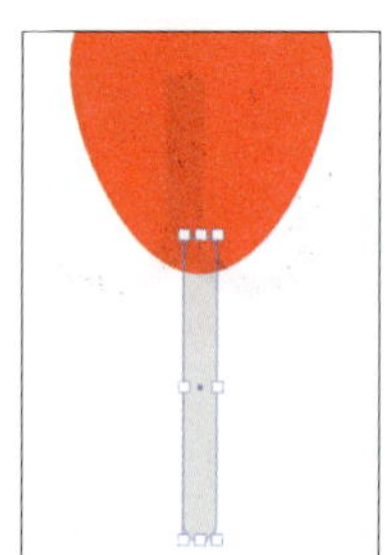

04 Selection Tool(▶)로 4개의 오브젝트를 선택하고 Align 패널에서 'Horizontal Align Center(⬌)'를 클릭하여 가로 가운데 정렬을 지정합니다.

05 Selection Tool(▶)로 변형된 큰 원을 더블 클릭하여 Isolation Mode로 전환합니다. El-lipse Tool(◯)로 드래그하여 타원을 겹치도록 그리고 Color 패널에서 'Fill Color : None, Stroke Color : 임의 색상'을 지정합니다.

06 Direct Selection Tool(▷)로 상단 고정점을 선택하고 [Delete]를 눌러 삭제하고 열린 패스를 만들고 Selection Tool(▶)로 [Alt]를 누른 채 아래쪽으로 드래그하여 복사하여 배치합니다.

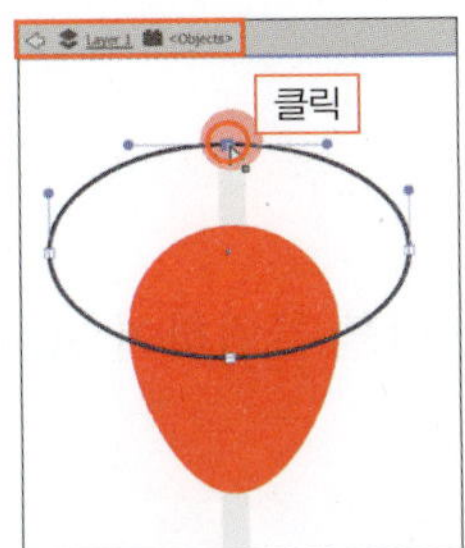

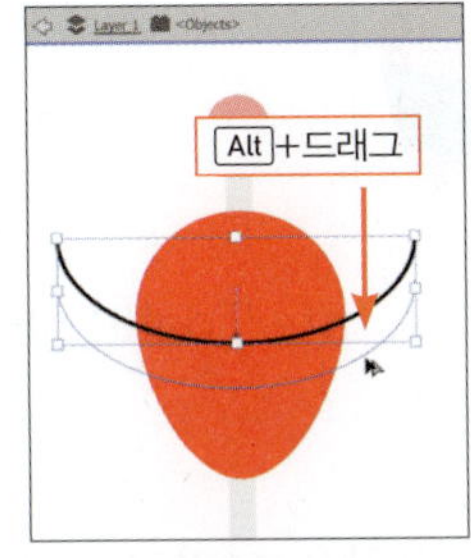

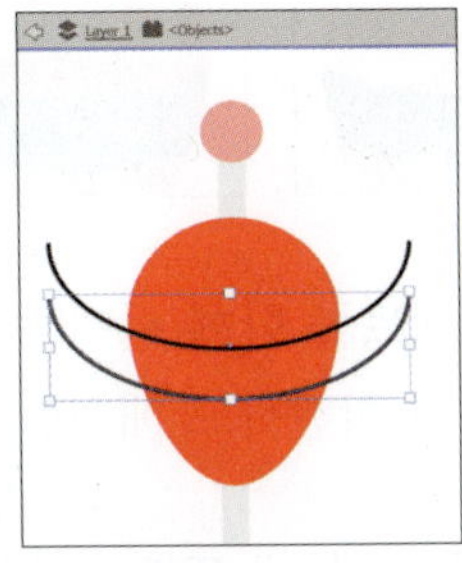

07 Selection Tool(▶)로 변형된 큰 원을 선택하고 [Alt]를 누른 채 왼쪽 상단으로 드래그하여 복사하고 Color 패널에서 'Fill Color : None, Stroke Color : 임의 색상'을 지정합니다. [Ctrl]+[A]로 모두 선택하고 Pathfinder 패널에서 'Divide(▣)'를 클릭하고 불필요한 오브젝트를 선택하고 [Delete]를 눌러 삭제합니다.

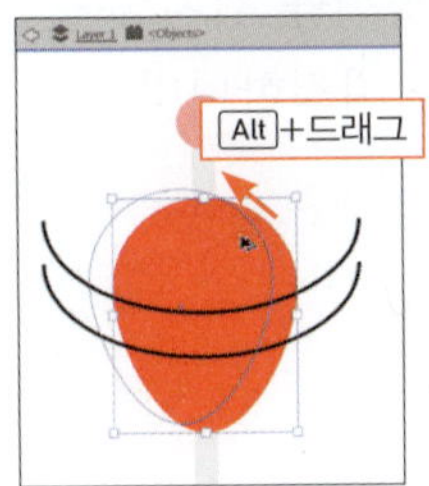

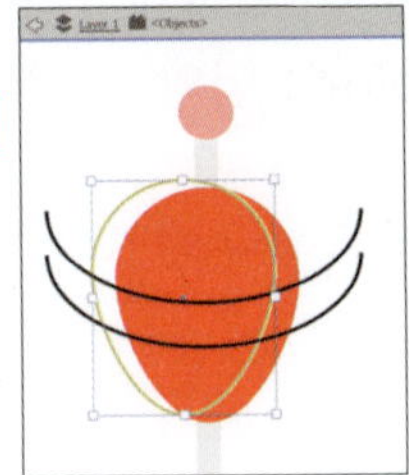
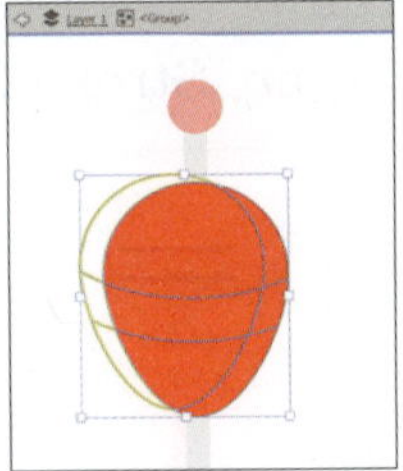
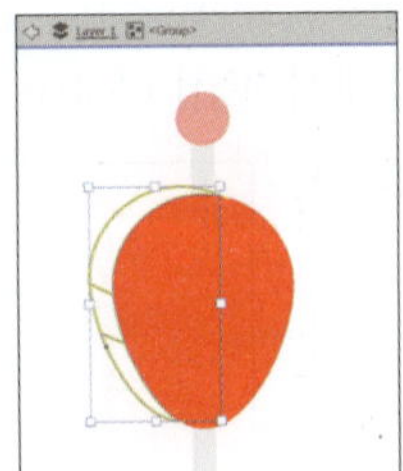

08 Selection Tool(▶)로 [Shift]를 누른 채 클릭하여 2개의 오브젝트를 함께 선택하고 Color 패널에서 'Fill Color : M80Y60, Stroke Color : None'을 지정합니다. 나머지 오브젝트를 순서대로 선택하여 Color 패널에서 'Fill Color : K80, K100, Stroke Color : None'을 각각 지정합니다.

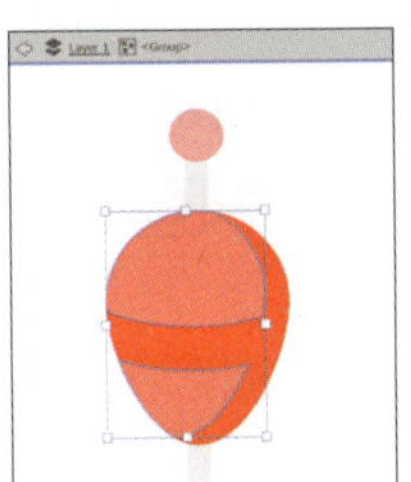
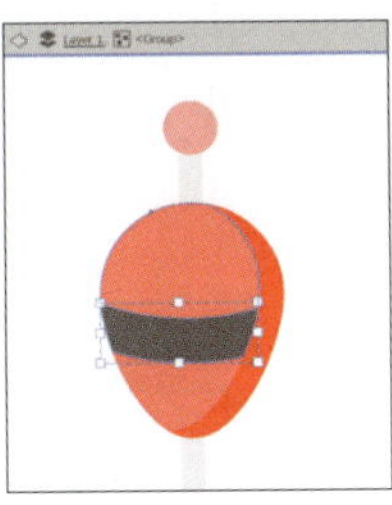
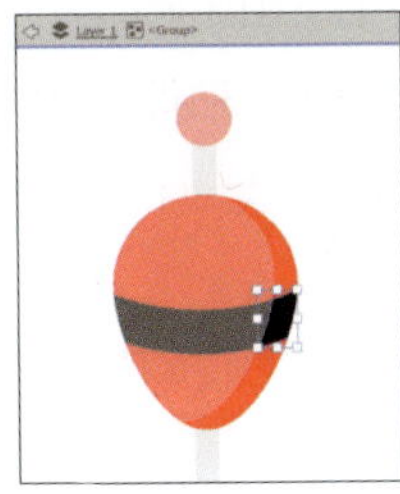

09 Ellipse Tool( )로 드래그하여 타원을 그리고 Color 패널에서 'Fill Color : C0M0Y0K0, Stroke Color : None'을 지정합니다. Direct Selection Tool( )로 오른쪽 고정점을 선택하고 왼쪽으로 이동하여 변형합니다. Selection Tool( )로 바운딩 박스의 모서리 밖을 시계 방향으로 드래그하여 회전하고 배치한 후 Esc 를 눌러 정상 모드로 전환합니다.

10 Selection Tool( )로 오브젝트를 함께 선택하고 Rotate Tool( )을 더블 클릭하여 'Angle : 20°'를 지정하고 [OK]를 눌러 회전하고 배치합니다.

11 Ellipse Tool( )로 Shift 를 누른 채 드래그하여 정원을 그리고 Color 패널에서 'Fill Color : M40Y100, Stroke Color : None'을 지정합니다.

12 Rectangle Tool( )로 작업 도큐먼트를 클릭하여 'Width : 1.5mm, Height : 45mm'를 입력하여 그리고 Color 패널에서 'Fill Color : M40Y100, Stroke Color : None'을 지정합니다. Line Segment Tool( )로 Shift 를 누른 채 드래그하여 4개의 수평선을 겹치도록 그립니다. Color 패널에서 'Fill Color : None, Stroke Color : 임의 색상'을 지정합니다.

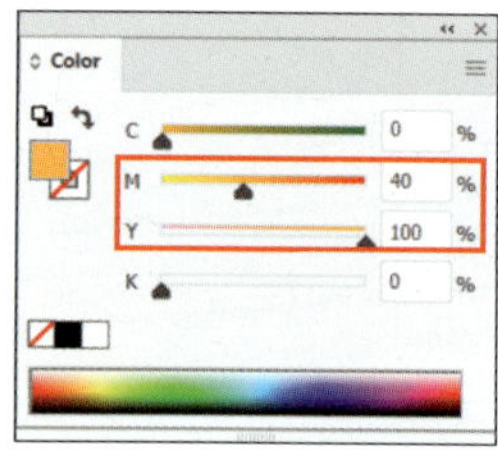
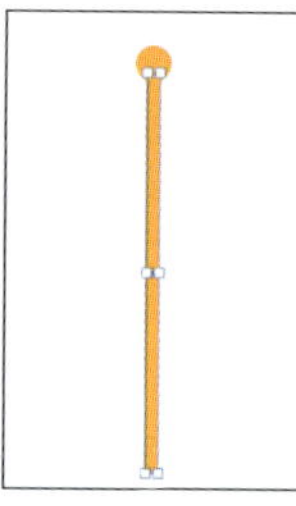
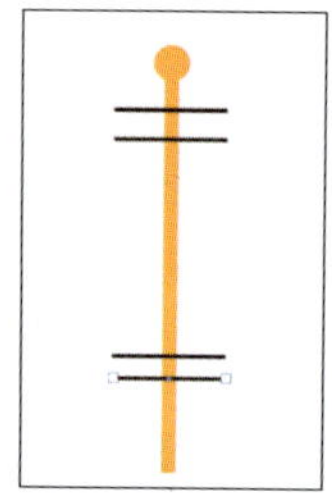

13 Selection Tool( )로 4개의 수평선과 사각형을 함께 선택하고 Pathfinder 패널에서 'Divide( )'를 클릭합니다. 더블 클릭하여 Isolation Mode로 전환하고 Shift 를 누른 채 2개의 오브젝트를 선택하고 Color 패널에서 'Fill Color : K100, Stroke Color : None'을 지정합니다. Direct Selection Tool( )로 드래그하여 하단의 고정점들을 선택하고 Scale Tool( )을 더블 클릭하여 'Horizontal : 50%, Vertical : 100%'를 지정한 후 Esc 를 눌러 정상 모드로 전환합니다.

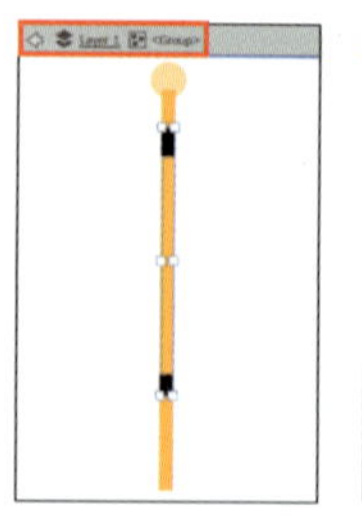
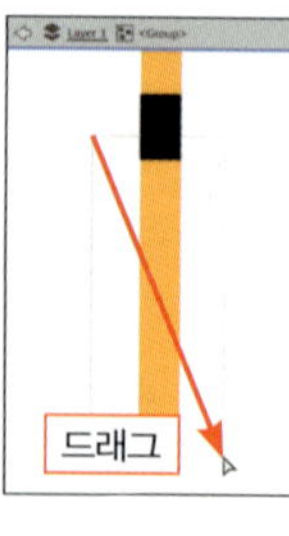

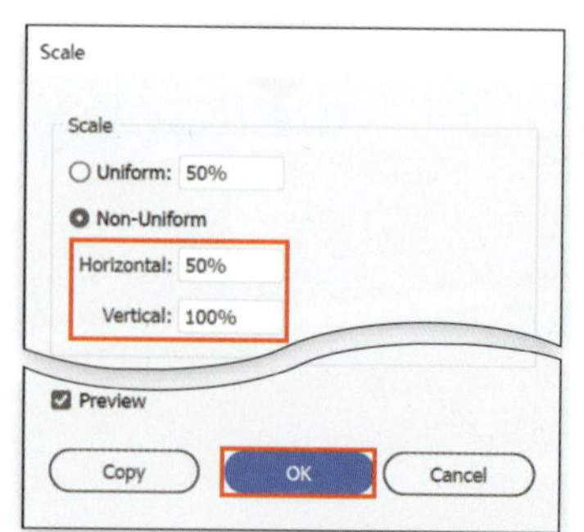

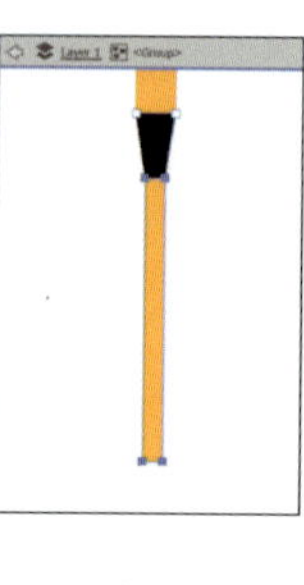

14 Ellipse Tool(◉)로 작업 도큐먼트를 클릭하여 'Width : 9mm, Height : 14mm'를 입력하여 그리고 Color 패널에서 'Fill Color : C40Y10K20, Stroke Color : None'을 지정합니다. Direct Selection Tool(▷)로 하단 고정점을 선택하고 아래쪽으로 이동하여 변형합니다.

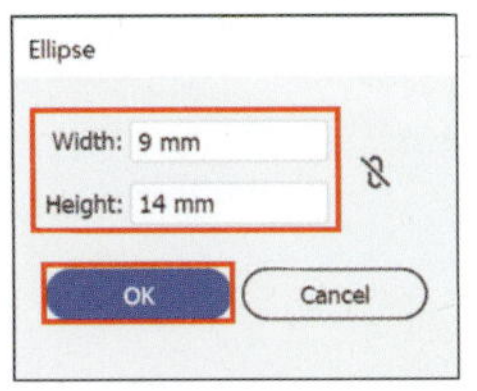
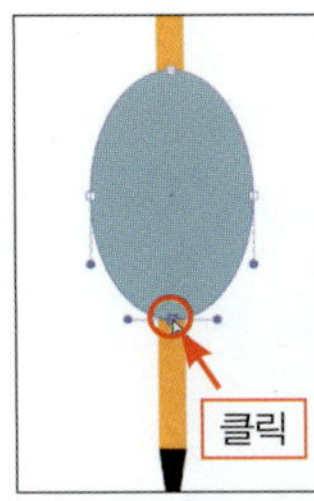
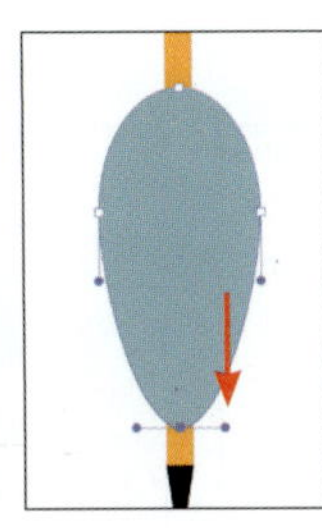

15 Selection Tool(▶)로 변형된 타원을 더블 클릭하여 Isolation Mode로 전환합니다. Ellipse Tool(◉)로 드래그하여 타원을 겹치도록 그리고 Color 패널에서 'Fill Color : None, Stroke Color : 임의 색상'을 지정합니다. Direct Selection Tool(▷)로 상단 고정점을 선택하고 Delete 를 눌러 삭제하고 열린 패스를 만들고 Selection Tool(▶)로 Alt 를 누른 채 아래쪽으로 드래그하여 2개를 복사하여 배치합니다.

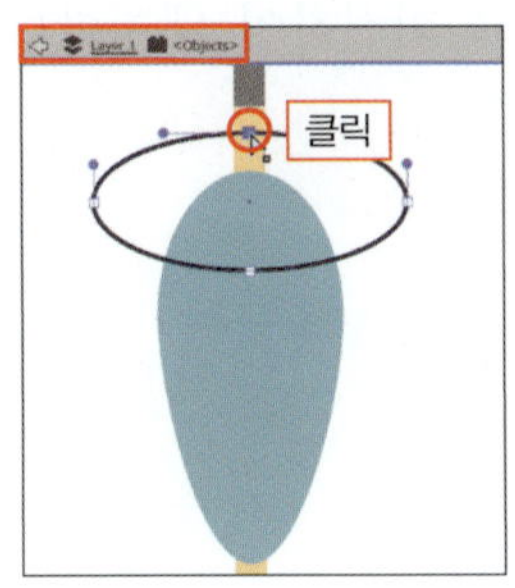
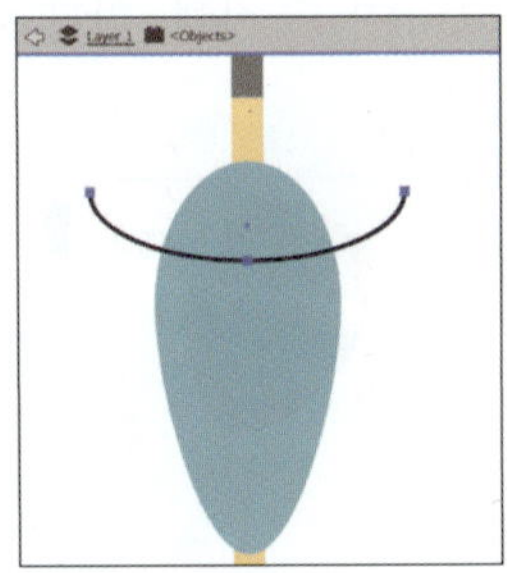
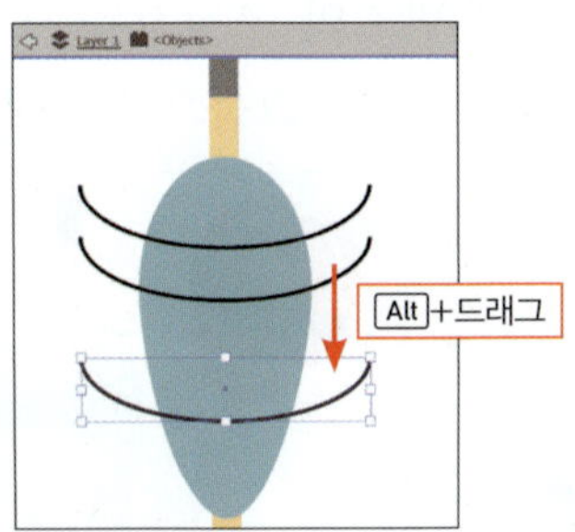

16 Selection Tool(▶)로 변형된 타원을 선택하고 Alt 를 누른 채 왼쪽으로 드래그하여 복사하고 Color 패널에서 'Fill Color : None, Stroke Color : 임의 색상'을 지정합니다. Ctrl + A 로 모두 선택하고 Pathfinder 패널에서 'Divide(◧)'를 클릭하고 불필요한 오브젝트를 선택하고 Delete 를 눌러 삭제합니다.

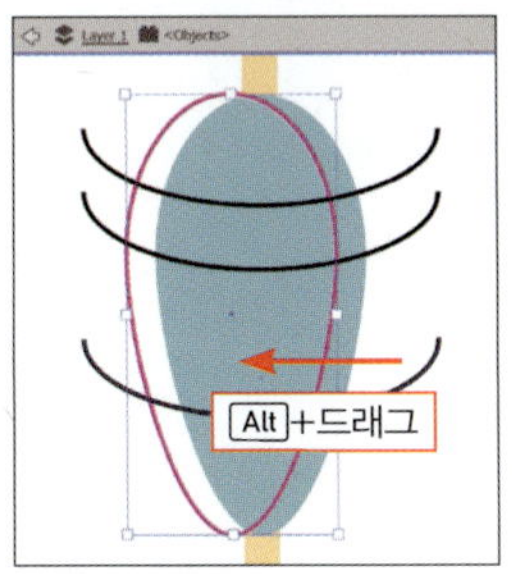
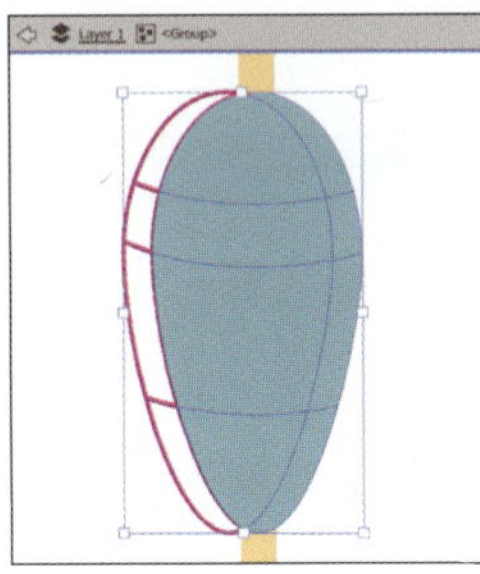
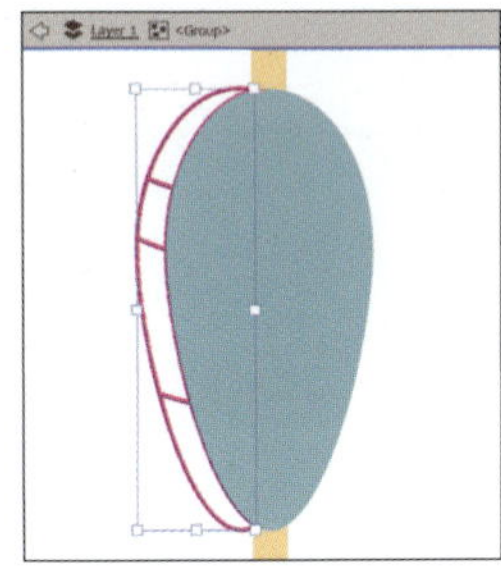

17 Selection Tool(▶)로 Shift 를 누른 채 클릭하여 2개의 오브젝트를 함께 선택하고 Color 패널에서 'Fill Color : C40Y10, Stroke Color : None'을 지정합니다. 나머지 오브젝트를 순서대로 선택하고 Color 패널에서 'Fill Color : C70M10Y20, C70M10Y20K20, Stroke Color : None'을 각각 지정합니다.

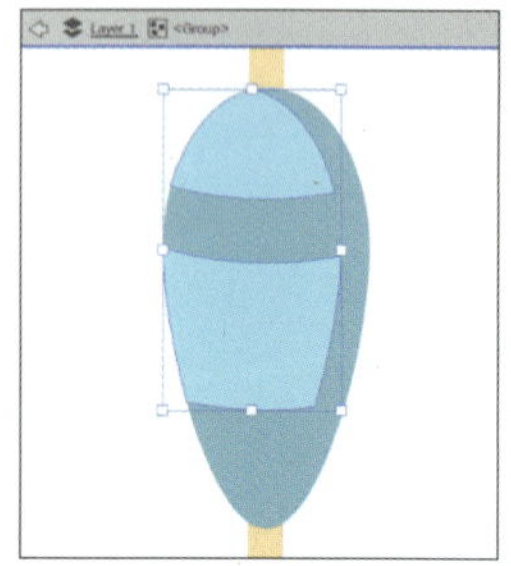
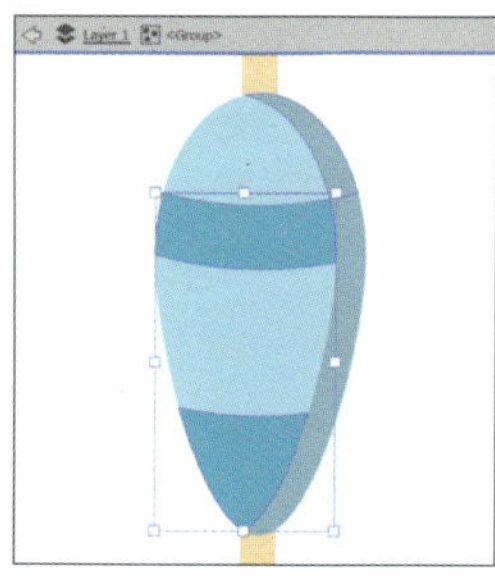
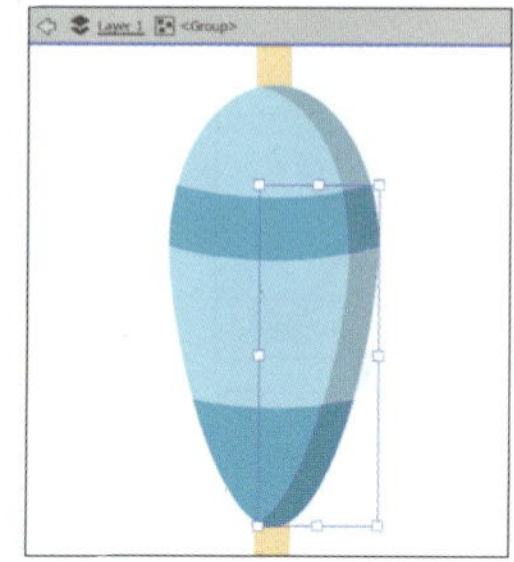

18 Ellipse Tool(◯)로 드래그하여 타원을 겹치도록 그리고 Color 패널에서 'Fill Color : M40Y100, Stroke Color : None'을 지정합니다. Selection Tool(▶)로 왼쪽의 낚시찌 오브젝트의 하이라이트 오브젝트를 클릭하여 선택 후 Ctrl + C 로 복사하고 Ctrl + V 로 붙여넣기를 합니다. 바운딩 박스의 조절점을 드래그하여 크기를 확대하고 회전하여 배치합니다. Ctrl + G 를 눌러 오브젝트를 그룹으로 지정합니다.

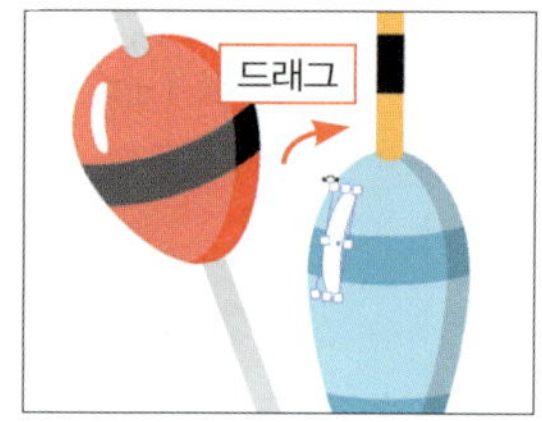

04 패턴 등록하기

01 Selection Tool(▶)로 2개의 오브젝트를 함께 선택하고 [Object]-[Pattern]-[Make]를 선택하고 [Pattern Options] 대화상자에서 'Name : fishing chip, Tile Type : Grid'를 지정하고 패턴으로 등록합니다.

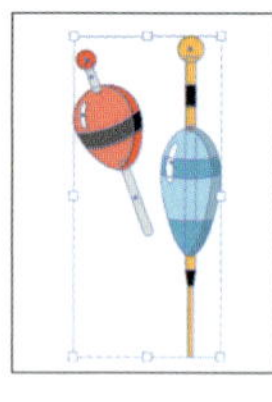
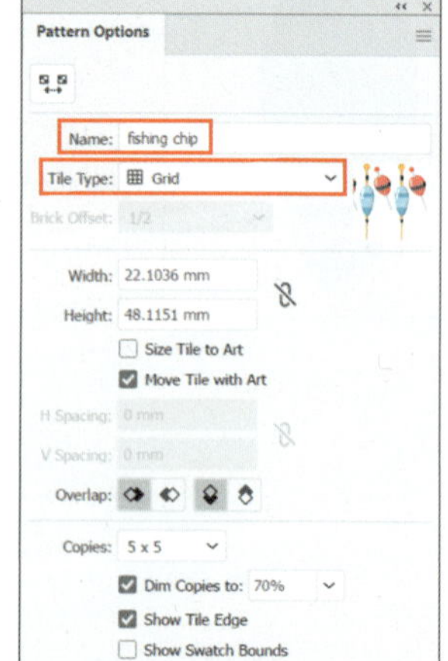

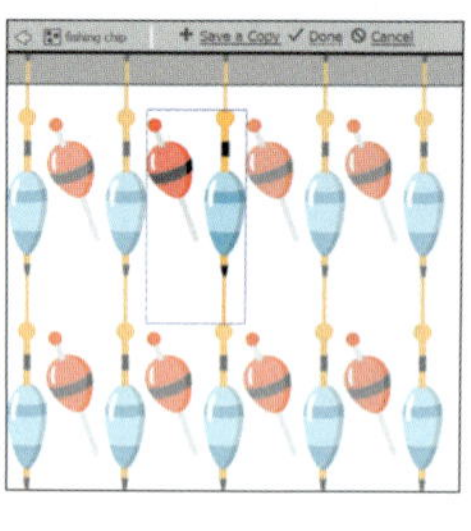

01 Rectangle Tool(⬜)로 작업 도큐먼트를 클릭하여 'Width : 41mm, Height : 25mm'를 입력하여 그리고 Color 패널에서 'Fill Color : 임의 색상, Stroke Color : 임의 색상'을 지정합니다. Direct Selection Tool(▷)로 드래그하여 하단 2개의 고정점을 선택하고 Scale Tool(⬚)을 더블 클릭하여 'Uniform : 95%'를 지정합니다.

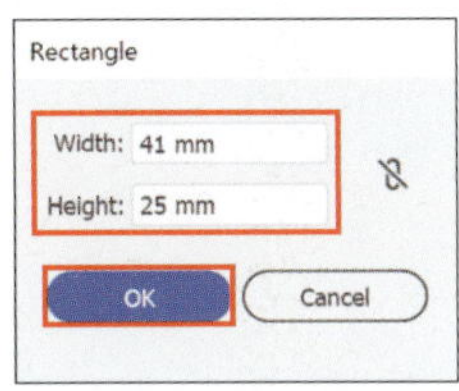

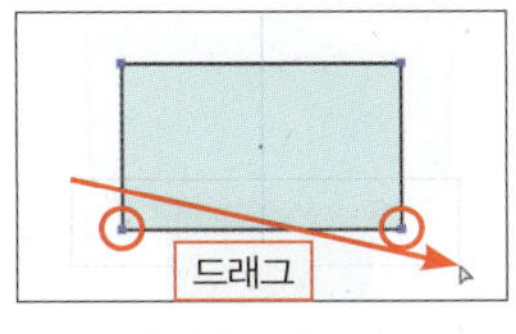

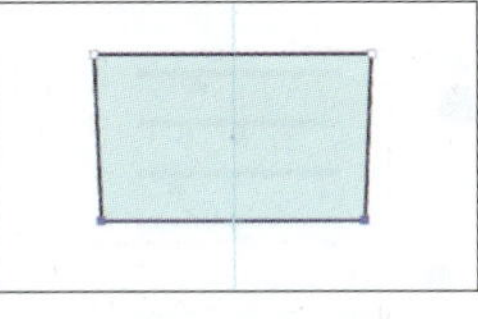

02 Control 패널의 'Corners : 4mm'를 지정하여 양쪽 모서리를 둥글게 변형합니다. Direct Selection Tool(▷)로 드래그하여 하단 2개의 고정점을 선택하고 Control 패널의 'Corners : 6mm'를 지정하여 양쪽 모서리를 둥글게 변형합니다.

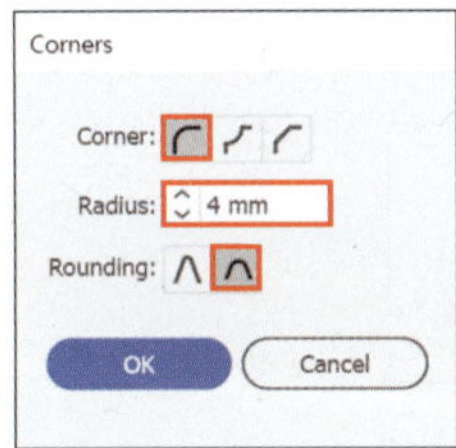

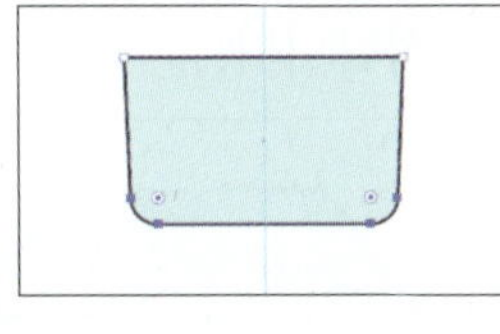

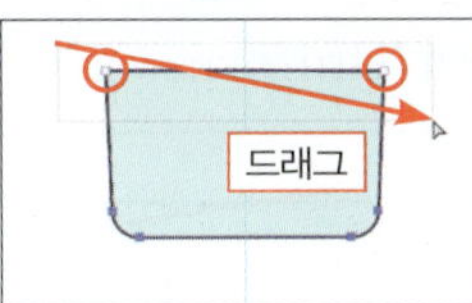

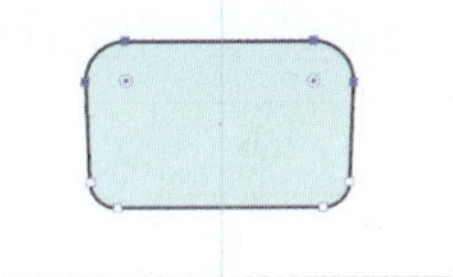

03 Rectangle Tool(⬜)로 작업 도큐먼트를 클릭하여 'Width : 22mm, Height : 12mm'를 입력하여 그리고 Color 패널에서 'Fill Color : 임의 색상, Stroke Color : 임의 색상'을 지정합니다. Direct Selection Tool(▷)로 상단 2개의 고정점을 선택하고 Scale Tool(⬚)을 더블 클릭하여 'Uniform : 110%'를 지정합니다.

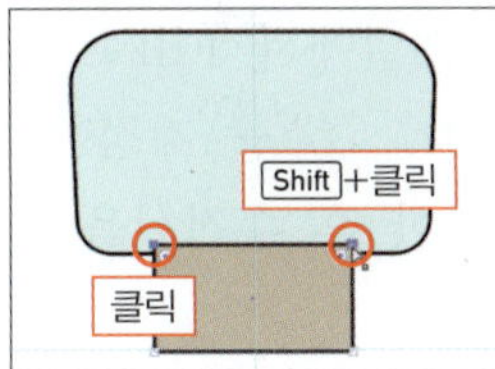

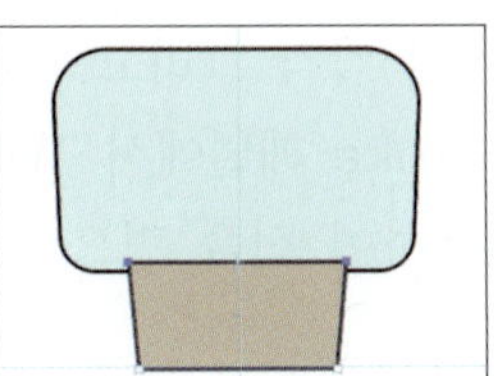

04 Selection Tool(▶)로 2개의 오브젝트를 함께 선택하고 Pathfinder 패널에서 'Unite(◨)'를 클릭합니다. Direct Selection Tool(▷)로 드래그하여 2개의 고정점을 선택하고 Control 패널의 'Corners : 4mm'를 지정하여 양쪽 모서리를 둥글게 변형합니다.

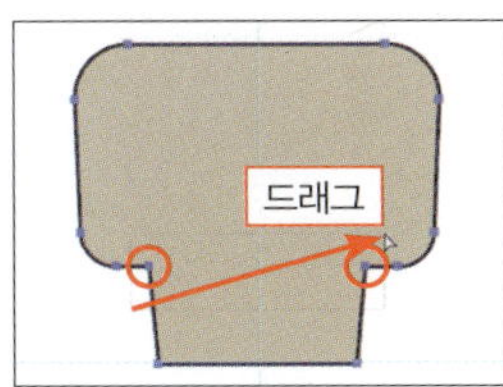

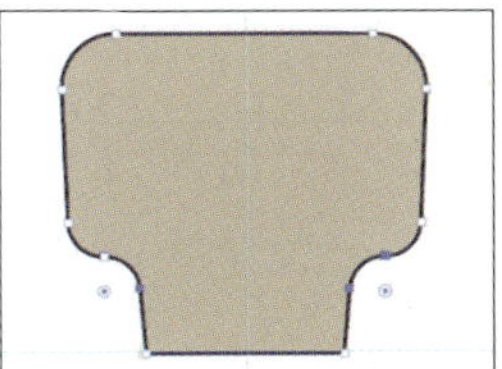

05 Line Segment Tool(✎)로 Shift를 누른 채 드래그하여 수평선을 겹치도록 그립니다. Color 패널에서 'Fill Color : None, Stroke Color : 임의 색상'을 지정합니다. Selection Tool(▶)로 2개의 오브젝트를 함께 선택하고 Pathfinder 패널에서 'Divide(▣)'를 클릭합니다. Direct Selection Tool(▷)로 하단 오브젝트를 선택하고 Color 패널에서 'Fill Color : C70M50Y80K50, Stroke Color : None'을 지정합니다.

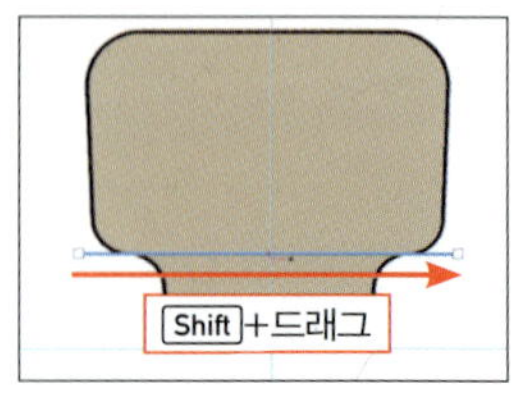

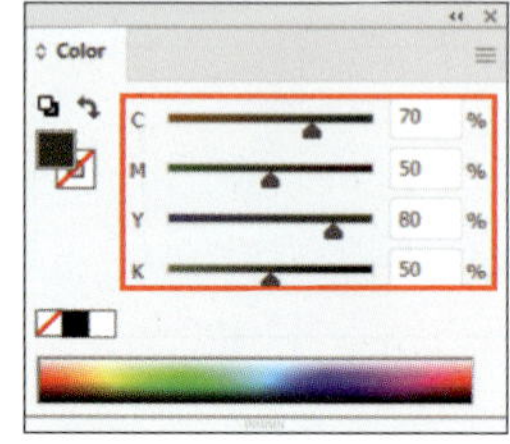

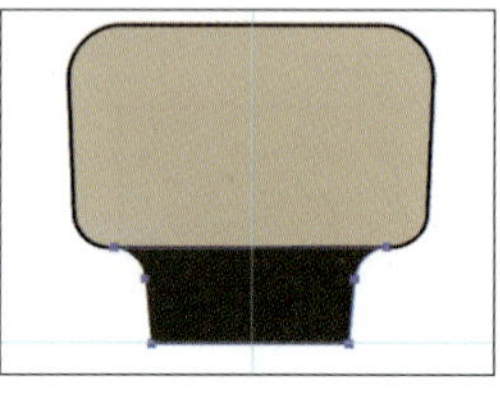

06 Rectangle Tool(▢)로 작업 도큐먼트를 클릭하여 'Width : 68mm, Height : 19mm'를 입력하여 그리고 Color 패널에서 'Fill Color : 임의 색상, Stroke Color : 임의 색상'을 지정합니다. Direct Selection Tool(▷)로 드래그하여 상단 2개의 고정점을 선택하고 Scale Tool(⬚)을 더블 클릭하여 'Uniform : 55%'를 지정합니다.

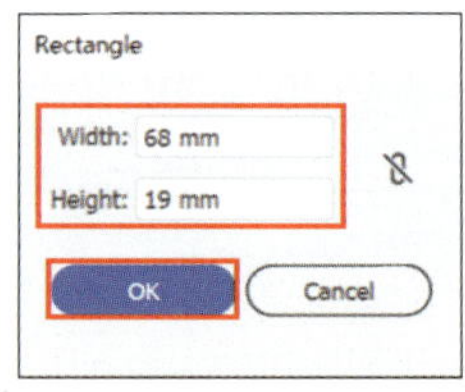

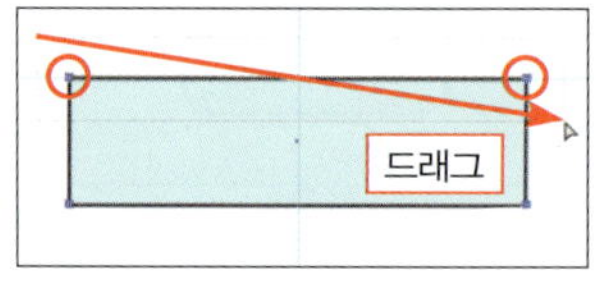

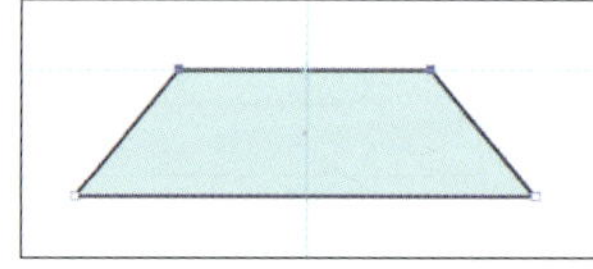

07 Control 패널의 'Corners : 7mm'를 지정하여 양쪽 모서리를 둥글게 변형합니다. Direct Selection Tool(▷)로 드래그하여 하단 2개의 고정점을 선택하고 Control 패널의 'Corners : 4.5mm'를 지정하여 양쪽 모서리를 둥글게 변형합니다.

08 Pen Tool(✎)로 수직선과 열린 곡선의 패스를 각각 그리고 Color 패널에서 'Fill Color : None, Stroke Color : K40'을 지정하고 Stroke 패널에서 'Weight : 7pt'를 지정합니다. [Object]-[Path]-[Outline Stroke]를 선택하여 선을 면으로 확장한 후 수직선을 Shift +Ctrl+[를 눌러 맨 뒤로 보내기를 합니다.

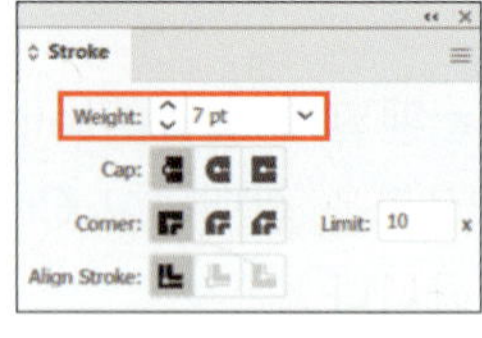

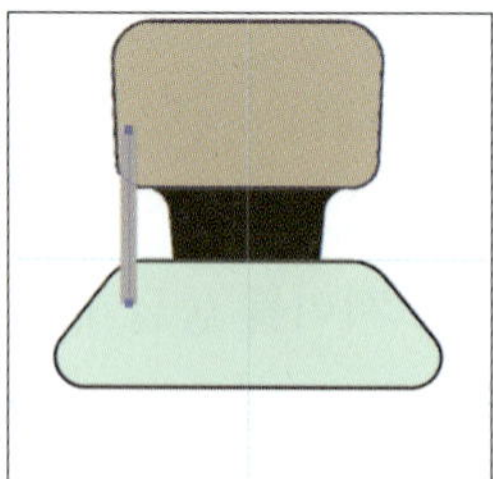
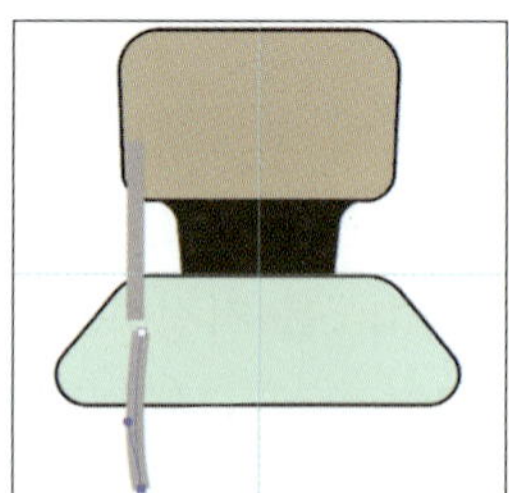
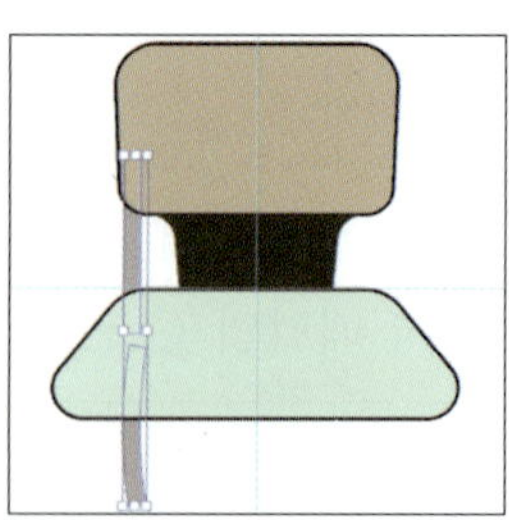

- **Shift**를 누른 채 클릭하여 하면 수직선, 수평선, 45도 사선을 그릴 수 있습니다.
- Pen Tool(✏)로 열린 패스를 그린 후 **Ctrl**을 클릭하고 도큐먼트의 빈 곳을 클릭하면 연속해서 열린 패스를 그릴 수 있습니다.

09 Rectangle Tool(▢)로 드래그하여 2개의 크기가 다른 사각형을 겹치도록 그리고 Selection Tool(▶)로 2개의 오브젝트를 함께 선택하고 Pathfinder 패널에서 'Unite(▣)'를 클릭합니다. Color 패널에서 'Fill Color : K50, Stroke Color : None'을 지정하고 Direct Selection Tool(▷)로 모서리 안쪽의 둥근 점(◉)을 바깥쪽으로 드래그하여 모서리를 둥글게 변형합니다.

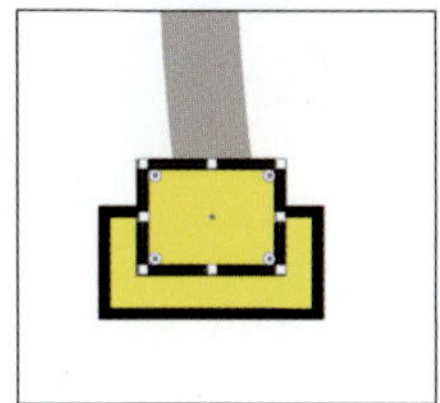
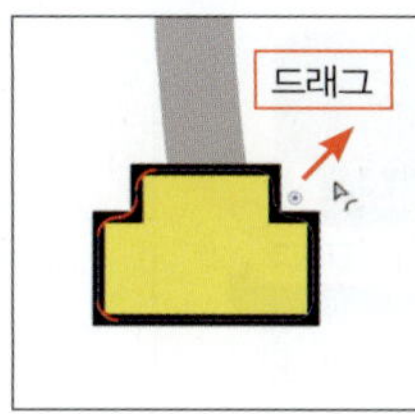

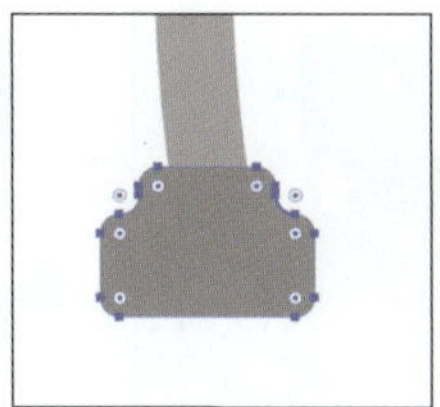

10 Selection Tool(▶)로 2개의 오브젝트를 함께 선택하고 **Alt**를 누른 채 드래그하여 왼쪽 하단으로 이동하여 복사하고 **Ctrl**+**[**를 여러 번 눌러 뒤로 보내기를 합니다. 상단 오브젝트를 선택하고 Color 패널에서 'Fill Color : K20, Stroke Color : None'을 지정합니다.

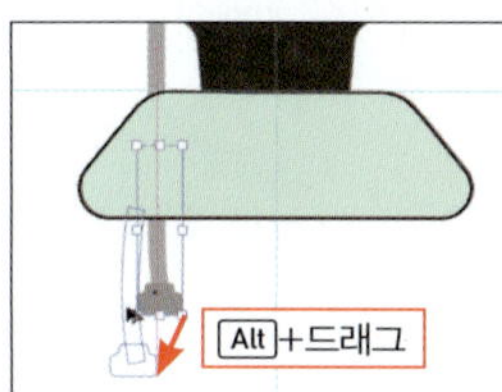

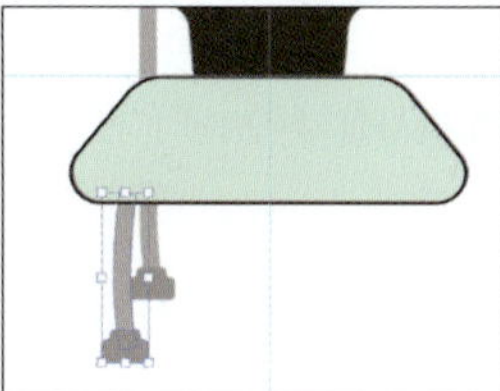
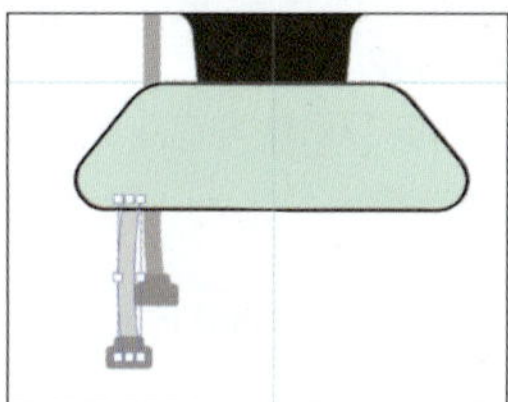

11 Selection Tool(▶)로 대칭 복사할 오브젝트를 함께 선택하고 Reflect Tool(◁▷)을 **Alt**를 누른 채 수직의 안내선을 클릭하여 'Axis : Vertical'을 지정하고 [Copy]를 눌러 복사하여 배치합니다.

12 Line Segment Tool(╱)로 **Shift**를 누른 채 드래그하여 수평선을 겹치도록 그립니다. Color 패널에서 'Fill Color : None, Stroke Color : K20'을 지정하고 Stroke 패널에서 'Weight : 7pt'를 지정합니다. [Object]-[Path]-[Outline Stroke]를 선택하여 선을 면으로 확장합니다.

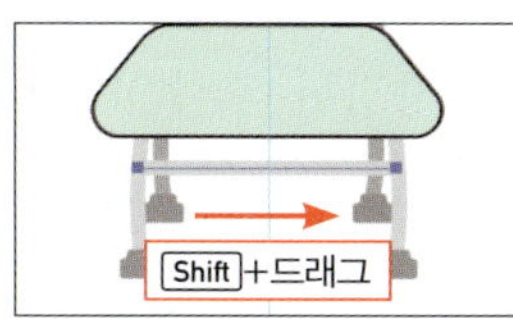

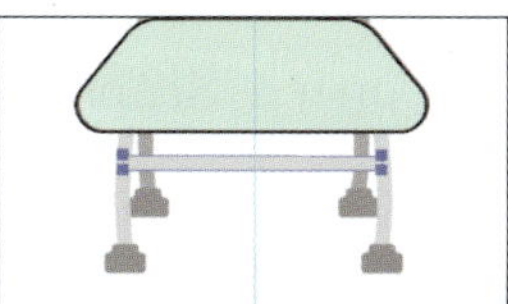

01 Selection Tool(▶)로 의자 상단의 오브젝트를 선택하고 [Shift]+[Ctrl]+[G]를 눌러 그룹을 해제합니다. 그라디언트를 적용할 2개의 오브젝트를 선택합니다.

02 Gradient 패널에서 'Type : Linear Gradient'를 적용하고 Gradient Slider의 왼쪽 'Color Stop'을 더블 클릭하여 C70M50Y80K50을, 슬라이더의 중간에 클릭하여 'Color Stop'을 추가합니다. 더블 클릭하여 C50M40Y70을, 오른쪽 'Color Stop'을 더블 클릭하여 C70M50Y80K50을 적용한 후 'Stroke Color : None'을 지정합니다. Gradient Tool(■)로 [Shift]를 누른 채 수평으로 드래그하여 그라디언트의 분포를 조절한 후 [Esc]를 눌러 정상 모드로 전환합니다.

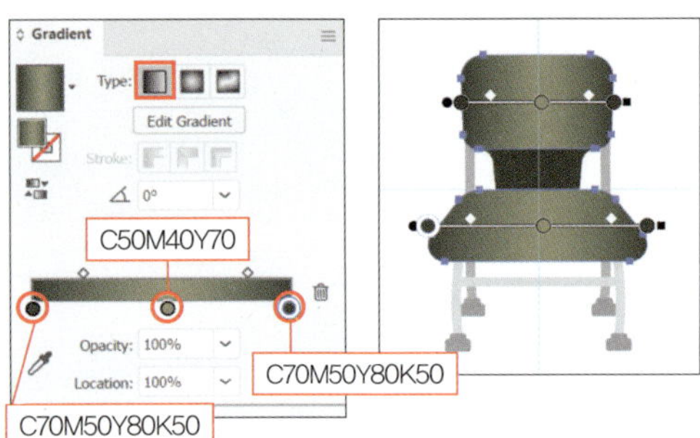

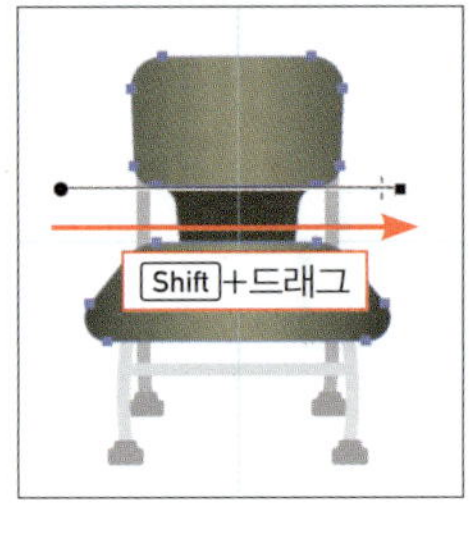

> **기적의 TIP**
>
> • 2개의 오브젝트에 그라디언트가 각각 독립적으로 적용되므로 《출력형태》와 동일하게 적용하기 위해서는 Gradient Tool(■)로 드래그하여 지정합니다.
> • 동일한 색상의 'Color Stop'은 [Alt]를 누른채 드래그하여 복사할 수 있습니다.

03 Line Segment Tool(／)로 [Shift]를 누른 채 드래그하여 2개의 길이가 다른 수평선을 그립니다. Color 패널에서 'Fill Color : None, Stroke Color : C60M40Y70'을 지정하고 Stroke 패널에서 'Weight : 2pt, Cap : Round Cap'을 지정합니다. [Object]-[Path]-[Outline Stroke]를 선택하여 선을 면으로 확장합니다.

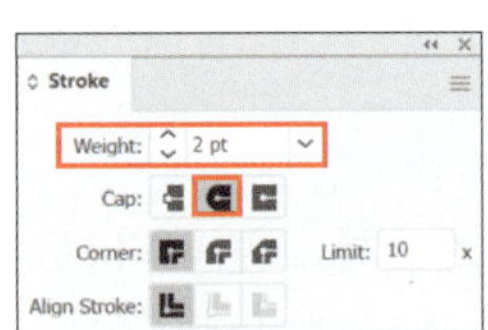

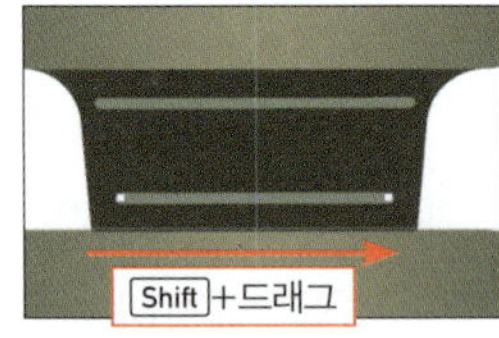

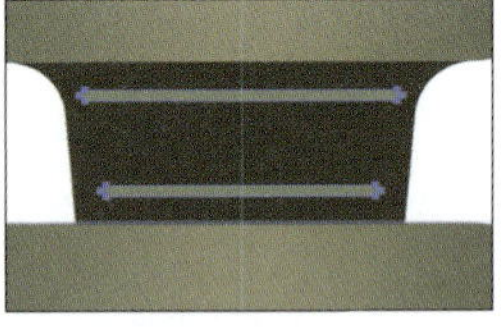

04 Selection Tool(▶)로 2개의 오브젝트를 선택하고 [Object]-[Blend]-[Make]를 적용하고 [Object]-[Blend]-[Blend Options]로 'Specified Steps : 2'를 지정한 후 [Object]-[Blend]-[Expand]로 확장합니다.

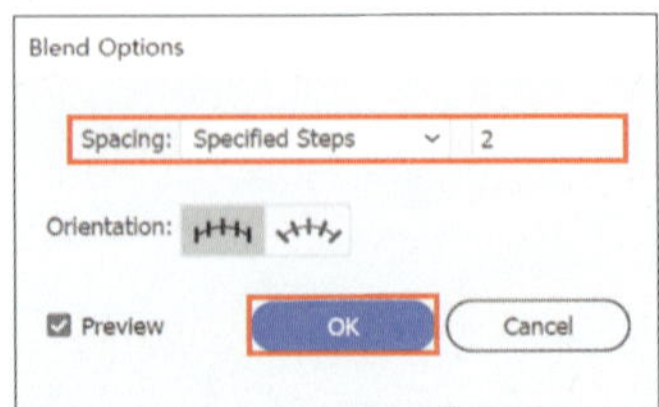

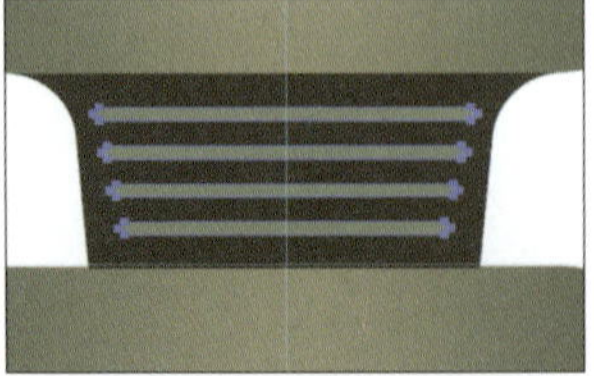

07 패턴 적용 및 변형하기

01 Selection Tool(▶)로 그라디언트가 적용된 2개의 오브젝트를 함께 선택하고 Ctrl + C 로 복사하고 Ctrl + F 로 복사한 오브젝트 앞에 붙여넣기를 합니다.

02 Swatches 패널에서 등록된 'fishing chip' 패턴을 클릭하여 Fill Color에 적용하고 Color 패널에서 'Stroke Color : None'을 지정합니다.

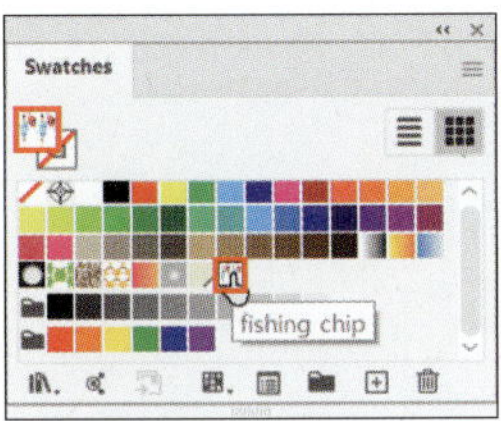
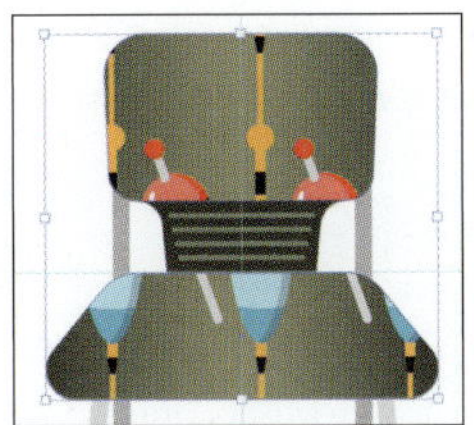

03 Scale Tool(▣)을 더블 클릭하고 대화상자에서 'Uniform : 25%, Transform Objects : 체크 해제, Transform Patterns : 체크'를 지정하여 패턴의 크기만을 축소합니다. Rotate Tool(↻)을 더블 클릭하여 'Angle : 90°, Transform Objects : 체크 해제, Transform Patterns : 체크'를 지정하여 패턴만을 회전합니다.

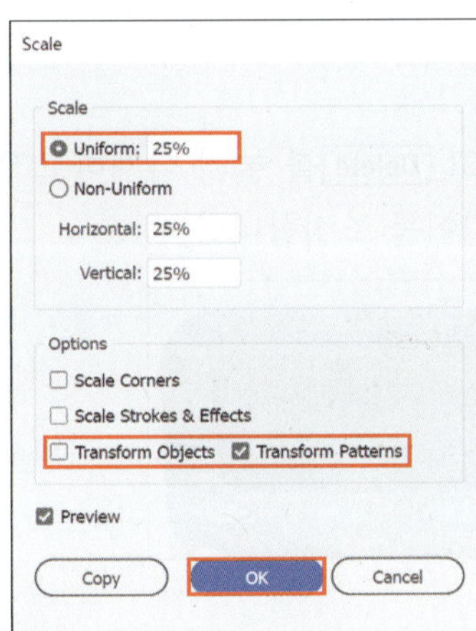
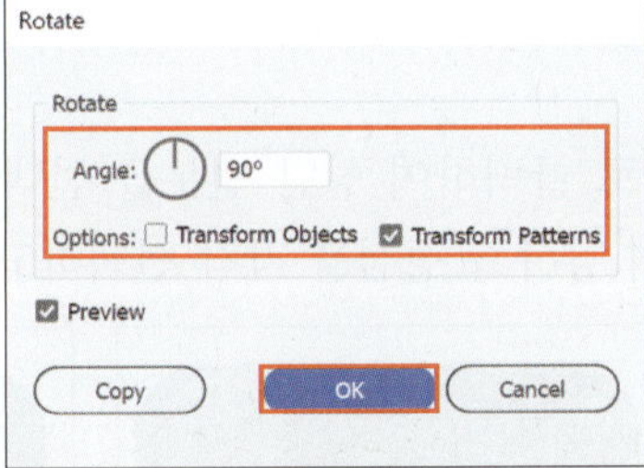
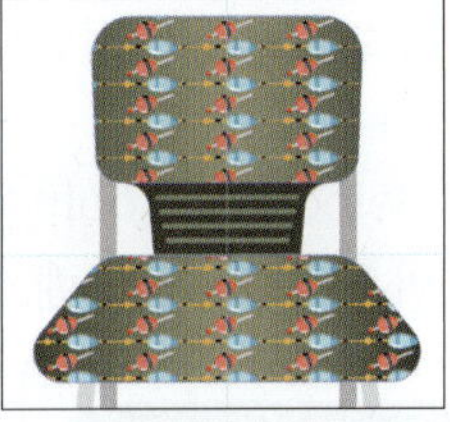

> **기적의 TIP**
>
> 오브젝트에 적용된 패턴의 크기 및 회전만을 조절할 때는 반드시 'Transform Objects : 체크 해제, Transform Patterns : 체크'를 지정해야 합니다.

> **기적의 TIP**
>
> 패턴으로 정의한 원래 오브젝트의 위치에 따라 적용된 패턴의 위치는 다를 수 있습니다. [Object]–[Transform]–[Move]를 선택하고 [Move] 대화상자에서 'Transform Objects : 체크 해제, Transform Patterns : 체크, Preview : 체크'를 지정하고 Horizontal과 Vertical의 수치를 조절하여 위치를 맞춰 줍니다.

01 Rectangle Tool(■)로 작업 도큐먼트를 클릭하여 'Width : 31mm, Height : 17mm'를 입력하여 그리고 Color 패널에서 'Fill Color : C70M50Y80K50, Stroke Color : None'을 지정합니다. Direct Selection Tool(▷)로 드래그하여 하단 2개의 고정점을 선택하고 Scale Tool(🔳)을 더블 클릭하여 'Uniform : 90%, Transform Objects : 체크, Transform Patterns : 체크 해제'를 지정하여 오브젝트의 크기를 축소합니다.

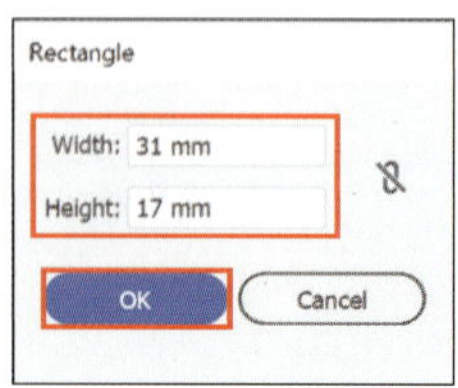
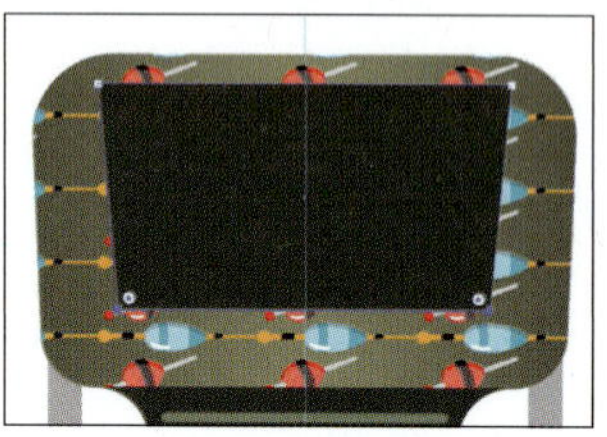

02 Control 패널의 'Corners : 3mm'를 지정하여 양쪽 모서리를 둥글게 변형합니다. Selection Tool(▶)로 오브젝트를 선택하고 [Object]–[Offset Path]를 클릭하여 'Offset : −2mm'를 입력하고 [OK]를 눌러 축소된 복사본을 만들고 Color 패널에서 'Fill Color : None, Stroke Color : C60M40Y70'을 지정합니다. Stroke 패널에서 'Weight : 1pt, Dashed Line : 체크, dash : 3pt'를 지정합니다.

03 Direct Selection Tool(▷)로 클릭하여 상단 선분을 선택하고 Delete 를 눌러 삭제하고 열린 패스를 만듭니다. 열린 패스의 양쪽 고정점을 각각 선택하고 길이를 조절합니다.

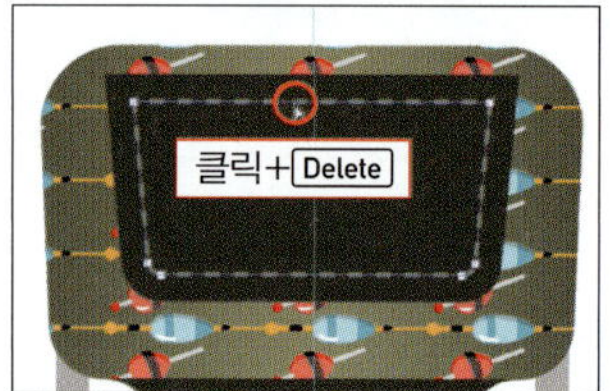

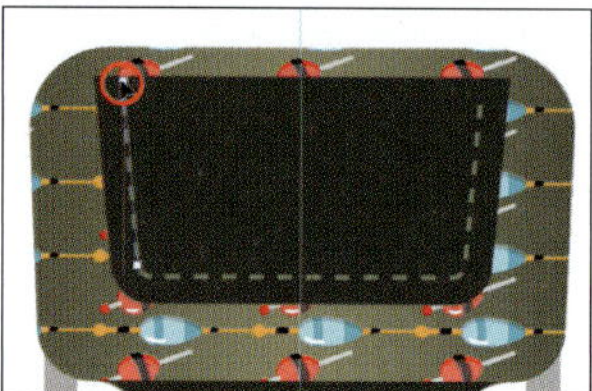
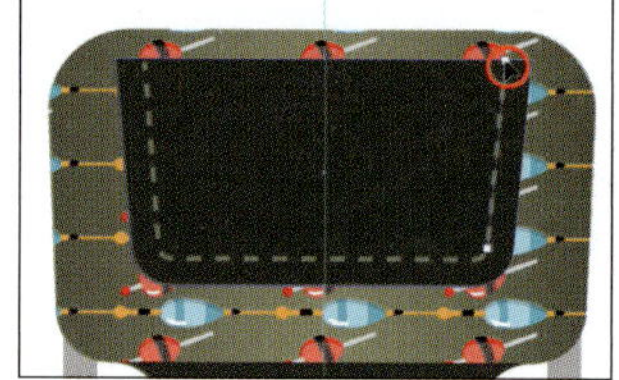

04 Type Tool(T)로 작업 도큐먼트를 클릭한 후 Character 패널에서 'Set the font family : Times New Roman, Set the font style : Bold, Set the font size : 12pt'를 설정하고 Paragraph 패널에서 'Align center(≡)'를 선택하여 문장을 중앙에 배치합니다. Color 패널에서 'Fill Color : C30, Stroke Color : None'을 지정한 후 'FISHING CHAIR'를 입력합니다.

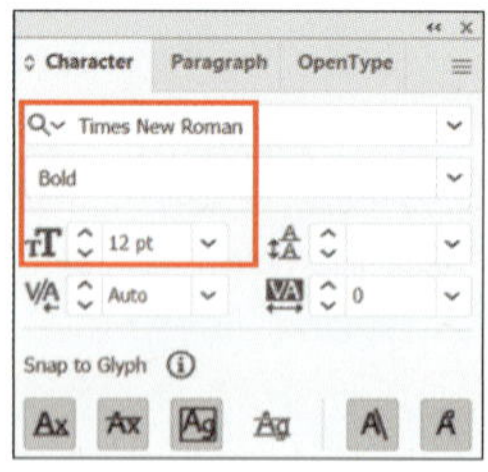
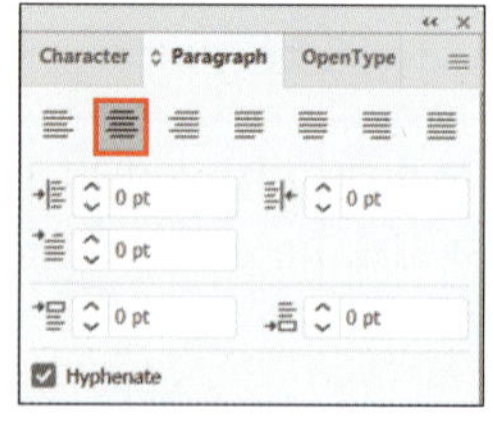
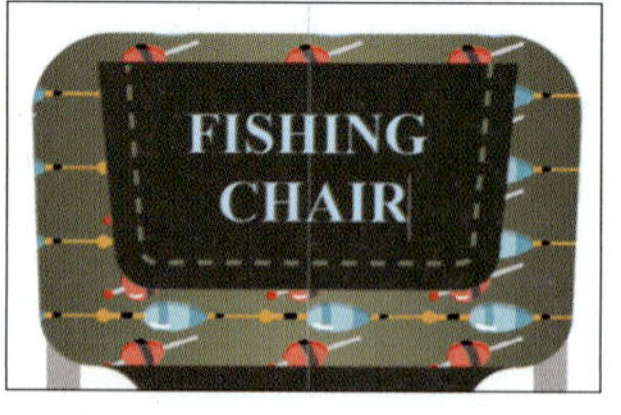

05 Type Tool(T)로 드래그하여 'CHAIR' 문자를 선택한 후 Color 패널에서 'Fill Color : M40Y100, Stroke Color : None'을 지정합니다.

09 낚싯대 가방 만들기

01 Rectangle Tool(▣)로 작업 도큐먼트를 클릭하여 'Width : 14mm, Height : 114mm'를 입력하여 그리고 Color 패널에서 'Fill Color : None, Stroke Color : 임의 색상'을 지정합니다. 계속해서 사각형의 오른쪽 상단에 클릭하여 'Width : 6mm, Height : 114mm'를 입력하여 그리고 배치합니다.

> **기적의 TIP**
>
> Rectangle Tool(▣)로 클릭하여 수치를 입력 후 그리면 먼저 그린 사각형과 정렬하여 그릴 수 있습니다.

02 Rectangle Tool(▣)로 작업 도큐먼트를 클릭하여 'Width : 9mm, Height : 53mm'를 입력하여 그리고 Color 패널에서 'Fill Color : None, Stroke Color : 임의 색상'을 지정하고 왼쪽 하단에 겹치도록 배치합니다. Selection Tool(▶)로 왼쪽 2개의 오브젝트를 선택하고 Pathfinder 패널에서 'Unite(◩)'를 클릭합니다.

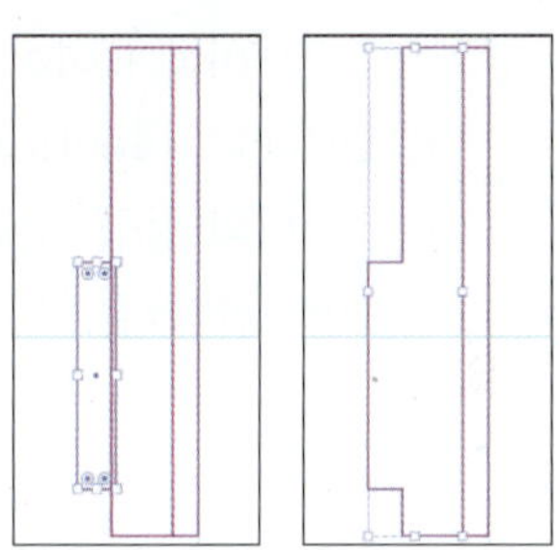

03 Direct Selection Tool(▷)로 드래그하여 2개의 고정점을 선택하고 Scale Tool(▣)을 더블 클릭하여 'Uniform : 60%'를 지정하여 패스의 크기를 축소합니다.

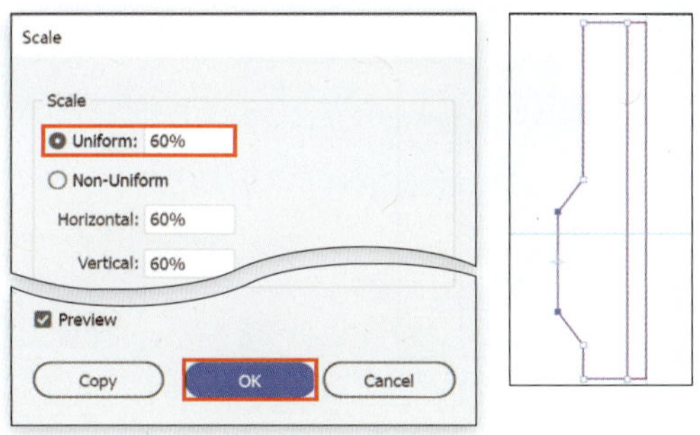

04 Direct Selection Tool(▷)로 고정점과 모서리의 둥근 정도를 각각 조절하여 《출력형태》와 동일하게 패스를 변형합니다.

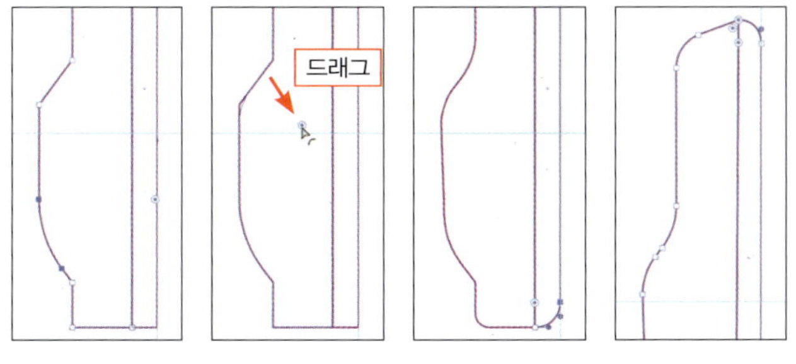

05 Selection Tool(▶)로 왼쪽 오브젝트를 선택하고 Ctrl+C로 복사하고 Ctrl+F로 복사한 오브젝트 앞에 붙여넣기를 합니다. Rectangle Tool(▢)로 드래그하여 겹치도록 그리고 Color 패널에서 'Fill Color : None, Stroke Color : 임의 색상'을 지정합니다. Selection Tool(▶)로 2개의 오브젝트를 선택하고 Pathfinder 패널에서 'Intersect(▣)'를 클릭합니다.

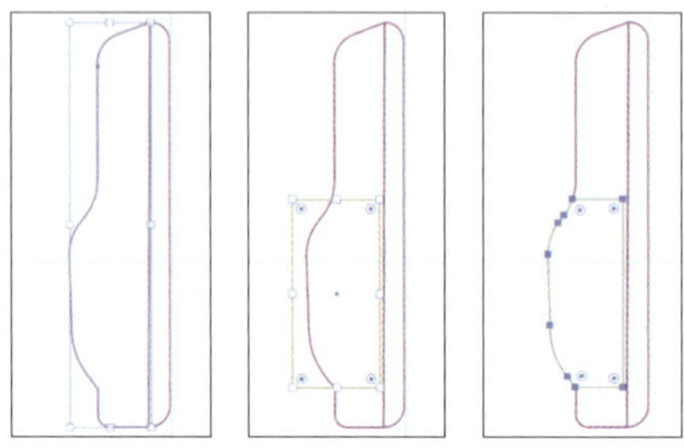

06 Color 패널에서 'Fill Color : C20M90 Y80, Stroke Color : None'을 지정합니다. Direct Selection Tool(▷)로 고정점과 모서리의 둥근 정도를 각각 조절하여 패스를 변형합니다.

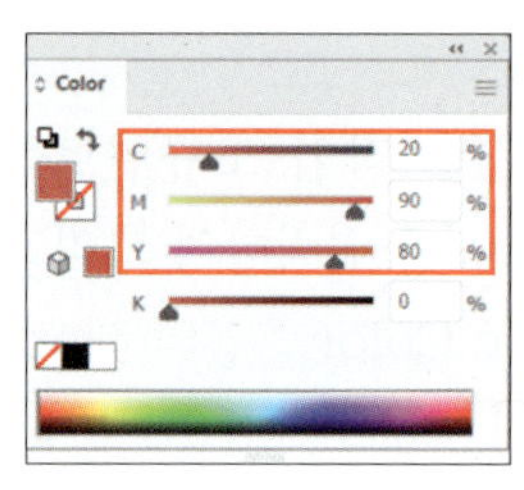
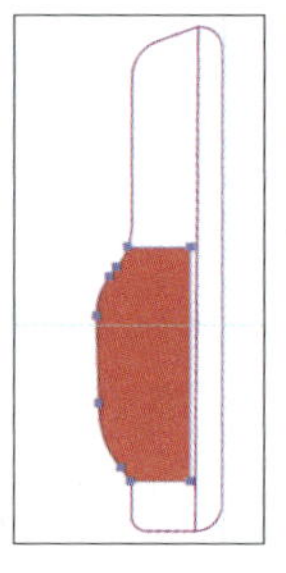
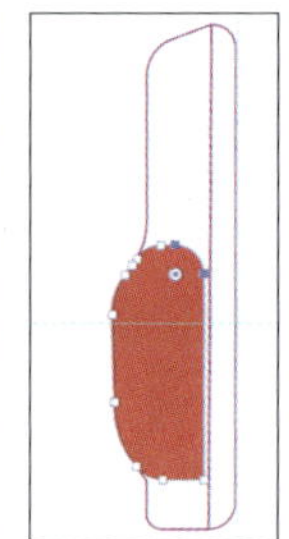

07 Selection Tool(▶)로 2개의 오브젝트를 선택하고 [Object]-[Path]-[Offset Path]를 클릭하여 'Offset : −1.5mm'를 입력하고 [OK]를 눌러 축소된 복사본을 만들고 Color 패널에서 'Fill Color : C20M100Y100K40, Stroke Color : None'을 지정합니다.

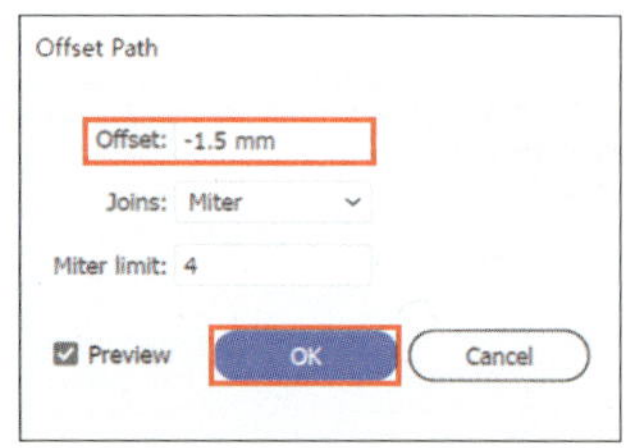
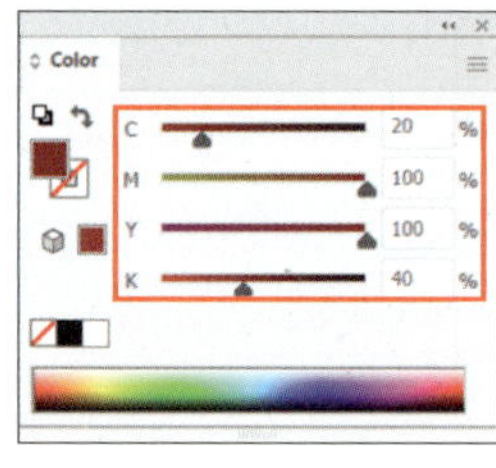
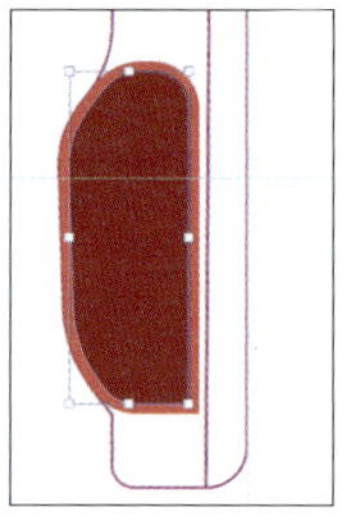

08 Pen Tool(✒)로 2개의 열린 곡선 패스를 각각 그리고 Color 패널에서 'Fill Color : None, Stroke Color : 임의 색상'을 지정합니다. Selection Tool(▶)로 4개의 오브젝트를 함께 선택하고 Pathfinder 패널에서 'Divide(▣)'를 클릭합니다.

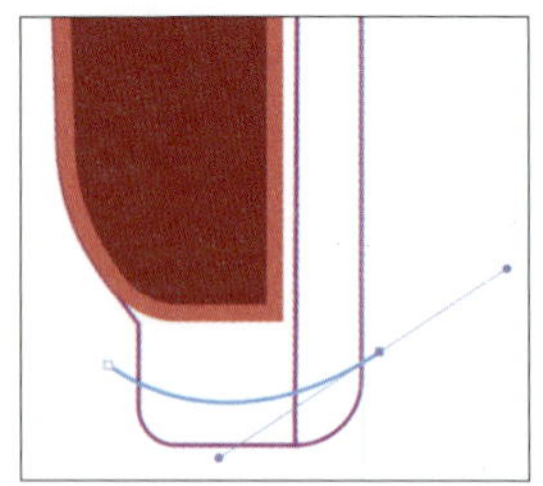
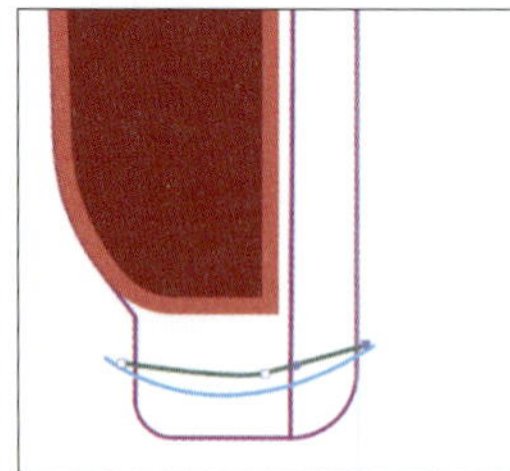
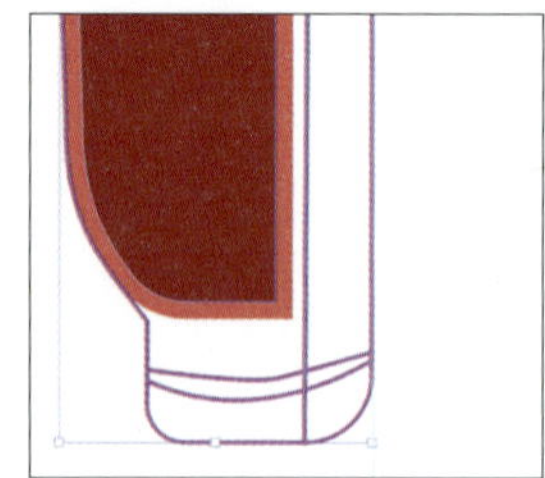

09 Selection Tool(▶)로 더블 클릭하여 Isolation Mode로 전환합니다. 오브젝트를 각각 선택하고 Color 패널에서 'Fill Color : C20M90Y80, K100, K80, Stroke Color : None'을 각각 지정합니다.

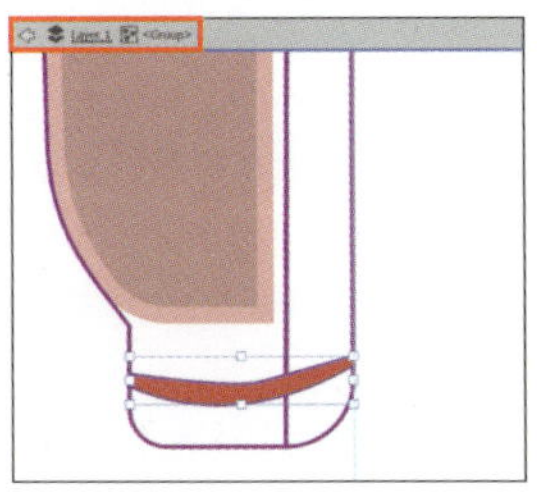 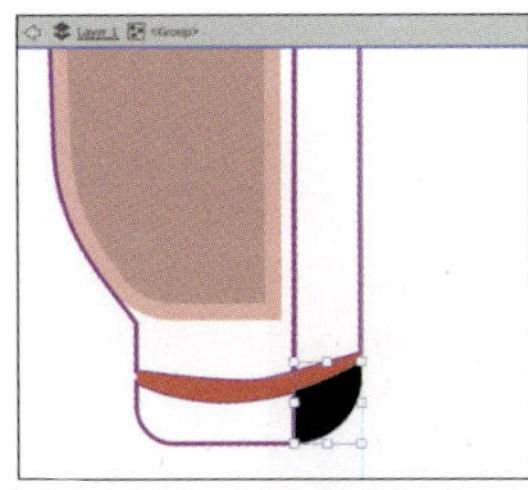 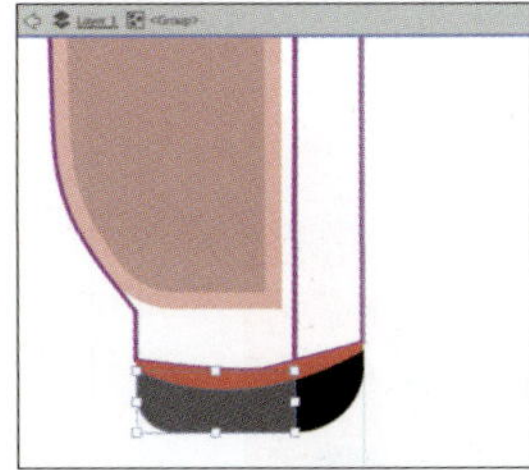

10 Selection Tool(▶)로 드래그하여 상단의 오브젝트를 선택하고 Color 패널에서 'Fill Color : M80Y70, Stroke Color : None'을 지정합니다. Esc 를 눌러 정상 모드로 전환하고 Shift + Ctrl + [를 눌러 맨 뒤로 보내기를 합니다.

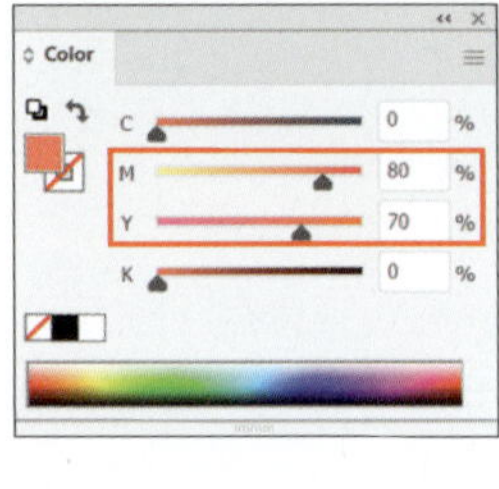 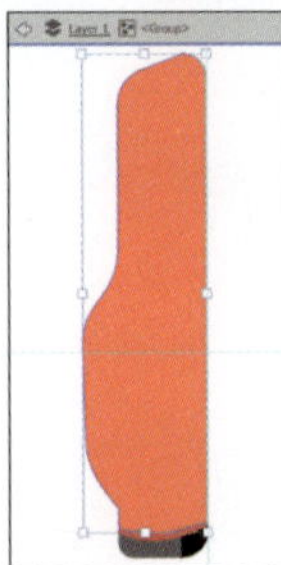 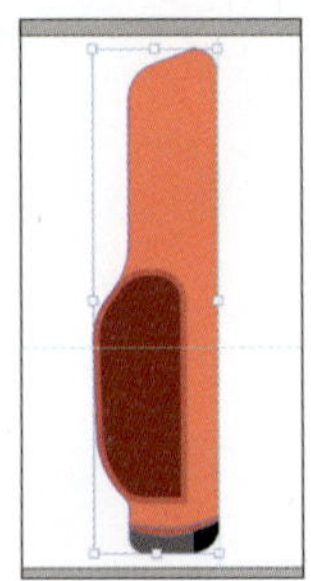

11 Rectangle Tool(▣)로 드래그하여 그리고 Color 패널에서 'Fill Color : C20M90Y80, Stroke Color : None'을 지정합니다.

12 Direct Selection Tool(▷)로 왼쪽 상단의 고정점을 선택하고 모서리 안쪽의 둥근 점(◉)을 드래그하여 모서리를 둥글게 변형하고 Shift + Ctrl + [를 눌러 맨 뒤로 보내기를 합니다.

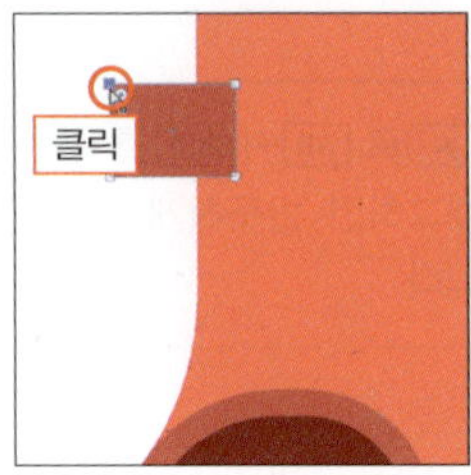

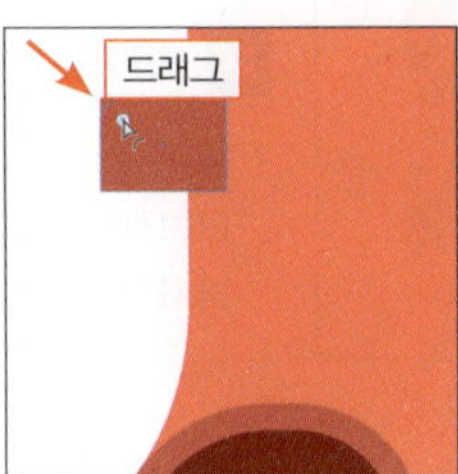

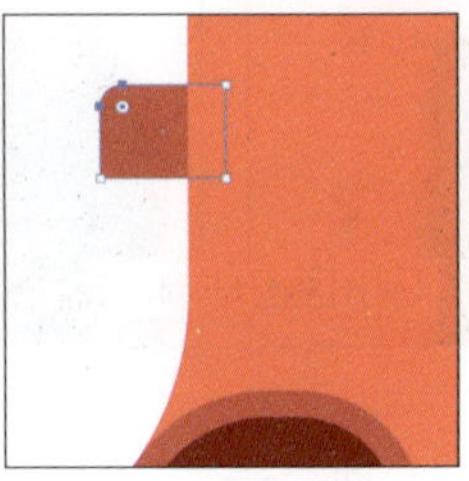

13 Rectangle Tool(■)로 드래그하여 그리고 Color 패널에서 'Fill Color : K30, Stroke Color : None'을 지정합니다. Direct Selection Tool(▷)로 상단 2개의 고정점을 선택하고 Scale Tool(⧉)로 안쪽으로 드래그하여 패스의 크기를 축소하고 안쪽의 둥근 점(◉)을 드래그하여 모서리를 둥글게 변형합니다.

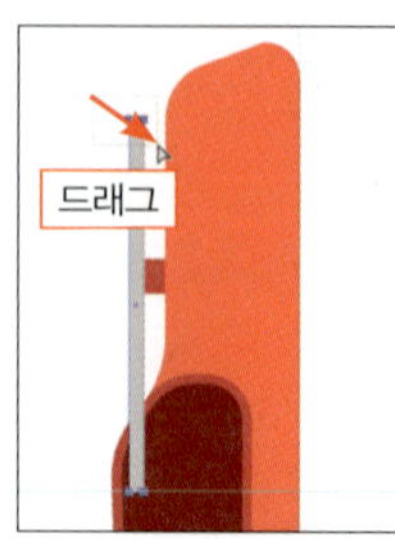

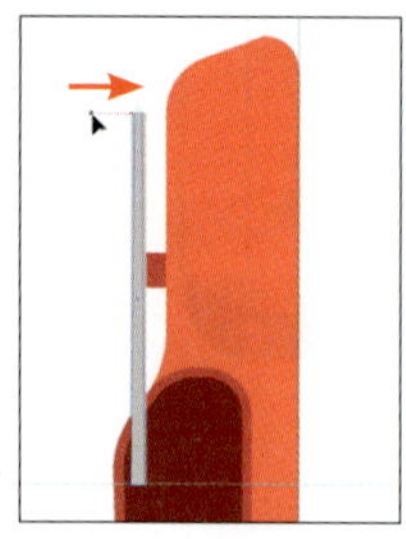

14 Selection Tool(▶)로 선택하고 바운딩 박스의 모서리 밖을 드래그하여 회전하고 [Shift]+[Ctrl]+[[]를 눌러 맨 뒤로 보내기를 합니다.

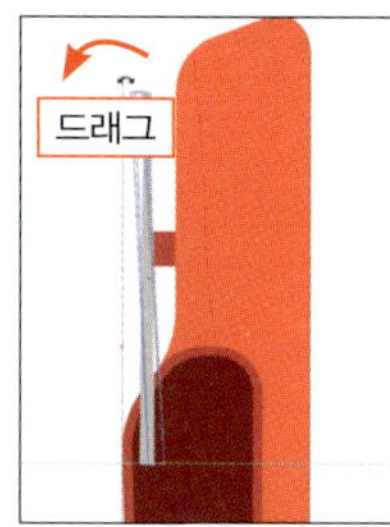

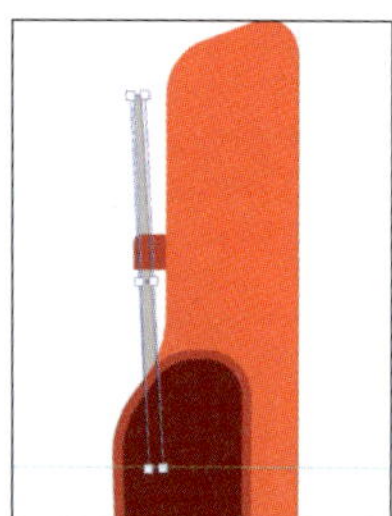

15 Rectangle Tool(■)로 드래그하여 그리고 Color 패널에서 'Fill Color : C20M90Y80, Stroke Color : None'을 지정합니다. Selection Tool(▶)로 [Alt]와 [Shift]를 누른 채 하단으로 드래그하여 복사합니다.

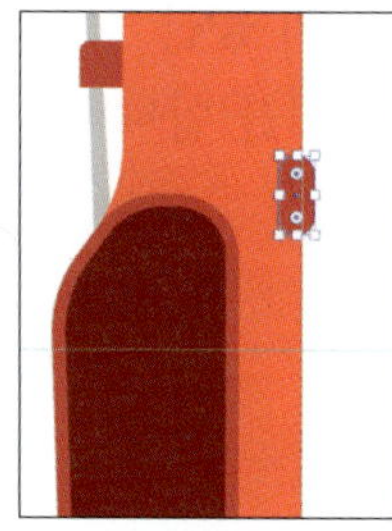

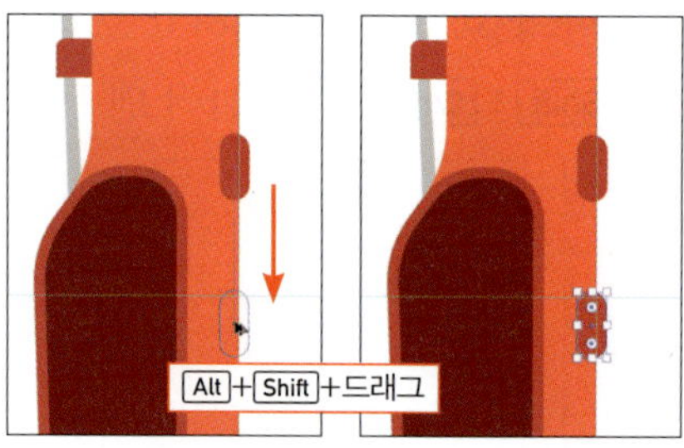

> **B 기적의 TIP**
>
> Selection Tool(▶)로 [Alt]+[Shift]를 누른 채 오브젝트를 드래그하면 반듯하게 이동하며 복사할 수 있습니다.

16 Pen Tool(✎)로 열린 곡선 패스를 그리고 Color 패널에서 'Fill Color : None, Stroke Color : K20'을 지정하고 Stroke 패널에서 'Weight : 9pt'를 지정합니다.

17 [Object]–[Path]–[Outline Stroke]를 선택하여 선을 면으로 확장하고 Shift + Ctrl + [를 눌러 맨 뒤로 보내기를 합니다. Selection Tool(▶)로 2개의 둥근 사각형과 함께 선책하고 Shift + Ctrl + [를 눌러 맨 뒤로 보내기를 합니다.

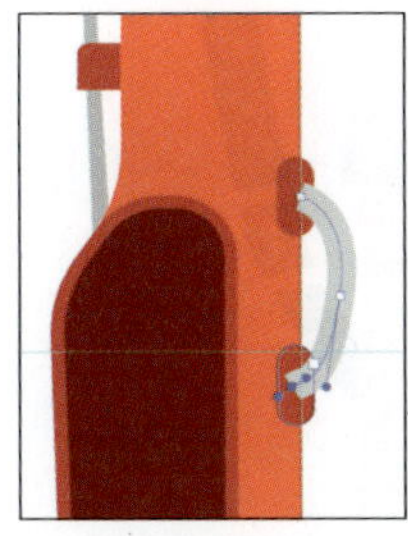 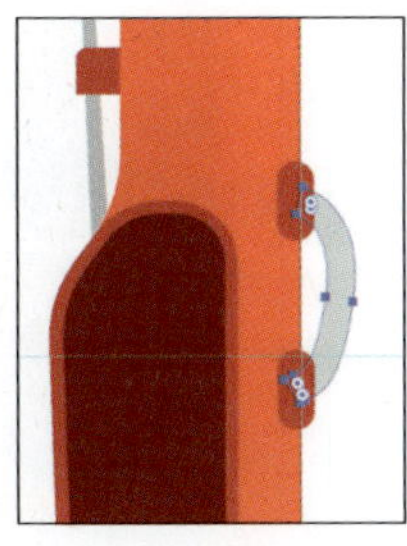 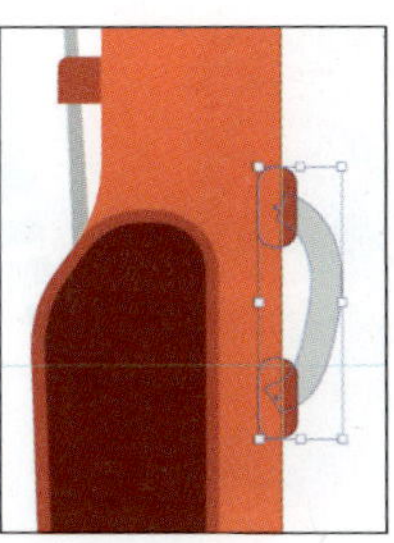

18 Pen Tool(✎)로 열린 곡선 패스를 그리고 Color 패널에서 'Fill Color : None, Stroke Color : C80M70Y40K30'을 지정하고 Brushes 패널에서 '5pt. Oval'을 지정하고 Stroke 패널에서 'Weight : 3pt'를 지정합니다. [Object]–[Path]–[Outline Stroke]를 선택하여 선을 면으로 확장하고 Shift + Ctrl + [를 눌러 맨 뒤로 보내기를 합니다.

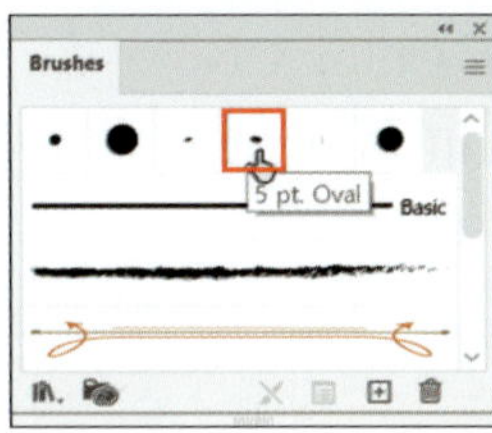 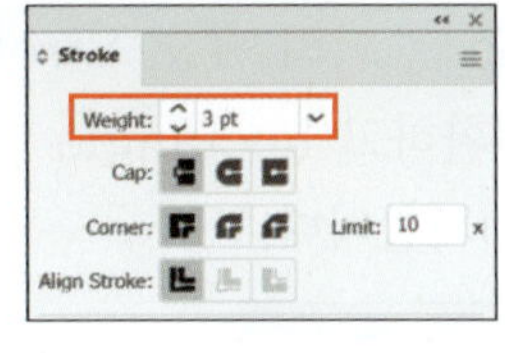 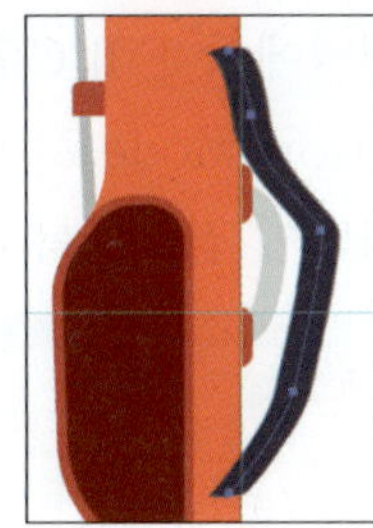 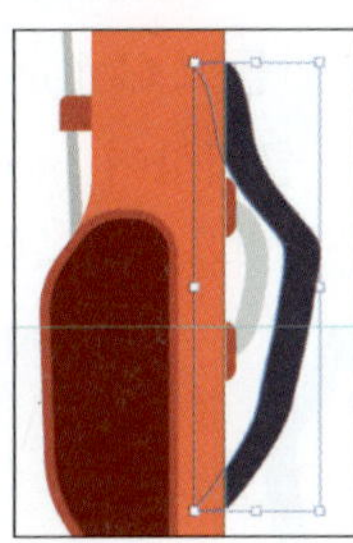

> **P 기적의 TIP**
>
> Brushes 패널에서 '5pt. Oval'을 여러 번 클릭하여 윤곽선이 유사하게 되도록 지정합니다.

---

19 Rounded Rectangle Tool(▢)로 작업 도큐먼트를 클릭하고 'Width : 8.5mm, Height : 8mm, Corner Radius : 2mm'를 입력하여 그리고 Color 패널에서 'Fill Color : None, Stroke Color : K20'을 지정합니다. Stroke 패널에서 'Weight : 4pt'를 지정합니다.

20 Line Segment Tool(╱)로 Shift 를 누른 채 드래그하여 동일한 색상의 수평선을 겹치도록 그리고 배치합니다. Selection Tool(▶)로 2개의 오브젝트를 함께 선택하고 Align 패널에서 'Horizontal Align Center(▦)'를 클릭하여 가로 가운데 정렬을 지정하고 [Object]–[Path]–[Outline Stroke]를 선택하여 선을 면으로 확장합니다.

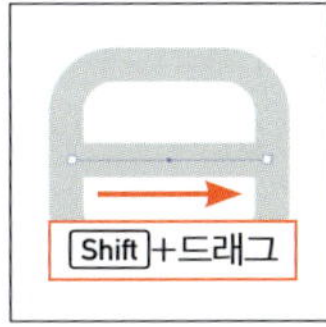 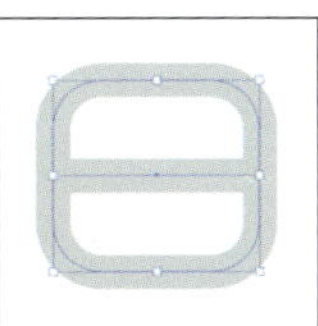 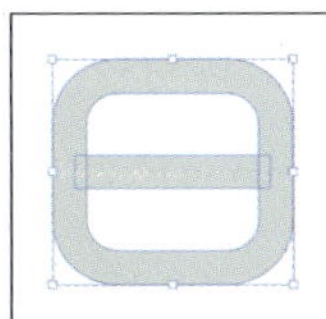

21 Rotate Tool(⟳)을 더블 클릭하여 'Angle : −10°'를 지정하여 회전하고 배치합니다. Selection Tool(▶)로 중앙의 오브젝트를 선택하고 [Shift]+[Ctrl]+[[]를 눌러 맨 뒤로 보내기를 합니다.

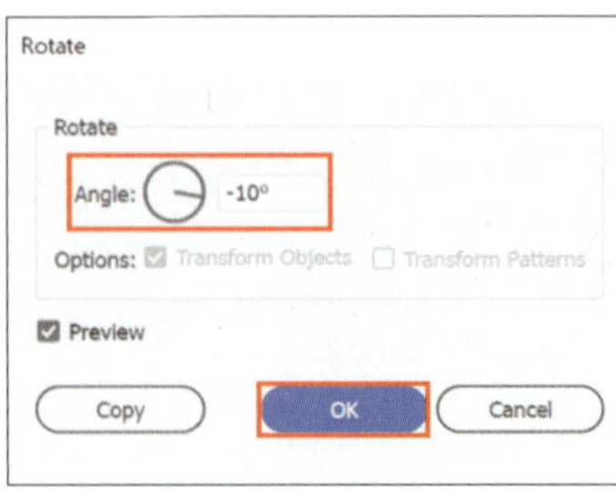 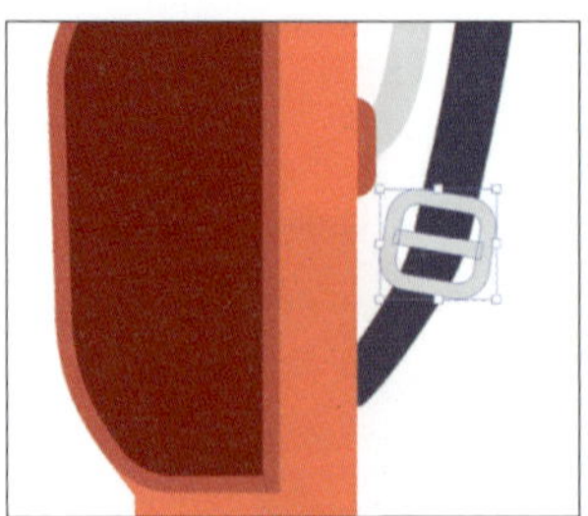 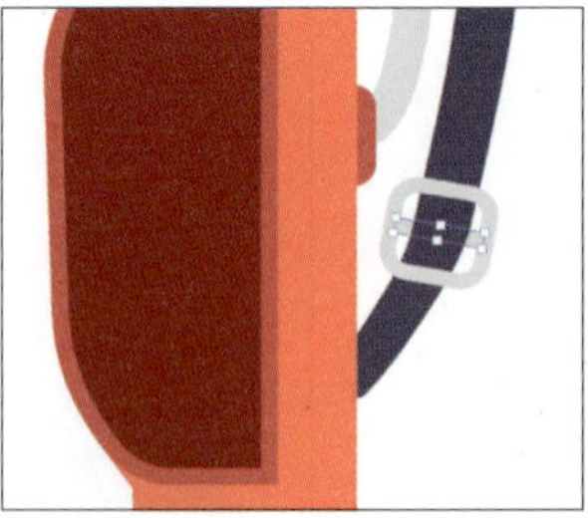

⑩ 불투명도와 클리핑 마스크 적용하기

01 Selection Tool(▶)로 'Fill Color : C20M90Y80, Stroke Color : None'인 오브젝트를 선택하고 [Object]−[Offset Path]를 클릭하여 'Offset : 1mm'를 입력하고 [OK]를 눌러 확대된 복사본을 만들고 Color 패널에서 'Fill Color : 임의 색상, Stroke Color : None'을 지정합니다. 더블 클릭하여 Isolation Mode로 전환하고 Rectangle Tool(▭)로 드래그하여 임의 색상의 사각형을 그리고 하단에 겹치도록 배치합니다.

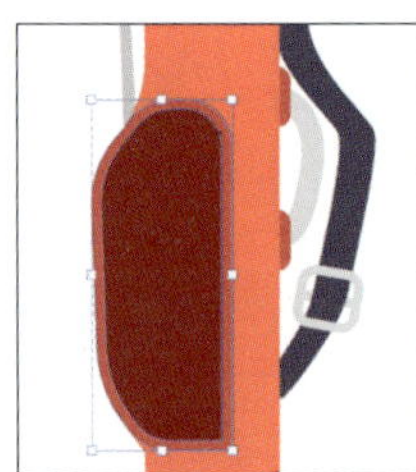 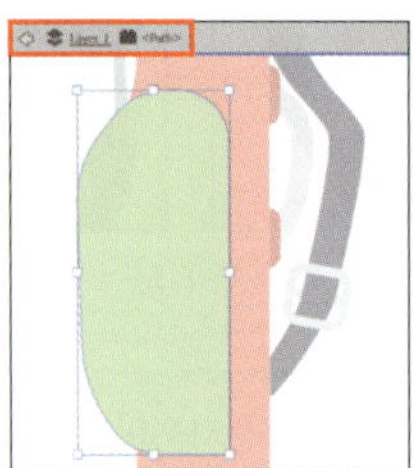 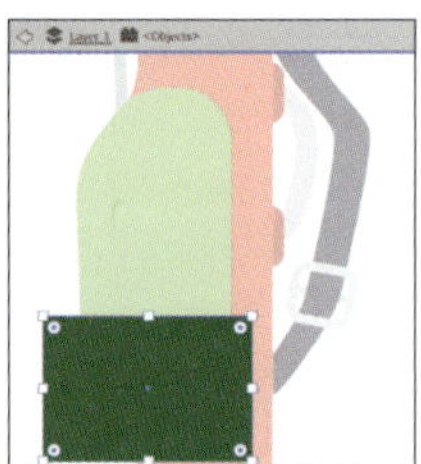

02 [Ctrl]+[A]로 2개의 오브젝트를 선택하고 Pathfinder 패널에서 'Intersect(▣)'를 클릭합니다. [Esc]를 눌러 정상 모드로 전환하고 [Shift]+[Ctrl]+[]]를 눌러 맨 앞으로 가져오기를 합니다.

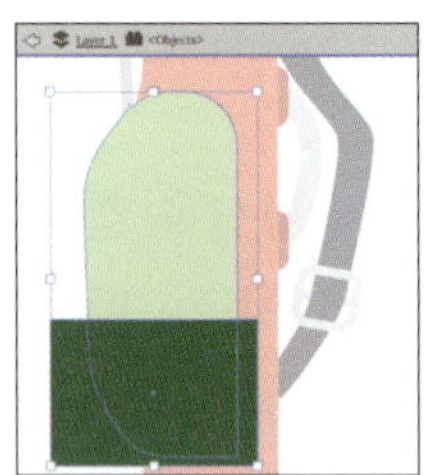 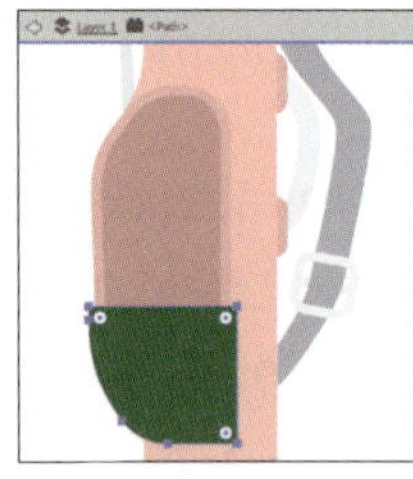 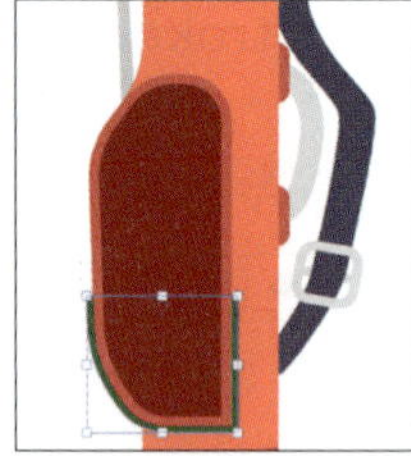 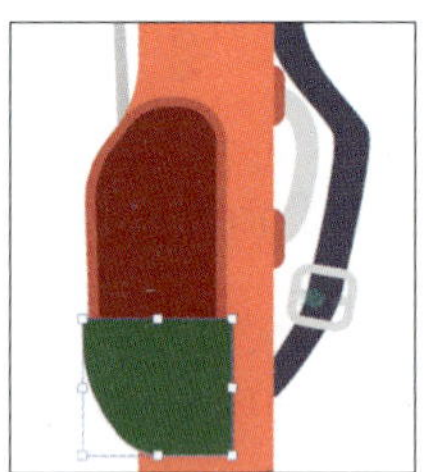

03 Add Anchor Point Tool(✎)로 상단 선분에 클릭하여 고정점을 추가하고 키보드의 화살표 ↓를 눌러 하단으로 이동합니다. Anchor Point Tool(⋀)로 고정점에 드래그하여 곡선 패스로 변형합니다.

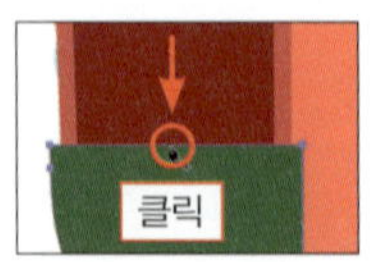

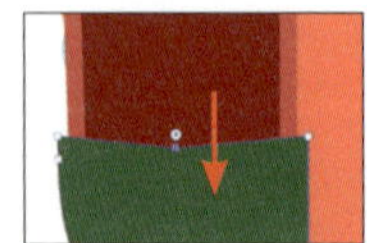 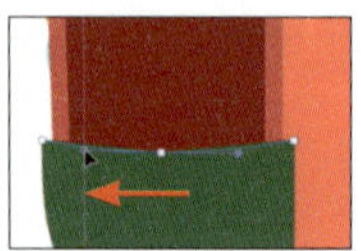

04 Color 패널에서 'Fill Color : C0M0Y0K0, Stroke Color : None'을 지정한 후 Transparency 패널에서 'Opacity : 60%'를 지정하여 불투명도를 조절합니다. Selection Tool(▶)로
바운딩 박스에 조절점을 이동하여 크기를 지정합니다.

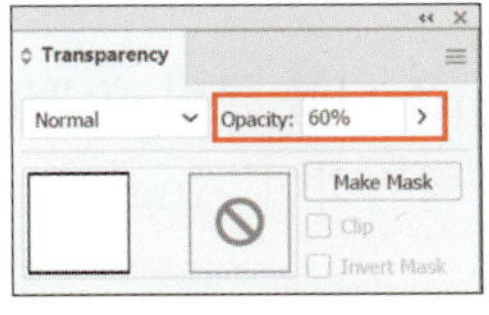
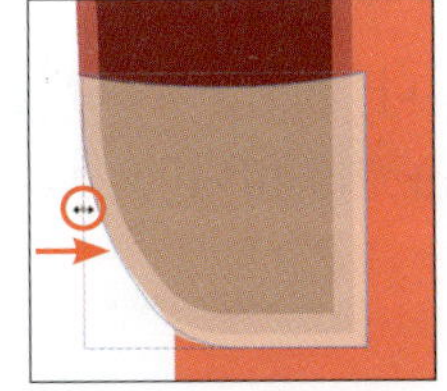

05 [Object]-[Path]-[Offset Path]를 클릭하여 'Offset : −1mm'를 입력하고 축소된 복사본
을 만들고 Color 패널에서 'Fill Color : None, Stroke Color : C0M0Y0K0'을 지정합니다.
Stroke 패널에서 'Weight : 1pt, Dashed Line : 체크, dash : 3pt'를 지정합니다.

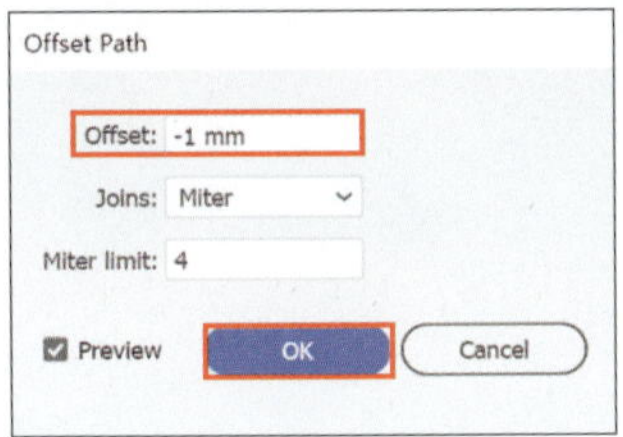
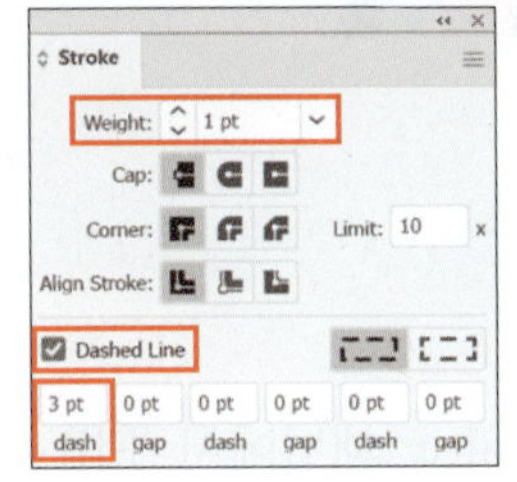
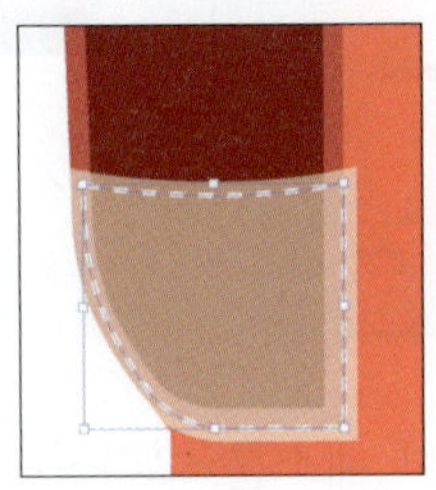

06 Selection Tool(▶)로 도큐먼트 상단 오른쪽 낚시찌를 선택하고 Ctrl+C로 복사 후 Ctrl
+V로 붙여넣기를 합니다. Scale Tool(⬚)을 더블 클릭하여 'Uniform : 70%'를 지정하여
크기를 축소하고 Rotate Tool(↻)을 더블 클릭하여 'Angle : 35°'를 입력하고 회전 후 배치
합니다. 앞쪽 2개의 오브젝트를 선택하고 Shift+Ctrl+]를 눌러 맨 앞으로 가져오기를 합니다.

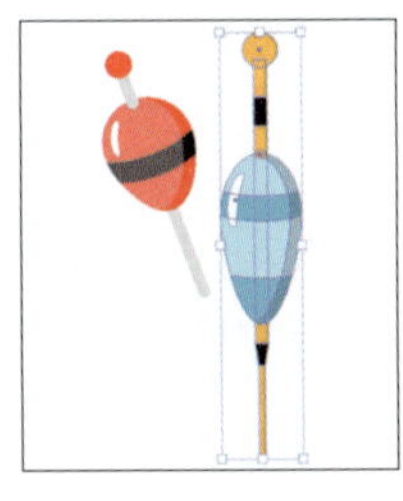
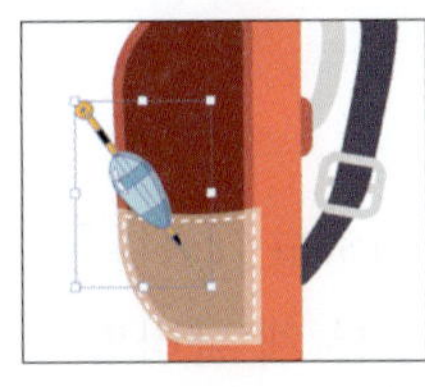
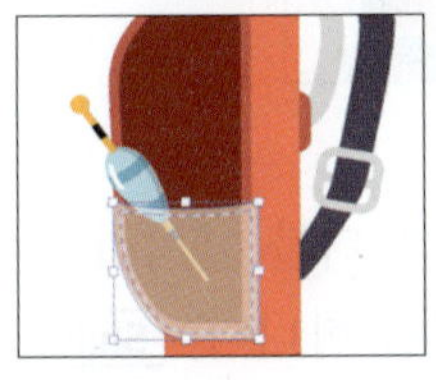

07 Selection Tool(▶)로 물고기 오브젝트를 선택하고 Ctrl+C로 복사하고 Ctrl+V로 붙여
넣기를 합니다. Scale Tool(⬚)을 더블 클릭하여 'Uniform : 50%'를 지정하여 크기를 축소
하고 Rotate Tool(↻)을 더블 클릭하여 'Angle : 25°'를 입력하고 회전하고 배치합니다.

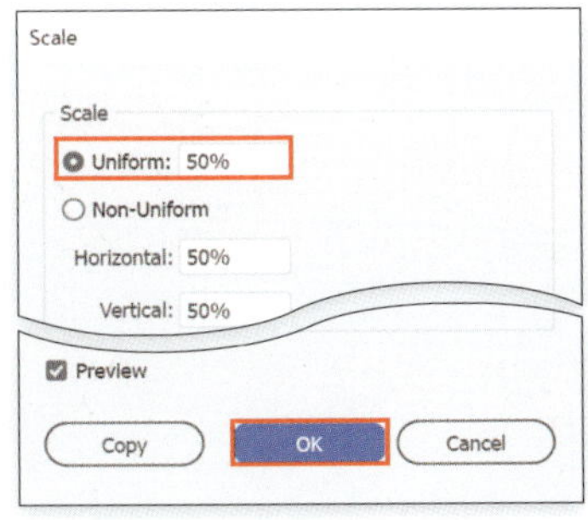
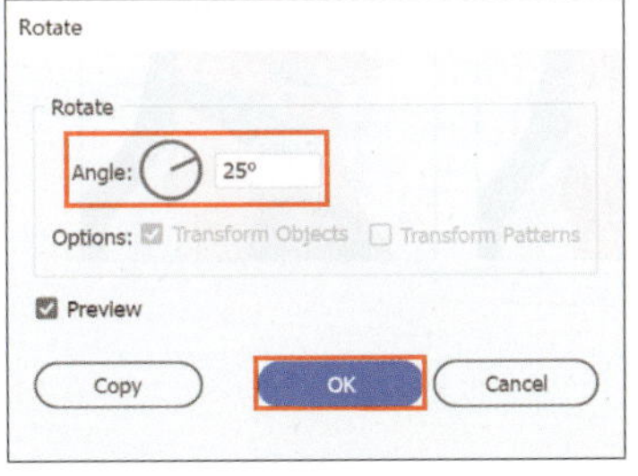
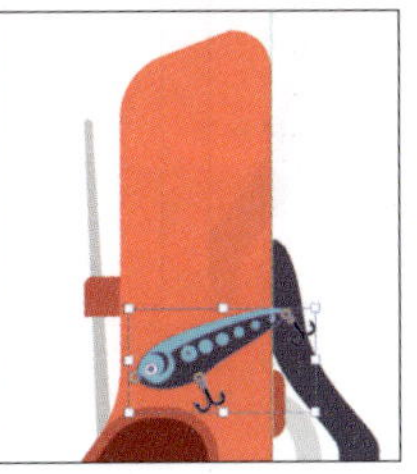

08 계속해서 `Ctrl`+`C`로 복사 후에 `Ctrl`+`V`로 붙여넣기를 하고 Scale Tool(⊞)을 더블 클릭하여 'Uniform : 60%'를 지정하여 크기를 축소합니다. Rotate Tool(⟳)을 더블 클릭하여 'Angle : −50˚'를 입력하고 회전하여 배치합니다.

09 `Ctrl`+`C`로 복사하고 `Ctrl`+`V`로 붙여넣기를 합니다. Scale Tool(⊞)을 더블 클릭 후 'Uniform : 80%'를 지정하여 크기를 축소하고 Reflect Tool(▷◁)을 더블 클릭하여 'Angle : 85˚'를 입력하고 [OK]를 눌러 배치합니다.

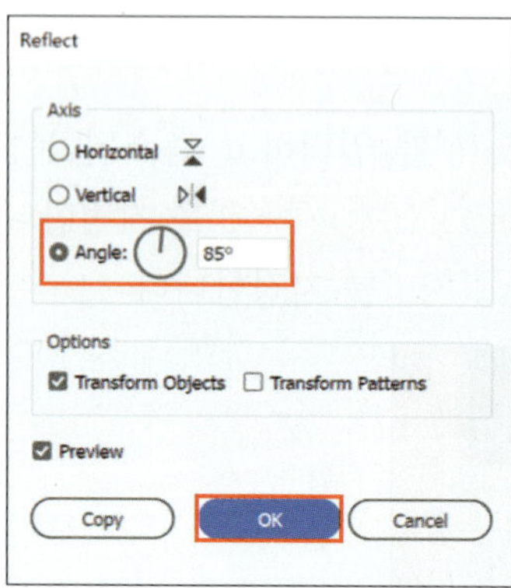
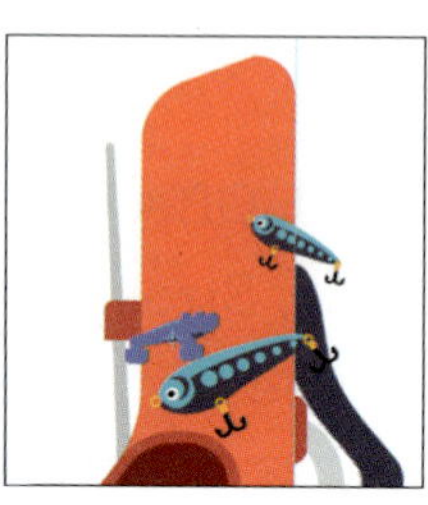

10 Pen Tool(✑)로 닫힌 패스를 그리고 Color 패널에서 'Fill Color : C70M10Y20, Stroke Color : None'을 지정하고 상단에 배치합니다.

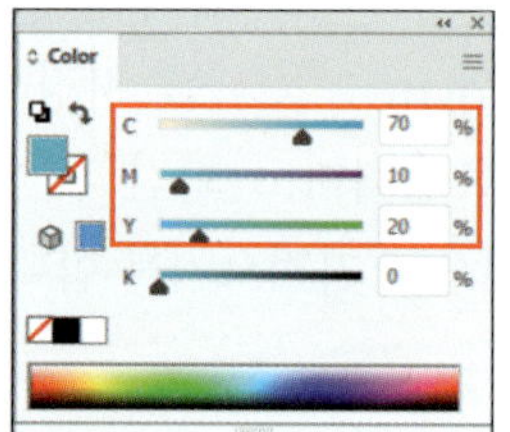
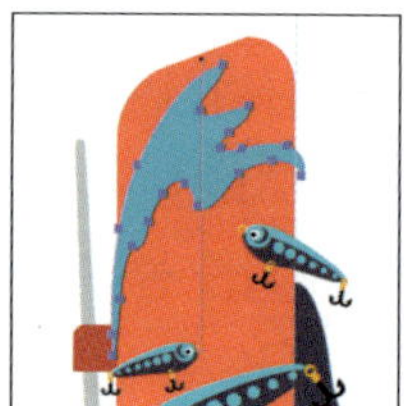

11 Selection Tool(▶)로 오브젝트를 더블 클릭하여 선택하고 `Ctrl`+`C`로 복사하고 `Ctrl`+`F`로 복사한 오브젝트 앞에 붙여넣기를 합니다. `Shift`를 누른 채 클리핑 마스크를 적용할 오브젝트를 함께 선택하고 [Object]-[Clipping Mask]-[Make](`Ctrl`+`7`)를 선택하고 클리핑 마스크를 설정합니다.

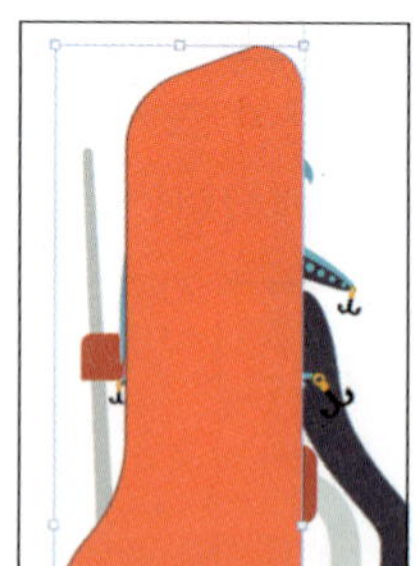
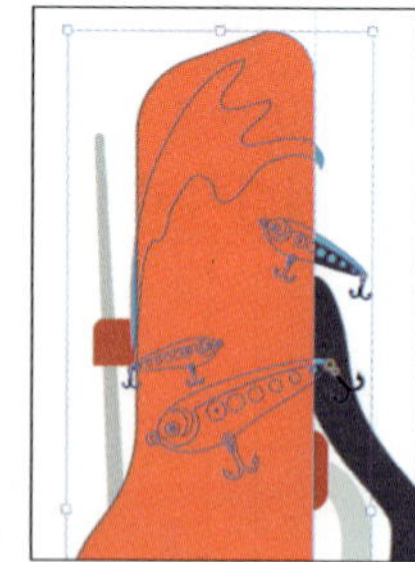
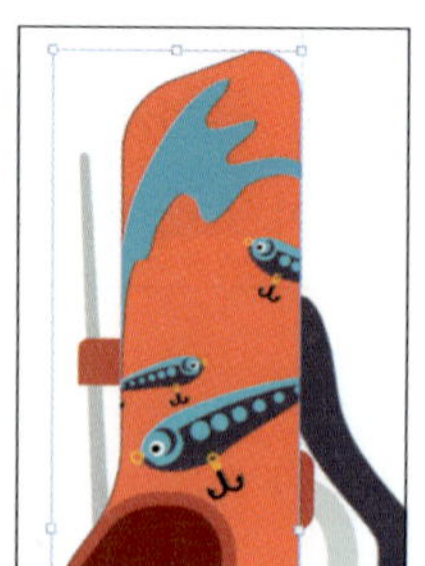

⑪ 브러쉬 적용 및 문자 입력하기

01 Brushes 패널 하단의 'Brush Libraries Menu(▥.)'를 클릭하고 [Artistic]−[Artistic_ ChalkCharcoalPencil]을 선택하여 추가 브러쉬 패널을 불러온 후 'Charcoal − Pencil'을 선택합니다.

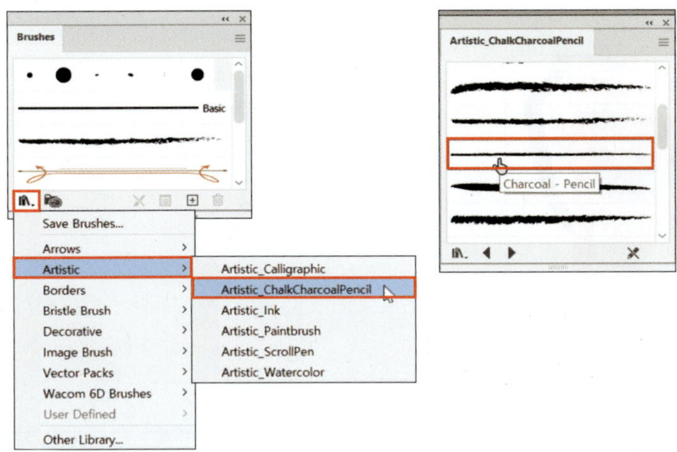

02 Pen Tool(✏)로 드래그하여 열린 패스를 그리고 Brushes 패널에서 'Charcoal − Pencil'을 클릭하여 브러쉬를 적용합니다. Color 패널에서 'Fill Color : None, Stroke Color : C100M100Y60'을 지정하고 Stroke 패널에서 'Weight : 2pt'를 지정합니다.

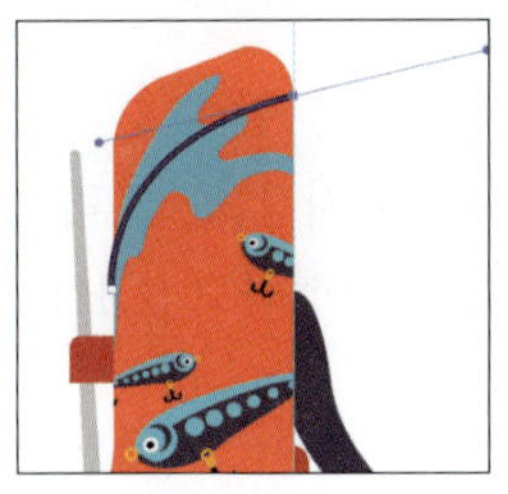
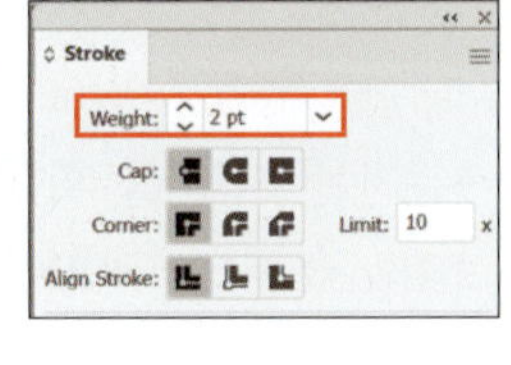
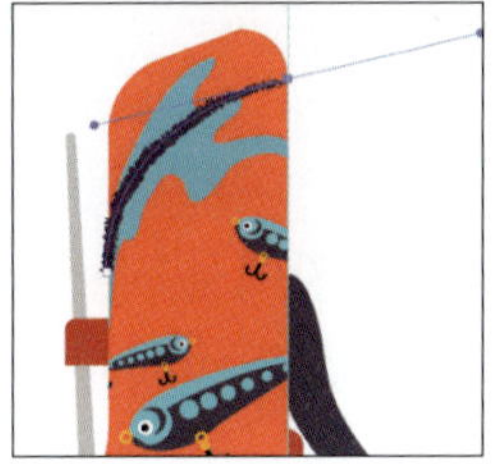

> **🅱 기적의 TIP**
>
> 적용할 브러쉬의 끝 모양에 따라 패스의 시작점과 끝점을 설정합니다.

03 Type Tool(T)로 작업 도큐먼트를 클릭한 후 Character 패널에서 'Set the font family : Arial, Set the font style : Bold, Set the font size : 11pt'를 설정하고 Paragraph 패널에서 'Align right(▤)'를 선택하여 문장을 오른쪽에 배치합니다. Color 패널에서 'Fill Color : Y20K30, Stroke Color : None'을 지정한 후 'Fishing Lod Bag'을 입력합니다.

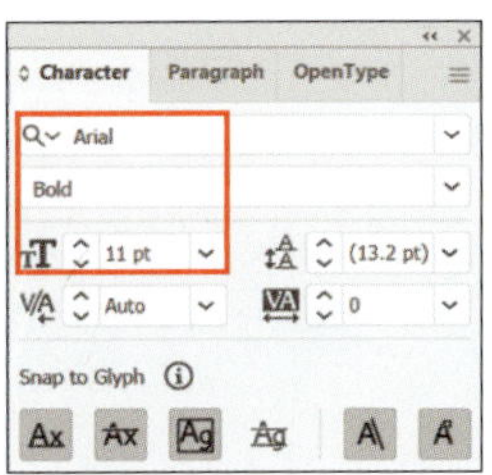
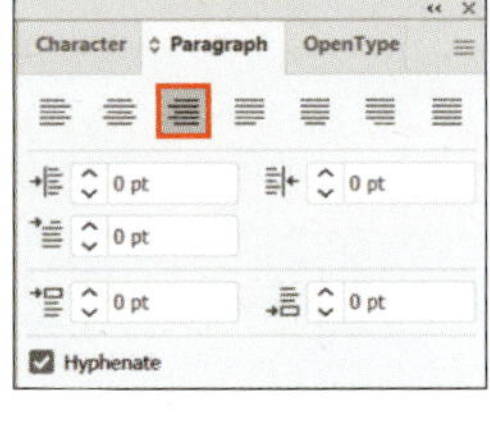

⑫ 이펙트 적용하기

01 Selection Tool(▶)로 낚시대 가방의 왼쪽 하단 5개의 오브젝트와 문자를 함께 선택하고 Ctrl + G 로 그룹을 지정합니다. [Effect]-[Illustrator Effects]-[Stylize]-[Drop Shadow]를 선택하고 대화상자에서 'Opacity : 75%, X Offset : 1mm, Y Offset : 1mm, Blur : 1mm'를 지정하여 그림자 효과를 적용합니다.

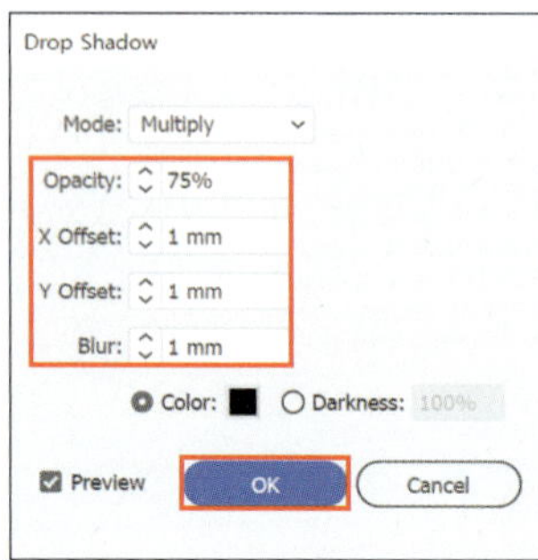
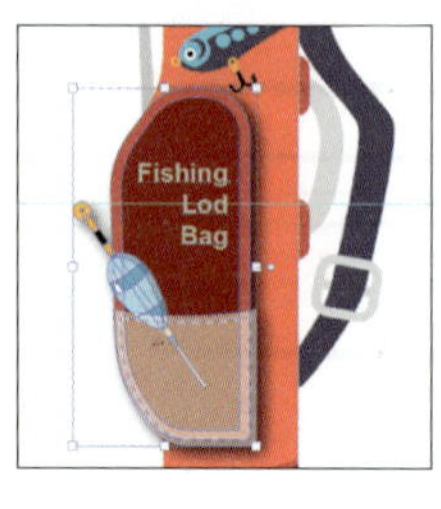

🏳 **기적**의 TIP

- Ctrl + G 로 그룹을 지정하지 않으면 그림자 효과가 오브젝트에 각각 적용되므로 반드시 그룹을 지정합니다.
- 반드시 Preview를 체크하여 제시된 문제와 비교하여 조정합니다.

---

⑬ 저장 및 답안 전송하기

01 [File]-[Save As]를 선택하고 '저장 위치 : 내 PC₩문서₩GTQ, 파일 형식 : Adobe Illustrator(*AI), 파일 이름 : 수험번호-성명-문제번호.ai'를 확인하고 [저장]을 클릭한 후 [Illustrator Options] 대화상자에서 'Version : Illustrator 2020'으로 설정하고 [OK]를 클릭합니다.

02 답안 저장이 완료가 되면 [File]-[Close](Ctrl + W)를 선택하여 파일을 닫고 수험 프로그램에서 [답안 전송]을 클릭하여 감독관 컴퓨터로 전송합니다.

작업과정	새 도큐먼트 만들기 및 파일 저장하기 ➡ 메시 및 배경 오브젝트 만들기 ➡ 블렌드 효과 만들기 ➡ 보트 오브젝트 만들기 ➡ 낚시꾼과 낚시대 오브젝트 만들기 ➡ 그룹 지정하고 이펙트 적용하기 ➡ 물고기와 양동이 오브젝트 만들기 ➡ 심볼 오브젝트 만들고 등록하기 ➡ 심볼 적용 및 편집하기 ➡ 브러쉬 적용하기 ➡ 문자 입력 및 왜곡하기 ➡ 클리핑 마스크 적용하기 ➡ 저장 및 답안 전송하기
완성이미지	PART04₩기출유형문제01회₩수험번호-성명-3.ai

01 새 도큐먼트 만들기 및 파일 저장하기

01 [File]-[New]를 선택하고 'Width : 210mm, Height : 297mm, Units : Millimeters, Color Mode : CMYK'를 설정하여 새 도큐먼트를 만들고 [View]-[Rulers]-[Show Rulers]([Ctrl]+[R])를 선택하여 눈금자를 표시합니다.

02 작품의 규격 왼쪽 상단에 원점(0,0)을 확인하고 왼쪽과 상단 눈금자 위에서 마우스로 각각 드래그하여 제시된 출력형태와 레이아웃 구성은 동일하게 안내선을 표시합니다.

03 작업 도큐먼트를 저장하기 위해 [File]-[Save]([Ctrl]+[S])를 선택하고 '저장 위치 : 내 PC₩문서₩GTQ, 파일 형식 : Adobe Illustrator(*AI), 파일 이름 : 수험번호-성명-문제번호'를 입력하고 [저장]을 클릭한 후 [Illustrator Options] 대화상자에서 'Version : Illustrator 2020'으로 설정하고 [OK(확인)]를 클릭합니다.

02 메시 및 배경 오브젝트 만들기

01 Rectangle Tool(▢)로 작업 도큐먼트 왼쪽 상단의 원점(0,0)을 클릭하고 대화상자에서 'Width : 210mm, Height : 150mm'를 입력하여 그리고 Color 패널에서 'Fill Color : C80M40, Stroke Color : None'을 지정합니다.

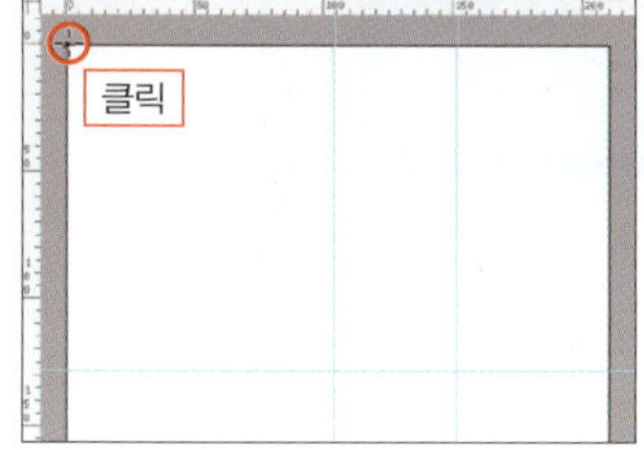

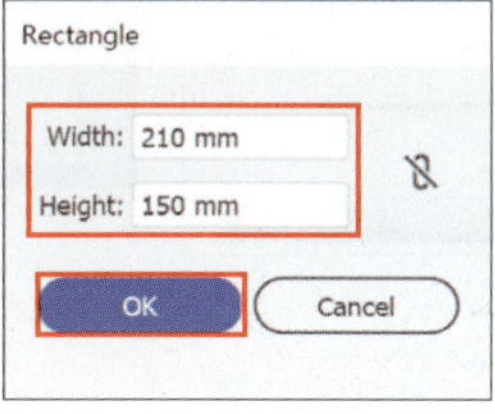

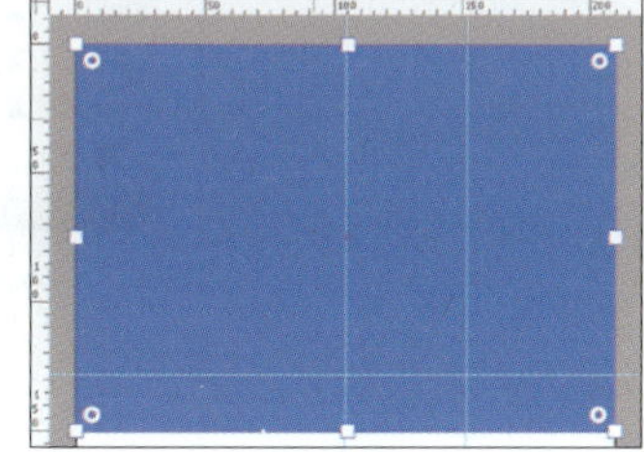

02 Mesh Tool(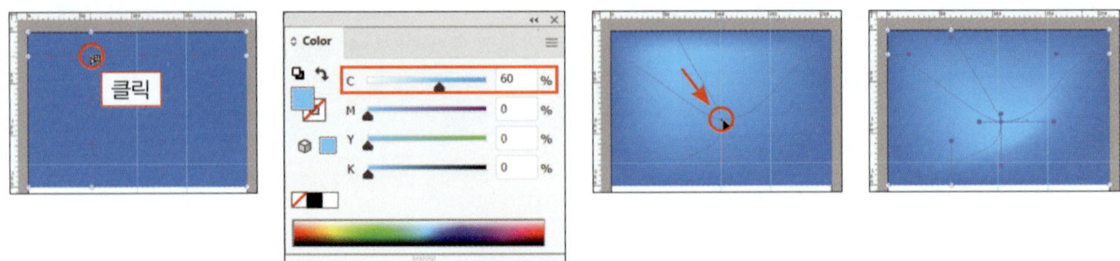)로 사각형에 클릭하여 새로운 고정점을 생성합니다. Color 패널에서 'Fill Color : C60, Stroke Color : None'을 지정합니다. Direct Selection Tool(▷)로 고정점을 선택하고 오른쪽으로 이동하여 변형합니다.

03 Ellipse Tool(◯)로 드래그하여 크기가 다른 10개의 원형을 그리고 Pen Tool(✒)로 각각의 원형과 겹치도록 닫힌 패스를 그려서 배치합니다. Selection Tool(▶)로 원형과 함께 선택하고 Pathfinder 패널에서 'Unite(◼)'를 클릭하여 합치고 Color 패널에서 'Fill Color : C0M0Y0K0, Stroke Color : None'을 지정합니다.

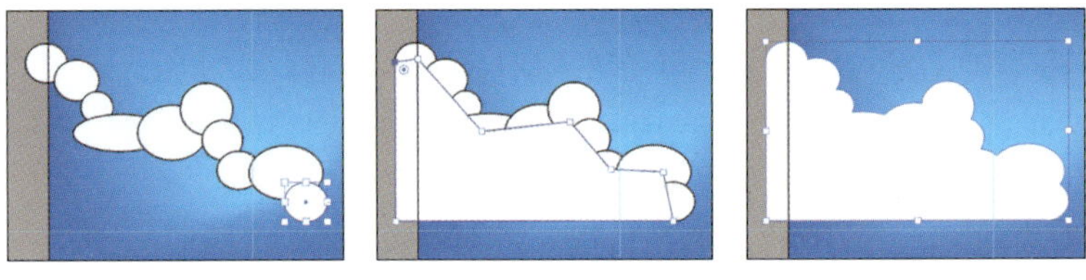

> **F 기적의 TIP**
>
> 모든 작업이 완료된 완성 단계에서 클리핑 마스크를 적용하여 디자인을 정리할 것이므로 구름 모양을 그릴 때 도큐먼트의 바깥쪽으로 충분하게 그려서 배치합니다.

04 [Object]-[Transform]-[Move]를 선택하고 'Horizontal : −6mm, Vertical : 11mm'을 지정하고 [Copy]를 눌러 이동하여 복사하고 Color 패널에서 'Fill Color : C20, Stroke Color : None'을 지정합니다.

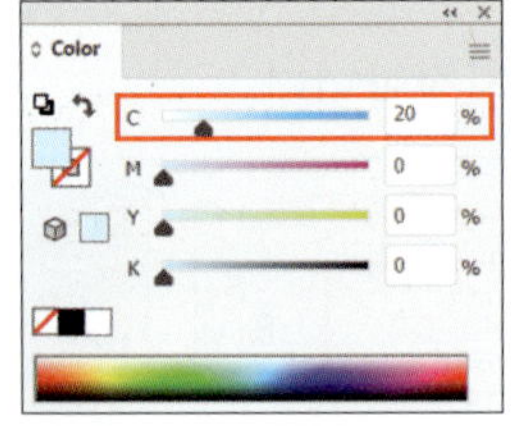

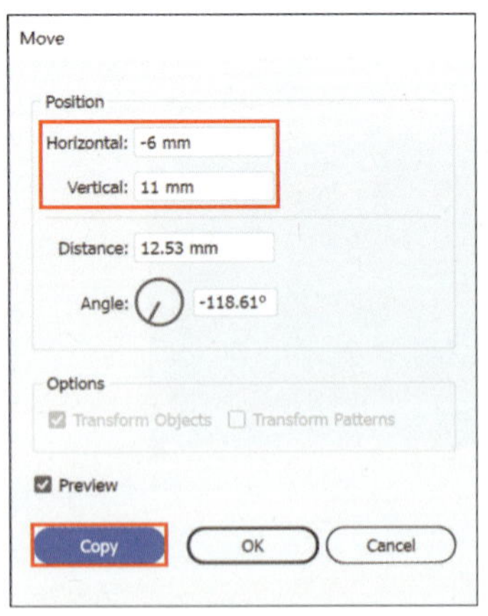

05 Ellipse Tool(◉)로 드래그하여 크기가 다른 5개의 원형을 그리고 Pen Tool(✒)로 각각의 원형과 겹치도록 닫힌 패스를 그려서 배치합니다. Selection Tool(▶)로 원형과 함께 선택하고 Pathfinder 패널에서 'Unite(◼)'를 클릭하여 합치고 Color 패널에서 'Fill Color : C20K10, Stroke Color : None'을 지정합니다. **Ctrl**+**[** 를 눌러 뒤로 보내기를 합니다.

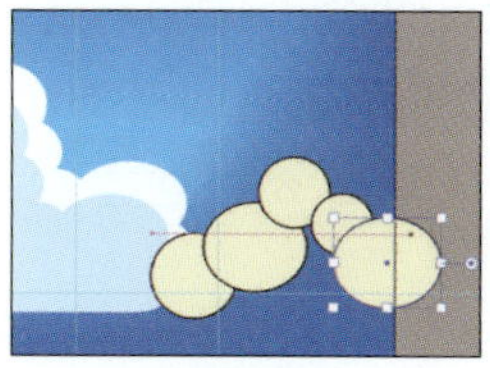 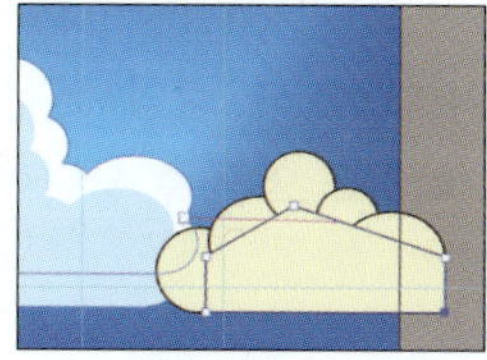 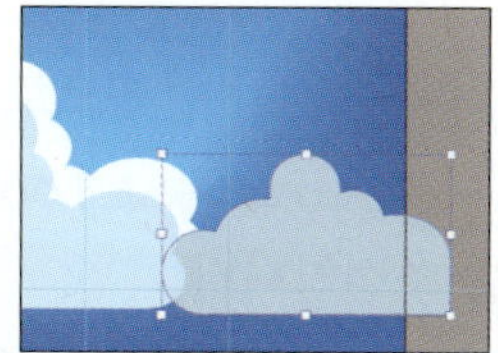

06 Ellipse Tool(◉)과 Pen Tool(✒)로 작은 구름 모양 오브젝트를 만들고 Selection Tool(▶)로 원형과 함께 선택하고 Pathfinder 패널에서 'Unite(◼)'를 클릭하여 합치고 Color 패널에서 'Fill Color : C20, Stroke Color : None'을 지정합니다.

07 Scale Tool(▣)을 더블 클릭하여 'Uniform : 60%'를 지정하고 [Copy]를 눌러 크기를 축소 복사하고 Reflect Tool(▣)을 더블 클릭하여 'Axis : Vertical'을 지정하고 이동하여 배치합니다. Color 패널에서 'Fill Color : C20K10, Stroke Color : None'을 지정합니다.

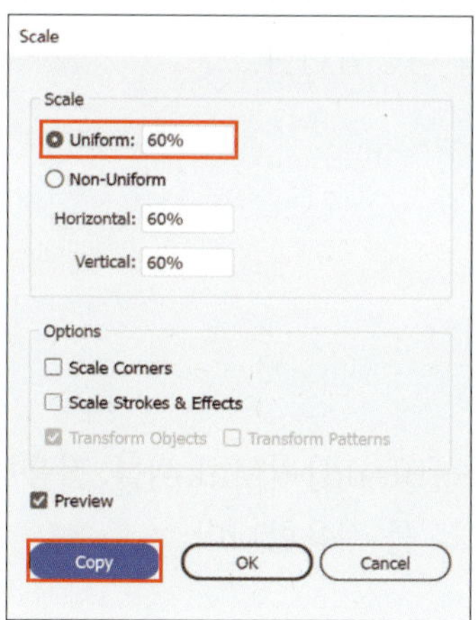 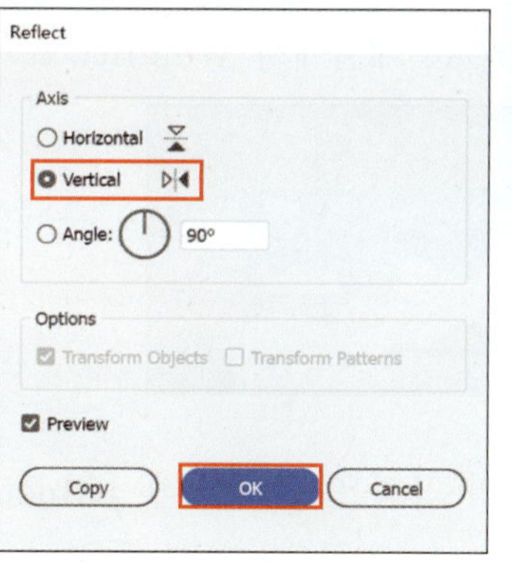 

08 Pen Tool(✒)로 드래그하여 3개의 닫힌 패스를 그리고 Color 패널에서 'Fill Color : C50M30Y30, C70M50Y50, Stroke Color : None'을 각각 지정합니다.

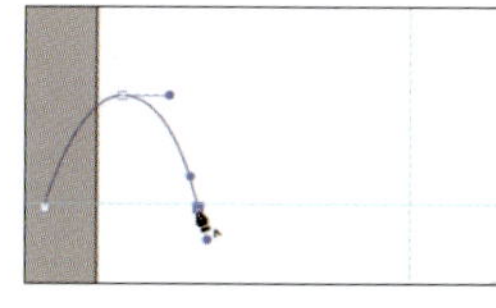 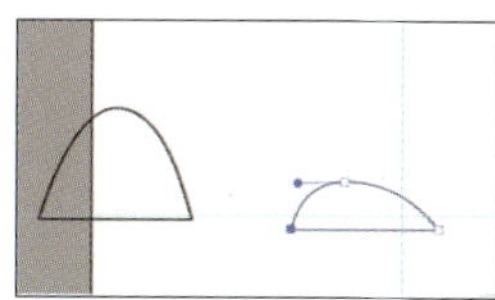 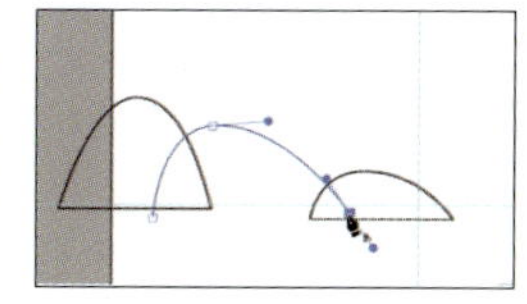 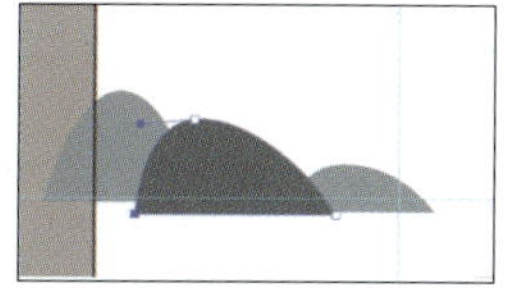

09 Rectangle Tool(■)로 작업 도큐먼트를 클릭하고 'Width : 221mm, Height : 177mm'를 입력하여 하단에 사각형을 그리고 배치합니다.

10 Gradient 패널에서 'Type : Linear Gradient'를 적용하고 Gradient Slider의 왼쪽 'Color Stop'을 더블 클릭하여 C10Y10을, 오른쪽 'Color Stop'을 더블 클릭하여 C70M20Y10을 적용한 후 'Color Stop'의 위치를 각각 안쪽으로 이동하여 변경합니다. Color 패널에서 'Stroke Color : None'을 지정합니다. Gradient Tool(■)로 오른쪽 상단에서 왼쪽 하단으로 드래그하여 그라디언트의 분포를 조절합니다.

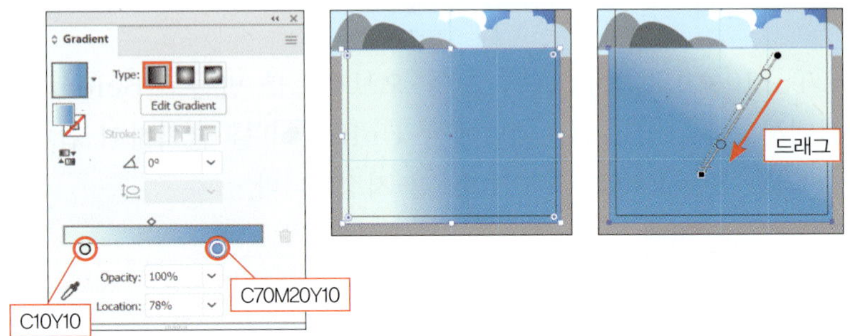

03 블렌드 효과 만들기

01 Pen Tool(✐)로 작업 도큐먼트를 완전히 벗어나는 2개의 곡선을 그리고 위쪽 곡선은 Color 패널에서 'Fill Color : None, Stroke Color : C0M0Y0K0'을 지정한 후 Stroke 패널에서 'Weight : 1pt'를 적용합니다. 왼쪽 곡선은 Color 패널에서 'Fill Color : None, Stroke Color : C90'을 지정한 후 Stroke 패널에서 'Weight : 3pt'를 적용합니다.

02 Selection Tool(▶)로 2개의 곡선을 선택한 후 [Object]-[Blend]-[Make]를 적용하고 [Object]-[Blend]-[Blend Options]로 'Specified Steps : 15'를 적용합니다.

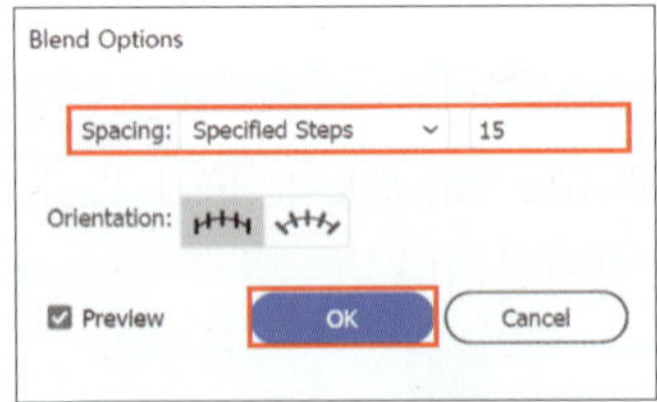

01 Rectangle Tool(□)로 작업 도큐먼트를 클릭하고 'Width : 32mm, Height : 7.5mm'를 입력하여 그리고 배치합니다. Color 패널에서 'Fill Color : C50M80Y80, Stroke Color : None'을 지정합니다.

02 Direct Selection Tool(▷)로 왼쪽 하단의 고정점을 선택하고 모서리 안쪽의 둥근 점(◉)을 드래그하여 모서리를 둥글게 변형합니다. 계속해서 오른쪽 하단의 고정점을 선택하고 이동하고 모서리 안쪽의 둥근 점(◉)을 드래그하여 모서리를 둥글게 변형합니다.

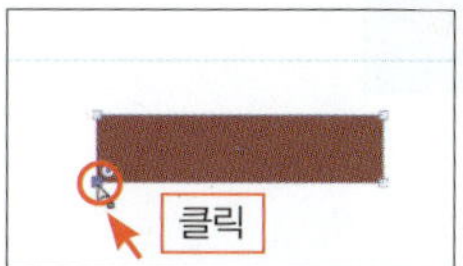

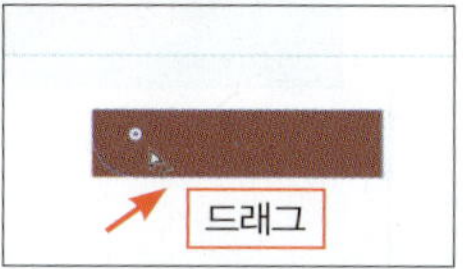

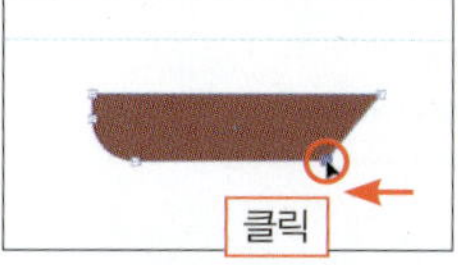

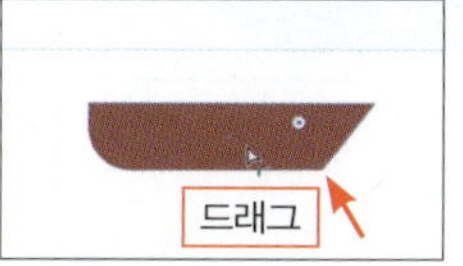

03 Rectangle Tool(□)로 드래그하여 겹치도록 그리고 Color 패널에서 'Fill Color : M50, Stroke Color : None'을 지정합니다. Direct Selection Tool(▷)로 오른쪽 상단의 고정점을 선택하고 오른쪽으로 이동하고 모서리 안쪽의 둥근 점(◉)을 드래그하여 모서리를 둥글게 변형합니다.

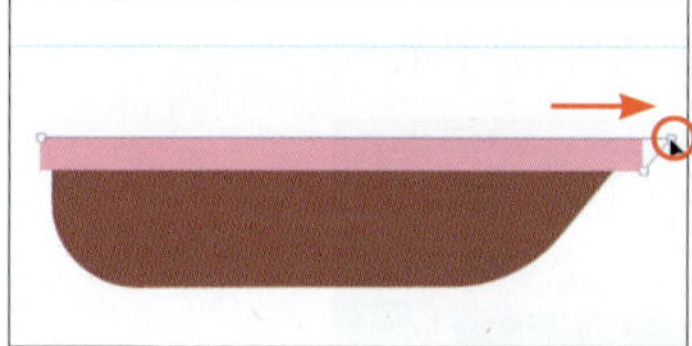
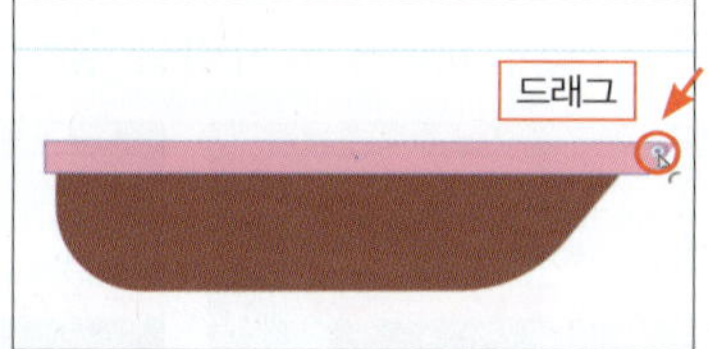

04 Rectangle Tool(□)로 드래그하여 2개의 사각형을 그리고 Color 패널에서 'Fill Color : C50M80Y80, Stroke Color : None'을 지정합니다. Pen Tool(✏)로 드래그하여 2개의 닫힌 패스를 그리고 Color 패널에서 'Fill Color : C0M0Y0K0, Stroke Color : None'을 각각 지정합니다.

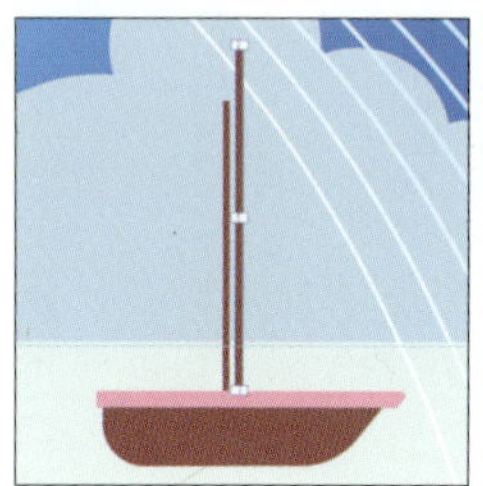
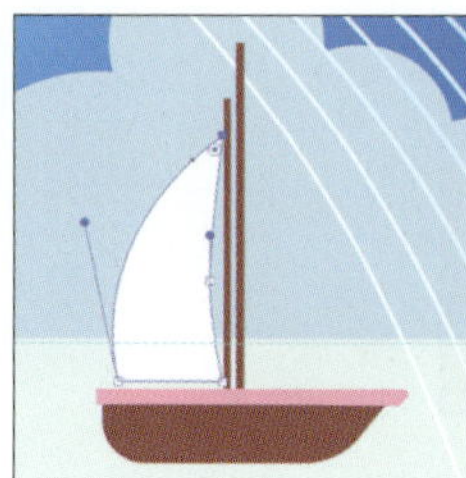

05 Selection Tool(▶)로 보트의 하단 오브젝트를 선택하고 Ctrl + C 로 복사하고 Ctrl + V 로 붙여넣기를 합니다. Reflect Tool(◁▷)을 더블 클릭하여 'Axis : Vertical'을 지정하고 Scale Tool(⧉)을 더블 클릭하여 'Horizontal : 540%, Vertical : 400%'를 지정하고 이동하여 배치합니다.

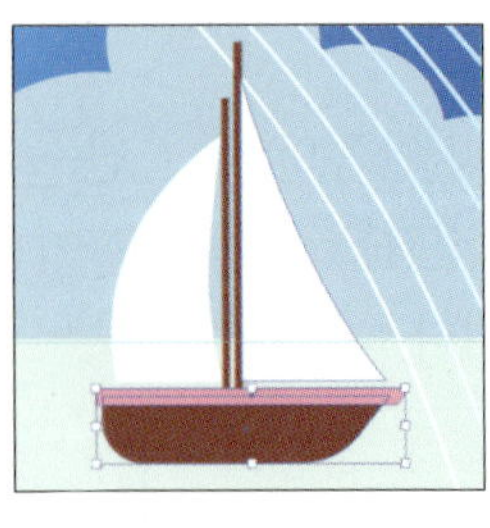
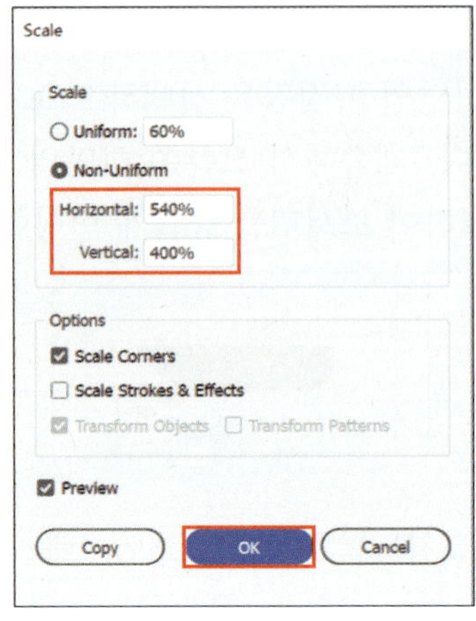

06 Ctrl + G 로 그룹을 지정하고 Selection Tool(▶)로 더블 클릭하여 Isolation Mode로 전환합니다. Direct Selection Tool(▷)로 오른쪽 상단의 고정점을 선택하고 오른쪽으로 이동하고 모서리 안쪽의 둥근 점(◉)을 드래그하여 모서리를 둥글게 변형합니다.

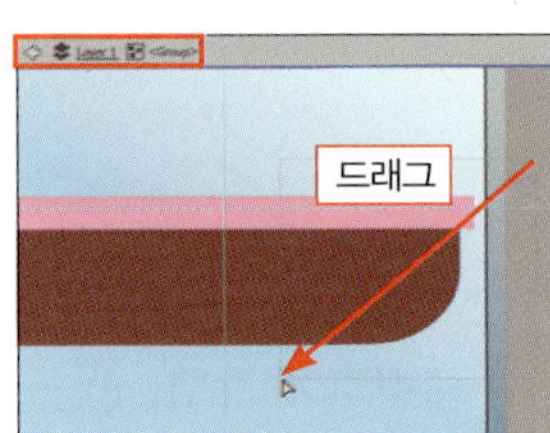

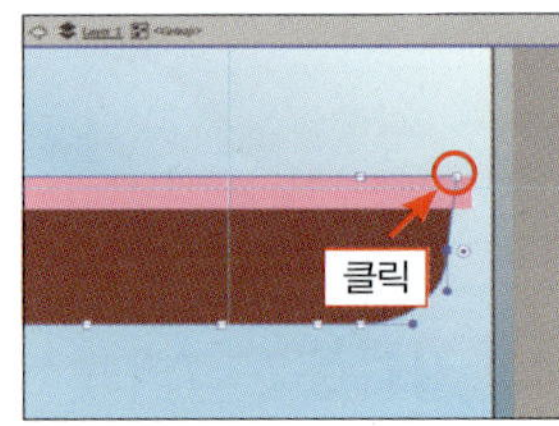

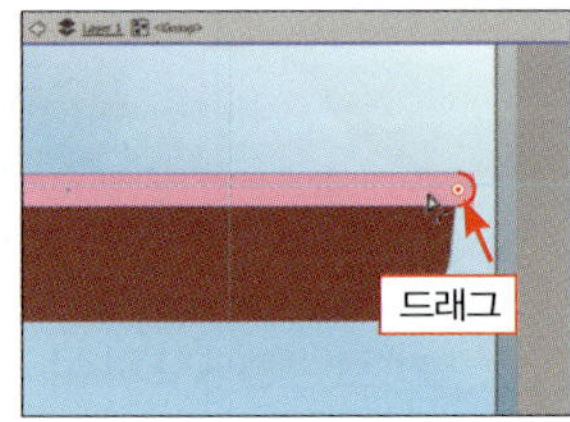

07 Direct Selection Tool(▷)로 왼쪽 상단의 고정점을 선택하고 모서리 안쪽의 둥근 점(◉)을 바깥쪽으로 드래그하여 모서리를 뾰족하게 변형합니다.

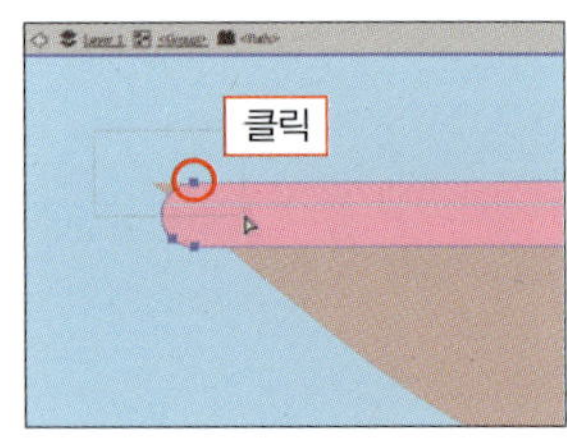

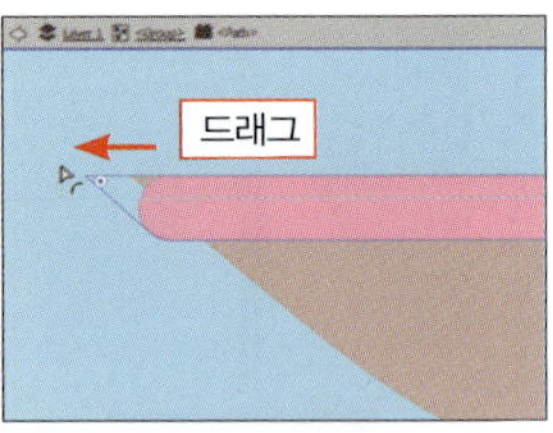

08 Pen Tool(✐)로 드래그하여 열린 곡선 패스를 Color 패널에서 'Fill Color : None, Stroke Color : 임의 색상'을 지정합니다. Ctrl + A 로 모두 선택하고 Pathfinder 패널에서 'Divide(⧉)'를 클릭합니다. Selection Tool(▶)로 가운데 오브젝트를 선택하고 Color 패널에서 'Fill Color : C50M100Y100K20, Stroke Color : None'을 지정합니다.

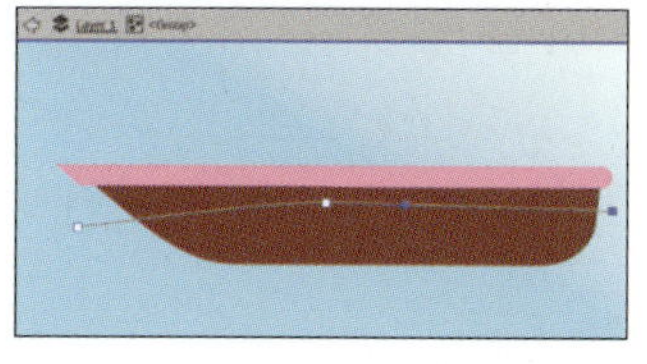 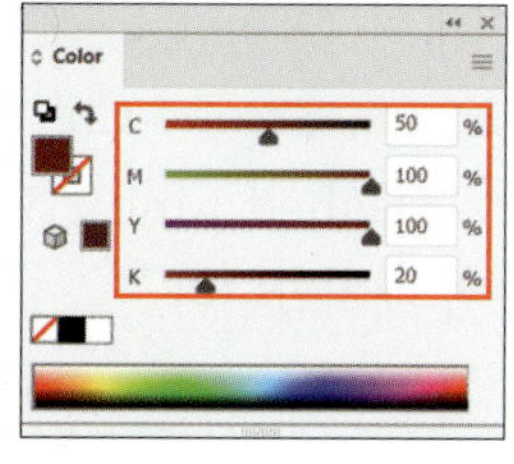 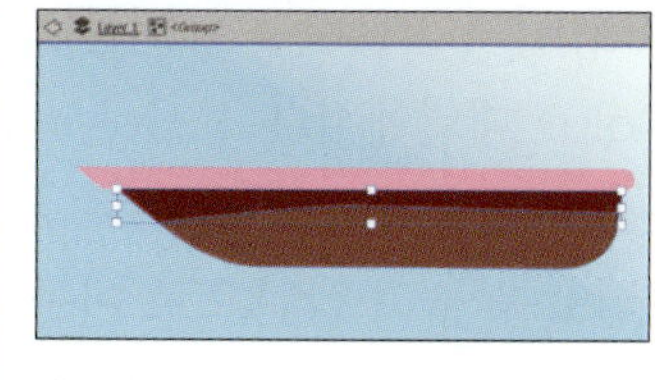

09 [Select]-[Invere]로 선택을 반전하고 Color 패널에서 'Fill Color : M80Y90, Stroke Color : None'을 지정하고 Pathfinder 패널에서 'Unite(▣)'를 클릭하고 Esc 를 눌러 정상 모드로 전환합니다.

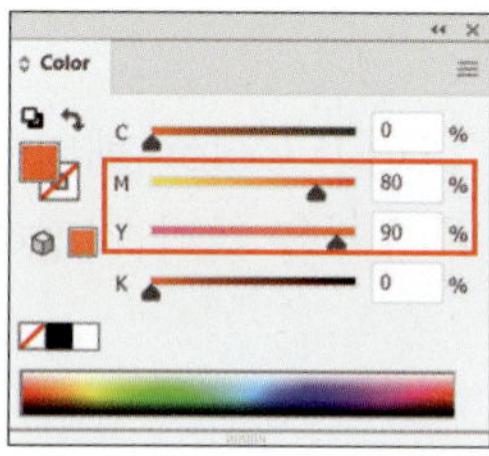 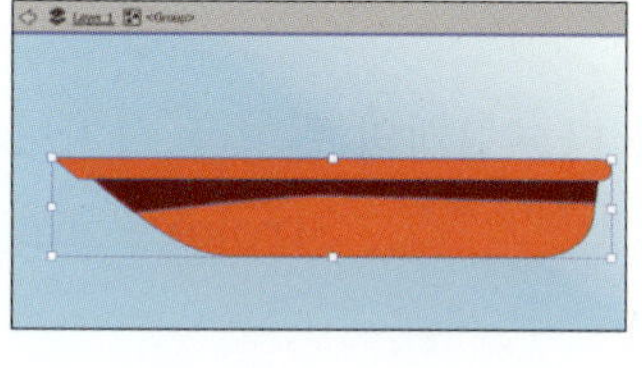

05 낚시꾼과 낚시대 오브젝트 만들기

01 Ellipse Tool(◯)로 작업 도큐먼트를 클릭하고 대화상자에서 'Width : 32mm, Height : 26mm'를 입력하여 그리고 Color 패널에서 'Fill Color : C10M40Y50, Stroke Color : None'을 지정합니다. Direct Selection Tool(▷)로 고정점을 선택하고 이동하여 패스를 수정합니다. Pen Tool(✎)로 클릭하여 동일한 색상의 오브젝트를 겹치도록 그리고 배치합니다.

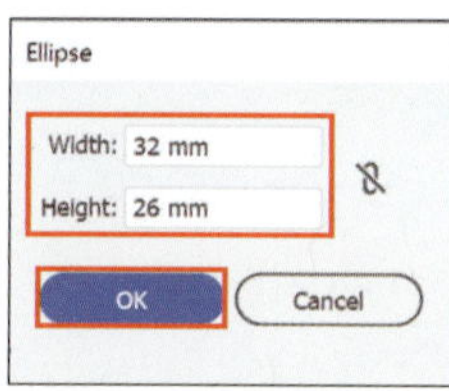 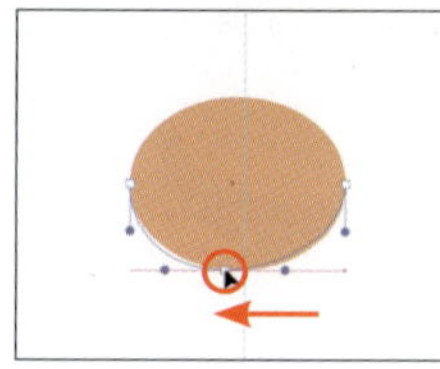 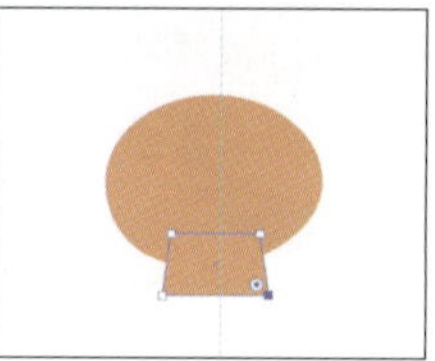

02 Ellipse Tool(◯)로 드래그하여 겹치도록 그리고 Color 패널에서 'Fill Color : C60M80Y90 K60, Stroke Color : None'을 지정합니다. Ellipse Tool(◯)로 작업 도큐먼트를 클릭하고 대화상자에서 'Width : 58mm, Height : 39mm'를 입력하여 그리고 Color 패널에서 'Fill Color : M30Y90, Stroke Color : None'을 지정합니다.

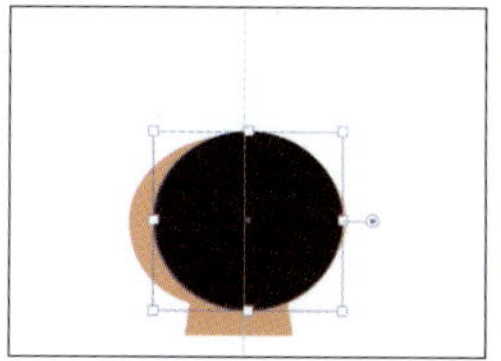 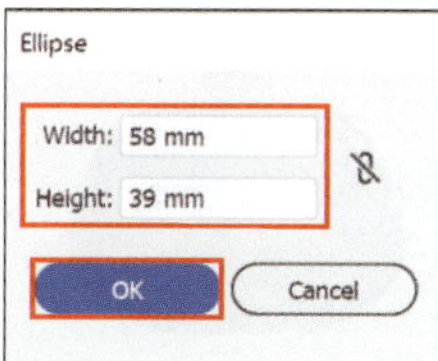 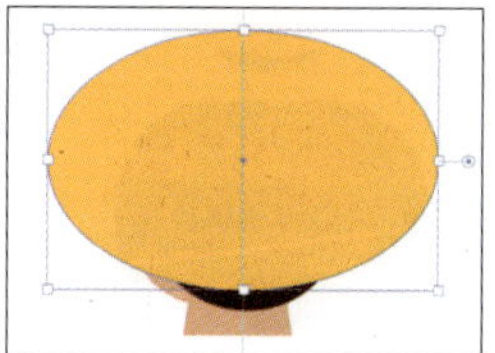

03 [Object]–[Path]–[Offset Path]를 클릭하여 'Offset : −3.5mm'를 입력 후 축소된 복사본을 만들고 Color 패널에서 'Fill Color : None, Stroke Color : C50M100Y100K20'을 지정합니다. Stroke 패널에서 'Weight : 2pt, Dashed Line : 체크, dash : 4pt'를 지정합니다. 키보드의 화살표를 눌러 상단으로 이동하여 배치합니다.

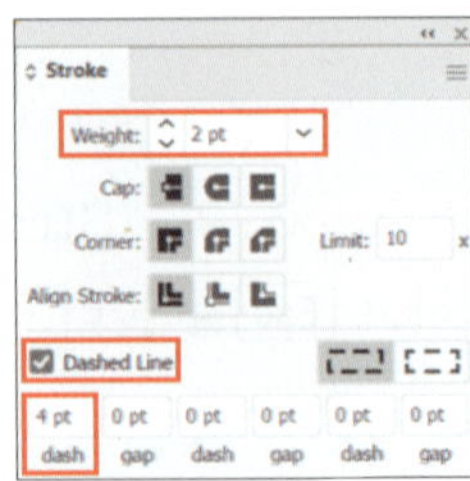 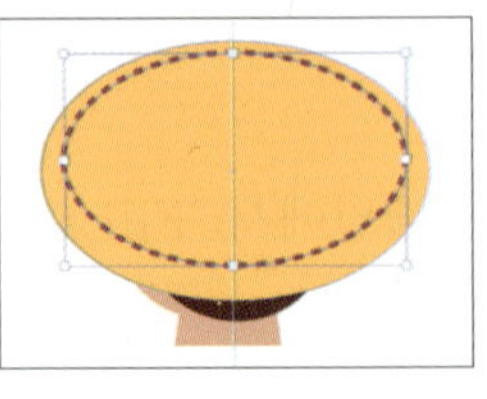

04 Ellipse Tool(◉)로 드래그하여 크기가 다른 3개의 원형을 겹치도록 그리고 Color 패널에서 'Fill Color : C50M80Y80, M20Y80, M30Y100, Stroke Color : None'을 각각 지정하고 배치합니다.

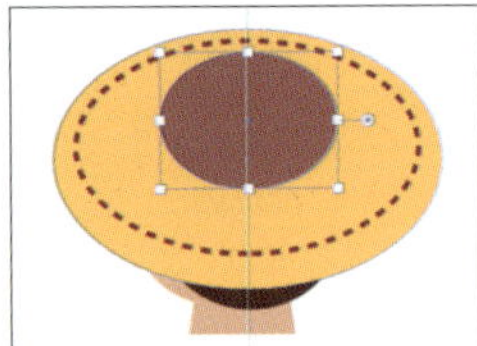 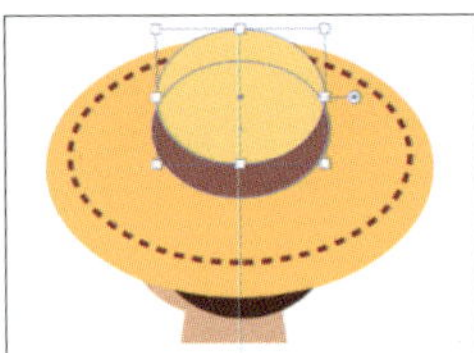 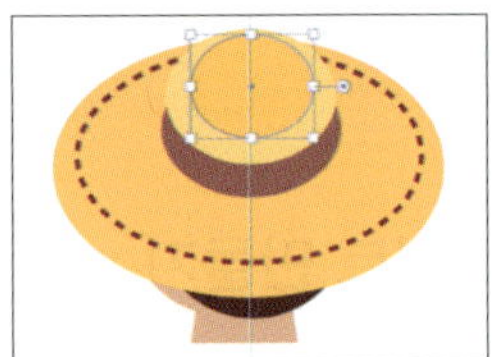

05 Selection Tool(▶)로 Alt 를 누른 채 오른쪽 하단으로 드래그하여 복사하고 2개의 원형을 함께 선택하여 Pathfinder 패널에서 'Minus Front(▣)'를 클릭합니다.

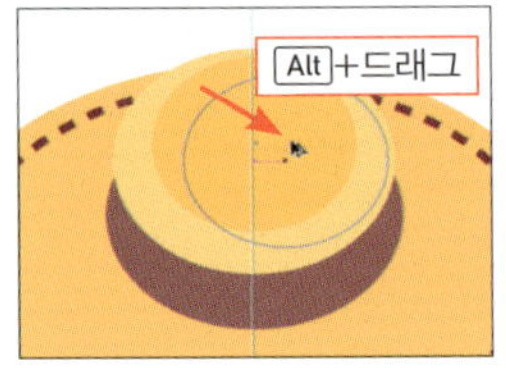

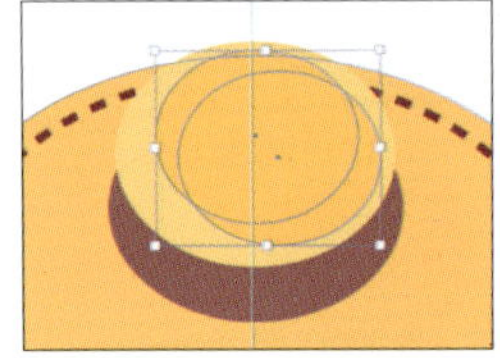 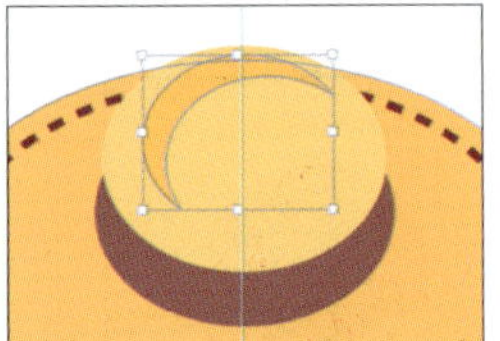

06 Rounded Rectangle Tool(▢)로 작업 도큐먼트를 클릭하고 'Width : 63mm, Height : 47mm, Corner Radius : 20mm'를 입력하여 그리고 Color 패널에서 'Fill Color : C60M80Y90K60, Stroke Color : None'을 지정합니다. Direct Selection Tool(▷)로 드래그하여 2개의 고정점을 선택하고 Scale Tool(⊡)을 더블 클릭하여 'Uniform : 110%'를 지정하여 패스의 크기를 확대합니다.

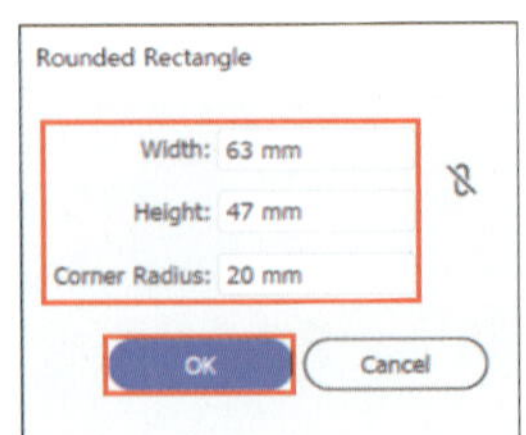

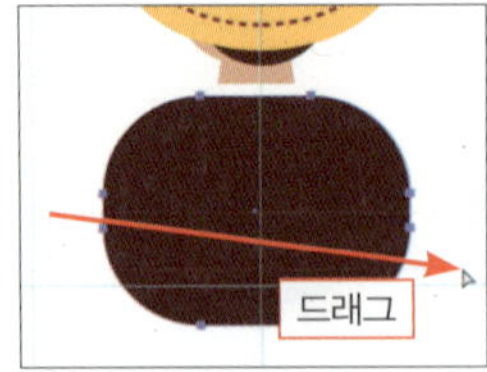

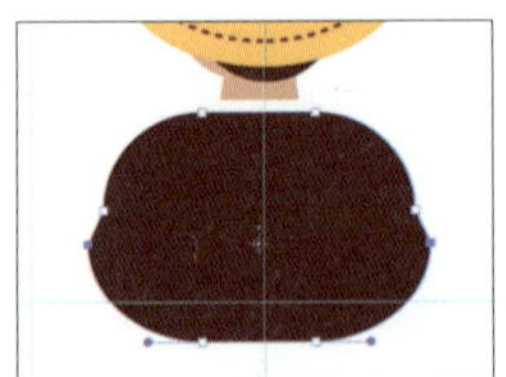

07 Rounded Rectangle Tool(▣)로 작업 도큐먼트를 클릭하고 'Width : 47mm, Height : 54mm, Corner Radius : 20mm'를 입력하여 그리고 Color 패널에서 'Fill Color : C50M100Y100K20, Stroke Color : None'을 지정합니다.

08 Selection Tool(▶)로 더블 클릭하여 Isolation Mode로 전환합니다. Ellipse Tool(◉)로 작업 도큐먼트를 클릭하고 'Width : 60mm, Height : 23mm'를 입력하여 그리고 Color 패널에서 'Fill Color : None, Stroke Color : C20Y20'을 지정하고 Stroke 패널에서 'Weight : 3pt'를 지정합니다. Direct Selection Tool(▷)로 클릭하여 하단 고정점을 선택하고 Delete 를 눌러 삭제하고 [Object]-[Path]-[Outline Stroke]를 선택하여 선을 면으로 확장합니다.

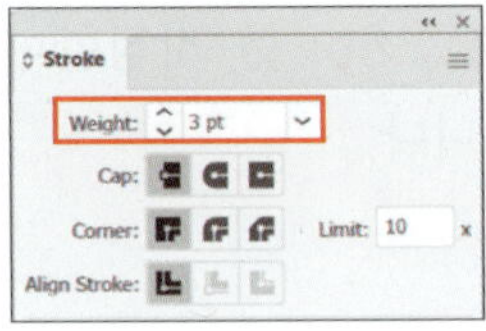
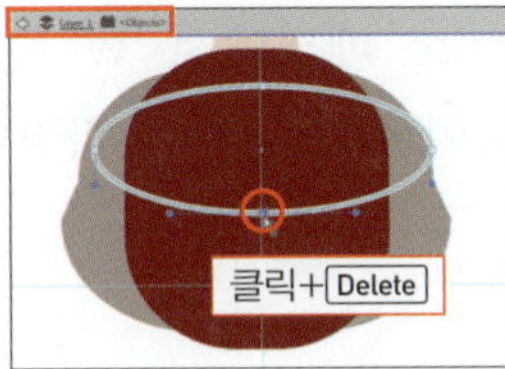

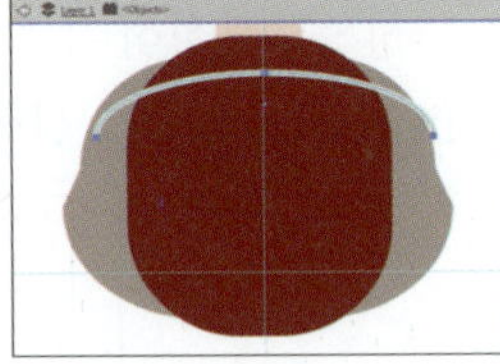
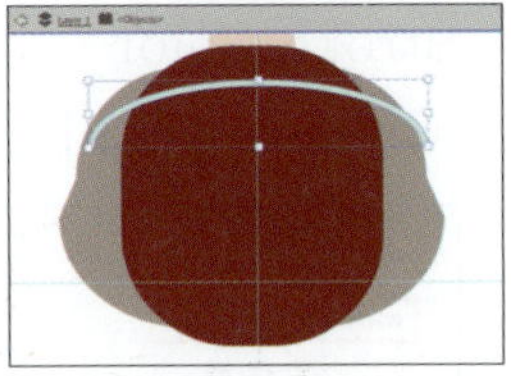

09 [Object]-[Transform]-[Move]를 선택하고 'Horizontal : 0mm, Vertical : 4mm'을 지정하고 [Copy]를 눌러 하단으로 이동하여 복사하고 Ctrl + D 를 8번 눌러 반복하며 이동 복사합니다.

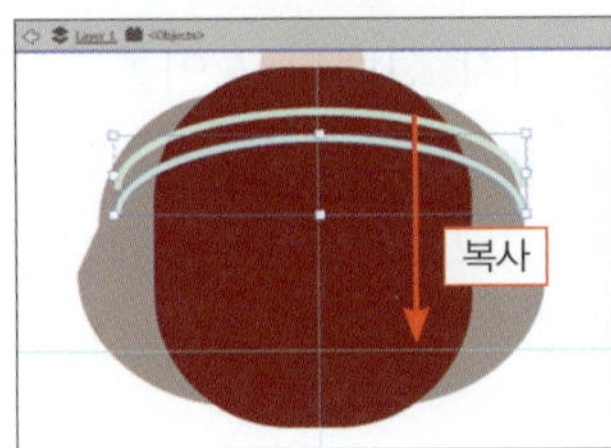

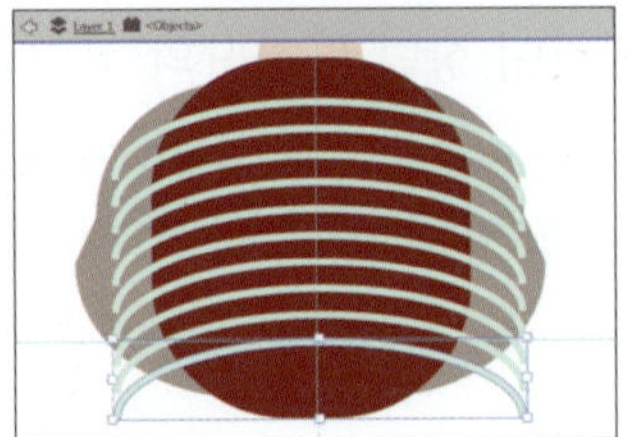

10 Selection Tool(▶)로 중앙의 오브젝트를 선택하고 Ctrl + C 로 복사하고 Ctrl + F 로 복사한 오브젝트 앞에 붙여넣기를 합니다. Shift + Ctrl +] 를 눌러 맨 앞으로 가져오기를 하고 Color 패널에서 'Fill Color : None, Stroke Color : None'을 지정합니다.

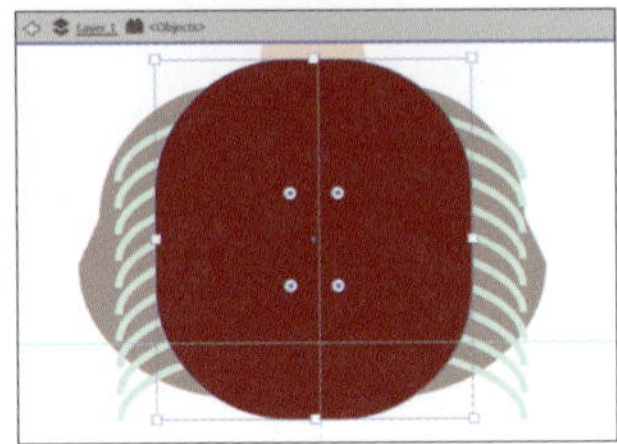
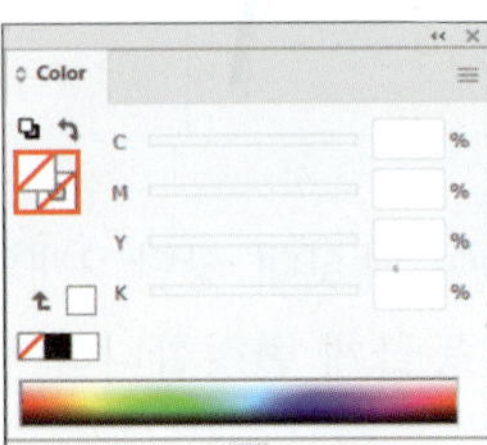
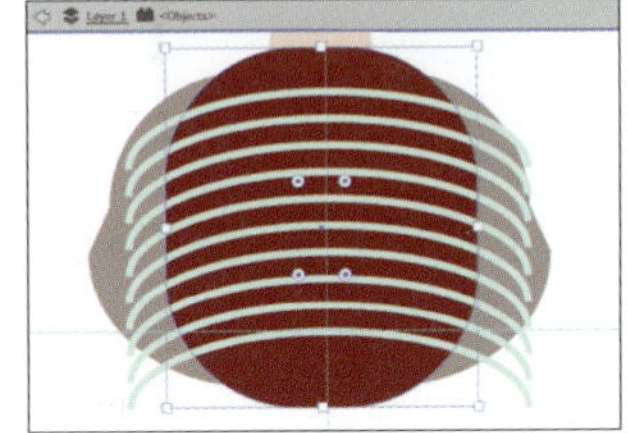

11 Selection Tool( )로 Shift 를 누른 채 드래그하여 줄무늬 모양의 오브젝트를 함께 선택하고
Pathfinder 패널에서 'Crop( )'를 클릭하고 Esc 를 눌러 정상 모드로 전환합니다. 낚시배
오브젝트의 뒤로 배치합니다.

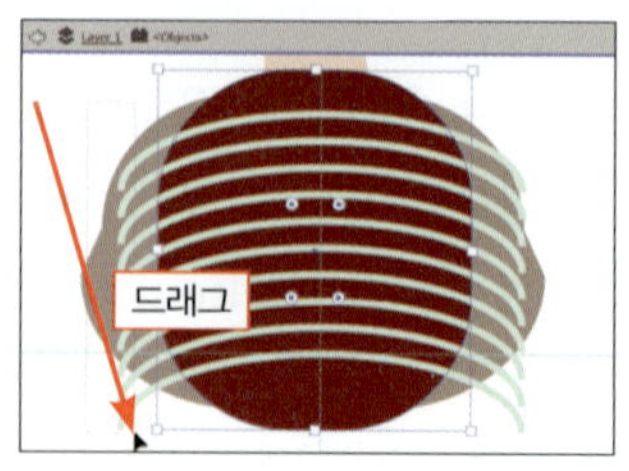
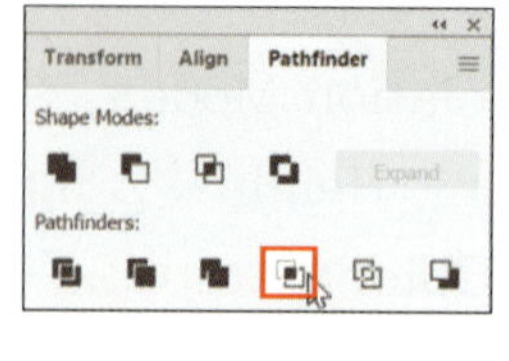
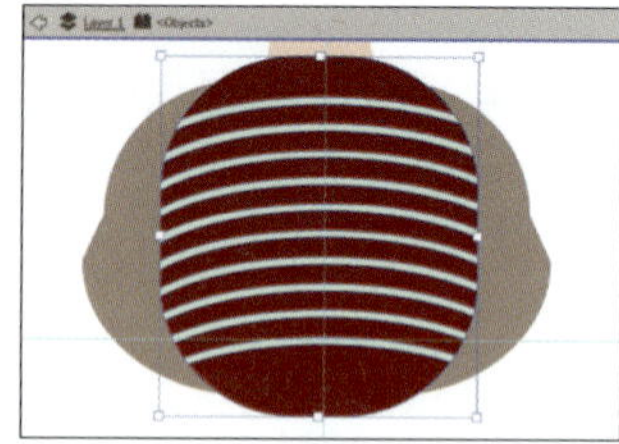

12 Pen Tool( )로 드래그하여 열린 곡선 패스를 그리고 Color 패널에서 'Fill Color : None,
Stroke Color : 임의 색상'을 지정하여 Stroke 패널에서 'Weight : 8pt'를 지정합니다.
[Object]-[Path]-[Outline Stroke]를 선택하여 선을 면으로 확장합니다.

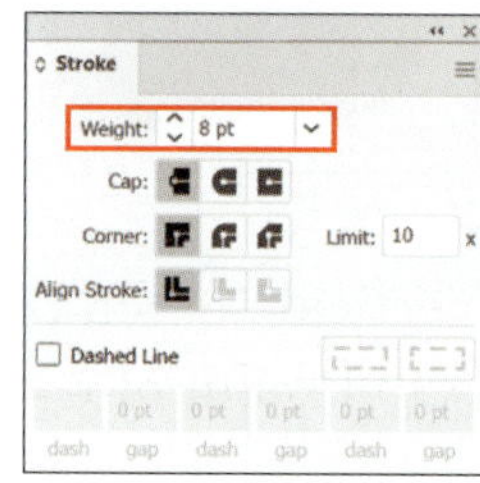
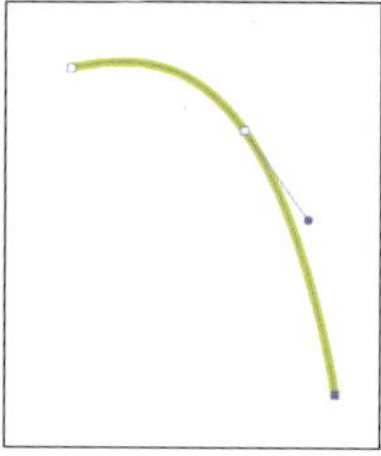
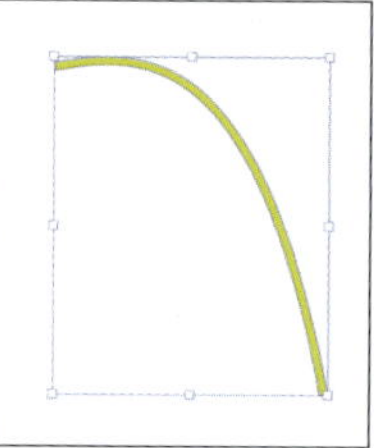

13 Direct Selection Tool( )로 클릭하여 상단과 하단의 고정점을 각각 선택하고 이동하여 패
스를 변형하고 Color 패널에서 'Fill Color : K100, Stroke Color : None'을 지정합니다.
Pen Tool( )로 드래그하여 낚싯줄 모양의 열린 곡선 패스를 그리고 Color 패널에서 'Fill
Color : None, Stroke Color : K100'을 지정하고 Stroke 패널에서 'Weight : 2pt'를 지정
합니다.

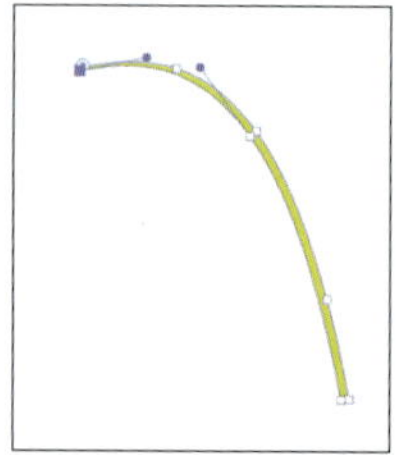
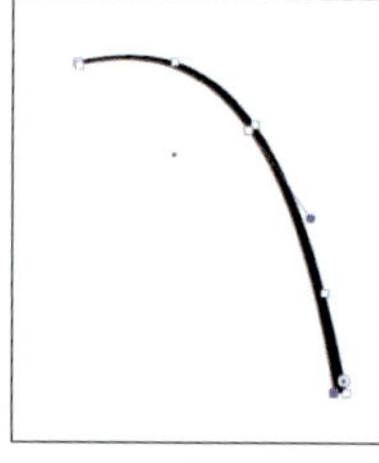
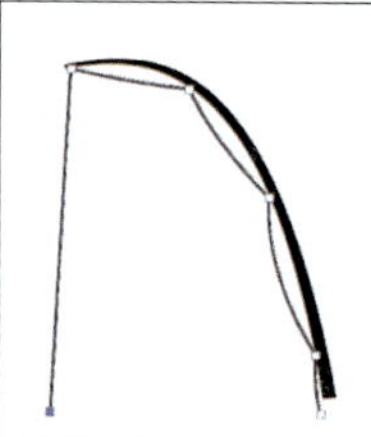

14 Direct Selection Tool( )로 드래그하여 낚싯대 상단 2개의 고정점을 선택하고 모서리 안
쪽의 둥근 점( )을 드래그하여 모서리를 둥글게 변형합니다.

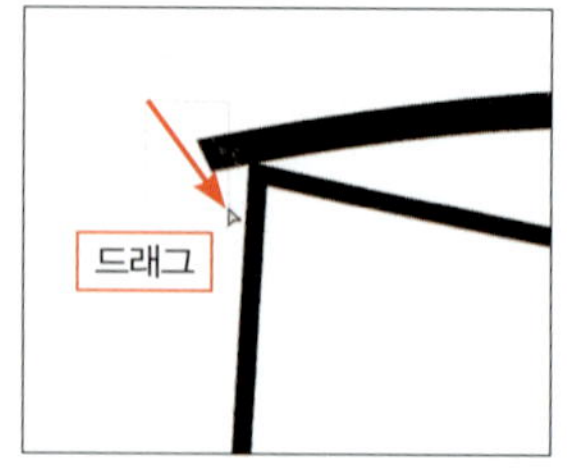

15 Rectangle Tool(□)로 드래그하여 사각형을 그리고 Color 패널에서 'Fill Color : K100, Stroke Color : None'을 지정합니다. Direct Selection Tool(▷)로 드래그하여 하단 2개의 고정점을 선택하고 모서리 안쪽의 둥근 점(◉)을 드래그하여 모서리를 둥글게 변형합니다. Selection Tool(▶)로 바운딩 박스의 조절점 밖을 드래그하고 회전하여 배치합니다.

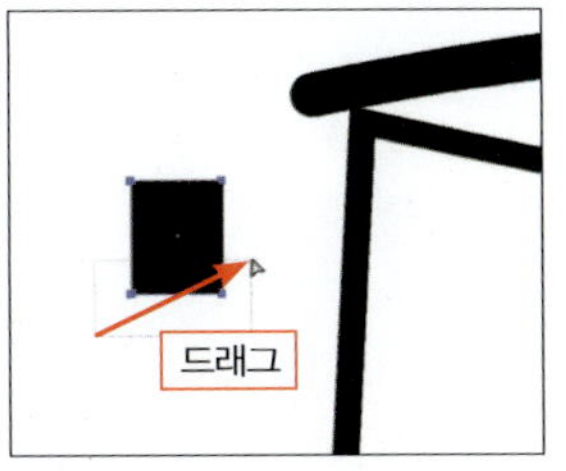

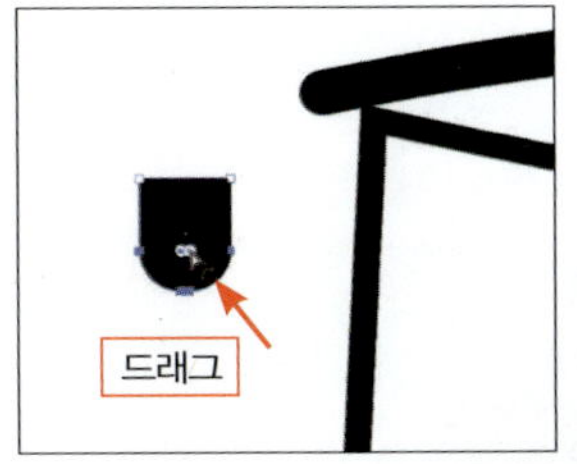

16 Selection Tool(▶)로 Alt 를 누른 채 드래그하여 복사하고 바운딩 박스로 회전을 조절하여 각각의 위치에 배치합니다. 낚시대 오브젝트를 모두 선택하고 Ctrl + G 로 그룹을 지정하고 Ctrl + [를 여러 번 눌러 낚시꾼 오브젝트의 뒤로 보내기를 합니다.

17 Ellipse Tool(◯)로 드래그하여 크기가 다른 2개의 타원형을 그리고 Color 패널에서 'Fill Color : None, Stroke Color : C0M0Y0K0'를 지정하고 Stroke 패널에서 'Weight : 12pt, 9pt, Profile : Width Profile 1'을 각각 지정합니다. Selection Tool(▶)로 함께 선택하고 [Object]-[Path]-[Outline Stroke]를 선택하여 선을 면으로 확장합니다. Ctrl + [를 여러 번 눌러 낚싯줄 오브젝트의 뒤로 보내기를 합니다.

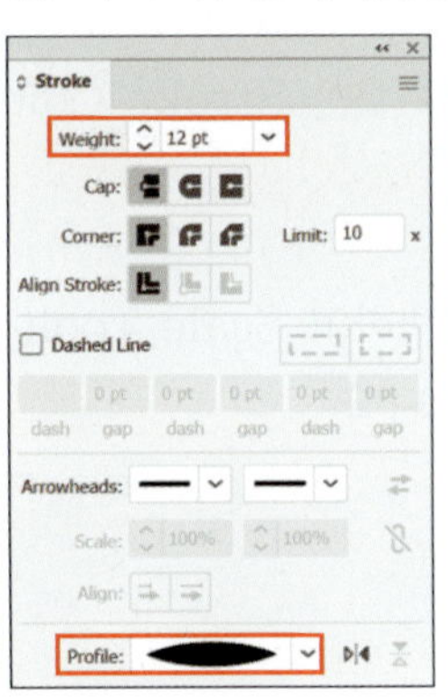

> **기적의 TIP**
>
> 타원형을 그릴 때 드래그를 시작하는 위치에 따라 Width Profile 1'의 지정 후 모양이 달라집니다. 본 예제와 동일한 모양을 표현하려면 오른쪽 상단에서 왼쪽 하단으로 드래그하여 그립니다.

18 Pencil Tool(✏)로 드래그하여 3개의 닫힌 패스를 그리고 Color 패널에서 'Fill Color : C80M40Y10K20, Stroke Color : None'을 지정합니다. 낚시배 앞쪽의 패스를 선택하고 Ctrl + [를 여러 번 눌러 낚시배 오브젝트의 뒤로 보내기를 합니다.

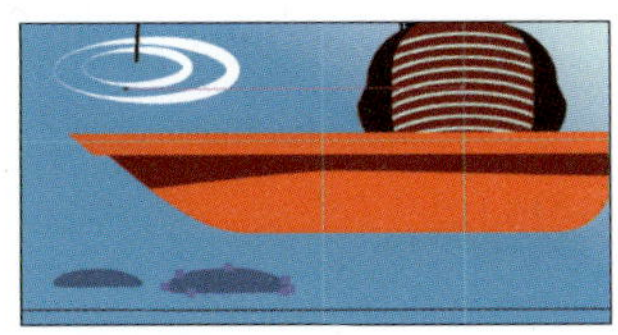

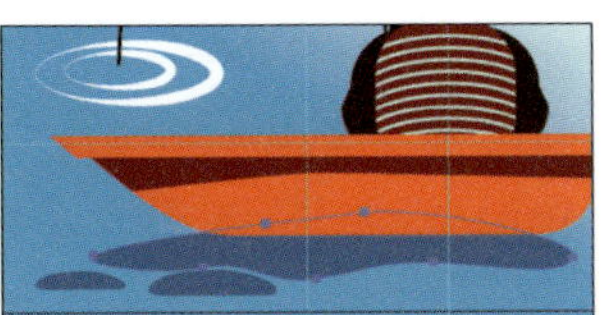

01 Selection Tool(▶)로 낚시배, 낚시꾼, 낚시대 오브젝트를 모두 선택하고 Ctrl + G 로 그룹으로 지정합니다. [Effect]–[Illustrator Effects]–[Stylize]–[Drop Shadow]를 선택하고 'Opacity : 70%, X Offset : 2mm, Y Offset : 3mm, Blur : 2mm'를 지정하여 그림자 효과를 적용합니다.

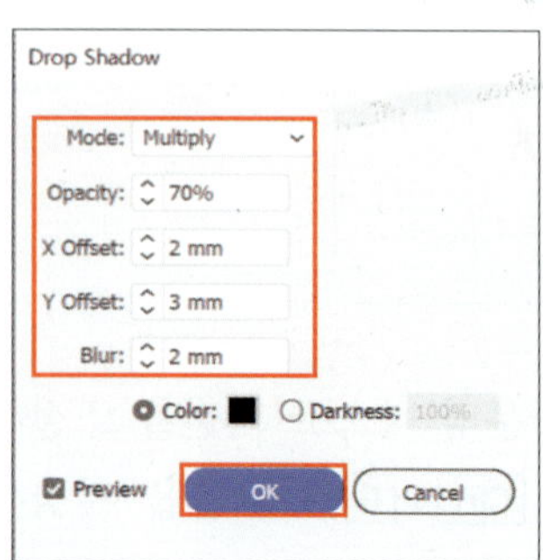

🏁 **기적의 TIP**

[Properties] 패널에서 [Appearance] 항목의 fx 를 눌러 [Stylize]–[Drop Shadow]를 바로 적용할 수 있습니다.

● 07 물고기와 양동이 오브젝트 만들기

01 Rectangle Tool(■)로 작업 도큐먼트를 클릭하고 'Width : 30mm, Height : 22mm'를 입력하여 그리고 배치합니다. Color 패널에서 'Fill Color : C10M20Y20, Stroke Color : None'을 지정합니다.

02 Direct Selection Tool(▷)로 드래그하여 하단 2개의 고정점을 선택하고 Scale Tool(⬚)을 더블 클릭하여 'Uniform : 80%'를 지정하여 패스의 크기를 축소합니다.

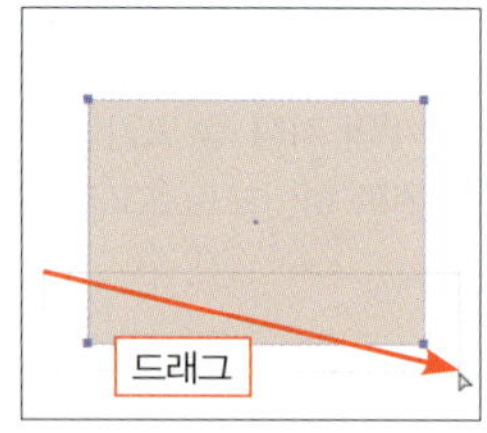

03 Ellipse Tool(◉)로 드래그하여 크기가 다른 2개의 타원형을 겹치도록 그리고 Color 패널에서 'Fill Color : M80Y90, C80M40Y10K20, Stroke Color : None'을 각각 지정하고 배치합니다. 계속해서 Ellipse Tool(◉)로 작업 도큐먼트를 클릭하여 'Width : 35mm, Height : 20mm'을 입력하여 그리고 Color 패널에서 'Fill Color : None, Stroke Color : 임의 색상'을 지정하고 Stroke 패널에서 'Weight : 4pt'를 지정하고 배치합니다.

04 Direct Selection Tool(△)로 클릭하여 2개의 고정점을 선택하고 [Object]-[Transform]-[Move]를 선택하고 'Horizontal : 0mm, Vertical : 3mm'을 지정하고 [OK]를 눌러 하단으로 이동합니다. [Object]-[Path]-[Add Anchor Points]로 고정점을 추가하고 Direct Selection Tool(△)로 상단 중앙의 고정점을 선택하여 Delete 를 눌러 삭제하고 [Object]-[Path]-[Outline Stroke]를 선택하여 선을 면으로 확장합니다.

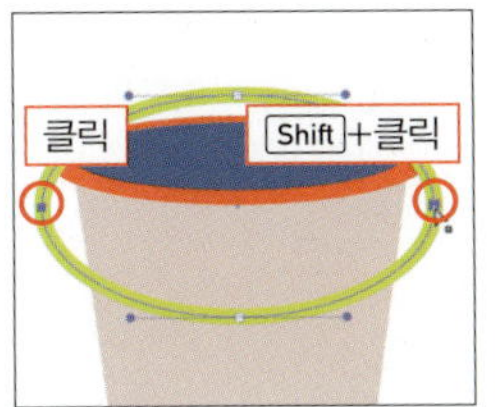

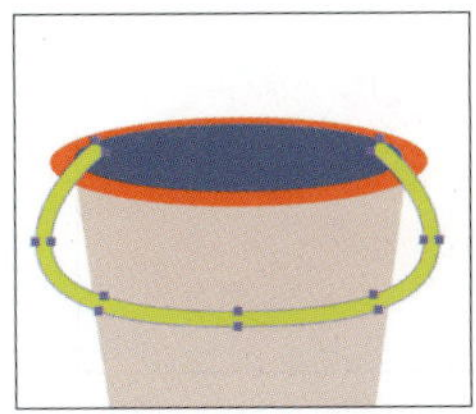

05 Rounded Rectangle Tool(▢)로 드래그하여 손잡이를 그리고 Color 패널에서 'Fill Color : C50M80Y80, Stroke Color : None'을 지정하고 배치합니다.

06 Ellipse Tool(◯)로 작업 도큐먼트를 클릭하여 'Width : 32mm, Height : 19mm'를 입력하여 그리고 Color 패널에서 'Fill Color : M30Y100, Stroke Color : None'을 지정합니다. Direct Selection Tool(△)로 오른쪽 고정점을 선택하고 Scale Tool(▦)을 더블 클릭하여 'Uniform : 30%'를 지정하여 패스의 크기를 축소합니다.

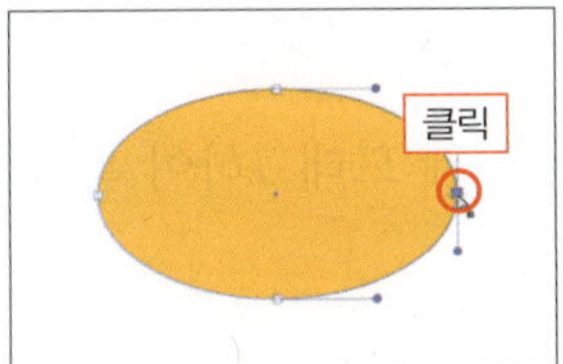

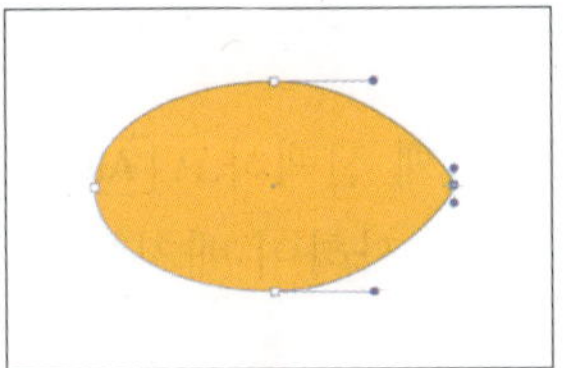

07 Pen Tool(✎)로 클릭하여 지느러미 절반 모양을 그리고 Reflect Tool(◁▷)로 Alt 를 누른 채 하단 고정점에 클릭하여 'Axis : Horizontal'을 지정하고 [Copy]를 눌러 복사합니다. Selection Tool(▶)로 3개의 오브젝트를 함께 선택하고 Pathfinder 패널에서 'Unite(▣)'를 클릭하고 Color 패널에서 'Fill Color : M30Y100, Stroke Color : None'을 지정합니다.

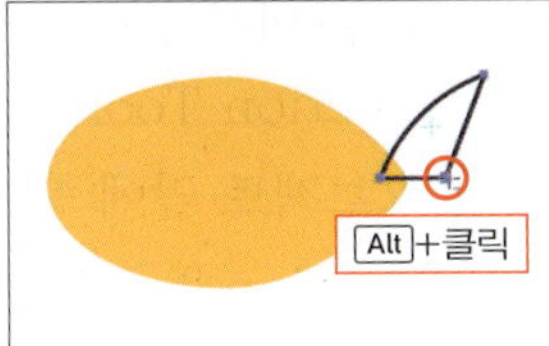

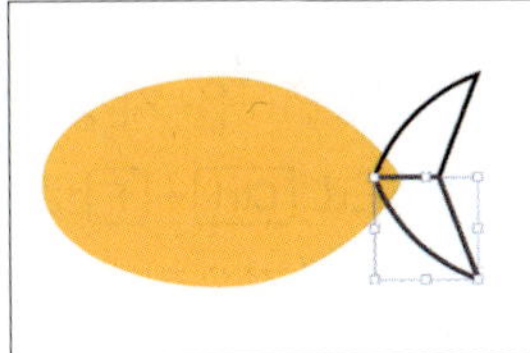

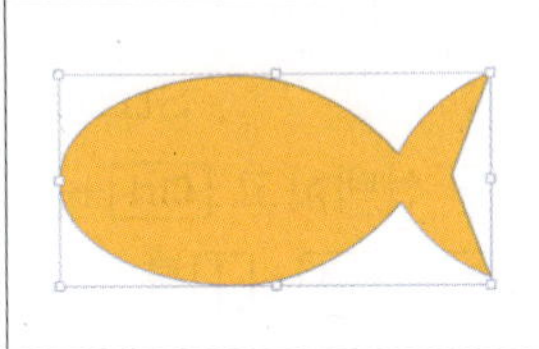

08 Ellipse Tool(◉)로 작업 도큐먼트를 클릭하여 'Width : 5mm, Height : 6mm'를 입력하여 그리고 Color 패널에서 'Fill Color : None, Stroke Color : 임의 색상'을 지정하고 배치합니다. Rectangle Tool(▣)로 드래그하여 사각형을 겹치도록 그리고 Selection Tool(▶)로 오브젝트를 함께 선택하고 Pathfinder 패널에서 'Minus Front(◪)'를 클릭합니다. Color 패널에서 'Fill Color : M80Y90, Stroke Color : None'을 지정합니다.

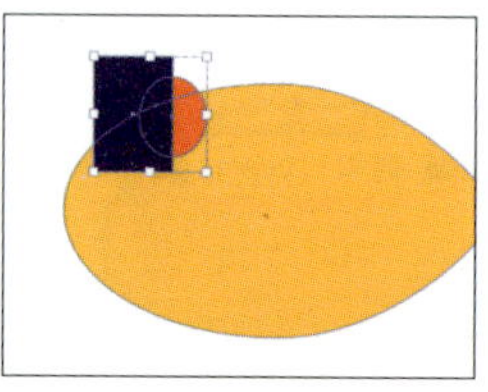
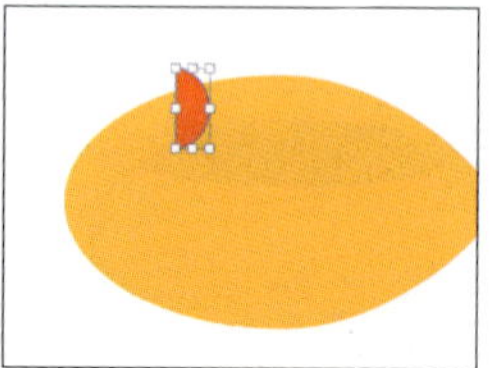

09 [Object]-[Transform]-[Move]를 선택하고 'Horizontal : 0mm, Vertical : 6.7mm'을 지정하고 [Copy]를 눌러 하단으로 이동하여 복사하고 Ctrl+D를 2번 눌러 반복하며 이동 복사합니다.

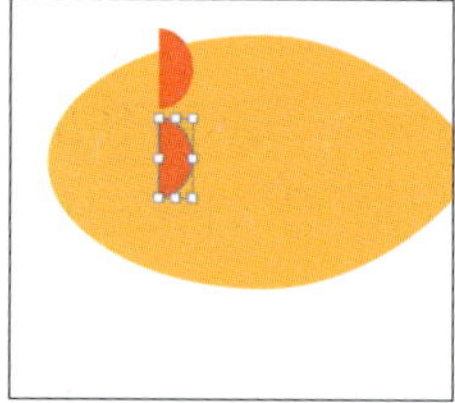
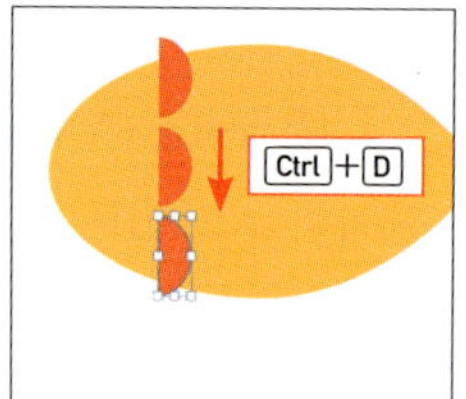
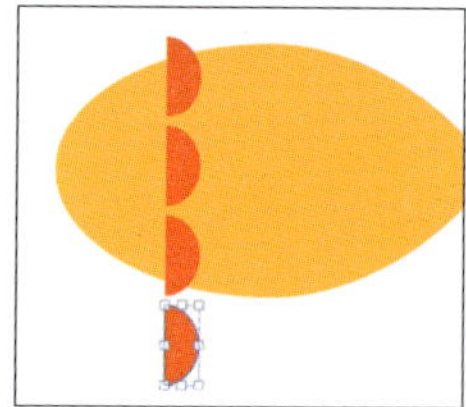

10 Selection Tool(▶)로 4개의 오브젝트를 함께 선택하고 Alt를 누른 채 드래그하여 복사합니다. 《출력형태》를 참조하여 동일한 방법으로 복사하여 배치합니다.

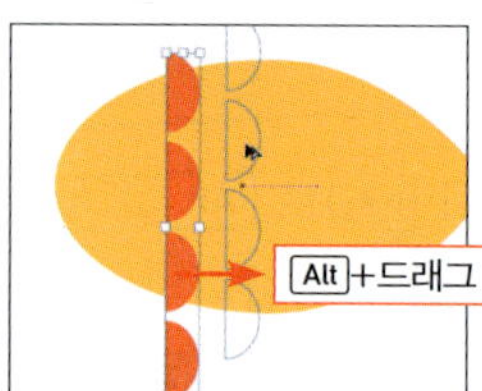

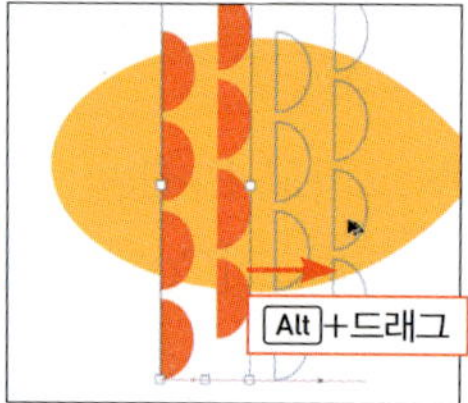

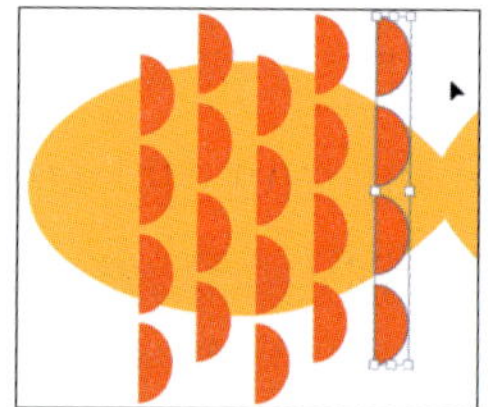

11 Pen Tool(✎)로 클릭하여 지느러미 모양과 겹치도록 3개의 닫힌 패스를 그리고 Color 패널에서 'Fill Color : M80Y90, Stroke Color : None'을 지정합니다. Selection Tool(▶)로 물고기 오브젝트를 선택하고 Ctrl+C로 복사하고 Ctrl+F로 복사한 오브젝트 앞에 붙여넣기를 합니다. Shift+Ctrl+]를 눌러 맨 앞으로 가져오기를 합니다. Selection Tool(▶)로 드래그하여 오브젝트를 함께 선택하고 Pathfinder 패널에서 'Crop(◪)'를 클릭합니다.

12 Rotate Tool(↻)을 더블 클릭하여 'Angle : 50°'를 입력하고 회전하고 양동이 오브젝트 상단에 배치합니다. Line Segment Tool(/)로 Shift 를 누른 채 드래그하여 수평선을 겹치도록 그립니다. Selection Tool(▶)로 2개의 타원형 오브젝트와 함께 선택하고 Pathfinder 패널에서 'Divide(⬚)'를 클릭합니다.

13 Shift + Ctrl + G 로 그룹을 해제하고 뒤쪽 2개의 오브젝트를 Ctrl + [로 뒤로 보내기를 합니다. Selection Tool(▶)로 양동이의 손잡이 고리 모양을 선택하고 Color 패널에서 'Fill Color : C0M0Y0K0, Stroke Color : None'을 지정합니다. 양동이와 물고기 오브젝트를 함께 선택하고 Ctrl + G 로 그룹을 지정하고 Ctrl + [를 여러 번 눌러 보트 뒤쪽을 배치합니다.

08 심볼 오브젝트 만들고 등록하기

01 Pen Tool(✏)로 드래그하여 열린 곡선 패스를 그리고 Color 패널에서 'Fill Color : None, Stroke Color : C90M10Y100'을 지정하고 Stroke 패널에서 'Weight : 3pt'를 지정합니다. [Object]-[Path]-[Outline Stroke]를 선택하여 선을 면으로 확장합니다.

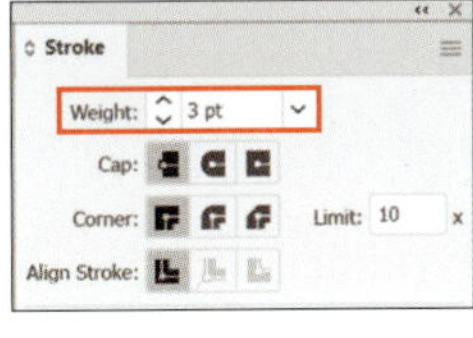

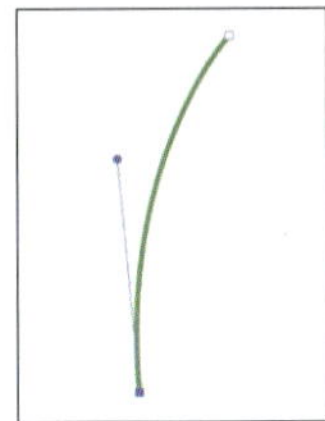
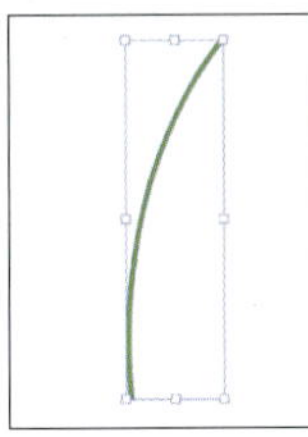

02 Ellipse Tool( )로 작업 도큐먼트를 클릭하여 'Width : 7mm, Height : 32mm'을 입력하여 그리고 Color 패널에서 'Fill Color : C90M10Y100, Stroke Color : None'을 지정합니다. Anchor Point Tool( )로 타원의 상단 고정점을 클릭하여 뾰족하게 변형합니다.

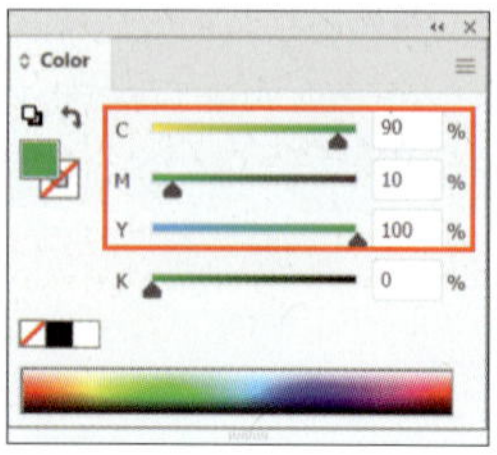

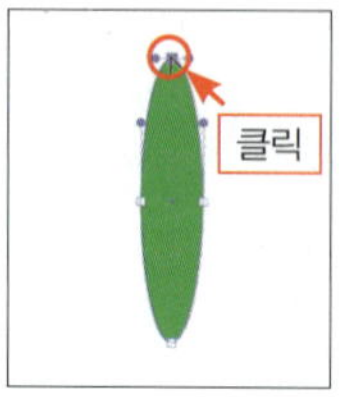

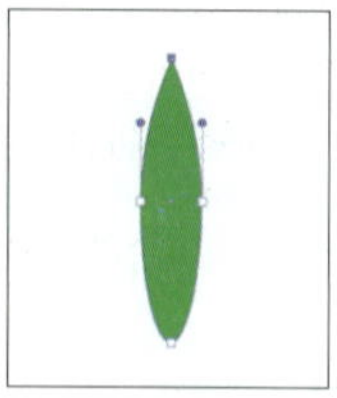

03 Selection Tool( )로 잎 모양을 선택하고 Rotate Tool( )을 더블 클릭하여 'Angle : −30°'를 입력하고 회전하고 배치합니다. Scale Tool( )을 더블 클릭하여 'Uniform : 80%'를 지정하여 [Copy]를 지정하고 축소 복사 후 상단에 배치합니다.

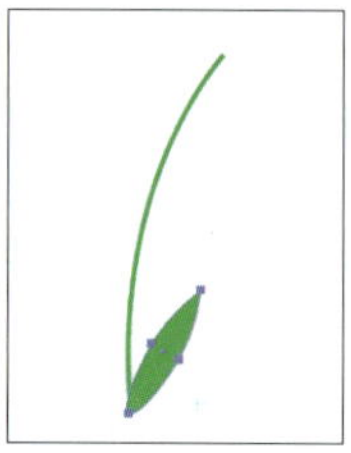

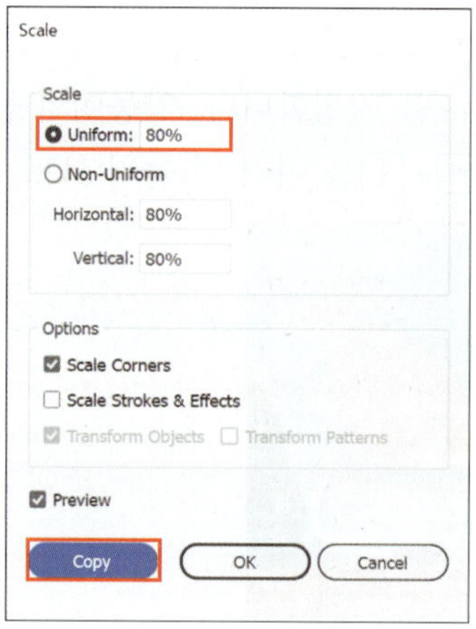

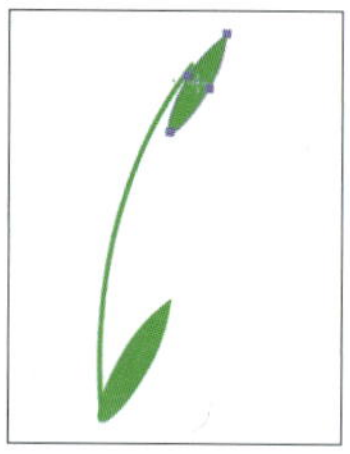

04 Selection Tool( )로 2개의 잎 모양을 선택한 후 [Object]−[Blend]−[Make]를 적용하고 [Object]−[Blend]−[Blend Options]로 'Specified Steps : 3'을 지정한 후 [Object]−[Blend]−[Expand]로 확장합니다.

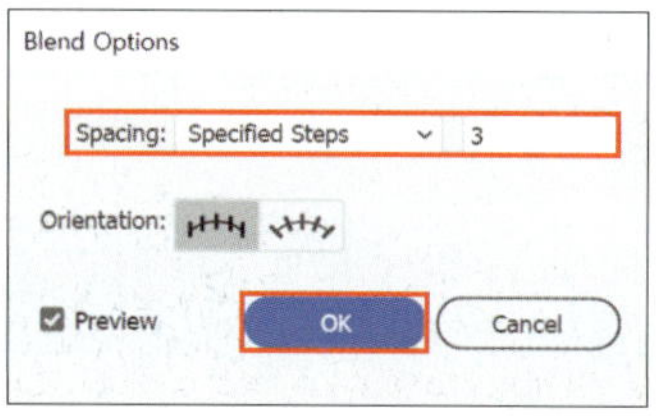

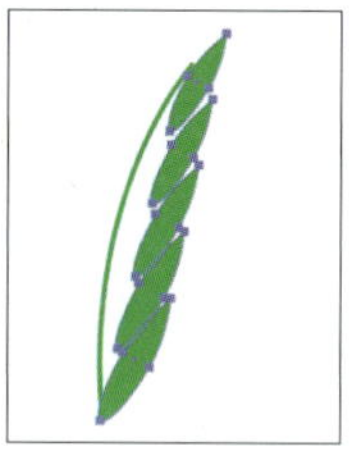

05 Shift+Ctrl+G로 그룹을 해제하고 Selection Tool( )로 바운딩 박스의 조절점을 조절하여 각각 회전과 크기를 조절하고 배치합니다. Direct Selection Tool( )로 고정점을 선택하고 이동하여 패스의 모양을 변형합니다.

06 Reflect Tool(◀)을 더블 클릭하여 'Axis : Vertical'을 지정하고 [Copy]를 지정하고 복사하고 Selection Tool(▶)로 바운딩 박스의 조절점을 조절하여 회전하고 배치합니다. Selection Tool(▶)로 바운딩 박스의 조절점을 조절하고 Direct Selection Tool(▷)로 고정점을 이동하여 패스의 모양을 변형하고 각각 배치합니다.

> **기적의 TIP**
>
> 대칭적인 위치에 배치하기 위해 Reflect Tool(◀)로 복사하여 배치합니다.

07 Ellipse Tool(◯)로 **Shift**를 누른 채 드래그하여 크기가 다른 정원을 3개 그리고 Color 패널에서 'Fill Color : C90M10Y100K40, Stroke Color : None'을 지정하고 배치합니다. Selection Tool(▶)로 모두 선택하고 **Ctrl**+**G**로 그룹을 지정합니다.

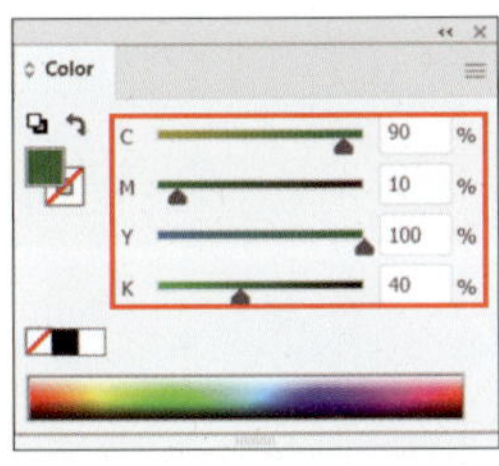

08 Scale Tool(▭)을 더블 클릭하여 'Uniform : 80%'를 지정하여 [Copy]를 선택하고 축소 복사합니다. Rotate Tool(↻)을 더블 클릭하여 'Angle : 30°'를 입력하고 회전 후 배치합니다.

09 Selection Tool(▶)로 더블 클릭하여 Isolation Mode로 전환합니다. 잎 모양을 모두 선택하고 Color 패널에서 'Fill Color : C90M20Y100K40, Stroke Color : None'을 지정합니다. 3개의 정원을 선택하여 Color 패널에서 'Fill Color : C70M10Y100, Stroke Color : None'을 지정하고 **Esc**를 눌러 정상 모드로 전환합니다.

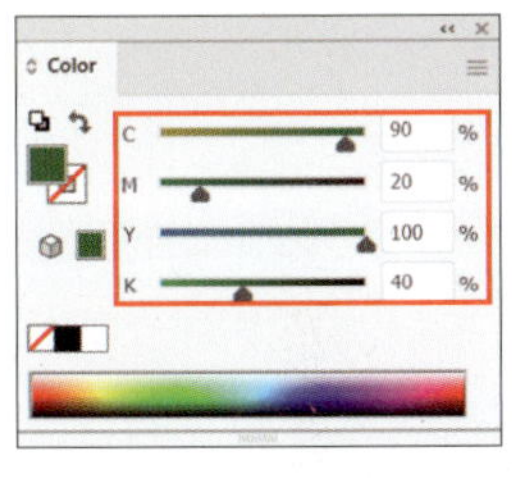

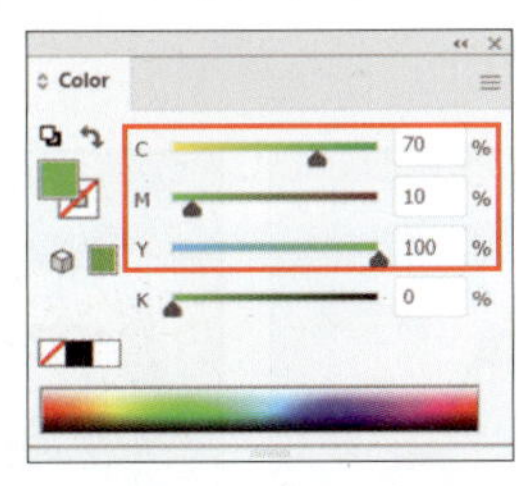
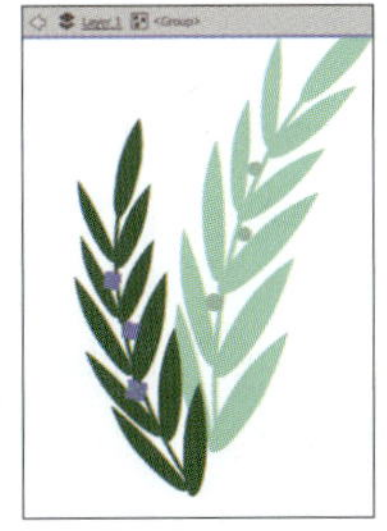

10 Selection Tool(▶)로 2개의 오브젝트를 함께 선택한 후 Symbols 패널 하단의 'New Symbol(⊞)'을 클릭하고 [Symbols Options] 대화상자에서 'Name : water plant, Type : Graphic'을 지정하여 심볼로 등록합니다. Delete 를 눌러 도큐먼트의 심볼 오브젝트를 삭제합니다

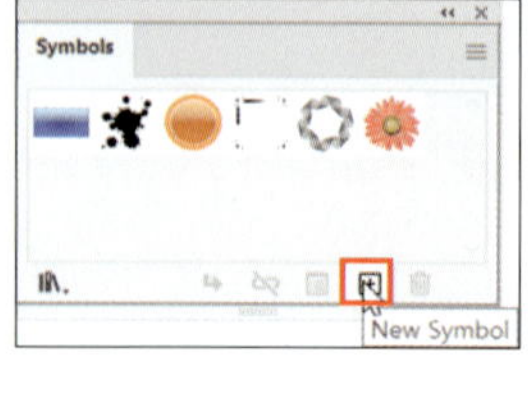
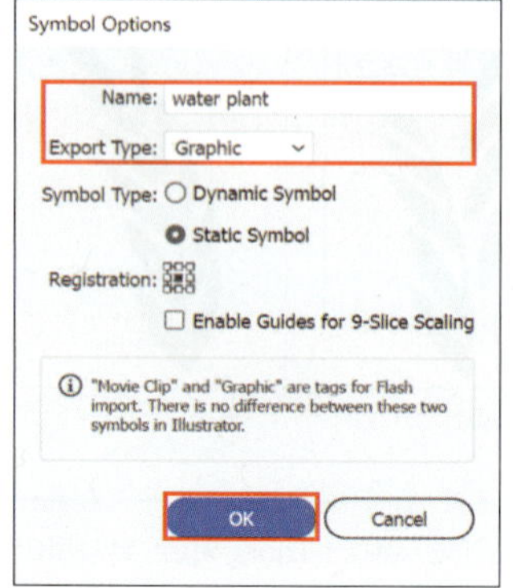

09 심볼 적용 및 편집하기

01 Symbols 패널에서 등록된 'water plant' 심볼을 선택하고 Symbol Sprayer Tool(🖭)로 작업 도큐먼트를 클릭하여 심볼을 뿌려 줍니다.

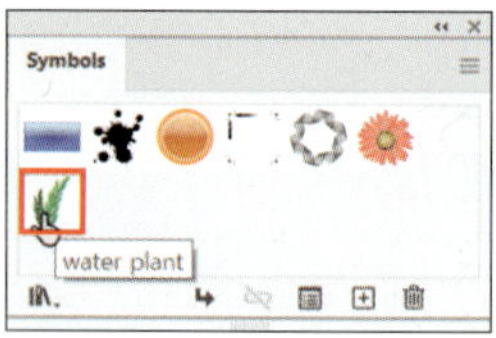

🏳 **기적**의 TIP

• 작업 시간을 단축하기 위해 제시된 개수만큼 Symbol Sprayer Tool(🖭)로 클릭하여 배치하고 편집합니다.
• 불필요하게 뿌려진 심볼은 Alt 를 누른 채 클릭하면 삭제할 수 있습니다.

02 Symbol Sizer Tool(🖭)로 Alt 를 누르고 클릭하여 심볼의 크기를 축소하고 Symbol Shifter Tool(🖭)로 심볼의 위치를 이동시킨 후 Symbol Spinner Tool(🖭)로 일부를 회전하여 배치합니다.

03 Symbol Screener Tool( )로 일부를 클릭하여 투명하게 하고 Symbol Stainer Tool( )
로 Swatches 패널에서 제시된 출력형태와 유사한 색상을 Fill Color로 선택한 후 일부에 클
릭하여 색조의 변화를 적용합니다.

 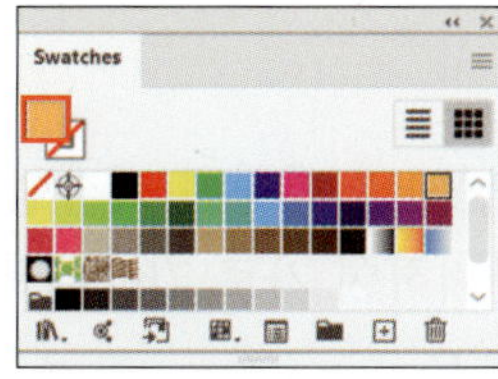 

⑩ 브러쉬 적용하기

01 Brushes 패널 하단의 'Brush Libraries Menu( )'를 클릭하고 [Decorative]－
[Decorative_Scatter]를 선택하여 추가 브러쉬 패널을 불러온 후 'Bubbles'를 선택합니다.

02 Paintbrush Tool( )로 드래그하여 작업 도큐먼트를 완전히 벗어나는 곡선의 패스를 그리
고 Color 패널에서 'Fill Color : None, Stroke Color : 임의 색상'을 지정하고 Stroke 패널
에서 'Weight : 2pt'를 지정합니다. Ctrl + [를 여러 번 눌러 낚시배 그룹보다 뒤로 보내기를
합니다.

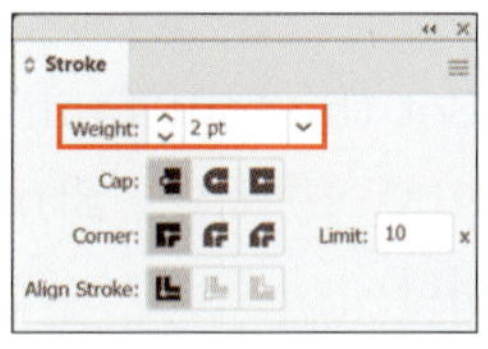  

⑪ 문자 입력 및 왜곡하기

01 Rectangle Tool( )로 작업 도큐먼트 상단 중앙에 드래그하여 그리고 Color 패널에서 'Fill
Color : C10M20Y20, Stroke Color : None'을 지정합니다. Direct Selection Tool( )
로 하단 2개의 고정점을 선택하고 Scale Tool( )로 안쪽으로 드래그하여 패스를 축소하고
모서리 안쪽의 둥근 점( )을 드래그하여 모서리를 둥글게 변형합니다.

02 Type Tool(T)로 작업 도큐먼트를 클릭한 후 Character 패널에서 'Set the font family : Times New Roman, Set the font style : Bold, Set the font size : 22pt'를 설정하고 Color 패널에서 'Fill Color : C50M80Y80, Stroke Color : None'을 지정한 후 'I Like the Ocean'을 입력합니다.

03 Selection Tool(▶)로 'I Like the Ocean' 문자와 변형된 사각형을 함께 선택하고 Align 패널에서 'Horizontal Align Center(♣)'를 클릭하여 가로 가운데 정렬을 지정합니다.

04 Type Tool(T)로 작업 도큐먼트를 클릭한 후 Character 패널에서 'Set the font family : Times New Roman, Set the font style : Bold, Set the font size : 50pt'를 설정하고 Color 패널에서 'Fill Color : C100M90Y50K20, Stroke Color : None'을 지정한 후 'Let's Go Fishing!'을 입력합니다.

05 Selection Tool(▶)로 'Let's Go Fishing!' 문자를 선택하고 [Object]−[Envelope Distort]−[Make with Warp]를 선택한 후 대화상자에서 'Style : Arc Lower, Horizontal : 체크, Bend : 40%'를 지정하여 글자를 왜곡시킵니다.

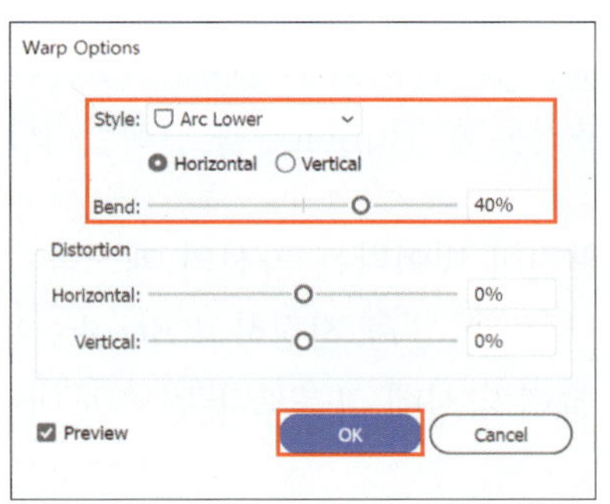
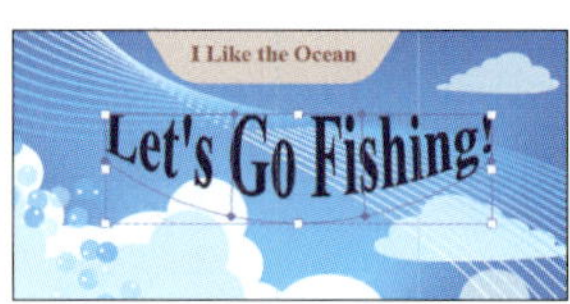

06 Type Tool(T)로 작업 도큐먼트를 클릭한 후 Character 패널에서 'Set the font family : Dotum, Set the font size : 18pt'를 설정하고 'Fill Color : C50M100Y100K20, Stroke Color : None'을 지정한 후 '바다에서 여유를 느껴보세요~'를 입력합니다.

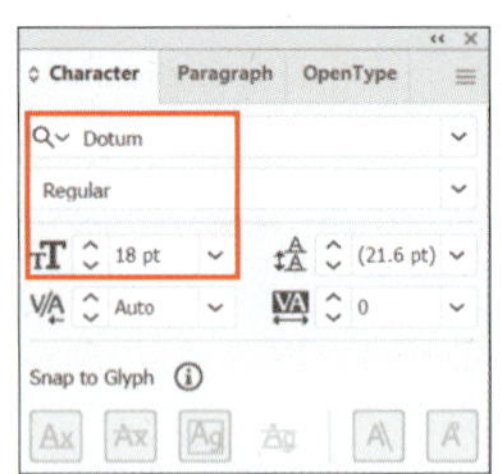
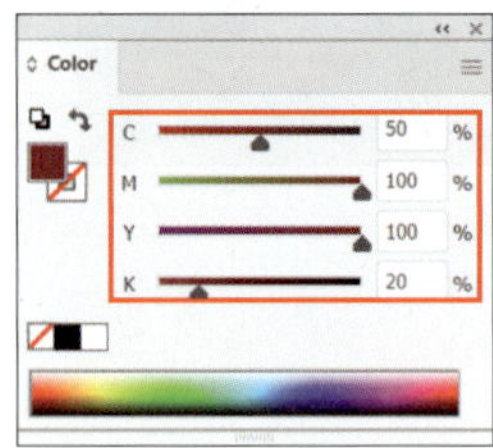
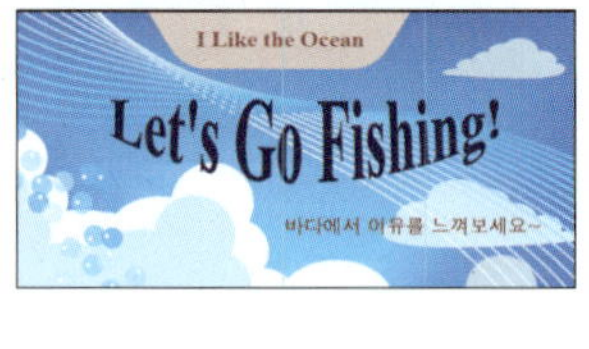

07 Selection Tool(▶)로 '바다에서 여유를 느껴보세요~' 문자를 선택하고 [Object]−[Envelope Distort]−[Make with Warp]를 선택한 후 대화상자에서 'Style : Flag, Horizontal : 체크, Bend : 100%'를 지정하여 글자를 왜곡시킵니다.

⑫ 클리핑 마스크 적용하기

01 Rectangle Tool(▣)로 작업 도큐먼트 왼쪽 상단의 원점(0,0)을 클릭한 후 대화상자에서 'Width : 210mm, Height : 297mm'를 입력하여 그리고 Color 패널에서 'Fill Color : 임의 색상, Stroke Color : None'을 지정합니다.

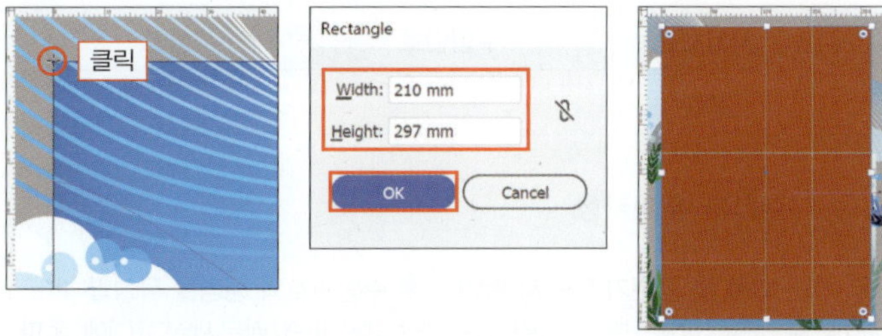

02 [Select]-[All]([Ctrl]+[A])로 오브젝트를 모두 선택하고 [Object]-[Clipping Mask]-[Make]([Ctrl]+[7])로 클리핑 마스크를 적용하여 디자인을 정리합니다.

⑬ 저장 및 답안 전송하기

01 [View]-[Guides]-[Hide Guides]([Ctrl]+[;])를 선택하여 안내선을 숨기고 [View]-[Fit Artboard in Window]([Ctrl]+[0])를 선택하여 현재 창에 맞추기를 합니다.

02 [File]-[Save As]를 선택하고 '저장 위치 : 내 PC₩문서₩GTQ, 파일 형식 : Adobe Illustrator(*AI), 파일 이름 : 수험번호-성명-문제번호.ai'를 확인하고 [저장]을 클릭한 후 [Illustrator Options] 대화상자에서 'Version : Illustrator 2020'으로 설정하고 [OK]를 클릭합니다.

03 답안 저장이 완료가 되면 [File]-[Exit]([Ctrl]+[Q])를 선택하여 일러스트레이터 프로그램을 종료하고 수험 프로그램에서 [답안 전송]을 클릭하여 감독관 컴퓨터로 전송합니다.

기출 유형 문제 02회

급수	문제유형	시험시간	수험번호	성명
1급	A	90분		

수험자 유의사항

- 수험자는 문제지를 받는 즉시 응시하고자 하는 **과목 및 급수가 맞는지 확인**한 후 수험번호와 성명을 작성합니다.
- 파일명은 본인의 "수험번호–성명–문제번호"로 공백 없이 정확히 입력하고 답안폴더(내 PC₩문서₩GTQ)에 ai 파일 포맷으로 저장해야 하며, '**다른 파일 형식으로 저장하였을 경우**' 0점 처리됩니다.
- 답안문서 파일명이 "수험번호–성명–문제번호"와 일치하지 않거나, 답안 파일을 '**전송**'하지 않는 경우 답안 파일 미제출로 불합격 처리됩니다. ※ 답안은 반드시 시험 시간 내에 전송을 완료해야 하며, 전송 시간을 충분히 감안하여 제출해 주시기 바랍니다. (공정한 평가를 위해, 시험종료 전 전송이 완료된 답안에 한해 채점이 진행됩니다.)
- 수험자 정보와 저장한 파일명, 저장 위치가 다를 경우 전송이 되지 않으므로, 주의하시길 바랍니다.
- 답안 작성 중에도 **주기적으로 '저장'과 '답안 전송'**을 이용하여 감독위원 PC로 답안을 전송하셔야 합니다. (작업한 내용을 저장하지 않고 답안을 전송할 경우 이전의 저장내용이 전송되오니 이점 반드시 유념하시기 바랍니다.)
- 모든 시험자는 동일한(초기화 된) 환경에서 시험이 시작되며 '작업환경 설정'은 시험 시간 내에 진행합니다. (시험 시작 전 '작업환경 설정' 불가, 소프트웨어 이상 유무만 확인)
- 답안문서는 지정된 경로 외의 다른 보조기억장치에 저장하는 행위, 지정된 시험 시간 외에 작성된 파일을 활용한 행위, 기타 허용되지 않은 프로그램(이메일, 메신저, 게임, 네트워크, 윈도우계산기, 스톱워치 등) 이용 시 부정행위로 간주되어 **자격기본법 제32조에 의거 본 시험 및 국가공인 자격시험을 2년간 응시할 수 없습니다.**
- 시험 종료 후 제출된 답안은 평가 및 검증을 위해 본부에서 보관되며, 시험의 공정성과 보안 유지를 위해 **응시자에게 본인의 답안을 제공하는 것은 허용되지 않습니다.** 이 점 반드시 유의하시기 바랍니다.
- 시험 중 부주의 또는 고의로 시스템을 파손한 경우와 〈수험자 유의사항〉에 기재된 방법대로 이행하지 않아 생기는 불이익은 수험자의 책임임을 알려 드립니다. 또한 수험자는 시험 중 안전에 특히 유의하여야 하며, 시험장에서 소란을 피우거나 타인의 시험을 방해하는 자는 질서유지를 위해 시험을 중지시키고 시험장에서 퇴장 시킵니다.
- 시험을 완료한 수험자는 최종적으로 저장한 답안파일이 전송되었는지 확인한 후 감독위원의 지시에 따라 문제지를 제출하고 퇴실합니다.

답안 작성요령

- **온라인 답안 작성 절차**
  수험자 등록 ⇒ 시험 시작 ⇒ 답안파일 저장 ⇒ 답안 전송 ⇒ 시험 종료
- 배점은 총 100점으로 이루어지며, 점수는 각 문제별로 차등 배분됩니다.
- 각 문제는 제시된 〈조건〉에 따라 작성하고 〈조건〉을 지키지 못했을 경우에는 0점 또는 감점 처리됩니다.
- 문제 〈조건〉에 크기와 색상, 두께의 지정이 없을 경우 《출력형태》를 참고하여 작업해 주시기 바랍니다.
- **문제 〈조건〉과 《출력형태》에서 차이가 발생할 경우 문제에서 지정한 〈조건〉에 따라 작업해 주시기 바랍니다.**
- 〈조건〉에서 주어진 단위는 'mm(밀리미터)'입니다. 눈금자는 작성하지 않으며, 그 외는 출력형태(레이아웃, 색상, 문자, 규격 등)와 같게 작업하십시오.
- 문제 〈조건〉에 서체의 지정이 없을 경우 한글은 굴림이나 돋움, 영문은 Arial로 작업하십시오. (단, 그 외에 제시되지 않은 문자 속성을 기본값으로 작성하지 않은 경우는 감점 처리됩니다.)
- Color Mode(색상 모드)는 별도의 처리 조건이 없을 시 CMYK로 작업하십시오.
- 조건에서 제시한 기능을 임의로 합치거나 각 기능에 대한 속성을 해지할 경우 해당 요소는 0점 처리됩니다.

한 국 생 산 성 본 부

문제 ❶ BI, CI 디자인 25분

다음의 《조건》에 따라 아래의 《출력형태》와 같이 작업하시오.

조건

파일저장규칙	AI	파일명	문서₩GTQ₩수험번호-성명-1.ai
		크기	100 × 80mm

1. 작업 방법
① 도형, 변형 툴과 Pathfinder 기능을 활용하여 오브젝트를 작성한다.
② 그 외 《출력형태》 참조

2. 문자 효과
① FRESH BAKERY (Arial, Bold, 18pt, 14pt, M100K80, C80Y60)

출력형태

M40Y20 → M70Y60K20,
M10Y30,
K100,
M20Y30K10,
C60M70Y70K10,
C10, C0M0Y0K0,
C20K20,
M70Y80,
C50M70Y80,
C20, C30Y30,
C60Y90,
[Stroke] K100, 1pt

다음의 《조건》에 따라 아래의 《출력형태》와 같이 작업하시오.

[조건]

파일저장규칙	AI	파일명	문서₩GTQ₩수험번호–성명–2.ai
		크기	160 × 120mm

1. 작업 방법

① 메뉴판은 Pattern을 활용하여 작성한다. (패턴 등록 : 조각 케이크)
② 음료수 캔에는 Clipping Mask를 적용한다.
③ Brush는 《출력형태》를 참고하여 작성한다.
④ Effect는 《출력형태》를 참고하여 작성한다.
⑤ 그 외 《출력형태》 참조

2. 문자 효과

① ZERO SUGAR 350ml(0kcal) (Arial, Bold, 10pt, 7pt, C0M0Y0K0, C80M100)
② MENU BOARD (Arial, Bold, 17pt, C40M70Y100K50)

[출력형태]

▶ 합격 강의

다음의 《조건》에 따라 아래의 《출력형태》와 같이 작업하시오.

조건

파일저장규칙	AI	파일명	문서₩GTQ₩수험번호-성명-3.ai
		크기	210 × 297mm

1. 작업 방법
① 《참고도안》을 직접 제작한 후 Symbol로 활용한다. (심볼 등록 : 쿠키)
② 'SWEET', 'Let's make snacks' 문자에 Envelope Distort를 적용한다.
③ Brush는 《출력형태》를 참고하여 작성한다.
④ Effect는 《출력형태》를 참고하여 작성한다.
⑤ Clipping Mask를 이용하여 디자인을 정리한다.
⑥ 그 외 《출력형태》 참조

2. 문자 효과
① SWEET (Arial, Bold, 46pt, C40M100Y100K20)
② COOKIES (Arial, Bold, 61pt, M70Y100K20)
③ Let's make snacks (Arial, Bold, 22pt, K100)

참고도안

C30M50Y100K10,
M70,
C0M0Y0K0,
C30M70Y100K10

출력형태

작업과정	새 도큐먼트 만들기 및 파일 저장하기 ➡ 배경 오브젝트 만들고 그라디언트 적용하기 ➡ 제빵사 캐릭터 얼굴 만들기 ➡ 모자 만들기 ➡ 유니폼 만들기 ➡ 스푼과 리본 오브젝트 만들기 ➡ 문자 입력하기 ➡ 저장 및 답안 전송하기
완성이미지	PART04₩기출유형문제02회₩수험번호−성명−1.ai

❶ 새 도큐먼트 만들기 및 파일 저장하기

01 [File]−[New]([Ctrl]+[N])를 선택하고 'Width : 100mm, Height : 80mm, Units : Millimeters, Color Mode : CMYK'를 설정하여 새 도큐먼트를 만들고 [View]−[Rulers]−[Show Rulers]([Ctrl]+[R])를 선택하여 눈금자를 표시합니다.

02 작품의 규격 왼쪽 상단에 원점(0,0)을 확인하고 왼쪽과 상단 눈금자 위에서 마우스로 각각 드래그하여 제시된 출력형태와 레이아웃 구성이 동일하게 안내선을 표시합니다.

03 작업 도큐먼트를 저장하기 위해 [File]−[Save]([Ctrl]+[S])를 선택하고 '저장 위치 : 내 PC₩문서₩GTQ, 파일 형식 : Adobe Illustrator(*AI), 파일 이름 : 수험번호−성명−문제번호'를 입력하고 [저장]을 클릭한 후 [Illustrator Options] 대화상자에서 'Version : Illustrator 2020'으로 설정하고 [OK(확인)]를 클릭합니다.

❷ 배경 오브젝트 만들고 그라디언트 적용하기

01 Ellipse Tool(◉)로 작업 도큐먼트를 클릭한 후 'Width : 76mm, Height : 70mm'를 입력하여 그리고 Color 패널에서 'Fill Color : 임의 색상, Stroke Color : 임의 색상'을 지정합니다.

02 Direct Selection Tool(▷)로 클릭하여 상단의 고정점을 선택하고 [Object]−[Transform]−[Move]를 선택한 후 'Horizontal : −6mm, Vertical : 1mm'를 입력하고 [OK]를 눌러 왼쪽 하단으로 이동합니다.

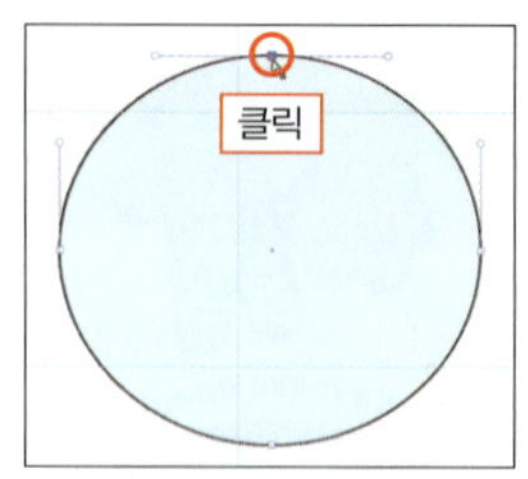

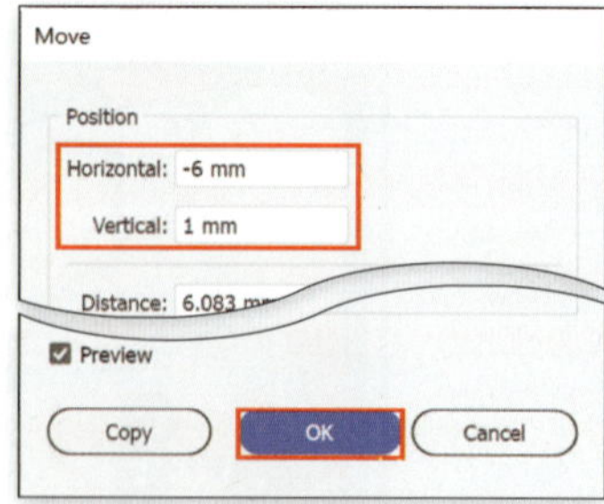

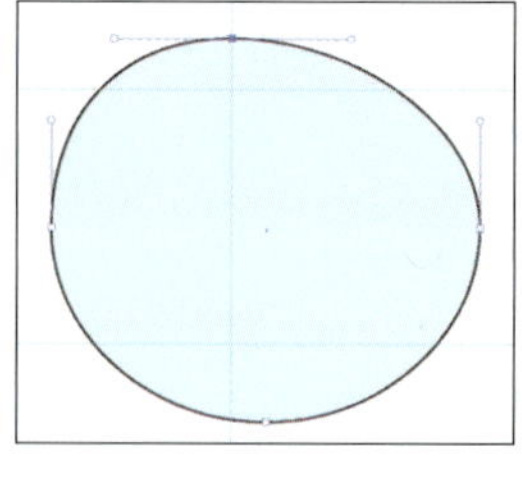

03 Direct Selection Tool(▷)로 선택된 고정점의 오른쪽 핸들을 우측 상단으로 드래그하여 패스의 모양을 변형합니다.

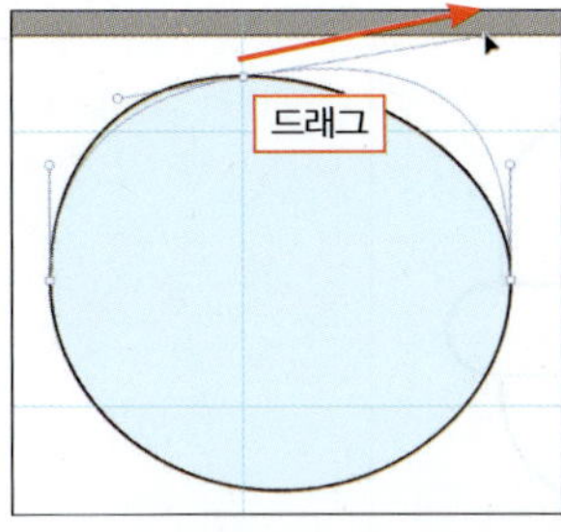

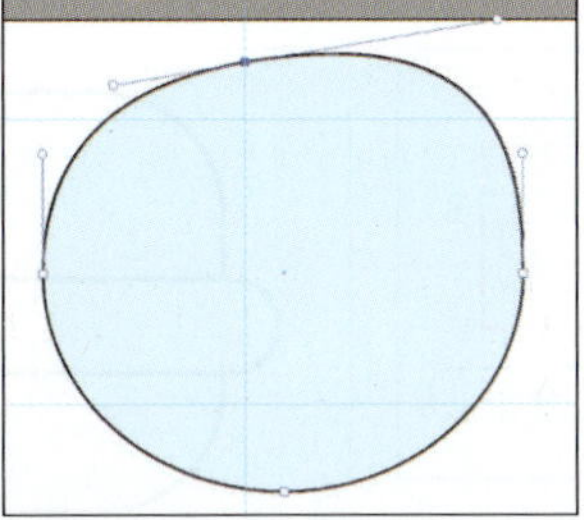

04 Direct Selection Tool(▷)로 클릭하여 왼쪽 고정점을 선택하고 [Object]-[Transform]-[Move]를 선택한 후 'Horizontal : 0mm, Vertical : −4mm'를 입력하고 [OK]를 눌러 상단으로 이동합니다.

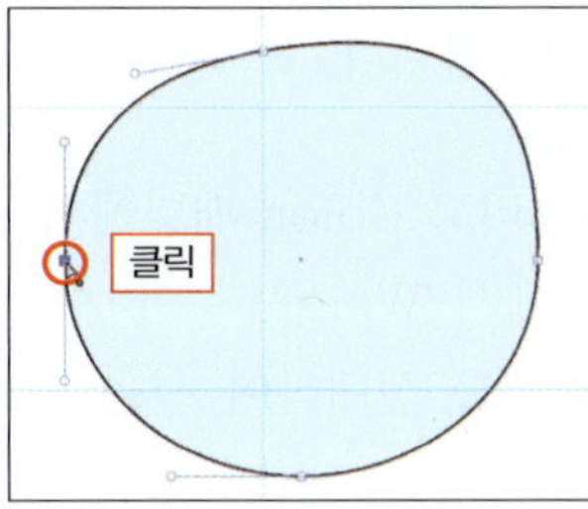

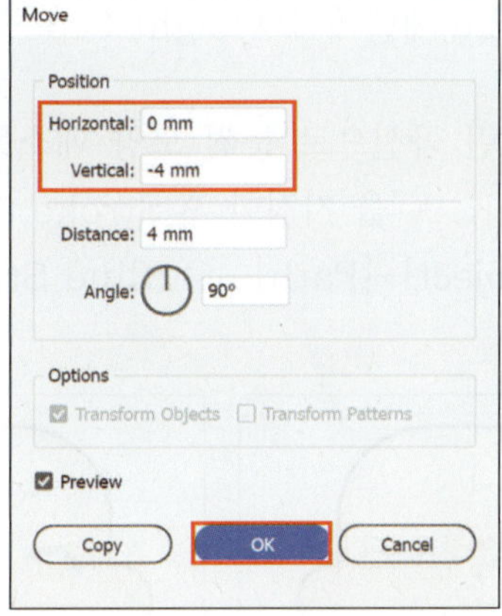

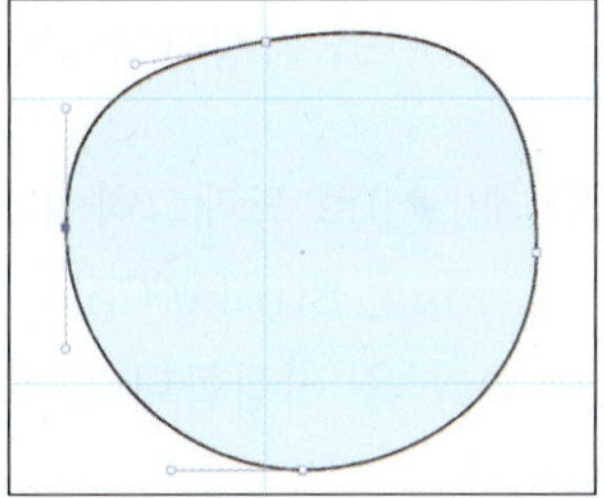

05 Gradient 패널에서 'Type : Linear Gradient, Angle : 90°'를 적용하고 Gradient Slider의 왼쪽 'Color Stop'을 더블 클릭하여 M40Y20을 적용하고 'Location : 40%'를 지정합니다. 오른쪽 'Color Stop'을 더블 클릭하여 M70Y60K20을 적용한 후 Tool 패널 하단에서 'Stroke Color : None'을 지정합니다.

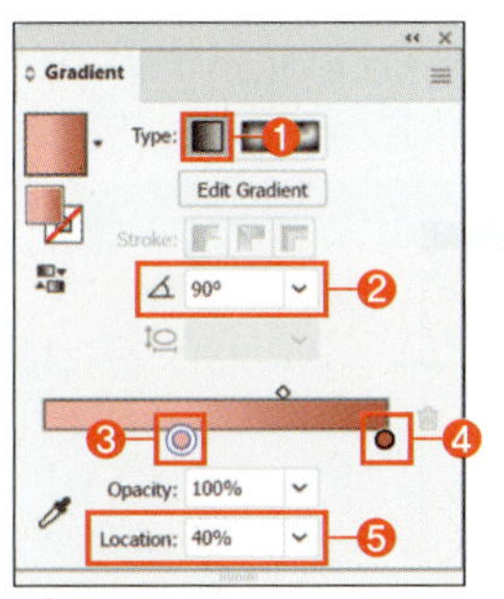

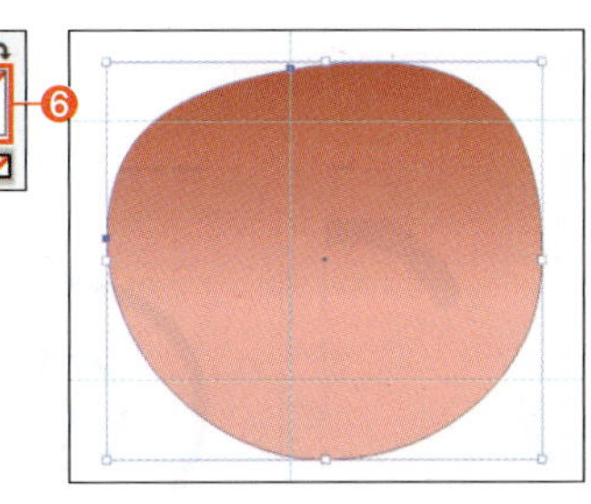

01 Rounded Rectangle Tool(▣)로 작업 도큐먼트를 클릭한 후 'Width : 21mm, Height : 27mm, Corner Radius : 8mm'를 입력하여 그리고 Color 패널에서 'Fill Color : 임의 색상, Stroke Color : 임의 색상'을 지정합니다. 계속해서 작업 도큐먼트를 클릭한 후 'Width : 28mm, Height : 6mm, Corner Radius : 8mm'를 입력하여 임의 색상의 둥근 사각형을 그리고 겹치도록 배치합니다.

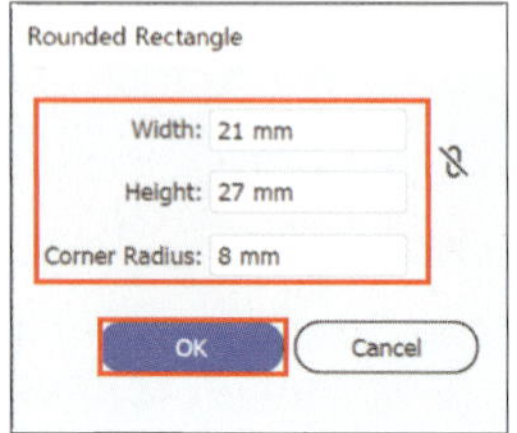
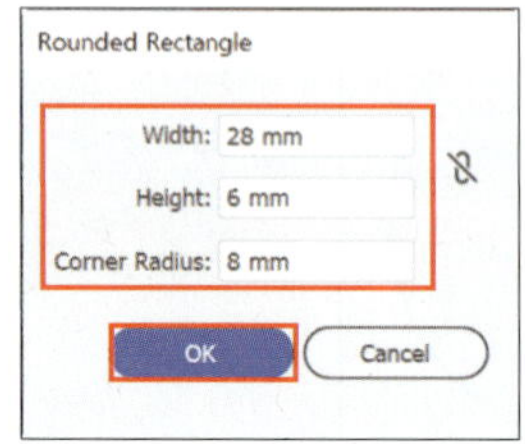
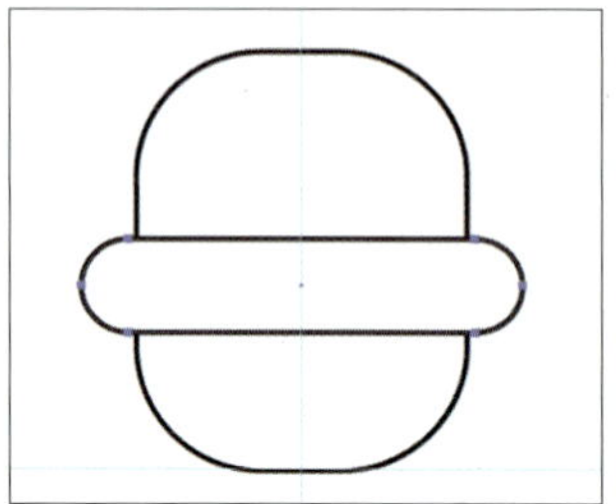

02 Selection Tool(▶)로 드래그하여 2개의 둥근 사각형을 함께 선택하고 Align 패널에서 'Horizontal Align Center(▮)'를 클릭하여 가로 가운데 정렬을 지정합니다. Pathfinder 패널에서 'Unite(▣)'를 클릭하여 합치고 Color 패널에서 'Fill Color : M10Y30, Stroke Color : K100'을 지정한 후 Stroke 패널에서 'Weight : 1pt'를 지정합니다.

03 Pen Tool(✒)로 드래그하여 열린 곡선으로 눈썹 모양 패스를 그리고 Color 패널에서 'Fill Color : None, Stroke Color : K100'을 지정한 후 Stroke 패널에서 'Weight : 2pt, Cap : Round Cap'을 지정합니다. [Object]-[Path]-[Outline Stroke]를 선택하여 선을 면으로 확장합니다.

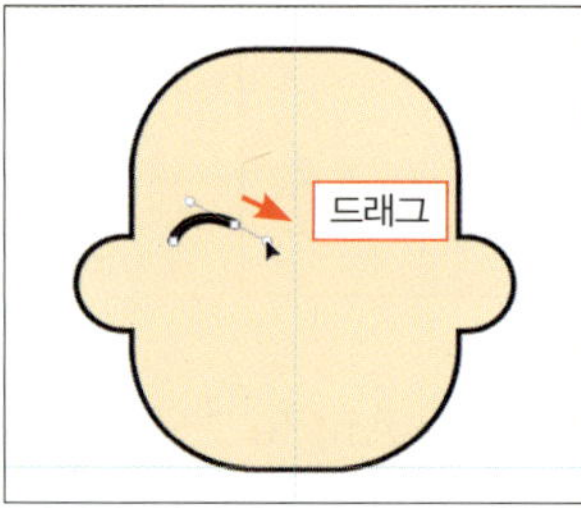

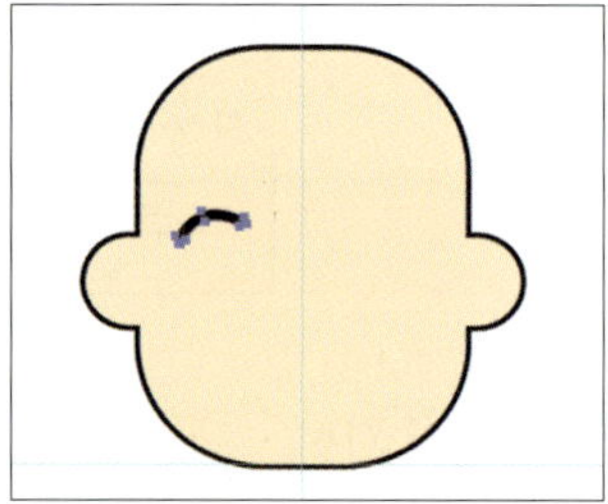

04 Ellipse Tool(◉)로 드래그하여 크기가 다른 2개의 원을 겹치도록 그리고 Color 패널에서 'Fill Color : 임의 색상, Stroke Color : 임의 색상'을 지정합니다. Rectangle Tool(▣)로 드래그하여 2개의 원과 겹치도록 그리고 'Fill Color : 임의 색상, Stroke Color : 임의 색상'을 지정합니다.

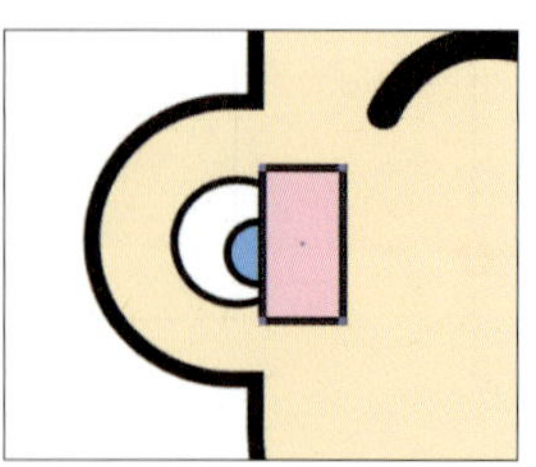

05 Selection Tool(▶)로 Shift 를 누른채 클릭하여 2개의 원과 사각형을 함께 선택하고 Path-finder 패널에서 'Minus Front(▣)'를 클릭한 후 Color 패널에서 'Fill Color : M20Y30K10, Stroke Color : None'을 지정하고 귀의 음영을 완성하고 배치합니다.

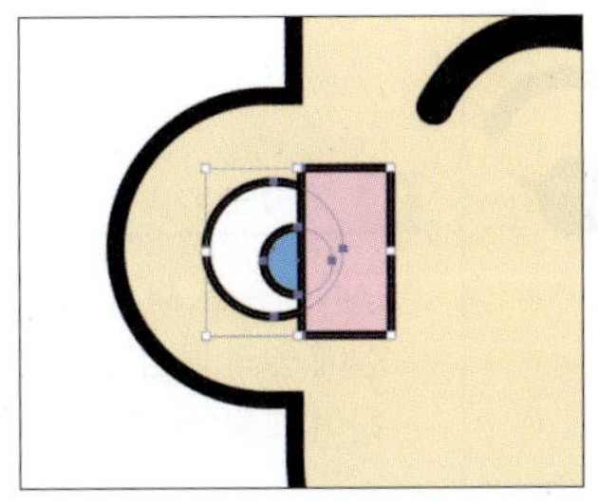 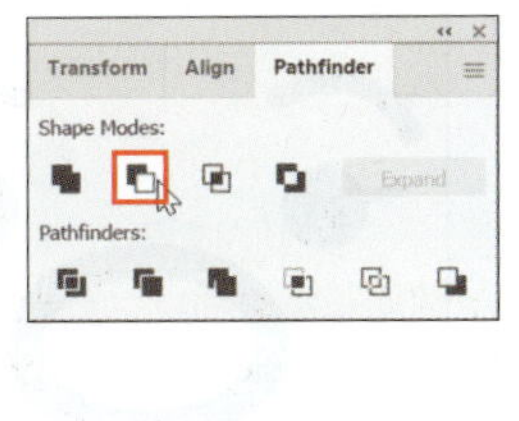 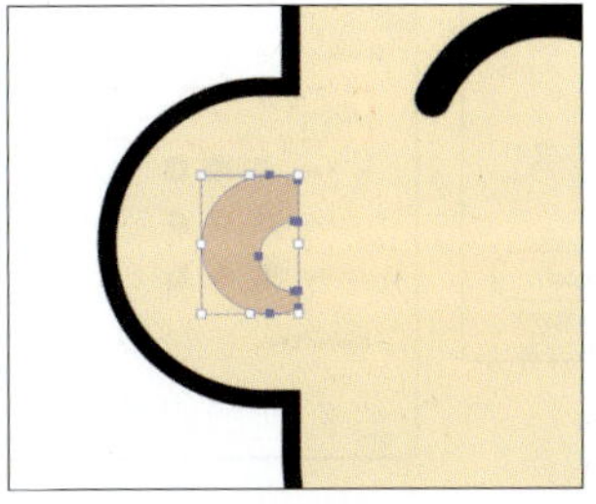

06 Ellipse Tool(◯)로 Shift 를 누른 채 드래그하여 정원을 그리고 Color 패널에서 'Fill Color : K100, Stroke Color : None'을 지정합니다. Pen Tool(✎)로 드래그하여 정원의 왼쪽에 겹치도록 닫힌 패스를 그리고 'Fill Color : K100, Stroke Color : None'을 지정합니다.

  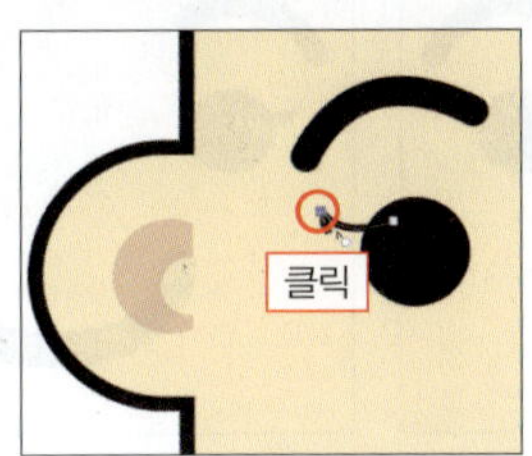

> **기적의 TIP**
>
> • Shift 를 누른 채 드래그하면 종횡비에 맞게 정원을 그릴 수 있습니다.
> • Pen Tool(✎)로 드래그하면 곡선을 그릴 수 있으며, 곡선의 고정점을 클릭하면 한쪽 핸들을 삭제할 수 있습니다.

07 Selection Tool(▶)로 Shift 를 누른 채 클릭하여 정원과 함께 선택하고 Pathfinder 패널에서 'Unite(▣)'를 클릭하여 합칩니다.

08 Selection Tool(▶)로 Shift 를 누른 채 클릭하여 눈썹과 눈, 귀의 음영을 함께 선택하고 Reflect Tool(◃|)로 Alt 를 누르면서 수직 안내선을 클릭한 후 'Axis : Vertical'을 지정하고 [Copy]를 눌러 복사합니다.

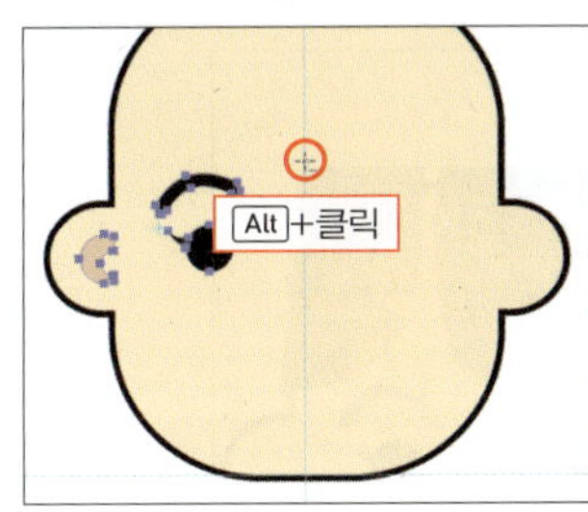

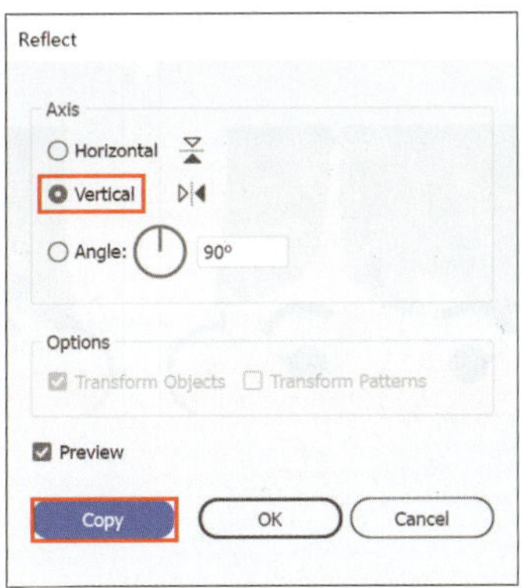

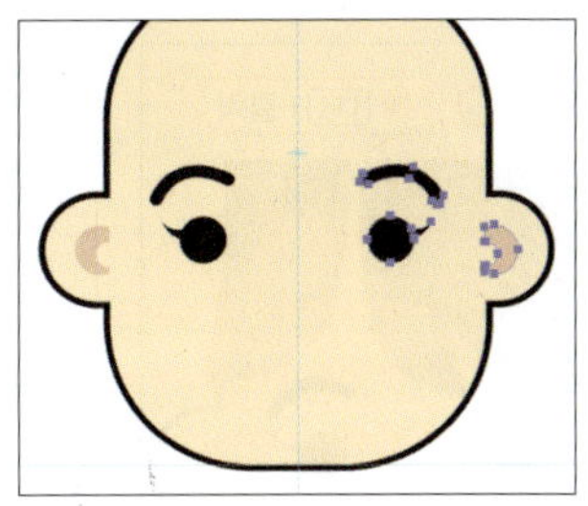

09 Ellipse Tool(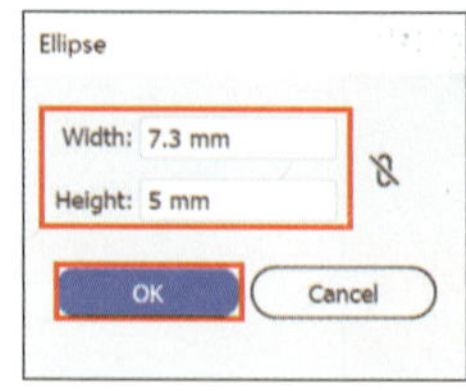로 [Alt]를 누른 채 수직의 안내선을 클릭한 후 'Width : 7.3mm, Height : 5mm'를 입력하여 그리고 Color 패널에서 'Fill Color : None, Stroke Color : K100'을 지정한 후 Stroke 패널에서 'Weight : 3pt, Cap : Round Cap'을 지정합니다.

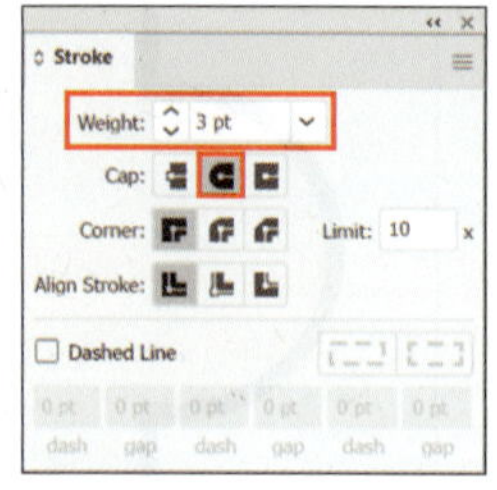

10 Direct Selection Tool(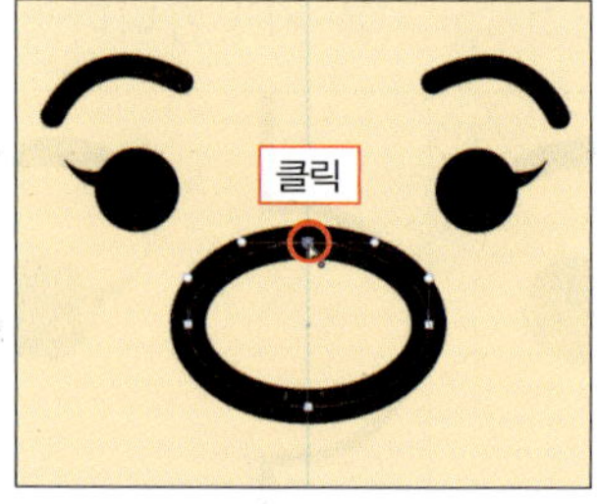로 타원의 상단 고정점을 클릭하여 선택하고 [Delete]를 눌러 삭제하고 [Object]–[Path]–[Outline Stroke]를 선택하여 선을 면으로 확장합니다.

11 Pen Tool(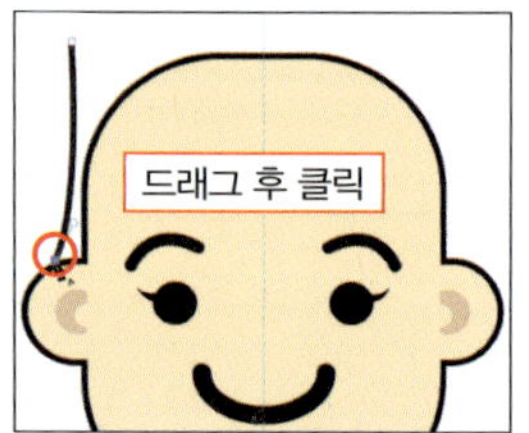로 드래그하여 머리카락 모양의 2개의 닫힌 패스를 그리고 Color 패널에서 'Fill Color : C60M70Y70K10, Stroke Color : None'을 지정합니다.

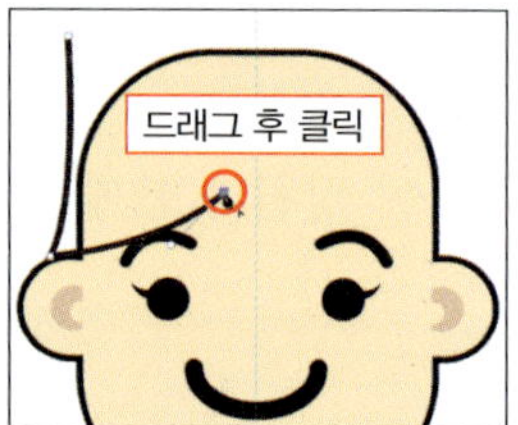

12 Pen Tool(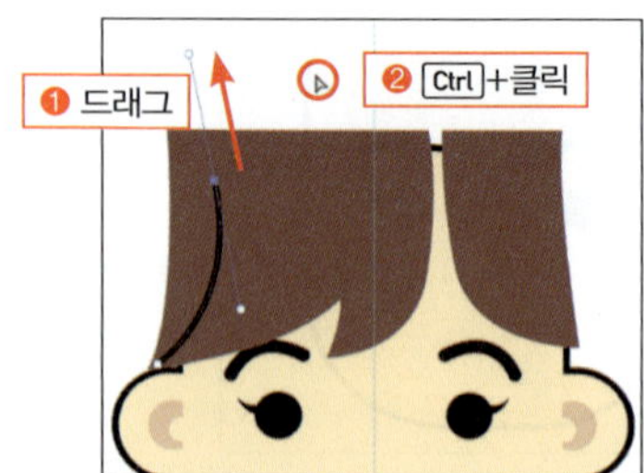로 드래그하여 4개의 열린 패스를 그리고 Color 패널에서 'Fill Color : None, Stroke Color : K100'을 지정한 후 Stroke 패널에서 'Weight : 1pt'를 지정합니다.

01 Rectangle Tool(■)로 작업 도큐먼트를 클릭한 후 'Width : 22.5mm, Height : 16mm'를 입력하여 그리고 Color 패널에서 'Fill Color : C10, Stroke Color : K100'을 지정한 후 Stroke 패널에서 'Weight : 1pt'를 지정합니다.

02 Ellipse Tool(●)로 작업 도큐먼트를 클릭한 후 'Width : 20mm, Height : 16mm'를 입력하여 그리고 Color 패널에서 'Fill Color : C10, Stroke Color : K100'을 지정한 후 Stroke 패널에서 'Weight : 1pt'를 지정합니다. 계속해서 작업 도큐먼트에 클릭한 후 'Width : 26mm, Height : 14mm'를 입력하여 동일한 색상의 타원을 그리고 오른쪽에 겹치도록 배치합니다.

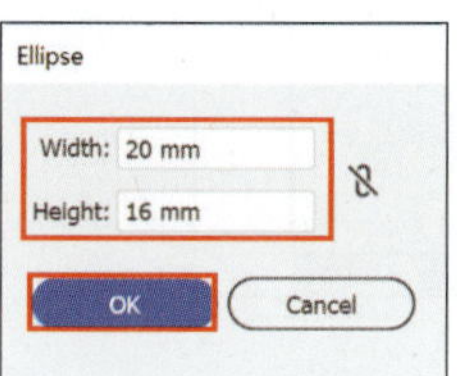
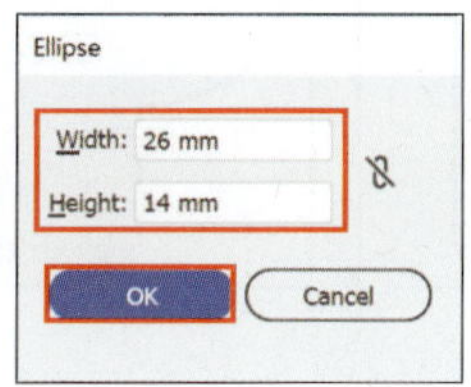
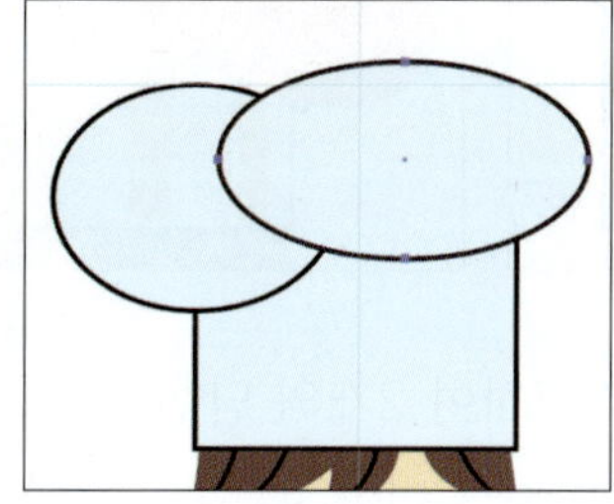

03 Rotate Tool(↻)을 더블 클릭하여 'Angle : 10°'를 지정하고 [OK]를 눌러 회전하여 배치합니다. Selection Tool(▶)로 드래그하여 3개의 오브젝트를 함께 선택하고 Pathfinder 패널에서 'Unite(■)'를 클릭하여 합칩니다.

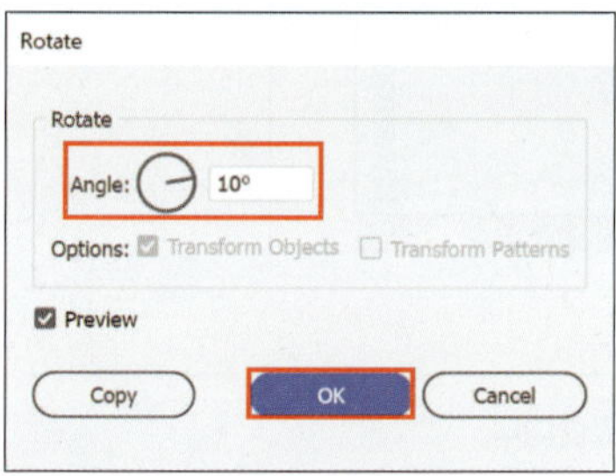

04 Rectangle Tool(■)로 드래그하여 2개의 크기가 다른 직사각형을 그리고 Color 패널에서 'Fill Color : 임의 색상, Stroke Color : 임의 색상'을 지정합니다. Ellipse Tool(●)로 작업 도큐먼트를 클릭한 후 'Width : 27mm, Height : 16mm'를 입력하여 그리고 'Fill Color : 임의 색상, Stroke Color : 임의 색상'을 지정합니다.

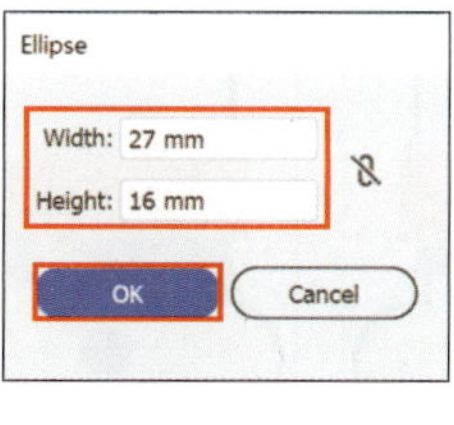
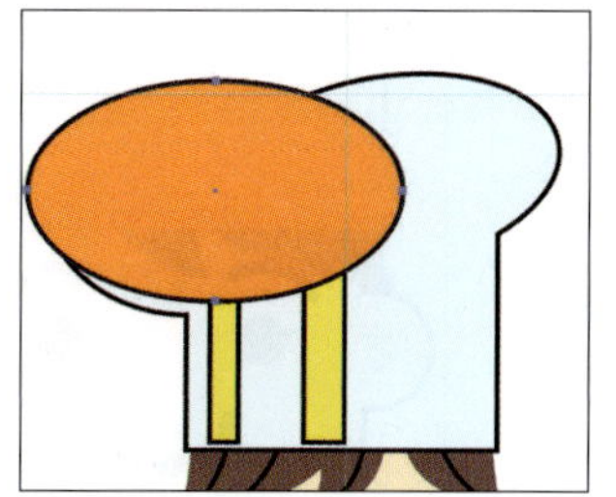

05 Rotate Tool(⟳)을 더블 클릭하여 'Angle : 35°'를 지정하고 [OK]를 눌러 회전하여 2개의 직사각형과 겹치도록 상단에 배치합니다.

06 Selection Tool(▶)로 Shift 를 누른 채 클릭하여 타원과 2개의 직사각형을 함께 선택하고 Pathfinder 패널에서 'Trim(▣)'를 클릭합니다. Selection Tool(▶)로 오브젝트를 더블 클릭하여 Isolation Mode로 전환하고 상단의 오브젝트를 선택하고 Delete 를 눌러 삭제합니다. [Select]-[All](Ctrl + A)로 모두 선택하고 Color 패널에서 'Fill Color : C0M0Y0K0, Stroke Color : None'을 지정합니다.

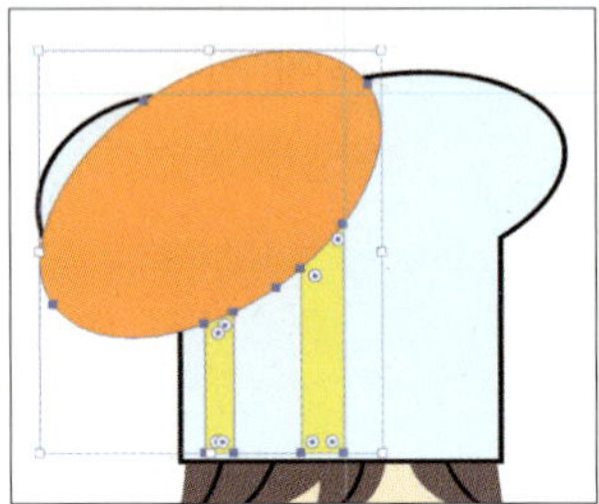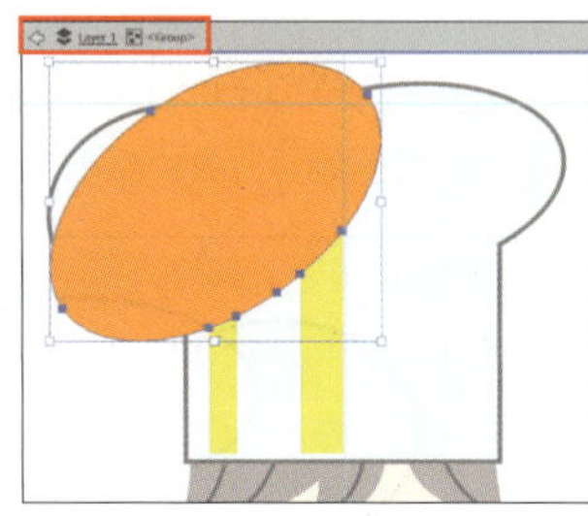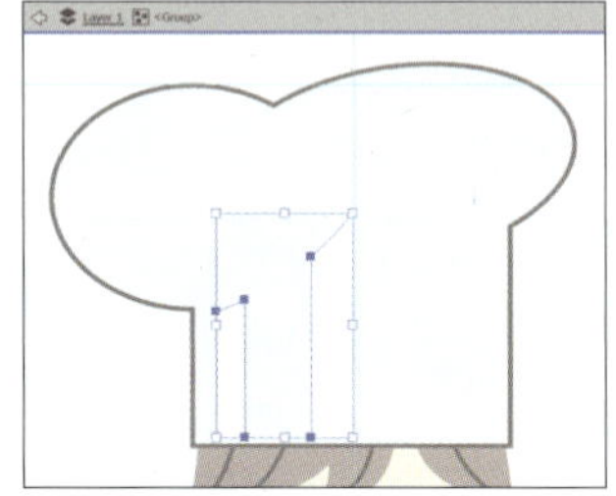

07 Pen Tool(✏)로 드래그하여 2개의 닫힌 패스로 모자의 음영을 그리고 Color 패널에서 'Fill Color : C20K20, Stroke Color : None'을 지정하고 Selection Tool(▶)로 도큐먼트의 빈 곳을 더블 클릭하여 정상 모드로 전환합니다.

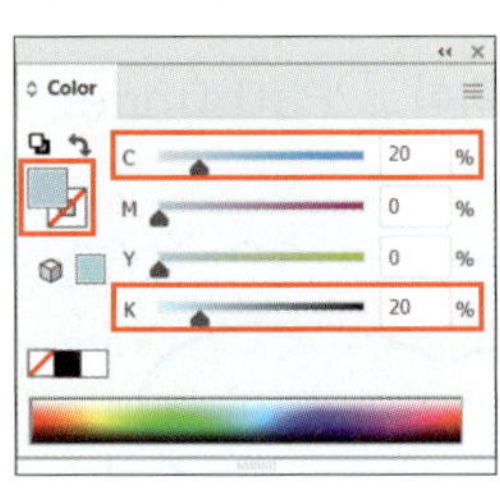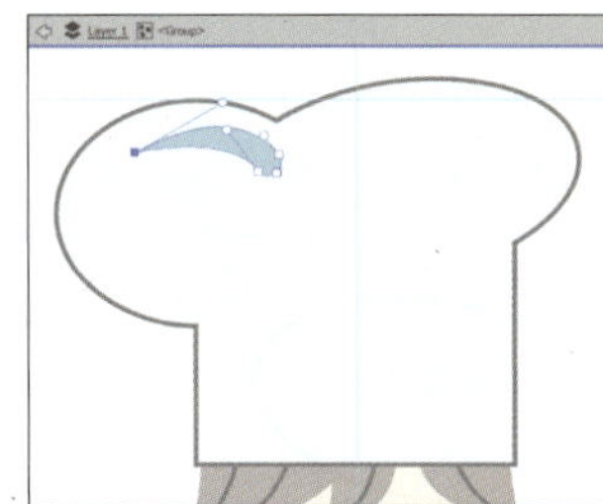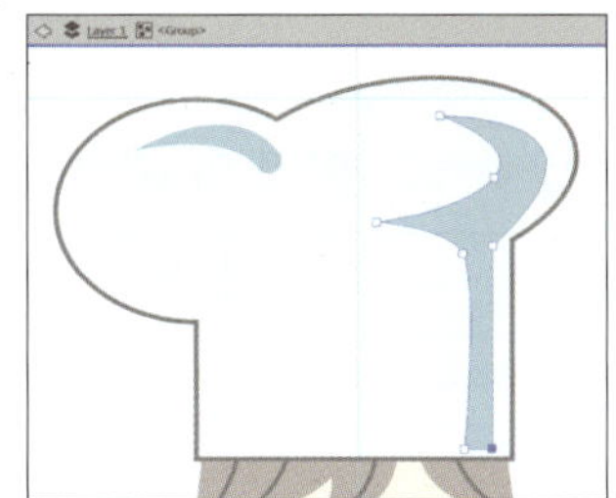

▷ **기적의 TIP**

Isolation Mode에서 편집이 완료되면 Esc 를 눌러 정상 모드로 전환할 수도 있습니다.

---

08 Rectangle Tool(▣)로 작업 도큐먼트를 클릭한 후 'Width : 24mm, Height : 5mm'를 입력하여 그리고 Color 패널에서 'Fill Color : M70Y80, Stroke Color : None'을 지정합니다. [Object]-[Path]-[Add Anchor Points]를 선택하고 사각형의 선분 중앙에 고정점을 추가합니다.

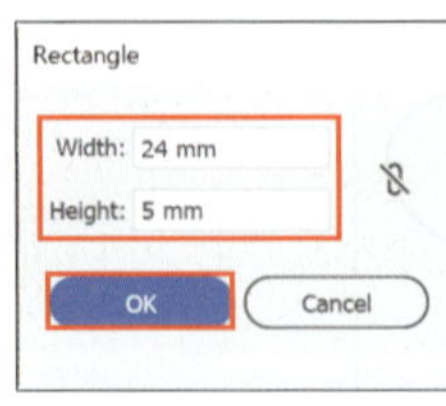

09 Selection Tool(▶)로 오브젝트를 더블 클릭하여 Isolation Mode로 전환하고 Direct Se-lection Tool(▷)로 드래그하여 가로 중앙의 2개의 고정점을 함께 선택하고 [Object]-[Transform]-[Move]를 선택한 후 'Horizontal : 0mm, Vertical : −1.5mm'를 입력하고 [OK]를 눌러 위쪽으로 이동합니다. 도큐먼트의 빈 곳을 클릭하여 선택을 해제합니다.

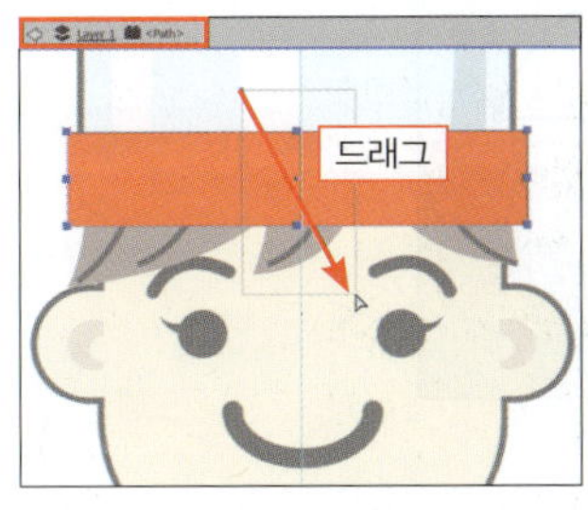
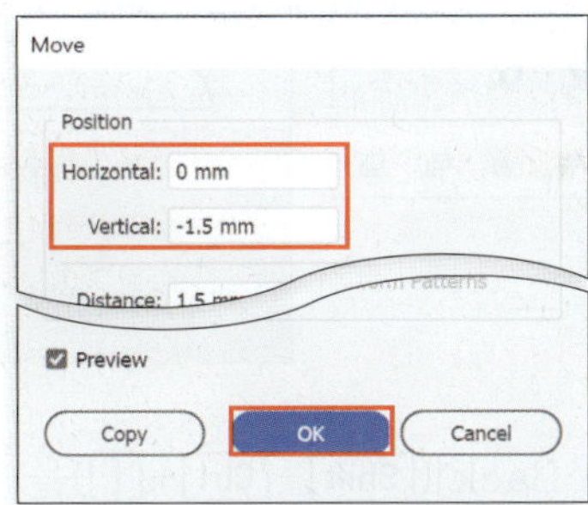

10 Direct Selection Tool(▷)로 Shift 를 누른 채 클릭하여 상단 모서리 2개의 고정점을 함께 선택하고 모서리 안쪽의 둥근 점(◉)을 안쪽으로 드래그하여 모서리를 둥글게 변형한 후 Esc 를 눌러 정상 모드로 전환합니다.

오브젝트의 모서리를 둥글게 만드는 방법
오브젝트 모서리 안쪽의 둥근 점(◉)을 더블 클릭하여 다양한 모서리 모양과 둥근 정도를 설정할 수 있습니다.

05 유니폼 만들기

01 Ellipse Tool(◯)로 Alt 를 누른 채 세로 안내선을 클릭한 후 'Width : 48mm, Height : 54mm'를 입력하여 그리고 Color 패널에서 'Fill Color : C0M0Y0K0, Stroke Color : K100'을 지정한 후 Stroke 패널에서 'Weight : 1pt'를 지정합니다.

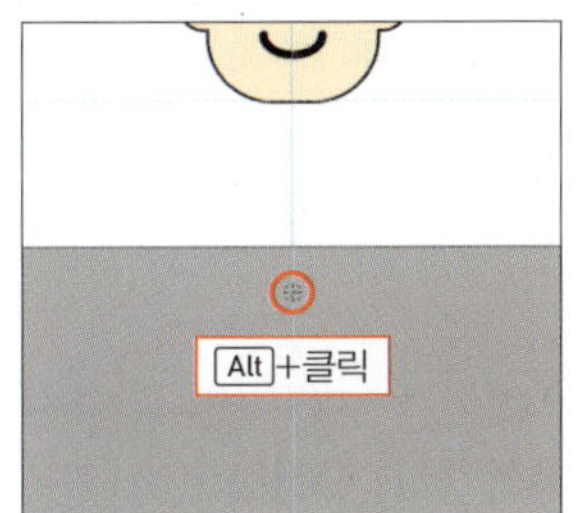
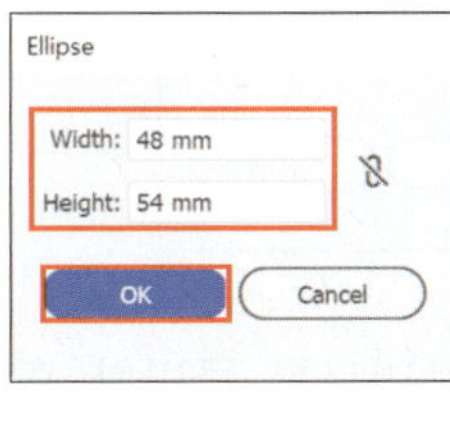
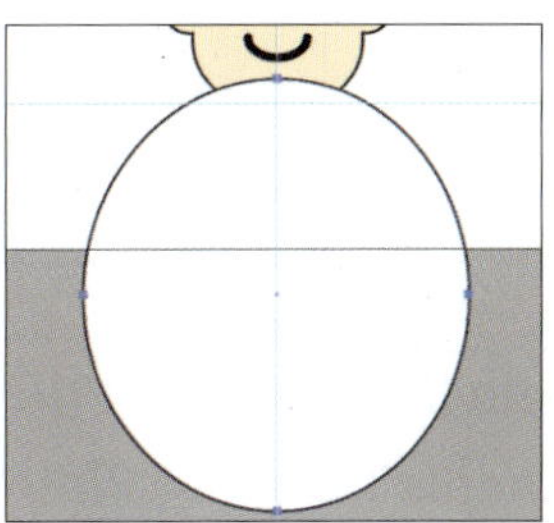

02 Rectangle Tool(□)로 드래그하여 타원의 하단과 겹치도록 임의 색상의 사각형을 그리고 Selection Tool(▶)로 드래그하여 타원과 함께 선택한 후 Pathfinder 패널에서 'Minus Front(□)'를 클릭합니다.

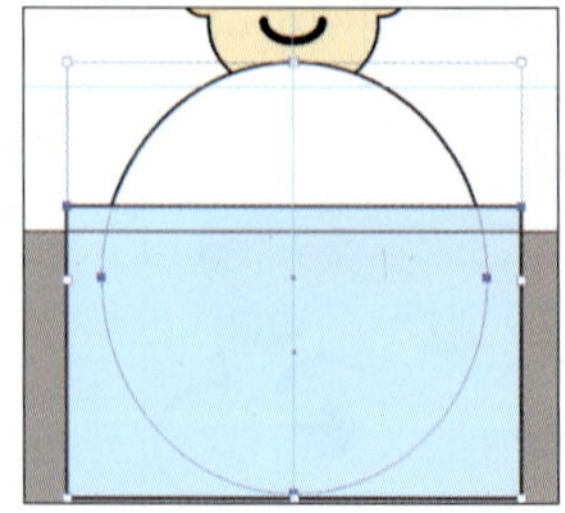 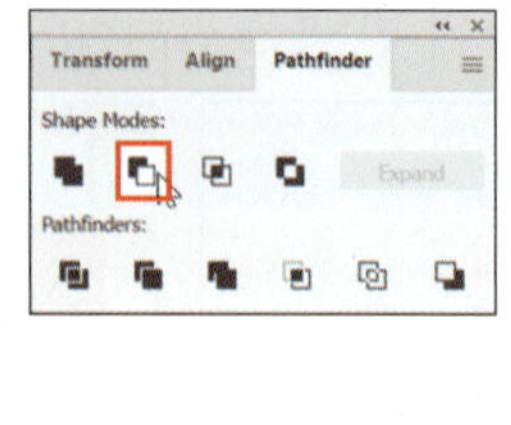 

03 [Object]-[Arrange]-[Send to Back]([Shift]+[Ctrl]+[[])을 선택하고 맨 뒤로 보내기를 한 후 Selection Tool(▶)로 오브젝트를 더블 클릭하여 Isolation Mode로 전환합니다. Direct Selection Tool(▷)로 하단의 선분을 드래그하여 선택하고 [Delete]를 눌러 삭제하고 열린 패스를 만듭니다.

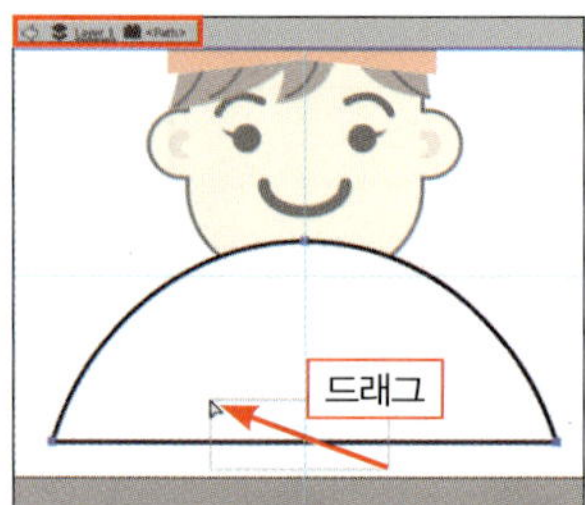

기적의 TIP

맨 뒤로 보내기를 한 후 Isolation Mode로 전환하여 오브젝트를 그리면 현재 오브젝트와 같은 정돈 상태를 유지하며 그릴 수 있으므로 [Arrange]를 따로 지정하지 않아도 됩니다.

04 Pen Tool(✏)로 드래그하여 왼쪽에 닫힌 패스를 그리고 Color 패널에서 'Fill Color : C20K20, Stroke Color : None'을 지정합니다. Selection Tool(▶)로 완성된 닫힌 패스를 선택하고 Reflect Tool(◁▷)로 [Alt]를 누르면서 수직의 안내선을 클릭한 후 'Axis : Vertical'을 지정하고 [Copy]를 눌러 복사합니다.

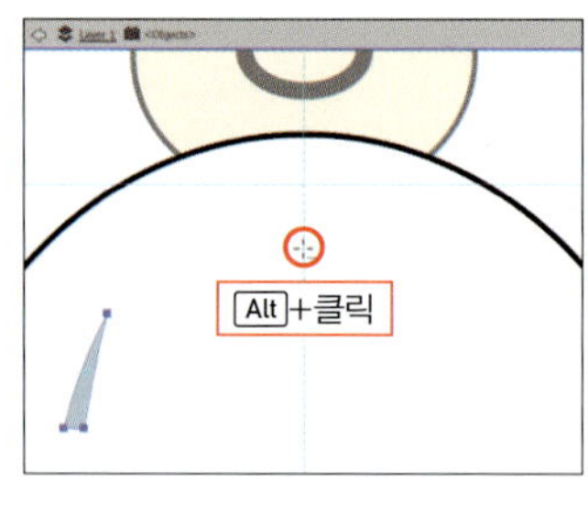

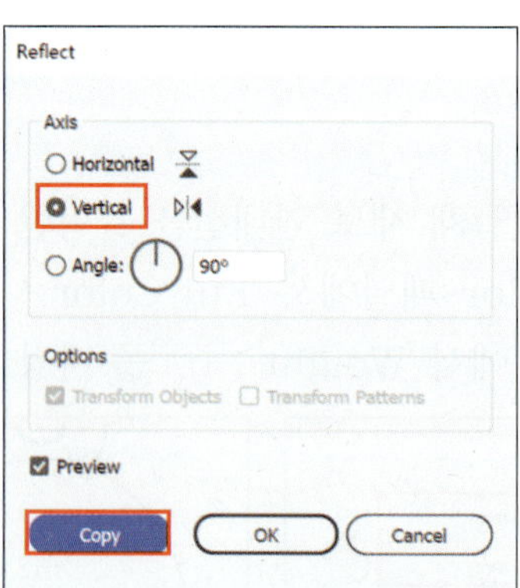

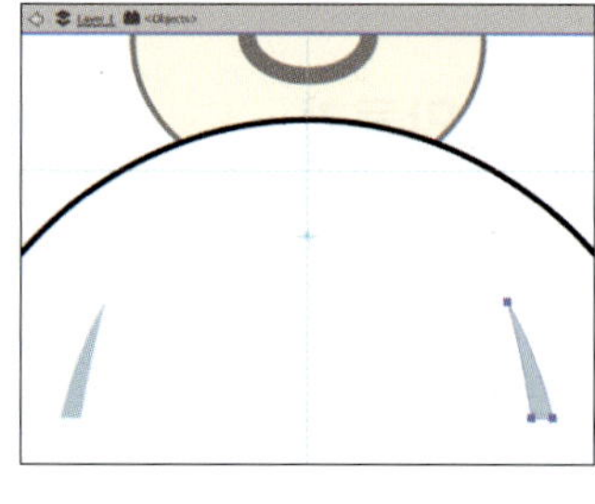

05 Rounded Rectangle Tool(□)로 작업 도큐먼트를 클릭한 후 'Width : 10mm, Height : 2.5mm, Corner Radius : 2mm'를 입력하여 그리고 Color 패널에서 'Fill Color : C20K20, Stroke Color : None'을 지정합니다.

06 Line Segment Tool( )로 드래그하여 2개의 사선을 둥근 사각형의 왼쪽과 겹치도록 그리고 Color 패널에서 'Fill Color : None, Stroke Color : 임의 색상'을 지정합니다. 왼쪽 사선은 Stroke 패널에서 'Weight : 3pt'를, 오른쪽 사선에는 'Weight : 1.5pt'를 각각 지정합니다.

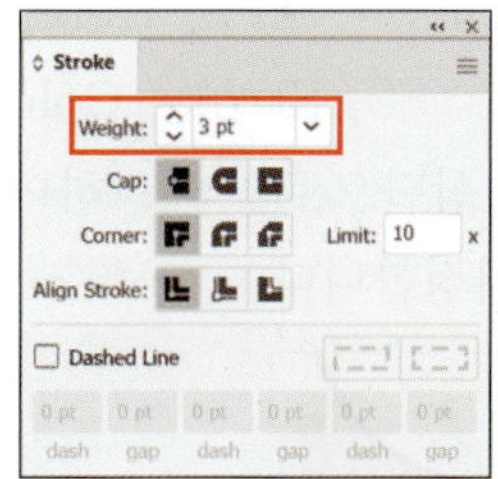 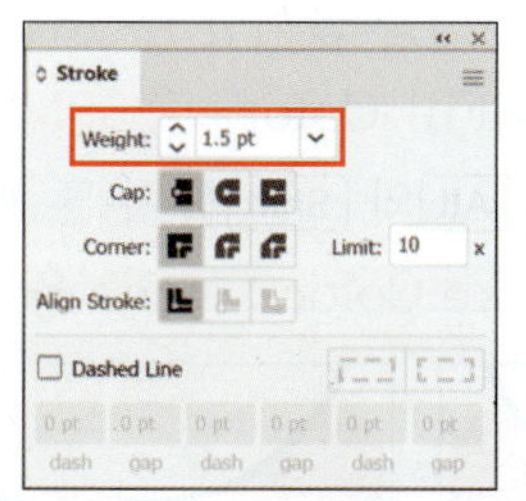 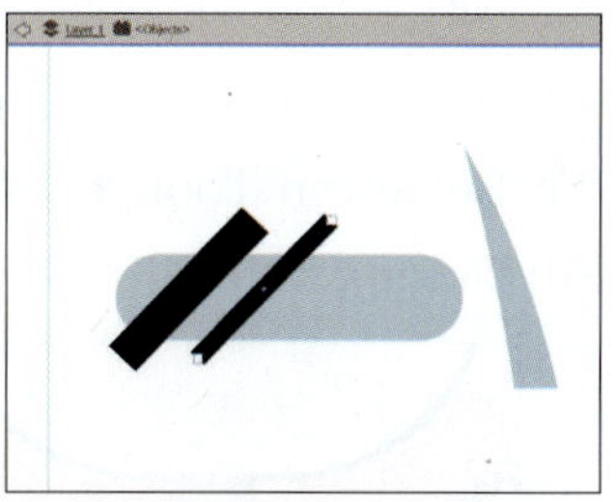

07 Selection Tool( )로 2개의 사선을 함께 선택하고 [Object]-[Path]-[Outline Stroke]를 선택하여 선을 면으로 확장합니다. [Shift]를 누른 채 둥근 사각형과 함께 선택한 후 Path-finder 패널에서 'Minus Front( )'를 클릭합니다.

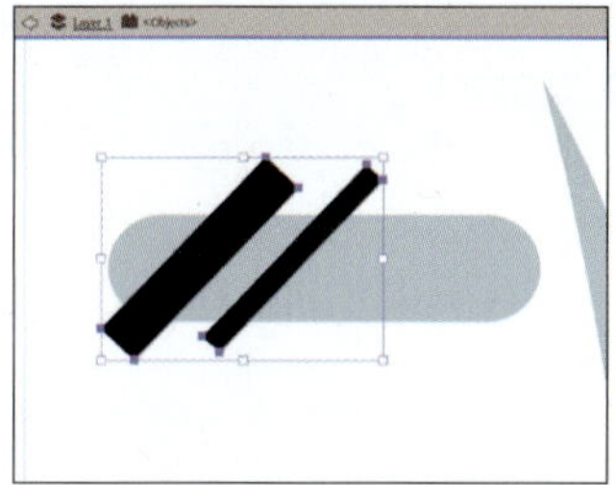 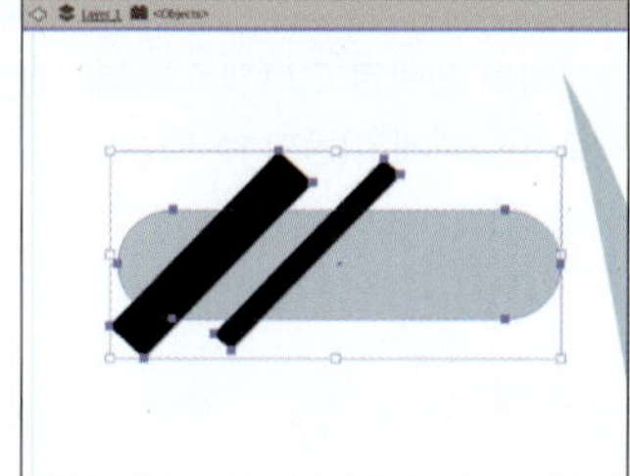 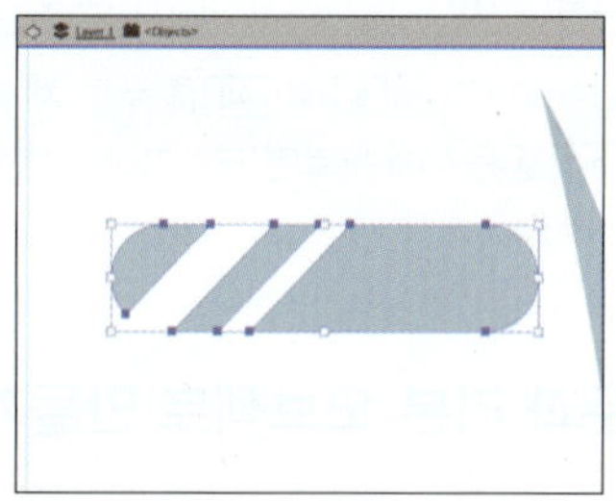

08 Ellipse Tool( )로 [Alt]를 누른 채 세로 안내선을 클릭한 후 'Width : 23mm, Height : 8mm'를 입력하여 그리고 Color 패널에서 'Fill Color : C50M70Y80, Stroke Color : None'을 지정합니다. [Object]-[Transform]-[Move]를 선택하고 'Horizontal : 0mm, Vertical : −1mm'를 입력한 후 [Copy]를 눌러 위쪽으로 이동하여 복사하고 'Fill Color : M70Y80, Stroke Color : None'을 지정한 후 [Esc]를 눌러 정상 모드로 전환합니다.

09 Pen Tool( )로 드래그하여 왼쪽에 닫힌 패스를 그리고 Color 패널에서 'Fill Color : C50M70Y80, Stroke Color : None'을 지정합니다. Selection Tool( )로 완성된 닫힌 패스를 선택하고 [Object]-[Transform]-[Move]를 선택한 후 'Horizontal : 0mm, Vertical : −1mm'를 입력하고 [Copy]를 눌러 위쪽으로 이동하여 복사한 후 'Fill Color : M70Y80, Stroke Color : None'을 지정합니다.

 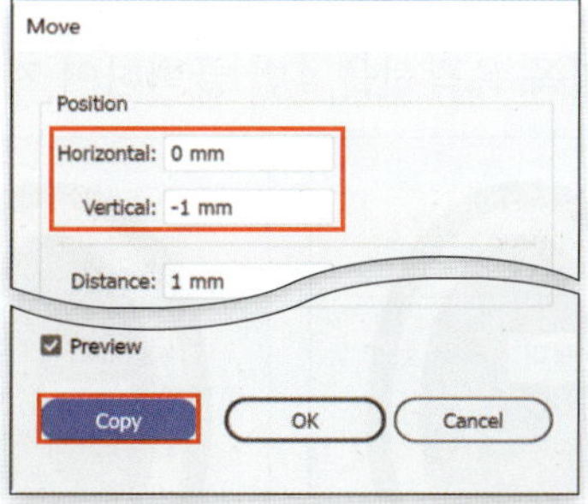 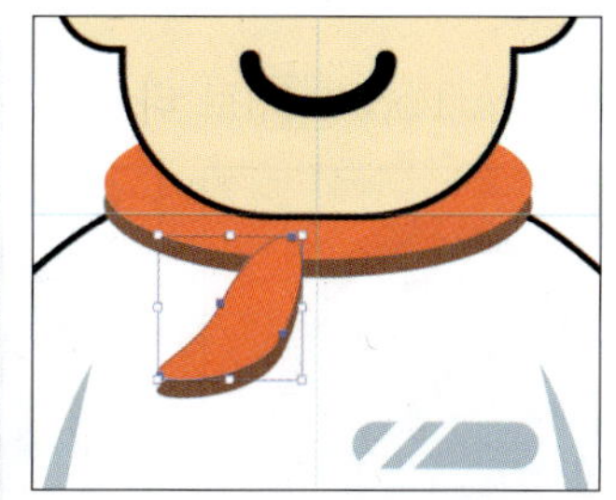

10 Selection Tool(▶)로 2개의 오브젝트를 함께 선택하고 Reflect Tool(◁▷)로 `Alt`를 누른 채 수직의 안내선을 클릭한 후 'Axis : Vertical'을 지정한 후 [Copy]를 눌러 복사합니다.

11 Ellipse Tool(◯)로 `Alt`를 누른 채 세로 안내선을 클릭한 후 'Width : 4.7mm, Height : 4.7mm'를 입력하여 그리고 Color 패널에서 'Fill Color : C50M70Y80, Stroke Color : None'을 지정합니다. Selection Tool(▶)로 `Alt`와 `Shift`를 누른 채 상단으로 드래그하여 복사하여 배치하고 'Fill Color : M70Y80, Stroke Color : None'을 지정합니다.

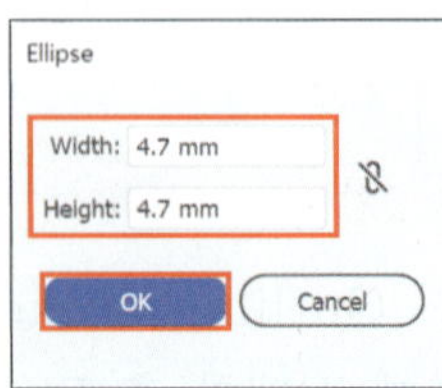
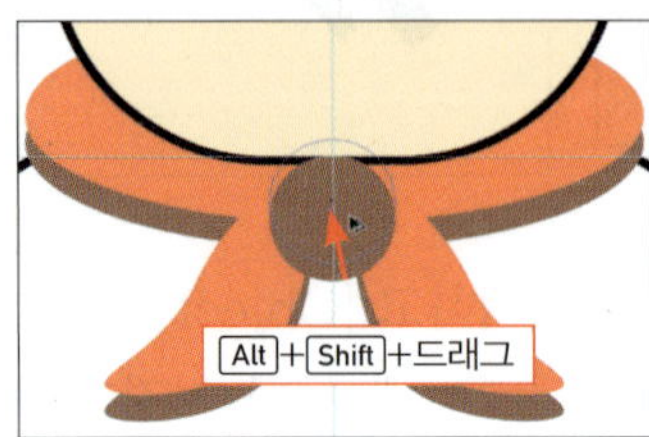

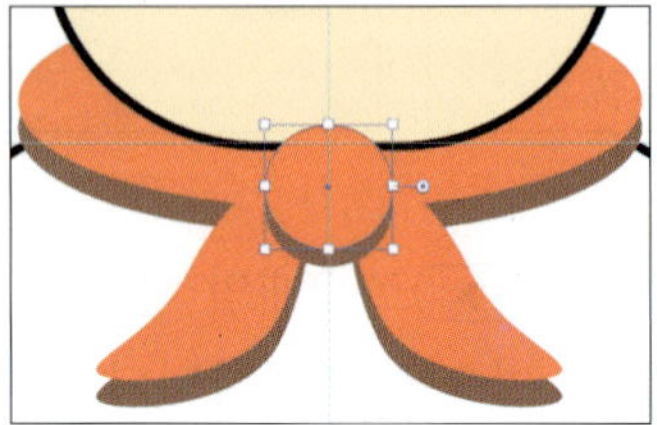

- Selection Tool(▶)로 `Alt`를 누른 채 드래그하여 선택된 오브젝트를 복사할 수 있습니다.
- `Shift`를 동시에 누르면 드래그하는 방향으로 반듯하게 이동할 수 있습니다.

06 스푼과 리본 오브젝트 만들기

01 Ellipse Tool(◯)로 작업 도큐먼트를 클릭한 후 'Width : 12mm, Height : 18mm'를 입력하여 그리고 Color 패널에서 'Fill Color : C50M70Y80, Stroke Color : None'을 지정합니다.

02 [Object]-[Path]-[Offset Path]를 클릭한 후 'Offset : −1.5mm'를 입력한 후 [OK]를 눌러 축소된 복사본을 만들고 Color 패널에서 'Fill Color : None, Stroke Color : C0M0Y0K0'을 지정한 후 Stroke 패널에서 'Weight : 3pt, Cap : Round Cap'을 지정합니다.

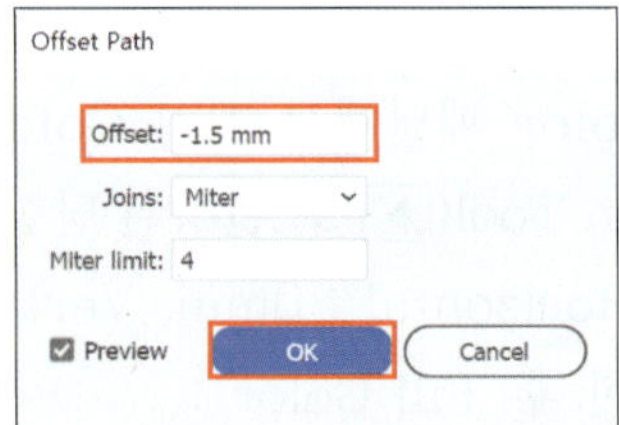
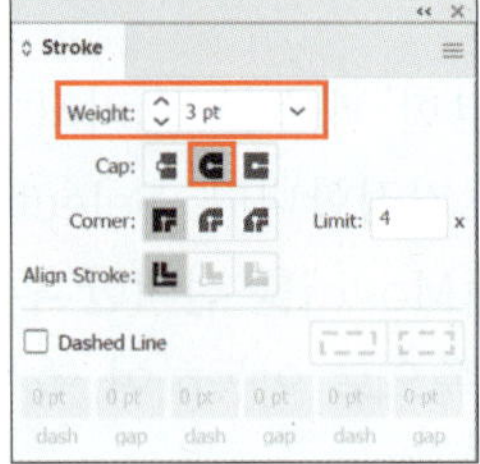
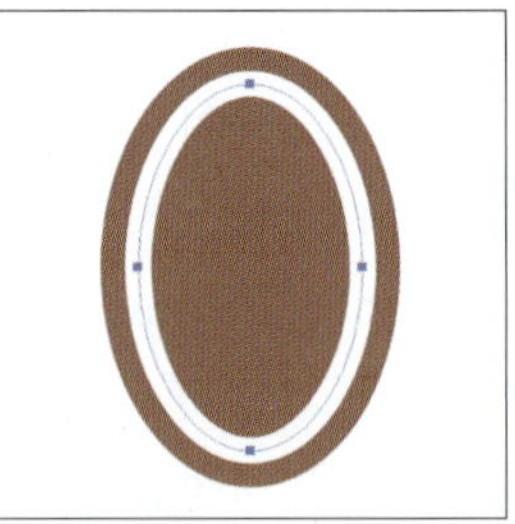

03 Scissors Tool(✂)로 타원의 왼쪽 윤곽선을 4번 클릭하여 자르고 열린 패스를 만듭니다.

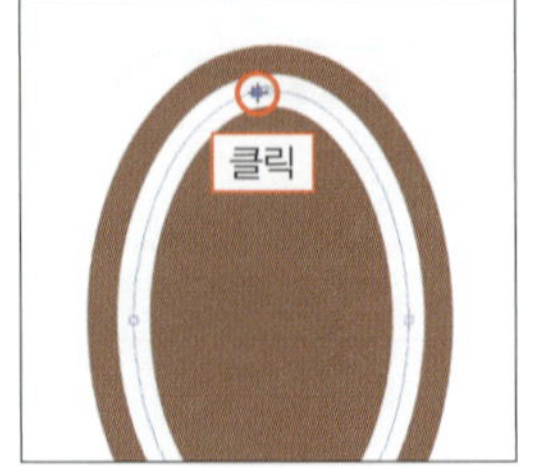

04 Selection Tool(▶)로 Shift 를 누른 채 클릭하여 2개의 불필요한 열린 패스를 선택하고 Delete 를 눌러 삭제한 후 남은 패스를 함께 선택한 후 [Object]–[Path]–[Outline Stroke]를 선택하여 선을 면으로 확장합니다.

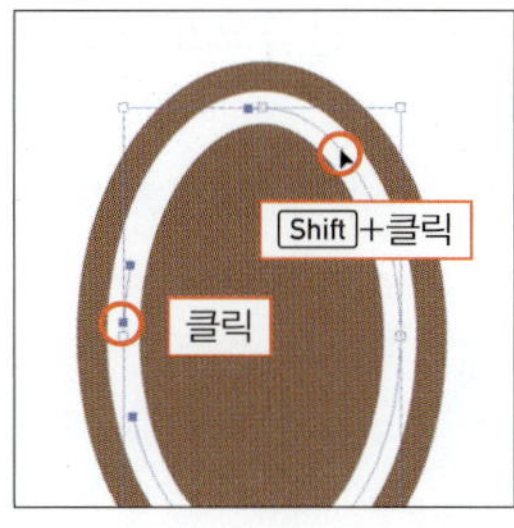

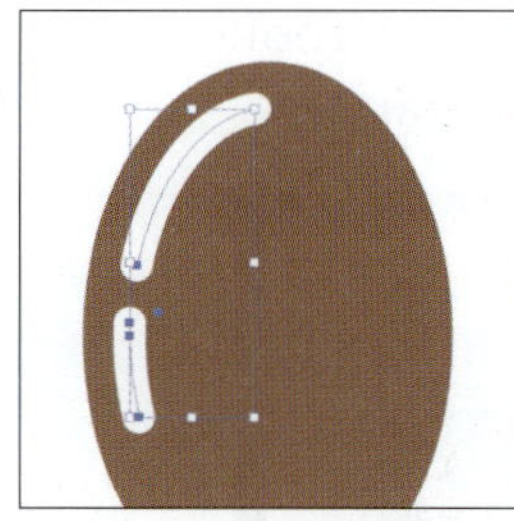
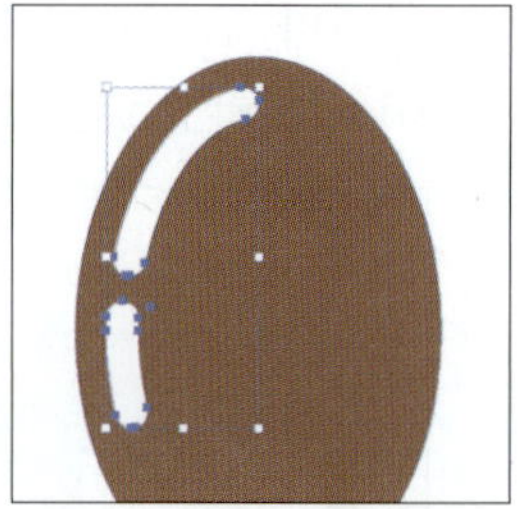

05 Selection Tool(▶)로 드래그하여 면으로 확장된 오브젝트와 타원을 함께 선택하고 [Object]–[Group](Ctrl+G)으로 그룹을 지정합니다.

06 Rectangle Tool(▣)로 드래그하여 타원 하단에 겹치도록 그리고 Color 패널에서 'Fill Color : C50M70Y80, Stroke Color : None'을 지정합니다. Selection Tool(▶)로 드래그하여 상단 오브젝트와 함께 선택하고 Align 패널에서 'Horizontal Align Center(▟)'를 클릭하여 가로 가운데 정렬을 지정합니다.

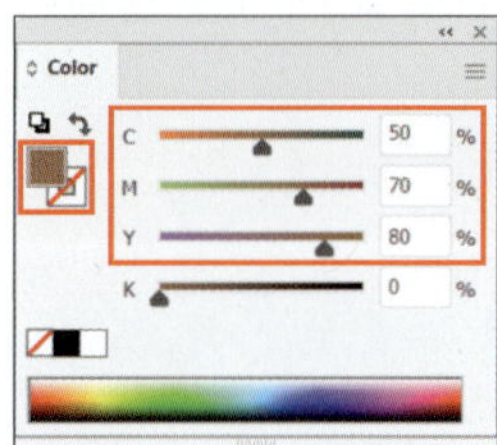
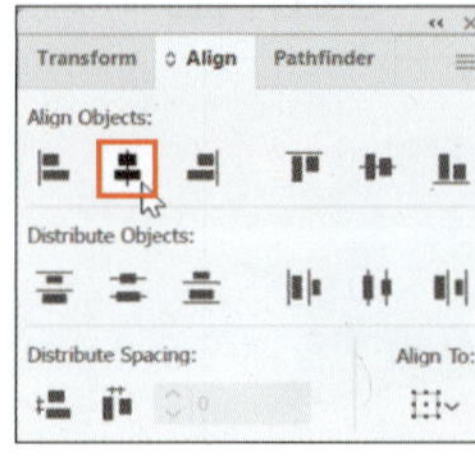
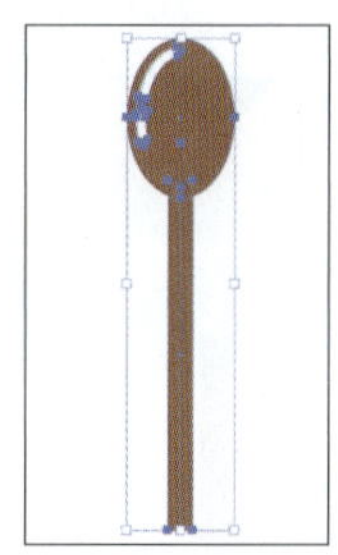

07 Rectangle Tool(▣)로 작업 도큐먼트를 클릭한 후 'Width : 37mm, Height : 16mm'를 입력하여 그리고 Color 패널에서 'Fill Color : C20, Stroke Color : None'을 지정합니다. [Effect]–[Illustrator Effects]–[Warp]–[Arch]를 선택하고 'Style : Horizontal, Bend : 8%'를 지정한 후 [Object]–[Expand Appearance]로 오브젝트의 속성을 확장합니다.

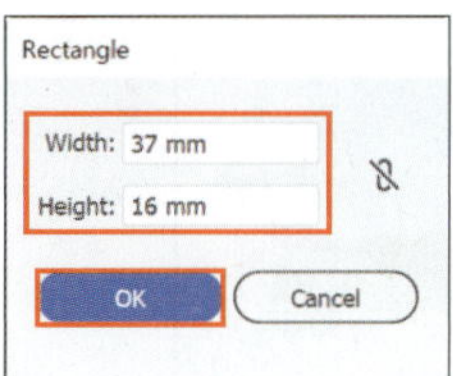

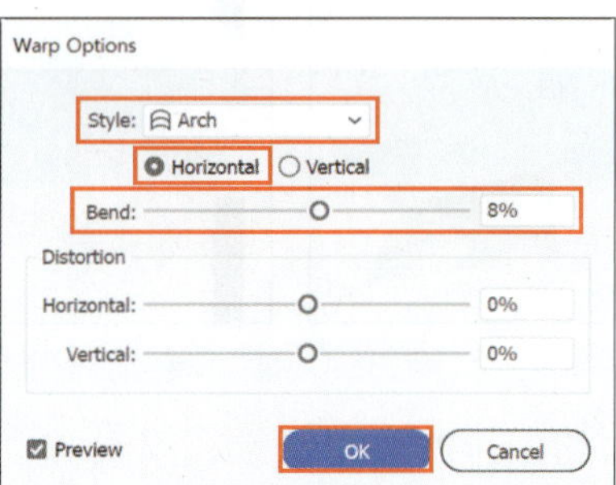

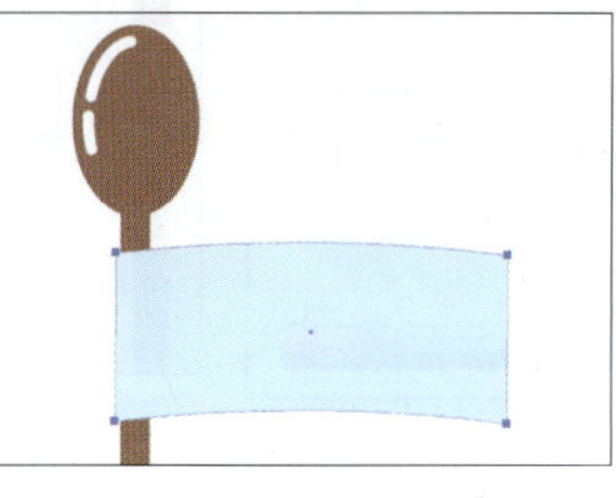

08 Rectangle Tool(■)로 작업 도큐먼트를 클릭한 후 'Width : 18mm, Height : 13mm'를 입력하여 그리고 Color 패널에서 'Fill Color : C30Y30, Stroke Color : None'을 지정합니다. [Object]-[Path]-[Add Anchor Points]를 선택하고 사각형의 선분 중앙에 고정점을 추가합니다. Direct Selection Tool(▷)로 오른쪽 중앙의 고정점을 선택하고 왼쪽으로 드래그하여 이동하고 패스를 변형합니다.

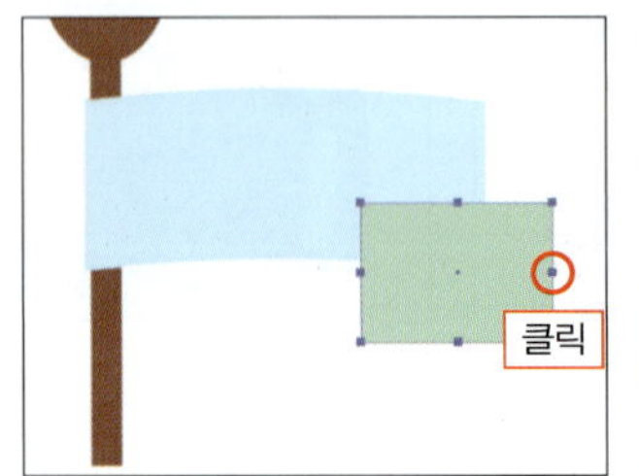

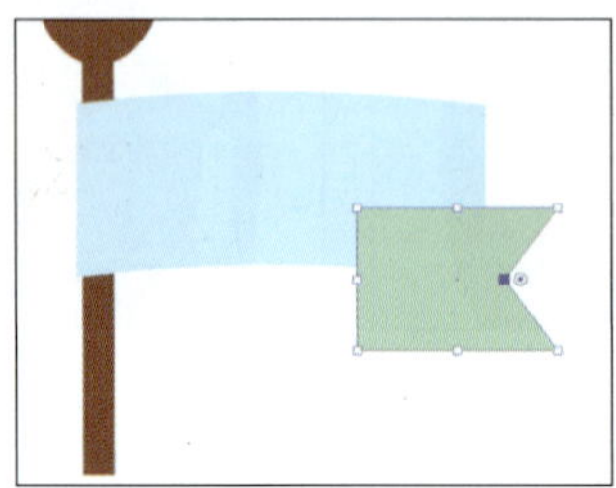

- 키보드의 ←를 여러 번 눌러 이동하고 패스를 변형할 수도 있습니다.
- Shift를 누른 채 키보드의 방향키를 누르면 한번에 10배수로 이동이 가능합니다.

09 Selection Tool(▶)로 변형된 오브젝트를 선택한 후 Rotate Tool(↻)을 더블 클릭하여 'Angle : −10°'를 지정하고 [OK]를 눌러 회전한 후 Ctrl+[를 눌러 뒤로 보내기를 합니다.

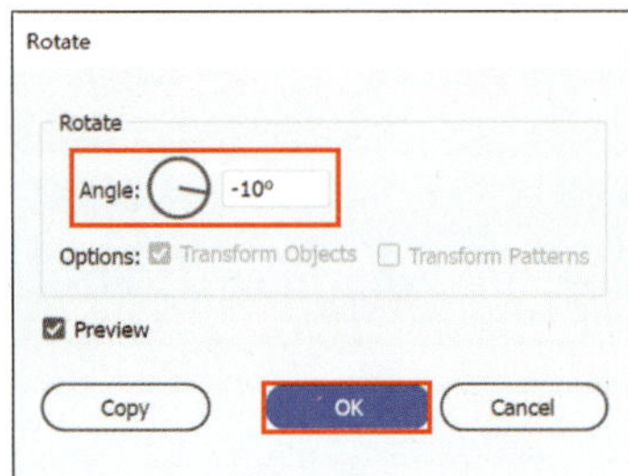

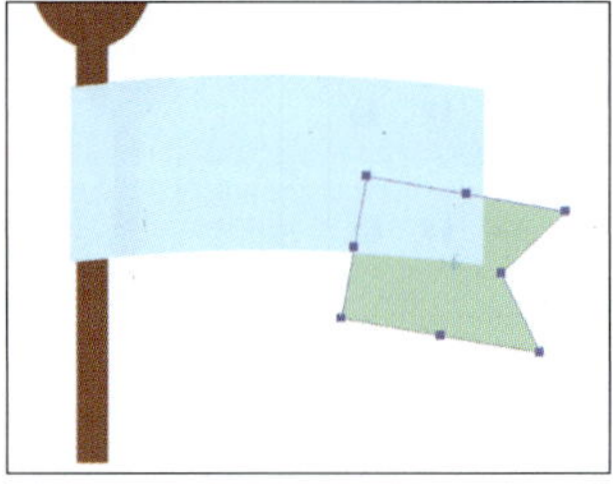

10 Pen Tool(✎)로 클릭하여 왼쪽에 닫힌 패스를 그리고 Color 패널에서 'Fill Color : C60Y90, Stroke Color : None'을 지정한 후 [Object]-[Arrange]-[Send Backward](Ctrl+[)를 선택하고 뒤로 보내기를 합니다.

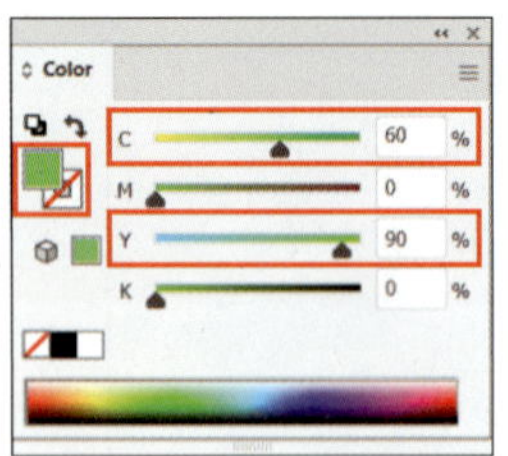

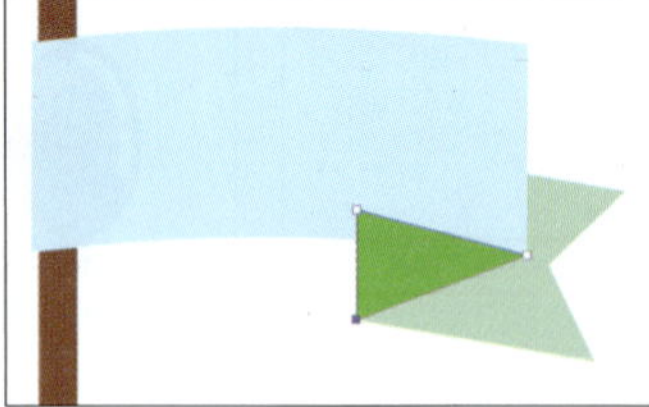
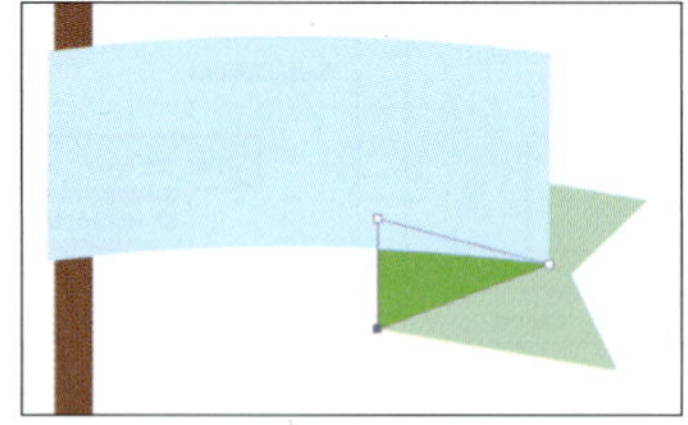

07 문자 입력하기

01 Type Tool(T)로 작업 도큐먼트를 클릭한 후 Character 패널에서 'Set the font family : Arial, Set the font style : Bold, Set the font size : 18pt'를 설정하고 Paragraph 패널에서 'Align center(≡)'를 선택하여 문장을 중앙에 배치합니다. Color 패널에서 'Fill Color : M100K80, Stroke Color : None'을 지정한 후 'FRESH BAKERY'를 입력합니다.

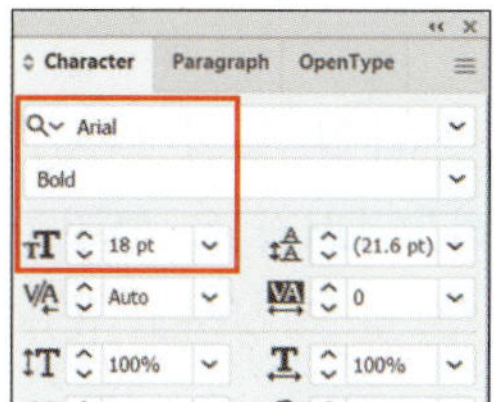
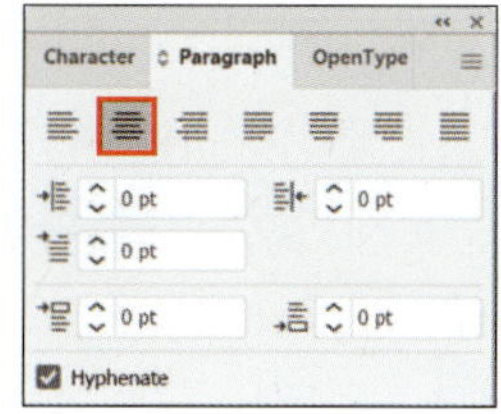

02 Type Tool(T)로 'BAKERY' 문자를 더블 클릭하여 선택한 후 Character 패널에서 'Set the font size : 14pt'를 설정하고 Color 패널에서 'Fill Color : C80Y60, Stroke Color : None'을 지정합니다.

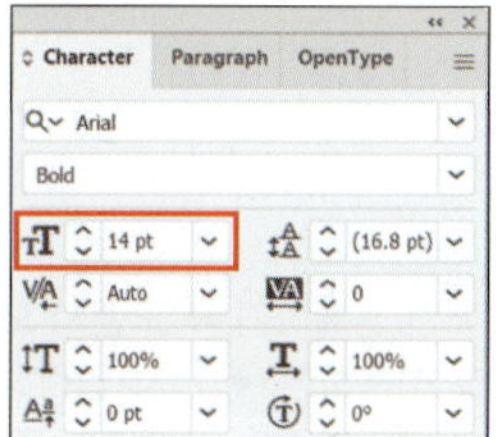
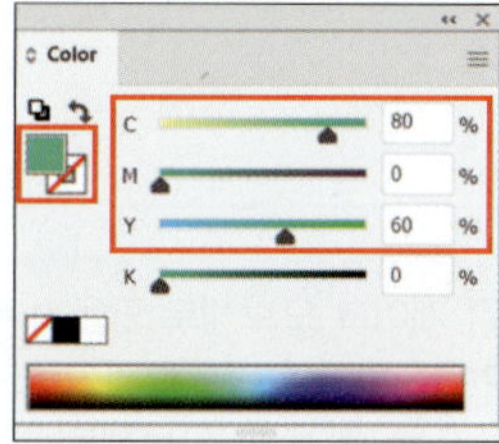
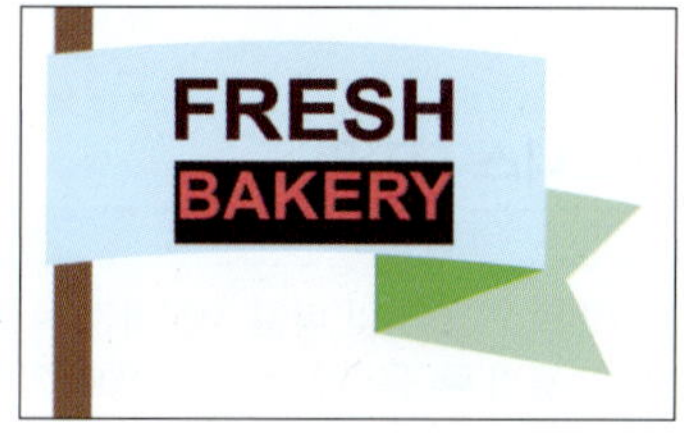

03 Selection Tool(▶)로 드래그하여 'FRESH BAKERY' 문자와 스푼, 리본 오브젝트를 함께 선택하고 [Object]-[Group](Ctrl+G)으로 그룹을 지정합니다. Rotate Tool(↻)을 더블 클릭하여 'Angle : −10°'를 지정하고 [OK]를 눌러 회전합니다.

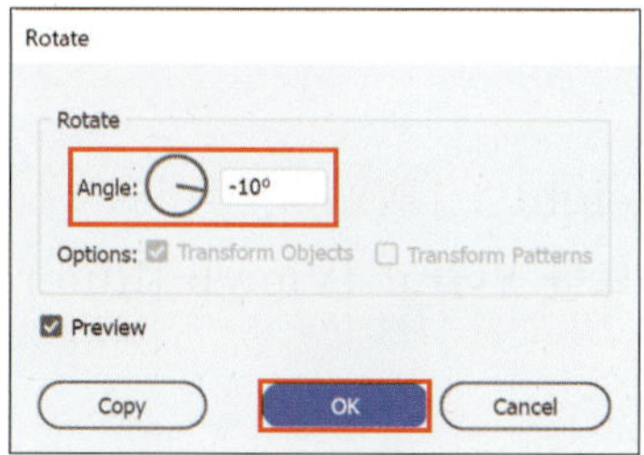

04 Selection Tool(▶)로 드래그하여 배경 오브젝트와 함께 선택한 후 [Object]-[Arrange]-[Send to Back](Shift+Ctrl+[)을 선택하고 맨 뒤로 보내기를 합니다.

⚐ 기적의 TIP

패널에서 [Arrange] 적용하기
[Properties] 패널에서 [Quick Actions] 항목의 [Arrange]를 클릭하여 적용할 수도 있습니다.

08 저장 및 답안 전송하기

01 [View]-[Guides]-[Hide Guides](Ctrl+;)를 선택하여 안내선을 숨기고 [View]-[Fit Artboard in Window](Ctrl+0)를 선택하여 현재 창에 맞추기를 합니다.

> **기적의 TIP**
>
> Tool 패널의 Hand Tool(✋) 자체를 더블 클릭하면 빠르게 현재 창에 맞추기가 됩니다.

02 [File]-[Save As]를 선택하고 '저장 위치 : 내 PC₩문서₩GTQ, 파일 형식 : Adobe Illustrator(*AI), 파일 이름 : 수험번호-성명-문제번호.ai'를 확인하고 [저장]을 클릭한 후 [Illustrator Options] 대화상자에서 'Version : Illustrator 2020'으로 설정하고 [OK(확인)]를 클릭합니다.

03 답안 저장이 완료가 되면 [File]-[Close](Ctrl+W)를 선택하여 파일을 닫고 수험 프로그램에서 [답안 전송]을 클릭하여 감독관 컴퓨터로 전송합니다.

문제 ❷ 패키지, 비즈니스 디자인

작업과정	새 도큐먼트 만들기 및 파일 저장하기 ➡ 조각 케이크 오브젝트 만들기 ➡ 패턴 등록하기 ➡ 오렌지 오브젝트 만들기 ➡ 음료수 캔 오브젝트 만들기 ➡ 불투명도와 클리핑 마스크 적용하기 ➡ 문자 입력하기 ➡ 메뉴판 만들기 ➡ 패턴 적용 및 변형하기 ➡ 집게 핀 오브젝트 만들고 그라디언트 및 이펙트 적용하기 ➡ 브러쉬 적용하고 문자 입력하기 ➡ 저장 및 답안 전송하기
완성이미지	PART04₩기출유형문제02회₩수험번호-성명-2.ai

---

01 새 도큐먼트 만들기 및 파일 저장하기

01 [File]-[New](Ctrl+N)를 선택하고 'Width : 160mm, Height : 120mm, Units : Millimeters, Color Mode : CMYK'를 설정하여 새 도큐먼트를 만들고 [View]-[Rulers]-[Show Rulers](Ctrl+R)를 선택하여 눈금자를 표시합니다.

02 작품의 규격 왼쪽 상단에 원점(0,0)을 확인하고 왼쪽과 상단 눈금자 위에서 마우스로 각각 드래그하여 제시된 출력형태와 레이아웃 구성이 동일하게 안내선을 표시합니다.

03 작업 도큐먼트를 저장하기 위해 [File]-[Save](Ctrl+S)를 선택하고 '저장 위치 : 내 PC₩문서₩GTQ, 파일 형식 : Adobe Illustrator(*AI), 파일 이름 : 수험번호-성명-문제번호'를 입력하고 [저장]을 클릭한 후 [Illustrator Options] 대화상자에서 'Version : Illustrator 2020'으로 설정하고 [OK(확인)]를 클릭합니다.

02 조각 케이크 오브젝트 만들기

01 Ellipse Tool(◉)로 작업 도큐먼트를 클릭한 후 'Width : 63mm, Height : 63mm'를 입력하여 그리고 Color 패널에서 'Fill Color : 임의 색상, Stroke Color : None'을 지정합니다.

02 Properties 패널의 Transform 항목의 More Options(⋯)를 클릭하여 'Pie Start Angle : 35°, Pie End Angle : 77°'를 지정하고 파이 모양을 만듭니다.

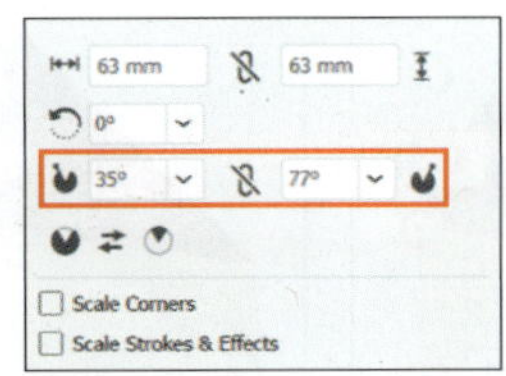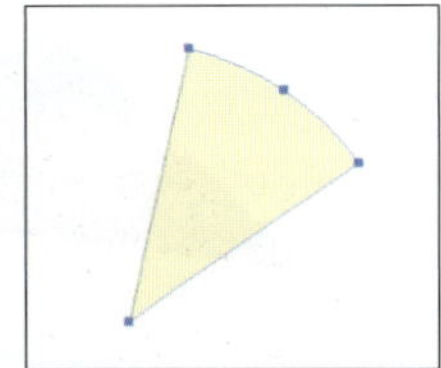

> **기적의 TIP**
>
> Selection Tool(▶)로 원형 외곽 2개의 점(◉)을 각각 드래그하여 파이 형태로 변형, 편집이 가능합니다.

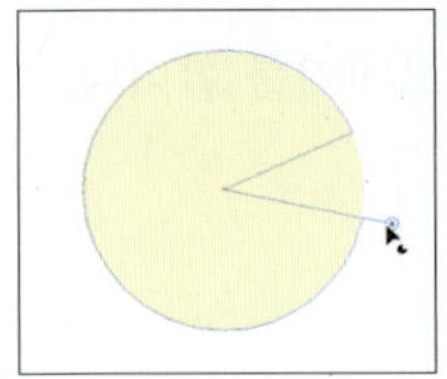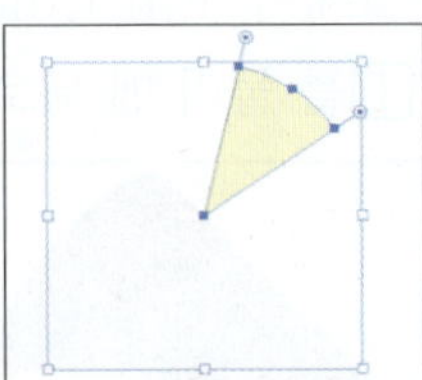

03 [Effect]−[Illustrator Effects]−[3D]−[Extrude & Bevel]을 선택하고 [3D Extrude & Bevel Options] 대화상자에서 'Specify rotation around the X axis : 38°, Specify rotation around the Y axis : 14°, Specify rotation around the Z axis : −19°, Perspective : 0°, Extrude Depth : 50pt'를 입력하여 3차원 오브젝트로 변형합니다. [Object]−[Expand Appearance]를 선택하여 오브젝트의 모양을 확장합니다.

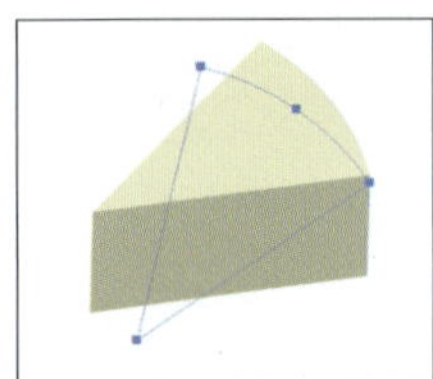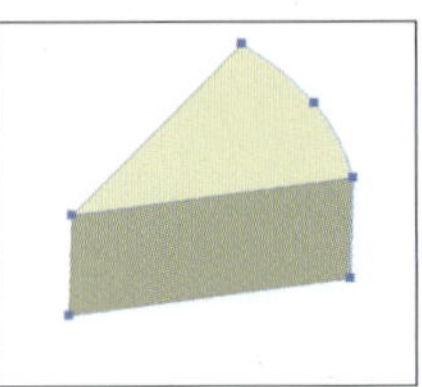

> **기적의 TIP**
>
> 시스템 다운에 대비하여 Effect 적용 전후에는 반드시 Ctrl + S 를 눌러 저장합니다.

04 Shift + Ctrl + G 를 2번 눌러 그룹을 해제하고 Selection Tool(▶)로 상단 오브젝트를 선택하고 Color 패널에서 'Fill Color : C20M80Y90K20, Stroke Color : None'을 지정합니다. Direct Selection Tool(▷)로 Shift 를 누른 채 클릭하여 상단 모서리 2개의 고정점을 함께 선택하고 모서리 안쪽의 둥근 점(◉)을 안쪽으로 드래그하여 모서리를 둥글게 변형합니다.

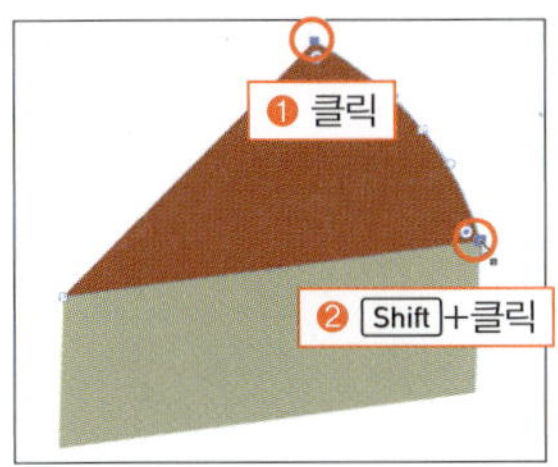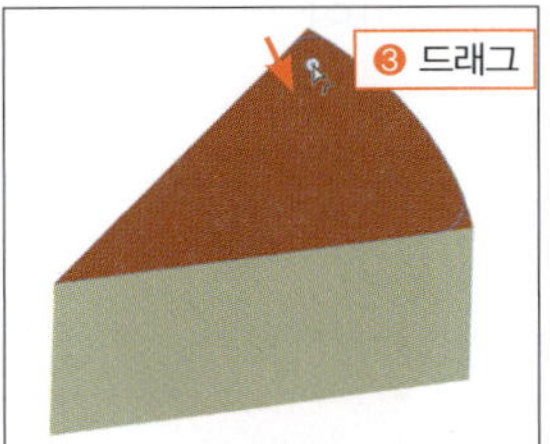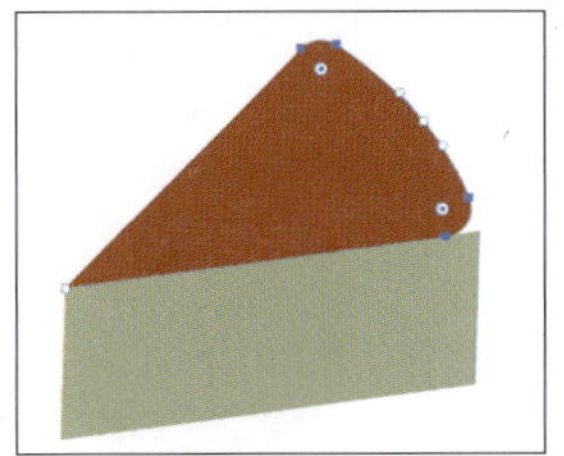

05 Direct Selection Tool(▷)로 하단 오브젝트를 선택하고 Color 패널에서 'Fill Color : Y60, Stroke Color : None'을 지정합니다. Direct Selection Tool(▷)로 Shift 를 누른 채 클릭하여 오른쪽 2개의 고정점을 함께 선택하고 왼쪽으로 이동합니다. 계속해서 하단 고정점 을 선택하고 왼쪽으로 이동하여 변형합니다.

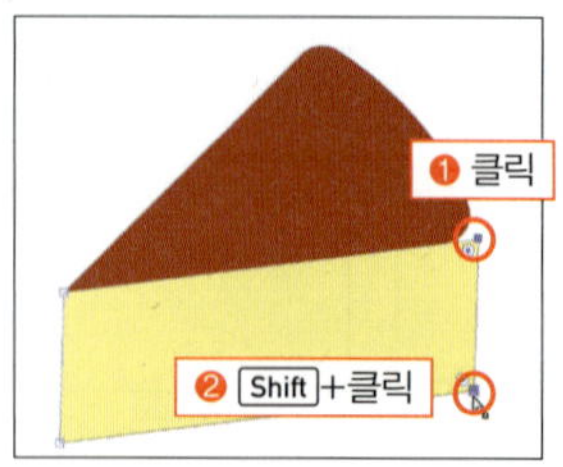

06 Pen Tool(✎)로 닫힌 패스로 그리고 Color 패널에서 'Fill Color : C20M80Y90K20, Stroke Color : None'을 지정한 후 Shift + Ctrl + [를 눌러 맨 뒤로 보내기를 합니다.

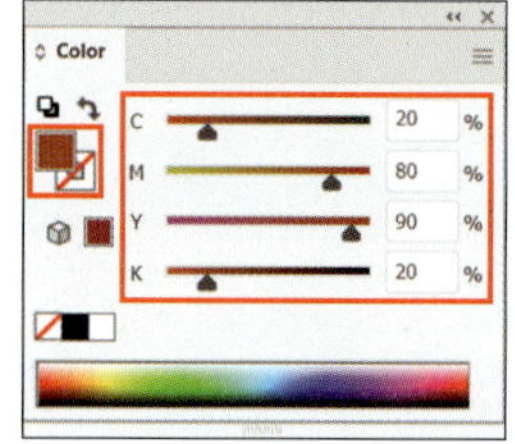
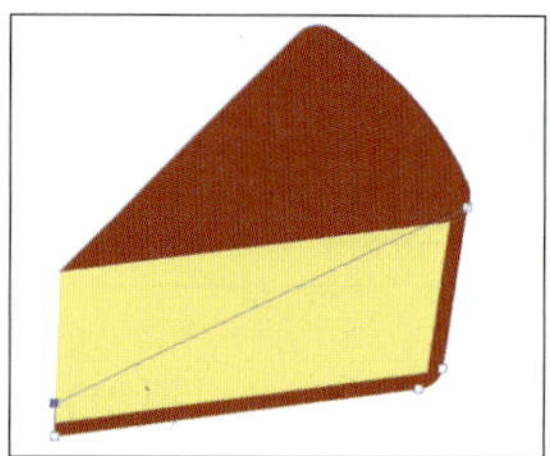

07 Ellipse Tool(○)로 Shift 를 누른 채 드래그하여 크기가 다른 5개의 정원을 그리고 Color 패 널에서 'Fill Color : C20M20Y90, Stroke Color : None'을 지정합니다.

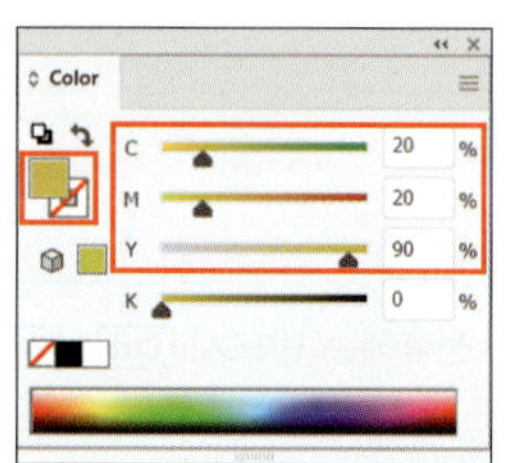

08 Ellipse Tool(○)로 작업 도큐먼트를 클릭한 후 'Width : 9mm, Height : 9mm'를 입력하 여 그리고 Color 패널에서 'Fill Color : M60Y90, Stroke Color : None'을 지정합니다. 계 속해서 Shift 를 누른 채 드래그하여 크기가 작은 정원과 타원을 각각 그리고 'Fill Color : C40M70Y100K50, M30Y80, Stroke Color : None'을 각각 지정합니다. Selection Tool (▶)로 타원의 바운딩 박스 모서리 밖을 드래그하여 회전하여 배치합니다.

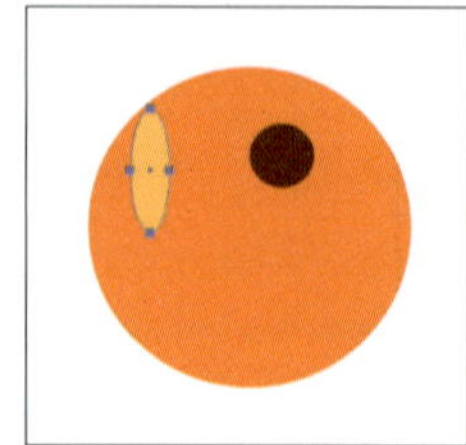
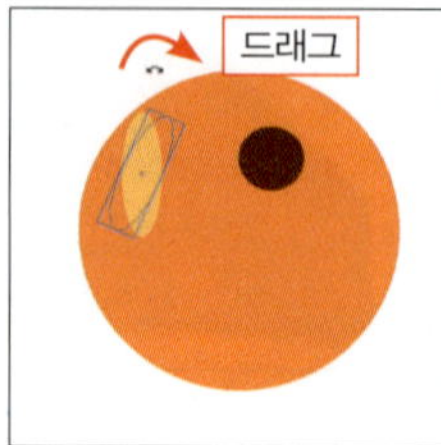

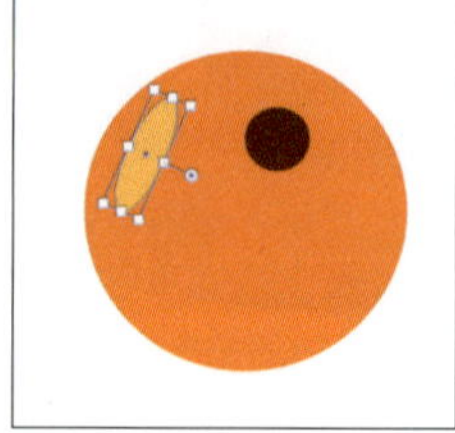

09 Ellipse Tool(◉)로 작업 도큐먼트를 클릭한 후 'Width : 4.5mm, Height : 11mm'를 입력하여 그리고 Color 패널에서 'Fill Color : C70M10Y100, Stroke Color : None'을 지정합니다. Anchor Point Tool(▲)로 상단 고정점에 클릭하여 곡선의 핸들을 삭제합니다. Direct Selection Tool(▷)로 드래그하여 가운데 2개의 고정점을 선택하고 키보드의 ↓를 여러 번 눌러 패스를 변형합니다.

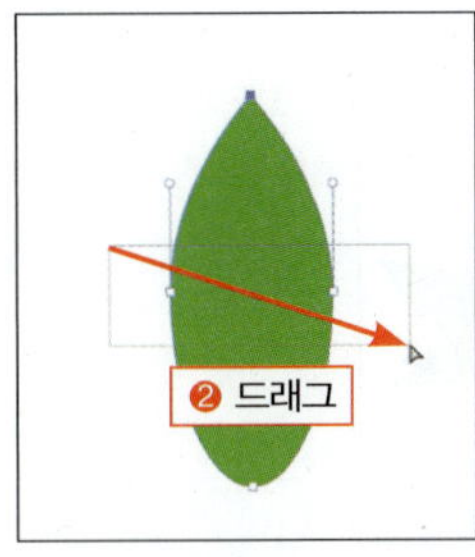

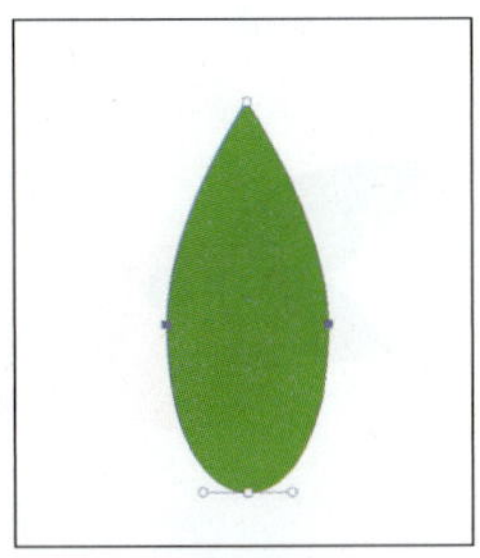

10 Line Segment Tool(╱)로 Shift를 누른 채 드래그하여 수직선을 겹치도록 그립니다. Selection Tool(▶)로 드래그하여 잎 모양과 함께 선택하고 Pathfinder 패널에서 'Divide(▣)'를 클릭하여 면을 분할합니다. 오브젝트를 더블 클릭하여 Isolation Mode로 전환한 후 오른쪽 오브젝트를 선택하고 Color 패널에서 'Fill Color : C70M10Y100K30, Stroke Color : None'을 지정한 후 Esc를 눌러 정상 모드로 전환합니다.

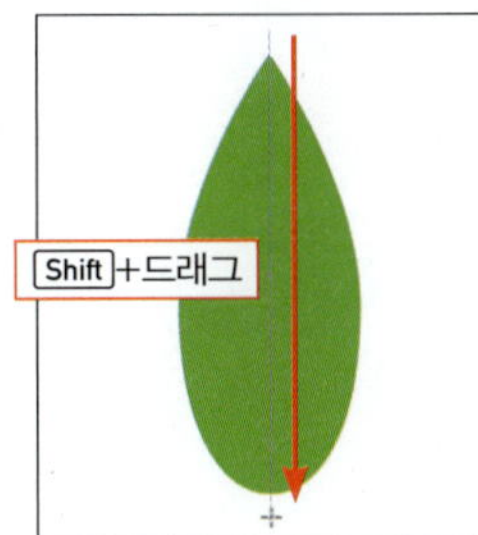

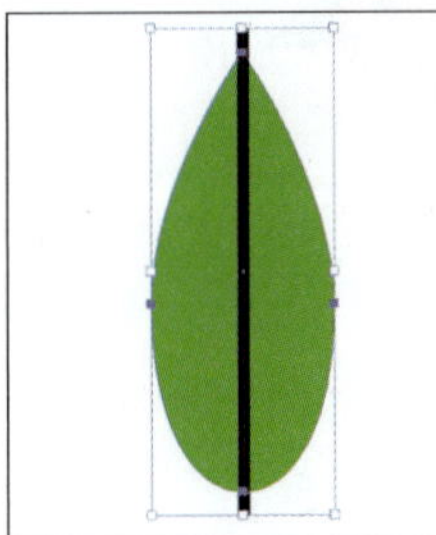

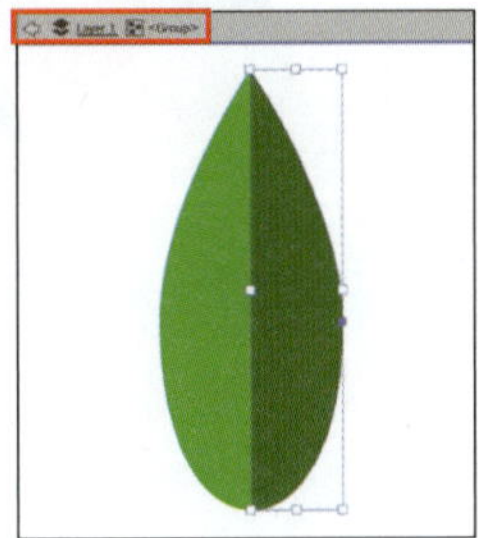

11 Selection Tool(▶)로 잎 모양을 선택하고 Rotate Tool(↻)을 더블 클릭하여 'Angle : 60°'를 지정하고 [OK]를 눌러 배치한 후 Shift+Ctrl+[를 눌러 맨 뒤로 보내기를 합니다.

12 Scale Tool(▣)을 더블 클릭하여 'Uniform : 80%'를 지정하고 [Copy]를 눌러 축소 복사한 후, Rotate Tool(↻)을 더블 클릭하여 'Angle : 55°'를 지정하고 [OK]를 눌러 겹치도록 배치합니다.

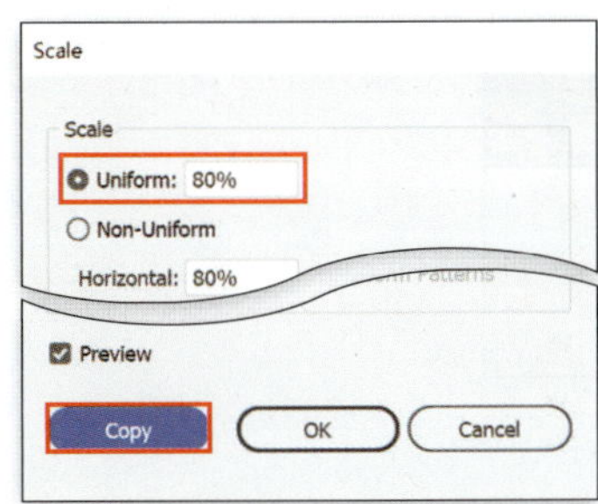

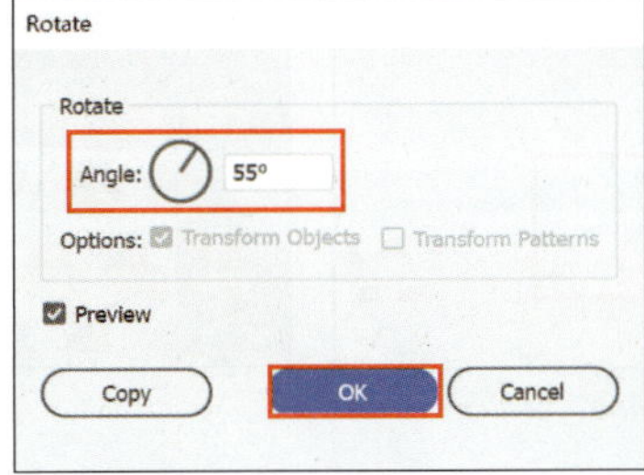

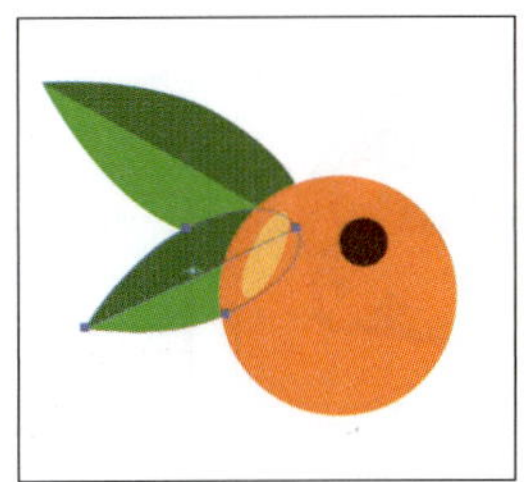

13 Selection Tool(▶)로 드래그하여 열매와 잎 모양을 함께 선택한 후, Scale Tool(⊡)을 더블 클릭하여 'Uniform : 60%'를 지정하고 [Copy]를 눌러 축소 복사한 후 이동하여 배치합니다.

14 Selection Tool(▶)로 드래그하여 2개의 잎 모양을 함께 선택한 후, Reflect Tool(◀▶)을 Alt 를 누른 채 큰 정원의 중심점을 클릭한 후 'Axis : Vertical'을 지정하고 [OK]를 눌러 배치합니다.

15 Selection Tool(▶)로 드래그하여 큰 잎 모양을 선택한 후, Rotate Tool(↻)을 더블 클릭하여 'Angle : 190°'를 지정하고 [Copy]를 눌러 회전 복사하여 왼쪽 하단에 배치합니다.

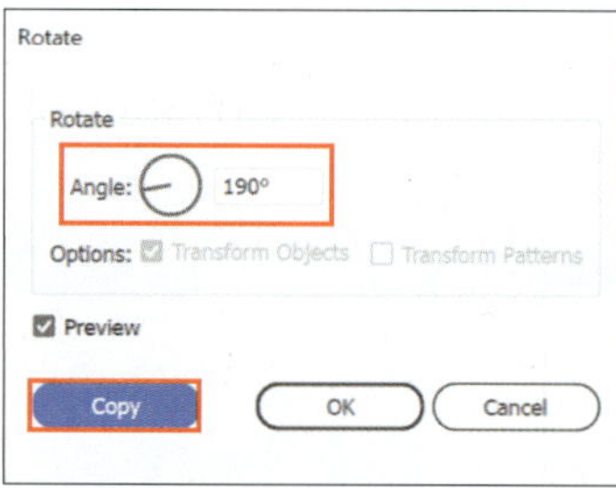

03 패턴 등록하기

01 Rectangle Tool(▢)로 작업 도큐먼트를 클릭한 후 'Width : 40mm, Height : 40mm'를 입력하여 그리고 Color 패널에서 'Fill Color : None, Stroke Color : None'을 지정한 후 조각 케이크와 겹치도록 배치합니다.

02 Selection Tool(▶)로 작은 열매와 잎 모양을 제외한 오브젝트를 모두 선택한 후 [Object]−[Pattern]−[Make]를 선택하고 [Pattern Options] 대화상자에서 'Name : 조각 케이크, Tile Type : Brick by Row, Brick Offset : 1/2'을 지정하고 패턴으로 등록합니다.

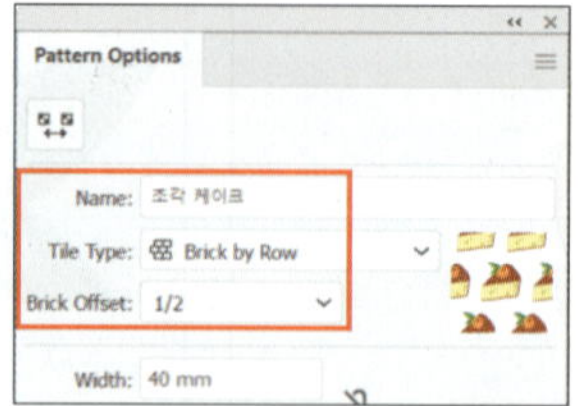
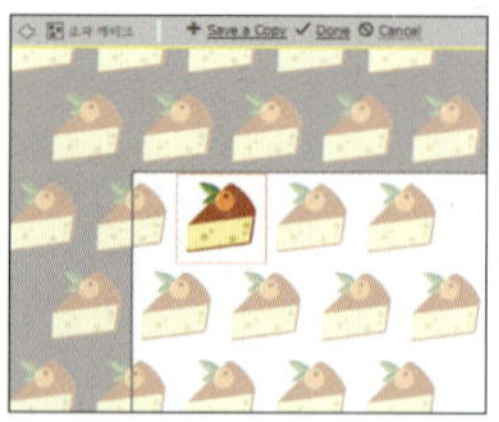

03 Esc 를 눌러 패턴의 편집 모드를 완료하고 정상 모드로 전환합니다. Selection Tool(▶)로 드래그하여 'Fill Color : None, Stroke Color : None'인 투명한 사각형을 선택하고 Delete 를 눌러 삭제합니다.

04 오렌지 오브젝트 만들기

01 Ellipse Tool(◉)로 작업 도큐먼트를 클릭한 후 'Width : 28mm, Height : 28mm'를 입력하여 그리고 Color 패널에서 'Fill Color : Y60, Stroke Color : M10Y100'을 지정하고 Stroke 패널에서 'Weight : 4pt'를 지정합니다.

02 Scale Tool(🔲)을 더블 클릭하여 'Uniform : 80%'를 지정하고 [Copy]를 눌러 축소 복사한 후 Color 패널에서 'Fill Color : C10M20Y80, Stroke Color : None'을 지정합니다.

03 Line Segment Tool(╱)로 Shift 를 누른 채 드래그하여 수직선을 2개의 정원과 충분히 겹치도록 그리고 Color 패널에서 'Fill Color : None, Stroke Color : 임의 색상'을 지정하고 Stroke 패널에서 'Weight : 5pt'를 지정합니다. Selection Tool(▶)로 드래그하여 2개의 정원과 함께 선택하고 Align 패널에서 'Horizontal Align Center(⬛)'와 'Vertical Align Center(⬛)'를 각각 클릭하여 가운데 정렬을 지정합니다.

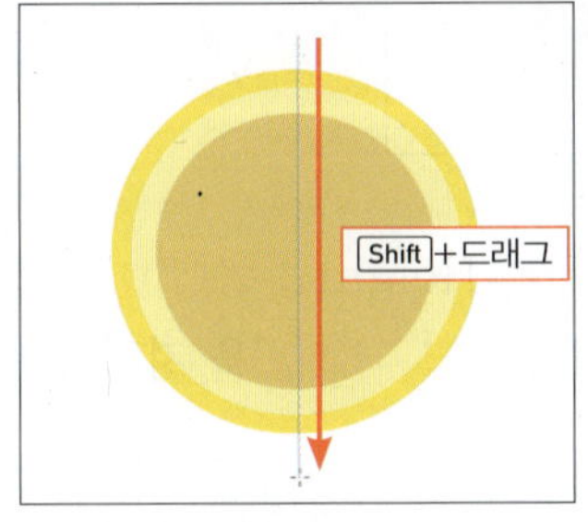

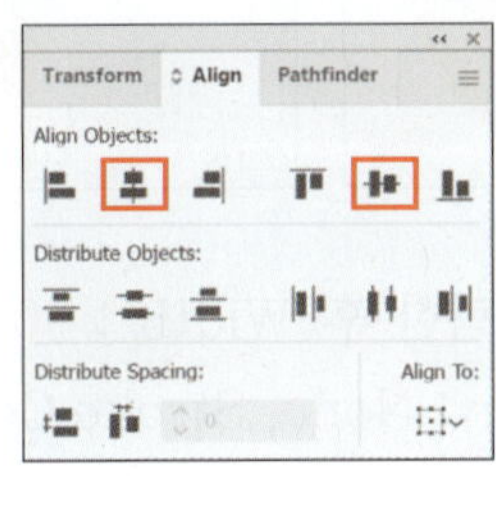

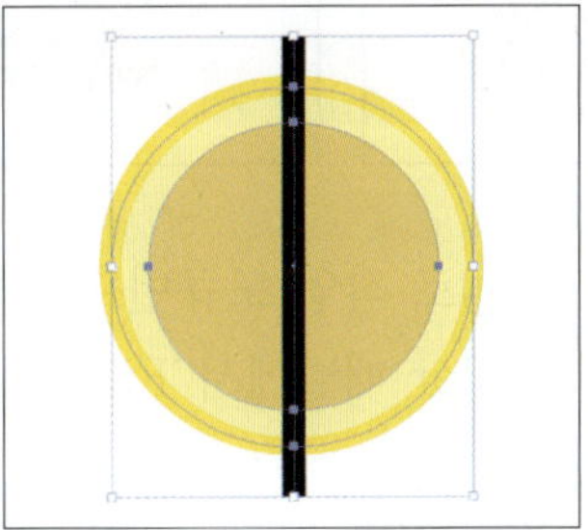

04 Selection Tool(▶)로 클릭하여 수직선을 선택한 후, Rotate Tool(↻)을 더블 클릭하여 'Angle : 45°'를 지정하고 [Copy]를 눌러 회전하여 복사합니다. [Object]-[Transform]-[Transform Again](Ctrl + D)을 2번 선택하고 반복 회전하며 복사합니다.

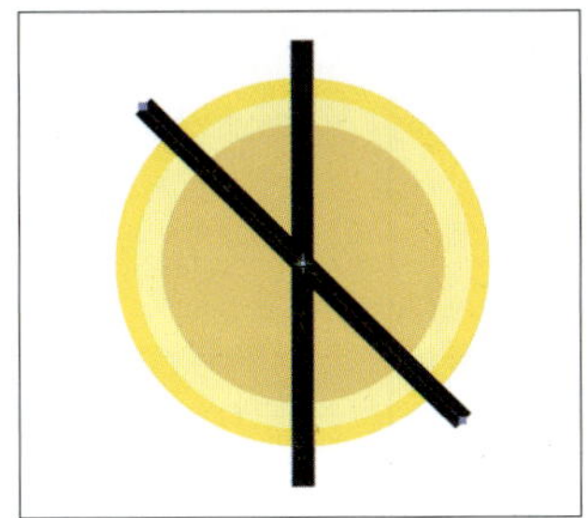
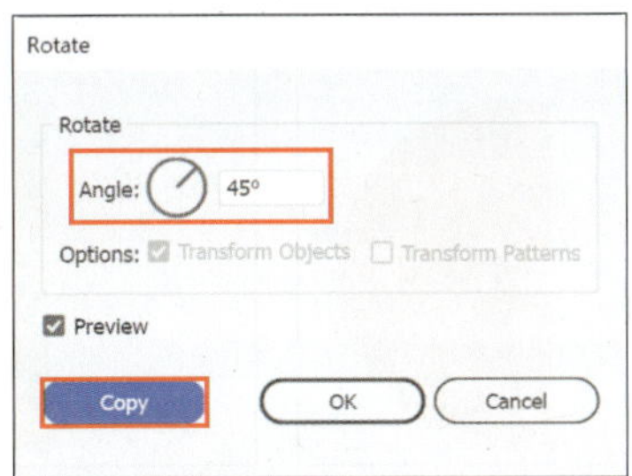

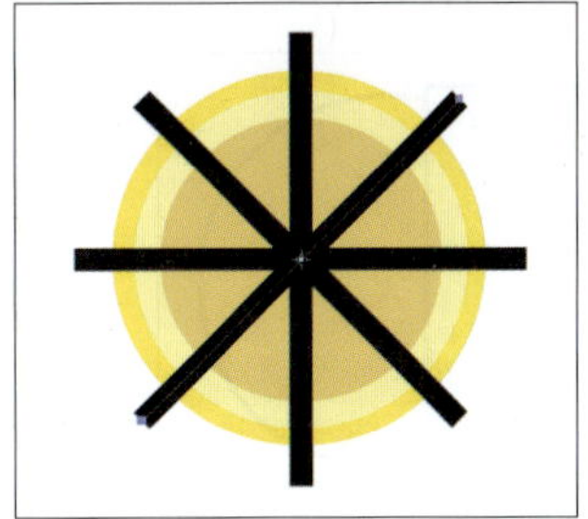

05 Selection Tool(▶)로 4개의 선을 함께 선택하고 [Object]-[Path]-[Outline Stroke]를
선택하여 선을 면으로 확장합니다. 계속해서 작은 정원과 함께 선택하고 Pathfinder 패널에
서 'Minus Front(⬚)'를 클릭합니다.

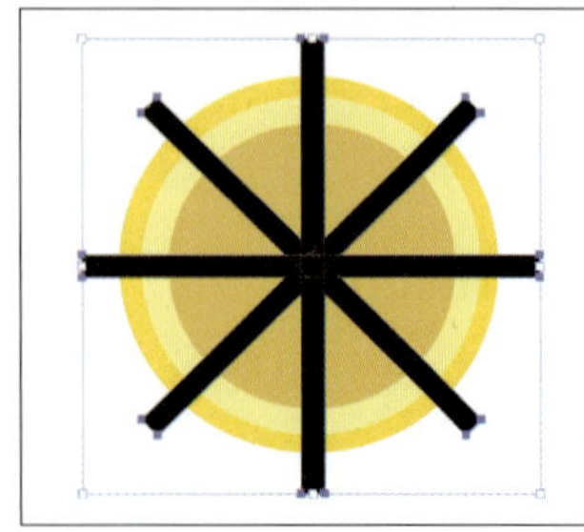  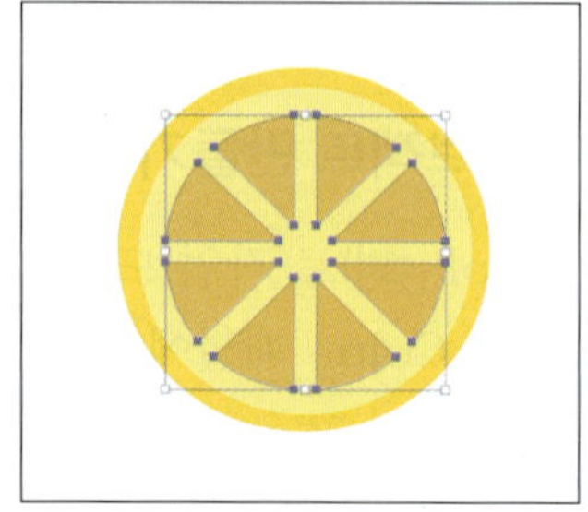

06 Selection Tool(▶)로 완성된 오렌지 오브젝트를 선택한 후 Ctrl+C로 복사하고 Ctrl+V
로 붙여넣기를 합니다. Direct Selection Tool(▷)로 큰 원의 왼쪽 고정점을 클릭하고
Delete 를 눌러 삭제합니다. 계속해서 왼쪽 4개의 오브젝트를 선택한 후 Delete 를 눌러 삭제합
니다.

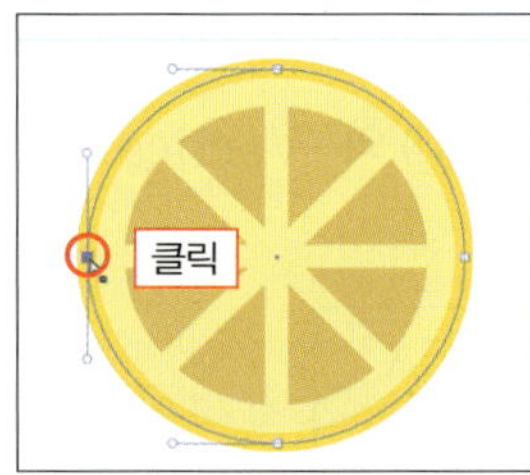

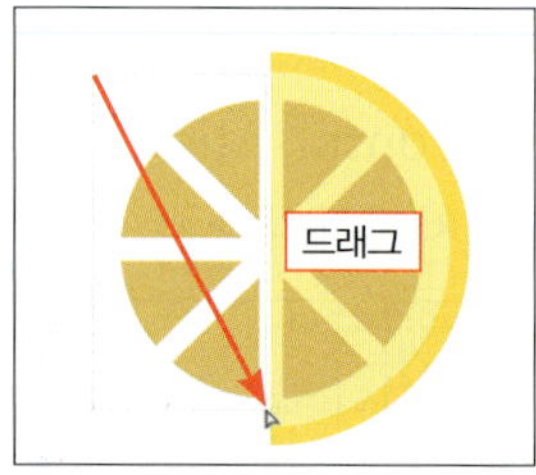

07 Ellipse Tool(⬤)로 작업 도큐먼트를 클릭한 후 'Width : 30mm, Height : 29.5mm'를 입
력하여 그리고 Color 패널에서 'Fill Color : None, Stroke Color : 임의 색상'을 지정합니다.

08 Rectangle Tool(▢)로 드래그하여 원형 왼쪽에 겹치도록 임의 색상의 사각형을 그리고 Se-
lection Tool(▶)로 함께 선택한 후 Pathfinder 패널에서 'Minus Front(⬚)'를 클릭하고
Color 패널에서 'Fill Color : M40Y100, Stroke Color : None'을 지정한 후 Shift+Ctrl+
[를 눌러 맨 뒤로 보내기를 합니다. Selection Tool(▶)로 함께 선택하고 Ctrl+G로 그룹
을 지정합니다.

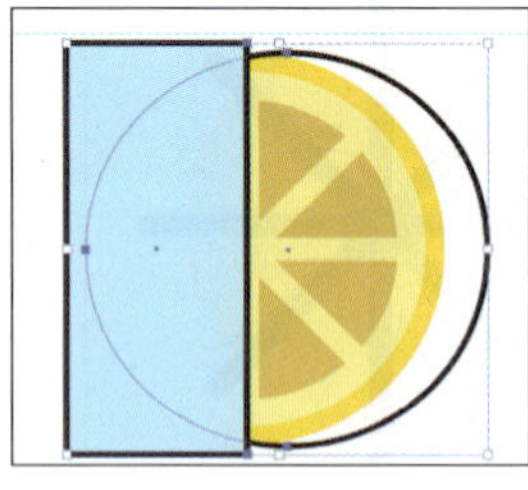 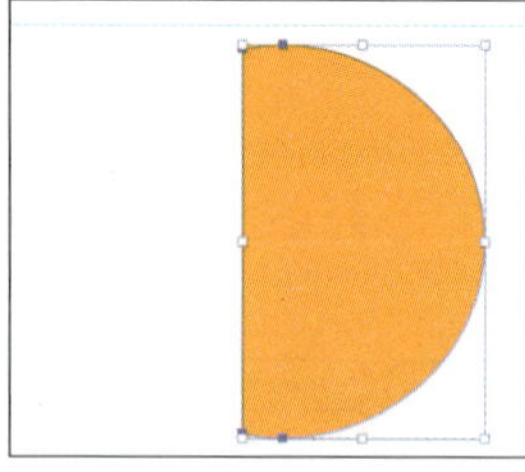 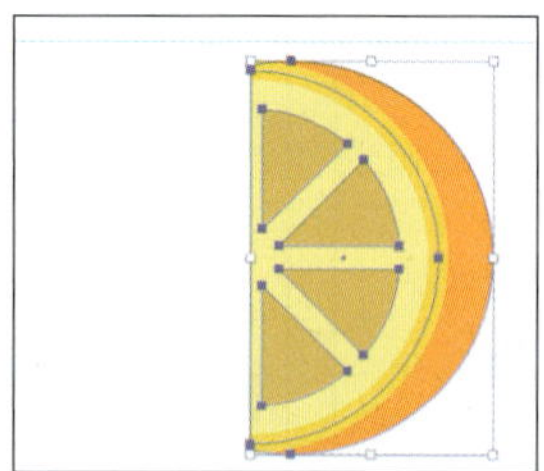

09 Selection Tool(▶)로 원본 오렌지 오브젝트를 선택한 후 Shear Tool(↗)을 더블 클릭하여
'Shear Angle : 26°, Axis : Horizontal'을 지정하고 [OK]를 눌러 변형합니다.

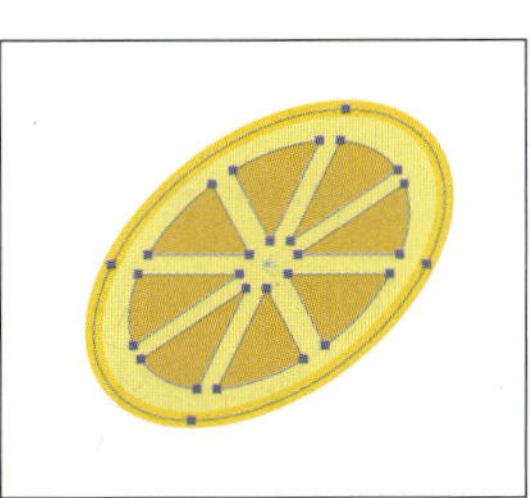

10 Ellipse Tool(⬤)로 작업 도큐먼트를 클릭한 후 'Width : 37mm, Height : 37mm'를 입력 하여 겹치도록 그리고 Color 패널에서 'Fill Color : M40Y100, Stroke Color : None'을 지 정한 후 Shift + Ctrl + [를 눌러 맨 뒤로 보내기를 합니다.

11 Scissors Tool(✂)로 정원의 선분에 2번 클릭하여 패스를 자르고 Delete 를 2번 눌러 상단의 열린 패스를 삭제합니다.

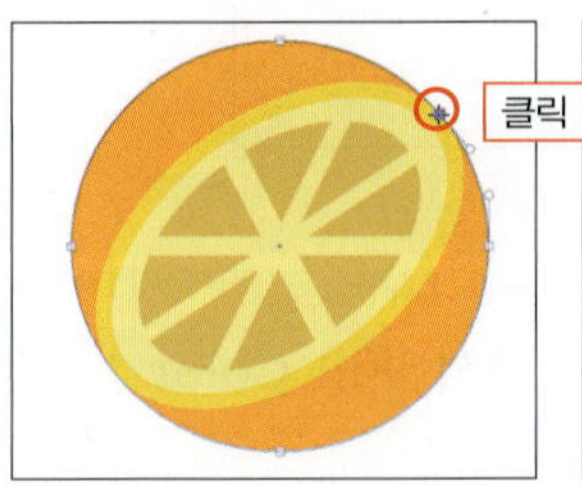

12 Line Segment Tool(╱)로 드래그하여 짧은 사선을 그리고 Color 패널에서 'Fill Color : None, Stroke Color : M10Y100'을 지정하고 Stroke 패널에서 'Weight : 4pt, Cap : Round Cap'을 지정한 후 [Object]-[Path]-[Outline Stroke]를 선택하여 선을 면으로 확 장합니다. Selection Tool(▶)로 Alt 를 누른 채 드래그하여 5개의 오브젝트를 복제하여 배 치하고 바운딩 박스의 모서리 밖을 시계 방향으로 회전하여 배치합니다.

> 🏁 **기적의** TIP
>
> Selection Tool(▶)로 오브젝트를 선택하고 Alt 를 누른 채 드래그하여 이동하며 복제할 수 있습니다.

13 Selection Tool(▶)로 완성된 오렌지 오브젝트를 선택하고 Ctrl + G 로 그룹을 지정합니다.

01 Rounded Rectangle Tool(■)로 작업 도큐먼트를 클릭한 후 'Width : 35.3mm, Height : 61mm, Corner Radius : 10mm'를 입력하여 그리고 Color 패널에서 'Fill Color : None, Stroke Color : 임의 색상'을 지정합니다. 계속해서 작업 도큐먼트를 클릭한 후 'Width : 10mm, Height : 15mm, Corner Radius : 4mm'를 입력하여 그리고 'Fill Color : None, Stroke Color : 임의 색상'을 지정한 후 왼쪽 하단에 배치합니다.

02 Selection Tool(▶)로 오브젝트를 더블 클릭하여 Isolation Mode로 전환한 후 Direct Selection Tool(▷)로 하단의 4개의 고정점을 선택합니다. Scale Tool(⬚)을 더블 클릭하여 'Uniform : 60%'를 지정한 후 [OK]를 눌러 패스를 축소하고 Esc 를 눌러 정상 모드로 전환합니다.

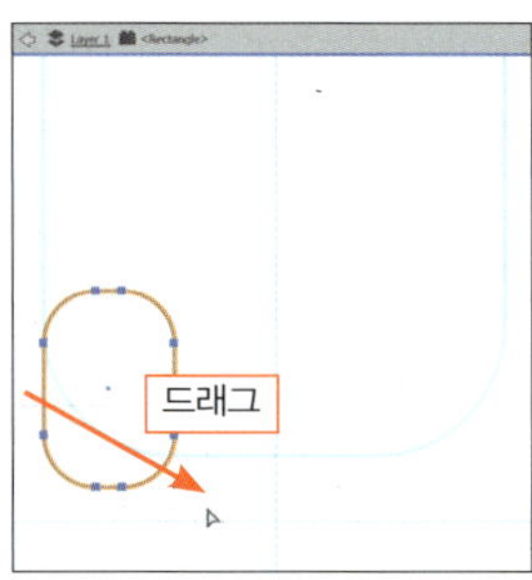

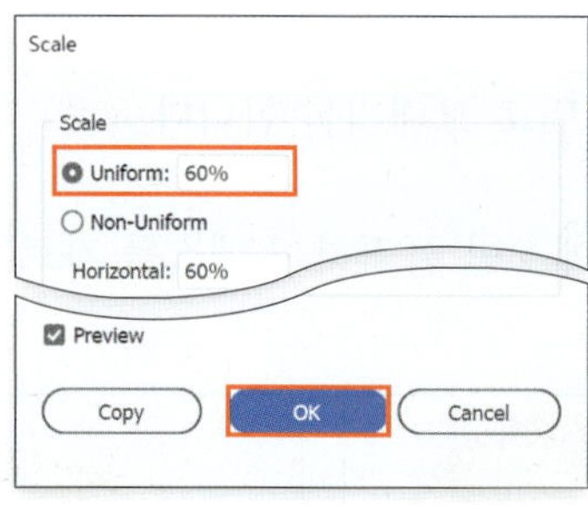

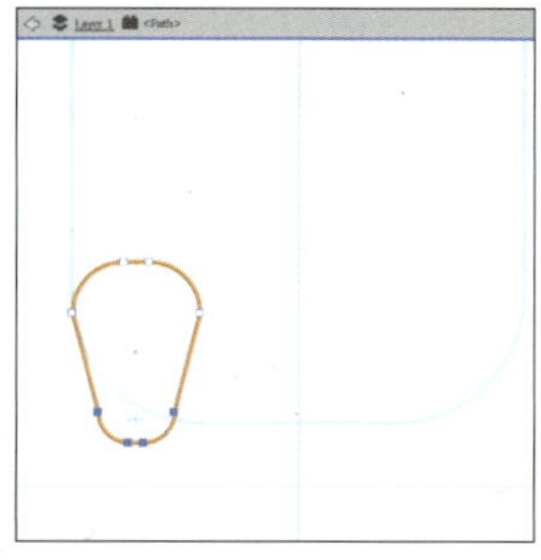

03 Rounded Rectangle Tool(■)로 작업 도큐먼트를 클릭한 후 'Width : 7.5mm, Height : 12mm, Corner Radius : 2mm'를 입력하여 그리고 Color 패널에서 'Fill Color : None, Stroke Color : 임의 색상'을 지정하고 오른쪽에 겹치도록 배치합니다.

04 Selection Tool(▶)로 변형된 둥근 사각형과 함께 선택하고 Reflect Tool(◁▷)로 Alt 를 누른 채 세로 안내선을 클릭한 후 'Axis : Vertical'을 지정한 후 [Copy]를 눌러 복사합니다.

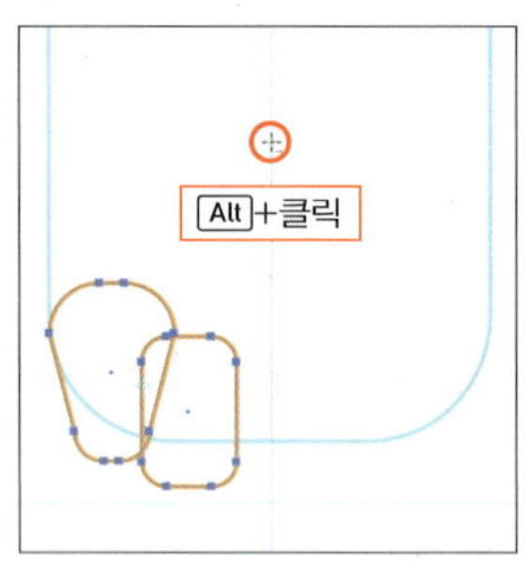

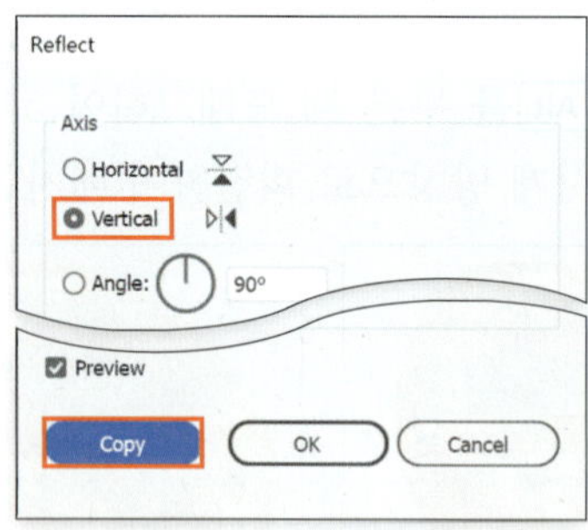

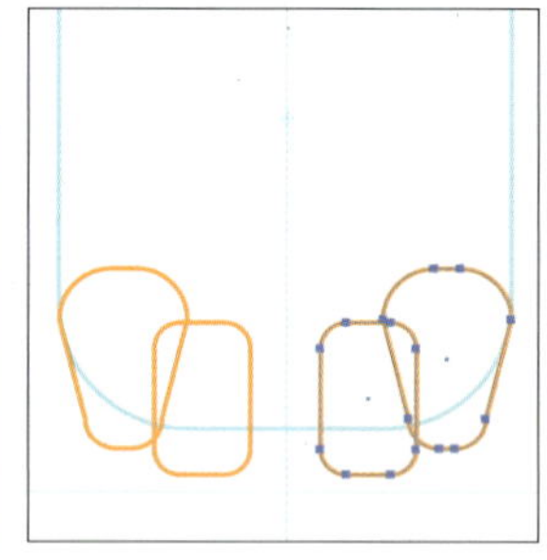

05 Selection Tool(▶)로 드래그하여 5개의 오브젝트를 함께 선택하고 Pathfinder 패널에서 'Unite(■)'를 클릭하여 합칩니다.

06 Direct Selection Tool(▷)로 하단 2개의 고정점을 드래그하여 선택하고 키보드의 ↑를 여러 번 눌러 위쪽으로 이동합니다. 선택된 2개의 고정점 모서리의 둥근 점(◉)을 안쪽으로 드래그하여 모서리를 둥글게 변형합니다.

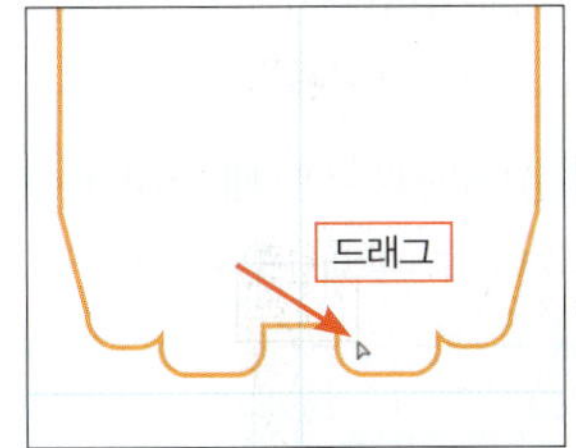

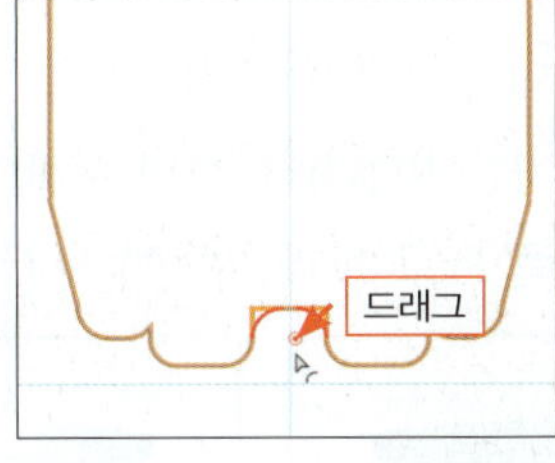

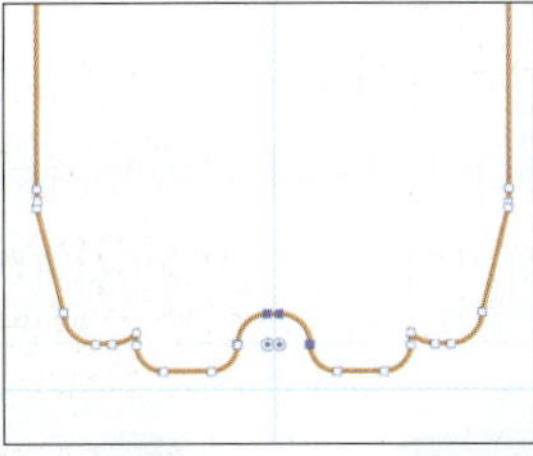

07 Rectangle Tool(▭)로 작업 도큐먼트를 클릭한 후 'Width : 28mm, Height : 6mm'를 입력하여 그리고 Color 패널에서 'Fill Color : None, Stroke Color : 임의 색상'을 지정하고 상단에 배치합니다.

08 Rounded Rectangle Tool(▢)로 작업 도큐먼트를 클릭한 후 'Width : 30mm, Height : 2.5mm, Corner Radius : 1mm'를 입력하여 그리고 Color 패널에서 'Fill Color : None, Stroke Color : 임의 색상'을 지정하고 상단에 배치합니다. [Effect]-[Illustrator Effects]-[Warp]-[Arc]를 선택하고 'Horizontal : 체크, Bend : 8%'를 지정한 후 [Object]-[Expand Appearance]로 오브젝트의 속성을 확장합니다.

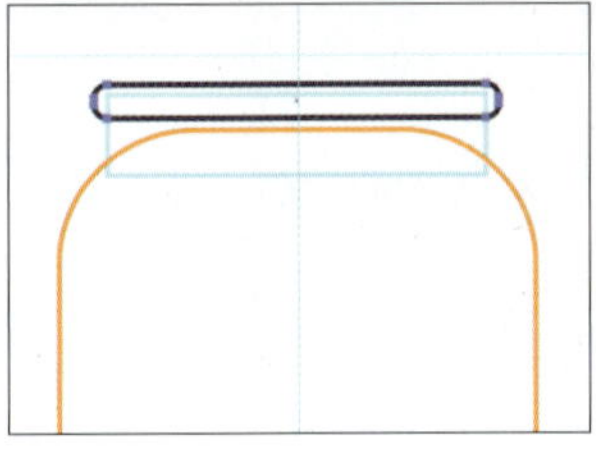
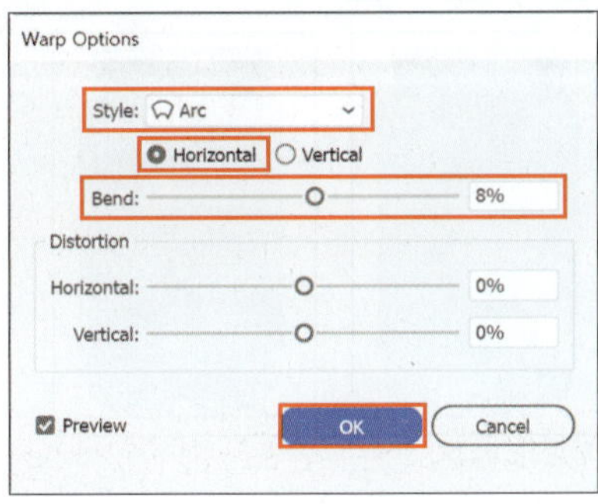

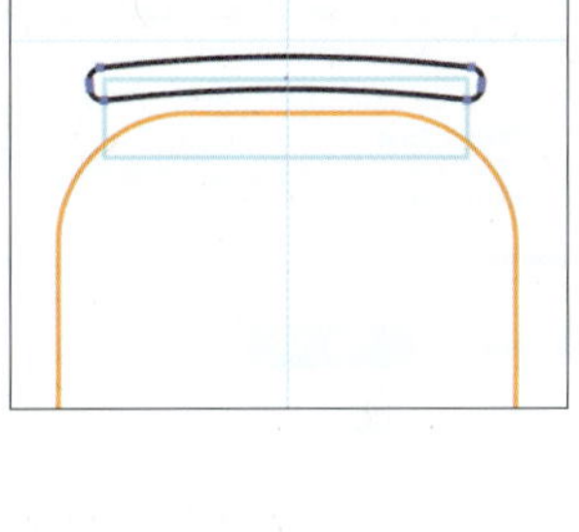

09 Gradient 패널에서 'Type : Linear Gradient, Angle : 0°'를 적용하고 Gradient Slider의 왼쪽 'Color Stop'을 더블 클릭하여 K80을, 가운데 빈 곳을 클릭하여 'Color Stop'을 추가하고 더블 클릭하여 C0M0Y0K0을 적용한 후 'Location : 36%'를 지정합니다. 오른쪽 'Color Stop'을 더블 클릭하여 K80을 적용하고 Tool 패널 하단에서 'Stroke Color : None'을 지정합니다.

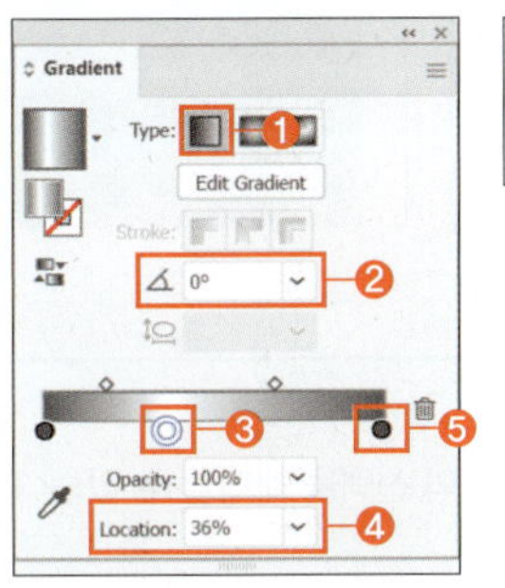

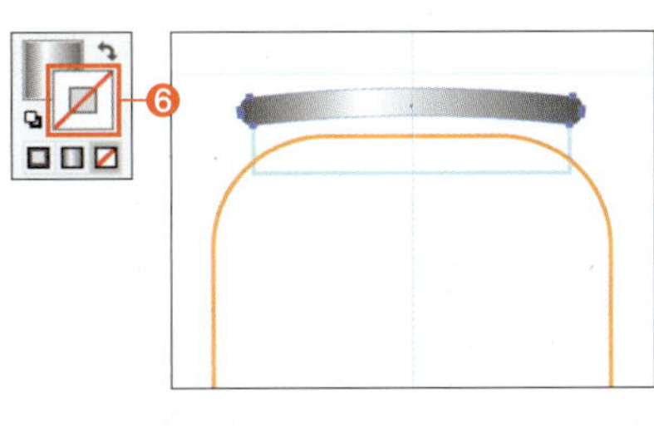

10 Selection Tool(▶)로 3개의 오브젝트를 함께 선택하고 Align 패널에서 'Horizontal Align Center(♣)'를 클릭하여 가로 가운데 정렬을 지정합니다.

11 Selection Tool(▶)로 하단 2개의 오브젝트를 함께 선택하고 Pathfinder 패널에서 'Unite(◧)'를 클릭하여 합치고 Color 패널에서 'Fill Color : C60M10Y20, Stroke Color : None'을 지정합니다. Direct Selection Tool(▷)로 상단 2개의 고정점을 드래그하여 선택하고 고정점 모서리의 둥근 점(◉)을 바깥쪽으로 드래그하여 모서리를 둥글게 변형합니다.

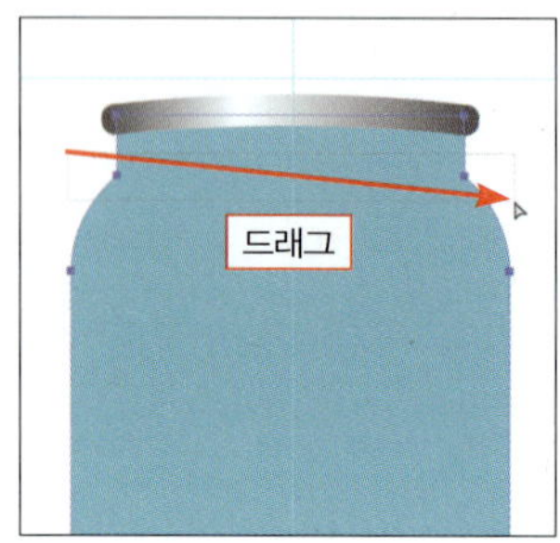

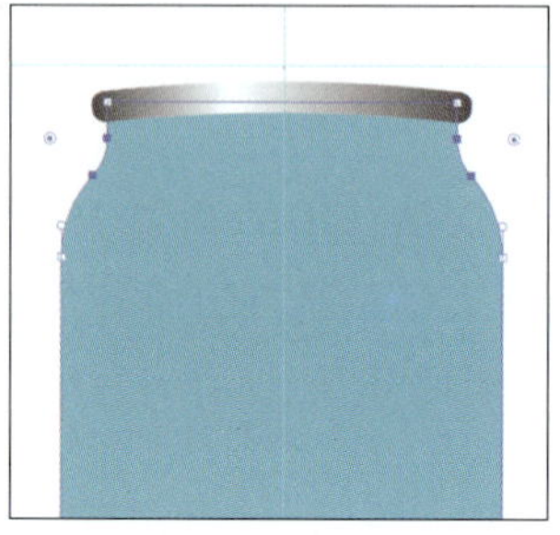

12 Selection Tool(▶)로 2개의 오브젝트를 함께 선택하고 [Object]–[Path]–[Offset Path]를 클릭한 후 'Offset : 1.5mm'를 입력한 후 [OK]를 눌러 확대된 복사본을 만들고 Pathfinder 패널에서 'Unite(◧)'를 클릭합니다. Color 패널에서 'Fill Color : C40Y10, Stroke Color : None'을 지정하고 [Shift]+[Ctrl]+[[ ]를 눌러 맨 뒤로 보내기를 합니다.

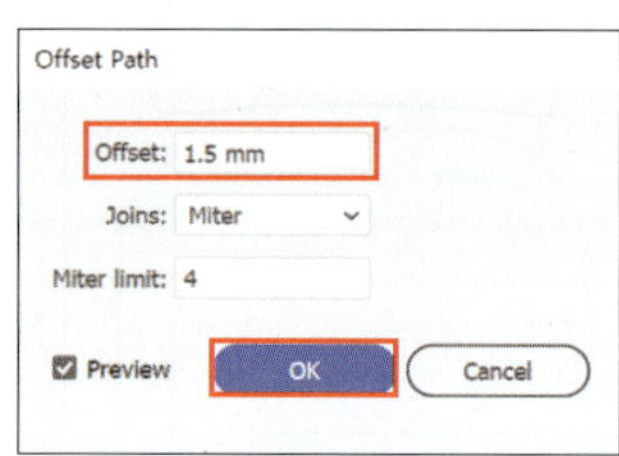

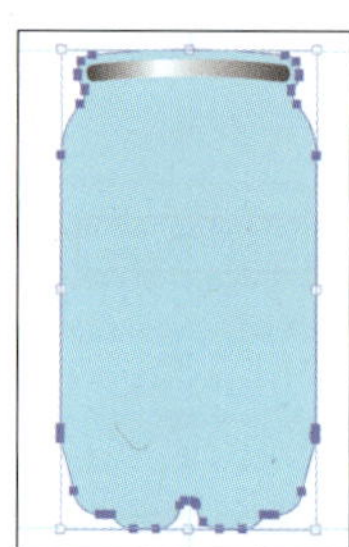
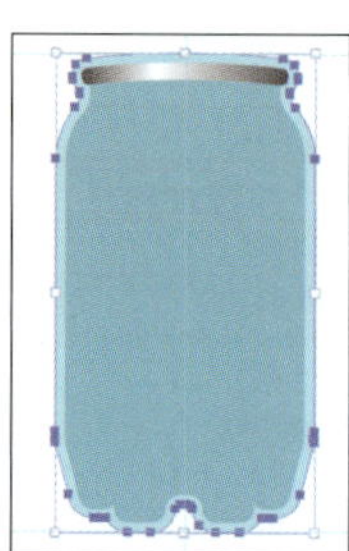

13 Selection Tool(▶)로 안쪽 오브젝트를 더블 클릭하여 Isolation Mode로 전환하고 Pen Tool(✎)로 드래그하여 2개의 열린 패스로 그리고 Color 패널에서 'Fill Color : None, Stroke Color : 임의 색상'을 지정합니다.

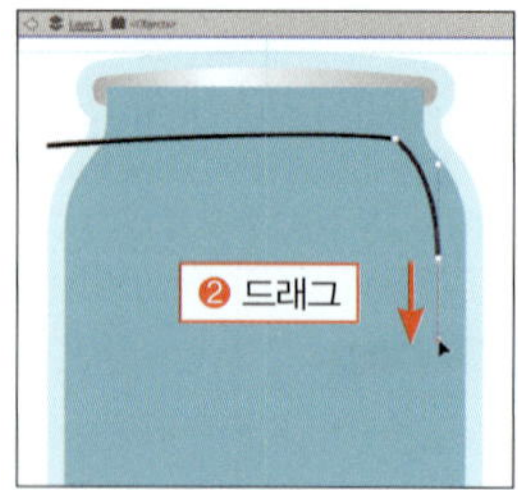

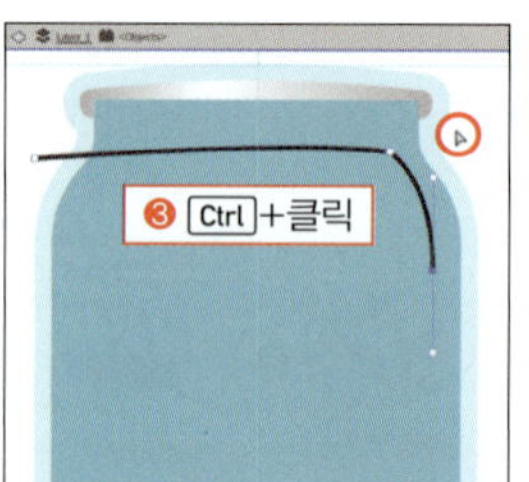

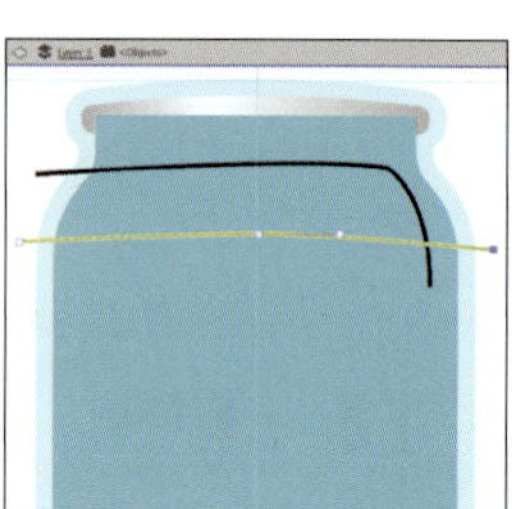

📒 **기적의 TIP**

연속해서 여러 개의 열린 패스 그리기
- Pen Tool(✎)로 패스를 그리는 도중 [Ctrl]을 누르면서 도큐먼트의 빈 곳을 클릭하면 패스의 선택을 해제할 수 있습니다.
- 마우스 포인터가 ✎. 모양일 때 새로운 패스를 그릴 수 있습니다.

14 Ctrl+A로 모두 선택하고 Pathfinder 패널에서 'Divide(▣)'를 클릭하여 면을 분할합니다. 중간 오브젝트를 선택하고 Color 패널에서 'Fill Color : C20, Stroke Color : None'을 지정합니다. 하단 오브젝트를 선택하고 Pathfinder 패널에서 'Unite(▣)'를 클릭한 후 'Fill Color : M60Y70, Stroke Color : None'을 지정하고 Esc를 눌러 정상 모드로 전환합니다.

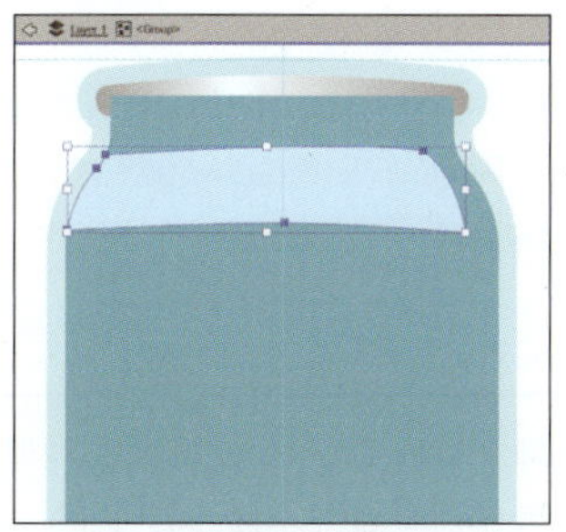 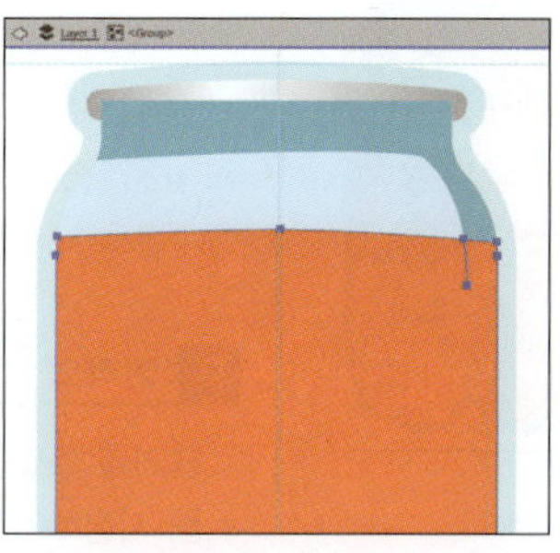 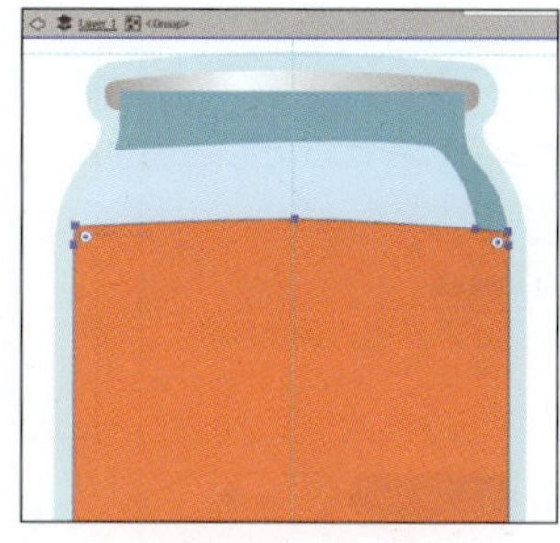

⚑ 기적의 TIP

Pathfinder 패널에서 'Divide(▣)' 과정에서 생긴 분리된 면은 'Unite(▣)'를 클릭하여 정리합니다.

---

06 불투명도와 클리핑 마스크 적용하기

01 Ellipse Tool(◎)로 Shift를 누른 채 드래그하여 크기가 다른 5개의 정원을 그리고 Color 패널에서 'Fill Color : C0M0Y0K0, Stroke Color : None'을 지정합니다. Selection Tool(▶)로 5개의 정원을 함께 선택하고 Ctrl+G로 그룹을 지정한 후 Transparency 패널에서 'Opacity : 60%'를 지정하여 불투명도를 조절합니다.

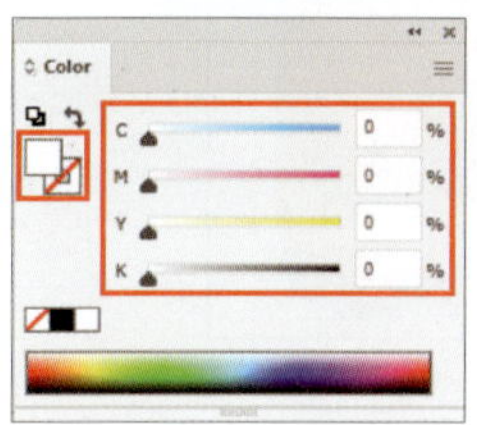 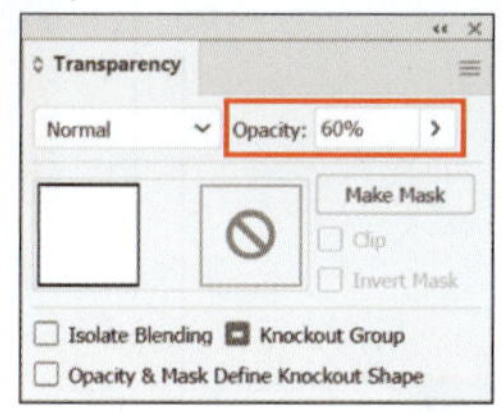 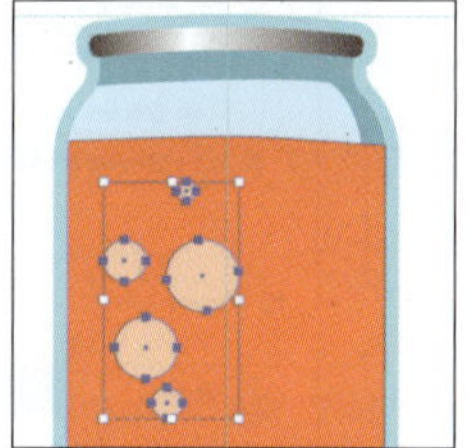

02 Pen Tool(✎)로 드래그하여 열린 패스로 그리고 Color 패널에서 'Fill Color : None, Stroke Color : C0M0Y0K0'을 지정합니다. Stroke 패널에서 'Weight : 7pt, Cap : Round Cap'을 지정하고 [Object]-[Path]-[Outline Stroke]를 선택하고 선을 면으로 확장한 후 Transparency 패널에서 'Opacity : 60%'를 지정하여 불투명도를 조절합니다.

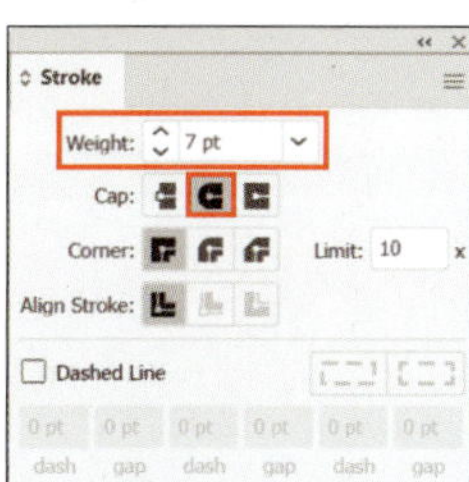 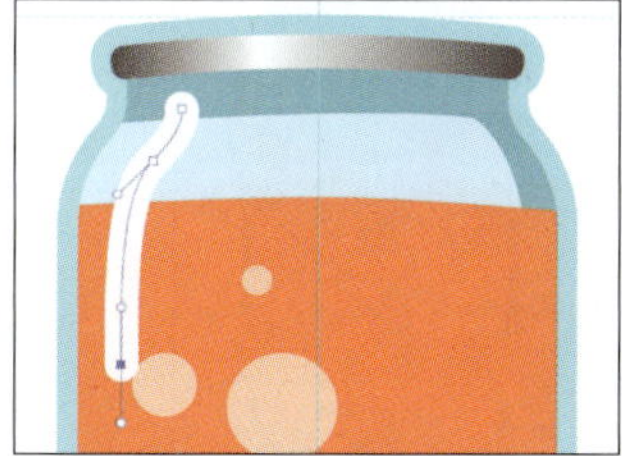 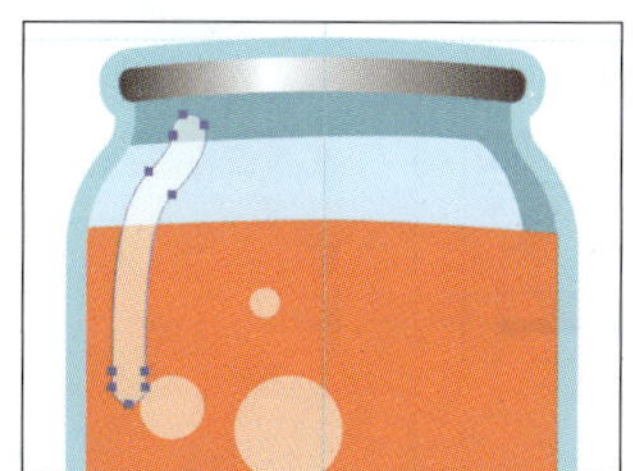

03 Selection Tool(▶)로 2개의 오렌지 그룹 오브젝트를 선택한 후 Ctrl + C 로 복사하고 Ctrl + V 로 붙여넣기를 합니다. Scale Tool(▣)을 더블 클릭하여 'Uniform : 65%, Scale Strokes & Effects : 체크'를 지정하고 [OK]를 눌러 축소하고 상단으로 이동하여 배치합니다.

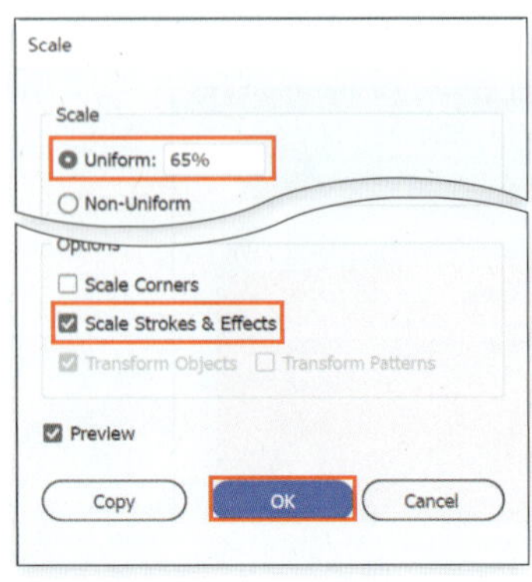

크기를 조절할 때 'Scale Strokes & Effects : 체크'를 지정해야 선의 두께도 같이 조절이 됩니다.

04 Selection Tool(▶)로 작은 오렌지 오브젝트를 선택한 후 Rotate Tool(↻)을 더블 클릭하여 'Angle : −70˚'를 지정하고 [OK]를 눌러 회전하여 하단으로 이동하여 배치합니다.

05 Rotate Tool(↻)을 더블 클릭하여 'Angle : 40˚'를 지정한 후 [Copy]를 눌러 회전하여 복사하고 Scale Tool(▣)을 더블 클릭하여 'Uniform : 70%, Scale Strokes & Effects : 체크'를 지정하고 [OK]를 눌러 축소하고 왼쪽 상단으로 이동하여 배치합니다.

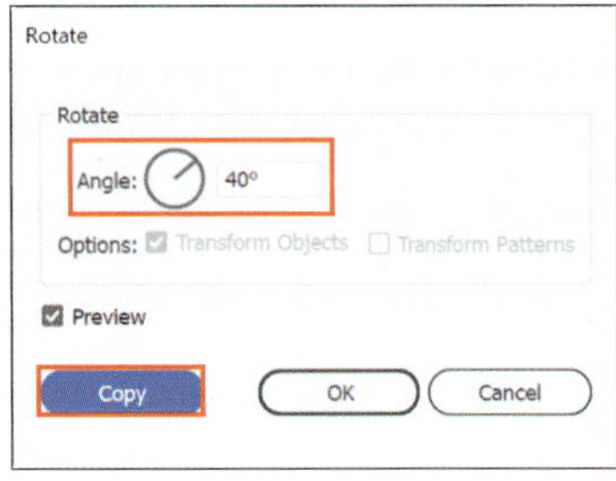

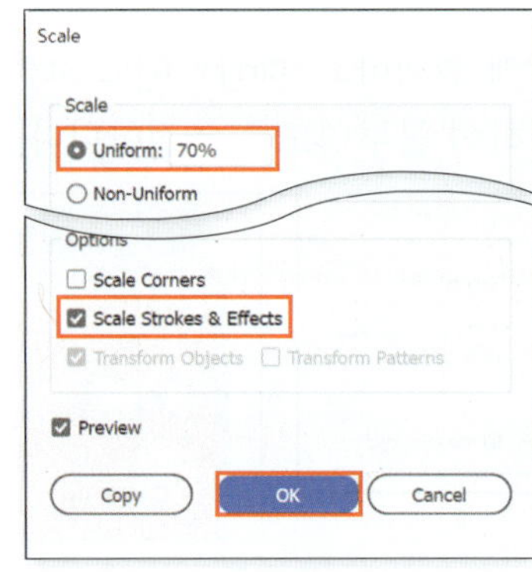

06 Pen Tool(✎)로 드래그하여 캔 음료수 오브젝트와 충분히 겹치도록 닫힌 패스를 그리고 Color 패널에서 'Fill Color : Y60, Stroke Color : None'을 지정합니다. Ctrl + [를 여러 번 눌러 오렌지 오브젝트와 불투명도가 적용된 정원 그룹보다 뒤로 보내기를 합니다.

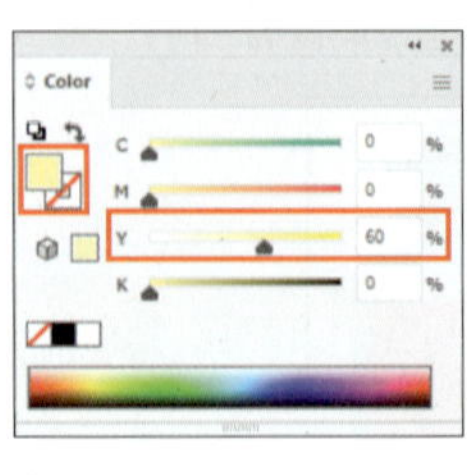

07 Selection Tool(▶)로 클릭하여 음료수 캔 오브젝트의 안쪽을 선택하고 [Shift]+[Ctrl]+[G]로 그룹을 해제한 후 하단의 오브젝트를 선택합니다. [Ctrl]+[C]로 복사하고 [Ctrl]+[F]로 복사한 오브젝트 앞에 붙여넣기를 한 후 [Shift]+[Ctrl]+[]]를 눌러 맨 앞으로 가져오기를 합니다.

  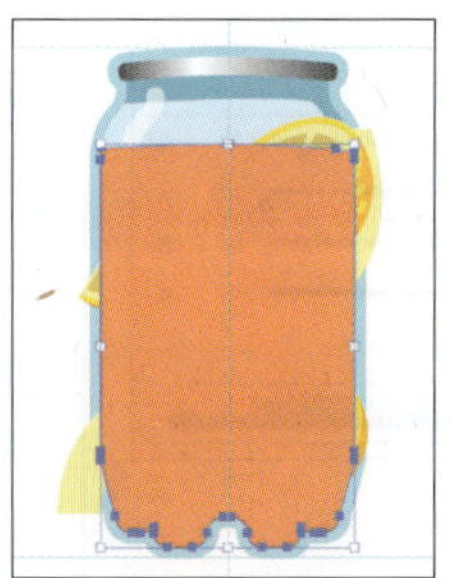

Pathfinder 패널에서 'Divide(▣)'로 면을 분할하면 자동으로 그룹이 지정됩니다. 클리핑 마스크를 적용할 오브젝트만을 선택하기 위해서 그룹을 해제합니다.

08 Selection Tool(▶)로 [Shift]를 누른 채 클리핑 마스크를 적용할 오브젝트를 모두 선택한 후 [Object]-[Clipping Mask]-[Make]([Ctrl]+[7])를 선택하고 클리핑 마스크를 설정합니다. Selection Tool(▶)로 불투명도가 적용된 오브젝트를 함께 선택하고 [Shift]+[Ctrl]+[]]를 눌러 맨 앞으로 가져오기를 합니다.

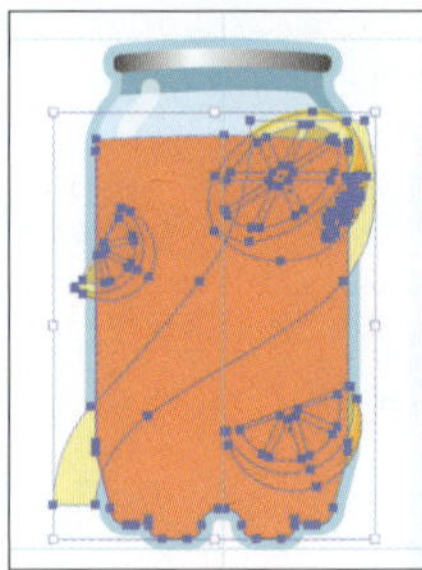  

🔵07 문자 입력하기

01 Rounded Rectangle Tool(▢)로 [Alt]를 누른 채 새로 안내선의 하단을 클릭한 후 'Width : 31mm, Height : 10mm, Corner Radius : 6mm'를 입력하여 그리고 Color 패널에서 'Fill Color : C60M10Y20, Stroke Color : None'을 지정합니다.

02 Type Tool(T)로 작업 도큐먼트를 클릭한 후 Character 패널에서 'Set the font family : Arial, Set the font style : Bold, Set the font size : 9pt'를 설정하고 Paragraph 패널에서 'Align center(▤)'를 선택하여 문장을 중앙에 배치합니다. Color 패널에서 'Fill Color : C0M0Y0K0, Stroke Color : None'을 지정한 후 'ZERO SUGAR 350ml(0kcal)'를 입력합니다.

03 Type Tool(T)로 드래그하여 '350ml(0kcal)' 문자를 선택한 후 Character 패널에서 'Set the font size : 7pt'를 설정하고 Color 패널에서 'Fill Color : C80M100, Stroke Color : None'을 지정합니다.

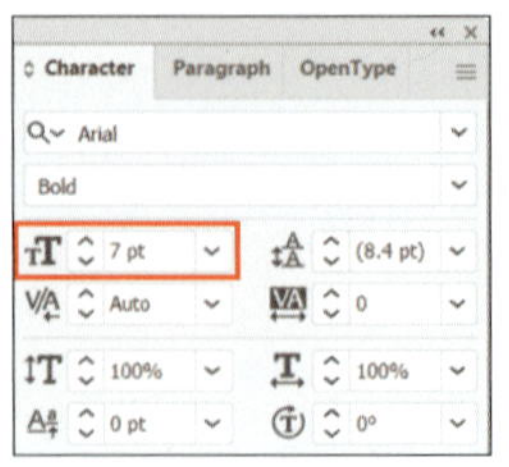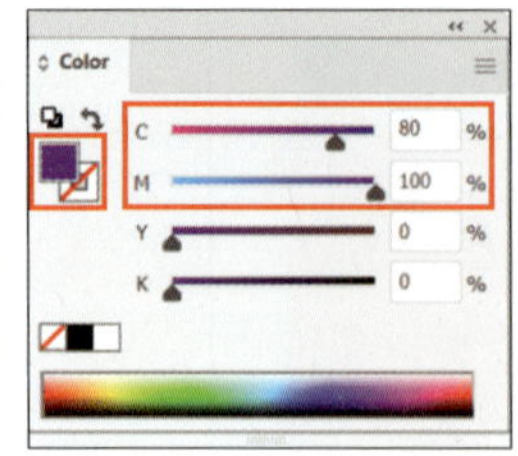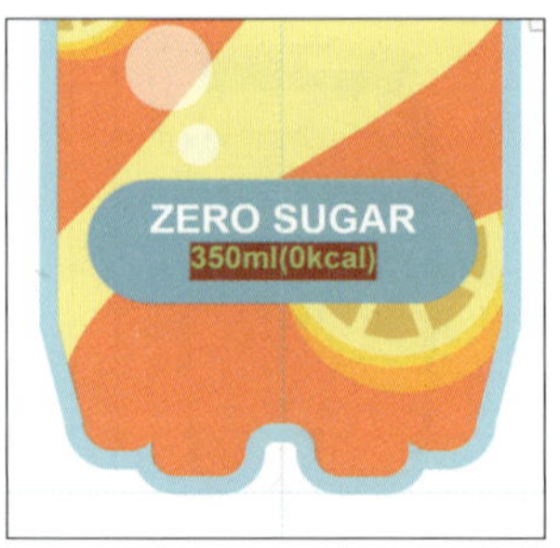

08 메뉴판 만들기

01 Rounded Rectangle Tool(□)로 Alt를 누른 채 오른쪽 세로 안내선의 하단을 클릭한 후 'Width : 65.5mm, Height : 95mm, Corner Radius : 4mm'를 입력하여 그리고 Color 패널에서 'Fill Color : M20Y40K40, Stroke Color : None'을 지정합니다.

02 [Object]-[Transform]-[Move]를 선택한 후 'Horizontal : −1mm, Vertical : −2mm'를 입력하고 [Copy]를 눌러 왼쪽 상단으로 이동하여 복사한 후 Color 패널에서 'Fill Color : M100Y100K60, Stroke Color : None'을 지정합니다.

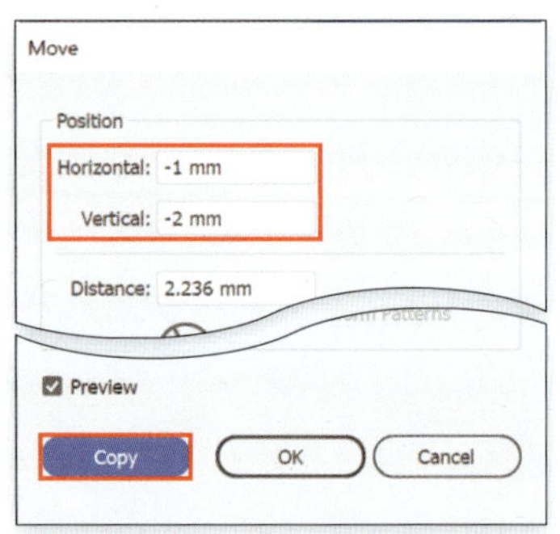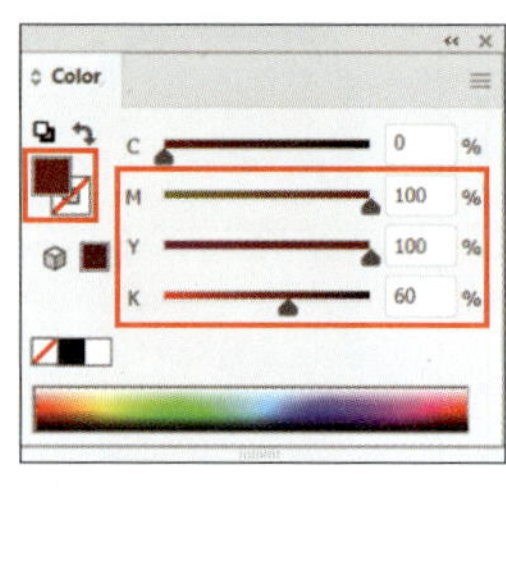

03 Rectangle Tool(□)로 Alt를 누른 채 둥근 사각형의 중심점을 클릭한 후 'Width : 55mm, Height : 84mm'를 입력하여 그리고 Color 패널에서 'Fill Color : C10M20Y80, Stroke Color : None'을 지정합니다. Selection Tool(▶)로 사각형을 더블 클릭하여 Isolation Mode로 전환합니다.

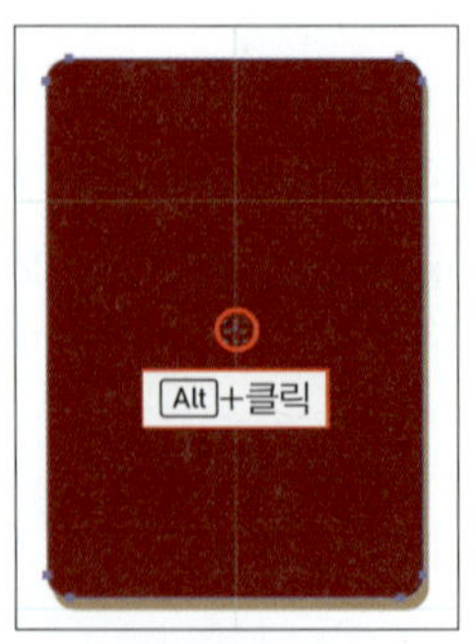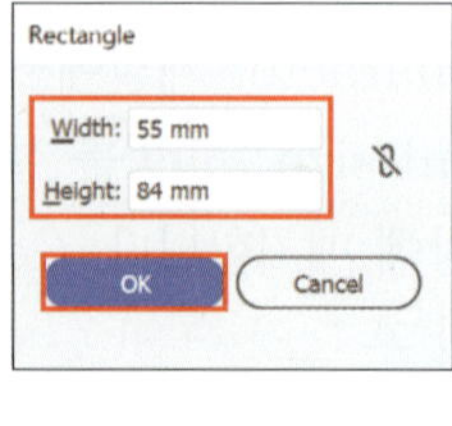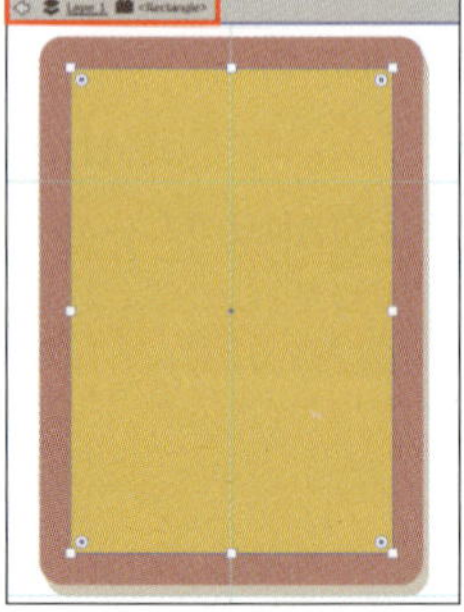

기적의 TIP

Isolation Mode로 전환하면 편집 중인 오브젝트의 색상만 선명하게 표시되고 나머지는 흐릿하게 됩니다.

04 Ellipse Tool(●)로 Alt 를 누른 채 사각형의 모서리를 클릭한 후 'Width : 9mm, Height : 9mm'를 입력하여 그리고 Color 패널에서 'Fill Color : None, Stroke Color : 임의 색상'을 지정합니다.

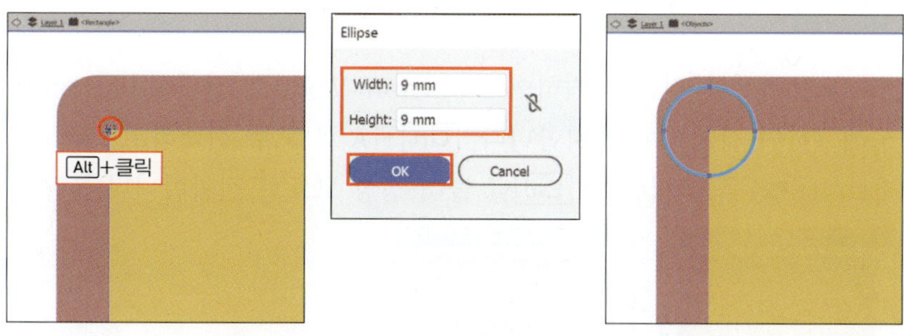

05 Selection Tool(▶)로 정원을 선택하고 Alt + Shift 를 누른 채 오른쪽 모서리로 드래그하여 복사합니다. 계속해서 2개의 정원을 함께 선택하고 동일한 방법으로 아래쪽으로 드래그하여 복사하여 배치합니다.

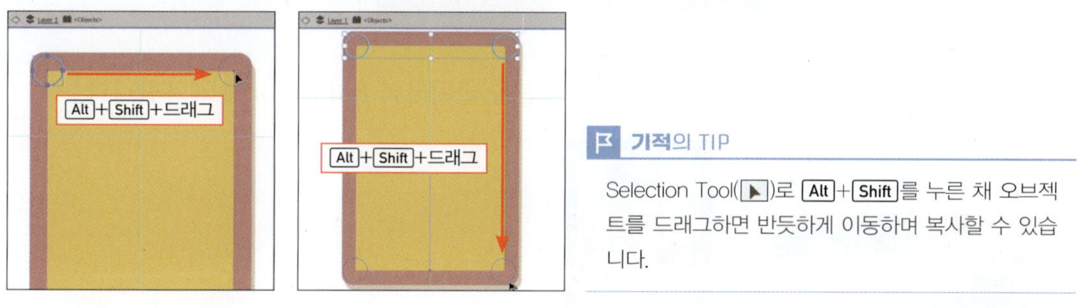

> **기적의 TIP**
>
> Selection Tool(▶)로 Alt + Shift 를 누른 채 오브젝트를 드래그하면 반듯하게 이동하며 복사할 수 있습니다.

06 Ctrl + A 로 모두 선택하고 Pathfinder 패널에서 'Minus Front(■)'를 클릭한 후 Esc 를 눌러 정상 모드로 전환합니다.

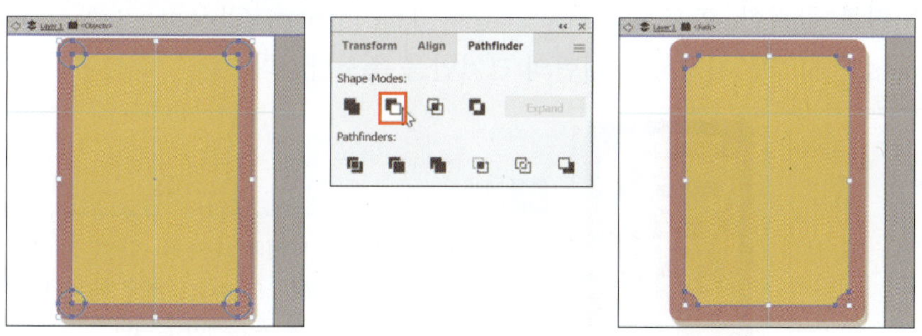

07 [Object]–[Path]–[Offset Path]를 클릭한 후 'Offset : 2mm'를 입력한 후 [OK]를 눌러 확대된 복사본을 만들고 Color 패널에서 'Fill Color : None, Stroke Color : M80Y80'을 지정합니다. Stroke 패널에서 'Weight : 1pt, Dashed Line : 체크, dash : 3pt'를 입력하여 점선을 지정합니다.

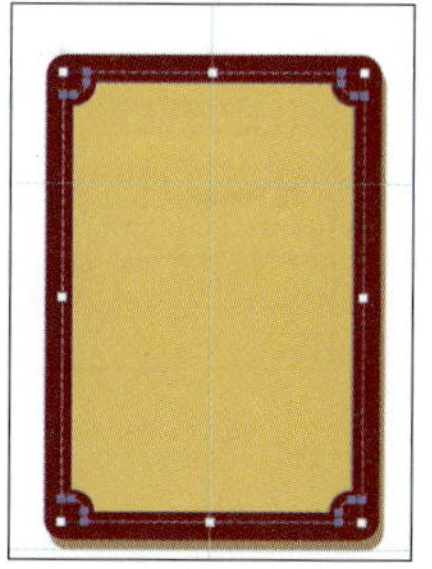

01 Selection Tool(▶)로 메뉴판 안쪽 오브젝트를 선택한 후 Ctrl + C 로 복사하고 Ctrl + F 로 복사한 오브젝트 앞에 붙여넣기를 합니다.

02 Selection Tool(▶)로 오브젝트를 더블 클릭하여 Isolation Mode로 전환하고 Rectangle Tool(▣)로 하단에 드래그하여 겹치도록 배치합니다. Ctrl + A 로 모두 선택하고 Pathfind-er 패널에서 'Minus Front(▣)'를 클릭한 후 Esc 를 눌러 정상 모드로 전환합니다.

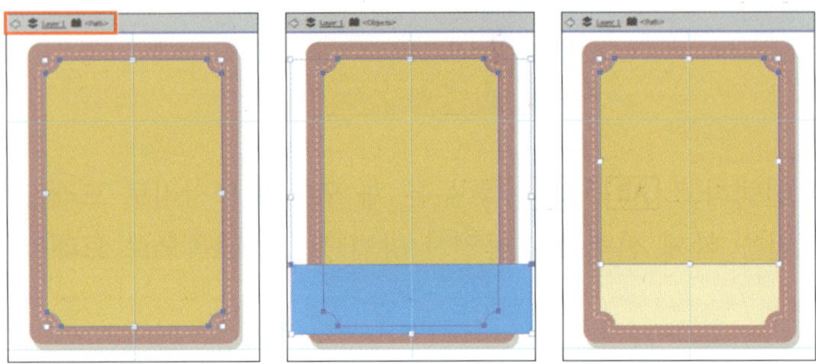

03 Swatches 패널에서 등록된 조각 케이크 패턴을 클릭하여 Fill Color에 적용합니다.

04 Scale Tool(▣)을 더블 클릭한 후 'Uniform : 40%, Transform Objects : 체크 해제, Transform Patterns : 체크'를 지정하여 패턴의 크기만을 축소합니다.

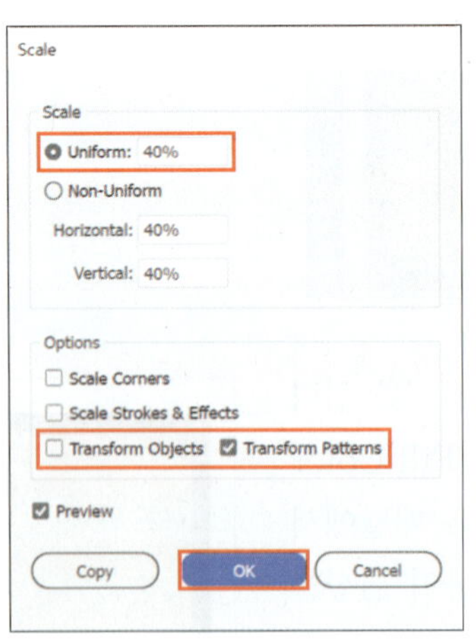

🏁 기적의 TIP

- 오브젝트에 적용된 패턴의 크기 및 회전만을 조절할 때는 반드시 'Transform Objects : 체크 해제, Transform Patterns : 체크'를 지정해야 합니다.
- 패턴으로 정의한 원래 오브젝트의 위치에 따라 적용된 패턴의 위치는 다를 수 있습니다. [Object]-[Transform]-[Move]를 선택하고 'Transform Objects : 체크 해제, Transform Patterns : 체크, Preview : 체크'를 지정하고 Horizontal과 Vertical의 수치를 조절하여 위치를 맞춰 줍니다.

⑩ 집게 핀 오브젝트 만들고 그라디언트 및 이펙트 적용하기

01 Rectangle Tool(■)로 작업 도큐먼트를 클릭한 후 'Width : 40mm, Height : 7mm'를 입력하여 그리고 Color 패널에서 'Fill Color : 임의 색상, Stroke Color : 임의 색상'을 지정합니다. 계속해서 작업 도큐먼트를 클릭한 후 'Width : 15mm, Height : 8mm'를 입력하여 그리고 겹치도록 배치합니다.

02 Selection Tool(▶)로 드래그하여 2개의 오브젝트를 함께 선택하고 Align 패널에서 'Horizontal Align Center(■)'를 클릭하여 가로 가운데 정렬을 지정한 후 Pathfinder 패널에서 'Unite(■)'를 클릭합니다.

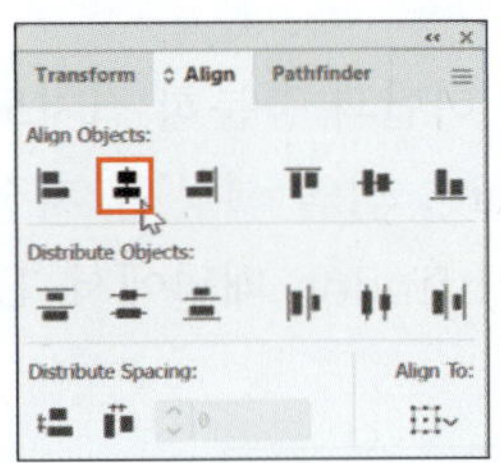
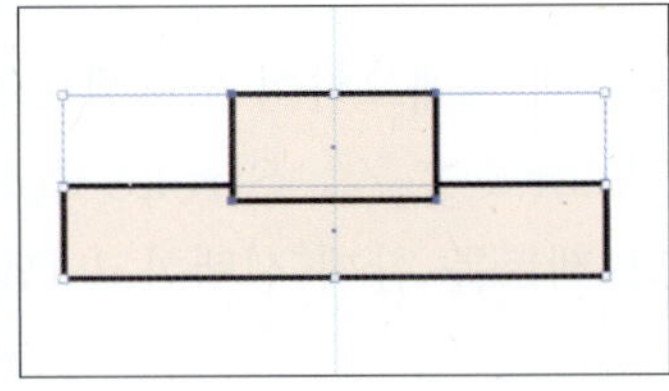
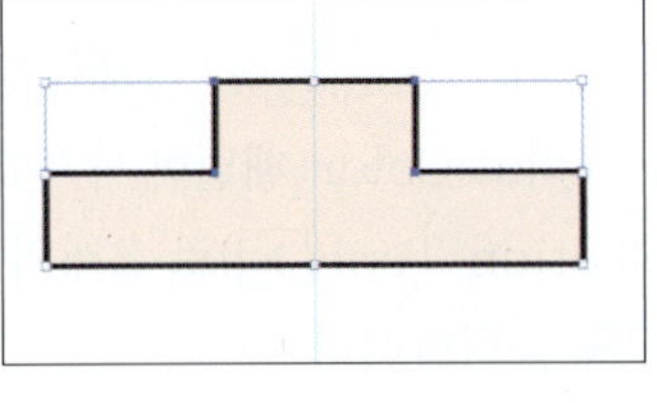

03 Direct Selection Tool(▷)로 드래그하여 상단 2개의 고정점을 선택하고 모서리 안쪽의 둥근 점(◉)을 안쪽으로 드래그하여 모서리를 둥글게 변형합니다.

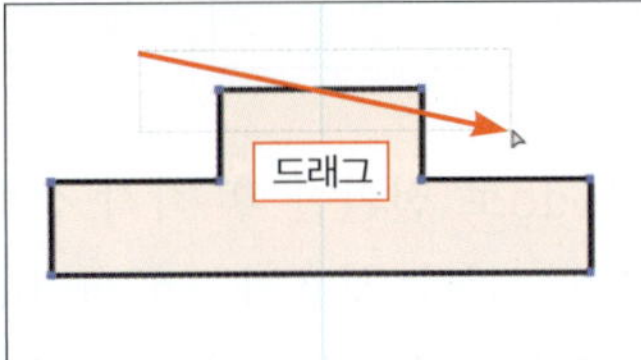

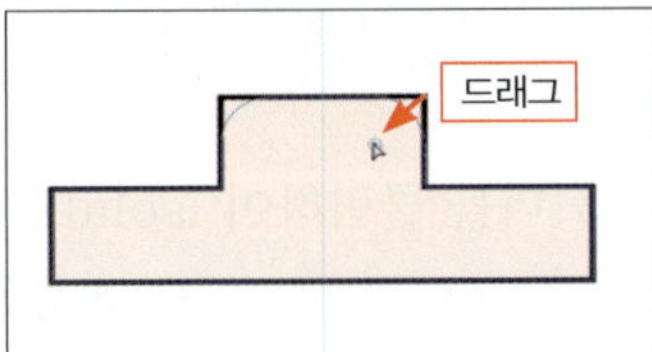

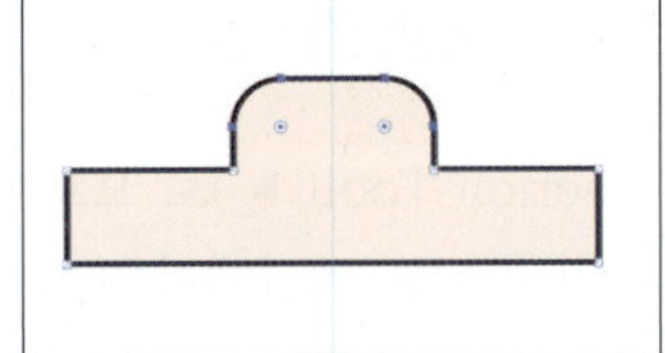

04 Direct Selection Tool(▷)로 드래그하여 중간 2개의 고정점을 선택하고 모서리 안쪽의 둥근 점(◉)을 바깥쪽으로 드래그하여 모서리를 둥글게 변형합니다. 도큐먼트 빈 곳을 클릭하여 선택을 해제합니다.

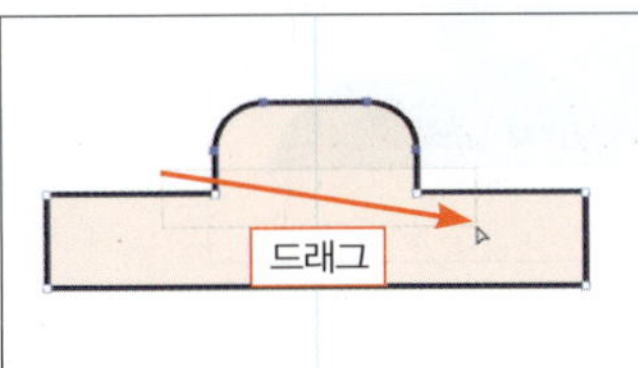

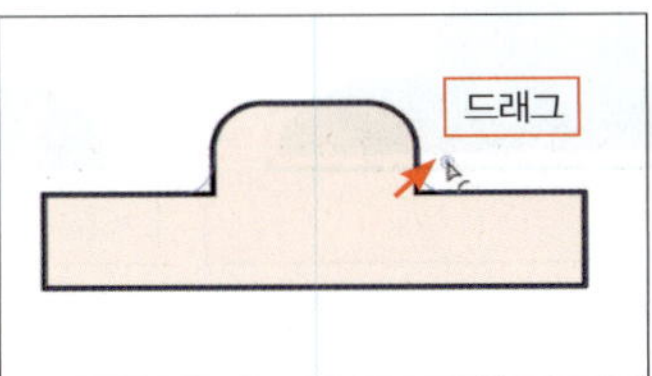

05 Direct Selection Tool(▷)로 Shift 를 누르면서 클릭하여 2개의 고정점을 선택하고 모서리 안쪽의 둥근 점(◉)을 안쪽으로 드래그하여 모서리를 둥글게 변형합니다.

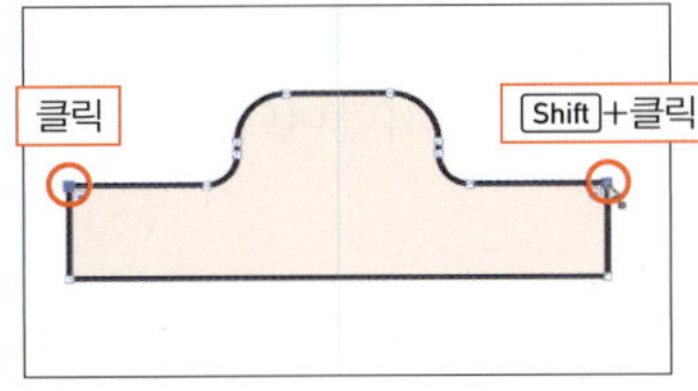

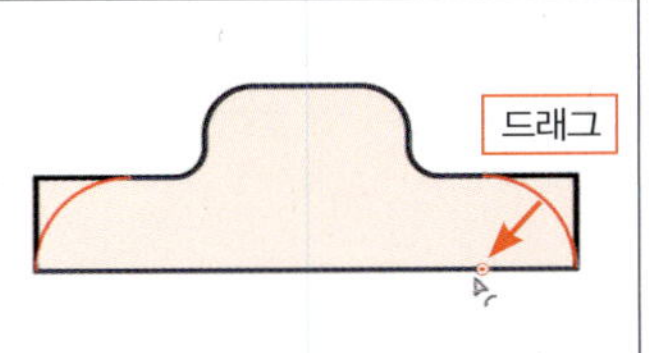

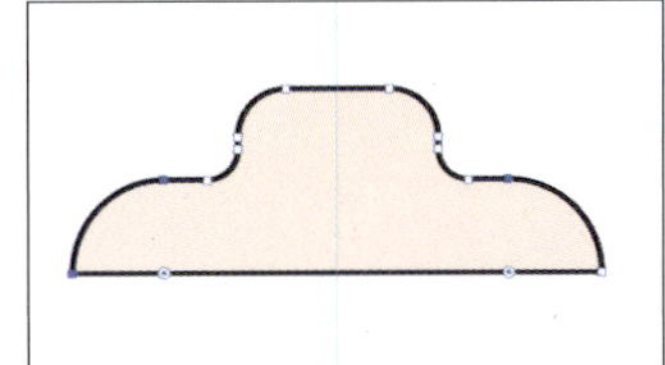

06 Direct Selection Tool(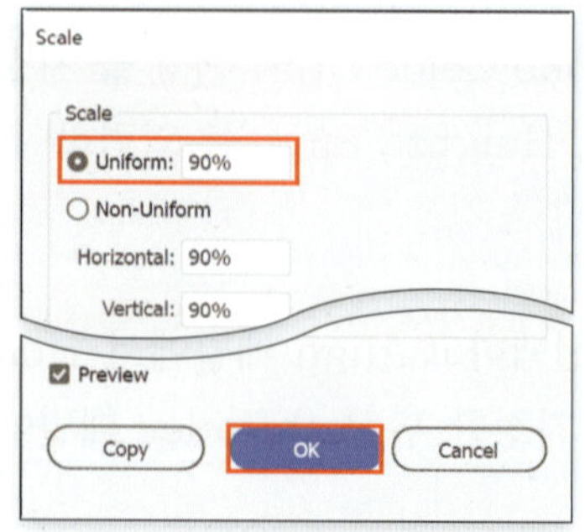)로 Shift 를 누르면서 클릭하여 4개의 고정점을 선택한 후 Scale Tool()을 더블 클릭하여 'Uniform : 90%'를 지정하고 [OK]를 눌러 패스를 축소합니다.

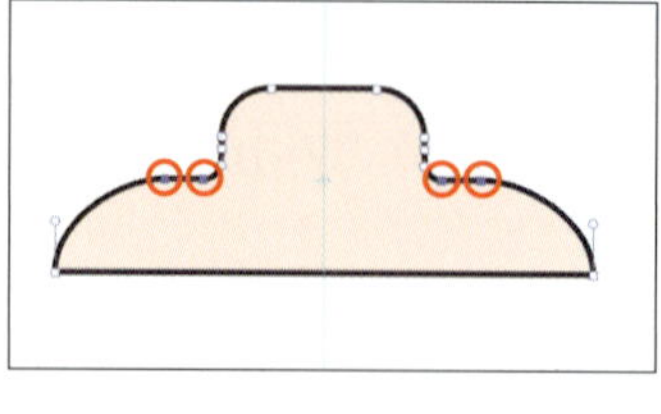

07 Line Segment Tool()로 Shift 를 누른 채 드래그하여 오브젝트의 하단과 충분히 겹치도록 수평선을 그리고 Color 패널에서 'Fill Color : None, Stroke Color : 임의 색상'을 지정합니다. Selection Tool()로 2개의 오브젝트를 함께 선택하고 Pathfinder 패널에서 'Divide()'를 클릭합니다.

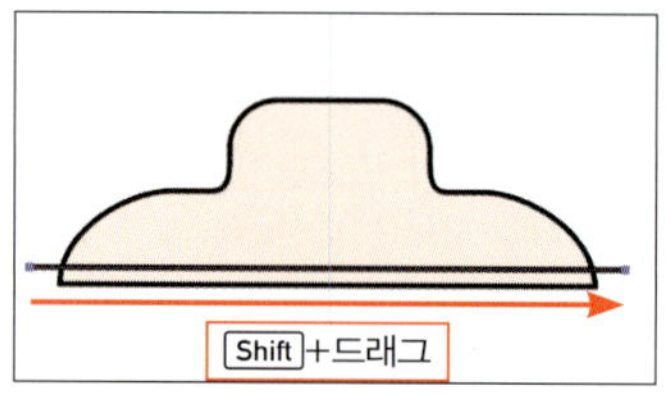

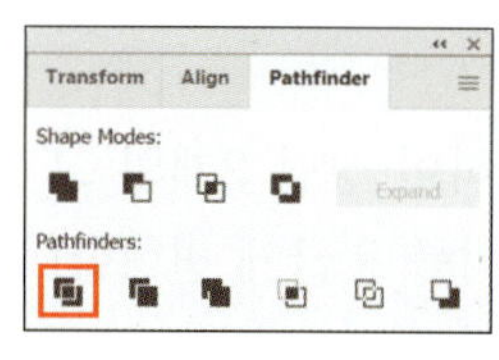
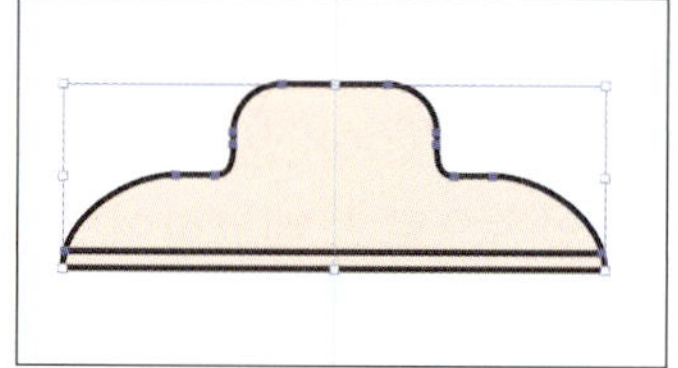

08 Selection Tool()로 오브젝트를 더블 클릭하여 Isolation Mode로 전환한 후 각각 선택하여 Gradient 패널에서 'Type : Linear Gradient, Angle : −90°'를 적용하고 Gradient Slider의 왼쪽 'Color Stop'을 더블 클릭하여 C100을, 오른쪽 'Color Stop'을 더블 클릭하여 C100M50K80을 적용한 후 'Color Midpoint Location() : 70%'를 지정하고 Color 패널에서 'Stroke Color : None'을 지정한 후 Esc 를 눌러 정상 모드로 전환합니다.

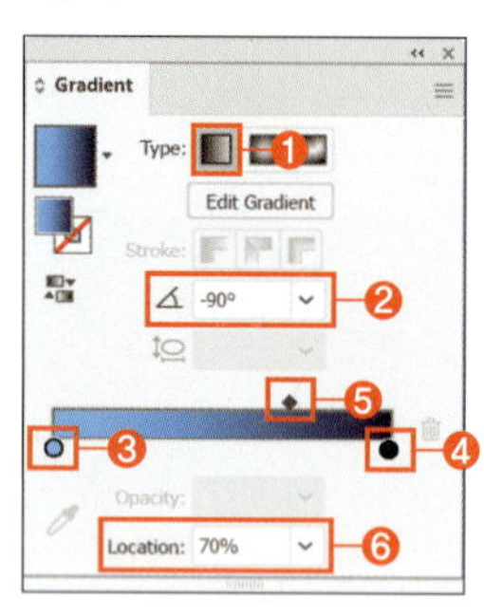
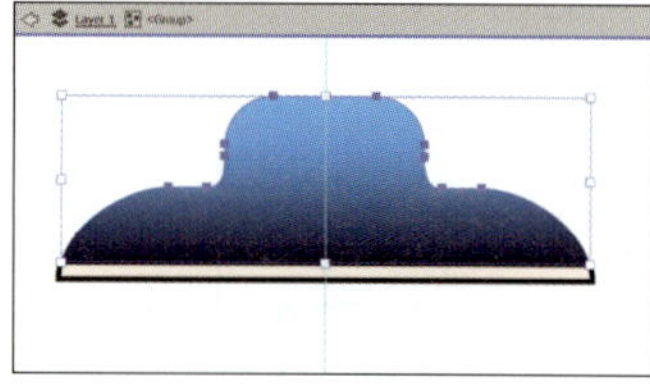
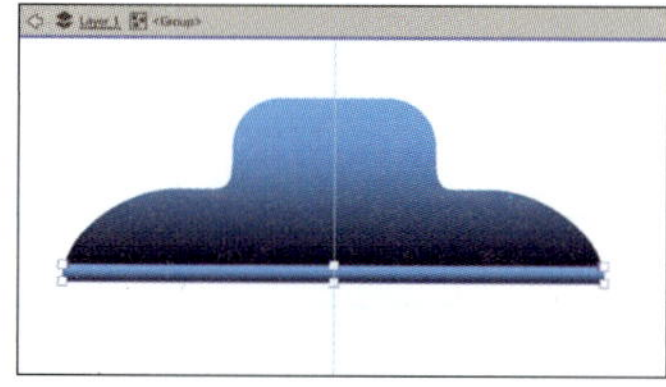

09 Rounded Rectangle Tool()로 Alt 를 누른 채 수직의 안내선을 클릭한 후 'Width : 8mm, Height : 16.5mm, Corner Radius : 4mm'를 입력하여 그리고 Color 패널에서 'Fill Color : 임의 색상, Stroke Color : 임의 색상'을 지정한 후 겹치도록 배치합니다.

10 Selection Tool(▶)로 오브젝트를 더블 클릭하여 Isolation Mode로 전환하고 Rectangle Tool(■)로 하단에 드래그하여 겹치도록 배치합니다. Ctrl+A로 모두 선택하고 Pathfinder 패널에서 'Minus Front(■)'를 클릭합니다.

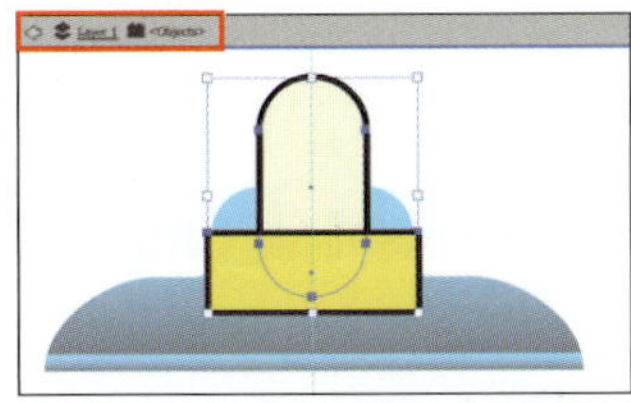

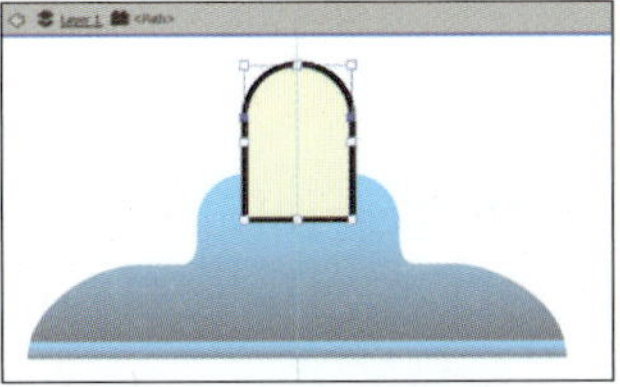

11 Direct Selection Tool(▷)로 드래그하여 하단 2개의 고정점을 선택하고 모서리 안쪽의 둥근 점(◉)을 안쪽으로 드래그하여 모서리를 둥글게 변형합니다.

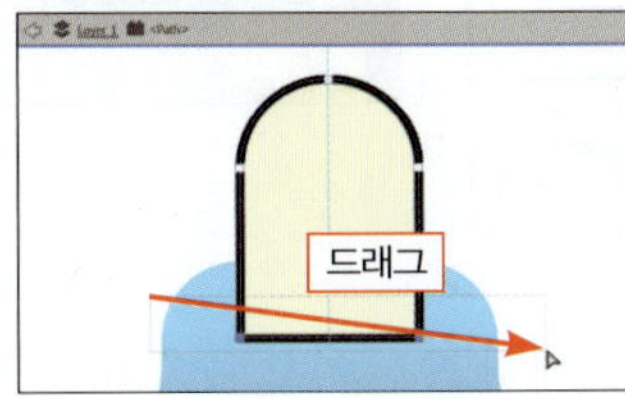

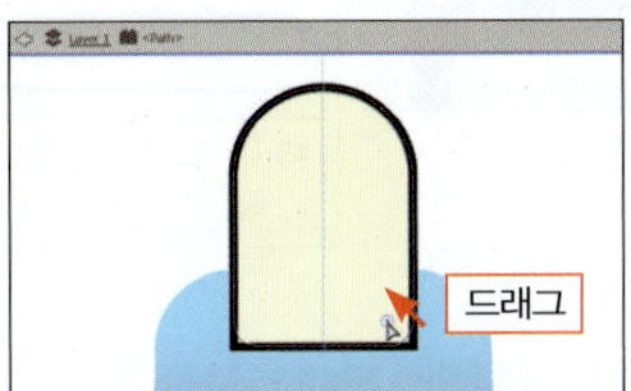

12 Ellipse Tool(◯)로 Alt를 누른 채 세로 안내선을 클릭한 후 'Width : 4.6mm, Height : 4.6mm'를 입력하여 그리고 Color 패널에서 'Fill Color : 임의 색상, Stroke Color : 임의 색상'을 지정합니다. Ctrl+A로 모두 선택하고 Pathfinder 패널에서 'Minus Front(■)'를 클릭하고 하단의 그라디언트와 동일한 그라디언트를 적용한 후 Esc를 눌러 정상 모드로 전환합니다.

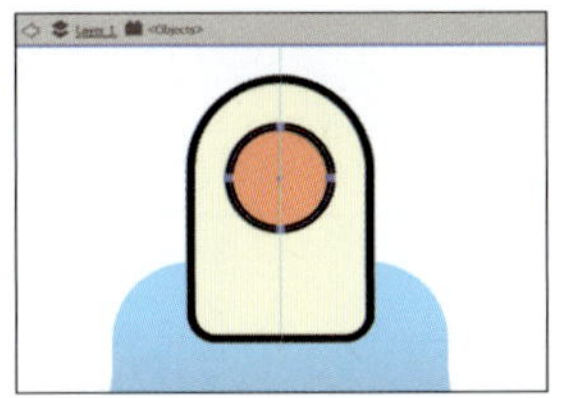
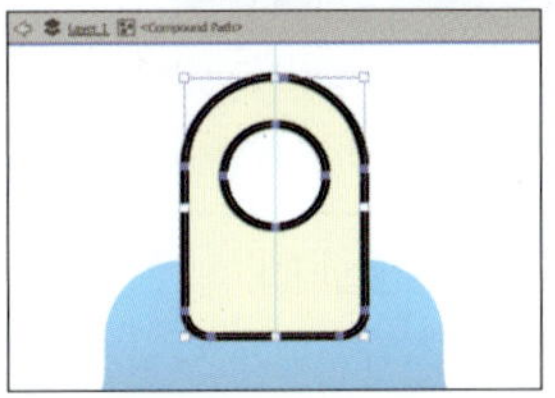
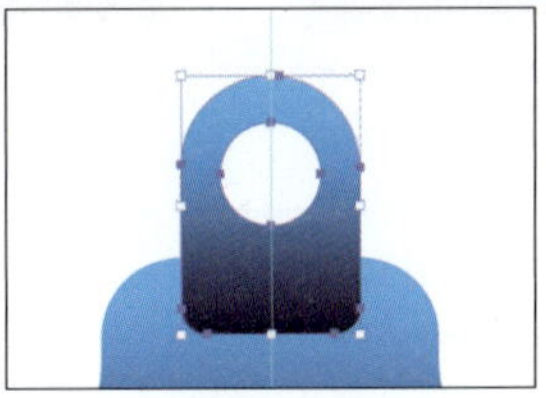

13 Selection Tool(▶)로 집게 핀 오브젝트를 모두 선택하고 Ctrl+G로 그룹을 지정합니다. [Effect]–[Illustrator Effects]–[Stylize]–[Drop Shadow]를 선택하고 'Opacity : 75%, X Offset : 1mm, Y Offset : 2mm, Blur : 1mm'를 지정하여 그림자 효과를 적용하고 도큐먼트의 빈 곳을 클릭하여 선택을 해제합니다.

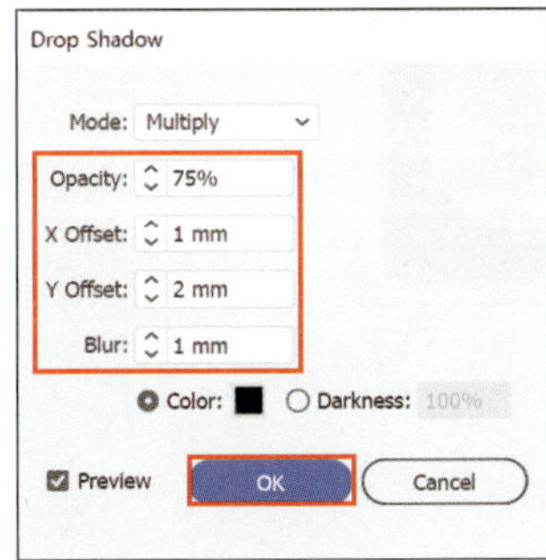

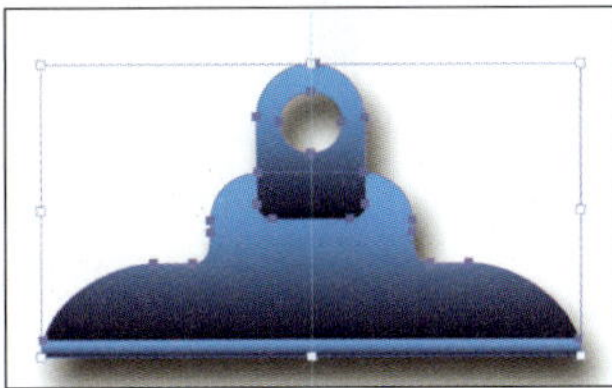

[illegible]becomes **기적의** TIP

- 반드시 Preview를 체크하여 제시된 문제와 비교하여 조정합니다.
- Ctrl+G로 그룹을 지정하지 않으면 그림자 효과가 오브젝트에 각각 적용되므로 반드시 그룹을 지정합니다.

⑪ 브러쉬 적용 및 문자 입력하기

01 Brushes 패널 하단의 'Brush Libraries Menu(🔖)'를 클릭하고 [Artistic]–[Artistic_ ChalkCharcoalPencil]을 선택하여 추가 브러쉬 패널을 불러온 후 'Charcoal – Thin'을 선택합니다.

02 Pen Tool(✏️)로 드래그하여 2개의 열린 패스를 그리고 Brushes 패널에서 'Charcoal – Thin'을 클릭하여 브러쉬를 적용합니다. Color 패널에서 'Fill Color : None, Stroke Color : C60M60Y60'을 지정하고 Stroke 패널에서 'Weight : 1pt'를 지정합니다.

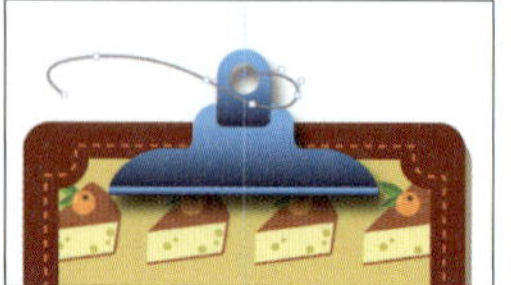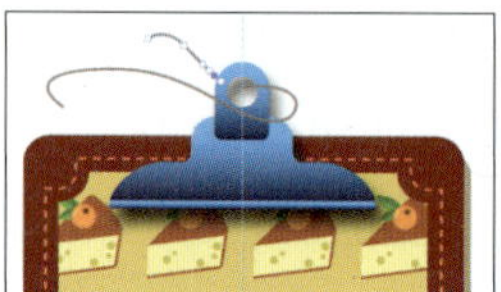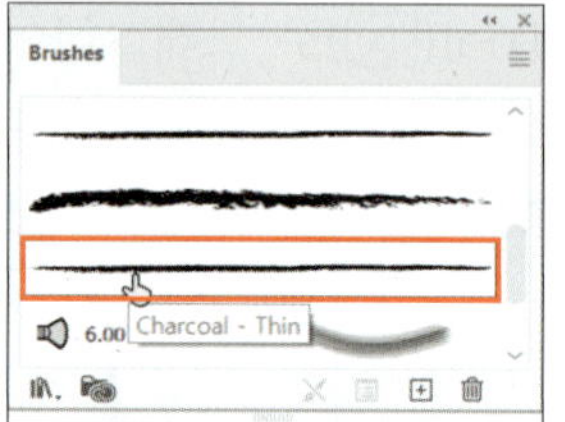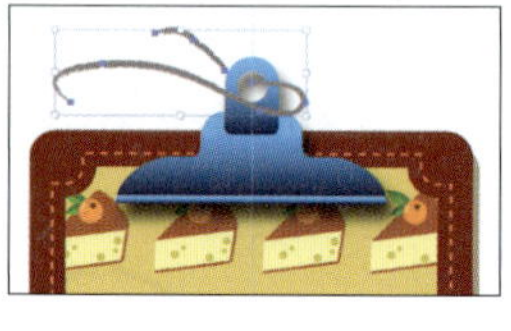

03 Line Segment Tool(╱)로 메뉴판 하단에 Shift 를 누른 채 왼쪽에서 오른쪽으로 드래그하여 수평선을 그립니다. Brushes 패널에서 'Charcoal – Thin'을 클릭하여 동일한 브러쉬 속성을 적용합니다.

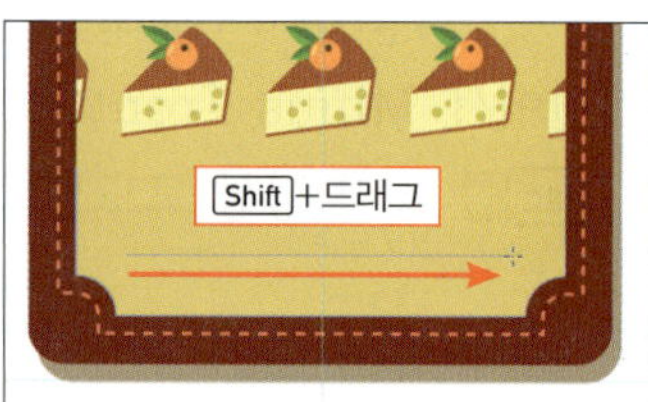

> **P 기적의 TIP**
>
> 적용할 브러쉬의 끝 모양에 따라 패스의 시작점과 끝점을 설정합니다.

04 Type Tool(T)로 작업 도큐먼트를 클릭한 후 Character 패널에서 'Set the font family : Arial, Set the font style : Bold, Set the font size : 17pt'를 설정하고 Color 패널에서 'Fill Color : C40M70Y100K50, Stroke Color : None'을 지정한 후 'MENU BOARD'를 입력합니다.

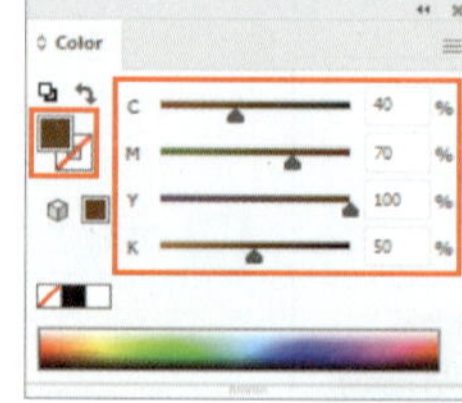

⑫ 저장 및 답안 전송하기

01 [View]-[Guides]-[Hide Guides](Ctrl+;)를 선택하여 안내선을 숨기고 [View]-[Fit Artboard in Window](Ctrl+0)를 선택하여 현재 창에 맞추기를 합니다.

02 [File]-[Save As]를 선택하고 '저장 위치 : 내 PC₩문서₩GTQ, 파일 형식 : Adobe Illustrator (*AI), 파일 이름 : 수험번호-성명-문제번호.ai'를 확인하고 [저장]을 클릭한 후 [Illustrator Options] 대화상자에서 'Version : Illustrator 2020'으로 설정하고 [OK]를 클릭합니다.

03 답안 저장이 완료가 되면 [File]-[Close](Ctrl+W)를 선택하여 파일을 닫고 수험 프로그램에서 [답안 전송]을 클릭하여 감독관 컴퓨터로 전송합니다.

문제 ❸	광고 디자인
작업과정	새 도큐먼트 만들기 및 파일 저장하기 ➡ 그라디언트 메시 및 배경 오브젝트 만들기 ➡ 블렌드 효과 만들기 ➡ 심볼 오브젝트 만들고 등록하기 ➡ 심볼 적용 및 편집하기 ➡ 오일병 오브젝트 만들고 그라디언트 적용하기 ➡ 그룹 지정하고 이펙트 적용하기 ➡ 조리 도구 만들고 쿠키 오브젝트 변형하기 ➡ 브러쉬 적용하기 ➡ 문자 입력 및 왜곡하기 ➡ 클리핑 마스크 적용하기 ➡ 저장 및 답안 전송하기
완성이미지	PART04₩기출유형문제02회₩수험번호-성명-3.ai

① 새 도큐먼트 만들기 및 파일 저장하기

01 [File]-[New](Ctrl+N)를 선택하고 'Width : 210mm, Height : 297mm, Units : Millimeters, Color Mode : CMYK'를 설정하여 새 도큐먼트를 만들고 [View]-[Rulers]-[Show Rulers](Ctrl+R)를 선택하여 눈금자를 표시합니다.

02 작품의 규격 왼쪽 상단에 원점(0,0)을 확인하고 왼쪽과 상단 눈금자 위에서 마우스로 각각 드래그하여 제시된 출력형태와 레이아웃 구성이 동일하게 안내선을 표시합니다.

03 작업 도큐먼트를 저장하기 위해 [File]-[Save](Ctrl+S)를 선택하고 '저장 위치 : 내 PC₩문서₩GTQ, 파일 형식 : Adobe Illustrator(*AI), 파일 이름 : 수험번호-성명-문제번호'를 입력하고 [저장]을 클릭한 후 [Illustrator Options] 대화상자에서 'Version : Illustrator 2020'으로 설정하고 [OK]를 클릭합니다.

01 Rectangle Tool(■)로 작업 도큐먼트 왼쪽 상단의 원점(0,0)을 클릭하고 'Width : 210mm, Height : 250mm'를 입력하여 그리고 Color 패널에서 'Fill Color : C30Y90, Stroke Color : None'을 지정합니다.

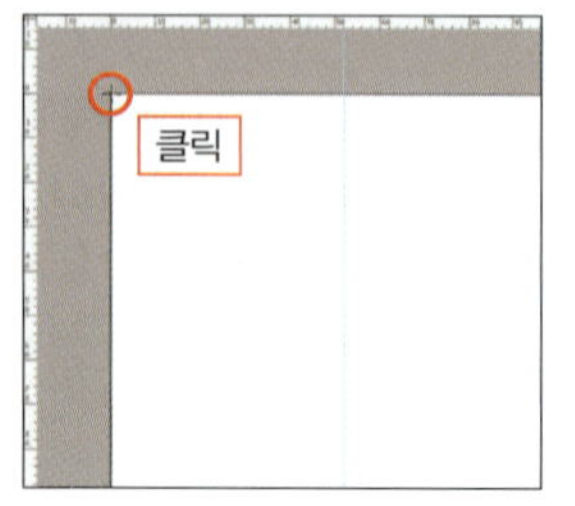
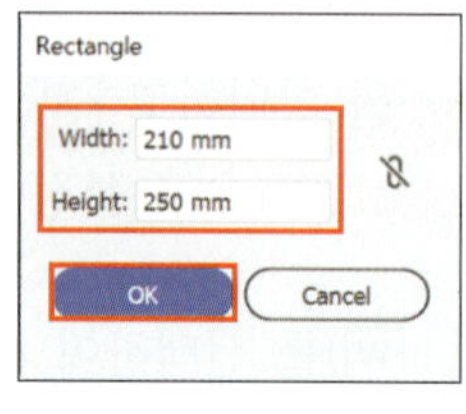
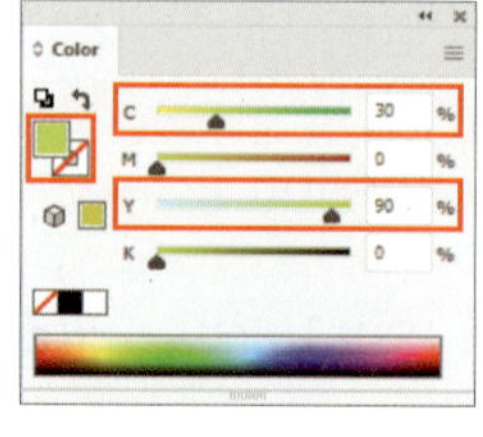
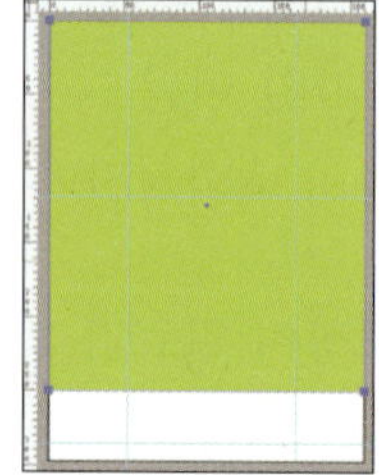

02 Mesh Tool(▦)로 사각형의 상단 중앙과 우측 하단을 각각 클릭하여 새로운 고정점을 생성합니다.

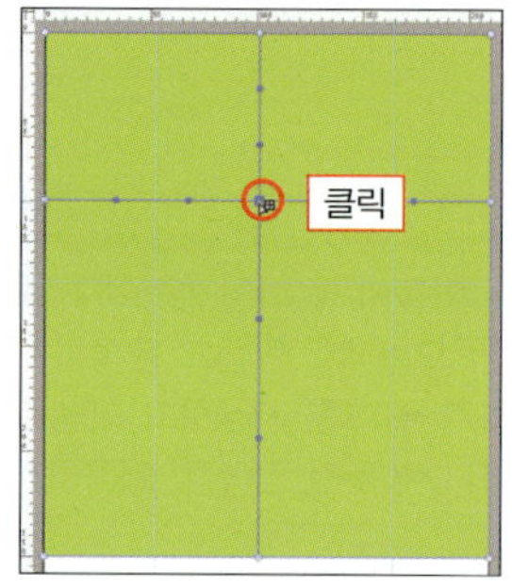
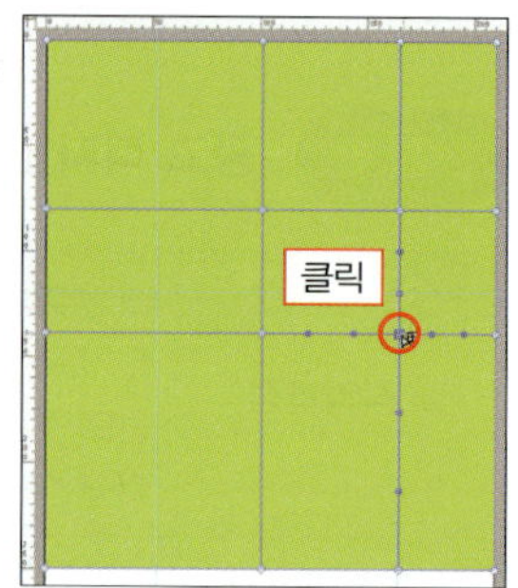

03 Direct Selection Tool(▷)로 Shift를 누른 채 사각형 상단 2개의 고정점을 클릭하여 선택하고 Color 패널에서 'Fill Color : Y30, Stroke Color : None'을 지정합니다.

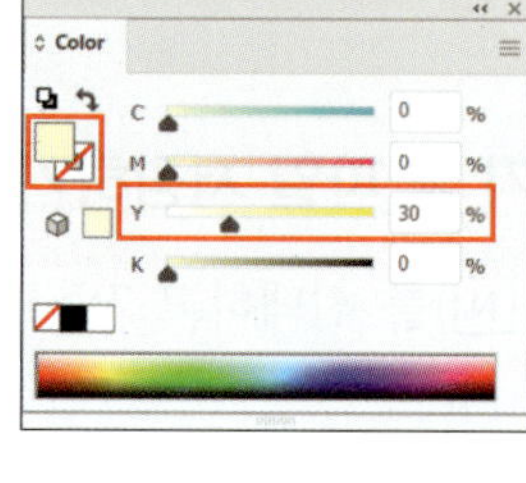
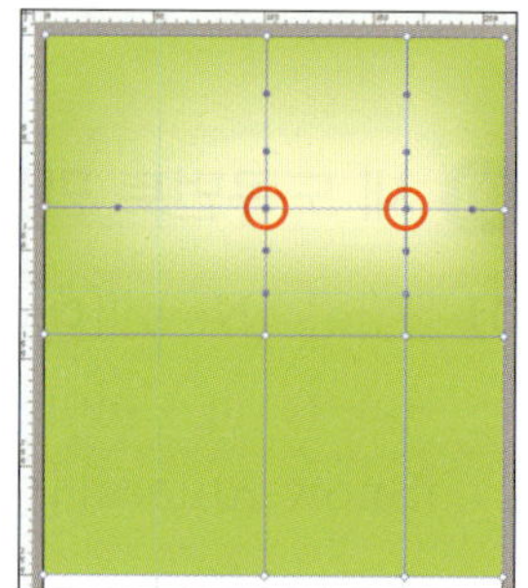

04 Direct Selection Tool(▷)로 클릭하여 상단 중앙의 고정점을 선택하고 위쪽으로 이동하여 배치합니다. 같은 방법으로 나머지 3개의 고정점을 각각 선택하고 드래그하여 이동하여 변형합니다.

05 Direct Selection Tool(▷)로 2개의 고정점의 핸들을 각각 드래그하여 그림과 같이 변형합니다.

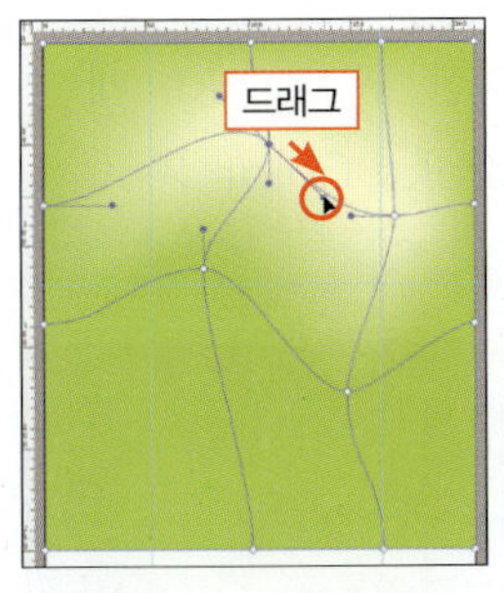

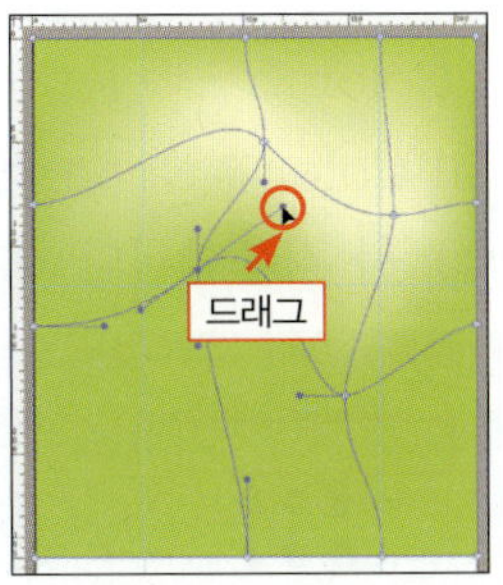

06 Ellipse Tool(◯)로 드래그하여 크기가 다른 5개의 원형을 그리고 Color 패널에서 'Fill Color : Y30, Stroke Color : None'을 지정합니다. Pen Tool(✎)로 원형의 하단과 겹치도록 닫힌 패스를 그리고 'Fill Color : Y30, Stroke Color : None'을 지정합니다. Selection Tool(▶)로 원형과 함께 선택하고 Pathfinder 패널에서 'Unite(▣)'를 클릭하여 합칩니다.

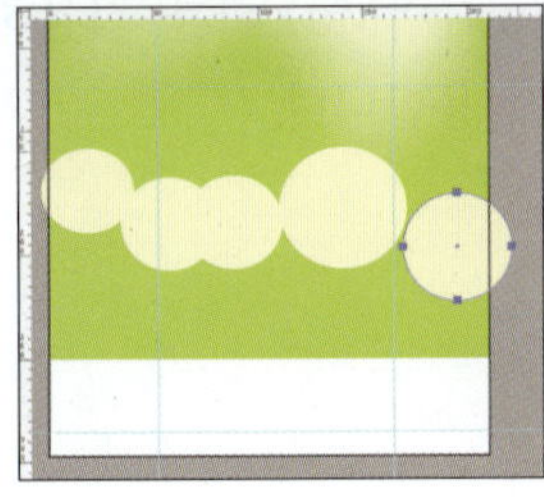

07 Ellipse Tool(◯)로 드래그하여 크기가 다른 5개의 원형을 그리고 Color 패널에서 'Fill Color : C10Y50, Stroke Color : None'을 지정합니다. Selection Tool(▶)로 함께 선택하고 Pathfinder 패널에서 'Unite(▣)'를 클릭하여 합칩니다.

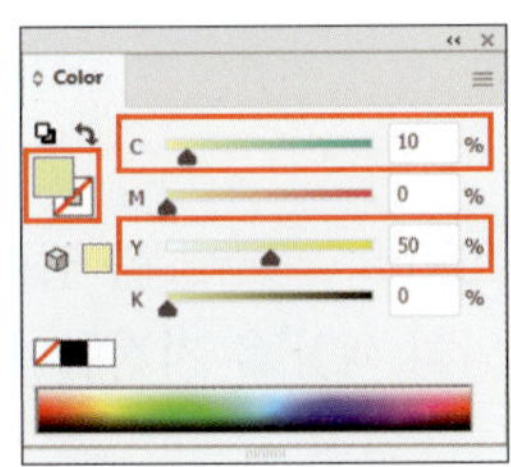
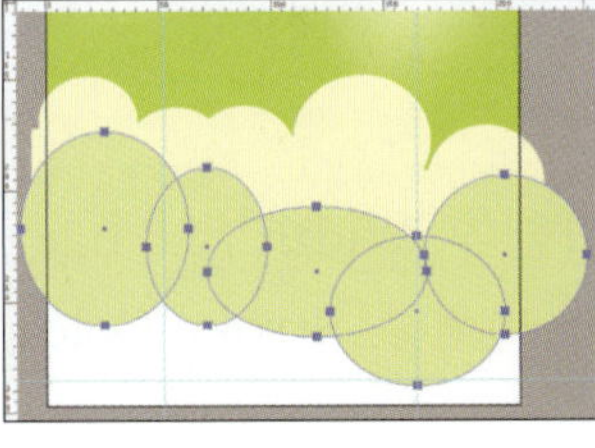

08 Ellipse Tool(◯)로 드래그하여 크기가 다른 3개의 타원을 겹치도록 그리고 Color 패널에서 'Fill Color : M40Y80, Stroke Color : None'을 지정합니다. Rectangle Tool(▢)로 하단에 드래그하여 동일한 색상의 사각형을 겹치도록 그린 후 Selection Tool(▶)로 함께 선택하고 Pathfinder 패널에서 'Unite(▣)'를 클릭하여 합칩니다.

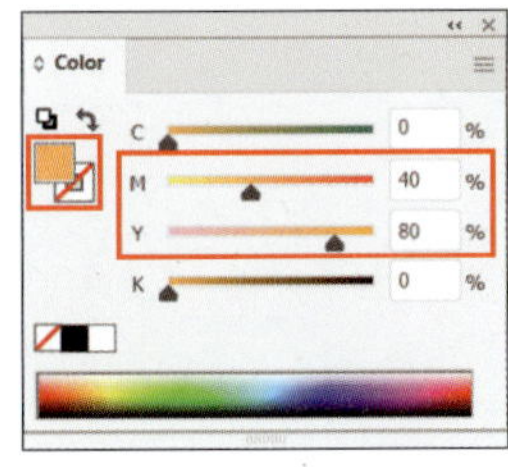
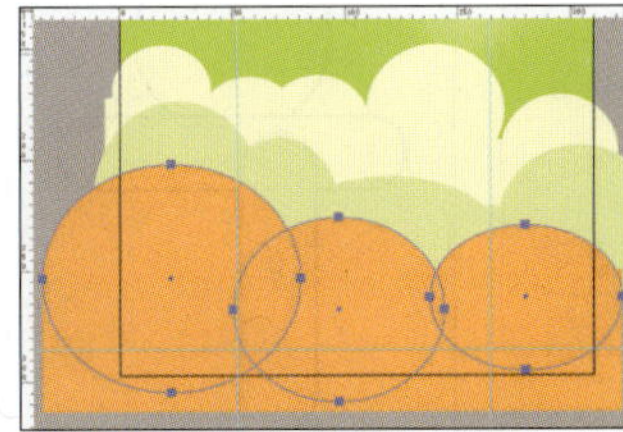
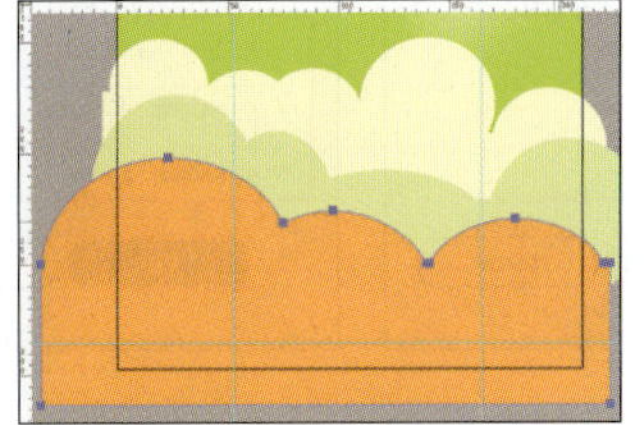

03 블렌드 효과 만들기

01 Pen Tool(✐)로 작업 도큐먼트를 완전히 벗어나는 2개의 곡선을 그리고 오른쪽 곡선은 Color 패널에서 'Fill Color : None, Stroke Color : Y30'을 지정한 후 Stroke 패널에서 'Weight : 3pt'를 적용합니다. 왼쪽 곡선은 'Fill Color : None, Stroke Color : C0M0Y0 K0'을 지정한 후 Stroke 패널에서 'Weight : 1pt'를 적용합니다.

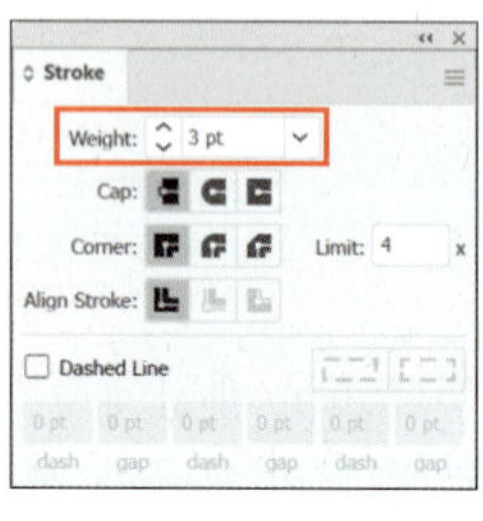
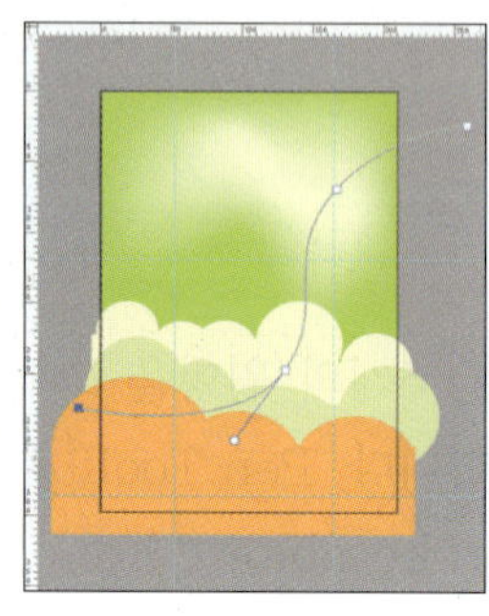
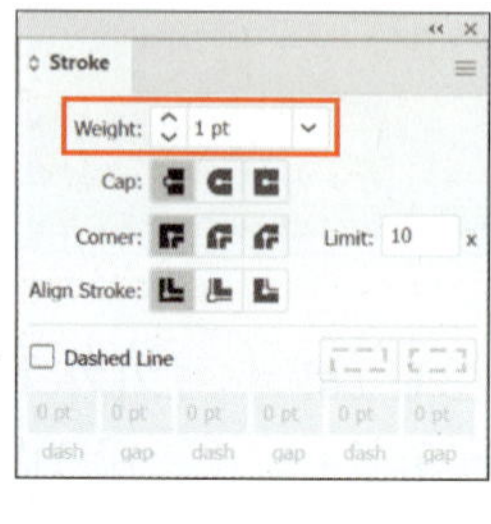
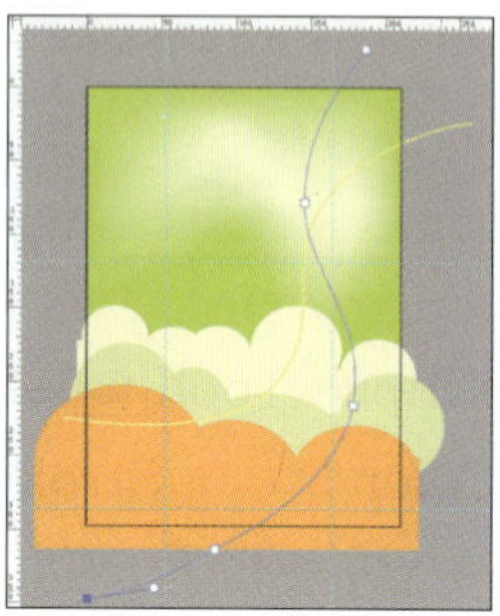

02 Selection Tool(▶)로 2개의 곡선을 선택한 후 [Object]-[Blend]-[Make]를 적용하고 [Object]-[Blend]-[Blend Options]로 'Specified Steps : 15'를 적용합니다.

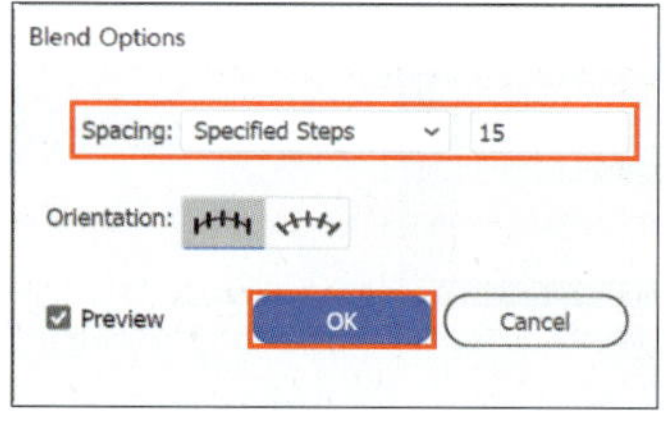
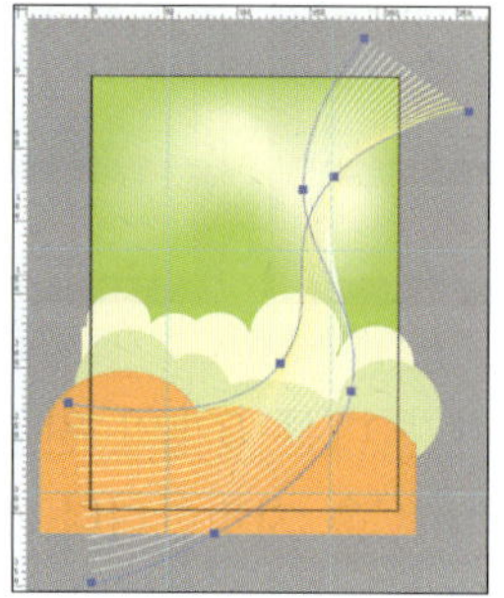

04 심볼 오브젝트 만들고 등록하기

01 Ellipse Tool(◯)로 작업 도큐먼트를 클릭한 후 'Width : 26mm, Height : 26mm'를 입력하여 그리고 Color 패널에서 'Fill Color : 임의 색상, Stroke Color : 임의 색상'을 지정합니다.

02 Rounded Rectangle Tool(▢)로 작업 도큐먼트를 클릭한 후 'Width : 46mm, Height : 10mm, Corner Radius : 5mm'를 입력하여 그리고 Color 패널에서 'Fill Color : 임의 색상, Stroke Color : 임의 색상'을 지정하고 하단에 배치합니다. 계속해서 클릭하여 'Width : 10mm, Height : 40mm, Corner Radius : 5mm'를 입력하여 그리고 배치합니다.

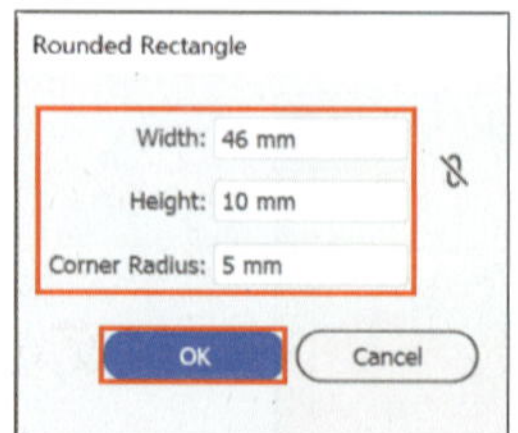
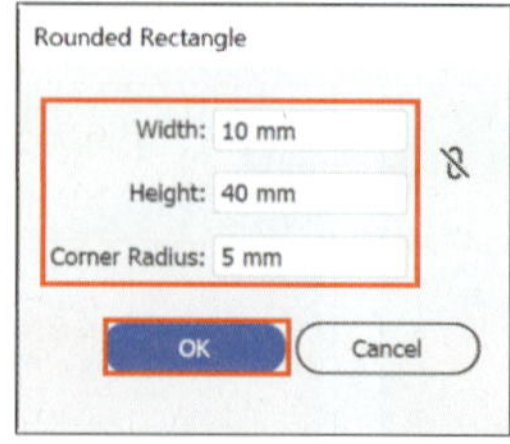
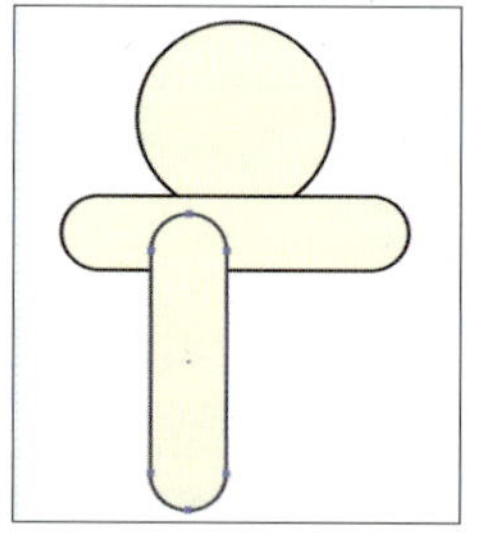

03 Selection Tool(▶)로 드래그하여 3개의 오브젝트를 선택한 후 Alt 를 누른 채 드래그하여 복사합니다.

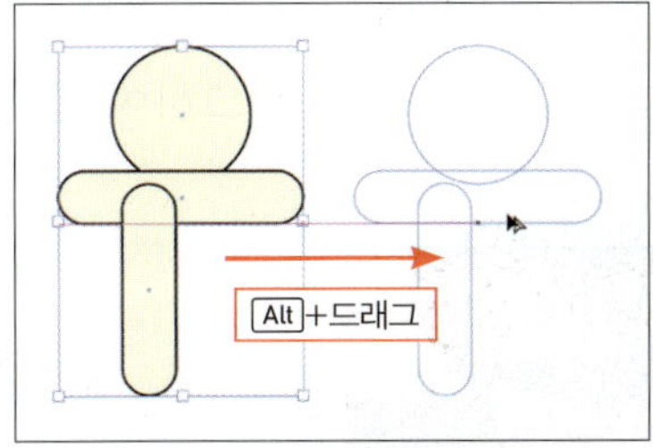

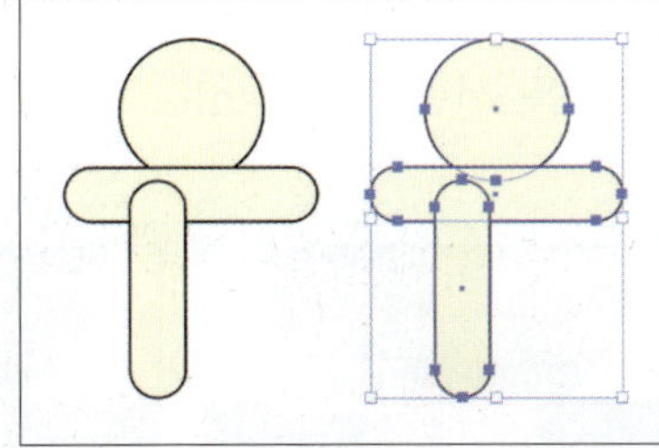

04 Rectangle Tool(□)로 작업 도큐먼트를 클릭한 후 'Width : 33mm, Height : 26mm'를 입력하여 임의 색상의 사각형을 그리고 좌측 하단에 배치한 후, Shift + Ctrl + A 를 눌러 선택을 해제합니다. Direct Selection Tool(▷)로 Shift 를 누른 채 클릭하여 상단 2개의 고정점을 선택하고 Scale Tool(🔲)을 더블 클릭하여 'Uniform : 65%'를 지정하고 [OK]를 눌러 패스를 축소합니다.

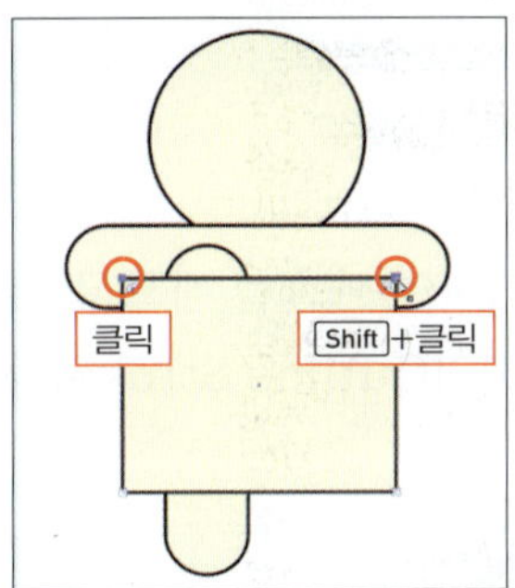

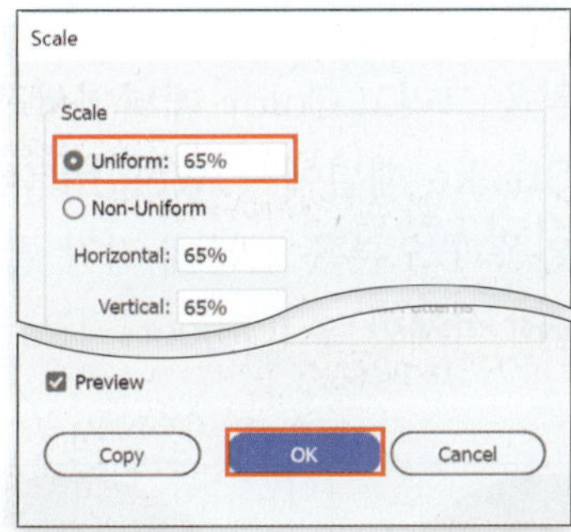

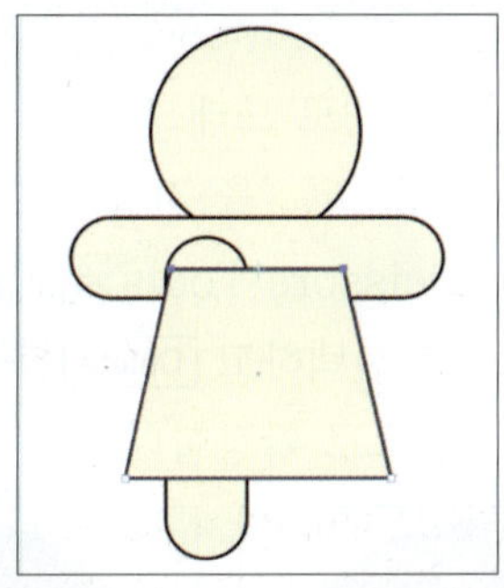

05 Selection Tool(▶)로 드래그하여 중앙의 3개의 오브젝트를 함께 선택하고 Align 패널에서 'Horizontal Align Center(🔳)'를 클릭하여 가로 가운데 정렬을 지정합니다. Selection Tool(▶)로 하단의 둥근 사각형을 선택하고 Reflect Tool(◀▶)로 Alt 를 누른 채 정원의 중심점을 클릭한 후 'Axis : Vertical'을 지정하고 [Copy]를 눌러 복사합니다.

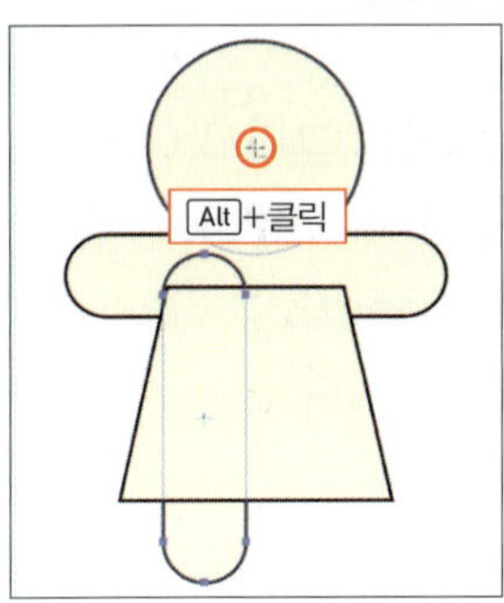

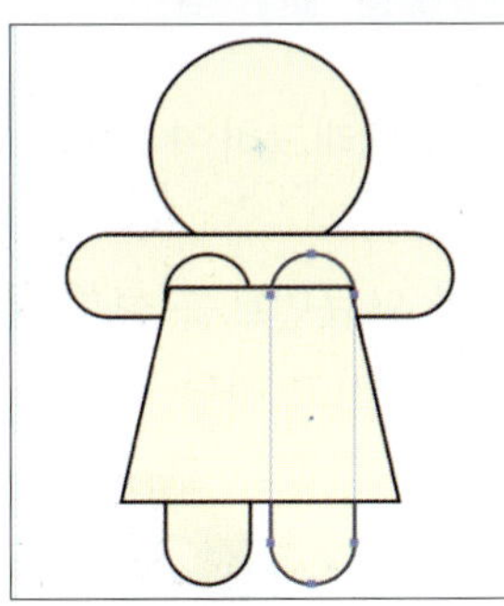

06 Selection Tool(▶)로 드래그하여 5개의 오브젝트를 함께 선택하고 Pathfinder 패널에서 'Unite(🔳)'를 클릭하여 합친 후 Color 패널에서 'Fill Color : C30M50Y100K10, Stroke Color : None'을 지정합니다.

07 Rectangle Tool(▣)로 드래그하여 사각형을 그리고 Color 패널에서 'Fill Color : M70, Stroke Color : None'을 지정합니다. [Object]-[Path]-[Add Anchor Points]를 선택하고 사각형의 선분 중앙에 고정점을 추가합니다. Direct Selection Tool(▷)로 Shift 를 누른 채 클릭하여 가운데 2개의 고정점을 선택하고 Scale Tool(⬚)로 안쪽으로 드래그하여 패스를 축소합니다.

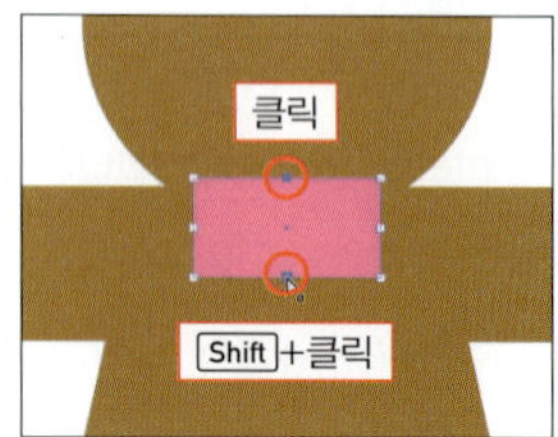

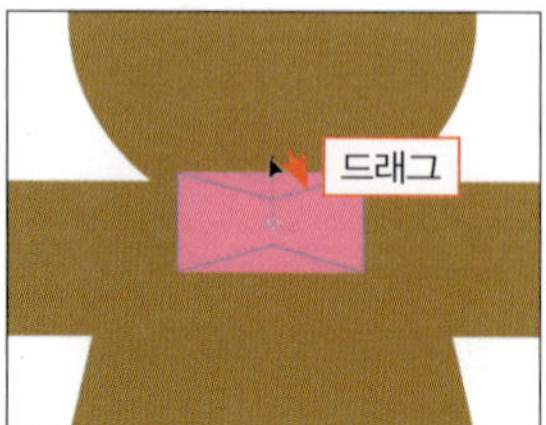

08 Ellipse Tool(◯)로 Shift 를 누른 채 드래그하여 정원을 그리고 Color 패널에서 'Fill Color : C0M0Y0K0, Stroke Color : None'을 지정합니다. Selection Tool(▶)로 Alt 를 누른 채 드래그하여 3개의 정원을 복사하여 눈과 단추 모양을 완성합니다.

09 Ellipse Tool(◯)로 드래그하여 타원을 그리고 Color 패널에서 'Fill Color : None, Stroke Color : C0M0Y0K0'을 지정한 후 Stroke 패널에서 'Weight : 5pt, Cap : Round Cap'을 적용합니다. Scissors Tool(✄)로 왼쪽과 오른쪽 선분에 각각 클릭하여 패스를 자르고, 상단 의 열린 패스를 선택하고 Delete 를 눌러 삭제한 후 [Object]-[Path]-[Outline Stroke]를 선 택하여 선을 면으로 확장합니다.

10 Line Segment Tool(╱)로 Shift 를 누른 채 드래그하여 2개의 수직선을 그리고 Color 패널 에서 'Fill Color : None, Stroke Color : C0M0Y0K0'을 지정한 후 Stroke 패널에서 'Weight : 5pt'를 적용합니다. 계속해서 작업 도큐먼트를 클릭한 후 'Length : 33mm, An-gle : 0˚'를 지정하여 동일한 속성의 수평선을 그리고 하단 중앙에 배치합니다.

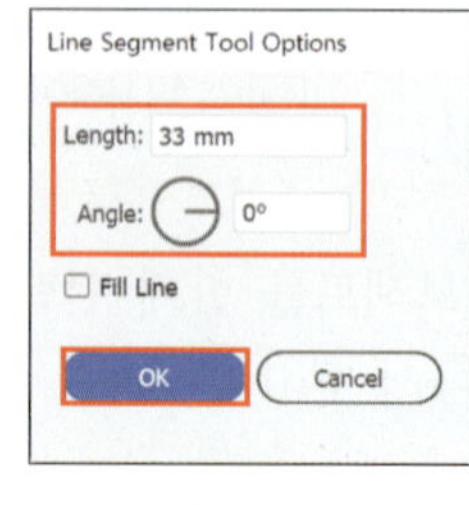

11 [Effect]–[Illustrator Effects]–[Distort & Transform]–[Zig Zag]를 선택하고 'Size : 3mm, Absolute : 체크, Ridges per segment : 7, Smooth : 체크'를 지정합니다. Selection Tool(▶)로 3개의 선을 함께 선택한 후 [Object]–[Path]–[Outline Stroke]를 선택하여 선을 면으로 확장합니다.

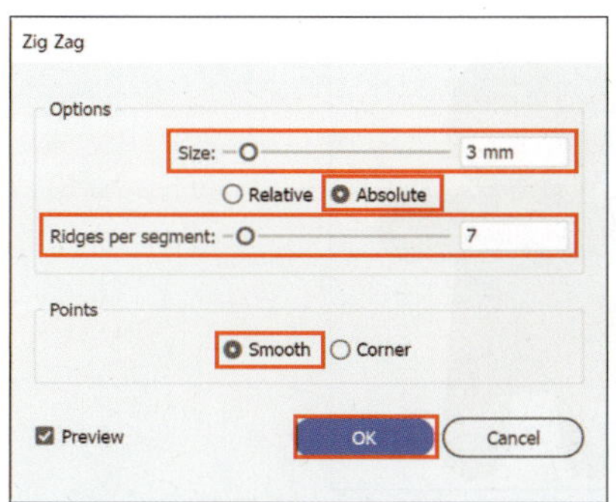

12 Selection Tool(▶)로 4개의 오브젝트를 함께 선택하고 Pathfinder 패널에서 'Divide(▣)'를 클릭하여 면을 분할합니다. Selection Tool(▶)로 오브젝트를 더블 클릭하여 Isolation Mode로 전환하고 불필요한 6개의 오브젝트를 선택하고 Delete 를 눌러 삭제합니다. Esc 를 눌러 정상 모드로 전환하고 Shift + Ctrl + [를 눌러 맨 뒤로 보내기를 합니다.

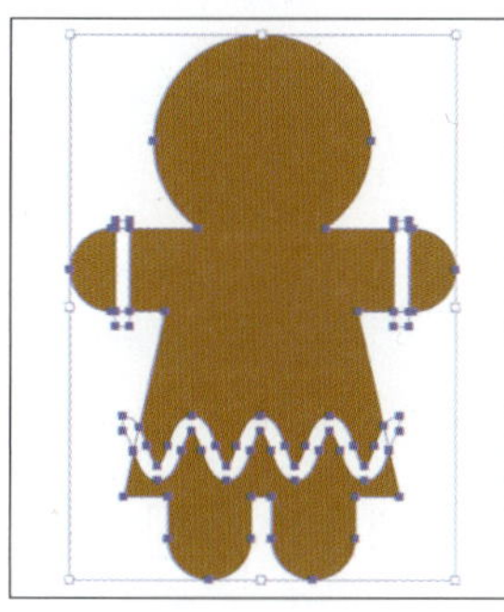
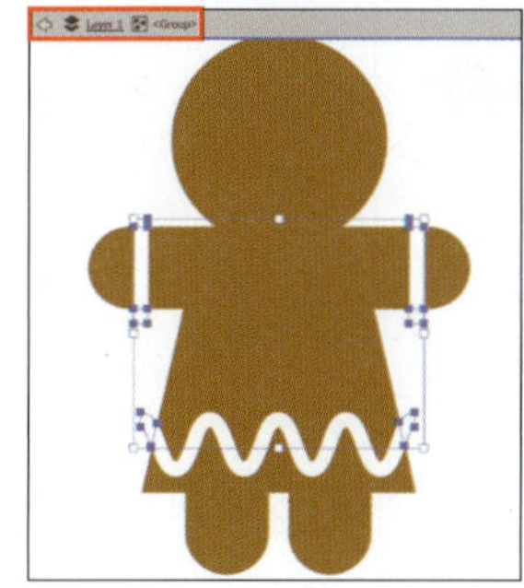

13 Selection Tool(▶)로 앞서 복사한 오브젝트의 하단 둥근 사각형을 선택하고 Rotate Tool(↻)로 더블 클릭하여 'Angle : −5°'를 지정하고 [OK]를 눌러 회전합니다. Reflect Tool(◀▶)로 Alt 를 누른 채 정원의 중심점을 클릭한 후 'Axis : Vertical'을 지정하고 [Copy]를 눌러 복사합니다.

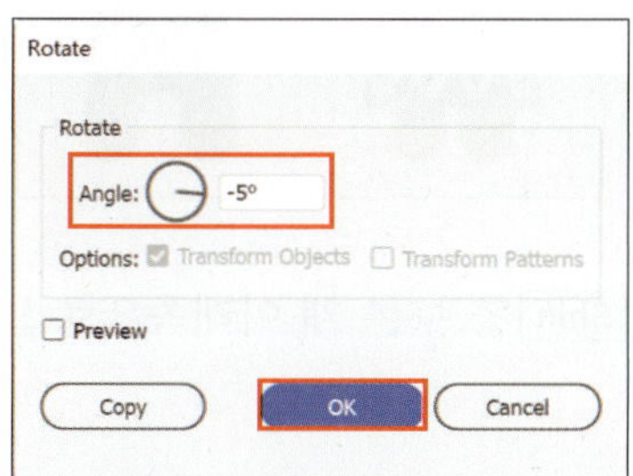
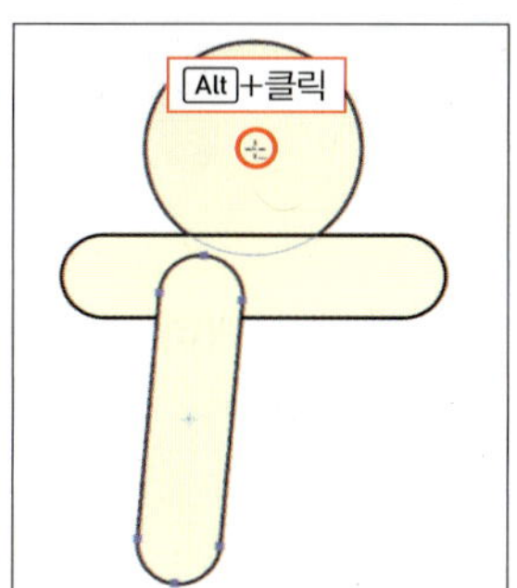

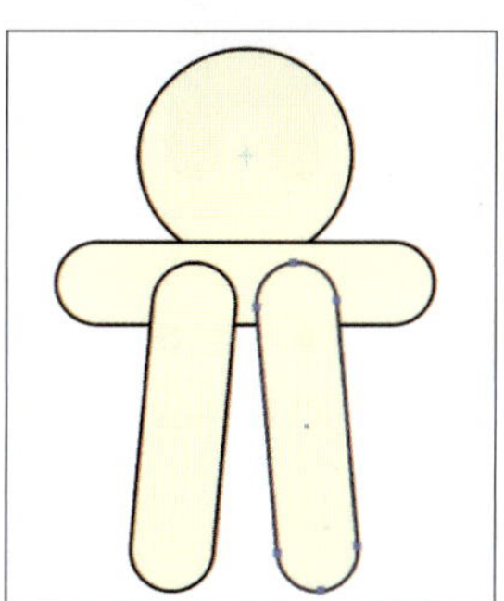

14 Rectangle Tool(□)로 드래그하여 하단 중앙에 겹치도록 사각형을 그리고 Selection Tool
(▶)로 드래그하여 5개의 오브젝트를 함께 선택합니다. Pathfinder 패널에서 'Unite(■)'를
클릭하여 합친 후 Color 패널에서 'Fill Color : C30M70Y100K10, Stroke Color : None'
을 지정합니다.

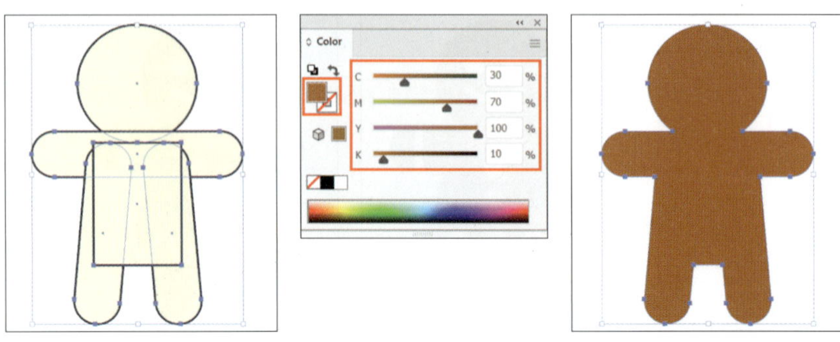

15 Direct Selection Tool(▷)로 Shift 를 누른 채 2개의 고정점을 함께 선택하고 모서리 안쪽
의 둥근 점(◎)을 안쪽으로 드래그하여 모서리를 둥글게 변형합니다.

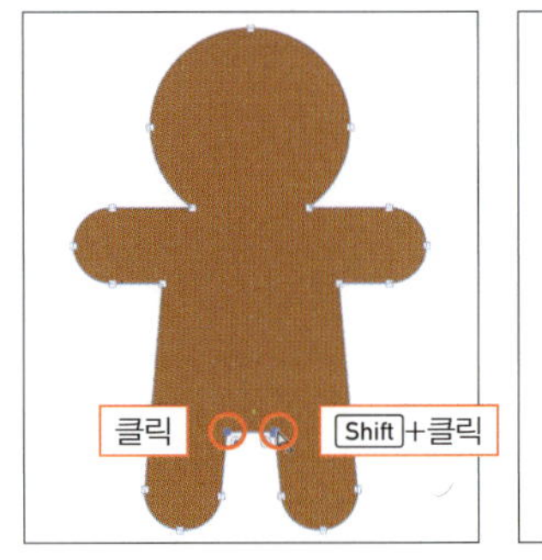

16 Selection Tool(▶)로 왼쪽 쿠키 모양에서 5개의 오브젝트를 함께 선택한 후 Alt + Shift 를
누른 채 오른쪽 쿠키 모양으로 드래그하여 복사하고 Shift + Ctrl +] 를 눌러 맨 앞으로 가져
오기를 합니다.

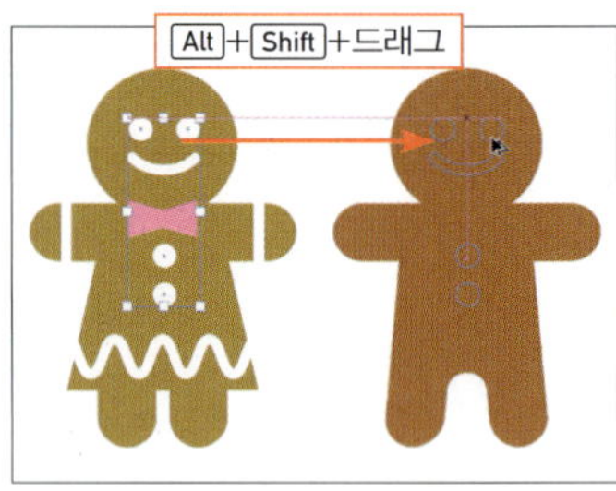

17 Selection Tool(▶)로 하단 중앙의 정원을 선택하고 Alt + Shift 를 누른 채 아래쪽으로 드래
그하여 복사하여 배치합니다.

18 Line Segment Tool(✏)로 **Shift**를 누른 채 왼쪽 팔 부분과 충분히 겹치도록 드래그하여 수직선을 그리고 Color 패널에서 'Fill Color : None, Stroke Color : C0M0Y0K0'을 지정한 후 Stroke 패널에서 'Weight : 5pt'를 지정합니다. 계속해서 드래그하여 2개의 사선을 왼쪽 다리 부분에 겹치도록 그리고 하단에 배치합니다.

19 Selection Tool(▶)로 3개의 선을 함께 선택하고 Reflect Tool(▣)로 **Alt**를 누른 채 하단 정원의 중심점을 클릭한 후 'Axis : Vertical'을 지정하고 [Copy]를 눌러 복사합니다.

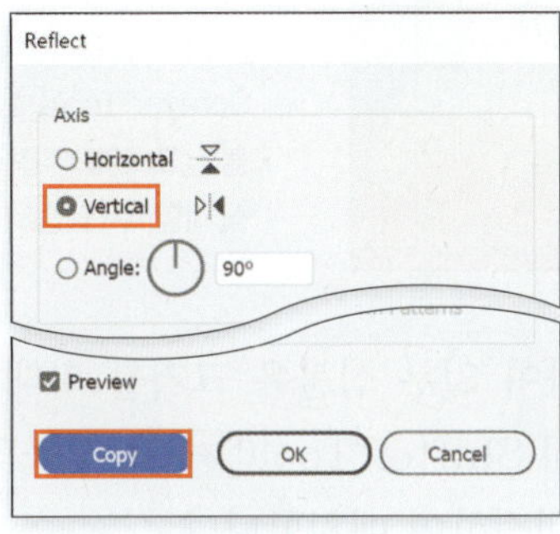

20 Selection Tool(▶)로 6개의 선을 함께 선택한 후 [Object]–[Path]–[Outline Stroke]를 선택하여 선을 면으로 확장합니다. Selection Tool(▶)로 7개의 오브젝트를 함께 선택하고 Pathfinder 패널에서 'Divide(▣)'를 클릭하여 면을 분할합니다.

21 Selection Tool(▶)로 오브젝트를 더블 클릭하여 Isolation Mode로 전환하고 불필요한 오브젝트를 선택하고 **Delete**를 눌러 삭제합니다. **Esc**를 눌러 정상 모드로 전환하고 **Shift**+**Ctrl**+**[**를 눌러 맨 뒤로 보내기를 합니다.

22 Selection Tool(▶)로 2개의 쿠키 오브젝트를 함께 선택한 후 Symbols 패널 하단의 'New Symbol(▣)'을 클릭하고 [Symbol Options] 대화상자에서 'Name : 쿠키, Export Type : Graphic'을 지정하여 심볼로 등록합니다.

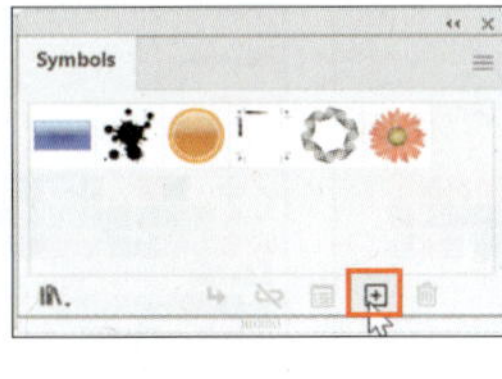

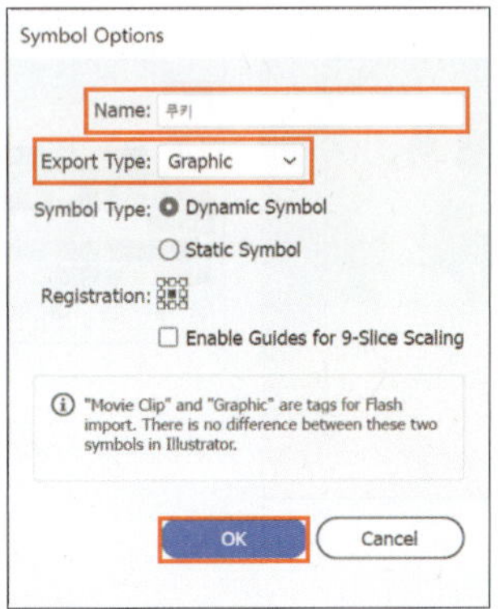

> **기적의 TIP**
>
> 심볼로 등록한 오브젝트는 나중에 변형하여 사용하므로 삭제하지 않고 작업 도큐먼트의 외곽에 배치합니다.

01 Symbols 패널에서 등록된 '쿠키' 심볼을 선택하고 Symbol Sprayer Tool(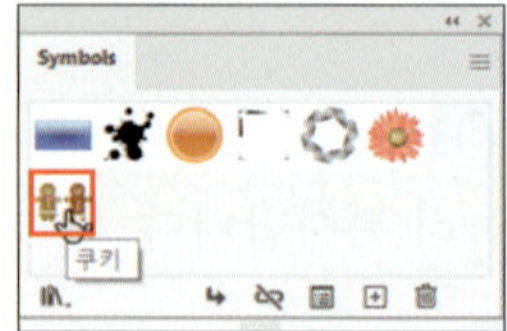)로 작업 도큐먼트를 클릭하여 심볼을 뿌려 줍니다.

- 작업 시간을 단축하기 위해 제시된 개수만큼 Symbol Sprayer Tool(⬜)로 클릭하여 배치하고 편집합니다.
- 불필요하게 뿌려진 심볼은 Alt 를 누른 채 클릭하면 삭제할 수 있습니다.

02 Symbol Sizer Tool(⬜)로 클릭하여 일부 심볼은 크기를 확대하고 Alt 를 누르고 클릭하여 심볼의 크기를 축소합니다. Symbol Shifter Tool(⬜)로 심볼의 위치를 이동시킨 후 Symbol Spinner Tool(⬜)로 일부를 회전하여 배치합니다.

  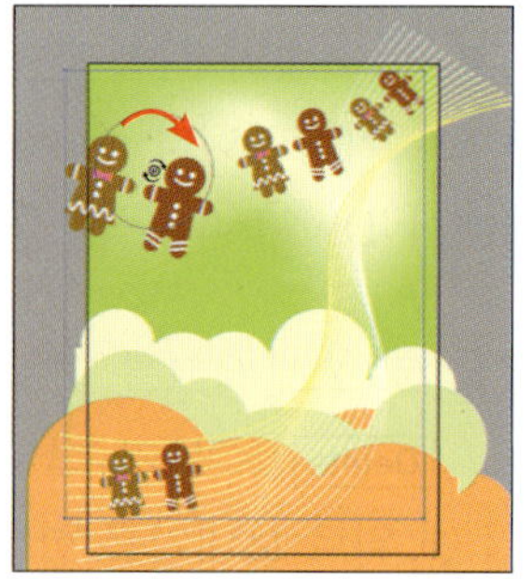

03 Symbol Screener Tool(⬜)로 일부를 클릭하여 투명하게 하고 Symbol Stainer Tool(⬜)로 Swatches 패널에서 제시된 출력형태와 유사한 색상을 Fill Color로 선택한 후 일부에 클릭하여 색조의 변화를 적용합니다.

 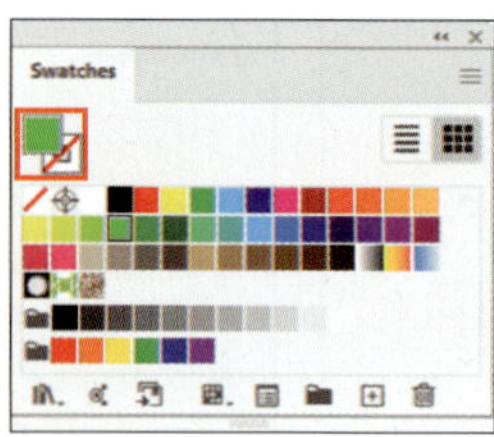  

Symbol Stainer Tool(⬜)로 색조의 변화를 적용할 때는 정확한 색상의 제시가 없으므로 문제지의 《출력형태》와 가장 유사한 색상을 'Fill Color'로 지정하여 적용하면 됩니다.

06 오일병 오브젝트 만들고 그라디언트 적용하기

01 Ellipse Tool(◉)로 작업 도큐먼트를 클릭한 후 'Width : 82mm, Height : 101mm'를 입력하여 그리고 Color 패널에서 'Fill Color : 임의 색상, Stroke Color : 임의 색상'을 지정합니다.

02 Rectangle Tool(▣)로 드래그하여 타원의 하단과 겹치도록 사각형을 그리고 Color 패널에서 'Fill Color : 임의 색상, Stroke Color : 임의 색상'을 지정합니다.

03 Selection Tool(▶)로 타원과 사각형을 함께 선택한 후 Pathfinder 패널에서 'Minus Front(▣)'를 클릭하고 Color 패널에서 'Fill Color : C10M10Y30, Stroke Color : None'을 지정합니다. [Object]-[Path]-[Offset Path]를 클릭하여 'Offset : −9mm'를 입력한 후 [OK]를 눌러 확대된 복사본을 만들고 'Fill Color : 임의 색상, Stroke Color : None'을 지정합니다.

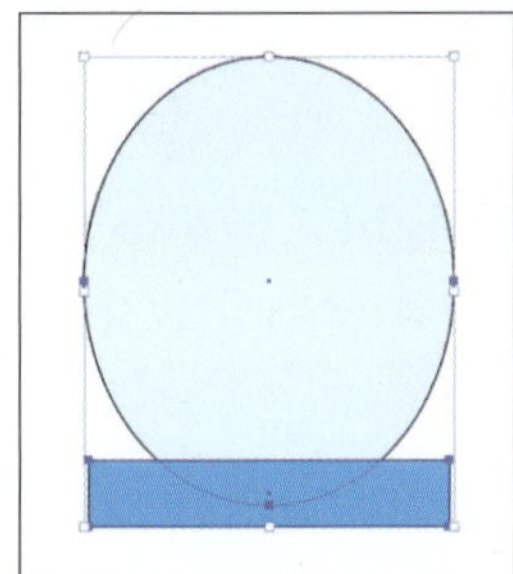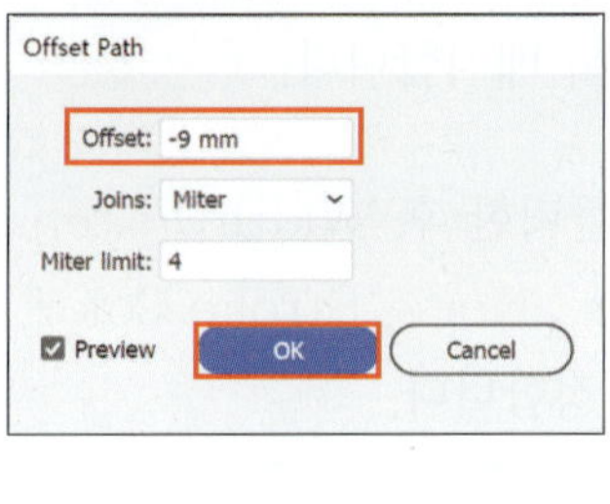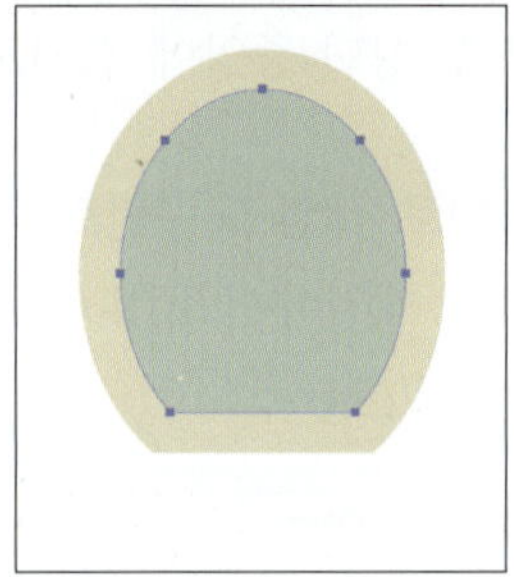

04 Rectangle Tool(▣)로 드래그하여 상단과 겹치도록 임의 색상의 사각형을 그리고 Selection Tool(▶)로 안쪽 오브젝트와 함께 선택하고 Pathfinder 패널에서 'Minus Front(▣)'를 클릭합니다.

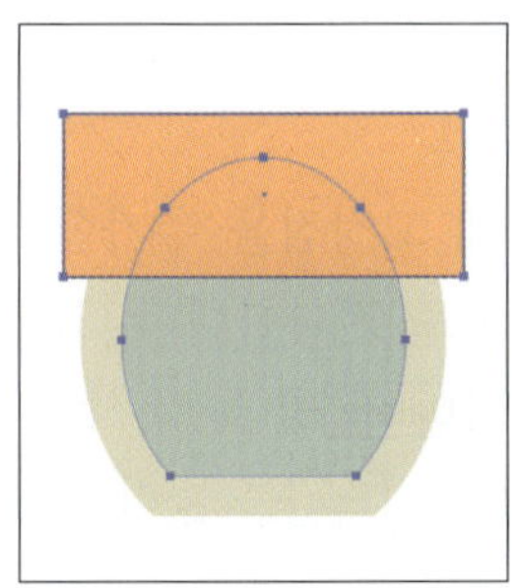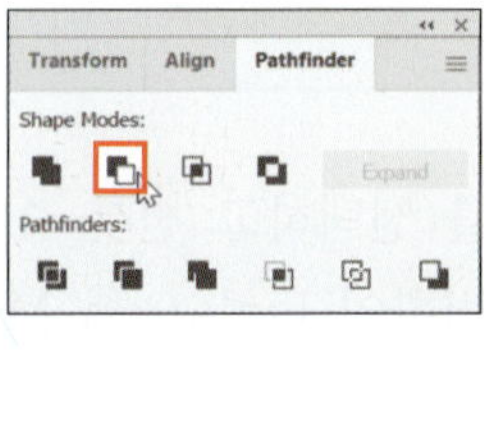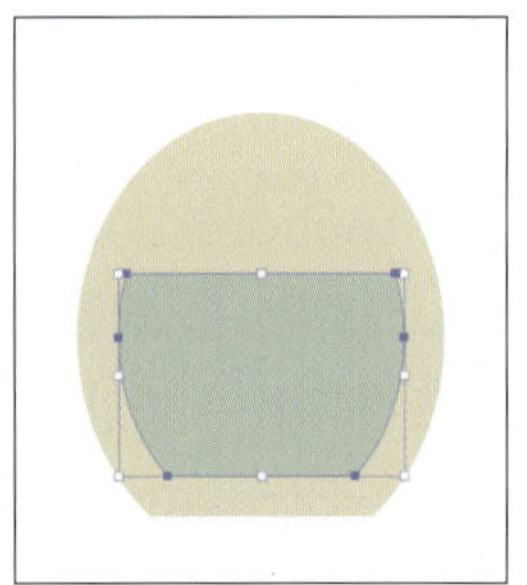

05 Gradient 패널에서 'Type : Linear Gradient, Angle : 90°'를 적용하고 Gradient Slider의 왼쪽 'Color Stop'을 더블 클릭하여 Y100을, 오른쪽 'Color Stop'을 더블 클릭하여 M40Y60을 적용한 후 'Location : 87%'를 지정합니다. Color 패널에서 'Stroke Color : None'을 지정합니다.

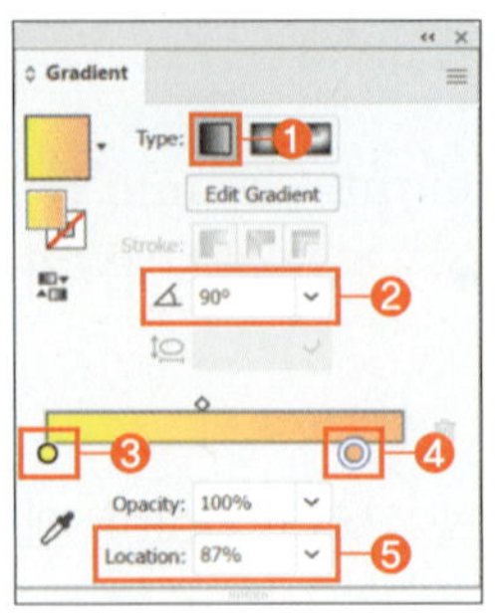  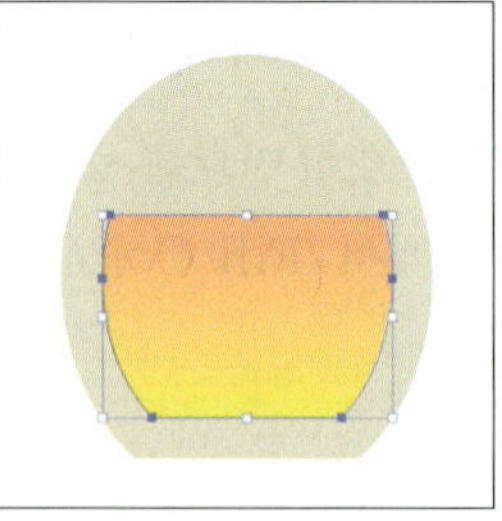

06 Ellipse Tool(◉)로 Shift 를 누른 채 드래그하여 크기가 다른 정원을 2개 그리고 앞서 적용한 동일한 그라디언트를 지정합니다.

07 Rectangle Tool(▣)로 작업 도큐먼트에 클릭하여 대화상자에서 'Width : 17mm, Height : 50mm'를 입력하여 그리고 Color 패널에서 'Fill Color : C10M10Y30, Stroke Color : None'을 지정한 후 상단 중앙에 겹치도록 배치합니다.

08 Ellipse Tool(◉)로 작업 도큐먼트를 클릭한 후 'Width : 59mm, Height : 67mm'를 입력하여 그리고 Color 패널에서 'Fill Color : None, Stroke Color : C10M10Y30'을 지정한 후 Stroke 패널에서 'Weight : 18pt'를 지정합니다.

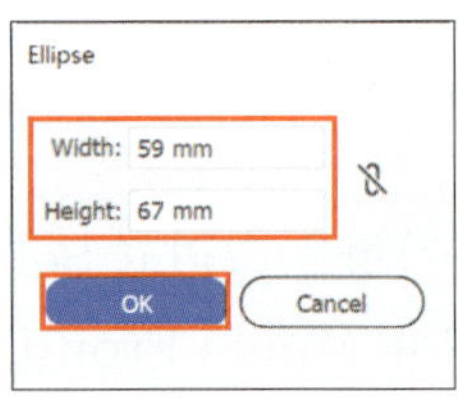  

09 [Object]-[Path]-[Add Anchors Points]를 선택하고 선분 중앙에 고정점을 추가합니다. Selection Tool(▶)로 오브젝트를 더블 클릭하여 Isolation Mode로 전환합니다. Direct Selection Tool(▷)로 드래그하여 중앙의 2개의 고정점을 선택하고 Delete 를 눌러 삭제하고 [Object]-[Path]-[Outline Stroke]를 선택하여 선을 면으로 확장한 후 Esc 를 눌러 정상 모드로 전환합니다.

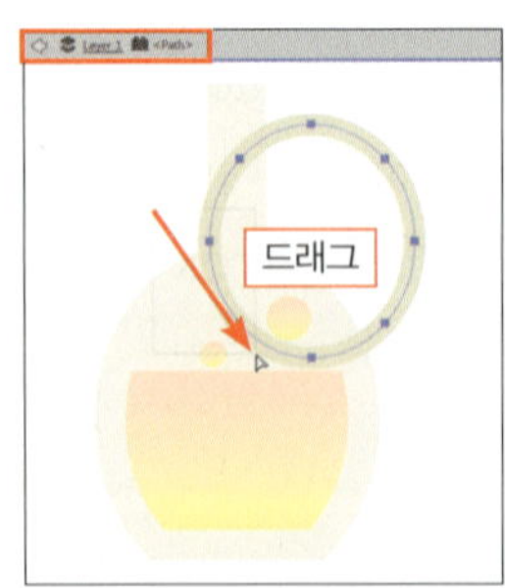

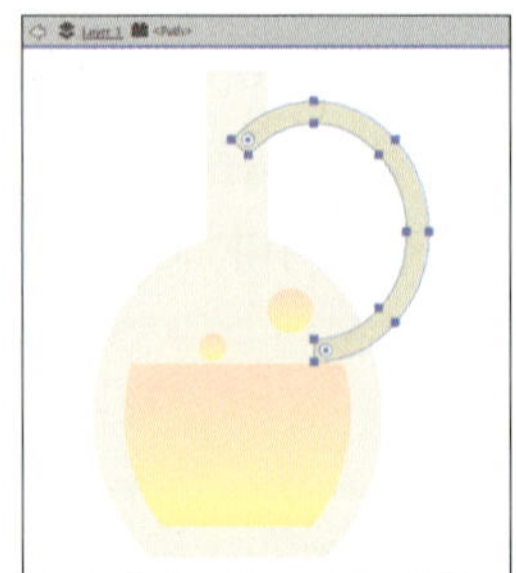

10 Selection Tool(▶)로 Color 패널에서 'Fill Color : C10M10Y30, Stroke Color : None' 인 3개의 오브젝트를 함께 선택하고 Pathfinder 패널에서 'Unite(■)'를 클릭하여 합치고 Shift+Ctrl+[를 눌러 맨 뒤로 보내기를 합니다.

11 Rounded Rectangle Tool(▢)로 작업 도큐먼트를 클릭한 후 'Width : 31mm, Height : 9.5mm, Corner Radius : 1mm'를 입력하여 그리고 Color 패널에서 'Fill Color : M30Y100, Stroke Color : None'을 지정합니다.

12 Selection Tool(▶)로 오브젝트를 더블 클릭하여 Isolation Mode로 전환합니다. Direct Selection Tool(▷)로 드래그하여 하단 4개의 고정점을 선택하고 Scale Tool(▣)을 더블 클릭하여 'Uniform : 80%'를 지정하고 [OK]를 눌러 패스를 축소합니다. Line Segment Tool(╱)로 Shift 를 누른 채 하단에 수평선을 겹치도록 그리고 Color 패널에서 'Fill Color : None, Stroke Color : 임의 색상'을 지정합니다.

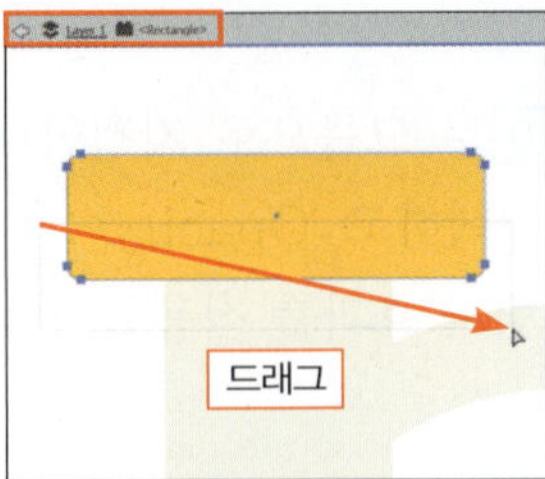

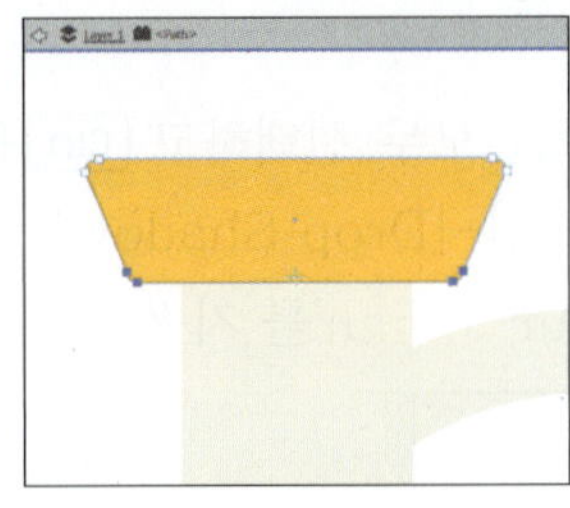

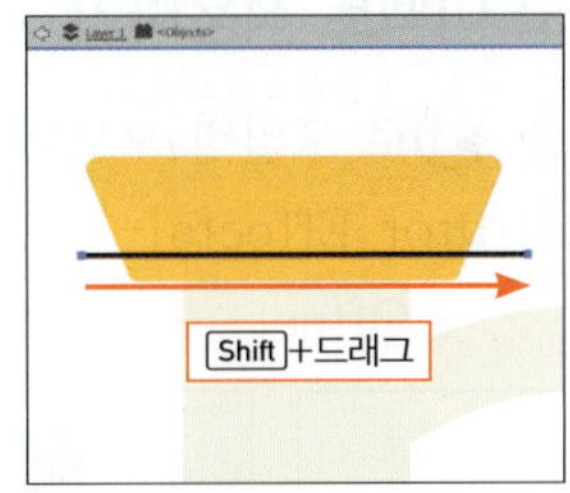

13 Ctrl+A 로 모두 선택하고 Pathfinder 패널에서 'Divide(■)'를 클릭하여 면을 분할합니다. Selection Tool(▶)로 하단 오브젝트를 선택하고 Color 패널에서 'Fill Color : C10M50Y80K10, Stroke Color : None'을 지정한 후 Esc 를 눌러 정상 모드로 전환합니다.

14 Rectangle Tool(▢)로 작업 도큐먼트를 클릭한 후 'Width : 22mm, Height : 28mm'를 입력하여 그리고 Color 패널에서 'Fill Color : M70Y60, Stroke Color : None'을 지정하고 상단에 겹치도록 배치합니다. Line Segment Tool(╱)로 Shift 를 누른 채 상단에 수평선을 겹치도록 그리고 'Fill Color : None, Stroke Color : 임의 색상'을 지정합니다.

15 Selection Tool(▶)로 사각형과 함께 선택하고 Pathfinder 패널에서 'Divide(■)'를 클릭 하여 면을 분할한 후 Selection Tool(▶)로 오브젝트를 더블 클릭하여 Isolation Mode로 전환합니다. Direct Selection Tool(▷)로 드래그하여 상단 2개의 고정점을 선택하고 모서 리의 둥근 점(◉)을 안쪽으로 드래그하여 모서리를 둥글게 변형합니다.

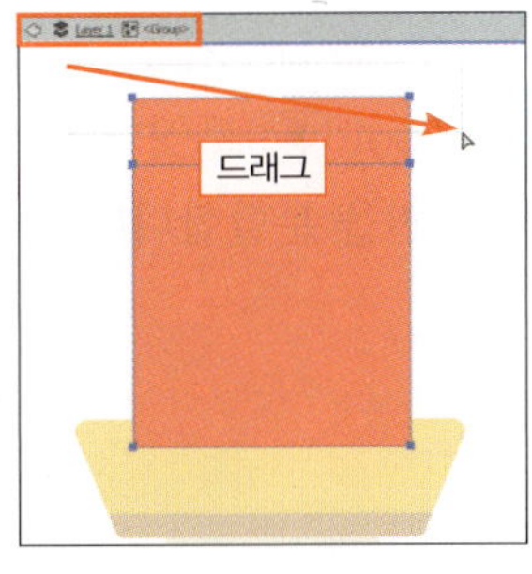

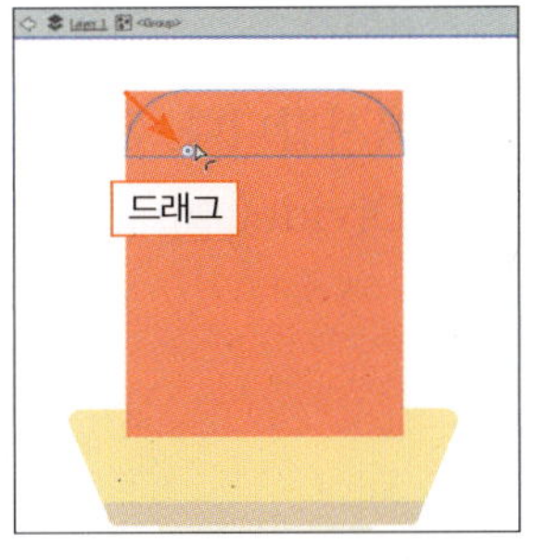

16 Direct Selection Tool(▷)로 드래그하여 하단 2개의 고정점을 선택하고 Scale Tool(⊡)을 더블 클릭하여 'Uniform : 65%'를 지정하고 [OK]를 눌러 패스를 축소한 후 Color 패널에서 'Fill Color : C10M100Y80K10, Stroke Color : None'을 지정한 후 Esc 를 눌러 정상 모드로 전환하고 Ctrl + [를 눌러 뒤로 보내기를 합니다.

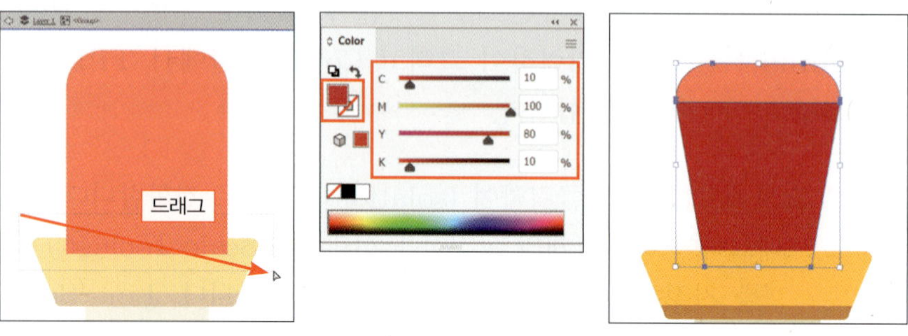

07 그룹 지정하고 이펙트 적용하기

01 Selection Tool(▶)로 오일병 오브젝트를 모두 선택하고 Ctrl + G 로 그룹으로 지정합니다. [Effect]–[Illustrator Effects]–[Stylize]–[Drop Shadow]를 선택하고 'Opacity : 75%, X Offset : 1mm, Y Offset : 1mm, Blur : 2mm'를 지정하여 그림자 효과를 적용합니다.

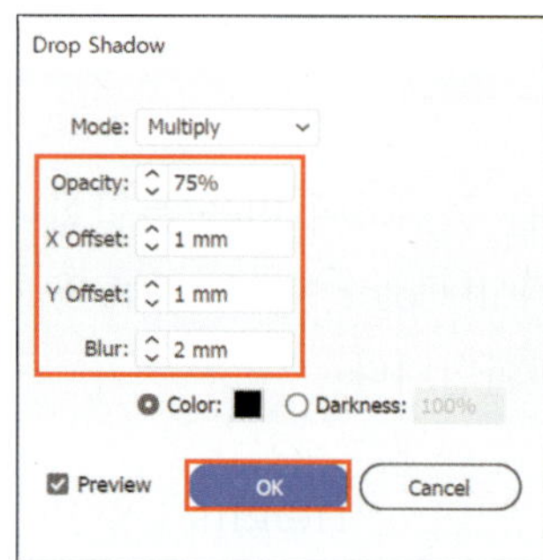

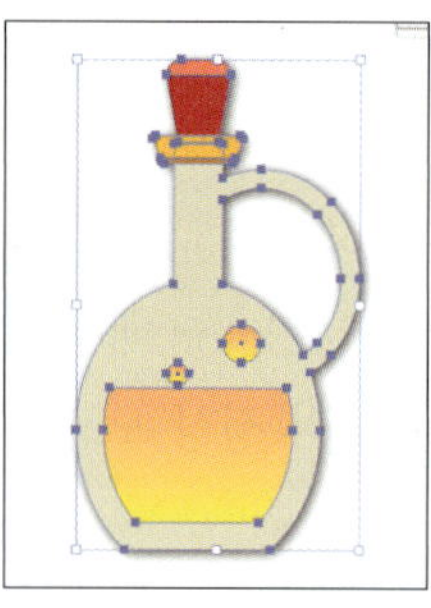

> **기적의 TIP**
>
> [Properties] 패널에서 [Appearance] 항목의 fx 를 눌러 [Stylize]–[Drop Shadow]를 바로 적용할 수 있습니다.

08 조리 도구 만들고 쿠키 오브젝트 변형하기

01 Ellipse Tool(⬭)로 작업 도큐먼트를 클릭한 후 'Width : 54mm, Height : 23mm'를 입력하여 그리고 Color 패널에서 'Fill Color : C30M50Y100K10, Stroke Color : 임의 색상'을 지정합니다. 계속해서 클릭하여 'Width : 81mm, Height : 53mm'를 입력하여 그리고 'Fill Color : None, Stroke Color : 임의 색상'을 지정하고 상단에 겹치도록 배치합니다.

02 [Object]–[Transform]–[Move]를 선택한 후 'Horizontal : −7mm, Vertical : 0mm'를 입력하고 [Copy]를 눌러 왼쪽으로 이동하여 복사합니다. Selection Tool(▶)로 2개의 오브젝트를 함께 선택하고 Pathfinder 패널에서 'Divide(▣)'를 클릭하여 면을 분할합니다.

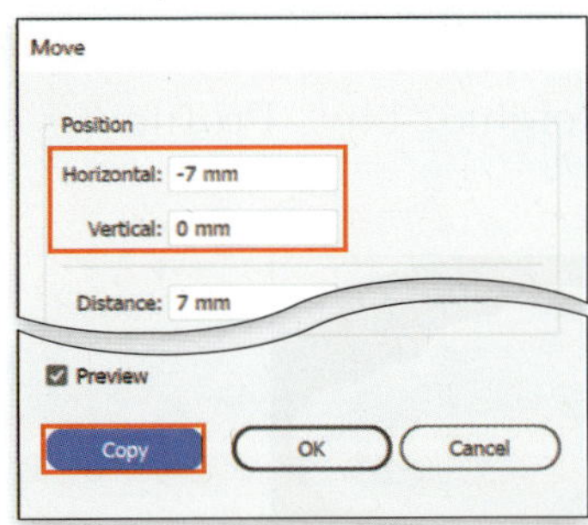
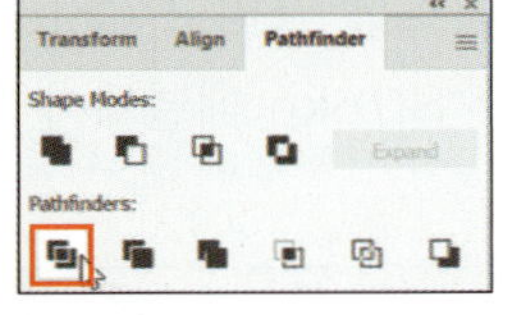
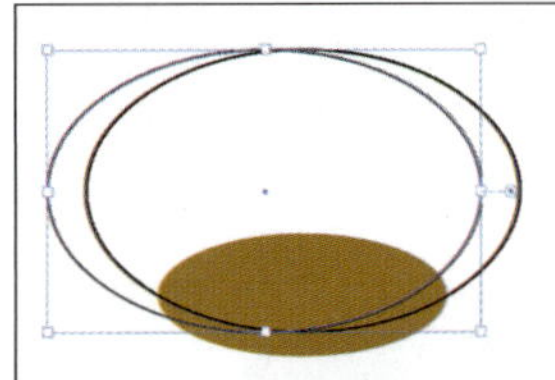

03 Selection Tool(▶)로 오브젝트를 더블 클릭하여 Isolation Mode로 전환합니다. 왼쪽 오브젝트를 선택하고 Delete 를 눌러 삭제한 후 나머지 오브젝트를 선택하고 Color 패널에서 'Fill Color : C30M50Y100K10, C30M50Y100K30, Stroke Color : None'을 각각 지정한 후 Esc 를 눌러 정상 모드로 전환합니다.

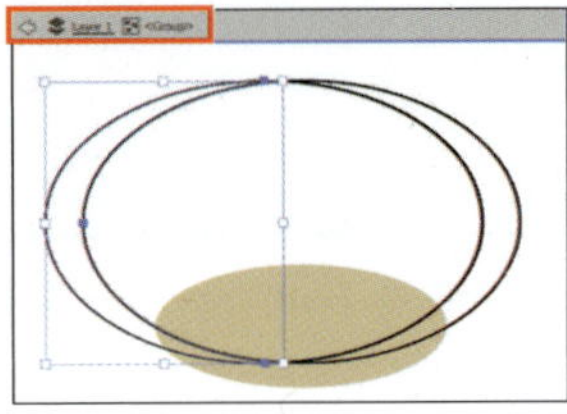
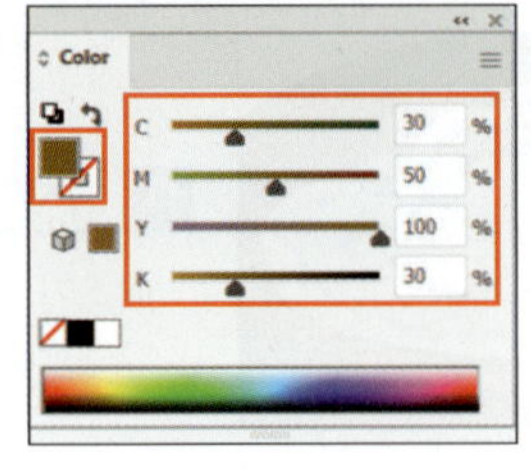
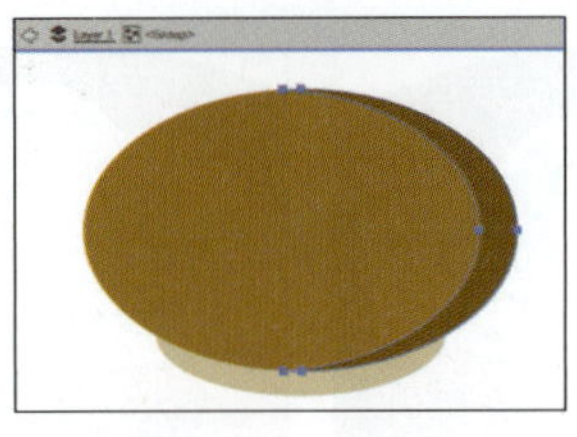

04 Ellipse Tool(◯)로 작업 도큐먼트를 클릭한 후 'Width : 81mm, Height : 38mm'를 입력하여 그리고 Color 패널에서 'Fill Color : M50Y100K10, Stroke Color : None'을 지정합니다. [Object]-[Transform]-[Move]를 선택한 후 'Horizontal : 0mm, Vertical : −3mm'를 입력하고 [Copy]를 눌러 이동 복사하고 'Fill Color : C30M50Y100K30, Stroke Color : None'을 지정합니다.

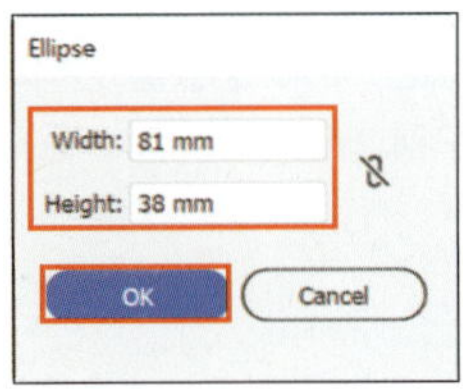
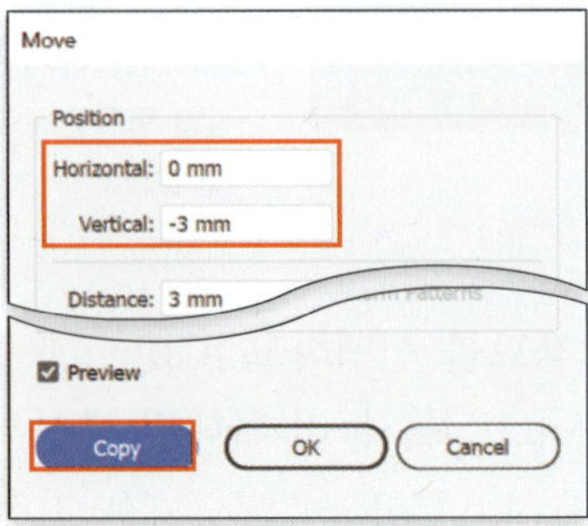

05 Ellipse Tool(◯)로 드래그하여 크기가 다른 7개의 타원을 서로 겹치도록 그립니다. Selection Tool(▶)로 7개의 타원을 함께 선택한 후 Pathfinder 패널에서 'Unite(■)'를 클릭하여 합치고 Color 패널에서 'Fill Color : Y10, Stroke Color : None'을 지정합니다.

06 Pen Tool(✐)로 드래그하여 열린 패스를 그리고 Color 패널에서 'Fill Color : None, Stroke Color : Y10K10'을 지정한 후 Stroke 패널에서 'Weight : 14pt, Profile : Width Profile 1'을 지정합니다.

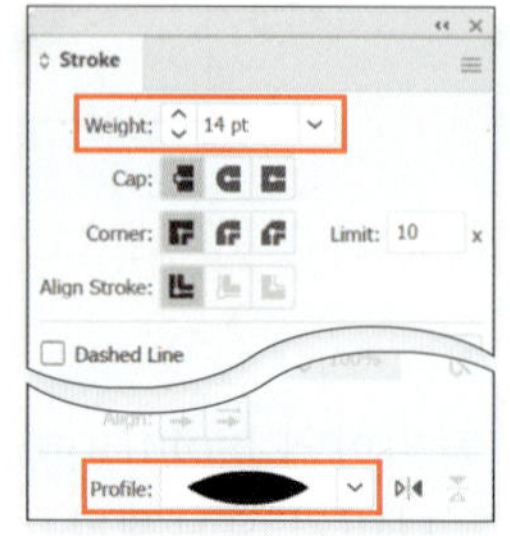

07 [Object]-[Expand Appearance]로 오브젝트의 속성을 확장하고 Pathfinder 패널에서 'Unite(◧)'를 클릭합니다. 조리 기구를 모두 선택하고 Ctrl+G로 그룹을 지정합니다.

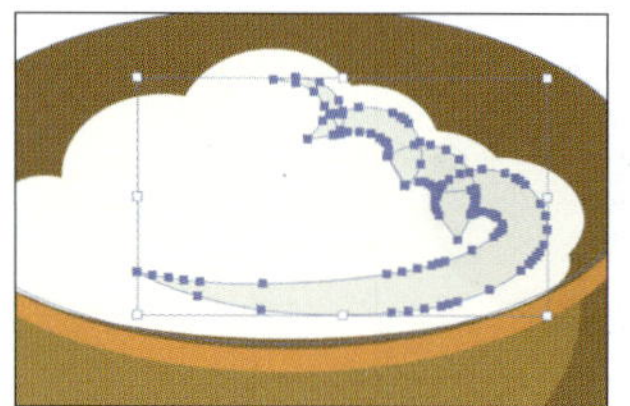
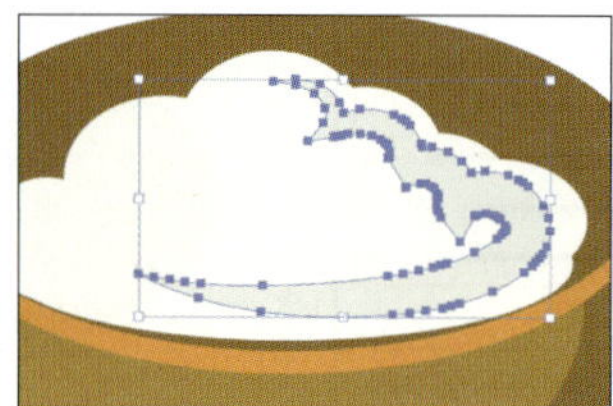

패스가 접힌 부분을 Pathfinder 패널에서 'Unite(◧)'로 합쳐서 정리합니다.

08 Selection Tool(▶)로 심볼로 등록한 쿠키 오브젝트를 선택하고 마우스 오른쪽 버튼을 누르고 [Break Link to Symbol]을 클릭하여 일반 오브젝트로 변환합니다. Shift+Ctrl+G를 여러 번 적용하여 그룹을 해제합니다.

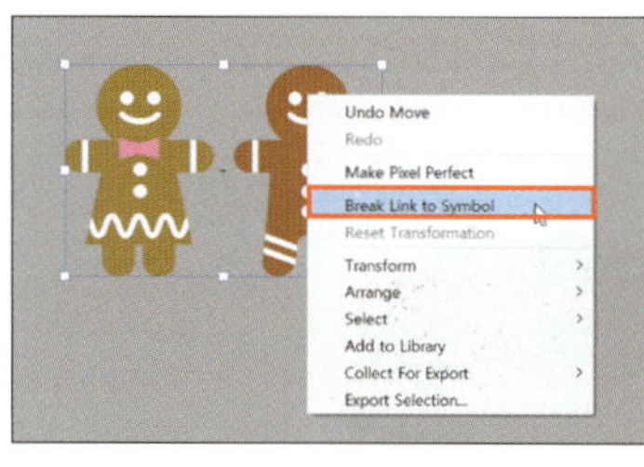

쿠키를 심볼로 정의한 후 삭제하였다면 Symbols 패널에서 등록된 '쿠키' 심볼을 선택하고 작업 도큐먼트로 드래그 앤 드롭하여 사용하면 됩니다.

09 Selection Tool(▶)로 왼쪽 쿠키 오브젝트를 선택하고 [Object]-[Path]-[Offset Path]를 클릭한 후 'Offset : 2mm'를 입력한 후 [OK]를 눌러 확대된 복사본을 만들고 Color 패널에서 'Fill Color : C30M70Y100K50, Stroke Color : None'을 지정한 후 Shift+Ctrl+[를 눌러 맨 뒤로 보내기를 합니다. 오른쪽 쿠키 오브젝트도 동일한 방법으로 복사본을 만들고 색상을 지정합니다.

10 Selection Tool(▶)로 2개의 쿠키 오브젝트를 각각 선택하고 Ctrl+G로 그룹으로 각각 지정하고 배치합니다. 오른쪽 쿠키 오브젝트는 Rotate Tool(↻)을 더블 클릭하여 'Angle : −10°'를 지정하고 [OK]를 눌러 회전하여 배치합니다.

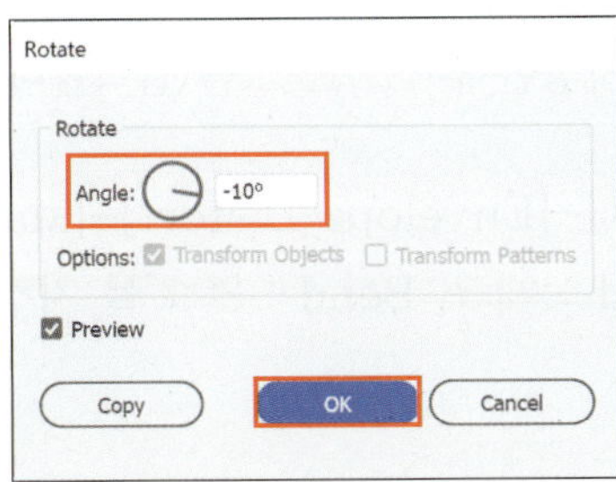
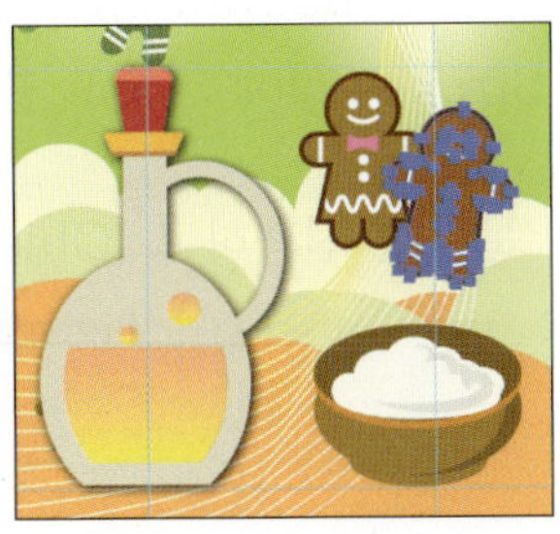

09 브러쉬 적용하기

01 Pen Tool(✎)로 오른쪽 하단에서 왼쪽 상단으로 드래그하여 작업 도큐먼트를 완전히 벗어나는 열린 패스를 그립니다. Brushes 패널 하단의 'Brush Libraries Menu(🔖)'를 클릭하여 [Borders]−[Borders_Novelty]를 선택하여 추가 브러쉬 패널을 불러온 후 'Jester'를 선택합니다. Color 패널에서 'Fill Color : None, Stroke Color : 임의 색상'을 지정하고 Stroke 패널에서 'Weight : 2pt'를 지정합니다.

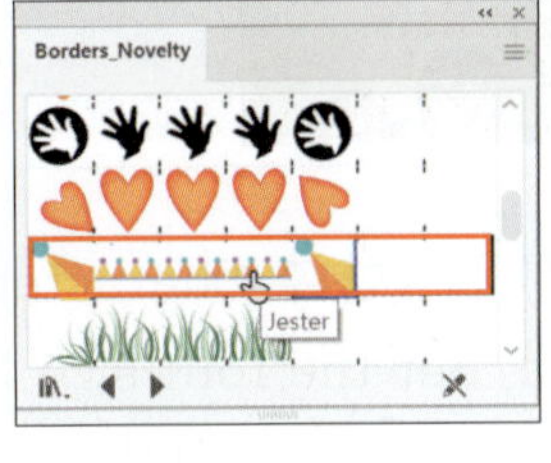
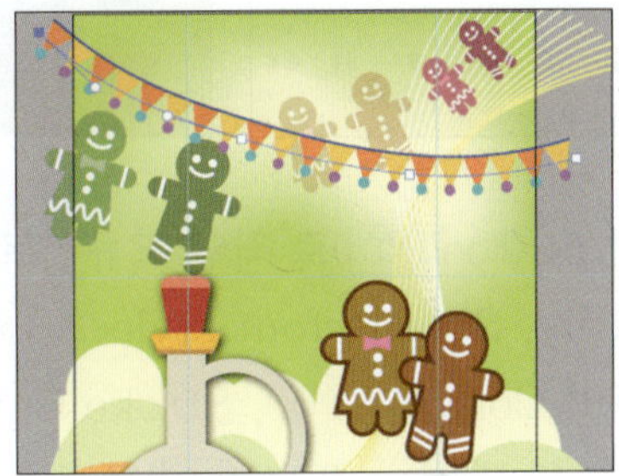

02 Pen Tool(✎)로 도큐먼트 상단에 오른쪽에서 왼쪽으로 드래그하여 작업 도큐먼트를 완전히 벗어나는 열린 패스를 그리고 Brushes 패널에서 'Jester'를 선택한 후 Stroke 패널에서 'Weight : 1pt'를 지정합니다.

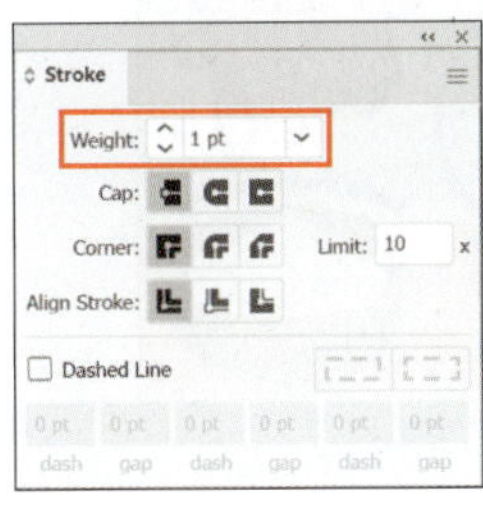
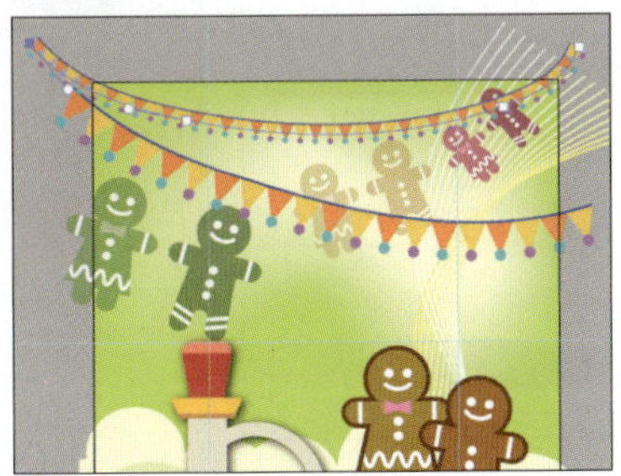

01 Type Tool(T)로 작업 도큐먼트를 클릭한 후 Character 패널에서 'Set the font family : Arial, Set the font style : Bold, Set the font size : 46pt'를 설정하고 Color 패널에서 'Fill Color : C40M100Y100K20, Stroke Color : None'을 지정한 후 'SWEET'를 입력합니다.

02 Selection Tool(▶)로 'SWEET' 문자를 선택하고 [Object]−[Envelope Distort]−[Make with Warp]를 선택한 후 'Style : Arc Upper, Horizontal : 체크, Bend : 30%'를 지정하여 글자를 왜곡시킵니다.

03 Type Tool(T)로 작업 도큐먼트를 클릭한 후 Character 패널에서 'Set the font family : Arial, Set the font style : Bold, Set the font size : 61pt'를 설정하고 Color 패널에서 'Fill Color : M70Y100K20, Stroke Color : None'을 지정한 후 'COOKIES'를 입력합니다.

04 Selection Tool(▶)로 'SWEET' 문자와 'COOKIES' 문자를 함께 선택하고 Align 패널에서 'Horizontal Align Center(♣)'를 클릭하여 가로 가운데 정렬을 지정합니다.

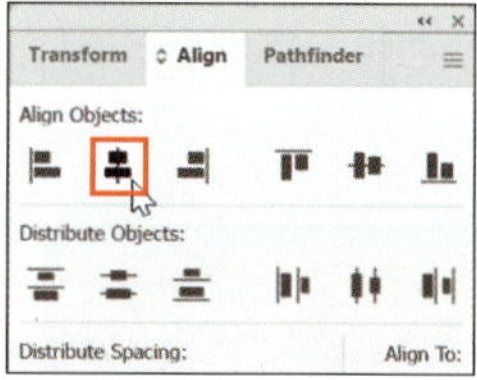
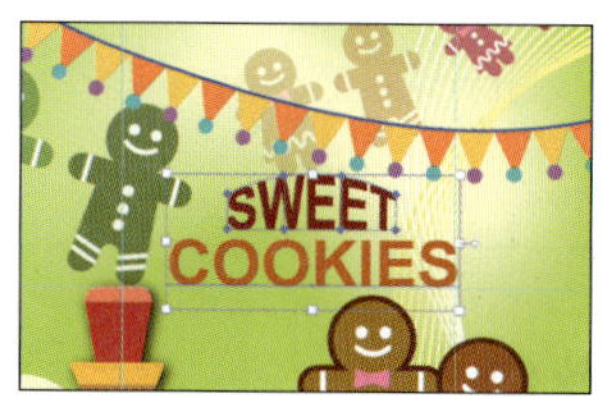

05 Type Tool(T)로 작업 도큐먼트를 클릭한 후 Character 패널에서 'Set the font family : Arial, Set the font style : Bold, Set the font size : 22pt'를 설정하고 Color 패널에서 'Fill Color : K100, Stroke Color : None'을 지정한 후 'Let's make snacks'를 입력합니다. Selection Tool(▶)로 'Let's make snacks' 문자를 선택하고 [Object]−[Envelope Distort]−[Make with Warp]를 선택한 후 'Style : Arc, Horizontal : 체크, Bend : 30%'를 지정하여 글자를 왜곡시킵니다.

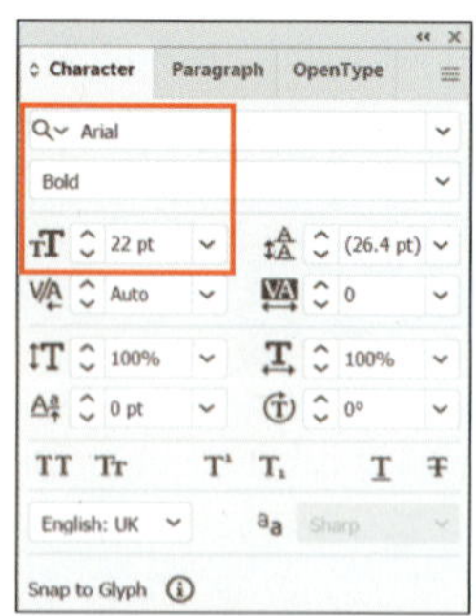
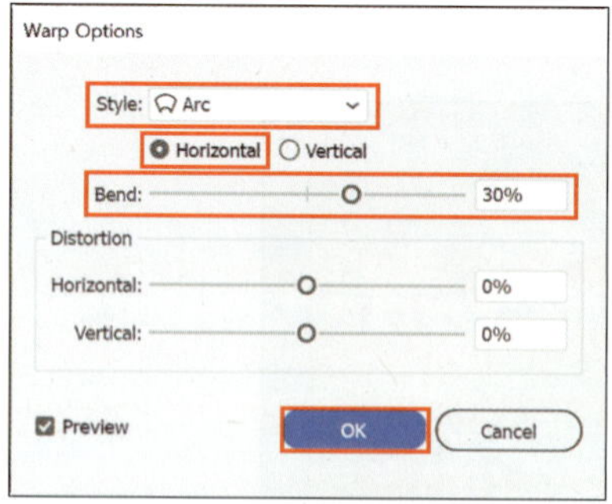

06 Selection Tool(▶)로 'Let's make snacks' 문자와 조리 도구 오브젝트를 함께 선택하고 Align 패널에서 'Horizontal Align Center(♣)'를 클릭하여 가로 가운데 정렬을 지정합니다.

⑪ 클리핑 마스크 적용하기

01 Selection Tool(▶)로 Symbol Set를 클릭하여 선택하고 Shift + Ctrl +] 를 눌러 맨 앞으로 가져오기를 합니다.

02 Rectangle Tool(▣)로 작업 도큐먼트 왼쪽 상단의 원점(0,0)을 클릭한 후 'Width : 210mm, Height : 297mm'를 입력하여 그리고 Color 패널에서 'Fill Color : 임의 색상, Stroke Color : None'을 지정합니다.

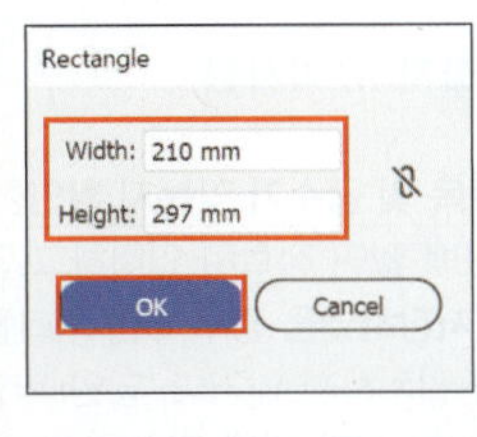

03 [Select]–[All](Ctrl + A)로 오브젝트를 모두 선택하고 [Object]–[Clipping Mask]–[Make] (Ctrl + 7)로 클리핑 마스크를 적용하여 디자인을 정리합니다.

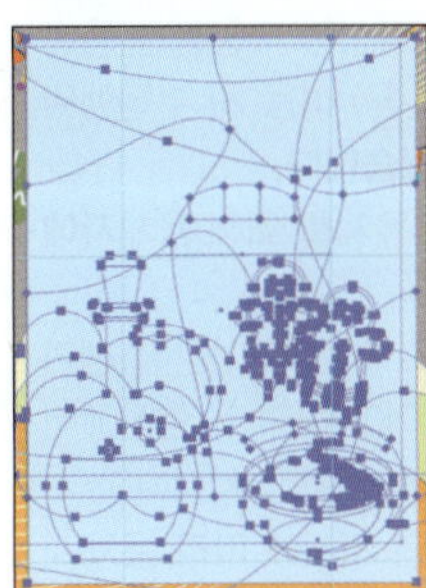
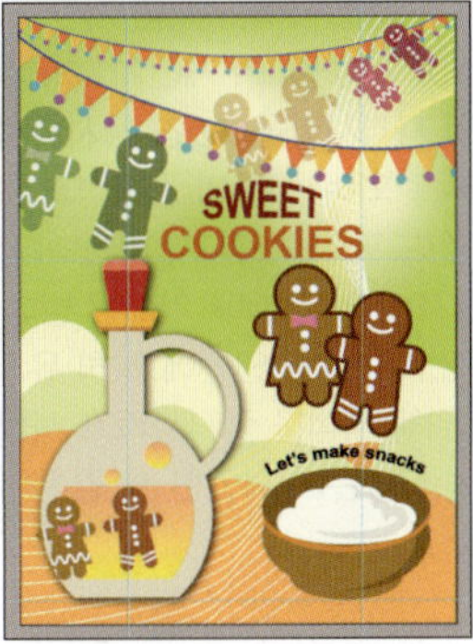

⑫ 저장 및 답안 전송하기

01 [View]–[Guides]–[Hide Guides](Ctrl + ;)를 선택하여 안내선을 숨기고 [View]–[Fit Artboard in Window](Ctrl + 0)를 선택하여 현재 창에 맞추기를 합니다.

02 [File]–[Save As]를 선택하고 '저장 위치 : 내 PC₩문서₩GTQ, 파일 형식 : Adobe Illustrator(*AI), 파일 이름 : 수험번호–성명–문제번호.ai'를 확인하고 [저장]을 클릭한 후 [Illustrator Options] 대화상자에서 'Version : Illustrator 2020'으로 설정하고 [OK]를 클릭합니다.

03 답안 저장이 완료가 되면 [File]–[Exit](Ctrl + Q)를 선택하여 일러스트레이터 프로그램을 종료하고 수험 프로그램에서 [답안 전송]을 클릭하여 감독관 컴퓨터로 전송합니다.

기출 유형 문제 03회

급수	문제유형	시험시간	수험번호	성명
1급	A	90분		

수험자 유의사항

- 수험자는 문제지를 받는 즉시 응시하고자 하는 **과목 및 급수가 맞는지 확인**한 후 수험번호와 성명을 작성합니다.
- 파일명은 본인의 "수험번호–성명–문제번호"로 공백 없이 정확히 입력하고 답안폴더(내 PC₩문서₩GTQ)에 ai 파일 포맷으로 저장해야 하며, '**다른 파일 형식으로 저장하였을 경우**' 0점 처리됩니다.
- 답안문서 파일명이 "수험번호–성명–문제번호"와 일치하지 않거나, 답안 파일을 '**전송**'하지 않는 경우 답안 파일 **미제출로 불합격 처리**됩니다. ※ 답안은 반드시 시험 시간 내에 전송을 완료해야 하며, 전송 시간을 충분히 감안하여 제출해 주시기 바랍니다. (공정한 평가를 위해, 시험종료 전 전송이 완료된 답안에 한해 채점이 진행됩니다.)
- 수험자 정보와 저장한 파일명, 저장 위치가 다를 경우 전송이 되지 않으므로, 주의하시길 바랍니다.
- 답안 작성 중에도 **주기적으로 '저장'과 '답안 전송'**을 이용하여 감독위원 PC로 답안을 전송하셔야 합니다. (작업한 내용을 저장하지 않고 답안을 전송할 경우 이전의 저장내용이 전송되오니 이점 반드시 유념하시기 바랍니다.)
- 모든 시험자는 동일한(초기화 된) 환경에서 시험이 시작되며 '작업환경 설정'은 시험 시간 내에 진행합니다. (시험 시작 전 '작업환경 설정' 불가, 소프트웨어 이상 유무만 확인)
- 답안문서는 지정된 경로 외의 다른 보조기억장치에 저장하는 행위, 지정된 시험 시간 외에 작성된 파일을 활용한 행위, 기타 허용되지 않은 프로그램(이메일, 메신저, 게임, 네트워크, 윈도우계산기, 스톱워치 등) 이용 시 부정행위로 간주되어 **자격기본법 제32조에 의거 본 시험 및 국가공인 자격시험을 2년간 응시할 수 없습니다.**
- 시험 종료 후 제출된 답안은 평가 및 검증을 위해 본부에서 보관되며, 시험의 공정성과 보안 유지를 위해 **응시자에게 본인의 답안을 제공하는 것은 허용되지 않습니다.** 이 점 반드시 유의하시기 바랍니다.
- 시험 중 부주의 또는 고의로 시스템을 파손한 경우와 〈수험자 유의사항〉에 기재된 방법대로 이행하지 않아 생기는 불이익은 수험자의 책임임을 알려 드립니다. 또한 수험자는 시험 중 안전에 특히 유의하여야 하며, 시험장에서 소란을 피우거나 타인의 시험을 방해하는 자는 질서유지를 위해 시험을 중지시키고 시험장에서 퇴장 시킵니다.
- 시험을 완료한 수험자는 최종적으로 저장한 답안파일이 전송되었는지 확인한 후 감독위원의 지시에 따라 문제지를 제출하고 퇴실합니다.

답안 작성요령

- **온라인 답안 작성 절차**
  수험자 등록 ⇒ 시험 시작 ⇒ 답안파일 저장 ⇒ 답안 전송 ⇒ 시험 종료
- 배점은 총 100점으로 이루어지며, 점수는 각 문제별로 차등 배분됩니다.
- 각 문제는 제시된 〈조건〉에 따라 작성하고 〈조건〉을 지키지 못했을 경우에는 0점 또는 감점 처리됩니다.
- 문제 〈조건〉에 크기와 색상, 두께의 지정이 없을 경우 《출력형태》를 참고하여 작업해 주시기 바랍니다.
- **문제 〈조건〉과 《출력형태》에서 차이가 발생할 경우 문제에서 지정한 〈조건〉에 따라 작업해 주시기 바랍니다.**
- 〈조건〉에서 주어진 단위는 'mm(밀리미터)'입니다. 눈금자는 작성하지 않으며, 그 외는 출력형태(레이아웃, 색상, 문자, 규격 등)와 같게 작업하십시오.
- 문제 〈조건〉에 서체의 지정이 없을 경우 한글은 굴림이나 돋움, 영문은 Arial로 작업하십시오. (단, 그 외에 제시되지 않은 문자 속성을 기본값으로 작성하지 않은 경우는 감점 처리됩니다.)
- Color Mode(색상 모드)는 별도의 처리 조건이 없을 시 CMYK로 작업하십시오.
- 조건에서 제시한 기능을 임의로 합치거나 각 기능에 대한 속성을 해지할 경우 해당 요소는 0점 처리됩니다.

한 국 생 산 성 본 부

다음의 《조건》에 따라 아래의 《출력형태》와 같이 작업하시오.

조건

파일저장규칙	AI	파일명	문서₩GTQ₩수험번호-성명-1.ai
		크기	100 × 80mm

1. 작업 방법

① 도형, 변형 툴과 Pathfinder 기능을 활용하여 오브젝트를 작성한다.
② 그 외 《출력형태》 참조

2. 문자 효과

① BABY CARE (Arial, Regular, 20pt, C0M0Y0K0, C70M60)

출력형태

C10M10Y60,
M10Y10,
C20Y30,
M70Y70 → M40Y40,
M40Y80,
C60M60Y60K30,
C0M0Y0K0,
M40Y10, C10Y70,
C40M10,
M40Y30,
M20Y90,
[Stroke] C30M40Y40K10, 1pt

▶ 합격 강의

다음의 《조건》에 따라 아래의 《출력형태》와 같이 작업하시오.

조건

파일저장규칙	AI	파일명	문서₩GTQ₩수험번호-성명-2.ai
		크기	160 × 120mm

1. 작업 방법

① 유아복은 Pattern을 활용하여 작성한다. (패턴 등록 : 곰 인형)

② 젖병에는 Clipping Mask를 적용한다.

③ Brush는 《출력형태》를 참고하여 작성한다.

④ Effect는 《출력형태》를 참고하여 작성한다.

⑤ 그 외 《출력형태》 참조

2. 문자 효과

① LOVELY BABY (Arial, Bold, 10pt, 14pt, C0M0Y0K0, C80M80)

② MILK (Times New Roman, Bold, 11pt, M30Y100)

출력형태

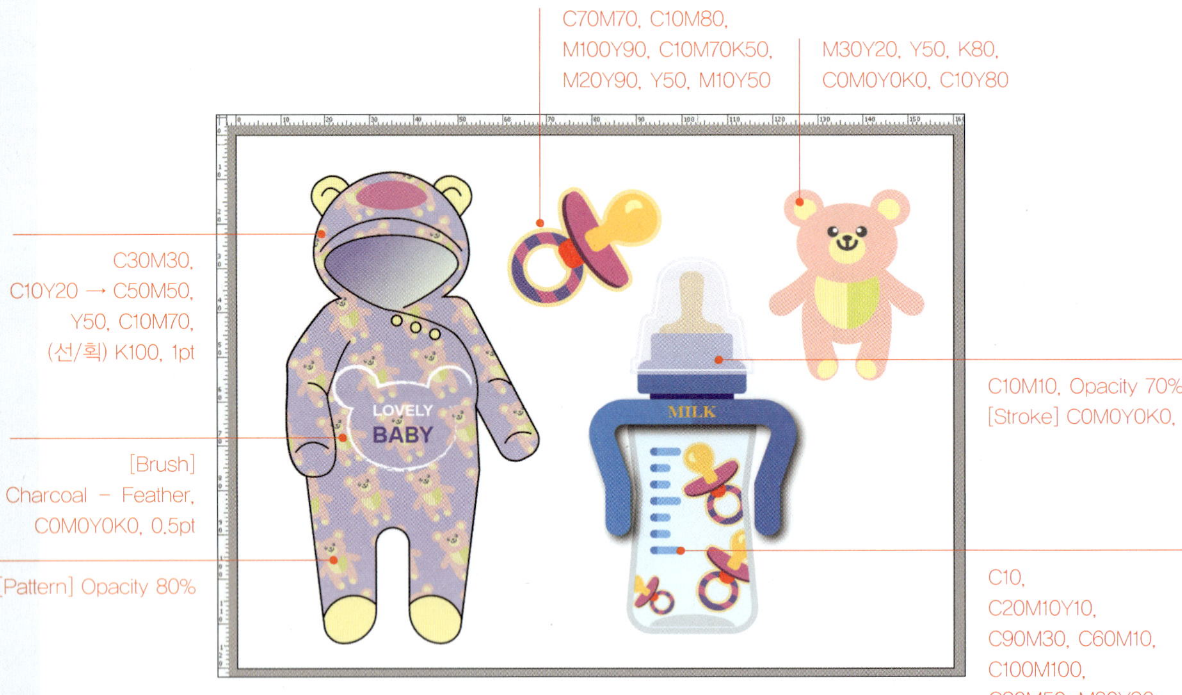

다음의 《조건》에 따라 아래의 《출력형태》와 같이 작업하시오.

조건

파일저장규칙	AI	파일명	문서₩GTQ₩수험번호−성명−3.ai
		크기	210 × 297mm

1. 작업 방법

① 《참고도안》을 직접 제작한 후 Symbol로 활용한다. (심볼 등록 : 오리)
② 'Bath Time', 'Let's Enjoy a bath with Rubber Duck' 문자에 Envelope Distort를 적용한다.
③ Brush는 《출력형태》를 참고하여 작성한다.
④ Effect는 《출력형태》를 참고하여 작성한다.
⑤ Clipping Mask를 이용하여 디자인을 정리한다.
⑥ 그 외 《출력형태》 참조

2. 문자 효과

① HAPPY (Times New Roman, Bold, 49pt, C30M100)
② Bath Time (Times New Roman, Regular, 70pt, C0M0Y0K0)
③ Let's Enjoy a bath with Rubber Duck (Arial, Regular, 21pt, C50M90)

참고도안

M10Y90, M80Y100,
C0M0Y0K0, K100,
M30Y90K10,
M30Y100, M10Y30

출력형태

[Symbol]

210 X 297mm
[Mesh] C20Y20,
C0M0Y0K0

C0M0Y0K,
[Stroke] C0M0Y0K, 2pt,
Opacity 70%

[Blend] 단계 : 15,
[Stroke] M50Y100, 1pt →
C20M10, 3pt

M50Y10, M80Y20

M60 → M20Y20
C40Y10, C0M0Y0K0, C30Y10

[Brush] Bubbles, 1pt, 2pt

M20Y30, M50Y100K60, M10Y30,
K100, C0M0Y0K0, M40Y30,
M90Y90K10, M20Y30K10,
Y20K10, M10Y10K30, C70M70K60,
C20Y10, C20Y10K20,
C0M0Y0K0, Y10K50,
[Effects] Drop Shadow

작업과정	새 도큐먼트 만들기 및 파일 저장하기 ➡ 배경 오브젝트 만들기 ➡ 꽃 오브젝트 만들고 그라디언트 적용하기 ➡ 엄마 캐릭터 만들기 ➡ 아기 캐릭터 만들기 ➡ 리본 오브젝트 만들기 ➡ 문자 입력하기 ➡ 저장 및 답안 전송하기
완성이미지	PART04₩기출유형문제03회₩수험번호-성명-1.ai

01 새 도큐먼트 만들기 및 파일 저장하기

01 [File]-[New]([Ctrl]+[N])를 선택하고 'Width : 100mm, Height : 80mm, Units : Millimeters, Color Mode : CMYK'를 설정하여 새 도큐먼트를 만들고 [View]-[Rulers]-[Show Rulers]([Ctrl]+[R])를 선택하여 눈금자를 표시합니다.

02 작품의 규격 왼쪽 상단에 원점(0,0)을 확인하고 왼쪽과 상단 눈금자 위에서 마우스로 각각 드래그하여 제시된 출력형태와 레이아웃 구성이 동일하게 안내선을 표시합니다.

03 작업 도큐먼트를 저장하기 위해 [File]-[Save]([Ctrl]+[S])를 선택하고 '저장 위치 : 내 PC₩문서₩GTQ, 파일 형식 : Adobe Illustrator(*AI), 파일 이름 : 수험번호-성명-문제번호'를 입력하고 [저장]을 클릭한 후 [Illustrator Options] 대화상자에서 'Version : Illustrator 2020'으로 설정하고 [OK]를 클릭합니다.

02 배경 오브젝트 만들기

01 Ellipse Tool(◉)로 [Alt]를 누른 채 수직 안내선의 상단에 클릭한 후 'Width : 28mm, Height : 28mm'를 입력하여 그리고 Color 패널에서 'Fill Color : 임의 색상, Stroke Color : 임의 색상'을 지정합니다.

02 Rotate Tool(↻)로 [Alt]를 누른 채 안내선의 교차지점에 클릭한 후 'Angle : 45°'를 지정하고 [Copy]를 눌러 회전하여 복사합니다. [Object]-[Transform]-[Transform Again]([Ctrl]+[D])을 6번 적용하고 반복하여 회전 복사합니다.

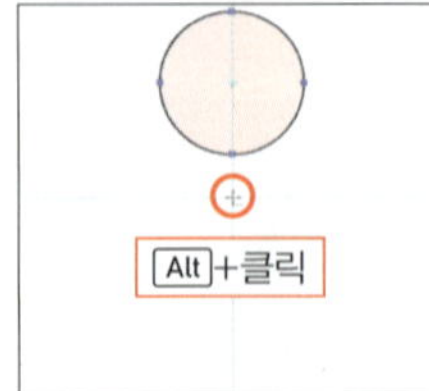

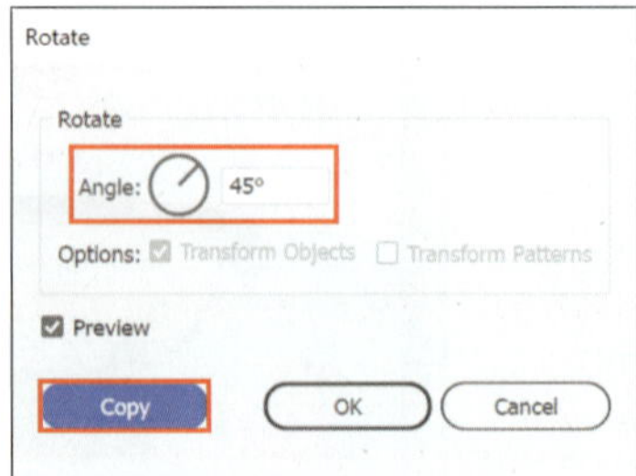

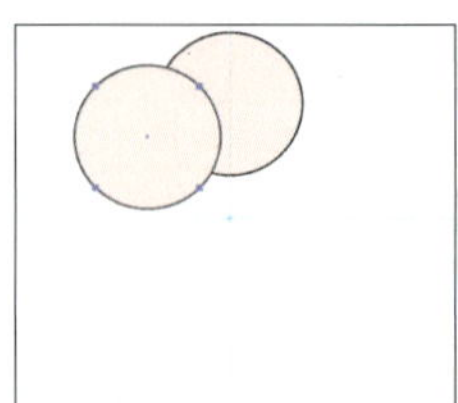

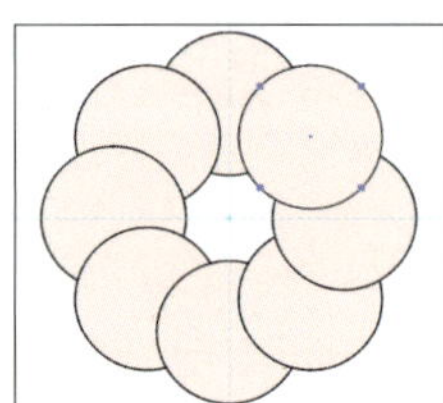

03 Rectangle Tool(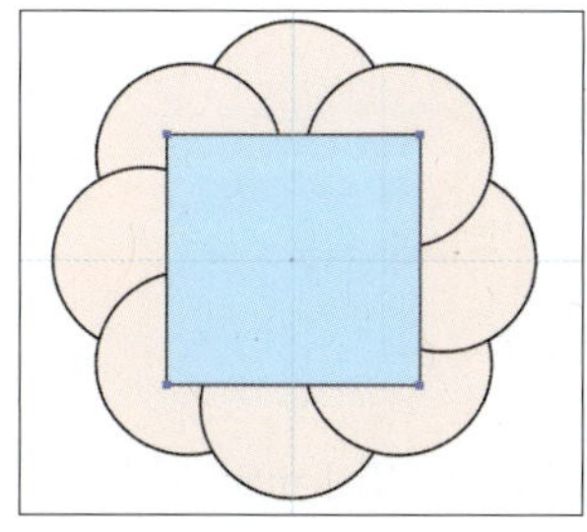)로 드래그하여 8개의 정원과 겹치도록 중앙에 사각형을 그리고 Color 패널에서 'Fill Color : 임의 색상, Stroke Color : 임의 색상'을 지정합니다. [Select]-[All] (Ctrl+A)로 모두 선택한 후 Pathfinder 패널에서 'Unite(■)'를 클릭하여 합치고 'Fill Color : C10M10Y60, Stroke Color : None'을 지정합니다.

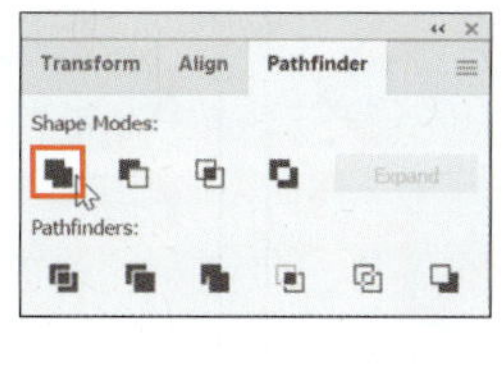
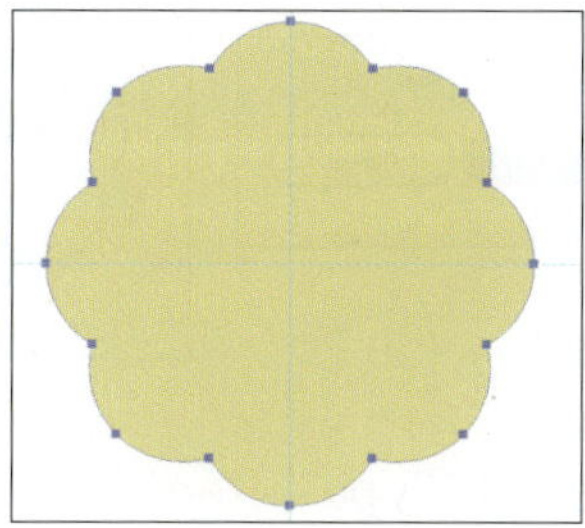

04 [Object]-[Offset Path]를 클릭한 후 'Offset : −2mm'를 입력한 후 [OK]를 눌러 축소된 복사본을 만들고 Color 패널에서 'Fill Color : M10Y10, Stroke Color : None'을 지정합니다. 계속해서 [Object]-[Path]-[Offset Path]를 클릭하여 'Offset : −1mm'를 입력하고 [OK]를 눌러 축소된 복사본을 만들고 'Fill Color : C20Y30, Stroke Color : None'을 지정합니다.

05 Ellipse Tool(⬭)로 Alt를 누른 채 수직 안내선의 하단에 클릭한 후 'Width : 64mm, Height : 46mm'를 입력하여 그리고 Color 패널에서 'Fill Color : 임의 색상, Stroke Color : 임의 색상'을 지정합니다.

06 Selection Tool(▶)로 Shift를 누른 채 클릭하여 2개의 오브젝트를 함께 선택하고 Path-finder 패널에서 'Minus Front(⬓)'를 클릭합니다.

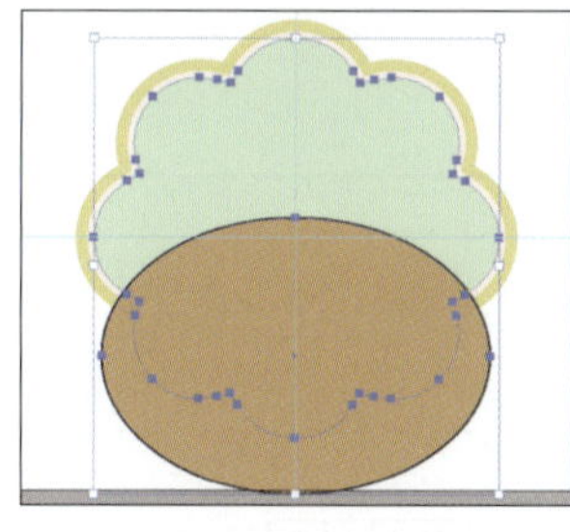
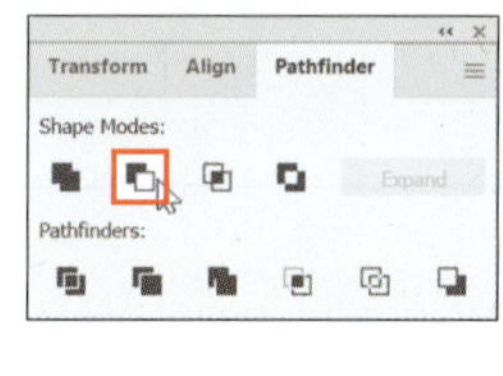
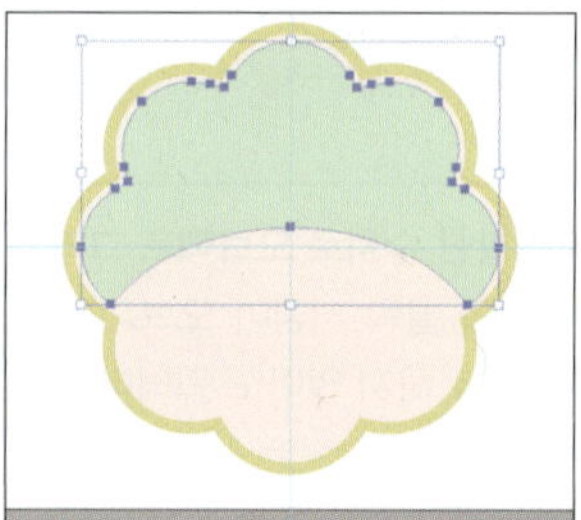

03 꽃 오브젝트 만들고 그라디언트 적용하기

01 Ellipse Tool(⬭)로 작업 도큐먼트를 클릭한 후 'Width : 8mm, Height : 8mm'를 입력하여 그리고 Tool 패널 하단에서 'Fill Color : 임의 색상, Stroke Color : 임의 색상'을 지정합니다. [Object]-[Path]-[Add Anchors Points]를 선택하고 정원의 선분에 고정점을 추가합니다.

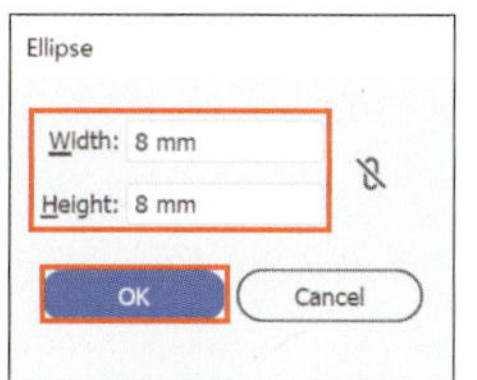

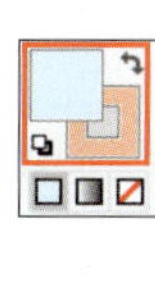
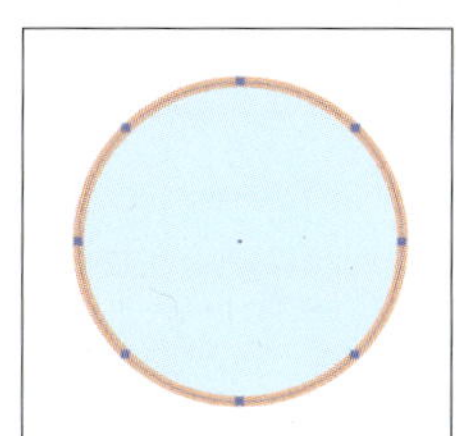

02 [Effect]−[Illustrator Effects]−[Distort & Transform]−[Pucker & Bloat]를 선택한 후 30%를 입력하고 [OK]를 눌러 변형한 후 [Object]−[Expand Appearance]를 선택하여 오브젝트의 모양을 확장합니다.

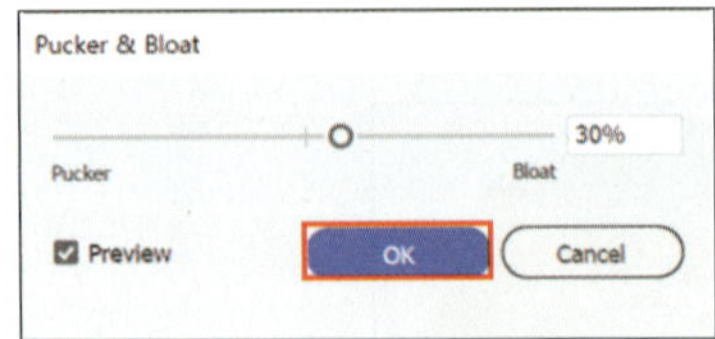  

03 Gradient 패널에서 'Type : Radial Gradient'를 적용하고 Gradient Slider의 왼쪽 'Color Stop'을 더블 클릭하여 M70Y70을 적용한 후 'Location : 24%'를, 오른쪽 'Color Stop'을 더블 클릭하여 M40Y40을 적용한 후 'Location : 80%'를 지정합니다. Color 패널에서 'Stroke Color : None'을 지정합니다.

04 Ellipse Tool(◉)로 Alt 를 누른 채 꽃 모양 오브젝트의 중심점에 클릭한 후 'Width : 2mm, Height : 2mm'를 입력하여 그리고 Color 패널에서 'Fill Color : M40Y80, Stroke Color : None'을 지정합니다.

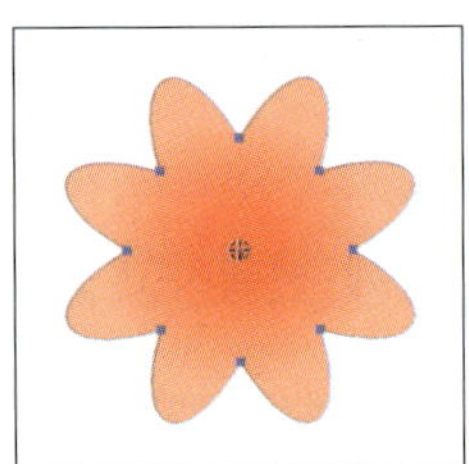 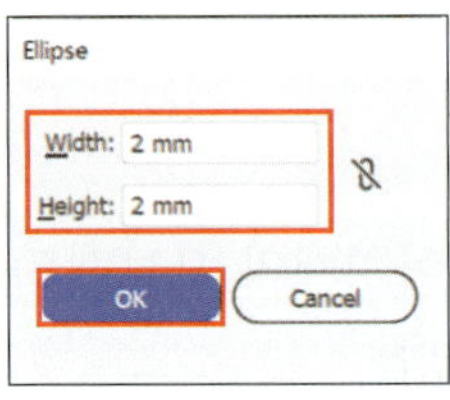 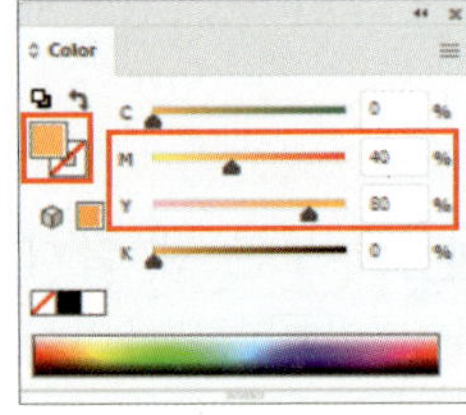 

> **기적의 TIP**
>
> **중심점에 정렬하여 정확한 수치로 오브젝트 그리기**
> Alt 를 누른 채 클릭하면 클릭 지점이 오브젝트의 중심점이 되며, 대화상자에서 정확한 수치를 입력하여 그릴 수 있습니다. 가운데 정렬을 따로 하지 않아도 됩니다.

05 Selection Tool(▶)로 드래그하여 2개의 오브젝트를 함께 선택하고 Ctrl + G 로 그룹을 지정합니다. Ctrl + C 로 복사하고 Ctrl + V 로 붙여넣기를 한 후 오른쪽 하단으로 이동하여 배치합니다.

01 Ellipse Tool(◯)로 작업 도큐먼트를 클릭한 후 'Width : 18mm, Height : 20mm'를 입력하여 그리고 Color 패널에서 'Fill Color : M10Y10, Stroke Color : None'을 지정합니다. 계속해서 큰 원의 오른쪽에 클릭한 후 'Width : 4.3mm, Height : 4.3mm'를 입력하여 그리고 'Fill Color : M10Y10, Stroke Color : 임의 색상'을 지정한 후 겹치도록 배치합니다.

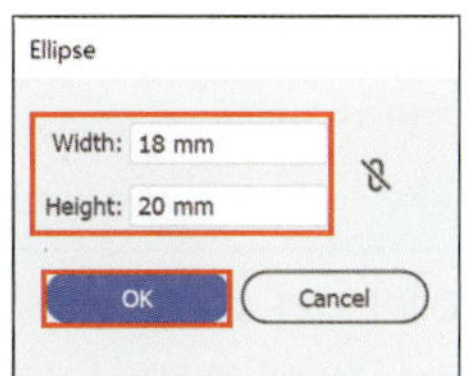

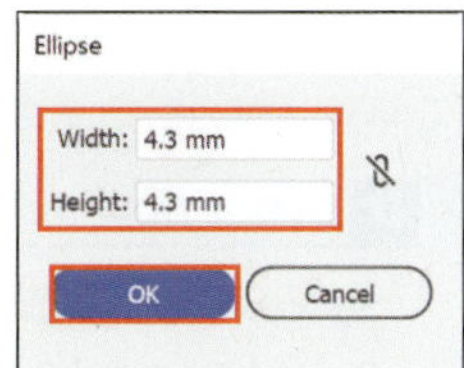

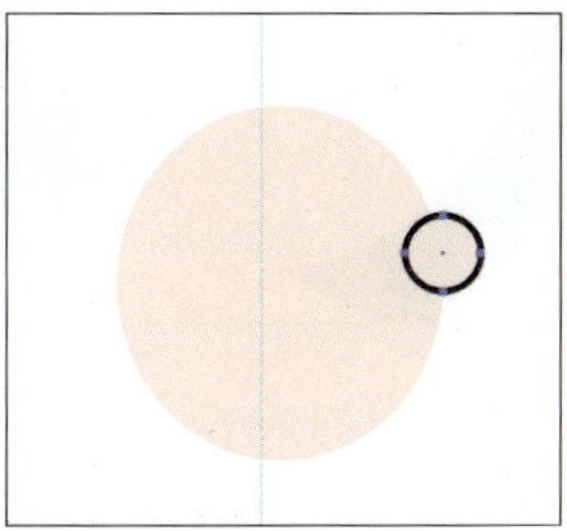

02 Pen Tool(✎)로 머리카락 모양의 2개의 닫힌 패스를 그리고 Color 패널에서 'Fill Color : C60M60Y60K30, Stroke Color : None'을 지정합니다. Selection Tool(▶)로 클릭하여 작은 정원을 선택한 후 [Object]-[Arrange]-[Bring to Front](Shift+Ctrl+])로 맨 앞으로 가져오기를 하고 Color 패널에서 'Stroke Color : None'을 지정합니다.

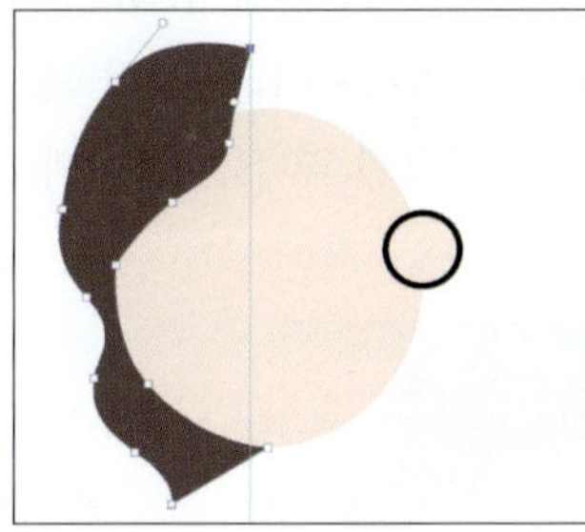
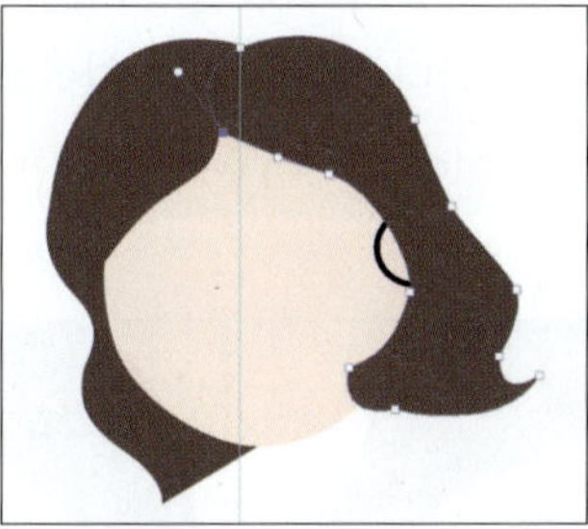
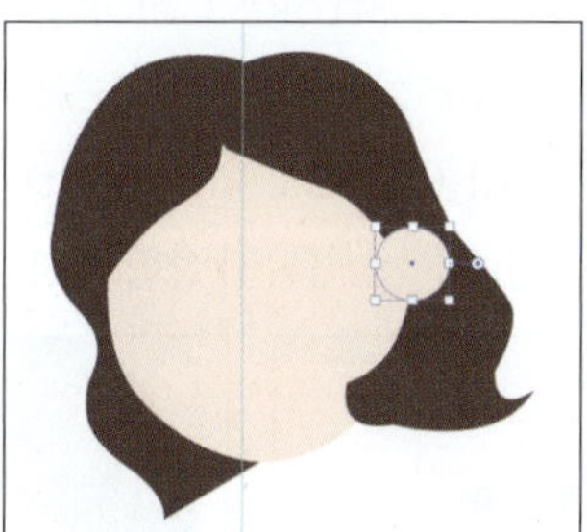

03 Pen Tool(✎)로 드래그하여 눈썹과 코 모양의 3개의 열린 패스를 그리고 Color 패널에서 'Fill Color : None, Stroke Color : C60M60Y60K30'을 지정한 후 Stroke 패널에서 'Weight : 1pt, Profile : Width Profile 1'을 지정합니다.

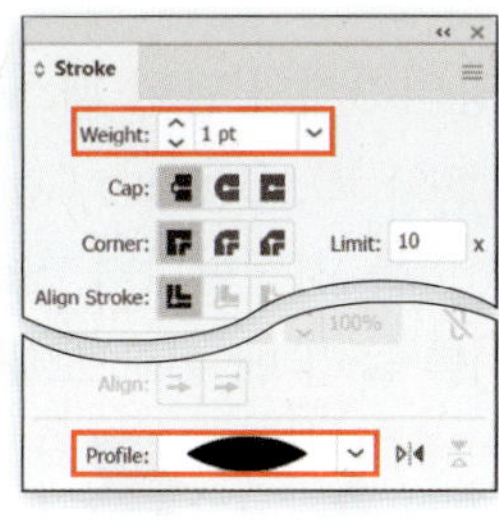

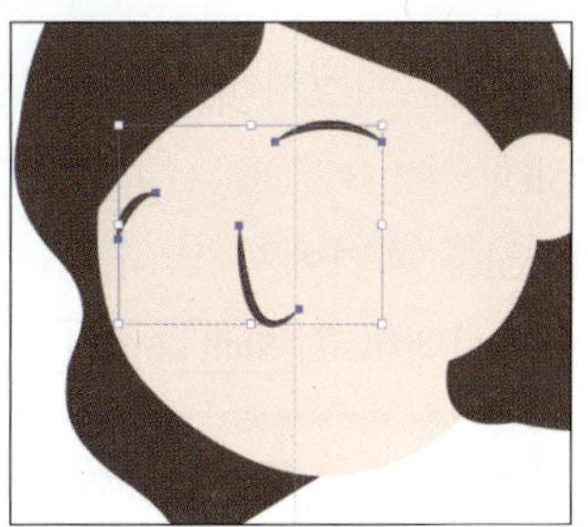

Stroke 패널의 옵션 확장하기
- Stroke 패널의 'Stroke' 탭을 여러 번 더블 클릭하여 다양하게 확장이 가능합니다.
- Stroke 패널의 오른쪽 상단 팝업 메뉴 아이콘을 클릭하여 'Show Options'를 클릭합니다.

04 계속해서 Pen Tool(✐)로 드래그하여 눈과 귀의 음영을 열린 패스로 그리고 Color 패널에서 'Fill Color : None, Stroke Color : C60M60Y60K30'을 지정한 후 Stroke 패널에서 'Weight : 2pt, Profile : Width Profile 1'을 지정합니다.

05 Selection Tool(▶)로 Shift 를 누른 채 클릭하여 눈과 귀의 음영인 6개의 열린 패스를 함께 선택한 후 [Object]-[Path]-[Outline Stroke]를 선택하고 선을 면으로 확장합니다.

06 Pen Tool(✐)로 드래그하여 입 모양의 닫힌 패스를 그리고 Color 패널에서 'Fill Color : C0M0Y0K0, Stroke Color : C30M40Y40K10'을 지정한 후 Stroke 패널에서 'Weight : 1pt, Corner : Round Join'을 지정합니다. 계속해서 왼쪽의 얼굴 라인을 따라 열린 패스를 그리고 'Fill Color : None, Stroke Color : C30M40Y40K10'을 지정한 후 Stroke 패널에서 'Weight : 1pt'을 지정합니다.

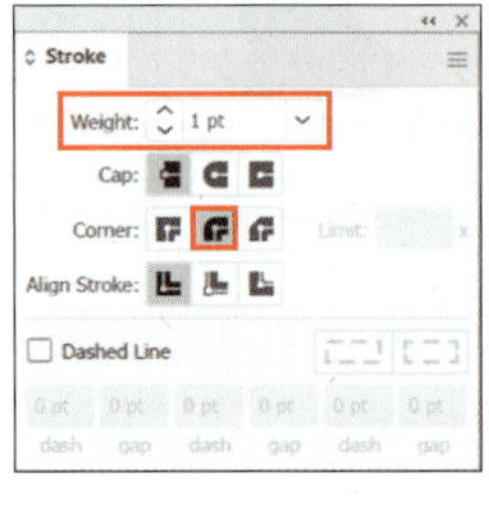  

07 Pen Tool(✐)로 드래그하여 옷과 목 모양의 3개의 닫힌 패스를 순서대로 그리고 Color 패널에서 'Fill Color : M40Y30, C10Y70, M10Y10, Stroke Color : C30M40Y40K10'을 각각 지정한 후 Stroke 패널에서 'Weight : 1pt'를 지정합니다. Selection Tool(▶)로 3개의 닫힌 패스를 함께 선택하고 Shift + Ctrl + [를 눌러 맨 뒤로 보내기를 합니다.

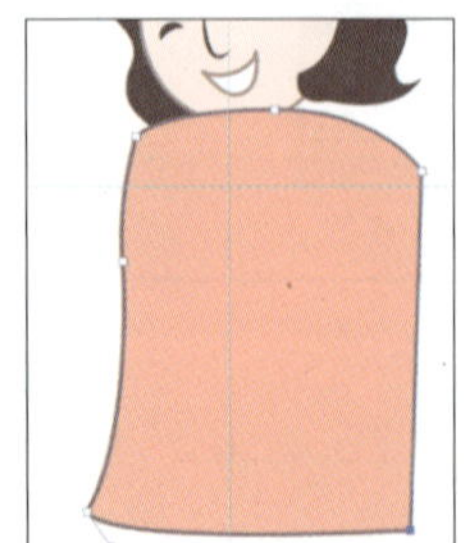   

옷 모양 오브젝트 앞쪽에는 겹쳐지는 다른 오브젝트가 배치되므로 최종적으로 윤곽선이 표시될 부분의 패스를 명확하게 그려줍니다. 겹치는 부분은 패스를 넉넉하게 그려주면 됩니다.

08 Pen Tool(✐)로 드래그하여 오른쪽 팔 모양의 닫힌 패스를 그리고 Color 패널에서 'Fill Color : C10Y70, Stroke Color : C30M40Y40K10'을 지정한 후 Stroke 패널에서 'Weight : 1pt'를 지정합니다.

09 Selection Tool(▶)로 클릭하여 팔 모양 패스를 선택하고 Scale Tool(▣)을 더블 클릭하여 'Uniform : 85%, Scale Strokes & Effects : 체크 해제'를 지정하고 [Copy]를 눌러 축소 복사합니다. Reflect Tool(▷◁)을 더블 클릭하여 'Angle : 73°'를 지정하고 [OK]를 눌러 왼쪽에 배치합니다.

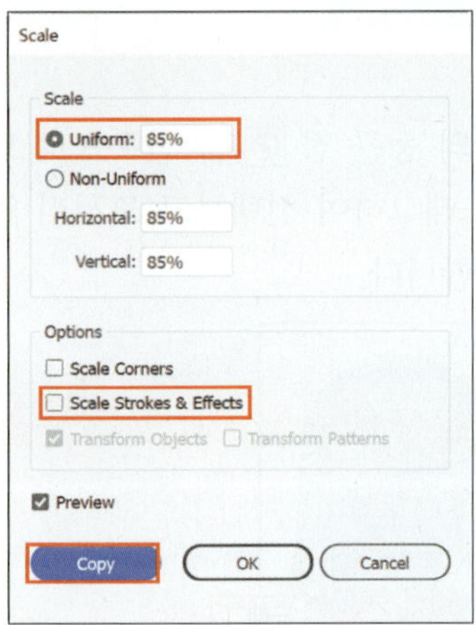
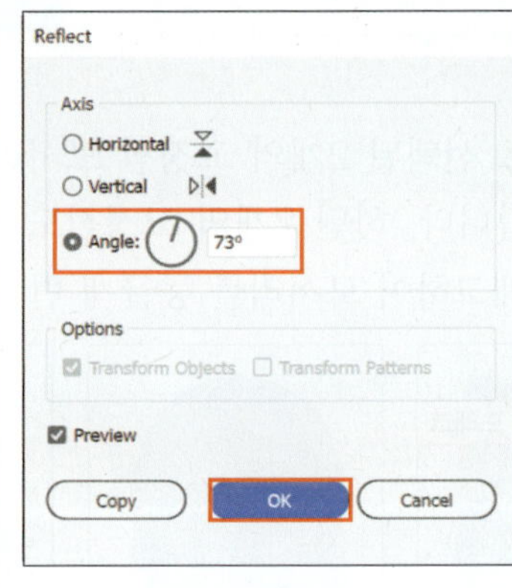

10 Pen Tool(✐)로 드래그하여 손 모양의 닫힌 패스를 그리고 Color 패널에서 'Fill Color : M10Y10, Stroke Color : C30M40Y40K10'을 지정한 후 Stroke 패널에서 'Weight : 1pt'를 지정합니다.

11 Selection Tool(▶)로 오브젝트를 더블 클릭하여 Isolation Mode로 전환합니다. Pen Tool(✐)로 드래그하여 3개의 열린 패스를 그리고 Color 패널에서 'Fill Color : None, Stroke Color : C30M40Y40K10'을 지정한 후 Stroke 패널에서 'Weight : 1pt, Cap : Round Cap'을 지정합니다. [Ctrl]+[A]로 모두 선택하고 [Ctrl]+[G]로 그룹을 설정한 후 [Esc]를 눌러 정상 모드로 전환합니다.

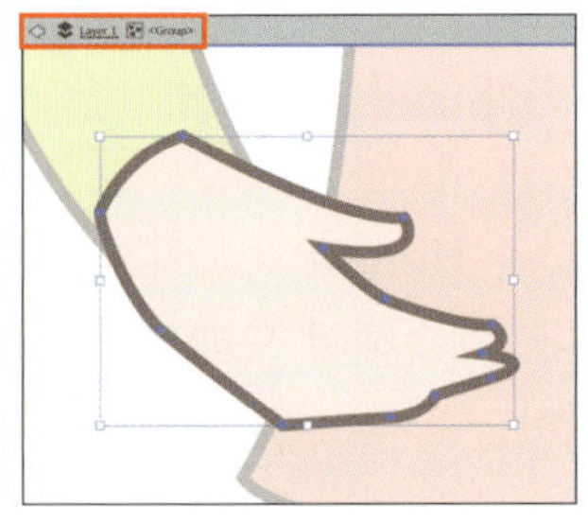
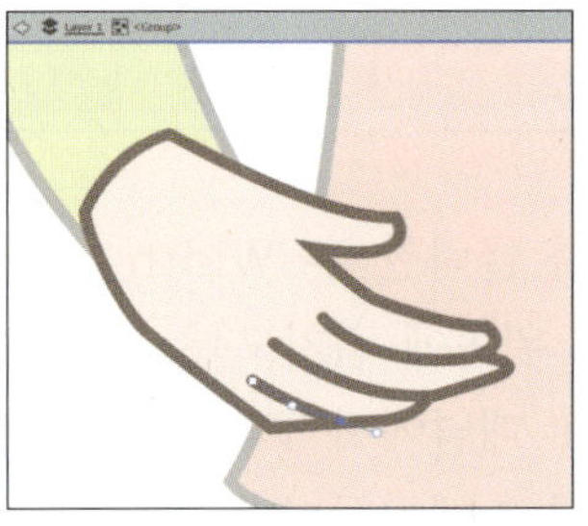
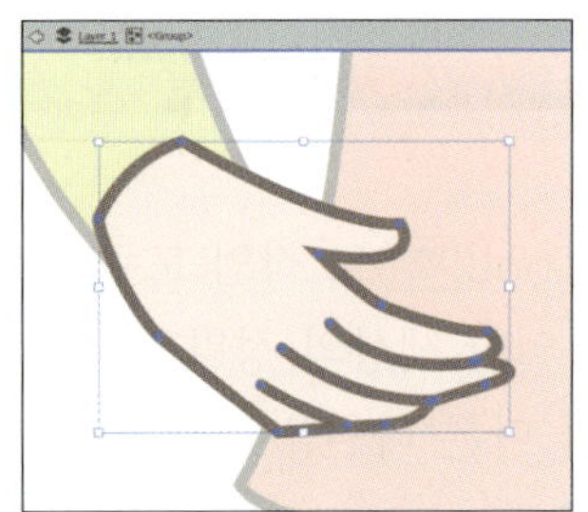

01 Rectangle Tool(■)로 작업 도큐먼트를 클릭한 후 'Width : 25mm, Height : 37mm'를 입력하여 그리고 Color 패널에서 'Fill Color : C40M10, Stroke Color : None'을 지정합니다.

02 Direct Selection Tool(▷)로 드래그하여 상단 2개의 고정점을 함께 선택한 후 Scale Tool(﷽)을 더블 클릭하여 'Uniform : 80%'를 지정하고 [OK]를 눌러 패스를 축소합니다.

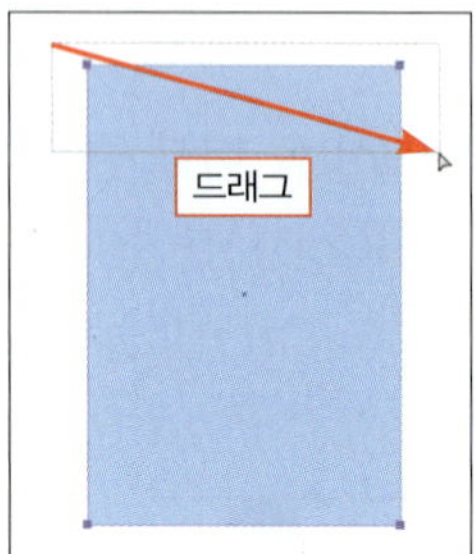

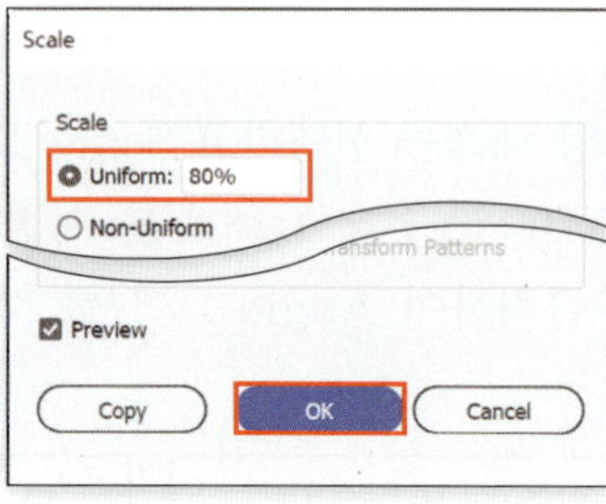

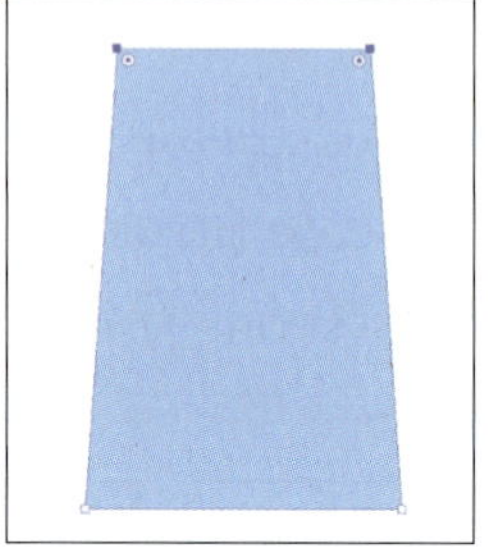

03 Direct Selection Tool(▷)로 선택된 2개의 고정점 모서리의 둥근 점(◉)을 안쪽으로 드래그하여 모서리를 둥글게 변형합니다. 하단 2개의 고정점도 드래그하여 선택하고 모서리 안쪽의 둥근 점(◉)을 안쪽으로 드래그하여 모서리를 둥글게 변형합니다.

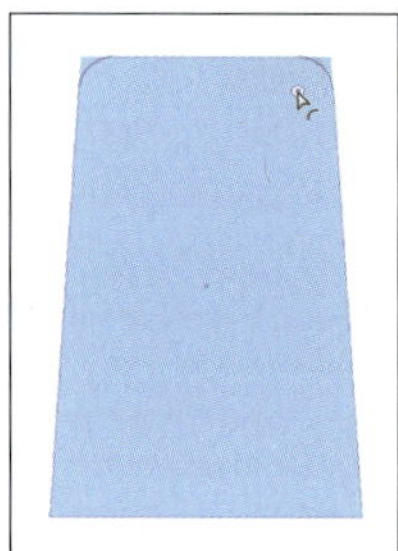
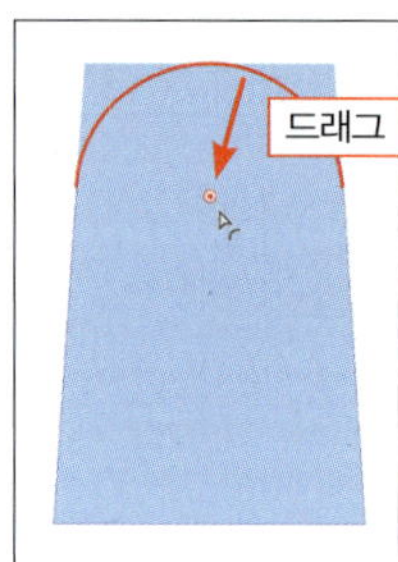

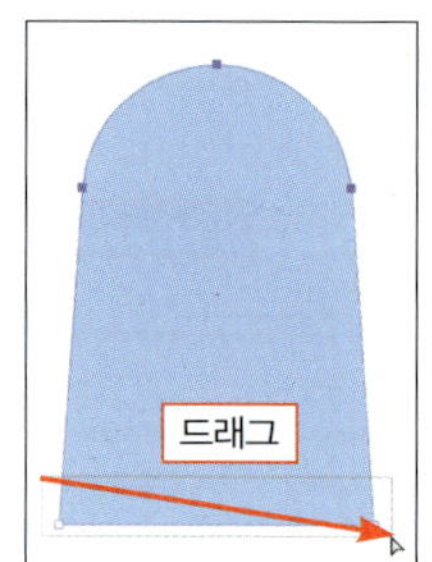

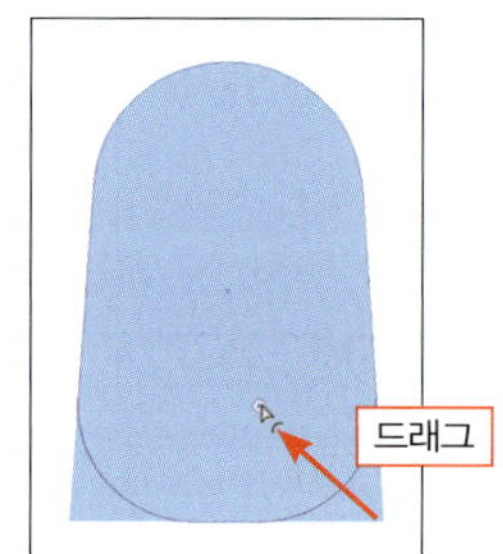

04 Ellipse Tool(◯)로 작업 도큐먼트를 클릭한 후 'Width : 17mm, Height : 16mm'를 입력하여 그리고 Color 패널에서 'Fill Color : M10Y10, Stroke Color : None'을 지정합니다. Selection Tool(▶)로 드래그하여 둥근 사각형과 함께 선택하고 Align 패널에서 'Horizontal Align Center(�)'를 클릭하여 가로 가운데 정렬을 지정합니다.

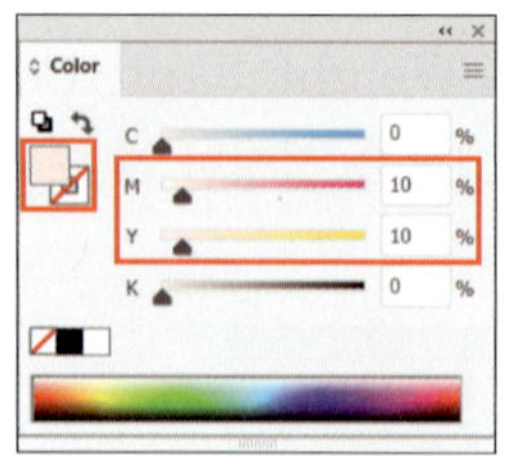

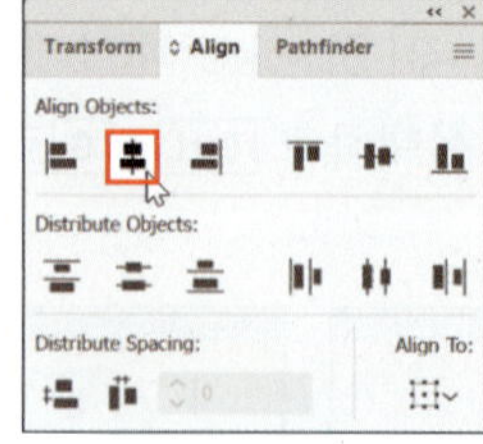

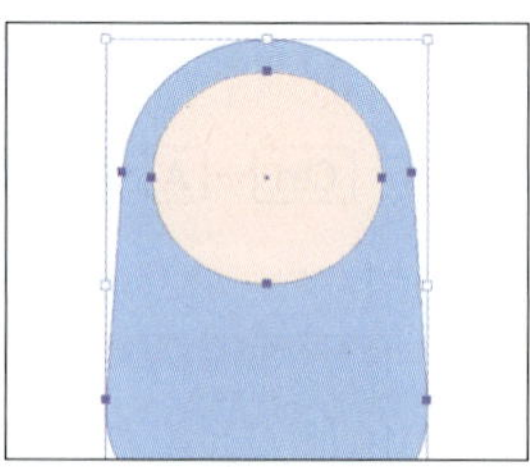

05 Ellipse Tool(◯)로 작업 도큐먼트를 클릭한 후 'Width : 4.2mm, Height : 4.2mm'를 입력하여 동일한 색상의 정원을 그리고 왼쪽에 겹치도록 배치합니다. 계속해서 드래그하여 2개의 크기가 다른 타원을 그리고 Color 패널에서 'Fill Color : M40Y30, C60M60Y60K30, Stroke Color : None'을 각각 지정하고 배치합니다.

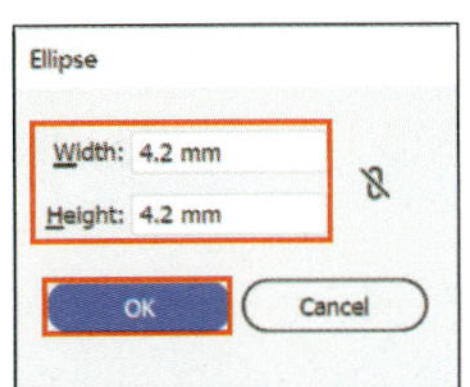 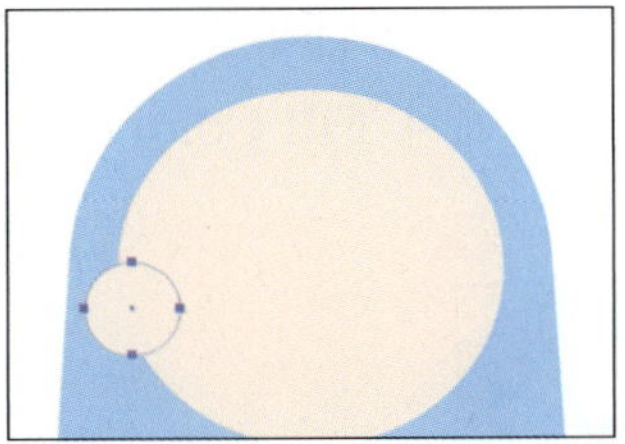 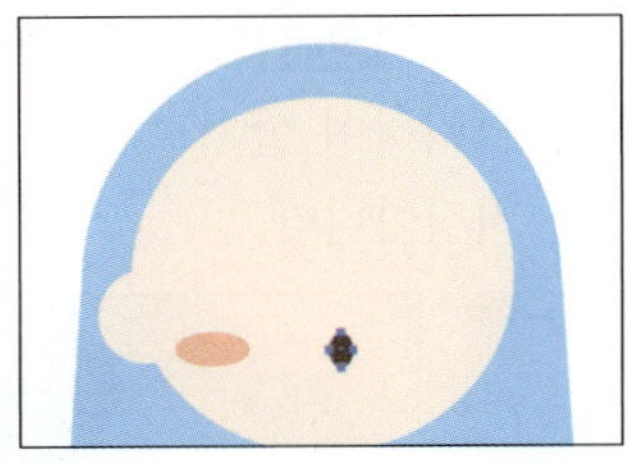

06 Ellipse Tool(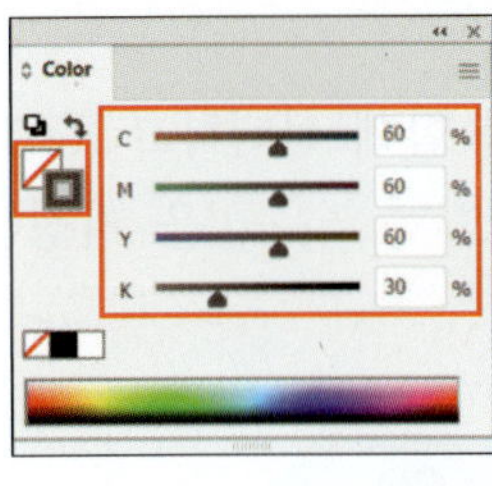)로 작업 도큐먼트를 클릭한 후 'Width : 2.5mm, Height : 2.5mm'를 입력하여 그리고 Color 패널에서 'Fill Color : None, Stroke Color : C60M60Y60K30'을 지정한 후 Stroke 패널에서 'Weight : 1pt, Profile : Width Profile 1'을 지정합니다.

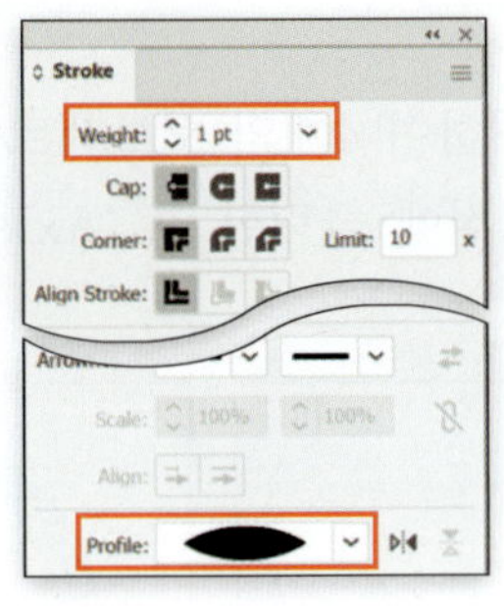 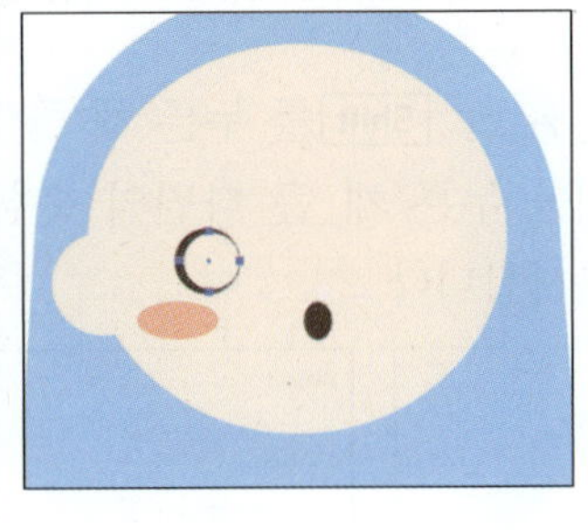

07 Direct Selection Tool(△)로 클릭하여 상단의 고정점을 선택한 후 Delete 를 눌러 삭제하고 [Object]-[Expand Appearance]로 오브젝트의 속성을 확장합니다.

08 Pen Tool(✎)로 드래그하여 눈썹 모양의 열린 패스를 그리고 Color 패널에서 'Fill Color : None, Stroke Color : C30M40Y40K10'을 지정한 후 Stroke 패널에서 'Weight : 1pt, Cap : Round Cap'을 지정합니다.

09 Ellipse Tool(◉)로 작업 도큐먼트를 클릭한 후 'Width : 3.7mm, Height : 3.7mm'를 입력하여 그리고 Color 패널에서 'Fill Color : 임의 색상, Stroke Color : 임의 색상'을 지정합니다. Pen Tool(✎)로 머리카락 모양의 닫힌 패스를 정원 하단과 겹치도록 그리고 Tool 패널 하단에서 'Fill Color : 임의 색상, Stroke Color : 임의 색상'을 지정합니다.

 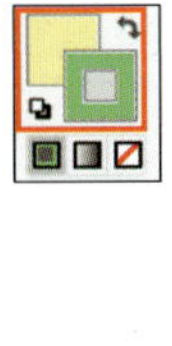 

10 Selection Tool(▶)로 Shift 를 누른 채 클릭하여 정원과 함께 선택한 후 Pathfinder 패널에서 'Unite(▣)'를 클릭하여 합치고 Color 패널에서 'Fill Color : C60M60Y60K30, Stroke Color : None'을 지정합니다.

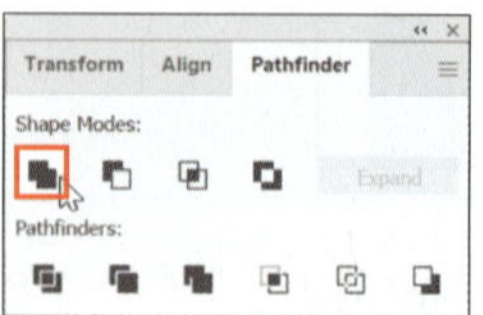

11 Selection Tool(▶)로 Shift 를 누른 채 클릭하여 4개의 오브젝트를 함께 선택하고 Reflect Tool(⬔)로 Alt 를 누른 채 큰 타원의 중심점에 클릭한 후 'Axis : Vertical'을 지정하고 [Copy]를 눌러 복사합니다.

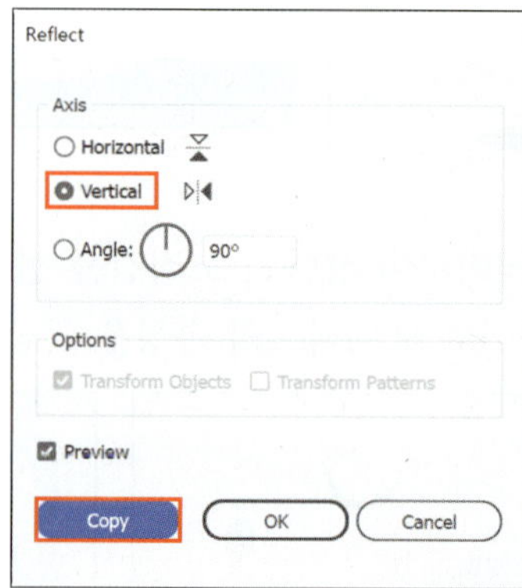

12 Selection Tool(▶)로 Shift 를 누른 채 클릭하여 3개의 오브젝트를 함께 선택하고 Pathfinder 패널에서 'Unite(▣)'를 클릭하여 합친 후 Ctrl + [를 여러 번 눌러 얼굴 모양 오브젝트를 왼쪽 눈과 눈썹 오브젝트의 뒤로 보내기를 합니다.

13 Pen Tool(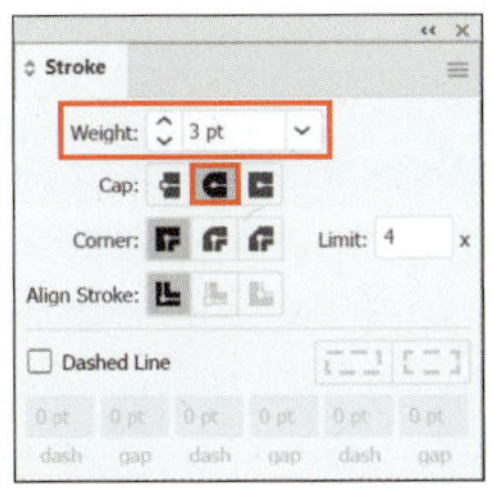)로 드래그하여 열린 패스를 그리고 Color 패널에서 'Fill Color : None, Stroke Color : C20Y30'을 지정한 후 Stroke 패널에서 'Weight : 3pt, Cap : Round Cap' 을 지정합니다. [Object]-[Path]-[Outline Stroke]를 선택하여 선을 면으로 확장합니다.

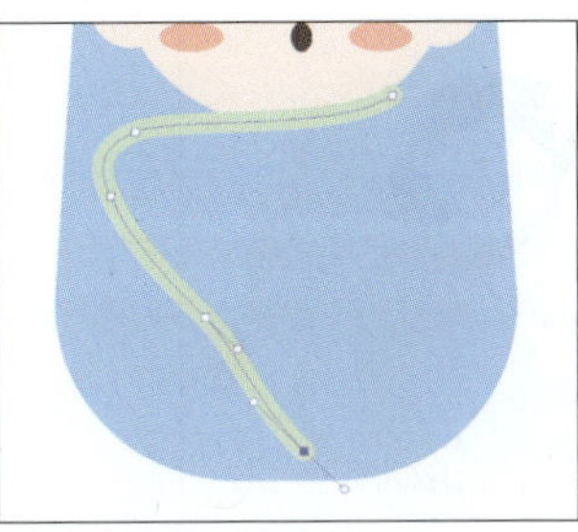

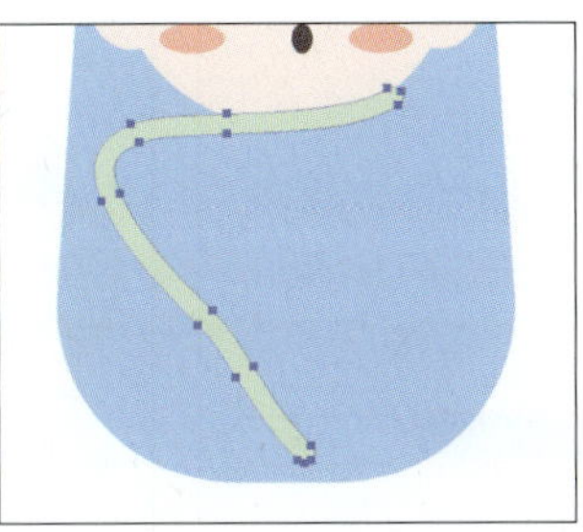

14 Group Selection Tool(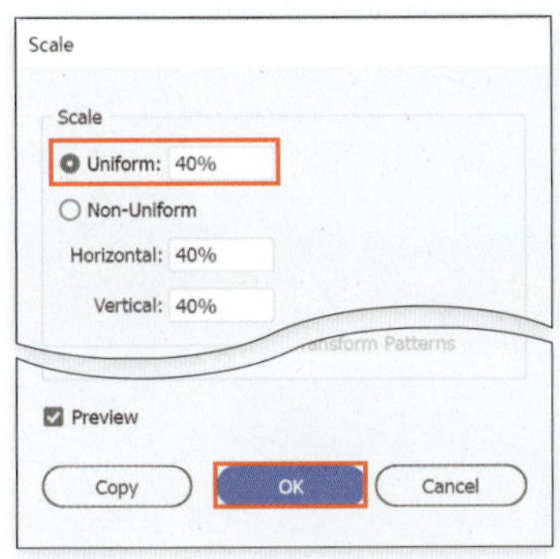)로 클릭하여 도큐먼트 왼쪽 상단의 그라디언트가 적용된 꽃 모양 오브젝트를 선택한 후 Ctrl+C로 복사하고 Ctrl+V로 붙여넣기를 합니다. Scale Tool(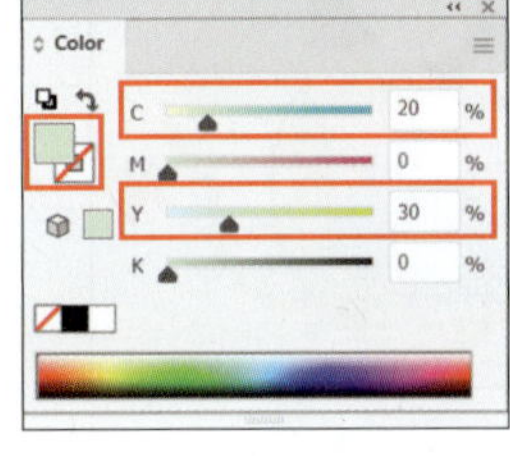) 을 더블 클릭하여 'Uniform : 40%'를 지정하고 [OK]를 눌러 축소합니다. Color 패널에서 'Fill Color : C20Y30, Stroke Color : None'을 지정합니다.

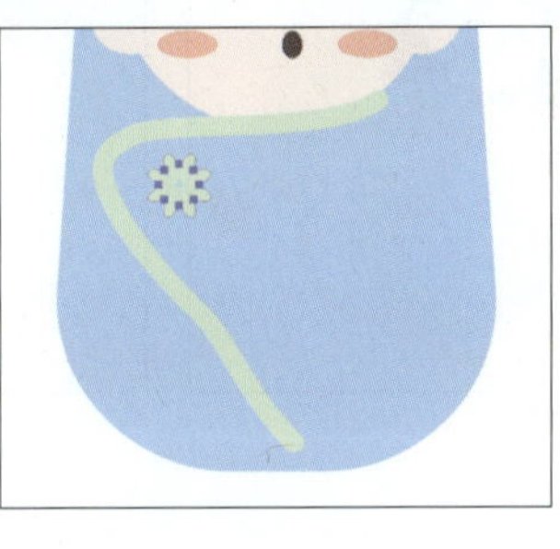

15 [Object]-[Transform]-[Move]를 선택한 후 'Horizontal : 3mm, Vertical : 4mm'를 입 력하고 [Copy]를 눌러 이동하여 복사한 후 [Object]-[Transform]-[Transform Again] (Ctrl+D)으로 반복하여 이동 복사합니다.

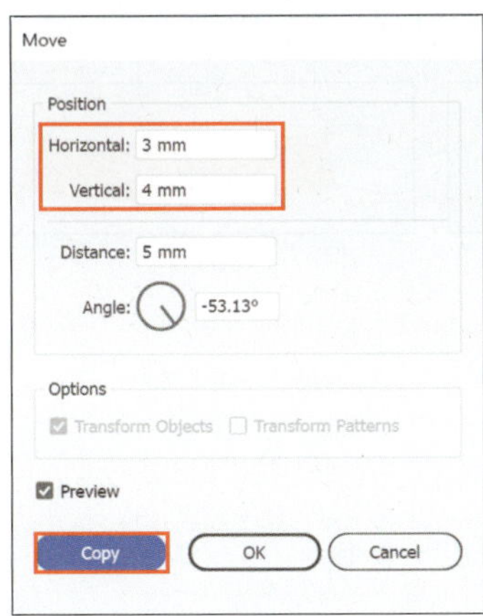

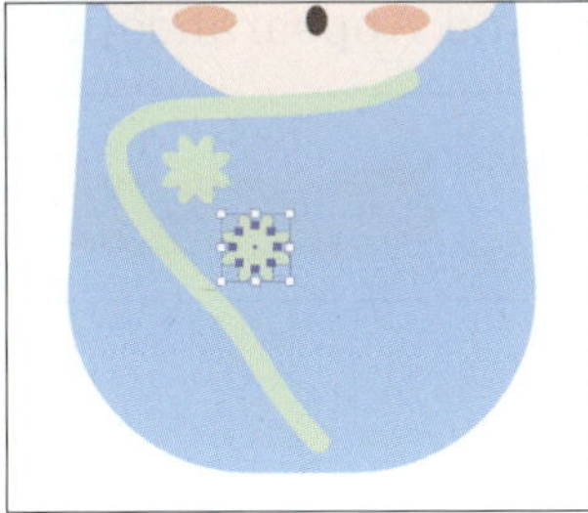

16 Selection Tool(▶)로 드래그하여 아기 캐릭터 오브젝트를 모두 선택하고 Ctrl+G를 눌러 그룹을 지정합니다. Rotate Tool(⟳)을 더블 클릭하여 'Angle : 35°'를 지정하고 [OK]를 눌러 회전하여 엄마 캐릭터 앞쪽에 배치합니다.

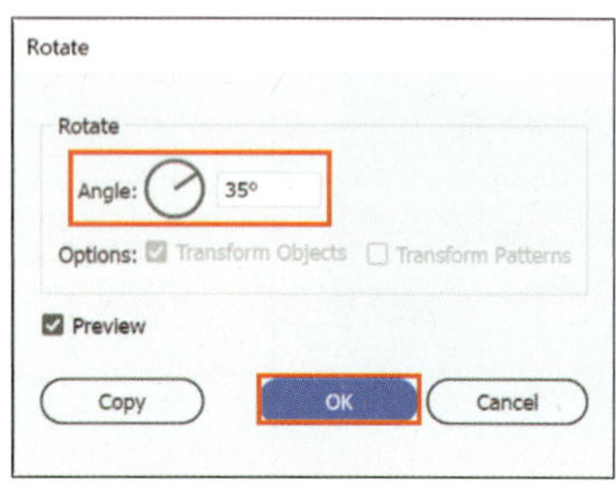

17 Selection Tool(▶)로 Shift를 누른 채 클릭하여 왼쪽 손 그룹과 오른쪽 팔을 함께 선택하고 Shift+Ctrl+]를 눌러 맨 앞으로 가져오기를 합니다.

06 리본 오브젝트 만들기

01 Rectangle Tool(▢)로 작업 도큐먼트를 클릭한 후 'Width : 62mm, Height : 12mm'를 입력하여 그리고 Color 패널에서 'Fill Color : M20Y90, Stroke Color : None'을 지정합니다.

02 [Effect]-[Illustrator Effects]-[Warp]-[Arc]를 선택하고 'Horizontal : 체크, Bend : -10%'를 지정한 후 [Object]-[Expand Appearance]로 오브젝트의 속성을 확장합니다.

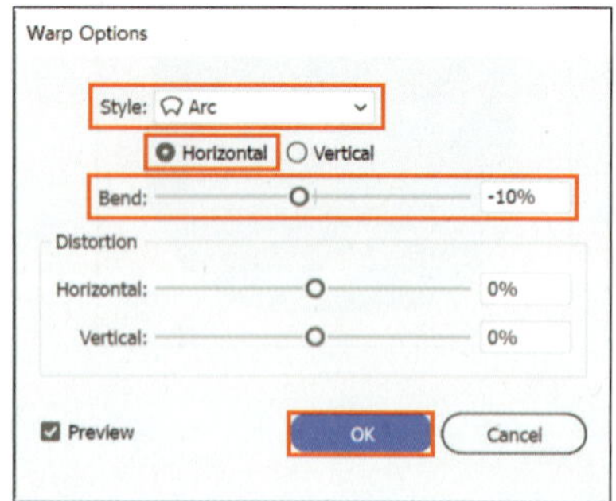
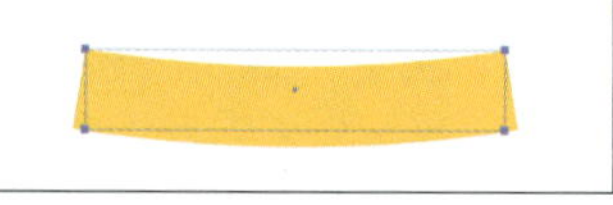

03 Pen Tool(✐)로 리본의 끝 모양을 닫힌 패스로 그리고 Color 패널에서 'Fill Color : M40Y80, Stroke Color : None'을 지정하고 Ctrl + [를 눌러 뒤로 보내기를 합니다. 계속해서 Pen Tool(✐)로 리본의 겹친 부분을 닫힌 패스로 그리고 'Fill Color : C60M60Y60K30, Stroke Color : None'을 지정하고 Ctrl + [를 눌러 뒤로 보내기를 합니다.

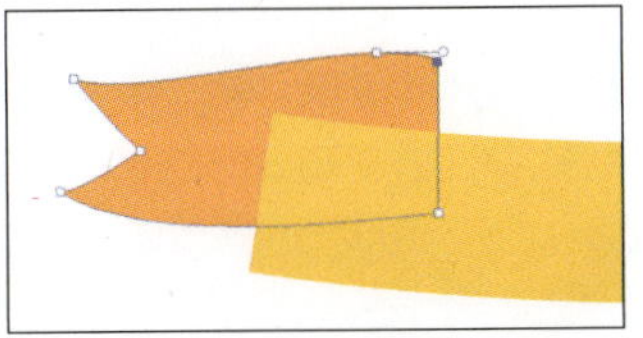 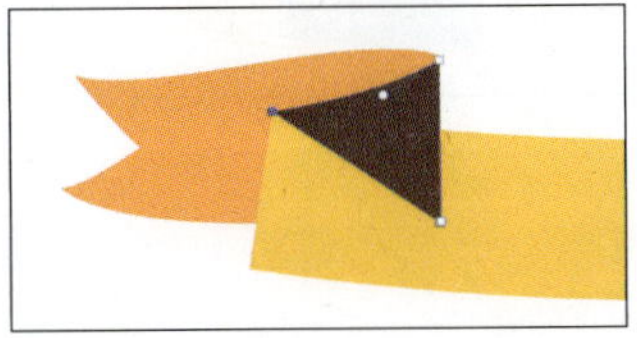 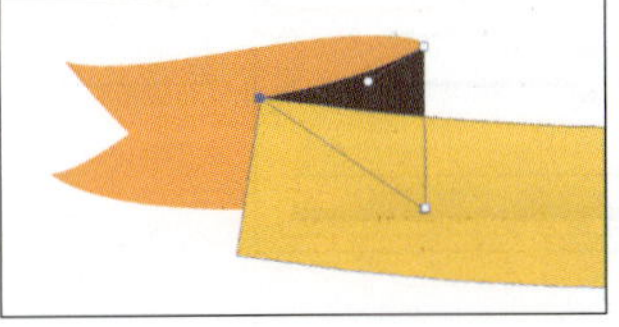

04 Selection Tool(▶)로 드래그하여 2개의 오브젝트를 함께 선택하고 Reflect Tool(▷◁)로 Alt 를 누른 채 가운데 오브젝트의 중심점에 클릭한 후 'Axis : Vertical'을 지정하고 [Copy]를 눌러 복사합니다.

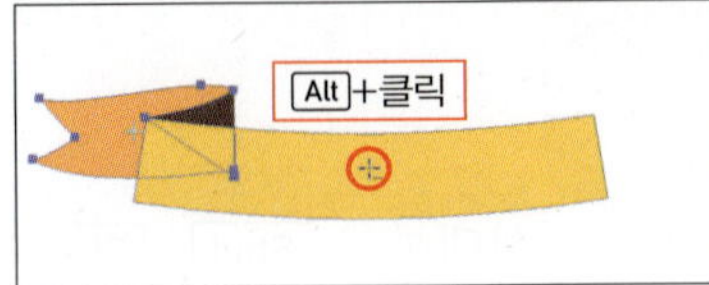

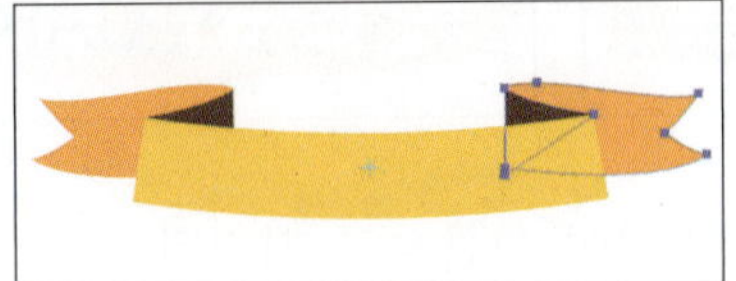

07 문자 입력하기

01 Direct Selection Tool(▷)로 드래그하여 리본 오브젝트의 중앙 상단 선분을 선택한 후 Ctrl + C 로 복사하고 Ctrl + F 로 복사한 오브젝트 앞에 붙여넣기를 합니다. Color 패널에서 'Fill Color : None, Stroke Color : 임의 색상'을 지정하고 키보드의 ↓ 를 여러 번 눌러 아래로 이동하여 배치합니다.

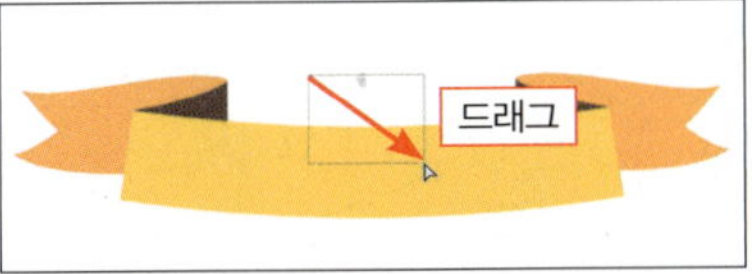

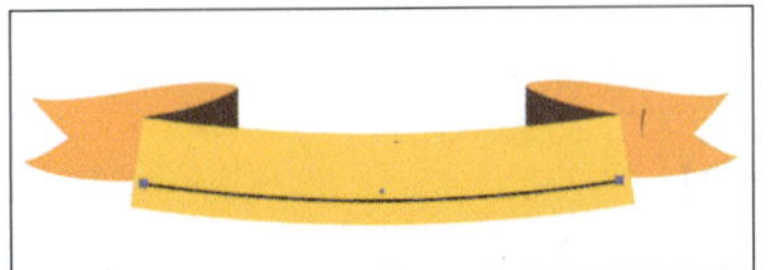

02 Type on a Path Tool(↘)로 열린 곡선 패스에 클릭한 후 Character 패널에서 'Set the font family : Arial, Set the font style : Regular, Set the font size : 20pt'를 설정하고 Paragraph 패널에서 'Align center(≡)'를 선택합니다. Color 패널에서 'Fill Color : C0M0Y0K0, Stroke Color : None'을 지정한 후 'BABY CARE'를 입력합니다.

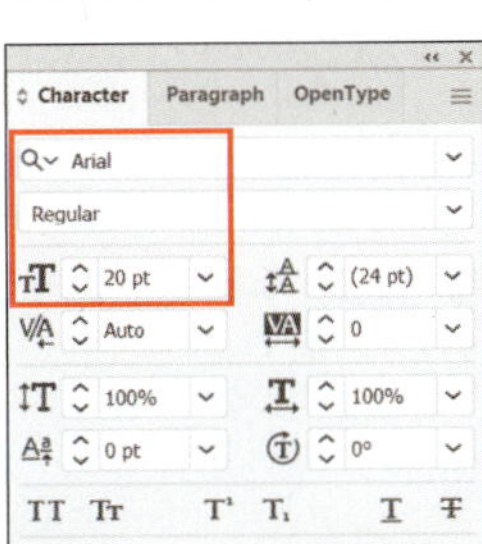
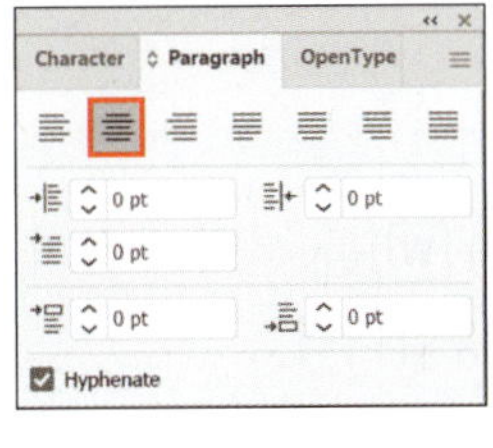
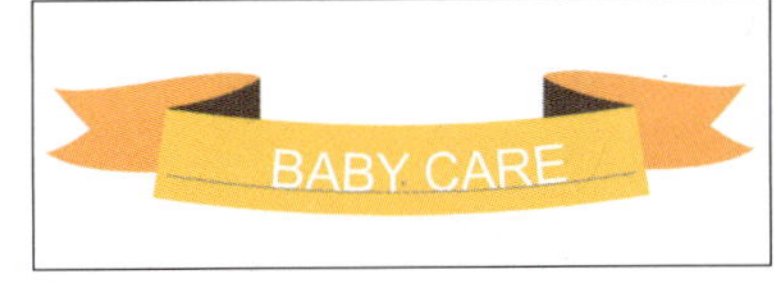

03 Type on a Path Tool(✐)로 'CARE' 문자를 더블 클릭하여 선택한 후 Color 패널에서 'Fill Color : C70M60, Stroke Color : None'을 지정합니다.

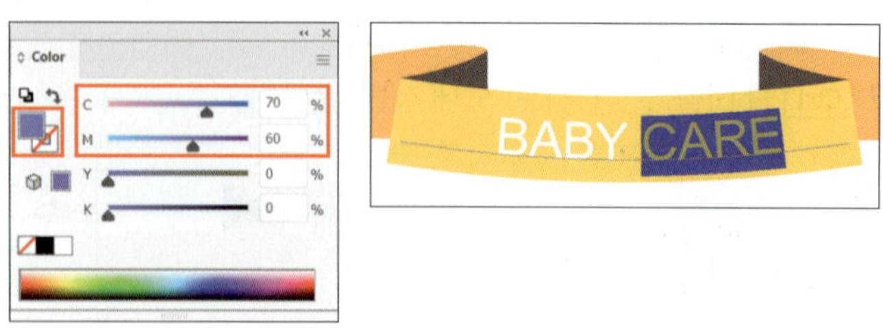

04 Selection Tool(▶)로 'BABY CARE' 문자를 선택하고 ▶로 드래그하여 문자의 위치를 조절합니다.

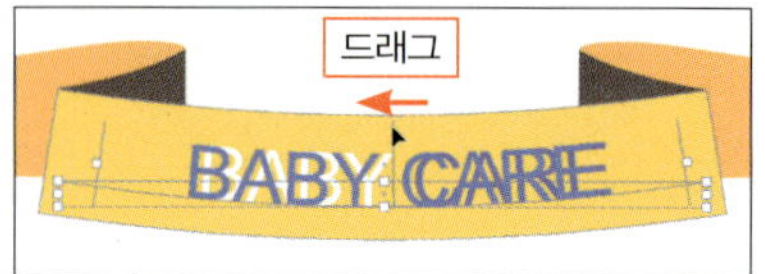

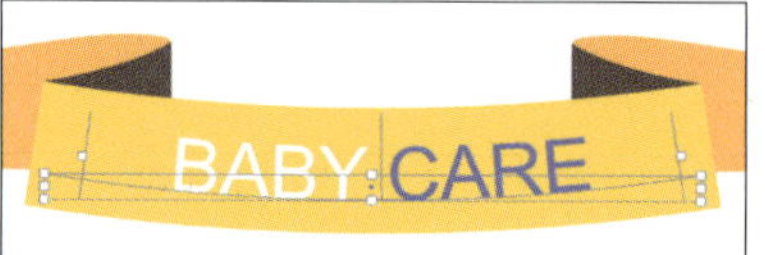

05 Selection Tool(▶)로 클릭하여 그룹으로 지정된 손 오브젝트를 선택하고 Shift + Ctrl +] 를 눌러 맨 앞으로 가져오기를 합니다.

> **기적의 TIP**
>
> **패널에서 [Arrange] 적용하기**
> [Properties] 패널에서 [Quick Actions] 항목의 [Arrange]를 클릭하여 적용할 수도 있습니다.

08 저장 및 답안 전송하기

01 [View]−[Guides]−[Hide Guides](Ctrl + ;)를 선택하여 안내선을 숨기고 [View]−[Fit Artboard in Window](Ctrl + 0)를 선택하여 현재 창에 맞추기를 합니다.

02 [File]−[Save As]를 선택하고 '저장 위치 : 내 PC₩문서₩GTQ, 파일 형식 : Adobe Illustrator(*AI), 파일 이름 : 수험번호−성명−문제번호.ai'를 확인하고 [저장]을 클릭한 후 [Illustrator Options] 대화상자에서 'Version : Illustrator 2020'으로 설정하고 [OK]를 클릭합니다.

03 답안 저장이 완료가 되면 [File]−[Close](Ctrl + W)를 선택하여 파일을 닫고 수험 프로그램에서 [답안 전송]을 클릭하여 감독관 컴퓨터로 전송합니다.

작업과정	새 도큐먼트 만들기 및 파일 저장하기 ➡ 노리개 젖꼭지 오브젝트 만들기 ➡ 곰 인형 오브젝트 만들기 ➡ 패턴 등록하기 ➡ 유아복 모자 만들고 그라디언트 적용하기 ➡ 유아복 오브젝트 만들기 ➡ 패턴 적용 및 변형하고 불투명도 적용하기 ➡ 브러쉬 적용 및 문자 입력하기 ➡ 젖병 오브젝트 만들고 불투명도 적용하기 ➡ 클리핑 마스크 및 이펙트 적용하기 ➡ 문자 입력하기 ➡ 저장 및 답안 전송하기
완성이미지	PART04₩기출유형문제03회₩수험번호-성명-2.ai

01 새 도큐먼트 만들기 및 파일 저장하기

01 [File]-[New](Ctrl+N)를 선택하고 'Width : 160mm, Height : 120mm, Units : Millimeters, Color Mode : CMYK'를 설정하여 새 도큐먼트를 만들고 [View]-[Rulers]-[Show Rulers](Ctrl+R)를 선택하여 눈금자를 표시합니다.

02 작품의 규격 왼쪽 상단에 원점(0,0)을 확인하고 왼쪽과 상단 눈금자 위에서 마우스로 각각 드래그하여 제시된 출력형태와 레이아웃 구성이 동일하게 안내선을 표시합니다.

03 작업 도큐먼트를 저장하기 위해 [File]-[Save](Ctrl+S)를 선택하고 '저장 위치 : 내 PC₩문서₩GTQ, 파일 형식 : Adobe Illustrator(*AI), 파일 이름 : 수험번호-성명-문제번호'를 입력하고 [저장]을 클릭한 후 [Illustrator Options] 대화상자에서 'Version : Illustrator 2020'으로 설정하고 [OK]를 클릭합니다.

02 노리개 젖꼭지 오브젝트 만들기

01 Ellipse Tool(◉)로 작업 도큐먼트를 클릭한 후 'Width : 16mm, Height : 16mm'를 입력하여 그리고 Color 패널에서 'Fill Color : 임의 색상, Stroke Color : 임의 색상'을 지정합니다. Scale Tool(▣)을 더블 클릭하여 'Uniform : 68%'를 지정하고 [Copy]를 눌러 축소하여 복사합니다.

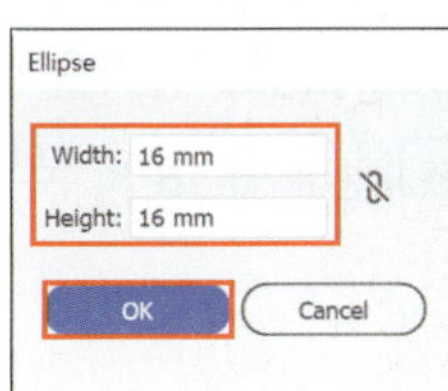

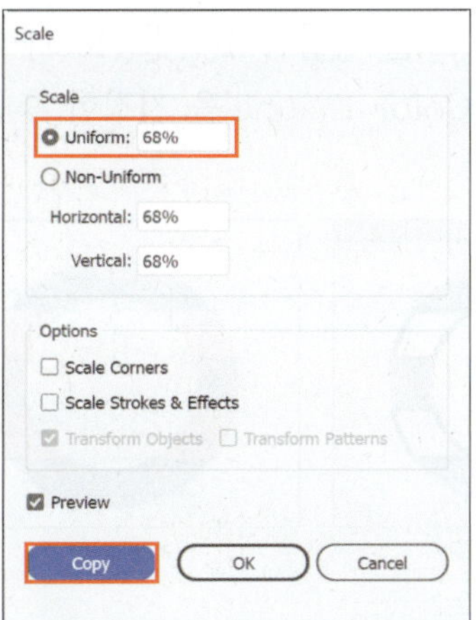

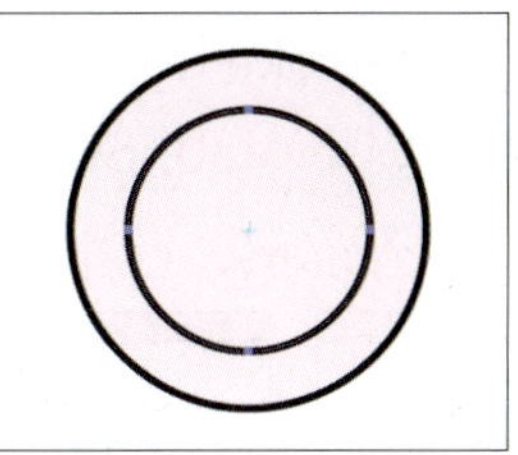

02 Line Segment Tool(◢)로 Shift 를 누른 채 드래그하여 수평선을 2개의 원과 충분히 겹치도록 그리고 Color 패널에서 'Fill Color : None, Stroke Color : 임의 색상'을 지정합니다. [Object]-[Transform]-[Move]를 선택한 후 'Horizontal : 0mm, Vertical : 9.5mm'를 입력하고 [Copy]를 눌러 하단으로 이동하여 복사합니다.

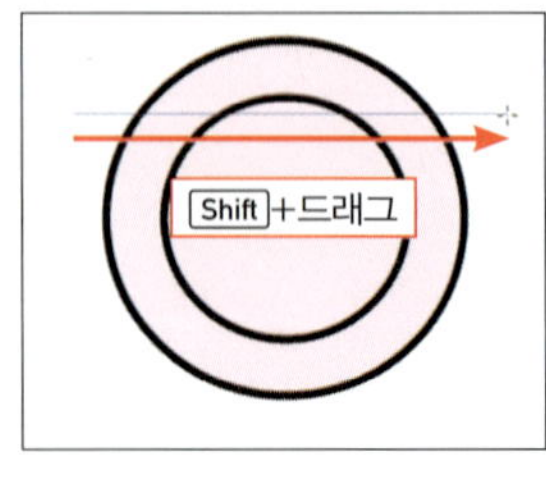
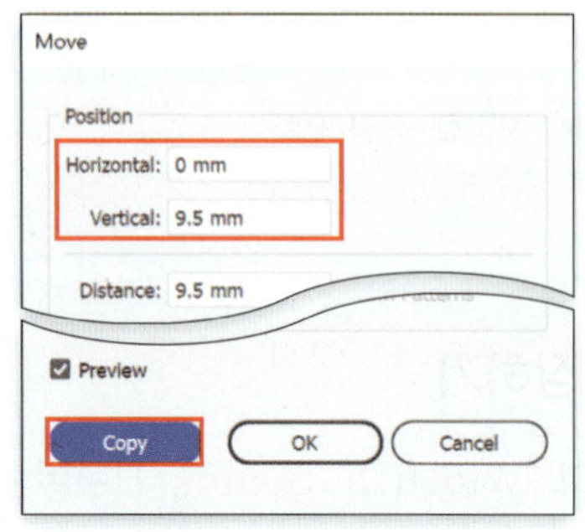
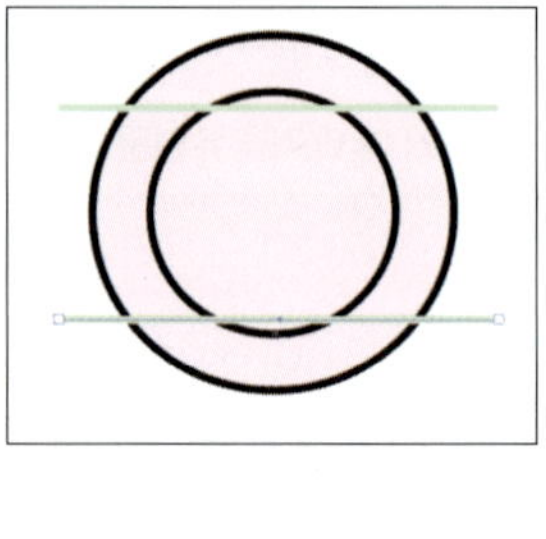

03 Selection Tool(▶)로 드래그하여 2개의 수평선을 함께 선택한 후 [Object]-[Blend]-[Make]를 적용하고 [Object]-[Blend]-[Blend Options]로 'Specified Steps : 2'를 적용합니다. 계속해서 [Object]-[Blend]-[Expand]를 적용하고 확장합니다.

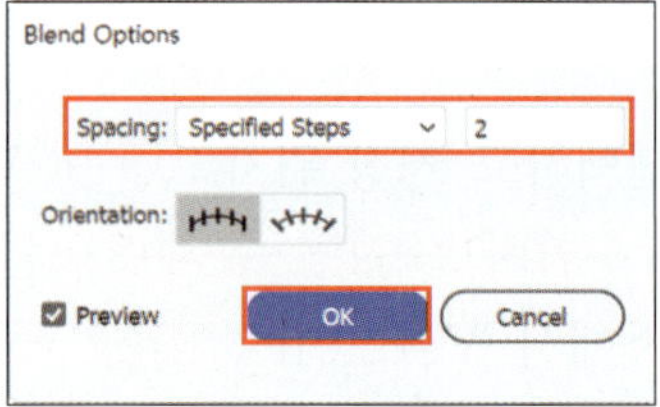
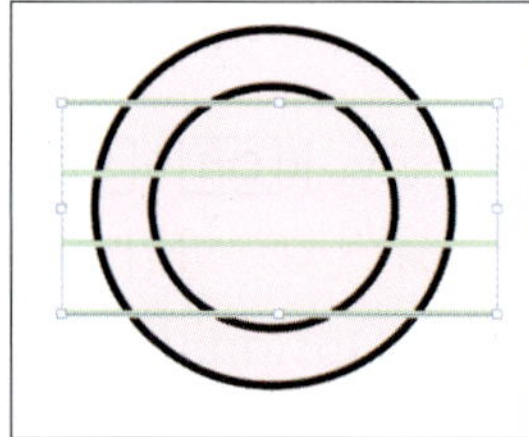
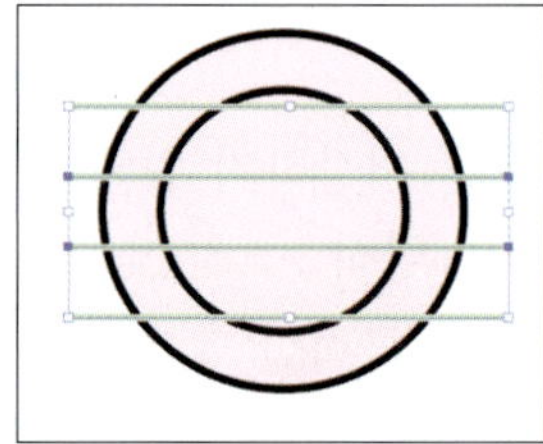

04 Ctrl + A 로 모두 선택하고 Align 패널에서 'Horizontal Align Center(▣)'와 'Vertical Align Center(▥)'를 각각 클릭하여 가운데 정렬을 지정합니다. Pathfinder 패널에서 'Divide(▣)'를 클릭하여 면을 분할합니다.

05 Selection Tool(▶)로 분할된 오브젝트를 더블 클릭하여 Isolation Mode로 전환합니다. Shift 를 누른 채 클릭하여 중앙의 불필요한 오브젝트를 선택하고 Delete 를 눌러 삭제합니다. 계속해서 Shift 를 누른 채 클릭하여 4개의 오브젝트를 함께 선택하고 Color 패널에서 'Fill Color : C70M70, Stroke Color : None'을 지정합니다. [Select]-[Inverse]로 선택을 반전한 후 'Fill Color : C10M80, Stroke Color : None'을 지정한 후 Esc 를 눌러 정상 모드로 전환합니다.

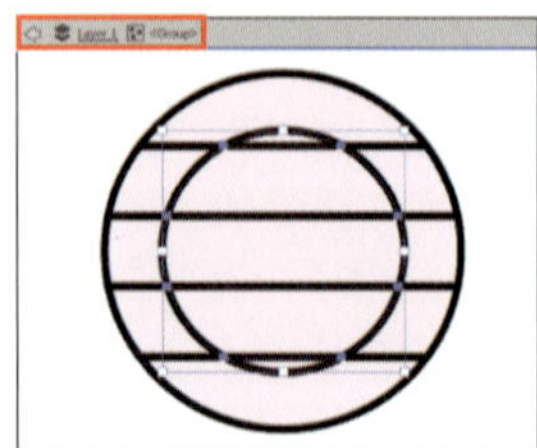
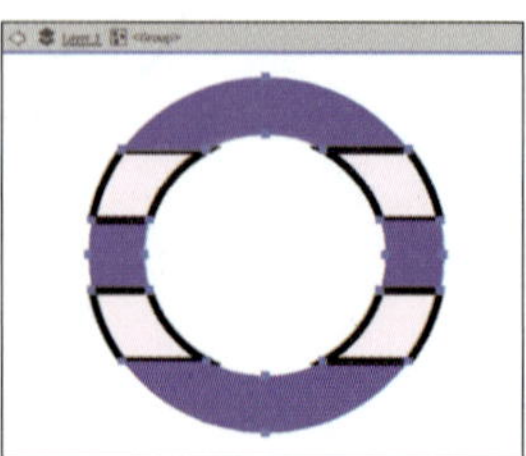
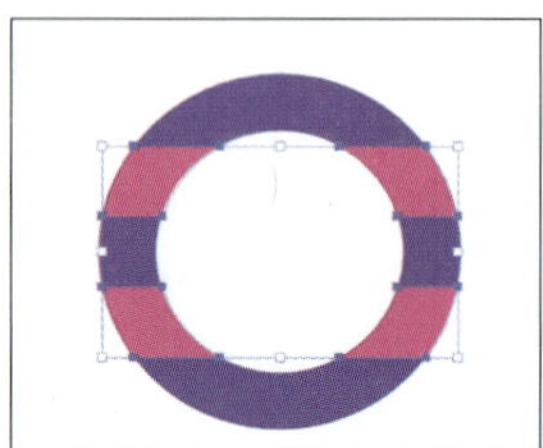

Ctrl+Y를 눌러 'Outline'으로 전환하여 윤곽선 보기를 하면 드래그하여 선택하기가 편리합니다.

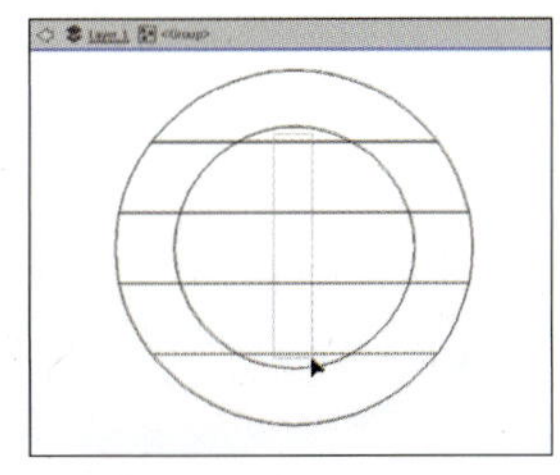

06 Rounded Rectangle Tool(⬜)로 작업 도큐먼트를 클릭한 후 'Width : 6.5mm, Height : 6mm, Corner Radius : 2mm'를 입력하여 그리고 Color 패널에서 'Fill Color : M100Y90, Stroke Color : None'을 지정하고 상단에 겹치도록 배치합니다.

07 Ellipse Tool(⬭)로 작업 도큐먼트를 클릭한 후 'Width : 24mm, Height : 9mm'를 입력하여 그리고 Color 패널에서 'Fill Color : C10M70K50, Stroke Color : None'을 지정합니다. Direct Selection Tool(▷)로 클릭하여 타원의 상단 고정점을 선택하고 [Object]-[Transform]-[Move]를 선택한 후 'Horizontal : 0mm, Vertical : 3mm'를 입력하고 [OK]를 눌러 하단으로 이동합니다.

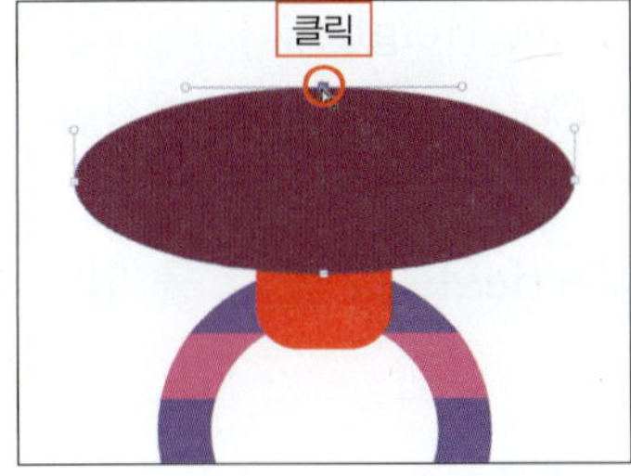

08 Selection Tool(▶)로 변형된 타원을 클릭하여 선택하고 Alt와 Shift를 누른 채 위쪽으로 드래그하여 복사하고 Color 패널에서 'Fill Color : C10M80, Stroke Color : None'을 지정합니다.

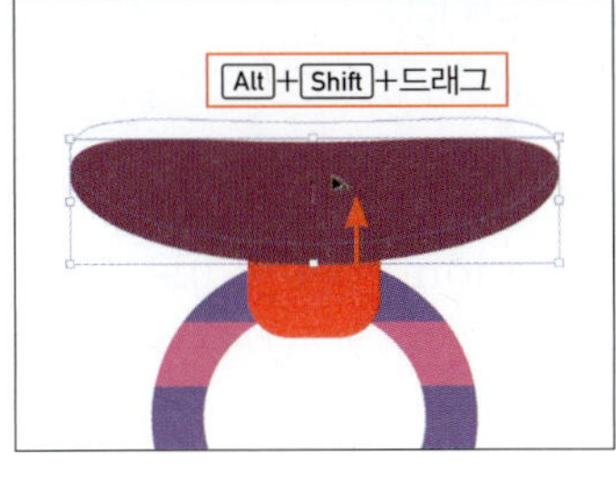

Selection Tool(▶)로 오브젝트를 선택하고 Alt와 Shift를 누른 채 드래그하면 반듯하게 이동하며 복사할 수 있습니다.

09 Rectangle Tool(⬜)로 작업 도큐먼트를 클릭한 후 'Width : 5mm, Height : 6mm'를 입력하여 그리고 Color 패널에서 'Fill Color : M20Y90, Stroke Color : None'을 지정하고 상단에 겹치도록 배치합니다. [Object]-[Path]-[Add Anchor Points]를 선택하고 사각형의 선분 중앙에 고정점을 추가합니다.

10 Direct Selection Tool(△)로 드래그하여 상단의 고정점을 선택한 후 Scale Tool(□)을 더블 클릭하여 'Uniform : 70%'를 지정하고 [OK]를 눌러 패스를 축소합니다.

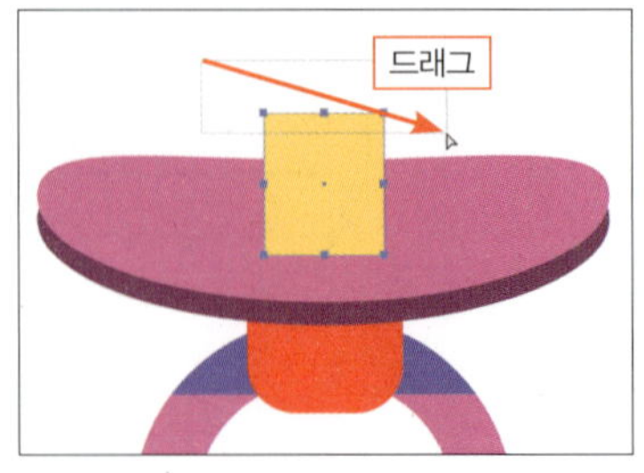

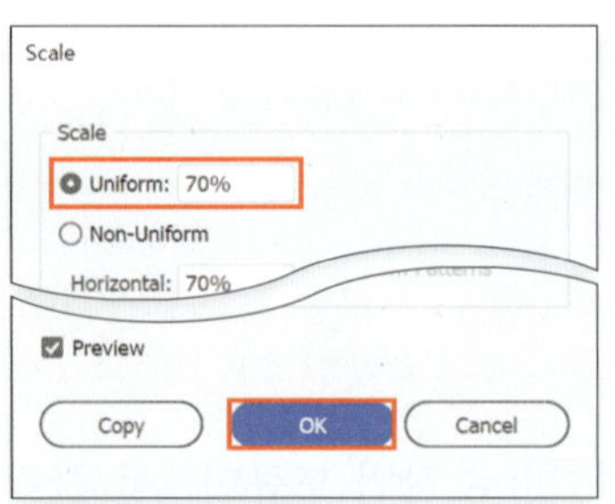

11 Direct Selection Tool(△)로 Shift를 누른 채 클릭하여 하단 모서리 2개의 고정점을 함께 선택하고 모서리 안쪽의 둥근 점(◉)을 안쪽으로 드래그하여 모서리를 둥글게 변형합니다.

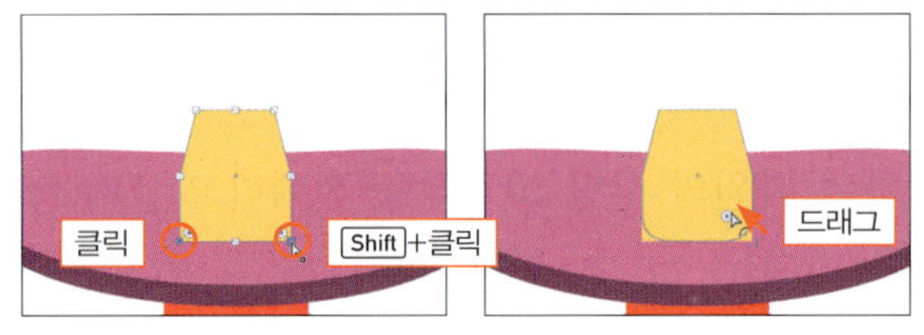

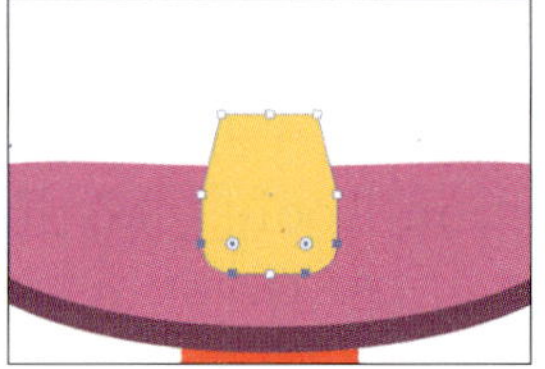

12 Ellipse Tool(◯)로 작업 도큐먼트를 클릭한 후 'Width : 11mm, Height : 10mm'를 입력하여 그리고 Color 패널에서 'Fill Color : M20Y90, Stroke Color : None'을 지정합니다. Direct Selection Tool(△)로 클릭하여 타원의 하단 고정점을 선택하고 [Object]-[Transform]-[Move]를 선택한 후 'Horizontal : 0mm, Vertical : 1.5mm'를 입력하고 [OK]를 눌러 하단으로 이동합니다.

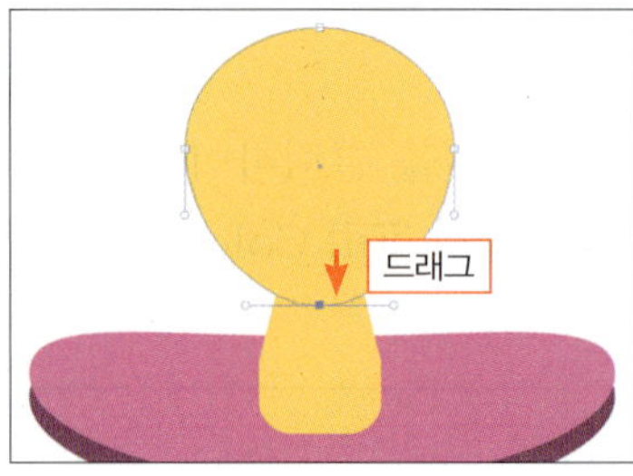

> **기적의 TIP**
>
> Tool 패널의 Selection Tool(▶) 또는 Direct Selection Tool(▷) 자체를 더블 클릭하여 [Move] 대화상자를 빠르게 지정할 수도 있습니다.

13 Selection Tool(▶)로 드래그하여 동일한 색상의 하단 오브젝트와 함께 선택하고 Pathfinder 패널에서 'Unite(■)'를 클릭하여 합칩니다. Direct Selection Tool(△)로 드래그하여 오브젝트 중간의 고정점을 선택하고 모서리 안쪽의 둥근 점(◉)을 바깥쪽으로 드래그하여 모서리를 둥글게 변형합니다.

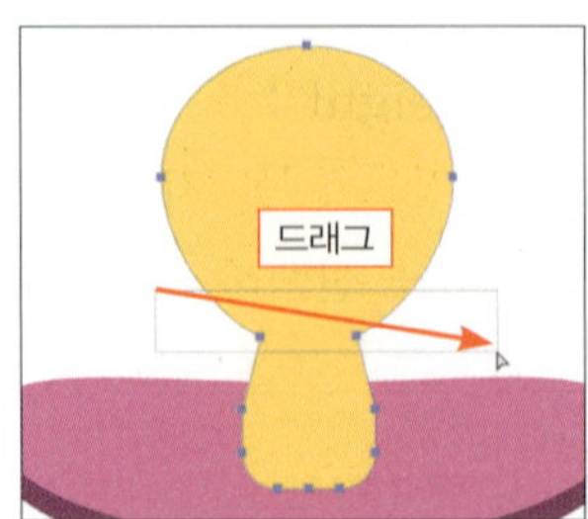

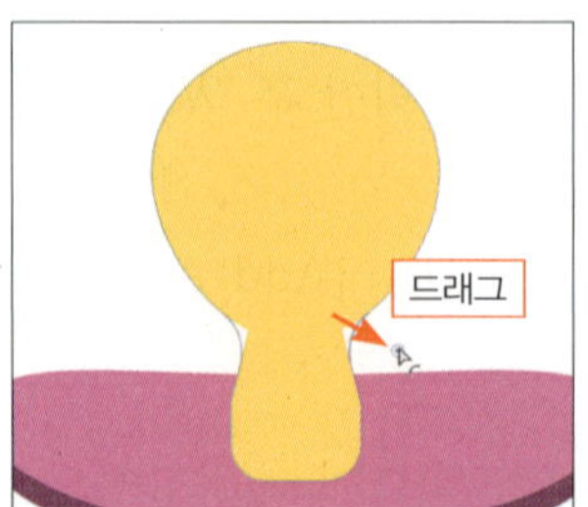

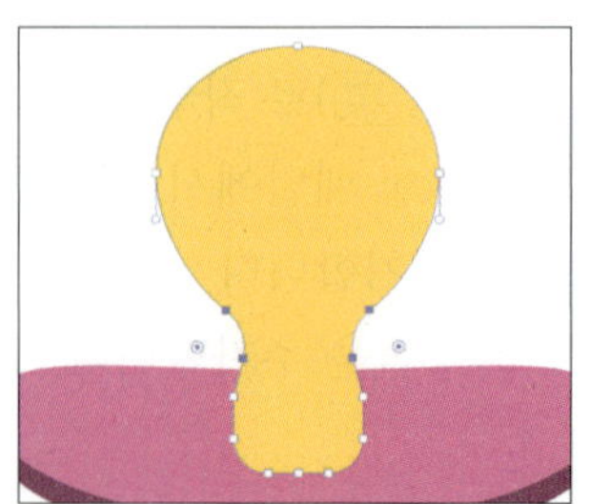

14 Ellipse Tool(◉)로 작업 도큐먼트를 클릭한 후 'Width : 4mm, Height : 4mm'를 입력하여 그리고 Color 패널에서 'Fill Color : Y50, Stroke Color : None'을 지정합니다. Direct Selection Tool(▷)로 클릭하여 타원의 오른쪽 고정점을 선택하고 [Object]-[Transform]-[Move]를 선택한 후 'Horizontal : −2mm, Vertical : 0mm'를 입력하고 [OK]를 눌러 왼쪽으로 이동합니다.

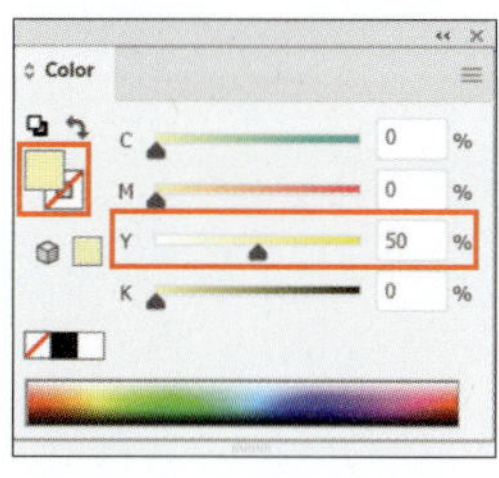

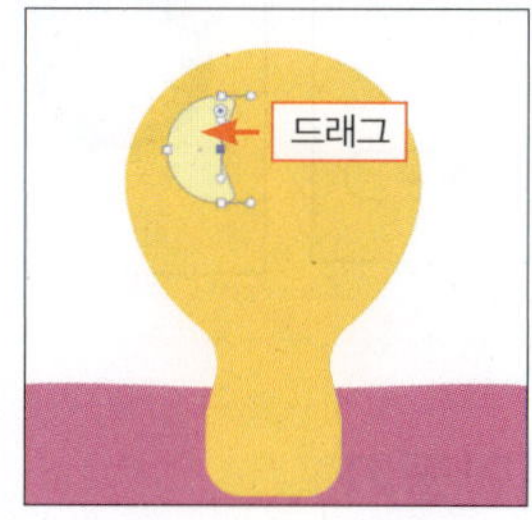

15 Selection Tool(▶)로 클릭하여 변형된 타원을 선택한 후 Rotate Tool(↻)을 더블 클릭하여 'Angle : −10°'를 지정하고 [OK]를 눌러 회전하여 배치합니다.

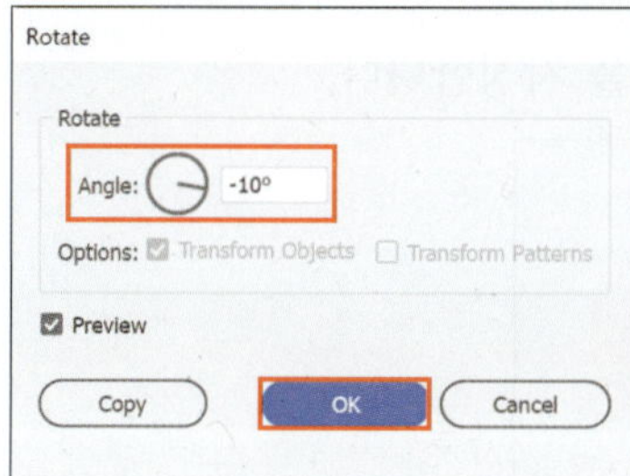

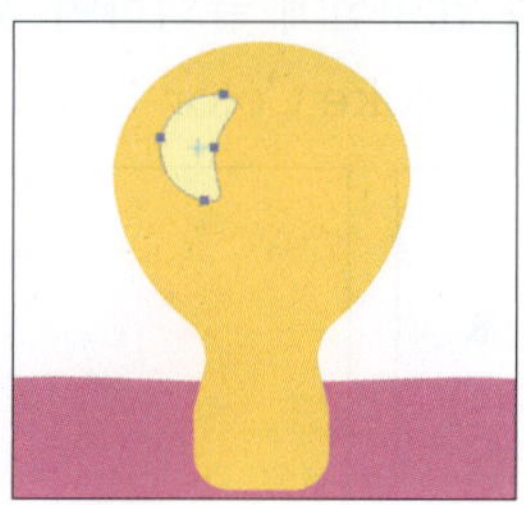

16 Ctrl+A로 모두 선택하고 Ctrl+C로 복사한 후 [Edit]-[Paste in Back](Ctrl+B)으로 복사한 오브젝트 뒤로 붙여넣기를 하고 Pathfinder 패널에서 'Unite(■)'를 클릭하여 합칩니다. [Object]-[Path]-[Offset Path]를 클릭한 후 'Offset : 1mm'를 입력하고 [OK]를 눌러 확대된 복사본을 만들고 Color 패널에서 'Fill Color : M10Y50, Stroke Color : None'을 지정합니다.

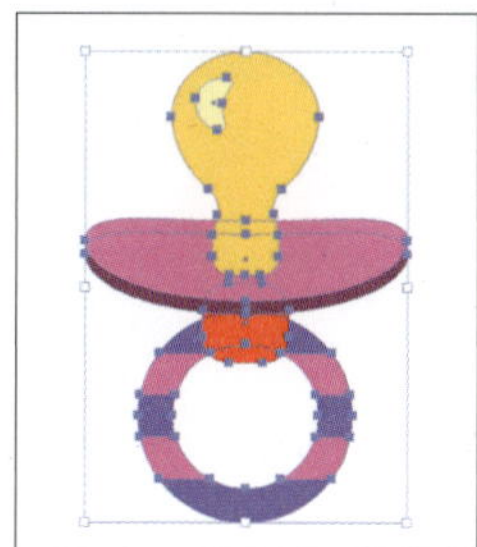

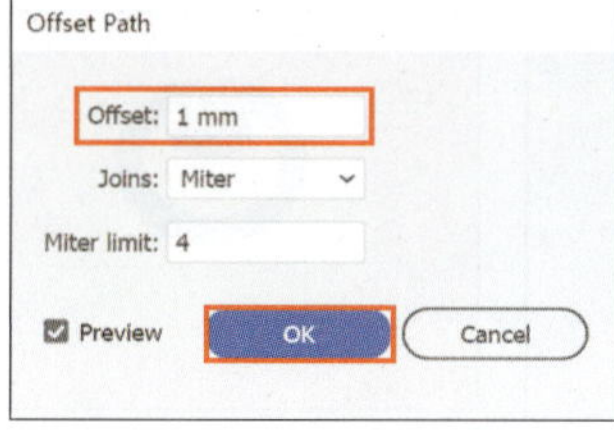

🏁 **기적**의 TIP

- Ctrl+B로 복사한 오브젝트 뒤로 붙여넣기를 하면 [Object]-[Arrange]-[Send to Back]을 하지 않아도 됩니다.
- Pathfinder 패널에서 'Unite(■)'로 합친 후 [Offset Path]를 해야 윤곽선이 거칠게 표현되지 않습니다.

17 [Ctrl]+[A]로 모두 선택한 후 [Ctrl]+[G]로 그룹을 지정합니다. Rotate Tool(⟳)을 더블 클릭하여 'Angle : −60°'를 지정하고 [OK]를 눌러 회전하여 배치합니다.

 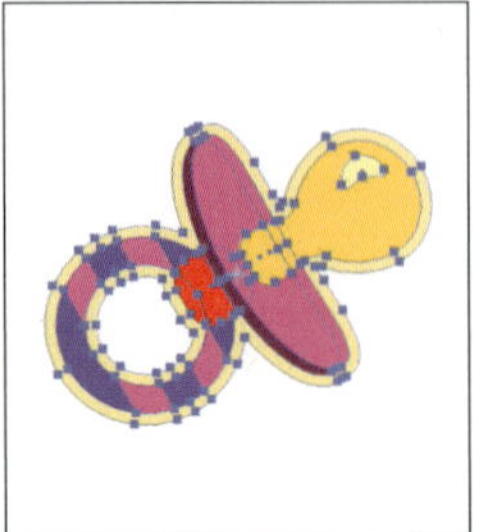

03 곰 인형 오브젝트 만들기

01 Ellipse Tool(◉)로 작업 도큐먼트를 클릭한 후 'Width : 22.5mm, Height : 18mm'를 입력하여 그리고 Color 패널에서 'Fill Color : M30Y20, Stroke Color : None'을 지정합니다. 계속해서 [Alt]를 누른 채 수직의 안내선에 클릭하여 'Width : 8mm, Height : 7mm'를 입력하여 그리고 'Fill Color : Y50, Stroke Color : None'을 지정합니다.

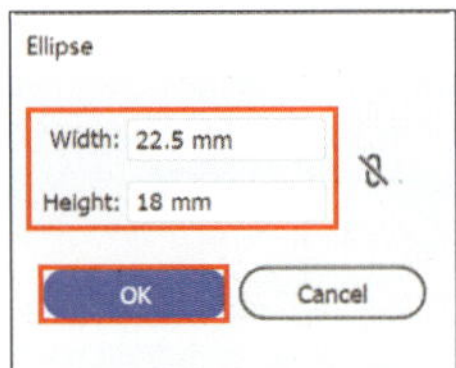 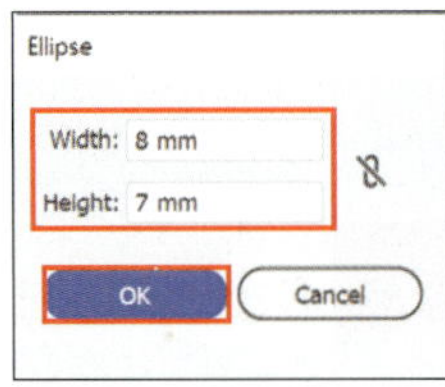 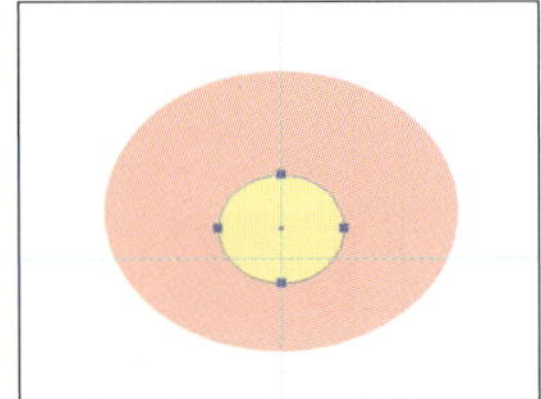

02 Ellipse Tool(◉)로 [Alt]를 누른 채 수직의 안내선에 드래그하여 타원을 그리고 Color 패널에서 'Fill Color : K80, Stroke Color : None'을 지정합니다. 계속해서 [Alt]를 누른 채 수직의 안내선에 클릭하여 'Width : 4mm, Height : 3.5mm'를 입력하여 그리고 'Fill Color : None, Stroke Color : K80'을 지정하고 Stroke 패널에서 'Weight : 2pt, Cap : Round Cap'을 적용합니다.

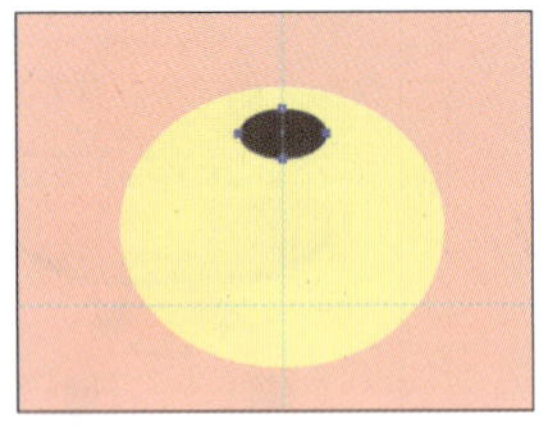 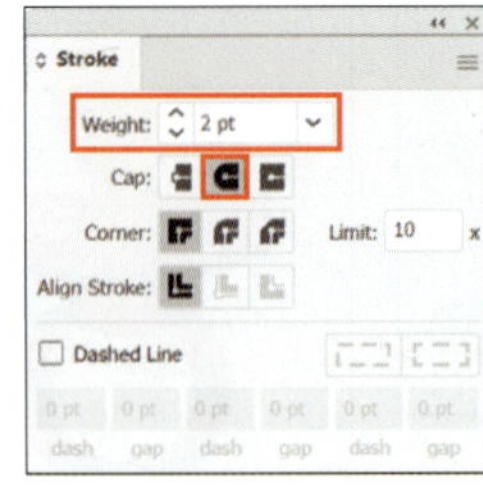 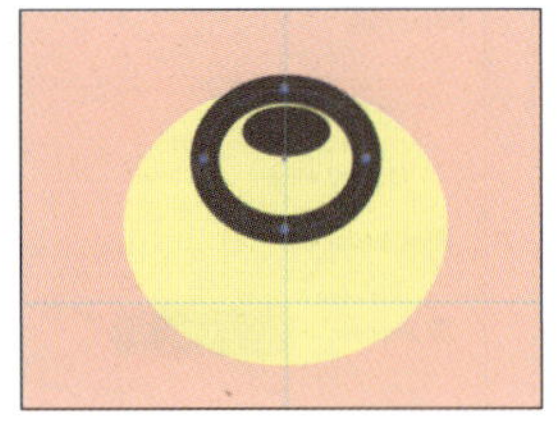

🄵 기적의 TIP

Color 패널의 'Swap Fill and Stroke(⤵)'를 클릭하거나 [Shift]+[X]를 눌러 Fill Color와 Stroke Color를 빠르게 서로 바꿀 수 있습니다.

---

03 Direct Selection Tool(▷)로 클릭하여 타원의 상단 고정점을 선택하고 Delete 를 눌러 삭제하고 열린 패스를 만듭니다. Line Segment Tool(╱)로 Shift 를 누른 채 수직의 안내선에 드래그하여 타원과 열린 패스 사이에 수직선을 그리고 Color 패널에서 'Fill Color : None, Stroke Color : K80'을 지정하고 Stroke 패널에서 'Weight : 2pt'를 적용합니다.

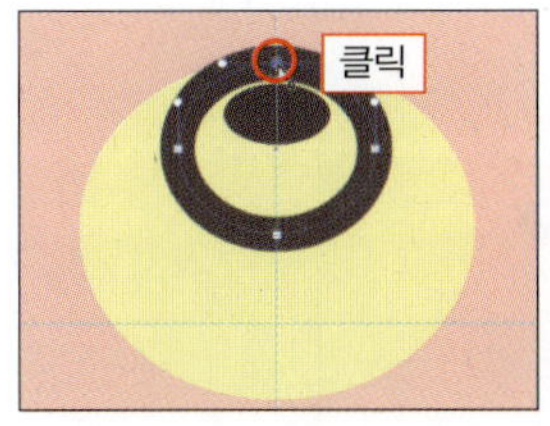

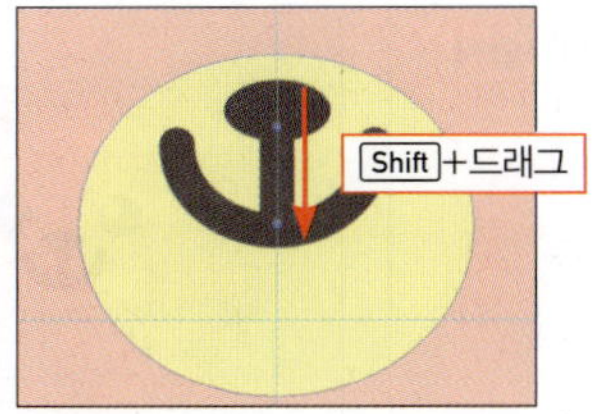

04 Selection Tool(▶)로 Shift 를 누른 채 클릭하여 2개의 열린 패스를 함께 선택하고 [Object]–[Path]–[Outline Stroke]를 선택하여 선을 면으로 확장합니다. 계속해서 상단 타원과 함께 선택하고 Pathfinder 패널에서 'Unite(▣)'를 클릭하여 합칩니다.

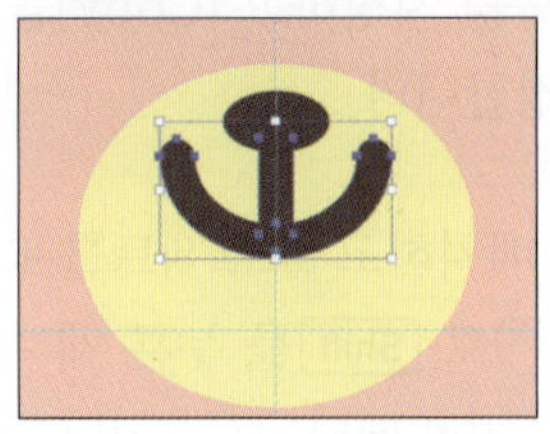
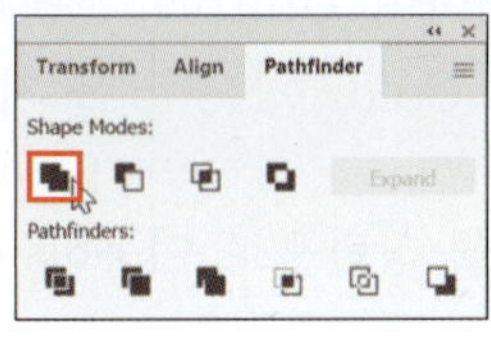

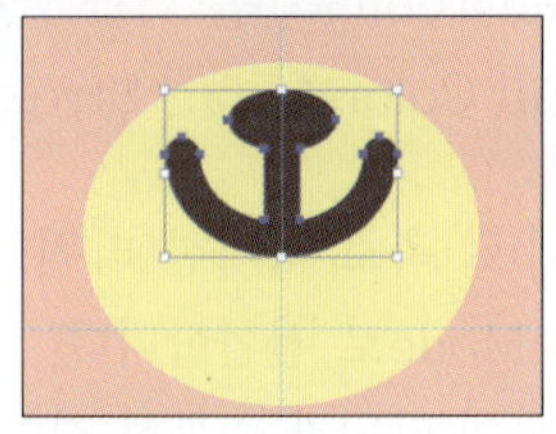

05 Ellipse Tool(◯)로 Alt 와 Shift 를 누른 채 드래그하여 정원을 그리고 Color 패널에서 'Fill Color : K80, Stroke Color : None'을 지정합니다. 계속해서 Alt 와 Shift 를 누른 채 드래그하여 작은 정원을 겹치도록 그리고 'Fill Color : C0M0Y0K0, Stroke Color : None'을 지정하고 눈 모양을 완성합니다.

06 Ellipse Tool(◯)로 작업 도큐먼트를 클릭한 후 'Width : 9mm, Height : 8.5mm'를 입력하여 그리고 Color 패널에서 'Fill Color : M30Y20, Stroke Color : None'을 지정합니다. Scale Tool(⊡)을 더블 클릭하여 'Uniform : 55%'를 지정하고 [Copy]를 눌러 축소 복사하고 우측 하단으로 이동한 후 'Fill Color : Y50, Stroke Color : None'을 지정합니다.

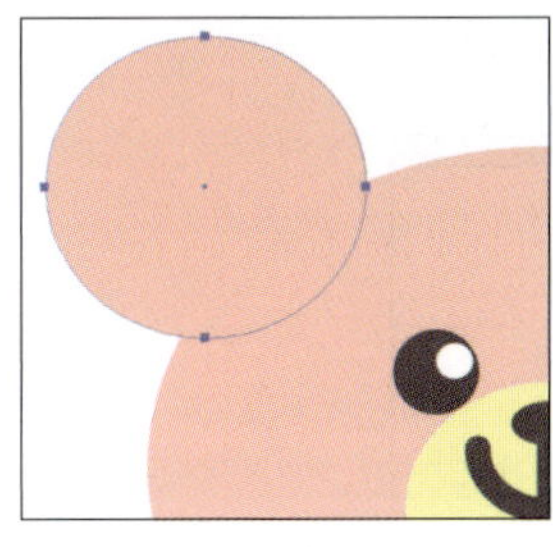
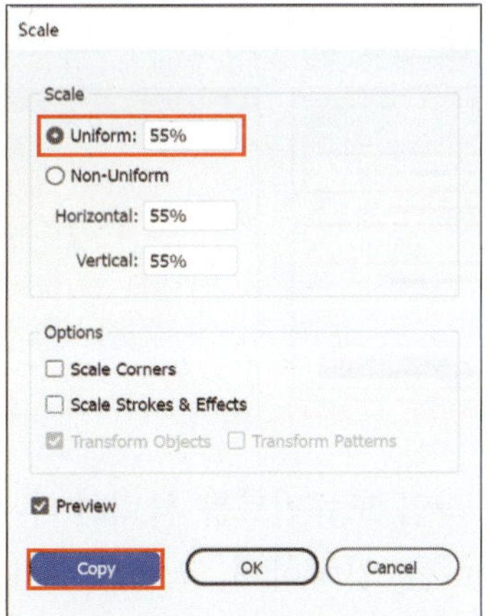

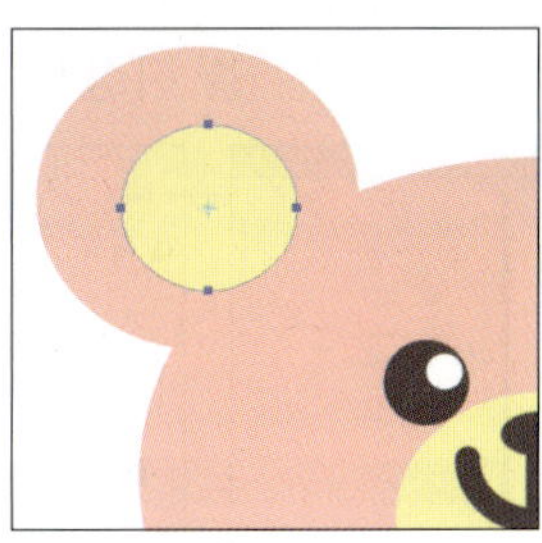

07 Selection Tool(▶)로 Shift 를 누른 채 클릭하여 4개의 원형을 함께 선택하고 Reflect Tool(▷◁)로 Alt 를 누른 채 수직의 안내선을 클릭한 후 'Axis : Vertical'을 지정하고 [Copy]를 눌러 복사하고 귀와 눈 모양을 완성합니다. Selection Tool(▶)로 드래그하여 양쪽 귀 모양 원형을 함께 선택한 후 Shift + Ctrl + [를 눌러 맨 뒤로 보내기를 합니다.

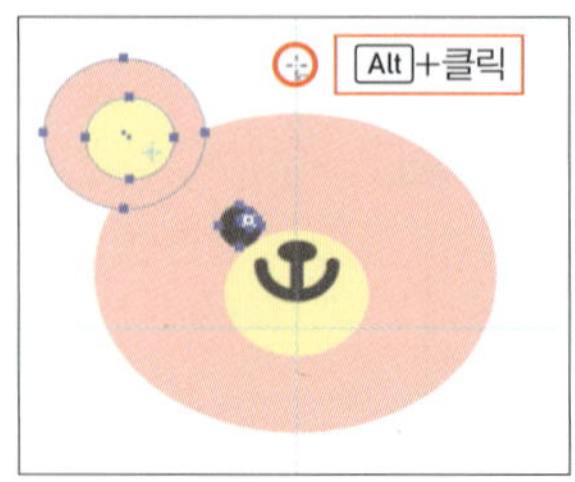

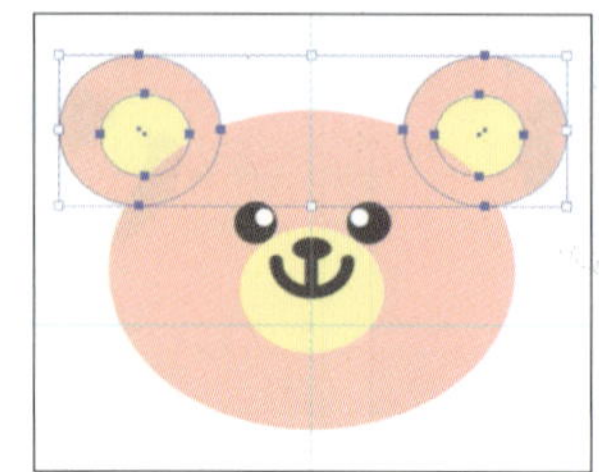

08 Ellipse Tool(◯)로 Alt 를 누른 채 수직의 안내선에 클릭하여 'Width : 18mm, Height : 21mm'를 입력하여 그리고 Color 패널에서 'Fill Color : M30Y20, Stroke Color : None'을 지정합니다. Scale Tool(⬚)을 더블 클릭하여 'Uniform : 80%'를 지정하고 [Copy]를 눌러 축소 복사하고 'Fill Color : Y50, Stroke Color : None'을 지정합니다.

09 Selection Tool(▶)로 축소 복사한 타원형을 상단으로 이동하여 배치하고 오브젝트를 더블 클릭하여 Isolation Mode로 전환합니다. Line Segment Tool(╱)로 Shift 를 누른 채 수직의 안내선에 드래그하여 타원과 충분히 겹치도록 수직선을 그리고 Color 패널에서 'Fill Color : None, Stroke Color : 임의 색상'을 지정합니다.

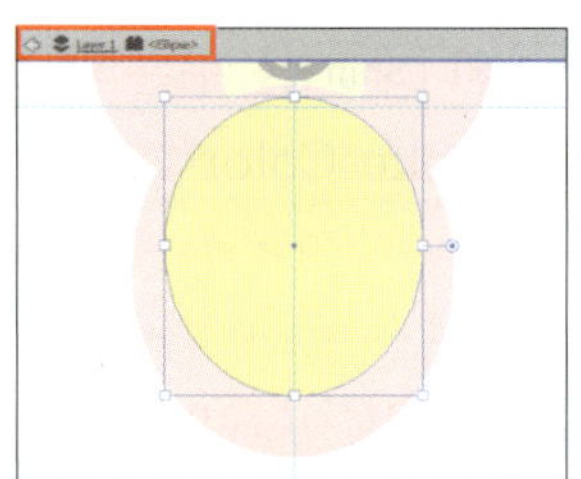
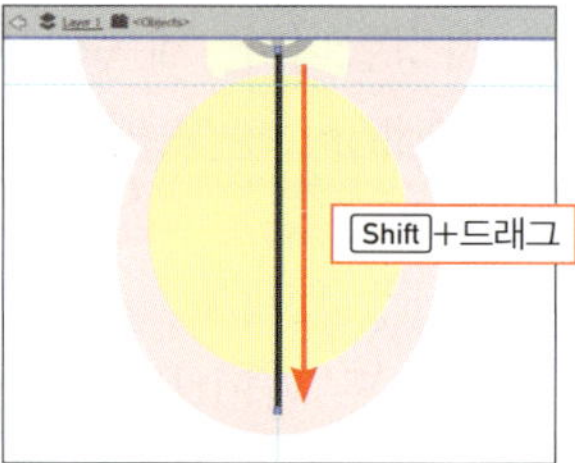

10 Ctrl + A 로 모두 선택하고 Pathfinder 패널에서 'Divide(▣)'를 클릭하여 면을 분할합니다. Selection Tool(▶)로 오른쪽 오브젝트를 선택하고 Color 패널에서 'Fill Color : C10Y80, Stroke Color : None'을 지정한 후 Esc 를 눌러 정상 모드로 전환합니다.

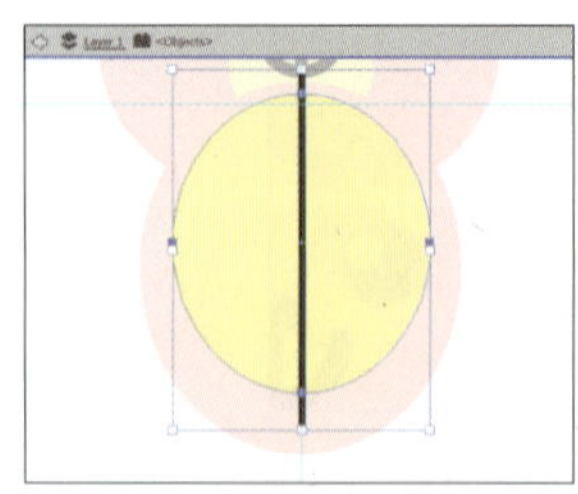
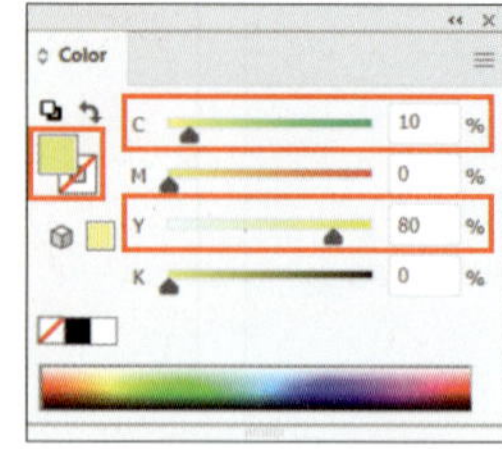

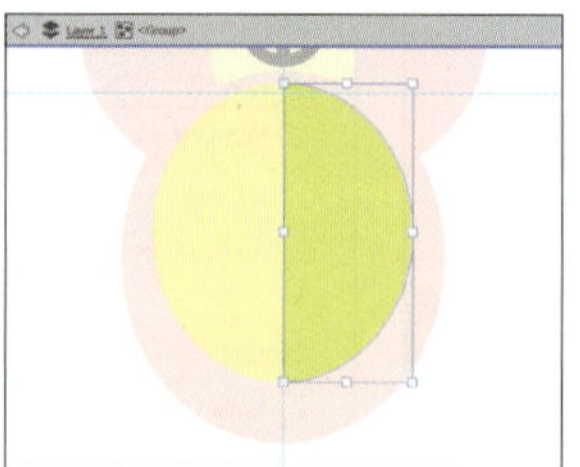

11 Rounded Rectangle Tool(▢)로 작업 도큐먼트를 클릭한 후 'Width : 14mm, Height : 5.5mm, Corner Radius : 3mm'를 입력하여 그리고 Color 패널에서 'Fill Color : M30Y20, Stroke Color : None'을 지정합니다.

12 Direct Selection Tool(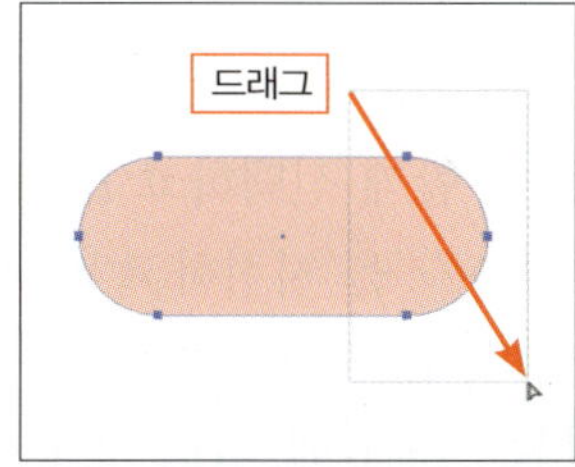)로 드래그하여 둥근 사각형의 오른쪽 고정점을 선택하고 Scale Tool(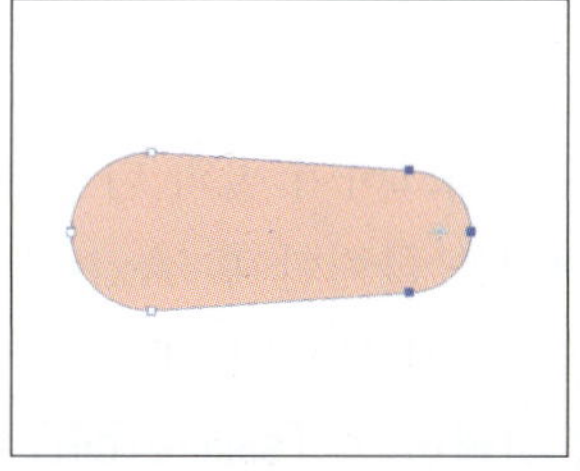)을 더블 클릭하여 'Uniform : 77%'를 지정하고 [OK]를 눌러 패스를 축소합니다.

13 [Effect]-[Illustrator Effects]-[Warp]-[Arc]를 선택하여 'Horizontal : 체크, Bend : -15%'를 지정한 후 [Object]-[Expand Appearance]로 오브젝트의 속성을 확장합니다.

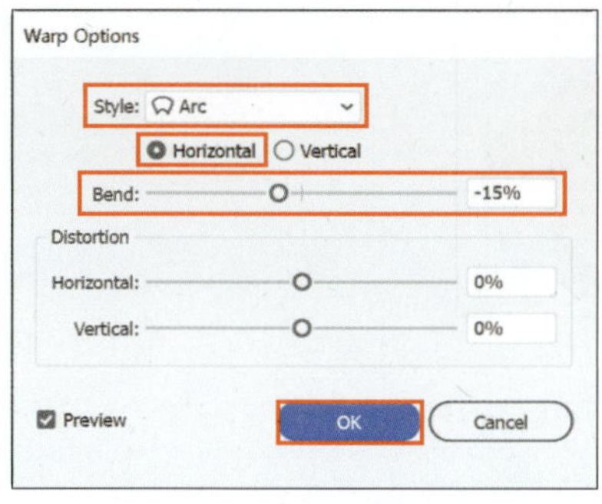

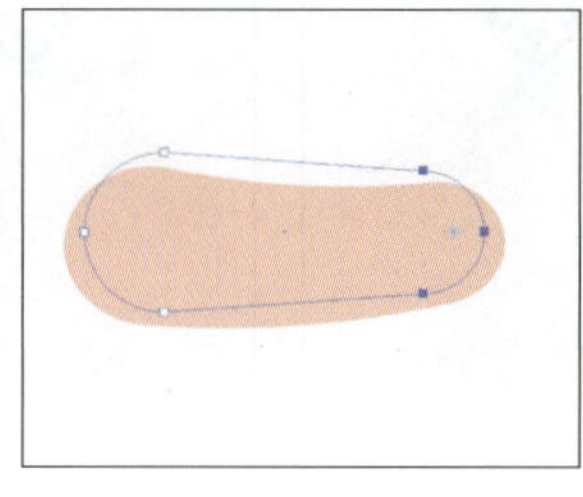
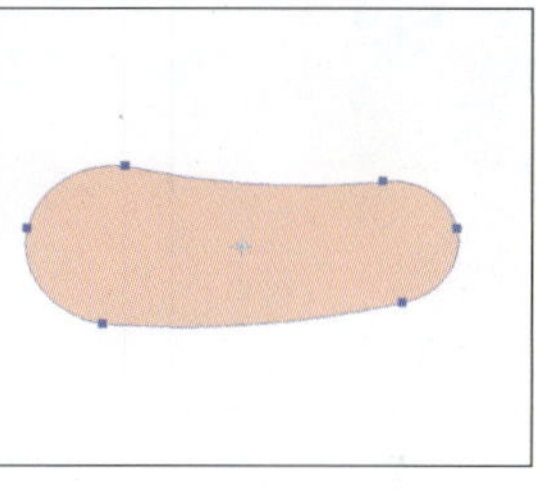

14 Rotate Tool(↺)을 더블 클릭하여 'Angle : 40°'를 지정하고 [OK]를 눌러 회전하고 팔의 위치에 배치한 후 Shift + Ctrl + [를 눌러 맨 뒤로 보내기를 합니다.

15 Scale Tool(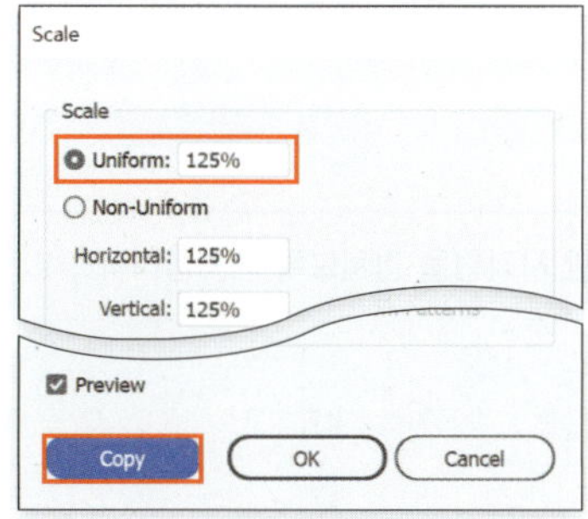)을 더블 클릭하여 'Uniform : 125%'를 지정하고 [Copy]를 눌러 확대 복사합니다. Reflect Tool(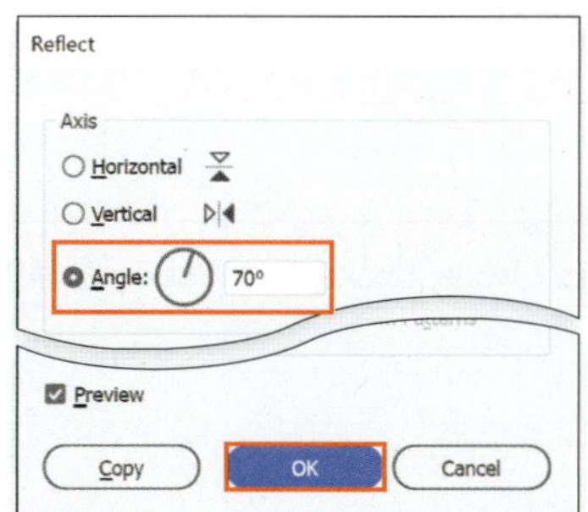)을 더블 클릭하여 'Angle : 70°'를 지정하고 [OK]를 눌러 다리의 위치로 이동하여 배치합니다.

16 Ellipse Tool(◉)로 드래그하여 타원을 그리고 Color 패널에서 'Fill Color : Y50, Stroke Color : None'을 지정합니다. Rotate Tool(↻)을 더블 클릭하여 'Angle : −20°'를 지정하고 [OK]를 눌러 회전하여 다리 모양 하단에 배치합니다.

17 Selection Tool(▶)로 Shift 를 누른채 드래그하여 팔과 다리 모양을 함께 선택하고 Reflect Tool(◀▶)로 Alt 를 누른 채 수직의 안내선을 클릭한 후 'Axis : Vertical'을 지정하고 [Copy]를 눌러 복사하고 Shift + Ctrl + [를 눌러 맨 뒤로 보내기를 합니다. Selection Tool(▶)로 드래그하여 몸통과 팔, 다리를 함께 선택한 후 Shift + Ctrl + [를 눌러 맨 뒤로 보내기를 합니다.

04 패턴 등록하기

01 Selection Tool(▶)로 드래그하여 곰 인형 오브젝트를 모두 선택하고 Ctrl + G 로 그룹을 지정합니다. Rectangle Tool(▢)로 작업 도큐먼트를 클릭한 후 'Width : 43mm, Height : 49mm'를 입력하여 그리고 Color 패널에서 'Fill Color : None, Stroke Color : None'을 지정합니다.

02 Selection Tool(▶)로 드래그하여 곰 인형 오브젝트와 함께 선택하고 Align 패널에서 'Horizontal Align Center(▤)'와 'Vertical Align Center(▥)'를 각각 클릭하여 가운데 정렬을 지정합니다.

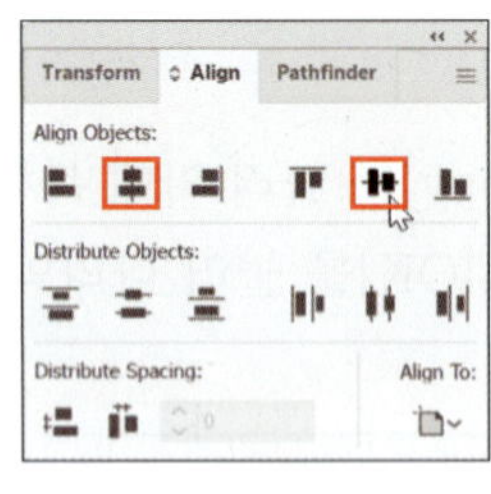

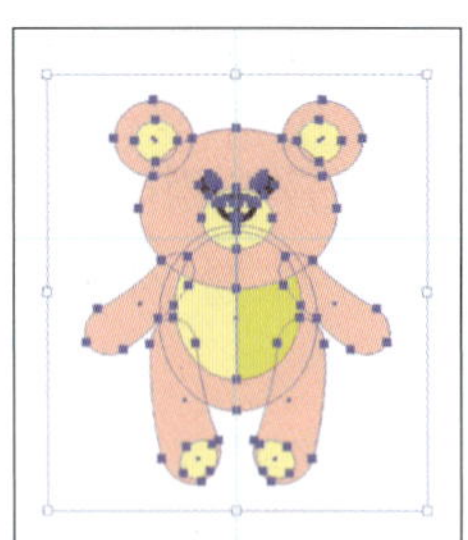

패턴의 간격을 지정하기 위해 'Fill Color : None, Stroke Color : None'인 투명한 사각형을 겹치도록 배치합니다.

03 [Object]-[Pattern]-[Make]를 선택하고 [Pattern Options] 대화상자에서 'Name : 곰 인형, Tile Type : Brick by Column, Brick Offset : 1/3'을 지정하고 패턴으로 등록합니다.

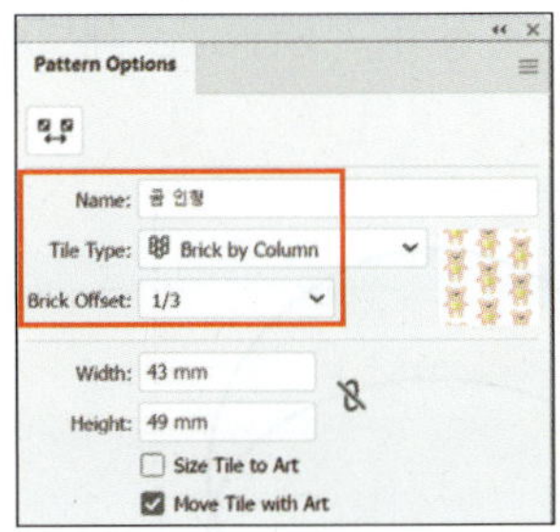 

04 Esc를 눌러 패턴의 편집 모드를 완료하고 정상 모드로 전환합니다. Selection Tool(▶)로 드래그하여 Color 패널에서 'Fill Color : None, Stroke Color : None'인 투명한 사각형을 선택하고 Delete를 눌러 삭제합니다.

05 유아복 모자 만들고 그라디언트 적용하기

01 Ellipse Tool(◯)로 Alt를 누른 채 수직의 안내선에 클릭하여 'Width : 33mm, Height : 32mm'를 입력하여 그리고 Color 패널에서 'Fill Color : 임의 색상, Stroke Color : 임의 색상'을 지정합니다.

02 Direct Selection Tool(▷)로 드래그하여 타원의 중간 2개의 고정점을 선택하고 [Object]-[Transform]-[Move]를 선택한 후 'Horizontal : 0mm, Vertical : 2mm'를 입력하고 [OK]를 눌러 하단으로 이동합니다. Scale Tool(▣)을 더블 클릭하여 'Uniform : 106%'를 지정하고 [OK]를 눌러 패스를 확대합니다.

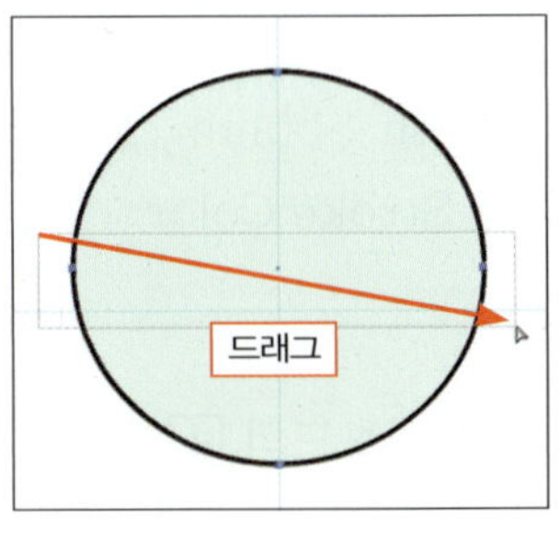

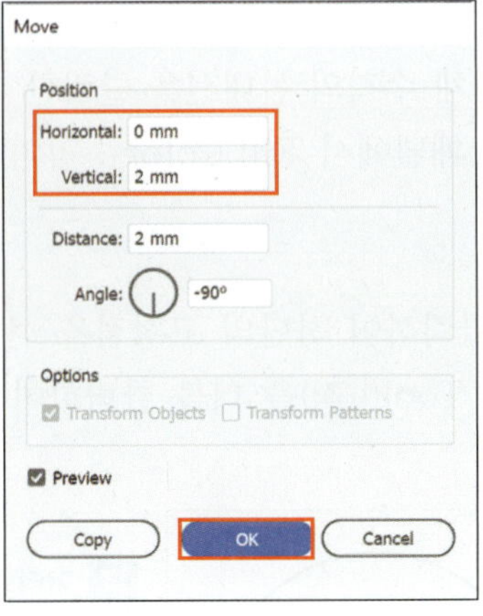

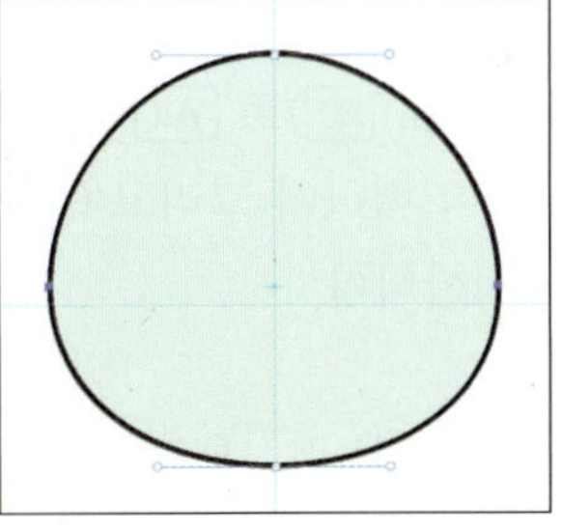

03 Direct Selection Tool(▷)로 클릭하여 하단의 고정점을 선택하고 Scale Tool(▣)을 더블 클릭하여 'Uniform : 65%'를 지정하고 [OK]를 눌러 패스를 축소합니다.

04 Selection Tool(▶)로 클릭하여 선택하고 Scale Tool(▣)로 Alt 를 누른 채 하단 고정점에 클릭한 후 'Horizontal : 100%, Vertical : 68%'를 지정하고 [Copy]를 눌러 복사합니다. Color 패널에서 'Fill Color : None, Stroke Color : K100'을 지정하고 Stroke 패널에서 'Weight : 1pt'를 지정합니다.

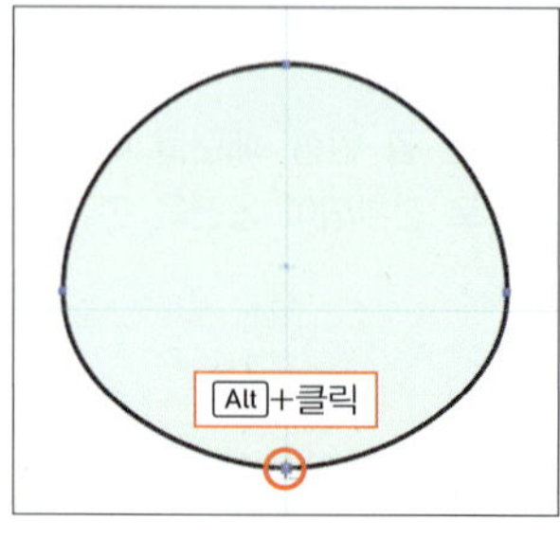
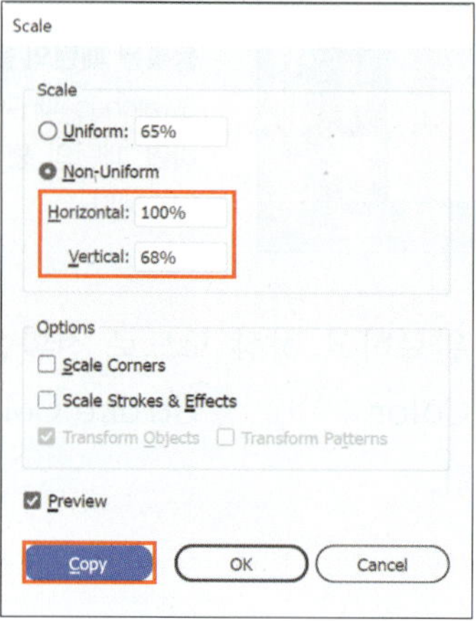

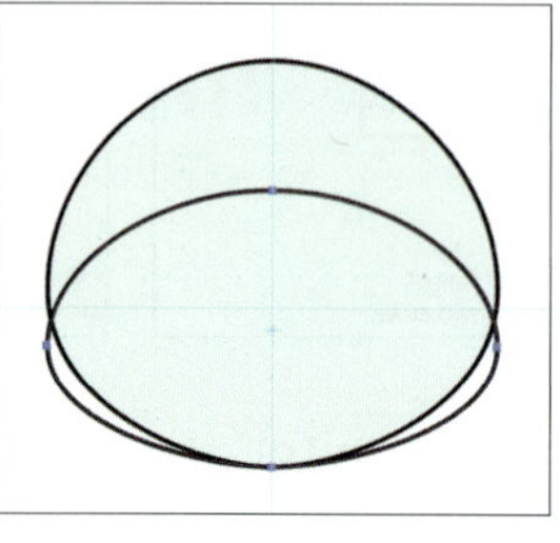

05 Scissors Tool(✂)로 왼쪽과 오른쪽 선분에 각각 클릭하여 패스를 자르고 Delete 를 2번 눌러 하단의 열린 패스를 삭제합니다.

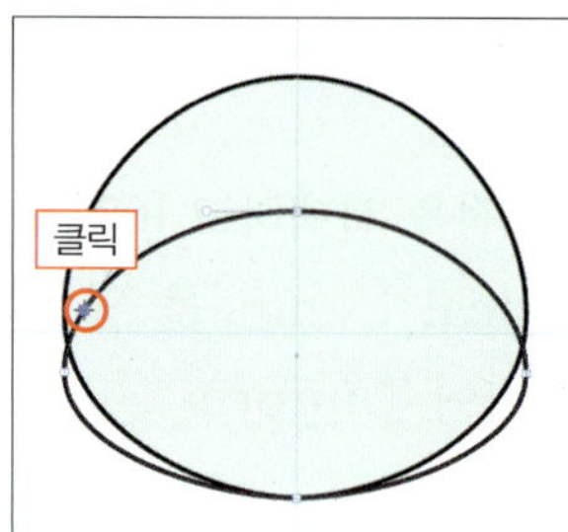

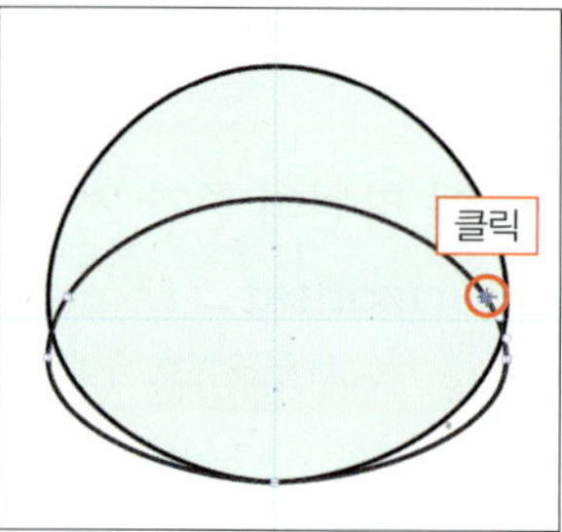

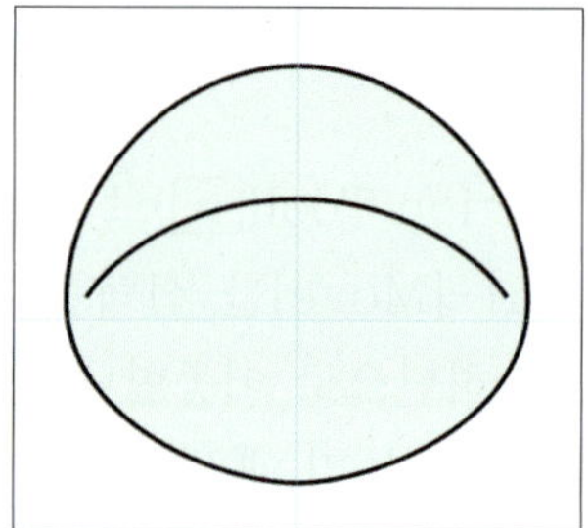

06 Ellipse Tool(◯)로 Alt 를 누른 채 수직의 안내선을 클릭한 후 'Width : 30mm, Height : 13mm'를 입력하여 그리고 Color 패널에서 'Fill Color : 임의 색상, Stroke Color : 임의 색 상'을 지정합니다.

07 Direct Selection Tool(▷)로 클릭하여 하단의 고정점을 선택하고 키보드의 ↓를 여러 번 눌러 아래쪽으로 이동하고 Scale Tool(▣)을 더블 클릭하여 'Uniform : 40%'를 지정하고 [OK]를 눌러 패스를 축소합니다.

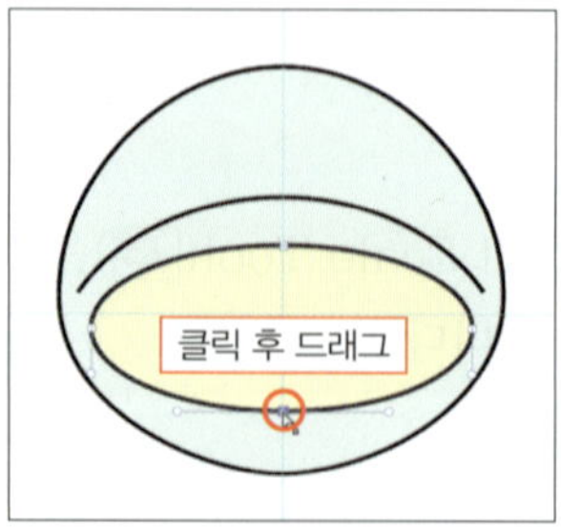

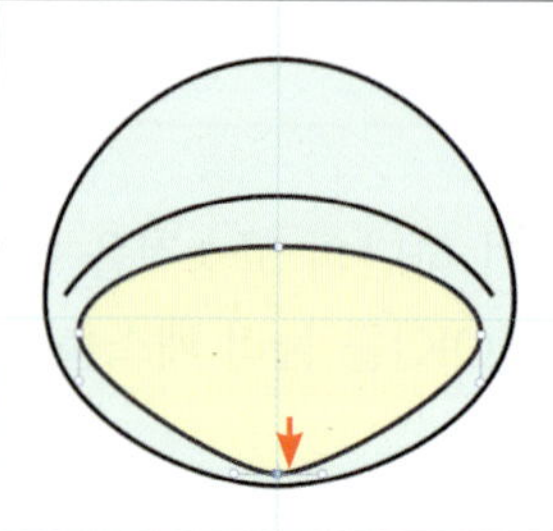

기적의 TIP

- Shift 를 누른 채 키보드의 ↓를 누르면 10배 수로 이동이 가능합니다.
- Shift 를 누른 채 Direct Selection Tool(▷) 로 선택된 고정점을 이동하면 반듯하게 이동 이 가능합니다.

08 Gradient 패널에서 'Type : Linear Gradient, Angle : 135°'를 적용하고 Gradient Slider
의 왼쪽 'Color Stop'을 더블 클릭하여 C10Y20을, 오른쪽 'Color Stop'을 더블 클릭하여
C50M50을 적용한 후 'Location : 85%'를 지정합니다. Color 패널에서 'Stroke Color :
None'을 지정합니다.

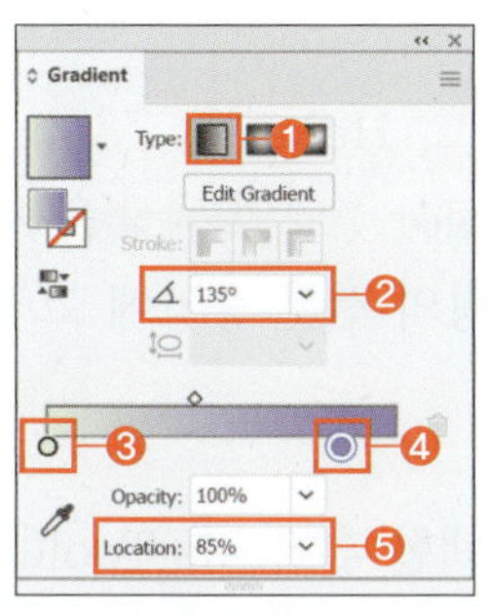 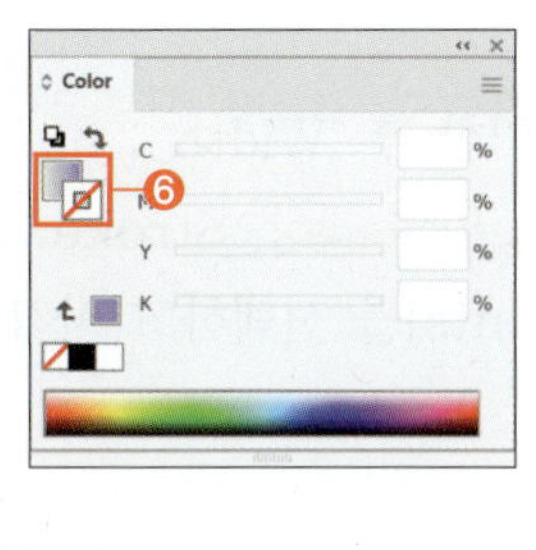 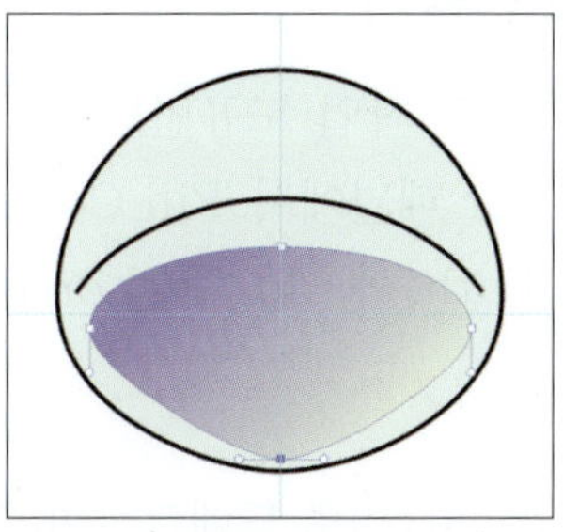

09 Rounded Rectangle Tool(▢)로 작업 도큐먼트를 클릭한 후 'Width : 9mm, Height :
11mm, Corner Radius : 4mm'를 입력하여 그리고 Color 패널에서 'Fill Color : Y50,
Stroke Color : K100'을 지정하고 Stroke 패널에서 'Weight : 1pt'를 지정합니다.

10 Direct Selection Tool(▷)로 드래그하여 둥근 사각형의 하단 고정점을 선택한 후 Scale
Tool(▣)을 더블 클릭하여 'Uniform : 90%'를 지정하고 [OK]를 눌러 패스를 축소합니다.
Selection Tool(▶)로 클릭하여 선택한 후 Rotate Tool(↻)을 더블 클릭하여 'Angle : 30°'
를 지정하고 [OK]를 눌러 회전하여 배치합니다.

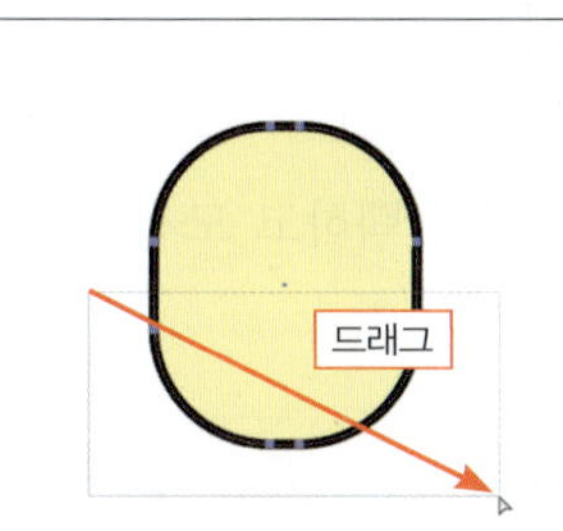

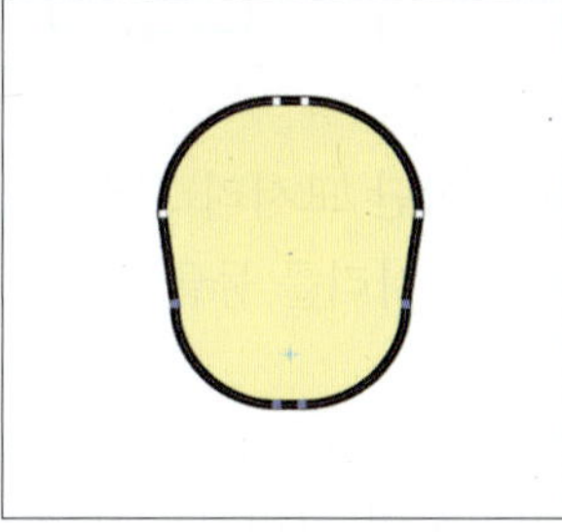 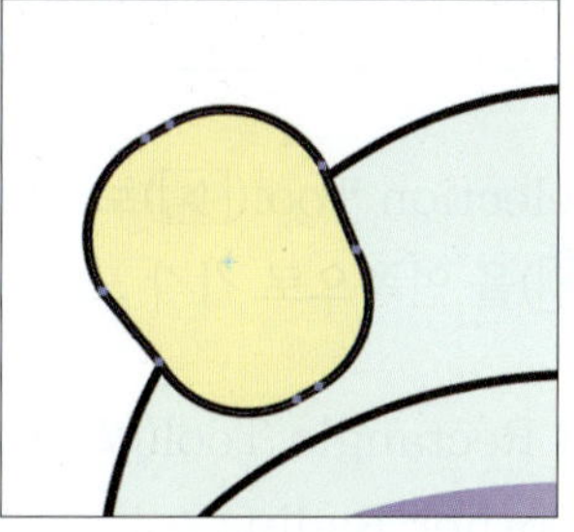

11 Pen Tool(✎)로 드래그하여 열린 패스로 그리고 Color 패널에서 'Fill Color : None,
Stroke Color : K100'을 지정하고 Stroke 패널에서 'Weight : 1pt'를 지정합니다. Selec-
tion Tool(▶)로 드래그하여 변형된 둥근 사각형과 함께 선택하고 Shift + Ctrl + [를 눌러
맨 뒤로 보내기를 합니다.

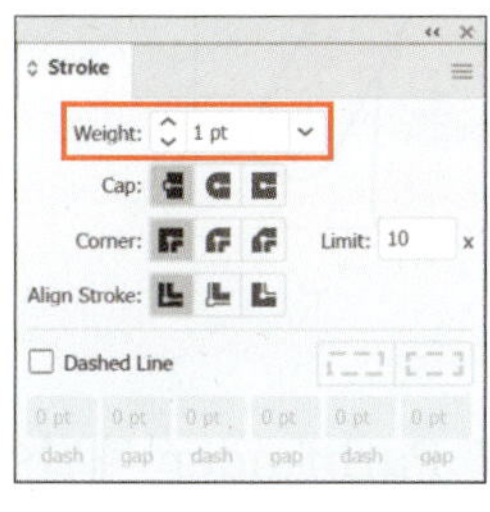 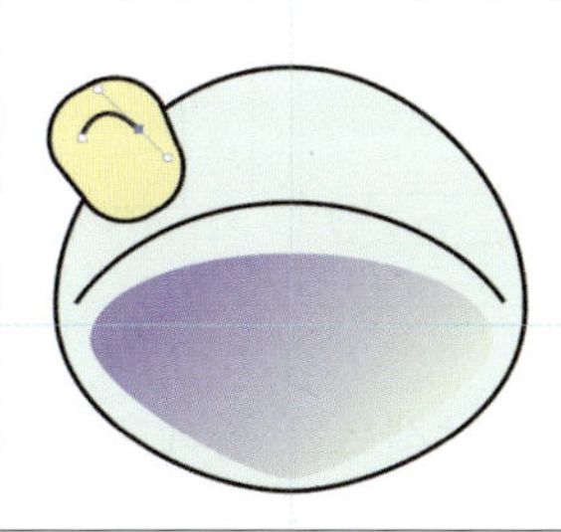 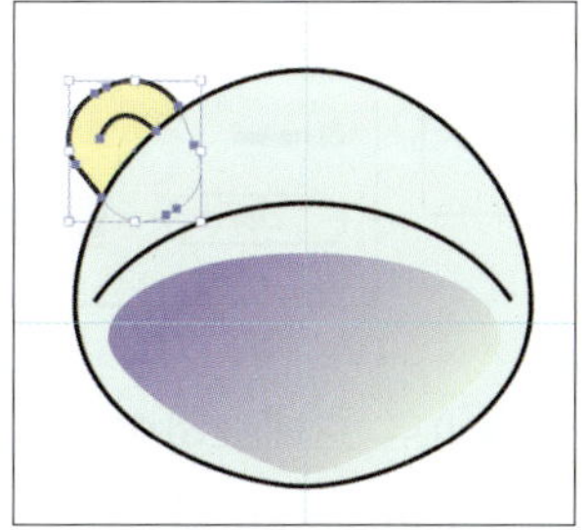

12 Reflect Tool(◁)로 **Alt** 를 누른 채 수직의 안내선을 클릭한 후 'Axis : Vertical'을 지정하고 [Copy]를 눌러 복사합니다.

06 유아복 오브젝트 만들기

01 Rectangle Tool(□)로 작업 도큐먼트를 클릭한 후 'Width : 35mm, Height : 78mm'를 입력하여 그리고 Color 패널에서 'Fill Color : 임의 색상, Stroke Color : 임의 색상'을 지정합니다. [Object]−[Path]−[Add Anchor Points]를 선택하고 사각형의 선분 중앙에 고정점을 추가합니다.

02 Direct Selection Tool(▷)로 드래그하여 중앙의 2개의 고정점을 선택한 후 Scale Tool(⬚)을 더블 클릭하여 'Uniform : 112%'를 지정하고 [OK]를 눌러 패스를 확대합니다. 계속해서 하단 2개의 고정점을 선택한 후 Scale Tool(⬚)을 더블 클릭하여 'Uniform : 85%'를 지정하고 [OK]를 눌러 패스를 축소합니다.

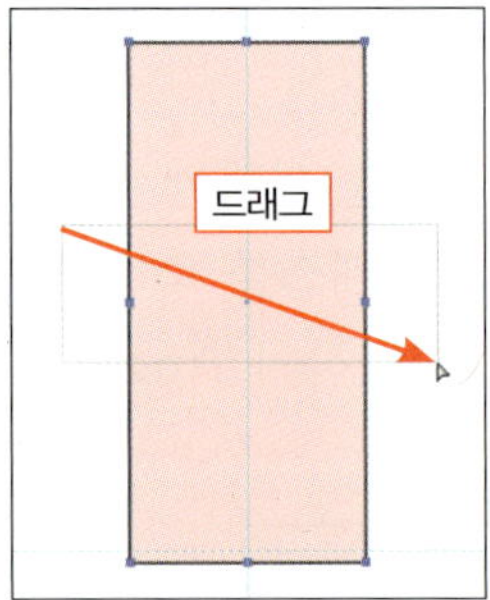

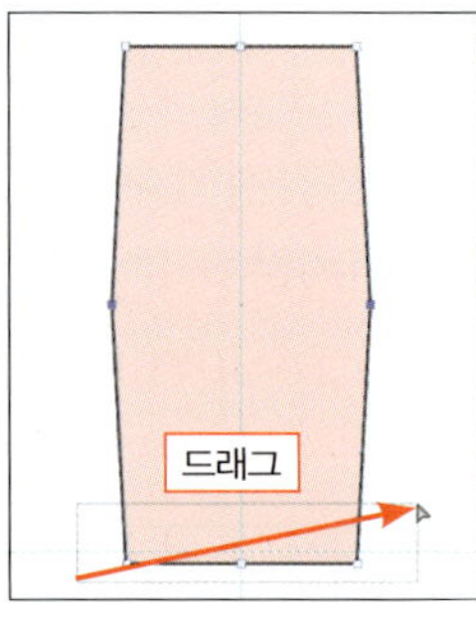

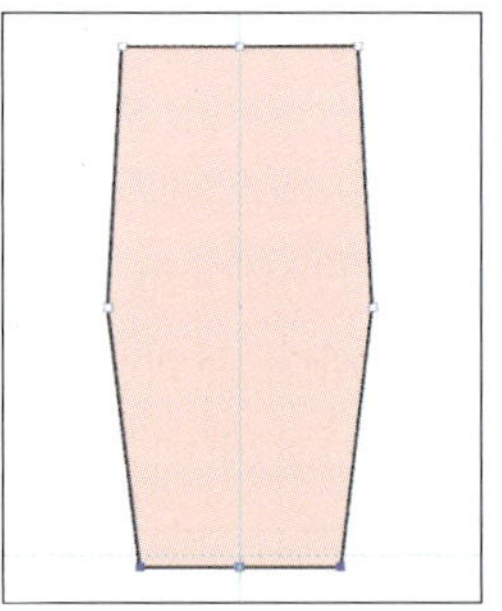

03 Direct Selection Tool(▷)로 클릭하여 상단 모서리 고정점을 각각 선택하고 모서리 안쪽의 둥근 점(◉)을 안쪽으로 각각 드래그하여 모서리를 둥글게 변형합니다.

04 Rounded Rectangle Tool(□)로 작업 도큐먼트를 클릭한 후 'Width : 9.5mm, Height : 40mm, Corner Radius : 4mm'를 입력하여 그리고 Color 패널에서 'Fill Color : 임의 색상, Stroke Color : 임의 색상'을 지정합니다. Rotate Tool(↻)을 더블 클릭하여 'Angle : 28'를 지정하고 [OK]를 눌러 회전하여 오른쪽 상단에 배치합니다.

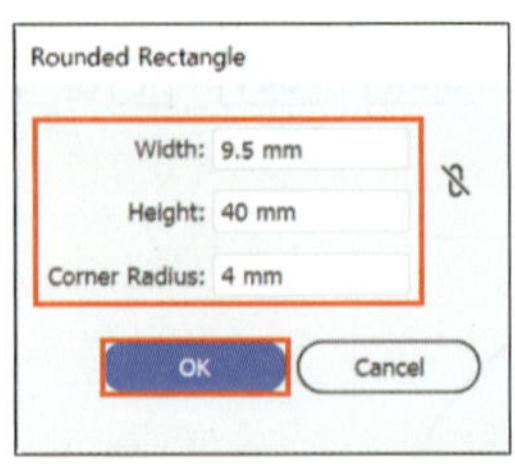

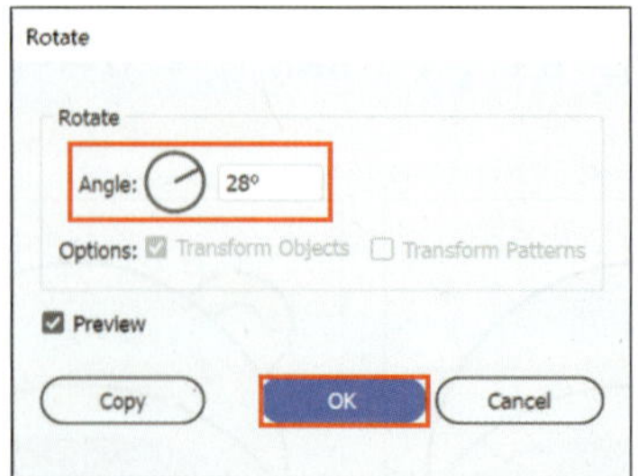

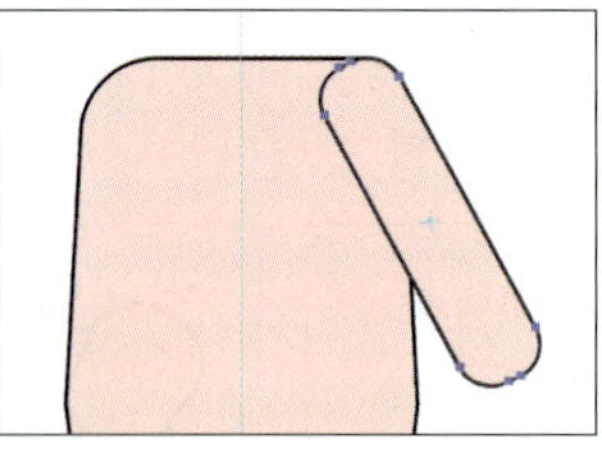

05 Selection Tool(▶)로 드래그하여 2개의 오브젝트를 함께 선택하고 Pathfinder 패널에서 'Unite(◧)'를 클릭하여 합칩니다.

06 Rounded Rectangle Tool(▢)로 **Alt**를 누른 채 수직 안내선의 하단을 클릭한 후 'Width : 7.5mm, Height : 30mm, Corner Radius : 4mm'를 입력하여 그리고 Color 패널에서 'Fill Color : 임의 색상, Stroke Color : 임의 색상'을 지정합니다. Selection Tool(▶)로 드래그하여 2개의 오브젝트를 함께 선택하고 Pathfinder 패널에서 'Minus Front(▣)'를 클릭합니다.

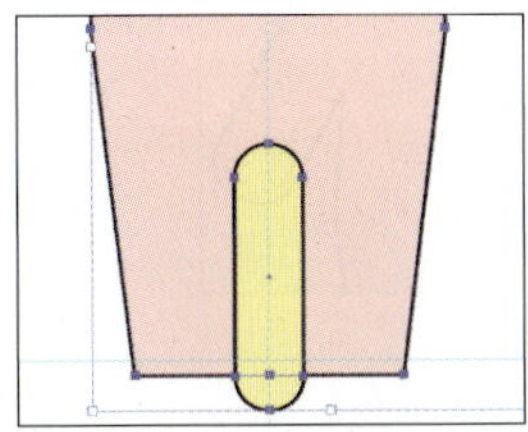
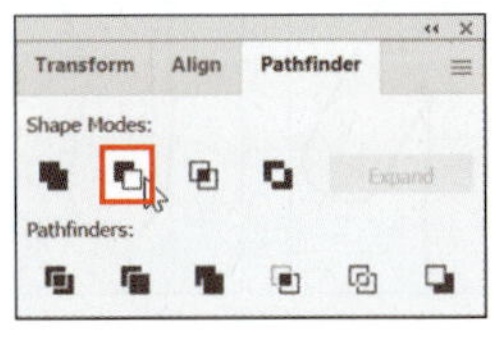
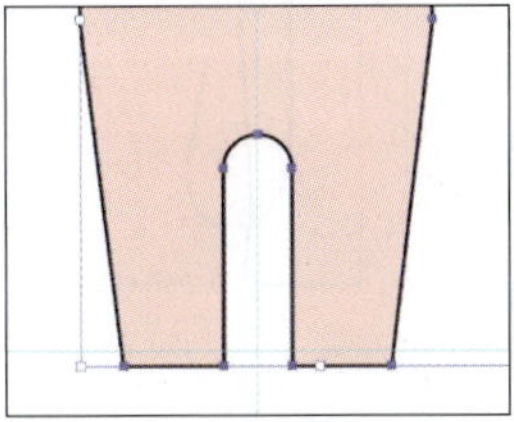

07 Direct Selection Tool(▷)로 **Shift**를 누른 채 클릭하여 하단 바깥쪽 2개의 고정점을 함께 선택하고 모서리 안쪽의 둥근 점(◉)을 안쪽으로 드래그하여 모서리를 둥글게 변형합니다. 계속해서 안쪽 2개의 고정점을 함께 선택하고 모서리 안쪽의 둥근 점(◉)을 안쪽으로 드래그하여 모서리를 둥글게 변형합니다.

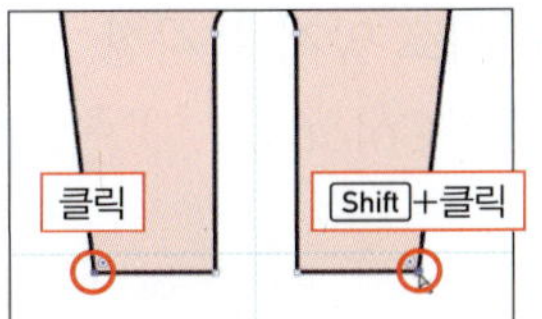

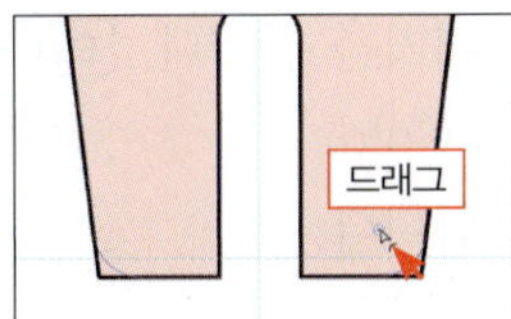

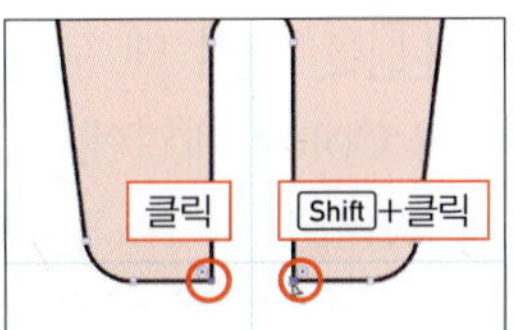

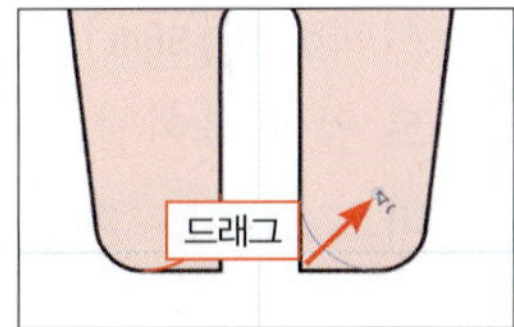

08 Ellipse Tool(◯)로 **Shift**를 누른 채 드래그하여 하단에 겹치도록 정원을 그리고 Color 패널에서 'Fill Color : None, Stroke Color : 임의 색상'을 지정합니다. Reflect Tool(◁▷)로 **Alt**를 누른 채 수직의 안내선을 클릭한 후 'Axis : Vertical'을 지정하고 [Copy]를 눌러 복사합니다.

09 Selection Tool(▶)로 드래그하여 3개의 오브젝트를 함께 선택한 후 Pathfinder 패널에서 'Divide(▣)'를 클릭하여 면을 분할하고 오브젝트를 더블 클릭하여 Isolation Mode로 전환합니다.

10 Selection Tool(▶)로 드래그하여 불필요한 2개의 오브젝트를 선택하고 **Delete**를 눌러 삭제한 후 하단 2개의 오브젝트를 함께 선택하고 Color 패널에서 'Fill Color : Y50, Stroke Color : K100'을 지정하고 Stroke 패널에서 'Weight : 1pt'를 지정합니다. **Esc**를 눌러 정상 모드로 전환하여 선택한 후 **Shift**+**Ctrl**+**G**로 그룹을 해제합니다.

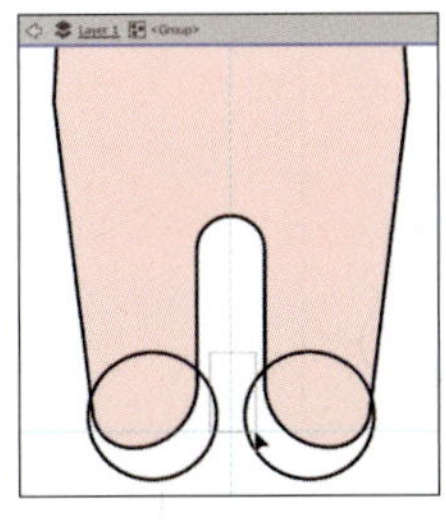
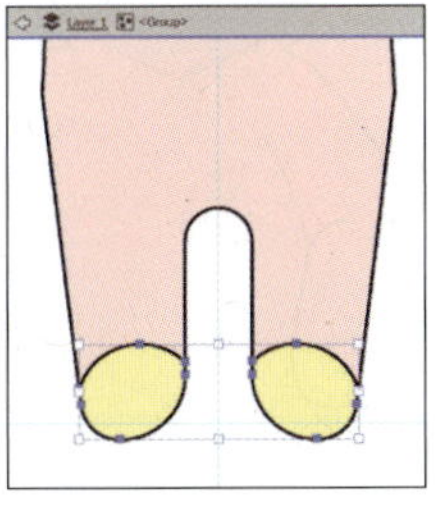

기적의 TIP

Pathfinder 패널에서 'Divide(▣)'로 면을 분할하면 자동으로 그룹이 지정됩니다. 패턴만을 적용할 오브젝트를 만들기 위해 **Shift**+**Ctrl**+**G**로 그룹을 해제합니다.

11 Pen Tool(✎)로 드래그하여 열린 패스로 왼쪽 팔 모양을 그리고 Color 패널에서 'Fill Color : 임의 색상, Stroke Color : 임의 색상'을 지정합니다. Selection Tool(▶)로 선택하고 Ctrl + C 로 복사합니다.

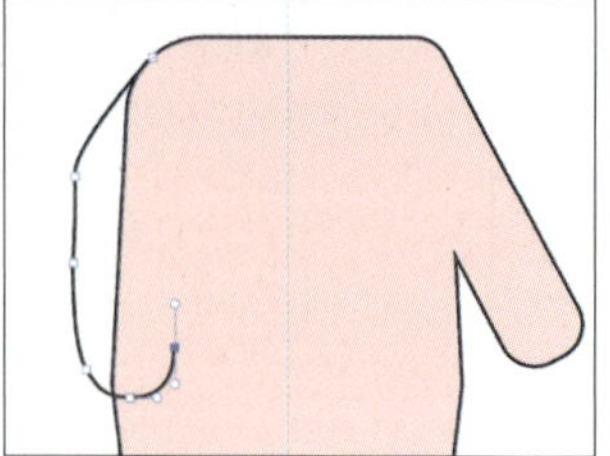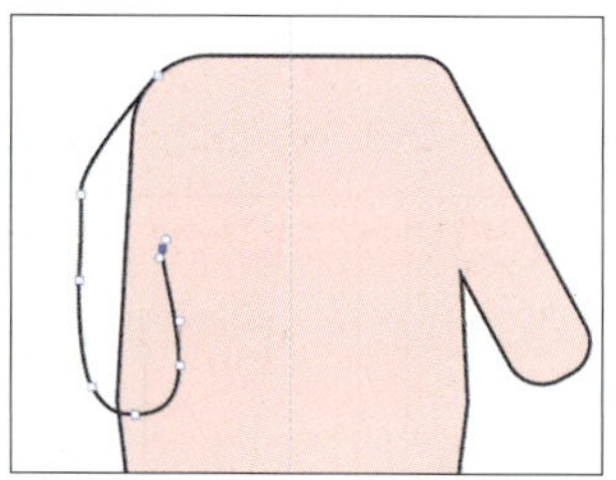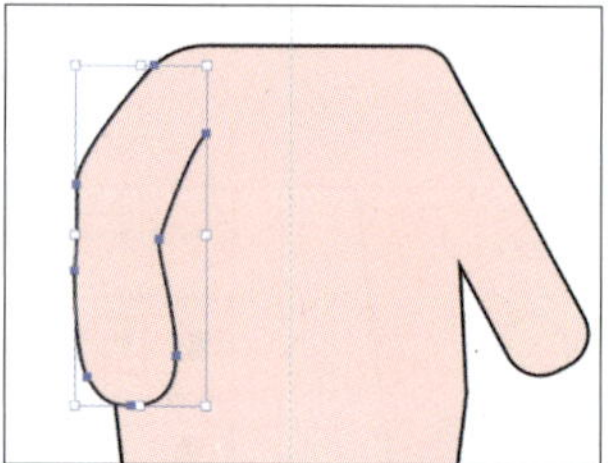

> **기적의 TIP**
>
> 나중에 왼쪽 팔 모양의 열린 패스를 Ctrl + F 로 복사한 오브젝트 앞에 붙여넣기를 하기 위해서 Ctrl + C 로 미리 복사합니다.

12 Selection Tool(▶)로 드래그하여 3개의 오브젝트를 함께 선택하고 Pathfinder 패널에서 'Unite(■)'를 클릭하여 합칩니다. Selection Tool(▶)로 드래그하여 2개의 귀 모양과 함께 선택하고 Shift + Ctrl + [를 눌러 맨 뒤로 보내기를 합니다. Ctrl + F 로 앞서 복사한 오브젝트 앞에 붙여넣기를 하고 Color 패널에서 'Fill Color : None, Stroke Color : K100'을 지정하고 Stroke 패널에서 'Weight : 1pt'를 지정합니다.

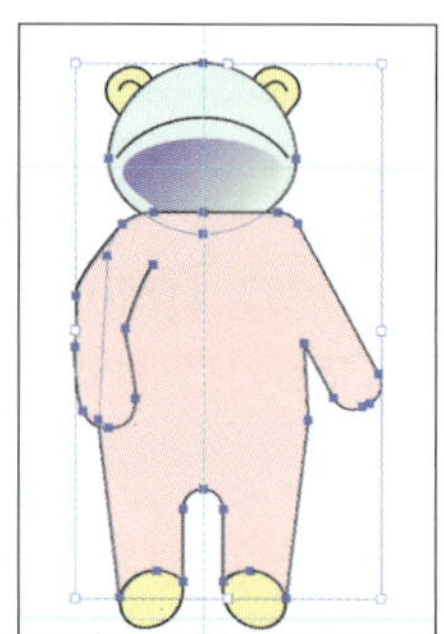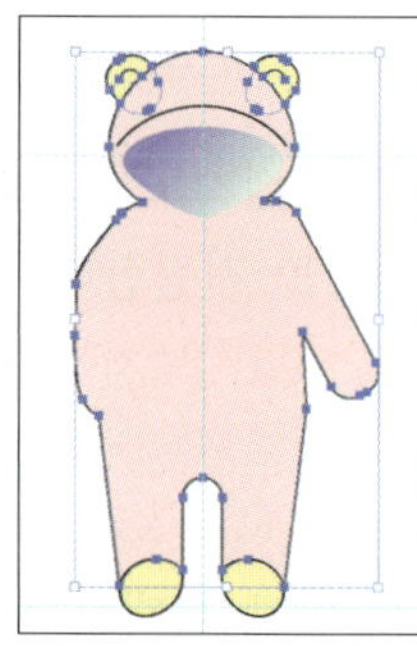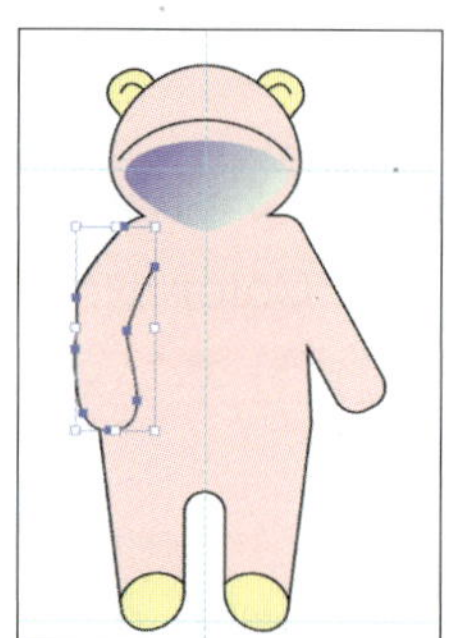

13 Pen Tool(✎)로 드래그하여 4개의 열린 패스로 각각 그리고 Color 패널에서 'Fill Color : None, Stroke Color : K100'을 지정하고 Stroke 패널에서 'Weight : 1pt'를 지정합니다. Selection Tool(▶)로 그라디언트가 적용된 오브젝트를 선택하고 Ctrl + C 로 복사하고 Ctrl + F 로 복사한 오브젝트 앞에 붙여넣기를 하고 Color 패널에서 'Fill Color : None, Stroke Color : K100'을 지정하고 Stroke 패널에서 'Weight : 1pt'를 지정합니다.

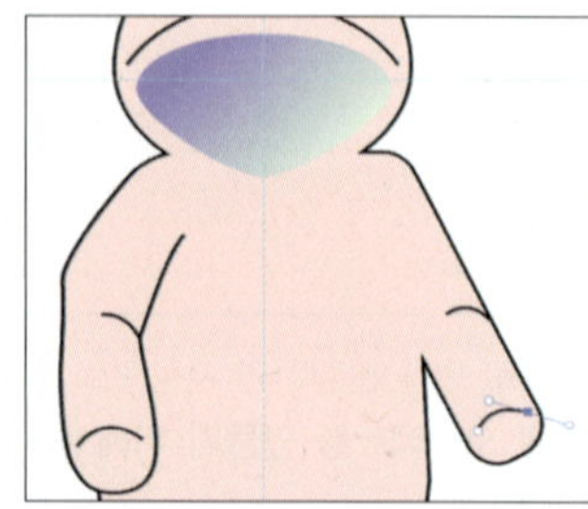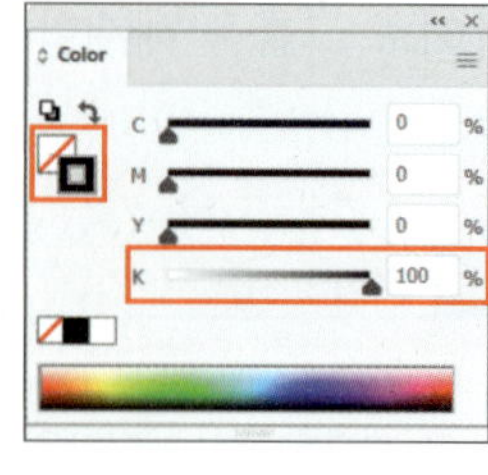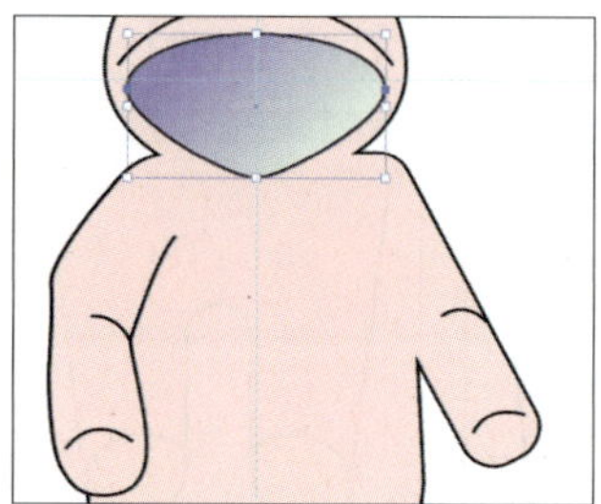

14 Selection Tool(▶)로 오브젝트를 더블 클릭하여 Isolation Mode로 전환합니다. Scissors Tool(✂)로 오른쪽 하단 선분에 2번 클릭하여 패스를 자르고 Delete 를 2번 눌러 하단의 열린 패스를 삭제합니다.

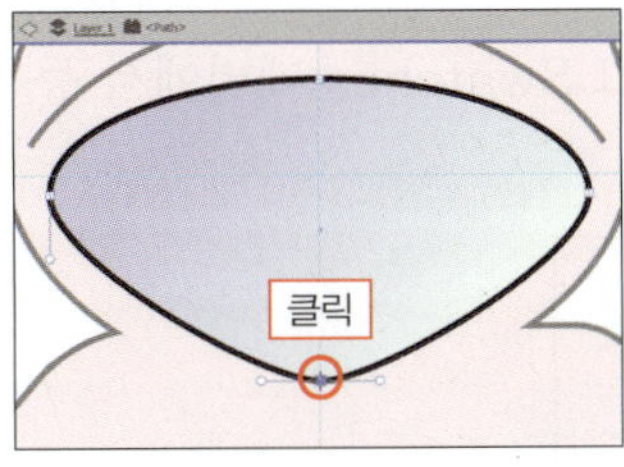

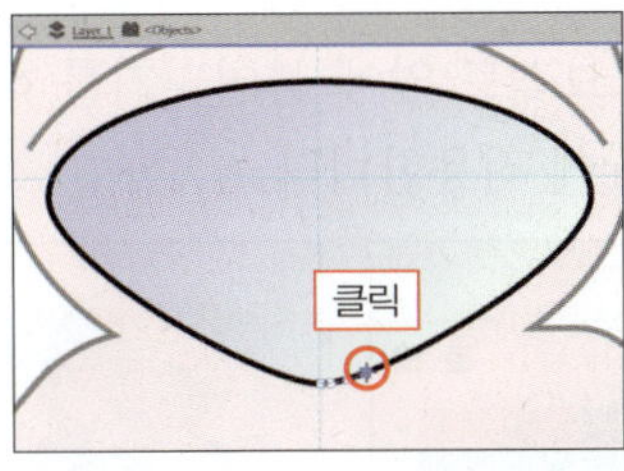

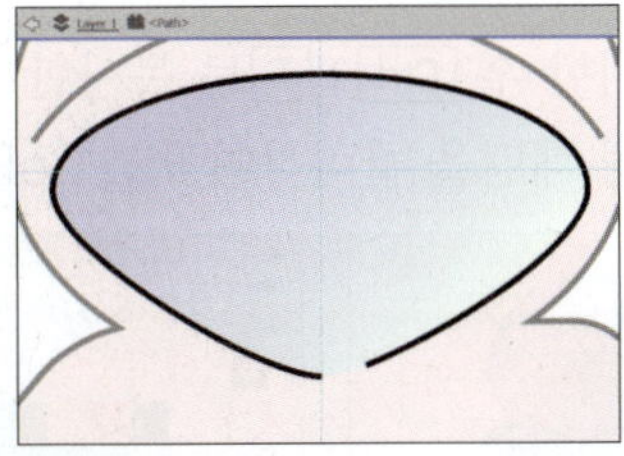

15 Pen Tool(✒)로 열린 패스의 왼쪽 끝 고정점에 클릭하여 패스를 연결합니다. 계속해서 드래그하여 열린 패스를 완성하고 Esc 를 눌러 정상 모드로 전환합니다.

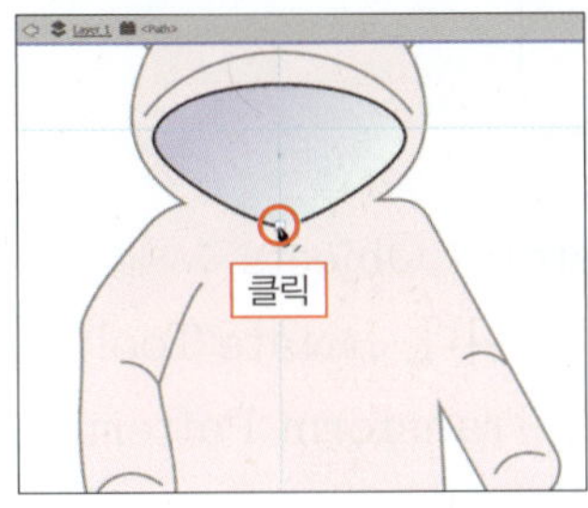

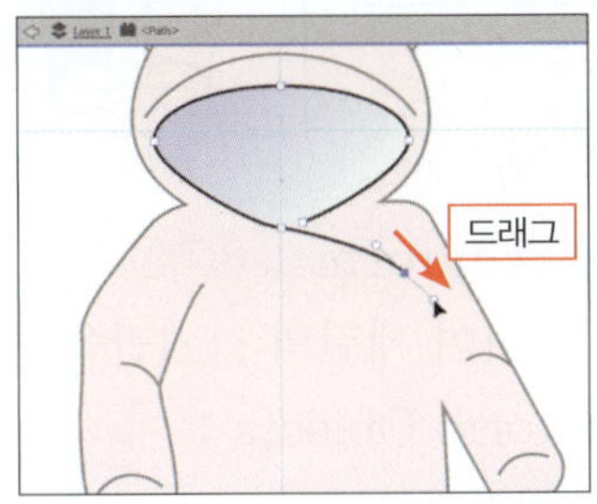

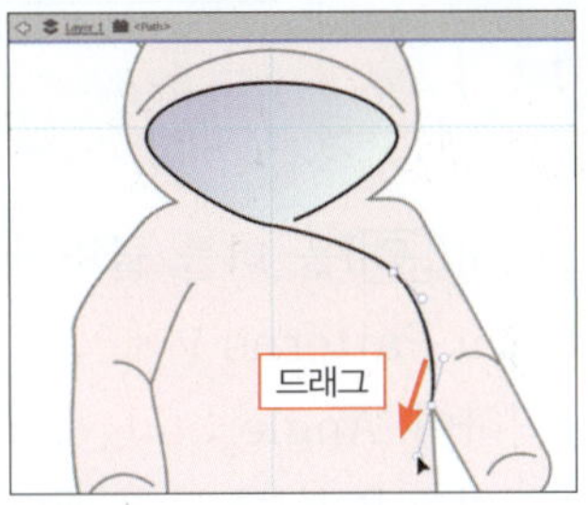

16 Ellipse Tool(◯)로 Shift 를 누른 채 드래그하여 정원을 그리고 Color 패널에서 'Fill Color : Y50, Stroke Color : K100'을 지정한 후 Stroke 패널에서 'Weight : 1pt'를 지정합니다. Selection Tool(▶)로 Alt 를 누른 채 오른쪽 하단으로 드래그하여 이동하여 복사하고 Ctrl +D 를 눌러 반복하여 복사합니다.

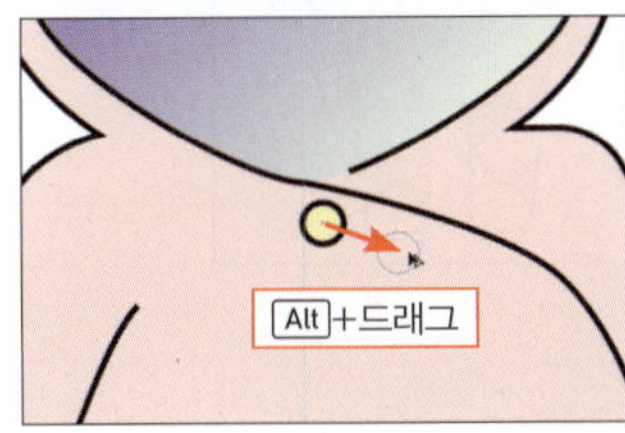

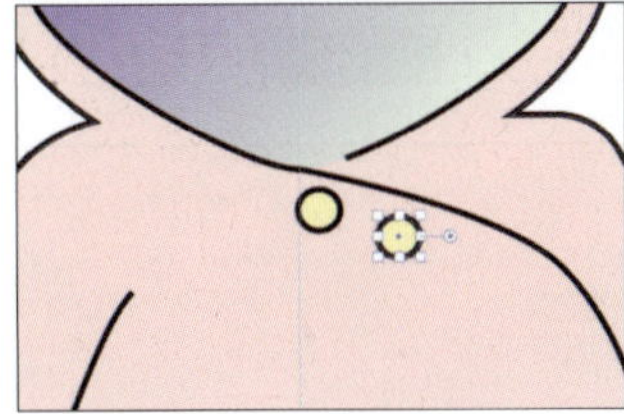
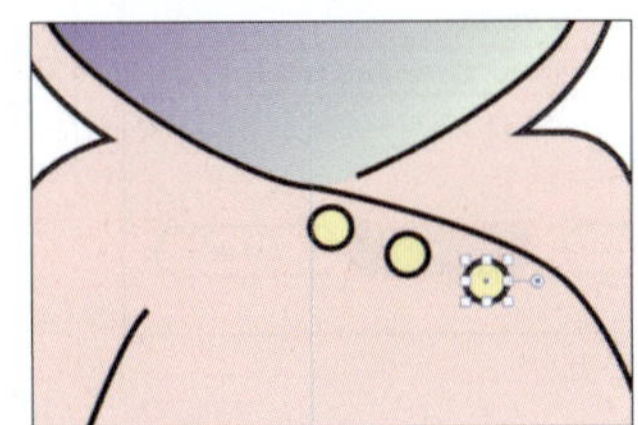

17 Ellipse Tool(◯)로 Alt 를 누른 채 모자 상단 수직의 안내선을 클릭한 후 'Width : 16mm, Height : 5.5mm'를 입력하여 그리고 Color 패널에서 'Fill Color : C10M70, Stroke Color : None'을 지정합니다. Direct Selection Tool(▷)로 클릭하여 상단 고정점을 선택하고 키보드의 ↑를 여러 번 눌러 이동하여 변형합니다.

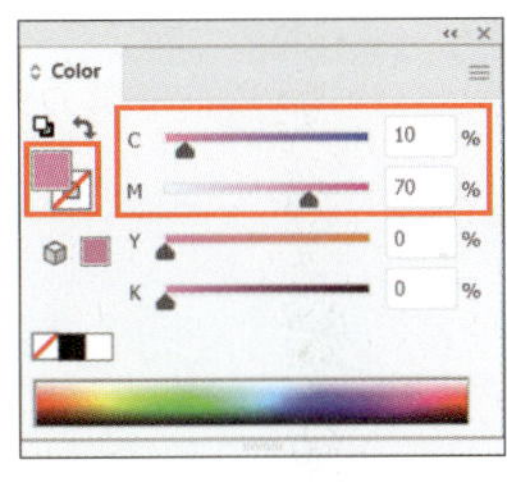

01 Selection Tool(▶)로 병합된 옷 모양을 선택한 후 Color 패널에서 'Fill Color : C30M30, Stroke Color : K100'을 지정하고 Stroke 패널에서 'Weight : 1pt'를 지정합니다. Ctrl+C 로 복사한 후 Ctrl+F 로 복사한 오브젝트 앞에 붙여넣기를 하고 Swatches 패널에서 등록된 곰 인형 패턴을 클릭하여 Fill Color에 적용합니다.

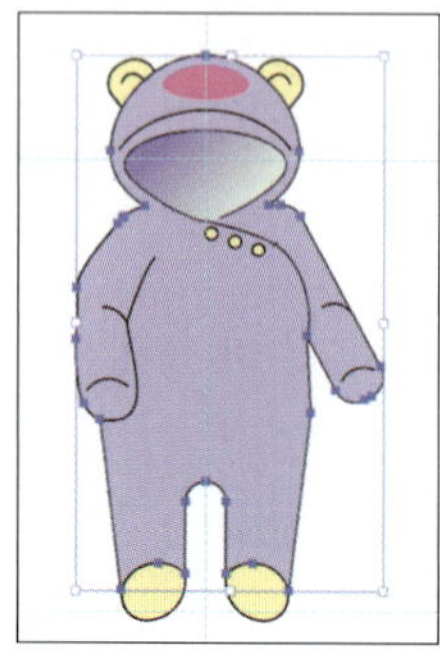
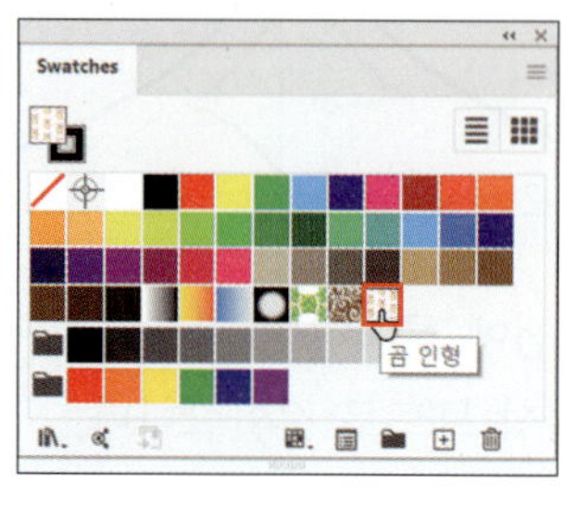

02 Scale Tool(⊡)을 더블 클릭한 후 'Uniform : 30%, Transform Objects : 체크 해제, Transform Patterns : 체크'를 지정하여 패턴의 크기만을 축소합니다. Rotate Tool(↻)을 더블 클릭하여 'Angle : 25°, Transform Objects : 체크 해제, Transform Patterns : 체크'를 지정하고 [OK]를 눌러 패턴만 회전합니다.

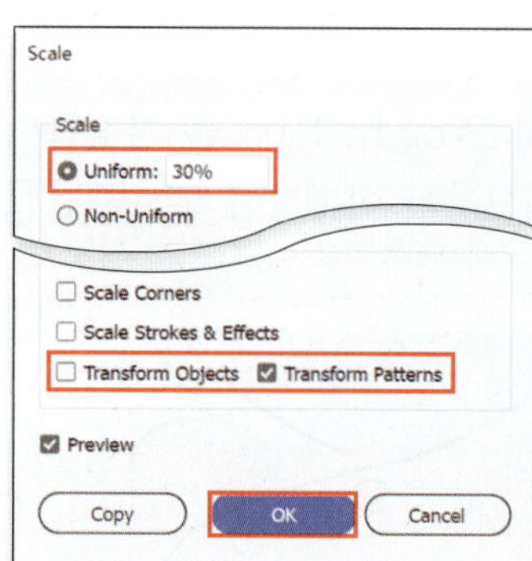
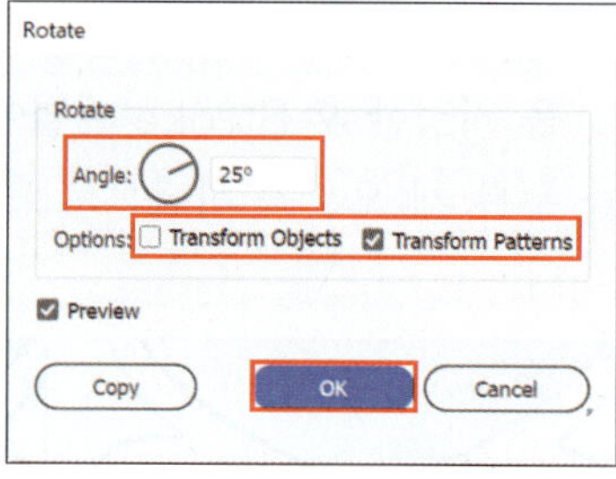
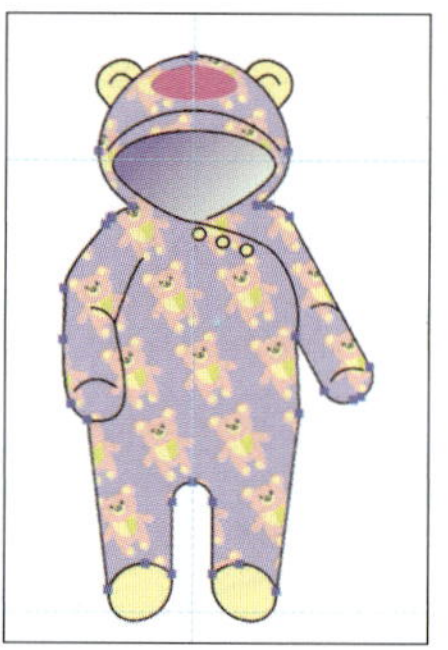

03 Transparency 패널에서 'Opacity : 80%'를 지정하여 패턴이 적용된 오브젝트의 불투명도를 조절합니다. Selection Tool(▶)로 도큐먼트의 빈 곳을 클릭하여 오브젝트의 선택을 해제합니다.

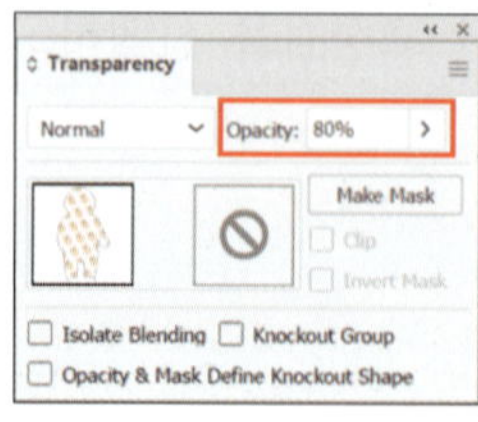
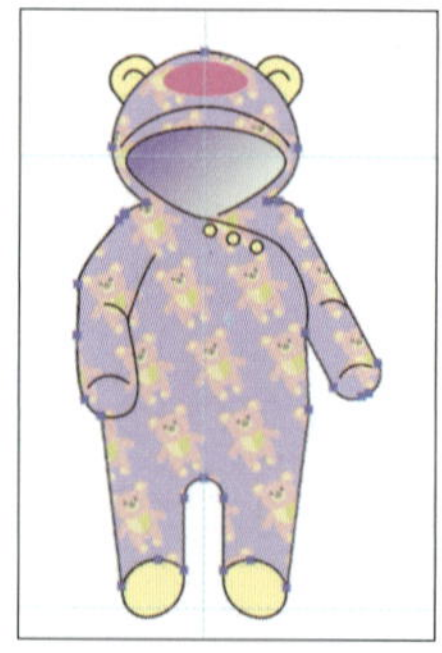

01 Selection Tool(▶)로 작업 도큐먼트에 우측 상단의 곰 인형 오브젝트를 더블 클릭하여 Iso-lation Mode로 전환합니다. 얼굴과 2개의 귀 모양을 드래그하여 선택하고 [Ctrl]+[C]로 복사한 후 [Esc]를 눌러 정상 모드로 전환합니다. [Ctrl]+[V]로 붙여넣기를 하여 유아복 중앙에 배치합니다.

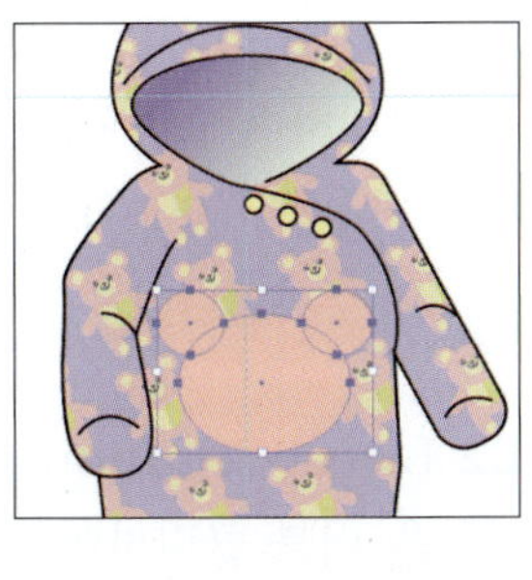

02 Scale Tool(⊞)을 더블 클릭한 후 'Uniform : 110%, Transform Objects : 체크, Trans-form Patterns : 체크 해제'를 지정하여 오브젝트의 크기를 확대한 후 Pathfinder 패널에서 'Unite(◼)'를 클릭하여 합칩니다.

03 Brushes 패널 하단의 'Brush Libraries Menu(▣)'를 클릭하고 [Artistic]-[Artistic_ChalkCharcoalPencil]을 선택하여 추가 브러쉬 패널을 불러온 후 'Charcoal - Feather'를 선택합니다. Color 패널에서 'Fill Color : None, Stroke Color : C0M0Y0K0'을 지정하고 Stroke 패널에서 'Weight : 0.5pt'를 지정합니다.

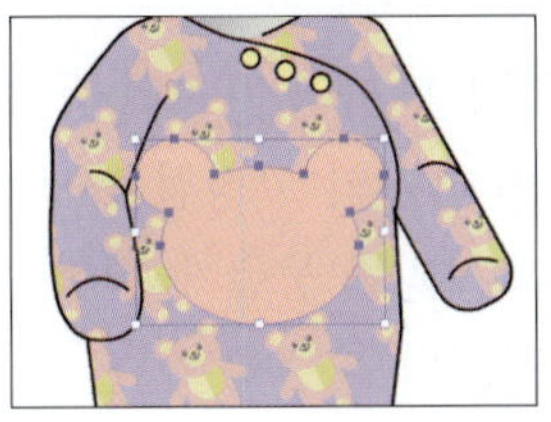
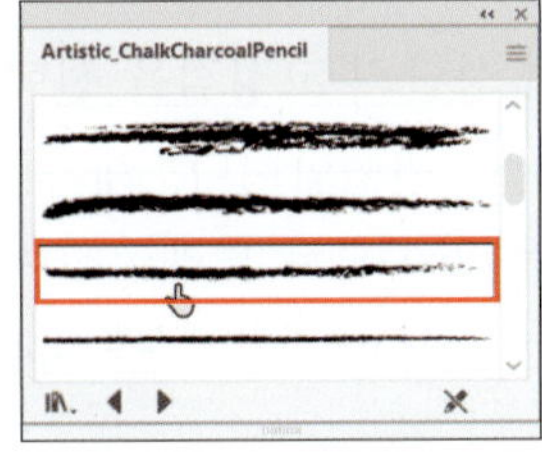

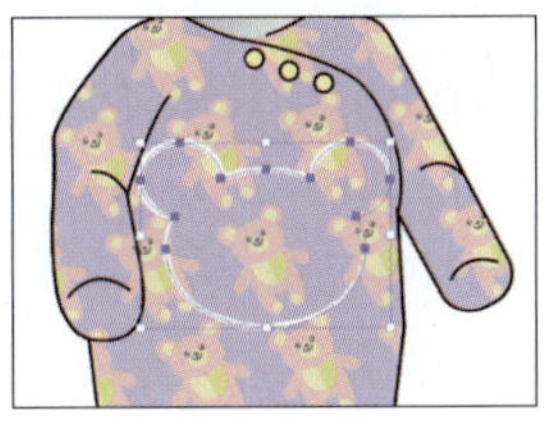

04 Type Tool(T)로 작업 도큐먼트를 클릭한 후 Character 패널에서 'Set the font family : Arial, Set the font style : Bold, Set the font size : 10pt'를 설정하고 Paragraph 패널에서 'Align center(▤)'를 선택하여 문장을 중앙에 배치합니다. Color 패널에서 'Fill Color : C0M0Y0K0, Stroke Color : None'을 지정한 후 'LOVELY BABY'를 입력합니다.

05 Type Tool(T)로 'BABY' 문자를 더블 클릭하여 선택한 후 Character 패널에서 'Set the font size : 14pt'를 설정하고 Color 패널에서 'Fill Color : C80M80, Stroke Color : None'을 지정합니다.

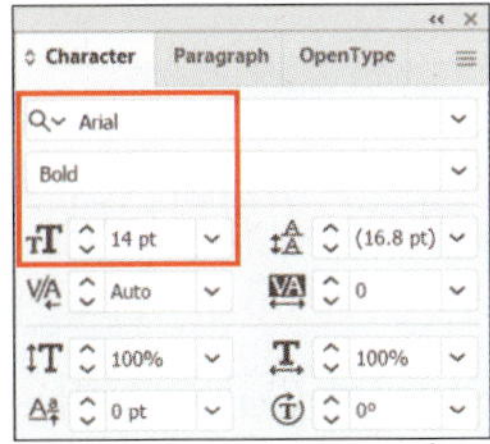
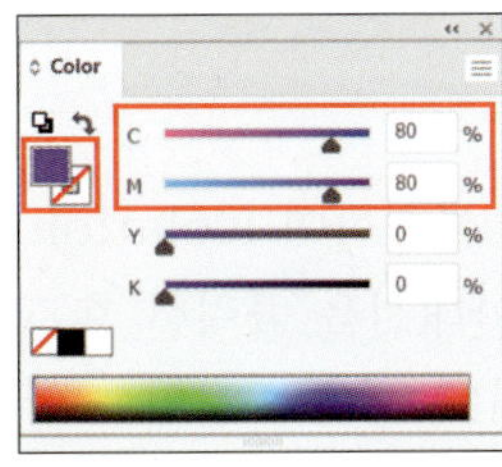

01 Rectangle Tool(■)로 작업 도큐먼트를 클릭한 후 'Width : 27mm, Height : 50mm'를 입력하여 그리고 Color 패널에서 'Fill Color : 임의 색상, Stroke Color : 임의 색상'을 지정합니다. [Object]–[Path]–[Add Anchor Points]를 선택하고 사각형의 선분 중앙에 고정점을 추가합니다.

02 Direct Selection Tool(▷)로 드래그하여 중앙의 2개의 고정점을 선택한 후 Scale Tool(⬚)을 더블 클릭하여 'Uniform : 80%'를 지정하고 [OK]를 눌러 패스를 축소합니다. [Object]–[Transform]–[Move]를 선택하여 'Horizontal : 0mm, Vertical : −5mm'를 입력하고 [OK]를 눌러 위쪽으로 이동합니다.

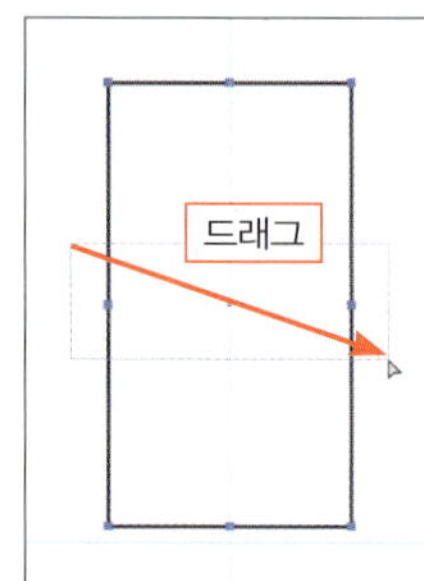

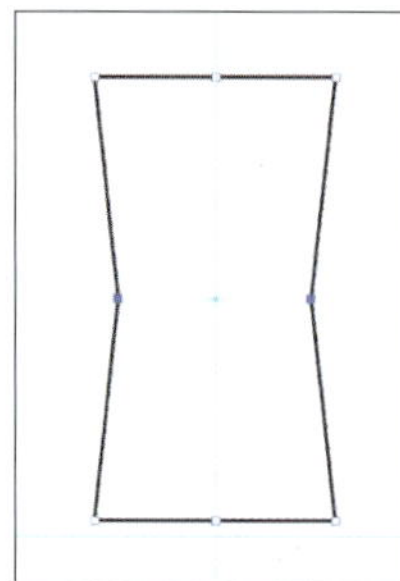
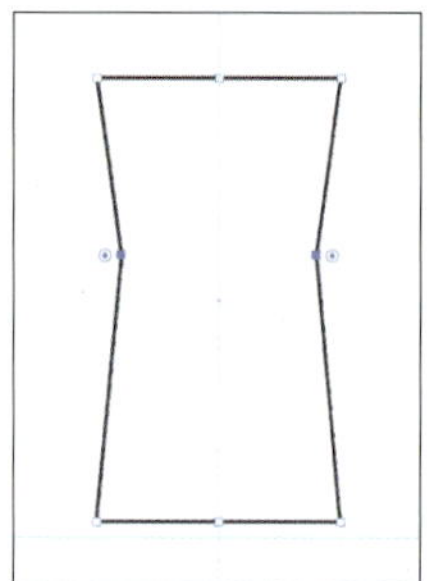

03 Direct Selection Tool(▷)로 드래그하여 상단의 고정점을 선택하고 모서리 안쪽의 둥근 점(◉)을 안쪽으로 드래그하여 모서리를 둥글게 변형합니다. 계속해서 하단의 고정점을 드래그하여 선택하고 모서리 안쪽의 둥근 점(◉)을 안쪽으로 드래그하여 모서리를 둥글게 변형한 후 Color 패널에서 'Fill Color : C10, Stroke Color : None'을 지정합니다.

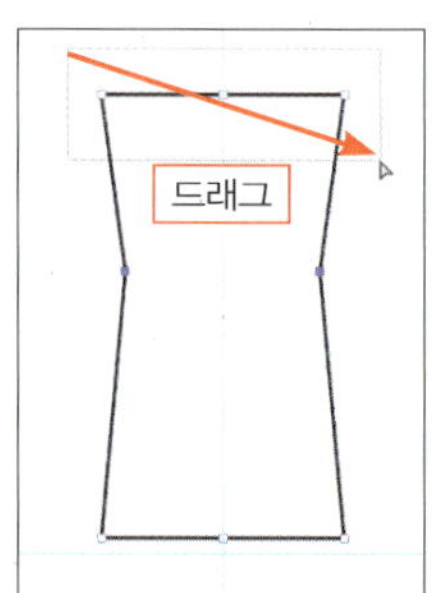

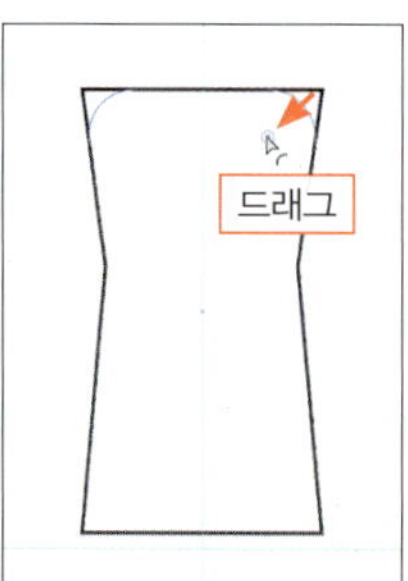

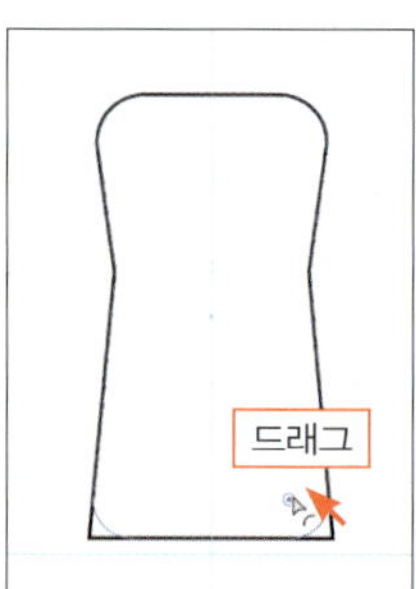

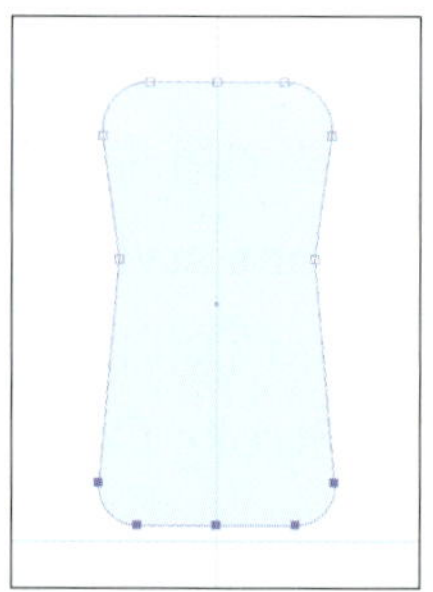

04 [Object]–[Path]–[Offset Path]를 클릭한 후 'Offset : 1.5mm'를 입력하고 [OK]를 눌러 확대된 복사본을 만들고 Color 패널에서 'Fill Color : C20M10Y10, Stroke Color : None'을 지정합니다.

05 Selection Tool(▶)로 안쪽 오브젝트를 더블 클릭하여 Isolation Mode로 전환합니다. Ellipse Tool(◯)로 Alt 를 누른 채 세로 하단 안내선을 클릭한 후 'Width : 19mm, Height : 6mm'를 입력하여 그리고 Color 패널에서 'Fill Color : 임의 색상, Stroke Color : 임의 색상'을 지정합니다. Rectangle Tool(■)로 드래그하여 타원의 하단과 겹치도록 임의 색상의 사각형을 그리고 배치합니다.

06 Selection Tool(▶)로 타원과 사각형을 함께 선택하고 Pathfinder 패널에서 'Minus Front(▣)'를 클릭하고 Color 패널에서 'Fill Color : C20M10Y10, Stroke Color : None'을 지정한 후 [Esc]를 눌러 정상 모드로 전환합니다.

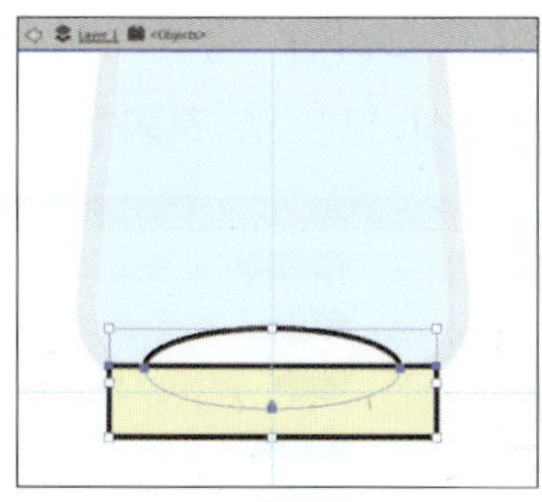 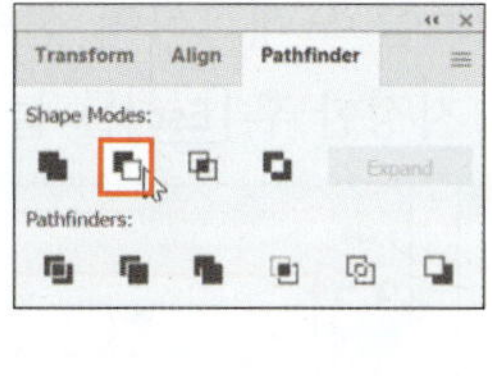 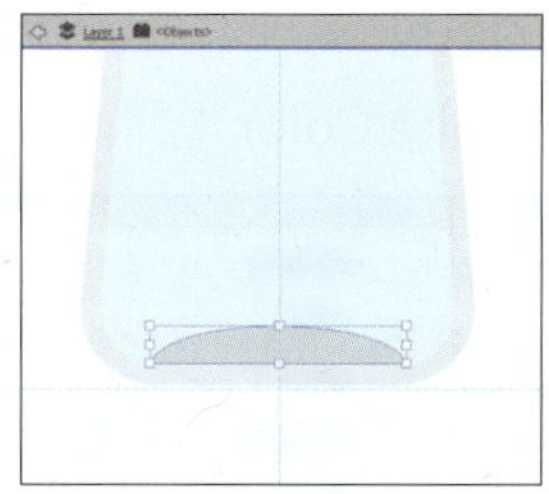

07 Line Segment Tool(／)로 작업 도큐먼트를 클릭한 후 'Length : 5mm, Angle : 0°'를 지정하고 수평선을 그립니다. Color 패널에서 'Fill Color : None, Stroke Color : 임의 색상'을 지정하고 Stroke 패널에서 'Weight : 5pt, Cap : Round Cap'을 지정합니다.

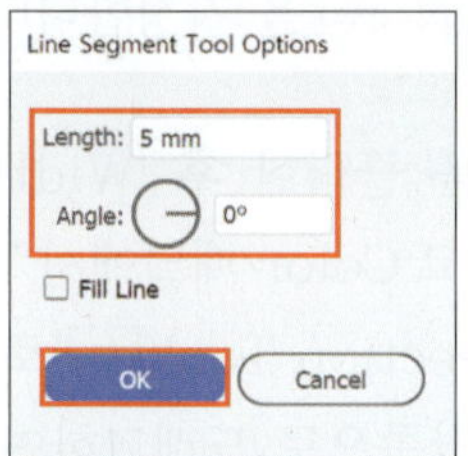 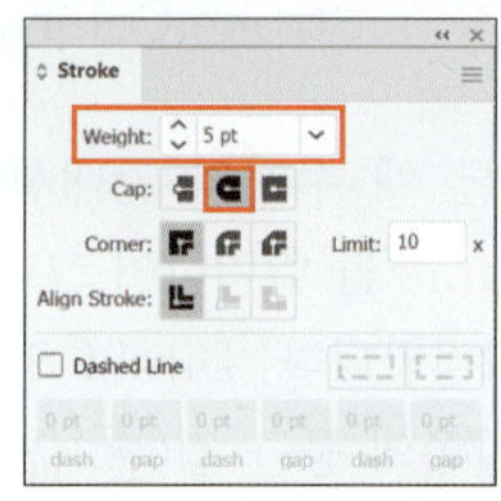 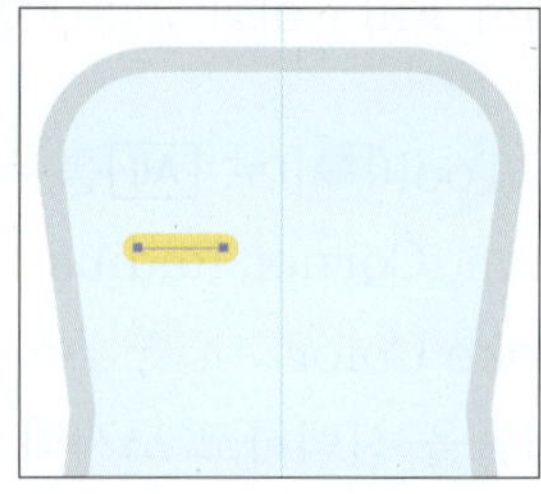

08 [Object]-[Transform]-[Move]를 선택한 후 'Horizontal : 0mm, Vertical : 3.7mm'를 입력하고 [Copy]를 눌러 아래쪽으로 이동하여 복사합니다. [Ctrl]+[D]를 5번 눌러 반복하여 복사합니다.

09 Direct Selection Tool(▷)로 [Shift]를 누른 채 클릭하여 4개의 수평선의 오른쪽 고정점을 함께 선택합니다. [Object]-[Transform]-[Move]를 선택한 후 'Horizontal : −2.3mm, Vertical : 0mm'를 입력하고 [OK]를 눌러 왼쪽으로 이동합니다. Selection Tool(▶)로 7개의 선을 함께 선택한 후 [Object]-[Path]-[Outline Stroke]를 선택하고 선을 면으로 확장하고 Color 패널에서 'Fill Color : C90M30, Stroke Color : None'을 지정합니다.

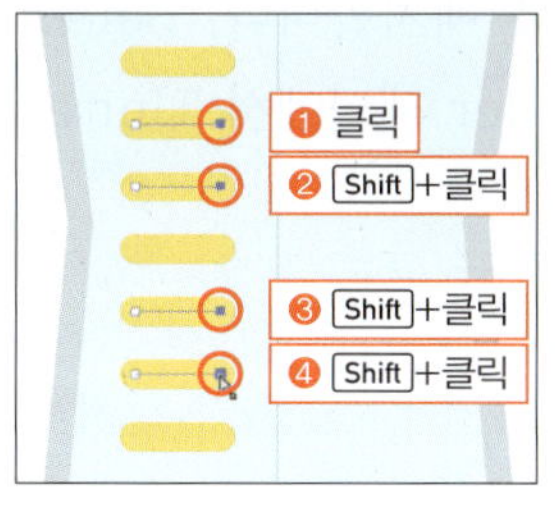

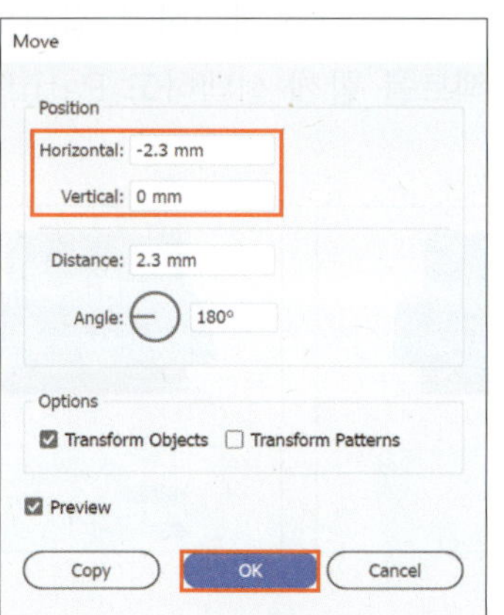

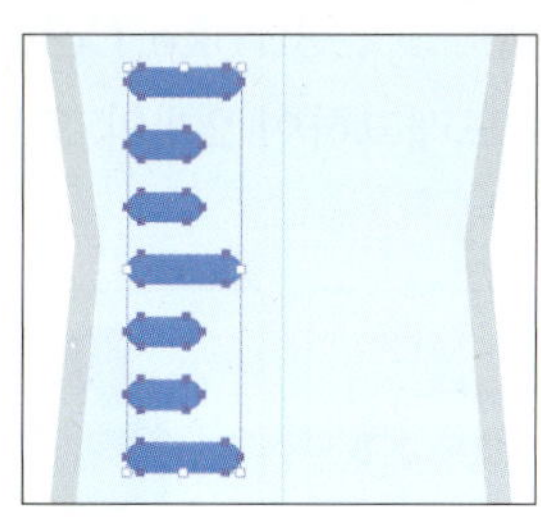

10 Line Segment Tool(✏)로 [Shift]를 누른 채 드래그하여 수직선을 충분히 겹치도록 그립니다. Selection Tool(▶)로 7개의 오브젝트와 함께 선택하고 Pathfinder 패널에서 'Divide(⬚)'를 클릭하여 면을 분할합니다. Selection Tool(▶)로 오브젝트를 더블 클릭하여 Isolation Mode로 전환한 후 오른쪽 오브젝트를 드래그하여 선택하고 Color 패널에서 'Fill Color : C60M10, Stroke Color : None'을 지정한 후 [Esc]를 눌러 정상 모드로 전환합니다.

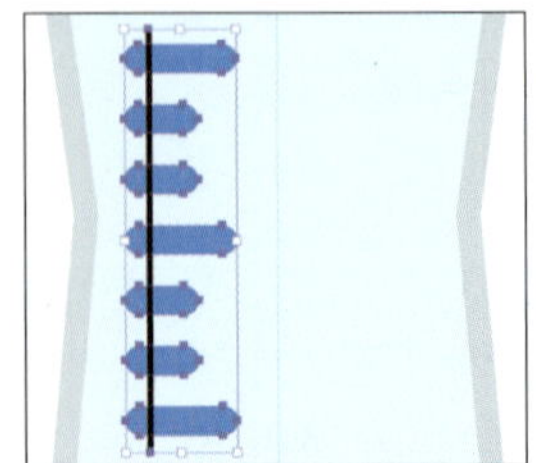
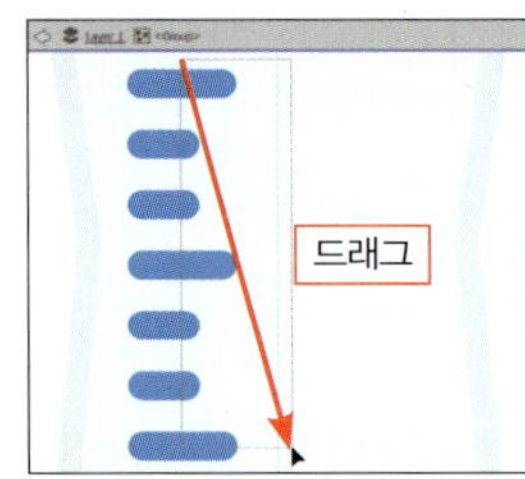

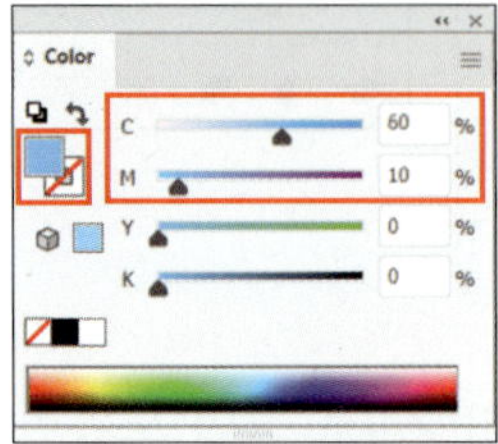
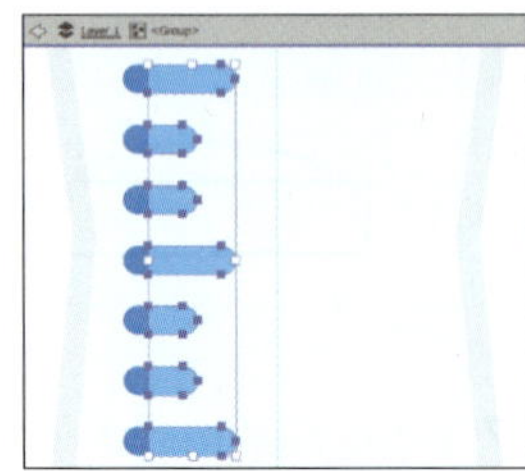

11 Rectangle Tool(▣)로 [Alt]를 누른 채 수직의 안내선에 드래그하여 상단에 겹치도록 사각형을 그리고 Color 패널에서 'Fill Color : C100M100, Stroke Color : None'을 지정합니다.

12 Rounded Rectangle Tool(▣)로 [Alt]를 누른 채 수직의 안내선을 클릭한 후 'Width : 24mm, Height : 7.5mm, Corner Radius : 1mm'를 입력하여 그리고 Color 패널에서 'Fill Color : C80M50, Stroke Color : None'을 지정합니다. Direct Selection Tool(▷)로 드래그하여 상단의 고정점들을 선택하고 모서리 안쪽의 둥근 점(◉)을 안쪽으로 드래그하여 모서리를 둥글게 변형합니다.

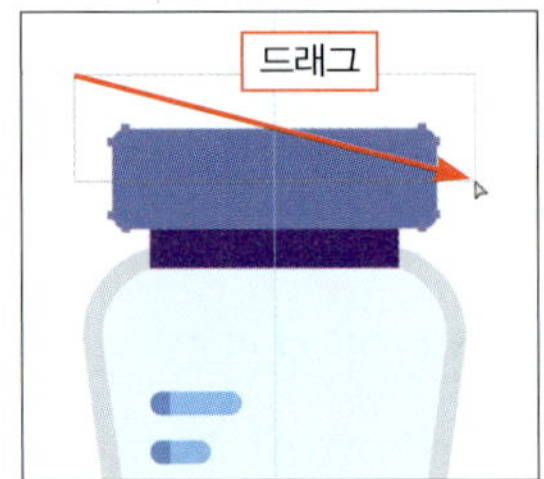

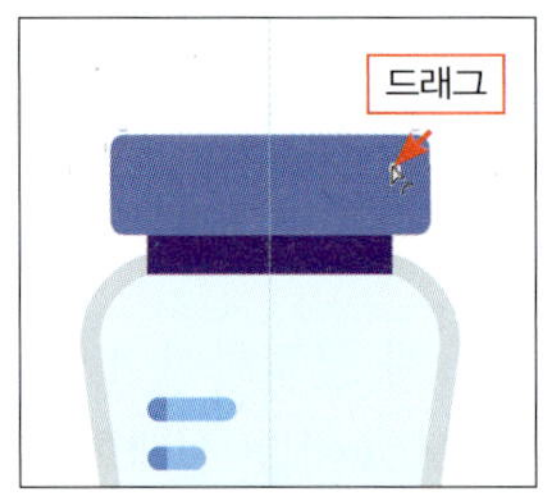

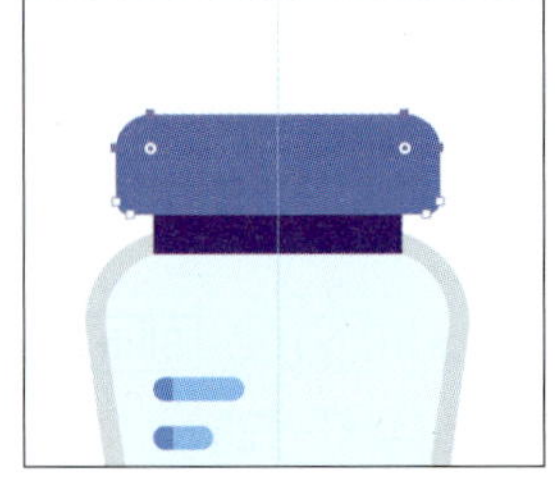

13 Rounded Rectangle Tool(▣)로 [Alt]를 누른 채 수직의 안내선을 클릭한 후 'Width : 18mm, Height : 8mm, Corner Radius : 1mm'를 입력하여 그리고 Color 패널에서 'Fill Color : C80M50, Stroke Color : None'을 지정하고 겹치도록 배치합니다. Selection Tool(▶)로 드래그하여 2개의 오브젝트를 함께 선택하고 Pathfinder 패널에서 'Unite(◼)'를 클릭합니다.

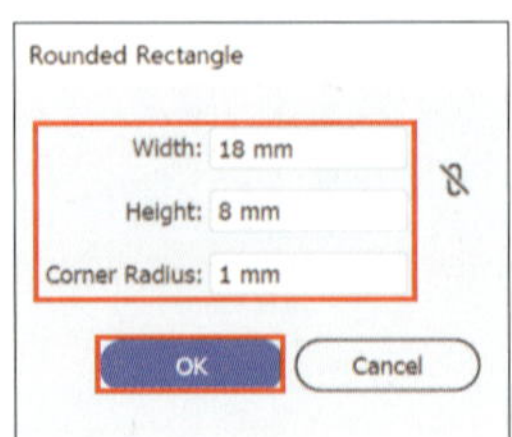

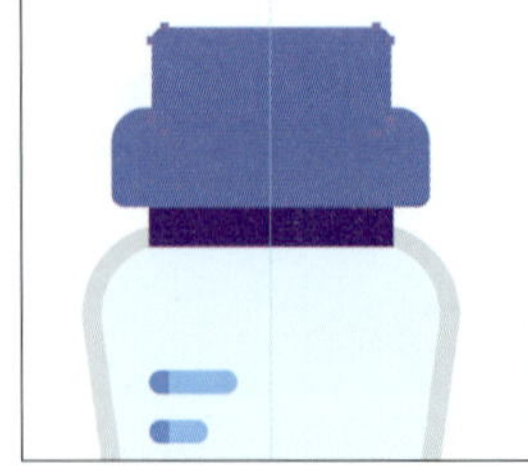
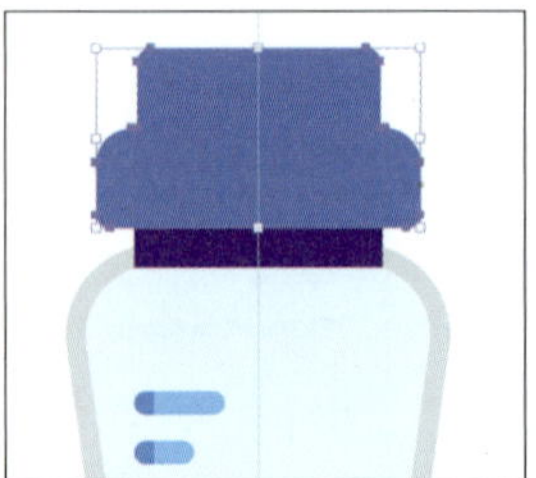

14 Rectangle Tool(□)로 작업 도큐먼트를 클릭한 후 'Width : 14.5mm, Height : 5mm'를 입력하여 그리고 Color 패널에서 'Fill Color : None, Stroke Color : 임의 색상'을 지정합니다. 계속해서 작업 도큐먼트를 클릭한 후 'Width : 5.5mm, Height : 12mm'를 입력하여 그리고 겹치도록 배치합니다.

15 Selection Tool(▶)로 드래그하여 2개의 오브젝트를 함께 선택하고 Align 패널에서 'Horizontal Align Center(▣)'를 클릭하여 가로 가운데 정렬을 지정한 후 Pathfinder 패널에서 'Unite(▣)'를 클릭합니다. Color 패널에서 'Fill Color : M30Y90, Stroke Color : None'을 지정하고 Ctrl+[를 눌러 뒤로 보내기를 합니다.

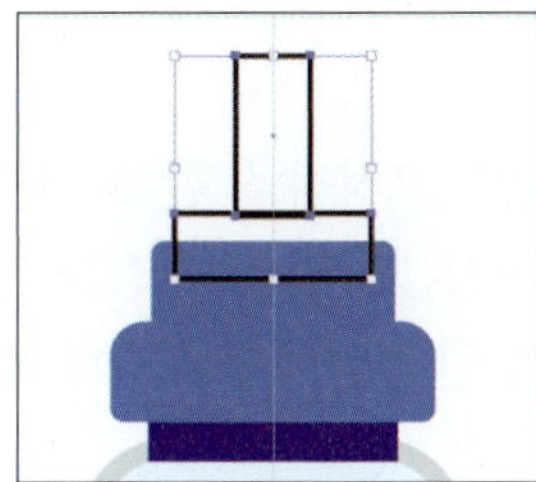 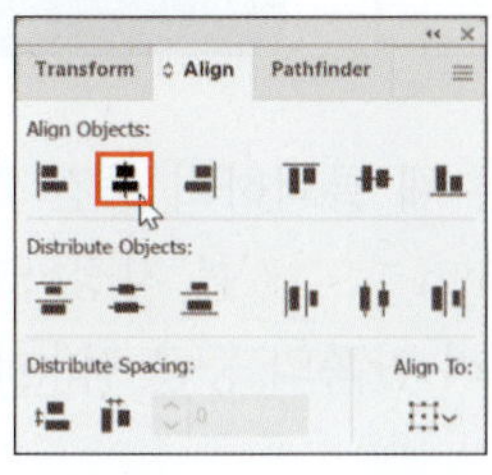 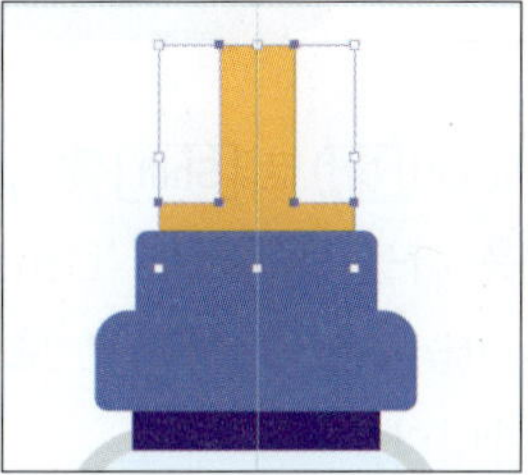

16 Direct Selection Tool(▷)로 모서리 안쪽의 둥근 점(◉)을 안쪽으로 드래그하여 모서리를 둥글게 변형합니다. Direct Selection Tool(▷)로 드래그하여 세로 중간 2개의 고정점을 선택한 후 Scale Tool(▣)을 더블 클릭하여 'Uniform : 80%'를 지정하고 [OK]를 눌러 패스를 축소합니다.

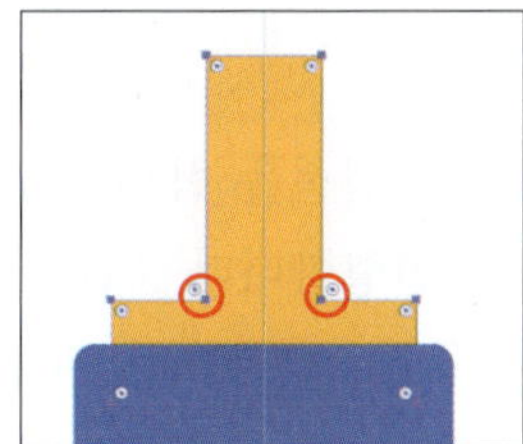

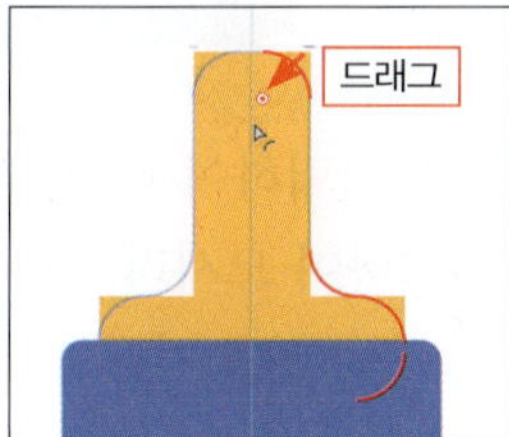

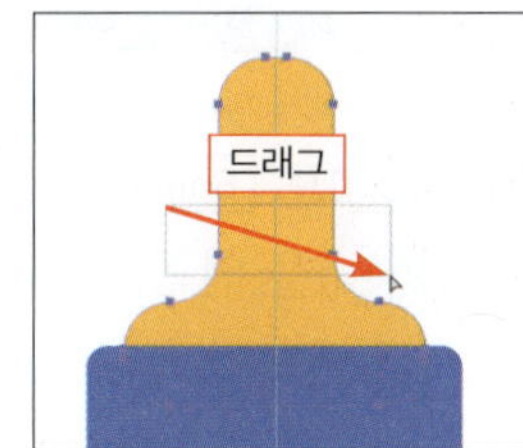

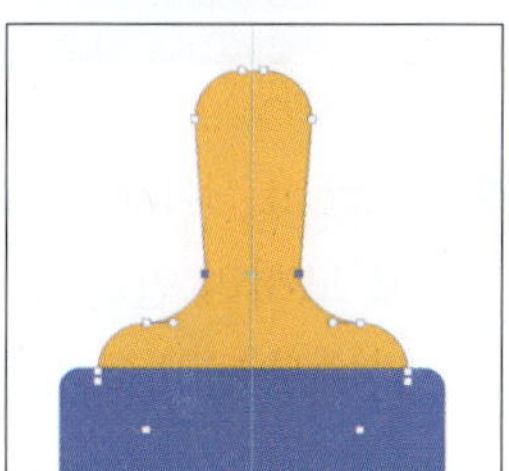

17 Rectangle Tool(□)로 작업 도큐먼트를 클릭한 후 'Width : 27.5mm, Height : 4mm'를 입력하여 그리고 Color 패널에서 'Fill Color : None, Stroke Color : 임의 색상'을 지정합니다. 계속해서 더블 클릭한 후 'Width : 25mm, Height : 10mm', 'Width : 18mm, Height : 13mm'를 각각 입력하여 그리고 겹치도록 배치합니다.

18 Selection Tool(▶)로 드래그하여 3개의 사각형을 함께 선택하고 Align 패널에서 'Horizontal Align Center(▣)'를 클릭하여 가로 가운데 정렬을 지정한 후 Pathfinder 패널에서 'Unite(▣)'를 클릭합니다.

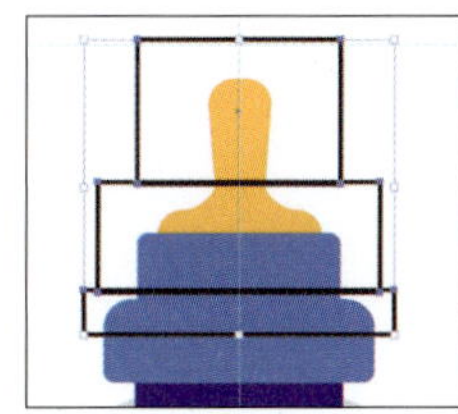 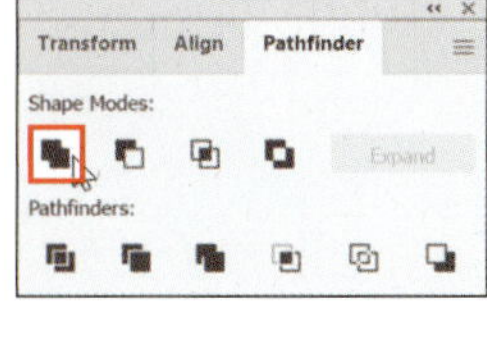 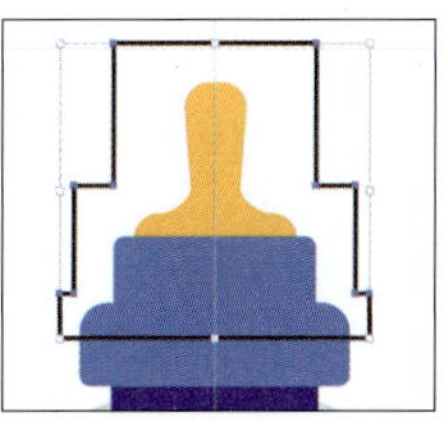

19 Direct Selection Tool(🔺)로 드래그하여 상단 2개의 고정점을 선택한 후 Scale Tool(🔲)을 더블 클릭하여 'Uniform : 80%'를 지정하고 [OK]를 눌러 패스를 축소합니다. Direct Selection Tool(🔺)로 모서리 안쪽의 둥근 점(◉)을 안쪽으로 드래그하여 모서리를 둥글게 변형합니다.

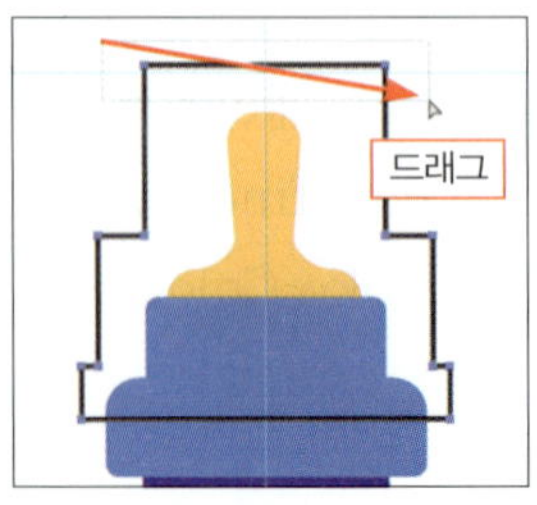

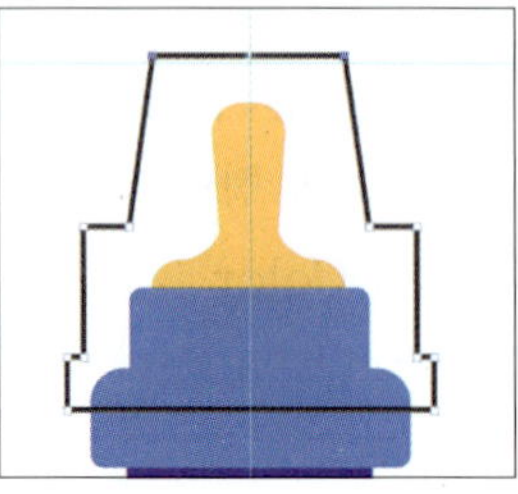
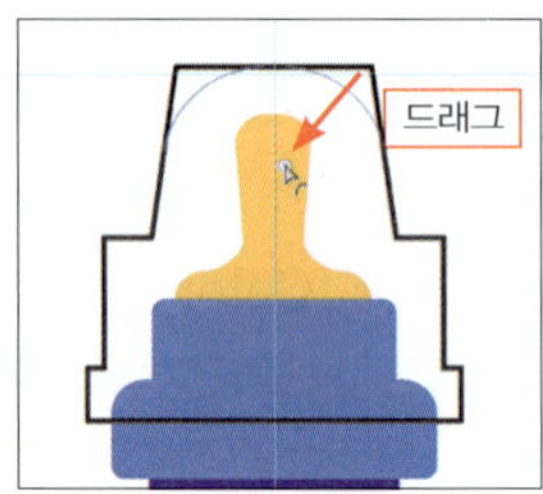

20 Direct Selection Tool(🔺)로 Shift 를 누른 채 클릭하여 중간 2개의 고정점을 함께 선택한 후 Scale Tool(🔲)을 더블 클릭하여 'Uniform : 90%'를 지정하고 [OK]를 눌러 패스를 축소합니다. Direct Selection Tool(🔺)로 모서리 안쪽의 둥근 점(◉)을 안쪽으로 드래그하여 모서리를 둥글게 변형합니다.

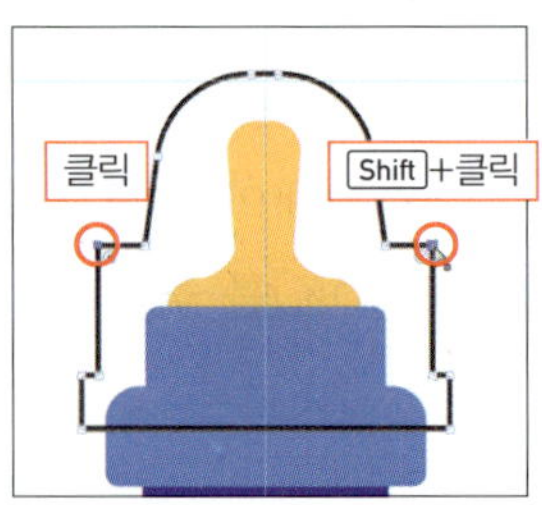

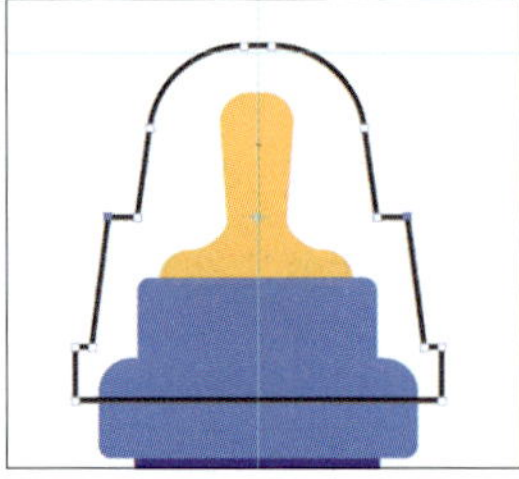
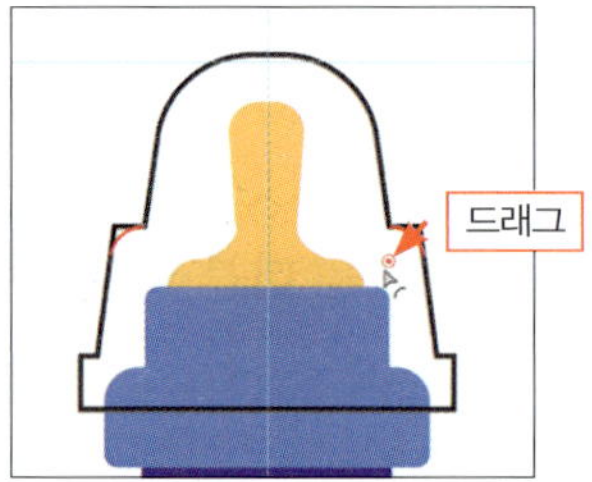

21 Direct Selection Tool(🔺)로 Shift 를 누른 채 클릭하여 하단 2개의 고정점을 함께 선택하고 모서리 안쪽의 둥근 점(◉)을 안쪽으로 드래그하여 모서리를 둥글게 변형합니다. Color 패널에서 'Fill Color : C10M10, Stroke Color : None'을 지정합니다. Transparency 패널에서 'Opacity : 70%'를 지정하여 불투명도를 조절합니다.

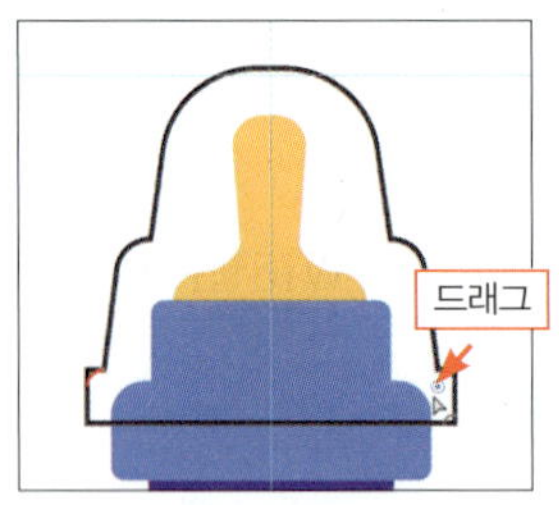

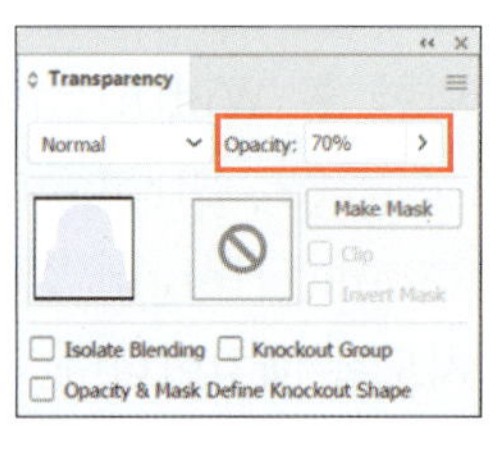

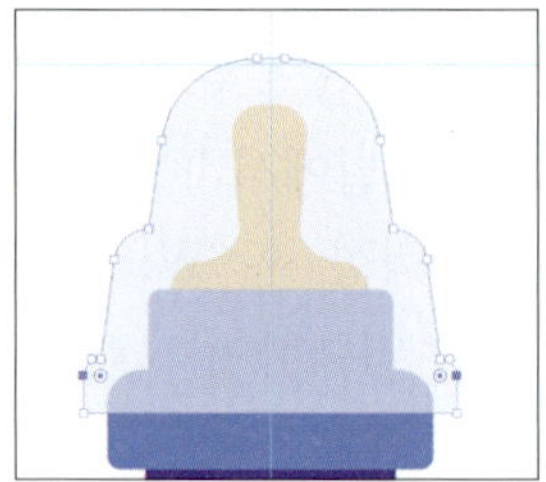

22 [Object]-[Path]-[Offset Path]를 클릭한 후 'Offset : −1mm'를 입력하고 [OK]를 눌러 축소된 복사본을 만들고 Color 패널에서 'Fill Color : None, Stroke Color : C0M0Y0K0'을 지정하고 Stroke 패널에서 'Weight : 1pt'을 지정합니다. Transparency 패널에서 'Opacity : 100%'를 지정하여 불투명도를 조절합니다.

23 Pen Tool(✐)로 클릭하여 왼쪽에 열린 패스를 그리고 Color 패널에서 'Fill Color : None, Stroke Color : 임의 색상'을 지정하고 Stroke 패널에서 'Weight : 16pt, Cap : Round Cap'을 지정합니다. Direct Selection Tool(▷)로 클릭하여 모서리 고정점을 선택하고 안쪽의 둥근 점(◎)을 안쪽으로 드래그하여 모서리를 둥글게 변형합니다.

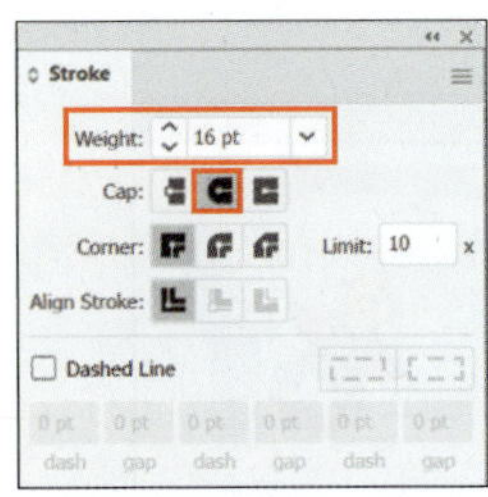

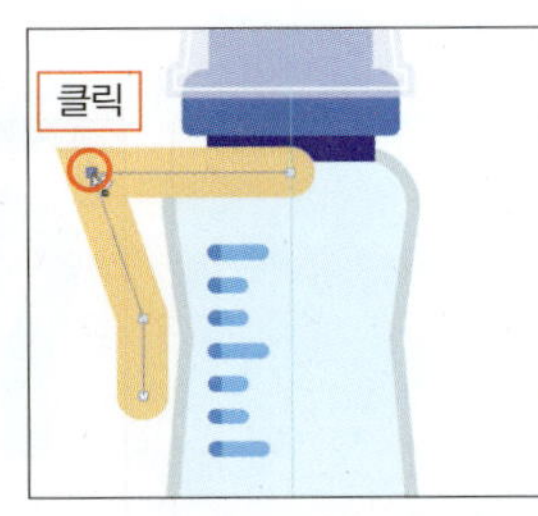

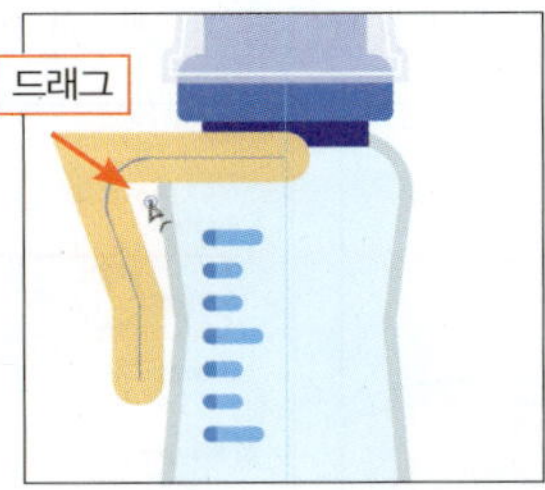

24 [Object]-[Path]-[Outline Stroke]를 선택하고 선을 면으로 확장하고 Selection Tool(▶)로 선택하고 Reflect Tool(◁▷)로 Alt 를 누른 채 수직의 안내선을 클릭한 후 'Axis : Vertical'을 지정하고 [Copy]를 눌러 복사합니다.

25 Selection Tool(▶)로 2개의 오브젝트를 함께 선택하고 Pathfinder 패널에서 'Unite(▣)'를 클릭하고 Color 패널에서 'Fill Color : C90M30, Stroke Color : None'을 지정합니다.

26 Selection Tool(▶)로 오브젝트를 더블 클릭하여 Isolation Mode로 전환하고 Line Segment Tool(／)로 Shift 를 누른 채 세로 안내선에 드래그하여 충분히 겹치도록 수직선을 그리고 Color 패널에서 'Fill Color : None, Stroke Color : 임의 색상'을 지정합니다.

27 Ctrl + A 로 모두 선택하고 Pathfinder 패널에서 'Divide(▣)'를 클릭한 후 Selection Tool(▶)로 오른쪽 오브젝트를 선택하고 Color 패널에서 'Fill Color : C80M50, Stroke Color : None'을 지정한 후 Esc 를 눌러 정상 모드로 전환합니다.

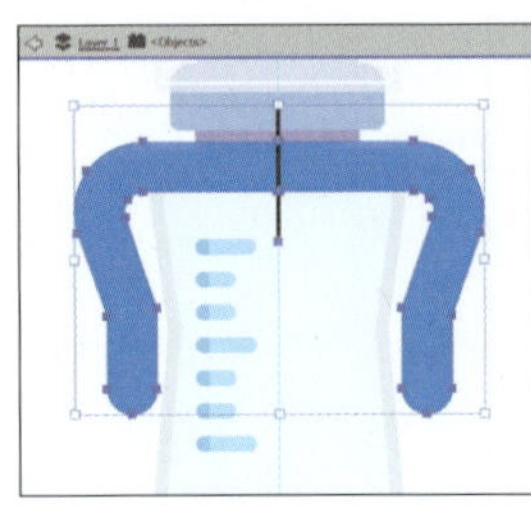

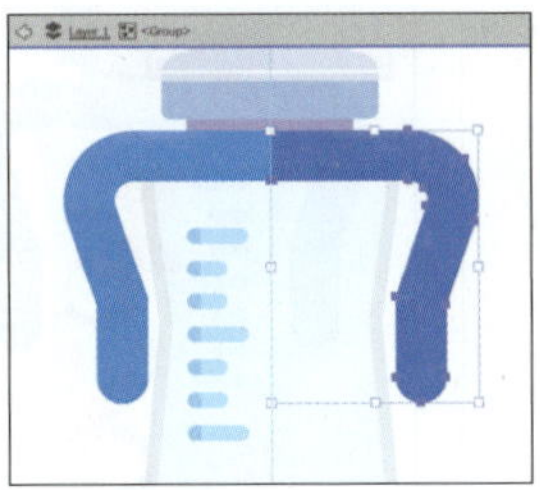

⑩ 클리핑 마스크 및 이펙트 적용하기

01 Selection Tool(▶)로 젖병 오브젝트의 'Fill Color : C10, Stroke Color : None'인 오브젝트를 선택하고 Ctrl + C 로 복사하고 Ctrl + F 로 복사한 오브젝트 앞에 붙여넣기를 합니다.

02 Selection Tool(▶)로 도큐먼트 상단의 노리개 젖꼭지 오브젝트를 선택한 후 [Ctrl]+[C]로 복사하고 'Fill Color : C10, Stroke Color : None'인 젖병 오브젝트를 더블 클릭하여 Isolation Mode로 전환한 후 [Ctrl]+[V]로 붙여넣기를 합니다. Scale Tool(⬚)을 더블 클릭하여 'Uniform : 55%'를 지정하고 [OK]를 눌러 축소한 후 Rotate Tool(↻)을 더블 클릭하여 'Angle : 90°'를 지정하고 [OK]를 눌러 배치합니다.

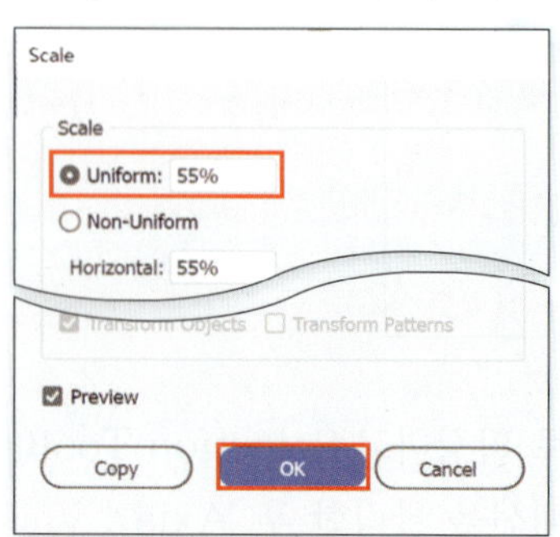
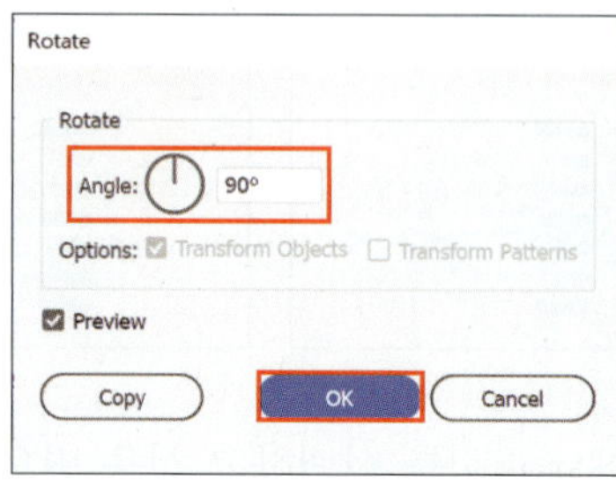
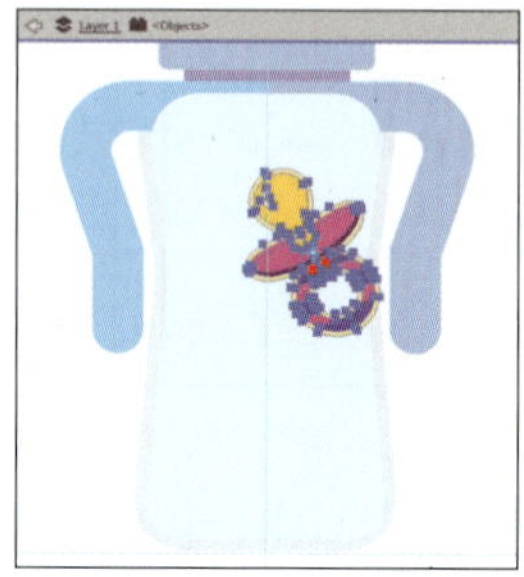

03 Rotate Tool(↻)을 더블 클릭하여 'Angle : −60°'를 지정하고 [Copy]를 눌러 하단으로 이동하여 배치합니다.

04 Scale Tool(⬚)을 더블 클릭하여 'Uniform : 60%'를 지정하고 [Copy]를 눌러 축소 복사한 후 Rotate Tool(↻)을 더블 클릭하여 'Angle : 85°'를 지정하고 [OK]를 눌러 왼쪽으로 이동하여 배치합니다.

05 Selection Tool(▶)로 'Fill Color : C10, Stroke Color : None'인 오브젝트를 선택하고 [Shift]+[Ctrl]+[]]를 눌러 맨 앞으로 가져오기를 합니다. [Ctrl]+[A]로 모두 선택하고 [Object]−[Clipping Mask]−[Make]([Ctrl]+[7])를 선택하고 클리핑 마스크를 설정한 후 [Esc]를 눌러 정상 모드로 전환합니다.

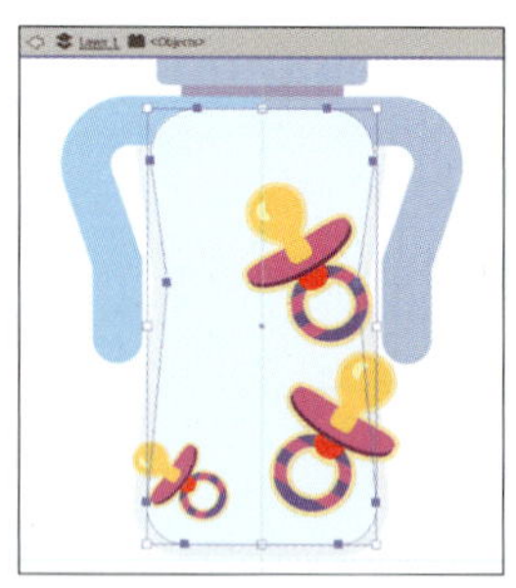
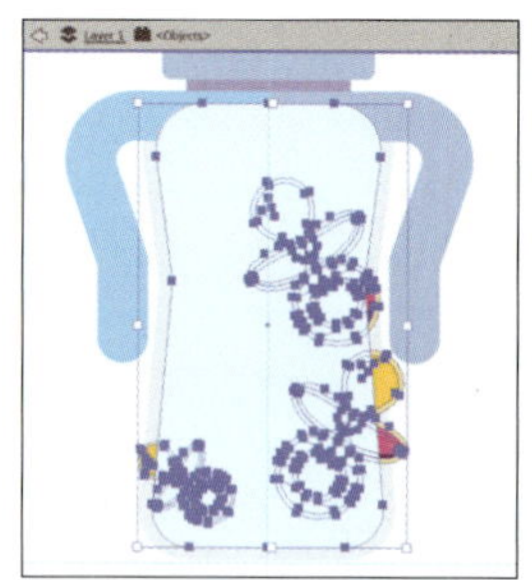
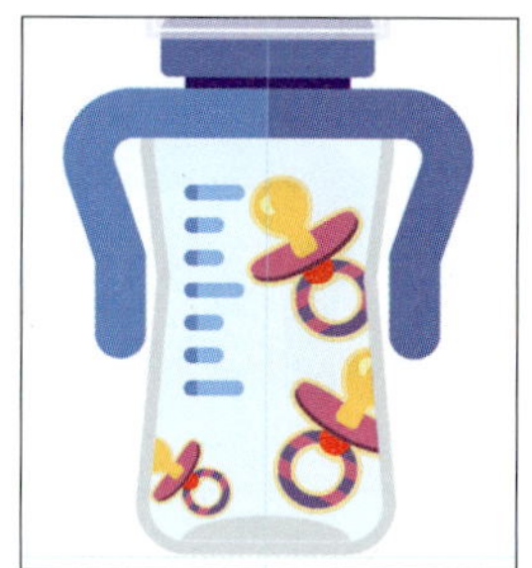

06 Selection Tool(▶)로 젖병 손잡이 오브젝트를 선택한 후 [Effect]−[Illustrator Effects]−[Stylize]−[Drop Shadow]를 선택하고 'Opacity : 75%, X Offset : 1mm, Y Offset : 1mm, Blur : 1mm'를 지정하여 그림자 효과를 적용합니다.

> **▣ 기적의 TIP**
>
> 그림자 효과가 2개 이상의 오브젝트에 적용될 때는 반드시 그룹을 지정해야 합니다. 젖병 손잡이 오브젝트는 Pathfinder 패널에서 'Divide(▣)'가 적용되어 있으므로 그룹으로 설정되어 있습니다.

01 Type Tool(T)로 작업 도큐먼트를 클릭한 후 Character 패널에서 'Set the font family : Times New Roman, Set the font style : Bold, Set the font size : 11pt'를 설정하고 Color 패널에서 'Fill Color : M30Y100, Stroke Color : None'을 지정한 후 MILK를 입력합니다.

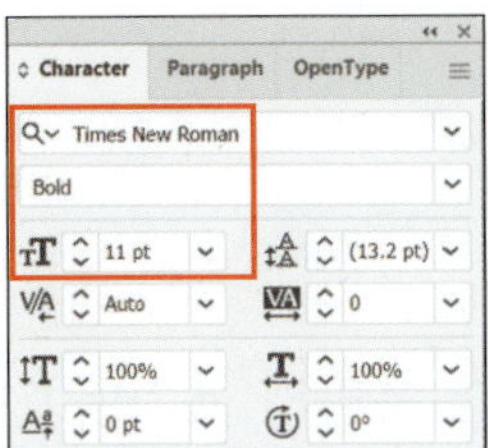
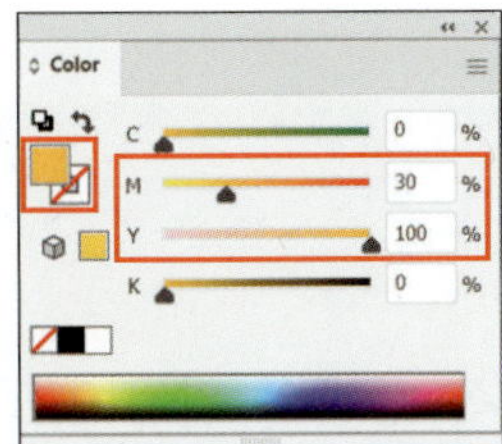
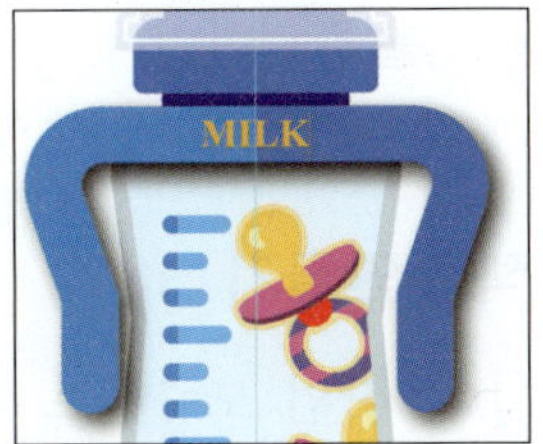

⑫ 저장 및 답안 전송하기

01 [View]–[Guides]–[Hide Guides](Ctrl+;)를 선택하여 안내선을 숨기고 [View]–[Fit Artboard in Window](Ctrl+0)를 선택하여 현재 창에 맞추기를 합니다.

02 [File]–[Save As]를 선택하고 '저장 위치 : 내 PC₩문서₩GTQ, 파일 형식 : Adobe Illustrator(*AI), 파일 이름 : 수험번호–성명–문제번호.ai'를 확인하고 [저장]을 클릭한 후 [Illustrator Options] 대화상자에서 'Version : Illustrator 2020'으로 설정하고 [OK]를 클릭합니다.

03 답안 저장이 완료가 되면 [File]–[Close](Ctrl+W)를 선택하여 파일을 닫고 수험 프로그램에서 [답안 전송]을 클릭하여 감독관 컴퓨터로 전송합니다.

문제 ❸	광고 디자인

| 작업과정 | 새 도큐먼트 만들기 및 파일 저장하기 ➡ 메시 및 배경 오브젝트 만들기 ➡ 블렌드 효과 만들기 ➡ 하트 모양 만들고 그라디언트 적용하기 ➡ 욕조 모양 만들기 ➡ 아기 캐릭터 만들기 ➡ 심볼 오브젝트 만들고 등록하기 ➡ 심볼 적용 및 편집하기 ➡ 브러쉬 적용하기 ➡ 문자 입력 및 왜곡하기 ➡ 그룹 지정하고 이펙트 적용하기 ➡ 클리핑 마스크 적용하기 ➡ 저장 및 답안 전송하기 |
| 완성이미지 | PART04₩기출유형문제03회₩수험번호–성명–3.ai |

① 새 도큐먼트 만들기 및 파일 저장하기

01 [File]–[New](Ctrl+N)를 선택하고 'Width : 210mm, Height : 297mm, Units : Millimeters, Color Mode : CMYK'를 설정하여 새 도큐먼트를 만들고 [View]–[Rulers]–[Show Rulers](Ctrl+R)를 선택하여 눈금자를 표시합니다.

02 작품의 규격 왼쪽 상단에 원점(0,0)을 확인하고 왼쪽과 상단 눈금자 위에서 마우스로 각각 드래그하여 제시된 출력형태와 레이아웃 구성이 동일하게 안내선을 표시합니다.

03 작업 도큐먼트를 저장하기 위해 [File]−[Save]([Ctrl]+[S])를 선택하고 '저장 위치 : 내 PC₩문서₩GTQ, 파일 형식 : Adobe Illustrator(*AI), 파일 이름 : 수험번호−성명−문제번호'를 입력하고 [저장]을 클릭한 후 [Illustrator Options] 대화상자에서 'Version : Illustrator 2020'으로 설정하고 [OK]를 클릭합니다.

🔵02 메시 및 배경 오브젝트 만들기

01 Rectangle Tool(■)로 작업 도큐먼트 왼쪽 상단의 원점(0,0)을 클릭한 후 'Width : 210mm, Height : 297mm'를 입력하여 그리고 Color 패널에서 'Fill Color : C20Y20, Stroke Color : None'을 지정합니다.

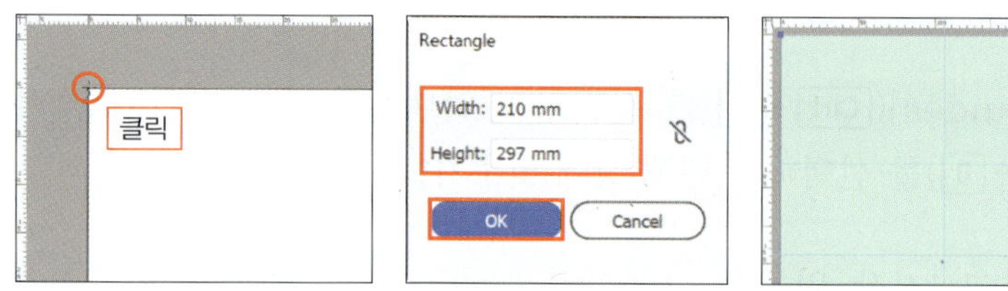

02 Mesh Tool(▦)로 사각형의 왼쪽 상단과 오른쪽을 각각 클릭하여 새로운 고정점을 생성합니다.

03 Direct Selection Tool(▷)로 사각형 왼쪽 하단의 고정점을 클릭하여 선택하고 Color 패널에서 'Fill Color : C0M0Y0K0, Stroke Color : None'을 적용합니다.

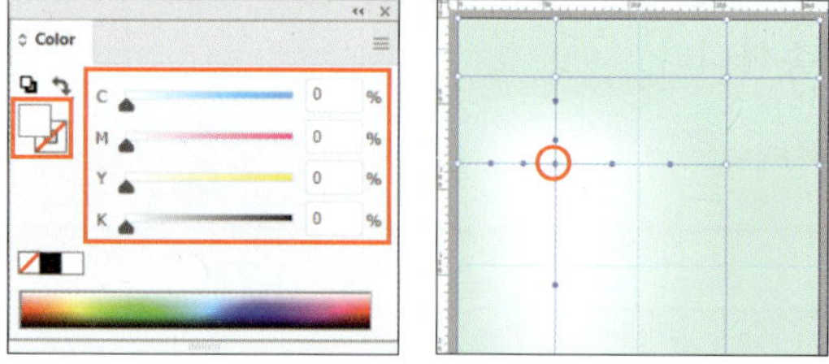

04 Direct Selection Tool(▷)로 왼쪽 하단의 고정점을 오른쪽 하단으로 드래그하여 이동한 후 고정점의 핸들을 드래그하여 이동하여 변형합니다.

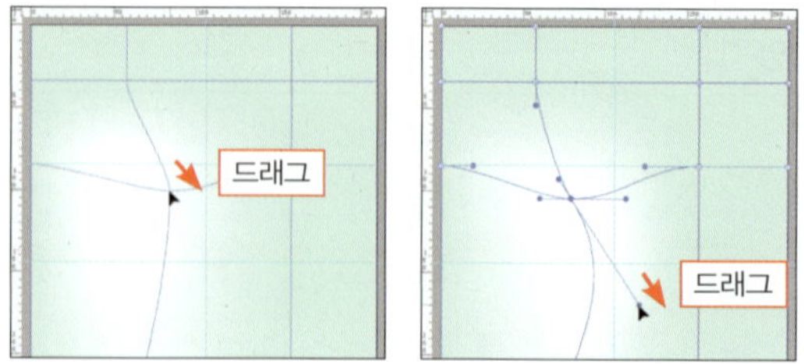

05 Ellipse Tool(◉)로 드래그하여 크기가 다른 9개의 원형을 그리고 Color 패널에서 'Fill Color : None, Stroke Color : 임의 색상'을 지정합니다. Pen Tool(✎)로 원형의 하단과 충분히 겹치도록 닫힌 패스를 그리고 'Fill Color : None, Stroke Color : 임의 색상'을 지정합니다.

06 Selection Tool(▶)로 원형과 함께 선택하고 Pathfinder 패널에서 'Unite(◧)'를 클릭하여 합친 후 Color 패널에서 'Fill Color : C40Y10, Stroke Color : None'을 지정합니다.

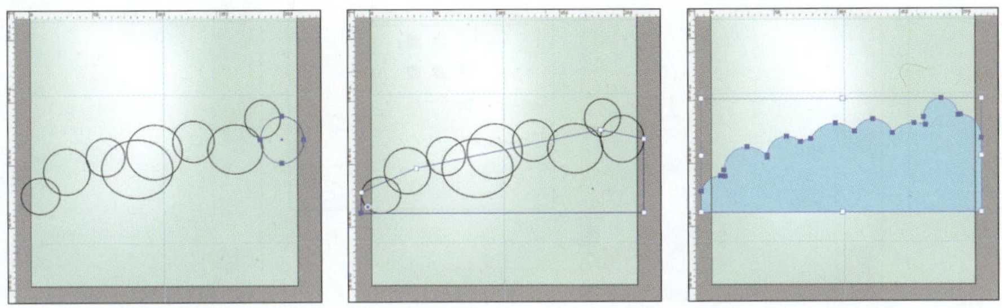

07 Reflect Tool(▷◁)로 더블 클릭하여 'Axis : Vertical'을 지정하고 [Copy]를 눌러 복사합니다. Scale Tool(◲)을 더블 클릭하여 'Uniform : 120%'를 지정하고 [OK]를 눌러 패스를 확대하여 배치합니다. Color 패널에서 'Fill Color : C0M0Y0K0, Stroke Color : None'을 지정합니다.

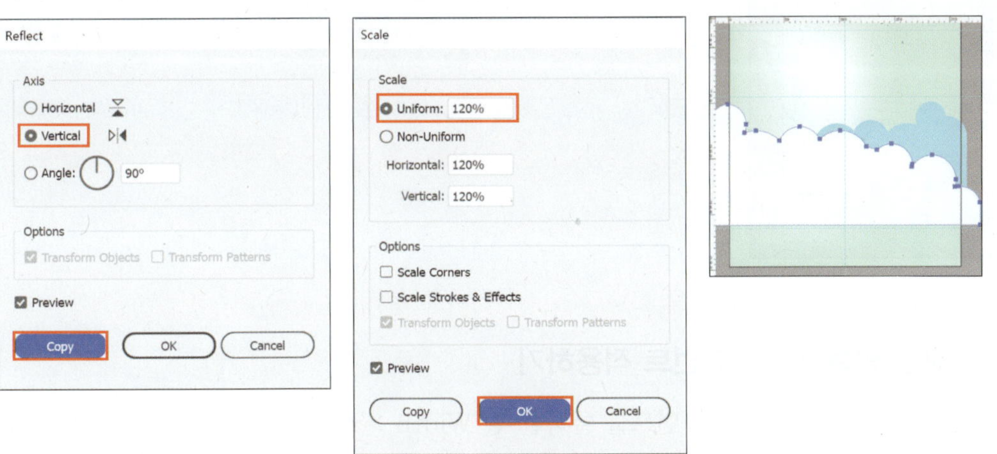

08 Scale Tool(◲)을 더블 클릭하여 'Uniform : 82%'를 지정한 후 [Copy]를 눌러 축소하고 하단으로 이동하여 배치합니다. Color 패널에서 'Fill Color : C30Y10, Stroke Color : None'을 지정합니다.

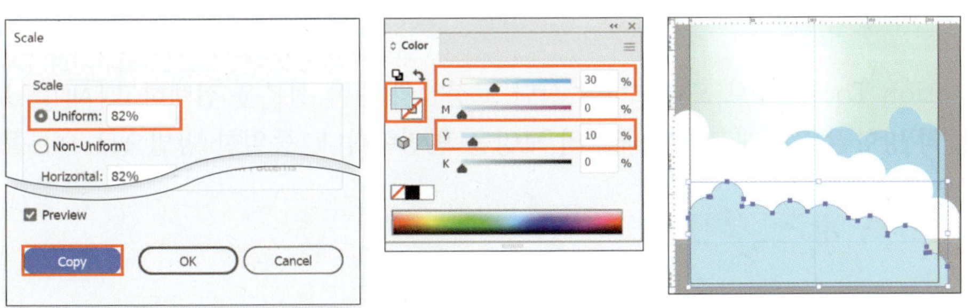

01 Pen Tool(✏)로 작업 도큐먼트를 완전히 벗어나는 2개의 곡선을 그리고 하단 곡선은 Color 패널에서 'Fill Color : None, Stroke Color : M50Y100'을 지정한 후 Stroke 패널에서 'Weight : 1pt'를 적용합니다. 상단 곡선은 Color 패널에서 'Fill Color : None, Stroke Color : C20M10'을 지정한 후 Stroke 패널에서 'Weight : 3pt'를 적용합니다.

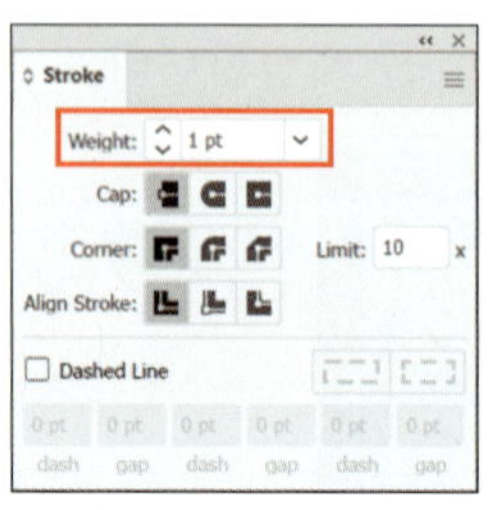

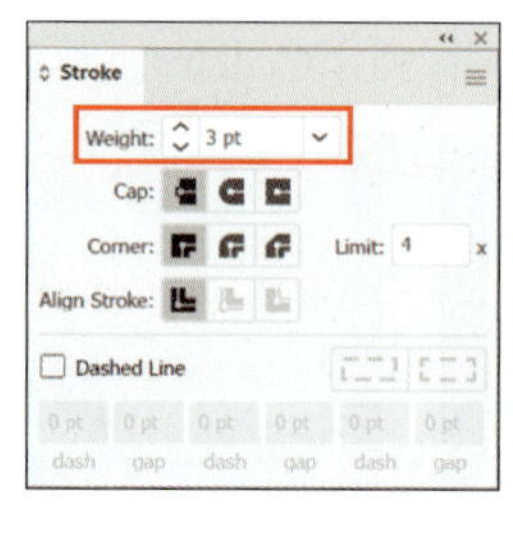
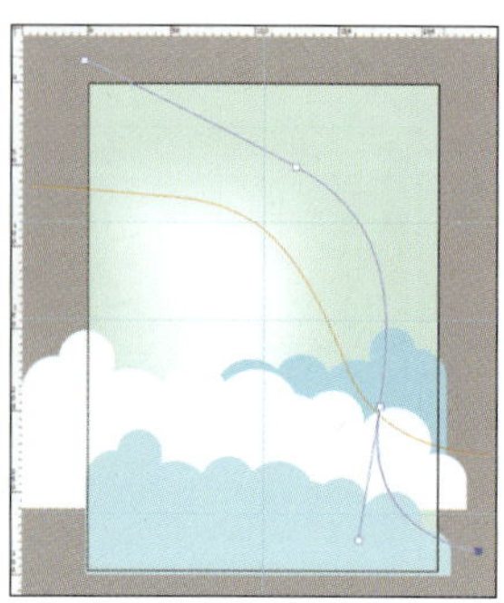

02 Selection Tool(▶)로 2개의 곡선을 선택한 후 [Object]-[Blend]-[Make]를 적용하고 [Object]-[Blend]-[Blend Options]로 'Specified Steps : 15'를 적용합니다.

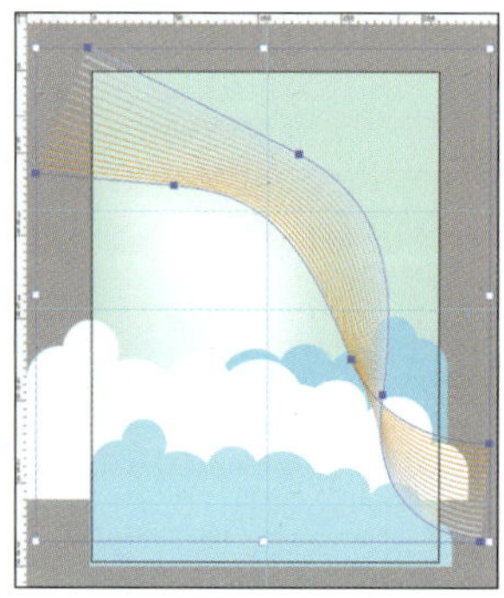

04 하트 모양 만들고 그라디언트 적용하기

01 Ellipse Tool(◯)로 작업 도큐먼트를 클릭한 후 'Width : 84mm, Height : 84mm'를 입력하여 그리고 Color 패널에서 'Fill Color : 임의 색상, Stroke Color : 임의 색상'을 지정합니다.

02 Direct Selection Tool(▷)로 드래그하여 상단 고정점을 선택하고 [Object]-[Transform]-[Move]를 선택한 후 'Horizontal : 0mm, Vertical : 35mm'를 입력하고 [OK]를 눌러 하단으로 이동합니다.

03 Direct Selection Tool(▷)로 드래그하여 상단 고정점의 왼쪽 선분을 선택하고 Alt 를 누른 채 왼쪽 핸들의 방향점을 드래그하여 패스의 모양을 변형합니다. 동일한 방법으로 오른쪽 선분도 대칭적으로 변형합니다.

04 Direct Selection Tool(▷)로 드래그하여 하단 고정점을 선택하고 [Object]–[Transform] –[Move]를 선택한 후 'Horizontal : 10mm, Vertical : 10mm'를 입력하고 [OK]를 눌러 우 측 하단으로 이동합니다. Direct Selection Tool(▷)로 오른쪽 핸들의 방향점을 선택하고 Alt 를 누른 채 방향점을 드래그하여 패스의 모양을 변형합니다.

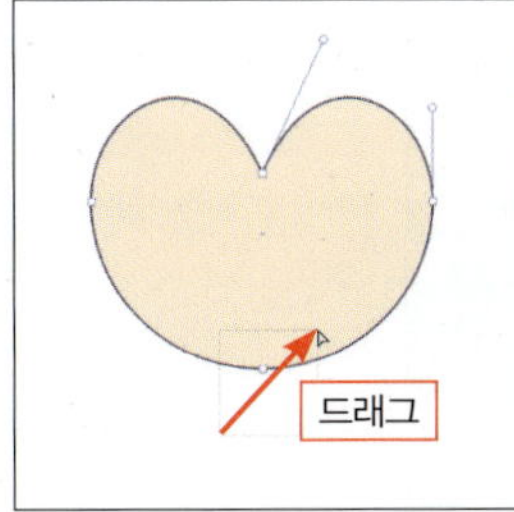

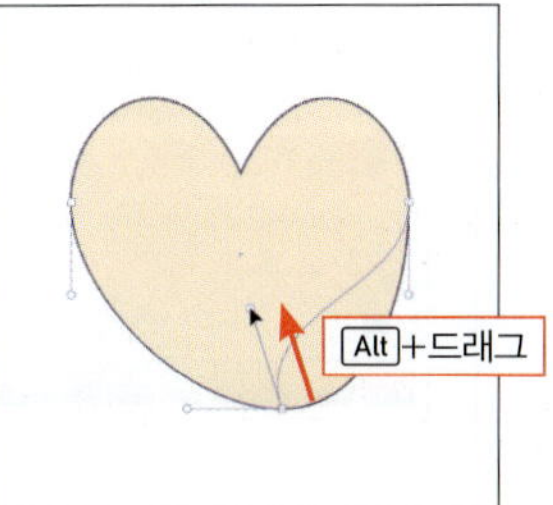

05 Selection Tool(▶)로 선택하고 Scale Tool(▦)을 더블 클릭하여 'Uniform : 10%'를 지정 하고 [Copy]를 눌러 축소 복사한 후 Color 패널에서 Color 패널에서 'Fill Color : M50Y10, Stroke Color : None'을 지정하고 작업 도큐먼트의 상단에 배치합니다.

06 [Object]–[Transform]–[Move]를 선택한 후 'Horizontal : 100mm, Vertical : 0mm'를 입력하고 [Copy]를 눌러 오른쪽으로 이동하여 복사합니다. Selection Tool(▶)로 2개의 하 트 모양을 함께 선택하고 [Object]–[Blend]–[Make]를 적용하고 [Object]–[Blend]–[Blend Options]로 'Specified Steps : 5'를 적용합니다.

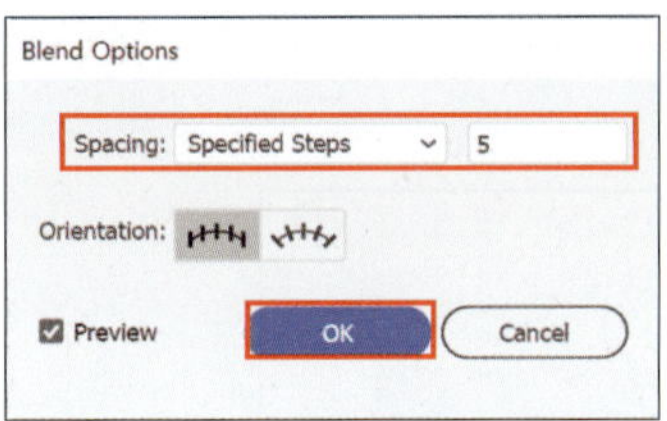
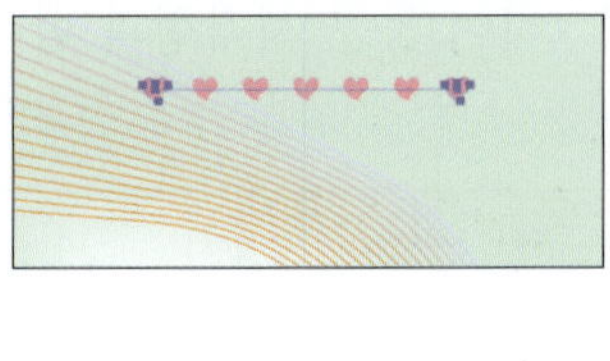

07 Selection Tool(▶)로 블렌드된 하트 모양을 더블 클릭하여 Isolation Mode로 전환하고 중 앙의 투명한 수평선을 선택한 후 [Object]–[Path]–[Add Anchor Points]를 선택하고 선분 중앙에 고정점을 추가합니다. Direct Selection Tool(▷)로 중앙의 고정점을 선택하고 위로 드래그하여 이동하고 패스를 변형한 후 Esc 를 눌러 정상 모드로 전환한 후 [Object]– [Blend]–[Expand]로 확장합니다.

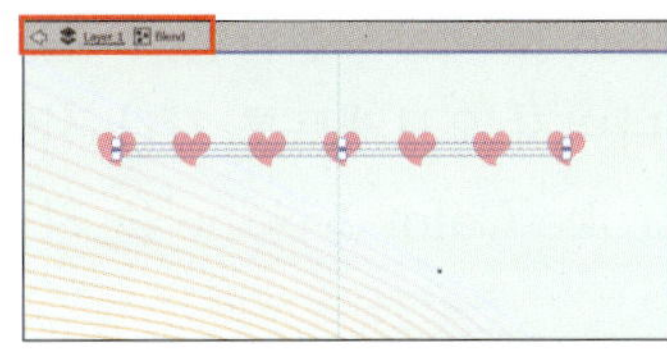
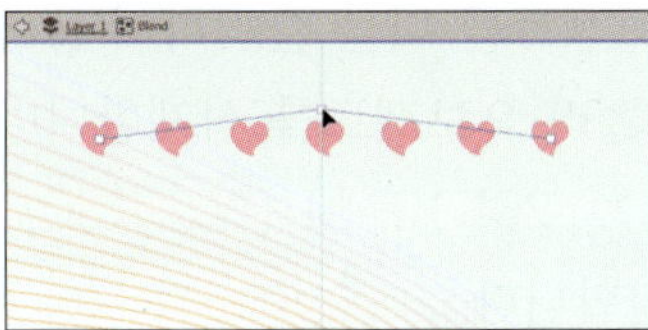
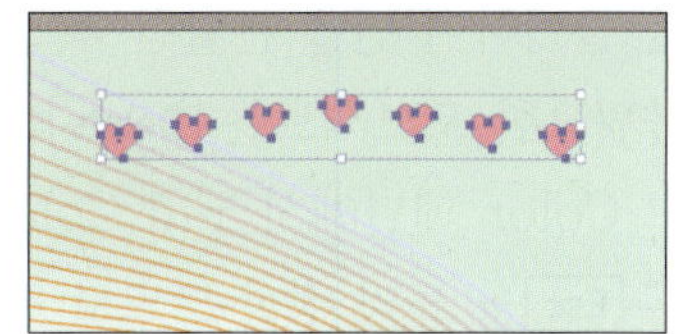

08 Selection Tool(▶)로 클릭하여 하트 원본을 선택하고 Rotate Tool(↻)을 더블 클릭하여 'Angle : 15°'를 지정하고 [OK]를 눌러 회전하여 배치합니다.

09 Gradient 패널에서 'Type : Linear Gradient, Angle : 90°'를 적용하고 Gradient Slider 의 왼쪽 'Color Stop'을 더블 클릭하여 M60을, 오른쪽 'Color Stop'을 더블 클릭하여 M20Y20을 적용한 후 'Color Midpoint(◆) : 20%'를 지정하고 Color 패널에서 'Stroke Color : None'을 지정합니다.

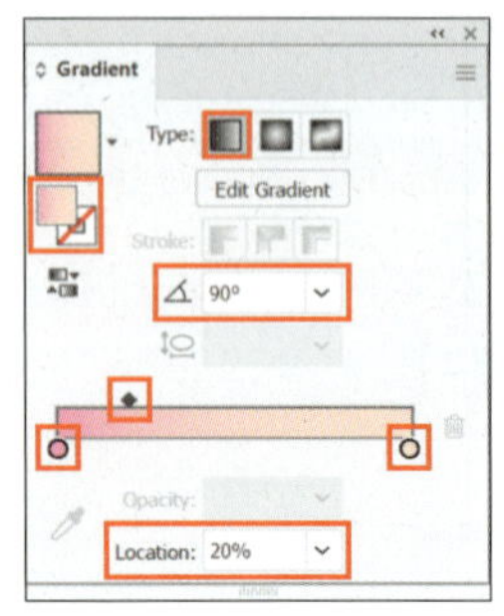 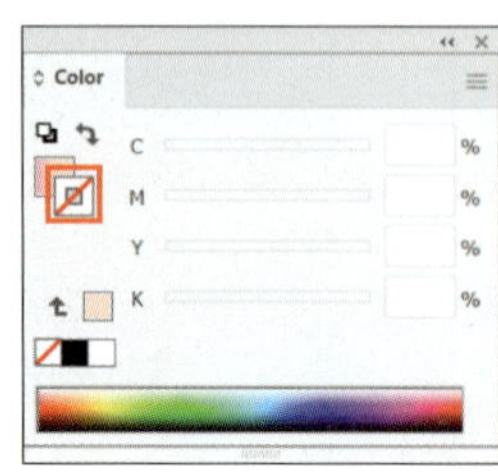 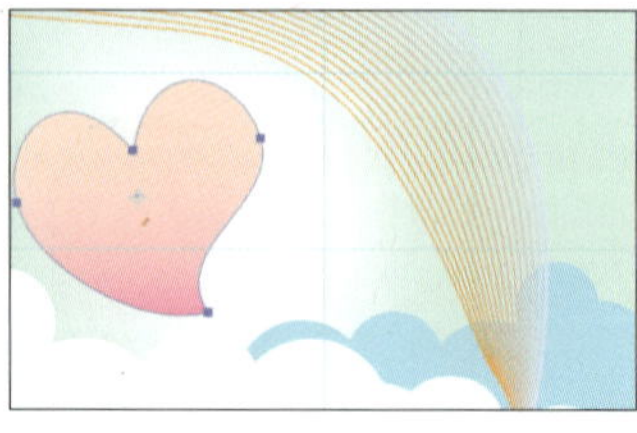

05 욕조 모양 만들기

01 Rounded Rectangle Tool(□)로 작업 도큐먼트를 클릭한 후 'Width : 110mm, Height : 77mm, Corner Radius : 31mm'를 입력하여 그리고 Color 패널에서 'Fill Color : 임의 색 상, Stroke Color : 임의 색상'을 지정합니다.

02 Rectangle Tool(□)로 드래그하여 둥근 사각형의 상단과 겹치도록 임의 색상의 사각형을 그 리고 Selection Tool(▶)로 드래그하여 둥근 사각형과 함께 선택하고 Pathfinder 패널에서 'Minus Front(□)'를 클릭합니다.

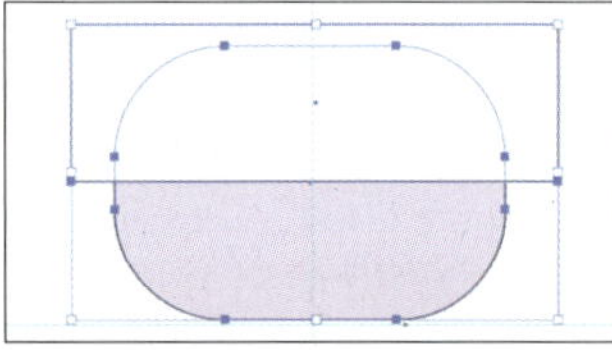 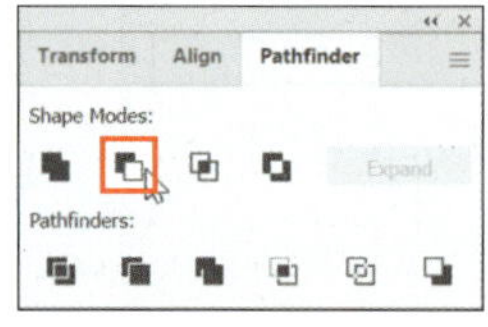 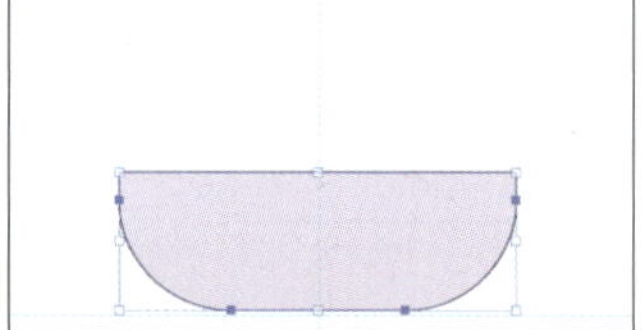

03 [Object]-[Transform]-[Move]를 선택한 후 'Horizontal : −15mm, Vertical : −8mm'를 입력하고 [Copy]를 눌러 왼쪽 상단으로 이동하여 복사합니다.

04 Selection Tool(▶)로 2개의 오브젝트를 함께 선택하고 Pathfinder 패널에서 'Divide(□)' 를 클릭하여 면을 분할한 후 오브젝트를 더블 클릭하여 Isolation Mode로 전환한 후 왼쪽의 불필요한 오브젝트는 Delete 를 눌러 오브젝트를 삭제합니다. 나머지 오브젝트를 각각 선택하 고 Color 패널에서 'Fill Color : Y20K10, M10Y10K30, Stroke Color : None'을 지정한 후 Esc 를 눌러 정상 모드로 전환합니다.

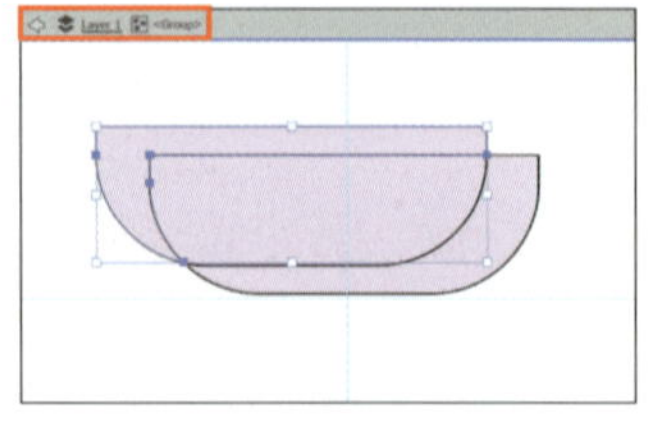 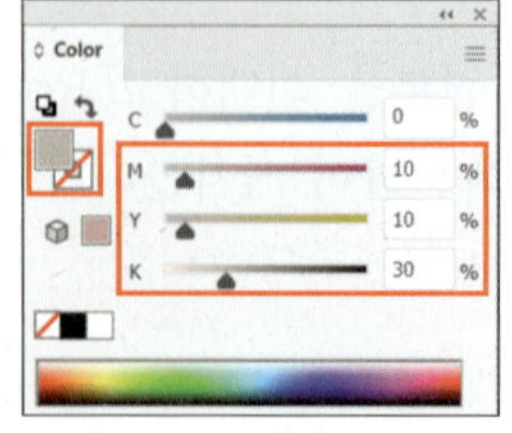 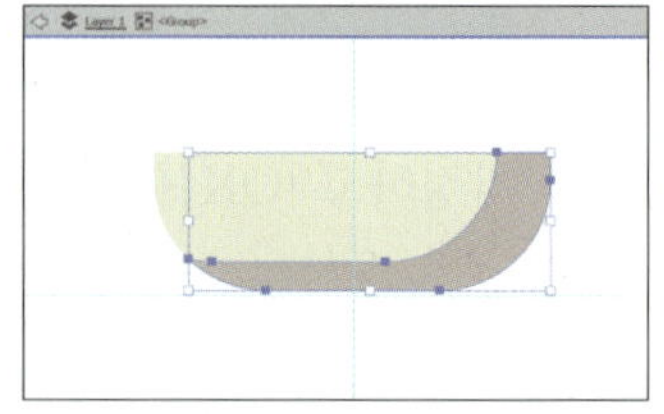

05 Ellipse Tool(⬯)로 작업 도큐먼트를 클릭한 후 'Width : 128mm, Height : 25mm'를 입력하여 그리고 Color 패널에서 'Fill Color : None, Stroke Color : M10Y10K30'을 지정한 후 Stroke 패널에서 'Weight : 24pt, Cap : Round Cap'을 지정합니다.

06 Direct Selection Tool(▷)로 하단 중앙의 고정점을 선택하고 Delete 를 눌러 삭제하고 [Object]-[Path]-[Outline Stroke]를 선택하여 선을 면으로 확장합니다.

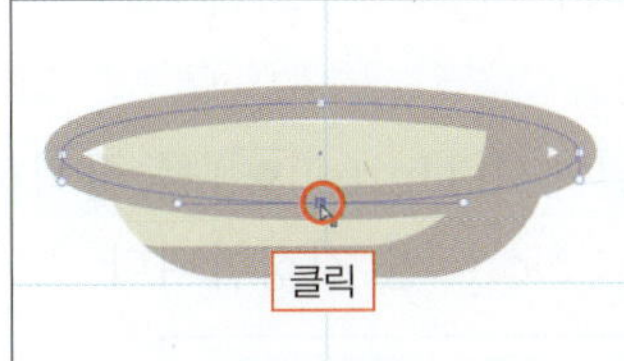

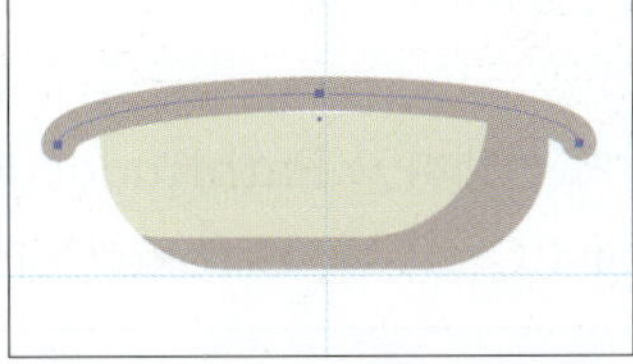
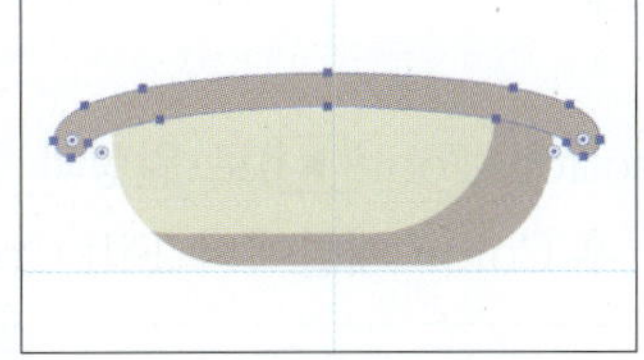

07 Ellipse Tool(⬯)로 작업 도큐먼트를 클릭한 후 'Width : 126mm, Height : 17mm'를 입력하여 그리고 Color 패널에서 'Fill Color : None, Stroke Color : C70M70K60'을 지정한 후 Stroke 패널에서 'Weight : 15pt, Cap : Round Cap'을 지정합니다. Direct Selection Tool(▷)로 하단 중앙의 고정점을 선택한 후 Delete 를 눌러 삭제하고 [Object]-[Path]-[Outline Stroke]를 선택하여 선을 면으로 확장하고 배치합니다.

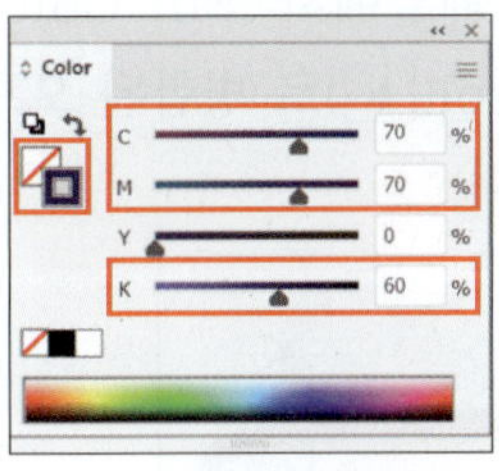

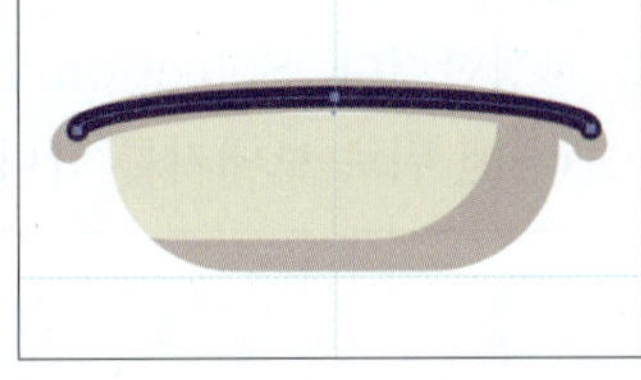
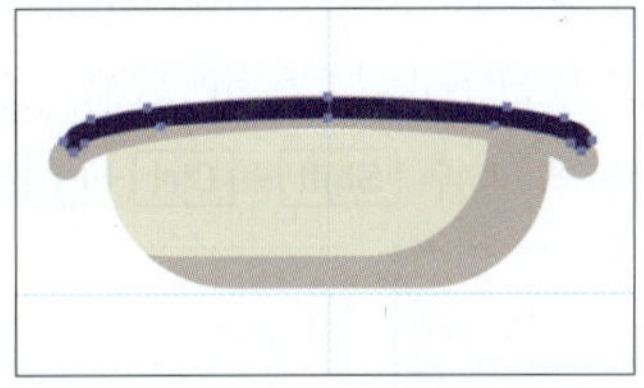

08 Selection Tool(▶)로 욕조 오브젝트를 모두 선택하고 Align 패널에서 'Horizontal Align Center(⬓)'를 클릭하여 가로 가운데 정렬을 지정합니다.

09 Ellipse Tool(⬯)로 작업 도큐먼트를 클릭한 후 'Width : 10mm, Height : 16mm'를 입력하여 그리고 Color 패널에서 'Fill Color : None, Stroke Color : C70M70K60'을 지정한 후 Stroke 패널에서 'Weight : 19pt, Cap : Round Cap'을 지정합니다.

10 Rotate Tool(↻)을 더블 클릭하여 'Angle : −5°'를 지정하고 [OK]를 눌러 회전하여 배치합니다. Direct Selection Tool(▷)로 왼쪽 중앙의 고정점을 선택한 후 Delete 를 눌러 삭제하고 [Object]-[Path]-[Outline Stroke]를 선택하여 선을 면으로 확장하고 이동하여 배치합니다.

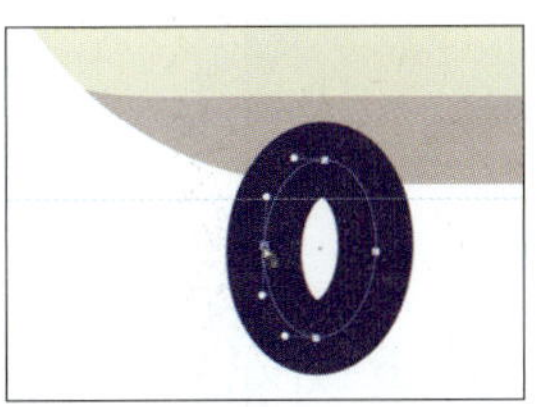

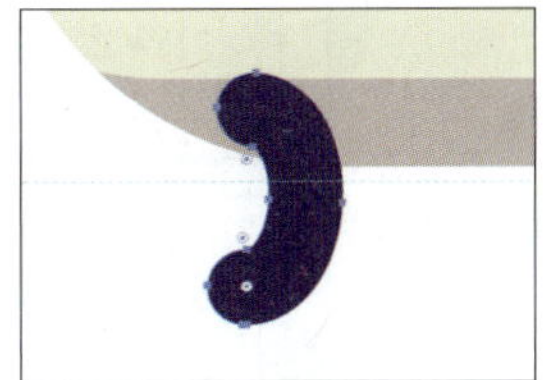

11 Reflect Tool(◧)로 Alt 를 누른 채 세로 안내선을 클릭한 후 'Axis : Vertical'을 지정하고 [Copy]를 눌러 복사합니다.

12 Ellipse Tool(⬤)로 드래그하여 크기가 다른 6개의 원형을 그리고 Color 패널에서 'Fill Color : None, Stroke Color : 임의 색상'을 지정합니다. Pen Tool(✎)로 원형의 하단과 충분히 겹치도록 닫힌 패스를 그리고 'Fill Color : None, Stroke Color : 임의 색상'을 지정합니다.

13 Selection Tool(▶)로 원형과 함께 선택하고 Pathfinder 패널에서 'Unite(▪)'를 클릭하여 합친 후 Color 패널에서 'Fill Color : C20Y10, Stroke Color : None'을 지정합니다.

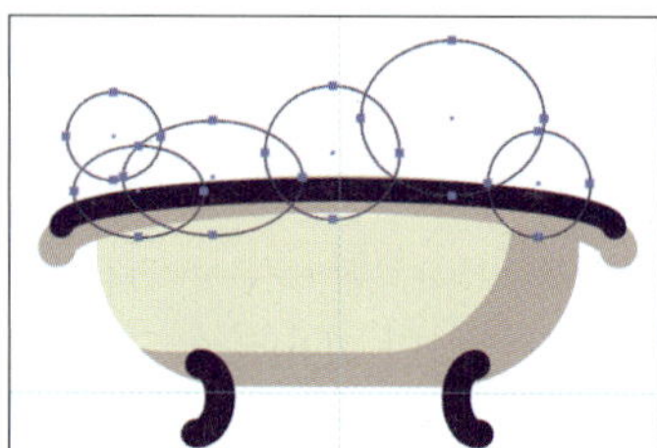
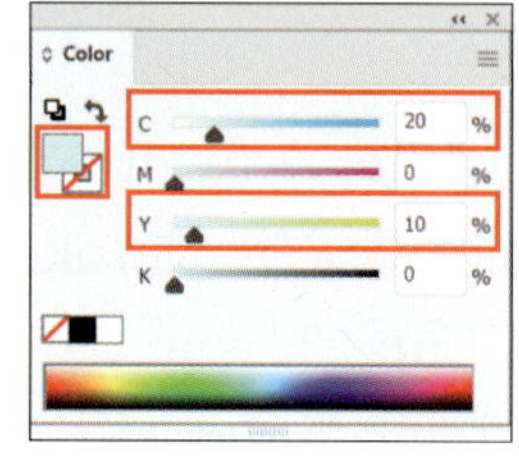
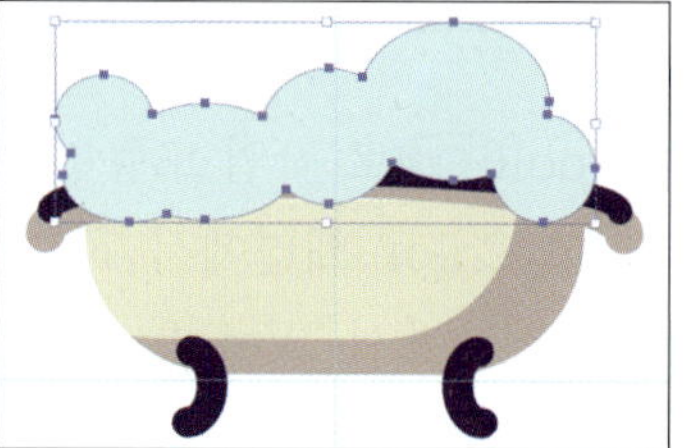

14 Pen Tool(✎)로 드래그하여 3개의 닫힌 패스를 그리고 Color 패널에서 'Fill Color : C20Y10K20, Stroke Color : None'을 지정합니다. Selection Tool(▶)로 병합된 오브젝트와 함께 선택한 후 Shift + Ctrl + [를 눌러 맨 뒤로 보내기를 합니다.

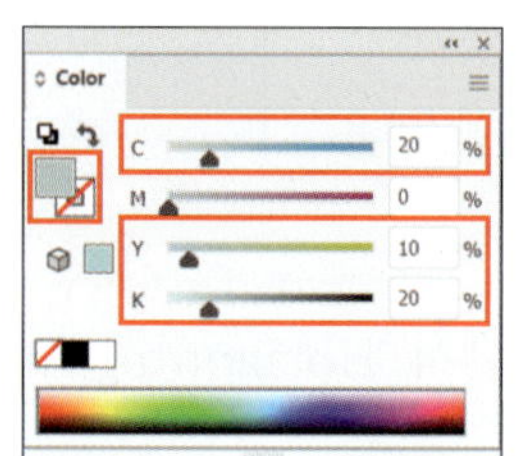

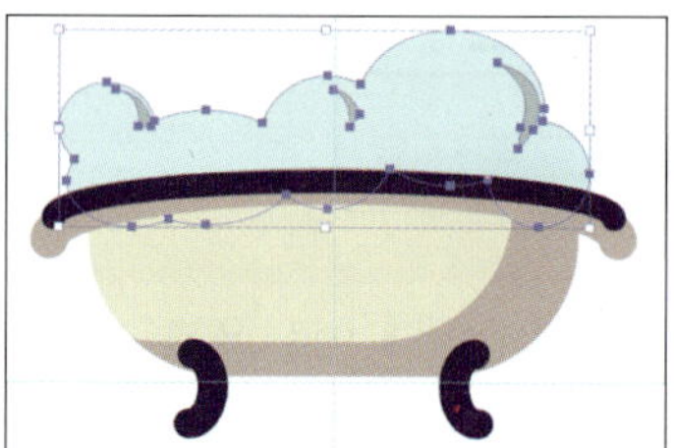

15 Ellipse Tool(⬤)로 Shift 를 누른 채 드래그하여 크기가 다른 2개의 정원을 그리고 Color 패널에서 'Fill Color : C0M0Y0K0, Stroke Color : None'을 지정합니다. 계속해서 정원을 겹치도록 그리고 'Fill Color : None, Stroke Color : C0M0Y0K0'을 지정하고 Stroke 패널에서 'Weight : 2pt'를 지정합니다.

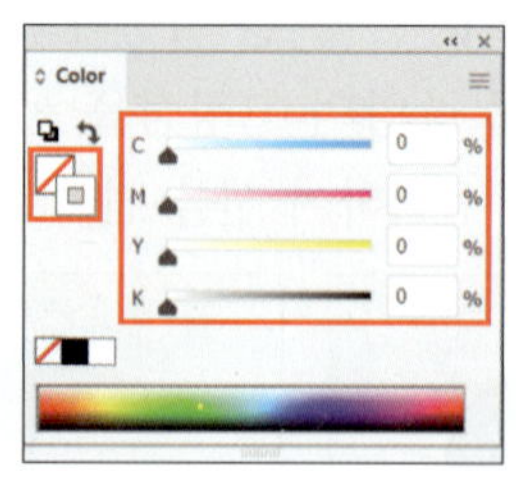

16 Selection Tool(▶)로 3개의 정원을 함께 선택한 후 Ctrl + G 로 그룹을 지정하고 Transparency 패널에서 'Opacity : 70%'를 입력하여 불투명도를 지정합니다.

01 Ellipse Tool(◉)로 작업 도큐먼트를 클릭한 후 'Width : 50mm, Height : 48mm'를 입력하여 그리고 Color 패널에서 'Fill Color : M20Y30, Stroke Color : None'을 지정합니다. 계속해서 작업 도큐먼트를 클릭한 후 'Width : 12mm, Height : 12mm'를 입력하여 그리고 겹치도록 왼쪽에 배치합니다.

02 Pen Tool(✎)로 드래그하여 머리카락 모양과 눈썹 모양을 닫힌 패스로 그리고 Color 패널에서 'Fill Color : M50Y100K60, M10Y30, Stroke Color : None'을 각각 지정합니다.

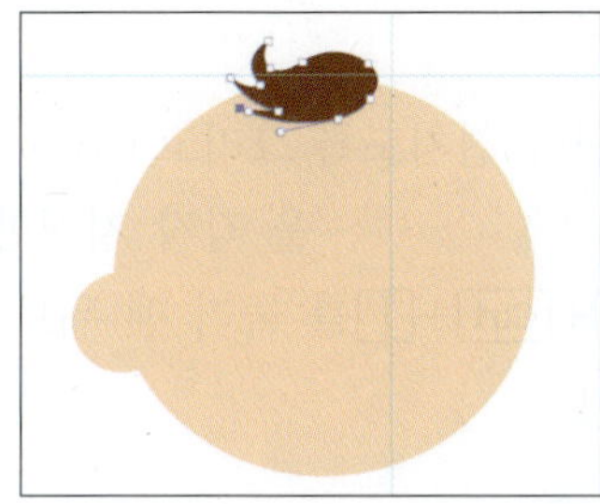

03 Ellipse Tool(◉)로 Shift 를 누른 채 드래그하여 크기가 다른 4개의 정원을 서로 겹치도록 그리고 Color 패널에서 'Fill Color : C0M0Y0K0, M50Y100K60, K100, C0M0Y0K0, Stroke Color : None'을 순서대로 각각 지정합니다.

04 Ellipse Tool(◉)로 드래그하여 타원을 그리고 Color 패널에서 'Fill Color : M40Y30, Stroke Color : None'을 지정합니다. Rotate Tool(↻)을 더블 클릭하여 'Angle : −15°'를 지정하고 [OK]를 눌러 회전하여 배치합니다.

05 Selection Tool(▶)로 대칭 복사할 오브젝트를 함께 선택하고 Reflect Tool(▷◁)로 Alt 를 누른 채 세로 안내선을 클릭한 후 'Axis : Vertical'을 지정하고 [Copy]를 눌러 복사합니다.

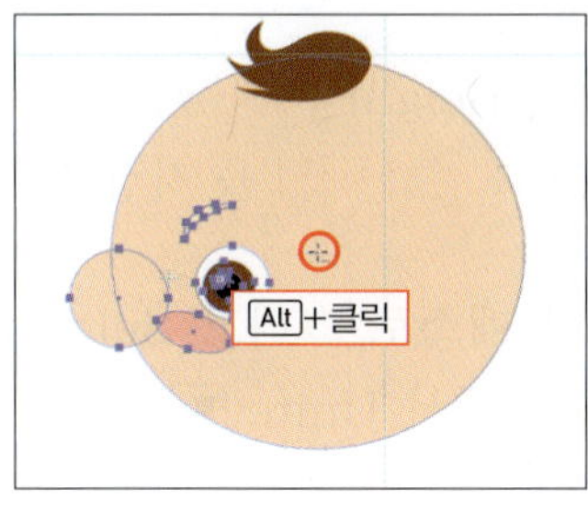

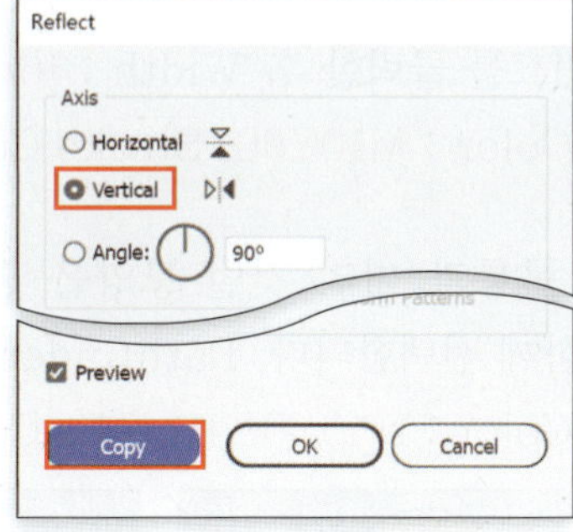

06 Ellipse Tool(◉)로 작업 도큐먼트를 클릭한 후 'Width : 18mm, Height : 17mm'를 입력하여 그리고 Color 패널에서 'Fill Color : M90Y90K10, Stroke Color : 임의 색상'을 지정합니다. Rectangle Tool(▭)로 드래그하여 원형의 상단과 겹치도록 임의 색상의 사각형을 그리고 Selection Tool(▶)로 드래그하여 원형과 함께 선택하고 Pathfinder 패널에서 'Minus Front(▣)'를 클릭합니다.

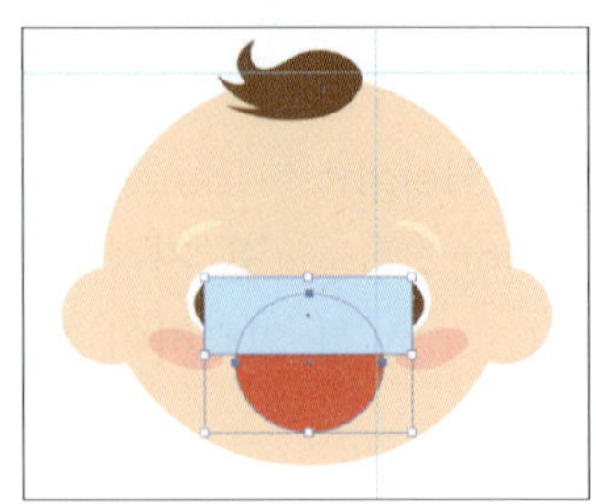 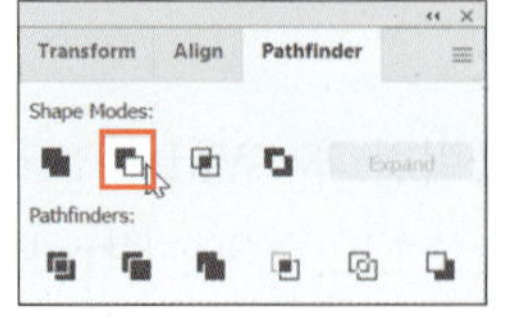 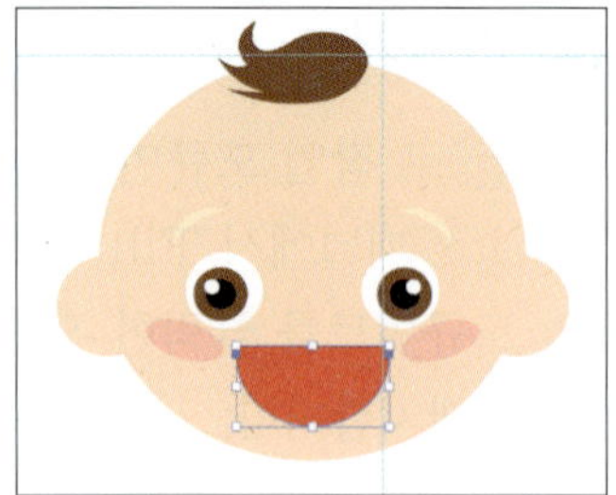

07 Direct Selection Tool(⊿)로 모서리의 둥근 점(◉)을 안쪽으로 드래그하여 입 주변의 모서리를 둥글게 변형합니다.

08 Ellipse Tool(◯)로 드래그하여 크기가 다른 2개의 타원을 하단에 겹치도록 그리고 Color 패널에서 'Fill Color : M20Y30, M20Y30K10, Stroke Color : 임의 색상'을 각각 지정합니다. Selection Tool(▶)로 2개의 타원을 함께 선택하고 Shift+Ctrl+[를 눌러 맨 뒤로 보내기를 합니다.

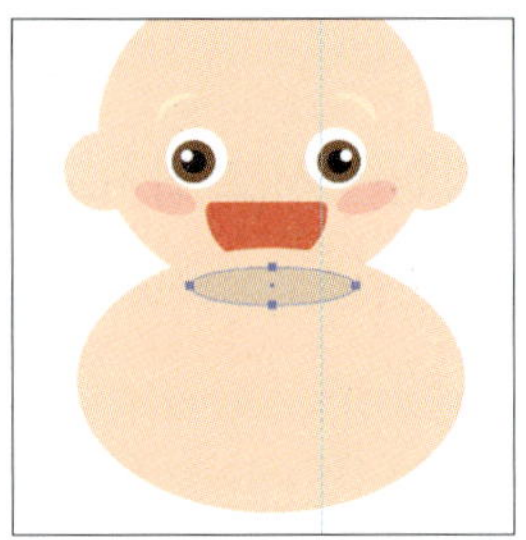 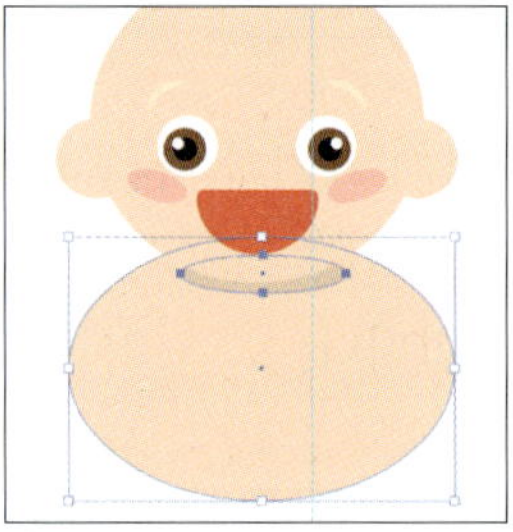

09 Selection Tool(▶)로 아기 캐릭터 오브젝트를 모두 선택하고 Ctrl+G로 그룹으로 설정하고 Ctrl+[를 여러 번 눌러 욕조의 거품보다 뒤로 보내기를 합니다.

🄌 심볼 오브젝트 만들고 등록하기

01 Ellipse Tool(◯)로 작업 도큐먼트를 클릭한 후 'Width : 16mm, Height : 16mm'를 입력하여 그리고 Color 패널에서 'Fill Color : M10Y90, Stroke Color : 임의 색상'을 지정합니다.

02 Pen Tool(✎)로 드래그하여 몸통과 머리 깃털 모양을 닫힌 패스로 그리고 Selection Tool(▶)로 3개의 오브젝트를 함께 선택합니다. Pathfinder 패널에서 'Unite(◼)'를 클릭하여 합치고 Color 패널에서 'Fill Color : M10Y90, Stroke Color : None'을 지정합니다.

  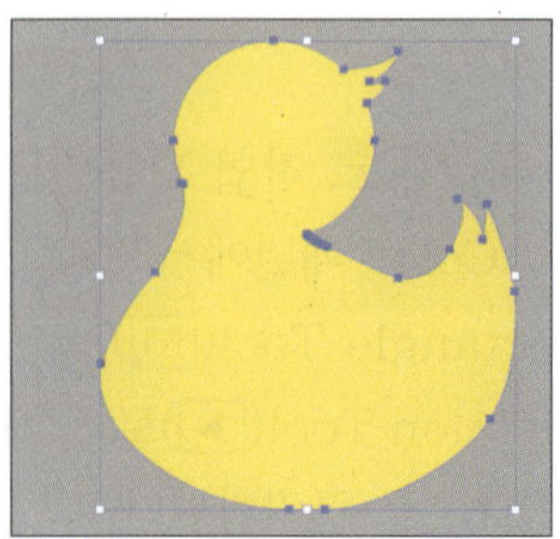

03 Pen Tool(✐)로 부리 모양을 닫힌 패스로 그리고 Color 패널에서 'Fill Color : M80Y100, Stroke Color : None'을 지정한 후 Shift + Ctrl + [를 눌러 맨 뒤로 보내기를 합니다. Ellipse Tool(◉)로 드래그하여 크기가 다른 3개의 원형을 서로 겹치도록 그리고 'Fill Color : C0M0Y0K0, K100, C0M0Y0K0, Stroke Color : None'을 순서대로 각각 지정합니다.

04 Pen Tool(✐)로 날개 모양을 닫힌 패스로 그리고 Color 패널에서 'Fill Color : M30Y90K10, Stroke Color : None'을 지정합니다. [Object]-[Transform]-[Move]를 선택한 후 'Horizontal : −1mm, Vertical : −2mm'를 입력하고 [Copy]를 눌러 이동 복사하고 'Fill Color : M10Y90, Stroke Color : None'을 지정합니다.

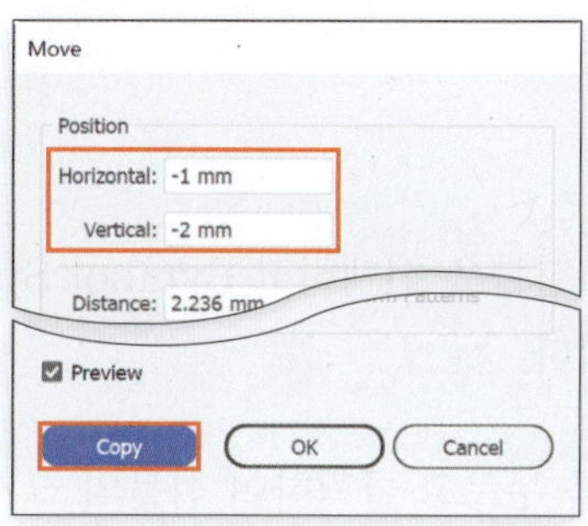

05 Selection Tool(▶)로 날개 모양을 Ctrl + C 로 복사하고 Ctrl + F 로 복사한 오브젝트 앞에 붙여넣기를 하고 오브젝트를 더블 클릭하여 Isolation Mode로 전환합니다. Alt 를 누른 채 오른쪽 하단으로 드래그하여 복사하고 Ctrl + A 로 모두 선택한 후 Pathfinder 패널에서 'Divide(▣)'를 클릭합니다. 불필요한 오브젝트를 선택하고 Delete 를 눌러 삭제하고 나머지 오브젝트에는 Color 패널에서 'Fill Color : C0M0Y0K0, Stroke Color : None'을 지정합니다.

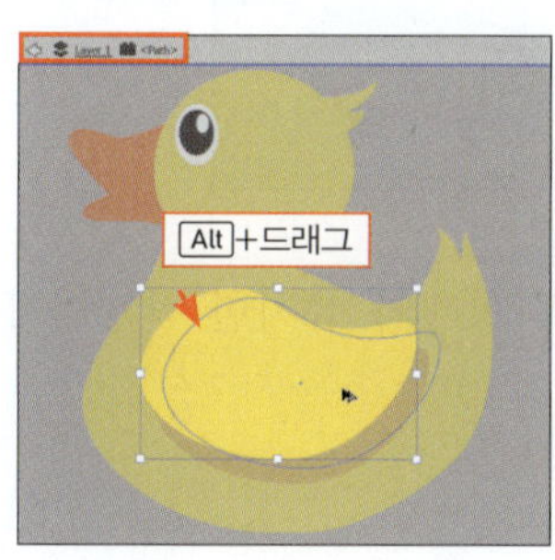

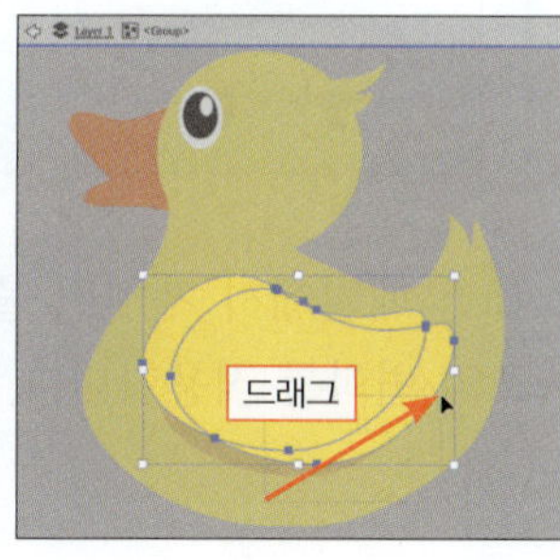

06 Esc 를 눌러 정상 모드로 전환한 후 Selection Tool(▶)로 오리 오브젝트를 모두 선택하고 Ctrl + G 로 그룹을 지정합니다. Scale Tool(▣)을 더블 클릭하여 'Uniform : 60%'를 지정하고 [Copy]를 눌러 축소 복사하고 배치합니다.

07 Selection Tool(▶)로 오브젝트를 더블 클릭하여 Isolation Mode로 전환하고 'Fill Color : M10Y90, Stroke Color : None'을 지정한 오브젝트의 색상을 Color 패널에서 'Fill Color : Y10, Stroke Color : None'을 변경합니다. 계속해서 부리와 날개 음영을 선택한 후 'Fill Color : M30Y100, M10Y30, Stroke Color : None'을 각각 지정하고 Esc 를 눌러 정상 모드로 전환합니다.

08 Selection Tool(▶)로 2개의 오리 오브젝트를 함께 선택한 후 Symbols 패널 하단의 'New Symbol(⊞)'을 클릭하고 [Symbol Options] 대화상자에서 'Name : 오리, Export Type : Graphic'을 지정하여 심볼로 등록합니다.

08 심볼 적용 및 편집하기

01 Symbols 패널에서 등록된 '오리' 심볼을 선택하고 Symbol Sprayer Tool(📷)로 작업 도큐먼트를 클릭하여 심볼을 뿌려 줍니다.

02 Symbol Sizer Tool(📷)로 Alt 를 누르고 클릭하여 심볼의 크기를 축소하고 Symbol Shifter Tool(📷)로 심볼의 위치를 이동시킨 후 Symbol Spinner Tool(📷)로 일부를 회전하여 배치합니다. Symbol Screener Tool(📷)로 일부를 클릭하여 투명하게 합니다.

03 Symbol Stainer Tool(📷)로 Swatches 패널에서 제시된 출력형태와 유사한 색상을 Fill Color로 선택한 후 일부에 클릭하여 색조의 변화를 적용합니다.

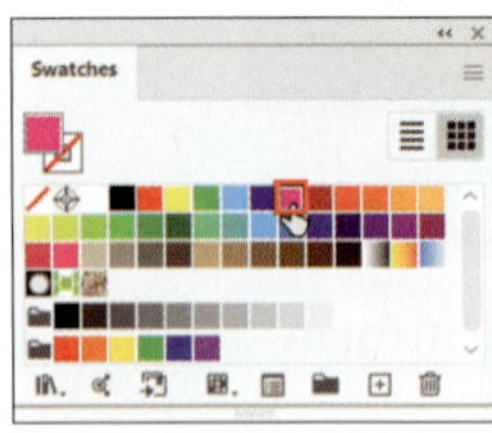 

Symbol Stainer Tool(📷)로 색조의 변화를 적용할 때는 정확한 색상의 제시가 없으므로 문제지의 《출력형태》와 가장 유사한 색상을 'Fill Color'로 지정하여 적용하면 됩니다.

04 Selection Tool(▶)로 심볼로 등록한 오리 오브젝트를 선택하고 마우스 오른쪽 버튼을 누르고 'Break Link to Symbol'을 클릭하여 일반 오브젝트로 변환합니다. Shift + Ctrl + G 를 여러 번 적용하여 그룹을 해제합니다. 큰 오리 오브젝트를 선택하고 Ctrl + G 를 그룹을 지정하고 작은 오리 오브젝트는 Delete 를 눌러 삭제합니다.

05 Selection Tool(▶)로 큰 오리 오브젝트를 선택하고 Scale Tool(▣)을 더블 클릭하여 'Uniform : 150%'를 지정하고 [OK]를 눌러 확대한 후 하단에 배치합니다.

06 Ellipse Tool(◉)로 드래그하여 크기가 다른 2개의 타원을 하단에 그리고 Color 패널에서 'Fill Color : Y10K50, Stroke Color : None'을 지정합니다. 욕조와 큰 오리 오브젝트 하단 에 배치하고 [Ctrl]+[[]를 여러 번 눌러 뒤로 보내기를 합니다.

⑨ 브러쉬 적용하기

01 Brushes 패널 하단의 'Brush Libraries Menu(📖)'를 클릭하여 [Decorative]– [Decorative_Scatter]를 선택하여 추가 브러쉬 패널을 불러온 후 'Bubbles'를 선택합니다. Paintbrush Tool(✎)를 선택하고 Color 패널에서 'Fill Color : None, Stroke Color : 임 의 색상'을 지정한 후 작업 도큐먼트 왼쪽 하단에 곡선 모양으로 드래그하여 칠한 후 Stroke 패널에서 'Weight : 1pt'를 지정합니다.

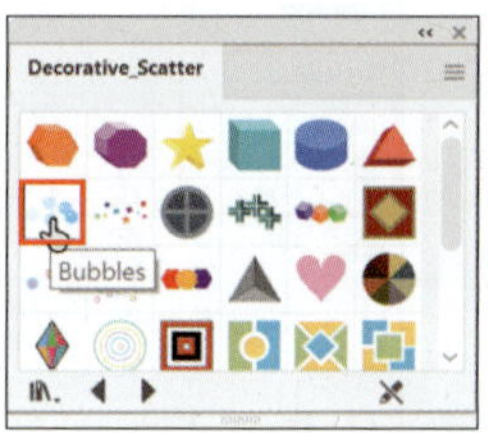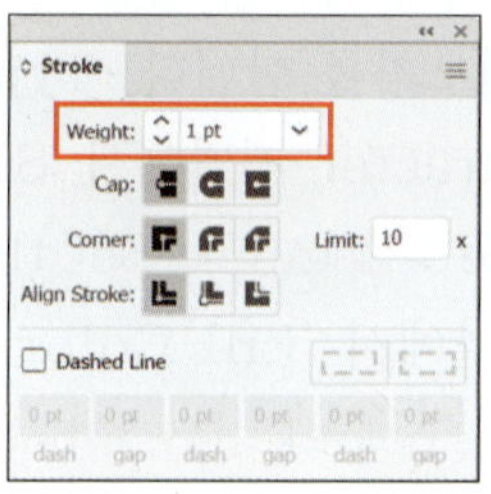

기적의 TIP

[Decorative_Scatter] 브러쉬는 클릭할 때마다 뿌려지는 모양 이 다르므로 여러 번 클릭하여 《출력형태》와 최대한 유사하게 표현합니다.

02 Paintbrush Tool(✎)를 작업 도큐먼트 오른쪽에 영역을 충분히 벗어나도록 곡선 모양으로 드래그하여 칠한 후 Stroke 패널에서 'Weight : 2pt'를 지정합니다.

⑩ 문자 입력 및 왜곡하기

01 Type Tool(T)로 작업 도큐먼트 상단에 클릭한 후 Character 패널에서 'Set the font family : Times New Roman, Set the font style : Bold, Set the font size : 49pt'를 설정하고 Color 패널에서 'Fill Color : C30M100, Stroke Color : None'을 지정한 후 'HAPPY'를 입력합니다.

02 Rectangle Tool(■)로 작업 도큐먼트를 클릭한 후 'Width : 135mm, Height : 30mm'를 입력하여 사각형을 그리고 Color 패널에서 'Fill Color : M80Y20, Stroke Color : None'을 지정합니다.

03 Type Tool(T)로 작업 도큐먼트 상단에 클릭한 후 Character 패널에서 'Set the font family : Times New Roman, Set the font style : Regular, Set the font size : 70pt'를 설정하고 Color 패널에서 'Fill Color : C0M0Y0K0, Stroke Color : None'을 지정한 후 'Bath Time'을 입력합니다.

04 Selection Tool(▶)로 'Bath Time' 문자와 사각형을 함께 선택하고 Align 패널에서 'Horizontal Align Center(♣)'를 클릭하여 가로 가운데 정렬을 지정합니다. [Object]-[Envelope Distort]-[Make with Warp]를 선택한 후 'Style : Arc Upper, Horizontal : 체크, Bend : 25%'를 지정하여 글자를 왜곡시킵니다.

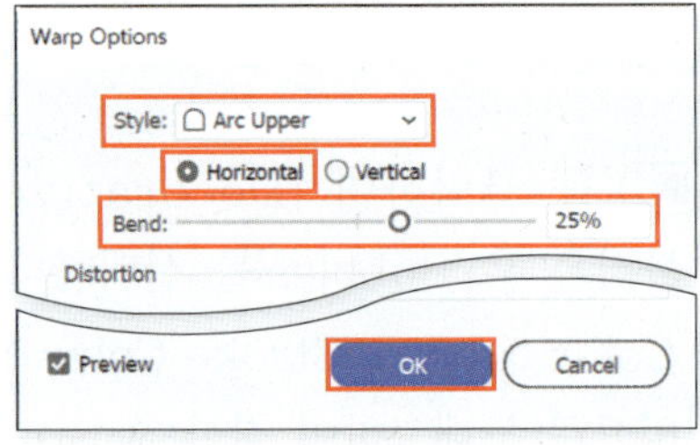
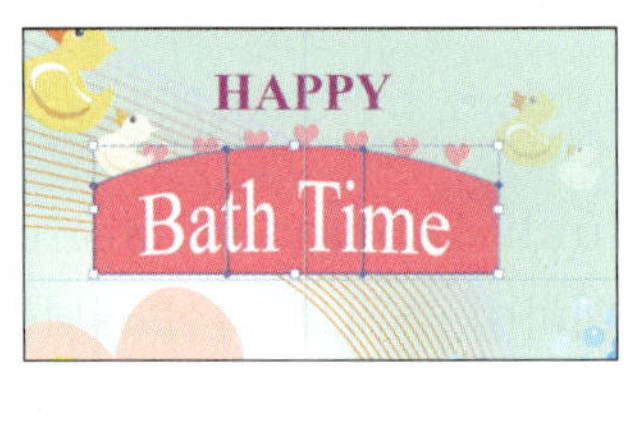

05 Selection Tool(▶)로 'Bath Time' 문자 상단의 하트 그룹을 선택하고 [Shift]+[Ctrl]+[]]를 눌러 맨 앞으로 가져오기를 합니다. Type Tool(T)로 작업 도큐먼트를 클릭한 후 Character 패널에서 'Set the font family : Arial, Set the font style : Regular, Set the font size : 21pt'를 설정하고 Color 패널에서 'Fill Color : C50M90, Stroke Color : None'을 지정한 후 'Let's Enjoy a bath with Rubber Duck'을 입력합니다.

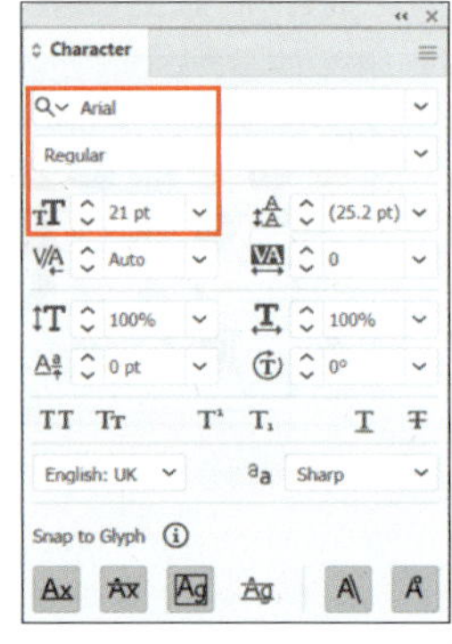

06 Selection Tool(▶)로 'Let's Enjoy a bath with Rubber Duck' 문자를 선택하고 [Object]-[Envelope Distort]-[Make with Warp]를 선택한 후 'Style : Flag, Horizontal : 체크, Bend : -100%'을 지정하여 글자를 왜곡시킵니다.

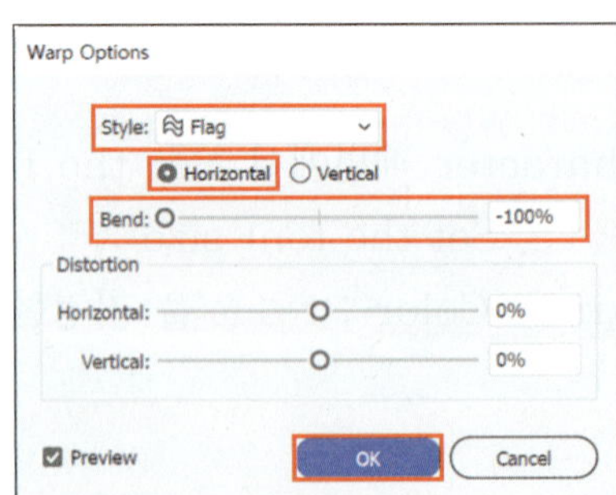

11 **그룹 지정하고 이펙트 적용하기**

01 Selection Tool(▶)로 아기 캐릭터와 욕조 모양 오브젝트를 모두 선택하고 Ctrl + G 로 그룹을 지정합니다. [Effect]-[Illustrator Effects]-[Stylize]-[Drop Shadow]를 선택한 후 'Opacity : 75%, X Offset : 1mm, Y Offset : 1mm, Blur : 2mm'를 지정하여 그림자 효과를 적용하고 도큐먼트의 빈 곳을 클릭하여 선택을 해제합니다.

12 **클리핑 마스크 적용하기**

01 Rectangle Tool(▣)로 작업 도큐먼트 왼쪽 상단의 원점(0,0)을 클릭한 후 'Width : 210mm, Height : 297mm'를 입력하여 그리고 Color 패널에서 'Fill Color : 임의 색상, Stroke Color : None'을 지정합니다. [Select]-[All](Ctrl + A)로 오브젝트를 모두 선택하고 [Object]-[Clipping Mask]-[Make](Ctrl + 7)로 클리핑 마스크를 적용하여 정리합니다.

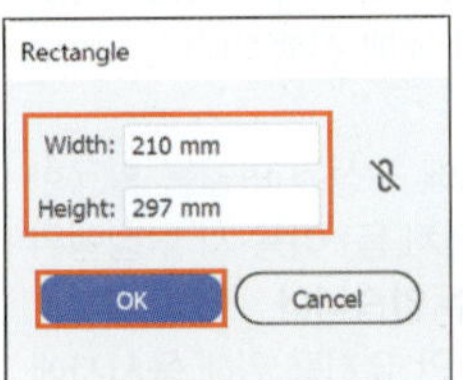

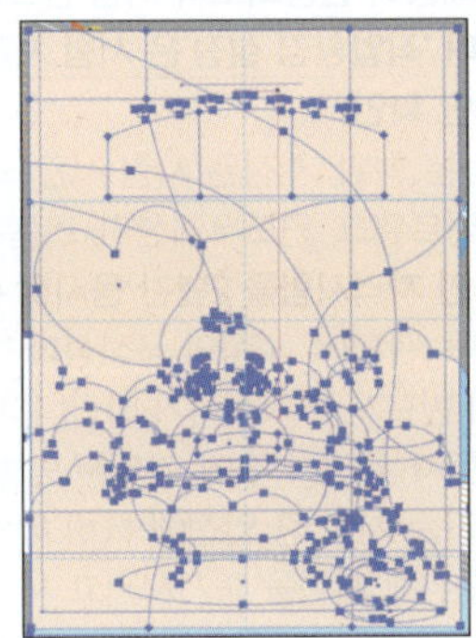

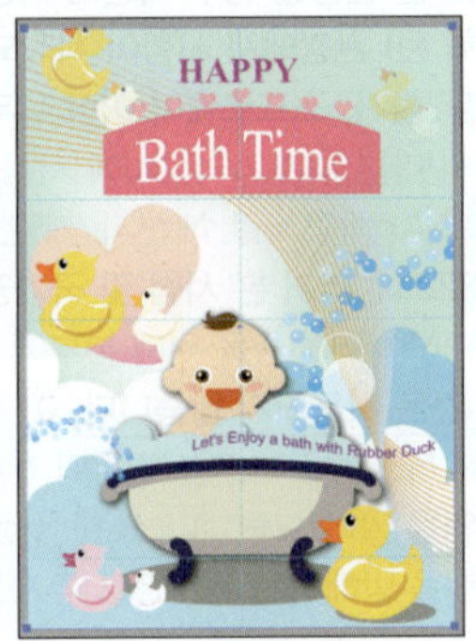

13 **저장 및 답안 전송하기**

01 [View]-[Guides]-[Hide Guides](Ctrl + ;)를 선택하여 안내선을 숨기고 [View]-[Fit Artboard in Window](Ctrl + 0)를 선택하여 현재 창에 맞추기를 합니다.

02 [File]-[Save As]를 선택하고 '저장 위치 : 내 PC₩문서₩GTQ, 파일 형식 : Adobe Illustrator(*AI), 파일 이름 : 수험번호-성명-문제번호.ai'를 확인하고 [저장]을 클릭한 후 [Illustrator Options] 대화상자에서 'Version : Illustrator 2020'으로 설정하고 [OK]를 클릭합니다.

03 답안 저장이 완료가 되면 [File]-[Exit](Ctrl + Q)를 선택하여 일러스트레이터 프로그램을 종료하고 수험 프로그램에서 [답안 전송]을 클릭하여 감독관 컴퓨터로 전송합니다.

기출 유형 문제 04회

급수	문제유형	시험시간	수험번호	성명
1급	A	90분		

수험자 유의사항

- 수험자는 문제지를 받는 즉시 응시하고자 하는 **과목 및 급수가 맞는지 확인**한 후 수험번호와 성명을 작성합니다.
- 파일명은 본인의 "수험번호–성명–문제번호"로 공백 없이 정확히 입력하고 답안폴더(내 PC₩문서₩GTQ)에 ai 파일 포맷으로 저장해야 하며, **'다른 파일 형식으로 저장하였을 경우'** 0점 처리됩니다.
- 답안문서 파일명이 "수험번호–성명–문제번호"와 일치하지 않거나, 답안 파일을 **'전송'하지 않는 경우 답안 파일 미제출로 불합격 처리**됩니다. ※ 답안은 반드시 시험 시간 내에 전송을 완료해야 하며, 전송 시간을 충분히 감안하여 제출해 주시기 바랍니다. (공정한 평가를 위해, 시험종료 전 전송이 완료된 답안에 한해 채점이 진행됩니다.)
- 수험자 정보와 저장한 파일명, 저장 위치가 다를 경우 전송이 되지 않으므로, 주의하시길 바랍니다.
- 답안 작성 중에도 **주기적으로 '저장'과 '답안 전송'**을 이용하여 감독위원 PC로 답안을 전송하셔야 합니다. (작업한 내용을 저장하지 않고 답안을 전송할 경우 이전의 저장내용이 전송되오니 이점 반드시 유념하시기 바랍니다.)
- 모든 시험자는 동일한(초기화 된) 환경에서 시험이 시작되며 '작업환경 설정'은 시험 시간 내에 진행합니다. (시험 시작 전 '작업환경 설정' 불가, 소프트웨어 이상 유무만 확인)
- 답안문서는 지정된 경로 외의 다른 보조기억장치에 저장하는 행위, 지정된 시험 시간 외에 작성된 파일을 활용한 행위, 기타 허용되지 않은 프로그램(이메일, 메신저, 게임, 네트워크, 윈도우계산기, 스톱워치 등) 이용 시 부정행위로 간주되어 **자격기본법 제32조에 의거 본 시험 및 국가공인 자격시험을 2년간 응시할 수 없습니다.**
- 시험 종료 후 제출된 답안은 평가 및 검증을 위해 본부에서 보관되며, 시험의 공정성과 보안 유지를 위해 **응시자에게 본인의 답안을 제공하는 것은 허용되지 않습니다.** 이 점 반드시 유의하시기 바랍니다.
- 시험 중 부주의 또는 고의로 시스템을 파손한 경우와 〈수험자 유의사항〉에 기재된 방법대로 이행하지 않아 생기는 불이익은 수험자의 책임임을 알려 드립니다. 또한 수험자는 시험 중 안전에 특히 유의하여야 하며, 시험장에서 소란을 피우거나 타인의 시험을 방해하는 자는 질서유지를 위해 시험을 중지시키고 시험장에서 퇴장 시킵니다.
- 시험을 완료한 수험자는 최종적으로 저장한 답안파일이 전송되었는지 확인한 후 감독위원의 지시에 따라 문제지를 제출하고 퇴실합니다.

답안 작성요령

- **온라인 답안 작성 절차**

  수험자 등록 ⇒ 시험 시작 ⇒ 답안파일 저장 ⇒ 답안 전송 ⇒ 시험 종료
- 배점은 총 100점으로 이루어지며, 점수는 각 문제별로 차등 배분됩니다.
- 각 문제는 제시된 〈조건〉에 따라 작성하고 〈조건〉을 지키지 못했을 경우에는 0점 또는 감점 처리됩니다.
- 문제 〈조건〉에 크기와 색상, 두께의 지정이 없을 경우 《출력형태》를 참고하여 작업해 주시기 바랍니다.
- **문제 〈조건〉과 《출력형태》에서 차이가 발생할 경우 문제에서 지정한 〈조건〉에 따라 작업해 주시기 바랍니다.**
- 〈조건〉에서 주어진 단위는 'mm(밀리미터)'입니다. 눈금자는 작성하지 않으며, 그 외는 출력형태(레이아웃, 색상, 문자, 규격 등)와 같게 작업하십시오.
- 문제 〈조건〉에 서체의 지정이 없을 경우 한글은 굴림이나 돋움, 영문은 Arial로 작업하십시오. (단, 그 외에 제시되지 않은 문자 속성을 기본값으로 작성하지 않은 경우는 감점 처리됩니다.)
- Color Mode(색상 모드)는 별도의 처리 조건이 없을 시 CMYK로 작업하십시오.
- 조건에서 제시한 기능을 임의로 합치거나 각 기능에 대한 속성을 해지할 경우 해당 요소는 0점 처리됩니다.

한 국 생 산 성 본 부

다음의 《조건》에 따라 아래의 《출력형태》와 같이 작업하시오.

조건

파일저장규칙	AI	파일명	문서₩GTQ₩수험번호-성명-1.ai
		크기	100 × 80mm

1. 작업 방법
① 도형, 변형 툴과 Pathfinder 기능을 활용하여 오브젝트를 작성한다.
② 그 외 《출력형태》 참조

2. 문자 효과
① The Happy Ranch (Arial, Bold, 23pt, C0M0Y0K0)

출력형태

C40Y40,
C0M0Y0K0,
K90, M10Y20K20,
C0M0Y0K0 → M60Y20,
K100, C20M20K60,
M60Y20, C60M20Y70K70,
C80M10Y80,
[Stroke] C40Y40, 3pt,
M80Y20, 1pt

다음의 《조건》에 따라 아래의 《출력형태》와 같이 작업하시오.

조건

파일저장규칙	AI	파일명	문서₩GTQ₩수험번호-성명-2.ai
		크기	160 × 120mm

1. 작업 방법

① 딸기 쨈 병은 Pattern을 활용하여 작성한다. (패턴 등록 : 딸기)
② 케이크 상자에는 Clipping Mask를 적용한다.
③ Brush는 《출력형태》를 참고하여 작성한다.
④ Effect는 《출력형태》를 참고하여 작성한다.
⑤ 그 외 《출력형태》 참조

2. 문자 효과

① Strawberry Cake (Arial, Bold, 17pt, 12pt, M100K10, C0M0Y0K0)
② Fresh Jam (Times New Roman, Regular, 14pt, C30M100Y90)

출력형태

다음의 《조건》에 따라 아래의 《출력형태》와 같이 작업하시오.

조건

파일저장규칙	AI	파일명	문서₩GTQ₩수험번호-성명-3.ai
		크기	210 × 297mm

1. 작업 방법
① 《참고도안》을 직접 제작한 후 Symbol로 활용한다. (심볼 등록 : 나무)
② 'URBAN PARK', '도심 속에 푸르름을 가꾸세요!' 문자에 Envelope Distort를 적용한다.
③ Brush는 《출력형태》를 참고하여 작성한다.
④ Effect는 《출력형태》를 참고하여 작성한다.
⑤ Clipping Mask를 이용하여 디자인을 정리한다.
⑥ 그 외 《출력형태》 참조

2. 문자 효과
① URBAN PARK (Arial, Bold, 50pt, C90M30Y80K30)
② LIFE WITH NATURE (Times New Roman, Bold, 32pt, C50M30Y90K10)
③ 도심 속에 푸르름을 가꾸세요! (돋움, 18pt, C80M20Y50)

참고도안

C30M90Y100K50,
C70M30Y100K20,
C60M10Y100

출력형태

210 × 297mm
[Mesh] C30Y10, C20Y20

C0M0Y0K0,
Opacity 70%,
Opacity 40%

[Blend] 단계 : 15,
[Stroke] M40Y80, 3pt →
C0M0Y0K0, 1pt

[Brush] City,
C20M30Y60, 0.5pt

[Symbol]

M60Y40, C30Y100,
[Stroke] C0M0Y0K0, 2pt, 3pt

M20Y20, K100,
M100Y100, Opacity 40%, Y100,
M50Y100, C10M30Y30,
C80M30Y20, M20Y100,
C80M40Y30K10,
C10M70Y100,
[Effect] Drop Shadow

C30Y50, C40Y70,
C80M20Y80 → C50Y80,
Y10K10, C0M0Y0K0

작업과정	새 도큐먼트 만들기 및 파일 저장하기 ➡ 대칭형 배경 오브젝트 만들기 ➡ 염소 모양 만들기 ➡ 머리 모양 만들기 ➡ 풀잎 모양 만들고 문자 입력 및 저장하기
완성이미지	PART04₩기출유형문제04회₩수험번호-성명-1.ai

01 새 도큐먼트 만들기 및 파일 저장하기

01 [File]-[New]([Ctrl]+[N])를 선택하고 'Width : 100mm, Height : 80mm, Units : Milli-meters, Color Mode : CMYK'를 설정하여 새 도큐먼트를 만들고 [View]-[Rulers]-[Show Rulers]([Ctrl]+[R])를 선택하여 눈금자를 표시합니다.

02 작품의 규격 왼쪽 상단에 원점(0,0)을 확인하고 왼쪽과 상단 눈금자 위에서 마우스를 드래그하여 제시된 출력형태와 레이아웃 구성을 동일하게 작업하기 위해서 안내선을 표시합니다.

03 작업 도큐먼트를 저장하기 위해 [File]-[Save]([Ctrl]+[S])를 선택하고 '저장 위치 : 내 PC₩문서₩GTQ, 파일 형식 : Adobe Illustrator(*AI), 파일 이름 : 수험번호-성명-문제번호'를 입력하고 [저장]을 클릭한 후 [Illustrator Options] 대화상자에서 'Version : Illustrator 2020'으로 설정하고 [OK]를 클릭합니다.

02 대칭형 배경 오브젝트 만들기

01 Pen Tool(✐)로 열린 패스를 그리고 Color 패널에서 'Fill Color : None, Stroke Color : 임의 색상'을 지정합니다.

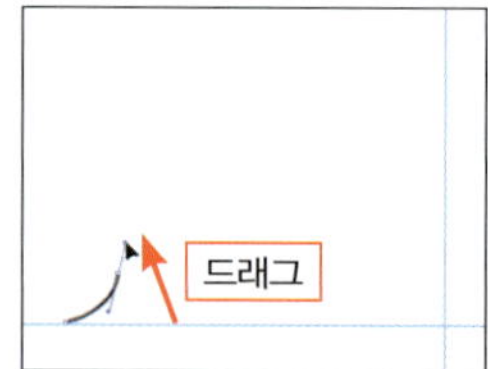

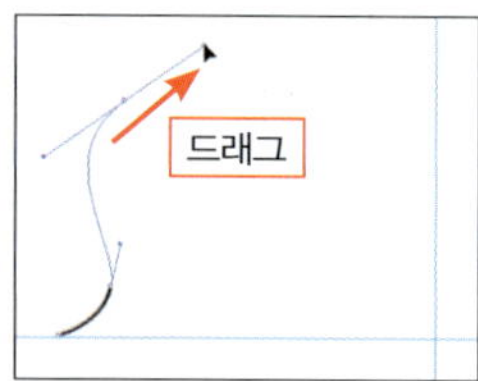

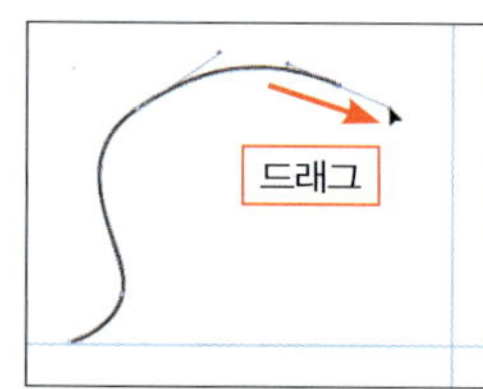

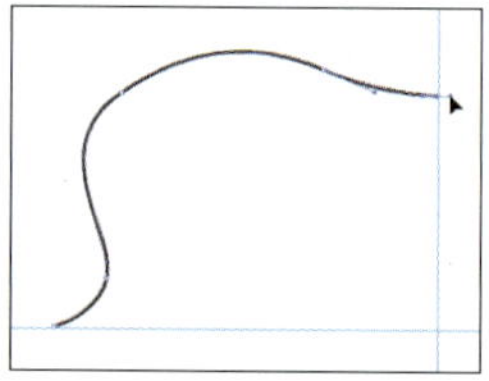

02 Selection Tool(▶)로 열린 패스를 선택한 후, Reflect Tool(◁▷)로 [Alt]를 누르고 수직의 안내선을 클릭하여 'Axis : Vertical'을 지정하고 [Copy]를 눌러 복사합니다.

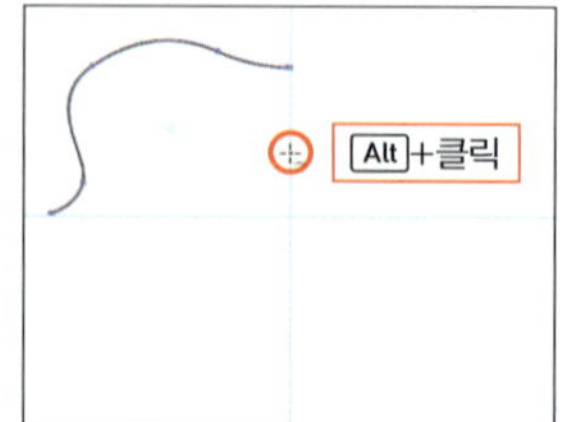

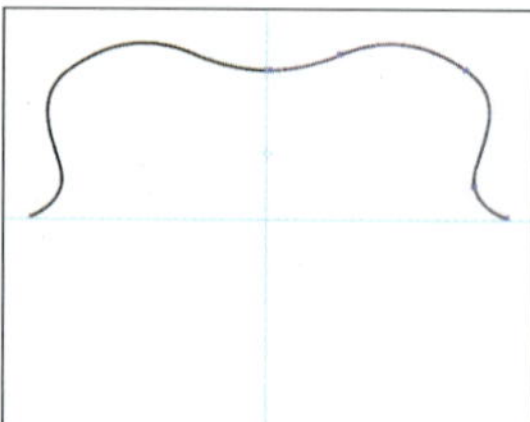

03 Direct Selection Tool(▷)로 드래그하여 상단 열린 패스의 2개의 끝 고정점을 선택하고 [Object]-[Path]-[Join](Ctrl+J)을 선택하고 2개의 패스를 연결합니다.

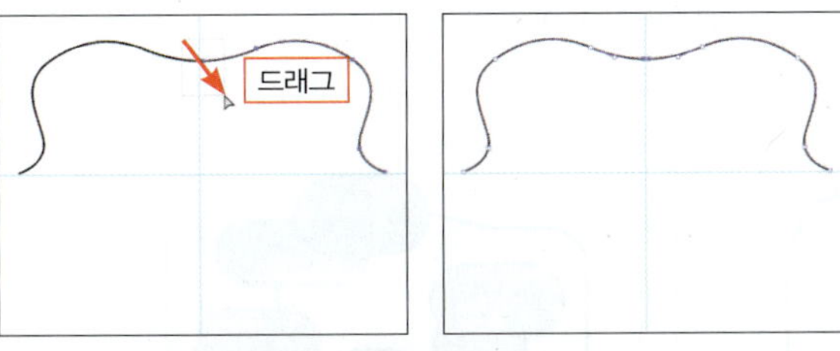

04 [Select]-[All](Ctrl+A)로 모두 선택하고 Reflect Tool(▷◁)로 Alt를 누르고 열린 패스의 왼쪽 고정점을 클릭하여 'Axis : Horizontal'을 지정하고 [Copy]를 눌러 복사합니다.

05 [Select]-[All](Ctrl+A)로 모두 선택하고 Pathfinder 패널에서 'Unite(■)'를 클릭하여 합치고 Color 패널에서 'Fill Color : C40Y40, Stroke Color : None'을 지정합니다.

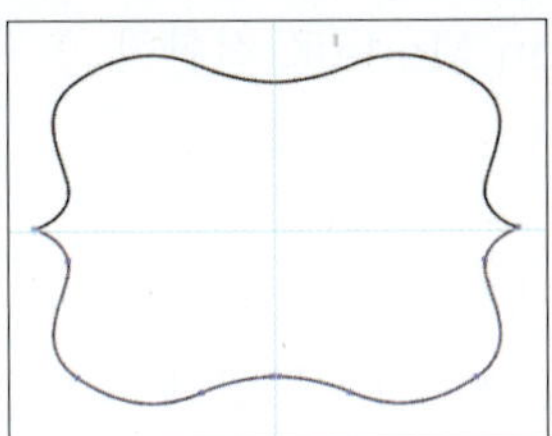
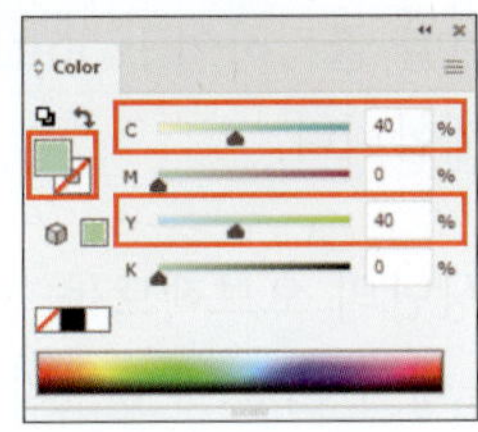
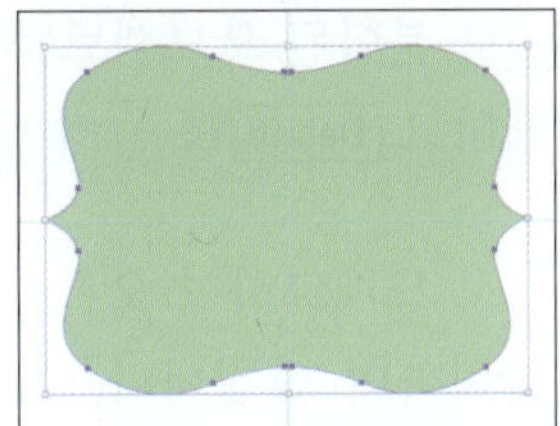

06 Scale Tool(▣)을 더블 클릭하여 'Uniform : 107%'를 지정하고 [Copy]를 눌러 확대 복사한 후 Color 패널에서 'Fill Color : None, Stroke Color : C40Y40'을 지정합니다. Stroke 패널에서 'Weight : 3pt, Cap : Round Cap, Corner : Round Join, Dashed Line : 체크, dash : 1pt, gap : 5pt'를 입력하여 점선을 그려 배치합니다.

⑬ 염소 모양 만들기

01 Rounded Rectangle Tool(▢)로 작업 도큐먼트를 클릭한 후 'Width : 30mm, Height : 21mm, Corner Radius : 4mm'를 입력하여 그리고 Color 패널에서 'Fill Color : C0M0Y0K0, Stroke Color : 임의 색상'을 지정합니다.

02 Add Anchor Point Tool(✎)로 상단 선분 위를 클릭하여 고정점을 추가한 후, Direct Selection Tool(▷)로 상단 오른쪽 고정점을 선택하여 왼쪽 위로 이동한 후 오른쪽 핸들을 드래그하여 패스를 변형합니다.

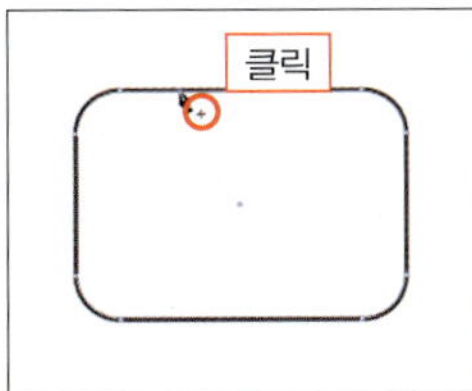

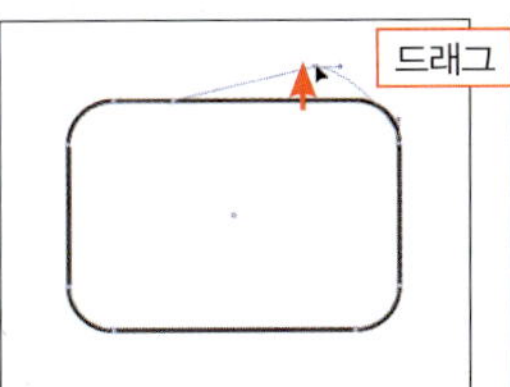

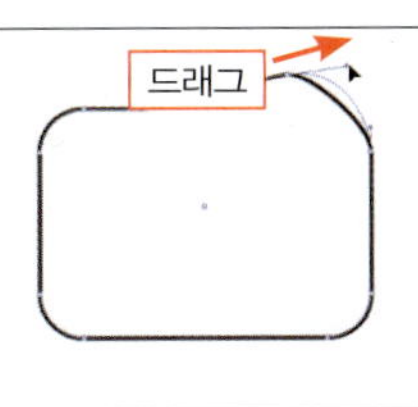

03 Rounded Rectangle Tool(◻)로 작업 도큐먼트를 클릭한 후, 'Width : 13mm, Height : 7mm, Corner Radius : 4mm'를 입력하여 그리고 Color 패널에서 'Fill Color : C20M20K60, Stroke Color : 임의 색상'을 지정합니다. 계속해서 Rounded Rectangle Tool(◻)로 드래그하여 5개의 크기가 다른 둥근 사각형을 그리고 배치합니다.

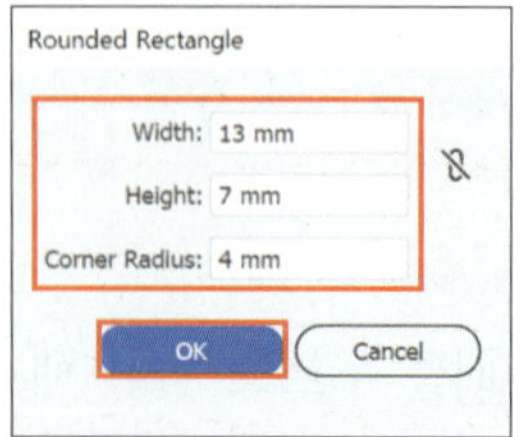
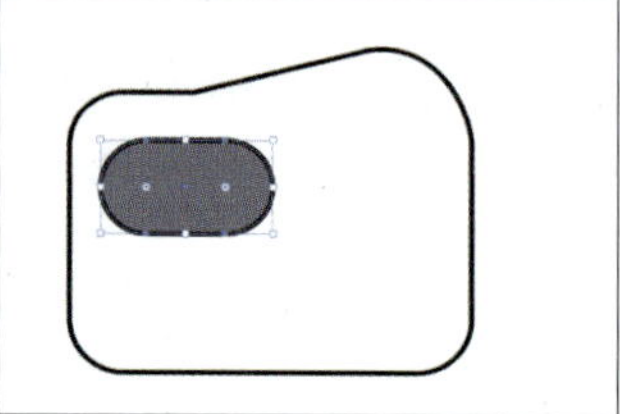
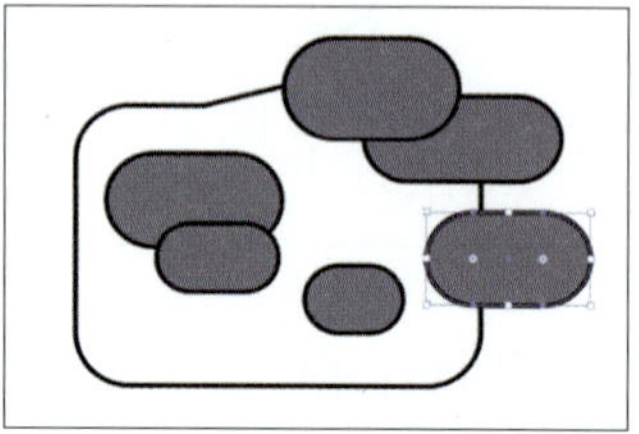

04 Selection Tool(▶)로 7개의 오브젝트를 함께 선택하고 Pathfinder 패널에서 'Divide(▣)'를 클릭하여 면을 분할합니다.

05 Selection Tool(▶)로 분할된 오브젝트를 더블 클릭하여 Isolation Mode로 전환한 후 불필요한 오브젝트를 선택하고 Delete 를 눌러 삭제합니다.

06 Selection Tool(▶)로 드래그하여 오른쪽 상단의 오브젝트를 선택하고 Pathfinder 패널에서 'Unite(▣)'를 클릭하여 합칩니다. 계속해서 가운데 3개의 오브젝트를 함께 선택하고 'Unite(▣)'를 클릭하여 합칩니다. [Select]-[All](Ctrl+A)로 모두 선택한 후 'Stroke Color : None'을 지정하고, 도큐먼트의 빈 곳을 더블 클릭하여 정상 모드로 전환합니다.

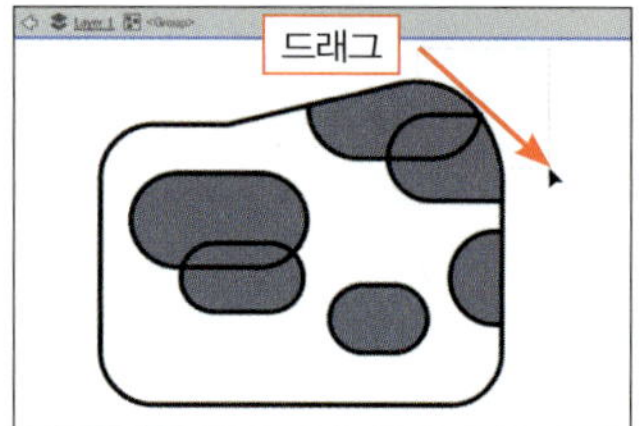

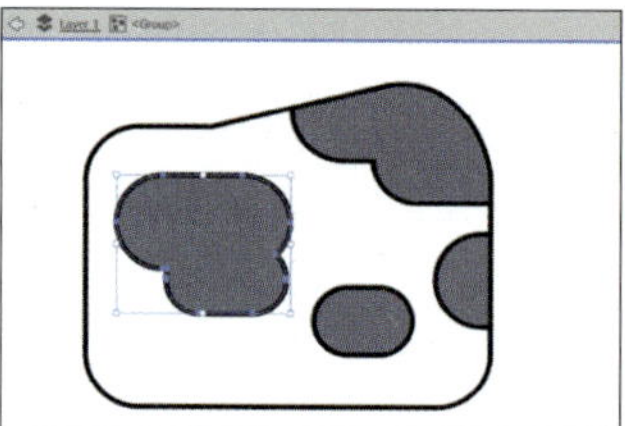
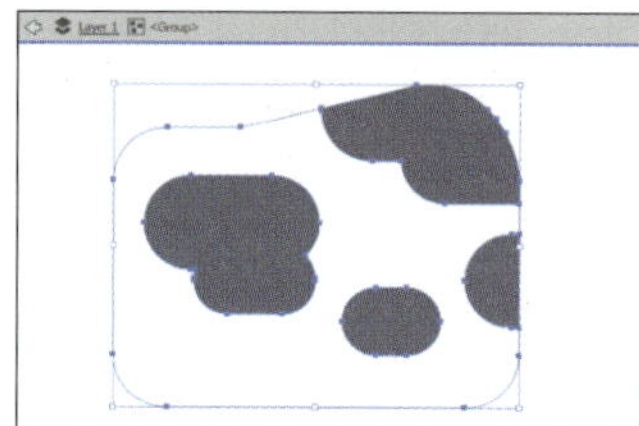

07 Rectangle Tool(◻)로 작업 도큐먼트를 클릭한 후 'Width : 7mm, Height : 20mm'를 입력하여 그리고 Color 패널에서 'Fill Color : C0M0Y0K0, Stroke Color : 임의 색상'을 지정합니다. Direct Selection Tool(▷)로 사각형의 하단 2개의 고정점을 드래그하여 선택하고, Scale Tool(◫)을 더블 클릭하여 'Uniform : 60%'를 지정하여 패스를 축소합니다.

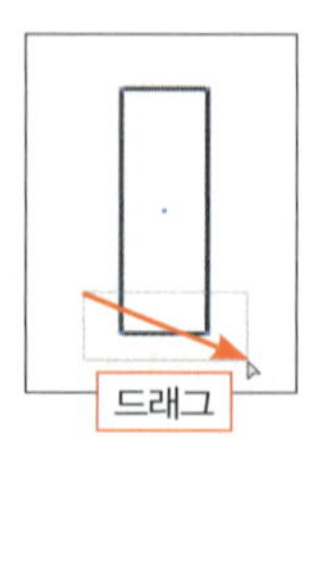

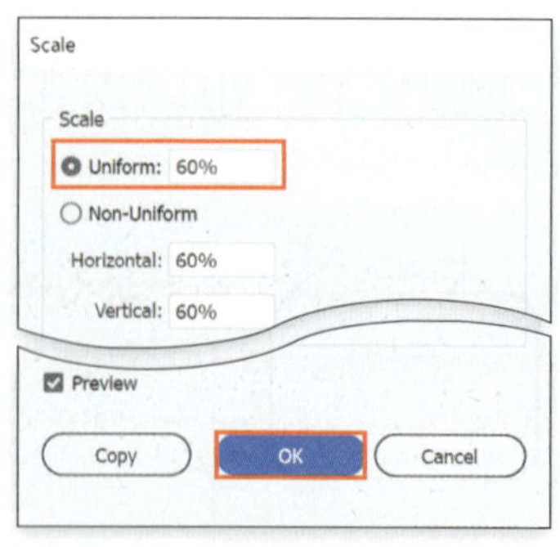
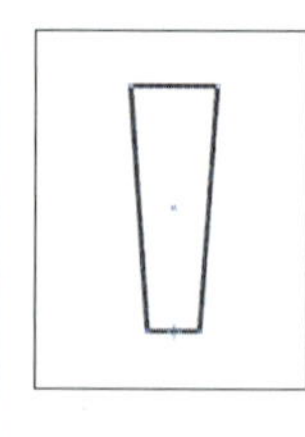

08 Line Segment Tool(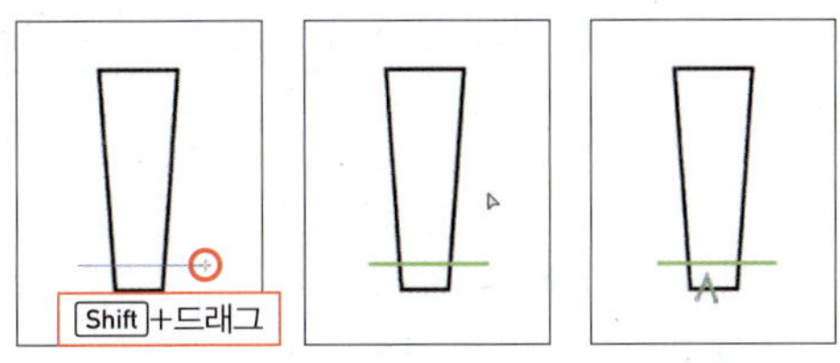)로 [Shift]를 누른 채 드래그하여 오브젝트 하단에 겹치도록 수평선을 그리고 Color 패널에서 'Fill Color : None, Stroke Color : 임의 색상'을 지정합니다. Pen Tool(　)로 클릭하여 열린 패스를 하단에 겹치도록 그립니다.

09 Selection Tool(　)로 3개의 오브젝트를 선택하고, Pathfinder 패널에서 'Divide(　)'를 클릭하여 면을 분할한 후 오브젝트를 더블 클릭하여 Isolation Mode로 전환하고 불필요한 오브젝트를 [Delete]를 눌러 삭제합니다. 하단 오브젝트를 선택하고 Color 패널에서 'Fill Color : K90'을 지정하고 [Esc]를 눌러 정상 모드로 전환합니다.

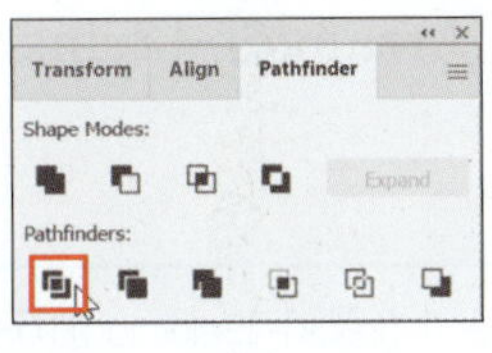
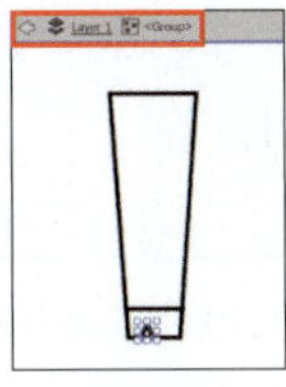
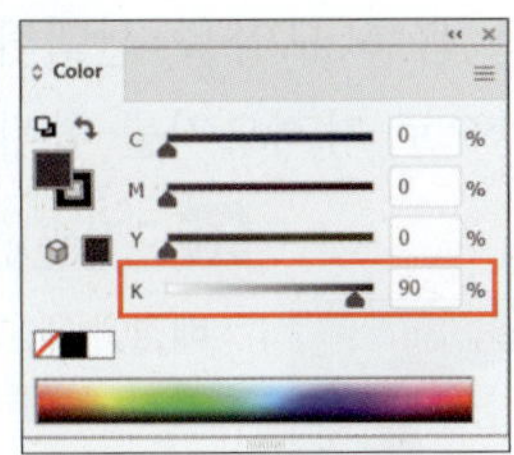

10 Selection Tool(　)로 [Alt]를 누르면서 오른쪽으로 드래그하여 다리 모양을 복사한 후 Rotate Tool(　)을 더블 클릭하여 'Angle : 17°'로 지정하여 회전합니다.

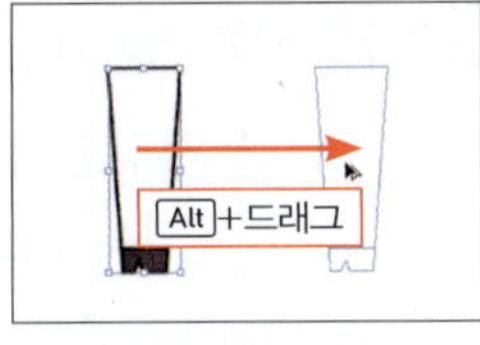

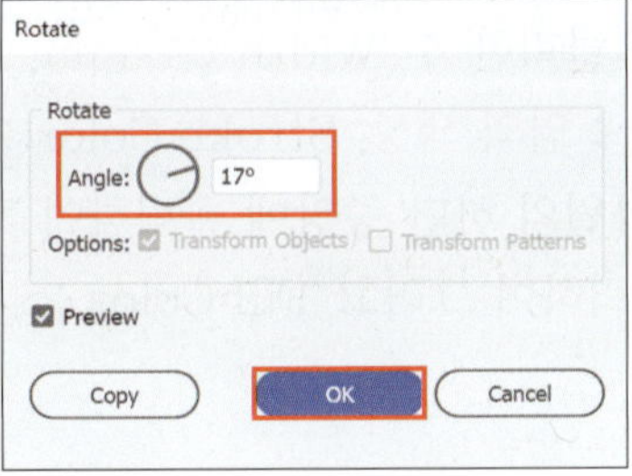

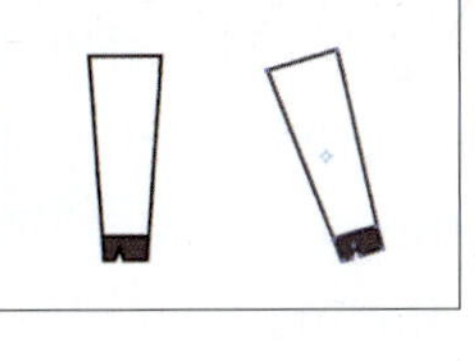

11 Selection Tool(　)로 왼쪽 다리 모양을 선택한 후, Scale Tool(　)을 더블 클릭하여 'Uniform : 90%, Scale Strokes & Effects : 체크 해제'를 지정하고 [Copy]를 눌러 축소 복사한 후, Rotate Tool(　)을 더블 클릭하여 'Angle : −10°'로 지정하여 회전합니다. [Object]-[Arrange]-[Send Backward]([Ctrl]+[[])를 선택하고 뒤로 보낸 후 배치합니다.

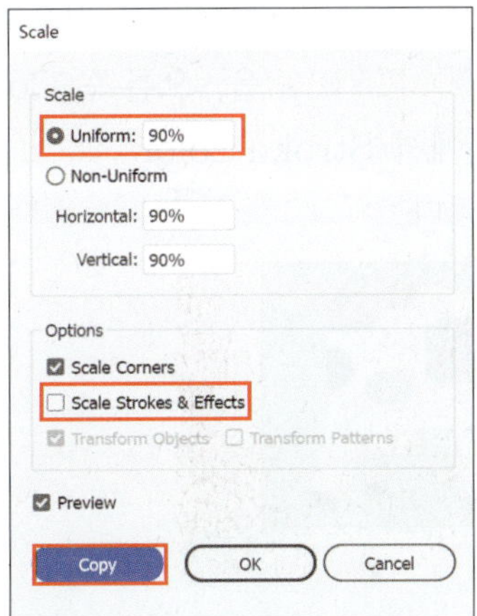

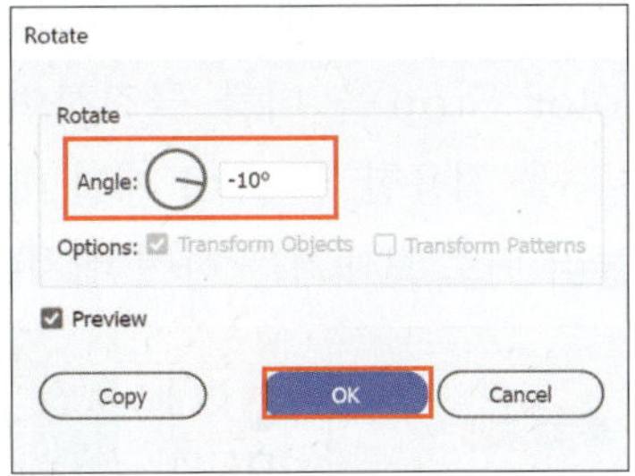

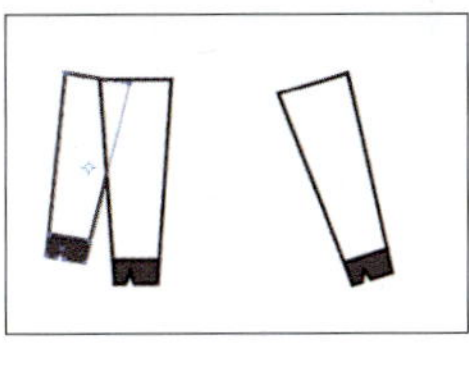

12 Selection Tool(▶)로 왼쪽 다리 모양을 더블 클릭한 후 Isolation Mode로 전환하고, 상단 오브젝트를 선택하여 Color 패널에서 'Fill Color : M10Y20K20'을 지정한 후 [Esc]를 눌러 정상 모드로 전환합니다. Selection Tool(▶)로 [Alt]를 누르면서 다리 모양을 오른쪽으로 드래그하여 복사한 후 바운딩 박스의 조절점 밖을 반시계 방향으로 드래그하여 회전합니다.

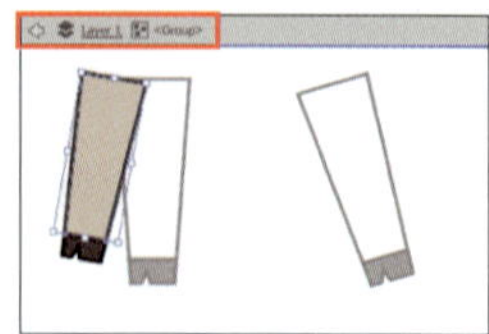
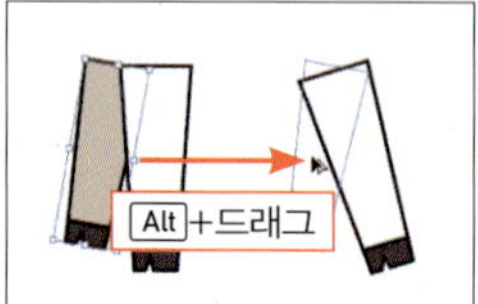

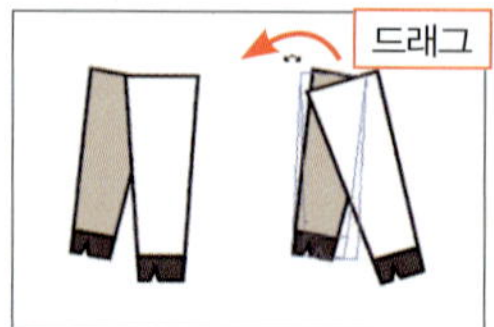

13 Selection Tool(▶)로 4개의 다리 모양을 함께 선택하고 Color 패널에서 'Stroke Color : None'을 지정한 후 배치합니다. 몸통 모양을 선택하고 [Object]–[Arrange]–[Bring to Front]([Shift]+[Ctrl]+[ ]])로 맨 앞으로 가져오기를 합니다.

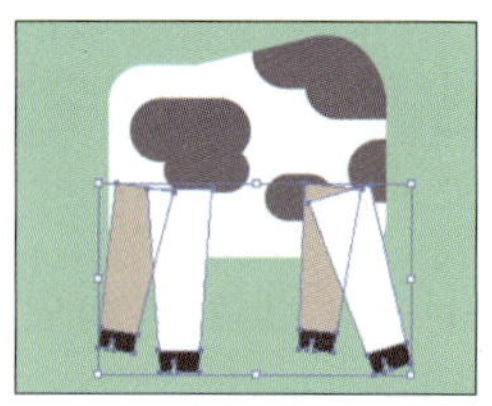

> **기적의 TIP**
>
> 배경에 대칭형 오브젝트는 [Object]–[Lock]–[Selection]([Ctrl]+[2])을 선택하고 잠금을 지정하면 앞쪽에 놓인 오브젝트 작업 시 선택 및 편집이 되지 않습니다. 작업 완료 후에는 반드시 [Object]–[Unlock All]([Alt]+[Ctrl]+[2])을 선택하고 잠금을 해제합니다.

14 Ellipse Tool(◯)로 작업 도큐먼트를 클릭한 후 'Width : 12mm, Height : 8mm'를 입력하여 그리고 Color 패널에서 'Fill Color : 임의 색상, Stroke Color : 임의 색상'을 지정합니다. Rounded Rectangle Tool(▢)로 타원의 하단 중앙에 클릭하여 'Width : 1mm, Height : 2mm, Corner Radius : 4mm'를 입력하여 그리고 'Fill Color : 임의 색상, Stroke Color : 임의 색상'을 지정합니다.

15 Rotate Tool(↻)로 [Alt]를 누르면서 타원의 중앙에 클릭하여 'Angle : 35°'로 지정하고 [Copy]를 눌러 회전 복사합니다. 계속해서 Rotate Tool(↻)로 [Alt]를 누르면서 타원의 중앙을 클릭하여 'Angle : −70°'로 지정하고 [Copy]를 눌러 회전 복사합니다.

16 Selection Tool(▶)로 [Shift]를 누르면서 4개의 오브젝트를 선택하고 Pathfinder 패널에서 'Unite(■)'를 클릭하여 합친 후, Gradient 패널에서 'Type : Radial Gradient'를 적용하고 Gradient Slider의 왼쪽 'Color Stop'을 더블 클릭하여 C0M0Y0K0을, 오른쪽 'Color Stop'을 더블 클릭하여 M60Y20을 적용한 후 Tool 패널 하단에서 'Stroke Color : None'을 지정합니다. [Ctrl]+[[ ]를 2번 눌러 뒤로 보내기를 하여 배치합니다.

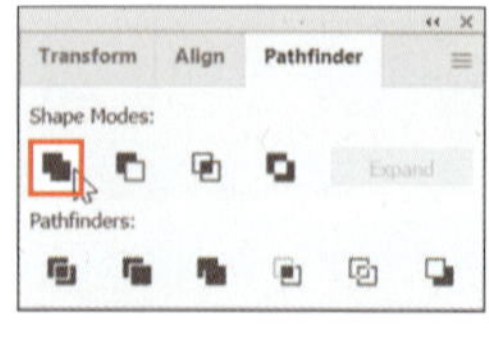

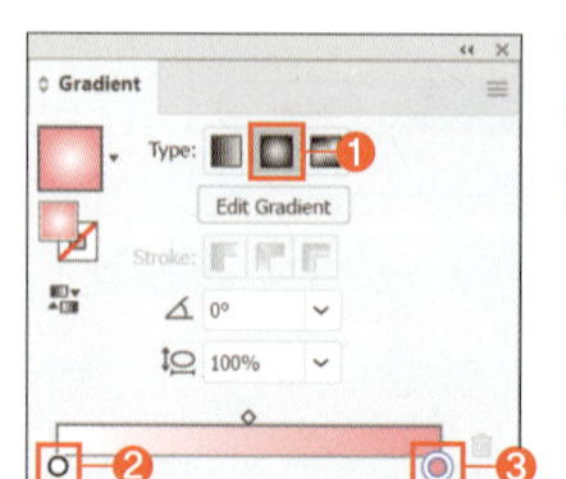

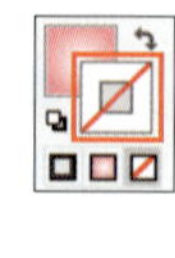
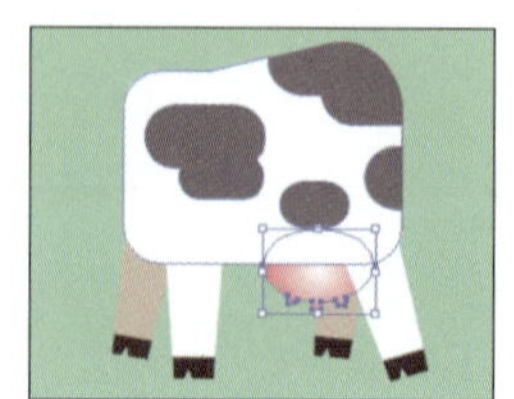

17 Ellipse Tool(◉)로 작업 도큐먼트에 드래그하여 타원을 그리고 Color 패널에서 'Fill Color : K100, Stroke Color : None'을 지정합니다. Anchor Point Tool(⊾)로 왼쪽 고정점을 클릭하여 핸들을 삭제한 후 Selection Tool(▶)로 선택하고 바운딩 박스의 조절점 밖을 시계 방향으로 드래그하여 회전하고 Ctrl + [를 눌러 뒤로 보내기를 하여 배치합니다.

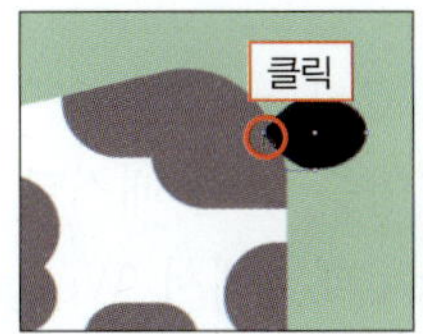

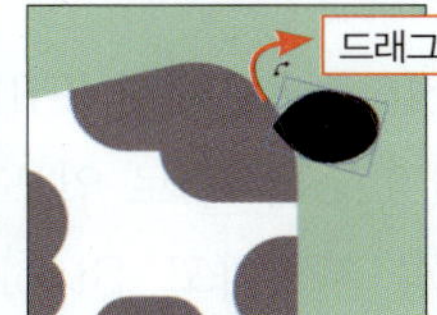

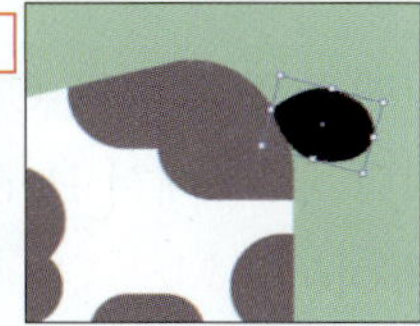

04 머리 모양 만들기

01 Pen Tool(✐)로 머리 모양과 무늬 모양을 2개의 닫힌 패스로 그리고 Color 패널에서 'Fill Color : C0M0Y0K0, C20M20K60, Stroke Color : None'을 각각 지정합니다.

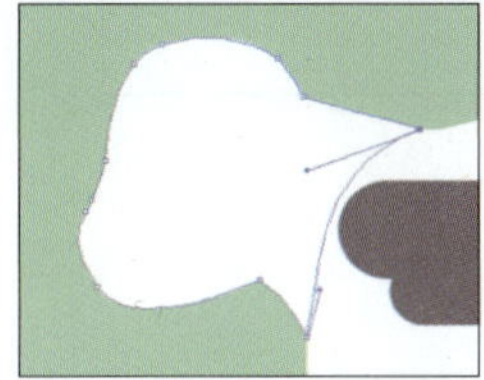
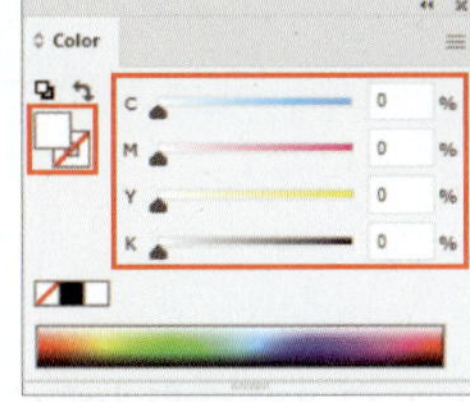

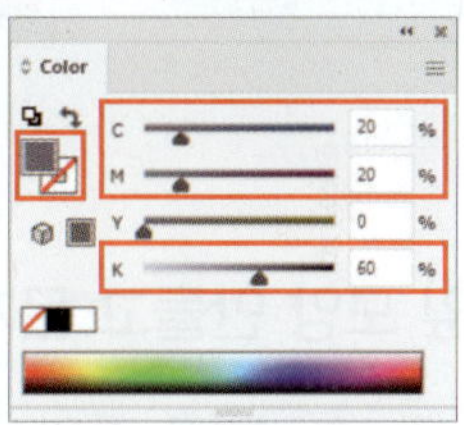

02 Ellipse Tool(◉)로 작업 도큐먼트를 클릭한 후 'Width : 9mm, Height : 7mm'를 입력하여 그리고 Color 패널에서 'Fill Color : K100, Stroke Color : None'을 지정합니다. Rectangle Tool(▣)로 타원 상단과 겹치도록 드래그하여 사각형을 그리고 임의 색상을 지정합니다.

03 Selection Tool(▶)로 타원과 함께 선택하고, Pathfinder 패널에서 'Minus Front(◻)'를 클릭한 후 Rotate Tool(↻)을 더블 클릭하여 'Angle : −30˚'로 지정한 후 귀 모양을 배치합니다. 계속해서 Rotate Tool(↻)을 더블 클릭하여 'Angle : 45˚'로 지정하여 [Copy]를 눌러 회전 복사한 후 왼쪽으로 이동하고 Ctrl + [를 여러 번 눌러 머리 모양 뒤로 배치합니다.

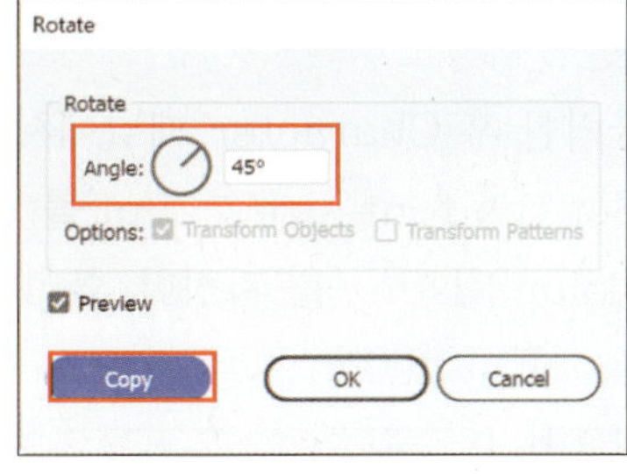

⻏ 기적의 TIP

이미 정돈이 되어있는 머리 모양과 오른쪽 귀 모양을 선택하고 Shift + Ctrl +] 를 눌러 맨 앞으로 가져오기를 할 수도 있습니다.

04 Ellipse Tool(◉)로 드래그하여 2개의 크기가 다른 타원을 겹치도록 그리고 Color 패널에서 'Fill Color : C0M0Y0K0, K100, Stroke Color : None'을 각각 지정합니다. Selection Tool(▶)로 검정색 타원을 선택하고 바운딩 박스의 조절점 밖을 시계 방향으로 드래그하여 회전하고 눈 모양을 완성합니다.

05 Pen Tool(✎)로 코 모양을 닫힌 패스로 그리고 Color 패널에서 'Fill Color : M60Y20, Stroke Color : None'을 지정합니다. 계속해서 Pen Tool(✎)로 입 모양을 열린 패스로 그리고 'Fill Color : None, Stroke Color : M80Y20'을 지정하고, Stroke 패널에서 'Weight : 1pt, Cap : Round Cap'을 지정하고 Ctrl+[를 눌러 뒤로 보내기를 합니다.

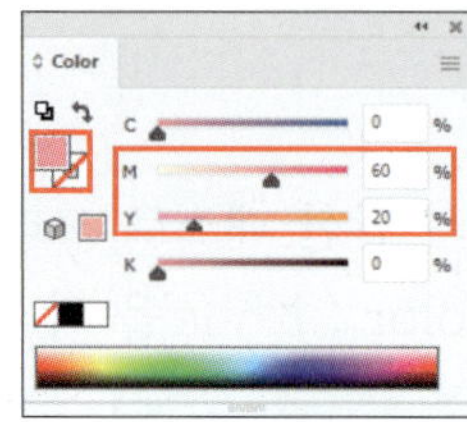

05 풀잎 모양 만들고 문자 입력 및 저장하기

01 Pen Tool(✎)로 풀잎 모양을 닫힌 패스로 그리고 Color 패널에서 'Fill Color : C60M20Y70K70, Stroke Color : None'을 지정합니다.

02 Selection Tool(▶)로 풀잎 모양을 선택하고 Scale Tool(⊞)을 더블 클릭하여 'Uniform : 80%'를 지정하고 [Copy]를 눌러 축소 복사한 후 Reflect Tool(◁▷)로 더블 클릭하여 'Axis : Vertical'을 지정하고 배치합니다. Color 패널에서 'Fill Color : C80M10Y80, Stroke Color : None'을 지정합니다.

03 Type Tool(T)로 작업 도큐먼트를 클릭한 후 Character 패널에서 'Set the font family : Arial, Set the font style : Bold, Set the font size : 23pt'를 설정하고 Color 패널에서 'Fill Color : C0M0Y0K0, Stroke Color : None'을 지정한 후 'The Happy Ranch'를 입력합니다.

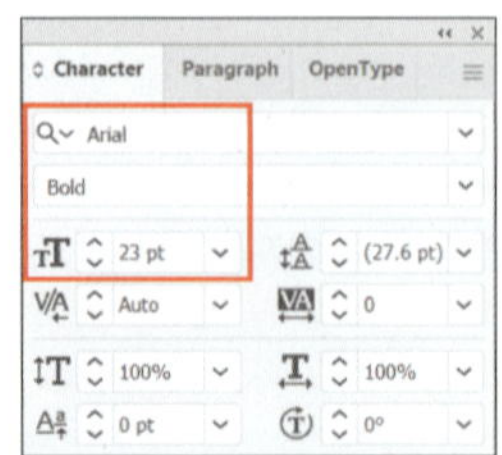
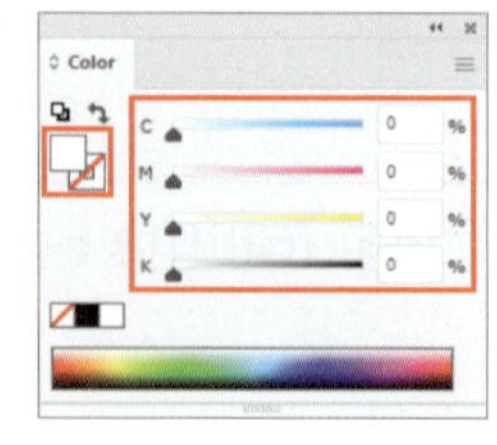

04 [View]-[Guides]-[Hide Guides](Ctrl+;)를 선택하여 안내선을 숨기고 [View]-[Fit Artboard in Window](Ctrl+0)을 선택하여 현재 창에 맞추기를 합니다.

05 [File]-[Save As]를 선택하고 '저장 위치 : 내 PC₩문서₩GTQ, 파일 형식 : Adobe Illustrator(*AI), 파일 이름 : 수험번호-성명-문제번호.ai'를 확인하고 [저장]을 클릭한 후 [Illustrator Options] 대화상자에서 'Version : Illustrator 2020'으로 설정하고 [OK]를 클릭합니다.

06 답안 저장이 완료가 되면 [File]-[Close](Ctrl+W)를 선택하여 파일을 닫고 수험 프로그램에서 [답안 전송]을 클릭하여 감독관 컴퓨터로 전송합니다.

문제 ❷	패키지, 비즈니스 디자인
작업과정	새 도큐먼트 만들기 및 파일 저장하기 ➡ 딸기 모양 만들고 패턴 등록하기 ➡ 딸기 꽃과 잎 모양 만들기 ➡ 케이크 상자 만들기 ➡ 브러쉬 적용 및 문자 입력하기 ➡ 클리핑 마스크 적용하기 ➡ 병 모양 만들고 패턴 적용하기 ➡ 라벨 만들고 저장하기
완성이미지	PART04₩기출유형문제04회₩수험번호-성명-2.ai

⑪ 새 도큐먼트 만들기 및 파일 저장하기

01 [File]-[New](Ctrl+N)를 선택하고 'Width : 160mm, Height : 120mm, Units : Millimeters, Color Mode : CMYK'를 설정하여 새 도큐먼트를 만들고 [View]-[Rulers]-[Show Rulers](Ctrl+R)를 선택하여 눈금자를 표시합니다.

02 작품의 규격 왼쪽 상단에 원점(0,0)을 확인하고 왼쪽과 상단 눈금자 위에서 마우스를 드래그하여 제시된 출력형태와 레이아웃 구성을 동일하게 작업하기 위해서 안내선을 표시합니다.

03 작업 도큐먼트를 저장하기 위해 [File]-[Save](Ctrl+S)를 선택하고 '저장 위치 : 내 PC₩문서₩GTQ, 파일 형식 : Adobe Illustrator(*AI), 파일 이름 : 수험번호-성명-문제번호'를 입력하고 [저장]을 클릭한 후 [Illustrator Options] 대화상자에서 'Version : Illustrator 2020'으로 설정하고 [OK]를 클릭합니다.

⑫ 딸기 모양 만들고 패턴 등록하기

01 Ellipse Tool(◉)로 작업 도큐먼트를 클릭한 후 'Width : 15mm, Height : 19mm'를 입력하여 그리고 Color 패널에서 'Fill Color : None, Stroke Color : 임의 색상'을 지정합니다.

02 [Object]-[Path]-[Add Anchor Points]를 선택하고 각각의 선분 중앙에 고정점을 균일하게 추가하고, Direct Selection Tool(▷)로 드래그하여 타원 하단의 3개의 고정점을 선택하고, Scale Tool(⊡)을 더블 클릭한 후 'Uniform : 65%'를 지정하여 패스를 축소합니다.

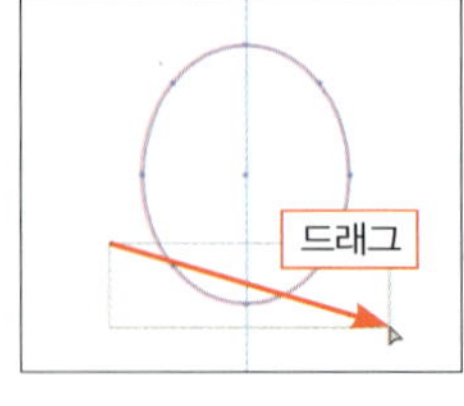
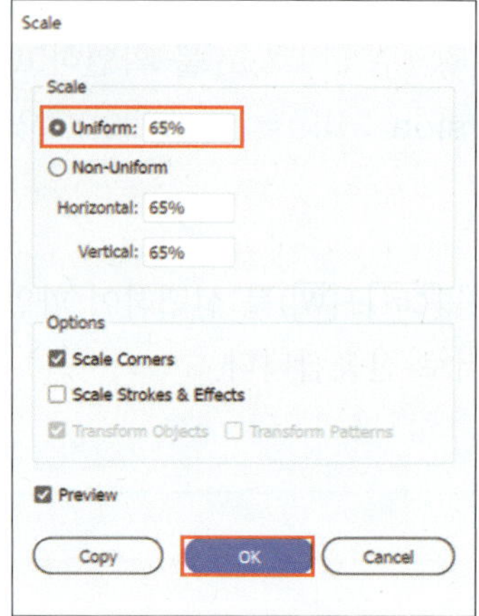
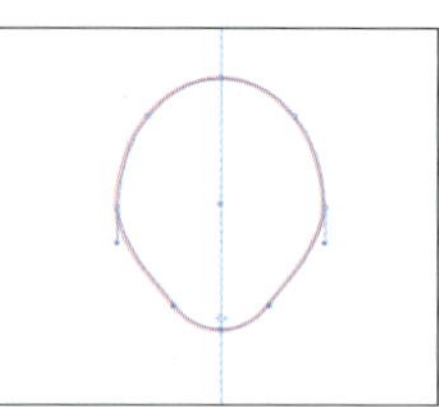

03 Direct Selection Tool(▷)로 드래그하여 가운데 2개의 고정점을 선택하고, 위로 드래그하여 이동할 때 Shift 를 누르면서 패스를 변형한 후 Color 패널에서 'Fill Color : M100Y100, Stroke Color : None'을 지정합니다.

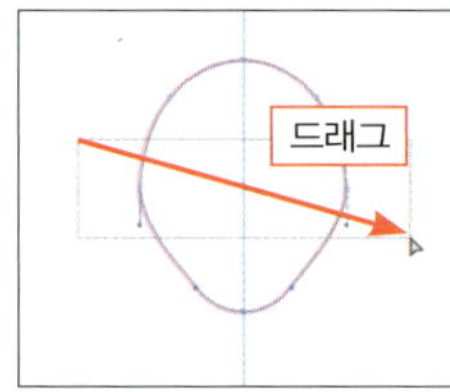
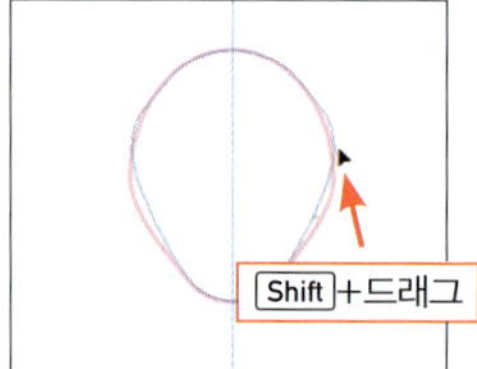
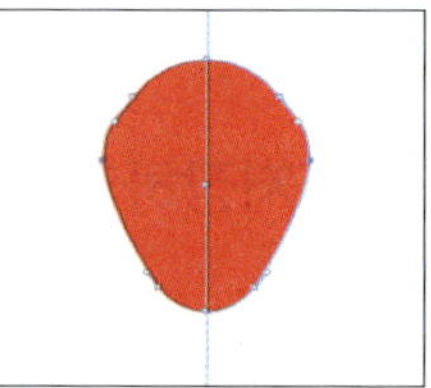

▷ **기적의 TIP**

Shift 를 누르면서 키보드의 화살표 ↑를 눌러 이동할 수도 있습니다.

---

04 Pen Tool(✎)로 딸기의 윗부분을 그리고, Direct Selection Tool(▷)로 드래그하여 세로 상의 2개의 고정점을 선택한 후 [Object]-[Path]-[Average](Alt + Ctrl + J)를 선택하고 'Axis : Vertical'을 지정하고 세로의 평균 지점에 정렬합니다.

05 Selection Tool(▶)로 선택하고, Reflect Tool(◁▷)로 Alt 를 누르고 세로 안내선을 클릭하여 'Axis : Vertical'을 지정하고 [Copy]를 눌러 복사합니다. Selection Tool(▶)로 2개의 오브젝트를 선택하고 Reflect Tool(◁▷)로 Alt 를 누르고 하단 선분 위에 클릭하여 'Axis : Horizontal'을 지정하고 [Copy]를 눌러 복사합니다.

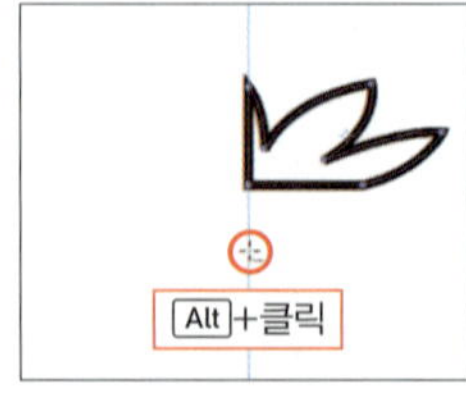

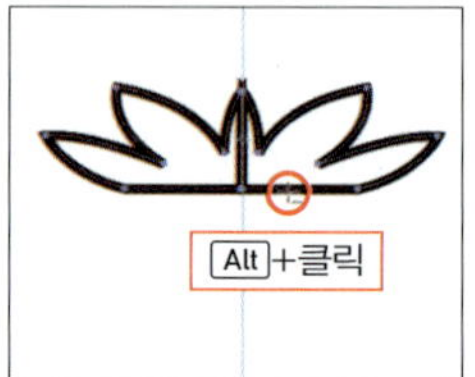

06 Selection Tool(▶)로 4개의 오브젝트를 선택하고 Pathfinder 패널에서 'Unite(■)'를 클릭하여 하나의 오브젝트로 합친 후 Color 패널에서 'Fill Color : C50M10Y90, Stroke Color : None'을 지정합니다.

07 Arc Tool(◠)로 하단에서 상단으로 드래그하여 호를 그리고 배치한 후 Color 패널에서 'Fill Color : None, Stroke Color : C50M10Y90'을 지정하고 Stroke 패널에서 'Weight : 2pt, Cap : Round Cap'을 지정합니다. [Object]-[Path]-[Outline Stroke]를 선택하여 선을 면으로 확장합니다.

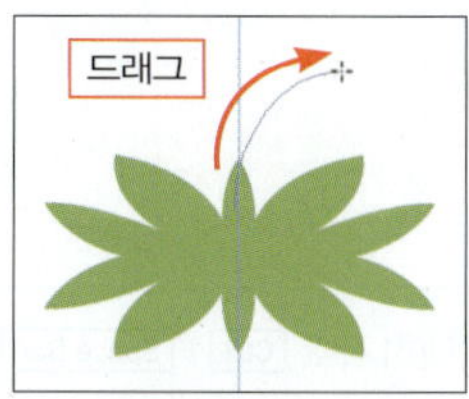

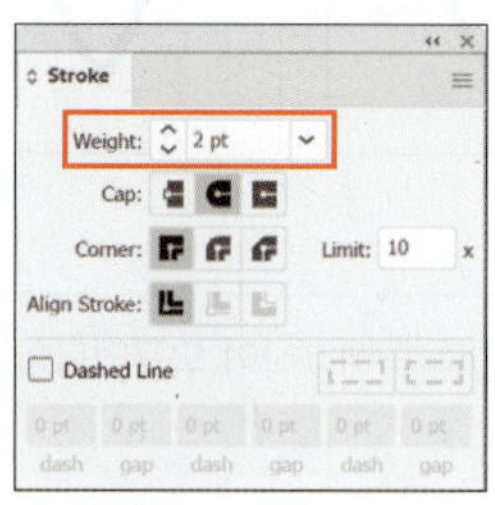

08 Direct Selection Tool(▷)로 상단 2개의 고정점을 각각 선택하고 이동하여 패스를 변형합니다. Selection Tool(▶)로 2개의 오브젝트를 선택하고 Pathfinder 패널에서 'Unite(■)'를 클릭하여 하나의 오브젝트로 합칩니다.

09 Pen Tool(✎)로 딸기 모양의 상단과 겹치도록 열린 패스를 그리고 Color 패널에서 'Fill Color : None, Stroke Color : 임의 색상'을 지정합니다. Selection Tool(▶)로 Shift 를 누르면서 열린 패스와 딸기 모양을 함께 선택하고 Pathfinder 패널에서 'Divide(■)'를 클릭하여 면을 분할한 후 오브젝트를 더블 클릭하여 Isolation Mode로 전환하고 상단 오브젝트를 선택하고 Delete 를 눌러 삭제합니다.

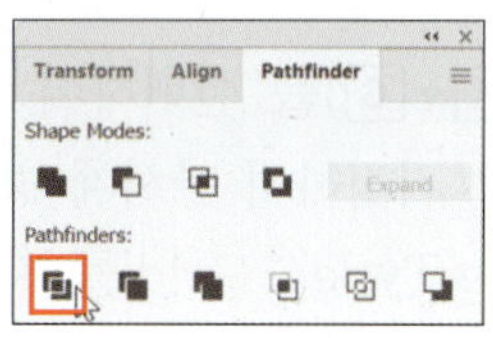

▣ **기적**의 TIP

'Divide'를 할 때는 선을 오브젝트 영역 밖으로 넉넉하게 그려야 면 분할이 확실하게 됩니다.

---

10 Ellipse Tool(◎)로 작업 도큐먼트를 클릭한 후, 'Width : 0.8mm, Height : 1.6mm'를 입력하여 그리고 Color 패널에서 'Fill Color : 임의 색상, Stroke Color : 임의 색상'을 지정합니다. Anchor Point Tool(◣)로 하단 고정점에 클릭하여 핸들을 삭제하고 Direct Selection Tool(▷)로 드래그하여 가운데 2개의 고정점을 선택하고 키보드의 화살표 ↑를 눌러 이동합니다.

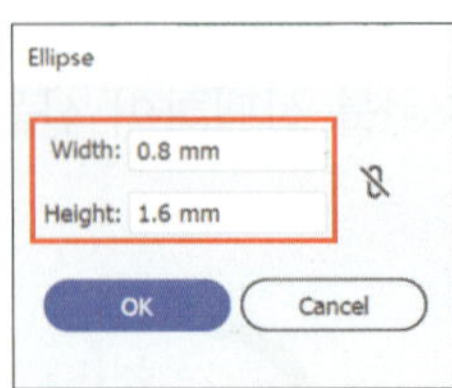

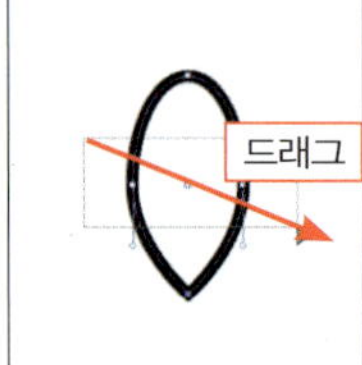

🚩 **기적의 TIP**

크기가 작은 오브젝트의 정교한 작업을 위해 Zoom Tool(🔍)로 드래그하여 도큐먼트를 확대하거나 Ctrl + Space Bar 를 동시에 누르면서 오브젝트에 드래그하여 작업합니다.

---

11 Selection Tool(▶)로 씨앗 모양을 선택하고 딸기 모양 위에 배치한 후 Color 패널에서 'Fill Color : C0M0Y0K0, Stroke Color : None'을 지정합니다. Alt 와 Shift 를 누르면서 오른쪽으로 드래그하여 반듯하게 복사한 후 Ctrl + D 를 4번 눌러 반복하여 균등 복사합니다. 계속해서 5개의 씨앗 모양을 Shift 를 누르면서 함께 선택하고 Alt 를 누르면서 아래쪽으로 드래그하여 복사한 후 Ctrl + D 를 2번 눌러 반복하여 균등 복사합니다.

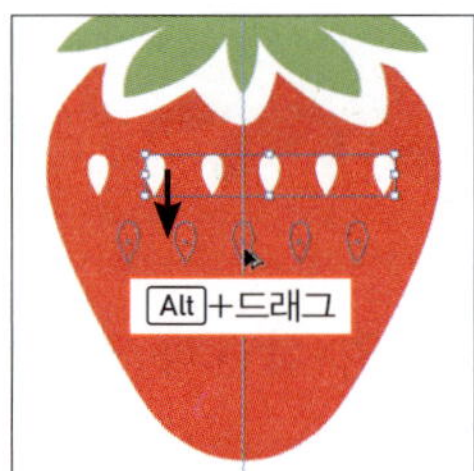

12 Selection Tool(▶)로 불필요한 하단 4개의 씨앗 모양을 Shift 를 누르면서 함께 선택하고 Delete 를 눌러 삭제한 후 출력 형태를 참조하여 레이아웃대로 조금씩 이동하여 배치합니다.

13 Ctrl + A 로 모두 선택하고 [Object]-[Group](Ctrl + G)을 선택하여 그룹으로 설정하고, Rotate Tool(↻)을 더블 클릭한 후 'Angle : 35°'로 지정하여 반시계 방향으로 회전합니다. [Object]-[Pattern]-[Make]로 'Name : 딸기, Tile Type : Grid'를 지정하고 패턴으로 등록하여 Swatches 패널에 저장합니다. 도큐먼트 상단의 'Done'을 클릭하여 정상 모드로 전환합니다.

01 Ellipse Tool(◯)로 작업 도큐먼트를 클릭한 후 'Width : 11mm, Height : 14mm'를 입력하여 그리고 Color 패널에서 'Fill Color : 임의 색상, Stroke Color : 임의 색상'을 지정합니다. Direct Selection Tool(▷)로 상단 고정점을 선택한 후 Scale Tool(⊡)을 더블 클릭하여 'Uniform : 80%'를 지정하고 키보드의 화살표 ⬆를 눌러 위쪽으로 이동합니다.

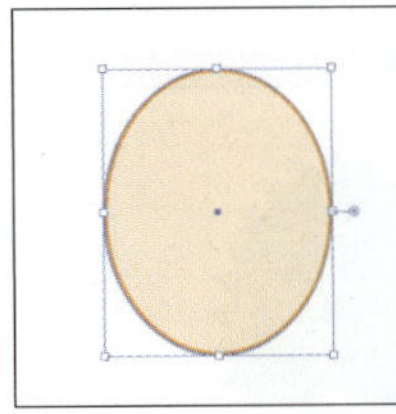
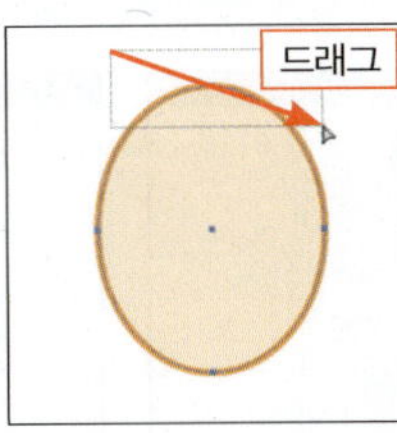

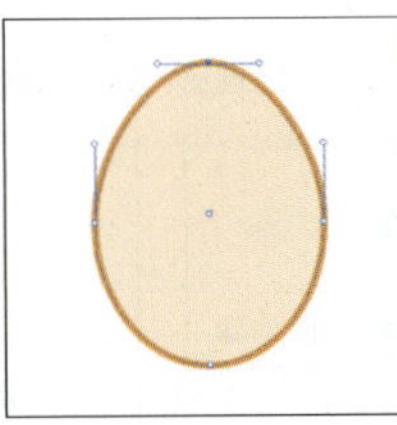

02 [Effect]–[Illustrator Effects]–[Distort & Transform]–[Zig Zag]를 선택한 후 'Size : 0.5mm, Absolute : 체크, Ridges per segment : 11, Points : Corner'를 지정하고 [Object]–[Expand Appearance]를 선택하여 오브젝트의 속성을 확장합니다.

03 Pen Tool(✎)로 오브젝트 하단에 곡선의 열린 패스를 그리고 Color 패널에서 'Fill Color : None, Stroke Color : 임의 색상'을 지정합니다. Selection Tool(▶)로 패스를 선택한 후 Reflect Tool(◁)로 Alt를 누르면서 열린 패스의 왼쪽 고정점에 클릭하여 'Axis : Vertical'을 지정하고 [Copy]를 눌러 복사합니다.

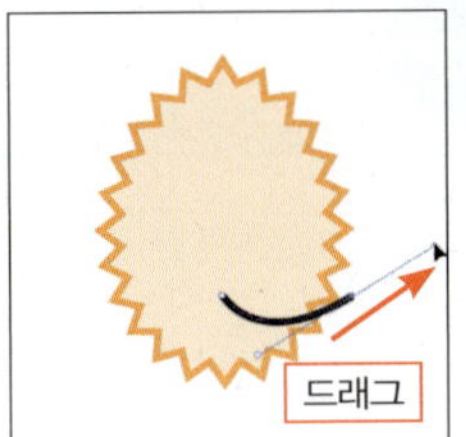

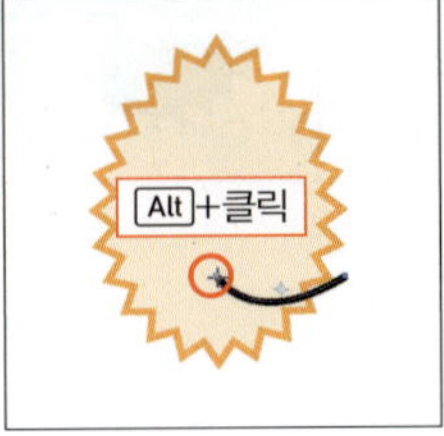

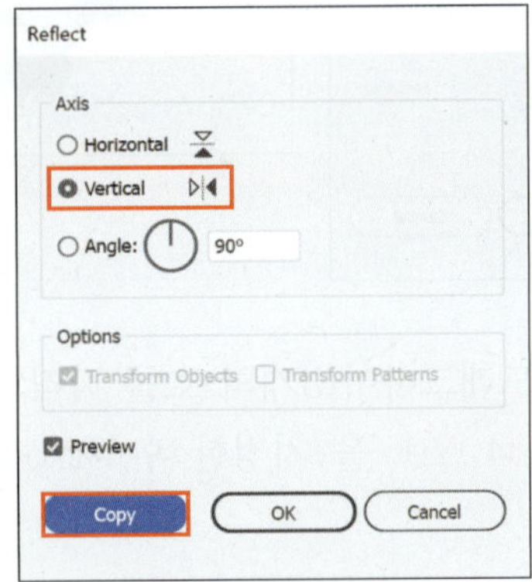

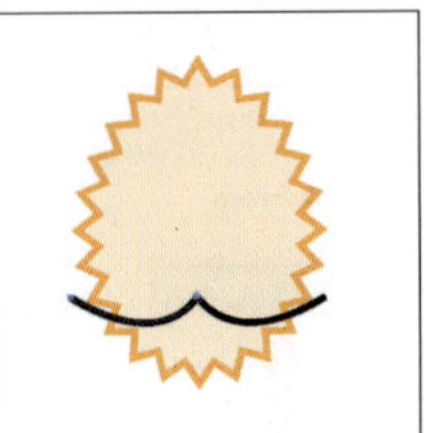

04 [View]–[Outline](Ctrl + Y)을 선택하고 '윤곽선 보기'를 하고, Direct Selection Tool(▷)로 열린 패스 중앙의 2개의 끝 고정점을 드래그하여 선택한 후, [Object]–[Path]–[Average](Alt + Ctrl + J)를 선택하고 'Axis : Both'를 지정하여 평균점에 정렬합니다. [Object]–[Path]–[Join](Ctrl + J)을 선택하고 2개의 패스를 연결하고 Ctrl + Y를 눌러 'GPU 미리보기'를 합니다.

05 Selection Tool(▶)로 2개의 오브젝트를 함께 선택하고 Align 패널에서 'Horizontal Align Center(▣)'를 클릭하여 가로 가운데 정렬을 지정한 후 Pathfinder 패널에서 'Divide(▣)'를 클릭하여 면을 분할합니다. 오브젝트를 더블 클릭하여 Isolation Mode로 전환하고 하단 오브젝트를 선택하고 Delete 를 눌러 삭제하고 Ctrl + A 를 누른 후 Color 패널에서 'Fill Color : C70M10Y100, Stroke Color : None'을 지정하고 Esc 를 눌러 정상 모드로 전환합니다.

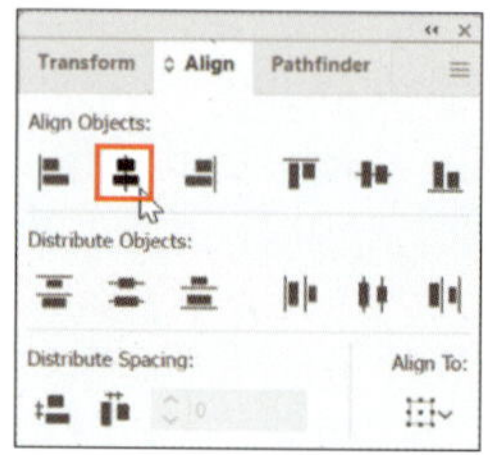 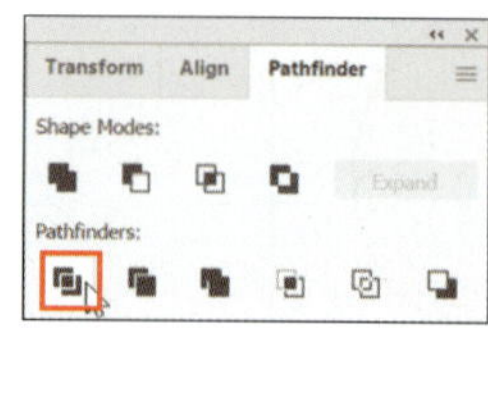 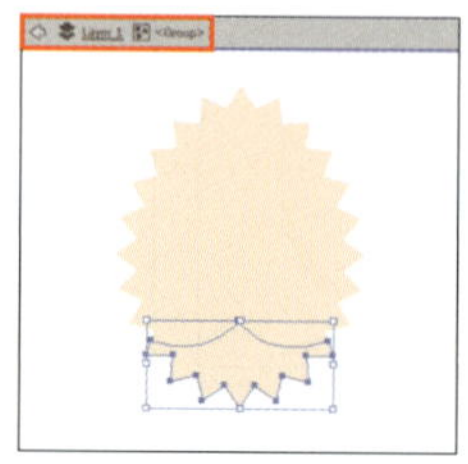 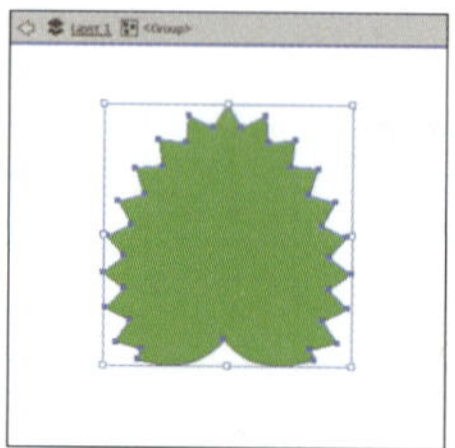

06 Rotate Tool(↻)을 더블 클릭한 후 'Angle : −75˚'로 지정하여 [Copy]를 눌러 회전 복사하고 Color 패널에서 'Fill Color : C60Y100, Stroke Color : None'을 지정한 후 오른쪽으로 이동하여 배치합니다. Scale Tool(▣)을 더블 클릭하여 'Uniform : 130%'를 지정하고 [Copy]를 눌러 확대 복사한 후 Reflect Tool(◀)을 더블 클릭하여 'Axis : Vertical'을 지정하고 왼쪽으로 이동하여 배치합니다.

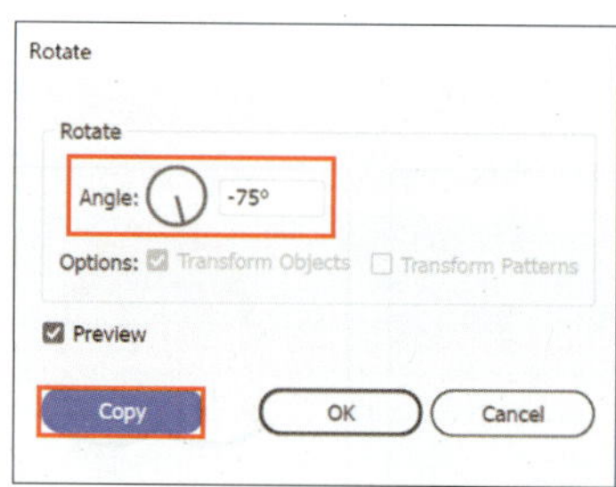  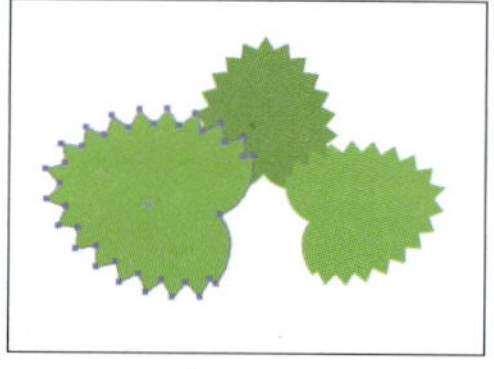

07 Arc Tool(⌒)로 드래그하여 3개의 호를 각각 그리고 Color 패널에서 'Fill Color : None, Stroke Color : C40Y90'을 지정한 후 Stroke 패널에서 'Weight : 3pt, Cap : Round Cap'을 적용합니다.

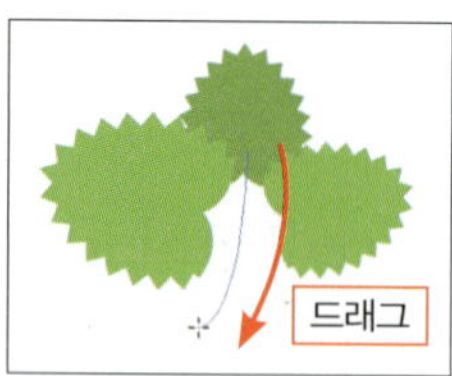 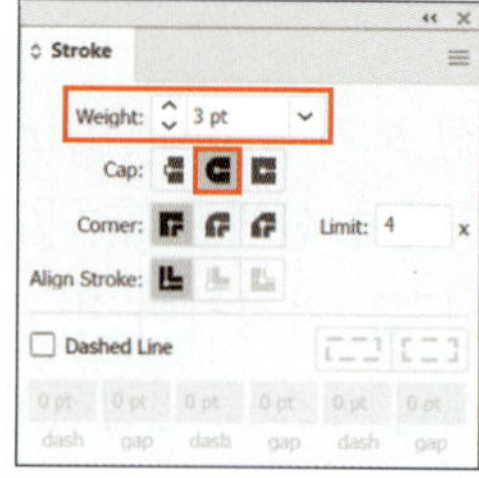  

08 Selection Tool(▶)로 드래그하여 3개의 호를 함께 선택하고 [Object]-[Arrange]-[Send to Back](Shift + Ctrl + [)을 선택하고 맨 뒤로 보내기를 합니다. [Object]-[Path]-[Outline Stroke]를 선택하여 선을 면으로 확장한 후 Pathfinder 패널에서 'Unite(▣)'를 클릭하여 하나로 합칩니다.

09 Ellipse Tool(　)로 작업 도큐먼트를 클릭한 후 'Width : 4mm, Height : 5mm'를 입력하여 그리고 Color 패널에서 'Fill Color : C0M0Y0K0, Stroke Color : None'을 지정합니다. 계속해서 타원 아래쪽에 클릭한 후 'Width : 3.2mm, Height : 3.2mm'를 입력하여 그리고 'Fill Color : C10Y90, Stroke Color : None'을 지정합니다. Selection Tool(　)로 **Shift**를 누르면서 2개의 원을 함께 선택하고 Align 패널에서 'Horizontal Align Center(　)'를 클릭하여 가로 가운데 정렬을 지정합니다.

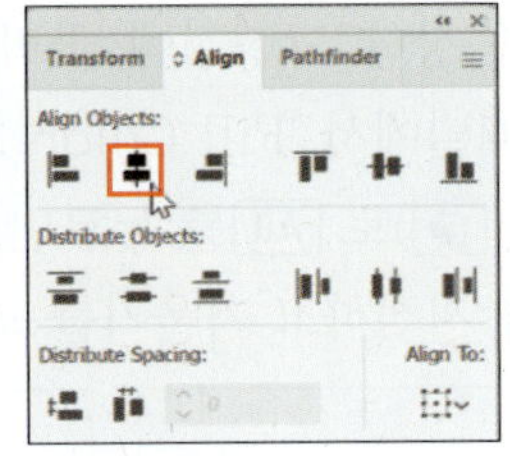
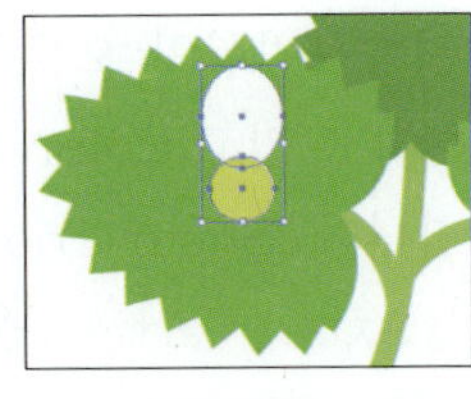

10 Selection Tool(　)로 흰 타원을 선택한 후, Rotate Tool(　)로 **Alt**를 누르고 정원의 중심 점을 클릭하여 'Angle : 72°'로 지정하고 [Copy]를 눌러 회전 복사합니다. **Ctrl**+**D**를 3번 눌러 반복하여 회전 복사합니다.

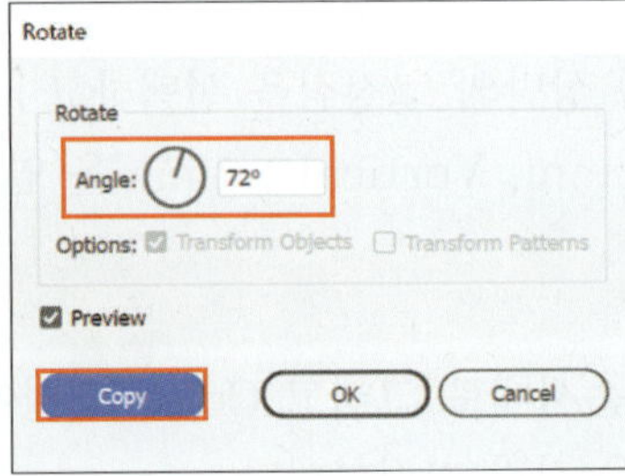

📍 **기적의 TIP**

[View]-[Smart Guides](**Ctrl**+**U**)를 선택하고 오브젝트 위에 마우스를 올리면 중심점이 '×'로 표시됩니다.

---

11 Ellipse Tool(　)로 **Shift**를 누르면서 드래그하여 정원을 그리고 Color 패널에서 'Fill Color : M20Y100, Stroke Color : None'을 지정합니다. Rotate Tool(　)로 **Alt**를 누르고 가운데 정원의 중심점을 클릭하여 'Angle : 45°'를 지정하고 [Copy]를 눌러 회전 복사한 후 **Ctrl**+**D**를 6번 눌러 반복하여 회전 복사합니다.

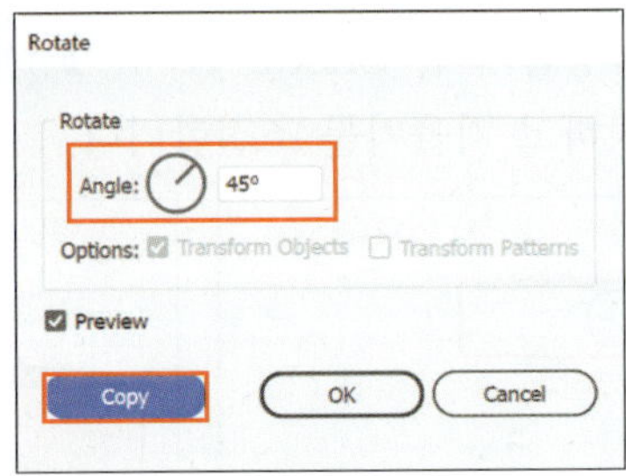

01 Rectangle Tool(■)로 작업 도큐먼트를 클릭한 후, 'Width : 38mm, Height : 42mm'를 입력하여 그리고 Color 패널에서 'Fill Color : M40, Stroke Color : 임의 색상'을 지정합니다. Shear Tool(☞)을 더블 클릭하여 'Shear Angle : 20°, Axis : Vertical'을 지정하고 기울기를 조절합니다.

02 Rectangle Tool(■)로 평행사변형의 오른쪽 상단 고정점에 클릭하여 'Width : 55mm, Height : 42mm'를 입력하여 그리고 Color 패널에서 'Fill Color : M80Y10K20, Stroke Color : 임의 색상'을 지정합니다. Shear Tool(☞)로 Alt 를 누르면서 수직의 안내선에 클릭하여 'Shear Angle : −13°, Axis : Vertical'을 지정하고 기울기를 조절합니다.

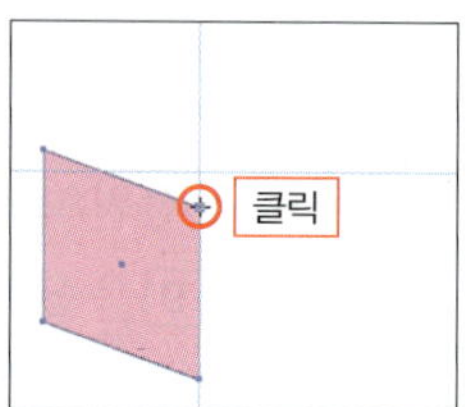

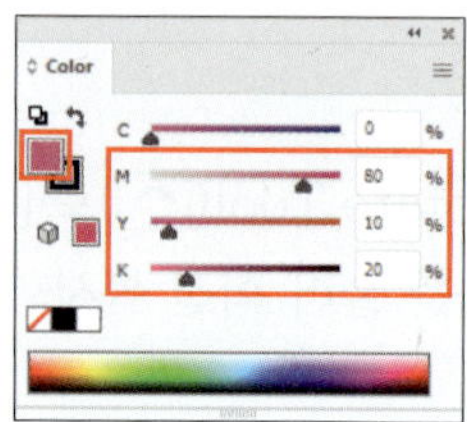

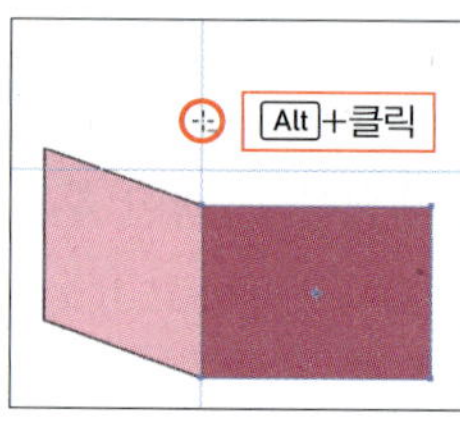

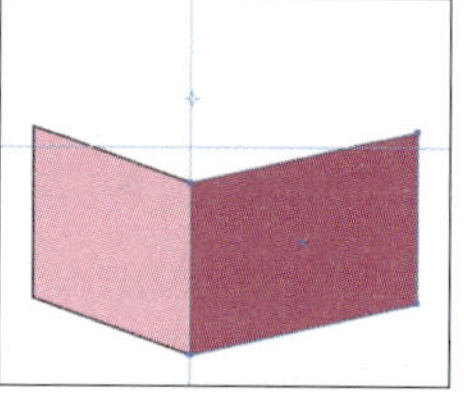

03 Direct Selection Tool(▷)로 오른쪽 상단의 고정점을 선택하고 [Object]−[Transform]−[Move]를 선택하고 'Horizontal : 0.5mm, Vertical : 4mm'을 입력하고 패스를 원근에 맞게 이동합니다.

04 Pen Tool(✎)로 2개의 닫힌 패스를 순서대로 그리고 Color 패널에서 'Fill Color : M60, M70K20, Stroke Color : 임의 색상'을 각각 지정합니다.

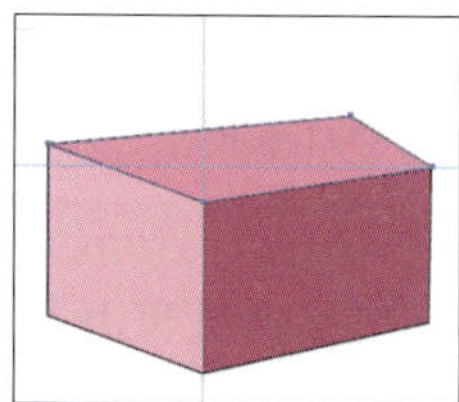
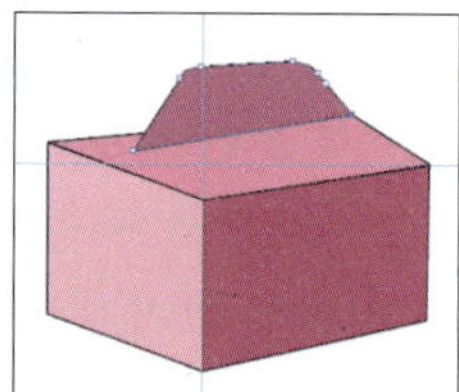

05 Rounded Rectangle Tool(▢)로 작업 도큐먼트를 클릭한 후 'Width : 21mm, Height : 8.5mm, Corner Radius : 6mm'를 입력하여 그리고 Color 패널에서 'Fill Color : 임의 색상, Stroke Color : 임의 색상'을 지정합니다. Shear Tool(☞)을 더블 클릭하여 'Shear Angle : −6°, Axis : Vertical'을 지정하고 기울기를 조절합니다.

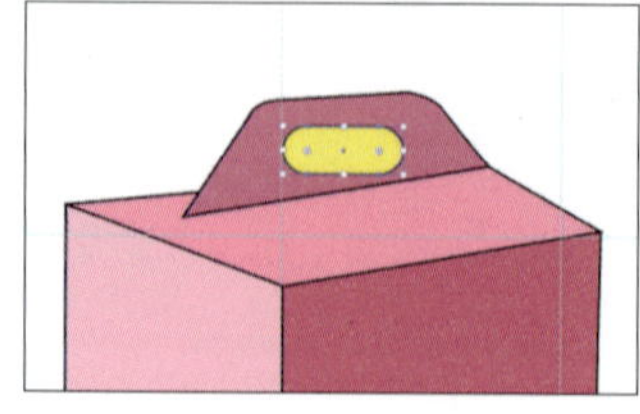
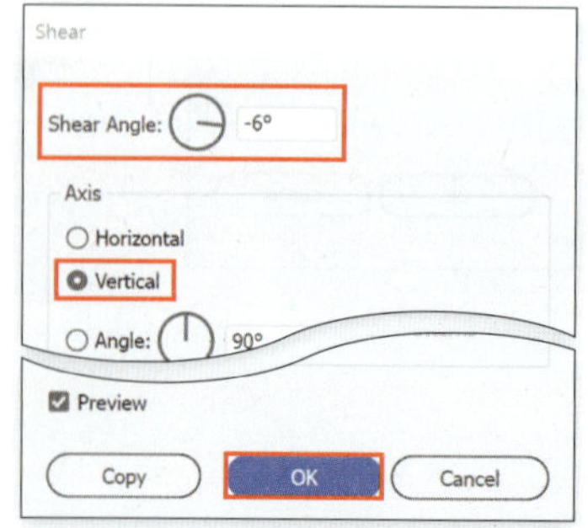

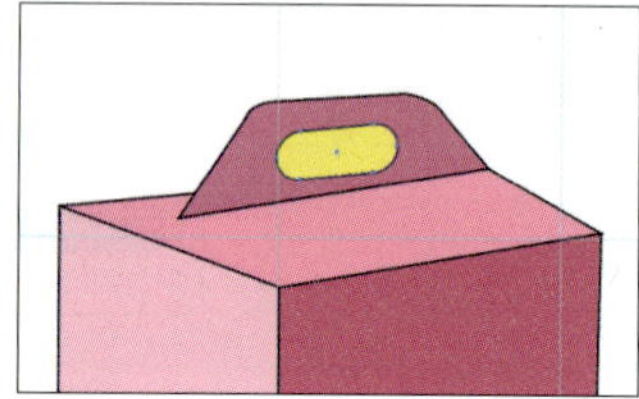

06 Selection Tool(▶)로 둥근 사각형을 더블 클릭하여 Isolation Mode로 전환하고, Direct Selection Tool(▷)로 드래그하여 오른쪽 3개의 고정점을 선택하고 Scale Tool(⬚)을 더블 클릭하여 'Uniform : 95%'를 지정하여 패스를 축소합니다. Esc 를 불러 정상모드로 전환합니다.

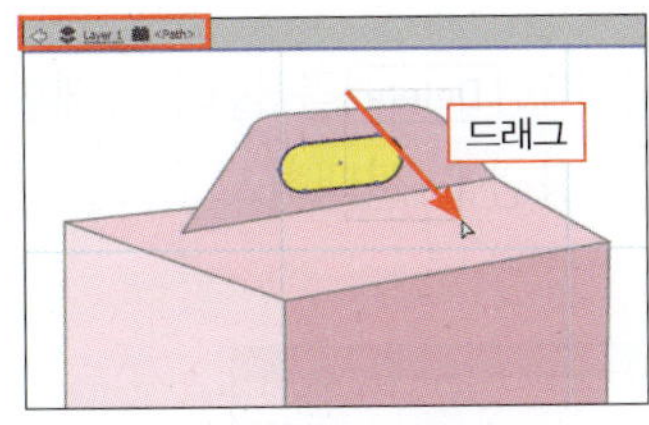

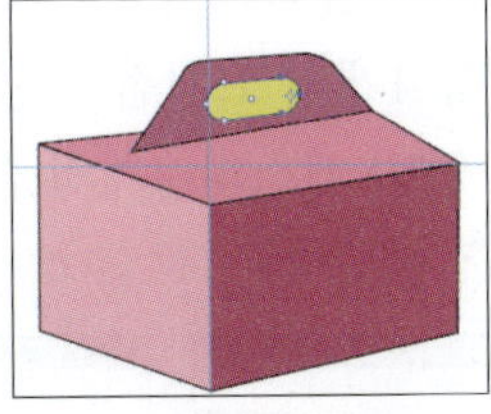

07 Selection Tool(▶)로 손잡이 모양의 2개의 오브젝트를 함께 선택하고, Pathfinder 패널에서 'Minus Front(□)'를 클릭하여 겹친 부분을 삭제합니다.

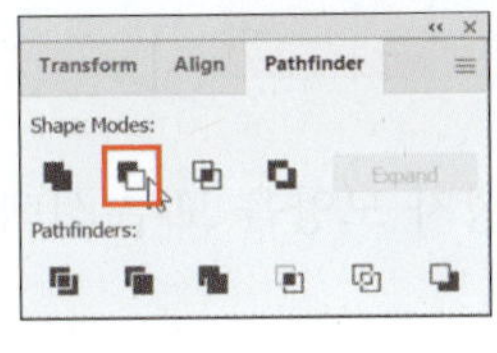

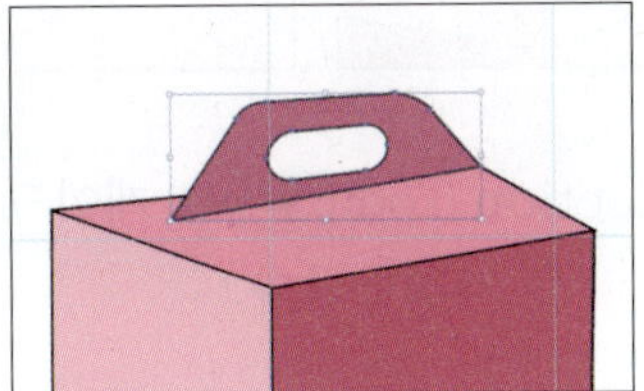

08 Pen Tool(✎)로 왼쪽 상단에 닫힌 패스를 그리고 Color 패널에서 'Fill Color : M20, Stroke Color : 임의 색상'을 지정합니다. Rounded Rectangle Tool(▢)로 작업 도큐먼트를 클릭한 후, 'Width : 11mm, Height : 10mm, Corner Radius : 2mm'를 입력하여 그리고 'Fill Color : M70K20, Stroke Color : 임의 색상'을 지정합니다.

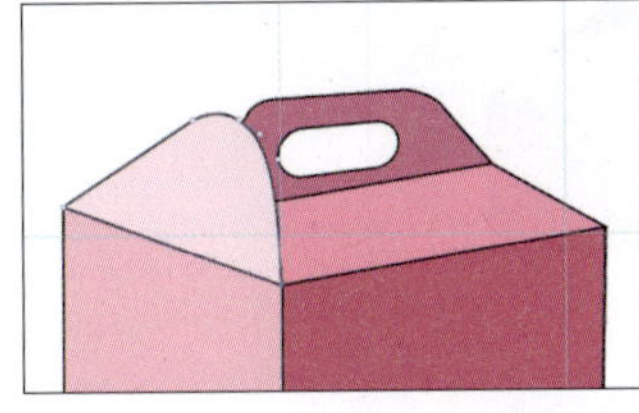
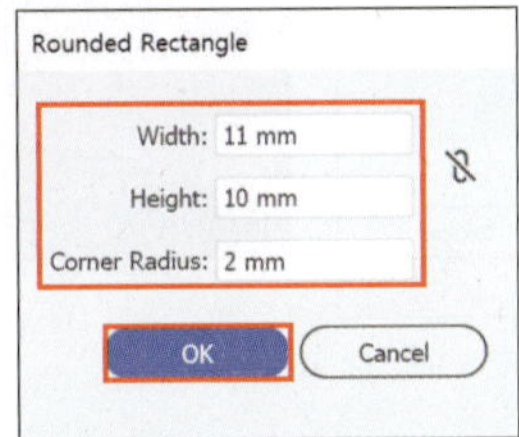

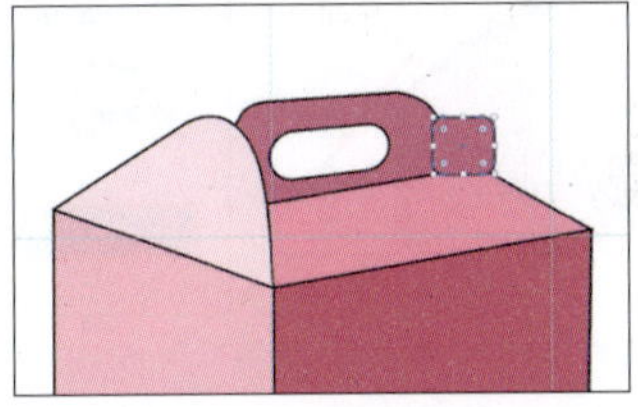

09 Pen Tool(✎)로 오른쪽 상단에 닫힌 패스를 그리고 Color 패널에서 'Fill Color : C20M100Y40K30, Stroke Color : 임의 색상'을 지정합니다. Selection Tool(▶)로 Shift 를 누르면서 둥근 사각형과 함께 선택하고 Shift + Ctrl + [를 눌러 맨 뒤로 보내기를 합니다.

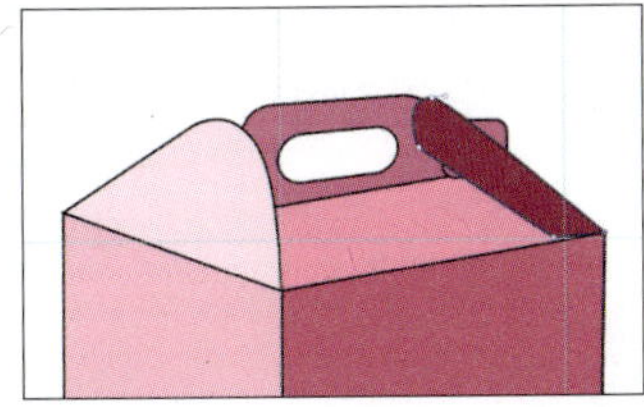
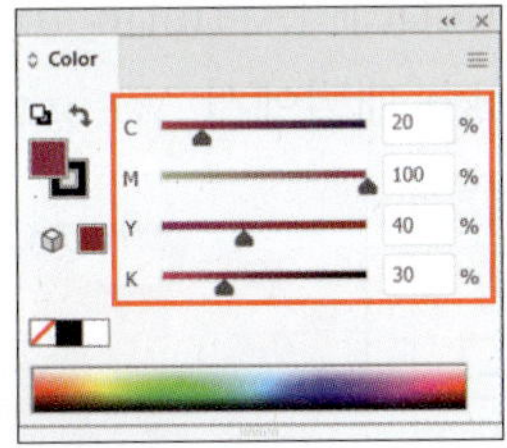

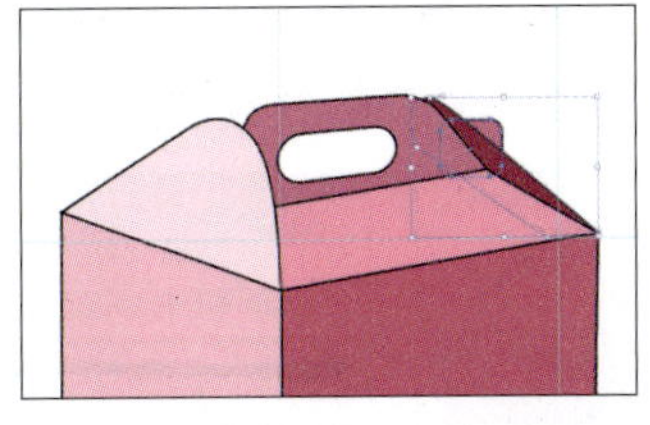

10 Rounded Rectangle Tool(▣)로 작업 도큐먼트를 클릭한 후 'Width : 20mm, Height : 15mm, Corner Radius : 3mm'를 입력하여 그리고 Color 패널에서 'Fill Color : M70K20, Stroke Color : 임의 색상'을 지정합니다.

11 Selection Tool(▶)로 둥근 사각형을 더블 클릭하여 Isolation Mode로 전환하고 Direct Selection Tool(▷)로 드래그하여 오른쪽 4개의 고정점을 선택하고 Delete 를 눌러 삭제합니다. 계속해서 Shift 를 누르면서 클릭하여 열린 패스의 2개의 끝 고정점을 선택하고 [Object]–[Path]–[Join](Ctrl + J)을 선택하고 연결합니다.

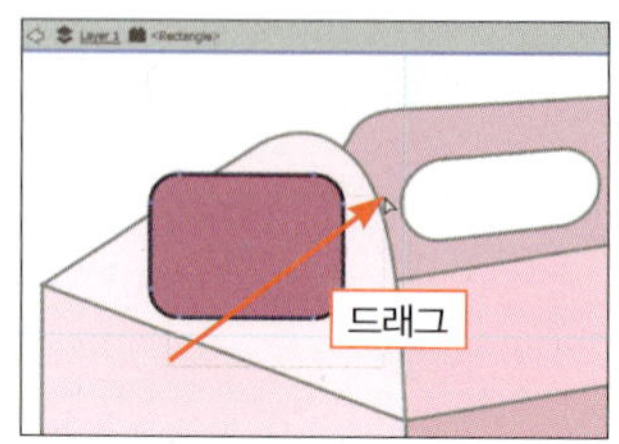
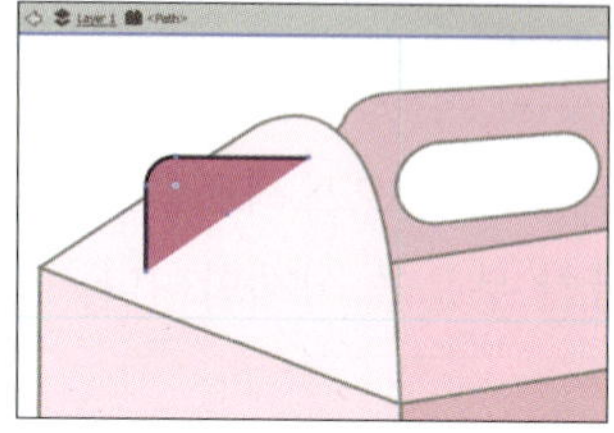
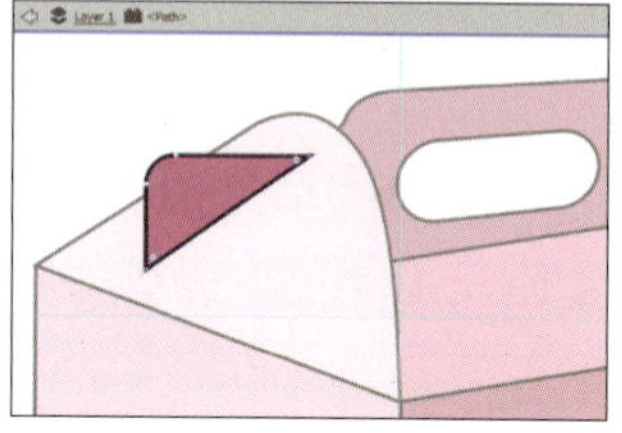

12 Esc 를 누르고 정상 모드로 전환하고 Selection Tool(▶)로 케이크 상자 모양을 모두 선택하고 Color 패널에서 'Stroke Color : None'을 지정합니다.

13 Direct Selection Tool(▷)로 드래그하여 양쪽 모서리의 고정점들을 각각 선택하고 [Object]–[Path]–[Average](Alt + Ctrl + J)를 선택하고 'Axis : Both'를 선택하여 평균 위치에 정렬합니다.

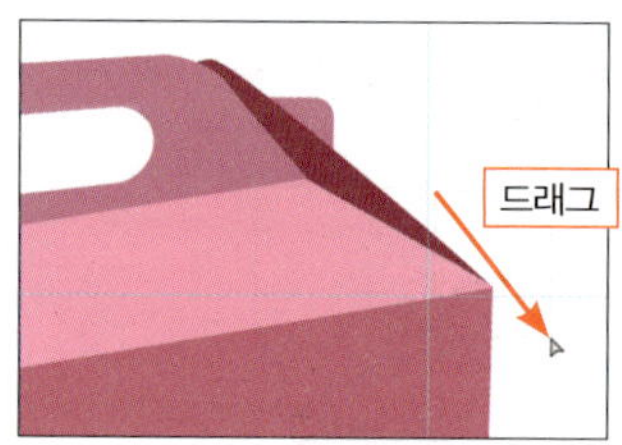

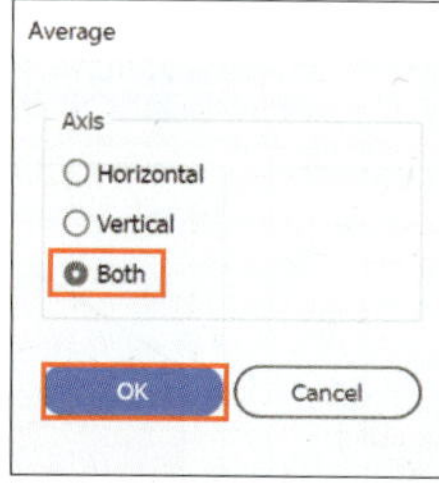

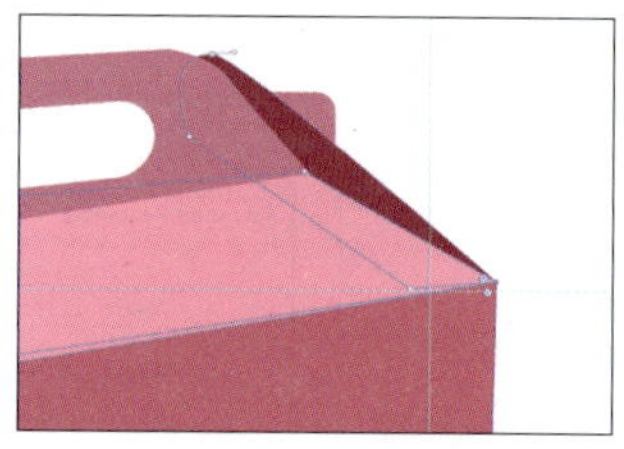

05 브러쉬 적용 및 문자 입력하기

01 Pen Tool(✒)로 오른쪽에서 왼쪽으로 드래그하여 열린 패스를 그리고 Color 패널에서 'Fill Color : None, Stroke Color : C0M0Y0K0'을 지정합니다. Brushes 패널 하단의 'Brush Libraries Menu(▥)'를 클릭한 후 [Artistic]–[Artistic_Ink]를 선택하여 추가 브러쉬 패널에서 'Fountain Pen'을 선택한 후, Stroke 패널에서 'Weight : 2pt'를 지정합니다.

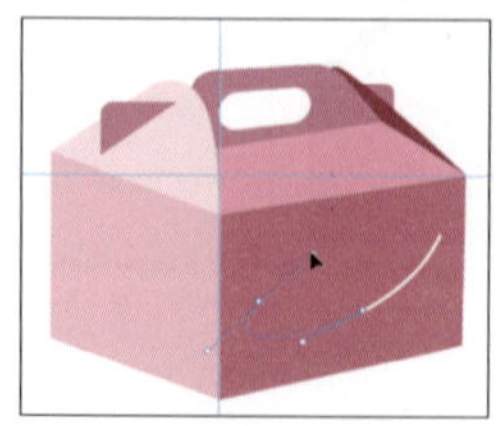
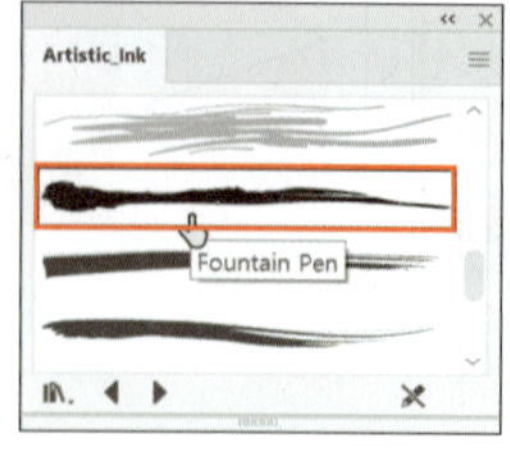

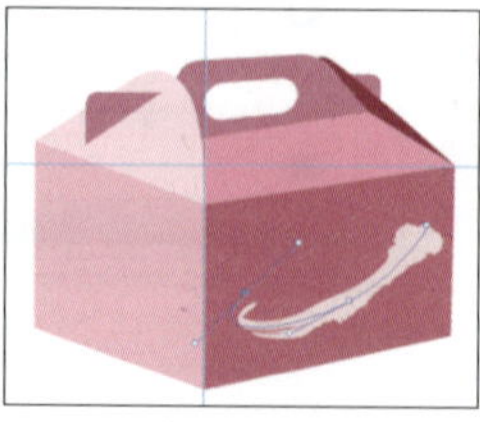

02 Selection Tool(▶)로 딸기 모양을 선택하고 Ctrl+C로 복사하고 Ctrl+V로 붙여 넣기를 한 후 오브젝트를 더블 클릭하여 Isolation Mode로 전환합니다. 딸기 과육 모양을 선택하여 Color 패널에서 'Fill Color : M50Y50, Stroke Color : None'을 지정하고 Esc를 눌러 정상 모드로 전환합니다. Scale Tool(⊡)을 더블 클릭하여 'Uniform : 70%'를 지정하여 딸기 모양을 축소한 후 Ctrl+[를 눌러 브러쉬 모양 뒤로 보내기를 합니다.

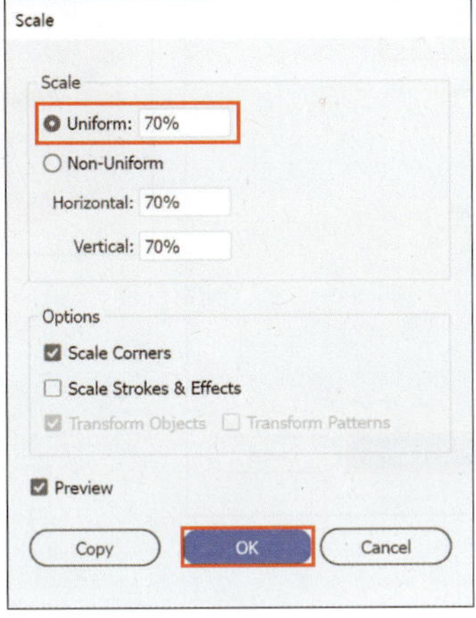

03 Rotate Tool(↻)을 더블 클릭하여 'Angle : −100°'로 지정하고 [Copy]를 눌러 회전 복사한 후, Scale Tool(⊡)을 더블 클릭하여 'Uniform : 70%'로 지정하여 축소하고 배치합니다.

04 다시 한 번 Ctrl+V로 붙여 넣기를 한 후 Scale Tool(⊡)을 더블 클릭하여 'Uniform : 85%'를 지정하여 축소한 후 Rotate Tool(↻)을 더블 클릭하여 'Angle : −60°'를 지정합니다. Selection Tool(▶)로 오브젝트를 더블 클릭하여 Isolation Mode로 전환하고 딸기 과육 모양을 선택하여 Color 패널에서 'Fill Color : M40Y20, Stroke Color : None'을 지정하고 Esc를 눌러 정상 모드로 전환합니다.

05 Type Tool(T)로 도큐먼트를 클릭한 후 Character 패널에서 'Set the font family : Arial, Set the font style : Bold, Set the font size : 12pt'를 설정하고 Paragraph 패널에서 'Align center(≡)'를 선택하여 문장을 가운데 배치합니다. Color 패널에서 'Fill Color : M100K10, Stroke Color : None'을 지정한 후 'Strawberry Cake'를 입력합니다.

06 Selection Tool(▶)로 Cake 문자를 더블 클릭하여 선택하고 Color 패널에서 'Fill Color : C0M0Y0K0, Stroke Color : None'을 지정합니다. Rotate Tool(↻)을 더블 클릭하여 'Angle : 8°'를 지정하여 회전한 후 배치합니다.

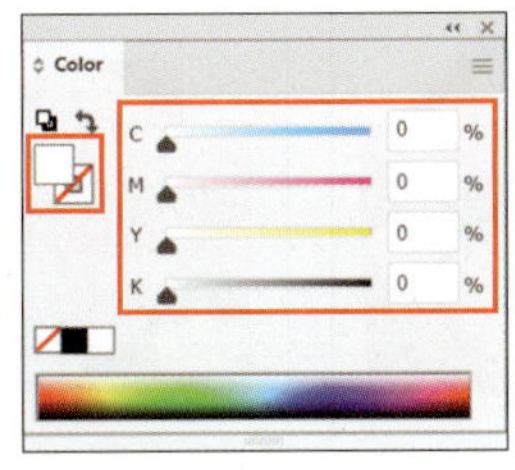

07 Selection Tool(▶)로 Strawberry Cake 문자를 선택한 후 Ctrl + C 로 복사하고 Ctrl + V 로 붙여 넣기를 한 후 Character 패널에서 'Set the font size : 17pt'를 설정하고 Shear Tool(▱)을 더블 클릭하여 'Shear Angle : 200°, Axis : Vertical'을 지정하고 기울기를 조절합니다.

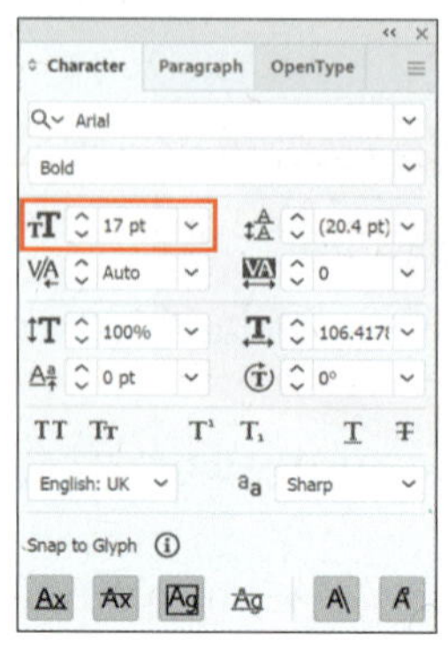
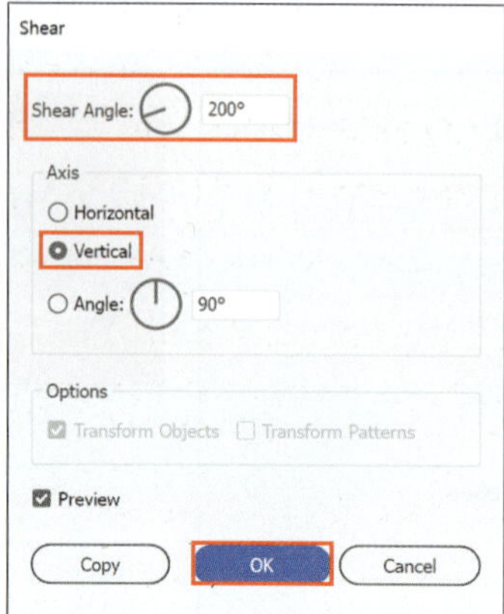

06 클리핑 마스크 적용하기

01 Selection Tool(▶)로 드래그하여 딸기 꽃과 잎 모양을 선택하고, Shift 를 누르면서 오른쪽 잎과 줄기 모양을 클릭하여 선택을 해제하고 Ctrl + C 로 복사합니다.

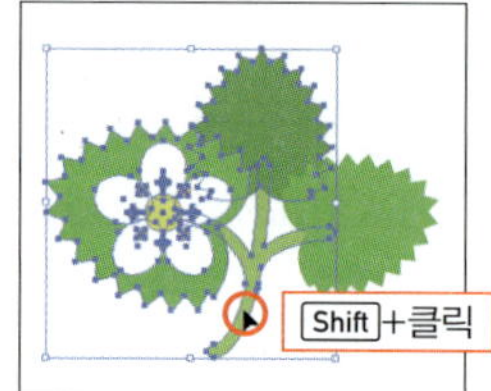

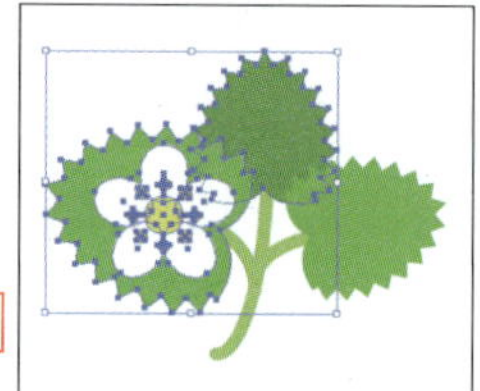

02 Ctrl + V 로 붙여 넣기를 한 후 Scale Tool(▦)을 더블 클릭하여 'Uniform : 140%'를 지정하여 확대합니다. Rotate Tool(↻)을 더블 클릭하여 'Angle : −70°'를 지정하여 회전하고 케이크 상자의 왼쪽 하단에 배치한 후 Ctrl + G 를 눌러 그룹으로 설정합니다.

03 Selection Tool(▶)로 왼쪽 평행사변형을 선택하고 Ctrl + C 로 복사하고 Ctrl + F 로 복사한 오브젝트 앞에 붙여 넣기를 한 후 Shift + Ctrl +] 를 눌러 맨 앞으로 가져오기를 합니다. Shift 를 누르면서 딸기 꽃 그룹과 함께 선택하고 [Object]−[Clipping Mask]−[Make](Ctrl + 7)를 선택하고 클리핑 마스크를 적용합니다.

07 병 모양 만들고 패턴 적용하기

01 Rounded Rectangle Tool(▢)로 작업 도큐먼트를 클릭한 후 'Width : 43mm, Height : 44mm, Corner Radius : 10mm'를 입력하여 그리고 Color 패널에서 'Fill Color : 임의 색상, Stroke Color : 임의 색상'을 지정합니다.

02 Direct Selection Tool(▷)로 드래그하여 둥근 사각형의 하단 4개의 고정점을 선택하고, Scale Tool(▦)을 더블 클릭하고 'Uniform : 95%'를 지정하여 하단 패스를 축소한 후 Color 패널에서 'Fill Color : C10M100Y90K30, Stroke Color : None'을 지정합니다.

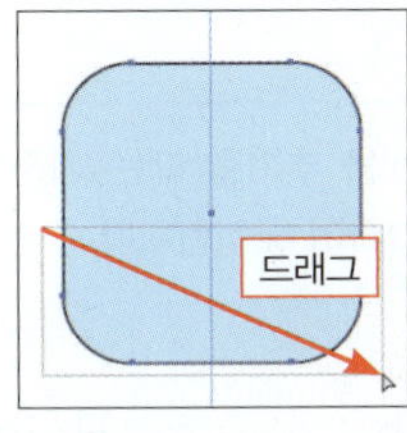

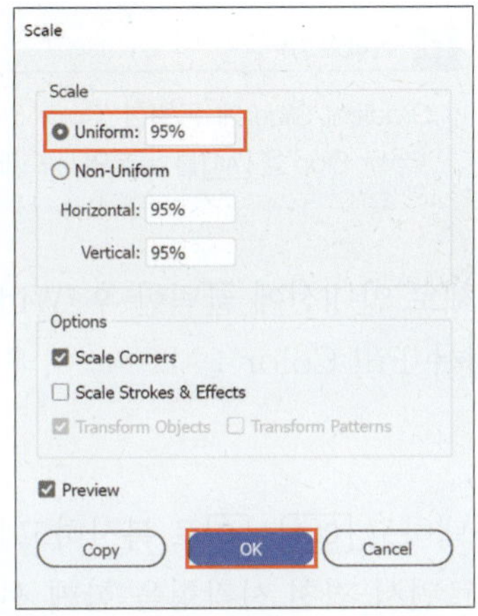

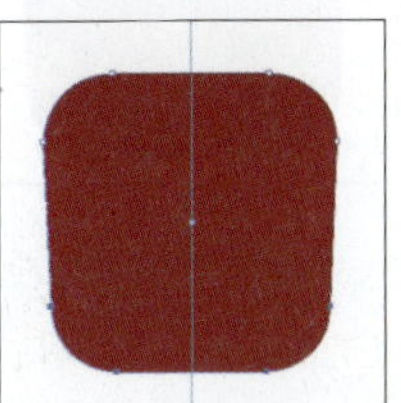

03 Ellipse Tool(◯)로 Alt를 누르면서 상단 세로 안내선에 클릭한 후 'Width : 37mm, Height : 3mm'를 입력하여 그리고 Color 패널에서 'Fill Color : C30M20Y30, Stroke Color : None'을 지정합니다. 계속해서 Alt를 누르면서 타원의 하단 세로 안내선이 하단에 클릭하여 'Width : 37mm, Height : 5mm'를 입력하여 동일한 색상의 타원을 그립니다.

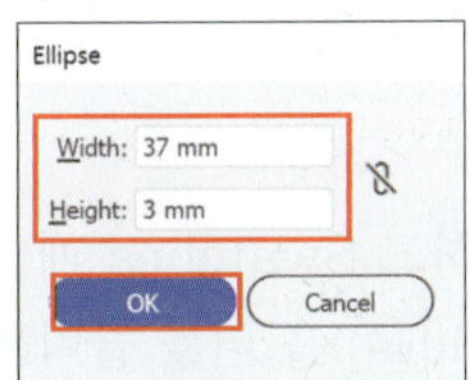

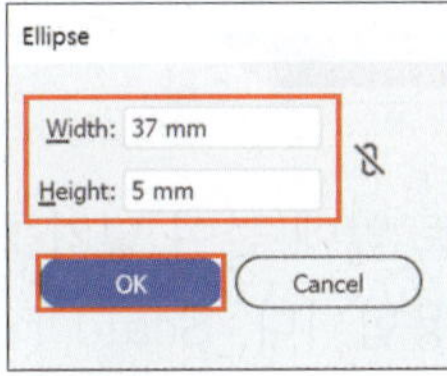

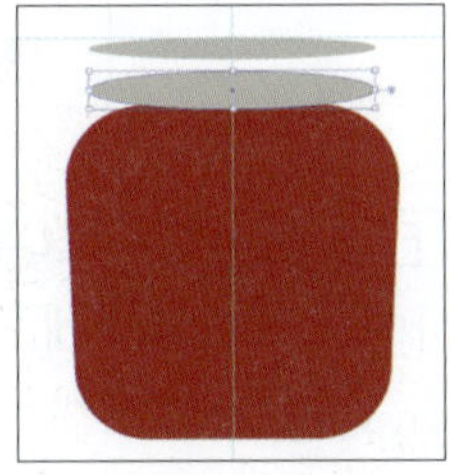

기적의 TIP

Alt를 클릭하면 중앙 정렬을 따로 할 필요가 없이 정확한 수치를 입력하여 타원형을 그릴 수 있습니다.

---

04 Rectangle Tool(▢)로 Alt를 누르면서 타원 아래의 세로 안내선에 클릭한 후 'Width : 32.5mm, Height : 2.5mm'를 입력하여 그리고 Color 패널에서 'Fill Color : C50M40Y40, Stroke Color : None'을 지정합니다. 계속해서 Alt를 누르면서 2개의 타원 사이의 세로 안내선을 클릭한 후 'Width : 37mm, Height : 5.5mm'를 입력하여 '임의 색상'의 사각형을 그립니다.

05 Gradient 패널에서 'Type : Linear Gradient, Angle : 0°'를 적용하고 Gradient Slider의 왼쪽 'Color Stop'을 더블 클릭하여 K50을, 가운데 빈 곳을 클릭하여 'Color Stop'을 추가하고 더블 클릭하여 C0M0Y0K0을 적용한 후 'Location : 30%'로 지정합니다. 오른쪽 'Color Stop'을 더블 클릭하여 K50을 적용하고 'Location : 80%'로 지정한 후 Tool 패널 하단에서 'Stroke Color : None'을 지정합니다.

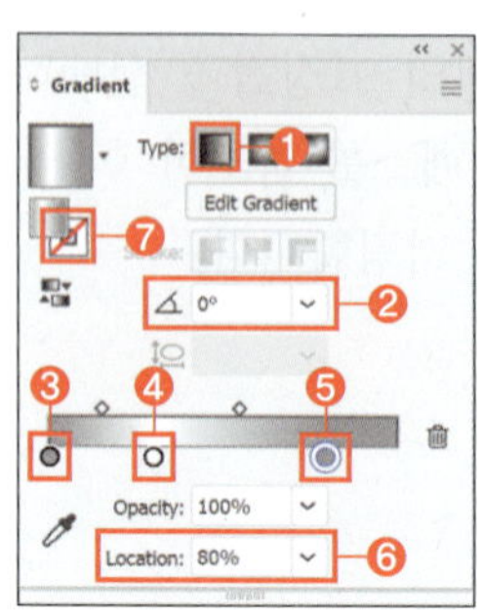

Gradient Slider에 동일한 'Color Stop'을 추가할 때는 기존의 'Color Stop'을 Alt 를 누르면서 드래그하여 배치합니다.

06 Rectangle Tool(▢)로 Alt 를 누르면서 세로 안내선에 클릭한 후 'Width : 48mm, Height : 21mm'를 입력하여 그리고 Color 패널에서 'Fill Color : M20Y20, Stroke Color : None'을 지정합니다.

07 Selection Tool(▶)로 병 모양 하단을 선택하고 Ctrl + C 로 복사하고 Ctrl + F 로 복사한 오브젝트 앞에 붙여 넣기를 하고 Shift 를 누르면서 겹친 사각형을 함께 선택한 후, Pathfinder 패널에서 'Intersect(◪)'를 클릭하여 겹친 부분만 남깁니다.

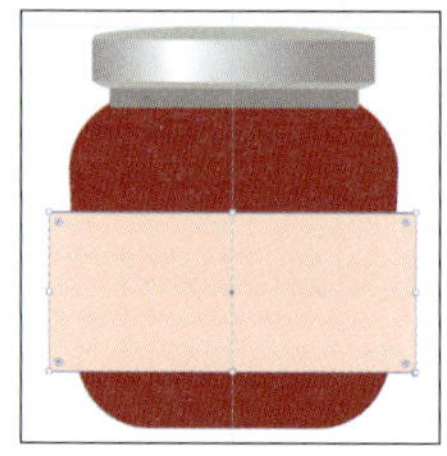

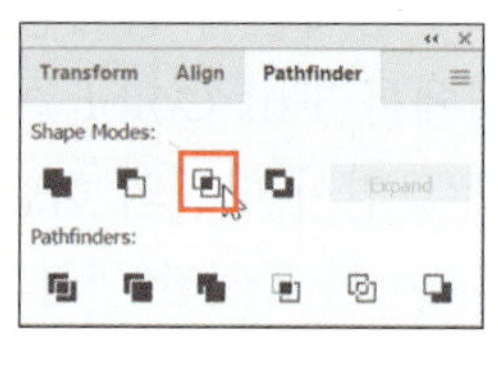

08 Ctrl + C 로 복사하고 Ctrl + F 로 복사한 오브젝트 앞에 붙여 넣기를 하고 Swatches 패널에서 등록된 딸기 패턴을 클릭하여 Fill Color에 적용합니다. Scale Tool(▧)을 더블 클릭하고 'Uniform : 30%, Transform Objects : 체크 해제, Transform Patterns : 체크'를 지정하여 패턴의 크기를 축소한 후 Transparency 패널에서 'Opacity : 60%'를 지정하여 패턴의 불투명도를 조절합니다.

08 라벨 만들고 저장하기

01 Rectangle Tool(▢)로 작업 도큐먼트를 클릭한 후 'Width : 20mm, Height : 25mm'를 입력하여 그리고 Color 패널에서 'Fill Color : M10Y30, Stroke Color : None'을 지정합니다. Ellipse Tool(◯)로 Shift 를 누르면서 정원을 그리고 'Fill Color : C50M40Y40, Stroke Color : None'을 지정합니다.

02 Type Tool(T)로 도큐먼트를 클릭한 후 Character 패널에서 'Set the font family : Times New Roman, Set the font style : Regular, Set the font size : 14pt'를 설정하고 Paragraph 패널에서 'Align left(≡)'를 선택하여 문장을 왼쪽에 배치합니다. Color 패널에서 'Fill Color : C30M100Y90, Stroke Color : None'을 지정한 후 'Fresh Jam'을 입력합니다.

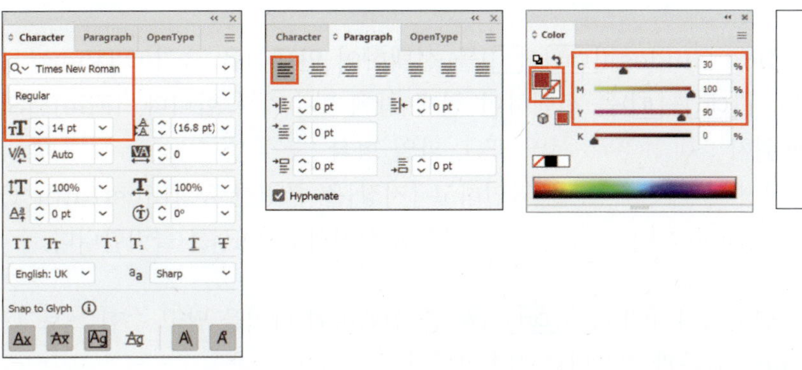

03 Selection Tool(▶)로 Shift 를 누르면서 사각형과 정원을 함께 선택하고 Align 패널에서 'Horizontal Align Center(⬓)'를 클릭하여 가로 가운데 정렬을 지정합니다.

04 Selection Tool(▶)로 사각형을 선택하고 Rotate Tool(⟳)로 Alt 를 누르면서 사각형의 왼쪽 상단 고정점에 클릭하여 'Angle : −10°, Transform Objects : 체크, Transform Patterns : 체크 해제'를 지정하고 [Copy]를 눌러 회전하여 복사합니다. Color 패널에서 'Fill Color : C20M10Y10, Stroke Color : None'을 지정하고 Ctrl+[를 눌러 뒤로 보내기를 합니다.

05 Rounded Rectangle Tool(▢)로 드래그하여 둥근 사각형을 그리고 Color 패널에서 'Fill Color : M40Y80, Stroke Color : None'을 지정합니다. 계속해서 색상이 동일한 2개의 크기가 다른 둥근 사각형을 그리고 Selection Tool(▶)로 바운딩 박스의 조절점 밖을 각각 드래그하여 회전하고 배치합니다.

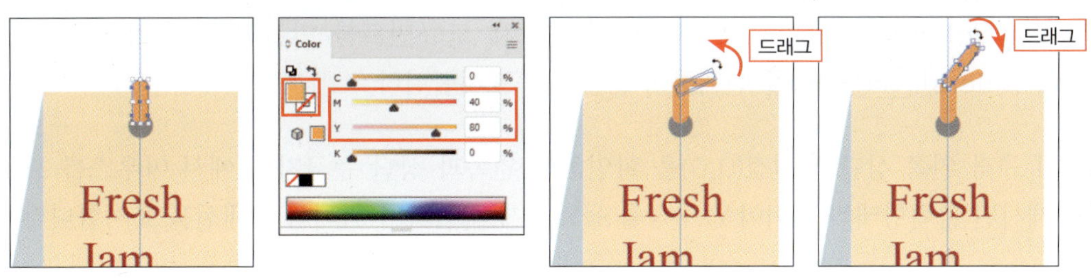

06 Pen Tool(✒)로 클릭하여 열린 패스를 그리고 Color 패널에서 'Fill Color : None, Stroke Color : M40Y80'을 지정한 후, Stroke 패널에서 'Weight : 3pt, Cap : Butt Cap, Dashed Line : 체크, dash : 7pt, gap : 2pt, dash : 1pt, gap : 3pt'를 입력하여 불규칙한 점선을 적용하고, Ctrl+[를 여러 번 눌러 라벨 모양 뒤로 보내기를 하여 배치합니다.

07 Selection Tool(▶)로 라벨 모양의 앞쪽 사각형을 선택하고 [Effect]-[Illustrator Effects]-[Stylize]-[Drop Shadow]를 선택하고 'Opacity : 75%, X Offset : 1mm, Y Offset : 1mm, Blur : 1.5mm'를 지정하여 그림자 효과를 적용합니다.

08 [View]-[Guides]-[Hide Guides]([Ctrl]+[;])를 선택하여 안내선을 숨기고 [View]-[Fit Artboard in Window]([Ctrl]+[0])을 선택하여 현재 창에 맞추기를 합니다. [File]-[Save As]를 선택하고 '저장 위치 : 내 PC₩문서₩GTQ, 파일 형식 : Adobe Illustrator(*AI), 파일 이름 : 수험번호-성명-문제번호.ai'를 확인하고 [저장]을 클릭한 후 [Illustrator Options] 대화상자에서 'Version : Illustrator 2020'으로 설정하고 [OK]를 클릭합니다.

09 답안 저장이 완료가 되면 [File]-[Close]([Ctrl]+[W])를 선택하여 파일을 닫고 수험 프로그램에서 [답안 전송]을 클릭하여 감독관 컴퓨터로 전송합니다.

문제 ❸ **광고 디자인**

작업과정	새 도큐먼트 만들기 및 파일 저장하기 ➡ 그라디언트 메시 적용하기 ➡ 불투명도 적용하여 구름 모양 만들기 ➡ 블렌드 효과 및 브러쉬 적용하기 ➡ 언덕과 울타리 모양 만들기 ➡ 나무 심볼 등록 및 심볼 적용하고, 편집하기 ➡ 사람 모양 만들고 이펙트 적용하기 ➡ 물뿌리개 모양과 식물 모양 그리기 ➡ 문자 입력 및 왜곡하기 ➡ 클리핑 마스크 적용 및 저장하기
완성이미지	PART04₩기출유형문제04회₩수험번호-성명-3.ai

01 새 도큐먼트 만들기 및 파일 저장하기

01 [File]-[New]([Ctrl]+[N])를 선택하고 'Width : 210mm, Height : 297mm, Units : Millimeters, Color Mode : CMYK'를 설정하여 새 도큐먼트를 만들고 [View]-[Rulers]-[Show Rulers]([Ctrl]+[R])를 선택하여 눈금자를 표시합니다.

02 작품의 규격 왼쪽 상단에 원점(0,0)을 확인하고 왼쪽과 상단 눈금자 위에서 마우스를 드래그하여 제시된 출력형태와 레이아웃 구성을 동일하게 작업하기 위해서 안내선을 표시합니다.

03 작업 도큐먼트를 저장하기 위해 [File]-[Save]([Ctrl]+[S])를 선택하고 '저장 위치 : 내 PC₩문서₩GTQ, 파일 형식 : Adobe Illustrator(*AI), 파일 이름 : 수험번호-성명-문제번호'를 입력하고 [저장]을 클릭한 후 [Illustrator Options] 대화상자에서 'Version : Illustrator 2020'으로 설정하고 [OK]를 클릭합니다.

01 Rectangle Tool(▣)로 작업 도큐먼트 왼쪽 상단의 원점(0,0)을 클릭하여 'Width : 210mm, Height : 297mm'를 입력하여 그리고 Color 패널에서 'Fill Color : C30Y10, Stroke Color : None'을 지정합니다.

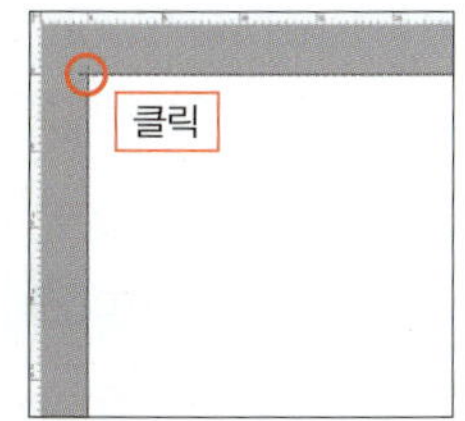

02 Mesh Tool(▦)로 사각형의 왼쪽 상단과 오른쪽 하단에 각각 클릭하여 고정점을 추가합니다.

03 [View]–[Outline](Ctrl+Y)을 선택하여 '윤곽선 보기'를 하고 Direct Selection Tool(▷)로 드래그하여 4개의 고정점을 선택하고 Color 패널에서 'Fill Color : C20Y20, Stroke Color : None'을 적용합니다.

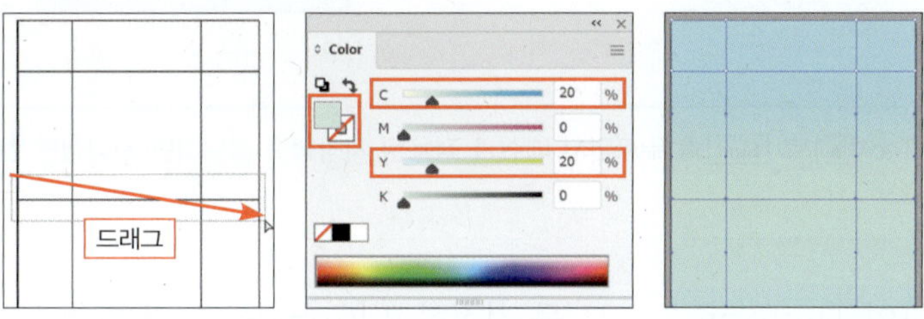

04 Direct Selection Tool(▷)로 드래그하여 하단 중앙의 2개의 고정점을 선택하고 Shift를 누르면서 위쪽으로 반듯하게 이동합니다. 왼쪽과 오른쪽 핸들을 각각 드래그하여 서로 대칭적으로 각도를 조절합니다.

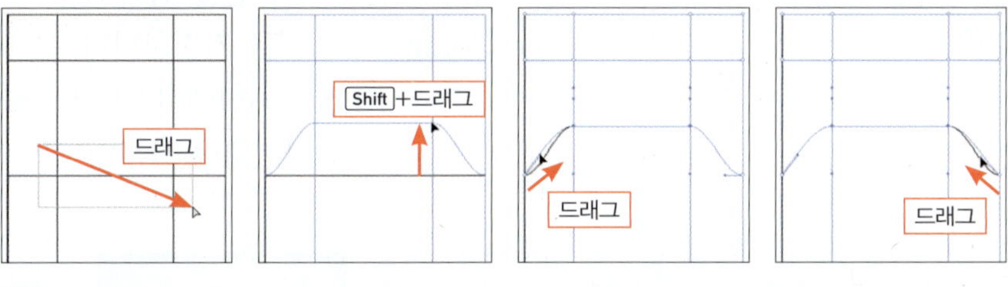

[View]–[Outline](Ctrl+Y)을 선택하여 '윤곽선 보기'를 하면 오브젝트의 직접적인 선택이 쉽습니다.

05 계속해서 Direct Selection Tool(▷)로 고정점을 클릭하여 선택하고 오른쪽 핸들을 위쪽으로 드래그합니다. 오른쪽 고정점도 동일한 방법으로 핸들을 드래그하여 각도를 조절한 후 Ctrl+Y를 다시 눌러 'GPU 미리보기'로 전환합니다.

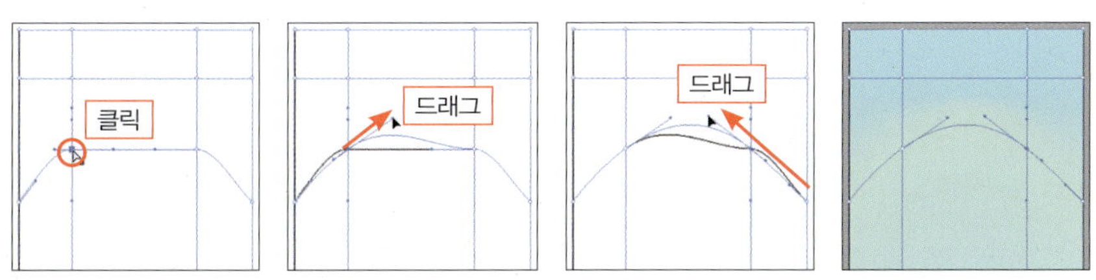

01 Ellipse Tool(⬤)로 작업 도큐먼트에 **Shift**를 누르면서 드래그하여 크기가 다른 12개의 정원과 1개의 타원을 서로 겹치도록 그리고 Color 패널에서 'Fill Color : C0M0Y0K0, Stroke Color : None'을 지정합니다. Selection Tool(▶)로 원을 모두 선택하고 Pathfinder 패널에서 'Unite(◼)'를 클릭하여 합칩니다. Transparency 패널에서 'Opacity : 70%'를 지정하여 불투명도를 조절합니다.

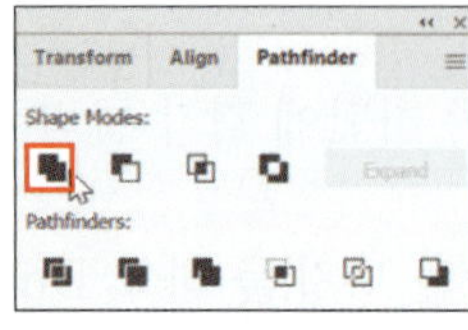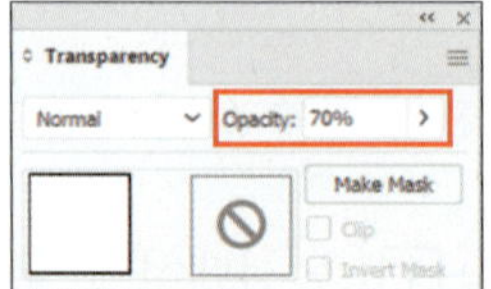

🚩 **기적**의 TIP

Ctrl+**A**로 모두 선택하고 Selection Tool(▶)로 **Shift**를 누르면서 메쉬가 적용된 사각형을 클릭하면 사각형만 선택을 해제할 수 있습니다.

---

02 Scale Tool(⬚)을 더블 클릭하여 'Uniform : 130%'를 지정하고 [Copy]를 눌러 확대 복사한 후 Rotate Tool(↻)을 더블 클릭하여 'Angle : 20°'를 지정하여 회전하고 왼쪽으로 이동하여 배치합니다.

03 Ellipse Tool(⬤)로 작업 도큐먼트에 드래그하여 크기가 다른 5개의 원을 겹치도록 그리고 Color 패널에서 'Fill Color : C0M0Y0K0, Stroke Color : None'을 지정합니다. Selection Tool(▶)로 **Shift**를 누르면서 원을 모두 선택하고 Pathfinder 패널에서 'Unite(◼)'를 클릭하여 합칩니다. Transparency 패널에서 'Opacity : 40%'를 지정하여 불투명도를 조절합니다.

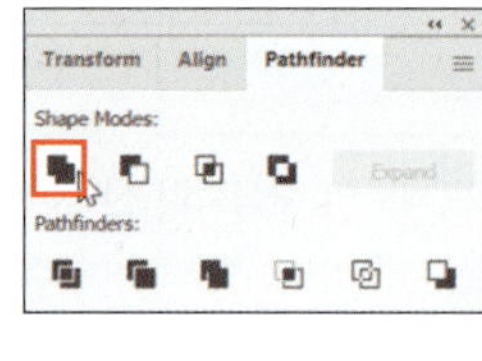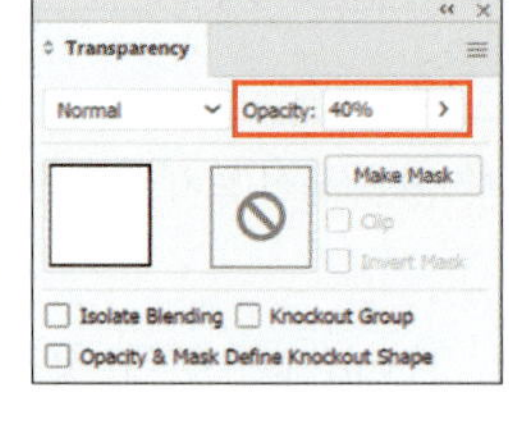

01 Pen Tool( )로 작업 도큐먼트를 완전히 벗어나는 2개의 곡선을 그리고 오른쪽 곡선은 Color 패널에서 'Fill Color : None, Stroke Color : M40Y80'을 지정한 후 Stroke 패널에서 'Weight : 3pt'를 적용하고 Transparency 패널에서 'Opacity : 100%'를 적용합니다. 왼쪽 곡선은 'Fill Color : None, Stroke Color : C0M0Y0K0'을 지정한 후 Stroke 패널에서 'Weight : 1pt'를 적용합니다.

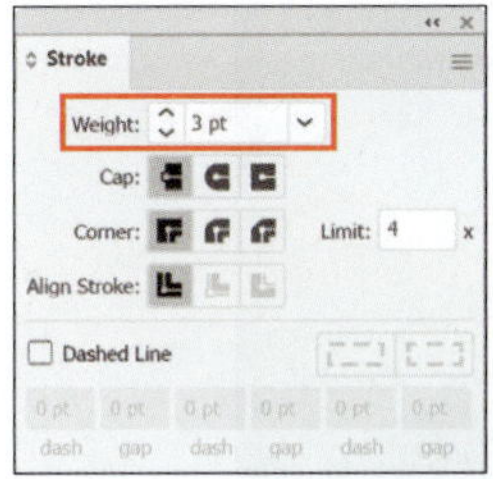 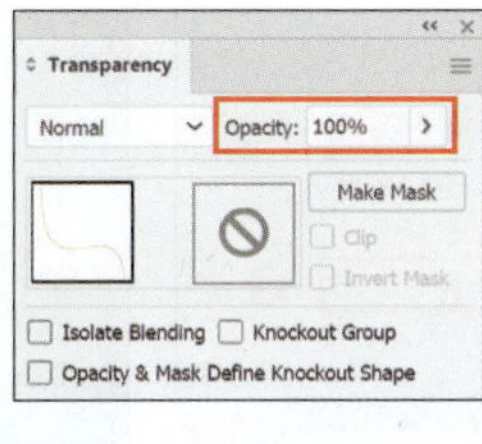  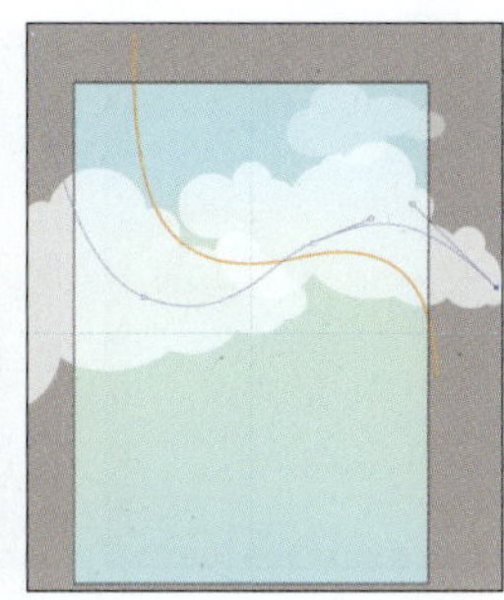

02 Selection Tool( )로 2개의 곡선을 함께 선택한 후 [Object]-[Blend]-[Make]를 적용하고 [Object]-[Blend]-[Blend Options]를 선택한 후 'Specified Steps : 15'를 적용하고 도큐먼트의 빈 곳을 클릭하여 선택을 해제합니다.

03 Brushes 패널 하단의 'Brush Libraries Menu( )'를 클릭한 후 [Decorative]-[Elegant Curl & Floral Brush Set]를 선택하여 추가 브러쉬 패널을 불러온 후 'City'를 선택합니다. Line Segment Tool( )로 Shift 를 누르면서 왼쪽에서 오른쪽으로 드래그하여 수평선을 그리고 Color 패널에서 'Fill Color : None, Stroke Color : C20M30Y60'을 지정하고 Stroke 패널에서 'Weight : 0.5pt'를 지정합니다.

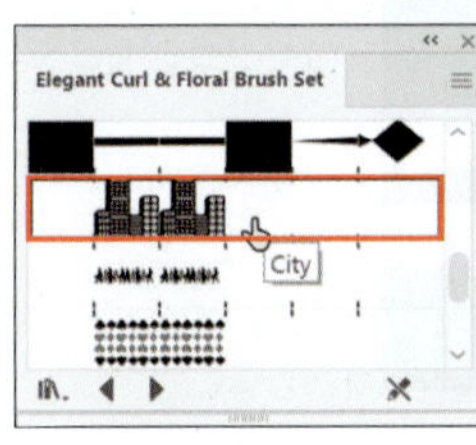 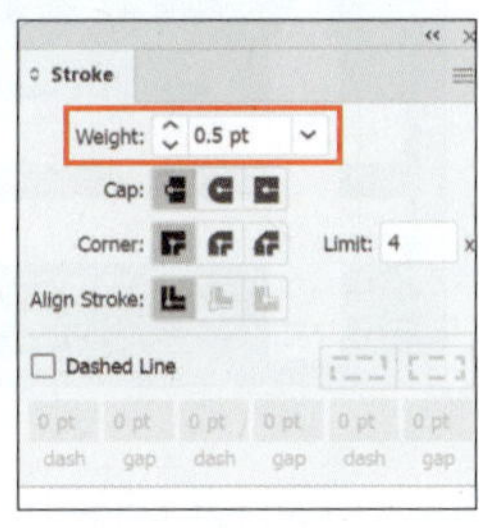 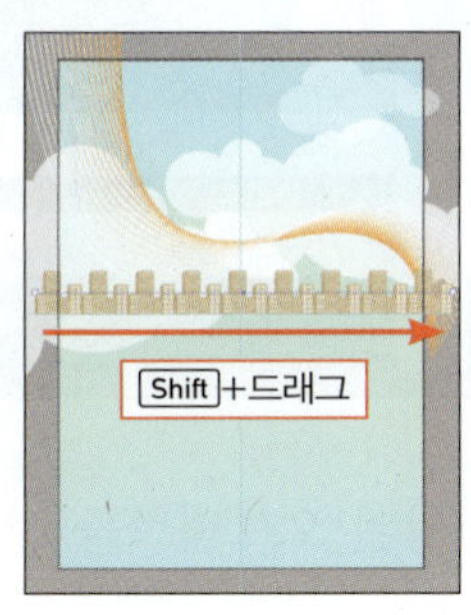

기적의 TIP

드래그하는 방향에 따라 'City' 브러쉬의 출력형태가 달라집니다.

01 Pen Tool(✏)로 2개의 언덕 모양을 순서대로 그리고 Color 패널에서 'Fill Color : C30Y50, C40Y70, Stroke Color : None'을 각각 지정합니다. 계속해서 맨 앞의 언덕 모양을 그리고 Gradient 패널에서 'Type : Linear Gradient, Angle : 90°'를 적용하고 Gradient Slider의 왼쪽 'Color Stop'을 더블 클릭하여 C80M20Y80을 적용하고 오른쪽 'Color Stop'을 더블 클릭하여 C50Y80을 적용한 후 'Stroke Color : None'을 지정합니다.

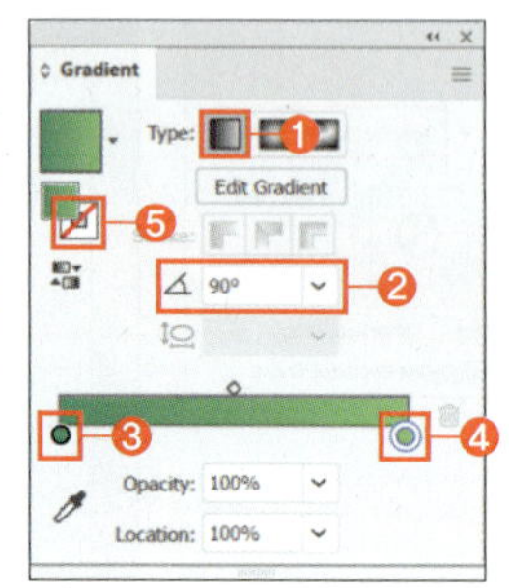

02 Rectangle Tool(▢)로 작업 도큐먼트를 클릭한 후 'Width : 220mm, Height : 7mm'를 입력하여 그리고 Color 패널에서 'Fill Color : Y10K10, Stroke Color : None'을 지정합니다. Selection Tool(▶)로 Alt 와 Shift 를 누르면서 아래쪽으로 드래그하여 복사합니다.

03 Rectangle Tool(▢)로 작업 도큐먼트를 클릭한 후 'Width : 8mm, Height : 35mm'를 입력하여 그리고 Color 패널에서 'Fill Color : C0M0Y0K0, Stroke Color : None'을 지정합니다. Add Anchor Point Tool(✏)로 사각형의 상단 선분의 중앙에 클릭하여 고정점을 추가한 후 키보드의 화살표 ⬆를 여러 번 눌러 위로 이동합니다.

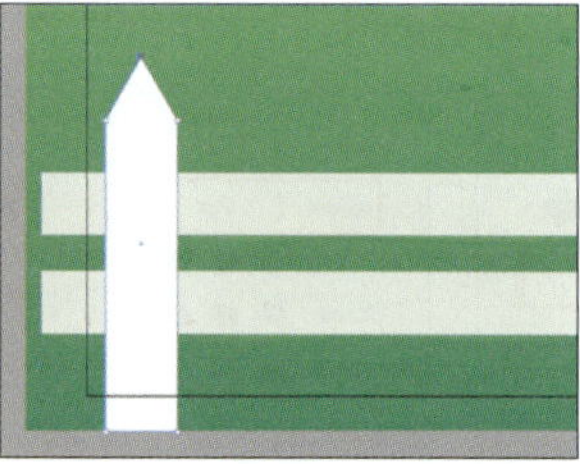

04 Selection Tool(▶)로 변형된 오브젝트를 선택하고 Alt 와 Shift 를 누르면서 오른쪽으로 드래그하여 복사합니다.

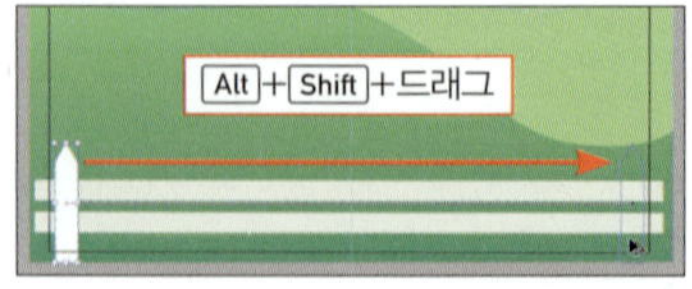

05 Selection Tool(▶)로 Shift 를 누르면서 2개의 오브젝트를 함께 선택한 후, [Object]-[Blend]-[Make]를 적용하고 [Object]-[Blend]-[Blend Options]로 'Specified Steps : 11'을 적용합니다. [Object]-[Blend]-[Expand]를 선택하고 블렌드를 확장합니다.

01 Pen Tool(✐)로 클릭하여 나무의 기둥 모양을 그리고 Color 패널에서 'Fill Color : C30M90Y100K50, Stroke Color : None'을 지정합니다. 계속해서 작은 나뭇가지 모양을 동일한 색상으로 그립니다.

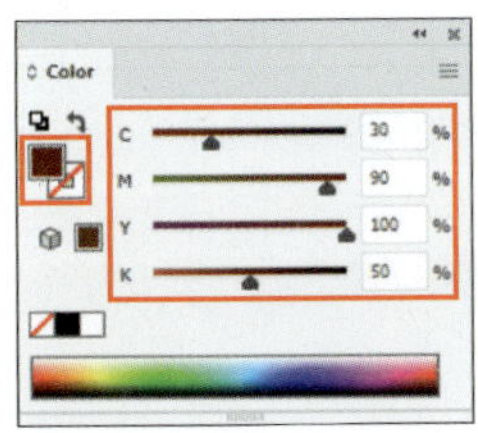 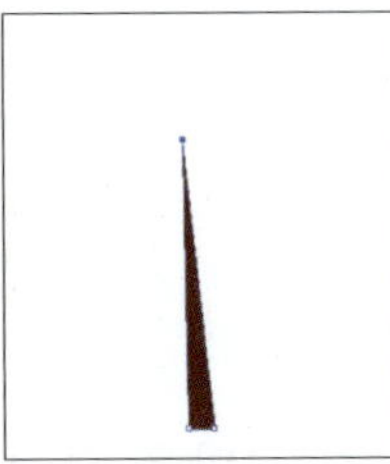  

02 Selection Tool(▶)로 3개의 오브젝트를 선택하고 Pathfinder 패널에서 'Unite(▣)'를 클릭하여 합칩니다.

03 Ellipse Tool(◯)로 드래그하여 크기가 다른 3개의 타원을 그리고 Color 패널에서 'Fill Color : C70M30Y100K20, Stroke Color : None'을 지정합니다. Selection Tool(▶)로 바운딩 박스의 조절점 밖을 드래그하여 회전하여 배치합니다. Ellipse Tool(◯)로 동일한 색상으로 3개의 타원을 그리고 동일한 방법으로 회전하여 각각 배치합니다.

  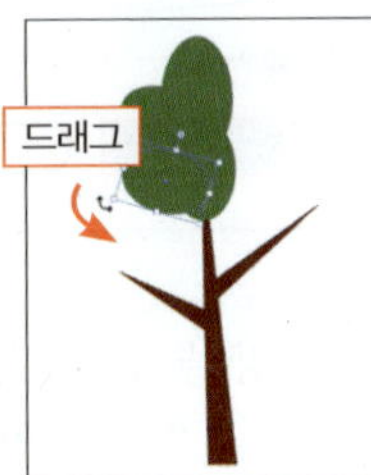 

04 Selection Tool(▶)로 6개의 타원을 선택하고 Pathfinder 패널에서 'Unite(▣)'를 클릭하여 합칩니다. [Object]-[Arrange]-[Send Backward](Ctrl+[)를 선택하고 뒤로 보내기를 하고 이동하여 배치합니다.

05 Scale Tool(⊞)을 더블 클릭하고 'Horizontal : 80%, Vertical : 95%'를 지정하여 [Copy]를 눌러 복사한 후 Rotate Tool(↺)을 더블 클릭하여 'Angle : −50°'를 지정하고 회전하여 배치합니다. Reflect Tool(◄|)을 더블 클릭하여 'Axis : Vertical'을 지정하고 [Copy]를 눌러 복사한 후 이동하여 배치합니다.

06 Ellipse Tool(◯)로 드래그하여 크기가 다른 4개의 타원을 그리고 Color 패널에서 'Fill Color : C60M10Y100, Stroke Color : 임의 색상'을 지정합니다. Selection Tool(▶)로 왼쪽 2개의 타원의 바운딩 박스 조절점 밖을 각각 드래그하여 회전하고 Reflect Tool(◄|)로 Alt를 누르고 가운데 타원의 중심점을 클릭하여 'Axis : Vertical'을 지정하고 [Copy]를 눌러 복사합니다. Pathfinder 패널에서 'Unite(▣)'를 클릭하여 6개의 타원을 합치고 'Stroke Color : None'을 지정합니다.

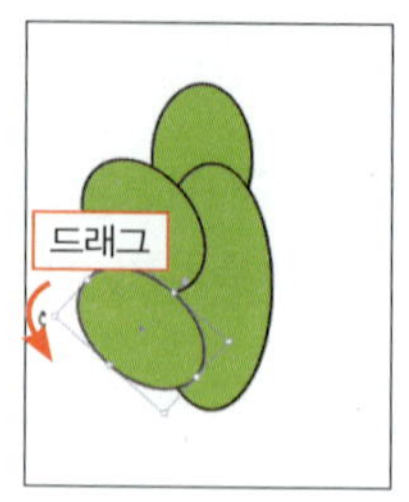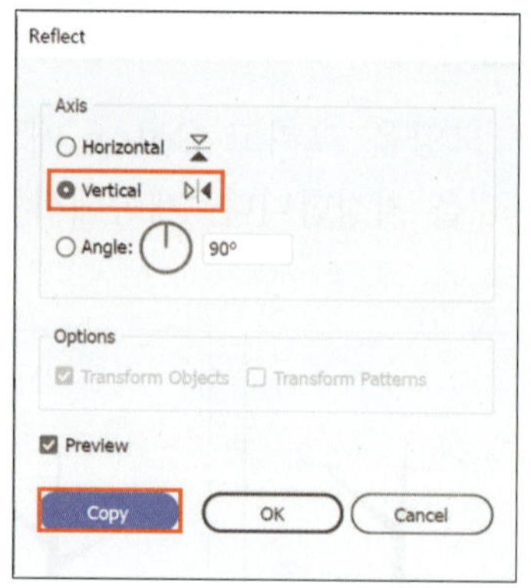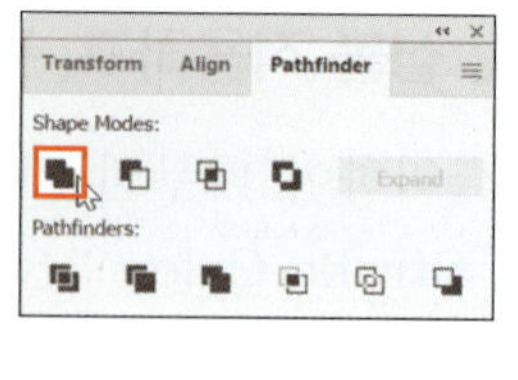

07 Pen Tool(　)로 클릭하여 나무의 기둥과 나뭇가지 모양을 그리고 Color 패널에서 'Fill Color : C30M90Y100K50, Stroke Color : None'을 지정합니다. Selection Tool(　)로 작은 가지 모양을 선택하고 Scale Tool(　)을 더블 클릭하여 'Uniform : 70%'를 지정하고 [Copy]를 눌러 축소 복사한 후 위쪽으로 이동하여 배치합니다.

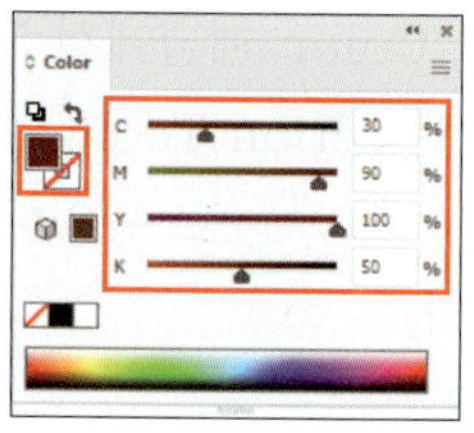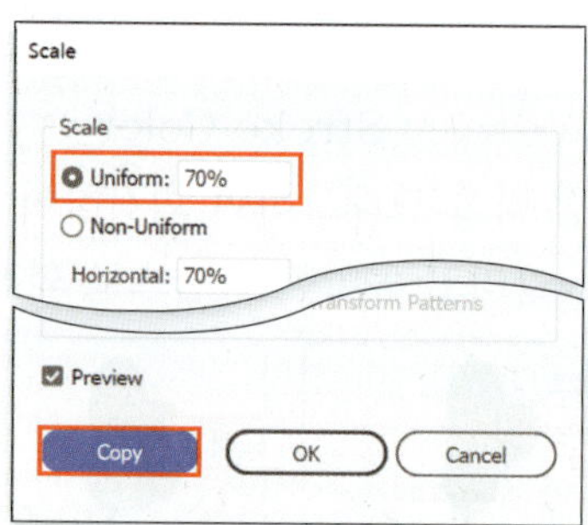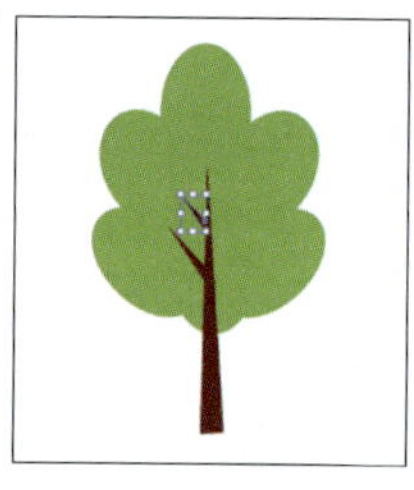

08 Selection Tool(　)로 2개의 나뭇가지 모양을 선택하고 Reflect Tool(　)로 Alt 를 누르고 가운데 나무 기둥을 클릭하여 'Axis : Vertical'을 지정하고 [Copy]를 눌러 복사한 후 위쪽으로 이동하여 배치합니다. Selection Tool(　)로 5개의 오브젝트를 선택하고 Pathfinder 패널에서 'Unite(　)'를 클릭하여 합칩니다.

09 Selection Tool(　)로 2개의 나무 모양을 선택하고 Symbols 패널 하단의 'New Symbol(　)'을 클릭하고 'Name : 나무, Export Type : Graphic'을 지정하여 심볼로 등록한 후 2개의 나무 모양은 Delete 를 눌러 삭제합니다.

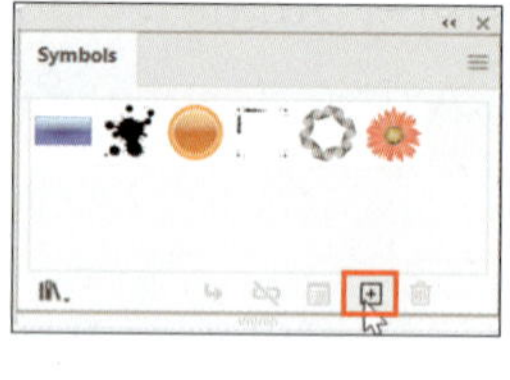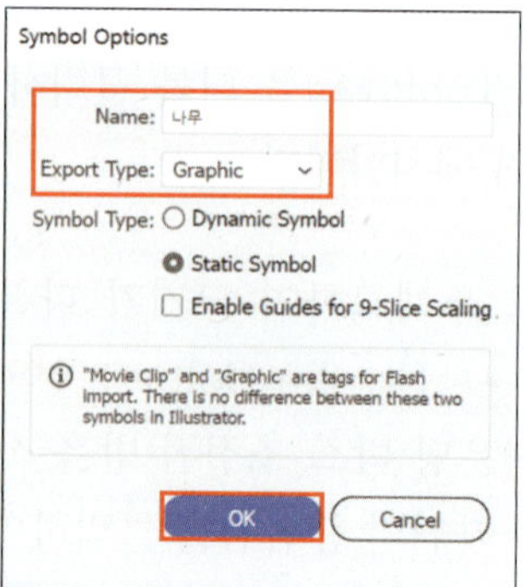

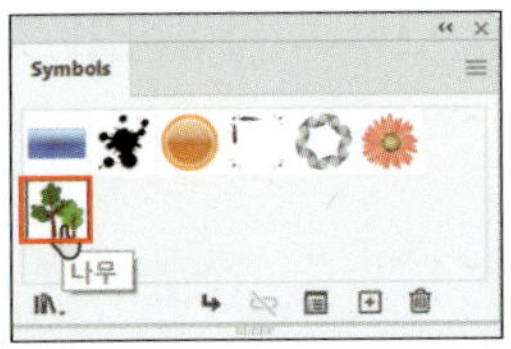

10 Symbols 패널에서 등록된 '나무' 심볼을 선택하고 Symbol Sprayer Tool(아이콘)로 출력 형태를 참조하여 작업 도큐먼트에 3번 클릭하여 뿌려 줍니다.

> **🅕 기적의 TIP**
>
> • 시간 단축을 위해 제시된 개수만큼 Symbol Sprayer Tool(아이콘)로 클릭하여 배치하고 편집합니다.
> • Symbol과 관련된 일련의 Tool은 모두 [Alt]를 누르고 클릭하면 반대의 작업을 진행할 수 있습니다. 예로 Symbol Sprayer Tool(아이콘)로 필요 이상으로 뿌려진 심볼은 [Alt]를 누르고 클릭하여 삭제할 수 있습니다.

11 Symbol Sizer Tool(아이콘)로 [Alt]를 누르고 클릭하여 오른쪽에 배치된 일부 '나무' 심볼의 크기를 축소하고 Symbol Shifter Tool(아이콘)로 심볼의 위치를 이동시킨 후 배치합니다.

12 Swatches 패널에서 Fill Color를 각각 선택한 후, Symbol Stainer Tool(아이콘)로 뒤쪽과 오른쪽 나무 심볼에 클릭하여 색조의 변화를 적용합니다.

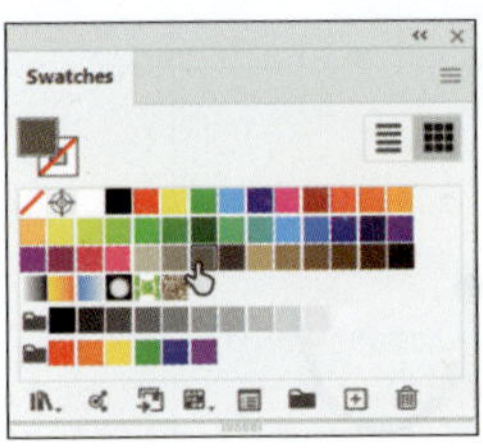

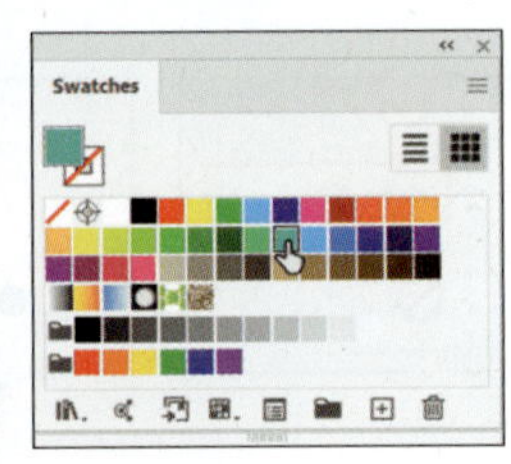

07 사람 모양 만들고 이펙트 적용하기

01 Ellipse Tool(아이콘)로 작업 도큐먼트를 클릭한 후 'Width : 26mm, Height : 32mm'를 입력하여 그리고 Color 패널에서 'Fill Color : M20Y20, Stroke Color : None'을 지정합니다. Rotate Tool(아이콘)을 더블 클릭하여 'Angle : 6°'를 지정하여 회전합니다.

02 Ellipse Tool(아이콘)로 [Shift]를 누르면서 드래그하여 정원을 그리고 Color 패널에서 'Fill Color : K100, Stroke Color : None'을 지정합니다. Selection Tool(아이콘)로 [Alt]를 누르면서 오른쪽으로 드래그하여 복사하고 눈을 완성합니다. Ellipse Tool(아이콘)로 드래그하여 타원을 그리고 'Fill Color : None, Stroke Color : K100'을 지정하고 Stroke 패널에서 'Weight : 3pt'를 지정합니다. Selection Tool(아이콘)로 바운딩 박스의 조절점 밖을 반시계 방향을 드래그하여 회전합니다.

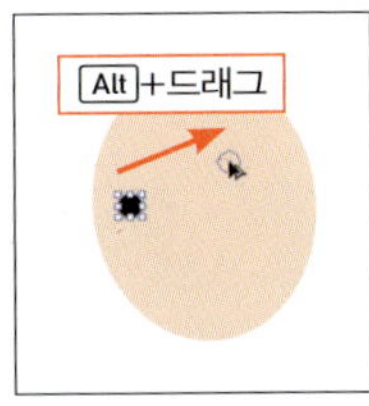

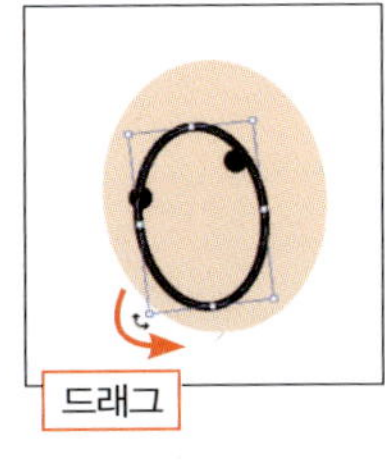

03 Scissors Tool(✂)로 타원의 선분 위에 2번 클릭하여 패스를 잘라 열린 패스로 만듭니다. Selection Tool(▶)로 상단 열린 패스를 선택하고 Delete 를 눌러 삭제한 후 하단의 열린 패스를 선택하고 [Object]-[Path]-[Outline Stroke]를 선택하여 선을 면으로 확장하여 입 모양을 완성합니다.

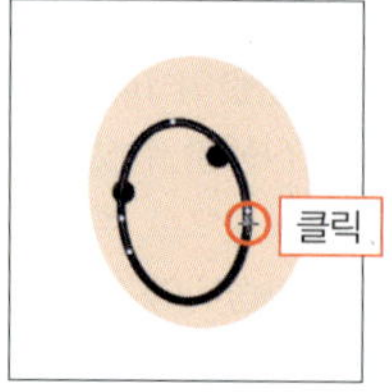

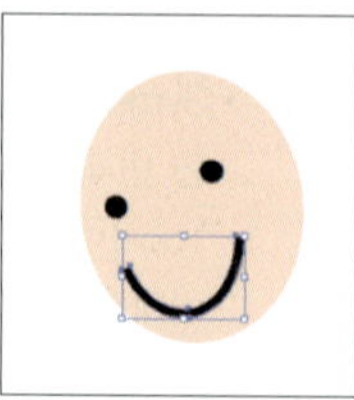

04 Ellipse Tool(⬭)로 작업 도큐먼트를 클릭한 후 'Width : 6.6mm, Height : 6.6mm'를 입력하여 그리고 Color 패널에서 'Fill Color : M100Y100, Stroke Color : None'을 지정합니다. Transparency 패널에서 'Opacity : 40%'를 지정하고 불투명도를 조절합니다. Scale Tool(⬚)을 더블 클릭하여 'Uniform : 85%'를 지정하고 [Copy]를 눌러 축소 복사하고 왼쪽으로 이동하여 배치합니다.

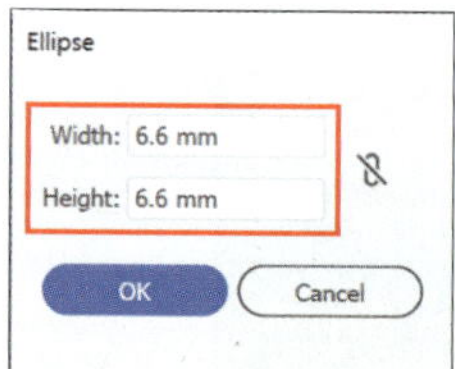

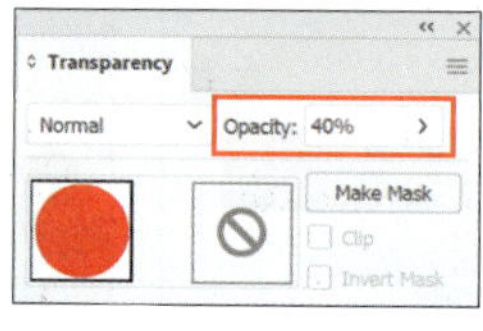

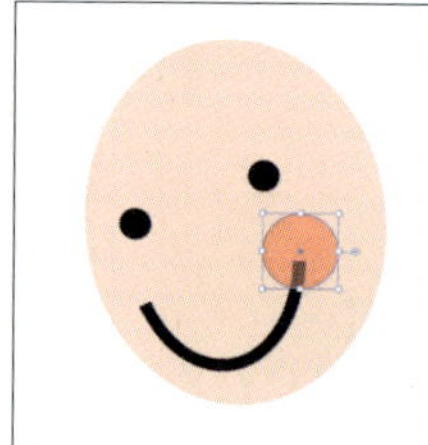

05 Pen Tool(✒)로 오른쪽 머리카락 모양을 그리고 Color 패널에서 'Fill Color : K100, Stroke Color : None'을 지정합니다. 계속해서 동일한 색상으로 왼쪽 머리카락 모양을 그리고 Shift + Ctrl + [를 눌러 맨 뒤로 보내기를 합니다. 계속해서 모자의 모양을 그리고 'Fill Color : Y100, Stroke Color : None'을 지정합니다.

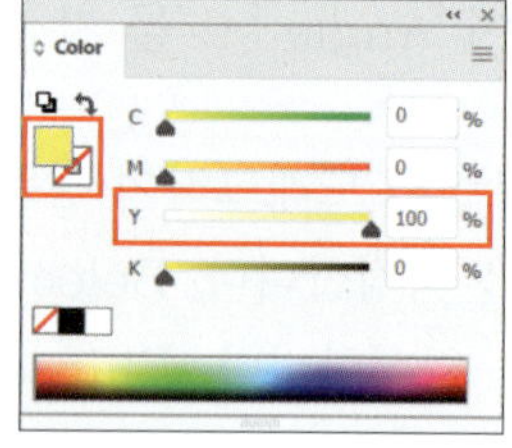

06 Rounded Rectangle Tool(▢)로 작업 도큐먼트를 클릭한 후 'Width : 28mm, Height : 20mm, Corner Radius : 10mm'를 입력하여 그리고 Color 패널에서 'Fill Color : M50Y100, Stroke Color : None'을 지정합니다.

07 Pen Tool(✐)로 둥근 사각형의 상단을 통과하는 열린 패스를 그리고 Color 패널에서 'Fill Color : None, Stroke Color : 임의 색상'을 지정합니다. Selection Tool(▶)로 둥근 사각형과 함께 선택하고 Pathfinder 패널에서 'Divide(▣)'를 클릭하여 면을 분할한 후 오브젝트를 더블 클릭하여 Isolation Mode로 전환합니다. 상단 모양을 선택하고 Color 패널에서 'Fill Color : M20Y100, Stroke Color : None'을 지정하고 도큐먼트의 빈 곳을 더블 클릭하여 정상 모드로 전환합니다.

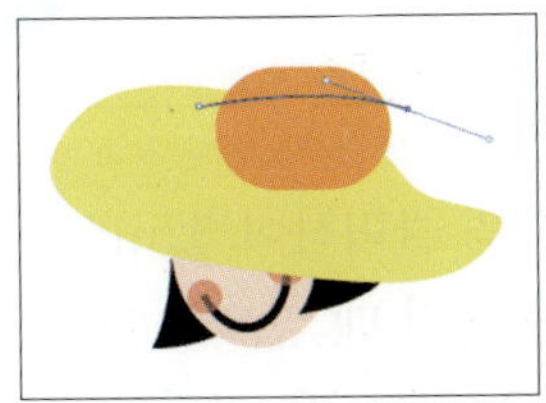
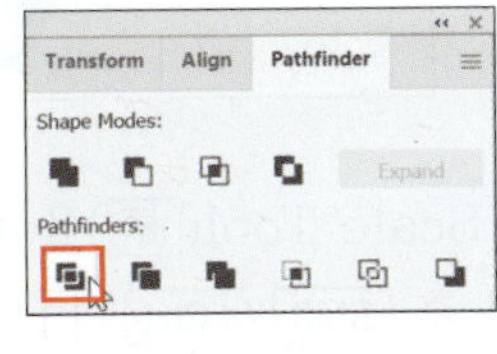
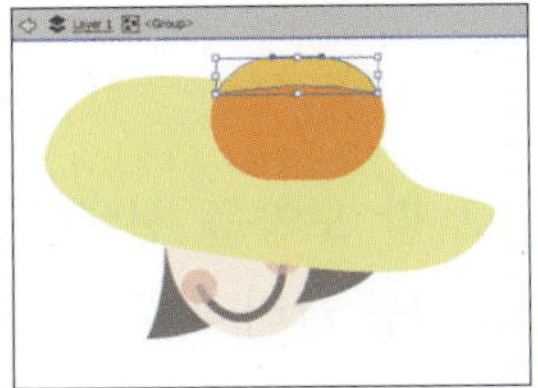

08 Selection Tool(▶)로 2개의 모자 오브젝트를 선택하고 Shift+Ctrl+[를 눌러 맨 뒤로 보내기를 합니다. 상단의 분할된 오브젝트를 선택하고 Rotate Tool(↻)을 더블 클릭하여 'Angle : −25°'를 지정하여 회전한 후 Ctrl+[를 눌러 뒤로 보내기를 합니다.

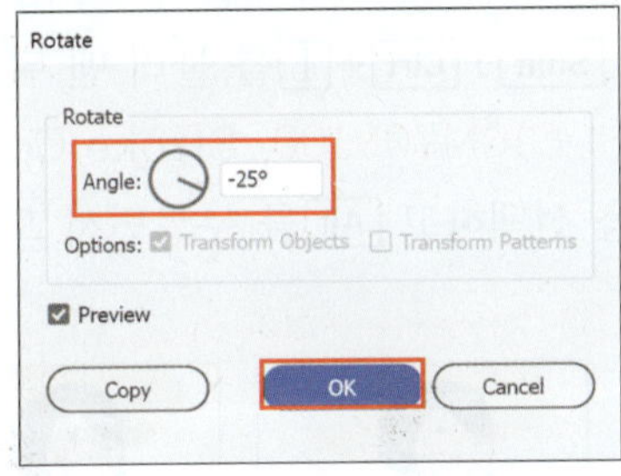

09 Pen Tool(✐)로 얼굴과 겹치도록 닫힌 패스로 목 모양을 그리고 Color 패널에서 'Fill Color : C10M30Y30, Stroke Color : None'을 지정한 후 Shift+Ctrl+[를 눌러 맨 뒤로 보내기를 합니다. 계속해서 셔츠의 모양을 그리고 'Fill Color : M20Y100, Stroke Color : None'을 지정합니다.

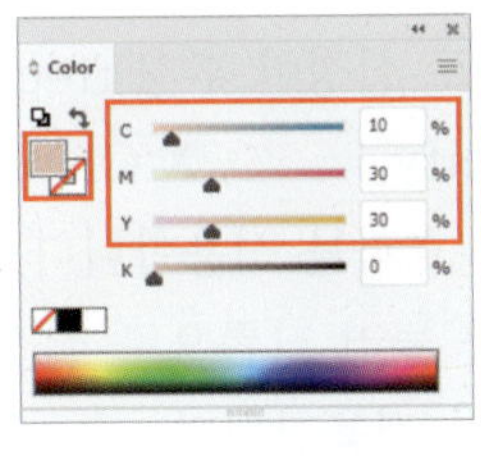

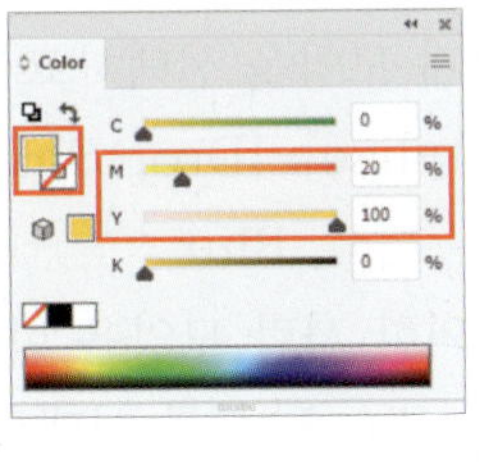

10 Pen Tool(✐)과 Ellipse Tool(◯)로 왼쪽의 팔 모양과 원을 그리고 Selection Tool(▶)로 함께 선택한 후 Pathfinder 패널에서 'Unite(▣)'를 클릭하여 합칩니다. Color 패널에서 'Fill Color : C10M30Y30, Stroke Color : None'을 지정하고 Shift+Ctrl+[를 눌러 맨 뒤로 보내기를 합니다.

11 Pen Tool(✏️)로 바지 모양을 그리고 Color 패널에서 'Fill Color : C80M30Y20, Stroke Color : None'을 지정합니다. 계속해서 앞쪽의 소매 모양을 그리고 'Fill Color : Y100, Stroke Color : None'을 지정합니다.

12 Selection Tool(▶)로 팔 모양을 선택하고 Scale Tool(⊞)을 더블 클릭하여 'Uniform : 115%'를 지정하여 [Copy]를 눌러 확대 복사한 후 Shift + Ctrl +]를 눌러 맨 앞으로 가져오기를 합니다. Color 패널에서 'Fill Color : M20Y20, Stroke Color : None'을 지정하고 Direct Selection Tool(▷)로 상단의 선분과 고정점을 각각 드래그하여 팔 모양을 완성하여 배치합니다.

13 Pen Tool(✏️)로 바지의 왼쪽 모양을 그리고 Color 패널에서 'Fill Color : C80M40Y30K10, Stroke Color : None'을 지정하고 Shift + Ctrl + [를 눌러 맨 뒤로 보내기를 합니다. 계속해서 장화 모양을 그리고 'Fill Color : C10M70Y100, Stroke Color : None'을 지정합니다. Selection Tool(▶)로 장화 모양을 선택하고 Alt를 누르면서 오른쪽 아래로 드래그하여 복사합니다.

14 Selection Tool(▶)로 모자 모양을 선택하고 Ctrl + G를 눌러 그룹으로 설정한 후 [Effect]–[Illustrator Effects]–[Stylize]–[Drop Shadow]를 선택하고 'Opacity : 75%, X Offset : 2.47mm, Y Offset : 2.47mm, Blur : 1.76mm'를 지정하여 그림자 효과를 적용합니다. 계속해서 앞쪽 팔 모양을 제외한 사람 모양을 함께 선택하고 Ctrl + G를 눌러 그룹으로 설정한 후 [Effect]–[Apply Drop Shadow]를 선택하고 동일한 그림자 효과를 적용합니다.

🔵08 물뿌리개 모양과 식물 모양 그리기

01 Pen Tool(✏️)로 클릭하여 물뿌리개 모양을 닫힌 패스로 그리고 Color 패널에서 'Fill Color : M60Y40, Stroke Color : None'을 지정합니다. Ellipse Tool(⬭)로 드래그하여 원을 그리고 'Fill Color : None, Stroke Color : M60Y40'을 지정하고 Stroke 패널에서 'Weight : 9pt'를 지정합니다.

02 Direct Selection Tool(▷)로 원의 오른쪽 고정점을 선택하고 아래쪽으로 드래그하여 패스를 변형하고 [Object]-[Path]-[Outline Stroke]를 선택하여 선을 면으로 확장합니다. Selection Tool(▶)로 2개의 오브젝트를 함께 선택하고 Pathfinder 패널에서 'Unite(▣)'를 클릭하여 합칩니다.

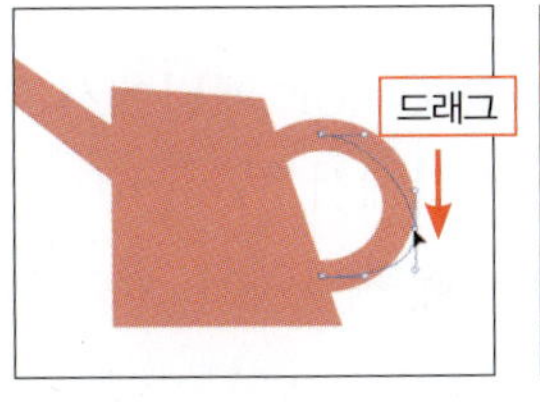

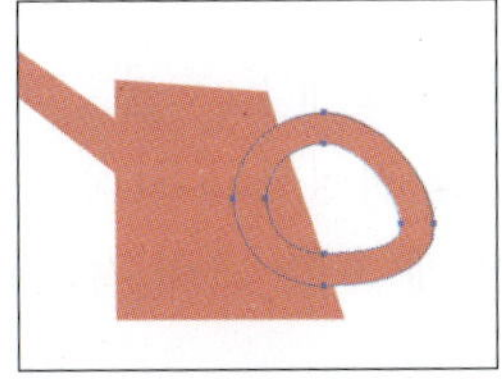
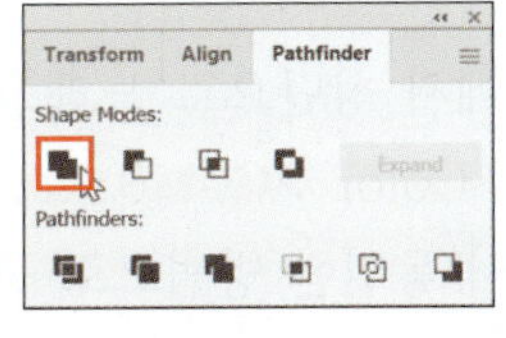

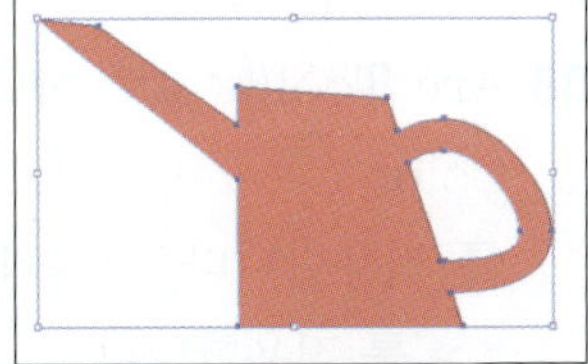

03 Rotate Tool(⟳)을 더블 클릭하여 'Angle : 35°'를 지정하여 회전하고 그림과 같이 배치합니다. Selection Tool(▶)로 앞쪽의 팔 모양을 선택하고 Shift + Ctrl +]를 눌러 맨 앞으로 가져오기를 합니다.

04 Ellipse Tool(◯)로 작업 도큐먼트를 클릭한 후 'Width : 24mm, Height : 14mm'를 입력하여 그리고 Color 패널에서 'Fill Color : C30Y100, Stroke Color : None'을 지정합니다. Anchor Point Tool(⊼)로 오른쪽 고정점에 클릭하여 뾰족하게 변형합니다.

05 Pen Tool(✎)로 임의 색상의 닫힌 패스를 겹치도록 그리고 Selection Tool(▶)로 잎 모양과 함께 선택하고 Pathfinder 패널에서 'Minus Front(▣)'를 클릭합니다. Rotate Tool(⟳)을 더블 클릭하여 'Angle : 30°'를 지정하여 회전합니다.

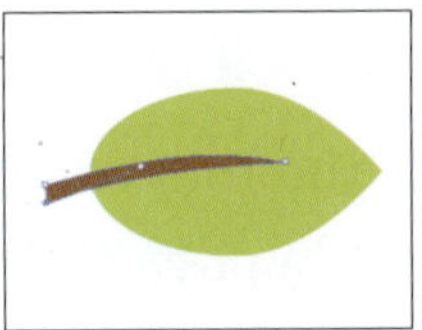
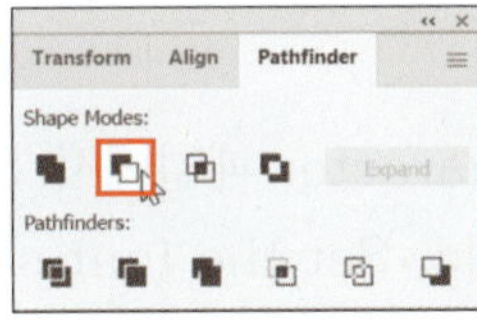

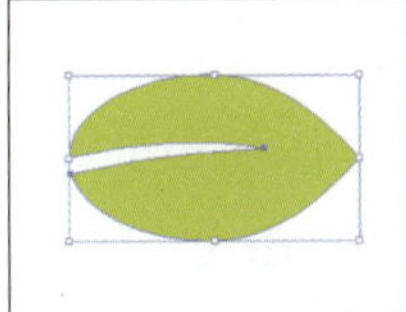
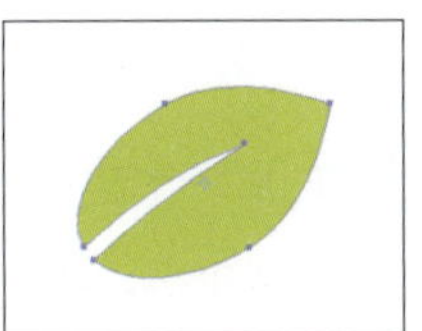

06 Reflect Tool(◀▶)로 Alt 를 누르면서 왼쪽 고정점에 클릭하여 'Axis : Vertical'을 지정하고 [Copy]를 눌러 복사한 후 Scale Tool(▦)을 더블 클릭하여 'Uniform : 120%'를 지정하여 확대하고 배치합니다.

07 Pen Tool(✎)로 드래그하여 열린 패스를 그리고 Color 패널에서 'Fill Color : None, Stroke Color : C30Y100'을 지정합니다. Stroke 패널에서 'Weight : 7pt, Cap : Round Cap'을 적용한 후 [Object]-[Path]-[Outline Stroke]를 선택하여 선을 면으로 확장합니다. Selection Tool(▶)로 왼쪽 2개의 오브젝트를 선택하고 Pathfinder 패널에서 'Unite(▣)'를 클릭하여 합칩니다.

  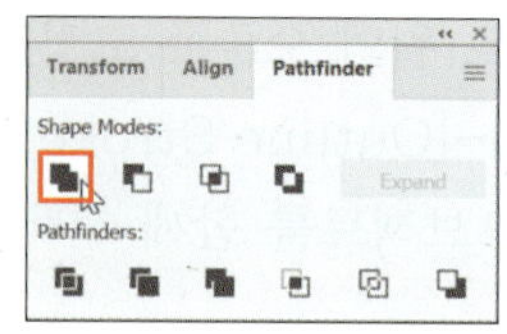 

08 Arc Tool(⌒)로 하단에서 상단으로 드래그하여 2개의 호를 그리고 Color 패널에서 'Fill Color : None, Stroke Color : C0M0Y0K0'을 지정하고 Stroke 패널에서 'Weight : 2pt'를 적용합니다. 계속해서 동일한 방법으로 중앙에 호를 그리고 Stroke 패널에서 'Weight : 3pt'를 적용합니다.

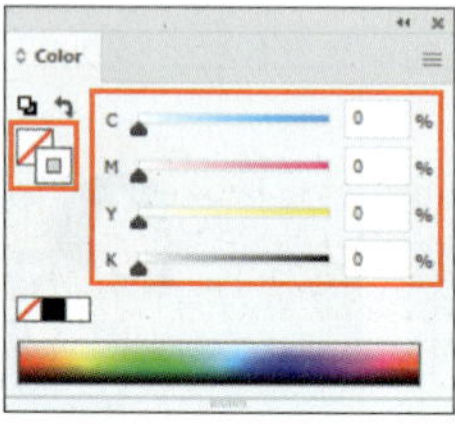 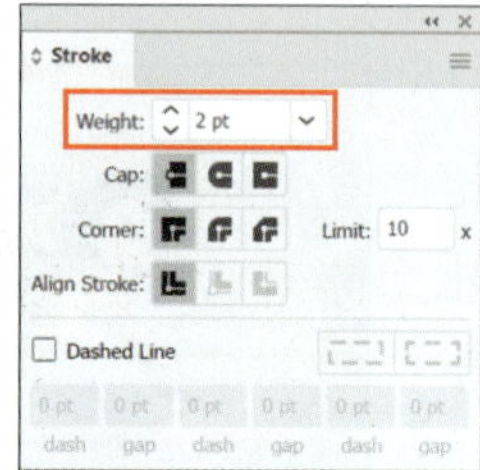 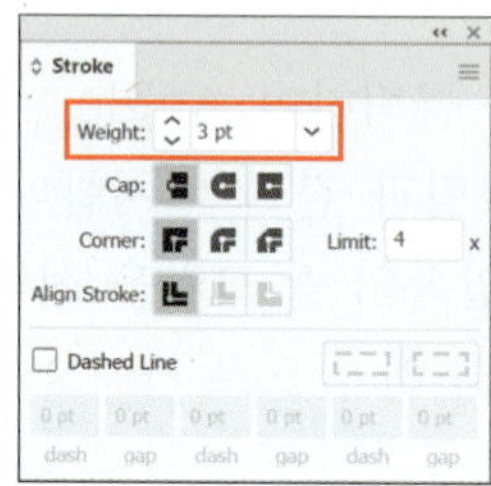 

09 문자 입력 및 왜곡하기

01 Type Tool(T)로 작업 도큐먼트를 클릭한 후 Character 패널에서 'Set the font family : Arial, Set the font style : Bold, Set the font size : 50pt'를 설정하고 Color 패널에서 'Fill Color : C90M30Y80K30, Stroke Color : None'을 지정한 후 'URBAN PARK'를 입력합니다.

02 Selection Tool(▶)로 'URBAN PARK' 문자를 선택하고 [Object]-[Envelope Distort]-[Make with Warp]를 선택한 후 'Style : Arc Upper, Bend : 15%'를 지정하여 글자를 왜곡시킵니다.

03 Type Tool(T)로 작업 도큐먼트를 클릭한 후 Character 패널에서 'Set the font family : Times New Roman, Set the font style : Bold, Set the font size : 32pt'를 설정하고 Color 패널에서 'Fill Color : C50M30Y90K10, Stroke Color : None'을 지정한 후 'LIFE WITH NATURE'를 입력합니다.

04 Selection Tool(▶)로 2개의 문자 오브젝트를 선택하고 Align 패널에서 'Horizontal Align Center(▮)'를 클릭하여 가로 가운데 정렬을 지정합니다.

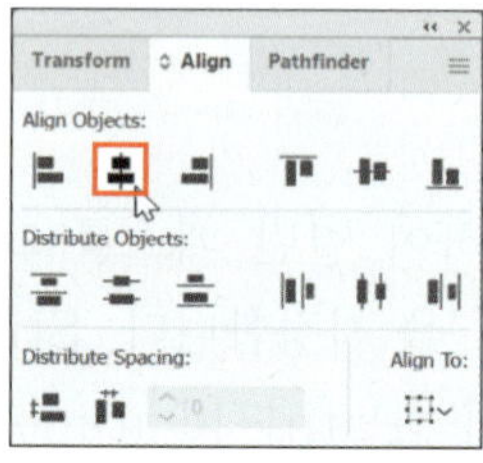 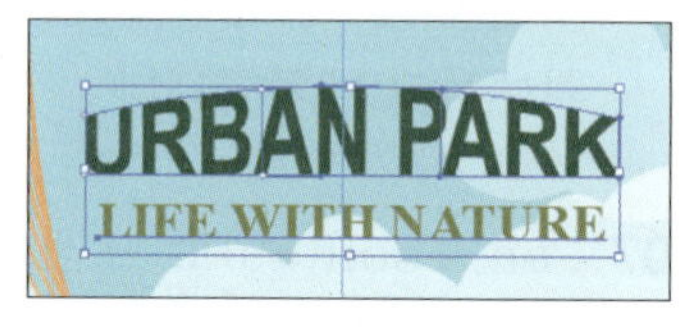

05 Type Tool(T)로 작업 도큐먼트를 클릭한 후 Character 패널에서 'Set the font family : 돋움, Set the font size : 18pt'를 설정하고 Color 패널에서 'Fill Color : C80M20Y50, Stroke Color : None'을 지정한 후 '도심 속에 푸르름을 가꾸세요!'를 입력합니다. Selection Tool(▶)로 문자를 선택하고 [Object]-[Envelope Distort]-[Make with Warp]를 선택한 후 'Style : Flag, Horizontal : 체크, Bend : 60%'를 지정하여 글자를 왜곡시킵니다.

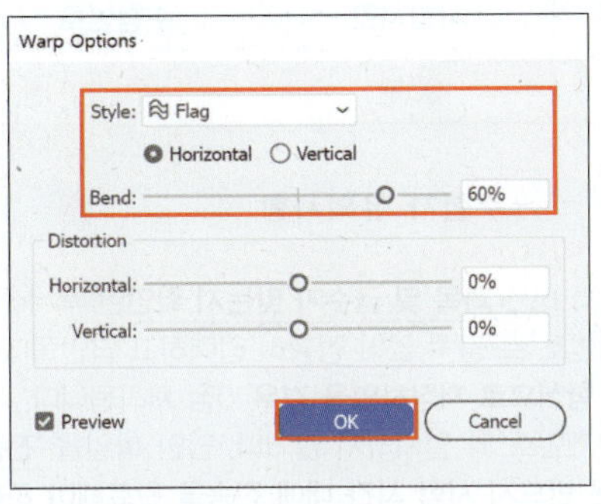

⑩ 클리핑 마스크 적용 및 저장하기

01 Rectangle Tool(□)로 작업 도큐먼트 왼쪽 상단의 원점(0,0)을 클릭하여 'Width : 210mm, Height : 297mm'를 입력하여 그리고 'Fill Color : 임의 색상, Stroke Color : None'을 지정합니다.

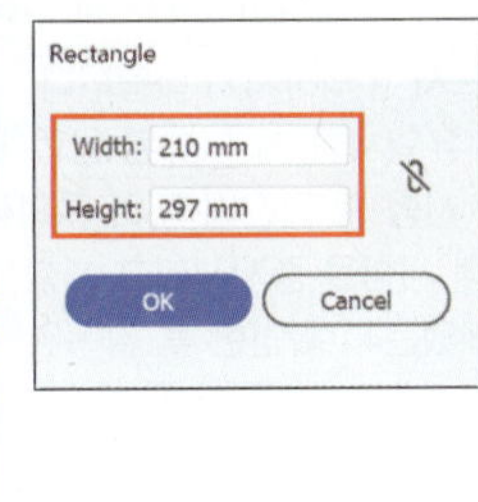

02 [Select]-[All](Ctrl+A)로 오브젝트를 모두 선택하고 [Object]-[Clipping Mask]-[Make]로 클리핑 마스크를 적용하여 디자인을 정리합니다.

03 [View]-[Guides]-[Hide Guides](Ctrl+;)를 선택하여 안내선을 숨기고 [View]-[Fit Artboard in Window](Ctrl+0)을 선택하여 현재 창에 맞추기를 합니다. [File]-[Save As]를 선택하고 '저장 위치 : 내 PCW문서WGTQ, 파일 형식 : Adobe Illustrator(*AI), 파일 이름 : 수험번호-성명-문제번호.ai'를 확인하고 [저장]을 클릭한 후 [Illustrator Options] 대화상자에서 'Version : Illustrator 2020'으로 설정하고 [OK]를 클릭합니다.

04 답안 저장이 완료가 되면 [File]-[Exit](Ctrl+Q)를 선택하여 일러스트레이터 프로그램을 종료하고 수험 프로그램에서 [답안 전송]을 클릭하여 감독관 컴퓨터로 전송합니다.

기출 유형 문제 05회

급수	문제유형	시험시간	수험번호	성명
1급	A	90분		

수험자 유의사항

- 수험자는 문제지를 받는 즉시 응시하고자 하는 **과목 및 급수가 맞는지 확인**한 후 수험번호와 성명을 작성합니다.
- 파일명은 본인의 "수험번호–성명–문제번호"로 공백 없이 정확히 입력하고 답안폴더(내 PC₩문서₩GTQ)에 ai 파일 포맷으로 저장해야 하며, '**다른 파일 형식으로 저장하였을 경우**' 0점 처리됩니다.
- 답안문서 파일명이 "수험번호–성명–문제번호"와 일치하지 않거나, 답안 파일을 '**전송'하지 않는 경우 답안 파일 미제출로 불합격** 처리됩니다. ※ 답안은 반드시 시험 시간 내에 전송을 완료해야 하며, 전송 시간을 충분히 감안하여 제출해 주시기 바랍니다. (공정한 평가를 위해, 시험종료 전 전송이 완료된 답안에 한해 채점이 진행됩니다.)
- 수험자 정보와 저장한 파일명, 저장 위치가 다를 경우 전송이 되지 않으므로, 주의하시길 바랍니다.
- 답안 작성 중에도 **주기적으로 '저장'과 '답안 전송'을 이용**하여 감독위원 PC로 답안을 전송하셔야 합니다. (작업한 내용을 저장하지 않고 답안을 전송할 경우 이전의 저장내용이 전송되오니 이점 반드시 유념하시기 바랍니다.)
- 모든 시험자는 동일한(초기화 된) 환경에서 시험이 시작되며 '작업환경 설정'은 시험 시간 내에 진행합니다. (시험 시작 전 '작업환경 설정' 불가, 소프트웨어 이상 유무만 확인)
- 답안문서는 지정된 경로 외의 다른 보조기억장치에 저장하는 행위, 지정된 시험 시간 외에 작성된 파일을 활용한 행위, 기타 허용되지 않은 프로그램(이메일, 메신저, 게임, 네트워크, 윈도우계산기, 스톱워치 등) 이용 시 부정행위로 간주되어 **자격기본법 제32조에 의거 본 시험 및 국가공인 자격시험을 2년간 응시할 수 없습니다.**
- 시험 종료 후 제출된 답안은 평가 및 검증을 위해 본부에서 보관되며, 시험의 공정성과 보안 유지를 위해 **응시자에게 본인의 답안을 제공하는 것은 허용되지 않습니다.** 이 점 반드시 유의하시기 바랍니다.
- 시험 중 부주의 또는 고의로 시스템을 파손한 경우와 〈수험자 유의사항〉에 기재된 방법대로 이행하지 않아 생기는 불이익은 수험자의 책임임을 알려 드립니다. 또한 수험자는 시험 중 안전에 특히 유의하여야 하며, 시험장에서 소란을 피우거나 타인의 시험을 방해하는 자는 질서유지를 위해 시험을 중지시키고 시험장에서 퇴장 시킵니다.
- 시험을 완료한 수험자는 최종적으로 저장한 답안파일이 전송되었는지 확인한 후 감독위원의 지시에 따라 문제지를 제출하고 퇴실합니다.

답안 작성요령

- **온라인 답안 작성 절차**

  수험자 등록 ⇒ 시험 시작 ⇒ 답안파일 저장 ⇒ 답안 전송 ⇒ 시험 종료
- 배점은 총 100점으로 이루어지며, 점수는 각 문제별로 차등 배분됩니다.
- 각 문제는 제시된 〈조건〉에 따라 작성하고 〈조건〉을 지키지 못했을 경우에는 0점 또는 감점 처리됩니다.
- 문제 〈조건〉에 크기와 색상, 두께의 지정이 없을 경우 《출력형태》를 참고하여 작업해 주시기 바랍니다.
- **문제 〈조건〉과 《출력형태》에서 차이가 발생할 경우 문제에서 지정한 〈조건〉에 따라 작업해 주시기 바랍니다.**
- 〈조건〉에서 주어진 단위는 'mm(밀리미터)'입니다. 눈금자는 작성하지 않으며, 그 외는 출력형태(레이아웃, 색상, 문자, 규격 등)와 같게 작업하십시오.
- 문제 〈조건〉에 서체의 지정이 없을 경우 한글은 굴림이나 돋움, 영문은 Arial로 작업하십시오. (단, 그 외에 제시되지 않은 문자 속성을 기본값으로 작성하지 않은 경우는 감점 처리됩니다.)
- Color Mode(색상 모드)는 별도의 처리 조건이 없을 시 CMYK로 작업하십시오.
- 조건에서 제시한 기능을 임의로 합치거나 각 기능에 대한 속성을 해지할 경우 해당 요소는 0점 처리됩니다.

한 국 생 산 성 본 부

다음의 《조건》에 따라 아래의 《출력형태》와 같이 작업하시오.

조건

파일저장규칙	AI	파일명	문서₩GTQ₩수험번호-성명-1.ai
		크기	100 × 80mm

1. 작업 방법
① 도형, 변형 툴과 Pathfinder 기능을 활용하여 오브젝트를 작성한다.
② 그 외 《출력형태》 참조

2. 문자 효과
① KOREAN Mask Dance (Arial, Bold, 16pt, K100, Y20K50)

출력형태

C60M60Y60K30,
Y10K10,
Y20K30,
Y20K50,
K100, C0M0Y0K0,
M90Y60,
Y70, M30Y10, C60Y40,
C60M80Y70K50 → K100,
[Stroke] K40, 2pt

다음의 《조건》에 따라 아래의 《출력형태》와 같이 작업하시오.

조건

파일저장규칙	AI	파일명	문서\GTQ\수험번호-성명-2.ai
		크기	160 × 120mm

1. 작업 방법

① 쇼핑백은 Pattern을 활용하여 작성한다. (패턴 등록 : 구름 문양)

② 현수막에는 Clipping Mask를 적용한다.

③ Brush는 《출력형태》를 참고하여 작성한다.

④ Effect는 《출력형태》를 참고하여 작성한다.

⑤ 그 외 《출력형태》 참조

2. 문자 효과

① KOREAN RICE CANDY (Times New Roman, Regular, 10pt, C30M80Y90K40)

② Traditional Korean Food Expo (Arial, Bold Italic, 13pt, C0M0Y0K0, M40Y90)

출력형태

▶ 합격 강의

다음의 《조건》에 따라 아래의 《출력형태》와 같이 작업하시오.

[조건]

파일저장규칙	AI	파일명	문서₩GTQ₩수험번호-성명-3.ai
		크기	210 × 297mm

1. 작업 방법

① 《참고도안》을 직접 제작한 후 Symbol로 활용한다. (심볼 등록 : 연)

② 'TRADITIONAL FOLK PLAY', '전통 연날리기 행사' 문자에 Envelope Distort를 적용한다.

③ Brush는 《출력형태》를 참고하여 작성한다.

④ Effect는 《출력형태》를 참고하여 작성한다.

⑤ Clipping Mask를 이용하여 정리한다.

⑥ 그 외 《출력형태》 참조

2. 문자 효과

① TRADITIONAL FOLK PLAY (Arial, Bold, 36pt, C0M0Y0K0)

② 전통 연날리기 행사 (돋움, 25pt, K100)

③ 가족과 함께 전통놀이에 참여하세요~ (돋움, 20pt, K100)

[참고도안]

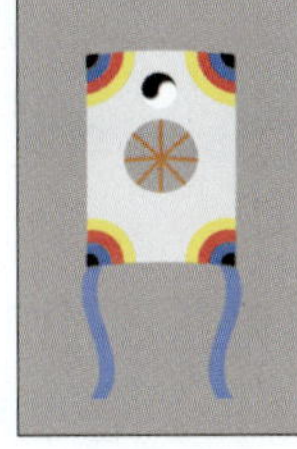

M60Y90K20, K100,
C0M0Y0K0,
Y90, C10M100Y80,
C100M50,
K10, C70M40

[출력형태]

210 × 297mm
[Mesh] C20Y20,
C80M40

[Symbol]

[Blend] 단계 : 15,
[Stroke] C90M40K10, 1pt
→ C40Y10, 3pt

[Brush] Random Sized Flowers,
C0M0Y0K0, 0.75pt

C10Y30K20,
C50M50Y60,
C20M50Y70K20,
C90M60K50, C90M20Y10K40,
C60M20Y20K10,
C10Y30K40,
C60M80Y100,
Y20K30, C50M80Y100K60,
M20Y80 → C0M0Y0K0,
[Stroke] Y20K50, 2pt

C20M50Y60K10,
C50Y100K70,
C80M20Y100,
C50Y100K20,
[Effect] Drop Shadow

C40M80Y100K10, M20Y50, Y20K60,
C0M0Y0K0, C90M60K50,
C10Y30K40,
C90M20Y10K40, C50M30, C90M60,
M50Y50 → M100Y100,
[Stroke] C40M80Y100K10, 4pt,
[Effects] Drop Shadow

작업과정	새 도큐먼트 만들기 및 파일 저장하기 ➡ 탈 모양 만들기 ➡ 부채 모양 만들기 ➡ 문자 입력 후 저장하기
완성이미지	PART04₩기출유형문제05회₩수험번호−성명−1.ai

01　새 도큐먼트 만들기 및 파일 저장하기

01 [File]−[New]([Ctrl]+[N])를 선택하고 'Width : 100mm, Height : 80mm, Units : Milli-meters, Color Mode : CMYK'를 설정하여 새 도큐먼트를 만들고 [View]−[Rulers]−[Show Rulers]([Ctrl]+[R])를 선택하여 눈금자를 표시합니다.

02 작품의 규격 왼쪽 상단에 원점(0,0)을 확인하고 왼쪽과 상단 눈금자 위에서 마우스를 드래그하여 제시된 출력형태와 레이아웃 구성을 동일하게 작업하기 위해서 안내선을 표시합니다.

03 작업 도큐먼트를 저장하기 위해 [File]−[Save]([Ctrl]+[S])를 선택하고 '저장 위치 : 내 PC₩문서₩GTQ, 파일 형식 : Adobe Illustrator(*AI), 파일 이름 : 수험번호−성명−문제번호'를 입력하고 [저장]을 클릭한 후 [Illustrator Options] 대화상자에서 'Version : Illustrator 2020'으로 설정하고 [OK]를 클릭합니다.

02　탈 모양 만들기

01 Ellipse Tool(◉)로 작업 도큐먼트를 클릭한 후 'Width : 38mm, Height : 53mm'를 입력하여 그리고 Color 패널에서 'Fill Color : 임의 색상, Stroke Color : 임의 색상'을 지정합니다.

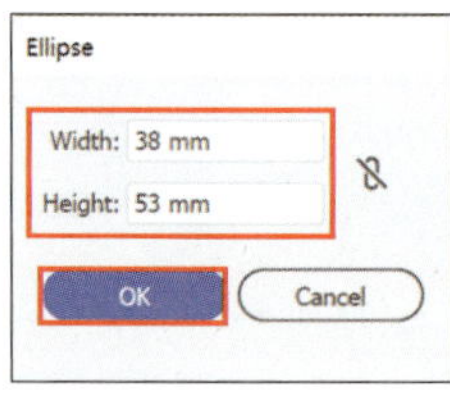
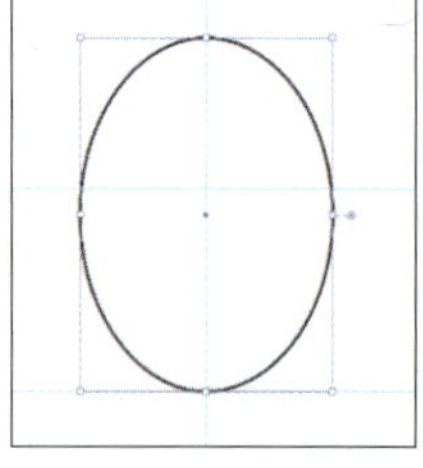

02 Pen Tool(✎)로 드래그하여 타원 왼쪽 상단에 곡선의 열린 패스를 그리고 Color 패널에서 'Fill Color : None, Stroke Color : 임의 색상'을 지정한 후 Stroke 패널에서 'Weight : 12pt, Cap : Round Cap'을 지정합니다. [Object]−[Path]−[Outline Stroke]를 선택하여 선을 면으로 확장합니다.

03 Ellipse Tool(◯)로 Shift 를 누르면서 임의 색상의 정원을 그리고 상단에 겹치도록 배치합니다. Selection Tool(▶)로 2개의 오브젝트를 함께 선택하고 Pathfinder 패널에서 'Minus Front(◻)'를 클릭합니다. Reflect Tool(◁)로 Alt 를 누르고 수직의 안내선을 클릭하여 'Axis : Vertical'을 지정하고 [Copy]를 눌러 복사합니다.

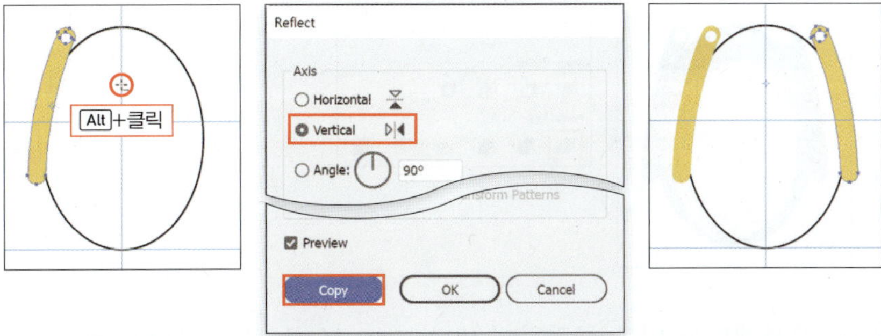

04 [Select]-[All](Ctrl + A)로 모두 선택하고 Pathfinder 패널에서 'Unite(◻)'를 클릭하여 합칩니다. Gradient 패널에서 'Type : Linear Gradient, Angle : 90°'를 적용하고 Gradient Slider의 왼쪽 'Color Stop'을 더블 클릭하여 C60M80Y70K50을 적용하고 오른쪽 'Color Stop'을 더블 클릭하여 K100을 적용하고 위치를 왼쪽으로 이동한 후 Tool 패널 하단에서 'Stroke Color : None'을 지정합니다.

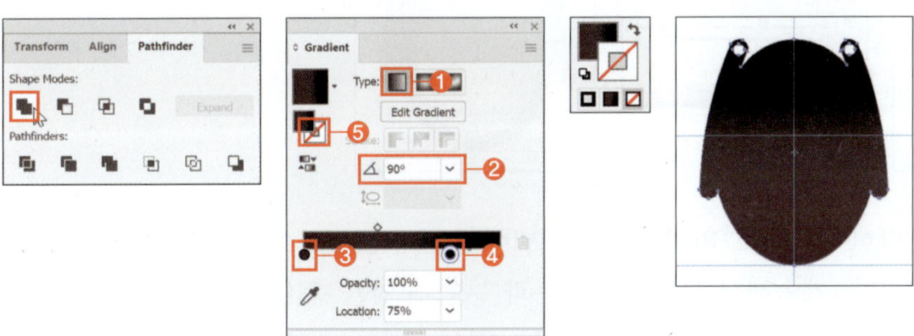

05 Ellipse Tool(◯)로 작업 도큐먼트를 클릭한 후 'Width : 35mm, Height : 49mm'를 입력하여 그리고 Color 패널에서 'Fill Color : C60M60Y60K30, Stroke Color : None'을 지정합니다. 계속해서 도큐먼트를 클릭하여 'Width : 30mm, Height : 42mm'를 입력하여 그리고 'Fill Color : Y10K10, Stroke Color : None'을 지정하고 배치합니다.

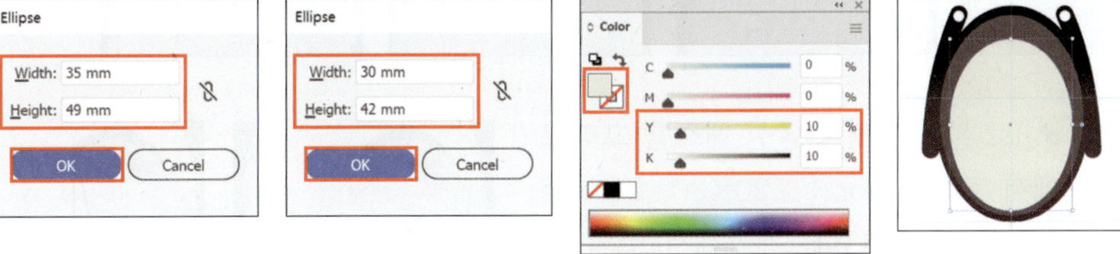

06 Direct Selection Tool(▷)로 타원의 상단 고정점을 선택하고 Scale Tool(▣)을 더블 클릭하여 'Uniform : 120%'를 지정하고 패스를 확대합니다.

07 Ellipse Tool(◉)로 작업 도큐먼트를 클릭한 후 [OK]를 클릭하여 앞서 그린 원과 같은 크기로 그리고 Color 패널에서 'Fill Color : None, Stroke Color : 임의 색상'을 지정하고 배치합니다. Selection Tool(▶)로 2개의 타원을 함께 선택하고 Pathfinder 패널에서 'Divide(▣)'를 클릭하여 면을 분할합니다.

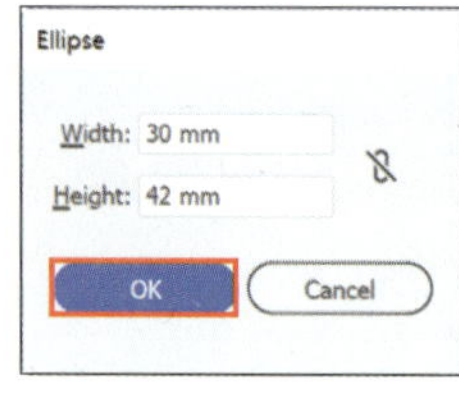
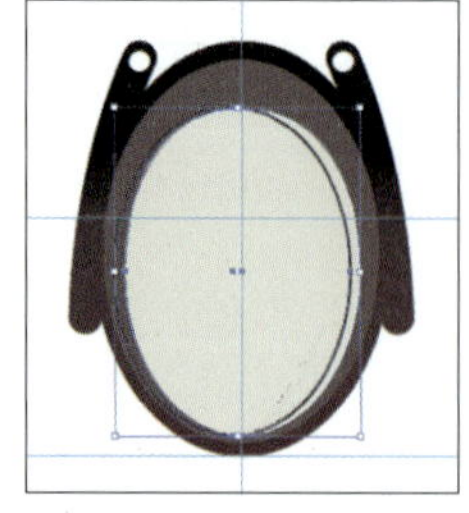
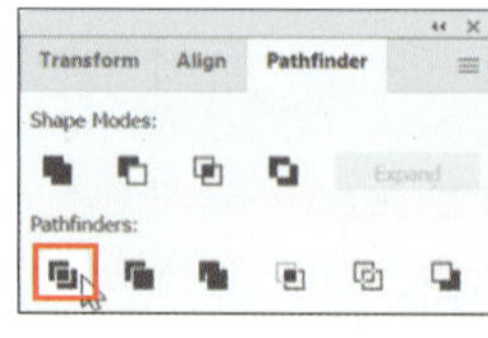

08 Selection Tool(▶)로 오브젝트를 더블 클릭하여 Isolation Mode로 전환하고 분할된 왼쪽 모양을 선택하고 [Delete]를 눌러 삭제합니다. 분할된 오른쪽 모양을 선택하고 Color 패널에서 'Fill Color : Y20K30, Stroke Color : None'을 지정하고 도큐먼트의 빈 곳을 더블 클릭하여 정상 모드로 전환합니다.

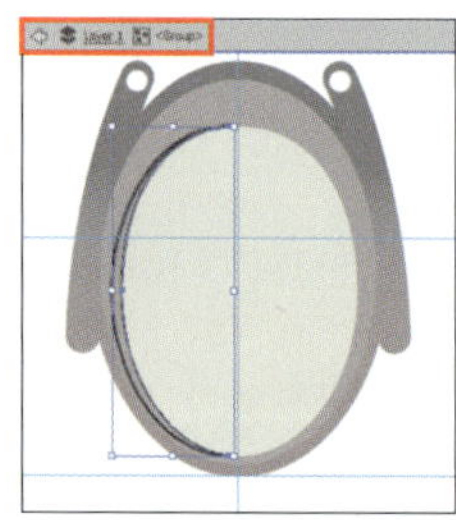
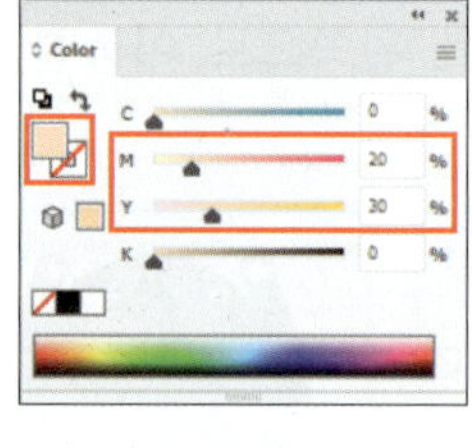
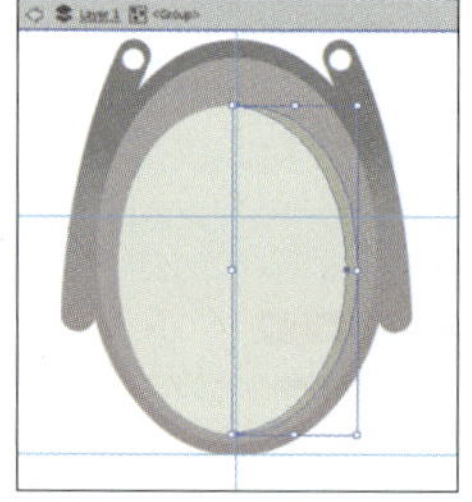

09 Pen Tool(✎)로 닫힌 패스를 그리고 Color 패널에서 'Fill Color : Y20K50, Stroke Color : None'을 지정합니다. 계속해서 눈의 음영, 눈과 눈썹 모양을 순서대로 닫힌 패스로 그리고 'Fill Color : Y20K30, Y20K50, K100, Stroke Color : None'을 각각 지정합니다.

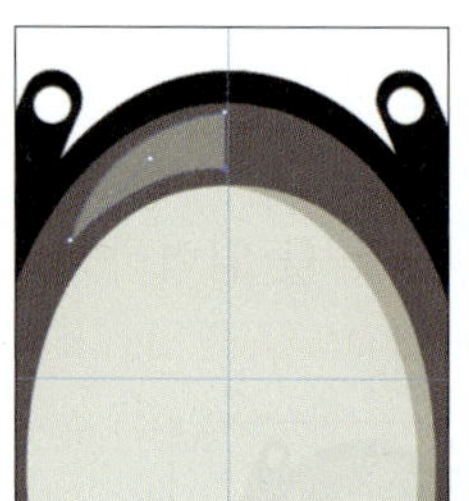
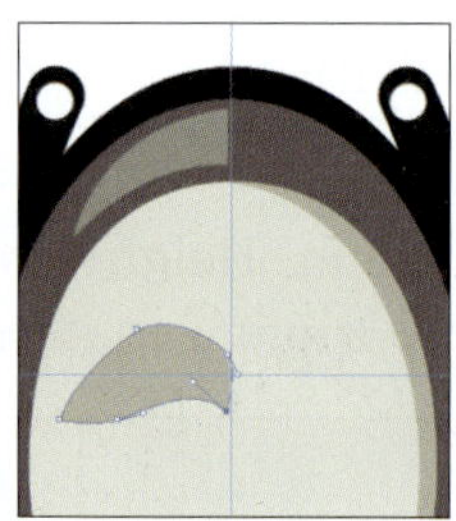
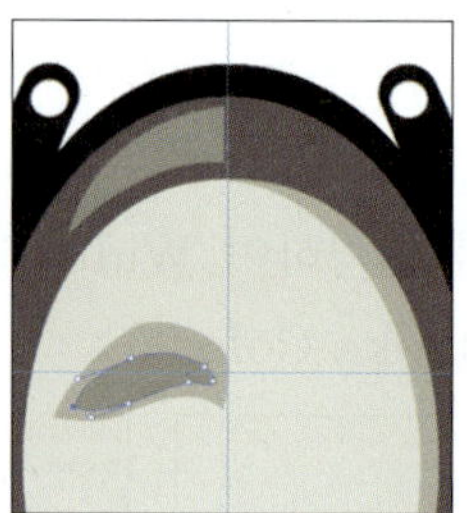

10 Pen Tool(✎)로 볼의 음영을 닫힌 패스를 그리고 Color 패널에서 'Fill Color : Y20K30, Stroke Color : None'을 지정합니다. 계속해서 코의 절반 모양을 닫힌 패스로 그리고 'Fill Color : 임의 색상, Stroke Color : 임의 색상'을 지정합니다.

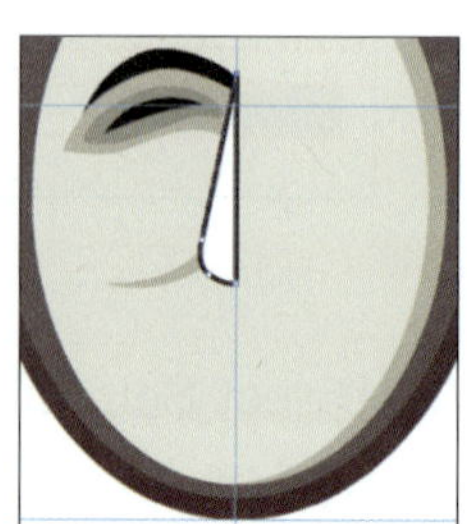

11 Ellipse Tool(◯)로 작업 도큐먼트를 클릭한 후 'Width : 4.5mm, Height : 4.5mm'를 입력하여 그리고 Color 패널에서 'Fill Color : M90Y60, Stroke Color : None'을 지정하고 이마의 중앙에 배치합니다. 동일한 크기의 정원을 왼쪽 볼 위치에 배치합니다.

12 Selection Tool(▶)로 Shift 를 누르면서 반사 대칭할 7개의 오브젝트를 함께 선택하고 Reflect Tool(◁)로 Alt 를 누르면서 세로 안내선을 클릭하여 'Axis : Vertical'을 지정하고 [Copy]를 눌러 복사합니다. Selection Tool(▶)로 코 모양을 각각 선택하고 Color 패널에서 'Fill Color : C0M0Y0K0, Y20K50, Stroke Color : None'을 지정합니다.

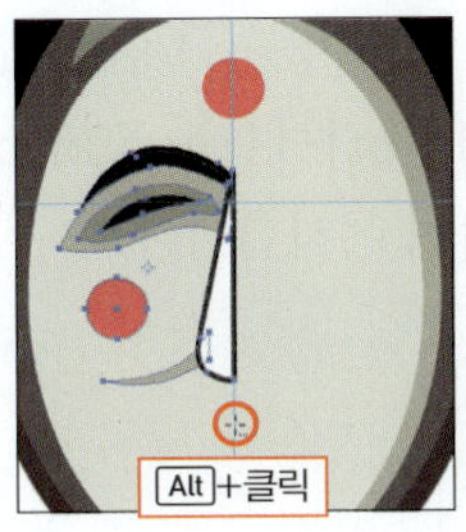
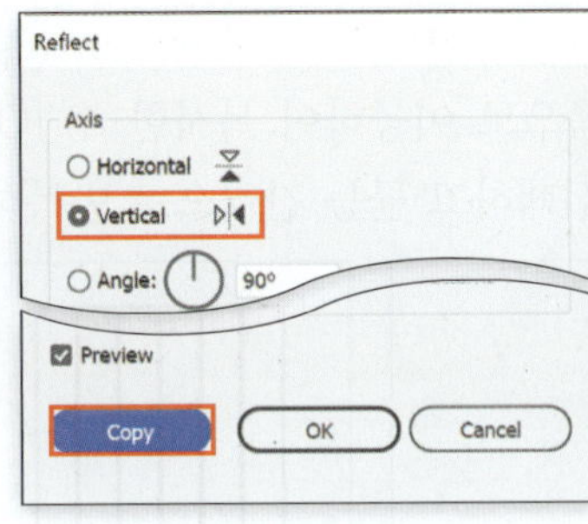

13 Ellipse Tool(◯)로 작업 도큐먼트를 클릭한 후 'Width : 13mm, Height : 7mm'를 입력하여 그리고 Color 패널에서 'Fill Color : M90Y60, Stroke Color : None'을 지정합니다. Rectangle Tool(▢)로 드래그하여 임의 색상의 사각형을 타원의 상단과 겹치도록 그립니다.

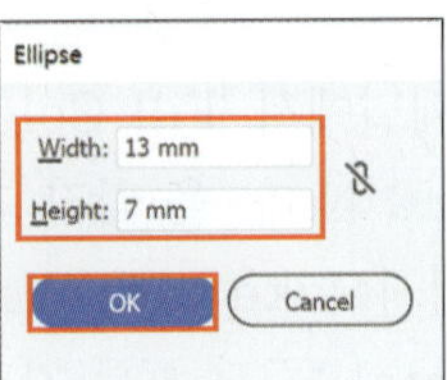

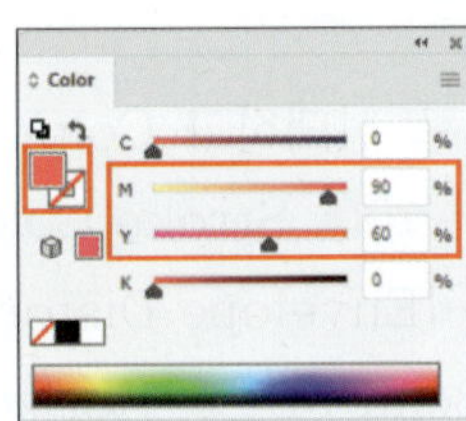

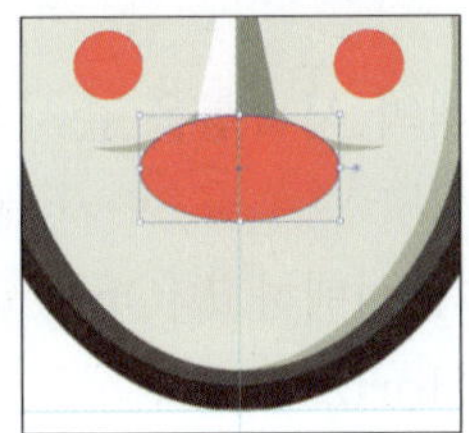
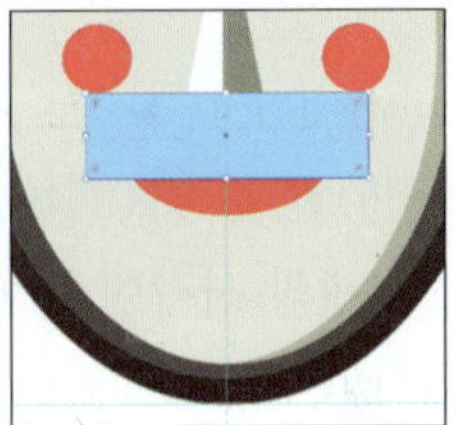

14 Selection Tool(▶)로 Shift 를 누르면서 클릭하여 타원과 함께 선택하고 Pathfinder 패널에서 'Minus Front(◨)'를 클릭합니다. Scale Tool(⊞)을 더블 클릭하여 'Horizontal : 60%, Vertical : 35%'를 지정하고 [Copy]를 눌러 축소 복사한 후 Color 패널에서 'Fill Color : K100, Stroke Color : None'을 지정합니다.

15 Ellipse Tool(◯)로 작업 도큐먼트를 클릭한 후 'Width : 5.5mm, Height : 5mm'를 입력하여 그리고 Color 패널에서 'Fill Color : Y20K50, Stroke Color : None'을 지정합니다. 계속해서 작업 도큐먼트를 클릭하여 'Width : 10mm, Height : 7mm'를 입력하여 그리고 'Fill Color : 임의 색상, Stroke Color : None'을 지정하고 겹치도록 배치합니다.

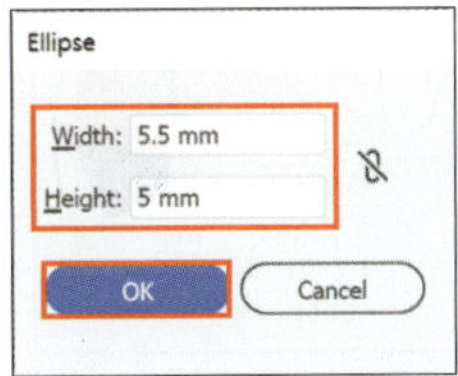

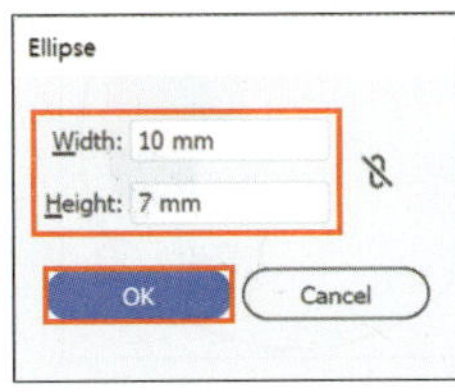

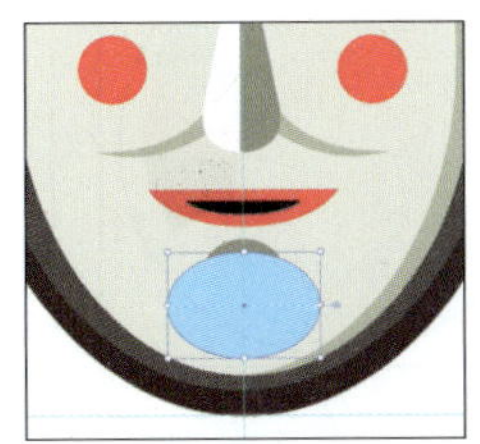

16 Selection Tool(▶)로 2개의 타원을 함께 선택하고 Align 패널에서 'Horizontal Align Center(릎)'를 클릭하여 가로 가운데 정렬을 지정한 후 Pathfinder 패널에서 'Minus Front (□)'를 클릭하여 턱 부분의 음영을 완성합니다.

03 부채 모양 만들기

01 Rectangle Tool(■)로 작업 도큐먼트를 클릭한 후 'Width : 3.5mm, Height : 24mm'를 입력하여 그리고 Color 패널에서 'Fill Color : 임의 색상, Stroke Color : 임의 색상'을 지정합니다. [Object]-[Transform]-[Move]를 선택하고 'Horizontal : 3.5mm, Vertical : 0mm'을 입력하고 [Copy]를 눌러 오른쪽으로 이동하여 복사한 후 [Object]-[Transform]-[Transform Again](Ctrl+D)을 4번 선택하고 균등 간격으로 반복하여 복사합니다.

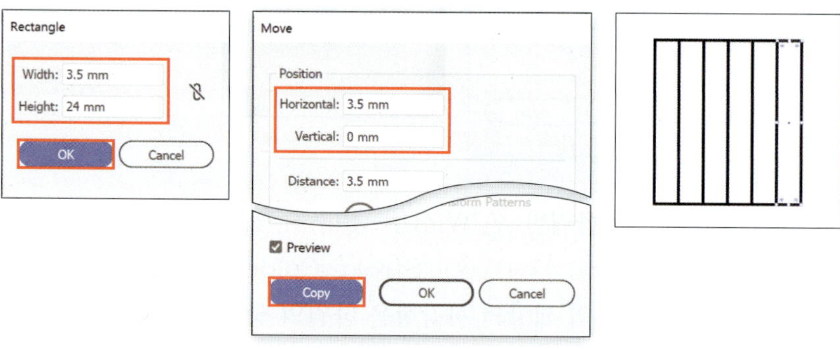

02 Selection Tool(▶)로 6개의 사각형을 순서대로 선택하고 Color 패널에서 'Fill Color : Y70, M30Y10, Y10K10, C60Y40, M90Y60, K100, Stroke Color : None'을 각각 지정합니다. 6개의 사각형을 함께 선택하고 [Object]-[Envelope Distort]-[Make with Warp]를 선택하고 'Style : Arc, Horizontal : 체크, Bend : 80%, Horizontal : -50%'를 지정하여 부채 모양을 완성합니다.

03 Rotate Tool(↻)을 더블 클릭하여 'Angle : -45°'를 지정하여 회전한 후 [Object]-[Envelope Distort]-[Expand]를 선택하고 확장합니다.

04 Ellipse Tool(◯)로 작업 도큐먼트를 클릭한 후 'Width : 73mm, Height : 73mm'를 입력하여 그리고 Color 패널에서 'Fill Color : None, Stroke Color : 임의 색상'을 지정합니다. Scissors Tool(✂)로 정원의 상단과 오른쪽 하단을 각각 클릭하여 자른 후 Delete 를 2번 눌러 삭제하고 열린 패스를 만듭니다.

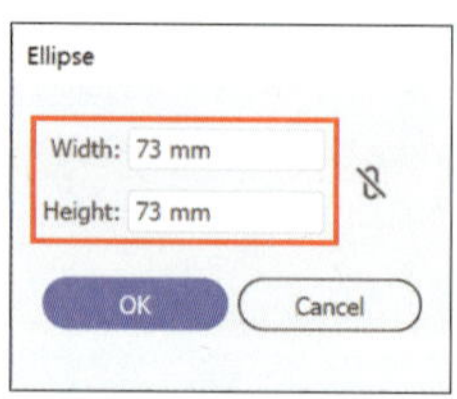

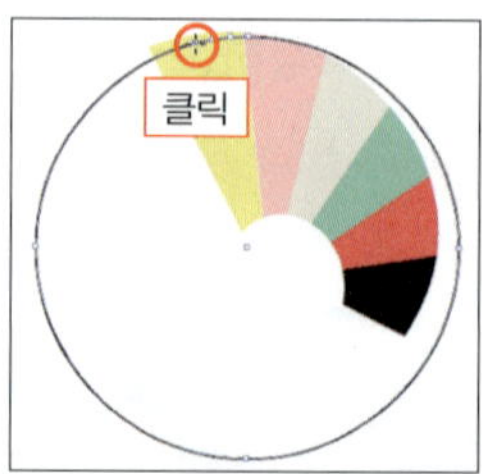

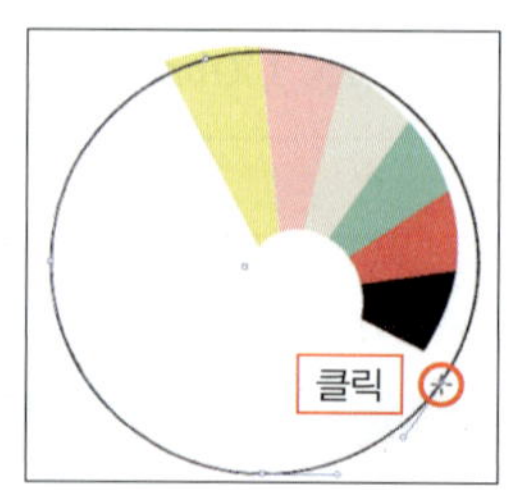

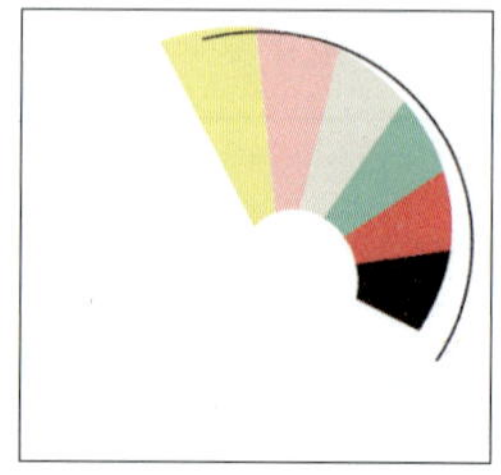

05 Selection Tool(▶)로 열린 패스를 선택한 후 Color 패널에서 'Stroke Color : K40'을 지정하고 Stroke 패널에서 'Weight : 2pt, Cap : Round Cap, Dashed Line : 체크, dash : 4pt'를 입력하여 둥근 모양의 점선을 그려 배치한 후 [Object]-[Arrange]-[Send Back-ward](Ctrl+[)를 선택하고 뒤로 보내기를 합니다.

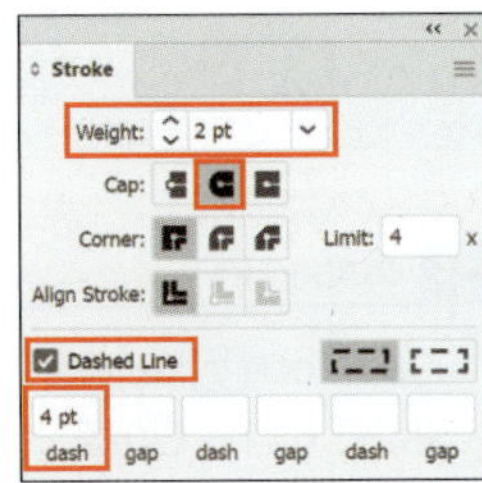
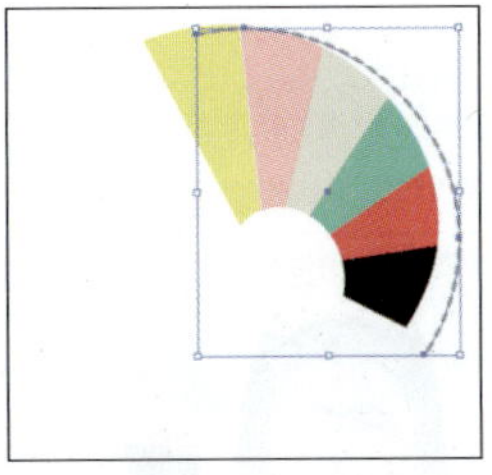

06 Ellipse Tool(●)로 작업 도큐먼트를 클릭한 후 'Width : 75mm, Height : 75mm'를 입력하여 그리고 Color 패널에서 'Fill Color : 임의 색상, Stroke Color : 임의 색상'을 지정합니다. [Object]-[Transform]-[Move]를 선택하고 'Horizontal : −0.7mm, Vertical : 1.4mm'를 입력하고 [Copy]를 눌러 왼쪽 아래로 이동하여 복사합니다.

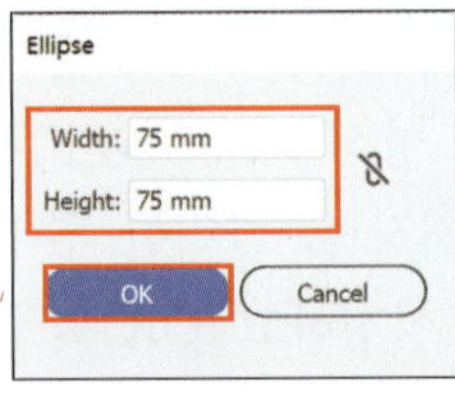
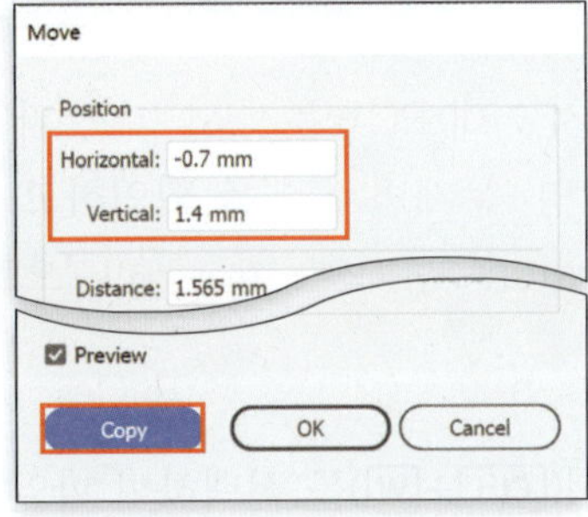
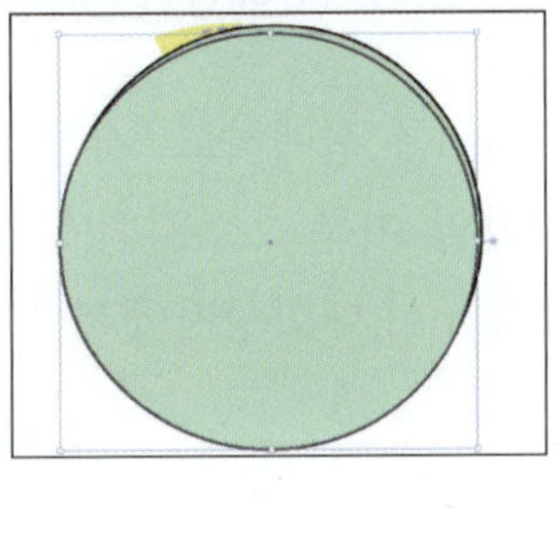

07 Selection Tool(▶)로 2개의 정원을 함께 선택하고 Pathfinder 패널에서 'Minus Front(⬕)'를 클릭합니다.

08 Rectangle Tool(▢)로 드래그하여 임의 색상의 사각형을 왼쪽에 겹치도록 그리고 Selection Tool(▶)로 2개의 오브젝트를 함께 선택하고 Pathfinder 패널에서 'Minus Front(⬕)'를 클릭합니다. Color 패널에서 'Fill Color : Y10K10, Stroke Color : None'을 지정하고 [Object]-[Arrange]-[Send to Back](Shift+Ctrl+[)을 선택하고 맨 뒤로 보내기를 합니다.

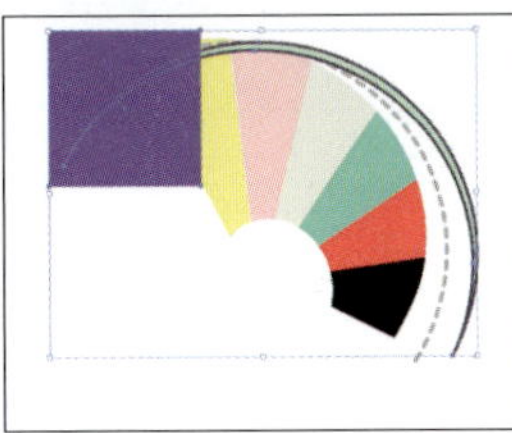
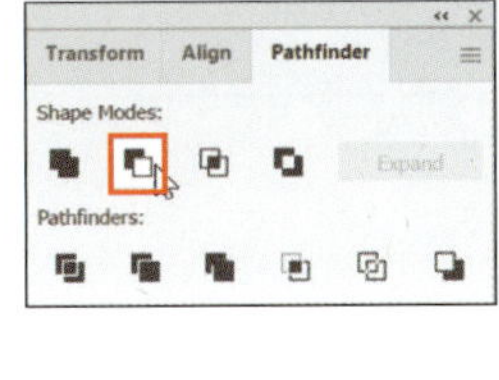
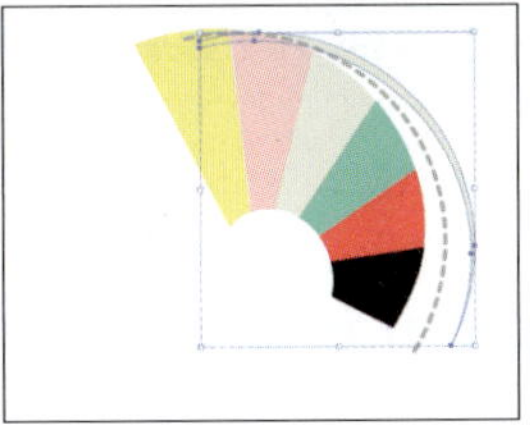

09 Selection Tool(▶)로 3개의 오브젝트를 함께 선택하고 배치한 후 [Object]-[Arrange]-[Send to Back](Shift+Ctrl+[)을 선택하고 맨 뒤로 보내기를 합니다.

01 Type Tool(T)로 작업 도큐먼트를 클릭한 후 Character 패널에서 'Set the font family : Arial, Set the font style : Bold, Set the font size : 16pt'를 설정하고 Color 패널에서 'Fill Color : K100, Stroke Color : None'을 지정한 후 KOREAN Mask Dance를 입력합니다. 'Mask Dance' 문자를 선택하고 'Fill Color : Y20K50, Stroke Color : None'을 지정합니다.

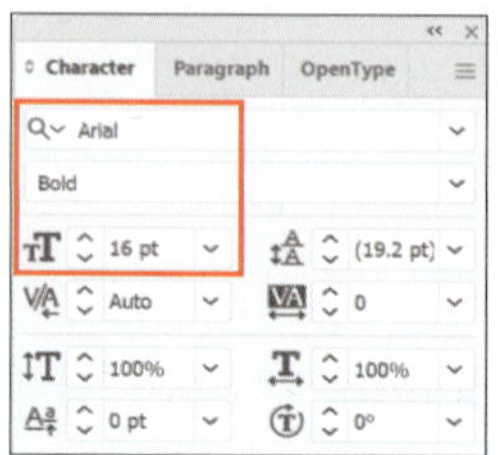
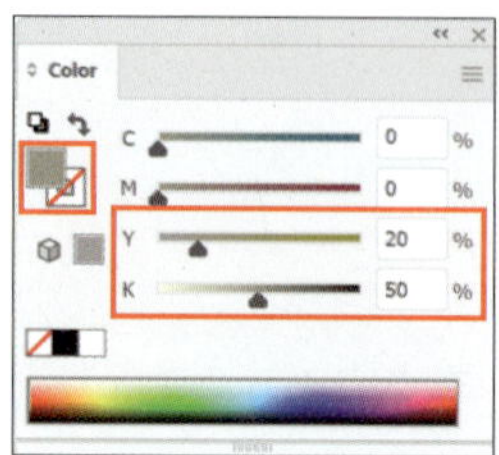
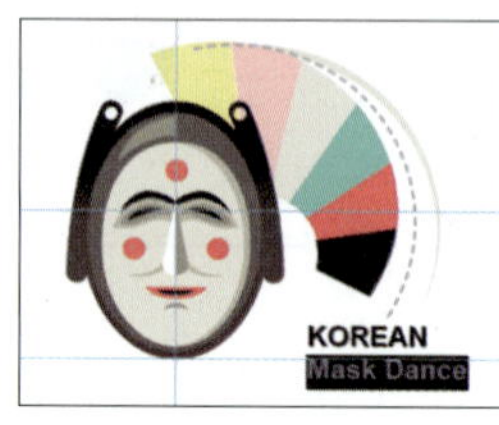

기적의 TIP

Type Tool(T)로 더블 클릭하면 하나의 단어를 선택할 수 있고, 빠르게 3번 클릭하면 한 줄을 선택할 수 있습니다.

02 [View]-[Guides]-[Hide Guides](Ctrl+;)를 선택하여 안내선을 숨기고 [View]-[Fit Artboard in Window](Ctrl+0)을 선택하여 현재 창에 맞추기를 합니다.

03 [File]-[Save As]를 선택하고 '저장 위치 : 내 PC\문서\GTQ, 파일 형식 : Adobe Illustrator(*.AI), 파일 이름 : 수험번호-성명-문제번호.ai'를 확인하고 [저장]을 클릭한 후 [Illustrator Options] 대화상자에서 'Version : Illustrator 2020'으로 설정하고 [OK]를 클릭합니다.

04 답안 저장이 완료가 되면 [File]-[Close](Ctrl+W)를 선택하여 파일을 닫고 수험 프로그램에서 [답안 전송]을 클릭하여 감독관 컴퓨터로 전송합니다.

문제 ② 패키지, 비즈니스 디자인

작업과정	새 도큐먼트 만들기 및 파일 저장하기 ➡ 구름 모양 만들고 패턴 등록하기 ➡ 학 모양 만들기 ➡ 키홀더 모양 만들기 ➡ 쇼핑백 만들고 패턴 적용하기 ➡ 문자 입력하고 브러쉬 적용하기 ➡ 현수막 모양 만들고 이펙트 적용하기 ➡ 클리핑 마스크 적용하기 ➡ 문자 입력 및 저장하기
완성이미지	PART04\기출유형문제05회\수험번호-성명-2.ai

---

01 새 도큐먼트 만들기 및 파일 저장하기

01 [File]-[New](Ctrl+N)를 선택하고 'Width : 160mm, Height : 120mm, Units : Millimeters, Color Mode : CMYK'를 설정하여 새 도큐먼트를 만들고 [View]-[Rulers]-[Show Rulers](Ctrl+R)를 선택하여 눈금자를 표시합니다.

02 작품의 규격 왼쪽 상단에 원점(0,0)을 확인하고 왼쪽과 상단 눈금자 위에서 마우스를 드래그
하여 제시된 출력형태와 레이아웃 구성을 동일하게 작업하기 위해서 안내선을 표시합니다.

03 작업 도큐먼트를 저장하기 위해 [File]-[Save]([Ctrl]+[S])를 선택하고 '저장 위치 : 내 PC₩문
서₩GTQ, 파일 형식 : Adobe Illustrator(*AI), 파일 이름 : 수험번호-성명-문제번호'를 입
력하고 [저장]을 클릭한 후 [Illustrator Options] 대화상자에서 'Version : Illustrator
2020'으로 설정하고 [OK]를 클릭합니다.

02 구름 모양 만들고 패턴 등록하기

01 Ellipse Tool(◎)로 작업 도큐먼트를 클릭한 후 'Width : 16mm, Height : 16mm'를 입력
하여 그리고 Color 패널에서 'Fill Color : M20Y80, Stroke Color : None'을 지정합니다.
Line Segment Tool(／)로 [Shift]를 누르면서 수직선을 그리고 'Fill Color : None, Stroke
Color : 임의 색상'을 지정합니다.

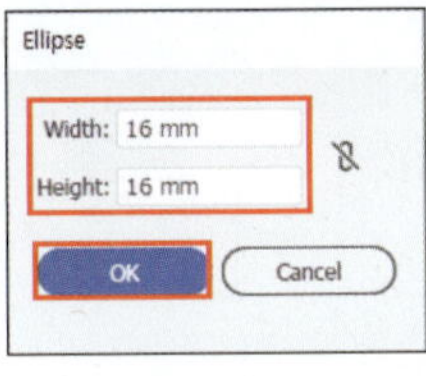
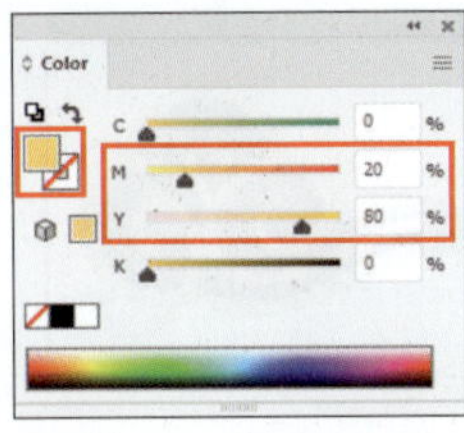
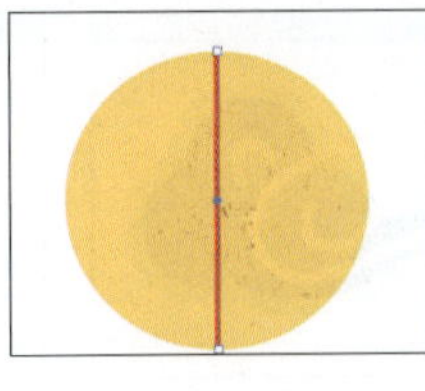

02 [Select]-[All]([Ctrl]+[A])로 모두 선택하고 Align 패널에서 'Horizontal Align Center(⬓)'
를 클릭하여 가로 가운데 정렬을 지정하고 Pathfinder 패널에서 'Divide(⬚)'를 클릭하여 면
을 분할합니다. Selection Tool(▶)로 오브젝트를 더블 클릭하여 Isolation Mode로 전환하
고 왼쪽 모양을 선택하여 Color 패널에서 'Fill Color : Y70, Stroke Color : None'을 지정
하고 도큐먼트의 빈 곳을 더블 클릭하여 정상 모드로 전환합니다.

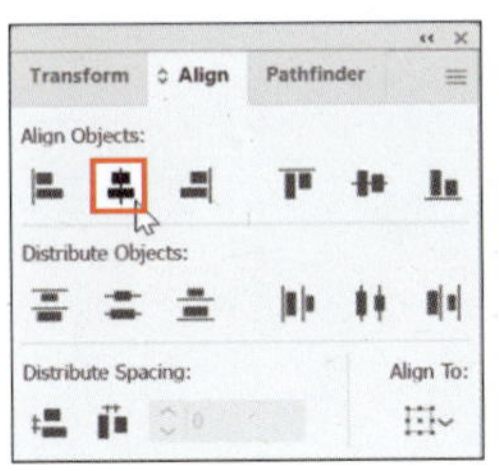
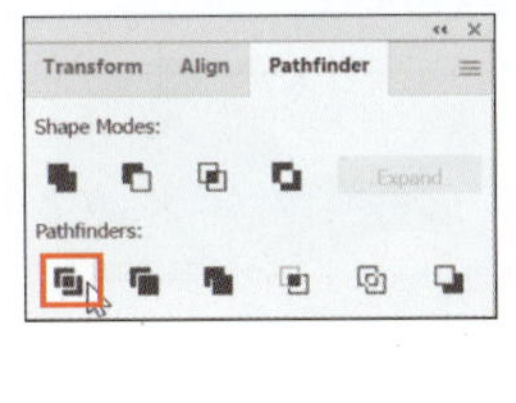
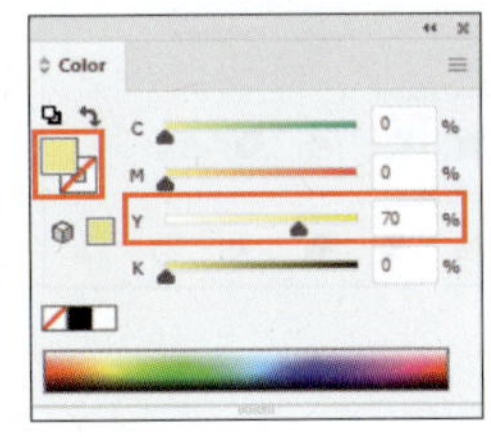
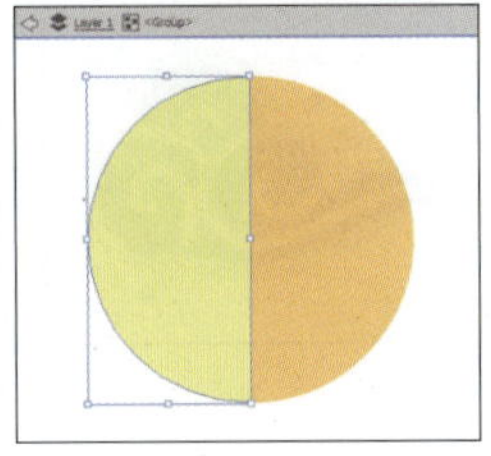

03 Ellipse Tool(◎)로 작업 도큐먼트를 클릭한 후 'Width : 7.5mm, Height : 7.5mm'를 입
력하여 그리고 Color 패널에서 'Fill Color : 임의 색상, Stroke Color : 임의 색상'을 지정합
니다. 동일한 크기의 정원을 하나 더 그리고 겹치도록 배치합니다. 계속해서 작업 도큐먼트를
클릭하여 'Width : 6mm, Height : 6mm'를 입력하여 그리고 배치합니다.

04 Pen Tool(✎)로 드래그하여 정원과 겹치도록 닫힌 패스를 그리고 Selection Tool(▶)로 3 개의 정원과 함께 선택한 후 Pathfinder 패널에서 'Unite(◧)'를 클릭하여 합치고 Color 패 널에서 'Fill Color : 임의 색상, Stroke Color : None'을 지정합니다.

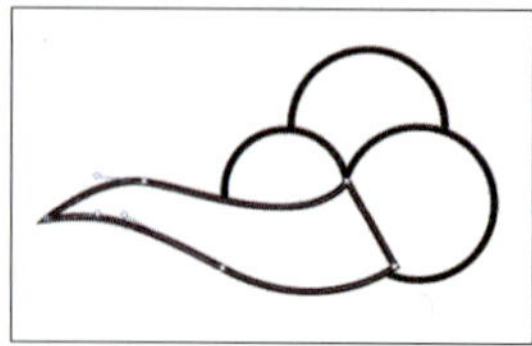
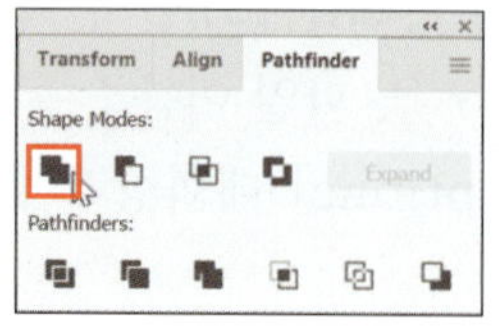

05 [Object]-[Path]-[Offset Path]를 선택한 후 'Offset : 1mm'를 지정하여 확대된 복사본을 만든 후 Color 패널에서 'Fill Color : 임의 색상, Stroke Color : None'을 지정합니다.

06 Selection Tool(▶)로 안쪽 구름 문양을 더블 클릭하여 Isolation Mode로 전환합니다. Pen Tool(✎)로 구름 문양과 충분히 겹치도록 5개의 열린 패스를 그리고 Stroke 패널에서 'Weight : 2pt, Cap : Round Cap'을 지정합니다.

07 [Select]-[All](Ctrl+A)로 모두 선택하고 [Object]-[Path]-[Outline Stroke]를 선택하여 선을 면으로 확장합니다. Pathfinder 패널에서 'Minus Front(◧)'를 클릭하고 Color 패널 에서 'Fill Color : C20Y20, Stroke Color : None'을 지정하고 Esc를 눌러 정상 모드로 전 환합니다.

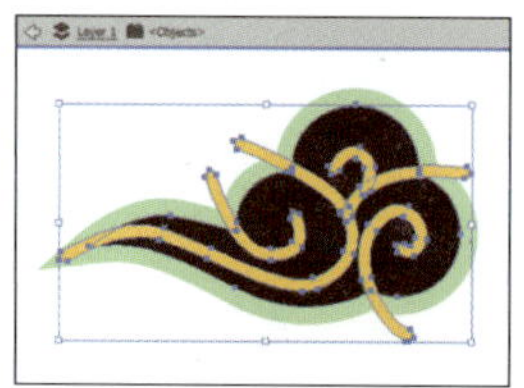
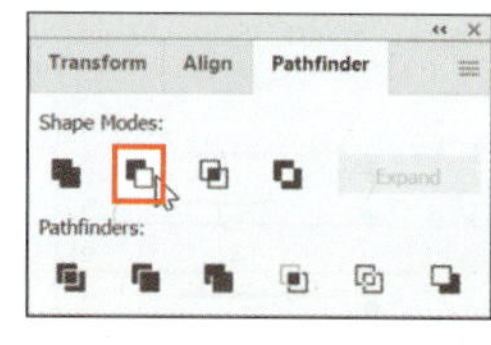
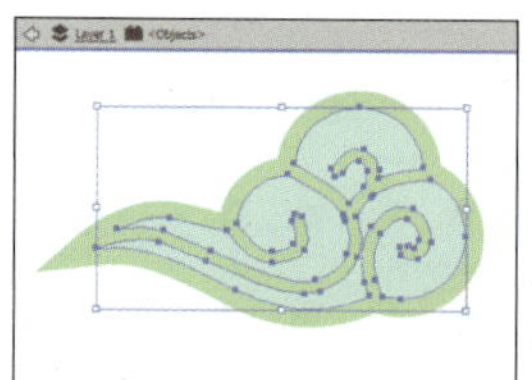

08 Ellipse Tool(◯)로 Shift를 누르면서 드래그하여 크기가 같은 3개의 정원을 그리고 'Fill Color : 임의 색상, Stroke Color : None'을 지정하여 배치합니다. Selection Tool(▶)로 3개의 정원을 선택하고 Pathfinder 패널에서 'Unite(◧)'를 클릭하여 합칩니다. Scale Tool (⬚)을 더블 클릭하여 'Uniform : 75%'를 지정하여 [Copy]를 눌러 축소 복사하고 오른쪽 아 래로 이동하여 배치하고 'Fill Color : 임의 색상, Stroke Color : None'을 지정합니다.

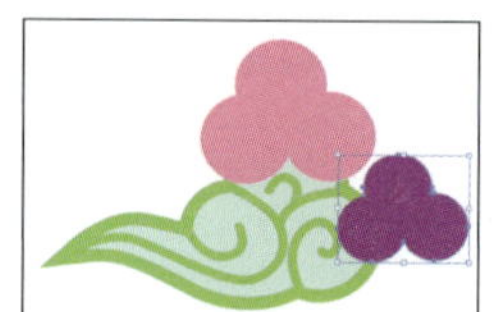

09 [Object]−[Path]−[Offset Path]를 선택한 후 'Offset : 1mm'를 지정하여 확대된 복사본을 만든 후 Color 패널에서 'Fill Color : 임의 색상, Stroke Color : None'을 지정합니다.

10 Selection Tool(▶)로 확대된 구름 문양을 선택하고 [Edit]−[Copy]([Ctrl]+[C])를 선택하고 복사를 한 후 [Edit]−[Paste in Front]([Ctrl]+[F])로 복사한 오브젝트 앞에 붙여 넣기를 합니다. [Shift]를 누르면서 상단의 오브젝트와 함께 선택하고 Pathfinder 패널에서 'Minus Back(▣)'을 지정합니다.

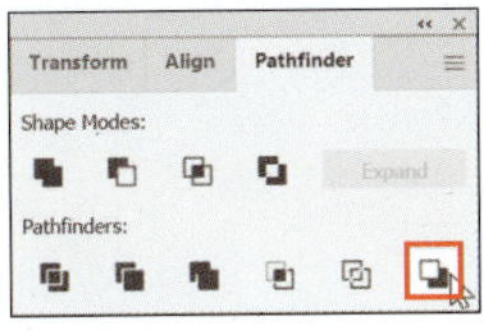

11 Selection Tool(▶)로 오른쪽 하단의 확대된 오브젝트와 함께 선택하고 Pathfinder 패널에서 'Minus Front(▣)'를 클릭한 후 Color 패널에서 'Fill Color : C30Y20, Stroke Color : None'을 지정합니다.

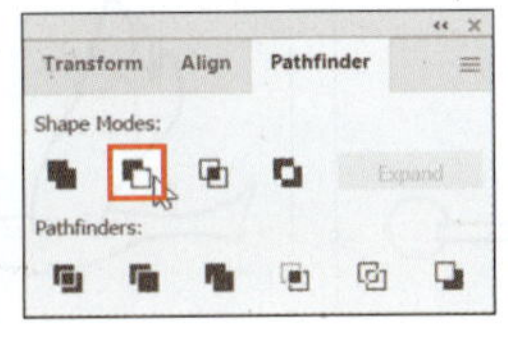
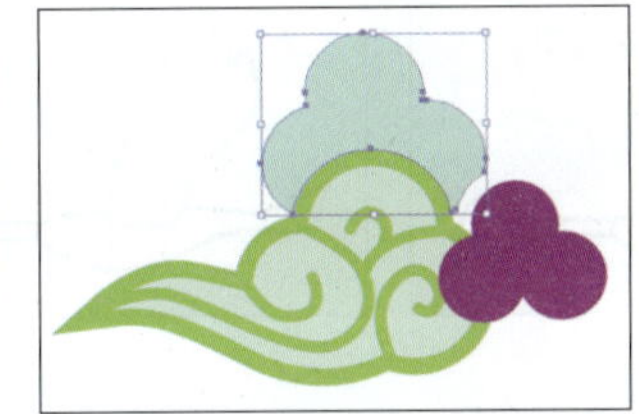

12 Selection Tool(▶)로 왼쪽의 확대된 구름 문양과 오른쪽 오브젝트를 함께 선택하고 Pathfinder 패널에서 'Minus Back(▣)'을 클릭한 후 Color 패널에서 'Fill Color : C40M10Y20, Stroke Color : None'을 지정합니다.

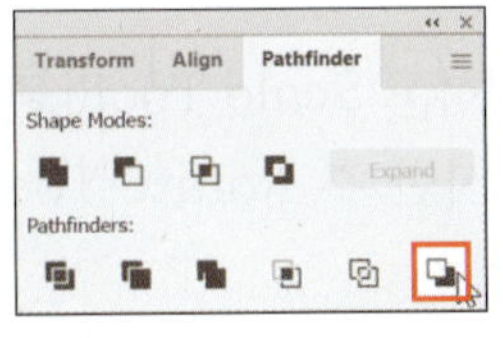

13 Selection Tool(▶)로 왼쪽 하단의 구름 문양을 선택하고 [Ctrl]+[C]로 복사하고 [Ctrl]+[V]로 붙여 넣기를 합니다. Scale Tool(▣)을 더블 클릭하여 'Uniform : 50%'를 지정하고 [Copy]를 눌러 축소 복사한 후 왼쪽 위로 이동하여 배치합니다.

14 Selection Tool(▶)로 2개의 구름 문양을 선택하고 [Object]−[Pattern]−[Make]로 'Name : 구름 문양, Tile Type : Grid'를 지정하고 패턴으로 등록하여 Swatches 패널에 저장합니다. 도큐먼트 상단의 'Done'을 클릭하여 정상 모드로 전환한 후 [Delete]를 눌러 삭제합니다.

⑬ 학 모양 만들기

01 Ellipse Tool(◉)로 작업 도큐먼트를 클릭한 후 'Width : 5mm, Height : 5mm'를 입력하여 그리고 Color 패널에서 'Fill Color : 임의 색상, Stroke Color : 임의 색상'을 지정합니다. Rectangle Tool(▣)로 작업 도큐먼트를 클릭한 후 'Width : 10mm, Height : 1.4mm'를 입력하여 그리고 'Fill Color : 임의 색상, Stroke Color : 임의 색상'을 지정합니다. Pen Tool(✎)로 몸통의 모양을 서로 겹치도록 그립니다.

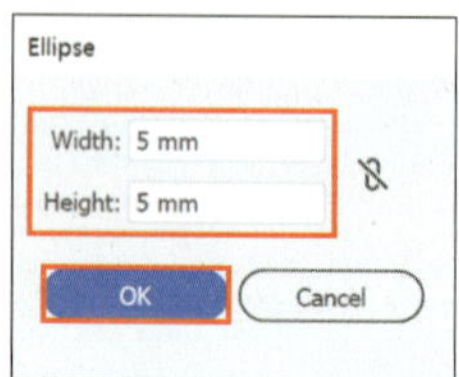
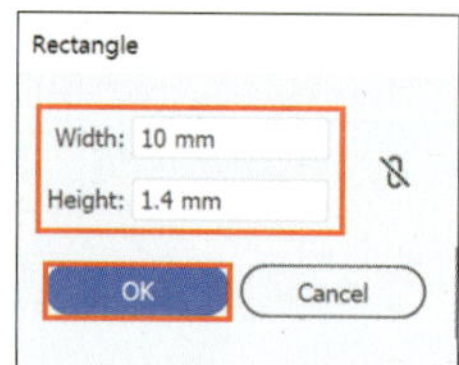
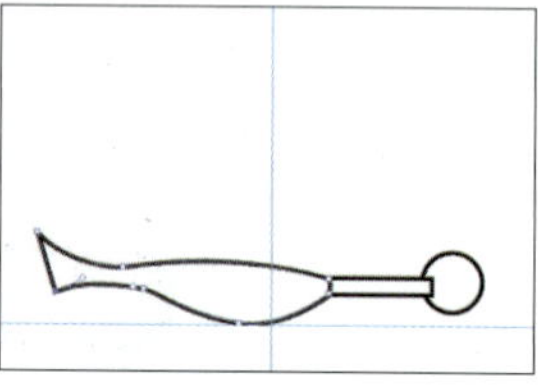

02 계속해서 Pen Tool(✎)로 날개 모양의 닫힌 패스를 몸통 모양과 서로 겹치도록 임의 색상으로 그립니다. 날개 끝 부분에 면을 분할할 열린 패스를 그리고 'Fill Color : None, Stroke Color : 임의 색상'을 지정합니다.

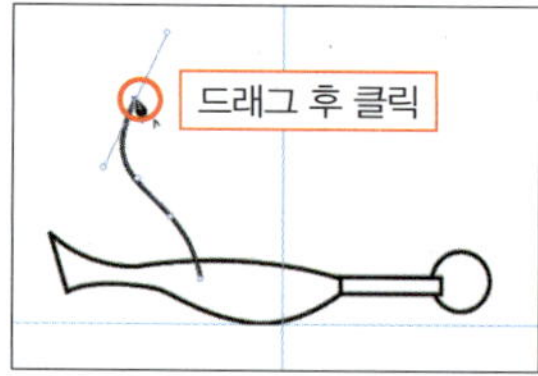

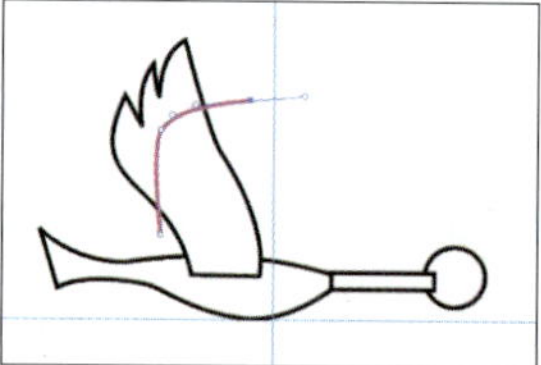

03 Selection Tool(▶)로 열린 패스와 날개 모양을 함께 선택하고 Pathfinder 패널에서 'Divide(▣)'를 클릭하여 면을 분할합니다. 오브젝트를 더블 클릭하여 Isolation Mode로 전환하고 Color 패널에서 'Fill Color : K100, Y10K20, Stroke Color : None'을 각각 지정하고 Esc를 눌러 정상 모드로 전환합니다.

04 Selection Tool(▶)로 날개 모양을 선택하고 Scale Tool(▦)을 더블 클릭하여 'Uniform : 80%'를 지정하고 [Copy]를 눌러 축소 복사한 후 Rotate Tool(↻)을 더블 클릭하여 'Angle : −50°'를 지정하고 회전하여 배치합니다.

05 Pen Tool(✎)로 꼬리 부분에 열린 패스를 그리고 Color 패널에서 'Fill Color : None, Stroke Color : 임의 색상'을 지정합니다. Selection Tool(▶)로 열린 패스와 몸통 모양을 함께 선택하고 Pathfinder 패널에서 'Divide(▣)'를 클릭하여 면을 분할합니다. 오브젝트를 더블 클릭하여 Isolation Mode로 전환하고 'Fill Color : K100, Y10K20, Stroke Color : None'을 각각 지정하고 Esc를 눌러 정상 모드로 전환합니다.

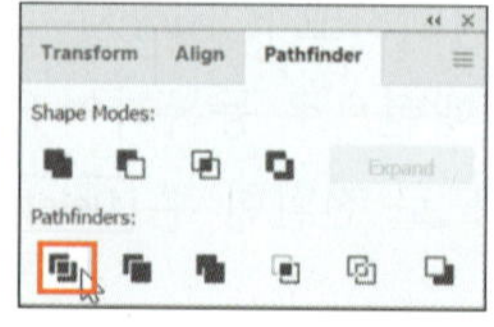

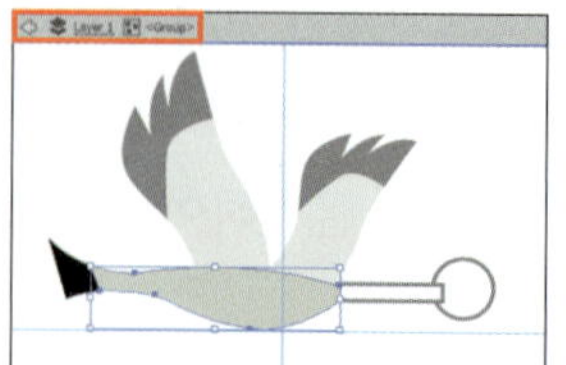

06 Group Selection Tool(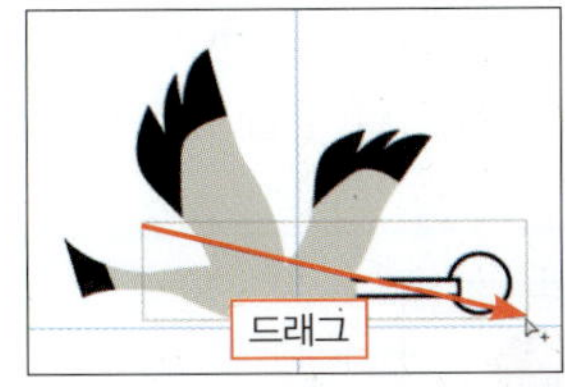)로 드래그하여 선택하고 Pathfinder 패널에서 'Unite(▣)'를 클릭하여 합칩니다.

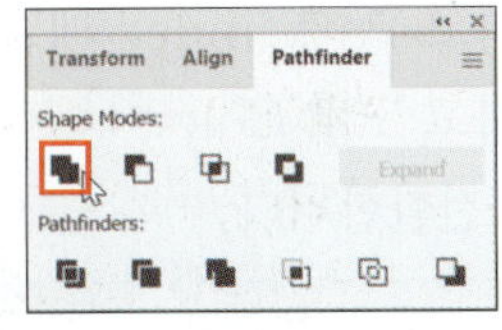

07 Pen Tool(✎)로 머리 부분에 2개의 열린 패스를 그리고 Color 패널에서 'Fill Color : None, Stroke Color : 임의 색상'을 지정합니다. Selection Tool(▶)로 열린 패스와 몸통 모양을 함께 선택하고 Pathfinder 패널에서 Divide(▣)'를 클릭하여 면을 분할합니다. 오브 젝트를더블 클릭하여 Isolation Mode로 전환하고 'Fill Color : C70K20, K100, Stroke Color : None'을 각각 지정합니다.

08 Pen Tool(✎)로 머리 부분에 닫힌 패스를 그리고 Color 패널에서 'Fill Color : K100, Stroke Color : None'을 지정합니다. Selection Tool(▶)로 머리 모양의 상단 오브젝트와 함께 선택하고 Pathfinder 패널에서 'Unite(▣)'를 클릭하여 합칩니다.

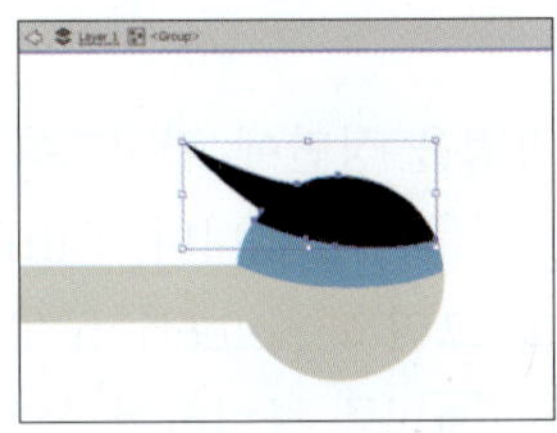

09 Ellipse Tool(◯)로 Shift 를 누르면서 드래그하여 정원을 그리고 Color 패널에서 'Fill Color : K100, Stroke Color : None'을 지정합니다. 계속해서 Pen Tool(✎)로 부리 모양을 클릭 하여 그리고 'Fill Color : M50Y100, Stroke Color : None'을 지정하고 Shift + Ctrl + [ ] 를 눌러 맨 뒤로 보내기를 한 후 Esc 를 눌러 정상 모드로 전환합니다.

04 키홀더 모양 만들기

01 Rounded Rectangle Tool(▢)로 작업 도큐먼트를 클릭한 후 'Width : 21mm, Height : 48mm, Corner Radius : 10mm'를 입력하여 그리고 Color 패널에서 'Fill Color : C30M80Y100K20, Stroke Color : None'을 지정합니다. [Object]-[Path]-[Offset Path]를 선택한 후 'Offset : −1mm'를 지정하여 축소된 복사본을 만든 후 'Fill Color : C10M70Y100K10, Stroke Color : None'을 지정합니다.

02 Selection Tool(▨)로 축소된 복사본을 더블 클릭하여 Isolation Mode로 전환하고 Pen Tool(▨)로 열린 패스를 그리고 Color 패널에서 'Fill Color : None, Stroke Color : 임의 색상'을 지정합니다. Ctrl + A로 모두 선택하고 Pathfinder 패널에서 'Divide(▨)'를 클릭하여 면을 분할합니다. 하단 오브젝트를 선택하고 'Fill Color : C10M50Y70, Stroke Color : None'을 지정하고 Esc를 눌러 정상 모드로 전환합니다.

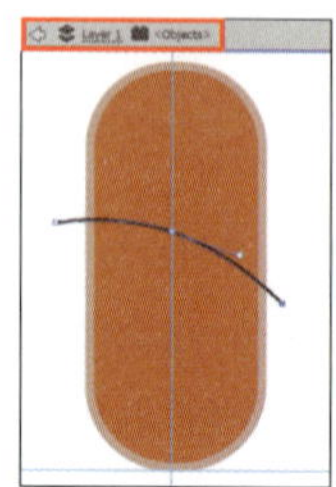
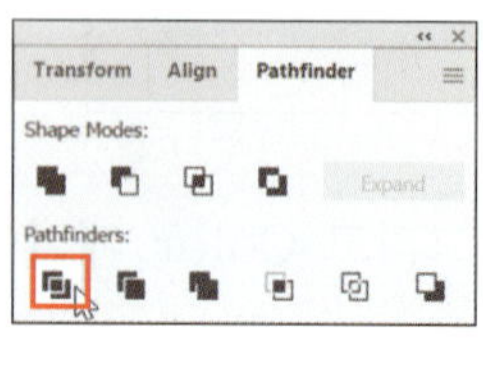
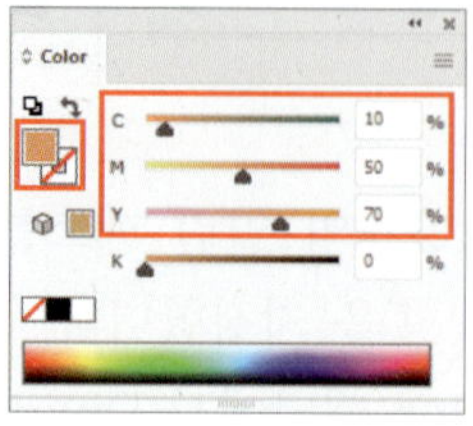
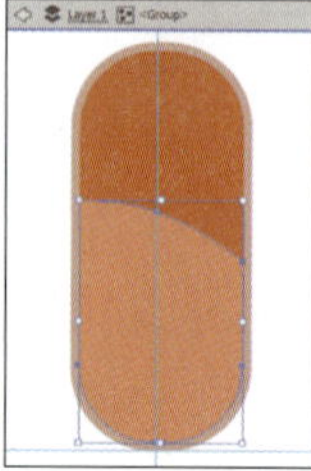

03 Ellipse Tool(◯)로 작업 도큐먼트에 드래그하여 타원을 그리고 Color 패널에서 'Fill Color : C0M0Y0K0, Stroke Color : None'을 지정하고 키홀더 상단에 배치합니다. Rounded Rectangle Tool(▢)로 작업 도큐먼트를 클릭한 후 'Width : 6mm, Height : 9mm, Corner Radius : 1mm'를 입력하여 그리고 'Fill Color : C40M80Y80K40, Stroke Color : None'을 지정합니다.

04 계속해서 Rounded Rectangle Tool(▢)로 드래그하여 둥근 사각형을 상단에 겹치도록 그리고 Color 패널에서 'Fill Color : Y20K30, Stroke Color : None'을 지정합니다. Ellipse Tool(◯)로 둥근 사각형 하단에 드래그하여 동일한 색상의 타원을 그리고 Selection Tool(▨)로 둥근 사각형과 함께 선택하고 Pathfinder 패널에서 'Unite(▨)'를 클릭하여 합칩니다. Ellipse Tool(◯)로 Shift를 누르면서 정원을 그리고 'Fill Color : C40M80Y80K40, Stroke Color : None'을 지정합니다.

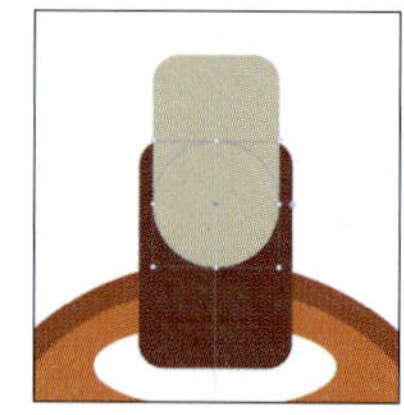
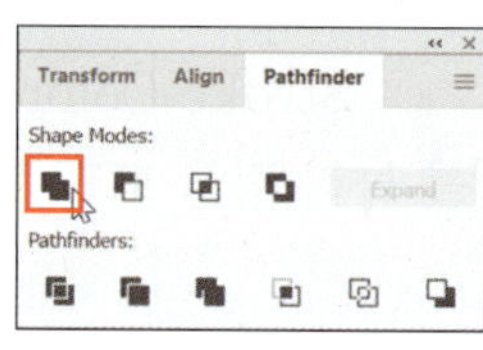
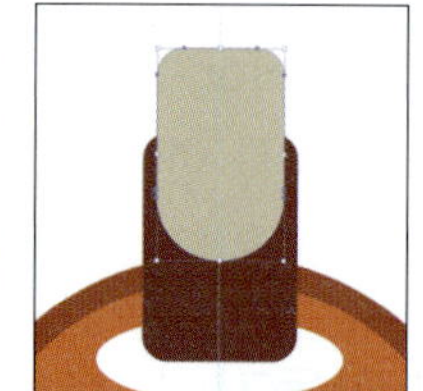
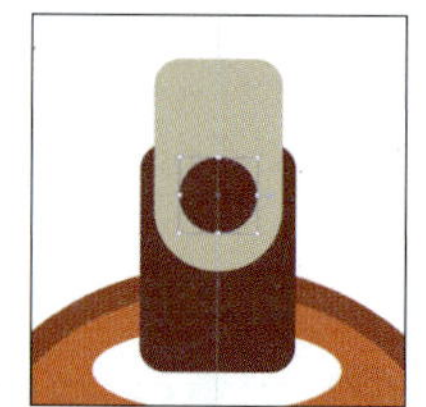

05 Ellipse Tool(◯)로 작업 도큐먼트를 클릭한 후 'Width : 17mm, Height : 17mm'를 입력하여 그리고 Color 패널에서 'Fill Color : None, Stroke Color : Y10K50'을 지정하고 Stroke 패널에서 'Weight : 5pt'를 적용합니다. [Object]-[Path]-[Outline Stroke]를 선택하여 선을 면으로 확장한 후 Shift + Ctrl + []을 눌러 맨 뒤로 보내기를 합니다.

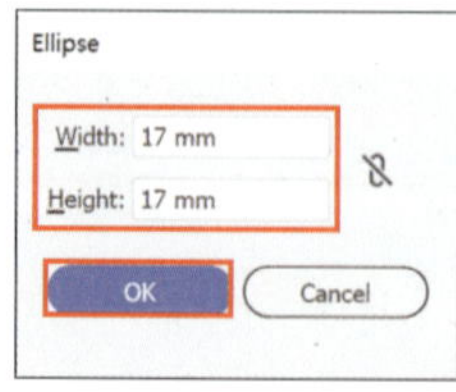
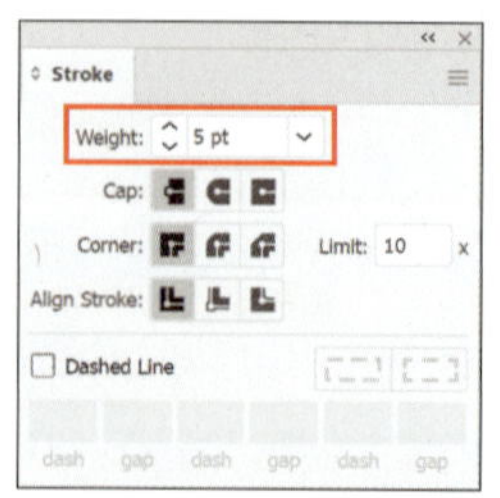
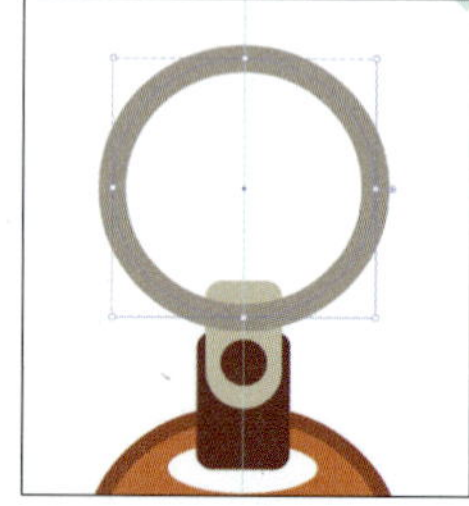
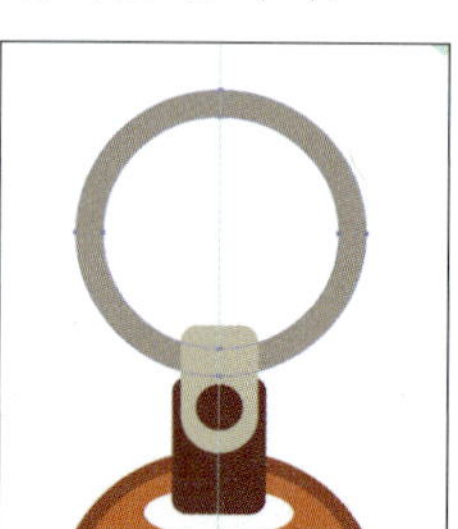

06 Selection Tool(▶)로 키홀더 모양을 모두 선택하고 'Horizontal Align Center(♣)'를 클릭하여 가로 가운데 정렬을 지정합니다.

07 Selection Tool(▶)로 구름 문양을 선택하고 Ctrl+C로 복사하고 Ctrl+V로 붙여 넣기를 합니다. Scale Tool(⬚)을 더블 클릭하여 'Uniform : 50%'를, Reflect Tool(◧)을 더블 클릭하여 'Axis : Vertical'을 지정한 후 Color 패널에서 'Fill Color : C0M0Y0K0, Stroke Color : None'을 설정하고 키홀더 하단에 배치합니다.

🔵 05 쇼핑백 만들고 패턴 적용하기

01 Rectangle Tool(▢)로 작업 도큐먼트를 클릭한 후 'Width : 33mm, Height : 58mm'를 입력하여 그리고 Color 패널에서 'Fill Color : Y10K10, Stroke Color : None'을 지정합니다. Direct Selection Tool(▷)로 왼쪽 하단의 고정점을 선택하고 [Object]-[Transform]-[Move]를 선택하고 'Horizontal : −1mm, Vertical : −1mm'를 입력하고 이동합니다.

02 Pen Tool(✏)로 클릭하여 쇼핑백의 오른쪽에 3개의 닫힌 패스를 그리고 Color 패널에서 'Fill Color : C10M20Y10K10, M30K30, K60, Stroke Color : None'을 각각 지정합니다.

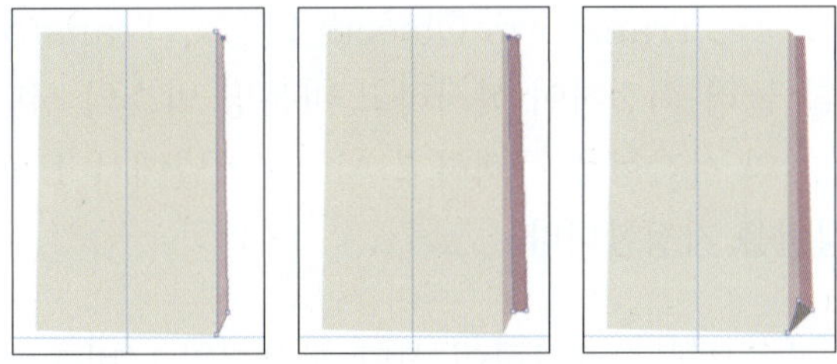

03 Selection Tool(▶)로 3개의 오브젝트를 선택하고 Scale Tool(⬚)을 더블 클릭하여 'Horizontal : 100%, Vertical : 60%'를 지정하고 [Copy]를 눌러 축소 복사합니다. Selection Tool(▶)로 왼쪽부터 순서대로 선택하고 Color 패널에서 'Fill Color : C20M60Y50K10, C10M20Y10K30, M40K50, Stroke Color : None'을 각각 지정하고 Direct Selection Tool(▷)로 돌출된 고정점은 각각 조절하여 배치합니다.

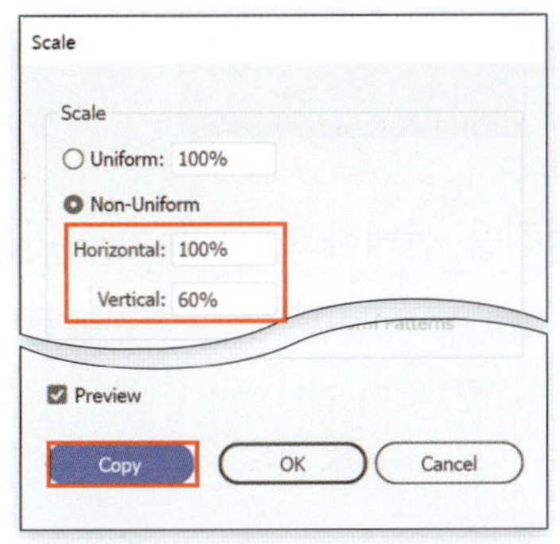

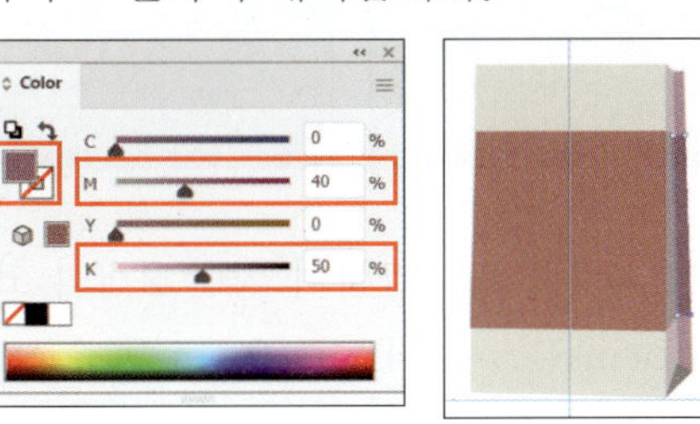

04 Selection Tool(▶)로 왼쪽 오브젝트를 선택하고 Ctrl+C로 복사하고 Ctrl+F로 복사한 오브젝트 앞에 붙여 넣기를 한 후 Swatches 패널에서 등록된 구름 문양 패턴을 클릭하여 Fill Color에 적용합니다.

05 Scale Tool(▣)을 더블 클릭하고 'Uniform : 45%, Transform Objects : 체크 해제, Transform Patterns : 체크'를 지정하여 패턴의 크기를 축소한 후, Transparency 패널에서 'Opacity : 70%'를 지정하여 패턴의 불투명도를 조절합니다.

06 Rectangle Tool(□)로 쇼핑백의 왼쪽 상단에 드래그하여 그리고 Color 패널에서 'Fill Color : C10M10Y30K10, Stroke Color : None'을 지정합니다. Selection Tool(▶)로 Alt와 Shift를 누르면서 오른쪽으로 드래그하여 복사하여 배치합니다.

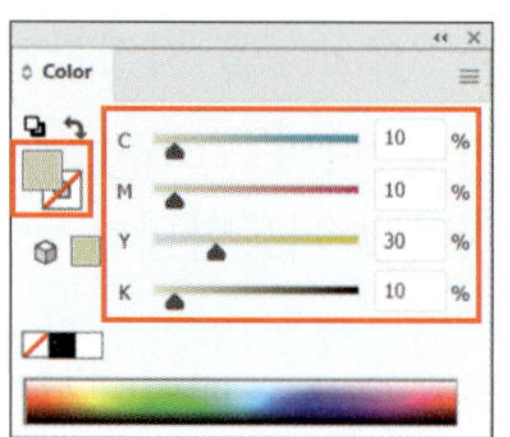
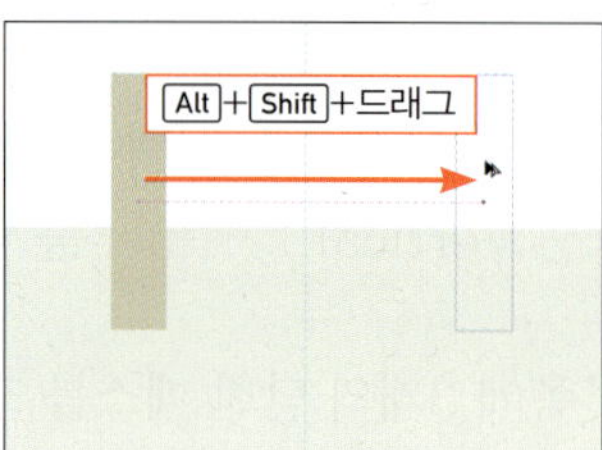

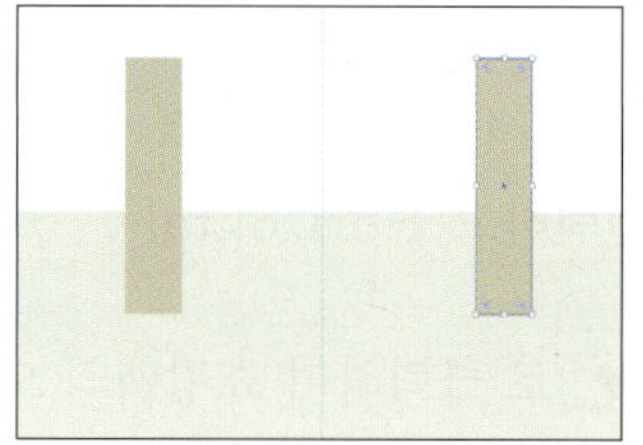

07 Rotate Tool(↻)을 더블 클릭하여 'Angle : 90°, Transform Objects : 체크, Transform Patterns : 체크 해제'를 지정하고 [Copy]를 눌러 회전하여 복사하고 바운딩 박스의 상단에 배치합니다. Selection Tool(▶)로 왼쪽 2개의 사각형을 선택하고 Align 패널에서 'Horizontal Align Left(▣)'를 클릭하여 왼쪽 정렬을 지정합니다.

08 Selection Tool(▶)로 조절점 가운데를 오른쪽으로 드래그하여 상단 사각형의 너비를 조절합니다. Alt와 Shift를 누르면서 아래쪽으로 드래그하여 복사하고 바운딩 박스의 조절점 하단 가운데를 위쪽으로 드래그하여 높이를 줄인 후 Color 패널에서 'Fill Color : M20Y30K40, Stroke Color : None'을 지정합니다.

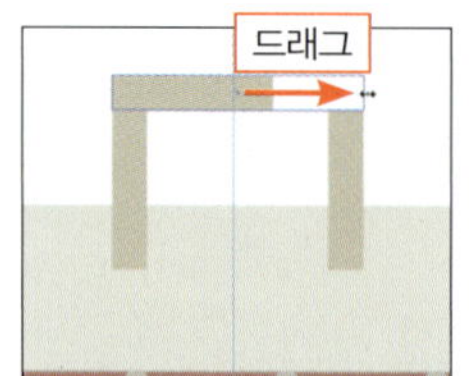

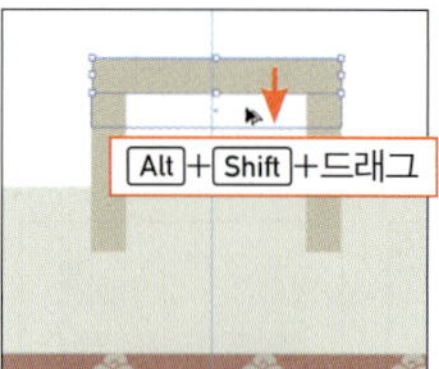

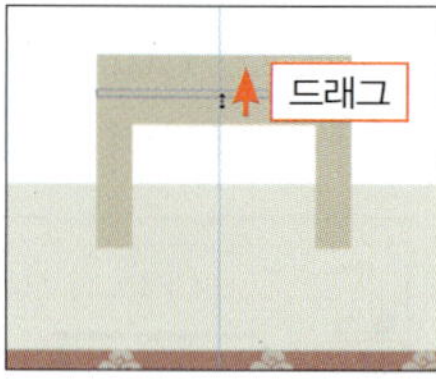

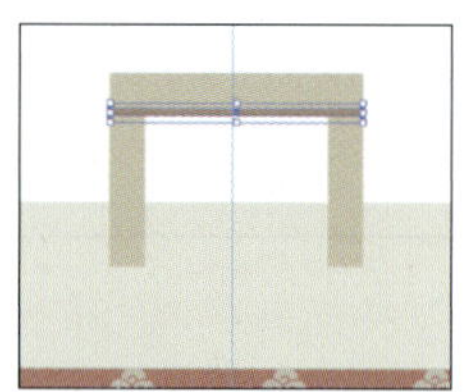

09 Direct Selection Tool(▷)로 드래그하여 상단 2개의 고정점을 선택하고 Scale Tool(▣)을 더블 클릭하여 'Uniform : 75%, Transform Objects : 체크, Transform Patterns : 체크 해제'를 지정하여 패스를 축소합니다.

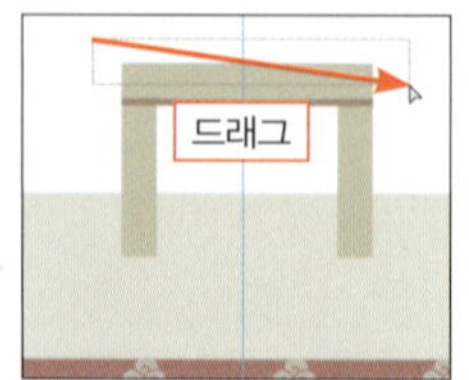

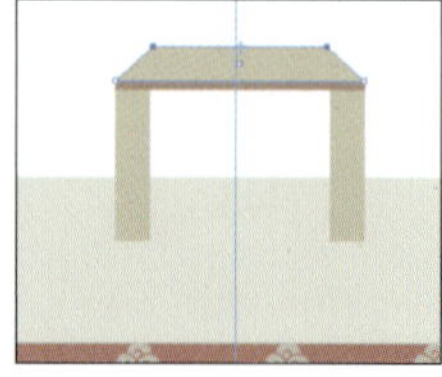

10 Selection Tool(▶)로 쇼핑백 손잡이 모양을 모두 선택하고 Alt 를 누르면서 오른쪽 상단으로 드래그하여 복사하고 Shift + Ctrl + [를 눌러 맨 뒤로 보내기를 합니다.

11 Ellipse Tool(○)로 작업 도큐먼트를 클릭한 후 'Width : 27mm, Height : 21mm'를 입력하여 그리고 Color 패널에서 'Fill Color : C0M0Y0K0, Stroke Color : None'을 지정합니다.

12 Scale Tool(⊡)을 더블 클릭하여 'Uniform : 95%'를 지정하고 [Copy]를 눌러 축소 복사한 후 Color 패널에서 'Fill Color : None, Stroke Color : C20M60Y50K10'을 지정합니다. Stroke 패널에서 'Weight : 1pt, Dashed Line : 체크, dash : 3pt'를 입력하여 점선을 그려 배치합니다.

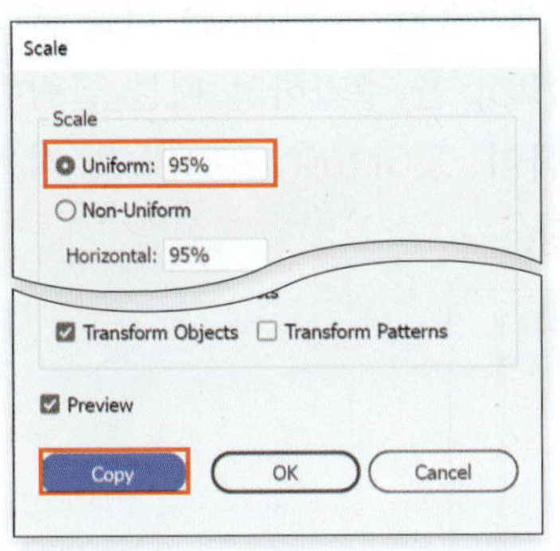
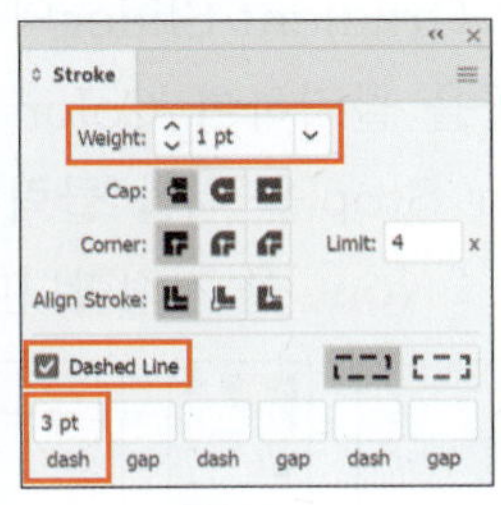

06 문자 입력하고 브러쉬 적용하기

01 Type Tool(T)로 도큐먼트를 클릭한 후 Character 패널에서 'Set the font family : Times New Roman, Set the font style : Regular, Set the font size : 10pt'를 설정하고 Paragraph 패널에서 'Align center(≡)'를 선택하여 문장을 가운데 배치합니다. Color 패널에서 'Fill Color : C30M80Y90K40, Stroke Color : None'을 지정한 후 'KOREAN RICE CANDY'를 입력합니다.

02 Brushes 패널 하단의 'Brush Libraries Menu(▥)'를 클릭한 후 [Artistic]-[Artistic_ChalkCharcoalPencil]을 선택하여 추가 브러쉬 패널을 불러온 후 'Charcoal'을 선택합니다.

03 Paintbrush Tool(✎)로 Color 패널에서 'Fill Color : None, Stroke Color : C30M80Y90K40'을 지정하고 왼쪽에서 오른쪽으로 드래그한 후 Stroke 패널에서 'Weight : 0.75pt'를 지정합니다.

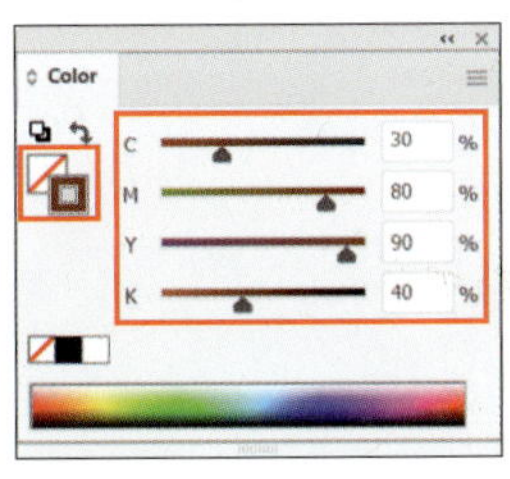

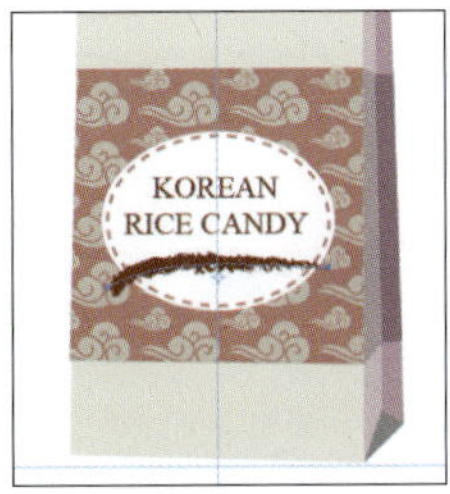

01 Rounded Rectangle Tool(▣)로 작업 도큐먼트를 클릭한 후 'Width : 37mm, Height : 1.7mm, Corner Radius : 1mm'를 입력하여 그립니다. Gradient 패널에서 'Type : Linear Gradient, Angle : 90°'를 적용하고 Gradient Slider의 왼쪽 'Color Stop'을 더블 클릭하여 C30M60Y80K20을 적용하고 오른쪽 'Color Stop'을 더블 클릭하여 M10Y50, Location : 87%'를 적용한 후 Tool 패널 하단에서 'Stroke Color : None'을 지정합니다.

02 Rounded Rectangle Tool(▣)로 작업 도큐먼트를 클릭한 후 'Width : 2mm, Height : 100mm, Corner Radius : 1mm'를 입력하여 그립니다. Gradient 패널에서 'Type : Linear Gradient, Angle : 0°'를 적용하고 Gradient Slider의 왼쪽 'Color Stop'을 더블 클릭하여 C30M60Y80K20을, 가운데 빈 곳을 클릭하여 'Color Stop'을 추가하고 더블 클릭하여 M10Y60을 적용합니다. 오른쪽 'Color Stop'을 더블 클릭하여 C30M60Y80K20을 적용한 후 Tool 패널 하단에서 'Stroke Color : None'을 지정합니다.

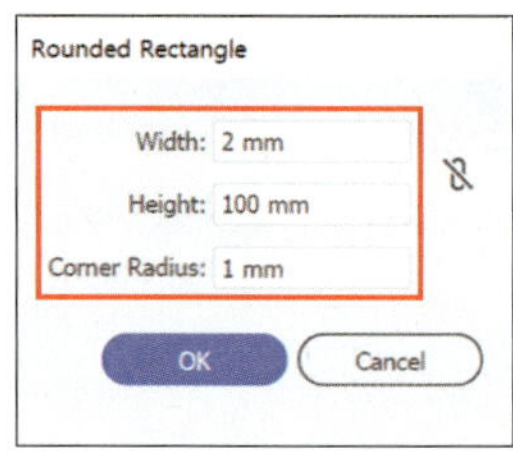
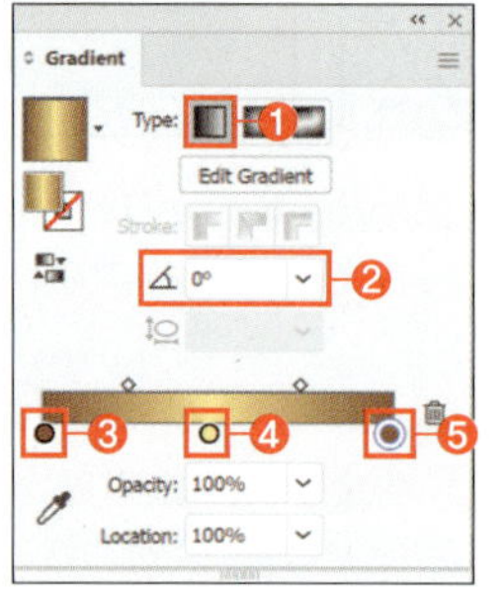
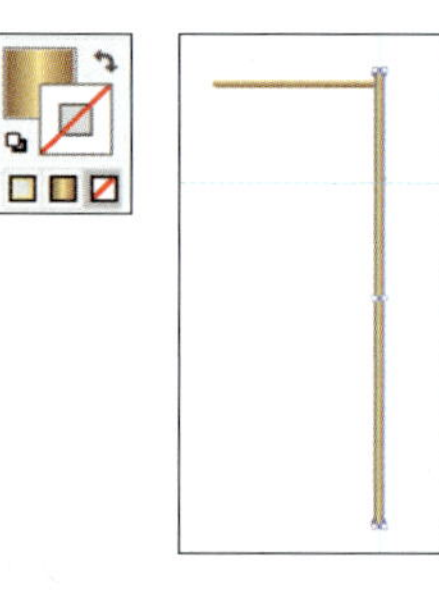

03 Ellipse Tool(◉)로 작업 도큐먼트를 클릭한 후 'Width : 23mm, Height : 6mm'를 입력하여 그리고 Color 패널에서 'Fill Color : 임의 색상, Stroke Color : 임의 색상'을 지정합니다. [Object]-[Transform]-[Transform Each](Alt+Shift+Ctrl+D)를 선택하고 Scale 항목에 'Horizontal : 108%, Vertical : 100%'를, Move 항목에는 'Horizontal : 0mm, Vertical : 2.5mm'를 입력하고 [Copy]를 눌러 확대와 이동을 동시에 하여 복사합니다.

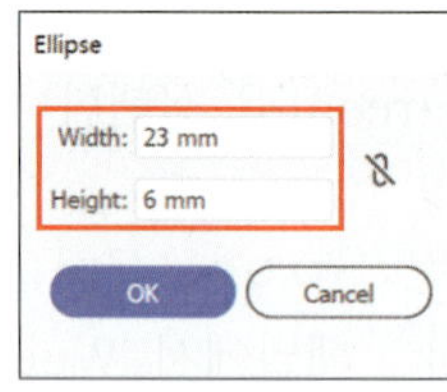
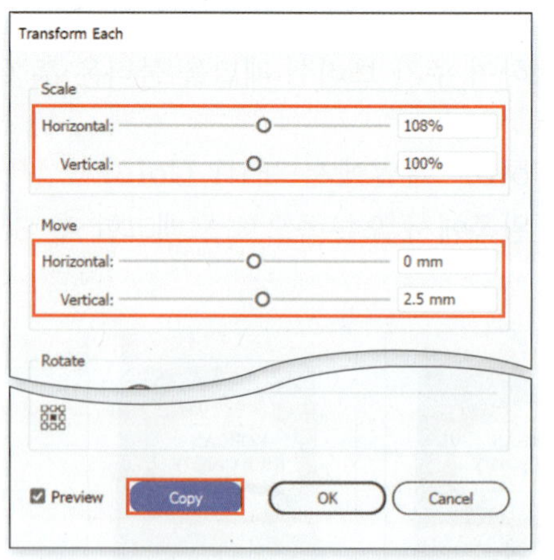
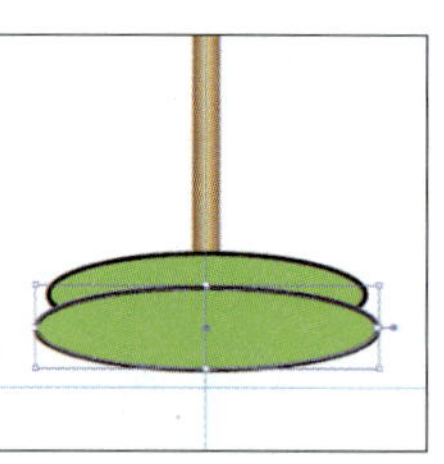

04 Rectangle Tool로 작업 도큐먼트를 클릭한 후 'Width : 25mm, Height : 2.6mm'를 입력하여 그리고 Color 패널에서 'Fill Color : 임의 색상, Stroke Color : 임의 색상'을 지정한 후 2개의 타원과 서로 겹치도록 배치합니다.

05 Selection Tool로 수직의 안내선에 배치된 4개의 오브젝트를 함께 선택하고 Align 패널에서 'Horizontal Align Center'를 클릭하여 가로 가운데 정렬을 지정합니다.

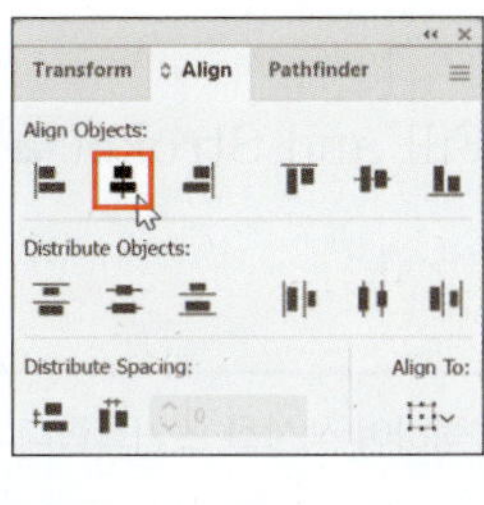
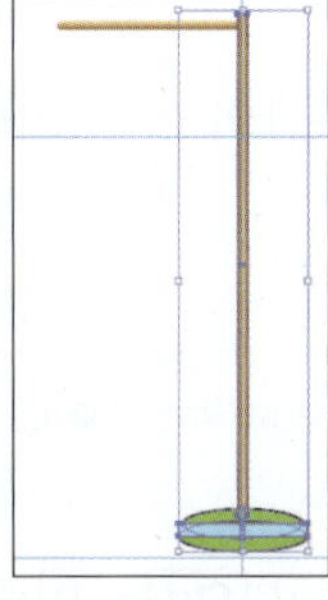

06 Selection Tool로 사각형을 더블 클릭하여 Isolation Mode로 전환하고 Direct Selection Tool로 드래그하여 상단 2개의 고정점을 선택합니다. Scale Tool을 더블 클릭하여 'Uniform : 92%'를 지정하여 패스를 축소하고 Esc 를 눌러 정상 모드로 전환합니다.

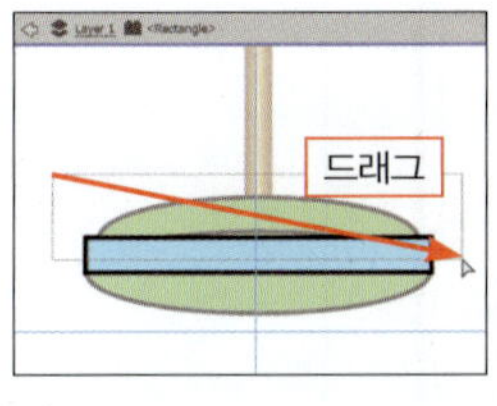
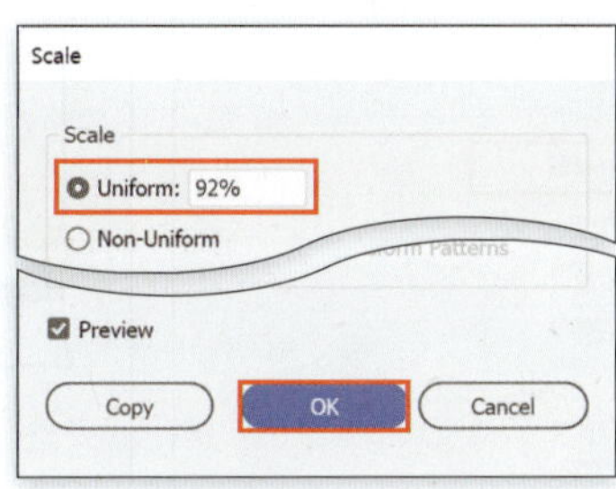
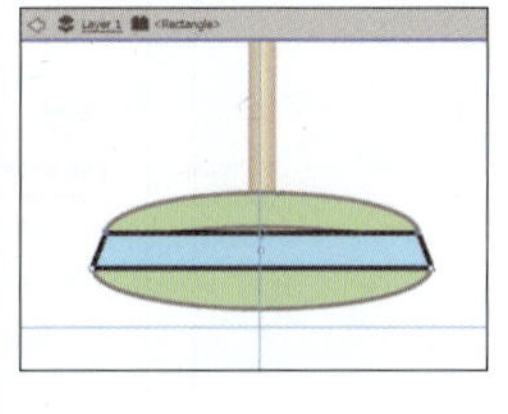

07 Selection Tool로 하단의 2개의 오브젝트를 함께 선택하고 Pathfinder 패널에서 'Unite'를 클릭하여 합친 후 Shift + Ctrl + [를 눌러 맨 뒤로 보내기를 합니다.

08 Gradient 패널에서 'Type : Linear Gradient, Angle : 0°'를 적용하고 Gradient Slider의 왼쪽 'Color Stop'을 더블 클릭하여 C30M60Y80K20을 적용하고 가운데 빈 곳을 클릭하여 'Color Stop'을 추가하고 더블 클릭하여 M10Y60을, 오른쪽 'Color Stop'을 더블 클릭하여 C30M60Y80K20을 적용한 후 'Stroke Color : None'을 지정합니다. Selection Tool로 상단의 타원을 선택하고 'Fill Color : C30M60Y80K20, Stroke Color : None'을 지정하고 Ctrl + [를 눌러 뒤로 보내기를 합니다.

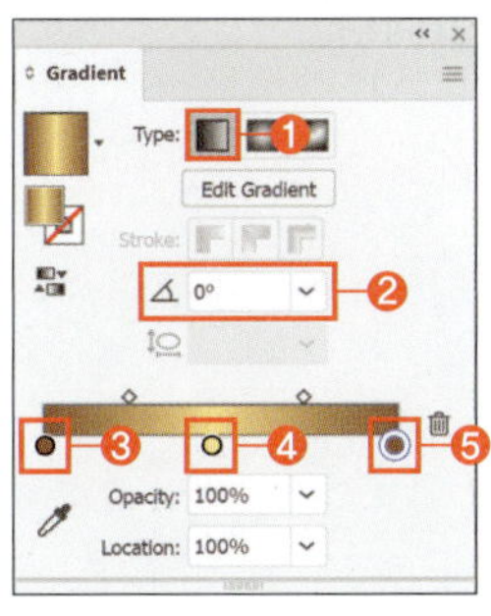
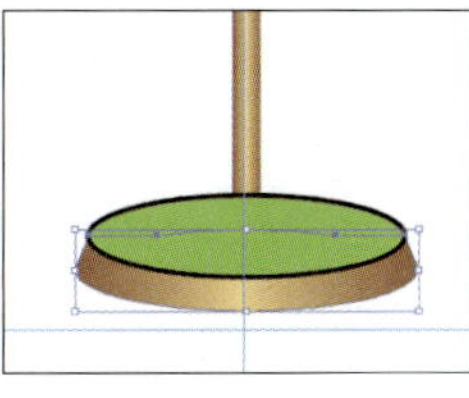
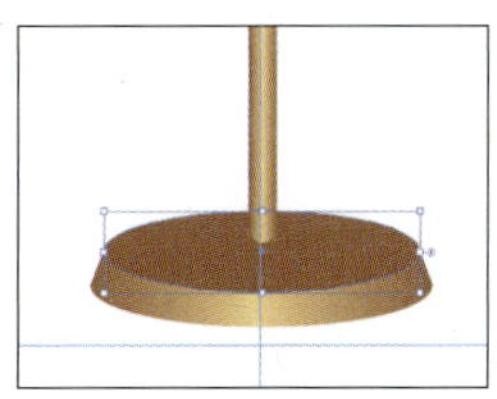

09 Selection Tool(▶)로 2개의 현수막 받침 모양을 선택하고 Ctrl+G를 눌러 그룹으로 설정합니다. [Effect]-[Illustrator Effects]-[Stylize]-[Drop Shadow]를 선택하고 'Opacity : 75%, X Offset : 1mm, Y Offset : 1mm, Blur : 1.76mm'를 지정하여 그림자 효과를 적용합니다.

⑧ 클리핑 마스크 적용하기

01 Pen Tool(✐)로 현수막 모양을 그리고 Tool 패널 하단의 Default Fill and Stroke(⬛)를 클릭합니다.

> **기적의 TIP**
>
> 이펙트 또는 브러쉬를 적용한 후 새로운 패스를 그릴 때는 Default Fill and Stroke(⬛)를 클릭하여 색상을 초기화합니다.

02 Selection Tool(▶)로 달과 구름 문양을 함께 선택하고 Ctrl+C로 복사하고 Ctrl+V로 현수막 모양 위에 붙여 넣기를 합니다. Reflect Tool(◁)을 더블 클릭하여 'Axis : Vertical, Transform Objects : 체크, Transform Patterns : 체크 해제'를 지정하고, Scale Tool(⬚)을 더블 클릭하여 'Uniform : 80%'를 지정하여 축소합니다.

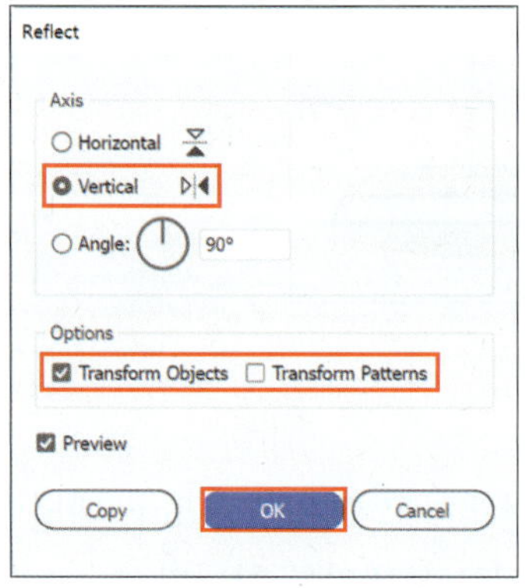
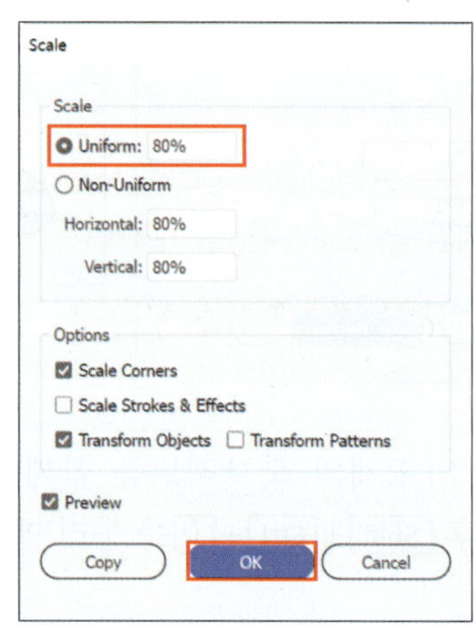
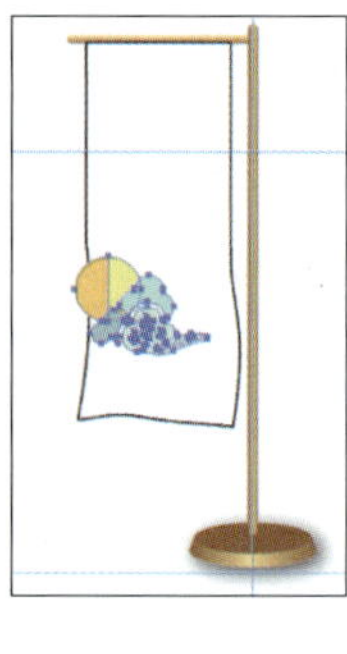

03 Selection Tool(▶)로 축소된 달 모양을 선택하고 Scale Tool(⬚)을 더블 클릭하여 'Uniform : 45%'를 지정하고 [Copy]를 눌러 축소 복사하고 상단에 배치합니다.

04 Selection Tool(▶)로 학 모양을 선택하고 Ctrl+C로 복사하고 Ctrl+V로 현수막 모양 위에 붙여 넣기를 합니다. Reflect Tool(◁)을 더블 클릭하여 'Axis : Vertical'을 지정한 후 Scale Tool(⬚)을 더블 클릭하여 'Uniform : 40%'를 지정하여 축소합니다.

05 계속해서 Scale Tool(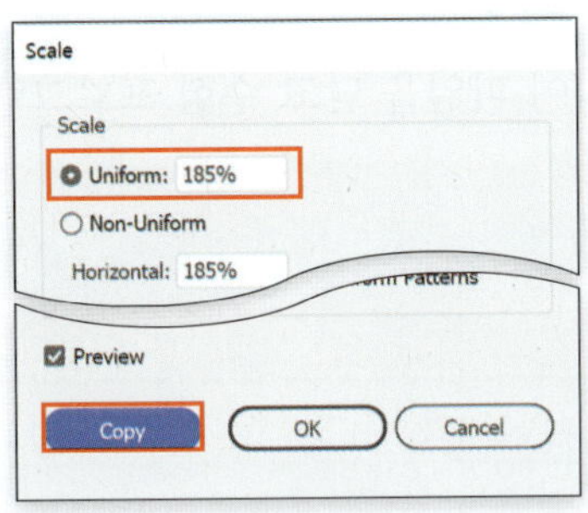)을 더블 클릭하여 'Uniform : 185%'를 지정하고 [Copy]를 눌러 확대 복사하고 배치합니다. Selection Tool(▶)로 학 모양을 연속하여 2번 더블 클릭하고 Isolation Mode로 전환합니다. 'Fill Color : Y10K20'이 적용된 학의 몸통 모양을 선택하고 Color 패널에서 'Fill Color : C0M0Y0K0, Stroke Color : None'을 지정하고 도큐먼트의 빈 곳을 더블 클릭하여 정상 모드로 전환합니다.

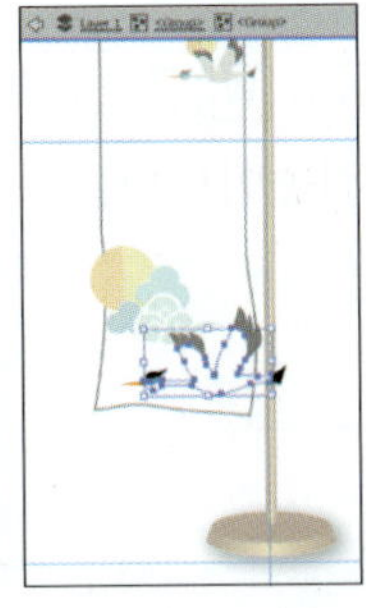

06 Selection Tool(▶)로 현수막 모양을 선택하고 Shift+Ctrl+]를 눌러 맨 앞으로 가져오기를 합니다. 클리핑 마스크를 적용할 달과 구름 문양, 학 모양을 함께 선택하고 [Object]-[Clipping Mask]-[Make](Ctrl+7)를 선택합니다. 오브젝트를 더블 클릭하여 Isolation Mode로 전환하고 투명해진 현수막 모양을 선택하고 Color 패널에서 'Fill Color : C40M80Y80K40, Stroke Color : None'을 지정한 후 도큐먼트의 빈 곳을 더블 클릭하여 정상 모드로 전환합니다.

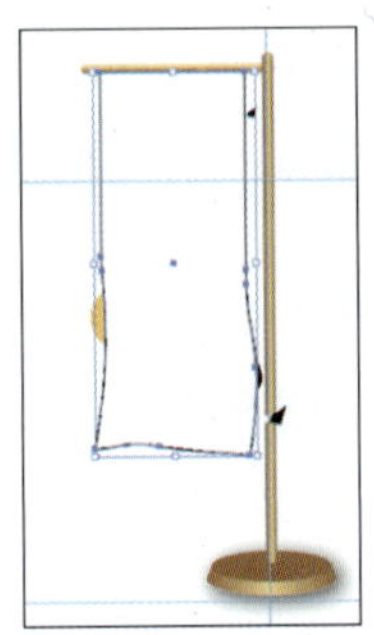 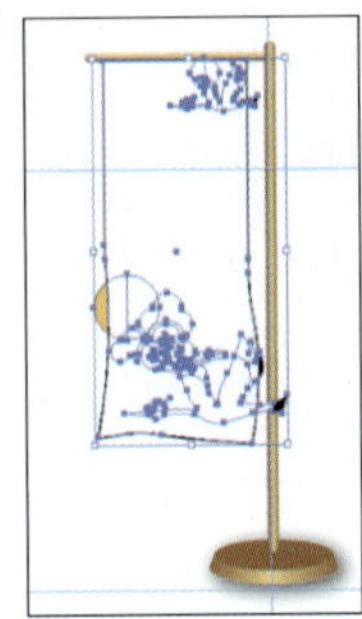 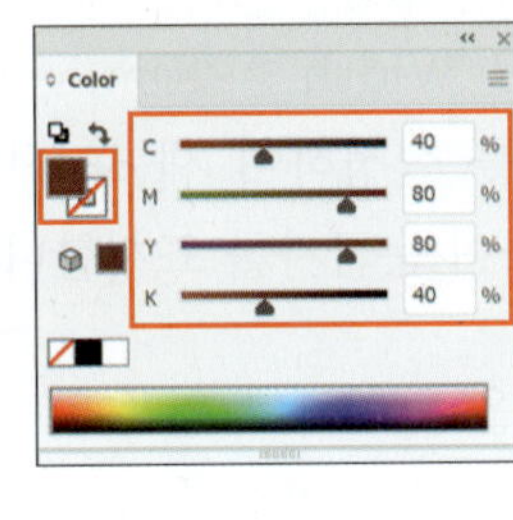 

09 문자 입력 및 저장하기

01 Type Tool(T)로 작업 도큐먼트를 클릭한 후 Character 패널에서 'Set the font family : Arial, Set the font style : Bold Italic, Set the font size : 13pt'를 설정하고 Para-graph 패널에서 'Align right(▤)'를 선택하여 문장을 오른쪽에 배치합니다. Color 패널에서 'Fill Color : C0M0Y0K0, Stroke Color : None'을 지정한 후 'Traditional Korean Food Expo'를 입력합니다.

02 Type Tool(T)로 'Korean Food' 문자를 드래그하여 선택하고 Color 패널에서 'Fill Color : M40Y90, Stroke Color : None'을 지정합니다.

03 [View]–[Guides]–[Hide Guides]([Ctrl]+[;])를 선택하여 안내선을 숨기고 [View]–[Fit Artboard in Window]([Ctrl]+[0])을 선택하여 현재 창에 맞추기를 합니다. [File]–[Save As]를 선택하고 '저장 위치 : 내 PC₩문서₩GTQ, 파일 형식 : Adobe Illustrator(*AI), 파일 이름 : 수험번호–성명–문제번호.ai'를 확인하고 [저장]을 클릭한 후 [Illustrator Options] 대화상자에서 'Version : Illustrator 2020'으로 설정하고 [OK]를 클릭합니다.

04 답안 저장이 완료가 되면 [File]–[Close]([Ctrl]+[W])를 선택하여 파일을 닫고 수험 프로그램에서 [답안 전송]을 클릭하여 감독관 컴퓨터로 전송합니다.

문제 ❸	광고 디자인

작업과정	새 도큐먼트 만들기 및 파일 저장하기 ➡ 그라디언트 메시 적용하기 ➡ 블렌드 효과 적용하기 ➡ 한옥 모양 만들기 ➡ 누각 모양과 등불 모양 만들기 ➡ 나무 모양 만들고 이펙트 적용하기 ➡ 연 심볼 등록 및 적용, 편집하기 ➡ 문자 입력 및 왜곡하기 ➡ 클리핑 마스크 적용 및 저장하기
완성이미지	PART04₩기출유형문제05회₩수험번호–성명–3.ai

01 새 도큐먼트 만들기 및 파일 저장하기

01 [File]–[New]([Ctrl]+[N])를 선택하고 'Width : 210mm, Height : 297mm, Units : Millimeters, Color Mode : CMYK'를 설정하여 새 도큐먼트를 만들고 [View]–[Rulers]–[Show Rulers]([Ctrl]+[R])를 선택하여 눈금자를 표시합니다.

02 작품의 규격 왼쪽 상단에 원점(0,0)을 확인하고 왼쪽과 상단 눈금자 위에서 마우스를 드래그하여 제시된 출력형태와 레이아웃 구성을 동일하게 작업하기 위해서 안내선을 표시합니다.

03 작업 도큐먼트를 저장하기 위해 [File]–[Save]([Ctrl]+[S])를 선택하고 '저장 위치 : 내 PC₩문서₩GTQ, 파일 형식 : Adobe Illustrator(*AI), 파일 이름 : 수험번호–성명–문제번호'를 입력하고 [저장]을 클릭한 후 [Illustrator Options] 대화상자에서 'Version : Illustrator 2020'으로 설정하고 [OK]를 클릭합니다.

02 그라디언트 메시 적용하기

01 Rectangle Tool(▣)로 작업 도큐먼트 왼쪽 상단의 원점(0,0)을 클릭하여 'Width : 210mm, Height : 297mm'를 입력하여 그리고 Color 패널에서 'Fill Color : C20Y20, Stroke Color : None'을 지정합니다.

02 Mesh Tool(▦)로 사각형의 왼쪽 상단과 오른쪽 하단에 각각 클릭하여 고정점을 추가합니다. Direct Selection Tool(▷)로 드래그하여 오른쪽 상단의 4개의 고정점을 선택하고 Color 패널에서 'Fill Color : C80M40, Stroke Color : None'을 적용합니다.

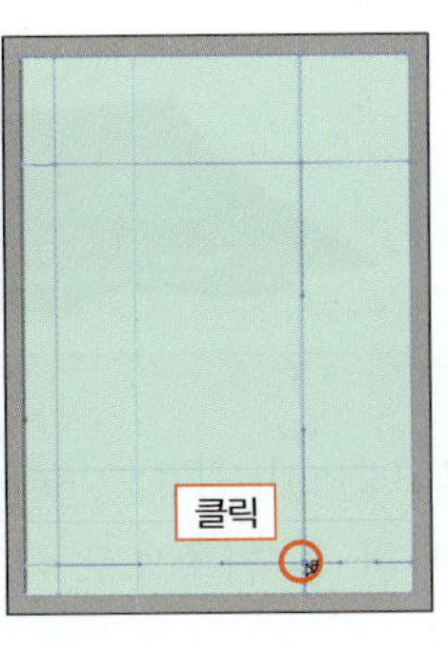

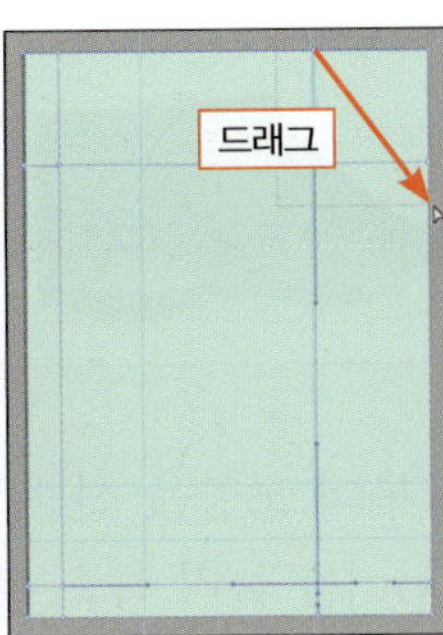

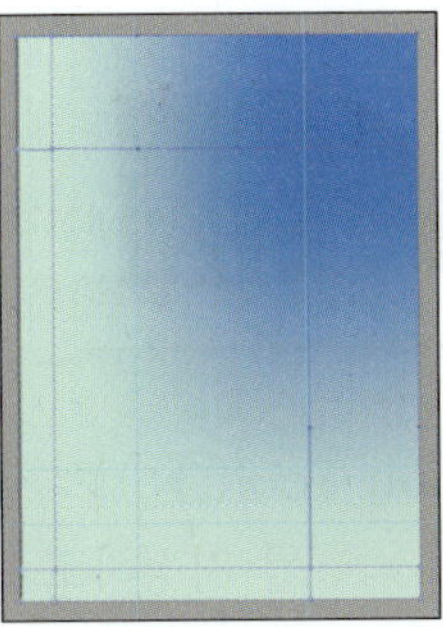

⓿③ 블렌드 효과 적용하기

01 Pen Tool(✏)로 작업 도큐먼트를 완전히 벗어나는 2개의 곡선을 그리고 위쪽 곡선은 Color 패널에서 'Fill Color : None, Stroke Color : C90M40K10'을 지정한 후 Stroke 패널에서 'Weight : 1pt'를 적용합니다. 아래쪽 곡선은 'Fill Color : None, Stroke Color : C40Y10'을 지정한 후 Stroke 패널에서 'Weight : 3pt'를 적용합니다.

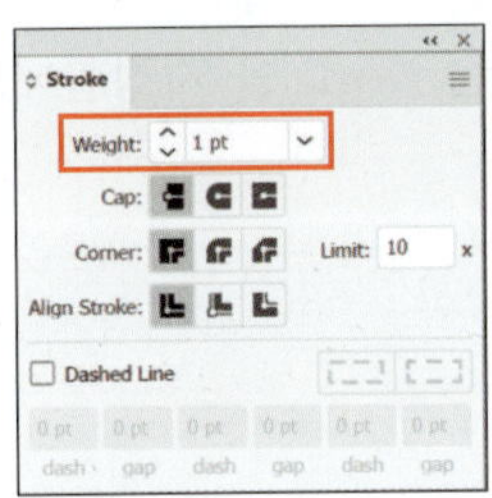
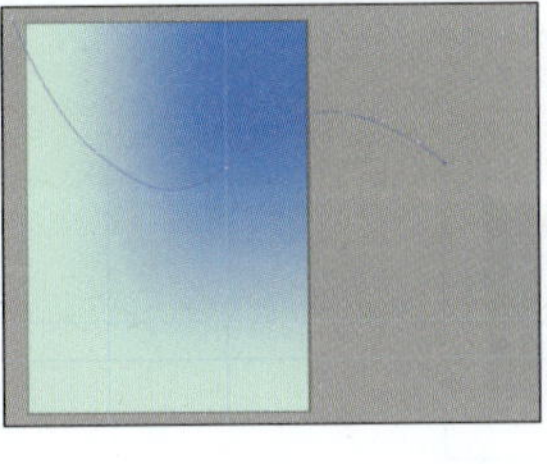
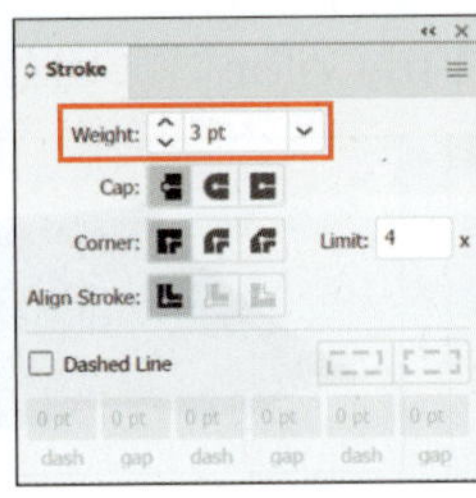
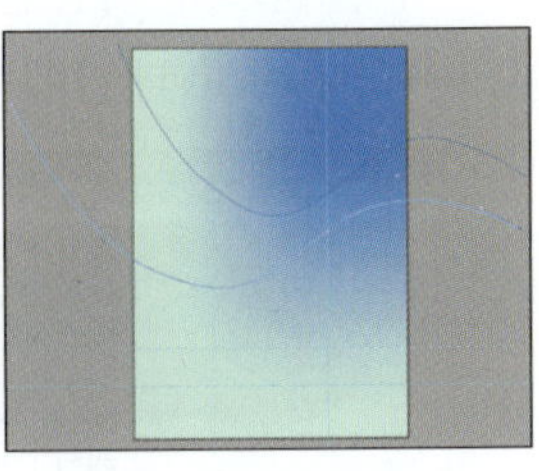

02 Selection Tool(▶)로 2개의 곡선을 함께 선택한 후 [Object]-[Blend]-[Make]를 적용하고 [Object]-[Blend]-[Blend Options]로 'Specified Steps : 15'를 적용한 후 도큐먼트의 빈 곳을 클릭하여 선택을 해제합니다.

⓿④ 한옥 모양 만들기

01 Rectangle Tool(▢)로 작업 도큐먼트를 클릭한 후 'Width : 220mm, Height : 21mm'를 입력하여 그리고 Color 패널에서 'Fill Color : C10Y30K20, Stroke Color : None'을 지정합니다. 계속해서 Rectangle Tool(▢)로 사각형의 상단에 드래그하여 그리고 'Fill Color : C50M50Y60, Stroke Color : None'을 지정합니다.

02 Rounded Rectangle Tool(▢)로 드래그하여 크기가 다른 9개의 둥근 사각형을 그리고 Color 패널에서 'Fill Color : C20M50 Y70K20, Stroke Color : None'을 지정합니다.

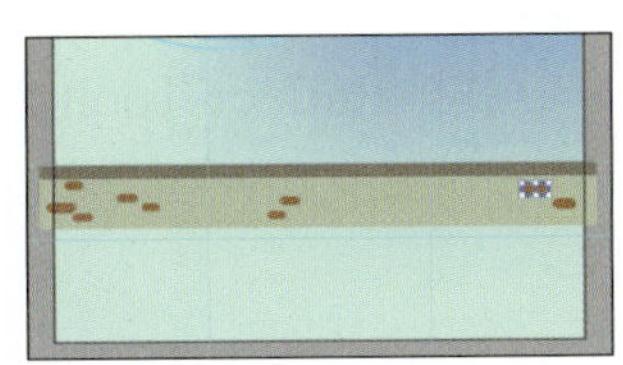

03 Pen Tool(✐)로 반사 대칭할 지붕의 왼쪽 모양을 닫힌 패스로 순서대로 그리고 Color 패널에서 'Fill Color : C90M60K50, C90M20Y10K40, 임의 색상, Stroke Color : None'을 각각 지정합니다.

  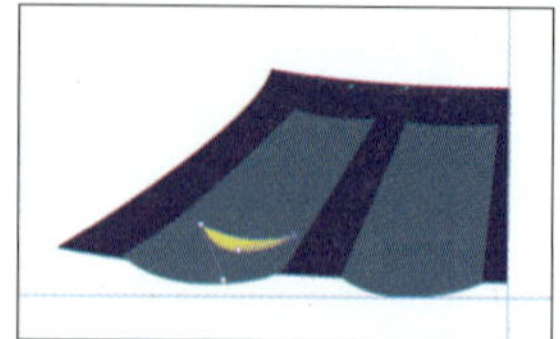

04 Selection Tool(▶)로 기와 무늬 모양을 선택하고 Scale Tool(⬚)을 더블 클릭하여 'Uni-form : 80%'를 지정하고 [Copy]를 눌러 축소 복사한 후 위쪽으로 이동하여 배치합니다.

05 Selection Tool(▶)로 2개의 오브젝트를 선택하고 [Object]-[Blend]-[Make]를 적용한 후 [Object]-[Blend]-[Blend Options]를 선택하여 'Specified Steps : 1'을 적용합니다. Selection Tool(▶)로 Alt 를 누르면서 오른쪽으로 드래그하여 복사합니다.

06 Selection Tool(▶)로 오브젝트를 더블 클릭하여 Isolation Mode로 전환하고 아래쪽 기와 모양을 오른쪽으로 이동하여 배치하고 Esc 를 눌러 정상 모드로 전환합니다. Shift 를 누르면서 블렌드가 적용된 2개의 오브젝트를 함께 선택하고 [Object]-[Blend]-[Expand]로 확장하고 Color 패널에서 'Fill Color : C60M20Y20K10, Stroke Color : None'을 지정합니다.

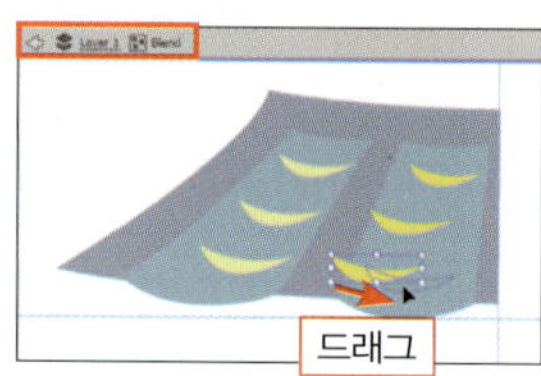

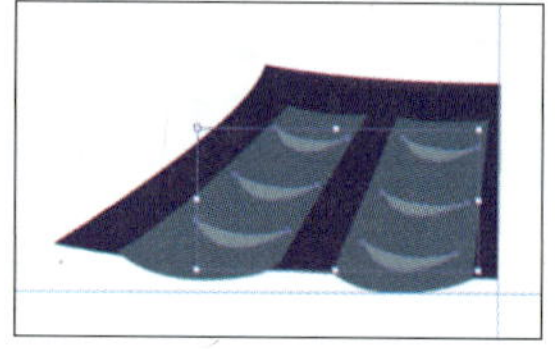

07 Ellipse Tool(⬭)로 작업 도큐먼트에 드래그하여 타원을 그리고 Color 패널에서 'Fill Color : C60M20Y20K10, Stroke Color : None'을 지정합니다. Selection Tool(▶)로 Alt 를 누르면서 드래그하여 그림과 같은 위치에 3개를 복사하여 배치합니다. Pen Tool(✐)로 처마의 아래 모양을 겹치도록 그리고 타원과 동일한 색상을 지정하고 Shift + Ctrl + [를 눌러 맨 뒤로 보내기를 합니다.

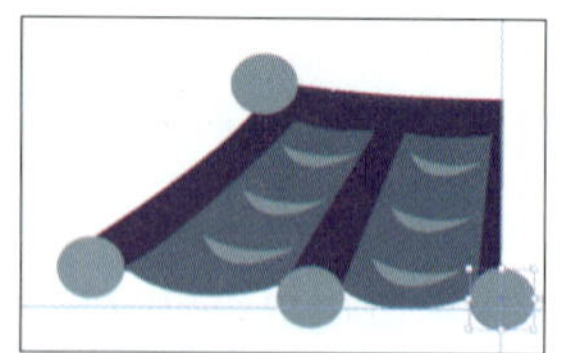  

08 Selection Tool(▶)로 세로 안내선에 배치한 타원을 제외한 지붕의 왼쪽 모양을 모두 선택합니다. Reflect Tool(◄►)로 Alt 를 누르면서 세로 안내선을 클릭하여 'Axis : Vertical'을 지정하고 [Copy]를 눌러 복사합니다.

09 Selection Tool(▶)로 드래그하여 Color 패널에서 'Fill Color : C90M60K50, Stroke Color : None'인 2개의 오브젝트를 선택하고 Pathfinder 패널에서 'Unite(■)'를 클릭하여 합치고 Shift + Ctrl + [를 눌러 맨 뒤로 보내기를 합니다. 처마의 아래 모양도 동일한 방법으로 합치고 맨 뒤로 배치합니다.

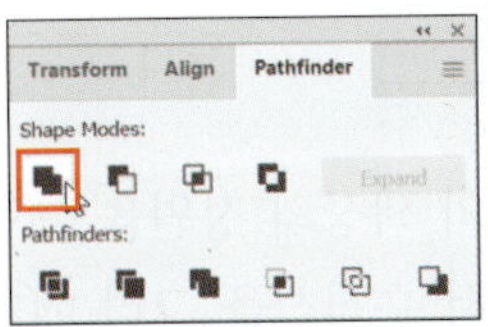
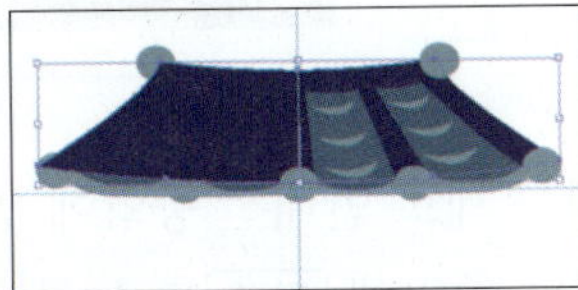
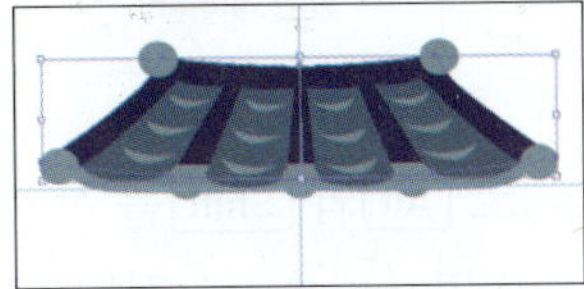

10 Group Selection Tool(▷)로 Shift 를 누르면서 2개의 기와 모양을 함께 선택하고 Delete 를 눌러 삭제합니다.

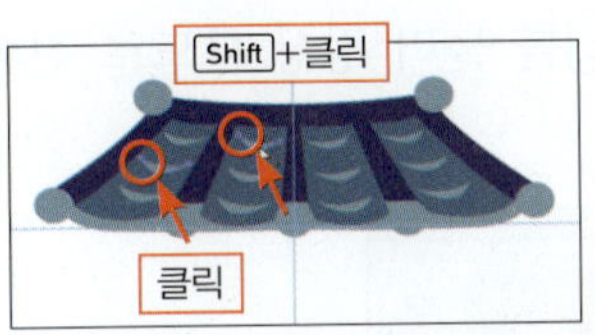

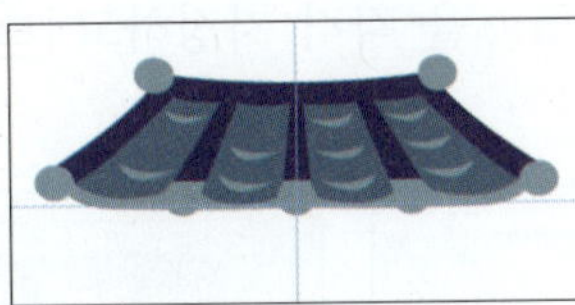

> **기적의 TIP**
>
> [Object]—[Blend]—[Expand]로 확장한 오브젝트는 그룹으로 설정되어 있으므로 Group Selection Tool(▷)로 일부 오브젝트를 선택합니다.

11 Rectangle Tool(■)로 드래그하여 2개의 사각형을 그리고 Color 패널에서 'Fill Color : C10Y30K40, C60M80Y100, Stroke Color : None'을 각각 지정합니다. Direct Selection Tool(▷)로 왼쪽 사각형의 하단 선분을 왼쪽으로 드래그하여 패스를 변형합니다.

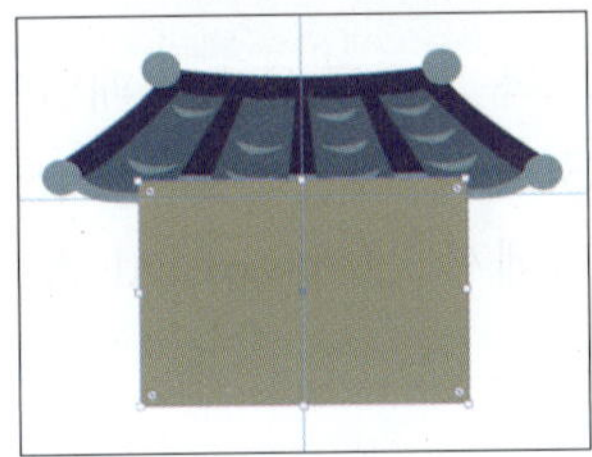
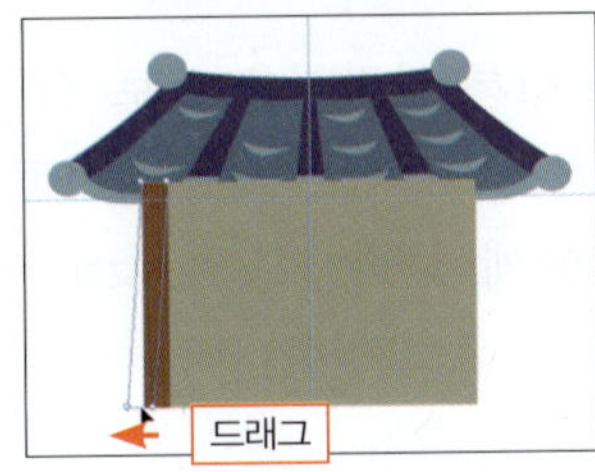

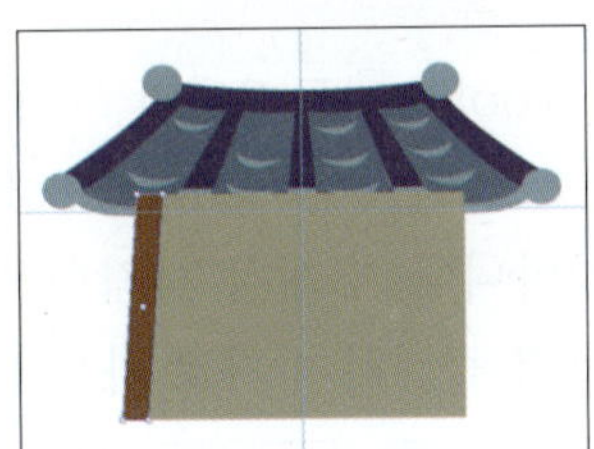

12 Selection Tool(▶)로 변형된 사각형을 선택하고 Reflect Tool(▷◁)로 Alt 를 누르고 가운데 안내선을 클릭하여 'Axis : Vertical'을 지정하고 [Copy]를 눌러 복사합니다. Selection Tool(▶)로 3개의 오브젝트를 선택하고 Ctrl + [를 여러 번 눌러 지붕 모양 뒤로 보내기를 합니다.

13 Rectangle Tool(■)로 드래그하여 사각형을 그리고 Color 패널에서 'Fill Color : C60M80Y100, Stroke Color : C50M80Y100K60'을 지정합니다. Stroke 패널에서 'Weight : 4pt, Join : Bevel Join'을 지정하고 [Object]—[Path]—[Outline Stroke]를 선택하여 선을 면으로 확장합니다.

14 Rectangle Tool(■)로 드래그하여 사각형을 그리고 Color 패널에서 'Fill Color : C50M80Y100K60, Stroke Color : None'을 지정합니다. Selection Tool(▶)로 Alt + Shift 를 누르면서 오른쪽으로 드래그하여 복사하고 Ctrl + D 를 3번 눌러 균등 간격으로 복사합니다.

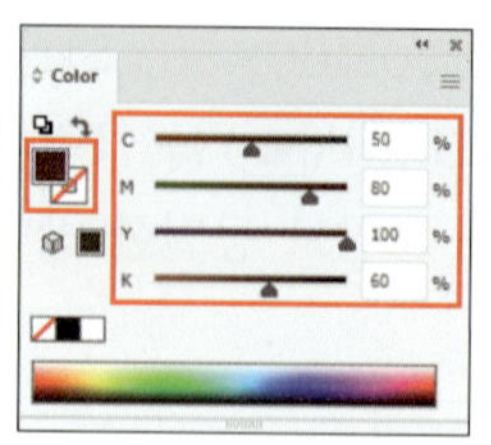 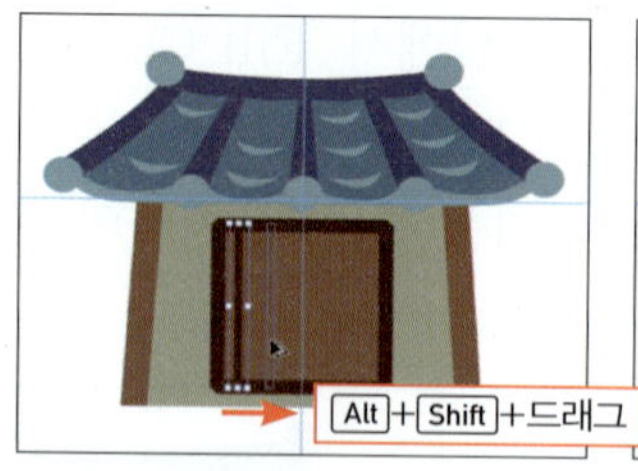 

15 Ellipse Tool(◉)로 Alt 와 Shift 를 누르면서 세로 안내선 중앙에 임의 색상의 정원을 그립니다. Line Segment Tool(╱)로 정원의 가로 중앙에 Shift 를 누르면서 수직선을 그려 배치하고 Color 패널에서 'Fill Color : None, Stroke Color : 임의 색상'을 지정합니다. Selection Tool(▶)로 정원과 함께 선택하고 Pathfinder 패널에서 'Divide(◲)'를 클릭하여 면을 분할합니다. 오브젝트를 더블 클릭하여 Isolation Mode에서 'Fill Color : C90M20Y10K40, C20M50Y70K20, Stroke Color : None'을 각각 지정하고 Esc 를 눌러 정상 모드로 전환합니다.

 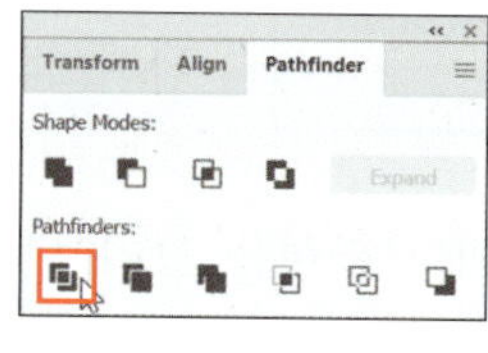 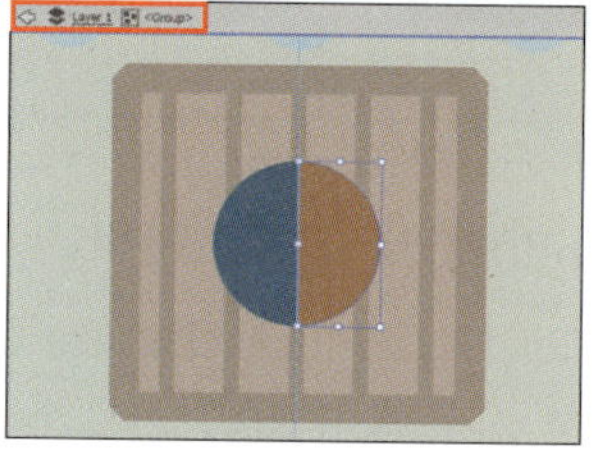

16 Rectangle Tool(▢)로 3개의 크기가 다른 사각형을 서로 겹치도록 그리고 Color 패널에서 'Fill Color : Y20K30, Stroke Color : Y20K50'을 지정하고 Stroke 패널에서 'Weight : 2pt'를 지정합니다. 3개의 사각형을 함께 선택하고 Align 패널에서 'Horizontal Align Center(▮)'를 클릭하여 가로 가운데 정렬을 지정합니다.

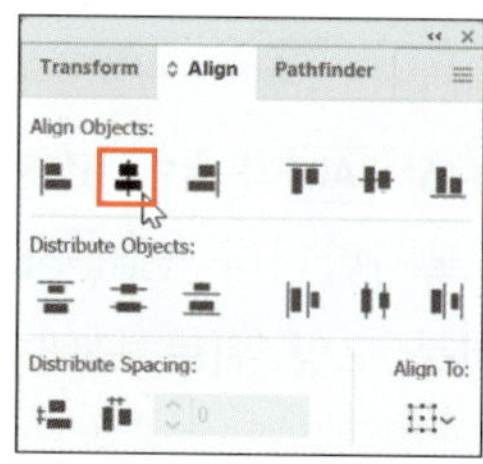 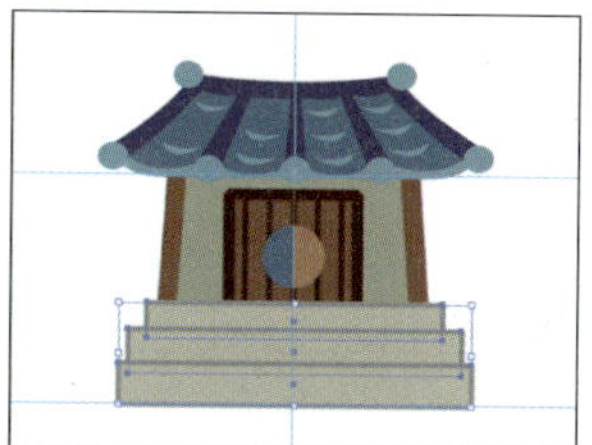

🔵05 누각 모양과 등불 모양 만들기

01 Rectangle Tool(▢)로 작업 도큐먼트를 클릭한 후 'Width : 61mm, Height : 57mm'를 입력하여 그리고 Color 패널에서 'Fill Color : C40M80Y100K10, Stroke Color : None'을 지정합니다. 계속해서 세로 안내선에 Alt 를 누르면서 클릭하여 'Width : 54mm, Height : 30mm'를 입력하여 그리고 'Fill Color : M20Y50, Stroke Color : None'을 지정합니다.

02 [Object]-[Transform]-[Transform Each](Alt+Shift+Ctrl+D)를 선택하고 Scale 항목에 'Horizontal : 100%, Vertical : 10%'를, Move 항목에는 'Horizontal : 0mm, Vertical : 18.5mm'를 입력하고 [Copy]를 눌러 축소와 이동을 동시에 합니다. 다시 한 번 [Transform Each]를 선택하고 Scale 항목에 'Horizontal : 100%, Vertical : 230%'를, Move 항목에는 'Horizontal : 0mm, Vertical : 11mm'를 입력하고 [Copy]를 클릭합니다.

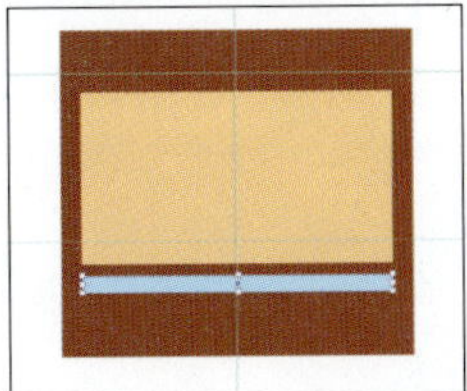 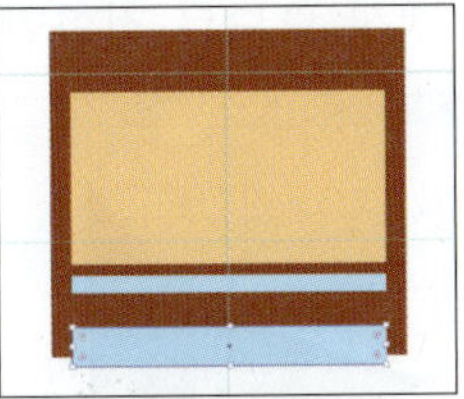

03 Selection Tool(▶)로 3개의 사각형을 선택하고 Pathfinder 패널에서 'Minus Front(□)'를 클릭한 후 Ctrl+[를 눌러 뒤로 보내기를 합니다.

04 Rounded Rectangle Tool(▢)로 임의 색상의 크기가 다른 2개의 둥근 사각형을 겹치도록 그리고 함께 선택한 후, Pathfinder 패널에서 'Minus Front(□)'를 클릭하여 Color 패널에서 'Fill Color : Y20K60, Stroke Color : None'을 지정합니다. Reflect Tool(▷◁)로 Alt를 누르면서 세로 안내선에 클릭하여 'Axis : Vertical'을 지정하고 [Copy]를 눌러 중앙에서부터 동일한 거리에 복사합니다.

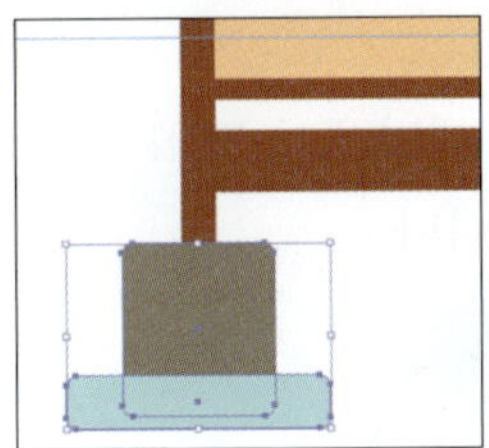 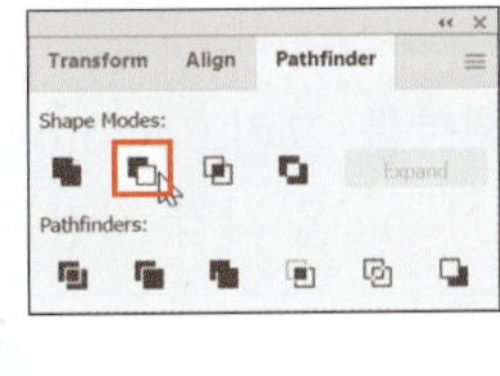 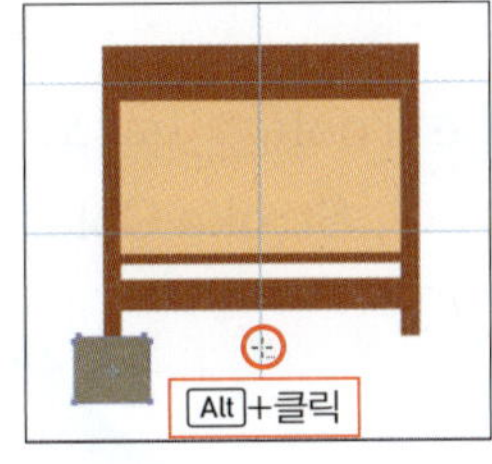 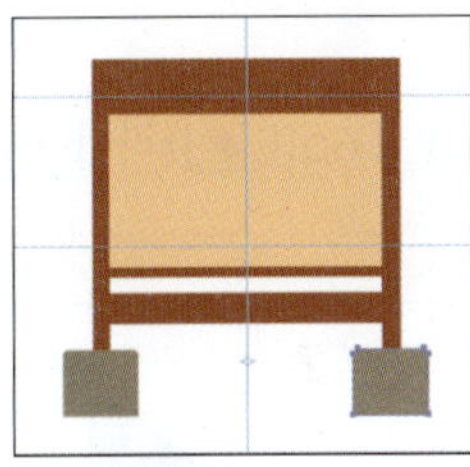

05 Rectangular Grid Tool(▦)로 작업 도큐먼트에 클릭하여 'Width : 20mm, Height : 21mm, Horizontal Dividers Number : 3, Vertical Dividers Number : 2, Fill Grid : 체크'를 입력하여 그리고 Color 패널에서 'Fill Color : C0M0Y0K0, Stroke Color : C40M80Y100K10'을 지정하고 Stroke 패널에서 'Weight : 4pt, Corner : Bevel Join'을 지정합니다.

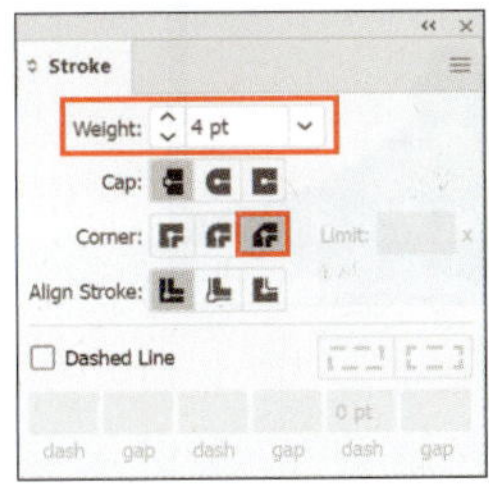 

06 Pen Tool(🖊)로 지붕 모양 절반을 닫힌 패스로 그리고 Color 패널에서 'Fill Color : C90M60K50, Stroke Color : None'을 지정합니다. 계속해서 곡선의 열린 패스를 겹치도록 그리고 'Fill Color : None, Stroke Color : 임의 색상'을 지정합니다. Selection Tool(▶) 로 닫힌 패스와 함께 선택하고 Pathfinder 패널에서 'Divide(🔳)'를 클릭하여 면을 분할합니다. 더블 클릭하여 Isolation Mode로 전환하고 상단 오브젝트에 'Fill Color : C10Y30K40, Stroke Color : None'을 지정하고 [Esc]를 눌러 정상 모드로 전환합니다.

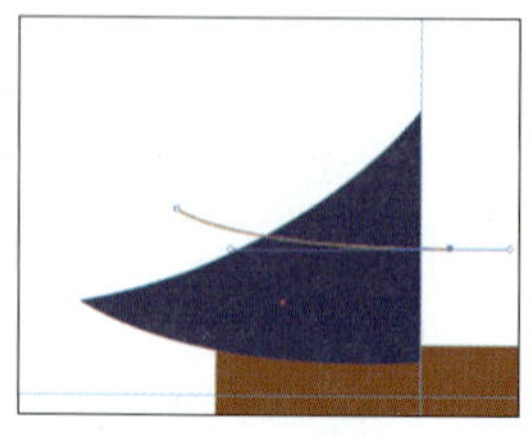 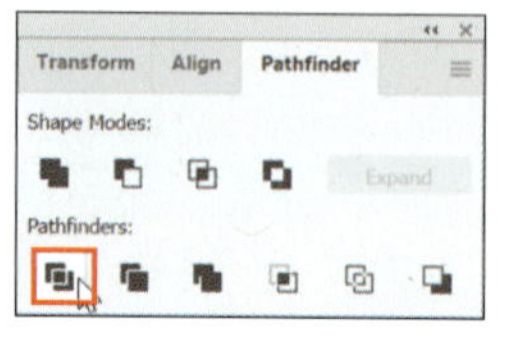 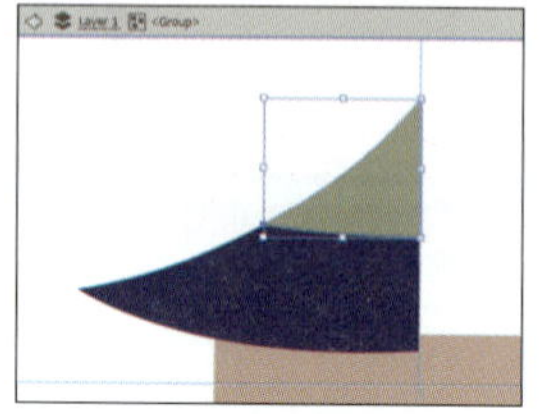

07 Pen Tool(🖊)로 곡선의 열린 패스를 그리고 Color 패널에서 'Fill Color : None, Stroke Color : 임의 색상'을 지정하고 Stroke 패널에서 'Weight : 20pt, Cap : Round Cap'을 지정하고 [Object]-[Path]-[Outline Stroke]를 선택하여 선을 면으로 확장한 후 'Fill Color : C90M20Y10K40'을 지정합니다.

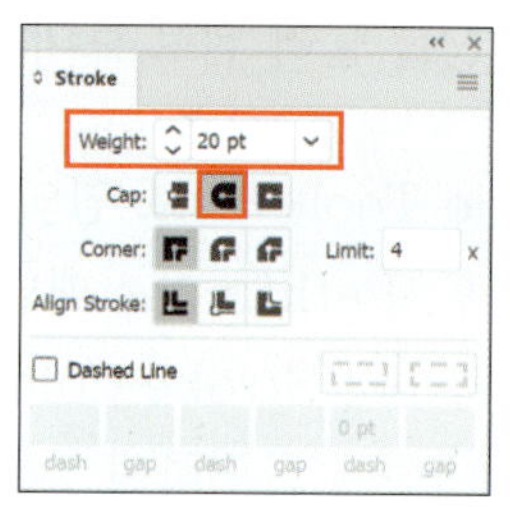 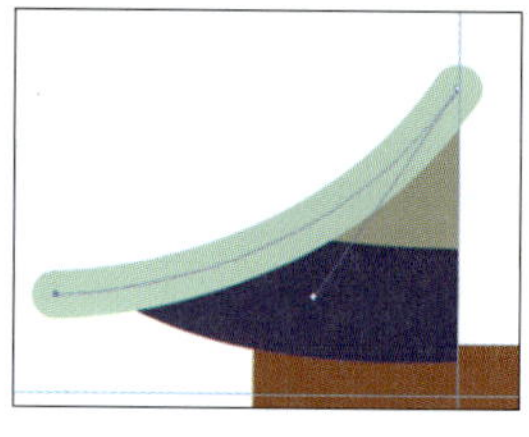

08 Pen Tool(🖊)과 Ellipse Tool(⬭)로 오브젝트를 그리고 Color 패널에서 'Fill Color : C90M20Y10K40, C50M30, Stroke Color : None'을 각각 지정합니다.

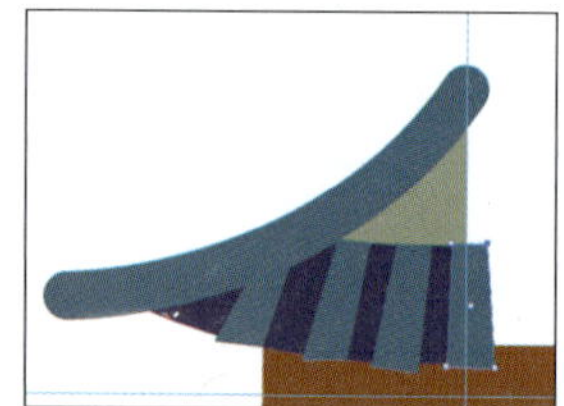 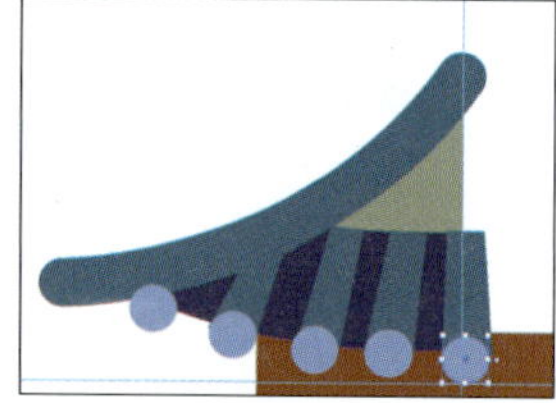 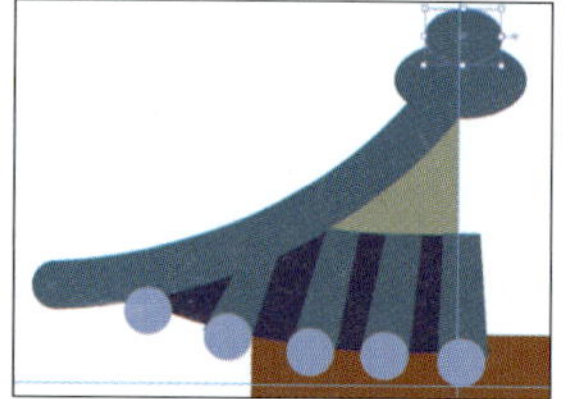

09 Selection Tool(▶)로 반사 대칭할 오브젝트를 모두 선택하고 Reflect Tool(◀▶)로 [Alt]를 누르면서 세로 안내선을 클릭하여 'Axis : Vertical'을 지정 후 [Copy]를 눌러 복사합니다.

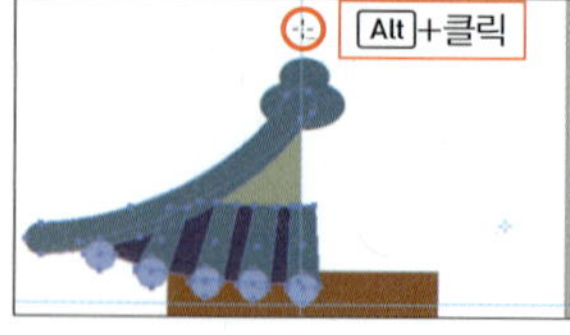 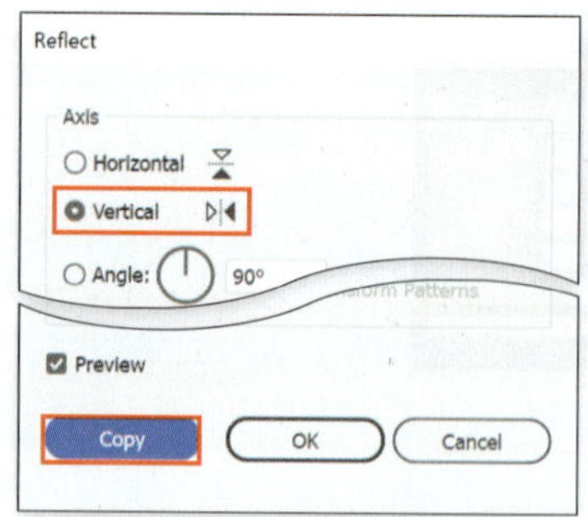

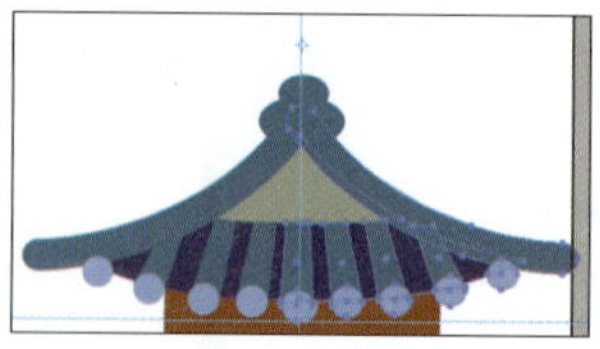

10 Selection Tool(▶)로 가운데 2개의 오브젝트를 선택하고 [Shift]+[Ctrl]+[]]를 눌러 맨 앞으로 가져오기를 합니다. Group Selection Tool(▷)로 상단 2개의 오브젝트를 함께 선택하고 Pathfinder 패널에서 'Unite(■)'를 클릭하여 합칩니다.

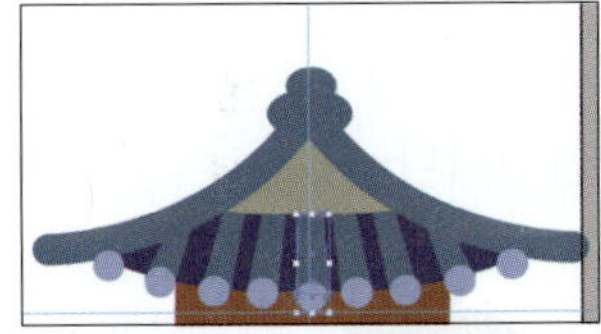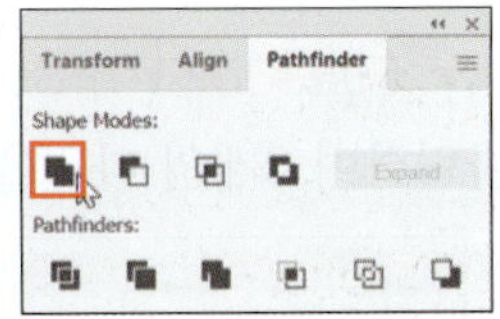

11 Group Selection Tool(▷)로 2개의 처마 모양을 [Shift]를 누르면서 함께 선택하고 Pathfinder 패널에서 'Unite(■)'를 클릭하여 합칩니다. 지붕 모양의 오브젝트도 동일한 방법으로 합치기를 하고 [Object]–[Arrange]로 각각을 앞뒤로 정돈을 합니다.

12 Rounded Rectangle Tool(▢)로 작업 도큐먼트를 클릭한 후 'Width : 14mm, Height : 23mm, Corner Radius : 1mm'를 입력하여 그리고 Color 패널에서 'Fill Color : 임의 색상, Stroke Color : 임의 색상'을 지정합니다. Direct Selection Tool(▷)로 드래그하여 상단 4개의 고정점을 선택하고 Scale Tool(▣)을 더블 클릭하여 'Uniform : 75%'를 지정하여 패스를 축소합니다.

13 Line Segment Tool(╱)로 [Shift]를 누르면서 드래그하여 수평선을 그리고 Selection Tool(▶)로 둥근 사각형과 함께 선택하고 Pathfinder 패널에서 'Divide(■)'를 클릭하여 면을 분할합니다. 오브젝트를 더블 클릭하여 Isolation Mode로 전환하고 하단에는 Color 패널에서 'Fill Color : C90M60, Stroke Color : None'을 지정하고 상단에는 Gradient 패널에서 'Type : Linear Gradient, Angle : 45°'를 적용하고 Gradient Slider의 왼쪽 'Color Stop'을 더블 클릭하여 M50Y50을, 오른쪽 'Color Stop'을 더블 클릭하여 M100Y100을 적용한 후 'Stroke Color : None'을 지정하고 [Esc]를 눌러 정상 모드로 전환합니다.

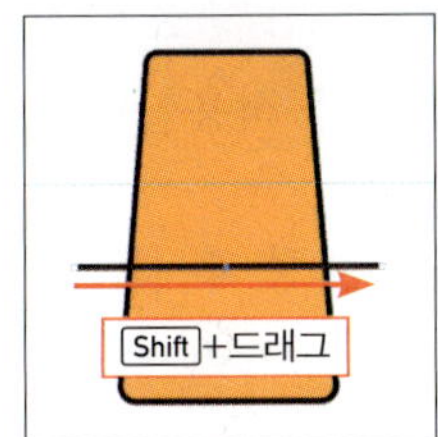

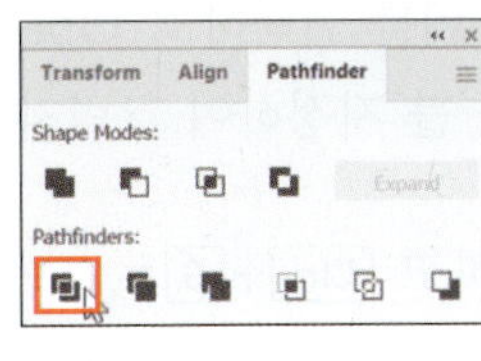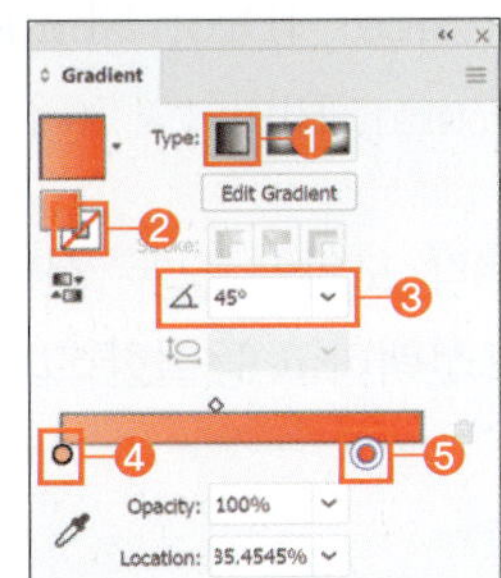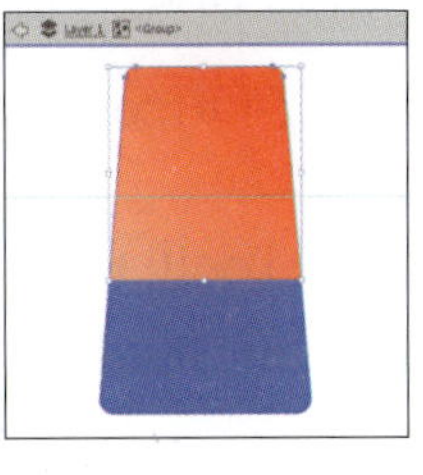

14 Selection Tool(▶)로 등불 모양을 선택하고 왼쪽 처마의 위치에 배치한 후 처마의 왼쪽 원을 선택하고 [Shift]+[Ctrl]+[]]를 눌러 맨 앞으로 가져오기를 합니다.

01 Pen Tool( )로 나무의 줄기 모양을 그리고 Color 패널에서 'Fill Color : C20M50Y60 K10, Stroke Color : None'을 지정합니다. Ellipse Tool( )로 드래그하여 크기가 다른 3 개의 타원을 겹치도록 그리고 'Fill Color : C50Y100K70, Stroke Color : None'을 지정한 후 Pathfinder 패널에서 'Unite( )'를 클릭하여 3개의 타원을 합칩니다.

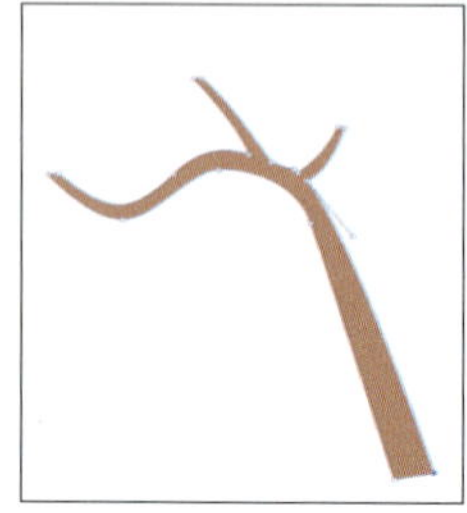 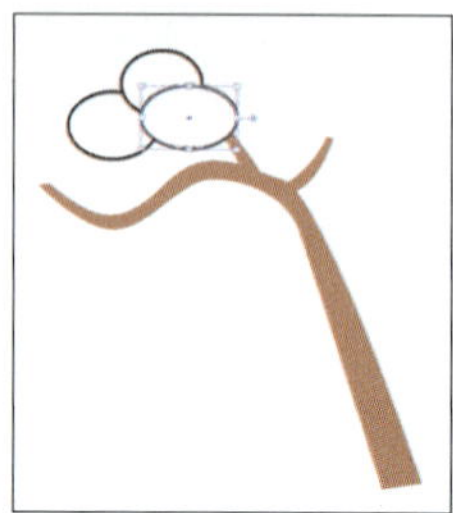 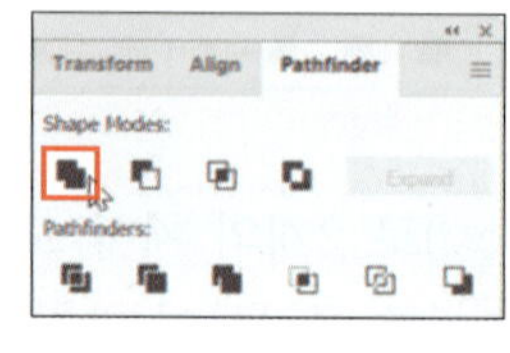 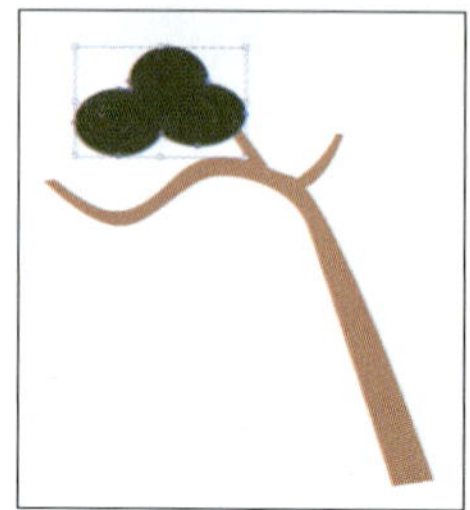

02 Line Segment Tool( )로 드래그하여 3개의 선을 그리고 Color 패널에서 'Fill Color : None, Stroke Color : C80M20Y100'을 지정하고 Stroke 패널에서 'Weight : 3pt, Cap : Round Cap'을 지정합니다. [Object]-[Path]-[Outline Stroke]를 선택하여 선을 면으로 확장합니다.

03 Selection Tool( )로 4개의 오브젝트를 함께 선택하고 [Alt]를 누르면서 드래그하여 4개를 복사하여 배치합니다. [Shift]를 누르면서 바운딩 박스의 조절점의 모서리를 드래그하여 각각의 크기를 조절한 후 [Object]-[Arrange]로 정돈을 합니다. 3개의 오브젝트를 함께 선택하고 Color 패널에서 'Fill Color : C50Y100K20, Stroke Color : None'을 지정합니다.

 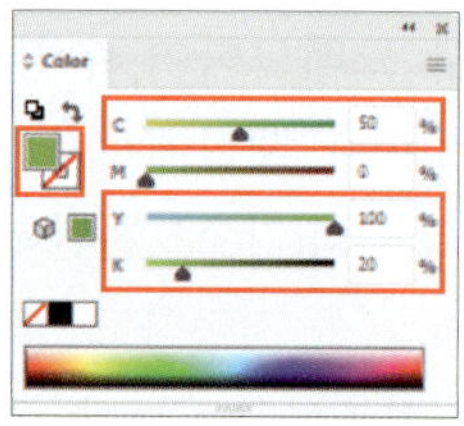 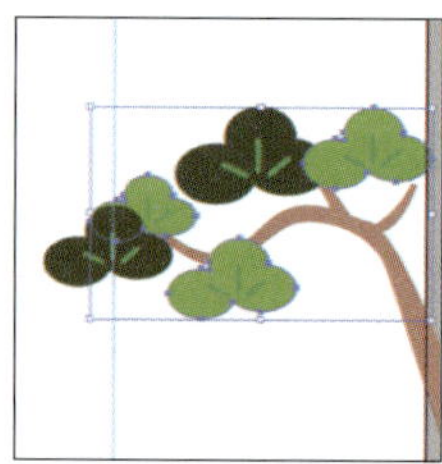

04 Selection Tool( )로 나무 모양을 모두 선택하고 [Ctrl]+[G]로 그룹을 설정 후 [Effect]-[Illustrator Effects]-[Stylize]-[Drop Shadow]를 선택하고 'Opacity : 75%, X Offset : 2.47mm, Y Offset : 2.47mm, Blur : 1.76mm'를 지정하여 그림자 효과를 적용합니다.

05 Selection Tool( )로 누각 모양을 모두 선택하고 [Ctrl]+[G]로 그룹을 설정 후 [Effect]-[Apply Drop Shadow]를 선택하고 동일한 그림자 효과를 적용합니다.

01 Rectangle Tool(■)로 작업 도큐먼트를 클릭한 후 'Width : 26mm, Height : 37mm'를 입력하여 그리고 Color 패널에서 'Fill Color : 임의 색상, Stroke Color : None'을 지정합니다. Ellipse Tool(◯)로 Alt 를 누르면서 사각형의 중앙에 클릭하여 'Width : 13mm, Height : 13mm'를 입력하여 그리고 'Fill Color : 임의 색상, Stroke Color : 임의 색상'을 지정합니다.

02 Selection Tool(▶)로 사각형과 함께 선택하고 Pathfinder 패널에서 'Minus Front(◨)'를 클릭합니다.

03 Rectangle Tool(■)로 드래그하여 그리고 Color 패널에서 'Fill Color : M60Y90K20, Stroke Color : None'을 지정합니다. Selection Tool(▶)로 연 모양과 함께 선택하고 Align 패널에서 'Horizontal Align Center(▮)'와 'Vertical Align Center(▮)'를 클릭하여 가운데 정렬을 지정합니다.

04 Selection Tool(▶)로 사각형을 선택하고 Ctrl + [를 눌러 뒤로 보내기를 한 후 Rotate Tool(↻)을 더블 클릭하여 'Angle : 45°'를 지정하고 [Copy]를 눌러 회전 복사한 후 Ctrl + D 를 2번 눌러 반복하여 복사합니다.

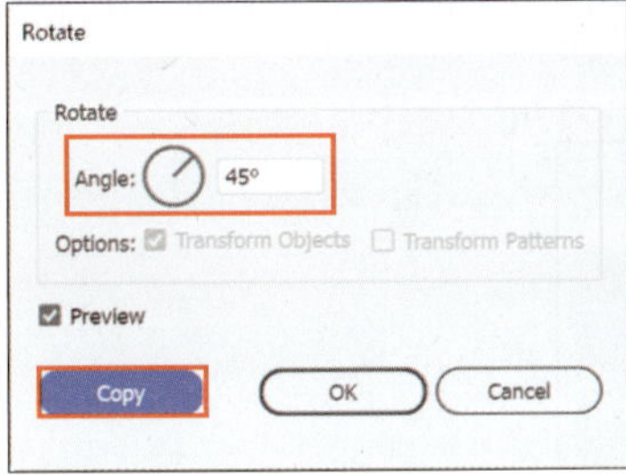
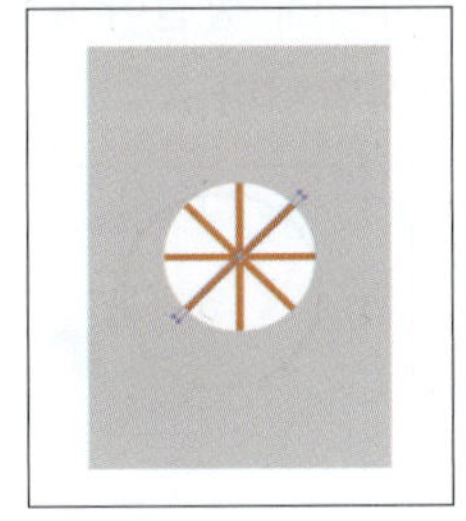

05 Ellipse Tool(◯)로 작업 도큐먼트를 클릭한 후 'Width : 6mm, Height : 6mm'를 입력하여 그리고 Color 패널에서 'Fill Color : 임의 색상, Stroke Color : 임의 색상'을 지정합니다. 계속해서 도큐먼트를 클릭하여 'Width : 3mm, Height : 3mm'를 입력하여 그립니다. Selection Tool(▶)로 2개의 정원을 선택하고 Align 패널에서 'Horizontal Align Left(▮)'와 'Vertical Align Center(▮)'를 클릭하여 왼쪽 가운데 정렬을 지정합니다.

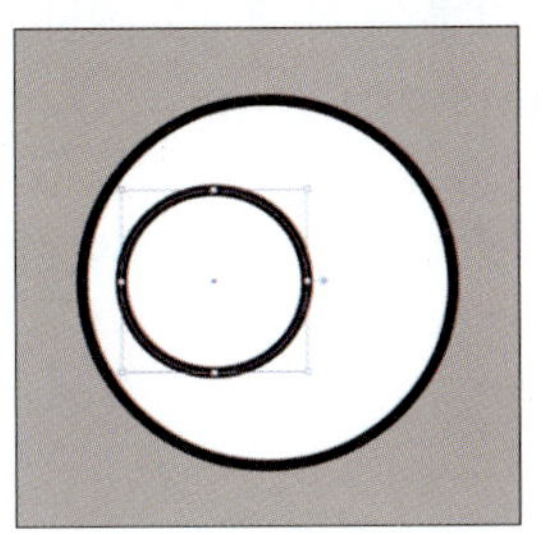
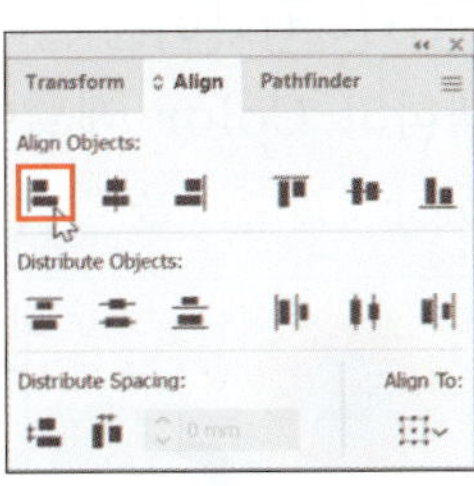
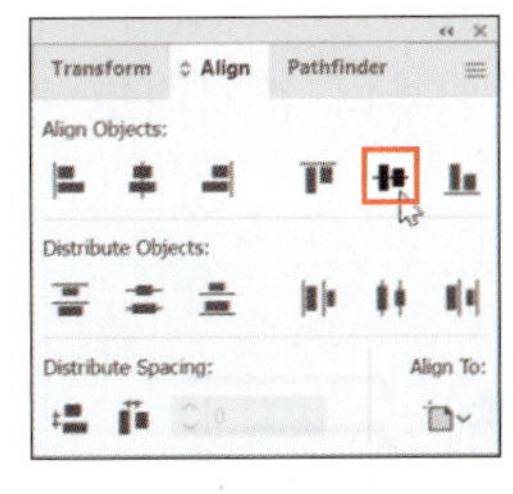
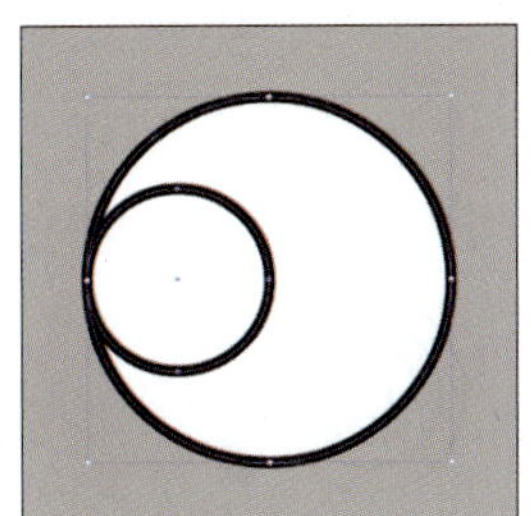

06 Selection Tool(▶)로 작은 정원을 선택하고 [Object]–[Transform]–[Move]를 선택한 후 'Horizontal : 3mm, Vertical : 0mm'을 입력하고 [Copy]를 눌러 오른쪽으로 이동하여 복사합니다. Selection Tool(▶)로 3개의 정원을 선택하고 Pathfinder 패널에서 'Divide(▣)'를 클릭하여 면을 분할합니다.

07 Selection Tool(▶)로 오브젝트를 더블 클릭하여 Isolation Mode로 전환하고 왼쪽 상단 2개의 오브젝트를 선택하여 Pathfinder 패널에서 'Unite(▣)'를 클릭하여 합치고 Color 패널에서 'Fill Color : K100, Stroke Color : None'을 지정합니다. 오른쪽 하단 2개의 오브젝트도 동일한 방법으로 합치고 'Fill Color : C0M0Y0K0, Stroke Color : None'을 지정하고 Esc 를 눌러 정상 모드로 전환합니다.

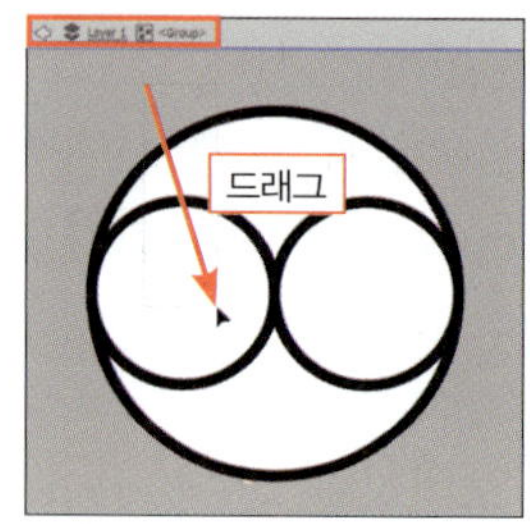

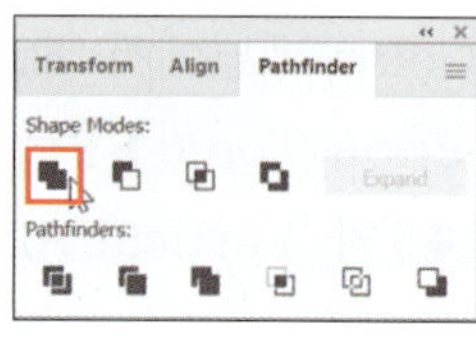

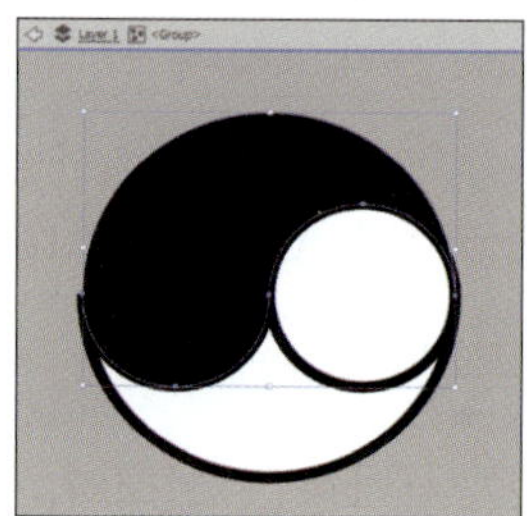

08 Ellipse Tool(◯)로 Alt 를 누르면서 연 모양의 왼쪽 상단 고정점을 클릭하여 'Width : 17mm, Height : 17mm'를 입력하여 모서리에 정렬하여 그리고 Color 패널에서 'Fill Color : None, Stroke Color : 임의 색상'을 지정합니다.

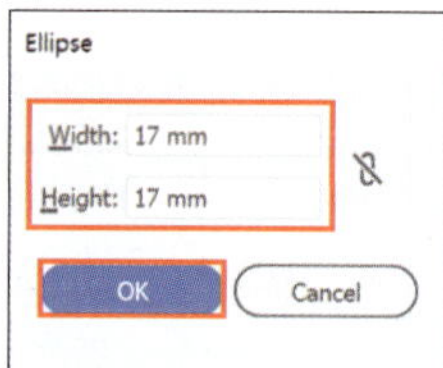

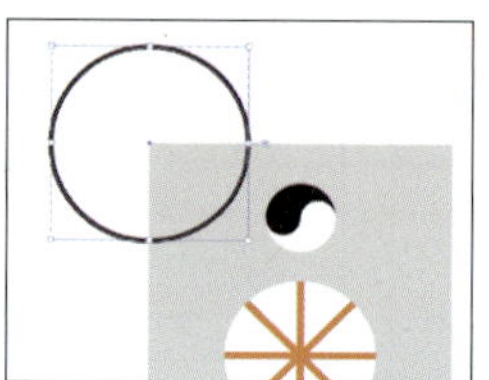

09 Scale Tool(▣)을 더블 클릭하여 'Uniform : 25%, Scale Strokes & Effects : 체크 해제'를 지정하여 [Copy]를 눌러 축소 복사합니다. Selection Tool(▶)로 2개의 정원을 함께 선택하고 [Object]–[Blend]–[Make]를 적용하고 [Object]–[Blend]–[Blend Options]로 'Specified Steps : 2'를 적용합니다.

10 [Object]–[Blend]–[Expand]로 확장하고 Shift + Ctrl + G 를 눌러 그룹을 해제하고 Selection Tool(▶)로 큰 원부터 순서대로 선택하고 Color 패널에서 'Fill Color : Y90, C10M100Y80, C100M50, K100, Stroke Color : None'을 각각 지정합니다.

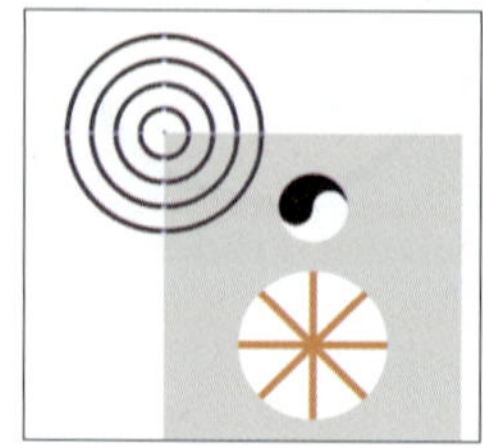
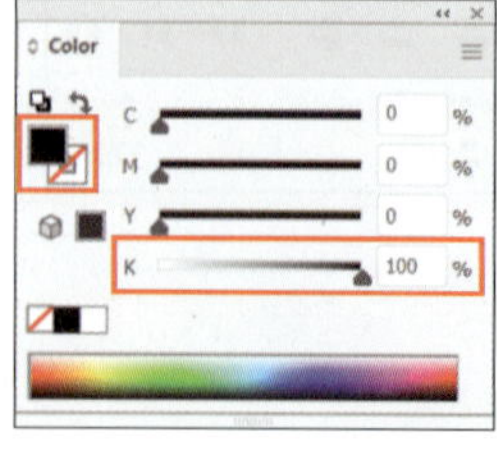

11 Selection Tool(▶)로 4개의 정원을 함께 선택하고 Alt 와 Shift 를 누르면서 오른쪽으로 드 래그하여 복사합니다. 동일한 방법으로 하단에 복사하여 배치합니다.

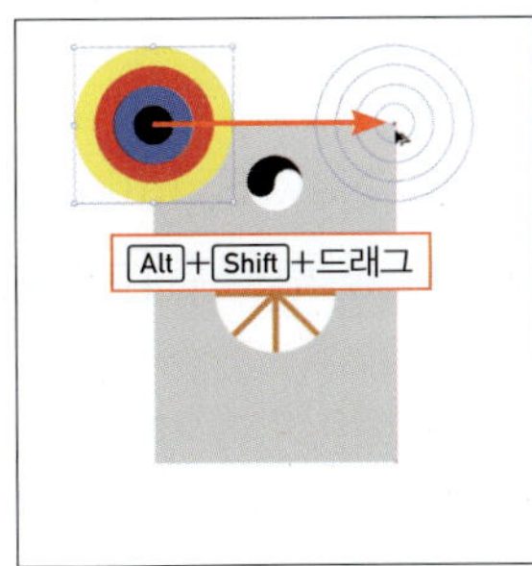

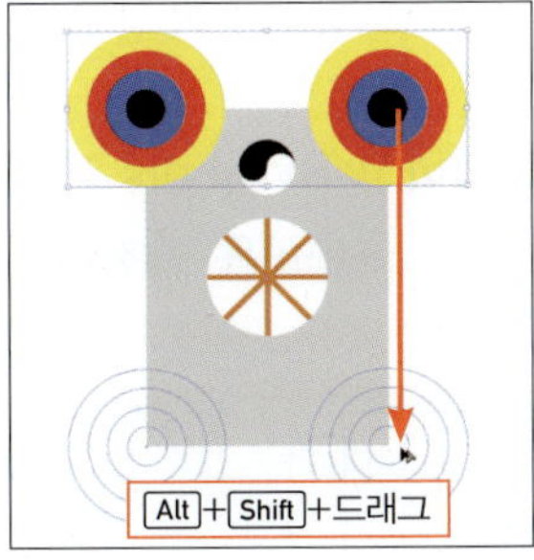

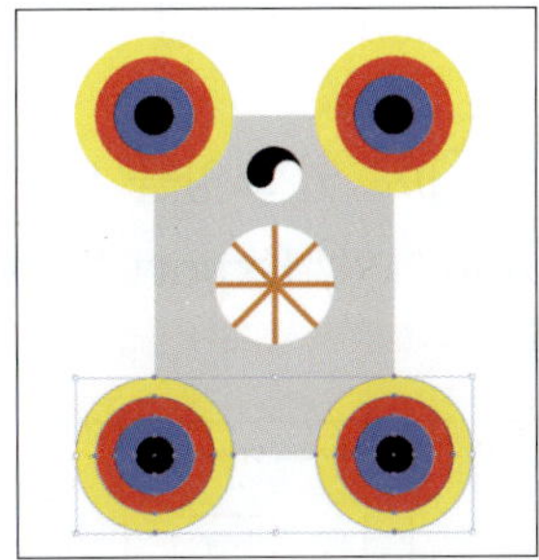

12 Selection Tool(▶)로 연 모양을 선택하고 Shift + Ctrl +] 를 눌러 맨 앞으로 가져오기를 합 니다. 4개의 모서리에 배치된 원을 함께 선택하고 Pathfinder 패널에서 'Crop(▣)'을 클릭하 여 맨 위 오브젝트와 겹친 부분만을 잘라서 남깁니다.

13 Selection Tool(▶)로 오브젝트를 더블 클릭하여 Isolation Mode로 전환하고 가운데 오브 젝트를 선택 후 Color 패널에서 'Fill Color : K10, Stroke Color : None'을 지정하고 Esc 를 눌러 정상 모드로 전환합니다. 앞의 연 모양을 선택하고 Ctrl + [를 눌러 뒤로 보내기를 합니다.

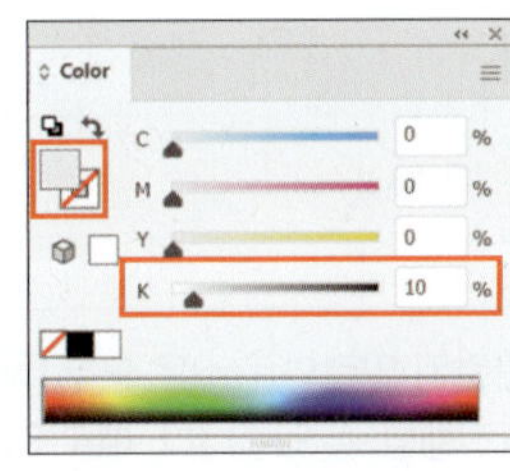
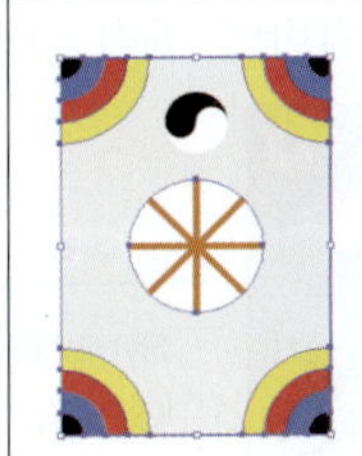

14 Rectangle Tool(▣)로 작업 도큐먼트를 클릭한 후 'Width : 2.7mm, Height : 24mm'를 입력하여 그리고 Color 패널에서 'Fill Color : C70M40, Stroke Color : None'을 지정합니 다. [Effect]−[Illustrator Effects]−[Warp]−[Flag]를 선택하고 'Vertical : 체크, Bend : 100%'를 지정하고 [Object]−[Expand Appearance]를 선택하여 오브젝트의 속성을 확장하 고 Shift + Ctrl + [를 눌러 맨 뒤로 보내기를 합니다.

15 Reflect Tool(▷◁)로 Alt 를 누르고 연 모양의 가로 중심을 클릭하여 'Axis : Vertical'을 지 정하고 [Copy]를 눌러 복사합니다.

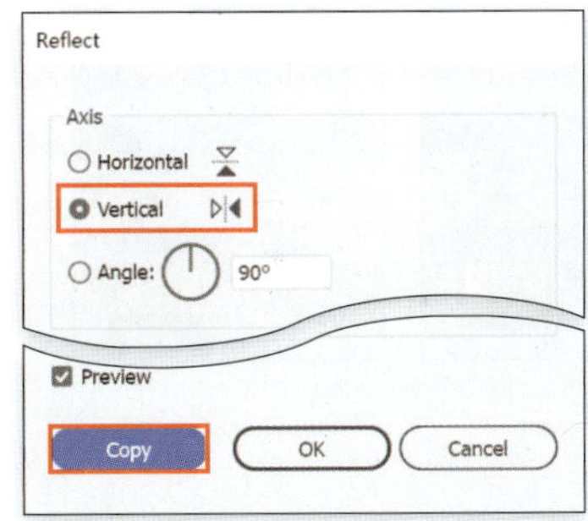

16 Selection Tool(▶)로 태극 문양을 제외한 연 모양을 모두 선택하고 [Effect]–[Illustrator Effects]–[Warp]–[Arch]를 선택하고 'Horizontal : 체크, Bend : 10%'를 지정하고 [Object]–[Expand Appearance]를 선택하여 오브젝트의 속성을 확장합니다.

17 Selection Tool(▶)로 연 모양을 모두 선택하고 Symbols 패널 하단의 'New Symbol(⊞)'을 클릭하고 'Name : 연, Export Type : Graphic'을 지정하여 심볼로 등록한 후 Delete 를 눌러 삭제합니다.

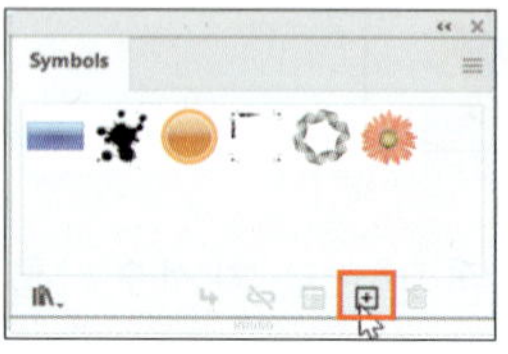
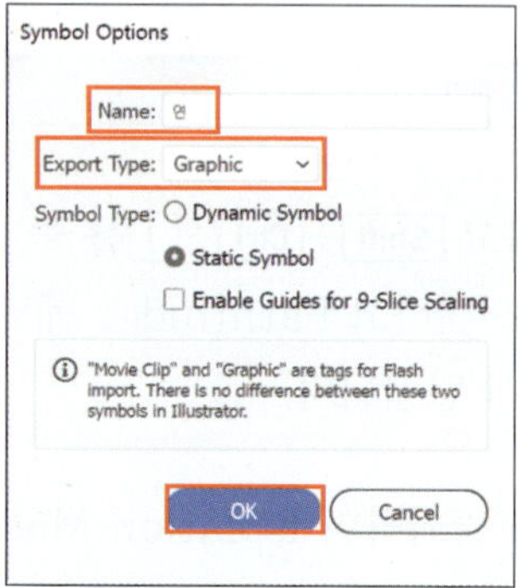

18 Symbols 패널에서 등록된 '연' 심볼을 선택하고 Symbol Sprayer Tool(🖫)로 출력 형태를 참조하여 작업 도큐먼트에 4번 클릭하여 뿌려줍니다.

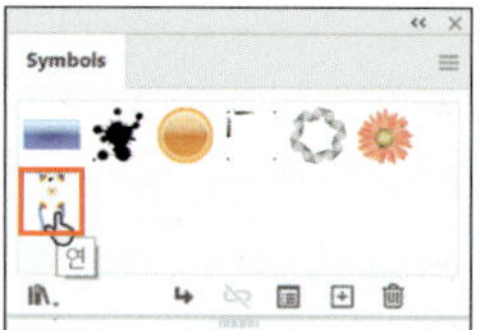

기적의 TIP

Symbol과 관련된 일련의 Tool은 모두 Alt 를 누르고 클릭하면 반대의 작업을 진행할 수 있습니다. 예로 Symbol Sprayer Tool(🖫)로 필요 이상으로 뿌려진 심볼은 Alt 를 누르고 클릭하여 삭제할 수 있습니다.

19 Symbol Sizer Tool(◉)로 클릭하여 일부 심볼의 크기를 확대하고 Symbol Spinner Tool(◉)과 Symbol Shifter Tool(🖳)로 심볼의 회전과 위치를 조절하여 배치합니다. Swatches 패널에서 Fill Color를 각각 선택한 후, Symbol Stainer Tool(🖋)로 왼쪽과 상단의 연 심볼에 클릭하여 색조의 변화를 적용합니다. Symbol Screener Tool(◉)로 오른쪽 연 모양에 클릭하여 불투명도를 조절합니다.

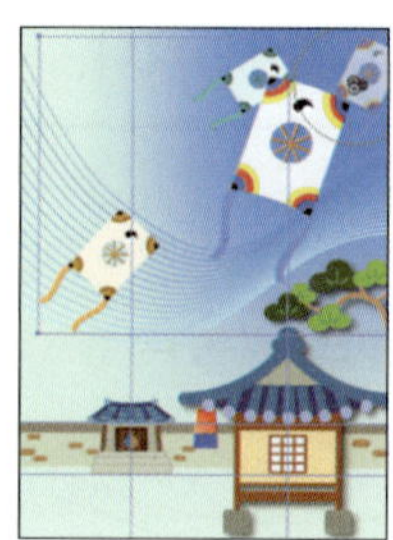

20 Brushes 패널 하단의 'Brush Libraries Menu(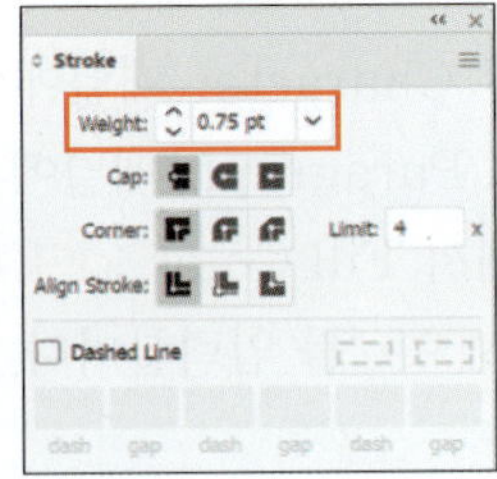)'를 클릭한 후 [Decorative]-[Elegant Curl & Floral Brush Set]를 선택하여 추가 브러쉬 패널을 불러온 후 'Random Sized Flowers'를 선택합니다. Paintbrush Tool(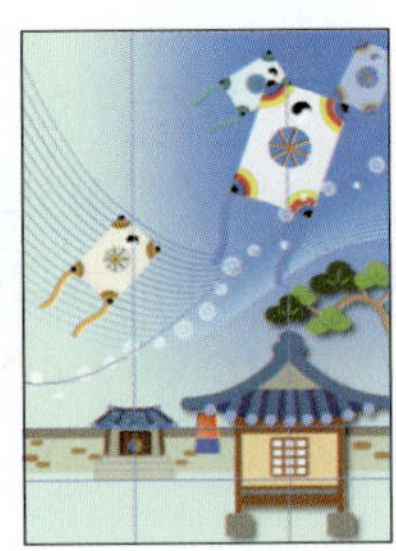)로 Color 패널에서 'Fill Color : None, Stroke Color : C0M0Y0K0'을 지정하고 아래에서 위쪽으로 드래그하여 칠한 후 Stroke 패널에서 'Weight : 0.75pt'를 지정합니다.

08 문자 입력 및 왜곡하기

01 Ellipse Tool(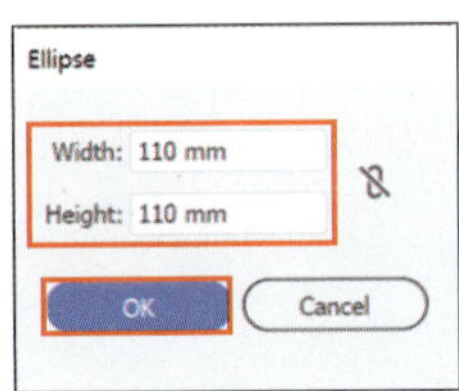)로 작업 도큐먼트를 클릭한 후 'Width : 110mm, Height : 110mm'를 입력하여 그리고 Gradient 패널에서 'Type : Radial Gradient'를 적용하고 Gradient Slider의 왼쪽 'Color Stop'을 더블 클릭하여 M20Y80을 적용하여 'Location : 85%'로 지정하고 오른쪽 'Color Stop'을 더블 클릭하여 C0M0Y0K0을 적용한 후 Tool 패널 하단에서 'Stroke Color : None'을 지정합니다.

02 Type Tool(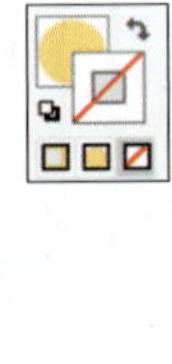)로 작업 도큐먼트를 클릭한 후 Character 패널에서 'Set the font family : Arial, Set the font style : Bold, Set the font size : 36pt'를 설정하고 Paragraph 패널에서 'Align center()'를 선택하여 문장을 가운데 배치합니다. Color 패널에서 'Fill Color : C0M0Y0K0, Stroke Color : None'을 지정한 후 'TRADITIONAL FOLK PLAY'를 입력합니다.

03 Selection Tool(▶)로 'TRADITIONAL FOLK PLAY' 문자를 선택하고 [Object]–[Enve-lope Distort]–[Make with Warp]를 선택한 후 'Style : Arc Lower, Bend : 30%'를 지정하여 글자를 왜곡시킵니다.

04 Type Tool(T)로 작업 도큐먼트를 클릭한 후 Character 패널에서 'Set the font family : 돋움, Set the font size : 25pt'를 설정하고 'Fill Color : K100, Stroke Color : None'을 지정한 후 '전통 연날리기 행사'를 입력합니다. Selection Tool(▶)로 문자를 선택하고 [Ob-ject]–[Envelope Distort]–[Make with Warp]를 선택한 후 'Style : Arc, Bend : −25%'를 지정하여 글자를 왜곡시킵니다.

05 Type Tool(T)로 작업 도큐먼트를 클릭한 후 Character 패널에서 'Set the font family : 돋움, Set the font size : 20pt'를 설정하고 Paragraph 패널에서 'Align left(≡)'를 선택하여 문장을 왼쪽에 배치합니다. Color 패널에서 'Fill Color : K100, Stroke Color : None'을 지정한 후 '가족과 함께 전통놀이에 참여하세요~'를 입력합니다.

⑨ 클리핑 마스크 적용 및 저장하기

01 Rectangle Tool(▣)로 작업 도큐먼트 왼쪽 상단의 원점(0,0)을 클릭하여 'Width : 210mm, Height : 297mm'를 입력하여 그리고 Color 패널에서 'Fill Color : 임의 색상, Stroke Color : None'을 지정합니다. [Select]–[All](Ctrl+A)로 오브젝트를 모두 선택하고 [Ob-ject]–[Clipping Mask]–[Make]로 클리핑 마스크를 적용하여 디자인을 정리합니다.

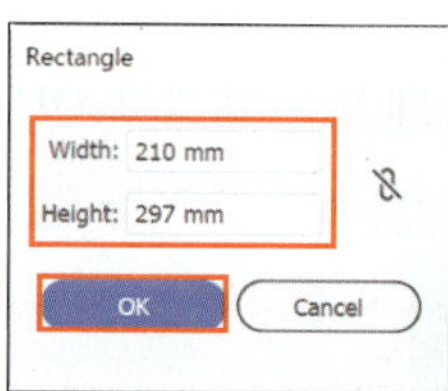

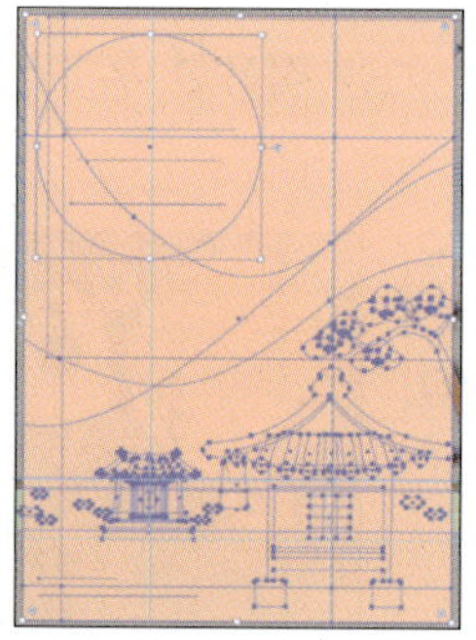

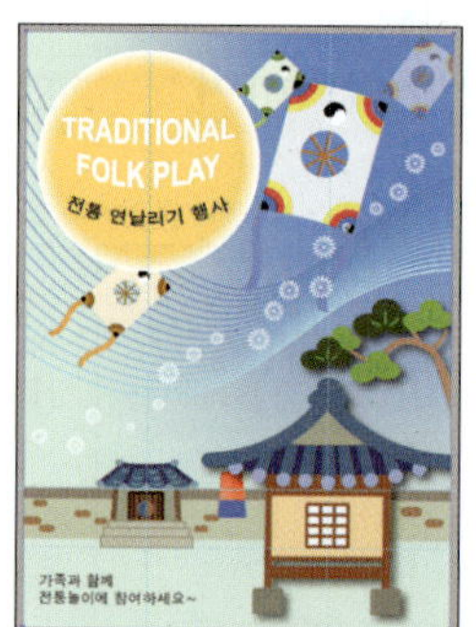

02 [View]–[Guides]–[Hide Guides](Ctrl+;)를 선택하여 안내선을 숨기고 [View]–[Fit Artboard in Window](Ctrl+0)을 선택하여 현재 창에 맞추기를 합니다. [File]–[Save As]를 선택하고 '저장 위치 : 내 PC\문서\GTQ, 파일 형식 : Adobe Illustrator(*AI), 파일 이름 : 수험번호–성명–문제번호.ai'를 확인하고 [저장]을 클릭한 후 [Illustrator Op-tions] 대화상자에서 'Version : Illustrator 2020'으로 설정하고 [OK]를 클릭합니다.

03 답안 저장이 완료가 되면 [File]–[Exit](Ctrl+Q)를 선택하여 일러스트레이터 프로그램을 종료하고 수험 프로그램에서 [답안 전송]을 클릭하여 감독관 컴퓨터로 전송합니다.

이기적 유튜브 채널

유튜브에서 이기적 영진닷컴을 검색해보세요!

교재 연계 동영상 강의

저자 직강 무료 강의

시험 관련 특별 강의

그 밖의 다양한 콘텐츠

구독자 수
약 15만 명

업로드 영상
약 9천 개

이기적 영진닷컴
@ydot0789
구독자 14.4만명 · 동영상 9천개

컴퓨터활용능력, 정보처리기사 등 다양한 수험서 및 실용서를 출간하고 있는 영진닷컴의 "이기적 수험서 공식 채널"입니다. ...더보기

license.youngjin.com 외 링크 7개

🔔 구독중 ∨

누적 조회수
약 5500만 회

한 번에 합격, 자격증은 이기적

이기적 스터디 카페

합격 전담마크! 추가 자료부터
1:1 Q&A까지 다양한 혜택 받기

365 이벤트

매일 매일 쏟아지는 이벤트!
기출복원, 리뷰, 합격 후기, 정오표

100% 무료 강의

QR 하나로 교재와 연계된
고퀄리티 강의 100% 무료

실습 파일 제공

기출 유형 문제 풀이를 위한
완성 파일 및 이미지 자료 제공

🔍 이기적 스터디 카페

홈페이지 : license.youngjin.com
질문/답변 : cafe.naver.com/yjbooks

🔍 이기적 유튜브 채널

@ydot0789 채널을 구독해 주세요!
15만 구독자와 약 10,000개의 동영상으로 합격을 준비하세요!

🔍 이기적 카카오톡 플러스친구

@이기적 친구를 추가해 주세요!
합격을 부르는 소식, 카톡으로 먼저 받아보고 혜택을 챙기세요!